한국어교육학 사전

The Encyclopedia of Korean Language Education

이 저서는 2011년도 대한민국 교육부와 한국학중앙연구원(한국학진흥사업단)을 통해
한국학 사전 편찬 사업의 지원을 받아 수행된 연구임. (AKS-2011-CBA-0103)

차 례

간행사

2014년 한글날을 앞두고 '한국어교육학 사전'이 출간되었습니다.

근대 이전에는 조선어 통역관을 기르던 중국과 일본에서, 근대 개화기에는 선교사들에 의해 한국어교육이 시작되었습니다. 일제 강점기에는 재외 동포 거주지에서, 1950년대 이후에는 연세대학교 한국어학당, 서울대학교 어학연구소와 재외국민교육연구소 등에서 한국어를 가르쳤습니다. 그러나 이후 한동안 눈에 띄는 성장세를 보여 주지 못하다가 지난 1988년 서울 올림픽을 치르면서 새로운 계기를 마련하였습니다. 즉 한국의 국제적 위상이 높아지면서 해외에서 한국어와 한국 문화에 대한 관심이 증대되었고, 1990년대 후반부터 한국어교육은 비약적으로 발전했습니다.

2014년 현재 한국어교육은 세계 각국에서 다양한 목적에 따라 다양한 형태로 이루어지고 있습니다. 국내외 많은 대학에 개설된 한국어과 또는 한국어 과정, 재외 동포 청소년 학습자를 대상으로 하는 한국(한글)학교, 전 세계의 일반인을 대상으로 하는 세종학당뿐만 아니라 다문화 가정을 대상으로 하는 지방 자치 단체의 교육 기관, 이주 노동자 대상의 한국어 교육 기관, 영리를 목적으로 하는 민간의 한국어 교육 기관 등이 그 예입니다.

이와 같이 한국어교육의 양적 성장뿐만 아니라 질적인 도약을 담보할 수 있는 한국어교육학의 학문적 확인이 필요했습니다. 그리고 그동안 대학원의 학위 논문이나 관련 학회에 발표된 연구 논문들은 이런 한국어교육의 질적 성장의 성과를 어느 정도 확인시켜 주었습니다. 이러한 현실 상황 속에서 저희 연구팀은 '한국어교육학 사전' 편찬 사업을 계획하였으며, 지난 2011년 8월부터 2014년 7월까지 3년 동안 '한국학중앙연구원'의 지원을 받아 이 과업을 수행했습니다. 오늘 그동안의 연구 결과를 정리하여 '한국어교육학 사전'을 세상에 내놓게 되었습니다.

이 사전은 기본적으로 한국어교육 연구자, 교사, 대학원생을 대상 독자로 하는 전문 용어 사전으로 기획하였으며, 총 17개 주제 영역에 걸친 1,001개의 표제어에 대해 245분의 집필진이 참여하여 완성하였습니다. 무엇보다 이 사전의 출간은 이제 겨우 반세기를 넘긴 한국어교육학계의 역량을 총집결할 수 있는 기회였습니다. 아울러 우리는 이 사전을 출간하는 과정에서 한국어교육학계의 발전 노력을 확인할 수 있습니다. 어떻든지 '한국어교육학 사전'의 출간을 기점으로 한국어교육학의 학문적 정체성도 확립할 수 있을 것이며, 한국어교육학의 위상도 더 높아지리라고 생각합니다.

이 '한국어교육학 사전'의 출간을 즈음하여 저희 연구팀에 재정적 지원을 해 준 '한국학중앙연구원'에 감사드립니다. 다른 학문 분야에 비하면 신생 학문이라고 할 수 있는 한국어교육학 분야, 그중에서도 사전 편찬과 같은 기초적인 연구에 대해 지원하는 일이 쉽지 않음에도 불구하고, '한국학중앙연구원'은 이 연구 사업을 마무리할 수 있도록 저희 연구팀을 지속적으로 독려하고 지원해 주었습니다.

끝으로 이 사전의 자문 위원회, 편찬 위원회, 기초 연구 위원회, 기초 실무 연구 위원회, 집필 위원회, 교정·교열 위원회 등으로 참여해서 좋은 사전이 나올 수 있도록 정성을 쏟아 주신 여러분들에게 감사드립니다. 이와 같은 한국어교육학계의 따뜻한 격려와 관심 덕분에 이 사전이 나올 수 있었다고 생각합니다. 특히 이 '한국어교육학 사전'이 출간될 수 있을 때까지 기초적인 연구와 편찬 실무를 담당해 준 공동 연구원, 보조 연구원들에게 감사의 마음을 전합니다.

2014년 9월 26일

한국어교육학 사전 편찬 연구 책임자 민현식, 윤여탁
공동 연구원 구본관, 민병곤, 최은규
전임 연구원 이수미

서울대학교 국어교육연구소 소장 고정희

'한국어교육학 사전' 재판을 내면서

2020년 3월에, 지난 2014년 9월에 출간되었던 '한국어교육학 사전'의 재판을 출간합니다.

지난 5년 남짓 이 사전은 한국어교육학의 학문적 정체성 정립과 대중화에 큰 공헌을 했다고 자부합니다. 특히 최근 빠르게 발전하고 있는 양적인 팽창을 보완하고 한국어교육학의 질적 성장을 견인하는 데 도움이 되었습니다. 이 과정에서 이 사전의 원론적인 내용들은 교수·학습 자료로 유용하게 활용되었습니다. 이에 비하여 한국어교육학의 현황 등 현실적인 내용들은 출간 당시에 비하여 많은 변화가 생겼습니다. 이에 따라 이번 재판에서는 이러한 내용을 중점적으로 수정 및 보완하였습니다.

구체적으로 이번 '한국어교육학 사전' 재판에서는 2014년 이후 2017년에 개정된 외래어 표기법 및 띄어쓰기 규정의 변경 내용을 반영하여 수정하였습니다. 또한 2014년 출간 이후 바뀐 규정이나 연구 중이었던 내용, 새롭게 출판된 교재 관련 내용을 반영하여 보완하였습니다. 즉 '문법 교육', '표기·문자/한국어사', '교육 과정', '교재', '평가', '교육 정책' 등에서 수정 작업이 이루어졌습니다. 무엇보다 '교육 정책 중 국외의 한국어교육 현황'은 현재의 시점에서 최근의 정보와 자료를 파악하여 반영하였습니다. 이러한 '한국어교육학 사전'의 수정 보완 작업에는 예전에 필자로 참여해 주셨던 분들이 다시 수고해 주셨습니다. 감사합니다. 특히 새롭게 집필에 참여해 주신 김대열(프랑스), 오세종(이집트) 선생님께 감사드립니다.

끝으로 이 사전의 재판을 위해 아직도 이 사전 주변을 떠나지 못하고 고생한 이수미 교수, 유민애 박사와 김민아 연구원의 노고에 감사드립니다. 그리고 '한국어교육학 사전'의 재판 작업에 물심양면의 지원을 아끼지 않은 도서출판 하우의 박민우 사장과 편집진들에게 감사의 말을 전합니다.

2020년 3월 11일

한국어교육학 사전 편찬 연구진 일동

서울대학교 국어교육연구소 소장 김호정

편찬 기구 및 집필자

편찬 기구

책임 연구원: 민현식, 윤여탁

공동 연구원: 구본관, 민병곤, 최은규

전임 연구원: 이수미

보조 연구원: 김영미, 김정은, 김혜민, 김혜진, 신범숙, 유민애, 이소연, 이슬비

자문 위원회: 권재일, 박갑수, 백봉자, 성기철, 신현숙, 우한용, 이동재

편찬 위원회: 고정희, 구본관, 김병선, 김정숙, 김종철, 김중섭, 민병곤, 민현식, 박창원, 송향근, 윤대석, 윤여탁, 윤희원, 이삼형, 이해영, 조항록, 최은규, 최정순, 허용

기초 연구 위원회: 강남욱, 강승혜, 강현화, 김인규, 김정우, 김호정, 문금현, 방성원, 심상민, 안경화, 오지혜, 이관규, 이미혜, 이수미, 이지영, 정호성, 조수진, 조형일, 지현숙, 진대연

기초 실무 연구 위원회: 김정은, 김혜진, 박민신, 박혜진, 신필여, 신현단, 유민애, 이성준, 이소연, 이슬비, 이지수, 이희진, 최주희, 홍은실

교정·교열 위원회: 강경민, 구본관, 김민아, 김영미, 김은진, 김정은, 김지혜, 김풀잎, 김현아, 김혜민, 김혜진, 민병곤, 민현식, 박정하, 서승아, 신범숙, 신필여, 여윤희, 유민애, 유서영, 유하나, 윤여탁, 윤자경, 이소연, 이수미, 이슬비, 이진주, 최은규

집필 위원회:

강경민	구민지	권재일	김미형	김수정(부산외대)	김인규
강남욱	구본관	기준성	김민애	김억조	김재욱
강순행	구정화	김가람	김병일	김영규	김정남
강승혜	구현정	김경령	김봉순	김영미	김정우
강현화	권미미	김대열	김서형	김영순	김정은
강혜옥	권병희	김대희	김선정	김영주	김정화
고정희	권성미	김명광	김성숙	김유정	김종수
곽지영	권순희	김미선	김성희	김은아	김종철
곽셀 퇴르쾨쥐	권오현	김미옥	김수정(독협대)	김은애	김주관

김주원	박선희	신윤경	윤평현	이지영(서강대)	조진수
김중섭	박성태	신종호	응웬 티 후옹 센	이해영	조하연
김지혜	박소영	신주철	이관규	이효인	조항록
김진완	박용익	신필여	이관식	이효정	조형일
김평원	박윤경	신현단	이금희	이희정	조희연
김한철	박재현	신현숙	이남인	이희진	주세형
김현기	박지영	심상민	이만기	임동훈	주재우
김혜영(듀크대)	박철우	심혜령	이미향	임미은	증천부
김혜영(성균관대)	박해일	싯티니 탐마차이	이병규	임수경	지현숙
김혜정	박혜영	안경화	이병민	임지룡	진대연
김혜진(서울대)	박혜진	안종량	이병식	임채훈	진문이
김혜진(성균관대)	방성원	양명희	이삼형	장봉석	최권진
김호정	배재원	연재훈	이선웅	장윤희	최용기
남 빅토르	배주채	오광근	이성만	장은아	최운호
남승호	백봉자	오세종	이성범	장향실	최윤곤
남윤진	백순근	오수학	이성준	전미현	최은경
남지영	백인선	오정미	이소연	전태현	최은규
니르자 사마즈달	사라 벤자민	오지혜	이수미	정끝별	최재현
니콜라 프라스키니	서경숙	오판진	이슬비	정다운	최정순
란효하	서혁	왕단	이영숙	정대현	최주희
모경환	설규주	왕혜숙	이영식	정명숙	최지훈
모윤숙	성비락	우인혜	이완기	정미라	최진아
모졸 따지아나	성상환	우한용	이유미	정미혜	최형용
목정수	성은실	우형식	이은하	정선화	폴리 롱
문금현	손영헌	유민애	이은희	정수진	하승현
민병곤	송경숙	유영미	이재원	정영근	한문희
민원정	송향근	유해준	이정복	정인아	한재영
민현식	송현주	유현조	이정훈	정호성	허용
박기영	신동일	육효창	이정희	정희창	현윤호
박민신	신명선	윤대석	이준호	조수경	홍은실
박석준	신범숙	윤여탁	이지수	조수진	홍혜준
박선옥	신성철	윤영	이지영(상명대)	조원형	황선엽

한국어교육학 사전의 체계 및 지침

I. 사전의 성격

본 사전은 한국어교육학의 학문적 정체성 및 독자성을 확립하고, 한국어교육학을 연구하는 연구자는 물론 한국어를 현장에서 지도하는 교사들에게 체계적인 교육 항목을 제공할 목적으로 고안된 개론서의 성격을 지닌 주제별 전문 용어 사전이다.

1. 주제 영역 선정

본 사전은 한국어교육의 이론과 실제를 아우르는 전문 용어 사전으로서 일반 언어학, 응용 언어학, 한국어학, 한국어 교수 학습, 한국 문화와 문학 교육 등의 대영역 안에서 한국어교육학의 교육 내용으로 의미가 있다고 판단되는 17개의 주제 영역을 설정하였다.

2. 주제 영역 배열

본 사전의 주제 영역은 언어학, 습득론, 연구 방법론, 발음 교육, 어휘 교육, 문법 교육, 의미·화용 교육, 표기·문자/한국어사, 교육과정, 교재, 교수법, 평가, 기능 교육, 교육 정책, 문화 교육, 다문화 교육, 문학 교육으로 대영역의 순서에 따라 나누었다. 또한 대영역 안에서는 음운에서 문장 및 담화 차원으로의 확대, 문화 일반에서 다문화, 문학으로 특수화된다는 논리에 의거하여 주제 영역을 배열하였다.

3. 표제어 선정

본 사전의 표제어는 한국어교육학의 관점에서 주요한 개념어를 중심으로 추출하였다. 예를 들어 언어학 일반에서는 한국어교육학과 관련되는 구조주의 언어학, 생성주의 언어학, 인지주의 언어학, 사회 언어학, 텍스트 언어학, 담화, 컴퓨터 언어학, 말뭉치 언어학 등을 표제어로 선정하였다. 또한 한국어교육의 실제적인 측면을 고려하여 '학습자 모어별 발음 지도, 말하기 지도, 듣기 지도, 읽기 활동, 쓰기 활동, 교육과정의 개발 단계, 국외의 한국어 교육 현황' 등도 표제어에 포함하여 총 1,001개의 표제어를 선정하였다.

4. 표제어 배열

본 사전 표제어의 배열은 주제 영역 안에서 하나의 이야기 구조가 완성되도록 구성하였으며, 일반론에서 실제론으로 순서화하였다. 또한 주제 영역별 표제어 수와 표제어 배열 순서는 한국어교육학 사전 사용자를 대상으로 실시한 설문 조사와 전문가 초점 면담을 통해 발견된 유의미한 결과를 반영하였다. 본 사전에서는 2수준(사전 본문에 사용된 기호: ■)을 중심으로 상의어를 1수준, 하의어를 3수준으로 위계화하여 표제어를 배열하였다.

II. 사전 기술 지침

1. 본 사전의 기술에 사용된 기호는 다음과 같다.

① 1수준: 1.1.

② 2수준: ■

③ 3수준: ❏

④ 저자: 〈   〉

⑤ 다른 번역 용어: =

⑥ 관련어: ┐

⑦ 참고문헌: [참고문헌]

2. 본 사전의 원고 분량은 원칙적으로 1수준과 2수준은 A4 1장 내외(원고지7~8장), 3수준은 A4 반 장 내외(원고지 4~5장)로 하였다. 그러나 표제어의 특성상 각 수준별로 안배된 기술 분량에 그 내용을 다 담을 수 없다고 판단되는 경우에는 기술 분량의 원칙에 예외를 두어 사전 이용자들에게 충분한 정보를 제공하고자 했다.

3. 본 사전 기술의 세부 지침은 다음과 같다.

① **표제어**

가. 표제어는 한글 표기만을 원칙으로 한다. 한자어와 영어는 본문의 정의문에서 표기한다.

　예 ■ 전신 반응 교수법

　　전신 반응 교수법(全身反應敎授法, total physical response: TPR)은…

나. 두 개 이상의 주제 영역에서 공통적으로 추출된 표제어의 처리는 다음과 같은 원칙에 따라 처리한다.

　• 각 주제 영역의 관점에서 그 기술 내용이 상이하다고 판단되는 경우에는 각 주제 영역에서 모두 표제어로 선정한다.

　• 각 주제 영역의 관점에서 필요한 표제어이나 기술 내용이 유사하여 각 주제 영역의 독립된 표제어로 둘 필요가 없다고 판단되는 경우에는 공통 표제어를 기호(☞)와 함께 제시하여 기술된 주제 영역을 참고하도록 한다.

② **본문**: 본문의 기술 내용 순서는 다음과 같다.

•처음	•정의문
•중간	•주제별 표제어의 특성상 상이할 수 있으나 다음과 같은 내용을 기술할 수 있다. 　- 용어를 바라보는 다양한 관점(학자별, 연구별 등) 　- 연구사 　- 역사적 변천(통시적 관점) 　- 장점과 단점 　- 표제어에 대한 예시
•끝	•주제별 표제어의 특성상 상이할 수 있으나 다음과 같은 내용을 기술할 수 있다. 　- 전망 　- 문제점 및 한계 　- 해결해야 할 과제 　- 한국어교육과 관련된 연구 동향 및 전망

③ **각 수준별 기술 내용의 핵심**
- 1수준: 기술의 핵심은 용어의 개념과 특징 및 통시적 관점에서 바라본 위치이다.
- 2수준: 기술의 핵심은 용어 자체의 핵심적 개념 및 한국어 예시이다.
    이때 3수준이 후속으로 존재할 경우의 예시는 3수준에서 제시 가능하다.
- 3수준: 기술의 핵심은 개념 정의 및 예시 제시이다.
- 모든 표제어의 내용은 한국어교육과의 관련성에 중점을 두고 기술한다.

④ **문장**
가. 문장 내에서 나열의 연결 어미를 지양한다.
> **예** 애셔는 큰 움직임부터 시작하여 작은 움직임으로, 단순한 지시에서 복잡한 지시로 나아갈 것을 제안하는데, 학습자는(×) 교사의 지시에 물리적으로 반응함으로써 자기도 모르는 사이에 정확한 발화의 의미를 습득하게 된다. ⇨ …제안한다. 학습자는 …

나. 문장의 시제는 현재 시제를 원칙으로 한다.
> 〈예외〉 연구의 흐름이나 앞으로의 전망을 설명하는 기술에서는 과거 시제나 미래 시제가 있을 수 있다.
> **예** 6.6. 시제
> 시제(時制, tense)는 어떠한 사건, 상황, 상태의 시간 위치를 나타내는 문법 범주를 가리킨다.
> 전통적으로 시제는 자연 시간과 언어 시제의 동질성에 입각하여 '과거:현재:미래'라는 삼분 구조 안에서 해석하고자 하였다.

다. '-(으)ㄴ/는/(으)ㄹ 것이다, -(으)ㄹ 수 있다' 등의 주관적 문체는 지양한다.

⑤ **정의문**
가. 정의문에서 표제어는 한자 및 영어 병기를 원칙으로 한다. 표제어의 영어는 소문자로, 약어는 대문자로 표기함을 원칙으로 한다.
> **예** 전신 반응 교수법(全身反應教授法, total physical response: TPR)
> 〈예외 1〉 고유어와 한자어의 결합 등으로 인해 표제어 일부에 대응되는 한자가 없으면 한자 병기를 생략한다.
> **예** 주체 높임
> 〈예외 2〉 영어가 전문 용어가 된 경우에는 한자 병기를 생략한다.
> **예** 브레인스토밍, 스캐닝

나. 정의문은 집필자의 주관이 배제된 사실적 정의를 원칙으로 하며 간결하게 한 문장으로 구성한다.

다. 정의문 다음 문장은 단락으로 구분한다.

라. 정의문은 집필자의 말로 기술하되 특정 이론가의 정의만을 따르지 않는다.

마. 모든 표제어는 정의 기술을 원칙으로 하지만 한 문장으로 정의 내리기 어려운 표제어는 이론의 경향성이나 특징으로 기술을 시작할 수 있다.

예 11.2. 교수법의 변천

지금까지 확인된 역사적 문헌의 고찰에 따르면 한국어교육의 기원은 신라 시대 또는 그 이전으로 거슬러 올라갈 수 있다. 한국어교육이 시작되던 당시부터 오늘날에 이르기까지 해당 시대의 요구에 맞는 여러 가지 교수법들이 채택되었던 것으로 보인다.

⑥ **예문**

본문에서 사용하는 예문은 (1), (2), (3)…의 번호를 사용하며, 그 하위 예문은 ㄱ, ㄴ, ㄷ… 으로 한다. 예문은 본문에서 한 줄 띄우고 제시한다.

⑦ **인용문**

가. 직접 인용을 지양하나 필요한 경우에는 큰따옴표를 사용하는 것을 원칙으로 한다.

    예 "전신 반응 교수법은…."

나. 내각주를 지양한다.

⑧ **표 및 그림**

가. 표 안의 내용은 중간 정렬을 원칙으로 하며, 표 안에 내용이 없을 경우 '―'로 통일한다. 단, 발음 교육은 예외로 아무 표시도 하지 않는다.

나. 표와 그림의 제목은 표나 그림 위에 제시하고, 출처는 본문과 참고문헌에 제시한다.

예

〈표준어의 모음 체계〉

혀의 높이 ＼ 혀의 앞뒤 위치 입술 모양	전설 모음		후설 모음	
	평순 모음	원순 모음	평순 모음	원순 모음
고모음	ㅣ	ㅟ	ㅡ	ㅜ
중모음	ㅔ	ㅚ	ㅓ	ㅗ
저모음	ㅐ		ㅏ	

다. 표에서 제시된 범례는 다음과 같이 ( ) 안에 표시한다.

예

집단	무선 할당	사전 검사	처치	사후 검사
실험	R	$O_{사전-실험}$	X	$O_{사후-실험}$
통제	R	$O_{사전-통제}$	–	$O_{사후-통제}$

(R=무선할당, O=검사(observation), X=처치(treatment), –=처치 없음)

⑨ **집필자**

본문 문장 끝의 '〈　　〉' 안에 집필자명을 제시한다.

⑩ **다른 번역 용어**

가. 〈집필자〉 다음 줄에 = 기호를 표시한 후 기술한다.

> **예** ❑ 응집성
>
> = 결속 구조, 일관성, 통일성

나. = 란 표제어의 다른 번역 용어를 말한다.

다. 표제어가 학자에 따라 여러 용어로 사용될 경우 모두 나열할 것을 권장한다.

⑪ **관련어**

가. 다른 번역 용어 다음 줄에 → 기호를 표시하고 연관되는 표제어를 제시한다.

나. 관련어는 타 주제 영역의 표제어만 제시한다.

> **예** 기능 교육의 '장르 중심 접근법'의 관련어는 언어학의 '체계 기능 언어학'이다.
>
> '응결성'의 관련어로 동일 영역에 있는 '응집성'은 제시하지 않는다.

⑫ **문장 부호와 띄어쓰기**

모든 문장 부호와 띄어쓰기는 한글맞춤법을 따른다. 단, 전문 용어로서 붙여 쓸 필요가 있다고 판단되는 용어나 붙여 써야 하나 띄어 쓰는 것이 타당하다고 판단되는 용어는 예외로 한다.

> **예** 한국어교육, 국어교육, 교육과정, 상호작용, 참고문헌, 안은 문장, 이어진 문장….

⑬ **참고문헌**

가. 참고문헌은 표제어의 이해를 돕는 핵심 서적으로 정하며 최대 5개를 넘지 않도록 한다.

나. 저자 3명까지 이름을 표시하고 3명을 초과하면 '외' 또는 'et al.'로 표기한다.

> **예** 3인:
>
> • 김경근·성열관·백경선(2008), 재외 비정규 한글학교용 표준 교육과정 체제 개발 연구, 교육과학기술부.
>
> • Ghadessy, M., Henry, A. & Roseberry, R. L. (Eds.) (2001), *Small corpus studies and ELT: Theory and practice*, John Benjamins Publishing Company.
>
> **예** 3인 초과:
>
> • 한재영 외(2008), 한국어 문법 교육, 태학사.
>
> • Aronson, E. et al. (1978), *The jigsaw classroom*, SAGE Publications.

다. 엮음, 편저 등은 원래 책에 제시된 것을 따른다.

> **예**
>
> • 안경화(2008), 교수 학습의 연구사와 변천사, 민현식 외 편, 한국어교육론 1, 한국문화사.
>
> • 한국비판사회학회 엮음(2011), 사회학, 한울아카데미.
>
> • Faerch, C. & Kasper, G. (1983), Plans and strategies in foreign language communication,

In C. Faerch. & G. Kasper. (Eds.), *Strategies in interlanguage communication*, pp. 22~60, Longman.

- Sinclair, J. (Ed.) (2004), *How to use corpora in language teaching*, John Benjamins Publishing Company.

단, 독일어 참고문헌의 경우 (Ed.)를 (Hrsg.)로 표기한다.

- Hartmann, P. (1964), Text, Texte, Klasse von Texten, In W. A. Koch. (Hrsg.), *Strukturelle Textanalyse*, Hildesheim.

라. 번역서는 원서의 정보에 이어서 역자, 연도, 제목, 출판사를 적는다.

예

- Beaugrande, R. A. & Dressler, W. U. (1981), *Introduction to text linguistics*, 김태옥·이현호 역, 1991, 담화·텍스트 언어학 입문, 양영각.
- Brown, H. D. (2001), *Teaching by principle: An interactive approach to language pedagogy*, 권오량·김영숙·한문섭 공역, 2004, 원리에 의한 교수: 언어 교육에의 상호작용적 접근법, 피어슨에듀케이션코리아.
- Freud, S. (1901), *Zur Psychopathologie des Alltagslebens*, A. A. Brill. (Trans.), 2012, *Psychopathology of everyday life*, Courier Dover Publications.

마. 출판사의 도시(지역명)는 표기하지 않는다.

예 London: Oxford University Press → Oxford University Press

바. 외국 학위 논문의 표기는 다음과 같이 통일한다.

예 Adams, R. J. (1973), *Building a foundation for evaluation of instruction in higher education and continuing education*, Doctoral dissertation, Name of Institution.

– 미간행 학위 논문은 다음과 같이 통일한다.

예 Adams, R. J. (1973), *Building a foundation for evaluation of instruction in higher education and continuing education*, Unpublished doctoral dissertation, Name of Institution.

사. 인터넷 사이트를 인용했을 경우 형식은 다음과 같이 통일한다.

– 한국 사이트의 표기는 다음과 같이 통일한다.

예 법제처, 국가법령정보센터 누리집, 2014년 6월 1일 가져옴, http://www.law.go.kr

– 외국 사이트의 표기는 다음과 같이 통일한다.

- 전자 형태 도서의 표기는 다음과 같이 통일한다.

예 O'Keefe, E. (1953), *Egoism & the crisis in Western values*, Retrieved June 12, 2014, from http://www.onlineorginals.com/showitem.asp?itemID=135

- 저널의 표기는 다음과 같이 통일한다.

예 Kortepeter, M. G. & Parker, G. W. (1999), Potential biological weapons threats, *Emerging Infectious Disease 5-4*, Retrieved January 20, 2003, from http://www.cdc.gov/ncidodEID/vol5no4/kortepeter.htm

1

언어학

1. 언어학

1. 언어학

한국어를 제1 언어인 모어로 교육하는 것은 국어교육이라 하고 한국어를 제2 언어나 외국어로 교육하는 것은 한국어교육이라 하여 구분한다. 이러한 언어 교육 영역의 학문적 기초가 되는 것이 언어학이다.

언어학은 한국어, 영어, 중국어, 일본어처럼 개별 언어를 연구하는 개별 언어학과 이들 개별 언어의 보편적 공통 특질을 연구하는 일반 언어학(general linguistics)으로 나뉜다. 따라서 언어학은 언어에 대한 모든 현상의 원리나 법칙을 탐구하는 학문 분야라고 정의할 수 있다. 이때 언어의 단위 요소인 음운, 단어, 문장, 담화, 텍스트 등의 현상, 구조, 생성, 기능에 관하여 원리나 법칙을 이론적으로 연구하는 것을 이론 언어학이라 한다. 이에 따라 음성학, 음운론, 형태론, 어휘론, 통사론, 의미론, 텍스트 언어학과 같은 분야가 이론 언어학의 하위 분야로 있다. 이론 언어학은 순수 언어학(pure linguistics) 또는 미시 언어학(micro-linguistics)으로도 부른다.

이론 언어학의 성과 위에서 언어를 다양한 관점이나 차원으로 응용하여 연구하는 분야를 응용 언어학(applied linguistics) 또는 거시 언어학(macro-linguistics)이라 부른다. 영어권에서 응용 언어학이라는 용어를 쓴 것은 1931년 로카르트(L. Lockhart)의 저서 《*Word economy: A study in applied linguistics*》가 처음이다. 1933년 블룸필드(L. Bloomfield)도 명저 《*Language*》의 끝 장(章)인 〈*Application and outlook*〉에서 응용 언어학의 가능성을 언급하였다. 그 후 1941년에 구조주의 언어학의 대가 파이크(K. Pike)와 프리스(C. Fries)가 미국 최초로 외국어로서의 영어교육을 위한 전문 연구소인 ELI(English Language Institute)를 미시간대학교(University of Michigan)에 설립한 것은 현대 응용 언어학의 역사에 획기적 사건이다. 그곳에서 그들은 외국인을 위한 영어교육과 교재 개발을 위한 연구에 집중하였으며 응용 언어학 사상 최초의 전문 학술지인 《*Language Learning: A Quarterly Journal of Applied Linguistics*》를 1948년에 창간하였는데 이것은 1993년부터 《*A Journal of Research in Language Studies*》로 바뀌었다.

이 때문에 응용 언어학이라는 용어는 이론 언어학의 성과를 모아나 외국어 교육에 적용해 교육과정, 교재, 교수법, 평가 등의 연구를 총괄하는 개념의 좁은 의미로 쓰임으로써 '응용 언어학=언어 교육'으로 인식해 왔고, 일부에서는 응용 언어학을 비영어권 화자에 대한 영어교육(Teaching of English to Speakers of Other

Languages: TESOL)과 동등하게 인식하는 경향도 있다. 그러나 언어를 개인의 심리, 뇌와 인지, 사회 환경, 전산 통계 처리 등의 관점으로 연구하면서 심리 언어학, 인지 언어학, 사회 언어학, 전산 언어학, 말뭉치 언어학, 법률 언어학 등 다양한 응용 언어학 분야들이 나타났다.

이 사전에서 이론 언어학은 1.1. 구조주의 언어학, 1.2. 생성주의 언어학, 1.3. 체계 기능 언어학만을 다루고 구체적인 이론 언어학의 내용은 다음 영역에서 기술하도록 하였다. 넓은 의미의 응용 언어학은 주로 이곳 '언어학'에서 1.4. 인지 언어학, 1.5. 사회 언어학, 1.6. 심리 언어학, 1.7. 신경 언어학, 1.8. 담화, 1.9. 텍스트 언어학, 1.10. 말뭉치 언어학, 1.11. 컴퓨터 언어학까지 다루며 뒤에 이어지는 '습득론'에서도 다룬다. 그 밖에 다양한 응용 언어학 분야들이 있으나 이들에 대해서는 한국어교육과 직접적 관련이 크지 않아 여기서 다루지는 않는다.   〈민현식〉

1.1. 구조주의 언어학

구조주의 언어학(構造主義言語學, structural linguistics)은 19세기 중반 소쉬르(F. Saussure)의 언어학 연구에서 출발하였다. 거시적인 측면에서 언어의 구성 요소를 구분하고 분류하여 정의하는 연구로서 추상적인 언어를 기호의 체계로 구조화하여 연구하는 것에서부터 시작하였다. 소쉬르는 언어를 관념을 표현하는 기호 체계로 보았다. 이들이 표시되는 형식은 기표(記標, 시니피앙, signifiant)가 되고 이의 대상이나 의미가 되는 것은 기의(記意, 시니피에, signifié)가 된다. 이때 기표와 기의 사이에는 어떠한 연관성도 존재하지 않는다. 예컨대 '나무'라는 실체를 나타내는 개념, 즉 기의는 그것의 기표로 쓰이는 소리인 [namul]와는 아무런 내적 관계가 없다. 이는 '나무'의 개념을 나타내는 데 사용되는 소리가 언어마다 다르다는 점을 통해서도 확인된다.

이처럼 구조주의 언어학에서는 언어 기호를 대상이 되는 사물과 직접 관계를 맺는 것이 아니라 언어 체계 안에서 다른 기호들과 맺는 관계에 따라 파악해야 하는 것으로 본다. 따라서 기호에 대한 연구는 통시적(diachronic)인 관점은 물론 공시적(synchronic)인 관점에서 각 요소 간의 관계를 이해하는 것에 초점을 맞추어 왔다. 결국 구조주의 언어학은 관찰되는 언어를 분리, 분류, 분석, 분절하여 구체적인 언어 자료를 조사하는 것을 강조한다.

소쉬르가 도입하고 블룸필드(L. Bloomfield)가 주창한 구조주의는 구체적인 언어 자료 조사에 역점을 두면서 논리적으로는 19세기 후반의 신문법 학자들이 이를 따랐다. 1960년대 초반까지 약 30년 동안 활발히 연구된 구조주의는 이후 기술 언어학(記術言語學, descriptive linguistics)으로 이어진다. 미국의 기술 언어학은 구조주의를 배경으로 삼아 1930년대 투르베츠코이(N. S. Trubetzkoy), 야콥슨(R. Jakobson) 등을 중심으로 한 프라그 학파(Prague School)와 옐름슬레우(L. Hjelmslev), 브뢰날(V. Brøndal)에서 출발한 코펜하겐 학파(Copenhagen School) 그리고 같은 시기의 유럽의 언어학과는 유리(遊離)되어 독자적으로 발전했다.

언어 연구의 방법론으로 출발한 구조주의는 언어는 물론 철학, 문화, 사회, 교육 등의 관련 학문에 많은 영향을 주었다. 구조주의는 19세기와 20세기의 전환기에 지식의 체계화, 이미 알려진 사실에 대한 새로운 해석과 그 관심 영역의 확대, 학자들의 공동 연구 참여, 다른 학문 분야와의 방법론에 대한 상호 공유를 가능하게 한 이론이다.

한국어교육에서는 구조주의의 개념을 문법 구조를 활용하는 교육 단계에서 적용할 수 있다. 문법 번역식 교수법, 청각 구두식 교수법, 직접 교수법 등 의사소통 중심 교수법 이전의 언어 교수법은 언어의 구조에 대한 인식을 교육 단위의 기본 원리로 이해하였다. 따라서 이들 교수법의 근간에는 어휘와 문법 요소를 분리하여 각각 가르치는 것에 중점을 둔다는 인식이 깔려 있다. 이때의 구조주의는 행동주의와 맞물려 구성 요소의 반복 학습이라는 교육 방법을 형성하였다. 이 방법은 1970년대 이후의 언어 교육이 학습자와 실제 언어 사용 상황을 강조하는 의사소통 중심으로 전환되면서 차츰 퇴조하게 된다. 물론 의사소통 중심의 언어 교육이라고 해서 어휘와 문법의 구조적 인식이 완전히 배제되는 것은 아니며 무엇에 중점을 두느냐에 따라서 달라지는 것뿐이다. 그러므로 한국어교육에서 구조주의 언어학은 언어의 구성 요소에 대한 인식이라는 가장 기본적인 언어 인식의 원리와 이념을 제공해 주고 있는 것으로 이해할 수 있다.　　　　　〈조형일〉

= 구조 언어학

→ 문법 번역식 교수법, 청각 구두식 교수법, 직접 교수법

[참고문헌]

- 김방한(1999), 언어학 논고, 서울대학교출판부.
- 김방한·신익성·이현복(1983), 일반 언어학, 형설출판사.
- Crane, L., Yeager, E. & Whitman, R. L. (1981), *An introduction to linguistics*, 이기동·신현숙 역, 1994, 언어학 개론, 한국문화사.

■ 체계

체계(體系, system)는 언어를 구성하는 단위들이 일정한 원리를 따라 형성하고 있는 관계의 총체를 말한다.

일반적으로 체계란 어떤 원리에 따라 통일적으로 조직된 지식의 전체를 말하는데, 언어를 체계로 보는 것은 언어가 여러 가지 요소를 단순하고 무질서하게 묶은 집합체가 아니라 일정한 원리에 따라 관계를 맺고 있음을 의미한다.

《일반 언어학 강의(*Cours de linguistique générale*)》를 보면 소쉬르(F. Saussure)는 랑그(langue)를 독립적인 개체들의 집합이 아닌 상호 연관된 어휘와 문법, 음운적 요소들의 체계로 이해하고 기술해야 한다고 주장한다. 이것은 체스 말과 기차를 이해하려고 할 때 각각의 개체가 아니라 체스 게임 혹은 열차 망의 체계 속에서 파악해야 하는 것과 유사하다. 소쉬르는 언어의 체계를 계열 관계(系列關係, paradigmatic relation)와 통합 관계(統合關係, syntagmatic relation)로 나누는데 계열 관계는 품사 및 하위 단어 부류와 관련이 있고 통합 관계는 통사·의미적 결속 관계와 관련이 있다.

언어 기호는 이처럼 체계 안에서 이해되어야 한다. 독립적으로 파악되는 기표와 기의는 사실상 존재하지 않는다. 서로 무관해 보이는 요소들도 체계 안의 관계로 이해될 때 비로소 가치가 있다.

통합 관계 →

(1) 철수가 영희에게 꽃을 주었다.
(2) 영희가 철수에게 꽃을 주었다.
(3) 영희가 철수에게 돈을 주었다.
(4) *영희가 철수에게 욕을 주었다.

계열 관계 ↓

이들 중에서 예문 (1)과 예문 (2)는 구성 요소가 모두 같다. 하지만 예문 (1)에서 주어와 부사어의 자리에 쓰인 '철수'와 '영희'가 예문 (2)에서는 '영희'와 '철수'로 바뀌면서 문장의 의미도 바뀌었다. 질료(質料)는 같은데 결합 체계가 바뀌었기 때문에 의미가 바뀐 것이다. 통합 관계는 이처럼 통사·의미적 결속 관계로 파악할 수 있다.

예문 (3)에서는 앞의 예문들에 나오는 '꽃'이 '돈'이라는 단어로 교체되면서 문장의 의미가 바뀌었다. 이처럼 동일한 문장 성분으로 교체 가능한 어휘들 간의 관계를 계열 관계라고 부른다. 예문 (4)는 의미 수준에서 비문이다. 이는 한국어에서는 '욕'을 '꽃'이나 '돈'처럼 직접적으로 주는 행위에 포함되는 형식으로 쓰지 않기 때문이다.

체계는 문장 수준이 아닌 음운의 차원에서도 적용된다. 한국어에서는 음소 'ㄱ, ㄲ, ㅋ', 'ㄷ, ㄸ, ㅌ', 'ㅂ, ㅃ, ㅍ' 등이 삼항 대립의 관계를 맺으면서 하나의 계열체를 형성하고 있다. 이들은 음절을 구성할 때 서로 대립하는 동시에 같은 자리에 출현할 수 없다. 이처럼 일정한 규칙에 따라 구성되는 관계는 체계(system) 또는 구조(structure)를 이루게 된다.

언어 기호의 체계에 대한 이해는 한국어교육에서도 매우 유용하고 중요한 교육 내용이자 수단이다. 초급 단계의 한국어 학습자는 한국어 자모 체계가 자음은 삼항 대립으로, 모음은 양성과 음성으로 이루어져 있다는 것, 음절을 구성할 때에 초성과 중성 그리고 종성이 어울려 쓰이는 제자 원리를 이해해야 한다. 한국어의 단위별 체계에 대한 지식을 바탕으로 단계적으로 교수 학습할 때 학습 효과를 거둘 수 있다.

문법 교육에서는 교육의 단위가 되는 문형에 결합 가능한 어휘를 체계적으로 구성하여 가르치는 것이 중요하다. 어휘 간의 관계를 고려할 때 문장의 의미를 더 잘 이해할 수 있기 때문이다. 그러므로 한국어 교사는 학습의 단위를 마련할 때 언어 체계에 대한 이해를 선행하여야 하며 그 이해에 근거하여 학습 단위를 설정하는 것이 필요하다.　　　　　　　　　　　　　　　　　　　　　　　　　　　　　〈조형일〉

[참고문헌]
• 김기혁 외(2010), 언어 이야기, 경진.
• 김방한(1995), 언어학의 이해, 민음사.
• Robins, R. H. (1997), *A short history of linguistics*, 강범모 역, 2007, 언어학의 역사: 스토아 학파로부터 촘스키까지, 한국문화사.

■ 공시태와 통시태

공시태(共時態, synchronie)는 변화의 정지를 가정한 어떤 특정한 시기의 언어 상태이며 통시태(通時態, diachronie)는 시간의 흐름에 따라 변화하는 언어의 상태이다.

일정 시기의 정적인 언어 상태를 기술하는 것을 공시태 언어학이라고 하고 시간의 흐름 안에서 언어의 변화를 기술하는 것을 통시태 언어학이라고 한다. 공시태에 대한 연구와 통시태에 대한 연구는 각각 공시론과 통시론으로 번역하기도 한다.

공시론이란 일정 시기의 언어를 기능 작용의 측면에서 연구하는 것인데 이때의 연구 대상은 정태적인 체계가 된다. 공시적 연구에서는 언어의 진화 상태를 고려하지 않는다. 따라서 이때의 연구는 자료를 허용하는 한도 내에서 가능하다. 이에 비하여 통시론은 역사의 어느 시점에서 다른 시점에 이르는 계기적 연속을 살펴보는 것을 말한다. 통시적 언어 연구에서는 언어의 변화 양상을 살펴보며 언어를 진화의 관점에서 분석할 수 있는 체계로 간주한다.

소쉬르(F. Saussure)도 과학의 정태적 국면에 관련되는 모든 것을 공시적인 것으로, 진화에 관련되는 모든 것을 통시적인 것으로 보았다. 그리고 동일한 대상과 관련되어 있으나 서로 다른 두 질서에 속하는 현상의 대립과 교차를 좀 더 잘 설명하기 위해서 공시 언어학(synchronic linguistics)과 통시 언어학(diachronic linguistics)을 구분하였다.

공시태와 통시태의 구분은 현대 한국어 연구와 한국어사 연구를 구분하는 것에 비견할 수 있다. 현대 한국어의 '줄임말에 대한 연구'나 '어휘 간의 의미 관계에 관한 연구' 등은 공시적인 연구가 되고, 중세 한국어에서 '어리석다'라는 의미로 쓰이던 표현 '어리다'의 의미가 현대 국어에서 '나이가 적거나 수준이 낮다.'의 의미로 쓰이는 것을 비교 분석하는 연구는 통시적인 연구가 된다.

언어 변화에 대한 통시적 기술은 공시적 기술이 전제될 때 가능하다. 따라서 공시태는 동시성의 축에 놓이며 통시태는 계기성의 축에 놓인다고 할 수 있다. 다시 말해서 동시대의 언어에 대한 연구가 곧 통시적인 언어 연구의 배경이 되는 것이다. 이는 언어 교육의 내용을 선정할 때 중요한 인식을 제공한다. 한 시대의 언어 교육 자료는 그 시대의 시대적 합의를 거쳐 정리된 결과물로 볼 수 있기 때문이다. 다양한 형태가 공존하는 언어 표현 중에서 합의되고 정제된 언어 자료를 질료(質料)로 하는 통시적인 비교를 통해서 우리는 한 언어가 변화하는 모습을 비교적 정확하게 고찰할 수 있다. 〈조형일〉

[참고문헌]
- 김기혁 외(2010), 언어 이야기, 경진.
- Crane, L., Yeager, E. & Whitman, R. L. (1981), *An introduction to linguistics*, 이기동·신현숙 역, 1994, 언어학 개론, 한국문화사.
- Saussure, F. (1972), *Cours de linguistique générale*, 최승언 역, 1991, 일반 언어학 강의, 민음사.

■ 랑그와 파롤

랑그(langue)는 언어의 추상적인 체계를 말하며 파롤(parole)은 그 언어의 개별적인 발화 양상을 말한다.

언어는 하나의 체계로서 사회 구성원이 공유하기 때문에 의사소통이 이루어지지만 그와 동시에 각 개인마다 다르게 가지고 있는 사적인 체계로도 볼 수 있다.《일반 언어학 강의(*Cours de linguistique générale*)》를 보면 소쉬르(F. Saussure)는 전자를 랑그, 후자를 파롤이라고 부르고 개인마다 다를 수 있는 파롤보다 공동의 사회적 체계로서의 언어, 즉 랑그를 언어학의 대상으로 보았다.

랑그는 언어 활동에서 이루어지는 모든 현상에 대한 규범이라고 할 수 있다. 소쉬르는 발음되는 음절을 청각적 인상으로 보았는데 단순한 음만으로는 진정한 언어 활동이 될 수 없다고 파악했다. 언어 활동에 관여하는 개인과 사회의 의미, 기능적 약속이 필요하다고 본 것이다. 따라서 랑그는 언어 활동의 사회적 산물인 동시에 개개인이 언어 능력을 발휘할 수 있도록 사회 집단이 채택한 필요 약정의 총체라고 할 수 있다. 다시 말해 소쉬르는 랑그가 언어 활동의 단위를 이룬다고 보았다.

대화자 A와 B는 상호 화언(話言, parole)의 순환을 재구성하면서 언어 활동을 수행한다. 이것은 다분히 개인적인 행위인데 이때 A의 머릿속에서 형성된 개념은 일종의 의식 현상으로서 언어 기호의 표상 또는 이를 표현하는 수단인 청각 영상에 결합되어 있다. 소쉬르는 하나의 개념이 주어지면 그 개념이 머릿속에서 청각 영상을 불러일으킨다고 가정했다. 이는 머릿속에서 구성되는 개념을 추상화한 표현으로 이해해야 할 것이다. 이때의 머릿속 개념, 즉 청각 영상이 발성 기관을 자극하여 음파로 변환되고 B에게 전달되는 대화의 과정을 도식화하면 아래의 그림과 같다.

〈소쉬르의 화언(話言) 순환 도형〉

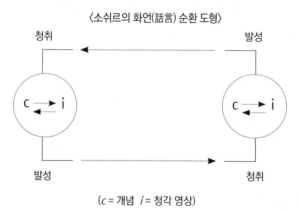

(*c* = 개념 *i* = 청각 영상)

소쉬르는 이 순환을 입으로부터 귀까지 흐르는 음파의 외적 부분과 나머지 내적 부분, 정신적 부분과 비정신적 부분, 능동적 부분과 수동적 부분으로 나눈다. 이 가운데 비정신적 부분이란 머릿속을 제외한 외부 기관에서 제어되는 물리적인 부분과 그곳에서 일어날 수 있는 생리적인 현상까지 포함하는 개념이다. 그리고 A에서 B로 진행되는 모든 것은 능동적으로, B의 귀에서부터 머릿속까지 가는 모든 것은 수동적으로 이해한다. 결국 머릿속에 위치한 정신적인 부분 안에서 능동적인 것(c→i)으로의 이행은 수행적이고 수동적인 것(i → c)은 모두 수용적이다. 이때 수행적인 면은 결코 집단이 행하는 것이 아니다. 물론 언어 활동에 관계하는 언중에게는 어느 정도 평균치의 수행과 수용이 기대될 수 있다. 하지만 소쉬르는 언어를 화자의 기능이 아니라 개인이 수동적으로 습득하는 산물이라고 본다. 그러므로 수행은 언제나 개인적이고 개인은 언제나 수행의 주체가 된다. 소쉬르는 이것을 파롤이라 부른다.

랑그와 파롤은 언어 기원과 개별 언어 간의 유사성에 중점을 두어 연구했던 그 시대의 언어학적 흐름을 전환시킨 중대한 개념이다. 이 구분에 따라 언어를 기호로 볼 수 있게 되었고 비로소 언어의 체계에 대한 연구가 시작되었다. 이와 같은 개념의 구분은 이후의 구조주의 언어학이 수행하는 언어 체계와 기호에 대한 연구에 초석을 제공하는 한편 촘스키(N. Chomsky)의 보편 문법(universal grammar)과 언어 능력(language competence), 언어 수행(language performance) 등의 개념이 발아하는 데 자양분이 되었다. 〈조형일〉

[참고문헌]
- 강범모(2010), 언어: 풀어 쓴 언어학 개론, 한국문화사.
- 김성도(1999), 로고스에서 뮈토스까지: 소쉬르 사상의 새로운 지평, 한길사.
- Saussure, F. (1972), *Cours de linguistique générale*, 최승언 역, 1991, 일반 언어학 강의, 민음사.

■ 계열 관계와 통합 관계

계열 관계(系列關係, paradigmatic relation)는 발화 연쇄를 이루는 구성 요소들 간의 대치 가능한 관계를 의미하며 통합 관계(統合關係, syntagmatic relation)는 발화 연쇄의 선적인 배열 관계를 의미한다.

소쉬르(F. Saussure) 이래로 구조주의 언어학에서는 언어 표현을 발화 연속상의 통합 관계와 요소 또는 범주들의 대립 체계 속에서 이해되는 계열 관계로 구분해 왔다. 계열 관계는 품사와 하위 단어 부류와 관련되고 통합 관계는 통사·의미적 결속 관계와 관련된다.

(1) 경민이가 혜진이에게 꽃을 주었다.

이 문장은 '경민', '혜진', '꽃'이라는 명사와 '가', '에게', '을'이라는 조사 그리고 '주다'라는 동사의 결합으로 이루어졌다. 이때 한국어의 특성상 주어, 부사어, 목적어, 서술어의 순서로 결합되면서 각각 조사에 의해서 자릿값이 실현된다. '경민', '혜진', '꽃'은 '주다'라고 하는 서술어의 논항이 되는데 이들은 서술어를 중심으로 통합 관계를 이루고 있다.

(2) 혜진이가 경민이에게 꽃을 주었다.

예문 (2)와 앞의 예문 (1)은 구성 요소가 모두 같다. 하지만 예문 (1)에서 주어로 기능하는 '경민'과 부사어로 기능하는 '혜진'이 예문 (2)에서는 각각 부사어와 주어로 그 자릿값이 바뀌어 문장의 의미가 완전히 변화하였다. 이 문장들의 구성 요소는 모두 같지만 계열적으로 달라졌고 이에 따라 문장 간 통합 관계도 달라졌다.

주격 조사 '가'와 결합한 자리에 '혜진'과 '경민'처럼 '철수'나 '영희'도 올 수 있지만 '꽃'은 올 수 없다. '꽃'은 무정 명사이므로 무엇을 누군가에게 주거나 받을 수 있는 대상이 되지 못한다. 이처럼 명사라는 하나의 계열체이면서 다른 단어들과의 관계, 즉 계열체 내에서 그것들이 차지하는 위치에 따라 의미가 이루어지는 관계를 계열 관계라고 한다. 그리고 이들이 하나의 문장 안에서 주어와 목적어, 보어, 서술어 등으로 결합하는 것을 통합 관계라고 한다.

언어 기호는 이처럼 체계 안에서 이해되어야 한다. 독립적으로 파악되는 기표와 기의는 존재하지 않는다. 서로 무관해 보이는 요소들은 체계 안의 관계로서 이해될 때 비로소 가치를 갖게 된다.

계열 관계와 통합 관계는 한국어교육에서 매우 유용하고도 중요한 교육 내용이다. 초급 단계의 한국어 학습자는 한국어를 조사라는 문법적 특성을 지닌 교착어로 이해하고 접근해야 한다. 이와 함께 어미의 형태 변화를 통해 문형이 달라진다는 점도 필수적으로 이해해야 한다. 한국어 교사는 이와 같은 조사와 어미 간의 통합 관계뿐만 아니라 문장 단위에서 서로 대치될 수 있는 어휘들을 제공하는 계열 관계에 대해서도 알아야 한다. 한국어 수업에서 통합 관계와 계열 관계를 활용하는 연습은 학습자가 올바른 형태의 문장을 이해하고 생산하는 데에 도움이 될 수 있다. 〈조형일〉

[참고문헌]
• 김기혁 외(2010), 언어 이야기, 경진.
• Robins, R. H. (1997), *A short history of linguistics*, 강범모 역, 2007, 언어학의 역사: 스토아 학파로부터 촘스키까지, 한국문화사.
• Saussure, F. (1972), *Cours de linguistique générale*, 최승언 역, 1991, 일반 언어학 강의, 민음사.

■ 기표와 기의

기표(記標, 시니피앙, signifiant)란 소쉬르(F. Saussure)의 기호 이론에서 기호의 양면 중 기호의 표현면, 즉 음성으로 표현된 외적 형식을 말하며 기의(記意, 시니피에, signifié)란 기호의 내용면, 즉 기호 안에 담긴 내적 의미를 말한다.

소쉬르는 언어를 하나의 기호 체계로 보며 언어 단위를 언어 기호에 내포된 개념인 기의와 청각 영상인 기표의 집합으로 형성된 사물이라고 본다. 이때 이 두 요소는 모두 정신적인 것이며 머릿속에서 연합 관계를 이루고 있는 것이다. 따라서 소쉬르의 관점에서 언어 기호가 결합시키는 깃은 하나의 사물과 하나의 병칭이 아니라 하나의 개념과 하나의 청각 영상이다. 이때의 청각 영상이란 순전히 물리적·실체적 소리가 아니라 그 소리의 정신적 흔적을 의미한다. 이는 감각으로 증언된 소리의 재현이라고도 말할 수 있다.

〈개념과 청각 영상〉

언어 기호는 개념과 청각 영상의 양면으로 구성된 정신적인 실체가 된다. 그리고 이 두 요소는 서로 밀접하게 결합되어 상호 간의 존재를 전제한다. '나무'의 개념이 [나무]라는 음성으로 전달되든지 /나무/라고 표기된 형태로 제시되든지 간에 '나무'가 의미하는 개념은 한국어의 언어 체계 안에서 사용자가 떠올리거나 이해하는 관념을 대변한다. 소쉬르는 이와 같이 개념과 청각 영상이 결합하는 것을 기호라고 부른다. 이에 따르면 /나무/라는 기호에는 '나무'라는 개념이 수반된다.

소쉬르는 어떠한 의미 또는 개념 전체를 지칭하고자 할 때는 기호를 사용하고 개념을 지칭할 때는 기의, 청각 영상을 지칭할 때는 기표를 사용할 것을 제안했다. 기표와 기의의 결합 관계는 자의적(arbitrary)이다. 다시 말해서 하나의 기호를 구성하는 기표와 기의 간에는 강제적이거나 필수적인 원리가 존재하지 않는다. 한국어 어휘 '사람', '밥', '사랑' 등의 개념과 청각 영상, 즉 기의와 기표 간에는 어떠한 연관성도 존재하지 않는다. 의미와 소리, 의미와 표기 간에 어떠한 내적 관계도 존재하지 않는다는 말이다. 한 사회에서 채택되고 사용되는 표현은 원칙적으로 집단이 허용하는 습관에 토대를 둔다. 따라서 기호는 규칙에 의해 사용되는 것이지 기호에 내재된 가치에 의존하지 않는다.

청각 영상으로서의 기표는 청각적인 본질에 따라 해석한다. 발화 상황 중 화자로부터 출발하여 청자에게 도달하는 청각 영상은 당연히 시간 속에서 전개되며 이에 따라 시간의 속성에서 비롯되는 특징을 지닌다. 기표는 시간의 길이를 반영하고 이 길이는 단일 차원에서 측정이 가능하다. 이를 소쉬르는 기표의 선적(線的) 특성으로 보았다.

다시 말해 이러한 기표의 특성은 음절과 강세가 단일 발성 행위를 구성함을 뜻한다. 예를 들어 한국어의 '밥'에서 '밥'이라는 음절 소리는 음소 'ㅂ', 'ㅏ', 'ㅂ'이 차례로 소리 나야 구성된다. 그리고 '밥'이라고 발화하는 동안 다른 표현을 구현하는 것은 불가하다. 이것이 기표의 선적 특성이다.

기표는 그것의 표현 대상인 개념, 즉 기의와 연결될 때 언어 사용 집단이 강요한 것으로 해석할 수 있다. 기표와 기의가 결합된 후에는 언중의 의견이 반영되기 어렵고 언어가 선택한 기표를 다른 기표로 대체하기도 쉽지 않다.

기표와 기의에 대한 구분은 구조주의 언어학에서 가장 핵심이 되는 개념이자 그것의 출발점으로 이해할 수 있다. 당시까지의 언어학은 언어의 기원을 찾는 역사 비교 언어학적 인식과 방법론에 머물러 있었다. 그러므로 소쉬르로부터 시작된 기표와 기의에 대한 인식은 그때까지의 언어관을 획기적으로 바꾸어 주었다고 할 수 있다.

한국어교육에서 기표와 기의는 모어와 한국어에서 동일한 의미를 지시하는 방법이 각각 다르다는 것을 인식할 때 유용한 개념이다. 예를 들어 영어에서 형제를 지칭하는 표현은 'brother-sister-sibling'으로 충분하지만 한국어에서는 '형-누나-동생-형제-자매-남매' 등으로 분화된다. 동일한 현상에 대한 개념 인식의 상세화가 기표의 분화를 가져온 것이다. 따라서 외국인 학습자가 한국어 어휘의 의미와 표현 방식을 올바로 이해하기 위해서는 이 두 가지 개념을 분명하게 인식할 수 있어야 한다. 〈조형일〉

= 시니피앙, 시니피에

[참고문헌]
• Saussure, F. (1972), *Cours de linguistique générale*, 최승언 역, 1991, 일반 언어학 강의, 민음사.

1.2. 생성주의 언어학

생성주의 언어학(生成主義言語學, generative linguistics)은 내재적·생득적 언어 지식인 보편 문법(universal grammar)을 바탕으로 언어 현상과 언어 습득을 연구하는 학풍을 말한다.

행동주의에 따라 언어를 설명하려 한 스키너(B. F. Skinner)는 다른 여러 가지 인간의 능력과 마찬가지로 언어 능력도 자극과 반응, 강화 등으로 설명하고자 하였다. 하지만 언어 능력을 행동주의적 관점에서 본다 하더라도 언어 자료가 학습을 위한 자극으로 받아들여지려면 이를 인지할 수 있는 주체의 능력이 먼저 존재해야 한다. 또한 그러한 능력은 학습과 무관하게 존재해야 하므로 언어 자료를 파악하는 능력과 같은 언어 지식은 내재적·생득적으로 존재한다고 볼 수 있다.

생성주의 언어학은 위와 같은 관점에 따라 언어 지식의 내재성·생득성을 강조하며 내재적·생득적 언어 지식을 보편 문법이라 부른다. 보편 문법은 모든 인간이 유전적으로 타고나는 것으로서 언어 자료 등의 환경과 상호작용하여 특정 언어로 성장한다. 생성주의 언어학이 주장하는 언어 지식의 내재성·생득성은 동물 행동학(ethology)에서 수행한 동물의 생득적 본능 연구에 힘입은 바가 크다.

나아가 생성주의 언어학은 내재적·생득적 언어 지식, 즉 보편 문법이 형식적인 연산 체계(formal computational system)의 모습을 띤다고 간주한다. 이러한 입장에 따라 문법은 의미를 고려하지 않거나 의미에 대한 고려와는 별개로 존재하게 된다. 이는 블룸 필드(L. Bloomfield)의 기술 언어학에서부터 채택된 입장으로 의미에 중점을 두는 기능주의(functionalism)와 대립된다.

생성주의 언어학은 지난 세기 중반에 시작되어 지금까지 몇 차례 크고 작은 변화를 겪어 왔다. 대개 언어 자료 기술과 언어 습득 사이의 균형을 모색하는 과정에서 변화가 나타났으며 '표준 이론, 확대 표준 이론, 수정 확대 표준 이론, 지배 결속 이론, 원리와 매개 변인 이론, 최소주의 이론' 등의 과정을 거쳐 전개되었다. 최근의 흐름인 최소주의 이론에서는 문법과 자연 현상을 지배하는 원리 사이의 관계에까지 관심의 폭을 넓히고 있다.

생성주의 언어학은 지금까지 언어의 형식적 속성을 탐구해 오면서 언어에 대한 이해에 지대한 공헌을 했으나 언어의 기능 또는 언어의 사회적 성격 등에 관한 연구에는 별다른 기여를 하지 못했다는 한계가 있다. 〈이정훈〉

= 생성 언어학

[참고문헌]
• Chomsky, N. (1957), *Syntactic structures*, 이승환·이혜숙 역, 1966, 변형 생성 문법의 이론, 범한서적주식회사.
• Chomsky, N. (1965), *Aspects of the theory of syntax*, 이승환·임영재 역, 1975, 생성 문법론, 범한서적주식회사.
• Chomsky, N. (1981), *Lectures on government and binding: The Pisa lectures*, 이홍배 역, 1987, 지배 결속 이론: 피사 강좌, 한신문화사.
• Chomsky, N. (1995), *The minimalist program*, 박명관·장영준 역, 2001, 최소주의 언어 이론, 한국문화사.
• Tomalin, M. (2006), *Linguistics and the formal sciences: The origins of generative grammar*, Cambridge University Press.

■ 언어 능력과 언어 수행

언어 능력(言語能力, linguistic competence)은 이상적인 화·청자(speaker-hearer)가 지니는 언어에 대한 지식을 의미하며 언어 수행(言語遂行, linguistic performance)은 구체적인 상황에서의 실제 언어 사용을 의미한다.

촘스키(N. Chomsky)가 주창한 생성 문법은 유심론적(mentalistic) 관점에서 관찰 가능한 행동, 즉 언어 자료라고 볼 수 있는 언어 수행 그 자체보다는 언어 자료 이면에 존재하는 정신적 능력인 언어 능력을 연구 대상으로 삼았으며 이러한 경향은 생성 문법이 출현한 때부터 지금까지 변함이 없다.

언어 능력이 있기 때문에 언어 수행이 가능하지만 그렇다고 해서 언어 능력이 언어 수행에 온전히 반영되는 것은 아니다. 기억의 한계, 실수, 부주의 등과 같이 문법과 무관한 요인들도 언어 수행에 관여하기 때문이다. 따라서 기억의 한계, 실수, 부주의 등이 없는 상황에서만 언어 능력이 언어 수행에 그대로 반영되는데 이러한 상황에서 자기가 사용하는 언어를 완벽하게 아는 화·청자를 '이상적인 화·청자'라 한다.

생성 문법이 연구 대상으로 삼는 언어 능력은 바로 이상적인 화·청자가 갖추고 있는 언어 능력이지만 이상적인 화·청자가 실제로 존재한다고 보기는 어렵다. 이런 이유로 존재하지 않는 이상적인 화·청자의 언어 능력을 연구하는 것은 타당하지 않다는 비판이 제기되기도 한다. 하지만 연구실에서 현실을 이상화한 실험을 통해 자연 현상을 연구하듯이 언어도 그러한 방법으로 연구할 수 있으며 이상적인 화·청자가 연구 방법론의 차원에서 상정되는 점을 고려하면 적확(的確)한 비판이라 보기 어렵다.

언어 능력의 내용은 보편 문법과 개별 문법이라는 두 차원에서 규정할 수 있으며 생성 문법 이론의 변화에 따라 지속적으로 개정되어 왔다. 특히 언어 능력의 일부분인 보편 문법에 대한 관점은 이론 변화에 따라 몇 차례 수정되었다.

보편 문법은 내재적·생득적이므로 당연히 언어 능력에 포함된다. 또한 언어 자료를 접하면서 보편 문법이 구체화된 것이 한국어 문법, 중국어 문법, 일본어 문법 등의 개별 문법이므로 개별 문법도 언어 능력에 포함된다. 개별 언어는 보편 문법만으로는 다루기 어려운 문법을 포함할 수도 있는데 이렇게 보편 문법을 벗어난 개별 언어의 문법도 개별 문법의 일부이며 언어 능력에 포함된다. 따라서 언어 능력은 보편 문법에서 시작하여 보편 문법에서 유래한 것과 개별 언어 특유의 것을 모두 포함하는 개별 문법까지를 아우르는 개념이다.

언어 능력만을 고려하면 '비가 온다.'는 물론이고 '그가 비가 온다고 말했다.'와 '너는 그가 비가 온다고 말했다고 주장했다.' 그리고 '나는 너는 그가 비가 온다고 말했다고 주장했다고 생각한다.' 모두가 문법적이라는 점에서 동질적이다. 하지만 이 예들은 해석의 부담 면에서 차이가 있다. 이러한 차이는 언어 수행 차원에서 야기되는 것으로 발화 해석에 더해 조음, 청음, 발화 생성, 언어 습득 등이 생성 문법의 관점을 기반으로 심리 언어학, 습득론 등의 분야에서 활발히 연구되고 있다.

언어 능력과 언어 수행을 구분하는 것은 복잡하고 혼란스러운 언어 현상을 과학적으로 연구하기 위해서 필수적이다. 하지만 이러한 구분에는 자칫 편의적인 조치에 머물 수 있는 위험도 존재한다. 어떤 것이 언어 능력에 속하고 어떤 것이 언어 수행에 속하는지 결정할 수 있는 확실한 기준이 있다고 보기 어렵기 때문이다. 더불어 언어 연구에 과학적 관점이 유용하긴 하지만 과학적 관점만으로는 언어를 온전히 이해하기가 어렵다.

〈이정훈〉

[참고문헌]
• Chomsky, N. (1965), *Aspects of the theory of syntax*, 이승환·임영재 역, 1975, 생성 문법론, 범한서적주식회사.
• Cook, V. & Newson, M. (2007), *Chomsky's universal grammar: An introduction*, Blackwell.
• Levelt, W. (1989), *Speaking: From intention to articulation*, 김지홍 역, 2008, 말하기: 그 의도에서 조음까지, 나남.
• Whitney, P. (1997), *The psychology of language*, 이승복·한기선 역, 2003, 언어 심리학, 시그마프레스.

■ 변형 생성 문법

변형 생성 문법(變形生成文法, transformational generative grammar)은 내재적·생득적 언어 지식과 언어의 형식적 속성을 강조하는 생성 문법의 일종으로서 특히 변형을 인정하는 생성 문법을 가리킨다.

변형 생성 문법은 구 구조 규칙(phrase structure rule: PS-rule)과 변형 규칙(transformational rule: T-rule)으로 언어 현상을 기술하고 설명한다. 구 구조 규칙만으로 언어 현상을 다루면 문법이 매우 복잡해질 뿐만 아니라 언어 현상 내에 존재하는 일반성을 제대로 포착하기 어려운 난관에 봉착하게 되기 때문에 변형 규칙의 존재를 인정한다.

이에 따라 문장의 구조는 구 구조 규칙과 변형 규칙이라는 두 가지 규칙으로 설명되며 구 구조 규칙으로 심층 구조(기저 구조, deep structure)를 형성하고 변형 규칙은 심층 구조에 적용되어 표층 구조(표면 구조, surface structure)를 형성하는 것으로 본다. 예를 들어 목적어가 주어 앞으로 이동(movement)한, '이 책을 그가 썼다.'와 같은 문장은 아래 그림과 같이 'S → NP VP', 'VP → NP V' 등의 구 구조 규칙으로 형성된 심층 구조 '그가 이 책을 썼다.'에 이동 규칙이 적용되어 형성된다.

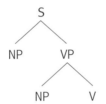

이동 규칙은 변형 규칙의 일종으로서 어떤 성분을 제자리에서 다른 곳으로 옮기는 규칙이며 대략 'XYZ → YXZ'(Y가 X와 Z 사이에서 X 앞으로 이동)와 같은 모습을 지닌다. 아래 예에서 X, Y, Z는 각각 '그가', '이 책을', '썼다'가 된다.

변형 규칙에는 이동 규칙 외에 'XYZ → XZ'(X와 Z 사이의 Y 삭제)와 같은 삭제(deletion) 규칙과 'XZ → XYZ'(X와 Z 사이에 Y 삽입)와 같은 삽입(insertion) 규칙이 있다. 변형 규칙의 이점은 크게 두 가지로 요약할 수 있다. 하나는 특정 언어 표현을 형성할 수 있다는 점이고 다른 하나는 언어 표현 사이에 존재하는 체계적 관련성을 포착할 수 있다는 점이다. 변형 규칙이 지닌 이점은 위에 제시한 예를 통해 확인할 수 있다.

타당한 문법 규칙은 충분한 제약성을 갖추어야 한다. 다시 말해 문법 규칙은 언어 현상과 언어 습득에 부합해야 타당성을 인정받을 수 있다. 이에 구 구조 규칙과 변형에 대한 제약이 생성 문법의 주요 과제로 대두되었고 그 해결책이 지속적으로 탐구되고 있다.

〈이정훈〉

[참고문헌]
- 박병수·홍기선·윤혜석(1999), 문법 이론, 한국문화사.
- Chomsky, N. (1965), *Aspects of the theory of syntax*, 이승환·임영재 역, 1975, 생성 문법론, 범한서적주식회사.
- Chomsky, N. (1995), *The minimalist program*, 박명관·장영준 역, 2001, 최소주의 언어 이론, 한국문화사.
- Newmeyer, F. (1986), *Linguistic theory in America*, 나병모 역, 1991, 현대 언어학의 흐름, 글.

❏ 보편 문법

보편 문법(普遍文法, universal grammar: UG)은 내재적·생득적으로 갖춘 언어에 대한 지식을 말한다.

인간이 후천적으로 언어 자료를 접하고 언어를 습득할 수 있는 것은 보편 문법을 내재한 상태로 태어나기 때문이다. 보편 문법과 함께 언어 습득 장치(language acquisition device: LAD)도 언어 습득에 관여하는데 전자는 지식에 해당하고 후자는 지식을 실제로 사용하는 차원에 해당한다. 보편 문법이 결여되면 인간은 후천적으로 접하는 언어 자료를 언어 학습을 위한 자료로 활용하지 못하게 되므로 언어를 습득할 수 없다.

보편 문법의 구체적인 모습에 대한 견해는 생성 문법 이론이 전개되는 방향에 따라 지속적으로 수정되어 왔다. 수정의 방향은 크게 두 가지로 요약할 수 있다. 하나는 보편 문법의 내용을 축소하는 것이고 다른 하나는 언어와 언어 이외의 인지 능력 사이의 상호작용을 강조하는 것이다. 예를 들어 지배 결속 이론(government and binding theory)에서 풍부하게 논의된 보편 문법은 이후 보다 근본적인 원리 및 규칙 체계로 재해석되면서 최소화되고 있으며 언어와 수 개념(number sense) 간의 관계, 언어와 공간 이해(navigation) 간의 관계 등이 탐구되고 있다.

위와 같은 맥락에서 최근에는 모든 언어에 일률적으로 작용하는 원리(principle) 그리고 언어 간 차이와 통하는 매개 변인(parameter), 이 두 가지가 보편 문법을 구성한다고 본다. 예를 들어 주어, 목적어, 서술어가 존재하는 것은 모든 언어에 작용하는 일반적인 원리에 따른 것인 반면 언어에 따라 주어, 목적어, 서술어의 어순이 달라지는 것은 매개 변인에 의한 것이다.

매개 변인에는 'A 또는 B'와 같은 선택적 속성이 있다. 예를 들어 목적어(O)와 서술어(V)의 어순은 언어에 따라 한국어처럼 'OV'로 나타나기도 하고 영어처럼 'VO'로 나타나기도 하는데 이러한 차이와 관련된 매개 변인이 핵 매개 변인(head parameter)이다. 핵 매개 변인은 문장 성분 구성에서 핵이 차지하는 위치를 정하는 매개 변인으로서 이에 따라 핵은 핵이 아닌 성분의 뒤에 위치하거나 앞에 위치하게 되는데 핵이 다른 성분에 앞서는 언어를 선핵 언어(head initial language), 핵이 다른 성분의 뒤에 오는 언어를 후핵 언어(head final language)라고 한다. 목적어와 서술어 중에서 핵은 'V'이므로 선핵 언어는 'VO'의 어순을 보이고 후핵 언어는 'OV'의 어순을 보인다. 핵 매개 변인을 포함하여 매개 변인은 언어 습득 과정에서 노출되는 구체적인 언어 자료를 통해 구체화된다.

보편 문법이 주창되기 이전에 언어는 주로 사회적 차원에서 규정되었고 학습에 의해 습득된다고 보았다. 보편 문법은 이러한 흐름에서 탈피해 언어를 습득하는 개인의 마음(mind), 이 마음의 구체적인 모습과 작동 방식을 중시하여 언어 이해에 새로운 지평을 개척한 것으로 평가되며, 합리주의 언어관이 부활한 것으로 간주된다. 〈이정훈〉

→ 매개 변수 재설정

[참고문헌]
- Baker, M. (2001), *The atoms of language: The mind's hidden rules of grammar*, Basic Books.
- Chomsky, N. (1995), *The minimalist program*, 박명관·장영준 역, 2001, 최소주의 언어 이론, 한국문화사.
- Hornstein, N., Nunes, J. & Grohmann, K. K. (2005), *Understanding minimalism*, 구자혁 역, 2008, 최소주의 문법의 이해, 경문사.

❏ 언어 습득 장치

언어 습득 장치(言語習得裝置, language acquisition device: LAD)는 특정 언어의 구체적인 언어 자료를 기초로 해서 그 언어에 적합한 문법을 산출하여 언어 습득을 가능하게 해 주는 내재적·생득적 기제를 말한다.

언어 습득 장치는 언어 자료를 확인하고 확인된 언어 자료를 분석하는 작업을 수행한다. 이때 언어 습득 장치가 언어 자료를 분석하는 데에는 보편 문법이 동원된다. 또한 언어 자료 분석 결과는 하나가 아닌 둘 이상의 문법 규칙을 허용하기도 하므로 언어 습득 장치는 문법 규칙들을 평가할 수도 있어야 한다.

언어 습득 장치가 보편 문법과 뚜렷이 구분된다고 보기는 어렵다. 내재적·생득적 언어 지식 자체를 가리킬 때에는 보편 문법이라 하고 내재적·생득적 언어 지식이 언어 습득에 동원될 때에는 언어 습득 장치로 기능한다고 보는 것이 타당하다.

언어 습득 장치가 모어(mother tongue) 습득에 관여한다는 데에는 이견이 없지만 언어 습득의 결정적 시기를 지난 성인이 제2 언어를 배울 때 언어 습득 장치가 관여하는가에 대해서는 의견이 갈린다. 언어 습득 장치는 아예 동원되지 않으며 일반 문제 해결 기제만 작동한다는 견해가 있는 한편 일반 문제 해결 기제와 더불어 언어 습득 장치도 동원된다는 견해도 있다.

언어 습득 장치가 제안되기 전에는 미분화된 인지 능력이나 범용 학습 기제 등을 기초로 언어가 습득된다는 견해가 지배적이었다. 하지만 이러한 견해는 단기간 내에 신속히 진행되는 언어 습득 현상, 파편적이고 정확하지 않은 언어 자료를 접하면 서도 체계적인 문법을 습득하는 현상 등을 설명하지 못한다. 이는 언어 습득 장치, 즉 내재적·생득적으로 언어 습득에 특화된 인지 능력이 존재한다고 보면 자연스럽 게 설명된다. 〈이정훈〉

→ 제1 언어 습득, 결정적 시기 가설

[참고문헌]

• Chomsky, N. (1965), *Aspects of the theory of syntax*, 이승환·임영재 역, 1975, 생성 문법론, 범한서적주식회사.
• Chomsky, N. (1981), *Lectures on government and binding: The Pisa lectures*, 이홍배 역, 1987, 지배 결속 이론: 피사 강좌, 한신문화사.
• Cook, V. & Newson, M. (2007), *Chomsky's universal grammar: An introduction*, Blackwell.

■ 확대 표준 이론

확대 표준 이론(擴大標準理論, extended standard theory)은 표준 이론에서 발달하였 으며 의미 해석이 심층 구조뿐만 아니라 표층 구조에서도 이루어진다고 보는 이론이다.

촘스키(N. Chomsky)가 주창한 생성 문법은 표준 이론, 확대 표준 이론, 수정 확대 표 준 이론, 최소주의 등의 단계를 거치며 지속적으로 개정되어 오고 있다. 이 중 확대 표 준 이론은 1960년대에 시작하여 1970년대에 활발히 전개된 생성 문법이다.

확대 표준 이론 이전의 표준 이론은 의미 해석이 표층 구조와는 무관하며 심층 구조 에만 관여한다고 보았다. 하지만 의미 해석을 이와 같이 바라본 표준 이론은 다음 두 가지 질문을 중심으로 하여 비판적으로 재조명 받았다. 첫째, 과연 심층 구조가 의미 를 충분히 반영하는가? 둘째, 표층 구조는 의미 해석에 전혀 영향을 미치지 않는가?

먼저 첫 번째 문제에 대해 살펴보면, 표준 이론의 관점에서 의미의 차이는 심층 구조 의 차이이고 의미적 동질성은 심층 구조의 동질성이므로 결국 심층 구조와 의미 구조 가 따로따로 존재할 근거가 없다. 이에 보다 직접적으로 의미를 통사 구조에 반영하려 는 생성 의미론(generative semantics)이 대두되었다. 생성 의미론은 심층 구조가 의미 구조를 제대로 반영하지 못한다고 판단하여 심층 구조를 폐기하고 그 대신에 의미 구조 를 제시하며, 이 의미 구조에 변형이 적용되어 표층 구조가 나타나는 것으로 본다. 예를 들어 동사 'kill'은 의미 구조에는 등장하지 않고 의미 구조에 변형이 적용된 표층 구조에 등장하게 된다. 즉 'kill'은 의미적으로 여러 개의 의미 성분으로 분석되므로, 의미 구조 에는 cause, become, not, alive 등의 술어가 등장하고 이들 술어가 인상 변형(predicate raising)에 의해 하나로 통합된 자리에 어휘 항목 'kill'이 삽입된다.

생성 의미론은 70년대 중반부터 급격하게 쇠퇴하였는데 이는 심층 구조 대신에 선 택한 의미 구조에서 야기되는 문제, 통사 범주를 소수의 몇 가지 통사 범주로 환원하려는 시도에서 야기되는 문제, 화용론을 통사론에 도입한 데 따르는 문제 등에 적절히 대응하지 못했기 때문이다.

두 번째로 심층 구조만 의미 해석의 대상이며 변형은 의미에 영향을 미치지 않는다는 표준 이론의 입장은 아래와 같은 예에서 그 타당성을 의심받게 되었다. 표준 이론에 따르면 아래의 두 예는 부정과 양화 해석에서 같은 의미로 해석되어야 하는데 실제로는 그렇지 않다. 이는 표면 구조에서 선행하는 요소가 후행하는 요소보다 넓은 의미 영역(scope)으로 해석되기 때문이다. 즉 (1)에서는 양화 표현 'many arrows'가 부정 'not'보다 넓은 의미 영역으로 해석되고 (2)에서는 부정 'not'이 양화 표현 'many arrows'보다 넓은 의미 영역으로 해석된다.

(1) Many arrows did not hit the target.
(2) The target was not hit by many arrows.

이에 심층 구조뿐만 아니라 표층 구조도 의미 해석의 대상으로 삼는 확대 표준 이론이 등장하였다. 의미 해석에 대한 확대 표준 이론의 이러한 입장은 흔히 생성 의미론에 대비되어 해석 의미론(interpretive semantics)이라 불린다. 〈이정훈〉

[참고문헌]
• Chomsky, N. (1965), *Aspects of the theory of syntax*, 이승환·임영재 역, 1975, 생성 문법론, 범한서적주식회사.
• Newmeyer, F. (1986), *Linguistic theory in America*, 나병모 역, 1991, 현대 언어학의 흐름, 글.
• Radford, A. (1982), *Transformational syntax: A student's guide to Chomsky's extended standard theory*, 서정목·이광호·임홍빈 역, 1984, 변형 문법이란 무엇인가: 촘스키의 확대 표준 이론 해설, 을유문화사.

■ 지배 결속 이론

지배 결속 이론(支配結束理論, government and binding theory)은 1970년대 말에 시작되어 1980년대에 활발히 전개된 생성 문법의 흐름으로서 지배 개념과 결속 개념을 중심으로 언어 현상을 설명하고자 한 이론이다.

지배 결속 이론은 촘스키(N. Chomsky)의 1979년 피사(Pisa) 강연을 기초로 하여 약간의 수정을 거친 후 거기에 장벽(barrier) 이론이 보태져 안정적인 이론으로서의 지위를 굳히게 되었다. 원리와 매개 변인 이론(principles and parameters theory)의 초석을 다지고 확대 표준 이론을 수정 및 보완한 성격을 띠므로 수정 확대 표준 이론(revised extended standard theory)이라고도 한다.

생성 문법은 70년대까지 구체적인 언어 자료를 기술할 수 있는 기술적 타당성(descriptive adequacy)의 추구와 언어 습득을 설명할 수 있는 설명적 타당성(explanatory adequacy)의 추구, 이 둘 사이의 갈등을 합리적으로 해결할 만한 방법을 마련하지 못하였다. 언어 자료의 기술에 충실하면 언어 습득에 부담을 야기하게 되고, 역으로 언어 습득의 부담을 줄이면 언어 자료 기술에 곤란을 겪는 상황에 정체되어 있었던 것이다. 이러한 상황을 타개하는 방안으로 대두된 것이 매개 변인(parameter)이다.

보편 문법의 모든 규칙과 원리의 작동 방식이 한 가지로 엄격히 고정되어 있다면 모든 언어의 문법은 본질적으로 같아야 한다. 하지만 언어는 서로 동질적인 면을 지니는 동시에 차이도 지닌다. 중요한 것은 언어 사이의 차이가 어순 유형론(word order typology)에서 보듯이 무분별하기보다는 체계적이라는 점인데, 이는 규칙과 원리가 일정한 범위 내에서 예측할 수 있는 차이를 허용하는 방식으로 작동함을 의미한다. 이에 규칙과 원리는 일정한 범위 내에서의 변이를 허용하는 매개 변인을 포함하게 된다.

위와 같은 매개 변인 개념이 생성 문법에 도입된 것은 지배 결속 이론 단계에 이르러서인데 지배 결속 이론이 상정한 문법의 모형은 대략 아래와 같다.

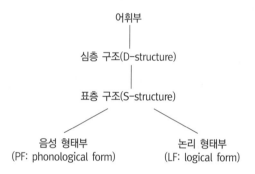

지배 결속 이론은 핵 계층 이론(X-bar theory), 의미역 이론(theta theory), 격 이론(case theory), 결속 이론(binding theory), 한계 이론(bounding theory), 통제 이론(control theory), 지배 이론(government theory) 등으로 구성되는 원리 체계를 상정하고 원리 체계의 이론들 각각이 독립적인 단위(module)로서 기능하는 동시에 서로 상호작용함으로써, 즉 조합적(modular)으로 작동함으로써 적격한 언어 표현을 형성하는 것으로 본다. 예를 들어 핵 계층 이론과 의미역 이론은 적격한 심층 구조를 보장하고 격 이론, 한계 이론, 지배 이론 등은 적격한 표층 구조를 보장한다.

원리 체계가 조합적으로 작동하여 심층 구조와 표층 구조의 적격성을 보장하므로 심층 구조에 적용되어 표면 구조를 형성하는 변형 자체는 매우 일반적인 모습을 띠게 된다. 즉 종래의 다종다양한 변형은 α-이동(move α), α-삭제(delete α), α-삽입(insert α) 셋으로 축소되었고, 여기서 α는 특정한 대상이 아니라 '모든 것' 또는 '아무것이나'를 가리킨다. α-이동, α-삭제, α-삽입 이 셋을 포괄하여 α-처리(affect α)라고도 한다.

지배 결속 이론은 기술적 충족성과 설명적 충족성 사이의 조화를 가능하게 하였지만 그와 동시에 이 이론에서 상정하는 문법 모형, 원리 체계의 구성, 매개 변인의 체계 등과 관련된 여러 문제를 제기하였다. 예를 들어 문법 모형에서 상정된 심층 구조는 반드시 필요한가, 원리 체계의 각 이론들은 필수적이며 이론들 각각은 축소될 수 없는가, 몇 가지 매개 변인이 존재하며 매개 변인 사이의 관계는 어떠한가 등의 문제가 제기되었고 이후의 이론 전개 양상은 이러한 문제에 대응하는 과정이라 할 수 있다.   〈이정훈〉

[참고문헌]
• Baker, M. (2001), *The atoms of language: The mind's hidden rules of grammar*, Basic Books.
• Chomsky, N. (1981), *Lectures on government and binding: The Pisa lectures*, 이홍배 역, 1987, 지배 결속 이론: 피사 강좌, 한신문화사.
• Haegeman, L. (1994), *Introduction to government and binding theory*, Blackwell.

■ 최소주의 이론

최소주의 이론(最小主義理論, minimalist program)은 1980년대 말에 시작되어 현재까지 지속되고 있는 생성 문법의 흐름으로서 경험적 차원에서는 물론이고 개념적 차원에서도 필수적인 규칙과 조건만으로 언어 현상을 설명하는 것을 목표로 하는 이론이다.

지배 결속 이론과 장벽(barrier) 이론으로 대표되는 수정 확대 표준 이론은 1980년대 말부터 재조명되기 시작하였다. 논의의 초점은 규칙 체계와 원리 체계의 잉여성을 줄이고 보다 추상적인 차원에서 기존의 규칙 체계와 원리 체계를 해체하고 통합하는 데에 있었다. 그 결과 언어는 근본적으로 병합(merge) 규칙과 경제성(economy) 원리에 따라 운용되는 것으로 간주되었다.

생성 문법은 구 구조 규칙과 변형 규칙을 논의의 두 축으로 삼는데 이는 최소주의도 마찬가지이다. 먼저 구 구조 규칙의 측면에서 최소주의는 수정 확대 표준 이론의 핵 계층 이론을 두 개의 언어 단위를 하나로 합치는 규칙인 병합(merge) 규칙으로 재해석한다. 이로써 수정 확대 표준 이론에서 구 구조 형성과 어휘 삽입으로 나누어졌던 구조 형성 절차는 병합이라는 단일 과정으로 통합된다.

다음으로 수정 확대 표준 이론의 변형 규칙인 이동 규칙은 최소주의 이론에서도 유지되는데 다만 그 성격에 대한 이해는 달라진다. 첫째, 이동은 독자적인 규칙이 아니라 아래에서 보듯이 '복사, 병합, 삭제'로 이루어진 복합 작용으로 재해석되고 이에 따라 수정 확대 표준 이론에서 가정한 흔적(trace)은 폐기된다. 흔적은 이동하는 요소가 이동 전 위치에 남기는 것으로 가정되었던 것으로 의미역 부여 등을 고려하면 그 존재가 필수적이지만 그 본질적인 성격이 무엇인지는 줄곧 의심의 대상이 되었었다. 따라서 흔적의 존재를 없앤 것은 이론적 부담이 줄어든 것을 의미한다. 나아가 이동을 '복사, 병합, 삭제'로 해석하는 방안은 언어 현상을 이해하는 데에도 도움이 된다는 것이 밝혀지면서 자료에 대한 설명력을 제고한 것으로 평가되었다.

철수가 영이를 만났다.
↓
'영이를' 복사, 병합, 삭제(=)
↓
영이를 철수가 ~~영이를~~ 만났다.

둘째, 이동은 본질적으로 병합과 일맥상통하는 것으로 간주된다. 이는 이동을 '복사, 병합, 삭제'로 이루어진 복합 작용으로 보는 견해와 통하는 것인데 이로써 구 구조 규칙과 변형 규칙은 병합이라는 하나의 규칙으로 통합된다. 이러한 시각에 따르면 인간 언어의 고유 특징으로 꼽히는 이동 현상, 즉 전위(displacement) 속성은 특이한 현상이 아니라 병합에 따른 당연한 결과에 해당한다.

이동의 성격에 대한 이해와 달리 이동을 규제하는 방안은 수정 확대 표준 이론의 논의가 그대로 계승되는 양상을 띤다. 수정 확대 표준 이론에서는 이동 규칙에 작용하는 여러 원리와 제약을 통합하려고 시도하였는데 이 과정에서 장벽 이론이 대두되었고 장벽 이론은 다시 상대적 최소성(relativized minimality) 이론으로 발전한다. 그 결과 이동 규칙에는 최단 거리 이동과 같은 경제성 원리가 작용하는 것으로 밝혀졌으며 최소주의 문법은 경제성 원리의 정확한 속성과 작동 방식을 이해하는 데 논의를 집중하고 있다. 〈이정훈〉

[참고문헌]
• Boeckx, C. (2006), *Linguistic minimalism: Origins, concepts, methods, and aims*, Oxoford University Press.
• Chomsky, N. (1995), *The minimalist program*, 박명관·장영준 역, 2001, 최소주의 언어 이론, 한국문화사.
• Hornstein, N., Nunes, J. & Grohmann, K. K. (2005), *Understanding minimalism*, 구자혁 역, 2008, 최소주의 문법의 이해, 경문사.

■ 결합가 문법

결합가 문법(結合價文法, valency grammar)은 어떤 핵 성분에 대한 논항의 개수와 의미역을 근거로 구성한 문법이다.

결합가(結合價, valency)는 지배자(支配者, governor)에 의존하는 요소의 개수를 뜻한다. 의존 문법 이외의 곳에서는 일반적으로 지배자를 핵(核, head)이라고 부르고 의존 요소는 논항(論項, argument)이라고 부른다. 'valency'는 '항가(項價)' 혹은 '자릿수' 등으로도 번역하는데 학교 문법에서는 '자릿수'라는 용어를 사용하고 있다.

결합가 문법은 의존 문법(依存文法, dependency grammar)의 핵심 분야이다. 결합가 문법은 결합가의 개수와 종류에 중점을 둔 문법 이론이고 의존 문법은 핵과 그것에 의존하는 논항의 관계를 구조적으로 접근하는 문법이다. 결합가 문법의 초기에는 주로 동사의 의존 관계만을 다루었으나 차츰 형용사의 의존 관계와 명사의 의존 관계도 깊이 있게 연구하고 있다. 또한 논항의 종류에 대해서도 의미론적 접근과 통사론적 접근을 분리해 인식하거나 필수성과 수의성을 정밀하게 분류하는 등 이론적으로 발전하고 있다.

결합가 문법의 요소는 크게 서술어(敍述語, predicate)와 논항(論項, argument)으로 이루어진다. 핵이 논항을 몇 개 요구하느냐에 따라 서술어의 자릿수가 결정된다. 논항은 핵과의 의미 관계에 따라 분류된 의미역(意味役, thematic role)을 갖는다.

(1) ㄱ. 철수가 밥을 먹는다.
ㄴ. 영수가 상자에 공을 넣는다.

(1ㄱ)에서 동사 '먹다'는 그 의미상 행위를 하는 주체, 즉 행위주역(行爲主役, agent) 논항과 행위를 받는 대상, 즉 대상역(對象役, theme) 논항을 요구한다. (1ㄴ)의 '넣다'는 '먹다'가 요구하는 행위주역 논항, 대상역 논항에 도달점역(到達點役, goal) 논항을 더 요구하는 동사이다. 이러한 의존 관계의 결과로 만들어진 기본 문형이 (1)이다.

명사나 형용사 역시 서술성을 가지면 논항이 필요하다. 명사의 논항은 통사적으로 거의 수의적으로 실현된다. 형용사의 논항은 동사보다는 통사적 필수성이 약한 경우가 많으나 명사보다는 통사적 필수성이 강한 경우가 많다.

(2) ㄱ. Er ist {seinem Vater, *ø} ähnlich. (그는 그의 아버지를 닮았다.)
ㄴ. destruction (of the city)

(2ㄱ)은 독일어의 예이다. 'ähnlich(닮은)'는 그 대상이 논항으로 필요하므로 'seinem Vater(그의 아버지)'라는 논항을 생략할 수 없다. (2ㄴ)은 영어 명사 'destruction(파괴)'가 파괴 대상을 논항으로 필요로 하지만 그 논항이 필수적이지는 않음을 보여 준다. 이처럼 논항의 개수 및 종류, 필수성과 수의성에 따라 동사구, 형용사구, 명사구의 기본 구조가 결정된다. 이를 종합적으로 연구하는 문법 이론이 결합가 문법이다.

결합가 문법은 결합가를 확정 짓기 어렵거나 무엇이 논항인지를 분명하게 말하지 못하는 지점에서 문제가 발생한다. 첫째, 영어의 'It rains.'와 같은 문장에서 필수 성분 'it'을 어떻게 해석해야 할지가 문제가 된다. 'it'은 의미적으로는 필요하지 않으므로 논항이라고 볼 수 없지만, 통사적으로는 필요하므로 결합가 요소로 간주하여야 하기 때문에 의미론과 통사론에 괴리가 생긴다. 그래서 의미적으로 필요한 요소인 논항과 통사적으로 필요한 요소인 보충어(補充語, complement)를 분리된 개념으로 사용하기도 한다. 혹은 논리적 결합가를 채우는 요소와 통사적 결합가를 채우는 요소를 나누어 기술하기도 한다. 둘째, 논항성 자체를 확정하기 어려운 경우 좀 더 근본적인 문제에 직면한다. 예컨대 '민수는 순희에게 옷을 팔았다.'에서 '팔다'에는 대가(代價)의 개념이 필요하다. 그렇지 않다면 '팔다'는 '주다'와 구별되지 않는다. 그러므로 엄밀히 말해 논리적으로는 '얼마'가 논항이 되어야 한다. 그러나 실제 언어에서는 '얼마'를 의미적으로 꼭 필요한 것으로 생각하지 않아 논항으로 여기지 않는 것이 대다수 언중의 직관이고 통사적으로도 '만 원에'와 같은 말을 부가어처럼 쓴다.

위와 같은 지엽적 한계가 있음에도 불구하고 결합가 문법은 기본 문형(基本文型, basic sentence pattern)을 수립하는 데 매우 중요한 이론적 기반을 제공한다. 문장의 기본 뼈대, 즉 논항의 개수와 종류를 문장의 핵인 서술어가 결정하기 때문이다. 한국어교육에서 특정 서술어를 가르칠 때 그것이 형성하는 기본 문형을 정리하여 제시하는 것은 어휘 교육과 문법 교육 측면에서 매우 중요한 일이다. 한국어 문장의 구조적 형상과 서술어의 의미는 매우 밀접한 관련을 맺고 있다. 예컨대 대칭 서술어(對稱敍述語, symmetry predicate)는 '와/과'가 결합된 논항을 요구한다. 그에 따라 'A는 B와 비슷하다/결혼하다'와 같은 'A는 B와 서술어' 형태가 기본 문형이 된다. 대칭 서술어의 두 참여자는 특정 사태에서 대칭적 존재이기 때문이다. 이처럼 결합가 문법은 서술어의 의미와 문장의 기본 문형을 아우르므로 언어 교육에서 매우 중요한 이론적 토대가 된다. 〈이선웅〉

→ 의미역

[참고문헌]
• 구재희(2007), 한국어 기본 문형 교육 연구, 이화여자대학교 박사학위논문.
• 김정남(1991), 동사와 문장 구조의 관련성에 관한 연구, 서울대학교 석사학위논문.
• 이선웅(2012), 한국어 문법론의 개념어 연구, 월인.
• Somers, H. L. (1987), *Valency and case in computational linguistics*, 우형식·정유진 역, 1998, 격과 결합가 그리고 전산 언어학, 한국문화사.
• Tarvainen, K. (2000), *Einführung in die Dependenzgrammatik*, 이점출 역, 2003, 의존 문법의 이해, 역락.

☐ 논항

논항(論項, argument)은 서술어의 사건이나 상태의 개념을 표상하는 데 의미적으로 꼭 필요한 요소를 말한다.

논항은 흔히 보충어(補充語, complement)와 동의어로 쓰이기도 한다. 보충어는 서술어가 요구하여 문장에서 실현된 요소이다. 의미적으로 필요하기 때문에 통사적으로 실현되는 것이므로 보충어를 논항의 동의어로 삼는 것이다. 논항을 요구하는 서술어를 핵(核, head)이라고 하기도 하는데 일반적으로 동사, 형용사, 명사가 서술어로 기능한다. 한편 부가어(附加語, adjunct)는 서술어가 나타내고자 하는 사태(사건 + 상태)의 의미를 표상하는 데 필수적이지 않은 요소이다.

    (1) ㄱ. 개가 밥을 먹었다.
       ㄴ. 날씨가 덥다.
       ㄷ. 영희의 동물 사랑
       ㄹ. 영어 전공
    (2) 개가 아침에 밥을 먹었다.

(1ㄱ)에서 동사 '먹다'는 그 행위의 주체와 대상을 문장 성분으로 실현해야 사건적 의

미를 드러낼 수 있다. 주체는 주어로, 대상은 목적어로 실현되었다. (1ㄴ)에서 형용사 '덥다'는 그 대상을 문장 성분으로 실현해야 상태적 의미를 드러낼 수 있으며 이에 대상이 주어로 실현되었다. (1ㄷ)에서 명사 '사랑'은 그 의미에 행위성이 드러나기 때문에 동사처럼 행위의 주체와 대상이 필요하다. 그리하여 (1ㄷ)과 같은 명사구가 형성되었다. 그러나 명사의 논항은 동사나 형용사와 달리 수의적인 경우가 일반적이어서 '영희의'를 생략하거나 '영희의 동물'을 생략할 수도 있다. (1ㄹ) 역시 마찬가지이다. '전공'은 그 의미상 전공의 내용이 필요한 명사이므로 '영어'가 논항으로 실현되었다. 이 예에서도 '영어'는 생략할 수 있다. 그러나 (1ㄱ)과 1(ㄴ)에서는 아무 맥락 없이 '개가', '밥을', '날씨가' 중 하나라도 생략하면 사태의 의미를 온전히 전달할 수 없다. (2)에서는 '먹다'라는 사건의 의미를 표상하는 데 필수적이지 않은 시간 부사어 '아침에'가 실현되어 있는데 이를 부가어라 한다.

논항의 의미를 분류한 것을 의미역(意味役, thematic role)이라고 한다. 예컨대 행위의 주체는 행위주역(行爲主役, agent)이라고 하고 행위의 대상은 대상역(對象役, theme)이라고 한다. 모든 술어는 자신의 어휘 정보 속에 논항의 개수와 그 의미역을 명세(明細, specification)하고 있는데 그 명세된 내용을 논항 구조(論項構造, argument structure)라고 한다.

논항은 절대적이지 않다. 즉 중요성이 덜한 것이 있어 맥락에 따라 수의적으로 나타나기도 한다.

  (3) 영희가 머리 모양을 (파마로) 바꾸었다.

(3)에서 '파마로'라는 말은 도달점역(到達點役, goal) 논항인데 행위주역 논항, 대상역 논항보다는 덜 중요하다. 따라서 실현되지 않더라도 문장 성립에는 이상이 없으나 발화 맥락상 나타날 수도 있다. 이처럼 술어의 의미 표상에 필요하되 중요성이 덜하여 통사적으로 수의적인 논항을 잠재 논항(潛在論項, potential argument)이라고 한다. 잠재 논항은 반논항(半論項)이라고 하기도 하고 통사적으로 표현할 때는 수의적 보충어(隨意的補充語)라고 하기도 한다.

논항 및 그 주변 용어들은 개념적으로 매우 혼란스럽게 쓰이고 있다. 첫째, 보충어를 논항의 동의어로 쓰지 않고 핵에 대한 모든 종류의 통사적 필수 요소로 정의하는 경우가 있다. 예컨대 '책이'와 같은 말은 주격 조사 '이'를 핵으로 하고 '책'을 보충어로 하는 조사구라는 것이다. 이 경우에는 보충어를 논항이라고 하지 않는다. 일반적으로 논항은 실질 어휘 항목이자 필수 요소인 서술어로 한정한다. 둘째, 핵은 논항을 요구하는 요소로 정의되기도 하지만 구(句, phrase)를 구성하는 핵심적 요소로 정의되기도 한다. 예컨대 명사구 '먹을 음식'에서 명사 '음식', 조사구 '책이'에서 조사 '이'를 핵으로 보는 것은 후자의 개념에 따른 것이다.

논항은 서술어를 통사적으로 실현시킬 때 거의 필수적으로 나타나기 때문에 문장 구성에서 매우 중요한 역할을 한다. 한국어교육에서는 서술어를 가르칠 때 논항을 함께 제시할 필요가 있다. 예컨대 '만들다'를 가르칠 때 의미에 따라 '엄마가 저녁을 만드신다.'에서는 '~이/가 ~을/를 만들다'로, '우리가 황무지를 녹지로 만들었다.'에서는 '~이/가 ~을/를 ~(으)로 만들다'로 논항을 명시하여야 한다. 〈이선웅〉

→ 의미역

[참고문헌]
• 박진호(1994), 통사적 결합 관계와 논항 구조, 서울대학교 석사학위논문.
• 이병규(1998), 잠재 논항의 개념 정립, 남기심 엮음, 국어 문법의 탐구 IV: 되짚어 본 국어 문법의 문제들, 태학사.
• 이선웅(2012), 한국어 문법론의 개념어 연구, 월인.

1.3. 체계 기능 언어학

체계 기능 언어학(體系機能言語學, systemic functional linguistics: SFL)이란 사회적 기능과 맥락이 총체적으로 관련되어 언어 구조에 반영된다고 전제하고, 해당 언어 공동체의 언어 사용자가 의미를 실현하기 위하여 선택할 수 있는 체계항을 밝히는 것을 주된 목적으로 하는 언어학의 한 경향을 일컫는다.

체계 기능 언어학자들을 소위 시드니 학파(Sydney School)라고도 하는데, 시드니 대학에 근무하던 할리데이(M. A. K. Halliday)가 태두가 되어 호주 언어 교육에 많은 영향을 주고 있는 것에 기인한다. 체계 기능 언어학파가 언어에 접근하는 방법을 이해하려면 미국의 구조 기술 언어학과 비교하는 것이 적절하다. 미국의 구조 기술 언어학은 언어의 구조 그 자체를 있는 그대로 기술하는 전통을 따르기 때문에 의미나 맥락은 언어 구조를 밝히는 데 필요한 부가적인 요인에 지나지 않는다고 본다. 연구 대상의 초점이 언어 구조인 셈이다. 그러나 체계 기능 언어학파의 기능 개념은 영국 언어학자 퍼스(J. R. Firth)와 영국의 사회학적 전통에서 영향을 받은 것으로, 그들은 미국의 구조 기술 언어학파와는 달리 의미에서 형식을 기술하는 방향으로 언어를 연구한다. 즉 체계 기능 언어학이 궁극적으로 설명하고자 하는 것은 언어 구조가 아니라 사회적 기능인 셈이다.

할리데이는 사회 언어학이라든가 화용론이라는 분야가 있는 것을 탐탁지 않게 여겼는데, 언어학 그 자체가 사회 속 언어에 대한 연구(study of language in society)라고 여겼기 때문이다. 즉 언어학은 사람들이 언어를 가지고 무엇을 하는지를 연구해야 하며 '사용으로서의 언어'가 사회 체계의 일부로서 어떻게 기능하는지를 연구해야 한다는 것이다. 그렇기에 할리데이는 언어를 종종 사회 현상과 연결 지어 연구하곤 하였다.

언어의 기능을 다양하게 논할 수 있지만 체계 기능 언어학파에게 '언어가 기능적이다.'라는 명제의 의미는 세 가지 측면에서 설명된다. 첫째는 인간은 경험과 지식을 표상하기 위해, 둘째는 관계를 형성하기 위해, 셋째는 의미 있는 메시지를 창출하기 위해 언어를 사용한다. 즉 모든 성인은 크게 보면 이 세 가지 기능을 표상하기 위해 언어를 사용하며 이는 모든 언어 공동체에서 동일하다. 체계 기능 언어학은 이 세 가지 기능을 메타 기능(metafunction)이라고 명명하고 각각의 기능을 관념적(ideational), 상호관계적(interpersonal), 텍스트적(textual) 메타 기능이라고 명명하였다. 이러한 메타 기능을 어떠한 언어 구조로 실현하는지는 개별 언어마다 다르기 마련이며 언어학자들은 그것이 어떻게 달라지는지, 즉 그 방식과 양상을 밝히는 것을 임무로 삼아야 한다. 인간이 대면하는 모든 상황에서 세 가지 메타 기능이 실현되기 마련인데 특정한 상황 맥락에서 실현된 언어의 종류와 특성을 세 가지 측면에서 밝히고 그 성과가 쌓이면 문화 맥락과 이데올로기적 특성까지 밝힐 수 있다.

할리데이는 '의미하는 방법(how to mean)'을 밝히는 것이 언어학자의 의무이며 그것이 바로 '문법'이라 하였기에 기존 언어학자들과는 달리 산출된 언어 형식의 목록 자체는 중요하게 여기지 않는다. 대신 표면적 발화의 기저에 어떤 체계(system)가 있는지, 그 체계는 어떤 선택항들(options)로 이루어져 있는지를 밝히는 것에 중점을 두어 의미 중심의 문법을 기술한다.

이러한 점 때문에 체계 기능 언어학은 다양한 맥락에 따른 언어 변이를 체계적으로 기술할 수 있는 힘을 갖게 되어 언어 교육의 다양한 요구에 부합할 수 있게 된다. 실제로 시드니 학파는 다문화 교육에서의 언어 문제, 언어 공동체별로 달라지는 언어의 다양성, 학교 언어의 특성, 학교에서의 쓰기 활동, 교사 교육에서 언어학의 위상 등을 적극적으로 밝혔다는 평가를 받고 있다. 그중에서도 특히 학생 중심의 과정 중심 쓰기 교육이 과연 효율적인가에 대해 의문을 제기하고 장르 중심 쓰기 교육의 기초적인 틀을 마련함으로써 쓰기 교육의 틀을 바꾸어 놓았다는 점이 주목할 만하다. 〈주세형〉

[참고문헌]
• 주세형(2009), 할리데이 언어 이론의 국어교육학적 의미, 국어교육 130, 한국어교육학회, 173~204쪽.
• Halliday, M. A. K. (2004), *The language of science*, Continuum.
• Knapp, P. & Watkins, M. (2005), *Genre, text, grammar: Technologies for teaching and assessing writing*, 주세형·김은성·남가영 역, 2007, 장르, 텍스트, 문법: 쓰기 교육을 위한 문법, 박이정.
• Rose, D. & Martin, J. R. (2012), *Learning to write, reading to learn: Genre, knowledge and pedagogy in the Sydney School*, Equinox.

1.4. 인지 언어학

인지 언어학(認知言語學, cognitive linguistics)은 인간 마음의 본질, 더 나아가서 인간의 본질을 규명하기 위한 학제적 연구의 일환으로서 세상에 대한 우리의 경험과 우리가 세상을 인지하고 개념화하는 방식에 기초하여 '언어, 몸과 마음, 문화'의 상관성을 밝히려는 언어 이론이다.

인지 언어학은 1970년대 촘스키(N. Chomsky)의 언어 이론이 지나치게 추상화되어 일상적 경험과 매우 동떨어진 데 대한 대안을 모색하는 과정에서 비롯되었다. 특히 1980년대 말에 출판된 레이코프(G. Lakoff)와 랭액커(R. W. Langacker)의 저서는 인지 언어학 연구의 시작을 알린 계기가 되었다. 에반스(V. Evans)는 "인지 언어학은 언어 과학에서 언어, 마음, 인간의 사회 문화적 경험 간 관계를 탐구하는 데 관심을 가지고 언어적 사고와 관행을 연구하는 현대의 학파로서, 가장 급속도로 발전 중인 접근법이며 인지 과학으로 알려진 학제 간 프로젝트에서 점차 많은 영향력을 발휘하고 있다."라고 평가한다.

인지 언어학은 객관주의(objectivism) 언어관과 다음의 세 가지 면에서 차이가 있다. 첫째, 인지 언어학은 언어가 인간의 마음을 반영한다고 보며 인간의 마음 또는 마음과 연관된 언어는 인간, 특히 인간의 신체적 체험과 분리하여 연구할 수 없다고 본다. 이는 객관주의 언어관이 언어 연구에서 인간을 배제한 채 언어 자체의 자율적 구조 기술을 추구해 온 것과 대비된다. 둘째, 인지 언어학은 언어의 이해와 사용을 일반적 인지 능력의 일환으로 간주하며 의미론을 비롯한 언어 연구의 다양한 분야 전반에 걸쳐 적용되는 공통적 구조화 원리가 존재한다고 본다. 이는 객관주의 언어관이 언어 능력을 다른 인지 능력과 무관한 독자적이고 자율적인 구성 원리의 인지 체계로 간주하는 것과 대조된다. 셋째, 인지 언어학은 의미를 언어적 지식과 세상사의 지식, 즉 백과사전적 지식 속에 들어 있는 인지 구조로 간주하고 그 둘의 뚜렷한 구분을 부정하여 단어의 의미를 본질상 백과사전적 지식으로 본다. 객관주의 언어관이 순수한 언어적 지식(linguistic knowledge)과 화자의 백과사전적 지식(encyclopedic knowledge)을 엄격히 분리하고 의미 분석의 대상을 언어적 지식에 국한하는 것과 대조된다.

요컨대 객관주의 철학에 뿌리를 두고 있는 자율 언어학(autonomous linguistics)에서는 단어의 객관적 의미 자질을 파악하고, 문장을 생성할 때 문법적으로 정확하고 의미적으로 수용 가능한 일련의 논리적 규칙을 수립하는 것을 궁극적인 목표로 삼는다. 그 결과 형식적으로 우아하고 개념적으로 단순하며 수학적으로 적형인 자율성을 추구해 왔다. 반면 인지 언어학에서는 세상에 대한 우리의 경험과 우리가 세상을 인지하고 개념화하는 방식에 기초하여 언어, 몸과 마음, 문화의 상관성을 규명하고자 한다.

인지 언어학은 언어 현상을 설명하고 해석하는 데 다음과 같은 장점이 있다. 첫째, 인지 언어학은 인간의 몸과 마음, 문화적 배경에 기초한 체험과 경향성이 언어에 반영된 양상을 규명한다는 점에서 인간 중심적이다. 둘째, 인지 언어학은 아날로그적 성격과 디지털적 성격을 통합하며 형식주의의 관심사와 기능주의의 관심사를 통합한다는 점에서 유연성이 높다. 셋째, 인지 언어학은 언어의 구조가 어떤 식으로든지 경험의 구조, 즉 화자가 세계에 부과한 관점인 세계의 구조를 반영한다고 보기 때문에 언어 구조에 대한 설명력이 높다. 넷째, 인지 언어학은 의미와 의미론(semantics)에 초점을 두고 있으며 의미론을 개념화의 문제로 보기 때문에 설명력이 높다. 다섯째, 인지 언어학은 체험주의 및 용법 기반 모형을 중시함으로써 언어 현실에 바탕을 두고 있을 뿐 아니라 언어 교육에 응용하고 적용할 수 있다는 점에서 실용적이다.

인지 언어학의 분석 기제에 따른 연구 방법론은 다음과 같다. 첫째, 범주의 내적 구조에 대한 분석 기제로는 로쉬(E. Rosch)의 원형 이론(prototype theory)이 있다. 둘째, 개념적 구조에 대한 분석 기제로는 존슨(M. Johnson)의 영상 도식(image schema), 필모어(C. J. Fillmore)의 틀 의미론(frame semantics), 레이코프(G. Lakoff)의 인지 모형(cognitive model), 레이코프와 존슨(G. Lakoff & M. Johnson)의 개념적 은유와 환유(conceptual metaphor and metonymy), 포코니에(G. Fauconnier)의 정신 공간 이론(mental space theory) 및 포코니에와 터너(G. Fauconnier & M. Turner)의 개념적 혼성 이론(conceptual blending theory) 등이 있다. 셋째, 구조와 의미의 동기화에 대한 기제로는 하이만(J. Haiman)의 도상성(iconicity)이 있다. 넷째, 내용어와 기능어의 의미 변화에 대한 기제로는 호퍼와 트루곳(P. Hopper & E. Traugott)의 문법화(grammaticalization)가 있다. 다섯째, 장면의 의미에 대한 기제로는 랭액커(R. W. Langacker)의 해석(construal)이 있다.

인지 언어학의 여러 이론들은 한국어교육의 다음 분야에 적용될 수 있다. 첫째, 원형 이론은 말소리, 형태, 어휘, 문장 및 텍스트 차원에서 범주 구성원의 비대칭성, 범주 경계의 불명확성을 유연하게 처리해 준다. 둘째, 다의 관계에 대한 인지 언어학적 관점은 다의어의 정의, 형태·의미의 복합성에 따른 동음이의어와의 경계, 중심 의미와 주변 의미의 비대칭성, 의미 확장의 경향성을 합리적으로 설명해 준다. 셋째, 비유에 대한 인지 언어학적 관점은 은유와 환유를 개념적 현상이자 인간의 신체적 경험에 기초한 자연스러운 현상으로 취급함으로써 개념적 은유, 개념적 환유를 바탕으로 한 언어 사용 양상에 주목할 수 있게 한다. 넷째, 동기화에 대한 인지 언어학적 관점은 단어 형성법을 비롯하여 언어 표현의 '구조-기능'에 나타나는 광범위한 도상성을 통해 흥미로운 탐구 과제를 제공해 준다. 다섯째, 해석에 대한 인지 언어학적 관점은 문법 교육에서 단어와 문장의 동의성, 중의성, 이동 시점, 대우법 등을 통해 의미의 본질 및 문법성에 대한 새로운 이해를 가능하게 한다. 〈임지룡〉

[참고문헌]
• 김동환(2005), 인지 언어학과 의미, 태학사.
• 임지룡(2008), 의미의 인지 언어학적 탐색, 한국문화사.
• Evans, V. & Green, M. (2006), *Cognitive linguistics: An introduction*, 임지룡·김동환 역, 2008, 인지 언어학 기초, 한국문화사.

■ 범주화

범주화(範疇化, categorization)란 우리가 경험하는 사물, 개념, 현상을 낱말이라는 단위를 통하여 분류하거나 무리 지어 이해하는 방식을 말한다.

범주화는 우리가 접하는 사물이나 사태를 공통성이나 관계성에 따라 분류하고 일반화하여 통합하는 인지 활동을 말하며 그 심리적 산물이 '범주'이다. 이러한 범주화는 인지에서 교통정리의 역할을 해 줄 뿐만 아니라 입력한 정보를 효율적으로 기억에 저장하고 창조적으로 다시 이용할 수 있게 하는 매우 중요한 인지 활동이다.

범주화에 관한 이론에는 고전적 범주화 이론(classical category theory)과 원형 이론(prototype theory)이 있다. 전자는 아리스토텔레스(Aristoleles)의 범주론으로까지 거슬러 올라갈 수 있다. 이 관점에서 각 구성원은 필요충분한 특성과 동등한 자격을 가지며 범주의 경계는 명확하다. 반면 후자는 1970년대 이후 정립된 것으로 경계가 뚜렷할 것 같은 범주라도 개인적·문화적인 요인에 의해 차이가 있고, 주변에 속하는 원소에 이르러서는 범주의 원소성을 판단하기가 어려운 경우가 있다고 보는 관점이다.

예를 들어 '새'의 범주에서 참새나 제비처럼 중심적으로 존재하는 원소도 있지만 펭귄과 같은 주변적 원소가 있는 것처럼 전형성이나 원소성에 단계가 있으며 이들의 경계는 불명확하다. 이런 범주를 원형 범주(prototype category)라고 부르며, 이렇게 단계성을 이루면서 범주를 형성하는 인지 작용을 원형 효과(prototype effect)라고 부른다. '게임'에서도 트럼프나 화투는 카드 게임으로서 승패가 있고 사용하는 도구나 참가자의 인원수 등에도 공통성이 있다. 하지만 혼자 하는 카드 게임이 있는가 하면 점(占)과 같이 승패가 없는 것도 있는 것처럼 게임마다 비슷한 점은 찾아낼 수 있으나 전체적으로는 공통성을 찾아내기 어렵다. 비트겐슈타인(L. Wittgenstein)은 이렇게 연쇄적으로는 원소 사이에 공통성이 있으면서도 연속체의 양끝에는 거의 공통성을 찾아낼 수 없는 범주를 가족 닮음(family resemblance) 관계라고 제안하였다. 이런 현상은 어휘에도 나타나는데 이처럼 어휘의 다의성이 생기는 기제는 가족 닮음과 비슷한 발전 양식이 있으며 그렇게 해서 만들어진 범주를 특히 방사상 범주(radial category)라고 부른다.

범주화는 라보프(W. Labov)나 레이코프(G. Lakoff)가 언어학에 중요한 개념으로 도입하였는데 언어에서 음운, 형태, 통사, 의미 구조 등 모든 층위가 범주화를 거쳐 성립된 것은 분명하다. 표현 층위에서도 울타리 표현(hedge expression)처럼 범주화에 대해 직접 언급하는 효과를 가진 것이 있는가 하면, 비유적 확장처럼 기존의 의미 범주를 전용함으로써 새로운 범주를 창출하는 예도 있다. 범주화란 지식의 저장과 창조적 이용에 빠뜨릴 수 없는 인지 활동이며 언어에서는 필수적인 구성 요건이다.

범주화를 한국어에 적용한 연구로는 원형 이론을 적용하여 한국어 의미 체계를 범주화한 연구와 접사의 범주화나 유표성, 사동 등의 문법이나 의미 현상을 설명하기 위해 적용

한 연구가 대표적이다. 특히 임지룡이 한국어 어휘 범주의 기본 층위와 의미 특성에 대해
연구한 내용은 한국어 어휘 교육에서도 적용할 수 있다.　　　　　　　　　〈임지룡〉

→ 전형성

[참고문헌]
- 박정운(2000), 범주화와 언어학, 한국어의미학 7, 한국어의미학회, 67~86쪽.
- 임지룡(1993), 원형 이론과 의미의 범주화, 국어학 23, 국어학회, 41~68쪽.
- 임지룡(2011), 국어 어휘 범주의 기본 층위 탐색 및 의미 특성 연구, 담화와인지 18-1, 담화·인지언어학회, 153~182쪽.

❏ 고전적 범주화 이론

　고전적 범주화 이론(古典的範疇化理論, classical category theory)이란 범주 구성원의
조건 및 자격, 범주의 경계 등을 기준으로 어떤 실체가 해당 범주에 포함되는가의 여부
가 뚜렷하게 결정된다고 보는 관점을 말한다.

　고전적 범주화 이론에서는 같은 범주에 속하는 실체들은 공통 속성을 가진다고 본다.
범주화에 대한 관심은 아리스토텔레스(Aristoleles)에서부터 2천 년 이상 지속되어 왔는
데 1970년대 이후 원형 이론이 나타나기 전까지의 전통적 방식을 고전적 범주화 이론
이라고 한다. 테일러(J. R. Taylor)에 따르면 이 접근 방식은 고대 그리스로 거슬러 올
라간다는 점에서 그리고 20세기 심리학, 철학, 언어학의 대부분을 지배해 왔다는 점에
서 고전적이다.

　고전 범주화의 기본 원리는 다음 세 가지로 간추릴 수 있다. 첫째, 범주는 필요충분
한 자질의 집합이다. 예를 들어 범주 '새'는 [+동물], [+날개], [+깃털], [+두 다리], [+부
리] 자질을 가진 집합이다. 따라서 이들 자질 중에서 하나라도 빠지면 그 범주를 이룰
수 없고 그 범주를 점검할 때 다른 자질들은 고려할 필요도 없다. 둘째, 범주는 분명한
경계를 갖는다. 이것은 범주의 구획이 뚜렷하고 경계가 모호한 경우가 전혀 없음을 의
미한다. 즉 위의 다섯 가지 자질이 있느냐 없느냐의 이분법적 판단으로 범주의 구성원
인지 아닌지의 여부가 결정되기 때문에 범주의 경계가 분명하다. 셋째, 범주의 구성원
들은 동등한 자격을 갖는다. 예컨대 '새'의 범주에 속하는 '참새, 까치, 닭, 타조' 등은 범
주의 필요충분조건 자질을 모두 갖추었기 때문에 동일한 가치를 갖는 구성원으로 본다.

　고전 범주화 이론은 아리스토텔레스 시대부터 1970년대 초까지 인간의 범주화 방
식으로 널리 인정되어 왔다. 그러나 1970년대 원형 이론의 기치 아래에서 진행된
실험적 연구 결과, 고전적 범주화 이론이 인간 범주화의 모형으로 타당하지 않다는
것이 증명되었다. 사람들은 특정 범주에 속하는 구성원들을 보다 전형적인 것과 덜
전형적인 것으로 구분하여 인식하고 있음이 실험 연구를 통해 밝혀진 것이다. 예를
들어 '참새, 까치' 등은 보다 전형적인 '새'의 구성원으로 인식되고 반대로 '타조, 펭
귄' 등은 덜 전형적인 '새'로 인식하여 세 번째 원리인 범주의 구성원들이 동등한 자

격을 갖는다는 원리가 항상 참인것은 아님을 증명했다. 또한 '기형적으로 다리가 하나인 까치'와 같이 특정 자질을 명백하게 갖고 있지 않음에도 불구하고 '새'의 범주에 속하지 않는다고 말하기 어려운 사례는 범주가 필요충분 자질들의 집합이라는 첫 번째 원리와 범주의 경계가 분명하다는 두 번째 원리를 부정한다. 예를 들어 한국어의 '없다'는 형용사이지만 활용할 때에 '없는'처럼 동사와 같은 형태를 갖고, '생기다'는 동사이지만 '잘 생겼다'는 가능하나 '잘 생긴다'처럼 사용하지는 않는다. 이들을 고전적 범주화 이론에 따라 형용사와 동사를 구분할 때에는 예외로 처리해야 하지만 원형 이론에 따라서 설명하면 '없다'와 '생기다'는 형용사와 동사의 원형이 아니라 주변적인 보기로 설명할 수 있다. 〈김억조〉

= 고전 이론

→ 전형성

[참고문헌]
- 임지룡(1997), 인지 의미론, 탑출판사.
- Langacker, R. W. (1987), *Foundations of cognitive grammar 1: Theoretical prerequisites*, 김종도 역, 1999, 인지 문법의 토대: 이론적 선행 조건들 1, 박이정.
- Taylor, J. R. (1995), *Linguistic categorization: Prototype in linguistic theory*, 조명원·나익주 역, 1997, 인지 언어학이란 무엇인가?: 언어학과 원형 이론, 한국문화사.
- 辻幸夫編(2002), 認知言語學キーワード事典, 임지룡 외 역, 2004, 인지 언어학 키워드 사전, 한국문화사.

☐ 원형 이론

원형 이론(原型理論, prototype theory)은 자연 범주가 이상적이고 전형적인 구성원인 원형에서부터 덜 전형적인 것에 이르는 연속체를 이루는 유연하고 조직적인 체계라고 보는 범주화 이론이다.

원형 이론은 범주가 고전적 범주화 이론이 망라할 수 없는 다양성과 복잡성을 본질적으로 내포하고 있다는 점에서 고전적 범주화 이론의 대안으로 등장했다. 즉 원형 이론은 고전적 범주화 이론의 세 가지 원리에 대한 비판에서 출발하였다. 비트겐슈타인(L. Wittgenstein)이 가족 닮음(family resemblance)을 통해 범주 구성원들이 공통적인 필요충분조건 자질을 갖지 않는다는 것을 증명하였고, 라보프(W. Labov)는 범주에 모호한 가장자리가 있다는 것을 밝혔다. 벌린과 케이(B. Berlin & P. Kay)는 색채어를 통해 범주의 원소는 가장 전형적이고 대표적인 것에서부터 비전형적인 것에 이르기까지 연속체를 이루고 있음을 밝혔다. 이후 이런 경험적 반증을 토대로 로쉬(E. Rosch)는 범주의 구성 원소가 동등한 자격을 갖지 않는다는 견해를 검증하기 위하여 일련의 실험을 수행하였고, 이를 바탕으로 원형 이론이 범주화를 설명하는 주된 이론으로 자리 잡았다.

원형은 그 범주를 대표할 만한 가장 전형적인, 적절한, 중심적인, 이상적인, 좋은 보기를 말한다. 예를 들면 '새'라는 범주를 연상할 때 대표적인 예로 들 수 있는 '참새'가 해당 범주의 원형이다. 범주의 내부 구조는 원형을 중심에 두며 그것을 핵으로 하는 동심원을 그릴 수 있다. 그 주변으로 갈수록 그것다운 속성, 즉 원소성(membership)이 희박해진다. 예를 들어 '새'를 연상할 때 '펭귄'을 연상하는 사람은 적을 것이다.

원형이라는 용어를 바라보는 관점은 원형을 전형적 사례라고 해석하는 '본보기 모형'과 전형적 사례를 기반으로 형성되는 '개념 모형'으로 나뉜다. 예를 들면 '컵'은 길이, 넓이, 높이에 따라 여러 종류가 있는데 본보기 모형에서 원형이라고 하면 긴 컵, 높은 컵, 넓은 컵 모두가 하나의 원형이 되지만 개념 모형에서는 전형적 도식을 중심으로 생각할 수 있다.

원형 이론은 특정 개체가 범주의 원형으로 선정되는 기준과 원리가 불분명하며, 추상적인 범주의 경우 원형을 추출하기가 어렵고, 문맥에 따라 원형이 가변적일 수 있다는 한계가 있다. 그럼에도 원형 이론은 고전적 범주화 이론이 해결할 수 없었던 비전형적인 개체와 필요충분조건 자질이 손상된 개체에 대한 설명력이 있다. 예를 들어 명사의 하위 범주인 의존 명사는 분포상의 특징에서 자립 명사와 동등한 구성원이 되지 못하고 주변적인 구성원이라 할 수 있다. 이처럼 한국어의 음운, 형태, 품사 분류, 어휘, 담화 등 모든 언어 층위에서 종래의 이론에서 유연하게 대처하지 못했던 많은 부분을 적극적으로 설명할 수 있다. 〈김억조〉

= 원형 범주화 이론

→ 전형성

[참고문헌]

• Berlin, B. & Kay, P. (1969), *Basic color terms: Their universality and evolution*, University of California Press.
• Labov, W. (1973), The boundaries of words and their meaning, In C. J. Bailey. & R. W. Shuy. (Eds.), *New ways of analyzing variation in English*, pp. 340~373, Georgetown University Press.
• Rosch, E. (1975), Cognitive representations of semantic categories, *Journal of Experimental Psychology: General 104*, pp. 192~233.

❏ 기본 층위 범주

기본 층위 범주(基本層位範疇, basic level category)는 한 범주가 계층을 이루고 있을 때 언중에게 가장 기본적이고 보편적으로 지각되고 개념화되는 층위를 말한다.

보통 범주 구조는 기본 층위 범주, 상위 층위 범주, 하위 층위 범주로 크게 나뉜다. 원형 이론에 따르면 기본 층위는 상위 층위와 하위 층위 사이에 위치한다. 우리가 어떤 사물을 보고 '저것이 무엇이냐?'라는 물음에 가장 보편적인 대답이 '리기다 소나무(pitch pine)/소나무/나무/식물/생물' 가운데 '나무'라면 기본 층위는 '나무'가 된다.

기본 층위는 가장 쉽게 변별되고 가장 이른 시기에 배우며 명칭이 가장 짧고 빈번하게 사용되는 층위이다. 기본 층위는 어릴 때부터 친숙한 것이며 일상 대화에서 자주 사용되는 대상으로 상위 층위나 하위 층위에 비하여 인지적·기능적·언어적으로 우월하다. 기본 층위에 해당하는 범주는 한 항목에 대하여 가장 많은 양의 정보를 가장 적은 인지적 노력으로 획득할 수 있기 때문에 인지적 우월성이 있다. 또한 기능적인 측면에서 가장 기본적이며 형태적으로 단순하고 중립적인 문맥에서 사용되며 언어 습득 과정에서 어린이가 가장 먼저 습득하는 단어이다. 그래서 기본 층위에 해당하는 낱말은 발생 빈도가 높으며 길이가 짧고 구조적으로 단순하다.

하나의 범주는 기본 층위 범주를 중심에 두고 원형적으로 확장되어 방사상 범주(radial category)를 형성한다. 다시 말해 하나의 핵 개념과 몇 개의 파생 개념으로 구성된다. 어떤 원형적 원소가 중심에 있고 2차적으로 주변적 원소가 원형적 원소를 둘러싸듯이 자리매김하며, 또 3차적으로 그 2차적인 원소를 중심으로 주변적인 원소가 자리매김해서 몇 겹의 원이 방사상으로 확장되어 가는 범주를 말한다. 예를 들어 어형성의 측면에서 '참나무, 버드나무'는 핵 개념인 '나무'에서 파생된 것으로 볼 수 있다.

기본 층위 범주는 문화권, 언어권에 따라 달라질 수 있기 때문에 체험주의와 민간 모형의 관점에서 한국어 어휘 범주의 기본 층위를 탐색하고 그 의미 특성을 논하는 연구가 주를 이루며 이는 한국어 어휘 교육에 직접 활용할 수 있다.　　　　〈김억조〉

[참고문헌]
• 임지룡(2011), 국어 어휘 범주의 기본 층위 탐색 및 의미 특성 연구, 담화와인지 18-1, 담화·인지언어학회, 153~182쪽.
• Langacker, R. W. (1987), *Foundations of cognitive grammar 1: Theoretical prerequisites*, 김종도 역, 1999, 인지 문법의 토대: 이론적 선행 조건들 1, 박이정.
• Taylor, J. R. (1995), *Linguistic categorization: Prototype in linguistic theory*, 조명원·나익주 역, 1997, 인지 언어학이란 무엇인가?: 언어학과 원형 이론, 한국문화사.

■ 인지 모형

인지 모형(認知模型, cognitive model)은 인간의 신체적 체험과 문화적 경험에 의해 형성되고 공유되는 구조화된 인지적 지식 체계이다.

구조주의 언어학이나 변형 생성 문법과 같은 자율 언어학(autonomous linguistics)에서는 언어의 형식과 의미가 백과사전적 지식과는 구분되는 언어 내적 지식으로만 구성된다고 본다. 그러나 인지 언어학에서는 언어적 지식과 인간의 경험과 문화 등을 통해 축적된 백과사전적 지식의 구분이 명확하지 않으며 백과사전적 지식 또한 언어의 이해에 중요한 영향을 미친다고 본다. 인간의 신체적 체험과 공유된 문화적 경험을 통해 형성되는 언어 공동체의 인지적 지식 구조인 인지 모형은 인간의 언어 이해의 과정에서 해석 장치로서 기능한다.

예를 들어 자율 언어학에서는 '노처녀'라는 단어를 '[+여성], [+미혼], [+나이가 많음]'이라는 의미 자질로 구성된 개념으로 이해한다. 그러나 한국 사회에서 노처녀의 의미가 '혼인할 시기를 넘긴 나이 많은 미혼의 여성'일지라도 '노처녀'로 지칭되는 것을 달가워

할 사람은 거의 없다. 한국어 공동체가 공유하고 있는 '노처녀'의 백과사전적 지식에는 결혼을 하고 싶으나 여러 가지 사정으로 인해 결혼을 하지 못하였으며 감정 기복이 심하고 신경질적인 성향을 보이는 등의 부정적인 사회 문화적 시각을 포함하고 있기 때문이다. 노처녀와 같은 의미 자질을 공유하고 있는 단어임에도 불구하고 '골드 미스'라는 단어에는 자신의 삶을 사랑하고 즐기는 긍정적이고 건강한 태도, 경제적 자립성과 직업의 전문성을 갖춘 당당한 여성이라는 백과사전적 지식이 포함된다. 이처럼 언어의 이해는 단순히 언어 내적 지식만으로 가능한 것이 아니라 언어 공동체가 공유하고 있는 문화 특수적인 인지 모형의 역할이 중요하다.

　인지 언어학자들이 상정하는 인지 모형의 기능과 중요성은 동일하지만 그것의 개념과 성격에 대한 설명은 학자마다 차이를 보인다. 필모어(C. J. Fillmore)의 틀 의미론에서는 이를 틀(frame)로, 랭액커(R. W. Langacker)의 인지 문법(cognitive grammar)에서는 영역(domain)으로, 포코니에(G. Fauconnier)의 정신 공간 이론(mental space theory)에서는 정신 공간(mental space)으로 구체화된다. 그리고 레이코프와 존슨(G. Lakoff & M. Johnson)은 반복되는 신체적 경험의 구조를 의미하는 인지 모형으로 영상 도식(image schema)을 상정하며, 레이코프는 원형 이론의 전형성 효과를 설명하기 위한 이론적 구성물로 이상적 인지 모형(idealized cognitive model: ICM)을 상정한다. 틀, 영역, 정신 공간 등의 개념은 미세한 차이에도 불구하고 언어의 의미를 이해하는 과정에서 핵심적인 해석 장치의 기능을 담당하는 인지적 지식 구조라는 점에서 모두 인지 모형으로 이해된다.

　새로운 언어를 배운다는 것은 그 언어의 내적 구조를 아는 것뿐만 아니라 그 언어를 사용하는 언어 공동체가 공유하고 있는 문화적 경험과 그로 인해 형성된 언어의 형식과 의미를 아는 것을 포함한다. '노처녀', '골드 미스'의 예처럼 단어가 포함하고 있는 의미 자질과 더불어 사회 문화적인 배경을 아는 것뿐만 아니라 한국어의 문법 범주, 텍스트 구조 등을 이해하는 데에도 한국어 공동체의 인지 모형이 중요한 역할을 한다. 즉 인지 모형은 한국어 학습자들에게 한국어 단어와 문장, 텍스트에 대한 이해의 폭과 깊이를 더해 주는 유용한 해석 장치로서 활용된다. 〈박민신〉

[참고문헌]
• 임지룡(1997), 인지 의미론, 탑출판사.
• Geeraerts, D. & Cuyckens, H. (2005), *The Oxford handbook of cognitive linguistics*, 김동환 역, 2011, 인지 언어학 옥스퍼드 핸드북, 로고스라임.

❏ 틀

　틀(frame)은 언어의 개념을 이해하는 과정에서 전제되는 언어 공동체의 지식 체계로서 언어 공동체의 공통된 경험, 문화, 신념, 태도 등을 통해 형성된다.

　틀은 필모어(C. J. Fillmore)에 의해 주창된 개념이다. 처음에는 특정 단어의 의미가 그 단어를 구성하는 의미 자질들의 결합으로 이루어진다고 보는 점검표 이론(checklist theory)의 한계를 극복하고자 하는 언어적 체계로서 틀을 상정했다. 이 관점에서는 특정 단어의 의미는 다른 단어들과의 관계로 이루어진 틀 속에서 이해될 수 있다고 본다. 예를 들어 '일요일'이라는 단어의 의미는 '월요일, 화요일, 수요일, 목요일, 금요일, 토요일, 일요일'로 구성되는 한 '주(week)'의 틀 속에서 명확하게 이해된다.

이후 필모어는 틀의 개념을 인지적인 지식 체계로 발전시켰다. 단순히 언어적인 체계가 아닌 해당 언어 공동체의 경험, 문화, 태도, 신념을 바탕으로 하는 지식 체계로서 틀을 이해한다. 따라서 틀은 언어 공동체에 따라 특이성이 있으며 단어의 의미를 이해하기 위해서는 체험, 신념, 관습 등 구조화된 배경에 대한 이해와 참조가 필수적이다. 예를 들어 언어적 체계로서의 틀에서는 '일요일'이라는 단어의 의미가 '주(week)를 구성하는 하나의 날(day)'로만 이해된다. 그러나 실제 '일요일'은 기독교 문화권과 그 영향을 받은 언어 문화권에서는 '일을 하지 않고 쉬거나 기도하는 날'로 인식된다. 반면 이슬람 문화권에서는 '일요일'이 아니라 '금요일'이, 유대교 문화권에서는 '토요일'이 그러한 날이다. 기독교 문화권의 틀에서 '일요일'은 쉬고 기도하는 주말인 데 반해, 이슬람 문화권과 유대교 문화권의 틀에서 '일요일'은 자신의 일터에서 일하는 평일로 이해된다. 따라서 '이번 주 일요일에 회사에서 중요한 회의가 있다.'는 문장이 전자와 후자에서 함의하는 바는 결코 같지 않다.

이처럼 언어의 의미를 명확하게 이해하기 위해서는 그 언어가 사용되는 언어 공동체에서 생성되고 공유되는 틀을 전제로 해야 한다. 이러한 관점이 틀 의미론(frame semantics)으로 발전되었으며 다의어의 의의(sense) 간 관계, 유의 관계와 반의 관계, 상하의 관계에 있는 단어들의 의미 관계 그리고 더 나아가서는 텍스트의 의미 구조를 이해하는 과정에서 해석 장치로서의 틀이 중요한 역할을 담당한다.

틀은 언어의 의미를 이해하는 해석 장치로서 기능한다는 점에서 영상 도식(image schema), 영역(domain) 등과 유사하다. 그러나 영상 도식은 반복되는 신체적 경험을 바탕으로 한 보다 추상적이고 근원적인 인지 구조라는 점에서 틀과 차이를 보인다. 영역은 특정 단어가 속해 있는 정신적 표상 공간으로서 같은 단어가 여러 다른 영역에 속하여 의미 이해의 과정에서 복합적인 영향을 미친다는 점에서 틀과 차이가 있다.

틀은 언어 공동체별로 다르기 때문에 새로운 언어를 배운다는 것은 해당 언어 공동체의 구성원들이 공유하고 있는 인지적 지식 체계를 배운다는 것을 의미한다. 한국어교육에서 이러한 틀의 개념은 어휘 교육, 그중에서도 특정 단어와 의미적으로 관련이 있는 단어들 간의 관계를 틀을 이용하여 해석함으로써 한국어 학습자들이 그 의미를 명확하게 이해하고 사용하게 하는 데 유용하다.　　　　　　　　　　　　　　〈박민신〉

= 프레임

[참고문헌]
• Fillmore, C. J. (1982), Frame semantics, In the Linguistic Society of Korea(Eds.), *Linguistics in the morning calm: Selected papers from SICOL_1981*, pp. 111~137, Hanshin Publishing Company.
• Geeraerts, D. & Cuyckens, H. (2005), *The Oxford handbook of cognitive linguistics*, 김동환 역, 2011, 인지 언어학 옥스퍼드 핸드북, 로고스라임.

❏ 영역

영역(領域, domain)이란 의미 단위를 개념화하는 데에 필요한 배경을 제공하는 지식 구조를 말한다.

인지 언어학 연구에서 영역의 개념을 이론적 구성물로 사용한 이론은 개념적 은유 이론(conceptual metaphor theory)과 인지 문법(cognitive grammar)이다. 개념적 은유 이론을 제안한 레이코프와 존슨(G. Lakoff & M. Johnson)은 영역을 명확하게 정의하지는 않았으나 이들의 논의에서 볼 때 영역은 특정한 목적을 위해 특정한 문맥에서 개인이 획득한 개념화를 넘어서는 보다 광범위한 경험의 양상을 포함하는 지식의 구조이다.

이후 랭액커(R. W. Langacker)는 의미는 백과사전적이므로 어휘적 개념은 더 큰 지식 구조와 관련하여 이해해야 한다는 가정에 기초를 두고 복잡성과 조직의 층위가 다양한 개념적 실체로서 영역이라는 개념을 제시했다. 예컨대 '뜨겁다, 차갑다, 미지근하다'와 같은 의미가 개념화되기 위해서는 '온도'와 관련된 광범위한 지식이 배경으로 작용해야 한다. 또 '손가락'이라는 어휘적 개념은 '손'이라는 상위의 개념을, '손'은 '팔'을, '팔'은 '몸'을, '몸'은 '공간'이라는 상위 개념을 전제로 한다. 이때 각 하위 개념에 대한 상위 개념이 영역이 된다. 이렇게 영역은 위계적으로 조직된다.

한편 클라우즈너와 크로프트(T. C. Clausner & W. Croft)는 영역의 개념을 '새'를 통해 예증했다. 새의 개념은 새의 모양, 새를 이루는 물리적 물질, 날거나 먹는 활동, 알에서 죽음까지의 조류 수명 등 공간, 물리적 사물, 시간과 같은 서로 다른 다양한 영역에서 상술된다. 이처럼 특정 개념은 여러 영역, 즉 서로 다른 지식 구조들과 종합적으로 연관되어 형성된다.

영역의 개념은 기본 영역과 추상적 영역을 구분하여 상거래나 발화 사건 같은 추상적 영역을 주로 다루는 필모어(C. J. Fillmore)의 틀 의미론을 몇 가지 면에서 보완한다. 우리의 신체적 경험에서 직접 도출되는 공간, 시간과 같은 영역은 기본적이지만 결혼, 사랑, 전통과 같은 영역은 추상적이다. 따라서 결합가(valency)와 같은 문법적 행동을 설명하는 수단으로 틀을 간주한 필모어와 달리 랭액커는 영역 이론을 통해 지식 구조의 조직과 어떤 개념이 다른 개념과 관련되는 방식인 개념적 존재론(conceptual ontology)을 구성하는 데 더 많은 노력을 기울였다.

이러한 영역의 개념을 한국어 어휘 교육에 도입함으로써 '팔-다리, 팔목-손목-*다리목/발목, 손-발, 손등-발등' 등의 구체적 어휘는 물론이고 추상적 어휘인 '결혼, 가족, 사랑'

등의 의미를 언어 문화적 관점에서 풍부하게 설명할 수 있다. 〈임지룡〉

[참고문헌]
• Clausner, T. C. & Croft, W. (1999), Domains and image schemas, *Cognitive Linguistics 10-1*, pp. 1~32.
• Lakoff, G. & Johnson, M. (1980), *Metaphors we live by*, 노양진·나익주 역, 1995, 삶으로서의 은유, 서광사.
• Langacker, R. W. (1987), *Foundations of cognitive grammar 1: Theoretical prerequisites*, 김종도 역, 1999, 인지 문법의 토대: 이론적 선행 조건들 1, 박이정.

❑ 영상 도식

영상 도식(映像圖式, image schema)은 인간의 반복적인 신체적 경험으로 인해 형성되는 추상적인 인지 구조를 의미한다.

영상 도식은 객관주의의 한계에 대한 대안으로 체험주의를 주창한 레이코프와 존슨 (G. Lakoff & M. Johnson)이 제기한 개념이다. 체험주의에 기반한 인지 언어학에서는 인간의 언어가 이성적이고 객관적인 명제들로 이루어지는 고정된 체계가 아니라 인간의 체험에 근거한 역동적인 조직화 과정을 통해 형성되는 유연한 구조로 본다. 이러한 조직화의 과정, 즉 인간이 신체를 매개로 세계와 상호작용하는 과정의 결과로서 추상적 인지 구조인 영상 도식이 형성된다.

대표적인 영상 도식으로는 용기(container) 도식, 위아래 도식, 앞뒤 도식, 경로(path) 도식, 좌우 도식, 균형 도식 등이 있다. 이들은 모두 인간의 신체적 경험에서 기인한다. 예를 들어 내부와 외부 그리고 이 둘을 구별하는 경계로 이루어져 있는 용기 도식은 인간 스스로의 몸을 어떤 물질을 담는 용기로서 혹은 용기에 속해 있는 존재로서 반복적으로 경험하여 형성된다. 아래 그림에서 볼 수 있듯이 인간은 음식물을 삼키는 과정에서는 음식물을 담고 있는 용기가 되지만(좌측), 동시에 인간은 언제나 방이나 집과 같이 경계가 있는 공간 안에 존재함으로써 '방'이라는 용기 속에 존재한다(우측). 이러한 신체적 경험을 반복적으로 겪으면서 형성된 영상 도식으로 인해 언중들은 '방에 들어가다.'와 같은 구체적인 행위뿐만 아니라 '다음 경기에 박지성 선수를 넣기로 했다.'와 같은 추상적인 표현을 이해하고 사용할 수 있다. 또한 다의성을 가진 '넣다'의 의의(sense) 간 관계, 즉 '책을 가방에 넣다.'와 같은 중심적인 의미에서부터 '신문을 넣지 마시오.'와 같은 주변적인 의미 관계 또한 영상 도식을 통해 이해할 수 있게 된다.

〈신체적 경험에 기반한 용기 도식〉

그러나 인간의 신체적 경험 중에서 어떤 경험이 영상 도식으로 구조화되고 어떤 경험이 구조화되지 않는지에 대한 명확한 기준이 없어 결과론적인 해석이라는 비판도 받는다. 또한 영상 도식으로 설명할 수 없는 의미의 확장과 문법화 그리고 언어 문화 보편적인 영상 도식과 문화 특수적인 영상 도식의 관계 등도 논란이 된다.

이러한 비판에도 불구하고 영상 도식은 방사상 범주에서 서로 다른 원형의 다발들 간 연결을 제공하며 체계적인 개념적 은유 영역의 횡단 사상을 동기화한다는 점에서 한국어교육에서 적극적으로 활용된다. 즉 '넣다'와 같은 다의어의 의미를 이해하거나 '분노가 끓어오르다'와 같은 은유 표현을 교육하는 데 영상 도식이 활용된다. 〈박민신〉
=이미지 스키마

[참고문헌]
- 임지룡(1997), 인지 의미론, 탑출판사.
- Johnson, M. (1987), *The body in the mind: The bodily basis of meaning, imagination, and reason*, 노양진 역, 2000, 마음 속의 몸: 의미, 상상력, 이성의 신체적 근거, 철학과현실사.
- Lakoff, G. & Johnson, M. (2005), *Metaphors we lived by*, 노양진·나익주 역, 2006, 삶으로서의 은유, 박이정.

❑ 정신 공간

정신 공간(精神空間, mental space)은 국부적 이해와 행동을 목적으로 생각하고 이야기할 때 일시적으로 구성되는 개념적 영역이다.

  (1) 작년에 나는 설악산에 등산을 갔다.
  (2) 작년에 내가 설악산에 갔더라면 좋았을 텐데.
  (3) 김 선생님은 내가 설악산에 갔다고 믿고 있다.

(1)은 과거 사건을 전하기 위하여 구축된 정신 공간과 관련이 있고 (2)는 반사실적(反寫實的, counterfactual) 상황과 그 결과에 대한 생각을 전하기 위해 구축된 정신 공간과 관련이 있다. 한편 (3)에는 김 선생이 믿고 있는 바를 말하기 위해 구축된 정신 공간이 있다. 정신 공간은 '작년, 나, 설악산, 등산과 같은 요소를 포함하며 사고와 담화가 진행됨에 따라 정신 공간은 새롭게 구성되고 수정 및 확대된다.

정신 공간은 작동 기억에서 동적으로 구축되지만 등산 프레임 같은 장기적이고 고착된 지식에 의해서도 구조화된다. 즉 정신 공간은 언어적, 화용적, 문화적 전략에 기초해서 구성된다. 정신 공간 구축에서 언어적 표현은 부분적 지령 혹은 정신 공간 구축을 위한 촉진제로 이해된다. '작년에'와 같은 공간 구축소에 의해 기저 공간이 구축되고 이어지는 담화에 의해 사건 공간 같은 또 다른 공간들이 구축되며, 이들 공간은 연결자에 의해 대응 요소들이 연결되어 의미가 구성된다. 연결된 일련의 정신 공간들은 정신 공간 격자를 구성한다.

인지 언어학에서는 개념, 즉 의미가 마음속에서 고립적이며 원자적인 단위로 나타나는 것이 아니라 전제가 되는 배경 지식 구조의 문맥 안에서 이해된다고 본다. 따라서 필모어(C. J. Fillmore)의 틀(frame) 개념에서 영향을 받아 레이코프(G. Lakoff)는 이상적 인지 모형(idealized cognitive model: ICM), 랭액커(R. W. Langacker)는 영역(domain)이라는 개념으로 배경 지식 구조를 설명하고자 한다. 한편 포코니에(G. Fauconnier)가 내놓은 정신 공간도 개념적 구조를 가진 인지 모형이지만 틀이나 이상적 인지 모형, 영역과는 다르다. 정신 공간은 부분적으로 인지 모형과 문맥의 구조를 이용해서 구성되므로 그것에 의존한다.

정신 공간 이론은 주로 공간들 간의 지시 문제에 집중하며 공간의 설정이 임시방편적이어서 그 실체가 막연하다는 한계를 지니고 있다. 그러나 논리학자와 형식주의 언어학자들이 오랫동안 해결에 곤란을 겪었던 지시적 불투명성, 전제 투사 등의 문제를 정밀하면서도 간단하게 해결하였고 이후 수화, 시제와 서법 분야에도 적용을 시도했다. 2002년에 포코니에와 터너(G. Fauconnier & M. Turner)는 이 이론을 확장하여 개념적 혼성 이론(conceptual blending theory)이라고 부르는 새로운 이론을 내놓기도 했다.

정신 공간 이론은 개념적 혼성 이론과 함께 한국어 어휘와 담화 교육에 활용될 수 있다. 특히 시간적 복잡성을 갖는 담화나 반사실적인 상황에 대한 담화의 경우 정신 공간 이론의 도식을 통해 교육한다면 학습자가 텍스트의 내용을 보다 더 쉽게 이해할 수 있게 될 것이다. 〈임지룡〉

[참고문헌]
• Fauconnier, G. (1994), *Mental spaces: Aspects of meaning construction in natural language*, Cambridge University Press.
• Fauconnier, G. (1997), *Mappings in thought and language*, Cambridge University Press.
• Fauconnier, G. & Turner, M. (2002), *The way we think: Conceptual blending and the mind's hidden complexities*, 김동환·최영호 역, 2009, 우리는 어떻게 생각하는가: 개념적 혼성과 상상력의 수수께끼, 지호.

❑ 이상적 인지 모형

이상적 인지 모형(理想的認知模型, idealized cognitive model: ICM)은 낱말의 의미를 이해하기 위한 일종의 해석 장치로 자신의 경험에 축적된 백과사전적 지식을 바탕으로 대상을 단순화, 이상화하여 파악하는 지식 모형을 일컫는다.

사람의 인지 체계는 고립된 개념이 아니기 때문에 여러 가지 방식으로 해석할 수 있는데 원형 이론에서 드러난 전형성 효과를 설명하기 위해 레이코프(G. Lakoff)가 발전시킨 이론적 구성물이 이상적 인지 모형이다. 이상적 인지 모형은 현실적으로 존재하는 것이 아니라 사람들의 의식 속에 만들어진 것으로 외부 세계에 대한 경험을 이론적으로 나타낸 비교적 안정된 정신적 표상이다.

예를 들어 한국어 낱말 '노총각'은 혼인할 시기를 넘긴 나이 많은 남자를 의미한다. 그런데 '노총각'의 의미를 이해하기 위해서는 결혼 제도와 결혼 가능한 연령에 대한 이상적 인지 모형을 파악해야 한다. 즉 '스님'이라면 혼인할 시기를 넘긴 나이이더라도 '노총각'이라 일컫지 않는다. 그러므로 이상적 인지 모형에는 결혼식을 포함하여 사회적·법적·종교적·도덕적 차원 및 책임, 결혼에 수반되는 참여자, 결혼식 전과 후 그들의 신분을 지배하는 조건 등의 도식적 정보가 들어 있다. 결국 이상적 인지 모형을 통해 결혼 가능한 연령이나 신분이 정해지고 그 연령이 많이 지난 사람을 '노총각'이라고 한다.

레이코프에 따르면 이상적 인지 모형은 범주화 및 추론과 같은 인지 과정에서 이용되며 일군의 지식 표상을 구성하기 때문에 이상적 인지 모형이 구조화되는 방식은 다양하다.

이상적 인지 모형은 필모어(C. J. Fillmore)의 틀(frame), 랭액커(R. W. Langacker)의 영역(domain)과 유사한 개념이다. 이들은 의미가 백과사전적이고, 어휘적 개념이 더 큰 지식 구조와 별개로 이해될 수는 없다고 가정한다는 점에서 공통점이 있다. 다만 틀은 주로 추상적 영역을 다루고 문법적 특성을 설명하는 데 활용하는 데 반해, 영역은 기본 영역과 추상적 영역을 두루 다루면서 개념이 이해되는 방식에 연구의 초점을 두고 있다는 점에서 차이가 있다. 이상적 인지 모형은 로쉬(E. Rosch)와 동료들이 제시한 범주화에 대한 경험적 연구 결과를 설명할 수 있는 인지적 층위에서 범주 구조의 이론을 발전시키려고 한 데서 시작되었다는 점에서 틀이나 영역과 차이가 있다.

한국어교육에서는 '사다-팔다'와 같은 어휘 쌍을 이상적 인지 모형에서 한국어의 상거래 모형이 갖는 인지적 양상을 고려하여 교육할 수 있다. 특히 이상적 인지 모형은 언어의 보편적인 부분과 특정적인 부분을 모두 담고 있는 만큼 한국의 언어 문화에서 특징적인 어휘를 교육하는 데 효과적으로 활용할 수 있다. 〈김억조〉

[참고문헌]
• 임지룡(1996), 의미의 인지 모형에 대하여, 어문학 57, 한국어문학회, 321~340쪽.
• 임지룡(2001), 다의어 '사다' '팔다'의 인지 의미론적 분석, 국어국문학 129, 국어국문학회, 165~190쪽.
• Lakoff, G. (1987), *Women, fire and dangerous things: What category reveal about the mind*, University of Chicago Press.

❏ 개념적 혼성

개념적 혼성(槪念的混成, conceptual blending)은 둘 이상의 입력 공간의 구축, 입력 공간들의 부분적 사상, 입력 공간에서 혼성 공간으로의 선택적 투사, 발현 구조의 창조를 포함하는 개념적 통합의 과정을 말한다.

포코니에와 터너(G. Fauconnier & M. Turner)에 따르면 아래 그림과 같이 개념적 혼성을 통해 통합 연결망(integration network)이 형성된다.

〈개념적 통합 연결망〉

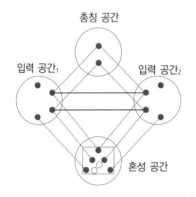

개념적 통합 연결망의 성분	
원	정신 공간 (총칭 공간, 입력 공간, 혼성 공간)
검은 점	각 공간을 구성하는 요소들 (실체, 실체의 속성, 실체들 사이의 관계)
실선	입력 공간 사이의 공간 횡단 사상
점선	입력 공간에서 혼성 공간으로의 투사
네모 상자	발현 구조
흰 점	혼성 공간에서 새롭게 창조된 요소

개념적 혼성의 과정을 살펴보면 먼저 두 입력 공간은 언어 표현에서 환기되는 인지 영역과 문맥의 상호작용을 통해 구축된다. 그리고 이들 공간의 요소들은 공간 횡단 사상(cross-space mapping)을 통해 연결됨으로써 체계적인 대응 관계(correspondence)를 이룬다. 이때 일어나는 사상은 모든 상관 요소들이 일대일로 대응될 수도 있고 몇몇 상관 요소들만 부분적으로 이루어질 수도 있다. 이러한 사상은 두 입력 공간이 공유하는 추상적 구조인 총칭 공간에 의해 가능해진다. 다음으로 혼성 공간은 두 입력 공간의 요소들이 선택적으로 투사(projection)되어 형성된다. 이 공간에서는 두 입력 공간의 요소가 하나로 융합되고 각 입력 공간의 요소가 개별적으로 투사되며 입력 공간에서 투사되지 않는 새로운 요소들이 창조되면서 발현 구조(emergent structure)가 생성된다. 이처럼 언어 표현의 의미는 개념적 통합의 과정을 거쳐 혼성 공간의 발현 구조에서 구성된다.

(1) 특히 고 의원이 <u>돈봉투</u>를 돌려준 뒤 전화를 해왔다는 김○○ 청와대 정무수석의 집은…….
(한겨레, 2012. 1. 24.)

예를 들어 (1)에서 사용된 합성어 '돈봉투'는 주로 어떤 이득을 바라고 주고받는 부정한 돈 봉투를 지시하기 위해 사용되는데 이 합성어의 구성 요소인 '돈'과 '봉투'의 합만으로는 '부정한 돈 봉투'라는 부정적인 의미가 도출되지 않는다. 그러나 개념적 혼성 이론을 통해 그 의미가 구성되는 과정을 보면 아래의 그림에서와 같이 입력 공간$_1$에서는 '이익을 얻다.'라는 목적이, 입력 공간$_2$에서는 '봉투'라는 도구가 각각 선택적으로 투사되어 혼성 공간에서 '돈이 든 봉투를 통해 이익을 얻고자 한다.'라는 '돈봉투'의 부정적 의미가 새롭게 생성되고 전달된다.

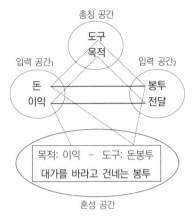

〈합성어 '돈봉투'의 의미 구성 과정〉

이와 같이 개념적 혼성은 실제 담화가 진행되는 동안 공간 구축과 부분적 사상 및 선택적 투사가 실시간으로 이루어지면서 언어 표현의 의미가 구성되는 과정을 명시적으로 보여 준다. 이를 통해 우리는 언어 표현의 의미가 부분의 합 이상이며 이러한 의미는 실제로 담화가 진행되는 동안 창조적으로 구성됨을 설명할 수 있다.

　개념적 혼성은 한국어의 어휘 의미 교육에 적용할 만하다. 합성어를 비롯하여 비유 표현, 관용 표현, 유머, 신어 등 구성 요소의 의미만으로는 그 의미를 정확히 파악하기가 어려운 언어 표현의 의미를 설명할 때 개념적 혼성은 유용하다.　　　　　　〈임지룡〉

[참고문헌]
• 임지룡(2008), 의미의 인지 언어학적 탐색, 한국문화사.
• 정수진·송현주(2012), 개념적 혼성 이론에 기초한 한국어 의미 구성, 어문학 116, 한국어문학회, 81~102쪽.
• Fauconnier, G. & Turner, M. (2002), *The way we think: Conceptual blending and the mind's hidden complexities*, 김동환·최영호 역, 2009, 우리는 어떻게 생각하는가: 개념적 혼성과 상상력의 수수께끼, 지호.

■ 해석

　해석(解釋, construal)은 발화 상황에서 개념화의 대상이 되는 사태가 발화에 책임이 있는 전달자와 수신자인 개념 화자의 선택적 지각에 따라 특정한 방식으로 구조화되는 과정을 말한다.

　인지 언어학 관점에서의 해석은 1987년 랭액커(R. W. Langacker)가 처음 소개한 이후 1995년 테일러(J. R. Taylor), 1997년 퓌츠(P. Pütz), 사이드(J. I. Saeed), 2000년 크로프트와 우드(W. Croft & E. J. Wood), 2007년 라덴과 더번(G. Radden & R. Dirven) 등 많은 인지 언어학자들이 그 중요성을 꾸준히 언급해 왔다. 이들은 동일한 장면이 해석의 차이로 인해 여러 다른 형식으로 언어화되는 것에 주목하여 어떤 장면의 의미를 파악하는 데 개념 화자의 해석이 중요한 기제로 작용함을 강조했다.

장면에 대한 해석은 개념 화자가 파악하는 특정성, 범위, 원근법, 현저성, 개념 화자의 기대치에 따라 달라진다.

첫째, 특정성(specificity)은 장면을 어떤 층위에서 파악할 것인가와 관련된다. 개념 화자는 어떤 장면을 구체적이고 상세하게 파악할 수도 있고 추상적이고 도식적으로 파악할 수도 있다. 가령 '철수가 방으로 {간다〉들어간다〉뛰어 들어간다}.'에서처럼 철수가 방으로 이동하는 장면에 대하여 개념 화자는 특정성의 층위를 조절하고 선택하여 표현한다.

둘째, 범위(scope)는 장면을 얼마만큼의 국면에서 파악할 것인가와 관련된다. 개념 화자는 전체 장면을 하나의 범위에 포함하여 최대 범위로 파악할 수도 있고 전체 장면의 한 부분에 국한하여 제한 범위로 파악할 수도 있다. 이를 테면 기차의 이동 구간에 대하여 개념 화자가 전체 장면의 범위에서 어느 정도의 범위를 선택하여 해석하느냐에 따라 '이 기차는 동대구에서 수원으로 {간다/가고 있다}.'와 같이 달리 표현된다.

셋째, 원근법(perspective)은 장면을 어떤 관점에서 파악할 것인가와 관련된다. 예를 들어 야구 경기에서 노 아웃(no out) 만루 상황은 투수 입장에서는 위기이지만 타자 입장에서는 기회이다. 따라서 개념 화자가 어떤 관점을 선택하느냐에 따라 '{이 위기를 잘 넘겨야 한다/이 기회를 꼭 잡아야 한다}.'처럼 장면 해석이 달라진다.

넷째, 현저성(salience)은 장면의 어느 부분에 초점을 부여할 것인가와 관련된다. 가령 영수가 돌로 창문을 깨뜨린 장면에서 개념 화자는 행위자 '영수', 도구 '돌', 대상 '창문'에 선택적으로 초점을 부여할 수 있다. 즉 개념 화자가 어떤 것을 가장 현저한 요소로 파악하느냐에 따라 동일한 장면이 '{영수가 창문을 깨뜨렸다/이 돌이 창문을 깼다/창문이 깨졌다}.'로 달리 해석할 수 있다.

다섯째, 기대치(expectation)는 어느 정도의 예상에 근거하여 장면을 파악하는가와 관련된다. 개념 화자는 자신의 기대치에 비추어 해당 장면을 기대치 이상이나 이하, 보통으로 해석할 수 있다. 예를 들면 축구 대표팀이 올림픽에서 은메달을 받은 경우 이를 어떤 기대치로 해석하느냐에 따라 '{자랑스러운 은메달/아쉬운 은메달}'과 같이 평가가 달라진다.

해석은 한국어 문장의 의미 교육에 적용할 만하다. 특히 능동문과 피동문의 의미, '{영수가 철수에게 책을 줬다/철수가 영수에게 책을 받았다}.'와 같은 대립어의 어순 변형에 의한 동의문의 의미를 설명할 때 개념 화자의 해석 방식은 유용하다. 또한 대조적 관점에서 동일한 대상에 대한 명명 방식, 감정 및 감각 표현의 방식, 공간의 개념화 방식, 이동 사건의 언어화 방식 등 언어권에 따라 상이한 해석 양상을 검토하는 것도 의미가 있다.　　　　　　　　　　　　　　　　　　　　　　　　　〈임지룡〉

[참고문헌]
· 임지룡(2004), 장면의 인지적 해석에 관한 연구, 성곡논총 35, 성곡학술문화재단, 45~89쪽.
· Langacker, R. W. (1987), *Foundations of cognitive grammar 1: Theoretical prerequisites*, 김종도 역, 1999, 인지 문법의 토대: 이론적 선행 조건들 1, 박이정.
· Radden, G. & Dirven, R. (2007), *Cognitive English grammar*, 임지룡·윤희수 역, 2009, 인지 문법론, 박이정.

☐ 원근법

원근법(遠近法, perspective)은 장면을 해석할 때 수많은 관점 중에서 발화에 책임이 있는 전달자와 수신자인 개념 화자가 주체적으로 선택한 관점 혹은 입장을 말한다.

주어진 장면을 해석할 때 개념 화자가 무엇을 관찰점(vantage point)으로 하여 사태를 파악하는가, 객관적 입장과 주관적 입장 중 어떤 입장을 취하는가 등의 원근법 차이에 따라 동일한 상황을 얼마든지 다르게 해석할 수 있다.

먼저 원근법과 관련된 주요 기제는 관찰점이다. 특히 개념 화자의 관찰점은 공간에서의 위치나 이동 방향을 파악하는 데에 깊이 관여한다. 예를 들어 '철수 앞에 앉은 영희'와 '영희 뒤에 앉은 철수'에서는 개념 화자의 관찰점을 각각 '철수'와 '영희'에 놓음으로써 위치도 '앞'과 '뒤'로 다르게 파악된다. 또한 '철수가 교실에 들어갔다.'와 '철수가 교실에 들어왔다.'의 사례에서는 개념 화자가 관찰점을 각각 '교실 밖'과 '교실 안'에 둠으로써 이동의 방향이 '가다'와 '오다'로 다르게 기술된다. 이처럼 장면의 해석은 개념 화자가 어떤 관찰점을 선택하느냐에 따라 달라진다.

장면 해석에 차이를 불러오는 원근법의 또 다른 기제는 객관성과 주관성이다. 이는 장면을 해석할 때 개념 화자가 자신을 장면에서 분리하는가, 장면에 포함하는가와 관련된다. 예를 들어 누나가 동생을 나무라는 장면에서 누나는 '누나한테 거짓말하면 안 돼.'처럼 객관적 해석을 취할 수도 있고, '나한테 거짓말하면 안 돼.'처럼 주관적 해석을 취할 수도 있다. 또한 아이의 키가 훌쩍 자란 장면을 '우리 영수, 키가 많이 컸구나.'와 같이 객관적으로 해석할 수도 있고, '바지가 많이 짧아졌네.'와 같이 주관적으로 해석할 수도 있다. 이처럼 동일한 장면에 대한 개념 화자의 해석이 다른 것은 객관적, 주관적 원근법의 선택이 작용하기 때문이다.

개념 화자의 원근법은 해석에 관여하는 중요한 인지 기제가 되므로 한국어의 어휘 의미 교육에 적용할 만하다. 특히 화용적 관점에서 직시성을 나타내는 어휘들, 가령 지시어 '이, 그, 저'의 의미나 이동 동사 '가다, 오다'의 의미를 설명할 때 원근법은 매우 유용하다. 〈정수진〉

= 시점

[참고문헌]
· 임지룡(2008), 의미의 인지 언어학적 탐색, 한국문화사.
· 정수진(2011), 국어 공간어의 의미 확장 연구, 경북대학교 박사학위논문.
· Croft, W. & Wood, E. J. (2000), Construal operation in linguistics and artificial intelligence, In L.

Albertazzi. (Ed.), *Meaning and cognition: A multidisciplinary approach*, pp. 51~78, John Benjamins Publishing Company.

☐ 주의와 현저성

주의(注意, attention)는 장면을 해석할 때 어느 한 대상에 선택적으로 의식의 초점을 부여하여 집중하는 심리 작용을 말하며, 현저성(顯著性, salience)은 장면에서 어떤 특정한 부분이 초점화되어 있는 정도를 말한다.

주의와 현저성은 동일한 장면에 대한 해석의 차이를 불러오는 인지 기제이다. 개념 화자는 기본적으로 주의의 초점을 달리하여 장면을 지각한다. 즉 어떤 대상이나 사태의 장면을 파악할 때 상대적으로 중요한 것과 그렇지 않은 것으로 나누어 지각한다. 상대적으로 중요한 것으로 지각된 장면의 한 부분은 주의를 부여하여 현저한 대상으로 전경화(foregrounding)하고, 나머지 부분은 주의에서 벗어난 대상으로 배경화(backgrounding)하기 때문에 개념 화자가 해석하는 장면은 인지적 현저성에서 차이가 난다.

(1) 내 방 벽에는 그림 액자가 사진틀 위에 걸려 있다.
(2) 내 방 벽에는 사진틀이 그림 액자 아래에 걸려 있다.

예문 (1)과 (2)는 동일한 사태를 기술하고 있지만 어느 부분에 주의를 두어 현저성을 부여하느냐에 따라 장면의 의미 해석에서 미묘한 차이가 생긴다. 이 둘은 모두 개념 화자가 사진틀과 그림 액자의 관계를 중심으로 이들의 공간적 위치를 밝히고 있다. 하지만 (1)은 그림 액자에 주의를 주어 그림 액자의 위치를 설명하고 있는 반면 (2)는 사진틀에 주의를 주어 사진틀의 위치를 논하고 있다. 즉 같은 장면이지만 이들이 주의를 두고 있는 대상은 각기 다르며 그로 인해 의미 해석의 과정에서 차이가 발생한다.

인지 언어학의 주의와 현저성 개념은 한국어 어휘 및 문장의 의미 교육에 적용할 만하다. 특히 '우리 팀에 {새 얼굴이/우수한 두뇌가/젊은 피가} 들어왔다.'에서처럼 환유로 인해 의미가 확장된 다의어의 의미를 설명할 때, '앞, 뒤, 옆, 위, 아래' 등과 같은 위치어의 의미를 설명할 때와 '드디어 경찰이 도둑을 잡았다./드디어 도둑이 잡혔다.'와 같은 능동문과 피동문의 의미 관계를 설명할 때 주의와 현저성의 개념은 매우 유용하다.

〈정수진〉

[참고문헌]
• 임지룡(2008), 의미의 인지 언어학적 탐색, 한국문화사.
• 정수진(2011), 국어 공간어의 의미 확장 연구, 경북대학교 박사학위논문.
• Croft, W. & Wood, E. J. (2000), Construal operation in linguistics and artificial intelligence, In L. Albertazzi. (Ed.), *Meaning and cognition: A multidisciplinary approach*, pp. 51~78, John Benjamins Publishing Company.
• 辻幸夫編(2002), 認知言語學キーワード事典, 임지룡 외 역, 2004, 인지 언어학 키워드 사전, 한국문화사.

❑ 판단과 비교

판단(判斷, judgement)은 인간의 근본적인 인지 능력으로서 장면을 구성하는 요소들의 관계를 분석하는 능력을 말하며, 비교(比較, comparison)는 인지적 심리 과정의 하나로서 장면을 구성하는 요소들의 공통성에 기초하여 요소들 사이의 관계성을 파악해 나가는 인지 활동을 말한다.

판단과 비교의 예로는 범주화, 은유, 전경과 배경의 정렬을 들 수 있다. 먼저 범주화는 어떤 상황을 앞선 경험들과 비교하여 유사하다고 판단하는 행위나 앞선 경험들을 표현하는 데 새로운 언어 표현을 적용하여 그들 표현에 속하는 것으로 판단하는 행위들을 포함한다. 다음으로 은유는 목표 영역을 근원 영역에 비교하는 행위를 수반한다. 예를 들어 '시간을 허비하다.'라는 문장에서는 목표 영역인 '시간'을 근원 영역인 '돈'에 비교하고 있다. 마지막으로 전경과 배경의 정렬은 '택시가 내 차를 앞질러 갔다./내 차가 택시 뒤로 처졌다.'에서처럼 장면에서 '택시'와 '내 차' 중 어느 것이 전경으로 파악되느냐에 따라 그 정렬이 달라지며, 이처럼 장면을 해석할 때 개념 화자의 인지적 비교 활동이 개입한다.

인지 언어학의 판단과 비교는 한국어 문장의 의미 교육에 적용할 만하다. 특히 '영수가 철수에게 책을 줬다./철수가 영수에게 책을 받았다.'에서처럼 대립어의 어순 변형에 의한 동의문의 의미를 설명할 때 판단과 비교의 개념은 매우 유용하다. 또한 원인-결과, 조건-귀결과 같이 이어진 문장의 구성을 설명할 때 판단과 비교의 개념을 적용하여 원인이나 조건이 배경으로서 종속절로 실현되고 결과나 귀결이 전경으로서 주절로 실현된다고 설명할 수 있다. 〈정수진〉

[참고문헌]
• 임지룡(2008), 의미의 인지 언어학적 탐색, 한국문화사.
• 정수진(2011), 국어 공간어의 의미 확장 연구, 경북대학교 박사학위논문.
• Croft, W. & Cruse, D. A. (2004), *Cognitive linguistics*, Cambridge University Press.

❑ 구성과 게슈탈트

구성(構成, constitution)은 장면을 해석할 때 장면을 이루는 각 요소들의 유기적 관계를 파악하여 하나의 단위로 구조화하는 개념 화자의 인지 작용을 말하며, 게슈탈트(gestalt)는 이 구성을 통해 개념 화자가 주어진 장면을 통일성 있는 대상으로 조직화할 때 형성되는 통합 구조체를 말한다.

구성과 게슈탈트는 장면의 축적된 정보들을 구조화하여 처리하는 방식과 관련된 해석의 기제이다. 이는 크게 두 가지로 나눌 수 있다.

(1) 영수는 달리기를 잘한다.
(2) 영수는 잘 달린다.

하나는 (1)처럼 장면의 사태를 정적 인지 과정으로 파악하여 사태를 이루는 요소들을 통합된 하나의 단위로 구조화하는 방식이다. 즉 명사 '달리기'는 개념 화자가 영수의 달리는 동작을 연속된 누적 과정의 결과로 생기는 총체적인 형태로 파악하여 이동 장면을 구성하는 것이다. 다른 하나는 (2)처럼 장면의 사태를 동적인 인지 과정으로 파악하여 사태를 이루는 요소들을 연속 과정으로 구조화하는 방식이다. 즉 개념 화자가 동사 '달리다'를 영수가 달리면서 시간의 흐름에 따라 변화한 위치로 파악하고 각각의 과정을 차례로 개념화하여 이동 장면을 구성하는 것이다.

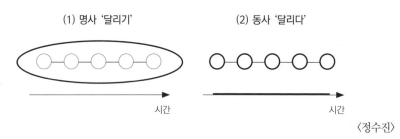

(1) 명사 '달리기' 　　　　　　　(2) 동사 '달리다'

시간　　　　　　　　　　　　　　시간

〈정수진〉

[참고문헌]
- 임지룡(2008), 의미의 인지 언어학적 탐색, 한국문화사.
- Croft, W. & Wood, E. J. (2000), Construal operation in linguistics and artificial intelligence, In L. Albertazzi. (Ed.), *Meaning and cognition: A multidisciplinary approach*, pp. 51~78, John Benjamins Publishing Company.
- 河上誓(1996), 認知言語学の基礎, 이기우·이정애·박미엽 공역, 1997, 인지 언어학의 기초, 한국문화사.
- 辻幸夫編(2002), 認知言語學キーワード事典, 임지룡 외 역, 2004, 인지 언어학 키워드 사전, 한국문화사.

■ 개념적 은유

개념적 은유(槪念的隱喩, conceptual metaphor)는 우리에게 익숙한 근원 영역에 기대어 낯선 목표 영역을 개념화하는 인지 전략을 의미한다.

전통적으로 은유는 언어 층위, 특히 문학이나 수사법 차원에서 다루어져 왔으나 인지 언어학에서는 은유를 본질적으로 언어의 문제가 아니라 사고나 개념 차원의 문제로 본다. 이때 단순한 언어 표현으로서의 은유와 구별하고 인간의 인지 전략이라는 점을 강조하고자 개념적 은유라고 구분하여 칭한다.

개념적 은유 이론은 1979년 레디(M. Reddy)의 언어적 의사소통과 관련된 '수도관 은유(conduit metaphor)'에서 배태되었다. 이후 1980년 레이코프와 존슨(G. Lakoff & M. Johnson)의 《삶으로서의 은유(*Metaphors we live by*)》에서 사고 체계로서의 은유에 대한 이해가 필요하다는 주장이 본격적으로 제안되었다. 개념적 은유는 목표 영역에 대한 개념적 구조의 충실성 정도 혹은 인지적 기능에 따라 구조적·존재론적·지향적 은유로 구분된다.

인지 의미론의 초기 이론을 정립하는 데 크게 기여한 개념적 은유 이론의 핵심은 두 가지로 요약된다. 첫째, 은유적인 언어 표현들은 심층적인 은유 체계 혹은 사고 체계와 관련이 있다. 이는 에반스와 그린(V. Evans & M. Green)의 '사랑은 여행이다'라는 개념적 은유와 관련이 있는데, 연인들이 사랑에 대해 말할 때 사용하는 '여기까지 잘 걸어왔다', '우리가 걸어갈 길', '우리 사랑의 걸림돌'과 같은 은유 표현들은 개념적 차원에서 목표 영역과 근원 영역 간의 체계적인 사상에 기반한다. 즉 추상적이고 낯선 목표 영역인 '사랑'의 특성과 개념을 보다 명확하고 쉽게 이해하도록 보다 친숙한 영역인 '여행'이라는 목표 영역에 기대는데 이 과정에서 영역 횡단 사상(cross-domain mapping)을 통한 구조화가 이루어진다. 이때 사랑과 여행이라는 개념 사이에는 유사성 관계가 포착된다. 이러한 표현은 언어 공동체가 공유하는 개념적 차원의 구조적 체계를 지닌 은유로서 비체계적이고 창의적인 말하기 방식으로서의 은유적 언어 표현과는 구별된다.

〈'사랑은 여행이다'에 대한 사상〉

근원 영역: 여행	사상	목표 영역: 사랑
여행자	→	연인
탈것	→	사랑 관계
여행	→	관계 속의 사건
여행한 거리	→	진척
마주치는 장애물	→	경험하는 어려움
방향 결정	→	무엇을 할지에 대한 선택
여행의 목적지	→	관계의 목표

둘째, 개념적 은유는 인간과 인간을 둘러싼 세계 사이의 일상적인 상호작용의 본질에 토대를 둔다. '월급이 오르다.', '높은 점수' 등의 표현은 '양은 수직 상승이다.'라는 개념적 은유와 관련이 있는데 이는 물건이 위로 쌓이면 양이 많아지는 일상 경험이 개념 형성의 토대가 된 것이다. 즉 개념적 은유는 개인의 창조성을 강조하는 언어 표현으로서의 은유와는 달리 인간의 공통적인 신체적 경험에 근거하여 형성된다.

개념적 은유는 비합성적이라는 특성이 있어서 자율 언어학(autonomous linguistics)에서 설명할 수 없었던 은유의 형성 원리를 설명할 수 있다. 은유를 통해 형성된 표현을 단순히 암기해야 할 대상이나 특이한 언어 현상이 아니라 인간의 신체적 경험에 기반을 두고 형성된 체계적인 현상으로 설명한다. 따라서 한국어교육에서 개념적 은유 이론은 한국어 관용 표현을 교육하는 데 적용할 수 있는 것은 물론이고 한국어의 '화', '사랑' 등과 같은 감정 표현을 교육하는 데도 기여할 수 있다. 〈최진아〉

[참고문헌]
• 임지룡(2006), 개념적 은유에 대하여, 한국어의미학 20, 한국어의미학회, 29~60쪽.
• 임지룡(2008), 의미의 인지 언어학적 탐색, 한국문화사.
• Evans, V. & Green, M. (2006), *Cognitive linguistics: An introduction*, 임지룡·김동환 역, 2008, 인지 언어학 기초, 한국문화사.

• Lakoff, G. & Johnson, M. (1980), *Metaphors we live by*, 노양진·나익주 역, 1995, 삶으로서의 은유, 서광사.

☐ 일차적 은유

일차적 은유(一次的隱喩, primary metaphor)는 근원 영역과 목표 영역 간에 체험적 상관성이 존재하는 단 하나의 영역 횡단 사상(cross-domain mapping)을 수반하는 은유를 말한다.

1997년 그래디(J. E. Grady)는 '이론은 건물이다'와 같은 은유를 '존속하는 것은 똑바로 서 있는 것이다.'와 '조직은 물리적 구조이다.' 같은 두 개의 일차적 은유가 통합되어 도출된 복합적 은유로 설명했다. 이때 일차적 은유의 근원 영역인 '똑바로 서 있다'와 '물리적 구조'는 감각 지각적 경험과, 목표 영역인 '존속하다'와 '조직'은 감각적 지각에 대한 주관적 반응과 각각 관련이 있다. 그 이전에 나온 개념적 은유 이론에서는 은유적 사상의 근원 영역과 목표 영역 사이의 구분이 구체적 개념과 추상적 개념에서 비롯된 다고 여겼는데 그래디는 일차적 은유는 이러한 구분이 타당하지 않다고 보았다. 대신에 근원 영역과 목표 영역은 명확하고 직접적인 체험적 기초를 공유하지만 주관성의 정도 (degree of subjectivity)에서 구분된다고 보았다. 즉 일차적 은유는 근원 영역과 목표 영역이 동등하게 기본적이며 모두 불변의 고유한 구조를 지니고 있지만, 두 영역 사이에 은유적 사상이 성립되는 것은 체험적 상관성이 강하게 작용하기 때문이라는 설명이다.

한편 '유사성은 가까움이다.', '중요성은 크기이다.', '양은 수직 상승이다.', '원인은 힘이다.', '변화는 이동이다.', '욕구는 배고픔이다.'와 같은 일차적 은유는 복합적 은유와 달리 구분된 영역에서 나온 두 개의 간단한 개념을 연계한다.

⟨일차적 은유⟩

목표 영역   근원 영역

1996년에 머피(G. Murphy)가 지적한 개념적 은유 이론의 두드러진 문제 중 하나를 해결하고자 제안된 일차적 은유라는 개념은 목표 영역이 이미 그 자체로 불변의 구조를 지니고 있어서 근원 영역의 구조가 사상될 필요가 없는 경우에 대해 설득력 있게 설명해 준다. 또한 발생학적·지역적·문화적으로 서로 무관한 언어들에 널리 퍼져 있는 범언어적 분포가 있는 은유에 대한 설명 그리고 은유적 사고의 신경적 토대 및 어린이의 은유 습득에 대한 설명에도 일차적 은유를 활용하고 있다.

일차적 은유는 한국어교육에서 활용 가치가 높다. 복합적 은유를 구성하는 일차적 은유를 분석해 보는 경험을 통하여 우리가 일상에서 행하는 주관적 판단들이 범언어적으로 어떤 감각 운동 경험과 연결되어 있는지에 대한 인식을 풍부하게 할 수 있다.　　　　　　　　　　　　　　　　　　　　　　　　　　　　〈최진아〉

= 총칭 층위 은유

[참고문헌]
- Evans, V. & Green, M. (2006), *Cognitive linguistics: An introduction*, 임지룡·김동환 역, 2008, 인지 언어학 기초, 한국문화사.
- Grady, J. E. (1997), *Foundations of meaning: Primary metaphors and primary scenes*, Unpublished doctoral dissertation, University of California, Berkeley.
- Grady, J. E. (1997), Theories are buildings revisited, *Cognitive Linguistics 8-4*, pp. 267~290.
- Murphy, G. L. (1996), On metaphoric representation, *Cognition 60*, pp. 173~204.

❑ 구조적 은유

구조적 은유(構造的隱喩, structural metaphor)는 구체적이고 친숙한 근원 영역의 구성 요소가 추상적이고 낯선 목표 영역의 구성 요소와 체계적이고 구조적으로 사상(mapping)되는 은유이다.

1980년 레이코프와 존슨(G. Lakoff & M. Johnson)은 언어 표현으로서의 은유와 대비되는 인지 전략으로서의 은유, 즉 개념적 은유를 구조적 은유, 존재론적 은유, 지향적 은유로 나누었다. 존재론적 은유가 사건, 행동, 활동, 상태 등의 목표 영역을 물건이나 구체적 물질 등으로 간주하여 이해하는 데 그치는 것에 반해 구조적 은유는 이러한 목표 영역과 근원 영역 간의 연결이 체계적으로 구조화되어 형성된다.

'논쟁은 전쟁', '아이디어는 음식', '사랑은 여행', '분노는 열', '시간은 공간' 등은 근원 영역과 목표 영역의 사상이 구조적으로 이루어지는 구조적 은유의 대표적 사례이다. '분노는 열' 중에서도 '분노는 용기 속 액체의 열' 은유는 다음의 표와 같이 구체적이고 가시적인 '용기 속 액체의 열'과 추상적인 '분노'가 구조적으로 대응이 됨으로써 형성되고 여기에서 (1)~(2)와 같은 언어 표현이 파생된다.

〈1987년 레이코프의 근원 영역과 목표 영역의 구조적 사상〉

근원 영역: 용기 속 액체의 열	목표 영역: 분노
용기	몸
액체의 열	분노
용기의 열	몸의 열(체온)
용기 속의 압력	신체 내부의 압력
액체가 끓어오르고 용기가 흔들리는 것	심신의 동요
용기가 열에 의해서 생긴 압력에 견디는 한계점	분노의 척도의 한계점
폭발	제어를 잃는 것
액체가 식음	분노가 없어짐

(1) 화가 끓어오르다/화가 폭발하다/화가 식다/화가 가라앉다

(2) 화를 돋우다/화를 억누르다/화를 식히다/화를 가라앉히다

(1)은 용기 속 액체가 가열되는 장면을 분노가 발생하는 것과 구조적으로 사상한 것이고 (2)는 힘과 에너지를 사용하여 용기 속 액체의 폭발을 막거나 가열된 액체의 열을 조절하는 장면을 구조적으로 분노에 대응시킨 것이다. 이와 같이 구조적 은유는 내적인 일관성을 갖고 근원 영역이 목표 영역에 체계적으로 대응하는 일정한 구조를 지닌다. 이는 언어 표현이 작위적이고 무질서한 것이 아니라 인간의 체험을 바탕으로 형성된 은유라는 인지적 전략에 근거하는 체계적인 것임을 증명한다.

그러나 근원 영역의 모든 부분이 목표 영역에 그대로 대응하는 것은 아니라 부분적으로만 사상되며 사상의 방향은 근원 영역에서 목표 영역으로 일방향적이다. 또한 구조적 은유와 존재론적 은유의 구분이 모호하다. 근원 영역과 목표 영역의 구조적 충실도라는 기준으로 구분된 이들의 속성상 명확한 경계를 지을 수 없기 때문이다.

이러한 한계에도 불구하고 구조적 은유는 학습자가 개개의 표현으로 익힐 수밖에 없던 관용 표현과 특정 단어의 다의적 의미를 이해할 수 있는 원리를 제공해 준다는 점에서 의의가 있다. 구조적 은유에 대한 이해가 없는 학습자는 문자적 의미에만 집중하여 '머리에서 김이 나다.'의 의미를 이해할 수 없지만 구조적 은유에 대해 체계적으로 이해한 학습자는 이를 '화가 많이 났다.'라는 내재된 의미로 이해할 수 있다. 즉 구조적 은유는 어휘 학습에 체계적이고 효율적으로 접근할 수 있게 하고 장기적인 관점에서는 낯선 표현에 대한 추론력을 향상시키도록 하는 유용한 장치로 한국어교육에서 활용한다. 〈박민신〉

[참고문헌]
• 임지룡(1997), 인지 의미론, 탑출판사.
• Lakoff, G. (1987), *Women, fire, and dangerous things: What categories reveal about the mind*, 이기우 역, 1994, 인지 의미론: 언어에서 본 인간의 마음, 한국문화사.
• Lakoff, G. & Johnson, M. (1980), *Metaphors we live by*, 노양진·나익주 역, 1995, 삶으로서의 은유, 서광사.

❏ 지향적 은유

지향적 은유(指向的隱喩, orientational metaphor)는 공간적 방향과 관련된 인간의 반복적인 체험에 의해 개념들의 전체 체계가 조직되는 은유를 말한다.

인간의 공간적 지향성은 우리의 몸이 물리적인 세계와 반복적으로 상호작용하면서 생긴다. 이러한 점에서 퀘베체시(Z. Kövecses)는 레이코프와 존슨(G. Lakoff & M. Johnson)과는 달리 지향적 은유를 '일관성 은유'라고 부르는 것이 더 적절하다고 보았다. 일각에서는 공간적 방향과 관련된 체험에 근거하였기 때문에 이를 '방향적 은유'라고 칭하기도 한다.

개념적 은유 중의 하나인 지향적 은유는 구조적 은유나 존재론적 은유보다 목표

영역에 대한 개념적 구조의 충실성이 약하다. 그러나 위-아래, 중심-주변, 앞-뒤 같은 인간의 기본적인 공간 인식이나 지향과 관련하여 목표로 하는 개념을 일관되게 조직한다.

(1) 봉급이/사기가 올라가다/내려가다
(2) 신분이/수준이 높다/낮다
(3) 기뻐서 가슴이 부풀어 오르다/슬퍼서 어깨가 쳐지다
(4) 몸이 날아갈 듯이 가볍다/과로로 몸이 무겁다
(5) 지나간 일을 기억하다/다가올 행사를 준비하다
(6) 그는 나의 오른팔이다/왼새끼를 꼬다, 우파 인사/좌파 인사

예문 (1)~(4)의 지향적 은유 표현을 통해 '위[上]'는 많음, 지배, 활성, 좋음, 기쁨, 건강이라는 개념을 지향하는 반면, '아래[下]'는 적음, 피지배, 침체, 나쁨, 슬픔, 질병이라는 개념을 지향함을 알 수 있다. 수직 방향의 은유뿐만 아니라 (5)~(6)의 수평 방향의 은유도 일상 언어에 두루 퍼져 있다. 일반적으로 앞[前]은 '긍정적, 과거', 뒤 [後]는 '부정적, 미래', 오른쪽은 '긍정적, 보수적', 왼쪽은 '부정적, 진보적'이라는 개념을 지향한다.　　　　　　　　　　　　　　　　　　　　　　　　〈최진아〉

= 방향적 은유

[참고문헌]
• 임지룡(2008), 의미의 인지 언어학적 탐색, 한국문화사.
• 임혜원(2003), 한국어 대화에 나타난 수직 공간 개념화 은유, 담화와인지 10-1, 담화·인지언어학회, 217~239쪽.
• Kövecses, Z. (2002), *Metaphor: A practical introduction*, 이정화 외 역, 2003, 은유: 실용 입문서, 한국문화사.
• Lakoff, G. & Johnson, M. (1980), *Metaphors we live by*, 노양진·나익주 역, 1995, 삶으로서의 은유, 서광사.

❏ 존재론적 은유

존재론적 은유(存在論的隱喩, ontological metaphor)는 추상적인 목표 영역에 사물, 실체, 그릇과 같은 존재론적인 지위를 부여하는 은유를 말한다.

개념적 은유 중의 하나인 존재론적 은유는 구조적 은유에 비해 목표 영역이 충분히 구조화되지 않아서 목표 영역에 대해 많은 것을 알 수는 없다. 즉 목표 영역은 구체적인 층위가 아닌 사물, 실체, 그릇과 같은 일반적인 층위에 그 지위가 있다. 그러나 구체적인 실체가 아닌 경험이나 추상적 대상, 즉 사건, 활동, 정서, 생각 등을 존재론적 지위를 가진 개체나 물질로 간주하면 우리는 그것에 대한 지시, 범주화, 분류, 양화 등 다양한 사유를 할 수 있다.

(1) 사랑이 식다/넘치다/솟아오르다
(2) 마음이 가라앉다/무겁다/가볍다/상하다
(3) 인플레이션이 우리를 궁지에 몰아넣다/우리 생활 수준을 떨어뜨리다

예문 (1)과 (2)에서 추상적인 '사랑'이나 '마음'은 그릇이나 그릇 속에 담긴 액체로 이

해된다. '그릇'은 경계선을 중심으로 안과 밖의 영역이 있으며 내용물을 담을 수 있는 물체이다. 인간은 인간 자신의 몸을 그릇으로 이해하는 보편적인 인지 전략이 있는 한편 수많은 체험을 그릇 혹은 그릇 속에 담긴 액체로 개념화한다. 존재론적 은유를 통해 비(非)사물적 체험이 일단 사물로서의 지위를 얻게 되면 그렇게 개념화된 체험은 구조적 은유에 의해 더 자세히 구조화할 수 있다. 예문 (3)에서는 추상적인 현상인 '인플레이션'이 인간이라는 존재로 구체화되어 있다. 이렇게 근원 영역으로 인간 자신을 사용하여 세계를 이해하는 방식은 존재론적 은유의 방식 중 특별히 의인화(personification)라고 지칭한다. 의인화는 사람이 아닌 어떤 개념에 대한 넓고 다양한 개념을 인간의 동기, 특성, 활동의 관점에서 이해하게 한다. 〈최진아〉

[참고문헌]
• 임지룡(2006), 말하는 몸: 감정 표현의 인지 언어학적 탐색, 한국문화사.
• 임지룡(2008), 의미의 인지 언어학적 탐색, 한국문화사.
• Kövecses, Z. (2002), *Metaphor: A practical introduction*, 이정화 외 역, 2003, 은유: 실용 입문서, 한국문화사.
• Lakoff, G. & Johnson, M. (1980), *Metaphors we live by*, 노양진·나익주 역, 1995, 삶으로서의 은유, 서광사.

■ 개념적 환유

개념적 환유(槪念的換喩, conceptual metonymy)는 동일한 하나의 영역 안에서 두 개의 실체가 인접성(contiguity) 관계에 있을 때 매체가 되는 실체가 목표가 되는 다른 실체에 정신적 접근을 환기하는 인지 과정을 말한다.

1980년 레이코프와 존슨(G. Lakoff & M. Johnson)은 은유 외에 인간의 사고와 언어에 중심적인 개념적 기제가 있다고 지적하면서 개념적 환유를 제시했다. 전통적으로 환유도 은유처럼 순수한 언어적 장치로 인식되었으나 환유의 개념적 본질에 대해 레이코프와 존슨이 지적한 이후 인지 전략으로서의 역할이 재조명받았다. 바르셀로나(A. Barcelona)나 테일러(J. R. Taylor)는 은유보다 환유가 개념적 조직에 더 근본적이며 환유가 은유의 기초가 된다고 주장하기도 했다.

햄버거 가게에서 점원이 계산을 기다리는 손님을 지시하며 "저기 햄샌드위치가 계산을 기다리고 있어요."라는 문장에서 '햄샌드위치'는 '햄샌드위치를 주문한 사람'을 가리킨다. 목표가 되는 '햄샌드위치를 주문한 사람'과 매체가 되는 '햄샌드위치'는 하나의 영역에서 인접한 실체이며 '햄샌드위치'는 그것을 주문한 사람에게서 지각적·개념적으로 가장 현저하므로 지시를 위한 매체로 선택된다. 따라서 환유의 매체-목표의 사상(寫像, mapping) 관계에서 매체는 이해, 지시, 기억, 인식의 상황에서 특정한 목표에 이르는 길을 제공하고 점화하는 지시점의 역할을 수행한다.

(1) 여기는 눈(=보는 사람)이 너무 많아서 다른 데로 갔으면 한다.
(2) 차(=차의 외부)에 왁스를 칠했다.

(3) 인천은 서울에서 한 시간(=거리) 떨어져 있다.

환유 표현의 양상은 매우 다양하며 체계적인데 (1)은 부분으로 전체를 나타내는 확대 지칭, (2)는 전체로 부분을 지칭하는 축소 지칭, (3)은 시간이 거리를 지칭하여 매체와 목표의 상호 전이 양상을 보여 준다. 환유적 개념은 은유와 마찬가지로 우리의 경험에 토대를 둔다.

개념적 환유는 문화 보편적인 동시에 문화 특정적이다. '화'와 같은 감정 개념은 실제의 보편적인 생리학적 반응에 기반을 두기 때문에 범문화적으로 '체열', '내부의 압력', '흥분' 등으로 언어화되는 경향이 있다. 하지만 문화에 따라 환유의 범위나 정교화 정도가 달라지기도 한다. 또한 개념적 환유는 언어 전체에 널리 퍼져 있고 언어 표현에 빈번하게 나타나는데 개념적 환유가 포함된 언어 표현에는 직접적인 지시, 평가, 위험 회피, 관계 형성, 거리 두기, 유머 창조, 화용적 추론과 같은 기능이 있다. 그러므로 환유를 이해하고 사용하는 것은 유창성의 지표가 될 수 있다.　　　　　　　〈최진아〉

[참고문헌]
• Barcelona, A. (2003), On the plausibility of claiming a metonymic motivation for conceptual metaphor, In A. Barcelona. (Ed.), *Metaphor and metonymy at the crossroads: A cognitive perspective*, pp. 31~58, Mouton de Gruyter.
• Kövecses, Z. (2002), *Metaphor: A practical introduction*, 이정화 외 역, 2003, 은유: 실용 입문서, 한국문화사.
• Lakoff, G. & Johnson. M. (1980), *Metaphors we live by*, 노양진·나익주 역, 1995, 삶으로서의 은유, 서광사.
• Taylor, J. R. (2003), *Linguistic categorization*, Oxford University Press.

■ 도상성

도상성(圖像性, iconicity)이란 언어의 구조와 의미, 즉 형식과 내용 간에 존재하는 유사성을 말한다.

도상성의 문제는 1930년대에 퍼스(C. S. Peirce)가 기호를 도상, 지표, 상징 세 가지로 구별한 데서 출발하였으며, 1985년 하이만(J. Haiman) 이래로 인지 언어학의 핵심 개념으로 자리 잡았다. 특히 1996년 웅글러와 슈미트(F. Ungerer & H-J. Schmid)는 도상성이 문법화, 어휘 변화 등과 함께 지난 수십 년 동안 언어학적 토대 위에 있었기 때문에 한층 더 큰 설명력을 얻어 번창하게 된 대표적인 사례라고 하였다.

퍼스는 기호를 형식과 내용의 관계에 따라 도상, 지표, 상징으로 나누었다. 도상(icon)은 기호의 형식과 내용 간에 닮음(resemblance)이 있는 것이며, 지표(index)는 기호의 형식과 내용 간에 자연적 관계(natural connection)가 존재하는 것, 상징(symbol)은 기호의 형식과 내용이 관습(convention)에 따라 확정되는 것을 의미한다. 기호와 대상의 유연성에 근거를 두고 있는 퍼스의 기호관에 따르면 도상 기호는 유연성의 정도가 가장 높고 지표 기호는 중간이며 상징 기호는 유연성이 없으므로 도상 기호가 지표 기호보다 더 기본적이다.

도상성의 하위 유형에 대한 분류는 학자에 따라 매우 다양한데 구조적 도상성(structural iconicity)을 중심으로 하위 분류하면 양적 도상성, 순서적 도상성, 거리적 도상성 세 가지로 대별된다.

양적 도상성은 개념의 복잡성 정도가 언어적 재료의 양과 비례하는 것을 말한다. 예를 들어 '아이:아이들'과 같은 단수와 복수, '눈:눈물'과 같은 단일어와 복합어, '나무:리기다소나무'와 같은 기본 층위와 하위 층위, '푸르다:푸르러지다'와 같은 상태와 상태 변화, '규칙:불규칙'과 같은 긍정과 부정, '먹다:먹었다'와 같은 시간 표현, '조용히!:조용히 해 주시겠습니까?'와 같은 공손 표현 등이 있다.

순서적 도상성은 시간적 순서나 우선성의 정도가 언어 구조에 반영된 것으로 선형적 순서와 연속적 순서의 원리로 나눌 수 있다. 선형적 순서의 원리에 따른 도상성은 시간적 순서에 따른 사건이 언어 구조의 순서에 비례하는 것을 말한다. '어제오늘, 여닫다'와 같이 시간적 순서와 관련된 합성어가 대표적인 예다. 또한 연속적 순서의 원리에 따른 도상성은 인지적으로 자연스러운 경향성이나 중요성의 정도가 언어 구조에 반영된 것을 말한다. 이는 구성 요소의 가치가 진리 조건적으로 등가적인 합성어와 복합문의 어순에 널리 분포해 있다. 예를 들어 '하나둘, 앞뒤, 잘잘못'과 같은 합성어 구성에서는 쉽고 단순하고 긍정적인 요소가 앞자리를 차지한다. 또 '이곳저곳, 자타, 남북'과 같이 나에게 가깝거나 자아 중심의 요소가 앞자리를 차지한다.

거리적 도상성은 개념적 거리와 언어적 거리가 비례 관계를 형성하는 것을 말하며 근접성과 직접성의 원리로 대별된다. 근접성의 원리에 따른 도상성은 주로 하나의 언어적 구성단위 안에서 개념적 근접성이 언어 구조상의 근접성과 비례하는 것을 말한다. 예를 들어 '청량한 가을 햇살 아래 빛나는 갈꽃'에서 '꽃'에 대한 수식어의 순서는 중심어와의 개념적 직접성에 따라 그 위치가 결정된다. 직접성의 원리에 따른 도상성은 개념적 직접성이 언어 구조상의 직접성과 비례하는 것을 말한다. 예를 들어 '불행하다:행복하지 않다'에서 이 둘 사이는 부분적 동의성이 인정되지만 부정 접두사 '불(不)-'은 부정소 '-지 않다'보다 '행복하다'에 더 인접해 있기 때문에 부정의 강도가 더 강하다.

도상성은 우리의 경험과 경향성을 언어 구조에 반영함으로써 언어 사용에서 기억의 편리함과 능률성의 극대화라는 효과를 낳는다. 특히 양적·순서적·거리적 도상성은 언어 구조와 개념 구조 간의 유의미한 동기화에 바탕을 두고 있음이 확인된다. 즉 언어에 내재한 도상싱의 힘의는 효율성, 경제성, 자연성, 현저성 등에 대한 언어 사용자의 인지적 경향성이 발현된 것으로서 언어 공동체의 몸과 마음의 경험과 구조, 사회 문화적 배경과 뿌리 깊은 상관성을 지닌다.　　　　　　　　　　　　　　　　〈송현주〉

[참고문헌]
• 송현주(2011), 국어 구조와 의미 간의 동기화 연구, 경북대학교 박사학위논문.
• 임지룡(2004), 국어에 내재한 도상성의 양상과 의미 특성, 한글 266, 한글학회, 169~205쪽.
• Haiman, J. (1984), *Natural syntax: Iconicity and erosion*, Cambridge University Press.
• Ungerer, F. & Schmid, H-J. (2006), *An Introduction to cognitive linguistics*, 임지룡·김동환 역, 2010, 인지 언어학 개론, 태학사.

■ 문법 모형

인지 언어학의 관점에서 대표적인 문법 모형(文法模型)은 랭액커(R. W. Langacker)의 인지 문법(cognitive grammar)과 골드버그(A. Goldberg)의 구문 문법(construction grammar)이다. 이 두 가지 문법 모형은 문법을 규칙이나 원리의 체계라기보다는 상징적 단위의 목록으로 간주한다는 점에서 공통적이다. 다만 인지 문법은 언어의 상징적 단위를 구조화하고 이때 발생하는 인지적 원리와 기제를 모형화하고자 하는 반면 구문 문법은 언어의 구조화된 상징적 단위의 목록을 연구한다는 데 차이가 있다.

인지적 언어학의 관점에서 문법 모형의 두 가지 중심 원리는 다음과 같다.

첫째, 상징적 정립(symbolic thesis)이다. 인지 문법론에서는 언어가 본질적으로 상징적이라는 가설에 기초를 두며 언어 표현은 개념화를 상징한다고 주장한다. 이러한 관점에서 문법의 기본 단위는 형태-의미 쌍, 즉 음운극과 의미극을 가진 상징적 단위이며 상징적 정립은 언어가 본질상 음성과 의미를 연결하는 수단이다. 예를 들어 '나무'에 대한 시각적 영상인 '木'은 개념으로서 상징적 단위의 의미극이며 그 음성 형태인 [namu]는 개념에 대응하는 말소리의 연속체로서 상징적 단위의 음운극이다. 인지 문법론에서 기본적인 문법 단위는 상징적 단위이므로 의미가 인지 모형에서 중심적이며 형태는 의미와 분리해서 연구할 수 없다. 이것은 곧 문법 연구가 어휘적 단위에서 문법적 단위에 이르기까지 언어를 구성하는 일련의 단위에 대한 연구라는 것을 뜻한다. 이처럼 문법적 단위가 의미를 내재한다는 생각은 문법에 대한 인지적 접근법의 중요한 주제이며 따라서 어휘부-문법 연속체의 개념이 발생한다.

둘째, 용법 토대적 정립(usage-based thesis)이다. 이것은 화자의 언어 지식이 언어 사용의 상황적 실례들로부터 상징적 단위를 추상화함으로써 형성된다는 주장이다. 용법 토대적 정립에서는 언어 지식이 언어 사용으로부터 형성되므로 언어 지식과 언어 사용 간에 본질적인 구분이 없다고 본다. 곧 언어 지식은 언어가 사용되는 방식에 대한 지식이다. 이에 따른 인지 문법론 모형의 기본 구조는 다음과 같다.

〈랭액커의 인지적 문법 모형〉

위의 그림에서 용법 사건에 대한 상징적 단위는 크게 의미를 나타내는 의미 공간과 형태를 나타내는 음운 공간으로 대별된다. 문법 상자는 화자의 마음속에 있는 관습적인 언어 지식을 나타내고 용법 사건 상자는 용법 사건이나 발화를 나타낸다. 용법 사건은 말소리인 음성화와 그에 대응하는 해석인 개념화로 이루어진다. 수평 화살표에서 언어 표현의 의미극은 개념과 대응하고 음운극은 개념을 실현하는 소리 연속체와 대응한다. 수직 화살표는 소리와 의미의 상징적 연결을 나타낸다.

요컨대 인지 언어학은 인간 마음에 대해 알려진 바와 공존하는 방식으로 언어를 연구하며 마음을 반영하고 마음의 작용 방식을 밝혀 주는 창구로 간주한다. 그중 인지 의미론은 경험과 신체화된 인지, 언어 간의 관계에 대한 연구로서 개념적 체계가 작용하는 방식을 이해하기 위해 언어에 의존하는 것이며, 인지 문법론은 형태소, 단어, 구, 문장, 구문 등 언어를 구성하는 상징적 언어 단위를 연구하는 것으로서 언어의 작용 방식을 이해하기 위해 개념적 지식에 의존하는 것이다. 이 경우 의미와 문법은 동전의 양면과 같은 것으로 간주되므로 인지 의미론과 인지 문법론은 상보적이다.　　　　　〈송현주〉

[참고문헌]
• 임지룡(2008), 의미의 인지 언어학적 탐색, 한국문화사.
• Goldberg, A. (1995), *Constructions: A construction grammar approach to argument structure*, 손영숙·정주리 역, 2004, 구문 문법, 한국문화사.
• Langacker, R. W. (1987), *Foundations of cognitive grammar 1: Theoretical prerequisites*, 김종도 역, 1999, 인지 문법의 토대 1: 이론적 선행 조건들, 박이정.

❑ 인지 문법

인지 문법(認知文法, cognitive grammar)은 언어 구조와 조직의 연구에 초점을 두어 문법을 관습적인 언어 단위의 구조화된 목록으로 보는 이론이다.

인지 문법은 랭액커(R. W. Langacker)를 중심으로 한 이론적 체계로서 1987년과 1991년에 출판된 두 권의 단행본인 《인지 문법의 토대 1~2(*Foundations of cognitive grammar 1~2)*》에 그 성격이 가장 잘 나타난다. 랭액커의 인지 문법은 인지 언어학 안에서 개발된 가장 상세한 문법 이론으로 오늘날까지 가장 영향력이 있는 문법 이론 중 하나이다. 또 2002년 테일러(J. R. Taylor)의 《인지 문법(*Cognitive grammar*)》은 인지 문법에 관해 풍부하게 논의하며 인지 문법의 도식-실례의 개념을 음운론 및 형태론에까지 확장함으로써 인지 문법 연구의 지평을 넓혔다. 최근 라덴과 더번(G. Radden & R. Dirven)이 지은 《*Cognitive English grammar*》는 영어 문법에 인지적 접근 방식을 적용한 최초의 단행본으로 주목받았다.

인지 문법은 의미를 개념화와 동일시하며 언어를 낱말과 규칙의 체계가 아닌 일반적인 인지 방식과 인지 과정의 결과로서 이해하려는 시도이다. 인지 문법은 통사부와 어휘부를 구분하지 않으며 문법은 형태소, 낱말, 문법 구문 같이 형태와 의미의 쌍으로 구성된다고 보므로 이전의 형식주의 모형과는 차이가 있다.

인지 문법은 문법을 관습적인 언어 단위들의 구조화된 목록이라고 정의한다. 따라서 문법을 구성하는 단위는 실제 언어의 빈번한 사용을 통해서 도출된다. 즉 어떤 표현을 충분히 자주 사용하면 이는 고착화되어 하나의 도식(schema)을 형성하고, 이 도식은 여러 가지 실례들 사이의 공통점만을 남긴 추상적인 개념을 지니게 된다. 이러한 관점에서 인지 문법은 인간의 일반적인 인지 과정이 문법의 근본이 된다고 주장하며 문법은 언어 지식의 체계로서 언어 사용에 기반한다는 점에 주목한다.

인지 문법은 용법에 토대를 둔 이론이므로 실제 사례의 사용 빈도는 고착화 및 도식의 형성에 중요한 영향을 미친다. 예를 들어 명령하는 뜻을 나타내는 종결 어미인 '-아/어라'는 '-거라'에 비해서 훨씬 더 일반적으로 사용되는데 이러한 빈도 차이는 형태에 따라 다른 고착화를 유발한다. 즉 사례 빈도가 높은 '-아/어라'는 쉽게 저장되지만 '-거라'는 쉽게 저장되지 못하므로 이들은 다른 정도로 고착화된다.

인지 문법의 관점은 원형 이론에 기반하고 있으므로 문법이 다소 느슨하거나 제한성이 부족한 것처럼 보일 수 있다. 그러나 문법을 인간의 인지적 작용의 하나로 설명하고 있기 때문에 언어와 사고에 관한 논의를 풍부하게 해 준다는 점에서 의의가 있다. 인지 문법은 문법을 규칙이 아닌 도식과 개념화를 통해 설명함으로써 한국어의 문법 형태소나 구문에 대한 이해를 용이하게 하는 데 기여한다. 〈송현주〉

[참고문헌]
• 김종도(1995), 인지 문법의 개관, 담화와인지 1, 담화·인지언어학회, 79~105쪽.
• Evans, V. (2007), *A glossary of cognitive linguistics*, 임지룡·김동환 역, 2010, 인지 언어학 용어 사전, 한국문화사.
• Langacker, R. W. (1987), *Foundations of cognitive grammar 1: Theoretical prerequisites*, 김종도 역, 1999, 인지 문법의 토대 1: 이론적 선행 조건들, 박이정.
• Langacker, R. W. (1991), *Foundations of cognitive grammar 2: Descriptive Application*, 김종도 역, 1999, 인지 문법의 토대 2: 기술적 적용, 박이정.

❑ 구문 문법

구문 문법(構文文法, construction grammar)은 구문을 언어의 기본 단위로 하는 문법 연구 방법으로 문장에 들어 있는 단어와는 독립적으로 문장 층위의 구문 자체에 의미가 있다고 보는 이론이다.

구문 문법에서의 구문이란 언어의 모든 단위를 아우르는 폭넓은 개념이다. 골드버그(A. Goldberg)는 "C가 형식과 의미의 짝(F_i, S_i)이고 그 F_i의 어떤 양상과 또는 S_i의 어떤 양상이 C의 성분이나 이미 확립된 다른 구문으로부터 엄밀하게 예측할 수 없는 경우, C를 구문"이라고 하였다. 여기에서 C는 구문(construction), F는 형식(form), S는 의미(semantics)를 가리킨다.

구문 문법에 대한 기본 구상은 1993년의 필모어와 케이(C. J. Fillmore & P. Kay), 1998년의 케이와 오코너(P. Kay & M. C. O'Conner)에서 시작되었다. 1995년에 나온 골드버그의 《구문 문법(*Constructions*)》은 구문 문법에 대해 가장 영향력이 있는 개론서이며, 2001년에 나온 크로프트(W. Croft)의 《*Radical construction grammar*》는 언어 유형론적 관점에서 구문 문법 이론을 제시한 저술이다.

골드버그의 구문 문법은 일반적인 규칙으로 설명할 수 없었던 구문을 구문 문법을 통해 설명한 필모어와 케이의 이론을 발전시키고 레이코프(G. Lakoff)가 주창한 인지 언어학의 영향을 받은 것이다. 골드버그는 구문 문법의 설명 대상을 불규칙적인 관용적 구문에서 규칙적인 구문까지 확장하고자 하였으며, 골드버그의 접근법은 영어의 이중 목적어 구문과 결과 구문 같은 문장 층위 구문에서 논항 구조에 초점을 둔다는 특징이 있다. 이러한 구문의 실례를 통해, 골드버그는 구문은 언어의 일반적인 규칙 패턴을 따른다는 의미에서 관용적이지 않지만, 구문을 채우는 어휘 항목의 결합으로 이해할 수 없는 의미를 담고 있다는 점에 주목한다. 예를 들어 'sneeze'는 원래 자동사이지만 'Frank sneezed the tissue off the table(프랭크는 재채기를 해서 화장지가 테이블에서 떨어졌다).'와 같은 구문에서 사용되면 사역 이동의 의미를 갖게 된다.

구문 문법은 무수히 많은 언어 표현들이 문법에서 제외되거나 허용되지 않았다는 사실을 설명하려고 하는 한편, 문법이 허락하는 무한한 언어 표현을 설명하려고 한다는 점에서 생산적인 이론이다. 구문 문법은 단층적이어서 어떠한 통사적·의미적 형식도 기저에 설정하지 않는다는 점도 주목할 필요가 있다. 〈송현주〉

[참고문헌]
• 정주리(2004), 동사, 구문, 그리고 의미, 국학자료원.
• Croft, W. (2001), *Radical construction grammar: Syntactic theory in typological perspective*, Oxford University Press.
• Goldberg, A. (1995), *Constructions: A construction grammar approach to argument structure*, 손영숙·정주리 역, 2004, 구문 문법, 한국문화사.

❏ 어휘 문법

어휘 문법(語彙文法, lexical grammar)은 문장의 통사적 구조 안에서 어휘를 단순한 의미부가 아닌 통사적 연결의 주요 기능으로 해석하고 분석 및 연구하는 이론이다.

어휘 문법은 어휘의 문법성을 중요하게 생각하여 문장에서 어휘들이 통사적으로 결합하는 방식과 원리에 집중한다. 따라서 어휘 문법은 어휘 기능 문법(語彙機能文法, lexical functional grammar: LFG)과 동일한 개념으로 볼 수 있다.

어휘 기능 문법은 1980년대에 촘스키의 보편 문법(Chomsky's universal grammar)에서 갈라져 나왔다. 어휘를 장기 기억(long-term memory)에 저장된 단어들의 집합으로 파악하는 촘스키(N. Chomsky)의 생성 문법(generative grammar)에서 어휘는 통사부에 삽입되는 요소에 불과하다. 이에 반하여 어휘 문법은 오히려 어휘부를 통사론 설명의 한가운데에 두고 어휘의 문법적 기능을 탐구한다.

어휘 문법에서는 문장 안의 각 어휘 요소가 논항(argument) 구조를 표시한다고 본다. 따라서 문장 내의 어휘 간 연결 구조가 곧 그 문장의 성분 구조를 결정한다는 점에 주목한다. 한국어에서는 이러한 관점에서 특히 동사와 형용사는 그 체계 및 형태적 단위에 대한 연구와 함께 서술어로서 기능할 때의 결합 제약에 관한 연구가 이루어지고 있다.

어휘 문법은 문장 구성 요소들 각각의 층위를 구분하고 이들이 서로 협력하는 구조로 문장을 파악한다. 이때 어휘 문법에서 상정하는 구조는 문법 기능 표상(f-구조), 통사 성분 표상(c-구조), 논항 구조(a-구조), 의미 구조(s-구조), 정보 구조(i-구조), 형태 구조(m-구조), 음운 구조(p-구조)로 정리할 수 있다. f는 기능(function), c는 구성 성분(constituent), a는 논항(argument), s는 의미(sense), i는 정보(information), m은 형태(morpheme), p는 음운(phoneme)을 나타낸다. 이에 따라 문장의 구조를 분석해 보면 다음과 같다.

〈문장 S의 c-구조〉

S: 그 사람은 비싼 차를 몬다.

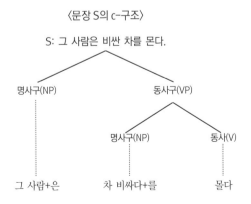

위 그림을 위에서 아래로 분석하면 문장 S의 c-구조는 명사구(NP)와 동사구(VP)로 분

석된다. 이때 동사구(VP)는 다시 다른 명사구(NP)와 동사(V)로 나뉜다. 이처럼 문장 성분들을 구 단위로 분석하고 이 분석의 마지막에 삽입 가능한 어휘가 위치하면 비로소 문장의 c-구조가 완성된다. 그런데 어휘 문법에서는 통사적으로 결정된 자릿값에 따라서 어휘가 배열되는 것으로 보지 않는다. 반대로 어휘의 기능에 따라서 통사적 구조가 결정되는 것으로 본다. 이때 문장 S의 f-구조는 문장을 구성하는 속성(attribute)으로 분석한다. 이때 속성이란 성, 수, 격 등을 말한다. 그러므로 위의 그림 역시 아래에서 위로 해석하는 것이 옳다.

어휘 문법 이론의 연구는 어휘부의 정보를 분석하고 이들을 어휘와 기능, 어휘와 통사적인 측면에서 기술하는 방안에 주목하고 있다. 따라서 이들과 관련한 연구는 어휘 기능 문법, 뜻풀이 정교화에 관한 논의, 어떤 용어의 사용법과 함께 그 용어들 간의 연계성 있는 정보를 하나 이상의 기준을 설정하여 분류하는 어휘 분류 방법인 시소러스(thesaurus) 구축에 관한 연구 등으로 수렴된다.

한국어교육에서 어휘 문법은 매우 중요한 의미가 있다. 일반적인 한국어 교육 단위는 문형(sentence type 또는 pattern)이다. 이때의 교육 단위는 명사, 동사, 형용사 등의 단어에 조사나 어미 또는 이 둘이 결합한 형식으로 제공한다. 이러한 문형 형식에서 어휘는 단순한 결합 요소로 기능하지 않는다. 따라서 문형마다 결합 가능한 어휘가 이미 구분되어 있어야 한다. 어휘 문법 측면에서 보면 기능적으로 활용 가능하며 상황을 고려한 교육용 어휘 목록이 구축되어야 한다.　　　　　　　　　　　　　　　　〈조형일〉

[참고문헌]
• 이재윤·김태수(1998), WordNet과 시소러스, 언어정보개발연구 1, 연세대학교 언어정보연구원, 203~237쪽.
• 조형일(2010), 시소러스 기반 한국어 어휘 교육 연구, 서울대학교 박사학위논문.
• Dalrymple, M. (2001), *Lexical functional grammar*, Academic Press.
• Jackendoff, R. (2002), *Foundation of language: Brain, Meaning, Grammar, Evolution*, 김종복·이예식·박정운 역, 2005, 레이 제켄도프의 언어의 본질, 박이정.

1.5. 사회 언어학

사회 언어학(社會言語學, sociolinguistics)은 사회 문화적 맥락 속에서 이루어지는 화자들의 구체적인 언어 사용을 조사 및 분석함으로써 언어 변이와 사회적 요인과의 관계를 체계적으로 살피는 것을 목적으로 하는 언어학의 한 분야를 가리킨다.

사회 언어학은 언어와 사회, 언어와 문화, 언어와 민족, 언어 교육, 언어 정책, 담화 분석, 매체 언어 등 다양한 분야의 연구를 포괄하는 종합적이고 학제적인 연구 분야이다.

사회 언어학이 독자적인 학문으로 형성된 것은 1960년대에 들어서이며, 1957년 촘스키(N. Chomsky)의 《*Syntactic structure*》으로 시작된 변형 생성 문법의 추상적·형식적 언어 연구와 대립적인 입장에서 출발하였다. 사회 언어학자들은 생성 문법가들이 자유 변이(free variation)라고 하며 언어학의 연구 대상에서 제외했던 것을 오히려 중심적인 연구 대상으로 삼았다. 변이형에 대한 화자들의 선택적 사용이 임의적이거나 자의적인 것이 아니라 대화 참여자 간의 관계 및 대화 상황 등의 여러 가지 사회적 요인을 체계적으로 반영한 결과라고 보았기 때문이다. 이는 언어의 내적 구조에 머물지 않고 언어를 쓰는 사람들과 그들이 소속된 사회로 연구 범위를 확대한 점에서 의의가 있다.

사회 언어학은 접근하는 방식 면에서 세 가지 하위 분야로 나뉜다. 사회 언어학의 출발에 기여한 학자들의 학문적 배경과 관심에 따라 언어학적 접근, 인류학적 접근, 사회학적 접근으로 세분되는데 라보프(W. Labov)가 언어학적 접근의 대표자라면 하임즈(D. Hymes)는 인류학적 접근을, 피시만(J. Fishman)은 사회학적 접근을 대표한다. 이러한 하위 연구 분야의 구별은 현재까지도 그대로 유지되고 있다.

언어학적 접근의 사회 언어학은 변이 사회 언어학(variationist sociolinguistics)이라 부른다. 여기서는 질문지나 설문지를 사용하여 다수의 제보자로부터 언어 자료를 수집하고 주로 통계적 방법을 이용하여 언어 변화의 방향, 언어 변이형의 사회적 분포 등을 분석하는 것을 주요 과제로 삼는다. 언어학적 접근은 언어 현상에 관심의 초점을 두기 때문에 기존 언어학과 비슷하면서도 연구 방법, 발견 내용 면에서 큰 차이를 보인다.

인류학적 접근의 사회 언어학은 말하기의 민족지학(ethnography of speaking)이라고도 한다. 이는 민족지학적 방법으로 사회적 맥락 속의 언어 사용을 기술하고 설명하는 접근법이다. 이 분야에서는 연구자가 제보자들의 언어 행위에 직접 참여하거나 이를 관찰하여 대화 사례를 수집하고 분석한다. 여기서 연구자들은 언어 사용이 나타내는 사회적 기능들을 찾아내어 새로운 언어 이론의 수립을 꾀하며 일반 언어학에 비판적 태도를 유지한다.

사회학적 접근의 사회 언어학은 언어 사회학(sociology of language)으로 부른다. 화자들의 언어 사용이나 언어 태도, 언어 문제를 정치적·사회적 요인과 관련지어 거시적 관점에서 다루며 연구 결과를 국가의 언어 정책에 반영하기도 한다. 언어 표준화, 이중 언어 사용, 언어 유지와 사멸, 언어 불평등, 언어 공공성, 언어 교육 등 여러 가지 사회 문제와 관련된 다양한 언어 현상에 관심을 갖는다. 이 점에서 언어 사회학은 실용적인 성격의 응용 사회 언어학으로 불린다.

이러한 전통적인 핵심 분야 외에도 담화 분석(discourse analysis), 상호작용 사회 언어학(interactional sociolinguistics), 언어 사회 심리학(social psychology of language) 등의 분야가 활발히 연구되고 있다.

한국에서는 1970년대에 들어 사회 언어학 이론이 소개되었고 1990년에 한국 사회 언어학회가 창립된 이후 연구자 수가 크게 늘어 연구 활동이 활발하게 전개되고 있다. 한국어 사회 언어학 연구는 경어법을 중심으로 이루어졌으며 이를 통해 언어 형식 중심의 경어법 연구에서 벗어나 기능, 화자들의 언어 전략, 대화 참여자들의 사회적 관계 면에서 경어법을 폭넓고 충실히 다룰 수 있게 되었다. 경어법뿐만 아니라 음운론적 변이, 매체 언어를 다룬 연구도 많이 이루어지고 있으며 인터넷 통신 언어, 한국어교육 등과 같이 새로운 언어 현상이나 현실에 밀착된 언어 문제를 다룬 연구가 활발히 진행되고 있다.   〈이정복〉

[참고문헌]
• 한국사회언어학회(2012), 사회 언어학 사전, 소통.
• Fishman, J. (1972), *The sociology of language: An interdisciplinary social science approach to language in society*, Newbury.
• Hymes, D. (1974), *Foundations in sociolinguistics: An ethnographic approach*, University of Pennsylvania Press.
• Labov, W. (1966), *The social stratification of English in New York City*, Center for Applied Linguistics.

■ 언어 현상

언어 현상(言語現狀, language phenomenon)은 언어가 다양한 내적·외적 요인에 의해 역동적으로 변화하는 과정의 결과로 나타나는 여러 양상을 말한다.

특정 언어의 내적 변화에 대한 연구와 그 결과로 나타나는 언어의 분화에 대한 통시적 연구는 문헌학의 전통을 이어받아 18세기에 태동된 역사 언어학에서 다루어 왔다. 반면 언어 간의 접촉으로 야기된 외적 요인에 의한 언어 변화는 15세기 이후 나타난 현상으로, 이에 대한 연구는 20세기 중반부터 언어 인류학, 사회 언어학, 언어 사회학 등의 분야에서 다루기 시작하였다.

언어는 본질적으로 유동적이며 끊임없이 변화한다. 그러한 변화의 동인(動因)은 내적인 것일 수도 있고 외적인 것일 수도 있다. 내적 요인에 의한 변화는 개별 언어 내에서 일어나는 변화로 구조적으로는 음성학적 수준에서 통사론적 수준에 이르기까지 그리고 의미론적으로 시간의 추이에 따라 지속적으로 변화한다. 이러한 변화의 원인은 예외적인 경우가 많고 외적인 영향에서 기인하는 것도 있지만 대체로 언어 사용에서의 경제성의 원리에 기인하는 것으로 설명된다. 즉 의사소통의 매개로서 언어를 가장 효율적이고 효과적으로 사용하려는 화자들의 필요에 따라 언어가 변화한다.

내적 요인에 의한 언어 변화에서 가장 두드러지게 나타나는 것은 형태 음운론적 수준에서 발음의 변화, 어휘론적 수준에서 신조어의 생성, 통사론적 수준에서 어순의 변화 그리고 의미론적 수준에서 의미의 확대, 축소, 전이 등과 같은 의미의 변화 현상이다. 이러한 개별 언어의 내적 변화 과정은 언어 분화를 가져오며, 이를 역추적하여 언어의 발생학적 관계를 밝히고 이에 기초하여 일군의 언어를 하나의 어족(language family)으로 집단화하는 계통적 분류(genetic classification)를 행하게 된다.

언어의 변화를 보다 급격하고 전면적으로 야기하는 요인은 외적인 요인들이다. 외적 요인은 침략이나 식민화, 상업적 교류, 정착을 위한 이주 등에 의한 인구의 이동으로 나타나는 상이한 언어 간의 접촉에 따라 발생한다. 외적 요인에 의한 변화는 내적 요인에 의해 발생하는 변화들에도 영향을 미치지만 그 정도나 시간이 훨씬 광범위하며 단기적으로 변화를 야기한다. 작게는 새로운 어휘의 차용이나 통사 구조의 차용이 일어나고 나아가 이러한 차용이 혼합된 언어(linguistic syncretism 또는 code-mixing)의 형태로 발달하기도 한다. 상이한 두 언어가 접촉하여 피진(pidgin)이나 크리올(creole) 같은 혼종된 언어가 만들어지기도 하며 이중 언어 사용주의(bilingualism)나 다중 언어 사용주의(multilingualism)와 같은 현상도 발생한다. 보다 극단적인 경우에는 특정 언어 공동체 내에서 불평등한 언어 간의 관계로 인해 하나의 언어가 지배적인 지위를 얻음으로써 다른 언어를 소멸시키기도 한다. 또 경우에 따라 지배적인 언어에 대한 반작용으로 재생 운동을 통해 사라진 언어를 복원시키려는 시도가 나타난다.

접촉에 의해 발생하는 이러한 언어 현상들은 지리적, 사회적, 심리적, 역사적, 종교적, 경제적, 정치적 요인들과 같은 언어 외적 요소들에 의해 크게 영향을 받는다. 따라서 이러한 언어 현상들은 주로 인류학자나 사회 언어학자들이 연구해 왔으며 이들 학문 분과가 출현한 시기도 세계사적으로 인구의 이동이 활발해진 이후이다.

이처럼 언어 현상은 개별 언어의 언어 내적 요인에 의해서 발생하기도 하지만 개별 언어 간의 접촉이라는 상황에 의해 보다 다양한 양태로 나타난다.

한국 사회는 그동안 단일 언어를 사용하는 공동체로 인식되어 왔지만 최근 들어 한국어를 모어로 하지 않는 인구의 유입으로 다양한 언어 현상들이 나타나고 있다. 이러한 언어 현상의 발생은 한국어를 모어로 하지 않는 화자들에 대한 한국어 규범 문법의 허용 가능한 범위 설정뿐만 아니라 이중 언어 교육의 필요도 야기한다. 한국어 교육자는 이와 같은 요구를 충족시키기 위해 한국어에 나타나는 다양한 언어 현상을 이해하고 한국어교육에서 이들 현상들을 어떻게 다룰 것인지 고려하여야 한다.   〈김주관〉

[참고문헌]
• Edwards, J. (2012), *Multilingualism: Understanding linguistic diversity*, Bloomsbury Academic.
• Hoffman, C. (1995), *An introduction to bilingualism*, Longman.
• Romaine, S. (1995), *Bilingualism*, Blackwell.
• Thomason, S. (2001), *Language contact: An introduction*, Edinburgh University Press.

❏ 단일 언어 사용

단일 언어 사용(單一言語使用, monolingualism 또는 unilingualism)은 화자가 하나의 언어에 대한 지식을 가지고 있는 상태 또는 하나의 언어 공동체 내에서 하나의 언어만을 인정하는 정책을 가리킨다.

언어 연구에서 단일 언어 사용에 대해서는 거의 연구된 바가 없다. 단일 언어 사용은 당연한 규준으로 간주되는 무표적인 언어 현상이기 때문에 이중 언어 사용이나 다중 언어 사용이라는 유표적 언어 현상을 연구하기 위한 기준으로만 고려될 뿐 그 자체로는 연구 대상이 되지 않았다.

단일 언어 사용과 관련하여서는 하나의 언어만 말할 수 있는 사람, 오직 하나의 언어만을 말하고 쓰고 이해하는 사람, 하나의 언어만을 가진 개인이나 공동체, 하나의 언어만 알고 사용하는 사람, 다른 언어에 대해서는 수동적 지식을 가지고 있을 수도 있지만 하나의 언어에 대해서만은 능동적 지식을 가지고 있는 사람 등으로 규정해 왔다. 이러한 규정에서 볼 수 있듯이 단일 언어 사용은 두 가지 층위, 즉 하나는 개별 화자의 수준에서 그리고 다른 하나는 특정 사회 전체 또는 언어 공동체의 수준에서 규정한다. 하머스와 블랑크(J. F. Hamers & M. H. A. Blanc)의 이중 언어 사용에 대한 정의를 적용하자면 전자는 'monolinguality'로, 후자는 'monolingualism'으로 구분된다.

단일 언어 사용이 존재하는가에 대해서는 이론의 여지가 있다. 완벽하게 고립되고 폐쇄된 사회에서는 단일 언어 사용이 나타날 수 있지만 그러한 사회가 존재하지 않는 한 단일 언어 사용은 존재한다고 할 수 없다. 이중 언어 사용을 두 언어를 모어처럼 완벽하게 구사하는 수준에서 이제 막 외국어를 배우기 시작한 수준에 이르기까지 폭넓은 범위로 규정하고, 모두가 이중 언어를 사용한다고 주장하는 입장에서 보면 단일 언어 사용은 존재할 수 없다. 그럼에도 불구하고 습득 연령, 습득 방식, 사용 빈도수, 감정적인 애착, 능숙한 정도, 사용 영역, 매체 선택의 유형 등과 같은 요소들을 고려하여 이중 언어를 사용하는지 또는 단일 언어를 사용하는지를 구별한다.

단일 언어 사용은 의사소통의 편의성, 정체성의 형성, 지배적인 언어로의 수렴 등에 의해 진작되고 유지된다. 사회적인 수준에서 단일 언어 사용을 보이는 사례로는 세계 언어로서 지배적인 위치에 있는 영어를 사용하는 사회 그리고 영어만큼의 지위는 아니지만 스페인어나 프랑스어를 사용하는 사회가 그에 해당하며 그 외에 벨기에와 같이 정책적으로 강력하게 모국어를 강조하는 사회도 있다. 한국 사회는 단일 언어 사용이 나타나는 사회는 아니다. 역사적으로 중국어, 일본어, 영어 등을 사용해 왔으며 최근에는 보다 다양한 언어들이 유입되고 있다. 〈김주관〉

[참고문헌]
• Altarriba, J. & Heredia, R. R. (2008), *An introduction to bilingualism: Principles and processes*, Psychology Press.
• Hamers, J. F. & Blanc, M. II. A. (2000), *Bilinguality and bilingualism*, Cambridge University Press.
• Myers-Scotton, C. (2006), *Multiple voices: An introduction to bilingualism*, Blackwell.
• Romaine, S. (1995), *Bilingualism*, Blackwell.

❑ 양층 언어 상황

양층 언어 상황(兩層言語狀況, diglossia)은 한 언어 공동체 내에 고유한 사회적 기능을 각각 지니고 있는 두 개의 상이한 언어 변이형이 동시에 존재하는 현상을 말한다.

언어 현상으로서 양층 언어가 본격적으로 연구된 것은 1959년 퍼거슨(C. A. Ferguson)이 양층 언어 상황에 대한 논문을 발표한 이후의 일이다. 퍼거슨의 논문에 이어 피시만(J. Fishman)은 양층 언어 상황을 한 언어의 두 가지 상이한 변이형뿐만 아니라 두 가지 상이한 언어로까지 확장하여 적용하였다. 양층 언어 상황은 이후 페르난데즈(M. Fernandez)의 목록에 실린 3,000여 개의 문헌에 정리되어 있듯이 사회 언어학자들이 지속적으로 연구해 온 현상이다.

퍼거슨의 정의에 따르면 양층 언어 상황은 상대적으로 안정적인 언어 상황으로서, 해당 언어의 표준어나 지역 표준어가 이에 포함될 수 있는 일차적 방언과는 판이하게 다르며 때로는 고도로 부호화된 변이형이 존재한다. 또한 이 변이형은 시기적으로 이르거나 또는 다른 언어 공동체에서 풍부하고 높이 평가받는 문어로 된 문학 언어의 수단이 될 수 있다. 주로 공식적인 교육을 통해 학습하며 대부분 문어적인 목적과 공식적인 구어적 목적으로 사용하지만 해당 공동체의 어떤 부분에서도 일상적인 대화의 목적으로 사용지는 않는다고 했다.

이와 관련하여 퍼거슨은 낮은 위세를 갖는 언어는 'L'로 높은 위세를 갖는 변이형은 'H'로 표시하였다. 그 사례는 다음과 같다.

〈H 변이형과 L 변이형의 사례〉

	H	L
그리스	Katharévusa	Dhimotiki
아랍	ʾal-fuṣḥā	ʾal-ʿāmmiyyah
스위스	Hochdeutsch	Schweizerdeutsch
아이티	French	Creole

아이티 크리올(Haiti Creole)의 사례를 보면 각각의 변이형들을 어떤 사회적 상황에서 사용하는가를 알 수 있다. 교회나 이슬람 사원에서의 설교, 사적 편지, 국회에서의 연설이나 정치적 연설, 대학 강의, 방송 뉴스, 신문 사설과 기사 및 사진 캡션, 시 등에서는 H 변이형을 사용하고 하인이나 종업원 교육, 가족이나 친구 및 동료 간의 대화, 라디오 연속극, 정치 만화의 캡션, 민속 문학 등에는 L 변이형을 사용한다.

양층 언어 상황은 단일한 표준을 정하려는 대규모의 정책적인 시행, 예컨대 정치적인 통일이나 국가 정체성의 확립, 문학 개혁과 같은 시도로 인해 불안정해진다. 이러한 상황에서 어떤 변이형을 표준으로 정할 것인가에 대한 논쟁이 일어나기도 한다. 그리스나 아이티의 경우 L 변이형에 기초한 표준형이 서서히 자리 잡고 있다.

훈민정음이 창제되기 전에는 한국에도 양층 언어 상황이 존재하였다고 할 수 있다. 구어의 목적으로는 전적으로 한국어를 사용하였으며 문어는 전적으로 한문, 즉 중국어를 사용하였다는 점에서 양층 언어 상황을 보였다. 현재 한국 사회에도 양층 언어 상황이 발생할 가능성은 있지만 경험적인 사례는 아직 찾을 수 없다. 〈김주관〉

[참고문헌]

- Ferguson, C. A. (1959), Diglossia, *Word 15*, pp. 325~340.
- Fernandez, M. (1993), *Diglossia: A comprehensive bibliography 1960-1990, and supplements*, John Benjamins Publishing Company.
- Fishman, J. (1967), Bilingualism with and without diglossia: diglossia with and without bilingualism, *Journal of Social Issues 23-2*, pp. 29~38.
- Hudson, A. (2002), Outline of a theory of diglossia, *International Journal of the Sociology of Language 157*, pp. 1~48.

❏ 피진과 크리올

피진(pidgin)과 크리올(creole)은 하나의 언어를 공유하지 않은 사람들이 의사소통을 하기 위해서 만든 의사소통 체계를 말한다.

피진과 크리올은 해당 언어를 모어로 하는 집단이 존재하는가의 여부에 따라 구분한다. 피진은 그 언어를 모어로 하는 집단이 존재하지 않는 반면 크리올은 그 언어를 모어로 하는 집단이 존재한다.

피진은 상이한 언어를 사용하는 두 사회 집단이 만나 의사소통을 할 필요가 있을 때 만든다. 역사적으로 피진은 주로 카리브해 연안, 서아프리카 지역, 남태평양 지역 등의 피식민 지역에서 발달하였다. 피진은 자신들의 모어를 사용하던 피식민 지역 주민들이 식민 모국민들과의 의사소통을 위해 식민 모어를 차용하기 시작하면서 발생한다. 식민 모어의 문법 구조를 단순화하고 그 어휘를 차용함과 동시에 모어의 문법 구조와 어휘를 일부 유지함으로써 혼합 언어인 피진이 탄생한다. 따라서 피진은 문법적으로 단순하다는 특징이 있다. 예컨대 음운의 수가 적고 형태 음운론적 변이를 하지 않으며 굴절 현상이 나타나지도 않고, 복문과 같은 복합문이 없는 단순한 통사 구조를 보인다. 이처럼 피진이 형성되는 과정을 피진화(pidginization)라 한다.

피진을 모어로 하는 화자가 생기면 피진은 크리올로 전환된다. 피진을 사용하던 화자가 자신의 모어를 사용할 수 없는 환경에 격리되어 강제적으로 피진을 사용하게 되거나 피진 화자들이 피진을 우세한 언어로 간주하여 의도적으로 발달시키는 경우에 피진을 모어로 하는 화자가 발생한다. 피진에서 크리올로 전환되는 과정에서 크리올은 어휘의 수가 늘어나고 통사 구조도 복합적으로 변화하며 새로운 문법 범주를 생성하게 된다. 이러한 과정을 크리올화(creolization)라고 한다.

크리올이 점차 표준어에 통합되면 탈크리올화하거나 크리올 후 연속(post-creole continuum)의 상태에 들어간다. 즉 표준어인 상층어(acrolect 또는 superstrate language)

와 크리올인 하층어(basilect 또는 substrate language) 사이에 다양한 변이형들이 중층어 (mesolect)로 존재하게 된다. 자메이카 크리올의 예를 보면 다음과 같다.

〈자메이카 크리올〉

상층어	It's my book	I didn't eat any
중층어	Iz me buk	A in nyam non
하층어	A fi mi buk dat	Mi na bin nyam non

크리올이 표준어에 완전히 병합되면 소멸하지만 상층어와 하층어로 지속되면 표준어는 H 변이형으로, 크리올은 L 변이형으로 자리 잡아 양층 언어 상황이 나타난다.

피진이나 크리올은 두 언어가 만나는 상황에서는 언제나 발생할 수 있기 때문에 한국어 학습자들 사이에서 피진의 초보적인 형태가 사용될 가능성이 높다. 하지만 한국어교육의 궁극적인 목표가 한국어를 정확하게 습득하는 데 있기 때문에 한국어를 기초로 한 피진의 발생을 경계하고 학습자들이 이러한 변이형을 사용할 경우 교정해 주어야 한다. 〈김주관〉

[참고문헌]

• Arends, J., Muijsken P. & Smith, N. (Eds.) (1994), *Pidgins and creoles: An introduction*, John Benjamins Publishing Company.
• Holm, J. (2000), *An introduction to pidgins and creoles*, Cambridge University Press.
• Mühlhäusler, P. (1986), *Pidgin and creole linguistics*, Blackwell.
• Romaine, S. (1988), *Pidgin and creole languages*, Longman.

❑ 언어 교체와 언어 유지

언어 교체(言語交替, language shift)는 언어 간 접촉 상황에서 보다 우세한 언어로 한 언어 공동체의 언어가 대체되는 현상을 뜻하고, 언어 유지(言語維持, language maintenance)는 이와 동일한 상황에서 해당 언어 공동체의 언어가 유지되는 것을 말한다.

언어 교체와 언어 유지는 서로 다른 두 언어 간의 접촉으로 인해 발생하는 현상으로 1970년대 이후 활발하게 연구되기 시작하였다. 현재에도 이 주제는 언어 인류학과 사회 언어학에서 중심적인 연구 주제로 다루고 있다.

언어 교체와 언어 유지는 불평등한 위세 관계에 있는 언어들 간에 집중적이고 장기적인 접촉이 지속되었을 때 발생할 수 있는 대표적인 언어 현상이다. 언어 교체는 한 언어 공동체의 언어 목록에 있는 언어를 사회적으로 보다 강력한 위세에 있는 언어가 대체하는 현상을 말하며, 언어 유지는 특정 언어 공동체의 토착어에 해당하는 언어 또는 방언을 유지·존속하려는 현상을 일컫는다.

언어 교체를 야기하는 원인은 거시적 요인에서 미시적 요인까지 다양하다. 예컨대 개인의 필요 때문에 언어 교체가 일어난다고 보거나 개인의 차원이 아닌 공동체 내의 사회화 과정에서 기인한다고 보기도 한다. 이 외에도 권위주의적인 국가 기구의 제도적 장치로 인해 진행된다는 설명에 이르기까지 언어 교체의 원인은 다양하다. 이러한 설명들이 공통적으로 지적하고 있는 바는 언어 교체의 과정에는 특정 언어에 대한 화자들의 태도, 즉 언어 이데올로기가 크게 작용한다는 것이다. 개인적·국가적인 차원에서 보다 우세한 언어를 선호하는 것은 그 언어에 대한 이데올로기적인 기제가 작동하기 때문이다. 언어 교체는 결과적으로 사회적 위세가 없는 언어의 소멸(language death 또는 language obsolescence)을 수반한다.

언어 유지는 위와 동일한 상황에서 사회적으로 낮은 위세에 있는 언어를 사용하는 화자들이 자신들의 언어를 의도적으로 유지하려 할 때 나타나는 현상이다. 언어 유지는 해당 공동체의 화자들이 종족 정체성(ethnic identity)에 대해 자각함으로써 촉발된다. 이러한 경우 일부에서는 이미 소멸한 언어를 복원하려는 시도도 나타나는데 이를 언어 재생(language revitalization)이라 한다.

언어 교체와 언어 유지는 거시적이거나 미시적인 사회적 상황과 밀접한 연관이 있는 현상이므로 언어 그 자체보다도 이들 사회적 요인들을 일차적으로 고려하여야 한다. 언어 교체나 언어 유지는 개인적인 수준에서 발생하는 현상이 아니라 공동체의 수준에서 발생하는 현상이기 때문에 한국어교육과는 직접적인 연관이 없다. 하지만 언어 교체나 언어 유지의 과정에서 나타나는 개인적인 언어 선택의 문제는 해당 언어에 대한 화자들의 태도가 언어 습득에 어떠한 영향을 미치는가를 가늠할 수 있는 수단을 제공하므로 언어 교육 일반에서 참고할 필요가 있다. 〈김주관〉

[참고문헌]
• Crystal, D. (2000), *Language death*, Cambridge University Press.
• Errington, J. J. (1998), *Shifting languages: Interaction and identity in Javanese Indonesia*, Cambridge University Press.
• Thomason, S. G. (2001), *Language contact: An introduction*, Georgetown University Press.
• Tsitsipis, L. D. (1998), *A linguistic anthropology of praxis and language shift: Arvanáitika (Albanian) and Greek in contact*, Clarendon Press.

■ 언어 변이

언어 변이(言語變異, language variation)는 동일한 언어 공동체 내 화자들의 사회적·지리적 변인과 언어 사용의 상황 맥락적 변인에 따라 언어 사용의 양상이 다르게 나타나는 현상을 말한다.

언어 변화(language change)가 언어의 탄생에서 소멸에 이르는 과정에 나타나는 통시적 현상인 데 반해 언어 변이는 동일한 시점에서 화자의 사회적·지리적 배경으로 인해 언어 사용의 양상이 달라지는 공시적 현상이다.

예를 들어 조선 시대에 존재하던 '·(아래아), △(반치음), ㅸ(순경음 비읍)'이 소실되어 현재는 더 이상 존재하지 않는 것과 'ㅅ'이 과거에는 관형격 조사로 사용되었으나 현재는 그 기능을 잃어버린 것은 몇백 년에 걸쳐 일어난 통시적 현상인 언어 변화이다. 반면 언어 변이는 동시대 화자들임에도 젊은이들보다는 중년 이상의 연령층이 '하게체'를 빈번히 사용하는 것, 여성보다는 남성이 '하십시오체'를 높은 빈도로 사용하는 것과 같은 공시적 현상을 말한다.

언어 변이를 할리데이 외(M. A. K. Halliday et al.)는 크게 방언(dialect)과 언어 사용역(register)으로 구분한다. 방언은 언어 공동체 내의 사회적, 지역적 공통점을 공유한 집단에서 일관적으로 나타나는 언어 변이이고 언어 사용역은 한 개인이 발화의 목적과 상황 등의 요인에 따라 언어 사용을 달리하는 언어 변이이다.

예를 들어 일반적으로 여성이 어말 어미 '해요체'를 빈번하게 사용하고 남성이 '하십시오체'를 더 자주 사용하는 것은 성별에 따라 언어 변이가 나타나는 사회 방언이다. 그러나 평소에 어말 어미 '해요체'를 습관적으로 사용하는 여성 화자가 공식적인 자리에서 '하십시오체'를 사용하는 것은 언어 사용역에 따라 나타나는 언어 변이이다.

언어 변이의 다양한 양상에 대한 연구는 언어 사용을 이해하기 위해 필수적이다. 변형 생성 문법에서는 문법적으로 완벽하고 이상적인 언어만이 연구의 대상이었기 때문에 한 언어에서 실제로 나타나는 다양한 언어 변이는 상대적으로 관심을 받지 못했다. 그러나 같은 내용을 전달할 때에도 화자의 사회적·지역적 배경에 따라, 의사소통의 상황에 따라 언어 사용의 양상이 미묘하게 달라진다. 그러므로 언어 현상을 설명하기 위해서는 화자의 사회적·지역적 배경과 언어 사용의 구체적인 맥락, 목적, 상황에 대한 이해가 있어야 한다. 이러한 필요에 따라 언어 변이 연구는 사회 언어학의 주요 연구 주제가 되어 왔다. 〈박민신〉

[참고문헌]
• 이익섭(2000), 사회 언어학, 민음사.
• Halliday, M. A. K., McIntosh, A. & Strevens, P. (1964), *The linguistic sciences and language teaching*, 이충우·주경희 역, 1993, 언어 과학과 언어 교수, 국학자료원.
• Saville-Troike, M. (2003), *The ethnography of communication: An introduction*, 왕한석 외 역, 2009, 언어와 사회: 의사소통의 민족지학 입문, 한국문화사.

❏ **방언**

방언(方言, dialect)은 지리적·사회적 요인에 따라 변이된 언어 체계를 말한다.

방언은 지리적 요인에 따른 언어 변이의 결과인 지역 방언(地域方言, regional dialect)과 계층, 연령, 성별 등과 같은 사회적인 요인에 따른 언어 변이의 결과인 사회 방언(社會方言, social dialect 또는 sociolect)으로 나뉜다. 사회 방언은 성별, 연령, 계층, 인종, 종교 등의 요인에 따라 달리 나타난다. 한국어에서는 성별, 연령, 계층에 따른 언어 변이가 두드러진다.

성별은 생물학적인 성(sex)이 아닌 사회적 성(gender)으로서 성별 방언은 사회적으로 규정된 남성과 여성의 역할에 따라 달라지는 언어 사용 체계이다. 성별 방언은 '참하다', '늠름하다'와 같이 각기 남성이나 여성을 표현하는 데 사용되는 특정 어휘인 '대상 성별어(對象性別語, objective genderlect)'와 발화를 할 때 억양, 종결 어미 등의 사용에서 남성과 여성의 양상이 달리 나타나는 '발화 성별어(發話性別語, utterable genderlect)'로 구분된다.

연령은 특정 연령의 화자들이 사용하는 언어와 다른 연령대의 화자들이 사용하는 언어를 구분하는 요인이다. 또한 연령은 시간의 흐름에 따라 언어가 변화하는 과정과 밀접한 관련을 맺으면서 세대 간 언어 체계의 차이를 결정짓는 요인으로 작용한다.

계층은 사회 내에서의 일정한 지위를 말한다. 현대 한국 사회에서는 명시적인 계층 구분이 존재하지 않지만 경제적인 부, 직업, 교육 수준 등에 따라 상류층과 중산층, 하위 계층의 보이지 않는 구분이 여전히 존재한다. 화자의 사회적 계층은 언어 사용의 차이를 가져오는 요인의 하나로 작용한다.

지역은 산과 강, 바다와 같은 지리적 경계를 중심으로 언어 사용의 차이를 가져오는 요인이다. 교통과 통신이 발달하기 이전에는 지리적 경계를 중심으로 생활권이 제한되어 있었기에 이를 기준으로 언어의 차이가 발생했다. 이러한 차이는 현재까지도 유지되어 언어 변이의 주요한 요인으로 작용하고 있다.

방언은 이상적인 화자의 이상적인 언어가 아니라 실제 언중들이 사용하는 복잡하고 체계적인 언어 현상을 보여 준다. 한국어교육에서는 실제 학습자들이 언어 사용 현장에서 능숙하게 의사소통할 수 있는 능력 향상에 목표를 두고 있기 때문에 규범적인 문법 규칙과 더불어 한국어에 존재하는 다양한 방언의 양상을 이해하고 활용할 수 있는 능력을 길러 줄 필요가 있다. 〈박민신〉

[참고문헌]
• 민현식(2000), 국어교육을 위한 응용 국어학 연구, 서울대학교출판부.
• 이익섭(2000), 사회 언어학, 민음사.
• Saville-Troike, M. (2003), *The ethnography of communication: An introduction*, 왕한석 외 역, 2009, 언어와 사회: 의사소통의 민족지학 입문, 한국문화사.

❑ 지역

지역(地域, region)은 높은 산맥이나 큰 강 등을 따라 형성되는 지리적 경계로 인해 일어나는 언어 변이 요인이다.

지역에 따른 언어 변이의 결과를 방언 또는 지역 방언이라고 한다. 한 언어는 오랜 시간의 흐름에 따라 여러 가지 하위 방언으로 분화하는데 높은 산맥이나 큰 강, 분리된 섬 등은 지역 방언의 분화에 관여하는 중요한 요인들이다. 산맥이나 강이 놓여 있으면 양쪽 지역 사람들의 접촉이 줄어들거나 힘들어지고 접촉 빈도가 낮아질수록 언어 차이는 커지게 되기 때문이다. 지리적 장벽 없이 인접한 지역이라도 행정 구역, 시장권, 통혼권(通婚圈) 등이 다를 때에는 양쪽 주민들의 만남이 적어서 언어 차이가 생긴다. 지역에 따른 언어 차이는 아래 예와 같이 어휘, 음운, 문법 등 언어의 모든 층위에서 나타난다.

   (1) 벼/나락, 옥수수/강냉이
   (2) 어머니/어머이/어무니/어무이, 힘껏/심껏
   (3) 심심하지 않다/안 심심하다, 뭐 하니/뭐 하노

  지역 방언은 한 언어를 구성하는 하위 요소들이기 때문에 방언 차이가 있어도 서로 다른 방언 화자들 사이의 의사소통이 가능하다. 한국어를 구성하는 하위 방언들은 대체로 중부 방언, 동북 방언 또는 함경 방언, 서북 방언 또는 평안 방언, 동남 방언 또는 경상 방언, 서남 방언 또는 전라 방언, 제주 방언과 같이 여섯 개의 대방언권으로 나뉜다. 이들의 범위를 좁혀 경남 방언, 서부 경남 방언, 하동 방언 등으로 방언권을 한정하여 가리킬 때도 있다. 지역 간의 언어 차이를 얼마나 자세하게 살펴보느냐에 따라 방언 구획의 수준이 달라지고 다양한 크기의 방언권을 설정하게 된다.

  이러한 지역 방언은 인위적으로 설정한 공통어라고 할 수 있는 표준어와 여러 가지 면에서 대비된다. 표준어가 문자와 표기법을 갖추고 있고 행정이나 방송, 교육 등의 공적인 상황에서 쓰이며 통용 지역이 넓은 데 비해 지역 방언은 문자와 표기법이 없고 공적인 상황에서의 쓰임이 제약을 받으며 해당 방언권을 벗어나 쓸 때에는 부정적 평가가 따를 수 있다. 현대에는 국가적으로 강력하고 광범위한 표준어 교육이 시행되고 과거와 달리 교통과 통신이 발달하여 인접 지역 주민들의 접촉이 활발해졌기 때문에 지역적 언어 변이는 갈수록 줄어들고 있다. 그 대신 같은 지역의 화자들 사이에서도 세대, 성별, 계층, 직업 등의 사회적 요인에 따른 언어 변이, 곧 사회 방언의 존재가 더 중요하게 다뤄지고 있다. 〈이정복〉

[참고문헌]
• 방언연구회(2001), 방언학 사전, 태학사.
• 이익섭(1984), 방언학, 민음사.
• 한국사회언어학회(2012), 사회 언어학 사전, 소통.
• Chambers, J. K. & Trudgill, P. (1980), *Dialectology*, Cambridge University Press.

❏ 계층

  계층(階層, class)은 직업, 교육 수준, 재산 등의 사회적 지위에 따라 나타나는 언어 변이의 요인 중 하나이다.

  언어가 계층 또는 계급에 따라 변이를 보이는 경우를 계층 방언 또는 계급 방언이라고 부른다. 계층은 사회 방언을 생성하는 사회적 요인 가운데서도 특히 중요한 위치를 차지한다. 계층이라는 요인은 사실 하나의 단순 요인이 아니라 재산, 직업, 교육 수준 등의 구체적인 요인들을 포괄하는 것이다. 특히 모든 사람이 법적으로 평등한 대부분의 현대 사회에서는 사회 계급의 구별이 없기 때문에 이러한 요인들을 종합하여 사람들을 몇 개의 계층으로 분류한다.

계층에 따른 언어 변이의 전형적인 모습은 인도의 카스트(caste) 방언에서 찾을 수 있다. 검퍼즈(J. Gumperz)의 1958년 보고에 따르면 인도의 칼라푸르(Khalapur) 주민들은 7개의 계급 집단으로 나뉘며 이들은 11개의 음운 현상을 기준으로 6개의 언어 집단으로 재구성되는 것으로 나타났다. 같은 지역에 살아도 카스트에 소속된 계급 집단에 따라 사용하는 언어가 다른 것이다. 또한 라보프(W. Labov)가 1962년 미국 뉴욕의 세 백화점에서 모음 뒤 'r' 음의 실현율을 조사한 결과 상류층이 많이 이용하는 백화점 종업원들의 [r] 실현율이 가장 높은 것으로 확인되었다. 이 외에도 1974년 영국 노리치 지역에서 트럿길(P. Trudgill)이 수행한 계층별 'ing'의 [in] 실현율 조사에서는 '하노동〉중노동〉상노동〉하중류〉중중류'의 순으로 계층이 높아질수록 [in] 실현율이 낮아짐을 확인하였다. 이러한 조사 결과들은 계층에 따른 언어 변이의 좋은 예들이다.

한국어에서도 계층에 따른 언어 변이는 다수 존재한다. 조선 시대는 양반, 중인, 평민, 천민으로 구분되는 엄격한 계급 사회였고 이에 따라 양반과 평민 사이의 언어에 뚜렷한 차이가 있었다. 그 영향이 현대에도 남아 있어 경북 북부의 반촌에서는 '할아버지', '할머니'를 각각 '큰아배', '큰어매'로 쓰지만 민촌에서는 '할배', '할매'로 달리 쓴다. 1986년 경남 함양 지역의 한 반촌을 조사한 왕한석은 양반 후손들이 상대 높임법 사용에서 '하시오' 단계와 '하소' 단계를 명확히 구분해서 쓰는 것과 달리 평민 후손들은 '하소' 단계만 유일한 높임말로 쓴다고 보고하였다.

계급 구분이 공식적으로 존재하지 않는 현대 한국 사회에서는 재산, 직업, 교육 수준 등을 종합하여 계층을 분류하면 중·상류층은 하류층에 비해 언어 규범성이 전반적으로 높고 외래어나 외국어 사용이 많은 것으로 관찰된다. 〈이정복〉

= 계급

[참고문헌]
• 왕한석(1986), 국어 청자 존대어 체계의 기술을 위한 방법론적 검토, 어학연구 22-3, 서울대학교 어학연구소, 351~373쪽.
• Gumperz, J. (1971), *Language in social groups*, Stanford University Press.
• Labov, W. (1972), *Sociolinguistic patterns*, University of Pennsylvania Press.
• Trudgill, P. (1974), *The social differentiation of English in Norwich*, Cambridge University Press.

성별

성별(性別, gender)은 화자가 남성인지 여성인지에 따라 언어 사용에서 음운, 억양, 어휘, 문법, 어조, 태도 등의 차이를 유발하는 언어 변이 요인 중의 하나이다.

라보프(W. Labov), 트럿길(P. Trudgill)을 비롯한 사회 언어학자들은 성별에 따라 음운, 어휘, 문법의 선택이나 어조, 대화 참여 태도 등 언어 사용 양상에 차이가 나타난다는 점에 주목하여 실험 연구를 통해 여성어와 남성어의 특성을 밝혔다.

남성들은 지역 방언과 단정적이고 직접적인 표현을 선호하고 대화를 할 때 경쟁적인 태도로 대화를 주도하는 경향을 보인다. 반면 여성들은 상승조의 억양과 표준어, 공손하고 완곡한 표현을 선호하며 대화를 할 때 협동적인 태도로 보조적인 역할을 담당하는 경향이 있다.

이러한 현상은 전통적으로 남성과 여성이 담당해 온 사회적 역할과 힘(power)의 차이에서 기인한다고 본다. 주로 가사를 담당해 온 여성들은 남성보다 사회적으로 낮은 지위에 있었기 때문에 표준어 사용을 통하여 자신이 교양과 학식이 있는 사람처럼 보이게 하려는 경향이 있다. 또한 여성은 전통적으로 육아와 자녀 교육에 일차적 책임을 지고 있었기 때문에 사회적 규범에 맞는 모범적인 언어를 사용하며 일반적으로 부드럽고 다정한 태도로 대화에 임하는 경향이 있다.

반면에 남성은 지역 공동체를 중심으로 사회적 활동을 해 왔기 때문에 구성원들과의 유대감을 강화하기 위해 지역 방언을 선호한다. 그리고 여성에 대한 사회적 우위를 유지하기 위해 여성어의 특징과 반대되는 언어를 사용하여 전통적 가치를 고수하려는 양상을 보인다.

언어를 사용하는 과정에서 성별에 따라 서로 다른 어형을 선택하는 것뿐만 아니라 남성과 여성을 지칭하는 표현의 차이도 넓은 범위의 성별 언어에 속한다.

  (1) 의사 – 여의사, 간호사 – 남자 간호사
  (2) 남녀 – 연놈, 부모 – 어미 아비

(1)의 어휘에는 남녀 성 역할의 고정 관념이 반영되어 있다. 전통적으로 남성이 주로 종사해 온 직업 명에는 남성을 지칭하는 어휘가 무표적으로 표현되고 여성은 유표적으로 표현된다. 반대로 여성이 주로 종사해 온 직업명에는 여성을 지칭하는 어휘가 무표적으로 표현된다.

(2)에는 어순에 따른 성별 언어의 차이가 함의되어 있다. 일반적으로 남성 우위 사상으로 인해 남자를 지칭하는 말이 여자를 지칭하는 말에 앞선다. 그러나 비속어나 부정적인 의미를 표현하는 말에는 여자를 지칭하는 말이 앞선다.

(1), (2)의 예는 남성과 여성에 대한 고정 관념을 심어줄 수 있다. 따라서 레이코프(R. Lakoff)를 비롯한 학자들은 남녀 차별적 언어의 개선을 꾀함으로써 여성의 사회적 지위를 의도적으로 향상시키고자 노력한다. 예를 들어 서양에서는 'chairman'을 'chair-person'으로 바꿔 쓰거나 불특정한 사람을 가리키는 'he'를 'he or she' 또는 'he/she'로 바꿔 쓰는 등의 시도가 있다. 우리나라에서는 남성 화자 중심의 관점에서 '유관순 누나'

라는 표현을 사용하던 것에서 '유관순 열사'라는 표현으로 수정하는 등의 노력이 있다.

성별 언어는 남녀의 전통적인 사회적 지위와 밀접한 관련이 있는 언어 현상이므로 여성의 사회적 지위 향상과 남녀평등에 대한 인식은 언어 사용 양상의 변화에 영향을 미친다. 여성어의 대표적인 특징인 상승 어조가 젊은 남성에게서도 빈번히 사용되는 현상은 여성의 활발한 사회 진출로 인해 보편화된 남녀평등 사상이 언어에 반영된 예이다.

성별이 언어 사용의 양상을 결정하는 절대적인 요인은 아니지만 성별에 따른 남성과 여성의 언어 차이는 일정한 경향성을 나타내는 한국어의 현상으로 존재한다. 외국인 학습자가 한국어로 자연스러운 의사소통을 하기 위해서는 성별 언어의 차이를 명확하게 인식하고 실생활에서 사용할 수 있는 능력이 필요하다. 한국어교육에서는 성별 언어와 관련하여 사회적 해석보다는 여성어와 남성어의 차이에 주목한 연구가 주를 이룬다. 〈박민신〉

= 성

[참고문헌]
• 이익섭(2000), 사회 언어학, 민음사.
• Labov, W. (1972), *Sociolinguistic patterns*, University of Pennsylvania Press.
• Lakoff, R. (2004), *Language and woman's place: Text and commentaries*, Oxford University Press.
• Trudgill, P. (1974), *The social differentiation of English in Norwich*, Cambridge University Press.

☐ 연령

연령(年齡, age)은 한 언어 공동체 안에서 화자들의 나이 또는 세대에 따라서 언어 사용 양상이 달라지게 하는 언어 변이의 요인 중 하나이다.

언어가 시대 및 사회 변화에 따라 바뀌고 각 화자들은 언어 습득 및 교육의 정도, 사회 문화적 경험, 활발한 사회 활동 시기가 다르다. 따라서 서로 다른 세대의 화자들이 사용하는 언어는 상당한 차이를 보이며 한 집에 살고 있는 가족들이라고 하더라도 할아버지, 아버지, 아들 세대의 언어는 체계적인 변이를 보인다. 같은 물건을 두고도 할머니는 '소두방'이라고 부르고, 어머니는 '소댕', 아이는 '솥뚜껑'이라고 다르게 말할 수 있다. 또 같은 단어를 할아버지는 [까자], 아버지는 [꽈자], 아이는 [과자]라고 달리 발음하는 모습을 관찰할 수도 있다.

연령에 따른 언어 변이는 두 가지 차원에서 이해할 수 있다. 하나는 세대 차(generation difference)에 의한 언어 차이이고 다른 하나는 나이 단계(age-grading)에 의한 언어 차이이다.

20대 이하와 60대 이상의 노년층 화자들 사이에서 발견되는 모음 체계나 음운 현상의 차이는 세대가 다르기 때문에 생겨난 것이다. 예를 들어 경상도 지역의 노년층 화자들이 '김'과 '힘'을 각각 [짐]과 [심]으로 발음하는 것과 달리 젊은이층 화자들은 [김]과 [힘]으로 발음하는데 이것은 젊은 화자들이 학교 교육을 통해 표준어 발음을 체득하였기 때문에 'ㄱ 구개음화'와 'ㅎ 구개음화'의 영향권에서 벗어난 결과이다. 이들은 노년 층이 되더라도 부모나 할아버지 세대와 같이 [짐]과 [심]으로 발음하지는 않을 것이다.

이와 달리 나이 단계에 의한 언어 차이는 화자들이 나이를 먹음에 따라 나이 수준에 어울리는 방식으로 언어를 쓰는 데서 나타나는 변이를 가리킨다. 청소년 시기에는 상대 높임의 말 단계가 '해요체'와 '해체'의 두 단계로 이루어져 있는 것과 달리 20대 이상 성인이 되면 '하십시오체'를 자연스럽게 쓰고, 40대에 들어 '하게체'와 '하오체'를 간간이 쓰는 현상이 이에 해당한다. 20대까지만 해도 친구들 사이에서 '너' 또는 '니'라고 편하게 말하다가 50대에 들어서는 '자네'라든지 '김 선생', '이 사장'과 같이 상대방의 지위를 존중하며 점잖게 부르는 것도 나이 단계에 따른 언어 차이의 대표적인 보기이다.

텔레비전이나 라디오 같은 전통적인 매체는 언어의 세대 차이를 줄이는 효과가 있는 반면 인터넷, 컴퓨터, 스마트폰 등 첨단 정보 매체는 세대에 따라 접근성의 차이가 크기 때문에 언어 차이를 확대하는 역할을 한다. 이에 인터넷을 일상적으로 이용하는 젊은 화자들은 이용도가 낮은 노년층에 비해 새로운 어휘를 대량으로 습득하는 까닭에 할아버지, 아버지 세대와 언어 소통 과정에서 이질화와 단절의 문제를 일으킨다.　　〈이정복〉
= 나이

[참고문헌]
• 이익섭(2000), 사회 언어학, 민음사.
• 이정복(2009), 인터넷 통신 언어의 확산과 한국어 연구의 확대, 소통.
• 한국사회언어학회(2012), 사회 언어학 사전, 소통.

■ 언어 사용역

언어 사용역(言語使用域, register)은 언어 사용 상황에 따른 언어 변이를 가리킨다.

지리적 요인, 사회적 요인과 함께 상황은 언어 변이를 일으키는 중요한 요인의 하나이다. 지역이나 화자의 차이에서 나온 변이를 방언이라고 하는 것과 달리 언어 사용역은 같은 지역, 같은 화자 안에서 관찰되는 언어 변이를 뜻한다.

언어 사용역과 관련된 언어 사용 상황에는 담화의 장(field), 담화의 주체(tenor), 담화 양식(mode)이 포함된다. 할리데이(M. A. K. Halliday)는 언어 사용역을 이러한 세 가지 차원으로 나누어 설명하였다. 담화의 장이란 의사소통의 목적이나 이야깃거리, 담화의 주체는 대화 참여자들의 관계 및 격식성 정도, 담화 양식은 구어나 문어 등의 의사소통 수단과 관련된다. 한국어 문어에서 '무엇을 도와 드릴까요?'라고 한다면 구어에서는 '뭘 도와 드릴까요?'라고 하는 것, 일상어의 '빚쟁이'를 법률 종사자들은 '채권자'나 '채무자'라고 쓰는 것, 친밀한 대학 선후배들이 비격식적인 상황에서 '형-영수야'라고 서로 부르지만 회의 등의 격식적 상황에서는 '이 과장님-김영수 씨'로 부르는 것, 일상 공간에서 '안녕하세요?'라고 인사하는 데 비해 인터넷 통신 공간에서는 '안냐세여?' 또는 '하이!'라고 적는 것이 모두 언어 사용역에 따른 상황 변이어의 보기들이다.

한국어 경어법 사용에서도 상황 요인은 아주 중요하게 작용한다. 경어법 사용 요인은 크게 참여자 요인과 상황 요인으로 나누며 참여자 요인에는 개별 참여자 요인과 관계 요인이 포함되고 상황 요인에는 격식성과 제삼자 인물의 현장성이 포함된다. 개별 참여자 요인을 제외한 나머지, 곧 관계 요인, 격식성, 제삼자 인물의 현장성에 따라 경어법의 쓰임이 변이를 보일 때 그것들은 언어 사용역의 관점에서 설명할 수 있다. 교사가 개인적으로 학생과 대화할 때는 높임말을 쓰지 않지만 수업을 진행할 때 해요체나 하십시오체를 쓰는 것은 격식적인 상황을 반영한 것인 동시에 학생들의 인격을 존중하고 능동적인 학습을 촉진하기 위해 전략적 의도가 들어간 결과이다. 수업을 하는 교사의 말은 경어법 차이만 보이는 것이 아니라 억양, 발음, 문법, 어휘 등의 전반적인 면에서 사적·비격식적 대화 상황과는 다른 모습을 보여 준다. 이것은 특정한 언어 사용 상황마다 요구되는 적절한 말하기 방식이 있고 그에 따라 언어 선택이 달라지기 때문이다.

또한 언어 사용역은 언어 사용 습관 또는 사회적 관습과 밀접히 관련된다. 예를 들면 웃어른에게는 거의 언제나 '경로당 다녀오셨어요?'를 쓰고 같은 의미를 가진 '경로당 갔다 오셨어요?'를 쓰지 않는데 이것은 '다녀오다'를 웃어른과 연결 짓는 언어 관습이 사회적으로 퍼져 있기 때문이다. 나이 어린 사람에게 '학교 갔다 왔니?'를 아주 자연스럽게 말하는 것과는 다른 모습이다. 두 말을 구별하여 사용하는 것은 어휘적 뜻과는 무관하며 오래된 표현이 마치 높임말처럼 인식된 결과로 해석된다.

사회 각 분야에서 쓰이는 전문어 또는 직업어도 언어 사용역의 관점에서 이해할 수 있다. 같은 뜻이더라도 일반 사회에서 쓰는 말과 의료계, 법조계, 언론계, 금융계 등에서 쓰는 말이 다른 경우가 많다. 의사들이 환자들에게 '디스크 걸렸다'고 말하면서 진료 기록부에는 '추간 원판 탈출증' 또는 'HIVD'라고 쓰고, 은행원들이 방문자에게 '다른 은행 수표'라고 말하면서 동료에게는 '타점권'이라고 하는 식이다. 사회가 복잡하게 발전함에 따라 전문어나 직업어는 폭발적으로 많아지고 있는데 특수한 표현이 늘어날수록 전문 분야 종사자들과 일반인들의 의사소통에 어려움이 생길 수 있다. 특정한 집단에서 쓰이는 속어(slang)나 집단 특수어(jargon)의 경우도 마찬가지로 언어 사용 환경에 따라 나타나는 변이형으로 같은 변이형을 사용하는 집단 구성원의 구속력을 높이는 역할을 하기도 한다. 〈이정복〉

= 레지스터, 상황 변이어

[참고문헌]
• 이정복(2001), 국어 경어법 사용의 전략적 특성, 태학사.
• 한국사회언어학회(2012), 사회 언어학 사진, 소통.
• Finegan, E. (2004), *Language: Its structure and use*, Cengage Learning.
• Halliday, M. A. K. (1978), *Language as social semiotic: The social interpretation of language and meaning*, University Park Press.

■ 의사소통의 민족지학

의사소통의 민족지학(ethnography of communication)은 구체적인 사회 문화적 맥락 내에서 사용하는 언어 자료를 연구자가 현장에서 수집하여 연구하는 것으로, 민족지학적 방법을 통해 기술하며 이를 통해 해당 언어 공동체의 문화를 연구하는 분야이다.

1962년 하임즈(D. Hymes)가 〈*The ethnography of speaking*〉이라는 논문을 발표하면서 의사소통의 민족지학이라는 분야가 처음으로 소개되었다. 이어서 1964년 《*Introduction: Toward ethnorgraphes of communication*》이라는 단행본이 출간되면서 본격적으로 이 분야에서의 경험적인 연구들이 시작되었다. 1972년 검퍼즈와 하임즈(J. Gumperz & D. Hymes)가 주요 연구 결과들을 한 권의 단행본으로 묶어 출간하였고 같은 해에 《*Language in Society*》라는 학술지가 창간됨으로써 인문 사회 과학 내에서 언어, 문화, 사회 간의 연관성을 다루는 중요한 방법론적·이론적 틀로 자리 잡게 되었다. 이후 1982년 사빌-트로이키(M. Savile-Troike)의 개론서 등 다수의 경험적인 연구들이 출간되었으며 현재에도 여전히 다양한 언어를 대상으로 한 연구들이 지속적으로 진행되고 있다.

하임즈가 제안한 의사소통의 민족지학은 초기에는 '말하기의 민족지학'으로 명명되었으나 말하기뿐만 아니라 인간의 의사소통에 사용되는 수단들을 모두 포함하는 것으로 확장되면서 의사소통의 민족지학이라는 분야로 확립되었다.

의사소통의 민족지학은 그 용어가 말해 주듯이 하나의 공동체가 가지고 있는 의사소통 유형에 대해 민족지학적 방법을 적용해 연구하는 분야이다. 이 분야는 인류학과 언어학이 교차되는 부분에 대한 연구로 의사소통의 민족지학이라는 분야가 출현하기 이전에는 두 학문 모두에서 중심적인 연구 주제로 다루어지지 않았던 부분이다. 언어학의 영역에서는 형식적인 문법 체계로서의 언어가 아니라 구체적인 사회생활의 맥락에서 문화적으로 형성되는 언어의 사용이라는 측면을, 인류학에서는 다른 문화적 행위들과 마찬가지로 말하기를 포함한 의사소통 행위를 연구의 중심 주제로 삼았다. 이로써 언어의 사회적 사용에 기반을 둔 언어학적 연구와 의사소통에 초점을 둔 문화 연구를 결합한 새로운 연구 분야인 의사소통의 민족지학이 탄생하였다.

의사소통에 대한 민족지학적 연구의 구체적인 방법은 구체적인 언어 공동체를 대상으로 그 공동체에 소속된 화자들이 사용하는 언어 목록(linguistic repertoire)을 파악하고 화자들이 실제 생활에서 이들을 사용하는 유형을 기술·분석함으로써 화자들이 가지고 있는 의사소통 능력(communicative competence)을 밝히는 것이다. 이때 의사소통 능력은 한 언어 공동체의 화자가 가지는 언어에 대한 문법적 규칙뿐만 아니라 행위에 대한 문화적 규칙을 포괄하는 지식 체계로서 의사소통의 민족지학이 밝혀내고자 하는 핵심적인 개념이다.

의사소통 행위에 대한 구체적인 기술의 단위는 발화 상황(speech situation), 발화 사건(speech event), 발화 행위(speech act)의 위계로 구분된다. 발화 상황은 하임즈에 따르면 '인지할 수 있는 방식으로 구획된 또는 통합된 행위'로 의례, 파티, 논쟁 등과 같이 의사소통이 발생하는 전체 상황을 말한다. 발화 사건은 발화 상황 내에 한 명 이상의 화자가 참여하여 '언어 사용의 규칙 또는 규범에 따라 직접적으로 지배하는' 일련의 발화 행위를 말한다. 발화 행위는 발화 사건에서 구체적으로 발화되는 가장 단순한 최소 단위를 말한다. 예컨대 화자 '가'가 버스 정류장에서 화자 '나'에게 시간을 물어보는 장면은 (1)과 같이 구분할 수 있다.

(1) 버스 정류장에서 '가'와 '나'가 대화를 하는 전체 상황　　→ 발화 상황
　　시간을 물어보고 대답하는 일련의 행위　　　　　　　→ 발화 사건
　　가: 지금 몇 시인가요?　　　　　　　　　　　　　　→ 발화 행위
　　나: 두 시입니다.　　　　　　　　　　　　　　　　→ 발화 행위
　　가: 감사합니다.　　　　　　　　　　　　　　　　　→ 발화 행위

하임즈는 발화 사건에 대한 이러한 분석을 종합하고 발화 사건을 구성하는 요인들을 열거하여 SPEAKING 모형을 제안하였다. 개별적인 발화 사건에서 이 요소들은 선택적으로 나타날 수 있으며 각각의 발화 사건에서 각 요소들의 중요성은 달리 나타난다.

이처럼 의사소통의 민족지학은 의사소통에 대한 민족지학적 방법을 통하여 특정 언어 공동체의 화자들이 지니는 의사소통 능력을 발견하려는 것이 궁극적인 목표이다.　　　　　　　　　　　　　　　　　　　　　　　　　　　〈김주관〉

→ 문화 기술적 연구

[참고문헌]
• Hymes, D. (1962), The ethnography of speaking, In T. Gladwin. & W. C. Sturtevant. (Eds.), *Anthropology and human behavior*, pp. 13~53, Anthropology Society of Washington.
• Hymes, D. (1972), Models of the interaction of language and social life, In J. Gumperz. & D. Hymes. (Eds.), *Directions in sociolinguistics: The ethnography of communication*, pp. 33~71, Holt, Rhinehart & Winston.
• Saville-Troike, M. (1982), *The ethnography of communication: An introduction*, Blackwell.

❏ 언어 공동체

언어 공동체(言語共同體, speech community)는 언어의 사용과 관련하여 기호뿐만 아니라 그 기호의 사용에 적용되는 언어적·문화적 규범을 공유하는 사람들의 집단을 말한다.

언어 공동체의 개념은 언어를 이해하는 데 중심적인 위치를 점하고 있다. 이는 언어가 의사소통뿐만 아니라 사회 문화적인 가치 체계를 공유하는 사람들의 장기간에 걸친 상호작용의 결과로 만들어진 것이기 때문이다. 언어 공동체의 중요성에 대한 인식은 주로 언어 인류학자와 사회 언어학자들이 언급하였다. 기술 언어학에서는 주로 개별 화자가 연구 대상이었던 반면 언어 인류학이나 사회 언어학은 물리적 장소나 의사소통의

도구, 의사소통의 사회 문화적 규범 등을 공유한 화자들을 대상으로 하기 때문이다. 언어 공동체의 개념은 블룸필드(L. Bloomfield)가 제시하였고 1960년대 이래 언어 인류학과 사회 언어학의 발달과 더불어 중요하게 다루어지기 시작하였다. 하지만 학자들마다 자신의 연구 대상에 따라 언어 공동체의 개념을 조금씩 다르게 사용하고 있어 여전히 합의된 개념이 도출되지는 않았다.

의사소통의 민족지학에서 언어 공동체는 의사소통이 일어나는 현장으로, 말하기 행위를 기술하고 분석하는 대상이 되는 단위이다. 하임즈(D. Hymes)는 의사소통의 민족지학은 연구의 중심이 개인과 관련된 것으로서의 언어로부터 사람들과 그들의 말하기 방식으로 변화해야 한다고 지적한다. 즉 개인적 수준의 언어가 아니라 공동체적 수준의 언어 사용을 연구의 대상으로 삼아야 하며 이때 언어 공동체는 언어적 실체가 아니라 사회적 실체로 규정한다.

1962년에 검퍼즈(J. Gumperz)는 언어 공동체를 "단일 언어를 사용하거나 다중 언어를 사용할 수도 있는 사회 집단으로서 사회적 상호작용 유형의 빈도수에 따라 하나로 묶이며 의사소통의 연계가 희박해지면서 주변 지역으로부터 구분된다."라고 규정한다. 이후 1968년에 그는 언어 공동체를 공유된 언어 기호들의 집합을 수단으로 하고 규칙적이고 빈번한 상호작용을 통하여 특징 지워지는 인간 집단이며 언어 사용에서 중대한 차이들로 인해 유사한 집단들과 구분된다고 규정함으로써 언어 사용의 상호작용이라는 측면과 기호의 공유뿐만 아니라 규범의 공유를 보다 강조한다. 1974년에 하임즈는 이를 보다 명시적으로 언급하며 말에 관한 행동과 해석의 규칙을 공유하고 최소한 한 가지 언어 형식의 해석에 관한 규칙을 공유하는 공동체로 규정한다. 이러한 개념 규정에 따르면 의사소통의 민족지학에서 언어 공동체를 규정할 때 언어 기호의 공유, 언어 사용과 연관된 규범의 공유, 언어적 상호작용의 빈도가 중요한 기준이 된다.

하지만 이 개념을 모든 언어 인류학자나 사회 언어학자가 수용하는 것은 아니다. 이러한 견해 차이는 사회의 변화와 기술의 발달에 따른 의사소통 수단의 변화 등에서 기인하는 것으로 이해된다. 즉 상대적으로 동질적이었던 지역 공동체가 빈번한 이동과 이주에 따라 이질적으로 변화하였으며 대면적 의사소통뿐만 아니라 통신 수단을 이용한 비대면적 의사소통도 빈번해짐에 따라 언어 공동체를 하나의 응집된 인간 집단으로 규정하는 것이 어려워진 것이다. 이러한 변화로 인해 언어 공동체를 의사소통의 연결망(network)으로 규정하거나, 언어 사용을 통해 의미를 공유함으로써 창출되는 집단으로 규정하거나, 개인이 여러 언어 공동체에 동시에 소속되는 중첩된 언어 공동체로 규정하는 등 다양한 개념들이 제시되고 있다.

한국의 언어 공동체는 동질적인 것으로 인식되어 왔으나 최근 들어 결혼 이민자 증가, 외국인 노동자 유입 등에 따라 이질적인 요소들이 유입되고 있다. 이러한 이질적인 요소

들을 파악할 필요가 있고 그동안 간과되었던 언어 공동체 간의 차이도 한국어의 지역성
과 연관하여 고려할 필요가 있다. 〈김주관〉

[참고문헌]
- Gumperz, J. (1962), Types of linguistic community, *Anthropological Linguistics* 4, pp. 28~40.
- Gumperz, J. (1968), The speech community, In D. L. Sills. (Ed.), *International encyclopedia of the social sciences*, pp. 381~386, The Macmillan Company.
- Hymes, D. (1974), *Foundations in sociolinguistics: An ethnographic approach*, University of Pennsylvania Press.

❏ SPEAKING 모형

SPEAKING 모형은 의사소통 행위를 민족지학적으로 기술할 때 개별 발화 사건을 구
성하는 요소들을 말한다.

SPEAKING 모형은 1972년 하임즈(D. Hymes)가 제시한 것으로 의사소통의 민족지학
에서는 발화 사건을 기술할 때 명시적으로 또는 암묵적으로 이 요소들을 고려한다. 하
임즈에 따르면 발화 사건은 다음과 같은 요소들로 구성 가능하다. 이 모형의 명칭은 아
래 제시한 요소들의 두문자(頭文字)를 조합하면 SPEAKING이 되기 때문에 붙은 것이다.

(1) 배경(Setting) 또는 행위 상황(Act situation)
　ㄱ. 배경(setting): 시간, 장소 등의 물리적 배경
　ㄴ. 장면(scene): 상황의 격식성 정도와 같은 심리적 배경 또는 특정 장면에 대한 문화적 정의

(2) 참여자(Participants)
　ㄱ. 화자(speaker) 또는 발신자(sender): 화자
　ㄴ. 송신자(addressor): 화자의 전언(message)을 전달하는 사람
　ㄷ. 청자(hearer) 또는 수화자(receiver) 또는 청중(audience): 전언이 의도하지 않은 우연
　　적인 청자
　ㄹ. 수신자(addressee): 전언이 궁극적으로 전달되는 사람

(3) 목적(Ends)
　ㄱ. 의도와 산출되는 결과(purpose-outcomes): 전언을 통해 달성할 수 있는 관습적으로 인
　　지되는 목적
　ㄴ. 의도와 목표(purpose-goals): 화자의 개인적인 전략

(4) 행위 순서(Act sequences)
　ㄱ. 전언 형식(message form): 말이 표현되는 방식
　ㄴ. 전언 내용(message content): 말의 내용

(5) 화조(Keys): 어조, 태도, 예의 등과 같은 표현적 요소들

(6) 도구(Instrumentalities)
　ㄱ. 경로(channels): 구두, 서면, 신호기 등에 의한 말의 전달 방식

ㄴ. 말하기의 형식(forms of speech): 언어, 방언, 말씨체 등의 언어 표현 양식들

(7) 규범(Norms)

ㄱ. 상호작용 규범(norms of interaction): 말과 관련되는 특정 행위 및 자질

ㄴ. 해석 규범(norms of interpretation): 참여자의 상호작용 규범의 의미 해석

(8) 장르(Genres): 시, 신화, 속담, 욕 등의 전통적 장르 범주

하지만 모든 발화 사건에서 이 요소들이 모두 나타나는 것은 아니며 개별 발화 사건에서 각 요소들의 중요성도 모두 동일한 것은 아니다.

이 모형에 따라 다음 예와 같이 발화 행위를 기술할 수 있다. 다음의 발화 사건은 군부대에서 일어난 병사들 간의 대화를 기술한 것이다.

(9) ㄱ. 기능/목적: 휴식 시간 동안 개인적인 사교

ㄴ. 화조: 일상적이고 가벼운 어조

ㄷ. 참여자: P1-남성, 젊은 성인/P2-남성, 젊은 성인 (이들은 동일한 계급에 있는 동료임)

ㄹ. 전언 형식: 언어-구어체 한국어/비언어-동작, 시선

ㅁ. 전언 내용과 순서: P1은 P2를 쳐다본다. "야! ○○야 담배 하나 주라."라고 말한다. P2는 P1을 바라본다. "야, 너는 들어올 때 담배도 안 사왔냐?"라고 말한다.

ㅂ. 상호작용 규범: 동일한 계급에 있는 사병들 간에는 존댓말을 사용하지 않는다. 대화를 할 동안에는 서로의 시선을 마주한다.

ㅅ. 해석 규범: 계급 사회에서는 계급 지위에 따라 행위의 선택이 결정된다. 동일한 계급 지위에 있을 경우 참여자들은 대칭적 의사소통을 한다.

위의 사례에서 보듯이 SPEAKING 모형을 구성하는 모든 요소들이 개별 발화 사건에서 반드시 나타나는 것은 아니며 발화 사건의 특성에 따라 특정 요소들이 선택적으로 나타난다. 〈김주관〉

[참고문헌]

• Hymes, D. (1972), Models of the interaction of language and social life, In J. Gumperz. & D. Hymes. (Eds.), *Directions in sociolinguistics: The ethnography of communication*, pp. 35~71, Rhinehart & Winston.

• Hymes, D. (1974), *Foundations in sociolinguistics: An ethnographic approach*, University of Pennsylvania Press.

• Saville-Troike, M. (2003), *The ethnography of communication: An introduction*, Blackwell.

■ 경어법

경어법(敬語法, honorifics)은 다른 사람을 높여 대우하기 위해 사용하는 언어 형식의 사용 방식을 가리킨다.

경어법은 높임 대상이 누구인지에 따라 주체 경어법, 객체 경어법, 청자 경어법으로

나누고 높임 형식에 따라서는 문법적 경어법과 어휘적 경어법으로 나눈다. 또한 사용 방식에 따라서는 절대적 경어법과 상대적 경어법으로 나눈다.

경어법은 언어 보편적 현상이지만 그 표현 방식은 언어별로 차이가 있다. 한국어, 일본어, 자바어, 카자흐어 등에서는 높임 기능의 문법 형식이 발달해 있는 반면 영어, 프랑스어, 독일어 등 서양의 여러 언어나 중국어에서는 주로 명사 및 대명사를 통하여 다른 사람에 대한 높임 또는 공손 기능을 표현한다. 특히 한국어와 일본어는 경어법이 체계적이면서 정밀하게 발달해 있어 이들 언어의 중요한 특징 중 하나로 꼽는다.

경어법은 언어를 통하여 사람들 사이의 차이와 질서를 드러내기 위한 언어적 장치이다. 경어법을 통해 실제 관계에서의 지위 차이를 표시하고 서로의 지위 관계를 확인할 수 있다. 경어법이 발달한 사회에서는 사람들의 높낮이 관계가 모든 행위 방식을 규정하는 강력한 규범이자 사회 질서를 유지하는 기틀로 작용한다. 언어에서 경어법이라는 범주가 생겨난 것은 사람들 사이의 이러한 실제 관계를 반영하고 나아가 언어 사용을 통해 실제 관계를 유지하고 강화하려는 의도와 관계있다. 이처럼 경어법은 본질적으로 언어가 쓰이는 사회적 환경을 직접적으로 반영하기 때문에 사회 구조의 변화는 경어법 체계의 변화에 중요한 영향을 끼친다. 또 경어법 체계와 기능은 고정된 것이 아니라 사회 구조와 사람들의 생각 및 관계 변화에 따라 꾸준히 바뀔 수 있다.

경어법은 기본적으로 사람들의 지위 관계를 언어 형식으로 표현하는 것이지만 여기에는 예외가 많다. 나이, 계급, 직급, 항렬 등의 힘 요인뿐만 아니라 화자와 청자가 얼마나 가까운 사이인지, 언제부터 아는 사이인지, 서로에게 어떤 태도를 지니고 있는지, 함께 소속된 집단의 성격이나 대화 상황이 어떤지 등 심리적 거리 및 상황 요인을 함께 고려하여 경어법을 사용한다. 대화 참여자 사이의 힘과 거리 관계나 대화 상황에 비추어 적절하다고 판단하는 방식으로 경어법을 쓰는 것은 규범적 용법이다. 반면 화자가 구체적인 발화 목적에 따라 유표적 방식으로 경어법을 쓰는 전략적 용법도 있는데 상대방에게 부탁을 하기 위해 평소보다 더 높여 대우한다든지, 자신의 높은 지위를 드러내기 위해 높임 형식을 쓰던 사람에게 갑자기 반말을 하는 것이 대표적이다.

이처럼 대화 참여자 사이의 힘과 심리적 거리 관계나 대화 상황에 비추어 적절하다고 판단되는 방식으로 경어법을 쓰기 위해서는 한국어의 문법적 지식뿐만 아니라 한국의 사회 문화적 맥락에 대한 적절한 이해가 전제되어야 한다. 〈이정복〉

= 높임법, 존대법, 대우법
→ 높임 표현

[참고문헌]
• 서정수(1984), 존대법의 연구: 현행 대우법의 체계와 문제점, 한신문화사.
• 왕한석(1986), 국어 청자 존대어 체계의 기술을 위한 방법론적 검토, 어학연구 22-3, 서울대학교 어학연구소, 351~373쪽.
• 이익섭(1994), 사회 언어학, 민음사.

• 이정복(2001), 국어 경어법 사용의 전략적 특성, 태학사.
• 이정복(2012), 한국어 경어법의 기능과 사용 원리, 소통.

1.6. 심리 언어학

심리 언어학(心理言語學, psycholinguistics)은 사람들이 어떻게 언어를 습득하고 사용하며 이해하고 산출하는지를 연구하는 인지 과학의 한 분야이다.

심리 언어학이 언제부터 독립적인 학문 분야로 연구되기 시작하였는지는 정확히 정의하기가 쉽지 않다. 19세기 말에서 20세기 초 분트(W. Wundt)는 언어와 마음 및 정신의 관계를 강조하였다. 분트와 달리 1920년대부터 1950년대까지 행동주의 심리학자들은 언어가 외부 조건과 환경에 의해 형성되는 행동이라고 주장하였다. 반면 1950년대 말 촘스키(N. Chomsky)는 행동주의를 비판하며 언어는 조건화된 행동이 아니라 내재화된 언어 능력(competence)에 기반을 두며 이는 실제 언어 수행(performance)과 구별된다고 하였다. 이에 따라 언어 능력이 수행으로 그대로 발현되는 것이 아니라는 인식과 함께 언어 수행을 결정하는 심리적 기제가 중요한 관심사가 되었다. 1970년대 이후 심리 언어학은 음성 언어 및 문자 언어의 제반 처리와 산출 과정을 체계적으로 연구하고 있다. 또한 디지털 기술 발달의 영향으로 연결주의(connectionism)가 심리 언어학의 다양한 영역에 중요한 영향을 미치고 있다.

심리 언어학은 음성 언어와 문자 언어에서 소리, 글자, 단어, 문장, 담화의 각 단위가 처리되고 산출되는 전체적인 과정을 기술한다. 또한 심리 언어학에서는 언어 규칙의 기술이 아니라 사람들이 언어를 실제로 어떻게 처리하고 산출하는지가 중요하기 때문에 실시간 언어 처리와 산출을 볼 수 있는 다양한 방법론이 발달하였다. 예를 들어 심리 언어학에서는 언어 처리의 결과를 반영하는 이해 질문이나 문법성 판단 과제와 같은 과업과 구별되는 방법으로 실시간 읽는 속도를 보여 주는 눈동자 움직임 추적 방법(eye-tracking)이나 자율 조절 읽기(self-paced reading) 등의 실시간 연구 방법(on-line technique)을 주로 이용한다.

심리 언어학은 모어 습득과 처리 과정을 중점적으로 다루어 왔지만 최근에는 많은 연구자들이 심리 언어학적 이론과 방법론을 적용하여 제2 언어 습득과 처리를 연구하고 있다. 심리 언어학은 한국어를 모어로 사용하는 화자와 제2 언어로 사용하는 화자가 어떻게 한국어를 처리하고 산출하는 과정이 같고 다른지의 연구를 통해 한국어 습득 연구에 기여할 수 있다. 〈조희연〉

[참고문헌]
• Altmann, G. (2006), Psycholinguistics: History, In K. Brown. (Ed.), *Encyclopedia of Language & Linguistics 10*, pp. 257~265, Elsevier.

• Roberts, L. (2012), Review article: Psycholinguistic techniques and resources in second language acquisition research, *Second Language Research 28-1*, pp. 113~127.

■ 언어 이해

언어 이해(言語理解, language comprehension)는 개별 소리와 철자를 인식하고 단어를 파악하고 문장 및 담화를 이해함으로써 음성 언어와 시각 언어를 이해하는 과정을 말한다.

음성 언어를 이해하기 위해서는 소리를 개별 음소로 분류하여 인식할 수 있어야 하며 시각 언어의 이해에는 개별 철자의 인식이 선행한다. 조합된 음소와 철자를 바탕으로 단어를 이해하는 과정에서는 단어의 음운과 형태적 정보, 통사·의미적 정보가 사람들의 머릿속 사전(mental dictionary)에서 검색된다. 다음으로는 단어들을 통사적으로 분석하여 문장의 구조를 파악하고 의미를 이해하는 과정과 문장을 전체 담화 속에서 이해하는 과정이 따른다.

이들 각각의 단계가 독자적인 모듈(module)로 존재하여 한 단계가 끝난 후 다음 단계로 넘어가는지 아니면 서로 다른 단계가 상호작용하는지에 대하여 활발히 연구되고 있다. 이러한 모듈성(modularity)과 관련한 논의는 포더(J. A. Fodor)의 모듈 이론(modularity theory)의 영향을 크게 받았다.

음성 언어의 인식과 이해에 대한 연구에는 다양한 연구 방법을 활용한다. 단어 인식 연구 방법에는 단어를 초성부터 조금씩 늘려 가며 들려주어 어떤 단어인지 인식하는 지점을 찾는 과제와, 단어를 듣고 단어인지 비단어인지를 판단하는 어휘성 판단 과제(lexical decision task) 등이 있다. 어휘성 판단 과제는 반응 속도를 분석하며 단어가 생물을 나타내는 단어인지 무생물을 나타내는 단어인지를 판단하게 하는 과제 등으로 변형할 수 있다. 문장 이상의 단위에서는 음운 단위로 나눈 음성 자료를 스스로 듣는 속도를 조절하며 듣는 자율 조절 듣기(self-paced listening) 등을 활용한다.

시각 언어의 인식과 이해 과정에 대한 연구에서는 시각적 언어 자료를 제시하고 읽는 시간이나 반응하는 시간을 측정하여 자료로 활용한다. 단어 인식 관련 연구는 단어를 읽고 단어가 실제 존재하는 단어인지 판단하기, 단어가 생물을 나타내는 단어인지 무생물을 나타내는 단어인지 판단하기와 같은 과제를 실시하고 그 반응 속도를 측정한다. 제2 언어 습득 연구 상황에서는 모어와 제2 언어 단어가 서로 관련이 있는지 판단하거나 번역하는 등의 방법을 응용하여 정확성과 과제 수행 속도를 분석한다. 문장이나 담화 난위에서는 단어나 구, 문장별로 자료를 제시하면서 읽는 데에 걸리는 시간을 측정한다. 피실험자가 스스로 속도를 조절하며 읽는 자율 조절 읽기(self-paced reading)나 피실험자가 글을 읽는 동안 눈동자 움직임 추적 장치를 사용하여 눈의 움직임을 추적하는 방법이 있다.

언어 이해에 쓰이는 다양한 심리 언어학 연구 방법들은 언어 처리 과정이 모두 끝난 결과물을 얻는 것보다는 언어의 이해가 일어나는 과정 자체를 실시간으로 파악하는 것을 주된 목적으로 한다. 제2 언어 습득 연구에서도 학습자들이 지닌 명시적 지식이 아닌 실제 언어를 사용하고 이해하는 과정을 이해하는 데에 유용하게 활용될 것으로 기대된다. 〈조희연〉

→ 모듈성

[참고문헌]
• Fodor, J. A. (1983), *The modularity of mind*, MIT Press.

❏ 단어 인식

단어 인식(單語認識, word recognition)은 사람들이 단어를 듣거나 읽을 때 머릿속 사전(mental lexicon)에 저장되어 있는 단어의 형태와 의미에 비추어 그 단어를 식별하는 과정을 말한다.

시각 단어 인식은 주어진 단어가 해당 언어에 존재하는지 여부를 빠르게 판단하는 어휘성 판단 과제(lexical decision task)나 해당 단어를 빠르게 말하는 과제(naming task) 등을 통해 연구한다. 시각 단어 인식은 단어의 길이, 빈도, 경합자의 수, 맥락 등의 영향을 받는다. 즉 단어는 길이가 짧고, 사용 빈도수가 높고, 시각적으로 비슷하게 생긴 경합자가 적고, 맥락 속에서 예측이 가능할 때 더 쉽게 처리된다. 또한 단어 인식은 이 단어 이전에 어떠한 단어가 처리가 되었는지에 영향을 받는다. 예를 들어 '의사'라는 단어는 이전에 의미적으로 관련이 있는 '병원'이라는 단어를 처리한 이후 더 빠르게 처리되는데 이를 의미적 점화(semantic priming)라 한다.

음성 단어 인식은 음성 정보가 들어오는 동시에 활성화되는 여러 후보군 단어들과 경합하여 실제 어떻게 단어를 인식하는지가 관건이다. 어휘성 판단 과제나 점차적으로 음성 정보를 제시하면서 어느 순간 단어 인식이 일어나는지를 알아보는 방법 등을 활용하여 연구한다. 음성 단어의 인식 또한 발생 빈도, 청각적 경합자의 수, 맥락, 의미적 점화 등의 영향을 받는다.

시각 및 음성 단어 인식 기제를 설명하는 많은 모델들의 주요 논쟁점 중 하나는 글자나 음소와 같은 상향식 정보(bottom-up information)와 맥락과 같은 하향식 정보(top-down information)가 단어 인식의 초기 단계에 상호작용적으로 작용하는지의 여부이다. 예를 들어 '코끼리'라는 단어는 음성 정보가 순차적으로 주어지기 때문에 'ㅋ'으로 시작하는 후보군에서 시작하여 '코'로 시작하는 후보군으로 좁혀 가다 두 번째 음절에 이르러서야 더 이상 경합자가 없기 때문에 인식될 수 있다. 상향식 정보를 중시하는 모델에서는 'ㅋ'나 '코'로 시작하는 다른 경합자들이 자동으로 활성화되고 맥락의 역할은 하향식 정보보다 후행한다고 본다. 반면 상향식 정보와 하향식 정보가 서로 상호작용한다고 보는 입장에서는 맥락 자체가 단어 인식의 초기 단계에 관여하여 경합자의 집합을 줄이고 단어가 인식되는 지점을 앞당긴다고 예측한다.

단어 인식의 문제와 관련하여 머릿속 사전 자체의 구조에 대한 논의도 활발히 진행되어 왔다. 제2 언어에서는 단어의 형태와 개념이 바로 연결되는 모어와 달리 단어 형태에서 개념으로의 연결이 모어로 매개될 수 있다는 크롤과 스튜어트(J. F. Kroll & E. Stewart)의 수정 위계 모형(revised hierarchical model)이 잘 알려져 있다. 〈조희연〉

→ 머릿속사전

[참고문헌]
• Kroll, J. F. & Stewart, E. (1994), Category interference in translation and picture naming: Evidence for asymmetric connections between bilingual memory representations, *Journal of Memory and Language* *33*, pp. 149~174.

❏ 문장 처리

문장 처리(文章處理, sentence processing)는 문장 분석(parsing)을 통해 문장의 구절 구조(phrasal structure)를 파악하고 통사, 의미, 담화 등의 지식을 통해 문장을 이해하는 과정을 말한다.

문장은 점층적으로 처리(incremental processing)된다. 사람들은 문장이 끝날 때까지 기다렸다가 문장 분석을 시작하는 것이 아니라 언어 정보가 들어올 때마다 가능한 통사·의미적 분석을 진행한다.

문장 처리의 기본 단계는 개별 단어의 통사 범주를 결정하고 구절 구조를 파악하는 문장 분석이다. 문장 분석에 영향을 미치는 요소는 크게 통사적, 어휘적, 운율적, 의미·담화적 요인으로 나누어 생각할 수 있다.

통사적 요인으로 프레이저(L. Frazier)는 다음의 두 통사 원리를 제시한다. 첫째는 문장의 수형도(tree diagram)에서 가능한 최소의 마디 수를 만든다는 최소 부착 원리(minimal attachment principle)이다. 예를 들어 '영희가 사과를….'에서 '사과를'은 '영희가 사과를 먹었다.'와 같이 주절 동사의 직접 목적어도 가능하지만 '영희가 사과를 파는 소녀를 보았다.'와 같은 구조로 전개될 수도 있다. 최소 부착 원리는 전자의 분석이 더 적은 수의 마디를 요하기 때문에 선호된다고 설명한다. 둘째는 새로운 단어를 현재 처리 중인 단위에 통합하는 후기 종결 원리(late closure principle)이다. 예를 들어 '그는 어제 다쳤다고 말했다.'라는 문장은 '어제'가 '다쳤다고' 또는 '말했다'를 수식할 수 있다는 점에서 중의적이다. '어제'가 '말했다'를 수식하기 위해서는 새로운 마디를 열어야 하기 때문에 후기 종결 원리에 위반된다. 따라서 후기 종결 원리는 '어제'가 '다쳤다고'를 수식하는 해석이 선호된다고 예측한다.

문장 분석에 영향을 주는 어휘적 요인으로는 개별 단어가 주로 취하는 의미역 역할

(thematic role), 동사의 논항 구조(argument structure), 구문의 상대적 빈도 등이 있다. 음성 언어에서는 운율 구조(prosodic structure) 또한 문장 분석에 중요하게 작용한다. 예를 들어 '착한 영희의 동생'이라는 명사구는 '착한'이 '영희'와 '동생'을 수식할 수 있다는 점에서 중의적이다. 그러나 어디에서 끊어 읽느냐에 따라 중의성이 줄어들거나 없어질 수 있다. 의미·담화적 요인으로는 새로 처리되는 단어가 주어진 맥락에서 얼마나 의미적 타당성(plausibility)이 있는지 등이 그 단어가 선행 문장 구조에 어떻게 통합될 것인지에 영향을 준다. 이렇게 문장 분석에 여러 범주의 정보가 이용되지만 이들이 서로 독자적이고 순차적으로 이용되는지 아니면 상호작용적이고 동시적으로 이용되는지에 관한 논쟁이 활발하다.

문장 분석이 독자적(autonomous)이라고 보는 이론에서는 여러 범주의 정보가 개별적 모듈(module)로 존재하고 그중 통사적 정보가 처음 단계의 문장 분석에 독자적으로 이용된다고 본다. 반면 상호작용적(interactive) 이론에서는 통사 정보뿐만 아니라 빈도, 의미, 맥락 등 여러 유형의 정보가 상호작용하여 문장 처리에 영향을 준다고 본다.

문장 분석이 순차적(serial)이라고 보는 모형에서는 구조적으로 중의적인 문장을 처리할 때 단 하나의 구조만 설정되었다가 그 구조가 문장의 나머지와 맞지 않을 경우에만 대안적인 구조가 설정된다고 본다. 가든 패스 모형(garden-path model) 또는 오인 이론이 대표적인 순차적 단원(serial modular) 모형이다. 이는 문장을 분석할 때 최소 부착 원리와 후기 종결 원리 같은 통사 원리에 근거하여 가장 경제적인 구조 분석이 빠르게 이루어지며 담화나 의미 등 다른 유형의 정보는 초기 문장 분석 단계에 활용되지 않는다는 이론이다. 이 이론에서는 문장을 처리하는 과정에서 '영희가 사과를….'에서 '사과를'을 직접 목적어로 분석하는 것이 수형도에서 마디 수를 최소화할 수 있는 최소 부착 원리를 따르는 분석이기 때문에 우선적으로 고려되며 다른 구조적 가능성은 고려되지 않는다. 사람들이 중의성이 있는 문장을 어느 한 방향으로 분석한다는 것은 문장 분석이 완벽하게 동시에 여러 가능성을 고려하지 않는다는 증거가 될 수 있다.

반면 문장이 분석이 병렬적(parallel)이라고 보는 모형에서는 사람들이 중의적인 문장을 처리할 때 여러 구조적 가능성을 동시에 설정한다고 설명한다. 병렬적 모형의 대표적인 이론인 제약 만족 모형(constraint-satisfaction model)에 따르면 통사적 정보뿐 아니라 어휘적·담화적·맥락적 정보가 서로 상호작용하고 병렬적으로 초기 구문 분석에 영향을 준다고 본다.

문장 처리에 관련한 많은 연구가 어순이 비교적 고정적인 영어를 바탕으로 수행되었다. 이에 비해 어순이 상대적으로 자유로운 한국어에서 문장 처리가 어떠한 정보에 바탕을 두는지에 대한 연구는 상대적으로 부족하다. 또한 영어와 달리 한국어는 핵(head)이 나중에 오는 특성이 있기 때문에 이것이 문장 처리에 어떠한 영향을 주는지에 대한 연구가 더 필요하다.

최근에는 제2 언어 학습자 또는 이중 언어 사용자를 대상으로 한 문장 처리 연구가 활발히 진행되고 있다. 모어 화자와 비교하여 이들이 사용하는 정보의 종류와 순서에 차이가 있는가와 문장 처리 전략에 모어의 영향이 있는가에 대한 관심이 높다.　　〈조희연〉

[참고문헌]
• Frazier, L. (1987), Syntactic processing: A tutorial review. In M. Coltheart. (Ed.), *Attention and performance XII: The psychology of reading*, pp. 559~586, Lawrence Erlbaum Associates.

❏ 담화 이해

담화 이해(談話理解, discourse comprehension)는 개별 단어의 인식과 문장 분석을 바탕으로 전체 대화나 텍스트를 이해하는 과정을 말한다.

성공적인 담화 이해에는 사전 지식(prior knowledge) 또는 스키마(schema)가 중요하게 작용한다. 주어진 담화와 관련된 사전 지식과 스키마의 하향적 활용이 전체 담화 이해 정도, 재구성, 기억에 영향을 미친다.

또한 담화 이해에는 추론(inference)의 역할이 중요하다. 예를 들어 '철수는 열심히 수학 문제를 풀고 있었다. 문소리에 놀라 연필을 바닥에 떨어뜨렸다.'에서 사람들은 두 번째 문장의 '연필'이 이전 문장에서 수학 문제를 풀 때 쓰던 연필이라고 추론한다. 이러한 내용은 두 문장에 명시되어 있지 않지만 사람들은 추론을 통해 전체적으로 응집성(coherence) 있는 담화를 구성해 나갈 수 있다. 담화 이해에서는 어떠한 종류의 추론이 일어나며 추론이 얼마나 자동적으로 일어나는지를 중점적으로 연구한다.

담화 이해의 목표 중 하나는 응집된(coherent) 전체 의미를 파악하는 것이다. 특히 대명사와 지시어의 이해는 담화 이해에 중요한 역할을 한다. 예를 들어 '철수는 대학교 졸업을 앞두고 있다. 그는 취업 준비를 하고 있다.'에서 사람들은 두 번째 문장의 '그'가 '철수'를 지칭하는 것으로 이해한다. 지시사가 무엇을 지칭하는가에 대한 이해 없이는 서로 관련된 문장들을 전체적인 담화로 구성해서 이해하는 것이 힘들다. 많은 담화 속에서 담화 개체가 하나 이상 등장하는 일이 많기 때문에 지시어 또한 중의적인 경우가 많다. 그럼에도 불구하고 모어 화자들은 각 담화 개체가 담화 내에서 차지하는 문법 및 의미적 위치와 주제성 등을 토대로 지시어를 효율적으로 처리할 수 있다.

모어 화자와 비교하여 제2 언어에서의 경험이 부족한 학습자에게 전체 담화를 구성하고 이해하는 것은 쉽지 않은 과제이다. 따라서 한국어교육에서 어휘나 문장 분석의 원리뿐 아니라 학습자들의 스키마 형성과 적용, 추론 능력과 응집성 있는 담화 구성 능력을 강조할 필요가 있다.　　〈조희연〉

[참고문헌]
• Zwaan, R. A. & Rapp, D. N. (2006), Discourse comprehension, In M. J. Traxler. & M. A. Gernsbacher. (Eds.), *Handbook of psycholinguistics*, pp. 725~764, Elsevier.

■ 언어 산출

언어 산출(言語産出, language production)은 생각을 개념화하고 이를 언어 계획에 따라 음운, 단어, 문장, 글 수준의 다양한 언어 정보로 구성하여 문자나 음성을 통해 표현하는 과정을 말한다.

언어 산출에 관한 연구는 언어 이해(言語理解, language comprehension)에 관한 연구에 비하여 상대적으로 적은 편이나 최근 언어 생산에 관한 연구가 활발히 진행되어 왔다. 언어 산출 과정은 일반적으로 언어 이해 과정과 반대인 것으로 이해되기도 하였으나 최근 연구들은 언어 산출 과정이 언어 이해 과정과 유사점과 상이점이 모두 있다고 본다.

언어 산출에 관한 연구는 크게 말소리 산출(speech production)과 쓰기(writing)의 연구로 나뉜다. 그러나 쓰기 연구는 극히 드물다. 말소리 산출에 관한 연구의 유래는 1900년대로 거슬러 올라간다. 1900년대 초 독일의 심리학자인 분트(W. Wundt)와 오스트리아의 신경학자인 프로이트(S. Freud)는 말실수(speech error) 연구를 통하여 말소리 산출을 이해하기 시작하였다. 그 후 1970년대 초 프롬킨(V. A. Fromkin)이 말실수 연구를 통해 계열적 모형(serial model)을 수립하여 말소리 산출에 대한 연구를 본격화하였다.

1900년대 초기 연구에서 분트(W. Wundt)는 언어의 산출을 완벽한 생각(complete thought)을 순차적으로 구성된 말소리의 분절음(sequentially organized speech segments)으로 변환하는 과정으로 설명한다. 이후 말소리 산출의 대표적인 연구자인 레벨트(W. J. M. Levelt)는 1989년에 언어의 산출 과정을 개념화(conceptualization), 형식화(formulation), 조음(articulation)의 세 개의 주요 단계를 거쳐 이루어지는 것으로 제시하였다. 언어의 산출은 개념화 과정을 통하여 전달하고자 하는 언어의 정보를 결정한다. 결정된 언어 정보는 형식화 과정을 통하여 적절한 언어 형식(linguistic form)으로 구성된다. 이러한 방식으로 구성된 언어 형식은 조음 단계를 통하여 음성적·조음적으로 적절한 개별 음소의 조합을 계획하고 실행한다.

이처럼 단어, 문장, 담화 각 수준의 언어 산출 과정과 각 수준 간의 상호작용 연구를 통하여 언어의 문법 단위 구조와 각 구조 간의 상호작용, 언어 산출 단계의 독립성과 상호작용을 연구할 수 있다. 〈모윤숙〉

= 언어 생산

[참고문헌]
• Freud, S. (1901), Zur Psychopathologie des Alltagslebens, A. A. Brill. (Trans.), 2012, *Psychopathology of everyday life*, Courier Dover Publications.
• Fromkin, V. A. (1971), The non-anormalous nature of anormalous utterances, *Language 47*, pp. 27~52.
• Levelt, W. J. M. (1989), *Speaking: From intention to articulation*, MIT Press.
• Wundt, W. (1900), Die Sprache, In W. Wundt. (Ed.), *Völkerpsychologie 1~2*, Engelmann.

❑ 산출 단계

언어 산출 단계(言語産出段階, stages of language production)는 언어가 산출되는 과정으로서 메시지를 구현하는 개념화(conceptualization), 구현된 전치 메시지(preverbal message)를 언어적 형태(linguistic form)로 변환하는 형식화(formulation), 최종적으로 구현된 언어적 형태를 조음(articulation)하는 과정으로 이루어진다.

언어 산출은 언어의 개념화 과정을 통하여 시작된다. 언어의 개념화 과정은 언어의 형식화나 조음 과정에 비해 알려진 바가 적다. 1990년대에 레벨트(W. J. M. Levelt)는 언어의 개념화 과정을 거시 계획 수립(macro-planning)과 미시 계획 수립(micro-planning)을 통하여 기술적 지식(declarative knowledge)을 기반으로 전치 계획(preverbal plan)을 수립하는 과정으로 보았다.

거시 계획 수립은 전반적인 의사 전달의 목적을 구체화하는 하위 목표를 실현하는 정보를 인출하는 과정이다. 1993년에 레벨트는 이를 발화 행위(speech act)를 계획하고 표현할 정보를 선택하고 그 정보를 선형화(linearization)하는 과정으로 설명했다. 미시 계획 수립은 정보가 적절한 명제 관계와 정보의 관점을 나타내도록 작은 개념 조각들로 나누는 과정이다.

언어의 개념화를 통하여 수립된 전치 계획(preverbal plan)은 일관된 의사소통 의도를 포함하며 추상 언어(mentalese)의 형태로 존재한다. 언어의 개념화 단계에서 표상화된 추상 언어의 구체적인 형태나 특징에 관해서는 학자들 간에 이견이 있으나 이것이 다음 형식화 단계의 입력(input) 정보로 이용된다는 기본적인 개념은 동일하게 받아들이고 있다.

개념화를 거친 전치 메시지는 형식화 과정을 통하여 적절한 언어 계획에 따라 언어적 형태로 바뀌어 구체화된다. 형식화는 크게 계열적 모형과 병렬적 모형으로 구분된다. 1975년 개럿(M. F. Garret)이 제시한 언어 산출의 계열적 모형(serial model)은 문장 수준의 형식화 단계를 적절한 어휘 선택과 어순 결정, 문법 구조 계획을 결정하는 기능 수준(functional level)과 발화음과 발화음의 발음을 주관하는 위치 수준(positional level)의 두 수준으로 나누어 설명한다. 이 모형에 대한 근거로 개럿은 의미 관련 말실수와 형태 관련 말실수가 각기 독립적으로 발생하는 것을 제시한다.

병렬적 모형(parallel model)인 레벨트의 언어 산출 모형에서도 언어의 형식화 과정은 어휘 정보에 기반을 둔 두 개의 독립적인 약호화 과정을 통해 일어난다. 문법적 약호화(grammatical encoding) 과정은 머릿속 사전(mental lexicon)에서 전치 메시지(preverbal message)에 알맞은 의미, 문법 정보인 레마(lemma)를 활성화하는 과정이다. 음운론적 약호화(phonological encoding) 과정은 레마 활성화 후 머릿속 사진의 형태소, 음운 정보인 렉심(lexeme)을 활성화하는 과정이다. 레벨트는 머릿속 사전에서 어휘 활성화를 델(G. S. Dell)의 활성화 확산 이론을 도입하여 설명하였다. 예를 들어

'남자가 여자에게 돈을 주었다.'라는 문장을 발화할 때는 '남자', '여자', '주다', '돈'이라는 내용어(content word)와 이들과 개념적으로 유사성을 지닌 다른 내용어들도 함께 활성화되고 그중에서 앞서 언급한 네 개의 단어가 가장 활성화되어 선택된다. 이러한 병렬적 모형은 이전이나 혹은 이후 단계의 긍정적 피드백(positive feedback)을 가능하게 하며 어휘 편중 효과(lexical bias effect)와 음소 유사성 효과(phonemic similarity effect)를 쉽게 설명할 수 있다.

조음 과정은 형식화 과정을 통하여 구체화된 언어적 형태(linguistic form)를 조음 기관(articulators)의 운동 실행(motor execution)을 통하여 실현하는 과정이다. 라데포게드와 존슨(P. Ladefoged & K. Johnson)은 2005년에 말소리 발화는 성대와 성도에 있는 다양한 조음 기관의 조화로운 운동 실행을 따른다고 기술하였다. 이때 말소리 산출에서 운동 실행은 뇌의 명령에 따라 통제된다.

언어 산출 단계 모형의 적합성은 다중 의미어의 모호성을 이용한 연구를 통하여 시험할 수 있다. 예를 들어 교차 양상 명명(cross-modal naming) 실험 결과 점화된 의미 외에 다른 의미 또한 활성화됨을 확인하였다. 이는 언어 산출 단계의 병렬적 모형과 활성화 확산 이론을 지지한다. 〈모윤숙〉

[참고문헌]
• Garret, M. F. (1975), Syntactic process in sentence production, In G. Bower. (Ed.), *Psychology of learning and motivation: Advances in research and theory,* Elsevier.
• Ladefoged, P. & Johnson, K. (2005), *A course in phonetics*, Cengage Learning.
• Levelt, W. J. M. (1989), *Speaking: From intention to articulation*, MIT Press.
• Levelt, W. J. M. (1993), *Lexical access in speech production*, Blackwell.
• Levelt, W. J. M. (1999), Models of word production, *Trends in Cognitive Sciences 3*, pp. 223~232.

❏ 말실수

말실수(speech error)는 말소리 산출(speech production)에서 일어나는 오류로서 말소리 산출의 정상적 작동을 연구하는 데에 중요한 역할을 하는 기제이다.

프로이트(S. Freud)와 분트(W. Wundt)는 1900년대에 말실수 연구를 수행하였는데, 프롬킨(V. A. Fromkin)은 1970년대에 이 연구가 언어 산출 연구에서 지닌 가치를 재조명하였다.

말실수의 종류는 하나의 말소리 분절음이 적절한 위치에서 다른 곳으로 옮겨 나타나는 이동(shift), 두 개의 언어 단위가 서로 자리를 바꾸는 교환(exchange), 뒤에 와야 할 분절음이나 단어가 원래의 위치뿐만 아니라 앞선 위치에서도 나타나는 예기(anticipation), 앞의 분절음이나 단어가 뒤에도 나타나는 지속(perseveration), 언어적 재료를 첨가하는 추가(addition), 언어적 재료를 제외하는 삭제(deletion), 직접적으로 앞이나 뒤에 나타나는 언어 재료가 아닌 외부 재료를 사용하는 대체(substitution), 두 개의 언어 재료가 융합되거나 혼합되어 나타나는 혼합(blend) 등으로 나눌 수 있다. 위에 언급한 각 말실수의 예는 다음과 같다.

(1) 이동: *he want to plays (he wants to play)

    *부상자 구출을 (부상자를 구출)

(2) 교환: *Are my pockets in the key? (Are my keys in the pocket?)

    *목표의 수업 (수업의 목표)

(3) 예기: *cable of contents (table of contents)

    *피즈 피자 (치즈 피자)

(4) 지속: *walk the weach (walk the beach)

    *책상차리 (책상다리)

(5) 추가: *brain stell (brain cell)

    *점심참식사 (점심식사)

(6) 삭제: *in a slit second (in a split second)

    *초달 (초승달)

(7) 대체: *set the chair (set the table)

    *발가락이 저리다 (손가락이 저리다)

(8) 혼합: *Did you bring your clarinola? (Did you bring your clarinet and viola?)

    *모장갑 (모자와 장갑)

말실수는 말소리 산출 과정을 이해하는 데에 두 가지 측면에서 중요한 의미가 있다. 먼저 말실수는 무작위로 일어나는 것이 아니라 일정한 규칙에 따라 일어난다. 개럿(M. F. Garret)은 말실수의 규칙성을 네 가지로 분류하였다. 첫째, 말실수의 상호작용 요소들은 유사한 언어 환경에서 일어난다. 예를 들어 어두음(onset)은 다른 어두음과 교환되고 각운(rhyme)은 다른 각운과 교환되는 경향이 있다. 둘째, 말실수에서는 유사한 요소들 간에 상호 교환되는 경향이 있다. 예를 들어 자음은 다른 자음과, 모음은 다른 모음과, 명사는 다른 명사와 교환되는 경향이 있다. 셋째, 말실수는 새로운 항목을 생성할 때도 언어의 음운 규칙을 따른다. 넷째, 말실수가 새로운 항목을 생성하더라도 강세 패턴은 유지된다. 예를 들어 혼합이 일어날 때 음운적으로 허용되는 형태의 말실수만 일어나며 강세 패턴 또한 유지된다. 이러한 말실수의 규칙성은 말소리 산출이 다양한 단계를 거쳐 이루어진다는 것과 매 단계가 특정 순서에 따라 순차적으로 일어난다는 것에 대한 이해를 돕는다.

또한 말실수는 화자가 발화에 앞서 발화를 계획한다는 것을 보여 준다. 예를 들어 언어 재료가 위치를 바꿀 때 문법과 형태소 정보는 바뀐 재료에 맞추어 조절된다. 이는 말소리 산출이 일련의 단계를 거쳐 일어난다는 것을 보여 준다. 〈모윤숙〉

[참고문헌]

• Carroll, D. W. (2008), *Psychology of language*, Thomson & Wadsworth.

• Freud, S. (1901), Zur Psychopathologie des Alltagslebens, A. A. Brill. (Trans.), 2012, *Psychopathology of everyday life*, Courier Dover Publications.

• Fromkin, V. A. (1971), The non-anormalous nature of anormalous utterances, *Language 47*, pp. 27~52.

- Garret, M. F. (1980), Levels of processing in sentence production, In B. Butterworth. (Ed.), *Language production 1: Speech and talk*, pp. 177~220, Academic Press.
- Wundt, W. (1900), Die Sprache, In W. Wundt. (Ed.), *Völkerpsychologie 1~2*, Engelmann.

❏ 통사 구조적 점화

통사 구조적 점화(通詞構造的點火, syntactic priming)는 이전에 접한 자극에 포함된 통사 구조와 같은 구조를 언어 산출에서 반복하려는 경향을 말한다.

최근에는 통사 구조 점화 이론이 언어 산출 과정 연구에 자주 도입되고 있다. 통사 구조적 점화는 통사 처리(syntactic processing)의 계산을 단순하게 함으로써 언어 산출을 돕는 역할을 하기 때문이다.

통사 점화 효과(syntactic priming effect)는 하나의 통사 구조를 언어 처리(language processing)에 이용하여 유사하거나 같은 형태의 통사 구조 처리를 용이하게 한다. 예를 들어 학습자에게 점화 문장(prime sentence)으로 능동태 문장을 반복하게 한 후 그림 묘사(picture description) 실험을 수행한 경우에는 능동태 문장으로 그림을 묘사하고, 수동태 문장을 반복하게 한 경우에는 수동태 문장으로 그림을 묘사하는 경향을 보인다. 이러한 결과는 문장 완성(sentence completion)과 문장 회상(sentence recall) 실험에서도 관찰할 수 있다. 이런 현상은 단순한 단어나 음성 체계의 반복으로는 설명이 불가능하며 통사 구조적 점화로만 설명이 가능하다.

한국어는 통사 구조뿐만 아니라 형태소의 삽입 여부에 따라 문장의 의미 구조가 달라질 수 있다. 예를 들어 아래 예문에서 접미사 사동문 (1)과 통사적 사동문 (2)는 의미 구조에 차이가 있다.

(1) 엄마가 아이에게 밥을 먹였다.
(2) 엄마가 아이에게 밥을 먹게 했다.

문장 (1)은 엄마가 아이에게 직접 밥을 먹여 주었다고 해석되는 반면 문장 (2)는 엄마가 아이가 스스로 밥을 먹도록 만들었다는 의미가 있다. 따라서 통사 구조적 점화 연구를 통하여 구조에 따른 미묘한 의미 차이의 관계를 밝힐 수 있다. 〈모윤숙〉

[참고문헌]
- Bock, J. K. (1986), Syntactic priming in language production, *Cognitive Psychology 18*, pp. 355~387.
- Branigan, H. P., Pickering, M. J. & Cleland, A. A. (1999), Syntactic priming in written production: Evidence for rapid decay, *Psychonomic Bulletin & Review 6*, pp. 635~640.
- Pickering, M. J. & Branigan, H. P. (1998), The representation of verbs: Evidence from syntactic priming in language production, *Journal of Memory and Language 39*, pp. 633~651.
- Sohn, H-M. (1994), *Korean*, Routledge.

1.7. 신경 언어학

신경 언어학(神經言語學, neurolinguistics)은 언어의 지각, 발화 및 습득에 관여하는 두 뇌의 신경 기제를 연구하는 학문이다.

신경 언어학은 19세기 실어증학의 발달에 근간을 두고 있다. 실어증학(失語症學, aphasiology)은 뇌 손상을 통한 언어 결손을 연구하는 학문으로서, 뇌 손상이 언어 처리 에 미치는 영향을 분석하여 뇌의 구조를 기능과 연관시킨다. 특정 뇌 영역과 언어 처리 사이의 관련성을 도출하려 한 최초의 인물 중 한 명은 브로카(P. Broca)이다. 외과 의사 였던 그는 발화 장애가 있는 수많은 사람들을 부검하여 훗날 '브로카 영역(Broca's area)' 으로 불리는 좌뇌 전두엽의 일부분이 손상되어 있다는 사실에 주목하였다. 이를 토대로 브로카는 해당 영역이 언어를 산출하는 기능을 담당한다고 주장했다. 그의 이러한 발견 은 신경 언어학 분야에 크게 기여하였다.

신경 언어학 연구는 전형적인 학제 간 연구로서 언어학, 언어 병리학, 철학, 심리학, 인지 과학, 신경 과학, 신경 생리학, 신경 해부학, 컴퓨터 공학과 같은 다양한 학문의 방법론과 이론을 활용한다. 신경 언어학 연구들은 심리 언어학과 이론 언어학의 모델 을 활용하여 두뇌가 언어를 산출하고 지각하는 데 필요한 과정들을 어떻게 구현할 수 있는지를 설명하는 데 초점을 맞추고 있다. 따라서 신경 언어학자들은 실어증학, 뇌 영 상 기법, 컴퓨터 시뮬레이션 등을 토대로 언어학 혹은 심리 언어학 이론을 검증한다.

신경 언어학의 중심 주제는 다음과 같다.

첫째, 신경 언어학은 뇌의 어떤 부위가 언어 발화 등 언어의 여러 양상을 처리하는지 에 관심이 있다. 또한 베르니케 영역(Wernicke's area)과 같은 하나의 부위가 특정 언어 정보를 처리하는 데 사용되는지 아니면 뇌의 여러 다른 영역들이 언어 처리 과정에 함 께 상호작용하는지를 알아내고자 한다.

둘째, 모어 습득 연구는 모든 유아가 유사한 언어 습득 단계를 거친다는 것을 이미 밝혀 왔다. 따라서 신경 언어학 연구는 유아의 언어 습득 단계와 뇌 발달 단계 간에 상 관관계가 있는지를 탐구한다. 이와 더불어 성인들이 제2 언어를 학습하는 동안 뇌가 물 리적으로 어떤 변화를 겪는지를 규명하는 데에도 관심이 있다.

셋째, 브로카 실어증(Broca's aphasia), 베르니케 실어증(Wernicke's aphasia), 난독증 환자의 경우에서와 같이 뇌 손상 이후 언어 기능에 생기는 변화를 연구한다. 이를 통해 그러한 뇌 손상과 뇌의 물리적인 특징의 상관성도 밝혀내고자 시도한다.

넷째, 두뇌의 언어 처리 과정을 측정하고 시각화하는 다양한 방법을 연구한다. 우선 뇌에서 발생하는 전기적 반응을 측정하는 뇌파 측정 기법(electroencephalogram: EEG) 을 이용한다. 이 기법은 천분의 1초 단위로 뇌의 반응을 측정할 수 있어서 시간 흐름에 따른 언어 처리 순서와 방식을 연구하는 데 효과적이다. 그리고 뇌 신경의 활동과 관련된 혈류 반응을 측정하는 기능적 자기 공명 영상 기법(functional magnetic resonance imaging: fMRI)과 같은 뇌 영상 기법을 활용한다. 이 기법은 언어 처리가 진행되는 뇌의 부위를 비교적 정확하게 알아낼 수 있게 해 주기 때문에 언어 처리를 담당하는 뇌의 위치를 파악하는 실험에 활용하고 있다.

신경 언어학의 향후 발전 방향은 다음과 같다.

우선 새로운 뇌 영상 기법을 활용한 연구가 활발해질 것으로 전망된다. 뇌파 측정 기법과 기능적 자기 공명 영상 기법의 장점만을 취하는 EEG-fMRI 동시 측정 기법과 자기 뇌도 측정법(magnetoencephalography: MEG)을 활용한 신경 언어학 실험은 언어 처리의 신경 체제를 보다 정확하게 밝혀낼 것이다. 그리고 현재 상당한 차이를 보이고 있는 언어학 이론과 신경 언어학 이론을 통합하는 가설을 발전시키려는 시도들이 늘어날 것이다. 그러한 시도의 일환으로 명사구 등의 통사적 범주와 동사 등의 어휘 범주가 특정한 뇌의 영역을 뛰어넘어 어떠한 뇌 신경들과 연관되는지를 연구하여 그 두 이론을 중재하는 모형을 제시할 것이다. 또한 인간의 고유한 언어 능력을 입증하는 '언어 유전자'를 찾아내려는 지속적인 노력이 언어의 신경 생물학적 모형을 확립하는 데 기여할 것으로 예상된다. 마지막으로 언어를 뇌의 기능과 관련하여 생각하는 방식이 기존의 디지털 전산 인공 언어에서 체화된 인지(embodied cognition)로 빠르게 전환되고 있으며 이러한 추세가 더욱 확산될 것이다. 체화된 인지란 언어를 포함한 모든 인지적인 과정이 인지 행위 주체가 주변 환경과 상호작용하는 가운데 대뇌의 감각 운동 피질(sensorimotor cortex)의 활동 결과로 생겨난다고 주장하는 이론이다. 이런 개념적인 전환이 거울 신경(mirror neuron)과 같은 최근의 신경 생리학적인 발견과 더불어 인지적인 기술과 언어 능력들이 본질적으로 상호 연관되어 있다고 보는 신경 심리학의 통찰에 따라 촉발되었다.

신경 언어학적 연구는 모어와 제2 언어 학습에 관여하는 신경 기제를 보다 직접적으로 밝히는 데 효과적이라는 점을 고려할 때 신경 언어학 분야의 연구 결과물은 한국어 교육에 다양한 방식으로 적용될 수 있다. 〈박해일〉

[참고문헌]
• Ahlsen, E. (2006), *Introduction to neurolinguistics*, John Benjamins Publishing Company.
• Ingram, J. C. L. (2007), *Neurolinguistics: An introduction to spoken language processing and its disorders*, Cambridge University Press.

1.8. 담화

담화(談話, discourse)는 사회적 활동으로서의 언어 사용이자 지식의 한 형태이다.

담화의 기본 조건이 상호적이고 사회적이어야 한다는 것은 담화의 번역어인 'discourse'의 어원에서도 확인할 수 있다. discourse의 어원인 프랑스 어 'discours'는 '이리저리 돌아다니다.'라는 뜻의 라틴어 'discurreve'나 '둘로 갈라지다, 무엇을 전달하다.'라는 뜻의 'discursus'에서 파생한 단어이다. 19세기에 퍼스(C. S. Peirce)와 미드(H. Mead)는 언어 공동체와 의미 지평 사이의 관계를 뜻하는 '담화 우주(universe of discourse)'라는 개념을 처음으로 사용하였다. 1950년대에 미국 구조주의에서 사용한 담화의 개념은 오늘날의 텍스트 개념과 다르지 않다. 1960년대부터는 담화 개념이 언어권마다 일상적으로 달리 사용되고 있다. 영어권에서는 대화나 환담으로서 문장 상위의 언어적 현상들을 지칭하지만, 프랑스어권에서는 현학적 화술로서 복합적인 지식 체계의 생산과 사회적 담론의 기능을 담고 있다. 한국어 번역어인 '담론'도 이런 의미를 따른다. 독일에서는 공적인 논의 주제, 독특한 논증 연속체 또는 특정한 정치적 입장이란 뜻을 담고 있다.

학술적으로 담화는 대략 세 가지 의미로 사용된다. 첫 번째 사회의 실천적 상황에서 담화를 사회적 활동이자 상호작용으로 보는 의미이다. 이런 의미는 언어학에서 지배적이며 언어의 대인적 기능과 장르 개념에 연결된다. 할리데이(M. A. K. Halliday)의 체계 기능 언어학에 기초한 비판적 담화 분석이 대표적이다. 두 번째는 푸코(M. Foucault)가 《지식의 고고학(*L'archéologie du savoir*)》에서 제시한 의미이다. 그는 담화를 사회적 현실의 구성체로 이해한다. 이는 담화가 사회와 현상을 특정한 관점과 방식으로 기술하고 권력 기능을 행사하는 제도 특유의 언어 사용 양태에 주목한다는 뜻이다. 푸코의 이론에 기초한 지식 사회학적 담화 분석이 대표이다. 첫 번째 의미는 상호 텍스트성에 기댄 텍스트들 간의 관계 망에도 주목한다. 그러나 여전히 담화의 역사성보다는 구조주의의 공시적 상호작용 관계 분석에 집중한다. 반면에 두 번째 의미는 주로 담화의 역사성과 현재성의 상호작용적 과정을 연구한다. 그래서 담화는 개념들의 상호 텍스트적 망상(網狀) 조직을 넘어선다. 마지막으로 세 번째는 하버마스(J. Habermas)가 설정한 커뮤니케이션 윤리학적 담화 개념이다. 그는 《의사소통 행위 이론(*Theorie des kommunikativen Handelns*)》에서 각종 논쟁이나 토론을 담화로 보는 언론학적 담화 개념과 칸트의 철학과 영미권의 화행 이론을 접목시켜 이와 같은 개념을 설정했다. 그의 담화 개념은 문제의 진리 또는 타당성 요구를 밝히려는 분리 작업이다. 진술의 진리나 한 공동체에서 행위의 정당한 요구가 논란이 될 때 새로운 합의 도출을 위해 담화가 필요하다는 것이다. 진리는 주어진 것이 아니라 공동체의 합의에 의해 구성되는 것이기 때문이다.

최근의 연구에서는 푸코의 담화 개념을 집단적, 사회적으로 계층화된 지식을 가리키는 언표들의 형성 체계로 보고 사회적 층위에서 상호 텍스트적 관계에 주목하는 비판적 담화 분석(critical discourse analysis)과 텍스트의 구조, 기능, 관계에 집중하는 텍스트 언어학(text linguistics)을 접목시켜 사회 속의 텍스트의 미시적 층위와 거시적 층위를 통합적으로 연구하는 담화 언어학을 설정하고 있다.

비판적 담화 분석에서부터 굽타(A. Gupta)의 프레임 의미론을 넘어 말뭉치 기반 담화 분석에 이르는 담화 이론은 광의의 담화 또는 거시 텍스트 현상에 접근할 수 있는 다양한 방법을 제공한다. 이러한 점에서 학교 담화, 매체 담화 등을 중심으로 사회 문화적인 문제들을 분석하는 것은 한국어교육에 적용할 만하다.　　　　〈이성만〉

= 구조 언어학

[참고문헌]
• Fairclough, N. (2003), *Analysing discourse*, 김지홍 역, 2012, 담화 분석 방법: 사회 조사 연구를 위한 텍스트 분석, 경진.
• Foucault, M. (1969), *L'archéologie du savoir*, 이정우 역, 2000, 지식의 고고학, 민음사.
• Habermas, J. (1981), *Theorie des kommunikativen Handelns*, 장춘익 역, 2006, 의사소통 행위 이론, 나남.
• Halliday, M. A. K. (1994), *An introduction to functional grammar*, Arnold.
• Spitzmüller, J. & Warnke, I. H. (2011), *Diskurslinguistik: Eine Einführung in Theorien und Methoden der Transtextuellen Sprachanalyse*, Walter de Gruyter.

■ 담화 분석

담화 분석(談話分析, discourse analysis)은 대화 분석 연구의 여러 갈래 가운데에서 이론적이고 연역법적인 연구 방법론을 사용하는 모든 대화 분석 연구의 분파를 지칭하는 용어이다.

이 용어의 영어 번역인 'discourse analysis'는 연역법적인 대화 분석을 뜻하기도 하지만 텍스트 언어학의 대안적 용어로 사용되기도 한다.

담화 분석은 주로 유럽의 화용 언어학적인 전통에 기초한다. 대표적인 유럽의 담화 분석 연구로는 독일 뮌스터대학교(University of Münster)의 훈츠누르셔(F. Hundsnurscher), 바이간트(E. Weigand), 프랑케(W. Franke) 등이 중심이 되었던 대화 문법론, 에일리히와 레바인(K. Ehlich & J. Rehbein) 등이 중심이 되었던 독일의 담화 분석론(Diskursanalyse), 영국 버밍엄대학교(Birmingham university)의 싱클레어와 쿨사드(J. Sinclair & M. Coulthard), 스텁스(M. Stubbs) 등이 중심이 되었던 영국의 담화 분석론(discourse analysis), 스위스 제네바대학교(University of Geneva)의 뫼쉴러(J. Moeschler), 에그너(I. Egner) 등이 중심이 되었던 제네바 대화 분석 학파 등이 있다. 담화 분석의 이러한 여러 분파들은 화행론과 언어학적 이론을 기반으로 하는 연역법적 방법론을 사용한다는 데에 공통점이 있을 뿐 그 외의 방법론과 연구 대상 등에서는 큰 차이를 보인다.

귀납법적 대화 분석 연구(conversation analysis)가 주로 사회학적인 전통에 뿌리를 두고 있다면, 연역법적 대화 분석 연구인 담화 분석은 철학의 화행론, 언어학의 변형 생성 문법과 구어 연구, 텍스트 언어학의 전통에 뿌리를 두고 있다. 대화 분석 연구가 아무런 전제 지식 없이 오로지 실제의 대화 자료를 분석하는 것과는 달리, 담화 분석은 분석할 대화에 대한 지식을 분석자가 최대한 가지고 있을 것을 요구한다. 그 이유는 대화 분석과 담화 분석의 연구 대상이 각각 다르기 때문이다. 대화 분석의 연구 대상은 주로 대화의 특정 부분에서 나타나는 객관적으로 관찰 가능한 형태적인 측면이고, 담화 분석의 연구 대상은 전체 대화와 대화의 진행 과정에서 발현되는 기능과 관련이 있다. 대화 분석은 대화의 현상을 대상화할 뿐 대화의 현상에 대한 표준화를 지향하지 않는 데 반해, 담화 분석은 대화에 대한 이상적 모델을 구축하는 것을 목적으로 한다. 대화의 이상적 구조와 진행 과정을 재구성한 모형을 대화 문법론에서는 대화 원형이라고 부른다.

대화 문법론에서는 담화 분석이 세 개의 차원으로 이루어진다고 본다. 첫째는 인식적-방법론적 차원으로 이상적 대화 원형을 재구성하는 것이다. 둘째는 경험적-기술적 차원으로 특정한 대화 유형이 여러 형태로 실현된 실제 대화를 분석하고 그 결과를 인식적-방법론적 차원에서 재구성된 이상적 대화 원형에 대비시키는 것이다. 셋째는 이론적-설명적 차원으로 대화 원형이 특정한 의사소통 상황에서 그의 이상적 형태와는 다르게 실현되었을 때 그 이유와 조건을 밝히는 것이다. 〈박용익〉

→ 화행

[참고문헌]
• 박용익(2001), 대화 분석론, 역락.
• Brinker, K. E. & Sager, S. F. (1989), *Linguistische Gesprächsanalyse: Eine Einführung*, 진정근 역, 2009, 대화 분석의 이해, 백산서당.
• Sinclair, J. McH. & Coulthard, R. M. (1975), *Towards an analysis of discourse: The English used by teachers and pupils*, Oxford University Press.

☐ 대화 이동

대화 이동(對話移動, move)은 의사소통의 최소 단위인 대화 이동 연속체를 구성하는 기능적 구성 요소로서, 기능 단계 및 대화 이동 연속체와 더불어서 대화 분석 연구의 핵심적인 연구 대상이다.

대화 이동은 연구자에 따라서 대화 행보, 말 차례(turn), 발화 기여와 같은 대화의 형태적 요소를 가리키는 용어와 구별 없이 쓰기도 한다. 또한 대화 이동의 구성단위인 화행과도 구별 없이 사용되는 경우도 많다. 하지만 대화 이동은 화행이나 말 차례와는 구분하여서 사용하는 것이 타당하다.

말 차례가 화자와 청자의 역할 교체로 인해서 청각적 혹은 시각적으로 인지할 수 있는 형태적 특성을 가진 데 반해서, 대화 이동은 형태적으로 인지할 수 없는 단위로서 의사소통 목적에 도달하는 과정에서 발현되는 과정, 즉 기능의 역동성을 내포하고 있다.

(1) 화자 1: ㄱ. 실례합니다.

　　　　　ㄴ. 길을 잘 몰라서 그런데요.

ㄷ. 명동성당으로는 어떻게 가야 합니까?
(2) 화자 2: ㄱ. 오른쪽으로 돌아서 한 100미터 쯤 가다가 다시 오른쪽으로 가시면 됩니다.
ㄴ. 제가 일러드린 대로 가시면 쉽게 찾을 수 있습니다.
ㄷ. 거기는 무슨 일로 가세요?

위의 예에서 화자 1이 수행한 발화의 총체 (1)과 화자 2가 행한 발화의 총체 (2)는 각각 말 차례에 해당한다. 말차례 (1)과 (2)는 화자 1과 화자 2의 화자와 청자의 역할 바뀜, 즉 말 차례 교체에 의해서 구분된다. 반면에 화자 1의 질문 (1ㄱ)~(1ㄷ)과 그에 대한 화자 2의 대답 (2ㄱ)~(2ㄷ)은 대화 이동에 해당한다. (2ㄷ)은 화자 2가 수행한 또 다른 대화 이동으로서 새로운 대화 이동 연속체를 시작하는 첫 번째 대화 이동이다. 즉 (1)에서 (2ㄴ)까지 하나의 대화 이동 연속체가 수행되고 종료되는 것이고, (2ㄷ)에서 새로운 대화 이동 연속체가 시작되는 것이다. 이는 하나의 말 차례에서 두 개의 대화 이동이 수행될 수 있음을 의미하는 것이기도 하다.

한편 화행과 대화 이동의 차이 역시 위의 예에서 볼 수 있다. 화자 1의 대화 이동 '질문'은 여러 개의 발화로 이루어져 있지만 이를 모두 합쳐서 질문의 대화 이동이라고 할 수 있고 이를 구성하는 세 개의 발화는 화행이라고 할 수 있다. 예를 들면 (1ㄱ)은 사과의 화행이고, (1ㄴ)은 정보 제공의 화행이며, (1ㄷ)은 질문의 화행이다. 화행과 화행 사이에는 다양한 기능적·의미론적 관계가 있다. (1ㄷ)의 화행은 질문으로서 대화 이동 (1)의 전체적인 기능인 질문을 대표하고 (1ㄱ), (1ㄴ)은 전체적인 의사소통 목적인 질문이 성공적으로 이루어질 수 있는 보조적인 기능을 한다. 예를 들면 (1ㄱ)은 상대방에게 질문을 하여 불편을 끼치는 데 대한 미안함을 표시하고 상대방의 기분을 좋게 함으로써 자신의 의사소통 목적인 대답을 얻는 데 유리하게 하고자 하는 목적이 있다. (1ㄴ)의 정보 제공 화행은 질문 화행을 하는 이유를 제시함으로써 자신의 질문 행위를 정당화하는 기능을 발현한다. 이를 통해서 질문자는 상대자의 대답을 보다 잘 이끌어낼 수 있도록 하는 것이다. 〈박용익〉

→ 화행

[참고문헌]
• 박용익(2001), 대화 분석론, 역락.

☐ 담화 표지

담화 표지(談話標識, discourse marker)는 발화의 명제 내용에 영향을 미치지 않으면서 발화를 연결하거나 화자의 태도를 표시하거나 담화 구조를 표시하는 등 일정한 담화상의 기능을 수행하는 언어 요소이다.

담화 표지는 1988년 쉬프린(D. Shiffrin) 이후 한국에서도 한국어를 대상으로 본격적으로 연구되면서 그 형태와 기능이 밝혀지고 있다.

담화 표지는 기능에 따라 대체로 다음과 같이 분류할 수 있다. 첫째, '있잖아, 다름 아니라, 그건 그렇고, 아무튼'과 같이 화제를 제시하거나 전환 혹은 마무리하는 담화 표지가 있다. 둘째, '아니, 글쎄, 자, 뭐, 그래가지고 말이야'와 같이 화자가 자신의 말을 강조 또는 약화하거나 말할 시간을 벌고 청자의 주의를 집중시키는 데 사용하는 담화 표지가 있다. 셋째, '솔직히, 사실은'과 같이 화자가 발화 내용에 대한 자신의 태도를 표시하는 데에 사용되는 담화 표지가 있다. 넷째, '이제부터, 오늘은, 이번 시간에는' 등과 같이 담화의 구조를 표시하는 것으로 화제를 알리는 기능을 하는 담화 표지가 있다. 마지막으로 '중요한 것은, 강조하면' 등과 같이 내용을 강조하는 담화 표지와 '요약하면, 지금까지' 등과 같이 내용을 정리하는 담화 표지가 있다.

담화 표지의 형태는 독립언이나 부사절 등 어휘나 구절의 다양한 언어 형식으로 나타난다. 대부분 고정된 형식으로 나타나는 경향이 있으며 일부 담화 표지에서는 제한적인 활용이 나타나기도 한다. 통사적으로는 문장에서 나타나는 위치가 자유롭고 다른 문장 성분들로부터 독립적이다. 문장의 다른 성분들과 연결되지 않으므로 추가하거나 생략해도 문장의 기본 형식 및 의미에는 영향을 미치지 않는다.

담화 표지는 전통적으로 군말, 입버릇, 덧말, 부가어, 담화 불변화사, 환투사, 간투사 등의 용어로 불리어 왔으며, 이를 사용하는 것은 발화를 유창하게 하지 못하는 것으로 여겨져 언어 교육에서 피해야 하는 부정적인 대상으로 간주해 왔다. 그러나 담화 표지가 담화에서 일정한 기능을 한다는 점이 밝혀지면서 한국어 학습자의 의사소통 능력을 높이는 데에 기여하는 긍정적인 요소로 재조명되고 있다. 따라서 한국어교육 현장에서 학습자들이 담화 표지를 적절하게 사용할 수 있도록 가르쳐야 한다고 여겨진다. 〈김봉순〉

[참고문헌]
• 김순자·이필영(2005), 담화 표지의 습득과 발달, 국어교육 118, 한국어교육학회, 149~180쪽.
• 안주호(2009), 한국어교육에서의 담화 표지 위계화 방안, 한국어교육 20-3, 국제한국어교육학회, 135~159쪽.
• Schiffrin, D. (1988), *Discourse markers*, Cambridge University Press.

❏ 비판적 담화 분석

비판적 담화 분석(批判的談話分析, critical discourse analysis)은 구어나 문어 담화를 사회적 실천의 형태로 이해하는 것이다.

비판적 담화 분석의 연구 과제는 언어적 수단과 구체적 담화 실천 간의 관계 그리고 담화적 실천과 정치적, 사회적, 제도적 실천 간의 상호작용을 규명하는 것이다. 중심 연구 대상은 '담화 위의 권력'과 '담화 속의 권력'이다.

언어학적 담화 분석의 뿌리는 미국의 구조주의이다. 여기서 담화는 텍스트, 즉 문장을 초월한 구조라고 할 수 있는 것만을 가리킨다. 사회학적 담화 분석에 영향을 끼친 것은 1950~1960년대의 프랑스 구조주의와 후기 구조주의이다. 이들의 발단은 소쉬르(F. Saussure)의 언어 이론과 레비-스트로스(C. Levi-Strauss)의 민족 사회학적, 문화 인류학적 문제 설정을 재수용하여 현상들의 구성 관계와 개념들의 탄생사를 묻는 질문들이다. 비판적 담화 분석의 토대는 푸코(M. Foucault)의 업적들이다. 《말과 사물(Les mots et les choses)》에서 그는 인류 역사에서 지식의 질서 또는 일반 인식 구조를 구분한다. 푸코는 담화 분석의 창시자이기는 하지만 확실한 이론 체계를 남기지는 않았다. 푸코의 담화 분석의 핵심은 담화를 생성하는 규칙 체계뿐 아니라 담화가 실현되는 사회적 틀이나 사회·문화적 기반과 매체적 기반이다. 1980년대 중반부터 영국의 언어학자 페어클러프(N. Fairclough)는 권력 관계가 텍스트의 내용과 구조에 미치는 영향을 연구하면서 비판적 담화 분석의 틀을 구축한다. 또한 판 데이크(T. A. van Dijk)는 언어학적 담화 분석을 통해 다양한 맥락에서 의사소통 과정 분석에 집중한다. 부세와 토이베르트(D. Busse & W. Teubert)의 말뭉치 언어학적-역사적 담화 분석은 역사학과 언어학의 접점이다. 이러한 담화 분석의 주된 관심은 언어의 탄생과 발전을 묻는 언어사가 아니라 1970년대 페쇠(M. Pecheux)가 말뭉치에 기초하여 분석하는 개념의 역사에 있다. 말뭉치 기반 담화 연구는 연구 자료를 컴퓨터에 기대어 평가함으로써 무한한 자료 집합들을 분석할 수 있는 가능성을 열어 놓는다는 특징이 있다. 바른케와 슈피츠뮐러(I. H. Warnke & J. Spitzmüller)는 텍스트 언어학과 사회 언어학의 시각을 확장하여 푸코 이후의 언어학적 담화 분석의 주제와 경향들을 담화 언어학으로 통합하였다. 그리고 이를 통해 텍스트 언어학의 관심 분야를 확장할 수 있는 담화 언어학적 접근법과 방법론을 제안한다. 〈이성만〉

[참고문헌]
• Busse, D. & Teubert, W. (1994), Ist Diskurs ein sprachwissenschaftliches Objekt?: Zur Methodenfrage der historischen Semantik, In D. Busse. et al. (Eds.), *Begriffsgeschichte und Diskursgeschichte*, pp. 10~28, Westdeutscher.
• Fairclough, N. (1995), *Critical discourse analysis: The critical study of language*, Longman.
• van Dijk, T. A. (1997), *Discourse as social interaction*, SAGE Publications.
• Wanrke, I. H. & Spitzmüller, J. (2008), *Methoden der Diskurslinguistik: Sprachwissenschaftliche Zugänge zur transtextuellen Ebene*, Walter de Gruyter.

■ 담화 유형

담화 유형(談話類型, discourse type)은 담화라는 용어를 구어로 이루어진 언어 행위 또는 구어체의 말로 이해할 때 그러한 언어 행위나 말의 유형을 의미한다.

담화 유형은 대화적 행위에 대한 사회학, 사회 심리학, 담화 분석, 텍스트 분석 등 다른 범위의 학문 분야나 연구 전통으로부터 새로 생겨난 대화 연구의 결과들을 참조하여 몇 가지를 제시할 수 있겠으나 아직 닫힌 집합의 목록을 거론할 수 있는 단계는 아니다. 다만 가장 일관되게 현상으로서의 대화 자체에 초점을 맞추고 이를 탐구한 방법론은 색스(H. Sacks)가 가핑켈(H. Garfinkel)의 민속 방법론의 착상을 수용하여 개발한 대화 분석의 연구 전통으로, 이 방법론은 사회학뿐 아니라 인류학, 교육학, 화용론 등 다른 연구 분야들의 경험적 연구에 큰 영향을 미치고 있다. 따라서 이러한 방법론에서 연구되고 있는 담화 유형들을 우선적으로 참조할 수 있다.

상호작용적 대화의 모든 종류에는 세 가지 기본적 차원이 있으므로 담화 유형은 각 차원에 따라 분류할 수 있다.

첫째는 대화의 양식(channel), 즉 그 대화가 시각적 상황에서 이루어지는 것인지 아니면 시청각적 혹은 다지각적 상황에서 이루어지는 것인지와 같은 전달 매체와 관련된 차원이다. 청각적인 측면만을 분리시키면 시각 장애인 사이의 대화, 어둠 속 대화, 전화 대화 등이 연구될 수 있고, 시각적 측면이 포함된 대화라면 몸짓, 표정 등 시각적 단서의 기능에 대한 연구가 아울러 필요하다. 이러한 차원은 방송 매체의 확산과 함께 라디오 대화, TV 대화 등에 대한 연구로 발전했고 1990년대에는 이메일, 채팅 등 컴퓨터 중재 의사소통의 등장에 따라 순수 시각적 방식이 대화의 개념 속에 포함되기에 이르렀다. 수화는 시각과 촉각이 혼합된 또 다른 양식의 일례가 된다.

둘째는 대화가 양자(兩者)적인 것인지 아니면 다자(多者)적인 것인지와 관련된 차원이다. 양자 대화는 차례 배당 방식에서 다자적인 경우와 확연히 구별된다. 양자 대화에서는 청자가 항상 다음 말 차례 계승자가 되며 그 순환 패턴은 ABAB 방식이다. 또한 누가 다음 화자가 되는가보다는 언제 화자 교체가 일어나는가가 주요 관심사가 된다. 반면 다자 대화는 차례 배당이 중요하며 그 방식이 고도로 맥락 의존적이며 복합적인 규칙을 따르는 경향이 있다. 화자는 스스로 선택하여 될 수도 있고, 차례를 훔치거나 직전 화자가 응시, 호명해서 또는 화제 선택의 방식으로 지명해서 될 수도 있다. 다자 대화에서는 참여자들이 팀을 이루기 위해서 다른 사람들과 제휴할 수도 있으며, 대화자가 많으면 둘 또는 그 이상의 별도의 대화로 분할되기도 한다.

셋째는 대화가 일상적인 것인가 아니면 제도적인 것인가의 차원이다. 일상적 대화는 통상적으로 인식할 수 있는 국면이 없고 차례 가지기와 관련된 국부적인 규칙 외에는 화자들을 인도할 수 있는 형식적 절차가 없다. 반면 제도적 대화는 규칙으로서 전체적 구조를 가지고 국면으로 조직화되며 그 국면에는 인식할 수 있는 시작이나 끝이 있고 대화자들 또는 그들 중 적어도 한 사람은 그 대화로부터 기대하는 것이나 다루어질 화제가 무엇인지를 안다. 또한 제도적 대화에서는 전형적으로 참여자들에게 서로 다른 권리와 책임이 있어서 그들의 제도적 역할이 각자의 담화 정체성과 관련되어 있을 개연성이 높다. 예를 들어 대담에서는 질문을 제시하는 것이 대담자의 권리이자 의무이고 피대담자에게는 그에 대답할 의무가 지워진다. 따라서 제도적 대화에서는 흔히 참여자들 사이에 비대칭성이 존재한다. 제도적 대화에서는 일상 대화에서 사용되는 표현이 다른 방식으로 사용되는 경우도 흔하다. 예를 들면 진찰 담화에서는 '오늘 어떠세요?'라는 말이 일상적 인사로 이해되기보다 환자의 증세에 대한 의사의 문진의 일환으로 이해될 수 있다. 제도적 대화의 유형으로는 법정 상호작용, 경찰 취조, 신문 대담, 진로 상담, 의료 상호작용, 집중 치료 대화, 교실 상호작용 등 다양한 유형이 연구된 바 있다.

담화 유형은 의사소통 장르라고 부를 수도 있을 것인데, 어떤 것은 언어학적으로 특성이 기술되기 쉽고 특정 맥락에만 밀접하게 관련된 반면 어떤 것은 다른 담화 유형에도 두루 적용될 수 있다.

중등 국어교육의 화법 교육 교과 과정에서는 국어의 담화 유형으로 대화, 면접, 토의, 토론, 협상, 발표, 연설 등의 7가지를 설정하고 그 범주적 특성을 기술하여 교육하고 있으므로 이와 관련된 교수 자료들을 한국어교육에도 적용할 만하다. 〈박철우〉

[참고문헌]
• 임칠성(2008), 화법 교육과정의 '담화 유형'에 대한 범주적 접근, 화법연구 12, 한국화법학회, 149~188쪽.
• Hakulinen, A. (2009), Conversation types, In S. D'hondt., J.-O. Östman & J. Verschueren. (Eds.), *The pragmatics of interaction*, John Benjamins Publishing Company.
• Sacks, H., Schegloff, E. & Jefferson, G. (1974), A simplest systematics for the organization of turn-taking for conversation, *Language 50-4*, pp. 696~735.

■ 대화 분석

대화 분석(對話分析, conversation analysis)은 실제로 수행된 대화를 녹취하고 전사한 자료를 바탕으로 보통의 화자들이 의식하고 있지 않은 대화의 심층적 구성 원리와 구조를 기술하고 재구성하여 가시화하는 것을 목적으로 하는 언어 의사소통 연구를 의미한다.

대화 분석은 대화를 대상으로 하는 모든 언어학적 대화 분석 연구를 총칭하는 용어로 사용되기도 하고, 대화 분석 연구 가운데 경험주의적이고 귀납법적인 방법론을 사용하는 대화 분석 연구의 한 분파인 CA(conversation analysis)를 지칭하는 용어로 사용되기도 한다.

한국의 언어학계에서 대화 분석은 연역법적 연구 방법론을 사용하는 담화 분석(discourse analysis)과 대비되는 귀납법적 대화 분석(CA)을 지칭하는 용어로 주로 사용된다. 초기의 CA는 사회학적 연구로 주로 민족지학적 방법론에 기반한 대화 분석론을 말하는 것이었으나, 후에 언어학으로 CA가 유입되면서 매우 다양한 분파로 발전하게 된다. 그렇기 때문에 CA라는 명칭을 사용하는 대화 분석 연구라고 하더라도 모두 동일한 연구인 것은 아니다.

대화 분석은 대화의 표층 구조가 구성 원칙과 체계가 없는 발화의 혼합체인 것처럼 보이지만 그 현상의 이면에는 대화의 정연한 구성 원리와 체계가 숨겨져 있다는 인식에서 출발한다.

민족지학적 대화 분석은 1960년대 중반에 고프만(E. Goffman)의 제자이며 가핑켈(H. Garfinkel)의 동료였던 색스(H. Sacks)로부터 시작되었고 색스와 쉐글로프(E. Schegloff), 제퍼슨(G. Jefferson) 및 고프만과 가핑켈의 제자들이 중심이 되는 연구의 한 분파이다. 민족지학적 대화 분석의 목적은 자연적 상호작용을 경험적으로 분석함으로써 상호작용을 구성하는 개개의 행위를 규명하는 것이다. 또한 이 행위가 수행되는 여러 실제적 상황이 각각 의미를 지니도록 조직하고 배열하여서 체계와 질서의 형태를 갖추게 하는 의사소통의 원칙과 장치를 찾아내는 것이다.

대화 분석의 방법론은 귀납적이어서 철저하게 경험적이며 대상을 연구하기 이전에 그와 관련된 이론을 설정하거나 모형을 미리 상정하는 것을 회피한다. 연구 대상인 대화 혹은 상호작용에 대한 이론이나 그에 대한 모형 등은 실제적이고 경험적인 분석을 통해서만 설정한다. 그러므로 대화 분석적 연구를 위해서는 꾸민 대화나 상상을 통해서 만들어진 이상적인 대화가 아니라 자연적인 의사소통 상황에서 실제로 수행된 대화를 확보하는 것이 무엇보다도 중요하다.

대화 분석의 연구 대상은 다양하지만 그중에서 가장 중요하게 다루어지는 것은 대화의 국지적 구성과 관련되는 말 차례 교체(turn taking)와 인접쌍(adjacency pair), 선호 반응(preference) 그리고 대화의 전체적 구성의 한 양상인 수정(repair) 등을 들 수 있다. 초기의 대화 분석 연구에서는 자연 발생적이고 계획하지 않은 의사소통만을 대화로 규정하고 연구 대상으로 삼았다. 하지만 이후의 대화 분석 연구에서는 제도에서 이루어지는 대화(institutional talk)도 연구 대상이 되었다.

대화 분석은 본래 언어적 단위나 구조를 밝히는 언어학적 연구라기보다는 상호작용의 조건, 구조, 과정 등을 재구성하는 데 중점을 두는 사회학적 연구라고 볼 수 있다. 이 연구가 시작된 미국에서는 민족지학적 대화 분석이 사회학의 테두리를 벗어나지 못한 채 별다른 영향력을 미치지 못하였다. 그러나 대화 분석은 언어학에 적극 수용되면서부터 지속적으로 발전하여 언어 화용론의 한 분야인 대화 분석론의 발전에 많은 영향을 끼쳤다. 또한 대화 분석이 언어학에 수용되면서 사회학적인 연구의 대상인 상호작용의 과정과 구조의 연구 이외에도 언어와 관련된 문제들이 연구의 대상으로 점점 더 많은 관심을 받게 되었다. 대화 분석이 대화 분석론의 발전에 기여한 가장 큰 공적은 무엇보다도 언어생활의 원초적 형태인 대화의 구성에 필요한 기본 원칙과 장치 등을 밝혀냈다는 것과 대화 분석에 필요한 기본 개념의 규정과 분석 범주의 설정을 통해서 1970년대 이후에 활발히 진행된 여러 대화 분석론의 발전에 큰 영향을 끼친 것이다. 〈박용익〉

[참고문헌]
• 박용익(2001), 대화 분석론, 역락.
• Deppermann, A. (2001), *Gespräche analysieren*, 박용익 역, 2002, 회화 분석론, 역락.

- Sidnell, J. & Stivers, T. (Eds.) (2012), *The handbook of conversation analysis*, Blackwell.

❏ 인접쌍

인접쌍(隣接雙, adjacency pair)은 대화 분석에서 다루는 주요 연구 대상 중의 하나로서 질문-대답이나 비난-사과와 같이 화자 두 명의 말 차례 교체에 따라 이루어지는 대화의 쌍을 말한다.

인접쌍을 구성하는 두 개의 말 차례(turn)는 형태적으로 직접적으로 맞닿아 있는 경우가 많고 내용적으로도 서로 직접적으로 관련이 있어야 한다. 예를 들어 첫 번째 말 차례에서 '인사'라는 유형 A가 나오면 다음 말 차례에는 '인사 받기'라는 특정한 반응의 유형 B가 나타날 것을 기대한다. 인접쌍을 구성하는 두 번째 말 차례의 유형은 첫 번째 말 차례의 유형에 따라 규정되는데 인접쌍을 구성하는 첫 번째 말 차례와 두 번째 말 차례의 관계를 조건적 관여성(conditional relevance)이라고 한다. 예를 들어 질문은 대답이 존재한다는 전제하에서만 질문으로서 인정받을 수 있고 또한 대답도 질문을 통해서만이 대답으로서 존재할 수 있는데 이러한 관계가 조건적 관여성이다.

쉐글로프와 색스(E. Schegloff & H. Sacks)는 인접쌍의 특징으로 서로 맞닿아 있고, 두 명 이상의 각각 다른 화자의 발화로 구성되며, 두 번째 부분이 첫 번째 부분을 따르는 순서로 구성되는 것 등을 꼽았다. 인접쌍의 첫 번째 요소가 두 번째 요소에 어떤 행위가 수행되어야 하는지를 규정하는 것도 인접쌍의 특징으로 꼽는다. 제의는 수락이나 거절을, 인사는 인사를 인접쌍의 두 번째 요소로 제한하는 것이 그 예이다.　　〈박용익〉
= 관련쌍, 인접 대구

[참고문헌]
- 박용익(2001), 대화 분석론, 역락.
- Levinson, S. C. (1983), *Pragmatics*, 이익환·권경원 역, 1993, 화용론, 한신문화사.
- Sacks, H., Schegloff, E. & Jefferson, G. (1974), A simplest systematics for the organization of turn-taking for conversation, *Language 50-4*, pp. 696~735.
- Schegloff, E. & Sacks, H. (1973), Opening up closings, *Semiotica 8-4*, pp. 289~327.

❏ 말 차례

말 차례(turn)란 대화 참가자 한 명이 자신에게 독점적으로 주어진 발화 기회에서 수행하는 발화의 총체를 말한다.

말 차례는 말 차례 교체(turn taking), 즉 화자와 청자의 역할 바뀜에서 시작되고 또 다른 말 차례 교체에 따라 종결된다. 말 차례는 대화의 연쇄를 구성하는 최소 구성단위라는 의미로 사용되는 경우도 있고, 대화의 연쇄를 구성하는 기능적 단위를 의미하는 대화 이동(move)과 구별하여 대화 연쇄체의 형태적 요소를 지칭하는 개념으로 사용되기도 한다.

말 차례가 대화 분석 연구에서 중요한 이유는 말 차례 교체 때문이다. 말 차례 교체는 대화의 가장 기초적이고 근본적인 자질로서 모든 대화에 보편적으로 나타나는 현상이다. 색스, 쉐글로프와 제퍼슨(H. Sacks, E. Schegloff & G. Jefferson)에 따르면 말 차례 교체와 관련하여 모든 일상생활의 대화에서 공통적으로 관찰할 수 있는 사항들은 다음과 같다.

1. 말 차례 교체가 반복되거나 또는 최소한 한 번은 발생한다.
2. 대개의 경우 하나의 말 차례에서 한 명의 화자만이 이야기한다.
3. 한순간에 두 명 이상이 이야기하는 경우도 자주 나타나기는 하지만 길게 지속되지는 않는다.
4. 하나의 말 차례에서 다음 말 차례로 전이될 때 대개는 틈이 없고 또한 겹치는 경우가 없다.
5. 말 차례의 차례는 정해져 있지 않고 변화한다.
6. 말 차례에서 한 사람이 말할 수 있는 시간의 길이는 정해져 있지 않고 변화한다.
7. 대화의 길이는 미리부터 정해져 있지 않다.
8. 이야기의 주제는 미리 정해져 있지 않다.
9. 말 차례의 상대적 분포는 미리 정해져 있지 않다.
10. 의사소통에 참가하는 화자의 수는 변할 수 있다.
11. 말은 계속될 수도 중단될 수도 있다.
12. 말 차례 지정에 관한 방법은 분명히 존재한다. 현재의 화자가 다음 화자를 선택할 수도 있고 혹은 여타의 대화 참가자가 다음 화자로 자신을 선택할 수도 있다.
13. 말 차례의 구성단위는 다양하다. 즉 말 차례는 낱말 하나로 이루어질 수도 있고 긴 문장으로 이루어질 수도 있다.
14. 말 차례 교체 시의 실수를 다루기 위한 수정 장치가 존재한다.

말 차례 교체는 말 차례 교체를 할 수 있는 적정한 지점, 즉 추이 적정 지점(transiton relevance place: TRP)에서 발생한다. 색스, 쉐글로프와 제퍼슨에 따르면 첫 번째 순서 구조 단위가 끝날 무렵의 첫 번째 추이 적정 지점과 관련하여 말 차례 교체의 규칙은 다음과 같다.

1. 현재의 화자가 다음 화자를 선택하는 경우 선택된 화자는 말할 수 있는 권리와 의무가 있다. 여타의 어떤 사람도 그러한 권리나 의무가 없다. 이때 전이가 일어난다.
2. 현재의 화자가 다음 화자를 선택하지 않는 경우 누구나 스스로를 다음 화자로 선택할 수 있다. 제일 먼저 말을 시작한 사람이 말 차례에 대한 권리를 갖는다. 이때 전이가 일어난다.
3. 현재의 화자가 다음 화자를 선택하지 않고 또한 여타의 사람이 스스로를 선택하지 않는 경우 현재의 화자가 새로운 말 차례로 말을 계속할 수 있다.

3의 경우처럼 현재의 화자가 말을 계속할 때 다음 추이 적정 지점에서부터는 1~3의 규칙이 반복적으로 적용된다.　　　　　　　　　　　　　　　　　　　　　　〈박용익〉

= 발화 순서

[참고문헌]
• Levinson, S. C. (1983), *Pragmatics*, 이익환·권경원 역, 1993, 화용론, 한신문화사.

• Sacks, H., Schegloff, E. & Jefferson, G. (1974), A simplest systematics for the organization of turn-taking for conversation, *Language 50-4*, pp. 696~735.

❏ 청자 발화

청자 발화(聽者發話, back channel behavior)는 말 차례나 대화 이동 혹은 대화 이동 연속체의 범주에 속하지 않는 청자의 발화로서, 화자가 말을 하는 동안 청자가 공식적으로 발화권이 없는 상태에서 수행하는 모든 유형의 의사소통 행위를 지칭한다.

그렇기 때문에 대부분의 청자 발화는 화자의 말과 동시적으로 수행되는 말 겹침 현상으로 나타난다.

말 차례나 대화 이동이 대화의 필수적 구성 요소라면 청자 발화는 대화가 잘 이루어지도록 촉진 작용을 하는 보조적인 요소라고 할 수 있다. 청자 발화에 속하는 것으로는 청자 반응, 즉흥적 해석, 말 차례 교체 요구 등이 있다. 첫 번째 부류의 청자 발화인 청자 반응은 화자의 말에 청자가 주의를 기울이고 있다는 신호를 보내는 행위이다. 상대방의 말을 이해하고 있다는 표시를 하거나 상대방의 말에 동의나 부정을 표시함으로써 대화가 지속적이고 안정적으로 전개되도록 하는 역할을 한다. 여기에 속하는 것으로는 이해와 동의 또는 부정 표시, 문장 종료, 설명 요청, 발화의 일부 반복하기 등이 있다. 두 번째 부류의 청자 발화인 즉흥적 해석은 청자가 대화 상대자의 말이나 말의 내용을 해석하는 것을 말하고, 세 번째 부류의 청자 발화인 말 차례 교체 요구는 적절한 말 차례 교체 시기에 청자가 자신의 말 차례를 가져오려고 하다가 실패하여 대화 상대자나 여타의 대화 참가자가 말하게 되는 것을 말한다.　　　　　　　　　　　〈박용익〉

[참고문헌]
• 박용익(2001), 대화 분석론, 역락.
• Duncan, S. & Fiske, D. W. (1977), *Face-to-face interaction: research, methods, and theory*, Lawrence Erlbaum Associates.
• Henne, H. & Rehbock, H. (1979), *Einführung in die Gesprächsanalyse*, Walter de Gruyter.

❏ 수정

수정(修正, repair)은 의사소통할 때 나타나는 오해 혹은 표현이나 이해의 어려움과 같은 문제를 제거하여 의사소통이 원활하게 진행될 수 있도록 수행하는 대화의 한 부분을 지칭한다.

말 차례 교체와 인접쌍이 대화의 국지적 구성에 관한 것이라면 수정은 보다 범위가 크고 넓은 차원에서 이루어지는 대화의 전국적 구조에 속한다. 수정은 적절한 낱말이나 표현법을 찾지 못하거나 발음이 올바르지 않을 때 또는 언어 표현을 잘못 사용했을 때 나타난다.

1989년 로스트(M. Rost)는 누가 잘못을 지적하고 누가 잘못된 부분을 수정하느냐에 따라서 수정을 모두 네 개의 유형으로 구분하였다. 본인 제기와 본인 수정은 화자가 자신의 잘못을 스스로 깨닫고 그 잘못을 스스로 수정하는 것이며, 타인 제기와 본인 수정은 화자의 잘못을 타자가 지적해 주면 그 잘못을 화자가 스스로 수정하는 것이다. 그리고 본인 제기와 타인 수정은 화자가 자신의 잘못을 인지하고는 있지만 그것을 적절하게 수정하지 않거나 수정하지 못할 때 타인이 화자의 잘못을 수정하는 것이며, 타인 제기와 타인 수정은 화자의 잘못을 타인이 제기하고 수정하는 것이다. 〈박용익〉

= 교정

[참고문헌]
• 박용익(2011), 대화 분석론, 역락.
• Rost, M. (1989), *Sprechstrategien in "freien Konversationen": Eine linguistische Untersuchung zu Interaktionen im zweitsprachlichen Unterricht*, Narr.
• Schegloff, E. (1979), The relevance of repair to syntax-for-conversation, In T. Givon. (Ed.), *Syntax and semantics 12: Discourse and syntax*, Academic Press.

1.9. 텍스트 언어학

텍스트 언어학(text linguistics)은 문장을 넘어서는 언어적 단위의 구성 자질들, 즉 텍스트 내외적 자질들과 텍스트의 의사소통 기능, 의사소통 형태 그리고 분류 맥락을 연구하여 텍스트 이론의 근거를 제시하는 언어학의 한 분야이다.

텍스트 언어학은 1960년대부터 프라하 학파, 문법소론, 텍스트 분석 등의 구조주의적 방안들에서 발전하였는데 이 과정에서 내용 중심 문법, 문체론, 수사학의 연구 방안들도 통합되었다. 그 이전에는 텍스트 현상들이 문체론과 수사학뿐 아니라 문예학에서도 연구되었다.

1970년대부터 연구 논점이 문장 문법에서부터 문장 경계를 넘어서는 문법 현상을 거쳐 전국적 텍스트 구조 분석으로 옮아가면서 텍스트 화용론적 국면과 지식 처리 문제도 중요해졌다. 이에 텍스트 구조와 텍스트에서의 주제 전개를 기술하고 설명하려는 다양한 텍스트 분석 방법들이 개발되었다. 또한 이때부터 텍스트 종류의 유형화 문제도 연구하기 시작하였다. 전통 문체론도 화용론의 영향으로 재조명되면서 텍스트 문체론이라는 새로운 위상을 정립하였다.

1980년대부터 인지 과학적 연구 성과들이 텍스트 언어학에 스며들어 학제적 연구 분야로 확장되면서 텍스트 자체뿐 아니라 텍스트의 생산과 수용적 가공에 관한 지식도 확보하였다. 그리하여 텍스트 언어학적 연구 성과가 언어 교육, 전문어 분석 및 교육 등의 인접 분야에서도 다양하게 활용 가능하게 되었다. 특히 다중 언어 커뮤니케이션과 전문어 번역 교육은 대조 연구와 상호 문화적 연구의 필요성을 인식하는 계기가 되었다.

1990년대 중반부터 디지털 미디어 시대가 본격화하면서 미디어 텍스트 분석과 같은 매체 언어와 문화 담론 영역 외에도 하이퍼텍스트의 언어학적 연구, 상호 텍스트성과 같은 텍스트들 간의 네트워크, 상호 매체성과 같은 매체들 간의 네트워크, 텍스트 현상을 다루는 여타 학문들 간의 네트워크인 학제성도 주목받고 있다.

하이퍼텍스트(hypertext)는 노드(node)와 같은 개별 정보 단위들이 링크(link)에 의해 네트워크 방식으로 연결된, 비선형적으로 조직된 구성체이다. 따라서 하이퍼텍스트를 활용하고 있는 대표적인 공간인 인터넷 웹 문서에서는 종이책처럼 순차적으로 넘기지 않아도 마우스를 클릭함으로써 개별 단위로 설정되어 있는 정보를 찾아 원하는 곳으로 옮겨 가며 계속해서 새로운 맥락을 설정해 나갈 수 있다. 또한 하이퍼텍스트는 본문, 그림, 음성, 영상 등 다양한 기호 체계의 자료들을 포함할 수 있다는 점에서 다중 매체적이다.

일상어의 텍스트 개념은 문자 매체와 관련이 있다. 그러나 실제 언어적 행위에서는 구어적 텍스트, 문어적 텍스트, 시각적 텍스트가 다양한 방식으로 영향을 주고받는다. 즉 구어나 문어로 된 텍스트는 그림이나 음악의 지원을 받을 수 있으므로 광의의 다중 매체적 요소가 없는 텍스트는 생각할 수 없다.

텍스트 언어학의 중요한 연구 갈래로 텍스트의 구조를 밝히려는 분석 방향과 텍스트의 의사소통 기능을 밝히려는 분석 방향이 있다. 여기에 더하여 텍스트의 생산과 수용 과정에 주목하는 인지주의적 방향도 있다. 첫 번째 방향은 텍스트의 직접 구성 성분인 문장이나 명제들 간에 성립하는 텍스트 구조, 즉 텍스트의 문법적 층위와 주제적 층위에서 텍스트의 응결성(cohesion)과 응집성(coherence)에 영향을 미치는 관계 조직망을 밝히는 데 주목한다. 문법적 층위의 핵심 분석 범주는 텍스트 표층 구조에 나타나는 문법적 응결성이다. 이것은 텍스트를 구성하는 문장들 간의 통사·의미적 연결 관계이다. 주제적 층위는 텍스트의 내용 구조를 다룬다. 이것은 텍스트의 핵심 주제와 텍스트의 명제 또는 명제 복합체에 표현된 부분 주제들 간의 관계 조직망을 밝힌다.

두 번째 방향은 텍스트의 행위 특성, 즉 생산자와 수용자 간의 의사소통 관계에서 텍스트가 담는 사용 의미를 밝히는 것이다. 이때 중요한 분석 범주가 텍스트의 의사소통 기능, 즉 텍스트 기능이다. 텍스트 기능을 텍스트의 핵심 자질로 본 것은 연구의 관심을 '작성된 텍스트' 이상으로 넓힌 것이다. 이는 텍스트의 외적 요인들이 생산자가 텍스트 자체를 이해한 것 이상을 말해 준다는 사실에서 비롯한 것이다. 따라서 응집성 중심의 텍스트 개념이 텍스트의 내적 요인들에 더 주목한 것이라면, 텍스트 기능으로 확대한 텍스트 개념은 텍스트의 외적 요인들 외에 언어적 단위의 포괄적인 의미가 형식과 내용뿐 아니라 의사소통 구조도 파악하는 분석 방안을 따른다.

텍스트 기능은 텍스트 종류를 구분하는 핵심 기준이기도 하다. 1997년 브링커(K. Brinker)가 화행론의 화행 분류에서 유추한 이 기준에 따르면 텍스트는 제보, 호소, 책무, 접촉, 선언의 다섯 가지 텍스트 종류로 구분된다. 여기에 문학 텍스트에 지배적인 심미적 기능이 추가되기도 한다. 이런 텍스트 종류들은 맥락적, 구조적 기준에 따라 다시 세분된다. 맥락적 기준에는 의사소통 매체와 방향, 시간적·공간적 접촉, 언어, 행위 영역이 있다. 구조적 기준으로는 주제의 종류, 주제 전개 모형, 실현 형태, 문법적 응결성이 있다.

텍스트 종류는 문화에 기초한 의사소통 단위라고 정의하기도 한다. 문화 특징적인 차이점은 역사적인 제약을 받은 정치적, 지역적, 이념적 상황에 따라 나타난다는 점에서 텍스트 종류의 역사는 문화사의 일부라 할 수 있다. 텍스트 종류의 문화성에 관한 연구는 텍스트 유형학뿐 아니라 문화 연구나 번역 문제 그리고 한국어교육을 위해서도 아주 중요한 작업이다.

텍스트 언어학의 성과들은 모어 교육에서의 의사소통 능력 신장, 텍스트 종류의 인식과 활용 훈련 등과 외국어 교육의 번역과 통역에서 의사소통적, 의미론적 등가성 문제, 타 문화권과의 텍스트 종류 및 미디어 문화 비교 연구 등에도 유용하게 활용될 수 있다. 〈이성만〉

→ 화행

[참고문헌]
- Beaugrande, R. A. & Dressler, W. U. (1981), *Introduction to textlinguistics*, 김태옥·이현호 역, 1991, 담화·텍스트 언어학 입문, 양영각.
- Brinker, K. (1997), *Linguistische Textanalyse*, 이성만 역, 2004, 텍스트 언어학의 이해, 역락.
- Heinemann, W. & Viehweger, D. (1991), *Textlinguistik: Eine Einführung*, 백설자 역, 2001, 텍스트 언어학 입문, 역락.
- Janich, N. (Ed.) (2008), *Textlinguistik: 15 Einführungen*, Narr Dr. Gunter.

■ 텍스트성

텍스트성(textuality)은 텍스트가 갖추어야 할 요건으로서 텍스트를 텍스트답게 만드는 자질을 총칭한다.

텍스트성에 대한 논의는 문장을 언어의 기본 단위로 보는 구조주의나 촘스키(N. Chomsky) 이론의 한계를 지적하면서 언어 현상을 텍스트 단위로 확장하여 살펴볼 것을 주장하는 텍스트 언어학의 등장과 관련이 있다.

텍스트성은 텍스트가 갖추어야 할 요건을 7가지로 제안한 보그란데와 드레슬러(R. A. Beaugrande & W. U. Dressler)의 연구에서 시작되었다. 이들은 응결성(cohesion), 응집성(coherence), 의도성(intentionality), 용인성(acceptability), 정보성(informativity), 상황성(situationality), 상호 텍스트성(intertextuality)을 텍스트의 구성 요건으로 보고 이 중 하나라도 결여되면 텍스트가 될 수 없다고 하였다.

이후 텍스트성에 대한 논의는 보그란데와 드레슬러의 연구를 반박하거나 뒷받침하는 연구로 이어졌다. 여기에는 응결성과 응집성을 구분하지 않으면서 문장과 문장의 구성 요소 간의 구조적 연결에 주목하여 응결성이 어떻게 실현되는지를 밝히는 연구나 응집성의 관점에서 문장이 어떠한 과정을 거쳐 텍스트 전체가 되는지를 논의한 연구들이 있다.

텍스트를 텍스트답게 만드는 자질의 관점에서는 '다움'의 정도에 따라 '매우 텍스트다움, 비교적 텍스트다움, 텍스트답지 못함, 결코 텍스트답지 못함'으로 나누어 설명하는 고영근의 연구가 있다. 그러나 이러한 텍스트다움의 판단은 사람에 따라 다를 수 있으며 같은 사람이라 하더라도 시간이나 상황에 따라 텍스트다움에 대한 판단이 달라질 수 있다.

텍스트성은 의미에 주목한다는 점에서 주관성을 배제할 수 없다. 필자의 의도에 의해 고의적으로 텍스트성을 파괴하여 의미를 전달하는 경우가 이에 해당한다. 유머 텍스트의 경우 응집성의 파괴가 텍스트의 새로운 응집성을 만들어 내고 웃음 유발이라는 텍스트의 목적을 달성한다. 광고 텍스트, 시 텍스트도 이와 유사한 방법으로 텍스트의 목적에 도달한다.

텍스트성 연구의 과제는 텍스트 구성의 일반적인 조건과 규칙을 체계적으로 기술하고 텍스트를 수용할 때 나타나는 이들의 의미를 밝히는 일이다. 따라서 텍스트 언어학은 텍스트 구성 자체의 규칙적인 과정, 실현, 협력 성분 그리고 텍스트의 의사소통 기능과 효과에 관심을 둔다.

텍스트성과 관련하여 한국어교육에서는 한국어 학습자가 생산한 텍스트의 특성을 대조 수사학적 관점에서 살펴본 연구 등이 있었다. 〈이수미〉

[참고문헌]
• 고영근(2002), 텍스트 이론: 언어 문학 통합론의 이론과 실제, 아르케.
• Beaugrande, R. A. & Dressler, W. U. (1981), *Introduction to textlinguistics*, 김태옥·이현호 역, 1991, 담화·텍스트 언어학 입문, 양영각.
• Brinker, K. (1985), *Linguistische Textanalyse*, 이성만 역, 1994, 텍스트 언어학의 이해: 언어학적 텍스트 분석의 기본 개념과 방법, 한국문화사.
• Halliday, M. A. K. & Hasan, R. (1976), *Cohesion in English*, Longman.
• van Dijk, T. A. (1980), *Textwissenschaft*, 정시호 역, 1995, 텍스트학, 민음사.

❑ 응집성

응집성(凝集性, coherence)이란 텍스트에 나타나는 내용들 간의 적절한 관계를 말한다.

응집성은 텍스트가 되기 위해서는 문장과 문장, 단락과 단락이 의미적으로 연결되어 조화를 이루어야 하고 내용 간 관련성을 유지해야 한다는 것을 의미한다. 이는 텍스트의 내용에 대한 필자의 태도를 일관적으로 유지해야 함을 포함하는 개념이다. 파터(H. Vater)는 보그란데와 드레슬러(R. A. Beaugrande & W. U. Dressler)가 주장한 7가지 텍스트의 자질 중에서도 응집성이 핵심적인 개념이라고 했는데 이는 다른 자질들이 충족되지 않더라도 텍스트가 응집성을 유지한다면 텍스트다울 수 있기 때문이다. 만약 텍스트를 구성하는 문장과 단락들이 서로 적절한 관계를 유지하고 있지 않다면 응집성이 없어 무의미한 텍스트가 되기 때문에 텍스트답다고 보기 어렵다. 보그란데와 드레슬러가 주장한 응결성이 문법적 단위들 간의 결속 관계를 의미하는 표층적 특성이 있다면 응집성은 내용적인 결속 자질과 관련이 있는 심층적 특성을 지닌다.

응집성이 텍스트다움을 실현하는 의미적 연속성으로 필자의 의도성(intentionality)과 함께 텍스트의 생산과 관련된다면, 독자의 용인성(acceptability)과 정보성(informativity)은 텍스트의 이해와 관련되는 텍스트 사용자 중심의 개념이다. 정보성이 낮은 텍스트는 독자가 이해하기 어려울 수 있으나 독자의 예측과 추측을 활성화시키고, 정보성이 높은 텍스트는 독자가 이해하기 쉬우나 예측이 충분히 가능하다는 점에서 지루할 수 있다. 한편 상황성(situationality)은 텍스트가 어디에서 사용되는가와 관련된 맥락 중심 용어이다. 즉 '천천히'라는 단어가 학교 앞에 설치된 교통 표지판에 쓰여 있다면 운전자에게 중요한 의미를 나타내지만 사람이 많은 가게 앞에 서 있는 표지판에 쓰여 있다면 다른 의미를 지니므로 텍스트가 사용되는 상황과 의미 사이에는 밀접한 관련성이 존재한다.

텍스트의 생산과 이해 모두에 걸쳐 있는 개념으로는 상호 텍스트성(intertextuality)이 있다. 상호 텍스트성이란 텍스트가 다른 텍스트와 갖는 관계를 말한다. 즉 텍스트들 사이의 관계를 의미한다. 상호 텍스트성은 크리스테바(J. Kristeva)가 바흐친(M. M. Bakhtin)의 이론에 기대어 1967년 문학 비평 용어로 쓰기 시작했다. 상호 텍스트성 입장에서 텍스트는 그 자체로 독립적인 의미를 확보하기 어렵다. 텍스트를 생산하는 필자나 텍스트를 이해하는 독자 모두는 다른 텍스트와의 관련성 속에서 텍스트를 생산하고 이해하기 때문이다. 프랑스의 문학 평론가인 주네트(G. Genette)는 상호 텍스트 그리고 그것과 중요한 관계를 맺는 텍스트를 함께 지칭하기 위해 '하이퍼텍스트(hypertext)'와 '히포텍스트(hypotext)'라는 용어를 사용하기도 한다. 하이퍼텍스트(hypertext)는 인터넷에서 사용하는 텍스트를 생각하면 쉽게 이해할 수 있다. 인터넷에서 제공되는 텍스트는 종이 책처럼 순차적으로 진행할 수도 있지만 독자가 원하는 부분을 더 깊게 또는 관련 있는 부분만을 선택하여 읽을 수 있다. 이는 인간의 사고 과정을 펼쳐 놓은 것으로 인간의 사고 과정은 순차적으로 진행되는 것이 아니라 하나의 생각을 마무리하지 않고 다른 생각으로 옮겨 가거나 다시 이전의 생각으로 돌아오기도 한다.

한국어교육에서 응집성을 비롯한 텍스트다움을 실현하는 기제에 대한 연구에서는 한국어 텍스트다운 것이 무엇인지, 한국어 텍스트다움을 실현하지 못하는 한국어 학습자의 원인은 모어 텍스트의 영향인지 아니면 목표어인 한국어 텍스트의 영향인지에 대한 다층적인 접근이 요구된다. 〈이수미〉

= 결속 구조, 일관성, 통일성

[참고문헌]
• 고영근(2002), 텍스트 이론: 언어 문학 통합론의 이론과 실제, 아르케.
• 이수미(2010), 텍스트성에 기반한 한국어 쓰기 교육 방법 연구: 자기 표현적 쓰기 텍스트를 중심으로, 서울대학

교 박사학위논문.
- Beaugrande, R. A. & Dressler, W. U. (1981), *Introduction to text linguistics*, 김태옥·이현호 역, 1991, 담화·텍스트 언어학 입문, 양영각.
- Vater, H. (1992), *Einfüuhrung in die Textlinguistik: Struktur and Verstehen von Texten*, 이성만 역, 2006, 텍스트의 구조와 이해: 텍스트 언어학의 새 지평, 배재대학교출판부.

❏ 응결성

응결성(凝結性, cohesion)은 텍스트 구성단위들 간의 문법적 의존 관계로서 텍스트다움을 실현시키기 위한 언어적 장치를 말한다.

응결성은 한 문장 안에서뿐만 아니라 문장과 문장, 단락과 단락의 의미적 연결 관계에 사용되는 결속 기제를 말한다. 따라서 응결성의 실현은 텍스트 차원에서 논의되는 것이 일반적이다. 텍스트에서 문장의 의미는 앞의 문장 또는 뒤의 문장과의 의미적 연속성 상에서 해석된다. 이러한 해석의 고리는 의미적 연결 장치인 지시, 접속, 어휘의 반복으로 나타난다. 영어에서는 지시, 대용, 어휘적 응결, 접속으로 구분하기도 하나 한국어는 지시와 대용을 구분하기 어렵다는 점이 지적되어 왔다.

한국어의 지시어는 '이이(분), 그이(분), 저이(분)'의 인칭 대명사, '이것, 그것, 저것, 여기, 거기, 저기'의 지시 대명사, '이, 그, 저'의 관형사, '이리, 그리, 저리'의 부사, '이렇다, 그렇다, 저렇다'의 형용사로 하위 범주를 나눈다.

접속은 문장들 간의 의미적 연결의 실현이 인과적인가, 대조적인가, 부가적인가 등으로 분류하기도 하나 기능적인 측면에서 접근하여 '반면에, 그러나, 그런데' 등의 대조, '예를 들면, 달리 말하면' 등의 예시, '그러므로, 결과적으로, 왜냐하면, 그래서' 등의 인과, '그리고 나서, 다음으로, 이전에는, 앞으로' 등의 시간 순서, '그리고, 더욱이, 게다가, 또는' 등의 추가 정보로 기술한다.

어휘의 반복으로 실현되는 응결성은 문장과 문장 간의 의미적 연결을 강화하여 결국 텍스트의 응집성을 높이는 기제로 사용된다.

(1) **아리랑**은 한국의 대표적인 노래이다. **아리랑**이야말로 지방마다 부르는 방식이 달라서 '경기 아리랑', '정선 아리랑', '진도 아리랑', '밀양 아리랑'을 비롯한 **아리랑**이 400∼500개 있다. 그 중에서는 세계적으로 널리 알려지는 게 바로 경기 아리랑이다. **아리랑**의 내용은 대개 그 지역 민중의 일상생활과 감정을 표현한 노래이다. −이하 생략− (고급 한국어 학습자의 작문)

위의 예문은 고급 한국어 학습자가 생산한 작문이다. 위 작문에는 '아리랑'이라는 어휘가 반복되고 있는데 주제어 '아리랑'의 반복으로 문장과 문장 간의 의미적 연결을 강화하는 것을 알 수 있다. 그러나 단순 반복어의 과다한 사용은 텍스트를 지나치게 단순하게 구성하여 텍스트의 응집력을 약화시키는 경우도 있기 때문에 지시나 접속에 비해 어휘적 반복에 의한 응결성은 한국어교육에서 보다 구체적이고 체계적인 지도가 필요하다. 〈이수미〉

= 결속성, 응결 장치, 결속 기제

[참고문헌]
• 고영근(2002), 텍스트 이론: 언어 문학 통합론의 이론과 실제, 아르케.
• 이수미(2010), 텍스트성에 기반한 한국어 쓰기 교육 방법 연구: 자기 표현적 쓰기 텍스트를 중심으로, 서울대학교 박사학위논문.
• Beaugrande, R. A. & Dressler, W. U. (1981), *Introduction to text linguistics*, 김태옥·이현호 역, 1991, 담화·텍스트 언어학 입문, 양영각.

■ 텍스트 구조

텍스트 구조(text structure)는 부분 텍스트들과 이들이 위계적으로 형성된 텍스트의 전체 구조이자 통사·의미적, 화용적 관계가 성립하는 텍스트 속의 구성 요소들 간의 조직체를 말한다.

텍스트 구조의 언어학적 분석은 텍스트 언어학에서 비로소 이론적, 방법론적으로 정립되었다. 텍스트 문법과 같은 언어 체계 중심 분야에서 인지 이론적 토대를 포함한 텍스트 화용론과 같은 언어 사용 중심 분야로 발전하면서 텍스트 구조의 개념도 다양하게 설명되기 시작했다. 1985년 브링커(K. Brinker)는 텍스트 구조를 문법적, 주제적, 화용적 설명 방식으로 구분하였다.

텍스트 언어학의 초기 단계인 1960년대에는 문법적 응결성에서 텍스트 구조에 접근하였다. 1968년 하르베크(R. Harweg)는 텍스트를 통합적 대체(syntagmatic substitution) 구조로 정의하면서 텍스트 구조를 텍스트 속에서 이어지는 문장들 간의 통사·의미적 관계망이라고 보았다.

1970년대에는 다네시(F. Daneš)가 처음으로 주제적 층위에서 텍스트 주제 관계의 전체 복합체를 주제 전개(thematic progression)라고 정의하였는데 이것이 텍스트 구조의 뼈대를 이룬다. 판 데이크(T. A. van Dijk)도 표층 텍스트의 명제들로부터 거시 규칙이라는 연산 과정을 거쳐서 거시 구조를 유도하는 방법을 제안하였다.

1980년대에 브링커는 문법적 층위에서 일차적으로 하르베크의 대체 이론의 문제점을 보완하여 재수용 구조 이론을 체계화하였다. 의미적 층위에서는 판 데이크의 거시 구조적 기술 방법의 문제점을 지적하면서 유도 가능성 원칙에 따라 주제 전개의 기본 모형을 제시하였다. 한편 1985년 메이어(B. J. F. Meyer)는 텍스트 내용의 수직적, 수평적 관계를 중심으로 구조를 파악하여 텍스트 전체 내용의 위계 구조를 밝히는 내용 구조 이론을 제시하였다. 여기서 내용 구조는 텍스트를 구성하는 각 구성 요소의 의미 내용이 연결되는 관계를 말한다. 특히 브링커는 텍스트의 구조를 인지적 절차의 결과물로 보면서 텍스트의 기능과 구조 사이에 긴밀한 협력 관계에도 주목하였다.

텍스트 구조의 분석 대상은 주로 문어로 작성된 비문학적, 독화(獨話)적 텍스트이다.

구어로 작성된 대화적 텍스트 중 일부에는 화자 교대의 제약 등으로 인해 전혀 다른 구성과 구조의 조건이 적용되기 때문이다.

브링커는 텍스트 구조 분석의 이론적인 토대를 화행론(speech act theory)의 중심 개념인 '화행' 그리고 이 화행을 발화 수반 행위, 명제 행위, 발화 행위라는 세 가지 부분 행위들로 구분한 데서 찾고 있다. 이 부분 행위들에 따라 텍스트 구조의 화용적, 주제적, 문법적 기술 층위가 구분된다. 발화 수반 행위는 화용적 층위, 명제 행위는 주제적 층위, 발화 행위는 문법적 층위의 토대가 된다. 문법적 층위에서는 문장들과 그 구성 요소들 간의 미시적 결속 구조 관계를, 주제적 층위에서는 주제적 단위들 간의 거시적 결속 구조 관계를, 화용적 층위에서는 언어적 행위인 발화 수반 행위 단위들 간의 기능적 결속 관계를 분석한다.

각 기술 층위는 분석 방법의 성격에 따라 뚜렷이 구분될 수도 있겠지만 각 층위 간에 긴밀한 관계도 존재한다. 이러한 관계에 대한 연구도 텍스트 구조 분석의 과제이다.

텍스트 구조의 분석은 한국어교육의 읽기와 쓰기에 다양하게 적용할 수 있다. 텍스트의 구조 및 구조 표지 연구 성과는 학습자의 연령, 문화, 교육 목적 등에 따라 텍스트의 구조 이해 교육에 다양하게 적용 가능하다. 〈이성만〉

→ 화행, 화행의 유형

[참고문헌]
• Brinker, K. (1985), *Linguistische Textanalyse*, 이성만 역, 1994, 텍스트 언어학의 이해: 언어학적 텍스트 분석의 기본 개념과 방법, 한국문화사.
• Daneš, F. (1970), Zur linguistischen Analyse der Textstruktur, *Linguistica 4*, pp. 72~78.
• Harweg, R. (1968), *Pronomina und Textkonstitution*, Fink.
• Meyer, B. J. F. (1985), *The organization of prose and its effects on memory*, North-Holland Publishing Company.
• van Dijk, T. A. (1980), *Macrostructures: An interdisplinary study of global structures in discourse, interaction and cognition*, Erlbaum Associates.

❏ 미시 구조

미시 구조(微視構造, microstructure)는 동일 지시 관계나 의미적 근접성에 의해 문법적 또는 지시적·의미적으로 가까운 표현들 간의 응집력을 갖춘 연속체이다.

하르베크(R. Harweg)는 텍스트의 미시 구조와 관련해서 텍스트를 '끊임없는 대명사적 언어 단위 병렬체'로 정의하면서 대명사적 연속체에 따른 텍스트 구성 원칙을 제시하였다. 대명사화는 텍스트를 구성하는 재수용 형태이다. 하르베크는 대체하는 항목을 대체어(substituens), 대체되는 항목을 피대체어(substituendum)라고 하고 이들 간의 관계를 통합적 대체라고 하였다. 브링커(K. Brinker)는 이런 통합적 대체에 의한 재수용 관계를 텍스트 응집성의 문법적 조건인 응결성으로 보면서 이를 명시적 재수용과 암시적 재수용의 방식으로 정리하였다. 명시적 재수용은 텍스트의 연속하는 문장들에서 특정 언어적 표현들의 동일 지시 관계에 기초한다. 재수용의 조건은 언어적 수단의 의미 동일성이나 의미 유사성이다. 암시적 재수용은 동일 지시 관계가 아니라 부분 동일 지시 관계하고만 관련된 것이다. 이런 부분-전체 관계 외에 의미적 근접성도 암시적 재수용에 해당한다.

텍스트의 미시 구조 분석은 반복, 대체, 연결 등 텍스트의 응결성을 형성하는 언어적 수단을 다루고 있다는 점에서 한국어 학습자의 쓰기 및 읽기 능력과 문법 교육 등에 관련된 텍스트성 신장 교육에 다용도로 활용할 만하다. 〈이성만〉

[참고문헌]
• Brinker, K. (1985), *Linguistische Textanalyse*, 이성만 역, 1994, 텍스트 언어학의 이해: 언어학적 텍스트 분석의 기본 개념과 방법, 한국문화사.
• Harweg, R. (1968), *Pronomina und Textkonstitution*, Fink.

☐ 거시 구조

거시 구조(巨視構造, macrostructure)는 전체 텍스트의 구조인 최상위 구조(superstructure)에 들어갈 수 있는 텍스트 내용을 말한다.

텍스트의 거시 구조 분석은 텍스트의 주제 구조 분석이라고 할 수 있는데, 이것은 텍스트에서 문장들로 표현된 명제들 간에 형성되어 '주제적인 세계상'을 보이는 의미-논리적 결속 구조 관계를 말한다. 텍스트의 거시 구조 분석의 기본이 텍스트 주제 개념이다. 특히 중요한 분석 방법으로 다네시(F. Daneš)의 주제부-설명부(thema-rhema) 분석, 판 데이크(T. A. van Dijk)의 거시 구조 분석 및 브링커(K. Brinker)의 주제 전개의 기본 모형이 있다.

텍스트에 관련된 주제부-설명부 분석은 다네시의 기능적 문장 시점(functional perspective) 원칙에서 비롯된다. 그는 텍스트 구조를 '주제들의 연속 또는 집합(sequence)'이라고 보고 단순 선형식, 주제부 관통식, 상위 주제 파생식, 설명부 분열식, 주제부 비약식의 다섯 가지 주제 전개 유형을 제시하였다. 이 방안은 텍스트 분석적 관점과 언어 이론적 관점에서 주제부와 설명부의 구분, 주제 개념의 위상, 의미론적·화용론적 기준의 혼용 등의 문제를 안고 있다. 전체적으로도 텍스트 표층에 머물러 있어서 텍스트 구조를 명제들 간의 논리-의미적 관계망으로서 기술하기에는 부적합하다.

또 다른 주제 개념은 서사 텍스트 분석의 틀에서 판 데이크가 개발한 텍스트의 거시 구조 개념이다. 거시 구조 또는 의미론적 심층 구조는 텍스트의 전국적 의미(global meaning)를 말한다. 이것은 환언식 축소 방식으로 얻을 수 있다. 구체적인 텍스트의 명제들로부터 거시 규칙이라는 삭제, 선택, 일반화, 통합·대체 등의 연산 과정을 거쳐 이른바 거시 명제가 유도된다. 규칙을 적용한 결과물이 거시 구조를 언어화한 텍스트 요약, 즉 텍스트 주제이다. 판 데이크의 방안은 방법론적 측면에서 관련 텍스트의 거시 구조를 찾기 위한 거시 규칙의 적용 방법이 불명확하다는 문제점이 있다.

브링커의 주제 전개 모형 개념은 텍스트에는 일정한 원칙에 따라 텍스트의 전체 내용으로 전개되는 하나의 핵심 주제가 있다는 가정에 근거한 것이다. 이것은 판 데이크의 거시 구조와 최상위 구조 개념에서 볼 수 있는 생성적 의미에서의 텍스트 구조 분석과는 차이가 있다.

브링커는 핵심 주제와 주변 주제를 여타의 주제들로부터 최적으로 유도할 수 있는 주제가 핵심 주제라는 유도 가능성 원칙과 텍스트의 기능과 가장 어울리는 주제가 텍스트 주제라는 양립성 원칙에 따라 구분한다. 유도 가능성 원칙은 텍스트 내용, 즉 텍스트의 전체 정보가 유도 과정의 결과물, 즉 한 주제가 텍스트의 전체 내용으로 전개한 결과라는 생각에 기초한 것이다.

언어 공동체마다 나름의 기본 주제 전개 모형들이 있는데 기술형, 서사형, 설명형, 논증형 주제 전개가 가장 중요한 형태들이다. 이들은 특정 의미-주제적 범주들이나 이 범주들의 연결체라는 특성이 있고 구체적인 텍스트에서 다양하게 조합될 수 있으며 텍스트의 주제 구조를 결정한다.

화용론적 텍스트 분석에서는 텍스트를 문법적으로 연결된 문장 연속체로 보지 않고 저자가 독자와 일정한 의사소통적 관계를 형성하려는 언어적 행위로 정의한다. 텍스트 구조 개념을 화용론적으로 설명한 경우가 모취와 피베거(W. Motsch & D. Viehweger)가 제시한 발화 수반 행위 구조(illocutionary structure) 개념이다. 이것은 브링커가 제시한 텍스트 기능적 분석 개념과는 달리 텍스트의 내부적 행위 구조를 가정한 것이다. 텍스트가 기본 발화 수반 행위들로 분할될 수 있다는 관점에서 텍스트를 위계적으로 구성된 기본 발화 수반 행위 연속체로 정의한다. 텍스트 구조가 발화 수반 행위 구조 곧 화행 유형들의 위계 구조라는 뜻이다. 단순 발화 수반 행위는 문장 서법에서 직접 유도되는데 텍스트 구성의 기본 단위이다. 가정되는 것은 텍스트의 전체 목적을 나타내면서 여타 행위들 즉 부차적 발화 수반 행위의 지원을 받는 지배적 발화 수반 행위이다.

주제부-설명부 분할 이론을 이용한 다문화 아동의 쓰기 능력 신장 교육뿐 아니라 판 데이크식 거시 구조 분석을 활용한 텍스트 요약 전략 교육 등 읽기와 쓰기에 관련된 한국어교육에 다양하게 활용할 만하다. 〈이성만〉

→ 화행

[참고문헌]
• Brinker, K. (1985), *Linguistische Textanalyse*, 이성만 역, 1994, 텍스트 언어학의 이해: 언어학적 텍스트 분석의 기본 개념과 방법, 한국문화사.
• Daneš, F. (1970), Zur linguistischen Analyse der Textstruktur, *Folia Linguistica 4*, pp. 72~78.
• Motsch, W. & Viehweger, D. (1991), Illokutionsstruktur als Komponente einer modularen Textanalyse, In K. Brinker. (Ed.), *Aspekte der Textlinguistik*, pp. 107~132, Hildesheim.
• van Dijk, T. A. (1980), *Textwissenschaft: Eine interdisziplinäre Einführung*, 정시호 역, 1995, 텍스트학, 민음사.

❏ 최상위 구조

최상위 구조(最上位構造, superstructure)는 장, 절, 항 등의 부분 텍스트보다 상위에 있는 전체 텍스트의 구조 또는 전형적인 텍스트 유형 구조를 말한다.

최상위 구조는 텍스트의 전국 구조(global structure), 거시 구조(macrostructure)와 동의어로 사용되거나 추상적인 텍스트 유형을 나타내는 명칭으로 사용된다. 최상위 구조 개념의 이런 두 가지 사용 방식은 모두 텍스트의 문장 연속체가 아니라 전체로서의 텍스트와 관련된다는 공통점이 있다. 전자와 관련해서 귈리히와 라이블레(E. Gülich & W. Raible)는 이웃한 문장들의 연결 관계를 연구하는 텍스트 문법적 분석 방안과 구분해서 거시 구조라는 두 번째 차원의 '텍스트 그물망'을 제시한다. 후자와 관련해서 판 데이크(T. A. van Dijk)는 최상위 구조와 거시 구조를 엄격히 구분한다. 거시 구조가 의미론적 단위로서 텍스트 내용이라면 최상위 구조는 텍스트의 유형을 지칭하는 전국 구조이다

거시 구조가 텍스트의 내부 국면을 분석하는 것이라면 최상위 구조는 텍스트의 외부 국면을 다룬다. 이것은 텍스트의 전국적 조직을 텍스트의 유형화 층위에서 규정한 것으로서 텍스트의 의미론적 거시 구조와는 무관하다.

최상위 구조는 예컨대 독자가 이미 습득한 텍스트 유형 지식에 기대어 신문 사설에서 새로운 정보를 기대하지 않는 것처럼 특정 텍스트에 대한 독자의 기대 지평을 독서에 앞서 결정하고 제어하는 상위 조직자의 기능을 한다는 점에서 화용 능력(pragmatic competence)을 포함한다. 이미 습득한 화용 능력에 기대어 독자는 최상위 구조를 인식하고 이해할 수 있을 뿐 아니라 특정 최상위 구조에 따른 스키마에 기대어 텍스트를 생산할 수도 있기 때문이다. 의미론적 거시 구조가 텍스트의 주제와 관련된 것이라면 최상위 구조는 여러 텍스트에서 반복적으로 나타나는 스키마이다. 사용법, 조서, 증명서처럼 형식화된 스키마는 여러 텍스트들을 하나의 텍스트 종류로 형식적으로 규격화할 수 있는 근거가 된다. 또한 최상위 구조의 기대 지평에 따라 특정 텍스트 종류로 분류하거나 동일한 주제를 다루었더라도 서로 다른 텍스트 종류로 분류할 수 있는 근거가 되기도 한다.

그러나 최상위 구조 개념은 판 데이크의 서사 구조 분석에서 보듯이 서사 구조뿐 아니라 그 부분 구조인 갈등, 해결에도 사용되고 있어서 이 개념의 명확한 적용 범위와 설정 기준을 찾기가 어렵다. 그래서 텍스트 유형론에서는 텍스트의 갈래를 다룰 때 이 개념 대신에 텍스트 종류나 텍스트 유형 개념을 사용한다.

인지적 관점에서 최상위 구조는 텍스트의 생산과 해석을 위한 스키마에 비견될 수 있으므로 특정 텍스트 종류의 이해와 생산 과정을 다루는 교육에 적용할 만하다.　〈이성만〉

[참고문헌]
• Gülich, E. & Raible, W. (1977), *Linguistische Textmodelle*, Wihelm Fink Verlag.
• van Dijk, T. A. (1980), *Textwissenschaft: Eine interdisziplinäre Einführung*, 정시호 역, 1995, 텍스트학,
  민음사.

■ 텍스트 기능

텍스트 기능(text function)은 어떤 텍스트가 의사소통 과정에서 얻게 되는 내포 의미
또는 어떤 텍스트가 의사소통 상황의 테두리에서 실현되는 목적을 말한다.

텍스트 기능과 관련된 모든 논의들은 뷜러(K. Bühler)의 기호 모델에서 출발하는데
뷜러는 플라톤의 《*Kratylos*》에 등장하는 '오르가논(organon)' 개념을 기호 모델의 시발
점으로 삼았다. 오르가논은 원래 일을 할 때 쓰이는 연장이나 도구를 뜻하는데 플라
톤은 화자와 청자가 오르가논, 즉 언어를 이용하여 세상의 사물에 관해서 의사소통한
다고 보았다. 뷜러의 언어 기호는 대상과 사태의 '상징'(서술 기능), 생산자의 내면성과
'징후'(표현 기능), 생산자가 수용자에게 호소하는 '신호'로서의 기능(호소 기능)을 한다.

이러한 언어 기능의 분류는 설(J. R. Searle)의 화행 분류에도 영향을 미치는데 그가
발화 수반 행위로 구분하는 제시 행위, 지시 행위, 책무 행위, 정표 행위, 선언 행위의
다섯 가지 유형도 결국은 뷜러에서 유래하는 것이다. 이러한 언어 기능 분류나 화행
분류를 텍스트 기능 분류의 토대로 삼을 수 있는 것은 '텍스트는 하나의 원초적 기호
이고 텍스트는 첫 번째 기호'라고 본 하르트만(P. Hartmann)의 텍스트에 대한 정의 때
문이다. 그래서 브링커(K. Brinker)는 상호 인간적인 관계의 의사소통과 기능적인 국
면 아래에서 텍스트의 제보 기능, 호소 기능, 책무 기능, 접촉 기능, 선언 기능을 다음
과 같이 상술하였다.

첫째, 제보 기능은 생산자가 수용자에게 지식을 전달하고 수용자를 이해시키는 것이
다. 제보 기능은 '나(생산자)는 너(수용자)에게 사태 X에 관하여 제보한다.'와 같이 바꿔
씀으로써 설명될 수 있다. 둘째, 호소 기능은 생산자가 수용자에게 어떤 사실에 대하
여 일정한 입장을 받아들이거나(의견 감화), 일정한 행위를 수행하도록(행동 감화) 그의
마음을 움직이고 싶다고 이해시키는 기능이다. '나(생산자)는 너(수용자)에게 입장 또는
의견 X를 떠맡을 것(행위 X를 수행할 것)을 요청한다.'라는 형식을 띤다. 책무 기능은
생산자가 수용자에게 특정한 행위를 수행할 의무가 있음을 이해시키는 것으로서, 책무
기능을 가진 텍스트 유형으로는 계약서, 합의서, 보증서, 서약서, 선서, 상품 전단 등이
있다. 일반적으로 '나(생산자)는 너(수용자)에 대해 행위 X를 행할 의무가 있다.'와 같은
설명식으로 바꿔 쓸 수 있다. 다음으로 접촉 기능은 생산자가 문제 삼고 있는 것이 수
용자와의 개인적인 관계, 특히 개인적인 접촉이나 친교를 만들고 유지하는 일임을 수
용자에게 이해시키는 것으로 '감사하다, 사과하다, 축하하다, 불평하다, 환영하다'와 같

은 동사나 동사구를 포함한 명시적인 수행 공식을 통하여 표출된다. 선언 기능은 생산자가 수용자에게 주어진 텍스트가 새로운 현실을 창조하고 있음을, 텍스트의 성공적인 발화가 일정한 사실을 도입하고 있다는 의미를 이해시키는 것이며 '나(생산자)는 이로써 X가 Y로 간주되도록 야기한다.'의 형식으로 구체화된다.

텍스트에는 하나 이상의 의사소통 기능이 있을 수 있다. 예를 들어 요리법에는 제보적 기능과 호소적 기능이 동시에 있을 수 있고, 라디오 뉴스에는 정보 전달적 기능뿐만 아니라 어느 정도의 오락의 기능도 있을 수 있다. 왜냐하면 뉴스는 개인 상호 간의 담화 곧 대화에 적합한 사건들을 주제로 삼기 때문이다. 그럼에도 불구하고 요리법은 요리에 관한 생산자의 안내 행위라고 이해하여 호소적 기능이 우세하고 라디오 뉴스에서는 제보적 기능이 우세하다고 간주한다. 라디오 뉴스에서는 생산자가 청자에게 특정한 사태의 존속에 관한 정보를 전달하는 데 궁극의 목표가 있기 때문이다.　　　　　〈이재원〉

[참고문헌]
• 한국텍스트언어학회(2004), 텍스트 언어학의 이해, 박이정.
• Brinker, K. (1985), *Linguistische Textanalyse*, 이성만 역, 1994, 텍스트 언어학의 이해: 언어학적 텍스트 분석의 기본 개념과 방법, 한국문화사.
• Bühler, K. (1968), *Sprachtheorie: Die Darstellungsfunktion der Sprache*, Gustav Fischer, 지광신·최경은 역, 2008, 언어 이론: 언어의 서술 기능, 나남.
• Hartmann, P. (1964), Text, Texte, Klasse von Texten, In W. A. Koch (Hrsg.), *Strukturelle Textanalyse*, 1972, Hildesheim.

■ 텍스트 유형

텍스트 유형(text types)은 일정한 언어적·구조적 특징과 기능이 있는 텍스트 집단을 말한다.

텍스트 언어학의 연구 대상은 구체적인 개별 텍스트이기도 하지만 개별 텍스트의 공통적인 속성, 즉 추상적 단위로서의 텍스트 일반성이기도 하다. 이를테면 텍스트 언어학자는 구체적인 개별 텍스트를 분석하여 텍스트의 일반적 속성을 찾아내고 이러한 속성을 다시 구체적인 개별 텍스트에 적용하여 텍스트를 분석한다.

개별적 출현 형식, 즉 토큰(token)으로서의 텍스트는 언제나 하나의 유형에 속한다. 다시 말해서 생산된 모든 개별 텍스트는 하나 또는 그 이상의 추상적 단위로서의 텍스트 유형에 속한다. 그런데 개별 텍스트는 텍스트의 일반적 속성을 실현할 뿐만 아니라 특정한 텍스트 집단을 대표하기도 한다. 우리는 어떤 텍스트를 판결문, 보고서, 납부 고지서, 계약서라고 부르는데, 이들은 모두 개별 텍스트가 속하는 텍스트 집단에 대한 명칭이다. 이러한 텍스트 집단을 텍스트 유형이라고 부른다.

이러한 텍스트 유형을 구분하는 방식으로 크게 구조적 방식, 화용 중심적 방식, 통합적 방식이 있다. 구조 중심적 텍스트 관점에 기초를 둔 텍스트 유형의 분류는 텍스트 언어학의 초창기에 주로 이루어졌으며 특히 1972년 잔디히(B. Sandig)의 연구가 대표적이다. 그는 20여 가지의 변별적 자질 대립에 기대어 18가지의 텍스트 유형을 구분한다. 그러나 에르머트(K. Ermert)도 지적하였듯이 이러한 자질 결합에 따른 텍스트 유형 연구에는 몇 가지 문제점이 있다. 첫째, 개별적인 텍스트가 여러 가지 자질 가운데 특정 자질에서 서로 다른 특성을 보여 준다는 식의 단편적인 국면만을 보여 줄 따름이지 모든 사람들이 일반적으로 수용할 수 있는 보편적 자질 목록에 의한 텍스트 분류 양상을 보여 주지 못한다. 둘째, 이러한 분류에서는 상황적 조건, 텍스트 수용자, 의사소통 매체, 언어 체계의 형태, 통사론적인 특성 등과 같은 다양한 특성을 고려하므로 분류 기준이 너무 자의적이고 이질적이다.

이후 롤프(E. Rolf)는 화행론에 기대서 실용 텍스트의 기능을 분류하고 이에 상응하는 텍스트 유형들을 제시한다. 그에 따르면 문장의 발화는 구체적인 화행의 실행이며 텍스트 생산은 여러 가지 부분 행위로 구성된 복합적인 행위의 실현에 해당된다. 이에 따라 그는 보도문, 보고서, 설명서, 추천서, 서평 등의 단언적 텍스트, 광고문, 논평, 작업 안내문, 요리 설명서, 규정집 등의 지시적 텍스트, 계약서, 보증서, 서약서 등의 위임적 텍스트, 축전, 조전, 연애편지, 펜팔 편지 등의 표현적 텍스트, 임명장, 유언장, 위임장 등의 선언적 텍스트로 그 유형을 구분한다.

브링커(K. Brinker)는 이러한 화행 중심의 텍스트 유형 분류가 구조 중심 텍스트 유형 분석보다 훨씬 더 설득력이 있음을 주장하면서도 텍스트 유형의 복합적 언어 행위 모형 중심 성질과 텍스트 유형의 구조적이고 기능적인 복합적 자질에 근거하여 통합적 분류 방법을 선택한다. 그는 일상 언어적 텍스트 분류에 상응하는 텍스트 기능을 텍스트 유형 분류를 위한 기본 기준으로 삼는다. 이에 따라 뉴스, 보도, 논픽션, 서평 등의 제보 텍스트, 선전, 광고, 논평, 법규, 신청서 등의 호소 텍스트, 계약서, 보증서, 서약서 등의 책무 텍스트, 감사, 조의문, 그림 카드 등의 접촉 텍스트, 유언, 임명장 등의 선언 텍스트로 그 유형이 구분된다.

텍스트 유형의 분류 및 개별 유형들의 특징이 중요한 이유는 유형에 따라서 텍스트의 구성적 자질이 다르고 화자나 저자 또는 청자는 독자의 이해도가 다르기 때문이다. 그러나 이러한 텍스트 유형의 구분이 그리 단순한 것은 아니다. 왜냐하면 텍스트 유형에는 층위가 다른 다양한 위계가 존재하기 때문이다. 예를 들어 텍스트 유형 보고서의 하위 유형에는 업무 보고서, 여행 보고서, 건강 진단 보고서 등이 있을 수 있고, 여행 보고서의 하위 유형에는 오지 여행 보고서, 단체 여행 보고서, 수학여행 보고서 등이 있을 수 있다. 따라서 텍스트 유형 연구는 한편으로 텍스트 유형들이 상위 혹은 인접 텍스트 유형과 어떤 관계에 놓여 있는가를 밝히고, 다른 한편으로 특정한 텍스트 유형이 어떤 구조적, 기능적, 언어적 특성을 보여 주는지를 설명하는 일에서 시작된다. 〈이재원〉

[참고문헌]
• 한국텍스트언어학회(2004), 텍스트 언어학의 이해, 박이정.
• Brinker, K. (1985), *Linguistische Textanalyse*, 이성만 역, 1994, 텍스트 언어학의 이해, 한국문화사.
• Ermert, K. (1979), *Briefsorten, Untersuchungen zur Theorie und Empirie der Textklassifikation*, Niemeyer.
• Rolf, E. (1993), *Die Funktion der Gebrauchstextsorten*, Walter de Gruyter.
• Sandig, B. (1972), Zur Differenzierung gebrauchssprachlicher Textsorten im Deutschen. In. E. Gülich. & W. Raible. (Eds.), *Textorten: Differenzierungkriterien aus linguistischer sicht*, pp. 113~124, Athenation.

1.10. 말뭉치 언어학

말뭉치 언어학(corpus linguistics)은 넓은 의미에서는 실제 언어 사용의 관찰에 근거하여 언어의 본질을 탐구하고자 하는 이론적 입장과 연구 방법론을 지칭한다.

말뭉치는 실제 언어 사용을 연구하기 위한 표본이다. 말뭉치 언어학은 말뭉치를 관찰하고 분석함으로써 음성, 음운, 형태, 통사, 의미, 화용 등 언어의 여러 층위에서 일어나는 언어 현상을 파악할 수 있다는 입장을 취하는 것이며 말뭉치 자체를 언어의 한 층위로서 연구하는 것은 아니다.

말뭉치 언어학은 실증적이고 경험주의적인 언어 연구의 전통을 현대적으로 계승하고 있어 흔히 촘스키(N. Chomsky)로 대표되는 이성주의와는 입장을 달리한다. 이성주의적 입장에서는 언어 수행(performance)보다는 언어 능력(competence)에 주안점을 두고 모어 화자의 직관을 중요한 논거로 삼지만, 이에 비해 말뭉치 언어학은 직관에 따른 판단을 지양하고 실증적인 근거를 중요시한다. 이러한 견지에서 말뭉치 언어학은 부정적 증거(negative evidence)를 제공하지 않으며 긍정적 증거(positive evidence)를 통해 언어 현상을 연구한다.

좁은 의미의 현대 말뭉치 언어학은 기계 가독형 자연 언어 자료를 각종 전산 도구를 활용하여 분석하는 방법론에 대한 연구로 인식된다. 이는 전산 도구의 광범위한 활용으로 인하여 컴퓨터 언어학과 불가분의 관계를 맺고 있으며 다른 언어 연구 분야에 정보를 제공하기 위한 도구적 분야의 성격이 강하다. 이러한 관점에서 말뭉치는 협소하게는 특정한 목적 아래 일정한 다양성과 일관성을 충족할 수 있도록 모아 놓은 구조화된 텍스트 자료를 지칭한다. 여기서의 텍스트는 전산적인 의미에서 텍스트 파일로 저장되는 데이터를 의미한다. 한편 유연하게는 형태, 내용, 규모에 대한 특별한 제약 없이 언어 자료를 모아 놓은 것을 모두 말뭉치라 한다. 또한 전산 환경과 저장 매체의 발달에 따라 텍스트 형태가 아닌 이미지, 오디오, 비디오 형태의 말뭉치도 발달하고 있다. 음성 피일을 모아 놓은 음성 말뭉치(speech corpus), 문자 자료를 스캔하거나 촬영한 이미지 말뭉치, 음성 언어와 함께 얼굴 표정, 손짓, 몸짓, 자세 등을 연구하고자 오디오, 비디오 자료로 구성된 다면 말뭉치(multimodal corpus) 등이 있다.

　말뭉치 언어학에서는 주어진 목적 아래 말뭉치를 설계하고, 이를 위해 원시 자료를 수집하고 추가 정보를 주석하는 등 말뭉치를 구축하기 위한 자료 가공 및 편찬 방법론을 연구한다. 더 나아가 이미 존재하는 말뭉치를 여러 언어 연구 분야에서 활용하기 위해 필요한 정보를 탐색, 추출, 요약하는 방법론도 연구한다.

　말뭉치 언어학은 개별적인 분야로서는 성립하지 않으며 사전 편찬, 자연 언어 처리, 정보 검색, 언어 교육, 사회 언어학, 심리 언어학 등 응용 언어학의 제 분야에 나타나는 말뭉치 기반 또는 말뭉치 주도 접근법을 아우르는 개념이라고 보는 입장도 존재한다. 언어 교육 분야에서는 학습자사전 편찬과 교재 및 평가 도구 개발을 위한 용례 추출과 분석, 학습자 말뭉치를 이용한 오류 분석, 컴퓨터 보조 언어 학습(computer assisted language learning) 소프트웨어 개발에서 말뭉치를 주로 이용한다. 또한 심리, 인지, 사회 언어학적 문제와 연관된 실험이나 조사를 설계할 때도 말뭉치를 중요한 기초 자료로 사용한다.　　　　　　　　　　　　　　　　　　　　　　　　　〈유현조〉

= 코퍼스 언어학

[참고문헌]
- 강범모(2011), 언어, 컴퓨터, 코퍼스 언어학, 고려대학교출판부.
- 홍윤표(2012), 국어 정보학, 태학사.
- Lüdeling, A. & Kytö, M. (Eds.) (2008), *Corpus linguistics: An international handbook 1*, Mouton de Gruyter.
- Teubert, W. & Krishnamurthy, R. (Eds.) (2007), *Corpus linguistics: Critical concepts in linguistics*, Routledge.
- Tognini-Bonelli, E. (2001), *Corpus linguistics at work*, John Benjamins Publishing Company.

■ 주석 말뭉치

　주석 말뭉치(annotated corpus)는 바탕이 되는 언어 자료 위에 특정한 목적과 기준에 따라 필요한 정보를 명시적으로 추가하여 작성한 말뭉치를 말한다.

　일반적으로 주석 말뭉치는 언어학적 주석(linguistic annotation)이라는 좁은 의미로 사용된다. 언어학적인 분석의 결과라는 점에서 분석 말뭉치(analyzed corpus)라고 불리기도 한다. 또한 추가 정보가 표지(tag)의 형태로 주어진다는 형식적인 측면에서 표지 부착 말뭉치(tagged corpus)라고도 불린다. 이러한 주석이 추가되기 전에 밑바탕이 되는 언어 자료는 원시 말뭉치(raw corpus)라고 한다.

　넓은 의미에서는 텍스트 외적 정보와 데이터 관리를 위한 정보를 포함한 모든 유형의 추가 정보가 주석이 된다. 주석의 대상은 소설, 신문 기사, 연설, 일상 대화와 같은 전형적인 텍스트 말뭉치로 한정하지 않는다. 사전과 같이 내적 체계를 가진 언어 자원이나 법조문, 계약서, 시험 문제 등과 같이 일정한 양식을 갖춘 언어 자료의 구조적 정보도 주석이 된다. 더 나아가 텍스트 형태의 자료뿐만 아니라 이미지, 오디오, 비디오 형태의 자료도 주석이 될 수 있다.

언어학적 주석의 내용은 음성 층위에서부터 담화 층위까지 모든 언어 정보를 포함한다. 언어 연구에서 가장 기본이 되는 주석 말뭉치는 품사 표지 부착 말뭉치(part-of-speech tagged corpus) 또는 형태소 분석 말뭉치이다. 이는 단어 분할(word segmentation), 품사 태깅, 동음이의어 구분이 이루어진 말뭉치이다. 필요에 따라서는 다의어 구분까지 이루어지는데 이를 형태 의미 분석 말뭉치라고 한다. 형태소 분석 말뭉치 위에 통사 구조 분석이 추가된 것이 구문 분석 말뭉치(parsed corpus) 또는 트리뱅크(treebank)이다. 이 두 기본적인 주석 말뭉치 위에 의미적·논리적·담화적인 정보를 추가하여 다양한 목적의 주석 말뭉치가 구축된다.

언어학적 주석의 형식은 밑바탕 자료와 구별하여 일반적으로 특수한 표지를 사용하여 정보를 기입한다. 주석의 형식에 본질적인 제약은 없으며 주석 말뭉치를 구축하는 개인 또는 집단이 임의로 정의할 수 있으나 표준이 필요하기도 하다. 언어학적 주석의 표준을 만들기 위한 논의는 국제 표준화 기구 언어자원관리위원회(ISO/TC 37/SC4 Language Resource Management)에서 진행되고 있다. 언어학적 주석 틀(linguistic annotation framework: LAF)은 텍스트, 오디오, 비디오 자료에 언어 정보를 주석하기 위한 기본 틀을 정의하고 있으며 통사 주석을 위한 틀, 의미 주석을 위한 틀, 형태 통사 주석을 위한 틀 등이 논의되고 있다.

주석은 데이터에 대한 데이터, 즉 메타데이터(metadata)이며 전산적으로는 마크업(markup)의 형태로 구현된다. 정보의 교환이 용이하도록 인코딩은 유니코드(unicode), 마크업은 XML(extensible markup language) 형식을 권장한다. 언어학적 주석뿐만 아니라 모든 추가 정보를 마크업 형태로 기입한다. 텍스트 말뭉치는 저자, 제목, 작성 시간, 출판 정보, 저작권, 라이센스 등 출처에 관한 정보, 입력자, 입력 시간, 파일 크기 등 전산화 관련 정보, 권, 쪽, 행, 열 등 물리적 형태에 관한 정보, 장절, 단락, 문장 경계 등 문서의 논리적 구조에 관한 정보 등이 필요하다. 말뭉치 구축에서 이러한 정보의 주석을 위한 형식은 TEI(text encoding initiative)의 지침이 사실상 표준으로 받아들여지고 있다. 〈유현조〉

= 주석 코퍼스

[참고문헌]
• 강범모(2011), 언어, 컴퓨터, 코퍼스 언어학, 고려대학교출판부.
• Garside, R., Leech, G. & McEnery, A. (1997), *Corpus annotation: Linguistic information from computer text corpora*, Longman.
• ISO 24612:2012 Language resource management-Linguistic annotation framework(LAF), Retrieved July 7, 2014, from http://www.iso.org/iso/catalogue_detail.htm?csnumber=37326
• TEI: P5 Guidelines, Retrieved June 16, 2014, from http://www.tei-c.org/Guidelines/P5

■ 학습자 말뭉치

학습자 말뭉치(learner corpus)는 언어를 습득하는 과정에 있는 사람들이 생산한 자료로 구성된 말뭉치를 말한다.

학습자 말뭉치는 외국어 또는 제2 언어 습득을 연구하기 위한 말뭉치로 성인 제2 언어 학습자의 쓰기 또는 말하기 자료로 구성되는 것이 일반적이다. 좀 더 넓은 시각에서는 모어 또는 제1 언어 습득을 연구하기 위한 아동 언어 말뭉치도 언어 습득 말뭉치라는 관점에서 함께 연구한다. 이중 언어 화자가 생산한 자료로 구성된 이중 언어 말뭉치와 2개 언어 이상의 번역 자료를 담은 병렬 말뭉치 또는 다국어 말뭉치도 언어 습득 및 언어 교육, 언어 간 현상 연구에서 중요한 자료가 된다.

학습자 말뭉치는 모어 화자의 언어와 학습자 언어 사이의 차이를 연구하기 위한 목적에서 만든다. 이 연구는 학습자의 제1 언어가 제2 언어에 미치는 다양한 언어 간 영향에 관한 연구를 모두 포함하나 그 핵심에는 학습자 오류 분석 연구가 자리 잡고 있다.

학습자 말뭉치를 구축할 때 오류 주석은 필수적이다. 오류 주석은 기본적으로 틀린 부분을 표시하고 교정 정보를 제시하며 오류의 유형을 분류하는 작업까지 요구한다. 학습자 오류 말뭉치를 구축하기 위해서는 우선 분석하고자 하는 대상을 명확히 정의하고 오류의 유형을 체계화해야 한다. 개인 연구 등으로 말뭉치의 규모가 작을 때는 관심 대상인 오류만 유형화하여 주석하는 방식으로 작업한다. 그리고 관심 오류의 성격에 따라 원시 말뭉치를 이용할 것인지, 형태소 분석이나 구문 분석을 한 후에 오류를 주석할 것인지 결정하고 문장, 어절, 형태소 등으로 주석의 단위를 결정하여야 한다. 주석의 형식은 약호로 이루어진 표지 집합(tag set)을 정의하여 사용하거나 XML(extensible markup language)을 이용하여 상세히 나타낼 수 있다. 한편 말뭉치 규모가 크고 주석이 복잡한 경우에는 수작업으로 표지를 부착하는 과정에서 발생하는 실수를 막기 위하여 주석 보조 도구의 이용이 필수적이다.

학습자 말뭉치는 학습자에 대한 정보를 상세히 담고 있어야 한다. 학습자의 배경에 따라 그가 생산한 언어 자료의 성격이 결정되며 오류의 유형이 달라질 것이라고 예상되기 때문이다. 학습자의 국적, 모어, 성별, 나이, 학습 기간, 평가 등급 등은 기본적으로 파악해야 할 정보이다. 이 정보는 모어에 따른 오류 유형의 차이, 성별에 따른 차이, 등급에 따른 차이를 계량적으로 분석하고자 할 때 이용된다.

학습자 말뭉치는 학습자가 생산한 언어를 관찰하여 언어 발달 과정을 이해하는 데 도움을 준다. 이뿐만 아니라 언어 교육에서의 실질적인 응용 측면에서도 교재 및 평가 도구 개발 시 학습자가 틀릴 가능성이 높은 것을 예측하고 그것을 교정할 수 있는 장치를 미리 마련하기 위한 기초 자료를 제공해 준다는 점에서 의의가 있다.   〈유현조〉

[참고문헌]
• 서상규·유현경·남윤진(2002), 한국어 학습자 말뭉치와 한국어교육, 한국어교육 13-1, 국제한국어교육학회, 127~156쪽.
• Aston, G., Bernardini, S. & Stewart, D. (Eds.) (2004), *Corpora and language learners*, John Benjamins Publishing Company.
• Ghadessy, M., Henry, A. & Roseberry, R. L. (Eds.) (2001), *Small corpus studies and ELT: Theory and practice*, John Benjamins Publishing Company.
• Sinclair, J. (Ed.) (2004), *How to use corpora in language teaching*, John Benjamins Publishing Company.

■ 문맥 색인

문맥 색인(文脈索引, concordance)은 언어 요소를 그것이 쓰인 맥락과 함께 보여 주는 형태의 색인을 말한다.

용례 색인, 용어 색인, 단어 색인으로 지칭하기도 하며 영어 단어 콘코던스(concordance)를 번역하지 않고 사용하기도 한다. 콘코던스는 전통적으로 성서, 코란과 같은 경전이나 영향력 있는 문학 작품을 대상으로 작성한 출판물의 한 형태였다. 컴퓨터의 발달과 함께 대량의 기계 가독형 텍스트를 이용할 수 있게 되면서 이 기법은 말뭉치 언어학의 일차적인 도구로 자리 잡았다. 특히 한 어휘의 통사·의미적 형태를 파악하기 위한 중요한 기초 자료가 된다.

문맥 색인의 형태로 가장 널리 사용되는 것은 문맥 내 검색어(keyword in context: KWIC) 형태이다. 다음은 '감자'를 검색어로 하는 문맥 내 검색어의 예이다. 검색어를 기준으로 좌우의 문맥이 함께 제시된다.

지난 15일 대규모	**감자**	계획이 담긴 회생 계획안을 법원에
1인당 달랑 계란보다 작은	**감자**	두 개를 지급한다.
전면 확대 외에도 또 다른 뜨거운	**감자가**	숨어 있다.

이 예에서 경제 용어로서의 '감자'와 식품 명칭로서의 '감자'를 구별할 수 있으며 관용적 표현 '뜨거운 감자'의 구성 성분으로 쓰인 경우도 볼 수 있다. 문맥을 함께 관찰할 수 있으므로 동음이의어, 다의어, 굳어진 표현 등을 찾아내고 사용 패턴을 분석할 수 있다. 대규모 말뭉치에 대해 문맥 내 검색어를 작성하고 좌우 문맥을 정렬한 후 유형을 분류하기 때문에 양적인 측면의 분석도 가능해진다. 예를 들어 신문 기사 말뭉치를 대상으로 문맥 내 검색어를 작성했을 때는 경제 용어 '감자'가 다수를 차지하고, 일상 대화 말뭉치를 대상으로 한 경우에는 식품 '감자'가 주를 이루는 현상을 파악할 수 있다.

문맥 색인은 주어진 말뭉치를 최소한으로 가공하여 나온 결과물로 그 자체가 어떠한 결론을 직접적으로 드러내지는 못한다. 문맥 색인은 말뭉치 분석의 가장 기초적인 자료이며 말뭉치에 기반한 언어 연구 중 탐색적 단계에서의 분석 도구로 기능한다. 문맥 색인은 어떠한 언어학적 주장이나 가설을 세우기 위한 아이디어를 제공하고, 특정 목적의 말뭉치 분석 지침을 마련하기 위한 기반 정보를 제공하므로 언어 교육 분야에서는 학습자사전 편찬과 교재 개발에 기초적인 참조 자료가 된다. 〈유현조〉

[참고문헌]
• 강범모(2011), 언어, 컴퓨터, 코퍼스 언어학, 고려대학교출판부.
• Sinclair, J. (1991), *Corpus, concordance, collocation*, Oxford University Press.

■ 유형과 토큰

말뭉치 언어학에서 유형(類型, type)은 형태적으로 상호 구별되는 언어 단위의 종류를 말하고 토큰(token)은 실제 언어 자료에 나타나는 언어 단위들의 서로 다른 출현을 지칭한다.

예를 들어, '콩 심은 데 콩 나고 팥 심은 데 팥 난다.'라는 문장에서 어절 단위의 유형은 '콩', '팥', '심은', 데', '나고', '난다'로 모두 6가지이다. 토큰은 개별적인 출현을 모두 구별하는 것이므로 이 문장을 구성하는 어절 단위 토큰은 모두 10개이다. '콩' 유형의 토큰과 '팥' 유형의 토큰이 각각 2회씩 출현했기 때문이다.

유형-토큰비(type-token ratio: TTR)는 유형의 수를 토큰의 수로 나눈 것이다. 위의 예에서 어절 단위의 유형-토큰비는 6/10=0.6이다. 크기가 N인 텍스트, 즉 총 N개의 토큰으로 이루어진 텍스트의 유형-토큰비는 텍스트가 모두 다른 유형으로 이루어졌을 때 최댓값 1을 가지며 단 하나의 유형으로만 이루어졌을 때 최솟값 1/N을 가진다. 유형-토큰비는 텍스트의 어휘적 다양성의 척도로 사용하며 그 값이 클수록 어휘 다양성이 높은 텍스트임을 의미한다.

유형과 토큰은 단어의 분포에 관한 연구에서 나온 개념으로 기본적으로는 단어 유형과 단어 토큰을 지칭한다. 실제 분석에서는 단순하게 공백 문자로 구분되는 단위를 단어로 다루기도 하며, 좀 더 언어학적인 단어의 개념에 근접하기 위하여 토큰화(tokenization) 또는 단어 분할(word segmentation)이라는 자연 언어 처리를 거쳐 얻어진 단위를 단어로 삼기도 한다. 한국어에서는 단어 개념보다는 어절 단위 또는 형태소 단위의 분석이 널리 사용되어 어절 유형과 토큰, 형태소 유형과 토큰이 주 분석 대상이다.

유형과 토큰은 언어학적 고려 없이 기계적으로 처리될 수도 있으나 말뭉치의 규모가 상대적으로 작고 정밀한 분석이 필요한 경우에는 분석 대상과 분류 기준을 상세히 고려해야 한다. 분석에 앞서 문장 부호의 포함, 이형태의 구분, 복합어의 분할, 문법소와 어휘소의 구분 여부 등을 미리 결정하여야 한다. 〈유현조〉

[참고문헌]
• 강범모(2011), 언어, 컴퓨터, 코퍼스 언어학, 고려대학교출판부.
• Baroni, M. (2008), Distributions in text, In A. Lüdeling. & M. Kytö. (Eds.), *Corpus linguistics: An international handbook*, Mouton de Gruyter.

■ 어휘 빈도

말뭉치 언어학에서 어휘 빈도(語彙頻度, lexical frequency)는 특정한 어휘 요소(lexical item)의 빈도, 즉 말뭉치에서 특정 어휘 요소가 나타나는 횟수를 뜻한다.

어휘 요소는 하나의 단어 또는 단어의 일부이며 때로는 여러 단어로 이루어진 묶음일 수도 있다. 말뭉치 언어학에서는 어휘 빈도가 일차적인 분석 대상이지만 이외에도 문자 빈도, 음소 빈도, 음절 빈도, 형태소 빈도 등 다양한 단위의 빈도가 논의되고 있다.

어휘 빈도의 계산은 텍스트 자료에 직접 행할 수도 있으나 일반적으로 정확한 단위 구분을 위해 전처리가 필요하다. 자연 언어 텍스트를 컴퓨터를 이용하여 분석하는 논의에서 단어(word)라는 용어는 언어학적인 단위가 아니라 전산 처리의 관점에서 공백 문자로 구분되는 단위를 지칭하는 경우가 많다. 정서법상의 시각적 단위와 언어학적 단어 단위 사이에 괴리가 크지 않은 영어를 비롯한 여러 유럽어 연구에서는 공백으로 구분되는 단위의 빈도를 계산하여 단어 빈도를 얻는 것이 일반적이다. 굴절과 곡용이 많은 언어에서는 기본형(lemma)의 빈도와 어형(word form)의 빈도를 구별하여 계산하는 것이 중요한 문제다. 이를 위하여 토큰화(tokenization), 어간화(stemming), 기본형화(lemmatization)와 같은 자연 언어 처리 기법이 필요하다. 한편 중국어나 일본어 같이 띄어쓰기를 하지 않는 언어는 이러한 방법을 취할 수 없다. 따라서 한자 같은 표의 문자는 단어 빈도에 대응하여 문자 빈도를 이용하기도 한다. 이때 단어 분할(word segmentation), 형태소 분석(morphological analysis) 등의 과정을 거친 후에 얻는 단위의 빈도를 계산한다.

한국어의 기본적인 어휘 분석 단위는 어절이다. 정서법의 단위가 단어의 개념과 일치하지 않으므로 주어진 말뭉치에서 단어 빈도를 바로 측정할 수 없다. 예를 들어 '학생들에게는'이라는 하나의 정서법 단위가 '학생', '들', '에게', '는'이라는 4개의 단어로 이루어진 것에서 확인할 수 있듯이 한국어의 띄어쓰기 단위는 단어와 일치하지 않는다. 또한 정서법의 유연함으로 인하여 '한국어', '교원', '양성', '과정' 같은 여러 개의 명사를 '한국어교원양성과정'처럼 붙여 쓰는 경우도 빈번하다. 따라서 한국어의 전산 처리에서는 특정 단어의 빈도를 측정하기 위해서 우선 띄어쓰기 단위인 어절을 말뭉치 분석의 기본 단위로 삼는다. 즉 한국어 말뭉치에서 얻을 수 있는 가장 기본적인 빈도는 어절 빈도이다.

그러나 어절을 기준으로 하면 '학생이', '학생만', '학생들에게는' 등이 각각 다른 요소로 분석되므로 '학생'의 빈도를 알 수 없다는 문제가 생긴다. 이러한 문제는 형태소 빈도 분석을 통해 해결할 수 있다. 형태소 분석 과정을 통해 '학생들에게는'과 같이 여러 문법소가 결합한 형태나 '한국어교원양성'과 같이 여러 단어로 이루어진 복합어를 개별 형태소로 분해한 후 빈도를 계산한다. 이때 형태소 분석 과정 또한 컴퓨터를 이용한 처리 과정 중의 하나로 형태소 분석기에 따라 그 결과가 달라질 수 있으므로 주의해야 한다.

어휘 빈도 정보는 언어 인지, 심리, 교육 분야의 실증적 연구에서 중요하게 사용된다. 예를 들면 언어 실험 또는 평가에서 주어진 문항에 대한 피실험자의 반응 속도나 정답률은 해당 문항을 구성하는 어휘의 빈도를 고려하여 분석한다.　〈유현조〉

[참고문헌]
- 강범모(2011), 언어, 컴퓨터, 코퍼스 언어학, 고려대학교출판부.
- Baayen, R. H. (2001), *Word frequency distributions*, Kluwer Academic Publishers.

■ 어휘 풍부성

어휘 풍부성(語彙豐富性, lexical richness)은 글 또는 말이 가진 어휘의 다양성과 규모를 평가하기 위한 개념이다.

주어진 텍스트의 어휘 풍부성을 평가하기 위한 측도는 계량 언어학과 문체론의 오랜 관심 중 하나였다. 컴퓨터의 발달과 기계 가독형 말뭉치의 등장에 따라 여러 가지 어휘 풍부성 측도가 제안되고 있다. 특히 언어 습득 및 교육 분야에서는 제1 언어 또는 제2 언어 학습자가 생산한 말과 글의 어휘 평가 측면으로 어휘 풍부성이 논의되고 있다. 어휘 풍부성은 학습자의 쓰기 자료에 대한 연구가 기초를 이루었으나 말하기 자료의 어휘 풍부성에 대한 연구로 점차 확대되고 있다.

어휘 풍부성의 측도로 가장 기본적인 것은 어휘 규모(vocabulary size)이다. 어휘 규모는 한 언어 자료에 나타나는 서로 다른 어휘 요소의 개수를 의미한다. 유형과 토큰이라는 개념에서는 어휘 유형의 개수에 해당한다. 어휘 규모는 자료의 크기가 커짐에 따라 증가하는 경향이 있다. 따라서 서로 크기가 다른 언어 자료의 어휘 풍부성을 어휘 규모로 비교할 수 없다는 문제가 있다.

또 다른 기본적인 측도로는 어휘 유형-토큰비(type-token ratio: TTR)가 있다. 이는 어휘 유형의 개수를 어휘 토큰의 개수로 나눈 비율이다. 언어 자료에 사용된 유형과 토큰의 비율로 척도화되었으므로 서로 다른 크기의 언어 자료의 어휘 풍부성을 비교할 수 있다. 그러나 유형-토큰비는 말뭉치의 크기에 의존하는 현상이 있다고 알려져 있으므로 서로 크기가 매우 다른 두 텍스트의 유형-토큰비를 어휘 풍부성의 비교 기준으로 삼는 것은 문제가 있다.

계량적 관점에서 어휘 풍부성에 대한 핵심적인 관심은 일관성 있는 측도를 찾는 데에 있다. 언어 자료의 크기에 의존하지 않는 상수로서 어휘 풍부성 측도를 구성할 수 있다면 이상적이겠으나 이를 만족하는 좋은 측도는 아직 발견되지 않았다. 어휘 풍부성 측도와 텍스트 길이가 독립적이라는 가정은 근원적으로 문제가 있으며, 가능한 대안은 텍스트가 전개됨에 따라 함께 변하는 측도의 프로파일(profile)을 고려하는 접근법이다.　〈유현조〉

[참고문헌]
• Laufer, B. & Nation, P. (1994), Vocabulary size and use: Lexical richness in L2 written production, *Applied Linguistics 16-3*, pp. 307~322.
• Tweedie, F. & Baayen, R. (1998), How variable may a constant be? Measures of lexical richness in perspective, *Computers and the Humanities 32*, pp. 323~352.
• Vermeer, A. (2000), Coming to grips with lexical richness in spontaneous speech data, *Language Testing 17-1*, pp. 65~83.
• Yule, G. (1944), *The statistical study of literary vocabulary*, Cambridge University Press.

■ 연어

말뭉치 언어학에서 연어(連語, collocation)는 둘 이상의 단어의 결합이 기대되는 것보다 더 자주 함께 나타나는 경우를 지칭한다.

둘 이상의 단어가 자주 함께 사용되는 현상은 더 넓은 관점에서는 공기(共起, co-occurrence) 관계로 다룬다. 연어의 개념은 분야나 입장에 따라 다르게 정의하므로 일관된 개념을 논하기가 어렵다. 말뭉치 언어학에서는 연어에 대해 단어들의 결합이 빈번하게 나타난다는 경험적이고 계량적인 관점에서 접근하며, 이론 언어학에서는 통사·의미적 제약이 있는 결합이라는 관점에서 정의한다. 자유로운 통사 결합으로 설명되지 않는 이러한 단어들의 결합은 전통적으로는 관용구(phraseology), 숙어(idiom), 굳어진 표현(fixed expression) 등의 개념으로 다루어 왔다. 자연 언어 처리 시스템의 구축이라는 차원에서는 다단어 표현(multiword expression: MWE)이라는 개념으로 사용되며, 외국어 교육 관점에서는 정형 표현(formulaic sequence)이라는 개념도 널리 사용된다.

말뭉치 언어학에서는 연어를 계량적인 방법으로 찾아내는 것이 중요한 연구 주제이다. 연어는 일차적으로는 문맥 색인을 살펴봄으로써 찾을 수 있으나 이 방법은 인간의 수작업과 판정에 의한 것으로 대규모 말뭉치를 대상으로 한 분석에는 적용하기가 어렵다. 계량적인 연어 추출의 기본 방법은 주어진 단어의 결합이 연어일 가능성 또는 강도를 점수화하고, 일정 점수 이상을 얻은 결합을 연어 후보라고 판정하거나 말뭉치에 출현한 모든 단어 결합을 점수 순으로 정렬하여 일정 수의 상위 항목을 뽑는 것이다. 두 단어 결합에 대해서는 t-점수, 상호 정보(mutual information), 로그 가능도 비율(log-likelihood ration) 등의 척도가 존재하나 세 단어 이상의 결합에 대한 연구는 많지 않다. 〈유현조〉

[참고문헌]
• 강범모(2011), 언어, 컴퓨터, 코퍼스 언어학, 고려대학교출판부.
• 김진해(2000), 연어 연구, 한국문화사.
• 이준규·유현조(2011), 한국어교육을 위한 정형 표현 찾기: 잦은 명사 결합을 중심으로, 응용언어학 27-2, 한국응용언어학회, 53~71쪽.

1.11. 컴퓨터 언어학

컴퓨터 언어학(computational linguistics)은 컴퓨터가 인간의 자연 언어를 처리하고 이해할 수 있게 하는 방법을 연구하는 학제 간 연구 분야이다.

컴퓨터 언어학은 1949년에 기계 번역의 가능성을 제시한 위버(W. Weaver)로부터 시작되었다. 미국에서는 많은 연구비를 들여 기계 번역에 대한 연구를 진행하다가 연구 성과가 나오지 않자 1964년 위원회를 조직하여 자연 언어 처리 현황과 가능성에 대한 백서를 만들었다. 1966년 알팍(Automatic Language Processing Advisory Committee: ALPAC) 보고서로 알려진 자연 언어 처리 백서에서 위원회는 당시 기술 수준으로 기계 번역은 불가능하다는 결론을 내렸다. 1970년대에는 달 탐사 성공의 여파로 자연 언어를 이해하도록 탐사 로봇을 제어하기 위하여 SHRDLU 같은 시스템을 만들었고, 탐사선이 가져온 자연물을 자연 언어로 검색하기 위하여 LUNAR 시스템을 만들기도 하였다.

1980년대에서 1990년대에는 어휘 기능 문법(lexical functional grammar: LFG), 일반 구 구조 문법(generalized phrase structure grammar: GPSG), 핵어 중심 구 구조 문법 (head-driven phrase structure grammar: HPSG), 한정절 문법(definite clause grammar: DCG) 등 통합 기반 문법들을 자연 언어 분석에 적용하기 시작하였다. 규칙과 원리 기반의 언어 기술은 합리주의적 전통에 기반한 방법론이다. 그렇지만 자연 언어의 표현을 규칙 기반 모형들로 모두 처리하기에는 어려운 문제점들이 드러나기 시작했다. 대표적인 문제가 중의성 해소 문제로 중의성에는 어휘적 중의성과 구조적 중의성이 있다. 자연 언어 처리 분야에서는 규칙 기반 시스템만을 사용하여 중의성을 해소하기는 어렵다고 인식했다. 따라서 합리주의적 전통의 방법론적 한계를 극복하기 위하여 경험주의적 전통의 방법론을 자연 언어 처리 분야에 적용하기 시작하였다. 대표적인 예로 대용량 코퍼스로부터 언어 지식을 학습시키는 통계적 방법의 적용을 들 수 있다. 이와 같은 경험주의적 전통의 방법론 적용을 통해 규칙 기반 시스템만으로는 해결할 수 없던 품사 태깅, 어휘적 중의성 해소, 구조적 중의성 결정과 같은 문제들이 해결되기 시작했다.

한국어 학습자의 쓰기에 나타나는 어휘 사용 빈도를 계산하거나 단문과 복문의 사용 양상에 따른 문장 복잡도의 차이 등에 대해 조사하려면 학습자 쓰기 자료를 대상으로 한 형태 주석 말뭉치의 구축이 필수적이다. 이때 '21세기 세종 계획'에서 제공하고 있는 다양한 언어 자원과 언어 처리 도구를 활용할 수 있다. '글잡이Ⅱ'와 같은 한국어 형태 분석과 태깅(tagging) 지원 시스템을 이용하면 학습자의 형태 주석 말뭉치 구축이 용이하고 이를 활용한 분석 연구가 가능하다. 〈최운호〉

[참고문헌]
• 김영택 외(2001), 자연 언어 처리, 생능출판사.
• Mitkov, R. (2003), *The Oxford handbook of computational linguistics*, Oxford University Press.

■ 전자사전 편찬

전자사전(電子辭典, electronic dictionary) 편찬은 컴퓨터 파일로 존재하는 전산화된 형태의 사전을 편찬하는 것을 말한다.

전자사전은 마크업 언어(markup language)로 기술된 사전이나 데이터베이스 형태로 구축된 사전을 모두 포함한다. 한국어교육과 한국어 연구를 위해 공공 영역에서 참조할 수 있는 대표적인 전자사전은 '21세기 세종 계획' 사업에서 구축한 전자사전이 있다. 이 사전은 집필 단계에서부터 전자사전의 내용을 담을 수 있는 틀로 마크업 언어를 이용하여 형식적 통일성을 갖추었다.

이승재는 전자사전을 '사전의 내용을 종이가 아닌 디스켓과 같은 보조 기억 장치에 담은 전자 매체'와 '자연 언어 처리에서 컴퓨터 내부 작업에 이용되는 사전'으로 구분하였다. 전자의 정의에 따른 전자사전을 기계 가독형 사전(machine readable dictionary: MRD)이라고 하며, 후자의 정의에 따른 전자사전을 기계 참조형 사전(machine tractable dictionary: MTD) 또는 기계 처리용 사전이라고 부른다. 기계 가독형 사전은 기존의 종이 출판 사전을 구조화된 형태로 변환하거나 전자 조판된 파일을 구문 분석(parsing)해서 구조화된 문서로 변환하여 구축한다.

1989년 보구라예프와 브리스코(B. Boguraev & T. Briscoe)는 '롱맨 현대 영어 사전(Longman dictionary of contemporary English: LDOCE)'의 전자 조판 파일로부터 구조화된 전자사전을 구축하여 온라인 서비스가 가능한 기계 가독형 사전을 구축하는 과정을 보여 주었다. 구조화된 기계 가독형 사전으로부터 자연 언어 처리에 활용 가능한 통사 정보, 음성 인식을 위한 단어의 음소열 정보를 추출하였으며 또한 사전 뜻풀이문(definiens)을 분석함으로써 기존의 출판 사전을 활용하여 최종적으로 기계 참조형 사전을 만들어 가는 과정을 보였다.

롱맨 현대 영어 사전과는 달리 기존의 출판물을 변환하지 않고 구축한 사전으로는 워드넷(WordNet)이 있다. 워드넷은 표제어에 신셋(synset)이라는 유의어 집합을 연결함으로써 풀이 사전과 시소러스(thesaurus)를 결합한 어휘망이다. 보센(P. Vossen)에 따르면 영어를 대상으로 구축한 워드넷을 기본으로 유럽의 언어들을 중간 언어 색인(inter-lingual index: ILI)를 통해 확장한 다국어 어휘 데이터베이스가 유로 워드넷(Euro WordNet)이라는 이름으로 공개되어 있다. 이후 워드넷과 유로 워드넷처럼 한자 문화권의 어휘 관계 의미망을 구축하고자 중국어 워드넷(China WordNet: CWN)이 구축되고 있다.

전자사전을 기술하기 위한 표준으로는 LMF(lexical markup framework)가 국제 표준으로 제정되어서 확장되고 있다. 출판 사전의 구조화된 문서나 기계 참조형 사전을 위한 어휘 자원의 기술은 앞으로는 LMF를 활용해서 변환 및 구축될 것이다.

한국어교육에서도 2007년 김하수 외가 편찬한 《한국어교육을 위한 한국어 연어 사전》이나 2013년 조민정 외가 편찬한 《학습자를 위한 한국어 유의어 사전》 등이 출판되었는데 이러한 사전들이 휴대용 전자사전이나 인터넷에서 서비스되기 위해서는 XML(extensible markup language) 또는 LMF처럼 구조화된 문서로 변환이 가능해야 한다. 〈최운호〉

[참고문헌]
• 이승재(2001), 전자사전은 왜 필요한가?, 새국어소식 33, 국립국어연구원.
• Boguraev, B. & Briscoe, T. (1989), *Computational lexicography for natural language processing*, Longman.
• Vossen, P. (1998), *EuroWordNet: A multilingual database with lexical semantic networks*, 한정한 외 역, 2004, 유로워드넷: 어휘 의미적 네트워크를 갖춘 다국어 데이터베이스, 한국문화사.

■ 형태소 분석

한국어 자연 언어 처리에서 형태소 분석(形態素分析, morphological analysis)이란 입력 스트링(string)의 형태론적 구조를 자동으로 분석해 내는 과정을 말한다.

입력 스트링은 형태소 분석 시스템에서 분석해야 하는 기본 입력 단위로 한국어의 경우에는 한글 자모와 기타 컴퓨터에서 사용되는 문자 기호들의 연쇄이다. 일반적인 한국어 형태소 분석 시스템의 처리 단위가 되는 입력 스트링은 어절이다. 형태소 분석 시스템은 일차적으로는 어절로부터 어휘 형태와 문법 형태를 분절해 내고, 이차적으로는 각 어휘 형태와 문법 형태의 내적 구조를 분석한 후, 그 결과로 산출되는 형태소에 분석 표지를 할당한다. 형태소에 할당되는 분석 표지의 집합을 표지 집합(태그셋, tagset)이라고 하며 형태론에서 다루는 형태론적 범주뿐만 아니라 기호 등에 대한 범주 구분까지도 표지 집합에 포함한다. 한국어 형태소 분석을 위한 대표적인 표지 집합은 '21세기 세종 계획'에서 사용하는 양식이 있다.

마틴과 쥬라프스키(D. Martin & J. H. Jurafsky)에 따르면, 미국의 언어학자인 해리스(Z. S. Harris)는 1950년대에 TDAP(transformations and discourse analysis project)에서 사용하는 구문 분석기에 14개의 규칙을 적용한 품사 부착 알고리즘을 구현하였다고 한다. 한국어에서는 1990년 김덕봉 외가 동적 프로그래밍(dynamic programming) 기법을 이용한 형태소 분석을, 1993년 강승식이 음절 정보를 이용한 형태소 분석을, 2004년 심광섭 외가 동적 프로그래밍과 인접 조건 검사를 강화한 형태소 분석을, 2008년 이승욱 외가 말뭉치를 활용한 형태소 분석을 제안하고 구현하였다.

한국어는 조사와 어미를 다양하게 사용하고 어휘 형태에 문법 형태가 결합하여 문법 관계를 나타내는 교착어 유형의 언어이기 때문에 형태소 분석의 입력 단위로 사용되는 어절의 유형이 다양하고 구조가 복잡하다. 또한 한 어절이 다양한 형태소 결합 연쇄로 분리될 수 있는 어절 중의성이 많이 나타난다.

형태소 분석은 일반적으로 어절을 입력 대상으로 하여 '전처리 → 분석 후보 생성 → 결합 제약 검사 → 분석 후보 선택 → 후처리'의 과정을 거친다. 전처리 단계에서는 문장 부호 등을 어절로부터 분리하는 처리를 하며 어절 자체에 형태론적 중의성이 있는 경우에는 위의 (1), (2)처럼 다양한 분석 후보를 생성한다.

(1) 어절 '가는'의 가능한 형태소 분석
　ㄱ. 가(명사) + 는(조사)
　ㄴ. 가-(동사) + 는(어미)
　ㄷ. 갈-(동사) + 는(어미)
　ㄹ. 가늘-(형용사) + 은(어미)
(2) 어절 '감기는'의 가능한 형태소 분석
　ㄱ. 감기(명사) + 는(조사)
　ㄴ. 감기-(동사) + 는(어미)
　ㄷ. 감-(동사) + -기-(접사) + 는(조사)

이 중에서 적절한 분석 후보를 선택하고 분석 결과를 출력하는데 어절 정보만으로는 어절 중의성을 해소하기 어려운 경우가 있다. 품사 태깅 과정에서는 이러한 중의적 분석을 해소하고 적합한 품사 태그만을 부착해야 한다. 이를 위해서 규칙 기반 중의성 해소법 또는 통계적 접근법을 사용하여 품사 중의성을 해소하게 된다.

한국어교육에서는 형태소 분석을 한국어 형태 주석 말뭉치의 구축, 학습자 말뭉치의 형태 주석 등에 적용한다.　　　　　　　　　　　　　　　　　　　　　　　〈최운호〉

[참고문헌]
· 강승식(1993), 음절 정보와 복수어 단위 정보를 이용한 한국어 형태소 분석, 서울대학교 박사학위논문.
· 김덕봉·최기선·강재우(1990), 한국어 형태소 처리와 사전-접속 정보를 이용한 한글 철자 및 띄어쓰기 검사기, 어학연구 26-1, 서울대학교 어학연구소, 87~116쪽.
· 심광섭·양재형(2004), 인접 조건 검사에 의한 초고속 한국어 형태소 분석, 소프트웨어및응용 31-1, 한국정보과학회, 89~99쪽.
· 이승욱·이도길·임해창(2008), 형태소 분석 및 품사 부착을 위한 말뭉치 기반 혼합 모형, 한국컴퓨터정보학회논문지 13-7, 한국컴퓨터정보학회, 11~18쪽.
· Jurafsky, D. & Martin, J. H. (2000), *Speech and language processing: An introduction to natural language processing, computational linguistics, and speech recognition*, Prentice Hall.

■ 구문 분석

구문 분석(構文分析, parsing)은 자연 언어나 형식 언어의 문장을 통사적인 특징에 따라 구성 성분으로 분석하는 절차 또는 소프트웨어 시스템의 처리 과정을 말한다.

자연 언어 문장을 대상으로 이러한 절차를 수행하는 소프트웨어 시스템은 구문 분석기 또는 파서(parser)라고 부른다.

구문 분석 또는 문장의 구조 분석은 그리스 어 전통에 따른 용어인 반면, 구문 분석의 번역어 parsing은 라틴어 pars orationis(part of speech)에서 유래하였다. 구문 분석은 언어를 분석하는 틀로서 참조하고 있는 통사 모형이 있음을 가정한다. 문장의 구조에 대한 형식화된 문법을 전제했을 때 자연 언어 처리에서의 구문 분석은 컴퓨터를 이용하여 자연 언어 문장을 분석하는 연산 과정이며, 기호 체계를 더 큰 분석 단위로 묶어 주고 표상하는 기계적인 처리 과정을 말한다. 즉 구문 분석은 컴퓨터를 이용해 문장의 구조를 처리하는 기호 처리(symbolic processing) 과정이다.

일반적으로 구문 분석 시스템은 그 자체가 목적이 되는 경우는 드물고 대부분 직간접적으로 응용된다. 직접적으로 응용되는 분야로는 우선 워드 프로세싱 시스템(word processing system)의 문법 검사(grammatical checking) 기능이 있다. 또한 의미 분석(semantic analysis)에서는 구문 분석이 의미 분석을 위한 중간 단계 표상 체계로 사용되며, 그 결과는 특정 목적에 따른 의미 해석을 거쳐 질의응답(question answering)이나 정보 추출(information extraction)에 응용된다. 〈최운호〉

[참고문헌]
• 임홍빈·이홍식 외(2002), 한국어 구문 분석 방법론, 한국문화사.
• Jurafsky, D. & Martin, J. H. (2000), *Speech and language processing: An introduction to natural language processing, computational linguistics, and speech recognition*, Prentice Hall.
• Karttunen, L. & Zwicky, A. M. (1985), Natural language parsing: Introduction, In D. R. Dowty., L. Karttunen. & A. M. Zwicky. (Eds.), *Natural language parsing: Psychological, computational and theoretical perspectives*, pp. 1~25, Cambridge University Press.

■ 단어 중의성 해소

단어 중의성 해소(單語重義性解消, word sense disambiguation: WSD)란 단어에 있는 중의성을 해소하기 위해서 단어가 사용된 문맥을 바탕으로 어떤 의미가 가장 적정한 의미인지를 결정하는 방법론과 절차를 말한다.

단어 중의성은 동음이의어, 동형이의어 또는 다의어에서 유발된다. 다음 단어들은 모두 중의적인 단어들의 예이다.

(1) 갈음-가름, 흑색-흙색, 가치-같이
(2) 상의
(3) 손으로 잡다, 손이 부족하다

(1)에서 '갈음'과 '가름', '흑색'과 '흙색', '가치'와 '같이'는 동음이의어로 음성 언어 인식 시스템의 경우에는 유사 발음에 대해서 어떤 어휘인지를 결정하는 문제가 발생한다. (2)의 '상의'는 문맥에 따라서 '윗옷'을 의미할 수도 있고, '어떤 일을 서로 의논함'을 의미할 수도 있다. (3) '손'의 경우에는 다의어로의 의미 분화 과정을 거치면서 중의성을 가지게 되었다.

단어 중의성이 해소되지 않으면 기계 번역에서는 정확한 번역어를 선정하기가 어렵다. 정보 검색에서도 사용자가 검색하고자 하는 검색어가 동형이의어인 경우에는 원하지 않는 결과를 걸러 내지 못하는 문제점이 발생한다. 스티븐슨(M. Stevenson)이 소개한 바와 같이 사용자는 프로그래밍 언어의 용법으로 사용된 자바를 의도하고 'Java'를 입력했지만 검색 엔진은 커피의 종류, 지명 등을 모두 포함한 검색 결과를 제시하는 것이 이에 대한 예이다.

'21세기 세종 계획'에서 보급하는 세종 계획 말뭉치에는 이러한 어휘적 중의성이 해소된 의미 분석 말뭉치가 포함되어 있다.

(4) 프랑스의 세계적인 의상 디자이너 엠마누엘 웅가로가 실내 장식용 직물 디자이너로 나섰다. 웅가로는 침실과 식당, 욕실에서 사용하는 갖가지 직물 제품을 디자인해……

(5) ㄱ. 장식용   장식_05/NNG + 용/XSN
    ㄴ. 사용하는   사용_04/NNG + 하/XSV + 는/ETM

위에 제시된 (4)~(5)는 세종 계획 말뭉치의 의미 분석 말뭉치에서 추출한 예이다. 세종 계획의 의미 분석 말뭉치는 표준국어대사전의 표제어 번호를 기준으로 동형어를 구별하였다. 표준국어대사전에는 '장식01'에서 '장식06'까지 '장식'에 대해 모두 6개의 동형어가 등재되어 있고 '사용'은 5개의 표제어가 등재되어 있다. 의미 분석 말뭉치에서는 각 단어가 사용된 맥락에 따라 이 중에서 어디에 해당하는지를 밝히고 있다.

단어 중의성을 해소하는 데에는 기계 학습 방법을 적용하는데 감독법(supervised word sense disambiguation)과 무감독법(unsupervised word sense disambiguation)을 각각 사용한다. 감독법과 무감독법은 지도 학습과 자율 학습이라고도 부른다. 감독법은 입력 변수와 출력 변수가 학습 데이터로 주어졌을 때 두 변수의 상관관계를 자료로부터 추정하여 예측 모형을 만드는 방법이다. 무감독법은 예상되는 출력 변수 없이 입력 변수만을 대상으로 탐색적인 분석을 통하여 분류하고 군집을 나누는 방법이다. 이 외에도 시소러스(thesaurus)와 사전 정보를 이용하는 방법, 전통적인 의미론의 선택 제약(selectional restriction)을 이용하는 방법 등이 있다.

한국어 학습자의 말뭉치를 정교하게 분석하려면 단어 중의성이 해소된 의미 분석 말뭉치를 구축하여야 한다. 한국어 학습자 말뭉치와의 대조를 위한 균형 말뭉치(balanced corpus)로 '21세기 세종 계획'의 의미 분석 말뭉치가 있다. 균형 말뭉치는 말뭉치의 구성 비율에 텍스트의 장르 특성을 반영해 신문, 소설, 수필, 정보, 교과서 등 각 장르의 텍스트들이 골고루 포함되도록 구성한 말뭉치를 말한다. 이는 단어 중의성이 해소된 말뭉치로 연구 자료로서의 가치가 높다. 〈최운호〉

[참고문헌]
• Jurafsky, D. & Martin, J. H. (2000), *Speech and language processing: An introduction to natural language processing, computational linguistics, and speech recognition*, Prentice Hall.
• Stevenson, M. (2003), *Word sense disambiguation: The case for combinations of knowledge sources*, CSLI Publications.

■ N-그램 언어 모형

N-그램(N-gram) 언어 모형은 선행하는 N-1개의 단어로부터 N번째 단어 또는 N번째 단어의 특성을 예측하는 언어 모형이다.

N-그램 언어 모형의 개념은 러시아의 수학자 마르코프(A. A. Markov)가 푸시킨(A. S. Pushkin)의 《예브게니 오네긴(*Евгений Онегин*)》을 분석하면서 특정 문자에 후행하는 문자가 자음인지 모음인지를 예측하기 위해서 사용하였다. N-그램 언어 모형은 마르코프 연쇄(Markov chains)라고도 불리며 N이 1인 경우를 유니그램(unigram), N이 2인 경우를 바이그램(bigram), N이 3인 경우를 트라이그램(trigram)이라고 한다.

예컨대 표준국어대사전의 '손01' 항목에 올라 있는 예문은 다음과 같다.

(1) 그는 불교에 귀의한 뒤로 범죄 조직-J 손을 V-고 착실히 살아가고 있다.

위 예문에서 어절 '손을'에 뒤따라 오는 동사 자리인 V에 한국어 화자들은 '씻-'이라는 어간을 예측할 수 있으며 이 자리에 '훔치-', '끼-', '놀-' 등의 어간을 예측하는 한국어 화자는 없을 것이다. 또한 어절 '손을'에 선행하는 명사구 '범죄 조직'에 결합할 수 있는 조사로는 '에서', '(으)로부터'이고, 이 조사 자리에 '(으)로'를 예측하는 한국어 화자는 없을 것이다. N-그램 언어 모형은 특정 단어 출현의 개연성을 선행하는 단어들과의 조건부 확률로 추정하며, 단어와 단어의 결합으로부터 추정된 조건부 확률을 확장하여 문장 전체의 확률을 추정한다. N-그램 언어 모형은 형태소 분석과 태깅(tagging) 과정에서의 품사 중의성 해소, 음성 인식 분야, 한국어 자동 띄어쓰기 등에서 중요한 역할을 한다.

신효필은 N-그램 언어 모형에서 단어의 조건부 결합 확률을 이용하여 문장의 확률을 추정하는 과정을 다음과 같이 간략히 설명하였다.

(2) 나는 어저께 수학 공부를 했다.

(3) $P(\text{했다} \mid \text{나는 어저께 수학 공부를}) = \dfrac{C(\text{나는 어저께 수학 공부를 했다.})}{C(\text{나는 어저께 수학 공부를})}$

특정 말뭉치를 바탕으로 '나는 어저께 수학 공부를 했다.'라는 문장이 출현할 개연성을 추정하기 위해서는 대상 말뭉치에서 '나는 어저께 수학 공부를 했다.'라는 단어 연쇄의 출현 빈도를 구하고, 이 값을 '나는 어저께 수학 공부를'이라는 단어 연쇄의 출현 빈도로 나누어 준다. 그렇지만 대규모 말뭉치에서도 '나는 어저께 수학 공부를'이라는 단어 연쇄의 출현을 관찰하기는 쉽지 않기 때문에 두 단어 또는 세 단어 연쇄의 결합 확률을 이용한 조건부 확률로 구해야 한다.

(4) P(나는 어저께 수학 공부를 했다)

≈(나는 | ⟨BOS⟩)P(어저께 | 나는)P(수학 | 어저께)P(공부를 | 수학)P(했다 | 공부를)P(⟨EOS⟩ | 했다)

두 단어 연쇄의 결합 확률을 이용해서 (4)와 같이 단어 연쇄 또는 문장의 확률을 추정하는 모형을 바이그램 언어 모형(bigram language model)이라고 한다. N-그램 언어 모형은 주어진 말뭉치에서 어휘 결합 빈도를 추출해서 추정에 사용하기 때문에 실제 말뭉치에 출현하지 않은 어휘 연쇄에 대해서는 추정이 어렵다는 문제점이 있다. 이러한 문제점을 극복하기 위해서 평탄화(smoothing)라는 과정을 거친다. 평탄화는 현재 말뭉치에서는 나타나지 않았지만 앞으로 나타날 가능성이 있는 N-그램 언어 모형 구성에 대해서 0과 같은 확률을 높이고 높은 확률값은 낮춤으로써 확률 분포를 균등하게 만드는 방법이다.

한국어교육에서는 주로 N-그램 언어 모형을 균형 말뭉치 또는 한국어를 모어로 하는 대학생의 쓰기에서 사용되는 어휘 결합 양상과 외국어로서의 한국어 학습자의 쓰기에 나타나는 어휘 결합 양상의 차이를 밝히는 데 적용한다.　　　　　　　⟨최운호⟩

= 마르코프 연쇄

[참고문헌]
- 신효필(2009), 언어학과 통계 모델, 서울대학교출판문화원.
- Jurafsky, D. & Martin, J. H. (2000), *Speech and language processing: An introduction to natural language processing, computational linguistics, and speech recognition*, Prentice Hall.

■ 자연 언어와 형식 언어

자연 언어(自然言語, natural language)란 인간의 의사소통을 위해서 사용되는 일상적 언어를 말하며, 이와 대조되는 형식 언어(形式言語, formal language)는 형식 논리를 표현하기 위한 논리식이나 컴퓨터 프로그래밍을 위한 프로그래밍 언어처럼 인간 사이의 의사소통이 목적이 아닌 다른 목적을 위해서 고안된 언어를 말한다.

자연 언어의 특징 중 하나는 중의성(ambiguity)이다. (1)은 '다리'의 의미가 '신체의 일부'를 가리키는 것일 수도 있고, '시설물'을 가리키는 것일 수도 있는 어휘적 중의성의 예이고 (2)는 '아름다운'이 '그녀'와 '목소리' 중 어떤 성분과 직접 구성 성분(immediate constituent)을 이루는지에 따라서 문장의 의미가 달라지는 구조적 중의성의 예이다.

(1) 이 다리가 이상하다.
(2) 아름다운 그녀의 목소리가 기억난다.

형식 언어는 자연 언어에서 나타나는 중의성을 제거한 경우가 일반적이다. 컴퓨터 프로그래밍 언어에서 어휘적·구조적 중의성이 발생한다면 컴퓨터는 프로그래머가 의도한 명령어 집합이 어떤 것인지를 알 수 없다. 또는 중의성이 있는 자연 언어를 적확한 의미로 번역해 놓은 논리식 자체에 중의성이 있다면 논리적 표상 체계를 통해 의미를 해석하는 과정에 문제가 발생할 수밖에 없다.

언어를 기술하는 문법을 형식적으로 정의하면 문법 G는 다음과 같이 네 가지 구성 요소로 이루어진다.

(3) G=(V$_T$, V$_N$, S, R)

파티 외(B. H. Partee et al)는 문법이 종단 기호(terminal symbol)의 집합 V$_T$, 비종단 기호(nonterminal symbol)의 집합 V$_N$, 생성 규칙(production rule)의 집합 R 그리고 생성 규칙에 사용되는 특별한 비종단 기호인 시작 기호(initial symbol) S로 구성된다고 보았다. 생성 규칙의 유형에 따라서 문법은 3형 문법(type3 grammar)에서부터 0형 문법(type0 grammar)까지 구분되며, 3형 문법을 정규 문법(regular grammar), 2형 문법을 문맥 자유 문법(context-free grammar: CFG), 1형 문법을 문맥 의존 문법(context-senstive grammar: CSG), 0형 문법을 무제한 문법(unbounded grammar)이라고 한다. 그리고 각 문법으로 생성할 수 있는 언어를 정규 언어, 문맥 자유 언어, 문맥 의존 언어, 무제한 언어라고 부른다. 각 문법의 생성력은 '정규 문법 → 문맥 자유 문법 → 문맥 의존 문법 → 무제한 문법'의 순서로 커진다. 촘스키(N. Chomsky)는 이처럼 언어를 기술하기 위한 문법의 생성력은 그 형식에 따라 다르다고 보며 생성력의 차이를 보이는 문법과 언어에 위계를 매겨 촘스키 계층(Chomsky hierarchy)이라 불렀다.

형식 언어의 문맥 자유 문법은 사전의 구조를 기술하고 사전이 구조적으로 유효한 문서인지를 검사하기 위해 사용할 수 있다. 이는 말뭉치의 구조 기술에도 적용 가능하다. 또한 말뭉치를 활용한 한국어 연구에서 말뭉치 자료의 검색과 변환, 부분 구문 분석(partial parsing) 등에 정규 표현(regular expression)을 적용함으로써 효율적인 자료 분석이 가능하다. 〈최운호〉

[참고문헌]
• Chomsky, N. (1956), Three models for the description of language, *Information Theory 2-3*, pp. 113~124.
• Partee, B. H., Meulen, A. & Wall, R. E. (1990), *Mathematical methods in linguistics*, Kluwer Academic Publishers.

한국어교육학 사전

The Encyclopedia of
Korean Language Education

2

습득론

2. 습득론

2. 습득론

한국어교육학 사전은 한국어교육학의 주요 하위 분야인 한국어의 교수(teaching), 학습(learning) 및 평가(evaluation)에 중점을 두어 체제를 구성한다. 습득론 영역에서는 수업을 통한 교수 학습 또는 자연적 환경에서의 노출을 통한 제2 언어 습득(second language acquisition)과 관련된 주요 개념을 소개하고 이론적 배경을 제공하여 제2 언어 습득과 한국어 교수 학습을 더 깊이 이해할 수 있도록 도움을 주고자 한다.

우선 습득론의 기본 개념인 습득을 학습과 대비하여 정의하고 습득을 제1 언어와 제2 언어 습득으로 구분하여 설명한다. 또한 숙달도, 최종 도달도 및 속도와 같은 관련 개념도 설명한다.

다음으로 모듈성, 보편 문법 이론, 형태소 습득 연구, 모니터 이론, 정보 처리 모형, 기술 습득 이론, 상(相, aspect) 가설, 다차원 모형과 같은 제2 언어 습득의 주요 이론적 배경을 제시하고 설명한다.

습득 현상을 설명하는 요인은 언어적, 인지적, 학습자, 사회 문화적 요인으로 구분한다. 언어적 요인으로는 입력, 출력, 상호작용을, 인지적 요인으로는 주의 및 기억을, 학습자 요인으로는 나이, 정의적 요인, 인지 유형, 동기, 전략, 적성, 지능, 태도 등을, 사회 문화적 요인으로는 문화 적응 이론, 문화 변용 모형, 이중 언어 사용주의를 표제어로 선정하여 설명한다.

끝으로 제2 언어 습득 자료를 분석하는 방법으로 대두하였던 대조 분석은 대조 언어학, 대조 분석 가설, 유표성 차이 가설, 심리 유형론을, 오류 분석은 오류, 회피, 오류의 범위, 오류의 양상, 오류의 판정 기준, 오류의 원인을, 중간 언어는 언어 변이, 화석화, 안정화, 퇴행, U자형 발달, 중간 언어 화용론 등을 각각의 하위 개념으로 선정하여 설명한다.

아직까지 한국어를 목표로 삼은 습득에 관한 연구물은 한국어 교수 학습 영역에 비해 많지 않다. 한국어 습득론 영역의 연구는 한국어 학습자들이 실제로 한국어를 배우는 과정과 결과를 보여 줌으로써 좀 더 효과적인 한국어 교수 학습 환경을 조성하는 데 이바지할 것이다. 한국어교육학 분야에서 습득론의 주요 이론과 제2

언어 습득 연구의 실제에 대한 이해를 바탕으로 다양한 주제를 다루는 연구가 양적·질적으로 골고루 발전할 수 있어야 한다. 〈김영규〉

2.1. 기본 개념

습득론 연구에서 가장 중요한 기본 개념은 습득의 정의이다. 습득(acquisition)은 학습 (learning)과 대비하여 정의를 내릴 수 있다. 1982년에 크래션(S. Krashen)은 의식적으로 언어의 규칙을 배우려는 노력을 학습이라고 정의한 반면 습득은 무의식적으로 언어를 배우는 것이라고 정의하였다. 그러나 이러한 단순한 방식보다 더 세밀하게 습득의 개념을 정의할 필요가 있다. 그 이유는 제2 언어 학습자가 제2 언어의 목표 항목을 습득하였다고 할 때 연구자마다 의미하는 습득의 정의가 모두 동일하지 않을 수 있기 때문이다. 예를 들어 엘리스(R. Ellis)는 습득을 새로운 언어 자질의 내재화, 언어 자질의 사용에 대해 높아진 통제, 습득 단계에 따른 실력 향상이라는 세 가지 의미로 구분해서 정의하였다. 따라서 습득이란 용어를 사용할 때 어떠한 의미로 사용하는지를 명시적으로 정의 내리는 과정이 중요하다.

그러나 크래션이 두 용어를 구분해 사용하는 것과 달리 특별히 명시하지 않는 한 습득과 학습을 구분하여 사용하지 않아도 되며 '(교실에서) 학습되는 제2 언어 습득 (instructed second language acquisition)'이라는 습득론의 한 하위 분야의 명칭에서 볼 수 있듯이 습득의 개념에 학습의 개념을 포함시켜 포괄적으로 이해할 수도 있다. 이 경우 습득론을 크게 '(교실에서) 학습되는 제2 언어 습득'과 '자연적인 제2 언어 습득 (naturalistic second language acquisition)'으로 나눌 수 있다.

모어의 습득을 의미하는 제1 언어 습득과 달리 모어 습득 이외의 언어에 대한 습득 연구는 주로 제2 언어 습득을 말한다. 가스 외(S. M. Gass et al)에서 '제3 언어 습득(third language acquisition)'이라는 용어를 사용하듯이 모어, 즉 제1 언어 이후 습득하는 언어를 제2 언어라고 하고 그 이후 습득하는 언어를 제3 언어라고 할 수 있지만 통상 제2 언어 습득은 모어 이외의 언어, 즉 제2 언어, 제3 언어 등을 추가적으로 습득하는 것을 의미한다고 본다. 제2 언어 습득은 모어 다음, 두 번째로 습득하는 언어라는 의미의 제2 언어도 있으며 해당 언어가 사용되는 환경에 따라 외국어와 대비되는 제2 언어라는 의미도 있다. 엘리스는 두 번째 의미에서의 제2 언어는 공동체에서 제도적, 사회적 역할을 수행한다고 보았다. 즉 제2 언어는 각기 다른 언어를 본인의 모어로 사용하는 구성원들 간의 공인된 의사소통 수단으로서 기능한다는 것이다. 그에 반해서 외국어 학습은 해당 언어가 공동체에서 어떠한 주요한 역할도 수행하지 못하며 단지 교실 환경에서만 주로 학습된다고 설명하였다. 〈김영규〉

[참고문헌]
• Ellis, R. (2008), *The study of second language acquisition*, Oxford University Press.
• Gass, S. M., Behney, J. & Plonsky, L. (2013), *Second language acquisition: An introductory course*, Routledge.
• Krashen, S. (1982), *Principles and practice in second language acquisition*, Pergamon Press.

■ 습득

습득(習得, acquisition)은 넓게는 학습자가 모어 이외의 다른 언어 체계를 내재화하는 것을 의미하며 좁게는 크래션(S. Krashen)이 기술한 학습(learning)과 대비되는 개념으로, 무의식적으로 언어를 배우는 것을 의미한다. 이러한 습득의 결과로 학습자는 암시적 지식을 얻는다.

습득이란 용어는 연구자마다 다르게 사용하기도 하는데 연구 결과를 비판적으로 이해하고 상호 비교하기 위해서는 지금까지 연구자들이 습득을 어떻게 정의했는지를 명시적으로 제시하는 것이 중요하다. 엘리스(R. Ellis)는 습득을 다음과 같이 세 가지로 구분하여 정의하였다.

〈엘리스의 '습득' 측정 방법〉

습득의 정의	측정 방법	측정 도구
새로운 언어 자질을 내재화 하는 것. (internalization of a new linguistic feature)	연속적으로 실시된 두 번의 사후 시험에서 사전 시험에서는 눈에 띄지 않았던 구조가 최소한 두 개의 본보기(exemplar)로 나타나는 것을 통해 습득을 측정함. 이 방법은 산출 자료를 요구함.	분석할 자료는 다양한 수단으로 수집될 수 있지만 흔히 의사소통적 과제를 선택함.
언어 자질의 사용에 대한 통제가 늘어나는 것. (increased control over use of a linguistic feature)	사전 시험에서부터 사후 시험으로 정확성이 증진하는 것을 통해 습득을 측정함. 이 방법은 이해 및 산출 자료를 모두 사용함.	다음을 포함하는 다양한 도구가 사용됨. (1) 메타 언어적 판단 (2) 선택형 응답 (selected response) (3) 제한된 선택형 응답 (4) 자유로운 서답형 응답 (constructed response)
습득 단계에 따라 실력의 향상이 나타나는 것. (progress along an acquisitional sequence)	도티와 바릴라(C. Doughty & E. Varela)에 따르면 학습자가 목표어 자질(예: 과거 시제)을 수행하기 위해 서로 다른 구조(예: take → toke → took)를 산출하는 빈도가 변동하는 것을 통해 습득을 측정함. 이 방법은 산출 자료를 요구함.	자유로운 서답형 응답을 이끌어 내는 의사소통적 과제를 사용함.

습득을 간단하게 정리하면 다음과 같다. 첫째, 새로운 목표어의 자질을 내재화하는

것을 의미하는 습득은 학습자가 이전에는 사용할 수 없었던 특정 언어 형태를 사용할
수 있게 됨을 일컫는다. 둘째, 목표어의 자질을 사용하며 그에 대한 통제가 늘어남을
의미하는 통제로서의 습득은 쉽게 말해 목표어의 형태에 대한 정확성이 증진됨을 말한
다. 셋째, 습득 단계에 따른 실력의 향상을 의미하는 습득은 습득 단계에 따라 학습자
가 목표어 자질을 구현하기 위해 사용하는 언어 형태들의 빈도와 관련된다. 이처럼 제
2 언어 연구자가 자신의 연구에서 습득을 어떻게 정의하느냐에 따라 연구의 방향뿐만
아니라 제2 언어 발달의 측정 방법까지 달라진다.　　　　　　　　　　　〈김영규〉

[참고문헌]
• Doughty, C. & Varela, E. (1998), Communicative focus on form, In C. Doughty. & J. Williams. (Eds.), *Focus on form in classroom second language acquisition*, pp. 114~138, Cambridge University Press.
• Ellis, R. (2006), Researching the effects of form-focussed instruction on L2 acquisition, *AILA Review 19-1*, pp. 18~41.
• Krashen, S. (1982), *Principles and practice in second language acquisition*, Pergamon Press.

❏ 학습

학습(學習, learning)이란 의식적으로 제2 언어의 규칙을 배우는 것을 말한다.

일반 교육학 분야에서의 학습에 대한 정의와 달리 한국어교육학 분야에서 제2 언어
또는 외국어로서의 한국어 학습에 국한하여 학습을 정의한다면 크래션(S. Krashen)의
모니터 이론 중 습득-학습 가설에 따라 위와 같이 학습을 정의할 수 있다. 학습자는 이
러한 학습의 결과로 제2 언어에 대한 명시적 지식을 얻게 된다. 반면 습득(acquisition)
은 무의식적으로 제2 언어의 규칙을 배워 제2 언어에 대한 암시적 지식을 얻게 되는
것으로서 학습의 개념과 대조적으로 쓰인다. 그러나 학습과 습득을 엄격하게 구분하지
않는다면 학습과 습득 두 용어는 보통 교체 사용이 가능하다.

크래션에 의하면 학습의 결과인 명시적인 지식은 어떠한 방식으로도 습득의 결과인
암시적인 지식으로 전환되지 않는다고 한다. 즉 명시적 지식과 암시적 지식의 체계 사
이에는 어떠한 연결 고리도 없다는 주장이며 이러한 이유로 크래션을 비접점(非接點,
non-interface) 입장을 강하게 옹호한 학자로 분류할 수 있다. 다만 크래션은 학습의 결
과인 명시적 지식은 제한적으로나마 말하기 또는 쓰기와 같은 제2 언어 산출 시에 일
정한 조건이 충족되면 감시자(monitor)나 편집자(editor)의 역할을 수행하여 형태적으로
정확한 제2 언어 산출에 도움을 줄 수 있다고 하였다.　　　　　　　　　　　〈김영규〉

[참고문헌]
• Krashen, S. (1982), *Principles and practice in second language acquisition*, Pergamon Press.

❏ 제1 언어 습득

제1 언어 습득(第1言語習得, first language acquisition: FLA 또는 L1 acquisition: L1A)
이란 대부분의 경우 아동의 모어 또는 모국어 습득을 의미하며 태어나서 첫 번째로 이

루어지는 언어 습득을 말한다.

제1 언어, 모어, 모국어라는 용어는 혼용될 수 있지만 그 의미를 다음과 같이 구별한다. 제1 언어라는 용어는 제2 언어라는 용어와 대비하여 주로 응용 언어학과 같은 전문적인 학문 분야에서만 사용한다. 모어(母語, mother tongue)는 자라면서 배운 언어로, 화자가 자신의 언어를 모어 화자(native speaker)로서 사용할 수 있음을 의미하며 영어의 'mother tongue'과는 달리 꼭 어머니의 언어만을 의미하지는 않는다. 모국어(母國語, national language)는 국적을 기준으로 화자의 모국에서 공식적으로 사용하는 언어를 의미한다. 그러므로 경우에 따라서는 화자의 모어와 모국어가 동일하지 않을 수도 있다. 예를 들어 이중 언어 국가인 캐나다는 영어와 불어가 공용어로, 영어만을 모어로 하는 화자는 영어가 모어이고 모국어는 불어와 영어라 할 수 있다.

이중 언어 사용 환경에서와 같이 제1 언어를 습득하는 환경에 따라 아동은 복수의 제1 언어를 동시에 습득할 수도 있다. 성인의 제2 언어 습득과 비교해 볼 때 아동은 특별한 문제가 없는 한 자신의 모어를 큰 어려움 없이 성공적으로 습득한다. 아동에게 입력된 모어는 성인의 언어보다 구조적으로 훨씬 단순하다는 특징을 보이는데 이를 보호자어(caretaker speech) 또는 아동 대상어(child-directed speech)라고 칭한다. 아동의 모어 발달 과정은 영아의 음운을 식별할 수 있는 능력에서부터 의미가 없는 옹알이(babbling), 의미가 있는 한두 단어의 발화, 나아가 자신의 의사를 표현하기 위해 간단한 문장에서부터 통사적으로 복잡한 문장을 산출할 수 있는 능력까지를 포함한다.

1950년대와 1960년대에 아동 모어 습득 과정을 관찰한 결과 아동의 발화 패턴은 체계적이고 대부분 예측이 가능하다는 특징을 밝혔다. 게다가 더욱 흥미로운 것은 아동이 모어 습득 과정에서 보이는 오류와 제2 언어 학습자가 제2 언어 습득 과정에서 보이는 오류 간에는 공통분모가 존재한다는 점이다. 특별한 경우를 제외하면 누구나 성공적으로 제1 언어를 습득하고 그 발달 양상이 체계적이라는 제1 언어 습득 연구 결과는 제2 언어 습득 분야에 큰 영향을 주었다. 다수의 제2 언어 습득 이론과 연구는 제1 언어 습득과의 공통점 및 차이점을 밝혀 가며 발전하였다. 〈김영규〉

[참고문헌]

• Gass, S. M., Behney, J. & Plonsky, L. (2013), *Second language acquisition: An introductory course*, Routledge.

❏ 제2 언어 습득

제2 언어 습득(第2言語習得, second language acquisition: SLA 또는 L2 acquisition: L2A)이란 모어 이외의 언어를 추가적으로 습득하는 것을 의미한다. 또한 제2 언어의 습득을 연구하는 학문 분야를 말하기도 한다.

모어 습득을 제1 언어 습득이라고 할 경우 두 번째로 습득하는 언어는 제2 언어, 세 번째로 습득하는 언어는 제3 언어라는 식으로 부를 수도 있지만 통상 제2 언어라고 하면 모어 습득 이후 추가적으로 습득하는 언어를 포괄적으로 지칭한다. 제2 언어 습득은 언어를 습득하는 환경에 따라 외국인 학습자가 한국에서 한국어를 습득하는 것과 같이 해당 언어가 제2 언어로 사용되는 환경에서 습득하는 경우를 가리키며, 이는 외국인 학습자가 미국에서 한국어를 습득하는 것과 같이 외국어 환경에서 해당 언어를 습득하는 경우인 외국어 습득과 대비되기도 한다.

제2 언어 습득은 '자연적인 제2 언어 습득(naturalistic second language acquisition)'과 '(교실에서) 학습되는 제2 언어 습득(instructed second language acquisition)'으로 구분한다. 전자는 제2 언어 학습자들이 교실 밖에서 제2 언어를 접하여 제2 언어를 습득하는 것을 가리키며 후자는 제2 언어 학습자들이 교사나 교재를 통해 교수를 받아 제2 언어를 습득하는 것을 가리킨다.

아동의 제1 언어, 즉 모어 습득과 달리 성인의 제2 언어 습득은 매우 어려우며 성공보다는 실패가 많다. 그뿐만 아니라 성취 정도에서 아동의 제1 언어 습득은 누구나 최종적으로 거의 완전한 습득 양상을 보이지만 성인의 제2 언어 습득은 제1 언어 습득의 최종 수준까지 도달하기 매우 어려우며 최종 성취 정도에도 개인차가 뚜렷하게 존재한다. 이러한 양상을 두고 제1 언어 습득과 제2 언어 습득이 근본적으로 다르다는 근본적 차이 가설(fundamental difference hypothesis: FDH)이 제기되기도 하였다. 〈김영규〉

[참고문헌]
• Gass, S. M., Behney, J. & Plonsky, L. (2013), *Second language acquisition: An introductory course*, Routledge.

☐ 숙달도

숙달도(熟達度, proficiency)란 제2 언어 사용에 관한 전반적인 지식 또는 능력의 정도를 일컫는다. 숙달도는 제2 언어 연구에서 정의하거나 측정하기 어려운 추상적인 개념 중의 하나로서 능숙도(能熟度)라는 용어로 불리기도 한다.

제2 언어 습득 연구에서는 연구에 참여한 제2 언어 학습자의 숙달도를 학습자가 배치된 급에 따라 초급, 중급, 고급으로 나누는 경우를 종종 볼 수 있는데 토마스(M. Thomas)는 이러한 관행에 문제가 있다고 보았다. 그 이유는 동일한 급 안에서도 학습자들 간에 능력의 차이가 있을 수 있고 특정 기관의 특정 급이 어느 정도 수준인지 객관적으로 파악하기 힘들기 때문이다. 따라서 미국외국어교육협의회(American Council on the Teaching of Foreign Languages: ACTFL)에서 개발한 대표적인 숙달도 측정 도구인 ACTFL 숙달도 지침(ACTFL proficiency guidelines)과 같은 도구를 사용하여 급 배치를 하지 않는 한, 학습자의 숙달도를 연구의 변수로 삼는 것은 주의할 필요가 있다. 〈김영규〉

[참고문헌]
- American council on the teaching of foreign languages(2012), ACTFL Proficiency Guidelines 2012, Retrieved May 1, 2013, from http://actflproficiencyguidelines2012.org
- Thomas, M. (1994), Assessment of L2 proficiency in second language acquisition research, *Language Learning 44-2*, pp. 307~336.

❏ 최종 도달도

최종 도달도(最終到達度, ultimate attainment)란 제2 언어를 배울 때 가장 마지막 단계에 도달하여 더 이상의 향상이 없는 수준(end state)을 의미한다.

그러나 최종 도달도가 모어 화자 정도의 수준을 의미하는 것이라고 오해해서는 안된다. 모어 습득과 달리 제2 언어 습득에서는 학습자들의 최종 도달도가 모어 화자 수준에 미치지 못하는 경우가 대부분이다.

나이(age)가 제2 언어 습득에 미치는 영향의 관점에서 최종 도달도를 살펴볼 때 제2 언어를 배우기 시작하는 시기가 이른 것은 모어 화자 수준의 최종 도달도에 다다르는 데 필요조건일 뿐 충분조건은 아니다. 그러나 막대한 양의 입력을 접할 수 있는 자연적인 제2 언어 습득 환경에서는 좀 더 어린 나이에 제2 언어를 배우기 시작하는 학습자들이 늦게, 즉 결정적 시기(critical period) 이후에 제2 언어를 배우기 시작하는 학습자들보다 모어 화자처럼 제2 언어를 구사할 수 있을 가능성이 더 크다. 다시 말해 최종적으로는 전자의 제2 언어 도달 수준이 더 높을 수 있다.

수업(instruction)이 제2 언어 습득에 미치는 영향의 관점에서 최종 도달도를 살펴보기도 한다. 도티(C. Doughty)는 (교실에서) 학습되는 제2 언어 습득(instructed second language acquisition)이 자연적인 제2 언어 습득(naturalistic second language acquisition)과 비교해 보았을 때 제2 언어 습득에서의 최종 도달도 단계가 더 높다는 증거가 있다고 했다.

한국어를 처음 배우기 시작한 나이, 접할 수 있는 한국어 입력과 상호작용의 양과 질, 제2 언어로서 또는 외국어로서 한국어를 배우는 환경, 수업을 통해 한국어를 배우는지의 여부 등 최종 도달도에 영향을 미칠 수 있는 여러 가지 요인들을 고려한다면 보다 효과적인 한국어교육이 가능하다. 〈김영규〉

[참고문헌]
- Birdsong, D. (2004), Second language acquisition and ultimate attainment, In A. Davies. & C. Elder. (Eds.), *The handbook of applied linguistics*, pp. 82~105, Blackwell.
- Doughty, C. (2003), 10 Instructed SLA: Constraints, compensation, and enhancement, In C. Doughty. & M. H. Long. (Eds.), *The handbook of second language acquisition*, pp. 256~310, Blackwell.

❏ 속도

속도(速度, rate)란 제2 언어 학습자가 제2 언어를 습득하는 속도, 즉 제2 언어를 습득하는 데 드는 시간을 의미한다.

도티(C. Doughty)는 수업(instruction)이 제2 언어 습득에 미치는 영향의 관점에서 속도를 살펴본 결과, (교실에서) 학습되는 제2 언어 습득(instructed second language acquisition)이 자연적인 제2 언어 습득(naturalistic second language acquisition)보다 속도 면에서 더 빠르다는 근거를 제시했다. 피네만(M. Pienemann)의 교수 가능성 가설(teachability hypothesis)에 따르면 제2 언어 학습자들에게 현재의 중간 언어 발달 단계인 n단계에서 바로 윗단계, n+1단계에 해당하는 언어 구조를 교수하면 이를 더 빨리 습득할 수 있다고 한다.

나이(age)가 제2 언어 습득에 미치는 영향의 관점에서 속도를 살펴보면, 수업을 통해 제2 언어를 배우는 환경에서는 나이가 어린 학습자들보다 나이가 많은 학습자들이 제2 언어 습득 초기 단계에서 더 빠른 향상을 보인다고 한다. 이는 나이가 많은 학습자들이 인지적으로 더 성숙하기 때문이다. 〈김영규〉

[참고문헌]
- Doughty, C. (2003), 10 Instructed SLA: Constraints, compensation, and enhancement, In C. Doughty. & M. H. Long. (Eds.), *The handbook of second language acquisition*, pp. 256~310, Blackwell.
- Pienemann, M., Johnston, M. & Brindley, G. (1988), Constructing an acquisition-based procedure for second language assessment, *Studies in Second Language Acquisition 10-2*, pp. 217~243.

2.2. 이론적 배경

제2 언어 습득은 사람들이 출생 후 처음 습득하는 제1 언어인 모어 외에 개인의 언어 환경이나 학습 환경에 따라 두 번째 언어를 습득하는 것을 가리킨다. 사람들이 어떻게 제2 언어를 습득하는지 설명하는 이론 또는 제2 언어 학습을 촉진하거나 방해하는 요인에 대한 연구들을 통틀어 제2 언어 습득 이론이라 한다.

제2 언어 습득에 대한 학문적 관심은 외국어 학습에서 자연스레 대두되면서 다음과 같은 여러 관련 학문의 영향을 받아 왔다.

- 언어학(linguistics): 인간의 언어 습득 양상을 음성학, 음운론, 형태론, 통사론, 의미론 차원에서 언어 단위별로 연구한다.
- 심리 언어학(psycholinguistics): 인간이 언어를 습득, 사용, 이해할 때 작용하는 심리학적, 신경 생물학적 요인들을 연구한다.
- 인류 언어학(anthropological linguistics): 언어 습득과 문화의 관계, 언어의 사회적 사용, 시대와 공간에 따른 언어 습득상의 변이를 연구한다.
- 언어 병리학(speech-language pathology): 언어 습득 및 발화 장애를 예방, 진단, 치료하는 법을 연구한다.
- 발달 심리학(developmental psychology): 언어 습득 후 나이에 따라 인간의 마음과 행동이 어떻게 변화하는지 연구한다.

- 언어 교육(language education): 언어를 가르치고 배우는 양상을 연구한다.
- 사회 언어학(sociolinguistics): 개인이 언어를 습득할 때 나타나는 사회 언어학적 발달 양상을 사회 문화적 규범, 예상, 맥락 등에 따라 연구한다.

이러한 제2 언어 습득 이론은 크게 다음 네 가지로 나눌 수 있다.

(1) 제1 언어 습득 이론(first language acquisition theories)

제2 언어 습득을 제1 언어, 즉 모어 습득과 동질적으로 보는 태도이다. 제1 언어 습득 이론에는 경험론과 합리론이 있다. 로크(J. Locke)의 경험 철학에서 유래한 경험론(empiricism)은 인간이 태어난 후 후천적 언어 환경 및 학습 경험에 따라 모어 습득의 양상이 결성된다고 보는 이론이다. 이 이론은 경험주의, 행동주의 철학에 기반하며 현대의 구조주의 언어학 이론이 경험론에 속하는 대표적인 이론이다. 구조주의 언어학에서는 언어 습득이 자극-반응(stimulus-response)에 의한 후천적 경험과 반복 훈련을 통해 이루어진다고 본다. 이와 달리 데카르트(R. Descartes)의 합리주의 철학에서 유래한 합리론(rationalism)은 후천적 환경보다 인간에게 생득적으로 내재한 선천적 언어 습득 장치(language acquisition device: LAD)에 의한 보편적 언어 습득 능력을 전제하며 변형 생성 언어학 이론이 이 관점에서 출발한 이론이다. 이상의 모어 습득 이론을 근거로 외국어 학습에 적용한 이론으로는 다음 두 가지가 대표적이다.

ㄱ. 대조 분석 가설(contrastive analysis hypothesis): 제1 언어와 제2 언어의 공통점과 차이점을 대조 기술하여 공통점은 수월하게 전이 학습이 이루어지고 차이점만 집중 교육하면 학습이 수월할 것이란 믿음을 전제로 하는 이론으로, 행동주의(behaviorism) 관점에서 출발하였다. 언어 표현의 습관 형성(habit-formation)과 강화(reinforcement)를 중시하며 두 언어의 공통점으로 인한 간섭(interference)이나 오류의 화석화(fossilization)를 경계한다. 대조 분석 이론의 한계를 극복하기 위해 오류를 언어 습득 단계에서 당연히 나타나는 긍정적 현상으로 보는 오류 분석론이 출현하였다.

ㄴ. 보편 문법 이론(universal grammar theory): 인간에게는 선천적으로 언어 습득 장치가 있고 보편 문법이 내재되어 있다는 합리론 및 생득설에 따라 제2 언어 습득도 모어를 습득하는 방식과 동질적으로 이루어진다고 보는 촘스키(N. Chomsky)의 이론이다. 보편 자질과 두드러지게 다른 자질을 뜻하는 유표성(markedness) 이론, 여러 언어의 차이점을 보여 주는 매개 변인(parameter) 이론, 언어 습득에는 아동기가 결정적 시기라고 하는 결정적 시기 가설(critical period) 등의 개념이 이와 관련된다.

(2) 주의 집중 이론(attention theories)

주의 집중 이론은 촘스키(N. Chomsky)의 보편 문법 이론이 구조주의와 대치되듯이, 인지 심리학 관점에서 언어 습득이 어떻게 이루어지는지를 설명하는 이론으로 행동주의 습득 이론과 대치되는 이론이다. 이 이론은 생성주의 언어학자들이 언어를 뇌 구조에서의 특별한 학습 과정으로 보는 것과 달리 언어 습득도 수학, 역사 과목의 내용 학습과 동질적이라고 본다. 맥러플린(B. McLaughlin)은 주의 집중과 언어 학습의 자동적 통제(automatic control)를 중시하여 정보화 과정 이론(information processing theory)이라고 일컫기도 했다.

비얼리스톡(E. Bialystok)은 문법 지식과 같은 언어 자체에 대한 지식을 명시적 언어 지식(explicit linguistic knowledge)이라고 하고, 말하고 쓸 때 자동적으로 사용되는 언어학적 지식을 암시적 언어 지식(implicit linguistic knowledge)이라고 구별하면서 명시적 지식은 훈련을 통하여 암시적 지식으로 내재화된다고 하였다.

주의 집중 이론에는 유의미 학습(meaningful learning), 스키마(schema), 정보화 과정(information processing), 초점 집중(focal attention), 주변 집중(peripheral attention 또는 배경 집중 background attention), 통제적 처리(controlled processing), 자동적 처리(automatic processing), 명시적 언어 지식(explicit linguistic knowledge)과 암시적 언어 지식(implicit linguistic knowledge) 등의 개념이 있다.

(3) 경험 이론(experience theories)

경험 이론은 언어 학습을 목표어를 직접 경험하면서 이루어지는 것으로 보는데 크래션(S. Krashen)의 입력 가설이 대표적이다. 그는 습득과 학습을 구별하고 주의 집중 이론과 같은 접근법을 부정하며 제2 언어 학습은 다른 종류의 학습과 매우 다르다고 본다. 그는 촘스키의 언어 습득 장치(LAD) 가설은 수용하지만 새 언어를 배우는 모든 학습자는 언어 습득 장치를 나이와 무관하게 학습이 아닌 습득에만 사용한다고 보았다. 듣기와 읽기의 입력이 많을수록 학습에 유리하다고 보았으며 학습의 결과에 나타나는 개인차에 대해서는 정의적 여과(affective filter)가 낮으면 학습 동기가 높고 정의적 여과가 높으면 학습 동기가 낮은 것으로 보았다. 또 다른 경험 이론은 대화 이론이다. 대화 이론은 언어 학습을 학습자가 대화에 참여하여 상호작용과 피드백이 활발할 때 이루어지는 것으로 보고 가장 훌륭한 대화란 교사나 원어민, 상급 숙달자가 가르칠 때 학습자가 언어 활동에 직접 참여할 수 있도록 유도하는 디딤판, 즉 비계(scaffold) 역할을 제공하는 것이라고 본다. 이는 제1 언어 습득에서 어머니가 아기의 말을 격려하고 대화를 주고받는 상호작용이 디딤판 역할을 하여 아기의 발화를 이끌고 확대해 주는 것과 같은 원리이다.

　ㄱ. 입력 가설(input hypothesis): 입력, 습득과 학습의 구분, 정의적 여과, 모니터링(monitering) 등의 개념이 있다.
　ㄴ. 대화 이론(conversation theories): 디딤판, 상호작용, 피드백, 의미 협상 등의 개념이 있다.

(4) 사회 이론(social theories)

앞서 언급한 이론들은 언어 학습의 책임을 교사와 학습자에게 두지만 사회 이론은 언어 학습을 언어와 사회 계층의 힘, 인종 편견, 소득과 언어 학습의 관계 등 학습자를 둘러싼 정치, 경제, 문화적 사회 환경으로부터 영향을 받는다는 관점에서 연구한다. 문화 적응 이론(enculturation theory), 문화 변용 이론(acculturation theory), 목표어에 대한 학습자의 동기, 근심, 감정적 태도 등을 의미하는 심리적 거리(psychological distance), 문화 충격(culture shock) 그리고 슈만(J. H. Schumann)의 사회적 거리 가설(social distance hypothesis) 개념이 이에 속한다.

이상의 언어 이론들은 학습자에 따라 왜 누구는 외국어 학습에 성공적이고 누구는 성공적이지 못한가, 오류는 교정되어야 하는가, 왜 아동은 성인보다 외국어 학습에 성공적인가라는 언어 교육의 고진적 질문에 대해서 그 처방과 해석을 다르게 본다.

한국어교육에서는 위와 같은 제2 언어 습득 이론이 동시다발적으로 적용되어 초기 이론인 대조 분석과 오류 분석 연구가 활발히 이루어졌고 주의 집중 이론과 같은 인지적 접근, 교실 언어의 상호작용과 디딤판 역할을 중시하는 사회 이론을 적용한 연구도 이루어지고 있다. 〈민현식〉

→ 구조주의 언어학, 심리 언어학, 사회 언어학, 생성주의 언어학

[참고문헌]
• 민현식(2009), 언어 습득 및 문화 관련 이론의 동향, 국어교육연구 24, 서울대학교 국어교육연구소, 71~118쪽.
• Bialystok, E. (1978), A theoretical model of second language learning, *Language Learning 28-1*, pp. 69~83.
• Bialystok, E. (1982), On the relationship between knowing and using linguistic forms, *Applied Linguistics 3-3*, pp. 181~206.
• McLaughlin, B. (1987), *Theories of second language learning*, Edward Arnold.
• Krashen, S. (1982), *Principles and practice in second language acquisition*, Pergamon Press.

■ 모듈성

모듈성(modularity)은 여러 개의 독립적인 요소로 쪼갤 수 있는 언어 기능의 각 요소를 뇌의 각기 다른 영역에서 담당한다고 보는 이론이다.

모듈성 중에서 가장 보편적으로 통용되는 것은 포더(J. A. Fodor)의 이론이다. 그에 따르면 언어 습득은 음운, 어휘, 통사 등의 언어 단위별로 특정 신경계를 통해 뇌의 특정 영역에서 독립적으로 국부화(局部化, localizaion)하여 이루어진다. 이때 언어의 다양한 고차원적 기능은 상호 교섭하며 구체적인 뇌의 각 부분에서 조직된다고 한다.

모듈 이론에 따르면 정보를 습득하는 방식으로는 일반 인지(一般認知, central cognition 또는 general cognition) 방식과 모듈 방식이 있다. 일반 인지란 사고와 같은 것으로, 일반 인지 방식에서는 역사, 물리 등에 관한 지식과 같은, 즉 명제적 지식(propositional knowledge)과 사람들이 저마다 가지고 있는 사람, 사건, 장소 등에 관한 고유한 지식인 백과사전적 지식(encyclopedic knowledge)의 처리를 담당한다. 모듈 방식은 특정한 종

류의 정보만 처리한다고 추정되는 독립적인 정보 처리 기관(input system)을 통해 지식이 처리되는 방식을 말한다.

이러한 관점은 인간의 뇌 구조가 지식을 인지, 수용, 저장하는 과정에서 단선적(unitary) 체계로 수행하는지 아니면 복선적인 모듈 체계로 수행하는지의 쟁점으로부터 기인한다. 모듈 이론은 후자의 관점에서 서로 다른 지식 체계는 서로 다른 모듈의 기제로 작동한다고 본다. 이 논쟁은 아동의 언어 발달에서도 활발하여 피아제(J. Piaget)는 아동의 인지 체계가 모어 습득이나 다른 교과 지식 학습과 동질하게 단선적으로 이루어진다고 보았다. 반면에 촘스키(N. Chomsky)는 언어 습득이 매우 복잡한 기제라는 점을 강조하며 보편 문법은 단선적이지 않고 매개 변인이라는 변별적 기제가 부여된다고 주장하고 제2 언어 습득에서도 상이한 기제의 모듈이 작동한다고 본다. 그리하여 제2 언어 습득론에서는 문법 학습 모듈과 어휘 및 화용의 학습 모듈이 다르다고 주장한다.

포더는 모듈의 특징을 다음과 같이 9가지로 제시하였다.

(1) 모듈은 영역 특정적이다.
(2) 모듈의 작동은 강제적이다.
(3) 모듈이 만드는 정신적인 표상(mental representation)에 의식적으로 접근하기가 매우 어렵다.
(4) 모듈은 빠르다.
(5) 모듈에서 정보의 흐름은 폐쇄적이다.
(6) 모듈에 의한 정보 처리는 얕은 수준에서 이루어진다.
(7) 모듈은 고정된 신경 구조와 관련된다.
(8) 모듈에는 특이한 작동 불능(breakdown) 유형이 있다.
(9) 모듈에는 독특한 속도와 계열성이 있다.

포더에 의하면 모듈은 일반 인지와 여러 면에서 대조적이다. 일반 인지는 여러 종류의 정보들을 동시에 종합적으로 검토하고 비교할 수 있어서 정보 처리의 정확성은 높지만 속도가 느리다. 이에 비해서 모듈은 저마다 정해진 종류의 정보만을 처리하는 방식으로 속도를 높일 수 있는 조건을 최대한 확보하고 있다. 포더는 언어 정보도 신체가 지각하는 감각 정보처럼 독립된 모듈에 의해서 처리된다고 주장한다.

포더가 모듈 이론을 구체화하였을 당시에는 모어 습득만 염두에 두었으나, 그 후에는 모듈 이론이 이중 언어 사용자들이 두 언어를 습득하고 처리하는 방식의 두 가지 측면을 설명해 줄 수 있다고 보았다. 따라서 모듈 이론은 어린이와 성인 간의 외국어 습득 과정의 차이와 이중 언어 사용자들의 언어 처리 방식을 연구하는 데 좋은 이론적 틀을 제공한다.

한국어교육에서도 정보 처리 관점에서 어휘, 문법, 화용 부문의 교수 학습을 상이한

접근법으로 시도할 수 있다.   〈민현식〉

= 단원성

[참고문헌]

• Cook, V. (1993), *Linguistics and second language acquisition*, Macmilan.
• Fodor, J. A. (1983), *The modularity of mind: An essay on Faculty Psychology*, MIT Press.
• Horwitz, E. K. (2008), *Becoming a language teacher: A practical guide to second language learning and teaching*, Alyn & Baron.
• Ortega, L. (2009), *Understanding second language acquisition*, Hodder Arnold.
• Pence, K. L. & Justice, L. M. (2008), *Language development from theory to practice*, Pearson Merrill Prentice Hall.

■ 보편 문법 이론

보편 문법 이론(普遍文法理論, universal grammar theory)은 인간의 언어는 표면 구조로는 상이하게 보이지만 내면 구조에는 보편적 문법 원리가 공통적으로 존재한다고 보는 촘스키(N. Chomsky)의 이론이다.

이에 따르면 아이들은 모든 언어에 보편적으로 내재한 일반 문법 규칙과 문법 범주에 대한 인식 능력을 갖추고 태어난다. 아이들은 문법 규칙과 범주에 맞게 사용할 수 있게 하는 매개 변인(parameter)을 찾아내서 자기가 습득하는 언어에 맞게 매개 변인을 설정한다고 본다.

이 이론에서는 언어를 행동주의적 발달 현상으로 보지 않고 아동들이 선천적으로 언어 능력(linguistic competence)을 갖고 태어나는 것으로 보며 언어 실수는 언어 능력의 결핍이 아니고 언어 수행(linguistic performance)의 문제로 본다. 아동들의 언어 수행과 문법 능력의 단절은 과정 수행 능력(processing capacities)의 한계와 기타 맥락적 요인(contextual factor)에 기인한다.

촘스키는 구조 문법의 후천적 언어 습득설로는 설명할 수 없는 언어 현상이 있으므로 보편 문법 이론에 따른 변형 생성 문법 이론을 주창하였으며 포더(J. A. Fodor)와 달리 언어 기능으로만 쓰이는 선천적 언어 모듈을 언어 습득 장치(language acquisition device: LAD)로 가정한다. 그의 문법관은 유한한 문법 규칙이 무한한 문장을 생성시킨다고 보고 그 유한한 규칙을 문법이라 하였다. 또 언어 능력과 언어 수행을 구별하며 잠재적 언어 능력은 인간 누구에게나 보편적이고 선천적이라고 본다. 후천적 언어 경험만으로 언어를 습득한다면 들어 보지도 못한 말을 무한히 창조해 내는 인간의 능력을 해명할 길이 없으며 인간은 3세 전후로 해서 언어 능력이 갑자기 증대하여 13세 전후로 완성되는데 이는 언어 습득 장치를 가정하지 않으면 해명할 수 없다고 한다.

보편 문법 이론에서 언어 분석의 목표는 문법적 문장과 비문법적 문장의 변별에 있고 심층 구조, 표면 구조, 변형 구조의 구분으로 중의문(重義文) 구조를 해명한다. 의미 해석을 중시하여 의미부나 의미 해석 규칙을 제안하므로 심리주의적 성격을 띤다.

문법학은 모든 언어의 보편적인 특성을 해명하려는 보편 문법 원리의 구축에 힘쓰며 그것을 바탕으로 인간 이해를 추구하는 인문 과학이 언어 과학이라고 본다. 촘스키의 이론은 현대 언어학의 혁명이라 할 만큼 큰 영향을 끼쳤다. 그동안 여러 차례의 이론적 변모를 거쳐 후기의 변형 생성 문법 이론은 초기 이론의 모습과 전면적으로 달라져 규칙 중심의 이론에서 원리 중심의 이론으로 변모하였다. 그러나 보편 문법 이론은 인간 언어의 보편성을 규명하는 데에는 기여하였으나 언어의 개별성이나 사회 언어학적 변이성을 설명하는 데에는 한계를 보인다.

한국어교육에서는 보편 문법 이론에 근거하여 모어와 한국어의 보편 문법 요소를 추출하고 이것을 핵심으로 하여 한국어를 가르치고 추가 특성을 부가적으로 가르치는 방법이 필요하다. 〈민현식〉

→ 변형 생성 문법

[참고문헌]
• 김동식(1991), N. Chomsky의 보편 문법, 형설출판사.
• 이민행(1995), 보편 문법과 언어학적 상상력: 독일어와 국어, 영어의 문장 구조 대조 분석, 외국어로서의 한국어교육 20-1, 연세대학교 언어연구교육원 한국어학당, 33~55쪽.
• 허용(2008), 한국어교육에서의 대조 언어학과 보편 문법의 필요성 연구, 이중언어학 36, 이중언어학회, 1~24쪽.
• Crain, S. & Lillo-Martin, D. (1999), *An introduction to linguistic theory and language acquisition*, 황규홍 역, 2003, 언어 이론과 언어 습득: 보편 문법적 접근, 한국문화사.
• Pence, K. L. & Justice, L. M. (2008), *Language development from theory to practice*, Pearson Merrill Prentice Hall.

❏ 매개 변수 재설정

매개 변수 재설정(媒介變數再設定, parameter resetting)이란 원칙(principle)에 대한 모어의 매개 변수(parameter) 설정과 제2 언어의 매개 변수 설정이 서로 다를 경우 제2 언어 학습자가 매개 변수를 제2 언어에 적합하게 다시 설정하는 것을 말한다.

보편 문법(universal grammar) 이론에 따르면 인간 언어에는 언어 보편적인 원칙과 언어 개별적인 매개 변수가 있다고 상정한다. 다시 말해 원칙은 언어의 종류에 상관없이 적용되는 공통 핵 문법이고 매개 변수는 해당 언어의 특질에 따라 변화하는 특유의 문법이다. 매개 변수는 이분법적으로 +/-로 작용한다. 일례로 로스(J. R. Ross)는 원칙에 해당하는 섬 제약(island constraints) 조건하에서 'wh-이동(wh-movement)'의 매개 변수는 언어의 종류에 의해 +/-로 설정된다고 보았다. 예를 들어 화이트(L. White)가 설명하였듯이 영어는 의문문 생성 시 의문사가 문두로 이동하는 언어이므로 매개 변수가 '+wh-이동'으로 설정된 언어이다. 반면 중국어는 영어와 달리 의문문 생성 시 의문사가 제자리에 남는 통사적 특징을 보이므로 중국어는 매개 변수가 '-wh-이동'으로 설정된 언어이다. 따라서 만약 학습자의 중간 언어가 보편 문법의 제약을 받는다고 가정을 하면 중국인 화자가 영어를 습득할 때 혹은 역으로 영어 화자가 중국어를 습득할 때 처음에는 모어의 'wh-이동' 매개 변수 설정이 제2 언어로 전이되고 이후에 제2 언어에 맞게 'wh-이동' 매개 변수가 재설정된다. 〈김영규〉

[참고문헌]
- Chomsky, N. (1965), *Aspects of the theory of syntax*, MIT Press.
- Ross, J. R. (1967), *Constraints on variables in syntax*, Doctoral dissertation, MIT.
- White, L. (2007), Linguistic theory, universal grammar, and second language acquisition, In B. VanPatten. & J. Williams. (Eds.), *Theories in second language acquisition: An introduction*, pp. 37~55, Lawrence Erlbaum Associates.

❏ 보편 문법 접근 가능성

보편 문법 접근 가능성(普遍文法接近可能性, universal grammar accessibility)이란 제 2 언어 습득에서 수행하는 보편 문법(universal grammar)의 역할에 관한 개념으로 제1 언어 습득에서와 마찬가지로 제2 언어 습득에서도 보편 문법이 가용(可用)한지, 즉 보편 문법으로의 접근(access to universal grammar)이 가능한지에 관한 여러 이론적 입장을 일컫는다.

보편 문법 이론에 따른 제2 언어 습득에서는 제2 언어 습득 시 보편 문법의 접근이 가능하다는 입장과 불가능다는 입장이 존재한다. 그리고 모어 체계를 통해 접근이 가능하다는 입장 내에서 다시 직접 가능설과 간접 가능설로 견해가 구분된다.

이와 같은 입장들을 종합적으로 정리해 보면 다음과 같다.

첫째, 제2 언어 습득 시 보편 문법에 직접적으로 접근할 수 있고 모어 체계의 영향을 받지 않는다는 입장이다. 즉 모어 전이(transfer) 현상을 부정하는 것이다. 화이트(L. White)는 이를 두고 전이 불가능(no transfer) 또는 완전 접근 가설(full access hypothesis)이라는 용어로 칭하기도 하였다.

둘째, 모어를 경유하여 보편 문법에 접근할 수 있다고 보는 입장이다. 화이트의 이 입장은 모어 문법을 기준으로 하여 필요에 따라 제2 언어 습득을 위한 매개 변수를 재설정한다는 것이 핵심으로, 모어로부터의 전이를 인정 및 수용하여 완전 전이 완전 접근 가설(full transfer full access hypothesis)을 제안하였다.

셋째, 보편 문법에 접근하는 것이 불가능하다고 보는 접근 불가능 가설(no access hypothesis)로 제2 언어 학습에는 보편 문법이 아닌 뇌의 다른 일반적·인지적 학습 기능이 관여한다고 본다. 이와 관련하여 블레이-브로만(R. Bley-Vroman)은 아동의 제1 언어 습득과 성인의 제2 언어 습득에는 보편 문법의 접근 가능성 여부에 따라 근본적인 차이가 있다는 근본적 차이 가설을 제시하기도 했다. 〈김영규〉

[참고문헌]
- Bley-Vroman, R. (1989), What is the logical problem of foreign language learning?, In S. Gass. & J. Schachter. (Eds.), *Linguistic perspectives on second language acquisition*, pp. 41~68, Cambridge

University Press.
- White, L. (1989), *Universal grammar and second language acquisition*, John Benjamins Publishing Company.
- White, L. (1996), Universal grammar and second language acquisition: Current trends and new directions, In W. Ritchie. & T. Bahita. (Eds.), *Handbook of second language acquisition*, pp. 85~120, Academic Press.
- White, L. (2003), *Second language acquisition and universal grammar*, Cambridge University Press.

■ 가설 점검

가설 점검(假說點檢, hypothesis test)이란 인간이 모어나 외국어를 습득하는 과정에서 언어 습득 장치(language acquisition device: LAD)를 능동적으로 작동하여 배우고자 하는 언어의 규칙에 관해 가설(hypotheses)을 세우고 이들을 여러 가지 점검(test)을 통해 확인 또는 수정해 나가는 것을 말한다.

생득론(生得論, nativist theory)적인 관점에서는 인간은 언어에 대한 일반적 지식을 가지고 가설을 세우는데, 배우고자 하는 특정 언어 자료에 비추어 이러한 가설들을 점검하고 가설의 진위를 판별한다고 본다. 학습자는 자신이 세운 가설에 입각하여 말을 해 보고 그것이 맞는지 확인하거나 자신의 말과 다른 사람의 말을 비교해 보기도 한다.

촘스키(N. Chomsky)는 아동은 빈약하고 불충분한 언어 입력 자료에도 불구하고 언어 습득 장치와 가설 점검에 의해서 모어를 습득한다고 하면서, 아동이 언어에 대한 선천적 지식을 가지고 태어나기 때문에 빈약하고 불충분한 자료를 근거로 특정어에 대한 가설을 비교하고 추상적인 내면 구조에서 발견된 보편 문법의 원리와 일치하는 것을 수용한다고 주장한다.

그러나 1970년대에 활동한 브레인(M. D. S. Braine), 퀸(T. Quinn), 클락(R. Clark) 등은 아동의 가설 점검에 대하여 반대 의견을 제시했다. 두 살 안팎의 유아는 추상적인 추론을 할 수 없으며, 더욱이 오류 정정에 반응하지 않으므로 유아가 능동적으로 가설을 점검하고 그 결과에 따라 가설을 수정하지 않는 것이 명백하다고 했다. 한편 제2 언어 성인 습득자는 가설 점검을 할 수 있는 인지적 능력이 있더라도 의사소통에 역점을 두어 가설을 점검하지 않는다. 즉 강화가 부정적인지 알아보고자 고의적으로 비문을 사용하지 않는다는 것이다. 제2 언어 습득자들은 자신이 아는 가장 바른 문장을 사용하고 그 후에 강화가 긍정적인지 부정적인지 확인한다. 따라서 교실에서의 제2 언어 학습자는 목표어에 충분히 노출되지 못하고 목표어 화자와 상호작용이 불충분하기 때문에 스스로는 가설을 정정할 수 없다고 주장하기도 한다.　　　　　　　　　　〈정선화〉

= 가설 검증

→ 언어 습득 장치

[참고문헌]
- 박경자·장복명(2011), 언어 교수학, 박영사.
- 박의재·정양수(2003), 새로운 영어 교수법, 한신문화사.
- 조성식 외 엮음(1990), 영어학사전, 신아사.
- Chomsky, N. (1964), *Current issues in linguistic theory*, Mouton.
- Stern, H. H. (1983), *Fundamental concepts of language teaching*, 심영택·위호정·김봉순 역, 1995, 언어
  교수의 기본 개념, 도서출판 하우.

■ 형태소 습득 연구

형태소 습득 연구(形態素習得研究, morpheme acquisition studies)란 모어 습득 또는 제2 언어 습득에 공통적인 습득 순서(acquisition order)가 있는지를 밝히기 위해 형태소를 대상으로 모어 또는 제2 언어 학습자의 습득 순서를 연구하는 것을 일컫는다.

형태소 습득 연구는 영어가 모어인 세 아동들이 4살이 될 때까지 14개의 영어 형태소를 습득하는 것을 종단적으로 연구한 브라운(R. Brown)의 연구로부터 시작했다. 이 연구의 영향을 받은 둘레이와 버트(H. Dulay & M. Burt)는 1970년대 초에 스페인 어가 모어인 6세에서 8세의 아동 151명을 대상으로 영어를 습득하는 과정에서 8개의 영어 형태소를 습득하는 것을 횡단적으로 연구하였고 이러한 연구는 1980년대까지 활발히 지속되었다.

제2 언어 형태소 습득 연구는 형태소 습득의 순서를 밝히는 데 중점을 두어 영어의 경우 동사의 3인칭 단수 현재를 나타내는 '-s', 동사의 진행형을 나타내는 '-ing'와 같이 의미를 지니는 최소 언어 단위인 형태소의 습득 순서에 공통적인 순서가 있는지, 이러한 순서가 모어 화자의 형태소 습득 순서와 유사한지 또는 상이한지를 연구하였다. 이러한 연구 결과를 통해 제2 언어 학습자도 자신의 모어, 연령, 학습 환경에 상관없이 모어 아동들과 동일하지는 않지만 유사한 순서로 형태소를 습득한다는 것을 밝혔다. 특히 형태소 습득 연구는 제2 언어에서 발생하는 오류는 학습자의 모어에 따라 다른 양상을 보일 것이라는 대조 분석 가설의 주장이 틀렸음을 보여 주었다.

그러나 형태소 습득 연구에는 다음의 문제가 있다. 첫째는 연구 방법론상의 문제이다. 이 연구는 영어 문법의 극히 일부분인 형태소만을 대상으로 연구했기 때문에 중국어처럼 완전히 다른 언어에까지 연구 결과를 일반화하기 어렵다. 둘째는 모어 간섭이 최소한으로 일어난다는 주장이 적절하지 않다는 점이다. 라슨-프리먼과 롱(D. Larsen-Freeman & M. H. Long)은 전체 오류 중의 4%만이 모어 간섭 때문에 일어난다는 둘레이와 버트의 주장에 문제가 있다고 지적하였다.

1980년대 이후 형태소 습득 연구는 더 이상 인기를 끌고 있지 못하지만 제2 언어 습득 연구 분야에 지대한 영향을 끼쳤다. 〈김영규〉

[참고문헌]
- Brown, R. (1973), *A first language: The early stages*, Harvard University Press.

- Dulay, H. & Burt, M. (1973), Should we teach children syntax?, *Language Learning 23-2*, pp. 245~258.
- Dulay, H. & Burt, M. (1975), Creative construction in second language learning and teaching, In M. Burt. & H. Dulay. (Eds.), *On TESOL 75: New directions in second language learning, teaching and bilingual education*, pp. 21~32, TESOL.
- Larsen-Freeman, D., Long, M. H. & Jiang, Z. (1991), *An introduction to second language acquisition research*, Longman.

■ 모니터 이론

모니터 이론(monitor theory)은 제2 언어 학습자들에게 이해 가능한 입력을 제공하고 그들의 정의적 여과기(affective filter)가 낮은 상태의 습득 환경을 조성하면 제2 언어 습득이 성공적으로 일어난다는 이론을 말한다.

이 이론은 미국의 제2 언어 습득학자인 크래션(S. Krashen)이 1970년 후반에 처음 제안한 후 1980년대 중반까지 발전을 거듭해 온 제2 언어 습득 분야에서 가장 영향력 있고 잘 알려진 이론 중의 하나이다. 특히 제2 언어 습득을 위해 제안된 최초의 이론으로 제2 언어 습득 이론의 발전에 기여하였다.

모니터 이론은 특히 제2 언어 교사들에게 인기가 있는데 그 이유는 추상적이고 난해할 수 있는 가설을 현장 교사들이 이해할 수 있도록 구체적 비유를 들어 설명하였기 때문이다. 모니터 이론은 크래션과 테렐(S. Krashen & T. D. Terrell)이 소개한 자연적 접근법(natural approach)의 이론적 배경이 되며 다음 5개의 주요 가설로 구성되어 있다.

(1) 습득-학습 가설
(2) 자연 습득 순서 가설
(3) 모니터 가설
(4) 입력 가설
(5) 정의적 여과기 가설

모니터 이론은 의사소통 중심 교수법(communicative language teaching: CLT)에 대한 제2 언어 습득의 이론적 배경을 제시하였다는 점에서는 지지를 받았다. 하지만 제2 언어 습득에서 출력의 역할을 인정하지 않았다는 점과, 습득과 학습의 비접점(non-interface)을 주장하는 모니터 이론의 주장과는 달리 제2 언어의 의식적인 지식도 연습을 통해 자동화가 가능하다는 점에서 비판을 받았다. 이러한 비판들은 출력 가설(output hypothesis)과 기술 습득 이론(skill acquisition theory)으로 나타나게 된다. 밴패튼과 윌리엄스(B. VanPatten & J. Williams)는 제2 언어 습득 이론 구축(theory construction in second language acquisition)의 관점에서 볼 때 'i+1'과 같이 모니터 이론의 설명에 사용한 개념들은 모호해서 조작적 정의를 내리기 어렵기 때문에 실증적인 자료를 통한 이론 평가(theory evaluation)에 문제가 있다고 비판하였다. 〈김영규〉

[참고문헌]
• Krashen, S. (1981), *Second language acquisition and second language learning*, Pergamon Press.
• Krashen, S. (1982), *Principles and practice in second language acquisition*, Pergamon Press.
• Krashen, S. & Terrell, T. D. (1983), *The natural approach: Language acquisition in the classroom*, Pergamon Press.
• Krashen, S. (1985), *The input hypothesis: Issues and implications*, Longman.
• VanPatten, B. & Williams, J. (2007), Early theories in second language acquisition, In B. VanPatten. & J. Williams. (Eds.), *Theories in language acquisition: An introduction*, pp. 17~35, Lawrence Erlbaum Associates.

❏ 습득-학습 가설

습득-학습 가설(習得學習假說, acquisition-learning hypothesis)은 습득과 학습을 이분화한 가설로서, 제2 언어 습득에는 암시적인 제2 언어 지식이 발달한 무의식적인 습득(acquisition)과 명시적인 제2 언어 지식이 발달한 의식적인 학습(learning)이 있으며 이 둘은 서로 분리되어 있다는 것이다.

크래션(S. Krashen)은 제2 언어를 가르치거나 배우는 궁극적인 목적은 학습이 아닌 습득이라는 점을 강조했다. 크래션의 주장에 따르면 습득과 학습은 발생하는 방식, 저장되는 체계, 사용되는 영역 면에서 모두 다르다. 습득은 제1 언어 습득과 유사한 방식으로 입력에 충분히 노출되면 발생한다. 그러나 학습은 학습자가 교재나 교사로부터 규칙을 배우고자 의식적으로 노력하고 연습하여 일어나는 것이다. 더불어 학습을 통해 얻은 지식은 습득으로 바뀌지 않고 서로 다른 체계로 분리되어 존재하며 상이한 역할을 맡는다. 말하기와 같은 실시간 언어 표현에는 습득한 지식만을 사용하며 학습한 지식은 습득한 체계에 대한 감시자(monitor)의 역할을 맡을 뿐이다. 이러한 이유로 크래션은 비접점(non-interface) 입장의 지지자로 분류된다.

습득-학습 가설에 따르면 제2 언어 학습자에게 이해 가능한 입력을 제공하거나 정의적 여과기를 낮춰 주는 등 습득에 도움을 줄 수 있는 환경을 조성해 주는 것이 중요하다. 이 가설은 학습의 결과인 명시적인 지식과 습득의 결과인 암시적인 지식 간의 상호작용을 주장한 접점(interface) 입장의 지지자들에게 비판을 받았다. 〈김영규〉

[참고문헌]
• Krashen, S. (1981), *Second language acquisition and second language learning*, Pergamon Press.
• Krashen, S. (1982), *Principles and practice in second language acquisition*, Pergamon Press.
• Krashen, S. & Terrell, T. D. (1983), *The natural approach: Language acquisition in the classroom*, Pergamon Press.
• Krashen, S. (1985), *The input hypothesis: Issues and implications*, Longman.
• VanPatten, B. & Williams, J. (2007), Early theories in second language acquisition, In B. VanPatten. & J. Williams. (Eds.), *Theories in language acquisition: An introduction*, pp. 17~35, Lawrence Erlbaum Associates.

❑ 자연 습득 순서 가설

자연 습득 순서 가설(自然習得順序假說, natural order hypothesis)이란 제2 언어 습득은 예상 가능한 순서에 따라 진행된다는 가설이다.

이러한 순서는 나이나 학습 환경에 구애받지 않는 보편적인 성격을 띠며 제1 언어 습득 순서와 유사하다고 주장한다. 따라서 제2 언어 교수 시 학습자의 자연 습득 순서를 존중한다면 효과적인 습득이 일어날 수 있다고 예측한다. 동시에 제2 언어 수업에서 이러한 순서를 고려하지 않은 문법 교수를 실시할 경우 습득의 순서가 이미 정해져 있기 때문에 교수의 의미가 없다고 보기도 한다.

자연 습득 순서 가설은 형태소 습득 연구(morpheme acquisition studies)에 근거를 두고 있다. 그러나 형태소 습득 연구는 습득 순서(acquisition order)에 관한 연구가 아닌 정확성 순서(accuracy order)에 관한 연구였으며 정확성 순서가 습득 순서를 나타내지는 않는다는 이유로 비판을 받은 바 있다. 〈김영규〉

= 자연 순서 가설

[참고문헌]
- Krashen, S. (1981), *Second language acquisition and second language learning*, Pergamon Press.
- Krashen, S. (1982), *Principles and practice in second language acquisition*, Pergamon Press.
- Krashen, S. & Terrell, T. D. (1983), *The natural approach: Language acquisition in the classroom*, Pergamon Press.
- Krashen, S. (1985), *The input hypothesis: Issues and implications*, Longman.
- VanPatten, B. & Williams, J. (2007), Early theories in second language acquisition, In B. VanPatten. & J. Williams. (Eds.), *Theories in language acquisition: An introduction*, pp. 17~35, Lawrence Erlbaum Associates.

❑ 모니터 가설

모니터 가설(monitor hypothesis)이란 학습을 통해 얻은 형태에 관한 의식적인 지식은 형태적 오류에 대한 감시자(monitor) 또는 편집자(editor)의 역할을 수행하여 학습자가 스스로 오류를 수정할 수 있도록 도와준다는 가설이다.

이 가설에 따르면 학습한 지식은 다음의 세 가지 조건이 충족될 때 말하기 또는 쓰기와 같은 제2 언어 산출 시에 감시자 역할을 수행할 수 있게 된다. 우선 학습자가 의식적인 형태에 관한 지식을 활용할 충분한 시간이 있어야 한다. 예컨대 학습자가 실시간 채팅과 같이 시간적 제약하에서 제2 언어를 사용하면 알고 있는 지식을 제대로 활용할 수 없게 된다. 다음으로 학습자가 형태에 초점(focus on form: FonF)을 두어 정확하게 제2 언어를 사용하려는 의도가 있어야 한다. 예를 들어 친한 친구 사이에 이메일을 교환할 때에는 형태적 정확성보다 의미의 전달에 더 중점을 둘 수 있지만 중요한 사업 관련 서류를 작성할 때에는 의미뿐만 아니라 형태적 정확성에도 중점을 두어야만 한다. 마지막으로 오류를 수정할 수 있는 규칙에 관한 지식이 있어야 한다. 아무리 충분한 시간이 주어지고 형태적 정확성에 중점을 둔다고 해도 해당 문법 규칙을 모른다면 감시자가 작동할 수 없다.

학습자에 따라서는 모니터를 너무 많이 사용해서 정확성은 높으나 유창성이 현격히 떨어지거나 혹은 그 반대의 경우가 있을 수도 있다. 크래션(S. Krashen)은 학습한 지식의 감시하에 산출된 출력과 습득한 지식에서 자연스럽게 나온 실시간 출력은 질적으로 다르다는 것을 강조하며 감시자의 역할을 제한적으로 때로는 부정적으로까지 평가한 바가 있다.

모니터 가설은 직접적인 관찰이 불가능한 추상적인 개념인 모니터라는 구인(construct)이 실제로 어떻게 작동하는지를 크래션이 입증해 보이지 못했다는 점에서 비판을 받았다. 〈김영규〉

[참고문헌]
- Krashen, S. (1981), *Second language acquisition and second language learning*, Pergamon Press.
- Krashen, S. (1982), *Principles and practice in second language acquisition*, Pergamon Press.
- Krashen, S. & Terrell, T. D. (1983), *The natural approach: Language acquisition in the classroom*, Pergamon Press.
- Krashen, S. (1985), *The input hypothesis: Issues and implications*, Longman.
- VanPatten, B. & Williams, J. (2007), Early theories in second language acquisition, In B. VanPatten. & J. Williams. (Eds.), *Theories in language acquisition: An introduction*, pp. 17~35, Lawrence Erlbaum Associates.

❏ 입력 가설

입력 가설(入力假說, input hypothesis)이란 제2 언어 학습자는 이해 가능한 입력(comprehensible input)을 통해서 제2 언어를 습득하게 된다는 가설이다.

이러한 이유로 제2 언어 학습자들에게 제시되는 입력은 천천히 말하기, 단순한 문장 구조 사용하기 등을 통해 이해 가능하도록 만드는 것이 중요하다.

크래션(S. Krashen)은 학습자의 현재 제2 언어 능력이 i 단계에 있다고 가정할 경우 학습자가 현 단계보다 조금 높은 $i+1$ 단계의 이해 가능한 입력을 접하여 이해하면 학습자는 i 단계에서 $i+1$ 단계로 이동하게 된다고 했다. 즉 현 수준인 i 단계보다 조금 더 높은 $i+1$ 단계의 입력까지 이해하게 되면서 습득이 발생하는 것이다. 이는 학습자가 i 단계의 입력만을 접하면 습득이 일어나지 않음을 의미한다. 따라서 크래션에게 이해 가능한 입력은 제2 언어 습득의 필요충분조건이다. 이러한 이유로 크래션은 학습자가 말하기를 하지 않고도 언어를 습득하는 것이 이론적으로 가능하다고 주장하며 제2 언어 습득에서 출력의 역할을 경시하였다.

그러나 스웨인(M. Swain)은 출력 가설(output hypothesis)을 통해 제2 언어 학습자들이 입력을 이해하는 것만으로는 충분한 습득이 일어나지 않고, 중요한 것은 출력할 수 있는 기회를 통해 자신들이 의도한 의미와 이를 표현한 제2 언어 형태가 올바른지에 대한 피드백을 받는 것이라고 주장했다. 이러한 관점에서 입력의 역할만을 중시한 입

력 가설은 비판을 받았다. 〈김영규〉

[참고문헌]
- Krashen, S. (1981), *Second language acquisition and second language learning*, Pergamon Press.
- Krashen, S. (1982), *Principles and practice in second language acquisition*, Pergamon Press.
- Krashen, S. & Terrell, T. D. (1983), *The natural approach: Language acquisition in the classroom*, Pergamon Press.
- Krashen, S. (1985), *The input hypothesis: Issues and implications*, Longman.
- VanPatten, B. & Williams, J. (2007), Early theories in second language acquisition, In B. VanPatten. & J. Williams. (Eds.), *Theories in language acquisition: An introduction*, pp. 17~35, Lawrence Erlbaum Associates.

□ 정의적 여과기 가설

정의적 여과기 가설(情意的濾過機假說, affective filter hypothesis)이란 학습자의 동기, 불안감, 자신감과 같은 정의적 요인이 일종의 심리적 여과기 또는 장벽의 역할을 수행하여 제2 언어 입력이 언어 습득 장치(language acquisition device: LAD)에 도달하는 것을 막을 수 있다는 가설이다.

예를 들어 불안감이 높은 학습자는 여과기가 높이 올라가 있어 입력이 언어 습득 장치로 들어가는 것을 막게 된다. 반대로 불안감이 낮고 동기와 자신감이 높은 학습자는 여과기가 낮게 내려가 있어 입력이 언어 습득 장치로 침투하는 것을 촉진한다. 따라서 크래션(S. Krashen)은 제2 언어 교수 시 여과기가 내려갈 수 있도록 학습 환경과 분위기를 조성하는 것이 중요하다고 주장했다.

그러나 정의적 여과기 가설은 정의적 요인들이 어떠한 방식으로 정의적 여과기를 높이거나 낮추는지를 입증해 보이지 못했다는 점에서 비판을 받았다. 〈김영규〉

[참고문헌]
- Krashen, S. (1981), *Second language acquisition and second language learning*, Pergamon Press.
- Krashen, S. (1982), *Principles and practice in second language acquisition*, Pergamon Press.
- Krashen, S. & Terrell, T. D. (1983), *The natural approach: Language acquisition in the classroom*, Pergamon Press.
- Krashen, S. (1985), *The input hypothesis: Issues and implications*, Longman.
- VanPatten, B. & Williams, J. (2007), Early theories in second language acquisition. In B. VanPatten. & J. Williams. (Eds.), *Theories in language acquisition: An introduction*, pp. 17~35, Lawrence Erlbaum Associates.

■ 정보 처리 모형

정보 처리 모형(情報處理模型, information processing model)이란 맥러플린(B. McLaughlin)이 제안한 제2 언어 습득 모형으로, 언어 지식의 습득을 정보 처리 방식이 변화하는 과정으로 설명할 수 있다고 본다.

이 모형은 슈나이더와 쉬프린(W. Schneider & R. M. Shiffrin)의 이중 처리 이론(dualprocessing theory)에 바탕을 두고 인지적 기술의 습득은 다양한 정보들을 하나로 통합하여 일련의 절차로 확립해 나가는 인지적 과정으로 설명할 수 있다고 본다. 학습자는 수행하는 과제의 속성과 개인의 정보 처리 능력에 따라 처리할 수 있는 정보의 양에 일정한 한계가 있다. 입력을 통해 제공되거나 장기 기억에 저장된 모든 정보에 주의(attention)를 기울일 수 없기 때문에 일부는 의식적으로 주의하는 대상이 되지만 나머지는 주의의 초점 밖에 놓이게 된다. 이에 따라 언어와 같이 복잡한 인지적 기술을 학습하는 경우 한정된 정보 처리 능력을 최대한 효율적으로 활용하기 위하여 기술을 자동화(automatization)하는 과정을 거친다. 정보 처리 모형에 의하면 언어 기술의 습득은 통제적 처리(controlled processing) 단계에서 자동적 처리(automatic processing) 단계로 이행하는 과정을 거친다.

그러나 라이트바운(P. M. Lightbown)이 지적했듯이 제2 언어는 자동차 운전이나 피아노 연주 같은 운동 기술(motor skill)과 그 학습 양상이 같지 않다. 아무리 오랜 시간 동안 특정 언어 규칙이나 패턴을 부단히 연습하여 완벽한 숙달에 이른 것처럼 보일지라도 어느 순간 모두 잊어버리고 다시 처음으로 돌아가는 경우가 종종 발견되곤 하는데 이를 일컬어 U자형 발달(U-shaped development)이라고도 한다. 자동화는 수행에 걸리는 시간과 노력을 단축시키는 양적 변화일 뿐이지 학습자의 중간 언어에 일어나는 질적 변화는 설명해 주지 못한다.

이에 맥러플린은 학습자의 중간 언어에 일어나는 비연속적, 질적인 변화를 설명하기 위해 재구조화(restructuring)라는 개념을 제안했다. 통제된 노력이 요구되던 절차들이 자동화됨에 따라 언어 지식뿐만 아니라 언어 기술을 사용하는 전략에도 질적 변화가 일어난다는 것이다. 기존 절차에 새로운 구조적 요소가 순차적으로 더해지면서 점차 수행이 개선되는 것이 아니라 기존 절차를 구성하던 요소들이 완전히 새로운 요소들로 교체됨에 따라 갑자기 훨씬 효율적인 절차로 재편되는 현상이 나타난다. 이때 학습자는 어느 순간 문득 문리(文理)가 트이듯이 새로운 시선으로 주어지는 입력을 바라보고 기존의 언어 지식과 기술을 새로운 방식으로 이해하게 된다. 비록 일반적으로 잠시 수행의 질이 저하되는 현상이 동반되기도 하지만 일시적인 습득의 지체에서 벗어나면 재구조화가 가속화된다. 〈이은하〉

[참고문헌]
• Lightbown, P. M. (1985), Great expectations: Second-language acquisition research and classroom teaching, *Applied Linguistics 6-2*, pp. 173~189.
• McLaughlin, B. (1978), The monitor model: Some methodological considerations, *Language Learning 28-2*, pp. 309~332.
• McLaughlin, B. (1980), Theory and research in second language learning: An emerging paradigm 1, *Language Learning 30-2*, pp. 331~350.
• McLaughlin, B. (1995), Aptitude from an information-processing perspective, *Language Testing 12-3*,

pp. 370~387.
· Schneider, W. & Shiffrin, R. M. (1977), Controlled and automatic human information processing: I. Detection, search, and attention, *Psychological Review 84-1*, pp. 1~66.

❏ 통제적 처리

통제적 처리(統制的處理, controlled processing)란 초기 습득 단계에서 의식적 주의와 노력 그리고 전략적 통제를 바탕으로 언어 기술을 수행하는 과정 또는 그러한 과정에서 학습자가 겪게 되는 인지적 절차를 일컫는다.

이는 맥러플린(B. McLaughlin)이 제안한 제2 언어 습득의 정보 처리 모형(information processing model)에서 비롯된 개념이다. 습득 과정 초기에는 통제적 처리를 통해서만 기술에 대한 지식에 접근하고 이를 사용할 수 있다. 통제적 처리 단계에서 학습자는 필요한 기본적 정보들을 선택하고 재조직하여 일련의 절차로 통합하게 되는데 이때 상당한 수준의 의식적 주의(attention) 및 노력과 함께 고도의 전략적 통제가 요구된다. 그리고 이 단계에서 연습이 얼마나 효율적으로 그리고 지속적으로 이어지느냐에 따라 습득의 질이 결정된다.

통제적 처리에는 많은 장점이 있다. 첫째, 새로운 기술을 단지 몇 차례의 시도만으로도 쉽게 그리고 빨리 습득할 수 있다. 둘째, 보통은 무의식적으로 반응하기 마련인 입력을 의식적으로 무시하고 그보다 더 중요한 입력에 주의를 기울일 수 있게 해 준다. 셋째, 교수나 관찰 등을 통해 개인 대 개인 간 학습이 가능하도록 해 준다. 마지막으로 뚜렷하게 설정된 목표를 바탕으로 계획을 세우고 실행에 옮길 수 있도록 해 준다.

반면에 단점은 고도의 주의와 노력이 소요되고 속도가 느리며 한 번에 극히 한정된 수의 입력밖에 처리할 수 없다는 점이다. 아울러 주의를 집중하기 어려운 상황에서는 통제적 처리를 통해 습득한 기술을 완벽하게 실행하는 것이 사실상 불가능하다는 한계도 있다.   〈이은하〉

[참고문헌]
· Ellis, R. (2008), *The study of second language acquisition*, Oxford University Press.
· McLaughlin, B. (1978), The monitor model: Some methodological considerations, *Language Learning 28-2*, pp. 309~332.
· McLaughlin, B. (1980), Theory and research in second language learning: An emerging paradigm 1, *Language Learning 30-2*, pp. 331~350.
· McLaughlin, B. (1995), Aptitude from an information-processing perspective, *Language Testing 12-3*, pp. 370~387.
· Schneider, W. & Chein, J. M. (2003), Controlled & automatic processing: Behavior, theory, and biological mechanisms, *Cognitive Science 27-3*, pp. 525~559.

❏ 자동적 처리

자동적 처리(自動的處理, automatic processing)란 반복된 연습과 훈련을 통해 최소한의 주의와 노력만으로도 언어 기술을 매우 빠르고 안정적으로 수행할 수 있게 되는 일련의 과정 또는 그러한 과정을 거쳐 도달하게 되는 인지적 상태를 일컫는다.

이는 맥러플린(B. McLaughlin)이 제안한 제2 언어 습득의 정보 처리 모형(information processing model)에서 비롯된 개념이다. 일반적으로 특정 입력이 거듭된 연습과 훈련을 거치면 그에 상응하는 기억 흔적(memory trace) 패턴이 활성화되는 과정이 지속적으로 반복됨에 따라 기술은 하나의 정해진 틀(routine) 또는 정보 덩어리(information chunk)로 단순화되고 장기 기억에 영구적으로 저장된다. 이를 자동적 처리 단계에 들어섰다고 한다.

지속적인 연습과 훈련을 통해 기술이 자동화되면 학습자는 최소한의 주의(attention)와 노력만으로도 그 기술을 신속하고 안정적으로 수행할 수 있고, 여유가 생긴 주의 자원을 새로운 학습에 투자할 수 있게 된다. 기술이 완벽하게 자동화된 경지에 이르면 학습은 더 이상 일어나지 않는다. 이를 테면 제2 언어 읽기의 경우 어휘 지식이 자동화되지 않은 통제적 처리 단계에서는 텍스트 맥락을 통해 단어의 의미를 유추하는 노력이 종종 필요하지만, 일단 어휘 지식이 자동화되고 나면 텍스트를 통해 맥락 정보를 살피지 않고 단어만 보고도 그 의미를 바로 인식할 수 있게 된다.

자동적 처리는 다음과 같은 장점이 있다. 첫째, 주의와 노력을 거의 요구하지 않는다. 둘째, 속도가 빠르다. 셋째, 여러 작업을 동시에 수행할 수 있다. 마지막으로 일단 자동화된 기술은 주의를 집중하기 어려운 상황에서도 언제나 완벽에 가까운 실행이 가능하다. 그에 반해 자동적 처리 단계에 이르기까지 많은 시간과 노력이 필요하다는 점, 자동적 처리를 의식적으로 제어하기가 쉽지 않다는 점은 단점으로 지적된다. 〈이은하〉

[참고문헌]
- Hulstijn, J. H. (1990), A comparison between the information-processing and the analysis/control approaches to language learning, *Applied Linguistics 11-1*, pp. 30~45.
- McLaughlin, B. (1978), The monitor model: Some methodological considerations, *Language Learning 28-2*, pp. 309~332.
- McLaughlin, B. (1980), Theory and research in second language learning: An emerging paradigm 1, *Language Learning 30-2*, pp. 331~350.
- McLaughlin, B. (1995), Aptitude from an information-processing perspective, *Language Testing 12-3*, pp. 370~387.
- Schneider, W. & Chein, J. M. (2003), Controlled & automatic processing: Behavior, theory, and biological mechanisms, *Cognitive Science 27-3*, pp. 525~559.

❑ 재구조화

재구조화(再構造化, restructuring)는 제2 언어 학습자의 기존 중간 언어 체계에 새로운 제2 언어 정보가 추가되면서 변하는 과정을 일컫는다.

이는 맥러플린(B. McLaughlin)이 제2 언어 습득 분야에 소개한 개념이다. 언어 체계의 재구조화는 단지 새로운 정보가 추가되기만 하고 제2 언어 학습자의 기존 중간 언어 체계가 변하지 않았을 때는 일어났다고 볼 수 없으며, 기존 중간 언어 체계와는 질적으로 다른 새로운 체계로 변화했을 때 재구조화되었다고 말한다.

U자형 발달(U-shaped development)은 재구조화 과정의 전형적인 예라고 할 수 있다. 엘리스(R. Ellis)는 제2 언어 학습자의 중간 언어가 재구조화를 통해 본보기 기반(exemplar-based) 체계에서 규칙 기반(rule-based) 체계로 변한다고 보았다. 이는 영어의 불규칙 과거 시제 발달을 예로 들어 설명할 수 있다. 제2 언어 학습자는 처음에 'went'를 규칙을 통해 형성하지 않고 하나의 어휘 항목으로만 사용하지만, 추후 동사에 '-ed'를 더한다는 영어 과거 시제 형성 규칙을 알게 되면 그 전에는 정확하게 사용했던 went 대신 *'goed'와 같은 비문법적인 표현을 산출하며 학습자의 중간 언어 체계는 재구조화된다. 그러나 맥러플린이 언급하였듯이 궁극적으로 'went'가 과거 시제 형성의 규칙을 적용받지 않는 'go'의 불규칙 과거 시제라는 것을 알게 되면 규칙과 불규칙 과거 시제를 구별하여 규칙 기반 체계를 사용할 수 있게 된다. 〈김영규〉

[참고문헌]
- Ellis, R. (2008), *The study of second language acquisition*, Oxford University Press.
- McLaughlin, B. (1990), Restructuring, *Applied Linguistics 11-2*, pp. 113~128.

■ 기술 습득 이론

기술 습득 이론(技術習得理論, skill acquisition theory)이란 인간이 어떤 과정을 통해 다양한 기술을 학습해 나가는지를 설명하기 위한 인지 심리학 이론이다.

기술의 습득은 대부분 관련된 정보를 접하는 것에서부터 출발해서 행동에 변화가 시작되고, 반복된 연습을 거쳐 마침내 유창하고 자연스러우며 별다른 노력이 필요치 않은 숙달된 단계에 도달한다. 이러한 일련의 발달 단계에 따라 모든 기술의 습득은 보편적으로 적용되는 몇몇 기본 원리에 의해 설명될 수 있다. 앤더슨(J. R. Anderson)에 따르면 기술은 연습(practice)을 통해 향상되고 습득된 능력으로, 바이올린 연주나 자전거 타기와 같은 물리적 능력과 수학 문제 풀기나 언어 기술 같은 인지적 능력을 아우른다. 기술과 유사한 개념으로는 전문성(expertise)과 재능(talent)이 있는데 전자는 특정 영역에 속한 지식과 기술의 광범위한 목록을 가리키며 후자는 특정 유형의 지식이나 기술을 습득하는 타고난 능력을 의미한다.

앤더슨의 ACT-R(adaptive control of thought-rational) 이론에 따르면 기술 습득은 일반적으로 명제적(declarative) 단계, 절차적(procedural) 단계, 자율적(autonomous) 단계, 이렇게 세 단계를 거친다. 1단계인 명제적 단계에서는 서술적 지식(declarative knowledge)을 학습하는데 여기서 서술적 지식이란 '그것'에 대한 지식(knowledge THAT)을 가리킨다. 이는 '서울은 한국의 수도이다.'와 같이 하나의 명제로 표현될 수 있는 지식으로, 제

2 언어 습득에 비추어 보자면 한국어 과거 시제 선어말 어미 '-았/었-'의 사용 규칙에 대한 명시적 지식과 같은 사실적 정보로 이루어진다. 명제적 단계에서는 의식적인 통제(conscious control)하에 처리 과정이 진행되어서 처리에 소요되는 부담이 상대적으로 크다. 그리고 명제적 지식은 주로 언어를 통한 설명, 기존 기술을 통한 유추 또는 예시의 관찰과 모방을 통해 학습된다.

2단계인 절차적 단계에서는 명제적 지식이 절차적 지식(procedural knowledge)으로 전환되는 절차화(proceduralization)가 일어나 일반적 규칙을 특정한 사례에 적용할 수 있게 된다. 여기서 절차적 지식은 '어떻게'에 대한 지식(knowledge HOW)으로 실제로 자전거를 타는 방법과 같이 자동적으로 그리고 무의식적으로 사용할 수 있도록 절차화된 지식에 해당한다. 가령 동사나 형용사의 어간에 '-았/었-'을 붙여 한국어 과거 시제를 표현하는 일련의 절차를 실제로 실행할 줄 알게 되었다면 이 학습자는 한국어 과거 시제에 대한 절차적 지식을 갖춘 셈이다. 명제적 지식이 절차화되기 위해서는 반드시 연습이 요구되는데, 이때의 연습은 습득할 기술의 구성 요소들과 이들의 배열 순서를 재편하여 하나의 정해진 틀(routine)로 전환시키는 역할을 한다. 절차적 단계에서는 반복된 연습을 통해서 사용되는 지식이 질적으로 변화하며 그 변화의 속도 또한 매우 빠르다. 기술에 따라서는 몇 차례의 연습만으로 절차화가 이루어질 수도 있다. 절차화가 진행되면 처리 과정에서 의식적인 통제가 불필요해질 뿐만 아니라 처리에 소요되는 시간 또한 점점 줄어든다. 그러나 자전거를 탈 수 있다고 해서 무조건 자전거 타는 방법을 설명할 수 있는 것은 아니듯이 절차적 지식은 언어로 나타낼 수 없으며 명제적 지식과도 분리되어 있다.

마지막으로 자율적 단계는 지속적인 연습의 결과로 점차 자동화(automatization)가 이루어지는 단계이다. 이 단계에서는 절차적 지식이 간소화되고 다듬어져서 처리에 소요되는 시간이 줄어들고 오류가 감소하며 의식적인 주의(attention)가 거의 필요하지 않다. 제2 언어 습득으로 설명하자면 완벽한 유창성과 자연스러운 수행이 별다른 노력 없이도 지속적으로 나타나는 단계에 해당한다. 그러나 절차적 단계와 달리 사용되는 지식의 질적 변화는 더 이상 일어나지 않으며 처리 속도의 감소 또한 매우 더디다. 모어를 습득할 때는 누구나 예외 없이 이 3단계까지 도달하지만 결정적 시기(critical period) 이후 제2 언어 학습을 시작한 성인 학습자는 대체로 2단계에 머무르는 경향이 있다. 〈이은하〉

[참고문헌]
• Anderson, J. R. (1982), Acquisition of cognitive skill, *Psychological Review 89-4*, pp. 369~406.
• Anderson, J. R. (1996), ACT: A simple theory of complex cognition, *American Psychologist 51-4*, pp. 355~365.
• Anderson, J. R. et al. (2004), An integrated theory of the mind, *Psychological Review 111-4*, pp. 1036~1060.

• DeKeyser, R. (2007), Skill acquisition theory, In B. VanPatten. & J. Williams. (Eds.), *Theories in second language acquisition*, pp. 97~113, Lawrence Erlbaum Associates.
• Ellis, R. (2008), *The study of second language acquisition*, Oxford University Press.

❏ 명시적 지식

명시적 지식(明示的知識, explicit knowledge)이란 제2 언어 학습자가 말로 풀어 설명할 수 있는 제2 언어의 규칙에 대한 지식을 말한다.

홀스틴(J. H. Hulstijn)은 학습자의 인식(awareness)이 수반된 통제적 처리(controlled processing)를 통해 지식에 접근 가능하다고 보았다. 이에 따라 명시적 지식은 메타 언어적 지식이 조장되어 의식적(conscious)이고 서술적(declarative)이다. 엘리스(R. Ellis)는 지각의 정도, 사용 가능한 시간, 주의의 초점, 체계성, 확신성, 메타 언어적 지식, 학습 가능성이라는 일곱 가지 기준으로 명시적 지식과 암시적 지식의 구인(construct)을 조작적으로 정의한 후 각각의 지식을 측정할 수 있는 도구들을 제안하였다.　　　〈김영규〉

[참고문헌]
• Ellis, R. (2005), Measuring implicit and explicit knowledge of a second language: A psychometric study, *Studies in Second Language Acquisition 27-2*, pp. 141~172.
• Hulstijn, J. H. (2005), Theoretical and empirical issues in the study of implicit and explicit second-language learning: Introduction, *Studies in Second Language Acquisition 27-2*, pp. 129~140.

❏ 암시적 지식

암시적 지식(暗示的知識, implicit knowledge)이란 제2 언어 학습자가 말로 풀어 설명할 수는 없지만 직관적으로 알고 있는 제2 언어 규칙에 대한 지식을 말한다.

이 지식은 학습자가 자각하지 않아도 자동적 처리(automatic processing)를 통해 접근할 수 있어 언어 수행 중 자연스럽게 사용할 수 있다. 이에 따라 홀스틴(J. H. Hulstijn)은 암시적 지식이 메타 언어적 지식이 아닌 학습자의 느낌에 의존하여 무의식적(unconscious)이고 절차적(procedural)이라고 보았다.　　　〈김영규〉

[참고문헌]
• Ellis, R. (2005), Measuring implicit and explicit knowledge of a second language: A psychometric study, *Studies in Second Language Acquisition 27-2*, pp. 141~172.
• Hulstijn, J. H. (2005), Theoretical and empirical issues in the study of implicit and explicit second-language learning: Introduction, *Studies in Second Language Acquisition 27-2*, pp. 129~140.

❏ 자동화

자동화(自動化, automatization)란 기술 습득 이론에서 비롯된 개념으로 지속적인 연습과 훈련의 결과 의식적인 주의와 노력 없이도 자동적으로 절차적 지식(procedural knowledge)을 사용할 수 있게 되는 것을 일컫는다.

기술 습득 이론에 따르면 수학 문제 풀기나 언어 기술 같은 인지적 기술은 명제적 단계, 절차적 단계 그리고 자율적 단계의 순서로 습득된다. 그중에서 절차화(proceduralization)

가 진행되는 절차적 단계에서는 명제적 지식이 절차적 지식으로 전환됨에 따라 사용되는 지식에 질적인 변화가 일어나는 반면, 자동화가 이루어지는 자율적 단계에서는 사용되는 지식에 더 이상 질적 변화가 일어나지 않는다. 다만 절차적 단계에서보다 처리 속도가 빨라지고 오류가 거의 나타나지 않으며 의식적인 주의와 노력이 거의 필요하지 않게 된다는 점이 다를 뿐이다. 자동화된 기술은 장기 기억 속에 반영구적으로 저장되며 오랫동안 사용하지 않더라도 잘 녹슬지 않는다. 그뿐만 아니라 다른 기술을 동시에 수행할 수 있으며 기억 용량의 제한도 받지 않는다.

그러나 기술이 자동화된 이후에는 이를 의식적으로 제어하거나 억제하는 것이 쉽지 않으며 연습을 통해 과제 수행의 질을 극적으로 향상시키는 것 역시 더 이상 기대하기 어렵다. 자동화가 일어나려면 무엇보다도 많은 양의 연습이 선행되어야 하며, 설령 아무리 오랫동안 숱한 연습이 반복될지라도 오류로부터 자유롭고 100퍼센트 완벽한 자동성(automaticity)에 이르는 것은 불가능하다. 따라서 자동화는 일어나느냐 일어나지 않느냐의 문제가 아니라 얼마나 일어나는지가 중요한 정도의 문제로 보는 것이 타당하다.　　　　　　　　　　　　　　　　　　　　　　　　　　　〈이은하〉

[참고문헌]
• Anderson, J. R. (1996), ACT: A simple theory of complex cognition, *American Psychologist 51-4*, pp. 355~365.
• Anderson, J. R. & Schunn, C. D. (2000), Implications of the ACT-R learning theory: No magic bullets, In R. E. Glaser. (Ed.), *Advances in instructional psychology: Educational design and cognitive science 5*, pp. 1~34, Lawrence Erlbaum Associates.
• Anderson, J. R. et al. (2004), An integrated theory of the mind, *Psychological Review 111-4*, pp. 1036~1060.
• DeKeyser, R. (2007), Skill acquisition theory, In B. VanPatten. & J. Williams. (Eds.), *Theories in second language acquisition*, pp. 97~113, Lawrence Erlbaum Associates.

■ 상 가설

상 가설(相假說, aspect hypothesis: AH)은 시제와 상 형태소 습득이 용언의 내재적인 의미론적 속성, 즉 용언의 동작류에 따라 차이를 보이며 발달해 갈 것을 예측하는 가설이다.

상 가설이 기반을 두고 있는 동작류의 구분은 1967년 벤들러(Z. Vendler)에서 비롯되었으며 1991년에 앤더슨(R. W. Andersen)은 이를 언어 습득 연구에 적용하였다. 앤더슨의 이론적 재구성 작업은 용언을 [±동작성(dynamic)], [±종결성(telic)], [±순간성(punctual)]과 같은 의미론적 자질을 기준으로 하여 상태 동사(state verb), 행위 동사(activity verb), 완성 동사(accomplishment verb), 달성 동사(achievement verb)의 네 가지 동작류로 구분하고, 시제와 상 형태소의 습득은 동작류들을 단위로 하여 일정한 방향성을 나타낼 것으로 보았다.

시라이(Y. Shirai)와 발도비-할리그(K. Bardovi-Harlig) 등이 정리한 상 가설의 내용은
다음과 같다.

(1) 과거 시제는 완성 동사 및 달성 동사에 먼저 나타나고 궁극적으로는 행위 동사와 상태 동사
로 확장된다.
(2) 완료와 미완료를 구분하는 언어에서 미완료 과거는 완료 과거보다 뒤늦게 나타나고, 상태 동
사에서 시작해서 행위 동사로, 그 다음에는 완성 동사, 마지막으로는 달성 동사로 이행한다.
(3) 진행상이 있는 언어에서 진행상 표시는 행위 동사에서 시작해서 완성 동사와 달성 동사로
확장된다.
(4) 진행상 표시는 상태 동사로 잘못된 과잉 일반화(over generalization)가 되지 않는다.

이 가운데 한국어와 관계되는 부분은 (1)의 과거 시제와 (3), (4)의 진행상에 대한 예
측이다. 다음은 시라이의 논의를 바탕으로 동작류의 의미론적 자질을 표시하고 상 가설
에 따라 한국어 시제와 상 형태소 습득의 발달 방향을 제시한 것이다.

〈상 가설이 예측하는 과거 시제 습득의 발달 방향〉

동작류 한국어의 예	상태 동사 (예쁘다, 작다)	행위 동사 (공부하다, 달리다)	완성 동사 (집을 짓다)	달성 동사 (죽다, 도착하다)
상적 의미 자질	[−동작성] [−종결성] [−순간성]	[+동작성] [−종결성] [−순간성]	[+동작성] [+종결성] [−순간성]	[+동작성] [+종결성] [+순간성]
과거 시제 습득 방향	4 ←	3 ←	2 ←	1
진행상 습득 방향		1 →	2 →	3

상 가설은 용언의 의미론적 속성에 따라 시제와 상 형태소에 대한 습득이 위에 제시
한 바와 같이 점진적으로 이루어진다고 본다. 과거 시제 형태소 습득은 종결적인 달성
동사에서 시작해서 비종결적인 상태 동사로 확장될 것이라고 예측하고, 진행상의 습득
은 동작성 속성이 가장 전형적으로 나타나는 행위 동사에서 시작하여 완성 동사와 달
성 동사로 확장될 것이라고 예상한다.

지금까지 상 가설에 대한 연구는 발도비-할리그의 연구와 같이 주로 과거 시제를 대
상으로 진행되어 왔으며 그 결과는 상 가설의 예측이 연구 대상이었던 대부분의 언어
들에서 범언어적인 것으로 보고되었다. 이후에는 더 나아가 콜린스(L. Collins)가 정리한
바와 같이 특정 학습자의 모어가 제2 언어 습득에 어떤 영향을 끼치는지를 살펴보기도
했다. 상 가설은 형태와 의미 기능 간의 관계를 탐구하는 제2 언어 습득 분야에서 많은
주목을 받아 왔던 바, 이를 기반으로 이루어진 연구들에 대한 메타 분석적 연구도 진행
되고 있다. 시라이는 상 가설에 대한 연구 결과에 작용하는 요인들로 모어를 포함한 다

양한 가능성들을 지적하였다. 그리고 그동안의 연구 업적을 동일 숙달도 학습자를 대상으로 한 연구, 유사 통시적 연구, 종적 연구로 나누어 비교하고 정리하여 상 가설 연구들을 메타적으로 조망한 바 있다. 〈박선희〉

[참고문헌]
• 박선희(2009), 중국인 한국어 학습자의 과거 시제 습득 연구, 한국어교육 20-3, 국제한국어교육학회, 79~110쪽.
• Anderson, R. W. (1991), Developmental sequences: The emergence of aspect marking in second language acquisition, In T. Huebner. & C. A. Ferguson. (Eds.), *Crosscurrents in second language acquisition and linguistic theories*, pp. 305~324, John Benjamins Publishing Company.
• Bardovi-Harlig, K. (1999), From morpheme studies to temporal semantics: Tense-aspect research in SLA, *Studies in Second Language Acquisition 21-3*, pp. 341~382.
• Shirai, Y. (2004), A multiple-factor account for the form‐meaning connections in the acquisition of tense-aspect morphology, In B. VanPatten et al. (Eds.), *Form‐meaning connections in second language acquisition*, pp. 91~112, Lawrence Erlbaum Assoiciates.
• Vendler, Z. (1967), *Linguistics in philosophy*, Cornell University Press.

■ 다차원 모형

다차원 모형(多次元模型, multidimensional model)이란 제2 언어 자질이 학습자들 전체에 걸쳐 유사하게 발달하는 차원과 학습자 간 개인적 변이가 발생하는 차원을 함께 고려하여 제2 언어 습득을 기술하고 설명하려는 모형이다.

다차원 모형은 ZISA(Zweitspracherwerb Italienischer, Portugiesischer und Spanischer Arbeiter: 이탈리아어, 포르투갈어 및 스페인어 이주 노동자들의 제2 언어 습득) 프로젝트에 기반을 두고 있다. ZISA 프로젝트는 마이젤(J. M. Meisel)이 독일 부퍼탈 대학교(University of Wuppertal)에서 1977년부터 1981년까지 이탈리아어, 포르투갈어 및 스페인어가 모어인 이주 노동자들을 대상으로 수업을 받지 않은 제2 언어로서의 독일어 습득을 연구한 프로젝트로, 이 연구를 통해 제2 언어로서의 독일어를 습득할 때 어순 규칙 습득에 다음과 같은 일정한 발달 순서가 있음을 밝혔다.

〈1987년 피네만(M. Pienemann)이 소개한 제2 언어로서의 독일어 어순 규칙 발달 순서〉

> X 단계: 규범적 순서(주어 + 동사 + 목적어)
>
> X + 1 단계: 부사 전치
>
> X + 2 단계: 동사 분리
>
> X + 3 단계: 도치
>
> X + 4 단계: (종속절에서) 동사를 문미에 위치

다차원 모형은 프로젝트에 참여했던 마이젤의 지도 학생 피네만과 존스턴(M. Pienemann & M. Johnston)이 1987년에 제2 언어로서의 영어 발달 단계 연구로 확장하였으며, 1998년에는 피네만이 교수 가능성 가설(teachability hypothesis)을 거쳐 처리

가능성 이론(processability theory)으로 발전시켰다. 다차원 모형은 학습자의 중간 언어가 한 단계에서 다음 단계로 발달해 나가는 이유를 학습자가 사용하는 다양한 인지적 처리 전략들과 연계하여 설명하였다.

다차원 모형은 위와 같이 제2 언어 학습자들이 공통적으로 거쳐 가는 불변의 발달 순서에 관한 발달 차원(developmental dimension)과 제2 언어 학습자들 간의 차이를 발생시키는 변이 차원(variational dimension)으로 구성되어 있다. 예를 들어 라르센-프리만과 롱(D. Larsen-Freeman & M. H. Long)에 따르면 계사(copula)의 경우 어떤 학습자들은 정확성을 선호하기 때문에 'A = B'와 같은 발화에서 바로 계사를 사용하기 시작하지만, 다른 학습자들은 의사소통의 효과성을 선호하기 때문에 같은 맥락에서도 정확한 계사를 사용할 수 있을 때까지는 계사를 생략하여 문법적으로는 전자의 학습자들보다 덜 정확하지만 훨씬 효과적으로 의사소통을 할 수 있게 된다. 이러한 변이 차원의 언어 자질은 학습자에 따라 습득되거나 습득되지 않을 수도 있고 발달 단계 중 시기에 상관없이 언제든지 습득될 수도 있다. 〈김영규〉

[참고문헌]
• Larsen-Freeman, D., Long, M. H. & Jiang, Z. (1991), *An introduction to second language acquisition research*, Longman.
• Meisel, J. M., Clahsen, H. & Pienemann, M. (1981), On determining developmental stages in natural second language acquisition, *Studies in Second Language Acquisition 3-2*, pp. 109~135.
• Pienemann, M. (1987), Determining the influence of instruction on L2 speech processing, *Australian Review of Applied Linguistics 10-2*, pp. 83~113.
• Pienemann, M. & Johnston, M. (1987), Factors influencing the development of language proficiency, In D. Nunan. (Ed.), *Applying second language acquisition research*, pp. 45~142, National Curriculum Resource Centre Adult Migrant English Program.
• Pienemann, M. (1998), *Language processing and second language development: Processability theory*, John Benjamins Publishing Company.

❏ 교수 가능성

교수 가능성(敎授可能性, teachability)은 제2 언어 학습자에게 특정 언어 구조를 교수할 때 학습자의 발달 단계를 고려해야 함을 말한다.

이는 피네만(M. Pienemann)이 주장한 가설로 다차원 모형 연구에 기반을 두고 있다. 피네만은 이탈리아, 스페인 등에서 독일로 온 이주 노동자 출신의 학습자들이 발단 단계상 바로 다음 단계의 독일어 어순만을 배울 수 있음을 발견하였다. 다시 말해 학습자의 현재 독일어 어순 규칙 발달 단계가 2단계라면 이 학습자는 3단계의 독일어 어순 규칙은 배울 수 있으나 5단계의 독일어 어순 규칙은 배울 수 없다는 주장이다. 또한 수업을 통해 배운다고 하더라도 2단계에서 4단계로 이동하는 것처럼 발달 단계를 건너뛸 수 없으며 수업은 바로 다음 발달 단계의 구조에 중점을 두어야만 가장 효과적이라는 가설이다.

그러나 1998년에 라이트바운(P. M. Lightbown)은 당시 영어, 독일어 등의 부정 표현이나 의문문 등 일부 언어의 일부 구조 발달 단계에 관해서만 연구가 수행되었으며 학습자들이 같은 학급에 배치되어 있다고 하더라도 학습자들의 발달 단계는 동일하지 않다는 이유에서 발달 단계 연구 결과에 기반을 둔 교수 접근법에 문제를 제기하였다.　　　　　　　　　　　　　　　　　　　　　　　〈김영규〉

[참고문헌]
- Lightbown, P. M. (1998), The importance of timing in focus on form, In C. Doughty. & J. Williams. (Eds.), *Focus on form in classroom second language acquisition*, pp. 177~196, Cambridge University Press.
- Pienemann, M. (1984), Psychological constraints on the teachability of languages, *Studies in Second Language Acquisition 6-2*, pp. 186~214.
- Pienemann, M. (1989), Is language teachable? Psycholinguistic experiments and hypotheses, *Applied Linguistics 10-1*, pp. 52~79.
- Pienemann, M. (1998), *Language processing and second language development: Processability theory*, John Benjamins Publishing Company.

❏ 학습 가능성

학습 가능성(學習可能性, learnability)이란 제2 언어의 구조가 학습될 수 있는 범위를 의미한다.

학습 가능성은 제2 언어 학습자의 현재 중간 언어 발달 단계로부터 영향을 받는다. 학습 가능성의 개념은 피네만(M. Pienemann)과 동료 연구자들이 제2 언어로서 독일어를 습득한 이주 노동자들을 대상으로 자연적인 독일어 어순 습득 순서를 연구한 결과, 제2 언어의 구조가 고정된 순서를 거쳐 습득된다는 결과를 얻은 것에서 유래하였다. 학습 가능성과 관련된 피네만의 교수 가능성(teachability) 개념에 따르면 제2 언어 학습자들의 현재 중간 언어 발달 단계인 n단계보다 훨씬 더 높은 단계인 n+3단계 정도의 언어 구조는 수업을 통해 학습자들에게 가르칠 수 없다고 한다. 즉 n+3단계의 언어 구조의 학습 가능성은 낮다고 할 수 있다.　　　　　　　　　　　　〈김영규〉

[참고문헌]
- Pienemann, M. (1984), Psychological constraints on the teachability of languages, *Studies in Second Language Acquisition 6-2*, pp. 186~214.
- Pienemann, M. (1987), Psychological constraints on the teachability of language, In C. W. Pfaff. (Ed.), *First and second language acquisition processes*, pp. 143~168, Newbury House.
- Pienemann, M. (1989), Is language teachable? Psycholinguistic experiments and hypotheses, *Applied Linguistics 10-1*, pp. 52~79.

2.3. 언어적 요인

언어적 요인(言語的要因, linguistic factor)이란 제2 언어의 습득과 학습의 결과에 영향을 미치는 요인 가운데 입력(input), 출력(output), 상호작용(interaction)과 같은 언어적인 요소들을 일컫는다.

언어 습득에서 언어적 요인에 의한 영향력이 압도적이고도 절대적이라는 점은 자명하므로 넓은 의미에서의 언어적 요인이라는 개념은 인지적 요인, 학습자 요인, 사회 문화적 요인을 제외한 제2 언어 습득에 개입하는 모든 요소라고 해도 무방하다.

이런 점에서 언어적 요인은 제2 언어 습득에 영향을 미치는 나머지 다른 요인들과 구별하기 위한 차원에서 광의(廣義)의 의미로서 종종 사용되며, 이때에는 모어 전이와 같은 언어 간(inter-lingual) 요소와 학습자 중간 언어와 같은 언어 내(intra-lingual) 요소를 비롯하여 습득과 학습에 개입하는 거의 모든 언어적 현상을 포괄한다. 그러나 이렇게 넓은 개념 정의는 그 정의 대상을 오히려 굳이 설정할 필요가 없는 불분명한 상태로 만들어 버릴 수 있다. 그렇기에 협의(狹義)의 의미로서 정의되는 언어적 요인은 습득과 관련된 요소들을 제외하고 대체로 학습 상황에 나타날 수 있는 요인들만을 지적할 때 쓰며 학습 상황에서 발견할 수 있는 언어적 요인의 예로는 입력(input), 출력(output), 상호작용(interaction) 등을 들 수 있다. 예시한 언어적 요인들은 성인을 대상으로 하여 어느 정도는 의도된 장면에서 일회적이든 연속적이든 교육적인 전달 방식을 통한 학습에 공통적으로 전제되어 있다.

광의의 개념에서는 물론이거니와 협의의 개념에서도 언어적 요인에 대한 학문적인 논의는 제2 언어 습득론의 길지 않은 역사적 흐름에서 볼 때 비교적 초창기부터 형성되었다. 특히 입력과 같은 개념은 학습자 주변의 언어적 환경과 조건화라는 측면에서 행동주의적 관점과도 연결되기 때문에 비록 그 용어와 개념 자체가 명확하게 제기되지는 않았다 하더라도 20세기 중반 이전부터 학자들의 주된 관심 속에 있었다. 입력의 외부적인 조건이나 양이 학습 결과에 어떤 영향을 미치는가에 대한 호기심으로부터 노출이나 입력 홍수의 개념이 나타났고, 입력의 질적인 측면 즉 학습자가 실제적으로 내면화하는 것이 중요하다는 문제 제기로부터 수용(intake)이라는 개념이 생겨났다. 또한 목표어 화자와의 대화 속에서 유의미한 입력이 이루어져 이를 학습자가 이해(comprehension)하고 이를 다시 입력받은 대로 표현하게 되는 순간을 구체적으로 설명하기 위해 출력과 상호작용 등의 개념이 도입되었다.

이처럼 습득론 연구에서 언어적 요인이 차지하고 있는 위상은 매우 중요하다. 이러한 중요성으로 인해 한국어교육 연구에서는 일찍이 언어적 요인에 주목했다. 그러나 한국어 학습자들로부터 입력과 출력, 특히 수용과 같은 현상을 포착하여 학술적으로 논증하는 것은 매우 어려워 그 중요도에 비해 연구 성과의 누적은 여전히 부족한 편이다. 〈강남욱〉

[참고문헌]
• Ellis, R. (2008), *The study of second language acquisition*, Oxford University Press.
• Gass, S. M. & Selinker, L. (1994), *Second language acquisition: An introductory course*, 박의재·이정원 옮김, 1999, 제2 언어 습득론, 한신문화사.

• Ortega, L. (2009), *Understanding second language acquisition*, Routledge.

■ 입력

언어 습득에서 입력(入力, input)은 의사소통을 목적으로 학습자에게 노출시킨 목표어의 실례(實例)를 말한다.

(1) 철수는 어제 점심에 비빔밥을 먹었어요.

한국어 교사가 과거 시제를 교수하기 위하여 위와 같은 예문을 들었다고 가정해 보자. 이 예문에는 과거 시제가 사용되는 실례가 담겨 있기 때문에 입력이라고 말할 수 있으나, "과거 시제를 만들기 위해서는 '-았/었-'을 써야 해요."와 같은 명시적인 정보는 교사가 목표어를 사용하여 설명하고 있지만 유의미한 실례를 담고 있지 않기 때문에 입력이 아니다.

입력에 대해서는 다양한 논의가 있다. 첫째, 행동주의를 지지하는 이들은 제2 언어 습득에서 입력의 중요성을 인정하지 않거나 입력이 어떤 역할을 한다는 데 동의하지 않는다. 인간의 언어 습득은 인간에게 일정한 양의 언어를 제시하고 이를 반복적으로 연습시키는 것을 통하여 이루어진다고 주장한다. 그러나 이러한 주장은 1960년대에 촘스키(N. Chomsky)로부터 강력히 비판받았는데 학습자들에게 입력한 언어와 그들이 생산한 언어가 거의 일치하지 않기 때문이다.

둘째, 인지주의 학자들은 학습자가 교사 또는 동료와의 상호작용을 통하여 자신의 기존 언어 지식을 뛰어넘는 언어를 생산한다는 것을 밝혀냈다. 이는 학습자가 입력과 상호작용을 통해 의사소통하면서 학습 과정에 주목하게 되고 이것이 언어 습득으로 이어진다는 것을 의미한다.

셋째, 여러 종류의 다른 언어 항목을 각각 입력한 후 이때 동일한 언어 자질의 습득 순서가 어떻게 나타나는지에 대해 논의한 연구가 있다. 그러나 이 연구는 일관성이 있는 결과를 보여 주지 못하여 연구의 인과성을 증명하지 못했다.

넷째, 크래션(S. Krashen)은 입력 가설을 주장하며 이해 가능한 입력(comprehensible input)의 역할에 대해 연구하였다. 그의 자연 습득 순서 가설에 의하면 사람들은 목표어의 문법 조직을 보편적인 순서에 따라 일정하게 배운다. 따라서 외국어를 습득할 때 학습자가 만들어 내는 중간 언어는 그들이 받은 교육의 양이나 형태, 학습 능력에 관계없이 모두 예측 가능하다.

다섯째, 롱(M. H. Long)은 습득에서 이해의 중요성이 크다는 점에는 동의하면서도 습득 과정은 대화 방식을 통하여 적합해질 필요가 있다고 주장했다. 다시 말해서 습득은 '상호작용적 대화'라는 과정이 필요하다는 것이다. 크래션과 롱의 주장은 이해 가능한 입력을 가능하게 하는 요소가 무엇인지를 밝혀내는 연구 성과를 이끌어 냈다. 그러나 학습자가 이해 가능한 입력을 통해 새로운 언어 자질을 어떻게 습득하는지를 증명한 연구는 거의 없다. 또한 크래션과 롱의 주장에 반대하는 이론도 있다. 예를 들면 이해의 과정과 습득의 과정이 동일하지 않을 뿐만 아니라 이 두 과정이 반드시 연결되어 있는 것도 아니라는 것이다.

한국어교육에서는 입력을 교수 방법의 측면에서 다룬 연구들이 있다. 주로 입력을 강화하는 방법과 입력 처리 과정을 다룬 방법이 있는데 구체적으로는 본문 활자 강화(typological input), 처리 교수(processing instruction), 수정된 입력(modified input), 입력 홍수(input flood) 등이 있다. 이 연구들은 입력 처리 가설을 기반으로 하여 이루어졌다. 입력 처리 가설(入力處理假說, input processing hypothesis)이란 학습자가 목표어의 형태와 의미, 형태와 기능 사이를 연결하는 데 사용하는 전략이나 기제를 말한다. 그리고 입력 강화(入力强化, input enhancement)는 제2 언어 입력에서 학습자들이 특정한 언어 자질에 주의를 기울일 수 있도록 그 자질들을 보다 명시적으로 나타내려는 의도적인 시도를 말한다. 〈정대현〉

[참고문헌]
• 김진우(2002), 제2어 습득 연구: 현황과 전망, 한국문화사.
• Ellis, R. (2008), *The study of second language acquisition*, Oxford University Press.
• Gass, S. M. (1997), *Input, interaction, and the second language learner*, Lawrence Erlbaum Associates.
• Long, M. H. (1981), Input, interaction, and second-language acquisition, *Annals of the New York Academy of Sciences 379-1*, pp. 259~278.
• VanPatten, B. (2003), *From input to output: A teacher's guide to second language acquisition*, McGraw-Hill Higher Education.

❏ 노출

노출(露出, exposure)이란 학습자가 언어를 읽거나 들을 수 있는 환경에 놓이게 하는 것을 의미한다. 크래션(S. Krashen)의 습득-학습 가설에 의하면 학습한 것은 습득 체계의 일부가 될 수 없다. 이러한 주장은 언어 습득이 교실에서 이루어지는 학습이 아닌 다른 입력을 통해서 가능함을 의미한다. 학습자는 자연적인 상황에서 충분한 입력에 노출되기만 한다면 언어는 자동적으로 습득된다. 따라서 노출을 위해서는 학습자가 언어를 입력할 수 있도록 하는 여건을 조성하는 것이 중요하다. 〈정대현〉

[참고문헌]
• Doughty, C. & Long, M. H. (Eds.) (2005), *The handbook of second language acquisition*, Blackwell.
• Gass, S. M. & Selinker, L. (1994), *Second language acquisition: An introductory course*, Lawrence Erlbaum Associates.

❏ 입력 홍수

입력 홍수(入力洪水, input flood)란 언어 교수에서 학습자에게 목표어의 언어 특질을 담고 있는 입력을 풍부하게 제공하는 것을 말한다.

입력 홍수에 놓인 학습자는 넘치는 입력 속에서 목표어의 특질을 감지하여 습득하게 된다. 여기에서는 학습자의 주의를 의도적으로 끌어내거나 목표어에 주목하도록 학습자에게 요구하지 않아도 단순히 과잉 입력을 통하여 학습자가 목표어를 인지할 기회를 더 많이 갖게 될 것이라고 기대하는 것이 특징이다. 이때 얼마나 많은 양의 입력을 주어야 학습자의 습득에 유익할 것인가의 문제는 정확하게 한정하기 어렵다. 그러나 가스(S. M. Gass)의 주장처럼 입력 빈도가 인지를 자극할 수 있다면 더 많은 예시를 제공할수록 학습자의 인지는 자극받을 것이다. 이때 교사는 학습자가 이해 가능하도록 입력의 난이도를 조정할 필요가 있다. 〈정대현〉

= 입력 쇄도

[참고문헌]
• Gass, S. M. (1977), *Input, interaction and the second language learner*, Lawrence Erlbaum.
• Lee, Y. H. & Lee, H. K. (2012), Effects of input enhancement techniques on word learning of Korean elementary learners, *Primary English Education 18-3*, pp. 381~398.
• VanPatten, B. (2003), *From input to output: A teacher's guide to second language acquisition*, McGraw-Hill Higher Education.
• Wong, W. (2004), *Input enhancement: From theory and research to the classroom*, McGraw-Hill Higher Education.

■ 출력

출력(出力, output)은 학습자가 실제로 언어를 생산함으로써 학습자가 이해한 의미를 통사 구조에 맞게 사용하도록 강요하는 것을 말한다.

출력은 일반적으로 상호작용을 통해 일어난다. 크래션(S. Krashen)은 상호작용에서 일어나는 출력이 습득에는 직접적인 효과가 없다고 주장했지만 다른 학자들은 학습자의 출력이 중간 언어 발전에 기여한다고 주장하였다. 크래션은 1989년에 출력의 역할을 규명하는 두 가지 가설을 주장하였다. 첫째는 기술 형성 가설(skill building hypothesis)로서 학습자가 언어 규칙이나 항목을 의식적으로 학습한 다음에는 연습을 통하여 점차적으로 그 규칙이나 언어 항목을 자동화시키고자 한다는 것이다. 둘째는 출력 가설(output hypothesis)이다. 학습자는 출력을 통해서 언어 규칙 혹은 항목을 테스트하는데 이때 상대 화자는 학습자의 출력된 내용이 수용 가능한지에 대해 반응을 보인다. 학습자는 상대방의 반응을 보면서 자신의 오류를 수정한다. 1986년에 샤채터(R. D. Shachter)는 출력을 통한 학습자의 오류 수정이 메타 언어적인 정보와 직간접적으로 관련이 있다는 점을 지적했다. 여기에서 직접적이라는 것은 오류 수정을 의미하고 간접적이라는 것은 수용 점검, 명료화 요구, 이해 실패 등을 말한다. 〈정대현〉

= 생산, 산출

[참고문헌]
• Doughty, C. & Long, M. H. (Eds.) (2005), *The handbook of second language acquisition*, Blackwell.
• Ellis, R. (2008), *The study of second language acquisition*, Oxford University Press.
• Krashen, S. (1989), We acquire vocabulary and spelling by reading: Additional evidence for input hypothesis, *The Modern Language Journal 73-4*, pp. 440~464.
• Shachter, R. D. (1986), Evaluating influence diagrams, *Operations Research 34-6*, pp. 871~882.
• Swain, M. (1985), Communicative competence: Some roles of comprehensible input and comprehensible output in its development, In S. M. Gass. & C. Madden. (Eds.), *Input in second language acquisition: Issuce in second language research*, pp. 235~253, Newbury House.

❏ 이해 가능한 출력

이해 가능한 출력(comprehensible output)에서는 학습자가 자신의 불완전한 제2 언어 지식에서 나타나는 틈새에 주목할 때 학습이 실현된다고 주장한다. 따라서 이해 가능한 출력은 학습자가 제2 언어 지식에 생긴 틈새에 주목하도록 학습자의 발화를 강제적으로 유도하는 것을 말한다.

1985년에 스웨인(M. Swain)은 학습자가 문법적 능력을 충분히 갖추려면 자신의 언어 자원을 유의미하게 사용할 수 있는 기회가 제공되어야 한다고 주장했다. 또한 학습자가 메시지를 이해하는 입력 과정에서는 통사 구조를 분석하기가 어렵지만 출력 과정에서는 학습자가 메시지를 표현할 수 있도록 표현 수단에 주의를 집중한다고 보았다. 즉 학습자는 출력을 통해 제2 언어를 표현함으로써 자신의 불완전한 언어에 주목하게 되고 이를 완전한 언어로 표현할 수 있는 기회를 제공받는다는 것이다.

스웨인은 또한 출력의 역할에 대해서 다음과 같이 주장했다. 첫째, 주목하기 기능이다. 학습자의 발화는 그들이 말하고자 하는 내용과 말할 수 있는 내용에 차이가 있기 마련인데 출력은 학습자가 이 차이에 주목하도록 돕는다. 둘째, 가설 검증하기 기능이다. 학습자는 어떤 말을 하고자 할 때 자신의 가설을 기초로 발화한다. 학습자는 어떤 것을 발화함으로써 자신의 가설을 테스트하게 되고 교사 혹은 대화 상대방으로부터 자신의 가설에 대한 피드백을 얻게 된다. 셋째, 메타 언어 기능이다. 학습자는 자신이 학습한 언어에 대해서 숙고할 수 있는 기회를 얻게 된다. 따라서 출력은 학습자가 자신의 언어 지식을 통제하고 내면화할 수 있도록 돕는다.

한국어교육에서도 이해 가능한 출력의 중요성을 인지하고 이 가설을 적용하고자 한 연구가 문법, 어휘, 억양 등을 대상으로 다양하게 이루어져 왔다. 연구의 주제는 출력의 효과에만 머무르지 않고 입력 강화와 출력 강화의 비교나 통합, 출력 강화의 효과가 나타나는 영역 등으로 그 폭을 넓히고 있다. 이들 연구에서는 학습자 발화를 강제적으로 유도하기 위하여 딕토글로스(dictogloss), 텍스트 재구성화 등 다양한 과제를 사용하였다.

〈정대현〉

[참고문헌]
• 정대현(2009), 출력 기능을 통한 한국어 형태 습득 연구: 메타 말과 언어 지식 에피소드를 중심으로, 한국어교육 20-1, 국제한국어교육학회, 161~182쪽.
• Doughty, C. & Long, M. H. (2005), *The handbook of second language acquisition*, Blackwell.
• Ellis, R. (2008), *The study of second language acquisition*, Oxford University Press.
• Swain, M. (1985), Communicative competence: Some roles of comprehensible input and comprehensible output in its development, In S. M. Gass. & C. Madden. (Eds.), *Input in second language acquisition*, Newbury House.

❑ 수용

수용(受容, intake)이란 입력된 목표어를 학습자에게 이미 내재화되어 있는 규칙에 적합하게 조정하는 과정을 말한다.

엘리스(R. Ellis)는 다음과 같이 제2 언어 습득이 이루어지는 과정을 설명하면서 수용을 언급하였다.

〈제2 언어 습득 과정〉

수용은 제2 언어 입력, 지각된 입력, 이해된 입력 다음에 오는 인지적 과정이다. 위 과정의 첫 단계인 '제2 언어 입력'은 학습자가 듣고 읽는 모든 자료를 의미한다. 다음 단계인 '지각된 입력'은 하나의 사물에 대해 새롭게 관찰된 자질이 과거의 경험과 연관되도록 하는 이해 과정이다. '이해된 입력'은 언어 항목을 의미와 구조로 나누어 이해하는 단계를 말한다. 그 다음 단계가 바로 '수용' 단계이다. 수용은 언어 재료를 동화시키며 조정하는 정신적 활동이다. 어떤 문법이 지각 및 이해 과정을 거쳤다고 해서 반드시 지식으로 형성되는 것은 아니기 때문에 수용은 지각 및 이해 과정과 다르다. 이해된 것이 결과적으로 수용되기 위해서는 이해된 입력이 중요한 역할을 하며 특별한 자질이 보편 문법의 일부인지의 여부도 최종적으로 수용에 영향을 미치게 된다.

수용 단계에서는 정보가 선험 지식과 결합하거나 내면화된 문법 규칙의 배경에 영향을 미친다. 여기에서 일반화와 과잉 일반화가 일어나고 기억을 형성하여 마지막에 화

석화가 발생한다. 〈정대현〉

= 흡입

[참고문헌]
• Ellis, R. (2008), *The study of second language acquisition*, Oxford University Press.
• Gass, S. M. & Selinker, L. (1994), *Second language acquisition: An introductory course*, Lawrence Erlbaum Associates.

■ 상호작용 가설

상호작용 가설(相互作用假說, interaction hypothesis)이란 비원어민 화자(non-native speaker: NNS)와 원어민 화자(native speaker: NS)간의 상호작용이 제2 언어 습득을 촉진한다는 가설이다.

이 가설은 1980년대 초반 롱(M. H. Long)이 해치(E. Hatch)의 상호작용 연구 전통을 계승하여 그의 박사 학위 논문에서 최초로 제안한 것으로서 1996년에는 기존의 가설에 주목하기(noticing), 선택적 주의(selective attention)와 같은 심리 언어학적 개념을 추가적으로 도입한 수정된 상호작용 가설을 발표하여 이론적 설득력을 제고하였다.

수정된 상호작용 가설은 1980년대 초 당시 지배적이었던 크래션(S. Krashen)의 입력 가설로부터 진일보하여 새로운 틀(paradigm)을 구축했다는 학계의 평가를 받는다. 왜냐하면 입력 가설(input hypothesis)에서는 원어민 주도하의 단순화를 통한 이해 가능한 입력만을 강조하여 비원어민의 노력을 간과했던 것에 반해, 상호작용 가설에서는 이해 가능한 입력의 중요성은 인정하되 이것이 원어민과 비원어민의 상호작용을 통해 이해 가능하게 된다는 구체적이고 실제적인 작용 체계(mechanism)를 제시하였기 때문이다. 즉 서로 의미를 전달하고자 하는 원어민-비원어민 화자의 상호작용 중에 비원어민 화자의 목표어에 대한 지식 부족으로 인해 의사소통의 어려움이 발생하게 되고, 원어민과 비원어민은 이를 극복하기 위해서 의미 교섭(negotiation of meaning)을 시도하면서 설명 요구(clarification request), 확인 점검(confirmation check), 반복(repetition)과 같은 대화적 조정(conversational adjustments)을 실시하는데 바로 이 과정에서 비원어민 화자의 중간 언어 발달을 도모하는 이해 가능한 입력이 제공된다는 것이다.

상호작용 연구는 제2 언어 습득 분야에서 가장 활발하게 양적, 질적 팽창을 이룩한 영역으로 자리 잡았고, 최근에는 개인차 변인 및 사회적 변인을 고려한 연구의 필요성이 대두되고 있으며, 면 대 면 상호작용뿐만 아니라 컴퓨터 매개 의사소통(computer-mediated communication: CMC) 상황에서의 상호작용에 대한 연구도 활발히 진행되고 있다. 〈김영규〉

[참고문헌]
• Hatch, E. (1978), Acquisition of syntax in a second language, In J. C. Richards. (Ed.), *Understanding*

second and foreign language learning: Issues and approaches, pp. 34~69, Newbury House.
- Krashen, S. (1985), *The input hypothesis: Issues and implications*, Longman.
- Long, M. H. (1996), The role of the linguistic environment in second language acquisition, In W. Ritchie. & T. Bhatia. (Eds.), *Handbook of second language acquisition*, pp. 413~468, Academic Press.

❏ 의미 교섭

의미 교섭(意味交涉, negotiation of meaning)이란 비원어민 화자(non-native speaker: NNS)와 원어민 화자(native speaker: NS) 간 상호작용 내에서 의사소통 단절(communication breakdown)이 일어났을 때 상호 이해를 위해 수행하는 언어적 소통 시도를 말한다.

간문화적 의사소통(間文化的意思疏通) 상황에서 원어민과 비원어민은 공유하고 있는 언어 및 사회적 지식이 부족하기 때문에 의사소통 상의 어려움이 빈번히 발생한다. 따라서 가스(S. M. Gass)나 롱(M. H. Long)이 언급하였듯이 원어민 화자와 비원어민 화자는 대화 내용을 이해하기 위해 대화의 흐름을 잠시 중단시키고 "괜찮아요?", "이해하겠어요?" 등의 질문을 통해 상대방의 이해 점검하기, 자신이 이해하지 못한 부분에 대해 명료화 요구하기, 확인 점검하기 등의 대화적 조정 장치들을 사용한다.

2004년 진제희는 한국어 교실에서 나타난 교사-학습자 간의 의미 교섭을 분석하여 제시하였는데, 이 연구에서 전사 및 분석한 자료에 나타난 확인 점검과 명료화 요구의 예를 제시하면 각각 다음과 같다.

(1) 한국어 초급 교실의 상호작용에서 나타난 확인 점검
NNS: 방학이 되면, 공부를 하시겠습니다.
NS: 어, 하시겠습니다?

(2) 한국어 고급 교실의 상호작용에서 나타난 명료화 요구
NS: 그러면은 OO 씨가 생각하는 사랑이란?
NNS: 어, 음, 좋고, 어, 좋, 좋고?
NS: 어,
NNS: 좋고 잡아야 되는 것이에요.
NS: 어, 좋고 잡아야 된다. 무슨 뜻이에요?

1983년에 롱은 이와 같은 의미 교섭을 통해 대화의 구조 자체가 변형되면서 학습자에게 이해 가능한 입력이 제공될 수 있고 이는 결과적으로 학습자의 제2 언어 발달을 촉진할 수 있다고 가정하였다. 이후 많은 상호작용 연구들이 이 관련성을 경험적으로 입증함에 따라 의미 교섭이 제2 언어 습득에 중요한 과정이라는 것이 학계의 정설로 받아들여지고 있다. 〈김영규〉

[참고문헌]
- 진제희(2004), 한국어 교실 구두 상호작용에 나타난 문제 해결을 위한 의미 협상: 교사-학습자 대화를 중심으로, 연세대학교 박사학위논문.
- Gass, S. M. (1997), *Input, interaction and the second language learner*, Lawrence Erlbaum Associates.

• Long, M. H. (1981), Input, interaction, and second language acquisition, *Native Langugae and Foreign Language Acquisition 379-1*, pp. 259~278.
• Long, M. H. (1983), Native speaker/non-native speaker conversation and the negotiation of comprehensible input 1, *Applied Linguistics 4-2*, pp. 126~141.

2.4. 인지적 요인

인지적 요인(認知的要因, cognitive factor)은 제2 언어 습득 분야에서 언어 체계의 습득에 영향을 주는 요인들을 의미한다.

인지(認知, cognition)는 모든 종류의 '앎'을 의미하며, 감각적 자극에 대해 즉각적인 반응의 수준에서 느끼는 지각에서부터 인식한 것에 대한 정신적 표상, 사건이나 현상에 대한 경험을 통해 형성되는 개념 등에 이르기까지 모두 인지의 범주에 속한다. 제2 언어 습득에서의 인지적 요인은 이보다는 좁은 개념으로서, 언어 체계의 습득에 영향을 주는 요인들을 의미한다. 인지적 요인에 동기 및 불안과 같은 심리적 요인까지 포함하여 언어 학습 능력(language learning ability)이나 언어 적성(language aptitude)이라는 개념으로 통칭하기도 한다.

인지적 요인의 범위나 세분화 정도는 연구의 방향에 따라서 달라질 수 있으며 요인들 간의 상호 배타적인 영역을 완벽하게 구분하기는 어렵다. 일반적으로는 음운 구분 능력, 문법 추론 능력, 작업 기억, 지능 등을 인지적 요인으로 분류한다. 인지적 요인을 다루는 연구들은 주로 이와 같은 요인들과 제2 언어 습득 간의 상관관계를 규명하려고 한다.

이와 같이 요인을 통해 언어 습득을 설명하는 연구 방법론은 개인차(individual differences) 연구 방법론에 기반을 두고 있다. 크론바흐(L. J. Cronbach)가 언급했듯이 고전적인 의미에서의 개인차 연구는 상관 심리학적(correlational psychological) 연구를 의미하며 실험 통제 연구와 더불어서 심리학 연구 전통을 양분하는 방법론이다. 실험 통제 연구가 행동주의 심리학을 기반으로 인위적인 실험 통제를 통해 변인들 간의 관계를 설명하고자 하는데 반해, 상관 심리학에서는 개인의 고유한 특성을 인정하고 그 차이를 있는 그대로 관찰하고자 한다. 이와 같은 관점에서는 변인들이 학습에 영향을 주는 요인이 되는 것이 아니라 개인 간의 차이를 설명해 주는 요소가 된다.

2010년대에 수행한 디케이저(R. DeKeyser), 라보프(W. Labov) 등의 연구에 따르면 제2 언어 습득에서 인지적 요인을 연구하는 것은 지각, 기억, 문제 해결과 같은 인간의 내적 정보 처리 과정을 통해 언어 습득 현상을 설명하기 위한 것이다. 인지 심리학 배경의 학습 이론들과 정보 처리 이론은 학습 전략이나 심리적 요인과도 관련이 있다. 외향적 성격의 학습자는 행동주의적인 방법에 기반을 둔 학습 전략을 자주 사용하고 내성적 성격의 학습자는 인지적인 방법에 기반을 둔 학습 전략을 자주 사용할 가능성이 높다고 하는 가설 역시 이와 같은 인지적 요인에 대한 고려에 기반을 두고 있다.

한국어교육에서도 적성과 한국어 습득, 작업 기억과 한국어 습득 간의 관계를 조사한 연구들이 수행되고 있으며 인지적 요인 외에도 심리적 요인을 포함하는 개인차 연구가 수행되고 있다. 〈김영주〉

[참고문헌]

• Cronbach, L. J. (1957), The two disciplines of scientific psychology, *American Psychologist 12-11*, pp. 671~684.
• DeKeyser, R. (2012), Interactions between individual differences, treatments, and structures in SLA, *Language Learning 62*, pp. 189~200.
• Labov, W. (2010), *Principles of linguistic change 3: Cognitive and cultural factors*, Blackwell.

■ 주의

주의(注意, attention)는 학습자가 어떤 대상을 지각하여 의식을 집중하는 인지 작용을 의미한다.

주의의 가장 두드러진 특성은 선택성, 용량 한정성, 의식성이다. 선택성(selectiveness)은 감각 기관을 통해 들어오는 외부 세계의 수많은 정보들 중 특정한 정보에만 주의 집중이 일어남을 뜻한다. 언어 습득에서는 학습자에게 제시되는 언어 입력에서 의미나 형태 중 한 가지에 먼저 집중이 이루어지는 현상을 예로 들 수 있다. 용량 한정성(limited capacity)은 선택성과 관련된 개념으로, 인간의 주의력이 한정되어 있기 때문에 주의를 기울이는 대상의 수나 정보의 양, 지속 시간에 한계가 있음을 의미한다. 의식성(awareness)은 의도성과 관련된 개념으로, 학습자 스스로 주의 집중 작용을 명시적으로 자각함을 뜻한다. 슈미트(R. Schmidt)는 2001년의 연구에서 주의가 경각(alertness), 지향(orientation), 의식 전(preconscious) 혹은 무의식적 탐지(unconscious detection), 선택(selection) 혹은 의식적 탐지(conscious detection), 촉진(facilitation), 억제(inhibition)의 6단계로 이루어져 있다고 하면서 주의는 단일한 인지 작용이 아니라 복합적 단계로 구성된다고 주장하였다.

주의는 선택적이고 한정적이기 때문에 입력되는 정보들 중 주의 집중이 일어난 정보들만이 인지적 처리 과정을 거친다. 따라서 언어 입력 시 주의를 집중하기 위해서는 목표어 항목의 지각적 현저성(saliency)이나 입력 빈도(frequency) 등에 주목해야 한다. 이와 같은 관점은 제2 언어 교육에서 직접적으로 주의를 다루는 기법인 의식 고양(consciousness raising), 형태 초점(focus on form: FonF) 등과 연관된다.

인간의 정신적 작용에 대한 기술은 항상 모호한 측면을 동반하기 때문에 언어 습득 과정의 어디까지가 의식적이고 어디까지가 무의식적인지도 명료하게 구분하기가 어렵다. 슈미트는 주의가 항상 의식과의 연결을 동반하므로 학습자의 명시적인 의지가 주의를 불러일으키고 이것이 학습을 가능하게 한다고 하였다. 반면에 탐린과 빌라(R. Tomlin

& V. Villa)는 잠재의식적으로 탐지(detection)된 정보가 학습 작용을 일으키기도 하므로 주의가 항상 의식을 동반하는 것은 아니라고 하였다. 이 두 가지 관점을 통합하여 무의식적 정보 처리와 의식적 정보 처리가 하나의 인지적 과정 내에서 설명된다고 보는 관점도 있다. 로빈슨(P. Robinson)은 무의식적인 학습은 주의 집중의 정도가 낮은 것일 뿐이며 암시적 학습도 결국 주의가 동반된 학습이라고 하였다. 이들 논의는 명시적 학습과 암시적 학습이라는 주제와 관련된 것으로 명확한 결론을 내리기가 어렵다. 이와 같은 모호성을 해결하기 위해서는 학습자의 주의 정도를 조작적으로 정의하고 측정할 수 있는 방법에 대한 연구 결과가 축적되어야 한다.   〈김영주〉

[참고문헌]

• Robinson, P. (1995), Attention, memory, and the "noticing" hypothesis, *Language Learning 45-2*, pp. 283~331.
• Schmidt, R. (1993), Awareness and second language acquisition, *Annual Review of Applied Linguistics 13*, pp. 206~226.
• Schmidt, R. (2001), Attention, In P. Robinson. (Ed.), *Cognition and second language Instruction*, pp. 3~32, Cambridge University Press.
• Tomlin, R. & Villa, V. (1994), Attention in cognitive science and second language acquisition, *Studies in Second Language Acquisition 16-2*, pp. 183~203.

❏ 주목 가설

주목 가설(注目假說, noticing hypothesis)은 1990년대에 슈미트(R. Schmidt)가 제시한 이론으로 의식적으로 주목한 항목들만이 학습된다고 보는 가설이다.

주목(noticing)은 주의 집중에 의식(awareness)이 더해진 개념으로 학습이 일어날 수 있는 의식의 관여 정도를 뜻한다. 의식이 관여하지 않거나 최소한으로 관여하는 가장 낮은 수준의 의식 단계를 지각(perception)이라고 한다. 그리고 이와 반대로 일반적인 사고는 물론 상위 인지적 사고까지 포함하여 학습이 최대한으로 이루어지는 의식 단계를 이해(understanding)라고 한다. 주목은 이 둘 사이에 위치하며 의식이 특정한 대상에 초점을 모으는 단계로, 학습이 일어날 수 있는 임계점이다. 주목의 여부는 인지한 사항을 구두로 보고할 수 있는지 등을 확인함으로써 판단할 수 있다. 또한 주목에 영향을 미치는 요소에는 기대감, 입력 항목의 빈도, 지각적 현저성, 기존 학습 항목의 숙달도, 제시되는 과제의 정보 처리 구조 등이 있다.

주목 가설은 언어 학습자가 스스로 주목했거나 혹은 학습자의 주목을 이끌어냈던 것만이 제2 언어 능력으로 체화된다는 슈미트의 경험적 사실에 기반하며 주목이 언어적 입력의 수용을 위한 필요충분조건이라고 본다. 그리고 주목은 의식적인 과정이기 때문에 유의미한 학습은 의식의 영역 안에서 이루어지며 주목이 일어나는 과정은 자발적일 수도 있고 비자발적일 수도 있다고 주장한다. 이 가설은 심리학적으로 증명된 현상인 암시적 학습을 부정하지는 않으나 무의식적인 언어 학습은 불가능하므로 암시적 학습도 결국 의식이 관여하는 것이라는 입장을 취한다. 이는 의식적인 학습은 보조적 역할만을 할 뿐이고 실제 제2 언어 습득은 무의식적인 과정이라고 보는 크래션(S. Krashen)의 주장과 대치(對峙)된다.

주목 가설의 기본 개념인 의식은 명확하게 정의할 수 없는 대상이다. 이를 구분하는 의식(consciousness 또는 awareness)과 잠재의식(subconsciousness), 무의식(unconsciousness)의 개념도 연구마다 다르다. 무엇보다도 주목 가설의 핵심적 원리인 의식의 관여 정도를 양으로 나타내는 것이 어렵기 때문에 가설 자체의 이론적 합리성과 인지도에 비해 객관적으로 검증된 실증적 연구들이 부족하다는 비판이 제기된다. 〈김영주〉

[참고문헌]
• Krashen, S. (1981), *Second language acquisition and second language learning*, Pergamon Press.
• Schmidt, R. (1990), The role of consciousness in second language learning, *Applied Linguistics 11-2*, pp. 129~158.
• Schmidt, R. (1995), Consciousness and foreign language learning: A tutorial on the role of attention and awareness in learning, In R. Schmidt. (Ed.), *Attention and awareness in foreign language learning*, pp. 1~63, University of Hawaii Press.

■ 기억

기억(記憶, memory)은 새로운 정보를 받아들여 유지하고 저장하였다가 필요할 때 꺼내어 사용하는 인지 능력을 의미한다.

기억의 처리 과정은 정보를 받아들여 기억하는 단계, 기억된 정보를 유지하는 단계, 저장된 정보를 떠올려서 다시 사용하는 단계로 구분한다. 인간의 기억력 모형으로 가장 널리 알려진 것은 1968년에 발표된 앳킨슨과 쉬프린(R. C. Atkinson & R. M. Shiffrin)의 기억 구조 모형이다. 이는 정보 처리 이론을 기반으로 인간의 기억 기능을 구조화하여 제시한 최초의 모형이다. 각 영역은 감각 기억, 장기 기억, 단기 기억으로 구분된다. 감각 기억(sensory memory)은 외부 자극이 잠시 머무는 곳으로 짧은 시간 동안 어떤 장면을 봤을 때 그 장면이 순간적으로 지속되는 종류의 기억 작용을 의미한다. 개념적으로는 단시간에 정보를 담아 두는 일종의 완충적 저장소의 역할로 정의된다. 장기 기억(long term memory)은 넓은 저수지와 같은 저장소로서 인간의 전 생애에 걸친 모든 종류의 경험, 지식, 기술이 축적되는 장소이다. 기억 용량의 한계도 거의 없고 기억된 정보가 지속되는 시간도 길다. 단기 기억(short term memory)은 새로 입력된 정보가 저장되는 곳으로 정보를 처리하는 일시적 저장소이다. 장기 기억과는 달리 기억의 지속 시간이 수십 초 내외이고 대체로 한번에 10개 이내의 항목만을 기억할 수 있는 것으로 알려져 있다.

단기 기억과 장기 기억 간에는 상호 정보 교환이 일어난다. 단기 기억에서 활성화된 정보는 장기 기억에 저장되며 현재 직면한 주변 환경과의 상호작용에 필요한 정보는 장기 기억에서 단기 기억으로 불려 오게 된다. 단기 기억과 장기 기억이 별도의 기능으로 구분된다는 점은 단기 기억 관련 실험이나 기억 상실증 환자의 사례 등으로 증명된다.

기억 관련 연구가 진행되면서 기존의 단기 기억 모형을 더 체계화한 정교한 개념의 필요성이 대두됨에 따라 배들리와 히치(A. D. Baddeley & G. J. Hitch)는 구조화된 모형으로서 작업 기억(working memory) 개념을 제안했다. 이는 즉각적인 정보 처리 과정에서 기억의 지속, 처리 용량의 한계, 저장 과정 등을 체계적으로 설명해 준다. 기존의 기억 구조 모형이 기억 기능을 단순한 저장소로 표현하였다면 배들리와 히치의 모형은 각각의 기능 요소들이 상호작용을 하는 다른 인지 작용의 기반 기능으로서 표현한다. 초기 모형에서는 음운 고리(phonological loop)와 시공간 잡기장(視空間雜記帳, visuo-spatial sketchpad)이 하부 구조에 위치하고 이를 중앙 처리 장치(central executive)가 통제하는 모형이었다. 음운 고리는 새로운 정보를 저장하기 위해 일종의 내적 음성을 생성하여 정보가 소실되지 않도록 지속적으로 활성화시키는 작용을 의미한다. 시공간 잡기장은 시각적·공간적 정보를 처리하는 영역으로서 음성적 정보와는 상관없이 어떤 대상이 점유하고 있는 시공간적 위치를 기억하는 능력이다. 중앙 처리 장치는 가장 핵심적인 부분으로서 정보를 처리하고 다른 하부 기능들을 통제하는 역할을 하는데, 이는 '주의력의 분배'라는 개념으로 설명되기도 한다. 이후에 음운 고리, 시공간 잡기장, 장기 기억을 모두 아우르는 일화 기억 버퍼(episodic buffer)를 하부 기능으로 추가하기도 하였다.

뇌 영상 촬영 등의 실험을 통해 작업 기억과 관련된 영역을 입증한 연구들도 있으며 단일 인지 기능으로서 작업 기억의 존재를 비판적으로 바라보는 연구도 있다. 그러나 이는 현재로서는 명시적 제2 언어 습득에서 새로운 정보의 처리 과정을 가장 설득력 있게 설명해 주는 모형이며 실험적으로도 이를 지지하는 연구들이 다수 축적되어 있는 상태이다. 한국어교육에서도 백준오 등에 의해서 한국어 습득과 작업 기억 간의 직접적인 관계는 물론 다른 인지·심리 요인들과의 복합적인 상관관계가 연구된 바 있다. 〈김영주〉

[참고문헌]
• 백준오 외(2012), 작업 기억과 문법성 판단 능력 간의 상관관계 연구, 응용언어학 28-1, 한국응용언어학회, 31~58쪽.
• 백준오·이선영·김영주(2013), 작업 기억: 제2 언어 발달과의 상관성과 측정 방법론, 응용언어학 29-1, 한국응용언어학회, 127~150쪽.
• Atkinson, R. C. & Shiffrin, R. M. (1968), Human memory: A proposed system and its control processes, In K. W. Spence. & J. T. Spence. (Eds.), The psychology of learning and motivation: Advances in research and theory 2, pp. 89~195, Academic Press.
• Baddeley, A. D., Hitch, G. J. & Bower, G. H. (1974), Working Memory, In G. H. Bower. (Ed.), The psychology of learning and motivation: Advances in research and theory 8, pp. 47~89, Academic Press.

2.5. 학습자 요인

학습자 요인(學習者要因)이란 제2 언어 습득에 영향을 미치는 요인 중 학습자 개개인에 따라 다르게 나타나는 나이, 적성, 동기, 성격, 정서적 요인 등을 말한다.

넓은 의미로 보면 목표어와의 접촉 정도, 교재, 교육 기관, 교수의 공식성 여부 등의 교수 환경적 요소나 사회 심리적 거리, 문화 변용, 정체성 등의 사회 문화적 요소도 학습자 요인에 포함할 수 있다.

제2 언어 습득 연구 초기에는 제2 언어, 모어 등의 언어적 요인에 대한 관심이 높았다. 그러나 동일한 가설로 모든 학습자들의 차이를 설명할 수 없고 학습자의 개인적 차이에 따라 습득의 양상이 다르게 나타나는 현상이 두드러졌다. 이에 따라 심리학, 심리언어학, 사회학 등 관련 학문의 영향을 받아 학습자 요인에 대한 연구가 대두되었다.

제2 언어 습득 연구에서 학습자 요인에 대한 연구가 점점 활발해지고 있는 이유는 다음 세 가지로 볼 수 있다. 첫째, 모어 학습과 달리 외국어 학습 시에는 개인적 요인에 따른 차이가 크다. 즉 학습자의 나이, 태도, 지능, 적성 등 영향 요인이 다양하며 이에 따라 다양한 습득 양상을 보인다. 둘째, 학습자 요인의 차이에 따라 제2 언어 습득의 과정이 달라진다. 따라서 제2 언어 습득에서 학습자 요인의 역할을 규명하는 것은 학습자를 어떻게 교수할지에 대한 시사점을 제공해 준다는 점에서 의의가 있다. 셋째, 제2 언어를 습득하는 것은 결국 심리적으로 일어나는 현상이기 때문에 습득 양상을 잘 설명하기 위해서는 심리학적 접근이 중요하다. 따라서 그동안 입력, 출력 등 언어학적 요인으로 설명할 수 없었던 제2 언어 습득 양상의 다양성을 학습자 개개인의 특성에 대한 심리학적 설명으로 보완할 수 있다.

학습자 요인에 대한 연구는 구체적인 요인과 언어 습득 결과 간의 영향 관계를 살피는 방식으로 이루어진다. 언어 습득 결과는 성적, 숙달도 평가 점수, 학습자 능력 측정, 언어 숙달도에 대한 실험적 측정 등의 방법으로 측정할 수 있다. 이때 가스와 셀린커(S. M. Gass & L. Selinker)가 언급하였듯이 측정 요인은 제2 언어 습득의 변인으로서의 타당도와 습득 결과를 측정할 때의 신뢰도를 중요하게 고려해야 한다. 최근에는 이러한 양적 연구뿐만 아니라 인터뷰, 일지 등 학습자의 자기 보고나 반성을 자료로 연구하는 질적 연구도 활발하게 수행되고 있다.

한국어교육에서 학습자 요인에 대한 연구는 동기, 요구, 전략, 불안 등에 대해서 부분적으로 수행되고 있다. 한국어 학습자의 여러 요인들을 다양한 시각에서 두루 고찰하기 위해서는 학습자 요인 각각에 대한 본격적인 연구 및 논의가 더 활발히 수행될 필요가 있다.　　　　　　　　　　　　　　　　　　　　　　　　　〈이슬비〉

[참고문헌]
• 김진우(2002), 제2어 습득 연구: 현황과 전망, 한국문화사.
• Gass, S. M. & Selinker, L. (1994), *Second language acquisition: An introductory course*, 박의재·이정원 옮김, 1999, 제2 언어 습득론, 한신문화사.
• Ortega, L. (2009), *Second language acquisition*, Routledge.
• 日本語教育學會編(2006), 新版日本語教育事典, 안병곤·전철 편역, 2011, 신판 일본어 교육 사전, 보고사.

■ 나이

나이(age)는 모어나 제2 또는 제3 언어를 습득할 때 언어를 배우는 사람이 살아 온 햇수를 가리킨다. 대개 제2 언어 습득에서 나이는 최초로 그 언어에 충분히 노출된 시기인 노출 나이나 해당 언어를 사용하는 나라로 이주한 도착 나이(age of arrival: AOA)를 가리키기도 한다.

모어 습득에서는 언어에 노출되고 언어를 배울 수 있는 결정적 시기(critical period)가 있어서 그 시기를 지나면 언어 습득이 어려워지거나 완벽한 언어 발달이 불가능하다. 일부 학자들은 제2 언어 습득에서도 언어를 자연스럽게 배울 수 있는 특정한 시기가 있다고 주장한다. 반면 다른 학자들은 제2 언어 습득에서 나이가 어느 정도의 역할을 하기는 하지만 특정한 시기로 한정되지는 않는다고 본다. 언어 습득에서 나이와 관련된 논의는 다양하며 특히 제2 언어 습득 맥락에서 나이를 둘러싼 논의는 다음과 같이 크게 다섯 가지로 정리할 수 있다.

첫째, 성인과 어린이 중에서 누가 더 언어를 빨리 잘 배우는가? 보통 어린이들이 성인보다 말을 빨리, 잘 배우는 것으로 생각하지만 많은 연구에 따르면 언어 습득의 초기 단계에는 성인이 어린이보다 더 빨리, 잘 배운다고 한다.

둘째, 성인과 아동 중에서 어느 집단이 궁극적으로 언어를 잘 습득하게 되는가? 일정 기간이 지나서 궁극적으로 누가 더 잘하게 되는가를 보면 일반적으로 어린이들은 원어민과 같은 수준을 보이지만 성인은 그렇지 못하다.

셋째, 제2 언어 습득에 결정적 영향을 미치는 특정한 나이나 시기가 있는가? 이에 대해서는 존슨과 뉴포트(J. S. Johnson & E. L. Newport)와 같이 결정적 시기가 있다고 보는 견해와 버드송(D. Birdsong)과 같이 결정적 시기는 나타나지 않으며 나이에 따라 점진적으로 언어 습득의 변화를 보여 준다고 보는 견해가 있다.

넷째, 제2 언어 습득에 영향을 미치는 하나의 결정적 시기가 있는가 아니면 다양한 시기가 있는가? 대개 만 12~13세를 전후로 어느 한 시기만을 언어 습득의 결정적 시기라고 보는 견해가 있는 반면, 그라네나와 롱(G. Granena & M. H. Long)처럼 발음, 문법, 어휘 등 언어 요소에 따라 민감한 시기가 다르다고 보는 학자들도 다수 존재한다.

다섯째, 제2 언어 습득에서 나이의 영향은 어느 조건에서나 나타나는가? 나이의 영향에 대한 연구는 주로 그 언어를 사용하는 국가에 이민 간 사람을 대상으로 이루어져 왔는데, 이병민이나 뮈노즈(C. Muñoz)와 같이 외국어 상황에서는 나이의 영향이 미미하다고 보는 견해와 여전히 영향이 크다고 보는 견해가 있다.

그 나라에 처음 이민을 간 나이가 제2 언어 습득의 중요한 변수가 된다면, 나이에 따른 습득 연구 결과는 한국에 정착한 외국인 이민자 가정의 아동이나 해외에서 귀국한 아동의 한국어 습득 과정을 이해하는 데 적용할 만하다. 〈이병민〉

= 연령

[참고문헌]
• 이병민(2003), EFL 영어 학습 환경에서 학습 시간의 의미, 외국어교육 10-2, 한국외국어교육학회, 107~129쪽.
• Birdsong, D. (2006), Age and second language acquisition and processing: A selective overview, *Language Learning 56-1*, pp. 9~49.
• Granena, G. & Long, M. H. (2012), Age of onset, length of residence, language aptitude, and ultimate L2 attainment in three linguistic domains, *Second Language Research 29-3*, pp. 311~343.
• Johnson, J. S. & Newport, E. L. (1989), Critical period effects in second language learning: The influence of maturational state on the acquisition of English as a second language, *Cognitive Psychology 21*, pp. 60~99.
• Muñoz, C. (Ed.) (2006), *Age and the rate of foreign language learning: Second language acquisition*, Multilingual Matters.

❏ 결정적 시기 가설

결정적 시기 가설(決定的時機假說, critical period hypothesis: CPH)은 언어 습득이 이루어지는 특정한 시기가 있다고 보는 가설이다.

이 가설은 대개 2차 성징(puberty)이 나타나는 12~13세 이전에 언어 노출에 의한 자연스러운 언어 습득이 가능하며, 이 특정 시기가 지나면 언어 습득이 어렵고 의식적인 노력이 많이 필요하며 원어민 같은 완벽한 수준의 성취는 어렵다고 본다.

결정적 시기 가설은 1950~1960년대 펜필드와 로버츠(W. Penfield & L. Roberts), 레네버그(E. H. Lenneberg) 등이 제시했다. 이 가설은 초기에는 어린이의 모어 습득과 관련하여 제시되었으며 이후에는 제2 언어 습득을 설명하는 데 적용되었다. 이 가설이 제기된 이후 특히 제2 언어 습득 분야에서 존슨과 뉴포트(J. S. Johnson & E. L. Newport), 버드송과 몰리스(D. Birdsong & M. Molis)를 비롯한 많은 연구자들의 연구가 이루어졌다. 이들의 연구들은 대부분 이민 간 나이, 즉 도착 나이(age of arrival: AOA), 동기, 거주 기간 등의 변수를 고려했으며 이민 간 나이가 한 이민자의 제2 언어 숙달도를 결정하는 가장 중요한 변수라는 점을 공통적으로 보여 주었다. 또한 존슨과 뉴포트의 연구에서는 제2 언어 습득에도 결정적 시기가 있으며 그 나이는 16세 정도라고 보았다. 그러나 이들과 비슷한 방식으로 연구한 버드송과 몰리스는 제2 언어 습득의 결정적 시기를 발견할 수 없으며 다만 나이가 들어감에 따라 점진적으로 영어 숙달도가 낮아지는 결과를 보여준다고 했다.

결정적 시기 가설에 대해서는 여전히 몇 가지 논란이 있다. 첫째, 이 가설을 검증하기 위한 대부분의 연구는 영어를 모국어로 사용하는 미국과 같은 언어 환경에서 이루어졌으며 우리나라나 일본과 같이 영어를 외국어로 사용하는 환경에서 이 가설을 검증한 연구는 거의 없다. 따라서 영어 등의 외국어를 우리나라와 같은 환경에서 배울 때 과연 나이가 어떤 영향을 미치는지는 분명하지 않다. 둘째, 어떤 시기가 언어 습득에 결정적 시기인지, 결정적 시기라고 할 수 있는 어느 특정 시기가 존재하는

지, 결정적 시기가 어느 한 시기가 아니라면 여러 시기에 걸쳐서 결정적 시기가 존재하는지에 대해 여전히 논란이 있다. 또한 결정적 시기라고 할 때 그 특정 시기가 언어 습득에 결정적인지 아니면 나이에 따라서 언어에 반응하는 정도가 조금씩 달라지는 것인지 분명하지 않다. 또한 우리나라나 스페인과 같이 영어를 외국어로 배우는 환경에서도 어린이가 성인보다 효율적으로 빠르게 언어를 습득할 수 있는가에 대해서 뮈노즈(C. Muñoz)의 연구 등은 이 가설과 반대의 결과를 보여 주기도 했다. 나이뿐만 아니라 목표어 환경에 노출된 양이나 언어 사용의 질적 또는 양적인 차이 등을 주요 변수로 고려하는 연구들도 수행되었으며, 형식적으로 학교라는 환경에서 언어를 학습할 때에도 나이가 유사한 효과를 보이는지에 대한 논란이 있다. 외국어 교육 환경에서는 외국어를 배우기 시작한 나이(age of onset: AOO)보다는 노출이 더 중요한 변수가 된다는 논의도 있다. 〈이병민〉

[참고문헌]
• 이병민(2003), EFL 영어 학습 환경에서 학습 시간의 의미, 외국어교육 10-2, 한국외국어교육학회, 107~129쪽.
• Lenneberg, E. H. (1967), *Biological foundations of language*, Wiley.
• Muñoz, C. (2006), *Age and the rate of foreign language learning: Second language acquisition*, Multilingual Matters.
• Muñoz, C. (2011), Is input more significant than starting age in foreign language acquisition?, *International Review of Applied Linguistics 49-2*, pp. 113~133.
• Penfield, W. & Roberts, L. (1959), *Speech and brain mechanisms*, Princeton University Press.

□ 근본적 차이 가설

근본적 차이 가설(根本的差異假說, fundamental difference hypothesis: FDH)은 성인과 어린이의 언어 습득 과정이 다르다고 보는 가설이다.

이는 블레이-브로만(R. Bley-Vroman)이 1989년에 제시한 가설로, 어린이의 언어 습득이 타고난 언어 본능을 기반으로 무의식적으로 진행되는 것이라면 성인의 언어 학습은 일반적인 인지 능력과 문제 해결 능력을 통해서 의식적으로 진행된다고 본다. 즉 어린이의 모어 습득이 소위 보편 문법(universal grammar: UG) 또는 언어 습득 장치(language acquisition device: LAD)와 같은 내재된 언어 습득 능력에 의존한다면 성인의 언어 습득은 명시적이며 의식적인 인지 활동이라고 본다.

이 주장의 근거는 다음과 같다. 첫째, 극히 소수의 성인만이 원어민 수준의 제2 언어 습득이 가능하다. 둘째, 성인 학습자가 상당한 수준의 제2 언어 능력을 갖추고 있는 경우에도 고착화된 언어 오류를 보인다. 셋째, 성인 언어 학습자의 경우 이미 습득된 모어가 새로운 언어를 배우는 데 많은 영향을 미친다. 넷째, 성인 학습자는 문법성(grammaticality)을 판단하는 명확한 직관을 지니고 있지 못하다. 근본적 차이 가설은 이러한 근거를 배경으로 하여 성인의 제2 언어 습득과 어린이의 모어 습득은 근본적으로 다르다고 주장한다.

　　리버(A. S. Reber)나 로빈슨(P. Robinson) 등은 성인 학습자의 제2 언어 습득도 어린이의 언어 학습과 크게 다르지 않으며 명시적(explicit) 형태의 학습보다는 암시적(implicit) 형태의 학습이 기본적인 학습의 형태라는 이견을 제시하기도 했다. 또한 허친슨(J. Herschensohn)은 언어 습득 과정, 최종 습득 상태 그리고 모어 화자나 이중 언어 화자의 언어 처리 과정을 보면 성인과 어린이의 언어 습득은 정도의 문제일 뿐 질적인 차이가 아니라고 주장했다. 나이가 들어감에 따라 언어 습득에 급격한 변화를 나타내기보다는 점진적인 변화를 보여 주는 것을 고려하면 몇 살까지 보편 문법에 접근해서 언어 습득을 할 수 있고, 몇 살이 되면 보편 문법에 대한 직접적인 접근이 차단되고, 다른 인지 과정을 통해서 언어를 습득하게 되는지가 분명하지 않다. 송과 슈와츠(H. S. Song & B. D. Schwartz)는 성인 제2 외국어 학습자, 어린이 제2 언어 학습자 그리고 모어 화자를 비교해 볼 때 그들이 사용하는 언어에는 큰 차이가 나타나지 않으며 기본적으로 유사한 모습을 보여 준다는 사실을 밝혀내기도 했다.

　　근본적 차이 가설은 성인과 어린이의 언어 학습이 근본적으로 다르다고 본다는 점에서 언어 학습에서 나이의 역할을 강조하는 결정적 시기 가설과 관련이 있으며 어떤 인지적 과정에 의존해서 언어 학습이 이루어지는가를 살펴본다는 점에서 명시적 및 암시적 학습과도 연관되어 있다. 또한 보편 문법의 역할을 전제로 하기 때문에 생성 문법에 기초한 제2 언어 학습 이론과도 연관이 있다.　　　　　　　　　　　　　〈이병민〉

= 근본적 상이 가설

→ 보편 문법, 언어 습득 장치

[참고문헌]
• Bley-Vroman, R. (1989), What is the logical problem of foreign language learning?, In S. M. Gass. & J. Schachter. (Eds.), *Linguistic perspectives on second language acquisition*, pp. 41~68, Cambridge University Press.
• Herschensohn, J. (2009), Fundamental and gradient differences in language development, *Studies in Second Language Acquisition 31-2*, pp. 259~289.
• Reber, A. S. (1993), Personal knowledge and the cognitive unconscious, *Polanyiana 3*, pp. 97~115.
• Robinson, P. (1997), Individual differences and the fundamental similarity of implicit and explicit second language learning, *Language Learning 47-1*, pp. 45~99.
• Song, H. S. & Schwartz, B. D. (2009), Testing the fundamental difference hypothesis: L2 adult, L2 child, and L1 child comparisons in the acquisition of Korean Wh-constructions with negative polarity items, *Studies in Second Language Acquisition 31-2*, pp. 323~361.

■ 정의적 요인

　　정의적 요인(正義的要因, affective factor)은 언어 학습 환경 및 과정에서 발생하여 외국어 습득에 영향을 미치는 학습자의 정서(emotion)나 감정(feeling)의 변인을 말한다.

　　외국어를 습득하는 과정에서 자아 존중, 억제, 불안, 감정 이입, 정체성, 성격 등의 감정은 습득에 다양한 영향을 미친다. 정의적 요인에는 자기 자신에 대한 감정과 타인과 의사소통하는 과정에서 느끼는 감정 그리고 서로 다른 문화 및 생활방식 등에 따른 다양한 사회 문화적 요소가 포함된다.

1970년대 이후 인지주의 접근 방식과 관련하여 정의적 요인 중 외국어 습득 과정에 다양한 영향을 미치는 자아 존중, 억제, 불안, 감정 이입, 정체성, 성격 등에 대한 연구가 활발히 이루어졌다. 이 중 블룸 외(B. Bloom et al)는 정의적 영역을 다음의 다섯 단계로 설명했다. 첫째, 정의성의 발달은 수용(receiving)으로부터 시작한다. 이 단계에서는 주위의 환경을 자각하고 상황, 현상, 사람, 사물 등을 인식한다. 자극을 피하지 않고 기꺼이 받아들이고 견디며 자극에 대해 통제적이고 선택적인 관심을 보인다. 둘째, 수용의 단계를 넘으면 반응(responding)을 보인다. 타인이나 주변의 현상과 관계에 관심을 가지는 것에서 나아가 반응하며 만족감을 얻는 단계이다. 셋째, 어떤 사물이나 행동 또는 타인에 대하여 가치를 부여하고(valuing) 추구한다. 넷째, 신념의 체계 속에서 여러 가치를 조직화(organization)한다. 가치들 간의 관계를 결정하고 위계질서를 확립한다. 다섯째, 확립한 가치 체계에 입각하여 개인의 가치 체계(value system) 관점에서 자신을 이해하고 체계화한다. 이 단계에서는 내재화한 가치에 따라 일관성 있게 행동하며 신념과 태도를 전체 철학이나 세계관으로 발전시킨다. 또한 전체적이고 일관된 자신의 체계를 바탕으로 문제를 해결한다.

정의적 요인 측면에서 인간이 어떻게 느끼고, 반응하며, 믿고, 가치를 평가하는지를 이해하는 것은 제2 언어 습득 이론에서 매우 중요하다. 크래션(S. Krashen)에 의하면 제2 언어는 모어와 달리 언어 입력(input)이 바로 언어 습득 장치(language acquisition device: LAD)로 전달되는 것이 아니라 중간에 정의적 여과기(affective filter)를 거쳐 전달되기 때문이다. 여과(filter)는 정서적으로 영향을 미치는 언어를 내부에서 무의식적으로 처리하는 체계의 일부이다. 긍정적인 정의적 요인이 많으면 여과 장치의 벽이 낮아져 입력 자료가 언어 습득 장치에 쉽게 도달할 수 있다. 반대로 부정적인 요인이 많으면 여과 장치의 벽이 높아지기 때문에 입력 자료가 언어 습득 장치까지 도달하기 어렵다. 크래션과 테렐(S. Krashen & T. D. Terrell)은 자연적 교수법(natural approach)을 통해 언어 입력을 방해하는 정의적 여과기의 수준을 낮추고자 하였다.

정의적 영역은 설문지나 요인 간의 상관성 측정을 통해 연구되는데 이때 절차와 유형, 해석 등에 세심한 주의가 요구된다.

한국어교육에서는 2001년에 강영아가 일본 대학에서 한국어를 배우는 학습자들에게 동기, 태도, 불안 등의 정의적 요인과 성취도의 상관관계를 연구하였다. 일본인 대학생들은 도구적 동기가 강했고 학생들의 도구적 동기는 성취도에 긍정적인 영향을 미쳤다. 학생들의 한국 사회에 대한 태도는 긍정적이었지만 성취도와는 관계가 없었다. 불안 요인은 학습 효과를 높이는 데 오히려 방해가 되는 것으로 나타났다. 2010년에 권유진 외에서도 외국어 불안과 학업 성취도 사이에는 부정적 상관관계가 있음을 밝혀 주었다. 프랑스인 학습자의 한국어 습득을 연구한 내용을 보면, 의사소통 불안과 평가 불안이 높을수록 문법적 능력이 떨어지는 것으로 나타났다. 중국인 학습자를 대상으로 한 연구에서도 불안이 낮고 통합적 동기가 높을수록 문법적 능력이 높아짐을 알 수 있다. 이는 한국어를 비롯한 많은 언어 습득 연구에서 학습자들의 정의적 여과기의 수준을 낮추고 지나친 불안이나 긴장을 유발하지 않으며 학습자들의 욕구를 충족시키는 교실 환경을 제공하는 것이 언어 습득에 도움이 됨을 말해 준다.　　　　　〈김영주〉

= 정서적 요인
→ 언어 습득 장치

[참고문헌]
• 강영아(2001), 한국어 학습자의 정의적 요인과 성취도와의 관계: 일본 대학 내의 한국어 교육 상황에서, 연세대학교 석사학위논문.
• 권유진·남상은·김영주(2010), 외국어 불안과 교실 상황이 학업 성취도에 미치는 영향: 한국어 학습자를 중심으로, 새국어교육 85, 한국국어교육학회, 381~402쪽.
• Bloom, B., Krathwohl, D. & Masia, B. (1964), *Taxonomy of educational objectives: The classification of educational goals, Handbook II: Affective domain*, David McKay Company.
• Krashen, S. (1981), Aptitude and attitude in relation to second language acquisition and learning, In K. C. Diller. (Ed.), *Individual difference & universals in language learning aptitude*, Newbury House.
• Krashen, S. & Terrell, T. D. (1983), *The natural approach: Language acquisition in the classroom*, Alemany Press.

❏ 자아 존중

자아 존중(自我尊重, self-esteem)은 개인이 자기 스스로에 대해 평가하거나 그것을 인정하는 태도 또는 자신이 가치 있고 중요한 존재라고 믿고 판단하는 정도를 말한다.

사람들은 그들 주위의 외적 환경에 대한 평가와 자기 자신 및 다른 사람들과의 경험을 통해서 자아 존중의 개념이 생기게 된다. 자아 존중, 자신감, 자기 확신, 자신에 대한 지식 없이는 인간의 어떠한 인지적 또는 정의적 활동도 성공적으로 수행할 수 없다. 쿠퍼스미스(S. Coopersmith)는 자아 존중이란 스스로에 대한 가치 평가이고, 한 개인이 언어적으로나 다른 표현으로 다른 사람에게 전달하는 주관적인 경험이라고 말했다. 자아 존중이 강한 사람은 현실과 자신을 정확히 인식하고 자신감 있게 문제를 해결하려고 노력한다.

자아 존중은 다음과 같은 세 가지 측면으로 기술된다. 첫 번째는 총체적 자아 존중(global self-esteem)으로서 자신의 가치에 대한 일반적이고 전체적인 평가를 가리킨다. 성숙한 성인들이 자신에 대해 가지는 개념으로 의도적이고 적극적으로 이를 변화시키려는 행동 없이는 거의 바뀌지 않는다.

두 번째는 상황적(situational) 또는 구체적 자아 존중(specific self-esteem)으로서 직

업, 교육, 가정, 지능과 같은 특성이나 사회성에 대해 자신이 내리는 평가이다. 개개인이 가지고 있는 구체적 자아 존중은 상황이나 특성에 따라 변화한다.

세 번째는 과제 자아 존중(task self-esteem)으로 특정 상황에서의 특정한 과제와 관련이 있다. 제2 언어 습득에서는 말하기, 쓰기 등의 수업에서 이루어지는 연습이나 활동에 대한 스스로의 평가를 말한다.

제2 언어 습득에서 학습자의 높은 자아 존중이 성공을 가져오는지, 성공적인 제2 언어 습득이 자아 존중을 높이는지 그 선후 관계를 명확히 밝히기는 어렵지만 두 요인 간의 상호작용은 분명히 존재한다. 가드너와 램버트(R. C. Gardner & W. E. Lambert)는 자아 존중이 높은 학습자가 외국어에 대한 자신감도 높으며 특히 구어 능력이 뛰어났다고 밝혔다.

쿠퍼스미스는 사회, 학교, 가정 그리고 개인 경험에서의 자신에 대한 내면적 태도를 측정하기 위해 자존감 검사(self-esteem inventory: SEI)를 고안했다. 정과 한(W. Jung & S. I. Han)은 자존감 검사를 통해 미국에 재학 중인 한인 유학생 100명과 미국 학생 100명의 자존감을 조사했는데 한인 유학생들은 미국 학생보다 자존감이 낮은 것으로 나타났다. 김종희도 저소득 한부모 가정 자녀를 대상으로 자존감 검사를 실시하고 다도 명상 통합 프로그램이 자아 존중감 향상에 도움이 되는지 연구하였는데, 그 결과 다도 명상 프로그램을 실시한 아동들의 자아 존중감이 더 향상된 것으로 나타났다. 한국어교육에서는 결혼이민자와 다문화 가정 자녀의 자아 존중, 정체성 문제를 지속적으로 연구할 필요가 있다.　　　　　　　　　　　　　　　　　　　　　　〈김영주〉

= 자기 존중

[참고문헌]
• 김종희(2011), 저소득 한 부모 가정 아동의 자아 존중감, 친사회성 및 심리적 안녕감을 위한 다도 명상 통합 프로그램 개발과 효과, 원광대학교 박사학위논문.
• Brown, H. D. (2007), *Principles of language learning and teaching*, Pearson Education.
• Coopersmith, S. (1968), *The antecedents of self-esteem*, W. H. Freeman & Company.
• Gardner, R. C. & Lambert, W. E. (1972), *Attitudes and motivation in second language learning*, Newbury House.
• Jung, W. & Han, S. I. (2010), A comparative study of self esteem between Korean international and caucasian American college students, *Korean Journal of Comparative Education 20-5*, pp. 23~37.

억제

억제(抑制, inhibition)는 본능적으로 자아를 보호하기 위한 성향으로 자아 존중과 밀접한 관련이 있다.

제2 언어 습득에서 억제는 언어 학습 발달에 필요한 모험 시도(risk-taking)를 감소시키는 요인으로 알려져 있다. 제2 언어 습득 과정에서 학습자는 끊임없이 자신의 언어 가설을 검증하며 중간 언어를 발달시키는데, 억제는 이 과정에서 필요한 모험 시도를 감소시킨다.

인간은 자신의 욕구가 제지 당하거나 갈등의 상황과 맞닥뜨리면 무의식적으로 심리적 안정을 취하고 자기 자신을 보호하기 위한 방어 기제(防禦機制, defense mechanism)를 구축한다. 강한 자아 존중을 가진 사람은 자신을 위협하는 상황에 대해 저항할 수 있는 능력이 있기 때문에 자기 방어의 정도가 낮다. 그러나 자아 존중이 약한 사람들은 어떤 상황이나 과제로부터 자신을 보호하기 위해서 자기 방어의 정도가 높은 억제를 하게 된다. 억제는 나이가 어린 사람보다는 자의식이 강한 성인에게 더 많이 나타난다. 인간의 성장 측면에서 신생아는 자아 개념이 없지만 아동기로 가면서 서서히 가치를 확립하게 되고 사춘기에 이르면 방어 체세를 강하게 만들어 성인까지 지속시키기 때문이다.

귀오라 외(A. Guiora et al)는 제2 언어에 대한 억제를 감소시키는 능력을 실험하기 위해 실험 집단에만 소량의 술을 마시게 하고, 비실험 집단에는 술을 주지 않았다. 그 결과 소량의 술을 마신 집단이 발음 테스트에서 더 좋은 점수를 얻었다. 소량의 술이 평소보다 자신을 덜 억제하도록 한 것이다. 이 연구는 제2 언어 발음 수행에서 억제가 부정적 영향을 미친다는 주장을 뒷받침하였다. 그러나 이후 연구자 중 한 명이었던 스코블(T. Scovel)은 감정 이입과 억제를 구분하기 쉽지 않고 술이 정신을 이완시킨 것인지 육체를 이완시킨 것인지 명확히 알 수 없다는 문제점을 지적하였다. 그럼에도 불구하고 제2 언어 교실에서 새로운 언어를 학습할 때 수반되는 정체성의 갈등과 억제는 제2 언어 습득 성공 여부에 여전히 중요한 요소로 받아들여진다.

귀오라 외 이후 여러 연구에서 외국어 교실에서 학습자들의 억제를 감소시키고 모험 시도를 높이려는 시도를 해 왔고, 개방적이고 수용적인 자아 경계를 가진 사람들은 강하고 완벽한 자아 경계를 가진 사람들과는 다른 방법으로 학습한다는 사실이 밝혀졌다.　　　　　　　　　　　　　　　　　　　　　　　〈김영주〉

[참고문헌]
• 박의재·정양수(2004), 새로운 영어 교수법, 한신문화사.
• Brown, H. D. (2007), *Principles of language learning and teaching*, Pearson Education.
• Guiora, A. et al. (1972), The effects of experimentally induced changes in ego states on pronunciation ability in a second language: An exploratory study, *Comprehensive Psychiatry 13-5*, pp. 421~428.

❏ 모험 시도

모험 시도(冒險試圖, risk-taking)는 학습자가 언어 학습에서 실수할 가능성에 대한 위험을 감수하면서도 자신의 생각과 추측을 전달하고 언어를 사용하고자 하는 태도를 말한다.

모험 시도는 학습 성취도에 긍정적인 영향을 미치며, 성공적인 언어 학습자의 가장 중요한 특성으로 간주된다. 모험 시도에 대한 연구는 1983년에 비브(L. Beebe)를 기점으로 본격적으로 시작되었다. 모험 시도가 적은 학습자는 대답하지 않거나 조용히 침묵을 지키기 때문에 오류를 수정할 기회가 적어지고, 그 결과 오류의 화석화(fossilization)가 일어나 언어 수행에 부정적인 영향을 미친다. 반대로 모험 시도가 많은 학습자들은 자신의 생각을 적극적으로 표현하며 타인의 부정적 비판을 두려워하지 않는다. 한편 모험 시도를 지나치게 많이 하는 학습자는 학습한 내용에 대한 정리가 부족한 까닭에 정확히 표현하기에 실패하기도 한다. 성공적인 제2 언어 학습자는 과도하지 않게 중간 정도로 모험을 시도하는 학습자이다. 그러나 1986년 엘리(C. M. Ely)는 모험 시도와 교실 수업 간에 상관관계가 있지만 실제적인 성공과 반드시 일치하지는 않는다고 하였다.

모험 시도에 영향을 미치는 요인으로는 외부적 요인, 내부적 요인, 수업 과정의 요인이 있다. 첫째, 외부적 요인으로는 사회 문화적 요인(sociocultural factor)과 불필요한 체면 의식이 가장 대표적이다. 사회적 신념이나 경험이 교실에서 적극적으로 상호작용하는 것에 부정적인 영향을 미칠 수 있다. 둘째, 내부적 요인인 학습자의 동기, 학습 태도, 실수에 대한 두려움과 자신감 부족 등도 모험 시도에 영향을 미친다. 셋째, 수업 과정의 요인으로는 학습자들에 대한 교사의 태도, 수업 진행 방식, 수업 참여 기회, 발표 순서 등이 있다.

교실 안에서는 선생님의 벌이나 친구들의 비난이, 교실 밖에서는 상대방과 의사소통되지 않는 좌절감이 모험 시도에 부정적인 영향을 미친다. 모험 시도를 높이기 위해서는 편안한 정서적 환경을 제공해 주고 학습자가 자신감을 가질 수 있도록 스스로 목표를 세우게 하는 등의 방법이 있다. 반대로 모험 시도가 지나치게 강해서 수업 중에 무모한 모험을 하는 학습자는 통제하여 적절한 수준의 모험 시도를 할 수 있게 도와야 한다.

모험 시도는 학습자의 성취도나 숙달도, 성별에도 영향을 받을 수 있다. 박현주는 한국인 대학생의 영어 학습에서 성취도가 높은 학습자일수록 모험 시도가 높았다고 하였다. 새로운 영어 표현 시도는 여학생이 남학생보다 많았지만 교사와 동료에 대한 의사소통 시도나 적극성은 남학생이 더 많았다. 외국인 학습자들의 한국어 습득을 연구한 권유진과 김영주의 연구에서도 남학생의 모험 시도가 높게 나타났다. 숙달도가 높을수록 모험 시도가 감소했으며 고급 학습자의 모험 시도는 학업 성취도와 유의미한 상관관계를 보였다.　　　　　　　　　　　　　　　　　　　　〈김영주〉

= 위험 감수

[참고문헌]
• 권유진·김영주(2011), 한국어 학습자의 외국어 불안과 모험 시도가 학입 싱취도에 미치는 영향, 이중언어학 45, 이중언어학회, 27~49쪽.
• 박의재·정양수(2003), 새로운 영어 교수법, 한신문화사.
• 박현주(2002), 불안과 모험 시도가 영어 학습 성취도에 미치는 영향, 전남대학교 박사학위논문.
• Beebe, L. (1983), Risk-taking and the language learner, In H. W. Seliger. & M. H. Long. (Eds.),

Classroom oriented research in second language acquisition, Newbury House.
• Ely, C. M. (1986), An analysis of discomfort, risktaking, sociability, and motivation in the L2 classroom, *Language learning 36-1*, pp. 1~25.

☐ 불안

불안(不安, anxiety)은 언어 학습 상황에서 학습자가 두려움과 불안정함을 느껴 자발적인 학습 참여를 꺼려하는 심리적 상태를 말한다.

불안은 긴장이나 걱정, 근심, 초조함 등과 같은 주관적 느낌으로 인간이 가진 보편적 특징이다. 1991년 매킨타이어와 가드너(P. D. MacIntyre & R. C. Gardner)는 불안을 두 가지로 구분하였다. 하나는 개인의 성격으로 나타나는 일반적이고 장기적인 기질적 불안(trait anxiety)이고, 다른 하나는 특수한 상황에서 순간적으로 나타나는 상황적 불안(state anxiety)이다.

제2 언어 습득에서는 외국어 학습에 부정적인 영향을 미치는 언어 불안(language anxiety)을 일반적 불안과 구분하여 연구한다. 1986년 호르위츠(E. K. Horwitz)는 외국어 교실 불안 척도(foreign language classroom anxiety scale: FLCAS)를 개발하여 언어 습득에 방해가 되는 세 가지 언어 불안 요소를 측정하였다. 첫째, 의사소통 불안(communication apprehension)이다. 이는 학습자가 언어 능력의 부족함으로 의사소통 시 자신의 생각을 적절히 표현하지 못하는 데 대한 불안으로 통신 불안이라고도 한다. 둘째, 언어 사용의 사회적 적절성에 대한 부정적 평가에 대한 두려움(fear of negative social evaluation)이다. 이는 학습자 자신이 사용하는 언어가 사회적으로 적절하지 못하여 다른 사람들로부터 부정적인 평가를 받는 것에 대한 불안이다. 셋째, 시험 불안(test anxiety)이다. 이는 시험에서 낮은 평가를 받거나 그 결과 실패할 것에 대한 불안이다. 외국어 교실 불안 척도의 문항은 5점 척도로 측정된다. 예를 들어 '제2 언어 교실에서 말해야 할 때 불안을 느낀다.'라는 항목에 '매우 그렇다(strongly agree)'부터 '매우 그렇지 않다(strongly disagree)'까지의 다섯 가지 척도 중 자신의 불안을 표시하는 것이다. 그러나 이러한 설문 결과를 통해 일시적인 상황이나 특정적 불안을 모두 설명하지는 못한다. 한편 불안이 모든 언어 학습에 반드시 부정적 영향을 미치는 것은 아니다. 1960년 알퍼트와 하버(R. Alpert & R. Harber)는 불안을 촉진적 불안(facilitative anxiety)과 방해적 불안(debilitative anxiety)으로 구분하였다. 촉진적 불안은 언어 학습에 긍정적인 효과를 제공하는 불안으로, 시험을 앞둔 학습자 스스로가 긴장을 느껴 학습에 성공적인 결과를 얻게 한다. 반대로 방해적 불안은 시험에 대한 걱정에 지나친 불안감을 느껴 시험 자체를 포기하게 하는 불안이다.

1999년 사이토, 가르사와 호르위츠(Y. Saito, T. J. Garza & E. K. Horwitz)는 외국어 읽기 불안을 측정하기 위해 외국어 읽기 불안 척도(foreign language reading anxiety scale: FLRAS)를 개발하였고 이를 이용하여 읽기 불안이 존재함을 증명하였다. 또한 외국어 읽기 불안과 외국어 불안 간의 상관관계를 살펴서 외국어 읽기 불안을 외국어 불안의 일부분으로 볼 수 있으며 외국어 불안이 높은 학습자는 외국어 읽기 불안 수준도 높게 나타난다고 보고하였다.

한국어 학습자들의 언어 불안을 연구한 권유진과 김영주는 대부분의 불안 요인이 성취도 및 구어 능력과 부정적 상관관계를 보여 불안이 높을수록 언어 능력에 부정적 영향을 준다는 결과를 보여 주었다. 〈김영주〉

= 두려움

[참고문헌]
- 권유진·김영주(2011), 한국어 학습자의 외국어 불안과 모험 시도가 학업 성취도에 미치는 영향, 이중언어학 45, 이중언어학회, 27~49쪽.
- Alpert, R. & Harber, R. (1960), Anxiety in academic achievement situations, *The Journal of Abnormal and Social Psychology 61-2*, pp. 207~215.
- Horwitz, E. K. (1986), Preliminary evidence for the reliability and validity of foreign language anxiety scale. *TESOL Quarterly 20-3*, pp. 559~562.
- MacIntyre, P. D. & Gardner, R. C. (1991), Methods and results in the study of anxiety and language learning: A review of the literature, *Language learning 41-1*, pp. 85~117.
- Saito, Y., Garza, T. J. & Horwitz, E. K. (1999), Foreign language reading anxiety, *The Modern Language Journal 83-2*, pp. 202~218.

❏ 감정 이입

감정 이입(感情移入, empathy)은 다른 사람이 이해하고 느끼는 것을 내가 이해하고 느끼기 위해 그 사람의 입장이 되어 보는 것으로 동정(sympathy)과는 구별되는 개념이다.

브라운(H. D. Brown)은 타인을 보다 잘 이해하기 위해 자아에 대한 방어의 벽을 낮추고 자신의 인격을 타인의 마음속에 투영시켜 그의 입장에서 사물을 바라봄으로써 그의 생각과 느낌에 이르는 것이라고 감정 이입을 설명하였다. 또한 귀오라 외(A. Guiora et al)는 자아와 다른 객체 사이에 존재하는 경계가 일시적으로 결합하여 타인의 정서적인 경험을 즉각적으로 이해하게 되는 과정이라고 감정 이입을 정의하였다. 여러 연구자들은 귀오라 외의 정의에 동의하며 감정 이입의 두 가지 과정을 자기 자신의 감정을 자각하고 이해하는 것 그리고 자신과 타인을 동일시하는 것이라고 보았다. 감정 이입의 정도를 측정하는 검사로는 1969년 호간(R. Hogan)이 개발한 감정 이입 척도(Hogan's empathy scale)가 있는데, 이 검사는 감정 이입과 언어 학습 성공 간의 상관관계를 증명하지는 못했다.

구어 의사소통에서는 상대방의 피드백을 즉시 받을 수 있기 때문에 감정 이입이 비교적 용이하다. 반면 문어 의사소통에서는 직관적인 판단을 통한 이해가 필요하므로 고도의 감정 이입이 요구된다. 효과적인 의사소통을 위해서는 상대방의 정서적, 인지적 상태를 잘 파악해야 한다. 감정 이입은 특히 문화적 차이와 관련이 있다. 다양한 문화에 대한 감정 이입을 통해서 상대방과 내가 서로 어떻게 다른지를 고려할 수 있어 오해를 예방하고 의사소통의 벽을 허물 수 있게 된다. 2012년 홍성하는 국내 다문화 가정 대상 상담에서 감정 이입을 통해 소수 외국인들의 정서적 불안과 부적응을 치료해야 한다고 주장하였다.　　　　　　　　　　　　　　　　　　　　　　　　　　　〈김영주〉

[참고문헌]

• 박의재·정양수(2003), 새로운 영어 교수법, 한신문화사.
• 홍성하(2012), 다문화 상담에서의 감정 이입에 대한 현상학적 고찰, 철학 112, 한국철학회, 193~224쪽.
• Brown, H. D. (2007), *Principles of language learning and teaching*, Pearson Education.
• Guiora, A., Brannon, R. & Dull, C. (1972), Empathy and second language learning, *Language Learning* 22-1, pp. 111~130.
• Hogan, R. (1969), Development of an empathy scale, *Journal of Consulting and Clinical Psychology* 33-3, pp. 307~316.

❏ 정체성

정체성(正體性, identity)이란 내가 누군지 알고 내가 타인을 어떻게 생각하는지 아는 정도를 말한다.

정체성은 의식적이거나 무의식적인 개인의 사고와 감정이며 자신에 대한 감각과 세상의 관계를 이해하는 방법이다. 개인의 정체성은 일상생활에서 겪는 사회적 상황과 부딪히고 협상하면서 형성된다.

1968년에 에릭슨(E. H. Erickson)은 '개인이 자기 자신에 대해서 가지는 연속성과 단일성을 지닌 주관적인 느낌'으로 자아 정체성을 개념화하였다. 그리고 정체성의 내용을 개인의 정체성에 대한 의식적인 감각, 성격의 연속성을 추구하는 무의식적 지향성, 자아 통합 활동의 규준, 특정 집단의 이상과 정체성에 대한 내적 일치 등으로 표현하였다. 제2 언어 교육에서의 정체성에 대한 최근 연구들은 후기 구조주의적 의견을 토대로 한다. 후기 구조주의적 접근 방법에서는 정체성이 사회적 담론을 통해서 만들어지고 언어 안에서 형성된다고 하였으며 언어는 정체성이라는 자의식을 형성한다고 본다.

브라운(H. D. Brown)은 제2 언어 학습이 제2의 정체성 습득을 포함한다고 하였다. 이는 언어 학습을 하는 동안 생각하고 느끼고 행동하며 다른 문화를 경험하기 때문이다. 학습자는 언어 학습 과정에서 자신에 대한 새로운 관점을 얻고 자신의 정체성을 이해하게 된다. 인간은 타문화 속에서 자신의 민족 집단에 대해 느끼는 소속감, 신념, 기대를 자기 자신과 동일시함은 물론 사회적 역할과 융합하여 하나의 자아를 찾는다. 가령 해외에서 또 다른 한국인을 만나 한국어로 대화할 때 한국인은 그들에게서 동질성과 소속감을 느끼며, 다른 나라에 살고 있는 소수 민족이라 하더라도 민족에 대한 자긍심과 동질성을 느낀다.

정체성은 언어 간 권력 관계로부터 영향을 받고 제2 언어 학습의 성공에 영향을 미치기도 한다. 소수 민족의 학습자는 다수 민족의 학습자 그룹 안에서 언어를 학습할 경우 말하기를 꺼려할 수 있으며, 학습자의 정체성이 교실 참여에도 영향을 끼쳐 언어 발달 경험이 제한될 수 있다. 때때로 소수 민족으로서의 정체성이 높은 학습자는 다른 학습자들보다 다수가 사용하는 언어를 발음할 때 정확성이 낮아지기도 한다.

1992년에 파인니(J. Phinney)는 다양한 민족들의 정체감을 측정하기 위해 다민족 정체성 척도(multi-group ethnic identity measure: MEIM)를 개발하였다. 다민족 정체성 척도는 두 개의 하위 요인과 12개의 문항으로 구성되어 있다. 첫 번째 요인인 정체감 탐색은 자신이 민족 집단 내에서 적극적으로 활동하는지 여부를 측정한다. 두 번째 요인인 정체감 확인은 자신이 민족의 일원인 것에 대한 만족감을 측정한다. MEIM 점수가 높을수록 민족적 정체감이 더 긍정적임을 나타낸다. 2002년 베리 외(J. W. Berry et al)는 아시아 이민자들의 민족적 정체감을 측정하기 위해 가족에 대한 가치관과 민족에 대한 자긍심 그리고 대인 관계라는 하위 요인을 측정하였다. 한국어교육에서는 2008년 안한나가 재미 교포 학생들이 한국어를 배우면 배울수록 정체성이 더욱 향상되었음을 밝힌 바 있으나 한편으로는 한국어교육에서 정체성을 형성하기 위한 문화 수업에 일관성이 없음을 지적하였다. 〈김영주〉

= 정체감

[참고문헌]
- 안한나(2008), 한국어교육이 정체성 형성에 미치는 영향: 재미 교포 학습자를 대상으로, 언어와 문화 4-2, 한국언어문화교육학회, 139~167쪽.
- Berry, J. W. et al. (2002), *Cross-cultural psychology: Research and applications*, Cambridge University Press.
- Brown, H. D. (2007), *Teaching by principles: An interactive approach to language pedagogy*, Pearson Education.
- Erikson, E. H. (1968), *Identity: Youth and crisis*, Norton.
- Phinney, J. (1992), The multigroup ethnic identity measure: A new scale for use with diverse groups, *Journal of Adolescent Research 7*, pp. 156~176.

□ 언어 자아

언어 자아(言語自我, language ego)는 자아(ego)와 구별되는 언어에 관련된 자아로, 제2 언어 습득 과정에서 나타나는 자기 방어를 위한 감정을 의미한다.

1972년 귀오라 외(A. Guiora et al)는 성인이 제2 언어를 학습하는 과정에서 겪는 어려움을 설명하기 위해 이 용어를 제안하였다. 여기에서는 언어와 개인이 지닌 인지 능력 사이의 밀접한 연관성을 언어 자아라는 개념을 사용하여 설명하였다. 여기서 언어 자아란 성숙한 개념으로서 물리적 윤곽과 확고한 경계를 가진 자기표현을 의미한다. 학습자는 새로운 언어를 습득하는 과정에서 위협이나 두려움을 느낄 때 학습 환경에 대한 어려움을 겪는다. 이때 학습자의 방어 기제(defensive mechanism)는 자신의 언어 자아를 위협한다. 가령 제2 언어를 배울 때 어휘력이나 문법 능력이 부족해서 의사소통에 실패하게 되면 심리적으로 위축되고 좌절감을 느낀다. 이때 학습자는 새로운 언어 사용으로 인한 걱정이나 실수, 수치심 등을 피하기 위해 보다 편안한 모국어를 사용하게 된다. 또한 귀오라 외는 성인과 아동의 언어 습득 정도와 속도의 차이를 언어 자아로 설명했다. 아동의 자아는 역동적이고 유동적이어서 새로운 언어에 대해 자기 억제를 느끼지 못한다. 그러므로 새로운 언어와 문화에 쉽게 적응할 수 있다. 그러나 사춘기가 지나면서 신체적·인지적으로 변화가 일어나고 이러한 변화에 대처하기 위한 방어 기제가 형성된다. 즉 언어 자아로 인하여 새로운 언어와 문화에 적응하는 데 상대적으로 시간이 걸린다.

브라운(H. D. Brown)은 인간은 제2 언어를 사용할 줄 알게 되면서 새로운 사고, 느낌, 행동 등 제2의 정체성을 가지게 된다고 했다. 언어 자아는 제2 언어를 받아들일 때 갈등을 일으키고 이때 스스로를 방어하고자 하는 억제의 장벽을 만든다. 외국인 학습자들이 한국에서 한국어를 학습할 때도 제2의 언어 자아가 발달하며 정체성에 혼란을 겪는다. 언어 자아가 형성되는 과정에서 교사는 학습자의 오류에 강압적으로 반응하거나 학습자가 도전에 무기력함을 느끼지 않도록 해야 한다. 2010년 원진숙은 이주 여성들에게 자신의 삶을 주제로 한 쓰기 경험이 자아 형성에 영향을 미치며 더 나아가 두 문화 간의 정체성 혼란을 극복하는 데 도움이 된다고 하였다. 〈김영주〉

[참고문헌]
• 원진숙(2010), 삶을 주제로 한 자기 표현적 쓰기 경험이 이주 여성의 자아 정체성 형성에 미치는 영향에 관한 한국어 쓰기 교육 사례 연구, 작문연구 11, 한국작문학회, 137~164쪽.
• Brown, H. D. (2007), *Teaching by principles: An interactive approach to language pedagogy*, Pearson Education.
• Guiora, A., Brannon, R. & Dull, C. (1972), Empathy and second language learning, *Language Learning 22-1*, pp. 111~130.

❏ 성격

성격(性格, personality 또는 character)은 개인의 행동을 설명해 주는 감정적이고 인지적인 특성을 말한다.

성격은 전통적으로 아리스토텔레스(Aristoteles)나 융(C. G. Jung)이 논의해 온 학습 유형과 관계가 있다. 성격과 제2 언어 습득의 상관관계를 연구하는 데 성격의 가장 대표적인 분류 기준은 외향성(extroversion)과 내향성(introversion)이다.

외향성과 내향성의 구분은 우리가 자아 존중과 총체성을 느끼기 위한 방향이 외부로 향하는지 내부로 향하는지에 대한 관점과 관련이 있다. 외향적인 사람은 사교적인 반면 내향적인 사람은 조용한 은둔 생활을 원한다고 생각하는데 이는 잘못된 고정 관념이다. 외향적인 사람은 자신의 자아 향상, 자아 존중, 총체성을 타인으로부터 받기를 원하며 스스로 좋은 기분을 느끼기 위해서 타인을 필요로 한다. 그러나 외향적인 사람이 반드시 말이 많은 것은 아니며 부끄러움이 많은 경우도 있다. 이와는 반대로 내향적인 사람은 자신의 내부에서부터 확인을 이끌어 낸다. 외향성과 내향성이 제2 언어 습득에 긍정적인 효과를 주는지 부정적인 효과를 주는지를 단정 짓기는 어렵다. 다만 외향성과 내향성은 서로 다른 특성을 가지고 있는데 이는 모두 제2 언어 학습의 성공을 이끄는 데 영향을 준다. 외향적인 사람이 언어 학습의 성공에 유리하다는 연구가 있는 반면 조용한 학습자가 큰 성공을 거두었다는 연구도 있다. 이러한 이유에서 여러 학자들은 성격이 언어 학습에 미치는 영향에 대해 선입견을 갖는 것을 경고한다.

교실 상황에서 학생들이 보이는 외향성과 내향성을 제대로 파악하기 위해서는 학습자의 문화적 특성에 대한 이해도 필요하다. 또한 학습자는 스스로 제2 언어 학습에서 성공하기 위해서 자신의 성향과 강점 및 약점을 알고 이를 효과적으로 사용하고 보완할 줄 알아야 한다. 1962년 마이어스(I. B. Myers)는 사람들을 유형별로 나누어 마이어스-브릭스 성격 유형 검사(Myers-Briggs Type Indicator: MBTI)를 개발하였다. 이 검사는 사람이 행동을 결정할 때 선호하는 방법이 다르다고 보고 인식을 외향성-내향성, 감각-직관, 사고-감정, 판단-인식의 네 가지 유형으로 구분한다. 한편 브라운(H. D. Brown)은 외향성과 내향성을 측정하는 세 가지 방법으로 성격 검사, 교실 활동에 대한 학습자의 반응, 의사소통 수단으로서의 몸짓 언어 관찰 등을 제시하였다.

성격과 제2 언어 습득 간의 상관성 연구에서 주요 난제는 과연 성격이란 무엇인지 정의를 내리는 것이다. 또한 성격을 어떻게 측정할 것인지에 대한 방법도 고려해야 한다. 학습자가 수업 활동에 참여하는 적극성 또한 고려해야 할 중요 변수이다. 한국어교육에서는 2001년 이용숙이 초급 수준의 외국인 학습자를 대상으로 마이어스-브릭스 심리 유형 검사를 활용하여 성격과 학업 성취도의 관계를 살펴보았다. 그 결과 감각-직관형 지표에서 직관형 학습자가 감각형 학습자보다 말하기, 쓰기, 듣기와 전체 성취도에서 유의미하게 더 높은 점수를 얻은 것으로 나타났다. 또한 2011년 최욱의 연구에서는 외향적인 학습자가 의사소통 전략을 더 많이 사용하고 언어 자원에 결함이 있을 때 내향적인 학습자보다 도움 요청 전략을 더 많이 사용한 것으로 나타났다. 자기 발화에 문제가 있을 때도 외향적인 학습자가 이해 확인 전략을 더 많이 사용했다. 〈김영주〉

[참고문헌]
• 이용숙(2001), 외국어로서의 한국어 학습자의 성격 유형에 따른 학습 결과 분석 연구, 연세대학교 석사학위논문.
• 최욱(2011), 한국어 학습자의 성격에 따른 의사소통 전략 사용 양상에 관한 연구, 고려대학교 석사학위논문.
• Brown, H. D. (2007), *Teaching by principles: An interactive approach to language pedagogy*, Pearson Education.
• Myers, I. B. (1962), *The myers-briggs type indicator: Manual*, Consuling Psychologists Press.

소통 의지

소통 의지(疏通意志, willingness to communicate: WTC)는 말을 할 것인지 말 것인지 선택할 수 있는 상황에서 의사소통을 시작하려는 의도를 말한다.

소통 의지에 대한 논의는 1976년 버군(J. K. Burgoon)의 '의사소통을 주저함(unwillingness to communicate)' 개념에서 시작되었다. 의사소통을 주저함은 참여한 사람의 수나 대화 주제, 형식적인 절차 등과 관계가 있다. 불안(anxiety)의 영향으로 의사소통을 꺼려하는 학습자는 흔히 수줍음이 많은 학습자에 비유된다. 그럼에도 불구하고 기꺼이 상호작용할 소통 의지가 있는 학습자는 소통할 수 있게 된다. 소통 의지는 동기에 영향을 주는 중요한 요인이 되기도 한다.

1998년 매킨타이어 외(P. D. MacIntyre et al)는 피라미드 모형(pyramid model)을 통해 정신적인 상태의 소통 의지를 분석하였다. 특정 상황에서 특정 인물과의 대화에 집중하고자 하는 의지는 소통하는 사람(communicator)의 자신감에서 온다고 보았는데, 이 모형에 따르면 선행 학습된 언어적 역량과 사회적·심리적 측면이 결합되어 소통 의지를 만든다. 매킨타이어 외의 모형은 위에서부터 의사소통 행위, 소통 의지, 특정 상황에서의 선행 사건, 동기 유발 성향, 정서적·인지적 맥락, 사회적·개인적 맥락의 여섯 가지 층위로 구성된다.

학습자에게 충분한 의사소통 능력이 있고 불안감이 낮을 때 자신감이 생기며 소통은 즐거운 경험이 된다. 그러나 의사소통 능력이 높다고 해서 반드시 소통 의지가 강한 것은 아니다. 소통 의지는 실제 의사소통 능력보다는 학습자 자신이 소통 능력을 인지하고 있는가의 영향을 더 받는다. 소통 의지에 영향을 미치는 요인은 인지적·정의적 요인인 동기, 성격, 집단 간의 분위기, 자신감 등이 있다.

매킨타이어는 소통 의지가 있는 학습자가 외향적이거나 자신감이 있을 거라고 단정하는 것을 우려했다. 소통 의지를 확고히 하기 위해서는 사회적·문화적 지지가 필요하다. 한국어 학습자의 소통 의지를 구축하기 위해서는 학습자가 조금 어렵게 시도했을 때 해결할 수 있는 과제를 활용하거나 소집단 활동을 통해 자신감을 확보하는 방법이 있다. 〈김영주〉

= 의사소통 의지

[참고문헌]
• 이해연(2005), EFL 학습자의 의사소통 의지와 구두 의사소통 능력, 영어교육연구 30, 한국영어교육연구학회, 94~110쪽.
• Brown, H. D. (2007), *Principles of language learning and teaching*, Pearson Education.
• Burgoon, J. K. (1976), The unwillingness to communicate scale: Development and validation, *Communication Monographs 43-1*, pp. 60~69.
• MacIntyre, P. D. et al. (1998), Conceptualizing willingness to communicate in a L2: A situational model of L2 confidence and affiliation, *The Modern Language Journal 82-4*, pp. 545~562.

■ 인지 유형

인지 유형(認知類型, cognitive style)은 개인이 정보를 이해하고 조직하며 기억하는 등의 문제를 특정 방법으로 일관되게 해결하는 방식을 말하며, 이는 학습 상황과 연결되므로 '학습 유형'이라고도 한다.

전형적인 심리학적 구분에서는 인지 유형을 장 독립형(場獨立型, field-independent style)과 장 의존형(場依存型, field-dependent style)으로 나눈다. 장 독립형과 장 의존형은 인지 과정에서 장(field)에서 독립하는지 아니면 장에 의존하는지에 따라 인지 유형을 분류한 것이다. 여기서 장은 전체를 의미한다. 이러한 인지 유형은 절대적인 개념이라기보다 경향이다. 많은 사람들은 장 독립형과 장 의존형 사이에 위치한다.

장 독립성(field-independence: FI)은 숨은 그림 찾기처럼 혼란스러운 여러 항목들 안에서 특정한 요소를 지각하는 능력을 말한다. 예를 들어 나무만 보고 숲을 보지 못하는 유형이다. 이 능력을 지닌 학습자는 분석적이고 경제적이며 개인주의적이다. 독자적인 자아 정체를 가져 독립적이기도 하다. 제2 언어 학습 상황에서 장 독립형 학습자는 분석적인 과업을 요구하거나 연습의 숙달을 다루는 교실 학습에 유리하다. 그러므로 제2 언어 학습에서 성공 가능성이 높다고 여겨진다.

장 의존성(field-dependence: FD)은 전체 그림을 통합적으로 인지하는 능력을 말한다. 예를 들어 숲은 보고 나무를 보지 못하는 유형이다. 장 의존성을 지닌 학습자는 맥락에 집중하는 경향이 있기 때문에 자연적인 언어 학습 환경에 유리하다. 장 의존형 학습자는 사회적이고 사교적이며 집단주의적이다. 그리고 자신의 관점이 타인으로부터 나오는 종속적인 특징을 보인다. 제2 언어 학습 상황에서 장 의존형 학습자는 자신의 공감적·사회적 특성으로 인해 의사소통 측면에서 성공적인 발달을 보인다고 여겨지나, 이를 측정하는 정확한 검사의 부재로 이 논의를 입증할 증거는 아직 불충분하다. 장 의존성을 좀 더 긍정적으로 표현한 용어로 장 민감성(場敏感性)을 들 수 있는데 이 둘의 특성은 유사하다.

1992년 그리피스와 신(R. Griffiths & R. Sheen)이 주장한 인지 유형의 양면성에 따르면 인간은 장 독립형 혹은 장 의존형 중 어느 하나만을 가지지 않으며, 인지 유형은 학습 상황에 따라 변화하기 때문에 어느 한 가지 유형을 외국어 학습의 효과와 연관 지어 설명할 수는 없다. 이와 달리 샤펠과 그린(C. A. Chapelle & P. Green)은 인간은 둘 중 어느 한 인지 유형의 성격을 더 많이 띠고 있으며 상황에 따라 다른 인지 유형이 부수적으로 나타난다고 하였다.

장 독립성과 장 의존성은 아동과 성인의 언어 습득을 설명해 주기도 한다. 크래션(S. Krashen)에 따르면 성인은 언어 습득을 위해 관찰적 학습 전략인 모니터링(monitoring) 전략을 사용하므로 장 독립형의 특성을 보이지만, 아동은 자연적인 습득 환경에서 언어의 기능적인 면에 무의식적으로 집중하는 전략을 사용하므로 장 의존형의 특성을 보인다.

한국어교육에서는 2001년 윤연진이 장 독립형-장 의존형 인지 양식과 한국어 숙달도와의 상관관계를 연구했는데, 장 독립형 학습자들이 장 의존형 학습자들보다 모든 영역의 숙달도 평가에서 높은 점수를 얻은 것으로 나타났다. 그러나 교사는 언어 교실 환경에서 개인의 학습 유형이 환경에 따라 교차되어 일어날 수 있음을 인지하고 학습자의 특성을 살려 제2 언어 학습에 참여할 수 있도록 하는 것이 바람직하다. 〈김영주〉

[참고문헌]

• 윤연진(2001), 한국어 학습자의 장 독립성-장 의존성 인지 양식 연구, 연세대학교 석사학위논문.
• Brown, H. D. (2007), *Teaching by principles: An interactive approach to language pedagogy*, Pearson Education.
• Chapelle, C. A. & Green, P. (1992), Field independence/dependence in second language acquisition research, *Language Learning 42-1*, pp. 47~83.
• Griffiths, R. & Sheen, R. (1992), Disembedded figures in the landscape: A reappraisal of L2 research on field dependence/independence, *Applied Linguistics 13-2*, pp. 133~148.
• Krashen, S. (1977), The monitor model for adult second language performance, In M. Burt et al. (Eds.), *Viewpoints on English as a second language*, Regents Publishing Company.

■ 동기

동기(動機, motivation)는 일반적으로 어떤 행위를 유발하는 요인으로, 제2 언어 습득에서는 제2 언어를 배우고자 하는 의욕을 유발하고 이를 유지시키는 요인을 의미한다.

동기는 학습자의 필요, 예상되는 학습 결과, 성공 가능성 등과 관련이 있는데 제2 언어를 학습하는 동기는 학습자마다 매우 다양하다. 예를 들어 어떤 학습자는 취직이나 사회적 성공을 위해서 제2 언어를 학습하기도 하고 어떤 학습자는 순전히 개인적인 호기심과 만족을 위해서 학습하기도 한다. 이러한 동기의 차이는 학습자의 정의적 요인, 학습 전략의 사용 등 다른 요인에도 영향을 미치게 되면서 단기적인 성취도뿐만 아니라 장기적인 학습의 결과 및 속도에도 영향을 미친다.

동기는 제2 언어 습득에서 중요한 요인으로 일찍부터 주목받아 왔다. 1998년 스케한(P. Skehan)은 동기를 적성 다음으로 중요한 학습자 요인으로 꼽았다. 동기 관련 연구에서는 어떤 동기를 가진 학습자가 더 성공적인지에 대하여 주로 설문 조사, 인터뷰, 사회학적 연구 방법을 통해서 살펴 왔다.

1972년 캐나다의 가드너와 램버트(R. C. Gardner & W. E. Lambert)도 제2 언어 학습 동기에 대한 이론을 제기하였다. 이들은 언어 학습 태도나 동기 유발을 조사하기 위해 태도-동기 테스트(attitude-motivation test battery: AMTB)를 개발하였다. 이들은 동기를 동기의 강도, 제2 언어 학습 태도, 학습 욕구에 따라 살폈는데 도구적 동기(instrumental motivation)와 통합적 동기(integrative motivation) 중 통합적 동기가 더 강력하다고 했다. 이 분류는 외국어 학습의 목표가 어디에 있느냐와 관련되는 것으로 2001년 되르네이(Z. Dörnyei)는 이를 동기보다는 지향성(orientation)에 가깝다고 보기도 했다.

2003년 노엘 외(K. A. Noel et al)는 학습자의 동기가 스스로 결정되느냐에 따라 내재적 동기(intrinsic motivation)와 외재적 동기(extrinsic motivation)의 개념을 제안하고, 그중 내재적 동기가 더 높은 수준의 성취를 가능하게 한다고 보았다. 내재적 동기와 외재적 동기, 통합적 동기와 도구적 동기는 서로 연관되는 측면이 있다. 다만 내재적 동기와 외재적 동기는 동기의 원천이 어디냐와 관련되는 것이지, 통합적 동기가 나타내는 목표어 및 목표어 사용 집단에 대한 사회적 태도와는 관련이 없다. 한편 지금까지의 연구가 대부분 미국, 캐나다 등 제2 언어 교육의 맥락에서 수행되었는데 되르네이는 사회 문화적 관점에서 학습자들의 동기를 분석한 바 있다.   〈이슬비〉

[참고문헌]
• Dörnyei, Z. (2001), New themes and approaches in second language motivation research, *Annual Review of Applied Linguistics 21*, pp. 43~59.
• Gardner, R. C. & Lambert, W. E. (1972), *Attitudes and motivation in second language learning*, Newbury House.
• Noel, K. A. (2001), Learning Spanish as a second language: Learners' orientations and perceptions of their teachers' communication style, *Language Learning 51-1*, pp. 107~144.
• Noel, K. A. et al. (2003), Why are you learning a second language?: Motivational orientations and self determination theory, *Language Learning 53-1*, pp. 33~64.
• Skehan, P. (1998), A cognitive approach to language learning, Oxford University Press.

❏ 도구적 동기와 통합적 동기

도구적 동기(道具的動機, instrumental motivation)는 직업 수단 등의 목표를 달성하기 위한 도구적 수단으로서 언어를 습득하는 것을 말하며, 통합적 동기(統合的動機, integrative motivation)는 자기 자신을 제2 언어 문화권 안으로 통합시키고자 언어를 습득하는 것을 의미한다.

도구적 동기는 목표 언어 습득 자체가 목적이 아니라 언어 능력을 통해 지식 정보 습득, 직업 획득, 타문화 이해 등 추구하고자 하는 다른 목적이 있다. 통합적 동기는 목표어를 사용하는 집단에 매력을 느껴 그 집단 내의 의사소통에 참여하고 싶어 하고 나아가 그 집단에 동화되고자 하는 욕구를 의미한다. 목표어나 목표어 문화, 목표어 사용 집단에 대한 호감도가 학습으로 이어진 것이다. 통합적 동기의 개념은 내재적 동기와 함께 1972년 가드너와 램버트(R. C. Gardner & W. E. Lambert)가 제기하였다.

취직 또는 승진에 유리하거나 한국어로 된 자료에 접근하기 위하여 한국어를 배우는 경우는 도구적 동기에 해당하며, 현대 한류 문화, 한국 전통 문화, 현대 한국의 급격한 발전 등 한국이나 한국어 자체에 매력을 느껴 한국어를 배우는 경우는 통합적 동기에 속한다.   〈이슬비〉

[참고문헌]
• Gardner, R. C. & Lambert, W. E. (1972), *Attitudes and motivation in second language learning*, Newbury House.

❑ 내재적 동기와 외재적 동기

내재적 동기(內在的動機, intrinsic motivation)란 학습자 스스로의 욕구 등 내적 요인에 따라 유발되는 동기이며, 외재적 동기(外在的動機, extrinsic motivation)란 외부의 요구, 학습에 따른 결과, 보상 등의 외부적 요인에 따라 유발되는 동기를 의미한다.

노엘 외(K. A. Noel et al)는 자율성의 정도에 따라 인간 행동을 순전히 타율적인 행동에서 완전히 자기 결정된 행동으로 설명하는 자기 결정성 이론(self-determination theory)을 언어 습득 동기 체계에 적용하였다. 여기에서는 학습자가 자발적인 선택에 따라 학습 그 자체에서 얻는 즐거움, 흥미, 자기 성취, 자기만족을 추구하는 경우에 내적으로 동기화되었다고 보았다. 반면 그 행동에 대한 동기가 돈, 칭찬, 성적 등과 같은 보상이나 벌, 비난을 피하려는 마음 등 외부적 요인으로부터 오는 경우에는 외재적으로 동기화되었다고 보았다.

데시와 라이언(E. L. Deci & R. M. Ryan)은 내재적 동기와 외재적 동기를 자기 결정성의 정도에 따라 보다 세분화하였다. 여기에서는 자기 결정이 전혀 없는 극단의 경우부터 자기 결정의 정도가 가장 강한 내재적 동기까지 '무동기-외적 동기-내적 동기'로 이어지는 연속체를 설정하고 외적 동기 안에서 다시 단계를 나누었다. 고형진·김영주는 이 이론을 바탕으로 중국인 유학생을 대상으로 설문을 하여 자기 결정성 동기를 측정한 바 있다.

내재적 동기와 외재적 동기에 관하여 국내에서는 교육학에서의 연구, 영어교육학에서의 연구가 비교적 활발하고 한국어교육에서는 이에 대한 연구가 아직 드문 편이다. 최근 제2 언어 습득에서 활발히 연구가 수행되는 분야인 만큼 한국어교육에서도 다양한 맥락의 학습자를 대상으로 한 연구가 축적되면 효과적인 교육 방안을 마련하는 데 도움이 될 수 있을 것이다. 〈이슬비〉

= 내적 동기, 외적 동기

[참고문헌]
• 고형진·김영주(2011), 중국인 한국어 학습자의 자기 결정성 동기 유형과 학업 성취도와의 상관관계 연구, 한국어교육 22-1, 국제한국어교육학회, 1~26쪽.
• Deci, E. L. & Ryan, R. M. (2000), The 'What' and 'Why' of goal pursuits: Human needs and the self-determination of behavior, *Psychological Inquiry 11-4*, pp. 227~268.
• Noel, K. A. et al. (2003), Why are you learning a second language?: Motivational orientations and self determination theory, *Language Learning 53-1*, pp. 33~64.

■ 전략

전략(戰略, strategies)은 특정 목적이나 과제를 달성하기 위하여 사용되는 구체적인 방법이나 행위 등을 말한다.

전략은 학습자 중심의 구성주의 이론에 기반을 두고 있으며 교육에서는 학습자의 자발적인 참여와 능동적인 학습을 강조한 학습 방법이라는 측면에서 중요하게 다루어지는 개념이다. 전략은 책략(策略)이라는 용어로도 사용된다.

언어 교육에서의 전략에 대한 연구는 크게 학습 전략과 의사소통 전략으로 나누어 진행되어 왔다. 일반적으로 학습 전략(learning strategies)은 학습 목적을 성취하기 위해 학습자가 사용하는 구체적인 행위나 행동, 방법 등을 말하며 의사소통 전략(communication strategies)은 의사소통 상황에서 어려움을 겪게 될 때 화자가 사용하는 의식적인 계획, 행동, 방법 등을 말한다.

이 두 가지 전략은 상황이라는 변인의 측면에서 볼 때 각각 새로운 언어를 '학습'한다는 점과 의미 전달을 목적으로 하는 '의사소통'이란 점에서 차이가 있을 수 있으나, 기본적으로 둘 다 문제 해결 지향적(problem-solving oriented)이면서 의식적인(conscious) 행위라는 전략의 공통적인 특징을 지니고 있다. 학습자는 학습 상황이나 의사소통 상황에서 어려움에 부딪혔을 때 그 어려움을 해결하기 위해서 의도적으로 전략을 사용하는데, 이때 어떤 전략을 선택하고 사용하는지를 결정하는 것은 의식적인 과정을 통해 이루어진다.

오말리와 샤못(J. M. O'Malley & A. U. Chamot)은 언어 학습 전략을 인지적 전략, 상위 인지적 전략, 사회 정의적 전략의 세 범주로 구분하였다. 이에 따르면 인지적 전략(cognitive strategies)은 언어의 학습과 사용을 위해 학습자가 사용하는 인지적 과정으로서 특정 행위와 활동으로 직접 발현되는 것을 말한다. 상위 인지적 전략(metacognitive strategies)은 학습자가 자신이 사용하는 인지적 행위를 계획하고 조정하고 조절·평가하는 과정으로서 학습자 스스로 학습 전략을 운용하는 것을 말한다. 사회 정의적 전략(socio-affective strategies)은 동료와의 협의, 타인과의 상호작용, 명료화된 질문, 학습 강화 등과 관련하여 학습자가 사용하는 사회적 상호작용 및 정의적 조절 등을 일컫는 전략이다.

한편 옥스퍼드(R. Oxford)는 언어 학습 전략을 직접적 전략(direct strategies)과 간접적 전략(indirect strategies)으로 나누고 그 하위 범주로 인지적 전략, 기억 전략, 보상 전략 그리고 상위 인지적 전략, 사회적 전략, 정의적 전략을 각각 설정하였다. 인지적 전략은 학습자가 학습을 위해 이해하거나 표현하는 과정 중에 사용하는 전략을 말하며, 기억 전략(memory strategies)은 새로운 정보를 저장하거나 재생하는 역할을 한다. 보상 전략(compensation strategies)은 학습자가 목표어에 대한 지식적인 결함으로 인해 이해에 어려움을 느낄 때 그것을 극복하기 위해 사용하는 전략을 말한다. 상위 인지적 전략은 학습자 스스로 자신의 학습 과정을 조절하는 전략을 말하며, 사회적 전략(social strategies)은 타인에게 질문을 하거나 타인과 협의를 하는 등의 활발한 상호작용에 기반을 두고 있는 전략이다. 정의적 전략(affective strategies)은 학습자의 감정 조절, 학습 태도, 동기 유발 등과 관련이 있는 것으로 학습과 관련된 자신감을 북돋우는 행위 등이 포함되는 전략이다.

의사소통 전략은 태론(E. Tarone), 패치와 캐스퍼(C. Faerch & G. Kasper), 되르네이 와 스콧(Z. Dörnyei & M. L. Scott) 등이 연구하였다. 태론은 의사소통 전략을 회피, 환 언, 의식적 전이, 도움 요청하기, 따라하기로 나누었으며, 패치와 캐스퍼는 형식적 축 소, 기능적 축소, 성취 전략으로 구분하였다. 되르네이와 스콧은 의사소통 전략을 직 접적, 상호작용적, 간접적 전략으로 나누고, 의사소통에 어려움을 주는 네 가지 요인 을 기반으로 목표어 지식의 부족과 관련된 전략, 자신의 수행 문제와 관련된 전략, 타 인의 수행 문제와 관련된 전략, 시간 제약으로 인한 처리 과정과 관련된 전략을 각각 의 하위 범주로 포함시켰다. 다만 간접적 전략은 전략의 특성으로 인해 목표어 지식 의 부족과 관련된 전략 대신에 시간 제약으로 인한 처리 과정과 관련된 전략을 하위 범주로 설정하였다.

학습 전략 및 의사소통 전략과 관련하여 한국어교육 분야에서 학습 전략 사용 양상 에 대한 연구와 학습 전략 지도와 관련된 연구가 활발히 진행되고 있으나, 상대적으로 언어 기능별 학습 전략 효과에 대한 연구는 미진한 편이다. 의사소통 전략 연구는 말하 기를 중심으로 연구되어 왔으며 학습자의 대화 분석이나 학습자의 발화에 영향을 미치 는 사회적, 정의적 측면에서의 분석 연구 등이 활발히 진행되고 있다.   〈심상민〉

→ 구성주의

[참고문헌]
• Dörnyei, Z., & Scott, M. L. (1997), Communication strategies in a second language: Definitions and taxonomies, *Language Learning 47-1*, pp. 173~210.
• Faerch, C. & Kasper, G. (1983), Plans and strategies in foreign language communication, In C. Faerch. & G. Kasper. (Eds.), *Strategies in interlanguage communication: Applied linguistics and language study*, pp. 20~60, Longman Pub Group.
• O'Malley, J. M. & Chamot, A. U. (1990), *Learning strategies in second language acquisition: Cambridge applied linguistics*, Cambridge University Press.
• Oxford, R. (1990), *Language learning strategies: What every teacher should know*, Newbury House.
• Tarone, E. (1977), Conscious communication strategies in interlanguage: A progress report, In H. D. Brown., C. A. Yorio. & R. C. Crymes. (Eds.), *On TESOL' 77 teaching and learning English as a second language*, pp. 194~203, TESOL.

■ 적성

적성(適性, aptitude)은 특정한 일에 어느 정도 소질이 있는지를 뜻하며, 언어 적성은 제2 언어 습득의 성공 여부를 예측할 수 있는 학습자의 개인 특성이다.

언어에 적성이 있는 학습자는 언어를 더 쉽고 **빠르게** 학습할 수 있는 것으로 알려 져 있다. 캐롤과 사폰(J. B. Carroll & S. M. Sapon)은 언어 적성 측정 도구를 개발하면서 언어 적성이 최상의 동기와 학습 기회를 제공하고 최상의 교육 상태에서 언어 학습 발달을 예측할 수 있다고 하였다. 그러나 1970년대에 들어서면서 언어 적성 측정 도구는 맥락이 결여된 형태와 분석 중심의 학습 능력을 측정한다는 이유로 비판받았다.

초기에 캐롤과 사폰은 외국어 적성을 측정하기 위해 현대 언어 적성 검사(modern language aptitude test: MLAT)를 개발했고, 핌슬러(P. Pimsleur)는 1966년에 핌슬러 언어 적성 검사지(Pimsleur language aptitude battery: PLAB)를 개발했다. 이후 2000년에 그리고렌코 외(E. Grigorenko et al)는 맥락을 포함한 언어 적성을 측정하기 위해 외국어 습득 신정보 인지 능력 검사(Cognitive Ability for Novelty in Acquisition of Language-Foreign: CANAL-F)를 개발하였고, 2005년에 미아라(P. Meara)는 컴퓨터 기반 적성 검사인 LLAMA를 내놓았다. 이 도구들은 학습자의 언어 적성을 측정함으로써 학습자의 외국어 학습 능력과 학습하는 데 걸리는 시간을 예측하고 학습 능력을 해석하여 학습자의 외국어 학습과 교사의 외국어 교수에 도움을 주고자 개발된 것이다.

이 중 가장 널리 알려진 현대 언어 적성 검사는 적성 능력을 다섯 가지 분야로 나누어 측정한다.

　(1) 숫자 학습: 외국어 듣기 능력에 영향을 주는 기억력을 측정한다.
　(2) 음성 대본: 실험 대상자의 소리-상징 연상 능력을 측정한다.
　(3) 철자 단어: 소리-상징 연상 능력뿐만 아니라 어휘 지식을 측정한다.
　(4) 문장 내 단어: 문법 구조에 대한 감각 능력을 측정한다.
　(5) 단어 쌍 결합: 외국어 학습 내용에 대한 기계적 암기 능력을 측정한다.

언어 적성 검사지가 측정하는 분야는 다음과 같다.

　(1) 주요 학업 능력을 진단한다.
　(2) 외국어 학습에 대한 관심을 측정한다.
　(3) 외국어 어휘 능력을 측정한다.
　(4) 언어 분석 능력을 측정한다.
　(5) 음성 구분 능력을 측정한다.
　(6) 소리-기호 결합 능력을 측정한다.

적성이 역점을 두고 있는 부분은 '기억'과 '언어' 두 가지의 측면이다. 성인 학습자의 부족한 기억력은 문법적 감각으로 보충할 수 있고, 나이가 어린 학습자의 부족한 문법적 지식은 기억력으로 극복할 수 있다. 그러나 기존의 언어 적성 검사는 언어 학습의 직관적이고 비분석적인 측면을 측정하지 못한다는 점에서 한계가 있다. 최근에는 적성을 속도, 장단기 기억, 기계적 기억, 화용적 능력, 상호작용 지능, 감성 지능 등을 포괄하는 복합체로 설명한다.

한국어교육에서도 적성과 한국어 습득 간의 관계를 밝히고자 하는 연구가 수행되고 있다. 남주연 외의 연구에서는 언어 적성 검사지를 활용하여 외국인 학습자의 나이와 음성 구분 능력이 부정적 관계에 있음을 밝혀 나이가 어릴수록 음성 구분에 유리함을 보여 주었다. 〈김영주〉

[참고문헌]
- 남주연 외(2012), 언어 적성과 문법성 판단 능력 간의 상관관계 연구, 언어 37-1, 서울대학교 언어연구소, 131~155쪽.
- Carroll, J. B. & Sapon, S. M. (1959), *Modern language aptitude test: MLAT manual*, Psychological Corporation.
- Grigorenko, E., Sternberg, R. & Ehrman, M. E. (2000), A theory based approach to the measurement of foreign language learning ability: The Canal-F theory and test, *The Modern Language Journal 84-3*, pp. 390~405.
- Meara, P. (2005), *LLAMA language aptitude tests: The manual*, Lognostics.
- Pimsleur, P. (1966), *The Pimsleur language aptitude battery form S, Parts 3 and 4*, Harcourt Brace Jovanovich.

■ 지능

지능(知能, intelligence)은 문제를 인지하고 해결하며 수행하는 능력으로, 실제적 지식이라기보다는 개인이 선천적으로 지닌 잠재된 능력을 의미한다.

행동주의 심리학에서 지능은 논리적으로 문제를 해결하고 비판적으로 사고하는 능력을 의미했으며, 비네(A. Binet)가 20세기 초에 연구한 내용을 바탕으로 한 지능 지수 (intelligence quotient: IQ)는 오랫동안 제2 언어 학습에서 성공을 예측하는 도구로 여겨져 왔다.

전통적인 지능은 언어 분석이나 규칙 학습을 예측할 수 있다고 보는데 이는 지능이 제2 언어 학습에서의 독해, 문법, 어휘 등의 기술적 습득에 영향을 주는 요인이기 때문이다. 그러나 의사소통 상황에서의 상호작용, 특히 구어의 유창성에는 지능이 큰 영향을 미치지 못하는 것으로 알려져 있다. 실제로 지능이 다소 떨어지는 학습자도 적절한 기회가 제공되면 제2 언어를 성공적으로 학습할 수 있다.

이후 언어와 논리·수학 능력만으로는 여러 방면의 지능을 설명하는 데 어려움을 겪으면서 보다 복잡하고 다양한 개념이 필요해졌다. 1983년 가드너(H. Gardner)는 지능에 적어도 일곱 가지 이상의 능력이 파이 조각처럼 독립적으로 작용한다고 하였다. 이러한 종합적인 접근 방법을 다중 지능 이론(theory of multiple intelligences)이라 하며 이는 새로운 지능 이론의 근간이 되었다. 이후 가드너는 초기에 주장한 일곱 가지 능력에 자연 이해 능력을 추가하여 지능이 아래와 같은 여덟 가지 능력으로 구성된다고 하였다.

(1) 언어 능력(verbal-linguistic ability)
(2) 논리-수학 능력(logical-mathematical ability)
(3) 시공간 능력(visual-spatial ability)

(4) 음악-조화 능력(musical-rhythmic and harmonic ability)

(5) 신체-운동 능력(bodily-kinesthetic ability)

(6) 대인 관계 능력(interpersonal ability)

(7) 인간 내부 능력(intrapersonal ability)

(8) 자연 이해 능력(naturalistic ability)

각각의 지능은 외국어 학습 능력에도 영향을 미친다. 이미 알려진 언어 능력과 논리-수학 능력 외에 시공간 능력은 외국 문화 환경에 적응하는 능력과 관계되며 음악-조화 능력은 외국어 억양, 강세 등의 음성 언어와 관계된다. 신체-운동 능력은 비언어적인 표현을 사용하는 능력, 대인 관계 능력은 타인과의 의사소통 능력과 관계된다. 인간 내부 능력은 외국어 학습에서 겪는 어려움을 스스로 해결하고 극복할 수 있는 능력과 연결된다. 자연 이해 능력은 주변 자연을 이해하고 이를 통해 정보를 구할 수 있는 능력이므로 외국어 학습에서 전체적인 맥락에 대한 감각과 이해에 영향을 준다. 이 외에도 스턴버그(R. Sternberg)는 지능을 분석적 사고를 위한 구성 능력과 경험적 능력, 상황 적응 능력의 세 가지 유형으로 구분하였다.

지금까지의 연구들은 각각의 지능들이 특정 교실 수업에서 필요한 기능과 어떻게 연관되는지 보여 주었으나 성인 외국인 학습자의 한국어 습득 및 지능과의 상관관계에 대한 연구는 아직 보고되지 않았다.   〈김영주〉

[참고문헌]
• Brown, H. D. (2007), *Teaching by principles: An interactive approach to language pedagogy*, Pearson Education.
• Gardner, H. (1983), *Frames of mind: The theory of multiple intelligences*, Basic Books.
• Gardner, H. (1993), *Multiple intelligences: The theory in practice*, Basic Books.
• Gardner, H. (2000), *Intelligence reframed: Multiple intelligences for the 21st century*, Basic Books.
• Sternberg, R. (1988), *The triarchic mind: A new theory of human intelligence*, Viking Press.

■ 태도

태도(態度, attitude)는 목표어, 목표어 사용 집단, 목표어 문화 등에 대해 학습자가 취하는 정신적인 자세를 의미하며 타인과의 접촉이나 상호작용 경험 등으로 생겨난 신념, 느낌, 의도 등을 포함한다.

태도를 통해 인간의 행동을 설명하고 예측할 수 있기 때문에 태도는 언어의 형태, 목표어 사용 집단, 수업 방식, 교사, 언어 과정, 특정 언어 사용, 언어 선호도 등 다양한 관점에서 연구된다. 베이커(C. Baker)에 따르면 태도는 사고와 같은 인지적 요소, 감정과 같은 정의적 요소, 행동을 위한 준비 요소 등의 세 가지 요소로 구성되어 있다. 행동을 위한 준비 요소는 능동적이고 활동적인 태도와 관련이 있지만, 인지적 요소와 정의적 요소는 태도와 항상 관련이 있는 것은 아니다.

태도는 학습 동기에 영향을 미치기 때문에 흔히 동기와 함께 언급된다. 동기는 어떤 일에 대한 열망 또는 어떤 일을 하려는 추진력으로 지향점 또는 목표가 있다. 반면 태도는 특정 대상에 대한 신념이나 느낌을 말한다. 언어에 대한 태도라는 점에서는 동기와 태도가 유사할 수 있다. 자아와 목표어 사용 집단에 대한 학습자의 긍정적인 태도는 학습의 효율성을 높이고 결과적으로 언어 능력을 향상시킨다. 이와 반대로 부정적인 태도는 학습 동기를 감소시켜 입력과 학습을 방해한다. 태도-동기 검사(attitude-motivation test battery: AMTB)를 개발한 가드너와 램버트(R. C. Gardner & W. E. Lambert)는 습득하고자 하는 동기가 강할수록 그리고 목표어에 대한 태도가 긍정적일수록 언어 습득이 용이하다고 보고하였다.

목표어와 목표 문화에 대한 태도가 불변하는 것은 아니다. 부정적인 태도를 보이다가도 목표어 집단에 동화되면서 긍정적인 태도가 증가하기도 한다. 긍정적인 태도와 부정적인 태도를 동시에 가질 수도 있다. 학습자와 교사 간의 신뢰, 학습자와 다른 학습자 간의 믿음, 한국어와 교재에 대한 긍정적인 태도는 제2 언어 습득에 영향을 미치고 동기를 높인다.

올러 외(J. W. Oller et al)는 태도와 제2 언어 습득 간의 관계를 연구하면서 학습자 자신과 목표어 사용 집단에 대한 긍정적인 태도가 구어 능력을 향상시킨다고 하였다. 정영아는 미국 대학생들의 한국 문화에 대한 인지 태도 연구에서 학습자의 긍정적인 태도를 고취시키기 위해 한국의 역사적 맥락과 문화, 사고방식 등을 체험할 수 있는 문화적 생산물을 한국어교육에 도입할 것을 제안했다. 〈김영주〉

[참고문헌]
• 정영아(2011), 한국 영화 수용 양식을 통해서 본 미국 대학생의 한국 문화 인지 태도, 한국학연구 36, 고려대학교 한국학연구소, 85~105쪽.
• Baker, C. (1992), *Attitude and language*, Multilingual Matters.
• Brown, H. D. (2007), *Teaching by principles: An interactive approach to language pedagogy*, Pearson Education.
• Gardner, R. C. & Lambert, W. E. (1972), *Attitudes and motivation in second language learning*, Newbury House.
• Oller, J. W., Hudson, A. & Liu, P. (1977), Attitude and attained proficiency in ESL: A sociolinguistic study of native speakers of Chinese in the United States, *Language learning 27-1*, pp. 1~27.

2.6. 사회 문화적 요인

사회 문화적 요인(社會文化的要因, sociocultural factor)은 학습자의 언어 태도를 형성하며 자연스럽게 언어 숙달도에 영향을 주는 요인이다.

사회 문화적 요인은 제2 언어 혹은 외국어를 배우는 학습자의 언어 습득에 직접적이기보다는 간접적으로 영향을 주며 사회적 맥락에 따라 달라지는데, 주로 자연스러운 환경에서 언어를 배우느냐 아니면 인위적인 환경에서 배우느냐에 따라 달라진다. 이때 자연스러운 환경에서 언어를 배우는 경우는 제2 언어가 대다수 화자에게 모국어로 사용되거나 대다수가 다른 언어를 사용하지만 제2 언어가 공용어이거나 언어 사용이 매우 이질적인 집단 간에 제2 언어가 사용되는 상황 등이 있다. 반면 인위적인 교육 환경에서 언어를 배우는 것에는 분리 학습 상황에 놓인 학습자들이 다른 집단과 분리되어 제2 언어를 학습하거나 제1 언어 화자가 지배적인 교실에서 제2 언어를 가르치거나 이중 언어 교사가 제2 언어를 교실에서 가르치는 경우 등이 해당한다.

슈만(J. H. Shumann)이 사회 요인과 언어 습득 간의 관계를 살펴본 바에 따르면 학습자들의 문화적 변용 즉 목표어 문화를 어떻게, 어느 정도 채택하느냐에 따라 언어 습득의 경로나 효과 등이 다르게 나타나며, 사회 문화적 요인은 개별 학습자가 언어를 습득할 때 어느 정도로 접촉하게 되는가를 결정하기도 한다. 또한 가드너(R. C. Gardner)의 사회 교육적 모형에 따르면 학습자들이 성장하는 사회 문화적 환경이 목표어와 목표어권 문화 및 목표어 화자에 대한 태도와 동기의 방향을 결정짓고, 더 나아가 학습자들이 참여하게 되는 학습의 형태에 영향을 주거나 학습 결과에서도 차이를 나타낸다.

제2 언어 숙달도에서 연령, 성별, 사회 계층, 민족 구성원과 같은 특정 사회 요인들이 어떤 영향을 미치는지 등에 대한 연구 결과를 살펴보면 아동 학습자가 성인 학습자보다 언어 수용이 더 효율적이고 여성 학습자는 남성 학습자보다 표현력이 좋다. 또한 중류 계층 학습자들은 노동 계층 학습자들보다 높은 성취도를 보이며 목표어 집단과 비슷한 사회적 거리를 공유하는 민족 집단에서 온 학습자들이 언어 학습에 더 성공적인 것으로 나타났다.

사회 문화적 요인과 제2 언어 습득 간의 관계를 살펴보면 개별 학습자가 목표어 문화와 어느 정도의, 얼마만큼의 접촉을 갖는가에 따라 밀접한 영향을 주고받는다. 즉 학습자들이 경험하는 사회 문화적 환경이 목표어와 문화에 대한 태도와 동기의 정도를 결정하고 더 나아가 학습 형태에도 영향을 준다. 특히 의사소통 과정에서 정의적 측면인 문화 변인은 제2 언어에 대한 동기, 언어 태도 등에 영향을 준다.

문화는 공동체 사회 속에서 사람들의 행동을 인도하고 집단을 통제하는 힘을 가지고 있다. 사람들의 생각, 관습, 기술, 예술 등의 통합체로서 사람들이 인지적, 정의적 행동을 할 때 특정 방향으로 이끌어 가는 기준을 제시한다. 이러한 이유로 문화는 제2 언어 학습에서도 매우 중요한 부분으로 인식된다. 언어는 문화의 일부분이고 또한 문화는 언어의 일부분이기에 제2 언어 습득은 곧 제2 문화 습득이기 때문이다.

한국어교육에서는 다양한 사회 문화적 변인들이 한국어 습득에 어떤 영향을 주는지에 대해 지속적으로 연구해 왔다. 이에 따르면 언어문화권, 연령, 성별, 사회 계층, 한국어 습득 기간, 한국에서의 거주 기간, 사회적 거리, 언어 태도, 동기 등의 다양한 변인들이

한국어 숙달도에 직간접적으로 영향을 미치는 것을 알 수 있다. 〈김경령〉

[참고문헌]
- 조명원·이흥수(2004), 영어교육사전, 피어슨에듀케이션코리아.
- Ellis, R. (1994), *The study of second language acquisition*, Oxford University Press.
- Gardner, R. C. (1985), *Social psychology and second language learning: The role of attitudes and motivation: The social psychology of language*, Edward Arnold.
- Shumann, J. H. (1978), Social and psychological factors in second language acquisition, In J. Richards. (Ed.), *Understanding second and foreign language learning: Issues and approaches*, Newbury House Publishers.

■ 문화 적응 이론

☞ 15. 문화 교육 〉 15.6. 문화 학습 모형 〉 ■ 문화 적응 이론

■ 문화 변용 모형

☞ 15. 문화 교육 〉 15.6. 문화 학습 모형 〉 ■ 문화 변용 모형

■ 이중 언어 사용주의

이중 언어 사용주의(二重言語使用主義, bilingualism)란 두 언어를 모어 화자처럼 말하고 이해하는 능력을 지칭하는 것으로 특수한 지역의 구성원 혹은 국가와 같은 대집단의 구성원들이 적어도 두 개 이상의 언어를 사용하는 현상을 의미한다.

캐나다 퀘벡 주(州)는 영어와 프랑스어를, 영국의 웨일즈 지방은 웨일즈어와 영어를 같이 사용하는 이중 언어 사용 지역이다. 이중 언어 사용자는 두 개의 언어를 모두 완벽하게 구사할 수도 있지만 두 개의 언어 중 하나의 언어에 대한 지식 수준이 좀 더 높을 수도 있다. 언어 기능별로 볼 때 두 언어 중 한 언어로만 읽고 쓰기가 가능하거나, 상황에 따라 다른 언어를 사용하거나, 목적에 따라 다른 언어를 사용하는 등 2개 언어를 사용하는 능력의 정도에 차이가 있다. 이는 두 언어 체계 간에 언어 전환 혹은 언어 간섭이 존재할 수 있다는 것을 의미한다. 또한 2개 언어 사용은 개인에게 언어학적, 문화적, 심리적으로 복합적인 상호작용을 유발한다. 두 개의 언어가 동일한 환경 내에서 습득되는 경우를 복합적 이중 언어 사용주의(compound bilingualism)라 하고 두 개의 언어가 별개의 환경에서 습득되는 경우는 병행적 이중 언어 사용주의(co-ordinate bilingualism)라고 한다.

이중 언어 사용자들이 의사소통을 할 때 선택하는 언어 코드(code)는 때에 따라 달라지는데 의사소통의 맥락, 화제, 목표 등의 변인들이 언어 선택에 영향을 미친다. 예컨대 미국에서 스페인어와 영어를 사용하는 화자는 직장에서는 영어를 사용하고 퇴

근 후 귀갓길이나 집에서는 스페인어로 대화할 수 있다. 귀갓길에 사람들과 잡담을 할 때나 히스패닉(hispanic) 집단 구성원들과 이야기할 때는 스페인어로 말하면서 결속력을 높이기 때문이다.

이중 언어 사용자는 가산적(additive) 이중 언어 사용자와 감산적(subtractive) 이중 언어 사용자로 나뉜다. 가산적 이중 언어 사용자는 어려서부터 두 언어의 인지적인 문어 이해 능력과 언어 기술을 상호 연관성을 가지고 균형적으로 동시에 발달시켜 사용하는 사람을 말한다. 전반적으로 양(兩) 언어의 발달과 문화 습득이 상보적이고 긍정적이다. 이들이 속한 사회 공동체나 가족 구성원들은 두 언어의 발달에 긍정적인 가치를 부여하며 제2 언어 학습이 제1 언어를 대신하거나, 부정적인 영향을 주거나, 소멸하게 하거나, 위협적이게 하지 않는다.

반면 감산적 이중 언어 사용자는 제2 언어보다 제1 언어의 기술, 언어 기능, 문어 이해 능력이 상대적으로 떨어지거나 두 언어 모두를 잘 사용하지 못하는 불균형적인 언어 사용자를 의미한다. 보통 감산적 이중 언어 사용은 모어, 즉 제1 언어가 사회적으로 덜 수용된 언어이고, 이러한 이유로 그 언어를 통한 인지 기술을 제한적으로 발달시키게 되는 소수 민족 어린이들에게 자주 나타나는 현상이다. 많은 경우 사회에서 사용하는 권위 있는 매개체로 학교 교육을 받게 되면 제1 언어에 부여되는 사회적 가치가 낮다고 판단하여 그 언어를 통한 인지 기술을 발달시키지 않는다. 두 언어가 상보적으로 작용하지 않고 한쪽의 언어가 소수 민족 언어로서 경제적·사회적으로 덜 세련되고 문화적 가치면에서도 열등감을 주게 되어 제1 언어를 거부하는 언어 태도가 생기는 것이다. 이렇듯 감산형의 상황은 제1 언어가 제2 언어에 비해 거의 뿌리를 내리지 못할 때 발생한다.

전 세계적으로 이중 언어 프로그램(dual bilingual program) 활성화에 대한 관심과 요구는 지속적으로 증가하여 왔다. 교육 현장을 살펴보면 2014년 현재 미국에서 한국어와 영어 이 두 언어를 보존하고 발전시키기 위해 양방향 이중 언어 프로그램을 도입한 학교로는 라크레센타(La Crescenta)의 몬테 비스타 초등학교(Monte Vista Elementary), 글렌데일(Glendale)의 마크 케펠 매그닛 학교(Mark Keppel Magnet School)가 있다. 라크레센타(La Crescenta)의 크레센타 밸리 고등학교(Crescenta Valley High School)도 이중 언어 몰입 교육을 도입할 예정이다. 한인 학생이 다수 재학 중인 이 학교들에서는 제2 언어로서의 한국어 수업이 이미 진행 중에 있다. 이중 언어로 몰입 교육을 실시하고 있는 학교에서는 전 과목 수업을 영어와 한국어로 진행한다. 〈김경령〉

[참고문헌]
• 손성옥(2002), 이중 언어 습득과 학업 성취도: 재미 동포 2세를 중심으로, 박영순 편, 2003, 21세기 한국어 교육학의 현황과 과제, 한국문화사.
• Hamers, J. F. & Blanc, M. H. A. (1994), *Bilinguality and bilingualism*, 이혜란 외 공역, 1995, 2개 언어 상용과 그 이론, 한국문화사.

❏ 다중 언어 사용주의

　다중 언어 사용주의(多重言語使用主義, multilingualism)란 어떤 개인이나 집단이 한 언어 공동체 내에서 세 개 이상의 언어를 사용하는 것을 의미한다.

　특정 지역 및 국가에서 다중 언어 사용주의가 나타나는데 나이지리아, 가나, 말레이시아, 싱가포르, 이스라엘, 인도 등이 이에 속하는 나라들이다. 그런데 다중 언어 사용자라고 해서 세 개 이상의 언어를 모두 동일하게 잘 사용하는 것은 아니다. 하나의 언어를 가장 잘 말하고 이해하면서 다른 언어는 서툴게 사용하는 경우, 가정, 직장, 상점 등 상황에 따라 각각 다른 언어를 사용하는 경우, 종교적인 행사나 공식 석상에서 사용하는 언어와 개인감정을 표현하는 언어가 다른 경우로 나눌 수 있다.

　그중 언어적 다양성이 풍부한 나라로 인도를 들 수 있다. 인도에서는 인도·아리아어, 드라비다어, 오스트로·아시아어, 티베트·미얀마어 등 수백 개의 언어가 사용되고 있다. 1950년대 인도 정부는 언어와 인종의 다양성 문제를 해결하고 통합하기 위해 공용어 정책을 시행했다.

　이 외에도 캐나다 퀘백 주에서는 소수 언어 집단의 권리 행세와 다수 언어 집단과의 정치적 부조화 상황이 지속되고 있으며 이러한 상황에서 구성원이 어떤 언어를 선택하여 배우고 사용하는가는 개인적인 일이면서도 상징적인 의미를 지닌다. 퀘백 주에서는 프랑스어 사용이 우세하지만 영국계 주민들의 비율도 높은 도시이기 때문에 어떤 언어를 선택하느냐는 각 언어에 대한 주민의 태도를 반영한다. 한 언어를 제치고 다른 언어를 선택하는 것은 화자가 자신의 정체성을 나타내고 주장할 수 있는 간접적이고도 강력한 표현이 되기 때문이다.

　미국은 수백만 명의 다중 언어 사용자가 살고 있는 국가이다. 미국에서 영어는 사회 구성원들이 사용하는 언어 중 가장 강력하고 지배적인 언어로 굳건히 자리 잡고 있다. 그러나 영어에 대한 사회적 압력과 공식어로서의 역할에도 불구하고 현실적으로는 언어적 다양성이 존재한다. 미국은 120개의 미국 원주민 언어를 포함하여 380개의 언어가 사용되고 있다.

　다중 언어 사용 사회에서 각각의 언어들은 이처럼 특별한 위상을 지니고 있으며 보통 한 언어가 다른 언어보다 더 높은 지위를 차지한다. 또한 특정 언어가 특정 맥락과 연계되어 뚜렷한 사회적·개인적 의미를 유발하기도 한다. 예컨대 양층 언어(diglossia) 현상이란 각각의 언어가 특정 영역이나 사건에서 체계적으로 사용되는 상황을 지칭한다. 보통 상층어는 학교, 교회, 정부와 같은 공공 생활에 사용되어 문학적 전통, 특권층의 사회 집단과 연계된다. 반면 하층어는 사적인 모임, 가족, 친구들 간의 비격식적 영역에서 사용되는 언어를 의미하고 정서적인 결속력이 강해 일정 집단의 구성원임을 나타내는 데 주로 사용한다.

다문화, 다언어의 융합을 위해 프랑스는 이주민 자녀 학교 적응을 위한 정보 센터를 설치하여 학교 입학 정보를 제공하고 학교생활 적응을 위한 상담과 지원, 지역 교사 대상의 다문화 교육 프로그램을 운영하는 등 강력한 통합 정책을 취하고 있다. 독일은 다문화 가족을 위한 다양한 언어 교육 프로그램의 일환으로 독일어 습득 능력을 향상시키고 언어 적응력을 높이기 위해 자녀의 학령기 이전부터 취업까지의 전 과정을 아우르는 폭넓은 언어 지원 정책을 실시하고 있다. 일본은 누리집 및 정보 제공의 다언어화를 꾀하고 있고 생활 전반에 대한 서비스도 다언어로 제공한다. 또한 취업, 생활 민원, 상담, 종합 정보 센터 등 대부분의 공공 기관에서 다언어로 된 서비스 프로그램을 제공한다.

이렇듯 각 나라의 사례를 살펴보면 모국어 강화 교육 프로그램을 지향하는 나라와 소수 민족 언어를 지원하여 다언어 수용 교육 프로그램을 지향하는 나라로 구분된다. 한국은 이민자의 모어 유지 정책을 고수하며 다문화 통합을 이끌어 낼 것인지, 강력한 한국어 강화 교육을 통해 다문화 통합에 힘쓸 것인지의 선택에 따라 다문화 정책 및 지원의 방향이 달라질 것으로 예상된다.　　　　　　　　　　　　　　　　　　〈김경령〉

[참고문헌]
• Bonvillain, N. (2002), *Language, culture and communication: The meaning of messages*, 한국사회언어학회 역, 2007, 문화와 의사소통의 사회 언어학, 한국문화사.

❏ 전승 학습자

전승 학습자(傳承學習者, heritage learner)란 사회에서 사용하는 공식 언어가 아닌 다른 언어를 사용하는 가정에서 부모의 언어 및 문화를 자연스럽게 입력받아 성장한 학습자를 의미하며 교포 학습자라고도 한다.

전승 학습자는 아동기 때부터 부모로부터 받은 언어 입력은 그 후에도 지속적이고 잠재적으로 내포되어 있어, 훗날 성인이 되어 공식적인 언어 수업 환경에서 그 언어를 배우게 될 때 다른 학습자에 비해 증폭적인 언어 성취도를 이룰 수 있다.

한국어교육에서 말하는 전승 학습자란 미국, 유럽 등 외국의 가정에서 한국어를 들으며 성장한 경우를 의미한다. 이 중에서 미국에 거주하는 전승 학습자들의 한국어 능력, 한국어 성취도 등에 대한 정보는 다음과 같다. 2009년 국어 정책 통계에 따른 미국 중·고등학교의 한국어 반 개설 현황은 개설 학교 수 58개, 반 수 240개, 학생 수 5,578명으로 보고되었다. 그리고 한국계 전승 학습자의 한국어 능력은 미국 대학수학능력시험(Scholastic Apitude Test II: SAT II)의 한국어 시험의 결과를 분석해 본 결과 이들의 한국어 능력은 전반적으로 대단히 높은 편인 상위 73.7%의 높은 언어 구사 능력을 보유한 것으로 나타났다.

이 결과는 미국 중·고교에서 전승 학습자가 아닌 학생들의 한국어 성취도 현황과 비교해 볼 때 여러 시사점을 제공한다. 전승 학습자는 이미 유아기 때부터 한국 언어문화에 자연스럽게 노출되어 자라 왔기 때문에 한국어 숙달도 자체는 정도의 차이가 있으나 잠재적인 언어 능력이 어릴 적부터 형성되었다. 또한 언어의 편중화가 일어나기 전인 특정 언어 습득 시기에 일정 언어로부터 지속적인 입력을 받아 언어 습득에서 우위를 차지한다. 이들이 대학에 들어온 후 학습한 한국어 학습 기간과 한국어 성취도 점수의 상관관계를 분석해 보면 유의미한 관계로 나타나지 않는다는 것을 알 수 있다. 즉 대학에서 수학한 기간의 차이보다는 가정에서의 언어문화 입력이 얼마나 지속적으로 이루어져 왔는가가 더 유의미한 변수로 나타난다. 미국의 중·고교에서는 외국어 수업에서 언어 능력을 기르는 것만을 목표로 하지 않는다. 그러다 보니 교과 과정에는 문화적 측면을 강조하고 이를 전달하는 내용이 많이 포함되어 있으며 높은 수준의 언어 능력만을 목표로 하지 않기 때문에 음식, 요리, 예절, 오락 등의 문화 내용이 함께 접목되어 있다.

미국 중·고등학교의 외국어로서의 일본어 교육과정 역시 문화적인 설명이나 전달에 많은 시간을 할애한다. 하지만 한국어교육은 사정이 조금 다르다. 일본어를 수강 신청하는 학생 분포를 살펴보면 미국인 학생 수가 많고 전승 학습자의 수는 매우 적은 편이지만 한국어의 경우 전승 학습자 학생이 대부분이다. 이렇듯 구성원의 특성이 다르기 때문에 교과 과정 구성에도 차이가 있다. 전승 학습자들은 한국의 문화, 음식, 예절 등을 가족 구성원이나 한인 사회 등을 통해 매우 잘 알고 있기 때문에 교과 과정으로 따로 편성하지 않는다. 또한 집에서 부모님이 말하는 한국어를 듣고 이해하고 영어로 말하는 소통 체계에 익숙하므로 한국어 이해 능력이 표현 능력보다 월등하다. 표현력은 약하나 이미 한국어 이해력이 풍부하여 훗날 강도 높은 한국어교육을 받으면 표현력이 매우 빠르게 증진된다.

전승 학습자의 잠재적인 언어 능력이 어느 정도로 높은지 살펴보면 다음과 같다. 미국외국어교육협의회(American Council on the Teaching of Foreign Languages: ACTFL)의 OPI(Oral Proficiency Interview) 분석 결과에 따르면 한국어 수준이 1+(intermediate high)가 되려면 평균적으로 720시간 정도를 공부해야 하며, 2+(Advanced high)가 되려면 1,320시간을 공부해야 한다. 이는 대학에서 일반적인 언어 교과 과정을 통해서는 획득하기 어려운 시수이다. 하지만 전승 학습자는 일반적으로 외국어를 처음 대하고 배우는 학습자들에 비해 훨씬 더 짧은 시간에 높은 수준의 언어 숙달이 가능하다. 예를 들어 하와이대학교(University of Hawaii)에서 한국어 3급과 4급에 배정받은 전승 학습자가 80시간의 수업을 들은 후에는 각각 1+, 2+ 등급으로 상향되었다. 이처럼 전승 학습자의 잠재적인 한국어 학습 능력은 높은 편이다. 하지만 갈수록 학습자의 수가 급감하고 있는 추세이기 때문에 미국에서 이 언어 자산이 지속적으로 이어질 것인지에 대해서는 미지수다. 전승 학습자로서 잠재적인 한국어 능력을 지속적으로 보유하고 발전시키기 위해서는 아동 및 청소년기에도 한국어를 접할 수 있는 기회를 제공해야 한다.　　　　　　　〈김경령〉

[참고문헌]
- 국립국어원, 국어 정책 통계 누리집, 2014년 3월 23일 가져옴, http://stat.korean.go.kr/policy.do?method=detail&murl=sub05_03_03
- 이동재(2003), 미국에서의 중·고등학생 대상의 한국어교육과 교수법: 한국어 세계화의 지름길, 한국어교육 14-2, 국제한국어교육학회, 205~226쪽.

2.7. 대조 분석

■ 대조 언어학

대조 언어학(對照言語學, contrastive linguistics)은 두 개 또는 그 이상의 언어를 비교·대조하여 그들 사이의 공통점과 차이점을 살펴보는 언어학의 하위 분야이다.

대조 언어학은 계통이나 시대에 제한을 두지 않고 두 언어를 공시적으로 비교한다는 점에서 동일한 조어(祖語, protolanguage)에서 발생한 둘 이상의 언어를 통시적으로 비교하는 비교 언어학(比較言語學, comparative linguistics)과는 차이가 있다. 대조 언어학을 통해 하나의 언어만을 관찰했을 때 미처 깨닫지 못했던 많은 언어적 사실들을 구조가 다른 언어와 비교해 봄으로써 파악할 수 있고, 이를 통해 언어의 본질에 보다 가깝게 접근할 수 있다.

언어들을 서로 비교할 때에는 해당 언어의 음운, 형태, 의미, 문장 등 모든 영역을 다룬다. 한국어와 타 언어 간의 대조 언어학적 연구 성과를 보면 다음과 같다. 첫째, 음운 면에서 한국어의 자음은 'ㄱ, ㄲ, ㅋ', 'ㅈ, ㅉ, ㅊ'과 같이 평음, 경음, 격음으로 변별되는 삼원 체계를 이룬다. 반면 다른 많은 언어들에서 자음은 대개 이원 체계를 이루어 유성음과 무성음으로 구분되거나 유기음과 무기음으로 구분된다. 둘째, 문법 면에서 한국어와 일본어는 조사가 매우 발달하여 이들이 다양한 문법적 기능을 하는 반면, 영어와 중국어는 조사 같은 요소는 발달되어 있지 않은 대신 어순이 중요한 문법적 기능을 담당한다. 셋째, 각 언어는 어휘 면에서도 서로 다른 특성을 보인다. 예를 들어 색채어 체계는 언어별로 매우 다양해서 한 언어에서 둘 이상의 범주로 나뉘어 있는 것이 다른 언어에서는 하나의 범주로 합쳐져 있는 경우가 흔히 있다. 예를 들면 한국어의 '푸르-'는 영어의 'green'과 'blue'에 모두 해당된다. 넷째, 문장의 표현 면에서도 언어별로 다른 특성을 보인다. 예를 들어 영어에서는 'The land doesn't mean anything to women.'과 같이 비생물을 주어로 한 타동 표현을 자연스럽게 사용하지만 한국어에서는 그런 구문을 잘 쓰지 않는다. 한국어에서는 '여자에게 그 토지는 아무 의미가 없다.'와 같이 인간을 주체로 한 표현이나 상황 중심적인 표현으로 바꿔서 표현하는 것이 자연스럽다.

대조 언어학은 외국어 교육에 응용하려는 목적에서 시작된 학문이다. 학습자의 모어와 목표어에 대한 대조 언어학적 연구는 외국어 학습 과정에서 흔히 일어나는 전이(轉移, transfer)와 간섭(干涉, interference) 현상을 파악하는 데 도움을 준다. 예를 들어 위에서 제시한 대조 언어학적 차이는 제2 언어 습득 과정에서 난점으로 나타난다. 즉 모어의 자음 체계가 2원 대립 체계로 되어 있는 학습자들은 일반적으로 한국어의 평음, 경음, 격음을 구분하여 발음하는 데 어려움을 겪는다. 또한 조사가 발달되어 있지 않은 언어를 모어로 하는 학습자는 한국어의 조사를 구분해서 쓰는 것을 어려워한다. 이때 교사가 대조 언어학적 지식을 바탕으로 어떠한 전이 및 간섭이 일어나는가를 파악하고 있으면 보다 효율적으로 외국어를 가르칠 수 있다. 〈심혜령〉

[참고문헌]
- 박진호(2010), 대조 언어학, 송철의 외 편, 한국어교육의 이론과 실제 1, 아카넷.
- 허용(2008), 한국어교육에서의 대조 언어학과 보편 문법의 필요성 연구, 이중언어학 36, 이중언어학회, 1~24쪽.
- Rein, K. (1983), *Einfuhrung in die Kontrastive Linguistik*, 정은이 역, 2005, 대조 언어학, 인하대학교출판부.
- 石綿敏雄·高田誠(1990), 對照言語學, 오미영 역, 2007, 대조 언어학, 제이앤씨.

■ 대조 분석 가설

대조 분석 가설(對照分析假說, contrastive analysis hypothesis: CAH)은 모어와 목표어 간의 대조 분석적 지식이 목표어 습득에 도움이 된다고 보는 가설이다.

대조 분석 가설에는 주장의 강도에 따라 강설(strong form)과 약설(weak form)이 있다. 먼저 강설은 모어가 언어 습득을 설명하고 오류를 예측할 수 있다는 주장으로 모어의 역할이 매우 크다고 본 것이다. 이에 대비하여 약설은 모어가 학습자 오류의 원인을 설명하는 데 유용하다는 주장으로 모어의 역할을 다소 축소시킨 것이다.

대조 분석 가설은 라도(R. Lado)가 1957년에 처음 제기한 것으로 모어와 목표어가 다를수록 목표어 습득이 어렵고 유사할수록 쉽다고 보았다. 모어와 목표어가 유사하면 긍정적 전이인 촉진(促進, facilitation) 현상이 일어나고 다르면 부정적 전이인 간섭(干涉, interference) 현상이 일어난다. 촉진과 간섭은 모두 모어의 전이(轉移, transfer)라고 한다.

이러한 대조 분석 가설은 행동주의 심리학과 구조주의 언어학의 영향을 받았다. 행동주의 심리학은 교육을 습관의 형성이라고 본다. 습관을 형성하기 위해서는 누적적인 학습이 필요한데 기존에 학습된 내용이 새로 학습할 내용에 영향을 미친다. 구조주의 언어학은 음운, 형태, 통사 등 문법을 분절적으로 나누어 언어의 구조를 연구하는 것으로 구조주의 언어학의 관점과 언어 기술 구조를 따라 대조 분석이 이루어졌다.

대조 분석 가설의 의의는 외국어 습득에서 중요한 요인인 모어의 역할을 설명해 준다는 것이다. 이것이 학습자의 언어 습득 양상을 설명하는 데 도움이 되는데 특히 음운론 분야에서 유용하다. 또 대조 분석 가설은 각 언어 간의 대조 분석적 연구가 활발하게 이루어지도록 하는 토대를 마련해 주었다. 이는 1950~1960년대에 강설의 형태로 제기되었으나 그 이후에는 비판을 받아 약설의 형태로 수정되었다. 학습자의 습득에 여러 가지 요인들이 규명되는 가운데서도 모어의 영향을 다루는 대조 분석 가설은 현재에도 여전히 중요한 위치를 점하고 있다.

대조 분석 가설의 한계는 다음과 같다. 첫째, 학습자의 실제 오류를 분석한 결과 모어와 목표어의 유사점이나 차이점만으로 학습상의 어려움을 예측할 수는 없었다. 목표어와 모어가 유사한 경우에도 여전히 다른 점은 존재하기 때문에 다른 양상의 어려움을 느낄 수 있다. 둘째, 실상 두 언어 간의 대조 분석은 그렇게 단순하게 되지 않는다. 음성학, 음운론의 측면에서는 두 언어 간의 공통점과 차이점이 비교적 명백하게 기술될 수 있었으나 그 외의 측면인 어휘의 의미나 문법 범주 등에서의 대조적 기술은 쉽지 않다. 특히 이는 영어-스페인어와 같이 두 언어가 비슷한 경우보다 영어-한국어 같이 유형론적으로 거리가 먼 언어를 대조할 경우에 더 어렵다. 셋째, 언어의 인지적인 측면에 대해 간과하였다. 대조 분석 가설에서는 언어의 양적·표면적 대조에 따라 전이가 일어난다고 한다. 하지만 이는 실제 어휘나 문법 학습에서 나타나는 유추나 창조의 원리 등 인지적 측면을 고려하지 못한 것이다.

한국어교육에서 대조 분석 가설을 전제로 학습자의 모어와 한국어를 대조하는 연구들은 계속 활발하게 수행되고 있다. 그 가운데 문화, 화용 영역에서의 대조 분석 연구도 주목을 받고 있으며 대조 분석적 지식을 보다 교육적으로 적용한 시도 등이 나타나고 있다. 〈강남욱〉

→ 구조주의 언어학, 행동주의

[참고문헌]
• 김진우(2002), 제2어 습득 연구: 현황과 전망, 한국문화사.
• Lado, R. (1957), *Linguistics across cultures: Applied linguistics for language teachers*, University of Michigan Press.

❏ 모어 영향

모어 영향(母語影響)이란 제2 언어 학습자가 목표어를 학습할 때 모어의 특징이나 규칙으로부터 자유롭지 못해 받게 되는 영향을 말한다.

외국어 학습은 모어라는 필터를 통해 이루어지므로 어떤 식으로든 모어의 영향을 받을 수밖에 없다. 이때 긍정적인 영향과 부정적인 영향을 포함하는 중립적인 개념으로 전이(轉移, transfer)라는 용어를 쓰며, 긍정적인 영향에 주목할 때는 촉진(促進, facilitation), 부정적인 영향에 주목할 때는 간섭(干涉, interference)이라는 용어를 쓴다.

제2 언어 습득 시 모어의 영향은 음운, 의미, 통사, 관용어 등 제 분야에 걸쳐 나타난다. 예를 들어 목표어의 음운을 배울 때 모어에도 있는 소리를 습득하는 것은 용이하나 모어에 없는 소리가 제2 언어의 음운 체계 중에 있다면 이를 습득하는 데는 많은 어려움이 따른다. 또 한자 문화권에 속하는 나라들에 공통적으로 존재하는 한자어계 동형 어들은 서로의 언어를 학습할 때 도움이 되는 긍정적 전이, 즉 촉진을 일으키기도 하지 만 각 언어에서 의미와 문법적 행동이 다르게 나타남에 따라 학습상의 혼란을 초래하 는 간섭을 일으키기도 한다. 예를 들어 '학교(學校), 학생(學生), 교실(敎室), 교재(敎材)' 등의 어휘는 한국어와 중국어에서 모두 공통적으로 쓰이므로 상호 간 제2 언어 습득에 도움이 되지만, '선생(先生), 애인(愛人), 결속(結束)' 등의 어휘는 두 언어에 모두 존재해 도 그 의미가 달라 제2 언어 습득에 오히려 부정적인 영향을 미칠 수 있다.

모어의 부정적 전이인 간섭은 외국어 학습의 주요한 장애 요인으로 여겨진다. 이는 다시 배제적(preclusive) 간섭과 침입적(intrusive) 간섭으로 나뉘는데 전지는 모어에 없 는 요소가 목표어 학습에 방해가 되는 것을 말하며, 후자는 모어의 어떤 요소가 목표어 의 해당 요소와 달라 방해가 일어나는 것을 말한다.

한편 간섭은 학습자의 모어와 목표어 간에 연관성은 있지만 약간의 차이가 있을 때 더 많이 일어난다고 알려져 있다. 두 언어 간 차이가 매우 크고 뚜렷한 경우 간섭은 오 히려 적게 일어난다. 즉 한국어와 계통상으로나 문법 특성상 유사한 점이 많은 일본어 를 모어로 하는 경우, 한국어 학습자는 두 언어 간의 미세한 차이에 의한 간섭 때문에 많은 오류를 일으키지만 한국어 습득의 속도는 상대적으로 빠르다. 반면 한국어와 차 이가 매우 큰 영어를 모어로 하는 학습자는 두 언어 간 간섭에 의한 오류를 일으킬 가 능성은 적으나 전반적으로 한국어 습득에 오랜 시간이 걸린다.

다시 말해 일반적으로 제2 언어 학습은 모어와 차이가 클수록 느리게 진행되고 차 이가 작을수록 빠르게 습득되지만 모어의 부정적 전이인 간섭은 두 언어 간 차이가 크지 않을 때 오히려 더 많이 일어난다. 따라서 학습자 모어의 특성에 대한 이해를 바탕으로 간섭 현상을 예측하고 이에 대비하는 것은 제2 언어 교육에서 중요한 의 미를 지닌다. 〈심혜령〉

[참고문헌]
• 박경자·강복남·장복명(2006), 언어 교수학, 박영사.
• 박진호(2010), 대조 언어학, 송철의 외 편, 한국어교육의 이론과 실제 1, 아카넷.
• 허용 외(2010), 외국어로서의 한국어교육학 개론, 박이정.

❏ 전이

전이(轉移, transfer)는 학습자가 이미 가지고 있는 지식이 새로 습득하는 지식에 영 향을 미치는 현상을 말한다.

학습의 전이는 기본적으로 긍정적인 전이와 부정적인 전이 그리고 무전이(無轉移)의 세 형태로 나타난다. 먼저 긍정적 전이(positive transfer)란 모어와 목표어 사이에서 서로 다르거나 대조되는 지점이 없어 학습을 방해하지 않고 자연스럽게 수용할 수 있는 것을 말한다. 촉진(促進, facilitation)이라 하기도 하며 학습 이론에서는 유용(facilitation)이라는 용어로 표현하기도 한다. 다음으로 부정적 전이(negative transfer)란 모어로 이미 습득된 지식들이 기능·의미상 동일한 지점에서 목표어와 다른 형태를 띠고 있어 목표어에 모어의 유형이나 규칙을 사용하여 학습을 방해하는 것을 말한다. 이를 간섭(干涉, interference)이라는 용어로 별도로 지칭하는데 대조 분석 이론에서는 언어 간 차이점을 보여 주는 지점이자 학습의 직접적인 장애 요인이 되는 간섭 현상을 매우 중시한다. 마지막으로 무전이(zero transfer)란 기존에 있는 모어 지식이 목표어 지식을 학습하는 데 아무런 영향을 미치지 않는 것을 뜻한다.

외국어 교육에서는 학습자의 모어 지식이 목표어 습득에 영향을 미치는 현상에 대해 일찍부터 관심을 두고 연구해 왔다. 이를 언어 외적 전이(interlingual transfer)라 한다. 예를 들면 한국어교육에서 일본어 모어 학습자는 한자어, 문법 구조 등에서 한국어와 일본어가 유사하기 때문에 학습상 이점을 가진다. 반면 중국어 모어 학습자들은 고립어인 중국어에 없는 한국어의 어미나 조사의 학습을 더 어렵게 느끼는 경향이 있다.

이와 구분하여 언어 습득 과정에서 앞서 습득한 목표어 지식이 새로운 목표어 구조 습득에 영향을 미치는 것을 언어 내적 전이(intralingual transfer)라고 한다. 이는 학습자가 이미 알고 있는 목표어 요소의 특성을 새로 학습할 내용에 동일시함으로써 나타난다. 대표적인 예로 영어 'want', 'like'의 과거형을 'wanted', 'liked'와 같이 동사 원형에 '-ed'를 붙여 만든다는 것을 배운 학습자들이 'wake', 'hurt' 등의 불규칙 동사에도 같은 규칙을 적용하여 *'waked', *'hurted'와 같이 잘못 만들어 사용하는 경우가 이에 속한다. 또 한국어에서 '반지, 장갑, 안경' 등의 부착물을 '끼다'라는 동사와 함께 쓴다는 사실에서 유추하여 '양말을 끼다'가 성립할 것이라고 생각한다면 이 역시 일종의 언어 내 간섭이다.

이정희의 연구에 따르면 한국어 습득 연구에서는 이유의 연결 어미 가운데 청유형과 결합하는 '-(으)니까'를 배운 후 다른 이유의 연결 어미 '-아/어서'를 학습하면 기존에 학습한 '-(으)니까'를 사용해야 할 경우에도 '-아/어서'를 과잉 사용하는 경향이 나타난다. 이렇게 목표어 문법 요소 간에 서로 영향을 미치는 경우는 언어 내적 전이의 개념으로 설명할 수 있다.   〈이슬비〉

[참고문헌]
• 김진우(2002), 제2어 습득 연구: 현황과 전망, 한국문화사.
• 이정희(2003), 한국어 학습자의 오류 연구, 박이정.
• Thornbury, S. (2006), *An A—Z of ELT: A dictionary of terms and concepts used in English language teaching*, Macmillan Education.

■ 유표성 차이 가설

유표성 차이 가설(有標性差異假說, markedness differential hypothesis)이란 언어 간의

유표성 차이가 제2 언어 습득의 어려움을 예측할 수 있다는 것이다.

제2 언어 습득 음운론 연구가인 에크만(F. Eckman)은 1977년에 대조 분석 가설(contrastive analysis hypothesis: CAH)의 한계점을 지적하며 그 대안으로 유표성 차이 가설을 제시하였는데, 그는 제2 언어 습득에서 예측되는 어려움을 모어와의 상이성과 유표성을 기준으로 다음과 같이 가정하였다. 첫째, 모어와 다르면서 모어에 비해 더 유표적인 제2 언어 특질은 습득하기 어렵고 전이가 잘 일어날 것이다. 둘째, 모어와 다르면서 모어에 비해 더 유표적인 제2 언어 특질들의 상대적 난이도는 어떤 특질이 상대적으로 더 유표적인가에 의해 결정될 것이다. 셋째, 모어와 다르지만 모어에 비해 더 유표적이지 않은 제2 언어 특질은 습득이 어렵지 않고 전이가 잘 일어나지 않을 것이다. 즉 유표성 차이 가설은 대조 분석 가설이 단순히 제1 언어와 제2 언어에 나타나는 다름의 정도만을 기준으로 삼아 습득이 어려운 정도를 예측했던 것과 달리, 그보다 더 나아가 그 다름 속에 존재하는 유형적 유표성(typological markedness)의 차이까지 고려하여 습득의 어려움을 예측했다는 점이 특징이다.

에크만이 2004년 연구에서 예로 들었던 영어와 독일어의 유성 파열음 및 무성 파열음의 유표성과 이와 관련된 습득 현상에 대해 살펴보면, 영어는 유성 파열음 'b, d, g'와 무성 파열음 'p, t, k'가 모두 어말에서 발음된다. 그러나 독일어의 어말에는 유성이 아닌 무성 파열음만 발음된다. 특히 어말이 유성 파열음으로 표기되었더라도 무성으로 발음을 해야 하는 음운 규칙이 있기 때문에 어말 파열음의 발음은 무조건 무성이다. 유표성 차이 가설에 따르면 결과적으로 모어가 독일어인 영어 학습자는 영어의 어말을 유성 파열음으로 발음하는 것에 어려움을 겪을 것이다. 모어인 독일어의 전이로 유성 파열음을 무성화하여 발음하려는 경향을 보이기 때문이다. 이에 반해 영어가 모어인 독일어 학습자는 독일어 어말 발음을 습득하는데 어려움을 겪지 않고 독일어 어말의 유성음 표기도 무성화하여 발음하는 규칙도 곧 성공적으로 학습한다. 그 이유는 어말의 유성 및 무성 파열음은 모어인 영어가 더 유표적이고 습득하려는 음운 현상이 목표어인 독일어에서도 무표적인 현상이기 때문이다. 〈김영규〉

[참고문헌]
• Eckman, F. (1977), Markedness and the contrastive analysis hypothesis, *Language Learning 27-2*, pp. 315~330.
• Eckman, F. (2004), From phonemic differences to constraint rankings: Research on second language phonology, *Studies in Second Language Acquisition 26-4*, pp. 513~549.

■ 심리 유형론

심리 유형론(心理類型論, psychotypology)은 제2 언어 학습자들이 느끼는 모어와 목표어 간의 심리적인 거리가 모어 전이를 일으키거나 제한한다는 주장이다.

이는 켈러만(E. Kellerman)이 1977년에 모어 전이(L1 transfer) 현상과 관련하여 제2 언어 습득 분야에 최초로 소개한 개념으로, 제2 언어 학습자들은 두 언어 간의 유사성, 즉 가까움의 정도에 대한 인식(perception)을 바탕으로 모어에서 목표어로 전이가 가능한지(transferability)를 판단한다고 본다.

이와 관련하여 켈러만은 1979년에 '*breken*' 연구를 통해 심리 유형론에 대한 경험적 증거를 제공하였다. 연구자는 81명의 네덜란드어 모어 화자들에게 네덜란드어 동사 '*breken*'이 다양한 의미로 쓰인 17개의 네덜란드어 문장을 제시하고 '*breken*'을 네덜란드어와 유사한 독일어와 독일어보다는 네덜란드어와 좀 떨어져 있는 영어로 번역할 수 있는지(translatability)에 관한 판단을 내리도록 하였다. 연구 결과 독일어와 달리 영어로는 번역이 불가능하다는 판단이 내려지기도 했다. 예를 들어 '*breken*'이 사용된 'Hij *brak* zijn been(그는 다리가 부러졌다).'이라는 네덜란드어 문장을 '*break*'를 사용해서 'He *broke* his leg.'라는 영어 문장으로 번역할 수 있는지를 물었을 때 가장 높은 비율인 전체 응답자의 81%가 가능하다고 답한 반면, 'Sommige arbeiders hebben de staking *begroken*(일부 노동자들은 파업을 그만두었다; Some workers have *broken* the strike).'의 경우 *breken*의 의미가 영어에서도 동일한 의미로 사용되기 때문에 번역이 가능함에도 불구하고 전체 응답자의 9%만이 가능하다고 답변하였다. 켈러만은 이 연구 결과에 대해 네덜란드어가 모어인 영어 학습자들이 두 언어 간의 거리를 인식하고 네덜란드어가 영어로 전이되는 것이 불가능하다고 판단했다고 해석하여 심리 유형론이 실재함을 보여 주었다. 또한 '*breken*'과 '*break*'가 동일한 의미로 사용되는 것과 같이 두 언어가 유사하기 때문에 긍정적인 전이가 발생할 것이라는, 즉 영어를 배우는 네덜란드어 모어 화자들이 '*breken*'이 사용된 모든 네덜란드어 문장이 영어 문장으로 번역될 수 있다고 판단할 것이라는 대조 분석 가설의 예측에 문제가 있음을 보여 주었다.

이러한 심리 유형론은 원형성(prototypicality)의 개념과 밀접하게 관련되어 있다. 켈러만의 1977년 연구에 따르면 원형성은 모어 화자가 지니는 모어의 언어 특질, 특히 어휘 항목의 유표성(markedness) 여부에 대한 직관으로, 학습자들은 모어에서 유표적인 것을 목표어로 전이하지 않으려는 경향이 있다고 한다. 학습자들은 모어에서 원형적인 것, 즉 무표적인 것이라고 인식하면 잠재적으로 전이가 가능한 것으로 판단하고 심리 유형론에 따라 실제로 전이할 것인지를 결정한다.　　　　　　　　　〈김영규〉

→ 원형 이론

[참고문헌]

• Ellis, R. (2008), *The study of second language acquisition*, Oxford University Press.
• Kellerman, E. (1977), Towards a characterization of the strategy of transfer in second language learning, *Interlanguage Studies Bulletin 2-1*, pp. 58~145.
• Kellerman, E. (1979), Transfer and non-transfer: Where are we now?, *Studies in Second Language Acquisition 2-1*, pp. 37~57.

2.8. 오류 분석

오류 분석(誤謬分析, error analysis)이란 제2 언어 학습자의 언어 사용에 나타난 오류 자료를 수집하여 조직적으로 분류하고 분석하여 학습자 오류의 원인을 규명하고 오류 가 일어나는 빈도수에 따라서 난이도를 추정하는 것을 말한다.

오류 분석은 대조 분석의 대안으로 출현하여 1960년대 응용 언어학의 한 분야로 발 전하였다. 오류 분석의 결과는 제2 언어 학습의 행동주의적 관점을 반박하기 위해서 사 용되었고 초기 학습자 오류 연구의 대부분은 제2 언어 습득의 전이나 창의적 구조의 결 과 정도의 연구에 초점을 두었다.

오류 분석은 교사에게는 학습자가 목표어에 얼마나 근접했는지에 대한 정보를 제 공하며 연구자에게는 언어가 어떻게 학습되는지에 대한 증거를 제공하고 학습자에게 는 제2 언어 습득 과정에서 목표어 규칙을 발견했는가를 밝히는 장치의 역할을 한다.

오류 분석을 하는 이유는 다음과 같다. 첫째, 학습자가 언어 학습에서 사용하는 전략을 밝히기 위해, 둘째, 학습자 오류의 원인을 밝히기 위해, 셋째, 교육에 도움을 주거나 교재 를 준비하기 위해, 넷째, 언어 학습 시 흔히 겪는 어려움에 대한 정보를 얻기 위해서이다.

1981년 코더(S. P. Corder)는 다음과 같이 오류 분석의 절차를 제시했다.

(1) 언어 분석용 자료를 선정한다.
(2) 표본 자료에 나타난 오류를 식별한다.
(3) 오류를 분류한다.
(4) 오류를 설명한다.
(5) 오류를 평가한다.

오류 분석은 오류문만을 제한적으로 관찰한다는 문제점을 안고 있다. 이때 가장 큰 문제점은 오류문을 많이 사용하면 할수록 더 많은 오류를 범하게 된다는 것이다. 따라 서 학습자 언어에 대한 전체적인 관찰과 함께 오류 연구가 이루어져야 한다. 오류 분석 은 듣기, 읽기와 같은 이해 과정의 오류를 관찰하지 못하는 한계로 인해 표현 언어, 즉 말하기와 쓰기를 통해 산출한 언어 자료에만 관심을 갖는다는 문제가 있다. 또한 오류 분석은 회피 전략을 설명하지 못하며 우리가 언어의 보편성을 깊이 있게 고찰하지 못 하고 특정 언어에만 지나치게 초점을 맞추도록 할 수도 있다.

따라서 언어 수행 분석 즉 중간 언어 분석을 통해 학습자의 오류를 분석해야 하는데 이는 학습자의 전체적인 언어 수행이라는 보다 넓은 범위에서 더 유용한 오류 조사를 시행하는, 비교적 덜 제한적인 분석 방법이다.

한국어교육에서 오류는 잘못된 것 혹은 바람직하지 못한 것이라는 전제하에 그것의 예방과 수정을 목적으로 하는 연구가 이루어져 왔다. 학습의 측면이 아닌 습득의 관점에서 오류를 관찰한 연구는 거의 없다. 이는 학습자의 언어 습득을 교실 학습으로만 한 정시켜 문법 교수나 발음 교수 시에 나타나는 오류 자료를 취합하고 분석하는 데만 집 중했음을 시사한다. 하지만 학습자의 오류를 중간 언어 혹은 하나의 과도기적 체계라 고 본다면 오류에 대한 관점도 변화해야 한다. 이러한 변화의 핵심은 오류가 학습자 언 어 양상 중 하나이며 부정적인 면만 있는 것이 아니라는 것이다. 그렇기 때문에 모어의 영향으로 인한 부정적인 전이가 아니라 모어와 목표어가 학습에 미치는 긍정적인 역할 과 긍정적 전이가 오류 분석에서 중요하게 다루어져야 한다.

한국어교육에서 오류 분석 연구 논문은 1984년의 임상빈을 시작으로 1986년과 1987 년에 각각 1편, 1989년에 4편이 발표되었다. 1990년대에도 간헐적으로 논문이 발표되 다가 2000년 이후부터 그 연구물의 수가 증가하여 현재까지 활발한 연구가 진행 중이 다. 오류 분석 연구를 언어권별로 살펴보면 중국어권, 일본어권, 영어권 학습자들에게 집중되어 있으나 베트남어, 몽골어, 태국어, 러시아어 등을 모어로 하는 학습자들의 오 류를 분석한 논문들도 증가하고 있는 추세이며, 독일어, 프랑스어, 터키어, 인도어, 아 랍어 등 기타 언어권에 대한 오류 분석 연구도 점진적으로 확대되고 있다. 오류 분석 연구의 주제별 동향을 살펴보면 연구가 시작된 1980년대부터 2000년까지는 문법적 오 류 분석을 중심으로 연구가 진행되었으나 2000년대 이후 문법은 물론 발음과 어휘까 지 영역이 확대되어 연구가 활발하게 이루어지고 있다. 이와 더불어 담화와 화용 오류 에 대한 연구의 수도 늘고 있어 오류 분석 연구의 범위가 점차 확장되고 있음을 알 수 있다. 학습자의 증가와 이에 따른 교사 수의 증가로 인한 한국어교육의 규모와 위상의 변화를 고려했을 때 오류 분석 연구가 더욱 더 활발하게 이루어질 것으로 전망된다. 따 라서 오류 분석 연구의 언어권별 분포 확대 및 주제별 연구 범위 확장, 연구 방법의 다 변화를 기대해 볼 수 있다.   〈이정희〉

[참고문헌]
• 이정희(2003), 한국어 학습자의 오류 연구, 박이정.
• Brown, H. D. (2006), *Principles of language learning and teaching*, Longman.
• Corder, S. P. (1981), *Error analysis interlanguage*, Oxford University Press.
• Ellis, R. (2008), *The study of second language acquisition*, Oxford University Press.

■ 오류

오류(誤謬, error)란 언어 학습자의 과도기적 언어 능력으로 인하여 발생되는 불완전 한 언어 사용을 일컫는다.

1967년 코더(S. P. Corder)는 오류를 정확한 규칙에 대한 지식의 결핍으로 인하여 초 래되는 학습자의 일탈로 보고 이를 실수(mistake)와 구별하여 사용할 것을 주장하였다. 또한 브라운(H. D. Brown)도 오류는 원어민의 성인 문법으로부터 일탈된 것으로 학습자의 중간 언어 능력을 반영하는 것으로 보았으며 누난(D. Nunan)은 오류를 표준 문법 규준에서의 일탈이 아닌 부분적으로 바르고 불완전한 발화로 봄으로써 이를 틀린 것이 라기보다 다소 다른 것으로 보았다. 이와 같이 오류에 대한 다양한 견해가 있지만 대 다수의 학자들은 오류를 부정적인 것으로 보지 않고 학습자의 언어 과정에서 나타나는 자연스러운 현상으로 본다.

지금까지 ESL(English as a second language), EFL(English as a foreign language) 연 구에서는 학습자 오류의 분류에 대한 연구가 다양하게 이루어졌다. 오류의 유형은 크 게 내용적인 접근과 형식적인 접근의 두 가지 측면에서 살펴볼 수 있다. 내용적인 접 근은 오류의 원인을 기준으로 나눈 분류이고 형식적인 접근은 오류의 판정을 기준으 로 나눈 분류이다.

먼저 내용적인 접근으로 리처즈(J. C. Richards)는 1970년에 오류를 그 원인에 따라 간 섭 오류(interference error), 언어 내적 오류(intralingual error), 발달 오류(developmental error) 세 가지로 구분하였다. 모어의 영향을 받아서 일어나는 오류를 간섭 오류, 목표 어 규칙의 과잉 적용 및 불완전한 적용 등 규칙 습득 과정의 일반적인 특징을 보여 주 는 오류를 언어 내적 오류로 보았다. 교실이나 교재 같은 제한된 경험을 통해 학습자 나름대로 언어에 대한 가설을 세워서 나타나는 오류는 발달 오류라 정의하였다. 또한 이 세 오류 유형을 각각 음성적 오류, 음운적 오류, 의미적 오류, 통사적 오류, 화용적 오류로 세분하여 살펴보았다. 코더 역시 오류의 발생 원인에 따라 그 유형을 언어 외 적 전이(interlingual transfer), 언어 내적 전이(intralingual transfer), 학습 환경 요소로 인 한 오류로 나누어 기술하였다.

다음으로 형식적인 접근으로 버트(M. Burt)는 1975년에 오류 판정에 의한 분류를 시 도하면서 오류를 총체적 오류(global error)와 국부적 오류(local error)로 구분하였다. 또 한 1982년에 듀레이, 버트와 크래션(H. Dulay, M. Burt & S. Krashen)은 학습자의 오류 를 크게 언어학적 범주(linguistic category)와 표면 전략 범주(surface strategy taxonomy) 로 분류하였다. 언어학적 범주에 따른 분류는 음운, 형태소, 문법 차원으로 오류를 나누 고 이를 다시 동사, 명사, 전치사, 관사 등으로 세분해 나가는 방식이다. 표면 전략 범 주는 학습자가 필수적인 요소를 누락, 첨가, 변형 또는 어순을 도치함에 따라 표면 구 조가 바뀌는 양상을 기준으로 분류하는 것이다.

한국어 오류 연구도 내용적인 접근과 형식적인 접근으로 나누어 연구되었다. 2003년 이정희는 종합적인 접근법으로 오류의 발생 원인과 결과의 판정 두 측면에서 오류를 분석하여 연구하였다. 먼저 오류의 원인에 따라 모어의 영향에 의한 오류, 목표어 영향 에 의한 오류, 교육과정에 의한 오류로 나누었으며 결과 판정에 따라 범주별 오류, 현 상에 따른 오류, 정도에 따른 오류로 나누었다. 〈이정희〉

[참고문헌]
• Burt, M. (1975), Error analysis in the adult EFL classroom, *TESOL Quartely 9-1*, pp. 53~63.
• Corder, S. P. (1967), The significance of learner's errors, *International Review of Applied Linguistics in Language Teaching 5*, pp. 161~169.
• Dulay, H., Burt, M. & Krashen, S. (1982), *Language two*, Oxford University Press.
• Nunan, D. (1988), *The learner-centered curriculum: A study in second language teaching*, Cambridge University Press.
• Richards, J. C. (1970), A non-contrastive approach to error analysis, *English Language Teaching 25-3*, pp. 204~219.

❏ 실수

실수(失手, mistake)란 학습자가 피곤, 부주의 등의 이유로 목표어의 수행상 발생하는 잘못을 말한다.

실수는 언어 처리상의 제(諸) 문제를 반영하는 과실로서 언어 능력의 결핍에 의한 것이 아니라 언어 수행상의 문제로 인하여 발생하는 것이다.

원어민은 보통 자신의 과실이나 실수를 인식하고 바로잡을 수 있다. 이는 언어 능력의 부족으로 생긴 것이 아니라 발화 과정에서 나타나는 일시적인 문제이기 때문이다. 원어민 발화에서 나타나는 이러한 주저, 말실수, 무작위의 비문법성 그리고 다른 수행상의 사소한 실수는 제2 언어 발화에서도 일어난다. 예를 들어 외국인의 작문에서 아래 예문 (1), (2)와 같은 문제가 발견되었는데 이것이 반복적이지 않고 일회적으로 나타난다면 이는 실수로 보아야 한다. 즉 조사 '는'을 '느'로 쓴 것은 조사의 형태를 잘못 인식한 것이고 '장마'를 '장미'로 쓴 것은 '장마'와 '장미'의 발음의 유사성으로 나타난 것으로 이것들은 오류가 아니라 단순한 실수로 볼 수 있다.

(1) 어머니*느(√는) 쉰한 살이에요.
(2) *장미(√장마)의 기간은 식중독에 조심해야 해요.

구어 담화 상황에서 학습자의 실수와 오류를 구분하는 것은 어렵지 않다. 왜냐하면 학습자가 틀렸을 때 스스로 자신의 발화를 즉각적으로 수정하는 경우는 실수라고 할 수 있기 때문이다. 그러나 상호작용이 불가능한 쓰기 자료를 분석할 때에는 교사가 이를 판단할 수밖에 없어 연구자는 학습자 개개인의 언어 숙달도 및 학습자들의 개인적인 언어 습득 과정에 대해 잘 이해하고 있어야 실수의 식별이 가능하다. 〈이정희〉

[참고문헌]
• Brown, H. D. (2006), *Principles of language learning and teaching*, Longman.
• Corder, S. P. (1967), The significance of learner's errors, *International Review of Applied Linguistics in Language Teaching 5*, pp. 161~170.

■ 회피

회피(回避, avoidance)란 제2 언어 화자가 어려운 어휘나 구조의 사용을 피하고 보다 단순한 어휘와 구조를 대신 사용하는 현상을 말한다.

학습자들은 자신의 중간 언어 체계에서 문제가 있는 부분이 있다고 자각하면 그것을 사용하지 않고 침묵하거나 대신 다른 항목을 사용하는 경향이 있다. 제2 언어 학습 환경에서 학습자의 이러한 회피는 아직 학습되지 않은 목표어 형태를 사용하도록 강요된 상황에서 발생하기도 한다. 또 다른 회피의 원인으로는 모어의 영향, 난이도 문제, 개인적인 특징 등 여러 가지가 있다.

한국어 학습자 중에는 조사 사용에 어려움을 느껴 의도적으로 조사를 사용하지 않는 경우가 있는데 이는 회피에 해당한다. 이러한 회피 전략은 학습자가 생산한 문장에 나타난 해당 문법 요소의 총 빈도를 비교해 보면 파악할 수 있다. 만약 중국인 학습자의 조사 사용 빈도가 현저히 떨어진다면 오류율은 낮을지라도 조사 사용을 회피하고 있다고 유추할 수 있다.

(1) 그러나 그들*Ø(√은) 지금 이미 퇴직했어요.

이와 같은 측면에서 볼 때 중국 학생이 쓴 위의 예문 (1)은 회피의 예라고 볼 수 있다. 〈이정희〉

[참고문헌]
• James, C. (1998), *Errors in language learning and use: Exploring error analysis*, Longman.

■ 오류의 범위

오류의 범위란 의사소통에 영향을 주지 않는 간단한 수준의 오류인지 전체 문장 구조에 영향을 주어 의사소통이 불가능하게 하는 오류인지 판정하고 분류한 것을 말한다.

버트(M. Burt)에 따르면 오류를 총체적 오류와 국부적 오류로 구분하였다. 총체적 오류(global error)는 잘못된 어순 등과 같이 전체 문장 구조에 영향을 끼치는 오류를 말한다. 이는 문장이나 발화를 이해하기 어렵거나 불가능하게 하여 의사소통뿐만 아니라 한국어 습득 과정까지 방해하기 때문에 반드시 예방되어야 한다. 총체적 오류의 예는 아래 예문 (1)에서와 같이 학습자가 무엇을 말하고자 하는지 전혀 파악할 수 없는 경우가 대부분이다.

(1) ㄱ. *고향 친구와 때 마음에 드렸어요.(√고향 친구를 만났을 때 마음이 놓였어요?)
　　ㄴ. *경주는 서울에서 앞에 친구들과 만났어요.(√경주에 가기 위해서 서울역에서 친구들과 만났어요.)

국부적 오류(local error)란 문장 구조에서 의사 전달에 크게 영향을 주지 않는 간단한 요소인 명사, 동사, 굴절 관사, 조동사 등에서 오는 부분적 오류를 말한다. 이는 문장의 일부분이 조금 잘못된 것에 불과하기 때문에 청자나 독자가 의도된 의미를 이해하는 데에는 크게 지장을 주지 않는다.

> (2) ㄱ. 우리 1반 친구*에(√는) 아주 친절해요.
> ㄴ. 맛있*은(√는) 바나나를 먹고 싶어요.

버트는 오류를 분석할 때 의사소통의 중요성을 고려하여 오류를 구분해야 한다고 하면서 총체적 오류는 통제되어야 한다고 주장하였다. 총체적 오류는 목표어 화자에게 전달하고자 하는 내용이 무엇인지 분명하지 않아서 의사소통의 실패를 불러일으키고 모어 화자와의 대화도 계속 이어지기가 어렵게 한다. 그러므로 국부적 오류와 달리 총체적 오류는 반드시 교정되고 예방되어야 한다. 〈이정희〉

[참고문헌]
• 이정희(2003), 한국어 학습자의 오류 연구, 박이정.
• Burt, M. (1975), Error analysis in the adult EFL classroom, *TESOL Quarterly 9-1*, pp. 53~63.

■ 오류의 양상

오류의 양상은 오류가 나타난 유형에 따라 오류를 분류하는 것을 말한다.

오류의 유형은 형태에 따라 과사용, 누락, 첨가, 대치 등으로 나눌 수 있다. 이러한 형태의 오류는 문법 형태소의 정확한 사용보다는 의사소통을 위한 의미 전달에만 초점을 두고 문장을 생성하는 경우에 발생한다.

과사용(over-use) 혹은 과잉 적용(over-indulgence)은 목표어로 표현할 때 단순한 표현을 더 복잡하게 만들거나 목표어의 규칙을 부적절하게 적용하여 규칙을 확대 적용하는 경우를 말한다. 예를 들면 다음 (1)과 같다.

> (1) ㄱ. 자동차*과(√와) 사람이 아주 많아요.
> ㄴ. 김치찌개는 분식집에서 *팔습(√팝)니다.

누락(ellipsis) 혹은 미사용은 학습자가 형태를 정확하게 기억하지 못하거나 의식적으로 사용을 기피하는 경우에 많이 나타난다. 예를 들면 다음 (2)와 같다.

> (2) 좋*∅(√은) 음식은 먹고 싶어요.

이는 생략(omission)과 구분되어야 하는데 생략은 학습자가 문장의 구성 요소를 전략적·의도적으로 사용하지 않는 것이다.

첨가(addition)는 불필요한 문법 형태 및 어휘를 추가해서 쓰는 것이다. 이는 목표어 항목을 정확하게 학습하지 못하였거나 모어의 영향을 받았을 때 나타난다. 예를 들면 다음 (3)과 같다.

(3) 그리고 외국*인(√∅) 사람을 유명해요.

대치(misformation)는 학습자가 문법 형태를 다른 것으로 바꾸어 쓰거나 의미가 유사한 어휘로 바꾸어 쓰는 것이다. 한국어 학습자들은 유사어 대치, 전성 어미 대치, 조사 대치의 오류를 많이 범한다. 예를 들면 다음 (4)와 같다.

(4) ㄱ. 제 언니는 *잘(√좋은) 의사가 이에요.
　　ㄴ. 그 가게는 *유명하는(√한) 곳입니다.
　　ㄷ. 동대문 시장은 한국*에(√에서) 아주 유명한 시장입니다.
　　ㄹ. *한(√일) 년에 한 번만 먹어요.

오류의 유형 분류는 오류의 현상적인 결과를 분류하는 것이기 때문에 오류 연구에서 표면적인 특징만을 살필 수 있으며 내용적인 고찰은 오류의 원인에 의한 분류를 통해 가능하다. 그러므로 오류의 발생 원인과 결과 두 가지를 종합적으로 살펴 오류를 연구하는 것이 바람직하다. 〈이정희〉

[참고문헌]
• 이정희(2003), 한국어 학습자의 오류 연구, 박이정.
• James, C. (1998), *Errors in language learning and use: Exploring error analysis*, Longman.

■ 오류의 판정 기준

오류의 판정 기준(error identification)이란 학습자의 언어 자료를 보고 그것이 오류인지 아닌지를 판단하는 기준을 말한다.

오류의 원인을 밝히고 분석함으로써 효과적인 교육 방안을 제시하기 위해서는 오류를 판정하고 분류하는 작업이 선행되어야 한다. 이를 위해 먼저 무엇이 오류를 구성하는지 결정해야 하며 오류를 인식하기 위한 절차의 수립이 필요하다. 그 절차는 다음과 같다.

첫째, 오류를 목표어 규준으로부터의 일탈로 정의할 수 있는데 이때 목표어의 어떤 기준으로부터 변이가 일어났는지를 결정해야 한다. 둘째, 오류(error)와 실수(mistake)를 구별해야 한다. 오류는 언어 능력의 결함이며 실수는 언어 수행의 실패라고 할 수 있기 때문이다. 셋째, 명백한 오류(overt error)와 숨은 오류(covert error)를 구별해야 한다. 명백한 오류란 문법적으로 잘못된 오류로 의사소통에 지장을 주는 것이며 숨은 오류는 문법적으로는 문제가 없지만 그것이 담화 맥락상 부적절한 것을 말한다. 예를 들어 '지하철을 타고 왔어요.'라는 문장은 겉으로 드러난 문법적 오류는 없는 문장이지만 담화 맥락을 확장하여 누군가가 사무실에 방문했을 때 직원이 '어떻게 오셨어요?'라는 질문에 대한 답변으로 본다면 이는 부적절하다. 넷째, 오류의 판정 기준으로서 적절성이 있는데 적절성은 발화가 일어나는 상황, 발화의 목적, 발화를 만들어 내고 해석하는 청자와 화자의 관계를 고려하여 그에 맞는 언어 사용을 할 수 있는 능력이다.

오류의 판정 기준은 일반적으로 문법성과 용인 가능성을 두 축으로 삼는다. 문법성(grammaticality)은 문법적으로 오류가 없는 것을 말하며 의미적으로나 형태적으로나 완성된 형식을 갖추었을 때 문법성을 가지고 있다고 할 수 있다. 용인 가능성(acceptability)은 그 언어가 사용되는 사회 문화 구조 안에서의 사회적 용인 가능성을 말한다.　　　　　　　　　　　　　　　　　　　　　　　　　　　　〈이정희〉

[참고문헌]
• 이정희(2003), 한국어 학습자의 오류 연구, 박이정.
• Ellis, R. (2008), *The study of second language acquisition*, Oxford University Press.

❏ 용인 가능성

용인 가능성(容認可能性, acceptability)이란 해당 언어가 사용되는 사회 문화 구조 안에서 화용적으로 수용될 수 있는지의 여부를 의미한다.

학습자의 발화가 문법적으로는 정확하나 화용적으로는 수용이 불가능한 경우 이 발화를 용인 가능성이 없다고 한다.

용인 가능성은 1977년 라이언스(J. Lyons)가 교정 가능성(corrigibility)이라는 용어를 사용하여 정의하였다. 모어 화자가 어떤 발화를 들었을 때 그것이 용인 불가능하다고 인식은 하지만 교정은 가능하다고 보는 것을 교정 가능성이라 하며 해당 발화가 문법적 적절성만 갖춘 것이 아니라 사회 언어학적 규칙을 준수했을 때 용인 가능성이 있다고 본다. 예컨대 교실에서 한 학생이 선생님께 '선생님, 칠판에 쓰세요.'라고 요청했다면 이것은 문법적으로는 정확하지만 모어 화자의 용인 가능성에서는 벗어난 표현이다. 또한 '같이 밥 먹으러 갑시다.'라는 발화는 문법적으로는 오류가 없는 문장이지만 화자와 청자의 사회적 관계에 따라 용인 불가능한 문장이 될 수도 있다. 만약 이 문장의 발화자가 학생이고 청자가 교수님이라면 공손함에서 벗어나는 어휘를 선택했으며 높임을 나타내는 선어말 어미도 사용하지 않았기 때문에 용인 불가능하다.　　　　　　　〈이정희〉

[참고문헌]
• 이정희(2003), 한국어 학습자의 오류 연구, 박이정.
• Lyons, J. (1977), *Semantics*, Cambridge University Press.

❏ 의무적 문맥에서의 사용

의무적 문맥에서의 사용(supplied in obligatory contexts: SOC)이란 제2 언어 학습자가 목표어를 사용할 때 필수적으로 사용해야 하는 특정 문법 자질을 문맥에서 정확하게 사용하는 것을 말한다.

한 개 이상의 형태소로 이루어진 모든 발화는 문맥 안에서 특정한 자질을 필수적으로 요구한다.

　(1) ㄱ. 지난주에 친구를 만*났다.

ㄴ. 우리 아빠가 어제 전화*한다.

위의 예문 (1)은 모두 과거형 '-았/었-'을 사용해야 하는 의무적 문맥에서 과거형이 실현되지 못한 예를 보여 준다. 과거형을 반드시 사용해야 하는 맥락에서 사용하지 못한 것을 오류의 판정 기준으로 삼은 것이다.

필수적 맥락에서의 특정 자질 사용은 필수 경우 분석(obligatory occasion analysis)이라는 명칭으로 제1 언어 습득에서 아동의 언어 발달을 연구하는 방법으로 사용되었고 이후 학습자 언어의 발달 유형(pattern)을 분석하는 방법으로 사용되기도 하였다.

$$SOC = \frac{(\text{의무적 문맥에서의 정확한 사용 수} \times 2) + (\text{의무적 문맥에서의 잘못된 사용 수} \times 1)}{(\text{의무적 문맥에서의 사용 수} \times 2)}$$

(SOC=supplied in obligatory contexts)

'지금 가장 어려운 일은 한국어로 이야기*한(√하는) 일입니다.'와 같은 문장을 위의 공식에 적용하면 시제 사용의 경우 75%의 정확도를 나타낸다.

(2) 저는 점점 더 많이 기운이 없었기 때문에 입원하*셨(√∅)어요.

그러나 위의 예와 같이 필수적이지 않은 맥락에서 그 자질을 사용하는 과잉 사용은 설명할 수 없다는 한계를 갖는다.   〈이정희〉

[참고문헌]
• Dulay, H. & Burt, M. (1974), Natural sequences in child second language acquisition 1, *Language Learning 24-1*, pp. 37~53.
• Ellis, R. (2008), *The study of second language acquisition*, Oxford University Press.

❏ 목표어다운 사용

목표어다운 사용(target-like use: TLU)이란 제2 언어 학습자가 목표어를 사용할 때 특정 자질을 생략하지 않으며 다른 항목으로 대치하여 사용하지도 않고, 사용하지 않아야 하는 항목을 사용하지 않는 것을 말한다.

의무적 문맥에서의 사용이 특정 자질을 필수적으로 사용해야 하는 문맥에서 정확하게 사용했는가만을 판정하는 것과 달리 목표어다운 사용은 사용하지 않아야 하는 것을 사용하지 않았는가도 고려하므로 과잉 일반화와 과잉 사용에 대한 판정도 가능하다. 예를 들어 아래 (1)에서처럼 과잉 사용에 대한 오류를 범했을 때 의무적 문맥에서의 사용으로는 오류 정도를 계산할 수 없다.

(1) 저는 점점 더 많이 기운이 없었기 때문에 입원하*셨(√∅)어요.

목표어다운 사용은 목표어다운 사용 분석(target-like use analysis)이라는 학습자 언어 발달 유형의 분석 방법으로서, 필수적 맥락에서의 사용을 칭하는 필수 경우 분석 (obligatory occasion analysis)의 대안으로 사용되었다. 1984년에 피카(T. Pica)는 필수 경우 분석과 목표어다운 사용 분석 두 분석 방법으로 학습자 언어의 오류를 판정했을 때 상당한 차이가 나타남을 발견하기도 하였다.　　　　　　　　　　　　　　　〈이정희〉

[참고문헌]
• Ellis, R. (2008), *The study of second language acquisition*, Oxford University Press.
• Pica, T. (1983), Adult acquisition of English as a second language under different conditions of exposure, *Language Learning 33-4*, pp. 465~497.
• Pica, T. (1984), L1 transfer and L2 complexity as factors in syllabus design, *TESOL Quarterly 18-4*, pp. 689~704.

■ 오류의 원인

오류의 원인은 크게 모어의 영향에 의한 오류, 목표어에 의한 오류, 교육과정의 오류, 전략적 오류로 나눌 수 있다.

셀린커(L. Selinker)는 오류를 언어·심리학적인 면에서 고찰 가능한 것으로 보고 오류의 원인을 교육과정 및 교육 자료에 대한 학습자의 접근, 모어 및 목표어 규칙의 과잉 일반화로 제시하였다. 학자들은 학습자가 제2 언어 습득 과정에서 필연적으로 일으키는 오류가 왜 발생하는지에 대해 연구해 왔지만 아직 명확한 결론을 내리지 못하고 있다. 셀린커가 제시한 원인 외에 학습자들은 의사소통 전략을 사용하면서 오류를 발생시키기도 한다. 이러한 원인을 크게 네 가지로 나누어 살펴보면 다음과 같다.

첫째, 모어 영향에 의한 오류는 언어 간 전이(interlingual transfer), 즉 언어 외적 전이로 볼 수 있다. 제2 언어 학습의 초기 단계에는 모어로부터의 언어 간 전이가 특히 많이 일어난다. 이는 제2 언어 체계에 익숙해지기 전인 초기 단계에서 학습자가 자신의 언어 학습에 끌어들일 수 있는, 이미 알고 있는 언어는 모어밖에 없기 때문이다. 언어 간 전이에는 긍정적 전이와 부정적 전이가 있다. 긍정적 전이(positive transfer)는 모어와 목표어 간에 유사점이 많을 경우 모어에 대한 지식이 목표어 습득에 큰 도움을 줄 것이라고 보는 것이다. 부정적 전이(negative transfer)에는 과잉 일반화와 간섭이 있다.

둘째, 목표어 학습 과정에서 목표어의 규칙을 학습함에 따라 일어나는 오류는 보통 언어 내 전이(intralingual transfer), 즉 언어 내적 전이로 나타난다. 이는 발달 과정상의 오류로서 모어 배경과 상관없이 나타난다. 학습자가 제2 언어 체계의 일부분을 습득하기 시작하면 점점 더 많은 언어 내 전이, 즉 목표어 내에서의 일반화 현상이 일어난다. 이미 학습한 제2 언어의 형태는 하나의 선행 경험으로서 학습자의 인지 구조에 남아서 새로운 제2 언어 형태의 학습을 도와주거나 방해할 수 있다. 여기에는 과잉 적용과 불완전 적용이 있다. 한국어 학습 과정에서 학습자가 일으키는 과잉 적용 오류는 규칙이 복잡하고 다양함에도 불구하고 하나의 형태만을 기억하여 사용할 때 일어난다. 불완전 적용 오류는 목표어의 규칙을 제대로 이해하지 못해 그 규칙을 부분적으로만 적용시킬 때 나타난다.

셋째, 교육과정의 오류이다. 이 교육 자료 및 교육 방법에 의한 오류로서 이를 가리켜 리처즈(J. C. Richards)는 잘못된 개념(false concept)이라고 하고 스텐슨(N. Stenson)은 유도된 오류(induced error)라고 지칭했다. 교사가 설명을 잘못하거나 학습하고자 하는 구문과 낱말에 대해 잘못된 내용이 책에 제시되어 있거나 훈련을 통해 기계적으로 암기하였으나 적절한 상황에 어떻게 사용해야 하는지 아직 배우지 못한 문형이 있을 때에도 학습자들은 종종 오류를 범한다.

넷째, 학습자들은 그들의 메시지를 명확하게 전달하기 위해서 의사소통 전략을 사용하지만 이 전략 자체가 때때로 오류를 만들어 내기도 하는데 이를 전략적 오류라고 한다. 즉 학습자는 낱말 만들기, 우회적 화법, 허위 동족어, 조립식 문형 등의 의사소통 전략을 잘못 사용함으로써 오류를 범하기도 한다.

오류의 원인은 이외에도 다양하다. 예를 들어 중국인 학습자가 '*새 대학생이(√신입생) 입학 시간이라서 희망이 가득하는 것을 느낍니다.'라는 문장을 생산했을 때 '*새 대학생'의 원인을 모어인 중국어 '新生'의 전이로도 볼 수도 있지만 한국어 학습 과정에서 배운 관형사 '새'를 전략적으로 사용한 것으로 볼 수도 있다. 이처럼 명백하게 드러난 오류에 대해서도 보는 관점에 따라 그 원인을 다르게 판정할 수 있다. 이는 발화자인 학습자의 인지적·심리적 요인 등이 복합적으로 작용하기 때문이다. 그러나 학습자가 오류를 범하는 것은 필연적인 과정이기 때문에 원인을 밝혀 교육적으로 활용할 수 있는 방법을 모색하는 것이 중요하다. 〈이정희〉

[참고문헌]
• 이정희(2003), 한국어 학습자의 오류 연구, 박이정.
• Brown, H. D. (2006), *Principles of language learning and teaching*, Longman.
• Richards, J. C. (1970), A non-contrastive approach to error analysis, *English Language Teaching Journal 25-3*, pp. 204~219.
• Selinker, L. (1974), Interlanguage, In J. H. Schumann. & N. Stenson. (Eds.), *New frontiers in second language learning*, Newbury House Publishers.
• Stenson, N. (1974), Induced errors, In J. H. Schumann. & N. Stenson. (Eds.), *New frontiers in second language learning*, Newbury House Publishers.

2.9. 중간 언어

중간 언어(中間言語, interlanguage: IL)란 제2 언어 학습자가 구축한 발달상의 언어 체계로 목표어로 향해 가는 중간 단계에서 창조된 개인적이고 독자적인 언어를 말한다.

중간 언어의 개념은 1972년에 셀린커(L. Selinker)가 《*International review of applied linguistics in language teaching*〉에 발표한 〈*Interlanguage*〉라는 논문에서 시작된다. 이는 한 인간의 언어 내에 이중적인 언어 현상이 존재한다는 바인라이히(U. Weinreich)의 언어 간 언어(interlingual) 개념에서 확장된 것으로 제2 언어 습득 연구에서는 중간 언어를 통해 학습자 언어에 대한 새로운 관점이 형성되었다.

중간 언어 이론에서는 학습자 언어를 단지 목표어를 모방한 고정된 실체가 아닌 고유한 내적 체계를 지닌 동적인 언어라고 본다. 학습자는 독자적인 내적 체계를 통해 문법을 습득하기 때문에 학습자가 생성하는 제2 언어는 창조적인 산물이다. 물론 학습자가 생성하는 중간 언어는 목표어와 동일하지 않을 수도 있지만 그 자체로도 의의를 지닌다. 왜냐하면 학습의 절차 내에서 발견한 규칙이 적용된 새로운 언어 체계이기 때문이다. 그리고 이 언어는 습득의 과정에서 다양한 모습으로 변화한다.

학습자 문법 발달 과정의 체계성은 촘스키(N. Chomsky)의 보편 문법 이론과 맥을 같이 한다. 촘스키 역시 아동의 제1 언어 습득 과정을 체계적인 산물로 본다. 언어 체계를 구축하는 과정에서 아동과 제2 언어 학습자는 가설 검증을 끊임없이 시도한다. 체계를 세우고 가설을 검증하는 과정은 학습자 대부분이 유사한데 중간 언어 이론가들은 이를 중간 언어의 보편성이라 한다.

언어를 습득하는 과정이 체계적이라는 점에서 모어 습득과 제2 언어 습득은 같은 맥락을 지니지만 제2 언어 습득상의 발달과 아동의 제1 언어 습득 사이에는 많은 차이점이 있다. 이는 언어를 습득하는 절차의 차이로 제2 언어 학습자에게는 아동의 제1 언어 습득과 달리 모어 전이 절차와 훈련 절차가 있으며, 습득 기제인 학습 전략과 의사소통 전략 등이 있다. 또한 언어 습득 과정에서 목표어 문법의 과잉 일반화 같은 양상을 나타낸다는 점에서 아동의 제1 언어 습득과는 다르다.

중간 언어 연구는 학습자 언어를 관찰할 때 이미 산출된 오류만을 대상으로 하거나 그 오류의 원인을 단지 모어의 영향으로만 보지 않는다. 그렇기에 학습자가 어떤 발달 과정을 지니며 특정 체계를 지니는 원인이 무엇인지를 다양한 각도에서 설명할 수 있다.

중간 언어가 학습자 언어에 대한 새로운 시각을 줌으로써 제2 언어 습득 연구에 전환점이 된 것은 사실이나 중간 언어는 그것이 지닌 체계성을 어떻게 증명할 것인가에 대해 비판받는다. 즉 학습자의 습득 과정이 체계적으로 단계화된다는 주장의 근거 및 검증이 없다는 지적이다. 물론 1994년에 브라운(H. D. Brown)은 학습자 언어를 무작위적 오류, 초기적, 체계적, 안정화 등의 네 단계로 내세웠지만 이 단계설이 명확한 습득의 단계를 드러내지는 못하였다.

학습자 언어를 중간 언어의 관점으로 바라본 한국어교육 연구로는 문법 항목에 따른 동적인 언어 발달 연구, 특정 과제나 상황에 따른 학습자 언어의 변화 연구 등이 있다. 이 연구들은 학습자 언어 자료를 다각도로 수집하고 분석하기 때문에 발달상에 놓인

독자적 언어 체계를 입체적으로 조망하고 있다.　　　　　　　　　　〈김정은〉

= 중간어

→ 보편 문법, 변형 생성 문법, 언어 변이(언어학)

[참고문헌]

• 김진우(2002), 제2어 습득 연구: 현황과 전망, 한국문화사.
• Gass, S. M. & Selinker, L. (1994), *Second language acquisition: An introductory course*, 박의재·이정원 옮김, 1999, 제2 언어 습득론, 한신문화사.
• Selinker, L. (1972), Interlanguage, *International Review of Applied Linguistics in Language Teaching 10-3*, pp. 209~231.
• Weinreich, U. (1953), *Language in contact*, Mouton.

■ 언어 변이

　언어 변이(言語變異, language variation)란 한 언어가 상황에 따라 다각도로 변모되는 모습을 일컫는 것으로 중간 언어 이론에서의 언어 변이는 발달 과정 또는 특정 상황에 의해 변화된 학습자 언어의 유동적인 양상을 일컫는다.

　중간 언어 관점에서 학습자 언어는 고정된 실체가 아니라 역동적으로 변모하는 유기체이다. 그렇기에 목표어를 생성하는 상황이 바뀌면 학습자의 중간 언어도 변하게 된다. 학습자 언어 생성에 영향을 미치는 변이의 요인은 다양하다. 사회 언어학적 관점에서는 발화 상황, 대화자, 사회적 위치, 성별 등이 변이 요인이다. 언어 교육적 관점에서는 학습자에게 요구되는 특별한 과제(task)가 언어 변이를 야기하는 요인이며 심리학적 관점으로 보면 학습자의 심리 상태가 언어 변이를 일으키는 요인이다.

　제2 언어 학습자의 언어 변이 유형은 크게 공시적 변이(horizontal variation)와 통시적 변이(vertical variation)가 있다. 공시적 변이는 단계 및 시간의 추이와는 상관없이 상황에 따라 학습자가 보이는 변이이며 통시적 변이는 단계의 변화 및 학습 시간의 변화에 따른 변이를 말한다. 공시적 변이에는 학습자 내적 변이(inter-learner variation)와 외적 변이(intra-learner variation)가 있다. 내적 변이는 학습자 개인적 요인에 의한 것으로 동기, 인성, 민족 등이 이에 해당하며 외적 변이는 사회적 요인이다. 외적 변이는 개인적 요인과 상호작용하는데 이에는 성별, 사회 집단, 양식 변환(style-shifting)을 위한 상황적 요인이 속한다. 그리고 학습자 외적 변이는 다시 체계적 변이(systemic variation)와 비체계적 변이(non-systemic variation) 혹은 자유 변이(free variation)로 나뉜다.

　한국어교육에서 언어 변이에 대한 연구는 두 가지 관점으로 접근하고 있다. 하나는 학습자 언어 변이의 수집 절차 및 방법에 대한 연구이고 다른 하나는 수집된 학습자 언어 변이의 원인을 유추하는 연구이다. 먼저 학습자 언어 수집 절차 및 방법에 대한 연구에서는 다양한 상황 및 과제(task)가 언어 변이를 어떤 양상으로 야기하는가를 관찰한다. 다음으로 수집된 학습자 언어의 변이 양상 관찰은 주로 통시적 관점으로 접근하

며 발달의 과정을 연구한다. 〈김정은〉

[참고문헌]
• Ellis, R. (1994), *The Study of second language acquisition*, Oxford University Press.
• Ellis, R. (1997), *Second language acquisition*, Oxford University Press.
• Gass, S. M. & Selinker, L. (1994), *Second language acquisition: An introductory course*, 박의재·이정원 옮김, 1999, 제2 언어 습득론, 한신문화사.

❏ 체계적 변이

체계적 변이(體系的變異, systematic variation)란 중간 언어의 변이를 유형화한 방식 중에서 제2 언어 학습자가 목표어의 특정 자질을 구현하려고 할 때 해당 자질의 한 형 태를 특정한 경우에만 사용하고 다른 형태는 다른 특정한 경우에만 사용하는 규칙성 을 보이는 경우를 뜻한다.

체계적 변이의 예로 1975년에 디커슨(L. J. Dickerson)은 일본어가 모어인 10명의 영 어 학습자가 자유 말하기, 대화문 읽기, 단어 목록 읽기 등의 세 가지 구어 과제를 수 행할 때의 발음을 9개월 동안 세 번에 걸쳐 연구하였다. 그리고 이때 학습자들의 영어 'z' 발음이 음성학적 환경에 따라 체계적으로 변이함을 관찰하였다. 즉 세 실험 모두에 서 'z'가 모음 앞에 위치하는 음성학적 환경에서만 목표어의 정확한 발음인 'z'로만 발 음된 반면 다른 음성학적 환경에서는 's', 'dz' 등으로 그리고 시간이 흐름에 따라 정확 한 'z'로 발음되는 현상이 나타났음을 보고하였다. 〈김영규〉

[참고문헌]
• Dickerson, L. J. (1975), The learner's interlanguage as a system of variable rules, *TESOL Quarterly 9-4*, pp. 401~407.
• Tarone, E. (1988), *Variation in interlanguage: Second-language acquisition series*, Edward Arnold.

❏ 자유 변이

자유 변이(自由變異, free variation)란 중간 언어의 특징인 변이와 관련된 개념으로 학습자 가 목표어의 특정 자질의 변이형을 임의로 체계성 없이 선택하여 사용하는 것을 일컫는다.

자유 변이는 비체계적 변이(non-systemic variation)라고도 하며 체계적 변이와 대조 된다. 제2 언어 학습자가 한국어 원인 표현과 같은 목표어의 특정 자질을 구현하려고 할 때 어느 경우에 '-아/어서'의 특정 변이형을 사용하고 또 어느 경우에는 '-니까'와 같 은 다른 특정 변이형을 사용하는지 사전에 예측하는 것이 불가능한 불규칙성을, 즉 비 체계성을 보이는 것이다.

이러한 자유 변이의 예로 1985년에 엘리스(R. Ellis)는 포르투갈어가 모어인 10세 영어 학습자가 단어 빙고라는 동일한 게임을 할 때 바로 연속된 발화에서 시차를 두지 않고 '*No look my card*'와 '*Don't look my card*'라는 두 종류의 영어 부정 표현의 변이형을 연달아 함께 사용하는 것을 보고하였다. 체계적 변이였다면 학습자가 영어 부정 표현의 두 변이

형을 체계성을 가지고 경우에 따라 명확히 구분하여 사용하였을 것이다.　　〈김영규〉

[참고문헌]
- Ellis, R. (1985), Sources of variability in interlanguage, *Applied Linguistics 6-2*, pp. 118~131.
- Ellis, R. (2008), *The study of second language acquisition*, Oxford University Press.

■ 화석화

화석화(化石化, fossilization)는 제2 언어 학습자의 중간 언어 발달이 특정 단계에서 멈추어 고착화된 상태를 말한다.

중간 언어는 1972년에 셀린키(L. Selinker)가 제2 언어 습득 분야에 최초로 소개한 개념으로 제2 언어 학습자의 중간 언어 발달이 원어민 화자의 수준에 도달하지 못한 상태로 마치 공룡이 화석이 된 것처럼 영구적으로 중지된 경우를 일컫는다.

그러나 학습자의 중간 언어가 실제로 화석화되었다는, 즉 더 이상의 중간 언어 발달이 없다는 결론을 내리기 위해 얼마나 오랜 기간을 기다려야 하는지에 관해서는 제2 언어 연구자들의 의견이 분분하다. 따라서 화석화 대신 안정화라는 용어가 선호되기도 한다. 〈김영규〉

[참고문헌]
- Long, M. H. (2003), Stabilization and fossilization in interlanguage development, In C. Doughty. & M. H. Long. (Eds.), *The handbook of second language acquisition*, pp. 487~536, Blackwell.
- Selinker, L. (1972), Interlanguage, *International Review of Applied Linguistics in Language Teaching 10-3*, pp. 209~231.

■ 안정화

안정화(安定化, stablization)란 제2 언어 학습자의 중간 언어를 설명하는 용어로서 중간 언어 발달이 영구적이 아닌 일시적으로 중지된 상태를 의미한다.

이점에서 안정화는 중간 언어 발달의 영구적인 중지를 의미하는 화석화와 대조된다. 화석화와 대조적으로 안정화는 중간 언어 발달의 일시적인 중지를 의미하며 마치 발달 도중 정체 상태(plateau)에 접어든 것처럼 일시적으로 중간 언어의 발달이 더 이상 관찰되지 않다가 일정 시간이 흐른 뒤에는 다시 중간 언어가 발달할 수 있다는 가능성을 열어 두고 있는 개념이다.　　〈김영규〉

[참고문헌]
- Long, M. H. (2003), Stabilization and fossilization in interlanguage development, In C. Doughty. & M. H. Long. (Eds.), *The handbook of second language acquisition*, pp. 487~536, Blackwell.

■ 퇴행

퇴행(退行, backsliding)이란 제2 언어 습득 단계에서 제2 언어 학습자들이 올바른 목표어 형식을 사용하다가 표준에서 벗어난 형식을 사용하는 것을 뜻한다.

제2 언어 학습자의 중간 언어 자료에서 처음 자료 수집에서는 제2 언어 학습자가 특정 통사 구조를 정확하게 구사하지만 다음 자료 수집에서는 동일 학습자가 동일 통사 구조를 정확하게 사용하지 못하여 이전의 또는 아래의 중간 언어 발달 단계로 되돌아간(regression) 것처럼 관찰되기도 한다.

제2 언어 학습자가 제2 언어를 산출할 때 상위의 특정 중간 언어 발달 단계보다 하위의 발달 단계로 되돌아가서 부정확하게 제2 언어를 산출하기 때문에 퇴행은 부정적으로 인식된다. 이러한 현상이 발생하는 이유는 제2 언어 학습자의 중간 언어가 해당 발달 단계에서 아직 충분히 발달하거나 내재화되지 못해 심리적 압박감을 느끼게 될 경우 해당 발달 단계에서 요구하는 수준으로 제2 언어를 정확하게 산출하지 못하기 때문이다. U자형 발달에서 1단계에서 2단계로 이동하는 과정이 퇴행처럼 부정적으로 보일 수 있지만 퇴행과 달리 U자형 발달은 이러한 후퇴가 제2 언어 학습자의 중간 언어가 발달해 가는 과정에서 거치는 자연스러운 과정이기 때문에 일시적인 후퇴가 부정적인 것만은 아니다. 〈김영규〉

[참고문헌]
• Selinker, L. (1972), Interlanguage, *International Review of Applied Linguistics in Language Teaching* 10-3, pp. 209~231.

■ U자형 발달

U자형 발달(U-shaped development)이란 학습자의 중간 언어 체계가 재구조화되면서 보이는 커브형의 발달 곡선이다.

중간 언어의 발달은 정확한 언어 형식의 사용으로부터 부정확한 사용으로 이동한 후 다시 정확한 사용으로 복귀하는 수직선의 상승 곡선이 아닌 U자형 곡선 패턴을 따른다.

U자형 발달은 제1 언어 습득과 제2 언어 습득에서 모두 관찰되는 것으로 발달 양상이 굉장히 체계적이고 단계적이라는 특징이 있다. 이를테면 아동 혹은 제2 언어 학습자는 언어를 습득하기 위해 다음과 같은 3단계를 거친다. 우선 제1 단계는 오류 없이 목표어의 규범에 맞는 언어 형식을 산출하는 단계이다. 예를 들어 한국어를 제2 언어로 배우는 학습자가 동사 '먹다'의 높임 표현인 '드시다'를 습득할 때 학습자는 외부의 입력을 통해 높임 표현 '드시다'를 접하게 되면 처음에는 분석을 거치지 않은 채 그대로 '드시다'를 발화하여 목표어에 부합하는 형태를 생산할 수 있다. 그러나 제2 단계에서는 목표어 규범에서 일탈된 언어 형식을 산출하는 동시에 목표어에 부합하는 형식의 사용이 감소한다. 이를테면 학습자가 한국어 동사의 높임을 표현할 때는 선어말 어미 '-시-'를 붙여 표현한다는 규칙을 알게 된 후에 불규칙 동사인 '먹다'에도 '-시-'를 붙

여 '먹으시다'라는 오류를 범하게 되는 것과 같다. 셀린커(L. Selinker)는 이를 과잉 일반화(overgeneralization) 오류라고 불렀다. 마지막 제3 단계는 다시 오류가 없는 정확한 언어 형식이 출현하는 단계이다. 이렇게 시간의 흐름에 따라 학습자는 한국어 동사의 높임 표현에 대한 지식을 쌓게 된다. 그리고 이를 바탕으로 학습자는 제1 단계와 달리 언어 분석을 거쳐 '먹으시다' 대신에 올바른 언어 형식인 '드시다'를 선택할 수 있는 능력을 갖추게 된다. 2006년에 고야나기 가오루(小柳かおる)가 제시한 U자형 행동 발달 곡선을 나타내면 다음 그림과 같다.

〈학습자의 U자형 행동 발달 곡선〉

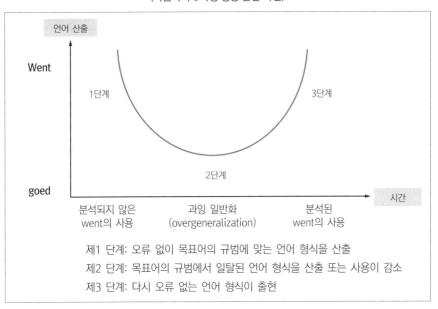

제1 단계: 오류 없이 목표어의 규범에 맞는 언어 형식을 산출
제2 단계: 목표어의 규범에서 일탈된 언어 형식을 산출 또는 사용이 감소
제3 단계: 다시 오류 없는 언어 형식이 출현

U자형 발달 곡선은 제2 언어 교사와 연구자들에게 제2 언어 습득 과정 중 언어의 정확성이 감소하는 현상에 대해 학습자의 언어 발달이 후퇴하고 있다고 섣불리 판단해서는 안 된다는 점을 시사한다. 정확성이 감소하는 현상에 대해 오히려 그들의 중간 언어가 발달하고 있는, 즉 학습자가 목표어를 끊임없이 분석하여 새로운 규칙을 내재화하고 있는 증거로 바라보는 관점이 필요하다.　　　　　　　　　　　　〈김영규〉

[참고문헌]
• Selinker, L. (1972), Interlanguage, *International Review of Applied Linguistics in Language Teaching 10-3*, pp. 209~231.
• 小柳 かおる(2004), 日本語教師のための新しい言語習得概論, 김지선 역, 2006, 일본어 교사를 위한 새로운 언어 습득 개론, 한국문화사.

■ 중간 언어 화용론

중간 언어 화용론(中間言語話用論, interlanguage pragmatics: ILP)은 제2 언어 학습자의 화용적 발달에 대한 연구로 학습자가 목표어의 화용적 지식(pragmatic knowledge)을 어떻게 사용하고 습득해 나가는지에 대해 연구하는 학문이다.

학습자는 학습 환경의 성격과 학습 발달 정도에 따라 각기 다른 형태로 목표어 사회의 가치 체계를 습득해 간다. 그리고 궁극적으로는 목표어 사회에 적합한 화용적 능력(pragmatic competence)에 근접해 간다. 1992년 캐스퍼(G. Kasper)는 이러한 발달 과정에서 학습자의 발화 방식은 모어 방식도 아니고 목표어 방식도 아닌 중간 언어 단계에 있으므로 학습자의 화용적 지식은 부족하고 불완전하다는 특성이 있다고 하였다.

이렇게 학습자 언어는 두 언어 간의 언어학적 체계의 차이 이외에 사회적 규범(norm) 및 적합성(appropriateness)의 차이에 따른 영향을 받으며 발달한다. 따라서 목표어를 사용하는 공동체의 사회적 규범에 적절하게 언어를 사용하기 위해서는 화용적 지식이 필요하다. 이러한 목표어의 화용적 지식 습득을 다루는 분야가 중간 언어 화용론이다. 중간 언어 화용론에 대한 연구는 서로 다른 공동체 간의 의사소통에서는 서로 다른 기대로 인해 의미가 구성되는 방식에 차이가 나게 되므로 비교 문화 화용론(cross-cultural pragmatics)에 개념적 기초를 두고 있다.

1993년 캐스퍼와 블룸-쿨카(G. Kasper & S. Blum-Kulka)가 언급하였듯이 중간 언어 화용론은 언표내적 효력의 속성, 공손성과 간접성에 대한 인식, 언어 형태와 맥락 정보의 역할, 모어 배경과 목표어 언어 행위의 전형적인 표현의 영향, 관습적인 함축과 대화 함축의 과정, 사회적 지위와 부담의 정도에 관한 사회 화용론적 특징에 대한 인식에 관심을 둔다. 따라서 주로 요청, 거절, 사과 등과 같은 화행(speech act)을 중심으로 연구가 이루어졌다. 특히 한국어 학습자의 화행에 대한 연구는 대부분 사용 양상 규명에 집중하여 목표어와 학습자 모어 간의 비교 문화적 차이를 설명하는 방향으로 진행되어 왔다. 중간 언어 화행 연구가 습득의 차원에서 본격적으로 연구되지 못한 것은 1999년에 발도비-할리그(K. Bardovi-Harlig)가 정리하였듯이 모어 전이를 바탕으로 한 문화 간 차이의 규명과 목표어의 전이에 관심을 두고 있다는 점, 공시적인 자료를 토대로 진행되어 왔다는 점, 주로 모든 단계의 학습자를 포함하지 않고 고급 학습자만을 대상으로 했다는 점 등에 그 원인이 있다. 하지만 2010년에 이해영이 언급한 바와 같이 최근에는 학습자의 발화 양상이 목표어에 얼마나 근접해 가고 있는지 발달의 관점에서 학습자 언어를 조망하려는 시도뿐 아니라 학습자의 화행에 대한 인식(speech act awareness), 목표어 화자의 용인 가능성(acceptability)과 같은 다양한 관점에서의 연구가 이루어지고 있다.

한국어교육 현장에서는 중간 언어 화용론의 연구 결과를 바탕으로 비교 문화적 관점에서 한국 사회에 내재하는 사회적 적합성의 규칙에 대한 교육이 필요하다. 학습 항목으로는 2002년 이해영이 정리한 바와 같이 간접 화행, 담화 표지, 담화의 개시, 유지, 화제 전환, 순서 교대, 청자 반응 신호로 응대하기 등 의사소통 행위의 사용 전략, 화용적 상투어의 사용 등이 있다. 〈이해영〉

→ 비교 문화 화용론, 화행

[참고문헌]
· 이해영(2002), 비교 문화적 화용론에 기초한 한국어의 화용 교육, 이중언어학 21, 이중언어학회, 46~70쪽.
· 이해영(2010), 한국어 요청 화행의 적절성에 대한 태국인의 인식과 숙달도, 이중언어학 42, 이중언어학회, 219~241쪽.
· Bardovi-Harlig, K. (1999), Exploring the interlanguage of interlanguage pragmatics: A research agenda for acquisitional pragmatics, *language Learning 49-4*, pp. 677~713.
· Kasper, G. (1992), Pragmatic transfer, *Second Language Research 8-3*, pp. 203~231.
· Kasper, G. & Blum-Kulka, S. (1993), *Interlanguage pragmatics*, Oxford University Press.

화용적 전이

화용적 전이(話用的轉移, pragmatic transfer)는 학습자가 모어의 화용적 지식을 목표어에 적용하는 것을 말한다.

목표어의 화용적 능력(pragmatic competence)이 없는 학습자는 자신의 모어에 기대어 목표어를 구사하고 이때 모어의 화용적 전이(pragmatic transfer)가 일어난다. 1992년 캐스퍼(G. Kasper)는 화용적 전이를 화용 언어적 전이(pragmalinguistic transfer)와 사회 화용적 전이(sociopragmatic transfer)로 분류하였다. 이러한 분류는 리치(G. N. Leech)의 화용 언어학(pragmalinguistics)과 사회 화용론(sociopragmatics)의 개념을 받아들여 화용적 실패(pragmatic failure)를 설명한 토마스(J. Thomas)의 1983년 연구에 기반을 둔 것이다. 언어적 형태나 대화 전략이 성공적으로 사용되었을 때는 긍정적 전이가 일어나지만 반대로 화용적 실패가 발생하면 부정적 전이가 일어난다. 긍정적 전이는 모어에 의해 일어나지만 보편적 화용 지식에 의해서도 발생할 수 있다. 1996년 캐스퍼와 슈미트(G. Kasper & R. Schmitt)는 보편적 화용 지식을 간접적인 표현의 사용 능력, 발화 맥락에 따라 다양한 언어 행위를 할 수 있는 능력 등으로 보았다.

화용 언어적 전이와 사회 화용적 전이에 대해 2002년 이해영은 다음과 같이 정리하였다. 화용 언어적 전이는 학습자가 모어와 목표어의 언어학적 형태와 기능을 동일시하여 모어의 언어학적 수단을 목표어에 적용할 때 나타난다. 가령 일본인 학습자가 고마움을 표해야 하는 상황에서 '미안합니다.'라고 하는 것은 일본어의 화용적 상투어(pragmatic routines)가 한국어에 전이를 일으켰기 때문이다. 사회 화용적 전이는 언어·문화권에 따른 가치관이나 사고방식의 차이로 인하여 발생한다. 앞에서와 같은 예로 일본인이 고마워하는 상황에서 '미안합니다.'라고 하는 것은 상대방이 '나'에게 도움을 주는 상황이 상대방에게 폐가 되거나 불편을 끼쳤기 때문에 미안하다고 생각하는 사고방식이 한국어를 말할 때도 영향을 미쳤기 때문인 것으로 해석된다.

화용적 전이의 조건에는 문맥, 학습자의 숙달도와 상황의 친숙함 정도, 무표성 등에 의해 설명되는 전이 가능성(transferability)뿐만 아니라 문화적 거리도 포함된다. 숙달도가 미치는 영향에 대해서는 의견이 분분하다. 몇몇 연구들은 숙달도보다 거주 기간이 더 큰 영향을 미친다고 주장한다. 따라서 한국어의 사회 화용적 특성은 언어 교육에 있어서도 매우 중요하게 고려되어야 하는 기초적인 제2 언어 지식 체계를 구성하고 있다.

〈이해영〉

→ 화용

[참고문헌]
• 이해영(2002), 비교 문화적 화용론에 기초한 한국어의 화용 교육, 이중언어학 21, 이중언어학회, 46~70쪽.
• Kasper, G. (1992), Pragmatic transfer, *Second Language Research 8*, pp. 203~231.
• Leech, G. N. (1983), *Principles of pragmatics*, Longman.
• Takahashi, T. & Beebe, L. (1993), Cross-linguistic influence in the speech act of correction, In G. Kasper. & S. Blum-Kulla. (Eds.), *Interlanguage pragmatics*, pp. 138~157, Oxford University Press.
• Thomas, J. (1983), Cross-cultural pragmatic failure, *Applied Linguistics 4-2*, pp. 91~112.

3

연구 방법론

3. 연구 방법론

3. 연구 방법론

연구 방법이란 어떤 현상을 기술, 설명, 예측, 통제하기 위한 목적으로 자료를 수집하여 처리하는 절차와 과정을 의미한다. 연구 방법은 연구의 목적에 부수하는 것이기 때문에 연구 방법을 적용할 때에는 위와 같은 연구의 목적과 내용을 점검하는 것이 매우 중요하다. 한국어교육 연구 방법론은 한국어교육 현상을 어떻게 연구할 것인가에 대한 이론으로서 주로 외국어 교육학과 같은 사회 과학의 연구 방법론을 응용하여 왔다.

연구 방법론 영역의 표제어는 사회 과학 연구에서 널리 활용하고 있는 분류 방식을 따라 양적 연구, 질적 연구, 혼합 연구로 구분하였다. 양적 연구는 실증주의적 관점에 바탕을 두고 양적 지수를 사용하여 변인들 간의 관계를 기술, 분석, 설명하고자 하며 조사, 실험, 측정, 통계 분석 등을 활용한다. 질적 연구는 현상학이나 해석학적 관점에 바탕을 두고 현상을 해석하고자 하며 면담, 관찰, 이야기 등을 통해서 얻은 질적 자료를 활용한다. 그리고 혼합 연구는 양적 연구와 질적 연구를 복합적으로 적용하여 대상에 대한 다각적인 이해와 해석을 추구한다.

양적 연구에서는 상관 연구, 인과 비교 연구, 조사 연구, 실험 연구, 기술 통계, 추리 통계 등 주요 연구 방법 용어와 통계 처리 관련 용어들을 포함하였다. 조사 연구에는 설문지, 담화 완성 테스트, 문법성 판단 테스트, 학습자 말뭉치 분석, 횡단적 조사, 종단적 조사, 델파이 기법 등이 포함된다. 이 중에서 횡단적 조사와 종단적 조사는 발달 연구에 속하는데 경우에 따라 발달 연구를 조사 연구로 보기도 한다. 통계 처리 방법은 기술 통계와 추리 통계로 나누고, 추리 통계에 널리 쓰이는 z 검정, t 검정, 분산 분석, 카이 제곱 검정, 상관 분석 등을 표제어로 선정하였다.

질적 연구에는 내러티브 연구, 현상학적 연구, 근거 이론, 문화 기술적 연구, 실행 연구, 사례 연구 등을 포함하였다. 그리고 질적 연구의 자료 수집 방법과 주로 관련되는 참여 관찰, 내성적 연구, 면담, 일지 연구, 사고 구술, 삼각 측정법 등의 표제어도 다루었다. 대화 분석과 담화 분석 같은 표제어도 질적 연구 방법으로 분류할 수 있으나 언어학 영역에서 다루었으므로 별도로 기술하지 않았다.

마지막으로 혼합 연구는 양적 연구와 질적 연구를 결합한 연구 방법이다. 양적 연구와 질적 연구의 결합 방식은 연구의 목적에 따라서 다를 수 있으나 혼합 연구는 기본적으로 연구 방법의 다각화를 통하여 현상에 대해 충실히 이해하고 해석하는 것을 목적으로 한다.

이 장에서 추출한 표제어는 한국어교육 연구 방법의 일부에 불과하지만 다양한 한국어교육 연구의 원리와 방법을 이해하는 데 도움이 될 것이다. 한국어교육의 학문적 위상을 공고히 하기 위해서는 연구 목적과 대상에 적합한 연구 방법을 탐색하고 적용하려는 적극적인 노력이 요구된다. 〈민병곤〉

3.1. 양적 연구

양적 연구(量的研究, quantitative research)란 측정에 기반을 두고 숫자들을 활용하는 연구 방법이다.

측정(測定, measurement)이란 측정자가 파악하고자 하는 사건이나 현상이나 특성에 숫자를 부여하는 것을 의미하며, 부여한 숫자의 특성에 따라 해당 양적 연구의 특성도 달라질 수 있다. 흔히 측정된 숫자의 특성은 일반적으로 명명 변인, 서열 변인, 동간 변인, 비율 변인으로 구분한다. 이때 명명 변인(命名變因, nominal variable)이란 단순히 숫자를 부여하여 서로 구분하는 것으로 대학 입학 전형에서 무작위로 부여하는 수험 번호와 같은 것이 이에 해당한다. 서열 변인(序列變因, ordinal variable)이란 서열을 표시하기 위해 숫자를 부여하는 것으로 학생의 전교 석차와 같은 것이 이에 해당한다. 동간 변인(同間變因, interval variable)이란 길이나 양의 차이를 동일한 간격으로 나누어 숫자를 부여하는 것으로 온도나 연도와 같은 것이 이에 해당한다. 그리고 비율 변인(比率變因, ratio variable)이란 한 배, 두 배, 세 배, 세 배 반 등의 비율로 나타낼 수 있도록 숫자를 부여하는 것으로 학급의 학생 수, 길이, 무게, 부피를 나타내는 숫자가 이에 해당한다.

양적 연구는 객관적인 실재가 존재한다는 실재론(實在論, realism), 초월적이고 형이상학적인 사변을 배격하고 사실 그 자체의 과학적인 탐구를 강조하는 실증주의(實證主義, positivism) 그리고 연구 과정에서의 가치 중립적인 관점을 중시한다. 양적 연구는 경험 과학적 연구의 주축이 되는 연구 방법으로 일반적인 실험 연구나 유사 실험 연구 등이 이에 속한다. 특히 양적 연구는 측정된 숫자에 기반하여 연구가 진행되기 때문에 측정된 숫자의 객관도, 신뢰도, 타당도가 매우 중시된다. 여기서 객관도(objectivity)란 다른 사람들이 측정해도 동일한 숫자를 부여할 수 있는지의 정도를 의미한다. 신뢰도(reliability)란 부여된 숫자가 얼마나 정확하고 일관성이 있는지의 정도를 의미하며 이는 주로 측정의 오차가 어느 정도인가를 통해 드러난다. 타당도(validity)란 측정하고자 의도했던 사건이나 현상이나 특성 그 자체를 제대로 측정하고 있는지의 정도를 의미한다. 다른 연구자가 측정했을 경우에 양적 연구에 활용된 숫자들이 서로 다르거나 측정된 숫자에 오차가 많이 있거나 연구자가 의도했던 것을 제대로 측정한 것이 아니라면 해당 연구의 질은 낮아질 수밖에 없다. 그러므로 양적 연구에서는 무엇보다도 양질의 숫자들을 확보해야 한다.

양적 연구는 기본적으로 모든 사건이나 현상이나 특성이 객관적으로 측정될 수 있다는 것을 전제로 하여 수행된다. 그리고 이렇게 측정에 기반한 숫자들을 활용하므로 부여된 숫자들의 특성에 따라 다양한 통계적인 기법들을 적용한다. 예컨대 명명 변인이나 서열 변인의 경우에는 카이 제곱 검정을 많이 활용하며 동간 변인이나 비율 변인의 경우에는 상관 분석이나 분산 분석(변량 분석)을 많이 활용한다. 따라서 양적 연구를 수행하는 연구자는 경험 과학적 연구 방법과 절차에 대한 전문성, 측정의 이론과 실제에 대한 전문성, 통계의 이론과 실제에 대한 전문성이 있어야 한다. 〈백순근〉
= 정량적 연구

[참고문헌]
• 백순근(2004), 학위 논문 작성을 위한 교육 연구 및 통계 분석, 교육과학사.
• Cohen, L., Manion, L. & Morrison, K. (2000), *Research methods in education*, Routledge.

■ 상관 연구

상관 연구(相關硏究, correlational research)란 어떤 사건이나 현상에 내재한 변인들 사이의 관련성이나 경향을 해석하고 기술하는 연구이다.

변인들 사이의 관계는 보통 상관 계수(correlation coefficient) r로 표시한다. 상관 계수는 - 1.0과 + 1.0 사이의 값을 취하며 두 변인 사이의 관련성 정도와 방향을 의미한다. 변인들 사이의 관련성은 한 변인이 변화할 때 다른 변인 중 함께 변화하는 요소들이 어느 정도 되는지에 따라 좌우된다. 함께 변화하는 부분이 적으면 적을수록 상관관계는 낮아지고 극단적으로 함께 변화하는 부분이 동일한 경우에는 상관 계수가 1이 된다.

한 변인이 또 다른 변인의 변화를 어느 정도 설명해주는가는 상관 계수를 제곱한 값인 결정 계수(coefficient of determination) r^2을 통해 파악할 수 있다. 예를 들어 상관관계가 0.5인 경우는 한 변수가 다른 변수의 변화를 25% 정도 설명해 줄 수 있다 (0.5×0.5=0.25). 비교적 강한 상관관계로 볼 수 있는 r=0.7도 49%(r^2=0.49) 정도의 설명력밖에 안 되기 때문에 상관관계를 인과 관계로 확대 해석하여 주장을 뒷받침하는 강력한 근거로 맹신하는 것은 곤란하다. 상관 연구는 실험 연구와는 달리 변인을 통제하여 얻어내는 것이 아니라 단순히 변인 간의 관계를 파악한 것이므로 인과 관계 분석과는 거리가 있기 때문이다.

상관 연구의 성패는 분석 방법의 복잡성이나 표본의 수보다는 연구 설계의 타당성에 의해 결정된다. 최근 통계 패키지의 발달로 누구나 손쉽게 상관 계수를 구할 수 있기 때문에 통계적 오용 사례 역시 증가하고 있다. 전혀 관련성이 없는 변인들 간의 상관 계수가 높은 경우도 흔하기 때문에 상관 연구는 변수 사이의 관계를 해석하는 연구 설계의 타당성이 보장될 때 강력한 힘을 발휘할 수 있다. 〈김평원〉

[참고문헌]
• Donald, A. et al. (2009), *Introduction to research in education*, Cengage Learning.
• Gay, L., Mills, G. & Airasian, P. (2006), *Educational research: Competencies for analysis and applications*, Pearson Merrill Prentice Hall.

■ 인과 비교 연구

인과 비교 연구(因果比較研究, causal comparative research)는 독립 변수가 종속 변수에 어느 정도의 세기로 어떠한 영향을 끼쳤는가를 추론하는 것이다.

한국어교육 연구 분야에서는 독립 변수 이외의 다양한 변수들을 완벽하게 통제하는 것이 불가능하기 때문에 보통 인과 관계를 명확하게 규명한다기보다는 '인과 관계를 추론한다.'고 표현한다.

인과 비교 연구는 후향적 방법과 전향적 방법이 있다. 후향적 방법(retrospective method)은 결과가 이미 나온 자료를 통해 원인을 탐색하는 방법이고 전향적 방법(prospective method)은 결과가 나오기 전에 여러 조건들을 설정하여 인과 관계를 추론하는 방법이다. 전향적 연구 방법은 결국 진실험 연구(true experimental research)를 통해 인과 관계를 추론하는 것이기 때문에 보통 인과 비교 연구라고 하면 후향적 방법을 의미한다.

예를 들어 부모와의 대화 시간이 학생들의 의사소통 능력에 끼치는 영향을 인과 비교 연구를 통해 분석하기 위해서는 먼저 학생들을 의사소통 능력이 뛰어난 집단과 그렇지 않은 집단으로 분류해야 한다. 다음으로는 의사소통 능력에 영향을 줄 가능성이 있는 여러 변수들이 두 집단 사이에 차이가 있는지 비교해야 한다. 만약 여러 가능성이 있는 다양한 변수들이 부모와의 대화 시간 외에는 차이가 없다는 것을 입증할 수 있다면 부모와의 대화 시간과 의사소통 능력 사이의 인과 관계를 추론할 수 있는 것이다.

인과 비교 연구는 연구자가 설정한 원인 이외에 영향을 줄 수 있는 다양한 변수들을 많이 검토하면 할수록 인과 관계 추론의 타당도가 높아지게 된다. 하지만 발견하거나 검토하지 못한 변수들 중 하나가 원인일 가능성을 배제할 수 없기 때문에 진실험 연구에 비해 타당도는 낮을 수밖에 없다. 인과 비교 연구는 연구 윤리 측면에서 원천적으로 진실험 연구가 불가능한 주제와 소규모 연구 및 파일럿(pilot) 연구에서 진실험 연구를 보완하는 방법으로 널리 사용될 것으로 전망된다.　　　　　　　　　　〈김평원〉

[참고문헌]
• Donald, A. et al. (2009), *Introduction to research in education*, Cengage Learning.
• Gay, L., Mills, G., & Airasian, P. (2006), *Educational research: Competencies for analysis and applications*, Pearson Merrill Prentice Hall.

■ 조사 연구

조사 연구(調査研究, survey research)란 모집단의 성향이나 의견 등을 파악하기 위하여 설문지를 설계하여 인터넷, 우편, 전화, 면담 등을 통해 응답자로부터 원하는 자료를 수집하는 방법을 말한다.

조사 연구는 인구 조사와 같이 모집단 전체를 대상으로 하는 전수 조사도 있지만 시간과 비용 문제 때문에 모집단에서 추출된 표본을 조사하고 이를 토대로 모집단의 성향을 추정하는 표본 조사 방식을 취하게 된다. 이 때문에 표본 추출(sampling)이 결과를 해석하는 데 중요한 영향을 끼치게 됨은 물론 조사 연구의 성패를 좌우하게 된다. 보통 비확률 추출법(간편 추출법, 판단 추출법, 할당 추출법, 눈덩이 추출법)보다는 확률 추출법(단순 임의 추출법, 계통 추출법, 층화 임의 추출법, 집락 추출법, 다단계 추출법)을 통해 더 정확하게 모집단의 성향을 파악할 수 있다. 표본의 크기가 크면 클수록 더 정확하게 분석할 수 있지만 표본 수가 증가할수록 비용도 함께 증가하기 때문에 적절한 표본의 크기를 설정하는 것이 중요하다.

조사 연구는 다변량 분석(multivariate analysis)을 통해 하나의 현상을 설명하는 다양한 변수의 영향력을 파악할 수 있으며 요인 분석(factor analysis)을 통해 방대한 사회 현상에 관한 자료들을 간명하게 요약하여 설명할 수도 있다.

조사 결과를 해석할 때에는 생태학적 오류와 개인주의적 오류에 빠지지 않도록 주의해야 한다. 생태학적 오류(ecological fallacy)는 집단의 성격을 분석함으로써 개인의 특성을 추론할 때 발생하고, 개인주의적 오류(individualistic fallacy)는 개인의 특성을 분석함으로써 집단이나 사회의 성격을 추론하는 과정에서 주로 발생한다.

조사 연구의 타당도를 높이기 위해서는 무엇보다도 응답자가 질문 내용을 잘 이해해야 하고 정확하게 응답할 수 있도록 설문지를 설계하는 것이 중요하다. 설문 방식이나 구성에 따라 응답 결과가 다를 수 있기 때문에 비용이나 조사 방법을 고려하여 설문지를 설계해야 한다. 한국어교육 분야에서 조사 연구는 언어 평가, 언어 정책, 언어 문화, 정의적 영역 연구 등에서 널리 사용될 것으로 전망된다. 〈김평원〉

[참고문헌]
• 배규한·이기재(2003), 통계 조사 방법론, 한국방송통신대학교출판부.
• Cohen, L., Manion, L. & Morrison, K. (2007), *Research methods in education*, Routledge.

❏ 설문지

설문지(設問紙, questionnaire)는 연구자가 연구 문제에 관한 피험자의 응답 자료를 수집하고자 할 때 사용하는 자료 수집 도구이다.

설문지는 질문 유형에 따라 폐쇄형과 개방형으로 구분하고 이 둘을 혼합하여 구성하기도 한다. 폐쇄형(closed-ended) 설문지는 질문 또는 진술문 형식으로 제시된 내용을 연구 참여자들이 읽고, 이에 대한 응답으로 이미 제시된 선택지들 중 하나를 고르거나 복수 응답이 허용될 경우 해당하는 모든 선택지를 고르는 방식이다. 폐쇄형은 응답한 설문지 자료 간의 비교와 분석이 용이하다. 개방형(open-ended) 설문지는 연구 참여자들이 질문 또는 진술문 형식으로 제시된 내용에 대해 자기 자신의 응답을 직접 작성하는 방식이다. 따라서 설문지 응답자에 대한 정확한 정보를 얻을 수 있다.

설문지의 장점은 다수의 연구 참가자들을 대상으로 용이하게 실시할 수 있다는 점이다. 특히 폐쇄형 설문지는 객관적인 채점이 가능하기 때문에 수집한 자료를 양적으로 분석할 수 있다. 설문지의 단점은 구인들이 매우 복잡하며 이에 관한 평가가 구체적이지 못하고 피상적일 수 있다는 점이다.

되르네이(Z. Dörnyei)에 따르면 제2 언어 연구에서 설문지를 사용하여 수행할 수 있는 주제는 태도, 배경 정보, 컴퓨터 친숙도, 피드백, 집단 응집성, 이민자 정착, 언어 불안, 언어 접촉, 언어 과정 평가, 언어 학습자의 신념, 언어 학습 동기, 언어 학습 전략, 언어 학습 스타일, 언어적 자기 확신, 요구 분석, 교수 활동에 대한 선호도, 자기 평가, 교사의 불안, 교사의 신념, 교사 평가, 교사의 동기, 교사의 자기 평가, 의사소통 의지 등이 있다.

설문지는 사후 설문과 같이 1차적인 연구 자료를 수집한 후 연구 참여 경험에 대한 연구 참여자들의 의견 또는 연구 참여자들이 연구의 목표 항목을 인지했는지의 여부에 관해 2차적 정보를 수집하기 위한 목적으로 실시되기도 한다. 〈김영규〉

[참고문헌]
• Dörnyei, Z. (2003), *Questionnaires in second language research: Construction, administration, and processing*, 박명수 역, 2007, 외국어 연구를 위한 설문지 작성 방법론, 한국문화사.
• Wagner, E. (2010), Survey research, In B. Paltridge. & A. Phakiti. (Eds.), *Continuum companion to research methods in applied linguistics*, pp. 22~38, Continuum.

☐ 담화 완성 테스트

담화 완성 테스트(discourse completion test: DCT)는 연구자가 특정 화행의 양상을 밝히기 위하여 피험자로 하여금 화자와 청자의 사회적 배경, 나이, 성별 등의 상황을 가정하여 그에 따라 짧은 담화 형식으로 서술형 문항을 완성하도록 하는 테스트이다.

담화 완성 테스트는 중간 언어 화용(interlanguage pragmatics: ILP) 연구에서 화행(speech act) 실현 자료의 수집 방법으로 흔히 사용되는데 블룸-쿨카(S. Blum-Kulka)의 연구에서 최초로 사용되었다. 그리고 블룸-쿨카, 하우스와 카스퍼(J. House & G. Kasper)의 문화 간 화행 실현 프로젝트에서 대규모로 사용된 바 있다.

가장 자연스러운 화행 자료 수집 방법은 실제 상황에서 발생하는 화행 자료를 수집하는 것이겠지만 실제 상황에서 특정 화행이 실현되기를 막연히 기다린다는 것은 현실성이 없다. 담화 완성 테스트는 특정 화행이 발생하도록 설정된 상황을 기술하여 제공하고 응답자가 해당 상황에서 요구되는 화행이 무엇인지를 알고 있는지와 해당 화행을 어떻게 실현하는지를 연구할 수 있다는 장점이 있다.

연구자는 담화 완성 테스트의 상황을 설정할 때 화행 실현에 영향을 미치는 것으로 밝혀진 대화 상대방 간의 권력 관계(power relation) 및 사회적 거리(social distance), 해당 화행 실현 시 느끼는 부담의 정도(degree of imposition) 등과 같은 변수를 연구의 목적에 따라 통제하고 조작할 수 있다. 또한 자료를 해석할 때 응답자가 특정 상황에서 이렇게 말할 것이라고 제공한 응답과 실제 동일한 상황 하에서의 말하기 사이에는 차이가 있을 수도 있음을 고려해야 한다.

한국어교육 연구에서 사용된 담화 완성 테스트의 예로는 김인규의 사과 화행 연구를 들 수 있다.

〈사과 화행을 요구하는 DCT 상황 기술의 예〉

> <u>당신은 작은 선물 가게에서 일합니다.</u> 당신이 창고에 있을 때, 손님이 가게에 들어왔음을 알려 주는 종소리를 듣게 되었습니다. 당신은 전화를 하고 있었기 때문에 당장 손님을 맞으러 갈 수 없었습니다. 최대한 빨리 전화를 끊고 곧바로 **손님**을 맞으러 나갔습니다.

■ 이 경우 당신(**판매원**)은 **손님에게** 무엇이라고 말씀하시겠습니까?

_____

_____

위 연구에서는 사과 화행을 요구하는 상황을 '-권력 관계(손님이 우위)', '+사회적 거리(판매원과 손님은 일면식이 없음)', '-부담의 정도(손님이 오래 기다리지 않았기 때문임)'에 따라 구체적으로 제시하여 담화를 완성하도록 했다. 〈김영규〉

→ 중간 언어 화용론, 화행

[참고문헌]
• 김인규(2002), 한국어 사과 화행의 중간 언어론적 연구, 서울대학교 석사학위논문.
• Blum-Kulka, S. (1982), Learning how to say what you mean in a second language: A study of speech act performance of learners of Hebrew as a second language, *Applied Linguistics 3-1*, pp. 29~59.
• Brown, P. & Levinson, S. C. (1987), *Politeness: Some universals in language usage*, Cambridge University Press.
• Olstain, E. (1989), Apologies across language, In S. Blum-Kulka, J. House. & G. Kasper. (Eds.), *Cross-cultural pragmatics*, pp. 155~173, Albex.

❏ 문법성 판단 테스트

문법성 판단 테스트(grammaticality judgement test)는 피험자에게 알맞은 문법 형태를 고르게 하여 피험자의 암묵적 문법 지식, 즉 문법성 판단 능력을 측정하는 방법이다.

문법성 판단 테스트는 보편 문법의 관점에서 제2 언어 습득에 접근하는 연구자들이 사용하는 자료 도출 기법(data elicitation technique)으로 연구 참여자들에게 일련의 문장이 목표어로 가능한지 그렇지 않은지에 대한 용인 가능성을 묻는 방식으로 진행되기 때문에 용인 가능성 판단 테스트(acceptability judgement test)라고도 한다. 연구자는 용인할 수 없다고 판단을 내린 문장에 대해서는 연구 참여자들에게 문장의 어느 부분에 문제가 있다고 생각하는지를 표시하거나 해당 부분을 수정하라고 추가로 요구할 수도 있다.

한편 매키와 가스(A. Mackey & S. M. Gass)는 용인 가능성 판단 테스트와 문법성 판단 테스트라는 용어를 혼용하는 것은 기술적으로 맞지 않는다고 주장한다. 문법성 판단 테스트는 피험자들의 용인 가능성 판단을 통해 문법성에 관한 추론을 할 수 있지만 문법성에 관해 직접적으로 묻지는 않기 때문이다.

맥키와 가스는 문법성 판단 테스트 설계 시 연구 참여자들이 수용할 수 있을 정도의 적절한 수의 문장을 제시할 것과 피험자들이 연구의 목적인 목표어 항목을 쉽게 알아차리지 못하도록 하는 매력적인 오답(distractor)을 함께 섞어 제시할 것을 제안한다. 〈김영규〉

[참고문헌]
• 김영주 외(2012), 한국어 숙달도와 문법성 판단 능력의 상관관계 연구, 한국어교육 23-1, 국제한국어교육학회, 123~159쪽.
• Mackey, A. & Gass, S. M. (2005), *Second language research: Methodology and design*, Lawrence Erlbaum Associates.

❏ 학습자 말뭉치 분석

학습자 말뭉치 분석(learner corpus analysis)은 학습자의 구어나 문어의 중간 언어 자료를 수집하여 전산화된 데이터베이스로 구축한 말뭉치를 다양한 분석 도구와 방법을 사용하여 연구 목적에 따라 분석한 것을 말한다.

학습자 말뭉치 연구는 말뭉치 언어학의 한 분야로서 1980년대 후반에 시작되었다. 그레인저(S. Granger)는 학습자 말뭉치 분석이 제2 언어의 습득 과정을 잘 이해하여 효과적인 교수 도구나 방법을 설계하려는 목적으로 수행된다고 하였다.

학습자 말뭉치 연구는 다음과 같이 일곱 단계의 순서로 진행된다. 첫째, 방법론적 접근법을 선택한다. 둘째, 기존 학습자의 말뭉치 선정 및 새로운 학습자의 말뭉치를 구축한다. 셋째, 자료에 주석을 단다. 넷째, 자료를 추출한다. 다섯째, 자료를 분석한다. 여섯째, 자료를 해석한다. 일곱째, 교육적으로 실행한다.

이 중 학습자 말뭉치 자료의 분석 방법으로는 크게 컴퓨터 보조 오류 분석과 대조 중간 언어 분석이 있다. 컴퓨터 보조 오류 분석(computer-aided error analysis)은 전산화된 데이터베이스로 구축된 학습자 말뭉치에서 말뭉치 분석 소프트웨어를 이용하여 학습자 중간 언어의 오류를 검색(retrieval)하여 찾아내고, 찾아낸 오류에 학습자 오류 유형 코드 체계에 따라 오류 태그(tag)를 부착한 후 오류 태그가 부착된 말뭉치(error-tagged corpus)를 연구 목적에 따라 분석하는 방법이다. 대조 중간 언어 분석(contrastive interlanguage analysis)은 서로 다른 언어를 모어로 하는 학습자들의 언어를 비교하거나 학습자 언어와 목표 언어 사용자의 언어를 상호 비교하여 분석하는 방법이다. 예를 들면 전자는 일본인 학습자의 한국어와 중국인 학습자의 한국어를 비교하는 것, 후자는 일본인 한국어 학습자의 한국어와 한국어 모어 화자의 한국어를 비교하는 경우가 있다.

대조 중간 언어 분석에서는 남용 및 낮은 빈도의 사용에 초점을 맞추어 다른 말뭉치에서와는 달리 한 말뭉치에서만 특정 부사구의 사용 빈도가 아주 높거나 거의 사용 빈도를 보이지 않는 경우를 분석한다.

학습자 말뭉치 분석 시 주로 사용되는 소프트웨어로는 워드스미스툴(WordSmith tool) 등이 있다. 연구 목적에 따라 연구자가 직접 프로그램을 짜서 분석 도구를 개발할 수도 있다.

학습자 말뭉치 목록은 전 세계 학습자 말뭉치(Learner corpora around the world)에 제시된 목록을 참고할 수 있다. 〈김영규〉

→ 대조 분석, 오류 분석, 중간 언어

[참고문헌]
• 강현화(2011), 한국어 학습자 말뭉치의 자료 구축 방안에 대한 기초 연구, 한국사전학 17, 한국사전학회, 7~42쪽.
• 서상규·유현경·남윤진(2002), 한국어 학습자 말뭉치와 한국어교육, 한국어교육 13-1, 국제한국어교육학회, 127~156쪽.
• Granger, S. (2012), How to use foreign and second language learner corpora. In S. M. Gass. & A. Mackey. (Eds.), *Research methods in second language acquisition: A practical guide*, pp. 7~29, Blackwell.
• Lee, S. H., Jang, S. B. & Seo, S. K. (2009), Annotation of Korean learner corpora for particle error detection, *CALICO Journal 26-3*, pp. 529~544.

❑ 횡단적 조사

횡단적 조사(橫斷的研究, cross-sectional research)란 동일한 시점에 다양한 연구 참여 대상으로부터 자료를 수집하여 분석하는 발달 연구이다.

횡단적 조사는 관련된 모든 변수들에 대한 자료를 동시에 수집하고 분석하는 방법으로 동일한 대상을 두고 시간의 변화에 따라 관찰하는 종단적 조사와 대비된다.

횡단적 조사는 인위적 과제를 사용하기 때문에 개입이 따르고 통제된 측정을 실시한다는 특징이 있다. 그리고 자료 수집이 한 시점에서만 진행되기 때문에 결과 지향적이기도 하다. 횡단적 조사는 종단적 조사에 비해 조사 참여자 집단의 크기가 더 크기 때문에 일반화가 가능하다는 특징이 있어 라슨-프리먼과 롱(D. Larsen-Freeman & M. H. Long)은 횡단적 조사가 양적 연구 틀(paradigm)의 특징을 보인다고 주장한다.

또한 횡단적 연구에서 주요한 영향을 미치는 것은 표집된 대상의 사회적·역사적 배경이 동질적이라고 가정할 수 있느냐이다. 표집 대상의 동질성이 확보된다면 수행한 연구 결과를 토대로 발달의 경향을 추정하는 것이 가능하나, 그렇지 않은 경우 도출된 연구 결과가 연령의 증가에 의한 것인지, 다른 조건 때문인지 구분할 수 없게 된다.

한국어교육에서 횡단적 조사의 예로 숙달도 변인에 따른 한국어 중간 언어 문법 능력 발달 연구를 들 수 있다. 해당 연구에서는 각각 초급, 중급, 고급의 숙달도에 도달한 세 개의 연구 참여자 집단을 대상으로 동일한 시점에 집단마다 1회씩 총 3회에 걸쳐 한국어 중간 언어 문법 능력을 측정하여 그 발달 정도를 관찰할 수 있다. 〈김영규〉

[참고문헌]
• 서울대학교 교육연구소 편(2011), 교육학 용어 사전, 하우동설.
• Larsen-Freeman, D. & Long, M. H. (1991), *An introduction to second language acquisition research*, Longman.

❏ 종단적 조사

종단적 조사(縱斷的研究, longitudinal research)는 동일한 조사 참여자를 대상으로 비교적 장기간에 걸쳐 자료를 수집하여 분석하는 발달 연구이다.

종단적 조사는 자연스러운 발화를 사용하기 때문에 자연적이며 자료 수집이 동일 시점이 아니라 다양한 시점에 걸쳐 반복적으로 이루어지므로 과정 지향적이다. 따라서 소수의 조사 참여자만을 대상으로 할 수 있고 다수에서 얻은 자료가 아니므로 일반화가 불가능하다는 단점이 있다. 라슨-프리먼과 롱(D. Larsen-Freeman & M. H. Long)은 종단적 조사가 지니는 이와 같은 특징 때문에 질적 연구 틀(paradigm)과 상통한다고 본다.

이 연구의 장점은 개인이나 집단의 성장 과정 및 변화의 양상을 통시적으로 살펴봄에 따라 변인들 간의 상관성과 인과 관계를 파악할 수 있다는 점이다. 그러나 장기간에 걸친 연구이므로 많은 경비와 노력이 들고 연구 대상의 선정 및 관리가 용이하지 않다는 단점이 있다. 또한 연구 대상으로 삼은 집단(cohort)과 비교 대상 집단이 시간의 경과에 따라 변화하여 이 둘을 서로 비교하기 어려워지거나 연구의 초기와 후기에 사용하는 측정 도구가 달라져 연구 초기의 결과와 후기의 결과를 비교하기 어려워지는 문제가 발생할 수 있다.

한국어교육에서 적용할 수 있는 예로 숙달도 변인에 따른 한국어 중간 언어 문법 능력 발달 연구에서 동일한 연구 참여 대상으로부터 서로 다른 세 번의 발달 시점에서 자료를 수집하는 방법이 있다. 동일한 연구 참여 대상이 초급, 중급, 고급의 세 숙달도 단계에 도달할 때마다 한국어 중간 언어 문법 능력을 1회씩 총 3회에 걸쳐 측정하여 그 발달 정도를 연구할 수 있다. 〈김영규〉

[참고문헌]
• 서울대학교 교육연구소 편(2011), 교육학 용어 사전, 하우동설.
• Larsen-Freeman, D. & Long, M. H. (1991), *An introduction to second language acquisition research*, Longman.

❏ 델파이 기법

델파이 기법(delphi technique)은 전문가 집단의 의견과 판단을 추출하고 수합하여 합의점을 찾아내는 조사 기법이다.

델파이 기법은 일반적으로 면밀하게 계획된 익명의 반복적 질문지 조사를 실시함으로써 조사 참가자들이 직접 한데 모여서 논쟁을 하지 않고서도 집단 구성원의 합의를 유도해 낼 수 있는 일종의 집단 협의 방식에 대한 대안적 조사 기법이다. 집단의 합의가 필요한 문제를 해결하기 위해서는 일반적으로 관계된 사람이 모이거나 대표자로 구성된 협의회를 통하여 토의를 하게 된다. 협의회와 같이 얼굴을 맞대고 토의하는 과정에는 첫째, 소수의 의견이 무시되는 다수의 횡포, 둘째, 권위 있는 어느 한 사람의 발언의 영향, 셋째, 사전 조율에 의한 한 집단 역학의 약점, 넷째, 한 번 취한 입장의 고수

등 심리적으로 바람직하지 못한 효과가 작용한다.

델파이 기법은 토론 참여자가 익명으로 반응한다든지, 피드백이 반복되거나 통제된다든지, 집단 반응이 통제받는 등의 특징이 있다. 델파이 기법은 전문가라고 하는 집단으로부터 아이디어를 신속히 수집하기 위한 효율적인 방법이며 조사 집단의 반응에 대한 분석과 피드백은 문제에 대한 관심도를 고조시켜 개인적인 관심사보다는 기관의 관심사에 대한 동기를 자극한다. 또한 익명이 보장되므로 일반적인 대면 토론에서 나타날 수 있는 바람직하지 못한 심리적 효과를 피할 수 있게 된다.

델파이 기법은 일반적으로 동일 대상자에게 3~4회 계속해서 질문지를 보내어 실시하는데 각 질문지는 전문가인 개별 응답자로부터 도출된 정보와 함께 배포하여 실시한다. 각각의 연속적인 질문은 전(前) 회의 질문 결과에 대한 보고와 함께 실시되므로 질문의 횟수가 거듭될수록 개별 응답자 간에 서로 응답의 차이가 줄어든다.

가장 일반적으로 사용되는 표준 델파이(standard delphi)의 형태는 지필형이다. 소수의 모니터 팀이 설문지를 작성하고 설문지는 다수의 응답 집단에게 보낸다. 회수한 설문지는 다시 모니터 팀이 결과를 요약하고 편집하여 새로운 설문지를 작성하고 다시 응답 집단에 보낸다. 응답 집단은 집단 반응을 검토하여 그들의 응답을 재평가할 기회를 갖는다. 이 형태의 델파이 기법은 다수로 구성되는 응답 집단이 통신 과정에서 소요되는 노력을 소수의 모니터 집단이 맡는 것으로 투표 절차와 회의 절차를 결합한 것이다. 다른 형태의 델파이 기법인 실시간 델파이(real-time delphi)는 설문지를 우송하고 회수하고 결과를 통합하고 편집하는 등 모니터 팀이 하는 일의 상당 부분을 컴퓨터가 맡는다. 실시간 델파이 기법은 델파이 절차가 빠르게 진행될 수 있다는 장점이 있지만 프로그램에 따라 반응에 제한점이 있다.

델파이 기법을 적용할 때 중요한 문제는 첫째, 정하려는 문제를 가능한 한 좁고 구체적으로 정의하는 것, 둘째, 패널을 선정하는 일, 셋째, 절차를 반복함에 따른 패널의 이탈을 방지하는 것이다.

한국어교육 연구의 예를 보면 김중섭 외는 국제 통용 한국어교육 표준 모형 개발 보고서에서 한국어교육의 총괄 목표 및 등급별 목표, 내용 기술, 한국어능력시험(Test of Proficiency in Korean: TOPIK) 초급 문법 항목에 대해 설문지를 구성하여 전문가 집단의 다양한 의견을 수렴하였다. 또한 백인선은 실시간 델파이 기법을 활용하여 한국어 교사의 현직 교육에 대한 연구를 실시하였다. 〈백인선〉

[참고문헌]
• 김병성(1996), 교육 연구 방법, 학지사.
• 김중섭 외(2011), 국제 통용 한국어교육 표준 모형 개발 2단계, 국립국어원.
• 백인선(2012), 실시간 델파이 기법을 활용한 한국어 교사 현직 교육 프로그램 개발 연구, 연세대학교 박사학위논문.
• 이종성(2001), 델파이 방법, 교육과학사.

■ 실험 연구

실험 연구(實驗研究, experimental research)는 연구자가 변수를 통제하거나 조작하여 독립 변인이 종속 변인에 미치는 영향을 실험 집단(experimental group)과 통제 집단 (control group)의 비교를 통해 조사하는 유형의 연구이다.

변인들 간의 인과 관계를 밝히기 위해 주로 수행되며 연구자가 연구 목적에 따라 조작하는 독립 변인(independent variable)과 독립 변인의 영향을 받는 종속 변인(dependent variable) 간의 인과 관계에 영향을 미칠 수 있는 다른 변인인 외적 변인(extraneous variable)을 통제하는 것이 중요하다.

실험 연구는 비실험 연구(nonexperimental research)와 대비된다. 브라운(J. D. Brown)에 따르면 비실험 연구는 연구자가 실험 연구에서와 달리 변인을 통제하거나 조작하지 않는 유형의 연구이다. 비실험 연구의 예로는 관심 있는 연구 대상을 기술하는 기술적 연구(descriptive research)나 관심 있는 변인들 간의 상관관계를 탐구하는 탐색적 연구 (exploratory research)를 들 수 있다.

실험 연구는 진실험 연구(true experimental research)와 준실험 연구(quasi-experimental research)로 구분된다. 진실험 연구에서는 변인을 완벽히 통제한 상태에서 연구 참여자들을 실험 집단에 무작위로 배치(무선 할당, random assignment)하고 실험 집단 또는 처치 집단(treatment group)과 대비되는 통제 집단(control group) 또는 비교 집단 (comparison group)을 둔다. 준실험 연구는 변인이 완벽하게 통제되지 않은 상태에서 이루어지는 연구이다. 따라서 준실험 연구와 달리 진실험 연구만이 인과 관계를 밝힐 수 있다. 진실험 연구 설계의 한 유형인 전후 검사 통제 집단 설계(pretest-posttest control group design)는 아래 표와 같이 도식화할 수 있다.

〈전후 검사 통제 집단 설계〉

집단	무선 할당	사전 검사	처치	사후 검사
실험	R	O$_{사전-실험}$	X	O$_{사후-실험}$
통제	R	O$_{사전-통제}$	–	O$_{사후-통제}$

(R=무선할당, O=검사(observation), X=처치(treatment), –=처치 없음)

사전 사후 검사 통제 집단은 설계할 때에 연구 참여자들을 실험 집단과 통제 집단에 무선 할당하고 사전 검사를 실시한 후 실험 집단에만 처치를 가하고 두 집단 모두 사후 검사를 받도록 한다. 실험 설계상 통제 집단과 실험 집단 모두 사전 검사를 받았고 실험 집단만 처치를 받았기 때문에 처치 전의 사전 검사 점수와 처치 후의 사후 검사 점수를 비교하여 처치에 따른 차이가 발생했는지의 여부를 알 수 있다. 또한 만약 사전 검사와 사후 검사 점수 간에 차이가 발생했다면 그 이유를 추론해 봄으로써 독립 변인인 처치 유무와 종속 변인인 사후 검사 점수의 차이 간의 인과 관계를 효과적으로 밝

힐 수 있다. 〈김영규〉

[참고문헌]
• Brown, J. D. (2011), Quantitative research in second language studies, In E. Hinkel. (Ed.), *Handbook of research in second language teaching and learning 2*, pp. 190~206. Routledge.

■ 기술 통계

기술 통계(記述統計, descriptive statistics)란 기술이나 설명을 목적으로 통계적인 방법을 활용하는 기법을 말한다.

통계학(statistics)이란 불확실한 상황에서 현명한 의사 결정을 하기 위한 이론과 방법의 체계로서 자료나 정보를 수집·분류·분석·해석하는 과정을 포함하는 것이다. 기술 통계는 특정 현상을 기술하거나 설명하는 데 필요한 정보를 보다 효율적인 방법으로 요약하는 것과 관련이 있다. 기술 통계적 방법에는 주로 특정 집단에 대한 자료나 정보를 수집·정리·요약·해석하는 통계적 방법으로 빈도와 빈도 분포, 평균, 표준 편차 등이 있다.

빈도(頻度, frequency)란 어떤 사건이 일어나거나 증상이 나타나는 정도를 의미한다. 빈도 분포(頻度分布, frequency distribution)란 그러한 빈도를 표나 그래프로 종합적이면서도 일목요연하게 표시한 것이다. 빈도 분포는 보통 빈도수와 백분율(percentage)로 나타내는 경우가 많으며 상대적 빈도 분포와 누가적 빈도 분포로 나누어 표시하기도 한다.

평균(平均, mean, 또는 산술 평균, 算術平均, arithmetic mean)은 모든 사례의 수치를 합한 후 총 사례 수로 나눈 값으로 동간 변인이나 비율 변인을 대상으로 사용하는 대표치이다. 특정 집단의 전체 사례 N개의 값이 $X_1, X_2, X_3, \cdots X_n$이라고 할 때, 각 사례 값의 전체 합을 N(사례 수)으로 나눈 값이 평균이다.

$$\text{집단의 평균: } \overline{X} = \frac{X_1 + X_2 + \cdots + X_N}{N} = \frac{1}{N} \sum_{i=1}^{N} X_i$$

예를 들어 1, 2, 3, 4, 5, 6, 7, 8, 9, 10이라는 10개의 값의 평균은 다음과 같다.

$$\frac{1+2+3+4+5+6+7+8+9+10}{10} = \frac{55}{10} = 5.5$$

다음으로 표준 편차(標準偏差, standard deviation: SD)란 특정 집단 사례들의 수치들이 평균으로부터 떨어져 있는 거리를 나타낸다. 표준 편차를 제곱한 값을 분산(分散, 또는 변량, 變量, variance)이라고 한다.

$$\text{표준 편차(SD)} = \sqrt{\frac{\sum (X - \overline{X})^2}{N}}$$

예를 들어 1, 2, 3, 4, 5, 6, 7, 8, 9, 10의 표준 편차는 2.872이며 분산은 8.25이다.

〈백순근〉

[참고문헌]
• 백순근(2004), 학위 논문 작성을 위한 교육 연구 및 통계 분석, 교육과학사.
• Hays, W. L. (1994), *Statistics*, Harcourt Brace College Publishers.

■ 추리 통계

추리 통계(推理統計, inferential statistics)란 예측(豫測)이나 통제(統制)를 목적으로 통계적인 방법을 활용하는 기법을 말한다.

추리 통계는 특정 현상에 대해 예측하거나 통제하기 위하여 확률적인 법칙을 찾는 것과 관련이 있다. 표집(標集, sample)의 특성인 표집치(標集値 또는 통계치, 統計値, statistic)를 이용하여 전집(全集, population)의 특성인 전집치(全集値 또는 모수치, 母數値, parameter)를 추정(推定, estimation)하는 통계적 방법이다. 표집이란 전집에서 조사 대상으로 선택된 일부, 즉 전집의 부분 집합이고 전집은 연구자가 관심을 가지고 있는 연구 대상의 전체 집합이다.

추정에는 점 추정(點推定, point estimation), 구간 추정(區間推定, interval estimation), 가설 점검(假說點檢, hypothesis test) 등이 있다. 추리 통계에서 활용되는 대표적인 방법들은 대부분 통계적으로 가설을 검증하는 방법으로 x^2 검정, z 검정, t 검정, 상관 분석, 분산 분석(변량 분석), 회귀 분석 등이 이에 해당한다.

추리 통계는 모수 통계와 비모수 통계로 나눌 수 있다. 모수 통계(母數統計, parametric statistics)란 전집의 분포에 대한 특별한 가정, 즉 예컨대 전집의 분포가 정상 분포를 이룬다는 가정을 전제로 한 상태에서 표집치를 이용하여 전집치를 추정하는 통계이다. 비모수 통계(非母數統計, non-parametric statistics)는 전집의 분포에 대한 특별한 가정을 전제하지 않은 상태에서 표집치를 이용하여 전집치를 추정하는 통계를 의미한다.

기술 통계와 추리 통계의 개념과 차이를 예로 들면 다음과 같다.

〈통계 관련 개념들 간의 상호 관계와 예〉

개념들 간의 상호 관계			예
통계	기술 통계		국어 성적의 평균과 표준 편차
	추리 통계	모수 통계	성별에 따른 몸무게의 차이가 있는가를 검증하기 위한 t 검정
		비모수 통계	성별에 따른 합격/불합격의 비율 차이가 있는가를 검증하기 위한 X^2 검정

〈백순근〉

[참고문헌]
• 백순근(2004), 학위 논문 작성을 위한 교육 연구 및 통계 분석, 교육과학사.
• Hays, W. L. (1994), *Statistics*, Harcourt Brace College Publishers.

❑ z 검정

z 검정(z-test)이란 통계적 검정을 위해 Z 분포(혹은 Z 확률 분포)를 활용하는 기법이다.

z 분포는 정상 분포(正常分布, normal distribution)의 한 종류로 평균이 0이고 표준 편차가 1인 표준 정상 분포(standard normal distribution)를 의미한다. 정상 분포란 자연적인 상태에서 여러 사례의 단일 차원의 특성을 측정한 결과 또는 측정의 오차를 포함하는 반복 측정의 결과로 나타나는 종 모양(bell curve)의 분포를 말한다. 정상 분포는 정규 분포(正規分布) 또는 정상 분포 곡선(正常分布曲線, normal curve)이라고도 한다.

z 검정은 먼저 z 값을 산출한 후 산출된 z 값이 원 가설(H₀, original hypothesis) 아래서 일어날 수 있는 확률이 어느 정도인지를 소위 '정상 분포 비율표'를 통해 확인하여 원 가설을 기각할 것인지 혹은 받아들일 것인지의 여부를 결정한다.

두 집단 간의 평균에 차이가 있는지를 검정하기 위해 z 값을 계산하는 일반식은 다음과 같다.

$$Z = \frac{(\overline{X_1} - \overline{X_2}) - (\mu_1 - \mu_2)}{\sigma_{\overline{X_1} - \overline{X_2}}} \quad \text{이때} \quad \sigma_{\overline{X}_1 - \overline{X}_2} = \sqrt{\frac{\sigma_1^2}{N_1} + \frac{\sigma_2^2}{N_2}} \quad \text{이다.}$$

〈백순근〉

= z 검증

[참고문헌]
• 백순근(2004), 학위 논문 작성을 위한 교육 연구 및 통계 분석, 교육과학사.
• Hays, W. L. (1994), *Statistics*, Harcourt Brace College Publishers.

❑ t 검정

t 검정(t-test)이란 두 집단 간의 평균을 비교하기 위한 통계적 검정에서 t 분포를 활용하는 기법이다. t 분포는 t 확률 분포라고도 한다.

t 분포는 정상 분포(正常分布, normal distribution)와 비슷하게 좌우 대칭이며 사례 수의 크기에 따라 분포의 첨도(尖度, kurtosis)가 달라지는 분포이다. 사례 수가 적을수록 첨도가 작아져서 가운데가 평평한 좌우 대칭형 분포를 이루고 사례 수가 많아질수록 정상 분포와 비슷한 모양이 된다. t 검정 기법은 주로 두 집단 간의 평균에 차이가 있는지 여부를 검증하기 위해 사용된다. t 검정은 크게 비교하고자 하는 두 집단이 독립 표집(independent sample)인 경우와 두 집단이 종속 표집(dependent sample) 또는 쌍표집(paired sample) 또는 대응 표집(matched sample)인 경우로 구분한다. 독립 표집이란 각

집단의 사례를 표집할 때 집단 간 서로 독립적인 경우이다. 예컨대 국어 성적에서 남녀 집단 간 차이를 비교하고자 할 때 남자를 표집하는 과정과 여자를 표집하는 과정이 서로 독립적이었다면 이는 독립 표집에 해당한다. 반면에 종속 표집은 두 집단의 차이를 확인하기 위해 반복 측정(repeated measure)을 하는 경우를 말한다. 반복 측정이란 한 집단을 대상으로 하여 사전 검사와 사후 검사 간의 차이를 비교하는 것과 같이 한 집단을 반복하여 측정하는 것을 말한다.

t 검정은 t 값과 자유도(degree of freedom: DF)를 공식에 의거하여 산출한 후 산출된 t 값이 원 가설(H_0, original hypothesis) 아래에서 일어날 수 있는 확률이 어느 정도인지를 확인하여 원 가설을 기각할 것인지 혹은 받아들일 것인지 여부를 결정한다.

독립 표집의 경우 t 값을 계산하는 일반식은 다음과 같다.

$$t = \frac{(\overline{X_1} - \overline{X_2}) - (\mu_1 - \mu_2)}{\sigma_{\overline{X_1} - \overline{X_2}}}$$

이때 ① $\sigma_{\overline{X_1} - \overline{X_2}} = \sqrt{\frac{\sigma_p^2}{N_1} + \frac{\sigma_p^2}{N_2}} = \sigma_p \sqrt{\frac{1}{N_1} + \frac{1}{N_2}}$ 이다.

② 그리고 σ_p는 두 표집의 표준 편차를 통합한 것(pooled estimate of standard deviation)으로, $\sigma_p = \sqrt{\frac{(N_1 - 1)\sigma_1^2 + (N_2 - 1)\sigma_2^2}{N_1 + N_2 - 2}}$ 이다.

③ 자유도 = $N_1 + N_2 - 2$ 이다.

종속 표집의 경우 t 값을 계산하는 일반식은 다음과 같다.

$$t = \frac{D - (\mu_1 - \mu_2)}{\frac{\sigma_d}{\sqrt{N}}}$$

이때 ① $\overline{D} = \frac{\sum(X_1 - X_2)}{N} = \frac{\sum D_i}{N}$ 이다.

② 각 사례의 두 점수 간 차이에 대한 표준 편차, $\sigma_d = \sqrt{\frac{\sum(D_i - \overline{D})^2}{N-1}}$ 이다.

③ 자유도= $N - 1$ 이다.

〈백순근〉

= t 검증

[참고문헌]
• 백순근(2004), 학위 논문 작성을 위한 교육 연구 및 통계 분석, 교육과학사.
• Hays, W. L. (1994), *Statistics*, Harcourt Brace College Publishers.

☐ 분산 분석

분산 분석(分散分析, analysis of variance: ANOVA)이란 통계적 검정에서 분산과 F 분포를 활용하는 기법이다. 분산은 변량이라고도 한다.

F 분포는 사례 수 혹은 자유도(degree of freedom: DF)에 따라 분포의 모양이 달라지나 대체로 정적 편포의 모양을 이루는 분포이다. F 분포는 1920년대에 피셔(R. A. Fisher)가 규정한 분포로 그를 기념하여 F 분포라고 한다.

t 검정으로는 두 집단의 비교만 가능한 반면에 분산 분석으로는 둘 이상의 집단이나 평균 간의 차이를 검증할 수 있다. 분산 분석은 두 개 이상의 집단에서 얻어진 평균치들의 차이가 전집(全集, population)의 본질적인 차이에 의한 것인지 표집(標集, sample)에 따른 우연한 차이인지를 검증한다. 분석 결과 어떤 유의 수준(a)에서 의미 있는 차이가 있다면 '그 차이는 전집에서 본질적으로 그러한 차이가 있기 때문에 표집에서도 그렇게 나타났다.'라는 식으로 가설을 검증한다. 또한 의미 없는 차이라면 '그 차이는 표집에 의한 우연한 차이이지 전집의 본질과는 관계가 없다.'라는 논리로 가설을 검증하게 된다.

분산 분석의 기본 원리는 집단 간에 생긴 분산(집단 간 분산)과 동일한 집단 내에서 생긴 분산(집단 내 분산 또는 오차 분산) 간의 비율을 이용하는 것이다. 처음에 동일한 집단들을 이용하여 실험을 한 결과 집단 간에는 변화가 많이 일어난 반면에 각 집단 내에서는 거의 변화가 없었다면 이는 실험 효과가 집단에 따라 다르게 나타난 것이라 할 수 있다. 이러한 기본 원리를 통계적으로 분석하는 것을 분산 분석이라 한다. 분산 분석은 크게 일원 분산 분석(one-way ANOVA), 다원 분산 분석(multi-way ANOVA), 공분산 분석(analysis of covariance: ANCOVA)으로 나눌 수 있다. 일원 분산 분석은 한 개의 독립 변수와 한 개의 종속 변수가 있을 때 적용한다. 예를 들어 세 개 이상의 학습 과목 간에 평균 성적의 차이가 존재하는지 알아보고자 할 때 사용할 수 있다. 다원 분산 분석은 독립 변수가 증가할 때 적용하여 자료를 분석한다. 공분산 분석은 종속 변수에 영향을 미치는 매개 변수가 있을 때 사용한다. 〈백순근〉

= 변량 분석, 아노바

[참고문헌]
- 백순근(2004), 학위 논문 작성을 위한 교육 연구 및 통계 분석, 교육과학사.
- Hays, W. L. (1994), *Statistics*, Harcourt Brace College Publishers.

❏ 카이 제곱 검정

카이 제곱 검정(chi-square test)이란 통계적 검정에서 카이 제곱(χ^2) 확률 분포를 활용하는 기법이다.

이 검정 기법은 명명 변인이나 서열 변인 간의 상호 독립성을 검정(test of independence)하기 위해 가장 흔히 사용한다. 특히 전집(全集, population)의 분포에 대한 특별한 가정을 할 필요가 없는 비모수 통계(非母數統計, non-parametric statistics) 방법이기 때문에 관찰된 자료가 이론적 기대에 잘 들어맞는지 여부를 검정하는 데에도 많이 활용된다. 적합도 검정(適合度檢定, test of goodness of fit)이 이에 해당된다.

카이 제곱 검정은 카이 제곱의 값과 자유도(degree of freedom: DF)를 공식에 의거하여 산출한 후 산출된 카이 제곱의 값이 원 가설(H₀, original hypothesis) 아래서 일어날 수 있는 확률이 어느 정도인지를 확인하여 원 가설을 기각할 것인지 혹은 받아들일 것인지의 여부를 결정한다.

카이 제곱 값을 계산하는 일반식은 다음과 같다.

$$\chi^2 = \sum_{i=1}^{k} \frac{(O_i - E_i)^2}{E_i}$$

k = 전체 셀 수
O_i = 관찰값 혹은 관찰 빈도(obtained or observed frequency)
E_i = 기대값 혹은 기대 빈도(expected frequency)

〈백순근〉

= x^2 검정, 카이 스퀘어 검정, 카이 제곱 검증

[참고문헌]
• 백순근(2004), 학위 논문 작성을 위한 교육 연구 및 통계 분석, 교육과학사.
• Hays, W. L. (1994), *Statistics*, Harcourt Brace College Publishers.

❏ 상관 분석

상관 분석(相關分析, correlation analysis)이란 두 변인 간의 직선적인 관련 정도를 나타내는 상관 계수(相關係數, correlation coefficient)를 이용하여 자료를 분석하는 것이다.

상관 계수란 보통 피어슨(K. Pearson)의 적률 상관 계수(積率相關係數, product-moment correlation coefficient)를 말한다. 이는 두 변인 간의 상호 관련성을 나타내는 수치로 보통 소문자 r로 나타낸다.

상관 계수의 값은 -1부터 1까지의 범위 내에 있으며($-1 \leq r_{xy} \leq 1$) 양의 값이냐 음의 값이냐에 따라 정적(正的, positive) 상관 계수 혹은 부적(負的, negative) 상관 계수라 부른다. 상관 계수는 두 변인의 관계를 평면 상의 일차 함수로 나타내려는 수치이기 때문에 정적 상관 계수는 한 변인이 증가하면 다른 변인도 함께 증가하는 비례적인 증가함수를 나타내고, 부적 상관 계수는 한 변인이 증가하면 다른 변인은 감소하는 반비례적인 관계에 있는 함수를 나타낸다. 예컨대 시험을 준비하는 시간의 양과 성적 간의 관계는 정적 상관 계수로 나타날 것이고 겨울철 기온과 저수지 얼음 두께의 관계는 부적 상관 계수로 나타날 것이다.

상관 계수를 계산하기 위한 전제 조건은 다음과 같다. 첫째, 두 변인 간에는 직선적 관계(linearity)가 있어야 한다. 둘째, 동분산성(同分散性, homoscedasticity)이 있어야 한다. 동분산성은 동변량성(同變量性)이라고도 한다. 셋째, 각 x점에 대한 y의 조건적 분포

는 정상 분포여야 한다. 넷째, 분포는 끊어짐이 없이 이어져 있어야 한다(no truncation). 다섯째, 극단적인 점수(outliers)가 없어야 한다. 이러한 다섯 가지의 전제 조건을 요약하면 두 변인에 대한 산포도(散布圖, scatter diagram 또는 scatter plot)를 그렸을 때 전체 분포의 모양이 비슷한 폭을 가진 하나의 직선적인 띠를 나타내야 한다는 것이다. 산포도는 분포도(分散圖)라고도 한다.

상관 분석은 두 변인의 관계를 평면상에 x와 y의 좌표를 이용하여 직선인 일차 함수로 나타내려는 노력이라고도 할 수 있다. 피어슨의 적률 상관 계수를 계산하는 공식은 다음과 같다.

$$r_{xy} = \frac{\sum xy}{NS_x \cdot S_y}$$

$$x = (X - \overline{X})$$

$$y = (Y - \overline{Y})$$

S_x, S_y는 각 변인의 표준 편차

〈백순근〉

[참고문헌]
• 백순근(2004), 학위 논문 작성을 위한 교육 연구 및 통계 분석, 교육과학사.
• Hays, W. L. (1994), *Statistics*, Harcourt Brace College Publishers.

3.2. 질적 연구

질적 연구(質的研究, qualitative research)는 다중 방법과 해석적이고 자연주의적인 접근 방법으로 다양한 경험적 자료들을 사용하여 사회 현상에 대한 정보를 수집하고 분석하는 연구 방법이다.

질적 연구의 방법으로 덴진과 링컨(N. K. Denzin & Y. S. Lincoln)은 사례 연구, 개인적 경험, 내성(內省, introspection), 인생 이야기, 면담, 관찰, 상호작용 및 시각 자료 등을 제시했다. 가설 검증 방법을 사용하는 양적 연구와는 달리 질적 연구에서는 다양한 자료로부터 새로운 이론이 형성된다.

질적 연구의 주요 목적은 자료를 수집하고 분석하는 과정을 통해서 이론을 형성하는 것이다. 연구 결과보다 연구 과정을 중시하고 의미를 해석하는 데 중점을 둔다.

질적 연구의 장점은 어떤 특정 집단을 이해하려 시도한다는 점에 있다. 질적 연구에 의해 설정된 '근거 이론(grounded theory)'은 문화와 사회적 상황 등과 같은 넓은 영역에의 전이 가능성(轉移可能性, transferability)을 지니고 있다. 근거 이론은 다양한 분야 간의 관계를 기술함으로써 연구들을 서로 연결시키고 뒤따르는 연구를 위한 이론적 모형을 마련하는 데에 목적이 있다. 질적 연구는 그 연구 결과를 다른 맥락에서 일반화할 수 없다는 점 때문에 비판받는다. 그러나 질적 연구자들은 발견의 전이 가능성에 대해서 언급하면서 연구에 있어서 일반화 가능성(generalizability)은 단순히 계산적인 것 이상의 차원이라고 주장한다.

질적 연구 방법에서 가장 중요한 것은 연구의 윤리적 측면이다. 연구자는 최상의 자료를 수집하는 동시에 연구에 개입하는 참여자를 보호해야 한다. 또한 연구 현장에서의 인적 역학 관계가 어떻게 작용하는가에 민감해야 하며 행위나 신조 및 가치의 모형이 제시되는 총체적인 연구는 익명을 보장해야 한다. 질적 연구를 진행할 때에는 특히 연구 참여자의 심리적 안정이 필요하므로 프로젝트와 자료 수집 방법에 대한 안내를 분명히 제시하고 연구 참여자들과 교섭해야 한다. 보다 생산적인 연구 수행을 위해서는 자료 수집과 자료 분석을 관련시키지 않고 별도로 구분하여 생각하는 것이 중요하다.

질적 연구의 중요한 특성은 연구에서 '가설 형성', '자료 수집', '자료 분석'의 과정이 순환적일 수 있다는 것이다. 또한 가설을 형성하기 위해 자료 수집과 자료 분석을 거듭하여 보다 집중적인 자료 수집과 가설의 반복 검증이 가능하므로 밀도 있는 기술을 할 수 있다. 데이비스(K. A. Davis)는 연구자가 밀도 있는 기술을 제시함으로써 독자는 제시된 자료와 해석의 공동 분석자가 되고 연구를 비판적으로 평가할 수 있다고 했다. 질적 연구에 의해 생성된 지식은 사회적 구성의 결과이기 때문에 구인 타당성과 관련이 있으며 밀도 있는 기술에 기초를 두고 있어 질적 연구의 전제에 일치하는 통합적 일반화 가능성을 지닌다. 질적 연구에서 밀도 있는 기술은 연구 대상이 된 집단에 소속된 모든 개인을 일반화시킬 수 있을 정도로 포괄적인 성격을 지닌다.

질적 연구의 대표적인 예인 데이비스의 연구에서는 가정과 학교의 차이에 대한 이론과 문화적·언어적 자본 이론을 적용하여 노동자, 중산층, 상류층 간의 언어 습득과 학력 수준의 차이를 밝힌 바 있다. 〈김진완〉

= 정성적 연구

[참고문헌]
• 김진완(2003), 영어교육 및 응용 언어학 분야의 연구 방법론의 변화: 질적 연구 방법론의 정립, 외국어교육연구 6, 서울대학교 외국어교육연구소, 57~77쪽.
• Davis, K. A. (1994), *Language planning in multilingual contexts: Policies, communities, and schools in Luxembourg*, John Benjamins Publishing Company.
• Davis, K. A. (1995), Qualitative theory and methods in applied linguistics research, *TESOL Quarterly 29*, pp. 427~453.
• Denzin, N. K. & Lincoln, Y. S. (Eds.) (1993), *Handbook of qualitative research*, SAGE Publications.
• Mackey, A. & Gass, S. M. (2005), *Second language research: Methodology and design*, Routledge.

■ 내러티브 연구

내러티브 연구(narrative study)는 개인의 경험을 이야기 형식으로 표현하는 과정의 결과물인 내러티브에 관심을 갖는 연구 방법이다.

차르니아브스카(B. Czarniawska)는 내러티브를 연대기적으로 연결된 하나의 사건(행동)이나 일련의 사건(행동)들에 대한 이야기를 음성 또는 문서 텍스트로 이해할 수 있게 하는 질적 연구의 유형으로 보았다. 내러티브 연구는 특정한 한 장소나 여러 장소에서, 환경과의 사회적 상호작용 속에서, 시간이 경과하면서 이루어지는 연구자와 연구 참여자들 간의 협동 연구이다. 이때 연구자는 현장 속에서 연구를 진행해 나간다. 결과적으로 그 연구는 사람들의 개인적이고 사회적인 삶을 구성하는 경험에 대해 이야기를 하면서 그 이야기를 다시 재확인하고 수정하며 새로운 이야기를 만들어 낸다. 이러한 내러티브 연구는 문학, 역사학, 인류학, 사회학, 사회 언어학, 교육학 분야에 폭넓게 사용된다.

내러티브는 내러티브적 속성이 있는 이야기 자체를 연구 대상으로 한다. 현장 노트, 인터뷰, 일지, 편지, 자서전, 구술 기록 등이 내러티브 연구의 자료이다. 내러티브 연구는 한두 사람을 연구하는 데 초점을 두며 개별적인 경험들을 보고하면서 이러한 경험들의 의미를 연대기적으로 나열하는 것으로 수행된다. 내러티브 연구의 절차를 제시하면 다음과 같다.

첫째, 연구 문제나 질문이 내러티브 연구에 적합한지 결정한다. 내러티브 연구는 인생의 상세한 이야기나 생활 경험 또는 소수 개인들의 생활을 포착하는 데 가장 적합하다. 둘째, 할 만한 이야기나 인생 경험을 가지고 있으며 많은 시간을 할애하여 복합적인 정보원들을 통해 자신의 이야기를 제시해 줄 수 있는 한 명 이상의 사람을 선택한다. 클란디닌과 코넬리(D. J. Clandinin & F. M. Connelly)는 이러한 이야기를 '현장 텍스트(field text)'라 불렀다. 셋째, 이야기의 맥락에 대한 정보를 수집한다. 내러티브 연구자는 개인의 이야기를 참여자들의 개인적 경험과 그들의 문화 그리고 그들의 역사적 맥락 속에서 분석한다. 넷째, 연구 참여자들의 이야기를 분석하고 나서 그것들을 이해할 수 있는 틀로 다시 이야기한다. 이야기의 재구성(restorying)은 이야기를 몇 가지 광범위한 유형의 틀로 재조직하는 과정이다. 이야기 구조나 줄거리는 세 가지 차원의 내러티브 연구 공간인 '개인적이고 사회적인 상호작용'과 '과거, 현재, 미래(연속성)' 그리고 '장소(상황)'를 포함한다. 다섯째, 연구에 적극적으로 관여하도록 하여 연구 참여자들과 협력한다. 양자가 만남을 통해 배우고 변화하게 되는 연구자와 피연구자 간의 관계가 핵심 주제로 바뀌며 이 과정에서 당사자들은 분석에 대한 타당성 검증을 추가하면서 이야기들의 의미를 조정한다.

내러티브 연구 방법은 한국어교육에 매우 다양하게 적용할 수 있다. 내러티브 연구가 언어 교수와 학습 현장에서 일어나는 전반적인 사건과 행동들을 상세하게 보여 주기 때문이다. 예를 들어 언어 교수와 관련해 원어민 또는 비원어민 교사, 언어 프로그램 운영자, 교사 훈련 프로그램 담당자 등의 이야기가 연구의 초점이 될 수 있고, 언어 학습과 관련해 제2 언어 또는 외국어로서 한국어를 학습하는 외국인 및 다문화 가정 자녀들, 전승어로서 한국어를 학습하는 해외 교민 자녀들의 이야기에 초점을 맞출 수 있다. 내러티브 연구는 사회 문화적 맥락에서 언어 학습자와 언어 교수자들이 자신의 능력과 정체성을 성찰해 봄으로써 어떠한 변화를 겪게 되는지 그 변화의 과정을 구체적으로 보여 주는 연구 방법이다. 〈신동일〉

[참고문헌]
- 신동일·김나희·유주연(2006), 내러티브 탐구 학습을 통한 교육 경험의 성찰, 교육인류학연구 9-2, 한국어교육인류학회, 57~87쪽.
- Clandinin, D. J. & Connelly, F. M. (2000), *Narrative inquiry: Experience and story in qualitative research*, 소경희 외 역, 2007, 내러티브 탐구: 교육에서의 질적 연구의 경험과 사례, 교육과학사.
- Creswell, J. W. (2006), *Qualitative inquiry & research design: Choosing among five approaches*, 조흥식 외 역, 2010, 질적 연구방법론: 다섯 가지 접근, 학지사.
- Czarniawska, B. (2004), *Narrative in social research*, SAGE Publications.

■ 현상학적 연구

현상학적 연구(現象學的硏究, phenomenological study)는 현상학적 환원, 기술적 분석, 반성, 해석 등 다양한 현상학적 방법을 사용하여 수행되는 연구를 뜻한다.

현상학적 연구는 크게 철학 분야의 연구와 철학 이외의 다른 학문 분야의 연구로 나눌 수 있다. 현상학적 연구는 1900/1901년 후설(E. Husserl)의 《논리 연구(*Logische Untersuchungen*)》를 시작으로 일차적으로 철학 분야에서 시작되었으며, 그 후 철학뿐 아니라 다른 학문 분야에서도 광범위하게 수행되어 왔다.

철학에서의 현상학적 연구는 후설(E. Husserl), 쉘러(M. Scheler), 하이데거(M. Heidegger), 인가르덴(R. Ingarden), 가이거(M. Geiger), 사르트르(J. P. Sartre), 메를로-퐁티(M. Merleau-Ponty), 레비나스(E. Levinas), 앙리(M. Henry), 뒤프렌느(M. Dufrenne), 거비치(A. Gurwitsch), 슈츠(A. Schutz) 등 많은 철학자들이 수행하였다. 그들에게 현상학의 핵심적인 주제는 '의식'이다. 의식을 분석하면 그와 더불어 그를 통해 경험될 수 있는 모든 것이 주제화될 수 있고 그를 통해 현상학은 존재하는 모든 것의 원리(인식 원리, 존재 원리, 가치 원리 등)를 다루는 보편적인 철학으로 전개될 수 있다. 현상학을 전개해 나가면서 그들은 모두 다양한 유형의 현상학적 방법을 사용한다. 그중에서 현상학적 환원은 태도 변경, 즉 어떤 하나의 태도에서 다른 태도로의 변경을 뜻하며 다양한 유형의 태도 변경이 가능하기 때문에 다양한 유형의 현상학적 환원이 존재한다. 그들은 현상학적 환원을 비롯하여 여러 가지 현상학적 방법을 사용해 생동하는 의식 체험을 엄밀하게 분석하고 그를 통해 인식론, 존재론, 윤리학, 미학, 사회

철학, 종교 철학, 문화 철학 등 철학의 다양한 분야를 쇄신하면서 철학을 엄밀한 학
(學)으로서 전개해 나갔다.

철학 이외의 다른 학문 분야에서의 현상학적 연구는 20세기 전반에도 이루어졌으나
특히 20세기 후반부터 현재에 이르기까지 활발하게 수행되어 왔다. 현재 고고학, 건축
학, 인지 과학, 언론 정보학, 상담학, 문화 인류학, 생태학, 경제학, 교육학, 인종학, 동
물 행동학, 민속 방법론, 영화학, 음악학, 지리학, 의료 인류학, 역사학, 언어학, 법학,
문학, 의학, 간호학, 종교학, 정치학, 정신 의학, 심리학, 신학, 사회 복지학, 행정학, 보
건학, 디자인학, 환경학, 아동 가족학, 체육학 등 다양한 분야에서 현상학적 연구가 수
행되고 있다. 이러한 연구는 주로 현상학적 질적 연구의 형태로 수행되고 있다. 질적
연구는 양적 연구와 대비되는 것으로 본질, 성질, 속성, 동기, 목적 등 양으로 환원될
수 없는 다양한 유형의 질을 해명하고자 하며 그를 위하여 현상학적 환원을 비롯해 다
양한 유형의 현상학적 방법을 사용한다. 현상학적 질적 연구 중에서도 특히 활발하게
수행된 것은 현상학적 체험 연구(lived experience research)인데, 반 캄(A. van Kaam),
콜레지(P. Colaizzi), 지오르지(A. Giorigi), 벤너(P. Benner), 딘켈만(T. Dinkelman), 반 매
넌(M. van Manen)을 비롯해 많은 학자들이 현상학적 체험 연구의 방법을 개발하였다.
한편 그들이 개발한 현상학적 체험 연구의 방법을 현상학적이라고 부를 수 없다는 비
판이 제기되기도 하였다. 그러나 최근 이러한 비판이 타당하지 않다는 사실과 더불어
기존의 다양한 현상학적 체험 연구의 방법에 문제가 없는 것은 아니지만 이러한 방법
역시 철학적 현상학에 토대를 두고 있는 현상학적 방법이라는 사실이 해명되었다. 앞
으로 현상학적 체험 연구를 비롯해 다양한 유형의 현상학적 질적 연구가 여러 학문 분
야에서 더 활발하게 수행될 것으로 여겨진다.

현상학적 질적 연구가 교육의 문제를 해명하는 데 중요한 역할을 담당할 수 있기 때
문에 앞으로 한국어교육학 분야에서도 이러한 연구가 풍부하고 체계적으로 수행될 수
있을 것이다.　　　　　　　　　　　　　　　　　　　　　　　　　　　　　〈이남인〉

[참고문헌]
• 이남인(2013), 현상학과 해석학: 후썰의 초원론적 현상학과 하이데거의 해석학적 현상학, 서울대학교출판문화원.
• 이남인(2014), 현상학과 질적 연구: 응용 현상학의 한 지평, 한길사.

■ 근거 이론

근거 이론(根據理論, grounded theory)이란 체계적이고 귀납적으로 수집된 자료를 근
거로 하여 이론을 개발하는 데 사용되는 연구 방법이다.

이 방법을 제안한 글레이저와 스트라우스(B. Glaser & A. Strauss)는 이론적 민감성
(theoretical sensitivity)이라는 개념과 자료에 근거해서 이론을 개발하는 방법을 처음으

로 제시하였다. 연구자는 근거 이론 방법을 활용해서 현상이나 과정을 구성하는 주요 개념들을 찾아내고 이들의 관계를 보여 주는 이론을 만들어 낼 수 있다.

근거 이론은 전통적인 방법과 최근에 개발된 방법을 포함해서 크게 다섯 가지로 나눌 수 있다. 전통적인 방법으로는 글레이저식 근거 이론과 스트라우스식 근거 이론이 있다. 글레이저식 근거 이론은 자료의 생성과 해석에서 보다 객관주의적인 관점을 취한다. 스트라우스식 근거 이론은 자료에 대한 연구자의 주관적인 해석과 이해를 반영해서 이론을 만들어 낸다. 최근에 개발된 근거 이론의 방법으로는 수준 분석, 구성주의적 근거 이론, 상황 분석 등이 있다.

근거 이론은 상징적 상호작용론(symbolic interactionism)에 뿌리를 두고 있다. 상징적 상호작용론은 현실이 사람들 간의 상호작용을 통해서 만들어지고 끊임없이 변화한다고 본다. 이런 관점에 기초한 근거 이론은 시간에 따라 변화하는 과정과 변화 자체에 중점을 두고, 현실이 사회적으로 구조화되는 과정을 이해하기 위해 자료를 수집하고 분석한다.

근거 이론 방법에서 연구자는 적절한 자료의 수집과 체계적이고 창의적인 분석을 반복해서 수행한다. 이 과정에서 이론을 만드는 데 도움이 되는 단서를 찾아내는 연구자의 이론적 민감성이 필요하다. 연구자는 이론을 만들어 가는 과정에서 출현하는 개념들에 기초해서 자료를 모으고 지속적인 비교와 코딩(coding) 작업을 통해서 수집된 자료를 분석한다. 코딩 작업은 개방 코딩(open coding), 축 코딩(axial coding), 선택 코딩 (selective coding)의 세 단계로 나뉜다. 개방 코딩을 통해 수집된 일차 자료로부터 개념과 범주를 도출하고, 축 코딩을 통해 범주들 간의 관계를 도식화한 뒤, 선택 코딩을 통해 일관성 있는 이론을 만든다.

근거 이론은 과정이나 상황을 이해하는 데 도움이 되는 이론적 모형이 부족한 연구 영역이나 새로운 연구 영역의 학문적 발전에 기여할 수 있다. 그러나 근거 이론은 연구자와 독자 모두에게 매우 도전적인 방법이기도 하다. 근거 이론을 사용하려고 하는 연구자들은 고도의 전문성과 창의성이 있어야 한다. 또한 지속적 비교와 코딩 등 기본 개념에 대한 올바른 이해뿐만 아니라 실제 경험이 풍부해야 한다. 여기에 개념과 패러다임 모형, 이론을 만들기 위한 창의력과 같은 인지 능력도 뒷받침되어야 한다. 이러한 역량을 개발하기 위해서는 많은 시간과 경험이 필요하다. 독자들도 매우 복잡한 과정을 거쳐 만들어진 근거 이론을 이해하기란 쉽지 않다. 〈이병식〉

= 토대 이론, 현실 밀착 이론

[참고문헌]
• 유기응 외(2012), 질적 연구 방법의 이해, 박영사.
• Glaser, B. & Strauss, A. (1967), *The discovery of grounded theory*, 이병식·박상욱·김사훈 역, 2011, 근거 이론의 발견: 질적 연구 전략, 학지사.
• Richard, L. & Morse, J. M. (2007), *User's guide to qualitative methods*, SAGE Publications.

■ 문화 기술적 연구

문화 기술적 연구(文化記述的研究, ethnographic study)는 한 집단의 의사소통적 행위를 포함한 문화적 행위를 기술하고 해석하기 위하여 그 집단의 생활 양상을 현장에서 조사, 수집, 기록하고 분석하는 연구 방법으로 민족지학적 연구라고도 한다.

윌슨(S. Wilson)은 문화 기술적 연구의 뿌리를 인류학과 사회학 분야의 연구 전통에서 찾았으며 인간 행위에 대한 두 가지 관점과 관련이 있다고 했다. 첫째는 자연주의적·생태학적 관점으로 행위가 일어나는 상황 맥락이 그 행위에 의미 있는 영향을 준다는 시각이다. 이는 실험실적 상황보다는 자연스러운 상황을 탐구·조사하는 현장 연구를 선호하는 관점에 해당한다. 따라서 역할극 상황이 아닌 실제 생활의 사회 상황에서 연구가 진행된다. 둘째는 질적·현상학적 관점으로 외적인 진리에 대한 신념을 고수하기보다는 연구에 포함되는 연구자나 대상자 모두의 주관적인 인식과 신념 체계를 연구에 통합시키지 않고서는 인간 행위에 대한 이해가 불가능하다는 시각이다.

누난(D. Nunan)은 문화 기술적 연구의 특성을 맥락적, 비강요적, 종단적, 협동적, 해석적, 유기적이라고 기술하였다. 다시 말해 문화 기술적 연구는 연구 대상자가 있는 실제 상황에서 연구가 진행되는 맥락적 특성이 있고, 연구될 현상을 조정하지 않는 비강요적 특성이 있으며 비교적 긴 연구 시간을 할애하는 종단적 연구이다. 또한 이 연구는 연구자 이외에도 관심 있는 참여자가 함께 연구하는 협동적 특성이 있으며, 자료에 대한 해석적인 분석을 수행하고, 연구 문제나 가설, 연구 자료 수집 및 해석 사이에 상호작용이 있어 유기적이다.

문화 기술적 연구가 비(非)민족지학적 사례 연구와 다른 점은 인류학적인 토대와 문화에 초점을 둔다는 점이다. 존슨(D. M. Johnson)은 연구 현장을 방문하고 길게 체류하는 등의 유사한 현장 연구 방법을 사용하거나 밀도 있는 기술적 설명을 한다 할지라도 문화적 현상에 대한 총체적인 연구와 문화적인 해석이 없다면 문화 기술적 연구라고 할 수 없다고 했다. 문화 기술적 연구는 양적 연구에서는 제공하지 못하는 자료에 근거한 통찰력을 제공해 주기 때문에 매우 효율적인 연구 방법이며 궁극적으로는 지식을 구성하는 새로운 방법을 제공해 주기 때문에 점점 더 많이 사용되고 있다.

문화 기술적 연구는 하나의 문화 구성원으로서 그 문화에 참여하고 이해하는 문화 내부자적인 관점이라는 특성이 있는 한편 총체적 관점에서 언어 교육의 특정 문화, 문화적 상황 및 문화적 사건에 대한 전체적인 그림을 제공할 수 있다. 따라서 문화 기술적 연구는 문화 특정적인 내부자 관점(emic)과 해석적인 외부자 관점(etic)을 모두 활용하여 분석한다는 장점이 있다. 그러나 연구 대상이 된 문화에 너무 익숙해지면 편견으로 인해 그 문화에 대한 왜곡된 해석을 하기가 쉽고 그 문화에 너무 낯설면 내부적인 이해를 할 수 없다는 단점이 있다. 연구자의 지나친 참여는 연구되는 문화 행위 자체를 변화시킬 수 있고 연구자의 비참여는 문화 행위 자체를 놓칠 수 있다. 또한 연구 대상 참여자에게 지나친 힘을 허용하면 연구 자체가 방해를 받고 연구자에게 지나친 힘을 허용하면 연구 대상의 자연적인 변화 과정을 보는 데에 방해가 된다는 딜레마가 있다. 따라서 문화 기술적 연구에서는 내부자적인 관점과 외부자적인 관점 사이에서 최상의 균형을 이루려는 노력이 필요하다. 〈김진완〉

= 민족지학적 연구

[참고문헌]

• Johnson, D. M. (1992), *Approaches to research in second language learning*, Longman.
• Mackey, A. & Gass, S. M. (2005), *Second language research: Methodology and design*, Lawrence Erlbaum Associates.
• Nunan, D. (1999), *Research methods in language learning*, Cambridge Univerity Press.
• Wilson, S. (1977), The use of ethnographic techniques in educational research. *Review of Educational Research 47-1*, pp. 245~265.

❏ 내부자 관점과 외부자 관점

내부자 관점(에믹, emic)은 한 문화 내부자의 관점을, 외부자 관점(에틱, etic)은 문화 외부자의 관점, 즉 문화 상대주의적 관점을 말한다.

내부자 관점 해석은 문화 내부에 있는 사람에게 의미 있는 표현 방식으로 현상을 기술하는 것이어서 문화 특정적(culture-specific)이다. 반면 외부자 관점 해석은 외부 관찰자가 다른 문화에도 적용할 수 있는 표현 방식으로 현상을 기술하는 것이어서 문화 중립적(culture-neutral)이다.

내부자 관점과 외부자 관점이라는 용어는 언어학자 파이크(K. L. Pike)가 사용하였다. 내부자 관점의 원어인 'emic'은 'phonemic(음소적)', 외부자 관점의 원어인 'etic'은 'phonetic(음성적)'이라는 언어학 용어에서 연유한다. 인류학자 및 심리학자들이 문화, 행위, 성격 등을 연구하고 해석하는 데에 언어학 연구 방법을 적용하려는 과정에서 내부자 관점과 외부자 관점이라는 용어가 사용되었다. 내부자 관점 해석은 하나의 문화 내에 존재하며 그 문화의 원어민에 의해서 가장 잘 기술되고 문화 특성에 의해 결정된다. 반면 외부자 관점 해석은 보편적으로 생각되는 문화 현상이나 행위에 대한 일반화를 지향한다.

일반적으로 질적 연구에서는 내부자 관점을 적용해서, 즉 연구 대상인 공동체 구성원에게 의미 있는 범주를 사용해서 현상을 해석하는 것을 목표로 한다. 그리고 양적 연구에서는 외부자 관점과 외부자의 범주를 사용해서 현장을 좀 더 객관적으로 해석하는 것을 목표로 한다. 제2 언어 습득에 대한 질적 연구는 주로 인터뷰, 관찰, 내부자 관점을 활용한다. 그러나 제2 언어 학습자의 습득 전략을 해석하는 전통적인 사례 연구에서는 외부자 관점을 취하기도 한다. 따라서 해석적·질적 연구와 비통계적인 제2 언어 연구 간의 구별은 내부자 관점 및 전체적(holistic) 접근인지, 외부자 관점 및 분리식

(discrete) 접근인지에 따라서 나누어진다.

그러나 두 접근 방식이 결합될 때 제2 언어 습득 현상에 대한 해석이 보다 풍부해질 수 있다. 예를 들어 내부자 관점 접근은 특정 제2 언어 상황에 대한 지나친 가치 적용을 벗어나려고 고민하고, 외부자 관점 접근은 특정 상황의 한 측면만 바라보는 시각을 벗어나서 다양한 제2 언어 상황에 해석을 적용할 수 있도록 도움을 준다.

예를 들어 한국에 온 동남아 이주민들의 각기 다른 모국어 의미 패턴과 사회 문화적 가치 패턴이 한국어 습득 및 언어 행위에 어떠한 영향을 주는가에 대해 연구한다면 이주민 공동 사회의 한 일원으로서 같이 생활하며 그들 내부자의 관점에서 한국어 습득 및 언어 행위에 대한 영향을 연구할 수도 있으며, 한편으로는 다양한 이주민 공동 사회의 상황을 고려하면서 객관적인 외부자의 관점에서 한국어 습득 및 언어 행위에 대한 영향을 연구할 수도 있다. 제2 언어 습득 및 언어 행위에 대한 질적 연구에서 보다 풍부한 해석을 얻기 위해서는 이렇게 두 접근법을 균형 있게 활용하는 것이 필요하다. 따라서 객관적인 외부자 관점을 유지하면서도 심도 있게 공동체 내부를 이해하는 내부자 관점을 잃지 않도록 균형을 지키는 일이 중요하다. 〈김진완〉

= 에믹, 에틱

→ 사회 언어학

[참고문헌]
- 조명원·이흥수(2004), 영어교육사전, 피어슨에듀케이션코리아.
- Mackey, A. & Gass, S. M. (2005), *Second language research: Methodology and design*, Lawrence Erlbaum Associates.
- Richards, K. (2003), *Qualitative inquiry in TESOL*, Palgrave Macmillan.

■ 실행 연구

실행 연구(實行研究, action research)는 교실 현장에서 부딪히는 문제점을 연구 문제로 삼아 이에 대한 답을 찾으려는 노력을 교사가 독립적으로 또는 동료 교사들과 협력적으로 수행하는 질적 연구의 유형이다.

실행 연구에서 연구 문제는 교실 수업의 변화와 향상에 중점을 두며 구체적인 성격을 띤다. 이러한 이유로 교사 연구(teacher research) 또는 실천가 연구(practitioner research)라고도 불린다.

매키와 가스(A. Mackey & S. M. Gass)에 따르면 실행 연구는 대부분의 연구와 마찬가지로 연구 문제에서 시작하여 자료의 수집, 분석과 해석을 거쳐 제기한 연구 문제의 해결책을 제시하는 형태로 수행될 수 있다. 가장 잘 알려져 있는 실행 연구의 모형으로는 계획(planning), 실행(action), 관찰(observation), 반성(reflection)이라는 순환적 구조를 지닌 케미스와 맥타거트(S. Kemmis & R. McTaggart)의 모형을 들 수 있다. 케미스와 맥타거트의 모형에 따르면 계획 단계에서 교사는 본인이 처한 교수 환경의 문제점을 찾아내어 이를 해결하고 개선하기 위한 실행 계획을 수립한다. 그리고 실행 단계에서 교사는 전 단계에서 세운 계획을 실천에 옮긴다. 관찰 단계는 자료 수집 단계로서 교사가 실행의 효과를 체계적으로 관찰하고 기록으로 남긴다. 끝으로 반성 단계에서는 교사가 실행의 효과를 반성, 평가, 기술한다. 이후에는 경우에 따라 후속 연구로서 이러한 순환적인 네 단계를 다시 시작할지를 결정하게 된다.

실행 연구를 수행할 수 있는 주제 영역은 무궁무진하다. 번즈(A. Burns)에 따르면 실행 연구 주제의 예로는 학습자의 자율성(learner autonomy) 향상하기, 언어 기술 통합하기, 언어 형식에 중점 두기, 학습 동기 이해하기, 쓰기 기술 개발하기, 집단 활동(group work) 촉진하기, 교실을 더 상호작용적으로 만들기, 새로운 교재를 시험적으로 사용하기, 평가를 수행하는 새로운 방법을 찾아보기, 교실 활동에 기술(technology)을 통합하기, 학생들이 자율 학습 기법(self-study technique)을 개발하도록 돕기 등을 들었다.

한국어교육에서는 실행 연구가 아직 활발히 수행되고 있지는 않지만 연구자로서의 교사(teacher as researcher)라는 새로운 역할 수행을 통해 교사에게 권한을 부여할 수 있고 한국어교육 현장의 문제점을 개선시킬 수 있는 현장의 목소리가 반영된 연구가 수행될 수 있다는 점에서 실행 연구가 장려될 필요가 있다. 〈김영규〉

[참고문헌]
• Burns, A. (2010), *Doing action research in English language teaching: A guide for practitioners*, Routledge.
• Kemmis, S. & McTaggart, R. (1988), *The action research planner*, Deakin University Press.
• Mackey, A. & Gass, S. M. (2005), *Second language research: Methodology and design*, Lawrence Erlbaum Associates.

■ 사례 연구

사례 연구(事例研究, case study)란 특정 개인이나 집단을 연구의 분석 단위인 사례로 정의하고 그 사례에 초점을 두는 연구이다.

분석 단위인 사례는 학습자, 교사 등의 한 개인이거나 학교, 대학, 교실, 프로그램 등의 하나의 집단, 하나의 지역 사회 등 다양한 단위로 설정할 수 있으며 언어 정책 연구에서는 한 국가가 될 수도 있다. 사례 연구의 핵심은 특정 사례에 대한 면밀하고도 전체적인 관찰에 있기 때문에 사례의 수는 소수로 제한된다. 사례 연구의 목적은 맥락 안에서 사례를 기술하는 데 있으므로 제한된 체계의 통일성과 총체성을 강조하며 해당 시기의 연구 문제의 적절한 측면에만 관심을 국한하는 특성을 지닌다. 따라서 사례 연구는 독립된 하나의 연구가 되며 때로는 다른 연구 방법을 활용하는 더 큰 연구의 일부분을 구성하기도 한다.

스텐하우스(L. Stenhouse)는 사례 연구의 유형을 신민족지학적, 평가적, 다중 현장 및 교사 연구 등으로 분류한다. 신민족지학적 사례 연구에서는 하나의 사례에 대해 참여 관찰자의 상세한 조사가 이루어진다. 평가적 사례 연구에서는 하나의 사례나 집단의 정책과 실제 운영에 대해 심도 있게 조사한다. 다중 현장 사례 연구는 여러 현장에서 연구팀이 조사를 수행하는 밀도 있는 현장 연구를 말하며 교사 연구는 현장 교사가 수행한 교실 실행 연구나 학교 사례 연구를 말한다.

사례 연구는 다른 사례에 일반화할 수 없다는 단점을 지니고 있으나 연구를 위해 선택된 제한적인 체계의 맥락 안에서 하나의 사례를 상세하고 전체적으로 조망할 수 있다는 장점이 있다. 따라서 사례 연구는 연구 과정에 풍부한 통찰력을 제공할 수 있는 유용한 연구 방법이다. 또한 대학원생들이나 현장 교사가 수행하는 소규모의 연구 유형에 적합하다는 것도 사례 연구의 장점이다. 사례 연구는 특히 제2 언어 학습 과정, 학습 전략, 개인의 제2 언어 쓰기 및 말하기 발달, 교실 학습의 사회 심리학적 측면 및 정의적 측면 등을 연구하는 데에 매우 유용하다.

사례 연구는 문화 기술적 연구와는 다르게 한 집단 혹은 한 개인의 문화적 측면에 필수적으로 초점을 둘 필요는 없다. 샤펠과 더프(C. A. Chapelle & P. A. Duff)에 따르면 전통적으로 외국어 교육 및 제2 언어 습득에서의 사례 연구는 제2 언어의 통사, 형태, 음운 등의 발달에 초점을 두고 객관적인 연구자에 의해서 분석이 되는 심리학과 언어학적 분석에 그 기원을 두었다고 한다. 그러나 최근의 사례 연구는 기존의 분리된 언어적 요소의 학습 및 습득에 초점을 두는 대신에 학습자 및 교사의 정체성, 언어 기능 발달, 교사의 전문성 개발 경험, 언어 정책 등의 주제에 더 초점을 두는 경향을 보이고 있다. 〈김진완〉

[참고문헌]
• Chapelle, C. A. & Duff, P. A. (Eds.) (2003), Some guidelines for conducting quantitative and qualitative research in TESOL, *TESOL Quarterly 37*, pp. 157~178.
• Mackey, A. & Gass, S. M. (2005), *Second language research: Methodology and design*, Lawrence Erlbaum Associates.
• Nunan, D. (1999), *Research methods in language learning*, Cambridge University Press.
• Stake, R. E. (1988), Case study methods in educational research: Seeking sweet water, In R. M. Jaeger (Ed.), *Complementary methods for research in education*, pp. 253~278, American Educational Research Association.
• Stenhouse, L. (1983), Case study in educational research and evaluation. In L. Bartlett, S. Kemmis. & G. Gillard. (Eds.), *Case study: An overview*, Deakin University Press.

■ 참여 관찰

참여 관찰(參與觀察, participant observation)이란 연구자가 연구 대상 집단과 함께 활동에 직접 참여하면서 집단을 관찰하는 것을 말한다.

참여 관찰은 외부자 관찰의 한계를 극복하기 위한 방법으로 보통 질적 연구에서 사용된다. 이는 관찰 방법 중에서 관찰자가 가장 눈에 띄지 않게 관찰 대상 집단의 일원이 되는 방법이다. 따라서 연구자는 집단의 사람들과 함께 활동에 충분히 참여하면서 동시에 관찰하는 이중적인 역할을 한다. 앨더와 앨더(P. A. Alder & P. Alder)는 참여 관찰이 복잡한 현상으로 관찰자를 이끌어서 그 현상이 나타내고 있는 복잡한 관계와 인과 관계를 파악할 수 있게 한다고 본다. 이러한 특성 때문에 참여 관찰은 질적 연구의 자료 수집 방법 중 가장 도전적이고 유용한 방법이다.

참여 관찰을 하는 연구자는 미리 특정 가설이나 연구 문제를 가지고 연구를 시작하는 것은 아니며 연구에 참여해서 관찰하고 경험한 모든 것에 세밀하게 주목하여 기록한다. 또한 연구자가 활동에 참여하면서 관찰하고 활동 직후 기록이 이루어지기 때문에 연구자가 전적으로 연구에 참여하게 된다. 참여 관찰은 보통 오랜 기간 동안 이루어지므로 연구자와 참여자들 간에 친밀감 형성이 필요하다. 참여 관찰 연구는 일반적으로 다음 네 단계를 거쳐 이루어진다.

(1) 대상 집단과 친밀한 관계 형성하기
(2) 연구자 자신이 연구 현장에 몰입하기
(3) 자료 및 관찰 기록하기
(4) 수집된 정보 통합하기

참여 관찰에서는 관찰자인 연구자의 관찰 과정이 연구 참여자들에게 영향을 미쳐 이상적인 형태의 자료 수집에 방해가 되는 관찰자 역설(observer's paradox)의 가능성이 있다. 관찰자 역설의 효과를 제한한다고 하더라도 관찰과 참여를 동시에 진행한다는 것은 어려운 일이다. 가장 실현 가능한 참여 관찰 상황은 매키와 가스(A. Mackey & S. M. Gass)가 제시한 것처럼 연구자가 쉽게 들어가 융화될 수 있는 대화 모임이나 언어 교환 모임과 같은 성인 학습 상황이다.

예를 들어 한국 다문화 가정의 외국인 부모에 대한 사회 문화적 연구에서 한국어 및 한국 문화의 영향을 질적으로 연구할 경우에 참여 관찰을 적용할 수 있다. 연구자가 다문화 커뮤니티에 가입해서 한국어 및 한국 문화 교육을 부분적으로 담당한다든지 또는 다문화 공동체의 일원이 되어 함께 문화 활동을 하면서 어떠한 사회 문화적 요소가 외국인의 한국어 및 한국 문화 학습에 영향을 주는지를 밀도 있게 관찰하며 분석할 수 있다. 이때 연구자는 다문화 내부자의 관점에서 객관적인 외부자의 관점을 견지하면서 활동에 참여하고 관찰하는 것이 중요하다. 또한 참여 관찰에서는 연구 윤리의 문제가 중요한데 연구 참여자로부터 참여 관찰을 위한 사전 동의를 얻어야 하며 자발적인 참여를 유도해야 한다. 〈김진완〉

= 참여자 관찰

[참고문헌]
• 조명원·이흥수(2004), 영어교육사전, 피어슨에듀케이션코리아.
• Alder, P. A. & Alder, P. (1991), Writing against culture, In R. G. Fox. (Ed.), *Recapturing anthropology: Working in the present*, School of American Research Press.
• Mackey, A. & Gass, S. M. (2005), *Second language research: Methodology and design*, Lawrence Erlbaum Associates.
• Richards, K. (2003), *Qualitative inquiry in TESOL*, Palgrave Macmillan.

■ 내성법

내성법(內省法, introspection)은 자신의 심리 상태와 정신적 움직임을 내면적으로 관찰하고 분석하는 자기 관찰식 연구 방법이다.

누난(D. Nunan)은 인간 행위에 영향을 주는 생각, 느낌, 동기, 추론 과정 및 정신 과정에 대해 관찰하고 성찰하는 내성을 통해 연구하는 것을 내성 연구라고 제안하였다. 내성법은 철학과 심리학에서 연유했다. 외부 세계의 현상을 관찰할 수 있는 동일한 방법으로 의식 세계에서 일어나는 현상도 동일하게 관찰할 수 있다는 전제를 바탕으로 연구 참여자의 정신 과정에 대한 성찰을 이끌어 낸다.

내성법에서는 보통 두 종류의 구술 보고(verbal-report) 자료가 사용되는데 특히 언어 연구에서는 크게 동시적(concurrent) 구술 보고와 회상적(retrospective) 구술 보고의 두 형태로 나눌 수 있다. 동시적 구술 보고는 구술 보고가 특정 과업이 수행되는 동안 동시에 이루어지며 회상적 구술 보고는 특정 과업의 수행이 완료된 후에 구술 보고가 이루어진다. 따라서 동시적 구술 보고는 연구자가 부여한 특정 과업과 직접 연관되지만 회상적 구술 보고는 주어진 특정 과업과 직접 연관되지 않을 수도 있으며 과업 중심이 아닌 조정 과정을 반영할 수 있다.

내성법에서 동시적 구술 보고 방법으로는 사고 구술(think-aloud)이 있다. 사고 구술 방법은 연구 대상자가 과업을 수행하고 있는 동안에 무엇을 생각하고 행하고 있는지 연구자에게 구술하게 하는 방법이다. 이때 발화된 사고 구술은 녹음되거나 녹화되고 이후 전사된다. 전사된 사고 구술 프로토콜의 내용이 분석되며 대부분 연구자에 의해 개발된 특정 범주로 코드화된다.

제2 언어 연구에서 사용되는 대표적인 회상적 구술 보고 방법으로는 설문지(question-naire), 면담(interview), 일지(diary) 쓰기가 있다. 회상적 보고 중 가장 제한적 형태로 볼 수 있는 구조화된 설문지는 진술에 대한 가부를 묻거나 고정된 선택 중에서 하나를 선택하는 설문지 형태이다. 구조화된 설문지를 면담 형태로 진행하는 구조화(structured) 면담은 미리 준비된 질문들에 대해서 단순히 '예', '아니요' 또는 간단한 단답식으로 대답하는 방식이다. 반면 비구조화(unstructured) 면담에서는 면담자가 질문에 대해 융통성을 발휘할 수 있어 연구자와 면담 대상자 간에 보다 동등한 관계 구축이 가능하다. 반구조화

(semi-structured) 면담은 면담 가이드를 사용하며 구조화 및 통제의 정도에서 구조화 면담과 비구조화 면담의 중간에 위치한다. 회상적 구술 보고를 위한 일지 또는 저널 쓰기는 본래 민족지학적 성격을 띤다. 특히 제2 언어 습득 분야에서 일지 쓰기는 제2 언어 습득 과정에 포함된 학습자의 인지 상태와 과정을 연구하기 위해서 일지 연구(diary study) 방법으로 사용되고 있다. 일지 연구는 연구자 자신이 일지를 쓰고 자신의 학습 과정을 분석한다는 의미에서는 내성적 특성을 지니며 연구자가 다른 학습자의 일지를 보고 학습 과정을 분석한다는 점에서는 비내성적 성격을 지니기도 한다.

내성적 연구에서 사용되는 구술 보고는 기저 인지 과정을 불완전하게 보여 주고 있기는 하지만 여러 문제를 최소화하려는 노력을 통해서 여전히 내적 과정에 대한 유용한 정보를 제공한다. 구술 보고에 내재하는 문제를 극복하기 위해서는 다중적인 내성적 방법을 사용한다거나 내성과 관찰을 결합하는 방식을 사용하려는 노력이 필요하다. 〈김진완〉

[참고문헌]
• Mackey, A. & Gass, S. M. (2005), *Second language research: Methodology and design*, Lawrence Erlbaum Associates.
• Matsumoto, K. (1993), Verbal-report data and introspective methods in second language research: State of the art, *RELC Journal 24-1*, pp. 32~60.
• Nunan, D. (1999), *Research methods in language learning*, Cambridge University Press.

■ 면담

면담(面談, interview)이란 면담자가 면담 대상자로부터 사실이나 진술을 이끌어 내기 위해서 질문을 하고 대상자는 답하는 과정을 구두로 진행하는 것을 말한다.

면담은 질적 연구에서 소수의 연구 참여자들에 관해 상세한 정보를 수집하는 방법이다. 설문지와 함께 조사 기반 연구에서 가장 흔히 사용되는 자료 수집 방법이다. 면담은 형식성의 정도에 따라 구조화(structured) 면담, 비구조화(unstructured) 면담, 반구조화(semi-structured) 면담으로 나눌 수 있다.

구조화 면담은 연구자가 모든 연구 참여자들에게 미리 준비해 둔 동일한 질문 목록을 정해진 순서대로 물어 마치 설문지를 구두로 실시하는 것과 같은 표준화된 구조를 말한다. 면담 계획은 연구자가 전적으로 사전에 결정한다.

비구조화 면담은 사전에 어떠한 질문을 하겠다고 계획하지 않은 상태에서 연구 참여자와의 면담을 진행하여 연구자가 일상 대화처럼 질문을 하고 연구 참여자는 자유롭게 자신의 생각을 피력하는 구조이다. 연구자의 계획보다는 면담 대상자의 반응에 따라 면담이 이루어진다. 연구자가 면담을 통제할 수 없기 때문에 면담 방향도 예상하기 어렵다.

반구조화 면담은 연구자가 면담 계획과 내용에 대한 일반적인 아이디어는 있지만 질문 목록을 미리 정해 두지 않거나 미리 준비해 둔 질문 목록을 일종의 지침으로 참고하여 질문을 하는 형태이다. 연구 참여자의 응답 내용에 따라 사전 질문 목록에는 없는 추가적인 질문을 하기도 한다. 연구자가 인터뷰의 방향을 어느 정도 예상할 수 있고 연구 참여자에게도 융통성이 부여된다. 이 면담에서는 질문보다는 주제와 논점이 면담 방향을 결정한다. 면담 종류는 연구의 성격과 면담자의 통제 정도에 따라서 결정되는데 진행 과정의 융통성 때문에 반구조화 면담 형태가 선호되고 있다.

연구자는 면담을 통해서 학습자의 인식이나 태도와 같이 직접 관찰할 수 없는 현상을 탐구한다. 또한 면담은 상호 작용의 성격을 지니고 있기 때문에 비록 처음 대답이 모호하고 불완전할지라도 부가적인 자료를 이끌어 낼 수 있다. 특히 면담은 연구자가 다른 자료 수집 방식에서 불편함을 느끼는 학습자로부터 자료를 이끌어 낼 수 있다는 장점이 있다. 또한 면담은 질적으로 풍부하고 심층적인 정보를 수집할 수 있다. 반면에 연구자가 연구 참여자들을 개별적으로 일일이 만나서 면담을 실시한 후 녹음 또는 녹화한 자료를 전사하여 질적으로 분석해야 한다는 단점도 있다. 홀과 리스트(A. Hall & R. Rist)는 선택적 회상, 자기기만, 인식 왜곡, 기억 상실, 주관적인 자료 기록 및 해석 등의 잠재적인 단점이 있다고 했다. 따라서 동일한 면담 대상자를 여러 번 면담하거나 여러 면담 대상자들을 면담하는 다중 면담으로 이러한 단점을 보완할 수 있다.

좋은 면담을 위해서는 기술(skill)이 필요하다. 초보 연구자가 연습이나 훈련 없이 비구조화 면담을 실시하는 것은 쉽지 않다. 또한 면담에서는 소위 비교 문화 화용적 실패(cross-cultural pragmatic failure)의 문제가 존재할 수 있다. 예를 들어 다문화 가정의 외국인 부모를 면담할 경우 어떤 질문은 특정 문화에 적합하지 않을 수 있고 서로 다른 언어 및 문화 상황으로 인해 의미 해석의 오해가 생길 수 있다. 이러한 문제와 관련해서 매키와 가스(A. Mackey & S. M. Gass)는 면담 시 주의해야 할 점으로 다음을 제안한다.

(1) 면담 대상자의 나이, 성, 문화 배경을 고려하라.
(2) 열린 의견을 낼 수 있도록 격려하라.
(3) 의사소통에서 일어날 수 있는 문제를 예상하는 기술을 발전시켜라.
(4) 면담 대상자를 되도록 편안하게 하라.
(5) 핵심 질문을 면담의 중간에 넣도록 하라.
(6) 면담 대상자의 응답을 따라 하여 성찰과 입력을 위한 기회를 제공하라.

〈김진완〉

= 인터뷰

[참고문헌]
• Hall, A. & Rist, R. (1999), Integrating multiple qualitative research methods (or avoiding the precariousness of a one-legged stool), *Psychology and Marketing 16-4*, pp. 291~304.
• Mackey, A. & Gass, S. M. (2005), *Second language research: Methodology and design*, Lawrence Erlbaum Associates.

• Nunan, D. (1992), *Research methods in language learning*, Cambridge University Press.

❑ 회상 프로토콜

회상 프로토콜(retrospective protocol)은 피험자가 과제 수행 직후에 면담을 통해서 과제 수행 과정을 회상하도록 하는 기법이다.

사고 구술(think-aloud)은 사고 과정을 방해할 수 있다는 제한점 때문에 회상 프로토콜이 사용된다. 회상 프로토콜 방식은 과제 수행 직후 연구자가 면담을 통해서 연구 참여자로 하여금 과제 수행 과정을 회상시키는 방식이며 면담 내용은 분석을 위해 녹화되고 전사된다.

누난(D. Nunan)에 따르면 회상 프로토콜은 과제를 수행하는 동시에 연구 참여자로부터 자료를 수집하는 것이 불가능하거나 바람직하지 않을 경우 사용된다. 예를 들어 연구의 초점이 교수 과정에서의 교사 결정에 있는 경우 교사가 가르치는 동시에 자신의 생각과 결정을 보고하기는 쉽지 않다. 이때 연구자는 자극 회상 기법(stimulated recall technique)을 사용한다. 연구자는 교사의 수업을 관찰하고 기록한 다음, 수업 직후 교사와의 면담을 통해서 수업 시간 동안 내린 결정에 대해서 알아보며, 이후 전사된 수업 내용이 교사의 회상과 잘 들어맞는지 확인한다. 때로는 수업 녹화 영상을 보면서 면담을 진행하여 교사의 회상을 도와주기도 한다.

회상 프로토콜은 실제 과제 수행과 회상 보고에 차이가 있다는 문제점이 있다. 이에 대해 에릭슨과 사이먼(K. A. Ericsson & H. A. Simon)은 과제 수행 이후 최대한 **빠른** 시간 내에 자료를 수집하여 자료의 신뢰성을 향상시킬 수 있다고 하였다. 회상 프로토콜에서는 연구 전에 연구 참여자에게 사고 구술에 대한 훈련을 충분히 시킬 필요가 있다. 〈김진완〉

[참고문헌]
• Ericsson, K. A. & Simon, H. A. (1993), *Protocol analysis verbal reports as data*, MIT Press.
• Mackey, A. & Gass, S. M. (2005), *Second language research: Methodology and design*, Lawrence Erlbaum Associates.
• Nunan, D. (1992), *Research methods in language learning*, Cambridge University Press.

■ 일지 연구

일지 연구(日誌研究, diary study)는 개인의 학습 과정 또는 교수 경험에서 반복적으로 나타나는 양상을 분석하기 위해서 정기적으로 일지에 반영하고 분석하는 연구 방법이다.

일지는 개인의 관점이 드러나는 내성적 기제로 베일리(K. M. Bailey)는 일지 연구를 언어 교육의 질적 연구에서 흔히 활용되는 연구 방법으로 제시했다.

일지 연구에서는 학습자들에게 자기 관찰, 내성(introspection) 및 회상(retrospection)을 통해 특정 기간 동안의 느낌, 생각, 신념, 태도, 반응에 대한 개인 설명을 일지에 체계적으로 쓰게 한다. 매키와 가스(A. Mackey & S. M. Gass)에 따르면 일지를 쓰는 학습자는 자기 생각을 자유롭게 쓸 수 있으며 연구를 위해 미리 상정된 문제에 답할 필요가 없다. 따라서 일지 연구를 통해서 예상치 못한 기저 요인, 특히 정의적 요인을 밝혀내기도 한다.

일반적으로 언어 교육 연구에서의 일지 연구로는 학습 일지와 교수 일지가 있다. 학습 일지는 교사의 교육적 도구 또는 연구 도구로서 학습자의 학습 활동에 대한 인식, 학습 어려움 및 교실 상호작용을 알아내기 위해서 활용된다. 교수 일지는 교사 경험, 교수 스타일 및 전략, 학생에 대한 감정 및 태도에 대한 새로운 시각을 제공하기 위해서 활용된다.

일지 연구에서는 일지를 쓰는 학습자가 구속받지 않고 학습에 대한 인상이나 인식을 기록할 수 있어서 연구자 관점만으로는 접근할 수 없는 학습 과정에 대한 통찰력을 얻을 수 있다. 반면 일지를 쓰는 학습자가 규칙적으로 학습에 대한 생각을 자세하게 기록하는 데에 전념해야 한다는 어려움이 있다. 이 점이 참여자에게는 상당한 부담이기 때문에 많은 연구자들이 자신의 일지 연구에 직접 참여하기도 한다.　　　　　〈김진완〉

[참고문헌]
• Bailey, K. M. (1990), The use of diary studies in teacher education programs, In J. C. Richards. & D. Nunan (Eds.), *Second language teacher education*, Cambridge University Press.
• Mackey, A. & Gass, S. M. (2005), *Second language research: Methodology and design*, Lawrence Erlbaum Associates.
• Nunan, D. (1992), *Research methods in language learning*, Cambridge University Press.

■ 사고 구술

사고 구술(思考口述, think-aloud) 기법이란 연구 참여자가 과제를 완성하거나 문제를 해결하면서 이루어지는 사고 과정을 말로 진술하는 방법을 말한다.

연구자는 포함된 사고 전략을 알아내기 위해 녹음 기기에 사고 구술 프로토콜(think-aloud protocol)을 수집해서 분석한다.

사고 구술 기법은 수행한 행동에 대해 사후에 되돌아보는 회상적(retrospective) 기법보다 사고 과정에 더 근접한 내성적(introspective) 성격을 지닌다. 연구자는 연구 참여자에게 특정 과제를 수행하면서 자신의 사고 과정을 진술하도록 요청한다. 연구 참여자는 과제를 수행하면서 무엇을 보고 있고, 무엇을 생각하고 있고, 무엇을 하고 있고, 무엇을 느끼고 있는지 진술한다. 따라서 사고 구술의 목적은 특정 과제를 수행하는 연구 참여자의 행동에 암시적으로 나타난 것을 명시적으로 만드는 것이다.

예를 들어 사고 구술 기법은 학습자가 제2 언어 읽기 및 쓰기 과제를 수행하면서 사용하는 제2 언어 읽기 및 쓰기 과정과 전략을 알아내기 위해서 사용한다. 제2 언어 학습자로 하여금 읽기 및 쓰기 과제를 수행하면서 이 과제를 성취하기 위해 사용하고 있는 읽기 및 쓰기 과정과 전략을 녹음 기기에 녹음하도록 한 후에 연구자가 녹음 내용을 분석하는 것이다.

사고 구술에서 문제는 말로 표현한 것이 과제 수행에서의 사고 과정을 얼마나 정확하게 반영하고 있는가 하는 점인데 그 이유는 사고 과정을 언어화하는 것이 그러한 사고 과정을 왜곡시킬 수도 있기 때문이다. 따라서 연구 전에 연구 참여자에게 사고 구술에 대한 훈련을 충분히 시키는 것이 필요하다. 〈김진완〉

[참고문헌]
• Mackey, A. & Gass, S. M. (2005), *Second language research: Methodology and design*, Lawrence Erlbaum Associates.
• Nunan, D. (1992), *Research methods in language learning*, Cambridge University Press.

■ 삼각 측정법

삼각 측정법(三脚測定法, triangulation)이란 단일 연구에서 동일한 연구 결과에 도달하기 위해서 다중적이고 독립적인 자료 수집 방법을 사용하는 것을 말한다. 즉 동일한 현상을 연구하는 데 여러 연구 방법론을 통합적으로 적용하는 것이다.

삼각 측정법은 토지 측량에 관련된 용어로서 지구 표면의 일정한 지점 간의 거리나 일정한 지점의 상대적 위치를 정하는 측량 과정을 가리켰다. 측정 방법은 지역을 연결된 삼각으로 분할하여 먼저 두 지점 간의 기본 선을 측정한다. 그리고 제삼의 지점에서 기본 선과 이들 선 길이의 각각 종점까지로 이루어지는 세 각의 양편 크기를 계산함으로써 제삼의 지점을 지정한다. 이러한 삼각 측정 방법은 연구 방법론 특히 질적 연구 방법에 도입된다.

삼각 측정법은 다중적인 관찰, 이론, 방법, 자료 등을 통합적으로 사용하여 단일 방법, 단일 관찰 및 단일 이론에서 연유하는 내재적 문제와 약점을 극복하는 데에 목표를 둔다. 삼각 측정법의 종류로는 자료 삼각 측정법, 이론적 삼각 측정법, 연구자 삼각 측정법, 방법론적 삼각 측정법, 환경 삼각 측정법 등이 있다. 자료 삼각 측정법은 자료의 출처가 될 수 있는 시간, 공간, 사람에 대해서 서로 다른 자료를 사용하는 것을 말하며 이론적 삼각 측정법은 동일한 종류의 자료를 분석하기 위해서 다중적인 관점을 사용하는 것이다. 연구자 삼각 측정법은 다수의 관찰자나 면담자를 활용하는 것이며, 방법론적 삼각 측정법은 특정 현상을 탐구하기 위해서 서로 다른 측정 방법이나 연구 방법을 사용하는 것을 말한다. 환경 삼각 측정법은 환경과 관련된 서로 다른 장소 및 요소를 사용하는 것으로 환경적 요소의 영향을 받는 연구에만 사용이 가능하다.

삼각 측정법은 관찰자나 면담자의 편견을 줄이고 정보의 정확성을 높여 주며 연구 결과에 대한 신뢰도와 타당도를 제고한다. 삼각 측정법을 활용한 연구는 다중적인 관점에서 이루어진 연구이기 때문에 언어 행위에 대한 심도 있고 풍부한 설명을 가능하게 하여 언어 현상이나 상황에 대해 보다 치밀하고 균형 잡힌 그림을 제공한다. 이렇게 다중적 관점에서 연구 문제를 분석하는 삼각 측정법은 특히 질적 연구에서 연구의 타당도를 점검하고 확립하는 데에 활용된다.

삼각 측정법을 활용한 예로는 제2 언어 쓰기에서 동료 수정에 대한 훈련의 효과에 관해 동료가 쓴 작문에 대한 비판 능력, 작문의 질, 동료 수정에 대한 태도의 측면 등에서 다층적으로 살펴본 연구가 있다. 이 연구에서는 서로 다른 측정, 자료 출처, 방법을 다양하게 결합하여 동료 수정 훈련이 동료가 쓴 작문에 대한 비판 능력과 동료 수정에 대한 태도를 향상시킨다는 연구 결과를 얻을 수 있다.

삼각 측정법의 제한점은 더 많은 자료를 수집한 후 다중적 관점에서 분석해야 하기 때문에 연구에 많은 시간이 걸린다는 점이다. 그러나 삼각 측정법은 질적 연구에 매우 유용한 도구이며 연구 전에 장점과 단점을 잘 고려해서 어떤 종류의 삼각 측정법을 이용할 것인지 먼저 결정한다면 연구 논점에 대한 이해가 깊어지고 연구 결과에 대한 자신감도 증대될 것이다. 〈김진완〉

[참고문헌]
• 조명원·이흥수(2004), 영어교육사전, 피어슨에듀케이션코리아.
• Johnson, D. M. (1992), *Approaches to research in second language learning*, Longman.
• Mackey, A. & Gass, S. M. (2005), *Second language research: Methodology and design*, Lawrence Erlbaum Associates.
• Stake, R. E. (2010), *Qualitative research: Studying how things work*, Guilford Press.

3.3. 혼합 방법 연구

혼합 방법 연구(混合方法硏究, mixed methods research)는 양적 연구와 질적 연구의 장단점을 보완한 연구 방법이다.

제2 언어 연구 방법론은 크게 양적 연구(quantitative research)와 질적 연구(qualitative research)로 양분된다. 그러나 각 연구의 접근법은 나름의 장단점이 있기 때문에 최근의 연구 경향은 접근법의 장단점을 상호 보완하여 사용하는 혼합 연구를 수행하는 것이다.

2009년 강근복의 연구에서는 혼합 연구를 다음의 일상생활을 예로 설명하고 있다. 의사는 고혈압을 호소하는 환자를 진료할 때 환자에게 불편한 증상, 자신과 가족의 병력, 생활 습관 등에 관해 질문하는데 이것은 질적 연구에 해당한다. 그리고 어떤 질병인지를 진단하거나 그 질병의 원인을 규명하기 위해서 적절하다고 생각되는 검사를 처방한다. 그리고 소변 검사, 혈액 검사, 방사선 검사 등을 한 후 그 수치가 표준화된 정상 수치의 범위를 벗어났는지 살펴보아 질병 여부를 판단하며 이 과정이 양적 연구의 예가 된다.

응용 언어학 연구 방법론 개론서 중 최초로 혼합 연구를 명시적으로 다룬 되르네이(Z.

Dörnyei는 혼합 연구 방법의 핵심 원리(key tenet)가 방법론적인 다각화(methodological triangulation)에 있다고 본다. 즉 다른 연구 방법의 강점으로 개별 연구 방법들 고유의 약점을 상쇄하고 이를 감소시키는 데 도움을 줄 수 있고 연구의 내적 타당도(internal validify) 및 외적 타당도(external validity) 모두를 극대화시킨다고 보는 것이다.

응용 언어학에 적용된 혼합 연구의 예로 되르네이는 연구의 첫 단계에서 새로운 설문지 도구를 개발할 목적으로 질적 연구 방법인 소규모의 표적 집단 면접(focus group interview)을 실시하고 다음 단계에서는 양적 연구 방법인 설문지 조사(questionnaire survey)를 실시한 것을 들고 있다. 쇼드론(C. Chaudron)은 실제로 미국 대학 내 한국어 프로그램 개발을 위한 요구 분석 연구에 사용하고 이 방법을 사용했다고 보고한 바 있다.　　　　　　　　　　　　　　　　　　　　　　　　　　　　〈김영규〉

[참고문헌]
· 강근복(2009), 정책 분석 및 평가에서의 양적·질적 연구의 혼합. 정책분석평가학회보 19-4, 한국정책분석평가학회, 43~67쪽.
· Chaudron, C. et al. (2005), A task-based needs analysis of a tertiary Korean as a foreign language program. In M. H. Long. (Ed.), *Second language needs analysis*, pp. 225~261, Cambridge University Press.
· Dörnyei, Z. (2007), *Research methods in applied linguistics*, Oxford University Press.

■ 자료 도출 기법

자료 도출 기법(資料導出技法, data elicitation technique)이란 학습자의 중간 언어를 도출하는 기법을 말한다.

학습자의 중간 언어는 눈으로 직접 관찰할 수 있는 대상이 아니기 때문에 이에 대한 연구는 연구 목적에 타당한 다양한 도출 기법을 사용하여 수행해야 한다. 매키와 가스(A. Mackey & S. M. Gass)는 다음과 같이 일곱 가지 유형의 자료 도출 기법을 제시하였다.

첫째, 심리 언어학 기반 연구(psycholinguistics-based research)이다. 제2 언어의 생산 또는 이해 시 실시간으로 진행되는 학습자의 정신 과정을 연구한다. 자연스럽게 생산된 한국어 학습자의 한국어 말하기를 녹음하고 전사한 자료에서 주저함(hesitation), 휴지(pause) 또는 자기 수정(self-repair)의 예를 분석하여 학습자의 한국어 처리 과정에 대해 연구한다. 한국어 학습자에게 일종의 자극인 프롬프트(prompt)를 제공한 후 반응하도록 하는 방식의 자료 도출 기법의 예로는 반응 시간(reaction time) 연구가 있다. 이 기법에서 학습자의 반응 시간은 흔히 1000분의 1초(millisecond)로 측정되며 복잡한 구조의 문장에 대한 반응 시간이 단순한 구조의 문장을 처리할 때보다 더 길다는 것은 더 큰 처리 부하가 걸리는 것으로 해석할 수 있다.

둘째, 인지 과정(cognitive processes), 용량(capacities), 전략 기반 연구(strategies-based research)이다. 이 연구에서는 제2 언어 학습자 내부의 인지 과정과 학습자들의 전략 선택을 결정하는 변수들을 연구한다. 대표적인 기법으로는 교실 환경을 포함한 자연스러운 제2 언어 사용 환경에서의 학습자 관찰, 학습자가 작성하는 일기의 분석, 자극을 통한 회상(stimulated recall), 사고 구술 과제(think-aloud task)와 같은 프로토콜(protocol) 자료의 분석 등이 있다.

셋째, 언어학 기반 연구(linguistics-based research)이다. 연구의 중점을 언어의 처리나 사용이 아닌 언어와 언어학적 분석에 두고 언어 표상(language representation)을 연구하려는 목적으로 수행된다. 언어를 사용하는 동안 학습자가 실제로 무엇을 하는지에는 중점을 두지 않는다. 학습자의 지식이나 능력에 중점을 둔 대표적인 기법의 예로는 문법성 판단 테스트(grammaticality judgement test)가 있다. 문법성 판단 테스트는 보편 문법의 이론에 기반을 둔 제2 언어 습득 연구에서 주로 사용된다.

넷째, 상호작용 기반 연구(interaction-based research)이다. 제2 언어 습득 연구의 중요한 흐름 중 하나인 롱(M. H. Long)의 상호작용 가설에 이론적 기반을 둔다. 이 유형의 연구에서는 제2 언어 학습자들이 의사소통적인 과제를 통해 구두로 상호작용하는 것을 녹음하거나 녹화한다. 그리고 설명 요청, 이해 점검, 확인 점검 등과 같이 상호작용 중 대화 참가자 간에 의미 전달을 위해 사용된 다양한 상호작용적 수정의 유형과 빈도를 분석하여 상호작용적 수정과 제2 언어 이해 및 발달 간의 관계를 조사한다. 의사소통적인 과제의 예로는 대화 참가자 간에 정보의 차가 발생하는 과제, 즉 서로 다른 정보를 가지고 있어 성공적인 과제 수행을 위해 상대방에게 정보를 요청하고 제공하는 정보 차 과제(information gap task)를 들 수 있다.

다섯째, 사회 언어학 및 화용론 기반 연구(sociolinguistics and pragmatics-based research)이다. 이 연구는 맥락에서의 언어 연구를 목적으로 한다. 대화 참가자들의 사회적 지위, 성별, 연령 등이 포함된 사회적·맥락적 변수들은 제2 언어의 학습과 생산에 영향을 미치기 때문에 연구 시 고려할 필요가 있다. 제2 언어 학습자의 사회 언어적, 화용적 언어 현상 연구는 자연스럽게 발생하는 맥락 안에서 이루어지는 것이 이상적이다. 그러나 실제로는 연구자가 결론 도출에 충분한 자료를 수집하기 위하여 연구 목적에 맞게 여러 변수들을 고려하여 설정하고 이러한 상황하에서 나타나는 학습자들의 제2 언어 사용과 습득 양상을 연구하게 된다. 이 연구의 대표적인 기법으로는 담화 완성 테스트(discourse completion test)가 있다.

여섯째, 조사 기반 연구(survey-based research)이다. 이는 학습자의 신념, 태도, 동기 등과 같은 생산적인 자료만으로는 얻을 수 없는 정보를 다수의 제2 언어 학습자들의 보고를 통하여 수집할 수 있게 해 주는 연구이다. 여기에서 사용하는 대표적인 기법으로 설문지법과 인터뷰가 있다.

일곱째, 교실 기반 연구(classroom-based research)이다. 이는 제2 언어 교실에서 해당 수업의 담당 교사 또는 외부 연구자가 수행하는 조사이다. 교실 기반 연구의 자료 수집 방법으로는 흔히 교실 관찰에서 관찰 도구(observation scheme)가 사용된다. 이러한 예로 한국어교육학에서는 스파다와 프룀리히(N. Spada & M. Fröhlich)의 COLT(communicative orientation of language teaching observation scheme)를 한국어교육 상황에 맞게 수정 보완하여 개발한 신효원의 연구가 있다. 〈김영규〉

[참고문헌]

• 신효원(2007), 한국어 교실 관찰 도구 K-COLT의 개발 및 활용 방안, 한국어교육 18-2, 국제한국어교육학회, 177~198쪽.
• Gass, S. M. & Mackey, A. (2007), *Data elicitation for second and foreign language research*, Lawarence Erlbaum Associates.
• Long, M. H. (1996), The role of the linguistic environment in second language acquisition, In W. C. Ritchie. & T. K. Bhatia. (Eds.), *Handbook of second language acquisition*, pp. 413~468, Academic Press.
• Mackey, A. & Gass, S. M. (2005), *Second language research: Methodology and design*, Lawarence Erlbaum Associates.
• Spada, N. & Fröhlich, M. (1995), *COLT: Communicative orientation of language teaching observation scheme: Coding conventions and applications*, National Centre for English Language Teaching and Research.

4

발음 교육

4. 발음 교육

4. 발음 교육

발음 교육은 한국어 음운에 대한 지식을 바탕으로 정확하게 발음을 구현하도록 교육하는 것이기 때문에 단순히 지식을 이해하도록 설명하는 데 그치지 않고 학습자가 실제로 발음할 때 정확하게 수행하도록 하는 것을 목표로 한다. 한국어교육학 사전은 한국어 학습자를 대상으로 한 한국어교육의 관점에서 음성과 음운, 음운 체계, 음운 규칙, 운율 등을 설명하고 세계 여러 나라의 언어와 관련하여 학습자의 모어에 따른 한국어 발음 교육의 방법을 제시한다.

음성과 음운에서는 음성 기관과 음운이 실현되는 양상을 바르게 이해하도록 음운 체계를 설명한다. 한국어 자음의 특성을 조음 위치 및 방법, 기식의 세기에 따라 제시하며 이를 한국어 학습자가 발음할 때 어려워하는 부분과 연결 지어 설명한다. 한국어 모음은 혀의 높이와 위치, 입술 모양에 따른 모음 체계, 단모음과 이중 모음의 발음 방법을 설명하고 학습자가 어려워하는 모음들을 비교하여 제시한다.

한국어 음운 규칙에서는 대치, 탈락, 첨가, 축약 등의 음운 규칙을 학습자의 발음 오류 양상과 비교하면서 한국어 학습자의 발음 교육에 적용할 수 있도록 설명한다. 그리고 한국어 학습자의 오류 빈도와 난이도를 고려한 음운 규칙의 제시 순서를 포함한다. 또한 한국어 문장 유형에 따른 억양과 어휘의 장단을 소개함으로써 더 자연스럽고 정확한 발음 교육을 수행할 수 있도록 한다.

한국어교육학 사전은 단순히 한국어의 음운과 운율에 대한 국어학적 지식을 소개하는 데 그치지 않고 대조 언어학적 관점에서 한국어 학습자의 모어에 따른 발음 교육의 방법을 제시한다. 전 세계에 널리 분포되어 있는 다양한 학습자의 모어와 한국어의 음운 체계를 비교하여 한국어 학습자들을 위한 발음 교육 방안을 소개한다. 그리고 학습자의 발음 오류나 학습하기 어려운 음운 및 음운 규칙에 대한 설명과 함께 효과적으로 발음을 학습할 수 있는 방법을 제시하여 현장 교사가 학습자의 모어에 대한 지식이 없더라도 학습자의 발음 오류나 문제를 바르게 파악하여 적절한 교수 방안을 모색할 수 있도록 하였다.

〈조수진〉

4.1. 음성과 음운

음성(音聲, speech sound)은 구어(口語)의 실현 수단으로 사용되는 청각적 신호이다.

음성은 일상적인 표현인 말소리에 해당하는 언어학 용어이다. 문어(文語)의 실현 수단인 문자와 대립된다. 그래서 구어를 음성 언어, 문어를 문자 언어라고 부르기도 한다.

음성은 사람의 음성 기관에서 만들어진다. 그러므로 앵무새가 사람의 말을 흉내 낼 때 내는 소리는 음성이라 할 수 없다. 앵무새는 음성을 만들어 내는 것이 아니라 음성과 비슷한 소리를 낼 뿐이다.

사람의 음성 기관에서 나는 소리가 모두 음성인 것은 아니다. 예를 들어 숨 쉬는 소리, 기침 소리, 재채기 소리, 딸꾹질 소리, 휘파람 소리, 콧노래를 흥얼거리는 소리 등은 모두 음성 기관에서 나는 소리지만 구어의 실현 수단이 아니므로 음성이 아니다.

일상적인 표현으로서의 음성은 말소리와 같은 뜻으로 쓰기도 하고 목소리와 같은 뜻으로 쓰기도 한다. 그러나 언어학 용어로서의 음성은 목소리를 의미하지는 않는다.

음운(音韻, phoneme)은 의미를 지닌 언어 요소들을 구별하는 기능이 있는 음성 단위이다.

음성 기관에서 나는 소리들이 서로 완전히 똑같은 경우는 있을 수 없기 때문에 한 언어에서 사용되는 음성은 무한히 많다. 그렇지만 각 음성의 미세한 차이가 모두 언어적으로 같은 가치를 지니는 것은 아니다. 의미를 가진 언어 요소들, 예를 들어 단어와 단어를 구별하는 데에는 특정한 음성적 성질만 이용된다. 그러한 음성적 성질을 가진 음성 단위가 음운이다. 보통 음성을 시각적으로 나타낼 때는 [ ] 안에, 음운은 / / 안에 일정한 기호로 적어 구별한다.

음성학적 관점에서 보면 음운은 공통적인 성질을 가진 음성들의 집합이다. 한 음운과 다른 음운은 단어와 단어를 구별하는 음성적 성질의 면에서 다르다. 예를 들어 한국어의 음운 'ㅂ(/ㅂ/)'은 무성 외파음 [p], 유성 외파음 [b], 무성 불파음 [p˺]가 모인 집합이다. 이 집합이 한국어에서는 하나의 음성 단위로 작용하여 의미를 지닌 언어 요소를 형성한다. 한국어 원어민은 '방법'의 세 'ㅂ'이 서로 다른 음성으로 발음된다는 사실을 잘 모른다. 오히려 이 세 'ㅂ'이 같은 음성 단위, 즉 같은 음운임을 더 잘 알고 있다. 다시 말해 한 언어의 원어민은 음성에 대한 인식보다 음운에 대한 인식이 더 분명하다. 이 점에서 음운은 심리적으로 실재하는 단위라고 할 수 있다.

어떤 두 음성이 한 음운에 속하는지, 서로 다른 음운에 속하는지 확인하는 가장 쉬운 방법은 최소 대립어(또는 최소 대립쌍, minimal pair)를 찾는 것이다. '물'과 '불'은 첫 음성 [m]과 [p]의 음성적 차이에 의해 구별된다. 이것은 [m]과 [p]가 서로 다른 음소에 속함, 즉 [m]과 [p]가 대립함을 뜻한다. 이때 '물'과 '불'은 하나의 음성만 대립하는 단어들이므로 최소 대립어이다. 한편 [radio]와 [ladio]는 첫 음성이 다르지만 한국어로 발음할 때는 '라디오'라는 똑같은 발음으로 인식하기 때문에 [r]과 [l]이 대립하지 않음, 즉 같은 음운 'ㄹ(/ㄹ/)'에 속함을 알 수 있다.

한국어의 음운은 표준어를 기준으로 자음 19개 'ㄱ, ㄴ, ㄷ, ㄹ, ㅁ, ㅂ, ㅅ, ㅇ, ㅈ, ㅊ, ㅋ, ㅌ, ㅍ, ㅎ, ㄲ, ㄸ, ㅃ, ㅆ, ㅉ'과 단모음 10개 'ㅏ, ㅐ, ㅓ, ㅔ, ㅗ, ㅚ, ㅜ, ㅟ, ㅡ, ㅣ'와 반모음 2개 [j], [w]와 음장 1개 [ː]가 있다. 현실어에서는 단모음이 7개 'ㅏ, ㅓ, ㅔ, ㅗ, ㅜ, ㅡ, ㅣ'이고 음장이 없는 점이 표준어와 조금 다르다.

음운의 개념은 20세기 초 구조주의 언어학이 성립하면서 분명하게 확립되었다. 그렇지만 그 이전에도 음성에 대한 인식은 음운을 중심으로 형성되어 왔다. 예를 들어 한글이나 로마자와 같은 자모 문자(字母文字, alphabetic writing)는 음운 하나에 글자 하나가 대응하는 식으로 만들어졌다. 그래서 자모 문자를 음소 문자(音素文字, phonemic writing)라고 부르기도 한다. 〈배주채〉

→ 구조주의 언어학, 문자

[참고문헌]
• 배주채(1996), 국어 음운론 개설, 신구문화사.
• 이기문·김진우·이상억(1984), 국어 음운론, 학연사.
• 이진호(2005), 국어 음운론 강의, 삼경문화사.
• 허웅(1985), 국어 음운학: 우리말 소리의 오늘·어제, 샘문화사.

■ 음성 기관

음성 기관(音聲器官, organs of speech)은 음성을 만들어 내는 데 사용하는 신체 기관이다.

음성 기관은 다음과 같이 세 부분으로 나뉜다.

〈음성 기관의 종류〉

음성 기관	하는 일	예
발동부	공기의 흐름을 일으키는 부분	폐
발성부	공기의 흐름을 이용하여 처음으로 음성을 만들어 내는 부분	성대
발음부	음성을 섬세하게 다듬는 부분	구강, 비강, 목젖, 혀, 입천장, 이, 입술

폐는 원래 호흡 기관이지만 음성을 만들어 내는 데 절대적으로 필요한 공기의 흐름, 즉 기류(氣流)를 일으키는 역할을 한다. 호흡은 들숨과 날숨 두 가지가 있다. 대부분의 음성은 날숨을 이용하여 만들어진다.

폐에서 내보내는 공기가 구강이나 비강으로 나아가기 위해서는 반드시 성대(聲帶, vocal cords)를 거쳐야 한다. 성대는 마주 보고 있는 한 쌍의 근육으로서 기류를 다양하게 조절한다. 성대의 틈, 즉 성문(聲門)을 열면 공기가 자유롭게 드나들 수 있고 성문을 닫으면 공기가 드나들 수 없다. 성대가 닿을 듯 말 듯 한 상태에서 공기를 흘려보내면 성대가 진동하면서 소리가 난다. 이와 같이 성대가 진동하면서 만들어지는 음성을 유성음(有聲音, voiced sound)이라 하고 성대의 진동 없이 만들어지는 음성을 무성음(無聲音, voiceless sound)이라 한다.

공기가 성대를 통과하면서 만들어진 음성은 후두와 인두를 차례로 지나면서 공명(共鳴)이 일어나 음량이 커진다. 공기는 다시 구강이나 비강을 통과하면서 여러 음성으로 분화된다. 공기가 비강을 통과하면 비음 또는 비강음이 만들어지고 비강을 통과하지 않으면 구강음이 만들어진다. 이때 공기가 흘러나가는 방향을 조절하는 부분이 목젖이다. 목젖이 목구멍의 뒤쪽 벽에 붙으면 공기가 비강을 통과할 수 없어 구강음이 만들어진다.

공기가 구강을 통과할 때는 혀, 입천장, 이, 입술 등이 기류를 조절하는 방식에 따라 다양한 음성이 만들어진다.

혀는 매우 자유롭게 움직일 수 있어서 음성 산출에 가장 크게 기여한다. 혀는 구강의 윗부분에 접근하거나 닿아 여러 자음을 만들어 낸다. 혀의 맨 끝인 설첨(舌尖)은 윗니의 뒤쪽에 접근하거나 닿아 치음을 만들어 낸다. 설첨 바로 뒷부분인 설단(舌端)은 윗잇몸에 접근하거나 닿아 치조음 또는 치경음을 만들어 낸다. 설첨과 설단을 구분하지 않고 설단 또는 혀끝이라 부르기도 한다. 혓바닥의 앞부분인 전설(前舌)은 입천장의 앞부분인 경구개(硬口蓋)에 접근하거나 닿아 경구개음을 만들어 낸다. 혓바닥의 뒷부분인 후설(後舌)은 입천장의 뒷부분인 연구개(軟口蓋)에 접근하거나 닿아 연구개음을 만들어 낸다.

혀가 자음을 만들어 내지 못할 정도로 구강의 윗부분에 충분히 접근하지 않아서 공기가 비교적 자유롭게 입 밖으로 흘러 나가면 모음이 만들어진다. 이때 전설이나 후설의 높이를 조절함으로써 여러 모음이 만들어진다. 전설이 상대적으로 높으면 전설 모음이, 후설이 상대적으로 높으면 후설 모음이 만들어진다. 혀가 가장 높으면 고모음, 가장 낮으면 저모음, 중간 높이면 중모음이 만들어진다.

입술이 서로 가까이 접근하거나 닿아서 만들어 내는 자음은 양순음이다. 입술을 작게 오므려 만들어 내는 모음은 원순 모음이고 입술을 펴서 만들어 내는 모음은 평순 모음이다. ⟨배주채⟩

[참고문헌]
• 신지영(2011), 한국어의 말소리, 지식과교양.
• 허웅(1985), 국어 음운학: 우리말 소리의 오늘·어제, 샘문화사.

■ 음성 기호

음성 기호(音聲記號, phonetic sign 또는 phonetic symbol)는 음성을 적는 데에 사용

하는 시각적 기호이다.

한글, 로마자, 일본어의 가나 등 표음 문자를 음성 기호로 사용할 수도 있다. 그러나 문어(文語)의 실현 수단으로 이미 사용되고 있는 표음 문자는 음성이 아닌 음운이나 음절을 한 글자로 적게 되어 있고 각 언어의 표기 규범에 따르므로 발음과 정확히 일치하지 않는 경우도 있어서 음성 기호로 사용하기에 적절하지 않다. 그래서 순전히 음성을 적기 위한 목적으로 만든 문자를 음성 기호로 사용하는 것이 일반적이다.

그러한 음성 기호로 대표적인 것이 국제 음성 기호(International Phonetic Alphabet: IPA)이다. 이것은 19세기에 국제음성협회에서 만든 것으로 최근의 개정은 2018년에 있었다. 그 구체적인 내용은 국제음성협회의 홈페이지(http://www.internationalphoneticassociation.org)에 게시되어 있다.

국제 음성 기호는 표음 문자인 로마자를 바탕으로 하고 그리스 문자를 부수적으로 사용하며 음성의 정밀한 구별을 위한 다양한 보조 기호를 사용한다. 이들은 크게 자음 기호, 모음 기호, 초분절음 기호, 보조 기호의 네 종류로 나눌 수 있다.

자음 기호는 다시 두 종류로 나뉜다. 하나는 폐의 기류를 이용하여 만들어 내는 자음 59개의 기호가 조음 위치와 조음 방법을 기준으로 구분되어 큰 표에 실려 있다. 다른 하나는 폐 이외의 음성 기관의 기류를 이용하여 만들어 내는 자음과 위의 큰 표에 싣지 못한 특수한 자음들을 적는 기호가 따로 배열되어 있다. 모음 기호는 모음 사각도(母音四角圖)에 혀의 앞뒤 위치, 혀의 높이, 입술 모양을 기준으로 표시되어 있다. 이 밖에 장단, 고저, 강약과 같은 초분절음을 적기 위한 특수 문자들 그리고 자음과 모음의 음가가 미세하게 변형된 음성들을 표시하기 위한 보조 기호들이 제시되어 있다.

한국어의 주요 음성을 국제 음성 기호로 적으면 다음과 같다.

〈주요 자음의 국제 음성 기호〉

기호	음성의 성질		예
p	무성 무기 외파 양순		바[pa]
b	유성 무기 외파 양순		아바[aba]
p˺	무성 무기 불파 양순		압[ap˺]
pʰ	무성 유기 외파 양순		파[pʰa]
t	무성 무기 외파 치조		다[ta]
d	유성 무기 외파 치조	파열음	아다[ada]
t˺	무성 무기 불파 치조		앋[at˺]
tʰ	무성 유기 외파 치조		타[tʰa]
k	무성 무기 외파 연구개		가[ka]
g	유성 무기 외파 연구개		아가[aga]
k˺	무성 무기 불파 연구개		악[ak˺]
kʰ	무성 유기 외파 연구개		카[kʰa]

ʧ	무성 무기 외파 경구개	파찰음	자[ʧa]
ʤ	유성 무기 외파 경구개		아자[aʤa]
ʧʰ	무성 유기 외파 경구개		차[ʧʰa]
s	무성 치조	마찰음	사[sa]
ʃ	무성 경구개		샤[ʃa]
h	무성 성문		하[ha]
ɦ	유성 성문		알하[arɦa]
m	양순	비음	마[ma]
n	치조		나[na]
ɲ	경구개		냐[ɲa]
ŋ	연구개		앙[aŋ]
l	설측음	유음	알[al]
ɾ	탄설음		아라[aɾa]

위 표에 없는 경음 'ㄲ, ㄸ, ㅃ, ㅆ, ㅉ'은 성문을 좁혀 발음하는 음성학적 성질을 고려하여 성문음화(聲門音化)된 자음으로 규정하지만 그것을 적는 국제 음성 기호가 따로 없다. 그래서 성문 폐쇄음 기호 [ʔ]를 이용하여 'ㅃ[pʔ]'와 같이 적을 수 있다. 이것을 흔히 [pˀ]와 같이 적는다.

탄설음 기호는 [ɾ]이고 [r]은 혀를 떨어 발음하는 전동음(顫動音)을 적는 기호이지만 기호 사용의 편의상 탄설음을 [r]로 적을 때가 많다.

모음을 적는 기호는 다음과 같다.

〈모음의 국제 음성 기호〉

기호	한글		기호	한글
a	ㅏ		ø	ㅚ
ɛ	ㅐ		u	ㅜ
ə	ㅓ		y	ㅟ
e	ㅔ		ɨ	ㅡ
o	ㅗ		i	ㅣ

'ㅓ'를 [ə] 대신 [ʌ]로, 'ㅡ'를 [ɨ] 대신 [ɯ]로 적기도 한다. 'ㅑ, ㅕ' 등에 나타나는 전설 평순 반모음은 [j]로, 'ㅘ, ㅝ' 등에 나타나는 후설 원순 반모음은 [w]로 적는다. 현실어의 이중 모음 'ㅟ'를 [wi]로 적는 일이 있지만 부정확한 표기이다. 전설 원순 반모음 기호 [ɥ]를 이용하여 [ɥi]로 적는 것이 정확하다. [ɥ]는 '뀌어'를 한 음절로 줄인 발음 [kˀɥə]를 적을 때도 쓴다. 〈배주채〉

= 발음 기호

[참고문헌]
• 신지영(2011), 한국어의 말소리, 지식과교양.
• 허웅(1985), 국어 음운학: 우리말 소리의 오늘·어제, 샘문화사.

■ 변이음

변이음(變異音, allophone)은 한 음소에 속하지만 환경에 따라 조금씩 달리 실현되는 소리를 말한다.

한 음운에 속하는 변이음들은 일부 음성적 성질들만 공통적으로 가지고 있다. 음운이 달라지면 서로 다른 단어로 인식할 수도 있지만 변이음으로 실현된다고 해도 다른 단어로 인식하지는 않는다. 예를 들어 음운 'ㅂ'의 세 변이음 [p], [b], [pʼ]은 공통적으로 두 입술을 붙여서 발음하는 성질, 코로 공기를 내보내지 않고 발음하는 성질, 성문에서 갑자기 많은 공기를 내보내지 않는 성질 등이 있다. 이 가운데 [b]는 성대를 진동하여 발음하는 유성음이고, [p]와 [pʼ]는 성대를 진동하지 않고 발음하는 무성음이다. 한국어에서 유성음과 무성음의 차이는 의미를 변별하지 않는다. 즉 한국어 학습자가 모어나 다른 영향으로 인해 정확하게 발음하지 못하고 변이음으로 발음하면 단어 자체를 다른 단어로 인식하지는 않지만 발음이 어색하게 들린다.

한 음소의 변이음들이 쓰이는 위치는 일정하다. 예를 들어 'ㅂ'이 종성으로 쓰일 때는 [pʼ]로 실현되고, 어두의 초성으로 쓰일 때는 [p]로 실현되며, 비어두에서 모음이나 'ㄴ, ㄹ, ㅁ, ㅇ' 뒤에 쓰일 때는 [b]로 실현된다. 그래서 '방법'의 첫 'ㅂ'은 [p]로, 두 번째 'ㅂ'은 [b]로, 세 번째 'ㅂ'은 [pʼ]로 실현된다. 이 세 변이음이 나타나는 위치는 서로 바뀌는 일이 없다. 즉 어두의 초성 'ㅂ'이 [b]나 [pʼ]로 실현되거나 종성 'ㅂ'이 [p]나 [b]로 실현되는 일은 없다. 이와 같이 변이음들이 서로 다른 위치에서만 쓰이는 현상을 상보적 분포(相補的分布, complementary distribution)라고 한다. 한 음운의 변이음들은 상보적 분포를 보일 때가 많다.

한국어에서는 자음의 변이음이 다양하게 나타난다. 파열음 가운데 평음 'ㅂ, ㄷ, ㄱ'은 변이음의 목록 및 분포가 유사하다.

〈'ㅂ, ㄷ, ㄱ'의 변이음〉

음운	변이음	위치
ㅂ	[p]	어두 초성
	[b]	모음이나 'ㄴ, ㄹ, ㅁ, ㅇ' 뒤
	[pʼ]	종성
ㄷ	[t]	어두 초성
	[d]	모음이나 'ㄴ, ㄹ, ㅁ, ㅇ' 뒤
	[tʼ]	종성
ㄱ	[k]	어두 초성
	[g]	모음이나 'ㄴ, ㄹ, ㅁ, ㅇ' 뒤
	[kʼ]	종성

파찰음 'ㅈ'은 종성에 나타나지 못한다는 점을 제외하면 'ㅂ, ㄷ, ㄱ'과 같다.

〈'ㅈ'의 변이음〉

음운	변이음	위치
ㅈ	[ʧ]	어두 초성
	[ʤ]	모음이나 'ㄴ, ㄹ, ㅁ, ㅇ' 뒤

'ㅅ, ㅆ, ㄴ'은 뒤따르는 모음의 종류에 따라 변이음이 달라진다.

〈'ㅅ, ㅆ, ㄴ'의 변이음〉

음운	변이음	위치
ㅅ	[s]	'ㅏ, ㅓ, ㅗ, ㅜ, ㅡ, ㅐ, ㅔ, ㅘ, ㅙ, ㅚ, ㅝ, ㅞ, ㅢ' 앞
	[ʃ]	'ㅣ, ㅑ, ㅕ, ㅛ, ㅠ, ㅒ, ㅖ, ㅟ' 앞
ㅆ	[s']	'ㅏ, ㅓ, ㅗ, ㅜ, ㅡ, ㅐ, ㅔ, ㅘ, ㅙ, ㅚ, ㅝ, ㅞ, ㅢ' 앞
	[ʃ']	'ㅣ, ㅑ, ㅕ, ㅛ, ㅠ, ㅒ, ㅖ, ㅟ' 앞
ㄴ	[n]	'ㅏ, ㅓ, ㅗ, ㅜ, ㅡ, ㅐ, ㅔ, ㅘ, ㅙ, ㅚ, ㅝ, ㅞ, ㅟ, ㅢ' 앞
	[ɲ]	'ㅣ, ㅑ, ㅕ, ㅛ, ㅠ, ㅒ, ㅖ' 앞

'ㄹ'은 두 변이음의 분포가 부분적으로 겹친다.

〈'ㄹ'의 변이음〉

음운	변이음	위치
ㄹ	[r]	어두 초성
		비어두의 모음 뒤
	[l]	어두 초성
		비어두의 'ㄹ' 뒤
		종성

한국어 발음을 교육할 때 학습자들은 모어의 발음 규칙이나 음운 구조 등의 영향으로 옳지 않은 변이음으로 발음을 하는 경우가 있다. 이때 정확한 조음 위치와 조음 방법 등을 학습자 스스로 인식하고 발음을 교정할 수 있도록 지도한다.　　　　〈배주채〉
= 이음

[참고문헌]
• 배주채(1996), 국어 음운론 개설, 신구문화사.
• 배주채(2003), 한국어의 발음, 삼경문화사.
• 이기문·김진우·이상억(1984), 국어 음운론, 학연사.
• 이진호(2012), 한국어의 표준 발음과 현실 발음, 아카넷.
• 허웅(1985), 국어 음운학: 우리말 소리의 오늘·어제, 샘문화사.

■ 음운 체계

음운 체계(音韻體系, phonological system)는 한 언어의 음운들이 서로 맺고 있는 관계의 합이다.

음운 체계는 크게 자음 체계와 모음 체계로 나눈다. 자음들은 조음 위치나 조음 방법의 면에서 서로 어떤 관계를 맺고 있는가에 따라 복잡하게 얽혀 있다. 예를 들어 'ㄴ'과 'ㅁ'과 'ㅅ'은 서로 다른 음운인 데에만 그치지 않고 어떤 면에서 같고 다른지에 따라 서로 다른 관계를 맺고 있다. 즉 'ㄴ'과 'ㅁ'은 조음 위치가 서로 다르지만 입의 어떤 부분을 완전히 막고 코로 공기를 내보내면서 발음한다는 점에서 조음 방법은 같다. 'ㅅ'은 'ㄴ, ㅁ'과는 다른 조음 방법으로 발음하지만 'ㄴ'과 조음 위치가 같으므로 'ㅁ'보다는 'ㄴ'과 더 가깝다.

이와 같은 음운들의 다양한 관계는 표로 나타내는 것이 편리하다. 자음 체계는 다음 표로 나타낼 수 있다.

〈한국어의 자음 체계〉

조음 방법		조음 위치	양순음	치조음	경구개음	연구개음	성문음
장애음	파열음	평음	ㅂ	ㄷ		ㄱ	
		경음	ㅃ	ㄸ		ㄲ	
		격음	ㅍ	ㅌ		ㅋ	
	파찰음	평음			ㅈ		
		경음			ㅉ		
		격음			ㅊ		
	마찰음	평음		ㅅ			ㅎ
		경음		ㅆ			
공명음	비음		ㅁ	ㄴ		ㅇ	
	유음			ㄹ			

이 자음 체계의 큰 특징은 다음 두 가지이다. 첫째, 조음 위치의 관점에서 볼 때 양순음, 치조음, 연구개음에 자음이 몰려 있다. 이 세 조음 위치에는 똑같은 종류의 자음들, 즉 파열음(평음, 경음, 격음)과 비음이 4개씩 있어서 질서 정연한 모습을 보인다. 치조음과 경구개음이 서로 대립하는 경우가 없으므로 만약 두 조음 위치를 하나의 조음 위치, 즉 전설음으로 합쳐서 표를 그린다면 'ㅎ'을 제외한 자음 18개가 전설음을 축으로 하여 완전한 대칭을 보인다. 둘째, 조음 방법의 관점에서 볼 때 평음, 경음, 격음의 대립이 파열음과 파찰음 네 군데에서 나타나고 마찰음 한 군데에서는 평음, 경음의 대립이 나타난다. 특히 파열음과 파찰음이 조음 방법에 따라 세 자음이 대립하는 삼항 대립 현상은 한국어의 큰 특징이다. 다른 언어들은 대체로 유성음과 무성음 두 자음이 대립하는 이항 대립 체계이다. 그래서 한국어를 배우는 외국인은 평음, 경음, 격음의 구별을 매우 어려워한다.

모음은 혀의 가장 높은 부위가 혓바닥의 앞부분인 전설인가 뒷부분인 후설인가, 혀가 얼마만큼 높은가, 입술이 작게 오므라지는가 펴지는가에 따라 서로 대립한다. 이를 바탕으로 표준어의 단모음 10개가 이루는 모음 체계는 다음 표로 나타낼 수 있다.

〈표준어의 모음 체계〉

혀의 앞뒤 위치 / 입술 모양 / 혀의 높이	전설 모음		후설 모음	
	평순 모음	원순 모음	평순 모음	원순 모음
고모음	ㅣ	ㅟ	ㅡ	ㅜ
중모음	ㅔ	ㅚ	ㅓ	ㅗ
저모음	ㅐ		ㅏ	

표준어의 모음 체계는 전설 모음 5개와 후설 모음 5개가 질서 정연하게 배열된 모습이다. 일부 방언에 나타나는 움라우트(umlaut)는 'ㅣ'가 앞 음절의 후설 모음을 전설 모음으로 동화시키는 음운 현상이다. 이때 혀의 앞뒤 위치만 바뀔 뿐 혀의 높이와 입술 모양은 바뀌지 않는다. 즉 'ㅡ, ㅓ, ㅏ, ㅜ, ㅗ'는 각각 'ㅣ, ㅔ, ㅐ, ㅟ, ㅚ'로 바뀐다. 예를 들어 '금이 → 깅이, 법이 → 벱이, 밥이 → 뱁이, 죽이 → 쥑이, 목이 → 뫽이'와 같이 바뀐다. 움라우트는 모음 체계와 음운 현상의 밀접한 관련성을 확인해 준다.

현실어의 모음 7개가 이루는 모음 체계는 다음 표로 나타낼 수 있다.

〈현실어의 모음 체계〉

혀의 앞뒤 위치 / 입술 모양 / 혀의 높이	전설 모음	후설 모음	
	평순 모음	평순 모음	원순 모음
고모음	ㅣ	ㅡ	ㅜ
중모음	ㅔ	ㅓ	ㅗ
저모음		ㅏ	

현실어의 모음 체계는 전설 모음 2개와 후설 모음 5개로 이루어져 있어서 균형이 잘 잡히지 않은 모습이다. 그래도 후설 평순 모음 3개를 중심축으로 보면 좌우 대칭으로 어느 정도 짜임새 있는 모습을 보인다. 〈배주채〉

= 음소 체계

[참고문헌]
• 배주채(1996), 국어 음운론 개설, 신구문화사.
• 배주채(2003), 한국어의 발음, 삼경문화사.
• 이기문·김진우·이상억(1984), 국어 음운론, 학연사.
• 허웅(1985), 국어 음운학: 우리말 소리의 오늘·어제, 샘문화사.

4.2. 자음

자음(子音, consonant)이란 공기가 페에서부터 입 밖으로 나올 때 장애를 받아 만들어지는 소리를 말한다.

자음은 홀로 발음할 수 없고 모음에 닿아서 나는 소리이므로 닿소리라고도 부른다. 한국어의 자음은 'ㄱ, ㄴ, ㄷ, ㄹ, ㅁ, ㅂ, ㅅ, ㅇ, ㅈ, ㅊ, ㅋ, ㅌ, ㅍ, ㅎ, ㄲ, ㄸ, ㅃ, ㅆ, ㅉ'으로 모두 19개이다.

자음을 분류하는 기준은 자음의 속성인 장애와 관련이 있다. 보편적으로 인간 언어의 자음은 두 가지 기준으로 분류한다. 하나는 장애가 일어나는 위치로 조음 위치라고 하며, 다른 하나는 장애가 일어나는 방법으로 조음 방법이라 한다.

한국어 자음은 조음 위치에 따라 양순음, 치조음, 경구개음, 연구개음, 성문음으로 나누며 조음 방법에 따라 파열음, 마찰음, 파찰음, 비음, 유음으로 나눈다.

한국어에서는 동일한 조음 위치와 조음 방법을 가진 장애음이 서로 다른 종류의 발성 유형으로 조음될 수 있다. 즉 한국어 자음은 기식(氣息, aspiration)의 세기에 따라 평음, 경음, 격음으로도 분류한다. 〈이희진〉

[참고문헌]
• 국립국어원(2005), 외국인을 위한 한국어 문법 1, 커뮤니케이션북스.
• 신지영(2011), 한국어의 말소리, 지식과교양.
• 이관규(2002), 학교 문법론, 월인.
• 이호영(1996), 국어 음성학, 태학사.
• 허용·김선정(2006), 외국어로서의 한국어 발음 교육론, 박이정.

■ 조음 위치에 따른 자음

한국어의 자음은 조음 위치(調音位置, place of articulation)에 따라 양순음, 치조음, 경구개음, 연구개음, 성문음으로 분류한다.

양순음(兩脣音, bilabial)은 두 입술을 막거나 두 입술이 접근하면서 나는 소리로 한국어에는 파열음 'ㅂ, ㅍ, ㅃ'과 비음 'ㅁ'이 있다.

치조음(齒槽音, alveolar)은 혀끝을 윗잇몸에 대거나 접근시켜 조음하는 소리로 한국어에는 파열음 'ㄷ, ㅌ, ㄸ', 마찰음 'ㅅ, ㅆ', 비음 'ㄴ', 유음 'ㄹ'이 있다. 이 소리들은 모두 혀의 끝부분이 치조에 닿거나 가까이 밀착하여 기류에 장애를 일으켜 발생한다.

경구개음(硬口蓋音, palatal)은 혀끝을 아랫니 뒤쪽에 대고 전설은 경구개에 대거나 경구개에 접근시켜 조음하는 소리로 한국어에는 파찰음 'ㅈ, ㅊ, ㅉ'이 있다. 이 소리들은 모두 혀가 해당 부분에서 기류에 장애를 일으킨다. 이때 혀의 끝부분이 치조에 닿는 경우가 많다. 이런 이유로 경구개음은 치조음과 비슷한 음운 현상을 일으키기도 한다. '낮, 낯'의 받침은 치조음인 'ㄷ'으로 발음한다.

연구개음(軟口蓋音, velar)은 후설을 연구개에 대거나 접근시켜 조음하는 소리로 한국어에는 파열음 'ㄱ, ㅋ, ㄲ', 비음 'ㅇ'이 있다. 연구개음은 혀의 뒷부분이 입천장 뒤쪽의 부드러운 부분에 닿아 기류에 장애를 일으켜 발생한다.

성문음(聲門音, glottal)은 성대의 막음이나 마찰을 수반하는 소리로 한국어에는 마찰음 'ㅎ'이 있다. 성문음은 성대 사이의 공간에서 기류에 장애를 일으켜 일어난다.

다만 'ㄴ, ㅅ, ㅆ'은 결합하는 모음에 따라 조음 위치가 두 가지로 나타난다. 'ㄴ'은 치조음이지만 [i]와 [j] 앞에서는 조음 위치가 변하여 경구개음이 된다. 이때 치조음 'ㄴ'은 [n]으로, 경구개음 'ㄴ'은 [ɲ]으로 표기한다. 'ㅅ'과 'ㅆ'도 치조음이지만 [i]와 [j]와 'ㅟ' 앞에서는 경구개음이 된다. 이때 치조음 'ㅅ, ㅆ'은 [s], [s']로, 경구개음 'ㅅ, ㅆ'은 [ʃ], [ʃ']로 표기한다.

국제 음성 기호(International Phonetic Alphabet: IPA)에 따르면 자음의 발음이 가능한 조음 위치는 10여 곳이다. 그런데 한국어 자음의 조음 위치는 다섯 곳으로 영어나 중국어 등과 비교하면 1~3개가 적다. 따라서 영어나 중국어 등을 모어로 하는 학습자들은 한국어를 학습할 때 조음 위치 측면에서는 특별한 어려움을 겪지 않는다.　　〈육효창〉

[참고문헌]
- 배주채(2003), 한국어의 발음, 삼경문화사.
- 이호영(1996), 국어 음성학, 태학사.
- 한재영 외(2005), 한국어 교수법, 태학사.
- 한재영 외(2006), 한국어 발음 교육, 한림출판사.
- 허용·김선정(2006), 외국어로서의 한국어 발음 교육론, 박이정.

■ 조음 방법에 따른 자음

조음 방법(調音方法, manner of articulation)에 따르면 자음은 기류가 구강 통로에서 어떤 유형의 방해를 받느냐에 따라 파열음, 마찰음, 파찰음, 비음, 유음으로 분류된다.

파열음(破裂音, plosive)은 구강의 특정 지점에서 기류를 막았다가 한꺼번에 터트리는 소리로 폐쇄음(閉鎖音, stop)이라고도 한다. 두 명칭의 차이는 파열과 폐쇄의 국면 중 어디에 초점을 두느냐에 있다. 이는 '폐에서 올라오는 기류를 막는 단계(폐쇄)→ 폐쇄의 지속을 통해 압력을 높이는 단계(지속)→ 높아진 압력에 의해 기류가 터지는 단계(파열)'를 거쳐 조음되는 소리이다. 한국어의 파열음에는 'ㅂ, ㅃ, ㅍ', 'ㄷ, ㄸ, ㅌ', 'ㄱ, ㄲ, ㅋ'의 세 종류가 있다. 이들은 '폐쇄→ 지속→ 파열'의 과정은 모두 같으나 기류가 폐쇄되는 지점이 다르다. 'ㅂ'은 두 입술에서, 'ㄷ'은 치경에서, 'ㄱ'은 연구개에서 폐쇄가 일어난다. 파열음의 조음 방법은 'ㅂ'을 발음해 보면 알 수 있다. 'ㅂ'을 발음하기 위해서는 먼저 입을 닫는데 입을 닫음으로써 압력이 상승한다. 이후 상승한 압력에 의해 파열, 즉 개방이 일어난다.

마찰음(摩擦音, fricative)은 기류의 통로를 좁힘으로써 기류가 마찰을 일으키며 생성되는 소리이다. 파열음처럼 기류를 완전히 폐쇄하는 대신 마찰음은 성도(聲道)를 좁힌 상태에서 생성되는 소리이다. 따라서 조음의 시작부터 끝까지 기류는 계속 흐르면서 좁아진 성도에서 기류의 마찰이 일어난다. 마치 좁은 창틈으로 바람이 들어올 때 기류의 마찰이 발생하는 것과 유사하다. 한국어의 마찰음에는 'ㅅ, ㅆ'과 'ㅎ'이 있다. 'ㅅ'은 혀끝과 윗잇몸 사이의 통로를 아주 좁힌 후, 이 사이로 기류를 방출하여 소리를 낸다. 'ㅎ'은 후행하는 모음에 따라서 좁아지는 지점이 조금씩 다르다.

파찰음(破擦音, affricate)은 파열음과 마찰음의 조음 방식을 동시에 가지는 소리이다. 파찰음은 기류가 '폐쇄 → 지속 → 마찰'의 과정을 거쳐 조음되는데 폐에서 올라오는 기류를 완전히 폐쇄하여 지속하는 단계까지는 파열음과 같다. 하지만 마지막 단계에서 파열음처럼 순간 개방을 하지 않고 마찰음처럼 구강의 통로를 좁혀 기류를 천천히 내보낸다. 한국어의 파찰음에는 'ㅈ, ㅉ, ㅊ'이 있다. 'ㅅ'과 'ㅈ'의 발음을 비교해 보면 마찰음과 파찰음의 치이를 알 수 있다. 'ㅅ'은 처음부터 끝까지 기류의 흐름이 막히지 않지만 'ㅈ'은 기류가 막혔다가 마찰을 일으키며 흐른다.

비음(鼻音, nasal)은 기류가 비강으로 흐르며 만들어지는 소리이다. 파열음처럼 '폐쇄 → 지속 → 파열'의 과정을 거쳐 생성되지만 기류가 비강으로 흐른다는 점에서 파열음과 다르다. 한국어의 비음에는 'ㅁ, ㄴ, ㅇ'이 있다. 구강 폐쇄음 'ㅂ, ㄷ, ㄱ'과 비교해 보면 기류의 차이를 느낄 수 있다. 비음 'ㅁ, ㄴ, ㅇ'을 발음할 때 코에 손을 대면 코가 울린다. 반면 구강 폐쇄음 'ㅂ, ㄷ, ㄱ'을 발음할 때는 코가 울리지 않는다.

유음(流音, liquid)은 자음 중 기류가 장애를 많이 받지 않고 나오는 소리이다. 한국어의 유음에는 'ㄹ'이 있는데 이 음소는 탄설음(彈舌音, flap)과 설측음(舌側音, laterals)의 변이음이 있다. 모음 사이에서는 탄설음으로, 종성과 'ㄹ' 다음에는 설측음으로 실현된다. 탄설음은 혀끝이 구강의 윗잇몸을 살짝 두드리고 떨어지기 때문에 공기가 혀의 중앙으로 흐른다. 설측음은 혀끝이 구강의 중앙 부분을 막아 공기가 혀의 양 옆으로 흐른다. '나라'와 '말'을 발음해 보면 두 소리의 차이를 알 수 있다.

조음 방법에 따른 자음 중 외국인 학습자들의 오류가 많이 나타나는 것은 유음이다. 중국어권, 영어권 학습자는 탄설음을, 일본어권 학습자는 음절 말의 설측음을 인지하고 산출하는 데에 어려움을 겪는다. 〈장향실〉

[참고문헌]
• 배주채(1996), 국어 음운론 개설, 신구문화사.
• 배주채(2003), 한국어의 발음, 삼경문화사.
• 신지영·차재은(2003), 우리말 소리의 체계: 국어 음운론 연구의 기초를 위하여, 한국문화사.
• 양순임(2009), 말소리, 박이정.
• 허웅(1985), 국어 음운학: 우리말 소리의 오늘·어제, 샘문화사.

❏ **파열음**

파열음(破裂音, plosive)은 자음 중 가장 장애가 큰 소리로, 폐로부터 성대를 통해 나오던 공기가 완전히 폐쇄되었다가 터져 나오는 소리를 말한다. 폐쇄 후의 파열 단계를 강조하여 파열음이라고도 하고, 폐쇄 단계를 강조하여 폐쇄음(閉鎖音, stop)이라고도 한다.

한국어의 파열음은 조음 위치에 따라 양순음 'ㅂ, ㅃ, ㅍ', 치조음 'ㄷ, ㄸ, ㅌ', 연구개음 'ㄱ, ㄲ, ㅋ'으로 나눌 수 있다.

〈한국어의 파열음〉

		양순음	치조음	경구개음	연구개음	성문음
파열음	평음	ㅂ[p]	ㄷ[t]		ㄱ[k]	
	경음	ㅃ[p']	ㄸ[t']		ㄲ[k']	
	격음	ㅍ[pʰ]	ㅌ[tʰ]		ㅋ[kʰ]	

양순 파열음 'ㅂ, ㅃ, ㅍ'을 발음할 때에는 우선 두 입술을 닫고 연구개를 상승시켜 비강 통로를 막는다. 그리고 폐로부터 나오는 기류를 입안에 가두어 두었다가 두 입술을 떼어 압축된 기류를 뿜어내면서 발음한다. 어말이나 'ㅎ'을 제외한 장애음 앞에서는 'ㅂ'으로 발음한다.

치조 파열음 'ㄷ, ㄸ, ㅌ'은 개인에 따라 설단(舌端)과 설첨(舌尖)을 윗잇몸에 대고 발음하기도 하고, 설단은 아랫잇몸에 대고 설첨은 윗잇몸에 대고 발음하기도 한다. 어말이나 'ㅎ'을 제외한 장애음 앞에서는 'ㄷ'으로 발음한다.

연구개 파열음 'ㄱ, ㄲ, ㅋ'을 발음할 때에는 우선 후설을 연구개 앞부분에 대고 연구개 뒷부분은 상승시켜 비강 통로를 차단한다. 그리고 폐로부터 나오는 기류를 구강과 인두강 안에 가두었다가 후설(後舌)과 연구개의 막음을 개방해서 압축된 기류를 내뿜으면서 발음한다. 어말이나 'ㅎ'을 제외한 장애음 앞에서는 'ㄱ'으로 발음한다.

한국어의 파열음은 음절 구조 내 초성에서는 9개가 모두 발음되나 종성에서는 평폐쇄음화에 의해 'ㅂ, ㄷ, ㄱ'만 발음된다. 종성의 'ㅂ, ㄷ, ㄱ'은 '압, 앋, 악'에서처럼 막힌 공기가 터지지 않은 채 발음이 끝난다. 이때 초성의 파열음처럼 터지는 소리를 외파음(外破音, released sound)이라 하고 종성의 파열음처럼 터지지 않는 소리를 불파음(不破音, unreleased sound)이라 한다.

유성음과 무성음이 대립하는 이항 대립과 비교해 평음, 경음, 격음의 삼항 대립으로 구성되어 있는 한국어 파열음 체계는 한국어 학습자들이 어려움을 겪는 부분 중 하나이다. 따라서 파열음을 학습할 때에는 학습자들에게 손바닥이나 얇은 휴지를 입 앞에 대고 '브, 쁘, 프'를 발음해 보도록 하여 공기의 세기를 직접 느껴 보게 하는 것이 효과적이다. 이때 종이가 가장 많이 흔들리는 소리가 격음이고, 가장 적게 흔들리는 소리가 경음이다. 파열음을 학습할 때에는 공기의 세기를 가장 확실하게 느낄 수 있는 양순음 'ㅂ, ㅃ, ㅍ'부터 시작하는 것이 좋다. 또한 '바람, 도리지, 거위'처럼 어두의 'ㅂ, ㄷ, ㄱ'은 무성 평음인 [p], [t], [k]로 발음되지만 '우비, 언덕, 얼굴'의 'ㅂ, ㄷ, ㄱ'은 모음과 모

음 사이, 비음과 모음 사이, 유음과 모음 사이에서 유성 평음인 [b], [d], [g]로 발음된다
는 것을 가르치는 것이 효과적이다. 〈육효창〉

[참고문헌]
• 배주채(2003), 한국어의 발음, 삼경문화사.
• 이호영(1996), 국어 음성학, 태학사.
• 한재영 외(2005), 한국어 교수법, 태학사.
• 한재영 외(2006), 한국어 발음 교육, 한림출판사.
• 허용·김선정(2006), 외국어로서의 한국어 발음 교육론, 박이정.

❏ 마찰음

마찰음(摩擦音, fricative)은 두 조음 기관을 접근시켜 생긴 좁은 틈으로 공기를 내보
내면서 내는 소리를 말한다.

한국어의 마찰음은 'ㅅ, ㅆ, ㅎ'으로 모두 3개이다. 파열음에 비해 그 수가 적으며 격
음이 존재하지 않는다. 조음 위치에 따라 치조 마찰음 'ㅅ, ㅆ'과 성문 마찰음 'ㅎ'으로
나눌 수 있다.

〈한국어의 마찰음〉

		양순음	치조음	경구개음	연구개음	성문음
마찰음	평음		ㅅ [s]			ㅎ [h]
	경음		ㅆ [s']			

한국어 마찰음은 음절 구조 내 초성에서만 쓰인다. 종성의 'ㅅ, ㅆ, ㅎ'은 평폐쇄음화
에 의해 'ㄷ'으로 중화된다.

치조 마찰음인 'ㅅ, ㅆ'은 혀끝을 윗잇몸에 가까이 대서 좁은 틈을 만들어 발음하며,
후행하는 모음에 따라 조음 위치가 달라진다. '사'를 발음할 때 'ㅅ'의 소리와 '시'를 발
음할 때 'ㅅ'의 소리는 음가가 다르다. 'ㅅ, ㅆ'은 'ㅣ'나 [j] 앞에서 구개음화되어 [s] 소리
보다 혀의 위치가 더 뒤에 있고 근육의 긴장이 비교적 덜한 경구개 치조음인 [ɕ], [ɕ']
로 발음되는데, 이를 [ʃ], [ʃ']로 표기하기도 한다. 'ㅅ'과 'ㅆ'의 변이음은 다른 언어에서
는 독립적으로 변별되는 음소로 사용하는 경우가 있으므로 'ㅅ'과 'ㅆ' 지도 시에는 후
행 모음을 선택하여 일정한 순서에 따라 가르치는 것이 효과적이다. 일반적으로 처음에
는 'ㅏ, ㅓ'와 결합한 발음부터 가르치고 'ㅣ'나 [j]가 결합한 발음은 마지막에 가르친다.

성문 마찰음인 'ㅎ'은 성대의 틈을 좁혀서 발음한다. 'ㅎ' 소리는 성문의 틈으로 공기
가 지나가는 데에 본질이 있으며 입안 조음 기관들의 움직임과는 관계가 없다. 따라서
다른 소리로 바뀌거나 탈락하는 경우가 많다. 'ㅎ'은 어두에서 무성음 [h]로 발음되나 유
성음 사이에서는 유성음 [ɦ]로 발음되거나 탈락되기도 한다. 유성음 [ɦ]로 발음되거나
탈락되는 경우는 다음과 같다.

(1) ㄱ. 모음과 모음 사이: 외할머니, 지혜

　　 ㄴ. 비음과 모음 사이: 전화, 방학

　　 ㄷ. 유음과 모음 사이: 결혼, 실험

용언 어간 받침 'ㅎ' 뒤에 모음으로 시작된 어미나 접미사가 결합되는 경우에는 'ㅎ'이 탈락한다.

(2) 낳은[나은], 많아[마나], 싫어[시러]

'ㄶ, ㅀ' 뒤에 'ㄴ'이 결합되는 경우에도 다음과 같이 'ㅎ'이 탈락한다.

(3) 많네[만네], 않는[안는], 뚫네[뚤네→뚤레]

이처럼 'ㅎ'은 위치에 따라 다양한 발음을 보이므로 처음에는 어두에서의 'ㅎ'만 가르치고 다른 위치의 경우는 해당하는 사례가 나올 때 가르치는 것이 바람직하다.　　〈이희진〉

[참고문헌]
- 국립국어원(2005), 외국인을 위한 한국어 문법 1, 커뮤니케이션북스.
- 배주채(2003), 한국어의 발음, 삼경문화사.
- 신지영(2011), 한국어의 말소리, 지식과교양.
- 이호영(1996), 국어 음성학, 태학사.
- 허용·김선정(2006), 외국어로서의 한국어 발음 교육론, 박이정.

❏ 파찰음

파찰음(破擦音, affricate)은 조음 기관을 접촉시켜 기류를 폐쇄했다가 두 조음 기관을 완전히 개방하지 않고 조금만 개방해서 좁은 틈 사이로 공기를 통과시키면서 내는 소리를 말한다.

한국어에는 세 개의 경구개 파찰음 'ㅈ, ㅉ, ㅊ'이 있으며, 혓바닥의 앞부분을 입천장의 앞부분에 붙였다가 떼면서 마찰시켜 발음한다. 파찰음 'ㅈ, ㅉ, ㅊ'은 각각 [ʧ, ʧ', ʧʰ]로 표기한다.

〈한국어의 파찰음〉

		양순음	치조음	경구개음	연구개음	성문음
파찰음	평음			ㅈ[ʧ]		
	경음			ㅉ[ʧ']		
	격음			ㅊ[ʧʰ]		

한국어에서 파찰음은 마찰음처럼 음절 구조 내 초성에서만 쓰이고 종성에서는 쓰이지 못한다.

파찰음의 조음 방법은 파열과 마찰의 방법을 혼합한 것이다. 파찰음 'ㅈ, ㅉ, ㅊ'을 발음할 때에는 혀끝을 아랫니 잇몸에 닿게 하고 혓바닥을 입천장에 붙여 공기가 밖으로 나가지 못하도록 폐쇄한 다음 마찰음을 발음할 때와 같이 혀를 조금만 떼어 공기를 입 밖으로 내보낸다. 학습자들이 마찰음 'ㅅ'과 파찰음 'ㅈ'을 구별하지 못하여 잘못 발음 하는 경우에는 입안에서의 혀의 위치와 발음 방법의 차이를 정확히 설명하여 그 차이 를 느낄 수 있도록 해야 한다.

파찰음의 평음, 경음, 격음 구분과 연습은 파열음의 교육 방법과 같이 얇은 종이를 이 용하거나 손바닥을 입 앞에 대고 직접 공기의 세기를 느껴 보게 하는 것이 효과적이다. 또는 '종을 주세요, 총을 주세요.'와 같은 문장을 이용하여 음의 높낮이에 따른 차이로 설 명하기도 한다. 이때 평음은 격음이나 경음보다 음의 높이가 낮다.　　　　　　〈육효창〉

[참고문헌]
- 배주채(2003), 한국어의 발음, 삼경문화사.
- 이기문·김진우·이상억(2000), 국어 음운론, 학연사.
- 이호영(1996), 국어 음성학, 태학사.
- 한재영 외(2006), 한국어 발음 교육, 한림출판사.
- 허용·김선정(2006), 외국어로서의 한국어 발음 교육론, 박이정.

❏ 비음

비음(鼻音, nasal)은 연구개를 내려 비강 통로를 열어 놓은 채 두 조음 기관을 접촉시 켜 구강 안을 막았다가 개방하면서 내는 소리이다.

비음은 일반적으로 유성음으로 발음된다. 성대의 진동이 비강에서 울려야 비음의 음 성적 특성이 잘 표현될 수 있기 때문이다. 또 비음은 숨이 계속되는 한 소리를 계속 낼 수 있는 지속음이라는 특징도 있다.

한국어에는 세 개의 비음 'ㅁ, ㄴ, ㅇ'이 있으며 조음 위치에 따라 양순 비음 'ㅁ', 치 조 비음 'ㄴ', 연구개 비음 'ㅇ'으로 나눈다.

〈한국어의 비음〉

	양순음	치조음	경구개음	연구개음	성문음
비음	ㅁ[m]	ㄴ[n]		ㅇ[ŋ]	

양순 비음 'ㅁ'은 두 입술을 닫고 연구개를 내려 폐로부터 나오는 기류를 비강을 통 해 내보내면서 조음한다. 양순 비음 'ㅁ'의 조음 방법은 양순 파열음 'ㅂ, ㅍ, ㅃ'의 조음 과 유사하나 연구개가 하강해서 비강 통로가 열린다는 점이 다르다.

치조 비음 'ㄴ'은 치조 파열음과 마찬가지로 개인에 따라 설단(舌端)과 설첨(舌尖)을 윗잇몸에 대고 발음하기도 하고, 설단은 아랫잇몸에 대고 설첨은 윗잇몸에 대고 발음 하기도 하며, 설단은 윗니 뒤쪽이나 이(齒) 사이에 대고 설첨은 윗잇몸에 대고 발음하 기도 한다. 'ㄴ'이 치조음이나 치음으로 발음될 때 모두 혀끝을 윗잇몸에 대고 연구개를 내려 폐로부터 나오는 기류를 비강으로 내보내면서 조음한다. 치조 비음 'ㄴ'의 조음 방법은 치조 파열음 'ㄷ, ㄸ, ㅌ'의 조음 방법과 유사하나 연구개가 하강해서 비강 통로가 열린다는 점에서 차이가 난다.

연구개 비음 'ㅇ'은 후설을 올려 연구개의 앞부분에 대고 연구개의 뒷부분은 내려서 폐로부터 나오는 기류를 비강으로 내보내면서 조음한다. 연구개 비음 'ㅇ'의 조음 방법은 연구개 파열음 'ㄱ, ㄲ, ㅋ'의 조음 방법과 유사하나 연구개가 하강해서 비강 통로가 열린다는 점이 다르다.

한국어에는 언어학적으로 가능한 모든 종류의 비음 'ㅁ, ㄴ, ㅇ'이 있다. 어두에 올 수 있는 'ㅁ, ㄴ'은 음성학적으로 영어 등 다른 언어에서 사용되는 비음과 비교해 비음성이 매우 적다. 따라서 주의 깊게 발음하지 않으면 '누구, 나비, 노래, 모두, 모기'와 같은 낱말들이 외국인에게는 비음과 같은 위치에서 나는 평음, 즉 [두구], [다비], [도래], [보두], [보기]로 들리기 쉽다. 그러므로 외국인 학습자들에게 한국어의 비음을 교육할 때에는 그들이 한국어 비음의 음성적인 특성에 익숙해질 때까지 교사가 의도적으로 비음성을 강조하여 발음해 줄 필요가 있다. 그리고 발음할 때는 학습자가 비음성을 줄여 발음하도록 지도한다. 어말에 오는 비음의 구별도 외국인 학습자들에게는 쉬운 일이 아니므로 '감, 강, 간' 등의 최소 대립쌍을 이용하기도 한다. 〈육효창〉

= 콧소리

[참고문헌]
- 배주채(2003), 한국어의 발음, 삼경문화사.
- 이호영(1996), 국어 음성학, 태학사.
- 한재영 외(2005), 한국어 교수법, 태학사.
- 한재영 외(2006), 한국어 발음 교육, 한림출판사.
- 허용·김선정(2006), 외국어로서의 한국어 발음 교육론, 박이정.

❏ 유음

유음(流音, liquid)은 조음 시 공기 흐름에 장애를 가장 적게 받는 자음으로 청각적으로 흐르는 듯한 느낌을 주는 소리이다.

한국어에서 유음은 'ㄹ' 하나만 존재한다. 'ㄹ'은 환경에 따라 탄설음(彈舌音, flap) [ɾ]로 발음되기도 하고 설측음(舌側音, laterals) [l]로 발음되기도 한다. 유음 'ㄹ'은 고유어의 어두에서는 나타나지 않고 외래어의 어두에서 사용되며, 외래어의 어두에 나타나는 'ㄹ'은 개인의 발음 습관에 따라 탄설음 [ɾ]로 발음되기도 하고 설측음 [l]로 발음되기도 한다.

〈한국어의 유음〉

		양순음	치조음	경구개음	연구개음	성문음
유음	설측음		ㄹ[l]			
	탄설음		ㄹ[ɾ]			
	전동음		ㄹ[r]			

설측음 '근'은 혀끝을 윗잇몸에 붙이고 혀의 옆 부분이 입 안의 볼 쪽 벽에 닿지 않게 하여 양쪽에 통로를 만들어 놓은 상태에서 발음하는 소리이다. '알, 서울, 벌써'에서처럼 종성의 '근'은 모두 설측음으로 발음되고, '물론, 몰래, 놀라다'에서처럼 '근' 뒤에 이어진 초성 '근'도 설측음으로 발음된다. '라디오, 리듬'에서처럼 어두의 초성 '근'을 설측음으로 발음하기도 한다.

탄설음 '근'은 혀끝을 윗잇몸에 한 번 대었다 떼면서 발음하는 소리이다. '라디오, 리듬, 오리, 주렁주렁, 기름'에서처럼 어두의 초성 '근', 모음과 모음 사이, 모음과 반모음 사이 그리고 '결혼, 실험'과 같이 'ㅎ' 앞의 종성 '근'에서도 나타난다.

전동음(顫動音, trill) '근'은 혀끝을 윗잇몸에 여러 번 대었다 떼면서, 즉 혀끝을 떨어서 발음하는 소리이다. '따르릉, 부르릉' 등 의성 의태어에서 '르'를 전동음의 반복으로 발음하는 사람이 간혹 있고, 성악가들이 노래를 부를 때 '바람'과 같이 모음 사이의 '근'을 전동음으로 발음하는 경우도 있다. 그러나 이러한 특수한 경우를 제외하고 전동음은 일반적인 한국어에서는 나타나지 않는다.

한국인이 영어의 'r'과 'l'를 구별하여 정확하게 발음하는 일이 쉽지 않은 것처럼 한국어를 배우는 외국인들도 한국어의 '근'을 발음하는 데 어려움을 겪는다. 한국어의 '근'은 환경에 따라 구별하여 가르쳐야 한다. 즉 모음 사이의 '근'은 자음을 교육할 때 가르치고 받침에서의 '근'은 받침 교육에서 가르치는 것이 좋다. 두 소리 중 모음 사이에서의 '근' 소리를 먼저 가르치는 것이 좋다. 대부분의 언어에 모음 사이에서의 '근' 소리가 존재하며 그 소리들에 큰 차이가 없기 때문이다. 이 두 소리를 구별하여 가르치기 위해서는 먼저 듣기를 통해 학습자가 두 소리의 차이를 인식하게 해야 한다. 〈육효창〉

[참고문헌]
- 배주채(2003), 한국어의 발음, 삼경문화사.
- 이호영(1996), 국어 음성학, 태학사.
- 한재영 외(2005), 한국어 교수법, 태학사.
- 한재영 외(2006), 한국어 발음 교육, 한림출판사.
- 허용·김선정(2006), 외국어로서의 한국어 발음 교육론, 박이정.

■ 기식의 세기에 따른 자음

기식(氣息, aspiration)은 조음 기관들을 폐쇄한 후 파열시키면서 입안에 갇혀 있던 공기가 빠른 속도로 방출될 때 분출되는 기류를 말하며 한국어의 장애음은 기식의 세기에 따라 평음, 경음, 격음으로 분류한다.

장애음을 기식의 세기에 따라 평음, 경음, 격음으로 분류하는 것은 다른 언어에서는 잘 나타나지 않는 한국어의 특징 중 하나이다. 평음(平音)은 'ㄱ, ㄷ, ㅂ, ㅅ, ㅈ'을 조음할 때와 같이 성문에서 공기 압축이 없을 때 나는 소리이다. 경음(硬音)은 'ㄲ, ㄸ, ㅃ,

ㅆ, ㅉ'을 조음할 때와 같이 성문에서 공기를 압축한 후 공기를 조금만 방출할 때 나는 소리이다. 격음(激音)은 'ㅋ, ㅌ, ㅍ, ㅊ'을 조음할 때와 같이 공기를 압축한 후 강하게 방출할 때 나는 소리이다. 다른 장애음들이 평음, 경음, 격음의 삼항 대립을 보이는 것과 달리 마찰음 'ㅅ'은 이에 해당하는 격음이 존재하지 않는다.

기식의 유무는 입 앞에 얇은 종이를 대고 자음을 발음할 때 종이가 흔들리는 정도가 기의 세기에 비례함을 이용하여 확인할 수 있다. 예를 들어 '파, 바, 빠'를 순서대로 발음해 보면 '파'를 발음할 때 종이가 가장 많이 흔들리고, '바'를 발음할 때는 종이가 조금만 흔들리며, '빠'를 발음할 때는 종이가 거의 흔들리지 않는다.

외국인 학습자들이 한국어의 평음, 경음, 격음 세 가지 음의 구별을 어려워하는 이유는 많은 언어에 이 세 가지 중 두 가지의 대립만이 있기 때문이다. 예를 들어 한국어의 파열음 중 평음에 해당하는 'ㅂ, ㄷ, ㄱ'은 단어의 첫 음절에서 음성적으로 말할 때 무성 무기음이라고 한다. 그러나 실제로는 약간의 기식이 느껴지는 음이기 때문에 평음과 격음의 차이에 익숙하지 않은 학습자들은 이 두 종류의 음을 동일한 것으로 인식하기 쉽다. 실제 받아쓰기를 시켜 보면 '바다'와 '파다'를 모두 같은 음으로 인식하거나 서로 뒤섞어서 반대로 인식하는 일이 종종 있다.

그러므로 평음과 격음의 차이를 뚜렷하게 보여 주기 위해서는 발음을 할 때 입 앞에 손바닥이나 얇은 종이를 대고 손바닥으로 입김을 느끼게 하거나 종이가 흔들리는 정도를 인식하게 하는 방법을 사용할 수 있다. 즉 평음보다는 격음을 발음할 때 입김을 더 많이 느끼고 종이도 더 많이 흔들린다는 것을 시각적으로 보여 주는 것이다. 또 일부 언어권 학습자들은 한국어의 'ㅂ, ㄷ, ㄱ'을 모어의 [b], [d], [g]와 같이 유성음으로 발음하여 어색하게 들릴 때가 있다. 특히 첫 음절에서 'ㅂ, ㄷ, ㄱ'과 같은 평음이 나올 때는 유성으로 발음하지 않도록 주의시킬 필요가 있다.

그리고 경음인 'ㅃ, ㄸ, ㄲ'과 평음인 'ㅂ, ㄷ, ㄱ'은 모두 '무성 무기음'이라는 공통점이 있어서 구별하기 쉽지 않다는 반응도 보이는데, 이 두 종류의 음은 발음할 때 들이는 힘의 정도와 긴장 상태를 비교해서 구별할 수 있다.

한편 격음인 'ㅍ, ㅌ, ㅋ'과 경음인 'ㅃ, ㄸ, ㄲ'이 잘 구별되지 않는 학습자에게는 발음할 때 입 앞에 손바닥이나 종이를 대고 그 변화에 주의해서 차이를 느껴 보게 하는 방법이 좋다. 경음인 'ㅃ, ㄸ, ㄲ'은 평음인 'ㅂ, ㄷ, ㄱ'과는 달리 단어의 첫 음절에서도 기식이 나타나지 않는 소리이므로 격음과 경음을 비교해서 발음해 보면 차이를 확연하게 알 수 있다.

〈육효창〉

[참고문헌]
- 배주채(2003), 한국어의 발음, 삼경문화사.
- 이호영(1996), 국어 음성학, 태학사.
- 한재영 외(2005), 한국어 교수법, 태학사.

- 한재영 외(2006), 한국어 발음 교육, 한림출판사.
- 허용·김선정(2006), 외국어로서의 한국어 발음 교육론, 박이정.

■ 자음 제시 순서

한국어 교재의 자음 제시 순서는 흔히 가나다순으로 일컬어지는 전통적인 한글 자모 순서에서 크게 벗어나지 않는다. 국내 주요 대학 부설 한국어 교육 기관의 통합 교재에서 확인할 수 있는 자음의 제시 순서는 대개 다음과 같다.

ㄱ, ㄴ, ㄷ, ㄹ, ㅁ, ㅂ, ㅅ, ㅇ, ㅈ, ㅊ, ㅋ, ㅌ, ㅍ, ㅎ / ㄲ, ㄸ, ㅃ, ㅆ, ㅉ

위에서 확인할 수 있듯이 한국어 교재는 격음을 포함한 'ㄱ'부터 'ㅎ'까지의 자음을 일차적으로 제시하고 뒤이어 경음을 이차적으로 제시하는 방식을 취하고 있다. 다만 일부 교재에서는 격음 계열 자음의 제시 방식에 차이를 보이기도 한다. 즉 'ㅊ, ㅋ, ㅌ, ㅍ'을 일차 자음 목록이 아닌 이차 자음 목록으로 제시하는 것인데, 이 경우에 'ㄲ, ㄸ, ㅃ, ㅆ, ㅉ'은 삼차 자음 목록으로 제시한다. 그러나 이러한 한국어 교재의 자음 제시 순서가 그대로 자음의 학습 순서라고 보기는 어렵다. 또한 효과적인 교수 학습 순서는 무엇인가에 대해서도 고민이 필요하다.

한국어 자음 체계의 가장 큰 특징은 폐쇄음 계열의 자음이 평음, 경음, 격음의 삼지적 상관속을 이루고 있다는 점이다. 특징적이라는 것은 그만큼 유표적이라는 것을 의미하므로 언어의 보편성과 특수성 이론에 바탕을 두고 학습의 용이성을 판단한다면 평음에 비해 유표적인 격음이나 경음의 학습은 쉽지 않다. 실제로 유성음과 무성음이 변별적 대립을 보이는 언어를 모어로 하는 학습자들의 경우 격음이나 경음의 학습에 상당히 부담을 느낀다. 따라서 한국어 교재에서 '평음→격음→경음'의 순서로 자음을 제시하고 그 순서를 학습 순서의 큰 틀로 삼는 것이 타당하다.

그러나 평음 계열 내부 그리고 격음과 경음 계열 내부에서의 자음 제시 순서에 대해서는 조음의 난이도를 고려해서 제시 순서를 재설정해야 한다는 입장이 설득력이 있다. 조음의 난이도는 어린아이의 모어 습득 과정이나 자음의 자질 모형도 등에서 확인할 수 있다. 한국어 자음의 습득 과정을 살펴보면 순음 계열의 자음이 가장 먼저 습득되고 마찰음이나 파찰음 계열의 자음이 가장 마지막으로 습득되는 것이 일반적이다. 평음을 기준으로 'ㅂ'의 습득이 가장 용이하고 'ㅈ'은 그렇지 않다. 따라서 계열 내부의 자음 학습 순서는 전통적인 자모 제시 순서를 따르기보다는 평음은 'ㅂ→ㄷ→ㄱ→ㅅ→ㅈ', 격음은 'ㅍ→ㅌ→ㅋ→ㅊ', 경음은 'ㅃ→ㄸ→ㄲ→ㅆ→ㅉ'의 순서를 따르는 것이 효과적일 수 있다. 여기에 한국어 'ㄹ'이 지닌 특수성을 고려한다면 비음을 모두 제시한 후 'ㄹ'을 제시하는 것이 학습 순서로 적합하다. 〈진문이〉

[참고문헌]
• 신지영(2000), 말소리의 이해: 음성학·음운론 연구의 기초를 위하여, 한국문화사.
• 이호영(1996), 국어 음성학, 태학사.
• 최정순(2003), 외국어로서의 한국교육에서 음운 교육의 내용 체계 연구, 박창원 엮음, 남북의 언어와 한국어교육, 태학사.
• Chomsky, N. & Halle, M. (1968), *The sound pattern of English*, Harper & Row.

4.3. 모음

모음(母音, vowel)은 폐에서 나온 기류가 입안에서 어떠한 장애도 받지 않고 만들어지는 소리이다.

기류가 입안에서 장애를 받아 소리 나는 자음과 대조적인 소리로 자음과 달리 홀로 발음이 되어 '홀소리'라고도 한다. 즉 모음은 음절의 핵이다. 특히 한국어에서 모음이 없이 음절이 이루어지는 경우는 없다. 한국어의 모음은 표준 발음법상 'ㅏ, ㅐ, ㅑ, ㅒ, ㅓ, ㅔ, ㅕ, ㅖ, ㅗ, ㅘ, ㅙ, ㅚ, ㅛ, ㅜ, ㅝ, ㅞ, ㅟ, ㅠ, ㅡ, ㅢ, ㅣ' 21개이다.

모음은 크게 단모음(單母音, monophthong 또는 simple vowel)과 이중 모음(二重母音, diphthong)으로 나눈다. 단모음은 발음할 때 혀의 위치나 입술 모양에 변화가 없는 소리이고, 이중 모음은 발음할 때 음성 기관에 변화가 있는 소리이다. 예를 들어 단모음인 'ㅏ'나 'ㅗ' 등을 발음할 때에는 발음의 시작부터 끝까지 입술 모양에 변화가 없다. 그런데 이중 모음인 'ㅑ'나 'ㅝ'를 발음할 때에는 처음 입술 모양과 끝날 때의 입술 모양에 변화가 생긴다.

현행 표준 발음법상 21개의 모음은 단모음 'ㅏ, ㅐ, ㅓ, ㅔ, ㅗ, ㅚ, ㅜ, ㅟ, ㅡ, ㅣ' 10개, 이중 모음 'ㅑ, ㅒ, ㅕ, ㅖ, ㅘ, ㅙ, ㅛ, ㅝ, ㅞ, ㅠ, ㅢ' 11개로 구분한다. 단모음 중 'ㅟ'와 'ㅚ'는 한국인들이 발음할 때 이중 모음으로 발음하는 경향이 점점 강해져 표준 발음법에서는 이를 단모음으로 발음하는 것을 원칙으로 하되 이중 모음으로 발음하는 것도 허용한다. 〈오광근〉

[참고문헌]
• 국어연구소(1988), 표준어 규정 해설, 국어연구소.
• 이진호(2005), 국어 음운론 강의, 삼경문화사.
• 한재영 외(2006), 한국어 발음 교육, 한림출판사.
• 허용·김선정(2006), 외국어로서의 한국어 발음 교육론, 박이정.

■ 혀의 높이에 따른 모음

모음은 혀의 높낮이, 혀의 앞뒤 위치, 입술의 모양에 따라 분류할 수 있는데, 혀의 높이에 따른 3단계 분류로는 고모음, 중모음, 저모음으로 나눈다.

혀의 높이는 입을 벌리는 정도인 개구도(開口度, aperture)와 관계가 있다. 즉 '아' 소리를 내려면 입을 크게 벌려야 하는데 이때 혀가 턱을 따라 아래로 내려가게 된다. 혀가 가장 아래로 내려갔을 때의 모음을 저모음이라 한다. 그리고 입을 크게 벌렸으므로 이를 개모음이라고도 한다. 이와는 상대적으로 '으' 소리를 내려면 입을 거의 벌리지 않는다. 이때 혀의 높이는 턱이 거의 내려가지 않았으므로 높은 위치에 놓이게 된다. 그래서 이 모음을 고모음이라 한다. 이때는 입을 거의 벌리지 않고 소리를 내므로 폐모음이라고도 한다. 고모음 또는 폐모음인 '_'는 입을 크게 벌리고서는 발음할 수 없다. 반대로 저모음 또는 개모음인 'ㅏ'는 입을 벌리지 않으면 발음할 수 없다. 따라서 모음을 분류하는 기준을 가르치는 것은 모음을 잘 발음하기 위한 방법을 가르치는 것이기도 하다.

혀의 높이를 기준으로 모음을 3단계로 분류하면 '고모음(高母音, high vowel)-중모음(中母音, mid vowel)-저모음(低母音, low vowel)'이 되고, 이를 4단계로 분류하면 '고모음(高母音, high vowel)-반고모음(半高母音, mid-high vowel)-반저모음(半低母音, mid-low vowel)-저모음(低母音, low vowel)'이 된다. 또한 개구도에 따라 이름을 붙여 4단계로 분류하면 '폐모음(閉母音, close vowel)-반폐모음(半閉母音, half-close vowel)-반개모음(半開母音, half-open vowel)-개모음(開母音, open vowel)'이 된다.

혀의 높이 또는 개구도는 음성적인 경우와 음운적인 경우로 나눌 수 있다. 음성적인 경우는 4단계로, 음운론인 경우는 3단계로 구분한다.

아래의 모음 사각도는 어떤 모음이 인간의 음성 기관 중 어느 위치에서 발음되는지를 실질적으로 보여 주는 것이고, 모음 체계는 한 언어의 화자가 그들이 사용하는 언어에 의미를 분화시키는 모음들 간의 상호 관계가 어떤지를 추상적으로 보여 주는 것이다. 예를 들어 한국어의 'ㅏ'는 'ㅐ'보다 음성적으로는 혀의 높이가 낮지만 음운적으로는 'ㅏ'와 'ㅐ'를 동일한 저모음으로 분류한다.

〈모음 사각도〉

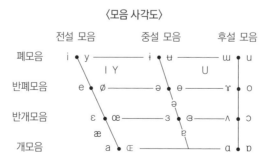

〈한국어의 모음 체계〉

	전설 모음		후설 모음	
	평순 모음	원순 모음	평순 모음	원순 모음
고모음	ㅣ	ㅟ	ㅡ	ㅜ
중모음	ㅔ	ㅚ	ㅓ	ㅗ
저모음	ㅐ		ㅏ	

한국어 고모음은 국제 음성 기호(International Phonetic Alphabet: IPA)로는 [y], [i], [ɨ], [u]에 해당하고, 이를 한글로 표시하게 되면 각각 'ㅟ, ㅣ, ㅡ, ㅜ'가 된다. 이 중 'ㅟ'는 현대 한국인들이 이중 모음으로 발음하는 경향이 있다. 표준 발음법에서는 이를 인정하여 /ㅟ/를 이중 모음으로 발음하는 것을 허용하고 있다. 'ㅡ'의 경우 음성적으로 중설 고모음인 [ɨ]로 보는 견해와 후설 고모음 [ɯ]로 보는 견해가 있다.

한국어에서 중모음은 표준 발음법으로 4개가 있다. 국제 음성 기호로는 [ø], [e], [ə], [o]이고 이를 한글로 표시하게 되면 각각 'ㅚ, ㅔ, ㅓ, ㅗ'가 된다. 이 중 'ㅚ'는 현대 한국인들이 이중 모음으로 발음하는 경향이 있다. 그리하여 표준 발음법에서는 이를 인정하여 'ㅚ'를 이중 모음으로 발음하는 것을 허용하고 있다. 이중 모음으로 발음되는 'ㅚ'를 국제 음성 기호로는 [we]로 표기하는데 이는 한글 'ㅞ'와 표기가 같다.

한국어의 'ㅓ'를 한국어 교재에서는 [ə]로 표기하는 경우가 많다. [ə]는 음성적으로는 중설 중모음에 해당하고, [ʌ]는 후설 반개모음에 해당한다. 한국어에서 [ə]는 '언제, 어른, 건강, 거짓말' 등처럼 주로 어두 음절의 첫 모음일 때 장음으로 나타나고 이를 한글로는 'ㅓ:'로 표기하는데 이 소리는 'ㅓ[ʌ]'와는 다른 소리이다. 한국어에서는 'ㅓ'로 표기되는 대부분의 소리는 음성적으로 [o]보다는 입을 좀 더 크게 벌려 발음하는 [ʌ]에 해당한다. 그런데 한국어의 'ㅓ'를 음운적으로 중모음으로 분류하는 것은 'ㅓ'가 'ㅣ' 모음 역행 동화 환경에 있으면 'ㅔ'로 바뀌고(어미→에미), 양순음(ㅁ, ㅂ, ㅍ) 다음에 놓이면 원순 모음화 되어 'ㅗ'로 바뀌기 때문이다(펌프→뽐뿌). 'ㅓ'는 비록 음성적으로 반개모음의 위치에서 소리가 나지만 음운적으로는 'ㅔ, ㅗ'와 관련을 맺고 있기 때문에 이를 중모음으로 분류한다.

한국어에서 저모음은 국제 음성 기호로는 [ɛ], [a]이고 이를 한글로 표시하면 각각 'ㅐ'와 'ㅏ'가 된다. 이때 'ㅐ'는 음성학적으로는 전설 반폐모음으로 분류되지만 국어의 음운론에서는 전설 저모음으로 분류된다. [ɛ]는 음성학적으로 [a]보다 혀가 조금 높은 위치에서 소리가 나지만 한국어 모어 화자들은 'ㅐ'와 'ㅏ'가 음운적으로 거의 같은 위치에서 나타난다고 인식하기 때문이다. 이는 '아비→애비, 잡이→잽이, 학교→핵교'와 같이 'ㅏ'가 'ㅣ' 모음 역행 동화의 환경에 놓일 때 'ㅐ'로 바뀌는 것에서도 알 수 있다.　　　〈오광근〉

[참고문헌]
• 국어연구소(1988), 표준어 규정 해설, 국어연구소.
• 이익섭(1986), 국어학 개설, 학연사.

• 이진호(2005), 국어 음운론 강의, 삼경문화사.
• 이현복(1971), 현대 서울말의 모음 음가, 어학연구 7-1, 서울대학교 어학연구소, 37~52쪽.
• 이호영(1996), 국어 음성학, 태학사.

■ 혀의 앞뒤 위치에 따른 모음

모음을 분류하는 기준인 혀의 높이, 혀의 위치, 입술 모양 중 혀의 앞뒤 위치에 따라 전설 모음, 중설 모음, 후설 모음으로 나눈다.

'ㅣ, ㅡ, ㅜ'를 차례대로 발음하면 'ㅣ'를 발음할 때에는 혀가 거의 앞니에 근접하지만 'ㅡ'를 발음할 때에는 'ㅣ'를 발음할 때보다 혀가 입 안으로 들어가고 'ㅜ'는 'ㅡ'보다 더 들어감을 느낄 수 있다. 혀를 움직이지 않고는 'ㅣ, ㅡ, ㅜ'를 다르게 소리 낼 수 없다. 이때 평상시보다 혀가 앞으로 나오게 되면 전설 모음(前舌母音, front vowel), 본래의 위치에 있으면 중설 모음(中舌母音, central vowel), 혀가 뒤로 들어가 발음하는 모음을 후설 모음(後舌母音, back vowel)이라 한다. 모음은 혀의 위치에 따라 이와 같이 3단계로 분류하기도 하고 '전설 모음-후설 모음'의 2단계로 분류하기도 한다.

모음 사각도는 어떤 모음이 음성 기관의 어느 위치에서 발음되는지를 실질적으로 보여 주는 것이고, 모음 체계는 한 언어에서 의미를 분화시키는 모음들 간의 상호 관계를 추상적으로 보여 주는 것이다. 모음 사각도에서는 혀의 위치를 세 단계로 나누는 것이 일반적이며 한국어 음운 체계에서는 두 단계로 나누는 것이 일반적이다.

한국어의 경우 전설 모음은 국제 음성 기호(International Phonetic Alphabet: IPA)로는 [y], [i], [ø], [e], [ɛ]에 해당하고, 이를 한글로 표시하면 각각 'ㅟ, ㅣ, ㅚ, ㅔ, ㅐ'이다. 이 중 'ㅟ, ㅣ'는 전설 고모음으로, 'ㅚ, ㅔ'는 전설 중모음으로, 'ㅐ'는 전설 저모음으로 분류한다. 이 중에서 'ㅟ'와 'ㅚ'는 이중 모음으로 발음하는 것을 허용하므로 'ㅟ'와 'ㅚ'를 이중 모음으로 분류하면 한국어의 전설 모음은 'ㅣ, ㅔ, ㅐ' 3개가 있으며, 이 3개의 전설 모음 중 'ㅔ'와 'ㅐ'를 현대 한국인들이 구분하지 못하는 소리로 분류하면 한국어의 전설 모음은 'ㅣ'와 'ㅔ'(또는 [e]와 [ɛ]의 중간 음으로 표시하는 [E]) 2개가 있다.

한국어 후설 모음은 국제 음성 기호로는 [ɨ], [u], [ə], [o], [a]에 해당하고 이를 한글로 표시하면 각각 'ㅡ, ㅜ, ㅓ, ㅗ, ㅏ'가 된다. 이 중 'ㅡ, ㅜ'는 전설 고모음으로, 'ㅓ, ㅗ'는 전설 중모음으로, 'ㅏ'는 전설 저모음으로 분류한다.

'ㅜ' 모음이 'ㅣ'모음 역행 동화의 환경에 놓이면 'ㅟ'로 바뀐다. '(맛이) 죽인다 → 쥑인다'로 바뀌는 현상은 'ㅜ'와 'ㅟ'의 입술 모양이 같고 혀가 가장 높은 위치에 놓이는 공통점이 있으면서 혀의 앞뒤 위치가 다르기 때문에 생긴 현상이다. 후설 모음인 1음절의 'ㅜ'가 후행하는 음절의 전설 모음 'ㅣ'의 영향으로 혀의 위치가 미리 전설 쪽으로 이동하는 것이다. 치찰음인 'ㅅ, ㅈ, ㅊ' 등 다음의 'ㅡ'가 'ㅣ'로 변하는 전설 모음화 현상, 즉 'ㅣ'모음 역행 동화 현상은 한국어에서 전설 모음과 후설 모음 간의 대립 관계를 보

여 주는 예이다. 〈오광근〉

[참고문헌]
• 국어연구소(1988), 표준어 규정 해설, 국어연구소.
• 이익섭(1986), 국어학 개설, 학연사.
• 이진호(2005), 국어 음운론 강의, 삼경문화사.
• 이현복(1971), 현대 서울말의 모음 음가, 어학연구 7-1, 서울대학교 어학연구소, 37~52쪽.
• 이호영(1996), 국어 음성학, 태학사.

■ 입술 모양에 따른 모음

  모음을 분류하는 기준인 혀의 높이, 혀의 위치, 입술 모양 중, 입술의 모양에 따른 분류로 원순 모음과 평순 모음으로 나눈다.

  입술 모양은 크게 두 가지로 나뉜다. 'ㅜ, ㅗ, ㅟ, ㅚ'와 같은 모음들은 '뽀뽀'라고 말할 때처럼 입술을 앞으로 내밀며 발음하는 모음들이다. 입술을 이렇게 앞으로 내밀면 입술이 동그랗게 모아지기 때문에 이를 원순 모음(圓脣母音, rounded vowel)이라 한다. 단모음 중 원순 모음을 제외한 나머지는 모두 입술을 앞으로 내밀어 발음하지 않으므로 이들을 비원순 모음(非圓脣母音, unrounded vowel) 또는 평순 모음(平脣母音, spread vowel)이라 한다. 한국어의 평순 모음에는 'ㅏ, ㅐ, ㅓ, ㅔ, ㅡ, ㅣ'가 있다.

  'ㅟ'나 'ㅚ'를 단모음으로 발음하지 않고 이중 모음으로 발음하는 경우에 입 모양을 관찰해 보면 발음을 시작할 때의 입 모양에 변화가 생겨 처음과는 다른 입 모양으로 끝남을 알 수 있다. 처음에는 입술이 앞으로 내민 상태로 오므려져 있다가 소리가 끝날 무렵에는 입술의 모양이 평순 모음처럼 펴진다. 'ㅟ'와 'ㅚ'를 이중 모음으로 발음할 경우 국제 음성 기호(International Phonetic Alphabet: IPA)로는 [wi], [we]로 표시한다. 입술이 오므려져 있는 것을 'w'로 나타낸다.

  한국어 모어 화자들은 'ㅟ'를 이중 모음으로 발음하기도 하고, 'ㅚ[y]'를 [we]로 발음하기도 하기 때문에 한국어 학습자들이 각각의 발음과 표기를 연결 지을 때 어려움을 겪기도 한다. 〈오광근〉

[참고문헌]
• 이익섭(1986), 국어학 개설, 학연사.
• 이진호(2005), 국어 음운론 강의, 삼경문화사.
• 이현복(1971), 현대 서울말의 모음 음가, 어학연구 7-1, 서울대학교 어학연구소, 37~52쪽.
• 이호영(1996), 국어 음성학, 태학사.
• 허용·김선정(2006), 외국어로서의 한국어 발음 교육론, 박이정.

■ 단모음

  단모음(單母音, monophthong 또는 simple vowel)이란 하나의 소리로 구성하여 발음할 때 혀의 위치나 입 모양에 변화가 일어나지 않는 모음을 말하며, 단순 모음이라고도 한다.

한국어 단모음 체계에 대한 학자들의 견해는 7모음 체계로 보는 견해부터 10모음 체계로 보는 견해까지 다양하나, 표준 발음법에 의하면 한국어 모음 가운데 단모음으로 발음되는 것은 'ㅏ, ㅐ, ㅓ, ㅔ, ㅗ, ㅚ, ㅜ, ㅟ, ㅡ, ㅣ'의 총 10개이다. 이 가운데 'ㅚ, ㅟ'는 이중 모음으로 발음하기도 한다. 한국어의 단모음 10체계와 그에 해당하는 음가는 다음과 같다.

〈한국어의 모음 체계〉

	전설 모음		후설 모음	
	평순	원순	평순	원순
고모음	ㅣ[i]	ㅟ[y]	ㅡ[ɨ]	ㅜ[u]
중모음	ㅔ[e]	ㅚ[ø]	ㅓ[ə:]	ㅗ[o]
저모음	ㅐ[ɛ]		ㅏ[a]	

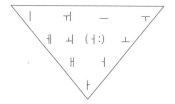

여기서 단모음 'ㅟ'와 'ㅚ'는 국제 음성 기호(International Phonetic Alphabet: IPA) [y]와 [ø]로 표기한다. 하지만 'ㅑ'의 반모음인 [j]를 [y]로 표기하는 사람들도 많아서 이와 구분하기 위해 'ㅟ'를 [ü]로, 'ㅚ'를 [ö]로 표시하기도 한다.

표준어 화자를 기준으로 현실 발음에서는 성별과 연령에 관계없이 대부분의 사람들이 'ㅔ, ㅐ'를 구별하지 않고 발음하며 'ㅟ, ㅚ'를 [wi/ɥi], [wɛ/we]와 같은 이중 모음으로 발음한다. 따라서 현실 발음에서 한국어의 단모음은 [a], [e], [ə], [o], [u], [ɨ], [i]의 7모음 체계이다.

학습자에게 단모음의 조음 방법을 교수할 때는 조음을 시작하는 시점의 혀의 위치와 입술 모양이 끝나는 시점까지 변하지 않음을 강조한다. 학습자들 가운데 단모음을 발음할 때 입술을 너무 빨리 다무는 사람들이 있을 수 있다. 그러나 입술을 너무 빨리 다물면 조음 위치에 이동이 생겨 이중 모음으로 실현이 될 수 있다. 따라서 동일한 모양을 어느 정도 길게 유지하는 데 주의하도록 지도한다.

한국어교육 연구에서 단모음에 관한 연구는 조음 음성학적 차원에서 주로 다루어졌으나 2000년 이후로는 실험 음성학적으로 접근하는 연구들도 많이 나타나고 있다. 이러한 연구들로 인해 학습자가 발음하는 모음의 조음적 특징을 구체적으로 판단하는 일이 가능해졌다. 학습자 언어와 대조적 측면에서 다룬 모음 연구로는 'ㅓ'와 'ㅗ'에 대한 연구가 가장 많고, 다음으로 'ㅡ'와 'ㅜ'에 대한 연구가 많이 이루어졌다.　　〈권성미〉

= 단순 모음

[참고문헌]
• 국립국어원(2011), 한국 어문 규정집, 국립국어원.
• 배주채(2003), 한국어의 발음, 삼경문화사.

• 신지영·차재은(2003), 우리말 소리의 체계: 국어 음운론 연구의 기초를 위하여, 한국문화사.
• 허용·김선정(2006), 외국어로서의 한국어 발음 교육론, 박이정.

□ 'ㅓ'와 'ㅗ'의 발음

'ㅓ'는 후설 중모음으로 손가락이 두 개 들어갈 정도의 크기로 입술을 자연스럽게 벌리고 후설을 연구개로부터 많이 떨어뜨려서 조음하는 소리를 말한다. 'ㅗ' 또한 후설 중모음으로 엄지손가락이 들어갈 정도의 크기로 입술을 둥글게 오므리고 'ㅓ'에 비해 후설을 연구개에 좀 더 가깝게 가져가 발음하는 소리를 말한다.

〈'ㅓ'의 발음〉　　　　　　　　　　　　〈'ㅗ'의 발음〉

'ㅓ'와 'ㅗ'는 조음 위치가 가깝기 때문에 둘을 구분해서 발음하는 것이 쉽지 않다. 모어 화자도 지역에 따라 이 둘을 혼동해서 발음하기도 한다. 하지만 표준어를 기준으로 이 둘 사이에는 조음 방법에 있어서 다음과 같은 분명한 차이가 있다.

먼저 'ㅓ'는 'ㅗ'에 비해 입이 벌어지는 정도가 더 크다. 그리고 'ㅗ'를 발음할 때 입술이 둥근 모양이 되어 앞으로 돌출하는 것과 달리 'ㅓ'를 발음할 때는 입술이 양 옆으로 퍼져서 앞으로 돌출하지 않는다.

'ㅓ'와 'ㅗ'를 교수할 때 조음상 'ㅓ'와 'ㅗ'의 결정적인 차이는 개구도의 차이임을 인지시키는 것이 중요하다. 교사의 입 모양만 보게 하는 것보다는 학습자 자신의 입 모양을 확인하게 하는 것이 효과적이다. 학습자에게 먼저 'ㅗ'를 발음하게 하고 그 상태에서 손으로 턱을 아래로 약간 당겨 발음하게 한다. 이때 거울로 자신의 입이 좀 더 크게 벌어지는 것을 확인하게 한다.　　　　　　　　　　　　　　　　　〈권성미〉

[참고문헌]
• 박창원·오미영·오은진(2004), 한·영·일 음운 대비, 한국문화사.
• 배주채(2003), 한국어의 발음, 삼경문화사.
• 이호영(1996), 국어 음성학, 태학사.
• 허용·김선정(2006), 외국어로서의 한국어 발음 교육론, 박이정.

□ 'ㅡ'의 발음

'ㅡ'는 후설 고모음으로 입술을 펴고 후설을 연구개에 가깝게 가져가 조음하는 소리로 숨을 쉴 때의 입 모양에서 입술과 혀에 특별한 힘을 싣지 않고 입을 조금 벌리면서 발음하는 소리를 말한다.

〈'ㅡ'의 발음〉

'ㅡ'는 'ㅏ, ㅣ, ㅜ' 모두와 거리가 있는 모음으로 음성학적으로는 무표적인 소리로 본다. 'ㅡ'는 한국어 모음 가운데 입을 가장 작게 벌려 발음하는 소리이다.

'ㅡ'를 교수할 때 'ㅏ, ㅣ, ㅜ' 어느 쪽으로도 치우치지 않는 'ㅡ'의 무표적인 성격 때문에 입술 모양으로 조음법을 가르치기 어렵다. 'ㅡ'를 발음할 때의 입술은 특별한 모양을 형성히지 않고, 다만 입술에 힘을 빼고 자연스럽게 입술을 벌려서 발음을 한다. 'ㅡ'는 조음 위치가 조금만 벗어나도 인접한 다른 음가로 실현되기가 쉽다. 예를 들어 'ㅡ'를 발음할 때 입술을 조금만 내밀어도 'ㅜ'로 실현되기 때문에 입술을 평평하게 하도록 주의시켜야 한다. 그리고 'ㅡ'를 발음할 때 입을 조금만 더 크게 벌리면 'ㅓ'로 실현될 수 있으므로 이 점도 주의해야 한다. 〈권성미〉

[참고문헌]
- 박창원·오미영·오은진(2004), 한·영·일 음운 대비, 한국문화사.
- 배주채(2003), 한국어의 발음, 삼경문화사.
- 이호영(1996), 국어 음성학, 태학사.
- 허용·김선정(2006), 외국어로서의 한국어 발음 교육론, 박이정.

❑ 'ㅐ'와 'ㅔ'의 발음

'ㅐ'는 전설 저모음으로 'ㅏ'를 발음하는 입 모양에서 혀를 앞쪽으로 내밀어서 발음하는 소리를 말한다. 'ㅔ'는 전설 중모음으로 'ㅣ'를 발음하는 입 모양에서 입을 조금만 더 벌려서 발음하는 소리를 말한다.

〈'ㅐ'의 발음〉　　　　　　　　〈'ㅔ'의 발음〉

'ㅐ'와 'ㅔ'는 둘 다 전설 비고모음이라는 유사성이 있으나 다음과 같은 부분에서 차이가 있다. 먼저 'ㅐ'와 'ㅔ'는 입이 벌어지는 정도에 있어서 차이가 난다. 'ㅐ'는 'ㅔ'보다 입을 더 벌린 상태에서 조음되는 소리이다. 두 모음은 전설성에 있어서도 약간의 차이를 보인다. 'ㅔ'가 'ㅐ'보다 전설성이 더 크다. 'ㅐ'에 비해 'ㅔ'를 발음할 때 상대적으로 더 혀의 앞쪽 부분이 입천장에 가서 조음을 한다.

'ㅐ'와 'ㅔ'를 교수할 때 다음과 같이 조음하는 연습을 시킨다. 'ㅐ'는 'ㅏ'를 발음하게 하고 'ㅏ'의 입모양을 고정시킨 상태에서 혀를 앞쪽으로 내밀어 발음하게 한다. 'ㅔ'는 'ㅣ'를 발음하게 하고 'ㅣ'의 입모양을 고정시킨 상태에서 입을 조금만 더 벌려서 발음하게 한다. 표준어 화자의 대부분이 'ㅔ'와 'ㅐ'를 구별하지 못하므로 학습자에게 이 둘을 구분하게 할 필요는 없으나 학습자가 들은 것을 표기할 때 철자를 틀리게 적지 않도록 주의시킨다. 〈권성미〉

[참고문헌]
- 박창원·오미영·오은진(2004), 한·영·일 음운 대비, 한국문화사.
- 배주채(2003), 한국어의 발음, 삼경문화사.
- 이호영(1996), 국어 음성학, 태학사.
- 허용·김선정(2006), 외국어로서의 한국어 발음 교육론, 박이정.

■ 이중 모음

이중 모음(二重母音, diphthong)이란 발음할 때 혀의 위치나 입 모양에 변화가 일어나는 모음이다.

단모음이 조음 시 음성 기관에 아무런 변화가 없는 것과 대조적이다. 한국어의 이중 모음은 표준 발음법상 'ㅑ, ㅒ, ㅕ, ㅖ, ㅘ, ㅙ, ㅛ, ㅝ, ㅞ, ㅠ, ㅢ' 11개이다. 그런데 단모음 중 'ㅟ'와 'ㅚ'를 이중 모음으로 분류하면 한국어의 이중 모음은 총 12개가 된다. 단모음 'ㅟ'를 이중 모음으로 발음하게 되면 [wi]가 되어 한국어 이중 모음 목록에 모음이 하나 더 추가되지만 'ㅚ'를 이중 모음으로 발음하면 'ㅞ'와 발음이 동일해 이중 모음이 추가되지 않기 때문이다.

이중 모음은 크게 상승 이중 모음(上昇二重母音, ascending diphthong)과 하강 이중 모음(下降二重母音, descending diphthong)으로 구분한다. 상승 이중 모음은 반모음이 단모음 앞에 있는 경우이고, 하강 이중 모음은 반모음이 단모음 뒤에 놓이는 경우이다. 예를 들어 'ㅑ'는 'ㅏ'를 발음하기 전에 입을 적게 벌린 상태에서 발음하게 되는데 이때 'ㅏ'를 발음하기 전 단계의 소리가 반모음이다. 'ㅘ'의 경우는 'ㅏ'를 발음하기 전에 입술을 동그랗게 앞으로 내민 상태에서 시작하게 되는데 이때 'ㅏ'의 전 단계가 반모음이 된다.

한국어의 반모음은 다음과 같이 두 가지가 있다. 전자는 전설 평순 고모음적인 성격을 가진 소리이다. 이를 [j]로 표기하나 [y]로 적기도 한다. 후자는 후설 원순 모음적인 성격을 가진 소리로 [w]로 표기한다. 국제 음성 기호(International Phonetic Alphabet: IPA)의 [y]는 전설 원순 고모음 'ㅟ'와 대응하기 때문에 반모음으로 [y]를 표기할 경우 전설 원순 고모음은 통상적으로 [ü]로 표기한다. 전설 원순 고모음을 [ü]로 표기하게 되면 전설 원순 중모음 'ㅚ'도 [ø]대신 [ö]로 표기한다. 그러나 [ü]와 [ö]는 국제 음성 기호가 아니다.

반모음 [j]와 [w]는 음절을 이루지 못하기 때문에 단독으로 나타나는 일이 없다. 따라서 이들은 반드시 단모음과 함께 나타난다. [w]가 단모음과 결합하면 'w'계 이중 모음이라 하고, 단모음 앞이나 뒤에 [j]가 결합하면 'j'계 이중 모음이라 한다.

반모음 [j]가 단모음 앞에 결합하면 'j'계 상승 이중 모음이라 하고, [j]가 단모음 뒤에 결합하면 'j'계 하강 이중 모음이라 한다. 한국어의 이중 모음 중 'ㅑ, ㅒ, ㅕ, ㅖ, ㅛ, ㅠ'는 전자의 예에 해당하고, 'ㅢ'는 후자의 예에 해당한다.

반모음 [w]는 현대 한국어에서 단모음 앞에만 놓이므로 'w'계 상승 이중 모음만 존재하고 'ㅘ, ㅙ, ㅝ, ㅞ'를 'w'계 상승 이중 모음으로 분류한다. 또한 'ㅟ'를 이중 모음으로 발음하면 [wi]이므로 'ㅟ'의 이중 모음도 'w'계 상승 이중 모음에 해당한다. 'ㅘ, ㅙ, ㅝ, ㅞ'가 'w'계 이중 모음임에도 불구하고 한글로 'ㅗ'나 'ㅜ'로 표기하는 것은 반모음 [w]를 표기할 다른 문자가 없기 때문이다. 따라서 'ㅘ, ㅙ, ㅝ, ㅞ'는 표기상 'ㅗ'나 'ㅜ'로 표기하지만 실제 소리는 [o], [u]가 아니라 모두 [w]이다.

이중 모음 조음 시 조음 기관에 변화가 생기는 것은 바로 이 반모음 때문이다. 단모음 앞이나 뒤에 반모음이 놓이면 단모음을 발음할 때 입 모양에 변화가 생길 수밖에 없다.

〈오광근〉

[참고문헌]
• 국어연구소(1988), 표준어 규정 해설, 국어연구소.
• 이익섭(1986), 국어학 개설, 학연사.
• 이진호(2005), 국어 음운론 강의, 삼경문화사.
• 이호영(1996), 국어 음성학, 태학사.
• 한재영 외(2006), 한국어 발음 교육, 한림출판사.

□ 'ㅙ', 'ㅞ', 'ㅚ'의 발음

'ㅙ'는 'ㅗ'나 'ㅜ'를 발음할 때처럼 입술이 작게 오므려져 있다가 입술이 벌어지면서 'ㅐ' 발음으로 끝나는 소리를 말한다. 'ㅞ'는 'ㅗ'나 'ㅜ'를 발음할 때처럼 입술이 작게 오므려져 있다가 입술이 벌어지면서 'ㅔ' 발음으로 끝나는 소리를 말한다. 'ㅚ'는 'ㅔ'와 마찬가지로 혀의 최고점을 전설에 가깝게 하지만 'ㅔ'와 달리 입술을 옆으로 길게 하지 않고 둥글게 유지한 채 조음하는 소리를 말한다.

현실 발음에서 'ㅐ'와 'ㅔ'가 변별적이지 않다고 볼 때 'ㅙ'와 'ㅞ'도 변별성이 없다. 그리고 'ㅚ'는 현실 발음에서 단모음이 아닌 이중 모음으로 실현되는 경우가 빈번하다. 'ㅚ'가 이중 모음으로 실현될 때 'ㅞ'나 'ㅙ'로 혹은 'ㅞ'와 'ㅙ'의 중간 음가로 발음된다.

'ㅚ'는 어두나 어말에 올 때 주로 이중 모음으로 실현이 된다. '외국, 외갓집'의 '외'와 '열쇠, 금괴'의 'ㅚ'는 [we]로 발음된다.

'ㅙ, ㅞ, ㅚ'를 교수할 때 'ㅚ'가 현실적으로 이중 모음으로 발음되는 경우가 더 빈번하므로 'ㅚ'가 단모음임을 강조하면서 교수하기보다는 'ㅙ, ㅞ'와 유사하게 발음하도록 지도한다. 또 'ㅙ'와 'ㅞ' 역시 구분해서 발음하도록 강조할 필요는 없다. 한편 'ㅚ'를 단모음으로 발음하도록 교수할 때는 양손의 검지로 입술 양쪽 끝을 고정시키고 발음을 하도록 한다. 〈권성미〉

[참고문헌]
· 배주채(2003), 한국어의 발음, 삼경문화사.
· 이호영(1996), 국어 음성학, 태학사.
· 허용·김선정(2006), 외국어로서의 한국어 발음 교육론, 박이정.

❑ 'ㅢ'의 발음

'ㅢ'는 'ㅡ'에서 시작해서 'ㅣ'로 끝나는 발음을 말한다.

'ㅢ'가 '반모음 + 단모음' 또는 '단모음 + 반모음' 순의 구성으로 이루어진 것인지에 대한 논란이 있다. 전자는 상승 이중 모음이라 하고, 후자는 하강 이중 모음이라 한다.

표준 발음법에서는 이중 모음 'ㅢ'를 다음과 같이 발음하도록 규정한다. 자음의 첫소리에 있는 'ㅢ'는 'ㅣ'로 발음하므로 '띄어쓰기'는 [띠어쓰기]로, '희망'은 [히망]으로 발음한다. 단어의 첫음절 이외의 'ㅢ'는 'ㅣ'로 발음하는 것을 허용하며, 조사 '의'는 [ㅔ]로 발음함을 허용한다. '주의'는 [주의/주이]로, '협의'는 [혀븨/혀비]로, '우리의'는 [우리의/우리에]로, '강의의'는 [강:의의/강:이에]로 발음하는 것을 모두 허용한다.

많은 언어권의 학습자들에게 'ㅢ'는 상당히 생소한 소리에 해당하므로 조음 방법을 세심하게 지도할 필요가 있다. 학습자에게 'ㅡ'에서 출발해서 'ㅣ'로 단계적으로 조음 위치를 옮겨 발음하는 연습을 시킨다. 그리고 조음 위치를 점차 빠르게 옮기도록 한다. 천천히 발음하게 하면 '으이'와 같이 두 음절로 발음될 수 있으므로 '으이'는 두 박자에 맞춰, 'ㅢ'는 한 박자에 맞춰 발음하는 연습을 하는 것도 효과가 있다. 또 'ㅢ'는 입술을 돌출시켜 발음하면 'ㅟ'로 발음이 될 수 있으므로 소리의 시작부터 끝까지 입술을 평평하게 유지할 것을 강조해야 한다. 〈권성미〉

[참고문헌]
· 국립국어원(2011), 한국 어문 규정집, 국립국어원.
· 이호영(1996), 국어 음성학, 태학사.
· 허용·김선정(2006), 외국어로서의 한국어 발음 교육론, 박이정.

■ 모음 제시 순서

한국어 교재의 모음 제시 순서는 크게 자소(字素) 중심의 배열 방식을 따르는 것과 음소(音素) 중심의 배열 방식을 따르는 것으로 나뉜다.

자소 중심의 배열 방식을 따르면 대개 다음과 같은 순서로 제시한다.

(1) 기본 모음자의 제시 → 가획 모음자의 제시
　예) ㅏ, ㅑ, ㅓ, ㅕ, ㅗ, ㅛ, ㅜ, ㅠ, ㅡ, ㅣ → ㅐ, ㅒ, ㅔ, ㅖ, ㅘ, ㅙ, …

음소 중심의 배열 방식을 따르면 주로 다음과 같은 순서로 제시한다.

(2) 단모음 제시 → 이중 모음 제시(j계 이중 모음, w계 이중 모음)

예) ㅏ, ㅓ, ㅗ, ㅜ, ㅡ, ㅣ, ㅐ, ㅔ → ㅑ, ㅕ, ㅛ, ㅠ, ㅒ, ㅖ / ㅘ, ㅙ, ㅝ, ㅞ, …

(2)에서와 같이 음소 중심의 배열 방식을 따르고 있다 해도 단모음의 제시가 특별히 혀의 위치나 높이, 입술 모양을 고려하여 이루어지지는 않으며 전통적인 한글 자모 순서를 따른다. 즉 자소 중심의 모음 제시를 상위 기준으로 하고 음소 중심의 모음 제시를 하위 기준으로 한다.

모음 제시 방식과 아울러 살펴보아야 할 것은 모음의 학습 순서이다. 모음 학습 순서는 한국어의 단모음을 어떤 순서로 가르치는 것이 더 효과적인가 하는 질문에 대한 답으로서 크게 두 가지 입장이 있다. 하나는 언어의 보편성과 유표성 이론에 바탕을 둔 것이다. 즉 언어 보편적으로 나타나는 모음이나 무표적인 모음을 먼저 학습하고 유표적인 모음은 나중에 학습하는 것이다. 예를 들어 'ㅏ, ㅣ, ㅜ → ㅔ, ㅗ → ㅡ, ㅓ'의 순서로 가르칠 수 있다.

다른 하나는 대조 언어학적 관점에서 학습자의 모어와 한국어의 음운 체계를 대조하여 거의 동일한 음가를 지닌 모음을 우선하여 가르치고 모어에 없는 모음을 나중에 가르치는 것이다. 예를 들어 일본인 학습자에게는 일본어의 모음과 거의 동일한 음가를 가진 'ㅏ, ㅣ, ㅔ'를 먼저 가르치고 'ㅗ, ㅜ, ㅓ, ㅡ'는 나중에 가르칠 수 있다.　　　〈오광근〉

[참고문헌]
• 국어연구소(1988), 표준어 규정 해설, 국어연구소.
• 국어연구소(1988), 한글 맞춤법 해설, 국어연구소.
• 이익섭(1986), 국어학 개설, 학연사.
• 이진호(2005), 국어 음운론 강의, 삼경문화사.
• 이호영(1996), 국어 음성학, 태학사.

4.4. 음절

음절(音節, syllable)은 분절음이 모여 이루는 언어 단위 가운데 홀로 발화할 수 있는 최소의 언어 단위이다.

음절의 구조는 언어마다 다를 수 있으며 동일한 분절음의 연쇄를 듣고도 그 구조를 다르게 파악할 수 있다. 예를 들어 영어 화자는 영어의 'milk'를 하나의 음절로, 한국어 화자는 두 개의 음절(밀크)로, 일본어 화자는 세 개의 음절(ミルク[miruku])로 인식한다.

음절은 초성, 중성, 종성이라는 음절 성분으로 이루어진다. 중성은 필수적인 음절 성분으로 음절 핵(syllable nucleus)이라고도 하며, 초성과 종성은 수의적인 음절 성분으로 주변 음(syllable margin)이라고도 한다. 중성의 자리에 올 수 있는 분절음의 목록이나 구성 그리고 초성과 종성에 올 수 있는 분절음의 수와 종류는 언어마다 다르다. 한국어에서는 단모음이나 이중 모음이 중성의 자리에 올 수 있으며 초성과 종성의 자리에는 자음만 가능하다.

한국어의 음절 구조 유형은 다음과 같이 나눌 수 있다.

(1) V형   예) 아, 이, 우
(2) GV형   예) 야, 요, 와
(3) VG형   예) 의
(4) CV형   예) 가, 피, 초
(5) CGV형   예) 벼, 휴, 놔
(6) VC형   예) 알, 옥, 음
(7) GVC형   예) 육, 영, 얍
(8) CVC형   예) 간, 품, 답
(9) CGVC형   예) 별, 향, 겹

(V=vowel, 모음/C=consonant, 자음/G=glide, 활음)

위의 유형 가운데 (1)~(5)와 같이 종성이 없는 음절을 개음절(開音節, open syllable)이라고 하고 (6)~(9)와 같이 종성이 있는 음절을 폐음절(閉音節, closed syllable)이라고 한다.

분절음이 음절을 구성할 때 존재하는 제약을 음절 구조 제약(音節構造制約, syllable structure constraint)이라고 한다. 한국어의 대표적인 음절 구조 제약은 다음과 같다.

(1) 초성 제약
  ㄱ. 초성에 올 수 있는 자음의 수는 1개이다.
  ㄴ. 'ㅇ'[ŋ]은 초성에 올 수 없다.
(2) 중성 제약
  ㄱ. 중성에 올 수 있는 하강 이중 모음은 'ㅢ'밖에 없다.
(3) 종성 제약
  ㄱ. 종성에 올 수 있는 자음의 수는 1개이다.
  ㄴ. 'ㄱ, ㄴ, ㄷ, ㄹ, ㅁ, ㅂ, ㅇ' 이외의 자음은 종성에 올 수 없다.
(4) 중성과 종성의 연결에 대한 제약
  ㄱ. 중성에 이중 모음 '의'가 오면 종성에는 자음이 올 수 없다.

음절은 음소의 변이음이 실현되는 환경을 만들어 주기도 하고 음운 현상에 관여하기도 하므로 한국어 발음 교육에서 중요한 위치를 차지한다. 예를 들어 영어에서는 종성 위치인 음절 말에서도 자음의 파열이 실현되지만 한국어의 'ㅂ, ㄷ, ㄱ'은 음절 내 종성 위치에서 불파음으로 실현된다. 이 위치에서 파열시켜 발음할 경우 자연스러운 한국어 발음이라 할 수 없다. 또한 평폐쇄음화나 자음군 단순화는 앞서 살펴본 음절 구조 제약 중 종성 제약에 기인하여 일어나는 음운 현상이다.   〈박기영〉

[참고문헌]
• 김성규·정승철(2005), 소리와 발음, 한국방송통신대학교출판부.
• 배주채(2003), 한국어의 발음, 삼경문화사.
• 배주채(2011), 국어 음운론 개설, 신구문화사.
• 신지영(2011), 한국어의 말소리, 지식과교양.
• 이진호(2005), 국어 음운론 강의, 삼경문화사.

■ 음소 배열 제약

음소 배열 제약(音素排列制約, phonotactic constraint)은 음소와 음소의 연결을 제한 하는 제약이다.

한국어의 음소 중에는 서로 연결되는 것을 꺼리는 경우가 있다. 형태소가 결합하는 과 정에서 이러한 연결이 나타나면 음운 규칙이 적용되어 음소 배열 제약을 해소하게 된다. 예를 들어 음소 'ㄹ'은 'ㄴ'과 연속적으로 실현되는 것을 꺼린다. 이 경우 '칼 + 날'은 [칼 랄], '달 + 나라'는 [달라라]와 같이 'ㄴ'을 'ㄹ'로 변동시키는 음운 규칙이 적용된다. 한편 '울 + 는'은 [우는]으로 실현되어 'ㄹ'을 탈락시키는 음운 규칙이 적용된다.

한국어의 대표적인 음소 배열 제약과 그 제약을 어기지 않도록 일어나는 음운의 변 동 방향은 다음과 같다.

(1) 평폐쇄음 뒤에 평음이 연결될 수 없다.
　　ㄱ. 먹- + -지 → [먹찌]
　　ㄴ. 듣- + -고 → [듣꼬]
　　ㄷ. 잡- + -더라 → [잡떠라]
(2) 'ㅎ'과 평음은 서로 연결될 수 없다.
　　ㄱ. 놓- + -고 → [노코]
　　ㄴ. 많- + -지 → [만치]
　　ㄷ. 입 + 학 → [이팍]
　　ㄹ. 국 + 화 → [구콰]
(3) 비음 앞에 장애음이 올 수 없다.
　　ㄱ. 먹- + -는 → [멍는]
　　ㄴ. 집 + 만 → [짐만]
(4) 'ㄹ + ㄴ' 연쇄는 허용되지 않는다.
　　ㄱ. 별 + 님 → [별림]

ㄴ. 알- + -는 → [아는]

(5) 'ㄹ' 앞에는 'ㄹ' 이외의 자음이 올 수 없다.

ㄱ. 권 + 력 → [궐력]

ㄴ. 능 + 력 → [능녁]

ㄷ. 결단 + 력 → [결딴녁]

(6) 'ㅎ'은 모음 및 공명음과 모음 사이에서 탈락되는 경우가 많다.

ㄱ. 좋- + -은 → [조은]

ㄴ. 놓- + -은 → [노은]

ㄷ. 많- + -은 → [마는]

ㄹ. 싫- + -은 → [시른]

(7) 'ㅈ, ㅉ, ㅊ' 다음에 활음 [y]가 올 수 없다.

ㄱ. 가지- + -어 → [가저]

ㄴ. 찌- + -어서 → [쩌서]

ㄷ. 다치- + -어 → [다처]

음소 배열 제약과 음절 구조 제약을 엄격히 구분하는 경우 (3)과 (4)는 후행 음절 초성의 울림도는 선행 음절 종성의 울림도보다 크면 안 된다는 음절 정보가 필수적이므로 음소 배열 제약이 아니라 음절 구조 제약으로 보기도 한다. 또한 (6)과 같은 제약은 '나하고, 손하고, 발하고, 공부하다, 실현' 등에서는 성립되지 않는다.

음소 배열 제약 가운데 특히 자음과 자음의 연결에서 보이는 제약을 해소하기 위해 일어나는 음운 변동은 거의 대부분 표기와 발음의 불일치를 초래하게 된다. 한국어 학습자는 이러한 음소 배열 제약에 의한 음운 변동의 규칙성을 단계별로 학습할 필요가 있다. 〈박기영〉

[참고문헌]
• 김성규·정승철(2005), 소리와 발음, 한국방송통신대학교출판부.
• 배주채(2003), 한국어의 발음, 삼경문화사.
• 배주채(2011), 국어 음운론 개설, 신구문화사.
• 이진호(2005), 국어 음운론 강의, 삼경문화사.
• 이진호(2005), 국어의 음운론적 제약 체계, 어문연구 33-2, 한국어문교육연구회, 59~82쪽.

■ 연음

연음(連音)은 선행 음절의 종성이 후행 음절의 초성으로 이동하여 발음되는 현상으로 이은소리 또는 소리이음이라고도 한다.

연음은 음절과 음절이 만나는 경계에서 자음과 모음이 만날 때 일어난다. 연음은 음절 구조상의 위치가 변경될 뿐 하나의 음운이 다른 음운으로 바뀌는 음운 규칙은 아니다. 그러나 '한국어[한구거], 밥이[바비], 믿어요[미더요], 잊으면[이즈면]'에서 보듯이 평음 'ㄱ, ㄷ, ㅂ, ㅈ'은 연음이 되면 유성음으로 실현된다. 자연스러운 한국어 발음을 위해서는 이러한 연음의 원리를 정확하게 습득해야 한다.

(1) ㄱ. 한국어[한구거], 옷이[오시], 있어[이써]
  ㄴ. 값이[갑씨], 앉아[안자], 젊어[절머]
(2) 종이[종이], 낳은[나은], 많이[마니]
(3) 겉옷[거돋], 맛없다[마덥따], 몇 월[며둴], 옷 안[오단]

(1)은 기본적인 연음의 원리를 보여 주고 있다. (1ㄱ)은 홑받침의 연음이고 (1ㄴ)은 겹받침의 연음이다. 그러나 선행 음절의 종성이 모두 후행 음절의 초성으로 이동하여 연음이 되는 것은 아니다. (2)에서 보듯이 종성에 오는 자음 'ㅇ'과 'ㅎ'은 뒤에 모음으로 시작하는 음절이 연결되어도 연음이 일어나지 않는다. 종성의 'ㅇ'은 초성에 올 수 없고 'ㅎ'은 모음 및 공명음과 모음 사이에서 탈락하기 때문이다. (3)은 자음으로 끝나는 형태소 뒤에 어휘 형태소가 와서 합성어나 명사구를 이룰 때 먼저 평폐쇄음화가 적용된 후에 연음이 일어나는 예들이다.

연음의 적용과 유성음화는 분절음의 차원에서 모어 화자가 외국인의 한국어 발음을 평가하는 데 중요한 요소가 된다. 발음의 정확성과 유창성을 향상시키기 위한 연음의 교육은 홑받침과 겹받침의 연음 연습, 연음에 이은 유성음화 연습, 평폐쇄음화 뒤 연음 연습 등이 단계별로 이루어지는 것이 효과적이다. 〈박기영〉

[참고문헌]
• 김성규·정승철(2005), 소리와 발음, 한국방송통신대학교출판부.
• 배주채(2003), 한국어의 발음, 삼경문화사.
• 이진호(2005), 국어 음운론 강의, 삼경문화사.
• 이진호(2012), 한국어의 표준 발음과 현실 발음, 아카넷.
• 정명숙(2008), 한국어 학습자를 위한 전략적 발음 교육: 중국인 학습자를 중심으로, 한국어학 38, 한국어학회, 345~369쪽.

4.5. 음운 규칙

음운 규칙(音韻規則)은 한 음운이 일정한 환경에서 여러 변이음으로 실현되거나 인접한 음운끼리 변하는 양상을 규칙화한 것을 말한다.

음운이 환경에 따라 변하는 현상을 '음운의 변동'이라고 한다. 음운의 변동이 일어나는 첫 번째 이유는 한국어 말소리의 구조적 제약, 즉 음운론적 조건이다. 음운론적 조건은 발음하기 불편한 것을 피하려는 데에서 발생한다. 한국어에는 특유의 음절 구조 제약과 음소 배열 제약, 단어 구조 제약이 있다. 음절 구조 제약으로 인한 음운 규칙으로는 평폐쇄음화, 자음군 단순화가 있으며 음소 배열 제약으로 인한 음운 규칙에는 경음화,

비음화, 유음화, 격음화 등이 있다. 단어 구조 제약으로는 두음 법칙이 있다.

음운 변동의 두 번째 이유는 형태론적 조건이다. 형태론적 조건은 식별을 용이하게 하기 위한 것이다. 동일한 음운론적 조건을 가진 단어가 형태론적 조건에 의해 음운 변동을 일으키는 경우가 있다.

(1) ㄱ. 신-고 [신꼬], 감-지 [감찌]
　　ㄴ. 반장[반장]은 안경[안경]도 사고 신도[신도] 샀다, 밤과[밤꽈] 대추
　　ㄷ. 만날 시간 [만날씨간], 먹을 것 [머글껃]

(1ㄱ)은 용언 어간의 말음 ㄴ, ㅁ 뒤에서 일어나는 경음화이다. (1ㄴ)은 같은 음운론적 조건을 가지고 있지만 같은 단어 내부이거나 명사에 조사가 결합한 형태로 경음화가 일어나지 않는다. (1ㄷ)은 관형사형 어미들 중 '-(으)ㄹ' 뒤에서만 일어나는 경음화이다. '만난 시간, 먹은 것' 등에서는 경음화가 일어나지 않는다. 형태론적 조건에 의한 음운 규칙에는 경음화 외에 비음화, 유음화, ㄴ 첨가, 구개음화가 있다.

음운 규칙은 분절음의 관점에서 대치, 탈락, 축약, 첨가로 분류할 수 있다. 대치란 한 소리가 다른 소리로 바뀌는 것을 말하며, 탈락이란 있던 소리가 없어지는 것을 말한다. 축약은 두 소리가 합쳐져 제3의 소리로 변하는 것이며, 첨가는 없던 소리가 보태지는 것이다. 또 음운 규칙은 변화된 후에 주변음과 유사해졌는지 달라졌는지에 따라 동화(同化)와 이화(異化)로 나눌 수 있다. 소리의 강도 변화를 기준으로 강화(强化)와 약화(弱化)로 분류하기도 한다.

음운 규칙 중에는 필수적인 것도 있고 수의적인 것도 있다. 필수적 음운 규칙의 한 예로 유음화를 들 수 있다.

(2) 달나라[달라라], 줄넘기[줄럼끼]
(3) 난로[날로], 신라[실라]

위와 같이 'ㄴ'의 앞이나 뒤에 'ㄹ'이 오는 경우에는 'ㄴ'이 유음 'ㄹ'로 바뀐다.

수의적 음운 규칙 중 대표적인 것이 조음 위치 동화 또는 변자음화(邊子音化)이다.

(4) ㄱ. 깃발[깁빨], 신발[심발]
　　ㄴ. 듣고[득꼬], 손가락[송까락]
　　ㄷ. 감기[강기], 밥그릇[박끄른]

치조음이 수의적으로 (4ㄱ)과 같이 양순음 앞에서 양순음으로 (4ㄴ)과 같이 연구개음 앞에서 연구개음으로 바뀌며 (4ㄷ)과 같이 양순음이 연구개음 앞에서 연구개음으로 바뀐다. 변자음화는 표준 발음으로 인정되지 않는다.

한국어는 표음 문자이므로 표기와 발음이 대부분 일치하지만 '이렇게[이러케]'나 '설날[설랄]'처럼 표기와 발음이 다른 경우도 많다. 이런 경우 학습자는 격음화, 유음화와

같은 음운 규칙의 학습을 통해 발음하는 방법을 찾을 수 있다. 따라서 음운 규칙은 한국어 발음 교육에서 중요한 교육 내용이다. 〈이희진〉

[참고문헌]
• 배주채(2003), 한국어의 발음, 삼경문화사.
• 신지영(2011), 한국어의 말소리, 지식과교양.
• 이호영(1996), 국어 음성학, 태학사.
• 장향실(2008), 외국인 한국어 학습자를 위한 음운 규칙 항목 선정 연구, 한국언어문학 65, 한국언어문학회, 137~158쪽.
• 허용·김선정(2006), 외국어로서의 한국어 발음 교육론, 박이정.

■ 대치

대치(代置)는 음운 변동의 한 유형으로 어떤 한 음운이 다른 음운으로 바뀌는 현상이다.

음운은 음운 환경에 따라 다른 음운으로 바뀌거나 없어지는 등 변동을 겪을 수 있다. 이러한 음운의 변동은 그 양상에 따라 크게 대치, 탈락, 첨가, 축약으로 구분된다.

대치는 이러한 음운 변동 가운데 가장 일반적인 것이다. '교체'라고 부르기도 하나 'alternation'을 뜻하는 교체와 혼동되기 때문에 대치가 더 적합하다. 대치는 변화하는 음운과 음운 환경의 유사성에 따라 동화(同化)와 이화(異化)로 나눌 수 있다.

동화는 동화를 입는 음이 동화를 시키는 음과 같거나 비슷하게 바뀌는 것을 말한다. 동화 현상에서 동화를 시키는 음운을 '동화주'라 하고 동화되는 음운을 '피동화주'라 한다.

동화는 동화의 방향, 동화의 정도, 동화주와 피동화주의 거리에 따라 분류한다. 먼저 동화의 방향에 따라서는 순행(順行) 동화와 역행(逆行) 동화로 구분한다. 순행 동화는 동화주가 피동화주보다 앞에 있는 것이다. 역행 동화는 반대로 동화주가 피동화주보다 뒤에 있는 것이다.

동화의 정도에 따라서는 완전 동화와 부분 동화(또는 불완전 동화)로 구분한다. 완전 동화는 피동화주가 동화주와 완전히 같아지는 것이다. 부분 동화는 피동화주가 동화주와 비슷해지는 것으로 불완전 동화라고도 부른다.

마지막으로 동화주와 피동화주의 거리에 따라 직접 동화와 간접 동화로 구분된다. 직접 동화는 동화주와 피동화주가 나란히 인접해 있는 것이다. 이에 반해 간접 동화는 동화주와 피동화 사이에 다른 음소가 끼어 있는 것이다.

이화는 동화와 반대되는 현상으로 성질이 비슷한 두 음소가 서로 다르게 바뀌는 것이다. 이러한 이화 현상은 한국어에서는 동화에 비해 드물게 나타난다.

대치에 의해 일어나는 음운 현상은 변화하는 음운의 종류에 따라 자음에 관한 음운 현상과 모음에 관한 음운 현상으로 분류할 수 있다. 자음과 관련된 음운 현상에는 평폐쇄음화, 비음화, 유음화, 조음 위치 동화, 구개음화, 경음화 등이 있다. 또한 모음과 관련된 음운 현상에는 모음 조화, 원순 모음화, 반모음화, 전설 모음화, 단모음화 등이 있다.

한국어에서는 대치와 관련된 여러 가지 음운 현상들이 일어난다. 따라서 대치의 하위 부류에 속하는 각 음운 현상들의 원리와 환경을 파악한 후 이를 바탕으로 외국어로서의 한국어 발음 교육의 순서를 정하고 교수 방법을 제시하면 발음 교육의 효율성을 제고할 수 있을 것이다. 〈김선정〉

[참고문헌]
- 배주채(2011), 국어 음운론 개설, 신구문화사.
- 이진호(2005), 국어 음운론 강의, 삼경문화사.
- 허용·김선정(2006), 외국어로서의 한국어 발음 교육론, 박이정.

☐ 평폐쇄음화

평폐쇄음화(平閉鎖音化)는 음절 말 위치에 있는 장애음(障礙音, obstruent)이 파열되지 않은 평폐쇄음인 'ㅂ, ㄱ, ㄷ' 중 하나로 바뀌는 음운 현상이다.

음절 말 평폐쇄음화를 지칭하는 용어에는 '음절 말 중화, 음절 말 미파화(未破化), 음절 말 내파화(內破化), 음절 말 평파열음화' 등이 있으며 전통적으로는 '음절 말 중화'라는 용어를 널리 써 왔다. 이는 음절 말에서 장애음 사이의 대립이 사라짐을 의미한다. 음절 말 미파화는 음절 말에서 장애음이 파열이 되지 않는다는 것에 기초하고 있고, 음절 말 내파화는 파열이 입 안에서 이루어진다는 데에서 비롯된 용어이다. 음절 말에서 장애음이 파열되지 않은 평폐쇄음으로 변화한다는 관점에서 사용하는 음절 말 평폐쇄음화는 음운 변동의 위치와 결과를 반영한 용어이다.

한국어는 음절 말에 올 수 있는 자음이 한정되어 있다. 19개의 자음 중에서 음절 말에 올 수 있는 것은 'ㄱ, ㄴ, ㄷ, ㄹ, ㅁ, ㅂ, ㅇ'의 7개뿐이다. 이 7개 이외의 자음이 음절 말에 오게 될 때에는 7개 중의 하나로 바뀌게 된다. 따라서 폐쇄음, 파찰음, 마찰음이 음절 말에 올 때에는 파열되지 않은 평폐쇄음인 'ㅂ, ㄷ, ㄱ' 중의 하나로 바뀐다.

(1) 앞 → [압], 앞도 → [압또], 숲과 → [숩꽈]
(2) 옷 → [옫], 옷과 → [옫꽈], 있지 → [읻찌], 끝 → [끋], 끝과 → [끋꽈], 낫, 낮, 낯 → [낟]
(3) 밖 → [박], 부엌 → [부억], 깎지 → [깍찌]

이때 조음 방식은 변하지만 조음 위치는 변하지 않는다. 즉 양순음은 파열되지 않은 양순음 'ㅂ'으로, 치조음은 파열되지 않은 치조음 'ㄷ'으로, 연구개음은 파열되지 않은 연구개음 'ㄱ'으로 바뀐다. 마찰음이나 파찰음은 물론 격음과 경음을 포함한 폐쇄음도 파열되지 않은 평음으로 바뀌는 것이다. 이는 한국어의 장애음이 음절 말에서는 파열이 이루어지지 않는 특성, 즉 불파(不破) 때문이다. 불파음으로 발음될 수 없는 마찰음과 파찰음은 물론 폐쇄음도 파열되지 않는 평폐쇄음으로 발음되는 것이다.

타이어와 베트남어는 한국어와 유사한 평폐쇄음화가 일어나지만, 영어에서는 평폐쇄음화가 일어나지 않아 'but, cat, bus, boss, cheese, college, bush, match, beach, cook'과 같은 단어에서 마지막 자음을 제 음가대로 발음한다. 따라서 이와 같이 평폐쇄음화 현상이 일어나지 않는 언어권의 학습자들은 한국어의 평폐쇄음화를 제대로 습득하지 못해 '국, 밖, 부엌'을 각각 '[구그], [바끄], [부어크]'와 비슷하게 파열하여 발음하는 오류를 범하기 쉬우므로 해당 언어 현상에 대해 주의 깊게 교육해야 한다. 〈김선정〉

[참고문헌]
- 국립국어원(2005), 외국인을 위한 한국어 문법 1, 커뮤니케이션북스.
- 배주채(2011), 국어 음운론 개설, 신구문화사.
- 이진호(2005), 국어 음운론 강의, 삼경문화사.
- 허용·김선정(2006), 외국어로서의 한국어 발음 교육론, 박이정.

❑ 비음화

비음화(鼻音化, nasalization)는 장애음과 비음이 연속될 때 장애음의 조음 위치는 변하지 않고 장애음이 비음으로 소리 나는 현상이다.

비음화는 한국어의 평폐쇄음 'ㅂ, ㄷ, ㄱ'이 비음 앞에서 'ㅁ, ㄴ, ㅇ'으로 바뀌는 현상이며, 'ㄹ'이 'ㄹ' 이외의 자음 뒤에서 'ㄴ'으로 소리 나는 현상을 포함한다.

한국어의 경우 '유음 → 비음 → 장애음'과 같이 앞의 자음은 뒤의 자음보다 발음 시 장애의 정도가 강하지 않아야 한다. 그런데 이러한 음소 배열 제약이 지켜지지 않으면 비음 앞에 오는 장애음이 그리고 비음과 장애음 뒤에 오는 유음이 비음으로 바뀐다.

비음화는 자음 동화 중 위치 동화가 아닌 방법 동화의 하나로 비음 동화라고도 부른다. 한국어에서 비음화는 아래와 같이 세 가지 환경에서 일어난다.

첫째, 장애음이 비음 앞에 오는 경우이다. 이때 앞 자음인 장애음이 비음으로 바뀐다. 그러나 장애음이 비음 뒤에 오는 경우에는 '임금, 신고'에서와 같이 음운 변동이 일어나지 않는다.

(1) ㄱ. 밥물[밤물], 앞마당[암마당],
　　ㄴ. 닫는[단는], 옷만[온만], 있는[인는], 꽃만[꼰만]
　　ㄷ. 막내[망내], 국물[궁물]

둘째, 비음이 유음 'ㄹ' 앞에 오는 경우이다. 이때 유음이 같은 위치에서 소리 나는 비음 'ㄴ'으로 바뀐다. 그러나 '설마, 얼마' 등과 같이 비음이 유음 뒤에 오는 경우에는 글자 그대로 발음한다.

(2) 심리[심니], 정리[정니], 종로[종노]

셋째, 장애음이 유음 앞에 오는 경우이다. 이 경우에는 장애음과 유음 모두가 비음으로 바뀐다. 그러나 '딸기, 슬기, 알밤'에서와 같이 장애음이 유음 뒤에 오는 경우에는 음운 변동이 일어나지 않는다.

(3) 국립[궁닙], 입력[임녁], 국력[궁녁]

이러한 비음화는 '밥 먹는다[밤멍는다], 복 많이 받으세요[봉마니바드세요]'처럼 단어 단위를 넘어서도 일어난다. 비음화는 영어 등 다른 언어에서는 흔히 찾아볼 수 없는 현상(nickname, kingly, upload)이기 때문에 한국어 발음 교육에서 무게 있게 가르쳐야 하는 부분이다. 비음화의 환경을 '장애음 + 비음, 비음 + 유음, 장애음 + 유음'으로 나누어 단계별로 제시하면 발음 교육의 효율성을 제고할 수 있을 것이다.　　　　　〈김선정〉

[참고문헌]
• 국립국어원(2005), 외국인을 위한 한국어 문법 1, 커뮤니케이션북스.
• 배주채(2011), 국어 음운론 개설, 신구문화사.
• 이진호(2005), 국어 음운론 강의, 삼경문화사.
• 허용·김선정(2006), 외국어로서의 한국어 발음 교육론, 박이정.

❏ **유음화**

유음화(流音化, lateralization)는 비음인 'ㄴ'이 앞이나 뒤에서 유음 'ㄹ'을 만나 'ㄹ'로 바뀌는 음운 현상이다.

유음화는 유음화의 적용을 받아 발음되는 소리가 설측음(舌側音, laterals)이기 때문에 '설측음화'라고 부르기도 하며, 자음 동화(子音同化) 중 방법 동화의 하나이므로 '유음 동화'라고도 부른다.

합성어와 파생어 중에는 '솔나무 → 소나무, 겨울내 → 겨우내'와 같이 'ㄴ' 앞에 있는 'ㄹ'이 탈락하는 경우가 있다. 이는 통시적인 현상으로 'ㄹ'이 탈락한 형태가 그대로 쓰이고 있는 것이다. 이러한 탈락 외에는 'ㄹ'과 'ㄴ'이 인접할 경우 'ㄹ + ㄹ'로 발음한다.

유음화는 'ㄹ'과 'ㄴ'의 순서에 따라 순행적 유음화와 역행적 유음화로 나뉜다. 'ㄹ' 뒤에서 'ㄴ'이 'ㄹ'로 바뀌는 것을 순행적 유음화라고 하고 'ㄹ' 앞에서 'ㄴ'이 'ㄹ'로 바뀌는 것을 역행적 유음화라고 한다. 다음 예에서 확인할 수 있듯이 순행적 유음화는 합성어와 파생어에서 일어나거나 겹자음 뒤에 'ㄴ'으로 시작하는 어미가 올 때 일어난다.

(1) ㄱ. 달님[달림], 설날[설랄], 물놀이[물로리]
　　 ㄴ. 훑는[훌른], 짧네요[짤네요], 앓는다[알른다]

역행적 유음화는 주로 2음절 한자어에서 일어난다.

(2) 편리[펼리], 관리[괄리], 진리[질리]

그러나 3음절 한자어에서 앞의 두 음절이 독립적으로 쓰일 수 있는 경우에는 유음화가 일어나지 않고 비음화가 일어난다.

(3) 입원료[이붠뇨], 생산량[생산냥], 음운론[으문논]

유음화는 영어 등 다른 언어에서는 흔히 찾아볼 수 없는 음운 현상으로 'online, Henry, queenly'와 같은 예가 있다. 따라서 유음화가 없는 언어권의 학습자들은 한국어를 글자 그대로 'ㄴ + ㄹ' 또는 'ㄹ + ㄴ'으로 발음한다.

유음화를 순행적 유음화와 역행적 유음화로 나누어 지도할 필요 없이 'ㄴ'과 'ㄹ'이 만나면 언제나 'ㄹ + ㄹ'로 발음된다고 가르친다. '생산량, 입원료'와 같은 예외들은 해당 어휘들이 학습 어휘로 출현할 때에 가르치는 방법도 있다. 〈이희진〉

[참고문헌]
• 국립국어원(2005), 외국인을 위한 한국어 문법 1, 커뮤니케이션북스.
• 배주채(2011), 국어 음운론 개설, 신구문화사.
• 이진호(2005), 국어 음운론 강의, 삼경문화사.
• 허용·김선정(2006), 외국어로서의 한국어 발음 교육론, 박이정.

☐ 조음 위치 동화

조음 위치 동화(調音位置同化)는 음절 말 자음의 조음 위치가 후행하는 자음의 조음 위치와 동일하게 바뀌는 현상이다.

조음 위치 동화는 영어나 일본어 등 다른 언어에서도 쉽게 찾아볼 수 있는 보편적인 현상이다. 그러나 한국어에서는 필수적인 현상이 아니라 수의적인 현상으로 주로 현실 발음에서 일어난다. 천천히 발화할 때는 일어나지 않기도 하고 개인에 따라서는 현실 발음에서도 조음 위치 동화를 전혀 일으키지 않는 경우도 있다. 조음 위치 동화가 일어난 발음은 표준 발음으로 인정받지 못한다.

조음 위치 동화는 양순음화와 연구개음화로 나눌 수 있다. 양순음화는 치조음인 'ㄷ, ㄴ'이 양순음 앞에서 각각 양순음인 'ㅂ, ㅁ'으로 바뀌는 현상이다.

(1) 신문[심문], 단풍[담풍], 꽃보다[꼽뽀다]

연구개음화는 치조음인 'ㄷ, ㄴ'과 양순음인 'ㅂ, ㅁ'이 연구개음 앞에서 각각 'ㄱ, ㅇ'으로 바뀌는 현상이다.

(2) ㄱ. 듣고[득꼬], 안고[앙꼬], 한국[항국], 안개[앙개]
    ㄴ. 감기[강기], 넘겨[넝겨], 합격[학껵], 입구[익꾸]

치조음은 양순음과 연구개음으로 동화되고 양순음은 연구개음으로 동화되지만 다른 방향으로는 일어나지 않는다. 즉 연구개음이 양순음이나 치조음에 동화되는 일이 없고 양순음이 치조음에 동화되는 일도 없다.

조음 위치 동화가 일어난 발음은 표준 발음으로는 인정을 받지 못하지만 다른 언어에서도 널리 일어나는 현상이므로 한국어 학습자들에게 낯선 현상은 아니다. 하지만 표준 발음이 아니므로 조음 위치 동화가 일어난 발음을 표현 교육 차원에서 지도할 필요는 없다. 다만 의사소통을 위해 이해 교육 차원에서는 지도할 수 있다. 〈김선정〉

[참고문헌]
- 국립국어원(2005), 외국인을 위한 한국어 문법 1, 커뮤니케이션북스.
- 배주채(2011), 국어 음운론 개설, 신구문화사.
- 이진호(2005), 국어 음운론 강의, 삼경문화사.
- 허용·김선정(2006), 외국어로서의 한국어 발음 교육론, 박이정.

❏ 구개음화

구개음화(口蓋音化, palatalization)는 'ㄷ, ㅌ'이 모음 'ㅣ' 앞에서 경구개음인 'ㅈ, ㅊ'으로 바뀌어 소리 나는 현상을 말한다.

구개음화는 영어, 러시아어 등 다른 언어에서도 찾아볼 수 있는 비교적 흔한 음운 변동으로, 구개음화를 '경구개음화'라고도 하는데 이는 구개음화를 통해 바뀐 소리가 'ㅈ, ㅊ'과 같은 경구개음이기 때문이다.

'기름 〉 지름, 김치 〉 짐치, 키(箕) 〉 치'와 같이 연구개음이 경구개음으로 발음되는 구개음화나 '형님 〉 성님, 흉하다 〉 숭하다'와 같은 'ㅎ'의 구개음화는 통시적인 구개음화로서 전라 방언과 경상 방언, 함경 방언에서 광범위하게 나타나며 표준 발음으로 인정하지 않는다.

구개음화는 형태소 경계에서 음절 말 자음 'ㄷ, ㅌ'이 'ㅣ'나 'ㅣ' 모음과 결합한 이중 모음으로 시작하는 조사나 어미, 접미사와 결합하는 경우에 일어난다.

(1) 맏이[마지]　굳이[구지]　해돋이[해도지]
　　같이[가치]　밑이[미치]　닫혀[다쳐]

구개음화는 '마디, 느티나무'와 같은 단일어 내에서는 일어나지 않으며 형태소 경계에서만 일어난다. 또한 구개음화는 '밭일, 홑이불' 등과 실질 형태소끼리 결합한 합성어에서도 일어나지 않는다.

구개음화에는 치조음이 구개음화되는 경우도 있다. 예를 들어 '언니, 수녀, 다시, 시옷, 물엿, 훌륭하다'와 같이 'ㄴ, ㅅ, ㄹ' 다음에 'ㅣ'나 'ㅣ' 모음과 결합한 이중 모음이 올 경우 각각 'ㄴ'은 [n]에서 [ɲ]으로, 'ㅅ'은 [s]에서 [ʃ]로, 'ㄹ'은 [r]에서 [ʎ]로 바뀌어 발음된다. 그러나 이러한 구개음화는 음소 차원의 음운 변동이 아니어서 한국어 모어 화자들은 잘 인식하지 못한다.

현실 발음에서는 '끝을, 끝은, 끝으로'를 발음할 때 구개음화를 적용시켜 [끄츨], [끄츤], [끄츠로]로 발음하는 경우가 있으나 이는 표준 발음이 아니다. 이러한 이유로 구개음화를 교수할 때에는 무엇보다도 구개음화가 일어나는 환경을 정확히 제시해야 한다. 〈김선정〉

[참고문헌]
- 국립국어원(2005), 외국인을 위한 한국어 문법 1, 커뮤니케이션북스.
- 배주채(2011), 국어 음운론 개설, 신구문화사.
- 이진호(2005), 국어 음운론 강의, 삼경문화사.
- 허용·김선정(2006), 외국어로서의 한국어 발음 교육론, 박이정.

❏ 경음화

경음화(硬音化)는 평음이 경음으로 바뀌는 현상으로 된소리되기라고도 한다.

경음화는 현대 한국어에서 출현 빈도가 가장 높고 일어나는 음운 환경이 다양한 음운 현상이다. '닭다[딱따], 세다[쎄다], 진하다[찐하다]' 등의 어두 경음은 통시적인 음운 변화로 이루어진 결과이다. 이러한 어두 경음화는 현대에도 계속 일어나고 있으나 표준 발음은 아니다.

경음화는 장애음 뒤의 경음화와 공명음 뒤의 경음화로 나눌 수 있다. 장애음 뒤의 경음화는 'ㅂ, ㄷ, ㄱ' 뒤에서 평음 'ㅂ, ㄷ, ㄱ, ㅈ, ㅅ'이 경음으로 바뀌는 현상이다. 이는 음소 배열 제약에 따른 것으로 예외 없이 적용된다.

(1) 국밥[국빱], 밥상[밥쌍], 입고[입꼬], 숙제[숙쩨], 국수[국쑤]

이러한 경음화는 평폐쇄음화로 만들어진 'ㅂ, ㄷ, ㄱ' 뒤에서도 일어난다. 결국 모든 장애음 뒤에서 평음을 경음으로 발음한다.

(2) 앞방[압빵], 옆집[엽찝], 옷고름[옫꼬름], 꽃밭[꼳빧], 부엌도[부억또]

공명음 뒤의 경음화는 앞 자음이 'ㄴ, ㅁ, ㅇ, ㄹ'인 경우에 일어나는 현상이다. 공명음 뒤에서 일어나는 경음화는 다음과 같이 몇 가지로 요약할 수 있다.

(3) 관형사형 '-(으)ㄹ' 뒤의 경음화: 먹을 것[머글껃], 잘 데[잘떼], 갈 곳[갈꼳]
(4) 용언 어간 말 'ㄴ, ㅁ' 뒤의 경음화: (신발을) 신고[신꼬], (머리를) 감자[감짜]

다만 '안기다, 감기다, 숨기다' 등과 같은 피동사와 사동사의 경우에는 경음화가 일어나지 않는다.

(5) 한자어에서는 경음이 아닌 소리가 폐쇄음이나 'ㄹ' 뒤에서 경음으로 바뀌는 일이 광범위하게 일어난다. '입구[입꾸], 독서[독써]' 등과 같이 폐쇄음 'ㅂ, ㄱ' 뒤에서 평음이 경음으로 바뀐다. 또한 한자어의 종성 'ㄹ' 뒤에서 초성 'ㄷ, ㅅ, ㅈ'이 경음화되어 '발달[발딸], 열심[열씸], 발전[발쩐]'으로 실현된다.

한자어의 경우 접미사에 따라 경음화가 일어나기도 한다. '-적(的)'의 경우 2음절어를 형성한 경우에는 경음화가 되고 3음절 이상에서는 경음화가 일어나지 않는다. '-과(科), -가(價), -권(權), -권(圈), -권(券)'이 뒤에 붙을 때 항상 경음화가 일어난다.

(6) 사이시옷에 의한 경음화, 즉 표기상으로는 사이시옷이 없지만 관형격 기능을 지니는

사이시옷이 필요한 합성어의 경우에는 경음화가 일어난다. 눈동자[눈똥자], 술잔[술짠], 아침밥[아침빱], 강가[강까]

경음화가 일어나는 음운 환경은 상당히 복잡하기 때문에 외국인 학습자들이 이를 익히기가 쉽지 않다. 따라서 교사는 경음화가 일어나는 환경을 분명하게 제시해야 한다. 이때 공명음 뒤에서 일어나는 경음화는 일단 단일어 내에서는 일어나지 않는 다고 제시하는 것이 한국어의 문법에 익숙하지 않은 외국인들이 이해하기 쉽다.

〈김선정〉

[참고문헌]
• 국립국어원(2005), 외국인을 위한 한국어 문법 1, 커뮤니케이션북스.
• 배주채(2011), 국어 음운론 개설, 신구문화사.
• 이진호(2005), 국어 음운론 강의, 삼경문화사.
• 허용·김선정(2006), 외국어로서의 한국어 발음 교육론, 박이정.

❏ 모음 조화

모음 조화(母音調和, vowel harmony)는 같은 부류의 모음들끼리 서로 어울리는 음운 현상이다.

중세 한국어에서는 '·, ㅗ, ㅏ'와 'ㅡ, ㅜ, ㅓ'가 각각 부류를 이루어 형태소의 내부 또는 경계에서 모음 조화가 체계적으로 적용되었다. 이에 비해 현대 한국어의 모음 조화는 상당히 약화되어 용언 어간에 '-아/어'로 시작하는 어미가 결합할 때에만 적용된다.

(1) 좁- + -아, 받- + -아

(2) 입- + -어, 웃- + -어, 얼- + -어, 늦- + -어, 되- + -어, 뛰- + -어, 떼- + -어, 뱉- + -어

(1)과 같이 어간 말음절의 모음이 'ㅏ, ㅗ'면 '-아'가 연결되고, (2)와 같이 어간 말 모음이 그 이외의 모음이면 '-어'가 연결된다. 현대 한국어의 모음 조화에서 같은 부류의 모음으로 분류되는 'ㅏ, ㅗ'와 'ㅣ, ㅔ, ㅐ, ㅟ, ㅚ, ㅡ, ㅓ, ㅜ'는 음성적인 공통점을 공유하고 있지 않다.

(3) 고프- + -아 → [고파], 누르- + -어 → [눌러]

(3)에서 보듯이 어간 말 모음이 'ㅡ'인 다음절(多音節) 어간의 경우 'ㅡ'에 선행하는 음절의 모음이 'ㅏ, ㅗ'면 '-아'가 연결되고 그 이외의 모음이면 '-어'가 연결된다.

한편 의성어와 의태어의 내부에서도 모음 조화를 확인할 수 있다.

(4) 달랑달랑:덜렁덜렁, 퐁당퐁당:풍덩풍덩

모음 조화는 현대 한국어에서 그 세력이 상당히 약해져 있고 표준 발음의 측면에서 볼 때 표기와 발음이 일치하고 있어 한국어교육 현장에서는 모음 조화를 발음 교육보다 용언의 활용형 학습이라는 문법 교육의 내용으로 다루고 있다. 〈박기영〉

[참고문헌]
• 김성규·정승철(2005), 소리와 발음, 한국방송통신대학교출판부.
• 이진호(2005), 국어 음운론 강의, 삼경문화사.

❑ 반모음화

반모음화(半母音化)는 단모음이 반모음으로 바뀌는 현상이다.

반모음 대신 활음이라는 용어를 사용하여 '활음화'라고 부르기도 한다. 반모음화에는 'j' 반모음화와 'w' 반모음화가 있다.

'j' 반모음화는 단모음 'ㅣ'가 [j]로 바뀌는 현상이다.

    (1) 피- + -어 → [피어]~[펴:], 기- + -어 → [기어]~[겨:]
    (2) 이기- + -어 → [이겨], 비비- + -어 → [비벼]

(1)에서 보듯이 1음절 어간의 경우에는 'j' 반모음화가 수의적으로 일어난다. 일단 반모음화가 적용되면 음절이 하나 줄어들게 되는데 이에 대한 보상으로 장모음화가 일어난다. 이를 '보상적 장모음화(報償的長母音化)'라고 한다. (2)의 예에서 보듯이 '이기 + 어'는 [이기에]라고는 발음되지 않고 언제나 [이겨]로 발음되므로 2음절 이상의 어간에서는 'j' 반모음화가 필수적으로 일어난다.

'w' 반모음화는 단모음 'ㅗ, ㅜ'가 [w]로 바뀌는 현상이다.

    (3) 보- + -아 → [보아]~[봐:], 두- + -어 → [두어]~[둬:]
        돌보- + -아 → [돌보아]~[돌봐], 가두- + -어 → [가두어]~[가둬]
    (4) 오- + -아 → [와], 배우- + -어 → [배워], 싸우- + -어 → [싸워]

(3)에서 보듯이 'w' 반모음화는 어간의 음절 수와 관계없이 수의적으로 일어난다는 점에서 'j' 반모음화와 차이를 보인다. 일단 반모음화가 적용되면 1음절 어간의 경우에는 'j' 반모음화와 마찬가지로 보상적 장모음화가 일어난다. 또한 (4)에서 보듯이 어간 말 음절에 초성이 없는 경우에는 'w' 반모음화가 필수적으로 일어난다.

반모음화도 모음 조화와 마찬가지로 이미 표기에 반영되어 나타나므로 한국어교육 현장에서 발음 교육의 내용으로 다루어지기보다 용언의 활용형 학습이라는 문법 교육의 범주에서 다루어지고 있다. 〈박기영〉

[참고문헌]
• 김성규·정승철(2005), 소리와 발음, 한국방송통신대학교출판부.
• 이진호(2005), 국어 음운론 강의, 삼경문화사.

■ 탈락

탈락(脫落, deletion)은 기저에 있던 음운이 표면형에서 없어지는 현상이다.

예를 들어 '닭'은 어말 또는 자음 앞에서 [닥]으로 발음되는데 이는 기저에 있던 'ㄹ'

이 탈락한 것이다. 탈락에는 자음 탈락, 모음 탈락, 활음 탈락의 세 종류가 있다. 한국어의 자음 탈락에는 자음군 단순화, 'ㄷ' 탈락, 'ㄹ' 탈락, 'ㅎ' 탈락이 있으며 모음 탈락에는 '_' 탈락, 'ㅏ/ㅓ' 탈락이 있다. 활음 탈락으로는 경구개음 뒤에서 'ㅣ'가 탈락하는 현상이 있다.

자음군 단순화는 우리말의 음절 종성에 두 개의 자음이 올 경우 자음 하나가 탈락하는 현상이다.

(1) 넋[넉], 앉다[안따], 여덟[여덜], 넓다[널따], 값[갑]

'ㄷ' 탈락은 받침 'ㄷ'이 'ㅆ' 앞에서 탈락하는 현상이다.

(2) 젖소[저쏘], 묻소[무쏘], 묻습니다[무씁니다]

'ㄹ' 탈락(=유음 탈락)은 용언 어간 말 'ㄹ'이 'ㄴ, ㄹ, ㅂ, ㅅ, ㅗ' 앞에서 탈락하는 현상이다. (3ㄴ)의 예에서는 후행하는 어미가 '_'로 시작할 경우 먼저 '_'가 탈락하고 'ㄹ'이 탈락한다. 학교 문법에서는 'ㄹ' 탈락을 음운 변동 규칙으로 보고 있지만 한글 맞춤법에서는 불규칙 용언으로 처리한다.

(3) ㄱ. 살- + -는 → 사는, 살- + -느냐 → 사느냐
　　ㄴ. 살- + -은 → 산, 살- + -을 → 살, 살- + -으시다 → 사시다, 살- + -으오 → 사오,
　　　　살- + -읍시다 → 삽시다

'ㅎ' 탈락(=후음 탈락)은 용언 어간 말의 'ㅎ' 탈락과 초성의 'ㅎ' 탈락이 있다. (4ㄱ)은 'ㅎ'으로 끝나는 용언 어간 뒤에 모음으로 시작하는 어미나 접미사가 결합할 때 어간 말의 'ㅎ'이 탈락하는 현상이다. 이 규칙은 음운론적 조건만 충족되면 필수적으로 적용된다. (4ㄴ)은 유성음 사이에서 'ㅎ'이 탈락하는 현상으로 수의적인 규칙이다.

(4) ㄱ. 좋아요[조아요], 놓은[노은], 쌓이다[싸이다], 닳아[다라], 싫어도[시러도]
　　ㄴ. 시합[시합/시압], 더하다[더하다/더아다], 아현동[아현동/아연동], 올해[올해/오래]

'_' 탈락은 용언 어간 말음의 '_' 탈락과 어미의 두음 '_' 탈락이 있다. 어간의 '_' 탈락은 (5ㄱ)과 같이 용언 어간 말음 '_'가 모음 'ㅏ/ㅓ'로 시작하는 어미와 결합할 때 탈락하는 현상이다. 어미의 '_' 탈락은 (5ㄴ)과 같이 'ㄹ'이나 모음으로 끝나는 체언이나 어간 뒤에 '_'로 시작하는 조사나 어미가 올 때 '_'가 탈락하는 현상이다. 이를 탈락이 아니라 기저에 '-으로'와 '-로', '-으면'과 '-면'이 있는 것으로 보기도 한다.

(5) ㄱ. 따르- + -아 → 따라, 쓰- + -어 → 써
　　ㄴ. 물 + 으로 → 물로, 머리 + 으로 → 머리로, 울- + -으면 → 울면, 가 + -으면 → 가면

'ㅏ/ㅓ' 탈락(=동일 모음 탈락)은 'ㅏ/ㅓ'로 끝나는 용언 어간 뒤에 'ㅏ/ㅓ'로 시작하는 어미가 올 때 'ㅏ/ㅓ' 중 하나가 탈락하는 현상이다.

(6) 가- + -아서 → 가서, 차- + -아서 → 차서, 서- + -어서 → 서서, 건너- + -어서 → 건너서

'ㅣ' 탈락은 '지, 치, 찌'로 끝나는 용언 어간 뒤에 'ㅓ'로 시작하는 어미가 결합할 때 'ㅣ'가 탈락하는 현상이다.

(7) 가지- + -어 → 가져[가저], 지- + -었- + -다 → 졌다[젇따], 바치- + -어 → 바쳐[처]

탈락 규칙은 규칙 적용의 결과가 표기에 반영된 것과 그렇지 않은 것으로 나눌 수 있다. (3), (5), (6)은 음운 탈락의 결과가 표기에 반영되고, (1), (2), (4), (7)은 표기에 반영되지 않는다. 외국인을 위한 한국어교육에서는 이들을 구별하여 가르치는 것도 효과적이며 표기에 반영되는 (3), (5), (6)은 보통 문법 항목에서 다루는 경우가 많다.   〈장향실〉

[참고문헌]
• 배주채(2003), 한국어의 발음, 삼경문화사.
• 신지영·차재은(2003), 우리말 소리의 체계: 국어 음운론 연구의 기초를 위하여, 한국문화사.
• 장향실(2008), 외국인 한국어 학습자를 위한 음운 규칙 항목 선정 연구, 한국언어문학 65, 한국언어문학회, 137~158쪽.

❏ 자음군 단순화

자음군 단순화(子音群單純化)는 우리말의 음절 종성에 두 개의 자음이 올 경우 하나의 자음이 탈락하는 현상이다.

자음군 단순화는 음절 종성에 두 개 이상의 자음을 허용하지 않는 우리말의 음절 구조 제약 때문에 일어난다. 예를 들어 '흙'은 종성에 'ㄹ'과 'ㄱ'이 있으나 종성에 최대 하나의 자음만 허용되므로 'ㄹ'이 탈락하고 [흑]으로 실현되는 것이다. 어떤 자음이 탈락하는가는 자음군에 따라 그리고 방언에 따라 다르다. 한국어의 어간 말 자음군에는 11 개가 있는데 표준 발음법에 따르면 남는 자음은 다음과 같다.

(1) ㄳ: 'ㄱ' 몫[목]
(2) ㄵ: 'ㄴ' 앉다[안따]
(3) ㄶ: 'ㄴ' 않고[안코]
(4) ㄻ: 'ㅁ' 젊다[점ː따], 삶[삼]
(5) ㄽ: 'ㄹ' 외곬[외골]
(6) ㄾ: 'ㄹ' 핥다[할따]
(7) ㄿ: 'ㅍ' 읊고[읍꼬]
(8) ㅀ: 'ㄹ' 앓다[알타]
(9) ㅄ: 'ㅂ' 없다[업따], 값[갑]

위 9가지 자음군은 탈락하는 자음이 일정하나 'ㄺ'이나 'ㄼ'은 그렇지 않다.

(10) ㄱ. ㄺ: 'ㄱ' 닭[닥], 흙[흑], 맑다[막따], 늙지[늑찌]
     ㄴ. ㄺ: 'ㄹ' 맑게[말께], 읽고[일꼬]

(11) ㄱ. ᆲ: 'ㄹ' 여덟[여덜], 넓다[널따]

　　 ㄴ. ᆲ: 'ㅂ' 밟다[밥:따], 밟소[밥:쏘], 밟지[밥:찌]

'ᆲ'은 활용 시 어떤 어미와 결합하느냐에 따라 탈락하는 자음이 다르다. 후행하는 어미가 'ㄱ'으로 시작할 때는 'ㄱ'이 탈락하고 그 외에는 'ㄹ'이 탈락한다. 'ᆲ'은 'ㄹ'로 발음되는 것이 일반적이나 '밟-'은 모두 'ㅂ'으로, '넓-'은 '넓죽하다, 넓둥글다'에서 'ㅂ'으로 발음된다.

　자음군 단순화는 한국어 단어에서 여러 개의 자음이 연달아 나오는 것에 대한 음절 구조의 제약에 따른 현상이다. 또한 중급 이상의 외국인 학습자들도 오류를 많이 양산하므로 반복적으로 교수 학습할 필요가 있다.　　　　　　〈장향실〉

[참고문헌]
• 배주채(2003), 한국어의 발음, 삼경문화사.
• 신지영·차재은(2003), 우리말 소리의 체계: 국어 음운론 연구의 기초를 위하여, 한국문화사.
• 장향실(2008), 외국인 한국어 학습자를 위한 음운 규칙 항목 선정 연구, 한국언어문학 65, 한국언어문학회, 137~158쪽.

❏ 'ㅣ' 탈락

'ㅣ' 탈락은 '지, 치, 찌'로 끝나는 용언 어간 뒤에 'ㅓ'로 시작하는 어미가 결합할 때 'ㅣ'가 탈락하는 현상이다.

　'ㅣ'는 두 단계의 음운 과정을 거쳐 탈락한다. 먼저 'ㅣ'와 'ㅓ'가 연결되면서 'ㅣ'가 반모음 [j]로 변해 'ㅕ'로 음절 축약이 일어난다. 이후 경구개음 뒤의 반모음 [j]가 탈락한다.

　음절 축약을 반영하여 '져, 쳐, 쪄'로 표기하지만 실제 발음은 반모음이 탈락한 [저], [처], [쩌]이다. 경구개음 'ㅈ, ㅊ, ㅉ' 뒤에 반모음 'j'가 올 수 없다는 우리말의 음소 배열 제약을 적용받기 때문이다.

　(1) 가지- + -어 → 가져[가저], 지- + -었- + -다 → 졌다[젇따]

　　 다치- + -어 → 다쳐[처], 찌- + -어 → 쪄[쩌]

　외국인을 위한 한국어 발음 교육에서 'ㅣ' 탈락은 음절 교육 단계에서 가르칠 수 있다. 자음과 모음이 결합한 CV(C=consonant/V=vowel) 구조의 음절 발음 교육 시 '져, 쳐, 쪄'의 발음이 [저], [처], [쩌]임을 제시해야 한다.　　　　　　〈장향실〉

[참고문헌]
• 배주채(2003), 한국어의 발음, 삼경문화사.
• 신지영·차재은(2003), 우리말 소리의 체계: 국어 음운론 연구의 기초를 위하여, 한국문화사.
• 장향실(2008), 외국인 한국어 학습자를 위한 음운 규칙 항목 선정 연구, 한국언어문학 65, 한국언어문학회, 137~158쪽.

■ 첨가

첨가(添加, insertion)는 원래 없던 음운이 새로 생기는 현상이다.

'콩[콩]'과 '엿[엳]'이 결합하여 만들어진 합성어 '콩엿'은 [콩녇]으로 발음된다. 합성어가 생성되면서 원래 없던 소리 'ㄴ'이 첨가된 것이다. 한국어 음운 첨가 현상에는 'ㄴ' 첨가, 'ㄷ' 첨가, 반모음 첨가가 있다.

'ㄴ' 첨가는 합성어, 파생어, 구 등에서 선행 요소가 자음으로 끝나고 후행 요소가 모음 'ㅣ, ㅑ, ㅕ, ㅛ, ㅠ, ㅖ, ㅒ'로 시작할 때 'ㄴ'이 첨가되는 현상이다.

(1) 꽃잎[꼰닙], 한여름[한녀름], 담요[담뇨], 식용유[시굥뉴], 물약[물략]

'ㄷ' 첨가는 사잇소리 첨가로 두 어근이 결합하여 합성어가 생성될 때 'ㄷ'이 첨가되는 현상이다. '나루+배[나룯빼]'와 '등불[등뿔]'의 'ㅂ'은 유성음 환경에 분포하므로 유성음화가 일어날 것으로 예측되지만 예측과 달리 경음화가 일어난다. 이는 앞 어근 말에 'ㄷ'이 첨가되었기 때문이다. 한글 맞춤법에서는 소리의 근거를 따라 앞의 어근이 모음으로 끝날 경우 'ㅅ'을 넣어 표기하도록 하였다. 'ㄷ' 첨가는 다음과 같이 분류해 볼 수 있다.

(2) ㄱ. 'ㄷ'만 첨가되는 경우: 윗옷[위돋]
   ㄴ. 'ㄷ' 첨가 후 경음화가 일어난 경우: 냇가[내ː까/낻까], 손등[손뜽], 등불[등뿔]
   ㄷ. 'ㄷ' 첨가 후 비음화가 일어난 경우: 잇몸[인몸], 콧날[콘날]

음운 첨가는 보통 합성어에서 두 어근 중 적어도 하나가 고유어인 경우에 발생한다. 하지만 '눈인사[누닌사], 맨입[맨닙], 잠자리[잠자리](곤충), 잠자리[잠짜리][寢所]'처럼 같은 음운 환경에서도 음운 첨가가 일어나는 경우와 그렇지 않은 경우가 있다. 따라서 음운 규칙 적용 환경을 예측하거나 규칙화하기 어렵다.

반모음 첨가는 'ㅣ, ㅐ, ㅔ, ㅚ, ㅟ, ㅞ'로 끝나는 용언 어간 뒤에 모음 'ㅓ'로 시작하는 어미가 연결될 때 'ㅓ' 앞에 반모음 [j]가 첨가되는 현상이다. 전설 모음이 후설 모음으로 이동하면서 반모음 [j]가 첨가된 것이다.

(3) 피- + -어 → 피어[피여], 내- + -어 → 내어[내여], 베- + -어 → [베여]
   되- + -어 → 되어[되여/뒈여], 바뀌- + -어 → 바뀌어[바뀌여], 꿰- + -어 → 꿰어[꿰여]

〈장향실〉

[참고문헌]
• 배주채(2003), 한국어의 발음, 삼경문화사.
• 신지영·차재은(2003), 우리말 소리의 체계: 국어 음운론 연구의 기초를 위하여, 한국문화사.
• 장향실(2008), 외국인 한국어 학습자를 위한 음운 규칙 항목 선정 연구, 한국언어문학 65, 한국언어문학회, 137~158쪽.

☐ 'ㄴ' 첨가

'ㄴ' 첨가는 합성어, 파생어, 구 등에서 선행 요소가 자음으로 끝나고 후행 요소가 모음 'ㅣ, ㅑ, ㅕ, ㅛ, ㅠ, ㅖ, ㅒ'로 시작할 때 'ㄴ'이 첨가되는 현상이다.

합성어, 파생어, 단어 경계 사이 등 다양한 환경에서 'ㄴ' 첨가가 일어난다.

(1) 합성어 경계 사이: 꽃잎[꼰닙], 눈약[눈냑], 색연필[생년필], 담요[담뇨], 식용유[시굥뉴]
(2) 파생어 경계 사이: 맨입[맨닙], 한여름[한녀름]
(3) 단어 경계 사이: 못 잊어[몬니저], 식탁 예절[식탕녜절], 재미있는 이야기[재미인는니야기]

'ㄹ' 뒤에 첨가되는 'ㄴ'은 'ㄹ'로 발음한다.

(4) 물약[물략], 솔잎[솔립], 서울역[서울력], 휘발유[휘발류], 할 일[할릴]

'물약'은 표면적으로는 'ㄹ'이 첨가된 것처럼 보이지만 'ㄴ'이 첨가된 것이다. 'ㄴ'이 첨가된 후 우리말의 'ㄹ + ㄴ'의 음소 배열 제약 때문에 'ㄴ'이 'ㄹ'로 변한 것이다. 즉 유음화가 일어난 것이다.

'ㄴ' 첨가는 보통 합성어의 두 어근이 고유어일 때 일어나지만, 규칙이 적용되는 환경이 항상 일정한 것은 아니다. 예를 들어 '눈인사[누닌사], 첫인상[처딘상]'과 같은 단어에서는 'ㄴ' 첨가가 일어나지 않는다. 또한 표준 발음법에서 '검열, 금융'과 같은 단어는 'ㄴ' 첨가가 일어난 발음과 그렇지 않은 발음을 모두 표준 발음으로 인정한다.

이와 같이 'ㄴ' 첨가는 음운 규칙의 발생 조건을 예측할 수 없어 외국인을 위한 한국어교육에서도 규칙 제시에 어려움이 있다. 외국인 학습자에게 'ㄴ' 첨가 규칙을 가르치되 단어별로 학습해야 함을 인식시킬 필요가 있다.　　　　　〈장향실〉

[참고문헌]
• 배주채(2003), 한국어의 발음, 삼경문화사.
• 신지영·차재은(2003), 우리말 소리의 체계: 국어 음운론 연구의 기초를 위하여, 한국문화사.
• 장향실(2008), 외국인 한국어 학습자를 위한 음운 규칙 항목 선정 연구, 한국언어문학 65, 한국언어문학회, 137~158쪽.

■ 축약

축약(縮約)은 크게 음운 축약(音韻縮約)과 음절 축약(音節縮約)으로 나눌 수 있다.

음운 축약이란 둘 이상의 소리가 합쳐져 하나의 새로운 소리가 되는 현상이다. 'ㅎ' 축약인 유기음화가 대표적인 예이다.

'피- + -어 → [피어]~[펴:], 배우- + -어 → [배워]'와 같은 경우 음절은 축약되었으나 두 모음이 합쳐져 새로운 소리가 된 것이 아니기 때문에 음운 축약으로 볼 수 없다. 이는 'ㅣ'와 'ㅜ' 모음이 각각 [j]와 [w] 반모음으로 바뀌는 반모음화의 예가 된다. 반모음화는 대치에 해당하지만 음절 축약을 필수적으로 동반했기 때문에 편의상 축약으로 다루기도 한다.

유기음화는 필수적인 규칙이지만 반모음화는 수의적으로 적용되기도 한다. 일부 지방 방언에서는 모음 축약(두- + -어 → [둬:] → [도:])이 일어나기도 하지만 표준어로 인정되지 않으므로 한국어교육에서 가르칠 필요는 없다. 〈김은애〉

[참고문헌]
• 김성규·정승철(2005), 소리와 발음, 한국방송통신대학교출판부.
• 배주채(2003), 한국어의 발음, 삼경문화사.
• 신지영·차재은(2003), 우리말 소리의 체계: 국어 음운론 연구의 기초를 위하여, 한국문화사.

❏ 유기음화

유기음화(有氣音化)는 'ㅎ'과 평음의 연쇄에서 두 소리가 합쳐져 유기음이 되는 현상이다.

유기음화는 'ㅎ' 축약 현상을 말하는데 유기음화가 일어나면 평음이 주위에 있는 'ㅎ'과 합쳐져 격음이 되므로 이를 '격음화'라고도 한다.

'ㅎ(ㄶ, ㅀ)' 뒤에 'ㄱ, ㄷ, ㅈ'이 결합하면 뒤 음절 첫소리와 합쳐서 'ㅋ, ㅌ, ㅊ'로 발음한다. 이는 'ㅎ'이 평음에 선행하는 순행적 유기음화로서 용언의 활용에서만 나타난다.

    (1) ㄱ. 좋다[조타], 좋지[조치], 좋고[조코]
        ㄴ. 끊다[끈타], 끊지[끈치], 끊고[끈코]
        ㄷ. 잃다[일타], 잃지[일치], 잃고[일코]

받침 'ㄱ(ㄺ), ㄷ, ㅂ(ㄼ), ㅈ(ㄵ)'이 뒤 음절 첫소리 'ㅎ'과 결합하는 경우에도 역시 두 음을 합쳐서 'ㅋ, ㅌ, ㅍ, ㅊ'로 발음한다. 이는 'ㅎ'이 평음에 후행하는 역행적 유기음화이다.

    (2) ㄱ. 입학[이팍], 뽑히다[뽀피다], 넓혀요[널펴요]
        ㄴ. 맏형[마텽]
        ㄷ. 젖히세요[저치세요], 앉히고[안치고]
        ㄹ. 축하[추카], 생각해요[생가캐요], 막히다[마키다]
        ㅁ. 밥 한 그릇[바판그륻], 졸업식 후에[조럽씨쿠에]

'ㄷ'으로 발음되는 'ㅅ, ㅈ, ㅊ, ㅌ'의 경우에도 이에 준한다. 이는 평폐쇄음화가 된 후에 일어나는 역행적 유기음화이다.

    (3) ㄱ. 못해요[모태요], 따뜻하다[따뜨타다]
        ㄴ. 값하고[가파코], 옆하고[여파고]
        ㄷ. 몫하고[모카고], 부엌하고[부어카고]
        ㄹ. 옷 한 벌[오탄벌], 꽃 한 송이[꼬탄송이]

교사는 학습자들에게 자음의 음가를 배우는 단계에서부터 'ㅍ, ㅌ, ㅊ, ㅋ'같은 계열의 평음에 'ㅎ'이 결합한 소리임을 인식시키는 것이 좋다. 소리의 결합에 대한 이해가 된 후 용언의 활용 연습을 반복하게 되면 유기음화 현상을 쉽게 이해할 수 있다. 일부 지방 방언에서는 역행적 유기음화가 실현되지 않으므로 한국어 학습자들에게 제공하는 청취 자료를 선정할 때에는 역행적 유기음화가 명확하게 일어나는 자료를 선정해 제공해야 한다. 〈김은애〉

[참고문헌]
- 김성규·정승철(2005), 소리와 발음, 한국방송통신대학교출판부.
- 배주채(2003), 한국어의 발음, 삼경문화사.
- 서울대학교 언어교육원(2009), 외국인을 위한 한국어 발음 47 1~2, 랭기지플러스.
- 신지영·차재은(2003), 우리말 소리의 체계: 국어 음운론 연구의 기초를 위하여, 한국문화사.
- 허용·김선정(2010), 외국어로서의 한국어 발음 교육론, 박이정.

❏ 경음화

축약으로서의 경음화(硬音化)는 'ㅎ' 뒤에 'ㅅ'이 결합하는 경우 축약되는 현상이다. 음성학적으로 'ㅎ'은 평폐쇄음 및 평파찰음 'ㅂ, ㄷ, ㄱ, ㅈ'과 축약되면 유기음 'ㅍ, ㅌ, ㅋ, ㅊ'이 되지만 평마찰음 'ㅅ'은 그에 대응하는 유기음이 없기 때문에 축약되었을 때 [ㅆ]으로 나타난다.

(1) ㅎ 용언: 좋습니다[조씀니다], 놓습니다[노씀니다]
(2) ㄶ 용언: 않습니다[안씀니다]
(3) ㅀ 용언: 앓습니다[알씀니다]

'ㅎ + ㅅ → ㅆ'을 축약이 아닌 'ㅎ'이 'ㄷ'으로 평폐쇄음화되는 음운 현상으로 설정하고 이후 경음화와 동일 조음 위치의 장애음 탈락인 'ㄷ' 탈락이 일어난다고 보는 견해도 있다.

'ㅎ' 뒤에 'ㅅ'으로 시작하는 음절이 오는 용언이 많지 않으므로 축약으로서의 경음화는 규칙에 대한 설명을 먼저 하기보다는 해당 어휘가 출현했을 경우에 가르치는 것이 좋다. 〈김은애〉

[참고문헌]
- 김성규·정승철(2005), 소리와 발음, 한국방송통신대학교출판부.
- 배주채(2003), 한국어의 발음, 삼경문화사.
- 신지영·차재은(2003), 우리말 소리의 체계: 국어 음운론 연구의 기초를 위하여, 한국문화사.
- 허용·김선정(2006), 외국어로서의 한국어 발음 교육론, 박이정.

■ 음운 규칙 제시 순서

음운 규칙 제시 순서는 음운론적 지식과 교육적 기준을 함께 고려하여 결정한다. 음운론적 지식은 음운 변동 규칙의 적용 순서로 대표되고 교육적 기준에는 교수 학습의 수월성과 사용 빈도나 난이도, 일반화 가능성 등이 포함된다.

평폐쇄음화나 자음군 단순화는 경음화나 유기음화 이전에 먼저 적용되므로 학습 초기부터 교육되어야 한다는 것은 음운론적 지식을 기준으로 한 것으로 볼 수 있다.

한편 연음은 음운 규칙으로 볼 수는 없으나 사용 빈도가 높기 때문에 학습 초기 단계에서부터 교육되어야 한다. 이는 사용 빈도라는 교육적 기준에 근거한 것이다. 또 다른 교육적 기준 중 난이도는 학습의 용이성을 기준으로 하는데 규칙의 복잡성, 이해나 설명의 어려움으로 평가할 수 있다. 일반화 가능성이란 하나의 규칙을 교육함으로써 응용 효과를 높일 수 있음을 의미한다. 기본적인 것을 먼저 교육하고 확장된 것을 나중에 교육한다는 의미이다. 예를 들어 '놓- + -는'의 발음을 가르칠 때 먼저 평폐쇄음화 규칙을 적용하면 '[녿] + [는]'이 되고, 다시 장애음의 비음화를 적용하면 [논는]이 된다고 제시하는 것이다.

이 외에 또 다른 교육적 기준으로 규칙의 적용이 필수적인가 수의적인가를 들 수 있다. 학습자에게 예외 없이 적용되는 음운 규칙과 예외가 있는 음운 규칙을 구분하여 제시할 필요가 있다. 학습자들에게는 예외가 없는 규칙이 더 학습하기 용이할 것이다. 경음화의 경우 '잡고[잡꼬]'와 같은 평폐쇄음 뒤의 경음화나 '신고[신꼬]'와 같은 용언 어간말 비음 뒤의 경음화는 거의 예외 없이 실현된다. 이들은 초급 단계부터 교육이 되어야하는 경음화의 예이다. 반면 한자어에서 'ㄹ' 뒤에서 이루어지는 경음화에 '발달[발딸]'과 같은 예가 있지만 '발병[발병]'과 같은 예외도 있어서 필수적이라고 볼 수 없고 규칙을 이해시키는 데에도 어려움이 있다. 또한 사이시옷에 의한 경음화는 외국인 학습자들이 스스로 규칙을 적용하기가 힘들다. 따라서 이는 중·고급 단계에서 가르치는 것이 좋다. 필수적, 수의적 적용 가능성이라는 음운론적 기준은 동일 규칙 안에서의 상대적인 학습 순서를 결정할 때 유용한 지침이 된다.

외국어로서의 한국어교육에서는 하나의 음운 규칙이라 하더라도 단계적으로 나누어 제시하고 반복적으로 가르쳐야 한다. 따라서 음운 규칙의 제시 순서나 교수 학습 순서는 하나의 음운 규칙을 어떻게 나누어 제시할 것인가, 한 규칙을 얼마나 반복적으로 교육할 것인가, 수업 시수를 어떻게 할 것인가 등에 따라 달라질 수 있다.

초급 대상 한국어교육 현장에서 음운 규칙만을 따로 학습시키는 시간은 별도로 정해져 있지 않다. 수업의 내용 중에 음운 규칙이 적용되는 어휘나 문장이 나오면 연습을 하면서 규칙을 설명하게 된다. 이 단계에서는 학습자들에게 규칙을 설명하는 것도 어려울 수 있다. 따라서 난이도와 학습 순서를 고려하여 간단한 것에서 복잡한 것으로 위계를 설정하여 제시해야 한다. 또한 중요하다고 생각되는 항목은 반복적으로 심화해서 가르치는 것이 좋다. 음운 규칙이 적용된 발화를 이해하는 단계를 거쳐야 음운 규칙을 적용하여 스스로 발음할 수 있는 산출 단계에 들어설 수 있다. 배운 단어는 음운 규칙을 적용시켜 쉽게 발음하나 배우지 않은 단어일 경우 이미 배워 알고 있는 음운 규칙을 적용하지 못하는 경우가 많다.

초급에서 음운 규칙 이해에 초점을 둔다면 중급 이상에서는 이미 음운 규칙을 알고 있는 어휘를 활용해 규칙을 다시 설명한 후 동일한 음운 조건을 가진 단어를 여러 개 제시하여 학습자 스스로 규칙을 적용해서 발음할 수 있도록 나선형으로 심화되는 교육을 실시해야 한다. 음운 규칙을 가르칠 때에 '듣기 → 듣고 따라 하기 → 시각 자료를 이용한 규칙 설명 → 해당 규칙이 적용되는 단어와 구 찾기 → 발화 연습 → 마무리하기' 등의 단계로 진행하는 것이 효과적일 것이다. 〈김은애〉

[참고문헌]
• 김중섭 외(2011), 국제 통용 한국어교육 표준 모형 2단계, 국립국어원.
• 김형복(2004), 한국어 음운 변동 규칙의 교수 학습 순서 연구, 한국어교육 15-3, 국제한국어교육학회, 23~41쪽.
• 박기영(2010), 한국어 음운론과 한국어 발음 교육의 상관성에 대한 일고찰: 자모 교육과 음운 변동 교육을 중심으로, 어문논집 43, 중앙어문학회, 7~30쪽.
• 장향실(2008), 외국인 학습자를 위한 한국어 음운 규칙의 제시 순서 연구, 한국어교육 19-3, 국제한국어교육학회, 1~20쪽.
• 허유라·박덕유(2012), 한국어 초급 교재에서의 발음 교육 방안 연구: 음운 변동 규칙을 중심으로, 새국어교육 90, 한국어교육학회, 363~388쪽.

4.6. 운율

운율(韻律, prosody)이란 소리의 높낮이(pitch), 크기, 길이, 휴지(pause) 등을 포괄하는 화자의 심리적 요인이다.

신지영은 다른 언어학적 요소들과 마찬가지로 운율도 화자들의 머릿속에 존재하는 심리적인 요소라고 하였다. 운율은 분절음(分節音, segment)과 함께 음절을 구성하는 중요한 요소 중 하나이다. 예를 들어 동일한 소리 값을 가진 분절음 '아'에 대해 음의 높이가 높은 '아'와 높이가 낮은 '아', 소리가 긴 '아'와 짧은 '아', 소리가 큰 '아'와 작은 '아' 등을 생각해 볼 수 있다. 이처럼 분절음 위에 더하여 실현되는 요소들을 운율 또는 초분절음(suprasegment)이라고 하고, 분절적 요소와 구별하여 초분절적 요소(suprasegmental feature) 혹은 운율적 요소(prosodic feature)라고 한다. 아래와 같이 '감'이라는 음절을 보면 이 음절은 모음과 자음의 단선적 연쇄로 이루어져 있지만 운율은 그 연쇄 위에 더하여 실현된다.

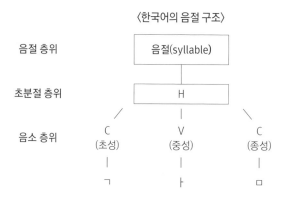

〈한국어의 음절 구조〉

위 구조도에서 초분절 층위의 'H'는 소리의 높낮이 중 '높음'을 표시한다. 운율을 고려했을 때 한국어의 음절 구조는 단선적(單線的) 구조가 아닌 복선적(複線的) 구조로 이해되어야 한다.

음높이와 관련하여 중국어의 예를 보면 'ma'라는 분절음의 연쇄는 이 단어 위에 덧얹히는 소리의 높낮이, 즉 성조의 유형에 따라 의미가 달라진다.

(1) ㄱ. mā 고조　　　'어머니(媽)'
　　ㄴ. má 상승조　　'마(麻)'
　　ㄷ. mǎ 하강상승조 '말(馬)'
　　ㄹ. mà 하강조　　'꾸짖다(罵)'

그러나 한국어에서는 단어 단위로 소리의 높낮이에 따라 의미가 달라지는 경우가 없다. 소리의 높낮이의 변화로 의미가 달라졌다면 이는 단어의 의미가 아닌 문장의 의미가 달라진 것이다. 문장에서 실현되는 소리의 높낮이는 억양(intonation)이라 한다. 문장의 종류에 따라 문장에 얹히는 소리의 높낮이가 다르며 이때 소리의 높낮이는 의미의 구분을 가져온다.

소리의 크기와 관련하여 보통 강세(stress)나 악센트(accent)라는 용어를 사용한다. 한국어는 소리의 크기에 의해 의미가 변별되지 않는다. 다만 단어에 얹히는 강세에는 어느 정도의 경향성이 있다. 예를 들어 '학교'처럼 이 음절로 된 단어는 보통 첫음절에 강세가 놓인다. 삼 음절 이상인 경우는 '자동차'처럼 첫음절이 받침이 없고 단모음이면 둘째 음절에 강세가 온다. 그렇지만 다른 음절을 크고 강하게 발음해도 의미에는 차이가 없다.

표준 발음법에 따르면 한국어는 소리의 길이에 따라 의미의 차이가 생긴다. 예를 들어 '눈[眼][눈]'은 짧게 발음하고 '눈[雪][눈ː]'은 길게 발음한다. 또한 '밤[夜][밤]'은 짧게 발음하고 '밤[栗][밤ː]'은 길게 발음한다. 그러나 현재 한국어 모어 화자들은 음의 장단을 거의 구별하지 않기 때문에 소리의 길이는 의미 변별의 기능이 없다고 볼 수 있다. 오히려 강조를 하거나 감정을 표현하기 위해 '아주 긴[아주 긴:]'처럼 발음하는 경우가 있다.

마지막으로 '아버지 가방에 들어가신다.', '아버지가 방에 들어가신다.'와 같이 분절음의 연쇄에서 어디에 휴지(休止, pause)를 넣느냐에 따라 의미가 구분되기도 한다. 따라서 한국어에서는 휴지에도 의미 변별의 기능이 있다.

한국어의 운율적 요소에 대한 교육은 말하기 교육에서 중요한 의미를 갖는다. 예를 들어 강세는 의미 변별 기능은 없지만 발화의 자연스러움을 위해 단어 및 어절을 단위로 구체적인 예를 통해 교육해야 한다. 억양은 문장에서 실현되어 분명한 음성적 특징과 문법적 기능을 가지고 있으므로 말하기 교육에서 중요하게 다루어야 한다. 특히 구어 의사소통의 실제성이나 의미 전달의 명확성 및 효율성을 위해 교실 현장에서의 적절하고 정확한 억양 교육은 매우 중요하다. 〈최정순〉

[참고문헌]
• 배주채(2003), 한국어의 발음, 삼경문화사.
• 신지영(2011), 한국어의 말소리, 지식과교양.
• 이진호(2005), 국어 음운론 강의, 삼경문화사.
• 이호영(1996), 국어 음성학, 태학사.
• 한재영 외(2006), 한국어 발음 교육, 한림출판사.

■ 억양

억양(抑揚, intonation)은 단어 이상의 차원에서 화자의 발화 의도나 감정, 명제에 대한 태도 등을 표현하기 위해 사용되는 음의 높낮이이다.

오재혁의 연구에 따르면 억양은 발화 전체에 걸쳐 나타나는 음높이(pitch) 변화로서 구어 의사소통에서 통사적 의미를 드러내는 문법적인 기능은 물론 특정 어휘나 구를 강조하는 화용적 기능, 청자에 대한 화자의 태도를 나타내는 태도적 기능 혹은 발화 내용에 대한 화자의 감정을 나타내는 감정 표현의 기능과 같이 매우 다양한 기능을 담당하고 있다.

예를 들어 '학교에 가요.'라는 문장이 천천히 떨어지는 억양으로 실현되면 단순 사실을 표현하는 평서문이 되고 문장의 끝을 올리는 억양으로 실현되면 질문을 뜻하는 의문문이 된다. 문장의 끝을 급격하게 빨리 내리면 명령을 뜻하는 명령문이, 문장의 끝을 처음의 높이와 같이 유지하면서 끝을 조금 내렸다가 올리는 방식으로 실현되면 권유나 청유의 청유문이 된다. 청유문의 경우 억양의 실현 양상이 명령문과 차이가 거의 없어 어떤 일을 같이 하기 위한 제안을 억양으로 표현하기 어렵다. 문장의 첫 부분을 평서문보다 조금 더 높고 강하게 표현하다가 문장의 끝 부분을 하강조로 실현하며 감탄문이 된다. 감탄문의 억양은 설명 의문문의 억양과 유사하게 보이기도 한다.

억양은 구어를 매개로 하는 의사소통 상황에서 의미를 효율적이고 정확하게 전달하

고 이해하는 데 중요한 기능을 하며 화자의 태도를 드러내는 역할을 한다.   〈최정순〉

[참고문헌]
• 배주채(2003), 한국어의 발음, 삼경문화사.
• 신지영(2011), 한국어의 말소리, 지식과교양.
• 오재혁(2011), 국어 종결 억양의 문법적 기능과 음성적 특징에 대한 지각적 연구, 고려대학교 박사학위논문.
• 이진호(2005), 국어 음운론 강의, 삼경문화사.
• 이호영(2003), 국어 음성학, 태학사.

❑ **평서문의 억양**

  평서문의 억양은 전반적으로 문장의 끝 부분이 내림조로 실현되며 발화 의도에 따라 몇 가지 변이형을 갖는다. 우선 단순 진술로서 '저는 어제 친구를 만났어요.'라는 문장은 '저는'부터는 평평한 억양으로 표현되다가 서술어인 '만났어요.' 부분에서 천천히 내림조로 실현된다.

  저는 어제 친구를 만났어요.

  그러나 아래와 같이 서술어 부분을 처음에는 내림조로 나타내다가 제일 끝에 있는 '-요'를 올렸다가 내리면 들었던 말('저는 어제 친구를 만났어요.')을 다시 반복하면서 그 사실에 동의한다는 의미를 표현하기도 한다.

  저는 어제 친구를 만났어요?

  사과하는 상황에서도 평서문의 내림조가 사용된다. 예를 들어 '죄송합니다.'의 경우는 '-합니다' 부분을, '미안해.'의 경우는 '-해' 부분을 완전히 내림조로 표현할 때 발화의 진정성을 표현할 수 있다.

  죄송합니다!   미안해!

  끝 부분을 내림조로 표현하지 않고 평탄하게 끝내거나 약간 올렸다가 내리는 듯하면서 평탄조로 길게 끌면, 사과를 하되 반말을 사용하는 가까운 사이이므로 조금은 겸연쩍거나 친근감 있게 사과한다는 의미로 해석될 수 있다.

  미안해.

  구체적인 사건에 대한 사과가 아닌 길을 지나가는 상황 등에서의 막연한 사과, 주의의 의미를 표현하는 경우에도 마지막의 '-다'나 '-해' 부분을 올리면서 길게 늘이는 방식으로 억양을 실현하기도 한다.

  죄송합니다.   미안해.   〈최정순〉

[참고문헌]
• 한재영 외(2006), 한국어 발음 교육, 한림출판사.

❏ 의문문의 억양

의문문의 억양은 문장의 끝이 올림조로 실현된다.

의문문의 억양은 크게 두 가지로 구분된다. 즉 '누가/누구, 언제, 무엇, 왜, 어떻게, 어디, 몇' 등과 같이 의문사가 있는 의문문은 끝이 내려가는 내림조로 표현되고 의문사가 없는 의문문은 올림조로 실현된다.

'철수 씨, 어디 가세요?'라는 문장을 예로 들면 철수라는 사람에게 '어디'에 가는지를 묻는 설명 의문문은 아래와 같이 문장의 끝이 내림조로 실현된다.

철수 씨, 어디 가세요?

억양 표시에서도 볼 수 있듯이 의문사 '어디' 안에서도 둘째 음절 '디'가 첫음절 '어' 보다 낮아지며 서술어 '가세요?'의 억양 역시 점점 낮아져 '-요'가 제일 낮게 발음되는 내림조로 실현된다.

그러나 만약 '어디'가 의문사가 아닌 미정사(未定詞)로 쓰이면 억양은 달라진다. '어디'가 아닌 '가는 것'이 중요하여 '네/아니요'로 대답해야 하는 판정 의문문이 되면 '어디'는 첫음절 '어'가 낮고 둘째 음절 '디'가 높아지며 서술어 '가세요?' 역시 첫 음절이 낮고 점점 높아져 올림조로 실현된다.

철수 씨, 어디 가세요?

일반적인 판정 의문문은 언제나 끝이 올라가는 올림조로 실현된다.

영희 씨, 서점에 가세요?

선택 의문문은 첫 부분이 올라가고 두 번째 부분이 내려가는 방식으로 실현된다.

안나 씨, 시장에 오늘 갈래요, 내일 갈래요?

그 밖에 수사 의문문은 '명래가 그런 걸 하겠냐?'와 같은 문장에서 마지막 부분이 낮아졌다가 올라가는 방식으로 실현된다.　　　　　　　　　　　　〈최정순〉

[참고문헌]
• 김선철(1996), 국어 의문문 억양의 음성학·음운론적 연구, 언어연구 13, 서울대학교 언어연구회, 1~51쪽.
• 한재영 외(2006), 한국어 발음 교육, 한림출판사.

❑ **명령문의 억양**

　명령문의 억양은 일반적으로 서술어 부분이 내림조로 실현되며 청자에 대한 화자의 태도에 따라 조금씩 다른 양상을 보인다.

　명령의 태도가 단호하고 강압적인 경우 문장의 앞 부분이 높고 강하며 문장 끝으로 갈수록 급격히 낮아진다.

　빨리 와!　　조용히 해!

　명령문은 억양에 따라 명령의 의미가 강하게 드러날 수도 있고 권유나 청유의 의미를 나타내기도 한다. 권유나 청유의 경우에는 문장 앞 부분의 억양이 명령의 경우보다 조금 낮고 약하다. 서술어 부분의 억양도 급격히 낮아지는 대신 조금 올렸다가 내리면서 조금 길게 끌어 발음한다.

　빨리 와.　　조용히 해.

　공손한 부탁의 말투일 때는 끝 부분이 낮아지다가 높아진다. 예를 들어 '빨리 오세요.', '조용히 하세요.' 등으로 표현되는 부탁은 억양이 다음과 같이 실현된다.

　빨리 오세요.　　조용히 하세요.

〈최정순〉

[참고문헌]
• 김선철(1997), 국어 억양의 음성학·음운론적 연구: 서울말을 중심으로, 서울대학교 박사학위논문.
• 한재영 외(2006), 한국어 발음 교육, 한림출판사.

■ **장단**

　장단(長短, length)은 한국어 단어에서 의미에 따라 달라지는 모음의 길이로 소리의 길이라고도 한다.

　장단은 운율에 속하는 것으로 표기에는 나타나지 않는다. 장단은 단어의 첫음절에 나타나며 이 경우 의미를 구별하는 기능이 있다.

　장단에는 '눈[雪][눈ː]'과 같은 어휘적 장음과 '-아/어, -아/어서, -아/어도, -었-' 등 어미의 축약으로 인해 장모음화된 장음, '많이[마니]/[마ː니]'와 같은 표현적 장음이 있다.

　어휘적 장음이란 어휘에 따라 실현되는 장음이다. 어휘적 장음의 경우 '눈[眼][눈]'은 짧은 소리로 발음되며 '눈[雪][눈ː]'은 길게 발음된다. 그러나 이러한 어휘적 장음은 어두에서만 나타나며 다른 단어와 함께 쓰여 어두가 아닌 경우에는 짧은 소리로 발음된다. 표준 발음법 제6항에 따르면 '눈사람, 눈보라'에서는 '눈'이 긴 소리로 발음되지만 '첫눈'

이나 '함박눈'과 같이 어두가 아닌 경우의 '눈'은 짧은 소리로 발음된다. 어두에서 장단에 의해 의미가 구별되는 단어에는 다음과 같은 것들이 있다.

〈어휘적 장음의 예〉

짧은 소리	긴 소리	짧은 소리	긴 소리
굴(해물)	굴[窟] [굴:]	병[瓶]	병[病] [병:]
눈[眼]	눈[雪] [눈:]	벌[罰]	벌[蜂] [벌:]
말[馬]	말[言語] [말:]	거리(길거리)	거리[距離] [거:리]
발[足]	발[簾] [발:]	묻다[埋]	묻다[問] [묻:따]
밤[夜]	밤[栗] [밤:]	업다(아이를 ~)	없다(아무도 ~) [업:따]

'-아/어, -아/어서, -아/어도, -아/어야, -아/어요, -았/었-' 등과 같은 어미들은 용언의 단음절 어간에 붙으면 축약되어 장모음으로 실현된다. 이는 원래 짧은 소리인 두 모음 중 한 모음이 약화되어 이중 모음으로 축약되면서 일어나는 현상으로, 원래 두 모음만큼의 길이를 유지하려고 긴 소리로 발음되는 것으로 볼 수 있다.

(1) 보- + -아 → 봐[봐:], 되- + -어서 → 돼서[돼:서]

그러나 이러한 소리의 장단은 노년층에만 남아 있고 장년층만 해도 그 구별이 희미하며 청년층 이하에서는 거의 구별하지 못한다. 이렇듯 모어 화자들조차 소리의 장단을 제대로 구별하지 못하고 있기 때문에 장음은 한국어교육에서 중점적으로 다루어지지 않고 있으며 사용 목적보다는 이해 목적으로 소개하는 것이 좋다.

표현적 장음이란 특정한 단어의 어감을 변화시키고자 원래 단음이었던 것을 장음으로 발음하는 것을 말한다. 표준 발음과는 무관하며 말하는 사람의 의도에 따라 나타나기도 하고 나타나지 않기도 한다. 표현적 장음은 어휘적 장음과는 달리 어두나 비(非)어두 모두에서 나타날 수 있다. 부사나 형용사, 일부 의성 의태어에서는 주로 어두에서 많이 나타나고, '-하다' 형용사의 어근과 반복형 의성 의태어는 비(非)어두에서 많이 나타난다.

(2) 어두에서 나타나는 표현적 장음의 예

　ㄱ. 부사: 저기[저기]/[저:기], 멀리[멀리]/[멀:리], 아주[아주]/[아:주]

　ㄴ. 형용사: 높다[놉따]/[놉:따], 많다[만타]/[만:타], 넓다[널따]/[널:따]

　ㄷ. 의성 의태어: 빙빙[빙빙]/[빙:빙], 척척[척척]/[척:척]

(3) 비(非)어두에서 나타나는 표현적 장음의 예

　ㄱ. '-하다' 형용사의 어근: 조용하다[조용하다]/[조용:하다], 답답하다[답따파다]/[답따:파다]

　ㄴ. 의성 의태어: 똑똑[똑똑]/[똑똑:], 군데군데[군데군데]/[군데:군데:]

표현적 장음은 표현하고자 하는 장소의 공간적 넓이나 시간적 길이, 거리 등을 강조하는 것으로 실제 발화 상황에서 말하는 사람의 심리 상태에 따른 주관적인 느낌을 표현할 때 많이 나타난다.

　(4) 옛날에는[옌:나레는] 저 나무가 아주[아:주] 크고[크:고] 높았는데[노:판는데] 이젠 작아 보인다.

〈최정순〉

[참고문헌]
- 배주채(2003), 한국어의 발음, 삼경문화사.
- 이진호(2005), 국어 음운론 강의, 삼경문화사.
- 한재영 외(2006), 한국어 발음 교육, 한림출판사.
- 허용·김선정(2006), 외국어로서의 한국어 발음 교육론, 박이정.

4.7. 학습자 모어별 발음 지도

　학습자 모어별 발음 지도는 학습자의 모어와 한국어의 음소를 대조하여 제시하는 것과 학습자 모어의 변이음을 이용한 발음 교육으로 나눌 수 있다.

　학습자의 모어와 한국어의 음소를 대조하여 제시하는 것은 학습자 스스로 자신의 발음에 어떤 오류가 나타나는지, 왜 그런 오류가 나타나는지 등을 이해하는 데 큰 도움이 된다.

　학습자 모어의 변이음을 이용한 교육 방법은 외국인들이 어려워하는 한국어 발음이 학습자 모어에 변이음으로 존재하는 경우 이들을 역으로 한국어 발음에 이용하는 방법이다. 학습자들이 인식할 수 없었던 한국어 음소가 자신이 사용하는 모어의 어떤 음과 일치한다는 것을 이해시키는 방법으로서 한 번 이러한 설명을 들은 학습자는 교사의 도움 없이 혼자서도 자신의 발음을 교정할 수 있다는 장점을 갖는다. 그러나 변이음으로도 발음되지 않는 음소가 있고 변이음이 한국어 음소와 정확하게 일치한다고 볼 수 없으므로 기본적인 발음 교육은 한국어 음소 듣기를 통해서 시작해야 한다.

　모어의 변이음이 한국어 음소와 비슷한 음을 내더라도 조음 위치, 조음 방법 등에서 차이가 있을 수 있다. 국제 통용 한국어교육 표준 모형 개발 2단계는 모음, 자음, 종성 자음을 모어에 있는 발음, 모어에 없는 발음으로 나누어 듣고 구별하는 것에서부터 기초 학습을 시작하는 것으로 설정하였다.

　(1) 모음
　　ㄱ. 모어에도 있는 모음의 경우 듣고 무슨 음인지 구별한다.
　　ㄴ. 모어에 없는 모음을 듣고 무슨 음인지 구별한다.
　　ㄷ. 모어와 약간의 차이를 갖는 모음을 듣고 무슨 음인지 구별한다.
　　ㄹ. 모어에도 있는 모음의 경우 정확하게 발음한다.
　　ㅁ. 모어에 없는 모음을 정확하게 발음한다.
　　ㅂ. 모어와 약간의 차이를 갖는 모음을 정확하게 발음한다.

ㅅ. 단모음과 이중 모음의 차이를 이해하고 정확하게 발음한다.

(2) 초성 자음

ㄱ. 모어에도 있는 자음의 경우 듣고 무슨 음인지 구별한다.

ㄴ. 모어에 없는 자음을 듣고 무슨 음인지 구별한다.

ㄷ. 모어와 약간의 차이를 갖는 자음을 듣고 무슨 음인지 구별한다.

ㄹ. 모어에도 있는 자음의 조음 위치와 조음 방법을 알고 정확하게 발음한다.

ㅁ. 모어에 없는 자음의 조음 위치와 조음 방법을 알고 정확하게 발음한다.

ㅂ. 모어와 약간의 차이를 갖는 자음의 조음 위치와 조음 방법을 알고 정확하게 발음한다.

ㅅ. 평음, 격음, 경음의 차이를 이해하고 정확하게 발음한다.

(3) 종성 자음

ㄱ. 모어에도 있는 종성을 듣고 무슨 음인지 구별한다.

ㄴ. 모어에 없는 종성을 듣고 무슨 음인지 구별한다.

ㄷ. 모어와 약간의 차이를 갖는 종성을 듣고 무슨 음인지 구별한다.

ㄹ. 모어에도 있는 종성의 경우 발음 원리를 알고 정확하게 발음한다.

ㅁ. 모어에 없는 종성의 발음 원리를 알고 정확하게 발음한다.

ㅂ. 모어와 약간의 차이를 갖는 종성의 발음 원리를 알고 정확하게 발음한다.

ㅅ. 조음 방법이 같고 조음 위치가 다른 종성을 정확하게 구별해 발음한다.

ㅇ. 겹받침의 발음 원리를 이해하고 정확하게 발음한다.

(4) 변이음

ㄱ. 음운 환경에 따라 달리 발음되는 모음의 음가를 듣고 정확하게 이해한다.

ㄴ. 음운 환경에 따라 다른 모음의 음가를 알고 정확하게 발음한다.

ㄷ. 자음의 변이음을 듣고 정확하게 이해한다.

ㄹ. 자음의 변이음을 정확하게 발음한다.

근래에는 음을 따라하는 연습을 하기에 앞서 듣기 연습을 통해 음소를 구분하는 교육을 강화하는 추세이다. 두 음소의 발음을 듣고 같은지 다른지를 구분하는 것에서부터 들은 음소와 철자를 맞춰 보는 연습, 억양의 높낮이를 구분하는 연습까지 청취 자료를 이용한 교육 등이 필요하다. 청취 연습을 통해 학습자 모어와 한국어의 음성적 차이를 파악하고 학습자 스스로 발음 오류의 원인을 이해할 수 있게 한다. 이후 학습자 모어의 변이음을 한국어 음소에 대응하여 가르친다. 그리고 한국어 음소의 조음 음성학적 특성을 이해할 수 있도록 시각 자료를 제시하면서 설명하고 연습시키는 것이 좋다. 특히 범언어적인 모음에 속하지 않는 모음 'ㅓ, ㅡ'와 평음, 경음, 격음의 삼항 대립을 하는 한국어 자음에 대한 연습은 청취 연습, 시각 자료, 모어 변이음과의 대조 연습 등의 다각적인 방법으로 진행해야 한다.

받침 발음에 대한 교육도 강조해야 한다. 한국어의 받침 발음은 그 음절 뒤에 휴지 또는 자음이 올 때는 폐쇄음으로 발음되지만 모음이 이어질 때는 다음 음절의 첫소리로 발음되며 유성음화를 동반하기도 한다. 음소의 개별 발음뿐만 아니라 모어에 없는 중화 규칙, 자음군 단순화, 유기음화, 연음 등을 포함한 종성 규칙에 대해서 확실하게 알 수 있도록 충분한 연습이 필요하다. 모어와 한국어의 음운 규칙이 다를 경우 한국어의 규칙을 적용해 정확하게 발음하게 하는 연습도 집중적으로 이루어져야 한다.　〈김은애〉

[참고문헌]

- 김은애(2005), 발음 교육의 과제와 발전 방향, 민현식 외 편, 한국어교육론 2: 발음 교육 어휘 교육 문법 교육 문학 교육 문화 교육, 한국문화사.
- 김중섭 외(2011), 국제 통용 한국어교육 표준 모형 2단계, 국립국어원.
- 정명숙(2002), 한국어 발음 교육의 내용과 방법, 박영순 편, 21세기 한국어교육학의 현황과 과제, 한국문화사.
- 허용·김선정(2006), 외국어로서의 한국어 발음 교육론, 박이정.

■ 네덜란드어

네덜란드어(Dutch)는 네덜란드와 벨기에의 북부 플란더런(Vlaanderen) 지역, 수리남(Republic of Suriname), 네덜란드령 앤틸리스 제도(Netherlands Antilles) 및 프랑스 북부의 일부 지방 등에서 사용하는 언어이다.

영어, 독일어 등과 함께 게르만어에 속하는 네덜란드어의 사용 인구는 약 3천만 명에 달하며, 알파벳에 'ij'를 하나의 철자로 추가하여 총 26개의 철자를 사용하고 있다.

네덜란드어의 모음은 단모음과 이중 모음으로 나뉜다. 단모음에는 'a[a/ɑ], e[e], i[i], o[o], oe[u], u[y], eu[ø], uw[u]'가 있으며, 모음 'e'는 강세 여부에 따라서 각각 '[e]', '[ə]'로 발음한다. 이중 모음으로는 'ou[au], au[au], ei[ɛi], ij[ɛi], ui[œy]'가 있다.

네덜란드어의 자음은 무성음과 유성음으로 나뉜다. 자음은 'b[b], c[k/s], ch[x/ɣ] d[d], f[f], g[x/ɣ], h[h], j[j], k[k], l[l], m[m], n[n], ng[ŋ], nj[ɲ], p[p], q[k], r[r], s[s], sj[ʃ], t[t], v[f/v], w[v], x[ks], y[i], z[z]'이 있으며, 이 중 'p, t, k, s, f, x'는 무성음에 속한다. 'c, q, x, y'는 차용어에서 나타나는 철자들이다. 네덜란드어의 독특한 자음으로는 'g'가 대표적인데 'g'는 음성 환경에 따라 무성음 [x]와 유성음 [ɣ]로 발음된다. 그러나 차용어에서는 원어의 발음을 그대로 살려서 [g]나 [ʒ]로 발음한다. 네덜란드어의 유성 자음 'b, d, g, v, z'는 단어 끝에서 무성음화되는 특징이 있다. 이들은 어말에서 [p], [t], [x], [f], [s]로 발음되며 단어 끝의 'b, d, g'는 그대로 표기하는 반면, 'v'와 'z'는 각각 'f'와 's'로 고쳐서 표기한다.

네덜란드어 음절은 자음으로 끝나는 폐음절과 모음으로 끝나는 개음절로 구분된다. 폐음절은 짧게, 개음절은 길게 발음한다. 폐음절과 개음절의 구분은 의미의 차이를 유발하기 때문에 네덜란드어에서 매우 중요한 개념이다. 폐음절이라 해도 모음이 두 개 연속되면 모음 하나보다는 모음의 음가가 길어지며 모음이 하나라 해도 다음에 'r' 음이 오면 길게 발음한다. 네덜란드어에서 가장 길게 발음하는 음절은 모음이 두 개 연속되고 이어서 'r'이 오는 경우이다.

네덜란드어의 음절 구조는 CCCVCCCC (C=consonant/V=vowel)로 모음을 중심으로 앞에는 최대 3개, 뒤에는 최대 4개의 자음이 연속해서 놓일 수 있다. 또한 음절 내에서의 음소 배열 규칙을 살펴보면 공명성(共鳴性)이 강한 자음일수록 모음에 가까이 결합하고, 3개의 자음으로 시작하는 음절일 경우에 초성은 's', 세 번째 음은 'r'이나 'l'이 출현하며, 세 번째 음이 'l'일 경우 두 번째 음은 반드시 'p'여야 한다는 제약이 적용된다.

네덜란드어 단어의 악센트를 살펴보면 이음절 이상의 단어에서는 주 강세(primary accent)와 부 강세(secondary accent)가 실현되는데 이를 정확하게 예측하기란 쉬운 일이 아니다. 그러나 보편적으로 단어에서 악센트는 첫 번째 음절에 놓인다. 합성어에서는 첫 번째 단어가 두 번째 단어에 비해 상대적으로 강한 악센트를 부여받는다. 이와는 달리 문장을 구성하는 구성 성분들에서는 두 번째 성분에 악센트를 주어 발음한다. 예컨대 명사구의 경우 수식을 받는 명사에 악센트를 준다. 이러한 강세 규칙은 문장 전체의 구성 성분들에도 동일하게 적용되어 주어부보다는 서술부에 상대적으로 강한 악센트가 놓이며, 서술부 내에서도 서술어인 동사보다는 뒤따르는 문장 성분에 상대적으로 강한 악센트가 부여된다.

네덜란드어 모어 화자의 경우 네덜란드어가 한국어 습득에 간섭하는 현상을 최소화하기 위해서는 한국어의 음운 체계를 이해하고 모어인 네덜란드어와의 차이점을 파악하는 일이 중요하다. 네덜란드어 모어 화자가 파악해야 할 차이점과 개선 사항은 다음과 같다.

첫째, 네덜란드어에서는 'ㅏ' 모음을 음절의 종류에 따라서 전설 모음과 후설 모음으로 구별하여 발음하지만 한국어에서는 'ㅏ' 모음이 하나의 조음점으로 중화되어 있다는 점을 인식해야 한다. 따라서 'ㅏ' 모음을 발음할 때 구강 내 너무 깊숙한 곳에서 발음하지 않도록 주의해야 한다.

둘째, 자음에서 경음과 격음의 구별이 어렵다. 네덜란드어 발음의 특성상 어두음에서 경음보다는 격음의 발음이 취약한 점을 감안하여 발음 연습을 할 때 손이나 종이 등을 입에 대고 공기가 유출되는 정도의 차이를 구별할 수 있도록 각별히 유의한다.

셋째, 네덜란드어 자음 'l'과 'r'이 한국어에서는 하나의 음소인 'ㄹ'로 실현되어 종성에서는 [l], 초성에서는 [r]로 발음된다는 점을 인식해야 한다.

넷째, 네덜란드어의 어말 무성음화 법칙으로 인한 간섭 현상을 개선해야 한다. 단어의 끝 자음을 모두 무성음으로 발음하는 네덜란드어 화자들은 한국어의 어말 자음에 마치 'ㅡ' 모음이 약하게 결합된 것처럼 발음하는 현상을 보인다. 이 또한 발음할 때에 공기가 밖으로 터져 나오지 않도록 주의를 기울이면 충분히 개선할 수 있다. 〈조수경〉

[참고문헌]
• 조수경(2012), 국가 대표 네덜란드어 완전 첫걸음, 북커스베르겐.
• Donaldson, B. (2008), *Dutch: A comprehensive grammar*, Routledge.
• Fromkin, V., Rodman, R. & Neijt, A. (1986), *Universele taalkunde: een inleiding in de algemene taalwetenschap*, Foris Publications.

■ 네팔어

네팔어(Nepali)는 네팔의 공용어로, 인도-유럽 어족에 속하며 네팔, 인도 일부, 부탄, 미얀마 등에서 1,600만 명 정도가 사용하는 것으로 추정되고 있다.

네팔어의 단모음을 혀의 위치와 높이에 따라 구분하면 'इ[i], उ[u]'가 높음의 위치에, 'ए[e], ओ[o]'가 반 높음의 위치에, 'अ[ʌ]'가 반 낮음의 위치에 있다. 'इ[i], ए[e]'는 전설 모음이고, 'अ[ʌ], ओ[o] उ[u]'는 후설 모음이다. 'ओ[o]'를 제외한 네팔어의 단모음은 위에 쩐드라빈두(candrabindu: ँ)를 붙이면 비음이 된다. 네팔어의 이중 모음은 'j'계 하강 이중 모음 [ʌj], [aj], [uj], [ej], [oj]와 'w'계 하강 이중 모음 [ʌw], [aw], [jw], [ew], [ow]가 있다. 삼중 모음도 'j'계 삼중 모음 [jai], [jau]와 'w'계 삼중 모음 [wai], [wau]가 있지만 거의 사용되지 않는다.

네팔어 자음은 유기성과 유성성에 의해 네 가지로 분화된다. 'प[p], त[t], ट[t], क[k], च[ts]'는 무성 무기음이고, 'फ[pʰ], थ[tʰ], ठ[tʰ], ख[kʰ], छ[tsʰ]'는 무성 유기음이다. 'ब[b], द[d], ड[d], ग[g], ज[dz]'는 유성 무기음이고, 'भ[bʰ], w[dʰ], ढ[dʰ], घ[gʰ], झ[dzʰ]'는 유성 유기음이다. 그중에서 'ट[t], ठ[tʰ], ड[d], ढ[dʰ], ण[n]'는 혀끝을 말아 잇몸 바로 안쪽, 즉 앞쪽 경구개에 대고 내는 권설음(retroflex)이다. 유성음 'x[ɦ]'가 있으며 설측음(lateral) 'ल[l]'과 전동음(trill) 'र[r]'이 있다.

네팔어는 초성으로 한 개 이상의 자음이 올 수 있으며 초성 없이도 음절이 구성된다. 음절의 초성에는 자음이 최대 3개까지 올 수 있다. 네팔어의 음절 경계 규칙에 따르면 두 개의 모음 사이에 자음은 네 개까지 올 수 있고 자음은 음절 경계 앞에 한 개, 뒤에 세 개까지 올 수 있다. 네팔어는 음절의 끝에 'j, w, h'를 제외한 자음이 올 수 있다.

네팔어에 적용되는 음운 변동 규칙은 다음과 같다. 고모음 [i], [u] 뒤에 고모음이 아닌 [e], [o], [ə:]가 오면 [i] 뒤에는 [y], [u] 뒤에는 [w]가 온다. 두 개의 모음으로 구성된 음절에서 두 번째 모음이 [i]나 [u]로 끝나면 하나의 모음으로 합쳐서 발음한다. [j]보다 앞에 [i]가 나오거나 [w]보다 앞에 [u]가 나오면 그 모음이 삭제되고 앞의 자음이 중복된다. 자음 [n]과 [r]은 연이어 소리 날 수 없기 때문에 사이에 [d]를 삽입한다. 뒤 음절이 무성음으로 시작할 때 앞 음절의 끝소리도 무성음이 된다. 무성 유기음 [pʰ], [kʰ]가 모음 뒤에 오면 마찰음이 되고 유성음 [g], [gʰ], [b], [bʰ]은 두 모음의 사이에서 마찰음이 된다. 반전음 [t], [tʰ], [d], [dʰ] 뒤에 [l]이 올 경우 [l]도 반전음 [ɭ]로 발음된다. 두 개의 모음이 이웃하고 끝 모음이 비음이면 앞 모음도 비음이 된다. [n]과 [l]이 만나면 [n]이 [l]이 된다. 첫째 음절의 종성이 없을 때 둘째 음절에 초성 [n], [t], [k]가 삽입된다.

네팔어는 고정 강세어이다. 즉 강세나 높이에 의해 어휘 의미가 구별되는 낱말 짝이 존재하지 않는다. 문장에 따라 내림, 올림, 올림-올림, 내림-내림, 올림-내림, 내림-올림 등의 억양이 존재한다.

네팔어 화자의 한국어 발음의 특징을 네팔어와 한국어의 음운 대조를 통해 살펴보면 다음과 같다. 첫째, 네팔어 화자는 한국어의 평음, 경음, 격음의 구별을 어려워한다. 네팔어는 유기성과 유성성에 의해 자음을 변별하나 한국어의 평음, 경음, 격음은 유기성과 긴장성에 의해 변별되기 때문이다. 둘째, 네팔어에는 'ㅡ' 모음이 없기 때문에 'ㅡ'와 'ㅜ'를 혼동하거나 'ㅢ' 발음을 어려워한다. 이때는 'ㅜ'를 발음한 상태에서 혀를 안쪽으로 당기고 입술을 양쪽으로 당기면서 'ㅡ'를 발음하도록 지도한다. 셋째, 음절 경계 규칙의 차이에 의한 발음의 오류가 있다. 네팔어는 두 개의 모음 사이에서 자음은 네 개까지 올 수 있고 음절의 끝에 겹받침이 오거나 'j, w, h'를 제외한 자음이 올 수 있다. 이 때문에 네팔인 한국어 학습자들은 겹받침을 둘 다 발음하거나 끝소리를 그대로 발음하는 경우가 있다. 〈정미라〉

= 구르카어

[참고문헌]

• 정미라(2012), 네팔인 한국어 학습자의 발음 오류의 원인과 교정, 연세대학교 석사학위논문.
• Bhattarai G. & Nyaupane, T. (2001), *Nepali Dhawnisastra*, Ratna Pustak Mandar.
• Pokharel, M. P. S. (1989), *Experimental analysis of Nepali sound system*, Doctoral dissertation, University of Pune.
• Pokharel, M. P. S. (2007), *Introduction to Nepali phonetics and sounds of Nepalese languages*, Bhundi puran prakashan.

■ 독일어

독일어(獨逸語, German)는 인도-유럽 어족 게르만 어군에 속하는 언어로서 독일, 오스트리아, 리히텐슈타인의 유일한 국가 공용어이다.

또한 스위스, 벨기에, 룩셈부르크, 이탈리아 남부 티롤 지방 등 여러 나라와 유럽 연합의 공용어 가운데 하나이며 이 밖에도 역사적, 문화적 이유로 유럽의 다른 국가들은 물론 다른 대륙에도 독일어를 모어로 사용하는 사람들이 분포하고 있다. 전 세계에서 독일어를 모어로 사용하는 사람들의 수는 1억 명에 이른다.

독일어 모음은 전설 평순 고모음 'i[i]', 전설 원순 고모음 'ü[y/ʏ]', 전설 평순 중모음 'e[e]', 전설 평순 중저모음 'ä[ɛ]', 전설 원순 중모음 'ö[ø/œ]', 중설 평순 저모음 'a[a]', 중설 평순 중모음 'e[ə]', 후설 원순 고모음 'u[u]', 후설 원순 중모음 'o[o/ɔ]'가 있다. 또한 이중 모음 [aɪ], [aʊ], [ɔʏ] 등도 존재한다. 음장은 변별 자질이며 장음은 B<u>oo</u>t, S<u>aa</u>l과 같이 모음을 반복해 쓰거나 fahren, Uhr와 같이 모음 뒤에 철자 h를 붙여서 나타낸다. liegen, Sieg와 같이 철자 ie는 보통 장음 [iː]로 발음되지만 Ferien, Italien과 같이 경우에 따라 장음이 아니라 [iə]로 발음되기도 한다.

독일어 자음은 파열음 'b[b], d[d], g[g], p[pʰ], t[tʰ], k[kʰ]', 마찰음 'ss[s], s[z], ch[ç]/[x], f/v[f], w[v], h[h]. sch[ʃ]', 파찰음 'tsch[tʃ], tz/z[ts]', 유음 'r[ʀ]/[r], l[l]', 비음 'm[m], n[n], ng[ŋ]', 반자음 'j[j]' 등으로 분류된다. 유기음과 무기음의 음운론적 변별은 없으나 무성 파열음은 유기음으로만 발음한다. 철자 'ch'에 대응하는 발음은 그 앞에 나오는 모음에 따라 달라지는데 전설 모음 뒤의 'ch'는 ich, echt와 같이 [ç]로, 후설 모음 뒤의 'ch'는 Bach, Buch와 같이 [x]로 발음된다. 칠자 'r'은 지역별 방언에 따라 [ʀ] 또는 [r]로 발음된다.

독일어 음절 구조의 특징을 살펴보면 어말의 유성 파열음은 무성음화되며 모든 어말 파열음은 외파음으로 발음하는 것이 원칙이다. 자음군은 spricht, Strand와 같이 어두와 어말 모두에 존재한다. 한편 연구개 비음 [ŋ]은 어두에 나타나지 않는다.

독일어 단어는 첫 음절에 강세가 오는 것이 원칙이다. 다만 비분리 전철에는 강세가 오지 않는다. 예를 들어 erhalten의 강세는 둘째 음절인 'hal'에 온다. 이는 비분리 전철을 포함한 동사에서 파생된 명사도 마찬가지다. 예를 들어 Verstand의 강세는 둘째 음절인 'stand'에 온다. 어중이나 어말에서 강세를 받지 않는 'e'는 [ə]에 가까운 소리로 발음된다. 예컨대 Liebe의 발음은 ['liːbə]에 가깝다. 성조는 없다.

독일어에는 무기음이 없기 때문에 독일어 모어 화자는 한국어의 경음, 즉 무성 무기음과 격음, 즉 무성 유기음 변별에 어려움을 겪을 수 있다. 따라서 유기음과 무기음을 잘 변별할 수 있도록 지도해야 한다. 독일어에 대응하는 음소가 없는 한국어 모음 'ㅓ'와 'ㅡ', 반모음 [w] 등을 정확하게 발음할 수 있도록 지도하는 것도 중요하다.　　〈조원형〉

= 독어

[참고문헌]
• 이호영(1996), 국어 음성학, 태학사.
• Lessen Kloeke, W. (1982), *Deutsche phonologie und morphologie: Merkmale und markiertheit*, Walter de Gruyter.
• Yeo, J. M. (2005), *Deutsche phonologie und morphologie als problem für Koreaner*, Verlag Dr. Kovac.

■ 러시아어

러시아어(Russian)는 러시아 연방과 벨라루스 공화국의 헌법상 국어로 규정되어 있는 언어이다.

2008년 기준으로 러시아어를 제1 언어로 사용하는 인구는 약 1억 4,700만 명이며 제2 언어로 사용하는 인구는 약 1억 1,300만 명에 달한다. 러시아어는 모스크바 방언을 표준 방언으로 한다. 카자흐스탄, 키르기스스탄, 우크라이나 등 일부 구소련 공화국에서는 러시아어가 국어로 사용되지는 않지만 국가 기관과 자치 기관에서 공용어의 지위를 갖고 있다.

러시아어의 모음은 5개의 단모음 'и[i], э[e], a [a], y [u], o [o]'로 구성되어 있다. 이 중 э[e]와 o [o]는 강세 아래에서만 나타난다. 러시아어에는 한국어와 달리 이중 모음이 존재하지 않는다. 철자 'e[je], я[ja], ю[ju], ё[jo]'는 모음 음소가 아니라 러시아어의 특징적인 경자음-연자음 대립에 대한 변이음 표기로 사용된다.

러시아어의 자음은 37개의 음소로 구성되어 있다. 파열음 'п[p/p'], б[b/b'], т[t/t'], д[d/d'], к[k/k'], г[g/g'], 마찰음 'ф[f/f'], в[v/v'], с[s/s'], з[z/z'], ш[š], щ[š'], ж[ž/ž'], x[x/x'], 파찰음 'ц[ts/tɕ'], 비음 'м[m/m'], н[n/n'], 유음 'л[l/l'], p[r/r'], 전이음 'й[j]'가 있다. 일부 학자들은 [k'], [g'], [x'], [š'], [ž']를 단독 음소로 인정하지 않는다. 러시아어는 한국어와 달리 거의 대부분의 자음들이 성대의 울림 유무에 따라 유성 자음과 무성 자음으로 구분된다. 또한 러시아어의 자음에는 2차 조음 [j]을 가지는 연자음이 존재한다. 대부분의 자음은 연자음을 음소로 가지고 있다.

러시아어에는 폐음절과 개음절이 있다. 가장 전형적으로 나타나는 음절 구조는 CV(C=consonant/V=vowel)이다. 음절의 초성과 종성에서는 각각 2개에서 4개까지 자음 결합이 가능하다. 예를 들면 'st, kt, pr, vst, zdr, str, spr. vstr, mstv, vzgl, vspl' 등이 있다.

러시아어의 강세는 소리의 강약뿐만 아니라 장단까지도 구분하는 특성이 있다. 러시아어 강세는 어느 음절에나 나타날 수 있는 자유 강세이다. 러시아어 억양은 중립적인 규범어에서 7가지 기본 유형으로 실현된다. 강덕수는 이를 다음과 같이 정리했다.

〈러시아어의 억양 유형〉

억양 구조	음조	어구의 완성도	문장 유형	억양 구조	음조	어구의 완성도	문장 유형
1	하강조	종결	평서문	5	상승/하강조	종결	감탄문
2	하강조	종결	의문문	6	상승조	비종결	감탄문
3	상승조	비종결	의문문	7	상승조	비종결	감탄 의문문 (불가능성 또는 긍정, 부정, 평가의 강조)
4	상승조	비종결	불완전 의문문				

러시아어 화자들이 한국어를 학습할 때 한국어와 러시아어의 음소 체계 차이에서 나타나는 문제점들이 드러난다. 러시아어는 모음 수가 적은 언어이기 때문에 학습자들은 한국어 모음을 발음할 때 많은 어려움을 겪는다. 예를 들면 러시아어에 존재하지 않는 모음 음소 'ㅓ'를 러시아어에 가까운 소리인 'ㅗ'로 발음하거나, 한국어의 'ㅜ'를 러시아

어식으로 덜 원순화하여 [u]로 발음하는 경우가 있다. 그리고 '의[으이], 와[우아]'와 같이 이중 모음을 단모음으로 분리시켜서 발음하거나 [val], [vi]와 같이 자음을 삽입해서 발음하는 경우가 있다. 자음의 경우 러시아어 모어 화자들은 한국어의 경음, 평음, 격음을 구별해서 발음하는 데 어려움을 겪는다. 그중 한국어의 평음을 경음으로 발음하는 오류가 가장 빈번하게 일어난다. 〈모졸 따지아나(Mozol Tatiana)〉

= 노어

[참고문헌]
- 강덕수(1996), 노어 음성학, 진명출판사.
- Mozol, T. (2006), 러시아인을 대상으로 한 한국어 발음 교육 연구: 한국어 분절 음소를 중심으로, 서울대학교 석사학위논문.
- Брызгунова, Е. А. (1978), *Звуки и интонация русской речи*, Русский язык.
- Князев, С. В. & Пожарицкая, С. К. (2005), *Современный русский литературный язык: фонетика, графика, орфография, орфоэпия*, Академический проект.
- Тишков, В. А. (2008), Русский язык и русскоязычное население в странах СНГ и Балтии, *Вестник Российской академии наук 78-5*, РАН, С. pp. 415~422.

■ 말레이어

말레이어(Malay)는 광의로는 인도네시아 군도, 인도차이나 반도, 대만, 필리핀, 오세아니아, 아프리카의 마다가스카르 섬에 이르기까지 널리 분포되어 있는 1,200여 종이 넘는 오스트로네시아어(Austronesian languages)들 가운데 하나이다. 협의로는 동남아시아, 특히 수마트라 섬, 말레이 반도 그리고 보르네오(칼리만탄) 섬의 해안 지역을 중심으로 발달하여 인도네시아 공화국, 말레이시아 연방, 싱가포르 공화국, 브루나이 왕국의 국어가 된 언어를 의미한다.

표준 말레이어에는 6개의 단모음 'i[i], e[e], a[a], o[o], u[u], e[ə]'와 3개의 이중 모음 'ai[ai], au[aw], oi[oi]'이 있다. 단모음은 구강 모음과 비모음(nasalized vowel)으로 구분한다. 비모음은 발음할 때 연구개가 상승하여 비강을 막거나 연구개가 낮아져 비강과 구강을 통해 공기가 통과하며 생기는 소리이다. 예를 들면 'minum[mīnūm](to drink)'의 경우처럼 비음인 자음에 바로 후행하는 모음이 비모음으로 나타난다. 중간모음 [ə]는 혀의 중간 부위를 입천장으로부터 조금 떨어지게 위치시키고 혀끝과 혀의 뒷부분이 입안에 낮게 위치할 때 나는 소리이다. 입술 모양은 동그랗지 않고 턱의 개방 정도는 중간이다.

말레이어의 자음은 1차 자음(primary consonants)과 2차 자음(secondary consonants)으로 구분한다. 1차 자음이란 조음 방법과 조음점의 측면에서 과도한 교체 없이 일관성을 보이는 자음을 뜻한다. 표준어에는 2개의 반모음 [y], [w]를 포함해 파열음 [p], [b], [t], [d], [k], [g], [ʔ], 비음 [m], [n], [ɲ], [ŋ], 마찰음 [s], [h], 파찰음 [ʧ], [ʤ], 설측음 [l], 전동음 [r] 19개의 자음이 여기에 해당된다. 각각 로마자 'y, w, p, b, t, d, k, g, m, n, ng, ny, s, h, c, j, l, r'로 표기한다. 이 가운데 파열음과 파찰음은 유성과 무성의 변별적 대립을 보인다.

반면 2차 자음이란 말레이어 소리 체계에 들어 있는, 수입된 것으로 확인되는 자음을 말한다. 수 세기에 걸쳐 아랍 문명과의 접촉을 유지하면서 말레이어에는 수많은 아랍어 차용어가 유입되었다. 대부분의 차용 음소는 말레이어 소리 체계에 동화되거나 변화된 소리로, 현행 로마자 알파벳을 활용해 표기한다. 여기에 영어에서 차용된 양순 마찰음 [v]까지 더해서 2차 자음은 [f], [v], [z], [ʃ], [x], [ɣ] 6개이며 각각 'f, v, z, sy, kh, gh'로 표기한다. 이것들은 차용어에서 상대적으로 낮은 빈도로 나타나며 화자에 따라 조음 방법과 조음점의 차이를 보인다.

말레이어 단어 형성의 대표적인 음절 구조는 VCV(V=vowel/C=consonant), VCVC, VCCV, VCCVC, CVV, CVVC, CVCV, CVCVC, CVCCV이다. 단음절 구조 VCV로 된 단어는 극히 드물다. 주로 CVCV 구조를 중심으로 단어들이 형성된다.

말레이어에는 전통적으로 어말에서 두 번째 음절에 강세가 있다(penultimate stress)고 알려져 왔다. 그러나 최근에는 말레이어를 강세가 없는 언어로 간주하는 경향이 있다.

말레이어의 모음은 중설 모음 [ə]를 제외하고 상대적인 장단을 지닌다. 발음할 때 음을 강조하기 위해 특정 모음이나 관련 모음 모두를 더 길게 발음하는 경우가 흔하다. 그러나 모음의 길이가 단어의 의미를 변화시키는 경우는 없다. 특히 화자에 따라 중간 모음을 다른 모음에 비해 상대적으로 짧게 발음하는 경향이 있다. 심지어 어떤 화자들은 어두나 어중 자음 사이에 위치한 중간 모음을 발음하지 않는 경우도 있다.

대부분의 말레이어 화자들은 한국어의 평음, 격음, 경음을 구분하지 못하고 격음과 경음을 동일하게 발음하는 경향이 있다. 예를 들면 한국어의 [ㅍ], [ㅌ], [ㅋ], [ㅊ] 등의 발음에 어려움이 있다. 또한 한국어의 'ㅓ'와 'ㅗ'를 구분하지 못하는 경향이 있다.   〈전태현〉
= 바하사 말레이시아

[참고문헌]

• Don, Z. M., Knowles, G. & Yong, J. (2008), How words can be misleading: A study of syllable timing and "stress" in Malay, *Linguistics Journal 3-2*, pp. 66~81.
• Hassan, A. V. (1974), *The morphology of Malay*, Dewan Bahasa dan Pustaka, Kementerian Pelajaran Malaysia.
• Maris, Y. M. (1980), *The Malay sound system*, Penerbit Fajar Bakti.
• Omar, A. H. (1985), *Susur galur bahasa Melayu*, Dewan Bahasa dan Pustaka, Kementerian Pelajaran Malaysia.
• Teoh, B. S. (1994), *The sound system of Malay revisited*, Dewan Bahasa dan Pustaka, Kementerian Pelajaran Malaysia.

■ 몽골어

몽골어(Mongolian)는 넓은 뜻으로는 몽골 민족이 과거에 사용했으며 현재 사용하고 있는 몽골계 언어 전반을 가리키고 좁은 뜻으로는 위구르계 몽골 문자로 쓰인 몽골 어 문어를 뜻한다.

몽골어는 알타이 제어의 하나로 동(東)몽골 방언군에 속하는 할흐 방언이 현재 몽골 전 지역의 공통어이다.

몽골어는 'a [a], ə [e], и [i], o [o], y [u], ө[ö], Y[ü]'의 7개 모음을 기본 모음으로 한 다. 조음 위치상 'o, y, ө, Y' 4개의 모음은 가까이 위치한다. 기본 모음을 길게 발음 하면 장모음이 되며 'aa, əə, oo, yy, өө, YY'와 같이 표기한다. 반모음 'й [i]'는 기본 모 음 뒤에 쓰여 5개의 이중 모음 'a й, ə й, o й, y й, Y й'을 만든다. 그 외에 'я [yal, ë [yo], e [yel, ю[yu/yü]' 등의 이중 모음이 있으며, 이것을 'я [yal 계통의 문자라고 한다.

몽골어에서는 현재까지 모음 조화가 지켜지고 있다. 'a, o, y' 등의 모음을 양성 모 음, 'ə, ө, Y' 등의 모음을 음성 모음, 'и'를 중성 모음으로 구분하여 한 단어 안에 함께 쓰지 않는다. 중성 모음 /и/의 장모음은 남성어, 즉 양성 모음에는 'ы'로, 여성어, 즉 음 성 모음에는 'ий'로 쓰인다.

몽골어의 자음은 다음 표와 같다.

〈현대 몽골어의 자음〉

입술의 상태			혀의 상태							
			전설		중설		후설			
							연구개		후두	
	거셈	여림	거셈	여림	거셈	여림	거셈	여림	거셈	여림
파열음	п [p]	6 [b]	т [t]	д [d]			к [k]	г [g]		г [ɣ]
파찰음			ц [ts] ч [ch]	з [z] ж [dz]						
비음		м [m]		н [n]				н [ŋ]		
마찰음	ф [f]	в [v]	с [s]	ш [sh]			ш [j]	х [x]		х [h]
설측음				л [l]			л х [lh]			
탄설음				р [r]						
	무성	유성	무성	유성	무성	유성	무성	유성	무성	유성

몽골어의 자음 체계 분포는 다양하다. 전설과 후설 자음이 비교적 많으며 무성음과 유성음의 구분이 분명하다. 키릴 문자로는 자음 'г [g/ɣ]'와 'н [n/ŋ]'이 하나로 쓰이나 발 음상 2개의 변이음으로 나눠지는 특징을 보인다. 몽골 할흐 방언에서는 파찰음과 마찰 음, 설측음과 탄설음의 구분이 뚜렷하다.

몽골어는 기본적으로 V(V=vowel), VC(C=consonant), CV, CVC, VCC, CVCC, VCCC, CVCCC 8개의 음절 구조로 이루어져 있다. 음절과 음절이 만났을 때 음운 변동도 일어 난다. 음절이 모음으로 끝나면 개방 음절(zadɣai üye), 자음으로 끝나면 폐쇄 음절(bitüü üye)이라고 한다.

몽골어의 강세는 첫음절에 있으며 다음 음절로 향하면서 강세가 약화된다. 마찬가지로 억양도 평서문에서 문말로 향하면서 하강한다. 그러나 의문문에서는 상승한다.

몽골인 성인 학습자의 경우 한국어 단모음 중 'ㅓ:'와 'ㅓ' 그리고 'ㅓ'와 'ㅗ'의 구분과 'ㅡ'의 발음을 어려워하는 것으로 알려져 있다. 그러나 양 언어의 단모음을 비교하는 실험 음성학적 연구에서 한국어 단모음에 해당하는 몽골어 모음들이 존재하기 때문에 청취 인지적 작용이 발음에 더 큰 영향을 미친다는 결과가 나타났다.

한국어 자음 중에서는 경음이 제일 어려운 것으로 보고되고 있다. 그 이유는 몽골어의 자음이 무성음과 유성음으로 구분되기 때문인데 성인 학습자일수록 한국어 경음의 발음과 인지에 어려움을 겪는다. 또한 한국어의 개별 음절 학습에는 큰 어려움이 없지만 음운 규칙을 제대로 교수 학습하지 못하면 읽기와 쓰기에서 오류를 많이 범하게 된다. 〈성비락(Dashdorj Sainbiligt)〉

= 몽고어, 몽어

[참고문헌]
• 성비락(2002), 몽골어와 한국어의 단모음 비교: 실험 음성학적 연구, 한국어교육 13-2, 국제한국어교육학회, 111~130쪽.
• Choimaa, Sh., 김영수 & Sainbilegt, D. (2000), 현대 몽골어 교과서, 몽골국립대출판부.
• Oyun, Ts., Battsogt, D. & Battogtoh, D. (1999), 5학년 몽골어 교과서, Toonot print.

■ 버마어

버마어(Burmese)는 미얀마 총인구의 약 90%가 사용하는 미얀마의 공용어이다.

미얀마는 전체 인구의 약 68%를 차지하는 버마족을 비롯하여 꺼잉족, 꺼칭족, 꺼야족, 칭족, 뭉족, 러카잉족, 샨족 등 7개의 주요 소수 민족으로 구성된 연방 국가이다. 이들 여러 민족들은 각기 독자적인 언어를 가지고 있는데 이 가운데에서도 버마어는 버마족의 모어이다.

버마어는 단음절어와 성조어의 특징이 있는 티베트-버마 어파에 속한다. 문자는 북인도의 브라흐미(梵寐, Brāhmī) 문자에서 파생되어 남인도의 빳라봐(Patrabwa) 문자를 개작한 몬(Mon) 문자를 거의 그대로 답습한 차용 문자를 사용한다.

버마어의 기본 문자에는 33개의 자음이 있다. 이들 자음을 자음 그대로 발음할 경우에는 모음 [a]를 동반하여 발음한다. 33개의 자음 표에서 제1 단의 5문자는 연구개음, 제2 단의 5문자는 마찰음, 제3 단과 제4 단의 10문자는 치경음, 제5 단의 5문자는 양순음, 제6 단과 제7 단은 반모음, 측면음, 치간음, 성문음을 각각 나타낸다. 또한 제5 단까지 종(縱)으로 보았을 때 제일 좌측인 제1 열의 5문자는 무성 무기음, 좌측에서 제2 열의 5문자는 무성 유기음, 제3 열과 제4 열의 10문자는 유성음 그리고 제일 우측인 제5 열의 5문자는 비음을 각각 나타낸다.

〈버마어의 자음〉

က	ka.	ခ	kha.	ဂ	ga.	ဃ	ga.	င	nga.
စ	sa.	ဆ	hsa.	ဇ	za.	ၛ	za.	ဉ	nya.
ဋ	ta.	ဌ	hta.	ဍ	da.	ဎ	da.	ణ	na.
တ	ta.	ထ	hta.	ဒ	da.	ဓ	da.	န	na.
ပ	pa.	ဖ	hpa.	ဗ	ba.	ဘ	ba.	မ	ma.
		ယ	ya.	ရ	ya.	လ	la.	ဝ	wa.
				သ	tha.	ဟ	ha.	ဠ	la.
						အ	a.		

버마어 모음에는 단모음과 이중 모음이 있다. 단모음은 [a], [i], [u], [e], [ɛ], [ɔ], [o] 7개로서 자음의 상하좌우(上下左右) 어느 위치에나 올 수 있다. 중설 모음(atonic) [ə]는 문자로 나타나는 일은 없으나 이 음절어의 제1 음절, 삼 음절어의 제1, 2음절 등이 약화되었을 때, 즉 음절 약화 현상에서 나타난다. 이중 모음은 [ai], [au], [ei], [ou] 4개가 있는데 폐음절의 경우, 즉 종성이 성문 폐쇄음 또는 비음으로 끝나는 경우에만 나타난다. 버마어 모음 중에서 일부 모음들은 모음 그 자체만으로 발음되는 경우가 있는데 이 것을 독립 모음 문자라고 한다. 버마어에는 총 9개의 독립 모음 문자(ဣ, ဤ, ဥ, ဦ, ဧ, ဩ, ဪ, ၒ)가 있다.

버마어는 성조어로서 일반적으로 제1 성조인 하강형(下降型)과 제2 성조인 저평형(低平型), 제3 성조인 고평형(高平型)의 3개 성조로 이루어져 있다. 이와 같이 성조는 음절의 높낮이뿐만 아니라 모음의 장단과도 연관이 되어 있다. 즉 제1 성조인 하강형에서의 모음은 단음이 되고 제2 성조인 저평형과 제3 성조인 고평형에서의 모음은 장음이 된다.

〈버마어의 성조〉

버마어의 음절에는 모음으로 끝나는 개음절과 자음으로 끝나는 폐음절이 있다. 폐음절 단어의 초성에는 기본 문자와 복합 문자의 자음이 오고, 중성에는 단모음과 이중 모음이 오며, 종성에는 성문 폐쇄음과 비음의 자음이 온다. 그리고 폐음절은 자음에 성문 폐쇄음 부호 '?'를 붙임으로써 종성 자음을 나타낸다. 폐음절의 문자로서 종성에 올 수 있는 문자는 33개 자음 표 제일 좌측의 4문자 'ka., sa., ta., pa.'와 제일 우측의 4문자 'nga., nya., na., ma.'로 이들 자음에 성문 폐쇄음 부호 '?'를 붙임으로써 전자는 성문 폐쇄음, 후자는 비음이 된다. 그런데 종성이 성문 폐쇄음으로 끝나는 경우에는 높고 지

극히 짧게 발음된다는 특징이 있다. 그래서 이것을 따로 제4 성조인 고단형(高短型)이라고 보는 학설도 있다. 한편 종성이 비음으로 끝나는 경우에는 개음절의 경우와 마찬가지로 3개의 성조, 즉 제1 성조, 제2 성조, 제3 성조로 구별하여 각각 발음한다. 자음(consonant)을 C, 모음을 V(vowel)라고 하고 이중 자음과 이중 모음에서 뒤에 오는 문자를 소문자c, v로 표기한다면 버마어의 음절 구조는 다음과 같다.

(1) 개음절 구조: V, CV, CcV
(2) 폐음절 구조: VC, VvC, CVC, CVvC, CcVC, CcVvC

버마어는 단음절인 경우에는 성조에 따라서 규칙적으로 발음되지만 이 음절 이상이 되면 [a]나 기타 문자가 무성조인 [ə]로 발음되는 경우가 많다. 이러한 현상을 음절 약화 현상이라고 한다. 이 음절 단어의 제1 음절에서, 삼 음절 단어의 제1 음절이나 제2 음절에서 이러한 현상이 발생한다. 그러나 단어의 마지막 음절에서는 이러한 현상이 발생하지 않는다.

또한 버마어에서는 동일 자음이라 할지라도 무성음 [k/kh], [ky/ch], [s/hs], [t/ht], [p/hp], [th]과 유성음 [g], [j], [z], [d], [b], [dh] 두 종류로 발음된다. 이것은 무성음이 인접하는 음의 영향을 받아 유성음으로 발음되기 때문인데 이러한 현상을 유성음화 현상이라고 한다. 이 현상은 대개 이음절어 이상에서 개음절이나 비음으로 끝나는 폐음절 다음의 자음에서 발생하고 성문 폐쇄음 다음의 자음에서는 발생하지 않는다. 비음화 현상이란 인접하는 비음의 영향을 받아 성문 폐쇄음 등이 비음으로 발음되는 현상을 말하는데 버마어에서도 비음화 현상이 나타난다.

음절 구조 항목에서도 언급한 바와 같이 버마어는 종성에 성문 폐쇄음과 비음만이 온다. 따라서 버마어 모어 화자들이 한국어를 발음할 때 종성의 'ㄱ, ㅂ, ㄷ' 등에 많은 연습이 필요하다. 〈최재현〉

= 미얀마어

[참고문헌]
• 최재현 외(2001), 동남아 인간과 문화, 부산외국어대학교출판부.
• 최재현(2008), 기초 미얀마어, 삼지사.
• 유대프 유라시아 대장정(2014.2.23.), 버마 이해하기, 2014년 5월 23일 가져옴, http://eurasiajourney.tistory.com/45

■ 베트남어

베트남어(Vietnamese)는 베트남의 공식 언어로서 현재 베트남 전체 인구의 약 90%와 4백만 명 넘는 재외국민이 모국어로 사용하고 있는 언어이다.

베트남어는 오스트로-아시아 어족(Austro-Asiatic language family)에 속하며 고립어이다.

베트남어의 모음은 11개의 단모음 'a[a], ă[ɒ], â[ʌ], e[ɛ], ê[e], o[ɔ], ô[o], ơ[ə], u[u], ư[ɯ], i/y[i]'와 3개의 이중 모음 'iê, ươ, uô'로 구성된다. 이중 모음은 모두 고모음으로 첫 모음을 발음한 후 둘째 모음을 이어 발음한다. 모음 중 'â'와 'ă'는 짧게, 'ơ'와 'a'는 길게 발음한다. 'ư, ươ, ơ, â, a, ă'는 평순 모음, 'u, uô, ô, o'는 원순 모음이다.

자음은 21개로 무성음과 유성음으로 구별된다. 초성은 조음 위치에 따라 순음인 'b[b], ph[f], v[v], m[m]', 치음인 't[t], th[tʰ]', 치경음인 'đ[d], d/gi[z], x[s], l[l], n[n]', 치경 경구개음인 's[ʃ], r[r], tr[tr]', 구개음인 'ch[ʧ], nh[ɲ]', 연구개음인 'c/k/q[k], kh[kʰ], g/gh[g], ng/ngh[ŋ]' 그리고 성문음인 'h[h]'로 나뉜다. 'đ'는 남부에서는 [j]로 발음된다. 'r'은 종성으로 쓰지 않고 'ng'은 초성과 종성 모두에 사용된다. 종성으로 사용되는 자음은 비음 'm, n, nh, ng' 폐쇄음 'p, t, ch, c' 그리고 반자음 'u, o, I, y'가 있다. 특히 'ng'와 'c, k'가 원순 모음 'u, o, ô' 뒤에 있을 때에는 순개구음 'ŋm'와 'kp'처럼 발음된다. 모든 자음은 종성으로 사용될 때 원래 음으로 끝나며 뒤에 오는 자음이나 모음과의 음운 규칙이 적용되지 않는다.

베트남어는 단음절어에 속하며 하나의 음절은 고유한 뜻을 지니고 하나의 글자와 대응된다. 베트남어의 음절 구조는 초성, 중간 음, 주음, 종성과 성조, 모두 5개 성분으로 구성된다. 연음은 일어나지 않고 발음이 변화하는 경우 변화된 발음이 사전에 등재되어 있기 때문에 별도의 음운 규칙을 적용하지 않는다.

베트남어의 성조에는 6성이 있다. 모든 어휘는 1개의 성조를 지니며 서로 다른 높낮이로 발음된다. 평평하며 높은 음(Thanh ngang), 부드럽게 내리는 음(Thanh huyền), 위로 도약하는 상승음(Thanh sắc), 강하게 하강하는 음(Thanh hỏi), 꺾이는 상승음(Thanh ngã), 짧고 강한 저음(Thanh nặng)이 있다. 이를 그림으로 표시하면 다음과 같다.

〈베트남어의 성조〉

한편 베트남어는 성조가 뚜렷해 강세는 성조로 규정된다. 또한 의문문에서도 평서문처럼 문말에 억양이 상승하는 경우가 없다.

베트남어 모어 화자들의 한국어 발음의 특징과 지도할 때 유의점은 다음과 같다.

첫째, 억양 전반에 관한 문제이다. 베트남어 모어 화자들은 모어의 습관에 따라 높은 톤으로 발음하거나 높낮이를 넣어 성조가 있는 것처럼 발음한다. 따라서 초급 학습자에게는 우선 한국어가 비성조어라는 것을 알려 주고 베트남어의 성조를 최대한 없애도록 하는 동시에 평서문과 의문문의 억양의 차이를 구별할 수 있도록 주의하게 하는 것이 바람직하다.

둘째, 모어의 영향으로 인한 오류이다. 베트남어에 없는 발음이나 베트남어에 비슷한 발음이 있어 모어와 가깝게 발음하는 경우 이러한 오류는 초급부터 확실히 구별시켜 오류가 화석화되기 전에 지도해야 한다. 베트남 모어 화자들이 주로 나타내는 오류는 다음과 같다.

(1) 경음 'ㅃ, ㄸ, ㄲ, ㅆ, ㅉ'을 평음처럼 발음하는 경향이 있다. 특히 한 단어에 평음과 경음이 같이 나타나면 평음과 경음을 혼동하여 발음하거나 평음에 가깝게 읽는다. 따라서 초급부터 반복적으로 평음, 격음, 경음을 구별해서 듣고 발음하는 연습을 할 필요가 있다. 이러한 단어의 예로 '바쁘다, 따다, 깔고, 뜨다' 등이 있다.

(2) 파찰음 'ㅈ, ㅊ, ㅉ'의 발음을 혼동하거나 서로 비슷하게 발음하는 경향이 있다. 따라서 'ㅈ, ㅊ, ㅉ'이 어두에 오는 경우 입에서 나오는 공기의 양이나 혀의 위치 등을 설명한 다음 파찰음을 포함한 단어로 연습을 하게 한다.

(3) 초급 학습자들의 경우 격음 'ㅍ'을 발음 할 때 베트남어의 'ph'와 비슷하거나 똑같이 발음하는 경향이 있다. 이 경우 두 음의 차이점을 강조한 뒤 제3 언어인 영어의 [p] 발음을 빌려서 설명하는 것이 효과적이다. 이러한 예로는 볼펜, 파리, 파인애플, 파티, 싱가포르 등이 있다.

(4) 'ㄹ'이 종성으로 올 때 'ㄴ'으로 읽는 경향이 있다. 베트남어에서는 [r]이 종성에 오지 않기 때문에 범하는 오류이다. 따라서 종성에 'ㄹ'이 올 경우 천천히 읽도록 지시하며 발음을 끝낼 때 혀의 위치를 잠깐 유지하도록 한다.

(5) '에'와 '애' 발음을 구별하지 못한다. 베트남어에도 [e]와 [ê] 발음이 있지만 한국어의 '에', '애'와 다르다. 두 모음은 현실적으로 구별하기 어려워도 발음에 대한 기본적인 지침은 설명해 주는 것이 바람직하다.

(6) '오'와 '우' 다음 'ㅇ'이 받침으로 오면 폐쇄음으로 읽는다(예: 공[không]). 따라서 '오'와 '우' 다음에 'ㅇ'이 받침으로 오는 경우 입술을 다물지 않고 열린 상태로 유지해서 발음 한다는 점을 설명한다.

셋째, 한국어의 발음 규칙에 관한 문제이다. 한국어에서는 음운 환경에 따라 표기와 발음이 일치하지 않는 경우가 있기 때문에 발음 규칙은 초급 학습자들이 어려움을 느끼는 부분이다. 따라서 발음 규칙에 대해 체계적으로 소개할 필요가 있고 반복 연습하거나 대화 속에서 그것을 자연스럽게 익히게 하기 위한 충분한 시간이 필요하다. 오류의 구체적인 예는 다음과 같다.

(1) 연음 법칙을 적용하지 못하거나 자음을 중복하여 읽는 경향이 있다. 예를 들면 안에[안네], 쪽에[쪽게], 밥이[밥비], 꽃이[꼳치] 등이다.

(2) 비음화 규칙을 적용하지 못한다. 예를 들면 밥만[밥만], 밭일[바칠/바틸], 늦여름[느져름] 등이다.

(3) 경음화를 적용하지 못하고 약하게 읽는 경향이 있다. 예를 들면 국수[국수], 덮개[딥개] 등이다.

〈응웬 티 후옹 센(Nguyễn Thi hương Sen)〉

= 안남어

[참고문헌]
• 강현화·이미혜(2011), 한국어교육론, 한국방송통신대학교출판부.
• 응웬티후옹센(2006), 베트남인 초급 학습자를 위한 한국어교육 쓰기 방안 연구, 서울대학교 석사학위논문.
• 조명숙(2005), 베트남에서의 한국어교육, 민현식 외 편, 한국어교육론 3, 한국문화사.
• 한재영 외(2003), 한국어 발음 교육, 한림출판사.
• 허용 외(2005), 외국어로서의 한국어교육학 개론, 박이정.

■ 벵골어

벵골어(Bengali)는 방글라데시와 인도의 웨스트 벵골 주에 사는 벵골인이 모어로 사용하는 언어이다.

벵골어는 힌디어, 우르두어, 네팔어 등과 함께 인도-유럽 어족의 한 분파인 인도-이란 어파에 속하는 것으로 알려져 있다. 벵골어는 드라비다어와 아리안어에 영향을 받은 몇 가지 자음과 모음을 제외하면 한국어와 음운 체계가 거의 일치한다.

〈벵골어의 자음 체계〉

구분			양순음	치경음	권설음	경구개음	연구개음	후(두)음
파열음	무성음	무기음	c [p']	Z [t']	U [ʈ']		K [k']	
		유기음	d [pʰ]	_ [tʰ]	V [ʈʰ]		L [kʰ]	
	유성음	무기음	e [b]	` [d]	W [ɖ]		M [g]	
		유기음	f [bʰ]	a [dʰ]	X [ɖ·ʰ]		N [gʰ]	
파찰음	무성음	무기음				P [ʨ']		
		유기음				Q [ʨʰ]		
	유성음	무기음				R/h [ʥ]		
		유기음				S [ʥʰ]		
	마찰음			m [s]		m/l/k [ʃ]		n [h]
유음	전동음			i/o/p [r]				
	설측음					j [l]		
	비음		g [m]	b/Y [n]			O/s [ŋ]	

벵골어의 자음 체계는 양순 파열음, 치경 파열음, 경구개 파찰음, 연구개 파열음, 후두 마찰음, 치경 마찰음, 유음, 설측음, 비음 등에서 한국어와 매우 비슷한 음운 체계를 가지고 있다. 그러나 한국어는 평음, 경음, 격음의 삼항 대립이 존재하는 데 반해, 벵골어는 무성 무기음, 무성 유기음, 유성 무기음, 유성 유기음의 사항 대립이 존재한다는 차이점이 있다.

구체적으로 살펴보면 한국어의 경음은 목젖의 긴장을 수반한 무성 무기음으로 벵골어의 무성 무기음과 비슷하며, 한국어의 격음은 목젖의 긴장을 수반한 무성 유기음으로 벵골어의 무성 유기음과 비슷하다. 또한 한국어의 평음은 무성음이지만 유성음이 이음으로 존재하기 때문에 이 부분을 명시적으로 인식시켜 발음하도록 해야 하지만 유성 무기음과 유성 유기음을 자연스럽게 쓰는 벵골어 모어 화자들은 한국어의 평음을 발음 하는 데에 거의 어려움을 느끼지 않는다. 이렇게 하면 삼항 대립과 사항 대립의 차이 에 대해 느끼는 막연한 부담을 없앨 수 있으며 구체적으로 경음, 격음, 평음이 벵골어 의 어떤 음과 일치하거나 차이가 나는지에 대해 자신감을 가지고 발음을 할 수 있다.

권설음은 남인도의 드라비다계 언어에서 온 것으로 혀를 입천장으로 말아 올려 내는 소리로서 한국인은 치경음과 잘 구별하지 못한다. 'o'과 'p, l, Y'은 원래 권설음이었으나 지금은 다른 음에 흡수되고 글자만 남아 있다.

그 외에 [m], [n], [ŋ]는 한국어와 벵골어 간에 조음 위치와 조음 방식, 용법의 제약까 지도 일치하고 있어서 설명에 어려움이 없다. [h]는 한국어와 조음 위치나 조음 방식이 같고 어두에서 쓰이는 점이 같으나 한국어의 음절 말에서는 [h]가 불파되어 대표음 'ㄷ [t]'로 소리 난다는 점을 설명할 필요가 있다.

한국어의 'ㅆ' 음은 벵골어에 없으며 벵골어 모어 화자들은 'ㅆ'과 'ㅉ'을 구별하지 못 한다. 이는 벵골어 모어 화자가 극복하기 어려운 발음으로 장기적인 학습 과제이다. 반면 한국어에서 어두에 [l]이 오지 못하고 음절 말에는 [l]만 올 수 있는 현상은 전동 음 [r]와 설측음 [l]을 어두와 음절 말에 모두 사용하는 벵골어 모어 화자에게는 큰 어 려움이 없다.

〈벵골어의 모음 체계〉

혀의 위치 혀의 높이	전설 모음	후설 모음
고모음	B/C [i]	D/E [u]
중모음	G [e]	I [o]
저모음	G ·· [ɛ]	A [ɔ] Av [a]

모음에서는 두 언어 간에 거의 모든 단모음이 일치하여 학습에 큰 어려움이 없다. 그 리고 'ㅔ[e]'와 'ㅐ[ɛ]' 음이 서로 변별력을 잃어 가고 있는 점이 벵골어와 같음을 설명 할 필요가 있다. 벵골어에는 [ɔ]음이 있는데 한국어의 'ㅓ[ə]'음과 약간 달라 'ㅓ'를 정확 히 발음하는 것에 방해가 되지만, 발음을 듣고 여러 번 따라 하면 큰 어려움 없이 말할 수 있다. 그러나 한국어의 'ㅡ[ɨ]'를 'ㅜ[u]'로 발음하는 경향이 있기 때문에 정확한 음과 용법을 설명하고 오래 연습시켜야 한다. 또한 한국어에 많은 이중 모음의 발음은 벵골 어 모어 화자들이 넘기 힘든 난관으로 이의 교수 학습 시에는 두 음을 붙여서 빨리 발 음하도록 연습시킨다.

벵골어의 음절 구조는 한국어와 마찬가지로 CVC(C=consonant/V=vowel)를 기본으로 하고 있어서 학습에 큰 어려움이 없다. 그러나 한국어는 벵골어와 달리 어두에 자음군이 올 수 없기 때문에 꼭 '_[i]' 음을 자음 뒤에 추가해야 된다는 점을 주지시키고, 음절 말 자음은 벵골어와 달리 불파음으로만 발음된다는 점을 설명하여 모음 [ɔ] 음을 내지 않도록 해야 한다. 또 한국어 단어의 음절 말에 겹자음이 표기되는 것에 대해 실제로는 하나의 자음만 발음된다는 것과 그 가운데 어느 자음이 발음되는지, 또 다음에 모음이 따라올 때는 어떻게 되는지를 설명하고 연습시키면 큰 어려움이 없다.

초분절음은 두 언어 모두 음장이 수행하는 역할이 있다는 점 그리고 두 언어 모두에서 음장이 변별력을 잃어 가고 있음을 설명해야 한다. 〈권병희〉

= 벵갈어

[참고문헌]
• 권병희·장성희(2005), 벵갈어 문법과 회화, 세하.
• 슈보짓베너지(2009), 한글과 벵갈 문자의 표기법 비교 고찰, 충북대학교 석사학위논문.

■ 스페인어

스페인어(Spanish)는 스페인은 물론 중남미 대부분의 나라에서 공식 언어로 사용되고 있는 언어이다.

스페인어의 사용 인구수는 약 4억에 이르며 국제연합(United Nations: UN)은 물론 유럽연합(European United: EU)과 남미공동시장(Mercosur 또는 Mercosul)의 공식 언어 중 하나이다.

스페인어 모음은 'a[a], e[e], i[i], o[o], u[u]' 다섯 개로 구성되어 있으며 각각의 모음은 한 가지 소리로만 발음된다. 스페인어 자음 구성은 다음 표와 같다

〈스페인어의 자음〉

	양순음		치음		치경음	경구개음		구개음	
비음	m				n	ɲ			
파열음	p	b	f	d				k	g
마찰음	f		θ*		s	(ʃ)	j	x	
파찰음					tʃ				
전동음					r				
두드림소리 (Tap)					ɾ				
측음					l	ʎ*			

'v'와 'b'는 대부분 [b]로 발음된다. 스페인 일부 지역에서는 'v'를 영어의 'v'처럼 발음하기도 한다. 'h'는 묵음이다. 철자 'c, s, z'는 지역에 따라 [s]와 [θ]로 다르게 발음된다. 특히 'c'는 모음 'a, o, u' 앞에서는 [k]로, 이외의 모음 앞에서는 [s]나 [θ]로 발음된다. 'l'도 지역에 따라 [l]과 [ʎ]로 다르게 발음된다. 'x'는 모음 앞에서는 [x]로, 모음 뒤와, 자

음 앞에서는 [k]로 발음된다. 'j'는 [x]로 발음된다. 'r'은 첫음절에 올 경우와 'n' 다음에 올 경우 [r]로 발음된다.

스페인어의 음절 구조는 VCV(V=vowel/C=consonant) 혹은 V-CV, VCCV, VCCCV, VCCCCV, VCCCCV 혹은 VCC-CCV, V-V 혹은 VV로 이루어진다. 'bl, br, cl, cr, dr, fl, fr, gl, gr, pl, pr, tr' 등의 이중 자음은 한 음절로 간주된다. 모음 'a, e, o'는 강모음이고 'i, u'는 약모음인데 강모음과 약모음이 함께 올 경우 이중 모음으로 간주된다.

스페인어의 강세는 모음에 악센트가 찍혀 있는 경우를 제외하고 마지막 음절이 모음으로 끝나거나 자음 중에서도 'n'과 's'로 끝날 경우에 끝에서 두 번째 음절에 강세가 있다. 자음으로 끝날 경우에는 마지막 음절에 강세가 있고 강세가 오는 음절에 강모음과 약모음이 함께 있을 경우에는 약모음에 악센트가 찍혀 있는 경우를 제외하고 강모음에 강세가 있다. 강약 모음의 이중 모음에서 약모음에 강세가 있을 경우 음절이 분리된다.

스페인어 화자의 경우 스페인어에 격음이 없어 한국어의 격음을 모두 경음으로 발음하는 경향이 있다. 또한 'ㅓ, ㅡ' 등의 모음을 발음하는 데 어려움을 느끼고, 'ㅈ, ㅊ, ㅉ'을 구별하여 발음하지 못하기 때문에 특정 발음이 들어간 단어를 반복적으로 연습시켜야 한다.　　　　　　　　　　　　　　　　　　　　　　　　　　　〈민원정〉

= 에스파냐어

[참고문헌]
- 민원정(2003), 스페인어 속으로, 신아사.
- Instituto Cervantes, Retrieved January 26, 2014, from http://www.cervantes.es/cultura_espanola/informacion.htm
- Knorre, M. et al. (2005), Flash grammar tutorials, Retrieved January 26, 2014, from http://highered.mcgraw-hill.com/sites/0072873949/student_view0/flash_grammar_tutorials.html

■ 아랍어

아랍어(Arabic)는 아프리카-아시아 어족의 셈 어족에 속하는 언어로 셈 어족 가운데 사용자가 가장 많은 언어이다.

아랍어는 북아프리카, 아라비아 반도 등의 아랍 국가들에서 약 3억 명이 사용하며 6개의 국제 연합 공용어 중 하나이다. 아랍어는 코란(Koran 또는 Quran)의 언어이며 무함마드의 출현 이후 문학 언어로 사용되었다.

아랍어는 아랍 문자를 사용하여 표기하며 굴절어에 속한다. 동사문의 어순은 '서술어 + 주어 + 목적어(VSO)'이며 명사문의 어순은 '주어 + 목적어(SO)'이다.

아랍어의 자음은 28개가 있다. 파열음 'ﺀ[ʔ], ﺏ[b], ﺕ[t], ﺝ[g], ﺩ[d], ﺫ[ð] ﻕ[q], ﻙ[k]' 비음 'ﻡ[m], ﻥ[n]', 마찰음 'ﺙ[θ], ﺵ[ʃ], ﺯ[z], ﺱ[s], ﻍ[ɣ], ﺡ[h], ﺡ[ħ], ﺥ[x], ﻑ[f]', 파찰음 'ﺝ[dʒ]' 등이며 유음에는 설측음 'ﻝ[l]'과 탄설음 'ﺭ[r]'이 있다. 'ﺭ[r]'이 연속으로 올 경우 진동음 [r]

로 발음되기도 한다. 접근음은 'ﺭ[ɹ], ﻱ[j], ﻭ[w]'가 있다. 구개음화된 자음은 아랍어의 특징적인 자음이며 'ﺽ[ḍ], ﻁ[ṭ], ﻅ[ð ̣], ﺹ[ṣ]'가 여기에 속한다.

아랍어에는 6개의 모음이 있다. 장모음은 'ﺍ[a:], ﻱ[iu], ﻭ[uu]'가 있고 단모음은 ' َ[a], ِ[i], ُ[u]'가 있다. 아랍어는 모음 체계에 비해 자음 체계가 많이 발달되어 있으므로 단어가 자음 연속으로만 구성될 수 있다. 그리고 이 경우 단모음 기호가 자음 위나 아래에 삽입되어 음절을 이룬다. 예를 들어 '쓰다'라는 뜻의 'ﻛﺘﺐ [kataba]'에는 두 개의 이중 모음 'ﻱ[aj], ﻭ[aw]'가 있다.

아랍어는 강세가 있는 음절이 일정한 간격으로 나타나서 생기는 리듬을 보이는 강세 박자 리듬 언어이다. 음절 수가 많아져도 강세가 나타나는 간격은 변하지 않는다.

지금까지 언급한 아랍어는 고전 아랍어, 즉 문어 아랍어로서 코란의 아랍어이며 이는 아랍 세계의 공용어로 지정되어 있다. 그 밖에 아랍 각국에서 사용되는 아랍어는 구어 아랍어이다. 구어 아랍어는 고전 아랍어와 의미론과 통사론 분야에서는 차이점이 많으나 음성 체계는 고전 아랍어와 구어 아랍어가 크게 다르지 않다. 오늘날 각 아랍 국가의 아랍어는 고전 아랍어의 방언이라 볼 수 있다.

아랍어권 한국어 학습자들은 평음, 경음, 격음의 삼항 대립을 구별하지 못하고 모두 평음과 격음의 이항 대립으로 발음하거나 유성과 무성 대립으로 발음하는 경향이 있다. 따라서 아랍권 한국어 학습자들에게 한국어 파열음 'ㅂ, ㅃ, ㅍ, ㄷ, ㄸ, ㅌ, ㄱ, ㄲ, ㅋ', 마찰음 'ㅅ, ㅆ', 파찰음 'ㅈ, ㅉ, ㅊ'을 가르칠 때에는 폐쇄 기간, 기식성과 같은 조음 방법의 차이를 자세히 가르칠 필요가 있다. 또한 한국어 파열음은 무성음이지만 모음 사이에 올 경우 유성음으로 바뀐다. 반면 아랍어의 자음 체계에서는 유성음과 무성음이 별개의 음소로 존재하기 때문에 아랍어 모어 학습자들은 한국어의 무성음과 유성음의 변이음을 구별하지 못한다. 비음의 경우에는 아랍어 자음 체계에 'ㅇ[ŋ]'이 없으므로 학습자들이 두 개의 자음 'n'과 'g'를 연속으로 발음하는 경향이 있다. 한국어의 유음은 하나의 음소 'ㄹ'이 [l]과 [r]의 변이음으로 나타나지만 아랍어에서는 [l]과 [r]이 별개의 음소로 존재한다. 따라서 한국어 학습 초기에 이를 혼동하는 학습자들이 많지만 시간이 지나면서 'ㄹ' 발음은 자연스럽게 교정된다.

아랍어에는 모음이 3개밖에 없는 반면 한국어는 모음이 발달된 언어이기 때문에 아랍권 학습자들은 모음을 구별하는 데 능숙하지 않다. 특히 원순 모음 'ㅗ, ㅜ'를 모음 'ㅗ'로 발음하고 평순 모음 'ㅣ, ㅡ'를 모음 'ㅣ'로 발음하는 경향이 있다.

아랍어는 강세 언어이다. 따라서 아랍어 모어 학습자들은 한국어의 억양에 익숙해지는 데 어려움을 겪으며, 아랍어 고전 강세 리듬을 따라 한국어 문장을 아랍어 리듬으로 발음하는 경향이 있다.   〈사라 벤자민(Sarah Maged Fayez Benjamin)〉
= 아라비아어

[참고문헌]
• 사라 벤자민(2013), 이집트 학습자의 한국어 장애음 발음 연구, 서울대학교 석사학위논문.
• 이호영(1996), 국어 음성학, 태학사.
• Watson, J. C. E. (2002), *The phonology and morphology of Arabic*, Oxford University Press.

■ 영어

영어(英語, English)는 영국의 잉글랜드에서 기원한 서게르만 어군의 언어이다.

영어는 미국, 영국, 캐나다, 오스트레일리아 등을 비롯한 세계 여러 나라에서 주요 언어로 사용되고 있으며 공식 언어로서뿐만 아니라 제2 언어로서도 광범위하게 사용되고 있다.

영어의 단모음은 대략 14개로 표준 한국어 단모음 10개보다 복잡하다. 영어의 모음은 고모음, 중모음, 저모음의 구별과 전설, 후설 모음 구별 외에도 긴장성(tense) 모음과 이완성(lax) 모음이 짝으로 대비된다. 한국어의 이중 모음과 비교해 영어의 이중 모음은 [eɪ], [aɪ], [oʊ] 등으로 비교적 간단하다.

24개의 음소로 구성된 영어의 자음 체계는 폐쇄음, 파찰음, 마찰음의 구분이 세분화되어 있어서 한국어의 19개 자음보다 더 많은 변별적 자질을 요한다. 그러나 영어의 파열음은 유성음과 무성음으로 구별되기 때문에 한국어의 평음, 격음, 경음 체계보다 단순하다.

영어 모어 화자의 한국어 발음 교육은 영어의 음운 체계와 한국어 음운 체계의 다른 점에 초점을 두어 대조 분석적으로 접근하는 것이 효과적이다. 영어권 학습자를 위한 한국어 발음 교육은 크게 한국어의 자음과 모음, 음절, 운율과 억양 세 부분으로 나누어 살펴볼 수 있다.

두 언어의 상이한 자음 체계로 인해 영어권 화자가 학습할 때 특히 어려워하는 점은 다음과 같다. 첫째, 한국어의 자음은 영어와 같은 무성음과 유성음([p/b], [t/d], [s/z], [k/g])의 변별이 아니라 인후 발성의 세기에 따른 평음 'ㄱ, ㄷ, ㅈ, ㅂ', 격음 'ㅋ, ㅌ, ㅊ, ㅍ', 경음 'ㄲ, ㄸ, ㅉ, ㅃ'의 삼항 대립으로 이루어져 있다. 영어에는 평음이 없고 무성음은 'pie, tie, key'처럼 대부분의 환경에서 유기음으로 실현되기 때문에 한국어를 배우는 영어 화자는 '달/탈/딸', '불/풀/뿔', '자다/차다/짜다'를 구별하고 발화하는 데 특별한 훈련이 필요하다. 둘째, 파찰음 'ㅈ, ㅊ, ㅉ'과 마찰음 'ㅅ, ㅆ'도 영어의 자음과는 조음 위치 및 발성 방법이 다르므로 연습이 필요하다. 셋째, 유음인 'ㄹ'은 초성에서는 [r]로, 종성에서는 [l]로 발음된다. 한국어에서는 이것들이 모두 변이음으로 인식되지만 영어에서는 [r]과 [l]이 서로 다른 두 개의 음운으로 인식된다. 한국어의 'ㄹ' 발음이 음운 환경에 따라 변한다는 점은 영어 모어 학습자가 의식적으로 배워야 하는 부분이다. 넷째, 한국어는 자음의 변화가 많다. 사이시옷 현상 등 형태론적인 조건 하에서 일어나는 소리의 변동은 제외하고 음성학적, 음운론적으로 중요한 현상만 열거하면 다음과 같다.

(1) 평음 'ㄱ, ㄷ, ㅈ, ㅂ'은 유성음 사이에서 유성음화되어 [g], [d], [dʒ], [b]로 발음된다. 한국어 모어 화자들은 음성학적 훈련을 받지 않으면 이러한 유성음을 인지하지 못한다. 따라서 영어 화자에게 유성음화를 강조하여 학습시키지 않으면 '가라'의 '가'와 '아가'의 '가'를 똑같이, '부부'에서 두 'ㅂ'을 똑같이 무성음으로 발음하는 영어식 발음이 고급 수준에서도 고쳐지지 않는다.

(2) 장애음 'ㄱ, ㄷ, ㅂ'이 비음과 결합되었을 때 비음 'ㅇ, ㄴ, ㅁ'으로 발음되는 것도 중요한 동화 현상이다. 그 예로는 '국민[궁민]', '듣니[든니]', '밥만[밤만]' 등이 있다.

(3) '식구[식꾸]', '국적[국쩍]', '앞집[압찝]'의 경우처럼 자음과 자음이 이웃하는 경우 뒤 자음이 앞의 장애음의 영향을 받아 된소리로 발음되는 현상도 한국어의 특징이다.

(4) '만고', '잇몸'이 [망고], [임몸]으로 발음되는 조음 위치 동화 현상은 수의적인 현상이지만 자연스러운 발화에서는 흔히 나타나므로 한국어 발음 교육에 포함시켜야 한다.

(5) 'ㅎ'이 'ㄱ, ㄷ, ㅈ, ㅂ'과 결합했을 때 두 음소가 합쳐져서 'ㅋ, ㅌ, ㅊ, ㅍ'으로 발음된다. 그 예로는 '좋다[조타]', '밟히다[발피다]' 등이 있다.

영어 모어 화자가 가장 어려움을 겪는 모음은 'ㅡ, ㅓ, ㅗ'이다. 'ㅡ'는 영어에는 존재하지 않는 후설 평순 모음이기 때문이다. 'ㅜ'와 같이 발음하되 입술을 오므리는 대신 입술을 편 채로 발음하도록 하면 어렵지 않게 학습할 수 있다. 한국어의 'ㅗ'는 단모음이기 때문에 발음 중에 입 모양에 변화가 없지만, 영어의 'o'는 대체로 복모음 [ou]로 발음되기 때문에 두 언어의 다른 점을 주지시킨다. 'ㅓ' 역시 영어에 정확히 해당되는 모음이 없기 때문에 상당히 습득하기 어려운 모음에 속한다. 특히 'ㅗ'와 'ㅓ'를 혼동하는 경우가 많은데 이 경우 'ㅗ'는 원순 모음이고 'ㅓ'는 평순 모음이라는 것을 강조한다.

한국어에서 음운론적으로 가장 중요한 단위는 음절이다. 개개의 음소가 합쳐져 음절을 이루는데, 한국어 음절의 다수는 '자음 + 모음 + 자음(CVC)'으로 이루어져 있다. 따라서 영어의 자음군들을 한국식으로 발음할 때에는 자음 하나 당 모음 하나가 따라와야 발음이 가능하다는 것을 인지시킨다. 예를 들어 'Sprite[스프라이트], Christmas[크리스마스], Smith [스미스]' 등이 있다.

한국어의 음절과 음절 사이에는 '국어[구거], 음악[으막]'과 같은 연음 법칙이 반드시 적용된다. 또한 음절의 종성은 영어와는 달리 파열음 아닌 불파음으로 발음해야 한다. 'ㅅ, ㅆ, ㅈ, ㅊ, ㅉ'이 종성에서는 모두 [ㄷ]으로 발음된다는 것도 음절에 관한 발음 교육에서는 필수이다. 종성 자음이 하나가 아니고 두 개로 이루어졌을 때 다음 음절의 모음과 결합하여 연음이 되지 않는 한, 두 자음 중 하나만 발음되는 현상도 영어권 학습자에게는 습득하기 어려운 점이다. 예를 들어 '많아[마나]/많네[만네]', '없어[업써]/없고 [업꼬]', '읽어[일거]/읽다[익따]' 등이 있다.

영어는 뚜렷한 강세(stress)가 특징인 언어이나 표준 한국어는 강세가 없고 억양 (intonation)에 의존한다. 영어 모어 화자들은 각 단어를 강세에 의한 강약의 리듬으로 발화하는 데 비해 한국어는 각 음절의 장단이나 세기에 별 차이가 없다. 영어에서 강세를 받는 음절은 높은 음조로 성량도 크고 길게 발음되지만 한국어에서는 음조의 높낮이로만 억양이 결정된다. 전선아(S. A. Jun)에 따르면 한국어의 억양에서 중요한 역할을 하는 구절은 악센트 구와 몇 개의 악센트 구로 이루어진 억양구라고 한다. 악센트 구는 LHLH(L=low/H=high) 혹은 HHLH와 같은 특유의 멜로디로 구성되어 있고, 억양구는 평서문, 의문문, 명령문, 청유문, 감탄문과 같은 문장의 종류에 따라서 문장의 마지막 음절의 높낮이와 장단이 결정된다.

지금까지 한국어의 발음 교육은 자음과 모음 그리고 음절에서 일어나는 현상에 중점을 두어 왔다. 그러나 지난 20년간의 외국어 교육 연구에서 초분절적 요소인 강세, 리듬, 억양이 개개의 음소적인 요소보다 모어 화자와 비모어 화자를 변별하는 데 더 큰 역할을 한다는 것이 밝혀졌다. 따라서 한국어교육에서도 억양에 대한 구체적인 교육 방법이 제시될 필요가 있다. 〈유영미〉

[참고문헌]
• 고영근·구본관(2008), 우리말 문법론, 집문당.
• 국립국어원(2005), 외국인을 위한 한국어 문법 1~2, 커뮤니케이션북스.
• Archibald, J. (2009), Second language phonology, In R. William. & T. Bhatia. (Eds.), *The new handbook of second language acquisition*, pp. 237~258, Emerald Group.
• Jun, S. A. (2006), *Prosodic typology: The phonology of intonation and phrasing*, Oxford University Press.
• Major, R. C. (2001), *Foreign accent: The ontogeny and phylogeny of second language phonology*, Lawrence Erlbaum.

■ 우즈베크어

우즈베크어(Uzbek)는 우즈베키스탄 공화국의 공용어이다.

우즈베크어는 약 2천 900만 명이 사용한다. 대부분은 우즈베키스탄에 거주하는 우즈베크 민족 사람들이다. 우즈베키스탄 외에 타지키스탄, 키르기스스탄, 카자흐스탄, 아프가니스탄, 투르크메니스탄 등의 국가에서 제2 언어 또는 제3 언어로 사용되기도 한다. 우즈베크어는 위구르어와 가장 유사하고 터키어와 투르크멘어, 아제르바이잔어 등과도 유사하며 아랍어, 페르시아어, 러시아어에서 차용한 말들이 많다. 문자의 경우 현재는 라틴 문자를 공식적으로 사용하지만 키릴 문자도 널리 쓰이며 아프가니스탄에서는 지금도 아랍 문자를 사용하고 있다.

우즈베크어는 방언이 비교적 발달하였지만 우즈베키스탄의 수도인 타슈켄트와 그 인근 지역에서 사용되는 표준 우즈베크어의 음운적인 특징을 살펴보면 다음과 같다.

우즈베크어의 단모음은 'a[a], e[e], e[ɛ], i[ɪ], o'[ɔ], o[o], u[u]'의 7개로 이루어져 있다. 이중 'i'는 어두에 오지 않을 경우에는 [ɨ]로 실현된다. 이중 모음은 'ye[je], yu[ju], yo[jo], ya[ja]' 4개가 있고 반모음은 'y[j]'가 있다. 우즈베크어에서는 모음 조화 현상이 발달되지 않았다.

자음은 'b[b], d[d], f[f], g[g], h[h'], j[ʤ], k[k], l[l], m[m], n[n], p[p], q[q], r[r], s[s], t[t], v[v], x[x], z[z], g'[g'], sh[sh], ch[ch], ng[ng], ts[ts]'의 23개로 이루어져 있다. 기본적으로 [l]는 연음 [l']로 실현되고 [g']는 경음으로 실현된다. [h']는 [h]보다 가볍게 발음되는 마찰음이다.

우즈베크어의 음절에는 폐음절과 개음절이 있다. 폐음절은 VC(V=vowel/C=consonant), CVC, VCC, CVCC의 4가지 구조로 되어 있다. 개음절은 V, CV 구조이다.

강세는 어말 음절에 두는 것이 기본으로 예외적인 경우도 있지만 드물다. 억양은 평서문에서 문말로 향하면서 하강한다. 의미가 강조되는 성분은 위로 향하는 억양으로 발음된다.

우즈베크어를 모어로 하는 화자는 한국어 발음을 상대적으로 쉽게 습득한다. 우즈베크어의 단모음과 이중 모음은 한국어의 해당 음과 비교적 동일하게 실현되며 강세와 억양도 비슷하다. 〈남 빅토르(Nam Victor)〉

[참고문헌]
• Bakieva, K. et al. (2012), *Uzbek language for CIS countries*, Moscow State Linguistic University Rema.
• Gromatovich, K. D. (1930), *Uzbek language*, Pravda Vostoka.
• Ismatullaev, H. (1991), *Uzbek language*, Ukituvchi.
• Kissen, I. & Rahmatullaev, Sh. (1990), *Uzbek language*, Ukituvchi.
• Usmanova, M. (1991), *Uzbek language for students*, Ukituvchi.

■ 이탈리아어

이탈리아어(Italian)는 이탈리아와 바티칸, 산마리노, 스위스, 크로아티아와 슬로베니아를 포함하는 이스트라 반도 등의 공식어이며 전 세계에서 약 7천만 명이 사용한다.

이탈리아어 모음 체계에는 전설음 'i[i], e[e/ɛ]', 중설음 'a[a]', 후설음 'u[u], o[o/ɔ]' 총 7개의 모음이 있다. 그러나 강세가 있지 않은 음절에는 5개의 모음 [a], [e], [i], [o], [u]만 나타난다. 어말에 있는 모음 외에 강세가 놓여 있는 모음은 항상 장모음이다.

이탈리아어 자음 체계에는 파열음 'p[p], b[b], t[t], d[d], c/ch[k], g/gh[g]'와 마찰음 'f[f], v[v], s[s], z[z], sc[ʃ]', 파찰음 'z[ts/dz], c[ʧ], g[ʤ]', 비음 'm[m], n[n], gn[ɲ]', 설측음 'l[l], gl[ʎ]', 전동음 'r[r]' 등이 있다. 비음이 뒤에 오는 자음은 조음 위치와 가까운 위치로 발음되기 때문에 파열음 [k], [g] 앞의 'n'는 [ŋ]으로 발음되고 파열음과 마찰음 앞의 'm'는 [ɱ]로 발음된다. 마찰음에는 [ʒ]도 있는데 이것은 토스카나 지역 방언과 외래어에서만 볼 수 있다. 'h'는 묵음이다.

이탈리아어 초성에는 하나 이상의 자음이 올 수 있으나 종성에는 자음이 하나만 올 수 있다. 그리고 초성으로는 모든 자음이 나타날 수 있으나 종성에서는 'n, r, l, s'만 나타난다. 'tutto'와 같이 어말이 아닌 경우에는 마지막 음절의 첫소리로 경음이 나타난다. 음절에는 모음이 하나만 있으며 하강 이중 모음으로는 [ei], [ɛi], [oi], [ɔi], [au], [eu], [ɛu], 상승 이중 모음으로는 [ja], [je], [jɛ], [jo], [jɔ], [ju], [wa], [we], [wɛ], [wi], [wo], [wɔ] 등이 있다.

이탈리아어에는 마지막 음절, 뒤에서 두 번째 음절, 뒤에서 세 번째 음절 또는 네 번째 음절과 네 번째 이상 음절에 강세가 올 수 있다. 뒤에서 두 번째 음절에 강세가 오는 것이 가장 일반적이지만 뒤에서 세 번째 음절에 강세가 있는 단어도 적지 않다. 뒤에서 네 번째 음절에 강세가 있는 것은 드물며 거의 동사일 경우에만 해당된다. 강세 기호는 마지막 음절에 강세가 있는 경우에만 표시한다.

이탈리아어 모어 학습자가 한국어 모음을 발음하는 것은 어렵지 않지만 모음을 구별하는 것에서는 어려움을 겪는다. 특히 다른 서양어권 화자처럼 'ㅓ'와 'ㅗ'를 구별하는 것을 매우 어려워한다. 또한 이탈리아어 모어 학습자는 초성 'ㅎ' 발음과 함께 격음과 경음을 구별하여 발음하는 것도 어려워한다. 어두에 평음이 있는 경우 격음으로 발음하는 경향이 있다. 이로 인해 억양에서 LH(L=low/H=high) 패턴을 HH 패턴으로 발화하기도 한다. 그리고 초급 학습자의 경우 뒤에서 두 번째 음절에 강세를 두어 억양이 어색하게 들리는 경향이 있으므로 초성 발음을 분명하게 인식시켜야 한다. 특히 'ㅎ'과 격음의 발음을 정확히 인식하면 보다 자연스러운 억양으로 발화할 수 있다. 〈니콜라 프라스키니(Nicola Fraschini)〉

= 이태리어

[참고문헌]
· 신지영(2000), 말소리의 이해, 한국문화사.
· Dominicis, A. (2010), Fonologia, *Enciclopedia dell'Italiano*, Istituto della Encliclopedia Italiana.
· Fraschini, N. (2013), 서강 한국어 1A 문법 어휘 참고서 이탈리아어 판, 서강대학교 국제문화교육원.

■ 인도네시아어

인도네시아어(Bahasa Indonesia Baku)는 인도네시아 공화국 헌법에 공용어로 명기된 언어이다.

인도네시아어는 말레이 반도를 중심으로 수마트라 섬과 보르네오 섬의 해변 지역에 주로 거주했던 말레이인들의 모어인 말레이어(Bahasa Melayu)에서 분화되어 인도네시아 공화국의 표준 인도네시아어로 발전하였다. 로마자 알파벳을 공식 문자로 사용하지만 지방에 따라 전통 문자를 공식적으로 병기해 사용하는 경우도 있다.

인도네시아어의 모음은 'a[a], i[i], u[u], e[e], o[o], e[ə]'로 6개이다. 모두 구강 모음이며 비모음(鼻母音)으로 실현되지 않는다. 강세가 놓이지 않는 마지막 폐음절의 'e, i, o, u'는 각각 [ɛ], [ɪ], [ɔ], [ʊ]로 실현되는 경우가 흔하다. 이중 모음은 'ai[ai], au[aw]'가 있는데 모두 하강 이중 모음이다. 구어체의 경우 어말에 나타나면 각각 'e[e]와 o[o]'로 단모음화되는 경향이 있다. 이 밖에도 지방어의 영향으로 다양한 이음이 나타난다.

인도네시아어의 자음은 파열음 'p[p], b[b], t[t], d[d], k[k], g[g]', 비음 'm[m], n[n], ny[ɲ], ng[ŋ]', 마찰음 'f[f], s[s], z[z], sy[ʃ], kh[x], h[h]', 파찰음 'c[ʧ], j[ʤ]', 설측음 'l[l]', 활음 'y[y], w[w]', 전동음 'r[r]'으로 모두 22개이다. 이 가운데 [z]와 [ʃ]를 이음으로 간주하여 20개 자음으로 기술하는 경우도 있다. 모든 자음은 음절 초성으로 나타난다. 유성 파열음 [b], [d], [g]와 파찰음 [ʧ], [ʤ], 비음 [ɲ]은 종성으로 나타날 수 없다. 어두 초성으로 나타나는 [x]는 구어에서 [k]로 대체되는 경우가 흔하다. 그리고 어두 초성 [f]는 [p]로 대체되는 경향이 있다.

인도네시아어의 음절 구조는 V, VC, CV, CVC(C=consonant/V=vowel)만을 기본 음절 구조로 간주한다. 이 구조에서는 음절의 초성과 종성에 모든 자음이 나타난다. 차용어 및 외래어의 영향으로 생긴 음절 구조 CCV, CCVC, CVCC, CCCV, CCCVC, CCVCC, CVCCC에는 자음 결합의 제약이 있다. 두 개로 구성된 자음군의 초성은 'p, b, t, k, g, s, d'로 제한된다. 반면 후행하는 자음은 보통 'l, r, w, m, n, k' 등이다. 세 개의 자음으로 구성된 자음군의 첫 자음은 's', 두 번째 자음은 'p, t, k', 세 번째 자음은 'r'인 경우가 흔하다. 자음의 경우도 지방어의 영향으로 다양한 이음이 나타난다.

인도네시아어에서는 강세가 의미 변화에 영향을 주지 않는다. 다만 강세의 위치가 어긋나면 어색한 발음으로 여겨진다. 전통적으로 강세는 단어의 끝에서 두 번째 음절에 위치한다는 주장이 제기되어 왔다. 그러나 단어의 첫음절 모음이 [ə]인 경우는 예외이다. 또한 강세 유형은 지방마다 지방어의 영향으로 각기 다르게 나타난다. 그래서 인도네시아어의 강세 위치는 자유롭다고 할 수 있다.

대부분의 인도네시아어 화자들은 한국어의 평음, 경음, 격음을 구분하지 못한다. 특히 경음과 격음을 동일하게 발음하는 경향이 있다. 예를 들면 한국어의 'ㅍ, ㅌ, ㅋ, ㅊ'의 발음에 어려움을 겪는다. 한국어의 'ㅂ, ㄷ, ㄱ, ㅈ'을 발음할 때에는 어두 위치에서는 약간의 기식을 동반하여 무성음처럼 발음하고 모음 사이에서는 인도네시아어의 유성음에 가깝게 발음한다. 또한 한국어의 'ㅓ'와 'ㅗ'를 구분하지 못하는 경향이 있다. 〈전태현〉

= 바하사 인도네시아

[참고문헌]
• 전태현·박한상(2004), 인도네시아어 파열음의 발성 유형 연구, 말소리 52, 대한음성학회, 15~48쪽.
• 전태현(2010), 인도네시아의 언어 정책: 찌아찌아 어 한글 표기 문제와 관련하여, 한국언어문화학 7-2, 국제한국언어문화학회, 171~193쪽.
• Alwi, H. et al. (1998), *Tata Bahasa Baku Bahasa Indonesia*, Balai Puataka.
• Halim, A. (1975), *Intonation in relation to syntax in Bahasa Indonesia*, Proyek Pengembangan dan Sastra Indonesia dan Daerah, Department Pendidikan, dan Kebudayaan.
• Zanten, E. & Heuven, V. J. (1998), Word stress in Indonesian: Its communicative relevance, *Bijdragen tot de Taal-, Land- en Volkenkunde 154-1*, pp. 129~149.

■ 일본어

일본어(日本語, Japanese)는 일본에서 제1 언어로 사용되고 있는 언어로 일본 국내외를 통틀어 1억 3천만 명 정도가 사용하는 것으로 추정되고 있다.

일본어의 모음은 가나 문자 'あ, い, う, え, お'로 표시된다. 'あ'는 국제 음성 기호(International Phonetic Alphabet: IPA) [a]와 [ɑ]의 중간 음에 해당된다. 'い'는 [i]에 가깝고 'え'는 [e]와 [ɛ] 의 중간 음에 해당된다. 'お'는 [o]와 [ɔ]의 중간 음으로 원순성이 약하다. 'う'는 [u]에 가깝지만 원순성이 약하다. 일본어의 모음에는 장음과 단음의 대립이 있고 어말 및 무성자음 사이에서 'い'와 'う' 등의 고모음이 무성화되는 특징이 있다.

일본어의 어두 자음에는 무성음 [k], [t], [p], [s], [ts], [h]와 유성음 [g], [d], [b], [z], [dz], [n], [m], [ɾ]의 대립이 있다. [ts]와 [dz]는 모음 'い'와 'う', 반모음 [j] 앞에서만 쓰인다. [ɾ]과 [l]의 구별이 없고 [g]는 모음 사이에서 [ŋ]으로 변한다. 또한 음절 말에서는 [n], [m]의 대립이 없어진다.

일본어의 음절은 폐음절과 개음절로 나뉘며 폐음절에서는 음절 말에 올 수 있는 자음이 제한된다. 음절 말에 올 수 있는 자음으로는 'ん'과 촉음 'っ'이 있다. 'ん'은 후행 음절의 첫 자음에 따라 [n], [m], [ŋ] 등의 음가를 가지지만 한국어와 달리 음운론적으로는 구별되지 않는다. 'っ' 역시 후행 음절의 첫 자음에 따라 [k], [t], [p] 등의 폐쇄음으로 실현되지만 음운론적으로는 구별되지 않는다.

일본어에서는 음절과 더불어 모라(モーラ, 拍)라는 단위가 중요하다. '日本: にっぽん [nippon]'이라는 단어는 음절로는 두 음절이지만 발음할 때 'ni-p-po-n'이라는 네 박자로 발음한다. 따라서 4모라의 단어이다. 일본어는 단어에 따라 악센트가 정해져 있는 고저 악센트 언어이다. 이 모라는 악센트를 담는 단위로서 일본어 음운론에서 음절과 더불어 중요한 개념이다.

일본어 모어 화자의 한국어 발음의 특징은 일본어와 한국어 음운 체계의 차이에 기인하는 경우가 많다. 첫째, 일본어 모어 화자들은 한국어 모음 'ㅗ'와 'ㅓ', 'ㅜ'와 'ㅡ'의 구별에 어려움을 겪는 경우가 많다. 이는 'ㅗ'와 'ㅜ'를 발음할 때 일본어의 'お', 'う'를 발음할 때보다 입술을 둥글게 하여 발음도록 함으로써 개선할 수 있다. 둘째, 일본어 모어 화자들은 한국어 파열음의 평음, 경음, 격음의 구별에도 어려움을 겪는다. 이때 음의 높낮이에 민감한 일본어 화자의 특성을 고려하여 격음과 경음이 평음에 비하여 음이 높다는 점을 인식시키면 평음, 격음, 경음의 구별에 도움을 얻을 수 있다. 셋째, 일본어 화자는 한국어의 음절 말 자음을 발음할 때 모음 'ㅡ'를 더하여 발음하는 경우가 많다. 개음절이 대부분인 일본어 음절 구조에 맞추어서 발음하기 때문이다. 이 경우 한국어의 음절 말 자음을 일본어 화자들은 모음이 무성화된 것으로 받아들이고 모음 'ㅡ'를 무성화하여 발음하는 경우가 많다. 그렇게 되면 확실히 모음이 약화되므로 정확

하게 발음하였다고 착각하기 쉽다. 그러나 한국어에는 음절 말 자음 뒤에 모음이 없다는 사실을 정확히 전달해야 한다. 넷째, 일본어의 경우 음절 말에 [n], [m], [ŋ]의 대립이 없기 때문에 한국어의 음절 말에 나타나는 'ㅁ, ㄴ, ㅇ'의 구별에 어려움이 있다. 그러나 음성적으로는 일본어에서도 음절 말에 [n], [m], [ŋ]이 존재하기 때문에 일본어 발음을 재인식하도록 하면 한국어 발음에서도 음절 말의 [n], [m], [ŋ]을 구별할 가능성이 높아진다. 〈남윤진〉

[참고문헌]
- 우메다 히로유키(1983), 한국어의 음성학적 연구: 일본어와의 대조를 중심으로, 형설출판사.
- 하세가와 유키코(2005), 일본어를 모어로 하는 학습자에 대한 음조 교육의 효과: 어두 파열음 및 파찰음의 발음을 중심으로, 한국어교육 16-3, 국제한국어교육학회, 379~404쪽.
- 上村孝雄(1989), 現代日本語音韻, 亀井孝·河野六郎·千野栄一編著, 第2卷 言語学大辞典 世界言語編(中), 三省堂.

■ 중국어

❏ 관화

관화(官话, Mandarin)는 중화 인민 공화국의 공용어로서 싱가포르의 4개 공용어 중의 하나이며 유엔이 정한 6대 국제 공용어에 속하는 언어이다.

관화는 현대 북경어의 발음을 표준으로 하며 북방 방언을 기초 방언으로 삼고 모범적인 현대 문학 작품의 문법을 규범으로 한다. 중국 대륙에서는 보통화(普通話) 또는 현대 표준 중국어(現代標准漢語)라는 명칭을 사용하고 대만 지역에서는 국어(國語), 동남아 지역에서는 화어(华語)라고 한다.

관화의 음절은 성(聲), 운(韻), 조(調), 즉 성모(聲母), 운모(韻母), 성조(聲調)로 이루어져 있다. 음절 첫 부분에 오는 자음을 성모라 하고 그 나머지 부분을 운모라고 한다. 예를 들면 'biāo, zhǔn'이란 음절이 있다면 음절 첫 부분의 'b, zh' 등의 자음을 성모, 'iao, un' 등의 모음을 운모라고 한다. 운모 'a', 'u' 위에 표기한 부호(ˉ, ˇ)는 성조이다.

관화에는 모두 21개의 성모가 있다. 관화의 성모는 유기음과 무기음이 의미를 변별하며 영어의 'br', 'tr' 등과 같은 복자음(復子音)이 없다는 특징이 있다. 성모를 조음 방법에 따라 한어병음(漢語幷音)으로 표시하면 다음과 같다.

　(1) ㄱ. 파열음: b[p], p[pʻ], d[t], t[tʻ], g[k], k[kʻ] (6개)
　　　ㄴ. 파찰음: z[ts], c[tsʻ], zh[tʂ], ch[tʂʻ], j[tɕ], q[tɕʻ] (6개)
　　　ㄷ. 마찰음: f[f], s[s], sh[ʂ], r[ʐ], x[ɕ], h[x] (6개)
　　　ㄹ. 비음: m[m], n[n] (2개)
　　　ㅁ. 유음: l[l] (1개)

관화에는 모두 39개의 운모가 있다. 운모는 하나 혹은 둘 이상의 음소로 구성되고 음절에서 핵심이 된다. 구성에 따라 하나의 운모로 구성된 단운모(單韻母), 두 개 혹은 두

개 이상의 단운모로 구성된 복운모(復韻母), 운모와 비음 n[n], ng[ŋ]이 결합한 비운모
(鼻韻母)로 나눈다. 구체적인 내용은 다음과 같다.

(2) ㄱ. 단운모: a[A], o[o], e[ɤ], ê[E], i[i], u[u], yu[y], -i[ʅ], -i[ɿ], er[ə˞/ɐ˞] (10개)

ㄴ. 복운모: ai[ai], ei[ei], ao[ɑu], ou[ou], ia[ia], ie[iɛ], ua[uɑ], uo[uo], yue[yɛ], iao[iɑu],
iou[iou], uai[uai], ui(uei)[uei] (13개)

ㄷ. 비운모: an[an], ian[iæn], uan[uan], yuan[yæn], en[ən], in[in], un(uen)[uən], ün[yn],
ang[ɑŋ], iang[iɑŋ], uang[uɑŋ], eng[əŋ], ing[iŋ], ueng[uəŋ], ong[uŋ],
iong[yŋ] (16개)

관화는 성조 언어이다. 음평(陰平), 양평(陽平), 상성(上聲), 거성(去聲) 4개의 성조(聲
調)를 가지고 있는 것은 관화 음운 체계의 중요한 특징이다. 성조는 음절의 구성 요소
로서 어휘의 의미를 변별하는 기능을 한다. 성모와 운모가 같아도 성조가 다를 경우 그
의미가 달라진다. 관화 4개 성조의 높낮이를 1~5단계로 나누어 다음과 같이 구별한다.

〈관화의 4개 성조〉

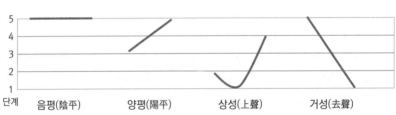

관화는 대부분의 음절이 독립적으로 발음되기 때문에 음운의 변화가 크게 다양하지
않다. 하지만 경성화(輕聲化) 현상, 성조 변화 현상, 얼화(兒化) 현상 등 몇 가지 음운
규칙도 존재한다.

관화를 모어로 하는 학습자들은 모어의 간섭으로 인해 한국어 발음을 잘 수행하지
못하는 경우가 많다. 관화의 음운 체계에 없는 한국어 자모를 발음할 때 모어의 발음과
혼동하여 잘못 발음한다. 구체적인 내용은 다음과 같다.

먼저 자음을 발음할 때 관화에는 무기음과 유기음의 대립만 있는 데 반해 한국어에
는 평음, 경음, 격음의 삼항 대립이 존재하여 발음상의 오류가 많이 나타난다. 특히 경
음을 평음으로 발음하는 것은 관화의 설첨전음 'z[ts], c[ts'], s[s]'의 간섭으로 인해 한국
어의 파찰음 'ㅈ, ㅉ, ㅊ'과 마찰음 'ㅅ, ㅆ'이 모두 비슷하게 들려 혼동하기 때문인 경우
가 많다. 한국어의 유음 'ㄹ'을 발음할 때는 관화의 유음 'l[l]' 또는 유성 마찰음 'r[ʐ]'로
잘못 발음하기도 한다. 관화에서는 종성 자리에 비음 'n[n], ng[ŋ]'밖에 올 수 없기 때문
에 한국어 종성 발음을 어려워한다.

한국어 모음을 발음할 때에는 종종 'ㅓ'를 관화의 'e[ɤ]'와 유사하게 발음하여 [으어]로 발음하거나 'ㅗ'나 'ㅜ'로 발음한다. 'ㅗ'를 관화의 'o[o]'처럼 발음하는데 이는 한국어의 'ㅗ'에 비해 발음 위치가 낮고 원순성이 약하여 정확한 발음과 거리가 있다. 'ㅡ' 역시 관화에 대응하는 모음이 없어서 많은 학습자들이 관화의 'e[ɤ]'나 'o[o]'와 비슷하게 발음한다.

또한 관화에는 음운 변화 현상이 그리 빈번하게 나타나지 않기 때문에 학습자들은 한국어의 복잡다단한 음운 규칙을 배우는 과정에서 많은 오류를 범하게 된다.

〈왕단(王丹)〉

= 만다린, 보통화, 현대 표준 중국어, 북경어, 화어

[참고문헌]
• 허용·김선정(2006), 외국어로서의 한국어 발음 교육론, 박이정.
• 邢福義·吳振國(2002), 語言學槪論, 華中師范大學出版社.
• 叶蜚聲·徐通鏘(2001), 語言學槪要, 北京大學出版社.

❑ 우어

우어(吳語, Wu dialects)는 중국어 방언의 하나로 오방언(吳方言)과 같은 말이다.

우어는 주로 중국 장쑤 성(江蘇省) 남부 및 저장 성(浙江省) 대부분의 지역에서 통용되기 때문에 장저화(江浙話)라고도 한다. 현대 우어의 분포 지역은 장수 성 양자강 남부 지역과 전장(鎭江) 동부 지역, 충밍다오(崇明島) 등의 지역과 저장 성 대부분의 지역 그리고 산시 성(山西省)의 일부 지역이다. 자료에 의하면 우어를 사용하는 인구는 6,975만 명으로, 우어는 관화(官話)에 이어 두 번째로 널리 쓰이는 중국어 방언이다.

우어에는 [i], [e], [o]를 비롯해 단모음이 13개나 있는 반면에 이중 모음은 [ai], [ei], [au], [ou] 등으로 많지 않다. 그리고 대부분의 모음은 전설 모음이다.

의 자음은 무성음(清音)과 유성음(濁音)으로 나누어진다. 고대 중국어 유성음인 [b], [d], [g], [dz], [z]가 여전히 나타나고 있으며 [ts], [ts']와 [tʂ], [tʂ']가 잘 구별되지 않는다. 현대 우어에는 한국어 종성에 해당하는 발음에 운미(韻尾) [ŋ]와 [ʔ]만이 존재한다. 고대 중국어의 운미 [n]은 탈락하거나 [ŋ]으로 변한다. 예를 들면 우어의 대표 방언인 상하이어에서 '三[san]'과 '山[san]'은 모두 [sɛ]로 발음되고 '金[tɕin]'과 '京[tɕin]'은 모두 [tɕiŋ]로 발음된다. 그리고 고대 중국어 입성(入聲, entering tone)의 운미인 [p], [t], [k]는 모두 후두음 [ʔ]로 변한다. 예를 들면 '十(고대 종성 [p]) → [zə²], 七(고대 종성 [t]) → ts'iʔ], 百(고대 종성 [k]) → [paʔ]' 등이 있다. 마지막으로 고대 중국어의 운미 [m]은 변음(邊韻, lateral sound) 운미와 비음(鼻韻, nasal sound) 운미로 보존된다.

우어의 음절 구조에서는 유음 [l]과 비음 [m], [n/ŋ], [ŋ]이 단독으로 음절이 될 수 있다는 특징이 있고 이들 역시 청음과 탁음으로 나누어진다.

우어의 악센트(accent)에는 고대 성조의 입성이 포함되고 성조보다는 앞 글자의 성

조를 기준으로 하여 글자 수에 따른 어조가 발달되어 있다. 일반적으로 음평(陰平), 양평(陽平), 음상(陰上), 양상(陽上), 거성(去聲), 음입(陰入), 양입(陽入) 등 7가지가 있다.

우어 화자의 한국어 발음 특징은 우어와 한국어의 음운 체계의 차이를 통해 살펴볼 수 있다. 첫째, 우어의 단모음에는 한국어 단모음 'ㅓ'와 'ㅡ'가 없기 때문에 이 두 음을 발음하기 어렵다. 이는 모음 사각도 혹은 모음 시각 자료를 활용해 자세하게 설명한 후 최소 대립쌍을 통해서 학습자들이 두 발음의 차이점을 인식하도록 한다. 둘째, 한국어 이중 모음 'ㅕ, ㅝ, ㅢ'와 대응되는 복합 운모는 우어에 존재하지 않기 때문에 학습자들은 발음에 어려움을 겪는다. 'ㅟ'에 대응하는 우어의 [y] 발음이 존재하기는 하나 이중 모음이 아닌 단모음이다. 이를 위해서는 이론적인 설명보다 이중 모음을 정확하게 발음하는 단계적이고 체계적인 연습이 더 효과적이다. 셋째, 한국어 경음의 발음은 우어에 존재하지 않기 때문에 'ㄲ, ㄸ, ㅃ, ㅆ, ㅉ' 발음에서 오류가 많이 나타난다. 또한 우어에는 유성음이 있기 때문에 경음을 유성음이나 평음으로 발음할 가능성도 있다. 이에 대해 먼저 한국어 평음, 경음과 격음의 차이점을 중심으로 자세히 설명한 후 최소 대립쌍을 활용한 다양한 활동을 통해 음운을 구별하도록 한다. 넷째, 우어에는 운미가 [ŋ]과 후두음 [ʔ] 두 개만 존재하지만, 음절을 구성할 수 있는 [m]과 [n]이 있기 때문에 이것들이 한국어 종성 'ㄴ, ㅁ, ㅇ'에 대응한다고 할 수 있다. 따라서 우어 화자는 이를 제외한 한국어 종성 'ㅂ, ㄷ, ㄱ, ㄹ' 발음에 어려움을 겪는다. 이때 교사가 한국어 각 종성 발음의 위치와 방법을 제시한 다음 방언에 있는 비슷한 발음을 활용해 학습자가 발음의 차이를 인지할 수 있도록 연습을 하면 좋은 효과를 기대할 수 있다.

〈란효하(蘭曉霞)〉

= 오방언, 장저화

[참고문헌]
- 란효하(2007), 방언권에 따른 중국인 학습자를 위한 한국어 종성 발음 교육 연구, 서울대학교 석사학위논문.
- 양심(2013), 중국 오방언권 학습자를 위한 한국어 발음 교육 연구, 부산외국어대학교 석사학위논문.
- 용효엽(2011), 중국인 오월 방언 학습자를 위한 한국어 발음 교육 연구, 경희대학교 석사학위논문.
- 袁家驊(2000), 漢語方言槪要, 語文出版社.
- 趙元任(1956), 現代吳語的硏究, 科學出版社.

☐ 광둥어

광둥어(廣東語, Cantonese)는 중국 광동 지역, 홍콩 지역, 마카오 그리고 해외에서 거주하는 중국 이민자 및 화교(華僑) 사회에서 널리 사용되고 있는 언어이다.

홍콩에서 사용되는 광둥어를 기준으로 살펴보면 광둥어에는 19개의 성모(聲母)가 있다. 파열음에는 [b], [d], [g], [gw], [p], [t], [k], [kw]가 있고, 파찰음에는 [dz], [ts], 마찰음에는 [f], [s], [h], [j], [w], 비음에는 [m], [n], [ŋ], 유음에는 [l]이 있다.

〈광둥어의 성모〉

분류	성모
파열음	b, d, g, gw, p, t, k, kw
파찰음	dz, ts
마찰음	f, s, h, j, w
비음	m, n, ŋ
유음	l

광둥어에는 53개의 운모(韻母)가 있다. 광둥어의 운모는 다시 운복(韻腹)으로만 구성되는 운모와 운복(韻腹)과 운미(韻尾)로 구성되는 운모로 나눌 수 있다. 운복(韻腹)은 원음(元音), 즉 모음으로 구성되어 있으며 단모음과 이중 모음이 모두 존재한다. 운미는 원음 중의 [i], [y], [u]와 성모 중의 비음인 [m], [n], [ŋ] 그리고 입성인 [p], [t], [k] 9개로만 구성되어 있다. 또한 광둥어에는 성모가 독립적으로 하나의 운모로 구분되는 비음운(鼻音韻)인 [m]과 [ŋ]이 있는 것이 특징이다. 광둥어의 운모는 다음과 같다.

〈광둥어의 운모〉

분류	운모
원음(운미 없음)	a, ɐ, ei, ɛ, i, ou, ɔ, œ, u, y
원음+원음 운미	ai, ɐi, ɔi, ui, au, ɐu, iu, œy
원음+비음 운미	am, ɐm, im, an, ɐn, in, ɔn, œn, un, yn, aŋ, ɐŋ, ɛŋ, iŋ, ɔŋ, œŋ, uŋ
원음+입성 운미	ap, ɐp, ip, at, ɐt, it, ɔt, œt, ut, yt, ak, ɐk, ɛk, ik, ɔk, œk, uk
비음운	m, n

광둥어의 음절은 크게 운모와 성조로 구성되어 있는 음절과 성모, 운모, 성조로 구성되어 있는 음절로 나뉜다. 광둥어의 음절 성분은 성모, 운모, 성조 세 가지만 있기 때문에 음절 구조상 종성이 없다. 또한 북경어의 경성(輕聲)과 얼화음(兒化音)도 존재하지 않는다. 그러나 비음 운미인 [m], [n], [ŋ]과 입성 운미인 [p], [t], [k]는 사실상 한국어 7종성 중의 'ㅁ, ㄴ, ㅇ, ㅂ, ㄷ, ㄱ'에 해당하므로 한국어의 7종성 중 홍콩 학습자들에게 낯선 발음은 사실상 ㄹ[l]뿐이다.

한편 광둥어에는 고대 한어의 사성(四聲)인 평성(平聲), 상성(上聲), 거성(去聲), 입성(入聲)이 모두 존재하며 총 9성이 있다. 광둥어의 사성 중에 평성, 상성, 거성은 각각 음성(陰聲)과 양성(陽聲)으로 나누고 입성은 음성과 양성 외에 중성(中聲)까지 있어서 총 3가지로 나누어져 있다. 그런데 음절에 따라 음성만 남아 있고 대응하는 한자가 없는 경우가 있다. 또한 9성을 보다 상세하게 세분화하면 성(聲)은 9개가 있으나 조(調)는 6개만 있으므로 이를 합쳐 구성육조(九聲六調)라고 부르기도 한다.

홍콩 지역 광둥어 화자들의 한국어 발화 특징은 주로 모어와 목표어의 음운 체계 차이에서 비롯된다. 자음의 경우 모어의 장애음에는 유기음과 무기음의 대립만 있으므로 한국어 학습자들이 한국어의 평음과 격음을 모두 유성음으로 인지하여 평음과 유기음을 혼동하는 오류가 자주 나타난다. 특히 입문과 초급 학습자들은 아직 평음과 유기음의 음가 차이를 파악하지 못하고 모어를 학습할 때처럼 음의 높낮이로 한국어의 평음과 유기음을 변별하는 경향이 있다. 모음의 경우에는 광둥어에 없는 원순 모음 'ㅗ'를 광둥어의 'ㅓ' 모음과 같이 발음하는 경향이 많다. 그 외에는 'ㅗ'와 'ㅜ'를 서로 대치하거나 'ㅡ'를 'ㅜ'로 발음하는 오류가 관찰된다.

홍콩에서 광둥어 한자 발음 교육은 발음 표기 교육 없이 오로지 암기와 구전(口傳)의 방식으로 교수하므로 광둥어 발음이 부정확한 현상이 종종 나타난다. 그중 대표적인 발음 오류로 성모에서는 [l]를 [n]으로, [n]을 [l]로, 운미에서는 [n]을 [ŋ]으로, [ŋ]을 [n]으로 잘못 발음하는 현상 등을 들 수 있다. 이러한 교육 배경에 의해 광둥어의 [n]과 [l]을 구별하지 못하는 학습자들은 한국어의 'ㄴ, ㄹ'을 초성 혹은 종성에서 혼동하며 같은 이유로 광둥어의 [n]과 [ŋ] 운미를 구별하지 못하는 학습자는 한국어의 종성 'ㄴ, ㅇ'의 구별을 특히 어려워한다. 이러한 모어 발음 오류로 인한 간섭은 다른 중국어권 학습자와 오류 원인의 측면에서 차이가 있다.　　　　　　　　　　　　　　〈폴리 롱(Polly Loong)〉

= 위에어

[참고문헌]
• 폴리 롱(2013), 홍콩 한국어 학습자를 위한 입문기 표기 교육 연구, 서울대학교 석사학위논문.
• 黃錫凌(2009), 粵音韻彙—廣州標準音之硏究, 中華書局(香港)有限公司.
• 盛九疇(2002), 商務學生詞典, 商務印書館.
• 香港中文大學 新雅中國語文硏習所(2005), 粵語速成, 香港中文大學 新雅中國語文硏習所.

■ 크메르어

크메르어(Khmer)는 캄보디아에서 제1 언어로 사용하고 있는 언어로 캄보디아 국내외를 통틀어 1,700만 명 정도가 사용하는 것으로 추정되고 있다.

크메르어의 자음은 33개이며 조음 위치를 기준으로 구강 뒤쪽에서 앞쪽으로 크메르어사전 표기 순서에 따라 제1 열(កវគ៌ក)부터 제5 열(បវគ៌ក)로 나뉜다. 각 열은 다섯 개의 자음으로 구성되며 제1 열은 연구개음(ក, ខ, គ, ឃ ង), 제2 열은 경구개음(ច, ឆ, ជ, ឈ, ញ), 제3 열은 반전음(ដ, ឋ, ឌ, ឍ, ណ), 제4 열은 치음(ត, ថ, ទ, ធ, ន), 제5 열은 순음(ប, ផ, ព, ភ, ម)이다. 제6 열로 기타 자음 8개(យ, រ, ល, វ, ស, ហ, ឡ, អ)가 있다. 제3 열의 자음들은 치음처럼 발음한다. 또한 표기로 나타나지는 않지만 자음을 발음할 때 생성되는 기본 음가를 기준으로 가볍고 밝은 소리를 내는 어음(អឃោសៈ)과 무겁고 어두운 소리를 내는 오음(ឃោសៈ)의 두 집단으로 구분한다. 어음은 무성음이고 오음은 유성음이다.

〈크메르어의 자음〉

연구개음	kaa[k], khaa[kh], kɔɔ[k], khɔɔ[kh], ŋɔɔ[ŋ]
경구개음	caa[c], chaa[ch], cɔɔ[c], chɔɔ[ch], ñɔɔ[ñ]
반전음	daa[d], thaa[th], dɔɔ[th], thɔɔ[th], naa[n]
치음	taa[t], thaa[th], tɔɔ[t], thɔɔ[th], nɔɔ[n]
순음	baa[b], phaa[ph], pɔɔ[p], phɔɔ[ph], mɔɔ[m]
기타 자음	yɔɔ[y], rɔɔ[r], lɔɔ[l], wɔɔ[w], saa[s], haa[h], laa[l], qaa[q]

크메르어의 모음은 23개이다. '◌ֹ', '◌ֹ', '◌ֹ'를 제외한 모든 모음은 어음 집단의 자음과 결합할 때와 오음 집단의 자음과 결합할 때의 음가가 각각 다르다. 즉 이들 모음은 어떤 자음과 결합하느냐에 따라 두 개의 음가를 갖는다. 또한 12개의 독립 모음(ស៖ពេញតួ)이 있는데 이들은 자음과 결합하지 않고 독자적으로도 쓰일 수 있다.

크메르어는 한글과 같이 초성(자음), 중성(모음), 종성(자음)의 3개 음소 구조로 나눌 수 있는 음소 문자로서 음소끼리의 조합으로 음절을 구성한다. 그러나 띄어쓰기를 하지 않으므로 소리로는 구분되지만 글자로는 음절은 물론 단어도 구분되어 보이지 않는다. 자음의 다리(ជើងឬជួយញខ្លះ:)는 자음보다 조금 작거나 조금 변형된 형태로 자음보다 작거나 짧게 발음하며 주로 자음의 아래에 위치하지만 앞이나 옆에 붙기도 하는데 자음의 다리로 인해 더욱 다양한 음을 생성할 수 있다. 발음 구두점(រណៈណាយុត្តិ)은 12 개 (◌̈, ◌̃, ◌̇, ◌̇, ◌̆, ◌̇, ◌̇, ◌:, ◌:, -, ◌̇, ៗ)가 있는데 음절의 음가를 변형시키거나 음가를 더 정확히 발음하게 한다. 예를 들어 '◌̈'이 있으면 오음의 자음이 어음으로 변한다.

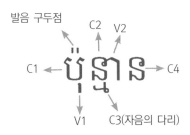

〈이 음절어의 예〉

C1 = 일 음절의 자음　　C3 = 이 음절의 자음
V1 = 일 음절의 모음　　V2 = 이 음절의 모음
C2 = 일 음절의 받침　　C4 = 이 음절의 받침

강세는 있으나 의미 변별력이 없고 음절 구조에 따라 예측이 가능하다. 기본 이 음절인 경우 두 번째 음절에 강세가 오는 경향이 있다. 이 음절 초과인 경우는 마지막 음절에 제1 강세가 오고 매 이 음절마다 제2 강세가 온다. 즉 삼 음절인 경우에 제1

강세는 삼 음절에, 제2 강세는 일 음절에 있고, 사 음절인 경우에 제1 강세는 사 음절에, 제2 강세는 이 음절에 온다. 크메르어는 타이어나 베트남어와는 달리 성조가 없다.

크메르어 모어 화자의 한국어 발화의 특징은 크메르어와 한국어의 음운 체계의 차이와 관련이 있다.

첫째, 크메르어의 어음과 오음은 들리는 음가를 기준으로 구분하여 명명한 것인데 이것은 한국어의 양성 모음과 음성 모음의 구분과는 정반대이다. 즉 한국어의 양성 모음인 'ㅏ, ㅗ'는 크메르어의 어음에 해당하고 한국어의 음성 모음인 'ㅓ, ㅜ'는 크메르어의 오음에 해당한다. 양성 모음과 음성 모음의 느낌을 정확히 구분하여 발음하도록 교수해야 한다. 예를 들어 크메르어의 'ខ(커)'는 어음이므로 크메르어 화자는 한국어의 '커'를 발음할 때 'ㅏ'를 발음할 때와 같은 입 모양으로 가볍고 경쾌하게 발음하기 쉽다. 그러므로 한국어의 'ㅓ'는 음성 모음으로서 'ㅏ'보다 입을 적게 벌리고 혀의 위치가 상대적으로 약간 높다는 사실을 정확히 전달해야 한다.

둘째, 크메르어 화자는 치음의 평음, 경음, 격음의 발음을 정확히 발음하지 못하는 경우가 많다. 크메르어에서는 '더'와 '터'가 반전음(反轉音, retroflexes)이다. '더', '떠', '터'가 성대의 긴장 정도나 방출하는 공기의 양이 다를 뿐 조음 위치나 혀의 상태가 같다는 것을 강조하여 연습할 필요가 있다.

셋째, 크메르어에 없는 자음인 'ㄱ, ㅅ, ㅈ'을 발음할 때 경음 또는 격음으로 발음하기 쉽다. '사과가 싸다'와 같은 문장을 사용하여 소리를 분별하도록 연습하면 도움이 된다.

넷째, 크메르어 화자는 단어나 문장의 마지막 소리를 길게 발음하는 경향을 보인다. 화용상의 특별한 목적이 있을 때를 제외하고는 필요 이상으로 연장하여 발음하지 않도록 교수한다.　　　　　　　　　　　　　　　　　　　　　　　　　　〈최은경〉

= 캄보디아어

[참고문헌]

• Huffman, F. E. (1970), *Cambodian system of writing and beginning reader with drills and glossary*, Yale University Press.
• សាឡៃ តាតេយា (១៩៩៦), យល់ដឹងរៀនភាសាខ្មែរ ភាគ១, វិទ្យាស្ថានភាសាបរទេស(IFL), កំពុងពេញ.
• ឯកៈ ហ៊ិន (២០០១), រៀយាករណ៍ខ្មែរ, រោងពុម្ពសុកមដ្ឋកល, កំពុងពេញ.

■ 키르기스어

키르기스어(Kyrgyz)는 중앙아시아 튀르크 민족 중의 하나인 키르기스인들이 사용하는 알타이계 언어로 약 500만 명이 사용하고 있는 키르기스스탄의 공식 언어이다.

키르기스어의 모음은 총 12개가 있다. 이 모음들은 조음 위치에 따라 전설 모음과 후설 모음, 소리의 강약에 따라 경음과 연음, 입술의 모양에 따라 평순음과 원순음으로 구분된다. 경음은 경모음과 강모음, 연음은 연모음과 약모음으로 구분된다. 또한 혀의 위치에 따라 전설과 후설 모음이 짝을 이룬다. 두 개의 모음을 겹쳐서 사용할 때 'aa, oo, yy, ээ, өө, үү'는 장모음이 된다.

〈키르기스어의 모음〉

단모음(кыска үндүү)	장모음(созулма үндүү)
a[a], ы[i], o[o], y[u]	aa[a:], oo[o:], yy[u:]
э(e), и[i], ө[ø], ү[y]	ээ[e:], өө[ø:], үү[y:]

이 모음들은 발음 위치에 따라 다시 경음 평순음 'a, я [yal, ы', 연음 평순음 'e [yel, э, и', 경음 원순음 'o, ё [yol, y, ю[yul', 연음 평순음 'ө, ү' 4가지로 구분된다.

외래어를 제외한 키르기스어 단어들은 모음 조화를 따른다. 키르기스어에는 다른 언어에서는 잘 나타나지 않는 모음 조화(сингармонизм) 현상이 뚜렷하게 나타난다. 이 규칙은 여러 음절로 된 낱말에서 첫음절의 모음이 속한 모음 군에 따라 다음 음절의 모음이 바뀌면서 단어 전체의 모음이 모두 같은 모음 군에 속하게 되는 현상을 말한다. 즉 어간과 어미가 결합될 때 양성 모음은 양성 모음끼리, 음성 모음은 음성 모음끼리 어울리는 현상이다.

자음은 총 22개가 있으며 유성음과 무성음으로 나뉜다.

〈키르기스어의 자음〉

유성음	б[b], в[v], г[g], д[d], ж[ž/dj], з[z], л[l], м[m], н[n], ң[ng], р[r], й[j]
무성음	к[k], п[p], с[s], т[t], ф[f], x[kh], ц[ts], ч[ch], ш[sh/š], щ[sh: /šš]

유성음 중 몇몇 자음 'й, л, м, н, ң, р'은 공명음으로 구분하기도 한다. 'Й'는 반모음 혹은 반자음이다.

키르기스어의 음절은 V(a-та, a-па), VC(от, ыр), VCC(айт, алп), CV(ба-ла, ки-ши), CVC(баш, тиш), CVCC(тарт, шарт) 등 6가지의 구조를 갖는다.

키르기스어의 강세는 대개 마지막 음절에 둔다. 접사가 붙는 경우는 마지막 접사에 강세를 두며 이중 모음이 있는 경우는 이중 모음에 강세를 둔다.

키르기스어를 모어로 사용하는 한국어 학습자의 경우 가장 어려운 발음은 'ㅜ'와 'ㅟ'로, 모어의 중간 발음 'ү[y]'에 가깝게 하거나 자음 뒤에 오는 경우 'ㅠ'로 발음하는 경향이 있다. 또한 'ㅗ'와 'ㅚ'는 중간 발음 'ө[ø]'에 가깝게 하거나 자음 뒤에 오는 경우 'ㅛ'로 발음하기도 한다. 또한 많은 학습자들이 'ㅈ'를 'ж[ž/dj]'와 'з [z]'로, 'ㅂ'를 'б [b]' 와 'в [v]'로 구분 없이 발음하므로 지도 시 유의할 필요가 있다. 〈김병일〉

[참고문헌]
• 김병일(2006), 우즈벡어: 문법 + 회화 + 사전, 한반도국제대학원대학교출판부.

■ 타갈로그어

타갈로그어(Tagalog)는 1972년 필리핀 헌법에서 국어로 정한 필리핀어(Filipino)와 동일한 공식 언어이다.

타갈로그어는 루소 섬 중부와 남부를 중심으로 약 6,500만 명 이상이 사용하고 있으며 이민의 영향으로 하와이, 미 서부 해안 지역, 영국, 사우디아라비아, 쿠웨이트, 아랍에미리트, 일본, 싱가포르, 괌 등에서도 사용되고 있는 언어이다.

타갈로그어의 모음에는 전설음 'i[i], e[e]', 중설음 'a[a]', 후설음 'o[o], u[u]'가 있다. 그리고 자음에는 파열음 'p[p], b[b], t[t], d[d], c(+ a, o, u)/k[k], g[g]'와 마찰음 'c(+ i, e)/x[s]', 성문음 'h/j/g(+ e, i)[h]' 및 파찰음 'ts[tʃ], j[dʒ]', 비음 'm[m], n[n]', 설측음 'l[l]', 진동음 'r[r]'과 반자음 'w[w], y[j]'가 있다. 발음상의 특징으로는 차용어의 영향으로 'f'가 [f]나 [p]로 발음되거나 'que'는 [ke], 'qui'는 [ki], 'qu-'는 [kw]로 'v'는 [b]로, 'x'는 [s], [ks], [h]로, 'z'는 [s]로 발음되는 현상을 들 수 있다.

타갈로그어 음절 구조는 CV.CV, CV.CVC, CVC.CV, CVC.CVC(C=consonant/V=vowel)이다. 그러나 차용어에서 이중 자음 'tr-/ts-'로 시작하는 것은, 예를 들면 truck, tsokolate 등은 하나의 음절로 간주한다. 이중 모음으로는 'ai[ai], ei[ei], oi[oi], au[au], iu[iu]'가 있다.

타갈로그어에는 강세의 구별이 있으나 일반적으로는 표기하지 않는다. 단 이중 모음의 경우에는 음절 구조와 관련하여 강세가 있고 없음에 따라 음절 구조가 바뀐다. '약모음 + 강모음'은 그 음절에 강세가 있는 경우 반모음 글자 'w, y'를 삽입하고, 강세가 없는 경우에는 약모음 글자 'i, u'를 'y, w'로 변경한다. 따라서 강세가 있는 경우 한 음절 늘어난다.

타갈로그어를 모어로 사용하는 한국어 학습자는 모어의 음운 체계에 없는 한국어 음운의 발음에 어려움을 겪는 경우가 많다. 따라서 모음을 발음할 때 한국어 모음보다 장음화하거나 전설 모음은 한국어 모음보다 전방화하여 발음하고 후설 모음은 후방화하여 발음하므로 어색하게 들린다. 따라서 모음 발음 시 조음 위치를 약간 좁히고 모음의 길이도 약간 짧게 발음하도록 교정한다. 특히 타갈로그어 모음 체계에 없는 한국어 모음 'ㅡ'와 'ㅓ'의 발음이 어려우므로 모음의 조음 위치와 개구도를 고려하여 발음을 교정하면 표준 한국어와 유사하게 들린다. 자음의 경우에는 경음의 평음화와 격음의 경음화가 심해 '뿔'을 '불'로 발음하거나 '탈'을 '딸'로 발음하기도 한다. 그리고 설측음 'ㄹ'을 전동음 [r]로 발음하는 경향이 있다. 격음은 평음 다음에 후두음 'ㅎ'을 바로 연결하여 예컨대 '탈'을 발음할 때 '다 + ㅎ + ㄹ = 탈'로 발음하도록 하고, 경음은 평음을 발음할 때와 같으나 목에 힘을 더 주어 발음하도록 한다. 설측음은 혀를 굴리지 않고 입천장에 접촉한 상태에서 발음하도록 한다. 〈김현기〉

= 필리핀어

[참고문헌]
- Asher, R. E. & Simpson, J. M. Y. (1994), *The encyclopedia of language and linguistics*, Pergamon Press.
- Ramos, T. V. & Cena, R. M. (1990), *Modern Tagalog: grammatical explanations and exercises for non-native speakers*, University of Hawaii Press.

■ 타이어

타이어(泰國語, Thai)는 태국 국민의 주류를 이루고 있는 타이족이 사용하는 언어이다. 표준 타이어는 인접국인 라오스에서도 사용된다. 태국 문자는 13세기 말 크메르 문자를 모방하여 만들어졌으며 자음 44자(음가 21개), 모음 28자(음가 9개), 음절 문자 4개, 성조 부호 4개로 되어 있다.

타이어의 자음은 파열음 'ก[k], ข, ฃ, ค, ฅ, ฆ[kʰ], ฎ, ด[d], ฏ, ต[t], ฐ, ฑ, ฒ, ถ, ท, ธ[tʰ], บ[b], ป[p], ผ, พ, ภ[pʰ]', 비음 ม[m], ณ, น[n], ง[ŋ]', 마찰음 'ฝ, ฟ[f], ซ, ศ, ษ, ส[s], ฌ, ฮ[j], ว[w], ห, ฮ[h]', 파찰음 'จ[tɕ], ฉ, ช, ฌ[tɕʰ]', 전음 'ร[r]', 설측음 'ล, ฬ[l]', 성문 폐쇄음 'อ[ʔ]' 이 있다. 종자음(終子音)에는 'ก, ข, ค, ฆ[k], ฃ, ฅ, ฉ, ฌ, ฎ, ฐ, ฐ, ฑ, ฒ, ฏ, ฐ, ฒ, ถ, ฑ, ภ, ส[t], ง[ŋ], ฌ, ณ, น, ร, ล, ฬ[n], บ, ป, พ, ฟ, ภ[p], ม[m], ฮ[j], ว[w]'가 있다.

타이어의 모음은 모두 9개의 음가가 있다. 기본 모음으로 장모음 9자와 단모음 9자, 이중 모음으로는 장모음 3자와 단모음 3자 그리고 음절 모음 4자로 나눈다. 기본 모음 9개 가운데 단모음 9자는 '-ะ[a], -ิ[i], -ึ[ɯ], -ุ[u], เ-ะ[e], แ-ะ[æ], โ-ะ[o], เ-าะ[ɔ], เ-อะ[ə]' 가 있다. 이중 모음은 '-ัว[ua], เ-ีย[ia], เ-ือ[ɯa]'가 있고 음절 모음은 'ไ-[aj], ใ-[aj], เ-า[aw], -ำ[am]'이 있다. 단모음만으로 된 음절은 성문 폐쇄음으로 발음된다.

타이어의 성조는 무형 성조와 유형 성조의 구분이 있다. 무형 성조는 부호를 사용하지 않고 자음의 종류, 폐음절 혹은 개음절에 따라 구별되는 성조이며 아래와 같이 5성으로 이루어져 있다. 유형 성조는 4개의 성조 부호에 따라 구별되는 성조로 아래의 평성을 제외한 4성으로 구분된다.

〈타이어의 성조〉

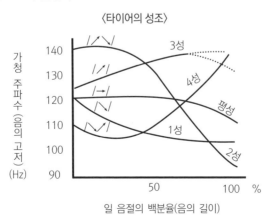

일 음절의 백분율(음의 길이)

타이어는 단음절어이지만 발리-산스크리트 어에서 온 차용어의 영향으로 인해 다음 절어도 적지 않은 상황이다.

타이어 모어 화자가 한국어를 발음할 때에는 타이어에 없는 한국어 초성 'ㄱ, ㅈ' 발음과 받침 'ㄹ'에 대한 많은 연습이 필요하다. 특히 보조사 '은/는'과 목적격 조사 '을/를'을 구별해서 발음하지 못하는 경우가 많다. 〈안종량〉

= 태국어

[참고문헌]
• 김홍구·안종량·황규희(2013), 기초 태국어, 부산외국어대학교출판부.
• Hudak, T. J. (1987), Thai, In B. Comrie. (Ed.), *The world's major languages*, Oxford University Press.

■ 터키어

터키어(Turkish)는 현재 터키에서 사용되는 알타이 계통의 언어를 말한다.

뤼르크 어족의 언어는 터키에서 사용되는 터키어 외에 아제르바이잔, 카자흐스탄, 우즈베키스탄, 키르기스스탄, 투르크메니스탄, 타지키스탄 등에서 사용되고 있다.

터키어에는 여덟 개의 단모음이 있으며 이중 모음은 존재하지 않는다. 터키어에는 전설·후설 모음, 원순·비원순 모음이 정확하게 쌍을 이룬다.

〈터키어의 모음 체계〉

	전설	중설	후설
고모음	[i] i [y] ü	[ɨ] ɪ	[u] u
중모음	[ø] [e] ö e		[o] o
저모음		[a] a	

터키어에서 모음 조화는 매우 엄격하게 지켜지며 대부분의 순수 터키 어휘나 어미, 접미사 등에서 나타난다. 터키어의 모음 조화에는 구개적 모음 조화(palatal harmony)와 순음 조화(labial harmony)가 있다. 구개적 모음 조화란 후설 모음은 후설 모음끼리 전설 모음은 전설 모음끼리 어울리는 현상을 말한다. 순음 조화는 평순 모음과 원순 모음, 폐모음과 개모음의 조화를 말한다. 단어의 제1 음절의 모음이 평순 모음 'a, e, ɪ, i'일 경우, 그 다음에 오는 음질, 접미사 그리고 'de, mi, ile' 등 후치사의 모음도 평순 모음이 된다. 또한 단어의 제1 음절의 모음이 원순 모음 'o, u, ö, ü'이면 그 다음에 오는 음절, 접미사 그리고 'de, mi, ile' 등 후치사의 모음 역시 평순-개모음 'a, e' 혹은

원순-폐모음 'u, ü'이 된다.

터키어의 자음은 다음과 같이 21개의 음소로 이루어져 있다.

〈터키어의 자음 체계〉

변별적 자질		양순성	전설성					후설성		후두성
			정지성	파찰성	마찰성			정지성	마찰성	
장애성	무성	p[p]	t[t]	ç[čʰ]	f[f]	s[s]	ş[š]	k[k]		h[h]
	유성	b[b]	d[d]	c[ɟ]	v[v]	z[z]	j[ʒ]	g[g]	y[j], ğ[dʒ]	
항성	비성	m[m]	n[n]							
	유성		l[l]							
	떨림성		r[r]							

터키어에는 6개의 피얼음, 즉 양순음 'b, p', 치경음 'd, t', 연구개음 'g, k'가 있으며 각각 무성음과 유성음의 대립이 있다. 터키어의 파찰음은 'c, ç', 마찰음은 순치음 'f, v', 치음 's, z', 경구개음 'ş, j', 후음 'h'의 7개로 구분된다. 마찰음 'f, v, ş, z, j'는 터키어에만 존재하며 한국어에는 없는 음이다. 터키어의 비음에는 치음인 'n' 양순음인 'm'이 존재한다. 현대 터키어에는 한국어의 'ㅇ[ŋ]'에 해당하는 음이 없기 때문에 터키어 모어 화자가 'ㅇ[ŋ]' 발음을 익힐 때 상당한 어려움이 있다. 터키어의 유음에서 'l'은 측음, 'r'은 진동음이고 'ğ'와 'y'는 후설 자음에 들어간다. ğ[ğ]는 자음 앞이나 어말에 있을 때 선행하는 모음을 장음으로 만들면서 자신의 소리 값을 잃는다. 또한 ğ[ğ]이 개모음이나 폐모음 사이에 있을 때는 'düğüm[dy:m]'으로 발음되는 것과 같이 양쪽 모음도 길게 발음된다. 'y'는 어두나 자음 뒤에서 [j]로 발음된다. 전설 모음과 자음 사이에서 장음화되기도 한다.

터키어에서 자음 동화는 유성음은 유성음끼리 무성음은 무성음끼리 어울리는 현상을 말한다. 따라서 순수 터키어에서는 'b, c, d, g, ğ, j, v, z'와 'p, ç, t, k, h, ş, f, s'가 같이 쓰이지 않는다. 무성음으로 끝나는 단어에 유성음 'c, d, g'로 시작하는 조사, 어미 혹은 파생 접미사가 올 경우 자음 동화에 의해 각각 'ç, t, k'로 바뀐다.

〈괵셀 튀르쾨쥐(Göksel Türközü)〉

[참고문헌]
• 괵셀 튀르쾨쥐(1999), 터키인을 위한 한국어교육 연구: 말하기·듣기 중심으로, 서울대학교 석사학위논문.
• Aksan, D. (1980), *Her Yönüyle Dil, Ana Çizgileriyle Dilbilim I, II, III*, TDK Basımevi.
• Csató, É. Á., & Johanson, L. (1998), *The Turkic Languages*, Routledge.
• Demirel, Ö. (1993), *Yabancı Dil Öğretimi*, Usem Yayınları-6.
• Ergenç, İ. (1997), *Konuşma Dili ve Türkçenin Söyleyiş Sözlüğü*, Simurg Yayınevi.

■ 포르투갈어

포르투갈어(Portuguese)는 포르투갈과 브라질, 앙골라, 모잠비크, 상또메이쁘린시삐, 까부베르지, 기네비사우, 동티모르 등에서 공식 언어로 사용되고 있는 언어이다.

포르투갈어는 전 세계 약 2억 3천만 명이 사용하고 있다. 특히 2억 명의 인구를 보유한 브라질의 포르투갈어는 포르투갈어의 중심이라고 할 수 있다. 브라질의 포르투갈어는 역사적으로 정통 유럽 포르투갈어에 인디오 언어, 흑인 언어, 유럽 이민자들의 언어가 혼합되면서 음성적, 구문적으로 변화하였고 유럽 포르투갈어에 비해 어휘가 풍성하다.

포르투갈어의 모음에는 전설음 'i[i], e[e/ɛ]', 중설음 'a[a]', 후설음 'o[ɔ/o], u[u]'가 있다. 강세가 놓이지 않는 음절 어말의 'e[e/ɛ]는 [i]로, o[o/ɔ]'는 [u]로 발음된다. 또한 'i, e, a, o, u'는 자음 'm, n' 앞에 위치할 때 비음으로 발음된다.

포르투갈어의 자음에는 파열음 'p[p], b[b], t[t], d[d], c/q[k], g[g]'와 마찰음 'f[f], v[v], s/ss/c/x[s], z/s[z], ch/x[ʃ], j/g[ʒ]', 파찰음 't/tch[tʃ], d/j[dʒ]', 비음 'm[m], n[n], nh[ɲ]', 설측음 'l[l], lh[ʎ]'가 있다. 'r'은 마찰음 [h]와 진동음 [ɾ]로 발음된다. 'h'는 묵음이다. 음절 말의 's, z'의 경우, 유럽 포르투갈어는 [ʃ], 브라질 포르투갈어는 [s]로 발음된다. 특히 브라질 포르투갈어에서 't, d'는 'i' 앞에서 항상 [tʃ], [dʒ]로 발음되는 구개음화 현상이 나타나고 음절 말의 'l'는 [w]로 발음되는 반모음화 현상이 나타난다.

포르투갈어에서는 한 단어 내에 자음이 둘 이상 연속해서 나타날 때 각각 별개의 음절이 되기도 하지만 동일한 음절 내에서 발생하여 하나의 음절로 간주되기도 한다. 즉 하나의 음절로 간주되는 이중 자음으로는 'bl, br, cl, cr, dr, fl, fr, gl, gr, pl, pr, tl, tr, vr'이 있다. 모음 역시 한 단어 내에 연속하여 나타날 수 있는데 그중 두 개의 모음을 한 음절로 취급하는 이중 모음으로 'ai[aj], ei[ej], éi[ɛj], oi[oj], ói[ɔj], ui[uj], au[aw], eu[ew], éu[ɛw], iu[iw], ou[ow]'가 있다.

포르투갈어는 원칙적으로 뒤에서 두 번째 음절에 강세가 있다. 그러나 'l, r, x, z, i, u, im, om, um, is, us, ins, ons, uns'로 끝나는 단어는 어말에 강세가 있다. 위의 규칙에 해당하지 않는 예외적 강세는 강세 기호로 표시된다. 또한 포르투갈어는 각 음절의 강약에 따라 음절이 강하면 비교적 높고 길게 조음되고 약하면 낮고 짧게 조음되는 강세 언어이다.

포르투갈어를 모어로 사용하는 한국어 학습자는 모어 발음이 한국어 발음에 전이되어 자음은 받침에 오는 양순음 'ㅁ'과 치경음 'ㄴ'을 비음으로, 격음 'ㅍ, ㅌ, ㅋ'을 경음 'ㅃ, ㄸ, ㄲ'으로 발음하는 경향이 있다. 또한 모음은 'ㅓ'를 'ㅗ'로 발음하는 것도 관찰된다.

〈김한철〉

[참고문헌]
* 김한철(2009), 입에서 톡 브라질어, 문예림.
* 현기홍(2001), 포르투갈어 문법, 부산외국어대학교출판부.
* Cunha, C. & Cintra, L. (2001), *Nova gramática do Português contemporâneo*, Editora Nova Fronteira.

■ 프랑스어

프랑스어(佛語, French)는 프랑스 내에서뿐만 아니라 유럽의 벨기에, 스위스, 룩셈부르크, 모나코, 아프리카의 마그레브 지역과 레바논, 북미의 캐나다, 아시아의 인도차이나 반도, 남태평양의 폴리네시아 군도와 중남미의 카리브해 인근 등에서 사용되는 언어이다.

프랑스어는 현재 전 세계 43개 이상의 국가에서 약 3억여 명이 공식어로 사용하고 있다.

프랑스어의 모음은 'si[i], blé[e], fête[ɛ], patte[a], pâte[ɑ], rue[y], peu[ø], peur[œ], coup[u], mot[o], mort[ɔ], je[ə]'이며, 비모음(鼻母音) 'vin[ɛ̃], un[œ̃], bon[ɔ̃], blanc[ɑ̃]'이 존재한다. 프랑스어의 모음 체계에서는 구강 모음 12개 중 7개가 원순 모음이고 이중 모음이 없기 때문에 모음 체계에 전반적으로 긴장성, 원순성이 뚜렷한 특징이 나타난다.

프랑스어는 'pas[p], bas[b], terre[t], dent[d], cou[k], gare[g], feu[f], ville[v], sale[s], zéro[z], chat[ʃ], joue[ʒ], mot[m], nez[n], agneau[ɲ], lu[l], rue[R]'을 자음으로 하며 프랑스어의 자음은 유성음과 무성음이 대응되어 구별되는 것이 특징이다. 따라서 한국어에는 소리로만 나타나는 [b], [g], [z]가 음소이며 순치음 [f], [v], 경구개음 [ʃ], [ʒ] 설측음 [l], 구개수음 [R]이 있는 것이 한국어와 다르다. 또한 프랑스어에는 반자음인 'yeux[j], oui[w], nuit[ɥ]'가 존재한다.

프랑스어 음절은 개음절 CV, CCV(C=consonant/V=vowel)와 폐음절 CVC, VC가 모두 나타나지만 개음절의 출현이 80% 이상으로 압도적이다. 프랑스어 강세는 발음된 마지막 모음의 길이가 길어지는 것으로 실현된다. 말 연쇄는 보통 의미군에 따라 여러 개의 리듬군으로 나뉘는데 리듬군마다 항상 마지막 음절에 강세가 온다.

프랑스인은 한국어 모음 'ㅡ'와 이중 모음 'ㅢ'를 제외하면 전반적으로 발음을 쉽게 따라할 수 있다. 'ㅡ'는 프랑스어 무음 [ə]와 비슷하게 발음하도록 지도할 수 있지만, 'ㅢ'[ɯj]는 반자음이 뒤에 오는 특이한 조합이기 때문에 초보자들이 따라하기에는 어려움이 많다. 한국어의 'ㅢ'가 때로는 [e] 또는 [ɯ]의 음가를 나타내는 현실을 감안할 때 모음에서 큰 문제는 제기되지 않는다고 할 수 있다.

반면에 한국어 자음 발음은 프랑스인에게 단순하지 않다. 폐쇄음 중에서 경음 'ㅃ, ㄸ, ㄲ'은 프랑스어의 [p], [t], [k]와 청각적 느낌이 거의 비슷하므로 별 어려움이 없으나 격음인 'ㅍ, ㅌ, ㅋ'은 훈련이 필요하다. 프랑스어의 경우 [R] 앞에서는 보통 무성 폐쇄음이 유기음을 동반하여 발음되므로 이 상황을 예로 들어 설명할 필요가 있다. 즉 'train'과 'tout'에서 각각의 [t]에 차이가 있음을 감지하도록 하면서 격음을 발음할 때는 프랑스어의 'prix, train, crier'를 발음할 때처럼 하게 한다. 또 한국어 폐쇄음에는 유성 자음이 없으므로 어두에 오는 'ㅂ, ㄷ, ㄱ'을 무성음화한 [b], [d], [g]로 발음하도록 지도해야 한다.

한국어 자음 중에서 프랑스인에게 가장 어려운 발음은 'ㅅ, ㅊ, ㅉ, ㅎ'이다. 'ㅆ'은 프랑스어의 [s]와 비슷하지만 연음 'ㅅ'은 유성음인 [z]로부터 시작하여 무성음화하도록 가르친다. 다음으로 'ㅊ'은 영어 단어인 'church'의 첫 음으로부터 유도할 수 있다. 'ㅉ'은 'ㅈ'을 강하게 긴장하여 발음하도록 연습하게 하고 프랑스어에 없는 'ㅎ'은 독일어나 영어의 [h] 음가와 같다고 설명한다. 또 한국어의 'ㄹ'은 [l]과 [r]이 상보적 분포의 관계에 있어 음소로의 구별은 필요하지 않지만 프랑스어의 구개수음(口蓋垂音) [R]과 크게 다른 치조음 [r]의 음가를 지니므로 남프랑스 지방의 [r]처럼 발음하도록 지도한다.　　〈한문희〉

= 불란서어, 불어

[참고문헌]
• 이호영(1996), 국어 음성학, 태학사.
• Carton, F. (1974), *Introduction à la phonétique du français*, Bordas.
• Léon, P. (2007), *Phonétisme et prononciations du français*, Armand Colin.
• Marcoux, R. (2008), Le poids démographique des francophones: passé, présent et perspectives, In *L'avenir du français*, pp. 151~158.

■ 힌디어

힌디어(Hindi)는 인도-유럽 어족의 인도-이란 어파에 속하는 언어이다.

힌디어는 인도 북부 여러 주에서 가장 많이 사용되는 언어로 데바나가리 문자를 사용하여 표기되는 굴절어이며 어순은 한국어와 같은 SOV 형태이다.

힌디어에는 35개의 고유 자음과 외래어 표기를 위한 5개의 자음이 있다. 양순음은 'प[p], फ[pʰ], ब[b], भ[bʱ], म[m], व[w]', 순치음은 'फ़[f]', 치음은 'त[t], थ[tʰ], द[d], ध[dʱ]', 치경음은 'स[s], ज़[z], न[n], ल[l], र[r]', 권설음은 'ट[t], ठ[tʰ], ड[d], ढ[dʱ], ष[ʂ], ण[n], ड़[r], ढ़[rʱ]', 경구개음은 'च[ʧ], छ[ʧʰ], ज[ʥ], झ[ʥʱ], श[ʃ], ञ[ɲ], य[j]', 연구개음은 'क[k], ख[kʰ], ग[g], घ[gʱ], ख़[x], ग़[ɣ], ङ[ŋ]', 후음은 'ह[ɦ]', 인두음은 'क़[q]'이다. 한국어의 자음은 평음, 경음, 격음의 삼항 대립이나 힌디어는 무성 무기음, 무성 유기음, 유성 무기음, 유성 유기음의 사항 대립을 이루고 있다. 힌디어의 무성 무기음은 한국어의 평음과 같은 음소로 표기되나 한국어의 경음과 상당히 비슷하고 한국어의 경음은 힌디어의 무성 무기음보다는 더 강하게 들린다. 또한 힌디어의 무성 유기음은 한국어의 격음과 같다.

한국어 학습자에게 발음을 가르칠 때는 'ㅇ'을 힌디어의 'ङ[ŋ]'로 [응ㄱ]처럼 발음해 '영어'를 [영거], '명동'을 [명동ㄱ]로 발음하지 않도록 주의시킨다. 'ㅇ'으로 끝나는 단어를 많이 들려주고 따라 하게 한다.

힌디어에는 10개의 모음이 있다. 단모음은 'इ[i], ए[e], ऐ[ɛ], अ[a], उ[u], ओ[o], औ[ɔ]'이며 장모음은 'ई[iː], आ[a ː], ऊ[uː]'이다. 'ऐ[ɛ]'와 'औ[ɔ]'는 각각 이중 모음 [ai]와 [au]로 발음되고 이중 모음으로 발음되는 경우 단어의 뜻은 달라진다. [i](ㅣ : इ), [e](ㅔ : ए), [ɛ](ㅐ : ऐ), [a ː](ㅏ : आ), [u](ㅜ : उ) 와 [o](ㅗ : ओ)는 공통으로 존재하는 음소라고 볼 수 있다. 한국어의 단모음 'ㅡ'와 'ㅓ'에 해당하는 힌디어 모음은 존재하지 않는다. 따라서 '나는'을 [나눈]으로, '느티나무'를 [누티나무]로 발음하는 경우가 있으므로 'ㅡ'와 'ㅓ'의 발음 지도는 이 음운이 들어가는 단어들을 많이 들려주고 따라 하게 하면 효과적이다.

힌디어의 음절 구조는 음절의 처음과 끝에 자음군이 올 수 있는 CCCVCCCC (C=consonant/V=vowel) 형태로 한국어의 CGVC 형태보다 훨씬 복잡하다. 이에 따라 '넋'의 겹받침을 힌디어의 음절 구조 CVCC인 [넉스]로 잘못 발음하는 경우가 있다. 또한 음절 말 위치에서 자음을 파열음으로 발음하여 이를테면 밭[바트], 옷[오스], 책[채그], 빛[비츠]로 발음하지 않도록 가르친다.

양 언어의 공통된 음운 규칙은 비음화, 유기음화, 유성음화, 생략, 첨가 등이다. 유음화는 한국어에만 있는 음운 규칙이고 무성음화, 무기음화와 권설음화는 힌디어에만 있는 음운 규칙이다. 따라서 힌디어를 모국어로 하는 학습자들은 한국어의 음운 규칙을 올바로 적용하지 못해 '입맛[입맏], 등록[등록], 신랑[신랑], 설날[설날], 먹지[먹지], 감고[감고], 밥도[밥도], 연락하며[연락하며], 막혀서[막혀서]'와 같이 표기대로 발음하며 '싫어요'를 [실허요]로도 자주 발음한다. 이와 같은 오류를 수정하기 위해서는 음운 규칙의 원리를 설명하고 해당되는 단어들을 골라 반복해서 듣고 읽게 하는 것이 필요하다.　　　　　〈손영헌〉

= 힌두스타니어

[참고문헌]
• 손영헌(2011), 인도인을 위한 한국어교육 연구: 발음 교육을 중심으로, 충북대학교 석사학위논문.
• 최종찬(2003), 힌디어 음운론, 한국외국어대학교출판부.
• Cardona, G & Dhanesh, J. (Ed.) (2003), *The Indo-Aryan languages*, Routledge.
• Shukla S. (2002), *Hindi phonology*, Lincom Europa.

한국어교육학 사전

The Encyclopedia of
Korean Language Education

5

어휘 교육

5. 어휘 교육

5. 어휘 교육

어휘 교육은 어휘의 의미와 기능에 대한 체계적인 이해와 함께 학습 단계, 학습자 수준 등을 고려한 교육 방안에 대해 구체적이고 실제적인 이해가 필요한 교육 영역이다.

어휘에 대한 연구는 분류 기준에 따라 품사, 단일어와 복합어의 구조와 양상, 의미 관계에 따른 특성과 연어 관계, 관용 표현과 속담 등으로 나누어 볼 수 있다. 따라서 어휘 교육을 위해서는 이와 같은 어휘의 구조와 특성, 양상에 대한 이해는 물론 교실 현장에서 직접적으로 학습자에게 어휘에 대한 지식을 전달하는 과정과 방법을 이해할 필요가 있다. 이러한 점들을 고려하여 본 사전에서는 어형과 어휘소, 어휘부 이론을 시작으로 품사와 어휘력에 이르기까지 어휘의 요소별 내용과 함께 어휘 교육의 이론과 실제를 항목별로 기술하였다.

어휘에서는 어형과 어휘소의 개념을 소개한 후 어휘부 이론에서 어휘망과 어휘 체계를 중심으로 하여 한국어교육학의 주안점을 다루었다. 이어 품사 영역에서는 품사별 내용과 교육에서 중점적으로 다루어야 할 부분을 이해할 수 있도록 기술하였다. 특히 한국어교육에서 주로 논의되는 용언의 활용과 조사의 쓰임에 대해서는 최대한 상세하게 기술하였다. 단어의 형성에서는 단일어, 복합어, 합성어, 파생어, 줄임말을 항목별로 기술하였으며 이들 표제어를 통해서 각 항목별 어휘 교육의 양상과 방법에 대한 전반적인 이해를 돕고자 하였다. 이러한 기본 사항과 함께 본 사전에서는 어휘의 의미 관계, 어휘의 통시적 변화, 어종, 어휘의 사회적 특징, 관용 표현, 어휘력을 구분하여 각각의 세부 항목별 내용과 한국어교육에서 유의해야 할 사항을 기술하였다.

유의어, 반의어, 다의어, 상의어와 하의어 등 어휘의 의미 관계에 대한 이해는 한국어 어휘 교육을 효과적으로 진행하는 원리와 방법에 대하여 중요한 배경지식이 된다. 어원과 어휘화, 어휘의 의미 변화를 다루는 어휘의 통시적 변화에 대한 이해는 한국어교육 현장에서 교수 학습 요소로 선택되는 어휘의 범위와 범주를 이해할 수 있게 해 준다. 아울러 어종과 어휘의 사회적 특징에서 기술하고 있는 고유어, 한자어, 외래어, 혼종어 및 함께 기술하고 있는 다양한 어휘와 관용 표현들은 한국어 교사가 현대 한국어를 깊이 있게 이해하는 데에 중요한 역할을 한다.

한국어교육에서 어휘 교육은 이처럼 어휘에 대한 영역별 이해와 함께 교육용 어휘의 선정과 등급별 분류 그리고 어휘의 의미·기능적 속성에 따른 교육 방안 등을 구축하는 데에 연구의 초점을 맞추고 있다. 그리고 이러한 연구들은 다시 교육 현장에서 직접 적용 가능한 교육 방안과 그 원리에 대한 연구를 통해 심화되는 경향을 보인다. 이 사전은 이러한 연구를 이해할 수 있는 가장 기초적이고 기본적인 비계를 제공해 줄 것이다.　　　　　　　　　　　　　　　　〈조형일〉

5.1. 어휘

어휘(語彙, lexicon 또는 vocabulary)란 일정한 범위 안에서 사용되는 단어의 집합이다.

어휘는 '현대 한국어의 어휘', '김영랑 시의 어휘'와 같이 특정 범위를 상정한 집합적인 개념이다. 어휘는 lexicon과 vocabulary의 번역어이지만 이 둘의 함의는 같지 않다. lexicon이 사전이나 어휘집과 같은 단어 집합체로서의 의미를 띠고 언어학의 이론적인 기술에 사용되는 개념인 반면, vocabulary는 인간의 언어 능력 중 하나인 어휘력을 구성하는 요소들의 집합을 의미한다.

어휘는 그 성격에 따라 개방 집합으로서의 어휘와 폐쇄 집합으로서의 어휘로 나뉜다. 개인의 어휘, 대한민국의 어휘, 현대 한국어의 어휘, 충청 방언의 어휘와 같이 그 한계가 정해지지 않은 것을 개방 집합이라 하고 이문열의 어휘, 중세 한국어의 어휘와 같이 한계가 명확한 것을 폐쇄 집합이라 한다.

어휘는 다양한 기준으로 분류할 수 있다. 대표적인 어휘 분류 기준인 확장 여부, 어종, 단어 형성법, 의미 관계에 따라 한국어의 어휘를 분류하면 아래와 같다.

〈한국어 어휘의 분류〉

분류 기준	어휘의 유형
확장 여부	단어 형식 어휘, 확장 형식 어휘(관용구, 속담, 연어)
어종	고유어, 한자어, 외래어, 혼종어
단어 형성법	단일어, 복합어(합성어, 파생어)
의미 관계	유의어, 반의어, 다의어, 상의어, 하의어

모어 학습자를 대상으로 하는 학교 문법에서는 어휘적 의미를 갖는 어휘 형태소, 관용어, 속담 등으로 어휘의 범주를 한정한다. 그리고 단어 형성법, 단어 간의 의미 관계를 주요하게 다룬다. 반면 한국어교육에서는 어휘 교육과 관련하여 어휘의 범주를 보다 넓게 설정한다. 조사, 어미와 같은 문법 형태소가 결합한 구조를 문법적 연어로 설정하여 어휘 교육에서 함께 다룬다. 다음은 한국어 교재에서 주로 다루는 확장 형식 어휘의 예이다. 여기에는 관용어, 속담, 연어 등이 포함된다.

(1) 미역국을 먹다, 파리를 날리다, 눈이 빠지게 (기다리다)
(2) 원숭이도 나무에서 떨어질 때가 있다.
(3) 배짱을 부리다, 방정을 떨다
(4) -(으)로 인하여, -기 시작하다, -(으)ㄹ 수밖에 없다

(1)은 관용어의 예, (2)는 속담의 예이다. (3), (4)는 모두 연어의 예인데 (3)은 어휘적 연어의 예이고 (4)는 조사 및 어미가 결합한 문법적 연어의 예이다. 문법적 연어는 문법 교육의 범주로 묶을 수도 있다.

관용어, 속담, 연어는 경계를 명확히 지을 수 없는 개념이다. 한국어교육에서는 이들 간의 경계를 명확히 하는 것보다 이들을 적절하게 교수 학습할 수 있는 방안을 마련하는 데 초점을 두고 있다. 〈박혜진〉

[참고문헌]
- 김광해(1993), 국어 어휘론 개설, 집문당.
- 서울대학교 국어교육연구소(2011), 고등학교 문법, 두산동아.
- 한재영 외(2010), 한국어 어휘 교육, 태학사.
- 허용 외(2005), 외국어로서의 한국어교육학 개론, 박이정.

■ 어형과 어휘소

어휘소(語彙素, lexeme)는 어형(語形, word form)의 기저에 있는 추상적인 단위이다.

'보다'를 예로 들면 '보아라, 봅니다, 봅니까, 보자, 보았다, 보면, 보는' 등을 묶는 추상적인 단위인 '보-, -다' 등을 어휘소라 하고 '보아라, 봅니다, 봅니까' 등이 이 어휘소의 어형이라 한다. 이는 구체적인 실현태인 형태(形態, morph)의 기저에 추상적 단위인 형태소(形態素, morpheme)를 설정하는 것과 같다. 다만 어휘소는 형태소와 달리 공시적으로 어휘부 또는 사전에 등재될 수 있는 것들을 일컫는 개념으로 쓰인다. 다음은 어휘소와 형태소의 차이를 보여 주는 분석의 예이다.

〈어휘소와 형태소〉

	어휘소	형태소
보기 싫다	보-, -기, 싫-, -다, 보기 싫-	보-, -기, 싫-, -다
즐겁다	즐기-, 즐겁-, -다	즑-, - ㅣ, -업-, -다

어휘소 대신 어휘 항목(lexical item)이라는 용어를 사용할 수도 있다. 이 용어를 통해서 알 수 있듯이 많은 경우 어휘소는 단어(word)와 상통하며 이 같은 관점에서 어휘소는 어휘부 등재 단위들의 추상체를 가리키는 개념으로 사용된다.

어휘소는 사전의 등재형이기도 하다. 한국어에서 동사와 형용사가 아무리 다양한 활용을 하더라도 한국어 사전에는 그 대표형을 'X-다' 형태로 통일하여 하나의 어휘소로만 등재한다. 사전 활용은 어휘 교육의 유용한 교수 학습 방법이므로 어휘 교육, 특히 외국인을 대상으로 한 한국어 어휘 교육에서 어휘소의 개념은 유용하다. 한국어 교수 학습 상황에서는 어휘소라는 용어 대신 기본형이라는 용어를 주로 사용한다. 〈박혜진〉

[참고문헌]
- 고영근·구본관(2008), 우리말 문법론, 집문당.
- 김광해(1993), 국어 어휘론 개설, 집문당.
- 이익섭(2000), 국어학 개설, 학연사.

■ 어휘부 이론

어휘부(語彙部, lexicon)란 어휘와 어휘에 관련된 언어적 속성의 총체를 가리킨다.

이 용어는 일반 언어 사전이나 전자사전 그리고 어휘 데이터베이스에서부터 순수 언어학적 기술로서의 어휘부와 어휘에 대한 심적 표상으로서의 어휘부에 이르기까지 다양한 대상을 가리키는 데 사용된다.

어휘부가 언어학적 연구의 주요 대상으로 떠오른 것은 생성 형태론(生成形態論, generative morphology)의 등장과 관련이 깊다. 어휘부는 단어를 저장하는 장소일 뿐만 아니라 단어의 내적 구조를 분석하고 단어를 형성하는 능력을 관장하는 문법의 하위 부문으로 여겨져 왔다. 생성 형태론에서 어휘부는 단어들이 기억되는 저장부(또는 사전)와 단어들을 만들어 내는 단어 형성부(또는 단어 형성 규칙)로 이루어져 있다고 간주한다. 생성 형태론의 최종 목표는 주로 단어 형성 능력의 기제를 밝히는 데에 집중되었기 때문에 연구의 중심은 주로 단어 형성부였다. 따라서 저장부는 어휘부에서 비본질적이고 주변적인 부문으로 취급되었다.

최근 인지 문법(認知文法, cognitive grammar)이 등장하면서 어휘부를 저장부와 단어 형성부로 나누지 않고 방대한 단어들의 연결망으로 이루어진 단 하나의 어휘부 모형을 상정하게 되었다. 인지 문법에서는 용례 기반 이론(用例基盤理論, usage-based model)에 따라 문법과 언어 구조가 실제 용례로부터 형성된다고 본다. 따라서 어휘부는 용례들에 기반을 두어 고도로 조직화되어 있으며 규칙은 저장된 단어들로부터 형성된다. 생성 형태론처럼 저장부와 단어 형성부를 분리하게 되면 저장된 단어와 별도로 독립된 규칙을 상정해야 한다. 이로 인해 그간 규칙의 심리적 실재성 결여, 규칙의 과잉 생성, 과잉 분석 등의 문제가 발생하였다. 인지 문법에서는 단 하나의 어휘부에서 단어를 저장할 뿐만 아니라 자체적으로 단어 형성 규칙을 마련한다고 가정한다. 어휘부의 규칙성은 대개 틀(scheme)로 설명되며 이 틀은 저장된 단어들로부터 생성된다. 이 때문에 최근에는 어휘부를 하나의 복잡계(複雜系, complex system)로 설명하기도 한다.

생성 형태론에서 가정한 어휘부가 순수 언어학적인 이론적 어휘부라면 인지 문법에서 밝히고자 하는 어휘부는 심리적 실재이다. 전자는 언어 사실에 부합하는 결과물 산출에 초점을 두므로 이론적 정합성과 문법의 경제성을 추구한다. 이론적 설명이 실제 인간의 인지적·언어적 메커니즘과 정확하게 부합하는지 여부는 알 수 없다. 반면 인지 문법에서는 인간의 언어 능력을 인지 능력의 한 부분으로 간주하면서 심리적 표상으로서의 실재를 중시하기 때문에 인간의 인지적 메커니즘으로서 언어 현상을 밝히고자 한다. 이러한 점에서 전자의 어휘부가 이론 어휘부(理論語彙部, theoretical lexicon)라면 후자의 어휘부는 인간의 머릿속 사전을 말하는 심리 어휘부(心理語彙部, mental lexicon)이다.

어휘부에 관한 논의는 단어 형성 능력에 관한 논의와 깊은 관련을 맺고 있다. 생성 형태론에서 단어 형성을 규칙으로 설명한다면 인지 문법에서는 유추로 설명한다. 예를 들어 '밥보'라는 단어는 생성 형태론에서 '밥 + -보'로 분리되고 접미사 '-보'에 의해 파생된 단어이다. 반면 인지 문법에서는 '털보, 꾀보, 느림보, 겁보, 잠보' 등 비슷한 단어들의 구성에 대한 유추에 의해 형성된 것으로 본다.

인지 문법에 근거한 형태론 연구가 활성화되면서 어휘부의 조직에 대한 논의도 활성화되고 있는데 이는 크게 두 부분으로 나눌 수 있다. 하나는 개별 단어 내부의 조직이고 다른 하나는 단어들 사이의 조직이다. 흔히 전자를 어휘 내항(또는 어휘 정보), 후자를 어휘 외항(또는 어휘 연결망 조직, 어휘망, 어휘 체계)으로 부른다. 어휘 내항에는 음운론적 정보, 의미론적 정보, 형태론적 정보, 통사론적 정보, 화용론적 정보 등이 두루 포함되었을 것으로 가정한다. 어휘 외항은 한 단어가 다른 단어와 음운, 의미, 형태, 통사 등 여러 절점을 통해 복잡하게 그러나 체계적으로 연결된 조직을 가리키는데 대개 삼차원적 거미줄 모양으로 가정한다. 아래 그림은 어휘부 조직의 한 사례로 접사 '-보'를 성분으로 가지는 복합어들을 각 단어의 형태론적 특성과 사용 빈도에 근거한 관계망으로 표시한 것이다. 이는 어휘부를 아래 그림과 같은 관계망들이 매우 복잡하게 연결된 복합적 연결망으로 가정하고 있음을 보여 준다.

〈채현식이 제시한 한국어 어휘부 조직의 한 사례〉

어휘부의 연구 성과는 한국어교육에서 다양하게 활용할 수 있다. 위의 그림과 같은 단어 연결망 조직은 학습자의 어휘 확장뿐만 아니라 이미 알고 있는 어휘의 질적 정보 제고에도 효과적이다.

그런데 현재 어휘부에 관한 연구는 여전히 이론적 분석에 치중된 경향이 있다. 한국어교육은 학습자의 언어 능력 증진을 목표로 하므로 논의의 중심은 심리적 실재로서의 어휘부에 초점을 두어야 한다는 것을 고려할 때 이론적 연구 방법은 그 한계가 분명하다. 어휘부의 면모를 구체적이고 실제적으로 밝히고, 그 연구 성과를 한국어교육에 도입하기 위해서는 실험 심리학적 방법을 보다 활발하게 도입할 필요가 있다. 이러한 연구 방법의 개선과 더불어 연구 내용의 확대도 필요하다. 어휘부가 심리적 실재임을 고려하면 심리 언어학과의 통섭도 필요하다. 현재 한국어교육에서 어휘부에 관한 논의는 어휘 능력 증진 방법의 일환으로 어휘들의 연결망을 도입하는 선에 머무르고 있다.　　　　　　　　　　　　　　　　　　　　　　　　　　　　　　　〈신명선〉

→ 변형 생성 문법, 인지 문법

[참고문헌]
• 구본관(2010), 단어 형성론 논의의 확장을 위하여: 양정호(2008)에 답함, 형태론 12-1, 형태론 학회, 111~120쪽.
• 송원용(2005), 국어의 어휘부와 단어 형성, 태학사.
• 채현식(2003), 대치(代置)에 의한 단어 형성, 형태론 5-1, 형태론 학회, 1~21쪽.

☐ 어휘망

어휘망(語彙網, lexical web)은 어휘들이 음운 정보, 형태 정보, 통사 정보, 의미 정보 등의 연결 고리를 기반으로 서로 연결되어 있는 양상을 가리키는 말로서 어휘들의 체계적인 조직을 가리킨다.

어휘는 이론적으로나 심리적으로 다른 단어들과 일정한 관계를 맺고 있다. 기존의 구조주의 언어학의 관점에서뿐만 아니라 최근의 인지주의 언어학의 관점에서도 한 단어는 다른 단어와의 관계 속에서 이해된다. 예컨대 '수, 우, 미, 양, 가'의 성적 체계에서 '미'의 의미는 '수, 우, 양, 가'와의 관련 속에서만 그 의미를 올바로 이해할 수 있다. 한편 인지주의 언어학의 관점에서 인간의 머릿속 사전(mental lexicon)은 여러 단어들이 체계적이고 복잡하게 연결된 어휘들의 연결망으로 가정된다. 이 관점에서 어떤 단어의 의미는 개별적으로가 아닌 해당 단어의 스키마(schema)와 관련된다.

어휘장(語彙場, lexical field 또는 의미장, 단어장, 낱말밭)은 서로 밀접한 관계를 맺고 있는 단어들의 집합을 가리키는데 개념상 어휘망과 관련이 있다. 예컨대 '빨강, 주황, 노랑, 초록, 파랑' 등의 어휘들은 색깔 어휘장을 구성하고 이는 의미적으로 연결된 어휘망의 한 부분으로 간주된다. 어휘장 이론이 트리어(J. Trier) 등에 의하여 본격적으로 전개되다가 오늘날까지 거의 연구되지 못했는데 최근 인간의 머릿속 사전에 대한 관심이 증폭되면서 다시 주목받기 시작한 것도 어휘장 이론이 어휘망과 밀접한 관련을 맺고 있기 때문이다. 그러나 어휘장 이론은 구조주의적 관점에서 어휘를 연구했다는 점에서 최근의 인지주의적 관점의 머릿속 사전 연구와는 연구의 관점과 가정이 서로 다르다.

어휘망과 관련해서는 다양한 용어들을 혼용하여 사용하고 있다. 우선 어휘 의미망, 의미망 등은 어휘망 중 특히 의미들의 연결망에 초점을 둔 용어이다. 개념장(槪念場, conceptual field)은 트리어의 용어로 어휘장과 관계가 있다. 어휘들의 내적 관계가 개념장이라면 이들의 외적인 구체적 구현물이 어휘장으로서, 개념장이 구체적인 단어로 실현되어 어휘장을 형성한다. 한편 시소러스(thesaurus)는 어휘들을 의미를 중심으로 분류하여 체계화한 것을 가리키는 용어로서 일반적으로 의미적 계층 구조를 갖는다. 시소러스에는 유의어(類義語), 반의어(反義語), 상·하의어(上下義語) 등 관련어도 표시되는데 기계 검색 분야에서 관련어를 표시한 어휘표(語彙表)의 필요성이 높아지면서 시소러스 연구의 필요성도 증대하고 있다. 워드넷(WordNet) 역시 의미를 중심으로 어휘를 분류한 단어집이다. 워드넷은 사전과 시소러스를 접목한 형태로 구현되는데 이는 기계 번역과 같은 영역에서 이용하기 위해서 고안한 개념이다. 따라서 시소러스나 워드넷 역시 일종의 단어 의미망으로 볼 수 있다.

한국어교육에서는 어휘망을 활용한 어휘 교육에 관한 연구가 이루어지고 있다. 어휘들이 음운, 어휘, 형태, 통사, 의미 등으로 연결되어 있는 양상을 구체화한다면 한국어 어휘 교육의 내용을 마련하거나 교육 방법을 개발하는 데 크게 기여할 수 있을 것이다.　　　　　　　　　　　　　　　　　　　　　　　　　　　〈신명선〉

→ 구조주의 언어학, 인지 언어학

[참고문헌]
• 신현숙(2011), 의미망을 활용한 한국어 어휘 교육, 한국어문학연구 56, 한국어문학연구학회, 449~479쪽.
• 임지룡(1997), 인지 의미론, 탑출판사.
• Trier, J. (1931), *Der deutsche Wortschatz im Sinnbezirk des Verstandes*, Jahrhunderts.

❑ 어휘 체계

어휘 체계(語彙體系)란 한 언어의 어휘를 일정한 기준에 따라 분류한 결과를 가리키는 말이다.

분류 기준으로는 품사, 의미, 어종 등이 있다. 이들은 품사 체계, 의미 체계, 어종 체계 등으로 기술될 수 있다. 예컨대 한국어의 품사별 빈도표나 어종별 분포도 등은 한국어의 어휘 체계를 보여 준다. 이 외에도 한국어 어휘를 대상으로 한 체계적인 분류 결과는 모두 한국어 어휘 체계라는 이름하에 기술된다.

한국어의 어휘 체계에는 보통 다음과 같은 특징이 있다. 첫째, 고유어와 한자어가 유의 구조를 형성한다. 일반적으로 고유어 하나에 한자어 여러 개가 대응하는데 이를 일대다 대응 현상이라고 부른다. 예컨대 고유어 '생각'에 대응하는 한자어는 '사념, 사고, 상념, 의려' 등이다. 일상 의사소통 상황에서 고유어와 한자어는 표현의 효과가 다른데 대개 고유어는 친근함과 편안함을, 한자어는 품위와 경의를 드러낸다. 둘째, 한국어에서 기초 어휘는 상당 부분 고유어로 구성된다. 고유어에 대응하는 한자어가 있는 경우에 기초 어휘는 고유어이다. 예를 들어서 '해'와 '말하다'는 고유어로서 기초 어휘인데 이에 대응하는 한자어로 '태양'과 '표현하다'가 있다. 셋째, 한자어나 기타 외래어의 유입으로 유의어나 동음이의어가 많다. 넷째, 높임 표현이 발달하였다. 한자어는 경어법과도 관련이 있는데 고유어와 한자어가 유의어를 형성하고 있을 때 고유어보다는 한자어를 경의를 표하는 말로 쓴다. 예를 들면 '이 : 치아(齒牙), 집 : 댁(宅)' 등이다. 다섯째, 의성 의태어 등 음성 상징어가 발달하였고 이들은 특히 고유어로 되어 있는 경우가 많다.

한국어 어휘 교육에서는 어휘 체계를 유기적으로 고려하여야 한다. 특히 한국어의 한자어는 고유어와 유의어나 동음이의어가 되는 경우가 많다. 이들의 섬세한 의미 차이를 구별하여 의사소통 상황에서 표현의 효과를 거두기 위해서는 한국어 어휘 체계의 특징을 고려한 어휘 교육 방법을 마련할 필요가 있다. 〈신명선〉

[참고문헌]
• 김광해(1993), 국어 어휘론 개설, 집문당.

5.2. 품사

품사(品詞, word class)란 단어를 그 문법적 성질에 따라 나눈 갈래이다.

이미 고대 그리스에서 플라톤이나 아리스토텔레스는 낱말들 중에서 명사와 동사를 구분하였다. 그 후 포트-로얄(port-royal) 학파를 비롯한 중세 문법 학자들의 연구를 거쳐 18세기의 규범 문법 연구에 이르기까지 서양의 전통 문법에서 품사 분류는 문법 기술의 중요한 분야로 다루어 왔으며 그 결과 명사, 대명사, 형용사, 동사, 부사, 접속사, 전치사, 감탄사의 8품사 체계가 확립되었다. 이러한 관심은 개화기에 한국어를 연구하던 서양 선교사들이나 일본인 학자들에 의해 한국어 품사 연구에도 영향을 주었다.

품사 분류의 기준이 되는 문법적인 성질은 형태와 기능이다. 형태(form)란 굴절의 양상에 따라 나타나는 단어의 형태적 특징을 가리킨다. '먹다, 먹고, 먹으니, 먹어서'와 같이 어떤 단어가 어미를 취하여 굴절을 하면 가변어(可變語)라 하고 그렇지 않은 단어를 불변어(不變語)라 한다. 한편 기능(function)은 한 단어가 문장 안에서 하는 일, 즉 문장 안에서 한 단어가 다른 단어와 맺는 관계를 가리킨다. 예를 들어 다음 문장에서 '새, 이, 순, 한'은 체언을 수식하는 기능을 하는 단어들로 한 무리를 이룬다.

(1) 동생이 새 신발을 신었다.
(2) 이 돈가스는 순 살코기로 만들었다.
(3) 한 사람도 말을 하지 않았다.

그러므로 이 단어들은 수식언으로 묶이며 이외에 체언, 독립언, 관계언, 용언 등이 주로 기능을 고려한 품사 분류이다.

품사 분류의 기준으로는 형태와 기능 외에 의미가 동원되기도 한다. 여기서의 의미(meaning)란 '사물의 이름을 가리킨다.', '사물의 동작을 나타낸다.'와 같은 문법적 의미를 뜻한다. 문법적 성질이 같은 단어들은 대개 의미 면에서도 공통점이 있기 때문에 이러한 의미상의 특징을 품사 분류의 기준으로 삼아 '명사', '대명사'와 같이 나눈다. 그러나 품사는 어디까지나 문법적 성질에 따라 분류한 어류(語類)이므로 의미는 보조적인 기준으로만 인정된다. 그 밖에 기능과는 별도로 해당 단어가 문장에서 어떤 자리에 쓰이는지에 따른 분포(distribution)를 기준으로 내세우기도 한다.

한국어의 품사는 보통 명사, 동사, 관형사, 부사, 감탄사, 조사의 6품사에서부터 명사, 대명사, 수사, 동사, 형용사, 관형사, 부사, 감탄사, 조사의 9품사로 나누기도 한다. 품사의 수는 대명사와 수사를 명사와 구분하여 독립된 품사로 설정하느냐 아니면 그것들을 명사 속에 소속시키느냐에 따라, 또 형용사를 동사와 분리하여 독립된 품사로 설정하느냐 아니면 둘을 묶어 동사 하나로 설정하느냐에 따라 달라진다. 이들 이외에 '이다'를 지정사(指定詞)로 설정하는 체계, '있다, 없다'를 포함한 존재사(存在詞)를 설정하는 체계, 조사를 단어로 인정하지 않는 체계도 있다.

이처럼 품사의 분류는 견해에 따라 다양한 양상을 보여 왔으나 현재 가장 일반적으로 받아들이고 있는 것은 9품사 체계이다. 학교 문법과 각종 사전류도 9품사 체계에 따라 기술하고 있다.

〈한국어의 9품사 체계〉

한편 9품사 체계 내에서 서술격 조사 '이다'는 다른 조사들과 달리 '이다, 이고, 이니, 이어서'와 같이 어미 활용을 한다. 이 때문에 형태상의 특징으로만 본다면 '동사, 형용사'와 같이 용언의 범주에서 이해하는 편이 나을 수 있다. 따라서 한국어를 교수 학습할 때 기본적으로는 9품사 체계에 기반을 두되 '이다'는 조사의 하위 부류로만 다루기보다 '이다'의 개별적 특성에 주목할 필요가 있다. 〈박혜진〉

[참고문헌]
• 고영근·구본관(2008), 우리말 문법론, 집문당.
• 구본관(2003), 서양의 전통 문법과 한국어의 품사 분류, 이중언어학 22, 이중언어학회, 180~198쪽.
• 왕문용·민현식(1993), 국어 문법론의 이해, 개문사.
• 이익섭·채완(1999), 국어 문법론 강의, 학연사.
• 이익섭(2000), 국어학 개설, 학연사.

■ 단어

단어(單語, word)는 보통 최소의 자립 형식(minimal free form)으로 정의하며 의미를 기준으로 할 때에는 궁극적으로 독립된 의미 단위(ultimate independent sense-unit)로 보기도 한다.

단어를 정의하는 관점은 매우 다양하다. 그중에서도 음운론적 관점과 통사론적 관점은 절충이 불가능할 정도로 뚜렷이 구별된다. 그리하여 최근에는 음운적 단어와 문법적 단어를 별개의 대상으로 처리하여 논의하는 일이 많다. 음운적 단어는 최소의 자립 형식이라는 전통적 정의에 기반해 분석한 것이고 문법적 단어는 통사적 기능이 있는 최소의 요소를 가리키는 것이다.

 (1) 아버지가 신문을 읽으신다.

위 예문에서 최소의 자립 형식은 '아버지가', '신문을', '읽으신다'이다. 그런데 이들 각각은 둘 이상의 통사 단위로 이루어져 있다. 즉 '아버지가'는 명사 '아버지'에 주격 조사 '가'가, '신문을'은 명사 '신문'에 목적격 조사 '을'이, '읽으신다'는 동사 어간 '읽-'에 높임을 나타내는 선어말 어미 '-으시-', 현재 시제 선어말 어미 '-ㄴ-'과 평서형 종결 어미 '-다'가 결합되어 있다. 이들은 모두 문장에서 일정한 문법적 역할을 하므로 통사 단위로 인정하는 것이다.

단어 개념을 단일한 관점에서 정의하여야 하는 학교 문법에서는 음운적 단어와 문법적 단어를 약정적으로 절충하고 있다. 학교 문법에서는 단어를 최소의 자립 형식이라고 보는 개념을 기본으로 하면서 조사를 단어로 처리함으로써 통사 단위별 분석도 일부 적용하고 있다. 즉 위 예문에서 '가, 을'과 같은 조사는 단어로 인정하고 '-(으)시-, -ㄴ-, -다'와 같은 어미는 단어로 인정하지 않는다. 조사를 단어로 보는 이유는 조사는 자립 형식에 붙는 요소로서 생략이 가능하고 조사가 생략되었을 때 남는 부분인 체언이 자립성이 있으므로 어미보다는 자립성이 높기 때문이다.

이처럼 단어를 판별하는 관점은 여러 가지이므로 여기에서는 학교 문법적 관점에서 단어를 판별해 보도록 한다.

 (2) 작은아버지가 책상을 수리하셨다.

첫째, 자립 형식을 판별한다. 자립 형식이란 발화에서 독립적으로 쓰일 수 있는 말을 가리킨다. 위 예문에서는 '작은아버지가, 책상을, 수리하셨다, 책상을 수리하셨다, 작은 아버지가 책상을, 작은아버지가 책상을 수리하셨다'가 자립 형식이다.

둘째, '최소의'라는 기준에 따라 '책상을 수리하셨다' 또는 '작은아버지가 책상을'이나 '작은아버지가 책상을 수리하셨다'와 같은 구(句, phrase) 이상의 단위는 자동적으로 배제된다. 그런데 여기에서는 '작은아버지'를 최소의 자립 형식으로 볼 수 있는지, '작은'

과 '아버지'로 더 분석할 수 있는지가 문제가 된다. 이처럼 '최소의' 기준을 판별하기 어려운 경우에는 판별 기준으로 휴지(休止, pause)와 분리성(分離性, isolability)이 있는지를 점검한다. 휴지를 둘 수 없고 분리성도 없어 '최소의'라는 기준을 만족하면 단어가 된다. 예를 들어 '숙부(叔父)'라는 뜻의 '작은아버지'는 '작은'과 '아버지' 사이에 둘 사이를 잠깐 쉬고 발화하는 휴지를 둘 수 없고 "작은 나의 아버지'와 같이 '작은'과 '아버지' 사이에 다른 요소가 끼어들 수 없어 분리성도 없다. 그러나 키가 작다는 뜻의 '작은 아버지'는 '작은'과 '아버지' 사이를 잠깐 쉬고 발화할 수도 있고 '작은 나의 아버지'와 같이 다른 요소를 집어넣어 '작은'과 '아버지'를 분리할 수도 있다. 위 예문에서 '작은아버지'는 숙부를 뜻하므로 휴지와 분리성이 없는 최소의 자립 형식인 단어이다.

셋째, 최소의 자립 형식에서 조사를 분리하여 약정적으로 단어로 처리한다. 이에 따라 '작은아버지가'는 '작은아버지'와 '가'로, '책상을'은 '책상'과 '을'로 쪼개져 (2)는 '작은아버지, 가, 책상, 을, 수리하셨다'가 각각의 단어이다.

단어 단위 중 동사, 형용사, '이다'는 활용을 하는 가변어에 속한다. 가령 '小'의 뜻을 나타내는 형용사는 '작다, 작습니다, 작아요, 작구나, 작은데, 작고' 등의 많은 활용형이 존재한다. 어미는 단어로 보지 않으므로 이들 모두는 한 단어이다. 하지만 한 단어라도 여러 활용형과 그것을 묶어 추상적 단위를 가리키는 개념어는 필요하다. 이에 따라 여러 활용형은 어형(語形, word form)이라고 하고, 그것을 묶어 가리키는 추상적 단위는 어휘소(語彙素, lexeme)라고 한다. 어휘소는 추상적 단위이므로 어떤 어형으로 고정하여 제시하기 어렵다. 한국어에서 동사, 형용사의 어휘소는 전통적으로 '어간 + -다'의 형식으로 약정하여 제시해 왔고 그것이 국어사전의 표제어로 실려 있으나 반드시 그 모습일 필요는 없다. 그래서 이론 문법에서는 어휘소를 '작-'이라는 어간만으로 표기하기도 한다.

단어는 국어사전 등재의 기본 단위이다. 국어사전에서는 어미나 접사와 같이 단어보다 작은 단위를 등재하기도 하고 관용구나 속담과 같이 단어보다 큰 단위를 등재하기도 하지만 원칙적으로 단어 단위를 등재한다. 이에 따라 한국어교육에서 어휘 교육의 기본 단위로서 학습 항목을 선정할 때에도 단어는 그 선정 기준이 된다. 단어라는 기준이 있어야 어떤 형태소를 더 교육해야 할지, 어떤 표현 문형을 더 교육해야 할지를 결정할 수 있다. 예컨대 문법 지식을 직접 전달해야 할 필요가 있을 때에는 어미를 문법적 단어로 보아 교육할 수도 있고, 의사소통 중심 교육에서는 가령 '-는 게 다 뭐예요?'와 같은 항목을 표현 문형으로 교육할 수도 있다.　　　　　　　　　　〈이선웅〉

[참고문헌]
- 남기심·고영근(2011), 표준 국어 문법론, 탑출판사.
- 이선웅(2012), 한국어 문법론의 개념어 연구, 월인.
- 이익섭·채완(1999), 국어 문법론 강의, 학연사.

■ 명사

명사(名詞, noun)는 사물의 이름을 나타내는 품사이다.

전통적으로 명사는 사물의 이름을 나타내는 품사로 정의하여 왔지만 이는 의미라는 주관적 기준에 의존한 정의일 뿐만 아니라 명사의 중요한 문법적 특성을 간과한 정의이다. 명사 범주의 중요한 문법적 특성은 관형어의 수식을 받을 수 있고 격 조사가 결합하여 격을 나타낼 수 있다는 것이다. 이러한 문법적 특성에 따른 중간 단계의 분류가 체언인데 명사는 체언 중 사물의 이름을 나타내는 의미를 지닌 품사로 하위 분류된 것이다. 이런 까닭에 의미로써 명사를 정의하는 것은 명사 정의의 최종 단계를 피상적으로 표현한 것이라고 생각하는 문법가가 많다. 그러한 생각에 따라 체언을 모두 명사로 분류하여 대명사, 수사를 인정하지 않는 문법가가 있는데 품사 분류와 관련하여 이렇게 강한 입장을 취하지 않더라도 명사를 대명사와 수사를 아우르는 대표 범주로 사용하는 문법가는 매우 많다. 예컨대 생성 문법에서는 통사 구조상 명사만 설정할 뿐 대명사나 수사는 따로 설정하지 않는다.

명사의 종류를 분류하는 기준은 여러 가지이다. 그중 문법적으로 중요한 몇 가지만 보도록 한다.

첫째, 명사를 관형어의 필수성 여부에 따라 나눌 수 있다.

(1) ㄱ. 음식, 철수, 연구, 모자, …
    ㄴ. {먹을 음식이/음식이} 많다.
(2) ㄱ. 것, 이, 따위, 줄, 수, …
    ㄴ. {먹을 것이/*것이} 많다.

(1ㄱ)의 '음식'은 (2ㄴ)에서 보듯이 앞에 관형어가 없어도 성립할 수 있지만 (2ㄱ)의 '것'은 (2ㄴ)에서 보듯이 앞에 관형어가 없으면 성립하지 못한다. (1ㄱ)과 같은 명사를 자립 명사, (2ㄱ)과 같은 명사를 의존 명사라 한다.

둘째, 가리키는 대상이 유일무이한 것인지 여부에 따라 나눌 수 있다.

(3) ㄱ. 이순신, 경주, 백두산, 낙동강, …
    ㄴ. 나무, 꽃, 구름, 책, 시계, …

(3ㄱ)은 세상에 유일무이한 것을 가리키는 말이고 (3ㄴ)은 그에 해당하는 사물이 여럿 있을 수 있다. 설령 어떤 아이를 '이순신'이라고 이름 붙여도 장군 '이순신'과 동일한 대상을 가리키지 않으므로 새로 만든 '이순신'은 기존의 '이순신'과 동음이의어일 뿐이다. (3ㄱ)과 같은 명사를 고유 명사, (3ㄴ)과 같은 명사를 보통 명사라 한다. 고유 명사는 일반적으로 수 관형어의 꾸밈을 받지 못하고 복수를 나타내는 '들'도 붙기 어렵다.

셋째, 가리키는 대상이 감정을 갖고 있는지 여부에 따라 나눌 수 있다.

(4) ㄱ. 사람, 개, 사자, …

　　　ㄴ. 꽃, 나무, 돌, 책상, 정부, …

(4ㄱ)은 모두 감정을 갖고 있으면서 살아 움직이므로 유정 명사(有情名詞)라 하고 (4ㄴ)은 감정이 없거나 파악하기 어렵고 움직이지도 않으므로 무정 명사(無情名詞)라 한다. 무정 명사에는 식물이나 단체 범주도 포함된다.

넷째, 가리키는 대상이 사건이나 상태를 가리키는지 여부에 따라 나눌 수 있다.

(5) ㄱ. 공부, 분석, 발표, 건강, 행복, …

　　　ㄴ. 자료, 아버지, 주전자, 실력, …

(5ㄱ)의 '공부, 분석, 발표'는 동사적, 즉 행위적 의미를 띠고 있고 '건강, 행복'은 형용사적, 즉 상태적 의미를 띠고 있다. 이러한 명사는 보통 '-하다'를 붙여 용언을 만들 수 있다. (5ㄱ)과 같은 명사를 술어 명사 혹은 서술(성) 명사라 하고 (5ㄴ)과 같은 명사를 비술어 명사 혹은 비서술(성) 명사라 한다.

다섯째, 명사 부류 중에는 뒤의 명사를 꾸며 주는 관형어적 기능만 있을 뿐 관형어의 수식을 받는다거나 격 조사가 붙지 않는 등 명사 고유의 특성을 지니지 않는 부류가 있다.

(6) ㄱ. 국제 사회/문제/법규

　　　ㄴ. *우리가 아는 국제

　　　ㄷ. *국제가, *국제를

(6ㄱ)에서 보듯이 '국제'와 같은 명사는 뒤의 명사를 꾸며 주기만 할 뿐 (6ㄴ)과 같이 관형어의 꾸밈을 받는다거나 (6ㄷ)과 같이 격 조사가 결합할 수 없다. 이러한 부류의 명사를 관형 명사 혹은 어근성 명사(명사성 어근)라 한다. 관형 명사는 엄밀히 말해 명사라 보기 어렵지만 국어사전에서는 관습적으로 명사로 처리하여 왔다.

명사는 제1 언어 교육에서나 제2 언어 교육에서나 가장 기본이 되는 품사이다. 실체를 나타내는 범주인 명사 그리고 사건과 상태를 나타내는 범주인 동사와 형용사는 언어를 배우는 데 가장 기본적인 범주이고 그중에서도 명사는 가장 우선적으로 배우는 범주이다. 또한 명사 어휘는 수효가 다른 모든 품사 어휘의 수효를 압도하므로 등급별로 나누어 학습자의 어휘력을 평가하는 척도로 삼기에 가장 적당한 수단이다.　　〈이선웅〉

[참고문헌]
• 남기심·고영근(2011), 표준 국어 문법론, 탑출판사.
• 이병규(2006), 명사, 남기심 외 편, 왜 다시 품사론인가, 커뮤니케이션북스.
• 정희정(2000), 한국어 명사 연구, 한국문화사.

■ 의존 명사

의존 명사(依存名詞, dependent noun)는 관형어의 수식을 필수적으로 요구하는 명사의 하위 부류이다.

과거의 전통 문법에서 의존 명사는 불완전 명사(不完全名詞)라고 불리기도 하였다. 또 고유어 의존 명사는 의미가 구체적이지 않고 형식적인 것이 대부분이어서 형식 명사(形式名詞)라고 하기도 한다. 그러나 최근에는 한자어 의존 명사도 정밀하게 연구되어 형식 명사를 의존 명사의 동의어로 사용하기 어려운 면이 있다. 예컨대 '와중(渦中)'과 같은 말은 통사적으로는 '전쟁의 와중에, 전쟁을 겪는 와중에'와 같이 반드시 관형어의 꾸밈을 받아야 하므로 의존 명사로 볼 수 있지만 그 의미 자체는 매우 구체적이고 뚜렷하므로 형식 명사라고 보기 어렵다.

의존 명사는 결합할 수 있는 격 조사의 유형에 따라서 분류하는 것이 일반적이다.

(1) ㄱ. 것, 이, 분, 바, 데
ㄴ. 먹을 <u>것</u>이 많다, 먹을 <u>것</u>을 찾다, 먹을 <u>것</u>에서 향기가 난다.
(2) ㄱ. 지, 수, 리, 나위
ㄴ. 고향을 떠난 <u>지</u>가 10년 되었다.
(3) ㄱ. 줄, 척, 체
ㄴ. 그가 운전할 <u>줄</u>을 안다.
(4) ㄱ. 뿐, 따름
ㄴ. 오로지 최선을 다할 <u>뿐</u>이다.

(1)에서 보듯이 뒤에 결합할 수 있는 격 조사에 제한이 전혀 없거나 거의 없는 의존 명사를 보편성 의존 명사라 한다. (2)와 같이 뒤에 결합할 수 있는 격 조사가 주격 조사로 제한되는 의존 명사를 주어성 의존 명사라 한다. (3)과 같이 뒤에 결합할 수 있는 격 조사가 목적격 조사로 제한되는 의존 명사를 목적어성 의존 명사라 한다. 그러나 목적어성 의존 명사에는 '그 사람이 떠날 줄이야!'와 같은 예외도 있다. (4)와 같이 뒤에 결합할 수 있는 격 조사가 서술격 조사로 제한되는 의존 명사를 서술성 의존 명사라 한다.

(5) ㄱ. 입에 밥을 넣은 {<u>채</u>/<u>채로</u>} 밖에 나갔다.
ㄴ. 나가는 {*<u>김</u>/<u>김에</u>} 우체국에 들렀다.
ㄷ. 음식을 먹을 {<u>만큼</u>/*<u>만큼에</u>/*<u>만큼으로</u>} 담았다.

(5)는 부사성 의존 명사 쓰임의 예이다. (5ㄱ, ㄴ)에서 보듯이 뒤에 결합할 수 있는 격 조사가 부사격 조사로 제한된다. (5ㄷ)은 부사격 조사는 결합할 수 없지만 '먹을 만큼'이 부사어 기능을 하기 때문에 '만큼'을 부사성 의존 명사로 처리한다. (5ㄱ)의 '채'는 부사격 조사가 결합할 수도 있고 결합하지 않을 수도 있지만 (5ㄴ)의 '김'은 결합하여야만 하고 (5ㄷ)의 '만큼'은 결합하지 않아야 한다는 특성이 있다.

단 하나의 격 조사만 결합하는 것은 아니지만 보편성 의존 명사만큼 격 조사 결합이 자유롭지는 않은 '때문'과 같은 의존 명사도 있다.

(6) ㄱ. 내가 네게 실망한 것은 네가 거짓말을 했기 때문이다.
　　ㄴ. 바람이 불기 때문에 두툼한 외투를 걸치고 나갔다.

(6)에서 보듯이 '때문'은 '이다'가 결합하여 서술어로 쓰이기도 하지만 '에'가 결합하여 부사어로 쓰이기도 한다. '때문'은 그 앞의 수식 성분이 명사형이라는 점도 특이하다.

의존 명사 중에는 사물의 수량을 표시하는 기능을 하는 것이 있는데 이들을 단위성 의존 명사라 한다.

(7) ㄱ. 집 한 채, 말 한 마리, 연필 한 자루, 귤 다섯 개, 금 서 돈, 종이 석 장, 손님 열 분
　　ㄴ. 학생 열 사람, 밥 한 숟가락, 기름 한 병, 나무 두 그루

(7ㄱ)에서 '채, 마리, 자루, 개, 돈, 장, 분'은 수량 단위를 나타내는 기능을 하는데 자립적으로 쓰이지 않으므로 단위성 의존 명사이다. 한편 수량 단위 명사에는 (7ㄴ)의 '사람, 숟가락, 병, 그루' 등과 같은 자립 명사도 있다.

명사는 범언어적으로 자립성이 높은 품사이다. 그러나 한국어의 의존 명사는 수식어의 꾸밈을 받는 특수한 부류이고 이러한 부류는 단위성 의존 명사를 제외하고 다른 언어에서 흔히 보기 어려운 것이다. 또 의존 명사는 그 의미가 형식적인 것이 많기 때문에 의미의 범위가 넓어서 한국어 학습자가 용법을 익히는 데 긴 시간이 필요한 범주이기도 하다. 따라서 한국어교육에서 의존 명사는 다양한 관형어의 모습과 격 조사 결합형을 함께 다루어 교육 항목으로 삼아야 한다.　　　　　　　　　〈이선웅〉

[참고문헌]
• 남기심·고영근(2011), 표준 국어 문법론, 탑출판사.
• 민현식(1998), 의존어, 서태룡 외 편, 문법 연구와 자료: 이익섭 선생 회갑 기념 논총, 태학사.
• 이주행(2009), 한국어 의존 명사 연구, 한국문화사.

■ 대명사

대명사(代名詞, pronoun)란 사람이나 사물의 이름을 대신하여 쓰는 단어 부류이다.

대명사는 체언에 속하는 것으로 문법적 기능이 명사와 동일하다. 다만 개방 부류인 명사와 달리 대명사는 폐쇄 부류이며 관형어의 수식을 받는 데 제약이 더 심하다.

대명사는 지시성과 대용성을 특징으로 한다. 지시성(指示性)은 상황 지시적 특성으로 무언가를 가리키는 성질을 말한다. 명사는 대체로 상황과 무관하게 동일한 의미로 파악되는 반면 대명사는 상황에 따라 다른 의미로 파악된다. 아래 예문 (1)은 문맥상 영희가 말한 '나'는 영희를, 아래 철수가 말한 '나'는 철수를 가리킨다.

(1) 철수: 영희야, 어디 가니?

영희: 나 지금 학교 가는 길이야.

철수: 나도 학교 가는데.

대용성(代用性)은 대상을 직접 지시하는 명사, 예컨대 '김철수, 책' 등을 간접적으로 대용하여 '나, 너, 그, 그것' 등으로 표현하는 것을 말한다.

대명사는 지시 대상과 원근에 따라 분류된다. 일차적으로 지시 대상에 따라서는 인칭 대명사, 사물 대명사, 장소 대명사, 시간 대명사로 나뉜다. 그리고 삼인칭 대명사, 사물 대명사, 장소 대명사, 시간 대명사는 다시 지시 대상과 화·청자와의 거리에 따라 근칭(近稱), 중칭(中稱), 원칭(遠稱)으로 구분된다. 근칭은 화자에 가까운 쪽을, 중칭은 청자에 가까운 쪽을, 원칭은 화자와 청자에게 모두 먼 쪽을 나타낸다.

〈한국어의 대명사 체계〉

		단수		복수	
인칭 대명사	일인칭 대명사	평칭	나	우리	
		겸칭	저	저희	
		단수		복수	
	이인칭 대명사	평칭	너	너희	
		경칭	자네, 당신, 그대		
		근칭	중칭	원칭	부정칭
	삼인칭 대명사	이이, 이분	그, 그녀, 그이, 그분	저이, 저분	누구, 아무
지시 대명사	사물 대명사	이것	그것	저것	무엇
	장소 대명사	여기	거기	저기	어디
	시간 대명사	이때	그때	접때	언제

인칭 대명사(人稱代名詞, personal pronoun)는 사람을 가리키는 대명사로 인대명사 또는 사람대이름씨라고도 한다. 인칭 대명사의 특징은 다음과 같다. 첫째, 구어체에서 쓸 수 있는 적절한 이인칭 대명사의 경칭이 없다. 예컨대 '자네'는 '너'라고 할 때보다는 상대를 높이는 말이 되지만 청자가 성인 이상인 아랫사람이고 화자도 중년 이상일 때에만 사용하여 제약이 많다. 근래에는 그 쓰임 자체가 점차 줄고 있다. 또 '당신'은 다음 (2)와 같이 연인이나 부부 사이에서 혹은 문어에서는 이인칭 대명사의 경칭이 되지만 그 외의 상황에서는 (3)과 같이 오히려 상대를 낮추어 부르는 말이 된다.

(2) 남편: 당신은 오늘 몇 시에 들어와요?

아내: 당신 오는 시간에 맞춰서 올게요.

(3) 행인 1: 당신이 민 거야?

행인 2: 누구한테 당신이래?

'당신'은 (4)와 같이 하십시오체와도 어울리지 못해 적절한 이인칭 대명사의 경칭이 되지 못한다.

(4) 직장 동료: *당신이 오늘 서류를 준비해 주십시오.

'그대'도 하십시오체와 어울리기는 하나 문어체에만 쓰인다. 따라서 구어에서는 이인 칭 대명사 대신 친족 관계를 나타내는 말, 사회적 신분을 나타내는 말, 어르신, 선생님, 손님 등의 표현을 사용하거나 대명사를 생략하기도 한다.

(5) (대학교에서)
　　여자 선배: 오늘 발표 준비 다 했어?
　　여자 후배: 네, 거의 다 했어요. 언니는요?

(5)는 이인칭 대명사 대신 친족 관계를 나타내는 말인 '언니'를 사용한 예이다.

둘째, 구어체에서 적절히 사용할 수 있는 삼인칭 대명사가 없다. 문어체에서는 남성에 '그', 여성에 '그녀'를 사용하기도 하나 구어체에서는 거의 쓰이지 않는다. 대신 지시 관형 사 '이, 그, 저'를 사용하여 '이 사람, 이분' 등의 표현을 자주 사용한다. 셋째, 평칭인 '우 리'는 화자만을 포함하거나 화자와 청자를 모두 포함하는 상황에서 두루 쓰이지만 '저희' 는 겸칭이므로 청자를 포함하는 상황에서는 쓰이지 않는다. 이러한 특징으로 인해 나라 를 이야기할 때에는 '저희 나라'가 아닌 '우리 나라'가 옳은 표현이다. 넷째, 화자 개인에 게만 관계되는 경우일지라도 가족 관계나 공동 소유의 개념을 나타낼 때는 종종 '우리' 를 사용하여 '우리 아버지, 우리 집, 우리 아내'와 같이 말한다.

외국인에게 한국어를 교수할 때에는 이와 같은 한국어의 특징뿐 아니라 조사와의 결 합에 따른 형태적인 면에도 주의할 필요가 있다. '나, 저, 너'에 주격 조사 '가'가 결합하 면 '내가, 제가, 네가'로 쓰고, 복수형 '우리, 저희' 등은 복수 표현 '들'을 덧붙여 '우리들, 저희들'로 큰 의미 차이 없이 쓰기도 한다.

지시 대명사(指示代名詞, demonstrative pronoun)는 사물이나 장소, 시간을 가리키는 대명사이다. 대명사에 이미 지시성이 있기 때문에 지시 대명사 전체를 사물 대명사라 고 해야 한다는 주장도 있다. 지시 대명사 중 사물 대명사에는 '이것, 그것, 저것'이 있 고, 처소 대명사(處所代名詞)라고도 하는 장소 대명사에는 '여기, 거기, 저기'가 있다. 시 간 대명사(時間代名詞)로는 원근(遠近)이 아주 명확하지는 않으나 근칭, 중칭, 원칭 각 각에 '이때, 그때, 접때' 등을 쓴다.

대명사 중 '누구, 무엇, 어디, 언제' 등은 가리키는 대상이 무엇인지 알 수 없는 의문 문에 쓰므로 의문 대명사라 한다. 단 이들은 경우에 따라 다음 (6)의 '어디'와 같이 가리 키는 대상이 무엇이든 상관이 없는 부정 대명사(不定代名詞)로 쓰기도 한다.

(6) 지금 어디 좀 갔다 오려고요.

한편 재귀 대명사(再歸代名詞, reflexive pronoun)는 일반 대명사와는 다른 특별한 형태로 한 문장 안에서 선행하는 명사나 대명사를 다시 가리키는 대명사의 부류를 말한다. 재귀 대명사는 존비(尊卑)의 등급에 따라 '저, 자기, 당신'으로 구분한다. '저'는 대체로 '자기'와 넘나들어 쓰이지만 '자기'보다 선행 명사를 조금 낮추고 '당신'은 선행사가 존경할 만한 상위자인 경우 해당 상위자를 높이는 표현이다.

(7) 누구든 <u>자기</u>/<u>제(저의)</u> 자식은 귀여워한다.
(8) 할머니께서는 항상 <u>당신</u>의 건강을 돌보지 않으신다.

(7)에는 '자기'와 '저'를 썼고, (8)은 선행사가 상위자이므로 '자기'나 '저' 대신 '당신'을 썼다.

한국어의 재귀 대명사는 일반적으로 선행 명사구가 삼인칭이고 유정 명사일 때에만 쓴다. 그리고 선행 명사구가 주어나 주제일 때 자주 사용되는 경향을 보인다. 이는 인칭이나 높임의 등급과 관계없이 쓰는 일본어의 재귀 대명사 '自分', 중국어의 재귀 대명사 '自己'과 비교해 특징적인 현상이다. 예를 들면 (9)와 같이 주어가 일인칭인 문장에서 주어를 다시 가리킬 때에는 '내가'를 쓰고 재귀 대명사 '자기'를 사용하지 않는다.

(9) 나는 언제나 <u>내가</u>/*<u>자기가</u> 옳다고 믿는다.

'자기'는 재귀 대명사 외의 용법으로 쓰이기도 하는데 그 예는 다음과 같다.

(10) <u>자기</u>는 올해 몇 살이야?
(11) <u>자기</u>야. 오늘 나 예뻐?

'자기'는 (10)과 같이 자신과 지위가 비슷하거나 아래인 사람을 친근하게 부를 때 사용하기도 하고 (11)에서처럼 연인끼리 서로를 부를 때 사용하기도 한다.

한국어에는 영어에서의 관계 대명사가 없다. 또한 상호 관계를 드러내는 것을 중요시하여 상호 관계를 중화시키는 대명사의 사용이 활발하지 않다.

(12) 영수: 할머니 건강은 좀 괜찮으시니?
　　　희은: 네, <u>할머니</u>께선 요즘 건강해지셨어요.
(13) 민희: 부장님 어디 나가셨나요?
　　　정호: 응, <u>부장님</u> 좀 전에 나가셨어.

(12), (13)에서는 대명사 대신 친족 호칭어와 직함을 사용하였다. 따라서 한국어 대명사를 가르칠 때에는 대명사의 형태, 기본 의미뿐만 아니라 화용적 정보도 중요하게 다루어야 한다. 이를 위해서는 맥락을 제공하고 상황 속에서 대명사의 용법을 익힐 수 있게 지도하는 것이 바람직하다. 〈박혜진〉

→ 직시

[참고문헌]
• 고영근·구본관(2008), 우리말 문법론, 집문당.
• 국립국어원(2005), 외국인을 위한 한국어 문법 1, 커뮤니케이션북스.
• 이익섭·채완(1999), 국어 문법론 강의, 학연사.

■ 수사

수사(數詞, numeral)는 사람이나 사물의 수량 또는 순서를 나타내는 단어를 말한다.

수사는 수량을 나타내는 양수사(量數詞, cardinal numeral)와 순서를 나타내는 서수사(序數詞, ordinal numeral)로 나뉘며 체언의 하나이다. 다음 (1ㄱ)은 양수사의 예이고 (1ㄴ)은 서수사의 예이다.

(1) ㄱ. 하나, 둘, 셋, …/일(一,) 이(二,) 삼(三), …

ㄴ. 첫째, 둘째, 셋째, …/제일(第一), 제이(第二), 제삼(第三), …

한편 부정 수사(不定數詞)는 양수사나 서수사 중 '한둘, 서넛, 이삼, 오륙, 한두째, 서너째' 등과 같이 어떤 수량이나 순서를 정확하게 명시하여 말하지 않는 수사를 가리킨다. '한둘, 두서넛, 대여섯' 등이나 '일이, 이삼, 오륙' 등은 확실하지 않은 수량을 나타내고, '한두째, 두세째, 서너째' 등은 확실하지 않은 차례를 대충 잡아 나타낸다. 예를 들어 '한둘'은 '하나'나 '둘'을 가리키고, '두서넛'은 '둘에서 넷'을 가리킨다. '한두째'는 '첫째나 둘째'를 가리키며, '두세째'는 '둘째나 셋째'를 가리킨다. 이와 같이 그 수량이 하나인지 둘인지 셋인지, 그 순서가 첫째인지 둘째인지 셋째인지 등을 명확하게 표현하지 않을 때 부정 수사를 사용한다.

서수사는 사물의 차례나 등급, 일의 순서를 나타낼 때 사용한다. 일반적으로 고유어 서수사는 '둘째, 셋째, 넷째, …'와 같이 고유어 양수사인 '둘, 셋, 넷, …' 등에 '-째'를 붙여 만든다. 그러나 맨 앞 차례는 '하나'에 '-째'를 붙인 '하나째'가 아닌 '첫째'로 나타낸다. '열하나, 열둘, 스물' 등에 '-째'가 붙으면 '열한째, 열두째, 스무째' 등이 된다. 한편 한자어 서수사는 '제일, 제이, 제삼, …'과 같이 한자어 양수사인 '일, 이, 삼, …' 등의 앞에 '제(第)-'를 붙여 만든다. 한자어 서수사가 '등, 호, 번' 앞에 쓰일 때는 '제(第)-'를 생략하여 '일 등, 일 호, 일 번, …'으로 쓸 수도 있다.

한국어의 수사는 고유어 수사와 한자어 수사로도 나뉜다. 다음 (2ㄱ)은 고유어 수사의 예이고 (2ㄴ)은 한자어 수사의 예이다.

(2) ㄱ. 하나, 둘, 셋, …/첫째, 둘째, 셋째, …

ㄴ. 일(一), 이(二), 삼(三), …/제일(第一), 제이(第二), 제삼(第三), …

수량을 나타내는 고유어 수사 중에는 뒤에 나오는 명사를 수식해 줄 때 그 모양이 달라지는 것이 있다. 수사 '하나, 둘, 셋, 넷'은 '명'이나 '개'와 같이 단위를 나타내는 의존 명사 앞에 쓰이면 '한, 두, 세, 네'가 된다. '열하나, 열둘, 열셋, 열넷' 등과 같이 십 단위 수와 '하나, 둘, 셋, 넷'이 합쳐 만들어진 수 역시 단위를 나타내는 의존 명사 앞에 쓰이면 '열 한, 열 두, 열 세, 열 네' 등이 되어 십 단위 수는 모양이 변하지 않고 '하나, 둘, 셋, 넷'만 모양이 바뀐다. 그러나 '다섯, 여섯, 일곱, 여덟, 아홉'은 어떤 경우에도 모양이 변하지 않는다. 십 단위 수 중에서 '스물'만 의존 명사 앞에서 모양이 달라진다. '스물'은 의존 명사를 수식할 때 '스무'의 꼴로 바뀌어 '스무 명, 스무 개'와 같이 사용한다. 그러나 '스물'도 '스물 하나, 스물 둘, 스물 셋, 스물 넷' 등과 같이 기본수와 합쳐 의존 명사 앞에 쓰이면 '스물'의 모양은 변하지 않고 '스물 한, 스물 두, 스물 세, 스물 네'가 된다. 이처럼 명사 앞에서 모양이 바뀌는 것들은 흔히 수사가 아닌 관형사, 즉 수 관형사로 다루기도 한다.

고유어 수사 중에서 가장 큰 수는 '아흔 아홉'이고 그보다 더 큰 수인 '백(百)' 이상은 한자어와 고유어 수사를 섞어서 말한다. 일반적으로 한국어에서는 수 단위가 낮을 때에는 고유어 수사를 선호하고 수 단위가 커질수록 한자어 수사를 선호한다.

단위성 의존 명사의 종류에 따라서도 사용되는 수사가 다르다. 명확한 규칙이 있는 것은 아니지만 의존 명사의 종류에 따른 고유어 수사와 한자어 수사의 쓰임은 대체로 다음과 같다.

첫째, 사람이나 동물, 사물의 수를 셀 때 사용하는 '명, 마리, 개, 대, 장, 권, 송이, 그루' 등은 고유어 수사와 함께 쓰인다. 그러나 다음 (3)과 같이 그 수가 스물 이상이면 보통 아라비아 숫자로 적고 한자어 수사로 읽기도 한다.

(3) ㄱ. 학생 서른 두 명이 참석했다.
　　ㄴ. 학생 32(삼십 이)명이 참석했다.

둘째, 시간을 말할 때 시간은 '한 시, 두 시, 세 시, …'와 같이 고유어 수사를 사용하는 반면, 분이나 초는 '일 분, 이 분, 삼 분, …'이나 '일 초, 이 초, 삼 초, …'와 같이 한자어 수사를 사용한다.

셋째, 일상 대화에서 나이를 말할 때는 고유어 수사와 단위를 나타내는 의존 명사 '살'을 쓰지만 공식적인 자리에서는 한자어 수사와 '세'를 쓴다.

넷째, 날짜를 말할 때는 한자어 수사를 쓴다. 예를 들어 '2013년 9월 1일'은 '이천십삼년 구월 일일'로 읽는다.

다섯째, 기간이나 일정 등의 날수를 말할 때는 (4ㄱ)과 같이 주로 한자어 수사와 '일, 개월, 년'의 단위 명사를 함께 쓴다. 그러나 수를 말할 때는 (4ㄴ)과 같이 고유어 수사와 '날, 달, 해'의 단위 명사를 함께 쓰기도 한다.

(4) ㄱ. 1(일)년, 12(십이)개월, 365(삼백육십오)일
　　ㄴ. 한 해, 두 달, 스무 날

여섯째, 단위 명사 '번, 층, 동'은 (5ㄱ)과 같이 고유어 수사와 함께 쓰면 횟수나 개수를 나타내고 (5ㄴ)과 같이 한자어 수사와 함께 쓰면 정해진 순번을 나타낸다.

(5) ㄱ. 하루에 다섯 <u>번</u>, 다섯 <u>층</u>, 건물 다섯 <u>동</u>
　　ㄴ. 문제 5<u>번</u>, 5<u>층</u>, 아파트 105<u>동</u>

이와 같이 한국어 수사는 고유어 수사와 한자어 수사로 나뉘고 함께 쓰는 단위 명사에 따라 의미의 차이가 있기도 하다. 그러므로 수사 교육 시에는 수사라는 품사 차원의 접근보다는 수 관형사 및 단위 명사와 함께 하나의 표현형으로 제시하는 것이 학습자의 인지적 부담을 줄여 줄 수 있다. 〈김은아〉

[참고문헌]
· 고영근·구본관(2008), 우리말 문법론, 집문당.
· 국립국어원(2005), 외국인을 위한 한국어 문법 1, 커뮤니케이션북스.

■ 동사

동사(動詞, verb)는 사물의 동작이나 작용을 나타내는 품사이다.

동사는 전통적으로 사물의 동작이나 작용을 나타내는 품사로 정의하여 왔지만 이는 의미라는 주관적 기준에 의존한 정의일 뿐만 아니라 동사의 중요한 문법적 특성을 간과한 정의이다. 즉 동사 범주의 중요한 문법적 특성은 활용을 하여 서술어로 쓰인다는 것이고 이러한 특성에 따라 중간 단계의 부류를 나타내는 용어가 용언인데 동사는 그 중에서도 동사 특유의 어미 활용 모습을 보인다. 이러한 이유로 의미로써 동사를 정의하는 것은 동사 정의의 최종 단계를 피상적으로 표현한 것이라고 생각하는 문법가가 많다. 따라서 형용사를 따로 인정하지 않고 용언을 모두 동사로 본 후 다시 동작 동사(action verb)와 상태 동사(state verb)로 분류하기도 한다.

동사의 종류를 분류하는 기준은 여러 가지이다. 그중 문법적으로 중요한 몇 가지만 보도록 한다. 첫째, 동사를 목적어의 유무에 따라 구분할 수 있다. 목적어가 없는 동사는 자동사(自動詞, intransitive verb), 목적어가 있는 동사는 타동사(他動詞, transitive verb)이다.

(1) ㄱ. 아기가 <u>잔다</u>.
　　ㄴ. 물이 <u>흐른다</u>.
(2) ㄱ. 동생이 책을 <u>읽는다</u>.
　　ㄴ. 그는 나를 꽃에 <u>비유했다</u>.

(1)의 '자다'와 '흐르다'는 모두 목적어를 필요로 하지 않는 자동사이다. (2ㄱ)의 '읽다'는 목적어 하나만 요구하는 타동사이고 (2ㄴ)의 '비유하다'는 목적어뿐만 아니라 부사어도 요구하는 타동사이다.

(3) 나는 <u>학교에/학교를</u> 갔다.

(3)은 하나의 동사가 목적어와 함께 쓰이기도 하고 그렇지 않기도 하는 경우를 보인 것이다. '가다'는 자동사로 분류되지만 목적어를 달고 나오면 타동사로 볼 수 있다. (3) 의 '가다'와 같은 동사는 동일한 문형에서 자동사와 타동사 양쪽으로 쓰일 수 있다. 그런데 자동사의 주어가 타동사의 목적어로 쓰여 자동사와 타동사를 겸하는 특이한 동사 부류가 있다.

(4) ㄱ. 돌이 <u>움직인다</u>.
　　ㄴ. 그가 돌을 <u>움직인다</u>.

(4)의 동사는 모두 '움직이다'인데 (4ㄱ)에서의 주어 '돌이'가 (4ㄴ)에서는 목적어 '돌을'로 나타난다. 이러한 동사 부류를 중립 동사 혹은 능격 동사, 자타 양용 동사라고 부른다. '{울음이/울음을} 그치다, {차가/차를} 멈추다' 등과 같은 예를 더 들 수 있다.

둘째, (5ㄱ)과 같이 행위의 주체가 주어로 쓰인 문장, (5ㄴ)과 같이 행위의 대상이 주어로 쓰인 문장, (5ㄷ)과 같이 그 행위를 야기하는 주체가 주어로 쓰인 문장을 비교해 볼 때 (5ㄴ)의 '읽히다'는 피동사, (5ㄷ)의 '읽히다'는 사동사이다. (5ㄱ)의 '읽다'는 피동사와의 관련 속에서는 능동사라고 하고 사동사와의 관련 속에서는 주동사라 한다.

(5) ㄱ. 학생들이 책을 <u>읽는다</u>.
　　ㄴ. 책이 학생들에게 <u>읽힌다</u>.
　　ㄷ. 선생님이 학생들에게 책을 <u>읽힌다</u>.

셋째, 동사 중에는 홀로 쓰이지 못하고 다른 동사 뒤에서 특수한 의미를 더해 주는 부류가 있다. 이때 자립적으로 쓰일 수 있는 동사를 본동사(本動詞)라 하고 그 뒤의 동사를 보조 동사(補助動詞)라 한다. 본동사와 보조 동사가 합쳐져 하나의 서술어를 이룬다.

(6) ㄱ. 나는 그 음식을 먹어 <u>버렸다</u>.
　　ㄴ. 세희는 새 옷을 입어 <u>보았다</u>.

(6ㄱ)의 '버리다'와 (6ㄴ)의 '보다'는 그 앞의 말 '먹어'와 '입어'를 생략하면 문장이 성립하지 않는다. 이들을 생략하면 '버리다'와 '보다'가 본동사가 되기 때문에 생략하지 못하는 것이다. 보조 동사에는 '-아/어 있다/주다/가다/오다/놓다/두다' 등이 더 있다.

동사는 명사와 함께 제1 언어 교육과 제2 언어 교육에서 가장 기본이 되는 품사이다. 실체를 나타내는 범주인 명사, 사건과 상태를 나타내는 범주인 동사와 형용사는 언어를 배우는 데 가장 기본적인 범주이다. 동사는 그 수효가 명사보다는 적으나 자릿수 및 의미에 따라 다양한 용법을 나타내 일상생활에서 매우 폭넓게 사용한다. 형용사에 비해 동사는 문장 종결 표현, 시제, 상, 양태, 높임법, 피동과 사동, 부정문 등 다양한 용법을 포함하고 있고 보조 동사 역시 한국어의 섬세한 표현을 결정하는 중요한 요소이므로 교육적 가치가 크다. 〈이선웅〉

[참고문헌]
- 김종명(2002), 한국어의 동사(Ⅱ), 새국어생활 12-4, 국립국어연구원, 137~153쪽.
- 남기심·고영근(2011), 표준 국어 문법론, 탑출판사.
- 홍재성(2002), 동사(1), 새국어생활 12-3, 국립국어연구원, 125~143쪽.

■ 형용사

형용사(形容詞, adjective)는 사물의 성질이나 상태를 표시하는 품사로 '무엇이 어떠하다'에서 '어떠하다'에 들어갈 수 있는 단어를 가리킨다.

 (1) 바다는 넓고 푸르다.
 (2) 나는 지금 매우 기쁘다.

(1)에서 '넓고'와 '푸르다'는 주어 '바다'가 가지는 본원적 속성을 나타내며 (2)의 '기쁘다'는 주어 '나'가 처해 있는 현재적 상태를 나타내어 형용사로 분류한다. 다만 단순히 속성이나 상태와 관계된다고 해서 모두 형용사인 것은 아니다. 그것이 어떠한지를 서술하고 있어야만 형용사라 할 수 있다.

 (3) 이 공원은 넓이가 얼마나 됩니까?
 (4) 이 순간의 기쁨을 잊지 말자.

예를 들어 위 (3)과 (4)의 '넓이'와 '기쁨'은 주어의 속성과 상태를 대상화하고 있을 뿐 그것에 대하여 서술하고 있는 것이 아니므로 형용사의 범주에 넣을 수 없다.

한국어 형용사의 가장 주요한 기능은 주어에 대한 서술이다. 즉 독자적으로 문장의 서술어가 되며 동사와 마찬가지로 활용하는 용언의 하나이다. 이러한 점은 영어 등 인도-유럽 어족의 형용사가 명사에 대한 수식, 즉 한정 기능을 기본으로 한다는 점과 비교할 때 큰 차이를 보인다.

 (5) ㄱ. She is smart.
  ㄴ. She is a smart girl.
 (6) ㄱ. 그녀는 똑똑하다.
  ㄴ. 그녀는 똑똑한 여자다.

위 (5ㄱ)에서 알 수 있듯이 영어 형용사 'smart'는 계사(繫辭, copula)인 be 동사의 도움을 받아야만 문장의 서술어가 된다. 또 서술적 용법으로 쓰인 (5ㄱ)과 한정적 용법으로 쓰인 (5ㄴ)에서 동일한 형태를 보인다. 반면 (6ㄱ)의 한국어 형용사 '똑똑하다'는 그 자체로 문장의 서술어로 기능하며 서로 다른 용법의 (6ㄱ)과 (6ㄴ)에서 각각 다른 형태를 보인다. 이러한 특징 때문에 한국어의 형용사는 동사의 하위 부류로 보아야 한다는 견해도 있다. 정열모를 필두로 한 이른바 종합적 품사 분류 체계를 지향하는 쪽에서는 이러한 주장을 하며 형용사를 형용 동사나 상태 동사로 부르기도 한다. 그러나 이러한 이견들에도 불구하고 한국어 형용사는 상태나 속성을 나타내는 의미적 특성이 있다는 점을 간과할 수 없으며 명령형이나 청유형 그리고 현재 시제 선어말 어미 '-ㄴ/는-'을 붙여 쓸 수 없는 등 동사와 구별되는 고유한 특징이 있다는 점을 중시하여 현재 학교 문법에서는 형용사를 독립된 품사로 분류하고 있다.

형용사는 분류의 기준에 따라 다양하게 나눌 수 있다. 남기심과 고영근은 우선 성상 형용사를 의미에 따라 감각, 평가, 비교, 존재, 심리 상태를 나타내는 것으로 세분한다. 그리고 이들 성상 형용사로 표현한 말을 다시 지시하는 부류로 지시 형용사를 들고 있다. 예를 들어 '저 옷이 참 예쁜데, 저런 옷은 비싸다.' 라는 문장에서 '저런'은 앞에서 성상 형용사 '예쁘다'로 표현된 것을 되풀이하지 않기 위해 대신 쓴 지시 형용사이다. 한편 지시 형용사와 성상 형용사를 나란히 쓸 때는 '저런 예쁜 옷'과 같이 지시 형용사가 성상 형용사보다 앞에 놓인다.

〈의미에 따른 형용사의 분류〉

	감각	검다, 달다, 시끄럽다, 거칠다, 빠르다, 멀다, …
	평가	착하다, 모질다, 아름답다, 성실하다, …
성상 형용사	비교	같다, 다르다, 낫다, …
	존재	있다, 계시다, 없다, …
	심리 상태	고프다, 아프다, 싫다, 좋다, …
	근칭	이러하다(이렇다)
	중칭	그러하다(그렇다)
지시 형용사	원칭	저러하다(저렇다)
	미지	어떠하다(어떻다)
	부정	아무러하다(아무렇다)

형용사의 분류는 이외에도 통사적 측면을 고려하여 주관 형용사와 객관 형용사로 나누기도 하고 활용 시의 양상에 따라 규칙 형용사와 불규칙 형용사로 나누기도 한다. 또 문장에서의 자립성 여부로 가르면 본용언으로 쓰인 경우와 보조 용언으로 쓰인 경우로 나뉜다. 후자의 예로는 '-고 싶다, -지 아니하다, -지 못하다, -지 말다, -아/어 있다, -기는 하다' 등이 있다.

한국어의 형용사는 위에서 언급했듯이 그 자체로 서술어 구실을 할 수 있으며 동사와 마찬가지로 활용을 통해 형태가 변화한다. 이는 한국어 형용사의 특성 중 하나로 다른 언어의 형용사는 문법적 특징이 한국어의 형용사와 다른 경우가 많고 그 다름의 양상도 균일하지 않기 때문에 한국어교육 현장에서 특히 주의해야 할 부분이다.

예를 들어 중국어와 일본어의 형용사는 한국어 형용사와 마찬가지로 서술어가 될 수 있지만, 영어의 형용사는 서술 기능이 없어 be 동사의 도움을 받아야만 문장의 서술어가 되므로 해당 언어를 모국어로 하는 학습자들이 오류를 일으키는 요인이 되기도 한다.

〈심혜령〉

[참고문헌]
- 고영근·구본관(2008), 우리말 문법론, 집문당.
- 남기심·고영근(1993), 표준 국어 문법론, 탑출판사.
- 유현경(1998), 국어 형용사 연구, 한국문화사.
- 이관규(1999), 학교 문법론, 월인.
- 정열모(1946), 선편 고등 국어 문법, 한글문화사.

■ 동사와 형용사의 구분

한국어의 동사와 형용사는 둘 다 주어를 서술한다는 점에서 중요한 공통점이 있다. 한국어는 영어와 같은 인도-유럽 어족과 달리 동사와 형용사의 형태 및 기능상 특징이 유사하여 한눈에 구별되지 않는 경향이 있다. 서양의 전통적인 형용사 범주는 명사에 대한 수식과 한정 기능을 기준으로 설정된 것임에 반해 한국어의 형용사는 주어에 대한 서술을 가장 큰 특징으로 한다는 점에서 근본적인 차이를 보인다.

'She is very smart.'의 예에서 볼 수 있듯이 영어의 형용사는 단독으로 서술어가 되지 못하고 반드시 계사(繫辭, copula)인 be 동사의 도움을 받아야만 문장의 서술어가 될 수 있는 반면 '그녀는 매우 똑똑하다.'와 같이 한국어의 형용사는 동사와 마찬가지로 단독으로 서술어의 역할을 한다. 또한 영어의 형용사는 굴절하지 않지만 한국어 형용사는 동사와 마찬가지로 활용에 따른 형태 변화를 보인다. 따라서 한국어에서는 동사와 형용사의 구분 기준이 중요한 문제로 대두된다.

동사와 형용사는 동사가 사물의 움직임을 동적·과정적으로 표시하는 품사이고 형용사가 사물의 속성이나 상태를 정적으로 표시하는 품사라는 점에서 의미상 근본적으로 다르다. 이러한 의미상의 차이는 대체로 분명히 드러나지만 (1)과 같은 일부 자동사나 (2)와 같은 심리 형용사의 경우 그 차이가 모호하게 느껴지기도 한다.

(1) 새로 산 바지가 아이에게 잘 맞았다.
(2) 어제부터 이가 흔들리고 아프다.

동사인지 형용사인지를 판별하는 방법으로는 다음과 같은 것들이 있다. 우선 기본형에 현재 시제 선어말 어미 '-ㄴ/는-'을 넣어 보는 방법이 있다. (3)과 같이 '-ㄴ/는-'이 들어갈 수 있으면 동사이고 (4)와 같이 들어갈 수 없으면 형용사이다.

(3) 얼음이 {녹는다/언다}
(4) 맛이 {*없는다/*쓴다}

또 (5)와 같이 동사는 현재 시제 관형사형 전성 어미로 '-는'을 취하고 형용사는 (6)과 같이 '-(으)ㄴ'을 취한다.

(5) 달리는 기차, 물 긷는 여인
(6) 아름다운 꽃, 높은 하늘

일부 동사는 의도 혹은 목적을 나타내는 어미들, 즉 '-(으)려'나 '-(으)러' 등과 함께 쓰일 수 있는 반면 형용사는 이들 어미와 함께 쓰지 못한다.

(7) 취직하려 애쓰다, 자러 가다
(8) *깨끗하려 세수하다, *붉으러 칠하다

그리고 (9)와 같이 명령형과 청유형 어미를 사용할 수 있으면 동사이고 (10)에서처럼 그렇지 못하면 형용사로 볼 수 있다.

(9) 달리다: 달려라, 달리자
(10) 높다: *높아라, *높자

상(相 aspect)의 측면에서 일부 동사는 (11)과 같이 진행상을 나타내는 '-고 있다'와 결합할 수 있으나 (12)와 같이 형용사는 결합하기 어렵다.

(11) 밤이 깊어 가고 있다. (동사)
(12) *깊고 푸르고 있는 밤 (형용사)

동사는 양태 부사의 수식을 받고 형용사는 정도 부사의 수식을 받으며 그 반대의 수식 관계는 성립하지 않는다.

(13) ㄱ. 철수는 부지런히 짐을 나른다.
    ㄴ. *영희는 부지런히 예쁘다.
(14) ㄱ. *철수는 매우 짐을 나른다.
    ㄴ. 영희는 매우 예쁘다.

(13ㄱ)에서 동사 '나르다'는 양태 부사 '부지런히'의 수식을 받지만 (13ㄴ)에서 형용사 '예쁘다'는 이러한 양태 부사의 수식을 받지 못한다. 반면 정도 부사 '매우'는 (14ㄱ)에서 동사 '나르다'를 수식할 수 없으나 형용사 '예쁘다'는 가능하다.

이러한 방법들이 모두 예외 없이 적용되는 것은 아니다. 따라서 어느 하나의 방법으로 동사와 형용사를 완벽하게 구분할 수는 없으며 종합적인 고려가 필요하다. 예를 들어 '행복하자, 건강해라'처럼 청유형, 명령형으로 자주 쓰이는 형용사들도 있으며 '매우 쳐라'와 같이 정도 부사가 동사를 수식하는 경우도 있다.

이상과 같은 한국어 동사와 형용사의 특성은 다른 언어와 일치하지 않는 점이 많으므로 한국어교육에서 반드시 다루어야 한다. 교재를 구성할 때는 이러한 문법 사항이 단계별로 충분히 반영되도록 본문 내용을 구성하고 문장으로 제공하는 것뿐만 아니라 별도의 명시적인 설명도 필요하다.　　　　　　　　　　　　　　　　〈심혜령〉

[참고문헌]
- 김용하(2012), 한국어 형용사 범주 설정의 문제, 현대문법연구 69, 현대문법학회, 21~38쪽.
- 남기심·고영근(1985), 표준 국어 문법론, 탑출판사.
- 송정근(2010), 한국어 형용사 범주 인식의 변화 양상, 한국언어문학 75, 한국언어문학회, 167~190쪽.
- 유현경(1998), 국어 형용사 연구, 한국문화사.
- 이관규(1999), 학교 문법론, 월인.

❏ '-하다' 결합형 동사와 형용사

한국어 동사와 형용사 중에는 어근에 접사 '-하다'가 붙어서 파생된 부류들이 있다.

접사 '-하다'는 한국어에서 높은 생산성을 보이는 접미사로서 명사, 부사, 어근, 용언의 활용형, 의존 명사 등과 결합한다. '-하다'가 동작성 어기 뒤에 붙으면 파생 동사가 되고 상태성 어기 뒤에 붙으면 파생 형용사가 된다.

　(1) ㄱ. 빨래하다, 나무하다, 운동하다, 연구하다
　　　 ㄴ. 함께하다, 같이하다, 달리하다
　　　 ㄷ. 좋아하다
　　　 ㄹ. 덜컹덜컹하다, 반짝반짝하다
　　　 ㅁ. 양하다, 체하다
　(2) ㄱ. 엄숙하다, 차분하다, 명랑하다
　　　 ㄴ. 씩씩하다, 깨끗하다, 착하다
　　　 ㄷ. 울퉁불퉁하다, 푹신푹신하다
　　　 ㄹ. 듯하다, 법하다, 뻔하다

(1)은 동사로 파생된 예인데 (1ㄱ)은 '빨래, 나무, 운동, 연구' 등의 명사에 '-하다'가 붙었다. 다만 선행 명사 중 '나무, 빨래'류에 비해 '운동, 연구'류의 명사는 동사성이 비교적 강하게 내포되어 있어 '-하다'가 담당하는 동작성의 크기도 달라진다. (1ㄴ)은 '함께, 같이' 등 부사와 결합하였으며, (1ㄷ)은 용언의 활용형과 결합한 경우, (1ㄹ)은 첩용 부사와 결합한 예들이다. (1ㅁ)은 일부 의존 명사에 '-하다'가 붙어 보조 동사를 형성하였다.

(2)는 형용사로 파생된 예들이다. (2ㄱ)은 '엄숙, 차분, 명랑' 등의 상태성 어기에 '-하다'를 붙여 형용사로 만들었는데 '-하다' 결합형 형용사는 이처럼 한자어를 선행 어기로 삼는 경우가 많다. (2ㄴ)은 '씩씩, 깨끗' 등의 자립성 없는 어근과 결합한 예이며 (2ㄷ)은 첩용 부사에 결합하였다. (2ㄹ)은 일부 의존 명사에 '-하다'가 붙어 보조 형용사를 만든 예이다.

한편 'X를 하다' 구성에서의 '하다'에 대해서는 '나무를 하다'와 같이 실체성 명사를 목적어로 취하는 '하다'를 중동사 혹은 대동사로 보고 '연구를 하다'와 같이 동사성 명사를 취하는 '하다'를 경동사, 형식 동사, 기능 동사로 보는 등의 논의가 있다. 이와 관련하여 '-하다' 결합형 동사 및 형용사에서의 '-하다' 역시 접미사가 아닌 독립적인 동사로 보기도 한다. 혹은 'X하다'를 하나의 단어로 인정하지 않는 관점도 있는데 이는 주로 'X하다'와 'X를 하다'가 기저에서 같은 구조를 가진다는 분석에 근거한다. 반면 남기심과 고영근은 '-되다'와 대립하여 능동사와 피동사를 형성한다는 점에서 접사로 보는 것이 합리적이라고 보고 있다.

한국어교육의 측면에서 '-하다' 결합형 동사 및 형용사는 학습자의 어휘량을 늘리는 데 효과적으로 기여할 수 있는 요소이다. 하지만 선행어의 유형에 따라 불규칙적인 양상을 보이는 특수한 파생어이므로 교수 학습의 적합한 단계에서 그 규칙을 제공할 필요가 있다. 이때 '-하다' 및 선행 어기에 대한 분석적 지식보다는 의미 유형별 단어 형성 원리를 익히게 하는 것이 바람직하다. 또 규칙을 제공하는 목적은 표현 어휘 생성 능력의 함양보다는 해당 어휘를 접했을 때 이해할 수 있도록 하는 데 두는 것이 좋다. 〈심혜령〉

[참고문헌]
• 김창섭(2008), 한국어 형태론 연구, 태학사.
• 남기심·고영근(1985), 표준 국어 문법론, 탑출판사.
• 서정수(1975), 동사 '하-'의 문법, 형설출판사.
• 시정곤(1994), 'X를 하다'와 'X하다'의 상관성, 국어학 24, 국어학회, 231~258쪽.

❏ 동사-형용사 통용 단어

단어들 중에는 한 가지 이상의 품사 부류에 속하는 것들이 있는데 이런 현상을 일반적으로 품사의 통용(通用, conversion)이라고 일컫는다. 한국어 품사 통용의 유형에는 명사와 조사의 통용, 수사와 관형사의 통용, 부사와 감탄사의 통용, 동사와 형용사 통용 등이 있다. 이러한 단어들은 사전에서도 두 가지의 품사가 모두 기재된다.

동사와 형용사의 통용은 그리 흔하지는 않으나 그 예는 아래와 같다.

    (1) ㄱ. 이 방은 불빛이 매우 <u>밝다</u>. (형용사)
        ㄴ. 어느새 날이 <u>밝았다</u>. (동사)
    (2) ㄱ. 저 아이는 키가 무척 <u>크다</u>. (형용사)
        ㄴ. 아이들은 하루가 다르게 <u>큰다</u>. (동사)
    (3) ㄱ. 철수는 키가 작고 얼굴색이 <u>붉다</u>. (형용사)
        ㄴ. 가지마다 열매가 <u>붉는</u> 듯하더니 어느새 가을이 깊었다. (동사)
    (4) ㄱ. 영양이 부족하면 발육이 <u>늦다</u>. (형용사)
        ㄴ. 철수는 오늘 아침 수업에 <u>늦었다</u>. (동사)

위 예에서 보인 '밝다, 크다, 붉다, 늦다' 외에도 '굳다, 굽다, 둥글다, 있다, 의태어 + 하다 류' 등이 이러한 경우에 해당한다. 이들이 동사와 형용사로 각각 쓰일 때 의미의 차이는 동음이의어로 처리할 만큼 크지는 않다. 다만 동작성을 나타내느냐 상태성을 나타내느냐의 차이이며 그 구분은 형태적 기준, 즉 어떤 어미와 결합할 수 있는가를 기준으로 한다. 동사로 쓰이는 예에는 명령형 어미 '-아/어라', 청유형 어미 '-자', 현재 시제 선어말 어미 '-ㄴ/는-', 의도와 목적을 나타내는 '-(으)러, -(으)려' 등이 붙을 수 있으나 형용사로 쓰이는 경우에는 붙을 수 없다.

한 단어가 두 가지의 품사로 쓰이는 것은 대부분 품사의 분류 방식에서 비롯된 것이다. 동사와 형용사의 통용 문제 역시 동사와 형용사를 하나의 품사로 본다면 생겨나지 않았을 문제이다. 한국어의 형용사는 독립적으로 서술어의 기능을 할 수 있는 등 동사와 유사한 면이 많기 때문에 동사의 하위 부류로 볼 수도 있기 때문이다. 하지만 그렇다 하더라도 품사 분류의 최우선 기준을 통용 현상 회피에 두기는 어려울 것이다.

한편 통용이라는 용어는 해당 단어의 기본적인 품사가 무엇인가에 대해 중립적인 태도를 취한다. 하지만 이와 달리 어떤 형태든 기본적인 품사가 있고 이것에 모종의 작용이 일어나 부차적인 다른 품사로 바뀐다고 보는 관점도 있다. 영 파생(zero derivation)으로 보는 견해가 대표적인데 영 파생은 형태가 없는 모종의 접미사가 존재하며 그것이 다른 품사로 파생 작용을 일으킨다고 가정하는 것으로 조어법적 성격이 강한 용어이다.

품사 통용은 여러 언어에서 공통적으로 발견되는 현상이다. 하지만 제2 언어 습득의 과정에서는 학습자에게 혼란을 야기할 수 있으므로 뜻에 차이가 있음을 명시적으로 밝혀 주는 것이 좋다. 다만 품사를 구분하는 것보다는 구체적이고 풍부한 예문을 통해서 그 의미 및 통사적인 차이를 알 수 있도록 하는 방법이 바람직하다. 〈심혜령〉

[참고문헌]
- 고영근·구본관(2008), 우리말 문법론, 집문당.
- 구본관(2010), 국어 품사 분류와 관련된 몇 가지 문제, 형태론 12-2, 형태론 학회, 179~199쪽.
- 서태룡(2006), 국어 품사 통용은 이제 그만, 곽충구 외 엮음, 국어학논총: 이병근 선생 퇴임 기념, 태학사.
- 송철의(1992), 국어의 파생어 형성 연구, 태학사.

■ 용언의 활용

용언의 활용(活用, conjugation)은 동사나 형용사의 어간에 여러 어미가 결합하여 동사나 형용사의 문법적인 기능을 바꾸는 것을 말한다.

용언은 체언과 짝이 되는 용어로서 흔히 동사와 형용사를 묶어 부르는 이름으로 쓰인다. 혹자는 형용사와 비슷한 활용 양상을 보이는 '이다'를 계사(繫辭, copula)로 보고 용언에 포함하기도 한다. 그러나 '이다'는 자립성이 없고 분포상 특징으로 보면 선어말 어미와 상통하는 면이 있다. 또한 그 기능이 명사를 형용사로 바꾸는 파생 접미사와도 비슷한 면이 있어 아직까지 분명한 결론을 내리기가 어렵다. 현행 학교 문법에서는 '이다'를 서술격 조사로 분류한다.

어간에 어미가 결합하는 현상을 굴절(屈折, inflection)이라고 하는데 이 중 체언의 굴절을 곡용(曲用, declension), 용언의 굴절을 활용이라 하여 구별한다. 용언의 활용은 어미 변화라고도 한다. 한국어에 굴절이 존재할 수 있느냐 없느냐의 문제는 오랫동안 논란의 대상이 되어 왔다. 인도-유럽 어족의 굴절 접사는 선행어와 결합하여 하나의 통사적 단어로 흡수되지만 한국어의 조사와 어미는 단어 이상의 단위와 결합하여 통사 구성의 한 성분이 되기 때문이다. 한국어 문법에서 활용 범주를 확립한 최현배의 견해에 따라 현행 학교 문법에서는 비교적 자립성이 높은 조사는 단어로 인정하고 자립성이 낮은 어미는 단어로 인정하지 않고 있다. 이에 따라 한국어에는 곡용은 없고 활용이 한국어의 굴절을 대표한다는 입장을 취한다.

한국어는 어미가 매우 발달한 언어에 속하기 때문에 활용형이 다양하게 나타난다. 동사 '먹다'와 형용사 '푸르다'에 어말 어미가 결합한 예를 일부 제시하면 다음과 같다.

(1) 동사 '먹다'의 활용: 먹다, 먹어, 먹지, 먹게, 먹으면, 먹어서, 먹을, 먹은, 먹던, 먹음, …
(2) 형용사 '푸르다'의 활용: 푸르다, 푸르러, 푸르지, 푸르게, 푸르면, 푸르러서, 푸르른, 푸르던, 푸르름, …

위에서 볼 수 있듯이 '먹다'와 '푸르다'의 어간인 '먹-'과 '푸르-'는 변하지 않고 어미만이 '-아/어, -지, -게, -(으)면, -아/어서, -(으)ㄹ, -(으)ㄴ, -던, -(으)ㅁ' 등으로 변하여 (1), (2)와 같이 활용된다.

다양한 어미 변화는 용언이 여러 가지 문법적인 기능을 발휘하도록 하는 역할을 한다. 활용에 의해 실현되는 문법 범주에는 시제(時制), 상(相), 서법(敍法), 태(態), 경어법(敬語法) 등이 있다. 예를 들어 '잡았다, 먹었다, 보았다' 등과 '잡다, 먹다, 보다' 등을 비교하면 선어말 어미 '-았/었-'이 결합한 전자에는 과거의 의미가 드러난다. 또 '가시다, 하시다, 잡으시다' 등과 '가다, 하다, 잡다' 등을 비교하면 선어말 어미 '-(으)시-'가 결합한 전자에는 존대의 의미가 포함되어 있다. 이와 같이 단어의 개념적 의미를 갖는 어간에 문법적 기능을 표시하는 어미가 결합하는 활용을 통해 용언은 여러 가지 문법적인 기능을 나타낸다.

한국어를 배우는 외국인 학습자들은 다양한 형태의 어미와 어미들의 결합 순서를 익히고 사용하는 데 많은 어려움을 겪는다. 용언의 활용은 교착어에 속하는 한국어의 중요한 특성으로 이의 교수 학습 방법에 대한 연구가 꾸준히 요구된다. 〈심혜령〉

[참고문헌]
• 서정수(1996), 국어 문법, 한양대학교출판원.
• 이선웅(2012), 한국어 문법론의 개념어 연구, 월인.
• 허용 외(2005), 외국어로서의 한국어교육학 개론, 박이정.

❏ 어간과 어미

어간(語幹, stem)과 어미(語尾, ending)는 굴절(屈折, inflection)에서 다루는 개념으로, 어간은 어미가 직접 결합할 수 있는 중심 요소를 말하며 어미는 어간에 결합하여 여러 가지 문법적인 의미를 더해 주는 요소를 말한다.

한국어에서 용언의 활용형은 단어의 개념적 의미를 갖는 어간과 문법적 기능을 표시하는 어미로 구성된다. 활용에서 어미는 문법적 기능에 따라 변화하지만 어간은 변화하지 않고 고정된 요소로 나타난다.

　(1) 동사 '뛰다'의 활용: 뛰-다, 뛰-고, 뛰-니, 뛰-어서, …
　(2) 형용사 '높다'의 활용: 높-다, 높-고, 높-으니, 높-아서, …

(1)은 동사 '뛰다'의 활용을, (2)는 형용사 '높다'의 활용을 보인 것이다. 각각에서 '-'의 앞부분이 어간, '-'의 뒷부분이 어미에 해당한다.

어간과 유사한 것으로 어근(語根, root)이 있다. 어간은 굴절의 한 요소이나 어근은 파생의 한 요소로 접사와 결합해서 단어를 형성한다. 이선웅은 어간이 문장 형성의 요소로서 단어 형성의 요소인 어근과 층위를 달리하는 것이라고 설명한다.

한국어는 어미가 발달한 언어로 종류가 매우 다양하다. 어미는 그 위치에 따라 선어말 어미와 어말 어미로 나눈다. 선어말 어미는 그것으로 한 단어가 끝나지 못하고 반드시 뒤에 다른 어미를 필요로 하는 것이고 어말 어미는 그 자체로 단어를 완성하는 것이다. 어말 어미는 다시 그것으로 한 문장을 완전히 끝맺느냐 그렇지 않느냐에 따라 종결 어미와 비종결 어미로 나눌 수 있다. 비종결 어미는 기능에 따라 연결 어미와 전성 어미로 나눈다. 연결 어미는 두 개의 문장을 이어 주는 기능을 하고 전성 어미는 한 문장을 명사나 관형사와 같이 자격을 바꾸어 주는 기능을 한다. 연결 어미에는 '-고'와 같이 두 문장을 대등적으로 이어 주는 대등적 연결 어미, '-아/어서'와 같이 앞의 문장을 뒤의 문장에 종속시키는 종속적 연결 어미, '-아/어, -게, -지, -고'와 같이 본용언에 보조 용언을 이어 주는 보조적 연결 어미가 있다. 전성 어미는 '-는, -(으)ㄴ, -(으)ㄹ, -던'과 같은 관형사형 어미와 '-(으)ㅁ, -기'와 같은 명사형 어미로 나눌 수 있다. 한편 이와 같은 학교 문법의 어미 체계와 달리 최근의 연구 문법에서는 종속적 연결 어미를 인정하지 않고 이를 부사형 어미로 보아 다른 전성 어미와 함께 취급하는 경우가 많다.

체언에 조사가 붙는 것과 더불어 용언 어간에 어미가 붙어 활용한다는 사실이야말로 한국어의 가장 큰 특징 중 하나이다. 또한 나타내고자 하는 의미 및 기능에 따라 각각 다른 어미가 붙는다는 것은 교착어로서의 한국어에 나타나는 특성의 요체이므로 한국어교육에서는 이러한 한국어의 교착적 특성을 학습자에게 충분히 이해시킬 필요가 있다.

〈심혜령〉

[참고문헌]
- 고영근·구본관(2008), 우리말 문법론, 집문당.
- 이선웅(2012), 한국어 문법론의 개념어 연구, 월인.

❏ 동사의 활용

동사의 활용(活用, conjugation)이란 동사 어간에 어미가 결합하여 어형이 변화하는 것을 말한다.

학교 문법에서는 활용을 굴절(屈折, inflection)로 취급한다. 곧 활용을 형태론적 현상의 하나인 단어의 어형 변화로 보는 것이다. 그런데 어미를 문법적 단어로 인정한다면 굴절의 한 종류로서의 활용 개념은 사라지게 된다. 이때의 활용은 의존적 단어인 동사 어간에 의존적 단어인 어미가 결합하는 통사적 현상으로 해석된다.

동사의 활용에는 규칙 활용과 불규칙 활용이 있다. 규칙 활용에는 다음과 같은 예가 있다.

(1) ㄱ. 보다: 보고, 보니

먹다: 먹고, 먹으니

ㄴ. 먹다: 먹는다

가다: 간다

ㄷ. 서다: 서- + -었다 → *서었다 → 섰다

재다: 재- + -었다 → 재었다 → 쟀다

ㄹ. 오다: 오- + -아서 → *오아서 → 와서

주다: 주- + -어서 → 주어서 → 줘서

ㅁ. 살다: 살- + -니 → 사니, 살- + -신다 → 사신다,

살- + -ㅂ니다 → 삽니다, 살- + -(으)오 → 사오

ㅂ. 쓰다: 쓰- + -어도 → *쓰어도 → 써도

(1ㄱ)은 어간 말음이 모음일 때는 교체되지 않던 어미가 어간 말음이 자음일 때는 '-X'의 형태와 '-으X'의 형태로 교체됨을 보여 준다. (1ㄴ)은 동사와 결합하여 현재 시제 선어말 어미 '-ㄴ/는-'이 어간 말음이 자음인지 모음인지에 따라 어미가 교체됨을 보인 것이다. (1ㄷ)은 어간과 어미가 결합할 때의 모음 탈락 현상을 보인 것이고 (1ㄹ)은 반모음화 현상을 보여 준다. 동사에 따라 탈락이나 반모음화 현상이 필수적인 것이 있고 수의적인 것이 있다. (1ㅁ)은 어간 말음 'ㄹ'이 어미의 첫소리 'ㄴ, ㅅ, ㅂ' 및 '-(으)오, -(으)ㄹ' 앞에서 탈락하는 현상이다. (1ㅂ)은 어간 말음 '으'가 모음으로 시작하는 어미를 만나면 탈락하는 현상이다. 이러한 현상은 불규칙적으로 볼 수도 있지만 동사의 종류에 관계없이 일어나므로 불규칙 활용에 포함하지 않는 것이 보통이다.

한편 다음과 같은 예는 불규칙 활용으로 다룬다.

(2) ㄱ. 짓다: (집을) 짓고, 지으면

ㄴ. 묻다: (모르는 것을) 묻고, 물으면

ㄷ. 굽다: (고기를) 굽고, 구우면

ㄹ. 다르다: (남과) 다르고, 달라

ㅁ. 푸다: (국을) 푸고, 퍼

ㅂ. 하다: (공부를) 하고, 하여

ㅅ. 이르다: (어디에) 이르고, 이르러

　(2ㄱ)은 'ㅅ' 불규칙 동사이다. 모음으로 시작하는 어미가 올 때 어간 말음의 'ㅅ'이 탈락한다. (2ㄴ)은 'ㄷ' 불규칙 동사이다. 모음으로 시작하는 어미가 올 때 어간 말음의 'ㄷ'이 'ㄹ'로 바뀐다. (2ㄷ)은 'ㅂ' 불규칙 동사이다. 모음으로 시작하는 어미가 올 때 어간 말음의 'ㅂ'이 '오/우'로 바뀐다. (2ㄹ)은 '르' 불규칙 동사이다. '-아/어'로 시작하는 어미가 올 때 '르'가 'ㄹㄹ'로 바뀐다. (2ㅁ)은 '우' 불규칙 동사이다. '푸다'가 어미 '-어'와 결합하면 어간 말음 'ㅜ'가 탈락한다. (2ㅂ)은 '여' 불규칙 동사이다. 어간이 '하'로 끝날 때 어미 '-아/어'가 '-여'로 바뀐다. (2ㅅ)은 '러' 불규칙 동사이다. '이르-' 뒤에서는 어미 '-어'가 '-러'로 바뀐다. 이러한 현상은 동사의 종류에 따라 일어난다. 이 외에 '가다'나 '가다'로 끝나는 동사 어간 뒤에 명령형 어미로 '-거라'가 결합하는 '거라' 불규칙이 있는데 이 경우 '-거라'를 '-아/어라'와 의미 차이가 있는 것으로 보아 불규칙에서 제외하기도 한다. 그리고 '오다'나 '오다'로 끝나는 동사 어간 뒤에 명령형 어미로 '-너라'가 결합하는 '너라' 불규칙, '주다'의 요청형으로 쓰이는 '달다'에 명령형 어미 '-오'가 붙는 '오' 불규칙 등이 있다.

　한국어교육 현장에서 동사의 활용은 매우 중요한 학습 요소이다. 주지하듯이 형용사, '이다'와 마찬가지로 동사 역시 활용하지 않는 단어, 즉 어간 그 자체만으로는 실제로 아무 발화를 할 수 없다. 따라서 외국인 학습자는 단어의 기본형을 외우는 것에서 나아가서 그 활용형을 이해하고 사용할 수 있어야 한다.

　원칙적으로 모든 문장은 동사, 형용사 등의 서술어가 쓰여야 한다. 그러므로 동사의 활용은 한국어 문장을 만드는 데 필요한 가장 기초적인 문법이다. 종결형의 선택, 어순 등과 같은 다른 문법들에는 회피 전략(avoidance strategy)이 어느 정도 통용될 수 있지만 활용은 그렇지 못하여 문장 구성에 반드시 필요한 필수 요소가 된다. 이에 따라 한국어 교수 학습에서 동사 활용은 비록 쉽지 않은 교육 내용이더라도 초급 단계에서 집중적으로 다루고 있다. 이때의 교육 순서는 교육 대상이 되는 항목의 빈도 등을 고려하되 대체로 규칙 활용에서 불규칙 활용으로 가르치고 불규칙 활용 중에서도 이해하기 쉬운 불규칙 활용을 먼저 다루는 것이 타당하다. 　　　　　　　〈이선웅〉

[참고문헌]
• 남기심·고영근(2011), 표준 국어 문법론, 탑출판사.
• 배주채(2000), 불규칙 활용, 새국어생활 10-2, 국립국어연구원, 163~169쪽.
• 이선웅(2012), 한국어 문법론의 개념어 연구, 월인.
• 한재영 외(2005), 한국어 교수법, 태학사.

☐ 형용사의 활용

형용사의 활용(活用, conjugation)이란 형용사 어간에 여러 어미가 결합하여 형용사의 문법적인 기능을 바꾸는 것으로 동사의 활용 양상과는 차이를 보인다.

(1) 철수야, *착해라/착하자.

(2) 철수야, 뛰어라/뛰자.

(1)은 동사의 활용을, (2)는 형용사의 활용을 보인 것이다. 형용사가 동사와 차이를 보이는 것은 크게 두 가지이다. 첫째, (1)과 같이 형용사는 명령을 나타내는 어미 '-아/어라'와 청유를 나타내는 어미 '-자'와의 결합이 불가능하다. '얼굴도 참 고와라!'와 같이 '-아/어라'가 결합하는 경우가 있는데 이때는 명령형이 아닌 감탄형 어미를 쓴 것이다.

(3) ㄱ. 철수가 뛴다.

ㄴ. 철수가 뛰느냐?

ㄷ. 철수가 뛰는구나.

ㄹ. 철수는 뛰는 중이다.

ㅁ. 철수가 뛰어 간다.

ㅂ. 철수는 뛰기가 서툴다.

(4) ㄱ. 철수가 착하다.

ㄴ. 철수가 착하냐?

ㄷ. 철수가 착하구나.

ㄹ. 철수는 착한 학생이다.

ㅁ. 철수가 착해 보인다.

ㅂ. 철수가 착하기가 천사 같다.

둘째, 동사의 활용에서는 (3ㄱ)~(3ㄹ)과 같이 '-는다, -느냐, -는구나, -는' 어미가 결합하지만 형용사의 활용에서는 (4ㄱ)~(4ㄹ)과 같이 '-다, -(으)냐, -구나, -(으)ㄴ' 어미가 결합한다. 나머지 '-아/어, -기' 등의 활용 양상은 (3ㅁ)~(3ㅂ)과 (4ㅁ)~(4ㅂ)에서 볼 수 있듯이 동사와 형용사가 동일하다. 이러한 차이에 따라 명령형, 청유형 어미와의 결합 여부와 '-ㄴ/는다'와 '-는'의 결합 여부를 흔히 동사와 형용사의 변별 기준으로 삼는다.

고영근과 구본관은 형용사와 동사의 활용상 차이점을 형용사가 갖는 의미 특성으로 설명한다. 형용사가 명령이나 청유의 활용 어미와 결합하지 않는 것은 형용사가 의미상 명령문이나 청유문을 만들 수 없기 때문이다. 그리고 형용사는 본질적으로 시간적인 움직임과 무관하므로 과거와 현재의 구분을 나타내는 표현이 불필요하며 그로 인해 현재 시제와 관련되는 '-ㄴ/는-, -는'이나 직설법 '-느-'가 나타나기 어렵다고 설명한다.

한국어의 형용사는 동사와 마찬가지로 다양한 어미가 붙어 활용하지만 구체적인 양상에서는 동사와 일정한 차이를 보인다. 형용사가 활용한다는 사실은 그 자체로도 형용사가 활용하지 않는 언어를 제1 언어로 하는 학습자에게는 모국어 간섭의 요인이 될 수 있으며 동사와 형용사 활용 양상의 차이도 학습자들이 오류를 일으키는 원인이 된다. 따라서 한국어교육 현장에서는 이러한 동사와 형용사 활용의 차이를 명시적으로 충분히 제시할 필요가 있다.　　　　　　　　　　　　　　　〈심혜령〉

[참고문헌]
• 고영근·구본관(2008), 우리말 문법론, 집문당.
• 김정남(1998), 국어 형용사의 연구, 서울대학교 박사학위논문.

❑ 규칙 활용

규칙 활용(規則活用, regular conjugation)은 어간에 어미가 붙어 활용할 때 환경에 따라 형태를 바꾸는 일이 없이 어간과 어미의 모습이 일정한 것을 말한다.

(1) 쉬다, 쉬고, 쉬니, 쉬어서, 쉬면, …
(2) 듣다, 듣고, 들으니, 들어서, 들으면, …

(1)은 규칙 활용의 예로 활용할 때 어간과 어미의 모습이 일정하다. 반면 (2)는 불규칙 활용의 예로 어간 '듣-'이 환경에 따라 '들-'로 바뀐다.

활용에서 어간이나 어미에 변화가 일어나더라도 그 현상이 한국어의 일반적인 음운 이론으로 설명이 가능한 자동적 교체인 경우에는 규칙 활용이라고 하므로 (3)~(6)은 활용할 때 어간의 모습이 달라지지만 규칙 활용으로 볼 수 있다.

(3) 같아[가타]/같다[갇따], 높아[노파]/높다[놉따], 있어[이써]/있다[읻따]
(4) 믿어[미더]/믿네[민네], 먹어[머거]/먹는[멍는]
(5) 따르고/따라, 아프다/아파
(6) ㄱ. 아느냐, 아는, 안, 압니다, 아세요, 아오
　　 ㄴ. 알다, 알고, 알지, 알면

(3)은 받침 규칙에 의해서 어간이 모음으로 시작하는 어미 앞에서는 본래의 음가대로 발음되지만 자음으로 시작하는 어미 앞에서는 대표음으로 발음된다. (4)는 자음 동화 현상인 비음 동화에 의해 어간이 교체되었다. (5)는 'ㅡ'로 끝나는 어간이 모음으로 시작하는 어미 앞에서 'ㅡ' 탈락을 겪었으며 (6ㄱ)은 (6ㄴ)과 달리 'ㄹ'로 끝나는 어간이 선어말 어미 '-느-'와 어미의 첫소리 'ㄴ, ㅂ, ㅅ' 및 어미 '-(으)오, -(으)ㄹ' 앞에서 'ㄹ' 탈락을 겪었다.

다음은 활용을 할 때 어미의 모습이 달라지지만 규칙 활용으로 볼 수 있는 예들이다.

(7) ㄱ. 보아라, 보아서, 보았다
　　 ㄴ. 먹어라, 먹어서, 먹었다
(8) ㄱ. 잡은, 잡을, 잡으오, 잡으시고, 잡음
　　 ㄴ. (비교) 간, 갈, 가오, 가시고, 감

(7ㄱ)과 같이 어간의 모음이 'ㅏ, ㅗ'일 때는 '-아라, -아서, -았-'과 결합하고 (7ㄴ)과 같이 'ㅏ, ㅗ'를 제외한 나머지 모음일 때는 '-어라, -어서, -었-'과 결합한다. (8)은 어미 '-(으)ㄴ, -(으)ㄹ, -(으)오, -(으)시-, -(으)ㅁ'이 'ㄹ' 이외의 자음으로 끝나는 어간과 결합할 때 매개 모음 '으'가 삽입되어 모음으로 끝나는 (8ㄴ)의 '가-' 활용형과 차이가 있다.

한국어 학습자는 (3)~(6)과 같이 어간이나 어미가 변하는 활용을 보일 때 비록 그것이 자동적 교체라 할지라도 모어 화자로서의 직관이 없으므로 규칙의 적용이 원활하지 않을 수 있다. 그러므로 불규칙 활용과 마찬가지로 명시적으로 제시하는 것이 좋으며 경우에 따라서는 적용되는 어휘를 특정해 주는 것이 효과적이다. 〈심혜령〉

[참고문헌]
- 고영근·구본관(2008), 우리말 문법론, 집문당.
- 남기심(2011), 표준 국어 문법론, 탑출판사.
- 한재영 외(2008), 한국어 문법 교육, 태학사.

❑ 불규칙 활용

불규칙 활용(不規則活用, irregular conjugation)이란 용언의 활용 중 어간이나 어미의 형태 변화가 불규칙적으로 일어나 한국어의 일반적인 음운 규칙으로 설명하기 어렵게 된 현상을 말한다.

불규칙 활용은 어간이 불규칙하게 변하는 것, 어미의 형태가 불규칙하게 변하는 것, 어간과 어미의 형태가 모두 불규칙적으로 변하는 것으로 나눌 수 있다. 불규칙 활용의 종류는 학자들의 관점에 따라 조금씩 다르지만 다음과 같이 분류하고 있다.

어간이 불규칙한 활용으로는 'ㅅ' 불규칙, 'ㄷ' 불규칙, 'ㅂ' 불규칙, '르' 불규칙, '우' 불규칙이 있다. 'ㅅ', '우' 불규칙은 모음 어미 앞에서 어간 말음 'ㅅ', 'ㅜ'가 탈락하는 것이고 'ㄷ', 'ㅂ', 르 불규칙은 모음 어미 앞에서 각각 'ㄷ'은 'ㄹ'로, 'ㅂ'은 '오/우'로, '르'는 'ㄹㄹ'로 바뀌는 활용이다.

(1) 'ㅅ' 불규칙: 낫- + -아/어 → 나아, 잇- + -아/어 → 이어
(2) '우' 불규칙: 푸- + -아/어 → 퍼
(3) 'ㄷ' 불규칙: 깨닫- + -아/어 → 깨달아, 듣- + -아/어 → 들어
(4) 'ㅂ' 불규칙: 돕- + -아/어 → 도와, 덥- + -아/어 → 더워
(5) '르' 불규칙: 모르- + -아/어 → 몰라, 흐르- + -아/어 → 흘러

어미가 불규칙한 활용으로는 '여' 불규칙, '러' 불규칙, '오' 불규칙이 있다. '여' 불규칙은 '하다'의 어간에 어미 '-아/어'가 올 때 '-아/어'가 아닌 '여'가 나타나는 것이고, '러' 불규칙은 '이르다', '푸르다', '누르다' 등의 어간에 어미 '-아/어'가 아닌 '러'가 나타나는 것이다. '-오' 불규칙은 어간이 달라지고 어미도 '-아/어라' 자리에 '-오'가 나타난다.

(6) '여' 불규칙: 하- + -아/어 → 하여
(7) '러' 불규칙: 이르- + -아/어 → 이르러
(8) '오' 불규칙: 달/다- + -아/어라 → 다오

어간과 어미가 모두 불규칙한 예로는 'ㅎ' 불규칙이 있다. (9)와 같이 'ㅎ'으로 끝나는 어간 뒤에 활용 어미 '-아/어'가 올 때 어간의 'ㅎ'이 탈락하고 어미가 다른 형태로 변하여 어간과 어미의 불규칙성을 동시에 보이고 있다.

(9) 'ㅎ' 불규칙: 빨갛- + -아/어 → 빨개, 뻘겋- + -아/어 → 뻘게

불규칙 활용은 한국어 학습 초기에 학습자들에게 아주 어려운 학습 항목에 속한다. 그러나 한국어는 교착어로서 용언의 활용은 문법뿐만 아니라 쓰기와 말하기 기능에 이르기까지 가장 기본이 되는 요소이다. 한국어 학습 초기에는 쓰기를 통한 어미 활용 연습에 많은 시간을 할애하고 해당 항목이 제시될 때마다 반복적으로 짚어 주어 오류를 예방하는 것이 필요하다. 〈정선화〉

[참고문헌]
• 국립국어원(2005), 외국인을 위한 한국어 문법 1, 커뮤니케이션북스.
• 백봉자(2006), 외국어로서의 한국어 문법 사전, 도서출판 하우.
• 서울대학교 국어교육연구소(2009), 고등학교 문법 교사용 지도서, 두산동아.

❏ 'ㅅ' 불규칙 활용

'ㅅ' 불규칙 활용은 'ㅅ' 받침이 있는 동사의 일부가 모음으로 시작하는 어미와 결합할 때 동사의 받침 'ㅅ'이 탈락하는 것을 말한다.

'ㅅ'으로 끝나는 어간이 자음으로 시작하는 어미 '-습니다, -는, -고, -지' 등과 결합할 때는 형태의 변화가 없지만 모음으로 시작하는 어미와 결합하면 'ㅅ'이 탈락한다. 'ㅅ' 불규칙 활용에 해당하는 동사와 활용의 예는 다음과 같다.

(1) ㄱ. 'ㅅ' 불규칙 활용 동사: 긋다, 낫다, 붓다, 잇다, 짓다 등
　　ㄴ. 활용의 예: 긋- + {-아/어, -았/었다, -(으)ㄴ} → 그어, 그었다, 그은

그러나 어간이 'ㅅ'으로 끝나는 동사 중 모음으로 시작하는 어미 앞에서 'ㅅ'이 탈락하지 않는 규칙 활용 동사도 있다.

(2) ㄱ. 'ㅅ' 규칙 활용 동사: 벗다, 빼앗다, 웃다, 씻다 등
　　ㄴ. 활용의 예: 벗- + {-아/어, -았/었다, -(으)ㄴ} → 벗어, 벗었다, 벗은

'ㅅ' 불규칙 활용 동사는 학습자들이 불규칙 활용에 익숙해진 단계에서 제시되기 때문에 사용상의 오류는 많지 않은 편이다. 〈정선화〉
= 'ㅅ' 탈락

[참고문헌]
• 국립국어원(2005), 외국인을 위한 한국어 문법 1, 커뮤니케이션북스.
• 박덕유(2006), 학교 문법론의 이해, 역락.
• 백봉자(2006), 외국어로서의 한국어 문법 사전, 도서출판 하우.

❑ 'ㄷ' 불규칙 활용

 'ㄷ' 불규칙 활용이란 'ㄷ' 받침이 있는 동사의 일부가 모음으로 시작하는 어미와 결합할 때 'ㄷ'이 'ㄹ'로 바뀌는 것을 말한다.

 'ㄷ' 불규칙 활용을 하는 동사의 어간은 자음으로 시작되는 어미 '-습니다, -지, -고, -는' 등이 뒤에 올 때는 형태의 변화가 없다. 그러나 동사의 어간에 모음으로 시작하는 어미가 올 때는 어간의 끝 'ㄷ'이 'ㄹ'로 바뀌게 된다. 이에 해당하는 동사의 예와 활용의 예는 아래와 같다.

> (1) ㄱ. 'ㄷ' 불규칙 활용 동사: 걷다, 깨닫다, 듣다, 묻다, 싣다 등
> ㄴ. 활용의 예: 듣- + {-아/어, -았/었다, -(으)ㄴ} → 들어, 들었다, 들은

 그러나 'ㄷ'으로 끝난 동사 중 모음으로 시작하는 어미 앞에서도 'ㄷ'이 'ㄹ'로 바뀌지 않는 규칙 활용 동사도 있다.

> (2) ㄱ. 'ㄷ' 규칙 활용 동사: 닫다, (땅에) 묻다, 믿다, 받다, 얻다 등
> ㄴ. 활용의 예: 닫- + {-아/어, -았/었다, -(으)ㄴ} → 닫아, 닫았다, 닫은

 학습자들은 'ㄷ' 받침이 'ㄹ'로 바뀌면서 'ㄹ' 동사의 활용 형태와 혼동하는 오류를 범하기도 한다. 예를 들면 '살다 + -(으)세요 → 사세요'는 어간에 'ㄹ' 받침이 있는데 왜 '사세요'로 바꾸어 어간 받침 'ㄹ'이 탈락하고, '듣다 + -(으)세요 → 들으세요'는 어간 'ㄹ' 받침이 왜 탈락하지 않고 '들으세요'로 바뀌는지 질문하기도 한다. 이때는 '듣다'와 같은 'ㄷ' 불규칙 활용 동사들의 원래 받침이 'ㄷ'임을 숙지시키고, 'ㄹ' 동사의 활용과 다름을 설명하면 오류를 줄일 수 있다.　　　　　　　　　　　　　　〈정선화〉

[참고문헌]
- 국립국어원(2005), 외국인을 위한 한국어 문법 1, 커뮤니케이션북스.
- 박덕유(2006), 학교 문법론의 이해, 역락.
- 백봉자(2006), 외국어로서의 한국어 문법 사전, 도서출판 하우.

❑ 'ㅂ' 불규칙 활용

 'ㅂ' 불규칙 활용은 'ㅂ' 받침이 있는 용언의 일부가 모음으로 시작하는 어미와 결합할 때 'ㅂ'이 '오/우'로 바뀌게 되는 것을 말한다.

 'ㅂ' 불규칙 활용을 하는 용언의 어간은 자음으로 시작되는 어미 '-ㅂ/습니다, -지, -고, -는' 등이 뒤에 올 때는 형태의 변화가 없다. 그러나 모음으로 시작하는 어미 '-아/어, -았/었-, -(으)ㄴ' 등을 만났을 때는 어간 끝 'ㅂ'이 '오/우'로 바뀐다. '돕다, 곱나'는 어긴 뒤에 '아'로 시작하는 어미가 붙을 때 'ㅂ'이 '오'로 바뀌나 다른 경우 'ㅂ'은 '우'로 바뀌게 되어 모음 조화가 적용되지 않는다. 이에 해당하는 동사와 형용사에는 다음과 같은 예들이 있다.

(1) ㄱ. 동사: 굽다, 눕다, 돕다 등

ㄴ. 형용사: 고맙다, 곱다, 귀엽다, 덥다 등

위와 같이 'ㅂ'으로 끝나는 용언이 아래와 같이 모음으로 시작하는 어미들과 결합하면 다음과 같은 활용을 한다.

(2) ㄱ. 눕- + {-아/어, -았/었다, -(으)ㄴ} → 누워, 누웠다, 누운

ㄴ. 돕- + {-아/어, -았/었다, -(으)ㄴ} → 도와, 도왔다, 도운

(3) 덥- + {-아/어, -았/었다, -(으)ㄴ} → 더워, 더웠다, 더운

(2)는 동사인 '눕다, 돕다', (3)은 형용사인 '덥다'의 예이다. 그러나 다음 (4), (5)와 같은 예들은 위의 규칙을 따르지 않고 규칙 활용을 한다.

(4) ㄱ. 'ㅂ' 규칙 활용 동사: 씹다, 입다, 잡다 등

ㄴ. 활용의 예: 입- + {-아/어, -았/었다, -(으)ㄴ} → 입어, 입었다, 입은

(5) ㄱ. 'ㅂ' 규칙 활용 형용사: 넓다, 좁다 등

ㄴ. 활용의 예: 좁- + {-아/어, -았/었다, -(으)ㄴ} → 좁아, 좁았다, 좁은

'ㅂ' 불규칙 활용은 한국어 학습 초기부터 등장하는 활용이기 때문에 학습자들이 어려움을 느끼고 오류가 많이 나타나는 활용 중 하나이다. 'ㅂ' 불규칙 활용에 해당되는 기본 어휘들이 많기 때문에 학습자들은 이를 계속해서 익혀야 한다. '돕다'나 '곱다'와 같은 예외는 활용이 어느 정도 익숙해졌을 때 제시해 주는 것이 좋다. 특히 '곱다'는 한국어 교재에 잘 제시되지 않으므로 '돕다'만 예외로 제시해 주는 것이 학습자들의 부담을 줄일 수 있는 방법이다.   〈정선화〉

[참고문헌]
• 국립국어원(2005), 외국인을 위한 한국어 문법 1, 커뮤니케이션북스.
• 박덕유(2006), 학교 문법론의 이해, 역락.
• 백봉자(2006), 외국어로서의 한국어 문법 사전, 도서출판 하우.

❏ '르' 불규칙 활용

'르' 불규칙 활용은 어간이 '르'로 끝나는 용언이 모음 '-아/어'로 시작하는 어미를 만나서 'ㅡ'가 탈락하고 'ㄹ'이 덧생기는 현상이다.

(1) ㄱ. <u>모르면</u> 이 책을 찾아보세요.

ㄴ. 잘 <u>모르지만</u> 열심히 해 보겠습니다.

ㄷ. 언어가 전공이 아니라서 잘 <u>몰라요</u>.

ㄹ. 사용 방법을 <u>몰라서</u> 아직 사용하지 못했어.

(1ㄱ)과 (1ㄴ)은 어간 '모르-' 뒤에 모음으로 시작하는 어미 '-(으)면'과 자음으로 시작하는 어미 '-지만'이 결합하여 각각 '모르면'과 '모르지만'으로 어간이 변하지 않는다. 그

러나 (1ㄷ)과 (1ㄹ)은 모음으로 시작하는 어미 '-아/어요'와 '-아/어서'가 결합하여 어간 'ㅡ'가 탈락하고 'ㄹ'이 덧생기는 형태 변화가 일어난다. 그리고 모음 조화에 따라 '몰라요'와 '몰라서'가 된다.

'르' 불규칙 활용 용언으로는 동사 '가르다, 거르다, 고르다, 구르다, 기르다, 나르다, 누르다, 모르다, 바르다, 부르다, 오르다, (사람에게 무엇이라고) 이르다, 지르다, 흐르다'와 형용사 '게으르다, 빠르다, 서투르다, (기준을 잡은 시간보다) 이르다' 등이 있다. 이 외에 '들르다, 따르다, 치르다'는 규칙 동사이다.

중세 한국어에서는 '르' 불규칙 활용의 소급형인 '르/르' 불규칙 활용이 존재하였다. 'ㅡ' 탈락으로 인한 동음 충돌을 피하기 위해 '모르 → 몰라', '흐르 → 흘러'와 같이 불규칙 활용을 하였다. 종전에는 '르' 불규칙 활용의 'ㄹ' 덧생김 현상을 어간의 변이와 어미의 변이로 보는 견해가 있었다. 그러나 어미 변이로 보는 견해는 '러'나 '러'로 시작하는 어미가 생겨 어미 체계가 복잡해진다는 단점이 있다. 또한 '르' 불규칙으로 활용하는 용언인 '흐르다, 오르다' 등의 기본형을 '흘르다, 올르다' 등으로 보는 견해도 있는데 이에 따르면 어간은 '흘르-, 올르-'가 되어 'ㄹ' 덧생김 현상이 발생하지 않는 'ㅡ' 탈락으로 볼 수 있다. 그러나 현행 정서법에서는 '흐르다, 오르다' 등을 표준어로 보고 '르' 불규칙 활용을 인정한다.

한국어 교재에서 '르' 불규칙 활용은 초·중급 단계에서 제시한다. 제시 방식은 위와 같이 모음 앞에서 'ㅡ'가 탈락하고 'ㄹ'이 덧생기는 것으로 기술한다.　　　　〈권미미〉

[참고문헌]
• 교육인적자원부·문화관광부(2007), 국어 어문 규정집, 대한교과서주식회사.
• 국립국어원(2005), 외국인을 위한 한국어 문법 1, 커뮤니케이션북스.
• 남기심·고영근(2002), 표준 국어 문법론, 탑출판사.
• 박덕유(2009), 학교 문법론의 이해, 역락.
• 백봉자(2009), 외국어로서의 한국어 문법 사전, 도서출판 하우.

❏ '우' 불규칙 활용

'우' 불규칙 활용은 어간 'ㅜ'가 어미 '-어'를 만나서 탈락되는 현상이다. 이에 해당하는 동사는 '푸다'뿐이다.

(1) ㄱ. 밥을 <u>푸고</u> 반찬을 담아라.
　　ㄴ. 젓가락으로 집지 말고 숟가락으로 <u>푸십시오</u>.
　　ㄷ. 옛날에는 우물에서 물을 <u>퍼서</u> 썼지요.
　　ㄹ. 우리 아버지는 막걸리를 바가지로 <u>펐다</u>.

(1)의 (ㄱ)은 '푸다'의 어간 'ㅜ' 뒤에 자음으로 시작하는 어미 '-고'가 결합하여 변화가 없다. (ㄴ) 또한 '푸다'의 'ㅜ'와 '-(으)십시오'가 결합하여 '푸십시오'가 된다. 그러나 (ㄷ)과 (ㄹ)은 '푸다'의 'ㅜ' 뒤에 모음 '어'로 시작하는 '-어서'와 '-었다'의 결합으로 '푸다'의 'ㅜ'

가 탈락하여 각각 '퍼서'와 '펐다'로 바뀌었다.

'푸다' 이외에 '가꾸다, 꾸다, 누다, 다루다, 두다, 미루다, 주다' 등의 동사들은 어간 'ㅜ' 뒤에 모음 '어'를 만나도 아무런 변화가 없다. 이에 반해 '푸다'는 'ㅜ'가 탈락되므로 불규칙 동사로 분류한다.

> (2) ㄱ. 할아버지께서 오랫동안 <u>가꿔(가꾸어)</u> 온 정원입니다.
> ㄴ. 등록금을 친구한테 <u>꿔서(꾸어서)</u> 내야 할 것 같아요.
> ㄷ. 오늘 할 일을 내일로 <u>미뤄서는(미루어서는)</u> 안 됩니다.
> ㄹ. 이거 철이한테 <u>줘(주어)</u>.

(2ㄱ)~(2ㄹ)은 각각 '가꾸다', '꾸다', '미루다', '주다'가 뒤에 모음 '어'로 시작하는 '-어', '-어서', '-어서(는)', '-어 오다'와 결합하였으나 어간 'ㅜ'가 탈락하지 않는다.

한편 '푸다'의 중세어형이 '프다'였음을 고려할 때 '푸다'를 불규칙 용언으로 보지 않는 견해도 있다. 기본형이 '프다'가 되면 규칙 활용에 속하는 'ㅡ' 탈락으로 설명이 가능하다는 주장이다. 그러나 현행 정서법에서는 '푸다'를 표준어로 삼고 '우' 불규칙 활용을 인정한다. 이는 학교 문법에서도 마찬가지이다.

한국어 교재에서 비교적 사용 빈도가 낮은 '푸다'와 '우' 불규칙 활용은 고급 단계에서 매우 드물게 소개된다. 학습자들이 실생활에서 접할 기회가 적어 대부분의 교재에서는 다루지 않으며 활용 양상을 교수할 때에도 실제로 동사가 활용된 형태를 학습자에게 제시하는 등의 어휘적 접근이 교수 학습에 용이하다. 〈권미미〉

[참고문헌]
- 남기심·고영근(2002), 표준 국어 문법론, 탑출판사.
- 민현식(1999), 국어 문법 연구, 역락.
- 박덕유(2009), 학교 문법론의 이해, 역락.

❑ '여' 불규칙 활용

'여' 불규칙 활용은 용언 '하다' 또는 '공부하다'와 같이 '하다'를 포함하는 용언의 어간 '-하-' 뒤에 '-아/어-' 모음으로 시작하는 어미가 붙으면 '-아/어-'가 '-여-'로 변하는 음운 현상이다.

> (1) ㄱ. 영미가 <u>운동하고</u> 밥을 먹습니다.
> ㄴ. 영미는 <u>운동하는</u> 중이니?
> ㄷ. 영미가 <u>운동하더라고요</u>.
> ㄹ. 영미가 열심히 <u>운동하여서/운동해서</u> 건강해졌어요.
> ㅁ. 영미가 새 신발을 신고 <u>운동하였다/운동했다</u>.
> ㅂ. 영미가 아무리 <u>운동하여도/운동해도</u> 살이 빠지지 않네요.

(1ㄱ)~(1ㄷ)은 어간 '-하-' 뒤에 자음으로 시작하는 '-고, -는, -더-'와 같은 어미가 붙어 어미의 형태 변화가 없다. 그러나 (1ㄹ)~(1ㅂ)은 어간 '-하-'와 모음으로 시작하는 어미 '-아/어서, -았/었-, -아/어도'가 결합하여 각각 '-하여서/해서, -하였다/했다, -하여도/해도'로 어미가 변한다.

구어체에서는 '-하여-'보다 '-해-'를 빈번히 사용한다. 요즘에는 구어 상황뿐만 아니라 문어체에서도 '-해-'를 선호하는 경향이 있다. 그러므로 '여' 불규칙 활용을 '애' 불규칙 활용으로 보아야 한다는 시각도 있다. 즉 '-하다'의 '-하-'가 '-해-'로 변하여 어간과 어미가 모두 변하는 것으로 보는 것이다. 그러나 현재 정서법에서는 '여' 불규칙 활용을 인정하고 있다.

많은 한국어 교재에서는 '여' 불규칙 활용보다는 '애' 불규칙 활용 방식을 채택하고 있다. '여' 불규칙 활용을 해요체인 '-아/어/여요'와 함께 기술하는 것이다. 모음 조화에 따라 양성 모음은 '-아요', 음성 모음은 '-어요'를 규칙적으로 선택하는 것과 같이 '-하다' 동사는 '-여요'를 선택하거나 '-해요'를 선택한다. 그러나 '-하-'가 '-여-'로 되는 과정을 소략하고 '-해-'로 변하는 것을 규칙으로 설명하는데 기술 방식을 예로 들면 아래와 같다.

(2) ㄱ. 앉다 + 아요 → 앉아요

　　ㄴ. 먹다 + 어요 → 먹어요

　　ㄷ. 사랑하다 + (하여요)/해요 → 사랑(하여요)/사랑해요

위와 같은 방식으로 교수하면서 '-여-'가 문어체에서 쓰이는 것 또한 언급하는 것이 학습자의 혼란을 줄일 수 있다.　　　　　　　　　　　　　　　　〈권미미〉

[참고문헌]
• 국립국어원(2005), 외국인을 위한 한국어 문법 1, 커뮤니케이션북스.
• 남기심·고영근(2002), 표준 국어 문법론, 탑출판사.
• 박덕유(2009), 학교 문법론의 이해, 역락.
• 백봉자(2006), 외국어로서의 한국어 문법 사전, 도서출판 하우.

❏ '러' 불규칙 활용

'러' 불규칙 활용은 어간 '르'로 끝나는 용언이 모음 '-어'로 시작하는 어미와 만나면 어미 '-어'가 '-러'로 변하는 현상이다.

(1) ㄱ. 공항에 <u>이르니</u> 집을 떠나 온 것이 실감났다.

　　ㄴ. 노력하다 보면 목표에 <u>이르게</u> 된다.

　　ㄷ. 목적지에 <u>이르러서</u> 지갑을 두고 온 것을 알았다.

　　ㄹ. 아버지의 분노가 참을 수 없을 지경에 <u>이르렀다</u>.

즉 (1ㄷ)과 같이 동사 '이르다'가 '-아/어서'와 결합하여 '이르러서'가 되거나 (1ㄹ)과

같이 '-았/었다'와 결합하여 '이르렀다'가 되는 것을 말한다.

'러' 불규칙 활용 동사는 '(어디에) 이르다'뿐이며 형용사로는 '(색이) 누르다, 푸르다' 뿐이다. '이르다'에 비해 '누르다'와 '푸르다'는 사용 빈도가 낮다.

한국어교육에서는 '러' 불규칙 활용을 교재에서 거의 다루지 않는다. 간혹 다루는 교 재에서는 초급 단계 후반부에 제시하거나 비교적 어휘 수가 많은 '르' 불규칙 활용과 '러' 불규칙 활용을 함께 교수한다. 즉 어간 끝이 모두 '르'로 같지만 다른 활용을 하는 '르' 불규칙 활용과 '러' 불규칙 활용을 비교하여 함께 가르치는 것이다. 특히 어휘 수가 적고 빈도수가 낮은 '러' 불규칙 활용 용언을 '르' 불규칙 활용을 이해한 후에 교수하고, 이를 용언 활용 규칙으로 설명하기보다는 특정 어휘 '이르다'의 활용 특성으로 제시한다.

(2) ㄱ. 동생에게 저녁 먹으라고 <u>일러라</u>.

ㄴ. 시간이 <u>일러서</u> 산 정상에 <u>이르러도</u> 일출을 보기 어렵겠다.

(2ㄱ)의 '일러라'와 (2ㄴ)의 '일러서'는 모두 '르' 불규칙 활용의 예로 각각 '(사람에게 무엇이라고) 이르다'가 '-아/어서'와 결합하여 '일러라'가 되고 '(기준을 잡은 시간보다) 이르다'가 '-아/어서'와 결합하여 '일러서'가 되었다. (2ㄴ)의 '이르러도'는 '(어디에) 이르 다'가 '-아/어도'와 결합하여 '이르러도'가 되는 '러' 불규칙 활용을 하였다.   〈권미미〉

[참고문헌]
- 국립국어원(2005), 외국인을 위한 한국어 문법 1, 커뮤니케이션북스.
- 남기심·고영근(2002), 표준 국어 문법론, 탑출판사.
- 송창선(2010), '르' 불규칙과 '러' 불규칙의 발생 원인, 어문학 109, 한국어문학회, 123~143쪽.
- 안주호(2011), 한국어 교육 문법에서의 용언 설명에 대한 양상 연구, 한글 292, 한글학회, 131~159쪽.

❏ '오' 불규칙 활용

남에게 무엇을 건넨다는 의미의 동사 '주다'나 '-아/어 주다'의 보조 동사인 '주다'는 수여의 대상이 주체 자신인 경우 동사 어간이 '달/다-'로 교체된다. 이때 명령형 어미 가 '-아/어라' 대신 '-오'가 붙는 것을 '오' 불규칙 활용이라고 한다.

(1) ㄱ. (네가) 동생에게 장난감을 <u>주어라</u>.

ㄴ. (네가) 친구에게 책을 빌려 <u>주어라</u>.

ㄷ. (네가) 나에게 물 좀 <u>다오</u>.

ㄹ. (네가) (나에게) 가방 좀 <u>들어 다오</u>.

(1ㄱ)과 (1ㄴ)은 화자가 청자에게 제삼의 인물에게 무엇을 건네거나 해 줄 것을 요청하 고 있다. 이때 '주다' 동사가 쓰이고 명령형 '-아/어라'가 결합하여 '주어라'가 된다. 반면 (1ㄷ)과 (1ㄹ)은 수여 대상이 화자와 동일한 자기 자신이다. 이때 '주다'는 '달다'로 변한다. 그리고 명령형 어미는 '-오'가 결합하여 '달-'의 'ㄹ' 받침이 탈락된 '다오'의 형태가 된다.

그러나 '오' 불규칙 활용의 과정에서 '달다'가 '다오'가 되는 것은 'ㄹ' 불규칙 동사와 같다는 주장도 있다. '오' 불규칙 활용이라기보다는 불완전한 'ㄹ' 불규칙 활용에 해당한다는 말이다. 또는 '다오'가 '달- + -오'의 결합이라고 볼 때 '-오'가 하오체의 '-(으)오'와는 다른 성격의 것이라는 논의도 있다. 그러나 현재 정서법에서는 '오' 불규칙 활용을 하오체의 불규칙으로 인정한다.

한국어 교재에서는 고급 단계에서 '오' 불규칙을 드물게 소개한다. 주로 간접 인용에서 '달라고 하다'의 형태로 '달다'가 교수되고 있으며 사용 빈도수가 낮은 '다오'는 특별히 음운 규칙으로 기술하지 않는다. 〈권미미〉

[참고문헌]
• 남기심·고영근(2006), 표준 국어 문법론, 탑출판사.
• 박덕유(2009), 학교 문법론의 이해, 역락.
• 허용 외(2006), 외국어로서의 한국어교육학 개론, 박이정.

❏ 'ㅎ' 불규칙 활용

'ㅎ' 불규칙 활용은 어간이 'ㅎ'으로 끝나는 일부 형용사가 모음으로 시작하는 어미와 결합하여 어간 'ㅎ'이 탈락하고 어미가 변하는 현상이다.

> (1) ㄱ. 가을 하늘이 <u>파랗군요</u>.
> ㄴ. 어제 넘어져서 무릎이 <u>파랗게</u> 됐어요.
> ㄷ. 그녀의 <u>파란</u> 눈동자가 정말 매력적이다.
> ㄹ. 아이의 입술이 <u>파래지면</u> 빨리 병원에 가야 합니다.

(1ㄱ)과 (1ㄴ)은 어간 'ㅎ'이 모두 자음으로 시작하는 어미 '-군요', '-게'와 만나 어간에 변화가 없다. 그러나 (1ㄷ)과 (1ㄹ)은 어간 'ㅎ' 뒤에 모음으로 시작하는 어미 '-(으)ㄴ'과 '-아/어지면'이 와서 'ㅎ'이 탈락하여 각각 '파란'과 '파래지면'이 된다. 특히 (1ㄹ)은 'ㅎ'이 탈락하고 어간 '파라-'의 끝 음절 'ㅏ'와 어미의 첫음절 모음 '-아/어-'가 결합하여 '파래지면'이 되었다. 정리하면 다음과 같다.

> (2) ㄱ. 어간 'ㅎ'이 모음 '-으-'와 결합하면 'ㅎ'이 탈락하고 모음 '-으-'도 나타나지 않는다.
> 예: 까맣- + -(으)니까 → ('ㅎ' 탈락) → 까마니까
> ㄴ. 어간 'ㅎ'이 모음 '-아/어-'와 결합하면 'ㅎ'이 탈락하고
> ① 어간 끝 음절이 'ㅏ/ㅓ' → 'ㅐ/ㅔ'
> 예: 빨갛- + -아/어서 → ('ㅎ' 탈락, 'ㅐ'로 변함) → 빨개서
> 뻘겋- + -아/어서 → ('ㅎ' 탈락, 'ㅔ'로 변함) → 뻘게서
> ② 어간 끝 음절이 'ㅑ/ㅕ' → 'ㅒ/ㅖ'
> 예: 하얗- + -아/어요 → ('ㅎ' 탈락, 'ㅒ'로 변함) → 하얘요
> 허옇- + -아/어요 → ('ㅎ' 탈락, 'ㅖ'로 변함) → 허예요

그러나 어간 말 모음이 'ㅓ'인 '그렇다, 어떻다' 등이 '그래', '어때' 등으로 바뀌는 현상은 논란이 있다. 간혹 'ㅎ' 불규칙을 기술할 때 어간 모음과 어미 모음의 결합이 아닌

어간 모음에 'ㅣ'가 첨가되는 현상으로 설명하기도 한다. 또한 어간 '-앟/엏-'이 탈락하고 'ㅐ'로 교체되는 것으로 기술하는 경우도 있다.

이런 음운 현상을 보이는 불규칙 용언으로는 형용사 '그렇다, 까맣다, 노랗다, 동그랗다, 빨갛다, 어떻다, 이렇다, 저렇다, 파랗다, 하얗다' 등이 있다. 어간 끝에 'ㅎ' 받침이 오는 용언 중 '괜찮다, 낳다, 넣다, 놓다, 많다, 싫다, 쌓다, 좋다, 찧다' 등은 이 규칙을 따르지 않는다. 그러나 '놓다'는 구어체에서 '놓아'나 '놓으면'을 '놔', '노면'처럼 쓰기도 한다.

'ㅎ' 불규칙 활용은 한국어 교재에서 가장 많이 교수되는 불규칙 활용 중 하나로 주로 초급 단계에서 다루고 있다. 〈권미미〉

[참고문헌]
• 고영근·구본관(2008), 우리말 문법론, 집문당.
• 남기심·고영근(2006), 표준 국어 문법론, 탑출판사.
• 박덕유(2009), 학교 문법론의 이해, 역락.
• 백봉자(2009), 외국어로서의 한국어 문법 사전, 도서출판 하우.

❏ 'ㅏ/ㅓ', 'ㅡ', 'ㄹ' 탈락

'ㅏ/ㅓ', 'ㅡ', 'ㄹ' 탈락(脫落, omission)은 용언의 활용에서 어간 끝음절의 모음이나 특정 조건에서 어간 말 받침이 없어지는 현상을 말한다.

먼저 'ㅏ/ㅓ' 탈락은 동사 어간 끝음절 모음이 'ㅏ' 혹은 'ㅓ'이고 받침이 없을 경우에 어미 첫 모음 'ㅏ'나 'ㅓ'가 탈락하여 활용하는 현상을 말한다. 이러한 동사에는 '가다, 건너다, 만나다, 서다, 자라다, 켜다, 타다' 등이 있으며 구체적인 예시는 다음과 같다.

(1) 'ㅏ/ㅓ' 탈락
  ㄱ. 만나- + {-아/어, -아/어서, -았/었다} → 만나, 만나서, 만났다
  ㄴ. 건너- + {-아/어, -아/어서, -았/었다} → 건너, 건너서, 건넜다

이처럼 'ㅏ/ㅓ'로 끝나는 용언들은 'ㅏ/ㅓ'로 시작하는 어미와 결합할 경우 필수적으로 탈락이 일어나고 예외가 없다. 표준 발음법에는 어미 첫 모음 탈락 현상에 대한 규정이 없으며 한글 맞춤법 제34항에서는 어미 첫 모음 'ㅏ/ㅓ'가 탈락된 형태를 표준 어형으로 인정하여 그대로 적기로 하고 있다. 이와 달리 어미 첫 모음 'ㅏ/ㅓ'와 어간 모음이 'ㅗ, ㅜ, ㅣ'일 경우 어미가 축약되기도 하여 '오- + -았다'가 '왔다'로 되는 경우는 탈락이 아닌 축약으로 구분한다. 한편 'ㅏ/ㅓ' 모음 탈락을 어미가 아닌 어간 모음 'ㅏ/ㅓ'의 탈락으로 보기도 한다. 'ㅏ/ㅓ' 탈락은 한국어 학습 초기 단계에 학습자에게 규칙으로 제시해 줄 수도 있다.

'ㅡ' 탈락은 용언 어간이 'ㅡ'로 끝나고 받침이 없는 경우에 모음 'ㅏ/ㅓ'로 시작하는 어미를 만나면 'ㅡ'가 탈락하는 것을 말한다. 동사 '기르다, 끄다, 모으다, 쓰다, 이르다', 형용사 '고프다, 기쁘다, 나쁘다, 바쁘다, 슬프다, 아프다, 예쁘다' 등에서 일어나며 구체

적인 예시는 다음과 같다.

(2) '―' 탈락

ㄱ. 쓰- + {-아/어, -아/어서, -았/었다} → 써, 써서, 썼다

ㄴ. 나쁘- + {-아/어, -아/어서, -았/었다} → 나빠, 나빠서, 나빴다

대체로 모음으로 끝난 어간과 모음으로 시작하는 어미가 결합하여 모음이 탈락할 때에는 주로 어미의 모음이 탈락하는 경우가 많다. 그러나 어간 끝 모음이 '―'일 때에는 어간 모음이 탈락하는데 이는 한국어 모음 중에서 '―'가 가장 약한 모음이기 때문이다. 동사와 형용사 중 '―' 모음으로 끝나는 용언이 'ㅏ/ㅓ'로 시작하는 어미들과 결합할 경우에는 (2)와 같은 활용을 한다.

어간 끝 모음 '―'는 어미 모음 'ㅏ/ㅓ' 앞에서 필수적으로 탈락하며 한글 맞춤법 제18항에서도 이 활용형을 '―'가 탈락한 상태로 적기로 정해 놓았다. 단 '―'로 끝나는 동사 중 '모르다, 부르다'와 같이 '르'로 끝나는 동사는 '르' 불규칙 동사의 활용을 따른다.

'―' 탈락은 한국어 학습 초기부터 등장하는 활용이다. 학습자들이 모음 탈락뿐만 아니라 양성 모음과 음성 모음까지도 구분하여야 하기 때문에 이는 학습자들에게 어려운 활용 중의 하나이다.

'ㄹ' 탈락은 'ㄹ' 받침이 있는 용언이 어미의 첫소리 'ㄴ, ㅂ, ㅅ' 및 '-(으)오, -(으)ㄹ'과 결합할 때 받침 'ㄹ'이 탈락하는 것을 말한다. 어간이 'ㄹ'로 끝나는 거의 모든 동사와 형용사는 이와 같은 조건에서 'ㄹ'이 탈락하므로 이를 불규칙 활용이라고 하기보다는 'ㄹ' 동사와 'ㄹ' 형용사의 특징이라고 하기도 한다. 여기에 해당하는 동사에는 '갈다, 날다, 놀다, 늘다, 만들다, 밀다, 살다, 알다, 울다, 졸다, 팔다' 등이 있으며 형용사에는 '가늘다, 길다, 달다, 멀다' 등이 있다.

(3) 'ㄹ' 탈락

ㄱ. 가늘- + {-(으)ㄴ, (으)니, -네} → 가는, 가느니, 가느네

ㄴ. 팔- + {-ㅂ/습니다, -(으)ㅂ시다} → 팝니다, 팝시다

ㄷ. 알- + {-(으)십니다, -(으)세요} → 아십니다, 아세요

ㄹ. 살- + {-(으)오니, -(으)ㄹ지} → 사오니, 살지

이처럼 'ㄹ' 받침이 있는 용언이 위와 같은 어미들과 결합할 경우 (3)과 같은 활용을 한다. 일반적으로 받침이 있는 용언의 어간이 자음으로 시작하는 어미를 만나면 매개 모음 '으'를 삽입하여 활용한다. 예를 들면 '먹다' 어간에 어미 '-(으)면'이 오면 '먹으면'으로 활용하며 매개 모음 '으'가 오게 된다. 그러나 'ㄹ'로 끝나는 동사 다음에는 매개 모음이 붙지 않고 어미와 직접 결합하여 'ㄴ, ㅂ, ㅅ' 앞에서 'ㄹ'이 탈락한다. (4ㄹ)과 같이 어미 '-(으)오니, -(으)ㄹ지'와 결합할 때도 'ㄹ'이 탈락하여 '사오니', '살지'와 같이 된다.

'ㄹ' 탈락에 해당하는 용언의 활용에서는 '-(으)세요' 어미가 올 때 학습자들이 많은 오

류를 보인다. 중급 이상의 경우에도 '사세요 → '살으세요', '아세요 → '알으세요'와 같은 오류를 범하는 것을 볼 수 있으므로 자주 범하는 오류는 학습 초기부터 시각적으로 그리고 청각적으로 강조하여 가르치는 것이 좋다. ⟨정선화⟩

[참고문헌]
- 국립국어원(2005), 외국인을 위한 한국어 문법 1, 커뮤니케이션북스.
- 백봉자(2006), 외국어로서의 한국어 문법 사전, 도서출판 하우.
- 이문규(2004), 국어 교육을 위한 현대 국어 음운론, 한국문화사.
- 이영택(2006), 학교 문법의 이해, 형설출판사.
- 임지룡 외(2005), 학교 문법과 문법 교육, 박이정.

❏ 보충법

보충법(補充法, suppletion)이란 특정 어휘 체계에서 규칙적인 형태 대신에 어원적으로 관련이 없는 어휘가 사용되는 것을 말한다.

보충법은 형태론적 불규칙성 중 가장 복잡한 유형에 속한다. 예컨대 서수사 '첫째'가 '둘', '셋', '넷' 등의 양수사에 접미사인 '-째'가 결합하여 서수사 '둘째', '셋째', '넷째' 등이 형성되는 것과 달리, '한째' 또는 '하나째'가 아닌 '첫째'로 서수사 체계를 보충하는 것이다. 규칙에 의하면 '한'이 와야 하는데 양수사와 관련이 없는 '첫'이 온다. 동사 보충법의 예로는 '잡수시다, 주무시다, 돌아가시다, 계시다' 등을 들 수 있다. 주체 높임을 나타낼 때는 동사의 활용형에 '-(으)시-'를 쓰는 것이 일반적인 원칙이나 '먹으시다' 대신에 '잡수시다'가, '자시다' 대신에 '주무시다'가 보충형으로 높임을 나타내고 있다.

그러나 보충법은 불규칙 활용과의 경계가 그리 명확한 것은 아니어서 학자들의 논점에 따라 차이를 보이기도 한다. 예컨대 고영근은 학교 문법에서 불규칙 활용으로 다루고 있는 '거라', '너라', '러', 'ㄴ', 'ㅂ', 'ㅅ', '여' 불규칙 활용 등을 모두 보충법의 하나로 보고 있다. 이처럼 불규칙 활용이라고 여기는 것을 보충법으로 보거나 보충법이라고 여기는 것을 불규칙 활용으로 보기도 한다.

한국어 학습자들은 주로 성인 학습자들이어서 일반적인 규칙을 먼저 파악하려고 하는 경향이 있다. 그러므로 규칙과 달리 보충법에 의해 사용된 어휘들은 학습자들에게 오류의 원인이 될 뿐 아니라 학습 부담이 될 수 있기 때문에 교수 상황에서 해당 어휘의 보충적인 성격에 대한 강조가 있어야 한다. ⟨정선화⟩

[참고문헌]
- 고영근(1987), 보충법과 불완전 계열의 문제, 어학연구 23-3, 서울대학교 어학연구소, 505~526쪽.
- 남기심·고영근(1993), 표준 국어 문법론, 탑출판사.
- 배주채(2000), 불규칙 활용, 새국어생활 10-2, 국립국어원, 163~169쪽.

■ 관형사

관형사(冠形詞)는 체언 앞에 놓여서 그 체언의 내용을 자세히 꾸며 주는 품사이다.

관형사는 다른 품사와 달리 조사도 붙지 않고 어미 활용도 하지 않으며 수식언의 하나이다. 관형사에는 성상 관형사, 지시 관형사, 수 관형사 등이 있다.

(1) ㄱ. 새 옷
　　ㄴ. 전(前) 대통령
　　ㄷ. 이 새 옷

(1ㄱ)의 '새'는 '옷'을, (1ㄴ)의 '전'은 '대통령'을 꾸며 주는 관형사이다. (1ㄷ)의 '이'는 '새'를 꾸며 주는 것처럼 보일 수도 있으나 '새 옷'을 꾸미고 있으므로 결국 '옷'을 꾸며 준다.

(2) ㄱ. 새, 헌, 옛, …
　　ㄴ. 순(純), 고(故), …

(2)는 모두 꾸밈을 받는 명사의 성질이나 상태를 한정하여 나타내는 성상 관형사이다. 성상 관형사에는 (2ㄱ)과 같은 고유어계와 (2ㄴ)과 같은 한자어계가 있다.

(3) ㄱ. 이, 그, 저, 어느, 어떤, 무슨, 다른, …
　　ㄴ. 본(本), 전(前), 현(現), …

(3)은 발화 현장이나 문장 밖에 존재하는 대상을 가리키는 지시 관형사이다. (3ㄱ)과 같은 고유어계와 (3ㄴ)과 같은 한자어계가 있다. 특히 '어느, 어떤, 무슨'과 같은 지시 관형사는 의문사로 쓰이므로 의문 관형사라고 한다.

(4) ㄱ. 한, 두, 세/서/석, 네/너/넉, 한두, 두세, 온, 온갖, 갖은, 모든, …
　　ㄴ. 일, 이, 삼, 사, 일이(一二), 이삼(二三), 반(半), 전(全), …

(4)는 사물의 수량을 나타내는 수 관형사이다. (4ㄱ)과 같은 고유어계와 (4ㄴ)과 같은 한자어계가 있다. 수 관형사 '세'와 '네'는 각각 뒤에 꾸밈을 받는 명사에 따라 '서, 석', '너, 넉'과 같은 이형태가 구별되어 쓰인다.

어떤 단어를 관형사로 인정할 것인가 하는 문제와 관련하여서는 문법가에 따라 다양한 견해가 있다. 대표적으로 두 가지 문제를 보기로 한다.

첫째, 규범 사전에서는 '-적(的)'으로 끝나는 말이 관형어로 쓰이면 관형사로 처리하지만 뒤에 '이다'가 결합해 쓰이면 명사로 처리한다.

(5) ㄱ. 철학적(哲學的) 사고
　　ㄴ. 그의 사고는 철학적이다.
　　ㄷ. 철학적인 사고
　　ㄹ. 시골 풍경

(5ㄱ)은 관형사로 처리된 예이고 (5ㄴ)과 (5ㄷ)은 '이다'가 결합해 명사로 처리된 예

이다. 이는 '이다'가 전형적으로 체언에 붙는 말임을 고려한 것이다. 그러나 (5ㄹ)과 같이 명사가 명사 앞에서 관형어로 쓰이는 일은 매우 자연스러운 현상이므로 교육적으로 합의된 학교 문법이 아닌 연구 차원의 학문 문법에서는 (5ㄱ)의 '철학적'도 명사로 처리하는 경우가 많다.

둘째, 규범 문법에서는 수 관형사를 인정하지만 이에 대해서는 많은 논란이 있다.

(6) ㄱ. {한, 두, 세, 네, 열한, …} 사람
    ㄴ. 하나, 둘, 셋, 넷, 열하나, …
(7) ㄱ. {한, 두, 세, 네, 다섯, …} 사람
    ㄴ. 하나, 둘, 셋, 넷, 다섯, …

관형어로 쓰인 (6ㄱ)은 수사인 (6ㄴ)과 대조했을 때 모두 형태가 다름을 알 수 있다. 이처럼 형태가 달라진 (6ㄱ) 유형만 수 관형사로 처리하기도 하고, 형태가 다른 경우뿐 아니라 (7ㄱ)처럼 '다섯'과 같이 수사와 형태가 같은 것도 포함하여 명사를 꾸며 주는 모든 수 관형어를 수 관형사로 처리하는 견해도 있다. 전자는 수 관형사를 약정적으로 좁은 범위로 한정한 결과이고 후자는 모든 수사에 대응하는 수 관형사를 인정하여 문법의 비경제성을 초래한다고 할 수 있다. 그리하여 수 관형사를 인정하지 않고 '한, 두, 세, 네, 열한, …'을 모두 수사의 보충법적 형태로 보는 문법 학자도 있다.

관형사는 부사와 함께 수식언에 속하지만 부사와는 달리 한국어 문법에서 특수하게 설정되는 품사 범주이다. 영어에서는 형용사가 똑같은 형태로 명사를 수식하기도 하고 be 동사와 함께 사용되어 서술어로 쓰이기도 하므로 영어가 모어인 한국어 학습자는 관형사와 형용사의 활용에서 실수하기 쉽다. 예컨대 영어 화자는 '*제 옷은 샙니다.'와 같은 말을 하기 쉬운데 이는 관형사가 체언을 수식하는 기능으로만 성립한다는 것을 인지하지 못한 결과이다. 따라서 관형사를 가르칠 때에는 관형사와 형용사를 명확히 구분하여 관형사가 체언 수식의 용법으로서만 성립함을 교육하는 것이 중요하다. 〈이선웅〉

[참고문헌]
• 남기심·고영근(2011), 표준 국어 문법론, 탑출판사.
• 우형식(2006), 관형사, 남기심 외 편, 왜 다시 품사론인가, 커뮤니케이션북스.

■ 부사

부사(副詞, adverb)는 용언이나 문장, 다른 부사 앞에 놓여 뒤에 오는 문장 내의 특정한 성분이나 문장을 수식하는 품사를 말한다.

부사는 관형사와 함께 수식언으로 묶는다. 부사는 형태상 활용하지 않고 기능상 뒤에 오는 말을 수식한다는 점에서는 관형사와 비슷하다. 그러나 부사는 수식하는 대상이 주로 용언이라는 점에서 체언을 수식하는 관형사와 차이가 있다. 즉 부사는 용언은 물론 다른 부사를 꾸미기도 하고 후행하는 문장 전체를 수식하기도 한다. 특별한 경우이기는 하나 부사가 명사, 수사, 관형사를 수식하는 경우도 있다.

(1) ㄱ. 너는 노래를 잘 부르구나.
ㄴ. 나보다 철수가 <u>훨씬</u> 잘 불러요.
ㄷ. <u>불행히도</u> 그는 전쟁터에서 전사하였다.
(2) ㄱ. 여기가 <u>바로</u> 경복궁입니다.
ㄴ. <u>겨우</u> 셋이야?
ㄷ. <u>완전히</u> 새 판을 짜야겠습니다.

(1ㄱ)은 부사가 동사를 수식하는 예이고 (1ㄴ)은 부사가 다른 부사를 수식하는 예이다. (1ㄷ)은 부사가 후행하는 문장 전체를 수식하는 예이다. (2ㄱ)은 부사가 명사를, (2ㄴ)은 부사가 수사를, (2ㄷ)은 부사가 관형사를 수식하는 예이다.

부사는 형태, 기능, 의미에 따라 분류된다. 첫째, 형태를 기준으로 단순 부사, 복합 부사, 전성 부사로 나눈다.

(3) ㄱ. 단순 부사: 잘, 참, 꽤, 꼭, 퍽, 아주, 자주, 얼른, 겨우, 만약, 슬며시, 애오라지, …
ㄴ. 복합 부사: 곧잘, 잘못, 똑바로, 아마도, 너무나, 더욱이, 덩실덩실, 꿈지럭꿈지럭, …
ㄷ. 전성 부사: 고이, 같이, 깊이, 높이, 아득히, 간단히, 대단히, 완전히, 조용히, …

단순 부사 (3ㄱ)은 본래부터 부사 기능을 지닌 하나의 형태소로 이루어진 것이다. 복합 부사 (3ㄴ)은 단순 부사끼리 혹은 단순 부사가 다른 말과 결합하여 부사가 된 것이다. 전성 부사 (3ㄷ)은 주로 부사가 아닌 품사에 파생 접사가 결합하여 부사가 된 것이다. 둘째, 통사적 기능, 즉 수식 범위를 기준으로 성분 부사와 문장 부사로 나눈다.

(4) ㄱ. 성분 부사: 푹, 빨리, 매우, 졸졸, 깜빡, …
ㄴ. 문장 부사: 과연, 대개, 무릇, 모름지기, …

성분 부사 (4ㄱ)은 용언이나 다른 부사 등 문장의 특정 성분을 수식한다. 반면 문장 부사 (4ㄴ)은 후행하는 문장 전체를 수식한다. 셋째, 의미를 기준으로 시간 부사 (5ㄱ), 정도 부사 (5ㄴ), 양태 부사 (5ㄷ) 등으로 나눈다.

(5) ㄱ. 시간 부사: 이미, 벌써, 아직, 여태, 바야흐로, …
ㄴ. 정도 부사: 더, 좀, 많이, 훨씬, 몹시, 거의, 아주, …
ㄷ. 양태 부사: 과연, 만일, 설사, 확실히, 틀림없이, …

부사는 문장이나 문장 내의 한 성분의 의미를 한정하는 역할을 하므로 필수적인 문장 성분은 아니나 학습자가 자신의 발화 의도를 명확히 드러내는 데에 반드시 필요한 성분이다. 보통 초급에서 중·고급으로 감에 따라 순차적으로 부사의 어휘 수를 늘려 가며 교수한다. 의성어와 의태어 부사는 학습자들이 상당히 흥미를 보이는 부분이지만 느낌이나 행동과 관련된 추상적인 어휘가 많으므로 중급부터 차례로 지도할 필요가 있다.　　　　　　　　　　　　　　　　　　　　　　　　　　　〈서경숙〉

[참고문헌]
- 김경훈(1996), 현대 국어 부사어 연구, 서울대학교 박사학위논문.
- 서정수(2005), 한국어의 부사, 서울대학교출판부.
- 이익섭(2005), 한국어 문법, 서울대학교출판부.
- 최홍렬(2005), 정도 부사의 유의어 연구, 역락.

❑ 성분 부사

　성분 부사(成分副詞, component adverb)는 문장 내의 특정 성분을 수식하는 부사의 한 갈래를 말한다.

　성분 부사는 일반적으로 형용사와 동사의 용언, 문장 내의 다른 부사 등과 같이 특정한 문장 성분을 꾸민다. 성분 부사에는 성상 부사, 지시 부사, 부정 부사 등이 있다.

　　(1) 성상 부사
　　　　ㄱ. 시간 부사: 자주, 항상, …
　　　　ㄴ. 처소 부사: 멀리, 가까이, …
　　　　ㄷ. 상태 부사: 깨끗이, 열심히, …
　　　　ㄹ. 정도 부사: 매우, 아주, 몹시, …
　　(2) 지시 부사
　　　　ㄱ. 공간 지시 부사: 이리, 그리, 저리, …
　　　　ㄴ. 시간 지시 부사: 어제, 내일, 모레, 언제, …
　　(3) 부정 부사: 안(아니), 못

　(1)은 성상 부사(性狀副詞)로 용언의 내용을 한정하는 기능을 하며 의미에 따라 시간 부사, 처소 부사, 상태 부사, 정도 부사 등으로 구분한다. (2)는 지시 부사(指示副詞)이며 시간이나 장소를 가리킨다. (3)은 용언을 부정하는 부정 부사(否定副詞)이다. 의도나 의지를 부정할 때는 부정 부사 '안'을 사용하고 능력을 부정할 때는 '못'을 사용한다.

　　(4) 상징 부사
　　　　ㄱ. 의성 부사: 쾅쾅, 야옹야옹, 따르릉따르릉, …
　　　　ㄴ. 의태 부사: 뒤뚱뒤뚱, 사뿐사뿐, 느릿느릿, …

　성상 부사에는 상징 부사(象徵副詞)라는 특수한 부사가 있는데 상징 부사는 소리나 행동을 모방하는 부사이다. 상징 부사에는 (4ㄱ)과 같은 의성 부사(의성어)와 (4ㄴ)과 같은 의태 부사(의태어)가 있다.

　성분 부사는 문장 부사에 비해 위치 이동이 자유롭지 못하다. 또한 두 개 이상의 성분 부사가 한 문장 내에 함께 나타날 때에는 일정한 순서에 따라 배치된다. 예를 들어 '술을 저리 잘 못 마시는 사람은 처음이다.'에서처럼 지시 부사는 성상 부사에 앞서고 성상 부사는 부정 부사에 앞선다.

학습자들은 성분 부사를 수식하는 성분으로부터 멀리 위치시키는 오류나 여러 성분 부사를 사용할 때 순서를 잘못 배열하는 오류를 만들어 내므로 지도할 때 각별한 주의가 필요하다. 또한 '푹 쉬다, 텅 비다'와 같은 연어를 파악하지 못하여 오류가 발생하기도 하므로 부사만을 고립적으로 교수하기보다는 부사를 포함한 연어를 중심으로 교수하는 것이 바람직하다. 〈서경숙〉

[참고문헌]
• 김경훈(1977), 국어의 부사 수식 연구: 수식의 체계적 기술을 위하여, 서울대학교 석사학위논문.
• 서정수(2005), 한국어의 부사, 서울대학교출판부.
• 이익섭(2005), 한국어 문법, 서울대학교출판부.

❏ 문장 부사

문장 부사(文章副詞, sentential adverb)는 문장 내의 특정 성분이 아니라 문장 전체를 수식하는 부사의 한 갈래를 말한다.

문장 부사는 문두에 위치하는 것이 일반적인 어순이다. 그러나 어순의 제약이 적어 문중이나 문미에도 위치할 수 있다.

학교 문법에서는 문장 부사를 크게 양태 부사(樣態副詞)와 접속 부사(接續副詞)로 나눈다. (1)은 양태 부사의 예이고 (2)는 접속 부사의 예이다.

(1) 양태 부사: 과연, 다만, 만일, 설마, 반드시, 모름지기, 절대로, …
(2) 접속 부사
　　ㄱ. 문장 접속 부사: 그러나, 그래서, 그런데, 그러면, 하지만, 즉, …
　　ㄴ. 단어 접속 부사: 혹은, 및, …

양태 부사는 (3ㄱ)과 같이 후행하는 문장의 명제 내용에 대한 화자의 믿음, 판단, 태도 등을 표현하는 부사이다. 양태 부사는 특정 어미나 문장 형식과 호응하는 경우가 있는데 (3ㄴ)의 '반드시'는 '-아/어야 하다'와 같이 당위를 나타내는 표현과 공기하는 경우가 빈번하며 (3ㄷ)의 '절대로'는 '-았/었을 리가 없다'와 같이 부정 표현과 빈번하게 공기한다. 반면 접속 부사는 (4ㄱ)과 같이 문장과 문장을 연결하거나 (4ㄴ)과 같이 단어와 단어를 연결하면서 수식하는 기능을 한다.

(3) ㄱ. 만약 내일 비가 온다면 여행을 포기하겠다.
　　ㄴ. 반드시 내일까지 숙제를 제출해야 한다.
　　ㄷ. 절대로 그가 그런 일을 했을 리가 없다.
(4) ㄱ. 부산으로 내려갔다. 그리고 배를 탔다.
　　ㄴ. 오리들은 바다 및 호수에서 겨울을 난다.

학자에 따라서는 부사를 성분 부사, 문장 부사, 접속 부사로 분류하고 접속 부사를 문장 부사에 넣지 않기도 한다. 접속 부사는 과거 많은 학자들이 접속사라는 독립된 품사로 설정하여 왔다. 그러나 최현배 등의 여러 학자들이 이러한 부류들을 부사 속에 포함시킴으로써 서구 품사 분류에서 유래한 접속사라는 품사는 현행 학교 문법의 품사 분류에서 설정하지 않고 있다.

문장 부사는 문형이나 선후 문장의 접속과 밀접하게 관련되어 있으므로 이에 유의하여 교수할 필요가 있다. 즉 양태 부사를 교수할 때에는 호응하는 문형이나 부정 표현 등도 함께 다루고 화자의 태도와 관련된 측면도 충분히 설명해 주어 학습자들이 오류를 범하지 않도록 지도한다. 〈서경숙〉

[참고문헌]
- 이선웅(2012), 한국어 문법론의 개념어 연구, 월인.
- 이익섭(2005), 한국이 문법, 서울대학교출판부.
- 임유종(1999), 한국어 부사 연구, 한국문화사.
- 최현배(1937), 우리말본, 연희전문학교출판부.

■ 조사

조사(助詞)란 자립성이 있는 말에 붙어 그 말과 다른 말과의 관계를 표시하는 품사이다.

한국어는 교착어의 성격이 있기 때문에 조사가 매우 발달한 언어이다. 한국어는 문법적인 핵이 뒤쪽에 위치하는 후핵 언어(head-final language)로 체언을 비롯한 선행 형식의 뒤에 조사가 결합한다. 조사는 체언이나 부사, 어미 따위에 붙어 그 말과 다른 말과의 문법적 관계를 표시하거나 그 말의 뜻을 더해 주는 기능을 하는 관계언에 속한다. 조사는 일반적으로 격 조사, 보조사, 접속 조사로 나눈다.

격(格) 조사는 문장에서의 기능에 따라 주격 조사, 목적격 조사, 관형격 조사, 부사격 조사, 호격 조사, 보격 조사, 서술격 조사로 구분한다.

주격(主格) 조사에는 '이/가', '께서'가 있다. '이/가'는 선행하는 말이 모음으로 끝나면 '가'를, 자음으로 끝나면 '이'를 쓴다. 한국어 주격 조사의 특성은 다음과 같다. 첫째, 다른 조사와 결합할 때 해당 조사 뒤에 주격 조사가 나타난다. 둘째, 목적격 조사와는 함께 쓰일 수 없다. 셋째, 주체가 높임의 대상이면 주격 조사 '께서'를 사용한다. 넷째, '나'와 '저' 그리고 '누구'가 주격 조사 '가'와 결합하면 각각 '내가, 제가, 누가'로 바뀐다. 다섯째, 문맥에 따라 생략이 가능하다.

목적격(目的格) 조사에는 '을/를'이 있으며 역시 선행하는 말이 모음으로 끝날 경우 '를'을, 자음으로 끝날 경우 '을'을 쓴다. 주요 특성은 다음과 같다. 첫째, 다른 조사와 결합할 때 그 조사 뒤에 목적격 조사가 나타난다. 둘째, 주격 조사와는 함께 쓰일 수 없다. 셋째, 문맥에 따라 생략이 가능하다.

관형격(冠形格) 조사에는 '의'가 있다. 그 특성으로 첫째는 '나, 저, 너'와 '의'가 결합하면 각각 '내, 제, 네'로 바뀌고, 둘째는 문맥에 따라 생략이 가능하지만 수량적 표현 관계를 나타내는 경우 생략이 어렵다는 것이다.

부사격(副詞格) 조사에는 처소격(處所格) '에', 여격(與格) '에게, 한테, 더러, 께', 도구격(道具格) '(으)로', 공동격(共同格) '와/과, 하고'가 있다. 그 특성은 다음과 같다. 첫째, 명사가 사람이나 동물일 경우 '에게'와 '한테'를 사용하며 그 외에는 '에'를 사용한다. 둘째, '께'는 '에게, 한테'에 비하여 존칭의 뜻이 있다. 셋째, '에'는 '에'가 포함된 문장의 동사나 명사에 따라 다양한 의미로 사용한다. 동작의 이동을 뜻하는 동사와 어울려서 이동의 도착점을 나타내기도 하고, 이동의 뜻이 없는 동사 및 장소를 나타내는 명사와 어울려서 공간적 위치의 범위를 표현하기도 한다. 이 외에도 시간을 나타내는 명사에 붙어 시간적인 범위를 나타내거나 수를 나타내는 명사 뒤에 쓰여 가치 판단 기준의 단위를 나타내기도 한다. 또한 서술어의 동작에 대한 원인을 표현할 수도 있다. 넷째, '에서'도 동사나 명사에 따라 다양한 의미로 사용한다. 동작 동사와 어울려 서술어의 동작이 일어난 장소를 나타내기도 하고 공간이나 시간 명사와 어울려 출발점을 나타내기도 한다. 또한 사람이나 동물 이외의 명사에 붙어 '(으)로부터'의 의미를 나타낸다. 다섯째, 도구격 '(으)로'의 경우에도 명사와 동사의 종류에 따라 다양한 의미로 쓰인다.

호격(呼格) 조사는 사람 이름과 같은 고유 명사나 인칭 대명사에 붙어 누군가를 부를 때 쓸 수 있으며 그 조사에는 '아/야'가 있다. '야'는 모음 뒤에, '아'는 자음 뒤에 쓰인다.

보격(補格) 조사는 '되다, 아니다'의 선행 성분에 결합한 조사를 뜻하는데 '이/가'의 형태로 나타난다.

서술격(敍述格) 조사는 '이다'로 나타나며 서구의 문법과 달리 한국어에서는 활용을 하는 '이다'를 격 조사에 포함한다. 이러한 특성 때문에 외국인 학습자들에게는 용언의 활용을 가르칠 때 '이다'도 함께 가르치는 것이 효과적이다.

보조사(補助詞)는 문법적 관계 이외에 말하는 사람의 태도를 표시하거나 앞말에 의미를 덧붙일 때 사용하는 조사를 말한다. 보조사는 의미로 구분하는데 크게 '대조와 주제, 배타나 한정, 포함이나 더함, 선택'의 의미를 나타내는 조사로 구분한다. '대조와 주제'의 의미를 표현하는 보조사는 '은/는', '배타나 한정'의 의미를 표현하는 보조사는 '만, 밖에, 뿐' 등이 있다. '포함이나 더함'의 의미를 표현하는 보조사는 '도, 조차, 마저, 까지'가 있으며 '선택'의 의미를 나타내는 보조사에는 '(이)나, (이)든지, (이)나마, (이)라도' 등이 있다.

접속 조사(接續助詞)란 둘 이상의 체언을 같은 자격으로 접속시켜 주는 기능이 있는 조사를 말한다. 여기에는 '와/과, 에다, (이)며, (이)랑' 등이 포함된다. '와/과'는 주로 문어체에 쓰고 '(이)랑'은 대화나 구어체 문장에서 자주 사용한다.

한편 외국인 학습자들이 조사와 관련하여 자주 범하는 오류를 생략 오류, 대치 오류,

첨가 오류로 구분하여 살펴보면 다음과 같다.

(1) ㄱ. 남산 경치 *∅(√가) 좋습니다.

ㄴ. 정 선생님 왼쪽*에(√이) 읽기 김 선생님입니다.

ㄷ. 나보다 더 딸*이(√∅) 같습니다.

위 (1ㄱ)은 조사를 써야 할 환경에서 조사를 생략한 것이며 (1ㄴ)은 잘못된 조사를 쓴 것이고 (1ㄷ)은 조사가 불필요한 곳에 조사를 첨가한 경우이다.

한국어교육에서 조사 연구는 크게 한국어 조사와 외국어 조사의 대조 분석 연구, 외국인 학습자들에게 효과적으로 조사를 가르칠 수 있는 교수 학습 방법 연구, 외국인 학습자들이 흔히 범하는 조사 오류를 분석한 연구 등이 주를 이룬다. 〈김명광〉

[참고문헌]
• 국립국어원(2005), 외국인을 위한 한국어 문법 1~2, 커뮤니케이션북스.
• 서상규 외(2006), 외국인을 위한 한국어 학습 사전, 신원프라임.
• 서울대학교 대학원 국어연구회 편(1990), 국어 연구 어디까지 왔나, 동아출판사.
• 조철현 외(2002), 한국어 학습자의 오류 유형 조사 연구, 문화관광부.

❏ '이/가'와 '은/는'

'이/가'는 문장의 주어를 나타내고 '은/는'은 문장의 주제를 나타낸다.

'이/가'는 (1ㄱ)~(1ㄴ)과 같이 서술어가 동사이면 행동의 주체를 나타내고, (1ㄷ)~(1ㄹ)과 같이 서술어가 형용사이면 상태 및 감정의 대상을 나타낸다. 또한 한국어의 주격 조사 '이/가'는 주어를 표시하는 기능 이외에도 새로운 정보인 초점(focus)을 표시하는 기능도 있다. '은/는'은 (1ㄷ)~(1ㄹ)과 같이 문장이 서술하는 대상인 주제(topic)를 나타내거나 (1ㅁ)과 같이 둘 이상이 서로 대조되는 대상임을 나타낸다. '이/가'와 반대로 '은/는'은 이미 알고 있는 정보를 나타내며 이는 주제의 특징이기도 하다.

(1) ㄱ. 철수가 간다.

ㄴ. 철수가 밥을 먹는다.

ㄷ. 철수는 키가 크다.

ㄹ. 철수는 호랑이가 무섭다.

ㅁ. 철수는 가고, 영희는 안 간다.

ㅁ´. (철수는 가고,) 영희는 안 간다. (ˆ는 발음상의 강세 표시)

'이/가'와 '은/는'은 정보 구조상 대립적인 기능을 나타낸다. 그런데 (1ㅁ´)에서처럼 대조의 '은/는'에서 대조 항목이 생략되면 강조의 의미를 나타내어 '이/가'와 유사한 의미를 전달할 수 있다. 이 경우 조사 '은/는'에 강세를 넣어 발음하는 것도 가능하다. 이 외에 '이/가'와 '은/는' 용법의 특징은 다음과 같다.

첫째, '이/가'는 새로운 정보를 요구하는 의문사와 함께 쓰고 그 대답에도 사용하지만 (2)의 '나'에 쓰인 '은/는'은 의문사 혹은 의문사의 대답에 붙여 쓸 수 없다.

(2) 가: <u>누가</u> 가요?

　　나: 철수<u>가</u> 가요.

　　나′: 철수*<u>는</u> 가요.

둘째, (3ㄱ)과 같이 '이/가'는 이야기에서 처음 도입되는 대상을 지정하지만 (3ㄴ)과 같이 '은/는'은 이미 언급된 내용을 다시 말할 때 쓰인다.

(3) ㄱ. 옛날에 한 공주<u>가</u> 살았어요.　ㄴ. 그런데 그 공주<u>는</u> 예뻤어요.

셋째, (4)와 같이 '이/가'는 초점적 대조를 나타내고 '은/는'은 주제적 대조를 나타낸다.

(4) ㄱ. 가: <u>누가</u> 가고 <u>누가</u> 안 가니?

　　　나: <u>철수가</u> 가고 <u>영희가</u> 안 가.

　　ㄴ. 가: <u>누구는</u> 가고 <u>누구는</u> 안 가니?

　　　나: 아니, 모두 가.

넷째, (5)와 같이 '은/는'은 주어 이외에도 붙어 쓰일 수 있으며 대조의 의미를 나타낸다.

(5) 철수가 밥<u>은</u> 먹는다.

다섯째, '이/가'는 (6ㄱ)과 같이 긴 형태의 부정문 '-지 않-'의 '-지' 다음에 붙어 서술하는 내용에 대한 초점 또는 강조를 나타내는데, 다만 (6ㄴ)과 같이 행동의 대상을 나타내는 타동사와는 함께 쓰일 수 없다.

(6) ㄱ. 꽃이 예쁘지{<u>가</u>/를} 않아.

　　ㄴ. 밥을 먹지{*<u>가</u>/를} 않아.

리와 톰슨(C. N. Li & S. A. Thompson)에 따르면 한국어는 유형론적으로 주어와 주제가 모두 부각되는 언어이다. 그런데 영어와 같은 주어 부각 언어는 문장의 첫 성분이 주어로 해석되는 반면, 중국어와 같은 주제 부각 언어는 첫 성분이 주제로 해석된다. 한국어에서는 '이/가'를 통해서는 주어를, '은/는'을 통해서는 주제를 각각 첫 성분으로 제시할 수 있으므로 그 특성을 학습자의 모어에 따라 이해시킬 필요가 있다.　〈김재욱〉

[참고문헌]
• 국립국어원(2005), 외국인을 위한 한국어 문법 2, 커뮤니케이션북스.
• 백봉자(2006), 외국어로서의 한국어 문법 사전, 도서출판 하우.
• Li, C. N. & Thompson, S. A. (1976), Subject and topic: A new typology of language, In C. N. Li. (Ed.), *Subject and topic*, pp. 457~489, Academic Press.

□ '이/가'와 '을/를'

기본적으로 '이/가'는 문장의 주어를 나타내는 격 조사이고 '을/를'은 목적어를 나타내는 격 조사이다.

주어는 (1ㄱ)의 '철수가'와 같이 서술어의 하나뿐인 논항을 가리키거나 (1ㄴ)의 '철수가'와 같이 두 논항 중 행동의 주체가 되는 논항을 가리킨다. 목적어는 (1ㄴ)의 '밥을'과 같이 두 논항을 요구하는 서술어의 의미에서 행동의 영향을 직접적으로 받는 대상을 가리킨다.

> (1) ㄱ. 철수<u>가</u> 간다.
>   ㄴ. 철수<u>가</u> 밥을 먹는다.

'이/가'와 '을/를'은 기본적인 격 표시 기능 이외에도 다른 쓰임이 있다. 타동성(他動性, transitivity)의 관점에서 목적어와 같이 직접적인 영향을 받는 대상이 아닌 것은 두 번째 논항이더라도 '이/가'와 결합하는 것이 있다. 이러한 예를 살펴보면 먼저 주격 중출 구문에서는 (2ㄱ), (2ㄴ)과 같이 상태를 나타내는 형용사 앞의 두 번째 논항과 감정을 나타내는 형용사 앞의 두 번째 논항에 '이/가'를 붙일 수 있으나 '을/를'은 결합할 수 없다. 다만 (2ㄴ′)와 같이 감정 형용사에 '-아/어하다'를 결합하여 동사가 되면 두 번째 논항에 '이/가'는 붙일 수 없지만 '을/를'을 붙일 수 있다. 이는 형용사가 타동성이 낮은 부류이기 때문에 나타나는 격 표시 현상이다.

> (2) ㄱ. 철수가 키{<u>가</u>/*를} 크다.
>   ㄴ. 철수가 호랑이{<u>가</u>/*를} 무섭다.
>   ㄴ′. 철수가 호랑이{*가/<u>를</u>} 무서워한다.

보격 구문에서 '이/가'는 주어 외에 (3)과 같이 '되다, 아니다' 앞에 오는 보어를 표시하나 '을/를'은 불가능하다.

> (3) ㄱ. 철수가 의사{<u>가</u>/*를} 되었다.
>   ㄴ. 철수가 범인{<u>이</u>/*을} 아니다.

(4)와 같이 '-지 않다/못하다'의 형용사나 자동사와 결합한 '-지' 다음에는 '이/가'나 '을/를'이 모두 붙을 수 있지만 타동사에는 '을/를'만 가능하다. 이는 앞 명제에 대한 부정을 강조하는 것이다.

> (4) ㄱ. 꽃이 예쁘지{<u>가</u>/를} 않아.
>   ㄴ. 차가 가지{<u>가</u>/를} 않아.
>   ㄷ. 철수가 밥을 먹지{*가/<u>를</u>} 않아.

(5)와 같이 부사어가 주어처럼 나타나는 피동 구문에서는 주어와 결합한 '에, 에서, (으)로' 다음에 다시 '가'를 붙일 수 있다. 이때 보통 '잘' 등의 부사어가 나타나며 '에, 에서, (으)로'는 생략 가능하다. 이를 잠재적 피동 구문이라고 한다.

(5) ㄱ. {도서관<u>에서가</u>/도서관<u>이</u>} 공부가 잘 된다.

　　ㄴ. {이 칼로<u>가</u>/칼<u>이</u>} 잘 썰어진다.

서술어가 필수적으로 요구하는 부사어와 결합하는 조사는 (6)과 같이 '을/를'로 교체할 수 있는 경우가 있다. 이를 필수적 부사어 구문이라고 한다. 필수적 부사어가 목적어와 유사한 정도의 영향을 받는다는 의미를 전달할 때에는 '을/를'을 사용한다.

(6) ㄱ. {아이가 아버지<u>와</u>/<u>를</u>} 닮았다.

　　ㄴ. {철수가 영희<u>와</u>/<u>를</u>} 만난다.

(7)과 같이 사물을 전달하거나 일을 시키는 문장에서 대상이 받는 사람 뒤에 '에(게)' 대신에 '을/를'을 붙일 수 있다. 즉 필수적 부사어인 세 번째 논항의 표지를 '을/를'로 교체할 수 있다. 이때 한 문장에 '을/를'이 두 번 나타나게 되어 대격 중출 구문이라고 한다.

(7) ㄱ. {선생님께서 철수<u>에게</u>/<u>를</u>} 책을 준다.

　　ㄴ. {내가 영희<u>에게</u>/<u>를</u>} 심부름을 시켰다.

　　ㄷ. {김 사장이 영희를 며느리<u>로</u>/<u>를</u>} 삼았다.

위에서 '을/를'은 초점사(focalizer)라는 특별한 기능을 하는데 구 정보(old information) 를 나타내는 '은/는'과는 대립적 관계이다. 초점은 정보 구조상 신 정보(new information) 를 나타내기 때문에 선행 명사 또는 선행 구에 강세가 오거나 강조하는 느낌을 전달한다.

(8)과 같은 이동 동사 구문에서 이동을 나타내는 동사와 함께 나타나는 장소의 '에' 는 '을/를'이나 '에를'로 바꿔 쓸 수 있으나 행위를 나타내는 명사가 올 때는 '을/를'만 가능하다.

(8) ㄱ. 학교{<u>에</u>/<u>를</u>/<u>에를</u>} 갔다.

　　ㄴ. 낚시{<u>를</u>/*<u>에</u>/*<u>에를</u>} 갔다.

'이/가'와 '을/를'은 문장 성분을 나타내는 격 조사 기능 외에 정보 구조상의 '초점'이 라는 기능을 기반으로 강조나 대조 등의 화용적 의미를 나타낼 수 있으므로 같은 부 류인 '은/는'이나 '도'와는 함께 쓰일 수 없음을 학습자들에게 인식시킬 필요가 있다.

(9) 철수{*<u>는가</u>/*<u>가는</u>/*<u>도가</u>/*<u>가도</u>} 학생이다.

그리고 '이/가'는 존칭의 '께서'가 있으나 '을/를'은 이런 표현이 없다는 점도 교육에서 다루어야 할 부분이다.　　　　　　　　　　　　　　　　　　　　　　〈김재욱〉

[참고문헌]

• 국립국어원(2005), 외국인을 위한 한국어 문법 2, 커뮤니케이션북스.

• 백봉자(2006), 외국어로서의 한국어 문법 사전, 도서출판 하우.

• 이희자·이종희(2006), 한국어 학습 학습자용 어미·조사 사전, 한국문화사.

❏ '에'와 '에서'

'에'는 존재의 장소를 나타내며 '에서'는 행동을 하는 장소를 나타낸다.

(1ㄱ)에서 '에'는 '책'이 있는 장소가 '책상 위'라는 것을 나타내며 (1ㄴ)에서 '에서'는 화자가 '공부'라는 행동을 하는 장소가 '도서관'임을 나타낸다.

(1) ㄱ. 책상 위에 책이 있다.
ㄴ. 도서관에서 공부했어요.

그런데 '눕다, 쓰다, 걸다' 등의 동사는 행동을 나타내지만 (2)와 같이 특정한 지점을 나타내는 '에'를 사용한다.

(2) 침대에 눕나, 공책에 쓰다, 옷걸이에 걸다.

그리고 '에'는 '가다, 오다' 등의 동사 앞에서 이동의 지향점을 나타내어 (3ㄱ)과 같이 어미 '-(으)러'를 통해 이동의 목적을 표시하고 '에서'는 (3ㄴ)~(3ㄷ)과 같이 이동이나 시간의 출발점을 나타낸다.

(3) ㄱ. 공부하러 도서관에 가요.
ㄴ. 서울에서 몇 시에 출발해요?
ㄷ. 1시에서 2시 사이에 출발해요.

'에'와 '에서'가 유정물이나 무정물과 결합할 때 (4ㄱ)과 같이 수여의 대상이 무정물이면 '에'를, (4ㄴ)과 같이 유정물이면 '에게'를 쓴다.

(4) ㄱ. 꽃에 물을 주었다.
ㄴ. 친구에게 물을 주었다.

그리고 (5)와 같이 행위의 주체가 단체인 경우 '에서'를 사용한다.

(5) 학교에서 소풍을 간다.

이 외에 (6)과 같이 '에'는 도구, 원인, 비교나 셈의 기준을 나타낼 수 있다.

(6) ㄱ. 도구: 칼에 손을 베었다.
ㄴ. 원인: 바람에 창문이 열렸다.
ㄷ. 비교의 기준: 커튼이 방에 잘 어울린다.
ㄹ. 셈의 기준: 하루에 열 개를 팔았다.

또한 (7)과 같이 '에'는 '관하여/관해, 대하여/대해, 의하여/의한, 있어(서), 비하여, 따라' 등과 함께 쓰여 앞의 말이 지정의 대상임을 나타낸다.

(7) 그 문제에 관하여 이야기해 보자.

한국어교육에서 '에'와 '에서'는 기본적으로 처소(處所)의 개념을 공유하지만 행동 유무나 진행 방향 등의 의미에 차이가 있다는 점을 주로 교육한다. 그리고 '에'에는 원인, 수단, 방법, 조건 등의 의미가 있으나 '에서'에는 이런 의미가 없어 '에'와 '에서'의 개별적 의미들은 추후 별도의 과정을 통해 교육하는 것이 일반적이다. 그러나 각 의미들이 서로 연관된 것도 있으므로 이를 관련지어 설명하는 것도 도움이 될 수 있다. 또한 개별 의미들을 어떤 순서로 교육하는 것이 가장 효율적인지 언어 습득의 측면에서 추가적인 논의와 검증이 필요하다. 그리고 '에'와 '에서'는 처소의 개념뿐 아니라 시간의 개념과 비교의 기준이라는 측면에서도 유사한 의미 관계를 나타낸다. 한국어교육에서 이러한 의미와 기능의 차이에 대해서도 강조할 필요가 있다. 〈김재욱〉

[참고문헌]
• 국립국어원(2005), 외국인을 위한 한국어 문법 2, 커뮤니케이션북스.
• 백봉자(2006), 외국어로서의 한국어 문법 사전, 도서출판 하우.

❏ '만'과 '밖에'

'만'과 '밖에'는 둘 다 보조사의 일종으로 '만'은 어느 것을 선택하고 다른 것을 제외함을 의미하며 '밖에'는 오직 그것만을 한정하여 긍정하는 의미를 나타낸다.

보조사 '만'의 예시는 (1)과 같다.

(1) 그는 항상 이 음악만 듣는다.

(2)의 '딱 한 번, 하루' 등과 같이 제한된 횟수나 기한이 문장 안에 나타날 경우 '화자가 가장 낮은 기대를 함'의 의미가 덧보태진다.

(2) ㄱ. 딱 한 번만 푹 잤으면 좋겠어.
   ㄴ. 하루만 푹 잤으면 좋겠어.

또한 (3)과 같이 '자꾸' 등과 같은 부사와 함께 쓰이면 '어떤 행위나 상태가 지속됨'이라는 의미가 덧보태진다.

(3) 내가 여기서 자꾸만 이러한 얘기를 하는 이유를 아시겠습니까?

보조사 '밖에'는 (4)와 같이 '오직 그것만을 한정하여 긍정함'의 의미를 나타낸다.

(4) 나는 영미밖에 좋아하는 사람이 없다.

(5)와 같이 조금, 시간, 금액과 같은 정도를 나타내는 낱말과 결합할 경우 '화자가 이것에 대해 만족스럽게 생각하지 않음'의 의미가 덧보태질 수 있다. (5)의 '조금밖에'와 '3시간밖에'는 각각 남아 있는 음식의 양과 잠을 잔 시간에 대해 화자가 만족스럽게 생각하고 있지 않음을 나타낸다.

(5) ㄱ. 다 먹어 치우고 조금밖에 없어요.

ㄴ. 어제 3시간밖에 못 잤어요.

한편 보조사 '만'과 '밖에'는 (6)과 같이 '오직', 즉 '유일성'의 의미를 공통적으로 나타내는데 이러한 의미를 '배타적인 의미'라고 부른다.

(6) ㄱ. 나는 영희만 본다.
    ㄴ. 나는 영희밖에 보지 않는다.

그러나 '만'과 '밖에'는 의미는 비슷하지만 그 용법에 제한이 있다. '밖에'는 (7ㄱ)과 같이 반드시 뒤에 부정을 나타내는 말이 따르고 (7ㄴ), (7ㄷ)에서 보듯이 명령형과 청유형에서 나타나지 않는다.

(7) ㄱ. *나는 엉희밖에 본다.
    ㄴ. *영희밖에 봐라.
    ㄷ. *영희밖에 보자.

반면에 '만'은 (8ㄱ)처럼 대체로 부정의 맥락에서 사용하지 않으며 (8ㄴ), (8ㄷ)과 같이 명령형과 청유형에도 쓴다.

(8) ㄱ. *나는 영희만 좋아하는 사람이 없다.
    ㄴ. 영희만 봐라.
    ㄷ. 영희만 보자.

다만 (9)와 같이 '만'에는 부정의 의미를 나타내는 서술어가 후행할 수도 있는데 이때는 주어의 행위의 대상이 '만'에 선행하는 요소인 '영희'뿐 아니라 다른 사람도 포함한다는 의미를 나타낸다.

(9) 나는 영희만 보지 않는다.

그리고 '만' 앞에 '뿐, 에게'와 같은 보조사를 결합하여 (10ㄱ)과 같은 '포함성'의 의미나 (10ㄴ)과 같은 '한정성'의 의미를 더 강조하기도 한다.

(10) ㄱ. 그는 국어뿐만 아니라 영어도 잘한다.
     ㄴ. 나는 민수에게만 편지를 보낸다.

한편 외국인 학습자들은 '만'과 '밖에' 사이의 의미적, 통사적 차이를 인식하지 못하여 다음과 같은 오류를 자주 범한다.

(11) ㄱ. 10분*만(√밖에) 시간이 없으니 서두르십시오.
     ㄴ. 그 일을 조금*만(√밖에) 모릅니다.
     ㄷ. 어제 돈을 많이 써서 조금*밖에(√밖에 안) 남았어요.

위의 (11ㄱ), (11ㄴ)은 '만'을 '밖에'로 써야 올바른 문장이 되고 (11ㄷ)은 이 문장 전체를 부정문으로 바꾸어야 한다. 이는 외국인 학습자들이 '밖에'가 부정문과 호응한다는 통사적 사실을 인지하지 못하여 자주 범하는 오류이다.

한국어교육 분야에서 '만'과 '밖에'에 대한 연구는 외국인을 위한 한국어 학습사전 편찬 작업에서 이 두 보조사의 의미와 통사 구성에 대한 공통점과 차이점을 밝히는 데 주안점을 둔 바 있다. 아울러 외국인 학습자들의 구어나 문어에 나타나는 '만'과 '밖에'에 관한 오류의 특성을 분석하고 이에 대한 교수 학습 방안을 밝히는 연구도 활발하다. 〈김명광〉

[참고문헌]
• 국립국어원(2005), 외국인을 위한 한국어 문법 1~2, 커뮤니케이션북스.
• 서상규 외(2006), 외국인을 위한 한국어 학습 사전, 신원프라임.

☐ 도, 조차, 까지, 마저

'도, 조차, 까지, 마저'는 모두 보조사이다. '도'의 기본 의미는 이미 어떤 것이 포함되고 그 위에 더함이다. '조차'의 기본 의미는 그 상황 이상의 것이 더해짐이다. '까지'는 어떤 일이나 상태 따위에 관련되는 범위의 끝임을 나타낸다. '마저'는 어떠한 것에 더해서 그보다 더 나쁘거나 다른 것을 덧붙인다는 의미이다.

'도, 조차, 까지, 마저' 중 '도'를 제외한 나머지는 역사적으로 볼 때 하나의 낱말들이었던 것들이 통시적인 변천을 통하여 보조사가 되었다. 즉 '조차'는 동사 '좇-'(따르다), '까지'는 명사 'ㄱ지'(둘레나 끝에 해당하는 부분), '마저'는 부사 '및'(마지막)에서 그 유래를 찾을 수 있는데 현재 보조사의 일부 의미에 이 흔적이 남아 있다.

보조사 '도, 조차, 까지, 마저'는 기본 의미 외에도 문맥에 따라 주변적 의미들이 더해진다. 우선 보조사 '도'는 주 의미인 '첨가성' 이외에 '아우름, 허용성, 포함성, 의외성 강조, 감정 강조' 등의 다른 의미가 더해진다. 각각의 예를 들어 보면 아래 (1)과 같다.

(1) ㄱ. 첨가성: 이미 어떤 것을 포함하고 그 위에 더함.
　　　예: 엄마, 우리 사과도 사요.
　　ㄴ. 아우름: 둘 이상의 대상이나 사태를 똑같이 아우름.
　　　예: 아기가 눈도 코도 다 예쁘다.
　　ㄷ. 허용성: 양보하여도 마찬가지로 허용됨.
　　　예: 찬밥도 좋으니 빨리만 먹게 해 주세요.
　　ㄹ. 포함성: 극단적인 경우까지 양보하여 다른 경우는 더 말할 필요도 없이 그러함.
　　　예: 개미 새끼 한 마리도 얼씬거리지 못하게 해라.
　　ㅁ. 의외성 강조: 보통이 아니거나 의외의 경우에 예외성이나 의외성을 강조.
　　　예: 우리 애는 천 미터도 넘는 산을 잘 오른다.
　　ㅂ. 감정 강조: 놀라움이나 감탄, 실망 따위의 감정을 강조.
　　　예: 와! 빨리도 달린다.

아울러 보조사 '도'는 체언류나 부사어뿐 아니라 연결 어미 '-아/어, -게, -지, -고'
와 합성 동사의 선행 요소 뒤에도 붙는다.

보조사 '까지'도 기본 의미 '한계성' 이외에 '첨가성, 극단성'의 의미가 있다. 그 의미
와 예를 보면 아래 (2)와 같다.

(2) ㄱ. 한계성: 어떤 일이나 상태 따위와 관련되는 범위의 끝.
   예: 오늘은 1번부터 10번까지 청소한다.
ㄴ. 첨가성: 이미 어떤 것을 포함하고 그 위에 더함.
   예: 밤도 늦었고 비까지 내리니 하루 더 묵고 가거라.
ㄷ. 극단성: 그것이 극단적인 경우임을 나타냄.
   예: 아이가 모형 비행기를 저렇게까지 좋아할 줄은 몰랐어.

주로 체언 뒤에 붙는 '마저'도 기본 의미인 '첨가성' 이외에 문맥에 따라 '한계성, 상
황성'의 의미가 더해진다.

(3) ㄱ. 첨가성: 어떠한 것에 더해서 그보다 더 나쁘거나 다른 것을 덧붙임.
   예: 월급을 다 쓰고 예금해 놓은 것마저 다 써 버렸으니 큰일이군요.
ㄴ. 한계성: 마지막 것까지 기대에 어긋난 것을 나타냄.
   예: 믿었던 너마저 나를 배신하다니.
ㄷ. 상황성: 화자가 상황에 의하여 하지 못함.
   예: 그 학자는 밥을 먹는 것마저 잊은 채 연구에 몰두했다.

'조차'는 '첨가성' 이외에 '그 상황 이상의 것이 더해짐'의 의미가 있는데 이는 말하는
사람이 일반적으로 기대하지 못하거나 예상하기 어려운 극단의 경우까지 포함하는 것
을 나타낸다. 주로 체언 뒤에 붙는다.

(4) 철수가 날 속이리라는 건 상상조차 할 수 없었던 일이야.

보조사 '도, 조차, 까지, 마저'는 공통적으로 '첨가성'이라는 의미를 포함하여 상호 대
치가 가능하기 때문에 외국인 학습자가 이들을 구별하기가 매우 어렵다.

(5) ㄱ. 철수도 나를 보았다.
ㄴ. 철수조차 나를 보았다.
ㄷ. 철수까지 나를 보았다.
ㄹ. 철수마저 나를 보았다.

위 (5)의 예들은 조금씩 의미 차이가 있지만 공통적으로 '철수'가 아닌 다른 사람도
'나를 보았다'라는 의미를 나타낸다. 반면에 이 네 개의 보조사는 각각의 개별적 의미와
통사적 차이가 있다. '도, 까지'는 긍정과 부정의 두 경우에 모두 사용할 수 있으나 '조
차, 마저'는 주로 부정적인 경우에만 사용한다.

(6) ㄱ. 철수는 공부도 잘해요. (긍정)

ㄴ. 철수는 공부도 못해요. (부정)

(7) ㄱ. 엄마, 우리 사과까지 사요? (긍정)

ㄴ. 엄마, 우리 사과까지 안 사요? (부정)

(8) ㄱ. *몸조차 따른다. (긍정)

ㄴ. 몸조차 따르지 않는다. (부정)

(9) ㄱ. *눈물마저 나온다. (긍정)

ㄴ. 눈물마저 안 나온다. (부정)

'마저'는 긍정문에도 사용할 수 있기는 하나 이 '마저'가 들어간 문장의 맥락은 (10)과 같이 여전히 부정적인 상황이다.

(10) 추운데 바람마저 분다.

관련 연구로는 '도, 조차, 까지, 마저'의 공통점과 차이점 그리고 어원에 대한 연구가 활발하며 한국어교육에서는 이 차이를 바탕으로 하여 외국인 학습자들에게 효과적인 교수 학습 방법에 대해 연구한 것이 주를 이룬다. 아울러 외국인 학습자들의 구어나 문어 속에 나타나는 오류 연구도 활발하다. 외국인 학습자가 범하기 쉬운 대표적인 오류의 예를 살펴보면 다음과 같다.

(11) ㄱ. 맥주*조차(√까지) 마셔?

ㄴ. 오후 6시부터 저녁11시*∅(√까지) 일합니다.

(11ㄱ)은 '까지'를 써야 할 곳에 '조차'를 썼고 (11ㄴ)은 '까지'가 생략되어 나타난 오류이다. 〈김명광〉

[참고문헌]
• 국립국어원(2005), 외국인을 위한 한국어 문법 1~2, 커뮤니케이션북스.
• 조철현 외(2002), 한국어 학습자의 오류 유형 조사 연구, 문화관광부.

❏ (이)나, (이)든지, (이)나마, (이)라도

'(이)나, (이)든지, (이)나마, (이)라도'는 체언이나 부사에 붙어 공통적으로 '선택'의 의미를 내포하고 있는 보조사들이다. '(이)나'는 '마음에 차지 아니하는 선택', '(이)든지'는 '여러 가지 중에서 하나를 선택함', '(이)나마'는 '어떤 상황이 이루어지거나 어떻다고 말하기에는 부족한 조건이지만 아쉬운 대로 선택함', '(이)라도'는 '선택이 마음에 썩 들지는 않으나 그런대로 괜찮음'의 의미가 있다. 이 보조사들은 선행하는 말이 자음으로 끝나면 '이나, 이든지, 이나마, 이라도'를 사용하고 선행하는 말이 모음으로 끝나면 '나, 든지, 나마, 라도'를 사용한다.

보조사 '(이)나'는 '마음에 차지 아니하는 선택'의 의미와 함께 다양한 의미를 지닌다. 그 의미와 예를 들면 아래 (1)과 같다.

(1) ㄱ. 마음에 차지 아니하는 선택.
  예: 심심한데 영화나 보러 가자.
ㄴ. 마치 현실의 것인 양 가정됨.
  예: 자기가 천재나 되는 것처럼 굴더라.
ㄷ. 수량이 많거나 정도가 높음을 강조함.
  예: 식구가 그렇게나 많아요?
ㄹ. 수량이나 정도를 어림잡음.
  예: 몇 시나 되었을까?
ㅁ. 많지는 아니하나 어느 정도는 됨.
  예: 그 사람은 돈 푼이나 있다고 거만하다.
ㅂ. (간접 인용절에 붙어) 인용 내용에 빈정거리는 태도나 가벼운 불만을 나타냄.
  예: 어제까지도 모르는 체하더니, 이제 와서는 자기도 같이 가자나, 흥!
ㅅ. 여러 가지 중에서 어느 것을 선택하여도 상관없음.
  예: 이거나 저거나 상관없다.
ㅇ. 같은 가치를 가짐.
  예: 아들에게서 직접 전화를 받았으니 만난 거나 다름없다.
ㅈ. 둘 이상의 사물을 같은 자격으로 이어 줌.
  예: 건강을 위해 담배나 술을 끊어야 한다.

보조사 '(이)든지'와 '(이)나마'는 '(이)나'에 비하여 상대적으로 그 의미가 투명하여 주변 의미가 적다. '어떤 것을 선택해도 상관없음'의 의미가 있는 '(이)든지'의 예와 '아쉬운 대로 선택함'의 의미가 있는 '(이)나마'의 예는 아래 (2)와 같다.

(2) ㄱ. 사과든지 배든지 다 좋다.
ㄴ. 먼발치로나마 보게 되어 기뻤다.

보조사 '(이)라도'는 '선택이 마음에 썩 들지는 않으나 그런대로 괜찮음'의 의미와 함께 다양한 의미를 나타낸다.

(3) ㄱ. 선택이 마음에 썩 들지는 않으나 그런대로 괜찮음.
  예: 현금이 없으면 카드라도 주세요.
ㄴ. 어떤 경우라도 마찬가지임.
  예: 나는 언제라도 떠날 준비가 되어 있다.
ㄷ. 서술된 전체 문장의 행위를 강조함.
  예: 일초라도 더 빨리 출발하자.
ㄹ. 행위나 상태 등이 다른 어떤 것과 거의 비슷함.
  예: 그들은 국수를 먹었으면서 마치 고기라도 먹은 듯 이를 쑤시고 있다.
ㅁ. 불확실한 사실에 대한 의심이나 의문.
  예: 그의 얼굴을 보니 사고라도 친 것 같다.

'(이)나, (이)든지, (이)나마, (이)라도'는 모두 '선택'의 의미를 나타내지만 서로 간에 미묘한 의미 차이가 있어서 상호 대치되지 않는 것도 있다. 먼저 '(이)나'와 다른 보조사의 통사적 차이를 비교해 보면 아래 (4)와 같다.

    (4) ㄱ. {언제나/언제든지/언제라도/*언제나마} 와도 된다.
       ㄴ. 그리운 고국산천 {언제나/*언제든지/*언제라도/*언제나마} 가 볼까.

(4ㄱ)과 같이 '언제나, 언제든지, 언제라도'가 '항상'의 의미를 나타낼 때는 서로 통용할 수 있다. 다만 '불충분하게 남아 있음'을 전제로 하는 '나마'는 부정(不定) 대명사 '언제'와 결합할 수 없다. 또한 (4ㄴ)과 같이 '행위의 제한'이라는 의미를 강조하면 '(이)나'가 '(이)든지, (이)라도, (이)나마'와 대치할 수 없다.

'(이)든지'는 선택할 것이 '최소한 둘 이상이 있음'을 전제로 하기 때문에 '둘 이상의 선택'을 포함하는 '사과든지 배든지 다 좋다'는 자연스러운 반면 '*사과든지 다 좋다'는 문장이 부자연스럽다. 둘 이상을 전제로 하지 않는 '(이)나마'와 '(이)라도'가 포함된 문장이 비문이 되는 이유는 이와 동일하다. 반면에 두 개 이상의 선택을 허용하는 '(이)나'는 '(이)든지'와 마찬가지로 정문이 된다.

    (5) {사과나 배나/사과든지 배든지/*사과라도 배라도/*사과나마 배나마} 다 좋다.

'(이)든지'가 최소한 둘 이상이 있음을 전제로 한다는 것은 다음과 같이 부정 대명사와 어울릴 수 있음을 뜻한다.

    (6) {어디든지/어디라도/*어디나/*어디나마} 가고 싶다.

'(이)나마'는 '불충분하지만 선택할 것이 여전히 남아 있음'이라는 전제를 강조하면 다른 보조사들과 대치할 수 없다.

    (7) ㄱ. 그{나마/*라도/*나/*든지} 다행이다.

또한 '(이)라도'가 (8ㄱ)과 같이 서술한 문장의 행위를 강조하거나 (8ㄴ)과 같이 양보의 의미를 부각할 경우 다른 보조사와 대치할 수 없다.

    (8) ㄱ. 그 돈을 아껴 도로를 1km{라도/*나/*나마/*든지} 더 건설하는 것이 옳을 것이다.
       ㄴ. 항우장사{라도/*나/*나마/*든지} 늙으면 별 수 없지.

한편 외국인 학습자들이 이 조사의 쓰임새를 몰라 오류를 범한 문장들의 예를 들어 보면 아래 (9)와 같다.

    (9) ㄱ. 비빔밥을 먹으러 일부러 서울에서 전주까지 가는 사람도 있다는 이야기를 들은 일이 있는데 그렇게 해서*Ø(√라도) 먹을 만한 맛이니까 한국에 오면 한번 먹는 것이 좋다.
       ㄴ. 우리 집 근처는 생활하기 위해서 필요한 것이 *아무것이나(√뭐든지) 있습니다.

ㄷ. 어떤 사람은 재미*<u>이나</u>(√/나) 재일 교포이고.

위 (9ㄱ)은 '(이)라도'를 써야 할 곳에 쓰지 않은 오류이며, (9ㄴ)은 '(이)든지'를 써야 할 곳에 '(이)나'를 사용한 오류이다. (9ㄷ)은 선행하는 말이 모음으로 끝나서 '나'를 써야 할 곳에 '이나'를 쓴 경우이다.

한국어교육에서 '(이)나, (이)든지, (이)나마, (이)라도'와 관련된 연구는 학습자 사전이나 문법서에서 이들 보조사의 의미를 기술한 것이 대부분이다. 따라서 이들의 차이와 공통점을 외국인 학습자에게 어떻게 가르쳐야 하는지에 대한 방법론적인 논의 또한 필요하다. 〈김명광〉

[참고문헌]
• 국립국어원(2005), 외국인을 위한 한국어 문법 2, 커뮤니케이션북스.
• 김광해(1987), 선택과 양보(I): '-라도'와 '-나'를 중심으로, 국어학 16, 국어학회, 597~620쪽.
• 박기덕(2001), 한국어 보조사 사용의 전제, 언어와 언어학 26, 한국외국어대학교 언어연구소, 119~135쪽.
• 서상규 외(2006), 외국인을 위한 한국어 학습 사전, 신원프라임.
• 조철현 외(2002), 한국어 학습자의 오류 유형 조사 연구, 문화관광부.

❏ 조사의 결합

교착어라는 한국어의 성격상 문법적 기능을 하는 조사들이 서로 결합하여 연속적인 구성체를 이루는 것을 조사의 결합이라고 한다.

한국어의 문법적 특성상 명사나 명사 구실을 하는 말에 조사가 둘 이상 붙을 수 있다. 이때 조사들 간의 결합은 해당 조사의 성격에 따라 결합이 가능하기도 하고 그렇지 않기도 하며 결합이 가능하더라도 그 결합의 순서가 일정하게 정해져 있는 경우가 많다. 그 특성 중 일부를 살펴보면 다음과 같다.

첫째, 주격, 목적격, 관형격과 같은 격 조사는 일반적으로 서로 결합할 수 없다.

(1) ㄱ. 주격 + 목적격: *철수<u>가를</u> 본다.
　　ㄴ. 주격 + 관형격: *철수<u>가의</u> 친구
　　ㄷ. 목적격 + 주격: *철수<u>를가</u> 온다.
　　ㄹ. 관형격 + 주격: *철수<u>의가</u> 온다.
　　ㅁ. 목적격 + 관형격: *철수<u>를의</u> 친구
　　ㅂ. 관형격 + 목적격: *철수<u>의를</u> 본다.

둘째, 부사격 조사는 보통 또 다른 부사격 조사와 결합할 수 없다.

(2) ㄱ. *철수<u>에게에</u> 말한다.
　　ㄴ. *철수<u>에게서</u> 온다.
　　ㄷ. *철수<u>에서와</u> 영희가 만난다.
　　ㄹ. *철수<u>와처럼</u> 행동해라.
　　ㅁ. *철수<u>처럼보다</u> 낫다.

셋째, 주격, 목적격, 관형격 조사가 부사격 조사와 결합할 때에는 주로 부사격 조사를 먼저 쓴다.

(3) ㄱ. 부사격 + 주격: 나<u>에게가</u> 아니라 철수에게 줘.
ㄴ. 부사격 + 목적격: 학교<u>에를</u> 간다.
ㄷ. 부사격 + 관형격: 한옥<u>에서의</u> 하루

넷째, 주격, 목적격, 관형격 조사는 보조사 '은/는, 도, (이)라도'와 잘 결합하지 못한다.

(4) 철수{*<u>가는</u>/*<u>가도</u>/*<u>가라도</u>/*<u>를은</u>/*<u>를도</u>/*<u>를이라도</u>/*<u>의는</u>/*<u>의도</u>/*<u>의라도</u>}

다섯째, 주격, 목적격, 관형격 조사는 보조사 '만, 까지, 부터, 조차, 밖에, 다가' 등과 서로 결합할 수 있고 항상 보조사를 먼저 쓴다.

(5) ㄱ. 철수{<u>만이</u>/<u>만을</u>/<u>만의</u>/*<u>가만</u>/*<u>를만</u>/*<u>의만</u>}
ㄴ. 여기{<u>까지가</u>/<u>까지를</u>/<u>까지의</u>/*<u>가까지</u>/*<u>를까지</u>/*<u>의까지</u>}
ㄷ. 여기{<u>부터가</u>/<u>부터를</u>/<u>부터의</u>/*<u>가부터</u>/*<u>를부터</u>/*<u>의부터</u>}

여섯째, 보조사 '은/는, 아/야, (이)나, (이)라도'는 상호 결합할 수 없다.

(6) 철수{*<u>는아</u>/*<u>는이나</u>/*<u>는이라도</u>/*<u>야나</u>/*<u>야라도</u>/*<u>나라도</u>}

일곱째, 보조사 '만, 까지, 부터, 조차, 밖에, 다가'는 일반적으로 서로 결합하지 않는다.

(7) 너{*<u>만까지</u>/*<u>만부터</u>/*<u>만조차</u>/*<u>만밖에</u>/*<u>만다가</u>/*<u>까지부터</u>/*<u>조차부터</u>}

다만 '까지만, 밖에만, 까지밖에'는 예외적으로 결합이 가능하다.

(8) ㄱ. 너<u>까지만</u> 인정할게.
ㄴ. 너<u>밖에만</u> 들리지 않을 거야.
ㄷ. 열셋<u>까지밖에</u> 못 센다.

여덟째, 보조사 '은/는, 도, (이)라도'는 다른 성분과 결합할 때 대부분 다른 보조사들을 먼저 쓴다.

(9) ㄱ. 너{<u>밖에는</u>/<u>까지도</u>/<u>부터라도</u>}
ㄴ. 일을 했<u>다가는</u>

다만 보조사 중 '조차'는 '은/는, 도, (이)라도'와 잘 결합하지 않는다.

이러한 결합 순서의 특성을 모르는 외국인 학습자들은 조사 결합 오류를 자주 범한다.

(10) ㄱ. *미국 음악 역사<u>는에서</u>(√에서) 버브 대이란이 아주 유력합니다.
ㄴ. 나는 언어학자로서 음성*<u>는의</u>(√에 대한) 지식을 바탕으로….
ㄷ. 설날 때는 중국에 안 가도 기분*<u>이도</u>(√이) 좋았어요.
ㄹ. *예쁜 옷을<u>도</u>(√도) 사고 맛있는 음식을 먹었어요

(10ㄱ)은 '에서'를 써야 할 곳에 '는에서'를, (10ㄴ)은 '에 대한'으로 써야 할 곳에 '는의'를 사용한 오류이다. (10ㄷ), (10ㄹ)은 각각 '이, 도'를 써야 할 곳에 '이도, 을도'를 잘못 사용한 예이다.

조사의 결합은 다양한 문법적 관계와 의미를 표현하기 위해서 유용하지만 상대적으로 오류도 많이 나타난다. 또한 화용적으로 그 의미가 확장, 세분화되기 때문에 정확한 이해가 쉽지 않기도 하다. 따라서 한국어교육에서는 조사 각각에 대한 기본적인 이해가 충분히 이루어진 후에 이들의 결합 형태를 교육하는 것이 바람직하다.

한국어교육에서 조사 결합과 관련된 연구는 개별적인 외국인 학습자의 조사 사용 오류를 통해 부분적으로 그 특성을 밝히거나 조사의 효과적인 교수 학습 방안 연구에서 일부 언급되어 온 것이 대부분이다. 앞으로 조사 결합과 관련된 오류와 교수 학습 방안에 대한 전면적인 연구가 더욱 필요하다.　　　　　　　　　　　　　　　〈김명광〉

[참고문헌]
• 고창수(1997), 한국어 조사 결합에 대한 연구, 한국어학 5-1, 한국어학회, 87~106쪽.
• 김정남·Xu Xuefei(2011), 한국어 체언과 조사의 결합 제약에 대하여, 국어학 61, 국어학회, 149~180쪽.
• 임동훈(2004), 한국어 조사의 하위 부류와 결합 유형, 국어학 43, 국어학회, 119~154쪽.
• 조철현 외(2002), 한국어 학습자의 오류 유형 조사 연구, 문화관광부.
• 최웅환(2005), 한국어 조사의 분류와 기능에 대하여, 언어과학연구 33, 언어과학회, 331~348쪽.

❑ **조사의 생략**

한국어에서는 명사나 명사 상당 어구에 조사가 붙어 문장 성분을 이루는 것이 보통이다. 하지만 조사가 없어도 문장 성분을 파악하는 데 어려움이 없을 경우에는 조사를 생략할 수 있다. 보통 구어체 문장에서 생략이 자주 일어나지만 문어체에서도 조사 생략이 가능하다.

조사 생략에 대한 일반적인 연구는 개별 조사들의 생략 환경을 밝히거나 구어와 문어에서의 조사 생략의 차이, 조사를 생략했을 때와 그렇지 않을 때의 의미 차이, 계량 언어학적 차이 등을 밝힌 성과물이 대부분이다.

한국어 조사는 크게 격 조사, 보조사, 접속 조사로 구분한다. 이때 모든 조사에는 '격의 실현'이라는 문법적 관념과 '주의 집중, 대조, 첨가, 단독' 등의 어휘적 관념이 함께 존재하는데 문법적 관념의 비중에는 정도의 차이가 있다. 조사가 생략될 가능성은 문법적 관념의 비중이 높을수록 높다. 즉 문법적 관념의 비중이 높은 격 조사가 어휘적 관념의 비중이 높은 보조사보다 생략이 더 자주 일어난다. 따라서 특정한 어휘 의미를 수행하는 보조사는 대조, 단독, 첨가, 한계 등과 같은 의미를 나타내기 때문에 원칙적으로 생략이 불가능하며 접속 조사 역시 그러하다. 하지만 일부 보조사는 주변 상황에서 추측이 가능한 경우 생략이 가능하다. 더 나아가 대화 맥락의 도움을 받을 수 있는 구어에서의 조사 생략이 문어보다 더 빈번하다. 권재일에 따르면 구어 환경에서 생략된 조사, 즉 비실현 조사의 비율은 격 조사가 27.99%, 보조사가 6.13%, 접속 조사가 0%라고 하였으며 문어 환경에서는 각각 3.56%, 0.22%, 0%라고 보고하였다. 격 조사가 생략된 예는 아래 (1), (2)와 같다.

- (1) 구어
  - ㄱ. 한 쪽 눈(이) 안 보이면 아파요.
  - ㄴ. 교수님, 시험(을) 못 본 사람 어떡하는 거예요?
  - ㄷ. 여기(에) 저기 하신 분(의) 성함하구 나이하구 이런 거(를) 적읍시다.
  - ㄹ. 나 푼수란 얘긴 처음(으로) 들어 본다.
  - ㅁ. 여학생(과) 같은 경우에는 문으로 들어오지 않구.

- (2) 문어
  - ㄱ. 탁솔 하나만 복용한 경우보다 3개월(이) 길어졌다.
  - ㄴ. 화장도 할 줄(을) 몰랐고, 머리도 손질할 줄을 몰랐으며.
  - ㄷ. 학문간(의) 교류는 무척 고무적인 일이지만.
  - ㄹ. 베트남전의 운명을 결정지었던 단계로 발전해 나가는 데(에) 있어서는.

보조사가 생략된 예는 아래 (3, 4)와 같다.

- (3) 구어
  - ㄱ. 아, 근데 맛탕(은) 찌는 거냐?
  - ㄴ. 그거(는) 남산에 있는 거 맞지?
  - ㄷ. 가: 몸이 좀 안 좋았어요.
    - 나: 무슨, 몸(만) 좋구만.
  - ㄹ. 2층부터 3층(까지) 이어져 있거든요.

- (4) 문어
  - ㄱ. 선별되는 자(는) 누구이고, 묵묵히 인내하는 자(는) 누구이며.
  - ㄴ. 나는 어떻게 해도 그들이 될 수(는) 없다.

한편 외국인 학습자들은 조사를 써야 할 환경에서 조사를 쓰지 않는 생략 오류를 자주 범한다. 특히 조사가 없는 중국어권이나 인도-유럽 어족 화자에게서 이러한 오류가 흔하다. 조철현 외에서 보인 예는 다음 (5)와 같다.

- (5) ㄱ. 남산 경치*∅(√가) 좋습니다.
  - ㄴ. 저는 산*∅(√을) 보고 예수님을 생각하고 감사했습니다.
  - ㄷ. 지난 주말에 친구와 같이 롯데 월드*∅(√에) 갔습니다.
  - ㄹ. 이것은 작년 12월 26일*∅(√에) 찍은 사진이었습니다.
  - ㅁ. 지금 연세대학교*∅(√에서) 한국말을 배웁니다.
  - ㅂ. 때때로 어머니하고 아버지*∅(√하고) 같이 낚시합니다.
  - ㅅ. 오후 6시부터 저녁11시*∅(√까지) 일합니다.

한국어교육에서 조사의 생략은 매우 중요한 교수 학습 내용이다. 한국어는 교착어의 성격상 조사의 활용과 쓰임을 명확하게 이해해야 한다. 다만 실제 구어 담화에서 일부 조사는 생략하는 것이 자연스럽다. 이 때문에 구어 담화에 집중하여 교수 학습하는 경우 조사에 대한 연습이 제대로 이루어지기 전에 조사의 생략 단계를 먼저 접하면서 일부 학습자, 특히 조사 체계가 낯선 고립어를 모어로 쓰는 학습자들은 조사를 과잉 생략하고 이것이 화석화되기 쉽다.

한국어교육에서 조사 생략에 관한 연구는 외국인 학습자의 조사 사용에서 나타나는 오류 분석 연구, 언어권별 학습자들의 조사 생략 오류를 진단하고 이를 효과적으로 고치는 교수 학습 방안을 살펴본 연구 그리고 조사의 문법 범주가 있는 일본어권 화자들의 조사 사용 실태를 밝힌 성과물이 대부분이다. 〈김명광〉

[참고문헌]
• 김건희·권재일(2004), 구어 조사의 특성: 문법 표준화를 위한 계량적 분석, 한말연구 15, 한말연구학회, 1∼22쪽.
• 이정희(2003), 한국어 학습자의 오류 연구, 박이정.
• 조철현 외(2002), 한국어 학습자의 오류 유형 조사 연구, 문화관광부.

■ 감탄사

감탄사(感歎詞, exclamation)는 화자가 자신의 느낌이나 의지를 개념적인 단어, 즉 '기쁨, 슬픔', '기쁘다, 슬프다', '기뻐하다, 슬퍼하다' 등의 명사, 형용사, 동사를 사용하지 않고 직접 나타내는 품사이다.

감탄사는 오직 화자 자신의 감정을 나타내는 반면에 개념적인 단어는 다른 사람의 감정도 나타낼 수 있다는 차이가 있다. 감탄사는 의미 기능에 따라 몇 가지로 나눌 수 있다. 학교 문법에 따르면 감탄사는 감정 감탄사, 의지 감탄사, 입버릇 및 더듬거림으로 나눈다. 먼저 감정 감탄사는 화자의 감정을 표시하는 의미 기능을 한다.

(1) ㄱ. 기쁨: 오, 와, 아, 하하, …
ㄴ. 성냄: 에끼, 이런, …
ㄷ. 슬픔: 아이고, 어이구, …
ㄹ. 놀라움: 아, 이크, 아차, 에구머니, …

둘째, 의지 감탄사는 발화 현장에서 상대방을 의식하며 자기의 의지를 표시한다.

(2) ㄱ. 상대방에게 행동 요구: 아서라, 자, 여보세요, 이봐, 쉿, 영차, …
ㄴ. 상대방의 말에 대한 태도: 네, 암, 아니오, 오냐, 응, 그래, 그래요, 옳소, 천만에, …

셋째, 입버릇 및 더듬거림은 특별한 뜻이 없이 쓰는 소리들이다.

(3) ㄱ. 별다른 느낌 없이 입버릇으로 섞어 내는 것: 머, 뭐, 말이지, 말이요, 말입니다, …
ㄴ. 말이 얼른 안 나올 때 더듬는 모양으로 뜻 없이 내는 소리: 어, 에, 저, 거시기, …

위의 예에서 알 수 있듯이 감탄사는 고유한 감탄사도 있지만 '만세, 옳소, 그래, 허허, 아니, 천만에' 등과 같이 다른 품사로부터 만들어진 것도 많다.

감탄사는 주로 구어체에 쓰이며 화자의 감정이 실린 어조나 억양, 얼굴 표정이나 손짓, 몸짓 등 신체적인 표현과 함께 쓰이는 경우가 많다. 그리하여 동일한 형태가 여러 가지 다른 감정을 나타내기도 한다.

(4) ㄱ. 감동: 아, 예쁘다!
　　ㄴ. 한탄: 아, 모두 쓸데없는 생각들이다.
　　ㄷ. 놀라움: 아, 벌써 그렇게 되었군요.

감탄사는 문장 성분상 독립언에 속한다. 즉 문장에서 다른 단어와 관련을 맺지 않고 독자적으로 화자의 의지와 감정을 나타낸다. 이러한 특징 때문에 감탄사는 문장 안에서의 자리 이동이 비교적 자유롭다는 통사적인 특징이 있다. 감탄사의 독립성과 관련하여 감탄사가 단독적인 발화로서 선·후행 문장과 대등한 정도의 독립성을 지녔다고 보고 간투사(間投詞, interjection)라고도 칭한다.

감탄사가 기능하는 층위가 문장을 넘어선 담화 층위라는 것을 고려하여 담화 표지(談話標識, discourse marker)로 보는 견해도 있다. 감탄사의 담화 기능을 정리하면 다음 (5)와 같다.

(5) ㄱ. 선행 정보에 대한 대답: 응, 네, 예, 어, …
　　ㄴ. 선행 정보에 대한 태도 표시: 네, 아니, 글쎄, …
　　ㄷ. 수신자 호출 보조: 야, 이봐요, …
　　ㄹ. 발화의 시작 표시: 저기, 저, …
　　ㅁ. 담화 마감 의도 표시: 네, 그래, …
　　ㅂ. 국면 전환 표시: 자, …
　　ㅅ. 청자 반응 표시: 음, 네, …
　　ㅇ. 발언권 유지: 어, 그, …
　　ㅈ. 발화 수정 표시: 아니, …
　　ㅊ. 청자 주의 끌기: 이봐요, 야, …

최근 감탄사에 대한 연구는 감탄사가 구어체임에도 불구하고 그간의 연구가 문어 자료를 바탕으로 한 것을 반성하고 구어 말뭉치 구축 및 담화 분석 연구 방법론을 도입하려는 시도가 많다. 특히 한국어교육에서는 한국어 감탄사의 담화 표지 기능에 주목하고 언어권별 대조 분석과 의사소통 전략 및 말하기 전략, 감탄사의 교육 내용 선정 및 위계화, 학습자 언어권별·수준별 교육 방안 등에 대한 연구가 활발하게 이루어지고 있다. 〈강경민〉

→ 담화 표지

[참고문헌]
- 고영근·구본관(2008), 우리말 문법론, 집문당.
- 국립국어원(2005), 외국인을 위한 한국어 문법 1, 커뮤니케이션북스.

5.3. 단어의 형성

단어의 형성이란 형태소가 결합하여 단어를 이루는 것을 말한다.

단어는 형태소 하나로 이루어지기도 하고 둘 이상이 결합하여 이루어지기도 한다. 단어의 형성을 다루는 학문 분야를 조어법(造語法), 조어론(造語論) 혹은 단어 형성법(單語形成法)이라고 한다. 단어를 만드는 방법은 합성, 파생 등이 대표적이다. 단어가 형성된 방식에 의해 단어는 단일어(單一語, simple word)와 복합어(複合語, complex word)로 나뉘고 복합어는 다시 합성어(合成語, compound word)와 파생어(派生語, derived word)로 나뉜다. 학자에 따라서는 복합어와 합성어란 용어를 서로 바꾸어 사용하기도 하는데 이는 complex word를 합성어, compound word를 복합어로 번역하였기 때문이다.

〈단어의 형성 방법〉

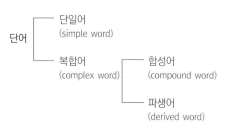

다음에 제시된 단어 (1)은 단일어, (2)는 합성어, (3)은 파생어의 예이다.

(1) 단일어: 강, 하늘, 높(다)
(2) 합성어: 산나물, 손발, 높푸르(다)
(3) 파생어: 풋과일, 드높(다), 웃음

(1)은 하나의 형태소로 이루어져 있으므로 더 작은 형태소로 분석할 수 없고 (2), (3)은 분석할 수 있다. (2)는 '산 + 나물', '손 + 발', '높- + 푸르-'처럼 어휘 의미를 가지는 형태소인 어근끼리 결합하였으므로 합성어이다. (3)은 '풋- + 과일', '드- + 높-', '웃- + -음' 처럼 접두사 '풋-', '드-'나 접미사 '-음'이 어근과 결합하였으므로 파생어이다.

단어를 만드는 방법은 합성과 파생을 제외하고도 여러 가지가 있다.

(4) 한은(← 한국은행), 밀서(← 비밀문서), 노찾사(← 노래를 찾는 사람들)
(5) 네티켓(← 네티즌 + 에티켓)

(4)는 단어나 구에서 머리글자를 따서 새로운 단어를 만든 것이고 (5)는 단어의 일부를 합쳐 새로운 단어를 만든 것이다.

한국어교육에서는 흔히 단어의 형성 방법을 어휘 교육에 활용한다. 단어의 형성에 대한 지식은 한국어를 배우는 학습자가 어휘를 확장해 가는 데에 도움을 준다. 학습자들은 한국어 단어가 이루어진 방식에 대한 이해를 통해 이미 알고 있는 단어의 의미를 정확하게 알 수 있다. 또한 어근이나 접사 등 구성 요소의 의미를 알고 있으면 잘 모르는 단어의 의미를 추정할 수도 있게 된다. 〈구본관〉

[참고문헌]
• 고영근·구본관(2008), 우리말 문법론, 집문당.
• 김영석(1998), 영어 형태론, 한국문화사.
• 이익섭·채완(1999), 국어 문법론 강의, 학연사.

■ 형태소

형태소(形態素, morpheme)란 의미를 지닌 최소의 언어 단위이다.

의미를 지닌 언어 단위로서의 형태소는 음소와 달리 변별적 기능뿐 아니라 지시적 기능도 있으므로 변별적 기능만 있는 음소와 구별된다.

다음 문장은 다시 형태소들로 나누어 볼 수 있다.

(1) 바다가 푸르다.

(1)에서 형태소는 '바다', '가', '푸르-', '-다'이다. '바다'는 '바'와 '다'로 나눌 수 있지만 이럴 경우 각각이 의미를 지니지 않으므로 형태소가 아니다.

형태소와 형태(形態, morph)를 구별하기도 한다. 양자를 구별할 때 형태소는 추상적인 의미를, 형태는 구체적인 실현형인 소리를 가리킨다. 형태소가 형태로 실현될 때는 항상 같은 모습으로 나타나는 것이 아니라 주위 환경에 따라 다른 모습으로 나타나기도 한다. 위에서 예시한 형태소 '가'는 선행하는 체언에 받침이 있으면 '이'로 나타난다. 이처럼 하나의 형태소가 다른 모습으로 나타나는 것을 교체(交替, alternation)라고 하며 교체에 의해 나타나는 각각을 이형태(異形態, allomorph)라고 한다. 형태소라는 용어는 특히 미국 구조주의 언어학자들이 언어의 분석을 위해 주로 사용하였다. 구조주의자들은 문장은 어절이나 단어로, 단어는 형태소로 분석하였다. 미국 구조주의 이전에 옐름슬레우(L. Hjelmslev)는 의미적인 요소에 대해 문법적인 요소를 나타내기 위해 이 용어를 사용하기도 했으나 오늘날은 미국 구조주의자들의 견해가 널리 받아들여져 문법적인 요소이든 의미적인 요소이든 모두 형태소로 지칭한다. 변형 생성 문법에서 형태소는 어휘부(語彙部, lexicon)에 주어지는 요소를 말하기도 한다.

형태소를 몇 가지 기준에 의해 나누기도 한다. 우선 문장에서 단독으로 쓰일 수 있는지에 따라 자립 형태소와 의존 형태소로 나눈다. 위에서 제시한 예에서 '바다'는 자립 형태소이고 '가', '푸르-', '-다'는 의존 형태소이다. 다음으로 실질적인 의미를 가지는지에 따라 실질 형태소와 형식 형태소로 나눈다. 위에서 제시한 예에서 '바다', '푸르-'는 실질 형태소이고 '가', '-다'는 형식 형태소이다.

한국어교육에서 학습자가 배우는 단위는 형태소나 단어가 아니라 덩어리(chunk)인 경우가 많으므로 개별 형태소를 아는 것이 교수 학습에 직접 도움이 되지 않을 수도 있다. 하지만 개별 형태소 중에는 조사나 어미처럼 덩어리가 아닌 상태로도 자주 쓰여 학습자가 반드시 알아야 할 것도 있다. 또한 형태소가 언어의 가장 기본적인 단위의 하나이고 한국어를 알기 위해서는 한국어를 분석적으로 바라볼 수 있어야 하므로 외국어로서 한국어를 배우는 학습자는 형태소의 개념을 알고 학습에 활용할 필요가 있다.

〈구본관〉

→ **구조주의 언어학**

[참고문헌]
• 고영근·구본관(2008), 우리말 문법론, 집문당.
• 김영석(1998), 영어 형태론, 한국문화사.

❏ 어근

파생이나 합성 등 단어 형성에서 의미상 중심이 되는 부분을 어근(語根, root)이라고 한다.

어근은 굴절 접사인 어미에 선행하는 어간(語幹, stem)과 상대되는 개념이다. 즉 어근은 조어(造語) 과정에서 의미상 중심이 되는 부분으로 활용 과정에서 의미상 중심이 되는 어간과 대비된다.

어근에 대해서는 몇 가지 다른 관점의 정의가 널리 쓰이기도 한다. 우선 어근을 단어 형성 과정뿐 아니라 어간과 어근이 결합하는 활용 과정까지 포함하여 의미상 중심이 되는 부분으로 정의하는 관점이 있다. 이런 관점에서는 흔히 단어에서 파생 접사와 굴절 접사를 모두 떼어 버리고 남은 부분을 어근으로 지칭한다. 통시적인 관점에서 단어를 이루는 줄기인 접사를 제외한 뿌리 부분을 어근으로 지칭하는 관점과 유사한 입장이다.

다음으로 어근을 단어의 의미상 중심이 되는 요소이되 굴절 접사, 즉 어미가 결합할 수 없는 요소로 한정하여 정의하는 관점이 있다. 이러한 정의에 따르면 '깨끗하다'의 '깨끗'처럼 굴절 접사와 결합할 수 없는 요소만 어근이 되며, '잡히다'의 '잡-'은 파생 과정에 참여하는 의미상의 중심 요소이기는 하지만 '잡다'와 같은 결합이 가능하므로 어근으로 볼 수 없게 된다. 예를 들면 다음 (1), (2)와 같다.

(1) 밟다, 밟히다, 짓밟히다

(2) 깨끗하다

어근을 단어 형성에서 의미상 중심이 되는 부분으로 정의하면 (1)에서 '밟다'의 '밟-'은 굴절 접사와 결합한 어간으로 어근이 아니고, '밟히다'의 '밟-'과 '짓밟히다'의 '밟-', (2)에서의 '깨끗하다'의 '깨끗'은 어근이 된다. 어근을 단어 형성 과정에서뿐 아니라 활용 과정까지 포함하여 의미상 중심이 되는 부분으로 정의하게 되면 (1)의 '밟다', '밟히다', '짓밟히다'에서의 '밟-'은 어근이며 '깨끗하다'의 '깨끗'도 어근이 된다. 한편 어근을 굴절 접사가 결합할 수 없는 요소로 한정하여 정의하면 (1)에서의 '밟-'은 굴절 접사 '-다'와 결합이 가능하므로 어근이 아니고 (2)의 '깨끗'만이 어근이 된다.

한국어교육에서 어근에 대한 지식과 개별 어근의 의미에 대한 이해는 학습자가 어휘를 양적 혹은 질적으로 확장해 나가는 데에 활용할 수 있다. 흔히 단어의 의미를 학습할 때에는 어근의 의미를 바탕으로 하여 학습한다. 이런 방식으로 단어의 의미를 학습하면 이미 알고 있는 단어를 통해 잘 모르는 단어의 의미를 예측하는 데에 도움이 된다. 〈구본관〉

[참고문헌]
• 고영근·구본관(2008), 우리말 문법론, 집문당.
• 김영석(1998), 영어 형태론, 한국문화사.
• 안상철(1998), 형태론, 민음사.
• 최형용(2002), 어근과 어기에 대하여, 형태론 4-2, 형태론 학회, 301~318쪽.

❏ 접사

어근이나 어간 따위에 덧붙는 형태소를 접사(接辭, affix)라고 한다. 접사는 어근이나 어간에 특정한 의미나 기능을 더해 준다.

접사는 결합하는 위치에 따라 어간이나 어근의 앞에 결합하는 접두사(接頭辭, prefix)와 뒤에 결합하는 접미사(接尾辭, suffix)로 나눈다. 또한 그 기능에 따라 새로운 단어를 만드는 파생 접사(派生接辭, derivational affix)와 문법적인 기능을 더하는 굴절 접사(屈折接辭, inflectional affix)로 나누기도 한다. 흔히 접사는 파생 접사만을 지칭하기도 한다.

한국어의 접사를 분류하면 다음과 같다.

〈접사의 분류〉

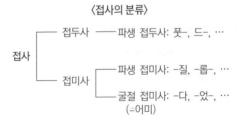

위의 표에서 볼 수 있듯이 한국어에서 접두사는 파생 접두사만 존재하지만 접미사는

파생 접미사와 굴절 접미사가 모두 존재한다. 한국어는 굴절어가 아니므로 굴절 접미사라는 용어보다는 흔히 어미라는 용어를 사용한다.

파생 접두사는 '풋잠, 풋사과, 드높다' 등에서 볼 수 있듯이 주로 특정 어근에 결합하여 새로운 단어를 만들며 파생 접미사와 달리 어근의 품사를 바꾸지 못한다. 파생 접미사는 '가위질, 평화롭다' 등에서 볼 수 있듯이 어근에 결합하여 새로운 단어를 만드는데 '가위질'에서처럼 어근의 품사를 유지하기도 하고 '평화롭다'처럼 어근의 품사를 바꾸기도 한다.

한국어에서 굴절 접사, 즉 어미는 어간에 결합하여 문장을 종결하기도 하고 연결하기도 할 뿐만 아니라 시제, 높임 등 매우 다양한 문법적인 기능을 담당하기도 한다.

한국어교육에서 접사의 정의를 아는 것은 한국어의 단어나 문장의 구조를 파악하는데에 매우 유용하며 특히 개별 접사에 대한 지식은 한국어 문장이나 단어를 이해하는데에 반드시 필요하다. 한국어는 이른바 교착어로서 접사가 매우 발달한 언어이다. 따라서 한국어에서 상당수의 단어는 파생 접사가 포함되어 있어 이를 통해 단어의 의미를 파악할 수 있다. 또한 한국어의 모든 문장은 굴절 접사, 즉 어미를 통해 문법적인 기능을 실현한다. 그러므로 한국어 학습자는 한국어를 이해하기 위해 한국어 접사에 대해 잘 알고 있어야 한다. 〈구본관〉

[참고문헌]
• 고영근·구본관(2008), 우리말 문법론, 집문당.
• 김영석(1998), 영어 형태론, 한국문화사.
• 이익섭·채완(1999), 국어 문법론 강의, 학연사.

❏ 실질 형태소와 형식 형태소

형태소 중에서 실질적인 의미를 나타내는 것을 실질 형태소(實質形態素, full morpheme) 혹은 어휘 형태소(語彙形態素, lexical morpheme)라고 하며 실질 형태소에 붙어서 말 사이의 관계나 기능을 형식적으로 나타내는 것을 형식 형태소(形式形態素, empty morpheme) 혹은 문법 형태소(文法形態素, grammatical morpheme)라고 한다.

(1) 나는 풋사과를 먹었다.

위 문장에서 '나', '사과', '먹-' 등이 실질 형태소이다. 한국어에서 명사, 부사, 동사나 형용사의 어간 등은 대체로 실질 형태소이거나 실질 형태소를 포함하고 있다. 조사나 어미 등은 형식 형태소로서 '는', '를', '-었-', '-다' 등이 형식 형태소이다. '풋-'과 같은 파생 접사도 얼마간 실질적인 의미를 가지지만 대체로 형식 형태소에 포함하는 경우가 많다.

하지만 단어나 문장은 실질 형태소와 형식 형태소로 구성되어 있고 의미의 주요 부분은 실질 형태소가 담당하고 문법적인 기능은 형식 형태소가 담당하는 경우가 많아서 실질 형태소에 대해 아는 것은 한국어를 분석적으로 이해하는 데에 중요하다.

또한 한국어에서는 조사, 어미, 파생 접사 등이 형식 형태소에 속한다. 이들은 주로 문법적인 기능을 담당하고 실제 발화에서 반복적으로 나타나므로 한국어 학습자들은 조사, 어미, 파생 접사 등 형식 형태소 각각의 형태나 의미에 대해 자세하게 알아야 한다. 따라서 한국어교육에서 형식 형태소의 개념에 대해 아는 것이 도움이 되는 것은 물론 각각의 형식 형태소에 대해 자세한 교수 학습이 이루어져야 한다. 〈구본관〉

[참고문헌]
• 고영근·구본관(2008), 우리말 문법론, 집문당.
• 김영석(1998), 영어 형태론, 한신문화사.
• 이익섭·채완(1999), 국어 문법론 강의, 학연사.

❏ 자립 형태소와 의존 형태소

형태소 중에서 단독으로 쓰일 수 있는 것을 자립 형태소(自立形態素, free morpheme) 혹은 독립 형태소(獨立形態素)나 단독 형태소(單獨形態素)라고 하며 다른 형태소와 결합해야만 쓰일 수 있는 것을 의존 형태소(依存形態素, bound morpheme) 혹은 구속 형태소(拘束形態素)라고 한다.

(1) 나는 돌다리를 건넜다.

위 문장에서 '나', '돌', '다리'는 자립 형태소이다. '는', '를', '건너-', '-었-', '-다'는 의존 형태소이다. 의존 형태소는 '건너-', '-었-', '-다'처럼 붙임표(hyphen)를 사용하여 표시하는데 '는', '를'과 같은 조사는 비록 의존 형태소이지만 붙임표를 붙이지 않는 것이 일반적이다.

한국어에서 명사나 부사는 거의 대부분 자립 형태소이지만 동사나 형용사는 어간과 어미가 결합해야만 자립할 수 있으므로 어간과 어미 각각이 의존 형태소이다. '풋과일, 헛기침, 맨손'의 '풋-, 헛-, 맨-'과 같은 파생 접두사나 '울보, 덮개, 겁쟁이'의 '-보, -개, -쟁이'와 같은 파생 접미사도 문장에서 자립적으로 쓰이지 않으므로 의존 형태소이다.

한자어 중에서도 '창(窓), 법(法)'처럼 그 자체가 자립 형태소로 쓰이는 경우가 있지만 '동화(童話), 천지(天地)' 등에 쓰이는 '동(童), 화(話), 천(天), 지(地)' 각각은 의존 형태소이다. 이와 같이 한자어 중에서 그 자체로 자립 형태소로 쓰이는 것들은 대응하는 고유어가 없는 경우가 많다.

하지만 학습자들이 단어를 학습함에 있어 어휘적 의미와 문법적 기능을 실현하는 형태소 단위를 자립성과 의존성에 따라 인식할 수 있다면 한국어의 교착어적 특징에 따른 단어 형성 방식, 문장 구성 방식 및 의미 이해에 도움이 된다. 특히 현재 대학 부설 한국어 교육 기관에서 사용하는 한국어 교재의 대부분이 'A/V-(으)ㄴ/는 셈이다', 'N와/과 달리' 등의 문형으로 주요 교육 내용을 제시하는 현실을 감안할 때 형태소를 인식하고 각형태소의 자립성을 판별할 수 있는 지식에 관한 교수 학습은 필수적이다. 〈강경민〉

[참고문헌]
• 고영근·구본관(2008), 우리말 문법론, 집문당.
• 국립국어원(2005), 외국인을 위한 한국어 문법 1, 커뮤니케이션북스.
• 이익섭·채완(1999), 국어 문법론 강의, 학연사.

■ 단일어

단일어(單一語, simple word)는 형태소 하나로 이루어진 단어이다.

(1) 눈, 코, 귀, 입, 땅, 집, 하늘, 구름 …

(1)의 '눈, 코, 귀, 입'과 같은 신체 지칭어와 '땅, 집, 하늘, 구름' 등은 고유어로 된 단일어의 예인데 단일어는 특히 기본 어휘에 폭넓게 분포한다. 이들은 형태소의 종류로 보면 실질 형태소이면서 자립 형태소라는 공통점이 있다. 그러나 실질 형태소라고 해서 모두 단일어인 것은 아니다. 가령 한자어 '천지(天地)'에서 '천(天)'과 '지(地)'는 모두 어휘적 의미를 지니는 실질 형태소이지만 자립성 때문에 단일어가 아니다. 한자어 가운데는 자립성이 있는 '창(窓)', '문(門)' 등을 단일어로 분류한다.

한편 동사나 형용사는 통상 '먹다', '예쁘다'처럼 표기하지만 이것들도 모두 단일어의 자격을 갖는다. '먹다', '예쁘다'와 같은 용언들은 어미와 결합해야 자립적으로 쓰이므로 어미와 결합한 형태로 표시하는 것이 일반적이다. 그러나 이 경우 형식 형태소이자 의존 형태소인 '-다'는 단일어 여부를 따지는 데 있어서 별도의 형태소로 간주하지 않는다. 따라서 용언을 염두에 둔다면 반드시 자립 형태소여야만 단일어가 되는 것은 아니다.

의존 형태소인 한자로 이루어진 단어라 하더라도 전체를 단일어로 간주하는 경우가 있다.

(2) ㄱ. 불란서(佛蘭西)
ㄴ. 보살(菩薩)

이는 (2ㄱ)의 '불란서'와 같은 국가 명칭의 한자 표기가 대표적인 예이다. 가령 '프랑스(France)'를 '불란서(佛蘭西)'로 표기한다고 하면 '프랑스'를 그 음이 비슷한 한자로 나타낸 것이므로 '불란서'는 모두 한자로 이루어져 있지만 하나의 단일어로 간주한다. 불교 용어인 (2ㄴ)의 '보살(菩薩)'도 '보(菩)'나 '살(薩)'이 원래 의미로 사용된 것이 아니므로 전체를 하나의 단일어로 간주한다. 그 밖에 원어에서는 두 개 이상의 형태소가 결합하여 단일어로 간주하지 않지만 한국어에서 외래어로 정착하면서 형태소 분석이 어려워져 단일어로 처리하기도 한다. 가령 '컴퓨터'는 영어에서는 동사 'compute'와 파생 접미사 '-er'로 분석할 수 있으므로 단일어가 아니지만, 한국어에서는 'compute'가 외래어의 자격을 지니지 않고 '-er'에 해당하는 것을 분석해 낼 수도 없으므로 '컴퓨터' 전체를 하나의 단일어로 간주한다.

이 외에도 언어 변화 과정의 산물로서 원래 단일어가 아니던 것이 단일어가 되기도 한다.

(3) 아프다, 고프다

가령 (3)의 '아프다', '고프다'와 같은 단어들은 원래 '앓-', '곯-'에 형용사를 만드는 파생 접미사 '-브-'가 결합한 것이었는데 이것이 파생 접미사가 'ㅎ'과 결합하여 '프'로 바뀌었다. 이에 따라 파생 접미사 '-브-'의 생산성이 사라지면서 '아프다', '고프다'를 분석하는 것이 더 이상 어렵게 되었다. 한국어교육 현장에서 생산성이 없는 파생 접미사를 분석 대상으로 삼는 것은 실효성이 적기 때문에 이를 어원적으로 분석하지 않고 단일어로 처리하는 것이 바람직하다.

한국어교육에서 단일어는 한국어의 어휘를 이해하는 가장 첫 단계에서 접하는 교육 내용이다. 사물에 대한 명칭과 함께 수사, 단위성 의존 명사, 동사와 형용사 등 의미를 나타내는 어휘 목록의 구축에서 가장 기본이 되는 학습 단위이다. 단일어는 합성어와 파생어의 기본이 되기 때문에 초급 단계에서부터 분명하게 교육하는 것이 좋다. 또한 단일어는 순차적이고 단선적인 학습보다는 그 의미와 기능에 따라서 의미 관계에 따라, 즉 유의 관계, 반의 관계, 다의 관계, 동음이의 관계 등으로 분류하거나 주제별로 분류하여 교수 학습하는 것이 바람직하다.　　　　　　　　　　　　　　〈최형용〉

[참고문헌]
- 고영근·구본관(2008), 우리말 문법론, 집문당.
- 남기심·고영근(2011), 표준 국어 문법론, 탑출판사.
- 송철의(2008), 한국어 형태 음운론적 연구, 태학사.
- 심재기 외(2011), 국어 어휘론 개설, 지식과교양.

■ 복합어

둘 이상의 형태소가 결합하여 이루어진 단어를 복합어(複合語, complex word)라 한다.

복합어는 둘 이상의 형태소가 이루어져 하나의 단어가 되었지만 그 의미는 구성 요소가 가진 의미의 단순한 합으로 예측되지는 않는다.

복합어는 다시 어휘 의미를 가지는 형태소인 어근(단어 포함)끼리 결합한 합성어와 어근의 앞이나 뒤에 파생 접사가 결합한 파생어로 나눈다.

다음의 예들은 모두 복합어이다.

(1) 어깨동무, 앞뒤, 들어가다, 높푸르다
(2) 풋사랑, 울보, 치솟다, 잡히다

(1)은 구성 요소가 둘 다 어근인 합성어이고, (2)는 '풋-', '-보', '치-', '-히-' 등의 파생 접사가 어근과 결합한 파생어이다.

복합어 중에는 다음의 예들처럼 둘 이상의 성분으로 이루어져 있어 합성어인지 파생어인지 구별이 어려운 것들도 있다.

> (3) 코웃음, 비웃음
> (4) 해돋이, 고기잡이

(3)은 각각 '코-', '웃-', '-음'과 '비-', '웃-', '-음' 세 개의 형태소로 구성된 복합어이다. 셋 이상으로 구성된 복합어는 일단 직접 구성 성분(直接構成成分, immediate constituent)이 무엇인지에 따라 둘로 나누어 합성어인지 파생어인지 여부를 판단한다. (3)에서 '코웃음'은 직접 구성 성분이 '코 + 웃음'이므로 합성어, '비웃음'은 '비웃- + -음'이므로 파생어가 된다. (4)의 예들은 의미를 고려하면 '해돋- + -이', '고기 잡- + -이'로 분석되고, 형태를 고려하면 '해 + '돋이', '고기 + '잡이'로 분석되어 직접 구성 성분을 나누기가 쉽지 않다. 학자에 따라서는 (4)를 합성어에 포함시키기도 하고 파생어에 포함시키기도 한다.

복합어에 대한 지식은 한국어를 배우는 학습자가 어휘를 양적 혹은 질적으로 확장해 나가는 데에 활용할 수 있다. 단어를 합성어와 파생어로 나누는 것은 그 단어의 의미를 모를 경우 의미를 예측하는 데에 도움을 줄 수 있다. 아울러 자주 쓰는 어근이나 파생 접사의 의미 또는 기능을 알게 되면 동일한 어근이나 파생 접사가 쓰인 다른 단어의 의미를 알 수 있으므로 어휘를 확장해 나가는 데에 도움이 된다.   〈구본관〉

[참고문헌]
- 고영근·구본관(2008), 우리말 문법론, 집문당.
- 김영석(1998), 영어 형태론, 한국문화사.
- 이익섭·채완(1999), 국어 문법론 강의, 학연사.

■ 합성어

복합어(複合語, complex word) 가운데 실질 형태소와 실질 형태소의 결합으로 이루어진 단어를 합성어(合成語, compound word)라 한다.

합성어 형성에 참여하는 실질 형태소를 어근(語根, root) 혹은 어기(語基, base)라 한다. 따라서 합성어는 어근과 어근이 결합한 단어 혹은 어기와 어기가 결합한 단어라고도 말할 수 있다.

합성(合成, compounding)에 의해 형성된 합성어를 분류하는 방법은 여러 가지이다. 먼저 합성어 형성에 참여하는 어근의 의미 관계를 중심으로 종속 합성어, 대등 합성어, 융합 합성어로 나누는 방법이 있다.

> (1) ㄱ. 돌다리, 고추잠자리
>   ㄴ. 논밭
>   ㄷ. 산수, 밤낮

종속 합성어는 (1ㄱ)의 '돌다리', '고추잠자리'처럼 어근과 어근의 의미 관계가 대등하지 않고 어느 한쪽에 치우쳐 서로 포함 관계를 보이는 것이다. 대등 합성어는 (1ㄴ)의 '논밭'과 같이 어근과 어근의 의미 관계가 한쪽으로 치우치지 않고 서로 비슷한 것이다. 융합 합성어는 (1ㄷ)과 같이 어근과 어근이 결합하여 제3의 의미를 나타내는 것인데 '산수'는 '자연'의 의미가 있고 '밤낮'은 '늘' 또는 '항상'의 의미가 있다.

품사를 기준으로 합성어를 나누는 방법도 널리 퍼져 있어 합성 명사, 합성 동사, 합성 형용사, 합성 부사 등으로 나누기도 한다. 합성 명사를 형성하는 방법은 매우 다양하다.

(2) ㄱ. 고추잠자리, 밤낮
ㄴ. 새해, 온몸
ㄷ. 앉은키, 큰절
ㄹ. 붉돔, 접칼
ㅁ. 나뭇잎, 나뭇가지

(2ㄱ)의 '고추잠자리', '밤낮'은 명사와 명사가 어근이 되어 결합하였고 (2ㄴ)의 '새해', '온몸'은 관형사와 명사가 어근이 되었다. (2ㄷ)의 '앉은키', '큰절'은 용언의 관형사형과 명사가 결합하였고 (2ㄹ)의 '붉돔', '접칼'은 용언의 어간이 어미 없이 직접 명사와 결합하여 합성 명사가 되었다. 명사와 명사가 결합하여 합성 명사를 형성할 경우에는 (2ㅁ)의 '나뭇잎', '나뭇가지'처럼 사이시옷이 나타나기도 한다.

합성 동사가 형성되는 방법도 다양하다.

(3) ㄱ. 빛나다, 힘쓰다, 앞서다
ㄴ. 못하다, 잘되다
ㄷ. 갈아입다, 들어가다
ㄹ. 돌보다, 굶주리다

(3ㄱ)은 명사와 동사가 결합하였고 (3ㄴ)은 부사와 동사가 결합하였다. (3ㄷ)은 동사의 활용형이 다시 동사와 결합하였고 (3ㄹ)은 동사의 어간끼리 결합하여 합성 동사를 형성하였다.

합성 형용사가 형성되는 방법은 합성 동사의 경우와 흡사하다.

(4) ㄱ. 값싸다, 맛나다, 배부르다
ㄴ. 다시없다, 덜하다
ㄷ. 깎아지르다, 게을러빠지다
ㄹ. 높푸르다, 검붉다

(4ㄱ)은 명사와 용언이 결합하였고 (4ㄴ)은 부사와 용언이 결합하였다. (4ㄷ)은 활용형 어미를 매개로 합성 형용사가 형성되었고 (4ㄹ)은 형용사의 어간끼리 바로 결합하

여 합성 형용사를 형성하였다.

합성 부사 가운데는 반복을 통하여 형성된 경우가 가장 특징적이다.

(5) ㄱ. 구석구석, 하루하루
ㄴ. 깡충깡충, 풍덩풍덩

(5ㄱ)은 명사의 반복으로 합성 부사를 형성했으며 (5ㄴ)은 의태어나 의성어를 반복하여 합성 부사를 형성한 것이다.

한편 합성어를 문장에서의 단어 배열법과의 일치 여부에 따라 통사적 합성어와 비통사적 합성어로 구분하기도 한다. 앞에 제시한 예들 가운데 합성 명사의 '붉돔', '접칼', 합성 동사의 '돌보다', '굶주리다', 합성 형용사의 '높푸르다', '검붉다' 등은 모두 용언의 어간이 어미와 결합하지 않고 바로 합성어 형성에 참여하고 있다. 따라서 이들은 비통사적 합성어로 간주한다.

통사적 합성어는 문장의 단어 배열법과 일치하므로 구(句)와 구별하기 어려운 경우가 적지 않다. 가령 '큰집'은 '큰아버지 집'의 의미일 때는 합성어로서 붙여 적지만 '크기가 큰 집'의 의미일 때는 하나의 단어가 아니라 구이므로 '큰 집'처럼 띄어서 써야 한다. 합성어와 구를 구별하는 방법으로는 이처럼 의미 관계를 따지거나 어근과 어근 사이에 다른 요소가 들어갈 수 있는가의 여부로 확인할 수도 있다. '큰아버지 집'의 의미인 '큰집'은 '큰'과 '집' 사이에 다른 요소가 들어갈 수 없어 합성어이지만 '크기가 큰 집'의 의미일 때는 '큰 그 집', '큰 우리 집'처럼 다른 요소가 끼어 들어갈 수 있어 구이다.

합성어 가운데는 세 개 이상의 형태소로 구성된 것들도 적지 않다. 그 가운데는 파생 접사가 들어 있어서 파생어와 구별하는 것이 문제가 되는 경우도 있다. 이때에는 직접 구성 성분(直接構成成分, immediate constituent) 분석을 통해 합성어 여부를 구별한다.

(6) 눈웃음, 비웃음

가령 (6)의 '눈웃음'과 '비웃음'에는 모두 '웃음'이 들어 있지만 '눈웃음'은 *'눈웃다'와 같은 단어가 존재하지 않으므로 직접 성분은 '눈'과 '웃음'이 된다. 따라서 '눈웃음'은 파생어가 아니라 합성어이다. 그러나 '비웃음'의 경우에는 '비웃다'와 같은 동사가 존재하므로 직접 성분 분석은 '비웃-'과 '-음'이 된다. 그러므로 이 경우에는 합성어가 아니라 파생어로 분석한다. 보다 엄밀하게 정의한다면 직접 구성 성분이 모두 어근인 단어가 합성어인 것이다.

합성어는 이미 존재하는 단어를 있는 그대로 결합하여 형성하는 경우가 대부분이므로 다양한 합성어를 한국어교육에 적극적으로 활용할 필요가 있다. 그런데 이때에는 이미 학습한 단일어 목록을 기본으로 하여 확장하는 것이 좋다. 이러한 방법으로 학습자의 부담을 줄이고 합성하지 못하는 어형을 생산해 내는 오류도 막을 수 있다. 합성어의 교육은 어휘력을 향상시키는 중요한 기회를 제공한다. 이때 가장 조심해야 할 것은 합성어의 제약이며 이것은 규칙적이지 않으므로 따로 지도할 필요가 있다. 〈최형용〉

[참고문헌]
• 고영근·구본관(2008), 우리말 문법론, 집문당.
• 김창섭(1996), 국어의 단어 형성과 단어 구조 연구, 태학사.
• 남기심·고영근(2011), 표준 국어 문법론, 탑출판사.
• 이익섭·채완(1999), 국어 문법론 강의, 학연사.

■ 파생어

파생어(派生語, derived word)는 복합어(複合語, complex word) 가운데 실질 형태소와 형식 형태소의 결합으로 형성된 단어이다.

파생어 형성에 참여하는 실질 형태소를 어근(語根, root) 혹은 어기(語基, base)라 하고 형식 형태소를 접사(接辭, affix)라 한다. 따라서 파생어는 어근과 접사가 결합한 단어 혹은 어기와 접사가 결합한 단어라고도 말할 수 있다.

파생(派生, derivation)에 참여하는 접사는 그것이 나타나는 위치에 따라 접두사(接頭辭, prefix), 접미사(接尾辭, suffix), 접요사(接腰辭, infix) 등으로 나누지만 어기의 중간에 위치하는 접요사가 한국어에는 존재하지 않는다고 보는 견해가 압도적으로 많다. 따라서 한국어의 파생어는 접두 파생어와 접미 파생어로 나눌 수 있다.

접사는 품사를 바꾸느냐의 여부에 따라 지배적 접사와 한정적 접사로 다시 나뉜다. 지배적 접사(支配的接辭, governing affix)는 품사를 바꿀 수 있는 접사이고 한정적 접사(限定的接辭, restrictive affix)는 품사를 바꾸지 못하고 의미만 첨가하는 접사이다. 영어에서는 'enrich'의 'en-'처럼 품사를 바꾸는 접두사가 존재하지만 한국어에서는 접미사만이 품사를 바꾼다고 보는 관점이 지배적이다.

한국어의 접두 파생어는 다음과 같다.

(1) ㄱ. 군말, 군소리, 군식구
 ㄴ. 짓누르다, 짓밟다, 짓이기다
 ㄷ. 새빨갛다/시뻘겋다, 샛노랗다/싯누렇다
 ㄹ. 헛고생, 헛걸음, 헛기침, 헛늙다, 헛돌다, 헛디디다

(1ㄱ)에서 보이는 접두사 '군-', (1ㄴ)의 '짓-', (1ㄷ)의 '새-/시-', '샛-/싯-', (1ㄹ)의 '헛-'은 모두 한정적 접사로서 특정한 뜻을 더하거나 강조하면서 새로운 말을 만들어 낸다. 이들 가운데 '군-', '짓-', '새-/시-', '샛-/싯-'은 결합하는 어근의 품사가 각각 명사, 동사, 형용사로 하나이지만 '헛-'은 명사와 동사 모두에 결합한다는 특징이 있다.

한국어에는 접두사보다 접미사가 훨씬 더 종류가 많고 그에 의해 형성된 단어들도

많다. 또한 접미사는 경우에 따라서 품사를 바꾸는 일도 있다는 점에서 접두사에 의한 파생과 차이가 있다. 한국어의 접미 파생어는 다음과 같다.

(2) ㄱ. 구경꾼, 나무꾼, 일꾼, 짐꾼, 춤꾼
ㄴ. 가르침, 모임, 울음, 죽음, 기쁨, 슬픔, 아픔, 외로움, 즐거움
ㄷ. 깨뜨리다, 떨어뜨리다, 밀어뜨리다, 글썽거리다, 반짝거리다
ㄹ. 으르렁거리다, 훌쩍거리다
ㅁ. 경이롭다, 평화롭다, 자유롭다, 순조롭다, 고급스럽다, 멋스럽다, 미심스럽다, 변덕스럽다
ㅂ. 높이, 많이, 같이, 집집이, 곳곳이, 일일이
ㅅ. 공부하다, 구경하다, 사랑하다, 절하다, 건강하다, 순수하다, 정직하다, 진실하다, 덜컹덜컹하다, 반짝반짝하다, 소곤소곤하다

먼저 (2ㄱ)의 '-꾼'은 명사에 붙어 '그 일을 잘하는 사람, 어떤 일을 하려고 몰려든 사람' 등의 의미를 더하여 새로운 명사를 만든다. (2ㄴ)의 '-(으)ㅁ'은 동사나 형용사에 붙어 그것이 뜻하는 동작이나 상태를 나타내는 명사를 만든다. 따라서 어근의 품사를 바꾸어 주는 지배적 접사임을 알 수 있다. 다음으로 (2ㄷ)의 '-뜨리-'는 '강조'의 뜻을 더해 새로운 동사를 만들고 (2ㄹ)의 '-거리-'는 '동작이 반복적으로 이루어진다'는 뜻을 더하여 동사를 만든다. 한편 (2ㅁ)의 '-롭-'과 '-스럽-'은 형용사를 만드는 접미사인데 '어근의 속성이 풍부한 상태'라는 뜻을 더하여 형용사를 만든다. 이 가운데 '-롭-'은 현대 한국어에서 새로운 단어를 만들지 못하지만 '-스럽-'은 새로운 단어 형성에 활발히 참여하여 생산성이 높다. 그리고 (2ㅂ)의 '-이'는 형용사나 일음절 명사 반복어에 붙어 부사를 형성하는 접미사이다. 이 접미사도 '-(으)ㅁ'과 마찬가지로 어근의 품사를 바꾸어 준다는 점에서 공통점이 있다. 끝으로 (2ㅅ)의 접미사 '-하다'는 명사와 결합하여 동사나 형용사를 만들고 의성어, 의태어와 결합하여 동사나 형용사를 만들기도 한다.

파생어 가운데는 세 개 이상의 형태소로 구성되어 있는 것들이 적지 않다. 그 가운데는 어근이 둘 이상 들어 있어 합성어와 구별하는 것이 문제가 되는 경우도 있다. 이때는 직접 구성 성분(直接構成成分, immediate constituent) 분석을 통해 파생어 여부를 구별해야 한다.

(3) ㄱ. 눈웃음
ㄴ. 개도둑놈의갈고리

가령 (3ㄱ)의 '눈웃음'이라는 단어에는 '-음'이라는 파생 접미사가 들어 있지만 '눈웃다'와 같은 단어가 존재하지 않으므로 직접 성분은 '눈'과 '웃음'이 된다. 따라서 '눈웃음'은 파생어가 아니라 합성어이다. 보다 극단적인 예로 (3ㄴ)의 식물 이름 가운데 하나인 '개도둑놈의갈고리'는 '도둑놈의갈고리'가 존재하고 '개-'는 '개나리'의 '개-'와 마찬가지로 '야생 상태의'의 의미를 가지는 접두사이므로 직접 성분이 '개-'와 '도둑놈의갈고

리'로 분석되는 파생어가 된다. 따라서 보다 엄밀하게 정의한다면 직접 성분이 어근과 접사인 단어가 파생어이다.

한국어에는 파생어를 형성하는 데 생산적으로 참여하는 접두사와 접미사가 많으므로 이들을 중심으로 다양한 파생의 경우를 교수 학습하면 한국어교육에 도움이 된다. 그런데 이때 파생되는 접사와 이들과 결합하는 단어 역시 매우 제한적이므로 학습자 오류를 방지하기 위해서는 교사의 통제가 필요하다. 그러므로 파생어의 교수 학습에 앞서 한국어의 교육용 파생어 목록을 미리 구비하고 그들의 결합 양상과 함께 의미의 변화에 대해서도 기본 의미와 함께 가르쳐야 한다. 〈최형용〉

[참고문헌]
- 고영근·구본관(2008), 우리말 문법론, 집문당.
- 남기심·고영근(2011), 표준 국어 문법론, 탑출판사.
- 이광호(2009), 국어 파생 접사의 생산성과 저지에 대한 계량적 연구, 태학사.
- 전상범(1995), 형태론, 한신문화사.

■ 줄임말

두 단어 이상이 결합하되 원래보다 형식이 줄어들어 형성된 단어를 줄임말이라고 한다.

줄임말은 두 개 이상의 형태소가 모두 실질 형태소라는 점에서 합성어와 흡사한 부분이 있으나 합성어는 결합한 결과가 형식의 증가로 나타난다는 점에서 형식이 감소하는 줄임말과 차이가 있다.

줄임말은 좁게는 한자어에서 나타나는 현상으로 국한한다. 한자어에서 나타나는 줄임말의 경우의 수는 크게 네 가지이다.

(1) ㄱ. AB + CD → AC형
　　　예: 임시 + 정부 → 임정
　　ㄴ. AB + CD → AD형
　　　예: 사법 + 고시 → 사시
　　ㄷ. AB + CD → BC형
　　　예: 신라 + 말기 → 나말
　　ㄹ. AB + CD → BD형
　　　예: 대한 + 민국 → 한국

한자어 줄임말을 (1)과 같이 나타낼 수 있는데 현대 한국어에서는 줄임말이 한자어에만 국한되어 나타나지 않고 외국어의 영향을 받아 다양한 방식으로 나타나고 있다.

이를 참고할 때 현대 한국어에서 나타나는 줄임말은 줄어드는 방식에 따라 다시 혼성어(混成語, blend)와 두자어(頭字語, acronym)로 나뉜다.

(2) ㄱ. smoke + fog → smog
ㄴ. light amplification by stimulated emission of radiation → laser

혼성어는 (2ㄱ)에서 'smoke'와 'fog'를 결합하여 'smog'라는 단어를 만들어 낸 것과 같이 대체로 두 단어가 결합할 때 각 단어의 일부를 잘라 내고 결합한 경우가 가장 일반적이다. 이에 비해 두자어는 (2ㄴ)과 같이 'laser'라는 단어를 만든 것에서 알 수 있듯이 각 단어들에서 앞 글자만 떼어 내어 만든 단어이다.

혼성어나 두자어는 한국어에서는 그리 활발한 단어 형성 방식이 아니었으나 최근에는 혼성어나 두자어가 크게 늘어나는 추세이다. 노명희는 한국어의 혼성어를 다음과 같이 네 가지로 나눈 바 있다.

(3) ㄱ. AB + CD → AD형. 예: 개그맨 + 아나운서 → 개그운서
ㄴ. AB + CD → ABD형. 예: 김치 + 할리우드 → 김치우드
ㄷ. AB + CD → ACD형. 예: 컴퓨터 + 도사 → 컴도사
ㄹ. AB + CD → BD형. 예: 아줌마 + 신데렐라 → 줌마렐라

한편 한국어는 음절 단위로 표기하는 방식을 취하고 있기 때문에 엄밀한 의미에서 글자를 떼어 내는 것이 아니라 음절을 떼어 단어를 만든다는 점에서 두자어라는 명칭보다 두음절어(頭音節語)라는 명칭이 더 합당하다.

(4) ㄱ. 뮤직비디오 → 뮤비
ㄴ. 셀프 카메라 → 셀카

(4ㄱ)의 '뮤직 비디오'를 '뮤비'로, (4ㄴ)의 '셀프 카메라'를 '셀카'로 줄인 것뿐만 아니라 앞서 제시한 한자어에서 '임시 정부'를 '임정'으로 줄인 것도 모두 두음절어의 예이다.

이처럼 한국어에서는 두자어가 두음절어로 나타나기 때문에 혼성어와 두음절어의 경계가 모호한 경우가 있다.

(5) ㄱ. 플래시 몹(flash mob) → 플몹
ㄴ. 라면 + 떡볶이 → 라볶이

가령 (5ㄱ)과 같이 '플래시 몹(flash mob)'을 '플몹'으로 줄인 경우 뒤의 단어가 원래 일음절이기 때문에 '플몹'을 혼성어로 보아야 할지 아니면 두음절어로 보아야 할지 불분명하다. 그러나 혼성어는 (5ㄴ)의 '라볶이'처럼 두 단어의 의미 특성이 하나의 단어에서 합쳐진다는 특성이 있다. 즉 '라볶이'는 '라면'과 '떡볶이'를 따로따로 언급하는 것이 아니라 두 가지 속성을 동시에 지닌 새로운 음식을 지칭하고 있어 '임정', '불백'처럼 두 단어 각각의 의미 특성이 그대로 유지되는 두음절어와 구별된다. 이러한 점에서 '플몹'의 의미는 '플래시 몹'과 다르지 않으므로 두음절어이다.

한편 줄임말을 형식이 줄어든 말 전체로 넓히면 다음과 같다.

(6) ㄱ. 그러면 → 그럼

ㄴ. 완전히 → 완전, 급거히 → 급거

(6ㄱ)과 같이 부사 '그러면'의 형식이 줄어들어 감탄사가 된 '그럼'과 (5ㄴ)의 '완전히', '급거히'에서 '히'가 탈락된 '완전', '급거'와 같은 단어도 줄임말에 포함시킬 수 있다.

혼성어나 두음절어는 언어의 경제성을 극대화하려는 동기가 반영된 단어 형성 과정의 산물이므로 특히 외국인은 그 의미를 파악하기가 쉽지 않다. 따라서 혼성어나 두음절어 형성 방식에 대한 이해는 특히 한국어 어휘 교육에 기여하는 바가 크다. 그러나 이는 한국어교육 현장에서 표현 교육 차원보다는 이해 교육 차원에서 실현하는 것이 더 유용하며 중급 후반이나 고급 단계의 학습자에게 더 적절한 교육 내용이다.　　　　〈최형용〉

[참고문헌]
• 고영근·구본관(2008), 우리말 문법론, 집문당.
• 남기심·고영근(2011), 표준 국어 문법론, 탑출판사.
• 노명희(2010), 혼성어(混成語) 형성 방식에 대한 고찰, 국어학 58, 국어학회, 255~281쪽.

5.4. 어휘의 의미 관계

어휘의 의미 관계(意味關係, sense relation)는 단어 간의 관계를 의미적 유사성과 차이성, 함의성 등에 따라서 구분하는 방법으로 어휘를 유의 관계(類義關係, synonymy), 대립 관계(對立關係, antonymy), 다의 관계(多義關係, polysemy), 하의 관계(下義關係, hyponymy), 부분·전체 관계(部分全體關係, meronymy) 등으로 나눈 것이다.

어휘의 관계는 보통 계열 관계(系列關係, paradigmatic relation)와 통합 관계(統合關係, syntagmatic relation)로 구분한다. 어휘의 의미 관계에 대한 논의는 어휘를 계열 관계의 측면에서 분석하는 것이다. 머피(M. L. Murphy)는 어휘의 의미 관계를 '낱말들 사이의 계열적 의미 관계'로 정의했다. 이는 의미 관계가 어휘의 구성 요소인 어휘소(語彙素, lexeme)들의 계열 관계 성격과 그 유형을 분석하는 일이기 때문이다.

계열 관계에 있는 어휘를 의미 관계에 따라서 구분하는 것은 곧 개념(概念, concept: C)과 기호(記號, symbol: S) 그리고 지시 대상(指示對象, referent: R) 간의 관계를 이해하는 것이 된다. 이들 관계에 대한 이해는 어휘로 의미가 부여되는 세계와 그 현상에 대한 인식을 이해하는 것이라 할 수 있다.

김광해는 유의 관계를 '기호(S) 사이의 관계'로, 대립 관계를 '개념(C) 사이의 관계'로, 하의 관계와 부분·전체 관계를 '지시 대상(R) 사이의 관계'로 보았다.

(1) 키 ≒ 신장　떨어지다 ≒ 탈락하다

(1)의 어휘 S₁과 S₂, 즉 '키'와 '신장', '떨어지다'와 '탈락하다'는 기호(S)가 주축이 되어 궁극적으로 어휘소를 유의 관계에 있는 의미 관계로 연결한 것이다.

(2) 남자 ≠ 여자 가다 ≠ 오다

(2)의 어휘 C₁과 C₂, 즉 '남자'와 '여자', '가다'와 '오다'는 개념(C)의 차이에 의해서 대립 관계에 있는 의미 관계로 연결된다.

(3) 생물 〉 식물 〉 꽃 〉 장미, 백합
(4) 몸 ⊃ 팔 ⊃ 손목/손가락/손톱

(3)~(4)의 어휘 R₁과 R₂는 지시 대상(R)이 주축이 되어 궁극적으로 이들을 상·하의 관계, 부분·전체 관계로 연결한 것이다.

이처럼 의미 관계는 개념과 지시 대상이 동일하지만 기호가 다른 경우인 유의 관계, 기호와 지시 대상이 개념의 차이에 의해서 대립되는 대립 관계, 개념과 기호가 지시 대상의 위치에 따라서 위계적으로 배열되는 하의 관계, 부분·전체 관계 등으로 나눌 수 있다.

어휘의 의미 관계에 대한 이러한 분석은 어휘를 체계적으로 분류할 수 있다는 점에서 매우 유용하다. 하지만 어휘력(語彙力, lexical competence), 즉 언어 능력의 신장에 이들이 어떻게 활용되어야 하는지에 대한 논의는 아직 충분하지 않다.

이와 관련하여 의미 관계에 따른 어휘 정보를 국어학과 어휘 교육의 측면에서 처리하는 방안에 대한 연구가 지속적으로 이루어지고 있다. 이러한 연구는 어휘 사전 제작의 원리 및 방법과 연결된다.

한국어교육에서 의미 관계에 따른 어휘 연구는 직접적으로 활용 가능한 수준까지 상당한 진전을 이루었다. 유의어, 반의어 사전을 비롯하여 한국어교육용 또는 한국어 학습자용 사전에 이어 외래어와 외국어 표현집에 이르기까지 어휘의 의미 관계를 적용한 사전이 거의 전 영역에서 출간되었다. 그리고 대다수의 한국어 교재에서도 유의 관계, 대립 관계, 하의 관계, 다의 관계에 의한 어휘 교육 내용을 담고 있다.

그런데 이들은 다음과 같은 측면에서 비판적으로 논의되고 있다. 첫째, 어휘 연구가 유의 관계에 집중되어 있다. 한국어 어휘 교육에서 유의 관계가 많은 비중을 차지하기는 하지만 이에 편중된 연구가 한국어 어휘 교육의 질적 수준을 크게 높여 주지는 않는다. 둘째, 의미 관계를 이용한 어휘 교육이 피상적인 수준에 머물러 있다. 어휘 교육은 어휘력의 신장과 맞물려 있어야 한다. 그러나 현재 한국어 어휘 교육의 수준은 단순한 이해와 암기 차원에 머물러 있다. 따라서 한국어 어휘 교육은 어휘의 의미 관계를 반영하여 학습자의 이해력과 사용 능력 향상을 고려한 종합적인 교육 내용으로 구축될 필요가 있다. 〈조형일〉

[참고문헌]
• 김광해(1995), 어휘 연구의 실제와 응용, 집문당.
• Murphy, M. L. (2003), *Semantic relations and the lexicon: Antonymy, synonymy, and other paradigms*, 임지룡·윤희수 역, 2008, 의미 관계와 어휘 사전: 반의 관계, 동의 관계, 기타 계열들, 박이정.
• Singleton, D. M. (2000), *Language and the lexicon: An introduction*, 배주채 역, 2008, 언어의 중심 어휘, 삼경문화사.

■ 유의어

유의어(類義語, synonym)란 의미적으로 매우 유사하여 때로는 문맥에 따라서 교체 가능하기도 한 의미 관계에 있는 어휘들을 말한다.

유의어로 분류된 어휘 간의 의미 관계는 유의 관계(類義關係, synonymy)가 된다. 이는 기호(記號, symbol: S) 사이의 관계로 결정된다. 지시 대상(指示對象, referent)의 개념이 상호 유사한 어휘 S_1과 S_2는 의미 공준(意味公準, meaning postulate), 즉 이들이 의미적으로 공유하고 있는 어휘소(語彙素, lexeme)에 의해서 유의 관계로 연결된 것으로 본다.

(1) 즐겁다 ≒ 기쁘다

예문 (1)에서 '즐겁다'와 상호 유의 관계에 있는 유의어 '기쁘다'는 서로 의미적으로 매우 유사하다. 이때 '즐겁다'의 주된 성분 자질(constituent features)로 '[+기분이 좋다], [+마음에 들다], …'가 있다고 할 때 '즐겁다'와 유의 관계에 있는 유의어 '기쁘다'는 '즐겁다'가 포함하고 있는 성분 자질 중 하나 이상의 자질을 공유해야 한다.

〈유의어의 의미 관계〉

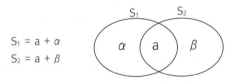

$S_1 = a + \alpha$
$S_2 = a + \beta$

어휘 S_1과 S_2가 유의 관계에 있을 때 S_1과 S_2가 공유하는 의미를 a라고 하고 변별 의미를 각각 α, β라고 할 경우 유의어의 의미 관계는 위 그림과 같다.

한국어 어휘에서 유의 관계는 다음과 같은 조건에 의해 생성되는 것으로 파악할 수 있다.

(2) ㄱ. 고유어와 한자어의 의미 중첩: 같다-동일하다
ㄴ. 고유어와 외래어의 의미 중첩: 열쇠-키
ㄷ. 사회적 방언에 의한 의미 중첩: 옥수수-강냉이
ㄹ. 성별, 연령에 의한 사용 차이: 맘마-밥
ㅁ. 존칭과 비존칭의 의미 중첩: 밥-진지, 자다-주무시다

ㅂ. 금기어와 완곡어의 의미 중첩: 변소-화장실, 죽다-숨지다-눈감다

ㅅ. 글말과 입말 환경에 의한 의미 중첩: 매우-되게-엄청

ㅇ. 기타 표준어 사정에 의한 중첩, 외국어 수용과 비속어에 의한 의미 중첩: 척하다-체하다, 세련되다-시크하다, 채이다-까이다, 창피하다-쪽팔리다

ㅈ. 사용역과 성분 결속에 의한 의미 중첩: 아름답다-예쁘다-곱다, 애달프다-고달프다-힘들다, 소재하다-존재하다-있다, 든든하다-튼튼하다-단단하다-탄탄하다

이러한 유의 관계의 기본적인 속성은 동일성과 차이성이다. 따라서 동일성의 정도와 차이성의 정도에 따라서 유의어를 세부적으로 구분할 필요가 있다.

유의어는 곳곳에서 동의어(同義語)와 같은 개념으로도 쓰인다. 동의어를 나타내는 동의 관계란 형태적으로 다른 어휘가 의미적으로 일치하는 속성을 갖는 것을 말한다. 그런데 현재의 어휘 연구에서는 완전한 동의 관계를 인정하지 않는다. '콩팥'과 '신장'처럼 어떤 상황이나 문맥에서도 치환 가능한 어휘가 있는 것처럼 보이지만 '신장 투석'이 *'콩팥 투석'으로 쓰이지 않듯이 그 사용의 측면에서는 상호 교체되지 않는 양상을 보인다. 따라서 동의 관계에 있는 어휘, 즉 동의어는 의미적으로 중첩되거나 포함되는 부분을 내포한 두 개 이상의 어휘 간에 보이는 유의 관계로 보는 것이 일반적이다.

국어학에서의 유의어 연구는 유의어의 유형에 대한 연구와 형용사나 동사, 부사 등의 유의어 의미 변별에 대한 연구가 주를 이룬다. 이를 기반으로 이루어지는 유의어 교육에 관한 연구는 유의어 교육의 필요성과 중요성을 인지하면서 그 교육 방안을 찾는 것에 연구의 초점이 맞추어져 있다.

한국어교육에서도 유의어는 매우 중요한 교육 단위이다. 이는 유의어가 사용자 측면에서 보면 다른 어느 것보다 까다로운 어휘 학습 단위이기 때문이다. 반의어나 상의어와 하의어, 부분·전체어 등은 그 설명 단위가 상대적으로 명확하다. 하지만 유의 관계를 이루는 어휘는 동일한 지시역을 가질 수는 있지만 미묘한 사용역의 차이가 존재한다. 그러므로 이를 이해하고 구분하는 것은 언어 사용 능력과 직결된다. 외국어 학습에서 추구하는 중요한 목표 중의 하나는 학습자가 유사한 의미 표현을 이해하고 그것을 다양하게 구사하는 능력을 획득하는 것에 있다. 그러므로 유의 관계를 고려한 어휘의 분류와 기술은 한국어교육에서 매우 중요한 논점이다. 앞으로 한국어교육에서는 문형과 결합된 유의어 목록의 교육적 활용 방안에 대한 연구가 이루어져야 한다. 〈조형일〉

→ 동의 관계

[참고문헌]

• 김광해(1995), 어휘 연구의 실제와 응용, 집문당.

• 조형일(2010), 시소러스 기반 한국어 어휘 교육 연구, 서울대학교 박사학위논문.

• Murphy, M. L. (2003), *Semantic relations and the lexicon: Antonymy, synonymy, and other paradigms*, 임지룡·윤희수 역, 2008, 의미 관계와 어휘 사전: 반의 관계, 동의 관계, 기타 계열들, 박이정.

■ 반의어

반의어(反義語, antonym)는 뜻이 서로 반대되는 관계에 있는 말이다.

한 쌍의 반의어는 의미 특성에 있어서 동질성과 이질성의 양면성을 지니고 있을 때 성립한다. 대립 관계, 즉 반의 관계(antonymy 또는 oppositeness)에 있는 두 어휘소는 서로 공통된 속성을 많이 지님으로써 의미상 근접성을 나타내고 한 가지 속성이 다름으로써 의미상 소원성을 나타낸다. 예를 들어 대립 관계에 있는 어휘의 의미 자질(意味資質, semantic feature)은 성분 분석을 통해 다음과 같이 제시할 수 있다.

(1) ㄱ. 처녀: [+사람], [+여성], [+어른], [−결혼]
 ㄴ. 총각: [+사람], [−여성], [+어른], [−결혼]
 ㄷ. 기혼녀: [+사람], [+여성], [+어른], [+결혼]
 ㄹ. 소녀: [+사람], [+여성], [−어른], [−결혼]

즉 대립 관계에 있는 각 어휘는 여타 의미 자질에서는 동질성을 보이고, 처녀-총각에서는 [남성], 처녀-기혼녀 관계에서는 [결혼], 처녀-소녀 관계에서는 [어른] 자질에서만 이질성을 보인다.

반의어는 의미적 대립 관계에 따라 크게 다음의 세 가지 유형으로 구분된다. 첫째, 정도나 등급을 나타내는 반의어로서 이러한 유형에는 '길다-(길지도 짧지도 않다)-짧다'와 같이 중립 지역이 있다. '길다-짧다' 외에 '크다-작다, 덥다-춥다, 달다-쓰다, 기쁘다-슬프다, 좋다-나쁘다, 쉽다-어렵다, 아름답다-추하다, 부유하다-가난하다' 등이 있다. 둘째, 대립 관계에 있는 개념 영역이 상호 배타적으로 구별되는 반의어 유형이다. '남자-여자, 삶-죽음, 살다-죽다, 결석하다-출석하다, 합격하다-불합격하다' 등이 이 유형에 속한다. 끝으로, '동-서, 남-북, 오른쪽-왼쪽, 위-아래, 앞-뒤'처럼 맞선 방향으로 대립을 이루고 있는 반의어 유형이 있다. '팔다-사다, 주다-받다, 가다-오다, 부모-자식, 시작-끝' 등이 여기에 속한다.

또한 반의어는 의미 특성으로 극성과 중화, 유표성을 갖는다.

먼저 극성(極性, polarity)이란 양극(+)과 음극(−)을 지향하는 반의어의 고유한 의미 특성으로서 양(positive)은 적극적이며 긍정적인 반면 음(negative)은 소극적이며 부정적이다. 예를 들어 '덕-부덕, 합격-불합격, 좋다-나쁘다, 쉽다-어렵다, 길다-짧다' 등의 대립을 볼 수 있다.

중화(中和, neutralization)는 특정한 환경에서 대립이 일시적으로 사라지는 현상을 말한다. 중화는 특히 다음과 같은 두 가지 경우에서 발생한다. 첫째, 둘 이상의 요소들이 공동으로 하나의 요소와 맞서게 될 때 중화가 일어난다. 예를 들어 '의사-치과 의사'의 대립은 '환자'에서 중화된다. 둘째, 대립에 참여하는 한 어휘 항목이 반의어인 동시에 상의어(上義語, hyperonym)일 경우 중화가 발생한다. 예컨대 'dog(수캐, 개)-bitch(암캐)'가 이에 해당한다.

끝으로 유표성(有表性, markedness)은 대립하는 양극 사이에 있는 비대칭적이고 계층적인 관계를 말하는데 표지의 유무와 중화의 기준에 따라 유표성이 규정된다. 예를 들어 '생물-무생물'에서는 무생물의 '무'가 형태상 반의어의 표지가 되고 무생물은 생물의 반의어가 된다. '왕-여왕'에서는 '여'가 형태상 표지이며, '왕'은 여왕의 반의어이자 상의어가 된다. '왕-여왕'에서는 표지와 중화의 기준이 동시에 적용되었다.

한국어교육에서 반의어 교육, 즉 대립 관계를 활용한 어휘 교육은 초기에는 단어 층위에서 반의어쌍이나 어휘장을 제시하는 것에 그쳤다. 그러나 최근에는 대립 관계를 단어가 아닌 문장 층위로 확장하여 반의어가 포함된 연어나 격틀, 반의어의 공기 특성, 대립 관계가 문장에서 실현되는 방식 등을 말뭉치(corpus) 연구 방법론을 활용하여 보다 실제적인 언어 자료를 제시하는 방향으로 연구가 이루어지고 있다. 이러한 연구에서는 한국어의 반의어에 '길고 짧은 것은 대 봐야 안다.'나 '죽든지 살든지'와 같은 매우 흥미로운 언어 수행적 특성이 있다는 것에 주목하고 반의어가 공기하는 특정 패턴을 활용하여, 반의어 교육이 사용 빈도가 높은 특정 통사 구성의 학습에까지 이를 수 있음을 보여 준다. 〈강경민〉

→ 대립 관계

[참고문헌]
• 구본관(2012), 한국어 어휘 교육론, 서울대학교 한국어문학연구소 외 공편, 한국어교육의 이론과 실제 2, 아카넷.
• 박영순(1996), 한국어 의미론, 고려대학교출판부.
• 임지룡(1989), 국어 대립어의 의미 체계, 형설출판사.
• Murphy, M. L. (2003), *Semantic relations and the lexicon: Antonymy, synonymy, and other paradigms*, 임지룡·윤희수 역, 2008, 의미 관계와 어휘 사전, 박이정.

■ 다의어

다의어(多義語, polysemous word)는 하나의 어휘 항목(lexical item)이 두 가지 이상의 관련된 의미(meaning) 또는 의의(sense)를 지닌 것이다.

다의어의 상호 의의 관계를 총칭적으로 다의 관계(polysemy)라고 한다. 단어는 형태와 의미의 결합체로서 기본적으로는 하나의 형태에 하나의 의미가 대응되지만 다양한 맥락에서 사용되면서 기존의 형태를 중심으로 의미가 확장되어 '일 형태 : 다(多) 의미'로 다의 관계를 이루게 된다. 즉 구체적인 의미를 가진 단어에 추상적인 의미를 부여하거나 의미를 확대하는 방법으로 다의어가 성립한다. 다음은 박영순이 제시한 예이다.

(1) ㄱ. 그 여자는 <u>손이 커서</u> 큰 장갑을 사야 한다.
    ㄴ. 그 여자는 <u>손이 커서</u> 돈을 헤프게 쓴다.
    ㄷ. 그 여자는 <u>손이 필요하다.</u>
    ㄹ. 그 일은 그 여자의 <u>손이 미치지</u> 못한다.

ㅁ. 그 여자가 이 옷을 <u>손봐</u> 주었다.

ㅂ. 그 여자와 <u>손을 끊었다.</u>

위의 (1ㄱ)은 신체 기관으로서의 손, (1ㄴ)은 생각하는 규모, (1ㄷ)은 도와주는 사람, (1ㄹ)은 능력이나 권력, (1ㅁ)은 수리, (1ㅂ)은 교제 관계를 나타낸다. 이러한 손의 의미 중 가장 기본적이고 먼저 생긴 의미는 (1ㄱ)의 신체 기관으로서의 손이다. 그밖의 경우는 모두 새로운 어휘를 만들어 쓰지 않고 기존의 어휘인 손에 의미를 첨가하고 확대하여 쓴 결과이다. 이때 (1ㄱ)의 신체 기관으로서의 손을 원형 의미, 중심 의미 또는 기본 의미라고 하고 (1ㄴ)에서 (1ㅂ)까지를 확장 의미, 주변 의미 또는 파생 의미라고 한다.

다의어의 생성 기제에 대하여 울만(S. Ullmann)은 다의성을 인간 언어의 기본적 특성의 하나로 보고 다음의 다섯 가지 측면에서 검토하였다.

첫째, 적용의 전이에 의해서 다의어가 생성된다. 낱말은 사용되는 문맥에 따라서 여러 개의 다른 양상을 지니는데 그중 일부는 일시적인 현상에 그치지만 다른 것은 의미의 영원한 잔영으로 발전한다. 이때 의미의 사이가 벌어져 마침내 다른 뜻으로 간주하게 되는 것을 다의어라고 말한다. 예를 들어 '밝다'의 적용의 전이는 구체적인 '빛 → 색 → 표정'의 밝음에서 추상적인 '분위기 → 눈, 귀 → 사리'의 밝음으로 진행된다.

(2) '밝다'의 전이 과정

빛 → 색 → 표정 → 분위기 → 눈, 귀 → 사리

(구체적) ━━━━━━━━━━━━━━━━━━━━▶ (추상적)

둘째, 사회 환경의 특수화로 인하여 다의어가 된 경우이다. 요즘 기독교인들끼리 '형제(님), 자매(님)'이라는 호칭을 쓰는 경우를 흔히 볼 수 있다. 기독교인 집단에서 '형제'는 본래 의미에서 나아가 '남자 신도를 이르는 말', '자매'는 '여자 신도를 이르는 말'을 의미하게 됨으로써 다의어가 되었다.

셋째, 낱말이 고유의 의미 이외에 비유적인 의미를 획득하기도 하는데 그 결과 고유의 의미와 비유의 의미가 공존하게 되면서 다의어가 형성된다. 특히 비유 중에서도 은유나 환유가 많다. 예를 들어 '여우'는 동물인 여우의 의미 외에 '교활한 사람'이라는 의미도 있는데 이는 은유에 의한 것이고 '아침'은 '아침 시간' 외에 '아침 식사'라는 의미도 있는데 이는 시간의 인접성에 따른 환유에 의한 것이다.

넷째, 동음어를 재해석한 결과 다의어가 생겨난다. 이는 곧 어원적으로는 별개의 낱말이었지만 음성 및 그에 따른 글자의 변화로 동음어가 될 때 의미상 어떤 관련성이 인정되면 다의어로 재해석되는 것을 말한다. 예를 들어 '다리(橋梁)'와 '다리(脚)'는 어원이 다른 동음어이지만 다의어로 재해석되기도 한다. '배(腹)'와 '배(船)' 역시 동음어이지만 인체의 배 모양과 통나무 배 모양의 유연성으로 인해 민간 어원에서는 양자 간의 다의성을 인정하기도 한다.

끝으로 외국어의 영향으로 기존 단어의 의미에 변화가 생긴다. 즉 기존 단어가 지니고 있던 의미와 외국어의 영향에 따른 새로운 의미 사이에서 다의어가 형성된다. '하느님'은 전통적으로 '천신, 옥황상제'를 가리켰으나 기독교의 유일신 'God'이 들어옴으로써 '여호와'의 의미를 지닌 다의어가 되었다.

다의어는 동음이의어(同音異議語)와 구별된다. 다의어가 한 형태의 어휘 항목이 둘 이상의 관련된 의미를 지닌 것이라면 동음이의어는 둘 이상의 서로 다른 어휘 항목이 의미와 무관하게 동일한 형태를 지닌 것을 가리킨다. 이에 대해 사전에서는 다의어에는 하나의 표제어를 부여하고 동음이의어에는 별개의 표제어를 부여한다.

한국어교육에서 다의어 교육에 대한 연구는 주로 다음과 같은 원리를 따를 것을 제안한다. 첫째, 사전에 제시된 기본 의미를 먼저 익히고 둘째, 파생 의미 중 사용 빈도가 높은 것부터 가르친다. 셋째, 대표적인 예문과 함께 가르친다. 다의어의 의미를 파악할 때는 격틀이나 결합 관계를 이루고 있는 연어 정보도 함께 제시하면 더 효과적인 학습이 된다. 넷째, 해당 다의어와 관련된 모든 결합 구성, 예를 들어 복합어, 관련 연어, 관련 관용 구절 등을 함께 가르친다. 다섯째, 해당 다의어와 관련된 동음어가 있으면 함께 가르친다. 이 외에도 다의어는 인지적이고 경험적이며 언어적인 의미 확장에 의해 형성되므로 효과적인 교육 방안으로 탐구 학습과 심층 학습을 제안하고 있다.

〈강경민〉

→ 의미 전이, 환유, 은유

[참고문헌]
• 구본관(2012), 한국어 어휘 교육론, 서울대학교 한국어문학연구소 외 공편, 한국어교육의 이론과 실제 2, 아카넷.
• 박영순(1996), 한국어 의미론, 고려대학교출판부.
• 임지룡(1992), 국어 의미론, 탑출판사.
• Murphy, M. L. (2003), *Semantic relations and the lexicon: Antonymy, synonymy, and other paradigms*, 임지룡·윤희수 역, 2008, 의미 관계와 어휘 사전: 반의 관계, 동의 관계, 기타 계열들, 박이정.
• Ullmann, S. (1962), *Semantics: An introduction to the science of meaning*, Barmes & Noble.

■ 상의어와 하의어

어휘를 의미 관계에 따라서 나눌 때 어떤 구분 기준에 의해서 상위와 하위의 위치에 놓이는 단어를 상의어(上義語, superordinate), 하의어(下義語, subordinate)라고 부른다. 이들은 함께 묶어서 상·하의어 또는 상·하위어(上下位語, hyponym)로 부르기도 한다. 이는 개념과 기호가 지시 대상의 위치에 따라서 위계적으로 배열되는 경우이므로 의미의 부분·전체 관계(meronoymy)를 이해하는 데에 있어서 아주 중요하면서도 다른 의미 관계에 있는 어휘들보다 상대적으로 명확한 개념이다.

상의어와 하의어를 구분하는 기준은 일반적으로 하의 관계(下義關係, hyponymy) 측면에서 다루게 된다. 주지하듯이 하의 관계는 어휘소 의미의 계층적 구조에서 한 어휘소의 의미가 다른 쪽을 포섭하거나 포섭되는 관계를 의미한다. 다음은 상의어인 꽃과 그 하의어들이다.

이들은 동일한 상의어 '꽃'에서 시작하여 각기 다른 단어들을 하의어로 갖는 양상을 보인다. 이처럼 하나의 동일한 상의어에 서로 다른 하의어의 배열, 즉 하의 관계가 성립할 수 있는 이유는 이들의 구분 기준이 다르기 때문이다.

상의어에서 하의어로 내려갈수록 이들의 속성은 한정적이고 구체적이 된다. 그러므로 상의어는 하의어보다 추상적이다. 하위로 내려갈수록 의미는 개별적이고 구체적인 것이 되므로 하의어는 상의어보다 의미 자질이 더 많다. 예를 들어서 '가족'의 의미 자질은 [+사람], [+피붙이] 정도로 나타낼 수 있다. 이의 하의어인 '부모'는 [+사람], [+피붙이], [1세대], [+자식]으로 나타낼 수 있고, 다음 단계의 하의어인 '아들'은 [+사람], [+피붙이], [+부모], [+남자], [2세대] 등으로 나타낼 수 있다. 상·하의 관계에 있는 단어들은 모두 이와 같이 의미적으로 연결되면서 구체화 단계를 거친다.

한국어교육에서 상·하의 관계는 한국어의 어휘장을 위계화하여 보여 주는 데에 매우 효과적이다. 단어와 단어 간의 연관성이 크면서 기준에 따른 단계적 차이를 보여줄 수 있기 때문이다. 하지만 상·하의 관계를 이루는 각 어휘의 속성을 의미 자질로 표현하는 데에는 한계가 따르고 학습자가 이해할 수 있는 어휘 목록도 제한적일 수 있다. 게다가 자의적 의미 자질의 부여가 오해를 불러일으킬 확률도 존재한다. 그러므로 상의어와 하의어를 이용한 어휘 교육을 위해서는 그 단계의 학습자가 분명하고 명확하게 이해할 수 있도록 설명해 주어야 한다.　　　　　　　　　　　　　　　〈조형일〉

→ 하의 관계

[참고문헌]
• 임지룡(1992), 국어 의미론, 탑출판사.
• Lyons, J. (1977), *Semantics 1*, Cambridge University Press. 강범모 역, 2011, 의미론 1: 의미 연구의 기초, 한국문화사.
• Murphy, M. L. (2003), *Semantic relations and the lexicon: Antonymy, synonymy, and other paradigms*, 임지룡·윤희수 역, 2008, 의미 관계와 어휘 사전, 박이정.

5.5. 어휘의 통시적 변화

어휘(語彙)의 통시적(通時的) 변화란 어휘가 시간의 흐름에 따라 변천하는 것을 말한다.

어휘의 통시적인 변화는 어휘 변천사로서 어휘 체계 자체를 대상으로 하거나 어휘소(語彙素, lexeme)를 대상으로 하기에 어휘론에서 중요한 연구 영역이다. 또한 어휘를 대상으로 이들의 변화 양상을 시간의 흐름에 따라 추적을 하는 것으로서 주로 어원론의 주요 연구 대상이지만 어휘의 의미 변화나 민간 어원론 그리고 차용어의 연구에서도 이를 다룬다.

다만 어휘의 통시적 변화를 연구하더라도 존재하는 모든 어휘의 변천 과정을 규명하는 것은 현실적으로 불가능하다. 그러므로 변천 과정의 추적이 가능한 어휘를 대상으로 이들 어휘가 변화되는 모습을 통시적으로 밝혀야 한다.

어휘의 통시적 변화를 연구하기 위해서는 어원 연구에서의 연구 경향과 분야를 제시한 기로(P. Guiraud)의 관점을 참고할 수 있다. 첫째, 어떤 낱말 또는 단어족의 기원을 설정하고 그 낱말들의 역사를 추구하는 것을 목적으로 하는 순수한 언어학적 어원론이다. 둘째, 낱말의 역사, 특히 의미 변화를 조사하여 사회, 기술, 제도, 종교 등 역사적 현실을 연구하는 것을 목적으로 하는 역사적 어원론이다. 셋째, 언어학적 어원론과 역사적 어원론에 걸쳐서 비교 언어학이 존재하는데 비교 언어학의 목적은 여러 언어의 계통을 밝히고 그들의 조어를 재구(再構)하는 것이다. 따라서 비교 언어학은 동원어(同源語)의 확립 및 낱말의 기원에 관한 연구와 밀접한 관계가 있다.

어휘의 통시적 변화에 대한 주요한 연구 대상은 문물의 발달과 더불어 새롭게 증가하는 어휘와 외국어로부터 유입된 차용어(借用語)에 대한 연구이다. 차용어의 유형으로는 역사 시대 이래로 큰 문화적 영향을 끼친 중국어를 비롯하여 몽골어, 영어, 일본어 등이 있다. 다음으로는 실제 사용되던 어휘들 중 한자어의 유입이나 시간의 흐름에 따라 없어진 사어(死語)에 대한 연구이다. 이 외에도 각종 어휘 자료를 발굴하고 정리하는 어휘 자료에 대한 연구도 그 대상이 된다.

한국어교육에서 외국인 학습자의 어휘 능력 신장을 위해서는 개별 어휘의 교육과 함께 어휘의 통시적 변화에 대한 이해를 제공하여 교수자의 어휘 지식의 확대와 학습자의 한국어 어휘 변화에 대한 체계적인 학습을 도모할 수 있다. 〈이관식〉

[참고문헌]
• 김광해(1993), 국어 어휘론 개설, 집문당.
• 김방한(1990), 어원론, 민음사.
• 김종택(1992), 국어 어휘론, 탑출판사.
• 유창돈(1974), 어휘사 연구, 선명문화사.
• Guiraud, P. (1979), *L'étymologie*, Presses Universitaires de France.

■ 어원

한 단어의 근본적인 형태나 의미 그리고 그 단어가 생겨난 근원을 어원(語源, etymology)이라 한다.

한 단어의 어원을 밝혀내기 위해서는 역사적 문헌 자료에 대한 고찰과 비교 역사 언어학에 대한 지식이 필요하다. 아울러 문화사 전반에 대한 안목은 물론 인접 학문에 대한 이해도 필수 조건이다. 인구 조어(印歐祖語)를 밝혀낸 비교 방법에 의한 연구의 성과는 동계 언어 간의 음운과 형태면에서의 대응 관계를 밝혀 동계 언어 간의 역사를 일정 시기까지 소급시킬 수 있게 하였다.

그럼에도 불구하고 한 단어의 어원을 밝힌다는 것은 그 단어의 태생적인 근원이 아닌 과거 특정한 시기부터 그 이후 특정한 시기까지의 단어의 역사를 재구(再構)하는 것이다. 그러므로 오늘날 어원 연구라는 것은 음운적 유사성이나 단어를 인식하는 개인의 직관과 상상에 근거하는 것이 아니라 한 단어의 외형적 모습과 의미가 시간의 흐름에 따라 변화한다는 것을 음운 대응의 규칙으로 설명할 수 있어야 함은 물론 동원어(同源語)에 대한 의미적 총체를 탐구한 결과인 의미를 재구할 수 있어야 한다.

한국어의 어원에 대한 관심은 일찍이 고려 숙종 때의 문헌인 《계림유사(鷄林類事)》에서도 나타나며 뒤이어 《삼국사기(三國史記)》나 《삼국유사(三國遺事)》에 게재된 자료들도 많이 인용되어 왔다. 대표적인 것은 고대 왕명(王名)에 대한 것으로서 '차차웅(次次雄)', '이사금(尼師今)', '마립간(麻立干)' 등에 대한 어원 해석이다. 이후 조선 시대의 문헌에서도 지속적으로 어원을 다루어 왔으나 당시까지의 연구자들이 한국어 단어의 어원을 주로 한자어에서만 찾고자 한 것은 적절하지 않은 관점으로 지적할 수 있다.

이는 1920년대 권덕규의 어원에 관한 일련의 논고들과 1942년 양주동의 《조선고가연구(朝鮮古歌硏究)》를 거치면서 새로운 어원 연구 방법론과 어원 탐구 자료가 풍부히 제시되었다. 이어 서구의 비교 언어학적 연구 방법이 국내에 소개되면서 어원 연구는 한때 동계 언어와의 비교에까지 확대되는 등 풍부한 논의가 이어지기도 했다. 그러나 고대어 문헌 자료의 부족과 동일 계통어라는 알타이 제어와의 불명확한 친족 관계 그리고 한국어의 독특한 특성으로 인해 어원에 대한 연구는 큰 주목을 받지 못하고 있다. 다만 한 언어의 근원적 모습과 의미를 찾고자 하는 것은 언어학자만이 아니라 일반 언중도 큰 관심을 가지고 있으므로 이에 대한 연구는 꾸준히 지속될 것으로 본다.

한편 과학적인 어원 연구와 구별되는 것으로 민중(민간) 어원이 있다. 예를 들어 임진왜란 때의 행주 대첩(幸州大捷)을 '행주치마'와 관련시켜 해석하는 등 음운적 유사성과 추리만으로 단어의 기원을 찾으려는 경향도 있지만 이는 실제의 어원과 일치하지 않는다.

한국어교육에서 어원 이해를 통한 어휘 학습 방법은 일방적인 어휘 암기에서 오는 단순함을 피하면서 어원이라는 흥미 요소를 통해 어휘 학습에 대한 학습자의 학습 동기를 유발하고 나아가 어원 분석에 따르는 문화사적인 특성도 함께 학습할 수 있는 장점이 있다. 〈이관식〉

[참고문헌]
• 김민수·최호철·김무림 공편(1997), 우리말 어원 사전, 태학사.
• 김방한(1990), 어원론, 민음사.
• 서정범(2000), 국어 어원 사전, 보고사.
• 이남덕(1985), 한국어 어원 연구 1~4, 이화여자대학교출판부.
• 최창렬(1986), 우리말 어원 연구, 일지사.

■ 어휘화

어휘화(語彙化, lexicalization)란 합성 성분들이 통시적 변화를 겪으면서 음운, 형태, 의미론적으로 긴밀히 결합하여 경계가 약화되고 더 이상 복합적인 짜임으로 볼 수 없어서 하나의 어휘소(語彙素, lexeme)로 취급되는 현상을 말한다.

어휘화는 하나의 어휘소로 취급된다는 점에서 어휘화 대신 단일어화(單一語化)라고 하기도 한다. 어휘의 형성에는 일정한 규칙과 질서가 있다고 보아 단어의 결합과 분석 과정을 규칙성으로 설명하기도 하지만 규칙과 질서로만 설명할 수 없는 경우 어휘화라는 용어를 사용하고 있다.

한국어에서 보이는 어휘화는 크게 음운론적 어휘화, 형태론적 어휘화, 의미론적 어휘화 세 가지로 유형화할 수 있다. 음운론적 어휘화는 음운 규칙이 아닌 음운 체계가 직접 어휘 체계에 적용되어 어휘화를 이루는 것으로서 '조 + 쌀 > 좁쌀, 안 + 밖 > 안팎, 굽- + -이 > 구이, 무겁- + -이 > 무게, 곯- + -ㅂ- > 고프(다)' 등의 예가 있다. 형태론적 어휘화는 접사나 어기 등이 요인이 된 어휘화로서 '맞- + -웅 > 마중, 박 + 아지 > 바가지, 오르- + 막 > 오르막, 가난 + -뱅이 > 가난뱅이, 시- + 건방지다 > 시건방지다, 깃- + -브- > 기쁘(다), 눈 + 곱 > 눈곱, '눈 + 초리 > 눈초리' 등이다. 의미론적 어휘화는 의미의 분화, 전이, 확대 등의 요인에 의한 어휘화로서 '샌님'은 조선 시대에 소과(小科)인 생원과에 합격한 사람인 생원을 높여 부르는 말이었지만 지금은 얌전하고 고루한 사람을 놀림조로 이르는 말로 의미가 변화하였다. 또한 노름은 '놀[遊] + -음'에서 노름[賭博]이 되었다.

어휘화 연구에서 어휘 형성 과정에 보이는 모든 예외적인 현상이나 설명이 어려운 경우를 어휘화라는 이름으로 처리하는 것은 바람직하지 못하다. 따라서 어휘화의 개념과 특성의 확립, 어휘화의 원인과 조건의 제시, 어휘화 양상의 체계적 유형화, 어휘화 과정에서 보이는 결합과 제약의 규명 등이 선결되어야 한다. 합성 동사가 통시적으로 통사 구성의 어휘화에서 왔다는 관점과 함께 어휘화 개념에 대한 이해는 한국어

어휘 교육에서 문법 규칙과 질서로 설명할 수 없는 어휘 형성 현상을 설명하는 데 유용하다. 〈이관식〉

[참고문헌]
• 고영근 외(2002), 문법과 텍스트, 서울대학교출판부.
• 김광해(1993), 국어 어휘론 개설, 집문당.
• 임지룡(2000), 한국어 이동 사건의 어휘화 양상, 현대 문법 연구 20-1, 현대문법학회, 23~45쪽.

■ 어휘의 의미 변화

어휘의 의미(意味) 변화란 언어적 의미 표현의 가장 작은 단위인 단어의 뜻이 변화하는 것을 말한다.

어휘는 시간과 공간의 변화에 따라 그 의미가 함께 변화하기도 한다. 이러한 어휘의 의미 변화를 이해하기 위해서는 먼저 의미 변화의 요인에 대하여 이해하고 그 변화의 결과를 살피는 것이 필요하다.

일반적인 의미 변화의 요인으로는 울만(S. Ullmann)을 비롯한 많은 연구자들이 정리한 네 가지가 대표적이다. 첫째는 역사적 원인으로 지시물의 진화와 언어의 보수성이 충돌하면서 생기는 변화이다. 둘째는 언어적 원인으로 음운의 변화가 형태에 영향을 끼치고 결국 의미의 변화까지 초래하는 것이다. 셋째는 사회적 원인으로 지역과 계층의 이동에 따라 단어의 의미가 변화하는 것이다. 넷째는 금기적 표현과 완곡법 등으로 대표되는 심리적 원인이다. 이러한 원인에 의한 의미 변화의 결과는 의미 확장과 의미 축소라는 의미 영역의 변화를 가져오게 된다. 이것은 궁극적 의미 이동이 의미의 가치성에 변화를 주었다는 것을 의미한다.

한국어에서의 어휘의 의미 변화의 예를 들어 보면 다음과 같다. 의미 확장은 한 단어의 의미 영역이 증대되는 것으로서 '먹다'라는 단어의 의미는 '물을 먹다'에서와 같이 '마시다'의 뜻으로까지 외연적 의미가 넓어졌다. 의미 축소는 한 단어의 의미 영역이 줄어드는 것으로 '모든 생물'의 의미를 지니던 '중생(衆生)'이란 단어가 '인간'의 의미로 그 단어의 의미 영역이 좁아진 것이다. 의미 이동이란 의미 영역의 확대나 축소에 기인한 것이 아닌 변화로서 '어리다[愚]'라는 단어의 의미가 대상에 대한 언중의 가치관 변화로 인해 '나이가 적다[幼]'는 뜻으로 이동되었다.

한국어교육에서 어휘의 의미 변화를 이해하는 것은 중요하다. 왜냐하면 언어 교육에서의 어휘라는 것은 기본적으로 한 언어의 실체적 내용을 형성하는 것이기에 어휘의 습득이 언어 습득의 과정에서 가장 기본적인 것이 되기 때문이다. 그러므로 어휘의 의미 변화를 이해하는 것은 외국어로서 한국어를 학습하는 데에 있어 어휘 능력을 향상시켜 준다. 〈이관식〉

[참고문헌]
- 김광해(1993), 국어 어휘론 개설, 집문당.
- 김민수(1981), 국어 의미론, 일조각.
- 임지룡(1992), 국어 의미론, 탑출판사.
- Ullmann, S. (1962), *Semantics: An introduction to the science of meaning*, Barnes & Noble.

5.6. 어종

어종(語種)은 한 언어의 개별 어휘소들을 기원에 따라 분류한 집합을 일컫는다.

어휘의 분류는 다양한 방법으로 이루어질 수 있다. 품사, 어휘소의 의미와 함께 개별 어휘소의 기원은 대표적인 어휘 분류의 기준이 된다.

어휘소의 기원은 언어에 따라 다양한데 역사적으로 주변 언어로부터 상당수의 어휘를 차용해 온 영어의 경우 어종이 매우 다양하다. 한국어의 어종에는 영어와 같은 외국어에 기원을 둔 외래어와 중국이나 일본 혹은 한국의 한자어에 기원을 둔 한자어, 순수한 고유어(순우리말)가 존재한다.

한국어 어종 분류 연구를 보면 한자어의 비중이 고유어의 비중보다 높다.《우리말 큰사전》,《국어대사전》,《표준국어대사전》의 주 표제어를 원어별로 분류한 연구에 따르면 한국어에서 각 어종이 차지하는 비중은 다음과 같다.

〈한국어 어종 분류〉

사전	우리말 큰사전 (한글학회 1957)		국어대사전 (이희승 편 1961)		표준국어대사전 (국립국어원 1998)	
비중	개수	비율	개수	비율	개수	비율
고유어	74,612	45.46%	62,912	24.40%	111,156	25.23%
한자어	85,527	52.11%	178,745	69.32%	252,278	57.26%
외래어	3,986	2.43%	16,196	6.28%	24,019	5.45%
기타					53,141	12.06%
합계	164,125	100%	257,853	100%	440,594	100%

이들 연구 결과를 통해 한국어의 어종이 한자어, 고유어, 외래어 순으로 많다는 사실을 알 수 있다. 이는 한국어의 많은 어휘가 중국과 일본 한자어의 영향을 받아 형성되었음을 의미한다.

이러한 어종별 형성 과정과 특징을 고려한다면 한국어교육 현장에서 한자 문화권 학생들에게 한국어의 한자어를 가르칠 때는 그것이 차용된 중국과 일본의 한자어를 고려하는 것이 도움이 된다. 외래어는 다양한 문물의 유입으로 인해서 위의 표에서 집계된 수보다 훨씬 더 많은 외래어가 현존하고 앞으로도 증가할 것이 분명하다. 그러므로 한국어교육에서 외래어 교육의 필요성은 갈수록 증대되고 있다. 외래어는 비록 원어의 발음과 차이가 나지만 메타 언어로 해당 원어를 이용할 수 있으므로 학습 현장에서 다른 어휘에 비해서 조금 더 수월하게 전달할 수 있다는 장점이 있다. 〈신현단〉

[참고문헌]
• 김광해(1993), 국어 어휘론 개설, 집문당.
• 이운영(2002), 표준국어대사전 연구 분석, 국립국어연구원 연구보고서.

■ 고유어

한 언어에 원래부터 있던 말이나 그것에 기초하여 새로 만들어진 말을 고유어(固有語, native word)라 한다.

현대 한국어의 어휘를 어종(語種)에 따라 분류하면 고유어, 한자어, 외래어의 삼중 체계를 이루고 있다. 국립국어원에서 2002년에 발표한 《표준국어대사전》을 통계적으로 분석한 자료에 따르면 주 표제어 440,594개 가운데 111,156개 즉 25.23%가 고유어이다. 이 수치는 '고무'와 '빵'처럼 원래는 프랑스어 'gomme', 포르투갈어 'pão' 등의 외국어가 어원이지만 일반 언중들은 이것이 차용어라는 사실을 잘 모르는 경우도 포함한 것이다. 즉 이들은 원래는 차용어이지만 지금은 고유어화한 것으로 간주되는 것들이다. 명사의 경우에는 한자어가 고유어보다 세 배 정도 많지만 동사나 형용사는 고유어가 압도적으로 많은 것도 한국어의 고유어 구성이 보여 주는 특성이다. 조사와 어미는 고유어가 100%이다.

고유어는 순우리말이라고도 부르는 단어들로서 한민족 특유의 문화나 정서를 표현하며 정서적 감수성을 풍요롭게 한다는 특징이 있다. 또한 오래전부터 사용되어 오면서 다양한 상황에 쓰이게 되어 대체로 의미의 폭이 넓고 여러 가지 다른 의미로 해석되는 다의어로서의 쓰임을 보인다. 동사나 형용사 가운데 기본 어휘에 속하는 고유어가 상당히 다양한 뜻풀이를 보이고 있는 것은 이러한 사정과 무관하지 않다. 또한 고유어는 '하늘, 땅, 눈, 코, 귀, 입'과 같이 상대적으로 단일어가 많다는 특성이 있다.

한국어의 고유어는 한자어와 다양한 관계가 있다. 우선 고유어가 존재하는 경우 이에 대응하는 한자는 자립성을 가지지 않는 것이 일반적이다. 앞서 예로 든 고유어 '하늘, 땅, 눈, 코, 귀, 입'의 한자는 각각 '天, 地, 目, 鼻, 口'인데 이들은 모두 의존 형태소의 자격을 가지고 있다.

지금까지의 역사를 보면 같은 의미를 가지는 고유어와 한자어가 충돌할 때에는 대체로 한자어가 살아남고 고유어가 사멸하거나 다른 의미를 가지게 되는 일이 많았다. 'ᄀᆞ름'과 '강(江)', '지게'와 '문(門)'은 앞의 예이고 '끼'와 '시(時)'가 충돌하면서 '끼'가 '식사'의 의미만 가지게 된 것이라든가 '얼굴'과 '형체(形體)'가 충돌하면서 '얼굴'이 '안면

(顔面)'의 의미만 가지게 된 것은 뒤의 예이다. 고유어와 한자어가 같은 의미를 지니면서 중복되는 현상도 나타난다. '뼛골'이나 '야밤' 등에서 그 예를 찾아볼 수 있다. 이들은 고유어와 한자어가 결합한 단어로 혼종어에 속한다.

한편 한 개의 고유어에 둘 이상의 한자어가 비슷한 의미를 가지고 폭넓게 대응하고 있는 것도 고유어와 한자어가 가지는 특수한 양상이다. 가령 고유어 '말'은 상황에 따라 한자어 '언어(言語), 단어(單語), 어휘(語彙), 언사(言事), 발언(發言), 발화(發話), 대화(對話)' 등과 대응한다.

한국어의 고유어는 특히 기초 어휘에서 폭넓게 관찰되고 한국어의 문법적 특질을 나타내 주는 조사와 어미도 모두 고유어이므로 고유어 학습은 한국어교육에서 매우 중요한 부분을 차지한다.   〈최형용〉

= 순우리말

[참고문헌]
• 고영근·구본관(2008), 우리말 문법론, 집문당.
• 김광해(1989), 고유어와 한자어의 대응 현상, 탑출판사.
• 남기심·고영근(2011), 표준 국어 문법론, 탑출판사.
• 심재기(2000), 국어 어휘론 신강, 태학사.
• 이운영(2002), 표준국어대사전 연구 분석, 국립국어연구원 연구보고서.

■ 한자어

한자어(漢字語, Sino-Korean word)는 한국어 어휘 가운데 한자에 기초하여 만들어진 한국식 발음의 단어를 가리킨다.

한자에 기초를 두고 만들어진 단어라고는 하나 개별 단어의 형성 배경에는 차이가 있다. 한자 문화권인 한국과 중국 그리고 일본에서 만들어진 단어들이 공통적으로 사용되는 것이 있는가 하면 어느 한 국가에서만 사용되는 단어도 있다. 이를테면 전답(田畓)과 같은 단어는 한국에서 만들어진 단어이며 군자(君子), 성인(聖人)과 같은 단어는 중국에서 만들어진 단어이고 취급(取扱), 상담(相談) 등과 같은 단어는 일본에서 만들어진 단어이다.

한국어의 한자어는 대개 두 개 이상의 한자 형태소인 어기(語基)와 어기의 결합으로 이루어진 합성어 혹은 어기와 접사의 결합으로 이루어진 파생어가 대부분이지만 하나의 형태소가 그대로 하나의 한자어로 이루어진 단일어도 존재한다. 이러한 단일어는 대부분 일음절이지만 이음절 이상의 말도 드물게 존재한다. 각각의 예를 살펴보면 다음과 같다.

첫째, 일음절이나 이음절 이상의 어기 하나로 이루어진 단일어의 예는 다음과 같다.

(1) ㄱ. 간(肝), 강(江), 단(但), 문(門), 병(病), 산(山), 시(詩), 즉(卽), 책(冊), …

ㄴ. 산호(珊瑚), 포도(葡萄), 독일(獨逸), 불란서(佛蘭西), 이태리(伊太利), …

(1ㄱ)은 일음절의 한자 단일어이다. 한국어에서 일음절 한자 단일어는 대부분 명사이고 고빈도의 일상적 어휘에 속한다. 그러나 '즉'과 같이 간혹 다른 품사(주로 부사)의 단일어도 존재한다. (1ㄴ)는 한자 하나하나의 개별적인 의미의 합이 아니라 전체가 하나의 의미를 형성하고 있기 때문에 역시 단일어이다. '불란서, 이태리'와 같은 외국어 취음(取音)의 한자어는 '프랑스, 이탈리아' 못지않게 자주 쓰인다. 더욱이 '독일(獨逸)'과 같은 한자어는 원어인 '도이칠란트'보다 훨씬 자주 쓰인다.

둘째, 둘 이상의 어기로 이루어진 합성어이다.

(2) 결혼(結婚), 내부(內部), 도로(道路), 명함(名銜), 법률(法律), 상품(商品), 입구(入口), 전기(電氣), 창문(窓門), 타인(他人), 평가(評價), 학교(學校), …

한자 합성어의 특징은 한자 한 글자 한 글자가 의미를 가진 형태소이지만 한국어에서는 대부분 자립적으로 쓰일 수 없다는 것이다. 가령 '결혼'에서 '결'과 '혼', '학교'에서 '학'과 '교'는 자립적으로 쓰일 수 없는 어기, 즉 어근으로서 반드시 합성어의 구성 요소로만 쓰인다. 그러나 '시인'에서의 '시', '헌법'에서의 '법', '창문'에서의 '창'과 '문' 등은 자립적인 단어 구실을 할 수 있는 어기들이다. 한국어의 한자 합성어에 쓰이는 한자가 아주 많은 것은 아니지만 이들을 익히는 것은 한자어 어휘 확장에 매우 큰 도움이 된다. 대부분의 한자가 여러 어휘에 반복하여 나타나므로 그 의미를 익히는 데 크게 도움을 주기 때문이다.

이들 합성어의 중요한 의미 구조의 유형은 다음과 같다.

(3) ㄱ. 주술(主述) 구성: 국립(國立), 일출(日出), 야심(夜深), 인조(人造), …

ㄴ. 병렬(竝列) 구성: 강산(江山), 부모(父母), 상하(上下), 토지(土地), …

ㄷ. 목술(目述) 구성: 등산(登山), 개학(開學), 애국(愛國), 피난(避難), …

ㄹ. 한정(限定) 구성: 고산(高山), 보약(補藥), 애인(愛人), 장기(長期), …

(3)과 같은 의미 구조는 한국어교육 현장에서 명시적으로 교육할 내용은 아니다. 그러나 한자어 학습을 충분히 한 학습자는 (3)과 같은 의미 구조를 귀납하여 알아내기도 하는데 그러한 경우 교사는 보충 설명을 할 수 있어야 한다.

이러한 한자어 중에는 고유어 접미사 '-하다'가 결합하여 형용사나 동사가 된 '한자어 + -하다'의 유형이 많이 있다. 이와 같이 다른 외래어를 어근으로 삼고 고유어 접미사 '-하다'를 결합시켜 형용사나 동사를 만드는 것은 일반 외래어에서도 찾아볼 수 있는 특성이다. 이 경우 접미사 '-하다'에 선행하는 요소의 성격을 구명하는 것은 그리 간단하지 않다. 한자어는 물론 고유어와 외래어 등이 접미사 '-하다'에 선행하는 요소가 될 수 있지만 한자어에 국한하여 살펴보더라도 접미사 '-하다'와 결합하는 한자어는 비자립적인 일음절 어근이거나 형용사의 어근인 경우도 있고 명사인 경우도 있기 때문이다. 그 예는 다음과 같다.

(4) ㄱ. 강(强)하다, 급(急)하다, 망(亡)하다, 심(甚)하다, 통(通)하다, 합(合)하다, …

ㄴ. 단순(單純)하다, 명료(明瞭)하다, 복잡(複雜)하다, 화려(華麗)하다, …

(5) ㄱ. 건강(健康)하다, 성실(誠實)하다, 정직(正直)하다, 행복(幸福)하다, …

ㄴ. 공부(工夫)하다, 도착(到着)하다, 연습(練習)하다, 운동(運動)하다, …

(4)는 어근, 즉 비자립적 어기에 '-하다'가 붙어 이루어진 단어들이다. (4ㄱ)에서처럼 일음절 어근이거나 (4ㄴ)에서처럼 형용사의 어근인 경우가 대부분이다. (5)는 자립적 어기에 '-하다'가 붙어 이루어진 단어들이다. (5ㄱ)에서처럼 일부 형용사의 어기 혹은 (5ㄴ)에서처럼 동사의 어기가 대부분 자립적인 어기로 쓰인다. 중급 이후의 한국어 학습자들에게 (4)와 (5)의 차이를 인식시키면 학습자들의 한자어 사용 능력 향상에 큰 향상을 가져올 수 있다. 학습자들은 (4ㄴ)과 같은 말들에서 어근인 '단순, 명료, 복잡, 화려'와 같은 말을 상당히 자주 자립적 명사처럼 사용하기 때문이다. 이러한 오류를 극복하는 방법으로는 '정직(正直)'과 '정직(正直)하다' 등의 단어를 각각 별개의 개별 어휘 항목의 학습으로 처리하는 것이 오류를 줄일 수 있는 방법이다.

한국어교육에서 한자어를 교육할 때는 빈도가 높은 것을 위주로 교육하여야 하지만 추출 텍스트를 무엇으로 하느냐에 따라 고빈도 한자어의 목록이 상당히 달라진다. 한국어 교재에 중복해서 출현한 횟수가 많은 한자어를 고빈도 한자어로 간주하여도 대체로 무방하고 한국어 어휘 사용이 빈도 조사의 결과를 활용하는 것도 가능하다. 아울러 개별 한자어의 의미 이외에 한자어가 가지고 있는 두음 법칙과 경음화 그리고 한자음의 특수한 교체 현상, 한자어와 호응하는 분류사 등에 차이를 보이는 현상도 다루어야 한다.

특히 한자 문화권 학습자들에 대해서는 학습자 모어에서 사용하는 한자어와 형태가 동일하더라도 의미가 다르거나 동일한 의미지만 다른 형태의 한자어를 사용하는 경우가 있어 가르칠 때에 유의할 필요가 있다. 이를테면 애인(愛人)을 중국에서는 '情人'이라고 하며 '愛人'이라는 표현이 '남편'이나 '아내'를 가리키지만 일본에서는 '첩'을 가리키고, 월요일(月曜日)을 중국에서는 '星期一'로 표현하고 정보화(情報化)를 '信息化'라고 하는 것 등이다.

〈한재영〉

[참고문헌]
• 강현화(2001), 한국어교육용 기초 한자어에 대한 기초 연구: 한국어 교재에 나타난 어휘를 바탕으로, 한국어교육 12-2, 국제한국어교육학회, 53~70쪽.
• 한재영(2003), 외국어로서의 한국어 한자어 교육을 위한 기초적 연구: 한자 문화권 학습자를 중심으로, 이중언어학 23, 이중언어학회, 327~367쪽.

• 한재영(2003), 외국어로서의 한국어 한자 교육을 위한 기초적 연구: 비한자 문화권 학습자를 대상으로, 어문연구 31-4, 한국어문교육연구회, 557~586쪽.
• 한재영 외(2010), 한국어 어휘 교육, 태학사.

□ 한자어 접사

한자어 접사(接辭, affix)는 한자어에 붙어서 그 의미를 확장하는 접두사(接頭辭, prefix)와 접미사(接尾辭, suffix)를 가리킨다.

접두 한자(接頭漢字)는 파생어를 만드는 한자어 접사로 어근이나 단어의 앞에 붙어 새로운 단어가 되게 하는 말로 그 예는 다음과 같다.

(1) 대폭발(大爆發), 소규모(小規模), 고수익(高收益), 저혈압(低血壓)

(1)은 접두사 '대-, 소-, 고-, 저-'가 결합하여 이루어진 한자 파생어이다. 이들 한자 접사를 익혀 두는 것은 일반 어기로 쓰이는 한자를 익히는 것보다도 이러한 파생어가 계속 새롭게 만들어질 것이라는 점에서 한국어 어휘 학습 효과가 더 크다. 한국어의 접두 한자 목록은 다음과 같다.

가(假)-	급(急)-	도(都)-	부(副)-	실(實)-	잡(雜)-	촌(村)-
강(强)-	난(難)-	매(每)-	불~부(不)-	아(亞)-	장(長)-	총(總)-
객(客)-	냉(冷)-	맹(猛)-	비(非)-	양(洋)-	재(再)-	최(最)-
건(乾)-	노(老)-	명(名)-	생(生)-	양(養)-	재(在)-	친(親)-
경(硬)-	농(濃)-	무(無)-	서(庶)-	역(逆)-	저(低)-	탈(脫)-
경(輕)-	다(多)-	미(未)-	선(先)-	연(延)-	정(正)-	토(土)-
고(古)-	단(單)-	반(半)-	소(小)-	연(軟)-	조(助)-	피(被)-
고(高)-	단(短)-	반(反)-	속(續)-	연(連)-	주(駐)-	항(抗)-
공(空)-	담(淡)-	백(白)-	수(數)-	왕(王)-	준(準)-	호(好)-
과(過)-	당(唐)-	범(汎)-	순(純)-	왜(倭)-	중(重)-	호(胡)-
구(舊)-	당(堂)-	별(別)-	순(順)-	외(外)-	진(眞)-	희(稀)-
귀(貴)-	대(大)-	복(複)-	시(媤)-	요(要)-	초(初)-	
극(極)-	대(對)-	본(本)-	신(新)-	원(元/原)-	초(超)-	

접두 한자와 관련하여 한국어교육에서 유의할 점은 한자 문화권의 한국어 학습자들이 알고 있는 한자어 지식으로 인하여 오류를 범하게 되는 경우가 있다는 사실이다. 예컨대 한국어에서는 '무관심(無關心)'이라는 한자어에서 접두 한자 '無'가 부정의 의미를 나타내지만 중국어에서는 '不'를 사용해 '不關心'으로 표현한다. 이처럼 동일한 한자 문화권 내에서도 접두 한자 사용에 차이를 보이기도 하고 한국 한자어에서는 접두 한자를 사용하여 나타내는 의미를 중국이나 일본에서는 별도의 접두 한자를 사용하지 않고 다른 표현을 사용하기도 한다.

접미 한자(接尾漢字)는 파생어를 만드는 한자어 접사로 어근이나 단어의 뒤에 붙어 새

로운 단어가 되게 하는 말이다. 이론적으로 엄밀히 말하면 '-적(的)'을 제외한 대부분의
한자어 접사들은 모두 어근으로 볼 수 있으나 한국어교육의 관점에서는 문제의 항목들
을 일반 어근과는 차별적으로 다룰 필요가 있어 접미 한자들을 접사로 처리하고 있다.
접사로 쓰이는 한자어가 붙어 이루어진 파생어는 다음과 같다.

(2) 사업가(事業家), 문법론(文法論), 한국학(韓國學), 물리적(物理的)

(2)의 한자어는 '사업, 문법, 한국, 물리'에 접미 한자 '-가, -론, -학, -적'이 각각 결합
하여 이루어진 한자 파생어이다. 이와 같은 한자 접사를 익혀 두는 것은 일반 어기로
쓰이는 한자를 익히는 것보다도 한국어 어휘 확장 학습에 훨씬 효과가 크다. 한국어의
한자 파생어를 만드는 접미 한자의 목록은 다음과 같다.

-가(價)	-국(國)	-록(錄)	-부(婦)	-수(囚)	-용(用)	-정(亭)
-가(哥)	-국(局)	-론(論)	-부(附)	-수(手)	-원(元)	-정(整)
-가(家)	-군(君)	-료(料)	-부(部)	-수(樹)	-원(員)	-정(艇)
-가(歌)	-권(券)	-루(樓)	-부(符)	-순(順)	-원(園)	-정(錠)
-가(街)	-권(圈)	-류(流)	-부(簿)	-술(術)	-원(源)	-제(制)
-가량(假量)	-권(權)	-류(類)	-분(分)	-시(視)	-원(院)	-제(劑)
-각(閣)	-금(金)	-률/율(律)	-비(費)	-식(式)	-인(人)	-제(祭)
-간(間)	-급(級)	-률/율(率)	-사(事)	-실(室)	-일(日)	-제(製)
-감(感)	-기(器)	-리(裡/裏)	-사(士)	-심(心)	-자(子)	-조(朝)
-객(客)	-기(期)	-림(林)	-사(師)	-씨(氏)	-자(者)	-조(祖)
-경(鏡)	-기(記)	-망(網)	-사(社)	-아(兒)	-작(作)	-조(調)
-경(頃)	-기(機)	-맹(猛)	-사(辭)	-안(岸)	-장(丈)	-족(族)
-계(界)	-난(難)	-모(帽)	-사(史)	-암(巖)	-장(帳)	-종(種)
-계(系)	-남(男)	-몽(蒙)	-사(寺)	-암(庵)	-장(張)	-좌(座)
-계(計)	-녀(女)	-문(文)	-상(上)	-애(愛)	-장(狀)	-주(主)
-고(庫)	-년(年)	-물(物)	-상(商)	-액(額)	-장(長)	-주(酒)
-고(膏)	-단(團)	-민(民)	-상(狀)	-양(孃)	-장(莊)	-중(中)
-고(高)	-담(談)	-발(發)	-생(生)	-양(洋)	-장(場)	-증(症)
-공(公)	-당(堂)	-배(輩)	-석(席)	-어(語)	-장(葬)	-증(證)
-공(工)	-당(當)	-백(白)	-선(線)	-업(業)	-재(材)	-지(紙)
-곶(串)	-대(代)	-범(犯)	-선(腺)	-연(宴)	-재(財)	-지(誌)
-과(課)	-대(帶)	-법(法)	-선(船)	-연(然)	-적(的)	-지(池)
-관(官)	-대(臺)	-벽(癖)	-선(選)	-열(熱)	-전(傳)	-지(地)
-관(觀)	-댁(宅)	-별(別)	-설(說)	-옥(屋)	-전(展)	-지(池)
-관(館)	-도(圖)	-보(補)	-성(性)	-옹(翁)	-전(戰)	-직(職)
-광(狂)	-도(島)	-복(服)	-세(勢)	-왕(王)	-전(殿)	-진(陳)
-구(具)	-도(徒)	-본(本)	-소(所)	-요(謠)	-절(節)	-집(集)
-구(口)	-력(力)	-부(夫)	-소(素)	-욕(慾/欲)	-점(店)	-차(次)

-책(策)	-청(廳)	-치(癡/痴)	-품(品)	-항(港)	-호(湖)	-회(會)
-책(責)	-체(體)	-탕(蕩)	-풍(風)	-해(海)	-호(號)	
-처(處)	-초(草)	-토(土)	-필(畢)	-행(行)	-화(化)	
-천(川)	-촌(村)	-통(通)	-하(下)	-허(許)	-화(畵)	
-철(綴)	-층(層)	-파(派)	-학(學)	-형(型)	-화(花)	
-첩(帖/牒)	-치(值)	-판(版)	-한(漢)	-형(形)	-화(靴)	

한국어교육 현장에서 접미 한자를 가르칠 때에는 한자 문화권의 한국어 학습자들이 이미 알고 있는 한자어 지식으로 인하여 오류를 범하지 않도록 유의해야 한다. 한자 문화권 학습자들은 위 접미 한자들의 대부분을 익히고 사용하는 데에 큰 문제가 없으나 모국어의 한자어 지식으로 인해 어색한 어휘를 생성할 수 있다. 이를테면 한국어의 한자어에서는 '과학자(科學者)'로 사용하는 것을 중국에서는 '科學家(과학가)'로 적는 등 접미 한자의 사용에 차이가 있다. 따라서 접미 한자어를 가르칠 때에는 학습자의 모국어 표현과 같은지 다른지를 확인할 필요가 있다. 〈한재영〉

[참고문헌]
- 한재영(2003), 외국어로서의 한국어 한자어 교육을 위한 기초적 연구: 한자 문화권 학습자를 중심으로, 이중언어학 23, 이중언어학회, 327~367쪽.
- 한재영(2003), 외국어로서의 한국어 한자 교육을 위한 기초적 연구: 비한자 문화권 학습자를 대상으로, 어문연구 31-4, 한국어문교육연구회, 557~586쪽.
- 한재영 외(2010), 한국어 어휘 교육, 태학사.

❏ 한자 성어

한자 성어(漢字成語)란 한자로 이루어진 관용어를 말한다.

이는 주로 옛이야기에서 유래된 말로 옛이야기에는 신화, 전설, 고전, 문학 작품 등이 포함된다. 한자 성어는 교훈, 경구, 비유, 상징어 및 관용구나 속담 등으로 사용되어 일상 언어의 표현을 풍부하게 해 준다.

고사성어는 '동문서답(東問西答)'과 같은 형식의 사자 성어가 대부분이지만 '등용문(登龍門)' 같은 삼자 성어도 있으며 여덟 자나 아홉 자로 된 긴 성구도 있다. 흔히 쓰이는 '오비이락(烏飛梨落), 초록동색(草綠同色), 함흥차사(咸興差使), 홍익인간(弘益人間)'과 같은 예들은 한국에서 만들어진 한자 성어이다.

한국에서 쓰이는 중국 한자 성어는 중국의 역사와 고전 또는 시가(詩歌)에서 나온 말로서 약 270가지 정도이다. '일망타진(一網打盡), 일거양득(一擧兩得), 조강지처(糟糠之妻), 오리무중(五里霧中)' 등이 그러한 예이다. '전전긍긍(戰戰兢兢)'이라든가 '유언비어(流言蜚語)'와 같은 예들은 《논어(論語)》와 같은 고전에서, '고희(古稀), 청천벽력(靑天霹靂)'과 같은 예들은 시가로부터 형성된 성어이다.

많은 한국인들이 대화에서 한자 성어를 사용하므로 한국어 교사는 특히 중급 이후의 한국어 학습자들이 한자 성어를 익힐 수 있는 기회를 마련해 주는 것이 좋다.

수업 중에 많은 한자 성어를 언급하기는 현실적으로 어려우므로 수행 학습 과제를 부여한다. 한자 성어는 현대 구어 담화에서는 활용도가 적어졌지만 이해 차원에서 반드시 학습해야 하는 교육 내용이므로 그 쓰임의 환경에 대해서 정확하게 가르쳐 줄 필요가 있다.

특히 한자 성어가 어떤 통사적 조건에서 쓰이는지를 교육하려면 같은 환경의 예문을 둘 이상 제시하는 것이 좋다. 가령 대부분의 한자 성어는 '이다'를 붙여 서술어로 만들 수 있지만 '동문서답(東問西答), 노심초사(勞心焦思), 무위도식(無爲徒食), 환골탈태(換骨奪胎)'와 같은 말은 동사적 개념으로 '-하다'를 붙여 서술어로 쓸 수 있다. 그리고 '파죽지세(破竹之勢)'와 같은 말은 주로 '파죽지세로 이겼다'와 같이 조사 '(으)로'를 붙여 부사어로 자주 사용한다. 한국어 교사는 이러한 통사적 조건을 다룰 수 있는 예문을 숙지하고 있어야 한다.　　　　　　　　　　　　　　　　　　　　　　　　　〈한재영〉

[참고문헌]
- 한재영(2003), 외국어로서의 한국어 한자어 교육을 위한 기초적 연구: 한자 문화권 학습자를 중심으로, 이중언어학 23, 이중언어학회, 327~367쪽.
- 한재영(2003), 외국어로서의 한국어 한자 교육을 위한 기초적 연구: 비한자 문화권 학습자를 대상으로, 어문연구 31-4, 한국어문교육연구회, 557~586쪽.
- 한재영 외(2010), 한국어 어휘 교육, 태학사.

❏ 한자어 지도

한자어 지도(漢字語指導)란 한국어의 어휘 목록을 구성하고 있는 고유어와 한자어 그리고 외래어에 관한 교육에서 한자어를 교수하는 것이다.

한자어 지도는 한문 문장을 다루는 한문 지도와 근본적으로 성격을 달리한다. 한문 지도의 주된 관심이 한자어로 구성된 문장 층위의 문제에 있는 것이라면 한자어 지도는 한자로 구성된 단어에 관심을 두고 주로 어휘 층위의 문제를 다루기 때문이다. 아울러 한자어 지도는 한자 자체를 교육 내용으로 하는 한자 지도와도 성격을 달리하여 한자의 쓰기라든가 개별 한자의 훈과 같은 문제는 일차적인 관심의 대상이 아니다. 이러한 문제로 인하여 별도의 한자어 지도가 필요한 것인가 하는 문제가 제기되기도 하나 한자어 어휘가 고유어나 다른 외래어와는 다른 음운·형태·통사·의미론적인 문제를 가지고 있을 뿐만 아니라 뛰어난 어휘 생산 능력을 가지고 있다는 점에서 그 필요성을 부정하기는 어렵다.

한글 맞춤법의 규정 가운데 제10, 11, 12, 30항 그리고 제52항 등 한자어와 관련된 내용에서는 한자어를 한국어 어휘의 일부로 다룬다. 이는 북한의《조선말 규범집》에서 취하고 있는 태도와는 거리가 있다. 예를 들어 두음 법칙의 적용에 관해 한글 맞춤법은 두음 법칙을 적용하여 한자어를 한국어 어휘의 일부로 간주함을 보여 주지만 북한의《조선말 규범집》에서는 두음 법칙을 적용하지 않아 한자어를 외래어로 인식함을 보여 준다.

한국어 어휘에서 차지하는 한자어의 비중이나 한자어가 가지고 있는 높은 조어력 등으로 인하여 한국어교육 현장에서도 한자어 지도의 필요성은 적지 않다. 하지만 한국어 학습자의 학습 동기와 목표나 학습 단계 그리고 학습자의 언어적인 배경에 따라 한자어 교육의 목표 수준과 교수 방법에는 차이를 두어야 한다.

이를테면 한자 문화권 학습자들에 대한 한자어 지도 내용은 학습자 모국어의 글자체와 발음, 어휘 차이로 인한 오류 방지와 같은 어휘 사용 문제 등으로 구성한다. 이에 반해 비(非)한자 문화권의 학습자들에게는 한자를 노출시키지 않은 채 단어의 구성, 접두사와 접미사의 활용, 고유어와 한자어의 의미 차이 등과 같은 학습 내용을 통하여 자연스럽게 한자어에 대한 인식을 도모하고 이를 통해 한국어 어휘의 양적, 질적 확장을 꾀한다. 〈한재영〉

[참고문헌]
• 한재영(2003), 외국어로서의 한국어 한자어 교육을 위한 기초적 연구: 한자 문화권 학습자를 중심으로, 이중언어학 23, 이중언어학회, 327~367쪽.
• 한재영(2003), 외국어로서의 한국어 한자 교육을 위한 기초적 연구: 비한자 문화권 학습자를 대상으로, 어문연구 31-4, 한국어문교육연구회, 557~586쪽.
• 한재영 외(2010), 한국어 어휘 교육, 태학사.

■ 외래어

외래어(外來語, loanword)는 외국어에서 차용되어 한국어로 쓰이는 말이다.

외래어는 그 기원을 외국어에 두고 있기 때문에 외국어에서 외래어로 정착하는 단계의 수많은 어휘들이 존재하고 외국어와 외래어의 구분에 대한 다양한 견해가 있을 수 있다. 일반적으로 외래어는 그 말이 차용된 원어인 외국어와 다음과 같은 점에서 차이를 보인다.

첫째, 발음과 표기가 한국어의 음운 체계에 맞게 변한다. 발음의 경우 영어의 'r'과 'l'을 모두 'ㄹ'에 대응시켜 발음하는 것을 예로 들 수 있다. 또한 표기의 경우에도 영어의 'strike'는 한국어로 '스트라이크'로 표기하는데 어두자음군 's' 소리를 한국어에서는 'ㅡ'를 덧붙인 '스'로 표기한다.

둘째, 의미 영역이 축소, 확대, 이동하면서 변한다. 의미 축소의 예로 영어에서 'manner'는 '예의, 관습, 방식, 태도'의 광범위한 의미로 사용되지만 한국어의 '매너'는 주로 '예의'의 뜻만 나타낸다. 반면 영어의 'mask'는 '마스크, 가면, 팩'의 의미로만 사용되지만 한국어에서는 '얼굴 생김새'라는 새로운 의미로도 사용되어 의미가 확대되었다.

셋째, 담화적인 측면에서 의미의 상승이나 하락이 일어나기도 한다. 영어의 'tissue'가 단순한 '화장지'의 의미로 사용되는 것에 비해 외래어 '티슈'는 '얇고 부드럽고 질이 좋은 화장용 종이'의 의미로 사용된다. 이것은 의미 상승의 예로 볼 수 있다. 반대로 영어에서 'broker'는 '중개인'의 의미로 사용되나 한국어 '브로커'는 '불법 거래를 소개해 주는 사람'의 의미로 사용되는데 이는 의미 하락의 예이다.

넷째, 형태적인 요소가 변화하기도 한다. 이 변화의 세부 유형에는 문법 형태 생략, 일부 형태 절단이 있다. 문법 형태 생략은 'salaried man'에서 과거 분사형 어미 '-ed'가 생략되어 '샐러리맨'이 되는 것과 같은 경우이다. 'air-conditioner'가 '에어컨'이 된 것은 일부 형태 절단의 예이다.

다섯째, 통사적인 변화를 겪기도 한다. 이는 원어의 문법적 특징이 한국어에서 그대로 유지되지 않는 경우이다. 예를 들어 영어의 'mini'가 접두어로 사용되는 반면, 한국어의 '미니'는《표준국어대사전》에서 명사로 소개하고 있으며 '미니 기관차', '미니 옷장'과 같이 사용됨을 그 예로 들고 있다. 또한 영어의 'upgrade'는 동사로서 '등급을 올리다'의 의미로 사용되는데 한국어에서는 동일한 의미를 '업그레이드하다' 형식으로 나타내어 '업그레이드'가 명사처럼 기능한다.

한국어교육에서 외래어를 가르칠 때는 먼저 외국어에서 외래어로 정착하는 단계의 수많은 어휘 중 어떤 어휘를 교육 대상으로 삼을지에 대한 고민이 필요하다. 그리고 이러한 과정을 통해 교육 대상으로 선정된 외래어가 가진 발음과 표기, 의미, 담화, 형태, 통사상의 정보를 정리해 효과적으로 제시할 필요가 있다. 또한 이를 실제로 교수할 때는 학습자 모어나 모어 내에 존재하는 외래어와 한국어 외래어의 차이에 주목해 학습자 언어권에 따른 적절한 교육 방안을 마련해야 한다. 〈신현단〉

[참고문헌]
- 노명희(2012), 외래어 차용의 형태론적 양상, 반교어문연구 33, 반교어문연구, 35~68쪽.
- 노명희(2013), 외래어의 의미 전이, 대동문화연구 82, 성균관대학교 대동문화연구원, 493~524쪽.
- 조형일·남주혜(2012), 외래어와 외국어 표현 3300, 역락.

■ 혼종어

혼종어(混種語, hybrid word)는 서로 다른 어종(語種)에서 유래한 요소의 결합으로 이루어진 단어이다.

현대 한국어의 어휘를 어종에 따라 분류하면 고유어, 한자어, 외래어의 삼중 체계가 된다. 따라서 혼종어는 '고유어 + 한자어', '고유어 + 외래어', '한자어 + 외래어', '고유어 + 한자어 + 외래어'로 세분된다. 1999년에 발간된《표준국어대사전》을 통계적으로 분석한 2002년의 국립국어원 자료에 따르면 주 표제어 440,594개 가운데 혼종어는 모두 53,141개로 약 12%를 차지한다. 이들 각각의 수치는 다음과 같다.

〈표준국어대사전에 수록된 혼종어 수와 비율〉

혼종어의 종류	고유어 + 한자어	고유어 + 외래어	한자어 + 외래어	고유어 + 한자어 + 외래어	계
표제어 수	36,618개	1,323개	14,480개	720개	53,141개
예	반달형(半달形) 온종일(온終日) 알약(알藥) 건강하다 (健康하다) 공부하다 (工夫하다)	페르시아고양이 (Persia고양이) 노크하다 (knock하다)	황제펭귄 (皇帝penguin) 원두커피 (原豆coffee) 금메달 (金medal)	총알택시 (銃알taxi)	

대체로 새로운 단어를 형성할 때 고유어는 고유어끼리, 한자어는 한자어끼리 결합하는 것이 일반적이다. 그럼에도 불구하고 위에서 본 것처럼 적지 않은 수의 혼종어가 존재하는 것은 이러한 제약보다는 어종이 달라도 새로운 의미를 나타내는 단어를 만들 때 다른 어종의 어근이나 접사 혹은 단어들을 적극적으로 활용하려는 화자의 인식이 앞섰기 때문이다.

혼종어 가운데 '고유어 + 한자어', '한자어 + 외래어'가 많은 것은 한국어 어휘에 표준국어대사전 표제어 기준으로 순수 한자어가 57.3%를 차지하는 사정과 무관하지 않다. 그리고 혼종어의 절대 다수가 명사에 한정되어 있는 것도 특징이다. '고유어 + 한자어' 가운데는 다른 경우보다 동사와 형용사의 예들이 특히 많은데 이는 '한자어 + -하다' 구성 때문이며 '한자어 + -하다'의 경우 동사보다 형용사의 경우가 훨씬 더 많다. 최근에는 '외래어 + -하다'를 통해서 형성된 '스마트하다'와 같은 예들이 점점 증가하는 추세이다.

또한 혼종어에서 '바자회(bazaar會)', '드럼통(drum桶)', '애간장(애肝腸)', '로스구이(← roast구이)' 등에서 보이는 동의 중복 현상이 적지 않게 나타나는 것도 흥미롭다. 이는 현행 외래어 표기법에서 '주장강(珠江江)', '도시마섬(利島島)', '몽블랑산(Mont Blanc山)', '시에라마드레산맥(Sierra Madre山脈)' 등 외래어의 원어에 이미 '강', '섬', '산', '산맥'이 포함되어 있는데도 이를 다시 표시해 주는 것과 흡사하다. 대체로 외래어가 가지는 의미가 투명하지 않기 때문에 다시 반복해 주는 것으로 해석된다.

한국어 어휘에는 특히 한자어를 기준으로 한 혼종어가 많고 최근에는 외래어를 이용한 혼종어도 늘어나는 추세이므로 한국어 학습자에게 한국어 혼종어의 구조와 특징에 대해 학습시킬 필요가 있다. 〈최형용〉

[참고문헌]
• 고영근·구본관(2008), 우리말 문법론, 집문당.

• 김광해(1993), 국어 어휘론 개설, 집문당.
• 심재기 외(2011), 국어 어휘론 개설, 지식과교양.
• 이운영(2002), 표준국어대사전 연구 분석, 국립국어연구원.

5.7. 어휘의 사회적 특징

어휘의 사회적 특징은 어휘가 변이하거나 팽창하면서 나타나는 특별한 양상을 의미한다.

이러한 어휘의 양상은 어휘의 계량, 어휘의 체계, 어휘소의 관계, 어휘 교육과 정책과 함께 어휘론의 주요한 연구 주제 영역이다. 어휘의 사회적 특징은 매우 다양하게 나타나기 때문에 여러 가지 기준으로 분류할 수 있지만 김광해는 이를 크게 어휘의 변이로 나타난 특징과 어휘의 팽창으로 나타난 특징으로 구분한다.

첫째, 어휘의 변이는 하나의 어휘가 사회적으로 여러 변이형을 가져 어휘소(lexeme)-변이어(allolexeme)의 구별을 보임을 설명하는 개념이다. 변이(variation)는 전통적으로 음소(phoneme)-변이음(allophone), 형태소(morpheme)-이형태(allomorph)의 구별과 같이 음운부와 형태부에서 나타나는 현상을 설명하기 위한 개념으로 사용되었는데 어휘부의 층위에서 나타나는 사회적 현상을 설명할 때에도 이 개념은 유용하다.

어휘의 변이는 위상적 변이와 화용적 변이로 나뉘는데 위상적 변이는 어휘소들이 지리적, 사회적 집단의 차이에 따라 보이는 변이이다. 지리적으로는 지역 방언이 변이형으로 나타나며 사회적 집단에 따라서도 은어, 남성어, 여성어와 같은 변이형이 생겨난다. 화용적 변이는 언어 사용 상황에 따라 같은 언어 사용자가 다른 어휘를 선택할 때 나타나는 변이를 의미한다. 높임의 대상에 따라 다르게 사용하는 공대어나 하대어, 아주 친숙한 사이의 대화에서 언어 유희를 목적으로 사용하는 속어, 부정적 느낌을 주는 어휘를 피하기 위해 사용하는 완곡어, 어떤 주제에 대해 표현 효과를 높이기 위해 사용하는 관용어 등이 화용적인 변이형의 예이다. 이러한 위상적, 화용적 변이 현상은 어휘의 중요한 사회적 특징으로 사회 언어학 분야에서 이에 대한 연구를 활발히 진행해 왔다.

둘째, 어휘의 팽창은 사회적으로 새로운 사물이나 개념이 생겨나거나 참신한 표현을 요구하는 심리적인 요구가 있을 때 새로운 단어가 생겨남을 설명하는 개념이다. 사회의 여러 전문 분야에서 새로운 개념들이 탄생하면서 전문어가 생기기도 하고 사회의 정치적, 문화적 변화에 상응해 신어가 생겨나기도 한다. 또한 사회의 심리적인 요인에 의해 일시적으로 유행하는 유행어가 생기기도 한다.

이러한 어휘의 사회적 특징에 따른 분류를 도식으로 보이면 다음과 같다.

〈어휘의 사회적 특징에 따른 분류〉

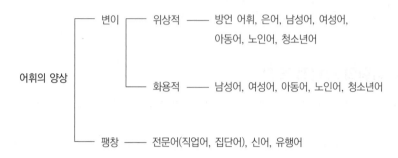

어휘의 사회적 특징은 한국어교육의 주요한 내용이 된다. 한국어 학습자가 한국어 어휘의 사회적 특징을 알면 한국어 의사소통이 보다 쉽고 효과적일 수 있기 때문이다. 기본적으로는 높임어가 주요한 교육 내용이 되겠지만 완곡어나 유행어를 교육하는 것도 한국어를 폭넓게 이해하고 원만하게 의사소통하기 위해 필요하다.　　　　　　〈신현단〉

[참고문헌]
• 김광해(1993), 국어 어휘론 개설, 집문당.
• 김광해(2008), 어휘 현상과 교육, 박이정.
• 조현용(2000), 한국어 어휘 교육 연구, 박이정.

■ 신조어

신조어(新造語, neologism)는 새로 만든 낱말을 뜻한다.

신조어에는 기존의 단어를 이용하여 새롭게 만든 말뿐 아니라 한국어로 귀화한 외래어도 포함된다. 일반적으로 신조어와 신어(新語), 새말 등은 동의어로 사용된다. 그러나 학자에 따라서는 신조어와 신어를 구분하기도 한다. 신조어와 신어를 구분하는 경우는 신어를 상위 개념어로 보고 기존의 단어와 유연성 없이 새롭게 창조된 말인 신생어, 기존의 단어를 이용해서 만든 말인 신조어, 기존의 단어에 새로운 의미를 부여해서 만든 말, 외국어에서 차용한 말을 모두 신어라 한다. 그리고 신조어는 기존의 단어를 바탕으로 생성된 이차 어휘를 뜻한다.

새로운 물건이나 개념이 생겨나면 이를 표현할 단어가 필요하게 되고 이 필요에 따라 새롭게 만들어지거나 차용된 것이 신조어이다. 그렇기 때문에 신조어의 역사는 인간이 언어생활을 시작하면서부터 같이했다고 볼 수 있다. 한국어의 신조어가 양적으로 팽창한 것은 개화기에 새로운 문물과 학문을 받아들이면서이다. 또한 주시경 선생으로부터 시작된 한자어와 외래어의 고유어화, 이른바 순화에 의해서도 많은 신조어가 탄생하였다. 신조어는 진부한 표현을 새로운 표현으로 바꾸고자 하는 욕구로 만들어지기도 하는데 이러한 예로는 인터넷 통신 언어와 유행어가 대표적이다.

새로 만들어진 단어는 임시적으로 사용되다 없어지는 경우도 많은데 이를 '임시어'라 하여 신조어와 구분한다. 신조어는 임시어와 달리 한국어 어휘 체계 내에 완전히 자리 잡은 어휘를 뜻한다. 이렇게 새로 만들어진 단어가 어휘 체계 내에 어떻게 수용되는지 수용 양상에 대한 연구도 활발하다.

신조어는 외국의 것을 그대로 가져오기도 하고 자생적으로 만들기도 한다. 외국의 것을 가져올 때에도 마우스, 엔터테이너와 같이 외국어를 그대로 사용하는 경우와 금융 실명제, 혼잡 통합료와 같이 번역 차용하는 경우로 나뉜다.

신조어는 기존의 파생법이나 합성법 외에 혼성어, 절단어 등과 같은 새로운 조어법에 의해 만들어지는 경우가 점점 늘어나고 있다.

(1) 혼성어의 예: 빌라트(빌라 + 아파트), 짜파게티(짜장면 + 스파게티), 팡이제로(곰팡이 + 제로)
(2) 절단어의 예: 존심(← 자존심), 내비(← 내비게이션), 명퇴(← 명예퇴직)

기존 단어를 일부 대체한 신조어도 있다.

(3) 차계부(← 가계부), 직딩(← 고딩), 광우병(← 광견병)

한편 신조어를 통해 현재 사회의 모습을 엿볼 수 있는데 '딩크족', '골드 미스', '기러기 아빠' 등에서는 '아이가 없는 가정', '여성의 지위 향상', '자녀 유학을 위해 혼자 돈을 버는 한국의 아버지'를 읽어낼 수 있으며 '이태백, 사오정, 삼포 세대' 등은 어려운 경제 현황을 보여 준다.

신조어는 새로 생긴 말이기 때문에 사전에서 그 뜻을 찾아보거나 교재를 통해 학습하기가 쉽지 않다. 그러나 신문, 방송 등 언론 매체에서 신조어를 많이 사용하고 모어 화자와의 대화 중에 신조어를 사용하는 예가 적지 않으므로 이를 학습하는 것은 중요하다. 한국어교육에서의 신어 교육 방안이나 외래어 조어소 선정에 관한 연구 등 신조어를 교육하기 위한 내용학적 연구 및 방법론적 연구가 증가하고 있다.　　　　　〈양명희〉
= 신어, 새말

[참고문헌]
• 강신항(1991), 현대 국어 어휘 사용의 양상, 태학사.
• 국립국어원(2007), 사전에 없는 말 신조어, 태학사.
• 남기심(1983), 새말[新語]의 생성과 사멸, 이기문 외 공저, 한국 어문의 제 문제, 일지사, 192~228쪽.

■ 은어

은어(隱語, jargon)는 어떤 계층이나 부류의 사람들이 다른 사람들이 알아듣지 못하도록 자기네 구성원들끼리만 빈번하게 사용하는 말을 뜻한다.

은어는 심마니, 상인, 학생, 군인, 노름꾼, 부랑배 등 집단에 따라 다르게 형성되며 의

태어, 의성어, 전도어(顚倒語), 생략어, 수식어 따위로 그 발생을 나눌 수 있다.

1927년 오구라 신페이(小倉進平)에 의해 최초로 은어 연구가 시작되었으며 명칭, 개념, 발생 원인, 기능, 유형에 대한 연구가 있었다. 지금까지 이루어진 은어 연구로는 산삼 채취인인 심마니 은어, 백정 은어, 범죄인 은어, 무당 은어, 복술인(卜術人) 은어, 기생 은어, 남사당패 은어 등 특정 직업인의 은어와 군대 은어, 학생 은어 등이 있다. 이 중 학생 은어는 세대마다 새로운 신조어를 만들어 자신들의 비밀을 지키고 싶어 하기 때문에 지속적인 연구가 이루어지고 있다.

은어가 발생하는 원인은 타인에게 이해되어서는 안 될 경우가 있기 때문만 아니라 집단의 특성에 기인하기도 한다. 예를 들어 심마니들은 산삼 채취를 신령의 점지에 의한 것으로 여겨 자신의 언행이 속화(俗化)되는 것을 금지하기 위해 은어를 사용한다. 맹인들은 생활 수단으로 복술이 직업인 경우가 많은데 맹인이라는 결점을 자위하고자 은어를 사용하며 이들의 은어는 복술과 역학에서 나온 예가 많다. 백정의 은어는 종교적 성격을 갖는데 은어를 사용하면 소가 무서움을 타지 않고 잡귀도 붙지 않은 채 죽어서 상계(上界)로 가게 되며 백정 역시 죽어서 극락에 간다고 한다. 이에 반해 학생들의 은어는 실제적 필요에 의해 생성되었다기보다 재미와 욕구 해소, 유대감 형성 등을 위해 사용된다.

(1) 심마니어: 히기(눈[雪]), 쩔렁이(돈), 무케(물), 야사(눈[目]), 풍이(바람), 집게/쥐아미(손), 더팽이(안개), 진덕이(땀), 도자(刀子, 칼)

(2) 맹인 은어: 병정(불), 임계(물), 되긴다(讀 + 인다, 읽다), 신귀(귀신), 수신(신수), 앙가(강), 옴보(봄)

(1)의 예 중에 '쩔렁이'는 의성어이고 (2)의 '신귀, 수신'은 전도어이다. (2)의 '앙가, 옴보'는 '강'에 '아', '봄'에 '오'가 첨가되어 '가앙, 보옴'이 된 후 다시 전도된 단어이다. 이처럼 은어에는 일반어와 다른 특수한 조어법이 사용되는 예가 적지 않다.

은어가 일반인들에게 알려지면 은어로서의 기능을 상실하게 된다. 다음 (3)~(4)는 거지의 은어가 보통어화된 예이다.

(3) 왕초(거지 대장), 양아치(거지 동료), 똘마니(어린 거지 애)

(4) 토끼다(도망가다), 빵가다(감옥가다), 땡땡이 부리다(놀다)

학생 은어는 학교 생활과 관련된 것이 많으며 교사나 어른들에 의해 알려져 보통어화되는 예가 많다.

(5) 담댕이(담임), 고딩(고등학생), 중딩(중학생), 범생이(모범생), 빵셔틀(힘없는 학생에게 빵을 사 오게 시키는 것), 삥 뜯다(돈을 빼앗다), 땡땡이 치다(수업을 빼먹다)

은어는 사용의 특징상 비속어적 특징을 띠는 예가 많다.

　　은어는 앞서 기술한 것처럼 특정 집단에 사용되기 때문에 한국어교육에서 이를 교육하거나 학습할 필요성은 많지 않다. 그러나 학생 은어와 같은 예는 재미로 만들어져 일상생활이나 방송 매체에서 자주 접할 수 있으므로 이에 대한 이해는 필요하다.　　〈양명희〉
= 변말

[참고문헌]
• 김민수(1953), 은어(변말)시고: 특히 거지말(乞人語)을 중심으로 하여, 국어국문학 6, 국어국문학회, 9~13쪽.
• 이충구(1993), 은어 조어고, 어문연구 24, 어문연구학회, 501~516쪽.
• 장충덕(2009), 남사당패의 은어에 대하여, 한국어 의미학 28, 한국어의미학회, 227~256쪽.
• 장태진(1971), 은어의 개념: 특히 Sociolinguistics의 처지에서: 장암 지헌영 선생 화갑기념논총, 633~648쪽.
• 小倉進平(1929), 平安南北道の方言ー山蔘採取業者の隱語, 京城帝大 法文學部 硏究調査冊子 第1輯.

■ 비속어

　　비속어(卑俗語, slang)는 비어와 속어를 통칭하는 말로 비어(卑語)는 낮춤말, 속어(俗語)는 통속적으로 사용되는 말을 뜻한다.

　　비어는 낮춤의 말로 상스럽고 천한 경우가 많으며 속어는 속된 말로 역시 아름답지 않은 경우가 많아 비어와 속어를 구분하지 않고 통칭한다.

　　《표준국어대사전》에는 비속어가 속어의 동의어로 올라 있고 속어의 풀이는 '통속적으로 쓰는 저속한 말로 되어 있다. 그리고 비어는 '점잖지 못하고 천한 말 또는 대상을 낮추거나 낮잡아 이르는 말'로 풀이하였다. 이러한 풀이는 속어가 비어적 특성을 지니는 데 반해 비어가 꼭 속어는 아니라는 뜻을 내포한다. 즉 비어는 평어, 경어와 대비되는 개념이다. 비속어는 인간의 감정을 좀 더 직설적으로 표현하려는 욕구에서 사용되며 사용 계층으로 보면 주로 하위 계층에서 많이 사용된다. 비속어는 화맥에 따라 달라질 수 있는 가변성을 띠기도 하는데 '녀석, 놈, 깍쟁이' 같은 비속어는 때에 따라 귀엽거나 사랑스러운 감정을 표현하고자 할 때 쓰이기도 한다. 또한 비속어가 아닌 말이라도 상황에 따라 비속어적 표현이 되기도 하는데 '멍청하다, 웃기다, 지독하다, 거머리, 각다귀' 같은 말은 기본적으로 비속어라고 보기 어렵지만 상황에 따라 상대의 기분을 상하게 할 수 있다. 이러한 이유로 비속어의 범위를 구획하거나 목록을 만드는 것이 쉽지 않다.

　　비속어의 유형은 비어와 속어로 나눌 수 있는데 비어에는 욕말, 낮춤말, 조롱말 등이, 속어에는 속된 말, 장난말 등이 포함된다.

　　(1) 비어
　　　　ㄱ. 욕말: 개새끼, 병신, 씨팔, 미친놈
　　　　ㄴ. 낮춤말: 눈깔, 등떼기, 주둥이, 손모가지
　　　　ㄷ. 조롱말: 핫바지(힘없는 사람), 니 똥 굵다(너 잘났다), 귀척 쩔다(귀여운 척이 심하다)
　　(2) 속어
　　　　ㄱ. 속된 말: 따라지(월남한 사람), 딸딸이(경운기)

ㄴ. 장난말: 깜놀(깜짝 놀라다), 옥희(오케이), 냉무(내용 없음)

비속어는 표준어에도 있지만 신조어, 은어, 유행어, 금기어, 방언 등의 낱말에서도 찾아볼 수 있다. 은어는 특정한 집단에서 사용되는 말이지만 하위 집단에서 쓰이는 경우가 많아 비속어적 성격을 띤다. 군대 은어인 '십종 쓰레기(군인의 시체), 꿀리다(잠자다)'를 예로 들 수 있다. 금기어는 꺼리는 말을 다른 말로 대신하는 경우로 '고추(남자의 음부), 조개(여자의 음부)' 같은 예 역시 비속성을 지니는 비속어라 할 만하다. '오라질 놈, 육시랄 놈(← 戮屍를 할 놈)' 등과 같은 욕말은 예전에 죄인에게 주어졌던 형벌에서 온 말로 이처럼 비속어의 범위는 넓다.

비속어는 형태적으로 접사 '개-, 똥-, -떼기, -질' 등이 붙은 것이 많으며, 품사 중에 '네기, 넨장, 니미럴, 씨팔, 제기, 지에미'와 같이 감탄사의 비중이 높다. 또한 음운론적으로는 된소리의 쓰임이 현저하다.

신조어나 유행어에도 비속성을 지닌 어휘가 많기 때문에 한국어교육에서 신조어와 유행어를 교육할 때는 어휘에 따라 비속성을 지닌다는 것을 학습시켜야 한다. 그래야만 학습자들이 청자와 장면에 따라 어휘를 적절하게 선택하여 사용할 수 있기 때문이다. 일반적으로 비속어는 표현 어휘가 아니라 이해 어휘로 가르쳐야 한다고 하는데 낮춤의 의미가 덜한 속어는 표현 어휘로도 교수할 필요가 있다.　　　　　〈양명희〉

[참고문헌]
• 강신항(1991), 현대 국어 어휘 사용의 양상, 태학사.
• 김동언(1998), 국어 비속어의 개념과 특징, 인문과학논집 5, 강남대학교 인문과학연구소, 229~244쪽.
• 김정선 외(2011), 청소년 입말에 나타난 비속어·유행어·은어 사용 실태, 한국언어문학 77, 한국언어문학회, 285~324쪽.
• 박덕유(2008), 사회 언어학적 관점에서 본 대학생의 의식 변화 고찰: 은어와 속어를 중심으로, 새국어교육 80, 새국어교육학회, 515~544쪽.

■완곡어

완곡어(婉曲語, euphemism)는 부정적인 느낌을 피하기 위해 사용하는 말이다.

완곡어와 관련하여 이루어져 온 연구는 완곡어의 개념과 범주에 대한 연구, 완곡어의 대상이 되는 내용 분류 연구, 완곡어의 표현 방식 연구로 나눌 수 있다.

먼저 완곡어의 개념과 범주에 대한 영어권의 연구로는 애셔와 심슨(R. E. Asher. & J. M. Y. Simpson)을 들 수 있다. 이들은 고전적인 어휘론적 완곡어법과 관련지어 우언법(periphrasis), 곡언법(liotes), 에둘러 말하기(circumlocution), 의사 완곡어법(mock euphemism) 등 문장 차원의 완곡 표현도 있음을 제시하였다. 한국어의 완곡어에 대한 연구도 어휘 차원의 완곡어 연구가 대다수지만 어휘 차원의 완곡어와 구나 문장 차원의 완곡 표현을 구분하기도 한다. 어휘 차원의 완곡어에 대해 다룬 연구들은 공통적으로 완곡어를 죽음, 질병, 성(性)과 같은 영역에서 직설적인 표현을 피하기 위해 선택하는 어휘로 다룬다. 그리고 이러한 완곡어에 대응하는 기본이 되는 어휘소들은 금기어(禁忌語, taboo word)의 성격을 가진다. 구나 문장 차원의 완곡어에 대해 다룬 연구들은 주로 구나 문장 차원의 완곡어를 완곡 표현으로 지칭한다. 이들 연구에서는 관용 표현 중 직접적인 표현을 피하기 위해 사용하는 것들이나 효과적인 대화 방식으로서나 이데올로기적 효과를 드러내는 방식으로서 사용하는 표현을 완곡 표현의 범주에 포함하기도 한다.

완곡어의 대상이 되는 내용 분류 연구는 연구자에 따라 어휘 차원의 완곡어만 다루기도 하고 구와 문장 차원의 완곡어를 포함시켜 다루기도 한다. 내용 분류 연구는 완곡어의 범주를 어떻게 보느냐에 따라 분류 체계가 다르고 완곡어의 범주를 어휘에만 국한한 연구자들끼리도 분류 체계가 서로 다르다. 그러나 이들의 공통점은 완곡어가 사용되는 내용 영역을 직접적으로 표현했을 때 그것이 부담, 불편, 불쾌, 충격이 될 수 있다고 보는 점이다. 아래 김미형의 분류는 어휘 범주의 완곡어와 문장 범주의 완곡어의 내용 영역을 모두 포함한다.

〈완곡어의 대상이 되는 내용 분류〉

	분류	예
어휘 범주	금기어를 대신하는 전통적인 완곡어 (미신을 바탕으로 한 것)	천연두 → 마마, 큰손님
	일상 생활에서 굳어져 일상 용어로 사용하는 완곡어(신체와 성(性), 깨끗하지 못한 것, 두려운 것, 불쾌감을 주는 것을 대체한 것)	결혼 전 성관계 → 속도 위반, 변소 → 화장실, 죽다 → 돌아가다, 언짢다 → 씁쓸하다
	표현 의도를 읽을 수 있는 현대의 완곡어	돈놀이 → 재테크, 장님 → 시각 장애인, 간호원 → 간호사, 부정/비리 → 도덕적 해이, 쿠데타 → 쿠데타적 사건
문장 범주	청자 중심의 완곡 표현	돈 좀 꿔 줘. → 돈 있으면 좀 꿔 줄래? 오해하지 마시오. → 오해는 안 하셨으면 해요.
	화자 중심의 완곡 표현	나 그거 못해. → 시간을 두고 좀 더 생각해 보자.
	제삼자 중심의 완곡 표현	숙희 성격이 불같다. → 숙희 성격이 예사롭지는 않지.

이상의 표에서는 어휘 차원 완곡어에 대해 전통적으로 미신을 바탕에 두고 사용해 온 것, 일상적으로도 굳어져 잘 쓰이는 것, 표현 의도를 읽을 수 있는 것, 각각의 내용을 간략히 제시하고 그에 해당하는 관용어의 예를 들고 있다. 이는 어휘 차원 완곡어가 사용되는 양상을 먼저 고려해 분류하고 각 양상 안에서 내용을 살펴본 것이다. 그 밖에도 완곡어의 대상이 되는 내용을 '죽음, 성(性), 변(便), 직업, 병환' 등의 대표적인 주제에 따라 분류하거나 '은밀함, 더러움, 불쾌함' 등과 같은 완곡어 사용과 연관되는 심리에 따라 분류하기도 한다.

또한 위 표의 문장 차원 완곡어는 누구에 대한 내용을 완곡하게 표현했는가에 따라 크게 세 가지로 분류된다. 문장 차원 완곡어는 어휘 차원 완곡어보다 덜 관습적이고 덜 고정적이어서 그것을 사용하는 화자의 의도가 다양하기 때문에 내용 분류도 더 다양하게 이루어질 수 있다.

완곡어는 그 표현 방식 또한 다양한데 김미형의 연구에서는 어휘 차원 완곡어의 표현 방식을 다음과 같이 분류하였다.

(1) ㄱ. 지시하는 대상을 구체화하지 않고 일반적으로 지시하는 일반 지시.
    예: 항문 → 밑
ㄴ. 상위 범주로 지시하거나 외현을 넓혀 지시하는 모호 지시.
    예: 쿠데타 → 쿠데타적 사건
ㄷ. 공통점이 있는 다른 상황으로 표현하는 비유 지시.
    예: 결혼 전 성관계 → 속도 위반
ㄹ. 감정 표현을 객관적인 감각 표현으로 바꾸거나 같은 뜻이지만 관점을 달리하는 전문 단어로 바꾸어 사용하는 유의 지시.
    예: 변소 → 화장실

이 연구에서 보이는 문장 차원 완곡어의 표현 방식에 대한 분류는 다음과 같다.

(2) ㄱ. 가정 표현: -(으)ㄴ/는다면
ㄴ. 희망 표현: -(으)면 좋겠다
ㄷ. 추측 표현: -(으)ㄴ/는/(으)ㄹ 것 같다
ㄹ. 축소사 표현: 좀, 잠깐
ㅁ. 수혜 표현: -아/어 주다
ㅂ. 사견 표현: 내 생각에는 …
ㅅ. 느낌 표현: -(으)ㄴ/는 심정이다
ㅇ. 축소 표현: 별 거 아닌데요, 식사라도…
ㅈ. 피동 표현: -아/어지다, -게 되다
ㅊ. 비유 표현: 장군감이로구나.
ㅋ. 모호 표현: 글쎄요

한국어교육에서 완곡어를 교육하는 것은 언어 사용 상황에 따라 적절한 한국어 어휘 표현을 사용하게 하는 데 중요하다. 완곡어를 사용하여 문화적으로 적절한 한국어를 구사한다면 더욱 원만한 의사소통을 할 수 있기 때문이다.　　　　　　〈신현단〉
= 완어

[참고문헌]
• 김미형(2000), 국어 완곡 표현의 유형과 언어 심리 연구, 한말연구 7, 한말연구학회, 27~63쪽.
• 조현용(2000), 한국어 어휘 교육 연구, 박이정.
• Asher, R. E. & Simpson, J. M. Y. (1994), *The encyclopedia of language and linguistics*, Pergamon Press.

■ 유행어

유행어(流行語, buzzword)는 어떤 기간 동안 사람들이 일시적으로 많이 사용하는 말로 신기하거나 경박한 느낌을 주기도 하는 신어의 일종이다.

유행어는 해학성, 풍자성을 띠는 경우가 많으며 말 자체의 재미와 신기성(新寄性), 발음이나 형태의 두드러짐에 의해 빠른 속도로 퍼져 나가는 특징이 있다. 특히 유행의 원인이 된 사람이 누구인지에 영향을 받는다. 유행어는 일시적으로 사용되다가 사라지기도 하고 일상어로 자리 잡기도 하는데, 일상어로 자리 잡은 신조어는 이미 유행어의 범주에서 벗어난 것이다. 유행어는 사용 집단의 제한이 없다는 점에서 특정 집단에서만 사용되는 은어와 구별되며, 그 사용에 있어 시간적 제한을 지닌다는 것이 가장 큰 특징이다.

유행어는 그 시대의 사회상을 민감하게 반영하므로 당대의 모습을 이해하는 데 귀중한 자료가 된다. 시대별 유행어의 예는 다음과 같다.

(1) 1960년대: 이거 되겠습니까? (5·16 혁명 후 공무원 부패를 비꼬아)
(2) 1970년대: 나는 한다면 합니다. (10·26 만찬 때 김재규 발언)
(3) 1980년대: 탁 치니 억 하더라. (신 군부 시대 박종철 고문치사)
(4) 1990년대: 우째 이런 일이. (계속되는 부실 공사 참상)
(5) 1990년대 후반: 명퇴, 밤새 안녕하십니까? (IMF 이후 실업자 증가)

최근에는 대중 매체의 보급에 힘입어 코미디 프로그램, 광고, 드라마 등에서 많은 유행어가 발생하고 있다.

(6) 코미디 프로그램: 뻥이야, 음메 기죽어, 밥 먹고 합시다, 지구를 떠나거라, 잘 돼야 할 텐데, ~가 아니무니다, 고뢔
(7) 광고: 남자는 여자 하기 나름이에요(← 삼성전자), 잘 자, 내 꿈 꿔(← N016), 여러분 부자 되세요(← BC카드), 여자라서 행복해요(← 디오스 냉장고), 이 맛이 정답이네(← 롯데제과)
(8) 드라마: 잘났어 정말(← 사랑의 굴레), 아프냐, 나도 아프다(← 다모), 이 안에 너 있다(← 파리의 연인), 사랑은 돌아오는 거야(← 천국의 계단), 응답하라(← 응답하라 1994)

2000년대 이후에는 통신어의 영향에 의한 유행어가 등장하고 있는데, 통신상에서 사용된 유행어가 구어로까지 확장되고 있는 점이 요즘 유행어의 특징이다.

(9) ㄱ. 절친(절친한 친구), 베프(베스트 프렌드), 멘붕(멘탈 붕괴)
　　ㄴ. 헐, 대박, 뭥미, 오글, 갑, 쩔다
　　ㄷ. 깜놀(깜짝 놀라다), 차도남(차가운 도시 남자), 완소남(완전 소중한 남자), 지못미(지켜주지 못해 미안해), 여병추(여기 병신 하나 추가요)

(9ㄱ)의 예에서 보듯 요즘 유행어들은 줄임말이 많으며 (9ㄷ)처럼 부사와 동사, 구나

문장을 줄여 만들기도 한다. 또한 음절 초성만으로 유행어를 만들기도 하는데 이는 휴대 전화의 문자 사용에 의해 급속도로 퍼져 나갔다.

(10) ㄱㅅ(감사), ㅇㅇ(응응), ㅊㅋ(축하), ㅋㅋ, ㅎㅎ(웃음)

유행어는 당시의 사회상을 반영할 뿐 아니라 시사적인 내용을 담고 있는 경우가 많기 때문에 그 사회의 문화와 구성원의 의식을 이해하는 데 중요한 매개물이 된다. 그러므로 한국어 고급 학습자들에게 유행어에 대한 지식은 모어 화자와의 원활한 의사소통에 중요한 요소라 할 만하다. 유행어는 신어의 성격을 띠므로 시사성을 지닌 언론 매체를 통해 학습하는 것이 바람직하다.　　　　　　　　　　　　　　　　　　　　〈양명희〉

[참고문헌]
• 강신항(1991), 현대 국어 어휘 사용의 양상, 태학사.
• 장경희 외(2011), 청소년 언어 실태 언어 의식 전국 조사, 국립국어원.

■ 순화어

순화어(醇化語)는 불순한 요소를 없애고 깨끗하고 바르게 다듬은 말로서 지나치게 어려운 말이나 비규범적인 말, 외래어 따위를 알기 쉽고 규범적인 상태로 또는 고유어로 순화한 말을 이른다.

학자에 따라서는 중세 이전 차자 표기법(借字表記法)을 창안한 노력도 넓은 의미의 순화로 보기도 하지만 일반적으로는 주시경의 고유어 문법 용어로부터 순화가 시작된 것으로 본다. 본격적인 순화는 해방 후 문교부를 중심으로 한 '우리말 도로 찾기 운동'에서 (1)과 같이 시작되었다.

(1) 도시락(← 벤또), 초밥(← 스시), 책꽂이(← 혼다데), 소매치기(← 스리), 벚꽃(← 사쿠라), 통조림(← 간소메), 소풍(← 엔소쿠), 초인종(← 요비링), 수레(← 구루마), …

1962년 한글 전용 특별 심의회가 설치되어 제2의 '우리말 도로 찾기' 운동이 전개되었으며 1976년 8월 '국어 순화 운동 협의회'가 대통령령으로 발족되고 1977년 《국어 순화 자료집》 1집이 출간되었다. 1991년 국립국어연구원이 개원되어 국어 순화를 담당하게 되었고 1999년 발간된 《표준국어대사전》에 그동안 순화한 순화어가 반영되었다. 순화 대상어는 어려운 한자어, 일본식 한자어, 일본어 외래어, 서양 외국어 등이 있었는데 예는 다음과 같다.

(2) 어려운 한자어: 위계(爲計) → 그리할 계획임, 구서(驅鼠) → 쥐잡기, 나변(那邊) → 그곳/거기
(3) 일본식 한자어: 상조(上潮) → 밀물, 유양(有樣) → 모양/형편, 답대(沓台) → 발판, 본립(本立) → 책꽂이, 장대(狀袋) → 봉투
(4) 일본어 외래어: 다꾸앙[澤庵, たくあん] → 단무지, 자부돈[座布団, ざぶとん] → 방석, 덧빵

[鐵板, てっぱん] → 우두머리/두목

(5) 서양 외국어: 갭(gap) → 틈/간격, 사이즈(size) → 크기, 커트(cut) → 머리치기, 사운드 (sound) → 소리/음향, 디스카운트(discount) → 에누리

2003년에는 1991년부터 순화한 순화어를 모아 《국어 순화 자료집 합본》을 발간하였 으며, 2004년부터는 일반인이 참여하여 순화어를 정하는 국민 참여형 순화 사업을 벌 여왔다. 국민 참여형 순화어의 예는 다음과 같다.

(6) 소호 → 무점포사업(無店鋪事業), 후크송 → 맴돌이곡(曲), 테스터 → 체험평가자(體驗評價者), 플래그십 스토어 → 체험판매장(體驗販賣場), 아카이브 → 자료전산화(資料電算化)

(7) 이모티콘 → 그림말, 팁 → 도움말, 선팅 → 빛가림, 에듀테인먼트 → 놀이학습(學習), 매치 업 → 맞대결(對決), 포스트잇 → 붙임쪽지(紙), 선루프 → 지붕창(窓), 네티즌 → 누리꾼, 패 셔니스타 → 맵시꾼, 웰빙 → 참살이

해방 이후의 순화가 일본 한자어와 일본 외래어에 초점을 맞추었다면 현재는 물밀듯 이 들어오는 서양식 외국어를 한국어로 바꾸는 일이 큰 숙제이다. 또한 법률, 의학 등 전문 분야에서 사용되는 어려운 한자어와 외국어를 순화하는 전문 용어 순화가 활발해 지고 있는데 이는 국민들의 언어생활을 보다 쉽게 하기 위해 필요한 조치들이다. 순화 정책은 그 동기에 따라 국민 통합형 순화와 모어 보호형 순화로 나누기도 하는데 이러 한 조치는 모어 보호형에 가깝다.

(8) 순화한 법률 용어: 경료된 → 마친, 개피하다 → 개봉하다/뜯다, 잔여기간 → 남은 기간, 사위 → 속임수, 허위 → 거짓, 동법 → 같은 법, 통지 → 알리다, 해태 → 게으리하다

(9) 순화한 의학 용어: 심계항진(心悸亢進) → 두근거림, 주산기(周産期) → 출산 전후기, 적리 (赤痢) → 이질, 학질 → 말라리아, 담마진(蕁麻疹) → 두드러기, 심상성우취 → 보통 사마귀

북한에서도 말다듬기 운동을 벌여 어려운 한자어와 외국어를 쉬운 말로 많이 바꾸고 이를 '다듬은 말'로 칭하고 있으며 이 정책은 국민 통합형에 속한다.

한국어교육을 하다 보면 오랜 순화 작업에도 불구하고 어려운 한자어와 수많은 외래 어와 맞닥뜨리게 된다. 따라서 어려운 한자어와 외래어를 교수할 때 쉬운 한국어가 있 다면 이를 함께 가르쳐 주는 교사의 노력이 필요하다. 〈양명희〉

[참고문헌]
• 민현식(2002), 국어 순화 정책의 회고와 전망, 남북 언어 동질성 회복을 위한 제1차 국제학술회의논문집, 국립국 어연구원, 205~251쪽.
• 최용기(2003), 국어 순화 자료집 합본: 1991년부터 2002년까지, 국립국어연구원.

■ 전문어

전문어(專門語, terminology)는 학술이나 기타 전문 분야에서 특별한 의미로 쓰는 말이다.

전문어를 규정짓기 위한 시도에는 두 가지 관점이 있다. 먼저 일상어를 언어 현상 전체로 보고 전문어를 그 일부로 보는 관점과 일상어도 언어 현상 전체의 일부라고 보고 일상어와 전문어를 구분하는 관점이다. 초기 전문어 연구에서는 주로 후자의 관점에서 전문어와 일상어를 구분하려는 시도가 많았으나 현재 일상어와 전문어가 실제 쓰임에서 공존하고 있음을 인정하고 있다. 예를 들어 '암'이라는 단어는 일상적으로 많이 사용되어 일상어라고 하겠지만 《표준국어대사전》에는 의학 전문어로 올라 있고 그 풀이에는 전문적 정보가 포함되어 있다.

암 명 ①[의]생체 조직 안에서 세포가 무제한으로 증식하여 악성 종양을 일으키는 병. 결국에는 주위의 조직을 침범하거나 다른 장기에 전이하여 생체를 죽음에 이르게 한다. 유전성 외에 물리적 자극, 화학적 자극, 바이러스 감염 따위가 원인이며 완치는 어려우나 외과 수술, 방사선 요법, 화학 요법으로 치료한다.

전문어와 유사한 말로 전문 용어가 있다. 전문 용어는 《표준국어대사전》에 '특정한 분야에서 사용하는 용어'로 정의되어 있다. 예를 들어서 '가격^결정론, 가격^경기, 가격^경쟁, 가격^공간, 가격^기구, 가격^변동^준비금' 등은 《표준국어대사전》에 등재된 경제 용어가 된다. 이에 대해 혹자는 전문어를 전문 용어의 상위 개념어로 보기도 하나 실제로 차이는 없다. 전문어는 일상어와 대립되는 의미로 이해되는 경우가 많은데 전문어를 일상어와 대비했을 때 가장 큰 형태론적 특징은 일상어는 단어인 데 반해 전문어는 단어 외에 구(句)가 상당수를 차지한다는 점이다. 이에 근거하여 2007년 국립국어원의 연구에서는 전문 용어를 '전문적 개념을 지칭하는 어휘 또는 어휘의 집합'이라고 정의한다.

일상어는 교육, 언론, 일상생활에서 상용되기 때문에 일찍부터 표준의 개념이 적용되어 표준어를 정해 표기나 표현이 통일되어 있는 반면 전문어는 학술이나 기타 전문 분야에서 사용되어 표기나 표현이 표준화되어 있지 않은 실정이다. 또한 많은 전문 영역에서 어려운 한자어와 외국어를 차용하고 있기 때문에 표기만으로는 용어를 이해하기 쉽지 않고, 전문 영역의 사전 풀이 역시 일반인이 이해하기 어렵다. 그러나 정보화 사회가 됨에 따라 일반인들도 전문어를 접할 기회가 많이 생기고 전문어가 일상어화되는 예가 점점 많아지고 있기 때문에 국가적으로 전문어를 표준화하고 그 풀이를 쉽게 하려는 언어 정책이 추진되고 있다. 국립국어원의 전문 용어 표준화, 《개방형 국어 지식 대사전》 편찬 등이 그것이다.

용어를 중심으로 전문 영역을 분류하다 보면 여러 영역에 걸쳐 있는 용어가 다수 발견되는데 이는 전문 영역의 분화와 관련되는 현상으로 《개방형 국어 지식 대사전》에서는 한 영역만 표시하던 《표준국어대사전》의 방식에서 벗어나 관련 영역을 모두 보여주는 방식을 채택하였다.

한국어교육에서도 과거와 달리 외국인 학습자들이 일반 목적보다는 직업 목적, 학문 목적으로 한국어를 학습하는 경우가 점점 늘고 있기 때문에 특정 직업에서 사용하는 전문어와 특정 학문에서 사용하는 전문어 교육이 필요한 경우가 많아졌다. 이를 위해 전문 영역별로 한국어 교재가 개발되기도 하는데 이에 선행하여 전문어를 표준화하고 전문어의 풀이를 일반인들도 쉽게 이해할 수 있도록 다듬는 일이 필요하다.　〈양명희〉
= 전용어

[참고문헌]
• 국립국어원(2007), 전문 용어 연구: 정리 현황과 과제, 태학사.
• 박형익(2000), 국어사전에서의 전문 용어의 정의와 분류, 최기선·송영빈 편, 전문용어연구 2: 정보·지식 사회에 있어서의 전문 용어, 전문용어공학연구센터.

5.8. 관용 표현

관용 표현(慣用表現, idiomatic expression)은 습관적으로 굳어져 익숙하게 쓰이는 표현이되 둘 이상의 언어 기호가 단순한 의미의 합으로 쓰이지 않는 것을 가리키는 말이다.

관용 표현 외에 '숙어, 이디엄, 익힘말'이라는 용어로 사용되기도 한다. 관용 표현은 광의의 관용 표현과 협의의 관용 표현으로 나눌 수 있으며 광의의 관용 표현이란 '습관적으로 굳어져 익숙한 표현'으로 협의의 관용 표현이 가져야 할 여러 조건을 갖추고 있지 않더라도 관용적 의미를 가지고 습관적으로 쓰이는 표현을 말한다. 광의의 관용 표현에는 연어, 상용 구절, 속담, 격언, 금기담, 간접 표현 등이 포함된다.

연어(連語, collocation)는 구성 단어들이 축자적인 의미를 그대로 유지하면서 늘 결합 구성의 관계를 유지한다. 상용 구절(常用句節, semi-idiom)은 구성 요소 둘 중 하나는 축자적인 의미를 그대로 유지하고 다른 하나는 다의어이다. 그리하여 다의의 뜻으로 인해 축자적인 뜻과 다소 관용구적인 뜻으로 동시에 해석이 가능하다. 속담은 풍자적, 교훈적 의미를 비유적으로 표현한 것이다. 그런데 속담 중에서 교훈성을 띤 속담은 축자 의미를 그대로 드러낸 광의의 관용 표현에 속하지만 풍자성을 띤 속담은 축자 의미를 드러내지 않아서 협의의 관용 표현에 속한다. 격언과 금기담은 직접적인 표현이면서 교훈적 의미를 지니는데 격언이 순전히 교훈의 뜻을 담고 있다면 금기담은 금기하는 표현을 통해 교훈의 뜻을 나타낸다는 점이 다르다.

협의의 관용 표현은 관용 표현 중에서도 언어 내적인 조건과 외적인 조건을 갖춘 것을 말한다. 언어 내적인 조건에는 세 가지가 있다. 첫째, 관용 의미는 구성 요소의 합이 아닌 제3의 의미여야 한다. 둘째, 축자 의미를 그대로 드러내는 대응쌍이 존재해야 한다. 그러나 축자 의미와 관용 의미 사이에는 유연성이 존재하지 않는다. 셋째, 수사 기법상 비유 표현이되 '죽은 은유 표현[死隱喩]'이어야 한다. 은유의 과정에서 가지고 있었던 유연성이 상실되면서 관용 의미가 생성된다.

언어 외적인 조건에도 세 가지가 있는데 언어 내적인 조건만큼 절대적인 기준은 아니다. 첫째, 넓은 지역에서 사용되어야 하는 광역성(廣域性)을 갖추어야 한다. 둘째, 많은 사람이 사용해야 하는 대중성(大衆性)을 갖추어야 한다. 셋째, 일정 기간 지속성(持續性)을 가지고 언중의 의식 속에 자리 잡은 것이어야 한다. 이러한 언어 내외적인 조건을 만족시키면 협의의 관용 표현의 자격을 갖게 된다.

협의의 관용 표현은 형식 단위에 따라 다음과 같이 단어 단위의 관용어, 구절 단위의 관용 구절, 문장 단위의 관용문으로 나뉜다.

(1) 관용어: 들은풍월, 눈빠지게, 기막히다
(2) 관용 구절
    ㄱ. 관용구: 체언형 관용구-그림의 떡, 우물 안 개구리
                 용언형 관용구-바가지를 긁다, 시치미를 떼다
                 부사형 관용구-엿장수 마음대로, 눈 깜빡할 사이에
    ㄴ. 관용절: 서술형 관용절-간에 기별도 안 가다, 구미가 당기다
                 부사형 관용절-가뭄에 콩 나듯, 귀에 못이 박히게
                 관형형 관용절-머리에 피도 안 마른
(3) 관용문
    ㄱ. 단문: 빈대도 낯짝이 있지, 내 코가 석 자다.
    ㄴ. 복문: 굿이나 보고 떡이나 먹어라, 입이 열 개라도 할 말이 없다.

형식 단위를 떠나서 일반적으로 관용어라고 하면 (2)의 관용 구절이 대표적이다. (1)의 관용어는 관점에 따라서는 관용 표현에 속하는 것으로 보지 않을 수 있다. 관용어가 하나의 단어라는 점 때문에 관용 표현의 정의와 상충되는 면이 있기 때문이다. 그렇지만 대체로 형식 단위를 떠나서 관용적인 단어, 구절, 문장을 아울러 관용어라 한다.

한국어교육에서는 광의의 관용 표현과 협의의 관용 표현을 굳이 정확하게 세분할 필요가 없다고 생각할 수 있으나 연어와 관용어는 생성 기제가 다르기 때문에 구별해야 한다. 연어와 일반 구절의 경계를 넘나드는 경우는 사용 빈도나 구성 요소들 사이의 제한 여부로 파악하는 것이 좋다. 이처럼 연어의 개념과 판단 기준을 분명하게 정하는 이유는 이것이 관용어나 연어 목록의 선정에 영향을 미칠 뿐만 아니라 교수할 때에도 학습자가 쉽게 이해할 수 있는 근거를 제공해 줄 수 있기 때문이다.

근래에 들어 관용 표현에 대해 인지 의미론적으로 접근한 연구들이 있고 기계화, 번역, 정보학, 계량 언어학적인 연구에 이어 관용어 사전류도 편찬되었다. 한국어 관용 표

현 교육에 대한 연구 또한 점차 구체화되면서 학습 단계별 연구와 학습자의 언어권별 연구가 이루어졌고 세부적인 관용 표현의 유형을 심도 있게 다루기도 하였다. 앞으로 구어 말뭉치 자료 검색을 통해 실제적인 담화 자료에서 추출한 관용 표현을 학습 목록 으로 구축하고 관용 표현의 구체적인 학습 방안에 대한 제시가 이루어질 것으로 전망 한다. 〈문금현〉

[참고문헌]
• 문금현(1999), 국어의 관용 표현 연구, 태학사.
• 박영준·최경봉(1996), 관용어 사전, 태학사.
• 서울대학교 대학원 국어연구회 편(1990), 국어 연구 어디까지 왔나: 주제별 국어학 연구사, 동아출판사.
• 이윤진(2007), 한국어 학습자와 한국어 교사를 위한 한국어 관용형 100례, 북경대학출판사.

■ 연어

연어(連語, collocation)는 둘 이상의 단어가 글자 그대로의 의미를 유지하면서 긴밀한 결합 관계를 형성하는 어군으로 출현 빈도가 높고 심리적인 현저성이 높은 것을 말한다.

연어의 개념과 기준에 대해서는 학자마다 의견이 분분하지만 대부분 관용 구절과 상용 구절(常用句節, semi-idiom)의 일부를 연어에 포함시킨다. 연어를 일반 구절과 관용 구절의 중간자로 간주하여 이들과의 비교를 통해 개념과 기준을 제시할 수 있다.

관용 구절은 아래의 (1)과 같이 A와 B 두 구성 요소가 결합하여 C라고 하는 관용 의미를 갖는다. 즉 두 구성 요소가 의미의 전이를 겪어 제3의 의미를 갖게 된 것이다. 그런데 두 요소 중에 한 요소만 의미의 전이를 겪어 (2)와 같이 Aa + B = AaB, 또는 (3)처럼 A + Bb = ABb가 된 것들이 있다. 이는 상용 구절이라 하여 관용 구절과 달리 취급한다. 이에 비해 연어는 (4)와 같이 A + B = AB의 의미를 갖고 표면상의 의미가 그대로 쓰인다. 일반 구절도 마찬가지로 (5)처럼 A + B = AB의 의미 구조를 가지나 연어처럼 제한적 공기(共起) 관계를 갖지 않고 자유로운 대치를 보인다. 즉 연어는 공기 관계의 결속력이 강하여 두 구성 요소 사이가 더 가깝다. 그러나 넓은 의미에서 보면 이들 모두가 광의의 연어에 포함된다.

(1) 눈을 감다, 미역국을 먹다, 바가지를 긁다, 손을 떼다, 시치미를 떼다
(2) 손이 크다, 쑥대밭이 되다
(3) 기선을 잡다, 더위를 먹다, 마음을 놓다, 마음을 잡다
(4) 기대를 걸다, 기지개를 켜다, 도망을 치다, 떼를 쓰다, 소름이 끼치다, 실을 감다
(5) 기차를 타다, 밥을 먹다, 학교에 가다

구성 요소 사이의 결속력이나 분석 가능성, 통사적 제약 정도를 보면 연어는 관용 구절에 비해서는 구성 요소 사이의 결속력이나 통사적 제약의 정도가 약하며 일반 구절에 비해서는 구성 요소 사이의 결속력이나 통사적 제약의 정도가 강한 편이다. 연어 구

성은 두 구성 요소 중에 어느 한 쪽이 다른 한 쪽을 요구하기 때문에 일정한 방향성을 가진다. 구성 요소 중 하나가 다른 하나를 제한적으로 요구한다는 것은 특정 어휘가 특정한 의미를 형성하기 위해서 결합 가능한 어휘를 제한적으로 요구한다는 의미이다.

연어는 의미적인 결합에 의해서 공기 관계가 형성된 것과 문법적인 결합에 의해서 공기 관계가 형성된 것이 있다. 전자를 어휘적 연어, 후자를 문법적 연어라 한다.

어휘적 연어(語彙的連語, lexical collocation)는 명사, 동사, 형용사, 부사와 같은 내용어들끼리 긴밀한 공기 관계를 형성하는 구성을 말한다. 어휘적 연어는 연어 구성을 이루는 중심 단위가 어휘소 두 개로 구성되어 있으면서 해당 단위들의 통사적 관계를 표시해 주는 조사나 어미의 문법소가 포함된 것이다. 어휘적 연어의 유형을 세분할 경우 구성 요소의 주도성 여부에 의해 방향성의 개념으로 구분하기도 하나, 의미 역할을 명확하게 포착하기가 어려워 객관적인 기준으로 삼을 수 없다. 따라서 통사적인 기준에 의해 주술 관계 연어, 목술 관계 연어, 수식 관계 연어로 나눈다.

(6) 주술 관계 연어: 구역질이 나다, 군침이 돌다, 나이가 들다, 눈이 부시다, 배가 고프다

(7) 목술 관계 연어: 몸부림을 치다, 방귀를 뀌다, 손뼉을 치다

(8) 수식 관계 연어:
  ㄱ. '체언 + 관형격 조사 + 체언'형: 간발의 차, 우연의 일치, 최후의 보루, 한 치의 오차
  ㄴ. '부사 + 용언'형: 깜빡 잊다, 깜짝 놀라다, 누누이 강조하다
  ㄷ. '부사어 + 용언'형: 감기에 걸리다, 병에 걸리다, 충격에서 벗어나다, 타성에 젖다
  ㄹ. '용언 + 관형형 어미 + 체언'형: 단적인 예, 막다른 골목, 왕성한 식욕

문법적 연어(文法的連語, grammatical collocation)는 통사적인 요인에 의해서 항상 어울려 결합하는 연어적 구성 방식을 말한다. 어휘적 연어의 어절 결합이 어휘적인 이유에 의한 것이라면 문법적 연어는 비록 결합하는 어휘에도 제약이 있기는 하지만 어휘보다는 그 구성 형식 때문에 생기는 현상이다. 따라서 문법적 연어는 어휘 요소와 문법 요소 상호 간의 긴밀한 통사적 결합 구성으로, 선택의 주체가 되는 어휘 요소인 연어핵(連語核, base)이 선택의 대상이 되는 어휘 요소인 연어 변(連語邊, collocate)을 선호하여 선택한다. 문법적 연어는 구성의 중심 단위에 어휘소뿐만 아니라 문법소도 포함되며 어휘소가 꼭 두 개일 필요는 없다. 문법적 연어의 예는 다음과 같다.

(9) 결코 -(으)ㄹ 수 없다, 단지 -(으)ㄹ 뿐이다, 만약에 -(으)면, -는 바람에, 반드시 -아/어야 한다, 비록 -(으)ㄹ지라도, 설마 -(으)ㄹ까, 아무리 -아/어도, 에도 불구하고, 왜냐하면 -기 때문이다, 차마 -(으)ㄹ 수 없다, 하마터면 -(으)ㄹ 뻔하다

한국어교육에서 연이 교육에 대한 연구는 세부적으로 전문화되어 학습 단계별, 학습자의 언어권별, 오류 분석을 통한 학습자의 요구별로 이루어졌으며 연어 사전도 편찬되었다. 실제 교실 현장에서 연어 교육은 매우 중요하고 유용한 교육이다. 연어 지식은 학

습자의 어휘력을 측정하고 평가하는 데 중요한 요소가 된다. 앞으로 구어 말뭉치 자료 검색을 통한 실제적인 담화 자료에서 추출한 연어 학습 목록을 구축하고 효과적인 연어 학습 방안에 대한 구체적인 연구가 이루어질 것으로 전망한다. 〈문금현〉

[참고문헌]
• 김하수 외(2007), 한국어교육을 위한 한국어 연어 사전, 커뮤니케이션북스.
• 문금현(2002), 한국어 어휘 교육을 위한 연어(連語) 학습 방안, 국어교육 109, 한국어교육학회, 217~250쪽.
• 송정근(2002), 명사와 동사 결합 구성의 유형론과 기계 번역, 서울대학교 석사학위논문.
• 임근석(2006), 한국어 연어 연구, 서울대학교 박사학위논문.

■ 관용어

관용어(慣用語, idiom)는 언어 내외적인 조건을 갖춘 협의의 관용 표현을 대표하는 용어로 관용적인 단어, 구절, 문장을 모두 포괄하는 말로 쓰인다.

관용어는 본질적으로 중의성, 비합성성, 불투명성이라는 의미 특성을 가진다. (1)의 ①과 같이 1차적으로는 축자 의미(逐字意味)로 해석되고, (1)의 ②, ③과 같이 2차적으로는 관용 의미(慣用意味)로 해석되는 중의성(重義性)을 가진다. 그리고 관용어의 의미는 각 구성 요소들의 축자 의미의 합과는 무관한 제삼의 의미를 가지므로 비합성성을 가진다. 또한 관용어는 축자 의미와 관용 의미 사이에 예측 가능성 또는 의미의 유연성이 없으므로 불투명성을 띤다.

(1) 물을 먹다.
　　[①물을 마시다. ②손해를 보거나 실패하다. ③어떤 나라나 사회의 영향을 받다.]

이처럼 관용어는 기본적으로 모두 비유적인 의미 특성을 가지고 있지만 (2)처럼 부차적으로 [과장성(誇張性)], [반어성(反語性)], [완곡성(婉曲性)] 등을 가진 것들도 있다.

(2) ㄱ. 과장성: 간이 콩알만해지다, 눈 깜빡할 사이에
　　ㄴ. 반어성: 모양 좋~다, 자~알 논다
　　ㄷ. 완곡성: 눈을 감다, 밥숟가락을 놓다, 황천으로 가다(죽다)

관용어는 의미 내용이나 의미의 투명성에 의해서도 나뉜다. 의미 내용에 의해서는 (3)과 같은 감정 및 심리 표현, (4)와 같은 행위 표현, (5)와 같은 상황 표현, (6)과 같은 일이나 존재 표현 등으로 나뉘는데 이 중에서 (7)과 같은 감정 표현 특히 부정적인 감정 표현이 많으며 사용 빈도도 매우 높다.

(3) 눈에 들다, 맘에 들다, 사족을 못 쓰다
(4) 한 우물을 파다, 입이 무겁다, 고춧가루를 뿌리다
(5) 홈런을 치다, 꿩 먹고 알 먹다, 음지가 양지되다, 빼도 박도 못 하다
(6) 황금 알을 낳는 거위, 꿩 대신 닭

(7) 기가 막히다, 속이 타다, 애를 쓰다, 열을 받다

의미의 투명성은 언중의 이해도와 밀접한 관련이 있는데 이를 판단하는 데에는 개인차가 있으므로 주관적인 면이 있다. 대체적으로는 관용어를 구성하고 있는 단어들의 난이도와 관용어의 생성 배경에 대한 언중의 인지도, 축자 의미와 관용 의미 사이의 유연성을 투명성 판단의 기준으로 삼고 있다. 관용어는 의미가 투명하지 않으므로 투명한 유형은 제외하고 (8)의 가장 불투명한 유형부터 (9)의 반(半) 불투명한 유형, (10)의 반 투명한 유형으로 나눌 수 있다.

(8) 산통을 깨다, 시치미를 떼다
(9) 개밥에 도토리, 수박 겉 핥기, 우물 안 개구리
(10) 무릎을 꿇다, 불난 데 부채질하기, 시집을 가다, 이미 엎지른 물

불투명한 유형은 역사적인 배경을 가진 것들이 많아서 생성 유래를 알아야 그 관용 의미를 이해할 수 있다. 반 불투명한 유형은 축자 의미로부터 관용 의미를 어느 정도는 유추해 내는 것이 가능하고 반 투명한 유형은 비교적 쉽게 관용 의미를 짐작할 수 있다.

관용어의 통사적인 특징을 보면 구성 요소들 사이의 결합성이 있어서 통사적 고정성을 띠고 있기 때문에 통사적인 변형에 대해서 제약을 보인다. 이러한 제약은 관용어의 유형에 따라서 서로 다른 양상을 보이므로 일률적으로 말할 수는 없고 상대적인 정도성을 가진다. 일반적으로 (11), (12)와 같이 '체언형 관용구 → 관형사형·부사형 관용절 → 관용문 단문 → 관용문 복문 → 서술형 관용절 → 용언형 관용구'의 순으로 제약을 보인다. 통사적 제약이 강할수록 통사적으로 고정성을 띠고 있는 반면 의미적 투명성은 약하다.

(11) 삽입: *그림의 찰떡 〉 신물이 절로 나다 〉 바가지를 사정없이 긁다
(12) 어순 재배치: *개구리 우물 안 〉 불이 발등에 떨어지다

관용어는 그 나라의 제반 역사·사회·문화적 배경이 반영된 특수한 말이기에 그러한 제반 현상을 알지 못하면 관용어에 대한 이해가 어렵다. 관용어를 이해하지 못하면 의사소통에 큰 장애가 되어 충분하고 완벽한 언어생활을 유지하기가 힘들다. 특히 외국인들의 경우는 다른 나라의 언어 습득에 있어서 관용어가 가장 큰 장벽이 된다고도 한다. 관용어 구사 능력은 전체 언어 능력과도 결부되기 때문에 이에 대한 습득과 적절한 사용이 필요하다. 한국 문화와 역사에 대한 인식도 함께 이루어져야 관용어에 대한 자연스러운 이해가 가능하게 된다.

한국어교육에서 관용어 교육은 필수적이다. 관용어 학습 목록을 선정할 때는 한국인의 사용 빈도와 난이도, 외국인의 인지도, 구어와 문어의 조화 등을 기초 자료 조사나 설문 조사를 통해 고려하여야 한다. 난이도에는 의미의 투명성 정도, 구성 단어의 난이도, 관용 의미의 연상 여부 등이 포함된다. 관용성이 높은 유형은 난이도가 높고 관용

성이 낮은 유형은 난이도가 비교적 낮다. 그러므로 반 투명한 유형, 반 불투명한 유형, 불투명한 유형의 순서로 학습이 이루어져야 한다. 구성 단어의 의미가 쉽고 사용 빈도가 높으며 의미가 비교적 투명하여 관용 의미를 연상하기 쉬운 것, 또 문화적인 배경이 비슷하여 이해하기 쉬운 것부터 학습해야 한다. (13)과 같이 역사·문화적 배경을 가진 관용어는 생성 배경 및 어원을 따로 설명해 주어야 하므로 학습 단계가 높아진다.

(13) 오리발을 내밀다, 시치미를 떼다, 바가지를 긁다

관용어는 구어에 많고 비속어가 많기 때문에 이해용과 표현용을 구분하여 학습하는 것이 좋다. 고급 학습자들은 신문에 많이 나오는 문어 관용어도 학습할 필요가 있다. 〈문금현〉
→ 의미 전이

[참고문헌]
• 문금현(1998), 외국어로서의 한국어 관용 표현의 교육, 이중언어학 15, 이중언어학회, 207~233쪽.
• 전혜영(2001), 한국어 관용 표현의 교육 방안, 한국어교육 12-2, 국제한국어교육학회, 181~199쪽.

■속담

속담(俗談, proverb)은 풍자적, 교훈적 의미를 비유적으로 표현한 것으로 예로부터 민간에 전하여 오는 쉬운 격언이나 잠언이다.

속담이 되기 위해서는 속담적인 구조를 갖추고 기능적인 의미를 전달하며 관용성과 대중성을 지녀야 한다. 속담은 민중의 지혜를 담은 그릇으로 옛말 가운데 가장 단순한 것이다. 또한 겉으로 드러난 지식과 안으로 지닌 지식을 함께 담고 있어서 듣는 사람을 깨우쳐 주는 짧은 글이다.

속담은 궁극적으로 보편적, 일반적 의미를 지향한다. 그러나 속담의 구조를 자세히 파악하면 개별적이고 특수한 사실만을 진술하고 보편적 의미는 생략되어 있는 경우와 보편적인 의미가 속담의 언술 가운데 포함되어 있는 경우가 있다.

속담의 특징은 다음과 같다. 첫째, 속담은 사회적 소산이다. 속담은 민중 누구나 체험하고 느끼던 사실을 형식에 맞춘 것으로 민중이 공감하고 애용할 때 그 가치가 있다. 둘째, 속담에는 민중의 생활 철학이 반영되어 있다. 속담은 부단한 시행착오를 통해 얻어진 일반화의 법칙이므로 처세의 교훈이 있고 민중의 신념이 있으며 세태의 풍자와 인생관이 있다. 셋째, 속담은 향토성을 반영한다. 속담은 생활 습관, 풍속, 생업과 관련되어 나타나기 때문에 각 지방에 따라 특유한 것이 많이 있다. 나아가 속담은 한 국가의 국민성이나 민족성을 반영한다. 넷째, 속담은 시대상을 반영한다. 속담은 시대적 산물이며 끊임없이 생성되고 사멸한다. 다섯째, 속담의 형식은 간결성이 특징이다. 속담은 꽉 짜여 있는 토막말로서 한 음절이나 한 단어를 가미하거나 생략할 수 없다. 여섯째, 속담은 언어생활을 윤택하게 한다. 속담은 비유와 상징으로 쓰이며 전통적 진리로

서의 권위를 가지고 축자적 의미보다 큰 의미를 함축하고 있다. 또한 오랜 생활 체험에서 얻은 지혜의 표현이면서 수양과 처세의 지침이 되는 재치 있는 말이므로 청중을 흥미롭게 하여 말의 긴장감을 준다.

한국어교육에서 속담은 문화 교육의 내용을 설계할 자료로 이용되어 왔다. 속담의 구술적 특징은 한국인의 가치와 사고, 생활 방식 등 문화의 다양한 측면을 가진다. 어휘 문화적 특이성, 비유적 발상의 특이성, 속담에 반영된 한국인들의 사고 등이 한국어 문화 교육에 필요한 내용들을 제공해 준다.

이와 같이 언어생활을 윤택하게 하고 민족 고유의 생활 감정이나 민족성의 일면을 이해하기 위해서 속담 연구는 꼭 필요하다. 또한 그 간결한 형식과 집약된 표현은 문학적 연구 대상으로서의 가치도 훌륭하다. 〈홍혜준〉

[참고문헌]
• 김선풍 외(1993), 민속 문학이란 무엇인가, 집문당.
• 심재기 외(2011), 국어 어휘론 개설, 지식과교양.
• 장덕순 외(2006), 구비 문학 개설, 일조각.

5.9. 어휘력

어휘력(語彙力, lexical knowledge 또는 lexical competence)은 한 화자가 사용할 수 있는 어휘의 범위가 어느 정도인지와 어휘를 얼마나 잘 이해하고 구사하는지를 일컫는 말이다.

먼저 한 화자가 사용할 수 있는 어휘 목록의 범위가 어느 정도인지는 양적인 능력과 관련되며 영어의 vocabulary라는 말에 대응한다. vocabulary는 대개 텍스트에 사용되거나 또는 개인 화자가 동원할 수 있는 어휘 목록의 범위로 정의된다. 다음으로 어휘를 얼마나 잘 이해하고 구사하는지는 질적인 능력과 관련되며 이는 영어의 lexical competence에 대응한다.

어휘력이라는 용어는 언어 능력의 다른 요소인 '음운력', '문법력'이 잘 사용되지 않는 것에 비하면 자주 사용된다. 따라서 어휘력이라는 용어의 명확한 개념은 무엇인지에 대한 연구가 주로 이루어져 왔다. 이와 관련하여 네이션(I. S. P. Nation)은 단어 하나를 수용하거나 생산하는 데 관련된 언어 내적 지식을 다음과 같이 제시하였다.

〈단어에 관한 지식〉

형태	구어	수용	어떻게 들리는가?
		생산	어떻게 발음되는가?
	문어	수용	단어가 어떻게 생겼는가?
		생산	어떻게 쓰는가? 철자는 어떤가?

위치	문법 구조	수용	어떤 구조에서 단어가 나타나는가?
		생산	어떤 구조에서 단어를 써야 하는가?
	공기 관계	수용	단어의 앞뒤에 어떤 유형의 단어가 올 것으로 예상되는가?
		생산	어떤 유형의 단어를 다른 단어와 같이 써야 하는가?
기능	빈도	수용	단어의 수준은 어느 정도인가?
		생산	단어를 얼마나 자주 사용해야 하는가?
	적절성	수용	이 단어를 어디서 만날 것으로 예상되는가?
		생산	이 단어를 어디에 써야 할 것인가?
의미	개념	수용	단어의 의미는 무엇인가?
		생산	이 뜻을 표현하기 위해서는 어떤 단어를 써야 하겠는가?
	연합	수용	이 단어가 상기시키는 다른 단어들은 무엇인가?
		생산	이 단어 대신에 쓸 수 있는 다른 말은 무엇인가?

이를 보면 어휘력은 언어 활동 전반에 걸쳐 전면적으로 작용하고 있는 능력임을 확인할 수 있다. 즉 어휘의 이해 및 사용에 관한 지식을 바탕으로 하지 않는 언어 능력은 생각하기 어려운 것이다. 어휘력의 이러한 속성과 교육적 가치 때문에 교육 현장에서는 어휘력을 독자적 영역으로 내세워 측정하거나 특별히 부각시키는 경향이 있다.

어휘력은 한 인간의 일생에 걸쳐 학습되며 언어 이해와 표현의 수준을 결정하는 자산이라는 점에서 가치가 있다. 또한 어휘력은 언어 외적 지식, 즉 인간의 총체적인 배경 지식과 관련을 맺고 있다는 점, 사물 또는 개념에 대한 인지 능력이나 논리적 사고 능력과 결부되어 있다는 점에서도 가치가 있다.

한국어교육에서 어휘력은 이해 영역의 듣기와 읽기, 표현 영역의 말하기와 쓰기를 가능하게 하는 기초적이고 기본적인 능력으로 여겨진다. 이러한 인식하에 어휘력에 대한 한국어교육 분야의 연구도 발전하고 있다. 그 주된 연구는 한국어 학습자에게 필요한 어휘력의 구성 요소가 무엇이며 그 구성 요소에 따른 어휘력을 어떻게 평가할 수 있는지 또한 특수 목적의 한국어 학습자에게 어휘력 향상을 위해 제공해야 하는 어휘 목록이나 어휘 교육 내용은 무엇인지에 대한 것이다. 〈신현단〉

[참고문헌]
• 김광해(2008), 어휘 현상과 교육, 박이정.
• 조현용(2000), 한국어 어휘 교육 연구, 박이정.
• Nation, I. S. P. (1990), *Teaching and learning vocabulary*, Heinle & Heinle Publishers.

■ 이해 어휘와 사용 어휘

이해 어휘(理解語彙, receptive vocabulary)는 한 개인이 알고 있는 어휘 중에서 일상적으로 직접 사용하지는 못해도 듣거나 글을 읽었을 때 그 의미나 용법을 이해할 수 있는 어휘를 말한다. 반면 사용 어휘(使用語彙, productive vocabulary)는 일상적으로 말을 하거나 글을 쓸 때 직접 사용이 가능한 어휘이다.

이해 어휘는 수동적 어휘, 수용 어휘, 획득 어휘라고도 하고, 사용 어휘는 능동적 어휘, 발표 어휘, 표현 어휘라고도 한다. 둘은 대응 개념으로 이해할 수 있다.

언어의 기능 중 듣기와 읽기는 이해하는 기능으로서 수동적 또는 수용적인 데에 비하여 말하기와 쓰기는 자기의 의지나 사상을 타인에게 이해시키는 기능으로서 능동적 또는 활용적이다. 어휘를 습득한다는 것은 이 네 가지 기능에 모두 익숙해짐을 의미한다. 학습의 순서를 고찰해 볼 때 말하기와 쓰기는 각각 듣기와 읽기 영역이 익숙해진 후에 행해지는 기능이기 때문에 말하기와 쓰기의 단계에까지 익숙해지는 것을 어휘 습득의 목표로 삼는다. 이러한 목표 달성에 필요한 어휘가 곧 사용 어휘이다. 한편 들어서 알고 읽어서 이해하는 데에 익숙하지 않아도 별로 지장이 없는 낮은 빈도의 어휘가 이해 어휘이다. 이해 어휘는 반복적인 사용을 통해 사용 어휘가 되기 때문에 어휘 교육을 위해서는 교사가 학습자들에게 적절한 양의 낯선 어휘를 소개하거나 이해 어휘를 반복적으로 사용하게 하여 사용 어휘화할 필요가 있다.

사용 어휘의 속성은 다음과 같다. 첫째, 학습자에 따라서 상대적이다. 둘째, 학습자가 표현 의도를 실현하기 위해서 사용할 수 있는 여러 표현 어휘 중에서 하나를 선택하여 사용하므로 선택적이다. 셋째, 위상이 다른 단어들이 공존하기에 복합적이다.

사용 어휘의 종류는 구성에 따라서 단일 표현 어휘소와 관용적 표현 어휘소로 나눈다. 관용적 표현 어휘소에는 숙어, 속담, 한자 관용어가 있다. 양식에 따라서는 말하기에서 사용되는 구어 표현 어휘와 쓰기에서 사용되는 문어 표현 어휘, 중간에 존재하는 문·구어 공통 표현 어휘로 나눈다. 환경에 따라서는 외부 자극 없이 표현 주체의 자발적 의지에 따라서 사용되는 자유 표현 어휘와 다른 사람이나 외부 자극에 의해서 유도된 통제 표현 어휘로 나눈다.

말과 글을 적극적으로 수행해 낼 수 있는 사람의 능력을 능동적 언어 지식이라 하고 이에 반해서 상대방의 말과 글을 이해할 수 있는 능력을 수동적 언어 지식이라 한다. 자기 언어를 사용함에 있어서 일반적으로 사람은 실제 사용하는 것보다 더 많은 수의 단어를 이해할 수 있다.

학습자의 이해 어휘와 사용 어휘의 규모를 정확히 파악할 수는 없지만 사용 어휘가 이해 어휘보다 규모가 작다는 것은 확실하다. 일반적으로 사용 어휘의 양은 이해 어휘의 3분의 1 정도로 추정된다. 한 언어 사회의 어휘량은 시대와 더불어 증가한다. 개인의 어휘량도 무(無)에서 출발하여 연령과 더불어 증대하는데 성인의 어휘량이 생각보다 많지는 않다. 질적인 측면에서 개인 어휘는 수용 어휘와 활용 어휘로 구분되는데 전자는 인지 어휘(recognition vocabulary)이고 후자는 표현 어휘이다.

영어의 경우 이해할 수 있는 수동적 어휘의 수는 10만 단어 이상인 데 비해 사용할 수 있는 능동적 어휘의 수는 1~2만 단어 정도라고 한다. 왓츠(A. F. Watts)와 매키(W. F. Mackey) 등에 따르면 외국어 학습에 있어서는 3~5천 단어의 능동적 어휘 수와 5천 ~1만 단어의 수동적 어휘 수가 그 외국어에 대한 상위 중간 단계의 숙달 능력을 지닌 것으로 보인다는 보고가 있다.

실제 한국어의 이해 어휘로 사용되고 있는 어휘의 총수가 얼마나 되는지는 아직 확실하게 조사되어 있지 않지만 대략 4~5만 단어 내외인 것으로 여겨진다. 이는 한 언어 집단에서 통용되는 어휘의 수이기 때문에 개인의 어휘량은 집단의 어휘량에 비해 현저히 떨어지고 연령, 교양, 직업, 독서량 등 여러 조건들에 의하여 상당한 차이가 난다.

사용 어휘는 이해 어휘보다 늦게 생성된다. 이는 어휘가 학습자에게 먼저 이해된 후에 표현된다는 사실을 의미한다. 이해 어휘가 사용 어휘로 전환되는 것이 일반적인 과정이지만 특정 어휘가 표현의 맥락에서 사용되지 않는 기간이 지속되면 그 사용 어휘는 다시 이해 어휘로 돌아가거나 사용 어휘의 전체 목록에서 사라질 수도 있다. 이해 어휘가 먼저 생성되고 나중에 사용 어휘로 전환된다고 해서 이해 어휘와 사용 어휘가 머릿속에 별개로 양립하는 것은 아니며 연속선상에서 존재한다. 연속체 접근에서 이해 어휘가 사용 어휘로 전환되기 위해서는 의도적인 노력과 교육이 요구되므로 효과적인 학습 방안이 필요하다.

이해 어휘의 양이 사용 어휘의 양보다 더 빠르게 늘어나기 때문에 이해 어휘와 사용 어휘 간의 간격은 학습이 진행됨에 따라 커진다. 이해 어휘와 사용 어휘의 규모 및 성장률은 학습자의 인지 발달, 언어 수준, 학습자들이 일정 수준의 능력에 도달했을 때의 표현 욕구, 학습 과제의 적합성에 따라서 영향을 받는다. 이처럼 여러 변인에 따라서 달라지기 때문에 이 간격을 줄이기 위해서는 다양한 변인을 고려한 어휘 교육적 접근이 필요하다. 사용 어휘를 신장할 수 있는 변인으로는 학습자의 어휘 지식과 태도, 어휘 빈도 및 사용 어휘로서의 가치, 학습자의 교육 환경을 들 수 있다.

새로 나온 어휘에 전부 같은 비중을 두고 학습자에게 암기하게 하는 것은 매우 비능률적이다. 어휘 통제의 원칙에서 보더라도 교육과정을 작성하는 단계에서 사용 어휘와 이해 어휘를 구별해서 지도하는 것이 효과적이다. 그러나 사용 어휘와 이해 어휘는 완전히 독립된 어휘 체계가 아니다. 이해 어휘가 사용 어휘로 전환되는 연속선상에 있는 것이라고 할 수 있다. 이해 어휘의 사용이 확대되면 사용 어휘로의 전환이 가능하게 된다. 이러한 전환은 학습 단계에 따라 다르게 일어나며 초급 단계에서는 이해 어휘가 바로 사용 어휘로 전환되어야 한다. 이 과정에서 이해 어휘를 확대해 나가면 사용 어휘로 연계된다. 초급의 이해 어휘를 중급의 사용 어휘로, 중급의 이해 어휘를 고급의 사용 어휘로 전환시키는 과정에서 유기적으로 확대된다.

영역별 학습에서도 이해 영역인 읽기, 듣기에 사용된 이해 어휘를 쓰기, 말하기에서 표현 어휘로 바꿀 수 있도록 한국어 교재의 각 과를 구성해야 한다. 따라서 일정한 간격을 두고 이해 영역에 제시되었던 어휘를 표현 영역의 어휘로 전환시키는 것이 필요하다. 그런데 제2 언어 교육에서 어휘 교육의 최종 목표는 학습자의 원활한 의사소통이므로 이를 위해서 초급 단계에서는 의사소통 상황에서 직접 활용이 가능하도록 사용 어휘에 비중을 더 두어 가르치고 고급 단계로 갈수록 이해 어휘에 더 비중을 두어 가르치는 것이 바람직한 방법이다. 〈문금현〉

[참고문헌]
• 김광해(1993), 국어 어휘론 개설, 집문당.
• 김종택(1992), 국어 어휘론, 탑출판사.
• 이완기 외(1998), 초등 영어 지도법, 문진미디어.
• 조현용(2000), 한국어 어휘 교육 연구, 박이정.
• Aitchison, J. (2003), *Words in the mind: An introduction to the mental lexicon*, 홍우평 역, 2004, 언어와 마음, 역락.

■ 일차 어휘와 이차 어휘

일차 어휘(一次語彙, primary vocabulary)는 모어에서 자연스럽게 습득되는 어휘를 말하고 이차 어휘(二次語彙, secondary vocabulary)는 학습에 의해서 습득된 어휘를 말한다.

인간이 어휘를 배워 나가는 방법과 과정을 '어휘의 습득'과 '어휘의 학습' 차원으로 나누었을 때 전자를 통해 습득하는 어휘는 일차 어휘, 후자를 통해 습득하는 어휘는 이차 어휘에 해당된다. 일차 어휘 중에서 한국어교육의 목적에 맞게 선정된 것이 한국어 교육용 기본 어휘이다. 이에 비해 이차 어휘는 인간의 고등 정신 기능의 신장이나 전문 분야와 관련된 것으로서 의도적, 선택적으로 교수 학습되는 항목들이다.

일차 어휘의 특징은 다음과 같다. 첫째, 언어 발달의 초기부터 음운 부문이나 통사 부문의 발달과 병행하여 습득된다. 둘째, 언중 전체의 공동 자산으로서 기본적인 통보를 위한 도구로 사용된다. 셋째, 어휘의 의미 영역이 광범위하여 전문적인 의미 내용보다는 보편적이고 일반적인 의미 내용을 지닌다. 넷째, 학습 수준이나 지식 수준과는 관계없이 대부분의 언중에게 공통적으로 습득된다. 다섯째, 체계적인 교육 활동이나 전문적인 훈련과 관계없이 일상생활을 통하여 자연스럽게 습득된다.

이차 어휘의 특징은 첫째, 기초적인 언어 발달이 완료된 후 고등 정신 기능의 발달과 더불어 학습된다. 둘째, 언중에게 공유되는 것이기보다는 전문 분야에 따라 어휘의 분포가 한정된다. 셋째, 어휘의 의미 영역이 협소하고 용법상의 제약이 존재하며, 전문적이고 특수한 용법으로 사용되는 것이 일반적이다. 전문적인 분야의 작업이나 이론의 전개를 위한 술어로서의 기능을 담당한다. 넷째, 학습의 성취도나 지식의 정도에 비례하여 습득된다. 다섯째, 의도적이고 인위적인 교육과 특수한 훈련 과정을 거쳐서 학습된다.

일차 어휘는 정규 학교 교육이 개입하기 이전에 이미 주변의 언어 환경을 통해서 자연스럽게 습득된다. 이차 어휘는 일차 어휘보다 수준이 높은 어휘로서 지식의 확대 문제와 직결된다. 지적인 학습과 활동을 위하여 요구되는 지적(知的) 기본 어휘인 것이다. 고등 정신 기능의 구현을 위해서 도구로 사용되는 어휘, 전문적이고 특수한 의미를 지닌 어휘, 학습의 성취도나 지식의 수준에 비례하는 어휘, 의도적이고 특수한 훈련 과정을 거쳐야만 학습되는 어휘가 이차 어휘에 해당된다. 언어로 표현되는 모든 발화의 질은 동원된 어휘의 질과 그 어휘를 얼마나 정확하게 구사하느냐에 따라서 결정된다. 이는 전적으로 이차 어휘에 대한 장기적이고 충실한 학습에 의해서 좌우된다.

일차 어휘에 '아침, 아침때, 아침녘'이 해당된다면 '조기(早期), 조조(早朝)'는 이차 어휘에 해당된다. 말하자면 유의 관계를 형성하는 한 무리의 단어들 중에서 대개는 가장 쉬운 단어가 일차 어휘를 이룬다. 그리고 좀 어려운 단어가 이차 어휘를 이루게 되며 그 뒤에 다시 더 어려운 단어들이 배치된다. '기쁨 → 환희 → 법열', '글 → 문자 → 문적', '기르다 → 양육하다 → 보육하다', '하늘 → 창공', '우거지다 → 울창하다', '가난 → 빈곤', '튼튼하다 → 견고하다'의 예를 들 수 있다.

이차 어휘를 확장하는 방법으로는 비슷한 말, 반대말을 익히게 함으로써 어휘력 확대를 꾀하는 방법이 꾸준히 사용되어 왔다. 이차 어휘의 중요성을 인식하고 이를 확장하기 위해서는 이차 어휘의 정확한 의미와 용법을 확인할 수 있는 정규 사전, 일차 어휘에서 이차 어휘로의 접근을 용이하게 해주는 보조적 사전류인 유의어·반의어 사전을 교육 현장에서 활발하게 이용할 수 있는 방안이 강구되어야 한다. 〈문금현〉

→ 습득, 학습

[참고문헌]
- 김광해(1993), 국어 어휘론 개설, 집문당.
- 김광해(2003), 국어교육용 어휘와 한국어교육용 어휘, 국어교육 111, 한국어교육학회, 255~291쪽.
- 조현용(2000), 한국어 어휘 교육 연구, 박이정.

■기초 어휘와 기본 어휘

기초 어휘(基礎語彙, basic vocabulary)는 언어생활에서 빈도수가 높고 사용 범위가 넓으며 파생어나 합성어 등 이차 조어의 근간이 되는 최소한의 필수 어휘 목록이다. 기본 어휘(基本語彙, fundamental vocabulary)는 특정한 목적에 의해서 인위적으로 조사되고 선정되어 공리성을 지닌 어휘 목록이다.

연구자에 따라 기초 어휘라는 용어를 기본 어휘의 의미로 사용하는 경우도 있으나 기초 어휘는 한 언어의 근간이 되는 최소한의 어휘로, 기본 어휘는 특정 목적에 의해 선정된 어휘로 구분하여 이해할 수 있다.

기초 어휘를 특정 목적에 의해 선정된 기본 어휘와 구분하여 보는 관점을 가진 학자들 간에도 기초 어휘의 세밀한 개념이나 그에 따른 기초 어휘 선정 방법에 대한 논의는 다양하게 이루어진다. 기초 어휘의 개념을 어휘의 구조상 근간이 되는 어휘라는 측면에서 구조와 기원에 주목하여 바라보기도 하고, 사용 범위의 넓음이나 빈도의 높음에 주목하기도 한다. 기초 어휘가 무엇인가에 대한 이러한 세밀한 관점 차이는 기초 어휘 선정에서 서로 다른 방법을 제시하는 것으로 이어진다.

예컨대 김종학의 연구에서는 언어의 구조와 기원에 초점을 두고, 언어 간 같은 어족임을 확인하기 위해 사용하는 어휘로서 기초 어휘의 개념을 설정하여 기초 어휘 선정 방법을 아래의 순서로 제시하였다. 이에 따라 선정된 기초 어휘는 고유어로만 한정되는 특징이 있으나 아래 (1ㄴ)의 절차에 따라 구조적으로 이차 조어의 근간이 되는 어휘가 선정된다는 점, (1ㄹ)과 (1ㅂ)의 절차에 따라 좁은 범위에서 사용되는 어휘는 배제된다는 점에서는 다른 학자들의 기초 어휘 목록과 공통점이 있다.

(1) ㄱ. 오늘날 여러 국어사전에 표제어로 수록된 단어들을 대상으로 하여 현대 한국어 어휘 가운데 고유어로 판단되는 어휘의 목록을 작성한다.
　　ㄴ. 앞의 고유어 목록 가운데 형태론적으로 단일어만을 선정하여 목록을 재작성한다.
　　ㄷ. 역사적으로 거슬러 올라가서 15세기 문헌부터 현대 한국어까지 소멸되지 않고 지속되어 온 어휘만 선정한다.
　　ㄹ. 유아어 등 특수 계층에만 해당하는 어휘는 제외시킨다.
　　ㅁ. 의성어, 의태어들을 제외시킨다.
　　ㅂ. 의미가 특수 분야에 관련되는 어휘와 문화적인 요소를 지니고 있는 어휘를 제외시킨다.
　　ㅅ. 도구의 명칭 및 동식물의 종명에 해당하는 어휘를 제외시킨다.
　　ㅇ. 기존의 연구에서 외래어로 확인된 어휘를 제외시킨다.
　　ㅈ. 동근 파생어군별로 분류한 다음 공통 어근을 중심으로 정리하여 카드화한다.
　　ㅊ. 알타이 제어에서 대응되는 단어를 찾아 카드에 기입한다.

한편 임지룡은 사용 범위의 넓음이나 빈도의 높음에 초점을 두고 기초 어휘의 개념을 설정하여 그 목록을 선정하였다. 아래 절차 (2ㄱ)의 구체적인 언어 자료는 초등학교 교과서 어휘 연구 자료 등이며 절차 (2ㄴ)의 의미 분야는 사람에 관한 어휘(인체, 정신, 사람 일반, 친척, 직업, 기타), 의식주에 관한 어휘(의생활, 식생활, 주생활, 생필품), 사회생활에 관한 어휘(사회 조직, 제도·관습, 교통·통신, 공공시설, 경제 분야), 교육 및 예체능에 관한 어휘(교육 일반, 언어, 문학, 체육·오락, 음악, 미술), 자연계에 관한 어휘(천체, 지리·지형, 자연 현상, 동물, 식물, 광물), 감각 및 인식에 관한 어휘(일반 부류, 공간, 시간, 수량), 동작에 관한 어휘, 상태에 관한 어휘, 기타(대명사, 의존 명사, 부사, 보조 동사, 관형사)이다.

(2) ㄱ. 구체적인 언어 자료의 빈도수를 조사하여 높은 빈도수의 어휘를 선정한다.

　　ㄴ. 통계 수치에 따라 객관적으로 선정된 어휘를 주관적 판단으로 의미 분야별로 어휘를 분류·선정한다.

교육적인 시각에서 선정된 기초 어휘를 활용하는 것은 다음의 몇 가지 점에서 의미가 있다. 첫째, 각 언어를 일정 수준 이상 이해하는 데에 유용하다. 둘째, 수많은 어휘 가운데에서 높은 빈도수를 지니고 있는 어휘 수는 제한되어 있기 때문에 효과적인 교육이 가능하다. 셋째, 한국어는 기초적이며 핵심적인 낱말들로부터 합성어나 파생어가 생산되는 성질이 다른 언어에 비해 두드러지므로 조어의 근간이 되는 기초 어휘 학습이 유용하다.

기본 어휘에 대한 논의는 국어교육용 기본 어휘와 한국어교육용 기본 어휘의 성격과 그 선정 및 제시 방법에 대해 논의한 연구가 주를 이룬다. 구체적인 연구 주제는 국어교육용 기본 어휘와 한국어교육용 기본 어휘가 어떤 점에서 다른지와 그 선정과 제시는 어떤 과정을 통해 이루어져 왔고 어떻게 이루어져야 하는지에 대한 것이다. 대표적인 연구로 김광해는 국어교육의 기본 어휘를 국어를 모어로 사용하는 사람들이 알아야 하는 어휘로 보고, 이를 도출하기 위해 먼저 총 어휘, 즉 현대 한국어에서 실제로 사용되는 약 23만 개 어휘 목록을 도출하여 활용하였다. 이 총 어휘 중 약 6만 6천 단어를 국어교육용 기본 어휘로 도출하고 이를 교육적 목적을 고려하여 5등급으로 제시하였다. 또한 한국어교육의 기본 어휘는 일반적인 의사소통에 필요한 어휘인 의사소통용 어휘와 한국 방문 등 기초적인 생활을 영위하는 데 필요한 어휘인 생활 어휘, 한국의 문화를 이해하는 데 필요한 문화 소통용 어휘로 구성된다고 전제하고 그 선정 방법을 논의하였다. 한국어교육용 기본 어휘 중 의사소통용 어휘에 대해서는 국어교육용 기본 어휘로 선정된 5등급의 어휘 중 4등급까지의 어휘와 그 범위를 같이한다고 밝혔고, 생활 어휘는 기초 단계의 한국어 교재의 관련 어휘를 수합, 정리하는 작업을 통해서 목록화할 수 있다고 제시하였다. 문화 소통용 어휘는 국립국어원에서 목록화한 자료를 통해 확인하거나 교육자들이 주체적으로 목록을 다시 편성하는 작업을 통해 선정할 수 있다고 밝혔다. 다음은 김광해의 연구에서 국어교육용 기본 어휘와 한국어교육용 기본 어휘의 범위를 도식화한 것이다. 아래의 'L1 교육용'은 국어교육용 기본 어휘에, 'L2 교육용'은 한국어교육용 기본 어휘에 해당한다.

〈총 어휘와 L1, L2 교육용 어휘별 규모〉

어휘량	누계	L1 교육용		L2 교육용			성격		
		등급	개념	4구분	6구분	특징			
1,845	1,845	1	기초 어휘	초급	1	생활 어휘, 문화 소통용 어휘 등급 조정	L2	L1	총어휘
4,245	6,090	2	정규 교육 이전	중급	2				
8,358	14,448	3	사춘기 이전, 사고 도구어 일부 포함	상급	3				
					4				
19,377	33,825	4	급격한 지적 성장, 사고 도구어 포함	고급	5				
					6				
32,946	66,771	5	전문화된 지적 성장 단계, 다량의 전문어 포함						
45,569	112,340	6	저빈도어: 대학 이상 전문어 (기존 계량 자료 등장 어휘 + 누락어 14,424어 추가)						
125,670	238,010	7	누락어: 분야별 전문어, 기존 계량 자료 누락 어휘						

　김광해를 비롯한 연구자들이 한국어교육용 기본 어휘 선정을 위해 공통적으로 보이는 특성은 말뭉치를 기본 자료로 하고 말뭉치의 어휘 빈도나 중요도를 객관적으로 계량화하거나 연구자의 주관을 통해 평정하여 한국어교육용 기본 어휘를 추출했다는 점이다. 그러나 말뭉치를 활용하거나 기본 어휘를 선정하고 제시하는 세부적인 방식에서는 몇 가지 점에서 차이를 보인다.

　첫째, 기본 어휘 선정을 위해 사용한 말뭉치의 성격에서 차이가 있다. 어떤 연구자는 표준적이고 모범적인 언어 사용 양상이 추출되는 여러 장르의 말뭉치를 바탕으로 기본 어휘를 추출하였고, 어떤 연구자는 기존의 한국어 교재에 제시된 어휘를 기본 자료로 삼아 기본 어휘를 추출하였다. 또 어떤 연구자는 기존 연구자들이 제시한 한국어교육용 기본 어휘를 대상으로 그 빈도나 중요도를 메타적으로 계량하여 기본 어휘를 새롭게 추출하기도 하였다.

　둘째, 어휘 빈도나 중요도를 계량하는 방식에서 차이가 있다. 여러 말뭉치 자료에 나타나는 어휘의 빈도를 객관적으로 계량하여 높은 빈도의 어휘를 기본 어휘로 선정한 연구가 있다. 또한 기본 어휘 선정을 위해 사용한 여러 말뭉치 자료를 타당도에 따라 점수를 매겨 어휘 빈도뿐 아니라 중요도도 평정하여 이를 기본 어휘 선정의 기준에 활용한 연구자도 있다. 또한 객관적으로 계량한 자료를 연구자의 주관을 이용하여 어휘 중요도를 재평정한 경우도 있다.

셋째, 기존 말뭉치를 바탕으로 빈도나 중요도를 평정하여 추출한 기본 어휘 외에도 연구자의 주관에 따라 특정 어휘를 기본 어휘 목록에 추가하면서 차이를 보인다. 일상생활에서 많이 쓰이는 신조어와 외래어를 중요하게 생각하여 이를 기본 어휘 목록에 추가한 경우도 있고 한국어교육의 특성에 따라 문화 관련 어휘 등을 추가한 경우도 있다.

넷째, 기본 어휘 제시 방식에서 차이를 보인다. 기존 말뭉치를 바탕으로 어휘 빈도수를 추출하여 일정 빈도수 이상의 어휘를 가나다순으로 제시한 경우도 있고 어휘 사용 영역에 따라 어휘를 분류하여 제시한 경우도 있다. 또한 빈도수나 중요도에 따라 일상생활에 가장 기본적인 어휘부터 조금 덜 기본적인 어휘까지를 등급화하여 제시한 연구자도 있다. 〈신현단〉

[참고문헌]
• 김광해(2003), 국어교육용 어휘와 한국어교육용 어휘, 국어교육 111, 한국어교육학회, 255~291쪽.
• 김종학(2001), 한국어 기초 어휘론, 박이정.
• 임지룡(1991), 국어의 기초 어휘에 대한 연구, 국어교육연구 23-1, 국어교육학회, 87~131쪽.
• 조현용(2000), 한국어 어휘 교육 연구, 박이정.
• Nation, I. S. P. (1990), *Teaching and learning vocabulary*, Heinle & Heinle Publishers.

■ 학습용 기본 어휘

학습용 기본 어휘(學習用基本語彙, pedagogical fundamental vocabulary)는 일상생활에 필요한 기본 어휘를 교육적인 목적에 맞도록 재구성한 것이다.

현재 국어교육과 한국어교육에서는 기본 어휘, 교육용 어휘라는 명칭이 사용되고 있다. 이충우에 따르면 기본 어휘는 학습용 기본 어휘보다 폭이 좁으며 교육용 어휘는 학습용 기본 어휘보다 대상이 많고 수준도 더 높다. 기본 어휘의 대부분은 외국인에게 학습용 기본 어휘가 되고, 교육용 어휘는 자국인을 위한 폭넓은 언어 사용 기능의 발달이 목표인 모어 교육에 필요한 어휘이다.

한국어교육을 위한 학습용 기본 어휘를 선정하기 위해서는 어휘 빈도 자료 외에도 외국인이 한국에서 생활하는 구체적인 영역과 장면 등을 감안하여 교육 목표와 내용에 따라서 내용을 재구성할 필요가 있다. 그리고 실제로 한국어를 교육하는 전문 교사가 가진 경험과 판단 역시 배제되어서는 안 된다. 이러한 학습용 어휘의 선정 기준으로는 사용도가 높은 고빈도의 어휘, 사용 범위가 넓은 어휘, 조어력이 높은 어휘, 기초적인 어휘, 학습 단계에 적절한 어휘 등이 고려될 수 있다. 특히 학습 현장을 고려하여 어휘를 선정해야 하며, 신조어 중에서도 빈도수가 높거나 문화적 요소를 지니는 어휘는 포함시키고, 외래어의 경우도 국제적 차용어는 포함시키는 것이 가능할 것이다.

학습용 기본 어휘는 언어 교육의 목적과 학습자의 수준에 따라 달라질 수 있다.

먼저 학습 목적에 따른 어휘 목록을 도출해 내기 위해서는 그 목적을 명확히 할 필요가 있다. 교육 목적은 학습자의 요구에 따라 일반 목적과 특수 목적으로 나뉜다. 이에 필요한 교육용 어휘도 일반 목적의 학습용 어휘와 특수 목적의 학습용 어휘로 구분된다.

또한 학습자의 언어 학습 동기와 그에 따른 전문성 및 관심 영역 등을 고려할 수 있다. 여성 결혼 이민자들과 대학의 전공 과정에 진학하는 학습자 그리고 자신의 나라에서 한국 기업에 취직하거나 한국 관광객을 상대로 일하는 경우 알아야 할 어휘는 다를 것이다.

이 외에도 사용 범위가 넓은 어휘와 조어력이 높은 어휘를 학습용 기본 어휘에 포함시킬 수 있다. 궁극적으로는 모두 익히게 된다고 하더라도 '길'과 '도로', '책'과 '서적' 등을 예로 들면 우선 학습할 어휘로 사용 범위가 넓고 조어력이 더 높은 '길'과 '책'을 선택해야 한다. 외국인과 재외 동포를 대상으로 하는 한국어교육에서도 학습 목적에 따른 다양한 교육 환경에 따라 한국어교육의 목적이 달라진다.

〈한국어교육의 학습 목적에 따른 분류〉

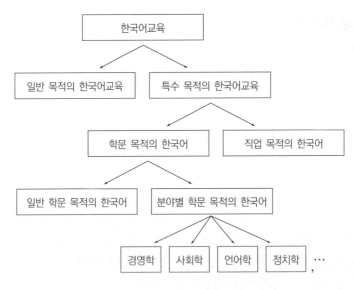

학습자 수준에 따른 어휘 목록은 사용 빈도 등 일정한 기준에 의해 선정된 기본 어휘를 대상으로 학습 목적과 학습 수준에 따라 급별 어휘를 등급화 또는 위계화하여 목록을 도출해 낸다. 이를 위해서는 이해 어휘와 사용 어휘에 대한 구분이 고려되어야 한다. 이해 어휘는 문자로 보거나 음성으로 듣고 그 의미나 뉘앙스를 이해할 수 있는 어휘를 의미하고, 사용 어휘는 실제로 말이나 글로 표현할 때 사용할 수 있는 어휘를 뜻

한다. 학습자의 수준을 고려하여 해당 시간에 습득해야 하면서 쉽게 발화하고 사용할 수 있는 어휘와 낯선 어휘의 양도 알아보아야 한다. 어휘 등급화의 결과는 교재 편찬 및 교수 활동, 평가 등에 고루 이용되는데 어휘의 등급을 설정하기 위한 기준은 다음과 같다.

(1) ㄱ. 고빈도성의 기초 어휘 순으로 우선 학습 어휘를 선정한다.
ㄴ. 중복도가 높은 단어 순으로 우선 학습 어휘를 선정한다.
ㄷ. 편찬될 교재의 단원별 주제와 관련된 기본 어휘를 우선적으로 학습해야 하며 어휘 자체의 상관관계(의미망)도 고려한다.
ㄹ. 기본 의미를 가진 어휘, 파생력이 있는 어휘를 우선 학습 어휘로 선정한다.
ㅁ. 단원의 문법 교수요목과 연계를 가진 어휘를 우선적으로 학습해야 하며 문법 이해를 위한 필수적인 기능어를 우선 학습 어휘로 삼는다.
ㅂ. 교수 현장과의 연계로 교수 현장에서 필수적인 단어는 저빈도 어휘라도 우선 학습 어휘의 대상에 넣을 수 있다.

적절한 수준과 분량의 어휘를 선정하기 위해서는 학습에 제약이 되는 여러 변인들을 염두에 두어야 한다. 먼저 고려해야 할 것은 학습 시간과 학습 목표가 되는 한국어 수준이다. 그러나 한국어 학습 시간은 한국어교육이 이루어지고 있는 기관에 따라 차이가 있으며, 한국어교육이 이루어지는 환경에 따라서도 동일한 시간에 거두는 효과에는 차이가 있을 수밖에 없다. 초급, 중급, 고급의 세 단계로 구성된 과정이거나 1급에서 6급까지의 여섯 단계로 구성된 과정 또는 외국에서의 대학 과정과 같이 다양한 모습을 보이는 한국어 과정을 통하여 습득하게 되는 어휘는 대략 6,000어휘에서 12,000~14,000 어휘 정도에 이르는 것으로 파악되고 있다. 이 정도가 한국어교육 현장에서 다루어지는 어휘라고 할 때 그것들을 선택하는 일정한 기준으로 먼저 생각할 수 있는 것은 사용 빈도이다. 빈도가 높은 어휘는 텍스트에서 정기적으로 출현하여 학습자가 쉽게 흡수하고 배울 수 있으므로 어휘의 난이도를 정할 때 빈도도 함께 고려해야 한다. 그러나 어휘들은 교수요목에 나타난 목표를 비롯하여 다양한 이유로 인해 학습자에게 쉽게 인식되기도 하고 어렵게 인식되기도 한다. 이러한 학습의 용이성은 빈도와 분포도를 넘어서기 때문에 기본 어휘 선정에서 최우선으로 고려되어야 한다.

학습 어휘의 수는 단계별로 차이를 두어야 한다. 특히 초급에서는 지나치게 많은 양의 어휘를 제시하기보다는 교재 중심으로 어휘의 수를 조절해 가는 것이 바람직할 것이다. 중급에서는 교재에 나오는 어휘를 중심으로 하되 선행 학습 어휘와 관련된 어휘로 확장해 나가고 고급으로 가면서 그 확장의 폭을 넓혀 나가도록 하는 것이 좋다. 이러한 관점에서 보면 학습 어휘의 수를 정할 때는 이해 어휘와 표현 어휘의 수도 학습자의 수준을 고려하여 정해야 된다.

〈유해준〉

[참고문헌]
- 이충우(1994), 한국어교육용 어휘 연구, 국학자료원.
- 조명원·이흥수(2004), 영어교육사전, 피어슨에듀케이션코리아.
- 한재영 외(2011), 한국어교육: 용어 해설, 신구문화사.
- 허용 외(2005), 외국어로서의 한국어교육학 개론, 박이정.

❏ 기능어

기능어(機能語, function word)는 말과 말 또는 문장과 문장 사이에서 문법적인 기능을 수행하는 보조적 어휘의 종류이다.

한국어에서는 조사, 어미 등을, 영어에서는 전치사, 접속사 등을 기능어라고 한다. 문법적인 기능을 가진 기능어는 그 쓰임새에 따라 의미가 달라지기 때문에 기능어를 학습하지 않는다면 효과적인 의사소통이 어렵다.

기능어에 속하는 단어는 내용어에 비해 그 수가 적고 지시적 의미(referential meaning)보다는 문법적 의미(grammatical meaning)를 갖는다. 이들 기능어는 구문 표시로서 문법 관계를 표시하는 것이 특징이므로 문법적 단어라고도 불린다. 즉 기능어는 그 자체로서 독립된 내용을 갖지 못한 채 내용어에 붙어 그것의 쓰임을 도와주는 기능만을 한다.

또한 내용어는 문화를 반영하기 위해 새로운 단어를 수용하는 데 비해 기능어는 새로운 단어를 받아들이지 않는다. 항상 새로운 항목이 만들어지며 문화가 변화되고 발전되는 모습을 반영하기 때문에 내용어의 수는 늘어난다. 하지만 기능어는 그 수효와 쓰임새가 제한성이 있기 때문에 정해진 수만 교육에 활용되고 있다.

한국어로 의사소통을 하는 경우 자신의 생각을 상대방에게 전달하기 위해서는 한국어 명사, 동사, 형용사 등의 풍부한 내용어가 필요하다. 그러나 내용어만 나열한다고 효과적인 의사소통이 이루어지지는 않는다. 내용어와 함께 기능어를 효과적으로 사용해야만 의사소통이 원활하게 이루어진다.

한국어교육에서는 기능어를 중심에 둔 통제된 교육을 통해 의사소통 능력을 향상시키고 있다. 기능어는 내용어에 비해 어휘 수가 한정되어 있고 의미가 쉽게 변하지 않기 때문에 언어 학습 초기 단계에서 학습한다면 효과적인 의사소통에 중요한 역할을 할 수 있다. 즉 기능어의 학습은 초급 과정에서 의사소통의 바탕이 되는 언어 기능을 익힐 수 있도록 하므로 기초적인 한국어를 이해하고 표현하는 능력을 길러 주는 데 도움을 준다. 〈유해준〉

[참고문헌]
- 이충우(1994), 한국어 교육용 어휘 연구, 국학자료원.
- 한재영 외(2011), 한국어교육: 용어 해설, 신구문화사.

❏ 내용어

내용어(內容語, content word)는 단어의 의미 내용을 나타내는 것으로 문법적 기능을 나타내는 기능어와 구분되는 어휘의 종류이다.

내용어에는 명사, 형용사, 동사, 부사 등이 포함되고 기능어에는 조동사, 전치사, 관사, 접속사 등이 포함된다. 언어 학습에서 아동 또는 초급 학습자들에게 어휘를 소개할 때는 명사, 동사, 부사, 형용사 등의 내용어를 제시하기가 쉽다.

내용어는 시대와 사회가 변하면서 어휘 수가 계속 늘어나게 된다. 어휘 학습 면에서도 문법적 기능을 나타내는 기능어는 어린 나이에 완성이 되고 확장 또는 변화가 거의 없지만 어휘 능력 사용 향상과 더불어 내용어는 성인이 되어서도 매년 약 10% 이상의 확장이 일어난다. 이러한 이유로 내용어는 아동의 성장과도 밀접한 연관이 있다. 일정한 시기에 사용해야 하는 어휘의 양과 수준이 부분적인 차이는 있지만 큰 범주 안에서는 비슷한 성장을 하게 되는 것이다. 아동의 인지 발달이 성인의 발달보다 빠른 것처럼 내용어의 확장도 아동이 성인보다 더 빠르게 일어난다.

내용어는 인간의 인지 발달과 더불어 시대·사회의 변화와 함께 확장해 가기 때문에 인간의 일상생활과 밀접한 관계를 가지고 있다. 일상생활에서 자주 사용하는 내용어인 명사, 동사, 형용사, 부사 등을 기능어와 함께 이용하여 형태와 구조를 가르치는 것은 언어의 환경에 따른 사용 능력을 높이고 언어 자체가 가지고 있는 궁극적인 목적인 의사소통 능력 향상에도 도움을 준다.

한국어교육에서도 내용어는 학습 목적과 학습 환경에 따라 다양한 범주로 나누어진다. 기능어에 대한 학습은 일반 목적의 언어 학습과 특정 목적의 언어 학습이 큰 차이를 보이지 않는 반면 내용어는 학습 목적과 학습 대상에 따라 차이를 두고 교육이 이루어지고 있다. 〈유해준〉

[참고문헌]
- 이충우(1994), 한국어교육용 어휘 연구, 국학자료원.
- 조명원·이흥수(2004), 영어교육사전, 피어슨에듀케이션코리아.

■ 어휘부와 사전

어휘부(語彙部, lexicon)란 어휘 항목(lexical item 또는 lexical entry)의 집합으로 단어들의 저장고와도 같은 어휘의 목록이다.

어휘의 의미는 항상 특정 어휘와 결합되어 있으며 이 어휘들이 어떤 형태로 우리 머릿속에 존재하는지를 알기는 쉽지 않다. 모든 어휘가 저장되어 있는 곳이 어휘부인데, 이러한 어휘부는 단어는 물론이고 형태소나 합성어, 관용 표현, 때로는 연어까지도 포함하는 것으로 알려져 있다. 이 항목들을 사전에서는 흔히 가나다순으로 항목화한다.

엄밀히 말하면 어휘부란 한 언어의 어휘소(lexeme)의 목록이기도 하다. 어휘부는 열린 범주와 닫힌 범주로 구분된다. 닫힌 범주는 문법적 연어처럼 문법 범주에 관계하는 것, 다시 말해 주로 통사적 기능을 담당하는 것들이다. 열린 범주는 명사나 동사와 같이 활발하게 여러 표현과 결합하는 체제를 가진 것을 말한다. 닫힌 범주보다 열린 범주가 더 의미적이라고 할 수 있다.

어휘부는 주로 단일 언어의 맥락에서 사용되지만 다중 언어 화자들은 다중 어휘부를 가질 수 있다. 어휘부에 대한 연구에서는 단어 개념 관계나 단어의 음운, 통사, 의미, 단어 형성, 어휘 구조, 화용, 습득 등에 관심을 가진다. 심리 언어학, 신경 언어학, 전산 언어학의 연구자들은 어휘부가 어떻게 조직되며 단어가 어떻게 재생되는지에 대해 다양한 모델을 제시하고 있다.

어휘부를 가장 잘 반영하고 있는 것은 언어 사전이다. 따라서 사전에서의 개별 어휘 기술 양상을 통해서 어휘부를 보다 상세하게 이해할 수 있다. 이를 살펴보면 다음과 같다.

첫째, 언어 사전에는 먼저 표제어로 나타나는 개별 어휘 항목의 음운 형태가 표시된다. 사전에서는 이를 표시하기 위해 발음의 기준, 표시할 기호, 표시의 범위, 표시의 방식, 표시의 위치 등을 고려하게 된다. 둘째, 표제어가 속하는 문법 범주 및 다른 범주와의 공기 제약에 따르는 하위 범주 구분이 표시된다. 사전에서는 표제어의 구조 표시 방법, 형태 변화 제시 범위, 문법 범주 구분 방법, 문형, 연어 등의 결합 관계 제시 여부와 이들을 제시하는 방법, 제시 범위를 고려하게 된다. 셋째, 표제어의 의미가 정의된다. 사전에서는 뜻풀이 제시의 원칙, 뜻풀이 사용 어휘의 한정, 동음어와 다의어의 구분 기준, 다의 항목의 구분 기준 등을 고려하게 된다. 넷째, 사전에서는 표제어의 의미 이해를 돕기 위해 용례를 제공하기도 한다. 따라서 용례의 개념 및 범위, 용례의 유형, 용례의 길이, 용례의 수, 용례 제시의 목적에 따른 방법 등을 결정하는 것도 중요한 작업이 된다. 아울러 사전에서는 표제어의 어원이나 관련어, 화용 정보 등을 제시하여 해당 표제어의 이해를 돕는다.

한국어교육에서 어휘부와 사전은 매우 중요한 교육 자료이자 교육 내용이라고 할 수 있다. 어휘부를 정밀하게 고려하여 구축한 학습 수준별 어휘 목록은 각각의 어휘가 갖는 어휘의 정보를 교육적으로 활용 가능하게 한다. 그러므로 어휘 사전, 특히 교육용 어휘 사전은 어휘의 의미뿐만 아니라 통사적, 화용적 정보를 충분히 세밀하게 담을 수 있어야 한다.   〈강현화〉

[참고문헌]
• 김광해(1993), 국어 어휘론 개설, 집문당.
• 유현경·남길임(2009), 한국어 사전 편찬학 개론: 사전 편찬의 이론과 실제, 역락.

❏ 사전의 편찬

사전은 사전(事典)과 사전(辭典)으로 구분되는데 여기에서의 사전이란 언어 사전(辭典,

dictionary)을 의미한다. 사전(辭典)은 어떤 범위 안에서 쓰이는 낱말을 모아서 일정한 순서로 배열하여 싣고 그 각각의 발음, 의미, 어원, 용법 따위를 해설한 책으로 말광, 사림(辭林), 사서(辭書), 어전(語典)이라고도 불린다. 이에 반해 사전(事典)은 한국 민속 사전, 관혼상제 사전, 백과사전, 인명사전 등과 같이 여러 가지 사항을 모아 일정한 순서로 배열하고 그 각각에 해설을 붙인 책을 말한다. 사전(事典)은 사항 사전으로 대중성이 높은 반면, 사전(辭典)은 어휘 사전으로 전문성이 높다고 할 수 있다.

즈구스타(L. Zgusta)에 따르면 사전의 편찬 과정은 흔히 '자료의 수집 → 사전 항목의 선정 → 사전 항목의 구성 → 사전 항목의 배열'의 단계로 나타난다. 위건드(H. E. Wiegand)는 사전의 편찬 과정을 '준비 → 자료 수집 → 자료 처리 → 편집 → 인쇄'의 다섯 과정으로 나타냈다. 또한 사전 편찬 작업은 '표제어 선정 및 원고 작성 → 편찬 자료 구축 및 활용 → 편찬 도구의 개발' 작업이 순차적으로 혹은 연계적으로 이루어지는 작업이기도 하다.

사전 편찬에서 고려할 사항은 사전의 성격과 사용자의 요구이다. 따라서 사전 사용자에 대한 요구 분석은 필수적 작업이 된다. 그 다음으로 집필의 수준, 원고 작성 방식, 편찬자의 역할 분담, 집필 자료 관리, 편집, 교정, 판매 방법 등을 고려하여야 한다.

현재 한국어교육용 사전으로는 한한(韓韓)사전 방식의 외국인을 위한 한국어 사전이 나와 있으며, 최근 정부 주도의 웹사전 형식인 《한국어 기초 사전》이 개발되어 있다. 기초 사전을 바탕으로 한 다국어 대역사전도 출판될 예정이다. 해당 사전은 동영상, 사진 자료 등의 의미 이해에 도움이 되는 보조 자료들이 제시되는 면에서는 유용하나 언어권별 의미 대역에만 그칠 뿐 학습자의 오류를 방지할 대조 분석의 결과들이 충분히 담겨 있지 못한 측면이 있다. 향후 사전은 언어권별 요구와 대조 분석의 결과를 반영한 학습용 사전을 지향해야 한다.　　　　　　　　　　　　　　　　　　　　　〈강현화〉

[참고문헌]
• 이병근(2000), 한국어 사전의 역사와 방향, 태학사.
• 홍종선 외(2009), 국어사전학 개론, 제이앤씨.
• Wiegand, H. E. (1998), *Fachsprachen, languages for special purposes*, Mouton De Gruyter.
• Zgusta, L. (1992), Lexicography, its theory, and linguistics, *Dictionaries: Journal of the Dictionary Society of North America 14-1*, pp. 130~138.

❏ 사전의 유형

사전의 유형은 크게 어학 사전(語學辭典, dictionary)과 백과사전(百科事典, encyclopedia)으로 나뉜다. 어학 사전은 언어학적 접근으로 만든 사전이고 백과사전은 단어의 정보를 담는 책이다. 하지만 최근에는 사전들의 이러한 경계가 모호해지기도 한다. 언어 사전에 백과사전적 정보가 담기기도 하기 때문이다. 이러한 경향은 인터넷 사전에서 특히 두드러진다. 한편 용어 사전(用語事典, glossary)은 해당 분야의 전문 용어만을 모아 놓은 용어집이다. 이러한 용어 사전은 단어별 설명 없이 목록만 제시되기도 한다.

어학 사전의 유형은 다음과 같이 다양하게 구분한다.

첫째, 언어에 따라 단일어 사전과 다언어 사전으로 구분한다. 전자는 국어사전이나 영영사전과 같이 표제어와 풀이가 같은 언어로 이루어진 사전이다. 이는 다시 모어 화자용 사전과 외국인을 위한 사전으로 구분될 수 있다. 다언어 사전은 영한사전이나 한영사전과 같이 표제어와 풀이가 다른 언어로 이루어진 사전으로 이중 언어 사전이 대부분이다. 드물지만 세 개 이상의 언어로 이루어진 다국어 사전도 있다. 최근에는 영영한(英英韓)사전이나 한한영(韓韓英)사전과 같은 반(半) 이중 언어 사전도 있다.

둘째, 표제어의 규모에 따라 대(大)사전, 중(中)사전, 소(小)사전으로 구분한다. 명확한 근거를 제시하기는 어렵지만 대강 표제어 수가 30만 어휘 이상인 사전을 대사전, 20~30만 어휘인 사전을 중사전, 5만 어휘 이하의 사전을 소사전으로 구분한다.

셋째, 표제어의 시기별 변천에 따라 한 어휘의 시대별 변천을 기술한 사전을 통시적 사전으로 같은 시대의 어휘를 기술한 사전을 공시적 사전으로 구분한다. 통시적 사전을 통해서는 어휘의 시기별 변화를 알 수 있다.

넷째, 사전의 물리적인 형태에 따라 종이 사전과 전자사전으로 구분할 수 있다. 전자사전은 전자수첩 형태의 사전이나 시디롬(CD-ROM) 형태의 사전, 웹 사전, 모바일 사전 등의 형태가 있다. 이 중 웹 사전이나 모바일 사전 등은 온라인인 의존형 사전으로 구분된다. 이에 반해 전자수첩, 시디롬에 담긴 사전은 오프라인인 독립형 사전으로 구분된다. 정보의 표현 형태에 따라 글자 사전과 그림 사전으로 구분하기도 한다.

다섯째, 사용 목적에 따라 사전은 듣거나 읽기의 이해에 사용되는 이해 사전과 말하거나 쓰기에 사용되는 표현 사전으로 구분한다. 표현 사전은 표제어가 가나다순으로 제시되지 않고 개념이나 상황에 따라 갈래별로 모아서 제시되는 경우가 많다. 전자는 수동 사전(passive dictionary)으로, 후자는 능동 사전(active dictionary)으로 불리기도 한다. 또한 사전은 그 목적에 따라 학습에 사용하는 학습 사전과 단편적 문제를 해결하기 위한 참조 사전으로 구분되기도 한다.

여섯째, 사전 편찬의 방법에 따라, 즉 사전에 제시되는 정보의 근거에 따라 직관 기반 사전과 말뭉치 기반 사전으로 구분한다. 전자는 언어 자료에 기반하지 않거나 극히 제한된 언어 자료에 기반하여 표제어를 선정하고 풀이를 제시하는 사전이며, 후자는 대표성을 지닌 충분한 양의 언어 자료에 기반하여 표제어를 선정하고 풀이를 제시하는 사전이다.

끝으로 일부 종류의 단어만 표제어로 수록하거나 일부 종류의 언어 정보만 제시하는 특수 사전도 있다. 예를 들면 어원 사전, 발음 사전, 맞춤법 사전, 방언 사전, 신어 사전, 관련어 사전, 관용구·속담 사전, 비속어 사전, 문형 사전, 연어 사전 등과 구 동사 사전,

형용사 사전, 동사 사전 등과 같은 품사 사전도 있다.

한국어교육에서는 다언어 사전, 표제어 중심의 사전, 표현 사전, 특수 사전 등이 유용하게 쓰일 수 있다. 교육 현장에서는 가나다순의 사전보다는 교육적 필요성을 구분하여 주제별 사전, 유의어 사전, 관용 표현 사전, 동사·형용사 활용 사전처럼 다양한 사전이 필요하다. 앞으로도 학습자 언어권별 수준별, 학습 영역별 사전들이 많이 개발되어야 하며 교사는 교육 현장에서 이들을 적절히 활용할 수 있는 능력을 갖추어야 한다. 〈강현화〉

[참고문헌]
• 강현화·신자영·원미진(2010), 한국어 학습자 사전 표제어 선정을 위한 자료 구축 및 선정 방법에 관한 연구, 한국사전학 16, 한국사전학회, 7~29쪽.
• 강현화·최신희(2009), 언어 교육용 어휘 사전 분석 연구: 국외 및 국내의 어휘 교육용 사전 분석을 중심으로, 한국사전학 13, 한국사전학회, 48~83쪽.

❑ 사전의 활용

언어 학습에서 사전 활용의 효용성에 대한 논의는 다양하다. 먼저 추측 전략을 배제한 직접적 사전 사용이 장기 기억으로 가지 못한다는 부정적 연구 결과가 있다. 읽기 평가에서 사전을 사용하는 것이 평가 결과에 별로 영향을 미치지 못한다는 네시와 메아라(H. Nesi & P. Meara)의 연구를 그 예로 들 수 있다. 반면에 사전을 사용한 어휘 학습은 부수적인 어휘 습득의 기회를 제공하기 때문에 특히 읽기 활동 중 사전 사용과 문맥을 통한 추측이 독해 및 어휘 학습에 긍정적 영향을 미친다는 연구가 많다. 토노(Y. Tono)는 사전을 사용하여 지문을 읽은 학생들이 사전을 사용하지 않은 학생들보다 이해도 측정 평가에서 훨씬 높은 점수를 받았다는 결과를 밝혔다. 읽기에서 사전을 사용하면 해당 단어의 학습이 더 많이 이루어지며, 문맥을 통한 어휘 학습이 일정 정도 이루어지면 사전을 이용하여 의미를 확인할 때 어휘 습득이 강화된다는 것이다. 적절한 사용 기술이 동반된 사전 사용은 즉각적으로는 지문 이해도를 향상시키고 장기적으로는 사전이 없더라도 전반적인 읽기 이해력을 증진시킨다고 추정할 수 있다.

쓰기에 사전을 참고하는 경우는 철자와 의미 확인을 위한 경우가 가장 많고 이를 통한 학습 성공률은 매우 높다. 사전은 연어나 문법 정보를 참고하는 데에도 도움을 준다. 학습자들이 쓰기 활동에서 사전을 참조하면서 얻는 가장 유용한 정보가 연어 정보라는 점이 실험으로 보고되고 있다.

다만 사전을 통해 제시된 유의어 정보는 문제 해결보다는 혼동을 제공하는 경우가 많았다. 이를 극복하기 위해서는 유의어 정보를 제시할 때 단어의 사용 맥락, 내포적 의미, 연어적 정보를 함께 제공하고 유의어들 간의 공통점보다는 차이점을 부각시킬 필요가 있다.

용례는 쓰기에서 가장 적극적으로 활용하는 정보이며 사용자들은 문형 정보 자체보다는 용례를 통해 문형을 파악한다. 사용역과 그 적절성에 대한 정보도 확인할 수 있다. 사전은 번역에도 도움을 주는데 이 경우에는 사전을 통해 어휘의 다양한 의미와 용례를 확인하는 게 중요하다. 특히 전문 용어와 관련해서는 뜻풀이 정보가 도움이 되며 사전과 더불어 병렬 코퍼스를 활용하는 것이 필요하다.

최근 사전은 지면이 제한된 종이 사전이 아닌 용례 제시에 제약이 없는 웹 사전이나 전자 사전 형태를 띠고 있다. 따라서 범용 코퍼스나 병렬 코퍼스의 실제 자료를 웹 사전이나 전자사전에 실을 수 있는데 이렇게 실제 자료가 연계된 사전은 학습에 큰 도움을 준다.

언어 학습 과정에서 사전을 효율적으로 활용하기 위해서는 사전의 구조나 내용에 대한 지식 및 목표어의 형태·통사적 특징을 이해하여 사전 검색에 적용하는 전략과 사전에 제시된 의미를 정확히 이해하고 문맥에 적용하는 의미 관련 전략을 가르칠 필요가 있다. 사전 사용의 성패는 찾고자 하는 정보의 유형별로 사용 방법을 학습하는 것에 달려 있다.   〈강현화〉

[참고문헌]
• Nesi, H. & Meara, P. (1991), How using dictionaries affects performance in multiple-choice EFL tests, *Reading in a Foreign Language 8-1*, pp. 631~643.
• Tono, Y. (1989), Can a dictionary help one read better? On the relationship between EFL learners' dictionary reference skills and reading comprehension, In G. James. (Ed.), *Lexicographers and their works*, pp. 192~200, University of Exeter Press.

☐ 머릿속 사전

머릿속 사전(mental lexicon)이란 단어의 의미, 발음 정보, 통사 정보 등을 포함하는 정신적인 사전이다.

일반적으로 머릿속 사전은 머릿속에 존재하는 수많은 단어에 대한 기억을 가리키며 다른 말로 심적 어휘, 심성 어휘집, 머릿속 어휘 저장고라고도 불린다. 머릿속 사전은 인간의 언어 활동에서 매우 중요한 역할을 수행하고 있는데 머릿속에 단어를 읽고 이해하는 것은 어떤 의미로는 머릿속 사전과 읽는 단어를 대조해 보는 작업이다.

머릿속 사전은 언어학이나 심리 언어학에서 사용하는 용어로 개별 화자의 어휘 표현을 언급하기 위해 사용된다. 머릿속 사전은 개별 언어 화자에 의해 활성화되고 저장되고 습득되고 재생되기 때문에 일반 어휘의 집합체인 어휘부(lexicon)와는 구별된다. 개별 언어 화자의 머릿속 사전은 고정되지 않고 새 어휘의 학습으로 증가하고 발전한다. 하지만 정확히 이런 과정이 어떻게 일어나는지를 설명하는 연구들은 많지 않으며 최근의 연구에는 언어 습득이나 머릿속 사전의 기능에 대한 것이 많다.   〈강현화〉

[참고문헌]
• 정영국·조미옥(2012), 영어 사전 사용 연구, 한국문화사.

• Takashima, H. & Yamada, J. (2010), Shrinkage of the mental lexicon of Kanji in an elderly Japanese woman: The effect of a 10-year passage of time, *Journal Of Cross-Cultural Gerontology 25-1*, pp. 105~115.

한국어교육학 사전

The Encyclopedia of
Korean Language Education

6

문법 교육

6. 문법 교육

6. 문법 교육

이 영역은 문법 교육의 가치 실현을 목적으로 체계화된 교육 문법을 실행하는 데 필요한 교수 지식 내용을 다루고 있다. 먼저 독자적 학문 영역으로서의 교육 문법의 개념을 정립하고 교육 문법 단위 설정의 필요성 및 접근 방식을 설명한다. 이어 한국어 문장 구성의 요건과 유형, 확대 방안의 논리를 다루고 마지막으로 한국어 문법의 기능과 요소를 한국어교육학적 관점에서 조망하여 기술하고 있다.

한국어교육학에서 다루는 문법은 문법 교육의 논리를 우선시한다는 점에서 순수 학문 문법과 차별화된다. 이에 이 영역의 첫 절에서는 교육 문법의 내용 영역(내용학)과 방법 영역(방법학) 설정의 필요성과 연구 내용을 보여 준다. 또한 최적의 교육 내용을 구안할 때 요구되는 교육 문법 단위 설정을 위한 거시적·미시적 접근 관점의 실효성을 설명한다.

다음으로 한국어 문장을 다루는 부분에서는 문장이 말과 글에서 생각이나 감정을 표현하는 최소 단위로서 부여 받는 중요성에 초점을 맞춰 구성 요건과 방식, 요소 등의 세부 사항을 서술한다. 문장 성분은 문장을 구성할 때 일정한 역할을 수행하는 요소라는 점에서 주요 표제어로 선정하고, 주성분, 부속 성분, 독립 성분 및 성분의 생략 현상을 하위 표제어로 다룬다. 문장의 종류는 평서문, 의문문, 명령문, 청유문, 감탄문의 다섯 가지로 대별되므로 이들 상위 개념어를 중심으로 각각의 특징을 예시한다. 문장의 유형별 특징은 종결 어미와의 연관 관계 속에서 관망하여 제시한다.

문장 확대는 홑문장과 겹문장의 차이, 겹문장의 유형으로서 이어진 문장과 안은 문장의 특징을 중심으로 구체화된다. 학습자의 언어 발달을 도모하기 위해서는 문장의 확대에 대한 정확한 이해와 내면화가 중요하다는 인식에 기초하여 이어진 문장과 안은 문장의 세부 유형에 대한 실제적 교수 내용을 다룬다. 특히 학습자의 오류가 빈번하게 발생하는 '-(으)니까, -아/어서, -느라고'의 차이, '-(으)ㅁ'과 '-기'의 의미적 차이 등을 기술하고 인용 표현의 의미 기능을 다루는 데도 무게 중심을 두고 있다.

마지막으로 한국어 문법 요소와 기능 부분에서는 부정, 시제, 동작상, 피동, 사동, 높임, 양태를 중심으로 교육적 관점에서 유용한 교수 지식 내용을 다룬다. 부정의 경우는 짧은 부정과 긴 부정 유형을 중심으로 여기에 동원되는 문법적 기제와 특징을 살핀다. 시제는 현재, 과거, 미래 시제 외에 발화시와 사건시를 표제어로 선정하여 한국어 시간 표현의 특징을 인지하는 데 필요한 절대 시제 및 상대 시제 개념을 이해할 수 있도록 한다. 시간 표현과 밀접한 관계가 있는 동작상에는 완료상과 미완료상을 하위 표제어로 삼는다.

피동은 접미사 피동, '-아/어지다' 피동 외에 어휘적 피동을, 사동은 접미사 사동, '-게 하다' 사동 외에 어휘적 사동을 형식·의미·기능 측면에서 해설한다. 높임은 한국어의 문법 특징을 설명하는 주요 현상 중 하나라는 점에서 주체 높임, 객체 높임, 상대 높임, 어휘에 의한 높임을 중심으로 서술한다. 이 외에 명제의 사실성이나 실현성에 대한 화자의 태도를 나타내는 범주로서 양태 표현을 살펴본다. 여기에서는 의무 양태와 인식 양태의 두 부류를 주요 개념으로 다루면서 그 하위 유형별 특징을 교육적 관점에서 조망하여 한국어 교수자 및 연구자에게 유용한 지식을 체계적으로 제공하고자 한다.　　　　　　　　　　　　　　　　　　　　　　　〈김호정〉

6.1. 한국어 문법 교육의 개념

한국어 문법 교육은 외국인 학습자가 한국어의 규칙과 질서를 가지고 한국어를 이해하고 생산해 낼 수 있도록 하는 데 그 목적이 있다. 따라서 한국어의 문법 교육은 이론 문법 체계를 기초로 하되 외국인 학습자가 이를 의사소통 도구로 사용할 수 있도록 문법 요소, 문장, 담화, 표현 단위로 나누어 의미와 기능 중심으로 이루어진다. 또한 제(諸) 언어 가운데 한국어가 지닌 고유한 특징이 잘 드러나는 조사와 어미, 시간 표현, 높임 표현, 부정 표현과 같은 영역을 집중적으로 다룬다.

한국어 문법 교육과 국어 문법 교육은 연구사로 볼 때 상관관계가 있음이 나타난다. 학자 중에는 한국어 문법이 국어의 이론 문법을 그대로 유지해야 한다는 주장을 하는 사람이 있지만 대부분의 한국어교육 전공 학자들은 한국어 문법과 국어 문법의 차이를 인정하고 한국어 문법의 단독 체계가 있어야 한다고 주장한다.

한국어교육학의 초창기에는 한국어 문법과 국어 문법 연구에 차이가 없었다. 그러나 1980년대에 한국어 문법 교육에 대한 개념이 생기면서 문법 요소의 의미와 기능에 대한 논문이 나오기 시작했다. 한국어교육이 본격화된 1990년대에는 한국어 문법 체계를 세우려는 시도가 엿보이고 문법 요소에 대한 연구도 더욱 활발해졌다. 2000년대는 한국어교육이 질적, 양적으로 발전하여 학문적 영역으로 자리매김하는 시기였다. 이때 한국어 문법 교육의 체계화를 구체적으로 시도한 논문이 다수 나온다. 이는 한국어 문법 체계를 확립함으로써 한국어교육의 정체성을 모색하려는 태도를 보인 것이다.

한국어 문법 교육에 대한 연구는 2000년대 중반부터 형태 중심에서 벗어나 기능 중심 문법을 추구하는 방향으로 발전하였다. 외국인 학습자가 문장을 생산할 수 있게 하려면 의사소통 기능을 위한 체계가 되어야 하고 이를 위해서 담화에 나타나는 표현 단위에도 관심을 가져야 한다는 주장이 일어났기 때문이다. 이러한 기능 중심의 문법 연구는 언어의 형태뿐만 아니라 인간 내면의 정서, 화자의 태도, 텍스트와 담화 구성하기 등도 범주에 포함시키고 있는 것이 특징이다. 예를 들면 김제열은 '기능 중심 범주', '의미 중심 범주', '기초 문법 요소'로 분류하고, 한송화는 상위 범주를 '개념 나타내기', '메시지 만들기', '메시지에 화자의 태도 나타내기', '메시지 복합하기', '텍스트 및 담화 구성하기'로 하고, 이것을 다시 하위 범주로 절, 구, 단어, 형태소로 나눈다. 또 '한국어 기초 문법 체계', '문법 기능에 따른 문법 요소의 체계', '사물과 현상에 대한 개념', '의미의 체계', '의사소통 기능의 체계'로 나누는 경우도 있다.

한국어 문법 요소 중 조사와 어미는 문장을 구성하는 기본 형태이고 한국어 문법에서 가장 두드러지게 나타나는 특징이기 때문에 외국어로서의 한국어 문법에서 중요하게 다루어지고 있다. 그러므로 조사와 어미에 대한 연구가 높은 빈도로 나타나고 있으며 주로 교수 학습에서 학습자들이 어려움을 느끼는 항목을 중심으로 이루어지고 있다.

한국어 문법 교육에서 앞으로 해결해야 할 과제는 (1) 한국어 문법 체계의 표준화 (2) 언어의 보편성에 비춰 본 한국어 문법의 특징과 외국인 대상이라는 점을 고려한 '외국어로서 한국어 교육 문법' 체계 확립 (3) '한국어 교육 문법'과 '한국어 교사 문법', '한국어 학습자 문법'의 범주 문제 (4) 구어 문법의 문제 (5) 문장의 유형화 문제 (6) 담화에 나타나는 '표현 단위'의 형태와 기능의 문제 등이 있다.   〈백봉자〉

[참고문헌]
• 김제열(2001), 한국어교육에서 기초 문법 항목의 선정과 배열 연구, 한국어교육 12-1, 국제한국어교육학회, 93~121쪽.
• 박동호(2007), 한국어 문법의 체계와 교육 내용 구축 방안, 이중언어학 34, 이중언어학회, 159~184쪽.
• 백봉자(2001), 외국어로시의 한국어 교육문법: 피동/사동을 중심으로, 한국어교육 12-2, 국제한국어교육학회, 415~445쪽.
• 백봉자(2013), 한국어 교사 문법과 학습자 문법의 범주에 대하여, 손성옥 외, Studies in Korean language and language pedagogy, 고려대학교출판부.
• 한송화(2006), 외국어로서의 한국어 문법에서의 새로운 문법 체계를 위하여: 형식 문법에서 기능 문법으로, 한국어교육 17-3, 국제한국어교육학회, 357~379쪽.

■ 교육 문법 개념

교육 문법(教育文法, pedagogical grammar)은 문법 교육의 가치를 실현하기 위해 최선의 내용과 방법을 표상해 놓은 문법 체계 또는 기술을 의미한다.

문법 교육의 역사에서 중요한 이론적 배경은 언어학과 교육학이다. 그런데 교수 학습의 실제적 상황 맥락을 고려하지 않은 채 도출된 순수 언어 이론과 교육 이론은 학습자의 언어 능력 신장을 목표로 하는 교육 현장에 즉각적으로 적용하여 활용하기 어려운 문제가 있다. 이에 순수 문법 현상에 대한 이론을 탐구하는 학문 문법과 순수 교육 이론의 단순한 합이 아닌 독자적 학문으로서 교육 문법의 영역 확보와 이에 대한 연구의 필요성이 제기되었다.

교육 문법은 학문 문법과 학문 문법의 결과물을 통일되게 정리하여 규준으로 제시한 규범 문법과 뚜렷한 차이가 있다. 규범 문법은 국가 차원의 표준화 및 규칙화를 지향한다는 점에서 교육 문법과 같이 실용적 목적을 지닌 문법 체계이다. 그러나 규범 문법은 교육적 효율성과 수월성을 제고한다는 교육 목표 의식과 논리를 가지고 있지 않다는 점에서 교육 문법과 구별이 된다. 또한 제2 언어로서의 한국어 교육 문법은 교수 학습 대상과 목표 설정에서 모국어 학습자를 대상으로 하는 국어 교육 문법과도 구분되며 학교라는 제도권 내에서의 교육을 목표로 재구성된 학교 문법 체계와도 분명한 차이가 있다.

스폴스키(B. Spolsky)는 언어 교육의 영역이 언어학의 이론이나 기술을 교육 상황에 단순히 대입시키는 것이 아니라는 점에서 교육 언어학(educational linguistics) 연구의 필요성을 밝히고 그 모형을 아래와 같이 제시하였다. 이 모형에 기초하여 교육 문법을 '일반 언어학으로부터 다양한 언어 교육 상황에 잘 부합되도록 만들어진 문법'으로 정의할 수 있다.

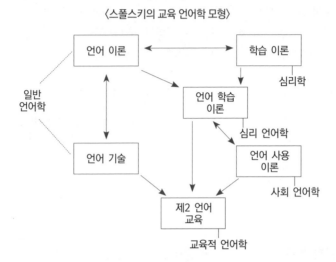

〈스폴스키의 교육 언어학 모형〉

교육 상황에 잘 부합하는 문법이란 학습자와 교수자를 포함하는 교수 학습 주체와 교수 학습을 가능하게 하는 물리적, 상황적 맥락 변인을 주요하게 고려하여 개발된 문법을 의미한다. 셀스-머시아(M. Celce-Murcia)는 이러한 문법 교육의 필요성과 정도가 문법 교수 학습을 둘러싼 변인에 따라 달라져야 한다고 보고 그 상관관계를 다음과 같은 도식으로 나타낸 바 있다.

〈셀스-머시아의 문법의 중요성을 결정하는 변인〉

	덜 중요함 ←	형태 초점	→ 더 중요함
학습자 변인			
연령	어린이	청소년	성인
능숙도 단계	초급	중급	고급
교육 배경	문자 인지 못함 형식적 교육 없음	문자 반정도 인지 약간의 형식적 교육	문자를 해득함 잘 교육받음
교육 변인			
기술	듣기, 읽기	말하기	쓰기
언어 사용역	비형식적임	협의적임	형식적임
필요/용도	생존 목적	직업적 목적	전문 직업적 목적

오들린(T. Odlin)에 따르면 이와 같은 교육용 문법의 틀을 개발하고 구축하기 위해서는 교육 문법 영역을 제2 언어 학습자의 필요에 부합하는 문법적 분석과 교수로

나누어 볼 필요가 있다. 실효성 있는 문법 교육을 위해서는 '문법 현상에 대한 연구'와 그 연구를 토대로 하는 '교수 방법에 대한 연구'가 이론과 실제 측면에서 요구되기 때문이다. 이는 곧 '내용으로서의 교육 문법(내용학)'과 '방법론으로서의 교육 문법(방법학)' 연구의 필요성을 강조하는 것으로 이해할 수 있다. 교육 문법이 독자적 학문 영역으로서의 입지를 공고히 하면서 체계적으로 발전하기 위해서는 이들 각각의 영역에 대한 연구가 심층적으로 이루어지되 상호 보완적 관계 속에서 수행되어야 할 것이다. 〈김호정〉

[참고문헌]

- Celce-Murcia, M. (1991), Grammar pedagogy in second and foreign language teaching, *TESOL Quarterly 25*, pp. 459~480.
- Odlin, I. (1994), *Perspectives on pedagogical grammar*, Cambridge University Press.
- Spolsky, B. (1978), *Educational linguistics: An introduction*, Newburry House Publishers.

■ 교육 문법 단위

한국어교육의 현실에 가장 잘 부합하는 최적의 문법 교육 내용을 구안하기 위해서는 가르칠 대상과 형식으로서 교육 문법 단위를 적절하게 설정해야 한다.

교육 문법 단위의 설정 과정과 결과에 대한 타당성을 확보하기 위해서는 거시적 관점과 미시적 관점의 양방향적 접근이 요구된다. 거시적 관점은 미시적 관점에 따라 설정한 개별 문법 항목을 교육 문법 내용의 전체 체계 안에서 조망하여 구조화할 수 있다는 점에서 유용하다. 미시적 관점은 지나치게 추상화된 구조 및 규칙으로 인식될 수 있는 문법 체계를 구체적인 언어 사용 맥락에서 즉각적으로 활용할 수 있는 어휘 차원으로 항목화하여 제공한다는 점에서 유효하다.

거시적 관점에서의 교육 문법 단위 설정은 주로 문법, 의미, 기능 등의 범주 차원에서 이루어진다. 그런데 현 단계에서 문법, 의미, 기능 중심의 범주는 교육 문법 연구자에 따라 개념 정의와 세부 내용 체계를 달리하고 있다. 문법 범주는 대체로 세계에 존재하는 일정한 의미 현상이 문법적 장치에 의해 실현된 것으로 보고 피동법, 사동법, 부정법과 같은 범주를 통칭하는 용어로 인식되는 경향을 보인다. 그런데 의미 범주는 높임, 수량, 시간, 보조 의미, 보조사 등을 포괄하는 광의의 개념어로 사용하거나, 높임, 시간, 진행, 완료, 이유, 대조 등을 아우르는 용어로 사용하기도 한다. 기능 범주도 종결형, 연결형, 수식형, 대용형, 명사형 등의 문법 기능을 나타내는 의미로 사용하는가 하면 개념 나타내기, 메시지 만들기 등의 의사소통 기능을 나타내는 의미로 사용하는 경우도 있다.

미시적 관점에서는 단일 또는 복합 형태의 문법 항목 중심으로 교육 문법 단위를 설정한다. 조사 '이/가', '은/는', 어미 '-아/어서', '-(으)니까' 등의 개별 형태소가 단일 형태의 문법 항목에 해당한다. '-기 때문에', '-는 바람에', '-는 통에'와 같은 복합 형태의 문법 항목은 형태적으로 여러 형태소가 결합되어 있긴 하나 단일한 의미와 기능을 나타낸다는 점에서 하나의 덩어리(chunk) 형태로 제시하고 있다.

단일 형태의 문법 항목과 덩어리 형태의 복합 문법 항목을 묶어 대개 문형, 표현 문형, 문법·표현 등의 용어로 지칭한다. 일반 언어학이나 국어학계에서 '문형(文型)'은 '문장 형식(sentence type)'의 준말로 주로 사용하는데 한국어교육학에서는 이에 더하여 교육 단위로 제시된 '문법 형태'의 준말로서 '문형(文形)'을 구별하여 사용하기도 한다. 이는 기존의 문형(文型)이라는 개념만으로는 한국어교육적 관점에서 유용한 덩어리 형태의 문법 단위를 포괄하여 제시하기가 어렵다는 문제 인식에서 비롯한다. 동시에 기존의 한국어 교재에서 문형은 'pattern', 'form pattern', 'expression pattern' 등을 가리키는 개념어로도 널리 사용해 왔다. 표현 문형은 구조적 관점의 문형 개념과는 달리 구체적이고 개별적으로 기능하는 덩어리 형태라는 특성을 드러내기 위한 용어로 사용한다. 문법·표현은 개별 형태소의 문법 기능어와 복합 형태의 덩어리 표현 각각에 방점을 두면서도 이 모두를 아우를 수 있는 용어로 사용한다.

이와 같은 용어들은 문법의 교수 학습에 적합한 교육 문법 단위를 설정해야 하는 필요성과 함께 그것이 지닌 교육적 가치를 부각시켜 준다는 점에서 의미 있는 개념화 방안으로 여겨진다. 그럼에도 불구하고 이들 용어가 해당 개념을 얼마나 정확하게 표상하고 있으며 통용 가능한 보편성을 얼마만큼 획득하고 있는가에 대해서는 이론(異論)의 여지가 있다. 한국어교육의 상황 맥락을 고려한 최적의 교육 내용을 마련하기 위해서는 이들 용어 및 용어를 둘러싼 개념 재정립이 선행되어야 한다. 미시적 관점과 거시적 관점의 교육 문법 단위 설정 및 위계화는 그 결과를 토대로 구체화되어야 할 것이다. 〈김호정〉

[참고문헌]
• 김중섭 외(2011), 국제 통용 한국어교육 표준 모형 개발 연구 2단계, 국립국어원.
• 김호정 외(2012), 한국어교육 문법·표현 내용 개발 연구 1단계, 국립국어원.

6.2. 문장 성분

문장 성분(文章成分, sentence component)은 문장 내에서의 역할을 기준으로 나눈 문장의 구성 요소이다.

문장 성분은 보통 문장 구성에 필수적으로 참여하는 주성분과 문장 구성에 직접 관여하지는 않으나 주성분에 뜻을 더하는 부속 성분으로 나뉜다. 주성분에는 주어, 목적어, 보어, 서술어가 있고 부속 성분에는 관형어, 부사어, 독립어가 있다.

(1) ㄱ. 사람들이 물을 찾고 있다.

ㄴ. 많은 사람들이 마실 물을 찾고 있다.
(2) 내가 <u>영미에게</u> 선물을 줄게.

예문 (1ㄱ)에서 '사람들이'는 주어, '물을'은 목적어, '찾고'는 서술어로 이루어진 문장으로 주성분으로만 구성된 문장이다. 예문 (1ㄴ)은 여기에 부속 성분인 관형어 '많은'과 '마실'이 주성분에 뜻을 더해 주고 있는 문장이다. 부속 성분은 문장을 구성하는 데 필수적으로 관여하지 않는 것이 보통이나 예외도 있다. 예문 (2)의 밑줄 친 '영미에게'는 서술어 '줄게'에 뜻을 더하는 부사어로서 부속 성분으로 분류된다. 그러나 서술어의 특성상 문장 구성에 있어 필수적이다. '주다'라는 동사가 서술어로 올 때에는 주어와 목적어 그리고 '에게'와 같은 부사어를 필수적으로 요구하기 때문이다. 이러한 부사어를 필수적 부사어라고 한다. 한국어 학습자들에게는 문장 형성에 관여하는가 하지 않는가를 기준으로 성분을 분류하는 것보다는 서술어를 중심으로 서술어가 요구하는 성분이 무엇인가를 파악하게 하는 것이 중요하다. 서술어가 요구하는 성분은 서술어의 특성 또는 맥락에 따라 달라질 수 있기 때문이다.

문장 성분은 다른 성분과의 관계 속에서 그 역할이 정해지는데 이때 그 관계를 결정하는 것이 바로 어순과 격 조사이다.

(3) 영미 엄마 떡 주다.

예문 (3)에서 '영미'와 '엄마', '떡'의 문장 성분을 한국어의 기본 문형을 고려하여 어순으로 짐작해 본다면, '영미'는 '주어', '엄마'는 '필수적 부사어', '떡'은 '목적어'로 생각할 수 있다. 그러나 어순은 그 관계를 짐작하게 해 줄 뿐 성분을 정확하게 나타내는 요소라 할 수는 없다.

(4) 영미가 엄마에게 떡을 주다.
(5) 영미에게 엄마가 떡을 주다.
(6) 영미의 엄마가 (누구에게) 떡을 주다.

위 예문은 등장하는 단어의 순서는 같으나 결합하고 있는 격 조사에 따라 성분이 달라진 예이다. 예문 (4)의 '영미'는 주격 조사 '가'와 결합하여 주어로서 문장 구성에 참여하고 있지만 예문 (5)의 '영미'는 부사격 조사 '에게'와 결합하여 부사어의 역할을 하고 있다. 이와 같이 문장 성분은 낱말의 특성에 따라 결정되는 것이 아니라 그 낱말이 문장 내에서 어떠한 역할을 하느냐에 따라 결정된다. 문장 성분의 이러한 성격은 품사와 대비해서 학습할 필요가 있다. 문장 성분은 문장 내의 역할에 따른 분류이고, 품사는 단어 자체의 특성에 따른 분류로 분석 층위가 다르다.　　　　　〈이지수〉

[참고문헌]
• 고영근·구본관(2008), 우리말 문법론, 집문당.
• 남기심·고영근(2011), 표준 국어 문법론, 탑출판사.

• 왕문용·민현식(1993), 국어 문법론의 이해, 개문사.
• 허용 외(2009), 여성 결혼 이민자 대상 한국어 교원을 위한 한국어교육의 이해, 한국문화사.

■ 기본 문형

기본 문형(基本文型)이란 구체적인 개별 문장으로부터 추상(抽象)해 내어 같은 종류의 문장을 대표할 수 있으며 수많은 문장을 생성해 낼 수 있는 필수적 구성 요소만으로 이루어진 문장 구조의 기본적인 유형을 일컫는다.

최현배는 한국어의 기본 문형을 다음과 같이 네 가지로 설정하였다.

(1) ㄱ. 무엇이 어떠하다. (달이 밝다.)
ㄴ. 무엇이 어찌한다. (별이 반짝인다.)
ㄷ. 무엇이 무엇이다. (노루는 산짐승이다.)
ㄹ. 무엇이 무엇을 어찌한다. (학생이 글을 읽는다.)

다른 학자들은 (1)에 더하여 다음의 두 가지 기본 문형을 추가로 제시하기도 한다.

(2) ㄱ. 무엇이 무엇이 아니다. (저것이 책이 아니다.)
ㄴ. 무엇이 무엇이 되다. (물이 얼음이 된다.)

(1)과 (2)에서 기본 문형은 서술어와 서술어가 요구하는 필수적 성분을 중심으로 하여 설정된다. 즉 (1ㄱ)은 형용사 서술어인 '어떠하다'와 상태를 나타내는 대상인 주어 '무엇이'로 이루어진 문형이다. (1ㄴ)은 자동사 '어찌한다'와 동작의 주체인 주어 '무엇이'로 이루어졌다. (1ㄷ)은 용언화한 체언인 '무엇이다'와 같음의 대상인 주어 '무엇이'로 이루어진 문형이다. (1ㄹ)은 타동사인 '어찌한다'와 행위의 주체인 주어 '무엇이'와 행위의 영향을 받는 목적어 '무엇을'이 각각 필수적으로 요구되는 문형이다. (2ㄱ)과 (2ㄴ)은 각각 주어 '무엇이'와 보어 '무엇이'를 필요로 하는 서술어인 '아니다'와 '되다'가 쓰이는 문장을 중심으로 기본 문형을 설정한 것이다.

2005년에 국립국어원에서 발간한 한국어 문법서에서는 한국어의 기본 문형을 다음과 같이 다섯 가지로 분류하였다.

(3) ㄱ. 주어 + 서술어 (꽃이 핀다.)
ㄴ. 주어 + 부사어 + 서술어 (영미가 의자에 앉았다.)
ㄷ. 주어 + 목적어 + 서술어 (영미는 준호를 사랑한다.)
ㄹ. 주어 + 보어 + 서술어 (준호는 어른이 되었다.)
ㅁ. 주어 + 목적어 + 부사어 + 서술어 (영미는 준호를 천재로 여긴다.)

(3)은 문장의 성분 배열을 중심으로 한 분류로서 가장 기본적인 문형인 '주어 + 서술어'에 서술어의 종류에 따라 필요로 하는 성분인 목적어, 보어, 부사어를 더하여 기본

문형으로 선정한 것이다. 이와 같은 성분 중심의 기본 문형 설정은 한국어를 처음 접하는 외국인들에게 한국어 문장의 특성을 소개하는 데 도움이 될 수 있다.

한국어교육에서 문형의 연구는 1987년에 배희임이 처음 시작하였다. 외국어 학습에 필요한 문형의 성격을 기본 문형과 기본 문형의 확대형 그리고 출현 빈도수가 높은 관용 문형으로 분류하고 기본 문형의 설정 기준으로 한국어의 어순과 서술어가 공기하는 논항과의 관계 두 가지를 제시하였다. 이후 한국어교육에서는 성분 중심보다는 서술어의 자릿수, 즉 서술어가 요구하는 필수적 성분을 기반으로 기본 문형을 설정하는 연구가 주를 이루었다. 그중에서 1993년 원진숙이 제시한 서술어의 자릿수를 중심으로 설정한 한국어교육용 문형의 일부를 보이면 다음과 같은데 이 연구에서는 자릿수와 유사한 개념으로서 결합가(結合價, valency)의 개념을 적용했다.

(4) ㄱ. N이 V (새가 난다.) 1가(價) 결합 문형
    ㄴ. N이 N를 V (아이가 밥을 먹는다.) 2가(價) 결합 문형
    ㄷ. N이 N에서 V (영희는 그 동아리에서 탈퇴했다.) 2가(價) 결합 문형
    ㄹ. N이 N를 N(으)로 V (박 사장은 김 군을 사위로 삼았다.) 3가(價) 결합 문형

한국어교육에서 기본 문형의 교육은 학습자에게 한국어의 전형적인 문장 구조를 이해하게 함으로써 올바른 문장 사용을 빠른 시간 안에 익히게 하는 효과적인 학습 방법이 될 수 있다.   〈강경민〉

[참고문헌]
• 고영근·구본관(2008), 우리말 문법론, 집문당.
• 국립국어원(2005), 외국인을 위한 한국어 문법 1, 커뮤니케이션북스.
• 배희임(1987), 한국어 문형 분류 시론: 외국인의 한국어 학습을 위한 중급 교재를 중심으로, 어문논집 27, 안암어문학회, 761~776쪽.
• 원진숙(1993), 서술어의 결합가를 중심으로 한 한국어 문형 분류, 어문논집 32-1, 안암어문학회, 495~516쪽.
• 최현배(1955), 우리말본, 정음사.

■ 어절

어절(語節)은 문장을 구성하는 마디마디를 일컫는 말이다.

모든 품사는 그 자체로 하나의 어절을 형성할 수 있으나 일반적으로 체언은 조사와 결합하여 어절을 형성하고 용언은 어미와 결합하여 어절을 형성한다. 어절은 띄어쓰기 단위와 일치하며 학교 문법에서 문장 성분에 대해 학습할 때에도 보통 어절 단위로 성분을 분석한다.

(1) 철수의 ∨ 머리카락은 ∨ 매우 ∨ 까맣다.

(1)은 모두 4개의 어절로 이루어진 문장이며 띄어쓰기 역시 위와 같다. 어절 단위로 문장 성분을 분석하면 다음과 같다.

(1)′ <u>철수의</u> <u>머리카락은</u> <u>매우</u> <u>까맣다.</u>
　　관형어　　　주어　　　부사어 서술어

위 (1)′에서와 같이 어절은 '철수의'나 '머리카락은'과 같이 체언과 조사가 결합하여 성립되기도 하고 '매우'나 '까맣다'와 같이 하나의 단어 자체로 성립되기도 한다.

위와 같이 어절 단위로 문장 성분을 분석하기도 하지만 구나 절에 조사가 결합한 단위를 성분 분석의 단위로 보기도 한다.

(2) 예쁜 아이가 내게로 왔다.

(2)에서 밑줄 친 '예쁜 아이가'는 두 가지로 성분 분석이 가능하다. 학교 문법에서는 기본적으로 어절 단위로 성분을 분석하고 있기 때문에 '예쁜'은 '관형어', '아이가'를 '주어'로 분석할 수 있다. 그러나 엄밀히 말하면 관형어 '예쁜'은 주어 '아이가'를 수식하는 것이 아니다. 관형어는 체언(명사, 대명사, 수사)을 수식하는 문장 성분이므로 '예쁜'은 '아이'를 수식하고 있는 것이다. 따라서 주격 조사 '가'는 '예쁜 아이'라는 단위에 결합한 것이라 할 수 있다. 이에 따르면 '예쁜'을 관형어로 분석한다고 하더라도 위 문장의 주어는 '예쁜 아이가' 전체이다. 이러한 경우 문장 성분의 단위는 어절이 아닌 구(句)가 된다.

두 개 이상의 절이 포함된 문장에서는 절이 조사와 결합하여 문장 성분의 단위가 되기도 한다.

(3) 민규는 종일 네가 오기를 기다렸어.

(3)에서 밑줄 친 '네가 오기를'은 서술어 '기다렸어'의 목적어이다. 이때 '네가 오기'는 '네가 오다'라는 절에서 '오다'가 명사 파생 접미사 '-기'와 결합하여 생성된 명사절이다. 이러한 명사절에 목적격 조사 '를'이 결합하여 목적어의 구실을 한다. 따라서 하나의 절이 조사와 결합하여 문장 성분의 단위가 되기도 한다.　　　　〈이지수〉

[참고문헌]
• 고영근·구본관(2008), 우리말 문법론, 집문당.
• 남기심·고영근(2011), 표준 국어 문법론, 탑출판사.
• 민현식·왕문용(1993), 국어 문법론의 이해, 개문사.
• 이익섭(1986), 국어학 개설, 학연사.

■ 구

구(句, phrase)는 문장의 구성 요소로서 두 개 이상의 단어가 모여 더 큰 단위를 형성하는 통사론적 단위의 하나를 말한다.

구는 중심이 되는 단어와 이를 꾸며 주는 부속 단어를 하나로 묶어 이루어진다. 다만 구는 주어와 서술어 관계를 형성하지 않는 문법 단위라는 점에서 주어와 서술어를 갖춘 절(節)과 구별된다.

문장 내에서의 구의 역할은 기본적으로 품사의 기능과 일치하므로 명사구, 동사구, 형용사구, 관형사구, 부사구와 같이 품사의 이름을 붙여 분류한다.

(1) <u>헌 책</u>을 중고로 팔았다.
(2) 학생들이 <u>열심히 공부한다</u>.
(3) 전시회 작품이 <u>꽤 훌륭했다</u>.
(4) <u>아주 새</u> 옷을 입고 나갔다.
(5) 고양이가 <u>매우 빨리</u> 달아났다.

(1)은 관형사 '헌'이 명사 '책'을 꾸며 주어 명사구를 이루고 (2)는 부사 '열심히'기 동사 '공부한다'를 꾸며 서술어 동사구를 이룬다. (3)의 부사 '꽤'는 형용사 '훌륭했다'를 꾸며 서술어 형용사구를 이루며 (4)의 부사 '아주'는 관형사 '새'를 꾸며 관형사구를 이룬다. 그리고 (5)는 부사 '매우'가 '빨리'를 꾸며 부사구를 이룬다.

(1)의 '헌 책'은 구로는 성립되지만 조사와 결합하여 문장 성분의 단위가 된다. 이처럼 구에 조사가 결합한 것을 구절(句節)이라고 부른다. 반면에 (4)나 (5)와 같이 관형사구와 부사구는 조사와 어미가 없이도 문장 성분이 된다.

한편 두 단어가 긴밀히 통합되어 있는 경우에는 구와 복합어를 구분하기가 어렵다. 이는 서로 다른 의미를 가지고 있으나 형태가 유사하여 학습자에게 혼동을 줄 수 있는 단어이므로 주의를 기울일 필요가 있다. 구는 단어 사이에 휴지가 나타나며 두 단어 사이에 다른 말이 들어갈 수 있다는 점에서 복합어와 구별이 가능하다.

(6) ㄱ. <u>큰집</u>을 방문했다.
　　ㄴ. <u>큰 집</u>을 방문했다.

(6ㄱ)의 '큰집'은 형용사와 명사가 결합한 합성어로서 아버지의 형인 큰아버지가 살고 계시는 집을 의미하지만 (6ㄴ)은 크기가 큰 집을 의미한다. 구로 이루어진 '큰 집'은 단어 사이에 '큰 아름다운 집'과 같이 다른 말이 들어갈 수 있다.

(7) ㄱ. 아름다운 선물
　　ㄴ. 아주 아름다운 선물

예문 (7)에서 볼 수 있듯이 구의 형성과 관련하여 파악할 수 있는 한국어의 대조 언어학적 특징으로서 수식어가 수식을 받는 중심 단어인 피수식어의 왼쪽에 위치하는 좌분지(左分枝, left-branched) 언어라는 점을 들 수 있다.

한국어교육에서 구로 이루어진 표현의 교수는 학습자의 의사소통 능력 신장을 위해 유용하게 활용된다. 통사적으로 굳어진 구는 문법 항목으로 간주되어 하나의 덩어리로 교수되며 연어와 관용어구 등의 어휘 교육 또한 중요하게 인식되고 있다. 개별 단어 및 문법 요소에서 확장된 구 단위의 언어 교수는 학습자의 유창성을 증진시키고 모국어의 언어 전이에 의한 오류를 줄여 정확성을 향상시키는 장점이 있다. 〈최권진〉

→ 품사, 복합어

[참고문헌]
- 고영근·구본관(2008), 우리말 문법론, 집문당.
- 이영택(2004), 학교 문법의 이해, 형설출판사.
- 이응백·김원경·김선풍(1998), 국어국문학 자료 사전, 한국사전연구사.
- 이익섭(1986), 국어학 개설, 학연사.
- 허용 외(2005), 외국어로서의 한국어교육학 개론, 박이정.

■ 주성분

주성분(主成分)은 문장 구성에 필수적으로 참여하는 성분으로 주어, 서술어, 목적어, 보어를 가리킨다.

주어(主語, subject)는 한국어의 기본 문형에서 '무엇이'에 해당하는 성분이다. 형태적으로 주어는 체언 또는 체언의 기능을 하는 말에 주격 조사가 붙어서 형성된다. 명사구, 명사절, 용언의 명사형, 인용된 말도 주어로 사용된다.

주격 조사 '이'와 '가'는 음운론적으로 조건 지어진 이형태로서 앞에 오는 체언이 자음으로 끝나면 '이'가, 모음으로 끝나면 '가'가 사용된다. 존경의 의미 자질이 부여되는 체언 뒤에서는 '께서'가 사용되고, '국립국어원에서 국어를 연구한다.'처럼 주어가 단체를 뜻할 경우에는 '에서'가 사용된다. '에서'는 처소 부사격 조사와 형태상으로는 동일하지만 그 성격이 다르기 때문에 특수한 주격 조사로 보는 것이 일반적이다. '서' 역시 '혼자, 둘이, 셋이'와 같이 인수(人數)를 나타내는 말에 붙어 주격 조사의 기능을 한다.

한국어는 주어가 앞자리에 오는 SOP 또는 SOV(S=subject, 주어; O=object, 목적어; P=predicate 또는 V=verb, 서술어) 언어에 속하기 때문에 주어는 보통 문장의 첫머리에 놓인다. 또한 한국어에서도 주어에 담긴 정보가 서술어에 반영되는 일치(一致, agreement) 현상이 나타난다. 예를 들어 주어에 존경의 주격 조사 '께서'가 결합되어 있으면 서술어 역시 존경의 선어말 어미 '-(으)시-'가 결합된 형태로 나타난다.

서술어(敍述語, predicate)는 한국어의 기본 문형에서 '어찌하다', '어떠하다', '무엇이다'에 해당하는 성분으로 주어의 행위, 상태, 성질 등을 서술한다. 형태적으로 서술어는 용언의 어간과 어미가 결합하거나 체언 또는 체언 구실을 하는 말에 서술격 조사 '이다'가 붙어서 이루어진다. 서술어는 종결형뿐만 아니라 연결형, 관형사형, 명사형으로도 나타난다. 서술어는 성격에 따라 필수적으로 요구하는 성분의 수가 다르다. 서술어가 요구하는 필수적인 성분인 논항(論項)의 개수에 따라 서술어를 한 자리 서술어, 두 자리 서술어, 세 자리 서술어와 같이 구분한다.

목적어(目的語, object)는 한국어의 기본 문형에서 '무엇을'에 해당하는 성분으로 타동사에 의해 표현되는 행위의 대상이 된다. 형태적으로 체언 또는 체언 구실을 하는 말에 목적격 조사 '을/를'이 붙어서 형성된다. 목적격 조사는 구어체에서 생략되기도 하고 'ㄹ'로 실현되기도 한다. 목적격 조사가 쓰일 자리에 목적격 조사 없이 보조사가 쓰인 경우에도 해당 성분을 목적어로 본다. 이때에는 보조사 앞에 목적격 조사가 영형태(零形態, zero morpheme)로 실현되었다고 본다.

보어(補語, complement)에 대해서는 여러 견해가 있으나 학교 문법에서는 '되다'와 '아니다' 앞에 오는 체언 및 체언 구실을 하는 말에 보격 조사 '이/가'가 붙은 것을 보어로 본다.

(1) ㄱ. 물이 <u>얼음이</u> 되다.
　　ㄴ. 그는 <u>기자가</u> 아니다.
(2) ㄱ. 이 사진은 <u>실물과</u> 같다.
　　ㄴ. 영이가 <u>우체통에</u> 편지를 넣었다.
　　ㄷ. 나는 그를 <u>친구로</u> 삼았다.

(1)에서 '얼음이'는 '되다' 앞에서, '기자가'는 '아니다' 앞에서 체언에 보격 조사가 붙은 형태로 사용되었으므로 보어이다. 그러나 (2)에서 '실물과', '우체통에', '친구로'는 서술어가 요구하는 필수적인 성분이지만 보어로 처리하지 않는다. 만일 이러한 성분을 보어로 처리하면 '과', '에', '로' 등의 조사를 보격 조사로 처리해야 하는 문제가 발생한다. '과', '에', '로' 등의 조사가 붙은 성분은 서술어가 달라지면 수의적인 성분이 되기 때문에 학교 문법에서는 이를 보격 조사로 처리하지 않고 부사격 조사로 처리한다.

한국어교육에서 주성분에 대해 지도할 때에는 한국어가 서술어 중심 언어라는 점을 강조할 필요가 있다. 한국어에서 주어가 주성분임에도 불구하고 생략 가능한 것은 한국어가 서술어 중심 언어이기 때문이다. 또한 동사와 서술어의 개념이 다르다는 점도 강조할 필요가 있다. 언어 유형에 대해 설명할 때 흔히 S(subject, 주어), O(object, 목적어), V(verb, 동사)와 같은 기호를 사용하므로 주어와 동사가 동일한 층위의 용어라고 혼동할 수 있기 때문이다.　　　　　　　　　　　　　　　　〈조진수〉

[참고문헌]
• 고영근·구본관(2008), 우리말 문법론, 집문당.
• 왕문용·민현식(1993), 국어 문법론의 이해, 개문사.
• 이관규(2002), 학교 문법론, 월인.
• 이익섭·채완(2000), 국어 문법론 강의, 학연사.
• 허용 외(2005), 외국어로서의 한국어교육학 개론, 박이정.

❑ 서술어에 따른 문장 구성

문장의 구성 방식은 서술어가 취하는 논항의 수, 즉 서술어의 자릿수에 따라 달라진다. 여기서 논항이란 서술어가 요구하는 필수적인 성분을 가리킨다. 한국어에서 문장은 서술어의 종류에 따라 몇 가지 유형으로 분류된다.

(1) 달이 밝다.
(2) 물이 끓는다.
(3) 이것은 책상이다.
(4) 학생들이 노래를 부른다.

(1)의 '밝다'와 (2)의 '끓는다', (3)의 '책상이다'는 주어만을 요구하므로 한 자리 서술어이고 (4)의 '부른다'는 주어와 목적어를 요구하므로 두 자리 서술어이다. (3)의 '이다'를 두 논항이 연계, 지정된다는 뜻에서 계사(繫辭, copula) 또는 지정사(指定詞)로 보면 두 자리 서술어가 되지만 학교 문법에서는 '이다'를 서술격 조사로 보기 때문에 '책상이다'가 하나의 서술어이고 주어 '이것은'이 논항이다.

(1)의 '밝다'는 형용사, (2)의 '끓는다'는 자동사, (3)의 '책상이다'는 '명사 + 서술격 조사'이고, (4)의 '부른다'는 타동사이다.

(5) 이곳 토질이 농사에 적합하다.
(6) 물이 얼음이 된다.
(7) 영이가 동생에게 선물을 주었다.

개별 용언에 따라 서술어가 요구하는 논항의 수는 다를 수 있다. (5)에서 형용사인 서술어 '적합하다'는 주어 외에 '농사에'를 또 하나의 논항으로 요구한다. (6)에서 자동사인 서술어 '된다'는 주어 이외에 '얼음이'를 또 하나의 논항으로 요구한다. (7)에서 타동사인 서술어 '주었다'는 주어와 목적어 이외에 '동생에게'를 또 하나의 논항으로 요구한다. (5)~(7)에서 '농사에', '얼음이', '동생에게'를 빼면 온전한 문장이 되지 못한다.

한 자리 서술어와 두 자리 서술어를 겸하는 경우도 있다.

(8) 눈물이 그쳤다.
(9) 영이가 눈물을 그쳤다.

(8)에서 '그쳤다'는 자동사로서 한 자리 서술어이고 (9)에서 '그쳤다'는 타동사로서 두 자리 서술어이다. 이와 같이 형태 변화 없이 자동사와 타동사로 쓰이는 동사를 '능격 동사(能格動詞)'라고 부른다. 능격 동사에는 '움직이다, 멈추다, 다치다, 휘다' 등이 있다. 〈조진수〉

→ 논항

[참고문헌]
- 고영근·구본관(2008), 우리말 문법론, 집문당.
- 남기심·고영근(2004), 표준 국어 문법론, 탑출판사.
- 이익섭·채완(2000), 국어 문법론 강의, 학연사.
- 허용 외(2005), 외국어로서의 한국어교육학 개론, 박이정.

■ 부속 성분

부속 성분(附屬成分)은 주성분의 내용을 꾸며 주는 성분으로 관형어, 부사어를 가리 킨다.

관형어는 체언으로 된 주어, 서술어, 목적어, 보어 앞에 붙어서 이를 꾸며 주는 기능 을 한다. 관형어가 없어도 문장이 성립할 수 있으므로 관형어는 수의적 성분이다. 관형 어가 될 수 있는 것으로 관형사, 관형사형, 체언이나 체언 구실을 하는 말에 관형격 조 사가 붙은 말, 관형사절이 있다.

(1) 첫 서리, 이 아이, 종이 세 장
(2) 우리나라의 수도는 서울이다.
(3) 지금 그는 어떻게 하면 한국어를 잘할 수 있을 것인가의 문제에 직면해 있다.
(4) 그가 만든 노래는 많은 사람들에게 감동을 주었다.
(5) ㄱ. 너는 영이가 학급 회장이 되었다는 사실을 몰랐느냐?
ㄴ. 영이가 학급 회장이 되었다. 너는 (이) 사실을 몰랐느냐?

(1)의 '첫'은 성상 관형사, '이'는 지시 관형사, '세'는 수 관형사로 모두 후행하는 명사 를 수식하는 관형어이다. (2)의 '우리나라의'는 명사 '우리나라'에 관형격 조사 '의'가 붙 어서 관형어가 된 사례이다. (3)의 밑줄 그은 부분은 명사 상당어로 쓰인 문장에 관형 격 조사 '의'가 붙어서 관형어가 된 사례이다.

(4)와 (5)는 모두 관형사절이 관형어가 된 사례이다. (4)를 '그가 노래를 만들었다.'와 '(그) 노래는 많은 사람들에게 감동을 주었다.'의 두 문장이 결합한 것으로 보면 '노래'라 는 공통된 논항이 공유되는 현상이 나타난다. (4)에 쓰인 관형사절을 관계 관형사절 또 는 관계절이라고 한다. (5ㄱ)의 관형사절은 (5ㄴ)에서와 같이 서술어 구문으로 전개해 도 두 문장 간의 공통된 논항을 찾을 수 없다. 이러한 관형사절을 동격 관형사절 또는 보문절(補文節)이라고 부른다.

부사어는 용언, 관형어, 다른 부사어를 수식하고 문장이나 단어를 이어 주는 기능도 한다. 부사어도 관형어와 마찬가지로 수의적인 성분이지만 항상 수의적인 것은 아니다.

(6) 오늘은 날씨가 아주 좋다.
(7) 영이는 친구에게 편지를 보냈다.

(6)은 부사어 '아주'를 빼도 성립하지만 (7)은 부사어 '친구에게'를 빼면 어색한 문장

이 된다. '보내다'가 세 자리 서술어이기 때문이다. 이와 같이 문장 성립에 필수적으로 요구되는 부사어를 필수적 부사어라고 한다.

부사어가 이루어지는 방식에는 다음과 같이 여러 가지가 있다.

(8) 새가 <u>높이</u> 날아간다.
(9) 학생들이 <u>체육관에서</u> 농구를 한다.
(10) 그는 눈을 감은 <u>채로</u> 이야기했다.
(11) 그는 <u>말도 없이</u> 떠나 버렸다.
(12) <u>비가 와서</u> 운동장이 젖었다.

(8)의 '높이'와 같이 부사는 그대로 부사어가 되고 (9)의 '체육관에서'와 같이 체언에 부사격 조사가 붙어도 부사어가 된다. (10)의 '채로'와 같이 부사성 의존 명사인 '채, 줄, 김, 바람' 등과 결합된 말도 부사어가 될 수 있다. (11)은 부사형 접사 '-이'가 사용되어 '말도 없이'가 부사절이 된 경우이다. (12)는 종속적으로 이어진 문장인데 학교 문법에서는 종속적으로 이어진 문장의 선행절 '비가 와서'와 같이 부사절로도 볼 수 있다는 입장이다.

부사어에는 특정한 성분을 수식하는 성분 부사어뿐만 아니라 문장 전체와 관련을 맺는 문장 부사어가 있다. 화자의 심리적 태도를 나타내는 '과연, 설마, 모름지기, 확실히, 만일, 설령, 제발, 부디'와 같은 양태 부사들은 문장 부사어에 해당한다. 문장 또는 단어를 연결하는 접속 부사어도 있다. '그러나, 그리고, 그러므로'와 같이 문장을 연결하는 기능을 하는 부사나 '및'과 같이 단어를 연결하는 기능을 하는 부사는 접속 부사어에 해당한다. 〈조진수〉

[참고문헌]
• 고영근·구본관(2008), 우리말 문법론, 집문당.
• 남기심·고영근(2004), 표준 국어 문법론, 탑출판사.
• 왕문용·민현식(1993), 국어 문법론의 이해, 개문사.
• 이관규(2002), 학교 문법론, 월인.
• 이익섭(2000), 국어학 개설, 학연사.

■ 독립 성분

독립 성분(獨立成分)은 감탄사, 체언에 호격 조사가 붙은 것, 제시어 등과 같이 문장의 어느 성분과도 직접적인 관련이 없는 문장 성분인 독립어를 가리킨다.

(1) <u>아</u>! 바다가 참 멋지구나.
(2) <u>예</u>, 저도 그렇게 하겠습니다.

(1)의 '아', (2)의 '예'와 같은 감탄사는 이어지는 문장이 없이도 사용 가능하다. 따라서 감탄사는 뒤에 오는 말과 문장 구조 차원에서 관련을 맺고 있지 않다. 감탄사는 어

면 사물이나 사태에 대해 느낀 희로애락, 근심, 욕설 등을 표현하거나 응답, 의문, 명령, 청유, 부름과 같은 기능을 하는 말이다.

(3) <u>영수야</u>, 우리 함께 가자.
(4) <u>영숙아</u>, 지금 뭐 하니?
(5) <u>박 군</u>, 잠시 나 좀 도와주게.
(6) <u>선생님</u>, 안녕하세요?

(3)의 '영수야', (4)의 '영숙아'와 같이 체언에 호격 조사가 붙은 말도 독립어이다. (3)과 같이 모음 뒤에서는 '야'가, (4)와 같이 자음 뒤에서는 '아'가 선택된다. (5), (6)과 같이 호격 조사가 생략된 채로도 호격어로서의 역할을 할 수 있다. '아버지, 할아버지, 아저씨' 등 높임의 뜻을 가진 말이나 접미사 '-님'이 붙은 '선생님, 손님' 등과 같은 말에는 호격 조사가 붙지 않는 것이 일반적이다. 시어(詩語)에서 '-(이)여', '-(이)시여'와 같은 호격 조사가 붙는 경우가 있다.

(7) <u>책</u>, 그것의 힘은 엄청나다.

(7)의 '책'은 제시어로서 뒤에 내용을 대표하는 명사구를 첫머리에 제시함으로써 상대방이 주의를 집중하도록 하는 독립 성분이다.

(8) <u>그러나</u> 피해가 그리 크지 않았다.

(8)에 사용된 접속 부사 '그러나'는 수식의 기능을 하지 않기 때문에 학자에 따라 부사어가 아닌 독립어로 분류하는 경우도 있다. 학교 문법에서는 6차 교육과정에서 접속 부사를 독립어로 제시하였지만, 7차 교육과정에서부터는 독립어가 아니라 부사어(접속 부사어)로 분류하고 있다.   〈조진수〉

[참고문헌]
• 고영근·구본관(2008), 우리말 문법론, 집문당.
• 남기심·고영근(2004), 표준 국어 문법론, 탑출판사.
• 왕문용·민현식(1993), 국어 문법론의 이해, 개문사.

■ 성분 생략

성분 생략(成分省略, ellipsis)은 문장을 구성하는 특정 성분이 문장 표층에서 드러나지 않는 현상이다.

성분 생략은 텍스트 안에서 특정 성분이 반복되거나 해당 성분이 없더라도 언어적 문맥, 상황 맥락, 배경 지식 등으로 추론이 가능할 때 일어난다. 문장에서 특정 성분이 생략되기 위해서는 생략된 성분이 독자(청자)의 머릿속에 복원될 수 있음이 전제된다. 즉 복원 가능성(recoverability)을 지닌 성분만이 생략될 수 있다.

한국어는 주성분에 해당하는 주어가 잘 생략된다는 특성이 있다. 주어의 생략은 주어를 필수적으로 요구하는 다른 언어와 대조 언어학적 관점에서 중요한 특징이다. 주어가 생략되는 현상은 다음의 몇 가지 유형으로 나뉜다.

(1) 영이는 집을 나섰다. 그리고 한 시간 후 학교에 도착했다.
(2) 가: 학생들이 모두 어디에 있나요?
　　 나: 운동장에 있습니다.
(3) 어서 학교에 가거라.
(4) 아까부터 계속 춥다.

(1)의 두 번째 문장에서 주어가 생략된 것은 문맥상 앞 문장의 '영이'가 뒤 문장에서도 주어임이 분명하기 때문이다. (2ㄴ)의 대답에서 주어가 생략된 이유도 물음을 고려했을 때 '학생들이'가 주어가 됨이 분명하기 때문이다. (3)은 명령문으로 주어가 항상 이인칭이기 때문에 주어를 생략하는 것이 보통이다. (4)는 느낌 형용사가 서술어로 사용되었기 때문에 일인칭 주어가 오는 것이 당연하므로 주어가 생략된 것이다. (3)과 (4)는 특별한 맥락이 주어지지 않은 상황에서 생략이 가능하거나 필요한 경우로 (1), (2)와 성질이 다른 것으로 구분하기도 한다.

서술어 역시 문장의 필수적 성분이지만 동일한 서술어가 반복 사용되거나 맥락에 의해 서술어가 무엇인지 예측이 가능하면 생략될 수 있다.

(5) 영이는 서울, 영수는 대전에 살았다.
(6) 가: 뭐 드릴까요?
　　 나: 차가운 커피요.

(5)에서 서울 다음에 '살았고'가 생략된 것은 문장 끝부분에 동일한 서술어인 '살았다'가 나오기 때문이다. (6ㄴ)에서는 물음을 통해 '주세요'를 복원할 수 있어 '주세요'가 생략되었다.

목적어나 보어 역시 주어, 서술어와 마찬가지로 생략될 수 있으나 위에서 언급한 바와 같이 성분 생략이 일어나기 위해서는 생략된 성분이 맥락 등을 통해 복원 가능해야 한다.

한국어교육에서 성분 생략은 이해뿐만 아니라 표현 차원에서도 다루어져야 한다. 성분 생략은 범언어적으로 일어나는 현상이면서도 그 양상은 언어에 따라 차이가 있다. 그러므로 한국어교육에서 대조 언어 연구의 성과를 바탕으로 이해와 표현의 두 차원에서 성분 생략 문제를 다룰 필요가 있다. 〈조진수〉

[참고문헌]
• 남기심·고영근(2004), 표준 국어 문법론, 탑출판사.
• 서울대학교 국어교육연구소(1999), 국어교육학 사전, 대교출판.
• 이익섭·채완(2000), 국어 문법론 강의, 학연사.
• 임규홍(1996), 국어 생략 현상에 대한 연구, 어문학 57, 한국어문학회, 281~319쪽.

■ 이중 주어문

이중 주어문(二重主語文, double subject sentence)은 표면적으로 한 문장에 주어가 둘인 것처럼 보이는 문장이다.

이처럼 주어가 겹쳐 실현되는 것은 한국어에 나타나는 특이한 문법적 현상으로 이중 주어문, 중주어문, 주격 중출문 등으로도 불린다.

(1) 토끼는 앞발이 짧다.

(1)과 같이 '토끼는'과 '앞발이'가 한 문장에 나타나는 문장이 이중 주어문의 대표적인 예에 해당한다. 현행 학교 문법에서는 서술절을 설정하여 (1)과 같은 이중 주어문을 겹문장으로 처리하는 방식을 취하고 있다. 즉 '앞발이 짧다'를 서술절로 보고 '토끼는'은 전체 문장의 주어로, '앞발이'는 서술절의 주어로 처리하는 것이다. 서술절을 인정하여 전체 문장을 겹문장으로 보는 이러한 설명 방식은 입체적인 분석 방식이지만 다른 내포절(명사절, 관형절, 부사절, 인용절)과 달리 서술절은 절 표지가 따로 없다는 점에서 문제가 있다. (1)의 경우 '앞발이 짧다'가 서술어임을 나타내는 표지가 따로 존재하지 않기 때문에 표면적으로 보았을 때 서술어가 하나밖에 없는 것으로 파악될 수 있다는 것이다.

이중 주어문을 홑문장으로 보고 두 개의 주어를 대주어와 소주어로 설명하는 방식도 있다. 이는 이중 주어문을 평면적으로 보고 매우 특이한 한국어 표현으로 바라보는 태도이다. 이중 주어를 주제어와 주어의 관계로 보는 관점도 있다. 즉 (1)의 '토끼는'을 주제어로, '앞발이'를 주어로 본다. 주제어를 설정하는 관점에서 국어 문장의 기본 구조는 '주제-설명'이다. 이 관점을 수용할 경우 다른 국어 문장에도 주제어를 설정해야 하는 부담이 있다. 또 담화적 차원의 개념인 주제를 문장 성분의 하나로 간주할 수 있는지도 문제가 된다. 초점화(焦點化) 개념을 도입하여 이중 주어문을 설명하는 방식도 있다. 이는 (1)의 '토끼는'을 화자가 강조하고자 하는 말인 초점어로 보고 강조의 보조사 '는'을 초점 실현을 위해 사용된 것으로 보는 관점이다.

이중 주어문은 주격 조사가 붙은 두 말 사이의 관계에 따라 몇 가지 유형으로 나뉜다.

(2) 코끼리가 코가 길다.
(3) 아이들이 두 명이 있다.
(4) 과일은 사과가 제일이다.
(5) 나는 그 영화가 좋다.

(2)에서 '코'는 '코끼리'의 일부이기 때문에 '코끼리가'를 '코끼리의'와 같이 바꾸어도 자연스럽다. 즉 주격 조사를 관형격 조사로 바꾸어 표현할 수 있다. (3)에서 '두 명'은 '아이들'의 수를 나타내는 말이고 (4)에서 '과일'과 '사과'는 '부류-개체'의 관계를 갖는다. (5)는 심리 동사 구문으로 '나'는 '좋다'는 심리의 경험주이고 '그 영화'는 대상에 해당한다.

이중 주어문은 다른 언어에서 찾아보기 어려운 한국어의 특이한 구문이다. 또 이중 주어문은 한국어가 주제 중심 언어의 성격을 띤다는 점과도 관련된다. 따라서 교육 현장에서는 이중 주어문에 대한 다양한 관점과 학교 문법에서의 설명 방식에 대해 소개하되 '주제어'를 설정하는 관점이 한국어가 주제 중심 언어의 성격을 띤다는 점과 관련된다는 점도 언급할 필요가 있다. 〈조진수〉

[참고문헌]
• 고영근·구본관(2008), 우리말 문법론, 집문당.
• 서울대학교 국어교육연구소(1999), 국어교육학 사전, 대교출판.
• 이관규(2002), 학교 문법론, 월인.
• 허용 외(2005), 외국어로서의 한국어교육학 개론, 박이정.

6.3. 문장 종결

문장 종결(文章終結)은 문장으로 화자가 말하고자 하는 생각을 마무리하는 것이다.

문장 종결은 종결 표현으로 이루어지는 것이 보통인데 때로는 억양을 통해서 실현되기도 한다. 문장을 종결할 때 일정한 표현으로 한다는 것은 문장의 의미를 어떻게 마무리할 것인가와 관련이 된다. 문장은 본래 화자가 생각하는 내용을 나타내는 명제(命題, proposition) 부분과 그 내용을 청자에게 전달하는 방법을 나타내는 양태(樣態, modality) 부분으로 구분된다. 즉 문장은 '명제 + 양태' 구조로 볼 수 있다는 것이다. 이 말은 문장의 종결 부분에 나타나는 표현은 용언의 일부로 볼 것이 아니라 문장의 명제와 밀접한 관련이 있다는 것을 뜻한다.

(1) ㄱ. 철수가 학교에 가니?
ㄴ. [[철수가 학교에 가] + 니]

(1)에서 '-니'라고 하는 종결 표현은 단순히 용언인 '가-'에만 붙는 것이 아니라 (1ㄴ)에서처럼 '철수가 학교에 가-'라는 전체 명제에 붙는다. 이 종결 표현이 (1ㄱ) 문장의 성격을 좌우지한다고까지 말할 수도 있다. (1ㄱ) 문장이 의문문이라고 말하는 것이 바로 이런 연유이다.

한편 억양을 통해서 문장 종결의 의미가 결정되기도 한다. 우리말은 문말 억양의 성격에 따라서 문장의 종류가 결정되는 경우가 많다. (1ㄱ)이 의문문이 될 수 있는 것은 문장의 끝 부분을 높이기 때문이다.

(2) ㄱ. 밥 먹어.(↘)
ㄴ. 밥 먹어?(↗)
ㄷ. 밥 먹어.(→)

문장 종결에서 억양이 중요하다는 것은 (2)를 보면 명확히 나타난다. 똑같은 '밥 먹어' 인데 문말 억양을 어떻게 했느냐에 따라서 문장의 종류가 달라진다. (2ㄱ)처럼 끝을 내리면 평서문, (2ㄴ)처럼 끝을 올리면 의문문, (2ㄷ)처럼 끝을 수평으로 하면 명령문이 된다.

이처럼 문장 종결을 다룰 때에는 종결 표현이 어떤 것이라거나 억양이 어떻다는 식의 논의가 많이 있어 왔다. 그러나 문장 종결을 어떻게 한다는 것은 결국 어떤 담화 상황에서 어떤 표현을 사용하느냐는 문제로 귀결된다. 발화하기 전에 맥락이 무엇인지 살피는 습관이 중요하다.

한국어교육의 궁극적인 목표는 의사소통 능력의 신장이다. 따라서 문장 종결을 교수 학습할 때도 기본적으로는 문장 종결 표현을 다루고, 문말에서 실현되는 억양에 따라 화자의 생각이 청자에게 다양하게 전달된다는 점을 부각시킬 필요가 있다. 〈이관규〉

[참고문헌]
- 이관규(2005), 국어교육을 위한 국어 문법론, 집문당.
- 신지영 외(2012), 쉽게 읽는 한국어학의 이해, 지식과교양.
- 한재영 외(2008), 한국어 문법 교육. 태학사.

■ 종결 어미와 문장의 종류

종결 어미(終結語尾)는 화자가 말하는 바를 마무리하고자 할 때 사용하는 어미를 말한다.

문장은 종결 어미가 무엇이냐에 따라 구분되기도 한다. 문장의 종류는 평서문, 의문문, 명령문, 청유문, 감탄문으로 나누는 것이 일반적이다.

(1) ㄱ. 학생들이 지금 운동장에서 축구를 <u>한다</u>.
　　ㄴ. 꽃이 참 예쁘<u>다</u>.
(2) ㄱ. 어디 가<u>느냐</u>?
　　ㄴ. 꽃이 얼마나 예쁘<u>냐</u>?
　　ㄷ. 이 식물의 특성은 무엇<u>이냐</u>?
(3) ㄱ. 날씨가 추울 테니 (너는) 옷을 많이 <u>입어라</u>.
　　ㄴ. 거기 자리에 앉<u>아라</u>.
(4) 자, (우리) 함께 가<u>자</u>.
(5) 꽃이 참 아름답<u>구나</u>.

(1)~(5)는 각각 평서문, 의문문, 명령문, 청유문, 감탄문인데 각각 평서형 종결 어미 '-다', 의문형 종결 어미 '-(느)냐', 명령형 종결 어미 '-아/어라', 청유형 종결 어미 '-자', 감탄형 종결 어미 '-구나'가 사용되었다. 해당 문장들에서 사용된 종결 어미가 바로 다섯 가지 문장의 종류를 결정짓는 대표적인 형태이다.

(2)에서 사용된 의문형 종결 어미는 동사에서는 '-느냐'를 쓰지만 형용사에서는 '-냐'

만을 사용한다. 이는 '-느-'에 '과정'의 의미가 들어가 있기 때문에 '과정'의 의미가 들어갈 수 없는 형용사에서는 '*예쁘느냐'라는 표현이 불가능하다. (3)에서는 명령형 종결 어미로 '-아라'와 '-어라'를 사용하고 있는데 앞에 오는 동사가 양성 모음이면 '-아라', 음성 모음이면 '-어라'를 쓴다.

> (6) ㄱ. 그는 학생들이 지금 운동장에서 축구를 <u>한다고</u> 말했다.
> ㄴ. 그는 꽃이 참 예쁘<u>다고</u> 말했다.
> (7) ㄱ. 그는 나한테 어디 가<u>느냐고</u> 물었다.
> ㄴ. 그는 꽃이 얼마나 예쁘<u>냐고</u> 물었다.
> ㄷ. 이 식물의 특성은 무엇<u>이냐고</u> 물었다.
> (8) 그는 나한테 옷을 많이 <u>입으라고</u> 말했다.
> (9) 그는 나한테 함께 <u>가자고</u> 말했다.
> (10) 그는 꽃이 매우 아름답<u>다고</u> 탄성을 질렀다.

　(1)~(5)에 제시된 종결 어미 '-다, -(느)냐, -아/어라, -자, -구나'는 각각 평서문, 의문문, 명령문, 청유문, 감탄문을 드러내는 대표적인 종결 어미이다. 이 종결 어미들을 대표형으로 삼는 것은 (6)~(10)과 같이 해당 문장을 간접 인용절로 바꿔 쓸 때 나타나는 형태이기 때문이다.

　단지 명령형 종결 어미는 (8)의 간접 인용절에서 '-(으)라'로 나타났는데도 '-아/어라'를 기본형으로 정하는 것은 '-아/어라'가 실제 직접 명령문에서 사용되는 종결 어미이기 때문이다. 감탄형 종결 어미는 (10)의 간접 인용절에서 '-다'로 나타났는데도 '-구나'를 기본형으로 정하는 것은 '-다'가 평서형 종결 어미의 기본 형태이기도 하고 한국인의 정서에서 '-구나'가 감탄을 나타내는 표현으로 뿌리 깊게 자리 잡고 있기 때문이기도 하다.

　이와 같이 문장의 종류가 종결 어미와 항상 일대일로 대응하는 것은 아니므로 종결 표현과 연관 지어 가르치는 것이 효과적이다.　　　　　　　　　　　　　　　〈이관규〉

[참고문헌]
· 고영근·구본관(2008), 우리말 문법론, 집문당.
· 신지영 외(2012), 쉽게 읽는 한국어학의 이해, 지식과교양.
· 이관규(2005), 국어교육을 위한 국어 문법론, 집문당.

❑ **평서문**

　평서문(平敍文)은 화자가 청자에게 아무것도 요구하지 않고 자신의 생각을 나타내는 문장이다. 여기서 자신의 생각이란 어떤 사실이나 현상에 대하여 화자가 인식하고 있는 바를 뜻한다.

> (1) ㄱ. 꾸밈을 받는 말과 꾸미는 말의 거리가 가까워야 한다.
> ㄴ. 비가 온다고 하더니 눈이 오는군.
> ㄷ. 자, 내가 한번 하지.

ㄹ. 나는 안 갈 걸세.

ㅁ. 내가 내일 가마.

(1)은 모두 평서문으로 평서형 종결 어미의 대표형인 '-다'를 비롯하여 '-군/-는군, -지, -(으)ㄹ세, -(으)마' 등과 같은 다양한 종결 어미를 사용했다. 물론 평서형 어미는 이외에도 '-네, -데, -(으)오, -(으)ㄹ래' 등 매우 다양하다. 이 모든 종결 어미들이 간접 인용절에서는 '-다'로 실현된다.

평서문에 대한 논의에서 가장 논란이 되는 것은 평서형 종결 어미를 '-다'로 설정할 것인지 '-ㄴ/는다'로 설정할 것인지의 문제이다. 학교 문법에서는 '-ㄴ/는-'을 현재 시제 선어말 어미로 설정하고 있다. 한국어교육에서도 학교 문법과 같이 평서형 종결 어미로서 '-다'를 제시한 경우도 있지만 외국인 한국어 학습자를 고려한 교육 문법 단위를 설정한다는 취지에서 '-ㄴ/는다'를 묶어서 하나의 평서형 종결 어미로 제시하는 것이 더 보편적이다. 이는 한국어교육의 관점에서는 '-ㄴ/는-'에 대한 문법 논리를 확보하는 것보다 '-ㄴ/는다'의 결합 형태로서 실현되는 기능과 양상을 학습자에게 설명하는 것이 상대적으로 더 중요하다고 보기 때문이며, 이러한 입장에서 결합형을 제시하는 것을 선호하는 경향이 있다.

한편 '-(스)ㅂ니다' 역시 하나의 평서형 종결 어미로 보는 것이 한국어교육계의 입장이다. 이 점은 학교 문법에서도 동일하게 인정하고 있다. 그러나 엄밀히 말하면 '-(스)ㅂ-, -니-'는 각각 상대 높임, 직설법이라는 의미를 띠고 있기 때문에 개별 형태소로 처리하여 선어말 어미로 보아야 한다. 그렇지만 교육적 효율성을 고려하여 '-(스)ㅂ니다' 전체를 하나의 평서형 어미로 보고 있다. 〈이관규〉

[참고문헌]

• 국립국어원(2005), 외국인을 위한 한국어 문법 1, 커뮤니케이션북스.
• 이관규(2005), 국어교육을 위한 국어 문법론, 집문당.

❑ **의문문**

의문문(疑問文)은 대개 화자가 청자에게 질문하여 대답을 요구하는 문장을 일컫는다.

(1) ㄱ. 이 식물의 특성은 무엇이지(요)?

ㄴ. 비가 {오느냐?/오니?/오나?/올까?/와?/오지?/오오?}

ㄷ. 너 올래?

ㄹ. 그렇게만 되면 얼마나 좋을까?

의문문은 의문형 종결 어미로 실현되는 게 일반적이다. 의문형 종결 어미로는 대표형인 '-(느)냐'를 비롯하여 '-니, -나, -(으)ㄹ까' 등 다양하고, 다른 종결 표현으로도 쓰이는 '-아/어, -지, -(으)오, -(으)ㄹ래' 등도 의문형 어미로 사용되곤 한다. 후자의 경우에는 억양을 통해 의문형 어미로 기능을 한다.

의문문은 크게 세 가지로 나뉜다. 화자가 청자에게 일정한 설명을 요구하는 설명 의문문, 단순히 긍정이나 부정의 대답을 요구하는 판정 의문문, 굳이 대답을 요구하지 않고 서술이나 명령의 효과를 내는 수사(修辭) 의문문(또는 반어 의문문)이 그것들이다. (1ㄱ)은 설명 의문문, (1ㄴ)과 (1ㄷ)은 판정 의문문, (1ㄹ)은 수사 의문문이다.

(2) ㄱ. 오늘 날씨가 참 좋지?
ㄴ. {네/예}, 좋아요./아니요, 안 좋아요.
(3) ㄱ. 오늘 날씨가 참 안 좋지?
ㄴ. {네/예}, 안 좋아요./아니요, 좋아요.

한국어는 기본적으로 청자 중심 언어이다. (2), (3)에서 보듯이 화자의 질문에 따라서 청자의 대답이 달라진다. (2)처럼 긍정문으로 물었을 때는 긍정이면 '네/예', 부정이면 '아니요'로 대답하면 된다. 그러나 (3)처럼 부정문으로 질문을 하면 청자는 질문한 화자의 의도를 고려하여 대답해야 한다. '오늘 날씨가 안 좋지?'라는 부정 의문문에는 날씨가 좋으면 '아니요'로, 좋지 않으면 '네/예'로 말한다. 반면 영어는 질문자가 긍정 의문문을 사용하였든지 부정 의문문을 사용하였든지 상관없이 자신의 대답이 긍정이면 'Yes', 부정이면 'No'로 표현한다. (3)에 대한 영어 대답은 'Yes, it is.', 'No, it isn't.'가 된다. 〈이관규〉

[참고문헌]
• 국립국어원(2005), 외국인을 위한 한국어 문법 1, 커뮤니케이션북스.
• 이관규(2005), 국어교육을 위한 국어 문법론, 집문당.

❏ 명령문

명령문(命令文)은 화자가 청자에게 어떤 행동을 하도록 요구하는 문장이다. 따라서 명령문의 주어는 항상 청자가 되지만 겉으로 드러나지는 않는다.

(1) ㄱ. (너는) 예뻐.
ㄴ. 해야, 솟아라.

명령문의 서술어로는 동사, 그중에서도 주체의 의지에 의해 실현되는 동사만을 사용할 수 있다. (1ㄱ)에서 보듯이 '예쁘다' 같은 형용사나 '솟다'와 같이 주체의 의지로 실현할 수 없는 작용 동사로는 명령문을 형성할 수 없다. '너는 예뻐.'가 가능한 경우는 평서문일 때이며 '해야, 솟아라.'가 가능한 듯이 보이는 것은 그것이 문학적인 표현으로 쓰였기 때문이다.

(2) ㄱ. 날씨가 추울 테니 (너는) 옷을 많이 {입어라/입어}.
ㄴ. 어머니는 나에게 날씨가 추울 테니 옷을 많이 입으라고 말씀하셨다.

명령문은 명령형 종결 어미로 이루어지는 것이 일반적이다. 명령형 종결 어미로는

'-아/어라, -아/어, -지, -(으)렴, -(으)려무나, -게, -(으)오, -소, -구려, -(으)ㅂ시오, -(으)소서' 등 다양한 형태를 들 수 있다. 이 모든 직접 명령형 어미는 간접 인용절에서 '-(으)라'로 통일된다.

그러나 (3)과 같이 통사적으로는 명령문이 아닌데 의미적으로는 명령문인 경우가 있다. (3ㄱ)은 의문문, (3ㄴ)은 평서문 형식을 보이고 있지만 의미적으로는 분명히 명령문이라고 할 수 있다.

> (3) ㄱ. 사장님, 이쪽으로 오시겠습니까?
> ㄴ. 할머니, 여기 앉으시지요.
> ㄷ. 총각, 여기 앉지.

한국어교육에서 명령문을 논할 때 가장 중점을 두는 분야는 높임 표현과 관련된 것이다. 한국어에서는 화자와 청자의 나이, 직위 등에 따라서 종결 표현이 달라진다. 또한 격식적인 자리인지 비격식적인 자리인지에 따라서도 종결 표현이 달라진다. (3ㄱ)은 격식체로 조금 딱딱한 느낌이 들지만 (3ㄴ), (3ㄷ)은 비격식체로 부드러운 느낌이 있다. 〈이관규〉

[참고문헌]
• 국립국어원(2005), 외국인을 위한 한국어 문법 1, 커뮤니케이션북스.
• 이관규(2005), 국어교육을 위한 국어 문법론, 집문당.

❏ 청유문

청유문(請誘文)은 화자가 청자에게 어떤 행동을 함께 하도록 요청하는 문장이다. 청유문의 주어는 화자와 청자 둘 다를 포함한다.

> (1) ㄱ. 자, (우리) 함께 집에 가자.
> ㄴ. *우리 예쁘자.
> ㄷ. *우리 학생이자.

청유문에는 화자의 의지가 반영되기 때문에 명령문과 같이 동사가 서술어로 사용된 문장으로만 실현된다. (1)과 같이 형용사나 '이다'가 서술어로 사용된 청유형 문장은 비문이 된다.

> (2) ㄱ. 나도 좀 하세.
> ㄴ. 집에 갑시다.
> (3) ㄱ. 그는 자기도 좀 하자고 말했다.
> ㄴ. 그는 집에 가자고 말했다.
> (4) (함께) 집에 가.

청유형 종결 어미에는 '-자' 이외에도 '-(으)세, -(으)ㅂ시다' 등이 많이 쓰인다. 이들은

(3)과 같이 간접 인용절로 쓰일 때 '-자'로 실현된다. (4)의 '집에 가.'에서는 억양과 상황에 따라 다양한 문장 유형에서 사용되는 종결 어미 '-아/어'가 사용되었는데, 이처럼 청유형 어미 역시 고정적으로 사용되지 않는 경우가 있다.

    (5) ㄱ. 회사를 위해 함께 노력합시다.
       ㄴ. 회사를 위해 함께 노력해요.
    (6) ㄱ. 자, 내립시다.
       ㄴ. 자, 내리지요.

  청유문을 가르칠 때는 '-(으)ㅂ시다'와 같은 격식체 표현과 '-아/어요'와 같은 비격식체 표현의 용법에 주의하여야 한다. (5)를 보면 '노력합시다'와 '노력해요'의 공식적, 비공식적 차이가 확연히 나타난다. 만약 '-(으)ㅂ시다'가 (6)에서처럼 비공식적인 자리에서 사용된다면 매우 강력한 명령의 의미가 포함되어 있다. 청유의 뜻을 나타내는 표현을 구사할 때는 이처럼 미세한 용법을 늘 고려해야 한다.   〈이관규〉

[참고문헌]
• 국립국어원(2005), 외국인을 위한 한국어 문법 1, 커뮤니케이션북스.
• 이관규(2005), 국어교육을 위한 국어 문법론, 집문당.

❏ 감탄문

  감탄문(感歎文)은 화자가 청자를 별로 의식하지 않거나 거의 독백하는 상태에서 자기의 느낌을 표현하는 문장이다.

  감탄문은 청자를 고려하지 않는다는 점에서 평서문과 구분된다. 즉 다른 문장들이 정보 전달의 기능을 주로 하는 반면 감탄문은 정보 전달보다는 정서적 표현이 일차적 기능이다.

    (1) ㄱ. 꽃이 참 {아름답구나/아름답도다}.
       ㄴ. 그는 꽃이 매우 아름답다고 말했다.

  '-구나'를 대표적인 종결 어미로 하는 감탄형 어미로는 '-군(요)/-는군요, -구먼(요)/-는구먼(요), -구려/-는구려, -아/어라, -누나, -노라, -도다' 등이 있다. 이 어미들은 (1ㄴ)에서 확인할 수 있듯이 간접 인용절에서 모두 '-다'로 실현된다.

    (2) ㄱ. 아, 참 아름다워라.
       ㄴ. 함께 살고 같이 누릴 삼천리강산에, 아아, 우리들은 살았어라.
       ㄷ. 아이고, 놀라라.

  '-아/어라'는 '먹어라'에서처럼 동사와 결합하여 명령형 어미로 쓰이나 (2ㄱ)에서처럼 형용사와 결합하여 감탄형 어미로 사용되기도 한다. 또 과거 표지 '-았/었-'은 본래 명령문에서는 사용되지 않으나 (2ㄴ)의 '살았어라'에서처럼 사용되면 '-아/어라'가 감탄형으로 기능한다. (2ㄷ)은 감탄문으로, '놀라다'가 동사이긴 하지만 의지 용언이 아니기 때문에 '-아/어라'가 감탄형 어미로 사용되었다.

한국어교육에서는 '-군요/-는군요, -네요'처럼 높임 보조사를 붙인 감탄 표현을 많이 다룬다.   〈이관규〉

[참고문헌]
· 국립국어원(2005), 외국인을 위한 한국어 문법 1, 커뮤니케이션북스.
· 이관규(2005), 국어 교육을 위한 국어 문법론, 집문당.

6.4. 문장의 확대

문장의 확대란 홑문장들이 모여 하나의 겹문장이 되는 과정을 일컫는 말이다.

한국어 문장은 '무엇이 어찌한다, 무엇이 어떠하다, 무엇이 무엇이다, 무엇이 무엇을 어찌한다' 등과 같이 주어와 서술어, 목적어 등으로 이루어진다. 이런 기본 문형에 체언을 수식하는 관형어와 용언을 수식하는 부사어 등이 결합하기도 하고 이렇게 이루어진 문장에 또 다른 문장이 결합해 더 크고 복잡한 문장을 이루기도 한다.

전통적으로 주술 구성이 한 번인 문장을 홑문장(단문, simple sentence)이라고 하고 이러한 홑문장이 모여 이루어진 더 복잡한 문장을 겹문장(복문, complex sentence)이라고 한다. 그리고 겹문장에는 '앞뒤 두 문장이 나란히 놓여 이루어진 이어진 문장'(접속문)과 '어떤 문장 속에 다른 문장이 들어가 있는 안은 문장'(내포문)이 있다.

더 큰 문장 속의 한 문장을 절이라 부르는데 그 절이 문장 속에서 어떤 지위를 가지느냐에 따라 주절(主節, main clause)과 종속절(從屬節, subordinate clause)로 나뉜다.

이어진 문장에는 두 주절이 대등적으로 연결된 대등적으로 이어진 문장과 종속절과 주절로 연결된 종속적으로 이어진 문장이 있다. 어떤 학자들은 문장을 중문(重文, compound sentence)과 복문(複文, complex sentence)으로 구분하여 대등 접속문을 중문으로, 종속 접속문을 복문으로 보기도 한다.

  (1) ㄱ. <u>이곳은 인사동이고</u> <u>그곳은 창덕궁입니다.</u>
      ㄴ. <u>한국에 가면</u> <u>저는 항상 명동에 갑니다.</u>

위 예문 (1ㄱ)은 선행절과 후행절이 대등한 자격으로 연결된 경우이고 (1ㄴ)은 선행절이 후행절에 종속된 경우이다.

안은 문장은 하나의 문장이 또 다른 문장에 하나의 문장 성분으로 참여하는 경우를 말한다. 한 문장이 명사처럼 안기는 경우와 관형사처럼 안기는 경우, 부사처럼 안기는 경우가 있다. 또한 어떤 사람의 말이나 생각을 인용한 인용절로 안기는 경우가 있고 서술어로 안기는 서술절이 있다.

(2) ㄱ. 그는 <u>두 사람이 결혼했음을</u> 모두에게 알렸다.

ㄴ. <u>얼굴이 예쁜</u> 동생은 인기가 많다.

ㄷ. 철수는 <u>발에 땀이 나게</u> 뛰었다.

ㄹ. 동생은 <u>오늘 돌아온다고</u> 했다.

ㅁ. 친구가 <u>키가 크다</u>.

그런데 최근의 일부 논의 중에서는 종속적으로 이어진 문장인 (1ㄴ) 유형의 문장들을 이어진 문장이 아니라 (2ㄷ)과 같이 주절에 내포된 부사절로 보는 경우도 있다. 이는 대등적으로 이어진 문장(대등적 접속)이 선행절과 후행절의 의미가 독립적이어서 그 위치를 서로 바꾸어도 별 의미 차이가 없는 데 반해 종속절로 이어진 문장은 부사절처럼 두 절의 위치를 바꾸었을 때 문장이 성립되지 않는다는 점과 종속절이나 부사절 모두 문장에서 자유롭게 이동한다는 점 때문이다.

외국인을 위한 한국어 문법에서는 부사절을 가진 안긴 문장을 종속적으로 이어진 문장에 포함시키는 경우도 있다.

(3) ㄱ. <u>형이 결혼해서</u> 식구들이 모두 기뻐했다.

ㄴ. 식구들이 <u>형이 결혼해서</u> 모두 기뻐했다.

(4) ㄱ. <u>소리도 없이</u> 비가 내렸다.

ㄴ. 비가 <u>소리도 없이</u> 내렸다.

위 (3)과 (4)의 문장을 비교했을 때 후자보다는 전자가 외국인 학습자들이 이해하기에 더 쉬운 문장 구조이다. (3ㄱ)의 경우는 '형이 결혼하-'라는 절과 '식구들이 모두 기뻐하-'라는 절이 각각 만들어진 후에 이들이 연결된 것으로 볼 수 있기 때문에 문장 구성이 단순해 보이지만 (3ㄴ)의 경우는 내포문의 서술어 '결혼하다'가 '형'만이 아닌 '식구'까지 관여하는 것으로 잘못 해석될 수 있는 복잡성이 있다. 또한 '식구들이 형이 결혼해서'를 '영희가 얼굴이 예쁘-'와 같이 이중 주어가 쓰인 문장과 같은 것으로 착각할 수도 있다.

안은 문장 중에 서술절을 포함한 안은 문장의 경우도 학자에 따라 다른 견해를 보인다. 한 문장에 '이/가'가 쓰인 명사구가 두 번 나타나서 주어가 두 번 실현되기 때문에 앞의 명사구를 대주어로 뒤의 주어를 소주어로 보는 입장, 각각을 주제와 주어로 보는 입장도 있으며, 심층에서는 다른 격 조사가 표면에서 '이/가'를 취한 것으로 보는 입장 그리고 두 번째 주어와 서술어가 먼저 직접 구성 성분을 이루어 서술절이 된 후에 첫 번째 주어가 서술 관계를 형성하는 것으로 보는 서술절을 포함한 안은 문장으로 보는 입장 등이 있다.

이에 대해 현행 학교 문법에서는 서술절을 포함한 안은 문장으로 보는 입장을 취하고 있는데 외국인을 위한 한국어 문법에서는 주로 형용사나 일부 자동사와 같은 특정한 서술어가 쓰일 때 나타나는 이중 주어문으로 설명하는 것이 일반적이다. 그러나 외국인의 입장에서는 이중 주어문으로 보거나 서술절을 안은 문장으로 보는 견해 모두 한국어에서 보이는 특수한 문장 유형이다. 〈이금희〉

[참고문헌]
- 고영근·구본관(2008), 우리말 문법론, 집문당.
- 국립국어원(2005), 외국인을 위한 한국어 문법 1, 커뮤니케이션북스.
- 이익섭·임홍빈(1983), 국어 문법론, 학연사.
- 이익섭·채완(1999), 국어 문법론 강의, 학연사.
- 최현배(1989), 우리말본, 정음문화사.

■ 홑문장과 겹문장

문장은 주어와 서술어가 한 번 나타나는 홑문장과 주어와 서술어가 두 번 이상 나타나는 겹문장으로 나뉜다.

홑문장(simple sentence)은 서술어가 요구하는 자릿수에 따라 다음과 같은 문장 구조를 나타낸다.

(1) ㄱ. 철수가 간다.
　　ㄴ. 나는 선생님이 아니다.
　　ㄷ. 그 꽃은 장미꽃과 비슷하다.
　　ㄹ. 아이가 물을 마신다.
　　ㅁ. 그가 그녀에게 꽃을 주었다.

한국어의 홑문장은 (1ㄱ)의 '주어 + 서술어' 구성, (1ㄴ)의 '주어 + 보어 + 서술어' 구성, (1ㄷ)의 '주어 + 부사어 + 서술어' 구성, (1ㄹ)의 '주어 + 목적어 + 서술어' 구성, (1ㅁ)의 '주어 + 부사어 + 목적어 + 서술어' 구성이 존재하는데, 필수적인 성분으로 이루어진 위 문장들에 체언을 수식하는 관형어, 용언을 수식하는 부사어가 덧붙을 수 있다.

겹문장은(complex sentence) 이런 홑문장이 이어지거나 안김으로 해서 생성된 문장이다. 두 문장이 이어져 만들어진 겹문장을 이어진 문장(접속문)이라고 하고 하나의 절이 다른 절에 안김으로 해서 만들어진 문장을 안은 문장(내포문)이라고 한다. 일반적으로 글에 나타나는 문장들은 이어진 문장과 안은 문장들이 섞인 혼합문들이다.

이어진 문장은 두 절이 대등적으로 이어진 것이냐 아니면 하나의 절이 다른 절에 종속되었느냐에 따라 대등적으로 이어진 문장(대등 접속)과 종속적으로 이어진 문장(종속 접속)으로 나눌 수 있는데 두 절을 연결하는 기능은 주로 연결 어미가 담당한다.

(2) ㄱ. 나는 한국어를 <u>좋아하고</u> 그는 영어를 좋아한다. (대등적)
　　ㄴ. 그는 밥을 <u>먹고</u> 자리에서 일어났다. (종속적)
　　ㄷ. 어제는 날씨가 <u>추웠지만</u> 오늘은 따뜻하다. (대등적)

ㄹ. 나는 얼굴이 <u>못생겼지만</u> 인기가 많다. (종속적)

(2ㄱ)의 대등적으로 이어진 문장은 '그는 영어를 좋아하고 나는 한국어를 좋아한다.'로 앞뒤 절을 교체하여도 의미에 큰 차이가 없으나 (2ㄴ)의 종속적으로 이어진 문장은 '나는 자리에서 일어나고 밥을 먹었다.'처럼 앞뒤 절을 교체하면 전혀 다른 의미가 된다. (2ㄷ), (2ㄹ)도 형태가 같은 연결 어미로 연결되었지만 (2ㄷ)은 대등적으로 이어진 문장이고 (2ㄹ)은 종속적으로 이어진 문장이다.

안은 문장은 하나의 절이 다른 절에 하나의 성분으로 안기는 경우인데 안기는 절은 어간에 주로 전성 어미가 결합한다. 명사절로 안기는 문장은 주로 '-(으)ㅁ, -기' 등이, 관형사절로 안기는 문장은 '-(으)ㄴ, -는, -(으)ㄹ, -던' 등이 결합한다. 부사절로 안기는 문장은 '-이, -게, -도록' 등이 결합하고 인용절로 안기는 문장은 종결 어미 '-다, -라, -냐, -자' 등에 '고, (이)라고, 하고' 등의 조사가 결합하여 만들어진다. 서술절로 안기는 문장은 특이하게 전성 어미 등의 문법 표지 없이 안은 문장을 형성한다.

(3) ㄱ. <u>여자가 그 일을 하기</u>가 쉽지 않다.
ㄴ. <u>꽃이 피는</u> 봄은 아직 멀었다.
ㄷ. 나는 <u>살이 빠지게</u> 걸어서 다녔다.
ㄹ. <u>새 학기에는 3학년이 된다</u>고 한다.
ㅁ. 영희가 <u>얼굴이 예쁘다.</u>

(3ㄱ)은 명사절 '여자가 그 일을 하기'를 안은 문장이고 (3ㄴ)은 '봄'을 수식하는 관형사절 '꽃이 피는'을 안은 문장이며 (3ㄷ)은 부사절 '살이 빠지게'를 안은 문장이다. (3ㄹ)은 다른 사람의 말인 '새 학기에는 3학년이 된다'라는 인용절을, (3ㅁ)은 '얼굴이 예쁘다'라는 서술절을 안은 문장이라고 볼 수 있다.

그러나 관형사형 어미인 '-(으)ㄴ, -는'과 의존 명사 '것'이 결합한 '-(으)ㄴ 것, -는 것'은 '-(으)ㅁ, -기'와 대체가 가능하고 명사적 기능을 한다고 여겨지므로 이 구성을 관형사절로 보지 않고 명사절에 포함하여 교육할 수 있다. 또한 서술절을 안은 (3ㅁ)과 같은 경우도 서술절을 안은 문장이 아닌 주어를 두 개 필요로 하는 서술어가 있는 홑문장으로 볼 수도 있다. 〈이금희〉

[참고문헌]
• 고영근·구본관(2008), 우리말 문법론, 집문당.
• 국립국어원(2005), 외국인을 위한 한국어 문법 1, 커뮤니케이션북스.
• 이관규(2002), 학교 문법론, 월인.
• 이익섭·채완(1999), 국어 문법론 강의, 학연사.

■ 이어진 문장

이어진 문장은 둘 이상의 홑문장이 연결 어미에 의해 이어져서 이루어진 겹문장을 뜻한다.

이어진 문장은 이어진 부분을 경계로 선행절과 후행절로 나뉘는데 선행절에 결합된 연결 어미의 의미에 따라 두 절 사이의 관계가 결정된다. 연결 어미는 문장과 문장을 이어 주는 동시에 문장 간의 의미 관계를 나타내는 표지이다. 더 나아가 텍스트와 텍스트의 접속 관계를 나타내는 표지이기도 하다. 미시적으로는 사건과 사태의 논리성과 시간성을 반영하므로 화자의 연결 어미 선택은 사건과 사태의 관계성에 대한 화자의 사고 체계를 반영한다.

학교 문법에서는 연결 어미를 '용언과 용언을 연결시키는 어미'로 정의한다. 대등적 연결 어미로 '-고, -(으)며'와 같은 나열, '-지만, -아/어도'와 같은 대립·대조, '-든지'와 같은 선택의 연결 어미 등이 있다. 대등적으로 이어진 문장은 선행문과 후행문의 의미 관계가 대등함을 뜻한다.

종속적 연결 어미로 '-고'(시간), '-(으)면'(가정), '-(으)ㄹ지라도'(인정), '-아/어서'(이유·원인), '-(으)려고'(목적), '-(으)ㄴ데/-는데'(배경) 등이 있다. 종속적으로 이어진 문장은 선행문과 후행문의 관계가 독립적이지 못하고 종속적인 것으로 다양한 종속적 연결 어미에 의해 의미 관계가 실현된다.

또 '-기 때문에, -는 중에, -는 가운데'와 같이 명사절이나 관형절로도 종속적으로 이어진 문장이 만들어진다. 이러한 연결 복합 형식은 한국어교육에서 연결 어미 범주에 넣어 지도하는 것이 효율적이다.

〈대등적 연결 어미〉

(1) ㄱ. 모양도 예쁘고, 맛도 좋다. (나열)

　　ㄴ. 빵을 먹든지 과자를 먹든지 상관하지 마세요. (선택)

　　ㄷ. 고생은 했지만 보람은 있었다. (대립·대조)

〈종속적 연결 어미〉

(2) ㄱ. 시간이 되어서 이만 마치겠습니다. (이유·원인)

　　ㄴ. 벨을 누르면 문이 자동으로 열립니다. (가정)

　　ㄷ. 초대장을 보내려고 주소를 물어보았다. (목적)

　　ㄹ. 요즘 뜨개질을 배우는데 아주 재미있어요. (배경)

　　ㅁ. 나를 못 알아볼지라도 슬퍼하지 않을 거예요. (인정)

〈연결 복합 형식〉

(3) ㄱ. 말을 할 수 없었기 때문에 몸짓으로 의사소통을 했다.

　　ㄴ. 식사하는 중에 계속 포크를 떨어뜨렸다.

대등적 연결 어미와 종속적 연결 어미는 앞 절이 부사절의 기능을 할 수 있도록 실현한다는 점에서 부사형 어미로 파악하기도 한다. 한국어교육에서 연결 어미와 이어진 문장을 다룰 때에는 크게 부사형 어미와 부사절로서 묶는 것이 문법 기술상 합리적이고 간결한 기술이 된다. 대등적 연결 어미도 되고 종속적 연결 어미도 되는 연결 어미의 예들을 해결해 주기 때문이다. 이런 관점에서는 아래의 (4)~(6)에서 볼 수 있는 것처럼 하나의 어미가 대등적 연결 어미와 종속적 연결 어미로 모두 사용되는 예를 쉽게 설명할 수 있다.

(4) ㄱ. 하늘은 높고, 바다는 넓다. (대등적으로 이어진 문장)

　　ㄴ. 하늘을 보고, 그는 희망을 바라본다. (종속적으로 이어진 문장)

(5) ㄱ. 책을 보든지, 영화를 보든지 한다. (대등적으로 이어진 문장)

　　ㄴ. 어디에 가든지 배움에 열정을 가진다. (종속적으로 이어진 문장)

(6) ㄱ. 하늘은 높다. 그리고 바다는 넓다.

　　ㄴ. 책을 본다. 그러든지 (아니면) 영화를 보든지 한다.

(4ㄱ), (5ㄱ)과 같은 대등적 연결 어미가 (6ㄱ), (6ㄴ)과 같이 '그리고, 그러든지' 등의 접속 부사와 치환된다는 것은 대등적 연결 어미 역시 부사성을 속성으로 하는 부사형 어미로 볼 수 있게 해 준다.　　　　　　　　　　　　　　　　〈김수정〉

[참고문헌]
- 국립국어원(2005), 외국인을 위한 한국어 문법 1, 커뮤니케이션북스.
- 김수정(2004), 한국어 문법 교육을 위한 연결 어미 연구, 한국문화사.

☐ 이유·원인

이유(理由)·원인(原因)의 연결 어미란 선행문의 사건이나 사태가 원인이 되어 후행문의 사건이나 상태를 변화시킴을 나타내는 표지를 말한다.

대표적인 이유·원인의 연결 어미로는 '-아/어서, -(으)니까, -(으)므로, -느라고, -더니, -았/었더니, -기에' 등이 있다. 또한 '-기 때문에, -(으)ㄴ/는 덕분에, -(으)ㄴ/는 탓에'와 같은 연결 복합 형식도 이유·원인의 연결 어미의 범주에 포함할 수 있다.

(1) ㄱ. 네가 좋아하니까 나도 기쁘다.

　　ㄴ. 여러 곳에 연락해 두었으니까 소식을 기다려 보자.

　　ㄷ. 성적이 우수하므로 이에 상장을 수여합니다.

　　ㄹ. 그 당시에는 한글이 없었으므로 한자를 사용하였다.

이유·원인의 연결 어미 '-(으)니까, -(으)므로'는 과거 시제와 결합할 수 있다. 이중 '-(으)니까'는 후행문에 청유문, 명령문이 올 수 있다. (1ㄷ), (1ㄹ)의 '-(으)므로'는 표창 혹은 상장(賞狀)의 문구나 문어 텍스트에서 높은 빈도로 쓰인다.

(2) ㄱ. 시간이 없어서 연락을 못했어요.

　　ㄴ. 너무 기뻐서 말을 잊었다.

　　ㄷ. 시험공부를 하느라고 잠을 못 잤다.

　　ㄹ. TV를 보느라고 밥 먹는 걸 잊어버렸다.

이유·원인의 연결 어미 '-아/어서'는 과거 시제와 결합할 수 없다. '-느라고'는 반드시 동일 주어 일치 제약이 있으며 과거 시제와 결합할 수 없다. 또한 '-느라고'는 동사와만 결합한다. 또 대체로 후행문에는 부정적인 내용이 나타난다.

(3) ㄱ. 동생이 춥게 자더니 감기에 걸렸다.

　　ㄴ. 어릴 때는 예쁘더니 지금은 그저 그렇나.

　　ㄷ. 밤에 머리를 감고 잤더니 머리 모양이 이상해졌다.

　　ㄹ. 친구가 학교에 가기에 나도 따라갔어요.

　　ㅁ. 그에게서 오랫동안 소식이 없었기에 그의 존재를 잊어버리고 있었다.

'-더니'가 이유·원인의 연결 어미로 쓰일 때에는 후행문에 청유문이나 명령문이 올 수 없다. '-더니'가 현재형으로 쓰일 때에는 선행문의 주어에 1인칭이 쓰일 수 없고 동일 주어 일치 제약이 있다. 과거 시제와 결합된 '-았/었더니'는 선행문의 주어에 1인칭이 오고 동사와만 결합한다. 후행문에는 동일 주어 일치 제약이 사라진다. 이유·원인의 연결 어미 '-기에'는 과거 시제와 결합할 수 있고 후행문에는 청유문이나 명령문이 올 수 없다.

이유·원인의 연결 복합 형식은 '때문, 덕분, 탓' 등의 명사 의미와 관련되어 이유·원인의 표지가 된다.

(4) ㄱ. 비가 오기 때문에 운동을 안 갔다.

　　ㄴ. 연습을 충분히 한 덕분에 오늘 발표를 잘 할 수 있었다.

　　ㄷ. 어제 밤을 샌 탓에 너무 피곤하다.

한국어교육 현장에서 이유·원인의 연결 어미를 지도하는 법은 다음과 같다. 이유·원인의 연결 어미의 '-아/어서'는 시간, 방법·도구의 연결 어미와 구별되도록 예문을 제시한다. 이유·원인의 연결 어미 '-(으)니까'는 초급 단계에서 후행문의 명령문과 청유문이 되는지 여부로 '-아/어서'와의 차이점을 강조한다. '-느라고'는 동일 주어의 상황을 제시하고 후행문에 부정적인 내용이 오는 점을 강조하여 지도하는 것이 좋다.

또한 '-더니, -았/었더니'가 이유·원인의 연결 어미로 쓰일 때에는 통사론적 제약이 많으므로 주의를 요한다. 특히 인칭 및 동일 제약과 용언 결합이 각각 다르므로 적절한 상황을 제시하면서 자연스럽게 익히게 하는 것이 중요하다. '-(으)므로, -기에'는 문어 텍스트에 많이 나타나는 연결 어미로서 중급 이상 단계에서 가르치는 것이 좋다. 　〈김수정〉

[참고문헌]
• 국립국어원(2005), 외국인을 위한 한국어 문법 1, 커뮤니케이션북스.
• 김지혜(2010), 한국어 이유 표현 교육 연구, 한국문화사.
• 진정란(2005), 한국어 이유 표현의 담화 문법 연구, 한국외국어대학교 박사학위논문.

❏ '-(으)니까', '-아/어서', '-느라고'

'-(으)니까', '-아/어서', '-느라고'는 모두 원인이나 이유를 나타내는 선행절과 결과를 나타내는 후행절을 잇는 연결 어미이다.

(1) ㄱ. 사람이 많<u>으니까</u> 다른 데로 가자.
ㄴ. 물가가 높<u>아서</u> 장사가 잘 안돼요.
ㄷ. 청소하<u>느라고</u> 전화 못 받았네.

'-아/어서'와 '-느라고'가 나타내는 원인과 결과는 보편적이고 객관적인 관계에 있다. 반면 '-(으)니까'가 나타내는 이유는 화자의 판단을 거친 추론 과정이 필요하다는 측면에서 주관적이며 개인적인 특성이 있다.

(2) ㄱ. 바람이 불<u>어서</u> 춥다.
ㄴ. 바람이 <u>부니까</u> 춥다.

(2ㄱ)은 바람이 불기 때문에 추운 것은 당연하고 보편적인 사실이다. 그러나 (2ㄴ)은 추운 이유를 생각해 보니 바람이 불기 때문이라는 뜻이다. 다음은 '-(으)니까'의 주관성을 드러낸다.

(3) ㄱ. *밥을 먹<u>어서</u> 더 배고프다.
ㄴ. 밥을 먹<u>으니까</u> 더 배고프다.

(3ㄱ)은 상식적으로 원인과 결과의 관계가 성립하지 않으므로 '-아/어서'를 사용하면 비문이 된다. 그러나 (3ㄴ)과 같이 '-(으)니까'를 선택하면 밥을 먹었기 때문에 더 배가 고프다는 화자의 개인적인 경험에 의한 이유와 결과가 성립한다.

'-(으)니까'는 정보의 공유를 통한 정당성을 내포한다. 즉 청자가 이미 알고 있는 사실을 말하거나 화자가 그렇게 생각할 때 '-(으)니까'를 사용한다. 여기에서 화자는 청자가 알고 있는 사실을 이유로 밝히는 것이므로 그 이유와 결과의 관계가 정당하다고 여긴다.

(4) ㄱ. 가: 우리 회사엔 무슨 일로 왔어?
    나: 오늘 신입 사원 면접이 있<u>어서</u> 왔어.
ㄴ. 가: 우리 회사엔 무슨 일로 왔어?
    나: 오늘 신입 사원 면접이 있<u>으니까</u> 왔지.

(4ㄱ)은 청자가 모르는 자신의 회사에 온 이유에 대해 설명하고 있다. 반면 (4ㄴ)은

화자가 청자의 회사에 온 이유를 당연히 알고 있으면서 묻는다는 태도로 대답하고 있다. 그렇기 때문에 종결형에 '-지(요)'나 '-잖아(요)'가 자주 등장한다. 이로 인해 화자의 비공손성이 청자에게 불쾌감을 줄 수 있다.

'-느라고'는 대개 화자가 기대하지 못한 부정적인 결과에 대한 불가피한 원인을 설명할 때 사용한다.

  (5) 가: 왜 이렇게 늦었어요?
  　　나: 차가 고장 나서 버스를 타고 오느라고 늦었어요.

약속, 허락, 명령, 청유 등을 나타내는 문장에서는 '-(으)니까'가 쓰인다.

  (6) 동생 {자니까/*자서/*자느라고} 조용히 {해라/하자/할게}.

'-아/어서'와 '-느라고'는 '-(으)니까'와 달리 선어말 어미 '-았/었-'과 결합할 수 없다.

  (7) 비싼 가방을 {샀으니까/*샀어서/*샀느라고} 구두는 못 사겠다.

'-아/어서'와 '-느라고'는 선행절이 앞서거나 동일한 시점에서만 사용한다. 반면 '-(으)니까'는 후행절이 선행절보다 앞서 발생한 경우에도 가능하다.

  (8) ㄱ. 찬 것을 많이 먹어서 배탈이 났다.
  　　ㄴ. 빨래하느라고 청소를 아직 못했다.
  　　ㄷ. 내일 비가 온다니까 우산을 사지.

'-느라고' 는 동사와만 결합하고 후행절에 부정문을 취한다. 그러나 (9)와 같이 지속성이 없는 동사, 즉 '죽다, 끝나다, 결석하다, 졸업하다, 지각하다' 등과는 결합이 불가능하다.

  (9) *학교에 결석하느라고 숙제를 못했어요.

'-느라고'는 선행절의 주어와 후행절의 주어가 일치해야 한다.

  (10) *내가 야근하느라고 **동생이** 잠을 못 잤다.

'-(으)니까'와 '-느라고'는 구어적 특성이 강하고 '-아/어서'는 내용에 따라 구어적, 문어적 상황에서 모두 사용된다. '-아/어서'는 '반갑다, 감사하다, 미안하다' 등의 인사 표현에 쓰인다. '-느라고'는 '고생하다, 수고하다, 힘들다' 등의 말과 관용적으로 쓰인다.　　　　　　　　　　　　　　　　　　　　　　〈권미미〉

[참고문헌]
• 김지혜(2009), 한국어 이유 표현 교육 연구, 고려대학교 박사학위논문.
• 윤평현(2005), 현대 국어 접속 어미 연구, 박이정.
• 이은경(2000), 국어의 연결 어미 연구, 태학사.
• 정인아(2012), 한국어의 시점에 관한 연구: '-아서/어서'와 '-(으)니까'의 시야를 중심으로, 어학연구 48-3, 서울대학교 언어교육원, 463~485쪽.
• 진정란(2005), 한국어 이유 표현의 담화 문법 연구, 한국외국어대학교 박사학위논문.

❑ 목적

목적(目的)의 연결 어미란 선행문의 사건이나 사태가 목적 혹은 의도가 되어 후행문의 사건이나 상태에 영향을 줌을 나타내는 표지를 말한다.

대표적인 목적의 연결 어미로는 '-(으)러, -(으)려고, -게, -도록' 등이 있다.

> (1) ㄱ. 자격증을 따러 학원에 다닙시다.
> ㄴ. 갈비탕을 먹으러 가지 않았어요.
> ㄷ. 나는 숙제에 집중하려고 텔레비전을 껐어요.
> ㄹ. 시간에 늦지 않으려고 택시를 탔다.

목적의 연결 어미인 '-(으)러'와 '-(으)려고'에는 동일 주어 일치 제약이 있다. '-(으)러'에는 '가다, 오다, 다니다, 내려가다, 올라가다' 등의 이동 동사와 결합하는 제약이 있다. 또 선행문에 '안'이나 '못'과 같은 부정소를 쓸 수 없지만 후행문에는 부정문이 올 수 있다.

목적의 연결 어미인 '-(으)려고'는 일반적인 동사의 의도와 목적을 나타내는 연결 어미이다. '-(으)려고'는 후행문에 명령문이나 청유문이 쓰일 수 없고 선행문에 부정소를 쓸 수 있다.

> (2) ㄱ. 소리가 잘 {들리게/들리도록} 볼륨을 높이자.
> ㄴ. 잠이 깨지 {않게/않도록} 조용히 하세요.
> ㄷ. 나무가 잘 {자라게/자라도록} 화분을 갈아 주었다.

'목적'의 연결 어미인 '-게'와 '-도록'은 후행문의 서법 제약이 없고 주어 일치 제약이 없다. 주로 동사와 결합하며 '-게'와 '-도록'이 넘나드는 경우가 많다. 목적의 연결 복합 형식으로는 '-기 위해(서)'가 있다.　　　　　　　　　　　　　　　〈김수정〉

[참고문헌]
- 국립국어원(2005), 외국인을 위한 한국어 문법 1, 커뮤니케이션북스.
- 이미정(2012), 한국어 목적 연결 어미의 나선형 교육 방안 연구, 부산외국어대학교 석사학위논문.
- 이은희(2007), 한국어교육을 위한 {-게}와 {-도록} 연구: 코퍼스에 근거한 사용 실태 분석과 그 교육 방안을 중심으로, 고려대학교 석사학위논문.
- 최지희(2010), 한국어교육을 위한 목적 표현 연결 어미 연구, 동덕여자대학교 석사학위논문.
- 한예진(2010), 한국어 학습자를 위한 목적 연결 어미 교육 방안 연구, 한양대학교 석사학위논문.

❑ 가정

가정(假定)의 연결 어미란 임시로 인정한 선행문의 사건이나 사태를 조건으로 하는 결과를 후행문에서 서술할 때 사용하는 표지를 말한다.

대표적인 가정의 연결 어미로는 '-(으)면, -다면/-는다면, -았/었더라면, -아/어도, -거든' 등이 있다.

(1) ㄱ. 내일 날씨가 따뜻하면 놀이공원에 가자.
    ㄴ. 여기에 지폐를 넣으면 거스름돈이 나온다.
(2) ㄱ. 냉면을 먹고 싶다면 지난번에 간 식당으로 가자.
    ㄴ. 약속을 지켜준다면 그 일을 도와주겠다.
(3) ㄱ. 일찍 왔더라면 그 가수의 사인을 받을 수 있었을 것이다.
    ㄴ. 침착하게 행동했더라면 실수는 하지 않았다.
(4) ㄱ. 아침 늦게까지 자도 그냥 둬.
    ㄴ. 아무리 힘을 써도 물건은 꿈쩍도 안 한다.
(5) ㄱ. 집 근처에 오거든 연락하세요.
    ㄴ. 다음에 만나거든 같이 차 한 잔 합시다.

(1)의 '-(으)면'은 대표적인 가정의 연결 어미로서 선행문의 내용이 현실적인 가정이거나 비현실적인 가정인 경우에 두루 쓰인다. 통사 제약이 적고 널리 쓰이는 연결 어미이다.

(2)의 '-다면/-는다면'은 선행문의 내용이 불확실, 비현실, 불가능한 사실일 때 사용하는 가정의 연결 어미이다.

(3)의 '-았/었더라면'은 선행문이 이끄는 과거의 실제 사태에 반대되는 현실적 조건을 나타내는 가정 표현으로 인칭 제약이 없다.

(4)의 '-아/어도'는 선행문의 실현 여부와 관계없이 후행문이 실현될 수도 있는 복합 조건을 나타내는 가정의 연결 어미이다. 이때 '-아/어도'가 이끄는 선행문은 후행문을 뒷받침해 주거나 강조하는 효과를 준다.

(5)의 '-거든'은 선행문의 내용이 현실성이 높은 사실적 가정 관계에 쓰이기 때문에 후행문에 청유문, 명령문 등이 오며 '-(으)면'으로 바꾸어도 의미가 통한다.   〈김수정〉

[참고문헌]
• 국립국어원(2005), 외국인을 위한 한국어 문법 1, 커뮤니케이션북스.
• 박경남(2012), 한국어 학습자의 양보 연결 어미 습득 연구, 이화여자대학교 석사학위논문.
• 박지윤(2011), 한국어교육을 위한 양보의 연결 어미 연구: 기대 부정의 의미 기능을 바탕으로, 경희대학교 석사학위논문.

❑ 나열
나열(羅列)의 연결 어미란 선행문의 사실과 후행문의 사실을 단순하게 연결하는 표지를 말한다.

대표적인 나열의 연결 어미로는 '-고, -(으)며, -(이)요, -(이)자' 등이 있다.

(1) ㄱ. 포장마차에서 떡볶이도 먹고 튀김도 먹었다.
    ㄴ. 나는 포장마차에서 떡볶이를 먹었고 친구는 튀김을 먹었다.
    ㄷ. 길고 짧은 것은 대봐야 안다.
    ㄹ. 하루 종일 먹고 자고 놀고 언제 공부할래?
    ㅁ. 그가 전공한 것은 고생물학이고 그는 독실한 신앙을 가진 사람이었다.

나열의 연결 어미 '-고'는 (1ㄱ), (1ㄴ)처럼 시간의 순서와 관계없이 두 개 이상의 사실을 나열할 때나 (1ㄷ)과 같이 두 가지 이상의 반대되는 사실을 나열할 때, 또는 (1ㄹ)처럼 반복적으로 일어나는 두 가지 동작을 이어 줄 때 사용된다. 나열의 연결 어미 '-고'는 (1ㄴ)과 같이 과거 시제를 나타내는 어미 '-았/었-'과 함께 쓰이는 데 특별한 제약이 없다. 즉 후행문이 과거 시제일 때 선행문의 '-고' 앞에는 어미 '-았/었-'을 써도 되고 쓰지 않아도 된다. 또 (1ㅁ)처럼 동일 주어 일치 제약이 없다.

(2) ㄱ. 이 제품은 성능과 디자인 부분에서 우수하<u>며</u> 가격 부분에서도 경쟁력이 있다.
    ㄴ. 그는 외국에서 고등학교를 졸업했<u>으며</u> 한국에서 대학과 대학원을 졸업하였다.
    ㄷ. 경제학과 경쟁률은 8:1<u>이며</u>, 언어학과는 3:1의 경쟁률을 보였다.

나열의 연결 어미 '-(으)며'는 후행절이 과거 시제일 때 선행절의 '-(으)며' 앞에 반드시 과거 시제 어미 '-았/었-'을 써야 한다. 또 나열의 연결 어미로 사용되는 '-고'와 같이 동일 주어 일치 제약이 없다.

(3) ㄱ. 레오나르도 다빈치와 미켈란젤로는 전형적 왼손잡<u>이요</u>, 괴테, 베토벤도 왼손잡이다.
    ㄴ. 러시아의 소설가<u>이자</u> 사상가인 레프 톨스토이는 야스나야 폴랴냐에서 출생하였다.

(3)에서 제시된 나열의 연결 어미는 문어 텍스트에서 빈도가 높게 나타난다. (1)의 연결 어미 '-고'가 초급 단계에 제시할 수 있는 연결 어미라면, (2)의 '-(으)며'와 (3)의 '-(이)요, -(이)자'는 중급 이상 단계의 연결 어미 학습 요소로 제시할 수 있다.　　　〈김수정〉

[참고문헌]
• 국립국어원(2005), 외국인을 위한 한국어 문법 1, 커뮤니케이션북스.
• 김수정(2004), 한국어 문법 교육을 위한 연결 어미 연구, 한국문화사.
• 이은경(2000), 국어의 연결 어미 연구, 태학사.

❑ 대립·대조

대립(對立)·대조(對照)의 연결 어미란 선행문의 사실이 후행문의 사실과 대립 혹은 대조가 되는 표지를 말한다.

대표적인 대립·대조의 연결 어미로는 '-지만, -(으)나, -(으)ㄴ데/-는데, -아/어도' 등이 있다.

(1) ㄱ. 오늘은 춥<u>지만</u> 산책하기에 좋은 날씨다.
    ㄴ. 한국은 토요일과 일요일이 주말<u>이지만</u> 이슬람권은 전통적으로 목요일과 금요일이 주말이다.
    ㄷ. 입안 단계에서 시민 단체, 학계 등을 참여시켰<u>으나</u> 비난을 면할 수 없었다.

대체로 대립·대조의 연결 어미로는 구어 텍스트와 문어 텍스트에서 '-지만'이 가장 많이 쓰이며 '-(으)나'는 문어 텍스트에서 발견된다. 연결 어미 '-지만'과 '-(으)나'는 거의 대부분의 문장에서 서로 치환된다. 이 둘은 모두 후행절이 과거 시제일 경우 선행절에도 과거 시제를 써야 한다.

> (2) ㄱ. 저 가수는 춤은 잘 추<u>는데</u> 노래는 그저 그렇다.
> ㄴ. 이 구두는 디자인은 좋<u>은데</u> 발은 편하지 않다.
> ㄷ. 저는 공부는 잘<u>해도</u> 운동은 정말 못해요.

'-(으)ㄴ데/-는데'와 '-아/어도'는 현재 시제일 경우 대개의 문장에서 대치(代置)할 수 있다. 이 두 가지 어미는 제한적인 이어진 문장에서 대립·대조의 의미 관계를 나타낸다.

대립·대조의 연결 어미인 '-지만'이 초급 단계에 제시할 수 있는 연결 어미라면 '-(으)나'는 중·고급 단계의 연결 어미 학습 요소로 제시할 수 있다. 또 접속 부사 '그렇지만, 하지만, 그러나, 그런데, 그래도' 등과의 관련성을 제시하여 지도한다.　　　　〈김수정〉

[참고문헌]
- 국립국어원(2005), 외국인을 위한 한국어 문법 1, 커뮤니케이션북스.
- 김수정(2004), 한국어 문법 교육을 위한 연결 어미 연구, 한국문화사.
- 이은경(2000), 국어의 연결 어미 연구, 태학사.

❏ 인정

인정(認定)의 연결 어미란 선행문의 사건이나 사태로부터 나타나는 현재 또는 미래의 상황이나 조건을 인정하면서, 후행절에서는 의미상 상반되는 내용을 서술할 때 사용하는 표지로 양보의 연결 어미라고도 한다.

대표적인 인정의 연결 어미로 '-아/어도, -더라도, -(으)ㄹ지라도' 등이 있다.

인정의 연결 어미는 선행문의 내용에 따라 두 가지로 나뉘는데 하나는 그 내용이 현실의 사실을 바탕으로 한 '현실적 인정'이고 다른 하나는 미래에 일어날 일에 대한 가정을 바탕으로 한 '가정적 인정'이다.

> (1) ㄱ. 천재(天災)는 있<u>어도</u> 인재(人災)는 없도록 하자.
> ㄴ. 지금 시작<u>해도</u> 늦지 않겠지?
> ㄷ. 이번 경기에 이겨<u>도</u> 남은 경기의 승패와 다른 팀의 승패에 따라 8강에 올라갈지의 여부가 결정된다.
> (2) ㄱ. 나쁜 결과가 나오<u>더라도</u> 실망하지 마.
> ㄴ. 시간이 없<u>더라도</u> 꼭 연락 주시기 바랍니다.
> ㄷ. 누가 만들었<u>더라도</u> 마찬가지였을까요?
> (3) ㄱ. 그 배우는 나이는 어릴<u>지라도</u> 생각이 아주 깊다.
> ㄴ. 내일 지구가 멸망할<u>지라도</u> 사과나무를 심읍시다.
> ㄷ. 디자인의 차이는 있을<u>지라도</u> 가격은 모두 같다.

'-아/어도, -더라도, -(으)ㄹ지라도'는 주어에 대한 제약이 없고 서법 제약도 없으며 부정소와도 잘 어울린다. 인정의 연결 어미 '-더라도'는 '-아/어도'보다 의미가 강하다. 또 '아무리, 비록' 등의 부사와 함께 쓰이는 문장이 많으므로 이들과 함께 지도하는 것이 좋다.

'-아/어도'와 '-더라도'는 초급과 중급 단계에서, '-(으)ㄹ지라도'와 '-(으)ㄹ망정, -(으)ㄹ지언정, -건만' 등은 고급 단계에서 제시할 수 있다. 접속 부사 '그래도, 그렇더라도, 그럴지라도' 등과 함께 지도하는 것도 효율적이다. 〈김수정〉

[참고문헌]
· 국립국어원(2005), 외국인을 위한 한국어 문법 1, 커뮤니케이션북스.
· 김수정(2004), 한국어 문법 교육을 위한 연결 어미 연구, 한국문화사.
· 이은경(2000), 국어의 연결 어미 연구, 태학사.

☐ 선택

선택(選擇)의 연결 어미란 선행문에서 제시된 두 가지 이상의 상황에서 하나를 선택하거나 선택될 때 쓰이는 표지를 말한다.

대표적인 선택의 연결 어미로는 '-거나, -든지'가 있다.

(1) ㄱ. 관광지에 가면 유적지를 둘러보거나 박물관에 가거나 합니다.
    ㄴ. 그는 그의 칼럼이 비난을 받거나 말거나 신경을 쓰지 않는다.

(1ㄱ)과 같이 선택의 연결 어미 '-거나'는 나열된 동작들 중에서 어느 것이든 선택될 수 있음을 나타낸다. '-거나 -거나' 구성으로 쓰일 때에는 뒤에 '하다'가 온다. 또한 (1ㄴ)과 같이 실제로 일어날 수 있는 여러 상황 중에서 어느 것을 선택해도 후행절의 의미에 관계가 없음을 나타내는 의미로도 쓰인다.

(2) ㄱ. 날씨도 좋은데 산책을 나가든지 친구를 만나든지 하는 게 어때?
    ㄴ. 빵을 먹든지 국수를 먹든지 뭘 좀 먹어.
    ㄷ. TV를 보든지 게임을 하든지 참견하지 마.

(2ㄱ), (2ㄴ)과 같이 선택의 연결 어미 '-든지'는 나열된 동작들 중에서 어느 것이든 선택될 수 있음을 나타낸다. (2ㄱ)과 같이 '-든지 -든지' 구성으로 쓰일 때에는 뒤에 '하다'가 올 때가 많다. 또한 (2ㄷ)처럼 실제로 일어날 수 있는 여러 상황 중에서 어느 것을 선택해도 후행절의 의미에 관계가 없음을 나타낸다.

선택의 연결 어미 '-거나, -든지'는 대개의 문장에서 대치될 수 있으므로 함께 지도하는 것이 효율적이다. 〈김수정〉

[참고문헌]
· 국립국어원(2005), 외국인을 위한 한국어 문법 1, 커뮤니케이션북스.
· 김수정(2004), 한국어 문법 교육을 위한 연결 어미 연구, 한국문화사.
· 이은경(2000), 국어의 연결 어미 연구, 태학사.

❏ **방법·수단**

방법(方法)·수단(手段)의 연결 어미란 선행문이 후행문의 사건을 행하는 데 있어서 방법이나 수단을 나타낼 때 사용하는 표지를 말한다.

대표적인 방법·수단의 연결 어미로는 '-고, -아/어서'가 있다.

> (1) ㄱ. 나는 보통 저녁 비행기를 타고 고향에 돌아간다.
> ㄴ. 이불을 잘 덮고 주무세요.
> ㄷ. 집에서 회사까지 걸어서 다니세요?
> ㄹ. 생강차를 끓여서 마시자.

방법·수단의 연결 어미 '-고, -아/어서'는 과거 시제와 함께 쓰이지 않는다. 또 동일 주어 제약이 있다. 즉 '-고, -아/어서'는 후행문의 행동에 대한 방법이나 수단을 나타내는 표지이기 때문에 주어가 같아야 한다.

> (2) ㄱ. 방이 넓고 깨끗하다.
> ㄴ. 머리고 옷이고 모두 젖어버렸다.
> ㄷ. 길이 멀어서 택시를 탔다.
> ㄹ. 외국인이어서 편한 것도 많다.

방법·수단의 연결 어미 '-고, -아/어서'는 결합하는 용언에 제약이 있다. (2ㄱ)과 (2ㄴ)은 '-고'가 형용사와 '이다'와 결합하여 나열의 연결 어미로 쓰인 예다. (2ㄷ)과 (2ㄹ)은 '-아/어서'가 형용사와 '이다'와 결합하여 이유·원인의 연결 어미로 쓰인 예다.

방법·수단의 연결 어미 '-고, -아/어서'를 지도할 때에는 선행문과 후행문의 주어가 동일 주어로서 반드시 동사와 결합한 적절한 예문을 제시하고 교수해야 한다. 또한 학습자들이 이유·원인, 나열 등 다른 의미로 사용될 때 나타나는 제약 조건을 이해하지 못하여 발생하는 오류가 많으므로 이 점에 유의해야 한다. 〈김수정〉

[참고문헌]
• 국립국어원(2005), 외국인을 위한 한국어 문법 1, 커뮤니케이션북스.
• 김수정(2004), 한국어 문법 교육을 위한 연결 어미 연구, 한국문화사.
• 이은경(2000), 국어의 연결 어미 연구, 태학사.

❏ **배경**

배경(背景)의 연결 어미란 후행문에서 어떤 일을 설명하거나 묻거나 시키거나 제안하기 위하여 그 대상과 상관되는 상황을 미리 말할 때에 쓰이는 표지를 말한다.

대표적인 배경의 연결 어미로 '-(으)ㄴ데/-는데, -(으)니'가 있다.

> (1) ㄱ. 오랜만에 출전하시는데 기분이 어떠세요?
> ㄴ. 옛날에 아주 예쁘고 작은 아이가 태어났는데 이름을 엄지라고 했어요.
> ㄷ. 오늘이 공개 방송 녹화일인데 잊어 버렸지 뭐예요.

ㄹ. 날씨가 추운데 실내로 들어갑시다.

ㅁ. 우리 아이는 고기를 못 먹는데 다른 거 없어요?

ㅂ. 내일이 생일이라는데 미역국 좀 끓여라.

배경의 의미를 가지는 '-(으)ㄴ데/-는데'는 (1ㄱ)~(1ㄹ)과 같이 후행문의 서법 제약이 없다. 또 (1ㅁ)과 같이 부정소와도 잘 어울리며 미리 어떤 정보나 배경을 제시한다는 측면에서 (1ㅂ)과 같은 인용 표현과도 관련성이 있다.

(2) ㄱ. 1443년에 창제하고 1446년에 반포하니 이것이 바로 훈민정음이다.

ㄴ. 전화를 받으니 뚝 끊어졌다.

ㄷ. 언제 올 수 있느냐고 물으니 오후에 온다고 하였다.

배경의 의미를 나타내는 '-(으)니'는 (2ㄱ), (2ㄴ)과 같이 어떤 사실을 먼저 진술하고 이와 상관된 사실을 이어서 설명할 때 쓰인다. (2ㄷ)과 같이 인용문과도 관련이 있다.

(3) ㄱ. 사무실이 좁으니 가구를 많이 사지 말자.

ㄴ. 집에서 음식을 안 하니 냉장고가 텅 비었다.

'-(으)니'가 (3ㄱ)과 같이 후행문이 청유문이거나 (3ㄴ)과 같이 선행문에 부정소가 오면 이유의 성격이 강하게 된다. 즉 배경의 '-(으)니'는 후행문에 청유문, 명령문이 쓰일 수 없는 서법 제약과 선행문에 부정소가 올 수 없다는 제약이 있다.

'-(으)ㄴ데/-는데'는 배경의 연결 어미뿐 아니라 대립·대조의 연결 어미, 이유·원인의 연결 어미 등으로도 쓰이므로 지도할 때 각각에 해당하는 예문을 적절히 제시하도록 유의한다. '-(으)니'는 이유·원인의 연결 어미와도 관련이 깊고 형태·통사론적으로 제약이 많은 연결 어미이므로 예문 제시에 유의한다. 배경의 연결 어미인 '-(으)ㄴ데/-는데'와 '-(으)니'는 중급 단계의 인용문 지도 항목인 '-(이)라고 하는데, -자고 하는데, -(으)냐고/느냐고 하는데, -(으)라고 하는데' 혹은 '-(이)라고 하니, -자고 하니, -(으)냐고/느냐고 물으니, -(으)라고 하니' 등을 통해 나선형 지도를 꾀할 수 있고 '-(으)ㄹ 테니'와 같은 복합 연결 형식과의 지도도 가능하다. 〈김수정〉

[참고문헌]
- 국립국어원(2005), 외국인을 위한 한국어 문법 1, 커뮤니케이션북스.
- 김수정(2004), 한국어 문법 교육을 위한 연결 어미 연구, 한국문화사.
- 이은경(2000), 국어의 연결 어미 연구, 태학사.
- 이소현(2012), 한국어 연결 어미 '-는데'의 의미 연구, 한국외국어대학교 박사학위논문.

■ 안은 문장

안은 문장은 하나의 홑문장이 명사절, 관형사절, 부사절, 인용절, 서술절과 같은 절(節)의 형식으로 바뀌어 다른 문장 속의 한 성분이 된 겹문장을 가리키는 말이다.

한 절이 다른 절의 성분으로 기능하기 위해서는 주로 전성 어미(轉成語尾)가 쓰이지만 예외적으로 파생 접미사(派生接尾辭), 인용격 조사(引用格助詞) 등이 결합하기도 한다.

전성 어미는 명사절을 만드는 '-(으)ㅁ, -기', 관형사절을 만드는 '-(으)ㄴ, -는, -(으)ㄹ, -던' 등과 같이 한 절에 결합하여 다른 절의 성분으로 기능하도록 돕는 것이다. 부사절은 이와 같은 전성 어미 대신 파생 접미사 '-이'나 연결 어미 '-게, -도록' 등이 결합하여 안긴 문장이 된다. 또한 인용절 중 직접 인용절은 대부분 서법 종결 어미 다음에 '라고, 하고'의 인용격 조사가 결합하고 간접 인용절은 '-다, -라, -냐, -자'의 종결 어미에는 '-고'가, 명사 다음에는 '-(이)라고'가 결합하여 다른 절의 성분으로 기능한다. 〈이금희〉

[참고문헌]
• 고영근·구본관(2008), 우리말 문법론, 집문당.
• 국립국어원(2005), 외국인을 위한 한국어 문법 1, 커뮤니케이션북스.
• 이관규(2002), 학교 문법론, 월인.
• 이익섭·채완(1999), 국어 문법론 강의, 학연사.

❑ 명사절

명사절(名詞節)은 하나의 절에 안겨 명사 역할을 하는 절을 말한다.

명사절을 포함한 안은 문장의 종류를 살펴보면 '-(으)ㅁ, -기'와 같이 어미가 결합한 경우 외에 '-(으)ㄴ 것, -는 것' 등과 같이 관형사형 어미에 의존 명사 '것'이 결합한 경우도 있다. '-(으)ㄴ 것, -는 것'은 전통 문법에서는 관형사절을 안은 문장으로 간주하였으나 한국어교육에서는 명사절에 포함하여 설명할 수도 있다. 그 이유는 '-(으)ㄴ 것, -는 것'이 '-(으)ㅁ, -기'와 기능상 유사한 점이 많고, 많은 경우에 서로 바꾸어 쓸 수 있기 때문이다. 또한 구어체에서는 '-(으)ㅁ, -기' 대신에 '-(으)ㄴ 것, -는 것'이 더 자연스러운 경우가 많아 이를 명사절로 보기도 한다. 학교 문법과 외국인을 위한 한국어 문법서에서 이들을 명사절에 포함하는 것도 이런 특성을 반영한 것이다.

(1) ㄱ. 그녀가 고향으로 <u>갔음</u>이 확실하다.
　　ㄴ. 그녀가 고향으로 <u>간 것</u>이 확실하다.
(2) ㄱ. 외국인이 이 말을 <u>이해하기</u>가 어렵다.
　　ㄴ. 외국인이 이 말을 <u>이해하는 것</u>이 어렵다.

(1)~(2)에서 볼 수 있듯이 명사형 전성 어미 '-(으)ㅁ'과 '-기'는 의미적 차이점이 있는데 '-(으)ㅁ'은 대상화, 실체성, 완료성, 결정성 등을, '-기'는 과정, 비실체성, 미완료성, 미결정성을 나타낸다. 즉 '-(으)ㅁ'은 주로 결정되거나 완료된 사건 또는 사태에, '-기'는 아직 결정되지 않거나 진행 중에 있는 사건 또는 사태에 결합하는 어미이다.

그리고 이 두 어미는 상위문의 서술어와의 결합에서도 차이를 보인다. '-(으)ㅁ'은 '분명하다, 확실하다, 사실이다, 필요하다' 등의 평가 동사나 '알다, 깨닫다' 등의 인식 동사, '보다, 듣다' 등의 지각 동사와 결합한다. '-기'는 '싫다, 좋다, 쉽다, 싫어하다, 좋아하다' 등의 심리 상태 동사나, '기대하다, 원하다, 요청하다, 명령하다' 등의 미래 동작 또는 행동 동사와 결합한다.

또한 다음의 (3)과 같이 두 전성 어미는 주체 높임의 선어말 어미 '-시-'와 결합이 가능하다.

> (3) ㄱ. 성원해 <u>주심</u>에 감사드립니다.
> ㄴ. 계획한 일을 모두 <u>이루시기</u>를 바랍니다.

그러나 (4)와 같이 시제를 나타내는 '-었-'과의 결합은 '-(으)ㅁ'은 가능하지만 '-기'는 불가능하다. 이는 '-(으)ㅁ'과 '-기'의 의미 특성에서 기인한 것이다.

> (4) ㄱ. 그가 나를 <u>사랑했음</u>이 분명하다.
> ㄴ. 그곳을 {<u>나오기</u>/*<u>나왔기</u>}가 쉽지 않았다.

〈이금희〉

[참고문헌]
• 고영근·구본관(2008), 우리말 문법론, 집문당.
• 국립국어원(2005), 외국인을 위한 한국어 문법 1, 커뮤니케이션북스.
• 이관규(2002), 학교 문법론, 월인.
• 이익섭·채완(1999), 국어 문법론 강의, 학연사.

❑ '-(으)ㅁ'과 '-기'

'-(으)ㅁ'과 '-기'는 용언 또는 서술격 조사 '이다, 아니다'에 붙어 그것이 명사 구실을 하게 하는 어미이다.

이 어미를 사용하면 어미 뒤에 조사가 붙을 수 있으며, 이 어미가 붙은 명사절은 문장 안에서 명사 역할을 하게 된다. '-(으)ㅁ'과 '-기'는 해당 문장에 내포되어 쓰이기 때문에 이 두 어미를 포함하는 전체 문장은 복합문이 된다. 한편 '-음'은 'ㄹ'을 제외한 받침이 있는 용언의 어간이나 어미 '-었-', '-겠-' 뒤에 붙는다. 그 이외의 환경에서는 '-ㅁ'으로 사용한다.

'-(으)ㅁ'은 이미 알고 있거나 일어난 사실에 많이 쓰여 강한 사실성을 나타낸다.

> (1) ㄱ. 그가 <u>왔음</u>을 알았다.
> ㄴ. *그가 <u>왔기</u>를 알았다.
> (2) ㄱ. 그가 설마 <u>오기</u>라도 하겠어.
> ㄴ. *그가 설마 <u>옴</u>이라도 하겠어.

위 (1ㄱ), (1ㄴ)의 차이는 이미 알고 있거나 일어난 사실인가 그렇지 않은가에 있다. 이때는 '-으(ㅁ)'을 쓴 (1ㄱ)이 자연스럽다. 이와 반대로 불확정적인 사실일 경우에는 '-기'를 쓴 (2ㄱ)이 자연스러운 반면 '-으(ㅁ)'을 쓴 (2ㄴ)은 그렇지 않다. 이러한 의미적 차이는 결합한 서술어에 따라 드러난다.

'-(으)ㅁ'은 대개 판단을 나타내는 '옳다, 나쁘다, 이롭다, 분명하다, 확실하다, 틀림없다' 등과 같은 부류의 동사, 지각(知覺)을 통한 인식을 나타내는 '밝혀지다, 드러나다, 알려지다, 발견하다, 깨닫다' 등과 같은 부류의 동사 그리고 주장이나 전달을 나타내는 '주장하다, 보고하다, 알리다' 등과 같은 부류의 동사와 결합한다.

(3) ㄱ. 철수가 {옳음이/*옳기가} 틀림없다.

　　ㄴ. 그가 {무죄임이/*무죄이기가} 밝혀졌다.

　　ㄷ. 그가 자신의 말이 {옳음을/*옳기를} 주장하였다.

반면 '명령하다, 요청하다, 약속하다'와 같은 요청이나 명령 동사류, '시작하다, 계속하다, 그치다, 멈추다' 등과 같이 시작이나 종결과 관련된 동사류에는 '-(으)ㅁ'보다는 '-기'를 쓴다. 감정 동사류에는 '-(으)ㅁ, -기'를 다 쓰기는 하나 '-기'를 더 선호한다.

(4) ㄱ. 그가 {가기를/*감을} 요청하였다.

　　ㄴ. 그가 일을 {하기/*함을} 시작하였다.

외국인 학습자들은 명사형 어미에 대한 오류를 자주 범한다. 이때 '-(으)ㅁ'보다는 '-기' 오류가 매우 빈번히 나타난다. 이를 유형별로 살펴보면 아래와 같다.

첫째, 명사형 어미와 연결 어미를 혼동하는 오류가 있다.

(5) ㄱ. 그렇지만 매일 심심하고 기숙사 안에 식당이 없어서 밥을 *먹으면(√먹기가) 힘들었어요.

　　ㄴ. 저는 패션 설계를 *공부하기가(√공부하러) 옵니다.

　　ㄷ. 조 선생님 덕분에 한국어 학당을 2급부터 *시작하기(√시작하게) 됐습니다.

(5ㄱ)은 명사형 어미 '-기'를 써야 할 곳에 연결 어미 '-으면'을 쓴 경우이며, (5ㄴ)과 (5ㄷ)은 그와 반대로 연결 어미 '-러, -게'를 써야 할 곳에 명사형 어미 '-기'를 써서 나타난 오류이다.

둘째, 명사형 어미와 관형사형 어미를 혼동하는 오류가 있다.

(6) ㄱ. 동경에 살고 있었지만 한국에 *올(√오기) 전에 십 일간 오카야마에 있었습니다.

　　ㄴ. 한국에 *왔기(√온) 후에 고향을 아주 그리워했어요.

　　ㄷ. 학원에 *다니기(√다닌) 덕분에 학교에서도 수업 중에 여러 가지 잘 생각하는 습관이 됐습니다.

(6ㄱ)은 명사형 어미 '-기'를 써야 할 곳에 관형사형 어미를 쓴 것이며, (6ㄴ)과 (6ㄷ)은 관형사형 어미를 써야 할 곳에 명사형 어미 '-기'를 사용한 것이다.

셋째, 명사형 어미를 생략하여 나타난 오류가 있다.

(7) ㄱ. *놀도(√놀기도) 합니다.

　　ㄴ. 제가 중국에서 일에도 노력하고 *배우도(√배우기도) 열심히 합니다.

　　ㄷ. 이유는 제 이름 '훈'이 한국에서 100% 남자 *이름이(√이름이기) 때문입니다.

위 (7)은 모두 명사형 어미 '-기'를 생략하여 오류가 나타난 것이다. 〈김명광〉

[참고문헌]
- 김일환·박종원(2003), 국어 명사화 어미의 분포에 대한 계량적 연구, 국어학 42, 국어학회, 141~175쪽.
- 임홍빈(1974), 명사화의 의미 특성에 대하여, 국어학 2, 국어학회, 83~104쪽.
- 조철현 외(2002), 한국어 학습자의 오류 유형 조사 연구, 문화관광부.
- 채완(1979), 명사화소 '-기'에 대하여, 국어학 8, 국어학회, 95~107쪽.
- 홍종선(1983), 명사화 어미의 변천, 국어국문학 89, 국어국문학회, 31~52쪽.

❏ 관형사절

관형사절(冠形詞節)은 하나의 절에 안겨 체언의 내용을 자세히 꾸며 주어 관형사처럼 쓰이는 절을 말한다.

관형사절은 '-(으)ㄴ, -는, -(으)ㄹ, -던'과 같은 관형사형 어미를 결합하여 만든다. 관형사형 어미인 '-(으)ㄴ, -는'과 의존 명사 '것'이 결합한 '-(으)ㄴ 것, -는 것'은 전통 문법에서는 관형사절에서 다루었으나 한국어교육에서는 이를 하나의 표현으로서 명사절에 포함하여 설명하는 경우가 많다.

관형사형 어미는 동사와 형용사에 따라 그리고 시제와 서법에 따라 사용하는 형태가 다르다.

〈시제와 서법에 따른 관형사형 어미의 종류〉

	동사	형용사, 명사 + 이다
현재	-는	-(으)ㄴ
과거	-(으)ㄴ, -던, -았/었던	-던, -았/었던
미래/추측	-(으)ㄹ	-(으)ㄹ

(1) ㄱ. <u>저기에서 밥을 먹는</u> 사람이 내 동생이다.

　　ㄴ. <u>작은</u> 회사에 다니고 있어요.

　　ㄷ. <u>재미있는</u> 영화를 보고 싶어요.

　　ㄹ. <u>회사 동료인</u> 수미 씨는 성격이 정말 좋아요.

(1ㄱ)은 '동사', (1ㄴ)은 '형용사', 1(ㄹ)은 '명사 + 이다'의 현재 시제를 나타낸 것이다. 이때 (1ㄷ)처럼 '있다'나 '없다'와 결합한 형용사는 동사처럼 활용한다.

그런데 안은 문장의 서술어가 과거 시제라고 해도 (2ㄱ)처럼 안긴 문장과 안은 문장의 행위나 상태가 시간적으로 같은 경우, (2ㄴ)처럼 안긴 문장의 행위나 상태가 습관적으로 반복되는 경우, (2ㄷ)처럼 안긴 문장이 '중, 도중, 동안'과 같은 말 앞에 오는 경우에는 현재 시제의 관형사형 어미를 사용한다. 그리고 (3)처럼 '입다, 쓰다, 신다, 벗다'와 같은 어휘는 항상 과거형인 '-(으)ㄴ'을 사용한다. 또한 (4)처럼 '기회, 때, 뿐, 정도, 가능성' 등과 같은 말 앞에 올 때는 '-(으)ㄹ'을 쓴다.

(2) ㄱ. 어제 예쁜 옷을 샀다.
ㄴ. 저는 자료를 번역하는 일을 했어요.
ㄷ. 집에 가는 도중에 생각해 봤어요.
(3) ㄱ. 저기 안경을 쓴 사람은 누구예요?
ㄴ. 빨간 옷을 입은 사람은 일어나세요.
(4) ㄱ. 여행 갈 기회가 별로 없었어요.
ㄴ. 어릴 때 자주 놀러 갔어요.

관형사절이 명사를 수식할 때 명사와 수식 용인은 여러 가지 관계를 나타낸다. 관형절과 안은 문장 사이에 공통된 논항이 존재하는 경우 이를 관계 관형사절(관계절)이라고 하고, 관형사절과 피수식 명사가 의미상 동격 관계에 있어 둘 사이에 공통된 논항을 찾을 수 없는 경우 이를 동격 관형사절(동격절 또는 보문절)이라고 한다.

관계 관형사절의 예는 다음과 같다.

(5) ㄱ. 예쁜 꽃이 피었다.
ㄴ. 다음 달에 친구와 같이 여행을 갈 예정이다.

(5ㄱ)은 '꽃'이라는 주어가 '꽃이 예쁘다'와 '꽃이 피었다'에 공통으로 들어가기 때문에 선행하는 주어 '꽃'이 생략된다. 이처럼 안긴 문장 속의 동일 성분은 반드시 생략되어야 한다. (5ㄴ)의 '다음 달에 친구와 같이 여행을 갈'은 예정에 대한 정보를 보충해 주기 위한 것이므로 안긴 문장 속에 생략된 성분은 없다.

동격 관형사절은 관계 관형사절과 달리 관형사절을 만드는 과정에서 원래 문장의 종결 어미가 탈락하기도 하고 그대로 유지되기도 한다.

(6) ㄱ. 나는 그 사람이 성공했다는 소문을 들었다.
ㄴ. *나는 그 사람이 성공한 소문을 들었다.
ㄷ. *나는 그를 봤다는 기억이 없다.
ㄹ. 나는 그를 본 기억이 없다.

(6ㄱ)과 같이 종결 어미가 탈락하지 않은 문장에 관형사형 어미를 결합하여 형성된 관형사절을 '긴 동격 관형사절'이라고 하고 (6ㄹ)과 같이 종결 어미를 관형사형 어미로 바꾸어 형성된 관형사절을 '짧은 동격 관형사절'이라고 한다. 이때 관계 관형사절을 취하는 명사에는 제약이 없으나 짧은 동격 관형사절과 긴 동격 관형사절은 (7)처럼 피수식 명사의 종류에 따라 사용 가능 여부가 달라진다. 그러나 한국어교육에서는 명사를 분류하여 제시하기보다는 관형사형 어미와 의존 명사의 결합형을 표현으로 제

시하는 경우가 많다.

(7) ㄱ. 짧은 동격 관형사절을 취하는 명사

자립 명사: 사건, 기억, 경험, 용기, 예정, 가능성 등

의존 명사: 줄, 바, 수, 리, 양, 체, 만, 법 등

ㄴ. 긴 동격 관형사절을 취하는 명사

자립 명사: 소문, 소식, 말, 주장, 약속, 보고, 명령, 고백, 생각, 느낌, 견해, 질문 등

이처럼 외국인을 위한 한국어 문법 교육에서 관형사절은 관형사형 어미와 의존 명사의 결합형을 표현으로 제시하는 등 전통 문법과는 다른 차원에서 접근할 필요가 있으며 피수식 명사에 따른 제약도 명시적으로 제시하는 것이 좋다. 〈위햇님〉

[참고문헌]
• 고영근·구본관(2008), 우리말 문법론, 집문당.
• 국립국어원(2005), 외국인을 위한 한국어 문법 1, 커뮤니케이션북스.
• 이관규(2002), 학교 문법론, 월인.

❏ 부사절

부사절(副詞節)은 다른 절의 서술어를 수식하는 부사의 역할을 하는 절을 말한다.

(1) ㄱ. 나는 대학 4년을 <u>친구도 없이</u> 보냈다.

ㄴ. 노을이 <u>불이 타듯이</u> 붉게 물들었다.

ㄷ. 우리는 <u>실력이 쌓이게</u> 열심히 공부해야 한다.

ㄹ. <u>봄이 오면</u> 눈이 녹을 것이다.

ㅁ. <u>배가 고파서</u> 장발장은 빵을 훔쳤다.

전통 문법에서는 (1ㄱ)~(1ㄷ)을 부사절을 안은 문장으로, (1ㄹ)~(1ㅁ)을 종속적으로 이어진 문장으로 보았는데 최근 연구들에서는 이를 모두 부사절로 보기도 한다. 밑줄 친 부분은 모두 '어떻게, 왜, 언제' 등의 의미를 나타내며 문장 구조도 부사어처럼 그 이동이 자유로워 부사와 크게 다르지 않다는 것이다.

그러나 외국인을 위한 한국어 문법에서는 (1ㄹ)~(1ㅁ)과 같은 유형을 부사절로 통합하지 않고 이어진 문장으로 통합하고 있다. 이것은 안긴 문장들이 연결 어미로 결합되어 있는 것으로 보는 것이 안은 문장으로 설명하는 것보다 학습의 효용성 측면에서 더 유리하기 때문이다. 〈이금희〉

[참고문헌]
• 고영근·구본관(2008), 우리말 문법론, 집문당.
• 국립국어원(2005), 외국인을 위한 한국어 문법 1, 커뮤니케이션북스.
• 이관규(2002), 학교 문법론, 월인.
• 이익섭·채완(1999), 국어 문법론 강의, 학연사.

□ 인용절

인용절(引用節)은 어떤 사람의 말이나 글, 생각이 옮겨 와서 다른 문장 속에 안겨 있는 절을 말한다.

이때 인용절 끝에는 그 절의 내용이 인용임을 나타내는 격 조사가 붙으며 발화자의 말을 그대로 인용하느냐, 화자의 관점으로 바꾸어 말하느냐에 따라 직접 인용절과 간접 인용절로 나눈다.

(1) ㄱ. 철수가 그에게 "너 어디 있었니?"라고 했다.
　　ㄴ. 철수가 그에게 그가 어디 있었냐고 했다.

직접 인용절인 (1ㄱ)은 원래 발화의 내용을 그대로 인용하는 것으로 인용절의 서법과 시제, 인칭 대명사가 모두 원 발화자의 발화를 그대로 유지하고 있다. 그러나 간접 인용절인 (1ㄴ)에서는 인용을 하는 화자의 관점으로 바뀐다.

또한 직접 인용절에서는 원 발화의 다양한 서법이 그대로 살아 있지만 간접 인용절의 어미는 평서형은 '-다고/-는다고', 의문형은 '-(으)냐고/-느냐고', 명령형은 '-(으)라고', 청유형은 '-자고'의 형태로 나타난다.

(2) ㄱ. 친구는 고향에 간다고 했다.
　　ㄴ. 친구가 나에게 잘 있으라고 했다.
　　ㄷ. 나는 친구에게 누구와 가느냐고 했다.
　　ㄹ. 나는 친구에게 같이 가자고 했다.

〈시제와 서법에 따른 간접 인용절의 형태〉

	평서형	의문형	명령형	청유형
현재	-는다고(동사) -다고(형용사) -(이)라고(명사)	-느냐고(동사) -(으)냐고(형용사) -(이)냐고(명사)	-(으)라고	-자고
과거	-았/었다고	-았/었느냐고	-	-
미래	-(으)ㄹ 거라고	-(으)ㄹ 거냐고	-	-

인용절의 상위문 동사로는 일반적으로 '부탁하다, 설득하다' 등의 '말하다'류 동사와 '듣다'류의 동사, '보다, 여기다' 등의 '생각하다'류 동사, '하다' 동사가 쓰인다.

인용절에서는 원 발화의 서법 형태와 달리 화자의 의도나 청자의 해석에 따라 다른 인용문의 형태가 선택되기도 한다.

(3) ㄱ. 철수가 말했다. "나도 같이 갔으면 좋겠다."
　　ㄴ. 철수가 자기도 같이 갔으면 좋겠다고 했다.
　　ㄷ. 철수가 자기도 같이 가자고 했다.

(4) ㄱ. 영희가 말했다. "나 좀 도와줄래?"

　　ㄴ. 영희가 자기를 도와주겠<u>냐고</u> 했다.

　　ㄷ. 영희가 자기를 도와 달<u>라고</u> 했다.

(3)과 (4)처럼 원 발화자 철수와 영희는 평서문과 의문문으로 발화를 했지만 이를 듣고 전달하는 화자는 평서문과 의문문으로 간접 인용절을 만들 수도 있고 자신이 해석한 담화 의미를 고려해 청유형과 명령형을 선택할 수도 있다. 〈이금희〉

[참고문헌]
- 고영근·구본관(2008), 우리말 문법론, 집문당.
- 국립국어원(2005), 외국인을 위한 한국어 문법 1, 커뮤니케이션북스.
- 이관규(2002), 학교 문법론, 월인.
- 이익섭·채완(1999), 국어 문법론 강의, 학연사.

❏ 인용 표현의 의미 기능

인용문의 형식 '-다고 하-'에 여러 종결 어미나 연결 어미가 결합하여 만들어진 '-다지요, -다는구나, -다네, -다고요, -다니요, -다던데요, -다더라, -다니까, -다면서' 등은 '-다고 하지요, -다고 하는구나, -다고 하네' 등에서 탈락, 축약을 통해 만들어진 표현이다. 여기에는 들은 내용이나 자신의 생각 등을 전달한다는 기본 의미에 여러 종결 어미, 연결 어미의 의미가 덧붙여진다. '-다지요'는 들은 내용을 확인할 때 쓰고 '-다는구나, -다네'는 들은 내용에 대한 감탄의 의미를 드러낼 때 쓴다.

그런데 이들 인용 표현들 중에는 '-다지요, -다는구나, -다네'처럼 인용문 형식에 종결 어미, 연결 어미가 단순히 결합한 경우만 있는 것은 아니다. '-다면서, -다고, -다니까' 등은 연결형일 경우에는 인용문 형식의 단순 축약형으로 쓰이지만 종결형으로 쓰이는 경우에는 새로운 의미 기능을 나타낸다. 전자는 원래 인용문 형식으로 환원할 수 있으나 후자는 환원할 수 없다.

(1) ㄱ. 친구가 오늘 <u>온다면서(온다고 하면서)</u> 마중을 나오라고 했다.

　　ㄴ. 학교 식당이 맛이 <u>없다고(없다고 하고)</u> 밖으로 나갔다.

　　ㄷ. 비가 <u>온다니까(온다고 하니까)</u> 우산을 가지고 가자.

(2) ㄱ. 오늘 비가 <u>온다면서(*온다고 하면서)</u>?

　　ㄴ. 대학에 <u>합격했다고(*합격했다고 하고)</u>? 축하한다.

　　ㄷ. 난 그런 곳에 가기 <u>싫다니까(*싫다고 하니까)</u>. 가고 싶으면 너나 가.

(1)의 '-다면서, -다고 -다니까'는 단순 축약형으로 인용문의 의미 기능인 들은 내용을 '-면서, -고, -니까'에 연결해 전달하는 것이다. 반면 (2)의 '-다면서, -다고, -다니까'는 연결 어미가 아닌 종결 어미로서 이때는 연결 어미 '-면서, -고, -니까'에 있던 동시, 나열, 이유의 의미 기능이 아닌, 들어서 안 내용을 확인하거나 자신이 했던 말이나 의견을 다시 한 번 강조 하는 등의 새로운 의미를 나타낸다. 즉 (1)과 (2)의 '-다면서, -다

고, -다니까'는 형태는 같으나 의미는 다른 것이다.

인용 표현 중에는 의미 변화를 겪어서 다른 사람의 말이나 생각을 인용한다는 의미가 전혀 들어 있지 않은 경우도 있다. '-다네, -단다, -다니' 등의 형태에서 이를 확인할 수 있다.

> (3) ㄱ. 친구가 안 <u>오겠다네요(오겠다고 하네요)</u>.
> ㄴ. 사장님이 오늘은 가게 문을 안 <u>열겠단다(열겠다고 한다)</u>.
> ㄷ. 제임스 씨는 한국 음식이 <u>어떻다니(어떻다고 하니)</u>?
> (4) ㄱ. 요즘 난 많이 <u>바쁘다네(*바쁘다고 하네)</u>.
> ㄴ. 우리 집도 예전엔 먹고 살기 <u>힘들었단다(*힘들었다고 한다)</u>.
> ㄷ. 나와 만나기로 하고 아직도 <u>자고 있다니(*있다고 하니)</u>!

(3)의 '오겠다네, 열겠단다, 어떻다니'는 모두 다른 사람에게 들은 내용을 전달할 때 쓰는 표현이다. 반면 (4)의 '바쁘다네, 힘들었단다'는 자신의 생각이나 알고 있는 내용을 좀 더 객관화하면서 친근한 느낌을 줄 때 쓰는 표현이고, '자고 있다니!'는 예상하지 못한 일이 생겨 놀랍다는 감탄의 의미를 혼잣말로 할 때 쓰는 표현이다.

다른 사람의 말을 전달한다는 인용의 의미를 나타내는 (3)의 예들은 (1)에서처럼 원래 인용문 형식으로 환원할 수 있으나 의미 변화를 겪어 하나의 어미로 굳어진 (4)의 예들은 환원이 불가능하다.

이처럼 인용 표현에는 인용문의 형식을 단순히 축약한 경우도 있지만 문법적으로 기능이 달라진 경우도 있고 의미에 변화가 생겨 새로운 의미를 나타내는 경우도 있다.

그러므로 외국인을 위한 한국어 문법 교육에서는 형태적으로는 같아도 통사적인 기능이나 의미적으로는 차이가 나는 표현들을 개별적으로 교수해야 하며 각각의 통사적인 기능과 제약 그리고 의미 차이를 명확히 제시해야 할 것이다.　　　　　　〈이금희〉

[참고문헌]
- 국립국어원(2005), 외국인을 위한 한국어 문법 2, 커뮤니케이션북스.
- 이금희(2005), 인용문 형식에서 문법화된 어미·조사 연구, 성균관대학교 박사학위논문.
- 이필영(1995), 국어의 인용 구문 연구, 탑출판사.
- 이희자·이종희(2006), 어미·조사사전, 한국문화사.

❏ 서술절

서술절(敍述節)은 안긴 문장의 하나로서 문장에서 서술어 기능을 하는 절을 말한다.

안긴 문장 중에도 서술절은 독특한 특성이 있다. 명사절, 관형절 등과 달리 서술절은 서술절임을 나타내는 문법 표지가 없다. 또한 다른 안은 문장과 달리 서술절을 포함한 문장은 주어가 두 개인 것처럼 보이나 서술어는 하나이다. 이러한 특성으로 인해 학자에 따라 서술절을 인정하지 않기도 한다. 서술절을 인정하는 견해에서는 동사나 형용사가 통사적으로 명사나 관형사처럼 쓰일 때는 그에 해당하는 문법 표지가 필요하지만 동사나 형용사가 서술어로 쓰일 때는 별도의 표지가 필요 없음을 근거로 들어 서술절의 설정이 가능하다고 본다.

> (1) ㄱ. 토끼가 앞발이 짧다.
> ㄴ. 나는 마음이 바뀌었다.
> ㄷ. 꽃이 두 송이가 피었다.
> ㄹ. 네가 노래가 전공이라고?
> ㅁ. 그는 눈이 안 보인다.

그러나 서술절은 서술어가 형용사일 때, 피동사일 때, 수량사(數量詞)를 사용한 구성일 때, '명사 + 이다' 형태일 때, 그 밖의 몇몇 동사에서만 가능한데 다른 절에서는 나타나지 않는 이러한 제약이 서술절에서만 존재하는 이유는 여전히 설명하기 어렵다.

그러므로 외국인을 위한 한국어 문법에서는 흔히 이들을 서술절을 가진 안은 문장으로 설명하기보다는 두 개의 주어를 갖는 이중 주어문으로 설명하기도 한다. 대신 이중 주어문은 두 주어의 관계가 '소유주-소유물'이나 '물건-수량' 등의 관계를 갖고, 서술어는 '형용사', '피동사', '명사 + 이다' 등이 와야 한다는 제약을 설명하는 편이 낫다. 〈이금희〉

[참고문헌]
- 고영근·구본관(2008), 우리말 문법론, 집문당.
- 국립국어원(2005), 외국인을 위한 한국어 문법 1, 커뮤니케이션북스.
- 이관규(2002), 학교 문법론, 월인.
- 이익섭·채완(1999), 국어 문법론 강의, 학연사.

6.5. 부정 표현

부정 표현(否定表現)은 부정의 의미가 있는 요소를 사용하여 '그렇지 않다'나 '옳지 않다'의 의미를 나타내는 표현을 말한다.

부정 표현에서는 부정의 의미가 있는 요소, 즉 부정소(否定素)가 사용되는데 주로 '아니(안)'나 '못'과 같은 부정 부사 '아니하다(않다), 못하다, 말다, 아니다'와 같은 부정 서술어가 이에 속한다.

> (1) 영희는 밥을 <u>안</u> 먹어요.
> (2) 민희는 밥을 <u>못</u> 먹어요.
> (3) 영희는 밥을 먹지 <u>않아요</u>.
> (4) 민희는 밥을 먹지 <u>못해요</u>.
> (5) 그렇게 아무거나 먹지 <u>말아요</u>.
> (6) 지금 먹고 있는 건 밥이 <u>아니에요</u>.

예문 (1)~(6)은 모두 부정 표현을 나타내고 있는 문장들이다. (1)과 (2)에서는 부정 부사를 썼고 (3)~(5)에서는 부정 서술어를 사용했다. (6)의 '아니에요' 역시 부정 서술어라 할 수 있으나 이때의 '아니다'는 다른 부정 서술어와 달리 '명사 + 이다' 구문에 대한 부정 표현에서만 사용한다. (6)에 대응하는 긍정 표현을 생각해 보면 아래 (6)′와 같다.

(6)′ 지금 먹고 있는 건 밥<u>이에요</u>.

앞의 예문 중 (1)과 (3)은 동일한 의미의 문장이다. 이때 (1)과 같이 부정해야 할 서술어 앞에 부정 부사어 '안'을 사용한 문장을 '짧은 부정문'이라 하고 (3)과 같이 부정하고자 하는 서술어를 '-지'의 형태로 활용한 후 부정 서술어 '아니하다(않다)'를 그 뒤에서 사용한 문장을 '긴 부정문'이라 한다. (1)과 (2)는 짧은 부정문, (3)~(5)는 긴 부정문이다.

부정소를 사용하여 부정 표현을 만드는 방법 외에 다른 방법으로 부정 표현을 만들 수도 있다.

(7) 이 영화는 청소년들에게 <u>비교육적</u>이에요.
(8) <u>몰지각한</u> 몇몇 사람들이 길거리에 쓰레기를 버렸어요.

예문 (7)이나 (8)은 어휘 자체에 부정적 의미가 들어 있는 경우이다. '미(未)-, 무(無)-, 비(非)-, 불(不)-, 몰(沒)-'과 같은 부정 접두사를 가진 어휘들은 부정의 의미가 있으므로 이러한 어휘들을 사용한 표현도 부정 표현이라고 볼 수 있다. 또 '없다, 싫다, 모르다'와 같은 어휘를 사용하여 부정 표현을 나타낼 수도 있다. 그러나 보통 이렇게 특수한 부정 어휘를 사용한 문장을 부정문으로 분류하지는 않는다.

또한 주로 부정 서술어와 결합하는 특정 부사어들이 있다.

(9) 오늘은 <u>절대로</u> 잠을 자<u>지 않겠어</u>.
(10) 어젯밤에는 <u>조금도</u> 잠을 자<u>지 못했어</u>.

(9)에서의 '절대로', (10)에서의 '조금도'와 같은 부사어는 부정 표현에서만 사용하는 부사어다. 이러한 부사어로는 '절대로, 조금도' 외에도 '결코, 도저히, 통, 그다지, 도무지' 등이 있다.

짧은 부정문과 긴 부정문은 상황에 따라 모두 성립할 수도 있고, 둘 중 하나가 어색하거나 성립하지 않을 수도 있다. 또한 부정 표현은 중의성을 띠기도 한다. 이러한 이유로 고급 단계의 한국어 학습자도 상황이나 맥락에 맞는 정확한 부정 표현을 사용하기 어려워할 때가 있다. 부정에 대한 인식은 누구에게나 있으므로 모국어와의 비교를 통해 그 해결을 모색해 보는 방향도 고려해야 한다. 〈이지수〉

[참고문헌]
• 고영근·구본관(2008), 우리말 문법론, 집문당.
• 남기심·고영근(2011), 표준 국어 문법론, 탑출판사.
• 왕문용·민현식(1993), 국어 문법론의 이해, 개문사.
• 이익섭(1986), 국어학 개설, 학연사.

• 허용 외(2005), 외국어로서의 한국어교육학 개론, 박이정.

■ 짧은 부정문

짧은 부정문은 부정 부사 '아니(안)'나 '못'이 부정을 요하는 서술어 앞에 쓰인 문장이다. 짧은 부정문은 '단형(短形) 부정문'이라고도 한다.

   (1) 나는 사과를 안 먹는다.
   (2) 나는 사과를 못 먹는다.

위의 예문 (1)~(2)는 '먹다'라는 서술어 앞에 '안'과 '못'을 써서 그 내용을 부정하고 있는 짧은 부정문의 예이다. 이때 짧은 부정문을 만드는 '안'이나 '못'의 품사는 부사이며 문장 성분은 부사어이다.

짧은 부정문은 문장을 만들 때 긴 부정문보다 제약이 더 많다.

   (3) ?하늘이 안 파랗구나.
   (4) 하늘이 파랗지 않구나.
   (5) *하늘이 안 새파랗구나.
   (6) 하늘이 새파랗지 않구나.

예문 (3)의 문장은 어색한 표현으로, '하늘이 파랗다'에 대한 부정 표현은 주로 예문 (4)와 같이 나타난다. 이러한 제약은 서술어가 파생어나 합성어일 때 더 강하게 나타나는데 예문 (6)과 같이 접두사 '새-'가 붙은 파생어 '새파랗다'는 짧은 부정문을 허용하지 않는다.

   (7) ㄱ. *다른 사람들과 달리 나는 민희가 안 얄미워.
      ㄴ. *너무 졸리다 보니 안 정성스러운 태도로 기도를 올리게 되었다.
      ㄷ. *봉사 단체 덕분에 우리 모두 안 굶주리고 버틸 수 있었다.

예문 (7)은 접두사나 접미사가 붙은 파생어나 합성어가 짧은 부정문을 허용하지 않는 예들이다. 물론 파생어나 합성어 중에서 이러한 제약이 없는 어휘도 있기 때문에 모든 파생어나 합성어가 짧은 부정문을 허용하지 않는다고 말할 수는 없다. 이 때문에 한국어 학습자들은 '-하다'나 '-스럽다' 등의 접미사가 붙은 파생어의 부정에서 오류를 자주 보인다. 이러한 제약에는 학습자에게 설명 가능한 일관된 규칙이 있는 것이 아니므로 지도 시 예문을 중심으로 자연스러운 표현에 익숙해지도록 충분히 연습시킬 필요가 있다.

한편 부정 부사 '안'이나 '못'은 뒤에 오는 몇몇 서술어와 자주 결합한 결과 관용 표현으로 굳어지기도 했다.

(8) ㄱ. **못생긴** 아기도 정말 사랑스러워.

　　ㄴ. 여기는 답답해서 **못살겠다**.

　　ㄷ. **못사는** 아이들에게도 똑같은 교육의 기회가 주어져야 해.

　　ㄹ. 또 시험에 떨어졌다니 참 **안됐구나**.

(8)은 부정 부사 '안'이나 '못'이 자주 결합하는 특정 서술어와 함께 관용 표현으로 굳어진 예이다. 밑줄 친 부분을 하나의 단어로 볼 것인가 그렇지 않은가의 여부는 원칙적으로 원 단어의 의미에서 벗어나 새로운 의미를 획득하고 있느냐가 기준이 될 것이지만 실용적 차원에서 사전을 자주 찾아보면서 확인하는 것이 좋다.　　　〈이지수〉

[참고문헌]
- 고영근·구본관(2008), 우리말 문법론, 집문당.
- 남기심·고영근(2011), 표준 국어 문법론, 탑출판사.
- 왕문용·민현식(1993), 국어 문법론의 이해, 개문사.
- 이익섭(1986), 국어학 개설, 학연사.
- 허용 외(2009), 외국어로서의 한국어교육학 개론, 박이정.

❏ '안' 부정문

'안' 부정문은 '단순 부정'과 '의지 부정(意志否定)'의 뜻을 나타내는 부정문이다.

(1) 사람들이 <u>안</u> 왔어요.

(2) 나는 숙제를 <u>안</u> 할 거예요.

(1)은 '사람들이 오다'의 상황이 아니라는 단순한 부정을 표현한 문장이다. 이러한 부정 표현을 '단순 부정'이라 한다. 이와 달리 예문 (2)는 화자의 의지를 나타내고 있다. 숙제를 하거나 하지 않는 선택의 상황에서 화자는 숙제를 하지 않겠다는 자신의 의지를 표현한 것이다. 이와 같은 부정 표현을 의지 부정이라 한다.

'안' 부정문에서는 보통 부정 부사 '안'이 부정을 나타내는 부정소로 사용되는데 서술어가 '명사 + 서술격 조사'인 경우는 이와 조금 다른 형태로 나타난다.

(3) 나는 이제 아기가 <u>아니에요</u>.

(3)은 '체언(아기)+서술격 조사(이다)'의 부정 표현으로 '아니다'의 형태를 사용한 문장이다. 이러한 부정 표현을 교수할 때에는 아래와 같은 오류가 자주 등장한다.

(3)′ ?나는 이제 아기 아니에요.

표면적인 오류 양상만으로는 정확히 판정하기 어렵지만 (3)′은 '아기' 뒤의 조사 '가'를 생략하여 발생한 오류라기보다는 서술격 조사 '이다'를 단순히 '아니다'로 교체하면 된다고 생각하여 발생한 오류일 가능성이 높다. 따라서 그러한 점을 고려한다면 '아니다' 부정문을 교수할 때 '-이/가 아니다'와 같이 결합된 형태로 교수하는 것이 효과적이라 할 수

있으며, 실제 교육 현장에서도 이러한 문형으로 제시하는 것이 더 일반적이다. 〈이지수〉

[참고문헌]
- 고영근·구본관(2008), 우리말 문법론, 집문당.
- 남기심·고영근(2011), 표준 국어 문법론, 탑출판사.
- 왕문용·민현식(1993), 국어 문법론의 이해, 개문사.
- 이익섭(1986), 국어학 개설, 학연사.
- 허용 외(2005), 외국어로서의 한국어교육학 개론, 박이정.

☐ '못' 부정문

'못' 부정문은 '능력 부정(能力否定)'의 의미를 나타내는 부정문이다.

  (1) 나는 글자를 안 읽어.
     나는 글자를 읽지 않아.
  (2) 나는 글자를 못 읽어.
     나는 글자를 읽지 못해.

(1)은 '안' 부정문으로 의도적으로 글자를 읽지 않겠다는 동작주(動作主)의 의지를 드러내고 있다. 이에 비해 예문 (2)는 동작주가 글자를 읽을 능력이 없다는 것을 나타낸다. '못' 부정문은 이와 같이 동작주의 능력과 관계된 의미를 나타낼 때 사용하므로 일반적으로 형용사를 부정할 때에는 사용하지 않는다.

  (3) *손가락이 못 길다.

(3)은 형용사를 서술어로 하는 문장에서 '못'이 쓰인 예이다. '길다'는 상태를 나타내는 형용사로 주체의 능력에 의해 좌우되는 성질의 것이 아니다. 그러므로 '못' 부정문으로 나타낼 수 없다.

예외적으로 '못' 부정문이 형용사에서 사용되는 경우는 어떠한 기준과 비교하여 그에 미치지 못하는 상황을 나타낼 때이다.

  (4) 지수는 연수만큼 예쁘지 못하지.

(4)과 같이 특정 기준에 미치지 못한다는 뜻으로 '못' 부정문을 사용하는 경우가 있는데 이러한 경우 '못' 부정문은 '못하다'의 형태로 형용사를 뒤에서 부정한다. 한국어 교재에서는 보통 '못' 부정문이 동사 부정에서만 사용된다고 기술하고 있기 때문에 실제 교육에서도 '못' 부정문의 형용사 부정 표현에 대해서는 잘 다루지 않고 있다.

'못'이 결합한 '못하다'는 형용사로서 문장에서 서술어로 사용되기도 한다.

  (5) 노래 실력이 예전보다 못하다.

(5)에서의 '못하다' 역시 어떠한 기준에 미치지 못한다는 의미이다. 하지만 여기에서는 다른 본 용언을 부정하기 위한 부정소로서의 보조 용언이 아니라 '못하다' 자체가 서

술어로 사용되었다. ⟨이지수⟩

[참고문헌]
• 고영근·구본관(2008), 우리말 문법론, 집문당.
• 남기심·고영근(2011), 표준 국어 문법론, 탑출판사.
• 왕문용·민현식(1993), 국어 문법론의 이해, 개문사.
• 이익섭(1986), 국어학 개설, 학연사.
• 허용 외(2005), 외국어로서의 한국어교육학 개론, 박이정.

■ 긴 부정문

긴 부정문은 부정을 요하는 서술어를 '-지'의 형태로 활용한 후 그 뒤에 '아니하다(않다)'나 '못하다, 말다'를 더하여 만든 부정문이다. 긴 부정문은 '장형(長形) 부정문'이라고도 한다.

(1) ㄱ. 나는 사과를 먹지 않는다.
　　ㄴ. 나는 사과를 먹지 못한다.

(1ㄱ)은 '-지 않다'를 사용한 긴 부정문이고 (1ㄴ)는 '-지 못하다'를 사용한 긴 부정문이다. 긴 부정문에서 사용한 '않다'와 '못하다'의 품사는 부정하고 있는 서술어의 품사에 따라 달라진다.

(2) ㄱ. 나는 영희를 좋아하지 않아.
　　ㄴ. 그 음식은 맛이 좋지 않아.

(2ㄱ)에서는 본용언 '좋아하다'의 품사가 동사이므로 이를 부정하고 있는 '않다'의 품사는 보조 동사가 된다. (2ㄴ)의 본용언 '좋다'는 품사가 형용사이므로 그 뒤에 사용한 '않다'의 품사는 보조 형용사이다.

짧은 부정문과 긴 부정문은 대체로 그 의미가 동일한 것으로 간주되나 완전히 동일하다고 단언할 수는 없다.

(3) ㄱ. 아이가 밥을 안 먹어.
　　ㄴ. 아이가 밥을 먹지 않아.
(4) ㄱ. 아이가 학교에 밥을 안 먹고 갔어.
　　ㄴ. 아이가 학교에 밥을 먹고 가지 않았어.

(3ㄱ)과 (3ㄴ) 사이에는 의미 차이가 느껴지지 않지만 (4ㄱ)과 (4ㄴ)은 각각 다르게 해석될 여지가 있다. (4ㄱ)은 학교에 가긴 갔으나 밥을 안 먹은 채로 갔다는 의미를 나타내는 데 비해, (4ㄴ)은 밥을 안 먹고 학교에 간 것인지, 밥은 먹었으나 학교에 안 간 것인지가 분명하지 않다. ⟨이지수⟩

[참고문헌]
• 고영근·구본관(2008), 우리말 문법론, 집문당.
• 왕문용·민현식(1993), 국어 문법론의 이해, 개문사.
• 허용 외(2005), 외국어로서의 한국어교육학 개론, 박이정.

❏ '말다' 부정문

'말다' 부정문은 명령문이나 청유문에서 사용하는 부정 표현이다.

명령문이나 청유문을 부정할 때에는 '안' 부정문이나 '못' 부정문 대신 '말다' 부정을 사용한다. '말다' 부정은 긴 부정문의 형태로만 사용된다.

  (1) ㄱ. 오늘은 잠을 자지 마라. (=자지 말아라)
      ㄴ. 우리 더 이상 만나지 말자.

(1ㄱ)은 명령문에서, (1ㄴ)은 청유문에서 '말다' 부정을 사용한 예이다. 만약 (1ㄱ)과 (1ㄴ)이 명령문이나 청유문이 아니라 평서문이었다면 다음과 같이 '안' 부정문을 썼을 것이다.

  (1) ㄱ′ 오늘은 잠을 자지 않는다.
      ㄴ′ 우리(는) 더 이상 만나지 않는다.

이렇게 특정 맥락에서 예외적인 상황을 메우는 어휘적 수단을 '보충법'이라고 한다. '말다' 부정은 '안' 부정문의 보충법 형태라 할 수 있다.

서술어가 형용사인 경우에는 명령문이나 청유문으로 만들 수 없으므로 형용사가 서술어로 썼을 때 '말다' 부정이 나타나는 경우는 없다.

  (2) *영희야, 우리 예쁘자.
  (2)′ *영희야, 우리 예쁘지 말자.
  (3) *영희야, 얼굴 좀 깨끗해라.
  (3)′ *영희야, 얼굴 좀 깨끗하지 말자.

예외적으로 명령문이나 청유문이 아닌 문장에서 '말다'를 사용하는 경우가 있다.

  (4) 나는 네가 여기에 들르지 말고 그냥 지나가기를 원해.

(4)와 같이 화자의 바람이 들어간 '바라다', '희망하다', '원하다'와 같은 서술어가 사용되면 명령문이나 청유문이 아니더라도 '말다'의 사용이 가능하다.

'말라', '마라'의 표기 혼란이 많은데 '마라'는 해라체 '말아라'의 준말 표기이고 '말라'는 구호나 표어의 명령체인 하라체에 쓰이는 것으로 구별하여 쓰면 된다.   〈이지수〉

[참고문헌]
• 고영근·구본관(2008), 우리말 문법론, 집문당.
• 남기심·고영근(2011), 표준 국어 문법론, 탑출판사.
• 왕문용·민현식(1993), 국어 문법론의 이해, 개문사.
• 이익섭(1986), 국어학 개설, 학연사.
• 허용 외(2005), 외국어로서의 한국어교육학 개론, 박이정.

■ 이중 부정

이중 부정(二重否定)은 한 문장 혹은 절 내에 부정의 요소가 둘 있음에 따라 부정한 내용이 다시 부정되어서 결국 강한 긍정의 의미를 나타내게 되는 표현을 말한다. 이러한 이중 부정을 나타내는 문장을 이중 부정문이라고 한다.

이중 부정문에는 두 번째 부정 요소로 '못하다'가 나타나지 않는다는 제약이 있다. 따라서 다음의 예에서 (1ㄱ), (1ㄴ)만 가능하고 (1ㄷ), (1ㄹ)은 불가능하다.

(1) ㄱ. 민수가 빵을 <u>안</u> 먹지 <u>않았어요</u>.
    ㄴ. 민수가 빵을 <u>못</u> 먹지 <u>않았어요</u>.
    ㄷ. *민수가 빵을 <u>못</u> 먹지 <u>못했어요</u>.
    ㄹ. *민수가 빵을 <u>안</u> 먹지 <u>못했어요</u>.

또한 부정을 다시 부정하는 이중 부정문은 단순히 긍정의 의미를 나타내는 데 그치지 않고 어떤 단서가 달려 있다는 점에 유의해야 한다.

(2) ㄱ. 버스가 <u>안</u> 오지 <u>않아요</u>.
    ㄴ. 영희가 공부를 <u>못하지</u> <u>않아요</u>.

(2ㄱ)은 '버스가 오지만, 제 시간에 안 올 때가 많다', '버스가 오지만, 제 시간에 안 올 수도 있다'와 같은 단서를 함축하고 있다. (2ㄴ)도 '영희가 공부를 못한다'를 부정하면서 긍정의 의미를 나타내지만 그렇다고 '영희가 공부를 잘한다'는 의미를 나타내는 것은 아니다. 이 문장은 '영희가 공부를 못하는 것은 아니지만 그렇다고 아주 잘하는 것은 아니다'라는 정도의 단서를 내포한다.

이러한 단서는 보조사 '은/는'을 덧붙일 때 좀 더 명확하게 드러나기도 한다. 이러한 이유로 한국어에서는 (2)보다는 (3)이 더 자연스럽게 사용되는 문장이다.

(3) ㄱ. 버스가 안 오지<u>는</u> <u>않아요</u>.
    ㄴ. 영희가 공부를 못하지<u>는</u> <u>않아요</u>.

이중 부정문의 정의를 엄밀하게 적용한다면 (4)와 같은 예들도 이중 부정문인가에 대해 논란이 있을 수 있다. 그러나 이 예들도 부정의 요소가 문장 안에 포함되어 있으면서 강한 긍정 혹은 그와 관련된 단서를 포함하고 있다는 점에서 이중 부정문과 유사한 표현 효과를 낸다고 볼 수 있다.

(4) ㄱ. 내가 학교에 지각하지 <u>않는</u> 것은 <u>아니에요</u>.
    ㄴ. 오늘 학교에 <u>안</u> 가면 <u>안</u> 돼요.
    ㄷ. 이 일을 먼저 하지 <u>않을</u> 수 <u>없어요</u>.

〈이지영〉

[참고문헌]
• 서정수(1996), 국어 문법, 한양대학교출판원.
• 이익섭(2005), 한국어 문법, 서울대학교출판부.

■ 부정의 초점

부정의 초점은 부정문에서 부정하는 대상이 무엇인가 하는 문제와 관계가 있다.

한 문장에서 초점이 놓이는 성분은 부정의 요소가 영향을 끼치는 범위 내에 있으므로, 부정의 초점과 관련된 예들은 일반적으로 부정의 범위(scope of negation) 혹은 작용역(作用役)을 논의하는 데서 다룬다. 또한 같은 문장이라고 하더라도 초점이 되는 성분이 무엇이냐에 따라 부정하는 대상이 달라지므로 부정문의 중의성이 발생하기도 한다.

부정의 초점이 어디에 있는가에 따라 부정문은 '전체 부정'과 '부분 부정'의 의미를 나타낸다. 이러한 부정의 중의성은 '모두, 전부, 다'와 같은 표현이 쓰이는 경우 특히 두드러진다.

> (1) 학생들이 다 가지 않았어요.
> '전체 부정'의 의미: '학생들이 아무도 가지 않았다.'
> '부분 부정'의 의미: '일부 학생은 가고 일부 학생은 가지 않았다.'

이러한 경우 의미의 초점이 되는 성분이 부정의 대상이 되므로 어떤 성분이 의미의 초점이 되는지를 분명하게 함으로써 중의성을 해소할 수 있다. 첫째는 해당 성분에 강세나 휴지를 동반하여 발음하는 것인데 이는 구어에서만 가능한 방법이다. 둘째는 해당 성분에 보조사 '은/는'을 결합시키는 것인데 이는 구어와 문어에서 모두 가능한 방법이다. 예를 들어 (1)의 문장에서 '다'나 '-지'에 '은/는'을 결합시킨다면 이 문장은 부분 부정의 의미만을 띠게 된다.

> (2) ㄱ. 학생들이 <u>다는</u> 가지 않았어요.
> ㄴ. 학생들이 다 <u>가지는</u> 않았어요.

이 외에도 전체 부정의 의미만 드러나도록 할 수도 있다. '모두, 전부, 다'와 같은 표현 대신 '한 명도, 하나도, 전혀'와 같은 표현을 사용하는 경우를 예로 들 수 있다.

> (3) 학생들이 {한 명도, 하나도, 전혀} 가지 않았어요.

문장의 모든 성분이 부정의 범위 안에 포함될 수 있는 것은 아니다. 문장 전체를 수식하는 문장 부사는 부정의 범위에 포함되지 않기 때문에 부정되지 않는다. (4)에서 문장 부사인 '다행히, 아마'는 부정되지 않는다.

> (4) ㄱ. 다행히 약속 시간에 늦지 않았어요.
> ㄴ. 아마 일이 빨리 끝나지 않을 거예요.

〈이지영〉

[참고문헌]
- 고영근·구본관(2008), 우리말 문법론, 집문당.
- 이익섭(2005), 한국어 문법, 서울대학교출판부.
- 한재영 외(2008), 한국어 문법 교육, 태학사.

■ 부정 표현의 호응

부정 표현의 호응은 부정문에서 부정을 나타내는 요소끼리 어울리는 현상과 관련된다. 부정 요소와만 어울려서 부정의 강도를 강화하거나 극대화하는 성질이 부정 극성(否定極性, negative polarity)이다. 이러한 부정 극성을 띠는 단어를 부정 극어(否定極語, negative polarity item)라고 한다. 때로 단어보다 더 큰 문법 단위인 구(句, phrase)로 이러한 부정 극성이 드러나는 경우가 있는데 이는 부정 극성 성분이라고 하여 부정 극어와 구분하기도 한다.

예를 들면 '결코'는 (1ㄱ)처럼 부정문에 써야 하며 (1ㄴ)처럼 긍정문에는 쓸 수 없다. 이처럼 부정의 요소와 어울려 쓰는 '결코'를 부정 극어라고 하는데 이러한 쓰임을 보이는 예로는 '도무지, 도통, 별로, 과히, 도저히' 등이 있다.

(1) ㄱ. 그 일은 <u>결코</u> 쉽지 않아요.
　　ㄴ. *그 일은 <u>결코</u> 쉬워요.

이 외에도 대명사나 명사(구) 중에는 보조사 '도'와 결합할 때 부정 극성 성분으로 쓰이는 예들이 있다. '아무도, 하나도, 아무 것도, 추호도, 털끝만큼도' 등이 그 예인데 이들은 보조사 '도'와 결합하지 않을 경우에는 부정 극어로 볼 수 없다. 예를 들어 보조사 '도'와 결합한 '아무도'는 (2ㄱ)처럼 부정문에서 쓰며 (2ㄴ)처럼 긍정문에는 쓸 수 없다. 그러나 보조사 '나'와 결합한 '아무나'는 (3)처럼 부정문과 긍정문에서 모두 쓸 수 있다.

(2) ㄱ. 어제 약속 장소에는 <u>아무도</u> 오지 않았어요.
　　ㄴ. *어제 약속 장소에는 <u>아무도</u> 왔어요.
(3) ㄱ. 어제 약속 장소에는 <u>아무나</u> 오지 않았어요.
　　ㄴ. 어제 약속 장소에는 <u>아무나</u> 왔어요.

'여간'은 (4)와 (5)에서 보듯이 부정문에만 쓰이는 부사로서 부정 극어이다. 그러나 다른 부정 극어와 달리 '여간'은 부정의 의미가 아니라 긍정의 의미를 강조한다. (4ㄱ)은 '외국어 배우기가 매우 어려운 일이다.'로, (5ㄱ)은 '정원에 핀 꽃이 매우 예뻤다.'로 해석된다.

(4) ㄱ. 외국어 배우기는 <u>여간</u> 어려운 일이 아니에요.
　　ㄴ. *외국어 배우기는 <u>여간</u> 어려운 일이에요.
(5) ㄱ. 정원에 핀 꽃이 <u>여간</u> 예쁘지 않았어요.
　　ㄴ. *정원에 핀 꽃이 <u>여간</u> 예뻤어요.

흔히 부정 극어로 다루어지기도 하지만 긍정문에 쓰이는 예가 있어서 완전한 부정 극어로 볼 수 없는 경우도 있다. 이러한 예로는 '전혀, 절대로, 결단코' 등이 있다.

(6) ㄱ. 그 사람은 이 일에 <u>전혀</u> 도움을 주지 않았어요.

ㄴ. 그 사람은 예전과는 <u>전혀</u> 다른 사람이 되었어요.

(7) ㄱ. 나는 <u>절대로</u> 그쪽 말에 동의하지 못하겠어요.

ㄴ. 그 사람의 협조가 <u>절대로</u> 필요해요.

(8) ㄱ. 이런 실수는 <u>결단코</u> 다시 하지 않겠어요.

ㄴ. 나는 <u>결단코</u> 그 일을 해내고야 말겠어요.

보조사 '밖에'가 결합한 명사구도 (9ㄱ)처럼 평서문에서는 부정문에만 쓸 수 있지만 (9ㄷ)과 같은 의문문에서는 긍정문에도 쓸 수 있다.

(9) ㄱ. 사과가 하나<u>밖에</u> 남지 않았어요.

ㄴ. *사과가 하나<u>밖에</u> 남았어요.

ㄷ. 떨어져 봤자 조금 다치기<u>밖에</u> 더하겠어요?　　　　　　　　〈이지영〉

[참고문헌]
- 고영근·구본관(2008), 우리말 문법론, 집문당.
- 서정수(1996), 국어 문법, 한양대학교출판원.

6.6. 시제

시제(時制, tense)는 발화시를 기준으로 앞뒤 시간을 나타내는 문법 범주를 가리킨다. 전통적으로는 시제를 자연 시간과 언어 시제의 동질성에 입각하여 '과거-현재-미래'라는 삼분 구조 안에서 해석하고자 하였다. 그런데 자연 시간과 언어 시제의 이질성을 밝히는 데에 초점을 둔 연구에서는 한국어에서 시제라는 문법 범주를 인정하지 않거나 미래 시제 형태를 인정하지 않고 '과거-비과거' 또는 '과거-현재'의 이분 구조 안에서 시제 체계를 설명해 왔다. 이러한 설명은 언어의 상대성, 자의성, 특수성, 개별성을 중시하는 연구 태도로 해석된다. 이후에는 자연 시간과 언어 시제 간의 상이점을 강조하는 것 못지않게 양자의 동질성을 밝히려는 연구도 활발히 이루어졌다. 몬테규(R. Montague)의 문법 이론을 바탕으로 시제문의 의미를 귀납적으로 해석할 수 있는 일련의 진리 조건들을 제시해 시제, 동작상, 서법 간의 상호 관계를 밝히려는 노력도 있었다.

현재 학교 문법에서는 '과거-현재-미래'라는 삼분 구조 안에서 이들을 나타내는 문법 표지를 각각 '-았/었-', '-ㄴ/는-', '-겠-'으로 들고 있다.

(1) ㄱ. 아버지께서 지금 신문을 <u>보신다</u>.

ㄴ. 어제 동생은 서점에서 책을 샀다.

ㄷ. 내일은 비가 많이 오겠다.

(1ㄱ)의 '-ㄴ-', (1ㄴ)의 '-았-', (1ㄷ)의 '-겠-'은 각각 현재, 과거, 미래 시제를 나타내는 선어말 어미로 설명한다. 그리고 이때 '어제, 지금, 내일'과 같이 시간을 나타내는 부사어를 통해 현재, 과거, 미래 시제가 좀 더 분명하게 드러난다.

한국어교육에서도 대부분 삼분 구조 안에서 한국어 시제 체계를 설명하고 있는데, 일각에서는 '과거-비과거'의 이분 체계를 따르기도 한다. 후자의 경우는 미래 시제를 나타내는 '-겠-, -(으)ㄹ 것'이 미래뿐만 아니라 과거와 현재 시점을 나타내는 데에도 사용되고 있다는 사실에 주목한다. 따라서 이때의 '-겠-, -(으)ㄹ 것'은 '추측, 의지, 가능성' 등을 표현하는 양태 표현의 하나로 설명되기도 한다.

(2) ㄱ. 어제 작업하기가 꽤 어려웠겠다.

ㄴ. 지난 월요일에 영수는 민지를 만났을 것이다.

(2)에서 '-겠-, -(으)ㄹ 것'은 '어제, 지난 월요일'이라는 과거 사건에 대한 '추측, 가능성' 등을 표현하고 있다. 이와 같은 '-겠-, -(으)ㄹ 것' 등의 사용 양상 때문에 미래 시제의 존재 여부에 대한 논쟁은 계속되고 있고, 시간성(temporality)의 문제를 시제(tense) 외에 상(aspect), 양태(modality) 등의 문법 범주와 함께 다루고 있다.

한국어교육적 관점에서는 시제 범주의 설정과 범주의 체계화 방안 외에도 시간 표지들 간의 의미 화용 상의 차이점을 변별하여 기술하고 교육하는 것이 중요하다. 〈김호정〉

[참고문헌]

• 고영근(2004), 한국어의 시제 서법 동작상, 태학사.
• 나진석(1971), 우리말의 때매김 연구, 과학사.
• 남기심(1978), 국어 문법의 시제 문제에 관한 연구, 탑출판사.
• 이익섭·임홍빈(1983), 국어 문법론, 학연사.

■ 발화시와 사건시

발화시(發話時, speech time)란 화자가 말하는 시점을, 사건시(事件時, event time)란 동작이나 사건이 일어나는 시점을 의미한다.

시제를 '과거-현재-미래'의 삼분 체계 안에서 이해하기 위해서는 이 발화시와 사건시의 선후 또는 동시 관계를 이해해야 한다. 과거 시제는 사건시가 발화시 이전인 경우, 현재 시제는 사건시와 발화시가 동시인 경우, 미래 시제는 사건시가 발화시 이후인 경우를 가리킨다.

(1) ㄱ. 지난 일요일에 민지는 축구를 했다.

ㄴ. 내일은 가게 문을 닫더라.

(1ㄱ)은 민지가 축구를 한 행위 또는 사건이 일어난 시점이 발화시 이전인 '지난 일요일'이므로 과거 시제를 나타낸다. (1ㄴ)은 가게가 문을 닫는 행위, 즉 사건시가 발화시 이후인 '내일'이지만 그 사실을 알게 된 시점, 즉 경험시가 발화시 이전이므로 회상을 나타내는 선어말 어미 '-더-'를 사용하고 있다. 이처럼 발화시를 기준으로 사건시 또는 경험시와의 시간 관계가 표현되는 시제를 '절대 시제'라고 한다. 이와 달리 안은 문장의 사건시에 따라 시제가 결정되는 경우를 '상대 시제'라고 한다.

(2) 며칠 전에 나는 학교 운동장에서 소년이 <u>뛰어가는</u> 것을 보았다.

(2)는 관형절로 안긴 문장의 '뛰어가는' 행위가 발화시보다 이전 행위이기는 하지만, '내가 소년을 본' 사건의 시점과는 동시 관계이므로 '-는'이라는 현재형 관형사형 어미가 선택되었다. 이처럼 한국어에서 안은 문장이나 겹문장 등의 복합 문장을 이해하기 위해서는 절대 시제와 함께 상대 시제의 개념을 숙지해야 한다.　　　　　〈김호정〉

→ 시간 직시

[참고문헌]
• 고영근·구본관(2008), 우리말 문법론, 집문당.
• 이익섭·임홍빈(1983), 국어 문법론, 학연사.

□ 현재 시제

현재 시제(現在時制, present tense)는 발화시와 사건시가 동시 관계인 경우를 이른다.
현재 시제는 선어말 어미, 관형사형 어미, 시간 부사어를 통해 표현되는데 특정 형태가 없이 무표적인 경우도 있다. 선어말 어미 '-ㄴ/는-', 관형사형 어미 '-는'은 동사와 결합하고, 관형사형 어미 '-(으)ㄴ'은 형용사 및 조사 '-이다'와 결합한다. 안긴 문장에서 관형사형 어미의 시제는 안은 문장의 사건시에 따라 상대적으로 결정되므로 관형사형 어미 '-는'과 '-(으)ㄴ'은 안긴 문장과 안은 문장의 사건시가 동시 관계인 경우에 선택된다.

(1) ㄱ. 학생들이 <u>지금</u> 책을 읽<u>는</u>다.
　　ㄴ. 영희가 참 착<u>해</u>요.
　　ㄷ. 지난 일요일에 노래<u>하는</u> 아이들을 보았다.
　　ㄹ. 책상에 시원<u>한</u> 음료수가 있다.
　　ㅁ. 나는 직업이 의사<u>인</u> 사람을 만났다.

(1)에서와 같이 현재 시제는 발화시 또는 안은 문장의 사건시와 동일 시점에서 벌어지고 있는 사건 및 행위의 시간을 표현한다. 그러나 경우에 따라서는 일상의 반복, 변함없는 진리 또는 확정적인 미래 계획 등을 표현하기도 한다.

(2) ㄱ. 매일 해가 <u>뜬</u>다.
　　ㄴ. 나는 내일 부산에 <u>간</u>다.

(2ㄱ)은 매일 변함없이 해가 뜨는 사실을 진술하고 있다. (2ㄴ)은 내일의 계획을 서술하고 있는데, 현재 시제 선어말 어미 '-ㄴ-'을 사용함으로써 이것이 좀 더 확정적인 계획임을 나타낸다. 이처럼 현재 시제를 통해서도 미래 사건시를 표현할 수 있다. 따라서 한국어 학습자들에게는 현재 시제를 표현하는 문법 표지에 대한 설명과 함께 이들의 의미와 기능상의 특징을 미래 시제 표지인 '-겠-', '-(으)ㄹ 것' 등과 비교하여 설명하는 것도 필요하다.　　　　　　　　　　　　　　　　　　　　　　　〈김호정〉

[참고문헌]
• 권재일(1997), 한국어 통사론, 민음사.
• 민현식(1991), 국어의 시상과 시간 부사, 개문사.

❑ 과거 시제

과거 시제(過去時制, past tense)는 발화시보다 사건시가 앞선 경우의 시제를 이른다. 주로 선어말 어미 '-았/었-', '-았/었었-' 등에 의해 실현된다.

　(1) ㄱ. 지난주에 영희가 부산에 갔다.
　　　ㄴ. 지난주에 영희가 부산에 갔었다.

(1ㄱ)의 경우 영희가 부산에 간 것이 지난주인 과거라는 사실만을 전달한다. 따라서 발화시인 현재에도 영희가 부산에 가고 없는지 또는 다시 돌아왔는지는 명시적으로 드러나지 않는다. 그러나 (1ㄴ)은 영희가 과거 시간인 지난주에 부산에 갔지만 그 사실이 현재 시점에서는 더 이상 유용하지 않음을 나타낸다. 따라서 이 경우에는 부산에 갔다가 지금은 다시 돌아온 상황을 의미하게 된다. 이처럼 '-았/었었-'은 발화시인 현재와의 강한 단절을 표현한다.

관형절로 안긴 문장에서는 관형사형 어미 '-(으)ㄴ'에 의해 과거 시제가 표현될 수 있다.

　(2) ㄱ. 태국에서 고등학교를 졸업한 친구가 한국에 온다.
　　　ㄴ. 대학교 때 자주 가던 음식점 앞을 지나갔다.
　　　ㄷ. 10년 전에 보았던 책을 다시 꺼냈다.

(2ㄱ)에서는 친구가 태국에서 고등학교를 졸업한 것이 한국에 오기 이전 시점임을 알 수 있다. (2ㄴ)의 '자주 가던'에서 '-던'은 '-더- + -ㄴ'으로 발화시인 현재 시점에서 과거의 경험을 회상함을 나타내는 '-더-'와 관형사형 어미 '-ㄴ'의 결합으로 볼 수 있다. 그런데 이때 '-던'은 '-더- + -ㄴ'의 단순 결합 의미 이상을 지니고 있고 형태적 제약 또한 다른 양상을 보인다는 점에 근거하여 그 자체를 과거 시제를 표현하는 또 하나의 관형사형 어미로 보기도 한다. (2ㄴ)의 '-던'이 과거의 지속적인 경험을 나타내는 데 비해 (2ㄷ)의 '-았던'은 해당 시점에서 이미 완료된 경험을 표현한다는 점

에서 차이점을 보인다.

과거 시제 어미로 설명하고 있는 '-았/었-', '-(으)ㄴ'을 과거 시제 표지로 보기 어려운 경우도 많다. 현재 또는 미래 부사어와 함께 사건의 행위 또는 상황의 완료를 나타낼 때가 있다. 이와 같은 의미 기능에 주목하여 '-았/었-'을 과거 시제가 아닌 '완료상'을 나타내는 문법 기제로 설명하기도 한다. '-았/었-'을 해당 사건이나 상황에 대해 [결정성] 혹은 [소원성(remoteness)]의 의미를 갖는 선어말 어미로 기술하는 견해도 볼 수 있다.

(3) ㄱ. 지금 도착했어요.
　　ㄴ. 지금 보니 어머니께서 많이 늙으셨다.
　　ㄷ. 너는 이제 선생님께 혼났다.

(3)에서 '-았/었-'은 '지금', '이제'와 같은 부사어와 함께 쓰여 과거 시제가 아닌 도착의 완료, 어머니의 연로하신 상태, 선생님께 혼날 것이 틀림없는 상황 등을 표현하고 있다. '-았/었-'의 이와 같은 사용 특징을 고려하여 '어제', '그저께'와 같이 과거 시점을 분명하게 드러내는 시간 부사어에 의해 과거 시제가 가장 명시적으로 표현될 수 있다고 보기도 한다.

한국어 학습자들에게는 과거 시제를 표현하는 형식이 무엇인지를 설명하는 것과 함께 각각의 형식이 갖는 의미·기능과 이들 형식 간의 차이점을 이해시키는 것이 매우 중요한 문제이다. 이를 위해서는 선어말 어미 '-았/었-'과 '-았/었었', 관형사형 어미 '-(으)ㄴ'과 '-던', '-던'과 '-았/었던'의 차이점을 좀 더 구체적으로 기술할 필요가 있다.　　　　　　　　　　　　　　　　　　　　　　　　　　　〈김호정〉

[참고문헌]
• 권재일(1996), 한국어 문법의 연구, 박이정.
• 이효상(1995), 다각적 시각을 통한 국어의 시상 체계 분석, 언어 20-3, 한국언어학회, 207~250쪽.
• 장경희(1983), {더}의 의미와 용법, 언어 8-2, 한국언어학회, 293~313쪽.

❑ '-았/었-'과 '-더-'

'-았/었-'은 [과거/완료]를, '-더-'는 [과거 지각]을 나타낸다.

'-았/었-'과 달리 '-더-'는 화자가 '과거에 직접 지각한' 사태를 발화해야 한다는 제약이 있다. 이 제약은 한국어 학습자가 '-더-'의 사용을 회피하게 하는 요인이 된다. '-더-'의 의미는 [회상] → [보고] → [과거 지각] 등으로 고찰되어 왔다. [과거 지각]의 '-더-'는 문법 형식 안에 화자 진술의 근거(증거)가 있음을 명시하는 문법적 특성인 증거성(證據性, evidentiality)을 가진다.

〈'-더-'의 [과거 지각]과 [보고]의 의미〉

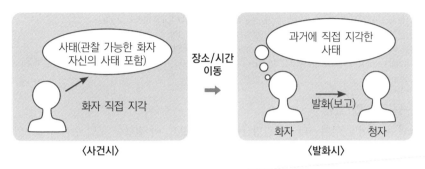

(1) 이순신 장군이 이 집에 사셨다.
(2) 이순신 장군이 이 집에 사시더라.
(3) 이순신 장군이 이 집에 사셨더라.
(4) 이순신 장군이 이 집에 사셨다더라.

(1)의 '-았/었-'은 화자가 직접 사태를 지각하지 않았어도 사용할 수 있다. (2)의 '-더-'는 화자가 이순신 장군과 동시대인으로서 사태를 직접 지각한 것이라야 사용할 수 있다. (3)은 '이순신 장군이 이 집에 사신' 사태를 화자가 직접 지각한 것이 아니라 책이나 TV에서 보고 그러한 과거의 사실을 지각(인지)하였을 때 발화가 가능하다. 이와는 달리 (4)는 '이순신 장군이 이 집에 사셨다.'라고 말하는 사태에 대해 사람이나 매체가 그렇게 정보를 전하는 것을 화자가 지각하였을 때 발화가 가능하다. '-더-'는 화자가 '과거 사태를 직접 지각'하므로 문장의 주어는 화자 자신보다 지각 대상이 되기 쉬운 2, 3인칭이 많다. 따라서 주어 제약이 많이 논의되지만 지각(관찰)할 수만 있다면 (5)와 (6)처럼 1인칭도 가능하다.

(5) 꿈에 내가 어디를 막 가더니 어떤 집에 들어가더라고! (꿈속의 화자 자신)
(6) 이때는 내가 참 젊더니, 언제 이렇게 시간이 흘렀나? (사진/비디오 속의 화자 자신)

화자가 지각한 사태가 [진행]인가 [완료]인가에 따라 '-더-'와 '-았/었더-'가 구별된다.

(7) 언니가 밥을 먹더군요. 그래서 같이 먹었어요. (진행 중인 사태를 지각)
(8) 언니가 밥을 다 먹었더군요. 그래서 같이 차를 마셨어요. (완료된 사태를 지각)

'-더-'와 '-았/었더-'에 결합하는 동사에 따라 교사와 학습자는 혼동을 겪을 수 있다.

(9) 철수가 가더라.
(10) 철수가 갔더라. (=철수가 가고 없더라.)

(10)의 경우 '철수가 가'는 사태에 집중하는 것이 아니라 '갔기 때문에 현장에 없는' 화자가 지각한 사태를 나타냄을 이해해야 한다. 〈정인아〉

[참고문헌]
• 서정수(1996), 국어 문법, 한양대학교출판원.
• 신현숙(1980), /-더라/의 쓰임과 의미, 논문집 11-1, 건국대학교, 113~123쪽.
• 장경희(1983), {더}의 의미와 그 용법, 언어 8-2, 293~313쪽.
• 정인아(2010), 한국어의 증거성(Evidentiality) 범주에 관한 연구, 상명대학교 박사학위논문.
• Aikhenvald, A. Y. & Dixon, R. M. W. (Eds.) (2003), *Studies in evidentiality*, John Benjamins Publishing Company.

☐ '-던'과 '-았/었던'

'-던'은 선어말 어미 '-더-'에 관형사형 어미 '-(으)ㄴ'이 결합한 문법 형식이고, '-았/었던'은 '-던-'에 '-았/었-'이 결합한 형식이다.

이 두 문법 형식의 '-더-'가 '-더라', '-더군'과 같은 종결형의 '-더-'와 같은가에 대해서는 이견이 있다.

'-던'은 [과거 지속], [반복], [미완/중단] 등을 나타내는 것으로 논의되었다. 그러나 '-던'의 기본 의미는 어떤 사태가 [미완/중단]임을 나타내는 데 있는 것이 아니라 그러한 사태가 화자에게 '지각(인식)되었음'을 나타내는 데 있다.

〈'-던'의 의미〉

'-던'	동사	[과거 지속]	(1) 오랫동안 사귀던 사람과 헤어졌다.	기본 의미: 진행 중/미완인 사태가 지각(인식)되었음을 나타냄.
		[반복]	(2) 여기가 전에 자주 가던 서점이다.	
		[미완/중단]	(3) 내가 마시던 커피가 어디 갔지?	
	형용사, 이다/ 아니다	[현재 상태 (지각 당시)]	(4) 아름답던 그날의 풍경이 지금도 생각난다. (5) 당시 선생님이던 언니는 지방으로 내려갔다.	

'-았/었던'은 [완료], [반복], [일회성], [과거] 등을 나타내는 것으로 논의되었다. 그러나 '-았/었던'의 기본 의미는 '완료된 사태'가 지각(인식)되었음을 나타내는 데 있다. '일회적 사건'을 나타내는 것으로 논의되기도 하지만 (8), (9)에서 보듯이 부사어에 따라 달라진다.

〈'-았/었던'의 의미〉

'-았/었던'	동사	[완료]	(6) 버스를 탔던 사람이 도로 내렸다. (7) 전에 사귀었던 사람과 다시 만났다.	기본 의미: 완료된 사태가 지각(인식)되었음을 나타냄.
		[반복]	(8) 여기가 전에 자주 갔던 서점이다.	
		[일회성]	(9) 여기가 전에 한 번 갔던 서점이다.	
	형용사, 이다/ 아니다	[과거]	(10) 아름다웠던 그날의 풍경이 지금도 생각난다. (11) 당시 선생님이었던 언니는 지방으로 내려갔다.	

'-던'과 '-았/었던'의 차이는 '진행 중/미완'인 사태를 지각하는지, '완료'된 사태를 지각하는지에 있다.

(12) 버스를 <u>타던</u> 사람
(13) 버스를 <u>탔던</u> 사람

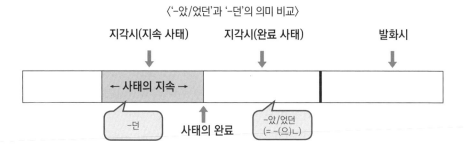

〈'-았/었던'과 '-던'의 의미 비교〉

'-던'과 '-았/었던'은 지각(인식)하는 사태가 '진행 중/미완'인지 '완료'인지에 차이가 있으나 발화시와의 관계에 따라 결국 같은 사태를 나타내기도 한다.

(14) 내가 살던 곳, 내가 살았던 곳

'살던 곳'이라고 하면 '과거의 지속성'에 초점을 두는 것이다. '살았던 곳'이라고 하면 '과거 사태의 완료'에 초점을 두는 것이다. 이처럼 두 가지 문법 형식이 모두 가능한 경우도 많다.

하나의 사건이 완료된 것을 나타내기 때문에 '-(으)ㄴ'과 같은 의미로 사용될 때도 있다.

(15) 내가 봤던 영화 = 내가 본 영화

'-던'과 '-았/었던'에서 '-더-'의 의미는 많이 약화되는 것으로 보는 연구가 많다. 이는 화자뿐 아니라 청자나 제3자도 문장 내 사태의 지각(인식) 주체가 될 수 있어 '-더-'의 '화자 직접 지각'의 특성이 약화되기 때문이다. 즉 '-던'이 나타내는 지각의 주체는 화자만이 아니고 청자 및 제3의 주체(공동의 시점, 전지적 작가 시점)까지 상정하기도 한다.

(16) 이 지구가 처음 탄생하던 날

형용사와 '이다/아니다'에 '-(으)ㄴ'이 붙으면 '과거'가 아니라 '현재'를 나타내게 된다. 형용사와 '이다/아니다'의 과거는 '-던'으로 표현된다.

〈관형사형 전성 어미와 '-았/었던', '-던'〉

관형사형 어미	과거			현재		(미래)
	'-던'	'-았/었던'	'-(으)ㄴ'		'-는'	'-(으)ㄹ'
동사	먹던	먹었던	먹은	–	먹는	먹을
형용사	예쁘던	예뻤던	–	예쁜	–	예쁠

한국어 학습자에게 '-던'과 '-았/었던'을 어떤 발화 조건에서 사용할 수 있는지에 집중

해서 가르치는 것이 중요하다. 〈정인아〉

[참고문헌]
• 서정수(1996), 국어 문법, 한양대학교출판원.
• 정인아(2010), 한국어의 증거성(Evidentiality) 범주에 관한 연구, 상명대학교 박사학위논문.
• Aikhenvald, A. Y. & Dixon, R. M. W. (Eds.) (2003), *Studies in evidentiality*, John Benjamins Publishing Company.

☐ '-았/었더니'와 '-더니'

'-았/었더니'와 '-더니'는 선어말 어미 '-더-', 또는 '-았/었-'과 '-더-'의 결합에 연결 어미 '-(으)니'가 결합한 문법 형식이다.

이 두 문법 형식의 '-더-'가 '-더라', '-더군'과 같은 종결형의 '-더-'와 같은가에 대해서는 이견이 있다. 또 '-더-'를 분리할 수 없다는 주장도 있다. 이 두 가지를 함께 다루는 연구자도 있으나 한국어 교재와 문법서 등에서는 대부분 따로 설명한다. 두 형식 모두 '-더-'를 포함하여 화자가 '과거에 직접 지각한' 사태를 청자에게 전달하므로 후행절에 명령문, 청유문이 오지 않는다.

'-더니'는 [과거 지각]과 [순차/계기]의 의미를 가진다. 화자의 [과거 지각]은 (1)처럼 시각, 청각, 미각, 촉각 등 모든 감각을 통하여 일어난다.

(1) 푸르더니, 들리더니, 무겁더니, 차더니, 짭짤하더니, 냄새가 나더니 등

화자는 순차적이거나 계기적으로 일어나는 선·후행절의 연속된 사태를 직접 지각하거나 관찰하고 나중에 청자에게 발화한다. 그러므로 자연히 선·후행절의 주어가 일치하는 경우가 많을 뿐, (2)처럼 항상 일치하는 것은 아니다. 그 밖에 [인과], [대조], [변화] 등의 의미로도 논의된다. 그러나 이는 시간의 흐름에 따른 화자의 지각이나 관찰 결과 선·후행절 내용의 조합에 따라 나올 수 있는 몇 가지 가능한 해석으로서 '-더니'의 기본 의미는 아니다.

〈'-더니'의 의미〉

'-더니'	[순차/계기]	(2) 오빠가 오더니 언니도 온다.	기본 의미: 순차적/계기적으로 일어난 사태를 화자가 직접 지각하여 나중에 말함.
	[인과]	(3) 어려서 노래를 잘하더니 가수가 되었다.	
	[대조]	(4) 어제는 춥더니 오늘은 따뜻하다.	
	[변화]	(5) 여기가 산이더니 아파트가 되었다.	

'-았/었더니'는 [완료 지각]과 [반응]의 의미를 가진다. 화자는 어떤 사태가 완료되는 것과 그에 이어지는 반응, 또는 이후 사태를 지각하거나 관찰하고 나서 나중에 청자에게 발화한다. 그 밖에 [인과], [대립], [보충], [추가], [양보], [반응] 등의 의미를 가지는 것으로 논의된다. 그러나 이것도 선·후행절 내용의 조합에 따라 나올 수 있는 몇 가지 가능한 의미 해석으로 '-았/었더니'의 기본 의미가 아니다.

〈'-았/었더니'의 의미〉

'-았/었더니'	[순차/계기]	(6) 산을 넘었더니 또 산이 나온다.	기본 의미: 한 가지 사태가 완료된 후, 이후 사태나 이어지는 반응을 화자가 직접 지각하여 나중에 말함.
	[인과]	(7) 약을 먹었더니 괜찮다.	
	[반응]	(8) 내가 인사했더니 그도 인사를 했다.	
	[발견]	(9) 집에 갔더니 편지가 와 있었다.	

'-더니'와 달리 '-았/었더니'는 '완료된 사태'를 지각하여 발화하므로 좀 더 제한적이다. 화자 자신의 행동이 완료된 뒤에 이어지는 상대방의 [반응]을 보게 되는 경우가 많으므로 문장의 주어는 주로 1인칭이다. 2, 3인칭이 되는 경우라도 화자가 동행하여 함께 지각하거나 관찰한 경우 혹은 본래 1인칭으로 된 문장을 간접 화법으로 옮긴 경우이다.

(10) ㄱ. 내 친구가 줬더니 그는 안 받더군요. (친구와 동행한 화자가 직접 지각한 경우)

ㄴ. 언니가 갔더니 벌써 문을 닫았더래. (언니: "내가 갔더니 벌써 문을 닫았더라.")

ㄷ. 네가 그렇게 말했더니 화를 내더라고? (너: "내가 그렇게 말했더니 화를 내더라.")

한국어 학습자에게 '-았/었더니'는 '-더니'의 과거 형태가 아님을 인식시키도록 한다. 두 문법 형식의 차이를 인칭 제약(동일/비동일 주어 제약)을 통해 설명하기도 하나 이는 사실상 정확하지 않은 내용이다. 그보다는 화자가 순차적, 계기적인 과거 사태를 직접 지각하여 나중에 발화한다는 맥락을 강조하여 가르치는 것이 중요하다. 〈정인아〉

[참고문헌]
- 서정수(1996), 국어 문법, 한양대학교출판원.
- 송재목(2011), '-으니'와 '-더니', '-었더니'의 의미 기능: 접속 관계를 중심으로, 한국어의미학 34, 한국어의미학회, 185~212쪽.
- 장경희(1985), 현대 국어의 양태 범주 연구, 탑출판사.
- 정인아(2010), 한국어의 증거성(Evidentiality) 범주에 관한 연구, 상명대학교 박사학위논문.
- Aikhenvald, A. Y. & Dixon, R. M. W. (Eds.) (2003), *Studies in evidentiality*, John Benjamins Publishing Company.

❏ 미래 시제

미래 시제(未來時制, future tense)는 발화시보다 사건시가 뒤에 오는 경우의 시제를 이른다.

대표적으로 선어말 어미 '-겠-'에 의해 실현된다. '-(으)리-'에 의한 미래 시제 표현도 있으나 쓰임이 한정되어 있고 예스러운 의미를 지니고 있어 한국어 교수 학습 시 크게 강조되지는 않는다. 관형절로 안긴 문장에서는 관형사형 어미 '-(으)ㄹ'에 의해 미래 시제가 실현될 수 있다.

(1) ㄱ. 나는 다음 주말에 출발하겠다.

ㄴ. 내일도 바람이 몹시 불겠다.

ㄷ. 다음번에는 내가 하리다.

ㄹ. 내일 만날 사람이 누구예요?

(1)은 모두 '다음 주말', '내일', '다음번'과 같이 발화시보다 뒤에 오는 사건시를 다루고 있다. 따라서 각각의 문장에서 '-겠-', '-(으)리-', '-(으)ㄹ'은 모두 미래 시제형으로 사용되고 있다.

(2) ㄱ. 이번 여름 방학에는 제주도에 <u>갈 거예요.</u>

ㄴ. 앞으로 제가 그 일을 반드시 <u>성사시킬 거예요.</u>

(2)에서와 같이 관형사형 어미 '-(으)ㄹ'과 의존 명사 '것'이 결합된 '-(으)ㄹ 것-'에 의해서도 미래 시제는 표현될 수 있다.

(3) ㄱ. 제자들을 보기만 해도 행복하<u>시겠</u>습니다.

ㄴ. 제가 그 사실을 믿기가 어렵<u>겠</u>습니다.

ㄷ. 그날엔 모두가 지각을 <u>했겠</u>어요.

그런데 (3)에서 보는 바와 같이 '-겠-'은 사건시가 발화시와 동일한 현재 시점 또는 발화시 이전인 과거 시점에서 사용될 수도 있다. (3ㄱ)과 (3ㄴ)에서 '-겠-'은 현재, (3ㄷ)에서는 과거 사태에 대한 발화자의 '추측'을 나타내고 있다는 점에서 인식 양태의 하나로 설명되기도 한다.

(4) ㄱ. 철수는 지금 도서관에 <u>있을 거예요.</u>

ㄴ. 영희는 지난번 모임에서 민수를 <u>만났을 겁니다.</u>

(4)와 같은 문장에 사용된 '-(으)ㄹ 것'도 미래 시제로 보기 어려운 점이 있다. '-(으)ㄹ 것'은 (4ㄱ)과 (4ㄴ) 각각에 해당하는 명제의 사실성에 대한 추정을 나타내고 있어 (3)의 '-겠-'과 유사하게 추측의 인식 양태로 기술되기도 한다.

'-(으)ㄹ 것'과 '-겠-'이 갖는 이와 같은 의미·기능상의 유사성에 주목하여 이 둘을 비교·대조하여 각각의 특징을 밝히려는 다양한 시도가 있었다. 한국어교육의 관점에서 이들 간의 비교·대조에 특히 관심을 가져온 것은 한국어 학습자들이 이 두 유사 항목 간의 의미·기능에 대한 변별을 어려워하여 상당히 많은 오류를 범하고 있다는 사실에 기인한다.

'-(으)ㄹ 것'과 '-겠-'의 차이점은 판단 근거의 강약에 따라 설명하는 견해가 있는가 하면, 인식 양상의 다름에 따라 설명하는 경우도 있다. 전자의 경우에는 학자에 따라 다양한 의견이 있다. 후자의 경우, '-겠-'은 발화 시점에서 발화자 자신의 사유를 통해 이루어지는 인식 양상을 뚜렷하게 드러내는 언어 형식이라는 점에서 '-(으)ㄹ 것'과 차별화되는 것으로 설명된다. 〈김호정〉

[참고문헌]
• 임홍빈(1980), {-겠-}과 대상성, 한글 170, 한글학회, 587~630쪽.
• 장경희(1986), 현대 국어의 양태 범주 연구, 탑출판사.
• 장경희(1995), 국어의 양태 범주의 설정과 그 체계, 언어 20-3, 한국언어학회, 191~205쪽.

6.7. 동작상

동작상(動作相, aspect)은 동사가 표현하는 사태가 일정한 시간 영역 안에서 변화하는 동작의 양상을 나타내는 문법 범주이다.

동작상은 어떤 사태가 완료 또는 진행 중인지, 습관적, 반복적인지 등의 동작의 양상을 나타내며 일반적으로는 '상(相)'이라고 부른다. 동작상은 시간 표현과 관련된다는 점에서 시제(tense)와 유사하다. 그러나 시제가 현재와 과거, 미래 등과 같이 어떠한 시점을 기준으로 하는 시간적 위치를 나타내는 데 비해서 동작상은 사태에 대한 시간상의 내적 조직을 나타낸다. 따라서 기준 시점을 중심으로 사태의 선후 관계를 파악하는 시제가 지시적(deictic)인 속성을 지니는 것과 달리, 사태의 내적 양상을 나타내는 동작상은 비지시적(non-deictic) 속성을 띤다.

(1) ㄱ. 그는 책을 읽었다.
ㄴ. 그는 책을 읽고 있었다.

위 두 문장은 발화 시간 이전에 일어난 것이므로 시간적 위치는 과거에 속한다. 그런데 과거의 시간적 위치는 동일하지만, 사태의 변화 양상을 보면 (1ㄱ)은 사태가 완료되었음을 나타내고 (1ㄴ)은 사태가 진행되고 있었음을 나타낸다는 점에서 다르다.

1976년에 콤리(B. Comrie)는 동작상을 크게 완료상(perfective)과 미완료상(imperfective)으로 나누었다. 완료상은 동작이 완료된 상황을 나타내고, 미완료상은 진행이나 반복, 습관과 같이 동작이 완료되지 않은 상황을 나타낸다. 그런데 동작상은 관점과 대상 언어에 따라 분류 방식이나 표현 형식이 달리 기술된다. 영어의 경우에는 have 동사와 과거 분사형으로 구성되는 완료상과 be 동사와 현재 분사형으로 구성되는 진행상이 구별되어 표현된다. 한국어의 경우 동작상은 보조 용언과 선어말 어미와 같은 문법 형태로 실현된다. 고영근은 한국어의 동작상을 완료상('-아/어 있다' 등)과 미완료상으로 나누고 미완료상을 진행상('-고 있다' 등)과 예정상('-게 되다' 등)으로 구분한다.

동작의 양상은 개별 동사에 내재되어 있는 어휘적 의미에 따라 실현되기도 하는데, 이것을 동작류라 한다. 1967년에 벤들러(Z. Vendler)는 동사의 상적 자질을 상태성, 완결성, 순간성, 동질성으로 설정하고, 이를 근거로 동작류를 상태 동사, 행위 동사, 완성 동사, 성취 동사로 구분하였다. 동작류의 구분도 관점과 대상 언어에 따라 다를 수 있다. 한국어의 경우 2007년에 박덕유가 동태성, 완결성, 순간성, 접근성을 상적 자질로 설정하고, 상태 동사(길다, 높다 등), 심리 동사(알다, 느끼다 등), 행위 동사(걷다, 먹다 등), 변화 동사(얼다, 나빠지다 등), 완성 동사(입다, 만들다 등), 순간 동사(때리다, 깜박이다 등), 이행 동사(죽다, 도착하다 등)로 구분한 바 있다.

한국어 문법에서 동작상은 시제 표현의 부차적인 현상으로 논의되어 왔다. 그것은 일반적인 문법 연구에서 동작상에 대한 논의가 깊이 있게 다루어지지 않았다는 점과 한국어에서는 동작상이 시제 형태에 결부되어 실현된다는 점과도 밀접하게 관련되어 있다. 예를 들어 '그가 옷을 입었다.'에서 '-었-'은 시제로는 과거이지만 동작상으로 보면 완료를 표현하는 것으로 해석된다. 그런데 1970년대 이후 남기심이 동작상을 시제와는 다른 독립된 문법 범주로 다루면서 시제의 선어말 어미와 보조 용언을 중심으로 동작상의 실현 형태와 의미가 주목받기 시작하였다. 더불어 동사의 상적 자질에 대한 논의와 동작류의 분류에 대한 연구가 이루어지기 시작하였다. 동작류에 따른 동사의 상적 자질은 특정 형태와의 결합에 대한 제약의 원인이 되기도 하고 의미의 변화를 초래하기도 한다. 예를 들어 *'그는 옷을 입어 있다.'와 같이 완료의 '-아/어 있다'는 동사 '입다'에 결합될 수 없으며, '그는 빨간 옷을 입고 있다.'에서처럼 '-고 있다'는 진행으로 해석될 수도 있고 완료로 해석될 수도 있다.

한국어교육에서도 시제 형태나 보조 용언을 제시할 때 그것이 지니고 있는 상적 의미뿐만 아니라 결합되는 동사의 동작류의 속성을 함께 고려해야 한다. 이런 점에 유의하여 한국어교육에서는 동작류에 따른 한국어 시제와 동작상의 습득 양상이나 교수 방법에 관한 연구가 이루어지고 있다. 〈우형식〉

[참고문헌]
• 고영근(2004), 한국어의 시제 서법 동작상, 태학사.
• 남기심(1989), 국어문법의 시제 문제에 관한 연구, 탑출판사.
• 박덕유(2007), 한국어의 상 이해, 제이앤씨.
• Comrie, B. (1976), *Aspect: An introduction to the study of verbal and related problems*, Cambridge University Press.
• Vendler, Z. (1967), Verbs and times, In Z. Vendler, (Ed.), *Linguistics in philosophy*, pp. 97~121, Cornell University Press.

■ 완료상

완료상(完了相, perfective)은 현재에 결과가 남아 있는 과거의 행위를 표현하며 동작상의 한 유형이다.

완료상은 미완료상과 대립적이며, 동작의 처음, 중간, 끝을 하나의 통합된 전체로 받아들여 장면을 표현하는 것이 특징이다. 이에 비해서 미완료상은 세부적으로 나누어지는 장면의 내부 구조에 관심을 갖는다. 완료상은 많은 언어에서 과거 시간을 지시하는 것과 관련된다. 그런데 과거 시제가 기준시 이전의 어느 시점에서 사태가 발생하였음을 나타내는 데 비해서 완료는 과거에 일어난 어떤 사건이나 동작의 결과 상태가 현재까지 지속된다는 점에서 구별된다. 따라서 완료상은 과거에 발생한 여러 일들이 현재적 상황과 연결됨을 강조하여 사태의 현재적 연관성을 두드러지게 한다.

영어에서는 완료상이 have 동사와 동사의 과거 분사형으로 표현되는데 1976년 콤리(B. Comrie)는 영어의 완료형을 결과, 경험, 계속, 종결의 네 가지 유형으로 구분했다. 그러나 한국어는 영어와 달리 완료상을 표현하는 고정된 문법 형태가 존재하지 않는다. 대부분의 연구에서 논의되어 온 한국어의 대표적인 완료상 형태는 선어말 어미 '-았/었-'과 '-아/어 있다' 등의 일부 보조 용언이다.

(1) ㄱ. 벌레가 죽<u>었</u>다.
　　ㄴ. 벌레가 죽<u>어 있</u>다.

위에서 (1ㄱ)은 단순한 과거 사건을 표현할 수도 있으나 과거 사건에 따른 현재적 상황을 표현하기도 한다. 따라서 '-었-'은 문맥이나 발화 상황에 따라 과거 시제 또는 완료상으로 해석된다. 그런데 (1ㄴ)은 현재적 상황에 초점이 주어지는데, 그것은 보조 용언 '-아/어 있다'가 완료상의 실현을 두드러지게 하기 때문이다. 김성화는 완료상을 표현하는 보조 용언을 그것들이 실현하는 세부적인 의미에 따라 결과성의 '-아/어 있다'와 '-고 있다', 보유성의 '-아/어 두다'와 '-아/어 놓다', 완수성의 '-고 나다'와 '-아/어 내다', 소거성의 '-아/어 버리다', 단절성의 '-고 말다' 등으로 구분하였다. 특히 이들 보조 용언은 결합되는 동사의 동작류에 따라 결합이 제한되거나 상적 의미가 달라지기도 한다. 예를 들어 '-아/어 있다'는 타동사류와 결합이 제한되고, '-고 있다'는 '그가 빨간 옷을 입고 있다.'에서처럼 문맥에 따라 완료의 의미와 진행의 의미를 실현한다.

한국어 문법에서 완료상은 그것이 실현되는 문법 형태를 한정하기 어렵다는 문제가 있다. 위 (1)에서처럼 한국어 완료상을 표현하는 형태로 '-았/었-'과 보조 용언이 주목을 받았는데, 논의에 따라서는 일부 연결 어미도 관련되는 것으로 해석하기도 한다. 예를 들면 고영근은 '밥을 먹고서 학교에 갔다.'와 같은 문장에서 '-고서'는 완료를 나타낸다고 보았다. 또한 완료상을 표현하는 것으로 분류되어 온 형태들은 문맥과 발화 상황에 따라 다른 해석이 가능하다는 점에서 체계화가 어렵다. 그러나 '-았/었-'이나 보조 용언이 지니고 있는 의미 기능에서 완료상의 기능이 드러나기 때문에, 한국어교육에서 시제 형태나 보조 용언을 제시할 때 이에 대해 고려해야 한다. 이런 점에 유의하여 한국어교육에서는 완료상을 실현하는 문법 형태나 보조 용언의 습득 양상과 교수 방법에 관한 연구가 이루어지고 있다. 〈우형식〉

[참고문헌]
• 고영근(2004), 한국어의 시제 서법 동작상, 태학사.

• 김성화(1990), 현대 국어의 상 연구, 한신문화사.
• 서정수(1996), 국어 문법, 한양대학교출판원.
• Comrie, B. (1976), *Aspect: An introductive to the study of verbal and related problems*, Cambridge University Press.

☐ '완료'를 나타내는 '-았/었-'

한국어에서 '-았/었-'은 단순한 과거 사태를 표현하기도 하지만 과거 행위의 결과가 현재 남아 있음을 나타내는 완료적 의미를 실현하기도 한다.

(1) ㄱ. 꽃이 활짝 피었다.
  ㄴ. 그는 의자에 앉았다.
(2) 그는 엄마를 닮았다.

위 (1)은 단순히 과거에 일어난 사태를 표현한다기보다는 동작의 과정이나 행위가 완료된 후 그 결과의 지속적 상태를 표현하는 것으로 해석된다. 이와 같이 '-았/었-'이 완료상을 실현하는 것은 결과성의 상적 의미를 지닌 용언과 결합할 때 두드러진다. 이것은 '-았/었-'이 완료 지속의 의미를 지닌 '-아/어 있다'에서 문법화의 과정을 거쳐 형성되었기 때문으로 해석하기도 한다. 특히 (2)에서처럼 '-았/었-'이 용언에 고정적으로 결합하여 완료상을 실현하기도 하는데 이는 '잘생겼다, 잘났다' 등에서도 발견된다.

'-았/었-'이 완료상을 나타내는 것은 다른 문법 형태와의 결합에서도 나타난다. 그리고 '-았/었-'은 미래적 상황과 관련되는 표현에서도 완료의 의미를 실현하기도 한다.

(3) ㄱ. 그는 학교에 갔다가 돌아왔다.
  ㄴ. 도서관에 일찍 갔더니 아무도 없었다.
(4) ㄱ. 그가 빨리 돌아왔으면 좋겠다.
  ㄴ. 너 이제 학교는 다 갔다.

위에서 (3)은 동작의 완료를 표현한다. 특히 (3ㄴ)의 '-았더니'는 '-았-'이 결합되지 않은 '-더니'와 용법상에서 차이를 보이는 특징이 있다. (4)는 미래적 상황에서 완료의 의미가 실현된 것이다.

시제를 중심으로 접근하는 전통적인 한국어교육에서 '-았/었-'은 초기 단계에 과거를 표현하는 형태로 제시되어 왔다. 그러나 이러한 접근은 '-았/었-'이 완료의 의미를 나타내기도 한다는 점을 제시하지 못한다는 한계가 있다. 따라서 한국어교육의 초기 단계에서는 '-았/었-'을 과거 표현 기능을 중심으로 제시하고 더 높은 단계에서는 완료의 의미와 관련한 '-았/었-'의 용법에 주목할 필요가 있다. 〈우형식〉

[참고문헌]
• 김차균(1985), {았}과 {었}의 의미와 상, 한글 188, 한글학회, 3~64쪽.
• 남기심(1978), '-었었-'의 쓰임에 대하여, 한글 162, 한글학회, 97~109쪽.
• 서정수(1976), 국어 시상 형태의 의미 분석 연구, 문법연구 3, 문법연구회, 113~125쪽.

• 성기철(1974), 경험의 형태 {-었-}에 대하여, 문법연구 1, 문법연구회, 237~269쪽.

■ 미완료상

미완료상(未完了相, imperfective)은 동사가 표현하는 사태를 내부에서 바라보고 그 내적인 시간 구조를 분명하게 서술하는 동작상의 하나이다.

완료상이 동작을 하나의 전체적인 장면으로 표현한다면 미완료상은 세부적으로 나누어지는 장면의 내부 구조에 관심을 갖는 것이 특징이다. 완료상은 동작이 완료된 상황을 나타내고, 미완료상은 진행, 반복, 습관, 상태 지속 등과 같은 상황을 나타낸다. 1976년에 콤리(B. Comrie)는 미완료상을 습관(habitual)과 지속(continuous)으로 나누고, 지속을 다시 진행(progressive)과 비진행(nonprogressive)으로 나눈다. 영어에서는 be 동사와 현재 분사형으로 구성되는 진행상이 대표적인 미완료상에 해당한다. 한국어의 경우 2010년 박덕유의 논의에서 미완료상을 진행상, 반복상, 예정상으로 구분한 바 있다.

한국어에서 미완료상은 완료상에 비해 그것이 실현되는 문법 형태를 한정하기가 어려운데 일부의 보조 용언이 실현하는 의미에 따라 논의된다.

(1) ㄱ. 그가 책을 읽고 있다.
ㄴ. 과일이 점점 익어 간다.
ㄷ. 아이들이 계속 떠들어 댄다.
ㄹ. 그는 아침에 늘 운동을 하곤 한다.

위에서 (1ㄱ)의 '-고 있다'와 (1ㄴ)의 '-아/어 가다'는 진행상을 표현한다. 진행상은 주로 동작성 용언과 어울려 단일 동작이 그대로 계속되는 내부 구조를 보인다. 진행상에는 '-아/어 오다'가 포함될 수 있다. (1ㄷ)의 '-아/어 대다'는 반복상을 표현한다. 반복상은 주로 동작성 용언과 어울려 단일 동작이 되풀이되는 내부 구조를 보인다. (1ㄹ)의 '-곤 하다'는 습관상을 표현한다. 습관상은 동작이 규칙적으로 반복되는 내구 구조를 보인다. 그런데 미완료상은 이들 보조 용언에 결합되는 동사의 상적 의미와도 관련된다. 예를 들어 (1ㄱ), (1ㄴ)에서 동사의 상적 의미로 보면 행위성을 띠는 '읽다'와 변화성을 띠는 '익다'는 각각 '-고 있다'와 '-아/어 있다'에 결합되어 진행상이 실현된다. 또한 위 (1ㄴ)~(1ㄹ)에서처럼 '점점', '계속', '늘' 등과 같은 부사가 상적 의미를 구분하는 실마리가 되기도 한다. 따라서 한국어교육에서 미완료상과 관련하여 보조 용언의 용법을 제시할 때 그것이 고유하게 지니고 있는 상적 의미뿐만 아니라 결합되는 동사와 부사의 상적 의미도 함께 고려할 필요가 있다.

한국어 문법에서는 미완료상을 어떻게 체계화할 것인가와 함께 그것이 실현되는 형태를 어떻게 한정하고 그 의미적인 특징을 어떻게 기술할 것인지가 문제가 된다. 또한 보조 용언을 중심으로 실현되는 미완료상에 대한 해석이 형태·통사적인 특징뿐만 아니

라 화용적 조건에 따라 달리 해석될 수 있다는 점에서 체계 설정과 의미 기술에 문제
가 제기될 수 있다. 〈우형식〉

[참고문헌]
• 김성화(1990), 현대 국어의 상 연구, 한신문화사.
• 박덕유(2010), 한국어의 시상 범주와 표현에 대한 연구: 상(aspect)을 중심으로, 우리말연구 26, 우리말학회,
  5~40쪽.
• 서정수(1996), 국어 문법, 한양대학교출판원.
• Comrie, B. (1976), *Aspect: An introduction to the study of verbal and related problems*,
  Cambridge University Press.

❏ '-고 있다'의 상적 의미

'-고 있다'는 한국어 문법에서 단일한 동작이 일정 기간 동안 지속됨을 나타내는 진
행상의 대표적인 형태로 인식되어 왔다. 그러나 '-고 있다'는 용언과의 결합에서 제약이
나타나기도 하며 실현하는 의미가 반드시 진행으로 해석되지 않는 경우도 있다.

'-고 있다'는 대부분의 용언에 결합하여 진행상을 표현하지만 원칙적으로 상태성이나
순간성의 상적 의미를 지닌 동사와는 결합되지 않는다.

    (1) ㄱ. 아이가 울고 있다.
        ㄴ. *경치가 아름답고 있다.
        ㄷ. *벌레가 죽고 있다.
    (2) 그는 빨간 옷을 입고 있다.

위에서 '-고 있다'는 (1ㄱ)과 같이 행위성을 띠는 용언에 결합되어 진행의 의미를 실
현하지만 (1ㄴ), (1ㄷ)처럼 '아름답다'와 같은 형용사(상태성 동사)나 '죽다'와 같은 순간
성 동사에는 결합하지 않는다. 특히 (2)의 '입다'와 같이 결과성이 두드러진 동사와 결
합하면 진행과 완료 지속의 상적 의미가 실현된다.

'-고 있다'는 결합되는 동사의 의미에 따라 반복, 습관, 상태 지속의 상적 의미를 실
현하기도 한다.

    (3) ㄱ. 그는 가끔 친구를 만나고 있다.
        ㄴ. 그는 회사에 다니고 있다.
        ㄷ. 나는 너의 마음을 알고 있다.

위에서 (3ㄱ)은 반복의 상적 의미가 나타나는데, 이것은 빈도를 나타내는 부사 '가끔'
에 의해 두드러진다. (3ㄴ)은 진행상이라기보다는 동작의 반복을 의미하는 습관상으로
해석될 수 있다. (3ㄷ)은 상태성 동사 '알다'와 결합하여 상태 지속의 상적 의미가 실현
된다. 따라서 '-고 있다'는 진행상을 실현하는 형태로 제시될 수 있으나 결합하는 용언
의 특성에 따라 여러 가지 상적 의미로 해석될 수 있다.

한국어교육에서 '-고 있다'는 '-는 중이다'와 함께 진행을 나타내는 형태로 제시되어

왔다. 그러나 이러한 접근은 '-고 있다'가 결합되는 동사의 의미에 따라 동작의 완료 지속이나 반복의 의미를 실현하기도 한다는 점을 제시하지 못한다는 한계가 있다. 따라서 한국어교육의 초기 단계에서는 '-고 있다'를 진행 표현 기능을 중심으로 제시하고 더 높은 단계에서는 완료 지속이나 반복의 의미와 관련한 '-고 있다'의 용법에 주목할 필요가 있다. 〈우형식〉

[참고문헌]
• 고영근(1986), 국어 진행상 형태의 처소론적 해석, 고영근·남기심 공편, 국어의 통사·의미론, 탑출판사.
• 김성화(1990), 현대 국어의 상 연구, 한신문화사.
• 서정수(1976), 국어 시상 형태의 의미 분석 연구, 문법연구 3, 문법연구회, 113~125쪽.
• 한동완(1999), '-고 있-' 구성의 중의성에 대하여, 한국어의미학 5, 한국어의미학회, 215~248쪽.

6.8. 피동

피동(被動, passive)은 문장의 주어가 제 스스로 행위를 일으키거나 상황을 초래하는 것이 아니라, 다른 사람이나 사물의 힘에 의해 행동이나 상황이 이루어지는 것을 말한다. 이러한 피동 의미가 언어로 실현된 것을 피동 표현이라고 한다.

피동 표현은 그것에 대응하는 능동과 대체로 동일한 진리 조건을 갖지만 그것을 표현하는 관점에서는 차이를 보인다. 능동문은 동작주의 입장에서 사태를 바라보고 기술하는 경우에, 피동문은 피동작주의 입장에서 사태를 조망하고 기술하는 경우에 주로 사용된다.

(1) 고양이가 쥐를 잡았다.
(1)′ 쥐가 고양이에게 잡혔다.

(1)의 능동문 형식은 고양이가 행위자로서 쥐를 잡은 사실을 전달하는 데 초점이 있다. 이와 달리 피동문 형식인 (1)′는 고양이에 의해 쥐가 잡힌 사실을 표현하는 데 초점이 놓인다. (1), (1)′와 같이 능동문과 그것에 대당(對當)하는 피동문이 형성될 수 있는데 행위자보다는 상황 의존적인 사태를 기술하려는 경우에 피동문을 선택한다. 그러나 이 둘이 항시 대응 관계를 이루는 것은 아니다. 능동문은 있는데 그것에 대응하는 피동문이 생성되기 어려운 경우와 그 반대의 경우가 있다.

(2) 영희가 영수의 뺨을 때렸다.
(2)′ ?영수의 뺨이 영희에 의해 때려졌다.
(3) 지난주부터 날씨가 풀렸다.
(3)′ ?지난주부터 날씨를 풀었다.
(4) 제 목소리가 잘 들리나요?
(4)′ ?제 목소리를 잘 듣나요?

능동문 (2)에 대응하는 피동문 (2)′는 자연스럽지 못한 발화이다. 한국어에서는 이처럼 무정물 명사구가 주어 자리에 올 경우 부자연스러울 때가 많다. 상황 의존성을 강하게 드러내는 (3)과 같은 문장은 (3)′와 같은 능동문으로 표현하는 것이 부적절하다. 피동문 (4)에 대응하는 능동문 (4)′도 형태·통사적 오류가 있는 문장은 아니지만 한국어 화행상 사용하기 어려운 표현이다. 자신의 발화가 청취 가능한지, 그 정도가 어떠한지를 묻는 상황에서는 (4)와 같은 피동 표현이 적절하다.

한국어에서 피동 표현은 두 가지 구성 방식으로 실현된다. 파생 접사에 의해 실현되는 파생적 피동 표현 방식과 '-아/어지다'에 의해 실현되는 통사적 피동 표현 방식이 그것이다. 파생적 피동은 타동사 어간에 피동 접미사 '-이/히/리/기-' 등이 결합된 피동사와 '에(게)', '한테', '에 의하여'와 같은 조사가 포함된 부사어로 구성된다. 이때 부사어는 (3), (4)예문에서와 같이 실현되지 않기도 한다.

통사적 피동은 용언의 어간에 '-아/어지다'를 결합하는 방식으로 구성된다. 피동사에 의한 피동문이 [비의도성]을 나타내는 데 비해, '-아/어지다'에 의한 통사적 피동문은 [의도성]을 나타낸다.

(5) 아름다운 풍경이 사람들 눈에 보인다.
(6) 학생들의 부정행위가 선생님한테 걸렸다.
(7) 그 책은 아이들에 의해 만들어졌다.
(8) 공이 코치 선생님에 의해 멀리 던져졌다.

(5), (6)에 비해 (7), (8)예문은 의도적 상황 맥락이 전달된다. (7)의 경우 아이들의 의지와 노력에 따라 책이 만들어졌음을 나타내고 (8)의 경우 코치 선생님의 의지와 행동에 따라 공이 던져진 상황 맥락을 표현한다.

'되다', '받다', '당하다', '입다'와 같이 피동의 사실이나 상황 등을 나타내는 어휘를 통해 피동을 표현하는 방식도 있다.

(9) 그 사건은 없던 일이 되었다.
(10) 영수는 그 일로 친구들에게 미움을 받았다.
(11) 동네 사람들이 그 남자한테 사기를 당했다.
(12) 어젯밤에 내린 비로 큰 피해를 입었다.

(9)~(12)와 같이 어휘적 차원에서 피동의 의미를 전달하는 경우는 피동법과 같은 문법 범주 차원에서 협의의 피동문 개념을 논할 시에 제외되기도 한다. 그러나 피동이 갖는 의미론적 측면에 중점을 두고 광의의 피동 표현을 다룰 때는 어휘적 피동까지를 모두 포괄하는 것이 일반적이다. 상황 의존적인 피동 표현의 이해와 사용 교육이 중요한 한국어교육에서는 '-이/히/리/기-'와 같은 접미사에 의해 생성되는 피동 표현 외에 의미론적 차원에서 이루어지는 피동 표현 모두가 중요한 교육 내용이 된다.

〈김호정〉

[참고문헌]
• 고영근·구본관(2008), 우리말 문법론, 집문당.
• 권재일(1993), 한국어 피동법의 역사적 변화, 언어학 15, 한국언어학회, 25~43쪽.
• 박양규(1990), 피동법, 서울대대학원국어연구회 편, 국어 연구 어디까지 왔나: 주제별 국어학 연구사, 동아
  출판사.

■ 접미사 피동

접미사 피동(接尾辭被動)은 타동사 어간에 피동 접사 '-이/히/리/기-'가 붙어 피동문
이 만들어지는 경우를 가리킨다.

  (1) -이- : 보이다, 쓰이다, 파이다, 닦이다, 놓이다
  (2) -히- : 막히다, 걷히다, 잡히다, 읽히다, 밟히다
  (3) -리- : 걸리다, 열리다, 팔리다, 들리다, 잘리다
  (4) -기- : 끊기다, 뜯기다, 안기다, 쫓기다

(1)~(4)와 같이 일부 타동사에 '-이/히/리/기-'와 같은 피동 접미사가 붙어 피동사가
형성된다. 이들 접미사 간의 교체는 음운론적으로 조건 지어진 것으로 보기도 하지만
그 조건을 명확하게 규칙화하여 설명하기는 어렵다. 대체적으로 수여 동사(주다, 받다,
드리다 등), 수혜 동사(얻다, 잃다 등), 대칭 동사(닮다, 만나다, 싸우다 등), 경험 동사
(배우다, 느끼다 등), 어간이 모음 /ㅣ/로 끝나는 동사(이기다, 던지다, 지키다 등), 사동
사(먹이다, 입히다, 늦추다 등), '-하다'가 붙는 동사(노래하다, 설립하다, 비난하다 등)에
는 피동 접미사가 결합하지 못하는 경향이 있다. 이들 동사는 '-아/어지다', '-되다' 또
는 '-받다' 등과 결합하여 피동 표현을 형성하기도 한다.

  (5) 책을 주다 – 책이 주어지다
  (6) 시간을 늦추다 – 시간이 늦춰지다
  (7) 회사를 설립하다 – 회사가 설립되다
  (8) 잘못을 비난하다 – 잘못이 비난받다

(5)~(8)과 같은 방식으로 피동 표현을 생성하는 것이 가능하지 않은 동사들도 있다. '때
리다'와 같이 파생적 피동 및 통사적 피동 구성 모두가 불가능한 경우도 있다. 다만 이러한
경우 의미론적 차원에서 피동의 의미를 전달하는 '맞다'와 같은 동사의 대응은 가능하다.

현대 한국어에서 피동 접미사에 의한 피동사 형성은 과거에 비해 덜 생산적인 것이
사실이나 여전히 가장 전형적인 피동 표현 방식이다. 따라서 한국어 피동 표현을 가르
칠 때 피동 접사에 의한 피동사의 생성 원리와 의미적 특성을 잘 이해시키는 것이 중요
하다. 다만 피동 접미사들 간의 교체 현상이 일관된 규칙으로 설명되기 어렵기 때문에

피동사의 개별 형식은 어휘 교육 차원에서 교수 학습하는 것도 필요하다.

(9) 영수는 도망치다가 손목을 잡혔다.

(10) 그때 초인종이 울렸다.

일반 피동문과 달리 목적어를 갖는 피동사와 자동사에서 파생된 것으로 보이는 피동사처럼 특이한 유형의 피동 표현에 대한 교수 학습도 필요하다. (9)는 일반적인 피동문 형식과 달리 '손목을'이라는 목적어를 가지고 있다. (10)의 '울리다'는 자동사 '울다'에서 파생된 것으로 보여 전형적인 피동사와는 다르게 인식될 수 있다.

(10)의 '울리다'와 같이 피동사와 사동사가 동일한 형태일 경우가 있다. 한국어 학습자들은 피동사와 사동사가 동일한 형태를 취할 때 혼동을 일으키기도 한다. 이 두 가지 동사를 혼동하여 피동문에 사동사를 쓰거나 반대로 사동문에 피동사를 쓰는 오류를 범하는 경우가 있어 이에 대한 적극적인 교수와 처치가 필요하다. 〈김호정〉

[참고문헌]
• 고영근·구본관(2008), 우리말 문법론, 집문당.
• 권재일(1993), 한국어 피동법의 역사적 변화, 언어학 15, 한국언어학회, 25~43쪽.
• 박양규(1990), 피동법, 서울대대학원국어연구회 편, 국어 연구 어디까지 왔나: 주제별 국어학 연구사, 동아 출판사.

■ '-아/어지다' 피동

'-아/어지다' 피동은 용언의 어간 뒤에 '-아/어지다'를 결합하여 다른 사람 또는 사물의 힘으로 앞말이 뜻하는 행동을 입게 됨을 표현한다.

(1) 찾아지다

(2) 만들어지다

(3) 찢기다/찢어지다

(4) 풀리다/풀어지다

(1), (2)의 '찾다', '만들다'는 접미사에 의한 피동 표현은 가능하지 않지만 '찾아지다', '만들어지다'와 같이 '-아/어지다'를 결합한 피동 표현은 가능하다. 그런데 (3), (4)의 '찢다', '풀다'와 같이 '찢기다', '풀리다' 외에 '찢어지다', '풀어지다'의 피동 표현 모두가 가능한 경우도 있다.

'찢기다', '읽히다'와 같은 피동사에 '-아/어지다'가 다시 결합하여 소위 이중 피동 표현이 만들어지기도 한다. 이중 피동은 피동의 의미를 강조하는 것으로 해석되기도 하나 피동의 의미를 갖는 두 가지 표현 기제가 잉여적으로 사용된다고 보아 비문법적인 표현으로 간주하기도 한다.

(5) 찢다-찢기다-찢겨지다

(6) 읽다-읽<u>히</u>다-읽<u>혀지다</u>

형용사 어간에 '-아/어지다'가 붙는 경우는 피동의 의미보다 상태의 변화를 나타내게 된다.

(7) 내 동생은 그 일을 겪고 나서 현명<u>해졌다</u>.
(8) 3년이 지나자 영미는 몰라보게 아름다<u>워졌다</u>.

(7)은 그 일을 겪기 전과 달리 겪고 난 후에 현명하게 바뀐 동생의 변화에 대해 서술하고 있다. (8)도 3년 후에 변화된 영미의 아름다운 모습을 진술하고 있다.

'-아/어지다'는 형용사에서 타동사로 바뀐 파생 동사에 결합하여 피동의 의미를 더하기도 한다.

(9) ㄱ. 밝다-밝<u>아지다</u>
　　 ㄱ'. 밝다-밝<u>히</u>다-밝<u>혀지다</u>

(9ㄱ), (9ㄱ)'에서와 같이 '밝다'는 '밝아지다' 외에 형용사 '밝다'에서 타동사로 바뀐 '밝히다'에 '-어지다'가 결합한 '밝혀지다'와 같은 피동 표현도 가능하다. 　　〈김호정〉

[참고문헌]
- 고영근·구본관(2008), 우리말 문법론, 집문당.
- 권재일(1993), 한국어 피동법의 역사적 변화, 언어학 15, 한국언어학회, 25~43쪽.
- 박양규(1990), 피동법, 서울대대학원국어연구회 편, 국어 연구 어디까지 왔나: 주제별 국어학 연구사, 동아출판사.

■ 어휘적 피동

어휘적 피동(語彙的被動)은 피동의 사실이나 상황적 의미를 갖는 용언을 사용하여 피동을 표현한다.

(1) ㄱ. 다리는 즉각 파괴가 <u>되었다</u>.
　　 ㄴ. 제가 그 사람으로 인해 회사에 복귀하게 <u>되었습니다</u>.
　　 ㄷ. 오후가 되자 하늘이 갑자기 까맣게 <u>되었다</u>.

(1ㄱ)의 '되다'는 본동사로 쓰여 피동의 상황 의미를 나타내고 있다. (1ㄴ)의 '-게 되다'는 동사 '복귀하다'의 어간에 결합하여 주어가 아닌 '그 사람'으로 말미암아 일어난 상황을 표현한다. 이때 자신이 바라지 않는 바가 이루어진 경우에는 자신의 책임을 경감 또는 회피하려는 의도를 나타낸다. 자신이 바라는 바가 이루어졌을 때도 그것을 자신의 책임 또는 공로로 돌리기보다 타인의 공으로 돌리는 겸양의 의미와 태도가 전달된다. (1ㄷ)의 '-게 되다'는 형용사 '까맣다'의 어간과 결합하여 피동의 의미보다는 상황의 변화를 나타내고 있다.

(2) 내 제안은 곧바로 거절을 당했다.

(3) 그 아이는 어려서 버림을 받았다.

(4) 그 지역은 5년째 홍수 피해를 입었다.

(5) 나는 그녀에게 뺨을 맞았다.

(6) 동철은 일을 끝내고 나서 주위 사람들에게 욕을 먹었다.

(2)~(6)은 '당하다', '받다', '입다', '맞다', '먹다'와 같은 동사를 통해 주어의 의지와 관계없이 벌어진 수동적 또는 자연적 상황을 표현하고 있다. 이들 중에 일부 동사는 명사 뒤에 결합하여 피동의 뜻을 더하는 접미사의 형태로 쓰이기도 한다.

(2)′ 내 제안은 곧바로 거절당했다.

(3)′ 그 아이는 어려서 버림받았다.

'당하다', '받다'는 (2)′, (3)′와 같이 '거절 + -당하다', '버림 + -받다'의 형식으로 바꾸어 사용할 수 있다.

(1) ㄱ′. 다리는 즉각 파괴되었다.

　　 ㄱ″. 다리를 즉각 파괴하였다.

(1ㄱ)′에서와 같이 서술성을 지닌 일부 명사 뒤에 접미사 '-되다'를 결합하면 피동의 의미를 더하는 동사가 파생된다. (1ㄱ)″의 문장과 같이 '-되다' 대신에 '-하다' 접미사를 결합하면 능동의 의미를 갖는 동사로 바뀐다.

(7) 이용되다 – 이용하다

(8) 해고되다 – 해고하다

(9) 마감되다 – 마감하다

(10) 체포되다 – 체포하다

(7)~(10)과 같이 '-되다'와 '-하다'가 모든 경우에 상호 교체될 수 있는 것은 아니다. '추락'의 경우 '추락하다'와 달리 '추락되다'라는 표현이 어색한 반면, '침체'의 경우 '침체되다'와 달리 '침체하다'라는 표현은 부자연스럽다.

한국어 학습자들은 '-되다'와 '-하다' 간의 차이점을 정확히 인지하지 못하는 경우가 있다. 이들 간의 교체가 가능한 경우와 이들 각각의 선택에 따라 문장의 구조와 의미가 어떻게 변화하는지를 구체적으로 이해시킬 필요가 있다.　　　　　〈김호정〉

[참고문헌]
• 고영근·구본관(2008), 우리말 문법론, 집문당.
• 권재일(1993), 한국어 피동법의 역사적 변화, 언어학 15, 한국언어학회, 25~43쪽.
• 박양규(1990), 피동법, 서울대대학원국어연구회 편, 국어 연구 어디까지 왔나: 주제별 국어학 연구사, 동아출판사.

6.9. 사동

사동(使動, causation)은 문장의 주어가 다른 누군가 혹은 무언가에게 동작이나 행위를 하게 하도록 시키는 것을 말한다.

이러한 사동 의미가 언어로 실현된 것을 사동 표현이라고 한다. 사동이 문법적인 장치에 의해 실현되는 문법 범주임을 강조할 때에는 사동법이라고 하며, 사동 표현이 사용된 문장은 사동문이라고 한다. 사동 표현은 문장의 주어가 행동을 직접 수행하는 주동(主動) 표현과 대비된다.

(1) 동생이 밥을 먹는다.
(2) 엄마가 동생에게 밥을 먹인다.
(3) 엄마가 동생에게 밥을 먹게 한다.

(1)은 문장의 주어(동생)가 직접 행위(먹다)를 하는 주체인 반면, (2)와 (3)은 문장의 주어(엄마)가 직접 행위(먹다)를 하는 것이 아니라, 객체(동생)에게 행위(먹다)를 하게 하도록 시키는 사동주이다. 즉 (1)과 같은 주동문에서 행위를 수행하는 주체가 주어로 나타나는 것과 달리 (2), (3)과 같은 사동문에서는 행위가 발생하게 되는 원인이 되는 주체, 즉 행위를 하게끔 하는 주체인 사동주가 문장의 주어로 나타난다. 그리고 행위를 직접 수행하는 주체인 피사동주는 '을/를' 혹은 '에게, 한테'와 함께 쓰여 목적어나 부사어로 실현된다.

사동 표현은 세 가지 방법으로 실현될 수 있다. 첫 번째는 접미사 사동으로 (2)와 같이 주동사의 어간에 사동의 의미를 나타내는 접사 '-이/히/리/기/우/구/추-'를 붙여서 만든다. 이는 파생적 사동 혹은 단형 사동이라고도 불린다. 두 번째는 '-게 하다' 사동으로 (3)과 같이 주동사의 어간에 '-게 하다'를 붙여 사동의 의미를 표현하는 방법이다. 이는 통사적 사동 혹은 장형 사동이라고도 한다. 마지막으로는 '엄마가 동생에게 공부를 시킨다.' 혹은 '엄마가 동생을 심부름을 보냈다.'와 같이 사동의 의미가 내재된 동사에 의해 실현되는 어휘적 사동이 있다. 어휘적 사동은 사동을 표현하는 문법적인 장치가 없이 주동문과 동일한 형식을 갖기 때문에 사동법에서 제외되기도 한다. 그러나 사동의 의미에 중점을 두면 이들 또한 문장의 주어가 어떤 행위를 직접 하는 것이 아니라 다른 이에게 수행하도록 시킨다는 사동의 의미를 지니므로 사동 표현에 포함하는 것이 일반적이다.

사동 표현은 문장의 주어인 사동주가 직접적으로 행위에 관여하는 직접 사동과 행위는 피사동주가 수행하고 사동주는 행위에 간접적으로 관여하여 피사동주가 직접 행위를 하도록 시키기만 하는 간접 사동의 두 가지 의미로 해석된다. (2)는 '엄마가 동생에게 밥을 직접 먹여 주었다.'라는 직접 사동과 '엄마가 동생이 스스로 밥을 먹도록 시켰다.'라는 간접 사동의 의미를 모두 갖는다. 반면 (3)은 간접 사동의 의미로만 해석이 된다. 일반적으로 (2)와 같은 접미사 사동은 직접 사동과 간접 사동의 의미를 모두 갖는 반면 (3)과 같은 '-게 하다' 사동은 간접 사동의 의미만을 갖는다. 그러나 '엄마가 동생을 울렸다.'와 같이 '웃기다, 울리다, 읽히다, 놀리다' 등과 같은 사동사가 사용된 경우 접미사 사동이 간접 사동으로만 해석이 되기도 한다.

사동 표현은 어떤 행위나 동작이 주어의 의지에 의해서 실현되는 것이 아니라 다른 누군가에 의해, 즉 외부의 힘에 의해 실현이 되는 의미 현상을 표현하기 위한 문법 장치이다. 일상의 많은 사건들이 사동의 의미를 가지고 있기 때문에 사동은 언어 보편적으로 존재하는 문법 범주이며 한국어교육에서 필수적으로 교수되고 학습된다. 한국어교육에서는 언어 보편적인 현상인 사동의 의미와 필요성에 대한 인식에서부터 출발하여 한국어의 고유한 사동 표현의 실현 방법을 각각의 문법 항목으로 설정하여 교수하고 학습한다. 그러나 사동에 대한 인식을 증진시키기 위해서는 각각의 항목 중심으로 학습한 내용을 종합하여 문법 범주로서의 사동의 개념과 사동 표현의 유형 그리고 각각의 의미 차이 등에 대한 이해를 도울 수 있도록 교육 내용이 마련되어야 한다. 〈박민신〉

[참고문헌]
- 고영근·구본관(2008), 우리말 문법론, 집문당.
- 국립국어원(2005), 외국인을 위한 한국어 문법 1, 커뮤니케이션북스.
- 권재일(2012), 한국어 문법론, 태학사.
- 남기심·고영근(1993), 표준 국어 문법론, 탑출판사.

■ 접미사 사동

접미사 사동(接尾辭使動)은 자동사, 타동사, 형용사에 사동의 의미를 가진 접미사가 붙어 파생된 사동사로 실현되는 사동 표현이다.

접미사 사동에서 사용되는 사동사는 자동사, 타동사, 형용사에 사동 접미사 '-이/히/리/기/우/구/추-'가 붙어 만들어진다. 접미사 사동은 파생적 사동 혹은 단형 사동이라고도 불린다.

(1) 엄마가 동생에게 밥을 먹인다.
(2) 물이 너무 뜨거워서 식혀 먹었다.
(3) 급한 일이 생겨 약속 시간을 늦췄다.

(1)~(3)은 모두 사동 접미사에 의해 파생된 사동사에 의한 사동 표현이다. (1)은 타동사 '먹다'에 사동 접미사 '-이-'가 붙어 파생된 사동사 '먹이다'가, (2)는 자동사 '식다'에 사동 접미사 '-히-'가 붙어 파생된 사동사 '식히다'가 사용되어 실현된 사동 표현이다. 그리고 (3)은 형용시 '늦다'에 사동 접미사 '-추-'가 붙어 파생된 '늦추다'에 의해 실현된 사동 표현이다. 접미사 피동에서는 접미사가 타동사에만 붙을 수 있었던 것과 달리 접미사 사동에서는 타동사뿐만 아니라 자동사와 형용사에도 사동 접미사가 결합할 수 있다.

그러나 접미사 사동이 모든 동사와 형용사에서 가능한 것은 아니다. '가다', '좋다', '주다' 등은 사동 접미사가 붙을 수 없어 '-게 하다'를 사용하여 사동의 의미를 표현한다. 접미사가 붙을 수 있는 동사와 형용사는 (4)~(10)과 같이 제한되어 있으며, 그 기준은 명확하지 않다.

(4) -이- : 끓이다, 녹이다, 높이다, 먹이다, 보이다, 붙이다, 속이다, 죽이다, 줄이다
(5) -히- : 굳히다, 넓히다, 눕히다, 밝히다, 식히다, 썩히다, 입히다, 읽히다, 잡히다
(6) -리- : 걸리다(걷다), 날리다, 돌리다, 들리다(듣다), 알리다, 얼리다, 울리다
(7) -기- : 감기다, 굶기다, 남기다, 벗기다, 신기다, 씻기다, 안기다, 옮기다, 웃기다
(8) -우- : 깨우다, 끼우다, 비우다, 새우다, 지우다
(9) -구- : 달구다, 솟구다, 일구다
(10) -추- : 낮추다, 늦추다, 들추다, 맞추다

(4)~(10)과 같이 접미사 사동은 동사와 형용사에 하나의 사동 접미사가 결합하여 실현되는 것이 일반적이나, '세우다(← 서다)', '재우다(← 자다)', '채우다(← 차다)', '태우다(← 타다)'와 같이 '-이-'와 '-우-'가 동시에 결합하여 표현되기도 한다.

접미사 사동은 '-게 하다' 사동과 분포 제약 외에도 부정의 범위, 부사 수식의 범위, 주체 높임 선어말 어미의 출현 범위에서 차이를 보인다. 또한 '-게 하다' 사동이 주로 간접 사동의 의미로 해석되는 것과 달리, 접미사 사동은 간접 사동과 직접 사동의 의미로 중의적 해석이 가능하다. 따라서 접미사 사동과 '-게 하다' 사동이 모두 가능한 경우에는 사동주가 직접 구체적인 행위의 수행에 참여함을 의미하는 직접 사동의 의미를 표현하기 위해서 혹은 부정과 수식의 범위를 사동주의 행위로 제한하기 위해서 접미사 사동을 주로 사용한다.

한국어교육에서는 학습자들에게 접미사 사동이 모든 용언에서 가능한 것은 아님을 주지시킨 다음 접미사 사동이 가능한 단어들의 목록을 제시하고, '-게 하다' 사동과의 의미적 차이를 설명하는 것을 주요 교육 내용으로 삼고 있다. 그러나 고급 수준의 학습자에게는 접미사 사동의 부정과 높임법 실현의 범위 등, '-게 하다' 사동과의 의미적·통사적 관계에 대한 이해를 바탕으로 자신의 의도를 보다 적절하게 표현할 수 있는 사동 표현의 방법을 선택할 수 있도록 하는 데까지 교육 내용을 확장하는 것이 좋다.

〈박민신〉

[참고문헌]
• 고영근·구본관(2008), 우리말 문법론, 집문당.
• 국립국어원(2005), 외국인을 위한 한국어 문법 1, 커뮤니케이션북스.
• 권재일(2012), 한국어 문법론, 태학사.
• 남기심·고영근(1993), 표준 국어 문법론, 탑출판사.

■ '-게 하다' 사동

'-게 하다' 사동은 자동사, 타동사, 형용사 어간에 보조적 연결 어미 '-게'와 사동의 의미를 가진 보조 동사 '하다'가 결합한 '-게 하다'에 의해 실현되는 사동 표현이다.

'-게 하다' 사동은 분포 제약이 많은 접미사 사동과 달리 대부분의 동사, 형용사와 자유롭게 결합하여 사동의 의미를 표현한다. '-도록 하다', '-게 만들다', '-도록 만들다'와 같은 형태로 실현될 수도 있어 '-게 하다' 사동이라는 용어 대신 이들을 통칭하여 통사적 사동 혹은 장형 사동이라고도 한다.

(1) ㄱ. 엄마가 동생에게 밥을 먹<u>인</u>다.
ㄴ. 엄마가 동생에게 밥을 먹<u>게 한</u>다.
(2) ㄱ. *엄마가 동생에게 방을 청소하<u>인</u>다/청소하<u>힌</u>다/청소하<u>린</u>다/청소하<u>긴</u>다/청소하<u>운</u>다/
청소하<u>군</u>다/청소하<u>춘</u>다.
ㄴ. 엄마가 동생에게 방을 청소하<u>게 한</u>다.

사동의 실현은 (1)과 같이 접미사 사동과 '-게 하다' 사동이 모두 가능한 경우가 있지만 (2)와 같이 '-게 하다' 사동만 가능한 경우가 훨씬 많다. '-게 하다' 사동만 가능한 분포 규칙을 명확하게 규정하기는 쉽지 않으나 다음과 같은 환경에서는 접미사 파생에 의한 사동 표현이 불가능하다. '청소하다', '공부하다'와 같이 '명사 + 하다'로 구성된 단어, '지다, 이기다'와 같이 어간이 /ㅣ/ 모음으로 끝나는 동사, '닮다, 만나다, 싸우다'와 같이 '와/과'가 필수적으로 필요한 대칭 동사 그리고 '주다, 받다, 드리다'와 같은 수여 동사와 '얻다, 잃다'와 같은 수혜 동사의 경우에는 접미사 사동이 불가능하고 '-게 하다' 사동만 가능하다.

'-게 하다' 사동은 접미사 사동과 부정의 범위, 부사 수식의 범위 그리고 주체 높임 선어말 어미 '-(으)시-'의 실현 범위에서 차이를 보인다.

(3) ㄱ. 엄마가 동생에게 밥을 빨리 먹<u>였</u>다.
ㄴ. 엄마가 동생에게 밥을 빨리 먹<u>게 했</u>다.
(4) ㄱ. 엄마가 동생에게 밥을 먹<u>이</u>지 않았다.
ㄴ. 엄마가 동생에게 밥을 먹지 않<u>게 했</u>다.
(5) ㄱ. 아버지께서 할머니를 눕<u>히셨</u>다.
ㄴ. 아버지께서 할머니를 눕<u>게 하셨</u>다.
ㄷ. 아버지께서 할머니를 누우<u>시게 했</u>다.
ㄹ. 아버지께서 할머니를 누우<u>시게 하셨</u>다.

(3)은 사동의 표현 방법에 따라 부사어의 수식 범위가 달라지는 예이다. 접미사 사동이 사용된 (3ㄱ)에서 부사 '빨리'는 문장의 주어인 사동주(엄마)의 행위(먹이다)를 수식하는 반면, '-게 하다' 사동이 사용된 (3ㄴ)에서는 부사 '빨리'가 행위의 주체인 피사

동주(동생)의 행위(먹다)를 수식한다. (4)는 사동 표현의 방법에 따라 부정이 영향을 미치는 영역이 달라지는 예이다. 접미사 사동이 사용된 (4ㄱ)에서는 사동주(엄마)의 행위(먹이다)를 부정하는 반면, '-게 하다' 사동이 사용된 (4ㄴ)에서는 피사동주(동생)의 행위(먹다)를 부정한다. (5)는 사동의 표현 방법에 따라 주체 높임 선어말 어미 '-(으)시-'의 사용 범위가 달라지는 예이다. 접미사 사동이 사용된 (5ㄱ)에서는 사동주(아버지)만을 높일 수 있는 반면, '-게 하다' 사동이 사용된 (5ㄴ)~(5ㄹ)은 높임의 대상이 사동주(아버지)가 될 수도 있고, 피사동주(할머니)가 될 수도 있다. (5ㄴ)에서는 사동주(아버지)를, (5ㄷ)에서는 피사동주(할머니)를 그리고 (5ㄹ)에서는 사동주(아버지)와 피사동주(할머니)를 동시에 높인다.

이처럼 '-게 하다' 사동은 접미사 사동과 다른 부정의 범위, 부사 수식의 범위, 주체 높임의 실현 범위를 갖는다. 또한 접미사 사동과 달리 주로 사동주가 피사동주의 구체적인 행위의 수행에 참여하지 않는 간접 사동의 의미로 해석이 된다. 따라서 접미사 사동이 가능한 경우에도 간접 사동의 의미만으로 표현하고자 하거나 부정과 부사 수식의 범위를 피사동주의 행위로 제한하고자 할 때 그리고 높임의 범위를 사동주뿐만 아니라 피사동주로 확대하고 싶을 때 '-게 하다' 사동을 주로 사용한다.

한국어교육에서는 일반적으로 접미사 사동과 대비하여 '-게 하다' 사동은 제약이 없이 모든 동사에 사용될 수 있다는 점을 강조하기 때문에 상대적으로 교육 내용이 간단하게 구성되는 경향이 있다. 이처럼 단순화된 교육 내용은 한국어 학습자들이 접미사 사동과 대비되는 '-게 하다' 사동의 기능을 고려하지 않고 자의적으로 사동의 표현 방법을 선택하게 함으로써 결합 제약이 거의 없는 '-게 하다' 사동을 남용하게 하는 부정적 영향을 끼친다. 따라서 고급 수준에서는 '-게 하다' 사동이 접미사 사동과 비교하여 갖는 통사적·의미적 특성을 고려하여 자신의 의도를 적절하게 표현할 수 있는 사동 표현을 선택할 수 있도록 교육 내용을 마련해야 한다.　　　　　　〈박민신〉

[참고문헌]
• 고영근·구본관(2008), 우리말 문법론, 집문당.
• 국립국어원(2005), 외국인을 위한 한국어 문법 1, 커뮤니케이션북스.
• 권재일(2012), 한국어 문법론, 태학사.
• 남기심·고영근(1993), 표준 국어 문법론, 탑출판사.

■ 어휘적 사동

어휘적 사동(語彙的使動)은 사동의 의미가 내재되어 있는 동사에 의해 실현되는 사동 표현이다.

어휘적 사동은 주로 '시키다'에 의해 실현되며 '보내다, 적시다'와 같은 특정 어휘에 의해 실현되기도 한다.

(1) 학생들이 청소를 했다.
(2) 선생님께서 학생들에게 청소를 <u>시켰다</u>.
(3) 선생님께서 학생들에게 청소<u>시켰다</u>.

(1)에서는 '하다'라는 동사를 사용하여 주어가 직접 동작을 수행하는 주체임을 드러 낸다. 반면 (2)와 (3)에서는 사동의 의미가 내재된 '시키다'라는 단어를 사용하여 문장의 주어가 행동의 수행 주체가 아니라 사동주의 역할을 하는 사동의 의미를 표현한다. '시 키다'에 의한 사동 표현은 '청소하다', '공부하다', '발표하다', '연습하다' 등과 같이 '서술 성 명사 + 하다'로 구성된 동사의 사동을 표현할 때에만 사용 가능하다. (2)와 같이 동 사 '시키다'를 사용하여 '-을/를 시키다'의 형식으로 사동을 표현할 수도 있고, (3)과 같 이 접사 '시키다'를 서술성을 갖는 명사 뒤에 결합하여 어휘화함으로써 사동을 표현할 수도 있다. (3)과 같은 경우 '시키다'가 사동의 의미를 더하는 접미사이기 때문에 접미 사 사동으로 볼 수도 있다. 하지만 '시키다'는 '서술성 명사'와 '하다'의 분리가 자유로운 경우에 사용되고, 다른 파생 접미사에 비해 동사의 어휘적 의미가 강하게 살아 있기 때 문에 어휘적 사동으로 보는 것이 일반적이다.

(4) 엄마가 동생을 학교에 <u>보냈다</u>.
(5) 아빠가 이불을 <u>적셔서</u> 불을 껐다.
(6) 엄마가 거실에 있던 텔레비전을 <u>없앴다</u>.
(7) 아빠가 넘어져서 울고 있는 동생을 <u>일으켰다</u>.

(4)에서는 '가다'와 대응하여 사동의 의미를 갖는 '보내다'라는 단어를 사용한다. (5)~(7)에서는 각각 '젖다'에 대응하는 '적시다', '없다'에 대응하는 '없애다', '일다'에 대 응하는 '일으키다'라는 어휘를 사용한다. (4)가 별개의 어휘를 통해 사동의 의미가 표현 되는 것과 달리 (5)~(7)에서는 주동의 의미를 갖는 어휘에 '-시-, -애-, -으키-'와 같은 사동의 의미를 나타내는 접사가 붙어 만들어진 어휘에 의해 사동이 실현되므로 (5)~(7) 을 접미사 사동으로 볼 수도 있다. 그러나 이들 접미사가 붙어 사동사가 되는 예가 하 나씩밖에 존재하지 않기 때문에 어휘화되어 하나의 단어로 굳어진 어휘적 사동으로 보 는 것이 일반적이다.

(1)~(7)에서 확인할 수 있듯이 어휘적 사동에서는 사동이 실현되는 과정에서 문법적 인 장치가 사용되지 않기 때문에 사동의 범주에 들지 않는다고 보기도 한다. 그러나 의 미상으로 문장의 주어가 직접 행위를 하는 주체가 아니라 어떤 행동을 하도록 만드는 주체, 즉 사동주임을 드러내기 때문에 한국어교육에서는 어휘적 사동 또한 사동의 범 주에 속하는 것으로 본다.

한국어교육에서 어휘적 사동은 접미사 사동과 '-게 하다' 사동에 비해 생산성이 높지 않으므로 사동 표현의 교육 내용으로 다루기보다는 각각의 단어에 개별적으로 접근하여 어휘 교육의 측면에서 다룬다. 그러나 이들 어휘가 공통적으로 사동의 의미를 지니고 있다는 점, '시키다'의 경우 접사로 사용될 정도로 생산성이 높다는 점에 주목한다면 어휘적 사동 또한 사동 표현 교육 내용에 포함될 수 있다. 〈박민신〉

[참고문헌]
• 고영근·구본관(2008), 우리말 문법론, 집문당.
• 국립국어원(2005), 외국인을 위한 한국어 문법 1, 커뮤니케이션북스.
• 권재일(2012), 한국어 문법론, 태학사.
• 남기심·고영근(1993), 표준 국어 문법론, 탑출판사.

6.10. 높임 표현

높임 표현이란 화자가 특정한 문법 요소나 어휘 요소를 사용하여 발화(utterance) 속에 등장하는 행동의 주체나 객체 혹은 발화를 듣는 상대방(청자)에 대한 공경의 정도를 드러내는 표현을 이른다.

용어를 '높임 표현'이라 하고 '높임법'이라 하지 않은 것은 이를 문법 범주의 하나로 보지 않는 태도를 반영한다. 그러나 그동안의 연구들에서 '높임법, 경어법, 존경법, 존대법, 공대법, 대우법, 존비법, 겸양법, 공손법' 등과 같은 다양한 명칭들을 사용하여 '높임 표현'을 문법 범주의 하나로 다루어 왔다. 이는 다른 언어와의 대조적 관점에서 볼 때 한국어의 높임 표현이 그 어떤 언어보다 더 발달하였다고 생각하는 데에서 기인한 것이다.

그러나 '높임법'은 '높임'이라는 긍정적 의미의 용어 한 가지로써 '높이는' [+]의 경우와 '높이지 않는' [-]의 경우를 모두 포괄하는 것으로 이해하는 것이 옳다. 다만 그동안 '높임'의 반대말에 대하여 '낮춤'이라 인식하였던 부분에 대해서는 수정이 필요하다. 이른바 '반말'이라든지 '해라체'와 같이 '높이지 않는' 표현이라고 해서 '낮춤'을 나타낸다고 보기는 어렵기 때문이다.

높임 표현의 하위 분류는 높이는 '대상'과 높이는 '방법'이라는 두 가지 변수에 따라 이루어진다. 먼저 높이는 대상이 누구인지에 따라 '주체 높임'과 '객체 높임', '상대 높임'으로 나누고, 다시 높이는 방법, 즉 높이기 위해 선택하여 사용하는 언어 요소가 어떤 것인지에 따라 '문법적 높임'과 '어휘적 높임'으로 나눈다.

주체는 대체로 문장의 주어로 나타나는 성분으로 행위나 동작의 주체가 되는 행동주(agent)가 있고 피동문에 주로 나타나는 피동주(patient)도 있는데 이런 행동주나 피동주가 높임의 대상으로서 주어로 나타나는 문장에는 그 서술어에 선어말 어미 '-(으)시-'가 사용되는 것이 일반적이다.

이러한 주체 높임법은 대개 '께서'가 결합한 존칭의 주어와 그 서술어에 결합하는

'-(으)시-'의 일치로 설명한다.

객체란 '에게, 께'가 붙는 여격어(與格語)나 '을/를'이 붙는 목적어로 나타나는 성분이며 객체가 높임의 대상이 될 때는 주체 높임과 달리 선어말 어미를 사용하는 것이 아니라 특수한 높임의 서술어를 사용하는 것이 일반적이다.

상대 높임에서의 상대는 청자를 의미한다. 청자 높임의 6등급, 즉 6화계가 상대 높임법에 해당하며 아주 복잡하고 정연한 체계를 이루고 있다.

문법적 높임이란 선어말 어미, 조사 등을 사용하는 방식을 의미하며 어휘적 높임이란 높임의 의미를 담은 명사, 대명사, 동사, 형용사 등의 특수 어휘를 사용한 높임법을 의미한다.

한국어의 높임 표현은 대조 언어학적으로 혹은 언어 유형론적으로 매우 두드러지게 나타나는 특징이다. 또한 한국어에 높임 표현이 발달되어 있는 만큼 그 변이형 또한 역사적·사회적으로 다양하게 퍼져 있다. 특히 높임 표현과 밀접한 관련을 맺고 있는 호칭 부분은 '표준 화법'으로 규범화되어 가고 있다. 따라서 한국어 높임 표현에 대한 명시적인 교육은 특히 외국어로서의 한국어교육에 있어서 강조되어야 할 부분이다.　　〈김정남〉
→ 경어법

[참고문헌]
• 고영근·구본관(2008), 우리말 문법론, 집문당.
• 안병희·윤용선·이호권(2003), 중세 국어 연습, 한국방송통신대학출판부.

■ 높임을 나타내는 선어말 어미

현대 한국어에서 높임을 나타내는 선어말 어미(先語末語尾)의 가장 일반적이고 대표적인 형태는 '-(으)시-'이다. 용언 및 서술격 조사의 어간과 어말 어미 사이에 나타나며 앞말이 자음으로 끝나면 '-으시-'로, 모음으로 끝나면 '-시-'로 실현된다. 과거 시제 선어말 어미 '-었-'과 통합하면 '-(으)셨-'으로 나타나고 '해요체' 종결 어미 '-아/어요'와 결합하면 '-(으)시어요'가 된다. 통시적으로 형태의 변화를 입은 부분은 '-(으)시-'에 연결 어미 '-어'가 결합한 경우이다. 현대 국어에서는 '-(으)시-'에 연결 어미 '-어'가 결합하면 '-(으)셔'로 나타나지만 중세 국어 문헌인 용비어천가에서는 그 결합형이 '-(♀/으)샤-'로 나타난다(海東 六龍이 ᄂᆞᄅᆞ샤). 또한 해당 문헌에서는 관형사형 어미 결합형 역시 '-(으)샨-'으로 나타난다(千歲 우희 미리 定ᄒᆞ샨).

현대 한국어에서 '-(으)시어요'는 다시 '-(으)셔요'로 축약되거나 '-(으)세요'라는 융합형으로 나타나며 최근에는 '-(으)세요'가 일반적으로 쓰인다. 그리고 '-(으)시어요' 및 '-(으)셔요'는 이미 예스러운 표현이 되었다.

명령형 문장과 같이 청자에게 부담을 주는 내용을 표현하는 상황에서는 '-(으)시-'를 사용하지 않으면 청자에게 매우 불손한 느낌을 줄 수 있으므로 '-(으)시-'가 빠진 형태 (결락형)를 쓰지 않도록 유의한다. 그래서 아랫사람에게라도 '해요체'를 쓰는 경우에는 '이것 좀 하세요'라고 하여 '-(으)시-'를 넣어 주는 것이 좋다. 심지어 어느 정도 나이가 든 사람들 사이에서는 '해체'에서조차 '해'가 아닌 '하셔' 형태를 명령형으로 사용하는 일이 많을 정도로 '-(으)시-'의 사용은 중요하다. '하게체' 종결 어미 '-(으)세'나 '-(으)ㅁ세'에도 주체 존대의 선어말 어미 '-(으)시-'가 포함되어 있다.

'-(으)시-'는 문장이나 발화 속에서 주체를 높이는 어휘·문법적 기능을 수행한다. 대개 행동의 주체가 문장이나 발화에 드러날 때 그 주체의 행위나 상태를 표현하는 서술어에 '-(으)시-'가 결합하므로 이를 일치(agreement)의 하나로 보는 관점도 있다.

현대 한국어에는 높임 표현으로 사용되는 선어말 어미가 주체를 높이는 '-시-'밖에 없다. 그러나 중세 한국어에는 '-습-, -즙-, -습-'과 같은 객체를 높이는 선어말 어미도 사용되었다. 이 세 선어말 어미는 문장의 객체, 즉 여격어나 목적어를 높인다는 의미 기능이 동일하나 앞말의 음운 환경에 따라 달리 나타나는 이형태 관계였다. 이 객체 높임 선어말 어미는 오늘날에는 사용되지 않으나 다음 (1), (2)와 같이 상대 높임의 겸양의 태도를 나타내는 '-사오-, -오-'와 같은 선어말 어미로 변형되어 특수한 문어체에 남아 있다.

(1) 고마우신 분들을 모시는 자리를 마련하<u>였사</u>오니 부디 오셔서 자리를 빛내 주시기 바랍니다.
(2) 그동안 도와 주신 여러 어른들을 모시고자 하<u>오</u>니….

위의 예에서 연결 어미 '-(으)니'의 바로 앞에 선어말 어미 '-사오-'와 '-오-'가 각각 결합하여 상대 높임에서 겸양의 태도를 드러내고 있다.

한국어는 비교적 높임법이 발달한 언어이다. 따라서 상대적으로 높임을 담당하는 문법 형태가 적거나 없는 언어를 모어로 하는 학습자들은 한국어의 높임법을 특히 어려워하여 '-(으)시-'가 결합한 동사 형태를 잘 사용하지 못하는 경향을 보인다.

최근 한국어교육계에서는 한국어의 상대 높임법 체계에 나타나는 6등급의 화계를 모두 가르치는 것이 복잡하고 실용적이지 않다는 이유로 자주 사용되는 비격식체인 '해체'와 '해요체'를 우선적으로 가르치자는 주장이 있고 실제로 현장에 따라 그러한 주장에 따르는 경향도 보인다. 그러나 이러한 경우 '해요체'에서 '-(으)시-'를 빠뜨려서 다음 (3)과 같이 사용하면 매우 불손한 느낌을 줄 수 있<u>으므</u>로 (4)처럼 사용할 수 있도록 유의해서 가르쳐야 한다.

(3) ㄱ. 이것 좀 봐요.
　　ㄴ. 내일 어머니가 와요.
(4) ㄱ. 이것 좀 보<u>세</u>요.
　　ㄴ. 내일 어머니가 오<u>세</u>요.

〈김정남〉

[참고문헌]
• 고영근·구본관(2008), 우리말 문법론, 집문당.
• 안병희·윤용선·이호권(2003), 중세 국어 연습, 한국방송통신대학출판부.
• 유동석(1995), 국어의 매개 변인 문법, 신구문학사.
• 임동훈(2000), 한국어 어미 '-시-'의 문법, 태학사.

■ 주체 높임

한국어의 일반적인 문장에서 주체는 문장의 주어로 실현된다. 물론 명령문의 경우에는 주어가 문면에 드러나지 않고 대개 청자가 생략된 주어이자 행위의 주체가 된다. 따라서 청자가 높임의 대상이 되는 명령문, 즉 높임의 명령문 종결 어미 '-아/어요, -(으)오, -(으)ㅂ시오' 등이 사용된 문장에서는 이들 종결 어미 바로 앞에 주체 존대의 선어말 어미 '-(으)시-'가 나타난다. '-(으)세요', '-(으)시오', '-(으)십시오'가 그것이다.

선어말 어미를 통합하는 방법 이외에도 주체를 높이는 두 가지 방법이 있다. 하나는 주체 높임의 조사 '께서'를 사용하는 방법이다. 이는 주체를 나타내는 주어가 문장 속에 드러나는 경우에 한하여 사용하며 이 경우 서술어에는 '-(으)시-'가 나타나 일치를 이룬다. 한편 서술어에 선어말 어미 '-(으)시-'가 결합하지 않으면서도 주체를 높이는 방법에는 특수한 높임 서술어 사용이 있다. 가령, '있다'에 대응하는 높임 서술어에는 '계시다', '자다'에 대응하는 높임 서술어에는 '주무시다', '먹다'에 대응하는 높임 서술어에는 '잡수시다', '아프다'에 대응하는 높임 서술어에는 '편찮으시다' 등이 있다. 이들 동사나 형용사가 사용되면 그 서술어를 통해 표현되는 행위나 상태의 주체가 높임을 받는 것으로 해석된다.

(1) 동생이 방에 있다.
(2) 할머니께서 방에 계시다.

(1)의 주체인 동생은 높임의 대상이 아니므로 주어에 주격 조사 '께서'를 사용하지도 않았고, 서술어에 특수 높임 어휘를 사용하지도 않았다. 그러나 (2)의 주체인 할머니는 높임의 대상이므로 높임의 주격 조사 '께서'와 높임의 의미를 지닌 특수 어휘 '계시다'를 사용하여 주체를 높이고자 하는 상대 높임의 의지를 표현한다.

또 주어 자체를 표현하는 명사 항목에서도 특수 높임 어휘를 사용하는 일이 있는데, 이 역시 넓은 의미의 주체 높임법에 포함된다. 가령 다음 (1)과 같이 존칭 접미사 '-님'이 붙은 단어를 주어 자리에 쓰게 되면 주체 높임법이 실현된 것으로 본다.

(3) 선생님, 사모님, 사장님, 원장님, 과장님, 부모님
(4) 원장이 지금 병원에 있다.
(5) 원장님께서 지금 병원에 계신다.

(4)는 원장에 대한 높임 의지가 없이 실현된 문장이며 (5)는 원장을 높임의 대상으로 생각하여 표현한 문장이다. 즉 (4)는 원장과 대등하거나 원장보다 상위자인 사람이 할 수 있는 발화 형태이며 (5)는 원장의 손아랫사람이 발화할 수 있는 형태이다. 손아랫사람은 손윗사람을 주어로 하는 문장의 발화에서 '께서'라는 높임의 주격 조사와 '계시다'라는 높임의 의미를 담은 서술어를 사용하게 된다.

(1)처럼 존칭 접미사 '-님'이 붙지 않더라도 높임의 의미를 담은 어휘 형태가 따로 존재하는 경우도 있다.

> (6) ㄱ. 집-댁
> ㄴ. 밥-진지
> ㄷ. 말-말씀

(6)에서 앞의 명사에 대응하는 높임의 명사는 뒤의 형태로 나타난다.

> (7) ㄱ. 너는 집이 어디니?
> ㄴ. 동생이 밥을 잘 먹지 않는다.
> ㄷ. 동생이 말이 없다.
> (8) ㄱ. 선생님은 댁이 어디십니까?
> ㄴ. 선생님께서 진지를 잘 잡수시지 않는다.
> ㄷ. 선생님께서 말씀이 없으시다.

(8)에서는 (7)에서와 달리 주체인 선생님을 높이기 위해 '집' 대신 '댁', '밥' 대신 '진지', '말' 대신 '말씀'이라는 특수한 높임의 어휘를 사용한 것을 볼 수 있다. 물론 (8)에서는 주격 조사와 서술어 형태에도 차이가 있음을 함께 볼 수 있다.

한편 주체의 신체 부위나 주체와 관련된 사람 및 사물 등을 간접적으로 높이는 방법도 있는데 이 역시 넓은 의미의 주체 높임법에 해당한다.

> (9) 사장님은 따님이 두 분이 계신다.
> (10) 사장님은 넥타이가 특히 멋지시다.
> (11) 사장님이 배가 아프시다고 한다.

(9)에서 '딸'이 아닌 '따님'의 형태가 나타난 것은 '사장님'과 관련된 인물이기 때문이다. 사장님은 문장의 주어라기보다 주제로 해석되지만 이 문장에서 높임의 대상이 되어 주체 높임이 실현된 것으로 본다. (10)에서도 '넥타이' 그 자체는 높임의 대상이 되기 어려운 한낱 사물에 불과하나 '사장님'과 관련하여 높임의 대상이 되었다. (11)의 경우 '배' 역시 높임의 대상인 '사장님'의 신체 부위이므로 '아프시다'처럼 '-(으)시-'가 사용된 형태로 나타난다. 그러나 이러한 간접적인 주체 높임법에서는 '편찮으시다'와 같은 특수 어휘를 통한 주체 높임법은 사용되지 않고 선어말 어미 '-(으)시-'를 통한 높임법만이 실

현된다는 점이 특기할 만한 점이다. '편찮으시다'는 몸의 일부 부위가 아픈 경우가 아니라 전반적으로 아픈 경우에 대한 높임어로 실현된다. 그런데 (9), (10), (11)과 같은 높임 표현은 과잉 사용된 높임으로 볼 수 있어 '있으시다, 멋지다, 아프다'로 해도 무방하다.

'께서'는 주체 높임법의 주격 조사이지만 실제로 주체가 높임의 대상이라도 그다지 널리 사용되지 않으며 매우 격식적인 자리에서만 제한적으로 쓰인다. 선어말 어미 '-(으)시-'는 널리 사용되는 반면 주격 조사 '께서'는 아주 격식을 갖추는 경우가 아니라면 사용하지 않고 주격 조사 '이/가'로 대체하는 일이 많다는 것이다. 그래서 특히 외국인들에게는 이 조사를 따로 익히는 것이 부담스럽다고 하여 아예 가르치지 않도록 구성된 교재도 있다. 〈김정남〉

[참고문헌]
• 안병희·윤용선·이호권(2003), 중세 국어 연습, 한국방송통신대학출판부.

■ 객체 높임

객체 높임은 상대 높임이 문장에서 목적어나 부사어로 나타나는 성분을 높이고자 할 때 사용하는 높임법의 일종이다.

이때 객체는 상대 높임의 대상보다 더 존귀한 인물이어야 한다. 신분 사회가 아닌 현대 한국에서는 존귀한 인물이란 나이가 많거나 친족 간에 항렬이 높거나 직장에서 지위가 높은 상대를 이른다. 이 세 가지 기준이 가끔 상충하는 일도 있는데 그때는 경우에 따라 판단한다. 특히 객체 높임법은 적극적으로 실현되지 않는 일도 많다. 이러한 이유로 객체 높임법은 상대적으로 주체 높임법에 비해 덜 선호된다.

중세 국어 시기에는 객체 높임을 나타내는 선어말 어미도 주체 높임의 선어말 어미처럼 문법 체계 내에 존재하고 있었으나 현대 한국어에서는 객체 높임의 선어말 어미가 더 이상 사용되지 않고 몇몇 용언 속에 융합형으로 남아 있을 뿐이다.

(1) ㄱ. 여쭙다=여쭈다
    ㄴ. 뵙다
    ㄷ. 받잡다
    ㄹ. 듣잡다

(1ㄱ)은 중세 국어에서는 '옅줍다'였는데 이때의 '줍'이 객체 높임의 선어말 어미 '-줍-'에 소급한다. '옅줍다'는 음운 변화를 겪어 오늘날 '여쭈다'가 되었다. (1ㄴ)의 '뵙다'는 '보다'의 높임 형태로서 '뵈다'와 함께 널리 사용되는데 이때의 '-ㅂ-'이 중세 국어 당시 객체 높임의 선어말 어미 '-ᅀᆸ-'에 소급한다(뵈ᅀᆸ다 → 뵈ᅌᅵᆸ다 → 뵙다). 그러나 현대 국어 문법에서는 '뵙다'에서 선어말 어미를 따로 분석해 내지 않고 '뵙-'을 하나의 어간으로 간주한다. (1ㄷ)와 (1ㄹ)도 마찬가지로 '받다'와 '듣다'에 객체 높임의 선어말 어미

'-줍-'이 붙은 것으로 분석하는 태도가 아닌 '받잡다', '듣잡다'를 그대로 하나의 동사로 간주하는 관점을 취한다.

그 밖에 (2)와 같은 동사들도 객체 높임에 사용된다.

(2) ㄱ. 뵈다
　　ㄴ. 드리다
　　ㄷ. 모시다

(2ㄱ)의 '뵈다'는 객체를 높이는 의미를 나타낼 때 사용되는 형태이다.

(3) 나는 동생을 보았다.
(4) 나는 할머니를 <u>뵈었다</u>.

(4)에서 '보다' 대신 '뵈다'를 사용한 것은 목적어로 나타난 객체 할머니를 높이고자 하는 화자의 의도를 표현한다. (3)에서의 동생은 높임의 대상이 아니므로 '뵈다'가 아닌 '보다'를 사용하였다.

(2ㄴ)의 '드리다'는 '주다'에 대응하는 객체 높임 서술어이다.

(5) 나는 선물을 동생에게 주었다.
(6) 나는 선물을 할머니께 <u>드렸다</u>.

(6)에서는 (5)에서와 달리 여격어로 나타난 객체 '할머니'를 높이기 위해 '주다'가 아닌 '드리다'를 사용한 것을 볼 수 있다. 또한 여격 조사 '께'는 객체 높임법에 특징적으로 나타난다.

(2ㄷ)의 '모시다'는 '데리다'의 객체 높임 형태에 해당한다. 주체 높임법에서는 주어가 높임의 대상이 되는가 그렇지 않은가는 순전히 화자와 주어와의 관계에서만 결정이 되지만 객체 높임법에서는 화자와 객체와의 관계가 높임을 그대로 결정하는 것이 아니라 주체와 객체와의 관계도 매우 중요하다. 즉 화자의 입장에서 객체를 높이고자 하여도 주체가 객체보다 더 상위자인 경우라면 객체 높임법을 사용할 수가 없다. 다음 (7)이 성립되지 않는 것은 그러한 이유에서이다.

(7) *할머니께서 어머니께 선물을 <u>드렸다</u>.

(7)에서 객체로 나타난 '어머니'가 화자인 '나'의 입장에서 볼 때는 충분히 높임의 대상이 되지만 주체인 '할머니'의 입장에서는 상대적으로 높임의 대상이 되지 않으므로 객체 높임법이 실현될 수 없기에 (7)은 (7)′로 수정되어야 한다.

(7)′ 할머니께서 어머니에게 선물을 주<u>셨</u>다.

〈김정남〉

[참고문헌]
• 고영근·구본관(2008), 우리말 문법론, 집문당.

• 안병희·윤용선·이호권(2003), 중세 국어 연습, 한국방송통신대학출판부.

■ 상대 높임

상대 높임법에서의 상대란 발화를 듣는 청자를 의미하므로 상대 높임법이란 말을 듣는 상대방인 청자를 높이는 방법을 의미한다.

화자는 말을 듣는 상대방이 자신과의 관계 속에서 얼마나 존대를 받아야 하는 대상인지를 결정하고 그 태도를 문장 종결 어미의 형태에 반영한다. 이때 사용되는 문장 종결 어미의 등급은 흔히 6등급으로 나타나며, 이는 다시 격식의 4등급, 비격식의 2등급으로 구분된다.

청자가 아주 높임을 받아야 할 대상이거나 격식적인 상황에서 하는 발화라면 '하십시오체'를 사용하지만 그렇지 않은 일반적인 경우에는 '해요체'를 널리 사용한다. 특히 '해요체'는 상대방을 높이는 데 두루 사용되는 가장 대표적인 구어의 비격식체에 해당하여 사용 범위가 넓다. '해체' 역시 '해라체'와 함께 상대를 높이지 않는 등급의 상대 높임법인데, '해체'가 '해라체'에 비해 구어의 비격식적 상황에서 훨씬 더 많이 사용된다. '해체'는 일반적으로 아주 낮추는 의미를 실현하지는 않으나 '해라체'는 너무 낮춘다는 느낌을 줄 수 있기 때문에 아주 친한 사이이거나 상대방이 아주 나이가 어린 손아랫사람이 아니면 사용하기 어려운 면이 있다. 그래서 [-높임]의 상황에서 '해체'가 두루 쓰이며 '해요체'와 '해체', 두 가지는 [+높임]과 [-높임]이라는 두 가지 변별되는 용법의 대표형으로 간주하게끔 된 것이다.

'하게체'와 '하오체'는 조금 특수한 상황에서 사용되는 상대 높임법 등급이다. '하게체'는 나이 든 세대에서 더 나이가 많은 윗사람이 조금 덜 나이 많은 아랫사람을 대접하여 높일 때 사용하는 상대 높임법이어서 장인·장모가 사위에게, 노교수님이 나이가 많아진 제자에게 주로 사용한다. 또한 아랫사람을 대접하여 높여서 말한다는 점에서 다른 상대 높임법과는 다른 특성을 보인다. '하오체'는 나이 든 세대에서 거의 동년배들끼리 서로를 높이기 위해 사용하며 부부 간에도 격식을 차려 말할 때 널리 사용된다. '하게체'는 손아랫사람에게 사용하는 것이지만 [+높임]의 의미 자질을 갖는 데 반해, '하오체'는 손아랫사람이 아닌 대상에게 사용하지만 [-높임] 정도로 인식된다는 조금 아이러니한 의미 특성이라고 볼 수 있다.

'하게체'와 '하오체'는 젊은 세대들 사이에서는 좀처럼 들어 보기가 어려운 상대 높임법 등급이다. 또 이 두 상대 높임법 등급의 어미들은 방언권에 따라서도 사용의 선호도가 달라지는 특성을 보인다. 이처럼 전반적으로 사용 빈도가 낮은 '하게체'와 '하오체'는 외국인들이 실제 언어생활 속에서 접할 기회가 적으므로 교육상의 중요성이 덜하다. 그래서 간소화를 지향하는 한국어교육에서는 상대 높임법의 여섯 등급을 다 가르치지 말고 '해체'와 '해요체'만을 가르치자는 입장도 있다. 실제로 한국인 화자들 사이에서도 경어법의 등급 각각이 나타내는 높임의 정도를 인식하는 데는 어느 정도의 개인차가 존재한다. 대개 여성의 말에서 '해요체'가 많이 쓰이는 반면 남성들은 '하십시오체'를 써야 진정한 높임이 실현된다고 보기도 하며, 나이 든 세대에서는 '해요체'를 불손하게 느끼기도 한다. 또한 격식을 갖추어야 하는 상황에서 '해요체'를 사용하는 것이 적절하지 않다고 느끼는 언중이 다수 존재하므로 '하십시오체'를 가르치지 않고 '해요체'로 대신할 수 있다는 의견에는 이론의 여지가 있다. 이처럼 상대 높임의 교육 범위를 정할 때에는 학습의 효율성과 교육 내용의 적합성을 신중히 살펴야 한다. 〈김정남〉

[참고문헌]
- 고영근·구본관(2008), 우리말 문법론, 집문당.
- 국립국어원(2005), 외국인을 위한 한국어 문법 1, 커뮤니케이션북스.
- 백봉자(2006), 외국어로서의 한국어 문법 사전, 도서출판 하우.
- 이익섭(2005), 한국어 문법, 서울대학교출판부.
- 한재영 외(2008), 한국어 문법 교육, 태학사.

❏ 하십시오체

하십시오체는 상대 높임의 등급 중 최상위 등급에 속한다. 줄여서 이르는 말로 '합쇼체'라고 하는 일도 있다.

명령형은 '하십시오'로 나타나고 평서형은 '합니다', 의문형은 '합니까', 청유형은 '합시다'로 나타난다. 감탄형은 별도의 어미가 없이 보조사 '그려'를 덧붙여 '합니다그려'라는 형태로 나타낸다. '하십시오체'는 문법 체계상으로는 일곱 가지의 문장 종결법 형태가 다 성립한다. 그러나 실제 사용 양상을 보면 상대가 매우 높여야 할 대상인 경우 '하십시오체'의 청유형이나 명령형은 잘 나타나지 않는 경향이 보인다. 이는 청유형의 경우 존귀한 대상인 청자를 화자와 동급으로 취급하게 되기 때문에 쓰기 어렵고 명령형역시 존귀한 대상에게 어떤 행위를 요구하기 어렵다는 화용론적 제약 때문에 쓰기 어려운 것으로 설명할 수 있다.

 (1) ?과장님, 식사하러 {갑시다/가십시다}.

'-ㅂ시다'나 '-(으)시-'를 포함한 '-(으)십시다'를 사용한 청유문 (1)은 구조적으로는 문제가 없이 성립하는 문장이나 화용론적 측면에서 보면 실제로 아랫사람이 윗사람에게는 사용할 수 없는 문장이다. 그래서 다음 (1)′처럼 여러 가지 다른 형태로 대체하여 쓰이는 것이 일반적이다.

 (1)′ ㄱ. 과장님, 식사하러 가시지요.
   ㄴ. 과장님, 식사하러 가시겠어요?
   ㄷ. 과장님, 식사하러 가시지 않으시겠어요?
   ㄹ. 과장님, 식사하러 가시지 않으실래요?

ㅁ. 과장님, 식사하러 <u>가셨으면 합니다.</u>

(1ㄱ)'는 청유형 어미 대신 '-(으)시지요'와 같은 표현이 존대를 받아야 할 상대, 즉 높임의 대상인 청자를 향해 사용된 것이다. 또한 (1ㄴ)'~(1ㄹ)' 그리고 (1ㅁ)'의 경우에는 상대방의 의향을 묻는 의문문이나 자신의 바람을 나타내는 평서문을 사용하여 간접적으로 청유의 의미를 나타낸다.

이런 현상은 청유형뿐 아니라 명령형에서도 나타난다. 명령문은 청자가 주어가 되는 행위를 요구하는 문장이기 때문에 그 청자가 높임의 대상이 되는 경우 성립하기 어렵다. 물론 체계상으로는 '-(으)십시오'와 같은 명령형 어미가 존재하지만 실제로 손윗사람에게는 이런 명령형 어미를 사용하여 말할 수 없다.

(2) 이쪽으로 <u>가십시오.</u>

(2)는 실제로 손아랫사람이 손윗사람에게 사용하기 어려운 표현이며 (2)'와 같은 다른 표현으로 대체되어 사용된다.

(2)' ㄱ. 이쪽으로 <u>가시지요.</u>
　　 ㄴ. 이쪽으로 <u>가시겠어요?</u>
　　 ㄷ. 이쪽으로 <u>가시겠습니까?</u>
　　 ㄹ. 이쪽으로 <u>가지 않으시겠어요?</u>
　　 ㅁ. 이쪽으로 <u>가셨으면 좋겠습니다.</u>

(2ㄱ)'는 (1ㄱ)'과 마찬가지로 '-(으)시지요' 형태를 통해 명령이라는 화행적 기능은 유지하되 강도를 완화시켜 공손하게 표현하는 것이며 (2ㄴ)'~(2ㄹ)'처럼 의문문을 통해 공손한 표현을 실현하기도 한다. 또 (2ㅁ)'처럼 자신의 바람을 평서문으로 진술함으로써 명령의 화행을 실현하기도 한다.

한국어교육계에서 이처럼 손윗사람을 청자로 하는 경우에 청유형 어미와 명령형 어미를 사용하기 어렵다는 현상에 주목하기 시작한 것은 얼마 되지 않았다. 따라서 현재까지도 한국어교육 현장에서는 문법 체계에 따라 하십시오체(합쇼체)의 청유형으로 '-(으)십시다/-ㅂ시다', 명령형으로 '-(으)십시오'를 가르치면서 이들의 실제 사용 양상에 대한 설명은 제공하지 않는 경우도 있다. 이는 한국어교육 현장에서 경어법에 대하여 실제 사용을 고려하는 화용론적 접근이 아니라 구조 중심의 문법적 접근을 해 온 것이 원인이라고 하겠다. 그러므로 실제 이런 쓰임이나 맥락 문제에 상대적으로 소홀하여 올바르지 못한 문법 교육으로 그 방향을 이끌어온 측면이 있었던 점에 대한 반성과 교육 내용에 대한 개선이 필요하다. 〈김정남〉

[참고문헌]
• 김정남(2008), 한국어 담화 교육을 위한 논의: 한국어 경어법 관련 표현을 중심으로, 한국어교육 19-2, 국제한국어교육학회, 119~143쪽.

❏ 하오체

하오체는 청자를 높이는 상대 높임의 등급 중 두 번째로 높이는 단계에 해당한다.

극존칭이 아닌 일반적 존칭에 해당하며 나이나 사회적 지위 면에서 일반적으로 존중을 받아야 할 상대이지만 내가 깍듯이 존중해 줄 필요까지는 없는 상대에 대하여 사용한다. 그러므로 아주 공손한 느낌을 주지는 않는다는 특징이 있다.

현대 한국어 구어체에서 하오체는 '해요체'에 밀려 드물게 사용되는 경향을 보이지만 나이가 많은 세대에서는 구어에서도 아직도 널리 사용하고 있다.

(1) 가: 어디 가<u>시오</u>?

나: 약방에 잠시 나가<u>오</u>. 함께 가겠<u>소</u>?

(1가)의 '가시오'에서처럼 선어말 어미 '-(으)시-'를 함께 쓰기도 하고 (1나)의 '나가오'에서처럼 '-(으)시-'를 붙이지 않고 쓰기도 한다. 또 (1나)의 '나가오'와 '가겠소'에서 보듯이 '-오'와 '-소'가 마치 이형태와 같이 사용되는 점도 특이하다. 그러나 이 화계(話階)는 현재 자주 사용되지 않아 젊은 세대들이 이러한 어미의 이형태들을 잘 모르고 있기도 하다. 요컨대 이 화계는 사어화(死語化)하는 초기 단계에 있어서 모어 화자들 사이에서도 직관이 흐려진 것이라고 할 수 있다. 다음의 (2)와 (3) 중 어느 것이 표준형인지에 대한 판단이 화자들에 따라 편차가 크게 나타나는 것을 예로 들 수 있다.

(2) 기분이 좋<u>소</u>.

(3) 기분이 좋<u>으오</u>.

선어말 어미 '-(으)시-'와 문장 종결 어미 '-오'가 결합한 형태 '-(으)시오'는 구어에서 축약형인 '-(으)쇼'로 나타나기도 하는데, 앞서 언급한 것처럼 현대의 젊은 화자들 사이에서는 잘 듣기 어려운 표현에 해당하며 나이 든 세대에서도 품위 있는 느낌을 주지는 않는다.

현대 한국어에서 하오체가 문어 형태로 특수하게 나타나는 예는 주로 시험 문제의 발문에서 볼 수 있다. 다음 (4), (5)가 그 예이다.

(4) 다음 물음에 답<u>하시오</u>.

(5) 다음 중 알맞은 것을 <u>고르시오</u>.

또 곳곳에 붙어 있는 간단한 지시문에서도 문어 형태로 볼 수가 있다.

(6) <u>미시오</u>.

(7) <u>당기시오</u>.

(8) 만지지 <u>마시오</u>.

(9) 잔디밭에 들어가지 <u>마시오</u>.

(6)~(9)와 같은 지시문이나 금지문은 곳곳의 표지판에 나타나며 안내 방송이나 구어 형태로는 접하기가 어렵다.

이렇게 특수한 예에서 사용되고 일반적으로 구어에서는 잘 쓰이지 않으므로 '하오체' 역시 '하게체'와 마찬가지로 한국어교육에서 표현 차원에서보다는 이해 차원에서 익혀 둘 만한 요소라 볼 수 있다. 〈김정남〉

[참고문헌]
- 고영근·구본관(2008), 우리말 문법론, 집문당.
- 이익섭(2005), 한국어 문법, 서울대학교출판부.

☐ 하게체

하게체는 손윗사람이 손아랫사람에게 사용하지만 화계상 청자를 낮추는 등급이 아니라 청자를 대접해서 높이는 상대 높임법의 하나이다.

아랫사람을 높여 이르는 화계라는 점에 하게체의 특이성이 있다. 선어말 어미 '-(으)시-'가 수의적으로 함께 사용되기도 하는 것은 하게체의 이러한 양면성을 보여 준다.

하게체는 주로 비공식적인 대화 상황에서 구어의 형태로 출현하며 특별한 문장 종결 어미의 형태로 표현된다.

(1) ㄱ. 나는 <u>괜찮네</u>.
    ㄴ. 자네 장모도 <u>좋다네</u>.
(2) ㄱ. 자네는 별일 <u>없나</u>?
    ㄴ. 아이들은 요즘 <u>어떤가</u>?
(3) ㄱ. 자주 <u>만나세</u>.
    ㄴ. 벚꽃 놀이 한번 <u>가세나</u>.
(4) ㄱ. 이리 <u>앉게</u>./많이 <u>잡수게</u>.
    ㄴ. 꼭꼭 <u>씹으시게</u>.
(5) ㄱ. 조만간 어른들도 함께 <u>모심세</u>.
    ㄴ. 그 일은 내가 <u>맡음세</u>.

평서형은 (1)에서처럼 '-네'와 '-다네'로 나타나고, 의문형은 (2)에서처럼 '-나'와 '-(으)ㄴ가'로 나타나며, 청유형은 (3)처럼 '-(으)세'와 '-(으)세나'로, 명령형은 (4)처럼 '-게'로 나타난다. 명령형 어미 '-게'에는 선어말 어미 '-(으)시-'가 선행하기도 하며 '잡수다'와 같은 높임의 동사가 나오기도 한다. (5)의 '-(으)ㅁ세'는 청유형으로 볼 수도 있으나 약속형으로 보는 것이 무난하다.

하게체 문장에서는 특징적으로 2인칭 대명사 '자네'가 주로 쓰인다. '자네'는 하게체의 화계에 맞게 손아랫사람에게 쓰지만 손아랫사람을 대접하여 이르는 말이므로 적어도 20세 정도 되는 사람에게 어울린다. '너'로 지칭할 대상이 장성하면 '자네'로 지칭하게 된다는 말이다.

하게체는 젊은 사람들보다는 40대 이상의 나이 든 세대에서 주로 사용되며 대개 윗사람이 아랫사람에게 사용하는 표현이지만 그 아랫사람도 나이가 어느 정도 있을 때 사용한다. 예를 들어 장인이나 장모가 사위를, 선생이 나이 든 제자를 대접하여 말할 때 많이 쓴다. 친구들 사이에서도 주로 남자들 사이에서는 어느 정도 나이가 들면 하게체를 사용해 왔지만 예전에는 20대의 친구들 사이에서도 통용되었던 것이 현대로 오면서 점점 더 연령대가 올라가고 있다. 이는 하게체를 쓰는 사람들의 범위가 점점 좁아짐을 의미한다고도 할 수도 있다. 그러므로 외국인들에게 하게체는 상당히 낯선 표현이고 좀처럼 사용할 일이 없는 화계이다. 〈김정남〉

[참고문헌]
• 고영근·구본관(2008), 우리말 문법론, 집문당.
• 국립국어원(2005), 외국인을 위한 한국어 문법 1, 커뮤니케이션북스.
• 백봉자(2006), 외국어로서의 한국어 문법 사전, 도서출판 하우.
• 이익섭(2005), 한국어 문법, 서울대학교출판부.
• 한재영 외(2008), 한국어 문법 교육, 태학사.

❑ **해라체**

해라체는 6등급의 상대 높임법 화계 가운데 가장 아래 등급에 해당하며, 일반적으로 구어에서는 손아랫사람이나 서열이 비슷한 사람에게, 문어에서는 불특정 다수를 대상으로 사용된다.

'해라체'라는 명칭은 명령형 문장 종결 어미의 형태를 딴 것인데 '해라'는 직접 명령에 사용되는 형태로서 구어에 주로 나타난다. 구호, 표어와 같은 문어에는 '해라'가 아닌 '하라'가 나타난다는 점에서 구어와 문어의 명령형이 구별된다. 나머지 평서형, 의문형, 청유형 등에서는 큰 구분이 없다. 약속형과 허락형은 구어에만 사용된다는 특이성이 있고 감탄형 역시 구어에 더 자주 사용된다.

해라체의 어미가 사용된 예를 보면 다음과 같다.

(1) ㄱ. 철수는 학교에 <u>간다</u>.
　　ㄴ. 동생은 책을 <u>읽는다</u>.
　　ㄷ. 장미가 <u>붉다</u>./<u>예쁘다</u>.
(2) ㄱ. 철수가 학교에 <u>가느냐</u>?/동생이 책을 <u>읽느냐</u>?
　　ㄴ. 장미가 <u>붉으냐</u>?
　　ㄷ. 장미가 <u>예쁘냐</u>?
　　ㄹ. <u>가니</u>?/<u>읽니</u>?/<u>붉니</u>?/<u>예쁘니</u>?
(3) ㄱ. 철수야, 학교에 <u>가자</u>./얘야, 책을 <u>읽자</u>.
　　ㄴ. *장미야, <u>붉자</u>./*장미야, <u>예쁘자</u>.
(4) ㄱ. 책을 <u>읽어라</u>./학교에 <u>가거라</u>./손을 <u>잡아라</u>./일을 <u>하여라</u>./일을 <u>해라</u>.
　　ㄴ. 책을 <u>읽으라</u>./학교에 <u>가라</u>./손을 <u>잡으라</u>./일을 <u>하라</u>.

(5) ㄱ. 학교에 <u>가마</u>.
    ㄴ. 책을 <u>읽으마</u>.
(6) ㄱ. 학교에 <u>가렴</u>.
    ㄴ. 책을 <u>읽으렴</u>.
(7) ㄱ. 철수가 학교에 <u>가는구나</u>./동생이 책을 <u>읽는구나</u>.
    ㄴ. 장미가 <u>붉구나</u>./장미가 <u>예쁘구나</u>.

(1)은 평서형으로 동사의 경우 받침이 없는 어간 뒤에는 '-ㄴ다'가, 받침이 있는 어간 뒤에는 '-는다'가 붙으며 형용사 어간에서는 받침 유무에 관계없이 '-다'가 붙음을 알 수 있다. (2)는 의문형 어미로, 동사가 아니라 형용사에 이형태가 나타난다는 점이 평서형과 다르다. 동사는 어간의 받침 유무에 관계없이 모두 '-느냐'가 붙음에 반해 형용사는 받침이 있는 어간이면 '-으냐'가, 받침이 없는 어간이면 '-냐'가 붙는다. 주로 구어에서 '-냐'는 '이다' 및 모든 용언에 결합할 수 있다. 예를 들어, 형용사 '붉다'는 '붉으냐?'로만 활용할 수 있는 것으로 본 적이 있으나, 구어를 감안하면 '붉으냐?'와 '붉냐?'로 모두 활용할 수 있는 것이다. (2ㄹ)의 '-니'는 이형태 없이 동사, 형용사에 두루 쓰이는 해라체 의문형 어미이다. (3)은 청유형 어미인데 (3ㄴ)처럼 형용사에는 붙지 못하고 동사에서는 이형태 없이 '-자'로만 쓰인다. (4)는 명령형 어미로서 역시 동사 어간에만 나타나며 다양한 이형태가 있다. (4ㄱ)는 직접 명령형, (4ㄴ)는 간접 명령형이다. '하다'의 경우 직접 명령형에서는 '하여라'와 '해라'가 다 나타나며 실제로 '해라'가 더 자주 쓰인다. '하라'는 간접 명령형이다. 이러한 해라체 간접 명령형 어미 뒤에 인용의 보조사 '고'가 붙으면 보문을 형성하여 간접 인용문을 이루게 된다. '엄마가 철수에게 책을 읽으라고 했다.'와 같은 예가 그것이다. (5)는 약속형, (6)은 허락형으로서 역시 동사에만 나타나며 받침이 있는 어간이면 매개 모음 '-으-'가 개입된다. (7)은 감탄형 어미의 예로서 동사 어간에는 '-는구나', 형용사 어간에는 '-구나'가 붙는다. 간혹 동사 어간 뒤에도 '-는구나'가 아닌 '-구나'를 붙여 '*가구나', '*읽구나'를 쓰는 예가 발견되나 이 역시 비규범적이다. 그러나 한국인들도 젊은 세대에서 이런 비규범적인 형태를 쓰는 일이 많이 있어서 외국인들이 이러한 형태를 접했을 때 혼란을 일으키는 일이 있다.

문어에서는 일반적인 독자들에 대하여 존대 여부와 관계없이 해라체를 쓰는 것이 일반적이다. 그러나 화계에 따른 문장 종결법을 배운 외국인 학습자들이 간혹 글에서도 해라체를 쓸 자리에 하십시오체나 해요체를 써서 어색한 문장을 만드는 일이 있으므로 구어와 문어의 차이점에 대한 강조가 필요하다. 〈김정남〉

[참고문헌]
• 고영근·구본관(2008), 우리말 문법론, 집문당.
• 이익섭(2006), 한국어 문법, 서울대학교출판부.

❏ 해요체

해요체는 두루높임체라고도 하여 두루낮춤의 해체와 함께 비격식적인 화계를 이룬다.

주로 비공식적인 상황의 구어 등 상대방에 대하여 아주 깍듯이 예를 갖추지 않아도 되는 편안한 경우에 사용한다. 여성들은 격식이 있는 자리가 아닌 경우 남성에 비해 해요체를 선호하며 남성들은 해요체를 쓸 자리에 대개 하십시오체를 쓴다.

'해요체' 역시 문장 종결 어미의 형태로 나타나는데 해체 종결 어미에 보조사 '요'가 덧붙은 형태로 이루어진다. 해체나 해요체는 종결 어미가 문장의 유형에 따라 세분되지 않는 특징을 보인다. 말하자면 평서형, 의문형, 청유형, 명령형이 모두 같은 형태의 종결 어미로 나타난다는 것이다.

(1) ㄱ. 밥을 <u>먹어요</u>.
ㄴ. 이를 <u>닦아요</u>.
ㄷ. 집을 <u>나서요</u>.
ㄹ. 학교를 <u>가요</u>.
ㅁ. 공부를 <u>해요</u>.

(1)의 다섯 문장은 각각 모두 평서문, 의문문, 청유문, 명령문 모두로 해석될 수 있다. 다만 해요체가 구어에 특징적인 화계이므로 문말 억양이 함께 나타나서 이러한 문장 종결법에 따른 구분을 해 준다. 평평한 억양이면 평서형, 상승 억양이면 의문형, 굴곡을 보이는 억양이면 청유형, 하강 억양이면 명령형으로 해석되는 것이 일반적이지만 실제 수행 억양에는 개인차가 있기도 하고 상황적인 면이 개입하여 변이를 일으키기도 한다.

'해요체'라는 명칭이 보여 주듯이 '하다'의 해요체 활용 형태는 '해요'이다. '하여요'라는 형태는 매우 예스러운 느낌을 주며 거의 사용되지 않는다.

(1)에 사용된 구체적인 어미 형태를 보면 (1ㄱ)에서는 '-어요', (1ㄴ)에서는 '-아요'를 추출할 수 있으나 (1ㄷ)와 (1ㄹ)에서는 어미의 일부인 '-어'와 '-아'가 각각 동일한 형태의 어간 말음, 즉 '나서-'의 /ㅓ/ 및 '가-'의 /ㅏ/와 같은 음으로 중첩되어 있어 그 구분이 쉽지 않다. 후자의 경우 어간의 말음이 탈락된 것인지 어미의 첫 음이 탈락된 것인지 논란이 있을 수 있으나 대개 어간 말음이 탈락된 것으로 본다. 〈김정남〉

[참고문헌]
• 고영근·구본관(2008), 우리말 문법론, 집문당.
• 김선철(2005), 국어 억양의 음운론, 경진문화사.
• 안병희·윤용선·이효권(2003), 중세 국어 연습, 한국방송통신대학출판부.

❏ 해체

해체는 친구 사이처럼 동등한 반열에 있는 사람들 사이에서나 혹은 손윗사람이 손아랫사람에게 쓸 수 있는 화계로 주로 구어에 나타나며 비격식적인 어투에 속한다.

'해체'를 이루는 종결 어미는 '해요체'를 이루는 종결 어미에서 '-아/어요'를 제외한 형태로 이루어져 있다. '해요체'가 '두루높임체'인 것과 대조적으로 '해체'는 '두루낮춤체'라 할 수 있다. '해라체'로 대접할 상대와 거의 유사하거나 그보다 약간 더 대접하는 정도의 의미를 갖는 상대 높임법 등급이다.

'해체'와 마찬가지로 평서형, 의문형, 청유형, 명령형이 모두 같은 형태의 종결 어미로 나타난다. 다만 문말 수행 억양의 차이로 구분이 이루어진다. 평평한 억양은 평서형, 상승조 억양은 의문형, 하강조 억양은 명령문 그리고 굴곡이 있는 억양은 청유문이다.

다음 예문들은 모두 평서문, 의문문, 청유문, 명령문 모두로 해석될 수 있다.

(1) ㄱ. 밥을 <u>먹어</u>.
ㄴ. 이를 <u>닦아</u>.
ㄷ. 집을 <u>나서</u>.
ㄹ. 학교를 <u>가</u>.
ㅁ. 공부를 <u>해</u>.

'해체'라는 명칭은 명령형 '해'에서 왔으나 명령형만이 아니라 다른 문장 종결법도 '해'라는 형태로 실현된다. '해'는 어간 '하-'에 종결 어미 '-애'가 결합한 형태이다. '하다'는 흔히 '여' 불규칙 용언으로 알려져 있으나 '하여'와 같은 활용 형태가 종결형으로 나타나는 일은 없다. 기원적으로 '해체'의 종결 어미는 계기 관계를 나타내는 연결 어미에서 온 것으로 본다. 다만 '하여'는 연결 어미 결합형으로는 성립하나 종결 어미 결합형으로는 성립하지 않는다는 차이점이 있다.

'해체' 종결 어미의 기본형은 (1ㄱ)에서 볼 수 있는 '-아/어'이다. '-아/어'와 이형태 관계에 있는 어미로 (1ㄴ)에 나타난 '-아/어'와 (1ㅁ)에 나타난 '-여'가 있다.

(1ㄷ)과 (1ㄹ)은 겉보기에는 종결 어미가 나타나지 않은 것처럼 보이고 어간으로만 이루어진 것 같지만 어간의 말음과 종결 어미의 형태가 동일하여 어간의 말음이 탈락된 것으로 해석되는 문장이다.　　　　　　　　　　　　　　　　　　　〈김정남〉

[참고문헌]
- 고영근·구본관(2008), 우리말 문법론, 집문당.
- 김선철(2005), 국어 억양의 음운론, 경진문화사.

■ 어휘를 사용한 높임 표현

어휘를 사용하는 높임법은 주체 높임법과 객체 높임법에서 나타나는데, 특수한 어휘를 사용하여 주체나 객체를 높이는 것이다.

물론 문장의 주체와 청자가 일치하거나 객체와 청자가 일치하는 경우라면 이러한 특수 어휘의 사용이 청자까지 높이게 되어 상대 높임법에도 해당된다고 할 수 있지만 기본적으로 어휘를 이용한 높임법은 주체 높임법과 객체 높임법에 해당된다.

높임 표현으로 사용되는 어휘는 명사와 동사가 주를 이루나 대명사와 형용사 그리고 부사나 감탄사도 주체나 객체, 혹은 상대를 높이기 위해 사용되는 일이 있다.

어휘적 높임법에 사용되는 명사 가운데 주종을 이루는 것은 일반 명사에 존칭 접미사 '-님'이 붙어 형성된 파생어이다.

(1) ㄱ. 선생<u>님</u>께서 말씀하신다.

　　ㄴ. 아드<u>님</u>께서는 뭘 하시는지요?

　　ㄷ. 제가 선생<u>님</u>께 드릴 말씀이 있습니다.

　　ㄹ. 며느<u>님</u>께는 어떤 옷이 어울릴까요?

(2) ㄱ. 따<u>님</u>, 이모<u>님</u>, 시누<u>님</u>, 형<u>님</u>, 형수<u>님</u>

　　ㄱ'. 누<u>님</u>, 며느<u>님</u>, 할머<u>님</u>, 할아버<u>님</u>, 아주버<u>님</u>

　　ㄴ. 교수<u>님</u>, 원장<u>님</u>, 사장<u>님</u>, 과장<u>님</u>, 목사<u>님</u>, 수녀<u>님</u>

　　ㄷ. 사모<u>님</u>, 손<u>님</u>

　　ㄹ. 댁, 진지, 귀교, 귀사

　　ㅁ. 자제분, 친구분, 동료분

명사에 '-님'이 붙으면 존칭의 의미가 부여되므로 어휘적 높임법을 실현할 수 있다. (1ㄱ)과 (1ㄴ)은 '선생'과 '아들'에 '-님'이 붙어 각각 '선생님'과 '아드님'이 됨으로써 주어를 높이는 의미를 표현한다. 따라서 어휘적 높임을 통한 주체 높임법에 해당한다. (1ㄷ)과 (1ㄹ)은 여격어와 부사어에 존칭 접미사 '-님'을 결합한 어휘를 사용하여 객체 높임법을 실현하는 예이다. 이렇게 '-님'을 붙여서 높임의 어휘를 만드는 예는 (2ㄱ)과 같이 친족 명칭에서 흔히 볼 수 있다. 이때 (2ㄱ)'처럼 형태 변화가 수반되기도 한다. 또한 (2ㄴ)처럼 직위나 직책 명칭 뒤에도 '-님'이 붙어 높임의 의미를 표현하며 (2ㄷ)에서 보듯 일반적인 사회적 관계를 나타내는 명사 뒤에도 '-님'이 붙을 수 있다. (2ㄹ)은 '-님'이 붙지 않았으나 높임의 의미를 가진 명사들로서 주체 높임, 객체 높임, 상대 높임에 두루 사용된다. 또 (2ㅁ)과 같이 '-님'이 아닌 '-분'이 붙어 높임의 의미를 실현하기도 한다.

대명사의 경우에는 특히 2인칭 대명사에서 높임의 의미를 실현하기 위해 '너'가 아닌 '자네'나 '그대', '당신', '어르신' 등을 사용하기도 하며 복수형으로는 '여러분'을 쓰기도 한다. 재귀 대명사의 경우에는 '자기'의 높임말로 '당신'이 있다.

동사는 주체 높임법에 사용되는 높임 어휘로 '자다'의 높임말인 '주무시다', '먹다'의 높임말인 '자시다', '잡수시다'가 있고, '있다'의 높임말로 '계시다'가 있다. 객체 높임법에 사용되는 동사는 '데리다'의 높임말인 '모시다', '보다'의 높임말인 '뵈다/뵙다', '알리다'의 높임말인 '아뢰다', '묻다'의 높임말인 '여쭈다/여쭙다', '주다'의 높임말인 '드리다', '받다'의 높임말인 '받잡다' 등이 있다.

형용사로는 '아프다'의 높임말로 '편찮으시다'가 있고 부사 가운데 '손수'는 '직접'에 대한 높임 어휘라 할 수 있다. 감탄사 가운데는 '예'가 '응'의 높임말이며 '아니요'가 '아니'의 높임말이다. 이와 같이 한국어에는 어휘를 사용하여 주체나 객체 혹은 상대까지 높이는 방법이 다양하게 발달하였다.   〈김정남〉

[참고문헌]
• 고영근·구본관(2008), 우리말 문법론, 집문당.
• 이익섭(2005), 한국어 문법, 서울대학교출판부.
• 한재영 외(2008), 한국어 문법 교육, 태학사.

■ 조사와 높임 표현

조사를 사용하는 높임은 넓은 의미로 볼 때 통사적 높임 표현으로 분류되며 '께서', '께' 등의 조사로 실현된다.

주격 조사의 높임 형태로는 '께서'가, 여격 조사의 높임 형태로는 '께'가 사용된다.

(1) ㄱ. 누나가 나를 찾아왔다.
ㄴ. 누님께서 나를 찾아오셨다.

(1ㄱ)에서는 '누나'가 특별히 높임의 의미를 드러내지 않으므로 주격 조사 '가'를 사용했으나 (1ㄴ)에서는 누나를 대접하여 '누님'이라 칭하고 주격 조사는 '가'가 아닌 '께서'를 사용하였다. (1ㄴ)은 주어를 높여 선어말 어미 '-(으)시-'를 요구하므로 '찾아왔다'가 아닌 '찾아오셨다'와 같이 '-(으)시-'가 개입한 형태를 사용하였다. 주격 조사 '께서'는 동일한 명사 형태 뒤에서 사용되는 일도 있고 그렇지 않은 일도 있어서 그 용법이 수의적이다.

다음은 객체 존대의 '께'가 사용된 예이다.

(2) ㄱ. 철수는 친구에게 인사를 했다.
ㄴ. 철수는 할아버지께 절을 올렸다.

(2ㄱ)에서는 여격어가 화자에 비해 높임 대접을 받을 만한 대상이 아니지만 (2ㄴ)에서는 여격어인 '할아버지'가 주체인 '철수'에 비해 높임을 받을 만한 대상이므로 여격 조사로 '에게'가 아닌 '께'가 사용된다.

그 밖의 다른 격 조사나 보조사의 경우라면 문체상 빈도수에 차이를 보이는 경우가 있으나 특별히 높임의 의미로 실현되는 예를 보기는 어렵다. 다만 웃어른에게는 사용하기 어려운 조사로 '서껀' 같은 예가 있다고 하겠다.

서술격 조사 '이다'는 품사상으로는 조사이지만 활용을 하는 용언에 속한다. 따라서 높임의 의미를 드러낼 때 완전히 다른 형태로 나타나는 것이 아니라 다른 일반 용언들과 마찬가지로 어간 뒤에 선어말 어미 '-(으)시-'를 개재한 형태로 사용된다.

(3) ㄱ. 이쪽은 우리 동생이다.

　　ㄴ. 이분은 우리 선생님이<u>시</u>다.

(3ㄱ)에서는 서술격 조사가 '이다'로 나타났으나 (3ㄴ)에서는 주어인 '이분'을 높이기 위해 '이-' 뒤에 '-(으)시-'가 개재된 형태를 사용하였다. 〈김정남〉

[참고문헌]
• 고영근·구본관(2008), 우리말 문법론, 집문당.

■ 간접 높임 표현

간접 높임 표현이란 어떤 대상이 그 자체로 높일 만한 의미적 자질을 갖지 않았으나 그 대상과 관련된 다른 어떤 대상이 충분히 높임의 대상이 되는 경우에 사용하는 높임 표현이며, 대체적으로 여러 높임법에 두루 나타난다.

가령 높일만한 대상과 관련된 대상을 주어로 하는 문장은 일반적인 주체 높임법과 같은 양상으로 실현된다.

(1) ㄱ. 선생님, 차가 참 멋지<u>시</u>네요.

　　ㄴ. 이분은 언제나 작품이 훌륭하<u>시</u>지요?

　　ㄷ. 사모님 자제분께 <u>드리는</u> 선물입니다.

(1ㄱ)의 주어는 '차가'이므로 그 자체로는 높일만한 의미적 자질을 갖지 않으나 '차'가 선생님의 차이므로 '멋지시다'라는 서술어를 택하였다. (1ㄴ)에서도 주어는 무생물을 나타내는 무정 명사로서 높임의 의미를 갖기 어려운 '작품이'인데, '이분'에게서 높임의 의미 자질을 부여받아 '-(으)시-'와 함께 나타난다. (1ㄷ)에서는 이미 높임법이 실현된 어휘인 '자제분'이 조사 '께'를 만날 뿐 아니라 높임의 어휘 '드리다'와도 호응하게 된다. 이러한 연쇄적인 높임 자질의 이동은 '사모님'이라는 높임의 어휘에서 비롯되었다고 하겠다. 이렇게 높임의 자질이 다른 단어로부터 이동되어 본래는 높임의 의미를 부여받을 수 없는 대상에 대하여 높임법을 실현하는 일을 간접 높임법이라 한다.

간접 높임법은 말하는 이의 공손성을 실현하면서 주로 청자를 높이는 방법의 하나로서 한국어에서 일반적으로 나타나는 현상이다. 그러나 최근에는 간접 높임법이 지나치게 확대되어 '손님, 커피 나오셨습니다.', '시럽과 빨대는 저쪽에 있으십니다.', '그 제품은 일시 품절이세요.'와 같이 청자와 사물과의 관계가 조금만 주어지면 '-(으)시-'를 사물의 서술어에 붙여 사용하는 경향이 있다. 이는 어법에 어긋나는 것으로 지적되기도 하고, 한편 그 속에서 또 다른 높임법 실현 기제를 찾고자 하는 노력도 보인다. 외국인들의 경우 이러한 한국어 화자들의 확대적인 어법을 확대 적용하여 '제가 질문이 있으신데요.'와 같은 오류문을 만들기도 한다. 〈김정남〉

[참고문헌]
• 국립국어원(2005), 외국인을 위한 한국어 문법 1, 커뮤니케이션북스.
• 백봉자(2006), 외국어로서의 한국어 문법 사전, 도서출판 하우.

■ 압존법

압존법(壓尊法)이란 화자의 입장에서 볼 때 충분히 높여야 할 대상이지만 상대적으로 그 대상보다 더 높임을 받아야 할 대상으로 인하여 높임의 의미를 표현하지 못하는 경우에 쓰는 높임법이다.

아이의 입장에서 아버지는 높여야 할 대상이어서 아버지가 주어로 실현되는 문장을 발화할 때 주체 높임법의 '-(으)시-'를 사용해야 하나, 그 발화의 청자가 아버지보다 웃어른인 경우라면 '-(으)시-'를 사용하지 않는 것과 같은 현상이다.

(1) ㄱ. 언니, 아버지 어디 가셨어?
ㄴ. 할머니, 아버지 어디 <u>갔어요</u>?

(1ㄱ)은 주어로 나타난 아버지에 대하여 주체 높임을 실현하기 위해 '-(으)시-'를 사용한 것으로 일반적인 주체 높임법에 해당한다. 그러나 (1ㄴ)은 그 발화의 청자가 '할머니'로 되어 있으므로 주체인 아버지를 높이는 것이 할머니에 대한 결례가 될 수 있다 하여 아버지를 높이는 '-(으)시-'를 사용하지 않는 방법을 취한 것이다.

객체 높임법에서도 유사한 현상이 나타난다. 화자의 입장에서 객체가 충분히 높여야 할 대상이라 하더라도 발화상에 나타난 주체가 객체보다 존귀한 대상이라면 객체는 높임을 받을 수가 없다.

(2) ㄱ. 언니가 아버지께 드렸다.
ㄴ. 할머니께서 아버지<u>에게</u> <u>주셨다</u>.

(2ㄱ)에서는 객체인 아버지를 높여서 높임의 조사 '께'와 높임 어휘 '드리다'를 사용하였다. 그러나 (2ㄴ)에서는 문장의 주체가 객체보다 존귀한 분이므로 객체에는 '께'가 아닌 '에게'가 사용되고 어휘 역시 높임의 어휘인 '드리다'가 아닌 '주다'가 사용되어 객체 높임법이 실현되지 않은 것을 볼 수 있다.

이러한 압존법은 최근의 화자들 사이에서는 잘 나타나지 않는 경향이 있는데 이는 청자와 주체 사이, 또는 문장의 주체와 객체 간에 상하 관계를 명확히 판단하기 어려운 경우가 많기 때문으로 보인다. 또 높임법 자체가 절대적이라기보다는 상대적인 경향을 가져서 절대적인 상하 관계나 존비 관계보다는 발화자의 존대 의지가 그 실현의 관건이 되기 때문이기도 하다. 그리고 현대에 올수록 젊은 세대에서는 화자 중심적인 태도가 두드러져 청자보다는 화자를 중심으로 상위자에게는 '-(으)시-'나 '-께'를 붙이는 경향이 뚜렷해진다. 그래서 다음 (3)과 같은 예문을 주변에서 흔히 접할 수 있다.

(3) ㄱ. 교수님, 조교님<u>께서</u> 벌써 도장을 찍어 주셨는데요.
ㄴ. 교수님, 제가 동아리장 언니<u>께</u> 이걸 <u>갖다드리겠습니다.</u>

나이든 세대에서는 압존법은 물론 가존법(假尊法)까지 고려하는 청자 중심적인 태도를 보이고 있어서 다음 (4)에서처럼 청자보다 상위자인 상대에 대해서는 화자와의 상하 관계를 넘어서서 높임 표현을 사용하는 것을 볼 수 있다.

(4) 어미야, 네 시숙<u>께</u> 이것 좀 <u>갖다드려라.</u> <u>시장하실라.</u>　　　　〈김정남〉

[참고문헌]
• 이익섭(2005), 한국어 문법, 서울대학교출판부.
• 한재영 외(2008), 한국어 문법 교육, 태학사.

6.11. 양태

양태(樣態, modality)는 명제의 사실성이나 실현성에 대한 화자의 태도를 나타내는 범주이다.

예컨대 '철수가 지금 집에 있다.'라는 명제는 그 양태가 무엇이냐에 따라 다양하게 표현될 수 있다.

(1) ㄱ. 철수가 지금 집에 있을 <u>듯하다.</u>
ㄴ. 철수가 지금 집에 <u>있음에 틀림없다.</u>
ㄷ. 철수가 지금 집에 있을 <u>것이다.</u>

(1)은 해당 명제에 '-(으)ㄹ 듯하다', '-(으)ㅁ에 틀림없다', '-(으)ㄹ 것이다'가 결합하여 화자가 막연히 가능한 결론임을 표시하는 짐작(speculative), 일정한 증거를 토대로 유일하게 가능한 결론임을 표시하는 연역(deductive), 일반적인 지식에 바탕을 두고 사리에 맞는 결론임을 뜻하는 추정(assumptive)을 표시한다. (1)에서 이와 같은 짐작, 연역, 추정은 해당 명제의 사실성에 대한 화자의 태도가 표시된 양태라고 할 수 있다.

그런데 양태는 명제의 사실성이 아니라 명제의 실현성에 대한 태도를 표현하기도 한다.

(2) ㄱ. 철수가 지금 집에 <u>가도 좋다.</u>
ㄴ. 철수가 지금 집에 <u>가야 한다.</u>

(2)에는 '철수가 지금 집에 가다'라는 명제에 대해 '-아/어도 좋다, -아/어야 하다'라는 표현을 통해 화자의 태도가 표현되어 있다. (2ㄱ)에는 허락의 태도가 표현되어 있고

(2ㄴ)에는 의무의 태도가 표현되어 있다. 그런데 이때 표현된 화자의 태도는 명제의 사실성에 대한 것이 아니라 일정한 행위주가 하는 행위의 실현성에 대한 것이라고 할 수 있다. 즉 그러한 행위가 가능한 것인지 또는 필연적인 것인지에 대한 태도가 표명된 것이다.

이처럼 양태는 크게 두 부류로 나눌 수 있다. 명제의 실현성에 대한 화자의 태도가 표명되는 부류를 의무 양태(deontic modality)라 하고, 명제의 사실성에 대한 화자의 태도가 표명되는 부류를 인식 양태(epistemic modality)라고 한다. 양태의 부류를 말과 세계의 관계라는 측면에서 고찰하면 인식 양태는 말이 나타내는 내용이 실제 세계와 어느 정도 부합되는지에 대한 화자의 태도가 표명된 것이라고 할 수 있다. 그리고 의무 양태는 세계가 말에 얼마나 부합되어야 하는지에 대한 화자의 태도가 표명된 것이라고 할 수 있다.

인식 양태는 명제의 사실성에 대한 태도와 관련되므로 명제에 대한 정보를 어떻게 얻었는지를 표시하는 증거성(evidentiality) 범주와 일부 겹치는 측면이 있다. 예컨대 자신이 직접 보아서 알게 된 정보는 추론을 하거나 남에게 전해들은 정보보다 그 사실성에 대한 확신의 정도가 클 것이기 때문이다. 이와 비슷하게 의무 양태 역시 행위주에 내재한 능력, 의도, 성향 등의 속성을 가리키는 동적 양태(dynamic modality)와 긴밀히 관련되어 있다. 행위주의 능력 등이 화자가 부여한 것으로 해석되면 의무 양태에 해당하기 때문이다.

(3) 철수가 지금 집에 갈 수 있다.

예컨대 '철수가 지금 집에 가다.'라는 명제에 행위주의 능력을 나타내는 '-(으)ㄹ 수 있다'가 결합한 (3)은 동적 양태를 나타내지만, 그 능력이 화자에 의해 부여된 것으로 해석되면 (2ㄱ)과 비슷하게 허락을 나타내는 의무 양태로 간주될 수 있다.   〈임동훈〉

[참고문헌]
• 임동훈(2008), 한국어의 서법과 양태 체계, 한국어의미학 26, 한국어의미학회, 211~249쪽.
• 임동훈(2011), 체계적인, 너무나 체계적인: 박재연(2006)을 중심으로, 형태론 13-1, 박이정, 107~123쪽.
• Lyons, J. (1977), *Semantics 2*, Cambridge University Press.
• Palmer, F. R. (2001), *Mood and modality*, Cambridge University Press.

■ 양태와 서법

서법(敍法, mood)은 명제의 사실성이나 실현성에 대한 화자의 태도인 양태가 문법적 수단에 의해 일정한 체계를 이루는 통사적 범주를 가리킨다.

유럽어에서는 일반적으로 서법이 동사의 굴절형으로 실현되지만 비유럽어에서는 동사의 굴절형으로 국한되지 않고 보조 동사나 개별 접사, 접어(clitic)에 의해 표시되기도 한다.

유럽어에서는 서법을 직설법(indicative), 가정법(subjunctive), 명령법(imperative)으로 분류하고, 비유럽어에서는 서실법(敍實法, realis), 서상법(敍想法, irrealis)으로 분류하는 전통이 있다. 여기서 서실법이란 상황이 실현된 것으로, 즉 발생하였거나 발생하고 있는 것이어서 직접적인 지각을 통해 알 수 있는 것으로 묘사하는 것을 가리킨다. 서상법은 상황을 순전히 사고의 영역에 있고, 상상을 통해서만 알 수 있는 것으로 묘사하는 것을 가리킨다. 두 분류 체계는 몇 가지 측면에서 차이가 있지만 기본 성격은 동일하여 유럽어의 직설법은 서실법에, 가정법과 명령법은 서상법에 대응한다고 할 수 있다.

통사적 범주로서의 서법은 필수성과 상호 배타성이란 특징을 지닌다. 즉 서법 체계를 구성하는 서실법, 서상법이나 직설법, 가정법, 명령법은 이 중 하나가 필수적으로 쓰여야 할 뿐너러 이 중 하나가 쓰이면 다른 것이 쓰이지 못한다. 많은 언어에서 서법이 동사의 굴절형으로 실현되는 이유는 필수성과 상호 배타성이 동사의 굴절형에서 가장 잘 드러나기 때문이다.

반면에 양태는 어휘적으로 표시될 수도 있고 문법적으로 표시될 수도 있으며 이 둘의 조합에 의해 표시될 수도 있다. 그래서 양태는 '아마', '분명히'와 같은 부사에 의해 표시될 수도 있고 '-(으)ㄹ 것-'와 같은 문법화된 표현이나 '-겠-', '-더-'와 같은 어미에 의해 표시될 수도 있다.

(1) ㄱ. <u>아마</u> 철수가 범인일 <u>것이다</u>.
　　ㄴ. <u>분명히</u> 철수가 범인일 <u>것이다</u>.
　　ㄷ. 이제 철수도 곧 결혼하겠더라.

(1ㄱ), (1ㄴ)은 양태 부사 '아마', '분명히'와 '-(으)ㄹ 것-'이 조합하여 양태를 표시한 예이고 (1ㄷ)은 '-겠-', '-더-'에 의해 양태가 표현된 예이다. (1ㄷ)에서 어미 '-겠-', '-더-'에 의해 표현된 것이 서법이 아닌 이유는 이들이 필수적이지도, 상호 배타적이지도 않기 때문이다. 즉 이들은 문법적으로 표시된 양태라고 할 수 있다.

서법은 의미상 단언적인 것과 대립되는 측면과 평서적인 것과 대립되는 측면이 있다. 단언적인 것과 평서적인 것이 서실법에 해당한다면 이와 대립되는 것이 서상법에 해당한다. 서법이 의미상 단언적, 평서적인 것과 대립되고 분포상 필수성과 상호 배타성을 띤다고 할 때 한국어에서는 관형사형 어미 '-(으)ㄴ/는/(으)ㄹ'과 명사형 어미 '-(으)ㅁ', '-기' 그리고 문장 유형을 가리키는 종결 어미가 서법 요소에 해당한다. 관형사형 어미 '-(으)ㄴ/는', 명사형 어미 '-(으)ㅁ' 그리고 평서문 어미, 의문문 어미는 서실법에 해당하고 관형사형 어미 '-(으)ㄹ', 명사형 어미 '-기' 그리고 명령문 어미, 청유문 어미는 서상법에 해당한다. 　　　　　　　　　　　　　　　　　　　　　　〈임동훈〉

[참고문헌]
• 임동훈(2008), 한국어의 서법과 양태 체계, 한국어의미학 26, 한국어의미학회, 211~249쪽.

- 임동훈(2009), '-을'의 문법 범주, 한국어학 44, 한국어학회, 55~81쪽.
- 임동훈(2011), 한국어의 문장 유형과 용법, 국어학 60, 국어학회, 323~358쪽.
- Bybee, J. (1985), *Morphology: A study of the relation between meaning and form*, John Benjamins Publishing Company.
- Jespersen, O. (1924), *The philosophy of grammar*, George Allen & Unwin.

■ 양태의 종류

한국어에서 양태는 선어말 어미나 어말 어미에 의해 표시되는 부류와 보조 용언 구성에 의해 표시되는 부류가 있다. 양태를 나타내는 선어말 어미에는 '-겠-'과 '-더-'가 있는데, '-겠-'은 '-(으)ㄹ 것/거-'와 더불어 추측의 인식 양태를 나타내고 '-더-'는 직접 지각을 통해 정보를 획득했다는 증거 양태를 나타낸다.

(1) ㄱ. 내일은 비가 오겠다.
　　ㄴ. 내일은 비가 올 거야.
　　ㄷ. 새벽에 비가 오더라.

(1ㄱ)과 (1ㄴ)은 '-겠-'과 '-(으)ㄹ 거-'에 의해 추측의 양태가 표시된 예인데, 전자는 내면화되지 않은 정보에 기반을 둔 추측을 나타내고 후자는 내면화된 정보에 기반을 둔 추측을 나타낸다. 그래서 (1ㄱ)은 화자가 흐린 하늘을 보면서 말할 때 어울리고 (1ㄴ)은 내일 비가 온다는 일기 예보를 본 뒤 다른 사람에게 말할 때 어울린다. (1ㄷ)의 '-더-'는 화자의 직접 지각을 나타내므로 추측이나 전문(傳聞)의 경우에는 쓸 수 없다.

양태는 어말 어미를 통해서도 표시되는데, '-지', '-네', '-구나'가 대표적이다. '-지'는 이미 알고 있거나 당연한 지식임을 나타내며 이에 대해 청자의 이견이 기대되지 않는다는 함의를 지닌다. 반면에 '-네', '-구나'는 새로 알게 된 지식임을 표시하는데 '-네'는 발화 시점에서 지각을 통해 알게 된 명제임을 표시하고 '-구나'는 인식 시점에 구애받지 않고 지각이나 추론, 전문을 통해 알게 된 명제에 대한 깨달음을 표시한다. 여기서 깨달음은 일종의 통각(統覺, apperception)이라고 할 수 있다. '-네'에 의한 지각(知覺, perception)이 감각 기관을 통하여 어떤 사물을 의식하고 이것들을 일정한 대상으로 식별하는 것이라면 통각은 외적 사물 자체가 아니라 그것에 대한 경험이나 인식을 자기의 의식 속으로 종합하고 통일하는 내면화 과정이다. 요컨대 '-네'의 지각이 감각 기관에 의한 현재 경험을 표시한다면 '-구나'의 통각은 내성(內省)에 의한 경험의 내면화를 표시한다.

보조 용언에 의한 양태로는 의무('-아/어야 하다/되다'), 허락('-아/어도 되다/좋다'), 능력·가능성('-(으)ㄹ 수 있다'), 추측('-(으)ㄹ지 모르다', '-(으)ㄴ/는/(으)ㄹ 것 같다', '-(으)ㄴ/는/(으)ㄹ 듯하다', '-(으)나/는가 보다') 등이 대표적이다. 여기서 의무와 허락은 부정소와 결합하면 부정이 명제를 부정하느냐 양태를 부정하느냐에 따라 대칭이 되는 모습을 보인다.

(2) ㄱ. [허락] 이제 너는 운동을 해도 된다.

　　ㄴ. [허락[부정]] 이제 너는 운동을 안 해도 된다.

　　ㄷ. [부정[허락]] 이제 너는 운동을 하면 안 된다.

(3) ㄱ. [의무] 이제 너는 운동을 해야 한다.

　　ㄴ. [의무[부정]] 이제 너는 운동을 하면 안 된다.

　　ㄷ. [부정[의무]] 이제 너는 운동을 안 해도 된다.

　즉 (2ㄴ)의 '부정의 허락'은 (3ㄷ)의 '의무의 부정'과 동일한 형식을 취하고 (2ㄷ)의 '허락의 부정'은 (3ㄴ)의 '부정의 의무'와 동일한 형식을 취할 수 있다. 〈임동훈〉

[참고문헌]
- 임동훈(2008), 한국어의 서법과 양태 체계, 한국어의미학 26, 한국어의미학회, 211~249쪽.
- 임동훈(2011), 체계적인, 너무나 체계적인: 박재연(2006)을 중심으로, 형태론 13-1, 박이정, 107~123쪽.

❏ 가능

　가능(可能)은 의무 양태(deontic modality)의 하위 영역에 속하며 명제 내용에서 주어가 어떤 사태를 일으킬 능력이 있음을 나타낸다.

　한국어에서 가능을 나타내는 양태 표현에는 어떤 행위를 할 수 있는 일반적인 능력이 있음을 나타내는 '-(으)ㄹ 수 있다'와 어떤 행위를 하는 방법을 앎을 나타내는 '-(으)ㄹ 줄 알다'가 있다. '-(으)ㄹ 줄 알다'는 능력이나 취미를 소개할 때 자주 사용된다.

(1) ㄱ. 어느 나라 말을 할 수 있어요?

　　ㄴ. 프랑스 말을 할 수 있어요.

(2) ㄱ. 혹시 스마트폰 할 줄 알아요?

　　ㄴ. 네, 조금 할 줄 알아요.

(3) ㄱ. 언제까지 숙제를 끝낼 수 있어요?

　　ㄴ. 내일까지는 숙제를 {끝낼 수 있어요/*끝낼 줄 알아요}.

　(1)과 같이 '-(으)ㄹ 수 있다'는 할 수 있는지 없는지 가능성을 물어볼 때 사용한다. '-(으)ㄹ 줄 알다'는 (2)와 같이 어떤 일을 하는 방법을 아는지 모르는지 물어볼 때 사용한다. 조작하거나 실행하는 방법에 대하여 물어보는 것이 아니므로 (3)에서는 '-(으)ㄹ 줄 알다'를 사용할 수 없다.

　이러한 가능 표현은 서법의 제약을 보인다.

(4) 제가 어렸을 때 테니스를 {*쳤을 수 있어요/*쳤을 줄 알아요}.

(5) 같이 식사할 수 {*있어라/*있자}.

　가능 표현은 현재와 미래 가능성을 말하는 것이므로, (4)와 같이 선행 용언은 과거 시제 형태인 '-았/었-'을 가지지 못한다. 또한 가능 표현은 주어의 능력과 앎을 표현하는 기능을 하므로 평서문과 의문문은 실현될 수 있으나 (5)와 같은 청유문이나 명령문은 실현될 수 없다.

'-(으)ㄹ 수 있다'와 '-(으)ㄹ 줄 알다'는 '없다'와 '모르다'라는 용언을 사용하여 부정을 나타낸다.

(6) 동규는 수영할 수 없어요.

(7) 동규는 피아노를 칠 줄 모른다.

(8) 이곳에서는 {수영할 수 없습니다/*수영할 줄 모릅니다}.

(6)의 '-(으)ㄹ 수 없다'는 문맥에 따라 무능력이나 금지의 의미를 나타내며 (7)의 '-을 줄 모르다'는 무능력만을 나타내므로 (8)과 같은 금지 상황에서는 사용할 수 없다.

'-(으)ㄹ 수 있다'와 '-(으)ㄹ 수 없다'는 실제 담화에서 부탁이나 요구, 거절 등 다양한 화행 기능을 실현할 수 있다.

(9) 책 좀 {빌려 주세요./빌려 줄 수 있어요?/빌려 주실 수 있을까요?}

(10) ㄱ. 지금 그곳에 {가세요./갈 수 없어요?/갈 수 없으세요?}

　　ㄴ. 급한 일이 생겨서 지금은 갈 수 없어요. 미안해요.

(9)와 (10)에서 볼 수 있듯이 '-(으)ㄹ 수 있다'와 '-(으)ㄹ 수 없다'는 의문형 형태로 실제 담화에서 부탁이나 요구 등 화행 기능을 실현한다. 또한 '-(으)ㄹ 수 없다'를 사용하여 거절의 화행을 수행할 수도 있다. 의문형 형태로 부탁이나 요구를 하는 것은 '책 좀 빌려 주세요.', '지금 그곳에 가세요.'와 같이 평서형으로 짧게 부탁하는 것보다 공손성(politeness)을 나타낼 수 있다. '-(으)ㄹ 수 있어요/없어요?' 외에도 '-(으)ㄹ 수 있을까요?'나 '-(으)실 수 있을까요?'와 같이 어미 '-(으)ㄹ까요'와 주체 존대 '-(으)시'가 결합하면 더 간접적이고 공손한 요구를 표현한다.

가능 표현을 교육할 때는 능력이 있는지 없는지, 방법을 아는지 모르는지를 구분해서 사용하도록 지도하는 것이 필요하다. 또한 학습자가 가능 표현의 부정에 부탁이나 명령, 요구 등의 화행 기능을 실현한다는 사실을 알고 적당한 상황에서 사용할 수 있도록 지도해야 한다. 〈이효정〉

→ 화행의 목적

[참고문헌]
• 박영순(2006), 한국어 화용론, 박이정.
• 손옥정(2012), 한국어와 중국어의 '가능성' 표현 대비 연구, 건국대학교 석사학위논문.
• 엄녀(2010), 한국어 양태 표현 교육 연구, 한국문화사.
• 이효정(2003), 한국어 교육을 위한 양태 표현 연구, 상명대학교 박사학위논문.

❑ 금지

금지(禁止)는 의무 양태(deontic modality)의 하위 영역에 속하며 명제가 표현하는 사태가 성사되는 것에 대한 화자의 금지를 나타낸다.

한국어에서 금지를 나타내는 양태 표현에는 '-(으)면 안 되다'와 '-아/어서는 안 되다'와 허가의 '-(으)ㄹ 수 있다'의 부정형인 '-(으)ㄹ 수 없다'가 있다.

(1) 여기서 담배를 피워서는 안 됩니다.
(2) 이 길에서는 자동차를 운전할 수 없다.
(3) 그런 식으로 {말해서는 안 된다/*말할 수 없다}.
(4) 그때 그렇게 {*말했으면 안 돼요/*말했으면 안 되었죠/*말했어서는 안 되었죠/*말하면 안 돼라}.

'-(으)면 안 되다'는 일반적으로 사용하는 금지 표현이고 '-아/어서는 안 되다'는 (1)과 같이 어떤 규정이나 규칙 때문에 절대로 그 행위를 해서는 안 됨을 강조하는 금지 표현이다. '-(으)면 안 되다'보다 그 의미를 강력하게 전달하거나 경고할 때 사용한다. '-(으)ㄹ 수 없다'는 (2)와 같이 행위자가 그 행위를 할 수 있는 가능성을 차단하는 것이므로 (3)과 같이 행위자가 선택할 수 없는 행위에 대해서는 사용할 수 없다. 금지 표현은 현재의 행위를 금지하므로 (4)와 같이 과거 시제와 결합할 수 없다. 그리고 금지 자체가 명령의 의미를 포함하기 때문에 청유문이나 명령문을 실현할 수 없다.

(5) 오늘은 시간이 없는데 내일 가면 안 될까요?

'-(으)면 안 되다'는 (5)와 같이 의문형을 통해 실제 담화에서 부탁이나 명령, 요구 등의 화행 기능을 실현한다. 의문형을 사용하여 '오늘 시간이 없다'는 조건이 있는데 내일은 가도 괜찮을지에 대한 부탁, 즉 '양해를 구하는 것'이다. 이는 명제 내용에 대한 거절로 인해 발생할 수 있는 체면 손상(face-threatening) 위협을 완화하는 공손성(politeness)을 나타낸다. '-(으)면 안 될까요?'나 '-(으)시면 안 될까요?'와 같이 종결 어미 '-(으)ㄹ까요'와 주체 높임의 '-(으)시-'가 결합하면 더 간접적이고 공손하게 요구를 표현할 수 있다.

금지 표현은 허가 양태 표현과 연관시켜 질문과 대답의 형태로 연습하는 것이 좋으며, '-(으)면 안 되다'와 '-아/어서는 안 되다', '-(으)ㄹ 수 없다'를 구분하여 적절하게 사용할 수 있도록 지도하여야 한다. 금지 표현은 단순히 청자의 행위를 금하는 기능뿐 아니라 공손하게 요청하고 양해를 구하는 역할을 한다. 따라서 다양한 담화 장면을 제시하여 실제적으로 교육할 필요가 있다. 〈이효정〉

→ 화행의 목적

[참고문헌]
• 고영근(2004), 한국어의 시제 서법 동작상, 태학사.
• 엄녀(2010), 한국어 양태 표현 교육 연구, 한국문화사.
• 이효정(2003), 한국어교육을 위한 양태 표현 연구, 상명대학교 박사학위논문.

❏ 의도

의도(意圖)는 의무 양태(deontic modality)의 하위 영역에 속하며 명제 내용을 성립시키겠다는 주어의 '의도'를 나타낸다.

한국어에서 의도를 나타내는 양태 표현에는 '-(으)려고 하다, -기로 하다, -고자 하다, -(으)ㄹ까 하다/보다/싶다' 등이 있다.

(1) ㄱ. 방학 때 뭐 할 거예요?
　　ㄴ. 부모님이 편찮으시기 때문에 중국에 가서 부모님을 돌보려고 해요.
　　ㄴ'. 글쎄요……. 잘 모르겠지만 중국에 {돌아갈까 해요/돌아갈까 봐요/돌아갈까 싶어요}.
(2) 우리 결혼 문제에 대하여 다시 의논해 보기로 해요.
(3) 오늘은 한국의 전통 복식에 대하여 발표하고자 합니다.
(4) (엄마가 아이에게) 너 이걸로 뭐 {하려고 하니?/²하고자 하니?}

(1ㄴ)의 '-(으)려고 하다'는 화자의 어느 정도 결정된 의도와 계획을 이야기할 때나 자신의 의도를 표현할 때 가장 일반적으로 사용한다. 이에 반해 (1ㄴ)'의 '-(으)ㄹ까 하다/보다/싶다'는 아직 결정되지 않은 계획을 이야기할 때 사용한다. 주로 구어에서 사용하며 아직 확실히 결정한 것은 아니나 그 행동을 할 마음이나 생각이 있음을 나타낸다.

(2)의 '-기로 하다'는 어떤 행위를 할 것을 '결정'하거나 '결심'함을 나타낸다. 또한 제3자와 약속한 것을 표현할 때도 사용할 수 있는데 이때는 누군가와 어떤 행위를 할 것을 '약속'하는 의미가 있기 때문에 다른 의도 표현과 달리 청유문을 실현할 수 있다.

(3)의 '-고자 하다'는 문어체 또는 격식을 차리는 상황에서 주로 사용된다. 따라서 (4)와 같이 자기보다 낮거나 친밀한 대화 상대자와 사적으로 대화할 때 사용하면 어색하다.

'-(으)려고 하다'는 주어의 의도를 나타낼 뿐 아니라 변화의 의미를 나타내기도 한다.

(5) 비가 오려고 한다.
(6) 이 옷을 {반품하려고요/반품하려고 하는데요}.

'-(으)려고 하다'는 (5)와 같이 주어의 '의도성'이 개입되지 않는 상황에서 '어떤 일이나 상황이 곧 일어나거나 시작될 것 같은 변화'의 의미를 나타내기도 한다. 또한 (6)에서와 같이 자신의 의도를 밝힘으로써 청자에게 자신이 의도하는 바를 행할 것을 완곡하게 요구하는 화행 기능을 수행할 수도 있는데 이때 중심어 '-하다'가 생략된 '-(으)려고요'나 종결형 '-는데요'가 결합한 '-(으)려고 하는데요'를 사용하는 경우도 많다.

의도 표현은 화자의 주관적 소신을 나타내는 의미 영역으로 그 확정성의 정도와 상황에 따라 다양하게 사용된다. 또한 주어 선택과 문장 형태 등 다양한 제약이 나타난다. 따라서 의도 표현은 형태·통사적 내용뿐 아니라 유사한 의도 표현들 간의 의미적 차이를 학습자가 인식할 수 있도록 지도해야 한다. 나아가 자신의 의도를 밝힘으로써 공손하게 요구하는 화용적 기능도 함께 제시하여 교육할 필요가 있다. 〈이효정〉
→ 화행의 목적

[참고문헌]
- 고영근(2004), 한국어의 시제 서법 동작상, 태학사.
- 엄녀(2010), 한국어 양태 표현 교육 연구, 한국문화사.
- 이효정(2003), 한국어교육을 위한 양태 표현 연구, 상명대학교 박사학위논문.

☐ **의무**

의무(義務)는 의무 양태(deontic modality)의 하위 영역에 속하며, 의무 양태에서 화자는 청자에게 명제가 표현하는 사태를 성사시킬 의무가 있음을 나타낸다.

한국어에서 의무를 나타내는 양태 표현에는 '-아/어야 하다'와 '-아/어야 되다'가 있다. 두 표현 모두 '마땅히 해야 하는 동작이나 의무 부과의 뜻을 나타내고 그래야 하는 당위성을 나타낸다.'고 정의된다. 이때의 당위성은 다른 사람이 아닌 화자의 기준으로 판단을 내리는 것이다.

(1) 학생은 모름지기 공부를 열심히 {해야 한다/해야 된다}.
(2) 내가 결혼할 사람은 착해야 하고 요리도 {잘해야 된다/잘해야 한다}.
(3) 운전자라면 모두 운전 규칙을 숙지하고 있어야 한다.
　　우리 학교에서는 모두 한국어만 사용해야 합니다.

(1)과 (2)에서 살펴볼 수 있듯이 '-아/어야 하다'와 '-아/어야 되다'는 대부분의 경우에 치환 가능하다. 본래 '-되다'는 피동의 의미를, '-하다'는 능동의 의미를 나타내나 실제로는 큰 구분 없이 사용하기 때문이다. 그러나 공식적인 글이나 서류 그리고 격식을 갖춘 발화에서는 (3)과 같이 '-되다'보다 '-하다'를 더 많이 사용하는 경향이 있다.

'-아/어야 하다'는 의지를 나타내는 '-겠-'이나 과거 시제 선어말 어미 '-았/었-'과 결합기도 한다.

(4) 내일부터 꼭 일찍 {일어나야 하겠다/일어나야겠다}.
(5) 나는 어렸을 때부터 스스로 모든 일을 결정해야 했다.
(6) 어제 거기에 갔어야 하는데.

'-아/어야 하다'는 의지의 '-겠-'과 결합하여 '-아/어야 하겠다', '-아/어야겠다'로 사용하면서 화자의 더 강한 의지를 나타낼 수 있다. 또한 과거 시제 선어말 어미 '-았/었-'과 결합하여 '-아/어야 했다'나 '-았/었어야 하다(했다)'라고 사용할 수도 있다. 이때는 (5)와 같이 그렇게 할 수밖에 없는 '필연성'을 나타내거나 (6)과 같이 꼭 해야 할 행위였으나 하지 못한 '아쉬움'을 표현한다.

'-아/어야 하다/되다'는 명령이나 요구를 할 때도 사용된다.

(7) (부장이 대리에게) 김대리, 보고서를 내일까지 내야 해.
(8) (고객이 점원에게) 이 옷을 바꿔야 하는데요.

'-아/어야 하다/되다'는 (7), (8)과 같이 실제 담화 맥락에서 청자에게 명제 내용을 실현할 것을 명령하거나 요구하는 화행 기능을 수행한다.

의무 표현을 교육할 때는 주어가 1인칭인 경우에 계획 세우기나 교실 규칙 정하기 등의 활동과 연관지어 연습을 하면 효과적이고, 주어가 2인칭인 경우에는 '명령이나 요구하기 - 승낙 또는 거절하기'와 같은 화행을 수행하도록 하는 것이 효과적이다. 〈이효정〉

→ 화행의 목적

[참고문헌]
• 엄녀(2010), 한국어 양태 표현 교육 연구, 한국문화사.
• 이효정(2003), 한국어교육을 위한 양태 표현 연구, 상명대학교 박사학위논문.
• 한송화(2000), 한국어 보조 용언의 상적 기능과 양태기능, 화행적 기능에 대한 연구: '하다'를 중심으로, 한국어교육 11-2, 국제한국어교육학회, 189~209쪽.

☐ **의지**

의지(意志)는 의무 양태(deontic modality)의 하위 영역에 속하며, 명제 내용을 성립시키겠다는 주어의 '의지'를 표명한다. 희망, 의도, 의지 양태 표현 중에서 가장 강한 주관적 의지를 표현한다.

한국어에서 의지를 나타내는 양태 표현에는 '-(으)ㄹ 것이다'와 '-겠-, -(으)ㄹ래, -(으)ㄹ게' 등이 있다. 의지 양태 표현은 모두 동사와 결합하며 형용사와 결합하면 추측의 의미를 나타낸다. 그리고 의지 양태의 주어는 1인칭과 2인칭으로 한정된다. 타인의 생각에 대해서는 정확하게 인지할 수 없으므로 '영희가 그 일을 할 거예요.'와 같이 3인칭 주어에 의지 양태가 결합하면 추측의 의미로 변화한다.

(1) ㄱ. 이번 주말에 뭐 하실 거예요?
 ㄴ. 주말에 친구를 만날 거예요.
(2) ㄱ. 내일 같이 가시겠어요?
 ㄴ. 네, 같이 가겠습니다.
(3) ㄱ. 저 좀 도와주실래요?
 ㄴ. 네, 도와 드릴게요.
(4) 오늘은 그만 할래요.
(5) 오늘부터 열심히 공부할게요.

'-(으)ㄹ 것이다'는 주어의 의지를 나타낼 때 일반적으로 사용할 수 있다. (1ㄱ)와 같이 청자의 의지와 계획을 물을 때도 사용하고, (1ㄴ)과 같이 자신의 강한 의사나 주관적 소신 등을 나타낼 때도 사용한다.

'-겠-'은 (2ㄱ)과 같이 완곡하게 질문하고 요청하는 등 공손하게 자신의 의지를 표현할 때 사용한다. (2ㄴ)과 같이 자신의 의지와 다짐을 표현할 때도 사용한다. 주체 존대 '-(으)시-'와 결합하여 '-(으)시겠어요, -(으)시겠습니까?'의 형태로 사용되면 더욱 공손하고 완곡한 요청의 의미를 나타낸다.

'-(으)ㄹ래'는 (3ㄱ)과 같이 제안과 청유의 기능을 하는 의문문 형태로 청자의 긍정적인 반응을 기대하며 상대편의 의사를 물어볼 때나 (4)와 같이 앞으로 해야 할 일에 대해 자신의 의사를 잘라 말할 때 사용한다.

'-(으)ㄹ게'는 (3ㄴ)과 같이 화자의 요청에 대하여 긍정적으로 대답할 때나 (5)와 같이 청자에게 긍정적인 영향을 주는 화자의 약속이나 다짐을 표현할 때 사용한다.

'-겠-'과 '-(으)ㄹ 것이다'는 의미의 차이를 보인다.

(6) 손님, 어떤 음식으로 {하시겠습니까?/[?]할 것입니까?}

(7) 죄송하지만 오늘 저희 집에 좀 {와 주시겠습니까?/[?]와 줄 것입니까?}

(8) ㄱ. 어떤 일을 먼저 할까요?

　　ㄴ. 이것을 먼저 하겠습니다.

　　ㄴ'. 이것을 먼저 할 겁니다.

'-겠-'은 자신의 의지를 전달하면서도 청자의 허락이나 판단을 기다리겠다는 여지를 남기고 있으므로 정중한 태도를 나타낸다. 따라서 공손하게 요청을 하는 (6)과 (7)과 같은 상황에서는 '-겠어요'나 '-겠습니까'는 사용할 수 있으나 '-(으)ㄹ 것이다'를 사용하면 어색하다. 또한 (8)에서도 '-(으)ㄹ 것이다'는 다른 사람들의 판단을 배제하고 자신의 판단과 의지를 표현하므로 '하겠습니다'보다 더 강한 느낌을 준다.

의문문에서도 의지 표현의 의미는 달라진다.

(9) ㄱ. 식사를 어디에서 하실 거예요?

　　ㄴ. 식사를 어디에서 하시겠어요?

　　ㄷ. 식사를 어디에서 하실래요?

　　ㄹ. 식사를 어디에서 *하실게요?

(9ㄱ)의 '하실 거예요?'는 청자의 계획에 초점을 맞추어 물어보는 기능을 한다. 반면에 (9ㄴ)의 '-겠-'은 청자의 의사를 공손하게 물어보는 기능을 수행한다. (9ㄷ)의 '-(으)ㄹ래요'는 부드럽게 청자의 의사를 물어보는 기능을 수행하지만 (9ㄹ)의 '-(으)ㄹ게'는 의문문에서 사용할 수 없다.

화자의 요청이나 부탁에 대한 긍정적인 답을 할 때는 '-(으)ㄹ게'을 사용하는 것이 가장 자연스럽다.

(10) ㄱ. 저 좀 도와주실래요?

　　ㄴ. 네, 도와 드릴게요.

　　ㄴ'. 네, 도와 *드릴래요.

(10)은 '-(으)ㄹ래요'로 질문하고 '-(으)ㄹ게'로 대답한 예이다. 이와 같이 약속이나 다

짐을 할 때 질문자에게 유익한 답일 때는 '도와 드릴게요'와 같이 '-(으)ㄹ게'를 사용하며, 이때 자신의 입장만을 강조하는 '-(으)ㄹ래요'나 '-(으)ㄹ 거예요'를 쓰면 어색하다.

의지 표현은 하나의 표현만을 익히는 것이 아니라 대화 상황에서 교수하고 학습하여야 한다. 또한 비슷한 의미 범주를 실현하는 표현들끼리 비교·대조하면서 설명할 필요가 있다. 단순히 청자의 의지를 물어볼 때는 '-(으)ㄹ 거예요?'를, 공손히 허락이나 판단을 요청할 때는 '-겠-'을 사용하도록 교육하여야 한다. 또한 '-(으)ㄹ래요?'와 '-(으)ㄹ게요'를 사용하여 정확하게 묻고 답하는 연습이 필요하다. 의지 표현은 억양에 따라 '강한 의지'와 '약한 의지', '추측' 등 다양한 의미로 파악할 수 있으므로 교육할 때 주의해야 한다. 〈이효정〉

→ 화행의 목적

[참고문헌]
• 성채민(2009), 외국인을 위한 한국어 의지 표현 교육 방안 연구, 한양대학교 석사학위논문.
• 엄녀(2010), 한국어 양태 표현 교육 연구, 한국문화사.
• 이효정(2003), 한국어교육을 위한 양태 표현 연구, 상명대학교 박사학위논문.

☐ 허가

허가(許可)는 의무 양태(deontic modality)의 하위 영역에 속하며 화자가 청자에게 명제가 표현하는 사태를 성사시키는 것을 허용함을 나타낸다.

한국어에서 허가를 나타내는 양태 표현에는 '-아/어도 되다'와 '-(으)ㄹ 수 있다'가 있고, 그 외에도 '-아/어도 좋다/괜찮다'와 같이 어휘가 결합한 형태가 있다.

(1) 지금 가셔도 {돼요/좋아요/괜찮아요}.
(2) 이 우유의 기한이 지난 거 같은데 {먹어도 될 거야/먹어도 괜찮을 거야/*먹어도 좋을 거야}.
(3) 여기에서 식사하실 수 있어요.
(4) ㄱ. 거짓말하기 싫으니까 그냥 솔직하게 {말해도 돼요?/?말할 수 있어요?}
    ㄴ. 그럼, 그냥 솔직하게 {말해도 돼/*말할 수 있어}.
        굳이 거짓말 {안 해도 돼/*안 할 수 있어}.

'-아/어도 되다'는 (1)과 같은 경우에 '-아/어도 좋다/괜찮다'와 바꾸어 쓸 수 있으나 (2)와 같이 '괜찮은지 아닌지 고민이 되는 상황'에서는 강한 긍정을 나타내는 어휘 '좋다'의 의미 때문에 '-아/어도 좋다'와 바꾸어 쓸 수 없다. (3)은 가능이나 능력을 나타내는 '-(으)ㄹ 수 있다'를 사용하여, 청자가 '할 수 있는' 어떠한 행위를 가능하게 하도록 허가한다. 그러나 (4)와 같이 가능성의 의미 없이 허가의 의미만을 나타낼 때는 '-(으)ㄹ 수 있다'를 사용할 수 없다.

허가 표현에 과거 시제나 형용사가 결합하는 경우도 있다.

(5) 제가 거기 갔어도 되는데….
(6) 제가 살 방은 햇빛만 잘 들어오면 좁아도 돼요.

'-아/어도 되다/좋다/괜찮다'의 선행 용언에 (5)와 같이 과거 시제를 덧붙이면 꼭 그렇게 해도 될 행위였으나 하지 않은 아쉬움을 나타낸다. 또한 (6)과 같이 '-아/어도 되다/좋다/괜찮다'는 일반적으로 행위성 동사와 결합하지만 형용사와 결합하면 다른 사람이 아닌 화자의 기준으로 상태에 대해 판단을 내리는 의미가 된다.

허가의 부정은 금지 양태 표현으로 (7)에서 사용된 '-(으)면 안 되다'나 '-아/어서는 안 되다'가 해당된다.

(7) 여기에서 말씀하시<u>면 안 됩니다</u>.

'-아/어도 되다'나 '-(으)ㄹ 수 있다'는 의문형을 통해 실제 담화에서 부탁이나 명령, 요구 등 화행 기능을 실현한다.

(8) 죄송한데요, 전화를 잠깐 {빌려도 돼요?/빌려도 될까요?}

(8)은 '-아/어도 되다'가 의문형을 통해 부탁이나 요구와 같은 화행 기능을 실현하는 예이다. 의문형 형태로 부탁이나 요구를 하는 것은 '전화를 잠깐 빌려주세요.'와 같이 평서형으로 짧게 부탁하는 것보다 공손성(politeness)을 나타낼 수 있다. '-(으)ㄹ 수 있을까요?'나 '-(으)실 수 있을까요?'와 같이 어미 '-(으)ㄹ까요'와 주체 존대 '-(으)시-'가 결합하면 더 간접적이고 공손한 요구를 표현할 수 있다.

허가 표현을 교육할 때는 '-아/어도 되다'와 '-(으)ㄹ 수 있다'를 구분하여 적절하게 사용할 수 있도록 지도하여야 한다. 또한 허가 표현은 단순히 청자의 행위를 허락하는 기능뿐 아니라 의문형으로 사용하여 공손하게 허락을 구하고 요청하는 화행 기능까지 수행하므로 금지와 연관시켜 질문과 대답의 형태로 연습시키는 것이 좋다. 즉 요청과 허가는 '-아/어도 돼요?'와 '네, -아/어도 돼요.'로, 요청과 금지는 '-아/어도 돼요?'와 '아니요, -(으)면 안 돼요.'로 함께 제시하고 연습하면 한국어 학습자가 실생활에서 쉽게 사용할 수 있다. 〈이효정〉

→ 화행의 목적

[참고문헌]
- 고영근(2007), 한국어의 시제 서법 동작상, 태학사.
- 박영순(2006), 한국어 화용론, 박이정.
- 엄녀(2010), 한국어 양태 표현 교육 연구, 한국문화사.
- 이효정(2003), 한국어교육을 위한 양태 표현 연구, 상명대학교 박사학위논문.

❑ 후회

후회(後悔)는 의무 양태(deontic modality)의 하위 영역에 속하며 명제 내용의 주체인 주어를 동작주로 하는 과거의 사태가 성립되었더라면 좋았을 것이라는 화자의 바람을 나타낸다.

한국어에서 후회를 나타내는 양태 표현에는 '-(으)ㄹ걸 (그랬다), -았/었어야 하다, -았/

었으면(-았/었더라면, -았/었다면), -았/었을 것이다(-았/었을 걸, -았/었을 텐데, -았/었을 건데, -겠지) 등이 있다. 후회 표현은 이루어지지 않은 일에 대한 화자의 후회와 아쉬움을 드러낸다.

> (1) (내가) 거기에 <u>갈 걸</u>.
> (2) {내가/네가/명희 씨가} 거기에 <u>갔어야 했는데</u>.
> (3) {내가/네가/명희 씨가} 거기에 <u>갔더라면</u> 사고가 일어나지 <u>않았을 거야</u>.

종결 어미 '-(으)ㄹ걸'은 상향 억양으로 발음할 때는 추측을 나타내지만 (1)에서 쓰인 것과 같이 하향 억양으로 발음할 때는 혼잣말처럼 화자의 후회하는 마음을 표현할 때 사용한다. '그랬다'를 넣어서 말할 수도 있다. '-(으)ㄹ걸'은 할 수 있었으나 몰라서 못했던 일이나 선택한 일에 대한 후회를 나타내며 1인칭 주어 및 동작 동사와 결합한다.

(2)의 '-았/었어야 하다'는 반드시 과거에 했어야 하는 행위나 그랬어야 하는 상태에 대한 의무나 당위가 수행되지 못했으며 이로 인해 화자가 후회하고 아쉬워함을 나타낸다.

(3)의 '-았/었더라면 -았/었을 것이다'에서는 선행절에 현재 사실과 반대되는 상황을 가정하는 조건절이 오고 후행절에 추측을 나타내는 표현이 온다. 이와 같이 후회 표현은 과거에 일어난 사태에 대하여 후회하는 것이므로 '-(으)ㄹ 걸 (그랬다)' 외에 모두 과거 시제 선어말 어미 '-았/었-'이 결합한다. '-았/었으면', '-았/었더라면', '-았/었다면'은 대부분의 경우에 서로 호환이 가능하다.

후회 표현은 문장이나 대화 상황 안에서 먼저 그 의미를 파악한 후 적절한 상황에서 자연스럽게 사용할 수 있도록 교육한다. 또한 후회 표현은 과거 시제 선어말 어미와 다양한 종결 어미가 결합하는 등 형태가 복잡하기 때문에 형태를 정확하게 사용할 수 있도록 지도하여야 한다. 〈이효정〉

→ 화행의 목적

[참고문헌]
• 박재연(2006), 한국어 양태 어미 연구, 태학사.
• 윤평현(2005), 현대 국어 접속 어미 연구, 박이정.
• 이효정(2003), 한국어교육을 위한 양태 표현 연구, 상명대학교 박사학위논문.

❑ 희망

희망(希望)은 의무 양태(deontic modality)의 하위 영역에 속하며 명제가 표현하는 행위가 이루어졌으면 좋겠다는 화자의 희망을 표현한다.

한국어에서 희망을 나타내는 양태 표현에는 '-고 싶다, -고 싶어 하다, -(으)면 좋겠다, -았/었으면 {하다, 싶다, 좋겠다}' 등이 있다.

> (1) 저는 한국어를 유창하게 말하고 <u>싶어요</u>.
> (2) (너는) 집에 가고 <u>싶어</u>?

(3) 제 동생은 한국어를 유창하게 말하고 싶어 해요.
(4) 저는 한국어를 유창하게 말했으면 (해요/싶어요/좋겠어요).

(1)과 (2)의 '-고 싶다'는 가장 일반적이고 직접적으로 화자의 바람을 나타내는 희망 표현이다. 1인칭과 2인칭 주어 그리고 행위를 나타내는 동사에 결합한다. 과거의 희망을 나타낼 때는 '-고 싶었다'를, 다른 사람(2인칭)의 희망을 추측할 때는 '-고 싶겠다, -고 싶었겠다'를 사용할 수 있다. 그러나 자신의 바람은 추측할 수 없기 때문에 1인칭 주어 문에서는 추측의 선어말 어미 '-겠-'을 사용할 수 없다.

(3)의 '-고 싶어 하다'는 3인칭 주어의 평서문과 의문문에서 주어의 희망을 나타낸다. 3인칭 주어의 희망을 추측할 때는 '-고 싶어 하겠다, -고 싶어 했겠다'를 사용할 수 있다.

(4)의 '-았/었으면 (하다, 싶나, 좋겠다)'는 '-고 싶다'에 비해 화자가 자신의 바람을 우회적으로 표현할 때 사용하며 좀 더 간접적이다.

(5) 해외여행을 한번 갔으면.
(6) 날씨가 좀 따뜻했으면.

'-았/었으면 (하다, 좋겠다, 싶다)'는 (5), (6)과 같이 '-았/었으면' 뒤를 생략하여 사용할 수도 있다. '-았/었으면 (하다, 싶다, 좋겠다)'는 대부분의 상황에서 서로 호환 가능하지만 '싶다'가 앞말이 뜻하는 행동을 하고자 하는 마음이나 생각을 막연하게 갖고 있거나 앞말의 상태가 이루어지기를 바라는 마음을 부드럽게 표현하기 때문에 '-았/었으면 싶다'는 '-았/었으면 (하다, 좋겠다)'보다 좀 더 부드러운 어감을 준다.

(7) 이번 방학 때는 집에서 그냥 푹 쉬었으면 싶어요.
(8) 여자 친구가 운전을 좀 배웠으면 싶어요.

희망 양태 표현은 실제 담화에서 부탁이나 명령, 요구 등 화행 기능을 실현한다. 직접적으로 요구를 하기보다 자신이 희망하는 것을 말함으로써 완곡하게 명령하는 기능을 수행하는 것이다.

(9) 오늘은 어디 가서 바람 좀 쐬고 싶다.
(10) 선생님, 다음에 한국에 오시면 꼭 연락 (주셨으면 합니다/주셨으면 싶습니다
                                    /주셨으면 좋겠습니다/*주셨고 싶습니다).

(9)~(11)은 희망 양태 표현이 완곡하게 명령하는 기능을 수행하는 예이다. 이때 '-았/었으면 (하다, 싶다, 좋겠다)'의 공손성(politeness)이 '-고 싶다'보다 더 높다. 따라서 간절한 부탁이나 당부를 할 때는 (10)과 같이 '-았/었으면 (하다, 싶다, 좋겠다)'를 사용한다. 주체 높임 선어말 어미 '-(으)시-'가 결합하면 더 간접적이고 공손한 요구를 표현할 수 있다.

희망 표현의 교육 시에는 학습자들이 주어와 시제 일치 제약과 같은 형태·통사적 내

용뿐만 아니라 유사한 추측 표현들 간의 의미적 차이도 인식할 수 있도록 지도해야 한다. 나아가 희망 표현을 사용하여 간접적이고 공손하게 자신이 원하는 것을 표현할 수 있도록 화용적 기능을 함께 제시할 필요가 있다. 〈이효정〉

→ 화행의 목적

[참고문헌]
• 김서형(2007), 한국어교육을 위한 희망 표현 연구, 한국어교육 18-1, 국제한국어교육학회, 23~48쪽.
• 엄녀(2010), 한국어 양태 표현 교육 연구, 한국문화사.
• 이효정(2003), 한국어교육을 위한 양태 표현 연구, 상명대학교 박사학위논문.

☐ 추측

추측(推測)은 인식 양태(epistemic modality)의 하위 영역에 속하며 명제의 실현 가능성에 대한 화자의 주관적인 판단을 나타낸다.

추측은 명제에 대한 불확실성을 전제한다. 명제에 대한 실현 가능성을 판단하기 위해 판단 근거와 방법에 따라 추론된 확실성(確實性), 개연성(蓋然性), 가능성(可能性)의 의미 영역을 나타낸다.

(1) ㄱ. 오후에 비가 오겠어요.

ㄴ. 오후에 비가 올 거예요.

ㄷ. 주말이라서 차가 밀리나 봐요.

ㄹ. 주말이라서 차가 밀리는 모양이에요.

ㅁ. 지금 가면 늦을걸요.

ㅂ. 지금 가면 늦을지도 몰라요.

ㅅ. 곧 비가 올 것 같아요.

(1)과 같이 추측은 다양한 형식으로 실현될 뿐만 아니라 의미적으로도 유사한 표현들이 많다. (1ㄱ)과 (1ㄴ)은 상대적으로 확신의 정도가 높으나 판단의 근거와 방법에 차이가 있다. '-겠-'은 현장에서 지각한 정보를 근거로 즉각적인 판단을 하는 경우에, '-(으)ㄹ 것이다'는 이외의 상황에서 내적 추론을 거쳐 판단하는 경우에 자연스럽게 사용한다. (1ㄷ)과 (1ㄹ)에서는 화자가 내적 추론을 거치지 않고 현장에서 지각한 정보를 근거로 명제 내용에 대해 객관적인 태도를 나타낸다. (1ㄷ)처럼 '-나 보다'는 발화하는 시간에 화자가 짐작하는 내용을 표현하므로 발화 시간과 판단의 시간이 같은 현재 형태만이 종결 어미로 올 수 있지만, '-(으)ㄴ/는/(으)ㄹ 모양이다'는 과거에 이루어진 짐작을 발화 시간까지 지속할 수 있어 '모양이었다'의 형태도 가능하다. 또한 '-(으)ㄴ가/나 보다'는 '-(으)ㄴ/는/(으)ㄹ 모양이다'와 비교했을 때 상대적으로 구어 상황에서 활발하게 사용된다. (1ㄹ)과 (1ㅁ)은 다른 표현에 비해 확신의 정도가 낮다. '-(으)ㄴ/는/(으)ㄹ지(도) 모르다'는 반대 사태의 가능성을 가정한다는 특성이 있다. (1ㅅ)은 확신의 정도에 상관없이 두루 쓰일 수 있는 무표적 특징을 지닌다. 화자가 내적 추론을 거치면서도 형용사

'같다'의 의미적 특성에 의해 표면적인 의미가 중화되기 때문이다. 특히 거절하기 등의 담화 상황에서 '-(으)ㄴ/는/(으)ㄹ 것 같다' 표현은 명제 내용에 대해 거절의 효력을 완화해 주기 때문에 공손성(politeness)을 나타낼 수 있다.

추측 표현의 교육은 형태·통사적 내용뿐만 아니라 유사한 추측 표현들 간의 의미적 차이를 학습자가 인식할 수 있도록 지도해야 한다. 나아가 다양한 담화 장면을 제시하여 화용적 기능과 함께 교육할 필요가 있다. 〈유민애〉

→ 화행의 목적

[참고문헌]
• 고영근(2004), 한국어의 시제 서법 동작상, 태학사.
• 이남순(1998), 시제·상·서법, 월인.
• Palmer, F. R. (2001), *Mood and modality*, Cambridge University Press.

❑ 당위

당위(當爲)는 인식 양태(epistemic modality)의 하위 영역에 속하며 명제 내용이 당연하다는 화자의 판단을 나타낸다.

당위 표현에는 '-(으)ㄴ/는 법이다'와 '-기/게 마련이다'가 있다. '-(으)ㄴ/는 법이다'와 '-기게 마련이다'는 '그러한 일이 있을 거라는 화자의 당연한 판단'을 나타낸다.

(1) 무슨 일이든지 시작이 있으면 끝이 있<u>기 마련이다</u>.
(2) 진정한 자유에는 막중한 책임이 따르<u>는 법이다</u>.

당위 표현을 사용함으로써 화자는 과거의 경험이나 지식, 이치를 판단 근거로 삼아 명제에 대해 가지고 있는 높은 확신을 표현한다.

그러나 두 표현은 미세한 의미 차이를 보인다.

(3) 진정한 자유에는 책임이 따르<u>는 법이다</u>.
(4) 벼는 익을수록 고개를 숙이<u>는 법이다</u>. 많이 알수록 겸손해야지.

'-(으)ㄴ/는 법이다'는 '법'이라는 어휘적 의미 때문에 (3), (4)와 같이 자연적인 법칙이나 이치 등이 당연함을 나타내는 데 더 적절하다. 반면에 '-기/게 마련이다'는 '-는 법이다'에 비해 주관적인 판단에 자주 사용한다.

(5) 팔은 안으로 굽<u>기 마련이다</u>.
(6) 공부를 잘 하면 얼굴도 예뻐 보이<u>기 마련이다</u>.

(5), (6)은 법칙이나 이치가 아닌 일반적인 도리로서 당연히 그러함을 '-기/게 마련이다'를 이용하여 표현한 문장이다.

당위 표현은 화자의 확신을 표현할 때 사용하므로 학습자가 발표할 때나 설득할 때 근거를 들며 '-(으)ㄴ/는 법이다'와 '-기/게 마련이다'를 자연스럽게 사용할 수 있도록 교육하는 것이 좋다. 이때 '-기/게 마련이다'의 경우 대부분 '-(으)ㄴ/는 법이다'와 바꿔 쓸 수 있지만 법칙이나 이치가 객관적일 때는 '-(으)ㄴ/는 법이다'를 '-기/게 마련이다'로 바꿔 쓸 수 없는 경우가 있으므로 이 점을 주의해서 교육할 필요가 있다. 〈이효정〉

→ 화행의 목적

[참고문헌]
- 엄녀(2010), 한국어 양태 표현 교육 연구, 한국문화사.
- 이금희(2004), 의존 명사의 문법화 정도와 양태적인 의미: '-기 마련이다, -는 법이다, -기 십상이다, -기 일 쑤이다'를 중심으로, 어문연구 40-3, 한국어문교육연구회, 57~89쪽.
- 이효정(2003), 한국어교육을 위한 양태 표현 연구, 상명대학교 박사학위논문.

□ 근접

근접(近接)은 인식 양태(epistemic modality)의 하위 영역에 속하는 것으로 명제의 실현 가능성에 대한 화자의 주관적인 판단을 의미하며 그 확실성의 정도가 비교적 높다.

근접 표현에는 '-(으)ㄴ 편이다'와 '-(으)ㄴ/는 셈이다'가 있다. '-(으)ㄴ 편이다'와 '-(으)ㄴ/는 셈이다'는 '어떤 사실을 미루어 보아 대체로 어떤 결론과 비슷하거나 가깝다'는 근접의 의미를 나타낸다.

(1) 그 회사는 면접 비중이 큰 편이다.
(2) 열 살에 이사를 왔으니까 이 동네에서 십 년을 산 셈이다.

(1)에서 '-(으)ㄴ/는 편이다'는 '대체로 보아서 어느 쪽에 속한다.'의 의미로 쓰여 기준점에서 어느 쪽으로 편향하는 화자의 판단을 나타낸다. (2)에서 '-(으)ㄴ/는 셈이다'는 '계산'이라는 뜻의 명사 '셈'이 포함되어 '따져 보든가 헤아려 보면 결국 비슷하다, 마찬가지다'의 의미로 쓰이며 '-는 것과 같다'로 풀이될 수 있다.

(3) *그 사람은 한국 사람이니까 당연히 한국어를 잘하는 편이에요.
(4) ㄱ. 하루에 이메일을 어느 정도 쓰세요?
　　ㄴ. 정확하지는 않지만 오전, 오후로 두세 번 정도 써요. 그러니까 5~6통 정도
　　　 {쓰는 셈이네요/²쓰는 편이네요}.

'-(으)ㄴ/는 편이다'는 어느 부분에 속한다는 경향성을 나타내기 때문에 (3)과 같이 '당연히, 확실히, 정확하게'와 같은 의미의 부사와 호응할 수 없다. 또한 날짜나 숫자를 따져 판단하는 (4)와 같은 상황에서는 '-(으)ㄴ 셈이다'는 가능하나 '-(으)ㄴ/는 편이다'를 사용하면 어색한 표현이 된다.

학습자가 '-(으)ㄴ/는 셈이다'를 사용할 때는 오류를 일으키는 경우가 많으므로 다양한 예문을 들어 자연스럽게 사용할 수 있도록 유도하는 것이 필요하다.

(5) ㄱ. 부모님께 편지 자주 쓰세요?
　　ㄴ. 지난달에도 썼고 이번 달에도 한 번 썼으니 대개 한 달에 한 번은 쓰는 셈이에요.

(6) ㄱ. 서울에서 산 지 오래 되셨어요?

ㄴ. 네, 스무 살 때 처음 왔으니까 거의 20년 산 셈이지요.

'-(으)ㄴ/는 편이다'를 교육할 때는 학습자들이 이를 근접의 의미 없이 정확한 사실을 말할 때 사용하지 않도록 주의하여야 한다. 즉 '한국어를 잘하는 편이다.'와 '한국어를 잘한다.'를 혼동하지 않도록 주의한다. 또한 시제와 용언 종류에 따른 '-(으)ㄴ'과 '-는'의 구분에도 주의하여야 한다.　　　　　　　　　　　　　　　　　　　　　　　　〈이효정〉

→ 화행의 목적

[참고문헌]
• 엄녀(2010), 한국어 양태 표현 교육 연구, 한국문화사.
• 이효정(2003), 한국어교육을 위한 양태 표현 연구, 상명대학교 박사학위논문.

한국어교육학 사전

The Encyclopedia of
Korean Language Education

의미·화용 교육

7. 의미·화용 교육

7. 의미·화용 교육

의미·화용 교육 영역에서는 한국어 의미·화용 교육에 필요한 다양한 이론과 개념을 표제어로 선정하여 사전 형식으로 간략하게 기술한다. 여기에서 기술하는 의미·화용 이론과 개념은 한국어의 의미와 용법을 교수 학습할 때 활용할 수 있다.

한국어 의미·화용 교육은 한국어교육의 바탕이자 목표이다. 따라서 한국어를 이해하고 표현하는 데 필요한 의미·화용 정보는 한국어교육 현장에서 매우 중요한 정보이다. 예컨대 한국어를 교수 학습할 때 한국어 어휘, 문장, 담화 등 다양한 언어 형식에 대한 의미·화용 정보가 없다면 한국어를 정확하게 이해하고 자연스럽게 표현하도록 한다는 한국어교육의 목표를 구현하기 어려울 것이다. 따라서 의미·화용 이론과 개념에 대한 구체적인 정보는 한국어 의미·화용 교육뿐만 아니라 더 넓은 의미에서의 한국어교육의 목표를 실현하는 데에도 꼭 필요한 정보이다.

의미는 시대와 학자에 따라서 다양하게 정의하고 있다. 여기에서는 한국어 교수 학습에 활용할 수 있는 네 가지 의미 이론, 즉 의미를 지시물로 정의한 지시 이론, 의미를 개념으로 정의한 개념 이론, 의미와 의미 관계를 원형과 범주로 정의한 원형 이론, 의미를 의미 자질의 총체로 정의한 성분 분석 이론을 실제 언어 자료와 함께 기술한다. 한편 어휘, 문장, 담화 등 다양한 언어 형식의 의미를 교수 학습하는 데 필요한 구체적인 정보와 함께 언어 형식 사이에서 나타나는 공통점과 차이점 등을 교수 학습할 때 필요한 다양한 의미 관계와 의미 전이에 대해 기술한다. 나아가 문장과 담화를 교수 학습할 때 필요한 논항과 의미역에 대해 한국어 자료와 함께 기술한다. 여기에서 기술하는 의미 이론과 개념은 한국어 어휘, 문장, 담화 등 다양한 층위에 있는 언어 형식의 의미를 교수 학습할 때 의미 정보로 활용할 수 있다.

화용은 언어 교육 현장에서 활용하고 있는 다양한 용법을 모두 포함한다. 이 부분에서는 한국어 교수 학습에 적극 활용할 수 있는 협력, 공손성, 적절성 등의 화용론의 원리와 개념을 표제어로 선정하여 기술한다. 화용 정보는 의미 정보와 함께 실제 언어생활과 의사소통에서 매우 중요하다. 따라서 의사소통에 목표를 두고 있는 언어 교육 현장에서 적극 활용할 수 있는 정보이다. 또한 한국 언어문화를 교수 학습하는 데 활용할 수 있는 화용 이론과 개념을 표제어로 선정하여 기술한다. 예컨대 맥락에서는 한국 언어문화를, 직시(直示)에서는 상황과 장면을, 전제, 함의, 함축, 지칭, 추론에서는 한국 언어문화에 대한 정보를 실제 자료와 함께 제시한다. 이뿐만 아니라 언어와 행동의 관련성을 교수 학습할 수 있는 화행의 유형과 화행의 목적을 표제어로 정하여 기술한다. 특히 한국어 교수 학습 현장에서 필요한 제안 화행, 요청 화행, 부탁 화행, 거절 화행, 금지 화행, 사과 화행을 실제 한국어 자료와 함께 기술한다.

이러한 의미·화용 교육 정보는 한국어 어휘, 문장, 담화 등 다양한 층위에 있는 언어 형식을 교수 학습하는 데 활용할 수 있을 뿐만 아니라 한국 언어문화를 교수 학습하는 데에도 유용하다. 아울러 한국어 교수 학습 내용과 방안을 구축하는 데에도 적극 활용할 수 있다. 〈신현숙〉

7.1. 의미

의미(意味, meaning)는 음성 언어, 문자 언어, 신체 언어에 속하는 다양한 언어 형식 (linguistic form)과 언어 표현(linguistic expression) 또는 언어 기호(linguistic sign)에서 인지하는 심리 영상(mental image), 개념(concept), 가치(value), 사물, 사건, 행동 등을 모두 포함하는 뜻으로 정의할 수 있다. 따라서 의미는 우리의 언어생활과 의사소통뿐만 아니라 우리의 삶 속에서 매우 폭넓게 쓰이는 단어이자 학술 용어이다.

의미는 사전에 따라 달리 정의한다. 《표준국어대사전》에서는 '의미'를 "「1」말이나 글의 뜻. 「2」행위나 현상이 지닌 뜻. 「3」사물이나 현상의 가치."로 정의한다. 의미의 유의어에 속하는 '뜻'은 "「1」무엇을 하겠다고 속으로 먹는 마음. 「2」말이나 글 또는 어떠한 행동 따위로 나타내는 속내. 「3」어떠한 일이나 행동이 지니는 가치나 중요성."으로 정의한다. 한편 《옥스퍼드 영어 사전(*Oxford English Dictionary: OED*)》에서는 '의미'를 "단어(word), 텍스트(text), 개념(concept) 또는 행동(action)을 통해 전하는 것."으로 정의한다.

역사적으로 의미는 철학, 언어학, 심리학 등에서 매우 다양하게 정의되었다. 이러한 정의들의 목록은 오그던과 리처즈(C. K. Ogden & I. A. Richards)에서 찾아볼 수 있다.

- 단어의 내재 특성
- 단어와 사물의 관계 속에서 드러나는 특징
- 사전 표제어를 설명하는 다른 단어
- 단어의 내포
- 단어의 본질
- 대상 속에 투영된 활동
- 의도된 사건과 의지
- 어떤 체계 속에서 사물의 위치
- 우리의 미래 경험에서 나타나는 사물
- 진술에 포함되거나 함의된 이론적 결과
- 사물에 의한 감정이나 정서
- 선택된 관계에 의해서 실제로 기호와 관련지을 수 있는 것
- 자극에 대한 기억 효과 및 획득된 연상
- 어떤 발생 효과가 적용되는 다른 발생
- 기호가 관계하는 것으로 해석되는 사물
- 사물이 암시하는 것
- 상징 사용자가 지시하고자 하는 것
- 상징 사용자가 스스로 지시한다고 믿는 것
- 상징 해석자가 지시하는 것
- 스스로 지시한다고 믿는 것
- 사용자가 지시하고 있다고 믿는 것

라이언스(J. Lyons)에 따르면 의미(meaning)와 의미하다(to mean)는 다양한 맥락에서 여러 의미로 쓰인다. 예를 들면 '인지의 의미는 무엇인가?'와 '그는 결코 자신이 의미하는 것을 말하지 않는다.' 그리고 '신념 없는 인생은 의미가 없다.'에 쓰인 각각의 '의미'가 모두 같은 의미를 나타내지는 않는다. 의미를 좀 더 구체적으로 이해하기 위해서는 그동안 철학에서 제기한 다양한 의미 이론을 살펴보는 것도 도움이 된다. 각 이론에서 초점을 두어 설명한 의미를 이해한다면 언어 형식이나 언어 표현에 대한 의미 정보를 좀 더 풍부하게 구축할 수 있다.

- 지시 이론(referential theory): 표현의 의미는 지시하는 것이다.
- 개념 이론(conceptual theory): 표현의 의미는 표현을 알고 있는 사람의 마음속에 있는 것과 관련지을 수 있는 생각이나 개념이다.
- 행농주의 이론(behaviourist theory): 표현의 의미는 특정한 발화 상황 속에서 자극과 반응을 불러일으키는 것이다.
- 용법 이론(meaning-is-use theory): 표현의 의미는 그 언어 속에서의 쓰임으로 결정한다.
- 검증주의자 이론(verificationist theory): 표현의 의미는 문장, 명제, 표현으로 검증 가능한 것으로 결정한다.
- 진리 조건 이론(truth-conditional theory): 표현의 의미는 문장 속에 들어 있는 진리 조건에 기여하는 것으로 결정한다.

철학에서는 의미를 '지시물, 개념, 자극-반응, 용법, 검증 가능한 것, 진리 조건' 등과 관련지어 정의하였다. 각 이론마다 초점이 다르고 이에 따라 의미의 정의도 다르다.

한편 리치(G. N. Leech)가 제시한 의미 유형도 의미를 이해하는 데 도움이 된다. 예컨대 개념 의미(conceptual meaning), 내포 의미(connotative meaning), 사회 의미(social meaning), 정서 의미(affective meaning), 반사 의미(reflected meaning), 연어 의미(collocative meaning), 주제 의미(thematic meaning) 등을 바탕으로 우리는 의미에 대한 정보를 좀 더 구체적으로 구축할 수 있다. 이뿐만 아니라 언어 형식의 의미를 사전 의미, 문맥 의미, 상황 의미, 추리 의미로 나누어 제시한 연구, 의미의 생성 과정을 기본 의미와 확장 의미로 나누어 제시한 연구, 쓰임을 바탕으로 구체적 의미와 추상적 의미를 나누어 제시한 연구, 언어 형식 사이의 의미 관계를 공통적 의미와 개별적 의미로 나누어 제시한 연구도 의미 정보를 구축하는 데 활용할 수 있다.

지금까지 살펴본 바에 따르면 의미의 정의와 의미의 유형은 다양한 관점에서 논의되었다. 시대와 학자에 따라서 초점도 다르고 분석 기준도 다르다. 이 같은 의미에 대한 논의 결과를 바탕으로, 우리는 여러 관점에서 의미를 정의할 수 있고 나아가 언어 형식과 언어 표현의 의미를 이해하고 생성하는 데 필요한 의미 정보를 구축할 수 있다.

한국어교육 현장에서 활용할 수 있는 의미 정보는 교육 목표에 따라 다양하게 구축할 수 있다. 예를 들면 어휘 범주에 따라 지시 이론, 개념 이론, 용법 이론을 활용하여 의미 정보를 구축할 수 있고 문장이나 담화 교육에서는 진리 조건 이론이나 행동주의 이론을 활용하여 의미 정보를 구축할 수 있다. 곧 우리는 한국어교육 현장에서 철학, 언어학, 심리학 등 다양한 분야에서 이루어진 의미 연구의 성과를 융·복합하여 의미 정보를 구축하고 활용할 수 있다. 〈신현숙〉

= 뜻

→ 행동주의

[참고문헌]
• 국립국어원, 표준국어대사전 누리집, 2014년 7월 15일 가져옴, http://stdweb2.korean.go.kr
• Leech, G. N. (1981), *Semantics: The study of meaning*, Penguin Books.
• Lyons, J. (1977), *Semantics 1*, Cambridge University Press.
• Ogden, C. K. & Richards, I. A. (1989), *The meaning of meaning*, Harcout Brace Jovanovich.
• Oxford University Press (2012), *Oxford English Dictionary online*, Retrieved July 15, 2014, from http://www.oxforddictionaries.com/definition/english/meaning?g=meaning

■ 지시 이론

지시 이론(指示理論, referential theory)은 단어 또는 언어 형식(linguistic form)과 언어 표현(linguistic expression)의 의미를 외부 실재(external reality), 즉 지시물(referent 또는 thing)로 정의하는 이론이다.

학자에 따라서는 의미와 현실 세계의 관련성을 강조한 이론을 지시 이론으로 본다. 예컨대 꽃의 의미는 현실 세계에 존재하는 실제 대상물(object)인 꽃이고, 아이슬란드의 의미는 우리가 현실 세계에서 찾을 수 있는 지시물, 즉 북대서양의 유럽과 그린란드 사이에서 찾을 수 있는 공화국으로 본다.

이 이론은 플라톤(Platon)의 《대화(*Dialogue*)》에서 그 기원을 찾을 수 있다. 플라톤에 따르면 단어는 사물을 명명(naming)하거나 지시하는(refer to) 것이다. 곧 지시 이론은 단어나 언어 형식의 의미를 현실 세계에 존재하는 지시물과 직접 관련지어 설명하는 이론이다. 이와 같은 생각은 언어학계에서 고유 명사는 개체를, 보통 명사는 개체의 집합을, 동사는 동작을, 형용사는 개체의 속성을, 부사는 동작의 속성을 의미하는 것으로 구체화된다.

그러나 지시 이론은 다음과 같은 경우에 의미를 설명할 수 없다는 한계가 있다.

• 세상에서 지시물을 찾을 수 없는 경우(예: 희망, 평화, 진리, 사랑 등)
• 지시물이 세상에 존재하지 않는 경우(예: 용, 불사조, 천사 등)
• 지시물은 하나인데 상징은 둘 이상 존재하는 경우(예: 아빠/아버지/부친)
• 지시물은 변화하였는데 상징은 변화하지 않는 경우(예: 옷(한복/양복))

위에서 제시한 바와 같이 지시 이론은 우리가 현실 세계에서 찾을 수 없는 지시물 또는 상상하거나 가정하는 것을 어떻게 이해하고 그 의미를 생성하는지를 설명하기가 어렵다. 오그던과 리처즈(C. K. Ogden & I. A. Richards)는 이러한 지시 이론의 한계를 극복하기 위하여 아리스토텔레스(Aristoteles)의 《해석(*On interpretation*)》에서 그 흔적을 찾을 수 있는 기호 삼각형(semiotic triangle)을 제시하였다. 이 기호 삼각형은 의미를 이해하는 데 널리 활용되면서 의미 삼각형이라고 불리기도 하였다.

상징, 즉 단어 또는 언어 형식의 의미를 지시물로 보는 지시 이론의 성과는 현재 언어 교육 현장에서 활용하고 있는 그림 사전이나 그림 카드에서 찾아볼 수 있다. 어휘 범주에 따라서는 현실 세계에 있는 지시물 또는 지시물 사진이나 그림을 보여 주는 것이 단어 또는 언어 형식의 의미를 이해시키는 데에 효과적이다. 모든 단어나 언어 형식의 의미를 현실 세계에서 찾을 수 있는 것은 아니지만 범주에 따라서는 현실 세계나 세상 지식(world knowledge)이 의미를 이해하고 생성하는 데 비팅이 된다. 따라서 한국어교육 내용을 구성할 때 이러한 지시 이론의 장점을 활용하여 지시물의 범위를 상상하는 상황까지 넓힌다면 좀 더 효과적인 교육 내용을 구성할 수 있을 것이다.　　　　〈신현숙〉
= 지시설

[참고문헌]
• Ogden, C. K. & Richards, I. A. (1989), *The meaning of meaning*, Harcout Brace Jovanovich.

■ 개념 이론

개념 이론(槪念理論, conceptual theory)은 단어 또는 언어 형식(linguistic form)과 언어 표현(linguistic expression)의 의미를 언어 사용자의 생각이나 마음과 관련지어 아이디어(idea), 이미지(image), 개념(concept)으로 정의하는 이론이다.

이 이론에서는 언어 사용자의 내면세계에 초점을 맞추어 개념을 의미로 정의한다. 이 이론은 의미와 개념 구조의 관련성을 강조하여 심리 표상 이론(mental representation theory)이라 칭하기도 한다.

개념 이론은 현실 세계에 초점을 맞추는 지시 이론의 한계를 극복하기 위하여 발전한 이론이다. 곧 개념 이론은 언어 사용자의 내면세계에 초점을 맞추고 있다. 따라서 단어 또는 언어 형식과 언어 표현의 의미 정보를 정확하게 이해하려면 현실 세계에 초점을 둔 지시 이론과 언어 사용자의 내면세계에 초점을 둔 개념 이론의 장점을 두루 활용하는 것이 적절하다.

의미학계에서 널리 활용하고 있는 오그던과 리처즈(C. K. Ogden & I. A. Richards)의 기호 삼각형(semiotic triangle)은 개념 이론을 설명하는 데 매우 유용하다.

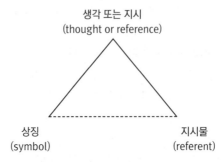

〈오그던과 리처즈의 기호 삼각형〉

생각 또는 지시
(thought or reference)

상징
(symbol)

지시물
(referent)

기호 삼각형에서는 보는 바와 같이 상징과 지시물 사이에 언어 사용자의 생각 또는 지시(thought or reference)를 정점에 두고 있다. 정점과 연결된 상징과 지시물은 직접 관련됨을 나타내기 위하여 실선으로 표시한다. 한편 지시 이론에서 상징(symbol)의 의미로 설정한 지시물(referent)은 서로 직접 관련되지 않음을 나타내는 점선으로 표시한다. 곧 기호 삼각형에서 제시한 언어 사용자의 생각 또는 지시는 개념 이론에서 초점을 두는 개념이자 의미이다. 따라서 기호 삼각형은 지시 이론에서 설명할 수 없는 추상적인 개념이나 언어 사용자의 상상 속에 있는 개념, 맥락, 경험 등을 고려한 의미 차이도 설명할 수 있는 개념 이론의 기반이 된다.

그러나 모든 언어 사용자가 상징과 지시물에서 인지하는 생각 또는 지시가 일치하지는 않는다. 곧 언어 사용자의 경험이나 내면세계가 다르기 때문에 상징과 지시물에서 인지하는 개념과 의미 또한 다르다. 따라서 언어 사용자가 인지하는 단어 또는 언어 형식에서 인지하는 개념, 즉 의미도 일치하지 않는다. 한편 개념을 인지하기 어려운 상징 또는 지시물의 의미를 언어 사용자는 어떻게 이해하고 생성하는지에 대한 의문이 남는다. 예컨대 담화 대용 표지, 조사, 어미 등과 같은 기능어에서 특정한 개념을 인지하기는 쉽지 않다. 따라서 개념이나 개념 이론으로 모든 언어 형식이나 언어 표현의 의미 정보를 구축하기에는 부족한 점이 있다.

실제 의사소통 과정에서 우리는 서로 다른 개념이나 개념 구조를 가진 대화 참여자를 쉽게 만날 수 있다. 이와 같은 개념 차이는 서로 다른 언어를 사용하는 대화 참여자 사이에서 더욱 두드러진다. 예컨대 서로 다른 개념이나 개념 구조 때문에 의사소통이 잘 이루어지지 않는 상황은 모국어 교육 현장보다 외국어 교육 현장에서 그 발생 빈도가 더 높다. 따라서 한국어교육 현장에서도 기호 삼각형을 활용하여 상징과 지시물 사이에 있는 한국어 사용자의 생각 또는 지시, 즉 한국어 사용자의 개념과 개념 구조에 대한 정보를 구축하고 활용하는 것이 필요하다.　　　　　　　　　　　〈신현숙〉

[참고문헌]
• Ogden, C. K. & Richards, I. A. (1989), *The meaning of meaning*, Harcout Brace Jovanovich.

■ 원형 이론

☞ 1. 언어학 〉 1.4. 인지 언어학 〉 ■ 범주화

❏ 전형성

전형성(典型性, typicality)은 원형성의 조건이 되는 특질로서 한 범주에서 훌륭한 범주 구성원들이 갖고 있는 속성을 가리킨다.

범주 내에는 그 범주를 대표하는 좋은 실례(實例)가 있는가 하면 그렇지 못한 실례도 존재한다. 어떤 범주 구성원이 그 범주를 대표하는 좋은 실례가 되는 이유는 그것에 전형성이 있기 때문이다. 예컨대 벌레를 잡아먹는 식충 식물은 전형적인 나무로 인식하지 않는데, 이는 '나무는 대개 광합성을 하며 벌레를 잡아먹지 않는다.'라는 전형성이 있기 때문이다.

전형성에 대한 논의는 근본적으로 범주화에 대한 논의와 맞물려 있다. 고전적 범주화 이론이 무너지고 원형 이론이 대두되면서 원형을 규정짓기 위한 전형성이 논의되었기 때문이다. 원형 이론은 고대 그리스 철학 이후 2천 년 이상 지속되었던 고전적 범주화 이론의 문제점을 지적하고 범주화에 대한 인간의 통찰력을 제공한 이론으로 평가된다. 고전적 범주화 이론은 범주를 구성하는 모든 구성원을 식별할 수 있으며 범주는 필요하고도 충분한 조건으로 형성된 집합(범주의 조건)이라고 주장했다. 또한 범주를 구성하는 구성원들은 모두 동일한 자격(범주 구성원의 자격)을 갖고 있으며, 한 범주와 다른 범주는 명확하게 구별된다(범주의 경계)고 보았다.

그러나 비트겐슈타인(L. Wittgenstein)의 가족 닮음(family resemblance) 원리에 따라 범주는 필요충분조건으로서의 집합과 같지 않다는 주장이 제기되었다. 마찬가지로 베를린과 케이(B. Berlin & P. Kay)의 색채 범주 실험 등에서는 범주를 구성하는 원소들의 자격이 같지 않다는 사실이 검증되었다. 또한 퍼지 이론(fuzzy theory)에서는 범주 경계의 불분명성을 주장하기도 했다. 원형 이론은 고전적 범주화 이론이 갖고 있던 이러한 문제점에 대한 대안으로서 주창되었다.

원형 이론에 의하면 범주는 원형을 중심으로 가족의 닮음처럼 연쇄적인 망을 이루며 범주의 구성원 간에는 원형에서부터 주변에 이르기까지 비대칭성을 이루고 그 경계는 불분명하다. 이에 따라 한 범주 내에는 범주를 대표하는 '더 좋은' 보기가 존재하는데 '더 좋은' 보기가 되는 이유는 그것에 전형성이 있기 때문이다. 범주의 구성원들은 가족 닮음(family resemblance) 원리에 따라 서로 유사한 현상을 보인다. 〈신명선〉

→ 고전적 범주화 이론

[참고문헌]
• 임지룡(1997), 인지 의미론, 탑출판사.
• Berlin, B. & Kay, P. (1969), *Basic color terms: Their universality and evolution*, University of California Press.
• Wittgenstein, L. (1953), *Philosophische Undersuchngen*, G. E. M. Anscombe., P. M. S. Hacker. & J. Schulte. (Trans.), 2009, *Philosophical investigations*, Blackwell.

☐ 의미 범주

의미 범주(意味範疇, semantic category)는 의미를 중심으로 어휘를 분류하는 일 또는 그 결과를 가리킨다.

의미 범주에 관한 논의는 그간 대개 단어로 한정하여 논의하였다. 단어를 의미 중심으로 분류한 결과가 바로 의미 범주이기 때문이다. 예컨대 의사, 변호사, 판사, 교수 등은 '직업'이라는 의미 범주 안에 묶인다.

분류는 의미 범주의 구축 결과를 어디에 활용할 것인가에 따라 다양한 방식으로 이루어진다. 의미 범주 구축의 목적에 따라 어휘소에 부여하는 의미 범주의 정보나 범주 체계화의 방식이 달라진다. 대개 그 목적은 어휘의 조사 및 기술과 사전 편찬, 표현(말하기나 쓰기) 요구의 충족, 정보 검색이나 기계 번역 등으로 나눈다.

일찍이 라이언스(J. Lyons)는 의미 범주를 일차 개체(first order entity), 이차 개체(second order entity), 삼차 개체(third order entity)로 나눈 바 있다. 또한 자켄도프(R. Jackendoff)는 의미 범주를 실체(thing), 사건(event), 상태(state), 행동(action), 장소(place), 경로(path), 속성(property), 양(amount)으로 나누었다. 최근에 워드넷(WordNet)에서는 단일 출발어(unique beginner)라 불리는 25개의 의미 범주를 설정한 바 있다. 국내의 경우 카이스트(Korea Advanced Institute of Science and Technology: KAIST) 전문용어 언어공학연구센터의 코어넷(Core Multilingual Semantic Word Net: CoreNet), 세종 전자사전 등에서 의미 범주 체계화가 시도되었다. 다음은 코어넷 계층도의 일부이다.

〈코어넷(CoreNet)의 계층도〉

```
1. 구체/추상
  1. 구체
    1. 주체
      1. 사람
        1. 인간
        2. 준인간
        3. 사람〈직업/지위/역할〉
          1. 사람〈직업〉
            1. 사람(기술 전문직)
            2. 교사/학생
              ......
```

의미 범주는 연구자 및 의미 범주 구축의 목적에 따라 달라질 수 있다. 따라서 의미 범주 구축 시에는 의미 범주의 체계, 의미 범주의 크기, 어휘소와 의미 범주의 대응 문제 등을 꼼꼼하게 고려해야 한다.

전통적으로 단어의 의미는 단어 자체가 독립적으로 내재하고 있는 것으로 간주되었다. 그러나 최근 인지 언어학에 따르면 단어의 의미는 '개념'으로서 백과사전적 지식과 연동된다. 최근에는 범주에 대한 이해도 크게 달라졌다. 고전적 범주화 이론이 무너지고 원형 이론이 대두됨에 따라 범주의 조건이나 경계, 범주 구성원의 자격에 대한 인식이 달라졌다. 이에 따라 최근에는 의미 범주 구축 시 단어의 개념을 중심으로 단어들의 복잡한 개념도를 보다 인간의 심리 구조에 적합하게 구축하려는 노력도 활발하다. 어떤 대상이 세계 내에서 차지하고 있는 위치를 중심으로 어휘를 분류하는 것뿐만 아니라 인간의 경험적 지식 기반이나 심리 구조를 의미 범주에 반영하는 방법을 모색하고 있는 것이다. 그러나 개념 체계가 어휘소의 의미보다 선행할 수 있고 개념 체계와 어휘소의 의미 체계가 완전히 일치하는 것도 아니므로 신중한 검토가 요구된다. 또 범주화에 대한 인식의 전환에 따라 하나의 단어가 하나의 의미 범주 내에만 소속되는 것이 아니라 두 개 이상의 범주에 소속될 수 있다는 인식도 확산되고 있다. 〈신명선〉

→ 인지 언어학, 고전적 범주화 이론

[참고문헌]
- 임홍빈·한재영(1993), 국어 어휘의 분류 목록에 대한 연구, 국립국어원.
- Jackendoff, R. (2002), *Foundation of language: Brain, meaning, grammar, evolution*, Oxford University Press.
- Lyons, J. (1977), *Semantics 1*, Cambridge University Press.

❑ 어휘장

어휘장(語彙場, semantic field)이란 의미적으로 서로 관련이 있는 단어들의 체계적인 집합을 가리킨다.

어휘를 일정한 체계 속에 있는 단어들의 집합이라 할 때, 한 언어의 어휘 체계는 의미상 어떤 관련성을 가진 어휘들로 집단화되어 하나의 장(field)을 형성할 수 있다. 이를 장이론(場理論, field theory)이라고 부른다. 어휘장 이론은 훔볼트(W. von Humboldt)의 내적 언어 형식과 분절의 개념 그리고 소쉬르(F. Saussure)의 계열 관계(paradigmatic relation)와 통합 관계(syntagmatic relation)의 개념에 기대어 후에 트리어(J. Trier)와 포르지히(W. Porzig)에 의해 발전되었다. 트리어는 소쉬르의 계열 관계와 훔볼트의 분절의 개념을 바탕으로 계열적 장이론을, 포르지히는 소쉬르의 통합 관계와 훔볼트의 내적 언어 형식의 개념을 바탕으로 통합적 장이론을 발전시켰다. 그 외 바이스게르버(L. Weisgerber)는 계열적 장이론을, 코세리우(E. Coseriu)는 트리어와 포르지히의 이론을 비판적으로 수용한 장이론을 발전시켰다.

트리어는 의미적으로 관련이 있는 단어들의 내적 관계를 개념장이라 하고 이들의 외적인 구체적 구현을 어휘장이라 하였다. 트리어의 어휘장은 계층적 성격을 지니고 있으며 의미의 상하 관계(hyponymy)를 나타낸다. 다음 그림은 동물(creature) 어휘장을 나타낸다.

〈동물 어휘장〉

포르지히는 두 단어의 의미 사이에 본질적으로 존재하는 관계를 본질적 의미 관계라 부르고 이에 근거하여 의미장을 구성하였다. 예컨대 '짖다'라는 단어는 의미상 본질적으로 '개'라는 단어와 관련을 맺는다. 따라서 '짖다'와 '개'는 본질적 의미 관계를 맺고 있다고 한다. 이처럼 포르지히의 의미장은 포용(encapsulation)과 연어(collocation)로 설명된다. 즉 '짖다'라는 단어 속에는 '개가'의 의미가 포용되어 있으며 '개가 짖다'는 연어로 설명된다.

어휘장에 관한 연구는 한 언어 내에 존재하는 어휘적 빈자리(lexical gap)를 드러낸다. 예컨대 한국어에서 손가락을 가리키는 고유어는 '엄지, 검지, 애끼'로서 셋째와 넷째 손가락을 가리키는 고유어는 없다. 장지 또는 무명지, 약지와 같은 한자어가 어휘적 빈자리를 메우는 것은 한국어의 특성이다.

한국어교육에서 어휘장은 어휘 교육 및 문화 교육에 활용할 수 있다. 어휘장은 연어뿐만 아니라 상·하의어, 유의어 등 의미 관계를 반영하고 있기 때문에 어휘 교육 시 유용하다. 한국어 어휘 교육에서 의미적으로 관련 있는 단어들을 체계적으로 정리하여 제공하는 것은 어휘 학습의 효과를 높일 수 있다. 또 한국어 어휘의 의미 체계는 한국의 언어문화를 반영하고 있기 때문에 한국의 문화를 이해할 수 있는 좋은 자료이다. 한편 언어 간 대조나 비교는 한국어 어휘나 문화의 특성을 드러낼 수 있다는 점에서 교육 및 연구에 유용하다. 〈신명선〉

→ 계열 관계와 통합 관계

[참고문헌]
• 윤평현(2008), 국어 의미론, 역락.

• 임지룡(1992), 국어 의미론, 탑출판사.
• Porzig, W. (1934), Wesenhafte Bedeutungsbeziehungen, *Beiträge zur Geschichte der Deutschen Sprache und Literatur 58*, pp. 70~97.
• Trier, J. (1931), *Der deutsche Worschatz im Sinnbezirk des Verstandes*, Heidelberg.

■ 성분 분석 이론

성분 분석 이론(性分分析理論, componential analysis theory)은 단어가 가지고 있는 의미 성분을 발견하고 조직하여 어휘의 의미를 규명하고자 하는 방법론을 말한다.

카츠와 포더(J. J. Katz & J. A. Fodor)는 어휘의 의미 구조를 밝히기 위해 성분 분석 방법을 처음으로 도입하였다. 그들이 제안한 방법에 따르면 한 어휘의 의미는 다음의 세 가지 정보로 분석된다. 어휘의 문법적 정보, 그것이 나타내는 전형적인 의미 성분, 그 어휘와 다른 어휘의 의미를 구분해 주는 의미 성분이 그것이다. 카츠와 포더는 이러한 방법을 사용하여 동의어, 반의어, 중의성, 모순성 등 여러 의미 관계를 설명할 수 있다고 주장하였다.

한 단어의 의미는 여러 가지 의미 성분으로 구성된다. 어떤 단어들은 특정 의미 성분을 공유하기도 하고 그들 사이의 차이를 드러내는 의미 성분을 가지기도 한다. 예를 들어 '총각, 남편, 처녀, 아내' 등의 단어는 [인간]이라는 의미 성분을 공유한다. 이 중 '총각'과 '남편'은 [남성]을, '처녀'와 '아내'는 [여성]을 공유하는 것으로 더 세분할 수 있다. 그리고 '총각'과 '처녀'는 [남성-여성]으로 구분하고, '총각'과 '남편'은 [미혼-기혼]의 의미 성분으로 구분한다. 이러한 논의를 '+'와 '-'의 양분적 자질을 사용하여 표로 나타내면 아래와 같다.

〈'인간'을 나타내는 단어의 성분 분석〉

	[+남성]	[-남성]
[+미혼]	총각	처녀
[-미혼]	남편	아내

위 표에서 살펴본 바와 같이 두 가지의 의미 성분, 즉 [남성]과 [미혼] 그리고 '+'와 '-'의 양분적 값의 조합에 의하여 '총각, 남편, 처녀, 아내' 등 사람을 나타내는 네 개의 단어 의미를 논리적으로 정의할 수 있다.

이러한 성분 분석은 단어의 의미와 단어들 사이의 의미 관계를 명확하게 규정할 수 있다는 큰 장점이 있다. 예를 들어 '처녀'와 '아내'는 반의 관계에 있는데 이는 [남성]의 의미 성분에 대해서는 '-'로 그 값이 같지만 [미혼]의 의미 성분에 대해서는 값이 다르기 때문이다.

그러나 이러한 성분 분석은 한 단어의 개념적 의미를 추출하여 분석하기 때문에 단어에 있는 내포적 의미를 기술할 수 없다는 한계가 있다. 또한 성분 분석에 필요한 의미 성분이 어느 정도까지 설정되어야 하는지, 그것의 목록화가 가능한지의 여부 역시 분명하지 않다.

성분 분석 이론은 개별 단어의 의미와 동의어, 반의어, 상의어, 하의어 등 단어들 사이의 의미 관계를 명시적으로 규정해 주므로 한국어 어휘 교육에 적극적으로 활용할 수 있다.   〈박소영〉

[참고문헌]
- 윤평현(2008), 국어 의미론, 역락.
- 임지룡(1992), 국어 의미론, 탑출판사.
- Katz, J. J. & Fodor, J. A. (1963), The structure of a semantic theory, *Language 39-2*, pp. 170~210.

🔲 의미 자질

의미 자질(意味資質, semantic feature)은 단어의 의미를 이루고 있는 구성 요소를 말한다.

단어의 의미는 작은 의미들이 모여서 이루어진 의미의 덩어리라고 할 수 있다.

(1) ㄱ. *신부는 석가모니를 모신다.
    ㄴ. *신부 가운데는 여자도 더러 있다.
    ㄷ. *저 신부는 삼 년 전에 결혼했다.

대부분의 한국어 화자들은 위 (1)의 예문이 의미적으로 잘못되었다는 것을 알고 있다. 왜냐하면 위 (1)의 진술들은 '신부(神父)'에 대해 잘못된 진술을 하고 있기 때문이다. '신부'라는 의미에는 '천주교', '남자', '결혼하지 않음' 등의 의미들이 내재하는데 위 (1)의 예문들은 이러한 의미 조각들에 어긋나는 진술을 하고 있다. 이와 같이 한 단어의 의미는 더 작은 의미들이 모여서 이루어진 여러 의미의 덩어리인데, 그 단어의 의미를 이루고 있는 구성 요소를 의미 자질이라고 한다.   〈박소영〉
= 의미 특질

[참고문헌]
- 윤평현(2008), 국어 의미론, 역락.
- 임지룡(1992), 국어 의미론, 탑출판사.

■ 의미 관계

의미 관계(意味關係, sense relation)는 언어를 구조화된 하나의 총체로 간주하고 그 구성 요소들을 상호 의존적인 관계로 보는 개념이다.

이렇게 언어를 구조적으로 보는 관점은 소쉬르(F. Saussure)로부터 시작되었다. 소쉬르는 언어를 그 구성 요소들의 상호 관계로 설명한다. 그 가운데 어휘들 간의 의미가 상호 관계를 지니고 있음을 설명하는 것이 의미 관계이다. 의미 관계는 어떤 단어가 단독으로 의미를 성립시킬 수 없을 때 그 단어와 관련된 다른 단어를 연관시킴으로써 의미를 확립시키는 두 단어 간의 관계로 설명된다. 이때 의미 관계란 항상 복수의 어휘 사이에서 얽혀 있는 관계로 본다. 이를 둘 이상의 어휘소 사이에서 성립하는 상대적인 개념이라고 보는 경우도 있다.

소쉬르는 의미 관계를 계열 관계와 통합 관계로 나누었다. 여기서의 계열 관계란 공간 안에 현존하지 않는 것이고, 통합 관계란 공간 안에 현존하는 것이다. 예를 들어 도리아식의 기둥을 보고 있을 때 머릿속에 떠오르는 이오니아식, 코발트식은 계열 관계이다. 그러나 공간 안에 존재하는 기둥과 추녀의 관계를 통해 집을 만드는 것은 통합 관계이다. 다음의 예를 통해 이를 구체적으로 살펴볼 수 있다.

(1) ㄱ. 남자/여자

ㄴ. 춘추(봄과 여름) = 나이

위의 예에서 '남자'라는 단어는 사람이라는 범주 안에서 여자라는 단어의 상상을 통해서 의미적 특징이 분명해진다. 이는 대립적 성질을 가진 계열 관계인 것이다. 그러나 '춘추'는 계절이라는 범주에서의 봄과 여름을 나타내는 계열 관계가 아니라 실존하는 두 계절의 통합을 통해 '나이'라는 새로운 의미를 만들어 낸 것이다.

이렇듯 언어는 하나의 구조로서 상호 의존적인 관계가 존재한다. 이러한 관계를 이해하는 것은 문장의 적절성을 이해하고 어휘를 확장하는 데 유용한 기능을 한다. 이에 한국어교육에서는 의미 관계를 중심으로 연어 관련 연구나 어휘 학습과 관련한 연구가 축적되어 있다. 동의, 대립, 하의 등의 관계를 적용한 어휘 학습의 유용성이나 결합적 관계에서의 연어 현상에 대한 이해 등이 이러한 의미 관계를 활용한 한국어 학습의 유용한 연구 결과물이라 하겠다. 〈이유미〉

→ 계열 관계와 통합 관계

[참고문헌]
• 윤평현(1995), 국어 명사의 의미 관계에 대한 연구, 한국언어문학 35, 한국언어문학회, 91~115쪽.
• 이승명(1981), 의미 관계와 범주, 한글 173·174, 한글학회, 545~558쪽.
• 임지룡(1992), 국어 의미론, 탑출판사.
• Cruse, D. A. (2000), *Meaning in language: An introduction to semantics and pragmatics*, 임지룡·김동환 옮김, 2002, 언어의 의미: 의미·화용론 개론, 태학사.
• Saussure, F. (1916), *Course de linguistique generale*, 최승언 역, 2006, 일반 언어학 강의, 민음사.

❑ 동의 관계

동의 관계(同義關係, synonymy)는 음운적으로 서로 다른 단어이지만 둘 이상의 단어 의미가 서로 동일하거나 매우 비슷한 의미가 있는 관계를 말한다.

이러한 동의 관계에 있는 어휘를 동의어(synonym)라고 한다. 동의 관계는 서로 다른 표현이 같은 의미를 갖는 것으로 실제로는 완전한 동의 관계를 인정하지 않는 경우가 많다. 그래서 동의 관계를 다음과 같은 두 가지 차원으로 설명하기도 한다.

첫째는 절대적 동의 관계(absolute synonymy)로 두 어휘소가 아무런 의미 차이가 없이 모든 문맥에서 치환될 수 있을 때에 성립한다. 이는 과학 분야의 전문 용어와 같이 완전 교체가 가능한 두 어휘의 관계를 의미한다. 그러나 일반적으로는 두 어휘의 완전한 교체는 가능하지 않다.

둘째는 '동일한 의미'에 느슨한 기준을 적용한 상대적 동의 관계(relative synonymy)이다. 상대적 동의어는 비슷한 말 또는 유의어라는 표현이 더 적절하다. 이는 두 어휘소 간의 개념 의미가 동일하고 문맥상 치환이 가능한 경우이다. 예를 들어 '아버지/아빠', '어머니/엄마' 등이 있다.

한국어교육에서는 학습자의 모어와 목표어인 한국어 사이의 절대적 동의 관계를 학습하는 것을 기본으로 한다. 더불어 이러한 동의 관계에 따른 학습은 어휘 확장 학습으로 유용하게 활용하고 있다. 〈이유미〉

[참고문헌]
• 신현숙(2011), 의미망을 활용한 한국어 어휘 교육, 한국어문학연구 56, 한국어문학연구학회, 449~479쪽.
• 윤평현(2008), 국어 의미론, 역락.
• 임지룡(1992), 국어 의미론, 탑출판사.

❏ 대립 관계

대립 관계(對立關係, antonymy 또는 oppositeness)는 단어 간의 의미가 서로 반대되는 것을 의미한다.

의미의 대립 관계는 구조 의미론을 비롯한 언어학뿐 아니라 철학, 논리학, 심리학 등 주요 분야의 관심사로 연구되었다. 여러 학자들은 우주의 생성과 운용의 원리를 대립에 근거하여 규명해 왔다. 언어 연구에서 이러한 생각은 발화하는 동안에 반대어가 화자와 청자의 마음에 어떤 방식으로든 현존한다고 한 트리어(J. Trier)의 주장에 잘 나타나 있다.

어휘의 대립 관계에 대해서는 반의어, 대립어, 반대말, 상대어 등의 명칭이 혼용되고 있다. 대립 관계가 성립하기 위해서는 무엇보다 여러 가지 의미 자질 가운데서 비교 기준으로 삼은 하나의 의미 자질이 달라야 한다. 이러한 반의 관계의 조건을 동질성의 조건과 이질성의 조건으로 제시한 경우도 있다.

동질성의 조건은 반의 관계에 있는 두 단어는 우선 동일 의미 영역에 속해야 하며 그렇기 때문에 의미 영역은 일정한 의미 성분을 공유한다는 것이다. 예를 들어 '남편'과 '아내' 그리고 '기쁘다'와 '슬프다'는 각각 부부와 감정이라는 의미 영역 안에서 동질적인 관계를 갖고 있다. 그러나 이 단어들의 대립 관계가 성립하는 것은 결국 이질성의 조건 때문이다. 이들의 관계는 동일 의미 영역에 속하나 '남자'와 '여자', '긍정'과 '부정'과 같이 서로가 대립하는 배타성으로 인해 대립 관계가 성립하는 것이다.

이러한 의미적 대립 관계는 같은 의미 영역을 인식하고 이들의 속성적인 차이를 이해하게 한다는 점에서 한국어 어휘 학습에 응용할 만한 가치가 있다. 또한 대립 관계는 모든 언어에서 보편적인 현상이기 때문에 모어 어휘의 대립 관계를 통한 한국어 어휘의 유추 학습이 가능하다는 점에서도 유용하다.　　　　　　　　　〈이유미〉

= 반의 관계

[참고문헌]
• 윤평현(2008), 국어 의미론, 역락.
• 임지룡(1992), 국어 의미론, 탑출판사.
• Lyons, J. (1977), *Semantics 1*, 강범모 역, 2011, 의미론 1: 의미 연구의 기초, 한국문화사.

❑ 하의 관계

하의 관계(下義關係, hyponymy)는 어휘소 의미의 계층적 구조에서 한 어휘소의 의미가 다른 쪽을 포섭하거나 다른 쪽에 포섭되는 관계를 의미한다.

하의 관계는 어휘장 속에서 잘 드러난다. 한 단어장과 그것의 부분장 속에 있는 단어 사이에서 상위 단어의 속성을 일부분 포함하는 관계에 있다.

〈반려 동물의 하의 관계〉

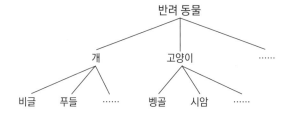

위의 그림에서 보듯이 '개'와 '고양이'는 '반려 동물'과 하의 관계를 이룬다. '비글(beagle)'과 '푸들(poodle)' 그리고 '뱅골(bengal cat)'과 '시암(siamese)'은 각각 '개', '고양이'와 하의 관계를 이룬다. 물론 '반려 동물'과 '비글', '푸들', '뱅골', '시암' 사이에도 간접적 하의 관계가 성립한다. 이는 결국 같은 의미 범주 안에서 의미의 특수성과 보편성 사이의 관계로 보편적인 의미를 가진 대상에 대하여 특수한 의미를 가진 대상이 하의 관계에 있는 것이다.

이러한 하의 관계는 한국어교육에서 어휘 지도 방법론으로 연구해 왔다. 보편어 학습과 함께 특수어를 연결하여 교육함으로써 학습자들이 어휘를 확장적으로 학습하는 데 활용할 수 있다. 예를 들면 '소리'와 같은 보편어를 학습할 때 '바람 소리, 발자국 소리'와 같은 특수어를 활용할 수 있다.　　　　　　　　　〈이유미〉

= 상하 관계

[참고문헌]
• 윤평현(2008), 국어 의미론, 역락.
• 임지룡(1992), 국어 의미론, 탑출판사.
• Lyons, J. (1977), *Semantics 1*, 강범모 역, 2011, 의미론 1: 의미 연구의 기초, 한국문화사.

■ 의미 속성

❑ 중의성

중의성(重義性, ambiguity)이란 하나의 언어 표현이 두 가지 이상의 의미로 해석이 가능한 언어적 속성을 말한다.

중의성은 그것이 생성되는 요인에 따라서 어휘적 중의성, 구조적 중의성, 영향권 중의성으로 나눌 수 있다. 먼저 어휘적 중의성은 문장 속에 사용된 어휘의 특성에 의해서 나타나는 중의성이다.

(1) 나에게 그 정도의 힘은 있다.
(2) 우리는 시내에서 멀지 않은 곳에서 살고 있다.

(1)의 문장은 두 가지 의미로 해석할 수 있다. 그것은 문장 속의 '힘'이 다의어로서 [근력]과 [역량]의 의미를 가지고 있기 때문이다. (2)의 문장은 '시내'가 동음어로서 '조 그마한 개울'을 가리킬 수도 있고 '도시의 안쪽'을 가리킬 수도 있다. 이와 같이 다의어 나 동음어를 포함한 문장은 중의성을 생성한다.

둘째로 구조적 중의성은 문장을 이루고 있는 성분들 사이의 통사적 관계를 나타내는 중의성을 말한다.

(3) 나를 슬프게 하는 그 남자의 뒷모습이 오늘은 더욱 쓸쓸해 보인다.
(4) 김 박사가 최 간호사와 입원 환자를 둘러보았다.

(3)의 문장은 '나를 슬프게 하는'의 수식 범위가 '그 남자'일 수도 있고 '그 남자의 뒷 모습'일 수도 있다. (4)의 문장은 서술어와 호응하는 논항의 범위가 달라서 중의성을 띤 다. 다시 말해서 서술어 '둘러보았다'의 주체가 '김 박사'일 수도 있고 '김 박사와 최 간 호사'일 수도 있다. 또한 둘러본 대상은 '최 간호사와 입원 환자'일 수도 있고 '입원 환 자'일 수도 있다.

마지막으로 영향권 중의성은 특정 단어의 의미 해석 범위가 달라서 생기는 중의성을 말한다. 영향권 중의성은 일반적으로 수량사나 부정사로 나타난다.

(5) 모든 소년들이 한 소녀를 사랑한다.
(6) 학생이 모두 오지 않았다.

(5)의 문장은 '모든 소년들이 자신이 사랑하는 소녀가 한 사람씩 있다.'와 '모든 소년 들로부터 사랑받는 소녀가 한 사람 있다.'로 해석할 수 있다. 이는 수량 표현 '모든 소 년'과 '한 소녀'의 의미 해석 범위가 서로 다르기 때문이다. (6)의 문장은 '않았다'라는 부 정사로 인해서 '온 학생이 한 명도 없다.'라는 전체 부정과 '오지 않은 학생이 몇 명 있 다.'라는 부분 부정으로 해석할 수 있다. 〈윤평현〉

[참고문헌]
• 박종갑(2001), 토론식 강의를 위한 국어 의미론, 박이정.
• 윤평현(2008), 국어 의미론, 역락.
• 윤평현(2013), 국어 의미론 강의, 역락.
• 임지룡(1992), 국어 의미론, 탑출판사.

❑ 모호성

모호성(模糊性, vagueness)이란 의미하는 바가 명료하지 않아서 그 의미가 전하는 내용을 분명하게 규정지을 수 없는 언어적 속성을 말한다.

모호성은 명확하게 구분되지 않은 사물이나 개념을 언어 표현으로 나타낼 때 발생한다. 예를 들면 '중년 남자'에서의 '중년'은 어느 정도의 나이를 가리키는지 분명하게 알 수 없다. '청년' 또는 '장년'과의 의미 경계에 대해서도 명확하게 설명할 수 없다. 이와 같이 모호성은 의미의 경계가 분명하지 않아서 지시 대상을 명확하게 규정하지 못하는 데서 생긴다. 또한 단어의 의미가 지나치게 포괄적일 때 모호성이 나타나기도 한다. 단어의 의미가 포괄적이면 반대로 그 단어는 의미가 구체적이지 않을 수 있다. 이러한 의미의 구체성 결여가 결과적으로 모호성을 불러온다. 예를 들어서 "철호는 좋은 학생이다."에서의 형용사 '좋다'는 의미 자체가 포괄적이기 때문에 구체적인 정보를 포함하지 않은 단어이다. 따라서 '좋은' 것이 학교 성적인지, 성품인지, 교우 관계인지, 그 밖의 어떤 것인지 알 수가 없다. 또한 표현 자체가 막연하여 의미하는 바를 쉽게 확정할 수 없는 데에서 오는 모호성도 있다. "김 선생님의 점수가 높다."에서의 '김 선생님의 점수'는 '김 선생님이 준 점수', '김 선생님이 받은 점수', '김 선생님이 원하는 점수', '김 선생님이 예상하는 점수' 등 여러 의미를 생각해 볼 수 있다. 이러한 다양한 가능성이 결과적으로 의미를 모호하게 한다. 〈윤평현〉

[참고문헌]
• 박종갑(2001), 토론식 강의를 위한 국어 의미론, 박이정.
• 윤평현(2008), 국어 의미론, 역락.
• 윤평현(2013), 국어 의미론 강의, 역락.

■ 의미 전이

의미 전이(意味轉移, transfer of meaning)는 한 언어 표현이 가지고 있는 본래의 구체적인 의미나 추상적인 의미를 그 외의 것을 나타내기 위하여 사용함으로써 기본 의미에 변동이 일어난 것을 말한다.

언중(言衆)은 새로운 사물이나 개념이 나타났을 때나 표현상의 효과를 위해 기존 단어의 의미를 전이하여 사용하는 경우가 많다. 이러한 전이는 의미의 변동을 가져오고 오랜 시간이 지나면 의미의 변화로 이어지기도 한다. 전이는 주로 외형의 유사, 기능의 유사, 위치의 유사, 성질의 유사 등에 의해 일어난다. '사람의 다리'와 '상다리'에서 '다리'의 의미는 후자의 경우 본래의 의미가 아닌 유사성을 가진 다른 지시물을 나타내는 것이므로 의미가 전이된 것이다.

이렇듯 전이는 유사성에 기반하고 있어 은유에 의해 주로 일어난다. 그 외에도 인접성에 기반을 둔 환유 등에 의해서도 나타난다. 이렇게 전이된 의미는 전이 의미가 발생한 뒤 통시적 과정을 거치고 시간이 지나 동일한 의미 전이가 관습화되면 근원어의 어휘적 의미로 고착되어 다의어가 되기도 한다. 학자에 따라 '의미 전이'라는 용어를 사용할 때 은유나 환유 표현과 같은 의미 전이의 단계와 그것이 고착되어 다의어로 정착된 어휘적 의미 단계를 구분하기도 한다. 또한 의미 변화와 유의어 개념으로 사용하기도 한다. 이는 의미 전이가 의미 변화라는 개념에 포섭되기 때문에 어디까지를 전이로 볼 것인가를 한정하기 어렵다는 한계가 있기 때문이다.

의미 전이는 다른 지시 대상으로의 전이에 입각한 유사성을 화자가 지각할 수 있어야 일어난다. 동물의 신체 부위를 나타내는 '다리'를 '상다리'와 같이 무생물에 사용하는 데 어려움을 느끼지 않는 것은 이러한 유사성 때문이다. 또한 의미 영역이 다른 의미 영역으로 전이되는 현상이 다양하게 나타난다. 전이는 양방향으로 일어난다는 연구도 있지만 의미 전이도 의미 확장의 양상과 유사하게 나타난다. 개념 영역의 일반적인 의미 확장은 '사람(person), 대상(object), 활동(activity) → 공간(space) → 시간(time) → 질(quality)'의 방향으로 일어난다. 이와 관련하여 임지룡은《인지 의미론》에서 의미 확장의 양상을 '〈사람 → 짐승 → 생물 → 무생물〉의 확장', '〈구체성 → 추상성〉의 확장', '〈공간 → 시간 → 추상〉의 확장', '〈물리적 → 사회적 → 심리적〉 확장', '〈일반성 → 비유성 → 관용성〉의 확장', '〈내용어 → 기능어〉의 확장'으로 구체화하여 밝히고 있다. 이는 더 명확한 것을 통하여 덜 명확한 것을 표현하려는 인간의 인지 체계와 연결된다.

의미 전이는 두 표현이 가진 의미 사이의 관련성에 기초를 둔다. 이러한 의미 관련성을 연결시켜 학습자에게 교육하는 것이 효과적이다. 특히 한국어교육에서 의미 전이가 빈번하게 나타나는 신체 언어나 관용어 표현 교수에 의미 전이 활용이 필요하다. 또한 의미 전이가 일어나는 대표적인 유형인 은유와 환유는 인간의 자연스러운 인지 기제이므로 한국어교육에 이를 이용한 교수법도 적용할 만하다.　　　　　　　　　〈최지훈〉

[참고문헌]
• 임지룡(1997), 인지 의미론, 탑출판사.
• 천시권·김종택(1984), 국어 의미론, 형설출판사.
• Heine, B., Claudi, U. & Hünnemeyer, F. (1991), *Grammaticalization: A conceptual framework*, University of Chicago Press.
• Ullmann, S. (1957), *The principles of semantics: A linguistic approach to meaning*, 남성우 역, 1981, 의미론: 의미론의 원리, 탑출판사.

❏ 환유

환유(換喩, metonymy)는 어떤 개체와 관련되는 같은 영역의 개체를 지시하기 위해 그 개체의 이름을 사용하는 것이다.

환유는 인접성에 기반을 둔 인지 과정으로 한 영역의 일부를 가지고 그 영역 전체를 나타내는 확대 지칭과 한 영역의 전체를 가지고 그 영역의 어느 일부분을 나타내는 축소 지칭에 바탕을 둔다. 확대 지칭 환유에 해당하는 것으로는 특징을 가지고 사람이나 사물을 나타내는 경우, 소유물로 소유자를 나타내는 경우, 개체를 통해 유형을 나타내는 경우, 원인으로 결과를 혹은 결과로 그 원인을 나타내는 경우 등이 있다. 몇 가지 예를 제시하면 다음과 같다.

(1) 일손이 부족하다.
→ 일할 사람(노동력)
(2) 머리를 잘랐다.
→ 머리카락

축소 지칭 환유에는 사물의 전체로서 부분을 나타내는 경우, 생산자나 생산지를 통해 그곳의 책임자를 나타내는 경우, 장소나 건물을 통해 그곳의 거주자나 책임자를 나타내는 경우, 그릇을 가지고 그 내용물을 나타내는 경우, 특정 시간을 통하여 그 시간에 일어난 특정 사건이나 행위를 나타내는 경우 등이 있다. 몇 가지 예를 제시하면 다음과 같다.

(3) 나는 차를 고쳤다.
→ 차의 고장 난 부분
(4) 주전자가 끓는다.
→ 주전자 안에 담겨 있는 내용물, 액체

인지 언어학적 관점에서는 환유가 은유보다 더 기본적이고 의미 확장의 근간이 되는 것으로 본다. 환유가 우리의 신체적 경험에 뿌리를 두고 있다는 점에서는 은유와 유사하지만 두 사물이 인접해 있어서 의미적 연상, 즉 의미 전이가 신속하고 자연스럽게 일어나기 때문이다.

환유는 인간의 보편적인 인지 기제이므로 한국어 학습 시에도 이를 이용하는 것이 효과적이다. 특히 감정 상태를 나타내는 관용어에도 환유가 많이 작용한다. 예를 들어 화가 나는 것을 '열이 나다.'로, 긴장한 상태를 '가슴이 떨리다.'로, 슬픈 것을 '가슴이 저리다.'로 표현하여 그 감정 상태가 되었을 때 나타나는 생리적 반응을 드러내는 것으로 표현을 대신하는 경우가 많다. 이 경우 '어떤 감정의 생리적 효과는 그 감정을 대표한다.'라는 환유를 한국어 교수에 적용하면 유사한 감정 표현의 뉘앙스 차이를 이해시키는 데 유용하다.

〈최지훈〉

→ 개념적 환유

[참고문헌]
• 김종도(2005), 인지 문법적 관점에서 본 환유의 세계, 경진문화사.
• 박영순(2000), 한국어 은유 연구, 고려대학교출판부.
• 임지룡(1997), 인지 의미론, 탑출판사.
• 최지훈(2010), 한국어 관용구의 은유·환유 연구: 인지 의미론적 관점을 중심으로, 혜안.
• Knowles, M. & Moon, R. (2006), *Introducing metaphor*, 김주식·김동환 옮김, 2008, 은유 소개, 한국문화사.

☐ 은유

은유(隱喩, metaphor)는 하나의 개념을 유사성을 찾을 수 있는 또 다른 하나의 개념을 통하여 이해하는 것이다.

은유는 보통 'A는 B이다.'의 구조를 가지며 기본적으로 유사성에 근거하는 인지 기제다. 은유는 '당신은 천사야.'와 같은 단순한 일상 언어에서부터 '내 마음은 호수요.'와 같은 시적 은유에까지 광범위하게 분포되어 있다.

전통적인 관점에서 은유는 원관념을 나타내기 위해 유사성이 있는 보조 관념을 이용하여 설명한다. 최근의 인지 언어학에서는 은유를 인간에게 익숙한 근원 영역(source domain)으로 낯선 목표 영역(target domain)을 개념화하는 인지 책략이라 설명한다. 예를 들어 '내 마음은 호수요.'라는 은유 표현에서는 목표 영역인 '내 마음'을 근원 영역인 '호수'의 관점에서 이해하게 된다. 이 과정에서 '호수'가 나타내는 의미는 '호수'라는 단어의 기본 의미가 아닌 특정한 속성이 부각된 의미거나 연상된 의미이다. 이러한 과정을 거쳐 의미의 전이가 일어난다.

(1) 10년 동안 <u>몸담아</u> 온 회사를 떠나려니 섭섭한 마음이 크다.
(2) 그 사람이 이번 일로 <u>욕을 많이 먹었어.</u>

위의 예문 (1)의 '몸담다'는 '조직은 용기다, 구성원은 그 용기 안의 내용물이다.'라는 은유가 작용한 예다. 예문 (2)는 '말은 음식이다.'라는 은유가 작용한 예인데 '욕을 먹다.', '그 (말의) 내용을 소화할 수 없다.' 등도 동일하게 설명 가능하다.

한국어 학습자에게 관용어나 은유 표현을 가르칠 때는 인지 동기를 부여해서 가르치는 것이 효과적이다. 또한 은유로 형성된 관용어나 은유 표현을 가르치는 데 학습자의 인지 기제인 은유를 활용하는 것도 유용하겠다. 〈최지훈〉

→ 개념적 은유

[참고문헌]
• 박영순(2000), 한국어 은유 연구, 고려대학교출판부.
• 최지훈(2010), 한국어 관용구의 은유·환유 연구: 인지 의미론적 관점을 중심으로, 혜안.
• Knowles, M. & Moon, R. (2006), *Introducing metaphor*, 김주식·김동환 역, 2008, 은유 소개, 한국문화사.
• Lakoff, G. & Johnson, M. (2003), *Metaphors we live by*, University of Chicago Press.

■ 의미역

의미역(意味役, semantic role 또는 thematic role)은 동사의 논항들(arguments)이 갖는 의미적 역할을 말한다. 행동주, 피동주, 대상, 도구, 경험주, 착점 등이 이에 속한다.

논항의 의미역은 동사가 표상하는 사건에 해당 논항이 참여하는 방식을 가리킨다. 필모어(C. J. Fillmore)는 의미역 목록으로 행동주(agent), 반행동주(counter-agent), 대상(object), 결과(result), 도구(instrument), 기점(source), 착점(goal), 경험주(experiencer) 등 여덟 가지를 제시한 바 있다. 행동주는 해당 사건에 주체적이고 자발적으로 참여하는 논항이며, 반행동주란 행동주의 행위를 반하는 혹은 저지하는 논항이며, theme이라고도 하는 대상은 이동하는 논항 혹은 처소 변화나 상태 변화를 겪는 논항이다. 결과는 어떤 변화 사건의 결과로 존재하게 되는 개체이며, 도구는 자극(stimulus)이나 원인(cause)을 포괄하는 의미역으로 제안되었다. 이에 따르면 동사 '부수다'는 [행동주, 도구, 대상]의 의미역을 취하고, '놓다'는 [행동주, 대상, 처소]를 취한다.

이후 래드포드(A. Radford)와 페제스키(D. Pesetsky), 스펜서(A. Spencer) 등의 연구를 통해 다양한 종류의 의미역이 제안되었다. 이에는 피동주(patient), 수혜자(benefactive), 처소(location), 표적(target) 등이 포함된다. 피동주는 행동주와 대립되는 의미역으로서 행동주의 행위에 영향을 받는 논항으로 정의되고, 처소 변화나 상태 변화를 겪는 논항에 부여되는 대상과 구분하기도 한다. '고양이가 쥐를 잡았다.'의 동사 '잡다'는 주어 논항인 '고양이'에게 행동주 논항을, 목적어 논항인 '쥐'에게 피동주 논항을 부여한다. 또한 '어제 몰아친 강풍이 가로수를 쓰러뜨렸다.' '버스가 보행자를 덮쳤다.' 등에서 주어 논항은 무정물(inanimate) 명사이므로 행동주라고 하지 않고 수행자(performer)라고 불리기도 한다.

동사나 형용사와 같이 명사도 명사구 내에서 취하는 논항에 의미역을 부여한다. '철수의 보고서 제출(이 늦어지고 있다).'이라는 복합 명사구에서 사건 명사 '제출'은 앞의 두 개의 논항에 행동주와 대상의 의미역을 부여한다. 이는 '철수가 보고서를 제출하다.'에서 동사가 부여하는 의미역과 일치한다.

논항의 수에 따라 의미역의 수도 결정된다. 동사가 요구하는 의미역과 논항 자리의 대응 관계를 설명하는 원리를 연결 원리(linking principle)라고 한다. 이 원리에 따르면 전형적인 타동사의 행동주는 주어로 피동주는 목적어로 실현된다. 또한 의미역과 논항 자리의 일대일 대응 관계를 요구하는 원리를 의미역 원리(theta criterion)라고 한다. 그러나 심리 술어나 대칭 술어 그리고 논항 교체를 허용하는 술어들은 표면 구조에서 의미역 원리를 어기는 것이어서 많은 연구가 이루어지고 있다.

한 동사의 의미역 목록은 동사의 의미를 분류하고 해당 동사가 가리키는 사건을 분류하는 유형적 기준이 된다. 따라서 [행동주, 대상, 착점]의 의미역 목록을 갖는 '놓다,

보내다, 싣다' 등의 동사는 동질적인 통사 구조로 실현될 뿐만 아니라 의미적으로도 '대상 논항이 착점 논항의 처소에 놓이는 결과 상태'를 함의한다. 그러나 한 언어에서 동사의 의미를 기술하기 위해 필요한 의미역 목록은 연구자에 따라 차이가 있으며 같은 구문의 논항들에 대한 의미역 기술이 서로 달라서 의미역이 동사의 의미 기술을 위한 기초 개념이 될 수 없다는 주장도 있다.

논항의 형태 통사 형식은 그 의미역을 결정하지 못한다. 한국어의 조사 '(으)로'는 도구뿐만 아니라 착점, 방향, 자격, 결과 등 다양한 의미역을 갖는 논항을 형성한다. 다우티(D. Dowty)와 자켄도프(R. Jackendoff) 등은 의미역 정보는 형태 통사 구조에 의해 결정되지 않고 동사 자체의 고유한 의미에서 추출되어야 한다고 보았다. 이를 위해 다우티는 술어가 취하는 가장 기본적인 두 의미역을 원형 행동주(proto-agent)와 원형 피동주(proto-patient)로 구분하고 이들을 파생적으로 정의하는 기본적인 의미 속성들을 제안하였다. 자켄도프 역시 의미역을 기초 개념으로 보지 않고 문장의 의미 개념 구조에서 파생적으로 정의되는 것으로 보았다.　　　　　　　　　〈남승호〉

= 의미 역할

[참고문헌]
• 남승호(2007), 한국어 술어의 사건 구조와 논항 구조, 서울대학교출판부.
• Dowty, D. (1991), Thematic proto-roles and argument selection, *Language 67-3*, pp. 547~619.
• Jackendoff, R. (1990), *Semantic structures*, MIT Press.

7.2. 화용

화용(話用, pragmatics)이란 말의 쓰임을 말한다.

이는 언어적 의사소통에 참여하는 화자가 구체적 맥락에서 자신이 생각하거나 느끼는 것을 전달하기 위해 언어적 메시지를 생산하고 이를 청자가 대화의 목적이나 방향에 맞추어 해석하는 과정을 포괄한다. 화용이란 용어는 원래 '행동(deed 또는 act)'을 뜻하는 라틴어 'pragma'의 번역 어휘에서 유래되었다. 이는 언어 사용자나 맥락을 고려하지 않는 정적인 상태에서의 언어의 모습과 대비되는 것으로 언어 사용자들이 처한 역동적 맥락에서 언어가 실제 사용되는 모든 모습을 지칭한다.

예를 들어 '오늘 이곳은 날씨가 좋습니다.'라는 말은 발화의 맥락, 즉 화자가 그 말을 발화한 시간이나 장소를 알아야 구체적인 의미를 확인할 수 있다. 더 나아가 화자가 그 말을 어떤 맥락에서 어떤 의도로 말했느냐에 따라 그 의미가 달라진다. '그러니까 우산을 가져올 필요가 없다.'라든지 '빨리 이곳으로 오라.'라든지 또는 정반대로 날씨가 나쁜 것이 필요한 사람에게는 '이곳으로 오지 마라.'와 같은 숨은 뜻을 전달할 수도 있다. 또한 '좋아'라든지 '좋군'과 같이 표현하지 않고 '좋습니다'라는 표현을 사용한 것은 명제적 문장 의미 이면에 존재하는 화자가 청자를 높이는 의도나 태도를 갖고 있다는 것을 암시한다.

이처럼 언어 사용자 및 그들이 처한 맥락을 철저히 배제한 진공 상태의 의미 현상이 아니라 여러 유형에서의 맥락에서 발화가 가질 수 있는 (부)적절성과 발화의 생산 및 전달, 해석에 관여하는 사회 문화적 요인들을 종합적으로 고려한 언어의 사용을 다루는 언어학 분야를 화용론(話用論)이라 한다. 이는 언어 기호와 언어 사용자의 관계를 다루는 분야로서 맥락에서의 지시 표현의 사용과 기능에서부터 각종 언어 행위(화행) 및 함축과 전제, 대화의 원리 등을 포함한다.

의사소통에서 적절한 언어 사용을 체계적으로 습득하는 것은 모어 화자뿐만 아니라 한국어 학습자에게도 필수적이다. 한때 생성 문법 이론에서 언어의 쓰임은 언어 능력(competence)이 아닌 언어 수행(performance)의 영역에 속하는 것이라고 하여 비본질적인 요소로 간주되었다. 형식주의 의미론에서도 맥락 의존적인 언어 사용은 언어 외적인 측면까지 고려해야 하기 때문에 언어학의 핵심 연구 대상이 아니라고 보는 견해가 팽배했다. 하지만 최근의 언어학 이론에서는 화용적 능력(pragmatic competence) 역시 언어 능력의 일부로 받아들이고 있다. 이러한 변화는 다양한 종류의 의미 현상을 포괄하려는 자세로 이어졌고 특히 언어 교육에서는 이런 기능적 측면의 중요성에 주목하고 있다. 메이(J. Mey)는 언어학이 화용적 선회를 하고 있다고 주장한다. 통사론 위주의 형식 이론적인 문법의 패러다임으로부터 언어 사용자(language user)의 틀로 전환하고 있다는 것이다. 전통적인 언어학은 언어 사용자들이 만들어 내는 말소리나 문장과 같은 요소와 구조물에 대해 집중적으로 초점을 맞추었다. 반면에 최근의 언어학 이론은 언어를 만들어 내는 과정의 마지막 결과물로서의 언어에만 관심을 갖는 것이 아니라 언어를 만들고 이해하는 전체 과정과 그 과정에 관련된 언어 사용자들 및 그들과 관련된 모든 요소들에 관심을 갖는다. 그 결과 이제까지의 언어학 이론이 언어 현상의 '어떻게(how)'의 측면을 주로 다룬 것에 비해 화용에 대한 관심은 언어 현상의 '왜(why)'의 측면에까지 이론적 탐구를 확장하게 되었다. 〈이성범〉

= 어용

[참고문헌]
• 노대규(2002), 한국어의 화용 의미론, 국학자료원.
• 이성범(2012), 화용론 연구의 거시적 관점: 이론과 실제, 소통.
• Horn, L. R. & Ward, G. L. (Eds.) (2004), *The handbook of pragmatics*, Blackwell.
• Mey, J. L. (2001), *Pragmatics: An introduction*, 이성범 역, 2007, 화용론 개관, 한신문화사.

■ 맥락

맥락(脈絡, context)이란 어떤 발화를 둘러싼 그 발화의 산출 및 이해와 관련이 있는 것들의 총체이다.

화용론을 맥락에 의존하는 의미(context-dependent meaning)를 다루는 학문이라고 한다. 여기에서의 맥락은 작게는 문장에 쓰인 언어 표현들부터 크게는 그 언어 표현을 사용하고 있는 사회 제도까지를 모두 포함한다. 이 중 어느 부분에 초점을 맞추느냐에 따라 맥락에 대한 서로 다른 정의가 가능하다.

블레이크모어(D. Blakemore)는 맥락을 청자가 발화를 해석하기 위해 자신의 지각 능력이나 기억에 저장된 가정 또는 이전 발화의 해석을 토대로 설정하는 믿음이나 가정들이라 하였다. 이런 심리학적인 관점에서의 정의는 맥락의 범주를 발화 해석에 직접적으로 관여하는 인지적 장치들로 국한한 것이다. 이는 버슈어렌(J. Verschueren) 등이 말하는 국지적 수준의 맥락, 즉 소맥락에 해당한다.

반면에 그런디(P. Grundy)는 맥락을 언어 사용에 영향을 주거나 언어 사용으로 만들어질 수 있는 사회적 구조의 모든 관련 요소들이라 하였다. 이는 대맥락의 개념이라 할 수 있다.

일반적으로 소맥락은 미시적인 언어적 맥락과 사회적 맥락을 포함한다. 대맥락은 거시적인 사회 문화적 맥락을 지칭하는 것으로 받아들인다. 하지만 소맥락과 대맥락은 완전히 분리되어 있지 않다. 이 둘은 상호작용하기 때문에 한 언어 표현의 전체적인 의미를 찾기 위해서는 모든 맥락 수준에서의 연구가 필요하다. 인류학자인 말리노스키(B. Malinowski)는 트로브리안드 제도(Trobriand Islands)에서의 현지 조사를 통해 의사소통에 중요한 역할을 하는 맥락을 크게 발화 맥락(context of utterance)과 상황 맥락(context of situation)으로 나누었다. 이 중 발화 맥락은 화용적 맥락에서 소맥락에 해당한다. 반면에 상황 맥락은 일반화될 수 있는 의사소통의 개념적, 사회적, 문화적 구조를 말하는 대맥락으로 볼 수 있다. 〈이성범〉

[참고문헌]
• Blakemore, D. (1992), *Understanding utterances: an introduction to pragmatics*, Blackwell.
• Grundy, P. (1995), *Doing pragmatics*, Edward Arnold.
• Horn, L. R. (2004), Implicature, In L. R. Horn. & G. L. Ward. (Eds.), *The handbook of pragmatics*, pp. 3~28, Blackwell.
• Verschueren, J. (1999), *Understanding pragmatics*, Arnold.

❑ 언어적 맥락

언어적 맥락(言語的脈絡, linguistic context)은 어떤 언어 표현의 앞이나 뒤에 오거나 또는 그 표현을 포함하는 또 다른 언어 표현을 말한다.

실제 언어 사용에서 언어 표현은 단독으로 제시되는 경우도 있다. 하지만 대부분 다른 언어 표현과 선후 관계로 이어져 축차적(逐次的)으로 제시된다. 따라서 특정한 문장이나 담화를 해석하기 위해서는 전후 다른 문장이나 담화의 구조와 뜻을 참조해야 할 때가 많다. 이럴 경우 그 특정 언어 표현은 다른 언어 표현에 '안겨 있다'고 말한다. 이런 언어 표현을 안고 있는 다른 표현은 그 언어 표현의 언어적 맥락이 된다. 메이(J. Mey)는 한 텍스트의 언어적 맥락은 그 텍스트와 관련된 맥락들 중에서 텍스트인 것, 즉 문맥(co-text)이라고 설명한다. 또한 바흐(K. Bach)는 언어적 맥락을 직시적 표현이나 시제와 같이 맥락에 의존하는 표현들의 의미 값을 결정짓기 위해 필요한 좁은 맥락(narrow context)으로 설명한다. 문장의 의미와 구별되는 화자의 의미를 결정짓기 위해 필요한 넓은 맥락(wide context)과 구분된다.

언어적 맥락 또는 문맥은 보통 지시어나 대용어가 가리키는 대상을 확인한다든지 앞뒤 문장의 연결 관계와 의미의 흐름을 확인하기 위해 필요하다. 이런 언어적 맥락에서는 종합적인 의미 해석을 위해 우선적으로 그 맥락을 구성하는 각 문장의 적형성(well-formedness)을 확인하는 것이 중요하다. 이는 개별 문장의 문법성(grammaticality)에 의해 결정된다. 또한 여러 문장이 모여 구성되는 것이 보통인 한 담화나 텍스트의 적형성은 응결성(cohesion)이나 응집성(coherence), 상호 텍스트성(intertextuality) 등의 원리에 의해 결정된다. 〈이성범〉

[참고문헌]
- Bach, K. (2000), Quantification, qualification and context: A reply to Stanley and Szabó, *Mind and Language 15-2·3*, pp. 262~283.
- Fetzer, A. (Ed.) (2007), *Context and appropriateness: Micro meets macro*, John Benjamins Publishing Company.
- Mey, J. L. (2001), *Pragmatics: An introduction*, 이성범 역, 2007, 화용론 개관, 한신문화사.
- Verschueren, J. (1999), *Understanding pragmatics*, Arnold.

❏ 사회적 맥락

사회적 맥락(社會的脈絡, societal context 또는 social context)은 말하기 사건을 구성하는 요소인 화자와 청자 및 그 사건이 일어난 시간과 장소를 개인적 차원을 넘어 상호작용적 차원에서 가리키는 말이다.

사회적 맥락은 개별 말하기 사건(single speech event)의 맥락으로 하나의 문장이나 담화를 둘러싼 맥락 중 언어적 맥락(linguistic context)과 사회 문화적 맥락(socio-cultural context) 사이의 층위이다. 예를 들어 같은 말이라도 어떤 특정한 집단에서는 아무렇지도 않게 통용될 수 있지만 다른 어떤 집단에서는 금기가 되는 말이 있다. 가령 친한 친구들끼리 어떤 여자에 대해 이야기할 때 "그 여자 정말 섹시하지?"라고 말하는 것은 별 문제가 되지 않지만 같은 말을 방송이나 공적인 회합과 같은 맥락에서 이야기하는 것은 문제가 될 수 있다.

사회적 맥락을 사회 문화적 맥락과 구별하기 위하여 사교적 맥락(social context)이라고 부르기도 한다. 사회적 맥락에서 벌어지는 말하기 사건은 보통 화행(speech act)으로 해석되며 대화 참여자는 주로 자신의 사적·개인적 목적을 위해 발화에 참여한다. 사회적 맥락에서 벌어지는 언어 행위의 적형성은 설(J. R. Searle) 등이 제안한 적정성(felicity)에 의해 결정된다. 그리고 그 발화가 지니는 함축 의미의 추론은 그라이스(H. P. Grice)나 혼(L. R. Horn), 레빈슨(S. C. Levinson) 등이 제안한 대화의 원리와 격률(maxims) 등에 의해 결정된다. 〈이성범〉

= 사교적 맥락

[참고문헌]
- Grice, H. P. (1975), Logic and conversation, In P. Cole. & J. L. Morgan. (Eds.), *Syntax and semantics 3: Speech acts*, pp. 41~58, Academic Press.
- Horn, L. R. & Ward, G. L. (2004), *The handbook of pragmatics*, Blackwell.
- Levinson, S. C. (2000), *Presumptive meanings: The theory of generalized conversational implicature*, MIT Press.
- Searle, J. R. (1976), A classification of illocutionary acts, *Language in Society 5-1*, pp. 1~23.

☐ 사회 문화적 맥락

사회 문화적 맥락(社會文化的脈絡, socio-cultural context)은 화용적 말하기 사건을 둘러싼 거시적인 차원의 맥락이다.

여기서는 화자나 청자의 개인적 믿음이나 생각을 뛰어넘어 사회적 공론 또는 사상, 제도, 문화 등이 발화 해석에 중요한 역할을 한다. 아울러 이 맥락에서는 대화 참여자들이 말하기 사건 자체에서 더 나아가 그 발화의 화용적 의의에 대해 자기 스스로의 언어로 직접 논하는, 자기 성찰적이고 재귀적인(reflexive) 언어 사용 행위를 포함한다. 또한 상호 인간적 관계를 염두에 두고 자기의 언어 사용을 자기의 언어로 설명하거나 기술하는 상위 화용적(metapragmatic) 원리들을 논한다. 사회 문화적 맥락에서의 기준 시간은 그 특정 말하기 사건만을 위한 특정 시간으로서의 단일 연대기적 시간(monochronic time)이 아니라 그 사건의 유형화를 통해 일반화된 다중 연대기적 시간(polychronic time)이다. 기준 공간도 그 말하기 사건이 일어난 특정 공간으로서의 단일 장소적 공간(monolocational space)이 아닌 그 사건의 유형화를 통해 일반화된 다중 장소적 공간(polylocational space)이다. 즉 이런 수준에서의 발화는 어느 때라도, 어디서라도 다른 비슷한 화자와 청자에 의해 재연이 가능하다. 그리고 반복할 수 있는 말하기 사건으로 유형화된다. 또한 대화 참여자는 각자가 속한 집단이 공유한 가치를 공공의 무대(public stage)에 보여 주는 배우(actor) 역할을 하는 존재로 생각된다. 이런 사회 문화적 맥락에서의 담화나 텍스트의 적형성은 리치(G. N. Leech)의 공손성의 원리(politeness principle)를 내용적으로 포함하지만 이에 그치지 않고 보다 포괄적인 사회적 원리를 담고 있는 페처(A. Fetzer)의 적절성(appropriateness) 등과 같은 상위적 소통 원리로 결정된다. 〈이성범〉

[참고문헌]
- 이성범(2012), 화용론 연구의 거시적 관점: 이론과 실제, 소통.

• Fetzer, A. (2007), *Context and appropriateness: Micro meets macro*, John Benjamins Publishing.
• Levinson, S. C. (2000), *Presumptive meanings: The theory of generalized conversational implicature*, MIT Press.

■ 직시

직시(直示, deixis)는 어휘나 문법 요소의 의미가 발화 맥락(context of utterance)에 직접적으로 의존하여 드러나는 현상을 말한다.

직시 표현은 화자, 청자, 발화 시간, 발화 장소 등 발화를 구성하는 요소들에 의해 그 의미가 나타나게 된다. 직시라는 용어는 어떤 것을 가리키는 것, 지시하는 것을 의미하는 그리스어로부터 유래했다. 이러한 어원적 특성은 직시 현상이 발화 상황을 구성하는 요소가 무엇인지 직접적으로 지시한다는 것과 관련이 있다.

직시는 발화 맥락과 직접적인 관련을 맺기 때문에 화용론적 특성을 가장 잘 보여 주는 현상 중에 하나이다. 예를 들어 다음과 같은 문장의 의미를 보면 발화 맥락과 관련하여 직시 표현이 다른 표현과 어떻게 구별되는지 분명하게 드러난다.

(1) ㄱ. 철수는 오후 2시부터 도서관에서 공부하고 있었다.
ㄴ. 나는 조금 전부터 이곳에서 공부하고 있었어.

(1ㄱ)의 경우에는 공부하는 사람, 공부를 시작한 시간, 공부하는 장소에 대한 정보를 해당 문장을 통해 직접 얻을 수 있다. 즉 '철수', '오후 2시', '도서관'과 같은 표현들은 자율적으로 사람, 시간, 장소를 지시한다. 그러나 (1ㄴ)의 문장에서는 공부하는 사람, 공부를 시작한 시간, 공부하는 장소에 대해서 구체적으로 알 수 없으므로 반드시 해당 발화가 이루어진 맥락에 의존하여야 한다. 공부하는 사람인 '나'는 해당 발화를 한 화자이고 '조금 전'은 발화가 이루어진 시간보다 앞선 시간이며 '이곳'은 발화가 이루어진 장소를 직접 가리킨다. 이를 통해 (1ㄴ)의 의미는 발화 맥락을 구성하는 화자, 발화 시간, 발화 장소가 무엇인지 드러나게 된다. 이와 같이 직시 표현은 발화를 구성하는 요소가 언어화된 것이므로 그 의미를 살피기 위해서는 반드시 발화 맥락을 살펴야 한다.

직시는 무엇을 지시한다는 점에서 전조응(anaphora)과 유사한 면이 있으나, 전조응과는 구별되는 현상이다. 전조응과 직시 사이의 차이점을 보면 직시를 더 분명하게 이해할 수 있다.

(2) 철수는 요즘 많이 바쁘다. 그가 맡은 일이 굉장히 많기 때문이다.

(2)에서 '그'는 앞선 문장에 나타난 '철수'를 지시하며 '철수'를 대신하여 사용한 표현이다. 즉 전조응 표현은 앞서 실현된 언어적 표현과 같은 것을 지시하기 위해 대신 사용한 표현을 말한다. 반면 직시 표현은 언어적으로 실현된 표현을 대신하여 그것을 지시

하는 것이 아니라 발화를 구성하는 요소와 관련된 것을 직접 지시하기 위해 사용한다.

직시 표현은 기준점에 따라 지시하는 바가 상대적으로 달라질 수 있다. 예를 들어 '오른쪽'이라는 직시 표현은 기준점을 화자와 청자 중 누구로 하느냐에 따라 그 방향이나 장소가 상대적으로 바뀔 수 있다. 따라서 직시 표현의 의미를 알기 위해서는 반드시 기준점이 필요한데 이를 직시의 중심(deitic center)이라고 한다. 대개 직시의 중심은 일반적으로 다음과 같다.

(1) 중심 인물은 화자이다.
(2) 중심 시간은 화자가 발화를 한 시간이다.
(3) 중심 장소는 발화 시간의 화자 위치이다.
(4) 담화 중심은 화자가 현재 발화한 것이다.
(5) 사회적 중심은 청자 또는 지시물의 지위 및 신분과 대응되는 화자의 사회적 지위 및 신분이다.

이와 같이 직시의 중심은 화자가 되는 것이 일반적이다. 그러나 직시의 중심이 위와 달리 다른 대화 참여자 또는 실제 주인공으로 전환되는 파생적인 용법도 있는데 이를 직시의 투사(deitic projection)라고 한다. 앞서 제시되었던 '오른쪽'의 경우 대개 화자를 중심으로 지시하거나 해석될 수 있으나 그 중심을 다른 대화 참여자인 청자로 전환하여 표현하는 경우도 있다. 이 경우 직시의 투사가 일어났다고 한다.

직시 체계의 존재는 자연 언어가 주로 면 대 면의 상호작용 속에서 일어난다는 아주 단순하면서도 중요한 사실을 보여 주는 현상이다. 그러므로 직시 표현은 한국어 의사소통을 위해 가장 기본적인 단계에서 습득해야 할 내용이다.　　　　　　〈임채훈〉

[참고문헌]
• Fillmore, C. J. (1975), *Santa Cruz lectures on deixis, 1971*, Indiana University Linguistics Club.
• Levinson, S. C. (1983), *Pragmatics*, Cambridge University Press.
• Lyons, J. (1977), *Semantics 1*, Cambridge University Press.

❏ 인칭 직시

인칭 직시(人稱直示, person deixis)는 발화 상황에서 대화 참여자의 역할이 문법화되어 언어 요소로 나타나는 현상을 말한다.

일인칭 직시 표현은 발화 상황을 구성하는 화자를 직접 지시하는 것이며, 이인칭 직시 표현은 청자를 직접 가리키는 것이다. 삼인칭 직시 표현은 발화에서 화자와 청자가 아닌 사람이나 물건을 직접적으로 가리키는 것을 말한다.

한국어에서 인칭 직시는 주로 다음과 같은 인칭 대명사에 의해서 실현된다.

(1) ㄱ. 일인칭: 나, 저, 우리, 저희 등
　　 ㄴ. 이인칭: 너, 자네, 당신, 자기, 너희, 여러분 등
　　 ㄷ. 삼인칭: 이/그/저 사람 등

한국어에서 일인칭 복수 직시 표현은 주목할 만한 특징이 있다. 일인칭 복수 직시 표현인 '우리'는 발화 맥락에 따라서 화자와 청자를 지시하거나, 청자를 배제하고 화자를 포함한 복수의 사람을 지시하기도 한다. 예를 들어 "우리 영화 보러 갈까?"에서의 '우리'는 화자와 청자를 지시하지만 "우리는 너와 같이 갈 수 없어."에서의 '우리'는 청자를 배제하는 의미가 있다. 이러한 지시적 차이가 '우리'라는 표현 안에는 구별되지 않고 모두 담겨 있다. 반면에 '우리'의 겸양 표현인 '저희'는 반드시 청자를 배제하는 지시가 이루어져야 한다. 만약 '저희'를 통해 청자를 포함하여 지시하면 겸양의 대상인 청자를 포함하여 낮추는 것이 되기 때문이다.

인칭 직시는 가장 기본적인 직시 표현 중의 하나로서 구어에서 자주 사용되므로 한국어 초급 단계에서부터 다룰 필요가 있다. 다만 한국어의 인칭 직시 표현은 구어 상황에서 자주 생략되거나 각각 고유한 사용상의 특징이 있으므로 이를 고려한 교육이 필요하다. 〈임채훈〉

[참고문헌]

• 윤평현(2008), 국어 의미론, 역락.
• Fillmore, C. J. (1975), *Santa Cruz lectures on deixis, 1971,* Indiana University Linguistics Club.
• Levinson, S. C. (1983), *Pragmatics*, Cambridge University Press.
• Lyons, J. (1977), *Semantics 1*, Cambridge University Press.

❏ 공간 직시

공간 직시(空間直示, spatial deixis 또는 place deixis)는 대화 참여자의 위치와 관련하여 공간 혹은 장소가 지시되는 현상을 말한다.

공간 직시 표현이 지시하는 바는 대화 참여자, 특히 화자의 위치와 상관하여 드러나는 것이 일반적이다. 예를 들어 '여기'가 지시하는 장소는 그 표현이 가진 의미를 통해 자율적으로 지시될 수 없다. 이는 반드시 발화 맥락에서 화자가 현재 위치하는 곳을 살펴야 '여기'가 지시하는 공간이 어디인지 알 수 있다. 한국어에서 공간 직시 표현으로는 다음과 같은 것들이 있다.

(1) ㄱ. 장소: 여기/거기/저기, 이곳/그곳/저곳 등
　　 ㄴ. 방향: 이리/그리/저리, 이쪽/그쪽/저쪽 등
(2) 오른쪽/왼쪽, 앞/뒤, 안/밖, 전/후 등
(3) 오나/가나, 날려오나/날려가나, 늘어오나/늘어가나 등

한국어에서 공간 직시 표현은 (1)처럼 삼원적 체계로 되어 있다. '여기, 이리' 등은 화자가 위치하거나 화자에게 가까운 장소나 방향을 가리킨다. '거기, 그리' 등은 청자에게 가까운 장소나 방향을 지시한다. '저기, 저리' 등은 화자와 청자 모두에게서 떨어져 있는 장소나 방향을 가리킨다. 물론 직시의 중심이나 직시의 투사에 의해 이러한

지시 방향이 바뀔 수도 있다. (2)는 해당 표현에 선행하는 명사가 기준이 되어 장소나 방향을 나타내는 경우도 있으나 단독으로 쓰일 경우는 대개 화자가 직시의 중심이 되어 장소나 방향을 가리키게 된다. 이러한 경우의 쓰임은 공간 직시라고 할 수 있다. (3)의 경우는 이동의 방향성이 동사의 의미 안에 들어가 있는데 이때 이동의 방향성은 발화 맥락과 상관하여 지시된다. 일반적으로 '오다'는 이동의 방향이 화자에게 향해 있는 것을 의미하며 '가다'는 반대로 이동의 방향이 화자에게서 멀어지는 것을 의미한다.

공간 직시는 직시 표현 중 가장 기본적인 것 중의 하나로 구어에서 자주 사용되는 표현이다. 따라서 한국어 초급 학습 과정에서 다루는 것이 일반적이다. 직시 표현은 그 특성상 반드시 발화 상황을 참조해야 하므로 해당 표현을 교육할 때에는 반드시 대화를 활용하여 화용적 요소, 즉 화자와 청자의 거리 등을 학습자가 파악할 수 있도록 해야 한다. 〈임채훈〉

= 장소 직시

[참고문헌]
• 윤평현(2008), 국어 의미론, 역락.
• Fillmore, C. J. (1975), *Santa Cruz lectures on deixis, 1971,* Indiana University Linguistics Club.
• Levinson, S. C. (1983), *Pragmatics*, Cambridge University Press.
• Lyons, J. (1977), *Semantics 1*, Cambridge University Press.

❏ 시간 직시

시간 직시(時間直示, time deixis)는 발화를 구성하는 요소에 의거하여 시간적 의미가 지시되는 현상을 말한다.

시간 직시 표현은 반드시 발화 맥락을 참조해야만 그것이 지시하는 바, 즉 시간을 알 수 있다. 예를 들어 '지금'이 지시하는 시간은 그 표현이 가진 의미를 통해 자율적으로 지시될 수 없고 반드시 발화 맥락에서 화자가 현재 발화한 시간을 살펴야 '지금'이 지시하는 시간이 언제인지 알 수 있다. 한국어에서는 다음과 같은 명사와 부사들을 시간 직시 표현으로 사용한다.

(1) ㄱ. 지금, 방금, 아까 등
 ㄴ. 오늘, 어제, 내일, 올해, 작년, 내년 등
 ㄷ. 이때/그때, 이번/저번 등

다음과 같은 시제 선어말 어미도 시간 직시 표현이다.

(2) -았/었-, -는-, -겠-, -(으)ㄹ 것이-

과거, 현재, 미래의 절대 시제는 화자가 발화한 시점에 상대하여 문장이 의미하는 사건의 시간 선후 관계를 말한다. 그러므로 시제 표현 역시 시간 직시로서 발화 맥락과 관련하여 시간이 직접적으로 지시된다고 할 수 있다.

(1)과 (2)의 예에서 알 수 있는 것처럼 시간 직시의 중심은 화자의 발화시(發話時, coding time)인 것이 일반적이다. 그리고 청자의 수신시(受信時, receiving time)도 발화시와 일치하는 것이 일반적이다. 그러나 '잠시 후에 돌아오겠습니다.'와 같은 메모에서처럼 발화시와 수신시가 일치하지 않을 수 있는 상황에서 시간 직시 표현을 쓸 경우 수신자는 지시하는 시간을 해석하는 데 혼란을 느낄 수 있다.

한국어에서 시간 직시는 (1)과 같이 어휘적으로 표현될 수도 있으며 (2)와 같이 문법적으로 표현될 수 있다. 전자는 시간적인 명세가 분명한 반면 시간의 지시 범위가 제한적이고, 후자는 제한된 표현을 통해 규칙적으로 시간 직시를 나타낸다는 특징이 있다.   〈임채훈〉

→ 시제

[참고문헌]
• 윤평현(2008), 국어 의미론, 역락.
• Fillmore, C. J. (1975), *Santa Cruz lectures on deixis*, *1971,* Indiana University Linguistics Club.
• Levinson, S. C. (1983), *Pragmatics*, Cambridge University Press.
• Lyons, J. (1977), *Semantics 1*, Cambridge University Press.

❏ 담화 직시

담화 직시(談話直示, discourse deixis)는 발화 그 자체 혹은 그 발화를 포함하고 있는 담화의 어떤 부분을 직접적으로 지시하는 현상을 말한다.

발화가 그것을 포함하고 있는 담화와 어떤 관계를 맺고 있는지를 나타내는 것도 담화 직시 체계 안에 포함할 수 있다. 직시라고 하면 전통적으로 인칭, 장소, 시간을 드는 경우가 일반적이었으나 필모어(C. J. Fillmore), 라이언스(J. Lyons), 레빈슨(S. C. Levinson) 등이 담화 직시와 사회 직시를 직시의 범주 안에 추가하면서 이를 직시의 범주로 보는 것이 일반화되었다.

담화 직시 표현은 반드시 발화 맥락을 참조해야만 그것이 지시하는 바가 무엇인지 알 수 있다. 예를 들어 "그 이야기 들어본 적 있니?"라는 발화에서 '그 이야기'가 지시하는 바는 현재의 발화에 선행하는 발화가 무엇인지를 알아야 드러난다.

담화 직시는 발화 상황을 구성하는 요소가 아닌 발화 그 자체와 관련을 맺는다. 이 때문에 앞서 살펴보았던 인칭, 공간, 시간 직시에 비해 조응(anaphora)과의 구별이 어려운 측면이 있다. 그러나 이들은 원칙적으로 개념과 기능이 분명하게 구분된다. 어떤 지시 표현이 앞서 나온 표현 그 자체를 지시할 때는 담화 직시적이지만 그 지시 표현이 앞서 나온 표현이 지시하는 것과 동일한 실체를 지시할 때는 조응적이다.

(1) ㄱ. <u>컴퓨터</u> 좋던데.
    ㄴ. <u>그거</u> 아주 비싼 거야.
(2) ㄱ. <u>컴퓨터</u> 좋던데.

ㄴ. 뜬금없이 <u>그게</u> 지금 무슨 말이야?

(1ㄴ)의 '그거'는 앞서 발화된 (1ㄱ)의 '컴퓨터'와 동일한 실체를 지시하며 '컴퓨터'를 대신하여 사용한 표현이므로 조응 표현이라고 할 수 있다. 반면 (2ㄴ)의 '그게'는 동일한 실체인 (2ㄱ)의 '컴퓨터'를 지시하기 위한 것이 아니라 발화된 언어 표현을 지시하기 위해 사용되었으므로 담화 직시 표현이다.

담화 직시는 조응과의 구별이 쉽지 않으므로 이를 학습자에게 구별하여 이해시키기보다는 대명사가 담화의 내용도 지시할 수 있다는 차원에서 교육하는 것이 적절하다.   〈임채훈〉

[참고문헌]
• 윤평현(2008), 국어 의미론, 역락.
• Fillmore, C. J. (1975), *Santa Cruz lectures on deixis, 1971,* Indiana University Linguistics Club.
• Levinson, S. C. (1983), *Pragmatics,* Cambridge University Press.
• Lyons, J. (1977), *Semantics 1,* Cambridge University Press.

❏ 사회 직시

사회 직시(社會直示, social deixis)는 대화 참여자의 사회적 지위, 그들 사이의 사회적 관계, 대화 참여자와 발화된 사람 혹은 사물과의 사회적 관계를 언어화하여 나타낸 현상을 말한다.

한국어에서는 이러한 사회 직시 체계가 높임법의 문법 범주로 실현되고 있다. 예를 들어 다음과 같은 문장을 보면 다양한 사회 직시 체계가 언어적으로 실현되어 있다는 것을 알 수 있다.

(1) 선생님께서 요즘 너무 바쁘다고 하셨습니다.

(1)에서 격조사 '께서'와 '하셨습니다'에서 쓰인 선어말 어미 '-시-'는 화자와 주어로 실현된 '선생님'의 사회적 관계를 드러내는 표현이다. 화자와 관련하여 주어 '선생님'이 존대의 대상이 되므로 격조사 '가'가 아닌 '께서'를 쓰고 이에 호응하는 선어말 어미 '-시-'를 쓴 것이다. 이러한 언어 표현의 실현 여부는 발화를 구성하는 화자와의 관계를 통해서 결정되는 것이므로 직시적이다. 또한 '하셨습니다'에서 종결 어미 '-습니다'는 화자와 관련하여 청자가 높임의 대상이 되기 때문에 '-아/어' 등과 같은 반말체가 아닌 아주 높임의 종결 어미를 선택하여 실현된 것이다.

이러한 사회 직시 표현이 문법적으로만 존재하는 것은 아니다. '진지, 연세, 주무시다, 드시다'와 같은 어휘 표현으로도 사회 직시가 실현될 수 있다.

지금까지 한국어교육에서는 높임 표현의 문제를 문법적으로 다루는 경향이 있었으나 높임 표현의 실현은 화용적 요소와 관련이 높으므로 화용적 맥락을 통해 교육하는 것이 바람직하다. 특히 화자와 청자의 나이뿐만 아니라 사회적 관계, 언어적 관습 등 많

은 요인들이 높임법의 실현에 관여하므로 이와 관련한 교육이 필요하다.　　　〈임채훈〉
→ **높임 표현**

[참고문헌]
• 윤평현(2008), 국어 의미론, 역락.
• Fillmore, C. J. (1975), *Santa Cruz lectures on deixis, 1971*, Indiana University Linguistics Club.
• Levinson, S. C. (1983), *Pragmatics*, Cambridge University Press.
• Lyons, J. (1977), *Semantics 1*, Cambridge University Press.

■ 전제와 함의

　전제(前提, presupposition)란 그 문장이나 발화가 성립하기 위해서 반드시 가정되어
야 하는 배경적인 내용을 말한다. 전제와 유사하지만 다른 종류의 의미 관계인 함의(含
意, entailment)는 문장들 사이의 의미 포함 관계로서, 어떤 문장 A가 참이면 그와 다른
문장 B도 참일 경우 A는 B를 함의한다고 한다.

　전제를 문장이나 발화가 적절한 것으로 성립하기 위한 다른 의미 내용이라고 정의할
때 '성립한다.'라는 것은 문장의 경우에는 '참이 된다.'라는 것을, 발화의 경우에는 '맥락
상 적절한 것이 된다.'라는 것을 의미한다. 전제에 대한 논의는 크게 전통적 의미론의
관점을 보여 주는 프레게(G. Frege)와 스트로슨(P. F. Strawson)의 연구와 역동적 의미론
의 관점에 속하는 스톨네커(R. Stalnaker)의 관점으로 구분할 수 있다.

　(1) 김영미 선수는 올림픽에서 금메달을 따기 위해 맹훈련 중이다.
　(2) 김영미 선수는 올림픽에 참가한다.

　문장 (1)이 참이 되기 위해서는 (2)가 전제되어야 한다. 즉 (1)을 발화한 화자가 그 발
화 자체에 (2)가 명시적으로 표현되어 있지는 않아도 (2)가 참이라고 생각하면서 (1)을
말한 것으로 본다. 따라서 (2)가 전제되지 않은 상태에서 (1)을 발화하는 것은 다음 (3)
처럼 의미상으로 적절하지 않다.

　(3) ㄱ. 김영미 선수는 올림픽에서 금메달을 따기 위해 맹훈련 중이지만,
　　　ㄴ. 김영미 선수는 올림픽에 참가하지 않는다.

　청자는 자신이 접한 발화의 화자가 전제한 것을 찾아내기 위해 자신의 지식 상태를
조정한다. 이런 현상을 수용(accommodation)이라고 한다. 예를 들어 김영미 선수의 올
림픽 참가 여부를 몰랐던 청자가 누군가로부터 (1)과 같은 발화를 듣게 되면 그때까지
몰랐던 (2)의 전제 내용을 받아들여 자신의 배경 지식에 추가한다. 반면 만약 (1)의 문
장이 전제했던 (2)가 참이 아니라면 전제의 실패(presupposition failure)가 일어났다고
한다. 고전적인 러셀(B. Russell)의 이론에서는 전제의 실패가 일어난 (3)과 같은 문장은
거짓이라고 보았다. 반면 스트로슨의 이론에서는 전제가 충족되지 않을 경우 (1)의 문

장은 참과 거짓을 논할 수 없는 문장이 된다고 본다.

이에 반해 함의는 어휘의 의미 포함 관계('태호는 노총각이다.'는 '태호는 남자다.'를 함의) 및 문장의 구조에서 비롯될 수 있다('미나는 오늘 아침 빵과 샐러드를 먹었다.' 는 '미나는 오늘 아침 빵을 먹었다.'를 함의). 예를 들어 다음 문장 (4)가 참이면 (5) 역시 참이다. 따라서 (4)는 (5)를 함의한다.

(4) 영미의 동생은 증권 회사에 다니고 있다.

(5) 영미의 동생은 회사에 다니고 있다.

반면에 같은 문장 (4)가 참이 되기 위해서 또는 (4)의 발화가 적절한 것이 되기 위해서는 다음 (6)이 전제되어야 한다.

(6) 영미는 동생이 있다.

그런데 함의는 원래의 문장이 부정이 되면 더 이상 성립하지 않는다. 즉 (4)는 (5)를 함의했지만, (4)의 부정인 다음 (7)은 (5)을 함의하지 않는다. 즉 (7)이 참인 상황에서 반드시 (5)가 참이라고는 할 수 없다.

(7) 영미의 동생은 증권 회사에 다니고 있지 않다.

전제는 함의와 달라서 원래 그 전제를 필요로 하는 말이 부정이 되더라도 그 말이 성립하기 위한 전제는 부정이 되지 않는다. 예를 들어 예문 (7)은 비록 (4)와 정반대의 진리값을 갖게 되지만 (4)와 마찬가지로 전제된 (6)의 내용을 공유한다. 다시 말해서 (6)이 전제되지 않은 상태에서 (7)을 발화하는 것은 적절하지 못하다. 이런 현상을 부정하에서 불변성(constancy under negation)이라고 하는데 전제는 부정하(否定下)에서 불변성을 갖고 있지만 함의는 그렇지 못하다.

전제와 함의는 문장들 사이의 가장 기본적인 의미 관계이다. 특히 전제는 언어마다 전제를 가능하게 해 주는 유발 표현(presupposition trigger)이 다르다. 따라서 이는 한국어 학습자들이 한국어로 의사소통을 수행할 때 장애가 될 수 있는 부분이므로 정확한 개념 교육부터 시작할 필요가 있다. 〈이성범〉

[참고문헌]
• Frege, G. (1892), Über Sinn und Bedeutung, *Zeitschrift für Philosophie und Philosophische Kritik 100*, pp. 25~50, (Trans.), On sense and meaning, In B. McGuinness. (Ed.), *Collected papers on mathemetics, logic and philosophy*, pp. 157~177, Blackwell.
• Russell, B. (1905), On denoting, *Mind 14-56*, pp. 479~493.
• Stalnaker, R. (1973), Presuppositions, *Journal of Philosophical Logic 2-4*, pp. 447~457.
• Stalnaker, R. (1974), Pragmatic presuppositions, In M. Munitz. & P. Unger. (Eds.), *Semantics and Philosophy*, pp. 197~213, New York University Press.
• Strawson, P. F. (1950), On referring, *Mind 59-235*, pp. 320~344.

■ 함축

함축(含蓄, implicature)이란 발화의 맥락을 고려할 때 화자가 의도한 것으로 볼 수 있는 의미를 말한다.

함축을 뜻하는 'implicature'란 용어는 그라이스(H. P. Grice)가 처음 만든 것으로 현대 화용론의 핵심 주제 중의 하나이다. 그라이스는 대화에서 전달되는 의미 내용에는 단어로 표시된 문장의 의미도 있지만 문장 자체에서는 표현되어 있지 않은 숨어 있는 화자의 의도된 의미도 있음에 주목했다.

　(1) 영미: 너 오늘 밤 야구 시합 보러 갈 거니?
　　　태호: 내일 중요한 시험이 있어서 공부해야 돼.

위의 대화에서 태호는 영미의 질문에 대해 직접적으로 가부를 표시하는 표현을 쓰고 있지 않다. 하지만 내용상으로 볼 때 '오늘 밤 야구 시합 보러 갈 수 없다.'는 것을 간접적으로 전달하고 있다. 이런 화자의 의도된 의미를 그 발화의 함축이라고 한다.

그라이스는 함축을 설명하기 위해 대화가 일어나는 원리들에 주목했다. 그는 대화에 참여하는 사람들이 대화의 목적에 맞게 서로 협력한다고 보았다. 이를 협력의 원리(cooperative principle)라고 한다. 그는 협력 원리를 지키기 위한 하위 원리들로서 질의 격률(maxim of quality), 양의 격률(maxim of quantity), 관련성의 격률(maxim of relation), 방법의 격률(maxim of manner)을 제시하였는데 그 의미는 다음과 같다.

- 질의 격률: 진실된 말을 하시오.
　ㄱ. 거짓이라고 믿는 것을 말하지 마시오.
　ㄴ. 당신에게 충분한 증거가 없는 것을 말하지 마시오.
- 양의 격률:
　ㄱ. 대화에서 현재 필요한 만큼 충분한 정보 내용이 있는 말을 하시오.
　ㄴ. 필요한 것 이상으로 정보 내용을 말하지 마시오.
- 관련성의 격률: 적합한 말을 하시오.
- 방법의 격률: 명료하게 말하시오.
　ㄱ. 표현의 애매성을 피하시오.
　ㄴ. 중의성을 피하시오.
　ㄷ. 간결하게 말하시오.
　ㄹ. 순서대로 말하시오.

이 격률들은 화자와 청자로 이루어진 발화 맥락을 배경으로 적용된다. 격률들이 모든 대화에서 반드시 지켜지는 것은 아니며 격률의 위반이 반드시 대화의 붕괴를 의미하는 것도 아니다. 오히려 대화 참여자들이 서로 협력하고 있다는 가정이 성립될 때에 격률을 준수하거나 위반하는 것은 겉으로 드러난 문장의 이면에 담겨진 뜻인 함축을 일깨울 수 있다.

(2) 미나: 쇠고기를 사야 하는데 이게 좋은 것 같아, 아니면 저게 좋은 것 같아?
지혜: 이거는 외국산이잖아.

위의 대화에서 지혜의 말은 얼핏 보면 미나의 말에 대한 대답으로 정보의 양이 충분하지 못하므로 양의 격률을 위반한 것처럼 보인다. 그러나 이 발화 맥락에서 미나는 지혜의 의도를 파악할 수 있다. 만약 지혜가 외국산 쇠고기는 절대 먹지 않는 사람이고 그런 사실을 미나가 알고 있다면 지혜의 말은 '이것은 외국산이니까 좋지 않고 저게 좋은 것 같다.'라는 의미를 함축한다. 반면에 지혜는 외국산이 국내산보다 저렴해서 외국산을 선호하는 사람이고 그런 사실을 미나가 알고 있다면 지혜의 말은 '이것은 외국산이니까 가격이 싸서 이게 좋을 것 같다.'라는 의미를 함축한다. 그런데 이런 함축은 적절한 억양이나 맥락을 통해 자연스럽게 취소될 수 있다. 예를 들어 평소 외국산 쇠고기가 저렴해서 선호하는 지혜의 말은 다음과 같은 맥락이라면 취소될 수 있다.

(3) 지혜: 이거는 외국산이잖아. 그런데 외국산도 국내산 못지않게 값이 올랐네.

이처럼 대화상의 함축은 언어 외적인 대화의 맥락에 의해 결정되는 맥락 의존적 의미로서, 일반적인 논리적 관계인 함의와는 달리 취소가 가능하다.

그라이스가 제안한 대화의 원리 중 협력의 원리는 합리성을 추구하는 이상적인 발화자들 사이에서 통용되는 원리이다. 하지만 일상 대화 중에는 이와는 다른 성격의 발화자들이 비협조적으로 대화에 참여하는 경우도 드물지 않다는 점이 지적되고 있다. 뿐만 아니라 그라이스의 격률 체계는 그 내용이 중복되는 경우가 많아 이론의 간결성의 문제가 제기되어 왔다. 그 결과 대화의 원리는 그라이스를 계승한 혼(L. R. Horn)에 의해서는 Q-원리와 R-원리의 두 가지 원리로 재구성되고, 레빈슨(S. C. Levinson)에 의해서는 Q-원리, I-원리, M-원리의 세 원리로 재구성되어 연구되었다. 또한 스퍼버와 윌슨(D. Sperber & D. Wilson)의 적절성 이론(relevance theory: RT)에서는 그라이스의 함축 이론 중 관련성의 격률에 초점을 맞춰 이를 인지적 원리에 따라 재편하려고 시도하였다.

함축은 인지적 측면뿐만이 아니라 의사소통적 측면에서도 매우 중요한 언어 현상이다. 따라서 함축은 언어의 기능적 능력을 배양하는 한국어교육의 내용이 될 수 있다.

〈이성범〉

[참고문헌]
• 이성범(2012), 화용론 연구의 거시적 관점: 이론과 실제, 소통.
• Grice, H. P. (1975), Logic and conversation, In P. Cole. & J. L. Morgan. (Eds.), *Syntax and semantics 3:* *Speech acts*, pp. 41~58, Academic Press.
• Horn, L. R. (2004), Implicature, In L. R. Horn. & G. L. Ward. (Fds.), *The handbook of pragmatics*, pp. 3~28, Blackwell.
• Levinson, S. C. (2000), *Presumptive meanings: The theory of generalized conversational implicature*,

MIT Press.

• Sperber, D. & Wilson, D. (1995), *Relevance: Communication and cognition*, Blackwell.

■ 지칭과 추론

지칭(指稱, designation)이란 말하고자 하는 어떤 대상을 언어 표현으로 가리키는 것이다. 반면에 추론(推論, inference)이란 주어진 내용을 근거로 아직 알려져 있지 않은 내용을 찾아내는 것을 말한다.

지칭 중에서 특히 그 대상이 발화 맥락에 존재할 경우 화자가 직접적으로 그 대상을 가리키는 말을 사용하는 것을 직접 지시, 즉 직시(直示, deixis)라고 부른다. 예를 들어 '미나'라는 사람이 '서울역 광장'에서 '5월 25일'에 '영미'에게 '전화하고', '그 다음 날 그 광장에서 영미를 기다리겠다.'라고 말한다. 이것을 미나가 직접 말하는 경우에는 (1)과 같이 이야기하는 것이 보통이다. 하지만 이를 전해 들은 기자는 아마 (2)와 같이 기사를 쓸 것이다.

(1) 나는 내일 이곳 광장에서 널 기다릴게.
(2) 미나는 5월 25일 서울역 광장에서 영미를 기다릴 것이다.

이런 직시 표현들은 발화 맥락과 관련이 있는 사람이나 사물, 장소, 시간, 화자와 청자의 관계 등을 직접적으로 보여 준다. 일본어와 같은 언어에서는 화자가 남성인지 여성인지를 구별해주는 표현이 형태적으로 구별되어 문법의 일부로 굳어졌고 이를 적절하게 사용하는 것은 그 언어 사용자의 중요한 화용적 능력이다.

화자의 입장에서 자신이 지칭하고자 하는 대상을 표현하는 방법은 가장 간단한 대명사에서부터 복잡한 명사구에 이르기까지 다양하다. 그런데 청자의 입장에서는 이런 다양한 지시 표현들 중에 어떤 것은 그 대상을 찾기 위한 노력이 거의 필요하지 않을 정도로 즉각적으로 찾을 수 있는 것이 있는가 하면 어떤 것은 상당한 노력이 필요한 것도 있을 수 있다. 아리엘(M. Ariel)은 청자가 그 대상에 빠르게 도달할 가능성이 높은 것부터 낮은 것까지의 순서를 매겨서 등급(scale)을 제안하였는데 그중 일부는 다음과 같다.

(3) 도달 가능성 표시 등급
영형(ø) 〈 재귀형 〈 비강세 대명사 〈 강세 대명사 〈 강세 대명사 + 몸짓이나 손짓 〈 근칭 지시사 〈 원칭 지시사 〈 이름 〈 성 〈 단형 한정 기술 〈 장형 한정 기술 〈 이름 + 성 〈 이름 + 성 + 수식어구

위의 등급은 영어를 기준으로 한 것이어서 한국어와 일치하지 않는 부분도 있다. 예를 들어 한국어에서는 누군가를 지시할 때 'ø 갔니?'처럼 영형으로 표시하는 것이 가장 쉽게 표현할 수 있는 대상의 지칭 방법이다. 그리고 영형에서 '걔 〈 그 사람 〈 태호

〈 그 학생 〈 그 키 큰 학생 〈 박태호라는 학생' 순으로 갈수록 도달 가능성이 낮아지게 된다. 화자는 여러 가지 가능한 형태들 중에서 가능한 한 가장 간결한 형태, 즉 등급에서 먼저 나오는 쪽을 선택하려고 한다. 이는 혼(L. R. Horn)의 함축 이론에서 말하는 화자의 경제성의 원리와 일치하는 부분이다. 지시 표현의 도달 가능성은 지시 표현이 얼마나 많은 양을 전달하는가의 정보성(informativity)과 지시 표현이 그 대상을 얼마나 고정적으로 지시하는가의 고정성(rigidity) 그리고 강세나 음절적 크기가 얼마나 약화되었느냐의 약소화(attenuation) 원리에 의해 결정된다. 특히 정보성 처리 측면에서의 가능성은 청자가 그 정보를 처리하는 데 필요한 노력과 관련이 있다. 그런 노력이 적게 들면 들수록 그 정보의 도달 가능성은 높아진다. 레빈슨(S. C. Levinson)은 형태가 작으면 작을수록 공지시적(共指示的, coreferential) 의미로 해석될 가능성이 높아진다고 했다. 예를 들어 (4)에서 '태호'는 그 다음 부분에서 '자기', '그 사람', '그 키 큰 학생' 등과 결합할 때 그 공지시성에서 차이가 발생한다.

(4) 태호는 영미가 {자기를/그 사람을/그 키 큰 학생을} 사랑한다고 말했다.

'자기'는 '태호'와 동일 인물로 해석될 가능성이 매우 높다. 하지만 '그 사람'은 그 가능성이 낮고 '그 키 큰 학생'은 공지시적 해석보다는 대용 표현과 선행사가 어긋난 어긋 지시(disjoint reference)의 가능성이 높다. 이런 다양한 지시 표현이 갖는 의미 해석상의 차이는 건들(J. K. Gundel)의 상태의 계층(givenness hierarchy) 이론과 일맥상통한다. 그는 지시 표현들이 쓰이는 인지적 상태에 따라 초점을 받는 상태, 활성화된 상태, 친숙한 상태, 꼭 집어 확인할 수 있는 상태, 지시적인 상태, 유형만 확인할 수 있는 상태 등의 등급을 설정했다. 이 계층의 위쪽에 있는 표현들은 자기보다 낮은 단계를 함의하지만 그보다 위쪽을 함축하지는 않는다는 점에서 혼이 말하는 등급 함축(scalar implicature)을 유발한다.

명사나 대명사의 지시 현상은 언어마다 정교한 체계를 형성하고 있다. 즉 도달 가능성이나 상태의 계층과 같은 개념은 보편적인 큰 틀을 제시한다. 그렇지만 이 틀에 속한 요소들의 종류와 구성은 언어마다 다를 수 있고 이에 따른 추론은 언어마다 다른 양상으로 전개될 수 있다. 유아가 한국어를 학습할 때 흔히 저지르기 쉬운 오류 중의 하나가 지시 표현의 화용적 용법이다. 이는 언어 사용의 가장 기초를 이루는 부분이라는 점에서 교육적으로도 많은 연구가 필요하다. 〈이성범〉

[참고문헌]
• 이성범(2001), 추론의 화용론: 언어와 추론, 한국문화사.
• Ariel, M. (1990), *Accessing noun-phrase antecedents*, Routledge.
• Gundel, J. K., Hedberg, N. & Zacharski, R. (1993), Cognitive status and the form of referring expressions in discourse, *Language 69-2*, pp. 274~307.
• Horn, L. R. (2004), Implicature, In L. R. Horn. & G. L. Ward. (Eds.), *The handbook of pragmatics*, pp.

3~28, Blackwell.

• Levinson, S. C. (1991), Pragmatic reduction of the binding conditions revisited, *Journal of Linguistics* 27, pp. 107~161.

■ 화용론의 원리

화용론의 원리(principles of pragmatics)는 의사소통 과정에서 참여자들이 따르는 전략적인 문제 해결식 규칙으로, 인간의 의사소통을 설명하고 지배하는 원리이다.

의사소통은 참여자들 간에 공유된 원리와 규칙에 의해 이루어지는 사회적 상호작용 행위이다. 따라서 대화 참여자들은 아무런 체계 없이 의사소통하는 것이 아니라 보편적인 원리에 따라 대화한다.

토그비(O. Togeby)는 화용론의 원리를 메타 화용적 원리, 이상적 언어 상황 원리, 격률, 공손성 원리의 네 가지 유형으로 구분했다.

첫 번째인 메타 화용적 원리는 한 개인의 모든 의사소통 행위가 다른 사람에 의해 해석되며, 모든 의사소통에는 내용적인 측면과 관계적인 측면이 있고, 모든 발화는 단독으로 화행이 될 수 없으므로 발화 해석은 항상 맥락에 의존한다는 것이다. 이는 선험적이고 직관적인 원리로서 증명을 요하지 않는다.

두 번째인 이상적 언어 상황 원리는 의사소통 참여자들이 상호작용의 규칙과 목적에 대해 형성하는 가정이다. 이에 따르면 의사소통 참여자는 오직 자유롭고 진실되고 타당한 정보만을 상대방과 의사소통하고자 한다. 상대방은 의사소통자가 자유와 진실 등을 보장한다고 믿을 때에만 의미를 해석할 수 있다. 이는 철학적으로는 우선하지만 일반적으로는 반(反)사실적이다.

세 번째인 격률(maxim)은 의사소통에 대한 일반적인 지침으로, 격률이 위반됐을 때는 추가적인 의미 효과가 있다. 대표적인 것은 협력의 원리와 적절성의 원리이다. 화용적 원리 중에 가장 잘 알려진 그라이스(H. P. Grice)의 협력의 원리(cooperative principle)는 곧 대화 참여자는 참여하고 있는 구두적 상호작용 과정에서 받아들여지는 목적이나 방향에 따라 발생하고 있는 단계에서 요구된 만큼만 기여하라는 것이다. 협력 원리는 네 가지 하위 원칙인 질(quality), 양(quantity), 관련성(relation), 방법(manner)의 대화 격률(conversational maxims)로 구성된다. 그라이스의 격률은 의사소통의 관념적인 조건이 아니라 함께 의사소통하는 상대방에 의해 가정되는 일반적인 화용론적 지침이다. 적절성의 원리(principle of relevance)는 모든 직시적 의사소통 행위에는 그 자체에 최적의 적절성이 존재한다는 것이다. 스퍼버와 윌슨(D. Sperber & D. Wilson)에 따르면 의사소통에서 화자가 궁극적으로 목표하는 것은 최적의 적절성이다. 청자는 추론적 해석 과정의 모든 단계에서 적절성은 가장 크고 처리 비용은 가장 적은 맥락을 선택한다.

네 번째는 예의를 위한 최상위 규칙인 공손성의 원리(politeness principle)이다. 모든 의사소통 참여자들은 체면(face)을 갖고 있는데 상대의 체면을 유지하는 것은 대화자들 간의 상호 관심이다. 따라서 공손성 원리의 목표는 화자와 청자의 이해나 욕구가 충돌하는 상황에서 갈등을 최소화하는 것이다. 화자는 상대방의 체면을 보호하기 위해 자신의 욕구와 이해를 최소한으로 표현하고, 화행의 의도가 갈등 없이 진행되도록 해야 한다. 공손성에 대한 대표적인 연구로는 레이코프(R. Lakoff), 리치(G. N. Leech), 브라운과 레빈슨(P. Brown & S. C. Levinson) 등이 있다.

화용론의 원리는 의사소통을 설명하는 보편적 원리이지만 원리의 적용과 운용에서는 개별 언어와 문화적 상황에 따라 특수성이 존재한다. 따라서 화용론의 원리를 한국어교육에 적용할 때는 한국어와 한국 문화의 특수성을 반영해야 한다.　　　　〈송경숙〉

[참고문헌]
• 송경숙(2003), 담화 화용론, 한국문화사.
• Brown, P. & Levinson, S. C. (1987), *Politeness: Some universals in language usage*, Cambridge University Press.
• Grice, H. P. (1975), Logic and conversation. In P. Cole. & J. L. Morgan. (Eds.), *Syntax and semantics 3: Speech acts*, pp. 41~58, Academic Press.
• Sperber, D. & Wilson, D. (1986), *Relevance: Communication and cognition*, Blackwell.
• Togeby, O. (1998), Pragmatic principles. In J. L. Mey. (Ed.), *Concise encyclopedia of pragmatics*, pp. 707~710, Elsevier Science Ltd.

☐ 협력

협력(協力, cooperation)은 대화 참여자들이 공유하는 의사소통의 목적을 달성하기 위해 상호작용 과정에서 취하는 언어 행위이다.

의사소통 과정에서 참여자들은 상호 협력하기 위한 이성적 노력을 기울인다. 그라이스(H. P. Grice)는 대화 참여자들이 언어를 어떻게 사용하고 어떻게 상호 협력할 수 있는지에 대한 지침인 협력의 원리(cooperative principle)를 제시했다. 자신의 발화가 청자에게 수용되고 이해되기를 원하는 화자는 대화가 진행되는 각 단계에서 이와 같은 협력 원리에 따라 대화에 기여해야 한다. 대화의 협력 원리는 질, 양, 관련성, 방법의 네 가지 대화 격률(conversational maxims)로 구성되는데 그 구체적인 내용은 다음과 같다.

첫째, 질의 격률(maxim of quality)은 거짓이라고 믿는 것과 적절한 증거가 없는 것에 대해서는 말하지 말라는 것이다. 둘째, 양의 격률(maxim of quantity)은 대화 목적에 필요한 만큼의 정보를 제공하라는 것이다. 셋째, 관련성의 격률(maxim of relation)은 대화의 주제와 관련성 있는 말을 하라는 것이다. 마지막으로 방법의 격률(maxim of manner)은 중의성과 모호성을 피하여 간결하고 순서에 맞게 표현하라는 것이다.

협력의 원리는 의사소통 과정에서 가장 효과적이고 이성적이며 협력적인 대화 효과를 창출하기 위해 대화자가 어떻게 해야 하는지를 명시한다. 곧 대화자는 적절한 양의 정보를 제공하고, 진실하고 관련성이 있는 것을 이야기하며 애매모호한 내용은 피하면서 간단하고 순서에 맞게 발화해야 한다는 것이다.

그러나 대화자는 협력 원리의 격률들을 의도적으로 어김으로써 전하고 싶은 메시지를 간접적으로 전달할 수 있다. 이때 대화 함축(conversational implicature)이 발생한다. 의사소통 과정에서 협력은 보편적인 담화 전략이지만 협력 원리와 대화 격률의 적용과 운용은 개별 언어와 문화에 따라 차이가 있을 수 있다. 〈송경숙〉

[참고문헌]
• Grice, H. P. (1975), Logic and conversation. In P. Cole. & J. L. Morgan. (Eds.), *Syntax and semantics 3*: Speech acts, pp. 41~58, Academic Press.

❏ 공손성

공손성(恭遜性, politeness)은 상대방에 대한 존대와 배려라는 예의를 통해 인간의 상호작용에 내재하는 갈등과 충돌을 최소화함으로써 상호작용이 용이하도록 고안된 대인 관계상의 체계이다.

대화의 참여자들은 의사소통 과정에서 공적인 이미지인 체면(face)을 보호하고 유지하고자 한다. 따라서 상대방의 체면을 세워 주고 자신의 체면을 보호하는 언어 행위는 공손성과 예의의 표현이라고 볼 수 있다.

공손성에 대한 화용적·사회 언어학적 연구를 처음 시작한 레이코프(R. Lakoff)는 공손성의 세 가지 규칙으로 '강요하지 마라, 선택권을 주라, 기분 좋게 하고 친절하라'를 제안했다.

리치(G. N. Leech)에 의하면 의사소통에는 기본적으로 협조적이고 예의를 갖추고자 하는 두 가지 목적이 있다. 공손성의 원리(politeness principle)는 요령(tact), 관용(generosity), 인가(approbation), 겸손(modesty), 동의(agreement), 동정(sympathy)의 여섯 가지 하부 격률(maxim)로 구성된다.

브라운과 레빈슨(P. Brown & S. C. Levinson)은 언어적 공손성을 위한 다섯 가지 전략으로 노골적 명시(bald on record), 적극적 예의(positive politeness), 소극적 예의(negative politeness), 암시(off record), 체면 위협 행위(face-threatening act: FTA) 불이행을 제안한다. 적극적 예의는 자신의 바람이 상대방에게 수용되길 바라는 적극적 체면을 말한다. 반면에 소극적 예의는 자신의 욕구가 방해되지 않기를 바라는 소극적 체면을 말한다.

공손성 원리와 규칙은 언어 보편적이지만 공손성 원리와 규칙에서의 우선순위와 공손성의 표현 방법은 문화마다 다를 수 있다. 한국어와 같은 일부 언어에서의 공손성은 선택 가능한 문체적 전략이 아니라 사회적 관습을 준수하기 위한 의무이다. 따라서 한국어교육에서도 한국 언어문화의 특수성을 반영하여 공손성을 갖추기 위해 자동적으로 결정되는 적절한 언어형의 교수 학습이 이루어져야 한다. 〈송경숙〉

= 예의

[참고문헌]
• 송경숙(2003), 담화 화용론, 한국문화사.
• Brown, P. & Levinson, S. C. (1987), *Politeness: Some universals in language usage*, Cambridge University Press.
• Lakoff, R. (1973), The logic of politeness: Or minding your p's and q's, *Papers from the 9th Regional Meeting of the Chicago Linguistic Society*, pp. 292~305.
• Leech, G. N. (1983), *Principles of pragmatics*, Longman.

❏ 적절성

적절성(適切性, relevance)은 발화된 의미를 이해하고 해석하는 데 요구되는 인식 노력과 인식 효과의 정도를 나타내는 것이다.

화용론에서 적절성 이론(relevance theory: RT)은 의사소통적 자극에 대한 발화 해석을 제공하기 위해 연구되었는데, 인식 효과가 클수록 적절성은 크고 처리 노력이 클수록 적절성은 낮다. 그라이스(H. P. Grice)의 대화 격률이 소개된 이후에 많은 학자들은 격률의 지위와 내적 위계에 대해 논의하였다. 스퍼버와 윌슨(D. Sperber & D. Wilson)은 의사소통에서의 모든 발화 해석 과정은 적절성의 원리(principle of relevance) 하나로 설명될 수 있다고 주장하였다. 곧 모든 직시적 의사소통 행위에는 그 자체에 최적의 적절성이 존재하고, 의사소통에서 화자가 궁극적으로 목표로 하는 것은 최적의 적절성이다.

적절성 이론에서 중요한 두 개념은 적절성이 지녀야 할 필요조건인 맥락 효과(contextual effect)와 맥락 효과를 얻기 위해 들이는 처리 노력(processing effort)이다. 한 맥락 안에서 발화 내용이 갖는 적절성의 정도는 그 맥락 효과의 정도와 비례하고 처리 노력의 정도와는 반비례한다.

추론적 해석 과정의 모든 단계에서 청자는 적절성은 가장 크고 처리 비용은 가장 적은 맥락을 선택한다. 곧 발화는 최적의 적절성 원리(principle of optimal relevance)에 의해 선택된다. 최적의 적절성은 진술의 진위보다는 경제적이냐 비경제적이냐 하는 것이 훨씬 중요하다. 의사소통 참여자가 함축(implicature)을 통해 남기는 비명시적인 정보가 많을수록 의사소통자들 간의 상호 이해 수준은 더 높을 것으로 전제된다. 〈송경숙〉

= 적합성, 관련성

[참고문헌]
• Grice, H. P. (1975), Logic and conversation. In P. Cole. & J. L. Morgan. (Eds.), *Syntax and semantics 3: Speech acts*, pp. 41~58, Academic Press.
• Sperber, D. & Wilson, D. (1986), *Relevance: Communication and cognition*, Blackwell.

■ 화행

화행(話行, speech act)이란 언어를 사용하며 수반되는 발화의 일정한 행위로서 의사소통 상황에서 대화자들의 사회적 행위와 관련된 의도를 나타내는 단위이다. 이는 언어를 수반하는 특정 행위로 규정하며 발화를 기저로 행위의 의도를 파악하는 데 중요한 요소가 된다.

화행 이론은 오스틴(J. L. Austin)이 처음 논의하기 시작하여 설(J. R. Searle)이 확장하고 체계화하였다. 이들은 언어적 행위 단위를 화행이라 규정하였고 발화가 실현될 때 특정 행위가 수반된다는 것을 전제로 발화 생성 조건들을 밝히고자 하였다.

화행 연구가 언어 교육에 시사하는 바는 다음과 같다. 첫째, 화자가 생성한 발화의 언어적 형태뿐만 아니라 이에 내포된 화자의 의도를 통해 발화의 의미를 해석한다. 둘째, 화자 중심의 발화 연구를 발화 행위를 수반하는 청자에게까지 확대한다. 셋째, 언어 보편적 화행이 주가 되는 기존의 연구 영역을 문화의 개별적 특성에 바탕을 둔 민족지학적 화행의 관점까지 넓힌다.

한국어교육에서도 화행을 언어 형식이 지시하는 표면적인 의미가 아닌 화자가 말하고자 하는 발화 의도와 관련하여 보고 있다. 특정 언어 공동체 내에서 관습적으로 수용되고 해석되는 언어 외적인 표현과 언어 내적인 의도를 포함하여 규정한 것이다.

한국어교육에서 화용 연구는 화행의 기능적인 면에 초점을 둔 논의들이 주를 이룬다. 요청 화행과 거절 화행이 주요 연구 대상이었으며 그 외에 불평하기, 사과하기, 감사하기 등의 영역으로 연구의 범위가 확대되어 가고 있다.

화행 연구는 대조 언어학적인 관점에서 학습자의 모어와 목표어의 언어 및 문화를 비교한 논의와, 개별 언어에서 화행 기능을 나타내는 표현이나 표지 그리고 대응쌍들을 밝히는 연구들로 나누어 볼 수 있다. 한국어 학습자들은 화행 교육을 통해 의사소통 맥락의 중요성을 인식하고 발화 수행 시 관련된 특정 표현들을 효율적으로 습득한다.   〈신필여〉
= 언어 행위

[참고문헌]
• 정희자(2002), 담화와 추론, 한국문화사.
• Austin, J. L. (1962), *How to do things with words*, Clarendon Press.
• Levinson, S. C. (1983), *Pragmatics*, Cambridge University Press.
• Searle, J. R. (1969), *Speech acts: An essay in the philosophy of language*, Cambridge University Press.
• Yule, G. (1996), *Pragmatics*, 서재석·박현주·정대성 공역, 2001, 화용론, 박이정.

■ 화행의 유형

화행의 유형은 발화의 행위와 이것을 표현하는 문장의 형태에 따라 분류한다.

화행의 의도는 화자의 발화 목적을 중심으로 드러나며 그 기능은 화행을 수행하는 의사소통 상황에서 확인한다.

오스틴(J. L. Austin)은 언어 철학적 관점에서 인간의 발화를 일종의 행위로 간주하고 이를 화행이라고 불렀다. 그는 발화를 하며 수행하는 세 가지의 행위와 관련하여 화행을 다음과 같이 설명하였다.

첫째, 대화 참여자들에 의해 언어로 표현되는 발화 행위(locutionary act)로서 의미를 지닌 거의 대부분의 문법적 표현을 포함하는 개념이다. 둘째, 표현 행위를 통해 전달하고자 하는 말속에 담긴 의도나 기능을 일컫는 발화 수반 행위(illocutionary act)로 문장이 가지고 있는 말의 힘으로 수반되는 행위이다. 마지막으로 발화자의 말을 통해 청자의 생각, 감정, 행동 등에 영향을 끼쳐 청자가 어떤 행위를 표현하게 되는 발화 효과 행위(perlocutionary act)이다.

(1) 우리 집 오른쪽에는 편의점이 있다.
(2) 어머니께서 집에 일찍 오라고 하셨다.
(3) 시끄럽게 떠들지 마!

(1)에서 화자는 우리 집을 대상으로 이에 대한 위치 서술을 청자에게 하고 있다. 이것이 문장이 지시하는 것과 그 의미만을 전달하는 발화 행위이다. (2)에서는 화자가 청자에게 제시한 행위가 있음을 알 수 있다. 청자로 하여금 집에 일찍 오라는 행동을 수행하도록 명령하고 있는 것이다. 이처럼 발화가 가진 말의 힘으로 수행되는 행위를 발화 수반 행위라 한다. 마지막으로 (3)에서 화자는 청자에게 시끄럽게 떠들지 말라며 자신의 의도를 강하게 전달하고 있다. 발화를 들은 청자는 실제로 행위 수행에 대해 심리적인 압박을 느낄 것이다. 이와 같이 발화가 청자의 행동이나 느낌에 영향을 미친 결과 나타나는 행위들을 발화 효과 행위라 한다.

오스틴은 이 중 발화 수반 행위를 다음과 같이 다섯 가지의 수행 동사로 분류하였다.

〈오스틴의 발화 행위 분류〉

분류	수행 동사의 예
판정형 (verdictives)	평가하다, 분석하다, 측정하다 등
행사형 (exercitives)	주장하다, 추천하다, 경고하다 등
언약형 (commissives)	약속하다, 보장하다, 계획하다 등
행위형 (behabitives)	사과하다, 감사하다, 축하하다 등
설명형 (expositives)	언급하다, 설명하다, 기술하다 등

판정형은 어떠한 사실에 대해 판단하는 것이다. 행사형은 어떤 행동이나 주장에 대

해 찬성이나 반대를 하며 자신의 결정을 내리는 행위이다. 약속형은 어떤 것에 대한 행위를 보증하는 것이다. 행위형은 다른 사람의 행동에 대한 자신의 반응이나 태도를 표현한 것이다. 마지막으로 설명형은 발화를 어떻게 하고 있는지를 제시하는 행위로서 논쟁을 하거나 현상이나 사물에 대한 특징들을 명확하게 하는 것을 포함한다.

설(J. R. Searle)은 오스틴이 화행을 발화 행위, 발화 수반 행위, 발화 효과 행위의 세 가지로 분류한 것과는 달리 발화 행위를 발화 행위와 명제 행위로 세분화하여 다음과 같이 네 가지로 설명하였다. 첫째, 발화 행위는 단어, 형태소, 문장을 발화하는 행위로 오스틴과 동일하다. 둘째, 발화 수반 행위는 질문, 명령, 약속 등의 언어 수행의 의도를 드러내는 행위이다. 셋째, 발화 시 화자가 전달하는 내용을 중요시하는 명제 행위(proposition act)는 설이 오스틴의 내용에 추가한 항목이다. 마지막으로 발화 효과 행위는 발화를 통해 화자가 청자와 관련하여 어떠한 행위를 하는 것으로서 발화 수반 행위의 결과로 나타난다. 설 또한 발화의 목적에 따라 발화 수반 행위를 다음과 같이 다섯 가지로 분류하였다.

〈설의 발화 행위 분류〉

분류	수행 동사의 예
단언형 (assertives)	부정하다, 보고하다, 결론짓다 등
지시형 (directives)	주문하다, 충고하다, 요구하다 등
언약형 (commissives)	약속하다, 보장하다, 계획하다 등
표현형 (expressives)	감사하다, 환영하다, 사과하다 등
선언형 (declarations)	증명하다, 확신하다, 해고하다 등

먼저 단언형 화행은 화자의 진술이 어떤 사실의 기술, 주장, 가정, 예견 등의 상황을 나타낸다. 지시형 화행은 진술 내용이 명령 요청, 초대와 같이 청자가 무엇인가를 하도록 유도한다. 언약형 화행은 화자의 발화가 약속, 지시, 제안, 거절 등과 같은 행동을 나타낸다. 표현형 화행은 사과, 칭찬, 축하, 후회처럼 감정이나 심리적 상태를 나타낸다. 마지막으로 선언형 화행은 어떤 말이나 표현에 의해 바뀌게 되는 발화로 세례, 성혼 선언, 해고 등이 이에 속한다. 〈신필여〉

[참고문헌]
• 송경숙(2003), 담화 화용론, 한국문화사.
• 정희자(2002), 담화와 추론, 한국문화사.

• 한국텍스트언어학회(2004), 텍스트 언어학의 이해, 박이정.
• Austin, J. L. (1962), *How to do things with words*, Clarendon Press.
• Searle, J. R. (1969), *Speech acts*, Cambridge University Press.

■ 화행의 목적

화행의 목적이란 화자가 발화 행위를 통해 궁극적으로 이루고자 하는 바로서 이에 따라 화행의 세부적인 분류가 이루어진다.

화자가 발화함으로써 수행하는 화행은 불평(complaint), 사과(apology), 약속(promise), 칭찬(compliment), 초대(invitation), 요청(request) 등 수없이 많은데 발화 과정에서 화자의 의사소통적 의도(communicative intention)가 적용된다. 화행의 목적에 따른 세부 화행 중 제안 화행, 부탁 화행, 요청 화행, 거절 화행, 금지 화행, 사과 화행은 화자와 청자의 체면 위협(face-threatening)과 밀접한 관련이 있어서 대인 관계에까지 영향을 주기 때문에 원활한 의사소통을 지향하는 언어 교육에서 매우 중요하다.

화행의 목적에 따른 세부 화행의 구분에 대해서는 오스틴(J. L. Austin), 설(J. R. Searle), 프레이저(B. Fraser), 바흐와 하니시(K. Bach & R. M. Harnish), 리치(G. N. Leech) 등 많은 학자들이 연구한 바 있다. 그러나 이들이 제시한 기준과 분류 결과는 각각 다르다. 설은 의사소통 목적의 차이, 말과 대상 세계의 지향성 차이, 심리적 태도 등 12가지 기준을 제시하고 그에 따라 분류한 다섯 가지의 행위별로 화행의 목적에 따른 세부 화행을 제시하였다. 1979년에 바흐와 하니시는 발화 수반 행위(illocutionary act)를 발화 수반 의도에 따라 네 가지 행위 유형으로 구분하고 각각의 유형에 해당하는 세부 화행을 분류하였다. 이에 따르면 언약 화행(commisives)에는 약속·제공이, 지시 화행(directives)에는 금지·요구·요청·자문·질문·허가가, 진술 화행(constatives)에는 가정·귀속·단언·추정·항의 등이, 인사 화행(acknowledge)에는 사과·위로·축하·감사·거절 등이 포함된다. 리치는 발화 수반 행위를 단언형(assertives), 언약형(commisives), 표현형(expressives), 지시형(directives), 질의형(rogatives)으로 제시하며 화행을 세분하기 위해 '부담 이익의 척도, 선택성의 척도, 간접성의 척도'라는 화용적 기준도 적용하였다.

이러한 외국어 화행 연구의 영향으로 한국어에서도 화행의 목적에 따른 한국어 세부 화행의 분류가 시도된 바 있다. 한국어에 대한 초기 화행 연구는 주로 수행 동사 중심으로 이루어졌으며 이후에는 간접 화행의 관점과 대화 행위적 관점에서의 분류가 시도되었다. 그런데 초기 연구들은 외국어 화행 연구의 기준을 그대로 따라 우리말의 특성과는 다소 거리가 있다는 문제점이, 후기의 연구들은 목적에 따른 화행의 구분에 일관성이 적고 명확하지 못하다는 한계가 있었다.

화행의 목적에 따른 세부 화행의 분류가 쉽지 않은 것은 이를 위한 합리적인 기준을 설정하기가 어렵기 때문이다. 바이간트(E. Weigand)가 지적했듯이 화행을 분류하기 위해서는 적절한 기준에 따라 분류하는 연역적 방법이 필요하다. 즉 의사소통 목적에 따른 세부 화행의 성공적인 분류는 분류 기준의 타당성에 달려 있다는 것이다. 따라서 화행의 목적에 따라 성공적으로 화행을 분류하기 위해서는 분류 기준 자체에 대한 연구도 필요하다.

한국어교육 분야에서는 화행의 목적에 따라 요청, 거절, 금지, 불평, 칭찬, 사과 등의 화행을 주로 연구하였다. 이 화행들은 청자의 체면이나 대인 관계와 밀접한 관련이 있어 학습자들이 특히 주의할 필요가 있다. 앞으로는 이외에도 한국어만의 특징을 나타내는 다양한 세부 화행을 대상으로 하는 기초 연구가 계속되어야 한다. 그리고 이를 바탕으로 화행의 목적에 따른 개별 화행의 수행 전략이나 구체적인 표현 형태 및 간접 화행의 교수 학습 방안 등 실제 교육 현장에 적용할 수 있는 교육적 연구가 이어져야 한다. 〈이은희〉

[참고문헌]
• 이준희(2000), 간접 화행, 역락.
• Back, K. & Harnish, R. M. (1979), *Linguistic communication and speech acts*, MIT Press.
• Leech, G. N. (1983), *Principles of pragmatics*, Longman.
• Searle, J. R. (1969), *Speech acts*, Cambridge University Press.
• 加藤重廣(2004), 日本語語用論の しくみ, 研究士.

❑ **제안 화행**

제안 화행(提案話行)은 화자가 청자에게 화·청자 공동의 유익을 위해 특정 행위를 수행하도록 요구하는 발화 행위로서 청자에게 요구하는 행위 수행에 강제성은 없다.

제안 화행이 일어나기 위해서는 다음과 같은 조건이 성립되어야 한다. 첫째, 화자는 특정 행동이 수행되기를 진정으로 원하며 그 행동은 수행될 필요가 있다고 믿는다. 둘째, 청자는 행동을 수행하거나 수행되도록 할 수 있으며 그 행동에 이의가 없을 것이라 예측된다. 셋째, 청자가 자신에게 요구된 행동을 수행할지의 여부는 분명하지 않다.

제안 화행은 연구자의 관점에 따라 언약 행위(commissives)나 충고 행위(advisives) 또는 지시 행위(directives)를 수행하는 하위 화행으로 다루거나 혹은 제안, 충고, 추천, 경고 등을 포함하는 상위 화행으로 설정하기도 한다.

한국어교육에서는 제안 화행을 지시 화행(指示話行)의 하위 유형으로 다루어 연구한 경우가 많은데 청자와 화자가 공동의 이익을 위해 함께 행위를 수행한다고 본다. 제안 화행을 수행하는 전략으로는 이유 제시, 상황 점검, 단서 달기, 직접적인 호소 등이 있으며 표현 형태는 '-자', '-(으)ㅂ시다'와 같은 청유형, '-(으)면 어때요?', '-는 게/것이 낫지 않을까요?', '-(으)ㄹ래요?'와 같은 의문형, '-는 게/것이 좋겠어요', '-는 게/것이 좋을 것 같아요'와 같은 평서형 등 매우 다양하게 나타난다.

제안 화행에서는 청자에게 행위 수행에 대한 선택권이 많이 주어지기 때문에 청자의 체면이 위협받을 가능성은 높지 않다. 그러나 청자에게 행위를 지시하는 화행이라는 점에서 화·청자 간의 힘의 크기나 친밀도 등이 고려되어야 하며 적절한 공손성이 반드시 요구된다.

제안 화행의 교수 학습 방안을 마련하기 위해서는 먼저 한국어 모어 화자들이 수행하는 제안 화행에 대한 정밀한 분석이 바탕이 되어야 한다. 또한 화행 전략은 학습자의 모어와 문화의 영향을 많이 받기 때문에 대조 분석을 통해 언어 및 문화 사이의 유사점과 차이점을 밝히는 것도 중요하다. 〈이은희〉

[참고문헌]

• 강현화(2007), 한국어 표현 문형 담화 기능과의 상관성 분석 연구: 지시적 화행을 중심으로, 이중언어학 34, 이중언어학회, 1~26쪽.
• 이은희(2012), 한국어 행위 지시 표현 교육 연구: 의문형 표현을 중심으로, 문법교육 16, 한국문법교육학회, 241~272쪽.
• Mey, J. L. (1993), *Pragmatics: An introduction*, 이성범 역, 1996, 화용론, 한신문화사.
• Searle, J. R. (1969), *Speech acts: An essay in the philosophy of language*, Cambridge University Press.
• 柏崎雅世(1993), 日本語における行為指示型表現の機能:「お-/-てください」,「-てくれ」,「-て」およびその疑問, 否定疑問形について, くろしお出版.

☐ 요청 화행

요청 화행(要請話行)은 화자가 자신의 유익을 위한 특정 행위를 청자가 수행해 주기를 요구하는 발화 행위이다.

요청 화행이 일어나기 위해서는 먼저 대화 참여자 간에 요구하는 쪽과 이를 수용 또는 거절할 수 있는 상대자가 있어야 한다. 그리고 다음과 같은 적정 조건이 필요하다. 첫째, 화자는 청자가 자신의 요구를 수용해 주기를 원해야 한다. 둘째, 화자는 청자가 자신의 요구를 들어줄 수 있거나 들어줄 의향이 있다고 가정해야 한다. 마지막으로 요청이 없을 경우에는 청자는 화자가 요구하는 행위를 하지 않을 것이라고 가정하고 있어야 한다. 따라서 요청 화행은 부탁 화행과 달리 화자가 청자에게 요구할 권리가 있음을 전제한다.

화자는 궁극적으로 자신의 요청이 거부되지 않고 수용되기를 바라기 때문에 청자가 요청을 받아들일 수 있도록 공손성을 발휘하여 발화하게 된다. 이를 통해 화자는 자신의 요청을 통해 청자가 직면하게 되는 체면 위협(face-threatening)의 정도를 최대한 낮출 수가 있다.

요청 화행은 사회적 규범과 화·청자 사이의 관계를 유지하면서 이루어져야 하기 때문에 청자에게 무리한 요청을 하거나 체면을 심하게 위협하는 행위를 해서는 안 된다. 따라서 화자는 가급적 직접적인 화행을 실현하지 않고 주로 간접적인 표현으로 완곡하게 요구할 수 있어야 한다.

한국어의 특성상 한국어 학습자가 상대방의 사회적 지위, 연령, 친밀도 등과 요청의 부담 경중을 고려하면서 상대방에게 요청을 하는 것은 쉽지 않은 일이다. 학습자가 요청 화

행을 적절하게 사용할 수 있도록 있도록 하는 화용 교육이 필요하다. 〈김인규〉

[참고문헌]

• Trosborg, A. (1994), *Interlanguage pragmatics: Requests, complaints, and apologies*, Mouton de Gruyter.

❑ 부탁 화행

부탁 화행(付託話行)은 청자에게 어떤 일을 해 달라고 청하거나 맡기어 화자가 도움을 받을 수는 있지만 강제성은 없는 발화 행위를 말한다.

1980년대 이래 화용론적인 관점에서 화행 교육의 중요성이 대두되면서 한국어교육에서도 여러 개별 화행에 대한 연구가 다수 진행되었으나 그 개념에 대한 정의와 분석의 기준이 학자마다 일치하지 않은 것이 현실이다. 2000년대에 수행된 개별 화행들에 대한 연구를 보면 부탁 화행은 주로 요청 화행의 범주 안에서 그 성격과 상황에 따라 분류되었다. 그러나 화행의 기능은 서로 변별되는 담화 상황을 구분함으로써 보다 명확해진다고 보는 관점도 점차 생겨났다. 이에 따라 부탁 화행을 기존대로 지시 화행(指示話行)의 하위 범주로서 요청의 성격과 상황에 따라 분류하지 않고 설(J. R. Searle)이 제시한 지시 화행의 적정 조건 틀을 바탕으로 강제성의 유무, 지위의 상하 관계, 화자와 청자 간의 이익 관계, 행동 주체에 따라 구분하게 되었다.

부탁 화행은 화자가 청자에게 요구할 권리가 없기 때문에 청자가 거절할 수도 있다. 따라서 직접적, 간접적, 암시적 표현으로 다양하게 실현된다. 친밀도, 지위의 상하 관계, 상황에 따라 다양한 부탁 발화 표현이 나타난다.

(1) ㄱ. 진짜 미안한데, 나 이거 좀 대신 보내 주면 안 돼? 밥 사 줄게.
ㄴ. 혹시 사진 좀 찍어 주실 수 있나요?
ㄷ. 선배, 아침에 출근할 때 저 좀 태우고 가요. 제가 선배 집 앞으로 갈게요.

강제성은 없지만 화자에게 도움이 되는 담화 상황에서는 (1ㄱ)처럼 청자 중심의 허락을 구하는 표현인 '-하면 안 돼?'와 함께 청자의 부담을 줄여 주기 위해 다른 보상을 제시하는 보조적인 발화를 표현할 수 있다. 또한 (1ㄴ)처럼 청자 중심으로 가능성을 묻는 표현인 '-아/어 주실 수 있어요?/있나요?'를 사용한다든지, (1ㄷ)처럼 '-아/어요, 아/어 주세요' 등의 직접적인 표현과 함께 청자의 부담을 줄여 주는 발화가 덧붙기도 한다.

이 외에도 '부탁하다, 요청하다' 등의 수행 동사를 사용하거나 '-(으)ㄹ래요?', '아/어 주지 않겠어요?' 등의 의지 표현 및 암시적 표현 등을 사용하여 다른 화행에 비해 다양한 발화 표현들이 사용되며 '사과하기, 단서 달기'와 같은 보조적 발화 표현들과 함께 복합적으로 쓰이기도 한다.

지금까지 부탁 화행에 관한 연구는 요청 화행의 범주 안에서 성격과 상황에 따라 분류하여 연구한 것이 대부분이기는 하지만, 개별 화행에 관한 연구들이 활발하게 진행되면서 다른 화행들에 비해 비교적 많은 연구가 이루어진 것은 괄목할 만한 발전이다. 화행 연구는 담화 상황을 분석해야 해서 자연스러운 실제 생활에서의 발화를 수집하기가 쉽지 않다. 이로 인해 담화 완성 테스트(discourse completion test: DCT)나 드라마 대본 자료를 분석한 것이 대부분이기 때문에 연구 중에 작위적인 부분이 있는 것도 사실이다. 좀 더 자연스러운 발화를 수집하여 연구 자료의 질을 높여야 하며 발화 양상을 분석하는 것에만 그치지 않고 이를 한국어교육 현장에서 어떻게 가르칠 수 있을지에 대한 구체적인 연구가 요구된다. 〈김미선〉

[참고문헌]
• 강현화(2007), 한국어 표현 문형 담화 기능과의 상관성 분석 연구: 지시적 화행을 중심으로, 이중언어학 34, 이중언어학회, 1~26쪽.
• 김경령(2008), 외국인의 한국어 습득 전략 연구, 이중언어학 36, 이중언어학회, 25~42쪽.
• 박영순(2007), 한국어 화용론, 박이정.

☐ 거절 화행

거절 화행(拒絶話行)이란 선행 발화에서 요구한 행위에 대한 수행 의사가 없음을 나타내는 발화 행위이다.

거절 화행에 대한 국어학적 연구는 대부분 해당 화행이 수행되는 맥락과 분류 기준에 관해 이루어져 왔다. 반면 한국어교육 분야에서는 주로 거절 화행의 수행 전략과 이에 따른 언어적 표현에 대해 연구해 왔는데, 이는 거절 화행에 사용되는 언어 표현의 목록화를 통해 구체적인 화행 교육의 내용을 제공하고자 하는 시도로 파악할 수 있다.

거절 화행이 어떠한 선행 발화에 대한 응답인가에 관해서는 다양한 논의가 존재한다. 혹자는 '-자'나 '-(으)ㅂ시다'의 서법 형식으로 수행되는 청유만을 거절의 선행 발화로 간주하며, 혹자는 청자의 반응을 요구하는 제안, 허가, 권유, 요청, 명령, 경고, 질문, 호소 등이 모두 거절의 선행 발화라고 보기도 한다. 그러나 이러한 논의에서 다루는 거절의 선행 발화는 모두 청자의 행위를 요구하며 청자에게 행위 수행 여부의 선택권을 부여한다.

거절 화행은 선행 발화의 화자가 요구한 행위를 이행하지 않는다는 의사를 밝히는 언어 행위이기 때문에 여타 화행에 비해 비교적 체면 위협(face-threatening)의 정도가 높다. 따라서 한국어 학습자들은 일상생활에서 거절 화행을 수행할 때 한국인과 의도하지 않은 정서적 마찰을 겪거나(miscommunication) 체면 위협에 대한 심리적 부담으로 인해 거절 화행의 수행을 회피(non-communication)하는 경우가 많다.

그러나 거절 화행은 사회적 관계 속에서 개인의 이익을 보호하기 위한 협상 수행에 필수 불가결한 언어 행위이기도 하다. 따라서 한국어교육 현장에서는 거절 화행에서 사용되는 언어 표현의 형태와 그 의미 그리고 사용 전략을 적절히 교수할 필요가 있다.

예를 들어 거절 화행에서 관례적으로 사용하는 어휘인 '죄송하다'와 '미안하다'는 각 어휘가 나타내는 공손성의 정도가 다르다. 일반적으로 '죄송하다'는 청자의 연령이 화자와 비슷하거나 어릴 때는 사용하지 않는다. '미안하다'는 친밀한 사이더라도 화자에 비해 나이가 아주 많거나 사회적 지위가 높은 청자에게는 사용하지 않는다. 그러므로 '죄송하다'와 '해체'의 결합형인 '죄송해'와 같은 형태는 사용되지 않으며, 선생님이나 연장자에게는 '미안합니다'라는 거절 표현을 사용하지 않는다. 하지만 한국어 화자를 자주 접하지 못하는 학습자는 그 용법을 스스로 인지하여 습득하기 어려우므로 이를 명시적으로 제시해 주는 것이 바람직하다.

또한 거절 화행에서 사용되는 직접적 언어 표현 중 '싫다'는 거절의 맥락에서 사용하면 매우 높은 체면 위협 의도를 나타낼 수 있으므로 제한적으로 사용하도록 교수하여야 한다. 이때 '싫다'와 대치하여 사용할 수 있는 관례적인 거절 표현 어휘로는 '되다'와 '아니다'를 제시할 수 있다. 그러나 '되다'는 거절 화행에서 항상 '-았/었-'과 결합한 형태로만 쓰이며, '아니다'는 선행 발화가 명령일 경우 '싫다'와 대치하여 사용할 수 없다는 사용 제약을 함께 가르쳐야 한다. 이와 같은 사항에 대한 교육이 이루어지지 않는다면 학습자들이 (1ㄴ′)나 (2ㄴ′)과 같이 부적절한 거절 표현을 생산하게 될 것이다.

(1) ㄱ. 빨리 마셔.
    ㄴ. 싫어.
    ㄴ′. *돼.
    ㄴ″. 됐어.
(2) ㄱ. 빨리 마셔.
    ㄴ. 싫어.
    ㄴ′. *아니.
    ㄴ″. 됐어.

이 외에도 거절 화행에서 쓰이는 '-(으)ㄹ 것 같다, -겠-, -게 되다'의 용법과 그 사용 제약 등을 가르치는 것 역시 학습자들에게 내재된 언어 보편적(universal) 예의 규칙을 지키기 위한 한국어의 거절 화행 능력 향상에 유의미할 것이다. 〈신범숙〉

[참고문헌]
• 김미령(2006), 반응 요구 화행의 유형 설정, 한민족어문학 49, 한민족어문학회, 1~34쪽.
• 김미숙(1997), 대화 구조로 본 '아니'의 기능, 담화와인지 4-2, 담화·인지언어학회, 77~101쪽.
• 신범숙(2012), 한국어 거절 화행 표현 교육 연구, 서울대학교 석사학위논문.
• 장경희(2000), 청유 화행에 대한 수락과 거절, 텍스트언어학 9, 한국텍스트언어학회, 111~143쪽.
• Lakoff, R. (1973), The logic of politeness: or minding your p's and q's, *Papers from the 9th Regional Meeting of the Chicago Linguistic Society*, pp. 292~305.

❑ 금지 화행

금지 화행(禁止話行)은 청자가 특정 행위를 수행하지 못하게 하기 위하여 수행하는 발화 행위를 말한다.

전통적으로 국어학에서는 금지를 부정법 혹은 명령법의 하위 범주로 다루는 경우가 많았다. 화용론적 시각에서 금지를 바라보는 경우에도 명령 화행 혹은 요청 화행의 한 부분으로 파악하는 경우가 대부분이었다. 하지만 금지 화행에는 명령 화행, 요청 화행과 구별되는 속성이 있다.

금지 화행이 성립하기 위해서는 다음과 같은 조건들이 성립해야 한다. 우선 발화 이전에 부정할 청자의 행위가 반드시 전제되어야 한다. 그리고 화자는 청자의 이 행위를 부정적인 것으로 인식해야 한다. 이 행위는 현재 진행 중인 행위인 경우가 많지만 아직 행하지 않은 행위일 수도 있다. 화자가 청자의 행위를 전제하기만 하면 금지 발화는 수행 가능하다.

금지 화행은 금지 표현에 의하여 실현된다. 가장 대표적인 금지 표현은 '-지 말다'의 명령형이다. 그러나 그 밖에 '안 되다, -(으)ㄹ 수 없다' 그리고 부사인 '그만'과 '작작' 등도 대표적인 금지 표현이라고 할 수 있다.

금지 화행은 다양한 전략들과 더불어 사용된다. 예를 들어 화자가 가지고 있는 정보들을 금지의 근거로 제시할 수 있다. 또한 청자가 이미 알고 있는 것에 대하여 주의를 환기시켜 금지의 뜻을 전달할 수도 있다. 충고, 경고, 위협 등 밀접한 관계에 있는 화행들과 함께 수행하는 것도 가능하다. 화자가 어떠한 표현과 전략을 선택하느냐에 따라 금지의 강도에 차이가 발생한다.

금지 화행은 청자의 행위에 대한 화자의 부정적인 생각을 간접적으로 표출하는 것이다. 그리고 청자의 행위를 방해하는 발화 행위이기도 하다. 그런 의미에서 금지는 청자의 체면을 손상할 위협이 있는 발화 행위(face-threatening act: FTA)이다. 그러므로 한국어 교수자는 학습자가 상황에 따라 적절한 금지 표현과 전략을 선택할 수 있도록 가르쳐야 한다. 직접적이고 강력한 금지 표현인 '-지 말다'의 명령형 외에도 학습자가 다양한 금지 표현을 익히도록 지도해야 한다. 학습자는 요구되는 공손성을 유지하면서 금지 표현들을 사용하는 전략을 학습한다면 적절한 한국어 금지 화행을 수행할 수 있을 것이다. 〈성은실〉

→ 부정 표현, 명령문

[참고문헌]
• 김영란(1999), 한국어 금지 표현의 교수 방법, 한국어교육 10-2, 국제한국어교육학회, 171~193쪽.
• 성은실(2010), 한국어 금지 화행 연구, 서울대학교 석사학위논문.
• 이은희(2013), 한국어 금지 표현 교육 연구, 고려대학교 박사학위논문.

❏ 사과 화행

사과 화행(謝過話行)은 화자가 저지른 사회적 또는 개인적 위반 행위에 의해 손상된 화·청자 간의 관계를 복구하기 위해 수행하는 발화 행위이다.

사과 화행은 화자가 저지른 잘못된 언행에 대한 사과 행위를 통해 상대방과의 관계를 개선하기 위해 노력할 때 발생한다. 이러한 사과 화행의 사용 양상을 통해서는 대인 관계에서 발생할 수 있는 사회적인 잘못이 어떻게 복구되고 수용될 수 있는지에 대한 단서를 제공받을 수 있다.

사과 화행은 화행의 성격상 다음과 같은 조건들이 성립할 때 이루어진다. 먼저 사과 화행은 시간상으로는 사후에 발생하게 되고, 사과의 원인을 제공하는 사건은 바람직하지 않은 속성을 띤다. 그리고 사과 화행에서 화자는 사과를 수행하고 청자는 이를 수용하거나 거부할 수 있는 위치에 놓인다.

사과 화행은 주로 '미안하다, 사과하다' 등의 명시적인 사과 표현에 의해 이루어지지만 다양한 전략이 함께 사용될 수 있다. 화자의 책임 인정, 문제 해결 제시 또는 보상 제시, 재발 방지 약속, 위반 행위 원인 설명 등과 같은 전략을 함께 사용하여 사과 화행을 수행할 수 있다. 〈김인규〉

[참고문헌]
• 김인규(2002), 한국어 사과 화행의 중간 언어론적 연구, 서울대학교 석사학위논문.
• Blum-kulka, S., House, J. & Kasper, G. (1989), *Cross-cultural pragmatics: Requests and apologies*, Ablex Publishing Corporation.

한국어교육학 사전

The Encyclopedia of
Korean Language Education

8

표기·문자/한국어사

8. 표기·문자/한국어사

8. 표기·문자/한국어사

본 장의 목적은 한국어 문자 생활의 핵심이 되는 한글, 한글을 중심으로 하는 표기법, 한글 창제의 과정을 포함한 한국어의 역사를 이해하게 하는 것이다. 아울러 본 장에서는 한국어사와 부분적으로 관련되는 한국어의 유형적 특징도 보여 준다. 한국어교육학 사전의 특성에 따라 각 표제어의 내용에는 한국어교육적 관점의 설명이 붙어 있으며 표제어 선정에서도 문자 교육이나 규범 교육 관련 항목이 포함되어 있다.

표기·문자/한국어사 영역의 표제어는 문자, 표기법, 문자 교육, 어문 규정, 언어 유형론, 계통론, 고대 한국어의 특징, 중세 한국어의 특징, 근대 한국어의 특징 등에 관한 사항을 포함하고 있다. 이들 표제어는 문자와 표기법 및 이에 대한 교육, 어문 규정, 언어 유형론·계통론 및 한국어사 등 크게 셋으로 묶어 볼 수 있다.

문자에서는 세계의 문자들과 한글의 비교를 주요하게 다루며 표기법에서는 표기법의 변천과 현대 한국어의 어문 정책을 주로 다룬다. 이어서 문자 교육에서는 한글 자모 교육과 한자 교육을 다루고 있다.

어문 규정에서는 한글 맞춤법, 표준어 규정, 외래어 표기법, 로마자 표기법 등 문자 생활에 필요한 이른바 4대 규범을 다루고 있을 뿐 아니라 표준 발음법과 별도로 표준 언어 예절에 대한 이해를 포함하고 있어 구어로서의 언어생활에 필요한 규범까지 설명하고 있다. 표기법은 모국어로서의 국어교육에서든 외국어로서의 한국어교육에서든 문자 생활을 위한 교육의 중요한 부분을 차지하므로 이에 대한 논의 역시 교육적인 관점을 포함하였다.

언어 유형론·계통론 및 한국어사에 대한 이해는 다른 언어와의 비교 및 대조를 통해 한국어를 객관적으로 볼 수 있게 해 준다는 점에서 한국어 교수 학습의 중요한 배경지식이 된다. 한국어사 및 한국어의 계통에 대한 이해는 한국어 교사가 현대 한국어를 깊이 있게 이해하는 데에 중요한 역할을 하게 될 것이다. 아울러 언어 유형론은 한국어사와 직접적인 관련은 없지만 계통론과의 연관성을 고려하여 여기에서 같이 다루었다. 이는 학습자 언어와의 공통점과 차이점을 이해하게 함으로써 교사가 한국어를 객관적으로 바라보면서 학습자에게 설득력 있게 설명하는 데에 도움을 줄 수 있을 것이다. 아울러 중세 한국어의 직접적인 내용으로 보기 어려운 훈민정음 창제의 배경이나 원리, 훈민정음의 특징까지 한국어사, 특히 중세 한국어에 포함하여 다룬 것은 한자의 사용 및 차자 표기에서 한글로 이어지는 우리의 문자 생활의 전통을 고려하여 한글 창제를 이해하고자 한 것이다.　　　　　〈구본관〉

8.1. 문자

문자(文字, letter)란 음성 언어를 시각화하여 표시하는 기호 체계이다.

음성 언어는 입에서 나온 순간 즉시 사라진다는 시간적 제약과 멀리 떨어져 있는 곳에는 미치지 않는다는 공간적 제약이 있다. 문자 언어는 이러한 단점을 극복하기 위해 만들어졌다.

문자는 단어나 음절, 음소(또는 음운)와 같은 음성 언어의 구성단위들과 직접 대응하는 관계에 있다는 점에서 기타의 시각 기호들과 구별이 된다. 가령 도로 표지판이나 신호등, 교통경찰의 수신호 등은 일정한 의미를 지니기는 하지만 음성 언어와 일대일의 대응 관계에 있는 것이 아니기 때문에 문자의 범주에 포함될 수 없다. 기억 보조 수단으로 사용하던 계산 막대기, 조개껍질, 끈 매듭 등도 말을 기록하기 위한 기호 체계로 보기는 어려우므로 문자의 범주에 포함할 수 없다.

문자는 기원적으로 그림으로부터 발전하였다. 그러나 의사 전달을 위한 그림이라 하더라도 그 그림이 음성 언어와 일대일의 대응 관계에 있는 것이 아니면 문자라고 하기 어렵다. 문자는 낱개의 글자가 음성 언어의 어떤 단위를 나타내느냐에 따라 단어 문자, 음절 문자, 음소 문자(또는 음운 문자) 등으로 분류된다. 단어 문자는 각 글자가 의미를 가지고 있다는 점에서 표의 문자(表意文字)로 불린다. 이에 반해 음절 문자와 음소 문자는 소리를 나타낸다는 점에서 표음 문자(表音文字)로 불린다.

인류 문명의 발상지에서는 모두 표현하고자 하는 대상의 형체를 간략한 그림의 형태로 모사하여 만든 상형 문자가 만들어졌다. 이러한 상형 문자들은 모두 단어 문자였다. 기원전 3200~3100년경에 만들어진 메소포타미아 지역 수메르의 쐐기 문자, 기원전 3000년경에 만들어진 이집트의 신성 문자(神聖文字), 기원전 1500년경에 만들어진 시리아 지방의 히타이트 문자, 기원전 1300년경에 만들어진 한자(漢字)의 기원인 중국의 갑골 문자(甲骨文字)가 모두 그러한 예이다. 추상적 의미를 지니는 단어처럼 상형하기 어려운 개념들을 나타내기 위해 상형 이외의 방식으로 문자들이 만들어짐에 따라 단어 문자에는 상형 문자가 아닌 것이 더 많아지게 되었다. 가령 한자의 경우 5만 자 중 의미 부분과 소리 부분이 합쳐 이루어진 형성자(形聲字)가 한자의 90%나 되고 상형에 의해 만들어진 것은 3% 정도에 불과하다.

단어 문자는 단어마다 글자를 하나씩 만들어야 하므로 글자 수가 수백에서 수만 자에까지 이르게 된다. 그 결과 글자를 만들고 사용하는 데 불편함이 많아짐에 따라 글자 수를 줄여 사용을 편리하게 하기 위한 방안들이 모색된다. 대표적인 예로 표음성의 강화를 들 수 있다. 수메르의 쐐기 문자나 이집트의 상형 문자도 음절이나 음절의 초성만을 나타내는 표음 문자로 발전하였다. 이러한 음절 문자는 글자 수가 많아야 100여 자에서 적게는 수십 자에 불과하다.

음절 문자에서 한 단계 더 발전한 것이 음소 문자이다. 음성 언어의 가장 기본 단위인 음소에 해당하는 글자를 하나씩 만들면 제한된 수의 문자만으로 음성 언어를 충실히 적을 수 있게 된다. 음소 문자 역시 처음에는 이미 존재하던 음절 문자를 변형시켜 만들었다. 최초의 음소 문자인 그리스의 알파벳은 기원전 850~800년경에 전래된 페니키아 문자를 변형시켜 만들었다. 페니키아 문자는 음절의 초성만을 적는 음절 문자였는데 그리스인들은 그리스어를 적는 데 불필요한 문자들을 모음을 표기하는 문자로 전용하여 자음과 모음을 따로 표기하는 음소 문자를 만들었다. 오늘날 세계에서 가장 널리 쓰이는 로마자도 이 그리스 문자에 기원을 두고 만들었다. 한글도 가장 발전된 음소 문자의 하나이다. 〈황선엽〉

[참고문헌]
- 이익섭(1971), 문자의 기능과 표기법의 이상, 김형규 박사 송수 기념 논총 간행위원회 엮음, 김형규 박사 송수 기념 논총, 일조각.
- 이익섭(2000), 국어학 개설, 학연사.
- 이익섭·이상억·채완(1997), 한국의 언어, 신구문화사.
- Coulmas, F. (1989), *The writing systems of the world*, Blackwell.
- Sampson, G. (1985), *Writing systems: A linguistic introduction*, Stanford University Press.

■ 세계 문자와 한글

현재 세계에서 사용되고 있는 문자들과 그 사용 지역은 다음과 같다.

먼저 그리스 문자 계열은 다음과 같다. 그리스 문자는 그리스와 키프로스에서 사용된다. 로마자는 영국, 독일, 프랑스, 네덜란드 등의 서유럽, 이탈리아, 스페인, 포르투갈 등의 남유럽, 미국, 멕시코 등의 북아메리카, 브라질, 아르헨티나 등의 남아메리카, 중부 및 남부 아프리카, 터키, 베트남, 필리핀, 말레이시아, 인도네시아, 호주, 뉴질랜드 등에서 사용된다. 키릴 문자는 러시아, 우크라이나, 불가리아, 세르비아, 벨라루스, 세르비아, 몬테네그로, 마케도니아, 몽골, 카자흐스탄 등에서 사용된다. 조지아(그루지야) 문자는 조지아에서, 아르메니아 문자는 아르메니아에서 사용되고 있다.

아랍 문자 계열은 다음과 같다. 아랍 문자는 사우디아라비아, 이집트, 모로코, 알제리, 이란, 파키스탄 등에서 사용된다. 히브리 문자는 이스라엘에서, 에티오피아 문자는 에티오피아와 에리트레아에서 사용된다. 타나 문자는 몰디브에서 사용된다.

브라미 문자 계열은 다음과 같다. 데바나가리 문자는 북인도에서, 우르두 문자는 파키스탄에서 사용된다. 구루무키 문자는 북인도 펀자브 지방에서, 구자라트 문자는 인도 구자라트 지방에서, 오리야 문자는 인도 오리사 지방에서 사용된다. 한편 벵골 문자는 방글라데시 및 서인도 벵골 지방에서 사용되며, 타밀 문자는 남인도 타밀나두 지방에서, 텔루구 문자는 동인도 안드라프라데시 지방에서, 칸나다 문자는 서인도 및 카르나타카 지방에서, 말라얄람 문자는 남인도 케랄라 지방에서 사용된다. 싱하라 문자는 스리랑카, 크메르 문자는 캄보디아, 라오스 문자는 라오스, 미얀마 문자는 미얀마, 태국 문자는 태국, 티베트 문자는 티베트에서 사용된다.

한자 계열에서 한자는 중국, 한국, 일본, 대만, 싱가포르에서, 가나 문자는 일본에서 사용된다.

마지막으로 한글은 한국에서 사용된다.

이상에서 한글을 제외한 다른 문자들은 모두 그리스 문자, 아랍 문자, 인도의 브라미 문자, 한자 등에서 유래한 것으로 나누어 볼 수 있다. 이 중에 그리스 문자와 아랍 문자는 셈 문자에서 발전했고 셈 문자는 이집트 상형 문자에서 발전한 것이며 브라미 문자 역시 같은 계통으로 추정된다. 한자에서 파생되어 나온 일본의 가나도 한자와 동일한 계통으로 본다. 따라서 한글은 문자사적으로 매우 독특한 위치에 놓인다는 것을 알 수 있다.

이들은 또한 단어 문자이자 표의 문자인 한자를 제외하고 모두 표음 문자로서 개별 문자가 표상하는 단위에 따라 음절 문자와 음소 문자로 나뉜다. 한글은 음소 문자이지만 자음자의 제자 방식이 조음 위치와 조음 방식을 따르므로 음소들의 자질이 어느 정도 문자에 반영되어 있다. 이러한 특성을 고려하여 문자학자 샘슨(G. Sampson)은 한글을 일반적인 음소 문자와 구별하여 자질 문자로 분류하였다. 〈황선엽〉

[참고문헌]
• 이익섭(1971), 문자의 기능과 표기법의 이상, 김형규 송수기념논총.
• 이익섭(2000), 국어학 개설, 학연사.
• 이익섭·이상억·채완(1997), 한국의 언어, 신구문화사.
• Coulmas, F. (1989), *The writing systems of the world*, Blackwell.
• Sampson, G. (1985), *Writing systems: A linguistic introduction*, Stanford University Press.

8.2. 표기법

한국어의 표기법(表記法)은 '한글 맞춤법'으로 불려 왔다.

한글 맞춤법은 '한글 맞춤법 통일안(1933)'에서 '한글 맞춤법(1988)'으로 이어져 왔다. 한글 맞춤법(1988)의 기본 원리는 다음과 같다.

제1항 표준어를 소리대로 적되 어법에 맞도록 함을 원칙으로 한다.

이 조항은 표기 대상인 음성 언어 표준어를 음가대로 적지만 그것을 '어법'에 따라 적을 수 있음을 명시하고 있다. [꼬치]의 음가를 가진 음성 언어를 '꼬치'로 적을 수도 있고 '꽃이'로 적을 수도 있다. 그런데 여기서 '소리'가 무엇인지에 대해서는 견해가 갈린다. 한국어에서 'ㄲㅗㅊㅣ'와 같은 자음과 모음의 연쇄는 '꽃이'가 아니라 '꼬치'로 실현된다. 이처럼 자연스러운 음절 구조인 [꼬치]만을 '소리대로'로 파악할 수도 있고 [꽃이]

와 [꼬치] 모두를 '소리대로'로 파악할 수도 있다. 전자의 견해를 따를 경우 일부에서는 '꼬치'와 '꽃이'의 소리가 다르다고 기술함으로써 실제 발음이 동일하다는 직관과 어긋나 문제가 나타난다. 후자의 견해를 따른 일부에서는 '꼬치'와 '꽃이'의 음절 구조 차이를 간과하는 문제가 나타난다.

'어법'에 대해서도 여러 가지 견해가 존재한다. 기본형 또는 형태소를 밝혀 적는 것이 어법에 따라 적는 것이라는 견해도 그중의 하나이다. 그런데 간혹 '꼬치'는 형태소를 밝히지 않은 것이고 '꽃이'만이 형태소를 밝힌 것이라고 오해하는 일이 있다. 하지만 끊어 적든 이어 적든 기본 형태를 모두 보였다면 형태소를 밝혔다고 본다.

'어법'은 글자의 형태를 모아쓰도록 규정하는 원리다. [꼬치]는 어법에 따라 '꽃이'로 적는데 이는 결과적으로 어간과 어미, 체언과 조사, 즉 실사와 허사를 구분해서 적는 원리다.

'소리대로'와 '어법'의 관계를 이분법적으로 파악해서는 안 된다. 이들을 통합적으로 파악해야 한다는 것은 '소리대로 적되'라는 표현에 드러나 있다. 예를 들어 '아름답-'은 자음 어미 앞에서는 '아름답-고, 아름답-다, 아름답-지'처럼 일관성 있는 표기가 가능하다. 하지만 '아름다우-니, 아름다워, 아름다운'과 같이 '-(으)니, -아/어, -(으)ㄴ'과 같은 모음 어미 앞에서는 '아름답-'과 다른 형태로 표기해야 한다. 만약 '소리대로'를 고려하지 않고 '어법'만을 적용할 경우에는 "아름답으니, *아름답어, *아름답은'과 같이 표기하게 된다. 이는 표준어 [아름다우니], [아름다워], [아름다운]과 다른 소리를 표기한 것이라는 문제가 발생한다. 그러므로 '소리대로'와 '어법'을 서로 분리해서 적용할 수는 없다.

현재의 한글 맞춤법 규정은 국가에서 고시한 것으로 공식적인 언어생활의 기준이다. 한글 맞춤법을 비롯한 어문 규정이 언어생활의 준거라는 점은 '국어기본법(2005)'에도 명시되어 있다. 그런데 언어 현실에서는 한글 맞춤법과 표준어 규정을 혼동하는 일이 적지 않다. 예를 들어 '수닭'과 '수탉' 중에 옳은 것을 고르는 판단의 근거로 한글 맞춤법을 드는 일이 있다. 하지만 한글 맞춤법에서는 '수'와 '닭'이 복합어를 이룰 때 'ㅎ' 소리가 덧날 경우 '수탉'으로 적으라고 규정하고 있을 뿐이다. '수닭'과 '수탉' 가운데 표준어를 결정하는 것은 표준어 규정이다. 그러므로 맞춤법과 표준어의 개념을 분명히 구분하여 교육할 필요가 있다.

한글 맞춤법을 비롯한 어문 규범 교육은 내국인을 위한 교육과정에는 반영되어 있다. 그렇지만 아직까지 외국인을 대상으로 한 한국어교육에서 한글 맞춤법의 교육 내용과 과정은 부족한 실정이다. 한국어교육의 외연이 확장되고 있는 만큼 언어생활의 준거를 이루는 어문 규범에 대한 교수 학습도 필요할 것이다. 〈정희창〉

[참고문헌]
- 이익섭(1992), 국어 표기법 연구, 서울대학교출판부.
- 이희승·안병희(2003), 새로 고친 한글 맞춤법 강의, 신구문화사.
- 정희창(2007), 현대 문자 생활 백서 우리말 맞춤법 띄어쓰기, 랜덤하우스코리아.

■ 표기법의 변천

우리말의 표기는 훈민정음 창제 이후부터 본격적으로 시작되었다. 그러므로 국어 표기법의 역사는 훈민정음 창제를 기준으로 구분할 수 있다. 훈민정음 창제 이전에는 한국어를 전면적으로 표기하지 못하는 한계가 있었지만 한자를 빌려서 표기하는 것이 가능했다. 차자(借字) 표기법에서는 실사(實辭)인 체언과 용언 어간은 한자의 의미를 이용하여 나타내고 허사(虛辭)인 조사와 어미는 한자의 소리를 이용해서 나타내었다. 그런데 이처럼 실사에 허사가 결합한 어절 단위의 표기 방식은 차자 표기뿐 아니라 한글을 이용한 표기에서도 나타난다는 점에서 차자 표기와 한글 표기의 원리가 서로 이질적이지 않다는 것을 알 수 있다.

훈민정음의 창제는 우리말을 완전하게 표기할 수 있는 문자 체계를 갖추었다는 점과 그 문자를 표기하는 체계를 제시했다는 점에서 본격적인 한국어 표기법의 출발점이라고 할 수 있다. 그렇지만 훈민정음이 창제된 이후에도 여전히 국가의 공식 표기는 한자를 중심으로 이루어졌다. 이 때문에 훈민정음은 별개 용도의 표기로 머무르는 상황이 지속되었다. 이러한 사정으로 훈민정음 표기법은 초창기의 질서 정연함에서 벗어나 표류하는 현상이 나타나기 시작했다.

표기법의 변화에서 가장 먼저 눈에 띄는 것은 문자의 소멸이다. 먼저 'ㅸ(순경음 비읍)'은 세조 때 간경도감(刊經都監)에서 간행한 문헌에서부터 나타나지 않는다. 'ㆆ(여린 히읗)' 또한 15세기 이후 소멸하였다. 뒤를 이어 'ㅿ(반치음)' 등도 16세기에 모두 소멸하였다. 이러한 문자의 변화는 계속된다. 근대 한국어 시기에 들어와서는 'ㆁ(옛이응)'이 사라지는 변화도 일어났다. 또한 근대 한국어 시기에는 국어의 성조가 소멸함에 따라 방점을 표기하지 않게 되었다.

문자의 소실 외에 표기법의 본격적인 변화는 16세기에 들어서면서 나타나기 시작한다. 대표적인 것으로 연철 표기와 8종성법을 들 수 있다.

훈민정음 창제 직후에는 〈월인천강지곡(月印千江之曲)〉을 제외한 대부분의 문헌에서 연철 표기를 준수했다. 그러다가 조금씩 분철 표기가 등장하기 시작하여 16세기의《소학언해(小學諺解)》에 이르면 분철 표기가 본격화되기 시작한다. 이러한 경향은 근대 한국어를 거쳐 현대 한국어에 이르기까지 이어졌으며 과도한 분철 표기(예: 나를[我] → 날을)와 중철 표기(예: 니믈 → 님믈)로 나타나기도 하였다.

한편 중세 한국어 표기법의 특징이라고 할 수 있는 8종성법은 근대 한국어 시기에 7종성법으로 변화하게 된다. 이러한 변화는 16세기부터 감지되기 시작했다. 이미 15세기에 음절 말 위치에서 'ㄷ'과 'ㅅ'의 중화가 이루어졌다. 그런데 'ㄷ'과 'ㅅ'의 변화는 한 가지 방향으로 진행된 것이 아니었다.《소학언해》를 보면 'ㅅ → ㄷ', 'ㄷ → ㅅ'의 두 가지 표기가 혼란스럽게 나타나 있다. 이러한 혼란은 17세기에 이르면 'ㅅ → ㄷ' 방향의 표기가 드물어지고 'ㄷ → ㅅ' 방향의 표기가 많아지면서 정리되기 시작한다. 《가례언해(家禮諺解)》 등에서 그러한 사례를 볼 수 있다. 17세기 후반의 《박통사언해(朴通事諺解)》에 이르면 모든 종성의 'ㄷ'이 'ㅅ'으로 표기되면서 'ㄷ'이 자취를 감추게 되는 변화가 일어난다. 이러한 7종성법의 전통은 19세기를 거쳐 20세기 초까지 이어진다. 이처럼 한동안 자취를 감추었던 'ㄷ'은 1930년의 '언문 철자법'에서 'ㄷ'을 받침으로 쓸 것을 규정하면서 다시 받침으로 쓰이게 되었다.

국어의 표기법이 오늘날의 표기법으로 모습을 갖추게 된 것은 1933년 '한글 맞춤법 통일안'(당시 표기는 '한글 마춤법 통일안')을 제정하면서부터이다. 여기에서는 한글 표기법의 대상으로 표준어를 제시하고 역사적인 표기를 현실 발음에 맞게 표기하는 계기가 된 '소리대로 적는다'라는 원리를 제시하였다. 이런 규정을 통해 '긔챠, 샤회, 녀ᄌᆞ, 텬디' 등을 '기차, 사회, 여자, 천지'처럼 현대 한국어의 표기법으로 적게 되었다. 한글 맞춤법 통일안은 1988년의 '한글 맞춤법'으로 이어지는데 한글 맞춤법은 국가의 고시 절차를 밟음으로써 국가가 표기법을 명시적으로 관리하는 주체가 되었다. 이후 '국어기본법(2005)'에서 표기법의 지위를 밝힘으로써 현재 한국어의 표기법은 공식적인 언어 생활의 준거로 자리 잡게 되었다. 〈정희창〉

[참고문헌]
• 김주필(2005), 한글 맞춤법 원칙의 특성과 의미, 어문학논총 24, 국민대학교 어문학연구소, 87~107쪽.
• 이기문(1963), 국어 표기법의 역사적 연구, 한국연구원.
• 이기문 외(1983), 한국어 문의 제문제, 일지사.
• 이익섭(1992), 국어 표기법 연구, 서울대학교출판부.

■ 현대 한국어의 어문 정책

어문 정책은 국가가 국가를 구성하는 언어 공동체의 언어 사용 문제에 일정한 목적을 가지고 직접, 간접적으로 개입하여 취하는 모든 활동이다. 우리나라에서도 국가 주도의 언어 정책이 구현되고 있으며 '어문 정책'을 '언어 정책(language policy)' 또는 '국어 정책'이라고도 한다.

현대 한국어의 어문 정책은 1991년 '국립국어연구원'(현 국립국어원)의 설립과 2005년 '국어기본법'의 제정으로 전기를 맞았다. 한국어 정책을 총괄하고 뒷받침할 수 있는 전문 기관의 설립은 이전까지 문화 정책의 일부분으로 머물렀던 한국어 정책의 위상이 강화되는 계기가 되었다. 또한 한국어 정책의 근거가 되는 국어기본법의 제정은 한국어 정책이 제도적으로 자리 잡는 토대가 되었다. 법률적인 근거에 따라 국가가 지원하는 전문적인 조사와 연구가 가능해진 것이다. 특히 국어기본법에서는 한국어 정책의 수립과 시행을 국가의 책무로 명시하여 국어와 관련된 정책을 본격적으로 개발하도록 했다. 한국어 정책을 장기적인 안목에서 추진할 수 있게 되면서 국가 차원의 '중장기 국어 발전 기본 계획'이 수립되었다.

국어기본법에서는 정부와 전문 연구 기관, 국민의 역할을 명시하고 있다. 정부는 국가 차원에서 한국어 발전을 위한 기반을 조성하고 정책적으로 지원한다. 전문 연구 기관은 이러한 정책을 뒷받침하는 학문적 성과를 생산한다. 국민은 한국어 능력을 길러서 풍요로운 한국어 생활을 누리도록 한다.

이 가운데 제6조에서는 5년마다 '국어 발전 기본 계획'(이하 '기본 계획'으로 줄임)을 수립하여 시행하도록 규정하고 있다. 이 기본 계획은 한국어 발전의 바탕이 되는 계획이라는 의미와 한국어 발전을 촉진하기 위한 구체적인 실천 방안이라는 의미를 지니고 있다. 또한 국어기본법 제8조에서는 시행 결과를 2년마다 평가하여 기본 계획이 충실하게 시행되도록 점검하는 장치를 마련해 놓고 있다.

국어기본법에서 정한 요건에 따라 기본 계획에는 다음과 같이 한국어 발전과 관련된 구체적인 실천 계획이 포함되어야 한다. 2007~2011년에는 '제1차 국어 발전 기본 계획'이 수립되어 시행되었으며, 2012~2016년에는 '제2차 국어 발전 기본 계획'이 수립되어 시행된다. 이어 2017~2021년에 걸쳐 '제3차 국어 발전 기본 계획'이 시행된다.

국어기본법에는 정책 수행에 필요한 사항도 규정되어 있다. 기본 계획에서 수립한 정책의 수행을 위해 필요한 경우에는 중앙 행정 기관, 지방 자치 단체 등에 협조를 요청할 수 있도록 법률적인 장치가 마련되어 있다. 기본 계획의 시행 결과는 2년마다 국회에 보고하여 정책 시행의 효과를 점검하고 개선할 내용을 향후 계획에 반영하도록 되어 있다.

기본 계획은 세 가지 특징이 있다. 첫째, 한국어의 발전과 보전을 법에 의거하여 규정한 '언어 계획'이다. 기본 계획은 국어기본법에 따라 규정되는 강제적인 성격을 지니고 있는데 이는 정부가 한국어의 발전과 보전에 관한 정책을 의무적으로 시행해야 한다는 책무를 담은 것으로 해석한다. 둘째, 국가 언어 정책의 기본 방향을 제시하고 그에 따른 부문별 목표를 제시함으로써 한국어의 진흥을 촉진하는 '정책 계획'이다. 이는 기본 계획에서 수립된 한국어 정책의 목표가 실질적인 국가의 정책 방향이라는 뜻이다. 기본 계획에서 제시된 정책 목표는 언어 정책과 행정의 준거로 작용한다. 셋째, 국어기본법 제7조에서 기본 계획을 수행하기 위한 세부 계획을 수립하고 시행할 것을 규정하고 이의 실천을 위해 국가 기관, 지방 자치 단체, 공공 기관 등에 협조를 요청할 수 있다고 규정했기 때문에 기본 계획은 세부 계획을 수립하고 시행하는 '세부 지침 계획'이라는 특성을 지닌다. 〈정희창〉

[참고문헌]
• 국립국어원(2007), 문화 창조 역량 강화와 한국어의 세계화를 위한 국어 발전 기본 계획, 국립국어원.

- 국립국어원(2011), 국립국어원 20년사: 1991~2011, 국립국어원.
- 문화체육관광부(2012), 문화 창조와 상생, 한국어의 도약을 위한 제2차 국어 발전 기본 계획: 2012~2016, 문화체육관광부·관계 부처.
- 문화체육관광부(2017), 온 국민이 누리고 전 세계가 함께하는 국어를 위한 제3차 국어 발전 기본 계획: 2017~2021, 문화체육관광부·관계 부처.
- 박창원(2011), 국어 정책을 위한 제언, 새국어생활 21-1, 국립국어원, 25~51쪽.
- 조태린(2010), 언어 정책이란 무엇인가, 새국어생활 20-2, 국립국어원, 117~131쪽.

8.3. 문자 교육

문자 교육(文字敎育)은 표기 수단을 습득하여 바르게 사용하두록 하는 교육을 말한다. 한국어에서는 한글의 자음과 모음 그리고 음절 구성 방식 등을 교육한다. 문자 교육은 언어 교육의 출발점이자 기초 단계로 언어 학습에서 매우 중요하다. 인간이 생활에 필요한 지식과 정보를 읽고 쓰는 능력을 위한 도구적 가치로서도 문자 교육은 필수적이다.

외국인을 위한 한국어교육에서 문자 교육은 교육의 초점과 시기가 모어 교육과 다르다. 모어 화자를 대상으로 하는 국어교육에서의 문자 교육은 문식성 획득을 위해 한글에 대한 체계적인 이해가 기초가 된다. 학습 시기 또한 대부분 유아기나 아동기에 이루어진다. 반면에 한국어를 외국어로서 학습하는 경우는 한글에 대한 지식적 접근보다는 발음과 어휘를 기반으로 한 문자 인식에 초점을 맞춘다. 학습 시기도 이미 모어를 습득한 후에 이루어지는 경우가 많다.

한국어교육에서 문자 교육의 범위와 내용은 자음과 모음에 대한 자형 교육과 이것을 소리 내어 읽는 발음 교육을 기본으로 한다. 기본 교육은 단어와 문장 차원으로까지 확대하여 이루어진다. 문자에 대한 학습자의 이해를 돕기 위해 배경지식 제공 차원에서 한글 창제 원리를 도입하기도 한다.

한국어교육에서 문자 교육은 훈민정음 창제와 관련을 맺는다. 훈민정음 창제 당시에는 새로 창제된 문자의 소리와 글자의 관계를 언어 사용자가 알 수 있도록 하고자 개별 소리와 문자 형태에 대해 설명하는 것이 교육의 초점이었다. 그 후 19세기 서양 선교사들이 집필한 한국어 교재에서는 한글의 자음과 모음을 어떻게 배열하고 이를 어떻게 조합하여 음절을 생성하는지에 대해 교육의 주안점을 두었다. 1933년 '한글 맞춤법 통일안'(당시 표기는 '한글 마춤법 통일안')이 제정되면서 한글에 대한 문자 교육의 중요성이 강조되었고 한글 학습에 대한 연구들도 시작되었다. 광복 이후의 교육과정부터는 모어 교육의 문자 교육이 여러 언어 기능과 연계되어 현재까지 이루어지고 있다.

한국어교육에서 한글 자모 교육에 대한 연구는 2000년대 이후부터 본격적으로 논의되고 있다. 정확하고 체계적인 문자 교육이 말하기, 듣기, 읽기, 쓰기 등 기능 교육의 기본 요소임을 인식하여 문자 교육의 필요성에 대한 논의와 구체적인 문자 교육의 방안에 대한 연구들이 활발히 진행되고 있다. 〈신필여〉

[참고문헌]
• 민현식(1999), 국어 정서법 연구, 태학사.
• 허재영(2008), 우리말 연구와 문법 교육의 역사, 보고사.

■ 한글 자모 교육

한글 자모 교육의 목표는 학습자가 한글의 자형과 소리를 익혀 그 관계를 이해하고 올바르게 사용하는 데에 있다.

자모 교육의 내용은 크게 자모의 명칭, 자모 제시 방법, 자모 제시 순서로 구분한다.

첫 번째, 자모의 명칭이다. 한글 자모는 '한글 맞춤법' 제2장에 의하면 자음 19개, 모음 21개로 모두 40개다. 한국어 자음과 모음의 명칭은 다음과 같다.

〈한글 맞춤법의 자모 개수와 명칭〉

제2장　자모
제4항　한글 자모의 수는 스물넉 자로 하고, 그 순서와 이름은 다음과 같이 정한다.
ㄱ(기역) ㄴ(니은) ㄷ(디귿) ㄹ(리을) ㅁ(미음) ㅂ(비읍) ㅅ(시옷) ㅇ(이응)
ㅈ(지읒) ㅊ(치읓) ㅋ(키읔) ㅌ(티읕) ㅍ(피읖) ㅎ(히읗)
ㅏ(아) ㅑ(야) ㅓ(어) ㅕ(여) ㅗ(오) ㅛ(요) ㅜ(우) ㅠ(유) ㅡ(으) ㅣ(이)
[붙임 1] 위의 자모로써 적을 수 없는 소리는 두 개 이상의 자모를 어울러서 적되,
그 순서와 이름은 다음과 같이 정한다.
ㄲ(쌍기역) ㄸ(쌍디귿) ㅃ(쌍비읍) ㅆ(쌍시옷) ㅉ(쌍지읒)
ㅐ(애) ㅒ(얘) ㅔ(에) ㅖ(예) ㅘ(와) ㅙ(왜) ㅚ(외) ㅝ(워) ㅞ(웨) ㅟ(위) ㅢ(의)

일반적으로 자음의 명칭은 '이응, 지읒'처럼 제1 음절 초성과 제2 음절 종성에 해당 자음을 반복하여 명칭으로 쓴다. 하지만 여기에도 'ㄱ(기역), ㄷ(디귿), ㅅ(시옷)'과 같은 예외들이 있다. 이 때문에 현재 한국어교육 현장에서는 자모 명칭을 학습 초기의 수업 시간에 제시하지 않는 것이 일반적이다. 이는 자형을 익히고 소리를 변별하는 학습 내용만으로도 학습자들에게는 부담이 크다고 여기기 때문이다. 하지만 이와는 달리 외국어를 배울 때 문자의 명칭을 외우는 것이 자연스럽고 필수적이라고 보는 시각도 있다. 처음에 학습 부담이 있더라도 자음 명칭을 익히는 것이 후행 학습에 효과적이라고 보는 것이다.

두 번째, 한글 자모 제시 방법에 대한 내용이다. 이는 한글 맞춤법의 순서에 따라 자모를 제시할 것인지, 한글의 특징에 따라 제시할 것인지에 대한 문제이다. 한글은 음소 문자이면서 모음을 중심으로 하여 음절 단위로 모아쓰는 언어이다. 따라서 문자 교육 초기 단계에서 음절 교육의 중요성을 강조한다. 이 때문에 한국어교육 현장에서는 음절 구성을 위해서 모음을 중심으로 단모음, 이중 모음 순으로 교수하는 것이 효과적이라고 본다. 또한 학습 시기와 기간에 따라 제시 방법이 달라진다. 모어 화자의 경우 대부분 아동기에 한글 자모를 익힌다. 아동기 학습자들에게는 우선 소리와 글자를 개별적으로 연결 지어 교육한 후 이를 단어 학습에 적용하는 방식을 따른다. 따라서 연령에 따라 단계별로 자모 교육이 이루어지는 것이 특징이다. 하지만 성인 학습자는 아동기 학습자에 비해 자모 학습 기간이 비교적 짧다. 성인 학습자를 대상으로 하는 자모 교육은 자모 교육을 기반으로 확장된 어휘와 문장을 함께 제시하는 방식을 따른다.

세 번째, 자모 제시 순서이다. 모어 화자 교육에서 주로 통용되는 《훈몽자회(訓蒙字會)》의 'ㅏ, ㅑ, ㅓ, ㅕ, ㅗ, ㅛ, ㅜ, ㅠ, ㅡ, ㅣ'와 'ㄱ, ㄴ, ㄷ, ㄹ, ㅁ, ㅂ, ㅅ, ㅇ, ㅈ, ㅊ, ㅋ, ㅌ, ㅍ, ㅎ' 순서로 제시하는 방식이 있으나 2000년 이후 한국어 교재에서는 모음을 먼저 제시하는 경향이 두드러진다. 이는 자음만으로는 음절 생성이 어려움을 인식하여 실제 교수에 반영한 결과이다. 또한 난이도를 고려하여 자음은 '평음-격음-경음' 순으로, 모음은 '단모음-이중 모음' 순으로, 받침은 '받침 없는 글자-받침 있는 글자' 순으로, 받침이 있을 경우는 '홑받침-겹받침' 순으로 제시하는 것이 일반적이다.

이 밖에도 한글 자모 교육과 관련된 논의들이 있다. 예를 들어 수많은 어휘들 중 한글 자모 교육을 위한 교육용 어휘를 어떠한 기준을 근거로 어떻게 선정할지에 대한 논의가 있다. 또한 한글 자모 교육 시 형태적 오류가 빈번하게 일어나는 자료에 대한 질적, 양적 연구를 통해 학습자들의 지침을 언어권 별로 제시할 필요도 있다. 〈신필여〉

[참고문헌]
• 민현식(1999), 국어 정서법 연구, 태학사.
• 양명희(2009), 외국인 학습자를 위한 한글 자모와 발음 교육 방법에 대하여, 어문논집 41, 중앙어문학회, 5~27쪽.
• 이희승·안병희(1989), 한글 맞춤법 강의, 신구문화사.
• 허재영(2010), 초급 한국어 학습자를 위한 한글 교육의 의미, 교양교육연구 4-1, 한국교양교육학회, 219~236쪽.

■ 한자 교육

한자 교육의 목표는 한국어를 배우는 학습자가 한자어의 자음(字音)과 자의(字意)를 파악하여 한자어를 올바르게 이해하고 사용하는 데 있다.

한국어교육에서의 한자 교육이란 일반적으로 개별 한자의 부수와 획순과 같은 자형 자체에 관한 지식 습득에 초점을 두는 교육이 아닌 한자의 음과 뜻을 익혀 이를 올바르게 사용할 수 있게 하는 어휘 교육으로서의 한자어 교육을 의미한다. 한국어 어휘에서 한자어가 차지하는 비중은 크다. 국립국어원의 《표준국어대사전》에 실린 423,164개의 어휘(주표제어 기준) 가운데 한자어로만 구성된 어휘는 전체의 45.5%(192,566개)를 차지한다. 여기에 '한자어 + 고유어'(17.9%, 75,852개) 구성의 어휘까지 더하면 그 중요성은 더 커진다. 국립국어원에서 2003년에 조사한 한국어 학습용 기초 어휘에서도 한자어가 약 60%를 차지한다. 따라서 한자 교육의 목표는 개별 한자의 획순이나 부수와 같은 세부적인 요소들을 습득하도록 하는 것보다는 한국어 어휘에서 비중이 높은 한자어를 중심으로 교육 내용과 방향을 모색하는 것에 있다. 일차적으로 한자의 음과 뜻을 파악하게 한 후 어휘 확장 측면에서 이 한자들이 어떻게 한국어 어휘로 사용되는지에 대한 학습 내용을 제공하는 교수 방법이 유의미하다.

한자 교육은 한자에 대한 학습자의 배경지식 유무에 따라 교육 시기와 교육 내용이 달라진다. 학습자가 한자 문화권에서 이미 한자를 학습하여 이에 대한 배경지식이 있거나 기초 한자를 습득한 경우에는 초급 단계 때부터 한자어를 활용한 어휘 교육에 목표를 두는 것이 효과적이다. 반면에 학습자가 한자에 대한 배경지식이 전혀 없는 경우에는 초급부터 한자 학습을 시작하는 것이 과도한 학습 부담으로 작용할 수 있기에 한국어 기초 어휘를 어느 정도 습득한 중급부터 교수하는 것이 바람직하다.

교육 내용과 관련해서는 비한자권 학습자들에게는 우선적으로 한자에 대한 기본적인 배경지식을 교육하는 과정이 필요하다. 먼저 한자는 자형(字形), 자의(字意), 자음(字音)으로 이루어져 있음을 교수한다. 예를 들어 '日(날 일)'을 가르친다고 하면 글자 모양은 '日', 뜻은 '날', 읽을 때 나는 소리는 '일'이라고 설명할 수 있다. 다음으로 한자도 한글의 자모와 같이 획순이 있음을 알려 준다. 자모를 쓸 때 왼쪽에서 오른쪽으로, 위에서 아래로 쓰는 방법과 동일하게 한자도 위에서 아래로 쓰는 한자(예: 三), 왼쪽에서 오른쪽으로 쓰는 한자(예: 川), 가로에서 세로로 쓰는 한자(예: 十), 중앙에서 측면으로 쓰는 한자(예: 小) 등이 있음을 알려 주어 한자에 대한 이해를 돕는다. 마지막으로 한자의 제자 원리를 간단하게 제시한다. '山'과 같이 사물이나 사람을 본떠서 만든 상형 문자(象形文字), '上'과 같이 추상적인 일이나 사건을 점이나 선으로 표현한 지사 문자(指事文字), '休'와 같이 기존의 글자들의 뜻을 합하여 만든 회의 문자(會意文字), '空'과 같이 기존 글자의 소리와 뜻을 합하여 새로운 글자를 만든 형성 문자(形聲文字) 등 제자 원리에 대한 지식을 제공한다. 이처럼 한자에 대한 배경지식을 이해시킨 후 기초 한자를 교수하여 각각의 음과 뜻을 익히게 한다. 한국어 어휘 중 고유어에는 존재하지 않는 '窓, 門'과 같은 1음절 한자들은 기초 어휘로 많이 쓰인다. 이들을 한자어와 한국어 어휘의 관계를 파악하는 데 이용하면 한자에 대한 학습자의 이해도를 높일 수 있다. 또 이러한 글자들은 조어력이 높고 고빈도로 쓰이기 때문에 학습자가 이전에 학습한 어휘들의 의미를 분석적으로 파악하는 데에도 효과적이며 이를 다른 어휘에 연계하여 어휘를 생성하거나 이해하는 등의 어휘 확장에도 도움이 된다.

중국, 일본과 같은 한자권 학습자들은 이미 한자의 제자 원리나 획순 그리고 한자의 음, 뜻, 형태를 알고 있기 때문에 비한자권 학습자와 같이 문자 자체의 배경지식은 가르칠 필요가 없다. 하지만 이 경우에는 한국식 한자어와 모어인 중국어나 일본어의 한자어 사이에 음운, 의미, 형태상의 차이가 있어 이에 대한 내용이 교수되어야 한다.

한국어 학습자들을 위한 한자 교육은 어휘 교육에서와 마찬가지로 기초 한자어 선정 작업이 중요하다. 실생활에서 사용 빈도가 높고 사용 범위가 넓은 한자, 교육에 기초적인 한자, 이를 활용할 수 있는 조어력이 높은 한자를 중심으로 선정해야 한다. 그리고 이를 중심으로 각각의 단계에 맞게 한자어 교육을 실시해야 한다.

현재 국내 한국어교육 현장에서의 한자어 교육은 대부분 정규 과정에 포함하여 실시하지 않고 비정규 과정인 특별반으로 운영한다. 학습 대상은 비한자권 학습자들이 대부분이며 학습자의 한국어 수준은 기초 한국어를 습득한 중급 이상이다. 하지만 최근 학문 목적 학습자가 증가하며 한자를 학습하고자 하는 학습자들이 늘어나고 있고 학습자층 또한 다양해지고 있다. 이들의 다양한 요구를 반영할 수 있도록 한자 교육에 대해 풍부하고 깊은 논의가 이루어져야 하고 이를 현장에 적용할 수 있는 교육 방안이 마련되어야 한다.　　　　　　　　　　　　　　　　　　　　　　　〈신필여〉

= 한자어 교육

→ 한자어

[참고문헌]
• 강현화(2001), 한국어교육용 기초 한자어에 대한 기초 연구: 한국어 교재에 나타난 어휘를 바탕으로, 한국어교육 12-2, 국제한국어교육학회, 53~70쪽.
• 국립국어원, 표준국어대사전 누리집, 2020년 1월 7일 가져옴, http://stdict.korean.go.kr
• 김지형(2003), 한국어교육에서의 한자 교수법: 비한자권 외국인 학습자를 중심으로, 국제어문 27, 국제어문학회, 343~368쪽.
• 문금현(2003), 한국어 어휘 교육을 위한 한자어 학습 방안, 이중언어학 23, 이중언어학회, 13~35쪽.
• 이영희(2007), 외국인을 위한 한국어 한자 교육의 현황과 방향, 새국어교육 76, 한국국어교육학회, 269~293쪽.

8.4. 어문 규정

어문 규정(語文規定)은 언어생활에서 꼭 지켜야 할 공식적인 기준을 말한다. 이는 한글 맞춤법, 표준어 규정, 외래어 표기법, 로마자 표기법의 네 가지 규정을 함께 이르는 말이다.

우리나라에서는 어문 규범과 어문 규정, 이 두 용어가 흔히 서로 혼동되어 쓰인다. 하지만 규범은 추상적인 개념으로 행동이나 판단에서 따르고 지켜야 할 가치 판단의 기준을 말하고, 규정은 구체적으로 정해진 규칙을 말한다. 그러므로 한글 맞춤법, 표준어 규정, 외래어 표기법, 로마자 표기법 등의 네 가지 규칙은 규정이라 할 수 있고 이들 모두를 어문 규범이라는 말로 아우를 수 있다.

1933년 조선어학회 본회 총회의 결의로 제정·공표된 '한글 맞춤법 통일안'(당시 표기는 '한글 마춤법 통일안')을 시작으로 1936년에 '사정(査定)한 조선어 표준말 모음'을 공표함으로써 바람직한 말과 글을 사용하기 위한 우리말 어문 규정의 기틀이 마련되었다고 할 수 있다.

1933년의 '한글 맞춤법 통일안'은 이후 언어의 변화를 반영하고 규정 자체의 문제점을 보완하는 등 부분적인 개정, 보완 작업을 거쳐 1988년 1월 19일 개정된 '한글 맞춤법(문교부 고시 제88-1호)'이 고시되었고 부칙에 따라 1989년 3월 1일부터 시행되어 오늘에 이르고 있다.

한편 1936년의 '사정한 조선어 표준말 모음'에는 사정한 어휘 수만 9,547개가 수록되어 있을 뿐 사정의 기준이 되는 세부 규정은 제시되지 않았다. 따라서 1970년 2월에 국어심의회의 건의에 따라 문교부에서 개정에 착수하고 국어조사연구위원회, 학술원 산하의 어문연구위원회를 거쳐, 1984년에 설립된 국어연구소에서 표준어에 대한 규정을 만들게 한 후, 1987년 국어심의회의 의결을 거쳐 1988년 1월 19일에 고시하고 1989년 3월 1일부터 시행하게 되었다.

1989년 공포된 표준어 규정은 크게 표준어 사정 원칙과 표준 발음법으로 구성되어 있는데 표준어 사정 원칙에 제시된 사례가 한정되어 있어 표준어 규정에 포함되지 않은 말 가운데에도 표준어 판단이 어려운 말이 다수 있는 것으로 나타났다. 이에 1990년 9월 문화부에서는 표준어 규정에 포함되지 않은 단어 1,400여 개를 사정하여 표준어 모음(문화부 공고 제36호)을 공표하게 된다. 그리고 2011년 8월 한국어 어문 규정을 관장하고 있는 국립국어원에서는 언어의 변화에 따른 표준어를 사정하여 39개 항목의 표준어를 추가하였다. 이후, 2017년에 다시 표준어 규정이 개정되었다.

외래어 표기를 위한 연구는 1931년부터 조선어학회에서 진행하였으며 1941년 1월에 '외래어 표기법 통일안'이 공포되어 처음으로 통일된 외래어 표기법이 적용되기 시작하였다. 그 후 문교부에서 1948년에 '들온말 적는 법'을 제정하였는데 원음에 충실하게 표기하려는 의도가 지나쳐 현용 24개 자모 이외의 글자를 신설하는 등 활용하기 어려운 표기법이었다(예: film 옐름, stove 스또우액, bench 뻰쮜 등). 문교부는 이 표기법을 대폭 수정하여 1958년 10월 20일에 '로마자의 한글화 표기법'을 공포하고 표기 세칙을 보완하여 교과서 편수 자료를 발간했다.

1986년 1월에는 1958년의 '로마자의 한글화 표기법'을 수정·보완하여 '외래어 표기법'을 공포하였다. 이후 1992년에 동구권 지명·인명 표기 세칙(문화부 고시 제1992-31호), 1995년에 북구권 지명·인명 표기 세칙(문화체육부 고시 제1995-8호), 2004년에 동남아시아 3개 언어 표기 세칙(문화관광부 고시 제2004-11호), 2005년에 '포르투갈어, 네덜란드어, 러시아어' 표기 세칙(문화관광부 고시 제2005-32호)을 추가로 고시하여 모두 21개 언어에 대한 외래어 표기법이 마련되었다. 외래어 표기법은 2014년 다시 개정되었으며 2017년 현재의 외래어 표기법으로 재개정되어 공포되었다.

국어의 로마자 표기법은 19세기 외국인이 한국어 단어를 로마자로 표기한 것에서 그 효시를 찾을 수 있다. 그 후 일제 강점기에 평양 숭실전문학교의 교장이던 선교사 매큔(G. S. McCune)과 하버드대학교의 라이샤워(A. K. Reischauer)가 공동으로 정한 로마자 표기법(속칭 M-R안)이 1939년에 발표되자 미군이 이를 공식으로 채택하였고 재미(在美) 학자들 역시 이 안을 주로 쓰게 되면서 이 안은 한동안 한국어 로마자 표기법의 근간을 이루었다.

이후 1984년에 한국어 로마자 표기법 개정안이 공표되는데 이는 1986년 아시안 게임, 1988년의 서울 올림픽을 앞두고 한국어 로마자 표기법의 제정 및 계몽이 절실히 필요했기 때문이었다.

하지만 이 개정안은 M-R안을 근간으로 한 것이어서 반달표(ŏ, ŭ: 성산 Sŏngsan, 을지 Ŭlji, 의정부 Ŭijŏngbu)와 어깻점(t', p', k', ch': 퇴촌 T'oech'on, 다보탑 Tabot'ap)의 사용이 불편했고, '도동, 독도'를 'Todong, Tokto'로 적도록 하고 있어 유성음, 무성음의 차이를 느끼지 못하는 한국인들은 초성의 'ㄷ'을 't, d' 둘로 적는 이유를 이해하기 어려워하는 문제가 있었다.

이런 문제를 해결하기 위해 2000년에 로마자 표기법이 개정되었으며 2014년 다시 개정되어 오늘날에 이르렀다(문화체육관광부 고시 제2014-42호, 2014년 12월 5일). 현행 로마자 표기법은 한국어의 표기를 옮기는 전자법(轉字法)이 아니라 표준 발음을 옮기는 전사법(轉寫法)을 채택하고 있다. 또한 국어의 음운 체계를 반영하여 자음을 'ㄱ(g), ㄲ(kk), ㅋ(k) / ㅂ(b), ㅃ(pp), ㅍ(p)'와 같이 '평음-경음-격음'으로 구분하여 적으며 표기에 혼란을 줄 수 있는 반달표나 어깻점과 같은 특수 부호는 쓰지 않도록 하였다. 〈정호성〉

= 어문 규범

[참고문헌]
- 민현식(1999), 국어 정서법 연구, 태학사.
- 이희승·안병희(1989), 한글 맞춤법 강의: 한글 맞춤법, 표준어 규정, 외래어 표기법, 신구문화사.

■ 한글 맞춤법

한글 맞춤법은 한글로써 우리말을 표기하는 규칙의 전반을 이르는 말이다.

한글 맞춤법의 효시는 훈민정음이라고 할 수 있고 현재의 맞춤법은 1933년의 '한글 맞춤법 통일안'(당시 표기는 '한글 마춤법 통일안')을 기본으로 하여 1988년 1월 문교부가 고시한 후, 2014년, 2017년에 개정하여 고시한 것이다. 한글 맞춤법은 띄어쓰기를 포함하고 있으며 부록으로 문장 부호 규정도 제시하고 있다.

〈한글 맞춤법의 구성〉

제1장 총칙

제2장 자모

제3장 소리에 관한 것
 제1절 된소리
 제2절 구개음화
 제3절 'ㄷ' 소리 받침
 제4절 모음
 제5절 두음 법칙
 제6절 겹쳐 나는 소리

제4장 형태에 관한 것
 제1절 체언과 조사
 제2절 어간과 어미
 제3절 접미사가 붙어서 된 말
 제4절 합성어 및 접두사가 붙은 말
 제5절 준말

제5장 띄어쓰기
 제1절 조사
 제2절 의존 명사, 단위를 나타내는 명사 및 열거하는 말 등
 제3절 보조 용언
 제4절 고유 명사 및 전문 용어

제6장 그 밖의 것

□ 부록 문장 부호

총칙에서는 한글 맞춤법의 원리를 제시하고 있다. 즉 '한글 맞춤법은 표준어를 소리 대로 적되, 어법에 맞도록 함을 원칙으로 한다.(제1항)'라고 천명함으로써 한글 맞춤법 의 대상은 표준어이고 표준어를 소리대로 적는 표음주의가 대원칙이지만 '어법에 맞도 록', 즉 단어의 원형을 고정시켜 표기하는 표의주의도 고려함을 밝히고 있다.

이에 따르면 '어머니께서, 오늘도, 땅에'와 같은 표준어는 그 소리를 바로 한글로 적으 면 된다. 그런데 '닭[닥], 닭이[달기], 닭만[당만], 닭도[닥또]'와 같이 '닭'은 소리대로 적으 면 환경에 따라 '닥, 달기, 당만, 닥또'처럼 다양한 표기가 나타나게 되어 언어생활이 혼란 스러워지고 가독성도 떨어지게 된다. 이를 보완하기 위하여 단어의 기본 형태를 고정시 켜 항상 '닭, 닭이, 닭만, 닭도'로 적으면 그 의미를 파악하기가 훨씬 쉬워질 것이다. 그래 서 한글 맞춤법은 표음주의와 표의주의를 모두 반영하고 있는 표기법이라고 할 수 있다.

제2장에서는 한글 자모는 모두 스물네 자인 것과 한글 자모의 순서와 이름을 제시 하고 있다.

제3장은 주로 한 단어 안에서 표준어의 소리를 어떻게 한글로 적을 것인지를 규정하고 있다. 특히 제3절에서 'ㄷ' 소리로 나는 받침 중에 'ㄷ'으로 적을 근거가 없는 것은 'ㅅ'으로 적으라고 하여 '덧셈, 덧저고리, 돗자리, 사뭇, 얼핏' 등의 단어는 받침으로 'ㅅ'을 사용한다. 하지만 '걷잡다, 돋보기, 밭사돈'은 '거두다, 돋우다, 바깥'에서 받침을 'ㄷ, ㅌ'으로 적을 근거를 찾을 수 있으므로 'ㅅ'이 아니라 'ㄷ, ㅌ' 받침으로 적는다.

제5절 두음 법칙은 일부 한자음의 현실 발음을 표기에 반영한 것인데 다음과 같이 세 부류로 나눌 수 있다.

단어 첫머리의 한자음 '녀, 뇨, 뉴, 니'는 (1)과 같이 '여, 요, 유, 이'로 적는다. 단어 첫머리의 한자음 '랴, 려, 례, 료, 류, 리'는 (2)와 같이 '야, 여, 예, 요, 유, 이'로 적는다. 단어 첫머리의 한자음 '라, 래, 로, 뢰, 루, 르'는 (3)과 같이 '나, 내, 노, 뇌, 누, 느'로 적는다.

  (1) 여자, 연세, 요소, 유대, 익명,
  (2) 양심, 여행, 예절, 용왕, 유행, 이익
  (3) 낙원, 내일, 노인, 뇌성, 누각, 능묘

제4장에서는 제1절 체언과 조사, 제2절 어간과 어미, 제3절과 제4절 합성어와 파생어, 제5절 준말의 표기법을 다루고 있다. 특히 체언과 조사, 어간과 어미 등을 분리하여 원형을 밝혀 적는 표의주의 표기법을 채택하고 있는데, 불규칙 활용을 보이는 용언에서는 이 변한 형태를 표기에 반영하는 표음주의를 따르고 있다. 그 예로는 '둥글게~둥그니, 긋고~그어, 그렇지~그러면' 등이 있다.

접미사가 결합될 때에 그 원형을 밝혀 적을 것인지의 여부는 그 접미사의 규칙성에 따라 결정된다. 즉 파생어의 숫자가 많거나 왕성하게 새로운 말을 만들어 낼 수 있는 접미사는 규칙을 찾을 수 있으므로 그 원형을 밝혀 적지만, 그 수가 매우 적거나 더 이상 새로운 말을 만들지 못하는 접미사는 원형을 밝혀 적지 않는다. 원형을 밝혀 적는 예로는 '주검(← 죽-엄), 마중(← 맞-웅), 귀머거리(← 귀먹-어리)' 등이 있다.

합성 명사에서만 나타나는 사이시옷 표기는 합성된 두 어근 중 하나 이상이 고유어이고, 앞의 어근이 모음으로 끝난다는 조건을 만족한 상태에서 (1)~(3)의 음운 현상이 있을 경우에 받침으로 적는다.

	음운 현상	예
(1)	뒷말의 첫소리 'ㄱ, ㄷ, ㅂ, ㅅ, ㅈ'가 'ㄲ, ㄸ, ㅃ, ㅆ, ㅉ'로 변할 때	호숫가, 전깃불, 혓바늘, 콧수염, 쇳조각
(2)	뒷말의 첫소리 'ㄴ, ㅁ' 앞에서 'ㄴ' 소리가 덧날 때	콧날, 아랫니, 잇몸, 수돗물, 빗물
(3)	뒷말의 첫소리 모음 앞에서 'ㄴㄴ' 소리가 덧날 때	깻잎, 나뭇잎, 베갯잇, 예삿일, 훗일
※ 예외: 다음 6개 한자어는 'ㅅ' 표기 허용 → 곳간(庫間), 셋방(貰房), 숫자(數字), 찻간(車間), 툇간(退間), 횟수(回數)		

준말 표기법에서 눈여겨보아야 할 것은 바로 '돼, 봬, 쇄' 등 용언 말음 'ㅚ' 모음 뒤에 '-어, -었-'이 어울려 '쌔, 쌨'으로 줄어들 때이다. 용언 어간은 'ㅚ'이고 어미 '-어, -었-'이 결합하여 '쌔, 쌨'으로 줄어든 것이므로 문법적으로는 분명히 구별되는 형태이지만, 현대 국어에서 'ㅚ'와 'ㅙ'의 발음이 구별되지 않음에 따라 그 표기에도 혼란이 온 것으로 보인다. 하지만 '돼'는 '되어'의 준말임을 인식한다면 혼란의 여지는 없어질 것이다.

(1) 되게, 되고, 되니, 되면, 되지, 된, 될

(2) 되어(돼), 되어도(돼도), 되어야(돼야), 되어라(돼라), 되어요(돼요), 되었네(됐네)

(3) '내일 봬요.', '올 추석은 어디서 쇄요?'

제6장에서는 한데 묶을 수 없는 형태 관련 문제들을 다루고 있는데 제51항에서는 부사화 접미사 '-이, -히'를 구별하여 적는 방법을 다루고 있다.

(1) 제51항 부사의 끝음절이 분명히 '이'로만 나는 것은 '-이'로 적고, '히'로만 나거나 '이'나 '히'로 나는 것은 '-히'로 적는다.

ㄱ. '이'로만 나는 것

① 첩어나 준첩어인 명사 뒤: 간간이, 겹겹이

② 'ㅅ' 받침 뒤: 깨끗이, 산뜻이, 따뜻이

③ 'ㅂ' 불규칙 용언 어간 뒤: 가벼이, 괴로이

④ '-하다'가 붙지 않는 용언 어간 뒤: 같이, 굳이, 많이 등

ㄴ. '히'로만 나는 것

① 'ㅅ'으로 끝나지 않고 '-하다'가 붙는 어간 뒤: 급히, 속히, 족히, 엄격히, 정확히, ……

② (예외) 작히, 특히, 익히

ㄷ. '이, 히'로 나는 것(대부분 '-하다'가 붙는 어간임)

솔직히, 가만히, 간편히, 무단히, 각별히, 쓸쓸히, 과감히, 꼼꼼히, ……

한글 맞춤법과 함께 다룰 수 있는 개념으로는 정서법(orthography)이 있다. 민현식에 따르면 좁은 개념의 정서법은 단어 차원에서의 바른 표기, 즉 맞춤법(spelling) 문제만을 다루지만, 넓은 개념의 정서법은 단어의 형식(표기), 단어의 내용, 문장의 형식, 문장의 내용 등을 모두 포괄한다.

한글 맞춤법은 쓰기의 기준이 되므로 한국어교육 현장에서도 매우 중요하게 다루어야 한다. 하지만 한국어에 대한 직관이 없는 외국인 학습자를 상대로 한글 맞춤법 규정 자체를 다루기란 매우 어렵다. 이를 위하여 '평음-경음-격음'과 같이 학습자의 언어에는 없는 음운 체계의 교육은 물론이고 한국어 학습 단계마다 발음과 표기가 다른 어휘들을 배치하여 이들의 관계를 암시적으로 학습할 수 있게 하는 것이 필요할 것이다. 〈정호성〉

[참고문헌]
• 김광해 외(1999), 국어 지식 탐구: 국어교육을 위한 국어학 개론, 박이정.

- 민현식(1999), 국어 정서법 연구, 태학사.
- 민현식(2000), 한국어교육에서의 정서법 교육에 대하여, 한국어교육 11-1, 국제한국어교육학회, 1~23쪽.
- 이희승·안병희(1989), 한글 맞춤법 강의: 한글 맞춤법, 표준어 규정, 외래어 표기법, 신구문화사.

❑ 띄어쓰기

띄어쓰기는 글을 쓸 때 각 낱말을 띄어 쓰는 일을 가리킨다.

띄어쓰기는 한글 맞춤법에 포함된 규정으로 제2항에서 '문장의 각 단어는 띄어 씀을 원칙으로 한다.'라고 명시하여 단어를 기준으로 띄어 쓸 것을 천명하고 있다. 단어란 문장에서 자립적으로 쓰일 수 있는 말을 가리키지만 '밤낮, 국밥, 돌아가다'처럼 둘 이상의 말이 합성어를 이루는 경우도 있어 그것이 단어인지 아닌지를 판별하기가 쉽지 않다.

둘 이상의 단어가 합쳐진 말이 새로운 합성어인지를 판별하는 기준은 의미의 생성이다. 두 말이 결합하여 새로운 의미가 생겼는지를 보는 것이다. 가령 '광대의 신체 기관인 머리'를 나타내는 '광대 머리'는 띄어 써야 하지만 '소의 처녑에 얼러붙은 고기'를 나타내는 '광대머리'는 붙여 쓴다. '광대'와 '머리'로는 예측할 수 없는 새로운 의미가 생긴 것이므로 한 단어로 보아 붙여 쓰는 것이다.

또 다른 기준은 단어의 긴밀성이다. 두 말 사이의 관계가 긴밀한지를 따져 보는 것이다. 예컨대 '가져가다, 내려가다' 등은 중간에 다른 요소가 끼어들기 어렵지만 '받아 가다, 들고 가다' 등은 '받아서 가다, 들고서 가다'와 같이 다른 요소가 끼어들 수 있다. 이와 같이 단어의 긴밀성은 '가져가다, 내려가다'와 '받아 가다, 들고 가다'의 띄어쓰기를 결정하는 데 중요한 근거가 된다.

띄어쓰기 조항은 한글 맞춤법의 제5장에서 4절 10항에 걸쳐 제시되어 있다.

조사의 띄어쓰기는 다음과 같다. 조사는 자립성이 없어 앞말에 의존해야만 실현될 수 있고 구체적인 의미를 나타내기보다는 앞말의 문법적인 기능을 나타내고 있으므로 의존적인 요소로 보아 앞말에 붙여 쓴다. 여러 개의 조사가 겹치는 경우나 어미 다음에 오는 경우에도 앞말에 모두 붙여 써야 한다.

(1) 직장에서처럼만, 언제부터인지는, 밥은커녕, 고마워하기는커녕, 웃기만 한다, 멀리는 못 나가네.

유의해야 하는 것은 형태는 동일한데 의미와 기능이 달라지므로 띄어쓰기를 달리해야 하는 예들이 있다는 점이다.

(2) ㄱ. 같이: 당신같이 멋진 사람 (조사) / 같이 지내자. (부사)
　　ㄴ. 하고: 아빠하고 나하고 (조사) / 아버지께서 "알았어." 하고 말씀하셨다. (동사)
　　ㄷ. 밖에: 돈이 천 원밖에 없어. (조사) / 밖에 눈이 와. 건물 밖으로 나가자. (명사＋조사)

의존 명사의 띄어쓰기는 다음과 같다. 의존 명사는 의미적으로 독립성은 없으나 명사로서의 기능을 담당하고 있기 때문에 자립적인 단어로 다루므로 의존 명사는 앞말과 띄어 쓴다. 단위를 나타내는 말과 열거하는 말 등도 모두 의존 명사의 성격을 지니므로 앞말과 띄어 써야 한다.

(3) ㄱ. 할 수 없이/할 텐데(터 + 인데)/부재 시, 회의 시/작업 중/기간 내

　　 ㄴ. 한 개, 옷 한 벌, 한 자루, 열 켤레, 금 서 돈

　　 ㄷ. 국장 겸 과장, 열 내지 스물, 이사 및 사장

　　 ㄹ. 사과, 배, 감, 귤 등등/부산, 광주 등지

그런데 의존 명사와 동일한 형태가 조사나 어미로 쓰이는 경우가 있어 띄어쓰기에 주의를 해야 한다. 동일한 형태가 조사와 의존 명사로 쓰이는 경우는 다음과 같다.

(4) ㄱ. 대로: 나는 나대로, 법대로, 약속대로 (조사)

　　　　 좋으실 대로, 아는 대로 (의존 명사)

　　 ㄴ. 뿐: 나뿐만 아니라, 철수뿐이다 (조사)

　　　　 보고 있을 뿐, 시간이 흐를 뿐이다 (의존 명사)

　　 ㄷ. 만: 일만 한다/반찬으로 김치만 먹네 (조사)

　　　　 형만 한 아우 없다/집채만 한 고래 (조사)

　　　　 십년 만에 만난 친구/얼마 만이냐? (의존 명사)

　　　　 먹을 만하다/볼 만한 영화 ('만하다'는 보조 용언)

동일한 형태가 어미와 의존 명사로 쓰이는 경우는 다음과 같다.

(5) ㄱ. 데: 집에 가는데 비가 왔다. (어미)

　　　　 집으로 가는 데 서점이 있다. (의존 명사)

　　　　 성격도 좋은 데(에)다가 공부도 잘한다. (의존 명사)

　　 ㄴ. 바: 그 일을 검토한바, 성급하다는 결론을 내렸다. (어미)

　　　　 그 일을 검토한 바(가) 있다. (의존 명사)

　　 ㄷ. 지: 제시간에 도착할지 몰라./얼마나 기특한지. (어미)

　　　　 도착한 지 오래됐다./떠난 지 10년이 지났다. (의존 명사)

　　 ㄹ. 듯: 변덕이 죽 끓듯 한다./구름에 달 가듯 가는 나그네 (어미)

　　　　 변덕이 죽 끓는 듯 심하다./날 보는 듯이 여겨라. (의존 명사)

　　 ㅁ. ㄹ걸: 내가 다 먹을걸./나중에 후회할걸. (어미)

　　　　 내가 먹을 걸(것을) 남겨라./나중에 후회할 걸(것을) 왜 그랬어. (의존 명사)

　　 ㅂ. ㄹ게: 내가 치울게. (어미)

　　　　 내가 치울 게(것이) 없어. (의존 명사)

의존 명사 가운데 순서를 나타내거나 숫자와 어울려 쓰이는 경우에는 앞말과 붙여 쓸 수 있다.

(6) ㄱ. 두시 삼십분 오초, 제일과, 삼학년, 육층
　　ㄴ. 1962년 9월 3일, 제1편, 제5편대, 100원, 5미터

　보조 용언의 띄어쓰기는 다음과 같다. 본용언과 보조 용언은 띄어 씀을 원칙으로 하되 경우에 따라 붙여 씀도 허용한다. 한편 의존 명사와 용언이 결합한 '듯하다, 만하다, 법하다, 척하다, 체하다, 성싶다' 등도 본용언 뒤에서 뜻을 보충하는 역할을 하는 보조 용언으로 쓰이므로 앞말과 띄어 씀이 원칙이지만 붙여 써도 된다.

(7) ㄱ. 불이 꺼져 간다./꺼져간다.
　　ㄴ. 그릇을 깨뜨려 버렸다./깨뜨려버렸다.
　　ㄷ. 그 일은 할 만하다./할만하다.
　　ㄹ. 잘 아는 척하다./아는척하다.

　다만 앞말에 조사가 붙거나 앞말이 합성 동사인 경우와 중간에 조사가 들어갈 경우에는 그 뒤에 오는 보조 용언은 띄어 쓴다.

(8) ㄱ. 책을 읽어도 보았구나./내 힘으로 막아도 보았다.
　　ㄴ. 네가 덤벼들어 보아라./강물에 떠내려가 버렸다.
　　ㄷ. 그 일은 할 만은 하냐?/비가 올 듯도 하다.

　참고로 '-어 지다'와 '-어 하다'는 보조 용언이기는 하지만 용언의 종류를 바꾼다는 점에서 붙여 쓰는 것만 허용한다.

(9) 만들어졌다/이루어졌다/예뻐한다/부끄러워한다.

　고유 명사 및 전문 용어의 띄어쓰기는 다음과 같다. 성과 이름, 성과 호 등은 붙여 쓰고 이에 덧붙는 호칭어, 관직명 등은 띄어 쓴다.

(10) ㄱ. 김철수, 이율곡, 서화담
　　 ㄴ. 최치원 선생, 우장춘 박사, 충무공 이순신 장군
　　 ㄷ. 김 선생님, 이 사장, 최 과장

　성명 이외의 고유 명사는 단어별로 띄어 쓰는 것이 원칙이나 단위별로 띄어 쓸 수 있다.

(11) ㄱ. 대한 중학교/대한중학교
　　 ㄴ. 한국 대학교 사회 과학 대학/한국대학교 사회과학대학

　전문 용어는 단어별로 띄어 씀을 원칙으로 하되 붙여 쓸 수 있다. 전문 용어는 둘 이상의 단어로 이루어졌더라도 대부분 하나의 개념을 나타내므로 붙여 쓸 만한 것이다.

(12) ㄱ. 만성 골수성 백혈병/만성골수성백혈병
　　 ㄴ. 중거리 탄도 유도탄/중거리탄도유도탄

외래어의 띄어쓰기는 원어의 띄어쓰기에 따라 결정된다. 하지만 국어에서 한 단어로 굳어진 경우는 띄어 쓰지 않는다.

(13) ㄱ. 뉴욕(New York), 드골(De Gaulle)

ㄴ. 아이스크림(ice cream), 더치페이(Dutch pay)

ㄷ. 앵커맨, 백미러, 커피숍, 골인, 리어카, 와이셔츠 등

〈정호성〉

[참고문헌]
• 민현식(1999), 국어 정서법 연구, 태학사.

❑ 문장 부호

문장 부호는 문장의 구조를 드러내거나 글쓴이의 의도를 좀 더 분명히 전달하기 위하여 쓰는 여러 가지 부호를 말한다.

현행 문장 부호 규정은 2017년의 한글 맞춤법에서 부록으로 다루고 있는데, 이는 조선어학회의 1933년 한글 맞춤법 통일안에서도 마찬가지였다. 한글 맞춤법 통일안의 부록 2로 실린 '문장 부호' 규정에는(부록 1은 '표준말') 16개 항목을 설정하였는데 명칭을 제시하지 않고 부호와 기능만 설명하였다. 그 후 1937년의 부분 수정에서는 온점, 큰따옴표, 작은따옴표 등을 보충하고, ( ), [ ] 등을 독립하여 한 항목으로 묶어 결과적으로 1항이 증가한 17항이 되었다. 이후 1940년 '개정한 한글 맞춤법 통일안'에서 부록 2의 제목을 '문장 부호'에서 '부호'로 바꾸고 문장 부호 규정을 16항에서 39항으로 늘렸는데, 여기에는 마침표(.), 물음표(?), 따옴표(" ") 등은 물론이고 '방향표(→), 같음표(=), 큰말표(〉), 작은말표(〈), 백분표(%), 낱값표(@), 고로표(∴), 까닭표(∵)'와 같이 순수 문장 부호로 보기 어려운 것들도 포함되어 있었다. 1940년의 규정에서는 문장 부호의 이름을 문장에서 쓰이는 이름과 인쇄상의 이름을 마침표와 종지부, 따옴표와 인용부, 줄임표와 생략부 등으로 구별하였으며 부호의 모양도 횡서용과 종서용을 구별했다.

이후, 문교부의 내규인 1964년 '교정편람'에서 쉼표(,), 마침표(.), 가운뎃점(·), 쌍점(:), 쌍반점(;), 물음표(?), 느낌표(!), 줄표(—), 따옴표(" "), 작은따옴표(' '), 붙임표(-), 밑줄(＿), 괄호(( )) 등 문장 부호 13개항에 대하여 예문을 두어 설명하였다. 이 규정은 1969년 '한글전용편람'에 재수록되며 교과서 편수와 일반 출판 업무에 이용되었고, 1988년의 한글 맞춤법에서 부록으로 문장 부호 규정이 나오기 전까지 실질적으로 영향을 끼쳐 왔다.

현재 한글 맞춤법에서 부록으로 다루고 있는 '문장 부호' 규정을 살펴보면 다음과 같다.

〈문장 부호 규정의 구성〉

1. 마침표(.)

2. 물음표(?)

3. 느낌표(!)

4. 쉼표(,)

5. 가운뎃점(·)

6. 쌍점(:)

7. 빗금(/)

8. 큰따옴표(" ")

9. 작은따옴표(' ')

10. 소괄호(( ))

11. 중괄호({ })

12. 대괄호([ ])

13. 겹낫표(『 』)와 겹화살괄호(≪ ≫)

14. 홑낫표(「 」)와 홑화살괄호(〈 〉)

15. 줄표 (—)

16. 붙임표(-)

17. 물결표(~)

18. 드러냄표(˙)와 밑줄(_)

19. 숨김표(○, ×)

20. 빠짐표(□)

21. 줄임표(……)

현행 문장 부호 규정은 21개의 항목으로 구성되어 있다.

마침표(.)는 문장의 끝에서 서술, 명령, 청유 등을 나타낼 때 쓴다. 의문이나 반어 등을 나타낼 때는 물음표(?), 감탄이나 놀람 등을 나타낼 때는 느낌표(!)를 쓴다.

쉼표(,)는 같은 자격의 어구를 연결하거나, 짝을 지어 구별할 때, 이웃하는 수를 개략적으로 나타낼 때, 열거의 순서를 나타내는 어구 다음에 쓴다. 가운뎃점(·)은 열거할 어구들을 일정한 기준으로 묶어서 나타내거나, 각각의 어구가 긴밀한 관계를 맺으면서 전체 집합의 필수적인 요소가 되는 어구들 사이에, 공통 성분을 줄여서 하나의 어구로 묶을 때 쓴다. 쌍점(:)은 표제 다음에 해당 항목을 들거나 설명할 때, 희곡 등에서 대화 내용을 제시할 때, 시와 분, 장과 절 등을 구별할 때 쓴다. 빗금(/)은 대비되는 두 개 이상의 어구를 묶어 나타내거나 기준 단위당 수량을 표시할 때 쓴다.

따옴표 가운데 대화나 인용, 특별 어구 등을 나타낼 때는 큰따옴표(" "), 따온 말 가운데 다시 따온 말이 들어 있을 때, 또는 마음속으로 한 말을 적을 때는 작은따옴표(' ')를 쓴다.

여러 단위를 일정한 기준으로 묶는 역할을 하는 괄호는 소괄호(( )), 중괄호({ }), 대괄호([ ])로 나뉜다. 소괄호는 앞말의 원어나 연대, 주석, 설명 등을 넣을 때 쓰고, 중괄호는 여러 단위를 동등하게 묶어서 보일 때 쓴다. 대괄호는 괄호 안의 말과 바깥 말의 음이 다를 때 그리고 괄호 안에 또 괄호가 있을 때 쓴다.

책의 제목이나 신문 이름 등을 나타낼 때는 겹낫표(『 』)와 겹화살괄호(≪ ≫)를, 소제목, 예술 작품의 이름, 상호, 법률, 규정 등을 나타낼 때는 홑낫표(「 」)와 홑화살괄호(〈 〉)를 쓴다. 주로 앞의 말을 부연하거나 보충함을 나타낼 때는 줄표(―), 차례대로 이어지는 내용을 하나로 묶어 열거하거나 두 개 이상의 어구가 밀접한 관련이 있을 때는 붙임표(-), 기간이나 거리 또는 범위를 나타낼 때 물결표(~)를 쓴다.

드러냄표(˙)와 밑줄(_)은 문장 내용 중에서 중요한 부분을 특히 드러내 보일 때 쓰는 부호이다. 고의로 드러내지 않음을 나타내는 숨김표(○, ×), 글자의 자리를 비워 둠을 나타내는 빠짐표(□), 할 말을 줄이거나 말이 없음을 나타내는 줄임표(……)가 있다. 　　　　　　　　　　　　　　　　　　　　　　　　　　　　　　〈정호성〉

= 어문 규범

[참고문헌]
• 민현식(1999), 국어 정서법 연구, 태학사.
• 이희승·안병희(1989), 한글 맞춤법 강의: 한글 맞춤법, 표준어 규정, 외래어 표기법, 신구문화사.
• 임동훈(2002), 현행 문장 부호의 보완과 세칙안, '문장 부호 세칙안 마련을 위한 토론회' 자료집, 국립국어연구원.

■ 표준어 규정

표준어 규정은 표준어 사정의 원칙과 표준 발음법을 체계화한 규정이다.

표준어 규정은 1936년에 조선어 학회에서 사정하여 공표한 '조선어 표준말 모음'을 크게 보완하여 1988년 1월에 문교부가 고시한 후, 국립국어원은 2017년 『'한글 맞춤법', '표준어 규정' 해설』 개정판을 발간하였다.

〈표준어 규정의 구성〉

```
제1부  표준어 사정 원칙
 제1장  총칙
 제2장  발음 변화에 따른 표준어 규정
  제1절  자음
  제2절  모음
  제3절  준말
  제4절  단수 표준어
  제5절  복수 표준어
 제3장  어휘 선택의 변화에 따른 표준어 규정
  제1절  고어
  제2절  한자어
  제3절  방언
  제4절  단수 표준어
  제5절  복수 표준어
```

표준어 사정의 대원칙은 제1장 총칙의 제1항에 '표준어는 교양 있는 사람들이 두루 쓰는 현대 서울말로 정함을 원칙으로 한다.'라고 명시되어 있다. 즉 표준어란 개념에는 '교양 있는' 사람이 '두루' 쓰는 '현대' '서울말'이라는 네 가지의 조건이 포함되어 있다.

표준어를 쓴다는 것은 정치, 경제, 사회, 문화의 중심지인 현대 서울말, 곧 중앙 방언을 쓴다는 의미이고 교양 있는 사람의 말이란 것은 비속어나 품위 없는 단어는 표준어로 보지 않는다는 뜻이다. '두루' 쓴다고 함은 어느 특정 집단이 아니라 언중 사이에서 보편적으로 널리 쓰이는 말을 표준어의 조건으로 본 것이다.

물론 '현대'와 '서울말'의 개념은 그리 명확하지 못하여 민현식은 '현대'를 세대의 개념으로 본다면 약 3세대(90년)의 시간으로 볼 수도 있다고 하였다. 서울 사대문 안에서 3대 이상 살아온 가족 구성원들이 있다면 그들의 말이 '서울말'이라고 정의할 수 있으나 현재 이런 가족은 거의 남아 있지도 않고 찾기도 매우 어려워 '현대 서울말'이란 다소 추상적이고 관념적인 개념으로 볼 수밖에 없는 실정이다.

표준어 규정에 실린 어휘들은 그동안 표준어 인정 여부가 문제가 되어 왔던 단어들을 대상으로 어떤 형태가 표준어인지를 사정한 것들이 주를 이룬다.

발음 변화에 따른 표준어 규정인 제2장 제1절에서는 끄나풀(*끄나불), 나팔꽃(*나발꽃), 새벽녘, 동틀녘(*새벽녘, *동틀녁) 강낭콩(*강남콩), 사글세(*삭월세), 둘째(*두째), 셋째(*세째) 등을 다루고 있다. 특히 제7항에서는 '수컷'을 이르는 접미사는 '수-'로 통일하여 '수꿩, 수나사, 수놈, 수사돈; 수캉아지, 수캐, 수퇘지'가 표준어이다.

제2절 모음에서는 '깡충깡충, 발가숭이, 오뚝이' 등 모음조화에서 벗어난 형태를 표

준어로 인정한 것, '내기, 냄비' 등 'ㅣ' 모음 역행 동화가 일어난 형태를 표준어로 인정한 것, '괴팍하다, 미루나무, 으레, 케케묵다' 등 모음이 단순화한 형태를 표준어로 삼은 것 등을 다루고 있다. 또한 '웃-, 윗-'으로 혼란스럽던 것은 된소리나 거센소리 앞에서만 '위-'로 하고(위쪽, 위층, 위턱) 나머지는 '윗넓이, 윗니, 윗머리, 윗목, 윗몸'처럼 쓴다. 다만 '아래, 위'의 대립이 없는 단어는 '웃-'으로 하여 '웃돈, 웃어른, 웃옷'을 표준어로 삼았다.

제3절에서는 준말과 본말의 관계에서 어느 한쪽이 널리 쓰이는 말들을 표준어로 삼은 것을 보여 주고 있다. 준말이 표준어가 된 예로는 '귀찮다(*귀치 않다), 무(*무우), 뱀(*배암), 온갖(*온가지)' 등이 있고, 준말이 있더라도 더욱 널리 쓰이는 본말을 표준어로 삼은 것으로 '경황없다(*경없다), 낌새(*낌), 부스럼(*부럼)' 등이 있다.

한편 표준어 규정에서는 여러 형태 가운데 하나만을 표준어로 삼는 단수 표준어가 대부분이지만 '네-예, 쇠고기-소고기, 괴다-고이다, 고린내-코린내'와 같이 의미와 발음이 비슷한 단어들이 다 같이 널리 쓰이는 경우에는 모두를 표준어로 삼아 복수 표준어로 정하였다.

어휘 선택의 변화에 따른 표준어 규정인 제3장에서는 고어, 고유어와 한자어, 방언 등의 어휘에서 표준어로 선정된 것들을 다루고 있다.

제20항에 따르면 '설겆다, 애닯다'라는 고어는 더 이상 쓰이지 않으므로 '설거지하다, 애달프다'를 표준어로 삼았다. 제21항에서는 '까막눈(*맹눈), 성냥(*화곽), 잔돈(*잔전), 흰죽(*백죽)'처럼 고유어 계열의 단어가 널리 쓰이고 한자어 계열의 단어가 힘을 잃게 된 것은 고유어 계열의 단어만을 표준어로 삼는다고 밝히고 있다. 하지만 '겸상(*맞상), 수삼(*무삼), 양파(*둥근파), 총각무(*알무/*알타리무), 칫솔(*잇솔) 등'과 같이 그 반대인 경우는 한자어 계열의 단어를 표준어로 삼는다.

방언이던 단어가 표준어보다 더 널리 쓰이게 되면 이 단어도 표준어로 삼는다. 기존의 표준어인 '우렁쉥이'보다 방언인 '멍게'가 더 널리 쓰이게 되자 '멍게'도 표준어가 된 것이다.

제25항에서 밝히고 있듯이, '붉으락푸르락(*푸르락붉으락), 안절부절못하다(*안절부절하다) 등'과 같이 의미가 똑같은 형태가 몇 가지 있을 경우 그중 하나가 압도적으로 널리 쓰이면 그 단어만을 표준어로 삼는다. 또한 제26항에 따르면 '가엾다-가엽다, 가뭄-가물, 고까-꼬까-때때, 넝쿨-덩굴, 모쪼록-아무쪼록 등'과 같이 한 가지 의미를 나타내는 형태 몇 가지가 널리 쓰이면 그 모두를 표준어로 삼는다.

국립국어원에서는 2011년 8월에 국민들이 실생활에서 많이 사용하고 있으나 그동안 표준어로 인정되지 않았던 '짜장면, 먹거리' 등 39개 단어를 표준어로 추가한 바가 있고, 2014년부터는 매년 복수 표준어를 선정하여 발표하고 표준국어대사전 누리집에 반영하였는데 추가된 표준어는 크게 세 부류로 나뉜다.

첫째, 현재 표준어로 규정된 말 이외에 같은 뜻으로 많이 쓰이는 말이 있어 이를 복수 표준어로 인정한 경우이다. '간지럽히다/간질이다, 남사스럽다/남우세스럽다, 복숭아뼈/복사뼈, 허접쓰레기/허섭스레기' 등이 이에 속한다.

둘째, 현재 표준어로 규정된 말과는 뜻이나 어감 차이가 있어 이를 인정하여 별도의 표준어로 인정한 경우이다. '개발새발/괴발개발, 나래/날개, 눈꼬리/눈초리, 끄적거리다/끼적거리다, 아웅다웅/아옹다옹, 야멸차다/야멸치다, 찌뿌둥하다/찌뿌듯하다' 등이 이에 속한다.

셋째, 표준어로 인정된 표기와 다른 표기 형태도 많이 쓰여서 두 가지 표기를 모두 표준어로 인정한 경우이다. '택견/태껸, 품새/품세, 짜장면/자장면, 주책없다/주책이다' 등이 이에 속한다.　　　　　　　　　　　　　　　　　　　　　　〈정호성〉

[참고문헌]
• 민현식(1999), 국어 정서법 연구, 태학사.
• 이희승·안병희(1989), 한글 맞춤법 강의: 한글 맞춤법, 표준어 규정, 외래어 표기법, 신구문화사.

■ 표준 발음법

표준 발음법은 어떤 언어의 발음상 규칙과 규범을 밝힌 기준을 말한다.

대한민국에서는 1933년의 '한글 맞춤법 통일안' 이래 표기법 정착을 위해서 많은 노력을 기울였지만 실제 표준어 발음의 기준을 확립하지 못하다 1988년에 '표준어 규정'이 제정되어서야 7장 30항으로 구성된 표준 발음법이 확립되어 혼동을 보이는 발음 생활에 대한 규범을 제시하였으며, 이는 2017년 개정에서도 7장 30항 구성이 유지되고 있다.

〈표준 발음법의 구성〉

```
제2부  표준 발음법
  제1장  총칙
  제2장  자음과 모음
  제3장  음의 길이
  제4장  받침의 발음
  제5장  음의 동화
  제6장  경음화
  제7장  음의 첨가
```

표준 발음법의 원칙은 제1장 총칙의 제1항에 '표준 발음법은 표준어의 실제 발음을 따르되, 국어의 전통성과 합리성을 고려하여 정함을 원칙으로 한다.'라고 명시되어 있다. 표준어의 실제 발음에 따라 표준 발음법을 정한다는 것은 표준어 사정 원칙 제1장

제1항과 관련이 있다. 이에 따라 표준 발음법은 교양 있는 사람들이 두루 쓰는 현대 서울말의 발음을 표준으로 여기고 이를 따르도록 원칙을 정한 것이다.

그런데 현대 서울말에서도 여러 형태의 발음이 공존하는 경우가 있어, 이때에는 국어의 전통성과 합리성을 고려하여 표준 발음을 정한다는 조건을 이어서 제시하고 있다. 예컨대 서울의 젊은 연령층에서는 소리의 길이를 구별하지 못하여 '밤[夜]'과 '밤:[栗]'을 모두 짧게 발음하기도 하는데 서울말에서는 역사적으로 소리의 높이나 길이를 구별해 온 전통이 있다. 그러므로 표준 발음법에 소리의 길이에 대한 규정을 포함시키게 되었다.

국어의 합리성이란 한글 맞춤법에서 '어법에 맞도록 한다.'라는 것과 비슷한 조건이다. 즉 국어의 규칙 혹은 법칙에 따라 표준 발음을 합리적으로 정한다는 뜻이다. 예컨대 긴소리인 1음절 용언 어간은 대부분 모음으로 시작하는 어미와 결합하면 짧게 발음된다. 이는 매우 규칙적이어서 이 경우를 규정화하여 표준 발음법을 정하였다. 이에 따라 '알고[알:고], 알아[아라]'와 같이 '곱다[곱:따], 고와[고와]'도 표준 발음이 되는 것이다.

표준어의 실제 발음을 따르되 합리성을 고려하여 표준 발음법을 정함에는 어려움이 생길 수도 있다. '맛있다'의 경우가 그것인데, 실제 발음은 [마싣따]가 우세하나 두 단어 사이에서 받침 'ㅅ'이 [ㄷ]으로 발음되는 [마딛따]가 오히려 합리성을 지닌 발음이다. 이런 경우는 전통성과 합리성을 고려하여 [마딛따]를 원칙적인 표준 발음으로 정하되 [마싣따]도 표준 발음으로 허용한다.

표준 발음법 제2장에서는 자음 19개, 모음 21개 등 국어의 음운을 다음과 같이 모두 40개로 설정하고 있다.

〈표준 발음법에서 제시하는 국어의 음운〉

자음 19개: ㄱ ㄲ ㄴ ㄷ ㄸ ㄹ ㅁ ㅂ ㅃ ㅅ ㅆ ㅇ ㅈ ㅉ ㅊ ㅋ ㅌ ㅍ ㅎ
모음 21개: ㅏ ㅐ ㅑ ㅒ ㅓ ㅔ ㅕ ㅖ ㅗ ㅘ ㅙ ㅚ ㅛ ㅜ ㅝ ㅞ ㅟ ㅠ ㅡ ㅢ ㅣ

그리고 모음을 다시 단모음 10개(ㅏ, ㅐ, ㅓ, ㅔ, ㅗ, ㅚ, ㅜ, ㅟ, ㅡ, ㅣ)와 이중 모음 11개(ㅑ, ㅒ, ㅕ, ㅖ, ㅘ, ㅙ, ㅛ, ㅟ, ㅞ, ㅠ, ㅢ)로 구별한 후 이중 모음이 단모음으로 발음되는 경우를 제시하고 있다.

〈이중 모음이 단모음으로 발음되는 경우〉

○ 용언 활용형의 '져, 쪄, 쳐'는 [저, 쩌, 처]로 발음함. → 가져[가저], 쪄[쩌], 다쳐[다처]
○ '예, 례' 이외의 'ㅖ'는 [ㅔ]로도 발음함.
　→ 계집[계:집/게:집], 시계[시계/시게]
○ 자음을 첫소리로 가지는 음절의 'ㅢ'는 [ㅣ]로 발음함.
　→ 늴리리[닐리리], 무늬[무니], 띄어쓰기[띠어쓰기], 유희[유히], 희망[히망]
○ 단어의 첫 음절 이외의 '의'는 [ㅣ]로, 조사 '의'는 [ㅔ]로 발음함도 허용함.
　→ 주의[주의/주이], 협의[혀븨/혀비],　강의의[강:의의/강:이에]

제3장은 모음의 길이를 구별하는 데 대한 규정이다. 표준 발음으로 나타내는 장단의 대립은 기본적으로 단어의 제1 음절에서만 인정하고 제2 음절 이하에서는 모두 짧게 발음하기로 규정하고 있다.

제4장은 음절 말 자음에 대한 규정이다. 국어의 받침으로 실현될 수 있는 자음은 'ㄱ, ㄴ, ㄷ, ㄹ, ㅁ, ㅂ, ㅇ'의 7개이고, 그 이외의 자음이 받침으로 쓰이면 7개 자음 중의 하나로 변화되어 발음되는 것으로 규정하고 있다.

〈국어의 받침으로 실현될 수 있는 자음〉

대표음	받침
ㄱ	ㄲ, ㅋ/ㄳ, ㄺ
ㄴ	ㄵ
ㄷ	ㅅ, ㅆ, ㅈ, ㅊ, ㅌ, ㅎ
ㄹ	ㄼ, ㄽ, ㄾ, ㅀ
ㅁ	ㄻ
ㅂ	ㅍ/ㄿ, ㅄ
ㅇ	–

특히 제16항 한글 자모 이름은 인위적인 것으로 그 표기와 실제 발음에 차이가 있으므로 주의해야 한다.

〈주의해야 할 한글 자모 이름〉

○디귿이[디그시], 지읒이[지으시]
○치읓을[치으슬], 키읔을[키으글]
○티읕에[티으세], 피읖에[피으베]
○히읗이[히으시], 히읗을[히으슬]

제5장에서는 소리의 동화에 대한 규정을 구개음화, 비음화, 유음화 등의 예로 보이고 있고, 제6장에서는 경음화 현상에 대하여 규정하고 있다. 제7장의 음의 첨가에서는 합성어와 파생어에서 'ㄴ' 소리가 첨가되어 발음되는 경우를 규정하고 있다. 또한 표기상 사이시옷이 나타나는 단어의 발음도 규정하고 있다.　　　　　　　　　　〈정호성〉

[참고문헌]
• 국어연구소(1988), 표준어 규정 해설, 국어연구소.
• 김광해 외(1999), 국어 지식 탐구: 국어교육을 위한 국어학 개론, 박이정.
• 이희승·안병희(1989), 한글 맞춤법 강의: 한글 맞춤법, 표준어 규정, 외래어 표기법, 신구문화사.

■ 외래어 표기법

외래어 표기법은 외래어를 한글로 표기하는 방법을 말한다.

현행 표기법은 2017년에 문화체육관광부에서 고시한 것으로, 동구권, 북구권, 동남 아시아 언어 등 모두 21개 언어에 대한 표기 세칙이 포함되어 있다. 현행 외래어 표기 법의 구성은 다음과 같다.

〈외래어 표기법의 구성〉

제1장 표기의 기본 원칙
제2장 표기 일람표(국제 음성 기호와 한글 대조표 외 18개 언어의 자모와 한글 대조표 제시)
제3장 표기 세칙(영어, 독일어, 프랑스 어 등 21개 언어에 대한 표기 세칙 제시)
제4장 인명, 지명 표기의 원칙
　제1절 표기 원칙
　제2절 동양의 인명, 지명 표기
　제3절 바다, 섬, 강, 산 등의 표기 세칙

외래어 표기법에서는 표기의 기본 원칙 이외에 각 언어의 자모를 한글의 어떤 글자 로 적을 것인지를 일람표를 들어 제시하였다. 제3장 표기 세칙에서는 각 언어의 특징 적인 상황을 어떻게 한글로 옮길 것인지를 보였고, 제4장에서는 특히 동양의 인명, 지 명의 표기를 한글로 어떻게 적을 것인지를 다루고 있다.

외래어 표기법의 기본 원칙은 다음과 같다.

〈제1장 표기의 기본 원칙〉

제1장 표기의 기본 원칙
　제1항 외래어는 국어의 현용 24자모만으로 적는다.
　제2항 외래어의 1 음운은 원칙적으로 1 기호로 적는다.
　제3항 받침에는 'ㄱ, ㄴ, ㄹ, ㅁ, ㅂ, ㅅ, ㅇ'만을 쓴다.
　제4항 파열음 표기에는 된소리를 쓰지 않는 것을 원칙으로 한다.
　제5항 이미 굳어진 외래어는 관용을 존중하되, 그 범위와 용례는 따로 정한다.

제1항은 외래어를 표기하기 위해 현행 한글 맞춤법에서 정한 24자모 이외의 문자나 부호를 사용하지 말라는 의미이다. 장모음을 표기하기 위하여 자모 아닌 기호를 도입하

거나 국어에 없는 음을 표기하기 위하여 '풍, ㅸ' 등을 만들어 사용하면 안 된다는 것이다.

제2항은 외래어의 음운과 국어의 자모를 원칙적으로 일대일로 대응하여 적으라는 규정이다. 하지만 부득이한 경우에는 둘 이상으로 서로 대응할 수 있다. 예를 들어 영어의 [p]는 '퍼센트, 수프, 숍'과 같이 'ㅍ, 프, ㅂ'로 다양하게 적고, 영어에서 서로 다른 소리인 [r], [l]은 '리본, 레이스'와 같이 모두 'ㄹ'로 적을 수 있는 것이다.

제3항은 외래어 표기에서 'ㄷ, ㅈ, ㅊ, ㅋ, ㅌ, ㅍ, ㅎ'를 받침으로 써서는 안 된다는 규정이다. 왜냐하면 'coffee[kɔːfi] shop[ʃaːp], supermarket[suːpərmaːrkət]'은 모음으로 시작하는 조사와 결합하면 [커피쇼페서, 슈퍼마케트로]가 아니라 [커피쇼베서, 슈퍼마케스로]로 발음하므로 '커피숍, 슈퍼마켓'과 같이 적으라는 것이다.

제4항은 외래어의 무성 파열음을 한국어로 석을 때에는 된소리 표기인 'ㅃ, ㄸ, ㄲ'가 아니라 거센소리인 'ㅍ, ㅌ, ㅋ'를 사용하라는 규정이다. 이 조항은 유성과 무성의 대립이 있는 외래어의 파열음을 한글로 표기할 때 유성 파열음은 평음(ㅂ, ㄷ, ㄱ)으로, 무성 파열음은 격음(ㅍ, ㅌ, ㅋ)으로 적으라는 것이다.

영어의 무성 파열음은 된소리보다 거센소리에 가깝고 프랑스어나 일본어의 무성 파열음은 거센소리보다 된소리에 가깝지만, 외국어의 정확한 발음 전사(發音轉寫, phonetic transcription)는 불가능하므로 일관성과 간결성을 살려서 거센소리로 통일하여 적을 것을 밝힌 것이다.

이에 따라서 영어의 'game[geim], dam[dæm], bus[bʌs]'는 '께임, 땜, 뻐스'가 아니라 '게임, 댐, 버스'로, 프랑스어의 'cafe[kafe], tonton[tɔ̃tɔ̃], Paris[pari]'는 '까페, 똥똥, 빠리'가 아니라 '카페, 통통, 파리'로 적는다.

제5항은 다양한 경로를 통하여 들어온 외래어 가운데 언중들이 오랫동안 사용하여 아주 굳어진 단어는 원칙에 맞지 않더라도 관용을 존중하여 적도록 한다는 것이다. 'camera[kæmərə]'를 '캐머러'가 아니라 '카메라'로, 'radio[reidiou]'를 '레이디오'가 아니라 '라디오'로 적는 것이 그 예이다.

외래어 표기의 실제는 다음과 같다. 첫 번째로 파열음의 표기는 다음과 같이 한다.

모음 앞에서 외래어의 무성 파열음 [p], [t], [k]는 거센소리인 'ㅍ, ㅌ, ㅋ'으로, 유성 파열음 [b], [d], [g]는 예사소리인 'ㅂ, ㄷ, ㄱ'으로 적는다.

(1) piano[piˈænou] 피아노, taxi[ˈtæksi] 택시, computer[kamˈpjuːtər] 컴퓨터
  bus[bʌs] 버스, dam[dæm] 댐, gas[gæs] 가스

그런데 제 3장 제1절 1항에 따라 무성 파열음은 짧은 모음 다음에 올 때 혹은 짧은 모음과 유음([l], [r])이나 비음([m], [n], [ŋ]) 이외의 자음 사이에 올 때는 받침으로 적는다.

<무성 파열음이 짧은 모음 다음에 올 때>

단어	발음	옳은 표기	잘못된 표기
gap	[gæp]	갭	개프
robot	[rɔbɔt]	로봇	로보트
book	[buk]	북	부크

<무성 파열음이 짧은 모음과 유음·비음 이외의 자음 사이에 올 때>

단어	발음	옳은 표기	잘못된 표기
act	[ækt]	액트	애크트
setback	[setbæk]	셋백	세트백
lipstick	[lipstik]	립스틱	리프스틱

위 경우 이외의 어말과 자음 앞의 무성 파열음은 '으'를 붙여 적는다.

<어말과 자음 앞의 무성 파열음의 표기>

단어	발음	옳은 표기	잘못된 표기
cake	[keik]	케이크	케익
flute	[flu:t]	플루트	플룻
Yorkshire	[jɔ:kʃə]	요크셔	욕셔

유성 파열음([b, d, g])은 어말이나 자음 앞에서 항상 '으'를 붙여 적는 것이 원칙이다.

<유성 파열음이 어말이나 자음 앞에 올 때>

단어	발음	옳은 표기	잘못된 표기
herb	[hə:b]	허브	헙
bug	[bʌg]	버그	벅
zigzag	[zigzæg]	지그재그	직잭
kidnap	[kidnæp]	키드냅	킷냅

두 번째로 마찰음과 파찰음의 표기는 다음과 같이 한다.

영어의 마찰음 가운데 [ʃ]는 자음 앞에서는 '슈'로, 어말에서는 '시'로 적고, 모음 앞에서는 뒤따르는 모음에 따라 '샤, 섀, 셔, 셰, 쇼, 슈, 시'로 적는다.

<[ʃ]의 표기>

단어	발음	옳은 표기	잘못된 표기
shrub	[ʃrʌb]	슈러브	쉬러브
flash	[flæʃ]	플래시	플래쉬
shark	[ʃa:k]	샤크	샤크
Shakespeare	[ʃeikspiər]	셰익스피어	세익스피어

주의해야 할 것은 마찰음 [ʒ]와 파찰음 [ʤ]은 모음 앞에서 'ㅈ'으로, 파찰음 [ʧ]는 모음 앞에서는 'ㅊ'으로 적고 어말이나 자음 앞에서는 '지, 치'로 적어야 한다는 점이다. 다시 말하면 외래어 표기에서 'ㅈ, ㅊ' 다음에는 'ㅑ, ㅕ, ㅛ, ㅠ'를 쓰지 말라는 뜻인데 이는 한국어의 구개자음 'ㅈ, ㅊ' 뒤에서 단모음 'ㅏ, ㅓ, ㅗ, ㅜ'과 이중 모음 'ㅑ, ㅕ,

ㅛ, ㅠ'가 발음상 구별되지 않기 때문이다.

　(2) 자[쟈]/저[져]/조[죠]/주[쥬]
　　　차[챠]/처[쳐]/초[쵸]/추[츄]

그러므로 '비쟌틴, 비젼, 죠스, 쥬스' 등이 아니라 '비잔틴, 비전, 조스, 주스'로 적어야 하며. '챤스, 벤쳐, 쵸콜릿, 아마츄어' 등은 '찬스, 벤처, 초콜릿, 아마추어'으로 적어야 한다.

세 번째로 비음과 유음의 표기는 다음과 같이 한다.

비음 [m]은 'ㅁ', [n]은 'ㄴ', [ŋ]은 받침 'ㅇ'으로 적고, 유음 [l]과 [r]은 둘 다 'ㄹ'로 적는다. 그리고 어중의 [l]이 모음 앞에 오거나, 모음이 따르지 않는 비음 앞에 올 때에는 'ㄹㄹ'로 적는다. 다만 비음 뒤의 [l]은 모음 앞에 오더라도 'ㄹ'로 적는다.

〈어중 [l]의 표기〉

단어	발음	옳은 표기	잘못된 표기
slide	[slaid]	슬라이드	스라이드
film	[film]	필름	피름
cleaning	[kliːniŋ]	클리닝	크리닝
Hamlet	[hæmlit]	햄릿	해믈릿
Henley	[henli]	헨리	헬리

네 번째로 모음의 표기는 다음과 같이 한다.

외래어의 [ə]와 [ʌ]는 모두 'ㅓ'로 표기한다.

〈모음 [ə]와 [ʌ]의 표기〉

단어	발음	옳은 표기	잘못된 표기
center	[sntə]	센터	센타
digital	[ddʒitəl]	디지털	디지탈
color	[kʌlər]	컬러	칼라
honey	[hʌni]	허니	하니

[ɔ]는 [o]와 구별 없이 모두 'ㅗ'로 적고, [ə]는 'ㅓ'로 적는다.

〈모음 [ɔ]와 [o], [ə]의 표기〉

단어	발음	옳은 표기	잘못된 표기
concert	[kɔnsəːrt]	콘서트	컨서트
concept	[kɔnsept]	콘셉트	컨셉트
top	[tɔp]	톱	탑
shop	[ʃɔp]	숍	샵
body	[bɔdi]	보디	바디
control	[kəntrol]	컨트롤	콘트롤
condition	[kəndiʃən]	컨디션	콘디션

외래어의 이중 모음 [ai], [au], [ei], [ɔi]는 각각 '아이', '아우', '에이', '오이'로 적는다.

다만 [ou]는 '오'로, [auə]는 '아워'로 적는다.

〈모음 [ai], [au], [ei], [ɔi] 그리고 [ou]와 [auə]의 표기〉

단어	발음	옳은 표기	잘못된 표기
time	[taim]	타임	-
house	[haus]	하우스	-
skate	[skeit]	스케이트	스케잇
oil	[ɔil]	오일	-
boat	[bout]	보트	보우트
bowling	[bouliŋ]	볼링	보울링
tower	[tauə]	타워	타우어
window	[wndou]	윈도	윈도우

이 외에는 다음과 같은 표기법이 사용된다.

독립적으로 쓸 수 있는 말이 합성으로 이루어진 복합어는 그것을 구성하고 있는 말이 단독으로 쓰일 때의 표기대로 적는다. 즉 복합어를 한 단어로 보아 표기하게 되면 이들이 각각 단독으로 쓰일 때의 표기와 달라지는 경우가 있어 혼동의 우려가 있으므로 단독으로 쓰일 때의 표기를 살려서 적도록 하는 것이다. 예를 들어, 'bookmaker[bukmeikə]'에서 앞의 무성 파열음 [k]는 비음 앞에서는 '으'를 붙여서 적기로 한 규정에 따라서 '크'로 표기해야 한다. 따라서 'bookmaker[bukmeikə]'의 표기는 '부크메이커'가 된다. 이러한 경우 'book'이 경우에 따라 '북'과 '부크' 두 가지 어형으로 나타나 혼란을 빚게 되므로, 단독형일 때의 표기를 그대로 반영하여 '북메이커'로 쓰도록 하는 것이다.

〈복합어의 표기〉

단어	발음	옳은 표기	잘못된 표기
highlight	[hailait]	하이라이트	하일라이트
headlight	[hedlait]	헤드라이트	헤들라이트
bookend	[bukend]	북엔드	부켄드
makeup	[meikʌp]	메이크업	메이컵
login	[login]	로그인	로긴
sit-in	[sitin]	싯인	시틴

다음으로 인명·지명 표기의 원칙은 다음과 같다.

한국에서는 한자로 적힌 중국과 일본의 인명, 지명을 한국 한자음으로 읽는 것이 오랜 관행이었다. 하지만 외래어 표기법은 원지음(原地音)을 충실히 반영한다는 원칙에 따라 중국과 일본의 인·지명도 원어의 발음을 따라 적어야 한다. 예를 들어 일본의 지명 '広島'는 한국 한자음으로는 '광도'이지만 일본어의 발음을 따라 '히로시마'로 적는 것이 원칙이다. 인명도 마찬가지로 '伊藤博文'과 '村上春樹'는 각각 '이등박문'과 '촌상춘수'가 아니라 '이토 히로부미'와 '무라카미 하루키'로 적는다.

중국 인명 중에서 고대인의 경우는 현대 중국어 발음대로 표기하지 않고 '공자(孔子),

맹자(孟子), 제갈량(諸葛亮)' 등 한국 한자음대로 표기한다. 하지만 현대인의 경우는 중국어 발음을 '주음부호와 한글 대조표'에 따라서 표기해야 한다. 따라서 '江澤民'은 '강택민'이 아니라 '장쩌민'으로, '張國榮'은 '장국영'이 아니라 '장궈룽'으로 표기한다. 고대인과 현대인의 구분은 1911년 신해혁명을 기준으로 한다.

중국의 지명으로서 현재 쓰이지 않는 것은 한국 한자음대로 하고(長安: 장안/창안), 현재 지명과 동일한 것은 중국어 표기법에 따라 표기하되 필요한 경우 한자를 병기하도록 하고 있다. 다만 중국과 일본 지명 가운데서 한국 한자음대로 읽는 관용이 있는 것은 현지음에 따른 표기와 한국 한자음 표기 모두를 인정한다.

〈중국·일본의 지명 가운데 관용 표기 허용 사례〉

한자	현지음	한국 한자음
東京	도쿄	동경
京都	교토	경도
上海	상하이	상해
北京	베이징	북경
臺灣	타이완	대만
黃河	황허	황하

외래어 표기법은 한국어교육 현장에서 하나의 교육 내용이 될 수 있다. 한국어 학습자의 이름과 주소 등 개인 정보를 한글로 표기할 때에는 학습자 언어의 자모와 한글을 대조하고 해당 언어의 표기 세칙에 따라 표기하는 것이 좋다. 표기법을 따르지 않는다면 동일한 이름이나 지명을 서로 다르게 표기하여 혼란을 일으킬 수 있기 때문이다.

〈정호성〉

[참고문헌]
• 민현식(1999), 국어 정서법 연구, 태학사.

■ 로마자 표기법

로마자 표기법은 한국어를 로마자로 표기하는 방법을 말한다.

로마자 표기법은 한국어와 한글을 모르는 외국인을 위하여 한국어를 로마자로 표기하여 외국인들에게 편의를 제공하기 위하여 제정한 것으로, 현행 로마자 표기법은 2014년 12월에 문화체육관광부에서 고시하였다. 자음은 국어의 음운 체계를 고려하여 예사소리, 된소리, 거센소리로 구분하여 적으며, 이전의 표기법에서 혼란을 일으켰던 반달표나 어깻점과 같은 특수 부호는 쓰지 않는다.

〈로마자 표기법의 구성〉

```
제1장 표기의 기본 원칙
제2장 표기 일람
제3장 표기상의 유의점
```

국어의 로마자 표기법 제1장 제1항에 따르면 로마자 표기는 국어의 표준 발음법에 따라 적는 것을 원칙으로 한다. 다시 말하면, 국어의 로마자 표기법은 한글 표기를 그대로 로마자로 옮기는 방법인 전자법(轉字法)이 아니라 국어의 표준 발음을 로마자로 옮기는 방법인 전사법(轉寫法)을 따른다. 그러므로 '신라'를 로마자로 옮길 경우, 그 표기에 따라 'Sinra'로 적는 것이 아니라 발음 [실라]에 따라 'Silla'로 적어야 한다.

(1) 왕십리[왕심니] Wangsimni(○)/Wangsipri(×)
    독립문[동님문] Dongnimmun(○)/Dokripmun(×)

또한 로마자 표기법 제1장 제2항에 따르면 로마자 이외의 부호는 되도록 사용하지 않도록 하고 있다. 이 규정은 1984년 제정된 옛 로마자 표기법에서 사용하던 반달표(˘)와 어깻점(')등의 특수 부호를 사용하지 않도록 한다는 의미이다. 옛 로마자 표기법에서 '영'과 '용'은 'yŏng'과 'yong'으로 구별되었지만, 반달표를 입력하기도 어렵고 갖추어 쓰기도 어려워 'yŏng'을 'yong'으로 적기도 하였다. 이럴 경우 서로 다른 두 말을 로마자로는 똑같이 표기하게 되어 구별이 되지 않는다는 문제가 있었다. 또한 어깻점(')의 사용도 쉽지 않았다. 'ㄱ'이 무성음일 때는 'k'로, 유성음일 때는 'g'로 구별해서 표기하였는데, 이는 유성음과 무성음을 구별하지 않는 한국인에게는 쉽지 않은 표기였다. 더구나 'ㄱ'과는 구별되는 음소인 'ㅋ'은 'k'에 어깻점(')만 더하여 'k''와 같이 표기하도록 하여 혼란을 가중시켰다. 다음은 1984년에 나온 옛 '국어의 로마자 표기법'의 사례이다.

예	이전 표기법	현행 표기법
국	kuk	guk
구기동	Kugi-dong	Gugi-dong
국가	kukka	gukga
국화	kuk'wa	gukhwa
국화차	kuk'wach'a	gukhwacha

(2) 옛 국어의 로마자 표기법 사례: 다보탑 Tabot'ap, 디딤틀 tidimt'l, 퇴촌 T'oech'on,
    제주 Cheju, 진천 Chinch'ŏn, 제천 Chech'ŏn, 겨자채 kyŏjach'ae, 자갈치 Chagalch'i

위와 달리 2000년에 개정된 현행 표기법에서는 어깻점을 사용하지 않기로 하여 'ㅍ, ㅌ, ㅋ'는 'p, t, k'로, 'ㅂ, ㄷ, ㄱ'는 초성에서 'b, d, g'로 적는다. 그런데 발음상 혼동의 우려가 있을 때에는 음절 사이에 붙임표(-)를 쓸 수 있다. 이 부호는 행정 구역의 단위를 표시하기 위해서는 반드시 사용해야 하며, 그 외에 이름 표기나 기타 필요한 경우에도 사용한다.

> (3) 제주도 Jeju-do, 청주시 Cheongju-si
> 도봉구 Dobong-gu, 신창읍 Sinchang-eup

그리고 '세운'과 '마을'의 표기에서 'Se-un, ma-eul'와 같이 붙임표가 없으면 [슨], [매울]로도 읽힐 수 있다. 이처럼 발음상 혼동의 우려가 있을 때에는 붙임표로 구별할 수 있도록 한 것이다.

이제 국어의 로마자 표기법을 모음부터 살펴본다.

〈모음〉

ㅏ	ㅓ	ㅗ	ㅜ	ㅡ	ㅣ	ㅐ	ㅔ	ㅚ	ㅟ	-
a	eo	o	u	eu	i	ae	e	oe	wi	-
ㅑ	ㅕ	ㅛ	ㅠ	ㅒ	ㅖ	ㅘ	ㅙ	ㅝ	ㅞ	ㅢ
ya	yeo	yo	yu	yae	ye	wa	wae	wo	we	ui

'ㅟ'는 원래 단모음이나 현재는 이중 모음으로 발음되는 일이 많으므로 'wi'로 적는다. 이중 모음은 단모음 표기에 'y'나 'w'를 결합하여 만든다. 다만 'ㅝ'는 'weo'가 아닌 'wo'로 적는다. 다른 표기와 충돌하지 않으므로 표기의 간결성을 위해 'wo'로 표기하는 것이다. 그러므로 '원'은 'weon'이 아니라 'won'으로 적는다.

> (4) 강원 Gangwon, 원주 Wonju, 철원 Cheolwon

로마자 표기법의 원칙은 표준 발음법을 따르는 것이지만, 모음 'ㅢ'는 [이]로 소리가 나더라도 'ui'로 적는다. 즉 '희망'은 발음이 [히망]이지만, 'himang'이 아니라 'huimang'으로 적는다. 모음 'ㅢ'는 환경에 따라 여러 가지로 발음되는데, 이들 여러 발음을 모두 표기에 반영하면 오히려 의사소통에 지장을 줄 수 있기 때문이다.

> (5) 신의주 Sinuiju, 구의 Guui
> 광희문 Gwanghuimun, 동의보감 Donguibogam

〈자음〉

ㄱ	ㄲ	ㅋ	ㄷ	ㄸ	ㅌ	ㅂ	ㅃ	ㅍ	-
g, k	kk	k	d, t	tt	t	b, p	pp	p	-
ㅈ	ㅉ	ㅊ	ㅅ	ㅆ	ㅎ	ㄴ	ㅁ	ㅇ	ㄹ
j	jj	ch	s	ss	h	n	m	ng	r, l

자음 'ㄱ, ㄷ, ㅂ'은 모음 앞에서는 'g, d, b'로, 자음 앞이나 어말에서는 'k, t, p'로 적는다.

(6) 구미[구미] Gumi, 영동[영동] Yeongdong, 백암[배감] Baegam
옥천[옥천] Okcheon, 합덕[합떡] Hapdeok, 호법[호법] Hobeop
가곡[가곡] gagok, 부엌[부억] bueok
낟[낟] nat, 낫[낟] nat, 낮[낟] nat, 낯[낟] nat, 났[낟] nat
벚꽃[벋꼳] beotkkot, 한밭[한받] Hanbat
버릇[버륻] beoreut, 참빗[참빋] chambit
밥[밥] bap, 밥솥[밥쏟] bapsot, 밥알[바발] babal, 비빔밥[비빔빱] bibimbap
꽃잎[꼰닙] kkonnip, 떡잎[떵닙] tteongnip
무릎[무릅] mureup

된소리 'ㄲ, ㄸ, ㅃ, ㅆ, ㅉ'는 각각 'kk, tt, pp, ss, jj'로 적고, 거센소리 'ㅊ, ㅋ, ㅌ, ㅍ'는 각각 'ch, k, t, p'로 적는다.

(7) 깨 kkae, 떡 tteok, 빵 ppang, 쌀 ssal, 짝 jjak
철 cheol, 칼 kal, 탈 tal, 팔 pal

'ㄹ'은 모음 앞에서는 'r'로, 자음 앞이나 어말에서는 'l'로 적는다. 단, 'ㄹㄹ'은 'll'로 적는다. 따라서 '가래'는 'garae'로, '갈래'는 'gallae'로 적고, '달나라'는 [달라라]로 소리 나므로 'dallara'로 적는다.

(8) 구리 Guri, 설악 Seorak, 칠곡 Chilgok
울릉 Ulleung, 대관령[대괄령] Daegwallyeong

제3장 제1항에 따르면 로마자 표기법에서는 한국어의 음운 변화를 표기에 반영한다. 즉 자음 사이에서 동화가 일어나거나 'ㄴ, ㄹ'이 덧날 경우, 또는 구개음화를 겪거나 'ㄱ, ㄷ, ㅂ, ㅈ'이 'ㅎ'과 합해져서 거센소리로 나는 경우에 음운 변화의 결과를 로마자로 표기한다.

(9) 백마[뱅마] Baengma, 신문로[신문노] Sinmunno
학여울[항녀울] Hangnyeoul, 알약[알략] allyak
해돋이[해도지] haedoji, 같이[가치] gachi
좋고[조코] joko, 잡혀[자펴] japyeo

하지만 체언에서 'ㄱ, ㄷ, ㅂ' 뒤에 'ㅎ'이 올 때는 ㅎ을 밝혀 적는다.

(10) 묵호 Mukho, 집현전 Jiphyeonjeon

또한 된소리되기는 표기에 반영하지 않는다.

(11) 압구정 Apgujeong, 울산 Ulsan, 샛별 saetbyeol, 팔당 Paldang

제3장 제2항에 따르면 발음상 혼동의 우려가 있을 때에는 음절 사이에 붙임표(-)를 쓸 수 있다.

(12) 중앙 Jung-ang, 반구대 Ban-gudae, 해운대 Hae-undae

'Jungang, Bangudae, Haeundae'는 각각 '준강, 방우대, 하은대'로도 읽힐 수 있으므로 붙임표로 음절을 분명히 구별해 줄 필요가 있다.

제3장 제3항에 따르면 고유 명사는 첫 글자를 대문자로 적는다.

(13) 서울 Seoul, 부산 Busan, 세종 Sejong

제3장 제4항에 따르면 인명은 성과 이름의 순서로 띄어 쓰고, 이름은 붙여 쓰는 것을 원칙으로 하되 음절 사이에 붙임표를 쓰는 것을 허용한다.

(14) 민용하 Min Yongha(Min Yong-ha)
　　　송나리 Song Nari(Song Na-ri)

그리고 이름에서 일어나는 음운 변화는 로마자 표기에 반영하지 않는다. 그러므로 '한복남'과 '한봉남'은 둘 다 [한봉남]으로 발음이 같지만 로마자 표기는 달라진다.

(15) 한복남 Han Boknam(Han Bok-nam)
　　　한봉남 Han Bongnam(Han Bong-nam)

제3장 제5항에 따르면 '도, 시, 군, 구, 읍, 면, 리, 동'의 행정 구역 단위와 '가(街)'는 'do, si, gun, gu, eup, myeon, ri, dong, ga'로 적고 그 앞에 붙임표를 넣는다. 이때 붙임표 앞뒤에서 일어나는 음운 변화는 표기에 반영하지 않는다.

(16) 충청북도 Chungcheongbuk-do, 의정부시 Uijeongbu-si
　　　양주군 Yangju-gun, 도봉구 Dobong-gu
　　　삼죽면 Samjuk-myeon, 인왕리 Inwang-ri
　　　봉천 1동 Bongcheon 1(il)-dong, 종로 2가 Jongno 2(i)-ga

그러므로 '인왕리'는 [인왕니]로 발음되지만 'Inwang-ni'로 적지 않고 행정 구역 단위를 밝혀 'Inwang-ri'로 적는다.

행정 구역으로서의 '제주도'에는 붙임표를 사용하여 'Jeju-do'로 적지만, '거제도, 울릉도'의 '도(島)'는 행정 구역 단위가 아니라 '섬'을 뜻하므로 'Geojedo, Ulleungdo'와 같이 붙임표를 쓰지 말아야 한다.

제3장 제6항에 따르면 자연 지명, 문화재명, 인공 축조물명은 붙임표 없이 붙여 쓴다.

(17) 남산 Namsan, 속리산 Songnisan
　　　금강 Geumgang, 현충사 Hyeonchungsa
　　　독도 Dokdo, 극락전 Geungnakjeon
　　　오죽헌 Ojukheon, 촉석루 Chokseongnu

그리고 제3장 제7항에 따르면 인명, 회사명, 단체명 등은 그동안 써 온 표기를 쓸 수 있다. 이 조항은 현행 표기법이 개정되기 전에 사용하던 인명, 회사명, 단체명 등의 로마자 표기를 계속하여 쓸 수 있도록 하는 규정이다. 특히 회사명이나 단체명의 경우는 개정된 표기법에 맞추어 수정할 경우 많은 혼란이 따를 것을 염려한 것이다.

한국어 학습 현장에서 로마자 표기를 활용하여 한국어의 발음을 보일 경우에는 로마자 표기법에 따라 통일성 있게 표기하여야 한다. 다만 된소리되기는 로마자 표기에 반영하지 않으므로 실제 발음과 로마자 표기가 다르다는 점에 유의해야 한다.

〈된소리 어휘의 로마자 표기〉

분류	표기	발음	로마자 표기	비고
ㄱ~ㄲ	들깨	[들깨]	deul**kk**ae	
	물개	[물깨]	mul**g**ae	
ㄷ~ㄸ	꿀떡	[꿀떡]	kkul**tt**eok	
	불덕	[불떡]	bul**d**eok	
ㅂ~ㅃ	팥빵	[팓빵]	pat**pp**ang	
	합방	[합빵]	hap**b**ang	
ㅅ~ㅆ	햅쌀	[햅쌀]	haep**ss**al	
	햇살	[핻쌀]	haet**s**al	
ㅈ~ㅉ	배짱	[배짱]	bae**jj**ang	
	구들장	[구들짱]	gudeul**j**ang	

〈정호성〉

[참고문헌]
• 민현식(1999), 국어 정서법 연구, 태학사.

■ 표준 언어 예절

표준 언어 예절(標準言語禮節)은 우리말의 언어 예절에 대한 표준을 담은 지침이다.

국립국어연구원은 국어심의회의 확정을 거쳐 1992년에 '표준 화법 해설'을 발간하여 언어 예절의 규범으로 삼았다. 이후 시대 변화에 따른 보완의 필요성이 제기되어 국립국어원에서 2009년, 2010년에 전국 규모의 표준 화법 사용 실태 조사를 실시하였다. 그 다음 해인 2011년에는 열한 차례의 자문위원회를 통해 보완 사항을 반영하여, 2011년 12월 23일에 기존 '표준 화법 해설'을 20년 만에 개정한 '표준 언어 예절'을 발간하였다. '표준 화법'이라는 용어가 과도하게 규범적 성격을 드러내어 명칭도 '표준 화법'에서 '표준 언어 예절'로 변경하였다. 2011년에 새롭게 발간된 표준 언어 예절에서 다루고 있는 내용은 다음의 표와 같다.

〈표준 언어 예절의 내용〉

구분	표준 언어 예절 내용	
I. 가정에서의 호칭, 지칭	1. 부모와 자녀 사이	2. 시부모와 며느리 사이
	3. 처부모와 사위 사이	4. 남편에 대하여
	5. 아내에 대하여	6. 동기와 그 배우자에 대하여
	7. 남편의 동기와 그 배우자에 대하여	
	8. 아내의 동기와 그 배우자에 대하여	
	9. 조부모와 손주 사이	10. 숙질 사이
	11. 사촌에 대하여	12. 사돈 사이
II. 사회에서의 호칭, 지칭	13. 직장 사람들과 그 가족에 대하여	
	14. 지인에 대하여	15. 직원과 손님 사이
III. 경어법	16. 가정에서	17. 직장, 사회에서
IV. 일상생활의 인사말	18. 아침, 저녁의 인사말	19. 만나고 헤어질 때의 인사말
	20. 전화 예절	21. 소개할 때
V. 특정한 때의 인사말	22. 연말연시	23. 생일 축하
	24. 축하, 위로	25. 문상
	26. 건배할 때	
부록: 서식	편지와 전자 우편	연하장
	결혼 청첩장	결혼 축하
	결혼 축하에 대한 감사장	부고
	조위	조장과 조전
	조위에 대한 감사장	
	기타(생일 축하, 출산 축하, 정년퇴임 축하, 문병)	

이와 같이 표준 언어 예절은 가정과 사회에서의 호칭과 지칭에 대한 표준을 담고 있고, 바른 경어법과 상황에 따른 인사말을 다루고 있으므로 한국어교육의 교육 내용을 마련할 때 표준으로 삼을 수 있다. 〈박재현〉

= 표준 화법

↱ 언어 규범

[참고문헌]
- 국립국어연구원(1992), 표준 화법 해설, 국립국어연구원.
- 국립국어원(2011), 표준 언어 예절, 국립국어원.

8.5. 언어 유형론

언어 유형론(言語類型論, linguistic typology)은 세계의 여러 다양한 언어를 대조하고 비교하여 언어들이 어떤 점에서 같으며 어떤 점에서 다른가를 규명하려는 언어학의 분과 학문이다.

이 분야는 최근 컴퓨터와 뇌과학의 발전과 더불어 급격히 발전하고 있다.

언어 유형론에서는 세계 여러 언어들에 공통적으로 적용될 수 있는 언어 보편성(linguistic universal)의 법칙을 찾아내고자 한다. 그리고 이와 관련하여 언어 보편성들의 위계 구조를 내적으로 설정한 함의적 보편성(implicational universal)의 원리도 제시하고자 한다. 이를 위해 세계의 여러 언어를 대조함으로써 한 언어의 특징이 그 언어에 특유한 것인지 세계 여러 언어들과 공통적인 것인지를 확인할 수 있다. 또한 언어 보편적인 언어 현상이 계통적으로 혹은 지리적으로 어떻게 분포하고 있는지를 보여 주는 세계 언어 지도가 유럽의 언어 유형론 학자들에 의해 완성되었는데, 이러한 작업은 해당 언어를 사용하는 민족의 이동 경로를 추적하는 것이나 언어 접촉을 통해 인류 문화의 교류가 어떤 방식으로 이루어졌는가를 재구성하는 데 많은 도움을 주고 있다.

언어 유형론의 발전 단계는 세 단계로 정리할 수 있다. 먼저 19세기에 독일 학자들이 제시한 고전적 언어 유형론이다. 이들은 문법 관념을 어떻게 실현하느냐를 기준으로 해서 언어의 유형을 고립어(孤立語, isolating language), 교착어(膠着語, agglutinative language), 굴절어(屈折語, inflecting language)로 분류한다. 이후 언어의 유형에 포합어(抱合語, incorporating language)도 포함된다. 중국어나 현대 영어와 같은 고립어는 문법 관념을 실현하는 형태가 따로 없이 단어를 문장 안에 배열하는 순서로 나타낸다. 터키어나 알타이 제어(諸語)가 속한 교착어는 문법 관념을 나타내는 접사를 하나씩 결합하여 표현하는 언어를 말한다. 따라서 일반적으로 하나의 문법 관념을 하나의 접사로 실현하는 것이 교착어의 일반적 원리이다. 교착어는 학교 문법에서 첨가어로도 부른다. 인도-유럽 어족이 속하는 굴절어는 여러 개의 문법 관념을 하나의 접사로 실현하는 특징을 보인다.

19세기의 언어학은 다윈(C. Darwin)의 진화론과 인도-유럽 어족 중심의 역사 비교 언어학이 그 핵심을 이루고 있었다. 따라서 언어 유형론이 수립되는 과정에서 언어는 평등하기보다는 진화의 시각에서 차별적으로 대우 받았다. 대표적으로 비교 언어학자 슐라이허(A. Schleicher)가 계통수설(系統樹說)을 제시하면서 언어가 고립어에서 교착어로, 또한 교착어에서 굴절어로 진화한다고 주장한 것은 그 시대의 산물이자 한계라고 볼 수 있다.

그러나 20세기 들어 제국주의의 식민지 경영을 통해 확보된 여러 비문명권의 민족과 부족들의 언어가 알려지기 시작했다. 그들의 언어가 과학적으로 기술되면서 언어는 유형에 따라 진화 정도가 다른 것이 아니라 어떤 언어도 자족적으로 나름의 완전한 체계를 구성한다는 인식이 확산되었다. 이러한 인식은 1910~1930년대를 풍미했던 구조주의와 1960~1970년대에 왕성했던 후기 구조주의의 산물로 볼 수 있다. 미국의 보아스(F. Boas), 사피어(E. Sapir) 등은 인디언 언어를 연구함으로써 새로운 언어 유형론을 확립하였다. 그린버그(J. H. Greenberg)는 새롭게 기술된 다양한 언어들을 계통과 지리적 분포에 상관없이 표본 추출(sampling)하여 연구하였고, 그 기반 위에서 언어 보편소를 찾고자 하였다. 특히 세계 언어의 어순(word order)에 주목하면서 언어 유형론 연구를 본격화하였다.

언어 유형론적 연구는 언어 층위별로 이루어진다. 먼저 음운 차원에서는 자음, 모음의 음소 목록의 유형론이나 성조·악센트 같은 초분절음과 음소 체계의 상관성 등을 연구한다. 어휘 차원에서는 색채어 연구와 친족 명칭의 유형론 등이 연구 대상이 된다. 이 중 색깔은 'black, white, red, yellow, green, blue, brown, purple, pink, orange, gray'의 순서로 구분되고 뒤쪽의 색채어가 앞쪽의 색채어를 함의한다는 케이와 벌린(P. Kay & B. Berlin)의 연구가 어휘 층위 연구의 대표적인 사례로 널리 알려져 있다. 문법 차원에서 이루어진 유형론적 작업으로는 어순에 의한 세계 언어의 분류를 들 수 있다. 여기에서의 어순은 단어의 순서를 말하는 것이 아니라 일반적으로 문장 안에서 각 문장 성분 사이의 상대적 위치, 곧 문장 성분의 배열 순서를 말한다. 그린버그는 세계 여러 언어의 어순에 주목했다. 세계 여러 언어들의 기본 어순은 대표적인 문장 성분인 주어(S), 서술어(V), 목적어(O)를 배열하는 방법에 따라 제1 유형 SVO, 제2 유형 SOV, 제3 유형 VSO, 제4 유형 VOS, 제5 유형 OVS, 제6 유형 OSV로 나뉜다. 따라서 언어마다 이러한 기본 어순이 있다. 제1 유형에는 영어, 중국어, 프랑스어, 스와힐리어 등이 속한다. 제2 유형에는 한국어, 몽골어, 터키어, 일본어, 힌디어, 타밀어 등이 속한다. 제3 유형에는 아랍어, 히브리어 등이 속한다. 대부분의 세계 언어는 주어가 맨 앞에 오는 1, 2, 3 유형에 든다. 그 가운데서도 1유형과 2유형이 75%나 된다. 목적어가 주어보다 앞에 놓이는 4유형과 5유형은 매우 드문 편이다. 주어보다 목적어가 앞에 나오는 6유형의 언어는 매우 희귀하며 가장 최근에 알려진 어순이다.

언어 유형론적 연구는 개별 언어를 중심으로 발달된 여러 가지 유형의 언어 이론이 실제 자연 언어들 전반에 부합하는지를 점검하는 데 응용될 수 있다. 외국어 교육의 측면에서도 대조 언어학과 밀접한 관계를 맺는다. 그래서 외국어 학습 시 나타나는 오류의 원인 분석과 해결 방안을 모색하는 데도 많은 도움을 주고 있다. 〈목정수〉

= 언어 유형학

→ 대조 언어학

[참고문헌]
• Comrie, B. (1989), *Language universals and linguistic typology*, University of Chicago Press.
• Greenberg, J. H. (Ed.) (1966), *Universals of language*, MIT Press.
• Haspelmath, M. et al. (Eds.) (2005), *The world atlas of language structures*, Oxford University Press.
• Katzner, K. (1975), *The languages of the world*, Funk & Wagnalls.
• Whaley, L. J. (1997), *Introduction to typology*, SAGE Publications.

■ 한국어의 유형론적 특성

한국어의 유형론적 특성은 한국어 문법소의 교착적(膠着的) 성격에 의해 가장 두드러지게 나타난다.

세계의 언어는 이론적으로 고립어(孤立語, isolating language), 교착어(膠着語, agglutinative language), 굴절어(屈折語, inflecting language), 포합어(抱合語, incorporating language)로 구분된다. 이 중 한국어는 교착어에 속하는데 학교 문법에서는 교착어를 첨가어로도 부른다. 교착어는 하나의 기능 또는 문법 관념을 표시하는 문법소들이 순차적으로 하나씩 어간이나 어근에 붙어가며 문장을 구성한다는 특성이 있다. 따라서 문법소가 어휘소 뒤에 나타날 뿐만 아니라 어휘소들끼리의 관계에서도 수식어가 피수식어 앞에 놓이고(새 옷, *옷 새), 주어나 목적어 성분이 서술어 앞에 놓인다(SOV 언어). 교착어의 기본적인 유형론적 특징은 어휘 핵이든 문법 핵이든 핵이 뒤에 오는 후핵 언어(headfinal language)로서의 모습이다. 이에 따라 조사나 어미류가 발달했고 어순이 고정되어 있지 않아 자유로우며 성분의 생략이 빈번하게 일어난다. 다음 예에서 (1ㄱ), (1ㄴ)은 조사와 어미가 교착되어 나감으로써 문법 관념이 어떻게 실현되는가를 보여 주고 있고, (1ㄷ)과 (1ㄹ)은 성분의 생략과 어미 발달의 상관성을 보여 준다.

(1) ㄱ. <u>감옥으로부터의</u> 사색
   ㄴ. 철수 말에 의하면, <u>슬프셨겠다더라구요 아버님이</u>.
   ㄷ. (할아버지는) 언어학을 공부하고 싶어 <u>하세요</u>.
   ㄹ. (제가) 알아서 <u>할게요</u>.

하지만 한국어가 교착어적 성격이 강하다고 해서 교착어의 특징만 지닌 것은 아니며 부분적으로 고립어나 굴절어나 포합어적 특성도 가지고 있다.

현대적 의미의 언어 유형론은 소쉬르(F. Saussure) 이후의 구조주의 사조에 기반하여 발달해 왔다. 그러므로 국어의 유형론적 특징을 알기 위해서는 언어가 구조화되어 있다는 것을 전제로 다른 언어들과 비교를 해야 한다. 구조적인 시각에서 다양한 언어와의 비교를 통하여 한국어의 특징을 음운론적 차원, 어휘·문법론적 차원, 담화·화용론적 차원에서 살펴보면 다음과 같다.

첫째, 한국어는 평음(平音), 경음(硬音), 격음(激音)의 삼분 체계를 가지고 있다. 이 때문에 중국어권 화자, 일본어권 화자, 영어권 화자들에게는 상대적으로 한국어 학습이 어렵다. 영어나 일본어에도 음성적 차원에서는 한국어의 평음, 경음, 격음과 겹치는 발음이 있지만 유성음과 무성음의 2계열의 자음 체계가 구조화되어 있기 때문에 영어나 일본어 모이 한국어 학습자들은 한국어의 삼분 체계를 분간하는 데 어려움을 겪는다.

둘째, 언어 유형론적인 시각에서 볼 때 한국어의 형용사는 동사와 매우 유사하고 인도-유럽 어족의 형용사는 명사와 유사하다. 이러한 특징으로 인해 한국어의 형용사를 '동사성 형용사'라 하고 영어의 형용사를 '명사성 형용사'라 한다. 한국어 문법에서는 형용사의 수식 기능을 관형사가 담당하는 것으로 처리한다. 또한 형용사 자체의 수식형은 형용사의 관형사형으로 기술한다. 예를 들어 '눈이 예쁘다', '예쁜 눈'의 경우가 각각 그에 해당한다.

셋째, 한국어에는 특히 조사, 어미로 대표되는 문법소들이 형태적으로 발달되어 있다. 따라서 유형론적인 입장에서는 이러한 문법 요소 하나하나를 다른 언어들의 어떤 구조적인 요소에 대응시킬 수 있는가가 매우 중요하다. 또한 기능 유형론적(functional-typological)인 입장에서 한국어의 문법 요소 X는 기능적으로나 구조적으로 다른 언어의 Y라는 범주에 대응시킬 수 있다고 설명할 수 있어야 한다. 예를 들어 한국어 격 조사의 일부인 '에, 에게, 에서, (으)로, 와/과' 등은 인구어의 전치사와 기능적으로 유사하다. 명칭은 격 조사라고 해서 다르지만 기능 유형론적으로는 인구어의 전치사와 비교 가능하다는 뜻이다. 따라서 언어 간 비교를 위해서는 조사라는 명칭보다는 후치사라는 명칭이 더 유용할 수 있다. 또한 조사 '이/가, 을/를, 도, 은/는'은 기능적 정보 구조 차원에서 인구어의 관사나 한정사와 기능적으로 대응시켜 한정 조사라 부를 수 있다. 이러한 비교는 방법론적으로도 정당화되며 특히 외국어로서의 한국어교육 차원에서도 효율적이다. 다음 (2ㄱ)에서 부사격 조사 '에서'가 영어의 전치사 'from'에 대응되고, (3ㄱ)과 (3ㄴ)에서 주격 조사 '가'가 영어의 부정관사 'a'에 대응되고 보조사 '는'이 영어의 정관사 'the'에 대응되는 것을 확인할 수 있다.

(2) ㄱ. 홍매 씨 (어디-*에서*) 왔어요?
　　　　　from <u>where</u>

(3) ㄱ. 옛날에 아주 착한 (호랑이-*가*) 살고 있었어요.
　　　　　　　　　a <u>tiger</u>
　　ㄴ. 그런데 (호랑이-*는*) 장가가 가고 싶어서 안달이 났대요.
　　　　　the <u>tiger</u>

또한 주체 높임 선어말 어미 '-(으)시-'나 어말 어미 '-니, -아/어, -나, -지' 등을 인칭 분화의 측면에서 인구어의 약세형 인칭 대명사와 관련지어 설명하는 것도 복잡한 언어학적 기술을 피하면서 한국어를 설명하는 데 도움이 될 수 있다. 다음 (4)에서 '-(으)시-'가 이인칭 주어를 높이는 것과 관계되고 어미 '-지요'가 화자 인칭을 반영하는 현상을 확인할 수 있다.

(4) 닛차난 씨는 제 이름 (아-시-*지요*)?
　　　　　Am I sure you <u>know</u> my name?

이는 고립어에 속하는 중국어와의 비교에서도 마찬가지이다. 중국어는 고립어이므로 한국어의 조사나 어미에 해당하는 문법 요소들이 덜 발달되어 있어 중국인 학습자들에게는 한국어 문법 학습 시 어려움이 많이 따른다. 또한 중국어는 독립적인 문법 요소 대신에 성조(tone)나 어순, 어기사, 양사 등이 발달되어 있어 이들 요소가 어떻게 한국어의 문법 요소에 대응될 수 있는가를 잘 파악해서 설명하는 것도 중요하다. 다음 예에서 진하게 표시된 문법 요소들 간의 대응성에 주목해 보자.

- (5) ㄱ. 我**一本書也**没有。
    (난 책 한 권도 없어.)
  ㄴ. 我們**在**學校門口見面**吧**。
    (우리) 학교 입구<u>에서</u> 만나자/만납시다.
  ㄷ. 你有書**嗎**?
    (너) 책 있니?

(5ㄱ), (5ㄴ), (5ㄷ)과 같이 중국어는 한국어의 주격 조사나 보조사가 없는 대신에 양사가 발달되어 있고(一个人, 哪个人), 한국어 어미의 형태 분화 대신에 어기사가 발달되어 있으므로(吧, 吗, 呢 등) 이러한 상관성을 포착해 설명하는 것도 의미가 있다. 〈목정수〉
→ 대조 언어학

[참고문헌]
- 고영근·구본관(2008), 우리말 문법론, 집문당.
- 목정수(2003), 한국어 문법론: 비교론적 관점에서 본 조사와 어미의 형태·통사론, 월인.
- 변광수 편저(2003), 세계 주요 언어, 역락.
- Haspelmath, M. et al. (Eds.) (2005), *The world atlas of language structures*, Oxford University Press.
- Sohn, H-M. (1999), *The Korean language*, Cambridge University Press.

8.6. 계통론

계통론(系統論, genealogy)이란 한 언어 또는 언어군에 대하여 비교 언어학적으로 어느 어족에 속하는지, 한 어족 내의 다른 언어와는 어떤 관계인지를 연구하는 역사 비교 언어학의 한 분야이다.

한 언어의 계통을 알려면 해당 언어와 다른 언어와의 어휘, 음운, 형태, 통사 등에서 나타나는 유사성을 발견하여 동일 계통의 언어임을 가정하고 언어학적으로 비교해야 한다. 비교 연구의 과정은 '가정 → 증명 과정 → 확정'의 3단계로 나누어 볼 수 있는데 이때 우연에 의한 유사성, 차용에 의한 유사성, 언어 보편적인 유사성은 비교에서 제외해야 한다.

'한국어 계통론'은 '한국어 비교 언어학'이라는 용어로 바꾸어 쓸 수 있다. 전자는 가정의 단계에 초점을 둔 용어이고 후자는 증명 과정의 단계에 초점을 둔 용어이다. 한국어 계통론이라는 용어는 역설적으로 한국어의 계통이 아직 밝혀져 있지 않음을 보여 주는 용어이다. 비교 언어학의 초기 단계에서 한 언어가 어떤 어족에 속할 것이라는 가정은 어렵지 않게 설정될 수 있고 그 다음이 증명의 단계로 들어가는 것을 감안해 보면 한국어는 계통이 그다지 쉽게 밝혀지지 않는 언어이다.

한국어는 19세기 말부터 서양 학자들이 계통에 관한 연구를 시작하였다. 그때는 교착적 특징, 모음 조화 등과 같은 구조적인 특성에 의거하여 계통을 밝히려는 시도가 대부분이었다. 그 당시 한국어를 인도-유럽 어족, 드라비다 어족 등과 동일 계통으로 보는 견해도 있었으나 대부분은 우랄-알타이 어족에 속하는 것으로 보았다.

핀란드의 언어학자 람스테트(G. J. Ramstedt)는 우랄-알타이 어족이라는 용어가 너무 광범위한 지역의 언어들을 포함하므로 학문적으로는 우랄 어족과 알타이 어족으로 분리하여 연구하는 것이 옳다고 보았다. 람스테트는 한국어의 계통을 연구한 학자들 가운데 알타이 어족에 속하는 여러 언어를 직접 조사하고 기술한 학자이다. 20세기 초에 람스테트가 한국어에 관심을 가지고 연구한 이래 한국어가 알타이 어족인지 아닌지가 연구의 중요한 논점이 되었다. 그는 튀르크 어파의 언어, 몽골 어파의 언어, 만주 퉁구스 어파의 언어와 같이 알타이 어족에 속하는 여러 언어들과 한국어의 어휘, 형태, 문법 등을 정밀하게 비교 연구하여 이들이 확실하게 하나의 어족에 속한다는 결론을 내렸다.

그러나 후에 알타이 어족 가설은 인도-유럽 어족의 비교 언어학을 연구한 학자들에 의해서 도전을 받게 되었다. 그들은 알타이 어족에 속하는 언어들 간의 유사성은 대부분 오랜 교역과 전쟁 등의 접촉에 의하여 차용된 것이라는 견해를 제시하였다. 이에 따라 한국어의 알타이 어족 가설도 흔들리게 되었다. 람스테트의 견해를 따르던 포페(N. Poppe)는 알타이 어족 가설에서 한걸음 뒤로 물러나 한국어가 알타이 어족일 수도 있지만 어쩌면 비알타이계 언어이던 것이 알타이 기층을 가지게 된 언어일 수도 있다는 가설을 주장하였다.

현재까지의 연구에 의하면 어떤 어족에 속한다고 결론을 내릴 만큼 한국어에 가까운 언어가 없다. 그러나 언어적인 면과 지리적인 면을 고려해 볼 때 알타이적 특성을 가지고 있는 여러 언어들과 가장 가깝다. 한국어의 계통이 아직 밝혀지지 않은 것은 이들로부터 매우 이른 시기에 분기했기 때문일지도 모른다.

비교 언어학의 방법은 인도-유럽 어족 등 일부 언어군 비교에서 성공한 방법이지만 유목 방식으로 생활하는 사람들의 언어들처럼 언어의 존재 양식이 상이한 언어들에 대해서는 다른 방법론으로 연구해야 한다는 견해도 있다. 〈김주원〉

[참고문헌]
• Poppe, N. (1950), Review, G. J. Ramstedt, 1949, Studies in Korean etymology, *Harvard Journal of Asiatic Studies 13-3 · 4*, pp. 568~581.
• Poppe, N. (1965), *Introduction to Altaic linguistics, Otto Harrassowits.*
• Ramstedt, G. J. (1949), Studies in Korean etymology, *Mémories de la Société Finno-Ougrienne 95*, Suomalais-Ugrilainen Seura.

■ 알타이 어족 가설

알타이 어족 가설은 한국어가 계통적으로 알타이 어족에 속하며 알타이 어족의 여러 언어들이 하나의 공통 조어에서 유래한 것이라는 주장이다.

20세기 초부터 한국어의 계통을 밝히려고 국내외의 학자들은 한국어를 우랄 어족, 알타이 어족, 드라비다 어족, 일본어 등의 여러 언어들과 비교하였다. 이 중에서도 알타이 어족과의 비교가 집중적으로 이루어져, 초기에는 '모음 조화가 있다, 어두 자음군이 없다, 어두에 /r/음이 나타나지 못한다, 어순이 같다, 관계 대명사가 없다, 부동사가 발달했다, 형태론적으로 교착적 특성을 지닌다'와 같은 구조적 유사성에 근거를 두고 비교 연구를 하였다.

알타이 어족은 유라시아 대륙에 넓게 분포되어 사용되는 언어다. 대체로 시베리아 동부 지역에서 사용되는 만주 퉁구스 어파(語派)의 언어, 몽골을 중심으로 하는 지역에서 사용되는 몽골 어파의 언어 그리고 그보다 서부 지역에서 사용되는 튀르크 어파의 언어 등 세 어파가 있다. 이들 각각의 어파에 속한 개별 언어의 수는 학자들에 따라서 다르지만 대개 50개 내지 60개의 개별어가 있는 것으로 본다.

20세기 중반에 람스테트(G. J. Ramstedt)와 포페(N. Poppe)가 한국어가 알타이 어족에 속한다는 이론을 제기한 이래 알타이 어족 가설은 한국의 학자를 비롯한 많은 학자들의 지지를 받으면서 확산되었다. 그러나 인도-유럽 어족 비교 언어학을 전공한 학자들이 알타이 어족 성립 자체를 의심하는 주장, 즉 반(反)알타이 가설을 제기하면서 알타이 어족 가설도 흔들리게 되었고, 그와 동시에 한국어 계통론도 진전이 없는 교착 상태에 빠졌다. 포페는 한국어의 계통적 위치에 대하여 자신의 이전 견해를 수정하여 다음과 같은 신중한 견해를 제시하였다.

(1) 만주 퉁구스 어파와 튀르크 어파가 관련이 있듯이 한국어는 다른 알타이 언어와 관련이 있을 수 있다.

(2) 한국어 조어(Proto-Korean)는 알타이 공동체(Altaic unity)가 존재하기 전에 분기했을 수 있다.

(3) 한국어는 알타이 기층(Altaic substratum)만 있을 수 있다. 즉 원래 비(非)알타이 언어인데 고대 알타이 언어를 흡수하였거나 알타이 언어를 말하는 층 위에 얹혔을 가능성이 있다.

이러한 견해를 접한 이후에 한국어 계통 연구자 일부는 회의론에 빠져들었다. 또 다른 일부는 예컨대 니브흐어(Nivkh)와 같은 비알타이 언어와 한국어를 비교하기도 하였다. 하지만 모두를 설득할 만한 연구는 이루어지지 않았다.

한국어와 알타이 어족 언어들과의 부분적인 일치는 결코 우연이 아니며 이들 언어와의 관련성은 부정할 수 없다. 그러나 알타이 어족의 언어는 비교 언어학 연구가 성공을 거두었던 인도-유럽 어족의 언어와는 그 존재 조건이 달라 유목 민족의 특색을 지닌 언어이다. 따라서 한국어가 이들 언어와의 계통적 친연성이 가장 높다고 하더라도 언어 분기가 매우 이른 시기에 이루어졌다면 계통적 관련성을 증명하기가 쉽지 않으므로 새로운 방법론이 필요하다. 〈김주원〉

[참고문헌]
• Poppe, N. (1950), Review, G. J. Ramstedt, 1949, Studies in Korean etymology, *Harvard Journal of Asiatic Studies 13-3·4*, pp. 568~581.
• Poppe, N. (1965), *Introduction to Altaic linguistics, Otto Harrassowits*.
• Ramstedt, G. J. (1949), Studies in Korean etymology, *Mémories de la Société Finno-Ougrienne 95*, Suomalais-Ugrilainen Seura.

8.7. 고대 한국어

고대 한국어는 우리의 역사 기록을 통해서 확인할 수 있는 가장 오랜 시기의 한국어인 삼국 시대부터 통일 신라 시대까지의 한국어를 가리킨다.

그동안 삼국 시대의 자료가 충분치 않고 확인할 수 있는 자료의 대부분이 통일 신라 시대의 것이어서 통일 신라 시대의 한국어를 고대 한국어의 상한선으로 보아 왔다. 그러나 삼국 시대의 금석문(金石文), 목간(木簡) 자료 등 이두 자료들이 발굴되고 연구되면서 삼국 시대의 한국어부터를 고대 한국어로 보는 것이 일반적이다. 또한 고려의 건국으로 한반도에서 가장 영향력 있는 언어가 경주 지역을 중심으로 한 동남 방언에서 개성 지역을 중심으로 한 중앙 방언으로 바뀐다는 점을 중시하여 고려의 건국 이전까지를 고대 한국어의 하한선으로 보았지만, 고려 시대 전반기의 석독 구결(釋讀口訣)이 지금까지 대표적인 고대 한국어 자료로 알려진 향찰(鄕札)과 차자 방식이나 운용법, 이것이 반영된 언어 현상 등의 측면에서 공통성이 많다는 점이 확인되면서 고대 한국어의 하한선을 고려 중엽인 13세기 중엽으로 보아야 한다는 주장도 제기되고 있다.

고대 한국어 시기에는 말로는 한국어를 사용하면서도 이를 표기할 문자가 없어 글을 적을 때에는 한동안 한국어의 질서와는 다른 질서를 지닌 한자와 한문을 이용하는 수밖에 없었다. 그 후 한자와 한문에 익숙해지면서 한자의 훈(訓)이나 음(音)을 빌려서 한국어를 표기하는 이두(吏讀 또는 吏頭), 향찰(鄕札), 구결(口訣) 등의 차자 표기법을 마련하여 사용하였다. 그러나 차자 표기법은 본질적으로 한국어를 완전하게 표기하기 어려웠다. 또한 차자 표기 자료의 양이 충분치 못하여 고대 한국어에 대해 온전히 파악하기는 어렵고 단편적인 사실만을 알 수 있다.

고대 한국어 시기의 음운은 당시에 굳어진 우리의 한자음이나 차자 표기 자료 등을 통해 추론해 볼 수 있다. 고대 한국어의 자음 가운데 장애음으로는 예사소리와 거센소리만이 존재했을 뿐 된소리는 존재하지 않았던 것으로 보인다. 또한 음절 말의 'ㅅ'과 'ㅈ'이 중화되지 않고 구별되어 발음되었음을 당시의 차자 표기 '折叱可(것거)', '異次(잊-)' 등을 통해 추론해 볼 수 있다. 고대 한국어의 모음은 자음만큼 확실하지는 않지만 차자 표기 자료나 이후 시기의 모음 체계를 통해 재고해 볼 때 7개의 단모음이 존재했으며 이 모음들의 전·후설 대립에 따른 모음 조화 현상이 존재했을 것으로 보고 있다.

이두나 석독 구결 자료 등을 살펴보면 고대 한국어에도 중세 한국어와 유사한 문법 형태소가 존재했음을 알 수 있다. 다만 중세 한국어에서 주로 관형사형 어미로 쓰이는 '-(으)ㄴ', '-(으)ㄹ'이 주로 명사형 어미로 사용되는 일이 많다든지, '-(으)며'가 어미로 쓰였음은 물론 명사형 어미 '-(으)ㄹ' 뒤에 통합하는가 하면, 당위나 가능성을 의미하는 어미 구조체 '-ㅭ다'가 활발히 사용되는 등의 차이점들도 발견된다. 특히 이 시기의 문법 형태소들은 중세 한국어의 문법 형태소의 기원적인 모습을 잘 보여 준다. 예를 들어 중세 한국어의 '-거든', '-오디' 등은 각각 고대 한국어의 '-*걿든 〉 -거든', '-*온디/*옳디 〉 -오디'로 변화한 결과임을 알 수 있다.

고대 한국어 시기의 어휘는 고유어가 대부분이었을 것으로 보인다. 인명, 지명과 같은 고유 명사는 물론 관직명 등에 모두 고유어가 사용되었음을 차자 표기 자료가 보여 주기 때문이다. 그러나 통일 신라 경덕왕 때에 중국식 지명으로 개명한 것처럼 한자어의 사용이 증대되면서 점차 한자어가 많아졌다.

고대 한국어와 관련된 지식이 한국어교육 상황에 직접적으로 이용되는 일은 드물 것으로 보인다. 그러나 한국 역사와 문화를 활용한 한국어교육 상황이나 한국어의 문자와 관련된 학습 상황에서는 간접적으로나마 관련 내용을 이용할 수 있다. 이와 관련하여 특히 삼국의 언어가 과연 현재와 같이 방언의 차이만을 보이는 상태였는지 아니면 완전히 다른 나라의 말이었는지 설명해야 할 상황이 있을 수 있다. 당시의 어휘 표기 가운데에는 삼국의 단어가 차이가 있음을 보여 주기도 하기 때문이다. 하지만 삼국의 이두 표기 방식이 일치하는 사실 등으로 미루어 보면 방언적 차이만이 있었을 가능성이 높다. 풍부한 자료를 가지지 못한 현재로서는 두 가지 가능성이 모두 존재했다고 보아야 할 것이다. 〈장윤희〉

[참고문헌]
• 국립국어연구원 편(1998), 국어의 시대별 변천 연구 3: 고대 국어, 국립국어연구원.
• 남풍현(2009), 고대 한국어 연구, 시간의물레.
• 이기문(2000), 국어사 개설, 태학사.

■ 이두

이두(吏讀 또는 吏頭)는 한자의 음(音)이나 훈(訓)을 빌려서 국어의 문장을 표기하던 차자 표기법의 하나이다.

이두 표기법은 삼국 시대에 형성되기 시작했고 고려 시대에는 그 표기법이 완성되어 조선 시대 말기까지 주로 하급 실무 계층의 공문서에 사용되었다.

이두는 문헌에 따라 다양한 명칭이 있었다. 《제왕운기(帝王韻記)》에서는 '이서(吏書)', 《대명률직해(大明律直解)》에서는 '이도(吏道)', 《선조실록(宣祖實錄)》에서는 '이도(吏刀)', 《유서필지(儒胥必知)》에서는 '이토(吏吐)' 등으로 불렀다. '이두(吏讀)'는 《훈민정음해례(訓民正音解例)》의 정인지 서문과 《세종실록(世宗實錄)》에 수록된 최만리 등의 갑자 상소문에서 쓰인 명칭으로서 가장 널리 쓰이고 있다. 이(吏)는 이 표기법을 주로 사용하던 서리(胥吏) 계층을 뜻하고, 두(讀)는 토(吐) 또는 구두(句讀)를 의미하는 것으로 본다. 이처럼 원래 이두는 이두를 이용하여 적은 이두문 또는 이문(吏文)의 토를 가리키는 명칭이었던 것으로 보인다. 하지만 이두는 이두문에 차자 표기되는 문법적 요소뿐만 아니라 명사, 부사 등의 우리말 요소 그리고 이두를 이용하여 국어의 문장을 적는 표기법까지를 포함하는 명칭으로도 사용된다. 한편 조선 초기부터 최근까지도 이두가 향찰(鄕札)이나 구결(口訣) 등을 모두 포괄하는 우리의 차자 표기법 전반을 가리키는 것으로도 사용되는데 이를 광의의 이두라 한다.

이두는 삼국 시대에 고구려에서 먼저 발달했던 것으로 보인다. 가장 이른 시기의 이두로는 광개토대왕 비문(廣開土大王碑文)에서 종결 어미를 표기한 '之'가 있다. 고구려의 초기 이두가 이후 신라의 이두에서도 발견되므로 이두 표기법은 고구려에서 신라로 전파된 것으로 보인다. 이두 표기법의 형성 과정은 우선 한자를 우리말 어순으로 배열하는 단순한 방법으로부터 출발했을 것이다. 이를 잘 보여 주는 것이 임신서기석(壬申誓記石)이다. 이후에는 한국어 어순대로 한자를 배열한 중간중간에 조사와 어미 등 한국어의 문법 요소를 차자한 이두를 넣는 이두 표기법이 완성되어 갔다. 이두 형성 초기에는 '節[때], 中[에], 以[(으)로]'와 같이 한자의 원래 의미가 우리말 요소와 상통하는 한자를 차자한 이두자를 이용하였다. 그러다가 대체로 8세기 중엽 이후에는 한자의 원래 의미와는 무관하게 그 음에 따라 차자하여 국어 문법 요소를 적는 본격적인 이두가 나타나기 시작한다. 이후 고려 시대에는 이두의 표기법이 완성되어 각종 금석문(金石文)에는 물론 공문서에서도 본격적으로 사용되기 시작했다. 조선 시대에도 이두는 실무 계층의 공문서로 널리 사용되었고 조선 중엽 이후에는 투식화(套式化)하는 양상을 보인다. 이렇게 투식화한 이두 문서의 형식과 이때 쓰이는 이두들을 학습하기 위한 이두 학습서들이 존재했다. 조선 중기의 《이문(吏文)》, 《이문대사(吏文大師)》는 물론 조선 후기의 《유서필지(儒胥必知)》, 《나려이두(羅麗吏讀)》, 《전율통보(典律通補)》 등이 바로 그것이다.

《제왕운기(帝王韻紀)》, 《대명률직해(大明律直解)》 그리고 《세종실록》에서 최만리의 〈갑자상소(甲字上疏)〉, 《훈민정음》의 〈정인지 서(鄭麟趾序)〉 등에서는 설총(薛聰)이 이두를 만들었다거나 시작했다는 진술이 나온다. 하지만 설총 생존 이전 시기에도 이두가 쓰였으므로 설총의 이두 제작 설을 그대로 받아들이기는 어렵다. 설총의 이두 제작 설은 설총이 구결 등 다른 차자 표기법 등을 이두 표기에 활용하는 등의 방법으로 이두 표기법을 새롭게 정비한 사실을 가리키는 것으로 보인다.

기본적으로 이두는 한국어 문장을 표기하기 위한 차자 표기법이다. 그러나 한글 창제 이전에 중국의 문헌을 한국어로 번역할 때에도 이두가 사용되었다. 조선 초에 간행된 《대명률직해》, 《양잠경험촬요(養蠶經驗撮要)》 등에서 이두를 이용하여 중국의 문헌을 우리말로 번역한 것이 그 예이다.

이두에 대한 연구는 주로 이두 자료의 한국어사 자료적 성격을 다루는 연구와 이두 자료를 통해 한국어사적 사실을 밝히기 위한 연구로 대별해 볼 수 있다. 전자의 연구는 신라 시대 이후의 이두 자료를 조사하고 이두의 성격을 소개하는 것으로서 여기에는 각 시대의 개별 이두 자료의 연구, 《대명률직해》, 《양잠경험촬요》 등의 연구, 이두 학습서의 연구 등이 있다. 후자는 전자의 연구를 바탕으로 한 본격적인 한국어사 연구라 할 수 있는데 특히 이러한 연구는 고대 한국어의 문법적 사실을 밝히는 데 매우 큰 기여를 하고 있다. 〈장윤희〉

[참고문헌]
• 남풍현(2009), 고대 한국어 연구, 시간의물레.
• 송기중 외 편(2003), 한국의 문자와 문자 연구, 집문당.
• 안병희(1992), 국어사 연구, 문학과지성사.
• 이기문(2000), 국어사 개설, 태학사.

■ 향찰

향찰(鄕札)은 한자의 음이나 훈을 빌려 우리말을 표기하는 차자 표기법의 하나로서 향가(鄕歌)를 표기하기 위해 고안된 표기법을 가리킨다.

《균여전(均如傳)》에 최행귀(崔行歸)가 균여(均如)의 향가 〈보현십원가(普賢十願歌)〉를 한시로 번역하면서 쓴 서문이 실려 있는데, 여기에서 당시 중국에서 한시를 적은 것을 당문(唐文)이라고 하고 우리나라의 시를 적은 것을 향찰이라 한 것에서 기원한 말이다. 여기에 근거하여 향가를 표기한 차자 표기법을 향찰로 부르게 된 것이다.

향찰 표기법은 기본적으로 한국어의 어순을 따른다. 그중에서 실사, 즉 명사나 동사의 어휘적 의미를 나타내는 부분은 주로 한자의 훈을 이용하여 표기하고 조사나 어미 등 문법적 의미를 지닌 부분은 한자의 훈이나 음을 빌려 표기한다. 이때 어휘적 의미를 나타내는 부분의 표기 방법은 이전부터 발견되는 고유 명사 표기에서의 방법을 확장하여 적용한 것이고 문법적 의미를 나타내는 부분의 표기 방법은 이두나 구결의 표기 방법을 적용한 것이다. 이렇듯 향찰은 조사나 어미와 같은 문법적 요소는 물론 어휘적 요소까지 차자하여 문장 전체를 표기했다는 점에서 한국어를 전면적으로 표기한 가장 발전된 차자 표기법이다.

그러나 향찰보다 불완전하게 한국어를 표기한 이두가 조선 시대 말기까지 사용된 데 비해 향찰은 《삼국유사(三國遺事)》에 수록된 신라 시대의 향가 14수와 《균여전》에 수록된 고려 시대 균여의 향가 11수, 《평산신씨고려태사장절공유사(平山申氏高麗太師壯節公遺事)》에 수록된 고려 예종의 〈도이장가(悼二將歌)〉의 표기에서만 발견될 뿐 이후에는 널리 사용되지 못하였다. 향가가 쇠퇴하면서 향가의 표기를 위해 고안된 향찰도 더 이상 이어지지 못했기 때문으로 보인다. 한편 이두나 구결이 주로 문법 요소를 차자하여 차자의 수가 제한된 데 비해 향찰의 어휘적 의미 표기는 표기나 해독의 방법이 제한되어 있지 않다. 따라서 표기형의 해석이 쉽지 않은 향찰의 본질적 성격도 쇠퇴의 원인이 된 것으로 보인다.

향찰의 연구는 주로 향가의 해독과 관련한 연구가 주를 이루었다. 그러나 이러한 연구는 주로 문맥적 의미 등이 중시되는 것이어서 해독의 신뢰성이 문제로 남는 일이 많았다. 그러나 향찰과 운용법이 유사한 석독 구결 자료의 발굴과 연구를 통해서 향찰의 해독과 연구의 신뢰성을 확보할 수 있는 근거가 마련되어 최근에는 석독 구결과 관련지어 향찰을 해독하고 연구하는 일이 많아졌다. 또한 최근에는 신라 향가의 향찰 표기와 고려 향가의 향찰 표기 사이에 차이점이 발견된다는 사실이 주목되면서 이 두 시기의 향찰 표기상에 나타나는 차이점과 이를 이용한 해독의 연구도 이루어지고 있다. 〈장윤희〉

[참고문헌]
• 국어학회(2008), 공동 토론 특집: 신라 향가의 종합적 검토, 국어학 51, 국어학회, 279~406쪽.
• 남풍현(2009), 고대 한국어 연구, 시간의물레.
• 송기중 외 편(2003), 한국의 문자와 문자 연구, 집문당.
• 이기문(2000), 국어사 개설, 태학사.
• 장윤희(2008), 향찰 연구의 회고와 전망, 구결연구 21, 구결학회, 203~230쪽.

■ 구결

구결(口訣)은 한문을 읽을 때 한문 원문의 전후 문맥을 이해하기 위해 원문의 단어나 구절 사이에 들어가는 우리말 문법 요소이다.

구결은 토(吐)라고도 하는데 대부분 한국어의 조사나 어미 또는 'ᄒ다', '이다'의 활용형이다. 한문은 띄어쓰기가 되어 있지 않아 끊어 읽는 부분을 알기가 어렵고 또 전후의 연결 관계를 파악하기도 쉽지 않다. 따라서 한문 원문의 의미를 정확히 이해하기 위해서는 원문을 의미 단위로 끊고 그 전후 관계가 파악되도록 구결을 달아 읽을 필요가 있다. 그러므로 원문의 학습이나 정확한 이해를 위해 구결을 원문의 행간에 기입하였다. 이때 구결을 한자의 음이나 훈을 빌린 차자로 표기하는 일이 일반적이었다. 물론 한글 창제 이후에는 구결을 한글로 달기도 하였다. 한문에 구결을 기입할 때에는 표기의 편의를 위해 차자한 구결자의 획수를 최소한으로 줄인 약자로 표기하는 일이 일반적이었다. 다만 책을 간행할 때 처음부터 원문에 차자 구결을 협주(夾註)처럼 소자(小字)로 달아서 원문과 함께 인쇄하는 경우가 간혹 있었는데 이럴 경우에는 차자 구결이 정체자로 되어 있다.

'구결'의 어원에 대해서는 두 가지 가설이 있다. 첫째는 스승이 제자에게 직접 입으로 전달하는 비결이라는 뜻을 가진 한자어 '구수전결(口授傳訣)'의 준말이 구결이라는 견해이다. 이렇게 보면 '구결'과 '토'는 같은 것일 수 없게 된다. 둘째는 고유어 '입겿'의 차자 표기가 '구결(口訣)'이라는 견해이다. '입'은 고유어의 '입(口)' 또는 동사 어간 '잎-(詠)'(〉'읊-')에 해당하고, '겿'은《훈민정음언해(訓民正音諺解)》에서 한문의 허사를 가리키는 말로 사용되었으므로 '사물의 부차적인 부분'을 뜻하는 고유어라고 보는 것이다. 이에 따르면 '입겿'은 글을 읽을 때 원문 사이에 부차적으로 넣어 읽는 요소라는 의미의 단어로서 '토'와 같은 것을 가리키게 된다.

한동안 구결은 한문 원문의 우측 행간에 작은 글씨로 기입하여 기입되어 있는 순서대로 읽어 내려가는 방식의 구결만이 존재하는 것으로 인식되어 왔다. 그러나 1973년 발굴된《구역인왕경(舊譯仁王經)》의 구결이 이전까지 알려진 구결과는 달리 원문의 우측은 물론 좌측에도 구결이 달려 있고 원문의 한자도 음으로만 읽는 것이 아니라 '석(釋)'으로 읽는 경우도 있으며, 구결의 지시대로 원문을 거꾸로 돌아가서 읽으라는 '역독점(逆讀點)'도 보인다는 사실이 밝혀지면서 또 다른 구결의 존재가 밝혀졌다.《구역인왕경》에서와 같은 구결은 한문 원문의 한자를 경우에 따라 '석(釋)'으로도 읽는다는 사실을 중시하여 '석독 구결(釋讀口訣)'이라고 부르기도 하고, 구결의 지시대로 한문 원문을 읽을 경우 원문의 앞 요소를 건너뛰었다가 다시 되돌아가 읽기도 한다는 사실을 중시하여 '역독 구결(逆讀口訣)'이라고도 한다. 이와 달리 일반적인 구결은 한문 원문의 한자를 음으로만 읽는다는 점에서 '음독 구결(音讀口訣)' 혹은 원문과 구결을 순차적으로 읽어 내려가기만 한다는 점에서 '순독 구결(順讀口訣)'이라 하여 이 둘을 구별하고 있다.

석독 구결은 한문 원문을 한국어의 어순대로 풀어 이해하도록 구결을 다는 것이다. 한문 원문의 '서술어-목적어' 구성의 경우 한국어에서는 '목적어-서술어'의 순이 되어야 한다. 따라서 이러한 순서대로 원문을 읽을 수 있도록 앞서 나온 서술어는 건너뛴 뒤 목적어 부분을 먼저 읽고 여기에 역독점을 두어 원문을 되돌아가서 건너뛰었던 부분을 읽도록 구결을 단다. 이때 건너뛰었다가 되돌아와서 읽게 되는 요소에는 구결이 좌측에 기입되어 있다. 또한 이렇게 석독 구결이 직접 묵서(墨書)되어 있는 경우는 물론, 원문의 손상을 줄이기 위해 끝이 뾰족한 각필(角筆)로 구결에 해당하는 점과 선을 눌러 찍어 표시한 점토 석독 구결도 존재했음이 최근 밝혀졌다. 특히 이러한 점토 표시는 지금까지 일본에서만 발견되는 일본 고유의 것으로 인식되어 왔으나 우리의 점토 석독 구결 자료의 발굴을 통해 우리나라에서 일본으로 점토 구결이 유래되었음이 새로이 밝혀진 바 있다.

역사적으로 석독 구결 자료는 10세기부터 13세기 중엽에 걸쳐 나타나고 이후에는 음독 구결 자료만이 발견된다. 이를 통해서 구결은 석독 구결에서 음독 구결로 발전했음을 알 수 있다. 《삼국사기(三國史記)》에서 설총이 '9경을 우리말로 읽었다(以方言讀九經).'라고 한 기사는 통일 신라의 설총이 석독 구결을 달아 9경을 읽었다는 의미로 해석되므로 석독 구결은 통일 신라 시대에도 있었음을 알 수 있다. 또한 석독 구결의 차자나 운용법 등이 향찰(鄕札)과 매우 유사하다는 점이 밝혀져, 비록 고려 시대의 자료에서 석독 구결이 발견되기는 하지만 이는 보수성을 지닌 것으로 향찰과 같은 고대 한국어 자료로 이용되고 있다. 최근에는 이를 이용한 연구가 활발히 이루어져 새로운 고대 한국어 사실들이 밝혀지고 있다. 〈장윤희〉

= 토

[참고문헌]
- 국립국어연구원 편(1998), 국어의 시대별 변천 연구 3: 고대 국어, 국립국어연구원.
- 남풍현(1999), 국어사를 위한 구결 연구, 태학사.
- 송기중 외 편(2003), 한국의 문자와 문자 연구, 집문당.
- 이기문(2000), 국어사 개설, 태학사.
- 장윤희(2004), 석독 구결 및 그 자료의 개관, 구결연구 12, 구결학회, 47~80쪽.

8.8. 중세 한국어

중세 한국어는 10세기부터 16세기 말에 걸친 시기의 한국어를 말한다.

이 시기는 고려 시대와 조선 시대 중엽 임진왜란 직후까지로 중부 방언권인 개경, 한양 등이 한반도에서 가장 중심적인 영향을 끼치게 되는 시기이다. 중세 한국어는 다시 14세기 말까지를 전기 중세 한국어, 15세기~16세기를 후기 중세 한국어로 나뉜다. 이는 14세기 말에 한국어의 모음 체계가 크게 변화했다는 사실을 중시한 것이다. 이렇게 보면 전기 중세 한국어는 대략 고려 시대에, 후기 중세 한국어는 조선 전기 한국어에 해당한다. 이 가운데 전기 중세 한국어는 자료의 절대적 빈곤으로 당시의 한국어 상황을 정확히 파악하기 어렵다. 후기 중세 한국어 시기에 창제된 한글을 이용한 표기 방법은 이른바 '8종성법'으로 불리는 받침 표기 및 연철 표기와 같은 음소론적 표기가 주를 이루다가 점차 분철이 확대되어 가는 변화를 보였다.

고대 한국어를 13세기 중엽까지로 보아야 한다는 주장을 받아들인다면 중세 한국어의 시점은 그만큼 늦추어질 것이다. 후기 중세 한국어 시기 초에 훈민정음이 창제되어 한글 문헌들이 간행되었기 때문에 이 시기부터는 한국어의 온전한 모습을 확인해 볼 수 있다. 훈민정음의 창제가 갖는 의의가 큰 만큼 이 시기를 후기 중세 한국어의 기점으로 보는 견해도 있다. 그러나 훈민정음의 창제는 말을 기록할 수 있는 문자를 만든 것일 뿐 그 자체가 한국어의 변화인 것은 아니라는 점에서 시대 구분의 기준이 되기 어렵다고 보는 것이 일반적이다.

중세 한국어의 자음에는 고대 한국어에 없었던 된소리가 존재하여 장애음이 예사소리, 거센소리, 된소리의 세 계열을 이루었다. 다만 'ㅈ'의 된소리는 이 시기에도 존재하지 않았다. 장애음 중 파찰음 'ㅈ, ㅊ'은 이 시기에 현대 한국어와 달리 치경음(齒莖音)이었기 때문에 '디 → 지', '티 → 치'의 구개음화 현상은 나타나지 않았다. 또한 'ㅸ, ㅿ' 등 유성 마찰음 계열의 자음은 유성 환경에서만 나타나는 제한된 분포를 보였다. 'ㅸ'은 15세기 후반에 'w'로 변화했고, 'ㅿ'은 16세기 말에 소멸하였다. 특히 후기 중세 한국어 시기에는 어두에 'ㅲ(pt), ㅳ(ptʰ), ㅄ(ps), ㅶ(pc), ㅴ(pk'), ㅵ(pt')' 등과 같이 두 개의 자음이 올 수 있었는데, 이는 이전의 두 음절에서 앞 음절의 모음이 소멸한 결과 잠깐 나타난 것으로서 곧바로 된소리 등으로 변화하였다. 한편 'i'계 모음 앞에 'ㄴ'이 올 수 있었으며 음절 말에서는 'ㅋ'이 'ㄱ'으로, 'ㅌ'이 'ㄷ'으로, 'ㅍ'이 'ㅂ' 등으로 발음되는 중화 현상이 나타났고 음절 말에서 'ㅅ'과 'ㄷ'을 구별해 발음하였다는 점이 특징이다.

후기 중세 한국어에는 'ㅣ, ㅜ, ㅓ, ㅏ, ㅗ, ㅡ, ㆍ' 등 7개의 단모음이 존재했다. 이 가운데 'ㆍ'는 이미 15세기 말부터 소멸의 길로 들어섰는데 제2 음절 이하의 'ㆍ'로부터 사라져 다른 모음으로 대체되었다. 또한 이중 모음으로는 'ㅑ, ㅕ, ㅛ, ㅠ, ㅘ, ㅝ' 등의 상향 이중 모음과 'ㆎ, ㅐ, ㅔ, ㅚ, ㅟ, ㅢ' 등의 하향 이중 모음이 있었다. 이 밖에도 문자로 표기하기는 어려웠지만 상향 이중 모음 'wi'와 하향 이중 모음 'iy'도 존재했던 것으로 보인다. 이 시기에는 모음 조화 현상이 현대 한국어와 비교하여 비교적 잘 지켜졌으나 이미 모음 조화에 어긋나는 현상들이 15세기부터 발견된다. 또한 후기 중세 한국어에는 성조가 있어 이를 방점으로 표시했다. 성조는 가장 낮은 소리(평성, 무점), 가장 높은 소리(거성, 1점), 처음이 낮고 나중이 높아지는 소리(상성, 2점) 등의 단순한 체계를 보인다. 성조는 16세기 말에 사라졌는데 그 결과 상성은 장음으로 남았다.

후기 중세 한국어에는 'ㅎ'을 말음으로 가진 명사나 수사가 많아 예컨대 '나랗, 옿, 긿' 등의 명사나 '하낳, 둟, 셓' 등의 수사가 있었다. 또한 '나모, 나모도, 나모만' 등의 명사 '나모'가 매개 모음을 포함한 모음 조사와 결합할 때는 '남ᄀᆞᆫ, 남기, 남ᄀᆞᆯ' 등과 같이 불규칙하게 형태가 바뀌는 현상도 나타났다. 주격 조사로는 '이'만이 쓰이다가 16세기 말에 새로운 주격 조사 '가'가 쓰이기 시작했다. 관형격 조사로는 선행 체언이 무정물이나 유정물 존칭일 때에는 'ㅅ', 유정물 평칭일 때에는 '이/의'가 사용되는 일이 일반적이었다. 용언의 활용에서는 'ㅸ'과 'ㅿ'이 존재할 때에는 규칙 활용을 보였는데 'ㅸ, ㅿ'이 소멸하면서 현대 한국어에 와서는 'ㅂ' 불규칙, 'ㅅ' 불규칙 활용으로 변하기도 하였다. 또한 이 시기 한국어에서만 발견되는 불규칙 활용으로 '다르-, 오르-' 등이 '달아, 올아'와 같이 활용하는 현상이 나타났다. 선어말 어미로는 객체, 즉 목적어와 부사어를 높이는 '-습-'으로 객체 높임을 규칙적으로 표시하였다. 또한 중세 한국어에는 문장의 서술어가 화자와 관련된 경우 이를 표시하는 선어말 어미 '-오/우-'가 서술어에 결합하는 일이 많았다. 서법을 표시하는 선어말어미 '-ᄂᆞ-, -더-, -리-' 등이 동시에 시제를 표시하기도 했다. 종결 어미로는 평서법, 의문법, 명령법, 청유법, 감탄법 어미들이 있었으며 이 가운데 현대 한국어와 다른 점을 많이 보인 것은 의문법 관련 어미들이었다. 명사에 직접 의문의 보조사 '-가/고'가 통합하여 의문문을 이룰 수 있었고 간접 의문에는 '-(으)ㄴ가/-(으)ㄴ고, -(으)ㄹ가/(으)고' 등의 별도의 종결 어미가 사용되었다. 또한 설명 의문에는 '고, 뇨'형 어미인 '-니잇고, -닛고, -뇨, -(으)ㄴ고' 등을, 판정 의문에는 '가, 녀'형의 어미인 '-니잇가, -닛가, -녀, -(으)가' 등을 사용하여 구별하였다. 이들 종결형에는 상대 높임이 표시되었는데 높임의 등급은 아주 높임인 ᄒᆞ쇼셔체, 중간 높임인 ᄒᆞ야쎠체, 안 높임인 ᄒᆞ라체와 중간 높임 정도의 높임을 표시하는 반말이 있었다. 관형사형 어미 '-(으)ㄴ, -(으)ㄹ'은 이전의 명사형 어미 용법의 흔적이 간혹 발견되기도 한다.

한자가 도입되고 중국과의 교류가 이루어지면서 우리 어휘에 한자어가 계속 증가해 왔다. 후기 중세 한국어 시기만 해도 처음에는 고유어 '슈룹[雨傘], 온[百], 즈믄[千]' 등으로 쓰이던 것이 16세기에 들어 '우산, 백, 천' 등 한자어로 대체된 경우가 있다. 외래어를 직접 차용한 사례도 보이는데 전기 중세 한국어 시기에는 몽고로부터는 '슈라, 가라몰, 보라매, 숑골' 등 음식, 말, 매 등과 관련된 어휘가 차용되었고, 후기 중세 한국어에는 중국어로부터 '투구(頭盔), 사탕(砂糖), 비치(白菜)' 등이 차용되었다.　　　　　　〈장윤희〉

[참고문헌]
• 고영근(2010), 표준 중세 국어 문법론, 집문당.
• 국립국어연구원 편(1996), 국어의 시대별 변천·실태 연구 1: 중세 국어, 국립국어연구원.
• 남풍현(2009), 고대 한국어 연구, 시간의물레.
• 안병희·이광호(1994), 중세 국어 문법론, 학연사.
• 이기문(2000), 국어사 개설, 태학사.

■ 한글의 창제

한글은 1443년(세종 25) 12월에 세종에 의하여 창제되었다.

창제 주체와 관련하여 세종에 의하여 훈민정음(訓民正音) 28자가 창제되었다는 설 외에 집현전 학사나 왕자 및 공주들의 협찬설이 제기되어 왔다. 하지만 실록 등의 기록을 토대로 볼 때 집현전 학사나 왕자 및 공주들의 도움은 극히 미미했던 것으로 보인다.

훈민정음이 창제된 세종 25년은 서기로 1443년에 해당한다. 그러나 창제 완료의 정확한 날짜가 밝혀지지 않고 12월로만 기록되어 있어 이를 양력으로 환산하면 1444년 으로 보아야 한다는 견해도 있다. 그러나 1894년 이전은 음력을 기준으로 하여 한 해를 기산하는 역사학계의 관행에 따라 창제 연도를 1443년으로 기술해 오고 있다.

세종은 초성 17자와 중성 11자를 만들고 이를 '훈민정음'이라고 불렀다. 이를 줄여서 '정음(正音)'이라 부르기도 했다. 그러나 1444년 2월의 최만리 상소문에 이미 '언문(諺文)'이라는 명칭이 등장하고 있어 창제 초기부터 훈민정음이란 명칭이 널리 쓰이지 않았음을 알 수 있다.

한글의 창제 목적은 《훈민정음》의 '어제서문(御製序文)'에 나타난 바와 같이 문자가 없어 여러 모로 불편을 겪는 어리석은 백성들의 쉽고 편리한 문자 생활을 위해서임이 분명하다. 그러나 당시 한국어를 적는 데 불필요한 문자인 'ㆆ'을 기본자에 포함한 반면 한국어에 실재하던 'ㅸ'을 기본자에서 제외한 점, 창제 직후 《운회(韻會)》를 정음으로 번역하는 일에 많은 노력을 기울인 점, 문자의 이름을 '정음'이라 한 점 등을 고려할 때 한자음의 개정 및 확정에 대한 의도도 매우 컸다고 할 수 있다.

창제 당시의 한글에 대해서는 1446년(세종 28) 9월에 완성된 《훈민정음》 해례본(解例本)에서 그 전모를 파악할 수 있다. 《훈민정음》 해례본은 훈민정음의 창제 목적을 밝힌 '어제서문'과 한글 각 글자의 음가 및 운용법에 대한 간단한 설명을 예시한 '예의(例義)'와 집현전 학사들이 이를 자세히 설명한 '해례(解例)'로 되어 있다. '해례'는 초성과 중성자를 만든 원리를 설명한 제자해(制字解), 초성·중성·종성에 대해 풀이한 초성해(初聲解), 중성해(中聲解), 종성해(終聲解), 초성·중성·종성을 합하여 음절에 해당하는 글자를 이루는 방식에 대한 설명인 합자해(合字解)의 5해(解)와 실제 글자들의 사용된 단어의 예를 보인 용자례(用字例), 당시 집현전 대제학이었던 정인지의 서문으로 구성되어 있다. 〈황선엽〉

[참고문헌]
• 강신항(2003), 훈민정음 연구, 성균관대학교출판부.
• 이기문(1998), 한글, 한국사 시민 강좌 23, 일조각, 1~11쪽.
• 이상백(1957), 한글의 기원: 훈민정음 해설, 통문관.

❑ 한글 창제의 배경

한글 창제의 배경은 직접적인 것과 간접적인 것으로 나누어 살펴볼 수 있다.

한글 창제의 직접적인 배경이 된 사건은 1428년(세종 10) 진주(晉州)에 살던 김화(金禾)가 아버지를 살해한 사건이다. 이 사건에 대해 엄벌하자는 주장이 논의되자 세종은 백성을 처벌하는 것보다 교화하는 것이 중요함을 밝히고 효행록(孝行錄)을 지었다. 어리석은 백성을 깨우쳐 주고자 집현전(集賢殿)에 이를 주관하라고 명을 내렸다. 그러나 한문을 알지 못하는 백성들을 책으로 교화하는 데에는 한계가 있었다. 이에 세종은 백성들을 교화하기 위한 방법에 대한 모색을 시작한 것으로 보인다. 이러한 작업의 일환으로 1432년(세종 14)에 세종은 '비록 백성들로 하여금 법을 다 알게 할 수는 없을지라도 따로 큰 죄의 조항만이라도 뽑아 이두로 번역하여 민간에 반포하여 그들로 하여금 범죄를 피할 줄 알게 함이 어떠한가?(雖不能使民盡知律文, 別抄大罪條科, 譯以吏文, 頒示民間, 使愚夫愚婦知避何如)'라는 생각을 하여 법조문을 이두로 번역하려 하였다. 1434년(세종 16)에는 효자, 충신, 열녀의 이야기를 한문으로 적고 그 내용을 그림으로 그린 《삼강행실도(三綱行實圖)》를 편찬하기도 하였다. 이는 한문의 문제점을 극복하고자 이두나 그림 등의 방법을 동원한 것이다. 그러나 이 역시 근본적인 문제의 해결에 이르지 못했다.

이러한 상황이 세종으로 하여금 백성들이 쉽게 이해하고 사용할 수 있는 신문자(新文字) 창제를 결행하게 한 것으로 보인다. 세종이 우리 문자의 필요성에 대해서 확신을 가지게 된 것은 《동국정운(東國正韻)》 서(序)의 다음과 같은 표현에서 확인할 수 있다.

> (중국 내에서도) 문물제도는 통일시킬 수 있지만 말소리는 같지 않은 것이다. 하물며 우리나라는 안팎으로 산하가 저절로 한 구획을 이루어 풍토와 기후가 중국과 크게 다르니, 말소리가 어찌 중국어의 것과 서로 부합될 수 있겠는가? 그러한즉 언어가 중국과 다른 까닭은 당연한 이치이다.
> 遂使文軌雖通 聲音不同焉 矧吾東方 表裏山河 自爲一區 風氣已殊於中國 呼吸豈與華音相合歟 然則語音之所以與中國異者 理之然也(《동국정운》 서)

세종은 신문자의 창제를 위해 언어와 문자에 대한 당시의 이론들을 수합하였다. 또 당시 접할 수 있었던 여러 문자들을 참고하였다. 문자 창제는 간접적으로는 《성리대전(性理大典)》등에 나타나는 음양오행에 바탕을 둔 성리학적 역학(易學) 이론을 근거로 하였고 직접적으로는 중국의 여러 운서에 바탕을 둔 성운학(聲韻學) 이론을 기초로 하였다. 또한 최만리가 상소문에 '몽고, 서하(西夏), 여진, 일본, 서번(西蕃)과 같은 무리만이 제각기 자기들의 글자를 가지고 있다.'라고 한 것으로 보아 훈민정음의 창제는 독창적으로 이루어졌으나 주변의 여러 문자들도 널리 참고하였음을 알 수 있다. 〈황선엽〉

[참고문헌]
• 강신항(2003), 훈민정음 연구, 성균관대학교출판부.
• 이기문(1998), 한글, 한국사 시민 강좌 23, 일조각, 1~11쪽.
• 이상백(1957), 한글의 기원: 훈민정음 해설, 통문관.

❏ 한글 창제의 원리

한글 창제의 원리는 초성과 중성으로 나누어 살펴볼 수 있다.

초성 17자의 창제 원리는 발음 기관 상형(象形)과 소리의 거세짐에 따른 가획(加畫)의 원리이다. 아음(牙音)의 'ㄱ'은 혀뿌리가 목구멍을 막는 모양, 설음(舌音)의 'ㄴ'은 혀가 입천장에 붙는 모양, 순음(脣音)의 'ㅁ'은 입의 모양, 치음(齒音)의 'ㅅ'은 이의 모양, 후음(喉音)의 'ㅇ'은 목구멍 모양을 상형하여 만들었다. 이렇게 발음 기관의 모양을 상형

한 기본자 이외의 글자들은 소리의 세기에 따라 점차 획을 더하는 가획의 원리에 따라 'ㄱ → ㅋ, ㄴ → ㄷ → ㅌ, ㅁ → ㅂ → ㅍ, ㅇ → ㆆ → ㅎ'과 같이 만들었다. 다만 아음 'ㆁ'과 반설음 'ㄹ', 반치음 'ㅿ'은 글자체를 달리하여 가획의 의미가 없다고 함으로써 소리가 더 거세진 것은 아님을 밝혔다. 초성을 아설순치후(牙舌脣齒喉)의 다섯으로 나눈 것은 오행의 원리에 기반을 두고 있다. 청탁에 따라서는 전청(全淸: ㄱ, ㄷ, ㅂ, ㅈ, ㅅ, ㆆ), 차청(次淸: ㅋ, ㅌ, ㅍ, ㅊ, ㅎ), 전탁(全濁: ㄲ, ㄸ, ㅃ, ㅉ, ㅆ, ㆅ), 불청불탁(不淸不濁: ㄴ, ㅁ, ㅇ, ㆁ, ㄹ, ㅿ)으로 나뉜다. 이는 현대 음성학적 관점으로는 조음 방식에 따른 구분으로 이해할 수 있다. 즉 초성은 조음 위치와 조음 방식이라는 음성학적 원리를 바탕으로 창제되었다.

중성은 11자이다. 기본자인 'ㆍ, ㅡ, ㅣ'는 각각 하늘(天), 땅(地), 사람(人)을 상형하였다. 이들을 합성하여 초출자(初出字) 'ㅗ, ㅏ, ㅜ, ㅓ'를 만들었다. 여기에 다시 반모음 'ㅣ'로 시작하는 모음이라는 의미를 나타내기 위해 'ㆍ'를 하나씩 추가하여 재출자(再出字) 'ㅛ, ㅑ, ㅠ, ㅕ'를 만들었다. 'ㅗ, ㅏ, ㅛ, ㅑ'에서 'ㆍ'가 위와 바깥에 있는 것은 양(陽)의 특성을, 'ㅜ, ㅓ, ㅠ, ㅕ'에서 'ㆍ'가 아래와 안에 있는 것은 음(陰)의 특성을 나타내었다. 모음의 제자는 기본적으로 음양의 원리에 바탕을 두었다.

중성은 11자를 서로 합하여 복모음을 형성할 수 있는데 'ㅣ'가 결합한 'ㆎ, ㅢ, ㅚ, ㅐ, ㅟ, ㅔ, ㅣ, ㅒ, ㅠㅣ, ㅖ'의 10자와 중성 두 글자를 합한 'ㅘ, ㆇ, ㅝ, ㆊ'의 4자, 다시 여기에 'ㅣ'가 결합한 'ㅙ, ㅙ, ㅞ, ㆎ'의 4자가 있다. 〈황선엽〉

[참고문헌]
- 강신항(2003), 훈민정음 연구, 성균관대학교출판부.
- 이기문(1998), 한글, 한국사 시민 강좌 23, 일조각, 1∼11쪽.
- 이상백(1957), 한글의 기원: 훈민정음 해설, 통문관.

❏ 훈민정음의 특징

훈민정음의 특징은 여타 문자들과 달리 그 제자 원리를 음성학과 철학에 두었다는 점에 있다.

자음자의 경우 조음 위치에 따라 해당 발음 기관의 모양을 상형하고 조음 방식의 차이에 따라 가획을 하였다. 이는 현대 음성학의 자음 분류 방식과 일치하는 방식이다. 모음자는 천지인(天地人) 삼재(三才)를 상형하여 기본자를 만들고 다시 이를 합성하였다. 이러한 제자 원리에 당시 성운학의 연구 성과뿐 아니라 성리학적 원리에 입각한 음양 오행의 이치를 담아내었다. 즉 과학적이고 독창적인 원리에 따라 기존의 문자와는 다른 방식으로 창제가 되었다.

당시 중국의 성운학에서는 중국어 음절을 초성에 해당하는 성모(聲母)(자모, 字母)와 나머지 중성 및 종성을 묶은 운모(韻母)(자운, 字韻)로 이분하였으나 훈민정음은 음절을 초성, 중성, 종성으로 삼분하였다. 그리고 종성부용초성(終聲復用初聲)에 따라 종성자를 따로 만들지 않고 초성자를 다시 써 확실한 음소 문자의 성격을 갖추었다. 그리고 음소 문자이면서도 음절 단위로 모아쓰는 방식을 채택함으로써 교착어인 한국어에서 어간과 어미를 구별하여 적을 수 있는 길을 마련하였고 표음 문자에 표의적 기능을 추가하여 문자의 가독성을 높였다.

또한 연서(連書)와 병서(並書), 합성(合成) 등의 방법으로 글자를 확장해서 사용할 수 있는 방법을 마련하였다. 이는 운용의 융통성을 고려한 것이다. 또한 필요에 따라 연서법을 활용하여 반설경음 'ㅭ'이나 모음자의 합성을 통해 'ㅗ, ㅣ'와 같은 글자를 만들어 쓸 수 있게 하였다. 나아가 중국어의 치두음(齒頭音: ㅈ, ㅊ, ㅉ, ㅅ, ㅆ)과 정치음(正齒音: ㅈ, ㅊ, ㅉ, ㅅ, ㅆ)을 적기 위한 문자의 변용 등도 허용함으로써 훈민정음이 한국어만이 아닌 다른 모든 언어를 적는 데 활용할 수 있는 가능성을 열어 놓았다.

훈민정음은 성조를 표기하기 위한 방점(傍點) 규정을 두어 운소(韻素)를 전면적으로 표기하는 방식을 채택한 점도 주목된다. 현대에서도 학술적인 목적을 제외하고 고저, 강약, 장단과 같은 운소를 전면적으로 표기하는 문자 체계가 드물다는 점을 고려하면 성조를 문자 표기에 전면적으로 반영한 것은 대단히 획기적인 방식이었다. 〈황선엽〉

[참고문헌]
- 강신항(2003), 훈민정음 연구, 성균관대학교출판부.
- 이기문(1998), 한글, 한국사 시민 강좌 23, 일조각, 1~11쪽.
- 이상백(1957), 한글의 기원: 훈민정음 해설, 통문관.

☐ 훈민정음언해

《훈민정음언해(訓民正音諺解)》는 한문으로 된 《훈민정음해례(訓民正音解例)》(1446)의 앞부분, 즉 세종의 어제서문(御製序文)이 포함된 '예의(例義)' 부분에 구결을 달고 언해한 책으로 '훈민정음 언해본'으로 부르기도 한다.

현전하는 《훈민정음언해》는 1459년(세조 5)에 간행된 《월인석보(月印釋譜)》의 권두에 실려 있다. 원래 《훈민정음언해》는 별도의 책으로 간행된 적은 없었던 듯하다. 박승빈(朴勝彬)이 소장한 《훈민정음언해》(현 고려대학교 육당문고 소장)가 한 권의 책으로 제책되어 있었으나 원간본 《월인석보》(현 서강대학교 도서관 소장)가 발견된 이후에 박승빈본은 원간본의 《훈민정음언해》 부분만을 따로 떼어 제책한 것임이 밝혀졌다. 별책으로 제책되지 않았음에도 《훈민정음언해》 또는 '훈민정음 언해본'으로 별책처럼 부르는 이유는 훈민정음을 창제하면서 창제의 원리와 운용법을 한문으로 설명한 《훈민정음해례》, 즉 '훈민정음 해례본'과 구별하기 위한 것이다.

《훈민정음언해》가 《훈민정음해례》의 본문 곧 세종의 저술인 앞부분을 언해한 것이라고는 하지만 그 내용이 동일하지는 않다. 《훈민정음해례》의 본문이 모두 끝난 뒤에 원래의 《훈민정음해례》에는 없는 치음자(齒音字)의 표기 방법에 대한 내용이 더해지고 언해되어 있다. 곧 우리말에서는 모두 치음이지만 중국에서는 치두음(齒頭音)과 정치음(正齒音)의 구별이 있는데 이를 표기할 때 치두음은 'ㅈ, ㅊ, ㅉ, ㅅ, ㅆ' 등으로, 정치음은 'ㅈ, ㅊ, ㅉ, ㅅ, ㅆ' 등으로 적으라는 규정이 그것이다. 이러한 규정은 1455년(단종 3)에 간행된 것으로 보이는 《사성통고(四聲通攷)》 범례에도 들어 있으므로 《훈민정음언해》는 적어도 1455년 이전에 제작되었을 가능성이 높다.

《훈민정음언해》가 《월인석보》의 권두에 실리게 된 이유는 당시에 한글에 대한 이해가 부족한 사람들이 많았기 때문에 한글로 된 《월인석보》를 읽을 수 있도록 돕기 위한 것으로 보인다. 앞서 설명한 치두음과 정치음의 규정도 《월인석보》의 내용 중 다라니(陀羅尼) 부분에 그 표기가 나오기 때문에 이를 읽고 이해할 수 있도록 하기 위해 더한 것이다. 이렇게 보면 이보다 훨씬 이전에 간행된 《석보상절(釋譜詳節)》(1447)의 권두에도 《훈민정음언해》가 수록되었을 가능성이 높다. 실제로 《훈민정음언해》의 행격(行隔)이나 언해를 위해 분절한 구결문의 단위 등에 있어서 오히려 《석보상절》과 동일한 모습을 보이고 있어서 《훈민정음언해》가 이루어진 것은 《석보상절》의 간행 시기였을 가능성이 높다. 〈장윤희〉

[참고문헌]
• 김주원 외(2007), 훈민정음 언해본의 정본 제작에 관한 연구, 국어사연구 7, 국어사학회, 7~40쪽.
• 박창원(2005), 훈민정음, 신구문화사.
• 송기중 외 편(2003), 한국의 문자와 문자 연구, 집문당.
• 안병희(2007), 훈민정음 연구, 서울대학교출판부.
• 정우영(2005), 《훈민정음》 언해본의 성립과 원본 재구, 국어국문학 139, 국어국문학회, 75~113쪽.

❏ 훈민정음해례

《훈민정음해례(訓民正音解例)》는 '훈민정음 해례본' 또는 '한문본 훈민정음'으로도 부르는 것으로 1446년(세종 28)에 훈민정음의 창제 원리와 운용법을 한문으로 자세히 설명하여 만든 책이다.

현재 서울 성북동 간송(澗松) 미술관에 소장되어 있는 이 책은 1940년 안동에서 발견된 후 1962년에 국보 70호로 지정되었으며 1997년에는 유네스코(United Nations Educational, Scientific and Cultural Organization: UNESCO)의 세계기록유산으로 등재되었다. 《훈민정음해례》는 세종이 쓴 '어제서문(御製序文)'과 새 문자의 음가와 운용법에 대한 핵심적 설명을 예시한 '예의(例義)'가 있고 그 뒤에 집현전 학사들이 쓴 '해례(解例)'로 구성되어 있다. 해례는 구체적으로 '제자해, 초성해, 중성해, 종성해, 합자해, 용자례'로 구성되어 있고, 해례의 끝에는 당시 집현전 대제학이었던 정인지가 쓴 해례의 서문에 해당하는 '정인지 서(鄭麟趾序)'가 붙어 있다. '정인지 서'가 해례의 서문에 해당하는 것인데도 일반적인 다른 책들과는 달리 맨 뒤에 수록되어 있는 것은 임금의 글과 함께 실린 신하의 글이기 때문이다.

《훈민정음해례》의 이러한 구성은 세종이 쓴 서문과 예의를 본문으로 하고, 그 뒤에 집현전 학사들이 본문의 내용을 보다 자세히 해설해 놓은 것이 해례 부분으로 구분하기도 한다.

《훈민정음해례》에서 세종이 쓴 본문 부분과 집현전 학사들이 쓴 해례는 행격(行隔)이나 글자체에서도 구별된다. 세종이 쓴 본문 부분은 7행 11자로 큰 글씨의 해서체(楷書)로 기입되어 있으며 판심제(版心題)가 '정음(正音)'이다. 이에 반해 집현전 학사들이 쓴 해례 부분은 8행 13자에 해서와 행서(行書)로 기입되었고 판심제도 '정음해례(正音解例)'로 별도로 달려 있다. 이 책의 글씨는 당시 명필이었던 세종의 셋째 아들 안평대군 용(瑢)이 쓴 것으로 서예사(書藝史)에서도 중요한 자료로 다루어진다.

《훈민정음해례》는 1940년 발견 당시 첫 두 장이 떨어져 나간 상태였는데 그때 나머지 부분의 행격과 자체 등을 따라 보사(補寫)해 넣었다. 이때 보사의 저본(底本)이 어떠한 것이었는지는 확실치 않다. 보사 과정에서 약간의 실수가 있었는데, 원문의 어조사 '耳'가 '矣'로 잘못 기입되는가 하면 행의 중간에 기입하여 구절 단위를 표시하는 구점(句點)이 모두 두점(讀點)과 같이 행의 우측에 기입되기도 하고 2장 뒷면의 'ㄹ。半舌音。'이 'ㄹ。半舌。音과 같이 잘못 기입되기도 하였다. 이후 새로 배접(褙接)하고 엮으면서 원래 책의 윗면과 아랫면을 잘라내서 원래의 책보다 크기가 작아졌으며 전통적인 제책 방법인 오침안정법(五針眼訂法)이 아닌 사침안정법(四針眼訂法)으로 묶어 원래의 책과 달라졌다.

이 책의 내용을 통해서 당시 훈민정음을 창제하기 위해 당시 중국의 성운학 이론서들을 모두 섭렵하여 '아음, 설음, 순음, 치음, 후음'이나 '전청(全淸), 차청(次淸), 전탁(全濁)' 등의 개념이나 용어들을 받아들이면서도, 원래 자음에 대해 사용하던 '설축(舌縮)'의 개념을 모음의 설명에 이용하는 등 비판적이고 창의적으로 용어를 수용하기도 했다. 또한 음절을 성모와 운모로 이분하는 중국 성운학의 전통을 따르지 않고, 몽고 운학에서의 음절 삼분법을 취한 것 역시 비판적인 검토를 통해서 보다 타당한 것으로 판단되는 이론을 수용했음을 보여 준다.

《훈민정음해례》에 나타나는 한글 표기를 통해서 당시에 내부적으로 한자음 표기 방식에 대한 논의가 이루어지고 있었음을 알 수 있다. 이 책에서는 '快'의 한자음이 '쾌'로, '虯'의 한자음이 '뀨'로 적혀 있는가 하면 '彆'의 한자음이 '별'으로 달려 있다. 이보다 뒤에 완성된 《동국정운(東國正韻)》(1448, 세종 30)의 한자음 표기에 의하면 이들은 각각 '쾡, 뀰, 볋'로 적히고 있어 차이를 보인다. 이러한 표기가 이후 《홍무정운역훈(洪武正韻譯訓)》(1455, 단종 3)에서 다시 나타나는 것으로 보아 한자음 표기에 대한 내부의 논란이 있었으며 적어도 《훈민정음해례》 완성 시기에는 동국정운식 한자음 표기의 원칙이 결정되지 않았음을 알 수 있다.

2008년에는 경상북도 상주에서 또 다른 《훈민정음해례》(개인 소장)의 존재가 언론 매체를 통해서 보도된 바 있다. 이 책의 일부분만을 검토해 본 결과 이 책은 현존하는 간

송본과 같은 판본인 것으로 보이고 책의 크기도 원래의 책 크기와 가깝다는 보고가 있었다. 그러나 현재는 그 소재가 불분명한 상황이다. 〈장윤희〉

[참고문헌]
• 강신항(2003), 훈민정음 연구, 성균관대학교출판부.
• 박창원(2005), 훈민정음, 신구문화사.
• 송기중 외 편(2003), 한국의 문자와 문자 연구, 집문당.
• 안병희(2007), 훈민정음 연구, 서울대학교출판부.
• 이현희(1997), 훈민정음, 새국어생활 7-4, 국립국어연구원, 237~253쪽.

8.9. 근대 한국어

근대 한국어는 17세기부터 19세기 말에 이르는 시기의 한국어를 가리킨다.

한글 문헌을 통해서 볼 때 16세기 말에 음운이나 문법적 측면에서 큰 변화를 보인다는 사실에 주목하여 17세기 이후를 그 전 시기와는 구별되는 특성을 지닌 한국어로 파악한다. 이 시기에는 음운, 문법, 어휘 등에서 전 시기 한국어와는 크게 달라진 모습을 보인다. 또한 한글의 사용이 확산되어 개인적인 편지는 물론 문학 작품의 창작 등 생활 전반에서 한글이 사용되었고 한글 표기는 동사 어간과 어미의 결합에서도 분철 표기가 부분적으로 확대되어 가는 모습을 보인다.

근대 한국어 시기 중 18세기 중엽에 모음 체계에 큰 변화가 나타난다는 사실을 중시하여 이때를 기준으로 그 이전을 전기 근대 한국어, 그 이후부터를 후기 근대 한국어로 구분하는 견해도 있다. 한편 근대 한국어로의 변화가 시작된 단초를 임진왜란으로 보는 견해도 있다. 이는 잔혹한 전란으로 인한 전대미문의 큰 사회적 변화로 인하여 한국어에 큰 변화가 초래되었다고 보는 것이다. 그러나 근대 한국어로의 변화는 임진왜란 이전에도 점차 나타났으므로 전란이 한국어 변화를 촉진시켰을 수는 있어도 그 자체가 한국어 변화의 원인이라고 말하기는 어렵다.

전 시기와 대비되는 근대 한국어 자음의 가장 큰 특징은 'ㅿ'이 사라졌다는 점이다. 'ㅿ'은 이미 15세기말부터 'i' 계열의 모음 앞에서 소멸하기 시작했는데 16세기 말에 이르러서는 극히 제한된 경우에만 'ㅿ'이 남아 있을 뿐 대부분이 소멸되었다. 자음 가운데 중세 한국어 시기에 보이지 않던 'ㅈ'의 된소리 'ㅉ'가 나타났으며, 'ㆆ'의 된소리는 소멸하여 'ㅋ, ㅆ' 등으로 대체되었다. 전 시기까지 치음이었던 'ㅈ, ㅊ'이 중앙어에서 18세기부터 경구개음으로 변화하였다. 이렇게 'ㅈ, ㅊ' 자체가 구개음화하면서 드디어 '디 → 지, 티 → 치'의 구개음화 현상이 나타나 19세기 초에는 평안 방언권을 제외한 전 방언권에서 구개음화 현상이 나타났다. 18세기 후반부터는 'i' 계열 모음 앞의 'ㄴ'이 탈락하는 두음 법칙 현상도 나타났다. 한편 음절 말에서 구별되어 발음되었던 'ㅅ'과 'ㄷ'이 17세기부터 구별이 없어져 이때부터 음절 말에서는 현대 한국어와 마찬가지로 7개의 자음만이 발음되었고 표기도 음절 말에서 발음되는 'ㄷ' 소리는 문자 'ㅅ'으로 표기하는 이른바 7종성법 표기가 나타났다. 또한 전 시기에는 옛이응인 'ㆁ'으로 표기되던 음절 말의 [ŋ]은 17세기부터 'ㅇ'으로 표기되었다. 또한 어중의 'ㄹㄹ'이 'ㄹㄴ'으로 적히는 일이 많았다.

근대 한국어 시기에는 모음 체계에 큰 변화를 보였다. 우선 전 시기에 제2 음절 이하에서 소멸되기 시작한 'ㆍ'가 18세기 말에는 제1 음절에서도 완전히 소멸하여 다른 모음으로 대체되었다. 'ㆍ'의 표기는 1933년 '한글 맞춤법 통일안' 전까지 이어지지만 이는 표기의 보수성으로 인한 것으로 문자로만 존재했을 뿐이다. 이로 인해 모음 조화 현상은 크게 위축되었다. 'ㆍ'의 소멸 이후로는 이중 모음이었던 'ㅐ, ㅔ'가 단모음으로 변화하였다. 중세 말인 16세기에 성조가 소멸하여 근대 한국어 시기에는 성조를 표시하는 방점이 사라졌다. 성조가 사라진 대신 근대 한국어 시기에 장모음이 등장하여 우리 말은 성조 언어로부터 장단 언어로 변화하였다. 모음과 관련한 음운 현상으로는 17세기 말부터 원순 모음화(믈 〉 물, 블 〉 불), 19세기 이후에는 'i' 모음 역행 동화(앗기- 〉 앳기-, 머기- 〉 메기-), 전설 모음화(다스리- 〉 다시리-, 안즈되 〉 안지되)가 나타났다.

문법적 변화로는 16세기에 화자를 표시하던 '-오/우-'가 근대 한국어 시기부터 사라졌다. 또한 객체 높임을 표시하던 선어말 어미 '-숩-'이 점차 겸양 '-이오니'나 상대 높임 '-읍쇼셔' 요소로 변화하였다. 그 결과 전에는 규칙적으로 표시되던 객체 높임이 몇몇 단어에 의해서만 표시되는 결과가 나타나 오늘날에는 '여쭙다, 뵙다'처럼 남아 있다. 19세기에는 시제를 표시하는 '-앗/엇-'과 '-겟-'의 문법화가 완성되어 선어말 어미로 사용되었다. 그리고 중세 한국어 말에 나타나기 시작한 주격 조사 '-가'의 쓰임이 확대되어 주격형 '내가, 네가'가 나타나게 되었고 '-로셔, -브터' 등의 조사화도 이 시기에 완성되었으며 명사형 어미 '-기'의 사용도 크게 확대되었다. 또 'ㅎ' 말음 체언들이 근대 국어 시기에도 유지되다가 근대 한국어 후기에 들어서 말음 'ㅎ'이 탈락하여 '돌히 〉 돌이' 등과 같은 예가 나타났다. 상대 높임의 체계는 17세기부터 전 시기의 'ᄒᆞ야쎠'체 대신 'ᄒᆞ소'체가 나타났으며 여기에 '-읍-'이 더 통합한 'ᄒᆞᆸ소'가 이보다 약간 더 상대를 높이는 것으로 사용되었다. 이후 19세기에 이르러서는 'ᄒᆞ쇼셔'에 해당하는 'ᄒᆞᆸ시오'체와 'ᄒᆞ소'체에 해당하는 'ᄒᆞ게'체 그리고 두루 높임의 'ᄒᆡ요'체가 쓰여 현대 한국어의 상대 높임과 같은 체계가 보이기 시작했다. 이러한 사실들은 근대 한국어 후기에 현대 국어와 유사한 문법 체계가 나타났음을 말하는 것이다.

근대 한국어 시기에도 한자어의 유입은 지속되어 일상어의 '뫼, ᄀᆞ름' 등이 '산, 강' 등으로 대체되는 등 고유어가 급격히 사라졌다. 더욱이 이 시기에는 신문물어가 중국을 통해 유입되기 시작했는데, '자명종(自鳴鐘)', '천리경(千里鏡)' 등이 그 예이다. 또한 중국어 차용어도 지속적으로 늘어 '다홍[大紅]', '비단[匹段]', '무명[木棉]', '보리[玻瓈]' 등이 차용되었다. 한편 19세기 말에는 일본을 통해 신문물어가 대량 유입되기 시작하였다.

신문물어의 대량 유입이라는 현상과 함께, 개항 이후 1890년대에는 갑오경장(1894) 시기에 국문을 주된 공식적 문자로 인정하거나 공식적인 순 한글 신문인 《독립신문(獨立新聞)》이 창간(1896)되기도 하는 등 계몽적 어문 학자들에 의한 국문 운동이 싹트기 시작했다. 이러한 사실들을 중시하여 이 시기부터의 한국어를 '개화기 한국어'로 따로 구분하는 견해도 있다.   〈장윤희〉

[참고문헌]
• 국립국어연구원 편(1997), 국어의 시대별 변천 연구 2: 근대 국어, 국립국어연구원.
• 이광호(2004), 근대 국어 문법론, 태학사.
• 이기문(2000), 국어사 개설, 태학사.
• 홍윤표(1994), 근대 국어 연구 1, 태학사.

교육과정

9. 교육과정

9. 교육과정

본 장의 목적은 교육 목적을 달성하기 위한 교육의 내적 설계도인 교육과정에 대한 이해를 돕는 데 있다. 이를 위해 표제어를 교육과정의 개념, 교육과정의 개발 단계, 교육과정의 모형, 교수요목의 유형으로 대별하여 다루면서 전반적인 개념 제시와 함께 한국어 교육과정 연구 및 개발, 현황 및 전망에 대한 기술도 포함하였다.

교육과정은 그 구성 요소 및 중시하는 내용을 보는 관점에 따라 다양하게 정의된다. 교육과정의 개념에서는 교육과정을 교육 계획, 교육 내용 및 방법, 평가를 포함하는 총체적인 절차로 보았다. 이와 함께 1990년대 이후 본격적인 연구가 이루어지기 시작한 한국어 교육과정의 연구 동향, 각 한국어교육 기관에서 운영하는 교육과정의 다양성과 국내외 한국어교육 간의 격차를 줄이고자 하는 교육과정의 표준화 등 교육과정 연구와 개발에 대해 기술하고 있다.

교육과정의 개발 단계는 교육과정의 개념 정의와 함께 언어 프로그램의 본질적 특성, 최근의 외국어 교수 이론 등과 밀접한 관련이 있다. 언어 프로그램은 특정 맥락이나 상황을 기반으로 설계되고 운영된다는 특성이 있으므로 교육과정 설계 시 상황 요인 분석이 전제되어야 한다. 또한 의사소통의 필요성에 근거한 언어 교육이 강조되면서 학습자 중심적 교육과정이 요구되고 있다. 따라서 학습자 및 프로그램 관계자들의 요구를 분석하고 그에 따라 교육 목표 및 교육 내용과 방법을 선정하고 조직할 필요가 있다. 이후 교육과정의 실행 그리고 교육과정을 보완하고 개선하기 위한 평가가 이어지게 된다. 이러한 점을 포괄하여 교육과정의 개발 단계는 상황 분석, 요구 분석, 목표 설정, 내용 선정과 조직, 교육과정의 실행, 평가로 나누어 다루고 있다.

2000년대가 되면서 한국어교육에서는 학습자 집단의 다변화에 따라 교육과정도 다양해지게 되었다. 이에 따라 2000년대 후반부터 주로 정부 기관이 중심이 되어 국내외 학습자 집단의 특성에 따른 교육과정을 개발함으로써 한국어 프로그램별 편차를 줄이기 위한 표준화 작업이 이루어지기 시작하였다. 이러한 교육과정의 모형으로서 국내의 경우는 국제 통용 한국어 표준 교육과정, 세종학당 교육과정, 결혼 이민자를 위한 한국어 교육과정, 이민자 사회 통합 프로그램의 한국어 교육과정, 다문화 가정 학생 대상 한국어 교육과정, 재외 한글학교용 표준 교육과정, 해외 초·중등학교 한국어 표준 교육과정, 국외의 경우는 미국의 한국어교육 표준, 호주의 표준 한국어 교육과정을 다루고 있다.

교수요목은 교육 목표를 성취하기 위한 교육 내용과 교육 방법을 포함하는데 중심이 되는 내용 범주, 교육 내용과 교수 방법, 교육 내용을 조직하는 방법 등을 기준으로 각각 유형을 나누어 볼 수 있다. 우선 중시하는 내용 범주를 기준으로 하는 교수요목 유형으로는 구조 중심 교수요목, 상황 중심 교수요목, 개념-기능 중심 교수요목, 기술 중심 교수요목, 과제 중심 교수요목, 절차 중심 교수요목, 내용 중심 교수요목을 다루고 있다. 또한 이와 같은 교수요목 중 둘 이상의 교수요목을 혼합하거나 위계화하는 방식으로 구성되는 혼합·다층적 교수요목이 있다. 다음으로는 교육 내용과 방법을 기준으로 학습 내용에 초점을 두는 결과 지향적 교수요목, 학습 과정이나 방법에 초점을 두는 과정 지향적 교수요목을 다루고 있다. 결과 지향적 교수요목에는 구조 중심 교수요목, 상황 중심 교수요목, 개념-기능 중심 교수요목, 기술 중심 교수목이 있으며, 과정 지향적 교수요목에는 과제 중심 교수요목, 절차 중심 교수요목, 내용 중심 교수요목이 포함된다. 아울러 별도의 표제어로 제시하고 있지는 않으나 교육 내용을 조직하는 방법을 기준으로 선형, 조립형, 나선형, 기본 내용 제시형, 줄거리 제시형 교수요목에 대해 기술하고 있다.　　〈최은규〉

9.1. 교육과정의 개념

교육과정(教育課程, curriculum)은 교육을 목적으로 하는 각 기관에서 교육 대상자를 위해 프로그램을 기획, 운영, 관리하고 그 효과를 검증하는 주요 원리이다.

교육과정의 정의에는 다양한 시각이 존재한다. 먼저 정규 기관의 내부와 외부에서 수립되는 교육과 관련된 모든 계획을 교육과정으로 보는 입장이 있다. 다음으로 교과목이나 교과목에 담긴 교육 내용을 일컫기도 하는데 이러한 경우 교육과정은 '교과 과정'으로 불린다. 또한 학습자들이 이루고자 하는 목적을 달성하기 위해 학습자가 익히고 수행해야 할 다양하고 구체적인 과제들로 보기도 한다. 마지막으로 학습자가 실제로 배우게 되는 학습 결과를 의미한다. 이 중 언어 교육과 관련된 교육과정은 다음과 같이 세 가지 개념을 상정할 수 있다.

첫째, 교육과정은 아직 완성되지 않은 집의 계획과 같은 것으로 아직 달성되지는 않았으나 향후 이루고자 하는 목표와 내용에 관심을 둔다. 둘째, 집을 성공적으로 짓기 위해 필요한 체계에 초점을 두는 것과 같다. 아직 실현되지 않은 계획이라는 점에서 첫 번째 정의와 같이 미래에 관한 설계에 해당하나 목표나 내용보다는 방법을 더 강조한다는 점이 다르다. 셋째, 교육과정을 완성된 후의 집을 의미하는 것으로 보아 목표, 내용, 방법에 더하여 학습 결과가 달성해야 할 목적에 부합하는가를 평가하는 과정도 포함한다. 이상을 종합해 보면 교육과정은 교육 목적을 달성하기 위한 일련의 계획과 이를 구성하는 내용과 실제의 구현 그리고 교육 목적을 달성했는지 판단하는 평가까지를 모두 포함하는 총체적인 절차이다.

교육과정은 흔히 교수요목과 같은 개념으로 이해되기도 한다. 영국에서는 교육과정을 교수요목이라는 명칭으로 사용하고 미국에서는 교육과정이라는 용어를 더 선호한다. 그러나 교육과정은 평가까지를 포함하는 포괄적인 것으로 간주할 수 있으며, 이에 반해 교수요목은 교실 현장에서 이루어지는 각 활동의 단위들(units)과 이러한 단위들이 실제로 수업에 적용될 순서(sequence)에 관한 것이다.

오늘날의 교육과정 개념이 논의되기 시작한 것은 1820년경부터이고, 1900년대 초반 미국에서 교육과정을 전문적인 용어로 사용한 바 있다. 언어를 교육의 대상으로 삼는 언어 교육과정 수립의 시발점은 1960년대로 삼는다.

한국어교육에서는 1990년대부터 교육과정에 대한 연구가 이루어지면서 본격적인 논의가 시작되었다. 2000년대부터는 특수 목적을 위한 한국어교육 영역에서 학위 논문과 소논문을 중심으로 다양한 연구가 진행되었다. 주로 교육과정 개발, 교수 학습 모형 설계, 학습자 요구 분석, 교수요목 설계 등이 교육과정 연구의 중심 영역이 되었다. 최근에는 다문화 가정, 결혼 이민자의 증가로 아동을 위한 혹은 학습자의 문화와 국적을 고려한 대상별 교육과정에 대한 연구가 이루어지고 있다.

현재 국내의 한국어교육에서는 각 대학의 한국어 교육 기관을 중심으로 다양한 교육 과정을 실행하고 있다. 이러한 교육과정은 각 기관의 여러 특성과 역할에 적절히 부합한다는 장점이 있다. 그러나 표준형 교육과정의 수립 또한 필요한데, 표준형 교육과정은 한국어교육이 집중된 지역과 상대적으로 그렇지 못한 지역 그리고 국내외 한국어교육 간의 편차를 줄여 교육의 규격화를 가능하게 하기 때문이다.　　　　〈김인규〉

[참고문헌]
- 민현식 외(2008), 한국어교육론 1, 한국문화사.
- 추광재·최화숙(2010), 교육과정의 이해, 강현출판사.
- 홍후조(2011), 알기 쉬운 교육과정, 학지사.
- Robinson, P. (1998), State of the art: SLA theory and second language syllabus design, *The Language Teacher 22-4*, pp. 7~13.
- White, R. V. (1988), *The ELT curriculum: Design, innovation and management*, Blackwell.

9.2. 교육과정의 개발 단계

제2 언어 교육과정의 개발 단계를 설명하는 대표적인 모형으로 브라운(J. D. Brown)의 모형을 들 수 있다.

교육과정 개발

위 모형에 따르면 우선 개별 학습자 또는 학습자 집단이 특정 언어를 배우는 데 필요한 요구를 찾아내어 분석한다. 이때 요구 분석에 선행하여 교육과정의 시행에 사회적, 정치적, 경제적으로 영향을 미칠 수 있는 요인도 함께 고려하는 상황 분석을 실시할 수도 있다. 요구 분석의 결과를 바탕으로 교수 학습을 통해 학습자가 성취할 것으로 기대되는 전반적인 목적(goals)과 구체적인 목표(objectives)를 설정한다. 그리고 설정된 교수 학습 목적 및 목표를 성취하기 위해 내용을 선정하고 조직하는 단계를 거친다. 다음 단계로 교수 학습의 목적 및 목표에 따라 다양한 평가 도구를 개발한다. 개발된 시험은 교육과정을 시행하는 다양한 시점에서 중요한 역할을 수행한다. 예를 들어 교육과정 시행의 초기 시점에서는 배치 시험(placement test)을 통해 동일한 능력을 지닌 학습자들로 반을 구성하고, 분반이 된 이후에는 진단 시험(diagnostic test)을 통해 학습자들의 장점과 단점을 파악하여 교육의 내용과 수준을 미세하게 조정하고 교육과정의 종료 시점에서는 학습자들의 성취 정도를 성취도 시험(achievement test)으로 평가할 수 있다. 그 다음 단계에서는 이미 개발되어 있는 교재를 채택할지, 교재를 새로 개발할지, 기존 교재를 일부 개작하여 사용할지 등 교재 개발 여부를 결정한다. 마지막으로 이러한 선행 개발 단계의 결과로 교육과정이 특정한 교육 상황에서 실제로 운영되면서 교사들이 수업을 통해 학습자들을 가르치게 되는데 이를 교육과정의 실행 단계로 볼 수 있다.

이러한 교육과정 개발의 개별 단계들은 위 그림의 화살표 방향에서 알 수 있듯이 유기적으로 연결되어 서로 영향을 주고받는다. 이러한 교육과정의 개발 단계와 함께 계속적으로 진행되는 프로그램 평가(program evaluation)에서 제공하는 피드백을 통해 교육과정 개발의 질적 향상을 기대해 볼 수 있다. 〈김영규〉

[참고문헌]
• Brown, J. D. (1995), *The elements of language curriculum: A systematic approach to program development*, Heinle & Heinle Publishers.

■ 상황 분석

상황 분석(狀況分析, situation analysis)은 교육과정이 특정 교육 상황에서 시행된다는 전제하에 교육과정의 시행에 긍정적 또는 부정적인 영향을 미칠 수 있는 주요 상황 요인들을 분석하는 시도이다.

상황 분석은 요구 분석에 선행하여 실시하기도 하며 교육과정 개발의 모형에 따라 요구 분석의 일부로 여기기도 한다. 좁은 의미의 요구 분석은 언어 학습에 관련된 학습자의 요구만을 분석하지만 상황 분석은 보다 폭넓게 교육과정 시행에 관련된 사회적, 정치적, 경제적인 교육과정이 시행될 기관의 요인도 함께 분석의 대상으로 삼는다. 상황 분석은 학자에 따라 환경 분석(environment analysis) 또는 제약 분석(constraints analysis)이라고도 부르며 교육과정 개발의 모형에 따라 요구 분석의 일부로 여기기도 한다.

상황 분석에서는 학습자, 교사, 교수 학습 상황이라는 세 가지 요인이 고려되는데, 각 요인별로 찾아낸 제약과 이러한 제약이 교육과정 개발에 미칠 수 있는 영향은 다음과 같이 분석할 수 있다. 첫째, 학습자 요인의 경우 결혼 이민자와 같이 수업에 정기적으로 참여할 수 없는 학습자 집단이 있다는 제약을 상황 분석을 통해 찾아낸다면 결혼 이민자의 가정으로 찾아가서 한국어교육 서비스를 제공하는 방향으로 교육과정을 개발할 수 있다. 둘째, 교사 요인의 경우 교사들이 제대로 된 훈련을 받지 못했고 교수 경험이 많지 않아 스스로 보충 교재나 수업 활동을 제작할 능력이 없다는 제약을 상황 분석을 통해 찾아낸다. 그리고 특별한 사전 준비 없이도 바로 수업에서 사용 가능하도록 보충 교재나 수업 활동을 미리 개발하여 교사들에게 제공하는 방향으로 교육과정을 개발할 수 있다. 셋째, 교수 학습 상황 요인의 경우 실제 특정 한국어 교수 학습 현장에서 정보 통신 기술(Information and Communication Technology: ICT)을 활용하여 수업을 할 수 있는 여건이 마련되어 있지 않음에도 불구하고 이러한 제약을 고려하지 않은 채로 정보 통신 기술 기반 교육과정을 개발한다면 이러한 교육과정의 사용 가능성 또는 채택 가능성은 매우 낮다. 그러므로 이때는 정보 통신 기술을 활용하지 않아도 시행할 수 있는 방향으로 교육과정을 개발한다. 이와 같이 상황 분석은 교육과정의 개발을 완료한 후 실제로 운영하는 가능성과 밀접하게 관련되어 있기 때문에 교육과정 개발 단계에서 중요하다.

상황 분석은 다양한 방법을 사용하여 실시한다. 첫째, 학습자와 교사뿐만 아니라 교수 학습과 관련된 다양한 이해 당사자들에게 설문 조사, 면담 등을 실시하여 정보를 수집하고 분석한다. 둘째, 기존에 사용되고 있는 교재, 교육과정의 편성 및 운영에 관한 지침서, 언어 정책에 관한 보고서 등과 같은 다양한 관련 문헌을 수집하여 분석한다. 셋째, 실제 교수 학습 현장에서 학습자와 교사를 관찰한다.

교육과정 개발에 관한 한국어교육학 연구에서 학습자 대상의 한국어 학습 요구 분석뿐만 아니라 상황 분석도 함께 실시하는 것을 명시적인 연구의 목적으로 삼아 진행한 연구는 드물다. 한국어 학습의 실제 현장에 대한 폭넓고 철저한 상황 분석을 바탕으로 사용 가능성이 높고 한국어 학습의 효율성을 제고할 수 있는 교육과정의 개발이 요구된다. 〈김영규〉

[참고문헌]

• Nation, I. S. P. & Macalister, J. (2010), *Language curriculum design*, Routledge.
• Richards, J. C. (2001), *Curriculum development in language teaching*, Cambridge University Press.

■ 요구 분석

요구 분석(要求分析, needs analysis)은 여러 정보 제공원을 대상으로 다양한 자료 수집 도구를 사용하여 개별 학습자 또는 학습자 집단이 특정 언어를 배우는 데 있어서의 요구를 다각적으로 수집하여 분석하는 것이다.

요구 분석은 분석 결과를 교육과정 및 교수요목 설계, 교재 개발 등의 다양한 언어 교수 활동에 활용하려는 목적으로 시행한다.

요구 대상자는 언어의 교수와 학습에 직접적으로 관계된 학습자 및 교사뿐만 아니라 이해 당사자도 포함한다. 허친슨과 워터스(T. Hutchinson & A. Waters)는 요구를 크게 해당 언어가 사용되는 목표 상황에서 학습자가 수행할 필요가 있는 목표 요구(target needs)와 학습자가 배우기 위해서 수행할 필요가 있는 학습 요구(learning needs)로 양분하였다. 특히 목표 요구는 목표 상황에서 효과적으로 역할을 수행하기 위해 학습자가 꼭 알아야 하는 것인 필요(necessities), 목표 상황에서 학습자에게 요구되는 숙달도 수준과 학습자의 현재 숙달도 수준 간의 차이인 결여(dificiencies), 학습자가 원하거나 필요하다고 느끼는 욕구(wants)로 하위분류를 한다.

웨스트(R. West)는 요구 분석의 대표적인 유형을 다음과 같이 제시하였다. 필요를 찾으려는 접근법인 목표 상황 분석(target-situation analysis), 학습자의 현재 숙달도 수준을 알아내려는 접근법인 현재 상황 분석(present-situation analysis), 미래 시점에서 학습자에게 요구되는 수준인 목표 상황 분석과 현재 시점에서 학습자가 할 수 있는 수준인 현재 상황 분석 간의 차이를 분석하여 학습 요구를 찾으려는 접근법인 결여 분석(deficiency analysis), 학습자가 선호하는 학습 스타일과 전략을 찾으려는 접근법인 전략 분석(strategy analysis), 교수 학습이 실제로 일어나는 특정 지역 환경의 맥락적 요인을 고려하여 지역 문화에 적절한 교수법을 찾으려는 접근법인 교육 상황 분석(means analysis)이 그것이다.

요구는 다양한 방법을 통해 수집되고 분석될 수 있다. 롱(M. H. Long)은 요구 수집과 분석 방법으로 특정 영역 전문가 대상의 내적 관찰, 참여 또는 비참여 관찰, 구조화 또는 비구조화된 면접, 설문지, 문헌 조사, 문화 기술지, 언어 사용역 분석, 담화 분석, 학습자의 일기 또는 일지 분석, 과제 중심 준거 지향 평가 등을 제시하였다.

한국어교육학 분야에서는 학문 목적 등과 같이 특수한 목적으로 한국어를 배우는 학습자가 증가함에 따라 요구 분석에 대한 연구가 증가하고 있다. 학습자의 요구를 과학적으로 파악하여 맞춤형 한국어교육을 실시할 수 있도록 요구 분석의 이론과 실제에 대한 꾸준한 관심이 요구된다. 〈김영규〉

= 필요 분석

[참고문헌]
• Hutchinson, T. & Waters, A. (1987), *English for specific purposes*, Cambridge University Press.
• Long, M. H. (2005), Methodological issues in learner needs analysis, In M. H. Long. (Ed.), *Second language needs analysis*, pp. 19~76, Cambridge University Press.
• West, R. (1994), Needs analysis in language teaching, *Language Teaching 27-1*, pp. 1~19.

■ 목표 설정

목표(目標, objective) 설정은 교육 목적을 어떻게 성취할 것인가에 대한 구체적인 진술을 말한다.

교육 목적(目的, goal)은 교육 현장의 실제를 고려하여 구체화한 목표를 통해서 궁극적으로 수업에서 가르치고 배워야 하는 최종 도달점이다. 학습자가 교육과정을 통해 배양해야 하는 능력과 교사가 교육과정의 목적을 달성하기 위해서 가르쳐야 할 내용은 모두 목표를 통해서 교실 수업에 적용된다. 이와 관련하여 그레이브스(K. Graves)는 교육 목적은 목표를 통해서 교수 학습이 가능한 단위로 나뉜다고 하였다. 즉 교육과정의 목표는 교육과정의 목적을 달성하기 위한 교육 내용을 세부 사항으로 구분하고 이를 나열 또는 배열한 것이다.

이러한 목표는 궁극적으로 교육 평가의 준거와 기준이 되기 때문에 교육과정 운영에서 매우 중요한 요소이다. 목표를 어떻게 설정하느냐에 따라 교육과정의 성격이 달라지고 학습자와 교사의 역할과 태도에도 영향을 준다.

목표에는 교육과정의 최종 도착점에서 학습자가 습득하거나 수행하기를 기대하는 특별한 교과 내용, 행동 양식, 학업 기술을 기술한다. 그러므로 이것을 토대로 수업을 운영하면 교육의 방향을 항상 일정하게 유지할 수 있다. 매 수업 시간마다 구체적인 교육 목표를 설정하고 이를 완수하기 위해 교실을 운영한다면 목표 지향적인 교수 학습이 가능해진다.

목표를 설정할 시에는 우선 학습자가 직면하게 되는 교육 현장의 상황 분석과 학습자와 교사들이 원하는 수업 내용 등에 대한 요구 분석이 선행되어야 한다. 이를 바탕으로 목표를 설정할 때 몇 가지 원칙이 요구된다. 첫째, 목표는 궁극적으로 교육 목적이 달성될 수 있도록 긴밀히 조직화하여야 한다. 매 수업마다 제시되는 목표는 일견 독립적으로 보이지만 다른 수업과의 연계성을 반드시 고려해야 한다. 둘째, 목표는 상세하게 기술하여야 한다. 목표 수립의 전제가 교육 목적을 구체화하는 것이므로 교수 학습의 현장에서 정확히 인식하여 혼란이 없도록 한다. 셋째, 학습자들이 실제 한국어 사용 상황에서 성공적으로 의사소통 활동을 할 수 있는 능력을 기술해야 한다. 언어 교육과정의 성공은 교사와 학습자의 성취감에 있다. 그러므로 목표는 학습자가 한국어라는 도구를 통해 이루고자 하는 목적을 달성하도록 설정해야 한다. 넷째, 학습자가 배양해야 하는 능력을 간결하게 기술하여 교수 학습 내용과 기능 등을 정확하게 인식할 수 있도록 한다. 다섯째, 목표가 실현 가능하도록 하기 위해 해당 학급의 진도나 수준에 맞출 필요가 있다.

한국어교육 교육과정의 목표 설정에 대한 논의는 주로 직업이나 학문을 목적으로 하는 특수 목적 한국어교육에서 활발하게 이루어졌고 다문화 한국어 프로그램 등에서도 중요하게 부각되고 있다.

향후 이와 관련하여 더 연구되어야 할 영역은 크게 다음과 같다. 첫째, 한국어교육 목표 설정의 기준을 마련해야 한다. 한국어교육은 국가 단위의 교육과정 체제를 따르지 않기 때문에 기준과 원칙을 제시하기가 쉽지는 않다. 그러나 각 교육 기관이 달성하고자 하는 목적이 궁극적으로는 상이하지 않으므로 목표 설정의 기준 마련을 통해 학습의 효율성과 교수의 전문성을 확보할 필요가 있다. 둘째, 설정된 목표가 실제 수업에서 구현되는 모습, 목표와 평가 결과의 연관성 등에 대한 실제적이고 통계적인 연구도 병행되어야 한다. 이러한 연구는 대규모로 이루어지게 될 것이며 이로써 한국어교육 기관의 실제를 파악하고 상호 간 교류를 확대할 수 있는 계기를 마련할 수 있다.   〈김인규〉

[참고문헌]
• 김대현(2011), 교육과정의 이해, 학지사.
• Brown, J. D. (1995), *The elements of language curriculum: A systematic approach to program development*, Heinle & Heinle Publishers.
• Graves, K. (2005), *Designing language courses: A guide for teachers*, Heinle & Heinle Publishers.

■ 내용 선정과 조직

내용 선정과 조직이란 설정된 교육 목표를 달성하기 위하여 가르칠 내용을 선정하고 이를 일정한 형태로 배열(sequencing) 및 조직(organization)하는 것을 말한다.

일반적으로 외국어 교수요목에서 내용은 문법, 어휘, 구조와 같은 언어학적 내용(linguistic matters)과 주제, 화제와 같은 교과 내용(subject matters)으로 구성된다. 이 중 어떤 내용을 선정하고 조직할 것인가에 대한 결정은 교수요목 설계자의 언어관 및 언어 학습관 그리고 교육 정책 등에 따라 달라진다. 예를 들어 언어를 학습의 대상으로 보는 구조 중심 교수요목에서는 문법 항목의 난이도나 빈도에 따라 내용 선정 및 등급화가 이루어진다. 그러나 언어 학습 이론의 변화에 따라 교수요목의 유형이 구조 중심에서 의사소통 중심으로 전환되면서 내용의 선정과 배열의 기준도 더욱 복잡해지고 있다. 최근에는 교수 목적과 교수요목의 유형에 따라 내용 선정과 조직의 기준이 난이도와 빈도 외에 간결성, 유용성, 친숙도, 선수(先受) 학습, 학습자 요구 등 다양한 기준을 적용한다. 예를 들어 과제 중심 교수요목에서는 학습자의 인지적 측면을 기존의 언어학적인 내용보다 우선적으로 고려한다. 따라서 학습 과정에 초점을 두고 과제 수행의 복잡성에 따라 과제를 중심으로 교육 내용의 선정과 배열이 이루어진다.

그러나 실제 교육 현장에서 하나의 교수요목 유형이나 내용으로 교육과정이 개발되는 예는 드물다. 대개는 둘 이상의 교수요목을 혼합하여 교육과정을 조직하는데 그 대표적인 예가 옐든(J. Yalden)의 배분적 교수요목(proportional syllabus)이다.

배분적 교수요목은 구조 중심 교수요목과 기능 중심 교수요목을 절충한 새로운 유형의 교수요목이다. 이 교수요목에서는 언어의 형태와 기능의 균형적인 학습을 의사소통 능력 배양에 필수적인 내용 요소로 본다. 따라서 이 둘을 언어 숙달도가 낮은 초급 단계에서부터 고급 단계까지 하나의 언어 과정 전체에 걸쳐 지속적으로 교수되도록 설계한다. 이 두 내용 요소의 구성 비율은 학습자의 언어 수준에 따라 다르게 배분되어 초급 단계에서는 언어 형태에 더 주안점을 두다가 중급과 고급으로 올라가면서 의사소통 기능의 비중이 높아진다. 그러나 이 교수요목은 두 내용 영역 간의 구성 비율을 엄격하게 구분하지는 않으며 교수 상황과 학습자의 수준에 따라 내용 요소의 비중과 교수 주안점이 바뀌는 시기를 융통성 있게 조절할 수 있다.

〈배분적 교수요목〉

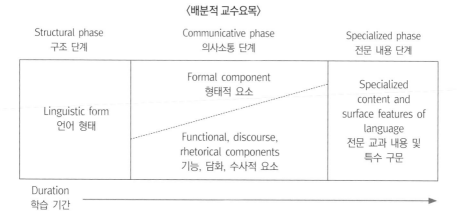

위 그림은 옐든이 초기의 배분적 교수요목을 발전시킨 것으로 언어 형태와 의사소통 기능 외에 언어 구조 영역과 전문 내용 영역을 추가한 모형이다. 첫 번째 구조 단계에서는 목표어에 대한 이해가 전혀 없는 초보 학습자들이 언어 구조를 체계적으로 학습할 수 있도록 별도의 기초 단계를 제공한다. 그 다음 두 번째 단계에서는 형태적 요소와 함께 기능, 담화, 수사적 요소 등 의사소통 능력의 배양에 필요한 내용이 추가된다. 마지막으로 전문 내용 단계에서는 그동안 학습한 언어 지식을 적용하여 창의적으로 목표어를 사용할 수 있도록 교과 영역의 전문적인 내용과 이를 이해하는 데 필요한 특수 어형들이 강조된다. 따라서 의사소통 단계는 비교적 짧은 학습 기간 동안 의사소통 능력의 함양을 목표로 하는 일반 목적 한국어 학습자들에게 적합한 교수요목 유형이며, 위 그림의 전체 모형은 전문 내용 영역과 장기간의 언어 학습이 요구되는 학문 목적 한국어 학습자에게 적합하다고 할 수 있다. 〈성미혜〉

[참고문헌]
• Dubin, F. & Olshtain, E. (1986), *Course design: Developing programs and materials for language learning*, Cambridge University Press.
• Richards, J. C. (2001), *Curriculum development in language teaching*, Cambridge University Press.
• Wilkins, D. A. (1976), *Notional syllabuses: A taxonomy and its relevance to foreign language curriculum development*, Oxford University Press.
• Yalden, J. (1983), *The communicative syllabus: Evolution, design and implementation*, Pergamon Press.
• Yalden, J. (1987), *Principles of course design for language teaching*, Cambridge University Press.

■ 교육과정의 실행

교육과정의 실행은 교육과정 개발자에 의해 수립된 교육과정을 교육 현장에 적용하여 실제로 운영하는 것을 말한다.

교육과정의 실행은 이행, 시행, 적용, 운영 등의 명칭과 혼용되거나 각 명칭에 따라 상위 개념과 하위 개념으로 나뉘기도 한다.

교육과정의 실행이 교육에서 주요한 관심사가 된 것은 1970년대 말 또는 1980년대 초부터이다. 한국어교육에서는 주로 교육과정 개발에 주안점을 둔 연구가 많이 이루어져왔고 교육과정의 실행에 대한 연구나 관심은 상대적으로 크지 않았다.

교육과정의 실행은 교육과정이 구현되는 단계로서 이를 통해 교육과정의 장단점과 개선점, 성패를 예측해 볼 수 있다. 따라서 엄밀히 말하면 교육과정의 실행은 교육과정의 계획부터 시작하는 것이고 교육과정 개발도 실제로 교육과정이 적용되는 실행을 염두에 두고 이루어져야 한다. 이때 도달해야 할 특정한 목표를 가지고 개발된 교육과정은 교육 기관, 교실, 교수 학습 등과 같은 유·무형 공간 속에서 연결된 요소들과 유기적으로 관계를 맺으며 구체적으로 실현된다.

교육과정 실행에 연결된 주요 요소에는 학생, 교수자, 교육 기관 담당자가 있다. 학생은 1980년대 후반, 1990년대부터 그 중요성이 강조되어 왔고 한국어교육에서도 학습자 중심의 교수 학습을 지향하면서 교육의 대상이자 주도적인 역할을 가진 요소로 인식하기 시작하였다.

교수자의 경우 한국어교육 현장에서는 한국어 교사가 주된 대상이 된다. 실행이 제대로 이루어지기 위해서는 무엇보다도 교사의 교육과정 이해가 전제되어야 한다. 교육과정의 마지막 단계인 평가도 사실 교육과정이 제대로 실행된 후에 더욱 정밀하고 의미가 있는 평가를 할 수 있게 되는데 그 중심에 교사가 있는 것이다. 따라서 실행에서는 무엇보다 교사의 역할을 정확하게 부여하는 것이 중요하다. 이를 위해서는 교사가 교육과정을 얼마나 이해하고 어떻게 운영하고 있는지에 대한 반성적 평가도 이루어져야 한다. 또한 이러한 평가가 축적되어 데이터베이스를 구축하는 것이 교육과정 실행에 대한 정보 교류를 위해 바람직하다.

교육 기관 담당자는 주로 행정 지원이나 자문 집단을 말하는데 한국어교육에서는 재정과 교육 기기와 같은 물리적 지원을 하는 행정 지원에 해당한다. 교육과정의 실행에 참여는 하지만 현실적으로 교육과정 계획, 개발 등에서 제외되어 있기 때문에 교육과정 실행에 있어서 이들의 역할은 표면적이고 제한적이다.

교육과정이 실행되면서 원래 의도한 계획대로 진행되지 않거나 변형이 이루어지는 등의 변수가 발생하기도 한다. 이러한 경우 변수를 잘 파악하여 수용하거나 처리하고 극복하는 것도 관련이 된다. 따라서 교육과정의 실행은 매우 유동적이며 다른 요소들과 유기적인 연관 속에서 역동적으로 변화될 수도 있으므로 교육과정 실행에 관련된 세 요소의 역할이 명확히 이루어질 때 교육과정이 훌륭하게 실행될 수 있다.

한편 세 요소의 역할이 잘 수행되어도 궁극적으로 교육과정의 실행이 제대로 되고 있는가의 문제도 고려해야 한다. 물론 교육과정의 최종 성공 여부는 교육과정 평가에서 이루어지겠지만 실행의 단계에서 문제가 발견되면 어떻게 수정하고 보완할 것인지, 교육과정을 어떠한 방향으로 재구성할 것인지도 고려해야 한다. 특히 한국어교육에서는 한국어교육을 담당하고 있는 각 기관마다 조금씩 다른 기준과 목표로 교육과정을 만들고 실행하고 있기 때문에 문제가 발생했을 경우 그 해결책도 기관마다 각기 다르다. 따라서 각 기관에서는 교육과정 실행의 각 단계별로 실행의 정도와 상황을 파악하는 모니터를 실시하는 것이 좋다.

교육과정 실행과 관련하여 한국어교육에서 진행된 연구는 매우 드물다. 교육과정이나 교수요목 개발 또는 이와 관련한 교재 연구 등에 연구의 초점이 맞추어져 왔기 때문이다. 실제로 교육과정이 어떻게 실행되고 각 단계에서 어떤 문제가 일어나고 처치되는지와 관련하여 학생, 교사, 기관 담당자에 대한 의식 조사, 평가 등에 대한 연구가 이루어져야 할 것이다.

교육과정 실행을 통해 교육과정의 평가 기준을 마련할 수도 있으므로 교육과정 실행을 재수정하고 보완 및 적용하는 순환적 구조를 갖추는 것도 중요하다. 또한 국내와 달리 한국어 교육과정의 실행, 유지, 보완 등이 취약한 해외 지역의 한국어 교육 기관에서는 교육과정 실행에서 여러 변수가 발생할 수 있기 때문에 이에 대한 지속적인 관심과 협력이 요구된다. 〈김인규〉

[참고문헌]
• 권낙원 외(2011), 교사를 위한 교육과정론, 공동체.
• 박도순·홍후조(2006), 교육과정과 교육 평가, 문음사.
• Ornstein, A. C. & Hunkins, F. P. (2009), *Curriculum: Foundations, principles, and issues*, Pearson.

■ 평가

평가(評價, evaluation)는 교육 기관에서 이루어진 교육과정의 내용과 절차의 실효성을 점검한 후 보완하고 개선하기 위하여 관련된 모든 정보를 수집하고 분석하는 것이다.

평가는 학습자 개인의 성취도에 대한 평가, 교사에 대한 평가, 프로그램 평가 또는 교육과정 평가 등을 모두 포함하는 넓은 개념이다. 교육의 목적이 목표에 따라서 어떻게 성취되었으며, 이를 바탕으로 교육과정이 어떻게 개선되어야 하는지를 평가에서 확인한다.

평가한 결과는 다시 교육과정 전반에 걸쳐 순환적으로 또는 개별적으로 각 단계에 반영된다. 그러므로 평가는 최종적으로 교육과정 전체를 조율하는 교육과정 설계의 한 요소가 되기도 하고 교육과정 전반을 점검하고 보완하는 역할을 하기도 한다. 교육과

정에서 평가의 역할과 위치에 대해서는 화이트(R. V. White)에서 제시한 다음 그림을
통해 자세히 확인할 수 있다.

〈평가의 위치〉

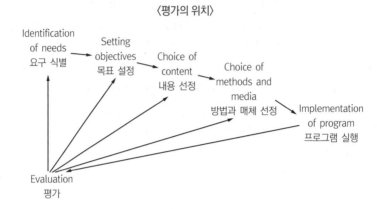

위 그림과 같이 평가는 실제로 교육과정이 실행되는 경로의 모든 단계에 관여하여
관찰자의 역할을 한다.

평가는 평가 기능에 따라 크게 형성 평가(formative assessment)와 총괄 평가(summative
assessment)로 나눌 수 있다. 형성 평가는 교사와 학습자에게 개선 사항을 알려 주어 교
육과정을 개선하려는 목적을 가지는 평가이며 교육과정을 개선하거나 보충하는 데에 요
구되는 정보를 수합하기 위해서 실시한다. 총괄 평가 또는 총합 평가는 교육과정이 끝
나고 난 뒤의 시점에서 교육의 효과를 평가하기 위해 실시한다. 이 평가로 교수 목표의
달성 상태를 가늠할 수 있고 달성 상태에 따라 교육과정의 존속 여부와 개선 여부 등
에 대해서 판단을 내릴 수 있다.

한국어교육의 발전을 위한 평가의 제(諸) 연구로는 다음과 같은 것을 제시할 수 있다.
첫째, 각 한국어 교육 기관의 평가 결과를 공유하여 정보의 상호 교류가 일어날 수 있
도록 해야 한다. 둘째, 한국어 교육과정을 평가하기 위한 평가 모형 연구가 요구된다.
다양한 교육과정의 장단점 및 수정 보완 사항을 파악할 수 있는 평가 체계 및 도구의
개발이 필요하다. 셋째, 평가 전문가 양성이 필요하다. 전문가 배양에는 학위 과정을
통한 연구자 배출과 다년의 현장 경험을 바탕으로 하는 현장 전문가 배출의 두 가
지 방안을 제시할 수 있다. 이는 교육과정에서 평가가 가지고 있는 중요성을 고려하
여 보완해야 할 사항이다. 〈김인규〉

[참고문헌]
• 한국교육학회 교육평가연구회 편(1995), 교육 측정·평가·연구·통계 용어 사전, 중앙교육진흥연구소.
• 한국어교육평가학회 편(2004), 교육 평가 용어 사전, 학지사.
• Brown, J. D. (1995), *The elements of language curriculum: A systemic approach to program development*,
Heinle & Heinle Publishers.

• Graves, K. (2005), *Designing language courses: A guide for teachers*, Heinle & Heinle Publishers.
• White, R. V. (1988), *The ELT curriculum: Design, innovation and management*, Blackwell.

9.3. 교육과정 모형

■ 국제 통용 한국어 표준 교육과정

국제 통용 한국어 표준 교육과정(國際通用韓國語標準教育課程, international standard curriculum of Korean language)은 국내외 한국어교육 기관의 상호 독립적이고 비표준화된 교육과정에 대한 준거를 마련하고 교육과정의 상호 교환적 운영과 비전문가의 한국어 교육과정 설계에 대한 참여를 유도하여 국내외 한국어교육의 저변을 확대하고 한국어교육의 전문성을 확보하기 위해 국가적 차원에서 설계한 표준 교육과정이다.

국제 통용 한국어 표준 교육과정에서 표준이란 참조 기준을 뜻한다. 참조 기준은 교육과정 수립, 교수 학습 설계, 교수요목 설계 및 교재 개발, 평가 등 교육의 전반에서 기본적인 원칙으로 작동하는 기제이다. 이는 곧 참조 기준이 객관적인 기준으로서의 역할을 한다는 것을 의미한다.

국제 통용 한국어 표준 교육과정의 등급은 초급(1~2급), 중급(3~4급), 고급(5~6급) 체계로 구성하고, 고급 단계 이상의 도달 목표는 한정하지 않고 개방형으로 두어 '6+등급'을 설정하고 있다. 각 등급별 교수 학습 설계의 범주는 주제, 기능 및 과제, 언어 지식(어휘, 문법, 발음), 언어 기술(듣기, 말하기, 읽기, 쓰기), 텍스트, 문화로 구성하였으며 이는 한국어를 교수 학습하는 공공 기관에서 개인에 이르기까지 한국어교육에 대한 포괄적인 시각을 가질 수 있도록 하였다.

국제 통용 한국어 표준 교육과정의 구체적인 활용 방법은 다음과 같다. 주제는 17개의 대범주 안에 총 85개의 구체적인 주제 항목으로 구성하였으며 교육과정을 설계하거나 교재를 개발할 때 주제 항목이 편중되지 않도록 해당 범주를 참고하여 나선형으로 주제를 제시할 수 있다.

기능 및 과제에서 기능(fuctions)은 '언어 형태를 기반으로 의사소통을 수행하는 것'으로 정의하고 '정보 요청하기와 정보 전달하기', '설득하기와 권고하기', '태도 표현하기', '감정 표현하기', '사교적 활동하기' 등 모두 5개의 대범주와 52개 항목을 제시하였다.

어휘는 빈도, 범위(range), 포괄성(coverage), 교수 학습의 용이성, 활용성의 기준을 고려하여 총 10,635개의 어휘 목록을 제시하였는데, 1급 735개, 2급 1,100개, 3급 1,655개, 4급 2,200개, 5급 2,365개, 6급 2,580개이다.

문법은 '문법 형태'의 준말, 즉 문형(조사, 어휘, 표현)으로 총 336개를 추출하였다. 이를 빈도, 문법 항목의 복잡도, 학습상의 난이도, 활용성, 교수 학습의 용이성 등을 고려하여 등급화하였다. 문법 항목은 1급 45개, 2급 45개, 3급 67개, 4급 67개, 5급 56개, 6급 56개를 제시하였다.

발음은 개별 음소, 음절, 음운 현상, 초분절음, 현실 발음을 대분류로 설정하고 72개의 항목으로 구분하였다. 원활한 의사소통을 위해서는 최소 1등급에서 3등급까지 제시된 발음을 필수적으로 제시하여 교육할 필요가 있으며, 발음 교육 초기에는 다른 언어 범주보다 '어휘' 범주와 연관성이 많으므로 이를 고려해 선택할 필요가 있다.

언어 기술은 등급의 적절성, 기술의 균형성, 적용의 실용성이라는 원리하에 각 급별 목표와 내용을 구성한 후, 듣기, 말하기, 읽기, 쓰기의 등급별 목표 및 내용을 제시하였다.

텍스트는 4개의 범주와 144개의 항목으로 구성하여, 교육 현장에서 사용할 수 있는 텍스트 항목과 활용 등급을 자세히 제시하였다.

문화는 총 4개의 범주와 77개의 항목으로 제시하였다. 문화의 경우 '문화 지식, 문화 실행, 문화 관점'의 교육 모형을 채택하여 최소한의 한국어교육에서의 요구 수준만을 제시하였다. 즉 '초급, 중급, 고급'의 3단계로만 표시하였는데 이는 그 등급에서만 학습이 가능함을 뜻하는 것이 아니라 그 등급에서부터 학습이 가능함을 의미한다.

평가는 문화 범주와 마찬가지로 초급, 중급, 고급의 3단계로 구분하였으며, '평가 총괄 목표', '주제', '기능', '언어지식', '텍스트 유형' 등에서 각 단계별로 학습자들이 학습해야 할 세부 항목을 제시하였다.

한국어교육의 표준 모형은 교육의 다양성을 담보하고, 서로 상이한 교수 학습 대상과 상황에서 적절하게 변형 및 적용될 수 있도록 융통성과 탄력성을 가져야 한다. 즉 다양한 층위에서 이루어지고 있는 한국어 교수 학습이 적절한 수준과 내용으로 진행되고 있는지를 판단하는 객관적인 준거가 되어야 한다는 것이다. 또한 각기 다른 등급 체계, 학습 목표, 교육 내용으로 이루어지고 있는 현재 한국어교육 현장과의 유기적인 연관성을 확보하고 기관별 상호 교환의 효율성도 제고해야 한다.　　　　　〈김중섭〉

[참고문헌]
• 김중섭 외(2010), 국제 통용 한국어교육 표준 모형 개발, 국립국어원.
• 김중섭 외(2011), 국제 통용 한국어교육 표준 모형 개발 2단계, 국립국어원.
• 김중섭 외(2017), 국제 통용 한국어 표준 교육과정 적용 연구, 국립국어원.

■ 세종학당 교육과정

세종학당(世宗學堂, King Sejong Institute) 교육과정은 외국어 또는 제2 언어를 한국어로 배우고자 하는 사람을 대상으로 한국어를 교육하는 기관 또는 프로그램에 교육과정 운영 설계의 지침을 제공하는 기본 원리이다.

세종학당재단(世宗學堂財團, King Sejong Institute Foundation: KSIF)은 국외 한국어·한국 문화 교육 기관인 '세종학당'을 지원하는 중심 공공 기관으로, 정부의 한국어 및 한국 문화 보급 사업을 총괄·관리하기 위하여 '국어기본법' 제19조의 2에 근거해 2012년 10월 설립되었다. 2019년 현재, 아시아, 유럽, 오세아니아, 아프리카, 아메리카에 180개의 세종학당이 설립되어 한국어교육을 진행하고 있다.

세종학당의 교육과정은 한국어 학습자가 다양화되고 각국의 언어·문화권을 확대하는 환경에서 문화 상호주의에 기초하여 표준화된 교육과정과 현지 특화된 교육과정으로 한국어와 한국 문화를 교수할 목적으로 개발되었다.

세종학당 교육과정은 일반 과정과 심화 과정으로 구분하며 등급 체계는 다음과 같다.

〈세종학당 교육과정의 등급 체계〉

국제 통용 한국어 표준 교육과정	1급	2급	3급	4급		5급	6급
세종학당 교육과정	일반 과정					심화 과정	
	초급1	초급2	중급1	중급2		고급1	고급2
	초급 1A / 초급 1B	초급 2A / 초급 2B	중급 1A / 중급 1B	중급 2A / 중급 2B			

일반 과정은 총 8단계로 초급과 중급으로 구분되는데 초급과 중급은 총 4단계이다. 교재는 초급과 중급을 구분하여 사용하는 것이 기본 방안이다. 심화 과정은 고급1, 고급2로, 각 등급은 두 단계가 기본이며 요구가 있을 경우에 개설하는 것을 원칙으로 한다. 세종학당의 기본 교육과정의 수준별 목표는 '국제 통용 한국어 표준 교육과정'을 기반으로 설정되어, 세종학당의 초급은 '국제 통용 한국어 표준 교육과정'에서 제시된 1급과 2급, 중급은 3급과 4급, 고급은 5급과 6급에 해당된다.

세종학당 학습자의 평균 학습 시간은 주 2회 혹은 3회이므로 연속적인 학습을 하기 어렵다. 그러므로 등급을 세분화하여 기초적 언어 사용에서 자립적 언어 사용으로 학습의 연속성을 확보해 주어야 한다. 자립적 언어 사용에 이르는 입문 단계인 중급에서의 학습은 초급보다 느슨하게 하여 학습의 중단을 막고, 더 높은 언어 사용의 단계로 나아갈 수 있도록 해야 한다.

세종학당 교육과정은 세종학당 교과 운영의 표준 모형이다. 이러한 표준 모형의 제시는 그동안 지역별, 국가별로 각기 상이하게 이루어져 온 한국어교육을 체계화하고 교육 내용의 일관성을 확보하는 데 기여하고 있다. 〈김중섭〉

[참고문헌]
• 김중섭 외(2010), 국제 통용 한국어교육 표준 모형 개발, 국립국어원.
• 김중섭 외(2011), 국제 통용 한국어교육 표준 모형 개발 2단계, 국립국어원.
• 김중섭 외(2017), 국제 통용 한국어 표준 교육과정 적용 연구, 국립국어원.
• 이정희 외(2018), 세종학당 교육과정 운영 재정비 용역 최종보고서, 세종학당재단.
• 허용 외(2007), 세종학당 교육과정 개발 연구, 국립국어원.

■ 결혼 이민자를 위한 한국어 교육과정

결혼 이민자를 위한 한국어 교육과정은 한국 남성과의 결혼으로 한국에 이주해 온 외국 출신의 여성을 대상으로 하는 한국어 교육과정을 말한다.

결혼 이민자를 위한 한국어 교육과정의 목표는 결혼 이민자 대상 한국어교육의 효율성을 제고하는 데 있다. 결혼 이민자들은 한국 사회의 온전한 구성원이 되어야 하기 때문에 수준 높은 한국어 의사소통 능력을 확보하고 한국 문화에 관한 지식을 습득하고자 한다. 이러한 특수성을 고려하여 2009년에 허용 외의 연구로 결혼 이민자를 위한 한국어 교육과정을 개발하였으며 이후 이를 바탕으로 한 한국어 교재 및 교원용 지침서가 단계별로 제작되었다.

결혼 이민자를 위한 한국어 교육과정은 이들을 위해 특화된 내용을 담아야 하며, 많은 시간을 수업에 할애할 수 없는 여건과 환경도 고려하여 개발되어야 한다. 그리하여 우선 한 가족과 사회의 구성원으로서 한국 사회에 적응하기 위한 기초적인 의사소통 능력을 배양하는 것이 필요하다. 그리고 궁극적으로는 자녀를 양육하고 직업 활동을 하기 위한 보다 높은 수준의 언어 능력과 문화적 지식도 함양해야 한다. 따라서 결혼 이민자를 위한 한국어 교육과정은 다각적 현장 조사와 연구 결과를 반영하여 고안하였다. 더불어 언어와 문화의 통합 교육을 지향하고 한국어교육과 한국 문화 교육을 연계하는 방식으로 다음과 같은 구체적인 목표를 설정하였다.

첫째, 일상생활에 필요한 한국어를 익혀 가족, 이웃과 의사소통할 수 있다. 둘째, 식당, 우체국, 병원 등 공공장소에서 한국어를 사용하여 의사소통하며, 공공장소에서 생기는 문제를 해결할 수 있다. 셋째, 자녀 교육과 관련된 한국어 자료를 이해하고, 한국어로 자녀의 학습을 돕고, 교사와 상담할 수 있다. 넷째, TV, 라디오, 신문, 인터넷 등 대중 매체를 통해 필요한 정보를 얻을 수 있다. 다섯째, 한국어로 이루어진 법 조항, 규칙, 계약서 등을 이해하고 자신과 관련된 문제를 해결할 수 있다. 여섯째, 기본적인 직장 생활이 가능하여, 자신과 관련된 익숙한 업무를 한국어로 처리할 수 있다.

결혼 이민자를 위한 한국어 교육과정은 숙달도를 6등급으로 구분하여 각 등급별 수업을 100시간으로 구성하였다. 결혼 이민자들의 특성을 고려하여 주제와 상황, 기능이 선정되었으며, 1급부터 4급까지는 필수 과정으로, 5급과 6급은 심화 과정으로 운영된다. 〈김선정〉

[참고문헌]
• 김선정(2012), 다문화 가정 대상 한국어교육의 현황과 성과, 비교문화연구 29, 경희대학교 비교문화연구소, 367~389쪽.
• 허용 외(2009), 여성 결혼 이민자를 위한 한국어 교육과정, 국립국어원.

■ 이민자 사회 통합 프로그램의 한국어 교육과정

이민자 사회 통합 프로그램(Korea immigration and integration program: KIIP)은 이민자가 한국어와 한국 문화를 익혀 지역 사회에 쉽게 융화될 수 있도록 하는 것을 목표로 하는 프로그램으로 한국어 교육과정은 총 0~5단계까지의 과정 중 0~4단계까지이다.

이 프로그램은 법무부 주체로 운영되고 있으며 2010년 2월에 정식으로 실시되었다. '이민자 사회 통합 프로그램 및 그 운영 등에 관한 규정'에 의하면 참여자는 출입국관리법 제31조에 따라 외국인 등록 등을 하고 합법적으로 체류하고 있는 외국인이거나 또는 재한외국인 처우 기본법 제15조에 적용되는 귀화자 등이다.

사회 통합 프로그램의 전반적인 구성 내용은 다음과 같다.

〈사회 통합 프로그램 교육과정〉

단계 구분	0단계	1단계	2단계	3단계	4단계	5단계	
과정	한국어와 한국 문화					한국사회 이해	
	기초	초급 1	초급 2	중급 1	중급 2	기본	심화
총 교육 시간	15시간	100시간	100시간	100시간	100시간	50시간	20시간
평가	없음	1단계 평가	2단계 평가	3단계 평가	중간 평가	영주용 종합평가	귀화용 종합평가

참여자들은 사전 평가 점수에 따라 시작 단계를 배정받은 후 각 단계를 순차적으로 이수한다. 그리고 4단계까지의 한국어 과정을 마친 후 실시되는 중간 평가에 합격한 합격자에게는 '사회 통합 프로그램 한국어능력시험 합격증'이 발급되고, 5단계까지 이수 후에 실시되는 종합 평가 합격자에게는 '한국이민귀화적격시험(Korea immigration and naturalization apitude test: KINAT) 합격증'이 발급된다. 현재, 각 대학의 외국어로서의 한국어교육 기관 및 사회 통합 프로그램 담당 기관, 각 지역의 외국인 주민 센터나 복지 센터 등을 비롯한 약 418개소에서 한국어 과정이 운영되고 있다.

사회 통합 프로그램 한국어 과정의 단계별 목표는 다음과 같다. 0단계에서는 한글의 구성을 이해하고, 기본 문장 수준까지 이해하고 말할 수 있다. 1단계는 사적인 영역에서 기초적인 의사소통을 할 수 있다. 2단계는 일상생활과 일상적인 공공장소에서 의사소통을 할 수 있다. 3단계는 다소 복잡한 일상생활과 더 다양한 공공시설을 이용하는 데 필요한 기능을 수행할 수 있다. 또한 한국 사회, 문화를 소재로 간단한 텍스트를 읽고 이해하여 조금 낯선 사람과도 사회적인 관계를 유지할 수 있다. 4단계는 다양한 사람들과 기본적인 사회적 관계를 유지할 수 있으며 경제적 이익 추구 활동 등과 같은 전문 영역에서 최소한의 활동을 할 수 있다. 1단계부터 4단계의 교육 내용은 0단계보다 세분하여 각 단계별 총괄 목표와 주제하에 기능과 과제, 언어 지식(어휘, 문법, 발음, 텍스트), 언어 기술(말하기, 듣기, 읽기, 쓰기), 문화의 네 영역으로 구별하고 있다.

사회 통합 프로그램의 한국어 교육과정은 2012년에 새롭게 중간 평가가 도입되고, 2013년에는 결혼 이민자에게 한국어 중급 단계를 면제해 주는 것에 부작용이 따라 폐지하는 등 이러한 다양한 현장의 요구를 반영하기 위해 매년 조금씩 개정되고 있다.

〈김혜진〉

[참고문헌]
- 법무부, 법무부 누리집, 2014년 8월 25일 가져옴, http://www.moj.go.kr
- 법무부, 사회통합정보망 누리집, 2014년 8월 25일 가져옴, http://www.socinet.go.kr

■ 다문화 가정 학생 대상 한국어 교육과정

다문화 가정 학생 대상 한국어 교육과정은 다문화 배경을 가진 초·중·고등학생 중 한국어 숙달도가 낮아 일상생활과 학교생활, 특히 한국어로 진행되는 교수 학습 상황에서 어려움을 겪는 학생을 위해 한국어교육에 관한 성격, 목표, 내용, 교수 학습 방법, 평가 등을 밝힌 교육과정이다.

한국어 교육과정은 기본적으로 한국어가 부족한 다문화 배경 학습자들의 학교 적응을 돕는 일종의 디딤돌 프로그램 혹은 보호 프로그램의 역할을 감당해야 하는 것에 초점을 둔 것이다. 2012년 7월 9일 '교육과학기술부 고시 제 2012-14호'에서 처음으로 한국어 교육과정을 고시하였고, 2017년 9월 개정하여 고시하였다.

다문화가정 학생 대상 한국어 교육과정에서 밝히고 있는 한국어교육의 목표는 한국어에 대한 지식 형성과 일상적 의사소통 능력 함양, 학습 한국어 능력 함양, 상호 문화 이해 및 소통 능력 함양, 한국어에 대한 자신감과 한국 사회 일원으로서의 정체성 함양의 네 가지이다. 한국어 교육과정의 내용 범주는 크게 생활 한국어 영역, 학습 도구 한국어 영역, 교과 적응 한국어 영역, 문화 영역 네 가지이다. 구체적인 내용 체계는 다음과 같다.

〈개정 한국어 교육과정의 내용 체계〉

		생활 한국어교육	학습 한국어교육	
		의사소통 한국어교육	학습 도구 한국어교육	교과 적응 한국어교육
언어 기능			−듣기 −말하기 −읽기 −쓰기	
언어 재료	주제	일상 기반	일상 및 학업 기반	교과 기반
	의사소통 기능	일상 기반	일상 및 학업 기반	교과 기반
	어휘	일상생활 어휘 학교생활 어휘	교실 어휘 사고 도구 어휘 범용 지식 어휘	교과별 어휘
	문법	학령적합형 교육 문법	학령적합형 문식력 강화 문법	교과별 특정 문형
	텍스트 유형	구어 중심	구어 및 문어	문어 중심
문화		− 학령적합형 한국문화의 이해와 수용 − 학령적합형 학교생활문화의 이해와 적응		

한국어 교육과정에서는 한국어 숙달도 중심의 교육과정 구성 원리를 제시하고 있다. 한국어 숙달도는 주제와 장면, 과제와 기능, 언어 단위, 어휘, 언어 조정 능력, 문화 적응 능력을 하위 범주로 하여 초, 중, 고급으로 구성하였으며, 학습자가 성취해야 할 교육의 내용이 위계적으로 기술되어 있다.

한국어 교육과정의 성취 기준은 초등학교, 중학교, 고등학교의 각 학교 급별로 듣기, 말하기, 읽기, 쓰기 각각에 대해 단계별로 제시되었다. 또한 생활 한국어 영역과 학습 한국어 영역의 언어 재료 및 교수 학습 계획, 교수 학습 운용, 언어 영역별 교수 학습 방법과 평가로 구성되었다. 부록에는 생활 한국어 영역의 주제 및 의사소통 기능 목록, 텍스트 유형, 문법 목록, 어휘 목록, 학습 한국어 영역의 주요 교과별 핵심 주제, 주요 교과 주제별 학습 어휘 목록을 제시하고 있다.

한국어 교육과정 구성 시 고려해야 할 사항을 정리하면 다음과 같다.

첫째, 다문화 배경 학생을 위한 한국어교육의 본질에 관한 신념과 가치를 기반으로 한국어 교육과정을 구성한다. 둘째, 다양한 유형의 다문화 배경을 가진 학습자를 대상으로 하고 있다는 점을 충분히 고려한다. 특히 학습자 및 교육 현장의 요구와 필요를 반영하여야 한다. 셋째, 다문화 배경 학습자의 일상적인 한국어 능력뿐 아니라 이들이 학교 교육을 제대로 받는 데 필요한 문식성, 즉 학습 언어 능력을 신장해 줄 수 있어야 한다. 넷째, 학습자가 처한 다문화적 배경으로 인하여 이들이 특수한 인지적, 정의적 성향을 가질 수 있다는 점에 주의한다. 다섯째, 상호 문화주의 관점에 입각하여 다문화적 역량을 함양할 수 있도록 한다.

한국어 교육과정 구성 시 고려해야 할 문식성에는 일상생활과 학교생활의 기본적인 의사소통에 필요한 기본 문식성, 교과 수업에 능동적으로 참여하는 데 필요한 학업 문식성, 상호 문화적 소통에 필요한 다문화 문식성 등이 논의되고 있다. 제도적 차원으로는 다문화 배경 학습자의 한국어 능력이 학령보다는 개인적 상황에 따라 차이를 보이고 있어 학교 급별로 무학년 수준별 교육을 지향해야 한다는 주장이 있다.

다문화 배경 학습자의 한국어 교육과정에 대한 지금까지의 논의는 초창기의 연구 성과라 할 수 있다. 교육과학기술부에서 고시한 한국어 교육과정을 기반으로 하여 2012년 12월에 초등학생용, 중학생용, 고등학생용 한국어 교과서가 개발되어 2014년부터 보급되기 시작하였다. 또한 2012년에 학습자의 한국어 능력을 측정하는 진단 평가 도구를 개발한 바 있다. 최근에는 2017년 개정된 교육과정에 따른 한국어 교재 개발 연구가 이루어지고 있다. 〈권순희〉

[참고문헌]
• 교육부, 교육부 누리집, 2020년 1월 7일 가져옴. http://www.moe.go.kr(2017년 9월 29일 보도자료)
• 김윤주(2013), 다문화 배경 학생 대상 한국어 교육과정 구성 방안: 다문화 시대 문식성 교육을 중심으로, 고려대학교 박사학위논문.

• 원진숙 외(2011), 다문화 가정 학생을 위한 한국어(KSL) 교육과정 개발 연구, 한국교육개발원.
• 전은주(2012), 다문화 배경 학습자를 위한 한국어 교육과정의 내용 체계, 국어교육학연구 45, 국어교육학회, 79~110쪽.

■ 재외 한글학교용 표준 교육과정

재외 한글학교용 표준 교육과정은 해외에 산재해 있는 한글학교의 교육과정을 지원하기 위해 국가 수준 교육과정의 공통적이고 일반적인 기준을 제시하고자 한 교육과정이다.

재외 한글학교용 표준 교육과정을 통해 재외 한글학교를 체계적이고 계통적으로 운영하는 데 필요한 교재 개발을 할 수 있다. 한글학교용 교재 개발 시 이 교육과정을 기준으로 하여 해당 국가 현지 및 학교 특성에 적합한 교재를 개발하는 것이 가능하다.

재외 한인을 대상으로 하는 교육 기관은 한국학교, 한국교육원, 한글학교 등을 들 수 있는데, 이 중 한글학교는 정규 교육 기관은 아니나 접근성이 용이하여 재외 한인 교육의 구심점 역할을 해 오고 있다. 한국학교의 경우는 한국의 국가 교육과정이 표준 교육과정으로 활용되고 있지만 정규 교육 기관이 아닌 한글학교에서는 국가 교육과정을 표준 교육과정으로 활용하기 어려운 측면이 있다. 한글학교는 국가 지역별 및 학교별로 학교의 인적·물적 구성뿐만 아니라 학생의 교육 요구 및 연령, 수준, 수학 기간 등에 차이가 있기 때문이다. 이 때문에 별도의 재외 한글학교용 표준 교육과정이 지속적으로 요구되어 왔다.

이러한 요구에는 대체로 다음의 배경이 작용하고 있다. 첫째, 국가 지역별 및 한글학교별로 다양한 학교 현지 실정을 고려하여 재구성할 수 있는 공통 교육과정의 필요성이다. 각 한글학교는 표준 교육과정을 학교 실정에 맞게 재구성하여 편성·운영함으로써 공통성과 차별성을 도모할 수 있다. 둘째, 한글학교에서 이루어지는 대부분의 교육이 주로 자원봉사 형태로 이루어지기 때문에 교육의 체계성이 취약한 실정이다. 따라서 한글학교용 표준 교육과정은 교육의 체계성을 어느 정도 확보하고자 하는 의도를 지니고 있다. 셋째, 재외 한인이 한국인으로서의 정체성을 형성해야 할 필요성이다. 재외 한인이 이민 2세대와 3세대로 이어지면서 정체성을 원활하게 형성하지 못한 채 거주국의 사고방식과 생활 양식에 동화되어 버리는 현상에 대한 우려가 제기되고 있다. 이에 따라 한국인으로서의 정체성 형성을 돕는 표준 교육과정이 필요하다. 넷째, 국가 경쟁력을 도모하는 데 필요한 해외 전문 인적 자원 확보 및 활용에 따른 요구이다. 이것은 한글학교 학생들을 현지 상황에 정통한 전문 인적 자원으로 육성하도록 하기 위함이다. 위의 첫 번째와 두 번째가 한글학교용 표준 교육과정의 직접적인 필요성이라면 세 번째와 네 번째는 부수적 효과를 도모하고자 하는 것이다.

이와 같은 필요성에 기반을 두고 교육과학기술부 재외동포교육과가 두 차례에 걸쳐 재외 한글학교용 표준 교육과정 연구·개발을 시도하였다. 그 첫 번째가 2008년에 김경근 외가 수행한 '재외 비정규 한글학교용 표준교육과정 체제 개발 연구'이고, 두 번째는 2009년에 정영근 외가 수행한 '재외 한글학교용 표준 교육과정(총론 및 각론) 연구 개발'이다. 전자가 재외 한글학교들의 여건에 맞게 변용하여 사용할 수 있는 교육과정 개발의 기본 틀을 제안한 것이라면, 후자는 총론과 각론으로 구성된 재외 한글학교용 표준 교육과정 시안을 연구·개발한 것이다. 시안 연구·개발은 교육과학기술부가 한국교육과정평가원에 위탁하여 이루어졌다.

시안에는 재외 한글학교용 표준 교육과정이 '대한민국 정부에서 재외 한글학교의 교육과정 활동을 지원하기 위한 국가 수준 교육과정의 공통적이고 일반적인 기준을 제시한 것이다.'라고 밝혀 두었다. 또한 '한민족의 일원으로서 국제 사회에 기여할 수 있는 역량을 기른다.'라고 하는 교육 목적하에 구체적인 목표로 다음을 제시하였다. 첫째, 한국어로 원활한 의사소통이 이루어질 수 있도록 언어 구사 능력을 기른다. 둘째, 한국의 말과 역사, 문화를 익혀 한국에 대한 올바른 이해 역량을 기른다. 셋째, 현지 국가 사람들이 한국에 대해 올바른 이해를 하도록 지원할 수 있는 자질을 기른다. 넷째, 한국과 현지 국가와의 교류 발전에 기여할 수 있는 자질과 역량을 기른다.

교육과정 편제는 '한국어', '한국사', '한국 문화'의 3개 교과목으로 구성되었으며 총 9년간 편성·운영하는 것을 상정하여 단계별로 초급 교육과정(4년), 중급 교육과정(3년), 고급 교육과정(2년)을 설치하였다. 이 중 한국사 교육과정은 학생의 한국어 습득 수준을 고려하여 초급 3단계부터 시작한다. 각 단계별 시간 수는 연간 60시간이 기준이다. 또한 전문 특별 과정을 설치하였는데 이것은 표준 교육과정 단계에 제시되는 교육 수준의 다음 단계로, 필요에 따라 학교가 자율적으로 심화 전문 과정을 설치하여 운영하는 단계를 말한다.

각론인 한국어 교육과정과 한국사 교육과정, 한국 문화 교육과정에는 각각 성격, 목표, 내용, 교수 학습 방법, 평가, 교재 개발상의 유의점이 제시되었다. 내용 요소에는 각각 내용 체계와 급별 내용이 있으며, 급별 내용은 성취 기준식으로 진술되어 있다.

재외 한글학교용 표준 교육과정의 정책적 또는 법적 효력이 발휘되기 위해서는 정부의 고시가 필요하지만 현재까지는 시안에 머물고 있다. 그러므로 현지의 요구에 따라 표준 교육과정의 정책적 발표 또는 고시를 고려하는 방안이 강구될 필요가 있다.

〈정영근〉

[참고문헌]
• 김경근 외(2008), 재외 비정규 한글학교용 표준 교육과정 체제 개발 연구, 교육과학기술부.
• 정영근 외(2009), 재외 한글학교용 표준 교육과정(총론 및 각론) 연구 개발, 교육과학기술부.

■ 해외 초·중등학교 한국어 표준 교육과정

해외 초·중등학교 한국어 표준 교육과정은 해외 초·중등학교에 개설되어 있는 외국어로서의 한국어교육을 위한 교육과정을 말한다.

해외 초·중등학교 한국어 표준 교육과정은 2010년 교육부의 정책 과제로, 한국어 보급의 기반이 되는 해외 초·중등학교 내에 한국어 강좌의 개설을 확대하기 위한 교육 지침 및 교육 방향을 제시하기 위하여 개발되었다. 이는 정체성 교육을 주요한 목적으로 하는 재외 동포 대상 한국어교육과는 다르다. 이 교육과정은 한국어뿐 아니라 국제 이해 교육 차원에서 한국과 한국 문화를 이해하고, 나아가 정치, 경제, 사회 등 한국의 전반적인 특징을 이해할 수 있도록 하는 데 목적이 있다.

해외 초·중등학교 한국어 표준 교육과정에서 설정한 위계 기준은 다음과 같다.

첫째, 해외 초·중등학교 한국어 표준 교육과정은 상이한 교육 제도에 광범위하고 유연하게 적용되어야 하므로 학년이나 이수 시기의 교육 단계별 위계보다는 유럽 언어 공통 기준(Common European Framework of Reference for Languages: CEFR)의 위계를 참고하였다. 특히 초급 학습자가 많은 점을 감안하여 초급의 하위 등급을 4등급으로 세분화하였고, 중급과 고급은 각각 3등급, 2등급으로 구성하였다. 즉 초·중·고급이 4-3-2단계로 구성된 총 9등급 체계이다. 그러나 한편으로 해외 초·중등학교 한국어 교육과정을 설계할 때에는 한국어 수준보다는 학년을 기준으로 해야 한다는 주장도 있다. 참고로 2012년에 미국의 북미 한국어교육 학회(American Association of Teachers of Korean: AATK)에서 선정한 한국어교육 표준(national standards for Korean teaching)은 위계 기준을 학년으로 정하여 중간 목표 지점을 4, 8, 12, 16학년으로 설정하였다. 그러나 국외에서 재외 동포가 아닌 일반 외국인이 초등학교에서부터 한국어교육을 받는 일은 거의 없기 때문에 학년보다는 등급에 따른 위계가 더 적절할 것으로 보인다.

둘째, 해외 초·중등학교 한국어 표준 교육과정의 내용 기술 범위는 언어 기능, 언어 지식, 문화의 세 가지 대범주를 두고, 그 밑에 각각 4-3-2개의 소범주를 두었다. 언어 기능에는 듣기, 읽기, 말하기, 쓰기를 두고, 언어 지식에는 어휘, 발음, 문법을 두고, 문화에는 문화 지식과 문화 이해를 두었다.

해외 초·중등학교 한국어 표준 교육과정은 지역에 상관없이 해외의 모든 초·중등학교에서 참조 기준으로 이용될 수 있는 범용적인 한국어 교육과정이라는 데 의의가 있다. 그러나 2014년 기준으로 교육부에서 개발한 해외 초·중등학교 한국어 표준 교육과정을 기반으로 개발된 한국어 교재나 평가 도구는 없다. 해외 초·중등학교에 한국어 강좌 개설이 확대되고 있는 상황이므로 앞으로는 이를 바탕으로 한 한국어 교재와 평가 도구 등이 개발되어야 할 것이다. 〈김선정〉

[참고문헌]
• 김선정 외(2010), 해외 초·중등학교 한국어 표준 교육과정 개발 연구, 교육과학기술부.
• 김선정·민경모(2011), 표준 한국어 교육과정의 기술 원리 및 적용 방안에 대한 고찰: 세 가지 '표준'의 비교를 중심으로, 국어교육학연구 41, 251~277쪽.

• 민경모·김선정(2010), 해외 초·중등학교의 한국어 교육과정 설계를 위한 기초적 연구, 언어와 문화 6-3, 한국언
어문화교육학회, 135~161쪽.

■ 미국의 한국어교육 표준

미국의 한국어교육 표준은 북미한국어교육학회(American Association of Teachers of Korean: AATK)가 '21세기의 외국어 교육 표준'에 근거하여 미국 내에서 한국어 교육과정을 확립하는 데 근간이 되는 표준을 제시한 지침서로서 2012년에 발표되었다.

북미 한국어교육 학회는 2009년부터 한국어교육 전문가 17명으로 구성된 '한국어교육 표준 개발 위원회'를 설립하고 미국 외국어 교육 표준의 지침을 준수하여 2012년에 한국어교육 표준을 출간하였다. 개발 위원회는 모어 및 비모어 화자, 초·중등 과정 교사, 대학 과정 담당자, 정규 및 민족어 교육 기관, 특수 목적 및 학문 목적 교육 기관 그리고 미국 내의 지역적 안배까지 고려하여 위촉되었다. 개발 위원들의 작업 결과는 한국, 북미, 유럽의 한국어교육 전문가 64명으로 구성된 검토 위원회의 피드백을 거쳤다.

미국의 교육은 지역 단위 중심으로 이루어지는 구조로 연방 정부의 역할이 미미한데 각 분야마다 표준적인 기준이 없이 독자적으로 운영한다면 교육의 효과와 일관성이 보장되기 어렵다. 이런 맥락에서 미국외국어교육학회(American Council on the Teaching of Foreign Languages: ACTFL)는 1990년대 초반부터 외국어 교육의 표준을 개발하기 시작했다. 지난 20년간 교육의 표준이 개발된 외국어는 아랍어, 중국어, 고전어(라틴어, 그리스어), 프랑스어, 독일어, 이탈리아어, 일본어, 포르투갈어, 러시아어, 스페인어의 11개 언어이고, 한국어는 12번째이다.

미국의 외국어 교육 표준은 다음과 같은 세 가지 철학적 명제를 바탕으로 한다. 첫째, 외국어 교육은 학교 교육에서 부수적인 것이 아닌 핵심이다. 둘째, 모든 학생들에게 외국어를 배울 수 있는 기회를 제공함으로써 사회 평등의 가치를 추구한다. 셋째, 미국 내의 다양한 인종들이 쓰고 있는 민족어를 값진 자원으로 인정하고 민족어를 공식 학교 교육과정과 접목시키는 효율적인 방법을 찾는다.

한국어교육 표준은 위와 같은 철학에 바탕을 두고 아래의 다섯 가지 목표(5C)를 좇아 구성되어 있다.

- 의사소통(communication): 영어가 아닌 다른 외국어로 의사소통을 한다.
- 문화(cultures): 타문화에 대한 지식과 이해를 증진시킨다.
- 연계(connections): 다른 교과 과목과의 연계를 통해 지식을 습득한다.
- 비교(comparisons): 다른 언어와 문화에 대한 통찰력을 개발한다.
- 언어 집단(communities): 다중 언어 집단에 적극 참여한다.

한국어교육 표준은 미국 공교육의 시작점인 유치원에서 대학교 4학년까지(K-16) 17년 동안의 한국어 교육과정을 아우르는 지침서이다. 중간 목표 지점인 4학년, 8학년, 12학년과 마지막 지점인 대학교 4학년, 이렇게 네 지점의 도달 목표가 명시되어 있고, 5C에 의거한 구체적인 학습 시나리오가 제공된다. 물론 교육과정의 전 기간인 17년간 한국어를 배운다는 것은 대단히 이상적인 모델로 현재는 실행되지 않고 있다. 그러므로 현실 상황을 고려해 초등학교 고학년, 중학교, 고등학교, 대학교 등 여러 지점에서 한국어교육을 시작할 수 있도록 구성하는 것도 가능하다. 한국어교육 표준에 바탕을 둔 교과 과정이 완성되면 초·중등교육을 대학 교육과 긴밀히 연결시켜 양쪽이 모두 혜택을 받을 수 있는 교육 환경을 만들어 갈 수 있다. 뿐만 아니라 결과적으로는 교과 내용과 평가 제도가 통일되고, 교사 훈련의 기회가 확장되며, 전반적인 언어 교육에 대한 책임감과 기대가 높아져서 학생들의 언어 능력이 눈에 띄게 발전하리라 예상된다.

지금까지 인도-유럽 어족 중심의 외국어 교육 표준 과정은 중국어, 일본어, 아랍어 같은 언어에 적용하기 힘들다는 논의가 있었다. 그러나 한국어교육 표준은 기(旣) 개발된 언어 표준을 기계적으로 번역하는 차원을 넘어 사회 언어학적으로 독특한 한국어의 특성에 따라 맞춤형 표준을 개발했다는 평을 받고 있다. 한국어교육 표준은 한국어의 이론과 함께 실제 교실에서 적용할 만한 교수법까지 제시하여 미국의 초·중등학교의 언어 교육 체계 안에 한국어교육을 접목시켰다.

앞으로 '한국어교육 표준'에 제시한 지침에 의거해서 단계별로 보다 치밀하게 교육과정이 개발되어야 한다. 현재 K-12과정과 대학교 4년의 표준 교육과정 개발이 활발히 진행 중이다. 표준에 따른 교육과정이 개발됨으로써 초·중등교육과 대학 교육, 정식 교육과 민족 교육 사이의 연계가 강화되고, 외국어로서의 한국어교육과 한국계 학생들을 위한 한국어교육과의 차이점을 확실히 하며 또한 공통분모도 찾는 계기가 마련될 것이다. 〈유영미〉

[참고문헌]
• American Association of Teachers of Korean (2012), *Standards for foreign language learning in the 21ˢᵗ Century*, Allen Press.
• Kondo-Brown, K. & Brown. J. D. (2008), *Teaching Chinese, Japanese, and Korean heritage language students: Curriculum, needs, materials, and assessment*, Lawrence Erlbaum.
• US Department of Education and the National Endowment for the Humeanities (1996), *Standards for foreign language learning: Preparing for the 21ˢᵗCentury*, Allen Press.

■ 호주의 표준 한국어 교육과정

호주의 표준 한국어 교육과정(Australian curriculum: languages-Korean)은 호주 연방 정부 기관이 각 주(州) 정부와 협력하여 수립하고 시행하는 호주 교육과정(Australian curriculum)의 언어 영역 중 한국어에 해당하는 교육과정이다.

호주 표준 한국어 교육과정은 유치원에서부터 12학년까지 한국어 과목을 도입하는 호주 전국의 학교에 적용된다. 주로 한국어 교수 학습에서 학년 또는 학습 단계마다 공통적으로 다루어야 하는 교육 내용이 제시되어 있다.

호주의 학교 교육은 주 정부 교육부가 관할하므로 일부 사립 학교를 제외한 대부분은 각 주 정부가 수립한 교육과정을 사용하여 왔다. 그러나 교육 경쟁력 강화 및 효율성 제고 등을 위해 2009년 연방 정부 기관인 호주 교육과정평가보고원(Australian Curriculum, Assessment and Reporting Authority: ACARA)이 주축이 되어 표준 교과 과정 수립을 시작하였다. 2009년부터 2010년까지는 이에 대한 협의, 승인 및 준비 과정을 거쳤으며 2011년부터 2014년 현재까지 영어, 수학, 과학, 언어 등 8개 영역 교과목의 표준 교과 과정을 개발 중이거나 시행 중이다. 이 가운데 언어 영역은 의무 교육 학년인 10학년까지의 표준 교과 과정을 우선적으로 개발하여 시행하며 한국어 표준 교과 과정도 이에 맞추어 개발을 완료하고 시행 중이다. 주 정부 차원의 11~12학년용 대입 수능 한국어 과정은 호주 각 주 내에서 공통적으로 사용할 표준 한국어 교육과정으로 다른 언어 과정과 함께 시행 중이다.

표준 교육과정이 교수 학습 단계의 큰 틀을 제시하는 반면 특정 과목의 구체적 교수 학습 내용은 실러버스(syllabus) 혹은 스터디 디자인(study design)이라 불리는 '교수요목서'에 제시된다. 현재 초·중·고등학교에서 실행되고 있는 한국어 과정은 다음과 같다.

유치원에서부터 10학년까지는 전국 공통의 표준 한국어 과정으로 K-10 과정이 실행된다. 11~12학년은 각 주 정부 공통의 표준 대입 과정이 실행된다. 가령 호주 수도 특별 지구(Australian Capital Territory)에서는 초급 한국어(beginning Korean), 중급 한국어(continuing Korean), 고급 한국어(advanced Korean) 과정을 시행하고 뉴사우스웨일스(New South Wales) 주에서는 중급 한국어(Korean continuers), 전승어로서의 한국어(heritage Korean), 모국어로서의 한국어(Korean-background speakers) 과정을 시행한다. 퀸즐랜드(Queensland) 주에서는 교내 11~12학년용 한국어(Korean senior internal), 교외 11~12학년용 한국어(Korean senior external) 과정을, 사우스오스트레일리아(South Australia) 주에서는 모국어로서의 한국어(Korean-background speakers), 초급 한국어(Korean-beginners) 과정을 시행하며 빅토리아(Victoria) 주에서는 제1 언어로서의 한국어(Korean first language), 제2 언어로서의 한국어(Korean second language) 과정을 시행한다. 각 주는 이와 같은 각 과정별 교수요목서에 의거하여 교육 목표와 내용 및 평가 등의 교수 학습 요건을 제시한다. 대입의 언어 영역에서도 호주 표준 교육과정의 수립 및 시행이 조속히 이루어지기 위해서는 우선 각 주 정부가 제도적 차이를 좁혀 전국적으로 통일된 교육 체계를 수립하려는 협력과 의지가 필요하다.

이와 더불어 호주의 한국어교육 정책 및 교육과정이 더 발전하기 위해서는 응용

언어학, 언어 교육학 및 사회 언어학 등의 분야에서 연구가 계속되어야 한다. 의미 있는 연구 과제들로는 호주 초·중·고 한국어교육에 대한 최근 현황 및 현안 조사, 한국계 학생들을 위해 2011년부터 실행되고 있는 전승어(heritage Korean) 과정에 대한 학습 동기와 학업 수행 및 평가 등에 관한 조사가 있다. 또한 수요 부족으로 잠정 중단되었던 뉴사우스웨일스 주의 대입 초급 한국어(Korean beginners) 과정에 대한 요구 분석도 재개되어야 한다. 비한국계 한국어 학습자들의 동기와 태도 및 언어 습득 양상 조사, 언어와 문화의 통합 교육 방안 등에 관한 연구도 계속해서 이루어질 필요가 있다. 〈신성철〉

→ 언어 정책

[참고문헌]
• 신성철(2012), Linking Australian secondary schools with tertiary language programs: Current practices and feasibility for Korean, 외국어로서의 한국어교육 37, 연세대학교 언어연구교육원 한국어학당, 195~222쪽.
• Australian Curriculum, Assessment and Reporting Authority (2011), *The shape of the Australian curriculum*, ACARA.
• Australian Curriculum, Assessment and Reporting Authority (2013), *Draft F-10 Australian curriculum: Languages - Korean*, ACARA.
• Shin, S. C. (2010), *The current state of Korean language education in Australian schools*, Education Services Australia.

9.4. 교수요목 유형

교수요목(教授要目, syllabus) 유형이란 교육과정(curriculum) 내에 주어진 학습 목표를 성취하기 위해 구체적으로 학습 내용을 제시한 교수요목을 학습의 내용과 방법에 따라 분류한 것을 말한다.

교수요목은 교과 과정에서 '무엇(what)'을 가르칠 것인가에 대한 내용으로 학습 내용의 선정, 배열, 조직 등을 다룬다. 교수요목의 설계를 위해서는 먼저 교육 내용에 관한 요구 조사를 한 다음 교육의 목적과 구체적인 목표를 설정하고 이에 어울리는 과제를 선정하여 배열하고 조직한다. 교육과정과 달리 교수요목은 평가를 포함하지 않는다.

외국어 교육에서 교수요목은 학습 내용과 방법을 기준으로 두 가지로 분류한다. 먼저 결과 지향적 교수요목(product-oriented syllabus)은 학습 내용에 초점을 두는 것으로 구조 중심 교수요목, 상황 교수요목, 주제·화제 교수요목, 개념 교수요목, 기능 교수요목 등이 포함된다. 과정 지향적 교수요목(process-oriented syllabus)은 내용보다는 학습 과정이나 방법에 초점을 두는 것으로 과제 중심 교수요목 등이 포함된다.

결과 지향적 교수요목의 특징은 목표어 습득을 위한 학습 내용을 사전에 선정, 배열, 조직하여 학습자에게 제시하는 것이다. 반면 과정 지향적 교수요목의 특징은 배워야 할 언어 항목들을 미리 선정하여 등급화하지 않고 학습자들을 실제적인 의사소통 상황으로 끌어들여 언어 사용의 경험을 쌓고 자연적으로 언어를 학습할 수 있도록 하는 것이다. 교수요목의 유형 분류는 각 연구자에 따라 다음과 같다.

〈교수요목의 유형〉

연구자	결과 중심	과정 중심
윌킨스(D. A. Wilkins)	구조 교수요목	절차, 과제 중심 교수요목
화이트(R. V. White)	구조, 상황, 주제, 개념, 기능 교수요목	과정, 절차 중심 교수요목
누난(D. Nunan)	구조, 기능, 개념 교수요목	과제, 내용 중심 교수요목

또한 교수요목은 학습 내용을 조직하는 방법에 따라 선형(linear type), 나선형(spiral type), 조립형(modular type), 기본 내용 제시형(matrix type), 줄거리 제시형(story-line type) 으로 분류하기도 한다. 각각의 특징은 다음과 같다.

첫째, 선형 교수요목은 각 항목의 난이도에 따라 각각의 교수 항목을 일직선상에 한 번씩 선택하여 배열하는 것이다. 모든 항목은 정해진 순서에 따라 한 번씩만 교수되므로 의미보다는 형태 중심의 교수 내용을 제시하는 데 적합하다.

둘째, 나선형 교수요목은 순환형 교수요목이라고도 하며, 하나의 언어 과정 전체에 걸쳐 교수 항목을 한 번만 제시하는 것이 아니라 2회 이상 반복적으로 제시한다. 교수 항목이 반복 제시될 때마다 제시된 항목의 난이도와 복잡도가 더 심화되므로 선수(先手) 학습된 내용이 새로운 의미와 통합되어 학습이 강화된다는 장점이 있으나 설계가 용이하지 않다는 단점도 있다.

셋째, 조립형 교수요목은 주제나 상황 중심의 언어 내용을 특정 언어 기능(skill)과 통합하여 하나의 학습 단위로 조직하는 유형이다. 학습자가 동일한 언어 내용을 다른 언어 기능과 번갈아서 학습하게 되므로 언어 기능이 균형적으로 발전된다.

넷째, 기본 내용 제시형 교수요목은 학습해야 할 과제와 여러 상황을 표로 제시하고 사용자가 주제를 선택하여 학습할 수 있도록 융통성을 최대한으로 제공하는 유형이다. 보통 하나의 화제에 여러 개의 활동이 하나의 행렬에 함께 제시되어 다양한 활동을 통해 언어 학습이 이루어진다.

다섯째, 줄거리 제시형 교수요목은 주제의 지속성을 유지하면서 단원 내용의 순서를 일관성 있게 구성하도록 제안된 내용 배열 방식이다. 하나의 줄거리로 연계성을 이루는 동화나 문학 작품을 활용한 읽기 수업에 특히 적합하다.

지금까지 외국어 교육의 교수요목은 언어학적 원리를 기반으로 언어학적 내용을 기술한 형식에 초점을 맞추었기 때문에 과정 중심의 교육보다는 결과 중심의 교육과 밀접하게 관련된다. 한국어교육에서는 한국어 학습자의 수요가 다양해짐에 따라 학습자의 요구에 맞는 다양한 교수요목을 개발하기 위한 연구가 이루어지고 있다. 〈유민애〉

= 실러버스 유형

[참고문헌]
• 김영숙 외(1999), 영어과 교육론: 이론과 실제, 한국문화사.
• 조명원·이흥수(2004), 영어교육 사전, 피어슨에듀케이션코리아.
• Nunan, D. (1988), *Syllabus design*, 송석요·김성아 옮김, 2003, Syllabus design: Syllabus의 구성과 응용, 범문사.
• White, R. V. (1988), *The ELT curriculum: Design, innovation and management*, Blackwell.
• Wilkins, D. A. (1976), *Notional syllabus: A taxonomy and its relevance to foreign language curriculum development*, Oxford University Press.

■ 결과 지향적 교수요목

결과 지향적 교수요목(結果指向的 敎授要目, product-oriented syllabus)은 학습 내용에 초점을 두어 학습 후에 얻어지는 결과를 중시한 교수요목이다.

교수요목은 학습 내용과 교수 방법에 따라 결과 지향적 교수요목과 과정 지향적 교수요목으로 구분된다. 결과 지향적 교수요목은 언어의 각 부분을 분리한 후 단계별로 가르쳐 점진적으로 전체를 이해하도록 한다는 점에서 종합적 교수요목(synthetic syllabus)이라고도 불린다. 결과 지향적 교수요목은 A형 교수요목이라고도 하는데 이는 화이트(R. V. White)의 교수요목 분류에 따른 것이다. 화이트의 교수요목 분류는 다음과 같다.

〈화이트(R. V. White)의 교수요목 분류〉

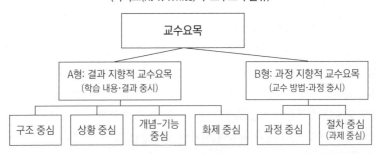

위와 같이 화이트는 교수요목을 크게 A형(type A)과 B형(type B)으로 분류했다. A형 교수요목은 학습 내용을 중심으로 하는 교수요목으로 구조 중심 교수요목, 상황 중심 교수요목, 개념-기능 중심 교수요목, 화제 중심 교수요목 등이 여기에 속한다. 반면 B형 교수요목은 내용보다는 학습의 과정을 중요시하며 교수 방법이 중심이 된다. 과정 중심 교수요목과 절차 중심 교수요목 등이 여기에 속한다. 결과 지향적 교수요목은 학습자가 무엇을 배워야 하는지를 강조하는 A형 교수요목이라고 할 수 있다. 한편 결과

지향적 교수요목은 학생 중심이 아니며 교사가 학습 내용을 보다 쉽게 다룰 수 있다는 관점에서 교사 중심 교수요목이라고도 한다.

결과 지향적 교수요목의 특징은 다음과 같다. 첫째, 학습 내용은 전문가가 정하고 교사와 전문가가 학습자에게 그 내용을 제시한다. 둘째, 수업은 학습자에게 내용을 전달하는 교사 중심으로 이루어진다. 셋째, 미리 선정된 학습 목표에 따른 학습 내용이 강조되며 학업 성취도에 따라 평가가 이루어진다.

결과 지향적 교수요목에 따른 학습 자료는 언어 사용의 측면을 도외시한다는 단점이 있다. 그러므로 오늘날 교수요목을 설계할 때는 내용뿐만 아니라 교육 현장, 학습자 특성, 교육 기관의 상황, 언어 교수와 학습이 진행되는 사회 등의 언어 외적 요소도 고려하여 의사 전달 능력을 배양하는 것을 지향한다. 〈현윤호〉

[참고문헌]
• 김영숙 외(1999), 영어과 교육론: 이론과 실제, 한국문화사.
• 신길호(2004), 영어교육 연구, 북스힐.
• Nunan, D. (1996), *Syllabus design*, 송석요·김성아 옮김, 2003, Syllabus Design: Syllabus의 구성과 응용, 범문사.
• White, R. V. (1988), *The ELT curriculum: Design, innovation and management*, Blackwell.
• Wilkins, D. A. (1976), *Notional syllabuses: A taxonomy and its relevance to foreign language curriculum development*, Oxford University Press.

❑ 구조 중심 교수요목

구조 중심 교수요목(構造中心敎授要目, structural syllabus)은 언어의 문법 구조를 중심으로 단원을 구성한 교수요목이다.

구조 중심 교수요목은 문법 교수요목, 형태 교수요목이라고도 한다. 이는 구조주의 언어학과 행동주의 심리학에 이론적 근거를 둔다. 학습자가 관찰과 반복을 통해 지식을 배우며 이 과정에서 언어의 습관을 형성하게 된다는 것을 전제로 한다. 따라서 구조 중심 교수요목은 문법의 난이도와 사용 빈도를 기준으로 하여 언어의 구조적인 부분을 단계적으로 제시한다. 예를 들어 난이도를 기준으로 구성된 시제에 관한 구조 중심 교수요목은 다음과 같다.

〈구조 중심 교수요목의 예시〉

단원	소단원	문법 항목
시제(tense)	현재 시제(present tense)	A/V-ㅂ/습니다
		A/V-아/어요
	과거 시제(past tense)	A/V-았/었습니다
		A/V-았/었어요
	미래 시제(future tense)	V-(으)ㄹ 겁니다
		V-(으)ㄹ 거예요

구조 중심 교수요목은 문법 구조를 세분화하고 점진적으로 배열하여 단원 간의 연계성

을 중시한다. 이러한 구조 중심 교수요목은 다음과 같은 점을 전제로 한다. 첫째, 언어는 제한적인 규칙으로 구성되어 있으며 학습자의 머릿속에 이미 존재하고 있던 지식의 저장고에 통합되기 전에 개별적으로 학습될 수 있다. 둘째, 학습자가 개별적인 언어의 일부분을 내면화하면 그것을 교실 밖의 실제적인 의사소통에서 자동적으로 사용할 수 있다.

구조 중심 교수요목은 학습 내용을 체계적으로 가르칠 수 있다는 장점이 있지만 의사소통 능력의 향상에는 효과적이지 못하다는 단점을 지니는데 그 이유는 다음과 같다. 먼저 교수 자료는 형태와 의미의 집합체로 구성되어야 하나 대부분의 구조 중심 교수요목은 문법 형태의 집합체만으로 구성된다. 또한 의미와 형태 사이에는 일대일 대응 관계가 없기 때문에 하나의 형태가 한 가지의 기능만을 가지는 것이 아니라 일 대 다를 나타내기도 한다. 마지막으로 문장 속의 문법적 의미를 제시할 때 형태만을 중시하기 때문에 발화 상황에서 그것이 실제 사용되는 방법에 대해서는 고려하지 않아 언어 상황 혹은 맥락이 무시되기 쉽다. 〈유민애〉

[참고문헌]
- 김영숙 외(1999), 영어과 교육론: 이론과 실제, 한국문화사.
- 조명원·이흥수(2004), 영어교육 사전, 피어슨에듀케이션코리아.
- Wilkins, D. A. (1976), *Notional syllabuses: A taxonomy and its relevance to foreign language curriculum development*, Oxford University Press.

❑ 상황 중심 교수요목

상황 중심 교수요목(狀況中心敎授要目, situational syllabus)은 학습자가 앞으로 직면하게 될 상황을 예상하여 설정한 후 각 상황에서 요구되는 목표어의 언어 단위를 다루는 교수요목이다.

상황 중심 교수요목에서는 학습자가 목표어를 사용하게 될 것이라고 판단되는 공간, 해당 장소에서 대면하는 대화 상대자, 이야깃거리 등을 예측하는 것이 중요하다. 상황 설정이 이루어지면 각 상황의 의사소통 장면에서 요구되는 목표어의 문법·표현, 어휘, 문장 및 담화의 수준으로 교수 학습 내용을 구성한다. 상황과 맥락에 중점을 두므로 실생활의 언어 사용 장면을 고려한다는 장점이 있지만 교수 학습 내용의 수준을 고려한 등급화가 이루어지기 어렵다는 단점도 발생한다.

상황 중심 교수요목에서는 학습자가 향후 교실 밖의 현실 상황에서 겪게 되는 사회적 맥락을 고려하기 때문에 교수 단위로 삼고 있는 상황이 정확하게 정의되고 제시되어야 한다. 특정 상황에서는 어떤 언어가 사용되는지 예측할 수 있게 되는데 그것은 상황을 구성하는 세 가지 요소인 장소(setting), 참여자(participant), 관련 대상물(relevant object)의 관계를 통해서 이루어진다. 따라서 교수 현장에서 학습자에게 제시되는 상황과 그 상황을 구성하는 요소들은 인위적인 것이 아닌 실제적인 것이 되어야 한다. 이 교수요목이 교재에 반영된다면 강의 등록하기, 병원에서 진료받기, 하숙집 구하기 등이 상황의 예로 제시될 수 있다.

상황 중심 교수요목은 학습자의 한국어 수학 목적과 함께 학습자가 장차 처하게 될 상황과 맥락을 고려한 것이므로 특수 목적의 한국어교육 상황에서도 참고할 점이 많다. 상황 관찰, 상황에서 주로 사용되는 구어 말뭉치 구축 등의 연구가 주요 과제가 된다.

〈김인규〉

[참고문헌]
• 김인규(2003), 학문 목적을 위한 한국어 요구 분석 및 교수요목 개발, 한국어교육 14-3, 국제한국어교육학회, 81~113쪽.
• White, R. V. (1988), *The ELT curriculum: Design, innovation and management*, Blackwell.

❏ 개념-기능 중심 교수요목

개념-기능 중심 교수요목(槪念機能中心敎授要目, notional-functional syllabus)은 언어 능력보다 언어 사용과 의사소통 능력을 중심으로 교육 내용을 구성하는 교수요목이다.

윌킨스(D. A. Wilkins)가 제안한 개념-기능 교수요목은 개념적 교수요목(notional syllabus)으로 불리기도 한다. 윌킨스의 개념-기능 중심 교수요목은 구조 중심 교수요목과 상황 중심 교수요목의 대안으로 제시된다. '개념'은 언어를 통해 표현하는 개념적 의미로서 시간, 공간, 움직임과 같은 것이고 '기능'은 언어를 사용하여 수행하는 의사소통적 목적을 말한다. 1970년대 들어 언어의 의사소통적 개념과 기능에 대한 관심이 높아지면서 개념-기능 중심 교수요목이 제안되었다. 이를 학자에 따라서는 기능 중심 교수요목 (skill-based syllabus)이라고 하기도 한다.

윌킨스는 교수요목의 기본 단위로 '개념'을 세 범주로 나누고 있다. 주된 교육 내용은 학습자가 외국어를 학습할 때 의사소통을 하기 위해 표현하고자 하는 의미와 기능이다.

〈개념의 세 가지 범주〉

개념의 범주	개념	언어 재료
의미 문법 범주 (semantico-grammatical categories)	개념, 인지 및 명제를 다룸	시간, 공간, 수량, 성질, 관계의 일반적 의미 및 주제와 관련된 구체적 의미
양식 범주(modal categories)	화자의 태도를 결정 지음	서법조동사의 사용
의사소통 기능 범주 (categories of communicative functions)	의사소통을 수행하는 언어 기능	양상, 도덕적 판단, 권고, 논의, 이성적 탐구, 개인적 감정, 정서적 관계, 대인관계 등의 기능

위와 같이 언어를 의미 문법적 범주인 개념(notion)과 의사소통의 기능 범주인 기능 (function)으로 나누었다. 개념은 언어를 통하여 표현되는 개념적 의미로서 일반 범주 (존재, 공간과 시간, 수, 양, 관계 등)와 특정 범주(신분, 가정 환경, 일상생활, 대인 관계, 물건 사기, 날씨 등)가 있다. 기능은 언어를 사용함으로써 추구하는 의사소통상의 목적

(정보 구하기, 거절하기, 인사하기, 보고하기, 사과하기 등)을 의미한다. 이와 같은 내용을 교수요목 구성에서 먼저 고려하고 이에 맞춰 언어 형식을 결정한다.

그런데 기능의 범주 분류는 학자에 따라 다른 양상을 보이기도 한다. 대표적으로 윌킨스(D. A. Wilkins)와 반 엑(J. A. van Ek), 피노키아로와 브럼피트(M. Finocchiaro & C. Brumfit)의 기능 범주 분류는 다음과 같다.

〈기능의 범주 분류〉

윌킨스	양상, 도덕적 판단, 권고, 논의, 이성적 탐구, 개인적 감정, 정서적 관계, 대인 관계
반 엑	사실적 정보 주고받기, 지적 태도 표현, 정서 표현하기/알아내기, 도덕적 태도 표현/알아내기, 설득, 사교
피노키아로와 브럼피트	개인적 기능, 대인적 기능, 지시적 기능, 참조적 기능, 상상적 기능

범주의 구체적인 예로 예컨데 피노키아로와 브럼피트의 '대인적 기능'의 하위 기능 중에는 '인사하기/헤어지기, 사람 소개하기, 다른 사람에게 밝히기, 다른 사람의 기쁨 표현하기, 다른 사람의 안녕에 대한 관심 표현하기, 초대하기/수락하기' 등이 있다.

개념-기능 중심 교수요목은 이를 구성할 때 어떤 개념과 기능을 선정하며 배열하느냐의 문제 그리고 특정 개념과 기능을 설명하기 위해 어떤 언어 형식을 사용하느냐의 문제점이 있다. 반면 개념-기능 중심 교수요목은 언어의 목적이 의사소통에 있다고 보고 실제성이 있는 학습 과제를 부여하여 학습자들의 의사소통에 관한 내적 동기를 고취시켜 준다. 또한 교수요목 설계에서 다른 유형의 교수요목과 쉽게 연계될 수 있다는 장점이 있는데 보통 화제, 언어 구조, 기능 등의 학습 내용을 나선형 또는 순환형으로 구성한다.　　　　　　　　　　　　　　　　　　　　　　　　　　　　　　〈박선옥〉

→ 의사소통 중심 교수법

[참고문헌]
• 김도임(2001), 취학 전 아동의 영어 교수요목 모형 개발, 중앙대학교 석사학위논문.
• 신미영(2010), 요구 분석을 바탕으로 한 개념·기능 영어 교수요목 설계: 한국 중학교 과정을 중심으로, 강원대학교 박사학위논문.
• Finocchiaro, M. & Brumfit, C. (1983), *The functional-notional approach: From theory to practice*, Oxford University Press.
• van Ek, J. A. & Alexander, L. G. (1980), *Threshold level English: Council of Europe modern language project*, Pergamon.
• Wilkins, D. A. (1976), *Notional syllabuses: A texonomy and it's relevance to foreign language curriculum development*, Oxford University Press.

❏ 기술 중심 교수요목

기술 중심 교수요목(技術中心敎授要目, skill-based syllabus)은 말하기, 듣기, 읽기, 쓰기와 같은 언어 기술(language skill)과 이를 수행하는 데 필요한 학습 기술(learning skill)

을 중심으로 학습 내용과 순서가 구성되는 교수요목이다.

이 교수요목의 관점에 따르면 언어를 사용할 수 있다는 것은 언어 요소인 발음, 어휘, 문법 등을 알고, 이것을 말하고 듣고 읽고 쓰는 의사소통적 운용 능력이 있다는 것이다. 그러므로 이러한 능력에 관해 학습하는 기술을 가르쳐야 한다는 데에 주목한다.

화이트(R. V. White)는 다음과 같이 기술을 언어와 학습에 관한 기술로 나누고 있다.

〈화이트(R. V. White)의 언어 기술과 학습 기술〉

기술(skills)	
언어(language) 수용적/산출적(receptive/productive)	학습(learning) 기술 습득 중심(skill acquisition focus)

기술(skill)은 듣거나 읽는 수용적인 것과 말하거나 쓰는 산출적인 것으로 나누어지는 언어 기술과, 기술 습득에 초점을 둔 학습 기술로 구분된다. 수용적 기술과 산출적 기술의 예를 들면 훑어 읽기(skimming), 찾아 읽기(scanning) 등은 읽기 기술에, 특정한 담화나 메모, 보고서 작성과 같은 것은 쓰기 기술에, 소개하기와 공적인 목적으로 개인 정보 제공하기, 긴급 상황에서 전화로 도움 요청하기 등은 말하기 기술에, 전화로 특정한 정보 얻기, 라디오로 뉴스 듣기, 식당에서 주문 받기 등은 듣기 기술에 해당한다. 학습 기술의 예로는 사전 사용법 익히기, 시험 답안 작성법 이해하기 등을 들 수 있다.

기술 중심 교수요목은 어떤 특정한 언어 교수 학습 이론과 관계된 것이 아니라 일반적인 언어의 기술을 세분화한 후 그것을 가르쳐서 사람들이 언어를 능숙하게 사용하도록 하는 것이다. 그러므로 특정 언어 기술을 가르치는 것이 주요 목적이다. 발음·어휘·문법 능력은 중심 생각 듣기, 구조를 잘 갖춘 문단 쓰기, 효과적인 발표하기와 같은 학습을 통해 향상될 수 있다고 본다.

기술 중심 교수요목은 일반 목적 한국어교육에서 활용할 만하다. 그러나 현재는 직업 목적 한국어교육, 학문 목적 한국어교육과 같은 특수 목적 한국어교육에서 더 많이 활용하고 있다. 예를 들어 직업 한국어 교수요목의 서류 읽기에는 찾아 읽기 기술을 적용할 수 있고, 학문 목적 한국어 교수요목의 발표문 쓰기에는 사실 중심의 텍스트를 읽고 요약하여 쓰기 기술을 적용할 수 있다. 〈박선옥〉

[참고문헌]
• White, R. V. (1988), *The ELT curriculum: Design, innovation and management*, Blackwell.

■ 과정 지향적 교수요목

과정 지향적 교수요목(過程指向的敎授要目, process-oriented syllabus)은 학습 내용을 미리 선정하거나 배열하지 않고 학습자가 실제 의사소통 상황에서 언어 사용을 경험하며 자연적으로 언어를 학습하게 하는 교수요목이다.

과정 지향적 교수요목은 앨런(J. P. B. Allen)이 1984년 연구에서 제시한 A형과 B형 교수요목 가운데 B형 교수요목에 해당한다. B형 교수요목은 언어의 경험적, 자연적 발달에 초점을 두고 접근한다. 학습 항목을 미리 선정하거나 정리하지 않고 학습자들이 실제 의사소통에서 언어 사용을 경험하며 자연적으로 학습할 수 있도록 한다. 화이트(R. V. White)의 교수요목 분류 중에서도 B형 교수요목은 학습 내용보다 학습 과정('How is it to be learnt?')을 중시하는 방법 중심 교수요목이므로 이것 역시 과정 지향적 교수요목에 해당한다. 누난(D. Nunan)은 결과와 과정을 교수요목의 분류 기준으로 적용하여 결과 지향적 교수요목과 과정 지향적 교수요목으로 분류하였으며 이 중 과정 지향적 교수요목은 언어 지식과 기능을 학습하는 과정과 학습 경험 자체에 초점을 둔다. 과정 지향적 교수요목에는 과제 중심 교수요목, 절차 중심 교수요목, 내용 중심 교수요목이 있다.

브린(M. P. Breen)과 캔들린(C. N. Candlin)이 제안한 과정 지향적 교수요목은 진보주의적 교육의 입장에서 학습자가 어떻게 학습을 하게 되는가에 중점을 두고 있다. 캔들린은 학습 내용이 사전에 선정되고, 배열되어 지식의 전달 체계로서 학습이 이루어진다기보다는 교사와 학습자 간의 상호 협상에 의하여 이루어져야 한다는 의견을 제기한다.

과정 지향적 교수요목은 교육 현장에서 일어나는 교사와 학습자의 상호작용을 통해 학습자의 의사소통 능력을 향상시킬 수 있는 교수요목과 학습자들의 다양한 요구를 반영한 교수요목 두 가지를 종합하여 만든다. 여기에서 핵심은 교사와 학습자 간에 상호 협의하는 의사 결정 과정이다. 즉 내용을 잘 가르치기 위한 구체적인 방법을 제시하는 것을 목표로 하므로 의사 결정 과정 자체가 실제적인 의사소통 활동이 되고 따라서 교수요목이 매우 유동적이다.

과정 지향적 교수요목의 특징은 다음과 같다. 첫째, 학습 내용은 학습자에게 의미 있는 것, 학습자가 원하는 것으로 구성한다. 둘째, 학습 과정에서 교사와 학습자는 상호 결정권자로서 협의에 의해 학습 내용을 결정한다. 셋째, 학습 목표는 미리 선정된 것이 아니라 학습한 후에 기술되는 것으로 학습 과정을 중시한다. 넷째, 평가는 학습자 자신의 기준에 의해 이루어진다. 다섯째, 자기 주도적으로 혹은 스스로 과제를 성취하는 과정에서 자연스럽게 학습이 일어나도록 하는 학습자 중심 교수요목이다.

그런데 과정 지향적 교수요목에서는 학습 목표와 내용이 사전에 결정되지 않기 때문에 학습 목적이 불분명해질 우려가 있다. 교수 자료 또한 미리 선정할 수 없어서 교사가 매우 전문적인 능력과 기술을 갖추고 있어야 한다는 한계와 부담이 있다. 학습의 목표, 내용, 방법, 평가가 사전에 계획되지 않고 학습 과정에서 교사와 학습자의 상호 협의에 의해 지속적으로 이루어지므로 학습 결과를 예측하기 어렵다는 문제점도 있다. 〈박선옥〉

[참고문헌]
• Allen, J. P. B. (1984), General-purpose language teaching: A variable focus approach, In C. J. Brumfit. (Ed.), *General English syllabus design: Curriculum and syllabus design for the general English classroom*, pp. 61~74, Pergamon Press.
• Breen, M. P. (1984), Process syllabuses for the language classroom, In C. J. Brumfit. (Ed.), *General English syllabus design: Curriculum and syllabus design for the general English classroom*, pp. 47~60, Pergamon Press.
• Candlin, C. N. (1984), Syllabus design as a critical process, In C. J. Brumfit. (Ed.), *General English syllabus design for the general English classroom*, pp. 29~46, Pergamon Press.
• Nunan, D. (1988), *Syllabus design*, Oxford University Press.
• White, R. V. (1988), *The ELT curriculum: Design, innovation and management*, Blackwell.

❏ 과제 중심 교수요목

과제 중심 교수요목(課題中心敎授要目, task-based syllabus)은 학습자가 실생활에서 목표어를 이용해 수행할 가능성이 높은 과제가 중심 구성 단위가 되는 교수요목을 말한다.

과제 중심 교수요목은 의사소통 중심 언어 교수의 초기 제안이라고 할 수 있는 기술 중심 교수요목에 대한 대안으로 시작하였다. 학습할 언어 항목을 사전에 선정하는 것은 불가능하다는 인식 아래 의사소통의 단위, 즉 과제에 초점을 맞추게 되었다. 과제 중심 교수요목에서는 언어를 특정 형태나 개념, 기능으로 분절하지 않고 총체적으로 결합한 덩어리로 제시한다.

과제 중심 언어 교수는 롱(M. H. Long)이 제안하였다. 롱은 과제를 '사람들이 일상생활에서 하는 모든 일들'이라고 정의하고 그 가운데 학습자가 실생활에서 수행할 가능성이 높은 과제를 중심으로 교육 내용을 구성한다. 과제 중심 언어 교수는 학습자가 수행할 수 있게 되는 결과가 아닌, 학습을 하는 수업 과정에 초점을 둔다.

과제 중심 교수요목의 특징은 다음과 같다. 첫째, 제2 언어 습득 이론에 기초하고 있다. 리처즈(J. C. Richards)는 학습자가 과제를 수행하는 동안 이해 가능한 입력과 출력을 받아들인다고 주장하고 이러한 처리 과정을 제2 언어 습득의 중심으로 보았다. 둘째, 브린(M. P. Breen)에 따르면 과제 중심 교수요목은 의사소통 능력을 우선적으로 고려한다. 이로써 정확하고 적합하며 유의미한 의미 전달을 추구하고 실제 과제 수행의 기저에 있는 능력을 기르고자 한다. 셋째, 가르칠 내용과 그 내용이 어떻게 효율적으로 실행될 수 있는가, 즉 과정과 결과 중에서도 방법론에 더 관심을 둔다. 누난과 록우드(D. Nunan & J. Lockwood)에 따르면 과제 중심 교수요목은 교육 과제를 선정할 때 요구 분석, 과제 유형 분석, 과제 위주의 교수요목 작성 등의 단계를 거치므로 교수요목 설계가 체계화되어 있다.

과제 중심 교수요목의 장점은 학습자가 실생활 과제를 통해 유의미한 의사소통 활동에 참여하여 의사소통 욕구에 동기를 부여하고 실제 의사소통 능력을 향상시킬 수 있다는 것이다. 또한 과제 활동을 수행하면서 학습자 간 상호작용의 효과도 거둘 수 있다.

그러나 과제 중심 교수요목은 과제의 범위를 설정하고 설계하는 절차가 불투명하다. 과제의 유형이나 개수 그리고 난이도를 결정한 후 배열하는 기준을 마련하는 것도 쉽지 않다. 또한 의사소통 과제의 사용은 유창성을 높일 수는 있으나 정확성은 떨어뜨리는 결과를 초래하기도 한다. 〈박선옥〉

= 과업 중심 교수요목, 과제 기반 교수 요목
→ 과제 중심 언어 교수법

[참고문헌]
• Breen, M. P. (1984), Process syllabuses for the language classroom. In C. J. Brumfit. (Ed.), *General English syllabus design: Curriculum and syllabus design for the general English classroom*, pp. 47~60, Pergamon Press.
• Long, M. H. (1985), A role for instruction in second language acquisition: Task-based language teaching, In K. Hyltenstam. & M. Pienemann. (Eds.), *Modeling and assessing second language acquisition*, Multilingual Matters.
• Nunan, D. & Lockwood, J. (1992), *The Australian English course 1: Teacher's book*, Cambridge University Press.
• Richards, J. C. (2001), *Curriculum development in language teaching*, Cambridge University Press.

☐ 절차 중심 교수요목

절차 중심 교수요목(節次中心敎授要目, procedural syllabus)은 학습 내용보다는 학습 과정의 측면에서 목표어를 사용해 달성해야 할 과제(task)를 상세화하는 데 중점을 두고 내용을 조직하는 교수요목이다.

절차 중심 교수요목은 프라부(N. S. Prabhu)가 개발한 CTP(Communicational Teaching Project)에서 시작한다. CTP에서는 학습자가 다양한 과제를 수행하면서 의미를 중심으로 목표어를 이해하고, 무의식적으로 언어 체계를 구축하여 문법 체계를 발달시키게 된다고 본다. 그러므로 언어의 구조나 체계보다는 의미 이해에 초점을 두고 과제를 완성하는 것을 주된 목표로 한다.

절차 중심 교수요목은 사전에 목표어의 단어나 구조와 같은 형식 요소가 아닌, 학습자의 인지적 수준을 기준으로 난이도에 따라 과제를 선정하고 배열한다. 과제 해결 과정에서 학습자가 목표어를 학습하도록 하기 때문에 과제 중심 교수요목(task-based syllabus)과 같은 것으로 보기도 한다.

과제 해결 과정은 과제 전(pre-task) 활동과 과제 활동으로 구분한다. 과제 전 활동에서 교사는 학습자가 수행할 과제에 대해 시범을 보인다. 그리고 학습자가 언어 사용에서 오류를 일으키더라도 문법적인 설명을 하거나 철자를 수정해 주지 않는다. 교사의 역할은 오류를 수정하거나 올바른 형태를 제시하는 것으로 충분하다고 본다.

절차 중심 교수요목은 다음과 같은 점에서 의의가 있다. 먼저 수업에서 제시하는 과제는 실제 문제 상황과 유사하기 때문에 학습자가 실제적이며 적극적으로 의사소통 상황에 대처하는 능력을 함양할 수 있다. 또한 과제 해결 과정에 학습자가 능동적으로 참여하게 함으로써 학습을 촉진한다. 학습 내용이 되는 과제도 학습자 수준을 고려하여 선정한다. 언어의 형식이 아니라 과제를 해결하는 절차에 초점을 맞추어 의미 이해에 중점을 둔 학습을 통해 외국어 습득이 가능하다는 것을 보여 주기도 한다.

그러나 누난(D. Nunan)은 이 교수요목이 과제의 상세화로부터 출발하기 때문에 선정된 과제와 학습 목표의 관련성을 판단하기 어렵다는 문제점을 제기했다. 또한 과제 목록이 학습자의 요구에 부합하지 못하는 단순한 목록에 불과할 수도 있다. 롱과 크룩스(M. H. Long & G. Crooks)에서도 과제의 난이도와 과제를 수행하는 절차가 체계적이지 못하며 객관적인 평가 기준 없이는 과제가 학습자의 요구에 적합한지에 대한 증명을 할 수 없다는 단점이 있다고 한다.   〈박선옥〉

= 절차적 교수요목

→ 과제 중심 언어 교수법

[참고문헌]
- Long, M. H. & Crooks, G. (1992), Three approaches to task-based syllabus design, *TESOL Quarterly 26-1*, pp. 27~56.
- Nunan, D. (1988), *Syllabus design*, Oxford University Press.
- Prabhu, N. S. (1987), *Second language pedagogy*, Oxford University Press.

❏ 내용 중심 교수요목

내용 중심 교수요목(內容中心敎授要目, content-based syllabus)은 교수요목을 교과목의 내용이나 주제를 중심으로 구성한 것이다.

내용 중심 교수요목은 목표어의 언어적 형태, 기능, 문법과 같은 형식적 요소보다는 내용 중심의 메시지를 이해하는 데 주안점을 둔다. 내용을 통해 언어 형식을 알고 언어 발달을 위해서 언어 내용을 이용한다. 내용 중심 교수요목의 주된 목표는 학습자에게 목표어를 사용하여 특정 내용을 담고 있는 정보를 가르치는 것이다. 교수 학습 내용은 '여가 생활, 날씨, 음식' 등과 같은 주제로 구성할 수도 있고 역사, 경제, 수학과 같은 다른 과목과 연계하여 언어를 학습하게 하기도 한다.

내용 중심 교수요목의 배경 학습 이론은 크래션(S. Krashen)의 습득-학습 가설(acquisition-learning hypothesis)이다. 논리적으로 계획된 교수로 이루어지는 학습(learning)은 의식적인 과정이며, 습득(acquisition)은 무의식적이고 자연적인 과정인데 제2 언어 습득은 자연스러운 의사소통 환경에서 언어를 습득하여 그 언어를 능숙하게 사용하게 되는 것이라고 한다. 이때 요구되는 것은 유의적이고 이해 가능한 입력(comprehensible input)이다. 입력은 언어의 형식이 아닌 메시지, 즉 내용에 초점을 두고 있어야 한다. 내용을 이해하는 것이 우선으로, 내용을 이해하면 그 속에 부호화되어 있는 언어 형식을 습득할 수 있다고 본다.

내용 중심 교수요목은 학습자에게 적합한 주제나 내용을 교수하여 그들의 요구에 부응하므로 학습 의욕을 고취시킨다. 그리고 내용을 통해 기능 영역을 가르치는 기초를 제공하고 네 가지 기능의 통합을 도모할 수 있으며 수업에 실제적 자료를 사용한다는 이점이 있다. 또한 주제와 내용을 중심으로 하고 있으므로 넓은 범위의 언어 사용과 활동이 가능해진다.

그런데 내용 중심 교수요목은 언어 사용 수준이 어느 정도에 도달한 학습자에게는 효과적이지만 숙달도가 낮은 학습자에게는 적용하기에 어려움이 있다. 그리고 주제나 내용을 선정하는 명확한 기준을 제시하기 어려운 점도 있다. 또한 다양한 의사소통 주제와 교과 내용 중에서 교수요목으로 다룰 내용을 선정하는 것에는 한계가 있다. 그리고 내용과 주제가 교수요목 설계의 유일한 기준이 된다면 언어 형식의 난이도나 논리적 관계가 고려되지 않아 어려움이 따를 수 있다.

내용 중심 교수요목은 특수 목적의 한국어교육에서 주로 활용한다. 예컨대 학문 목적 한국어 학습자를 위해 교과목과 연계한 교수요목을 구성하거나 사업 목적 혹은 직업 목적 한국어 교수요목에도 활용할 수 있다. 〈박선옥〉

= 내용 기반 교수요목
→ 습득-학습 가설, 내용 중심 교수법

[참고문헌]
• Krashen, S. (1987), *Principles and practice in second language acquisition*, Prentice Hall International.

■ 혼합·다층적 교수요목

혼합·다층적 교수요목(混合/多層的敎授要目, mixed or layered syllabus)은 두 개 이상의 교수요목을 활용하여 혼합하거나 층위를 부여하여 구성한 교수요목이다.

혼합·다층적 교수요목을 구성할 때는 교재를 개발하는 과정에서 학습자의 요구 분석을 바탕으로 교육 환경에 알맞은 교육 목표, 교육과정을 설정하고 교수 방법과 연계한다. 이때 주제, 문법, 기능, 과제 등의 어느 하나만을 중심으로 교수요목을 설계하기보다는 둘 이상의 교수요목을 혼합하거나 층위를 두어 복합적으로 교수요목을 설계하기도 한다. 다음은 한국어 교재에 나타난 혼합·다층적 교수요목의 예이다.

《《재미있는 한국어 1》의 교수요목》

과	주제	기능	어휘	문법	활동	발음	문화
6	음식	• 좋아하는 것 말하기 • 음식 주문하기 • 제안하기	• 음식 • 맛	• -(으)ㄹ래요 • -아/어/여요 • -(으)러 가다	• 식당에서 대화 듣기 • 식당에서 주문하고 싶은 것 묻기 • 메뉴 읽기 • 좋아하는 음식에 대한 글 읽기 • 식습관과 좋아하는 음식에 대해 쓰기	의문사 의문문과 긍정/부정 의문문의 억양	상차림

《《여성 결혼 이민자와 함께하는 한국어 3》의 교수요목》

단원	제목	기능	문법	어휘
1	부동산 중개소	요청하기 설명하기 거절하기	-(으)ㄹ까 하다 -거든요	부동산 관련 어휘

최근 개빌되는 한국어 교재는 대부분 혼합·다층적 교수요목으로 구성되어 있다. 한국어 학습자의 의사소통 능력 향상은 한국어의 구조, 어휘, 기능, 과제, 문화 등 다양한 범주의 능력이 동시에 배양될 때 가능하다. 따라서 혼합·다층적 교수요목의 장점은 학습자의 한국어 의사소통 능력의 종합적 발달을 꾀하는 데 있다. 〈박선옥〉

[참고문헌]
• 강현화·김선정·황인교(2010), 여성 결혼 이민자와 함께하는 한국어 3, 국립국어원.
• 고려대학교 한국어문화교육센터(2008), 재미있는 한국어 1, 교보문고.
• Brown, J. D. (1995), *The elements of language curriculum: A systematic approach to program development*, Heinle & Heinle Publisher.

한국어교육학 사전

The Encyclopedia of
Korean Language Education

10

교재

10. 교재

10. 교재

교육이라는 것의 본질은 결국 '누가(교사) 누구에게(학습자) 무엇을(교육 내용) 가르치는 행위'로 규정될 수 있다. 그중에서 '무엇'을 담고 있는 총체물(總體物)로서 우리는 '교재'의 존재감과 위상을 확인할 수 있다. 특히 언어 교육에서는 잘 조직된 교재의 역할이 교육의 성패에 매우 중요한 영향을 미치기 때문에 교사, 학습자와 함께 교재를 언어 교육의 3대 요소로 꼽는다.

교재는 학습자와 교사를 이어 주는 물리적 실체이자 매개체(media)이다. 교재에는 우리가 일반적으로 연상하는 도서 형태뿐만 아니라 교수 학습 활동이 체계적으로 일어날 수 있도록 해 주는 조직화된 모든 교육 자료가 포함된다. 여기에서 조직화된다는 것은 곧 교육 목표를 달성하기 위하여 기조로 삼는 학습 심리에 대한 이론과 교육 철학에 바탕을 두고 또 이에 근거하여 작성한 교육과정에 따라 교재가 만들어졌음을 의미한다. 따라서 교재는 일회성이 아니라 지속적으로 사용될 수 있는 것이어야 하고 동시에 교육의 특성이나 목적에 따라 다양하게 개발되거나 개작(改作)할 수 있는 것이어야 한다.

교재 영역에서는 한국어교육학 분야에 있어서 교재가 지니는 의미와 범위, 한국어 교재의 유형과 특성, 교재 개발의 원리와 절차, 교재의 선정과 평가 등에 대해 폭넓게 다루고 있다. 또한 일반적인 외국어 교육학에서 소위 '교재론'이라는 분야로 일컬어지는 이론적인 부분을 한국어교육과 관련하여 해설하되 한국어 교재의 유형과 특성을 다루는 부분에서는 다양한 실제 사례와 그 배경에 대해서 설명하였다.

본 장의 첫 부분에서는 교재에 대한 정의와 범위에 대해 먼저 짚어 보고 이어서 한국어 교재의 역사적 흐름에 대해서 서술하였다. 교사나 학습자는 그 실체를 가시적으로 포착하기 어렵지만 교재는 물리적으로 구현된 실체이므로 오히려 가장 오랜 시간을 견딜 수 있는 특성을 지니고 있기도 하다. 더구나 개정이나 재개발이 이루어질 경우 그 개작의 경향까지 파악할 수 있어 이를 통해 교육이 이루어진 환경이라든지 교수 학습의 이론적 배경, 교수 방법 등을 역추적할 수 있는 좋은 연구 대상이 된다. 한국어교육에서 교재는 그런 의미에서 한국어를 외국어로서 가르치고 배운 역사를 재구성할 수 있는 훌륭한 사료(史料)로서 기능한다.

다음으로 다양한 유형의 한국어 교재에 대해 구체적으로 살펴보았다. 교재의 유형을 분류하는 기준에는 여러 가지가 있지만 여기에서는 외국어 교재를 분류하는 가장 보편적인 관점에서 영역별, 대상별, 수준별, 목적별로 한국어 교재의 여러 유형들을 소개하였다. 이를 통해 최근 한국어교육에서 가장 관심을 받는 부분이 무엇이며 그 배경은 어디에서 비롯되었는지를 파악할 수 있다.

교재 개발에서는 교재를 새롭게 제작하거나 기존의 교재를 개선하는 이론적 원리, 과정과 절차, 활용 방법에 대해 세밀하게 다룬다. 마지막으로 교육 현장에 나와 있는 각종 교재를 평가하여 그 가치를 견주어 보거나 처해진 교육 상황이나 교육 목적에 가장 적합한 교재를 선정하는 문제에 대해 지금까지 제기된 학술적 논의와 결과를 담아 표제어별로 제시하였다.

그간 한국어교육의 빠른 성장으로 인해 새로운 학습 수요가 급격하게 나타나고 많은 종류의 교재가 새롭게 개발되었다. 그럼에도 불구하고 세계 여러 한국어교육 현장에서는 여건에 맞는 적절한 교재가 없음을 늘 지적하고 있다. 교재 종류가 무한히 많다 하더라도 모든 경우의 학습 수요를 완벽히 충족할 수 없을 뿐더러 교재의 개발에는 많은 비용이 요구되기 때문에 교재에 대한 정확한 이해와 더불어 합리적으로 평가하고 선정하는 것이 무엇보다 중요하다. 한국어교육에서 교재론의 필요성이 더욱 증대되는 이유는 바로 이러한 정황 때문이다. 〈강남욱〉

10.1. 교재의 이해

교재(敎材)는 교육 목적 및 목표를 달성하기 위해 교육과정을 반영한 교육 내용을 교사와 학습자에게 제공하는 총체적 도구이다.

교재는 교육 목적을 효과적으로 달성할 수 있도록 교육 목표를 제시하고 교육과정을 구현하는 역할을 담당한다. 교재를 통해 학습 동기를 유발하고 표준이 되는 언어, 교수법, 교수 자료, 학습 내용, 학습 방법을 제공한다. 나아가 교사와 학습자 사이의 매개체로서 교수 평가의 근거를 제공하여 교수 내용의 일관성과 수업 수준의 일정성(一定性)을 확보할 수 있도록 한다.

고려 시대와 조선 시대에 한국어 교재는 어휘집 형태의 교재가 사용되었고, 근대 계몽기에는 문법·회화서 형식의 교재가 개발되었다. 국내에 한국어 교육 기관이 생긴 1959년부터는 한국어 교육 기관이나 대학에서 외국인을 위한 교재를 발간하였고 정부 기관에서는 재외 동포를 위한 교재를 개발하였다. 1980년대 중반부터 한국어 교육 기관과 학습자가 증가하고 한국어 교수법에 대한 연구가 활발해지면서 연구 결과를 교재 개발에 적용하기 시작하였다. 1990년대 후반부터는 다양한 학습자를 위한 과제 중심, 기능 통합형 교재가 개발되었다. 또한 한국어 학습자가 다양해지면서 학문 목적 학습자, 직업 목적 학습자, 결혼 이민자, 다문화 가정 자녀 등을 위한 교재도 출간되었으며 한국 문화와 문화 교육이 교재에 반영되었고 멀티미디어 자료의 개발도 이루어졌다.　　〈이지영〉

[참고문헌]
- 서울대학교 국어교육연구소(1999), 국어교육학 사전, 대교출판.
- 서종학·이미향(2007), 한국어 교재론, 태학사.
- 윤여탁 외(2006), 국어교육 100년사 II, 서울대학교출판부.
- Tomlinson, B. (1998), *Materials development in language teaching*, Cambridge University Press.
- 日本語教育學會 編(2005), 新版 日本語教育事典, 안병곤·전철·권정애 역, 2011, 신판 일본어교육 사전 4, 보고사.

■ 교재

교재(敎材)는 교육 목표를 효과적으로 달성하기 위하여 교수 학습 과정에서 사용하는 자료로서 교육과정에 담긴 교육 내용을 교육 철학과 함께 제공하는 물리적 실체를 말한다.

교재는 교육을 '누가 누구에게 무엇을 가르치는 행위'로 볼 때 '무엇'을 담고 있는 총체물이라고 정의하기도 한다.

교재의 개념은 그 형태와 적용에서 다층적이고 역동성을 가진 것으로 파악된다. 이 관점에서 교재는 교육적 의도와 상세화 수준에 따라 자료로서의 교재, 텍스트로서의 교재, 제재로서의 교재로 구분할 수 있다. 또한 교재는 주 교재, 부교재, 보충 교재로도 구분한다. 주 교재란 어느 코스의 교수요목과 내용의 대부분을 다룬 교재로서 수업에서 중심적으로 쓰이는 것을 말하며 그 예로 한국어 교육 기관에서 사용하는 교과서를 들 수 있다. 부교재에는 연습서, 참고서, 사전, 시청각 자료, 과제, 활동 등이 있는데 부교재와 보충 교재는 주 교재의 부족함을 보충하거나 보다 원활한 이해를 돕는 연습을 전개하기 위해 사용한다.

교재의 기능은 다음과 같다. 교수 목표 제시, 교육과정 구현, 학습 동기 유발, 교수 내용 제공, 표준이 되는 언어 제공, 교수법 제공, 교수 자료 제공, 학습 내용 제공, 학습 방법 제공, 교사와 학습자 사이의 매개 역할, 교수 평가의 근거 제공, 교수 내용의 일관성 확보, 평가 대비 자료, 연습을 통한 정착 기능 수행, 수업 수준의 일정성(一定性) 확보 등이다.

좋은 교재가 갖추어야 할 조건은 다음과 같다. 첫째, 교재는 학습자에게 영향을 주어야 한다. 둘째, 교재는 학습자가 편하게 느끼고 자신감을 갖도록 도와주어야 한다. 셋째, 학습 내용이 학습자와 관련이 있고 유용한 것이어야 한다. 넷째, 교재는 학습자가 필요로 하고 또한 학습자의 의욕을 증진시킬 수 있는 것이어야 한다. 다섯째, 교재는 실제 언어 자료를 보여 줄 수 있어야 한다. 여섯째, 입력되는 언어적 요소는 학습자의 관심을 끌 만한 것이어야 한다. 일곱째, 교재는 학습자가 목표어로 의사소통할 수 있는 기회를 제공해야 한다.

근대 계몽기에 문법·회화서의 형태로 출간되었던 한국어 교재는 20세기를 거치면서 의사소통과 과제 중심의 형태로 변화하였으며 2000년대 이후 다양한 학습자 집단을 대상으로 세분되고 있다. 앞으로 출간될 한국어 교재는 현대적인 언어 교수법을 지속적으로 반영하는 동시에 한국어 학습자의 특성을 고려하여 맞춤화하는 방향으로 나아가야 할 것이다.   〈이지영〉

[참고문헌]
• 서울대학교 국어교육연구소(1999), 국어교육학 사전, 대교출판.
• 서종학·이미향(2007), 한국어 교재론, 태학사.
• 한재영 외(2011), 한국어교육 용어 해설, 신구문화사.
• Tomlinson, B. (1998), *Materials development in language teaching*, Cambridge University Press.
• 日本語教育學會 編(2005), 新版 日本語教育事典, 안병곤·전철·권정애 역, 2011, 신판 일본어교육 사전 4, 보고사.

■ 교구

교구(教具)는 교재를 구체적으로 나타내고 효과적으로 지도하기 위하여 사용하는 도구이다.

교구는 교육 목표를 효과적으로 달성하기 위하여 사용하는 도구로 언어적 도구와 비언어적 도구로 구분할 수 있다. 학자에 따라서 언어적 도구와 비언어적 도구를 모두 교구로 보는 입장과 언어적 도구와 비언어적 도구를 각각 교재와 교구로 보는 입장이 있다.

교구 연구와 개발은 인간의 언어 능력 발달을 바탕으로 관찰력, 주의력, 직관성, 사고력, 형태 지각 등에 대한 이해를 강화해야 한다는 관점에서 이루어지고 있다. 교구는 교육 현장에서 가르쳐야 하는 학습 내용이 많아지고 능률적·효과적 학습의 필요성이 증가함에 따라 더욱 발달해 왔다. 특히 교구는 교육 방법의 개발, 학습 과정의 연구, 과학 기술의 발달, 교육 활동에 대한 사회적 기대에 따라 변화해 왔다. 학습 과정에 대한 이해와 과학 기술의 발달로 인해 서적이나 괘도, 여러 가지 시청각 자료나 자율 학습용 교육 학습 기기 등과 같은 교구의 개발이 가능해진 것이다. 현재 보편적으로 이용되고 있는 책도 인쇄술의 발명이라는 과학 기술의 발달로 개발된 것이고 온라인 교재의 경우 컴퓨터와 인터넷의 발달로 이용할 수 있게 될 것이다. 책이 보급되기 이전에는 교사의 언어 활동이 교구로서 중요한 역할을 하였다. 교사의 능력과 학습에 대한 통찰, 과학의 발달 수준을 바탕으로 어떠한 언어 활동으로 조직하느냐에 따라 같은 교육 내용이라도 교육 효과가 다르게 나타날 수 있다.

교구는 언어적 교구와 비언어적 교구로 나누어진다. 언어적 교구는 다시 시각적인 것에 중점을 둔 교구와 청각적인 것에 중점을 둔 교구로 구분할 수 있다. 전자는 교과서, 보조 교재, 프로그램드 북(programed book), 인스트럭션 시트(instruction sheet) 등이 있다. 후자는 라디오, 테이프 리코더(tape recorder), 랭귀지 래버러토리(language laboratory) 등이 포함된다. 비언어적 교구는 표현적인 것에 중점을 둔 교구와 실물적인 것에 초점을 둔 교구로 나누고 전자는 그림, 괘도, 사진, 영화, 슬라이드 등과 같이 대상을 사실적으로 표현하는 것과 모형과 장치 등과 같이 형체를 표현하는 것, 도표, 도해, 블랙박스 등과 같이 도식적으로 표현하는 것으로 구분된다. 후자는 표본, 컬렉션 등과 같은 자연적인 것, 완구와 같은 인공적인 것, 기와, 화석 등과 같이 원형을 그대로 대표하는 것 등이 있다.

교구는 교과의 성격이나 학습 형태에 적합하게 개발하여 사용하는 것이 보다 효과적이며 한국어교육 현장에서도 학습 효과를 높이기 위하여 다양한 교구를 사용하고 있다. 한국어 학습자의 학습 목적과 수준에 따른 교재와 보조 교재의 개발이 이루어지고 있는데 교육 환경과 목적에 따라 책과 온라인 교재로 구분할 수 있으며, 각종 시청각 자료도 다양하게 활용하고 있다. 문자 카드, 음성 테이프, 시디, 비디오, OHP 시트, 책, 잡지, 사전, 인터넷의 웹 사이트, 컴퓨터를 이용한 프레젠테이션 등을 다양하게 이용한다. 한국어 단어 카드, 문법 카드 등도 교육 현장에서 많이 사용하고 있는 교구이다. 단어 카드는 자모음 카드, 명사 카드, 동사 카드, 형용사 카드 등이 있고, 문법 카드에는 조사 카드, 연결 어미 카드, 종결 어미 카드, 문형 카드 등이 있다. 초급 단계에서는 단어의 의미나 상황을 그림으로 표현한 그림 카드도 유용하다. 또한 한국어 학습자의 이해를 돕기 위하여 사진, 그림, 슬라이드, 괘도, 종이접기, 인형, 모형, 실물 등도 활용한다. 예컨대 한국 문화를 소개하기 위해서는 사진 자료나 영상 자료를 유용하게 사용할 수 있다. 사진 자료는 디지털 카메라가 일반화되고 주변에서 쉽게 구할 수 있기 때문에 사용 범위가 더욱 넓어지고 있다. 영상 자료는 카메라나 휴대 전화를 사용한 UCC 동영상을 제작하여 사용하기도 한다. 실물을 교구로 활용하면 구체적이고 직접적인 관찰을 할 수 있다는 장점이 있다. 〈이지영〉

[참고문헌]
• 두산그룹, 두산백과 누리집, 2014년 8월 21일 가져옴, http://doopedia.co.kr
• 서경숙(2009), 신나는 한국어 수업을 위한 쏙쏙 한국어 카드, 박이정.
• 서울대학교 국어교육연구소(1999), 국어교육학 사전, 대교출판.
• 서종학·이미향(2007), 한국어 교재론, 태학사.
• 한재영·안경화·박지영(2011), 한국어교육 용어 해설, 신구문화사.

❏ 시각 자료

시각 자료(視覺資料, visual materials)는 시각을 통하여 학습을 성립시키는 자료를 말한다.

시각 자료로는 교과서, 칠판, 큐 시트(cue sheet), 플래시 카드, 포스터, 차트, 만화, 삽화 등이 있다. 교과서는 교육과정에 근거하여 교수 학습 활동에 필요한 구성 요소를 제시하고, 교수자와 학습자의 교실 활동에 직접 영향을 주는 중요한 역할을 한다. 칠판은 학습자의 시선을 집중시킬 수 있어 집단 교육을 용이하게 해 주며, 요즘은 다양한 기능이 있는 칠판도 있다. 큐 시트는 이동이 편리하여 교사가 직접 들고 다니면서 학생과 교감하기에 용이하다. 플래시 카드는 실물이나 모형을 교실로 운반할 수 없을 때 그림이나 만화를 붙이거나 삽화를 카드로 제시하여 학습 내용을 더욱 명확하게 이해시키는 데 활용한다. 포스터는 학생들의 외국 문화에 대한 흥미와 이해를 증진시키며 이 자료를 사용하여 구문 연습, 대화 연습, 게임, 작문 연습 등을 할 수 있다. 차트는 사물이나 문장으로는 이해시키기 어려운 개념이나 아이디어를 시각적으로 단순화, 간소화하여 제시함으로써 대조, 비교, 분석, 요약, 설명을 하는 보조 자료이다. 만화는 그림이나 여러 컷의 그림을 이용하여 의도한 생각을 표현하는 학습 자료로 매우 인기 있는 시각 자료이다. 삽화는 글로 기술한 내용의 이해를 돕기 위해 글 속에 삽입하는 그림을 지칭한다.

시각 자료와 함께 사용할 수 있는 교구로는 슬라이드, 프로젝터 등이 있다. 슬라이드는 사물이나 사건의 영상을 수록하여 렌즈를 통해 확대 제시하는 교구로 다수의 학생들을 대상으로 효과적인 수업을 진행할 수 있다. 프로젝터는 일반적으로 컴퓨터와 연결해서 이미지나 동영상을 화면으로 보여 주면서 수업을 진행할 수 있게 한 교구이다.

한국어를 가르치는 교실 현장에서는 최근 시각 자료의 활용 빈도가 높아지고 있다. 하지만 주요 한국어 교육 기관을 제외하고는 슬라이드나 프로젝터 등의 교구를 사용하기가 어려운 열악한 교실 환경이 대부분인 상황이다. 한편 더욱 다양한 시각 자료를 사용하기 위해서는 환경 조건뿐만 아니라 교사의 준비도 필요하다. 〈최윤곤〉

[참고문헌]
• 배두본(1999), 영어 교재론 개관: 이론과 개발, 한국문화사.
• 서종학·이미향(2007), 한국어 교재론, 태학사.
• McDonough, J. & Shaw, C. (1993), *Materials and methods in ELT: A teacher's guide*, Blackwell.
• Tomlinson, B. (1998), *Materials development in language teaching*, Cambridge University Press.

❏ 청각 자료

청각 자료(聽覺資料, audio materials)는 카세트테이프, 시디(CD), 엠피스리(MP3) 파일 등 언어 교육에 활용할 수 있는 음성 자료를 말한다.

청각 자료는 다양한 상황과 다양한 대화 참여자 관계를 포함한다. 청각 자료를 사용하면 발음의 정확성과 교수 학습의 능률을 높일 수 있어 특히 한국어 발음이 정확하지 않은 비원어민 교사에게 유용하다.

청각 자료의 역사적 발전 양상을 살펴보면 1990년대는 카세트테이프로 제공되던 청각 자료들이 2000년대부터 시디로 제공되기 시작했고 최근에는 인터넷에서 엠피스리 파일 형태로도 제작되어 학습자의 편의성을 높이고 제작 비용도 절감해 주고 있다. 카세트테이프는 휴대와 운반이 용이하며 다른 청각 자료에 비해 제작 비용이 적다. 그러나 테이프가 꼬이거나 반복적으로 사용할 경우 음질이 나빠지고 녹음 편집이 어려우며 듣고자 하는 위치를 찾기가 쉽지 않다는 단점이 있다. 시디는 내구성이 좋고 음질의 변화가 없으며 배경 잡음이 없고 검색이 매우 용이하나 제작 비용이 비싸다. 엠피스리 파일은 시디 형태로 가공되거나 인터넷을 통해서 파일을 내려받아 사용할 수 있어 저장과 이동이 편리하다.

청각 자료는 교실 수업에서뿐만 아니라 독학용 자료로도 유용하게 활용할 수 있으며 음원 파일을 통한 반복 청취가 가능하다. 또한 학습자의 능력에 맞게 학습의 수준과 진도를 고려하는 개별화 학습이 가능하다. 한국어 원어민 화자의 접촉이 어려운 교수 학습 상황에 놓인 학습자들에게는 한국어 화자의 발화를 풍부하게 제공할 수도 있다. 〈최윤곤〉

[참고문헌]
• 김정숙 외(2006), 한국어 교재론 개발 최종 보고서, 문화관광부·한국어세계화재단.
• 양명희·김정남(2011), 한국어 듣기 교육론, 신구문화사.

❏ 멀티미디어 자료

멀티미디어 자료(multimedia materials)란 오디오, 음향, 그래픽 이미지, 필름 등을 동시에 사용하는 비디오의 경우처럼 하나의 목적을 위해 여러 다른 종류의 매체를 함께 활용하여 개발한 자료를 말한다.

멀티미디어 자료라는 용어는 시청각 자료라는 용어와 혼용되기도 하지만 컴퓨터를 기반으로 하여 텍스트, 소리, 정지 화상, 동화상 등의 다양한 매체를 통합할 때는 멀티미디어 자료라는 용어가 선호된다. 멀티미디어 자료의 대표적인 예로는 그림, 음성, 동영상의 자료를 슬라이드로 구성하는 파워포인트(powerpoint), 대용량의 자료를 영구적으로 수록하고 재생할 수 있는 시디롬(CD-ROM), 상호작용이 가능하고 다양한 실제 자료를 신속하게 얻을 수 있으며 정보의 이동 저장이 가능한 인터넷, 전자 교재 등이 있다.

외국어 교수 학습에 활용되는 매체는 오디오, 오디오와 비디오의 결합, 시디롬을 이용한 소프트웨어 개발, 인터넷을 활용한 학습 혹은 웹 기반 학습 등의 단계로 발전해 왔다. 컴퓨터나 인터넷 등의 각종 매체가 발달하면서 1990년대 후반부터 한국어교육 분야에서도 다양한 매체를 활용한 수업에 대한 논의가 시작되었다.

면 대 면 교수 학습 상황에서의 멀티미디어 자료는 보통 주 교재인 텍스트 교재가 지니는 한계를 보완하고 이를 보조해 줄 수 있는 교수 도구, 즉 부교재의 기능을 한다. 멀티미디어 자료는 교수와 학습을 용이하게 함으로써 교육의 질을 제고할 수 있다는 점에서 의의가 있다. 구체적으로 멀티미디어 자료는 교수 도구로서 다음과 같은 순기능을 지닌다. 첫째, 매체를 통합시킬 수 있다. 멀티미디어 자료는 다양한 매체의 표현 기능과 컴퓨터의 정보 처리 및 전달 능력을 종합적으로 통합할 수 있는데 이러한 특징은 학습자들에게 실제로 수업 현장에서 언어 사용 및 문화에 대한 실생활의 예를 체험할 수 있는 기회를 제공해 준다. 즉 관련 텍스트, 소리, 그림, 동영상 등을 다양하게 제공할 수 있기 때문에 학습자는 주요 개념 및 학습 내용을 보다 쉽고 효율적으로 이해할 수 있다. 둘째, 방대한 저장 능력을 지녔다. 멀티미디어 기기는 디지털 형식으로 다양한 종류의 정보와 자료를 다량으로 저장하고 제공할 수 있을 뿐만 아니라 그 자료들을 서로 유기적으로 연결시켜 주기 때문에 교수 학습을 보다 유의미하게 운영할 수 있게 한다. 셋째, 학습자의 이해 및 기억을 극대화시킬 수 있다. 인간은 한 가지 감각 기관만 활용할 때보다 여러 가지 기관을 동시에 활용할 때 학습에 대한 이해도가 향상되며 기억력이 극대화된다고 한다. 멀티미디어 자료는 학습자들로 하여금 학습 과정에서 필요한 모든 감각을 최대한 활용하게 하여 이해 및 기억을 극대화시킨다. 넷째, 학습 동기를 부여할 수 있다. 교사는 멀티미디어 자료를 수업 현장에서 적절하게 활용함으로써 학습자의 흥미를 유발하고 높은 학습 동기를 부여함으로써 학습 의욕을 고취시킨다.

멀티미디어 자료의 개념은 면 대 면 교수 학습 상황에서의 교수 도구에서 나아가 학습자 중심의 개별 학습을 염두에 둔 웹 기반 교재로까지 범위를 확대될 수 있으며 이는 온라인 학습, 원격 학습과도 연결된다. 〈곽지영〉

= 다매체 자료

[참고문헌]
• 곽지영(2011), 멀티미디어 자료 개발의 실제: 일반 목적 한국어 고급 수업의 부교재를 중심으로, 외국어로서의 한국어교육 36, 연세대학교 언어연구교육원 한국어학당, 37~67쪽.
• 김인석·강진(2013), 멀티미디어를 활용한 스마트 영어교육, 한국문화사.
• 신길호(2007), 영어과 교과 교육학, 북스힐.
• 유범 외(2005), 멀티미디어 활용 영어교육, 북코리아.

• Richards, J. C. & Schmidt, R. (2010), *Longman dictionary of language teaching and applied linguistics*, Routledge.

■ 교과서

교과서(教科書, textbook)는 학교 교육에서 사용되는 개별 교과에 관한 표준 저작물이며 학습의 과정에서 중심 역할을 하는 책이다.

국내의 초·중등교육법 및 교과용 도서에 관한 규정 등에서 말하는 교과서는 초·중·고등학교에서 사용하는 책을 전제로 한다. 그러나 국내외의 대학이나 한국어 교육 기관 등에서 주 교재로 사용되는 인쇄된 형태의 도서도 넓은 의미에서 교과서라 칭할 수 있다.

교과서는 각 교과가 지니는 지식 경험의 체계를 쉽고 명확하고 간결하게 편집하여 학교에서 학생들이 학습의 기본 자료로 사용할 수 있도록 제작한다. 또한 교육과정과 실제로 전개된 교수 학습 과정을 연결시켜 주는 교량 역할과 함께 교육 내용을 선정·조직하고 교수 방법을 제공하는 교수 학습 활동의 보조 기능을 담당한다.

교과용 도서에 관한 규정 제2조에는 '교과서라 함은 학교에서 교육을 위하여 사용되는 학생용의 주된 교재를 말하며 교육부가 저작권을 가진 도서와 교육부 장관의 검정을 받은 도서로 구분한다.'고 되어 있다. 교육법과 교과용 도서에 관한 규정에 따르면 초·중·고등학교의 교과서는 1종, 2종으로 나누어 편찬되고, 학생들이 사용할 수 있는 여러 종류의 교재 중 주된 교재가 교과서임을 알 수 있다.

1종 교과서와 같이 정부가 저작권을 가진 교과서를 국정 교과서라고 한다. 1종 교과서는 교과서 제작 및 출판권의 주체가 국가이므로 교육부가 편찬권을 가지고 교과서의 제작을 담당한다. 1종 교과서의 장점은 국가에서 마련한 교육과정의 정신을 가장 정확하고 신속하게 반영하고, 편찬 발행 과정에서 국가적 재화의 낭비 없이 학생들에게 저렴한 가격으로 공급한다는 것이다. 단점으로는 지나친 통제와 규제로 인해 획일적이 될 수 있다는 점이다.

교과서의 긍정적인 기능은 다음과 같다. 첫째, 다른 자료를 이용할 때보다 비용과 시간이 적게 든다. 둘째, 학생들이 학습을 자신의 능력에 맞추어 해 나가고 필요할 때 되풀이하는 것을 가능하게 한다. 셋째, 다양한 읽기 자료, 활동, 문제 등을 제공함으로써 교실의 수업을 조직하고 통일하는 것을 도와준다. 넷째, 학생들이 어떻게 공부하고 읽으며 증거를 다루고 문제를 해결하는가에 대한 문제에 실질적인 기여를 한다. 다섯째, 교사의 수업을 개선하는 데 유용한 수단이 된다.

교과서의 부정적인 기능은 다음과 같다. 첫째, 혁신적인 발달을 신속히 반영하기 어려워 독창적이거나 역동적이지 못하다. 둘째, 교과서에 지나치게 의존하게 하여 오히려 학생들의 창조적 발달을 방해할 수 있다. 셋째, 내용이 피상적 수준을 넘지 못한다.

넷째, 교과서는 일반성을 지향하므로 각 지역과 학교 간에 생길 수 있는 차이를 고려하기 어렵다.

한국어교육에서 사용되는 교육 자료는 국내외의 한국어 교육 기관에서 개발하였기 때문에 교재라는 용어를 사용하고 있다. 넓은 의미에서 교재는 교육과정에서 동원되는 모든 입력물을 의미하며 교과서류, 부교재류, 교사의 언어, 가정과 이웃의 언어, 방송, 광고 등을 포함한다. 좁은 의미의 교재는 학생들이 교육 목표에 도달하도록 교육과정에 따라 교육 내용을 미리 선정하여 가시적으로 제시한 것이다. 주 교재로는 한국어 교육 기관에서 사용하는 교과서가 있고 부교재로는 연습서, 참고서, 사전, 시청각 자료, 과제, 활동 등이 있다. 주 교재는 교과서라고 부르기도 하지만 한국어교육이 이루어지는 현장이 주로 특정 기관이기 때문에 초·중·고등학교에서의 교과서와 같은 의미로 사용하는 것은 아니다. 한편 재외 동포용 교과서와 교재의 경우 교과서는 국내 초·중·고등학교 교과서 및 교사용 지도서를 말하고, 교재는 재외 동포용으로 한국교육과정평가원(Korea Institute for Curriculum and Evaluation: KICE)에서 개발한 도서 및 시청각 자료를 말한다.

통상적인 교과서가 지역이나 학교 간의 차이를 고려하기 힘든 것과 마찬가지로 한국어 교재도 범용 교재는 교육 현장과 학습자의 다양성을 충분히 고려하기 힘든 경우가 많다. 그러므로 교재 분석과 평가를 통해 특정 학습 현장에 더 적합하도록 수정과 개작을 하여 사용해야 한다. 〈이지영〉

[참고문헌]
• 서울대학교 국어교육연구소(1999), 국어교육학 사전, 대교출판.
• 서종학·이미향(2007), 한국어 교재론, 태학사.
• 한재영 외(2011), 한국어교육 용어 해설, 신구문화사.

■ 교사용 지침서

교사용 지침서(敎師用指針書, teacher's manual)는 교사가 수업 내용을 더 효율적으로 교수할 수 있도록 교과서의 내용 및 학습 자료를 보다 구체적이고 체계적으로 만든 자료이다.

교사용 지침서는 교사용 지도서라고 하기도 하며 한국어교육 분야에서는 교원용 지침서라는 용어를 사용하기도 한다. 1995년 고시된 교육과학기술부의 교사용 지침서에 관한 규정에 따르면 지침서는 학교에서 교육을 위하여 사용하는 교사용의 주된 교재이다.

교사용 지침서는 교과서의 내용을 구체화하고 교사의 학습 지도를 위한 해설과 참고 자료를 제공한다. 또한 교육과정과 교과서, 교과서와 교실의 교수 학습을 연결해 준다. 교과서가 학습 자료를 체계적으로 제시해 놓은 것이라면 이런 자료들을 효과적으로 활용할 수 있도록 하는 것이 교사용 지침서이다. 따라서 교사용 지침서의 목적은 교과서의 개발과 병행하여 실제로 사용하는 방법을 안내하는 것이라고 할 수 있다.

교사용 지침서는 총론, 각론, 부록으로 구성되어 있다. 총론에서는 교육과정의 기본 방향, 교과 교육의 목표와 내용, 교과 교육의 방법과 평가, 교과서와 교사용 지침서의 편찬 방침 및 사용상의 유의점 등을 제시하여 교과 교육의 계획과 실천에 도움이 되도록 한다. 각론에서는 교과서의 단원 내용을 중심으로 교수 학습의 전개 과정을 제시한다. 부록에서는 교사들의 교수 학습에 도움이 되는 자료를 수록한다.

한국어교육에서 교사용 지침서는 주 교재의 개발 원리와 목표를 바탕으로 수업의 진행에 도움을 주도록 각 단원별로 교수 과정과 함께 단원 목표, 수업 순서, 소요 시간, 준비물, 보충 자료 등을 최대한 포함한다. 수업 운영에 따라 활용 가능한 정보, 즉 발음 규칙, 어휘 제시 방법, 문법 정보, 유의 사항, 참고 사항 등도 충분히 제시한다. 그리고 수업 시간이나 수업 여건에 따라 문법 연습 및 기능별 활동을 선택적으로 활용할수 있도록 구성한다. 수업 중에 사용하거나 과제물, 자습용으로 활용할 수 있는 어휘나 문법 연습지를 제공하기도 한다.

교사용 지침서는 학생용 교재를 사용하는 지침을 제공할 뿐만 아니라 한국어교육 전공자에게 교육의 일반적인 틀을 제시해 준다. 특히 한국어교육을 전공하지 않았거나 경험이 부족한 교사에게 교재에 포함되지 못한 여러 가지 정보를 제공하거나 수업 내용을 보충해 줄 수 있다. 따라서 앞으로 더욱 다양한 교재의 교사용 지침서 개발이 요구된다. 〈이지영〉

[참고문헌]
• 김선정·강현화·김현진(2010), 여성 결혼 이민자와 함께하는 한국어 1 교원용 지침서, 국립국어원.
• 김정숙·이정희·김지영(2010), 중급 한국어 1 교원용 지침서, 국립국어원.
• 서울대학교 국어교육연구소(1999), 국어교육학 사전, 대교출판.
• 서종학·이미향(2007), 한국어 교재론, 태학사.
• 한재영 외(2011), 한국어교육 용어 해설, 신구문화사.

10.2. 교재의 변천사

교재의 변천사란 교재를 편찬 시기별로 나누어 편찬 목적과 교재의 내용, 구성 방식 등에서의 변화 과정을 보여 주는 것이다.

교재는 교육 현장에서 도달하려는 목적과 교사와 학습자의 요구 등에 따라 다양하게 편찬될 뿐만 아니라 시대별 교육의 목적과 내용 및 교수법에 따라 바뀌어 간다. 그러므로 편찬 시기별로 교재를 살핌으로써 교재의 시대적 특징과 변화 과정을 알 수 있다.

언어 교수 현장에서 교재는 교수자, 학습자와 함께 3대 요소의 하나이다. 언어 교재는 특정 언어 교육의 흐름을 통시적으로 알려 주는 구체적이고 직접적인 근거 자료이다. 교재에는 교육 내용과 교수법의 변화 과정이 기록되어 있다. 이에 교재를 통해 당대의 교수요목과 단원의 구성, 외국어 교수법과 수업 방식을 알 수 있다. 그리고 담화 텍스트, 문법과 어휘, 연습 문제 등에 관한 언어 교수 학습의 내용을 구체적으로 볼 수 있다.

과거 교재와 현재 교재를 비교함으로써 교육 현황을 객관적으로 볼 수 있는데 같은 방식으로 언어 교육의 미래를 전망하는 것도 가능하다. 현재 편찬되어 활용하고 있는 교재는 이전 교재의 형식과 내용에 영향을 받을 수밖에 없다. 새로운 교재는 본문 주제와 상황, 단원의 구성 방식 등을 이전 교재에서 가져와 이를 기본 모형으로 삼아 편찬하기도 하고 이전 교재를 반성하면서 새로운 모형을 개발하기도 한다. 그러므로 교재의 변천사를 통해 거시적으로는 교육의 내용과 형식, 교육과 관련된 요인들의 변화 방향을 알 수 있으며 미시적으로는 교재의 발전 방향을 가늠할 수 있다.

교재의 변천사를 연구하면 현재 교재의 문제점과 개선 방향 및 앞으로 나아가야 할 지향점을 확인할 수 있다. 한국어 교재에서 문화 교육의 부재, 담화의 실용성 부족 등은 교재 변천사 연구를 통해 밝혀진 것이며 적합한 교육 철학이나 표준 교육과정이 개발된 동인도 교재 변천사 연구에서 나온 것이다. 앞으로 교재에 적용될 학습자 중심 원리, 한국어에 맞는 교수법을 개발하는 데에도 교재 변천사 연구 성과가 기여할 것이다.

현재 한국어교육학에서 교재의 변천사는 개별 언어로서의 한국어를 두고 언어권별·목적별·수준별로 교재의 변화 과정을 논의하는 경향이 있다. 교육 현장에서 교수자와 학습자를 매개하는 것이 교재이므로 학습자 변인과 학습자 변인별 교재의 변화에 집중한 것이다. 그러나 언어학 이론을 기반으로 한국어를 이해하는 것이 용이하듯 범언어적인 관점에서 언어 교재의 변천을 우선적으로 파악하고 이를 바탕으로 한국어 교재의 변천사를 객관적으로 대비하는 발전된 시각이 필요하다.　　　　　　　〈이미향〉

[참고문헌]
• 박영순 외(2008), 한국어와 한국어교육, 한국문화사.
• 백봉자(2001), 교재와 교수법을 통해 본 한국어교육의 역사와 과제, 외국어로서의 한국어교육 25-1, 연세대학교 한국어학당, 11~31쪽.
• 서종학·이미향(2007), 한국어 교재론, 태학사.

■ 한국어 교재의 변천

한국어 교재의 변천은 체계적인 한국어교육이 처음 출발한 근대적 의미의 교재 출간 시점을 파악하고 해당 교재의 교수요목, 교수법, 단원의 구성, 언어 학습 내용과 연습 방법 등을 통해 알 수 있다. 이 과정에서 한국어교육의 흐름을 읽을 수 있으므로 한국어 교재의 변천사로 한국어 교육사를 논의하기도 한다.

근대 이전 역관(譯官)을 대상으로 하는 한국어교육은 삼국 시대부터 존재하였다. 그러나 근대적 의미의 한국어교육이 시작된 시기는 외국인과 재외 한국인이 한국어를 자유롭게 학습할 수 있게 된 시기부터이다. 한국어 교재는 한국어를 학습하는 목적이 정치·외교·종교적으로 다양화되기 시작한 개항을 전후로 활발히 편찬되기 시작한다. 한국어 교재의 변천 과정을 통시적으로 살펴보면 다음과 같은 특징이 있다.

첫째, 교재 편찬자와 편찬 목적에 따라 교재가 편찬되었다. 초기 한국어 교재의 편찬자는 외국인과 한국인으로 양분된다. 크게 서양인과 일본인이 편찬 시기상 앞서는데 영국, 미국, 프랑스, 러시아 등의 서양인은 외교와 무역 그리고 선교를 목적으로 1880년대를 기점으로 하여 한국어 교재를 편찬하기 시작했다. 한편 일본에서는 1727년 한어사(韓語司) 설립, 1872년 동경외국어대학교 조선어과 설치 등과 함께 한국어 교재를 본격적으로 연구하고 개발했다. 개항 초에는 경제적 목적으로 교재가 집필되기도 하였으나 일제 강점기를 전후하여 정치적 목적에 따라 한국어 교재가 활발히 편찬되었다.

한국인이 교재를 본격적으로 편찬한 것은 1950년대를 넘어선 이후의 일로, 1959년에 연세대 한국어학당 등 국내 교육 기관과 국외 한글학교를 비롯한 교육 단체에서 교재가 편찬된다. 사설 기관과 대학 부설 기관 또는 국가 관공서 등의 편찬 기관 그리고 해당 기관에서 가르칠 학습자 변인별로 세부적인 목적이 다르므로 한국어 교재 편찬자의 변화 과정은 한국어 교재를 편찬해 온 목적을 통시적으로 알려 준다.

둘째, 교재의 구성과 교육 내용이 변하였다. 초기 한국어 교재는 주로 회화 연습을 목표로 하다가 문법 설명을 주로 하는 교재로 바뀌어 간다. 회화 연습용 교재는 선정된 주제에 따른 단문이나 대화체 문장만을 실었으나 이후 품사를 기본 틀로 하는 문법 설명이 우선시되고 회화 연습이 뒤따르는 형태로 변화해 간다. 외국인이 편찬한 초기 교재들에서 문법은 주로 편찬자의 언어에 비추어 해석되는데 특히 서양인 편찬자들은 교착어인 한국어의 조사와 어미에 관심을 두고 자세히 설명하는 것을 확인할 수 있다.

한국인이 교재를 주로 편찬하면서부터 교재 구성은 '제시-설명-연습'의 형식을 오랫동안 지켜 왔다. 모범이 되는 대화문을 제시하고 해당 본문 내용을 문법과 어휘를 학습하는 과정에서 이해하게 한 후 대화문을 연습하며 언어 교육을 마무리한다. 이러한 구성은 한국어 교재가 외국어 교수법의 영향을 받은 결과로 언어 교육의 내용에 어휘와 문법 및 읽기를 강조하는 데 영향을 주었다. 한편 1990년대 의사소통 중심 교수법이 한국어교육에 영향을 주면서 한국어 교재의 구성에 많은 변화가 생겨 '도입-제시-연습-적용-정리'와 같이 단원의 구성이 복잡해졌다. 또한 과제와 활동이 수업의 주요 부분으로 포함되면서 학습자 참여가 늘었고 구어인 말하기가 부각되면서 듣기가 강화되었다.

셋째, 한국어교육의 목표와 교수법에 따라 교재가 편찬되었다. 초기 한국어 교재는 목표어인 한국어와 학습자의 모어가 대역(對譯)되는 형식을 기본으로 하고 있다. 외국어 교수법의 초기 모델인 문법 번역식 교수법이 영향을 주었기 때문이다. 1960년대에서 1990년 이전까지의 한국어 교재는 청각 구두식 교수법의 영향으로 목표어의 문형을 반복적으로 익히게 했다. 그러나 1990년대 중반 이후 의사소통 중심 교수법이 교육계에 영향을 크게 미치면서 학습자의 과제 수행과 능동적인 활동이 중요하게 되었다. 교재에서 도입부의 의미를 중요하게 여기고 학습자의 적극적 참여를 돕는 그림을 포함하며 문화적 요소를 적극 도입한 것도 이러한 교수법의 변화와 깊은 관련이 있다.

이와 같은 외국어 교수법은 한국어교육의 목표를 다시 인식하게 하였다. 문법을 이해하는 것과 문장을 생성하는 것을 넘어 언어 교육의 목표를 의사소통 능력의 신장에 두게 된 것이다. 교육 목표의 변화로 수업 설계 시 학습자의 역할이 강조되어 학습자 변인의 중요성이 더욱 커졌다. 또한 교육 목표에 대한 인식 변화는 교수요목의 모형, 활동 유형, 교사와 학습자의 역할에 대해 재고하게 하였다. 이러한 수업 설계 요인은 다시 교수 자료인 교재의 변화를 촉진하여 교수요목과 교육과정 변화에 영향을 준다.

이와 같이 근대 한국어교육의 출발점에서 오늘날에 이르기까지 교재의 변천은 한국어교육의 실제를 확인하게 하는 자료이다. 교재의 교수요목과 교육 내용, 단원의 구성과 교수 학습 활동, 또한 본문과 연습 단원 등으로 당시 교육 내용을 알 수 있다. 이러한 변천 과정을 분석하고 연구된 결과를 바탕으로 최근 한국어 교재는 학습 목적과 학습자 변인을 고려하고 특정 언어 기능에 치우치지 않도록 기능 통합적으로 개발되고 있다. 또한 학습자의 동기를 유발할 수 있는 교재를 개발하는 데 노력하고 있다. 한국어교육의 시대별 특징을 보여 주는 한국어 교재의 변천사는 한국어교육을 보여 주는 객관적 자료로서 의미가 클 뿐만 아니라 미래의 한국어교육에 맞는 교수법을 모색하고 교수 모형과 교육 방안을 개발하는 데 밑거름이 된다.　　　　　　　　　〈이미향〉

→ 문법 번역식 교수법, 청각 구두식 교수법, 의사소통 중심 교수법

[참고문헌]
• 강현화·이미혜(2011), 한국어교육론, 한국방송통신대학교출판부.
• 김정숙(2006), 한국어 교재론 개발 최종 보고서, 문화관광부, 한국어세계화재단.
• 박영순 외(2008), 한국어와 한국어교육, 한국문화사.
• 이미향(2007), 일본어 화자를 위한 개화기 한국어 교재의 언어 교수 고찰: 『日韓通話』, 『韓語敎程』, 『新案韓語栞』
  을 중심으로, 한국어교육 18-1, 국제한국어교육학회, 337~363쪽.
• 이지영(2003), 근현대 한국어 교재의 단원 구성 변천, 국어교육연구 11, 서울대학교 국어교육연구소, 369~410쪽.

10.3. 교재의 유형

교재의 유형은 교재를 학습 목표, 학습 수준, 교수요목, 학습자, 언어 기능, 매체 등의 변인에 따라 나누는 것을 말한다.

교재의 유형은 다양한 변인을 고려하여 나눌 수 있다. 대표적으로 민현식은 한국어 교

재의 유형을 학습 과정 유형, 학습자 상황 요인, 기타 유형 등 세 가지로 구분하였다. 여기에서 학습 과정 유형은 국외 과정과 국내 과정으로 분류하고, 학습자 상황 요인은 학습자 수준별, 학습 목적별, 수강 기간별, 연령별, 국적별 등으로 다섯 가지로 분류하고, 기타 유형은 제시 자료별, 감각 기관별, 언어 범주별, 언어 기능별, 교수 학습 활동별, 한국어교육 관련 영역별 등 일곱 가지로 분류한다. 박영순은 한국어 교재를 영역별, 지역별, 국적별, 수준별, 성격별, 위상별, 목적별 등 여섯 가지로 분류하였다. 김정숙 외는 교육 내용, 학습 목적, 학습자 연령, 학습자 집단의 특성, 매체 등 다섯 가지로 교재를 분류하였다.

앞선 논의를 바탕으로 한국어 교재의 유형은 일곱 가지로 구분할 수 있다. 첫째, 통합형 한국어 교재는 말하기, 듣기, 읽기, 쓰기 기능을 통합한 구성으로 제작된 교재로 일반적으로 1단계부터 6단계로 나누어지며 통합 교육을 지향하는 현장의 요구를 반영하여 가장 활발히 제작되고 있는 교재이다. 둘째, 기능별 한국어 교재는 말하기, 듣기, 읽기, 쓰기 등 각각의 기능별 특성을 고려한 교재이다. 기능별 교재는 각 기능별 통합을 고려한 교수요목의 구성이 필요하다. 셋째, 범주별 한국어 교재는 발음, 어휘, 문법, 한자, 문화 등 한국어 수업을 위한 보조 교재의 성격을 갖고 있다. 범주별 한국어 교재는 단계별 교재의 개발이 필요한데 현재 어휘와 문법 분야의 단계별 교재가 개발되고 있다. 넷째, 목적별 한국어 교재는 학문 목적, 취업 목적, 일반 목적, 한국어능력시험(Test of Proficiency in Korean: TOPIK) 등 다양한 분야와 학습자를 대상으로 하는 교재가 개발되고 있다. 이전에는 일반 목적의 한국어 교재 개발이 주를 이루었으나 학문 목적이나 취업 목적 등 학습자의 요구를 적극적으로 반영한 전문 교재의 개발도 활발해지고 있다. 최근에는 한국어능력시험 응시생이 증가하면서 국내외에서 한국어능력시험 관련 교재들이 개발되고 있다. 다섯째, 학습 대상별 한국어 교재는 한국어 학습자가 다양해지면서 재외 동포, 결혼 이민자, 이주 노동자, 다문화 가정 자녀, 중도 입국 자녀, 북한이탈 주민, 이주민 등을 대상으로 하는 교재가 다양하게 개발되고 있다. 주로 국가 기관이나 단체를 통해서 개발되고 있으며 다문화 사회에 적합한 한국어 교재 요구가 증가하고 있다. 여섯째, 언어권별 한국어 교재는 국내 이외에 한국어교육이 진행되고 있는 해외 현지에 적합한 외국어판 한국어 교재이다. 이미 일본, 미국, 중국 등에서 한국어교육에 대한 학문적 축적과 풍부한 인적 자원을 바탕으로 현지에서 필요한 다양한 한국어 교재가 개발되고 있다. 그러나 아직 많은 지역에서는 한국어 교재의 현지화를 위해서 노력 중이다. 일곱째, 매체별 한국어교육 자료에는 시각, 청각, 멀티미디어 자료 등이 있다. 최근에서는 온라인을 기반으로 하는 교육 자료가 가장 활발히 개발되고 있다. 이는 시간과 공간에 구애받지 않고 교육을 받을 수 있는 학습자 중심의 교육 자료를 개발하는 것인데 이를 위해서는 온라인 강의를 위한 컴퓨터 기반 구축이 선행되어야 한다.

한국어 교재는 대학 기관을 중심으로 통합 교재의 개발이 활발하지만 학습자에게 부족한 특정 영역을 보충할 수 있는 기능별 교재의 개발도 다양하게 시도되고 있다. 교재는 수업을 위해서 필수 불가결한 요소이다. 이를 위해서 한국어교육 현장의 요구를 적극적으로 반영하고 전문적인 한국어 교재 개발자의 양성이 시급하다. 또한 교재의 완성도를 높이기 위해서는 대조 언어학적 관점에서 한국어를 면밀히 비교하여 교재를 개발하는 것이 필요하다. 〈최윤곤〉

→ 교수요목

[참고문헌]
• 김정숙 외(2006), 한국어 교재론 개발 최종 보고서, 문화관광부·한국어세계화재단.
• 민현식(2000), 한국어 교재의 실태 및 대안, 국어교육연구 7-1, 서울대학교 국어교육연구소, 5~60쪽.
• 박영순(2003), 한국어 교재의 개발 현황과 발전 방향, 한국어교육 14-3, 국제한국어교육학회, 169~188쪽.
• 서종학·이미향(2007), 한국어 교재론, 태학사.
• 안영수 외(2008), 한국어 교재 연구, 도서출판 하우.

■ 영역별 한국어 교재

영역별 한국어 교재(領域別韓國語教材)는 듣기, 말하기, 읽기, 쓰기 등 언어의 네 기능이나 어휘, 문법, 발음, 문화, 한자와 같은 특정 영역을 분리하거나 통합하여 특성화하여 개발한 교재를 말한다.

기능 통합형 교재는 한국어 의사소통 중심 교육이 안정화된 1998년에 처음으로 등장했다. 1990년대에 의사소통 중심 교수법이 한국어교육에 도입된 이래 한국어 교육 기관들은 의사소통 중심 교수법의 교육관에 따라 기능 통합 교육과정을 개발하였다. 이후 각 기관은 기능 통합 교육과정의 교수 모형을 반영한 기능 통합형 한국어 교재를 출간하였다.

기능 분리형 교재는 기능 통합형 교재가 충족시키지 못하는 특정 기능이나 영역을 보충·심화하는 역할을 담당한다. 기능 분리형 교재 중 듣기 교재는 학습자가 체계화된 듣기 연습을 통해 학습 목표를 이해하고 그 내용 안에서 어휘, 문법을 학습하도록 구성되어 있다. 또한 학습자가 음성 자료를 눈으로 확인할 수 있도록 녹음 대본을 제공하여 시각형 학습자들의 듣기 연습을 보조한다. 말하기 교재는 어휘와 문법 지식을 축적한 학습자들이 의사소통 상황에 적절한 상호작용 능력, 담화 화용 능력을 향상시키는 것을 목표로 개발한 교재이다. 일상생활, 사회생활, 교양 주제에 대해 학습자가 스키마(schema)를 형성한 후 말하기 활동에 필요한 어휘 표현을 학습한다. 단순한 말하기 연습부터 본격적인 말하기 활동까지 단계화한 것이 특징이다. 읽기 교재는 의사소통 중심 교육과정의 기능 통합형 교재가 확보하지 못하는 읽기 자료와 연습을 제공한다. 읽기 분리형 교재는 특히 중급 학습자에게 요구되는 읽기 숙달도, 어휘, 문법, 담화 구조, 문화 능력의 배양을 지원한다. 각 단원은 읽기 전, 읽기 중, 읽기 후 단계로 설계되어 있으며 읽기 연습에 필요한 어휘 학습을 선행되는 경우가 많다. 쓰기 교재는 일상생활 또는 대학 생활에서 학습자에게 요구되는 쓰기 능력을 배양하는 것을 목표로 한다. 각 단원은 보통 주제 도입, 예시문 읽기, 어휘·문법 연습, 쓰기 연습, 최종 쓰기 단계를 거치도록 구성되어 있고 개요 작성, 단락 구성의 연습 단계를 포함한다. 단원의 전개와 모든 연습이 최종 쓰기 과제에 맞춰 설계되는 것이 특징이다. 어휘 교재는 생활 어휘 목록을 번역어와 함께 수록한 교재, 어휘 표현의 사용 맥락 설명과 연습을 포함하는 교재, 한국어 능력 평가 시험 대비서로 구분할 수 있다.

문법 교재는 문법 교수요목 또는 문법 기능 교수요목에 따라 문법 학습을 보조하기 위해 개발한 교재이다. 연습 유형의 종류와 문법 활동의 포함 여부는 교재에 따라 차이를 보이나 대부분의 경우 동일한 의미 기능의 문법 항목을 비교·대조하는 설명이 제공된다. 발음 교재는 음성학, 음운론적인 요소를 조음 기관에서의 혀의 위치 변화, 입 모양 그림을 통해서 제시하고 있다. 목차는 자모의 발음, 음운 규칙 단위로 구성되어 있고 각 단원은 발음 듣기, 발음 방법 이해하기, 음운 변별하기, 단어 단위 연습, 문장 단위 연습, 대화 단위 연습, 성취도 평가의 단계적인 설계를 갖추고 있다. 발음을 다양한 음성 환경에서 연습시킴으로써 발음 능력이 의사소통 능력의 증진으로 연결되도록 고안한다.

문화 교재는 한국어 중·고급 학습자를 대상으로 하며 정치, 경제, 지리, 예술 등 각 분야에 대한 전반적인 정보를 '통째 읽기'로 제시하는 방식을 많이 취한다. 특히 초급 학습자를 대상으로 하는 문화 교재는 문화 항목을 기준으로 단원을 설계하고 각 단원에서 제공하는 문화적인 정보를 배경으로 문화와 언어 학습이 함께 이루어지도록 구성한다. 한자 교재는 한국어 어휘 교육을 목적으로 출판하는 것이 특징이다. 조어력(造語力)이 높은 한자와 신문에 출현하는 빈도가 높은 한자를 교육 내용으로 선별하는 경우가 대부분이다.

앞으로 영역별 교재 개발이 나아갈 방향은 다음과 같다. 첫째, 각 기능과 영역별로 모듈식(modular) 교재 시리즈를 개발한다. 교사가 교육과정을 설계한 후에 단원별로 교재를 선별해서 사용하는 모듈식 교재는 기존 교육과정의 세분화, 맞춤 과정 및 보충 학습 과정의 개발과 운영을 용이하게 할 것이다. 둘째, 새로운 형태의 부교재 및 교재를 개발한다. 시공간의 제약이 없으며 학습자가 자기 주도적으로 학습할 수 있는 이러닝(electronic learning: e-learning), 지러닝(game-learning: g-learning), 유러닝(ubiquitous learning: u-learning) 교육과정은 태블릿 피시(tablet PC)와 스마트폰의 보급으로 그 수요가 증가할 것이다. 따라서 앞으로는 첨단 매체의 발달에 따라 변화하는 교육 수요자의 요구를 반영하기 위해 전자 매체 교재의 개발과 다양화가 더욱 필요하다.　　〈김성희〉

[참고문헌]
• 김영란(2011), 언어 교육 이론에 비추어 본 한국어교육 교재와 연구, 소통.
• 민현식 외 편(2005), 한국어교육론 1, 한국문화사.

• 서종학·이미향(2007), 한국어 교재론, 태학사.
• 송철의 외(2012), 한국어교육의 이론과 실제 1, 아카넷.

■ 대상별 한국어 교재

❑ 재외 동포용 한국어 교재

재외 동포용 한국어 교재란 외국에서 장기간 거주하거나 생활하고 있는 재외 동포에게 한국어와 한국 문화를 가르치기 위해 개발된 교재를 말한다.

재외동포재단법에 의하면 재외 동포란 대한민국 국민으로서 외국에 장기 체류하거나 외국의 영주권을 획득한 사람, 국적에 관계없이 한민족의 혈통을 지닌 사람으로서 외국에서 거수, 생활하는 사람이다. 즉 대한민국 국적을 한 번도 보유한 적이 없더라도 한국 혈통을 지닌 사람 모두를 의미하는 것이다. 그러므로 1948년 대한민국 정부 수립 이전에 해외로 이주하여 외국에서 터전을 잡은 조선족과 고려인, 본인의 의지와는 상관없이 해외로 입양된 해외 입양인까지도 모두 한국어교육의 대상으로 포함한다.

재외 동포용 한국어 교재의 본격적인 개발은 1970년내 문화교육부의 주도로 이루어졌으며 1973년 재미 어린이용 '국어'가 그 시작이라고 할 수 있다. 이 시기 한국어 교재는 한국인으로서의 정체성을 함양하고 민족성을 고취시키고자 하는 목적으로 개발되었으므로 교재의 내용과 구성이 내국인을 대상으로 한 국어 교과서와 매우 유사하였다.

1980년대에는 서울대학교 재외국민교육원에서 한국어교육에 초점을 맞춘 본격적인 재외 동포 교육용 교재를 개발하기 시작하였고 1990년대에는 국제교육진흥원(현 국립국제교육원)에서, 서울대에서 개발하기 시작한 한국어 교재의 후속편들을 지속적으로 개발하였다. 이 시기의 재외 동포 교육용 교재는 대부분 '한국어'라는 제목으로 영어권, 일본어권, 러시아어권 등 7개의 언어권별 교재로 개발되었다.

2000년대에 들어서면서 재외 동포용 한국어 교재 개발에 다양한 변화가 나타난다. 먼저 한국교육과정평가원에서 한국어 교재 개발 개선안을 마련하여 2001년부터 새로운 체제의 재외 동포용 한국어 교재를 개발하기 시작했다. 이 시기에는 내용과 구성을 단순화하고 한국어로만 구성된 범용 교재 개발에 주력하였다.

한편 2009년부터는 재외 한글학교 표준 교육과정에 대한 연구를 바탕으로 국립국제교육원의 주도로 재외 동포 아동용 한국어 교재 개발이 이루어지고 있다. 각 지역의 문화와 언어적 특성, 아동의 언어 학습적 특징을 반영하여 프랑스권, 베트남어권, 중국어권, 타이어권 등 2017년을 기준으로 13여 개 언어권의 교재 개발이 완료되었다.

재외 동포용 한국어 교재는 학습 대상에 따라서는 성인용, 어린이용, 중·고등학생용으로 나누어지고 언어권에 따라서는 영어, 일본어, 러시아어, 중국어, 베트남어, 독일어, 타이어, 인도네시아어 등으로 나누어진다. 활용 범위에 따라서는 언어권별 교재와 범용 교재 등으로 분류하여 개발되고 있다. 이렇듯 세분화되고 있는 재외 동포용 한국어 교재가 보다 유용하게 사용되기 위해서는 학습 대상과 지역 등의 특수성에 대한 기초 자료가 교재 개발 시에 더욱 본격적으로 반영되어야 할 것이다. 〈허용〉

[참고문헌]
• 김정숙 외(2006), 한국어 교재론 개발 최종 보고서, 문화관광부·한국어세계화재단.
• 류선숙(2011), 재외 동포 아동 학습자를 위한 한국어 교재 모형 개발, 경기대학교 석사학위논문.
• 민현식(2000), 한국어 교재의 실태 및 대안, 국어교육연구 7-1, 서울대학교 국어교육연구소, 5~60쪽.
• 박영순(2003), 한국어 교재의 개발 현황과 발전 방향, 한국어교육 14-3, 국제한국어교육학회, 169~188쪽.
• 안정현(2003), 재외 동포 교육용 한국어 교재 개발·공급 현황 및 개선 방안 연구, 고려대학교 석사학위논문.

❏ 결혼 이민자용 한국어 교재

결혼 이민자용 한국어 교재는 국제결혼을 통해 한국 사회로 이주해 온 외국 출신 여성을 위하여 개발된 한국어 교재를 말한다.

결혼 이민자를 대상으로 한 한국어 교재로는 2005년에 여성가족부에서 발행한《여성 결혼 이민자를 위한 한국어(초급)》, 2006년에 충청북도교육청이 발간한 결혼 이민자와 외국인 자녀를 위한 한국어 교재인《관심·사랑·화합으로 하나가 된 우리(초·중·고급)》와 2007년에 여성가족부와 국립국어원에서 발간한《여성 결혼 이민자를 위한 한국어(첫걸음, 중급)》, 2007년에 농림부에서 출간한 한국어 초급 교재인《우리 엄마의 한국어(*My Mom's Korean Language*)》의 영어·중국어·베트남어·타갈로그 어판 등이 있다. 이후 결혼 이민자를 위해 설계된 한국어 교육과정에 부합하는 맞춤형 교재인《결혼 이민자와 함께하는 한국어 1~6권》이 2009년부터 2012년에 걸쳐 개발되었다.

이 가운데《결혼 이민자와 함께하는 한국어》는 대표적인 결혼 이민자용 한국어 교재이다. 최근에는 이 교재를 전면 개정한《다문화 가정과 함께하는 한국어》2종 8권을 출판하였다. 구어 능력 향상을 위한 '즐거운 한국어'와 문어 능력 향상을 위한 '정확한 한국어'로 분권하여 목적에 따른 효과적인 교수 학습이 이루어지도록 하였다. 이 교재가 개발되기 전에도《여성 결혼 이민자를 위한 한국어》,《관심·사랑·화합으로 하나가 된 우리》,《우리 엄마의 한국어》등이 있었으나 이 교재들은 각각 그 나름대로의 특징이 있음에도 불구하고 효과적이고 체계적인 교육을 실시하기에 미흡한 점이 있었다. 이러한 상황에서 2009년에 국립국어원에서 결혼 이민자를 위한 한국어 교육과정을 개발하였으며 이를 반영한 교재가 바로《결혼 이민자와 함께하는 한국어》이다. 이 교재는 전체 6권으로 구성되어 있는데 초급인 1급과 2급은 주로 가정과 일상생활을 중심으로 한 다양한 주제와 상황을 바탕으로 기초 어휘와 문법을 체계적으로 익혀 기본적인 한국어 의사소통 능력을 기르도록 하였다. 중급인 3권과 4권은 의사소통 능력의 극대화를 위하여 문법 항목 자체의 의미보다는 '사용'을 강조하고자 화행 기능에 대한 비중을 높였다. 결혼 이민자 대상 한국어 교육과정 중 필수 과정이 아닌 심화 과정에 해당하는 고급 단계의 5권과 6권은 상황과 격식을 고려한 높은 수준의 한국어 사용 능력을 함양시키기 위하여 문어와 구어로 구분하여 구성하였다. 문어 표현은 읽기나 쓰기 활동을 통해, 구어 표현은 듣기나 말하기를 통해 주된 학습이 이루어진다. 또한 이 교재는 교사용 지침서도 함께 개발되어 있다.

이 외에도 기관이나 단체에서 한국어를 배우기 어려운 결혼 이민자를 대상으로 하는 부부 공동 학습 교재인 《알콩달콩 한국어》가 있으며, 법무부의 이민자 사회 통합 프로그램의 공식 한국어교육용 교재로 사용하고 있는 《사회 통합 프로그램을 위한 한국어》가 있다.

결혼 이민자를 위한 한국어 교육과정을 반영한 한국어 교재가 개발됨으로써 한국어 교육은 더욱 체계적으로 이루어지게 되었다. 향후 결혼 이민자의 한국어 사용 양상을 다각도로 분석하여 교재에 반영하는 후속 작업이 필요할 것이다.　　　　〈김선정〉

[참고문헌]
• 김선정(2009), 설문 조사를 통해 본 여성 결혼 이민자 대상 한국어 교재 개발의 방향, 언어과학연구 49, 언어과학회, 1~22쪽.
• 김윤주(2011), 여성 결혼 이민자 대상 한국어 교재 비교 분석: 의사소통 상황 및 문화를 중심으로, 우리어문연구 39, 우리어문학회, 337~368쪽.
• 안병섭(2012), 여성 결혼 이민자를 위한 한국어교육용 교재의 개선 방향: 여성 결혼 이민자와 함께하는 한국어(국립국어원)를 대상으로, 한성어문학 31, 한성대학교 한성어문학회, 83~108쪽.

❏ 이주 노동자용 한국어 교재

이주 노동자용 한국어 교재는 국내에 체류하는 외국인 노동자에게 한국어와 한국 문화, 직무와 관련된 기본 지식을 가르치기 위해 개발된 교재를 말한다.

이주 노동자는 국내에 특정한 목적으로 입국하여 단순직에 종사하는 근로자를 이르는 용어로 이전에는 주로 외국인 노동자, 외국인 근로자 등으로 불렸다. 이들이 대부분 제조업이나 농·축산업 등의 단순 기술 직종에서 근무한다는 특성을 반영하여 '노동자'라는 용어를 사용하고, 비교적 장기간 체류한다는 사실을 살려 '이주'라는 용어를 사용하여 '이주 노동자'라고 부르게 되었다. 따라서 이주 노동자용 한국어 교재는 국내에 직업을 가진 외국인 중 국내 제조업체에서 단순노동에 종사하는 산업 노동자와 2004년 8월 이후 시행된 고용 허가제를 통해 입국한 이주 노동자를 대상으로 개발된 교재를 가리킨다.

이주 노동자용 한국어 교재는 2004년 8월 고용노동부 주도의 고용허가제가 실시된 이후 본격적으로 개발되기 시작하였다. 그 이전에 외국인근로자센터나 외국인주민센터 등에서 간단한 형태의 한국어 교재를 제작하기는 하였지만 긴급한 의사소통을 위한 가이드북의 단계를 넘어서지 못했다. 이후 고용노동부 산하 한국산업인력공단이나 법무부 등의 지원으로 이주 노동자의 한국어교육과 한국 문화 이해를 위한 본격적인 한국어 교재가 개발되었고, 교재에 따라서 직무에 필요한 기본 지식과 한국 생활에 필요한 법률적 지식도 포함시키는 내용과 구성으로 발전했다. 특히 2010년 국립국어원이 개발한 《이주 노동자를 위한 아자아자 한국어 1~2》는 이주 노동자의 한국어 학습 목적과 필요성, 사용 환경 등을 고려하여 개발한 맞춤형 한국어 교재이다. 2012년에 고용

노동부와 한국산업인력공단이 공동으로 개발한《고용허가제 한국어 능력 시험을 위한 한국어 표준 교재》는 기본적인 생활 한국어뿐만 아니라 공공 기관 이용, 직장 생활, 이주 노동자에게 필요한 법령이나 제도 등 한국어교육과 한국 문화, 직무 교육을 위한 다양한 정보를 담고 있다는 특징이 있다. 그러나 전체적으로 이주 노동자의 학습 수준을 고려하지 못했다는 한계도 있다.

그 외에《Korean Language for a Good Job(외국인 근로자를 위한 맞춤 한국어) 1~2》,《이주 노동자를 위한 하하호호 한국어》,《외국인 노동자를 위한 재미있는 한국어 1~2》등이 있다. 교재별 특성을 간단히 살펴보면《Korean Language for a Good Job 1~2》는 이주 노동자가 일상생활에서 의사소통을 할 수 있고 동시에 직장 생활에서 기본적인 업무를 해결할 수 있도록 하는 데 목적을 두고 있다. 특히 사무직·교사직 학습자를 대상으로 실시한 설문 조사 결과를 반영하여 제조업 종사자보다는 사무직 종사자를 염두에 두고 개발한 것이 특징이다.《이주 노동자를 위한 하하호호 한국어》는 안산시 외국인주민센터에서 기획하고 노동부 외국인력정책과에서 발행한 교재로 현재 절판되어 찾아보기 힘든 교재이지만 대화와 어휘가 영어로 번역되어 있고 다른 초급 수준의 책에 비해 구어적인 요소가 많은 것이 특징이다.《외국인 노동자를 위한 재미있는 한국어 1~2》는 노사발전재단 국제노동협력원에서 발간하였으며 현재 절판되었으나 세종학당재단에서 전자 도서로 제공하고 있다.

이주 노동자를 위한 한국어 교재는 주로 초급 교재를 중심으로 개발되었으나 앞으로 중급 이상의 학습자들이 근로 환경에서 효율적으로 업무를 수행할 수 있도록 중·고급 교재도 개발된다면 장기 거주 외국인 근로자에게 큰 도움이 될 것이다. 더불어 한국어 학습 시간이 절대적으로 부족한 이주 노동자들의 학습 상황을 고려하여 자가 학습과 연습이 가능하도록 하는 교재나 부교재 및 교구를 개발하여 학습자의 학습 효율성을 고려할 필요가 있다. 또한 매우 다양한 직업군에 종사하고 있는 이주 노동자를 위해 일상생활보다 직장 생활과 관련된 의사소통 상황 중심의 교재 구성이 필요하고 어휘나 교재의 내용도 건설, 제조, 농·축산업 등 실질적인 작업 환경에서 사용하는 실용적인 내용으로 구성되어야 한다. 〈허용〉

[참고문헌]
• 구민숙(2001), 외국인 노동자를 위한 한국어교육 방안 연구: 교재 구성을 중심으로, 경희대학교 석사학위논문.
• 김명광(2004), 외국인 근로자를 위한 한국어교육의 방향, 한국어문교육학회, 한국어교육총서 3-7, 한국학술정보(주).
• 오인미(2012), 외국인 근로자를 위한 한국어 교재 개발 방안, 창원대학교 석사학위논문.
• 이병규 외(2005), 한국어 교재 분석 연구, 국립국어원.
• 정국희(2010), 이주 노동자 한국어 교재 분석, 한남대학교 석사학위논문.

❑ 다문화 가정 자녀용 한국어 교재

다문화 가정 자녀용 한국어 교재란 다문화 가정 구성원 중 유아 및 학령기 자녀를 대상으로 개발한 한국어 교재를 말한다.

다문화 가정 자녀들은 학습자마다 상당히 다른 특성을 보이므로 교재 역시 학습자 특성에 맞춰 특화할 필요가 있다. 중도 입국 자녀나 이주 노동자 자녀와 같이 한국어가 모어가 아닌 자녀들을 위한 한국어 교재는 제2 언어로서의 한국어 교재의 특성을 고려해야 한다. 한편 한국에서 태어나고 자란 다문화 가정 자녀에게는 한국어가 모어이므로, 이들을 위한 교재는 엄밀한 의미에서는 한국어 교재보다는 국어 교재의 성격을 지니고 구어 능력보다 문식 능력 향상에 더 큰 비중을 두어야 한다.

또한 이들이 학령기 학습자라는 점은 교재 개발에서 매우 중요한 요소이다. 성인 학습자와 달리 학령기 학습자는 일상생활 외에 학교생활의 비중이 매우 크다. 2012년 7월 교육과학기술부에서는 이러한 점을 고려하여 '한국어 교육과정'을 고시하였다. 이 교육과정에서는 초·중·고 정규 학교에서 한국어교육이 이루어져야 함을 명시하고 학령기 학습자인 다문화 가정의 자녀들에게 일상 한국어와 학습 한국어를 균형 있게 가르쳐야 함을 언급하였다. 2012년 12월 국립국어원에서는 교육과정에 근거하여 초등학생용, 중학생용, 고등학생용 한국어 표준 교재를 각각 2권씩 간행하였다. 최근에는 이 교재를 전면 개정한 《초등학생을 위한 표준 한국어》 2종 11권, 《중고등학생을 위한 표준 한국어》 2종 6권을 출판하였다. 이는 2017년 개정·고시한 교육과정을 반영한 것으로, 2019년 1학기부터 전국 초중고 예비 학교 한국어 학급에서 사용하고 있다.

다문화 배경 학생을 위한 표준 한국어 교재가 개발되기 전에 각 시·도 교육청에서 간행하여 사용한 교재들도 다수 있다. 서울특별시교육청은 2007년, 2009년, 2012년에 교재를 간행한 바 있으며, 경기도교육청은 2008년과 2010년에, 울산광역시교육청은 2011년에, 제주특별시자치도교육청은 2008년에, 충청북도교육청은 2006년에 교재를 간행하였다. 이 중 2012년에 서울특별시교육청에서 간행한 교재는 과제와 활동, 의사소통 중심으로 구성한 교재로 이중 언어 교사가 활용하는 것도 고려하였으며, 2010년에 경기도교육청이 간행한 교재는 다문화 가정 자녀의 또래에 비해 부족한 문어 능력 제고에 중점을 두었다.

이 외에 초등학생 다문화 가정 자녀를 위한 읽기 자료로 2006년 교육인적자원부에서 개발한 교재가 있고 다문화 가정 유아를 위한 한국어 방문 학습지로는 2009~2011년에 국립국어원이 개발한 교재가 있다. 〈박석준〉

→ 다문화 가정 학생 대상 한국어 교육과정

[참고문헌]
• 박석준 외(2012), 다문화 가정 학생을 위한 한국어 표준 교재 개발·제작(중등, 고등 과정), 국립국어원.
• 심혜령(2012), 정착 목적 학습자를 위한 한국어 어휘 콘텐츠 개발 방향, 새국어생활 22-3, 국립국어원, 83~104쪽.
• 원진숙 외(2012), 다문화 가정 학생을 위한 한국어 표준 교재 개발(초등 과정), 국립국어원.

중도 입국 자녀용 한국어 교재

중도 입국 자녀용 한국어 교재는 외국인 근로자나 국제결혼 가정의 자녀 중에서 외국에서 태어나 성장하다가 중간에 부모를 따라 동반 입국하거나 이미 한국에 살고 있는 부모를 통해 청소년기에 입국한 자녀들을 위한 한국어 교재를 말한다.

2000년대 중반 이후 다문화 가정 자녀들을 대상으로 한 한국어교육에 대한 관심은 매우 커졌으나 주된 관심 대상은 한국에서 태어나고 자란 국제결혼 가정의 자녀들이었다. 그러나 이후 다양한 배경의 다문화 가정 자녀들이 늘어나면서 2009년을 전후로 한국어와 한국 문화에 대해 알지 못해 많은 어려움을 겪고 있는 중도 입국 자녀에 대해서도 관심을 갖게 되었다. 이들은 교육 공백기가 있고 한국어 의사소통 능력도 부족하여 학업 능력이 저하되어 있는 경우가 많다. 또한 사회·문화적으로 정체성의 혼란을 겪고 부모의 재혼 등으로 새로운 가정생활에 적응하면서 심리·정서적으로 불안해하기도 한다. 그러므로 기본적인 의사소통 능력의 향상과 함께 학업 능력의 향상을 위한 한국어교육이 필요하다. 또한 한국 사회에 적응하기 위한 상호 문화 이해 능력과 긍정적인 정체성 형성에 도움을 주는 교육도 요구된다.

현재 각 시·도 교육청과 중앙다문화교육센터에서 개발한 교재들은 대부분 초등학생인 다문화 가정 자녀를 대상으로 학교생활을 소개하고 의사소통 능력을 향상시키는 것을 목적으로 하고 있다. 그런데 이 교재들은 의사소통 능력과 학업 능력 향상이 모두 필요한 10대 중반 이후의 중도 입국 자녀들에게는 적절하지 않다. 현재 중도 입국 자녀들만을 위한 한국어 교재는 거의 없는 실정이다.

이러한 상황을 고려하여 교육과학기술부에서는 2012년 3월 다문화 학생을 위한 맞춤형 교육 지원 정책의 일환으로 '다문화 학생 교육 선진화 방안'을 수립하였다. 그리고 2012년 7월에는 '한국어 교육과정'을 고시하였다(교육과학기술부 고시 제2012-14호 별책 27). 이 교육과정에서는 의사소통 능력 향상과 학습 한국어 능력 향상, 상호 문화 이해 능력과 긍정적인 정체성 함양을 교육의 목적으로 하고 중도 입국 학생을 한국어교육의 대상으로 포함하고 있음을 분명히 밝히고 있다. 이에 의거해 2012년 12월에는《초등학생을 위한 표준 한국어 1~2》,《중학생을 위한 표준 한국어 1~2》,《고등학생을 위한 표준 한국어 1~2》가 개발되었고 이후 2017년 한국어 교육과정을 개정·고시하면서 이를 반영한《초등학생을 위한 표준 한국어》2종 11권,《중고등학생을 위한 표준 한국어》2종 6권을 개정 출간하였다.

2013년 3월부터는 초·중·고등학교의 특별 학급, 예비 학교, 대안 학교 등에서 이 교재들을 사용하여 한국어교육을 실시하고 있다. 이 시점을 기준으로 중도 입국 자녀에 대한 한국어교육과 교재 개발에 대한 연구가 시작되었다고 본다. 〈정다운〉

→ 다문화 가정 학생 대상 한국어 교육과정

[참고문헌]
• 교육부, 교육부 누리집, 2014년 8월 31일 가져옴, http://www.moe.go.kr
• 성상환 외(2010), 다문화 가정 동반·중도 입국 자녀 교육 수요 및 지원 방안 연구, 교육과학기술부.
• 장명선·송연숙(2011), 서울시 중도 입국 청소년 현황과 지원 방안, 서울시여성가족재단.
• 조옥이·박석준(2011), 다문화 가정 중도 입국 자녀에 대한 한국어 문화 교육의 방안과 내용: 교육 사례 예시를 통한 문제 제기를 중심으로, 외국어로서의 한국어교육 36, 연세대학교 언어연구교육원 한국어학당, 217~238쪽.

❏ 북한 이탈 주민용 한국어 교재

북한 이탈 주민용 한국어 교재란 북한 이탈 주민이 남한 사회에 정착하는 데에 언어적 차이로 인한 어려움을 극복하기 위해 스스로 한국어를 학습하거나 기관에서 북한 이탈 주민을 교육할 목적으로 만든 교재를 말한다.

북한 이탈 주민이란 조선민주주의인민공화국에 주소, 직계 가족, 배우자, 직장 등을 두고 있는 대한민국 사람으로서, 조선민주주의인민공화국을 벗어난 후 대한민국 이외의 국적을 취득하지 않은 사람을 의미한다. 이는 2005년부터 사용되던 용어인 '새터민'을 대신하여 2011년 말부터 공식적으로 사용하기 시작한 법률적 용어이다.

북한 이탈 주민 대상 한국어교육의 특수성은 다음과 같다. 첫째, 북한 이탈 주민의 언어는 지역 방언이면서도 사회 계층별 사회 방언의 성격을 띤다는 점을 고려해야 한다. 북한 이탈 주민은 언어의 차이로 인해 사회 구성원과의 소통에 제약이 생기고 이용 가능한 정보의 취득이 어렵다. 그 결과 남한인과 북한 이탈 주민 사이에 언어적, 심리적 장벽이 쌓이게 된다. 둘째, 남한과 북한에서 사용하는 언어는 같은 언어면서도 남한인과 북한 이탈 주민 서로에게 상당히 낯선 언어이다. 남북이 분단된 지 70여 년이 지나면서 어휘, 발음 및 억양, 화행 면에서 남북 언어의 차이가 두드러지게 되었기 때문이다. 셋째, 북한 이탈 주민의 한국어교육은 다문화적 관점에서 접근이 필요하다. 예를 들면 북한에는 자본주의의 개념이 없기 때문에 북한 이탈 주민이 자본주의와 관련된 어휘를 이해하는 것은 자본주의를 알고 있는 영미권이나 동양권의 다른 나라 사람들보다 더 어려울 수 있다. 넷째, 북한 이탈 주민에게 한국어교육은 단기적으로는 한국어교육적 성격을 지니나 장기적으로는 국어교육적 성격으로 변모해야 한다.

북한 이탈 주민용 한국어 교재 개발 초창기에는 남한 적응 초기에 필요한 발음 교재, 생활 어휘 교재, 구어 학습용 교재가 개발되었다. 초기 정착을 넘어선 이후에는 직장 생활을 돕기 위한 교재, 전문 어휘를 담은 교재가 개발되었다. 또한 남한과 북한의 학교 문화가 다르고 교과 내용이 달라서 적응하지 못하는 탈북 학생을 위한 교재도 개발되고 있다. 한국교육개발원에서는 2011년부터 탈북 학생을 위한 보충 교재의 성격과 통일을 대비한 표준 교재로서의 성격을 지닌 교재를 개발해 왔다. 또한 한겨레중학교, 한겨레고등학교, 여명학교, 탈북 학생을 위한 대안 학교 등에서 자체 개발한 교재가 있다.

북한 이탈 주민이 남한의 언어 현실에 적응하는 것도 중요하지만 통일 대비 언어 교육의 방향을 생각한다면 남한의 언어 현실에서 지나치게 남용하고 있는 외래어와 외국어를 순화하는 과정도 필요하다. 2020년을 기준으로 남북이 분단된 지 약 75년이 되면서 언어적 차이가 심화되었고 정치 체제의 차이 등으로 인한 남북 언어의 이질화도 심화되고 있다. 따라서 장기적으로는 북한 이탈 주민을 위한 한국어 교재뿐만 아니라 통일을 대비한 한국어 교재의 개발도 필요하다. 〈권순희〉

[참고문헌]
• 신명선 외(2012), 새터민을 위한 한국어 어휘 교육, 박이정.
• 신명선·권순희(2011), 새터민을 위한 한국어 어휘 교육 방안, 한국언어문화학 8-2, 국제한국언어문화학회, 57~89쪽.

❑ 이주민용 한국어 교재

이주민용 한국어 교재는 대한민국에 체류하는 모든 이주민을 대상으로 하는 한국어 교재로서 이주민들이 사회의 구성원으로 적응하여 한국 사회에 정착하는 것을 목표로 한다.

이주민용 한국어 교재는 교재의 특성상 정부의 이민 정책 방향을 반영하고 있다. 한국 정부는 이주민 정책의 하나로서 2009년부터 이민자를 대상으로 사회 통합 프로그램(Korea Immigration and Integration Program: KIIP)을 실시하고 있다. 이 프로그램은 이주민이 한국어와 한국 문화를 익혀서 한국인과의 원활한 의사소통이 가능하고 지역 사회에 쉽게 융화될 수 있도록 지원한다. 이민자 사회 통합 프로그램은 '한국어 과정'과 '한국 사회 이해 과정'으로 구성되어 있으며 프로그램을 이수하면 귀화, 영주 자격의 신청 및 체류 자격 변경 시 다양한 혜택이 주어진다. 이 중 한국어 과정은 기초, 초급 1, 초급 2, 중급 1, 중급 2 단계로 0단계에서부터 4단계로 구성되어 있으며 교재는《사회 통합 프로그램을 위한 한국어(기초, 초급 1~2, 중급 1~2)》를 사용한다.

〈이민자 사회 통합 프로그램의 과정별 단계〉

구분＼단계	0단계	1단계	2단계	3단계	4단계	5단계	
과정	한국어 기초	한국어와 한국문화				한국 사회 이해	
	기초	초급 1	초급 2	중급 1	중급 2	기본	심화
이수 시간	15시간	100시간	100시간	100시간	100시간	50시간	20시간

《사회 통합 프로그램을 위한 한국어》는 언어 교육의 보편적 원리와 이론을 바탕으로 하고 있으나 이주민 대상 교육을 목적으로 사용한다는 점에서 일반 목적 한국어 및 결혼 이민자용 교재와는 차별화된다. 초급에서는 주제와 상황에 있어 일반 목적 한국어 및 결혼 이민자용 교재와 공통적으로 적용되는 부분이 많이 있다. 그러나 중급에서는 출입국관리사무소 등 다양한 공공 기관에서의 일 처리, 부동산 계약, 한국의 경제·정치, 교

육 체계, 유물·유적, 지형, 역사, 인구 변화 등 일반 목적 한국어 및 결혼 이민자용 중급 교재에서는 다루고 있지 않지만 이주민의 한국 사회 적응을 돕는 데 필요한 다양한 주제와 상황을 다루고 있다. 이처럼《사회 통합 프로그램을 위한 한국어》는 기본적인 의사소통 능력에서부터 일상생활에서 사회 구성원과의 소통, 공공 생활 영역, 경제적 이익 추구와 같은 전문적인 영역까지를 학습하도록 구성되어 있다.

법무부 출입국외국인정책본부에 따르면 한국에 체류하고 있는 외국인 수는 2000년 대 초반 이후 2배 이상 증가하여 2018년 230만 명을 넘어섰다. 한국은 다문화 사회로 진입하였으며 이주민 개인의 사회 적응, 사회 구성원과의 소통, 사회 통합의 의미에서 이주민을 위한 한국어교육의 중요성은 점차 커지고 있다. 〈하승현〉

→ 이민자 사회 통합 프로그램 한국어 교육과정

[참고문헌]
- 조항록 외(2011), 사회 통합 프로그램 발전 방안 연구, 법무부 출입국·외국인정책본부.
- 조항록 외(2012), 사회 통합 프로그램(KIIP) 한국어 교육과정 개편 연구, 법무부 출입국·외국인정책본부.

■ 수준별 한국어 교재

수준별 한국어 교재는 학습자의 수준을 초급, 중급, 고급으로 나누거나 각 단계를 다시 2개 단계로 나누어서 초급 1·2, 중급 1·2, 고급 1·2로 구분하여 편찬한 것을 말한다.

각 수준은 한국어능력시험(Test of Proficiency in Korean: TOPIK)에서 6단계로 구분하는 것과 대체로 일치한다. 민현식에 따르면 교재의 유형은 학습자가 처한 상황별로 달라질 수 있으며 구체적으로는 학습자 수준별, 학습 목적별, 수강 기간별, 연령별, 국적별 등으로 나눌 수 있다. 이 중에서 학습자 수준별 교재는 흔히 국내 대학의 한국어 교육 기관을 중심으로 6단계로 개발하고 있다. 이 외에도 박영순은 최고급 과정이나 한국학 전공 교재 유형도 제시하고 있다.

서종학·이미향에 따르면 수준별 한국어 교재의 목표는 초급은 일상 회화, 중급은 문장 구조의 이해와 작문, 어휘력 신장, 고급은 수준 높은 한국어 구사와 독해력이다.

수준별 교재의 내용은 한국어능력시험의 평가 기준을 참고하여 다음과 같이 구성할 수 있다. 초급 1단계는 생존에 필요한 기초적인 언어 기능과 사적이고 친숙한 화제를 다룬다. 약 800개의 기초 어휘, 간단한 생활문과 실용문으로 구성한다. 초급 2단계는 전화하기, 부탁하기 등의 일상생활과 공공시설 이용에 필요한 내용을 포함한다. 약 1,500~2,000개의 어휘와 사적이고 친숙한 화제를 제시한다. 중급 1단계는 다양한 공공시설을 이용하고 기초적인 사회적 관계를 유지하는 것을 목표로 한다. 친숙하고 구체적인 소재와 사회적 소재로 구성하고, 문어와 구어의 기본적인 특성을 구분하여 제시한다. 중급 2단계는 공공시설 이용과 사회적 관계 유지, 일반적인 업무 수행을 다룬다. 뉴스, 신문 기사 중 평이한 내용과 일반적인 사회적·추상적 소재, 자주 사용되는 관용적 표현을 담는다. 고급 1단계는 정치, 경제, 사회, 문화 전반에 걸쳐 친숙하지 않은 소재를 포함한다. 고급 2단계는 전문 분야에서의 연구나 업무 수행에 필요한 언어 기능과 함께 원어민 화자의 수준에 이르는 데 필요한 기능 수행이나 의미 표현을 다룬다.

최근 김중섭 외의 국제 통용 한국어 표준 교육과정에서는 수준별 한국어교육의 단계를 6단계로 제안하고 있다. 한국어 교육 현장 상황과 한국어능력시험의 등급 체계 등을 고려하여 초급(1~2급), 중급(3~4급), 고급(5~6급)의 6등급 체계로 구성하고, 고급 단계 이상의 도달 목표는 한정하지 않고 개방형으로 두어 '6+등급'을 설정하고 있다. 이에 따라 향후 한국어 교재 개발에 있어서도 이 점을 고려할 필요가 있다. 〈최윤곤〉
→ 한국어능력시험

[참고문헌]
• 김중섭 외(2010), 국제 통용 한국어 교육 표준 모형 개발, 국립국어원.
• 김중섭 외(2011), 국제 통용 한국어 교육 표준 모형 개발 2단계, 국립국어원.
• 민현식(2000), 한국어 교재의 실태 및 대안, 국어교육연구 7-1, 서울대학교 국어교육연구소, 5~60쪽.
• 박영순(2003), 한국어 교재의 개발 현황과 발전 방향, 한국어교육 14-3, 국제한국어교육학회, 169~188쪽.
• 서종학·이미향(2007), 한국어 교재론, 태학사.

■ 목적별 한국어 교재

목적별 한국어 교재란 한국어를 배우려는 학습자의 목적에 따라 내용을 구성한 교재를 이른다.

한국어 학습자는 한국어를 통해 자유로운 의사소통을 하는 것이 한국어 학습의 기본적인 목적이다. 그러나 이런 기본적인 목적을 넘어 한국어를 이용하여 직업 활동을 원활하게 하거나 대학교 및 대학원에서 학문적인 활동을 원활하게 하려는 등의 또 다른 목적도 있다. 그러므로 학습 목적에 따라 교수요목과 교수 내용이 다른 교재가 필요하다.

한국어 교재는 그 목적에 따라 크게 네 가지 종류로 나눌 수 있다. 첫째는 순수 어학 교육을 목적으로 하는 일반 목적 한국어 교재, 둘째는 대학이나 대학원에서 전공에 필요한 한국어 능력을 배양하려는 학문 목적 한국어 교재, 셋째는 직무 수행에 필요한 한국어 능력을 배양하려는 직업 목적 한국어 교재, 넷째는 일본의 민족 학교나 해외의 한글 학교 등에서 진행하는 한국어를 통한 민족 교육이 목적인 교재이다. 이들 각 교재는 한국어의 기본적인 어휘, 문법, 문장은 공통될 수 있으나 그 목적에 따라 주제나 상황, 과제 등은 달리 설정해야 한다.

일반 목적 한국어 교재는 일상생활에서 한국인과 자유롭게 의사소통하는 것이 목적이므로 교재 내용의 주제나 어휘, 상황도 일상생활과 관련된 내용으로 구성해야 한다. 학문 목적 한국어 교재는 한국어학이나 한국 문학, 한국 문화, 한국 시사 등의 내용이 들어가야 한다. 특히 한국 내 대학에서 유학을 하는 학생들은 한국 대학 생활에 필요한 노트 필기, 강의 듣기, 보고서 쓰기 등의 기술적인 한국어를 연습할 수 있는 교재가 필요하다. 직업 목적의 한국어 교재는 그 직무 수행 분야가 비즈니스, 언론, 외교, 통상, 군사 중에 무엇인지에 따라 어휘, 주제, 상황 등이 각기 다른 내용으로 집필되어야 한다. 민족 교육 목적의 교재에는 한국어를 통해 민족에 대한 자부심과 긍지를 느낄 수 있어야 하므로 한국 전통 예절, 한국 문화, 한국 역사 등이 들어 있는 교재여야 한다. 이 외에 최근 한국 사회에 결혼 이민자가 늘면서 한국 가정과 지역 사회에서 원활한 의사소통을 할 수 있도록 하는 결혼 이민자용 교재가 요구되기도 한다.

현재 일반 목적 한국어 교재는 각 대학의 한국어교육 전문 기관이나 일반 사설 학원에서 출판된 교재가 있고, 학문 목적 한국어 교재는 각 대학 기관에서 유학생들을 위한 교재를 출판하거나 교수자가 그 목적에 맞게 자체 교재를 제작하여 사용하기도 한다. 학문 목적 한국어 교재는 대학 교육에서 필요한 발표, 보고서 쓰기 등 기능적인 내용을 담은 교재도 있지만 경영이나 무역과 같은 특정 전공에 필요한 어휘와 전공 관련 내용을 공부할 수 있는 교재도 존재한다. 직업 목적 한국어 교재는 비즈니스 한국어로 한국 회사 생활과 관련된 내용이 들어 있는 교재가 있는가 하면 외교나 군사적인 내용을 다루고 있는 특수 목적 교재도 존재한다. 결혼 이민자를 위한 한국어 교재는 국립국어원에서 제작한 교재가 온라인으로 서비스되고 있으며 각 해당 관공서에서 자체 제작한 교재도 있다.

그러나 많은 수의 교재가 만들어진 일반 목적 한국어 교재의 경우도 공통된 어휘, 문법 목록이나 주제, 기능 등의 교수요목이 합의된 것이 없다. 그러므로 앞으로 각 목적별 교재에 대한 교수요목과 내용 연구가 활발히 진행되어야 하고, 그런 연구를 반영한 교재가 개발되어야 한다. 〈이금희〉

[참고문헌]
• 민현식(2000), 한국어 교재의 실태 및 대안, 국어교육연구 7-1, 서울대학교 국어교육연구소, 5~60쪽.
• 박영순(2003), 한국어 교재의 개발 현황과 발전 방향, 한국어교육 14-3, 국제한국어교육학회, 169~188쪽.
• 서종학·이미향(2007), 한국어 교재론, 태학사.
• 조항록(2003), 한국어 교재 개발을 위한 기초적 논의: 교재 유형론적 관점에서 본 교재 개발의 현황과 주요 쟁점, 한국어교육 14-1, 국제한국어교육학회, 249~278쪽.

10.4. 교재 개발

교재 개발(敎材開發)이란 교재를 분석하고 평가하여 교수 학습의 목표와 과정에 알맞은 교육 자료를 편찬하는 행위를 이른다.

교재는 교수 학습 상황에 맞는 교육 목표를 달성하기 위해 교수요목에 따라 선정한 내용을 체계적으로 구성한 것이다. 그러므로 시기와 목적, 교수자와 학습자의 요구에 따라 다양한 교재가 필요하다.

교재 개발은 다음과 같은 경우에 이루어진다. 첫째, 교수자와 학습자, 즉 수요자의 요구에 맞는 교재가 없는 경우이다. 둘째, 기존 교재를 사용하고 평가한 후에 교재에 교정하고 보완할 내용이 있다고 본 경우이다. 셋째, 교수 학습 변인에 변화가 생겨 새로운 교재를 만들어야 하는 경우이다.

교재 개발은 여러 단계를 거쳐 이루어지는 상당히 전문적이고 체계적인 활동이다. 우선 교재 개발은 교수요목에 기반을 둔다. 그리고 교수 변인, 교수 이론, 학습자의 목표와 학습 시간, 학습자의 언어적 배경 등을 조사하여 교재 개발에 반영한다. 또한 교육 목표를 체계적으로 실현하기 위해 표준화된 교육 내용을 제공한다. 이와 같은 과정을 거치는 교재 개발의 궁극적인 목표는 교육의 효율성을 극대화하는 것이다.

교재 개발 연구에서는 유사한 개념의 용어가 혼재되어 쓰이고 있다. 교재 연구, 교재 분석, 교재 편찬, 교재 개발 등이 그것이다. 서종학·이미향에서는 관련 용어를 다음과 같이 정리한다. 먼저 효율적인 교수 학습을 위해 선정된 교재를 분석하고 연구하는 행위를 교재 연구라 한다. 그리고 교재의 장단점을 논하는 과정적 행위를 교재 분석이라 하고, 교재 분석과 평가를 통해 학습 목표와 학습 과정에 알맞은 교재를 편찬하는 행위를 교재 개발이라 한다. 즉 교재 개발이란 교재 제작을 포함하는 포괄적인 개념으로서 주로 교재 개발의 원리와 절차 등을 논의하는 것이다. 한편 교수 학습 현장에서 활용하기 위한 교육 자료를 개발하는 것도 교재 개발의 일부이다. 부교재나 웹(web) 교재를 개발하는 것도 기술적인 차이점을 제외하면 출판하는 교재와 같은 단계를 거친다.

교재를 개발해야 하는 이유는 다양하지만 특히 교육과정, 교수요목, 학습자가 주요한 요인으로 작용한다. 교육 목표와 외국어 교수법이 바뀌고 이로 인해 교수요목이 바뀌면 새로운 교재를 개발하게 된다. 또한 학습자의 수준과 학습 대상자가 변화하거나 주로 쓰이는 학습 매체가 변화하면 교재 개발의 필요성이 커진다.

한국어교육은 2000년을 전후하여 큰 변화를 겪었다. 한국어 학습자의 수가 급격하게 증가하고 학습자의 국적과 언어적 배경이 다양해졌다. 대학을 중심으로 한 교육 기관의 수도 늘고 교육 매체도 다변화하였다. 이러한 연유로 교재 관련 연구 중 상당수가 교재 개발을 주제로 삼았다. 특히 교재 개발의 원리와 유의점 그리고 개발의 실제를 보여 준 연구가 많았다. 이러한 연구 성과를 수용하여 한국어 교재를 개발할 때는 실생활에서 우선적으로 필요한 상황과 주제를 설정하고 빈도수를 고려하여 어휘와 문법 항목을 배분할 필요가 있다. 그뿐만 아니라 새로운 한국어 수업 모형을 개발하고 학습자의 참여를 확보하는 교재를 모색해야 한다. 앞으로는 연습 문제, 활동, 삽화 및 보조 자료에 이르기까지 학습자의 참여를 높이는 교재를 개발하는 방향으로 나아가야 한다. 〈이미향〉

[참고문헌]
• 김정숙 외(2006), 한국어 교재론 개발 최종 보고서, 문화관광부·한국어세계화재단.
• 김중섭·이관식(1999), 외국인을 위한 한국어 교재 개발에 관한 연구, 한국어교육 10-1, 국제한국어교육학회, 61~81쪽.
• 박영순(2003), 한국어 교재의 개발 현황과 발전 방향, 한국어교육 14-3, 국제한국어교육학회, 169~188쪽.
• 서종학·이미향(2007), 한국어 교재론, 태학사.

■ 교재 개발의 원리

교재 개발의 원리란 교재를 개발하는 전반적인 과정에서 기초로 삼을 만한 근거 혹은 따를 만한 규칙을 의미한다.

교재 개발 시에는 적용되는 일반 원리가 있다. 교재는 교육 철학을 반영한 필수 내용을 담으면서 학습자가 요구하는 바를 포함하여야 한다. 또한 교재는 목표어로 의사소통하려는 목적을 달성하기 위해 언어 교육에 관한 것뿐만 아니라 문화 교육에 관한 내용도 배제하지 않아야 한다. 교재 개발의 기본 원리는 다음 몇 가지로 정리할 수 있다.

첫째, 교재는 정확하고 필수적인 교육 내용을 확보해야 한다. 교재는 교육의 질을 높이는 도구이므로 정확하면서도 목표 달성에 필수적인 교육 내용에 기초하여 제작해야 한다. 언어 교육에서 정확한 내용이란 정확한 언어 형태를 제공하는 것만을 의미하는 것이 아니며 선정한 담화 상황의 자연스러움이 내용의 정확성과 크게 관련되므로 담화 선정에도 유의해야 함을 말한다.

둘째, 학습자가 목표어로 의사소통하는 목적을 교재를 통해 달성하도록 한다. 교재는 효율적인 학습을 돕는 도구이므로 학습자의 동기와 흥미 유발에 관심을 둘 수밖에 없다. 학습자의 주체적이고 능동적인 참여를 확보하기 위해 먼저 학습자의 요구를 분석한다. 그리고 학습자가 목표로 하는 담화 상황에서 사용하는 실생활 언어를 조사하여 교재를 작성한다. 실제 언어생활에서는 언어 기능을 통합적으로 사용하므로 학습자의 의사소통을 돕는 교재는 기능 통합형으로 구성하는 것이 바람직하다.

셋째, 교재는 교실에서 활용이 가능하도록 구현되어야 한다. 교재는 교육 현장에서 교사와 학습자를 매개한다. 교사와 학습자는 언어 훈련을 목표로 상호작용하므로 교재는 교사뿐만 아니라 학습자가 함께 사용하는 것을 전제한다. 언어 교재는 학습 과정을 중심으로 선행 과제와 후행 과제를 긴밀히 조직하는 등 단계적 과정을 따라 개발해야 한다.

넷째, 모든 교재는 문화 교육 내용을 포함하여 구성한다. 언어 교육과 문화 교육은 동시에 이루어지므로 교육 내용으로 선정한 것은 학습자의 문화 교육에도 유용한 것이어야 한다.

교재를 개발하는 데 가장 주요한 원리는 무엇보다도 의사소통이라는 언어 교육의 목표를 달성하는 것이다. 이를 위해 교재를 개발하는 데는 정확한 교육 내용이 확보되어야 한다. 그동안 한국어교육은 표준 교육과정과 한국어교육용 표준 문법, 교재의 전문화 등 한국어교육 표준화에 관해 연구해 왔다. 또한 학습자 중심의 언어 교육을 지향하며 교재를 통해 학습자 언어의 유창성을 확보하고자 하였다. 이를 위해 기능 통합형 교재를 마련하고 문화 교육을 위한 교재를 개발하였다.

교재 개발의 원리에 따라 교수 학습의 핵심 사항을 교재에 반영함으로써 체계적인 교육 내용을 확보하고 학습자 중심 교육을 실현하는 것이 가능해진다. 또한 이러한 원리를 지킴으로써 언어 교육과 문화 교육을 동시에 추구할 수 있다. 한국어 교재 개발은 초기에 한국의 특수한 사실에 치중하던 경향을 넘어 한국적인 것과 함께 인류 보편적인 가치관에 부합하는 문화 교육을 강조하는 것으로 바뀌어 가고 있다.　　　　〈이미향〉

[참고문헌]
- 김영만(1999), 외국어로서의 한국어 교재 개발 연구, 한국외국어대학교 박사학위논문.
- 김정숙(1992), 한국어 교육과정과 교과서 연구, 고려대학교 박사학위논문.
- 민현식(2000), 한국어 교재의 실태 및 대안, 국어교육연구 7-1, 서울대학교 국어교육연구소, 5~60쪽.
- 박영순(2003), 한국어 교재의 개발 현황과 발전 방향, 한국어교육 14-3, 국제한국어교육학회, 169~188쪽.
- 조항록(2003), 한국어 교재 개발의 기본 원리와 실제: 연세대학교 한국어학당 교재 개발을 중심으로, 외국어로서의 한국어교육 28, 연세대학교 한국어학당, 223~250쪽.

❑ 실제성

실제성(實際性, authenticity)은 언어 교육에서 학습자가 실제 언어와 유사한 언어를 접할 수 있도록 하는 교육적 특성으로 현실성 또는 진정성으로도 불린다.

언어 교육의 목적은 목표 언어로 의사소통하는 것이므로 의사소통은 실제와 유리될 수 없다. 그러므로 언어 교육은 학습자의 의사소통 능력을 향상시키기 위해 실제성에 기반을 둔다. 언어 학습자가 접할 교육 내용은 현실 언어 상황과 같아야 유의미하다. 이것은 교재에 제시되는 언어 표현과 그 언어를 사용하는 상황이 실제적이어야 한다는 교재 개발 원리와 같다. 교육 현장은 학습자 중심을 지향하고 있으므로 이러한 수업 환경에서 학습자는 교수 학습 활동을 통해 실제와 유사한 한국어 사용 기회를 얻는다.

학습자가 수행하는 과제에는 교육적 과제와 실제적 과제가 있는데, 후자의 경우 특히 실생활의 유용성이 강조된다. 이에 학습자의 요구를 조사하여 실생활에서 접할 가능성이 높은 담화 상황을 선정하고 그 담화 상황에서 필수적으로 요구되는 언어 표현을 제시한다. 이러한 과정으로 선정된 실제적인 과제는 학습자의 의사소통 훈련에 상당히 유의미하다. '기숙사 내에서의 조리 가능 여부 토론하기' 등과 같이 국내에서 한국어를 학습하고 있는 외국인 학습자의 경험을 반영한 과제가 그 예이다.

언어 교수 학습에서 실제성을 확보하기 위해 유의할 점은 다음과 같다. 첫째, 주제의 실제성이다. 교재 개발 시 학습자에게 실제로 필요한 담화 주제가 무엇인지를 고려해야 한다. 둘째, 과제의 실제성이다. 학습자가 수행할 가능성이 있는 과제가 어떠한 것인지, 그 과제가 학습자가 요구하는 담화 상황에 가까운지를 고려한다. 특히 과제가 실제적으로 구성되도록 노력한다. 셋째, 언어 자료와 표현의 실제성이다. 한국어 사용자가 실생활에서 실제로 사용하는 표현이 무엇인지 유념한다. 이것은 교재 개발에 듣기 자료가 포함되어 있을 경우에 더욱 강조된다. 특히 이해영은 듣기 자료에 대한 연구에서 녹음 테이프의 음질, 말의 속도, 억양 등과 함께 듣기 자료의 실제성을 주요하게 언급하였다. 최은지는 듣기 자료의 실제성을 초급 수준부터 확보해야 한다고 하였다. 넷째, 다른 영역과의 통합의 실제성으로 기능 통합형을 지향한다. 실제 언어 상황은 언어 기능들이 분리되지 않고, 들으면서 말하고 들은 것을 쓰고 읽는 등 네 가지 언어 기능이 통합적으로 실현된다.

의사소통을 목표로 하는 한국어교육은 현재 언어 교육의 내용과 형식의 여러 측면에서 실제성에 의미를 부여하고 있다. 교재에 구어 문법에 따른 구어 자료를 싣는 것을 비롯하여, 한국어 학습자가 경험할 실제 상황을 더욱 구체화하여 담화에 반영하고, 최근의 교재가 기능 통합형을 지향하는 것과 같은 노력이 그것이다. 박영순 외에서 지적한 바와 같이 새로 개발되는 한국어 교재는 발생 빈도가 높은 의사소통 상황에서의 대화를 제공해야 하며 이것은 학습자를 동기화하는 데 효과적이다. 그럼에도 불구하고 교육이라는 행위는 교육적 의미를 실제적 유용성보다 앞세우는 경향이 있어서 실제적인 언어 자료와 사용 상황을 교재에 반영하는 데 유연하지 못한 면이 있다. 물론 언어 교재가 시류를 타는 언어 표현으로 구성될 수는 없으나 언어 교재의 실제성은 한국어 교육의 목적을 달성하는 데 간과해서는 안 될 교육적 특성이다. 〈이미향〉

[참고문헌]
- 박영순 외(2008), 한국어와 한국어교육, 한국문화사.
- 이해영(2001), 학습자 중심 수업을 위한 교재 분석, 한국어교육 12-1, 국제한국어교육학회, 199~232쪽.
- 최은지(2007), 한국어 듣기 교재 내 음성 자료 속도의 실제성, 한국어교육 18-1, 국제한국어교육학회, 401~427쪽.

■ 교재 개발의 절차

교재 개발의 절차란 교재를 연구하고 개발하는 순서와 방법을 말한다.

교재 개발의 절차는 교재를 체계적으로 개발하기 위해 필요하며 교수 학습 상황, 교재의 구성물, 교재의 내용을 분석함으로써 마련한다. 교수 학습의 상황을 결정하는 요인으로는 교육 기관, 학습자, 교사 등의 교수 학습 변인이 있다. 분석할 교재 구성물로는 교재를 비롯하여 교사용 지침서, 워크북, 오디오 자료, 실물 자료 등이 있다. 그리고 분석할 교재의 내용은 학습 목표, 담화의 주제, 문화적 사실, 평가 문항 등이다.

교재 개발은 교수 변인과 학습 변인을 분석하는 데에서 출발한다. 우선 교재 개발을 위해 교육 환경과 학습자의 요구를 조사한 후 교육과정과 교수요목을 작성한다. 교수요목에 기반을 두고 교재의 전체 구성을 설계하는데, 여기에는 교육 목적과 목표, 교육 내용의 범주, 내용의 선정과 배열 및 조직이 포함된다. 이러한 설계 과정과 단원 구성의 원리에 따라 단원을 구성한 다음에는 교재를 시험적으로 사용하여 단점을 보완하는 과정을 거쳐 완성된 교재를 출판한다. 이와 같은 교재 개발 절차를 간단히 정리하면 '요구 조사 → 설계 → 단원 구성 및 집필 → 시험 사용 → 완성'이라는 다섯 단계로 이루어진다. 김정숙 외의 연구에서는 교재 개발의 과정을 '요구 조사 → 교수요목 설계 → 교재 집필 → 평가'의 네 단계로도 설명하였다. 여기에서 언급된 '평가'의 단계는 '시험 사용을 통한 완성'과 같은 맥락의 과정이라 할 수 있다.

교재 개발의 각 단계에서는 개발 과정에서 필수적으로 포함하고자 했던 내용을 집중적으로 점검한다. 여기에는 전체적인 교육과정, 학습자 요구, 교육 목적과 목표, 집필자 선정 및 집필 방법, 교수 내용과 방법, 평가 내용 등이 포함된다.

교재 개발의 절차는 웹(web) 기반 교재를 개발할 때도 공통적으로 적용된다. 웹 기반 교재의 개발도 교육 목적을 결정하고 학습자의 요구를 조사하는 데에서 시작한다. 다음으로 적절한 교육용 자료를 수집하고 교육 내용을 잘 전달할 아이디어를 모은다. 그후 해당 내용을 어떻게 전개할 것인지 구상하여 스토리 보드(story board)를 작성하고 이를 프로그램으로 구현한다. 교육의 효율성을 높이기 위해 교육용 보조 자료, 교사용 지침서와 학습자용 사용 설명서를 추가로 만든다. 이후 교재에 대한 평가 결과에 따라 개정이 이루어진다. 이와 같은 웹 교재의 개발 절차는 '요구 및 목적 결정 → 자료 수집 → 내용 이해 → 아이디어 내기 → 내용 전개 구상 → 학습 전체 흐름 결정(플로 차트, flow chart) → 각 화면 설계(스토리 보드) → 프로그램으로 구현 → 보조 자료 만들기 → 평가와 오류 수정'으로 정리할 수 있다.

교재 개발은 여러 단계를 거치는 전문적인 과정이다. 교재가 다양한 목적과 요구에 따라 개발되는 만큼 교재 개발의 절차에 따라 개발된 교재의 결과물은 서로 다르다. 그러므로 효율적이고 체계적인 교재 개발을 위해 교재 개발 절차의 중요성을 인식하는 것이 중요하다. 이 절차는 교육 현장에서 활용될 교육 자료 개발 및 제작에도 활용될 수 있다.　　　　　　　　　　　　　　　　　　　　　　　　　　　　〈이미향〉

[참고문헌]
• 김정숙 외(2006), 한국어 교재론 개발 최종 보고서, 한국어세계화재단.
• 민현식(2000), 한국어 교재의 실태 및 대안, 국어교육연구 7-1, 서울대학교 국어교육연구소, 5~60쪽.
• 서종학·이미향(2007), 한국어 교재론, 태학사.
• 조항록(2003), 한국어 교재 개발의 기본 원리와 실제: 연세대학교 한국어학당 교재 개발을 중심으로, 외국어로서의 한국어교육 28, 연세대학교 한국어학당, 223~250쪽.

■ 교재의 제작 및 활용

교재의 제작은 교수 학습을 위해 필요한 교육 자료를 만드는 것을 말한다. 그리고 교재의 활용은 특정 목표를 달성하기 위해 기존 교재에서 내용 순서와 방법을 바꾸거나 필요한 교육 자료를 제작하여 함께 이용하는 것이다.

교재 제작, 혹은 교재 활용이라는 용어는 교재 개발, 교재 제작, 교육 자료 제작, 부교재 제작, 교재 개작, 교재 연구 등으로 혼재되어 사용되었다.

교재에는 교육 목표와 교육과정에 따라 교육 내용, 교수법, 평가 등이 체계적으로 구현되어 있다. 그러나 교육 현장에서 주 교재만으로는 수업을 진행할 수 없다. 교육 현장은 교수 변인과 학습 변인이 다양하므로 교수 학습 환경에 적합한 교재가 요청되는 상황은 언제든지 있기 마련이다. 이러한 연유로 교사들은 아무리 훌륭한 범용 교재가 구비되어 있더라도 쓸 만한 교재가 없다고 말하기도 한다.

해당 교육 기관에서 지정한 교재를 기본 내용으로 하되 학습 변인과 교수 변인에 따른 부교재 및 교육 자료를 개발하여 수업을 진행한다면 훨씬 효과적으로 목표를 달성할 수 있다. 교육 현장에서 교사는 교재 선택자, 교재 조정자, 교육과정 개발자의 역할을 한다. 수업 상황에 따라 교사가 필요한 만큼 주·부교재를 활용하거나 교육 자료를 제작할 수 있다.

교재의 제작과 활용의 결과로 부교재가 생성된다. 부교재란 주 교재를 제외하고 수업에서 사용되는 모든 자료를 의미하는데, 부교재에는 언어적인 것뿐만 아니라 비언어적인 것도 포함된다. 부교재는 현장의 교사들이 직접 학습 단계에 맞게 제작하여 활용하는 것이 최선이다. 부교재는 일반적으로 수업의 보조 자료로 쓰일 뿐만 아니라 주교재의 대체 자료 혹은 심화 연습 자료로도 쓰인다.

교사는 수업 상황에서 주 교재를 잘 활용하기 위한 부교재 제작 능력을 갖출 필요가 있다. 특히 초급 단계에서는 주로 이용하는 단어 카드와 같이 학습 단계별로 흔히 활용되는 기존 방법을 맹목적으로 적용하는 것을 지양하고, 부교재에 적합한 구성 원리와 개발 원리를 마련하여야 한다. 부교재의 내용과 방법은 학습자가 참여하는 상호 활동 중심의 원칙을 따라야 한다. 학습자 요구에 부합하고 수행 가능성이 높은 과제로 학습자를 학습 과정에 능동적으로 참여하게 하는 것이 중요하다. 또한 언어를 담화 맥락 속에서 접할 수 있는 수업 자료가 되도록 한다.

부교재 및 교육 자료를 제작하고 활용할 때 가장 유의해야 할 것은 수업 목표를 담은 주교재와의 연관성이다. 그리고 부교재와 교육 자료의 제작에서도 텍스트의 실제성과 담화의 현실성, 기능의 통합성을 지켜야 한다. 무엇보다도 부교재 및 교육 자료는 간편하게 제작할 수 있고 수업 현장에서 편리하게 사용되도록 고안해야 할 것이다. 〈이미향〉

[참고문헌]
- 이정희(2004), 한국어 부교재 개발에 관한 학습자 요구 조사 및 구성 방안, 이중언어학 25, 이중언어학회, 233~254쪽.
- 최정순(1997), '개발자(Developer)'로서의 교사: 교재 개발 및 교과 과정 개발에서의 교사의 역할, 한국어교육 8, 국제한국어교육학회, 131~159쪽.

❏ 개작

개작(改作, adaptation)은 선택한 교재를 평가한 후 교육 목적과 대상에 맞추어 수정하는 것을 말한다.

일반적으로 기존 교재가 없는 경우에 하는 교재 제작 행위는 편찬이라고 하는 데 반해 기존 교재가 있는 경우에 그 교재를 다시 만드는 행위를 개작이라 한다.

교재를 개발한 이후에도 특정 요인의 변화에 따라 다시 만들어야 하는 경우가 있다. 교육 목적의 변화나 시간의 흐름에 따라 교재가 교수에 적합하지 않는 상황이 발생하기 때문이다. 이때 기존에 개발된 교재를 현 교수 학습 상황에 알맞은 교재로 개작한다. 교재 개작은 교재 개발의 일부로 교재 개발의 절차와 상당 부분 공통점이 있어서 일반적으로 교재 개발의 원리와 방법을 따르게 된다. 교재를 개작하는 방법으로는 수정, 삭제, 첨가, 단순화, 상세화, 재배열, 재집필 등의 여러 방법이 있다.

교재 개작이 필요한 구체적인 요인을 정리하면 다음과 같다. 첫째, 특정 내용이 누락되었을 경우이다. 둘째, 교재가 학습자의 수준이나 숙달도에 맞지 않을 경우이다. 셋째, 교재의 언어 상황과 언어 표현이 실제성과 구체성을 결여하고 있음을 인지할 경우이다. 교재가 개발된 후 어느 정도 시간이 지나면 교육 내용으로 제시된 언어가 현실성을 확보하지 못하게 되기 때문에 이러한 현상이 일어난다. 넷째, 교재에 흥미 유발 요소가 부족하여 보완하려는 경우이다. 한편 김정숙 외에서는 교재가 어느 한쪽으로 치우쳐 개발되었거나 교육 내용이 일관성이 없이 분산적으로 구성되어 교육 항목의 배열을 조정할 필요가 있을 경우에도 교재 개작이 필요하다고 지적하였다. 또한 교육 자료가 부적절하거나 의사소통 과제가 단일 언어 기술 활동으로만 이루어져 있는 경우에도 개작이 필요하다고 하였다.

교재 개작은 기본적으로 교재를 평가한 후에 실시된다. 교재 개작의 목적은 실제 교수 상황에서 적합도를 높이는 것이다. 특히 개작은 교재 개발의 필요성에 비해 맞춤형 교재를 개발하기 어려울 때 더욱 필요하다. 그러므로 교재 개작은 평가와 제작 및 활용과 밀접한 관계가 있는 개념이다. 〈이미향〉

[참고문헌]
- 김정숙 외(2006), 한국어 교재론 개발 최종 보고서, 한국어세계화재단.
- 서종학·이미향(2007), 한국어 교재론, 태학사.

❏ 단순화

단순화(單純化, simplification)란 수업 변인별 특징을 중심으로 교재의 복잡한 요소를 명료하고 간단하게 재구성하여 활용하는 것을 말한다.

단순화는 교사가 분석과 평가를 거쳐 선정한 교재로 교육 효과를 극대화하기 위해 교재를 활용하는 방법의 하나이다. 교재에는 교수 내용과 방법에 적합한 자료가 효율적으로 배열되어 있으나 수업 현장의 필요에 따라 교재를 수정(修正, modification)하여 활용할 수 있다. 교재 활용 기술은 주·보조 교재, 문자·비문자 교재의 투입 시기 및 방법에 관한 것으로, 강술(講述) 기술, 발문(發問) 기술, 판서 기술, 활동 유도 기술과 함께 수업 진행에 주요하게 기여한다.

교재 활용의 대표적인 방법은 내용의 일부를 다시 쓰기, 현장에 맞게 재구성하기, 단원 내부 및 단원 재배열하기 등이 있다. 이때 범언어적 상황을 종합적으로 다루는 교재를 수업의 주체와 대상에 적합화한다. 즉 수업 현장을 통찰하여 유형별·기능별로 구조화함으로써 적합하게 교재를 활용한다.

단순화는 주로 부적절한 부분을 삭제(deleting)하거나 생략(omitting)하는 방법으로 이루어진다. 또한 내용 제시 순서를 바꾸거나 대안 자료를 준비함으로써 교사가 학습 과제의 난이도를 조절할 수 있다. 특수 교육에서의 개별화 교육, 일반 교육에서의 수준별 학습, 통합 교육 상황에서의 교수 수정은 모두 이러한 노력의 일환이다.

단순화는 주로 교재가 학습자의 수준에 맞지 않을 때 적용된다. 한국어 학습자 수의 증가, 학습 목적과 기간의 다변화 등으로 여러 현장에서 다양한 교재가 필요하나 모든 경우에 맞춤형 교재를 개발하는 것은 현실적으로 어렵다. 이러할 때 교재의 단순화는 다변화한 교육 현장의 요구에 부응하는 대체 방안이 된다.

단순화는 학습자 변인 및 교실 환경이 특수한 현장에서 학습자가 최적의 환경에서 교수 학습에 참여할 수 있도록 조절하는 방법이다. 그러므로 교재 제작 및 활용 시에 교재의 단순화는 학습자 중심, 개별화, 개인화 및 현지화를 모색하는 데 유용하다. 〈이미향〉

[참고문헌]
• 김정숙 외(2006), 한국어 교재론 개발 최종 보고서, 한국어세계화재단.
• 서종학·이미향(2007), 한국어 교재론, 태학사.
• 최현섭 외(2003), 국어교육학 개론, 삼지원.

❏ 상세화

상세화(詳細化, specification)는 수업 변인별 특징에 따라 교재를 구체화 또는 정교화하여 활용하는 것을 말한다.

상세화는 교사가 분석과 평가를 거쳐 선정한 교재로 교육 효과를 극대화하기 위해 교재를 활용하는 방법의 하나이다. 상세화는 내용의 확대 및 확장인 첨가 또는 보충과는 구별되는 개념이다. 상세화는 내용을 부분적으로 더하는 것이 아니라 성취할 교육 목표를 대상으로 교수 내용 전체를 세부화하고 순차적으로 구체화하는 것을 의미한다.

상세화는 교육 내용을 교수요목별로 구체화하는 일정한 형식적·절차적 과정을 거치면서 교재를 활용하는 기법이다.

상세화는 크게 내용 상세화와 구조 상세화로 나뉜다. 수업 변인에 따라 수업 내용과 수업 구조를 상세화하기 위해서는 우선적으로 성취할 학습 목표에 선행하는 학습 요소를 추출한다. 그리고 하향식(top-down)으로 상위 기준인 학습 목표에 준하여 교수요목별로 필요한 내용을 구체화한다. 이러한 과정을 거치면서 특화 및 전문화(specialization)함으로써 구체화, 계열화, 세분화, 정교화 등의 특징을 보인다.

상세화는 교재 개발의 원리 중 문맥화, 연계성 고려, 지식과 수행의 균형 추구에 직접적으로 관련된다. 특히 수업 내용과 구조가 특정 부분에 집중된 경우나 언어 영역 중 어느 한쪽으로 치우쳐 개발된 경우에 상위 목표에 준하여 전체적 세분화를 가능하게 할 수 있다. 위계성이나 계열성이 강한 학습 과제에서 학습을 통해 학생이 도달해야 할 목표를 연역적으로 세분하는 목표 상세화 과정이 중요한 것과 같은 원리이다. 또한 상세화는 교육 자료가 의사소통의 단일 언어 기술을 훈련하는 활동으로만 이루어져 있을 때 이를 균형 있게 조정하는 역할을 한다. 상세화는 특히 선행 학습이 부족한 학습자에게 도움이 되며 이로써 나선형 교육을 실현할 수 있다.　　　　　　　　　　〈이미향〉

[참고문헌]
• 강현화·이미혜(2011), 한국어교육론, 한국방송통신대학교출판부.
• 서울대학교 교육연구소 편(1994), 교육학 용어 사전, 하우동설.
• 서종학·이미향(2007), 한국어 교재론, 태학사.

10.5. 교재 선정과 평가

■ 교재 선정

교재 선정(敎材選定, material selection)이란 이미 개발된 교재의 장단점을 파악하여 교육 현장에서 직접 사용할 교재를 고르는 행위 및 제반 절차를 말한다.

교재의 장단점을 파악한다는 것은 곧 평가와 판정의 과정과 관계되므로 교재 선정은 필연적으로 교재 평가와 밀접한 관련을 맺는다. 교재 평가는 교재의 직접적인 활용 여부에 따라 사용 전 평가(pre-use evaluation)와 사용 후 평가(post-use evaluation)로 나뉜다. 교재 선정은 학습을 위해 이미 개발된 교재를 두고 진행되는 작업이므로 전자의 개념과 상당히 중첩된다. 그러나 교재 평가를 통해 내릴 수 있는 의사 결정은 비단 교재의 선정만으로 그치지 않고 교재의 개발과 개작, 학술 연구 등으로 다양하게 전개될 수 있으므로 차이가 있다. 즉 교재 선정은 현장에서 이용할 교재를 고르는 구체적이고 현실적인 행위이다.

'교육 현장에서 직접 사용할 교재를 고르는 행위와 절차'라는 교재 선정의 정의에 집중하자면 교재 선정에서 가장 중요한 요건은 교수자와 학습자가 만나는 교육 현장을 체계적이고 객관적으로 살필 수 있는 기준을 확보하는 것이다. 교재의 선정을 단순히 교수자의 취향이나 학습자의 요구만으로 실행하는 것은 바람직하지 않다. 만약 이러한 방식으로 교재를 결정하게 된다면 의도하는 소기의 교육적 성과를 거두기 어렵다. 그리고 교수자와 학습자의 요구에 부합하는 교재가 시중에 없는 경우도 있을 수 있다. 이 외에도 교재 선정은 교실 환경이나 교육 기관의 특성 등 다양한 변인에 의해서 영향을 받는다.

교재 선정의 기준은 대체로 학습자 요구와 수준, 교재의 정확성과 적절성, 교수 가능성 등으로 나뉜다. 즉 학습자가 배우고자 하거나 배워야 할 내용이 학습자의 수준에 맞는지, 교재가 지닌 교육과정이나 교수요목이 치밀하고 적절한지 그리고 언어적으로도 정확한지, 선정 후 실제로 교재를 가지고 교수하는 데 있어 문제점이 없을지 등이 교재 선정의 기준으로 제시된다. 리버스(W. M. Rivers)는 교재 선정의 기준에 대해서 교육과정 및 학습자 특성에 관련된 구체적인 조건의 적절성, 교사 및 학습자에 대한 적절성, 언어 사항의 선택과 배열의 적절성, 활동 예의 적절성, 실용상의 적절성, 즐거움과 흥미로움을 제공할 것 등을 들었다. 또한 박갑수는 학습자와 교육 관련자의 특성 반영, 교육 내용 및 체재, 교수 학습 방법을 기본적인 틀로 범주화한 바가 있다. 이들 기준은 대체로 앞서 제시한 세 영역을 바탕으로 설정한 기준이다.

교재 선정은 그 절차와 형식에 따라 제도적인 선정과 자율적인 선정으로 구분한다. 제도적 선정은 교과서 채택과 같이 엄격한 규제 안에서 제한적으로 이루어지는 작업으로 국정제(國定制), 검정제(檢定制), 인정제(認定制)로 나뉜다.

국정제는 국가가 개발하여 저작권을 갖는 교재 선정 제도이고, 검정제는 민간이 개발에 참여하여 국가의 검정 심사를 거치는 교재 선정 제도이며, 인정제는 국정이나 검정에 없는 교재로서 교육자치단체장의 인정 심의 등의 과정을 거치는 교재 선정 제도이다. 일부 교과서에 대해서는 검정을 받은 다종(多種) 교과서 중에서 각급 학교의 교사들이 교과서의 질이나 학교의 실정을 고려하여 선정하는 작업을 수행하기도 한다. 자율적 교재 선정은 법적 규제나 행정적 테두리 없이 민간에서 자유롭게 이루어지는 것을 의미한다.

한국어교육용 교재 선정에는 학교 교과서와 같은 제도적 특성은 없으므로 원론적으로는 자율적 선정에 속하나 대학의 한국어교육 기관 교재, 세종학당 교재, 다문화센터 교재 등 개별적·단독적으로 개발된 범용 교재가 과점 형태를 이루고 있다고 볼 수 있다.

한국어교육 현장에서의 교재 선정은 영어교육 등 외국어 교육용 교재를 선정하는 작업과는 일부 변별되는 특성이 있는데, 무엇보다 한국어교육의 양적 팽창이 빠른 시간 내에 이루어져서 교재의 다양성이 부족했다는 점을 들 수 있다. 1990년대 이전의 한국어교육용 교재는 소수 대학의 한국어 교육 기관 교재가 대부분이었고 교재 선정을 위해 주어진 선택권이 넓지 못했다. 또한 한국어교육은 국내 이주민 증가, 교포 교육 요구 신장, 한류 문화 확산 등 20세기를 전후한 한국 사회의 새로운 현상에 따른 관(官) 주도의 정책적 대응으로 이루어진 영역의 비중이 크다. 그러므로 교육 현장에 따른 맞춤식의 교재 선정 작업보다는 교재 개발과 생산, 보급에 더 많은 역량이 투입된 측면이 있었다. 그러한 배경 위에서 교재 선정에 대한 논의는 대개 교재 평가와 통합적으로 이루어졌다. 최근에는 전 세계적으로 상당한 수의 한국어 교재가 출판되었고 또 권역별, 학습 목적별, 학습자 수준별, 기능별 교재가 다양하게 개발되고 있다. 따라서 새로운 교재의 개발보다는 기존에 있는 교재의 장단점을 취사선택하는 구체적인 방법을 제시하는 담론도 함께 형성될 필요가 있다. 〈강남욱〉

[참고문헌]
• 김호정 외(2011), 한국어 교재 추천 제도 운영 방안 연구, 국립국어원.
• 박갑수(2005), 국어교육과 한국어교육의 성찰, 서울대학교출판부.
• Rivers, W. M. (1981), *Teaching foreign-language skills*, University of Chicago Press.

■ 교재 평가

교재 평가(敎材評價, material evaluation)는 교재에 담겨 있는 다양한 정보를 일정한 기준에 따라 수집한 교재 분석(敎材分析, material analysis) 자료를 근거로 하여, 교재가 지닌 교육적 가치와 수준을 평가하고 의사 결정을 내리는 일련의 절차와 행위를 뜻한다.

일반적으로 교재 분석을 교재 평가와 동일한 개념으로 보기도 하나 양자는 엄밀히 구분된다. 교재 분석은 교재와 관련된 객관적이고 실증 가능한 데이터를 확보하고 이에 대한 진술을 이끌어 내는 것을 의미하고, 교재 평가는 교재 분석 결과를 토대로 어떤 의사 판단을 내리는 것을 의미한다. 그러나 이 두 과정은 분리된 것이 아니고 연속적으로 일어나기 때문에 기계적으로 나누기는 어려워 대개 통합적으로 논의된다.

외국어 교재에 대한 평가 이론은 학술적으로 외국어 교재론에 부속되어 있다. 물론 오늘날 외국어 교재론은 그 자체로 분과 이론으로서의 지위가 확보되어 있기는 하지만 원론적으로는 외국어 교육과정론 및 교수 학습론에 맥이 닿아 있다. 그 이유는 교재 평가의 결과가 교육과정 설계에 필요한 논리적인 근거를 제공하고 교수법의 구현을 위한 구체적이고 실질적인 지침을 주기 때문이다.

교재 평가가 교육과정 설계와 교수법의 선택 및 구현과 밀접한 연관을 갖는다는 의식은 20세기 중반 무렵부터 형성되었다. 이 시기에 청각 구두식 외국어 교육 이론이 등장하면서 교재는 과거 현장 전문가의 직관으로 선정된 구문이 대조·번역식으로 제시되던 출판물의 단계를 넘어 치밀한 외국어 학습 이론을 교육적으로 담아낸 매우 중요한 저작물로서의 지위를 획득한다. 더구나 1940~1950년대에는 대조 분석 이론이 유행하면서 외국어 교재가 모국어와 목표어 사이의 치밀한 대조를 통해 습득이 용이한 항목

과 어려운 항목을 규명함으로써 외국어 정복의 구체적인 안내서 역할을 할 수 있을 것
이라는 전망이 대두되기도 하였다.

외국어 교재는 이처럼 외국어 교육의 이론화 과정을 통해 학술적으로나 학습의 성
취 면에서 평가가 가능한 대상물로 다루어지게 된다. 외국어 교육의 성패를 논하기 위
해 교재가 적절했는지, 또 교재의 구성이 문제가 없는지를 따져 보고, 동시에 외국어
습득 이론과 이에 따른 교육적 처치가 어떠한 방침 위에서 어떻게 구안이 되었는지를
살펴보게 된다.

교재 평가는 교재를 둘러싼 정보들의 출처를 기준으로 외적 평가와 내적 평가로 분류
하고, 정보의 활용 범위를 기준으로 거시적 평가와 미시적 평가로 분류한다.

외적 평가와 내적 평가는 교재와 관련한 객관적인 지표를 확보하기 위한 실증적인
기준들로 구성되어 있고, 본질적으로는 교재 분석에 더 중점을 둔다. 교재 외적 평가
기준으로는 교재의 판형, 활자, 색도, 삽화, 디자인, 가격, 구입 용이성, 각종 학습 지원
책(워크북, 교사용 지침서, 듣기 파일 등)의 여부 등 교재의 외부적인 구성 수준에 관한
것이다. 반면 교재 내적 평가 기준으로는 본문의 내용, 학습 목표 성취를 위한 내용 조
직, 활동의 적절성 등 교재의 교육 내용 자체를 점검하는 요소들을 포함한다.

거시 평가와 미시 평가는 맥그래스(I. McGrath)가 언급한 분류 체계이다. 거시 평가
는 특정 영역의 효과성 검증이 아닌 교재의 전반적인 적절성이나 효용성에 대해 포괄
적인 가치 판단을 내리는 것으로, 인상 평가나 점검표(checklist) 방식의 평가가 주로 활
용된다. 이에 비해 미시 평가는 교재의 여러 측면 중 특정한 한 지점을 집중적으로 세
밀하게 관찰하는 것으로 교재의 선택이나 개선과 같은 정책적인 부분보다는 특정 영역
의 목표 달성 여부를 검증하는 등의 연구 목적으로 활용된다.

외국어 교재 평가에 있어서 유념해야 할 것은 그 평가의 가치 판단이 절대적이지 않
다는 점이다. 예를 들어 표준 교육과정에 따라 제작된 교과서는 많은 경우 국가나 사회,
시대가 요구하는 이상적 교재를 상정하고 그 구현 여부를 전문가들이 심의하여 검정(檢
定)하는 절차를 밟는다. 그러나 학습 목적과 목표, 교수 학습 환경, 학습자 요구와 교사
수준에 따라 동일한 평가 항목이라도 관련 여건에 맞추어 다양하게 외국어 교재 평가
의 기준을 상정할 수 있다. 따라서 외국어 교재를 평가할 때는 평가자들이 해당 교재가
어떤 환경에서 어떻게 사용될지를 깊이 있게 파악하고, 주어진 조건에 맞추어 평가하려
는 절차와 태도가 매우 중요하다. 이러한 인식에 따라 외국어 교재 평가의 항목에도 상
황 이해도 측면을 반영하거나 특정 조건에 맞도록 가중치를 적용하는 추세가 나타난다.

한국어교육에서의 교재 평가 연구는 앞서 기술한 외국어 교재 평가 이론을 수용하고
적용하면서 이루어졌으며 세 가지 유형으로 분류된다.

첫째, 교재 개발론적 접근이다. 이는 이미 개발된 교재의 완성도를 확인하기 위한 점검

표 형태의 평가 기준을 제시하는 연구이다. 둘째, 기준 설정론적 접근이다. 이는 한국어 교재를 평가하는 범주와 기준 자체를 논의하는 이론적인 논의로 통합형 평가표를 제시하는 연구이다. 셋째, 교재 선정론적 접근이다. 이는 다양한 한국어 교재의 장단점을 분석하여 교육 현장에서 최적의 교재를 선정하기 위한 요건 및 기준을 제안하는 연구이다.

외국어로서의 한국어 교재를 채택하거나 활용하는 데에는 시장 논리보다는 국가 정책적인 측면이 강하게 작용하고 있다. 또한 한국어가 대외적으로 상당 기간 보급되어 오면서 점차 새로운 교재의 개발에 힘쓰기보다는 기존 교재를 교수 학습의 여건에 따라 최적화하여 취사선택하려고만 한다는 문제도 대두되고 있다. 〈강남욱〉

[참고문헌]
- 강남욱·김호정(2012), 한국어 교재 평가론의 통시적 고찰, 국어교육연구 29, 서울대학교 국어교육연구소, 1~33쪽.
- 김호정 외(2011), 한국어 교재 추천 제도 운영 방안 연구, 국립국어원.
- McGrath, I. (2002), *Materials evaluation and design for language teaching*, Edinburgh University Press.

❑ 외적 평가

외적 평가(外的評價)는 교재가 지닌 교육적 가치를 파악하기 위해 교재의 사용 맥락 및 현실적 문제, 교재의 외형과 물리적 요소 등을 포괄하는 항목을 설정하여 평가하는 것을 의미하며 교재 평가 범주상 교재 내적 평가에 상대되는 개념으로 쓰인다.

교재는 교재가 담고 있는 내용만으로 그 가치를 파악할 수 없다. 교재가 쓰이는 환경이나 조건, 교재를 사용할 학습자와 교사가 지닌 다양한 변인으로 인해 학습 효능과 교수 적합성이 크게 달라질 수 있기 때문이다. 예를 들어 어떤 교재의 내용이 아무리 좋다 하더라도 교수 학습이 이루어지는 곳에서 교재를 구할 수 없다든지, 특정 언어권만을 위해 개발되어 다른 언어권 학습자가 쓸 수 없다든지, 예상 학습 시간에 비해 교재의 분량이 너무 많다든지 하는 등의 문제는 교재의 선택이나 사용에 크게 영향을 미친다. 교재의 가격, 크기나 디자인, 삽화나 글꼴 등과 같은 요소들도 교재에 대한 선호도나 가치 판단에 영향을 미친다. 이뿐만 아니라 잘 만들어진 교재라도 성인 학습자용으로 개발되었다면 아동이나 청소년용으로 사용하기에 적합하지 않고, 시디롬(CD-ROM)이나 웹(web) 기반의 학습 지원 등과 같은 보조 자료가 함께 개발되었다 하더라도 컴퓨터가 없거나 인터넷 접속이 불가능한 학습 환경이라면 소용이 없을 것이다. 이와 같이 교재를 평가하는 데에 있어 내용 이상으로 중요한 요소가 바로 교재의 외적인 요소이다.

교재 외적 평가의 의미는 교수 학습 상황을 그 요소로 포함시키느냐의 여부에 따라 넓은 의미와 좁은 의미로 나뉜다. 가격, 디자인, 구입 용이성 등 교재 자체의 외형적 조건에만 초점을 맞추게 되면 좁은 의미의 외적 평가가 되고, 학습 기관과 학습자, 교사의 조건을 포함시키면 넓은 의미의 외적 평가가 된다. 내적 평가를 제외한 모든 측면을 외적 평가로 볼 수 있다는 점에서 이 두 층위의 평가는 엄밀히 구분하지 않는다. 넓은 의미의 외적 평가를 전제로 한 평가의 기준과 구성 항목은 다음과 같다. 첫째, 교수 학습 상황이다. 여기에는 프로그램 운영 목표, 조직과 운영, 학급 규모, 교실 환경 등의 기관 조건, 학습 목적, 학습자 연령, 태도와 동기, 외국어 학습 경험, 선호 학습 방식 등의 학습자 조건, 교사의 한국어 이해 능력, 선호 교수법, 교사의 경력 등의 교사 조건이 포함된다. 둘째는 교재 외형 상황이다. 이는 다시 가격, 내구성, 판형, 활자, 지질, 무게, 구입 용이성 등의 물리적 조건, 번역문 또는 번역본 유무, 관련 보조 자료 유무, 편집과 디자인의 완성도, 저작권 준수 여부 등의 구성적 조건으로 나눌 수 있다. 이 중 구성적 조건에는 색인(index)과 단어장(glossary) 제공 여부, 오·탈자 유무, 단원별 어휘 수 및 텍스트 분량 등 단원별 학습량 등도 포함된다.

위에서 제시한 구성적 조건 중 색인과 단어장 제공 여부, 오·탈자 유무, 단원별 학습량 등의 항목은 관점에 따라 내적 평가 항목으로 두거나 다른 범주에서 다루어야 할 것으로 볼 수 있다. 2011년에 발표된 국립국어원의 연구 보고서에서는 오·탈자를 포함한 어문 규범의 준수 여부나 지적 재산권과 저작권의 준수 여부 등은 본격적인 교재 평가 이전에 시행할 '기초 인증 단계'로 설정해야 한다는 입장을 취하기도 했다.

한국어교육학 분야의 연구에서 교재 외적 평가를 전면에 드러내어 본격적으로 다루거나 시행한 연구는 찾기 어렵다. 다만 교재의 내적·외적 평가를 아울러 실시한 연구나 연구 대상으로 삼은 교재를 분석하는 차원에서 일부 항목만을 검토한 사례가 있다.

교재 외적 평가에는 국어학, 외국어 교육학, 언어학, 응용 언어학 등 직접적인 유관 학문 이외의 학제 간(學際間) 연구가 요구되기도 한다. 교재의 시각적 효율성을 측정하기 위해서는 디자인 이론과 기호학, 커뮤니케이션학 등의 학술적 지원이 필요하고, 제책(製冊)의 완성도를 확인하기 위해서는 서지학(書誌學)의 지식이 동원될 수도 있다. 또 교육 기관의 운영을 평가하기 위해서는 경영학 이론을, 학습 동기 분석을 위해 심리학의 연구 결과를 원용할 수도 있다. 이렇듯 교재 외적 평가는 그 적용 범위가 넓고 다채로운 결과를 도출할 수 있다는 점에서 한국어교육의 발전과 외연 확장에 기여할 여지가 많다. 〈강남욱〉

[참고문헌]
• 김호정 외(2011), 한국어 교재 추천 제도 운영 방안 연구, 국립국어원.
• 배두본(1999), 영어 교재론 개관: 이론과 개발, 한국문화사.
• 서종학·이미향(2007), 한국어 교재론, 태학사.

❏ 내적 평가

내적 평가(內的評價)는 교재가 지닌 교육적 가치를 평가하기 위해 내용 차원에서 평가 항목을 설정하여 평가하는 것을 뜻하며 교재 평가 범주상 교재 외적 평가에 상대되는 개념으로 쓰인다.

교재란 학습을 촉진하기 위해 만들어진 매개물이므로 교재의 내용은 결국 학습에 초점이 맞춰진다. 따라서 앞서 내린 정의에서 언급한 '내용 차원'이란 교재 안에 드러나 있는 학습 목표, 학습 내용, 학습 활동 등을 가리키는 것이다. 반면 교재를 둘러싸고 있는 외부 환경이나 조건, 또는 교재의 물리적인 형태는 이 평가 범주에 해당하지 않으며 이들을 묶어 교재 외적 평가의 대상으로 분류하게 된다.

외국어 교재 평가를 위한 기준이나 항목은 버드(P. Byrd)가 언급한 바와 같이 교사, 학습자, 교육과정 그리고 이들이 서로 조합하여 이루게 되는 실제적이고 개별적인 맥락(particular context)에 가장 적합한 것을 검토하고자 하는 노력에서 논의되어 왔다. 평가의 범주 또한 학습자, 교사, 교재, 상황 등 다차원적인 방식으로 제시되었다.

한국어교육에서 교재 평가가 내적 평가와 외적 평가로 자리 잡게 된 것은 평가를 일종의 도구로 보고 교재 개발론적 관점에서 접근하게 된 것에 기인한다. 이 관점에서는 교수 상황이나 교사 조건 등이 이미 설정된 상태에서 새로운 교재의 개발을 염두에 두고 예측적인 관점에서 교재를 본다. 그러므로 학습자 중심에서 기존의 교재들을 분석적으로 보는 입장을 취한다.

한국어교육학에서 교재 내적 평가 기준을 설정하고 적용하기 시작한 사례로 이해영의 2001년 연구를 꼽을 수 있는데, 이 연구 역시 새로운 교재 개발을 전제로 두었다. 이 연구에서는 교재 내적 평가 기준을 교재 구성 목표, 학습 내용(주제, 문법, 어휘, 발음과 억양, 담화와 화용, 문화), 학습 활동(학습자 중심 수업의 전제, 언어 4기능 영역, 학습 평가와 피드백)의 3개의 영역으로 설정한 다음, 하위에 총 13개 설정 기준과 95개 세부 항목을 제시하였다. 이 연구에서 설정한 평가 기준은 한국어 교재의 평가와 관련한 후속 연구에 지속적인 영향을 미쳤다.

내적 평가는 학습의 촉진 및 성취와 관련한 교재의 우수성 여부를 판단할 수 있게 해 준다. 교재에 제시된 학습 목표, 문법 항목, 어휘, 학습 활동, 평가 문제 등을 면밀히 살펴봄으로써 외국어 학습용 교재로서의 가장 본질적인 측면을 확인할 수 있는 것이다. 한편 외적 평가에 비해 내적 평가는 평가 결과를 계량화하거나 지표화하기 어려운 점이 있다. 이를 극복하기 위해 배점이 되어 있는 점검표를 사용하거나 다수의 평가자를 통해 공정성을 기하는 방법을 활용한다. 또한 내적 평가가 지닌 질적인 속성은 일률적으로 계량화할 수 없으므로 숙련된 경험을 바탕으로 한 직관적인 총평(總評) 역시 중요한 결과 값으로 다루어져야 할 것이다. 〈강남욱〉

[참고문헌]
• 이해영(2001), 학습자 중심 수업을 위한 교재 분석, 한국어교육 12─1, 국제한국어교육학회, 199~232쪽.
• Byrd, P. (2001), Textbooks: Evaluation and selection and analysis for implementation, In M. Celce-Murcia, *Teaching English as a second or foreign language*, Heinle & Heinle Publishers.

❏ 거시 평가

거시 평가(巨視評價, first-glance evaluation)란 평가의 대상으로 삼은 교재의 객관적인 정보 분석을 바탕으로 교재의 전반적인 적절성에 대한 가치 판단을 내리는 것이다.

맥그래스(I. McGrath)는 교재 평가를 하나의 절차로 파악하고 구성 요소들의 상호 관계를 도해(圖解)하여 제시하였다. 그의 논의에 따르면 교재 평가는 아래 그림에서처럼 1단계 분석으로부터 최종 교재 선정에 이르기까지의 과정을 거친다. 이 과정 중에서 거시 평가는 교재에 대한 포괄적인 가치 판단을 내리는 과정이고, 미시 분석 및 평가는 교재의 특정 영역에 대한 집중적이고 세밀한 관찰을 실시하는 과정이다.

〈맥그래스의 교재 평가 절차: 분석에서 적용까지〉

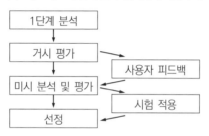

거시 평가의 단계에서는 교재의 전반적인 적절성이나 효용성에 대한 판정을 내리는 작업을 수행하므로 구체적이고 상세한 평가 내역을 요구하지 않는다. 평가 방식도 주로 인상 평가 방식(impressionistic method)이나 점검표(checklist) 평가 방식을 사용한다. 인상 평가 방식은 교재에 대한 일반적인 인상을 수집해 내는 것을 목적으로 하기 때문에 평가의 범위가 넓고 동시에 어느 정도 피상적일 수밖에 없다. 예를 들어 도서 평론가 및 전문가의 서평을 참고하는 것, 목차와 차례를 확인하는 것, 교재의 조직, 주제, 편집 및 시각적 인상을 훑어보고(skimming) 이를 기록하는 방식 등이 있다. 그러나 인상 평가 방식이라고 하여 교재를 주관적이고 비논리적으로 다루는 것은 아니다. 스테비크(E. Stevick)가 제시한 3특성, 3차원, 4요소의 교재 평가 기준은 인상 평가 방식의 대표적인 방법으로 널리 알려져 있으며 지금도 검토되고 있는 방법 중 하나이다. 3특성(3 qualities)은 교재의 체제와 형식에 관한 것으로 강도(strength-weakness), 경중(lightness-heaviness), 투명성과 간결성(transparency-opacity)을 말하고, 3차원(3 dimensions)은 교재의 내용에 관한 것으로 언어적 차원(linguistic dimension), 사회적 차원(social dimension), 주제적 차원(topical dimension)을 일컫는다. 4요소(4 components)는 교재의 메타적 구성에 관한 것으로 언어 사용 기회(occasions for use), 언어 사용 사례(a sample of language use), 어휘 탐색(lexical exploration), 구조 관계 탐색(exploration of structural relationships)의 요소가 있다.

인상 평가 방식과 달리 점검표 평가 방식은 어느 정도 객관성을 획득할 수 있다는 점에서 유리하다. 평가자는 제시되어 있는 여러 항목에 어떤 것이든 기표를 남겨야 하기 때문에 평가자가 잊을 수도 있는 여러 항목에 대한 정보를 얻을 수 있기 때문이다. 이러한 이유에서 점검표를 통한 거시 평가의 장점으로 체계성, 경제성, 편리성, 명확성을 들기도 한다. 대표적인 점검표 평가 방식으로는 그랜트(N. Grant)가 제안한 'CATALYST Test'를 들 수 있다. 이 점검표 평가 방식에서는 communicative(소통성), aims(목표성), teachability(교수성), available add-ons(부교재), level(등급성), your impression(매력도), student interest(흥미도), tried and tested(검증도)의 머리글자를 따서 'CATALYST'를 평가 요건으로 제시하였다. 이 8개 항의 요건은 다시 각 10개의 하위 문항으로 분류되어 '그러함/부분적으로 그러함/그렇지 않음'의 평가를 내리도록 되어 있다. 여기에 인상 평가를 직접 기술하는 공란(空欄)을 덧붙여 양적 점검표로 단순화될 수 있다는 단점을 보완하기도 한다.

한국어 교재의 거시 평가에 대한 논의에 평가론 자체에 국한된 연구들은 일부 있으나 평가를 실제적으로 수행한 연구는 많지 않다. 다양한 목적을 지닌 한국어 교재들이 개발되어 있고 여러 현장에서 적용되고 있는 만큼 이와 관련한 거시 평가 결과를 다룬 논의들이 보다 풍성해질 필요가 있다.　　　　　　　　　　　　　　　　〈강남욱〉

[참고문헌]
• 민현식(2000), 한국어 교재의 실태 및 대안, 국어교육연구 7-1, 서울대학교 국어교육연구소, 5~60쪽.
• Grant, N. (1987), *Making the most of your textbook*, Longman.
• McGrath, I. (2002), *Materials evaluation and design for language teaching*, Edinburgh University Press.
• Stevick, E. (1972), Evaluating and adapting language materials, In H. Allen. & R. Campbell. (Eds.), *Teaching English as a second language: A book of readings*, McGraw-Hill.

❏ 미시 평가

미시 평가(微視評價, close evaluation)란 교재의 특정한 영역에 초점을 맞추어 집중적으로 분석하고 세밀한 지점에 대해 원하는 정보를 획득하여 이에 대한 평가를 내리는 것이다.

미시 평가는 포괄적이고 전반적인 평가보다는 심층 평가 방법(in-depth method)을 방법론으로 삼게 되며 교재를 평가하는 여건이나 경제성, 효율성에 근거하여 생략될 수도 있다. 미시 평가는 교재에 대한 평가라기보다는 교재 안에 담겨 있는 특정 범주에 대한 평가라고 할 수 있다. 그렇기 때문에 전반적으로 좋은 교재라는 평가를 받는 교재라 할지라도 미시 평가에서는 전혀 상반된 결과가 나올 수 있으며 그 반대의 경우도 일어날 수 있다.

맥그래스(I. McGrath)는 미시 평가의 과정을 네 단계로 설정하였다. 첫 번째 단계에서는 교재의 여러 측면 중 어떤 범주를 대상으로 평가를 시도할 것인가를 결정한다. 두 번째 단계에서는 평가 대상으로 삼은 범주에 어떤 기준을 적용할 것인가를 결정한다. 세 번째 단계에서는 기준을 적용하고 이를 통해 데이터를 추출하여 수집한다. 네 번째 단계에서는 이 자료들을 배열하고 정리하는 방식을 결정하고 기술한다.

미시 평가를 위한 주요 범주에 어떤 것이 있는가에 대해서는 여러 가지 견해가 있으나 대략 다섯 가지 정도로 요약할 수 있다.

(1) 언어 범주: 언어학적인 측면, 언어 기술의 측면, 문법과 언어에 관한 이해 방식 등
(2) 주제 범주: 화제, 소재, 상황, 장면 등
(3) 디자인 범주: 교재의 편집이나 시각적 모양, 페이지 크기, 삽화의 배치나 형태, 시각적인 간결성 또는 명확성, 시각적 정보 전달의 양 등
(4) 실질적 범주: 교재의 활용 가능성 및 내구성(얼마나 오랫동안 쓸 수 있는가), 교재의 실용성, 교사와 학습자의 만족 정도, 가격과 비용(교육 비용, 해당 외국어 학습을 위해 투자한 비용과 습득 외국어 활용으로 산출되는 이익의 경제성 비교 및 분석) 등
(5) 철학적 범주: 교재를 집필하게 된 동기, 교재가 지니는 교육적 의의, 교재가 구사하거나 지향하고 있는 교육적 방식, 저자가 교육적 방식을 드러내기 위해 선택하고 있는 교재의 내용 배열이나 목차 배치법 등

이상에서 다룬 범주는 대범주에 해당하는 것이며 이 범주 중 어느 하나만을 다루더라도 심층적으로 평가를 진행하면 매우 다양하고 많은 평가가 도출될 수 있다.

범주의 선택이 이루어지면 그 범주의 하위에 있는 어떤 미시적인 기준을 적용할 것인가를 결정해야 한다. 미시 평가는 심층 평가의 방식을 취하므로 어떤 기준을 적용하든 교재의 모습을 전체적으로 그리지는 못한다. 그러나 세부적인 기준을 통해 교재의 한 부분을 구성하게 된 배경과 근거를 집중적으로 밝혀낼 수 있다는 장점이 있다. 이를 위해 여러 가지 기준을 제시할 수 있는데 미시적 평가의 기존 연구 사례는 문법 항목의 배치와 연습의 유형, 새 어휘 부담량, 문장의 길이 등 대체로 언어 내용 범주에 관련된 것이 많다. 그러나 최근에는 자료의 실제성, 학습 주도성 등 주제적·철학적 범주나 삽화의 적절성이나 편집 및 배치의 적합성 등 디자인 측면을 미세하게 분석하는 사례도 발견할 수 있다. 물론 앞서 제시한 기준들 외에도 미시 평가를 위한 기준은 접근 영역에 따라 다각도로 수립이 가능하다.

미시 평가를 통해 드러나는 결과들을 합리적으로 제시하고 기술하는 것도 중요한 문제이다. 미시 평가의 결과를 객관적으로 보여 주기 위해 고안한 방법으로는 점수 매기기(scoring)를 통한 수량화 방법이 있다. 여기에서는 미시 평가를 위해 기술한 항목들에 대해 점수를 주어 통계적인 처리를 하거나 상호 관련 있는 항목을 묶기도 한다. 미시 평가에서 가장 중요한 것은 양적인 부분과 질적인 부분을 최대한으로 끌어내어 깊이 있는 평가 내용을 충분하게 확보하는 것이다.

한국어교육 연구에 있어서 미시 평가의 사례는 아직 흔하지 않다. 문장 길이, 단원의 분량, 새 어휘 및 새 표현의 제시 방식이나 개수 등 언어적 범주로 분석한 미시 평가 연구를 일부 발견할 수 있고, 디자인 범주에서 한국어 교재를 연구한 사례가 있다. 미시 평

가는 교재의 외적 평가처럼 한국어교육학 외의 유관 학문의 학제적 접근이 요구되는 영역으로서 다채롭고 창의적인 접근이 일어나도록 장려할 필요가 있다. 〈강남욱〉

[참고문헌]

• McGrath, I. (2002), *Materials evaluation and design for language teaching*, Edinburgh University Press.

11

교수법

11. 교수법

11. 교수법

본 장의 목적은 언어 교육에서 핵심이 되는 교수법의 역사와 변천을 기술하고 각 교수법의 유형과 이론을 정리하여 한국어교육에서 사용되고 있는 교수법을 심층적으로 이해하는 데에 있다. 또한 교수법이 실제로 구현되는 수업 설계와 운영, 교사의 교안 작성 및 발화 등과 관련된 현장의 내용도 담고 있다.

교수법 영역에서 제시하는 각 표제어는 교수법에 대한 충분한 정보를 제공하면서 한국어교육을 전제로 하는 다양한 시각을 보여 주는 데에 주안점을 둔다. 표제어에는 일반적으로 언어 교육에서 다루고 있는 대부분의 교수법이 포함되어 있는데 초기 교수법에 해당하는 문법 번역식 교수법으로부터 최근에 논의되고 있는 교수법에 이르기까지 역사적 변천 순서에 따라 다루었다.

한국어교육에서 교수법은 이론적으로 제2 언어 또는 외국어로서의 영어교육의 교수법에 주된 기반을 두고 연구해 왔다. 영어교육에서 제기하였던 문법 번역식 교수법에 대한 비판이 한국어교육에서도 있었고 이에 대한 해결책으로 제시한 의사소통 중심 교수법의 대안적 수용도 궤를 같이 한다고 볼 수 있다. 그러나 교수법의 적용과 관련하여 의사소통 중심 교수법을 지향하고 있지만 실제 현장에서는 의사소통 중심 교수법을 염두에 두고 문법 번역식 교수법, 전신 반응 교수법, 청각 구두식 교수법 등을 복합적으로 사용하고 있다.

최근에는 한국어 학습자의 목적이 다양해지고 이에 따른 새로운 수업 모형과 교수법을 모색하면서 내용 중심 교수법, 형태 초점 교수법이 학문 목적을 위한 한국어교육 영역에서 새롭게 부각되고 있다. 또한 전자 매체 및 정보 통신 기술의 발달에 따라 구현 가능해진 이러닝에 대해서도 다룬다. 이러한 현상은 한국어교육 현장의 수요를 적절하게 인식하고 새로운 대안을 제시한다는 차원에서 바람직한 현상이 될 것이다.

또한 실제로 교수법이 수정 보완되면서 이루어지고 있는 현장의 모습도 함께 제시한다. 교수 모형에서는 PPP 모형(presentation-practice-production model)과 TTT 모형(task 1-teach-task 2 model)을 다루었고 수업 설계와 운영에서는 교수법이 실제로 수업에서 구현될 수 있도록 계획하는 교사의 교안 작성에 대한 정보를 제공한다. 이어서 교실 운영의 측면에서는 교사 발화를 살펴보았다. 이를 통해 교수법의 이론과 실제에 대한 균형 잡힌 이해를 제공한다.

한국어교육학 사전에서 교수법은 언어 교육의 핵심인 교수법에 대한 다양하고 실제적인 정보를 통해 향후 한국어교육 현장에서 요구되는 새로운 방법론을 모색할 수 있게 하는 이해의 틀을 제공한다. 〈김인규〉

11.1. 교수법의 개념과 배경 이론

■ 교수법의 개념

교수법(敎授法, teaching method)은 준비된 교육 내용을 체계적으로 가르치는 방식으로서 교수 학습법이라고도 불린다.

언어 교수법은 학습자를 어떻게 가르칠 것인지와 관련하여 접근법(approach), 교수법(method), 기법(technique)을 포함하는 일련의 교육 수행을 위한 개념이다. 접근법은 언어의 본질과 언어 교수 또는 학습의 본질을 현장에 적용하는 이론적 기반과 신념을 나타내고, 교수법은 교실에서 교육 목표를 실현하기 위해서 활용하는 구체적인 방법을 제시하는 것으로 학습 목표, 수업 절차, 교육 자료, 교사와 학생의 역할을 제시한다. 기법은 실제로 수업 목표에 도달하기 위해 수행하는 다양하고 구체적인 연습, 학습 활동, 전략 등의 기술을 의미한다.

교수법의 기본 개념은 전통적인 교육을 수행하기 위한 것에서 발달하였고, 언어를 가르치기 위한 언어 교수법뿐만 아니라 성장해 가는 아동을 교육하는 방법에 대한 다양한 교수법이 시대적으로 발달해 왔다. 현대적 의미의 교수법은 경험적인 방법론에 과학적 접근 방법이 더해졌으며 언어와 언어 학습 이론을 기반으로 인접 학문의 영향을 받아 발전했다. 언어에 대한 접근법은 크게 언어학 이론과 인본주의의 과학적 접근법의 영향을 받았는데 언어학적인 입장에서는 크게 형식주의(formalism)와 기능주의(functionalism)로 나눌 수 있다. 1930년대에 대두된 구조주의를 기반으로 하는 경험주의적인 접근법을 따르는 형식주의는 언어 자체에 초점을 둔다. 한편 이성주의적인 접근법으로 발전한 형식주의는 언어의 창조성과 정신(mind)의 역할을 강조하는 1970년대의 변형 생성 문법과 연계된다. 인본주의 입장은 언어의 사회적 기능을 강조하는 기능주의를 바탕으로 발전하면서 언어 자체보다는 무엇을 위한 언어인가에 초점을 두었다. 이는 아동을 교육하는 방법에 대한 피아제(J. Piaget)나 비고츠키(L. S. Vygotsky)의 구성주의적(constructivism) 접근법과 맥락을 같이하여 학습자가 스스로 지식을 구축하는 것을 중요시하고 의사소통을 언어 기능의 주요 요소로 파악한다. 기능주의에서는 언어 교육의 목적을 구두 의사소통에 두었으며 형식주의에서는 언어를 읽고 정확하게 해석하는 것을 추구하였다.

언어 학습에 대한 이론은 행동주의와 인지주의 측면에서 살펴볼 수 있다. 행동주의 언어 학습 이론에서는 자극에 대한 반응의 결과로 생성되는 것이 언어라고 보았고 언어 학습은 이 반응에 대한 긍정적인 강화를 통해서 이루어진다고 주장하였다. 1960년대의 행동주의 심리학은 스키너(B. F. Skinner)의 저서인 《언어 행동(*verbal behavior*)》을 계기로 발달하였는데 이를 통해 언어 교육에 대해서 과학적으로 접근하려는 시도가 시작되었으며, 언어의 기능을 중시하고 문장 패턴을 체계적으로 연습하여 학습하도록 하였다. 인지주의 관점에서 1970년대의 촘스키(N. Chomsky)의 변형 생성 문법은 인간의 언어 창조 능력을 강조하였다. 인간은 언어 습득 장치(language acquisition device: LAD)를 가지고 태어나며 보편 문법과 선천적인 언어 습득 능력이 존재함을 주장하면서 외국어 교수법에 영향을 주었다.

교사 중심 교수법에서는 지식의 소유자인 교사가 그 내용을 학생에게 전달함으로써 자연히 교육 목적이 이루어진다고 보며 강의식으로 지식을 전달하는 주입식 교육을 선호한다. 학습자 중심 교수법에서는 교사보다는 학습자가 교육 내용을 어떻게 받아들이고 이해하는가에 초점을 두고 교사와 학생 혹은 학생과 학생의 상호작용을 통해서 학습을 촉진하려 한다.

현대 교수법에서는 언어의 의사소통 기능과 사용을 중시하는데, 커널리와 스웨인(M. Canale & M. Swain)은 의사소통 능력을 다음과 같이 정의하였다. 첫째로 어휘, 통사 구조, 음운 체계 등 문장 단위의 언어에 대한 지식(linguistic competence)과 함께 형식적인 특성을 아는 문법적 능력(grammatical competence)을 포함한다. 둘째로 언어의 사회 문화적인 규칙과 대화자의 역할, 상호작용의 기능 등 대화가 일어나는 사회적 문맥을 이해하는 사회 언어학적 능력(sociolinguistic competence)을 말한다. 셋째로 단어와 어구의 개별 의미를 전체 담화에서 제시하는 방법과 의미에 관한 담화 능력(discourse competence) 그리고 대화자들이 대화를 유지하기 위해서 말을 시작하고 자신의 말을 수정하면서 언어적·비언어적 전략을 사용하는 전략적 능력(strategic competence) 등을 포괄한다.

최근에는 의사소통을 강조하는 의사소통 중심 교수법(communicative language teaching: CLT)을 중심으로 목적에 따라 다양한 교수 방법을 활용하고 있다. 예컨대 언어를 분석하기보다는 전체적으로 사용하며 듣기, 말하기, 읽기, 쓰기 언어의 네 기능을 통합적으로 가르치려고 하는 총체적 언어 접근법(whole language approach)이 있다. 내용 중심 교수법(content-based instruction)은 구체적인 교과 과정의 내용 학습과 언어 학습을 통합하여 의미 있는 학습을 진행하고자 하며 몰입 교수법(immersion), 특수 목적 영어교육(English for specific purpose: ESP), 보호 영어 프로그램(sheltered English programs) 또는 병존 언어 교육 모형(adjunct model), 주제 기반 언어 교수(theme-based instruction) 등이 내용 중심 교수법과 흐름을 같이한다. 과제 중심 언어 교수법(task-based language teaching: TBLT)에서는 수업 활동에서 과제(task)를 활용하는데, 브라운(H. D. Brown)과 누난(D. Nunan)이 '과제'에 대하여 정의한 바와 같이 '학습자로 하여금 일정한 의사소통 목표를 가지고 의미 전달을 위한 실제적 언어 사용에 초점을 두게 하며 그 수행을 통하여 언어 학습을 꾀하는 활동'을 통해서 의사소통을 진작시키고 언어 학습을 촉진하려 한다. 이러한 현대 교수법들은 구체적인 교수 방법과 교수 기법에서 차이는 있지만 실제 의사소통을 강화하는 언어 교육을 추구하는 점에서는 공통점이 있다.

한국어교육에서는 최근 제2 언어로서 한국어를 학습하고자 하는 외국인들이 급증하면서 언어 교수법의 중요성이 더욱 커지고 있다. 현대까지 발전된 언어 교수법을 바탕으로 실제 의사소통 능력을 강화하면서도 한국어에 맞는 교수법에 대한 연구와 개발이 요구되는 시점이다. 한국의 철학과 한국어의 특성, 발달하고 있는 멀티미디어, 목표하는 언어 기능에 적절하고 학습자의 학습 능력을 강화할 수 있는 효율적인 한국어 교수법의 연구와 개발이 필요하다. 〈남지영〉

[참고문헌]
• 남지영·신정선(2004), 영어 교수법, 김영숙 외 편, 영어과 교육론 1: 원리와 적용, 한국문화사.
• Brown, H. D. (2001), *Teaching by principles: An interactive approach to language pedagogy*, Longman.
• Canale, M. & Swain, M. (1980), Theoretical bases of communicative approaches to second language teaching and testing, *Applied Linguistics 1*, pp. 1~47.
• Nunan, D. (1991), *Language teaching methodology: A textbook for teachers*, Prentice Hall.
• Skinner, B. F. (1957), *Verbal behavior*, Appleton-Century-Crofts.

■ 교수법의 배경 이론

❑ 행동주의

행동주의(行動主義, behaviorism)는 환경 자극과 반응 행동의 연합을 기본 관점으로 관찰 가능한 행동 변화를 탐구의 대상으로 하는 학습 이론이다.

행동주의는 파블로프(I. P. Pavlov)의 고전적 조건화 이론과 스키너(B. F. Skinner)의 조작적 조건화 이론으로 구분할 수 있으며 이들 이론은 행동 학습에 대해 서로 다른 설명의 틀을 제공한다.

고전적 조건화 이론에서는 반사적·생리적 반응 행동을 이끌어 내는 무조건 자극과 처음에는 반응 행동에 아무 영향력을 미치지 못하는 중립 자극이 지속적으로 연합됨으로써 이후 중립 자극이 대상 반응 행동을 유도하는 힘을 갖게 되는데 이를 조건 자극이라고 한다. 이때 조건 자극에 의해 유도된 반응 행동을 조건 반응이라고 한다. 고전적 조건화 이론은 교육 상황에서의 시험 불안, 등교 거부 등과 같은 부정적 정서 행동 학습을 잘 설명해 준다. 또한 고전적 조건화 이론의 원리는 학생들의 학습 상황에 대한 긍정적 정서 행동 학습을 유도하는 데에도 활용할 수 있다.

조작적 조건화 이론은 환경 자극들 간의 연합이 아닌 행동에 뒤따르는 결과가 행동 학습을 이끄는 주요 원리이다. 행동 뒤에 긍정적 결과가 주어지면 그 행동은 증가하고 부정적 결과가 주어지면 그 행동이 감소한다는 것이다. 이때 행동이 증가하는 현상을 강화(强化)라고 하며 행동이 감소하는 현상을 처벌(處罰)이라 한다. 구체적으로 강화는 정적 강화와 부적 강화로 처벌은 수여성 처벌과 제거형 처벌로 구분된다. 조작적 조건화 원리는 학생들의 바람직한 행동 형성을 위해 교실 현장에서 흔히 사용되는데 대표적인 사례로 바람직한 수행을 보인 학습자에게 토큰을 주고 일정량의 토큰을 모으면 상을 주는 토큰 경제(token economy)를 들 수 있다. 또한 예문의 끊임없는 반복 연습 및 교수자의 피드백을 통해 언어를 습득하는 청각 구두식 교수법도 행동주의에 근거한 교육 방법이다.

행동주의는 학습자가 언어 정보에 나타내는 반응에 대해 강화를 주고 이를 반복하도록 하여 가시적인 학습을 가능하도록 하는 실제적 교수법을 제시했다는 점에서 의의가 있다. 그러나 학습자의 능동성을 간과하여 이해나 통찰에 의한 학습을 설명하지 못한다는 점에서 비판을 받는다. 특히 언어 습득에서 각 요소들이 유기적으로 형성하는 구조 및 발화자가 나타내는 변화와 응용을 포괄하지 못한다는 점에서 한계가 있다. 이와 관련하여 청각 구두식 교수법은 단순 반복에 의한 과잉 학습에만 의존하여 장기적인 의사소통 능력 함양에는 실패한다는 비판을 받는다.

행동주의 학습론은 언어 교수법 중 청각 구두식 교수법에 이론적 기반을 제공해 왔고 이러한 이론적 기반은 한국어교육의 활성화에 기여하는 바가 많다. 또한 모방, 반복, 연습 등의 방법이 한국어 학습 초기에 학습의 효율성을 높여준다는 점에서 여전히 유용하다. 〈신종호〉

[참고문헌]
- Eggen, P. & Kauchak, D. (2004), *Educational psychology: Windows on classrooms*, 신종호 외 역, 2011, 교육 심리학: 교육 실제를 보는 창, 학지사.
- Schunk, D. H. (2008), *Learning theories: An educational perspective*, Prentice Hall.

❏ **구성주의**

구성주의(構成主義, constructivism)는 내적 표상(內的表象, internal representation)을 중심으로 개인이 스스로 지식을 구성해 나가는 과정에 초점을 두는 교육 이론이다.

구성주의에 따르면 개인은 외부로부터 주어지는 지식을 그대로 받아들이지 않는다. 즉 개인은 자신이 가지고 있는 지식과 경험을 기반으로 새로운 내용에 대한 의미를 재구성하여 처리한다. 구성주의는 피아제(J. Piaget)의 인지 발달 이론에 근거하여 개인의 내적 인지 과정 변화 자체에만 초점을 맞추는 인지적 구성주의와 비고츠키(L. S. Vygotsky)의 인지 발달 이론에 근거해 개인과 사회의 상호작용이라는 틀에서 개인의 인지 과정 변화에 초점을 두는 사회적 구성주의로 대별된다.

인지적 구성주의는 개인의 지식 형성 과정에 기존의 지식과 경험이 중요한 기반이 된다. 개인은 자신을 둘러싼 환경과의 상호작용 과정에서 기존에 가지고 있던 인지적 도식을 동화 및 조절을 통해 확장하거나 수정해 가면서 자신만의 의미를 구성한다.

사회적 구성주의는 비고츠키의 근접 발달 영역(zone of proximal development: ZPD) 개념을 중심으로 언어를 매개로 한 타인과의 상호작용이 개인의 지식 구성에 핵심이라 설명한다. 개인은 사회적 맥락 속에서 타인과의 상호작용을 통해 사회적 지식을 사적 지식으로 재구성하여 내면화한다는 것이다.

구성주의는 학습자들이 스스로 학습 내용의 의미를 재구성하고 체화하는 것을 강조하는 유의미 학습(meaningful learning) 이론의 중요한 근거가 된다. 또한 학습자 중심의 관점에서는 학습 주체의 지식과 경험이 학습의 중요한 자원이 되고 지식이 실제로 활용되는 맥락을 중시한다는 점에서 과제 중심 언어 교수법(task-based language teaching: TBLT)의 기초가 되었다. 이와 더불어 교수자와 학습자 사이의 긴밀한 상호작용 및 학습자의 주체적인 의미 재구성을 강조한다는 측면에서 스웨인(M. Swain)의 출력 가설, 롱 (M. H. Long)의 상호작용 가설과 같은 언어 습득론과 밀접한 관련성을 갖는다.

구성주의는 학습자를 자발적이고 능동적인 주체로 상정하여 실제 문제의 해결에 필요한 유의미한 지식을 스스로 구성하는 과정에 초점을 둔다. 이러한 과정은 개인적 경험과 자연스럽게 연결되어 학습자 스스로가 전문가가 되도록 유도한다. 또한 자기 주도 학습 및 협동 학습의 기초가 되었다는 점에서 긍정적 평가를 받는다. 다만 학습자의 학습 양식에 따라 자발적으로 지식을 구성하는 과정이 역효과를 불러일으키기도 하며, 다수의 학습자로 이루어진 집단이나 학습자 간 이해 수준이 상이한 집단의 경우 오히려 효율적인 교수를 저해하는 요인이 될 수 있다.

구성주의를 기반으로 제안되고 있는 학습 이론으로는 학습자가 문제 해결에 주변적으로 참여하는 것에서 시작하여 점차 참여 범위를 넓히면서 주도적인 학습을 성취하는 인지적 도제, 학습 주체 간 대화 및 상호작용을 중심으로 주로 독해 능력 향상에 활용되는 상보적 교수, 실제 언어 사용 맥락에 학습자가 관여하도록 하는 상황 학습 이론 등이 있다. 특히 교수 학습의 양 주체 중 학습자의 역할을 중시하는 학습자 중심의 한국어교육에 시사하는 바가 크다. 〈신종호〉

[참고문헌]
• Eggen, P. & Kauchak, D. (2004), *Educational psychology: Windows on classrooms*, 신종호 외 역, 2011, 교육 심리학: 교육 실제를 보는 창, 학지사.
• Schunk, D. H. (2008), *Learning theories: An educational perspective*, Prentice Hall.

11.2. 교수법의 변천

한국어 교수법은 신라 시대의 신라어 교육에서 오늘날의 현대적인 한국어교육에 이르기까지 다양한 교수 이론과 방법을 도입하며 발전해 왔다. 20세기 이후 특히 1950년대부터는 현대적인 한국어교육이 시작되어 여러 외국어 교수법을 적극적으로 도입하며 발전해 왔다. 이 시기 교육 현장은 청각 구두식 교수법(audio-lingual method: ALM)과 의사소통 중심 교수법(communicative language teaching: CLT)을 비롯한 여러 외국어 교수법으로 운영되었다. 최근에는 학습자 집단이나 학습 목적, 학습 매체, 학습 지역 등이 다양화되고 세분화되고 있다. 이에 따라 교육 현장에 두루 적용되거나 학습자 집단을 모두 만족시키는 절대적인 교수법을 찾기 어려운 후기 교수법 단계에 접어들고 있다.

현대적인 한국어교육이 시작된 1950년대 후반에서 1980년대까지 한국어교육 현장에서는 청각 구두식 교수법이 주류를 이루었고 문법 번역식 교수법(grammar-translation method: GTM)도 부분적으로 활용되었다. 이 시기의 수업에서는 문형이나 어휘가 제시된 후 문형 중심의 구조적인 연습이 이루어졌다. 한편 일부 기관에서는 직접 교수법(direct method), 침묵식 교수법(silent way), 공동체 언어 학습법(community language learning: CLL) 등을 활용하기도 하였다.

1990년대에 들어 한국어교육 현장에서는 청각 구두식 교수법에서 의사소통 중심 교수법으로 교수법의 흐름이 서서히 바뀌어 갔다. 교육 내용 면에서 언어 구조 일변도의 교육에서 벗어나 언어 기능을 강조하기 시작했다. 아울러 교육 방법 면에서 기계적인 문형 연습의 비중이 약화되고 언어 상황에 따라 유의미하게 사용하고자 하는 활동이 중요한 교수 활동으로 정착되었다.

2000년대에 들어 한국어교육은 더욱 다양화되었다. 결혼 이민자, 이주 노동자, 재외 동포 등의 학습자 변인과 일반 목적·특수 목적 등의 학습 목적 변인, 시디롬(CD-ROM)이나 온라인 학습 등의 학습 매체 변인, 한국 혹은 외국 등의 학습 장소 변인에 따라 한국어교육 현장은 변화하고 있다. 이 때문에 어느 특정 교수법도 세분된 교수 학습 과정을 모두 만족시킬 수 없게 되었다. 최근에는 의사소통 중심 교수법을 기반으로 문법 번역식 교수법, 상황 중심 교수법(situational language teaching), 청각 구두식 교수법, 내용 중심 교수법(content-based instruction: CBI), 과제 중심 언어 교수법(task-based language teaching: TBLT) 등 여러 교수법을 체계적으로 혼합하여 활용하는 절충식 교수법을 모색하고 있다.

현대적 의미의 한국어교육이 시작된 1950년대 말에서 현재까지 한국어 교수법은 비약적으로 발전해 왔다. 구조 중심에서 기능 중심의 언어관으로, 언어 중심에서 문화도 함께 다루는 문화관으로, 결과 중심에서 과정 중심의 학습관으로, 교수자 중심에서 학습자 중심으로 교육관이 바뀌어 왔다. 한국어교육의 도약기로 평가되는 2000년 이후 최근의 한국어교육계는 수동적으로 외국어 교수법을 받아들이는 단계에서 벗어나 외국어 교수법을 선택적으로 활용하거나 외국어 교수법과 차별화되는 고유한 한국어 교수법을 제시하고자 노력하고 있다. 〈안경화〉

[참고문헌]
• 안경화(2006), 교수 학습의 연구사와 변천사, 민현식 외 편, 한국어교육론 1, 한국문화사.
• Richards, J. C. & Rodgers, T. S. (1986), *Approaches and methods in language teaching*, Cambridge University Press.

11.3. 교수법의 유형

■ 문법 번역식 교수법

문법 번역식 교수법(文法飜譯式敎授法, grammar-translation method: GTM)은 외국어를 가르칠 때 문법 규칙의 설명과 원전의 번역에 중점을 두는 교수법이다.

번역에 필요한 문법을 가르친다는 점에서 문법 교수법(grammar method)이라고도 하고 번역을 중시하기 때문에 번역 교수법(translation method)이라고 불리기도 한다. 또 문법 번역식 교수법은 유럽의 외국어 교육 현장에서 관습적으로 사용되어 온 것으로 전통적 교수법(traditional method)이나 고전적 교수법(classical method)이라고도 부른다.

문법 번역식 교수법은 17세기 이전 유럽에서 그리스어와 라틴어를 가르칠 때 사용한 전통적인 외국어 교육 방법이다. 18세기에서 19세기까지 외국어를 가르칠 때 이 교수법이 사용되면서 여러 나라에 널리 보급되었다. 20세기에 들어와서 외국어 교육 방법을 개혁하려는 여러 움직임이 있었지만 문법 번역식 교수법은 현재까지도 여전히 여러 교육 기관에서 사용한다.

문법 번역식 교수법은 언어 학습의 목적을 정신 수양과 지적 발달을 도모하는 데에 두었는데 주요 특징은 다음과 같다. 첫째, 수업은 모어를 매개어로 하여 진행한다. 둘째, 문법은 연역적으로 가르치며 규칙에 대한 설명과 연습을 제공한다. 셋째, 어휘는 읽기 텍스트에서 선정하며 고립된 목록의 형태로 가르친다. 넷째, 교양을 기르기 위해 비교적 이른 시기부터 고전을 읽기 자료로 선정한다. 다섯째, 모어에서 목표어로 또는 목표어에서 모어로 번역하는 연습을 한다. 여섯째, 읽기와 쓰기에 중점을 두며 말하기나 듣기는 체계적인 교육이 제공되지 않는다.

문법 번역식 교수법을 도입한 수업은 학습자의 모어로 진행하며 대체로 '자세한 문법 설명 → 약간의 구조 연습 → 모어로의 번역 → 어휘의 암기'로 구성된다. 문법은 연역적으로 제시하고 전통 문법을 바탕으로 단어들을 결합하는 문법 규칙과 예외적인 사항을 설명한 뒤에 구조를 연습한다. 텍스트를 읽는 경우에도 중심 내용이나 세부 내용을 파악하기보다는 텍스트를 문법 규칙의 예문을 추출하는 자료로 활용한다. 텍스트를 읽으며 번역을 하기 때문에 모어 표현에도 관심을 갖는다. 읽기 자료에 나온 주요 어휘에 대해 유의어, 반의어, 숙어 등의 관련 어휘 목록을 모어 번역과 함께 제시한다.

문법 번역식 교수법은 학습자가 문법 규칙을 철저히 익혀 정확성을 기르고 읽기 및 번역 능력을 갖추도록 한다. 특히 오랜 기간 문법 위주로 가르쳐 왔기 때문에 이 교수법은 체계화된 외국어 문법을 갖추고 있다. 교사에게 특별한 전문적 기능을 요구하지 않아서 가르치기 쉽다는 점도 이 교수법의 장점이다. 그러나 이 교수법은 여러 가지 단점이 있는데 우선 현대 외국어 교육의 목표인 의사소통 능력의 배양이 어렵다. 학습자들이 외국어 자체에 대한 지식을 많이 쌓을 수 있더라도 그 지식을 활용하여 외국어로 의사소통을 능숙하게 하는 데에는 한계가 있다. 또한 읽기와 쓰기에 치중하는 이 교수법은 언어의 본질이 음성이라는 근대의 언어관에 맞지 않는다. 문법 규칙의 학습도 활용이나 표현을 위한 학습이라기보다는 규칙 학습에 머물러 정상적인 규칙보다는 예외적인 규칙을 중시한다. 수업의 대부분이 설명이나 연습에 치중되어 의사소통을 하려는 많은 학습자들의 학습 의욕이나 동기를 충족하지 못한다.

문법 번역식 교수법은 초기 한국어교육 현장에서 영어를 수업의 매개어로 하여 일부 활용되기도 하였으나 현재는 청각 구두식 교수법이나 의사소통 중심 교수법 등에 밀려서 국내 한국어교육 현장에서는 거의 사용하지 않는다. 그러나 동일한 언어권의 학습자들을 대상으로 하는 국외 한국어교육 상황에서는 학습자의 모어를 사용하여 어휘나 문법을 효율적으로 설명할 수 있기 때문에 이 교수법의 번역 기법을 여전히 활용하고 있다. 특히 최근에는 통·번역 등의 실용적인 한국어 능력이 강조되면서 문법 번역식 교수법을 도입하기도 한다. 아울러 한국어와 유형론적으로 유사한 일본어 등의 언어권에서는 의사소통 중심 교수법과 더불어 이 교수법을 활용하고 있다.　　　　〈안경화〉

[참고문헌]
• 안경화(2007), 한국어교육의 연구, 한국문화사.
• Brown, H. D. (1994), *Teaching by principles: An interactive approach to language pedagogy*, Prentice Hall Regents.
• Brown, H. D. (2007), *Principles of language learning and teaching*, 이흥수 외 공역, 2007, 외국어 학습·교수의 원리, 피어슨에듀케이션코리아.
• Larsen-Freeman, D. (2000), *Techniques and principles in language teaching*, Oxford University Press.
• Richards, J. C. & Rodgers, T. S. (1986), *Approaches and methods in language teaching*, Cambridge University Press.

■ 직접 교수법

직접 교수법(直接敎授法, direct method)은 모어의 개입 없이 목표어를 해당 목표어로 직접 가르치는 교수법이다.

직접 교수법은 19세기 전후에 걸쳐 대두된 교수법으로 당시의 외국어 교육계를 지배하던 문법 번역식 교수법에 대한 반발에서 출발하였다. 19세기 후반에 유럽에서는 각국의 교류가 늘어남에 따라 외국어로 의사소통할 기회가 늘어난 유럽인들의 구두 숙달도를 요구하게 되었으며 직접 교수법은 이런 요구에 부응하고자 나온 교수 방법이다. 직접 교수법은 음성을 중시하는 새로운 교수법들을 총칭하며 신 교수법(new method), 혁신적 교수법(reformed method), 음성적 교수법(phonetic method)이라고도 불린다.

직접 교수법에 속하는 교수 방법으로는 외국어에 학습자를 노출시키는 자연적 교수법

(natural method), 벌리츠 교수법(Berlitz method), 학습자가 일련의 연결된 문장을 연습하고 그 문장들이 모여서 의미 있는 이야기나 일련의 사건을 구성하도록 고안한 교수법인 구앵(F. Gouin)의 연속적 교수법(series method), 리처즈(J. C. Richards)의 단계적 직접 교수법(graded direct method), 파머(H. Palmer)의 파머 교수법(Palmer method) 등이 있다.

직접 교수법은 외국어 학습도 모어 습득과 같다는 전제에서 출발하며 주요한 특징은 다음과 같다. 첫째, 수업은 목표어로 진행한다. 수업 시간에는 모어를 사용하지 않으며 모어나 목표어로의 번역은 금지한다. 둘째, 문법은 예문을 제시하며 귀납적인 방법으로 가르친다. 교사가 제시한 예문을 통해 학습자가 해당 문법의 용법을 추론한다. 셋째, 말하기와 듣기를 읽기와 쓰기보다 먼저 가르친다. 수업 시간에 말하기를 강조하여 수업의 80% 정도가 말하기로 이루어진다. 넷째, 실제적인 일상 장면과 상황을 제시하며 일상적인 어휘와 문장을 가르친다. 학생들은 일상생활과 비슷한 상황에서 능동적으로 목표어를 사용한다. 다섯째, 발음 교수를 중시하고 발음 기호를 도입한다. 여섯째, 구두 의사소통 기술들은 교사와 학습자 간의 질문과 대답을 통하여 단계적으로 익힌다. 일곱째, 구체적인 의미는 시각 자료를 사용하고 추상적인 의미는 다른 개념과의 관계를 통해 제시한다.

직접 교수법을 도입한 수업은 목표어로 진행하며 '텍스트 읽기 → 텍스트와 관련하여 질문하고 대답하기 → 일반적인 상황으로 확장하여 질문하고 대답하기 → 텍스트와 관련된 내용으로 빈칸 채우기 → 텍스트 관련 내용으로 한 단락 받아쓰기'로 구성된다. 독해 자료를 이해하는 단계에서 질문하고 대답하기를 활용하는데 학생-교사, 교사-학생, 학생-학생 사이의 활동으로 운영한다. 질문에 대한 대답은 칠판에 그리거나 상황 속에서 예를 들거나 실물을 제시하는 식으로 이루어지며 어려운 발음의 단어가 나올 때는 미리 정확한 발음을 확인한 후에 질문하고 대답하는 활동을 진행한다.

직접 교수법은 목표어를 직접 사용함으로써 문법 번역식 교수법이 지닌 약점을 탈피하고 구두 의사소통 능력을 배양하는 것을 교육 목표로 삼은 혁신적인 교수법이다. 그러나 모어 사용을 금지하는 데에서 오는 비효율성, 목표어에 능숙한 교사 확보의 어려움, 명시적인 문법 설명을 피함으로써 야기되는 학습자의 오해 소지 등이 이 교수법의 문제점으로 지적된다.

직접 교수법은 20세기 초에 사설 외국어 학원에서 큰 인기를 얻었다. 소규모 학급과 원어민 교사진, 강한 동기를 가진 학습자 등의 교육 상황이 구두 의사소통 능력의 배양을 어느 정도 가능하게 했기 때문이다. 그러나 위에서 설명한 직접 교수법의 문제점 외에도 소규모 학급을 운영하는 데에 많은 비용이 든다는 점 때문에 직접 교수법은 공교육 현장으로 확산되지 못하였고 전통적인 문법 번역식 교수법과 독해 접근법(reading approach) 등에 밀려 쇠퇴하게 되었다.

직접 교수법에서 주장한 외국어 교수의 원리와 방법은 한국어교육 현장에 많은 시사점을 준다. 구두 의사소통 능력의 배양을 원하는 학습자의 요구나 소규모 학급과 한국인 교사로 운영되는 상당수 한국어교육 기관의 현 교육 상황은 직접 교수법의 대두와 확산을 가져왔던 당시의 상황과 유사하기 때문이다. 특히 목표어를 해당 목표어로 가르치거나 질문과 대답을 통해 가르치는 기법, 시각 자료를 활용하는 점 등은 최근의 한국어교육 기관에서 광범위하게 활용하고 있다.　　　　　　　　　　　　　〈안경화〉

[참고문헌]
• 안경화(2007), 한국어교육의 연구, 한국문화사.
• Brown, H. D. (1994), *Teaching by principles: An interactive approach to language pedagogy*, Prentice Hall Regents.
• Brown, H. D. (2007), *Principles of language learning and teaching*, 이흥수 외 공역, 2007, 외국어 학습·교수의 원리, 피어슨에듀케이션코리아.
• Larsen-Freeman, D. (2000), *Techniques and principles in language teaching*, Oxford University Press.
• Richards, J. C. & Rodgers, T. S. (1986), *Approaches and methods in language teaching*, Cambridge University Press.

■ 상황 중심 교수법

상황 중심 교수법(狀況中心敎授法, situational language teaching)은 언어 구조에 대한 지식을 중시하며 그 지식을 언어가 사용되는 상황과 연결하여 지도하는 교수법이다.

이 교수법에서는 언어 사용에서 가장 기본적인 것이 말하기라고 보고 이를 습득하기 위해서는 언어 구조에 대한 지식이 필요하다고 본다. 구조 중심 교수요목과 단어 목록 활용이 중요한 근간을 이루는 교수법이기도 하다.

1920년대와 1930년대 영국 응용 언어 학자들에 의해서 구화식 접근법(oral approach)이 발전하기 시작하고 1950년대 이와 관련된 구체적인 교육 안이 발표되면서 이것이 상황 중심 교수법으로 진화하여 교육 현장에서 지속적으로 사용되고 있다. 또한 상황 중심 교수법은 혼비(A. S. Hornby)의 《*Oxford progressive English course for adult learners*》라는 언어 수업을 시작으로 발전하였고 구어 담화 연습, 문법과 문형 연습의 강조는 현장에서 일하는 교사들에게 실제적인 활용 면에서 큰 호응을 받았다. 구화식 접근법을 제시할 때 '상황'이라는 용어가 빈번하게 사용되면서 상황 중심 교수법이라는 용어가 보편적으로 사용되기 시작했다.

구조 중심 교수요목을 중심으로 구체적인 상황과 연계된 단어 목록을 활용하여 가르치는 것이 상황 중심 교수법의 기본적인 골격이다. 구조 중심 교수요목은 문장에서 구조를 가르치는 것을 의미하고 구조와 연관된 단어 목록을 선정한다. 상황 중심 교수법의 특징은 모든 언어 교수가 구어로 시작되며 목표어로 수업을 진행하고 문법 항목은 단순한 형태로부터 복잡한 형태로 가르치는 것이다. 읽기와 쓰기는 문법적 기초를 잡은 후에 도입한다. 이 교수법에서는 회화 연습이 큰 비중을 차지하기 때문에 교사는 학생들이 목표어로 유창하게 의사소통할 수 있도록 중점을 두어 지도한다.

상황 중심 교수법의 기초가 되는 학습 이론은 행동주의자들의 습관 형성 이론으로, 학습자들이 끊임없이 반복 연습을 하면 자동적으로 언어 지식을 받아들이게 되고 그것이 자신의 기술로 발전되어 실제 상황에서도 연습한 언어를 사용할 수 있게 된다는 것이다. 학습자는 정확하고 신속하게 바른 문형을 생성해 낼 수 있어야 하며 이는 수십 번의 모방 훈련을 통해 길러진다. 이러한 연습 과정은 정확한 언어 습관을 형성하는 데 도움을 준다. 이 교수법은 정확한 언어 습관을 기대하기 때문에 발음과 문법의 정확성을 강조한다. 교사는 직접적인 설명을 자제하고 학습자가 특정 구조나 어휘를 제시했을 때 귀납적으로 의미를 추론하여 규칙을 발견하게 한다. 따라서 새로운 어휘나 문형들은 설명보다는 예를 들어 가르치며 문법 설명이나 번역은 하지 않는다.

상황 중심 교수법에서 강조하는 구어 담화 연습, 문법과 문형 연습은 현장에서 일하는 교사들에게 높은 호응을 얻었으나 한 단원 내에서 소개하는 구조 또는 표현이 다른 단원에서 어떻게 사용되는가에 대한 연관성이 주어지지 않는다는 단점이 있다. 이에 따라 학습상의 난이도를 매길 수가 없어 결국 가르치는 순서 배열이 매우 임의적이다.

한국어교육 현장에서도 상황 중심 교수법을 부분적으로 사용하고 있다. 상황 중심 교수법은 문법의 통제, 등급화, 정확성을 중시하는 교수법이기 때문에 부분적이고 국소적으로 교실 수업에서 사용할 수 있다. 그러나 습득 단계의 체계성을 고려해 볼 때 임의적인 순서 배열은 문제가 되기 때문에 공식적인 기관에서 특수 목적으로 한국어를 배우는 외국인 학습자들에게는 안정적이지 못하다.　　　　　　　　〈김경령〉

→ 구조 중심 교수요목

[참고문헌]
• 김정렬(2001), 영어과 교수 학습 방법론, 한국문화사.
• 조명원·이흥수(2004), 영어교육사전, 피어슨에듀케이션코리아.

■ 청각 구두식 교수법

청각 구두식 교수법(聽覺口頭式敎授法, audio-lingual method: ALM)은 귀로 하는 듣기와 입으로 하는 말하기를 기반으로 모방, 반복, 암기를 통하여 구두 표현 중심의 문형을 익히도록 하는 교수법이다.

이 교수법은 구두·청각(oral-aural) 기술을 소홀하게 다룬 독해 접근법(reading approach)의 대안으로 미국에서 1950년대 후반과 1960년대 중반까지 성행한 외국어 교수법이다. 직접 교수법에서 나왔지만 직접 교수법과 달리 행동주의 심리학과 구조주의 언어학을 이론적 토대로 한다.

청각 구두식 교수법은 여러 명칭으로 불린다. 원래 이 교수법은 제2차 세계 대전 당시 미 육군에서 성공적으로 운영한 외국어 훈련 프로그램에서 발전한 교수법이었기 때문에 초기의 청각 구두식 교수법은 군대식 교수법(army method)이라고 불렸다. 미시간 대학교(University of Michigan)의 프리스(C. C. Fries) 교수가 구조 언어학의 원리를 언어 교수에 적용했으므로 미시간 교수법(Michigan method)이라고 일컫기도 한다. 브룩스(N. Brooks)가 'aural-oral'이라는 영어 발음의 애매함 때문에 청각 구두식 교수법(audio-lingual method)이란 용어를 제안하기 이전에는 청화식 교수법(aural-oral method)이라고도 불렸다.

청각 구두식 교수법은 궁극적으로 이중 언어 사용자(bilingual) 수준의 제2 언어 지식을 쌓는 것을 목표로 히며 주요 특징은 다음과 같다. 첫째, 수업은 대화(dialogue)로 시작한다. 둘째, 언어는 습관 형성이라는 가정에 따라 모방과 암기를 중시한다. 셋째, 문법 구조는 단계적으로 제시하고 규칙은 연역적으로 교수한다. 넷째, 듣기와 말하기를 먼저 한 후 읽기와 쓰기 순으로 가르친다. 다섯째, 발음은 초기 단계부터 강조한다. 여섯째, 초기 단계에서 어휘는 철저하게 통제한다. 일곱째, 학습자의 오류를 막기 위해 많은 노력을 기울인다. 여덟째, 언어는 때때로 맥락이나 의미와 관계없이 다루기도 한다. 아홉째, 교사는 언어 구조나 언어에 능숙해야 한다.

청각 구두식 교수법을 도입한 수업은 모범 대화문의 암기와 문형 연습으로 이루어진다. 이를 구체적으로 살펴보면 '새로운 모범 대화의 소개 → 대화의 각 문장을 듣고 따라하는 반복 연습 → 학생들이 제대로 못할 경우는 역방향 확장 연습(backward build-up drill) → 교사-학생, 학생-학생 간에 역할을 교대하며 연쇄적으로 대화 연습하기(chain drill) → 대화의 빈칸 하나에서 빈칸 여럿을 바꾸는 대치 연습 → 긍정문에서 부정문으로, 능동문에서 수동문 등으로 바꾸는 변형 연습 → 시각 자료를 활용한 문답 연습 → 처음에 소개한 대화를 학습자들이 능숙하게 말할 수 있는지 확인하기'로 구성되어 있다. 그 밖에 최소 대립쌍에 대한 연습과 문법 게임 등을 활용하기도 한다.

청각 구두식 교실에서는 교사 주도적인 수업이 이루어지며 녹음기와 시청각 기자재가 중요한 역할을 한다. 어학 실습실에서는 심화 반복 연습을 하여 기본적인 문장 구조를 오류 없이 반복하도록 한다. 학습자의 모어는 목표어를 배우는 데에 방해가 되는 것으로 간주한다.

청각 구두식 교수법은 학습 초기부터 정확한 발음 훈련, 자연스러운 구어를 듣고 말하는 훈련, 집중적인 문형 연습 등을 통하여 제한된 범위에서 듣고 말하는 능력을 길러 주고 학습자에게 성취감을 준다는 장점이 있다. 그러나 이 교수법에서 제시하는 연습이 기계적이어서 실제 상황에서 그 문형을 응용하도록 하는 전이력(轉移力)이 떨어지며, 학습자의 다양한 학습 스타일을 고려하지 않고 단조롭고 지루한 반복 연습을 일방적으로 제시하여 문자 언어를 선호하는 학습자나 규칙화를 원하는 학습자의 학습 의욕을 떨어뜨린다는 점이 단점으로 지적된다.

한국어교육에서는 1950년대 후반부터 1990년대 초반 무렵까지 청각 구두식 교수법을 널리 활용하였다. 청각 구두식 교수법은 1990년대 들어 의사소통 중심 교수법으로 대체되기 시작하였지만 문지방(threshold)이 높은 언어로 알려진 한국어를 가르치는 현장에서는 여전히 유용한 면이 있다. 예를 들어 PPP 모형(presentation-practice-production model)의 제시 단계나 과제 활동을 하기 전인 준비 단계에서 청각 구두식 교수법을 다양한 연습 기법으로 활용할 수 있다. 〈안경화〉

= 청화식 교수법

[참고문헌]
- 안경화(2007), 한국어교육의 연구, 한국문화사.
- Brown, H. D. (1994), *Teaching by principles: An interactive approach to language pedagogy*, Prentice Hall Regents.
- Brown, H. D. (2007), *Principles of language learning and teaching*, 이흥수 외 공역, 2007, 외국어 학습·교수의 원리, 피어슨에듀케이션코리아.
- Larsen-Freeman, D. (2000), *Techniques and principles in language teaching*, Oxford University Press.
- Richards, J. C. & Rodgers, T. S. (1986), *Approaches and methods in language teaching*, Cambridge University Press.

■ 전신 반응 교수법

전신 반응 교수법(全身反應教授法, total physical response: TPR)은 교사의 명령이나 지시에 학습자가 신체적으로 반응함으로써 언어를 가르치는 것을 말한다.

1988년에 전신 반응 교수법을 제안한 애셔(J. Asher)는 아동의 모어 습득과 유사한 방법으로 제2 언어를 학습해야 한다고 주장했다. 아동의 모어 습득은 듣기가 충분히 이루어진 후에 말하기를 한다는 점에서 제2 언어 교육에서도 듣기를 충분히 한 후에 말하기를 교육할 것을 강조한다. 또한 아동은 엄마의 발화에 먼저 행동으로 반응을 보임으로써 언어를 습득한다는 점에서 제2 언어 교육 역시 교사의 명령에 대한 반응, 교사의 행동에 대한 모방을 중요시한다.

전신 반응 교수법은 듣기를 통한 언어 이해에 초점을 맞추었다는 점에서 이해 중심 교수법에 속하며, 듣기 발달이 말하기보다 앞서며 아동의 모어 습득과 유사한 방법으로 제2 언어를 교육해야 한다는 점에서 크래션(S. Krashen)의 지지를 받은 자연적 교수법과도 관련된다. 또한 교사의 명령어에 반응하는 신체 활동을 통해 학습자가 제2 언어로 말하게 되면 장기 기억으로 자리 잡게 된다는 점은 흔적 이론(trace theory)과도 관련된다. 흔적 이론은 새로운 정보가 어떠한 자극으로 주어지면 그 자극이 뇌의 어딘가에 흔적으로 남아 기억을 용이하게 한다는 것으로 애셔가 말하는 신체 반응이 곧 새로운 정보를 받아들이는 자극의 역할을 하는 것이다.

전신 반응 교수법은 다음과 같은 절차와 특징이 있다. 첫째, 유아가 모어를 습득하는 과정을 성인의 외국어 학습에 적용한 것으로 성공적인 외국어 학습을 위해서는 말보다는 행동으로 먼저 반응하게 한다. 둘째, 큰 움직임부터 시작하여 작은 움직임으로, 단순한 지시에서 복잡한 지시로 나아간다. 학습자는 교사의 지시에 물리적으로 반응함으로써 자기도 모르는 사이에 정확한 발화의 의미를 습득하게 된다. 셋째, 교사는 언어의 형태보다는 의미를 강조하고 문법 역시 귀납적으로 지도한다. 넷째, 교사의 시범 활동을 통해 학습자의 반응을 유도하기 때문에 동작 동사나 사물의 명칭을 가르칠 때 용이하다. 또한 게임 등을 통해 학습자의 능동적인 학습 참여를 독려할 수 있다.

전신 반응 교수법은 1970년대와 1980년대에 어느 정도 인기가 있었으나 명령어로 언어의 모든 것을 가르칠 수는 없다는 점과 행동으로 언어를 습득하는 것이 성인 학습자에게는 유용하지 않을 수 있다는 점에서 비판을 받았다. 이후 애셔는 전신 반응 교수법을 다른 교수법과 함께 사용할 것을 제안하기도 하였다.

전신 반응 교수법은 육체적인 활동을 선호하는 아동의 한국어교육에 효과적이라는 연구를 볼 때 다문화 가정 자녀를 대상으로 하는 한국어교육에 적용할 만하다. 또한 성인을 대상으로 한 한국어교육에서도 동작을 나타내는 동사나 사동형의 학습에는 전신 반응 교수법을 활용할 수 있다. 〈이수미〉

→ 제1 언어 습득

[참고문헌]
• Asher, J. (1988), *Brainswitching: A skill for the 21st century*, 임규혁 역, 1997, 두뇌 전환, 열림원.
• Richards, J. C. & Rodgers, T. S. (2001), *Approaches and methods in language teaching*, 전병만 외 역, 2008, 외국어 교육 접근 방법과 교수법, Cambridge.

■ 침묵식 교수법

침묵식 교수법(沈默式教授法, silent way)은 교사가 발화를 최소화하고 침묵하여 학습자로 하여금 발견 학습으로 언어를 배우고 말을 많이 하도록 이끄는 표현 중심(production-based) 교수법이다.

침묵식 교수법은 가테뇨(C. Gattegno)가 1960년대에 개발하여 1970년대에 널리 퍼진 대안적 교수법이다. 교사가 아니라 학습자 중심으로 수업이 이루어질 수 있으며 학습자의 참여를 극대화함으로써 교수가 이루어질 수 있다는 점을 보여 주는 교수 방법이다.

침묵식 교수법은 학습자 스스로 학습을 하도록 유도하여 교수가 학습에 종속되어야 한다는 가설에 바탕을 둔 교수법이다. 학습자에게 언어 습득 과정에서와 같이 창조적인 능력이 있다고 간주하여 학습자들이 기계적 훈련을 받지 않고 문제 해결이나 창조적인 활동, 발견 활동 등을 통하여 학습하게 한다. 이 교수법은 학습자가 암기나 반복 연습이 아니라 발견하고 창조하는 활동을 통해 훨씬 효율적으로 학습할 수 있으며 교재에 수록된 문제를 해결하면서 학습하는 것이 학습에 훨씬 바람직하다는 믿음에서 출발했다.

침묵식 교수법은 학습자가 외국어를 듣고 이해하며 유창하게 말할 수 있도록 하는 데 목적을 둔다. 특히 모어 화자에 가까운 유창성을 기르도록 하며 이를 위해 정확한 발음을 익히도록 한다. 학습자에게 실용적인 문법 지식을 제공하는 것도 목표에 포함한다. 이 교수법에서는 문법적 항목과 관련 어휘로 구성된 구조 중심 교수요목을 사용하며 문법 교수 항목은 복잡성을 고려하여 배열한다.

이 교수 방법의 특징으로는 학습자가 독립성, 자율성, 책임감을 기르도록 한다는 점, 교사가 침묵한다는 점, 이외에도 교수 내용에 따라 교구로 피델 차트(fidel chart)와 색깔 막대(cuisennaire rods) 등을 사용한다는 점 등을 들 수 있다.

피델 차트는 발음을 가르치는 데에 사용한다. 색깔 막대는 구체적인 행동, 상황, 구조를 상징하는 데 사용하며 의미를 분명하게 해 준다. 초급 단계에서는 색깔과 숫자를 가르칠 때 막대를 사용하며 나중에는 좀 더 복잡한 구문을 가르칠 때도 사용한다. 색깔 막대와 피델 차트는 연상을 돕는 중개자의 기능을 하므로 학습자들이 학습하고 기억하는 데에 도움을 준다.

〈피델 차트〉

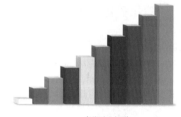

〈색깔 막대〉

침묵식 교수법은 학습자의 수준에 따라 여러 가지 교수 절차를 밟는다. 일반적으로 초기에는 피델 차트로 발음을 익힌 다음 색깔 막대를 활용하여 구문을 학습한다. 피델 차트에 있는 색깔 블록들은 모음과 자음을 나타내는데, 교사는 처음에 말 없이 피델 차트에 있는 색깔 블록을 가리키고 발음한 뒤에 학생들을 한 명씩 지명하며 소리 내어 발음하도록 한다. 그리고 교사가 어휘를 의미하는 색깔 막대를 가리킨 다음에 학생이 그 발음을 피델 차트로 익히게 한다. 여러 개의 색깔 막대를 활용하여 구나 문장을 만들어 발음한다. 이때 학생이 발음을 틀리게 하면 교사는 입 모양만 보여 주고 발화는 하지 않으며 주위의 학생들이 돕도록 한다. 연습이 끝나면 학생들은 조별로 색깔 막대들을 조합하어 문장을 만드는 활동을 한다. 조별 활동이 끝난 후에 교사는 색깔 막대를 연결하여 만든 문장에 대해 묻고 대답하는 활동으로 학습한 내용을 확인하고 정리한다.

침묵식 교수법을 활용한 수업에서 교사와 학습자들은 협조적이어야 하며 학생들은 수동적으로 앉아서 듣기만 하는 것이 아니라 적극적으로 학습에 참여하여 문제를 해결하고, 발견적이며 창조적인 활동을 한다. 학습자들은 입으로 발음을 해 보면서 의미와 형태, 의사소통 기능에 대한 가설을 세우고 검증하면서 학습을 한다. 이 수업에서는 반복 연습을 하지 않는다. 이는 학습자들이 스스로 분석하고 독립적으로 학습함으로써 자율성을 기르고 문제를 해결하는 능력을 신장하고 학습에 책임을 지도록 하기 위한 것이다.

침묵식 교수법은 학습이 교사가 아닌 학습자를 중심으로 이루어져야 한다는 학습자 중심적인 인식을 보여 준다. 이 교수법은 40명 이상의 다수로 구성된 수업에서도 유용함이 보고된 바 있다. 그러나 적어도 초기 단계에는 실제적인 언어 자료를 들을 기회가 적고 실제적인 언어 사용 상황에 노출되기가 쉽지 않다는 것이 단점으로 지적된다. 〈안경화〉

→ 구조 중심 교수요목

[참고문헌]
• 안경화(2007), 한국어교육의 연구, 한국문화사.
• Brown, H. D. (1994), *Teaching by principles: An interactive approach to language pedagogy*, Prentice Hall Regents.
• Brown, H. D. (2007), *Principles of language learning and teaching*, 이흥수 외 공역, 2007, 외국어 학습·교수의 원리, 피어슨에듀케이션코리아.
• Richards, J. C. & Rodgers, T. S. (1986), *Approaches and methods in language teaching*, Cambridge University Press.

■ 공동체 언어 학습법

공동체 언어 학습법(共同體言語學習法, community language learning: CLL)은 심리적 상담 기법을 학습에 적용시킨 교수법으로 교사와 학습자를 상담자와 피상담자의 관계로 정하여 교수 절차를 유도하는 학습법이다.

1976년에 커런(C. A. Curran)과 그의 동료들이 개발한 공동체 언어 학습법은 심리학을 교육에 적용한 것으로 상담식 교수법이라고도 부른다. 그들이 주장하는 상담 학습의 원리는 커런의 제자 포지(L. Forge)에 의해 좀 더 구체화 되었다. 그 후 협동 학습법, 상담 학습법 등으로 혼용하여 부르기 시작하였다.

학습자들은 새로운 지식이나 정보를 받아들일 때 불안이나 공포 등의 부정적인 감정을 느낀다. 따라서 공동체 언어 학습법에서는 이 과정을 지켜보는 교사가 학습자들을 위해 그들의 모어를 이해하고 상담의 전문적 지식을 갖춘 이해자 혹은 상담자의 역할을 수행해야 한다고 주장하며 언어 학습 지도 과정을 다음과 같이 5단계로 구분하였다.

1단계는 '태아기'로 학습자가 교사인 상담자에게 완전히 의존하는 단계이며 외국어로 표현하고 싶은 것을 우선 모어로 말한다. 상담자인 교사가 이를 듣고 목표어로 표현해 주면 학습자는 그것을 반복해서 따라하며 언어를 배운다. 2단계는 '자기 주장기'로 공동체의 동료가 번역된 문장을 반복하는 것을 들으면서 조금씩 새로운 표현을 익히고 사용하여 조금씩 자신의 의지를 표시하는 단계이다. 3단계는 '출생기'로 학습자의 목표어 표현력이 증대되기 시작하는 시기이다. 이 단계에서는 학습자가 상담자의 개입을 거부하게 되는데 상담자는 이를 성장의 한 단계로서 이해해야 한다. 4단계는 '역할 전도기'로 목표어 능력이 향상되면서 보다 세련된 언어 지식을 수용하는 시기이다. 이 시기에 학습자는 다시 상담자를 이해하고 수용하는 태도를 가진다. 5단계는 '독립 성년기'로 학습자는 상담자가 가르치는 대부분의 언어 지식을 습득하고 이에서 더 나아가 공동체 내의 동료를 도와주는 상담자의 역할도 수행할 수 있게 된다.

공동체 언어 학습법의 특징은 학습자의 의도와 관계가 없는 문장을 기계적으로 발화하는 것을 피하고, 학습자가 원하는 것을 기계적인 구문 반복 연습이 아닌 의미 있는 언어로 표현할 수 있도록 돕는 것에 중점을 둔다는 점이다. 공동체 언어 학습법에는 번역, 녹음 전사, 집단 활동, 관찰, 듣기, 자유 대화 기법 등이 사용된다. 공동체의 상호작용을 통해 수업 내용이 발전하기 때문에 교재는 꼭 필요한 요소로 여기지 않는다. 오히려 교재는 학습자에게 특정 내용을 강제적으로 부과하여 학습자의 성장이나 상호작용을 방해하는 역할을 한다고 본다. 따라서 언어적 요소를 간단히 요약하여 판서하고, 수업 시간 중에 토의한 화제, 질문과 대답 등의 내용은 학습자가 상기하고 복습할 수 있도록 테이프에 녹음한다.

공동체 언어 학습법은 학습자 중심의 교수법이라는 점에서 긍정적인 점이 많지만 언어 교사들에게는 매우 부담스러운 교수법이다. 교사는 외국어와 모어에 능통한 이중 언어 교사여야 하며 심리적 상담자 역할에 친숙해야 한다. 또한 전통적인 자료를 사용하지 않고 학생들이 원하는 화제에 맞추어 수업을 구성하고 동기를 유발해야 하기 때문에 오랜 경험과 열정이 있어야 수업을 능숙하게 진행할 수 있다. 수업의 목표가 불분명해서 평가를 수행하기가 어려우며 목표어의 문법을 체계적으로 통제하기도 어렵다. 그러나 공동체 언어 학습법은 학습자의 인간적인 측면을 강조하기 때문에 우호적인 분위기를 형성하고 친밀감을 높일 수 있는 인본주의적 학습 방법이다. 따라서 학습자들이 학습에 대해 느끼는 스트레스를 경감하고 흥미로운 주제를 바탕으로 수업 내용이 구성되어 있어 동기와 흥미를 유발시킬 수 있다는 장점이 있다.

이러한 교수법은 학교생활에 적응하기 힘들어하는 다문화 가정 자녀들에게 효과적일 수 있다. 그러나 상담가적인 능력까지 갖춘 이중·다중 언어 교사를 확보하는 것이 현실적으로 쉬운 일이 아니다. 향후 이와 관련된 체계적인 훈련을 받은 언어 교사가 확보될 수 있다면 공동체 언어 학습법은 다문화 가정 자녀나 결혼 이민자 대상의 한국어교육에서 활용 가치가 높은 교수법이다. 〈김경령〉

→ 정의적 요인

[참고문헌]
- Larsen-Freeman, D. (2000), *Techniques and principles in language teaching*, 방영주 역, 2009, 외국어 교육의 교수 기법과 원리, 경문사.
- Richards, J. C. & Rodgers, T. S. (2001), *Approaches and methods in language teaching*, 전병만 외 역, 2008, 외국어 교육 접근 방법과 교수법, Cambridge.

■ 암시 교수법

암시 교수법(暗示敎授法, suggestopedia)은 심리적 장벽이 제거된 편안하고 안락한 분위기 속에서 권위 있는 교사에게 의지하여 효과적인 외국어 학습을 하도록 유도하는 교수법이다.

불가리아의 정신과 의사 로자노프(G. Lozanov)에 의해 개발된 이 교수법은 인도의 요가 기법과 구소련 심리학의 영향을 받은 것으로 알려져 있다.

암시 교수법에서 최적의 학습 환경은 수면 상태와 같이 편안하지만 깨어 있는 상태이다. 따라서 암시 교수법에 따른 수업에서는 외국어 학습에 방해가 되는 걱정이나 불안감, 두려움 등을 제거하고 학습자들이 편안한 심리 상태에서 외부로부터의 입력을 받을 수 있도록 하여 학습자들에게 필요한 내용들을 머릿속에 넣어 주는 활동을 한다.

암시 교수법의 학습 이론에서 암시가 효과적으로 이루어지기 위해서는 권위(authority), 어린이화(infantilization), 양면성(double-planedness), 억양(intonation), 리듬(rhythm), 연주회 방식의 유사 수동성(concert pseudo-passiveness) 등 여섯 가지 요소가 필요하다. 이 중에서 학습에 도움이 되는 가장 중요한 요소는 교사의 권위이다. 학습자는 어린이 역할을 맡아 놀이, 게임, 노래, 운동을 하면서 자신감을 얻으며, 부모와 자녀처럼 권위 있는 교사와 어린이와 같은 학생으로 관계를 맺는다. 학습은 교사의 지도를 받아 이루어지기도 하지만 환경이 매우 중요한 요소로 작용하여 양면적으로 이루어진다. 외국어 수업 자료는 억양과 리듬을 다양화하여 지루함을 없애 주고 극적 효과를 느끼게 함으로써 언어 자료의 의미를 이해하도록 한다. 최적의 학습을 돕기 위해 교사가 대화문을 읽는 동안에 고전 음악을 들려주는데 이는 학습자의 심리를 이완시키고 걱정과 긴장을 풀어 주어 학습 효과를 향상시킨다.

암시 교수법은 학습자들이 짧은 기간에 높은 수준의 대화 기술을 습득하도록 하는 데 목적을 둔다. 수업에서는 질의응답, 게임, 역할극 등을 통해 자연스러운 상호작용과 의사소통을 추구한다. 대화는 주로 줄거리가 연결된 실생활 위주의 내용으로 구성된다. 학습자는 매우 수동적인 역할을 하고 교사는 지식을 갖춘 절대적인 권위자로 학습 활동의 촉진자가 된다.

수업은 1단계인 구두 복습 단계, 2단계인 본시 학습 단계와 3단계인 연주회 단계로 진행된다. 3단계는 암시 교수법의 핵심을 이루는 부분으로 능동적인 연주회 단계와 수동적인 연주회 단계로 나뉜다. 연주회 단계에서 학습자들은 먼저 음악을 들은 다음 음악에 맞춰 교사의 낭송을 듣고 언어 자료를 읽는다. 잠시 음악을 멈춘 뒤, 교사는 바로크 음악을 다시 틀어 주고 언어 자료를 다시 읽어 준다. 이때 학생들은 책을 덮고 경청하다가 음악이 끝나면 조용히 나간다. 숙제는 자기 전과 일어난 후에 한 번씩 언어 자료를 훑어보는 것이다.

암시 교수법은 학습자의 심리를 고려한 학습자 중심의 교수법이다. 이 교수법에서는 학습 환경을 안락하게 하여 학습자의 긴장과 불안감을 제거한다. 학습자들은 긴장이 완화된 상태에서 집중력을 발휘하여 많은 학습량을 빠르게 받아들일 수 있다. 암시적 교수법은 이전의 교수법과 달리 인지적인 활동과 함께 정서적인 활동을 함께 함으로써 뇌의 각 부분을 최대한 활용하게 하여 학습 잠재력을 극대화한다.

암시 교수법은 초기에 유사(pseudo) 과학(또는 의사 과학)이라는 비판을 받았다. 암시, 무의식, 음악 등이 학습 능력을 신장시킬 것이라는 점이 과학적으로 입증되지 않았기 때문이다. 그러나 최근에 뇌 심리학의 발달로 뇌의 변연계(邊緣系, limbic system)가 감정이나 장기 기억과 상당히 밀접한 관련이 있음이 알려졌다. 이를 근거로 연구자들 사이에 효과적인 학습을 위해 뇌의 모든 부분을 활성화하여 두뇌 능력을 최대화하여야 한다는 착상이 점차 받아들여지면서 암시 교수법에 대한 재평가가 이루어지고 있다.

그렇지만 암시 교수법의 절차를 한국어교육 수업 현장에 적용하는 것은 쉽지 않다. 무엇보다 교사가 권위를 가지고 성인 학습자를 통제하고 어린이와 같이 대우하기 어렵기 때문이다. 또한 일반적인 언어 교실에서는 암시 교수법에 적합한 환경을 조성하기 어렵고 암시 교수법을 제대로 적용할 수 있는 교사가 부족하며 이 교수법에 맞는 교재 역시 구성하기가 어렵다. 〈안경화〉

[참고문헌]
• 안경화(2007), 한국어교육의 연구, 한국문화사.
• Hansen, G. H. (1998), Lazanov and the teaching text, In B. Tomlinson. (Ed.), *Materials development in language teaching*, Cambridge University Press.
• Richards, J. C. & Rodgers, T. S. (1986), *Approaches and methods in language teaching*, Cambridge University Press.

■ 자연적 접근법

자연적 접근법(自然的接近法, natural approach)은 어린아이가 모어를 자연스럽게 배우는 원리를 적용하여 의사소통 상황 속에서 목표어를 자연스럽게 배우도록 하는 교수법이다.

이 교수법은 1970년대에 스페인어 교사인 테렐(T. D. Terrell)의 교육 경험과 크래션(S.

Krashen)의 제2 언어 습득 이론을 바탕으로 확립되었다. 크래션이 제시한 습득-학습 가설(acquisition-learning hypothesis), 자연 습득 순서 가설(natural order hypothesis), 모니터 가설(monitor hypothesis), 입력 가설(input hypothesis), 정의적 여과기 가설(affective filter hypothesis)은 자연적 교수법의 이론적 토대를 확고히 해 주었다.

자연적 접근법의 목표는 학습자의 기본적인 의사소통 능력을 습득시키는 것이다. 따라서 교사는 학습자에게 이해 가능한 입력(i+1), 즉 학생들이 이해할 수 있거나 현재 학습자의 수준을 조금 넘어서는 수준의 입력을 제공해 주고 학습 분위기를 흥미롭고 편안하게 이끌어 정의적 여과기를 낮추어 준다. 언어 습득의 초기에는 전신 반응 교수법을 적극적으로 권장하며 게임, 촌극, 소집단 활동 등의 다양한 학습 활동을 한다. 또한 이 접근법에서는 언어 습득 과정을 듣기 활동(침묵 기간, comprehension activities) 단계, 초기 발화 산출(early speech production) 단계, 발화 출현(speech emergence) 단계의 세 단계로 본다. 침묵 기간 동안은 듣기만 하고 말로 응답할 필요가 없으며 초기 발화 단계에서는 한 단어나 두 단어로 간단한 응답을 한다. 그리고 발화 출현 단계에서는 학습자가 자유롭게 자기 생각을 말한다. 이러한 습득 과정에 따른 수업의 절차와 내용은 다음과 같다.

〈습득 과정에 따른 수업의 절차 및 내용〉

듣기 활동 단계 (comprehension activities)	·발화 생성 전 단계로 학습자에게 말하기를 요구하지 않으면서 듣기 능력을 신장시킨다. ·문맥에 의한 추측, 전신 반응 교수법의 기술, 제스처, 시각 자료, 학습자 정보 등을 활용하여 이해를 돕는다.
⇩	
초기 발화 산출 단계 (early speech production)	·학습자가 500개 정도의 어휘를 인식할 수 있을 때 한 단어 응답이 나올 수 있도록 질문을 한다. ·예를 들어 "어디에 가요?"라는 질문에 "학교"라고 답하게 한다.
⇩	
발화 출현 단계 (speech emergence)	·이 단계에서는 게임, 역할극, 인본주의적·정의적 활동, 정보 활동, 문제 해결 활동 등을 통하여 자연스러운 말하기를 장려한다. ·교사는 언어 발달이 자연스럽게 이루어지도록 오류를 거의 수정하지 않는다.

일정한 교재나 교과서의 사용보다는 학습 활동이 실생활과 연계되도록 하거나 학습자 상호 간의 실질적인 의사소통 활동이 가능하도록 실물 교재, 그림, 광고문 등을 이용한다. 학습이 아닌 습득을 주장하므로 문법이나 기본 문형 등의 언어적 지식을 위한 연습은 철저히 배제되고 가능한 한 목표어를 많이 접하여 이를 자연스럽게 습득하도

록 한다. 그러므로 학습자의 모어 사용을 최소한으로 제한하며 목표어에 충분히 노출되도록 이끈다.

자연적 접근법은 학습자가 준비될 때까지 발화를 강요하지 않으므로 언어를 배울 때 갖게 되는 불안감 등 억제 심리를 완화할 수 있다는 장점이 있다. 그러나 오류 수정을 통한 피드백이 부족하고 언어 형태에 초점을 맞춘 명시적인 교수가 부족하다는 점, 침묵기로 인해 구두 발화가 지연될 수 있다는 점, 이해 가능한 수준의 정의가 모호하다는 점 등이 단점으로 지적되고 있다.

자연적 접근법의 이론을 한국어교육을 비롯한 외국어 교육에 적용할 때 고려할 사항은 다음과 같다. 첫째, 수업에서 이해 가능한 입력을 최대한 많이 제공하는 것이다. 이때 어떻게 이해를 위한 자료를 보다 많이 제공할 것인지가 관건이 된다. 둘째, 학습자의 침묵기를 인정해 주어 학습 초반에는 듣기 입력을 충분히 제공하는 데 관심을 두는 것이다. 셋째, 교실 환경이 효율적인 언어 습득 장소가 될 수 있도록 유의미한 의사소통 활동을 많이 하는 것이다.　　　　　　　　　　　　　　　　　　〈현윤호〉

→ 모니터 이론

[참고문헌]
• 김영숙 외(1999), 영어과 교육론: 이론과 실제, 한국문화사.
• 남성우 외(2006), 언어 교수 이론과 한국어교육, 한국문화사.
• 한재영 외(2005), 한국어 교수법, 태학사.
• Brown, H. D. (2000), *Teaching by principles: An interactive approach to language pedagogy*, 권오량·김영숙·한문섭 공역, 2002, 원리에 의한 교수: 언어 교육에의 상호작용적 접근법, 피어슨에듀케이션코리아.
• Richards, J. C. & Rodgers, T. S. (2001), *Approaches and methods in language teaching*, 전병만 외 역, 2008, 외국어 교육 접근 방법과 교수법, Cambridge.

■ 몰입 교수법

몰입 교수법(沒入敎授法, immersion)은 일반 교과목을 학습자의 제2 언어로 가르치는 일종의 이중 언어 교육 방법이다.

몰입(immersion)이란 '담그다'라는 뜻으로 학습자들은 제2 언어의 세계 속에 들어가서 제2 언어로 교과목을 배우며 제2 언어 능력을 기른다. 몰입 교수법에서 제2 언어는 직접적인 교수 대상이라기보다는 교수 매체가 되며 그 목적은 제2 언어의 숙달도를 제1 언어 수준으로 길러 이중 언어 능력을 기르는 것이다.

현대적인 의미의 몰입 교수법은 1965년 캐나다에서 처음으로 실시되었다. 캐나다의 프랑스어 몰입 프로그램은 영어를 제1 언어로 하는 학습자들을 대상으로, 영어권 캐나다 인뿐만 아니라 프랑스어권 캐나다인의 전통과 문화를 이해하도록 운영되었다. 학습자를 제2 언어 교육 현장에 넣는 몰입 방식은 이미 오래 전부터 실시되어 왔으나 캐나다의 몰입 프로그램은 장기간 집중적인 연구 평가가 이루어진 첫 사례이다.

몰입 교수법은 일반적으로 다음과 같은 특징을 보인다. 첫째, 제2 언어가 교수의 매체이다. 둘째, 몰입식 교육과정은 지역의 제1 언어 교육과정과 동일하다. 셋째, 제1 언어의 발달을 돕는다. 넷째, 몰입 프로그램은 추가적인 이중 언어 습득을 목표로 한다. 다섯째, 제2 언어를 접하는 장소는 주로 교실로 한정된다. 여섯째, 교육과정 진입 시 학습자들은 비슷한 수준으로 제한된 제2 언어 능력을 갖는다. 일곱째, 교사는 이중 언어 사용자이다. 여덟째, 교실 문화는 그 지역의 제1 언어 문화이다.

몰입 교수법은 수업 시간, 학습 연령, 몰입 방향 등에 따라 몇 가지 유형으로 나눌 수 있다. 몰입 교수법이 활용되는 수업 시간에 따라서는 완전 몰입(total immersion)과 부분 몰입(partial immersion)으로 나뉜다. 완전 몰입은 교육과정 전부를 제2 언어로 가르치는 것이다. 대부분 2~3년간 제2 언어로만 가르치다가 제1 언어 교육을 도입한다. 부분 몰입은 교육과정의 반 이상을 제2 언어로 가르치는 방식이다. 몰입 교육이 시작되는 학습 연령에 따라서는 5~6세에 시작하는 초기 몰입(early immersion), 9~10세에 시작하는 중기 몰입(middle immersion), 11~14세에 시작하는 후기 몰입(late immersion)과 17세 이상의 성인 몰입(adult immersion)으로 나뉜다. 이 가운데 초기 몰입 프로그램이 가장 인기가 있다. 몰입 방향에 따라서는 일방향 몰입(one-way immersion)과 양방향 몰입(two-way immersion) 방식으로 나뉜다. 일방향 몰입은 소수의 제2 언어 학습자가 다수의 목표어 학습자 사이에 들어가는 방법으로 외국어 몰입 교육(foreign language immersion)이라고도 한다. 양방향 몰입은 제2 언어 학습자와 모어 학습자가 서로의 언어를 배우는 방식으로 수업이 이루어지므로 궁극적으로는 학습자 모두가 이중 언어 사용자가 된다. 양방향 몰입 교육은 이중 언어 몰입 교육(dual language immersion)이라고도 한다.

몰입 교수법의 성과에 대해서는 많은 연구가 이루어져 왔다. 이들 연구에 따르면 몰입 교수법은 제2 언어 능력과 교과목의 학습 성취도를 높일 뿐만 아니라 인지 발달과 문화 이해 면에서도 효과적인 것으로 평가된다. 몰입반 학습자들은 제2 언어 능력에서 우수한 성취도를 보인다. 또한 일반 교과목의 성취도에서도 몰입식 수업을 받은 학습자들은 초기에는 제1 언어 학습반 학습자에 비해 다소 떨어지나 결국은 이들의 수준을 따라간다. 아울러 몰입 교수법은 입체적 사고, 개념 형성, 추론 능력 등 인지 능력을 개발하고 타문화를 이해하는 데에 긍정적인 영향을 주는 것으로 평가된다.

몰입 교수법은 국내외의 한국어교육 현장에서 적용되고 있다. 국내에서는 몇몇 대학이 국외 거주 청소년을 대상으로 교과목을 한국어로 듣는 여름 캠프를 운영하거나 미국 국방성 프로그램으로 미국 고등학교 학생들이 한국에서 고등학교 수업을 듣게 하는 등의 몰입 프로그램을 운영한 사례가 있다. 또한 국외 대학에서 외국인 학습자를 대상으로 한국학 강의를 몰입 프로그램으로 운영하는 경우가 있다. 그러나 한국어교육에서 몰입 교수법에 대한 연구는 그리 활발하지 않은 실정이므로 프로그램 개발이나 운영

성과에 대한 깊이 있는 논의가 요구된다. 〈안경화〉

[참고문헌]
- Cummins, J. (1998), Immersion education for the millennium: What have we learned from 30 years of research on second language immersion?, In M. R. Childs. & R. M. Bostwick. (Eds.), *Learning through two languages: Research and practice*, pp. 34~47, Katoh Gakuen.
- Johnson, R. K. & Swain, M. (1997), *Immersion education: International perspectives*, Cambridge University Press.
- Richards, J. C. & Rodgers, T. S. (1986), *Approaches and methods in language teaching*, Cambridge University Press.

■ 총체적 언어 접근법

총체적 언어 접근법(總體的言語接近法, whole language approach)은 언어가 부분으로 나뉘지 않고 총체(whole)로 존재할 때에 의미와 가치가 있다는 관점에 따라 실제적인 의사소통 능력을 향상시키고자 언어 요소를 분리하지 않고 듣기, 말하기, 읽기, 쓰기를 총체적·통합적으로 가르치는 교수 방법이다.

총체적 언어 접근법은 1960년대 미국 초등학교 모어 읽기 교육 현장에서 자생한 풀뿌리 운동(grass roots movement)에서 출발한다. 이것은 기존의 전통적 접근법이 어린이들의 문식성을 발달시키지 못한다는 문제의식을 가진 학교 현장의 교사와 연구자에 의해 시작된 운동이다. 총체적 언어라는 용어는 굿맨(K. Goodman)이라는 연구자에 의해 처음 소개되었는데 이후 재개념화를 거듭하며 미국 전역은 물론 호주, 캐나다 등 전 세계로 확산되었다. 처음에 읽기 교육에서 출발한 총체적 언어 접근법의 관점은 읽기와 쓰기를 포함하는 문식성의 발달로 확대되고 있으며 연구 대상도 초등학생의 모어 교육뿐 아니라 중등 및 성인 학습자의 외국어 교육으로까지 넓어지고 있다.

총체적 언어 접근법은 다양한 양상의 언어 교수법 구현의 바탕이 되는 교육 철학이자 접근법이다. 따라서 넓게는 교육과정 내에서 언어 교육을 위한 타 교과목과의 통합을 의미하기도 하고, 좁게는 듣기·말하기·읽기·쓰기의 기능을 통합하는 언어 교육 자체에 국한하여 정의되기도 한다.

총체적 언어 접근법의 원리를 제시하면 다음과 같다.

첫째, 학습자 중심의 교육이다. 총체적 언어 접근법은 구성주의에 입각하여 학습자의 능동성을 강조하며 언어를 개인적이면서 동시에 사회적인 것으로 전제한다. 개인의 모어, 성장 과정, 배경지식, 경험 등에 따라 그리고 언어를 사용할 대상과의 사회적 관계와 목적 등에 따라 언어 학습의 내용이 달라져야 하기 때문이다. 학습자들의 개인적, 사회적인 요구와 필요를 반영하여 교육 목표, 내용과 방법 등 교육과정을 설계한다는 것이 다른 접근법과의 차이점이다. 학습자 중심의 교육은 나아가 교사에 대한 존중으로 이어진다. 실제로 학습자를 지도하며 학습자의 특성을 가장 잘 파악하고 있는 교사는 교육의 전문성과 연구자로서의 능력을 존중받는다. 교사의 역할은 지식 전달자이지 권위자가 아니며 학습 내용에 대한 전문성과 학습자에 대한 이해를 바탕으로 학습자와 협동하는 존재이다. 총체적 언어 접근법에서 학습이란 학생이 자신의 필요와 요구에 따라 내용을 선정하고 교사나 친구들과의 상호작용을 통하여 지식을 형성해 가는 과정이다.

둘째, 의미 중심의 교육이다. 학습은 학습자가 실생활에서 자신의 목적과 필요에 따라 실제로 지식을 사용할 수 있을 때에 비로소 의미를 갖는다. 총체적 언어 접근법은 실생활과 같이 실제적이고 진정성이 있는 교육 내용과 학습 활동을 강조한다. 언어를 문자 해독과 문법, 어휘, 낱말 인식 등의 언어 요소로 분리하지 않고 총체적으로 교육한다. 또한 실제적인 의사소통 능력을 기르기 위하여 실생활에서와 같이 듣기·말하기·읽기·쓰기를 분리하지 않고 통합적으로 지도한다. 총체적 언어 접근법에서 실제성과 통합성을 높일 수 있는 방법으로 문학을 활용하는 것이 그 대표적 예이다. 문학 작품을 활용해 인위적이고 무의미한 언어 연습에서 벗어나 유의미한 상황 맥락 속에서 전체의 내용을 이해하고 읽기와 쓰기 능력을 고루 신장시킨다. 총체적 언어 수업에서 문학의 활용은 듣기·말하기·읽기·쓰기의 기능을 통합하여 전체에서 부분으로 이루어질 것을 강조한다. 또한 유의미한 상황 맥락 속에서 전체의 이야기를 먼저 파악한 후 문장의 의미와 단어의 뜻을 알게 되고 음운, 글자와 소리의 관계를 자연스럽게 익히게 한다.

총체적 언어 접근법은 아직까지 한국어교육에 본격적으로 적용되지 못하고 있다. 다만 유치원 국어 교육과정에 이 접근법이 반영되고 있다는 점은 주목할 만하다. 점차 다변화하고 다양화되는 국내외의 한국어교육 현실로 볼 때 총체적 언어 접근법이 한국어교육 현장에서 활용될 가능성 역시 커지고 있으므로 관련 이론과 적용 방법에 대한 깊이 있는 논의가 요구된다. 〈임미은〉

[참고문헌]

- Goodman, K. (1967), Reading: A psycholinguistic guessing game, *Journal of the Reading Specialist* 6-4, pp. 126~135.
- Goodman, K. (1986), *What's whole in whole language?*, Heinemann.
- Krashen, S. & Terrell T. (1983), *The natural approach: Language acquisition in the classroom*, Alemany Press.
- Rigg, P. (1991), Whole language in TESOL, *TESOL Quarterly 25-3*, pp. 521~542.

■ 어휘적 접근법

어휘적 접근법(語彙的接近法, lexical approach)은 어휘(lexis)가 언어 학습에서 중심적인 역할을 한다는 언어관에 근거하여 의사소통의 기본 단위를 이루는 어휘를 중심으로 교수요목을 설계하고 가르치려는 접근법이다.

어휘적 접근법에서는 언어란 어휘화된 문법(lexicalized grammar)이 아니라 문법화된 어휘(grammatical lexis)로 구성되었기 때문에 언어 교수 시 의미 단위에 대한 인지 능력이 개발되어야 한다고 주장한다. 여기서 말하는 의미 단위에는 어휘 구와 여러 유형의 연어 등이 포함된다. 1970년대에 코더(S. P. Corder)는 전체적인 구(holophrases), 하쿠타(K. Hakuta)는 미리 짠 유형(prefabricated patterns), 켈러(R. Keller)는 대화의 시작으로 사용하는 말(gambits) 등의 용어로 의미 단위를 설명하고자 하였다. 1980년대에 피터스(A. Peters)는 말의 공식(speech formulas), 폴리와 시더(A. Pawley & F. Syder)는 어휘화된 기본 표현(lexicalized stems) 등으로 의미 단위를 지칭하였다. 1990년대에 루이스(M. Lewis)는 '어휘적 구'와 '언어 교수'라는 명칭 아래 어휘 연구를 발전시켰고 어휘적 접근법을 제안하였다. 어휘적 접근법에서는 대부분의 언어 표현들은 이미 짜인 단위를 담화 상황에 적합하게 결합시킨 것이기 때문에 상황에 맞는 언어 결합 유형을 학습시켜 의사소통 시 사용할 수 있도록 가르쳐야 한다고 주장한다. 그렇기 때문에 어휘 단위의 유형과 유형 결합 방법을 가르치는 데 중점을 두고, 학습자들이 이를 상투적으로 암기하고 사용하는 훈련을 해야 한다고 강조한다.

루이스는 크래션(S. Krashen)의 자연적 접근법(natural approach)의 절차를 지지하며 어휘적 구가 다양한 언어 기능 목적으로 어떻게 사용될 수 있는지를 보여 주는 경로로 교사의 말이 학습자에게는 주요 입력원이 된다고 주장한다. 또한 콜린스(P. Collins)는 어휘 출현 빈도가 교재의 교수요목을 결정할 수 있다고 주장한다. 예를 들어 초보 단계 교재에서 가장 고빈도로 나타나는 700단어와 이 단어들이 쓰인 일반 문형, 언어 결합 형태의 용법을 교재에 제시하여 어휘적 교수요목의 구조 속에서 단어가 어떻게 사용되는지를 보여 주어야 한다고 강조한다. 어휘 단위의 유형과 유형 결합 방법을 가르치는 데 역점을 둔 교수법을 활용하여 출판된 교재로는 《Collins Cobuild English Course》가 있다. 이 교재는 문법이 아닌 어휘 출현 빈도에 근간을 두어 고빈도 어휘 700개를 중심으로 공통 유형과 활용 방법 등을 소개하였다. 교재는 주 교재, 테이프, 교사용 지도서, 어휘 교수 활동집, 컴퓨터에 수록한 언어 자료집 등으로 구성된다. 이 교재에 따르면 학습자는 자료 분석가로서 실생활에서 얻은 방대한 양의 언어 자료를 검색하고 이 과정을 통해 자신만의 일반화 체계를 구축해야 한다. 이 과정 속에서 교사는 기술적인 체계를 조직하고 이를 자율적이고 체계적으로 활용할 수 있도록 전략적 도움을 주어야 한다. 또한 루이스는 모든 수업 설계자들은 어느 정도 학습자가 담화 분석가 역할을 할 수 있도록 훈련받아야 하며 교실 수업 절차는 학생들이 어휘 배열에 주의를 기울이는 활동을 하거나 어휘 배열의 기억과 사용을 강화시키는 훈련으로 구성되어야 한다고 주장한다. 어휘 구에 명시적으로 초점을 맞춘 연습 문제를 첨가하고 또한 학습자들이 어휘 배열을 스스로 발견할 수 있는 활동을 교실에서 충분히 수행하여 교실 바깥에서 마주치는 언어에도 적응할 수 있도록 도와주어야 한다고 제안한다. 한편 2000년에 힐(J. Hill)은 교수 절차 시 필요한 개별 어휘 지도, 어휘 배열 인식, 어휘 지식의 확대, 어휘 배열 노트 정리 및 암기 등의 기법을 소개하였다.

한국어교육에서 어휘 교육의 중요성은 최근 들어 더욱 부각되기 시작하였다. 체계적인 어휘적 접근법이 기반을 다지기 위해서는 어휘 및 언어 이론의 개발, 어휘 자료 분석 등의 연구가 축적되어야 한다. 최근에는 컴퓨터를 활용하여 막대한 양의 어휘 데이터를 체계적으로 분류하여 수업에 활용할 수 있게 되었고, 교재에도 이를 조직적으로 제시할 수 있게 되었다. 또한 어휘 중심의 교수 설계나 교수 절차 개발 등과 같이 어휘적 접근법을 한국어교육에 구체적으로 적용하는 방안과 관련된 연구 성과가 집적되면서 어휘적 접근법의 적용 가능성도 커지고 있다. 〈김경령〉

[참고문헌]
• Larsen-Freeman, D. (2000), *Techniques and principles in language teaching*, 방영주 역, 2009, 외국어 교육의 교수 기법과 원리, 경문사.
• Richards, J. C. & Rodgers, T. S. (2001), *Approaches and methods in language teaching*, 전병만 외 역, 2008, 외국어 교육 접근 방법과 교수법, Cambridge.

■ 능력 중심 언어 교수법

능력 중심 언어 교수법(能力中心言語教授法, competency-based language teaching: CBLT)은 능력 중심 교육(competency-based education)의 원리를 언어 교육에 적용한 것으로 언어 프로그램 개발에서 입력보다는 출력, 즉 학습의 성과에 초점을 둔 접근법이다.

능력 중심 언어 교수법은 학습자가 학습된 언어로 무엇을 할 것인가에 초점을 맞춘다. 능력 중심 언어 교수법은 1970년대 미국에서 교과목을 가르친 후 최종적으로 학습자가 얻은 지식, 기능, 행동 양식 등을 측정하는 능력 중심 교육의 원리를 언어 교육에 적용하기 시작하면서 발달하였다. 능력 중심 교육의 원리는 1980년대에 이르러서는 성인용 ESL(English as a second language) 교육과정 구성에 주요 역할을 하였다. 또한 1990년대에 이르러서는 학년별 교육과정의 목표 및 수행 기준 개발과 더불어 외국어 교육 계획을 설정하는 등급화 된 목표 체계를 수립하여 강력한 언어 교육과정의 변화를 촉진시켰다. 미국 응용 언어학 분야의 연구자들은 ESL을 위한 학교 수행 기준 작업 개발을 능력 중심 접근법 원리를 근간으로 수립하였다.

1994년에 도킹(R. Docking)은 능력 중심 언어 교수법이 교육과 훈련 계획을 활성화시킬 기회를 제공하여 교수와 학습의 질이 향상된다고 주장한다. 이 과정 속에 지속적인 피드백이 주어지기 때문에 학습의 효과가 더욱 강화된다고 하였다.

능력 중심 언어 교수법을 옹호하는 학자들은 언어 사용은 기능적이고 상호작용적인 것에 근간을 두기 때문에 교사는 사회적인 문맥과 관련지어 언어를 가르쳐야 한다고 주장한다. 이들은 언어 형태가 언어 기능에서부터 추론될 수 있다고 생각하는 행동주의 학자들의 견해를 지지하며, 학습자들이 자연스러운 일상생활 속에서 자주 접하게 될 어휘와 언어 구조는 예측할 수 있기 때문에 이러한 요소들을 학습 단원을 조직하는 데 사용해야 한다고 주장한다. 따라서 능력 중심 언어 교수법에서는 사회에서 성공할 수 있는 기능, 실생활 기능, 업무 수행 등을 위한 개별화된 학습자 중심의 지도가 근간을 이룬다.

도킹은 능력 중심 언어 교수법이 능력 또는 학습 결과에 초점을 맞추기 때문에 교육과정의 구조, 교수요목의 상세화, 교수 전략, 평가와 보고서가 중요하다고 언급한다. 언어 능력은 실생활의 다양한 영역과 연계하여 측정된다. 예를 들어 직업 훈련 위주의 ESL 교육과정에서는 안전에 관한 일, 사교적인 언어 표현, 직업 신청에 관한 일, 면접에 관한 일, 작업 계획서, 봉급, 출퇴근 기록 용지 사용 등에 필요한 언어 능력을 개발한다. 또는 직장 유지를 위해서 작업 지시대로 하는 업무 수행, 보급품을 요청할 수 있는 능력, 차트, 표식, 서류 또는 업무 수행 지시를 읽는 능력, 작업 중단이나 수정에 대해 응답할 수 있는 능력 등을 개발한다.

1990년대 들어서면서 이민자들을 대상으로 한 호주 이민 교육 프로그램이 능력 중심 언어 교수법으로 재편성되었는데 그 내용을 살펴보면 다음과 같다. 이민자들은 언어 숙달 수준, 진도, 학습의 필요성 등에 따라 평가를 받고 적절한 반에 배정된다. 1~2단계에서는 일반적인 언어 발달 훈련을 받고 3단계에서는 학습 목적에 따라 집단별로 교육을 받는다.

능력 중심 언어 교수법을 비판하는 학자들은 이 교수법이 학습자들로 하여금 현재 사회에 적응하도록 준비하고 사람들과의 관계를 유지하게 한다는 점에서 언어 수업을 지극히 규범적인 방향으로 흐르게 하며 사고 기능보다는 행동과 업무 수행에 지나치게 초점을 맞추는 단점이 있다고 지적한다. 또한 능력 중심 언어 교수법을 근간으로 한 언어 프로그램 내용이 학습자들이 사회에 빨리 적응할 수 있도록 설계되어 있기 때문에 교육과정 속에서 사회 참여 시 일어나게 될 가치 판단에도 영향을 준다고 본다. 예를 들어 능력 중심 언어 교수법을 근간으로 설계한 피난민 정착 프로그램에서는 학습자들이 수동적으로 목표 사회에서 요구하는 태도, 가치관의 습득 등을 그대로 받아들이도록 한다는 것이다.

한국어교육에서도 능력 중심 언어 교수법을 일부 수용하여 다양한 출력 중심의 교육 프로그램을 다양하게 제시할 필요가 있다. 기존의 일반 목적 학습자와는 변별되는 결혼 이민자, 이주 노동자 등 다양한 학습자의 요구에 부응한 효과적인 교재 및 프로그램 개발이 필요하다. 〈김경령〉

[참고문헌]
• Docking, R. (1994), Competency-based curricula: the big picture, *Prospect 9-2*, pp. 8~17.
• Larsen-Freeman, D. (2000), *Techniques and principles in language teaching*, 방영주 역, 2009, 외국어 교육의 교수 기법과 원리, 경문사.
• Richards, J. C. & Rodgers, T. S. (2001), *Approaches and methods in language teaching*, 전병만 외 역, 2008, 외국어 교육 접근 방법과 교수법, Cambridge.

■ 의사소통 중심 교수법

의사소통 중심 교수법(意思疏通中心敎授法, communicative language teaching: CLT)은 언어 능력뿐만 아니라 의사소통 능력을 길러 실제로 언어를 이해하고 구사할 수 있도록 하는 교수법이다.

이 교수법은 1970년대 초 영국에서 시작되었다. 윌킨스(D. A. Wilkins) 등은 개념-기능 중심 교수요목(notional-functional syllabus) 개념을 도입하여 언어 사용이 의미와 의사소통 기능들의 표현이라고 주장하였는데, 이 의사소통 기능의 개념이 의사소통 중심 교수법의 발전에 가장 직접적인 기여를 하였다. 이 교수법은 의사소통 능력을 강조하는 영국의 기능주의 언어학과 미국의 사회 언어학의 영향으로 외국어 교육의 목표를 의사소통 능력의 개발에 두었다. 따라서 이 교수법은 의사소통의 원리, 과제의 원리, 유의성의 원리라는 이론적인 전제를 바탕으로 여러 방법론을 포함한다.

의사소통 중심 교수법은 근래의 일반적인 언어 교육의 경향과 부합하는 철학과 방법론을 가지고 있어 상당히 보편적인 지지를 받고 있다. 의사소통에 도움이 될 가능성이 있는 언어 표현을 통제 연습이나 구조 학습으로 익힌 후에 의사소통 연습을 함으로써 의사소통 능력을 함양하는 '소극적' 접근법과 의사소통을 할 수 있도록 과제를 제시하고 그 과제를 수행하다가 보면 언어 지식과 의사소통 능력이 함양된다고 보는 '적극적' 접근법이 있다.

의사소통 중심 교수법의 특징은 다음과 같다. 첫째, 학습자의 의사소통 능력을 기르는 것이 목표이다. 이때 의사소통 능력은 문법적 능력, 담화적 능력, 사회 언어학적 능력, 전략적 능력으로 구성된다. 둘째, 언어는 언제나 사회적 상황 또는 맥락을 고려해야 하며 의미가 중시된다. 셋째, 목표어로 의사소통하려는 학습자의 시도가 장려된다. 넷째, 자료의 제시는 학습자의 요구를 반영한 내용, 기능, 의미에 따라 단계적으로 이루어진다. 다섯째, 모어의 사용은 상황에 따라 용인되고 번역도 학습에 도움이 된다면 활용된다. 여섯째, 학습자의 요구와 선호에 따라 학습 활동과 전략이 다양하게 활용된다.

수업 절차는 전통적인 교수법과 달리 구문 관련 활동에서 끝나지 않고 유사 의사소통 활동, 자유로운 상호작용에 중점을 둔 의사소통 활동으로 이루어진다. 피노키아로와 브럼피트(M. Finocchiaro & C. Brumfit)는 수업 절차를 다음과 같이 제시하였다.

〈피노키아로와 브럼피트가 제시한 수업 절차〉

제시	동기를 부여하며 몇 개의 작은 대화를 소개

⇩

구두 연습	교사의 모델과 함께 대화의 각 발화 문장을 구두로 연습

⇩

질문과 대답	대화의 화제와 상황에 근거하여 그와 관련된 학생의 개인적 경험에 대해 질의응답

⇩

기능과 일반화	대화의 표현이나 그 기능을 제시하는 구문 중의 하나를 공부하고 학습자가 기능 표현이나 구문의 규칙을 발견하고 일반화

⇩

상호작용 활동과 구두 표현	학생 수준에 따라 구두 인식 활동 또는 상호작용 활동에서 통제된 구두 표현 활동으로 이끈 후 자유로운 의사소통 활동으로 진행

⇩

구두 평가	구두 발표를 통한 평가

의사소통적 언어 사용을 촉진시키는 역할을 하는 학습 자료로는 화제 중심 자료, 과제 중심 자료, 실물 교재가 있다.

의사소통 중심 교수법의 장점은 다음과 같다. 첫째, 학습자 자신과 관련된 경험을 끌어내어 학습 동기를 높일 수 있다. 둘째, 실제 생활에 바탕을 두고 있어서 의사소통 기능을 높일 수 있다. 반면 다음과 같은 잠재적인 단점도 있다. 첫째, 교수 자료가 의사소통 활동을 중심으로 마련되므로 언어 구조 면에서 학습자가 혼동을 일으킬 수 있다. 예를 들어 '요청하기'라는 단원에 명령문, 의문문, 서술문 등이 함께 나올 수 있으므로 언어 구조의 학습이 단계적으로 이루어지기 어렵다. 둘째, 자료 선택과 선정된 자료의 등급을 정하는 데 타당한 기준을 찾기 어렵다.

한국어교육에서 의사소통 중심 교수법은 1990년대 이후 널리 활용되고 있으며 상황 의존적이라 할 수 있는 서법, 높임법, 호칭어, 지칭어 등의 교육에 효과적으로 이용된다. 〈현윤호〉

→ 개념-기능 중심 교수요목

[참고문헌]
• 김영숙 외(1999), 영어과 교육론: 이론과 실제, 한국문화사.
• 남성우 외(2006), 언어 교수 이론과 한국어교육, 한국문화사.
• 한재영 외(2005), 한국어 교수법, 태학사.
• Finocchiaro, M. & Brumfit, C. (1983), *The Functional-notional approach: From theory to practice*, Oxford University Press.

• Richards, J. C. & Rodgers, T. S. (2001), *Approaches and methods in language teaching*, 전병만 외 역, 2008, 외국어 교육 접근 방법과 교수법, Cambridge.

■ 형태 초점 교수법

형태 초점 교수법(形態焦點敎授法, focus on form: FonF)이란 의사소통 과제 수행 중에서도 자연스럽게 학습자가 언어 형태에 주목할 수 있도록 하여 의사소통 능력과 문법적 정확성을 통합적으로 추구하는 교수법이다.

1980년대 이후 외국어 교육에서는 형태보다 의미에 중점을 둔 교수법이 강조됨으로써 학습자의 문법적 정확성이 떨어진다는 주장이 나왔다. 이에 롱(M. H. Long)은 의미 중심의 의사소통 과제 수행 중에서도 필요에 의해 형태에 초점을 두어 문법에 대한 인식도 길러 줄 수 있는 '형태 초점'의 개념을 제안하였다. 이 개념의 가장 큰 특징은 기존 문법적 형태에 중심을 둔 교수법(focus on forms: FonFs)이나 의사소통만을 중시하는 교수법(focus on meaning)과는 달리 유창성과 정확성을 함께 추구하고자 한다는 것이다.

초기에 롱이 제안한 형태 초점은 의사소통에 초점을 둔 수업 가운데 학습자의 의사소통상 필요에 의해서 우연히 형태에 초점을 두게 하는 것이었다. 이는 점차 계획된 형태 초점과 명시적인 형태에 대한 교수까지 모두 포함하는 개념으로 확장되었다. 스파다(N. Spada)는 형태 초점 교수 기법(form-focused instruction)을 학습자가 명시적이거나 암시적으로 형태에 집중할 수 있도록 하는 교수적 노력을 의미하는 것으로 정의하였다. 즉 우연히, 암시적으로 나타나는 문법에 대한 인식뿐만 아니라 명시적이고 의도적인 교수적 노력을 포함시킨 것이다. 엘리스(R. Ellis)는 이를 상세화하여 형태 초점 교수 기법을 형태 중심 교수법, 계획된 형태 초점, 우연적 형태 초점으로 나누고 있다.

형태 초점에 대해서는 형태 초점의 효과를 검증하고 형태 초점을 실현하는 교수 기법이나 과제에 대한 연구가 활발히 수행되고 있다. 도티와 윌리엄스(C. Doughty & J. Williams)는 의사소통을 방해하는지(obstrusive) 그렇지 않은지(unobstrusive), 형태에 대한 집중이 미리 교수자에 의해 결정되어 선행적인지(proactive) 그렇지 않고 후행적인지(reactive), 특정 문법 요소에 초점을 맞춘 것인지(targeted) 그렇지 않고 문법 전반인지(general)에 따라 형태 초점 교수법을 분류하였다. 따라서 교사는 형태 초점을 할 것인지, 언제 할 것인지, 어떤 문법 형태에 초점을 둘 것인지, 어느 정도 명시적으로 할 것인지 등에 대한 교육적 결정을 내려야 한다고 하였다. 의사소통 방해 정도를 기준으로 도티와 윌리엄스가 정리한 형태 초점 교수법을 요약하면 다음과 같다.

〈도티와 윌리엄스가 정리한 형태 초점 교수법〉

	의사소통에 방해 없음(unobstrusive) ↔ 의사소통에 방해 있음(obstrusive)						
입력 홍수	X						
과제 필수적 언어	X						
입력 강화		X					
의미 협상		X					
고쳐 말하기			X				
출력 강화			X				
상호작용 강화				X			
딕토글로스					X		
의식 고양 과제					X		
입력 처리						X	
정원 길 따라가기							X

형태 초점 교수법은 교수 현장에 바로 적용이 가능하여 그 활용 가치가 크다. 한국어 교육에서는 2000년대부터 입력 강화를 통한 연구들을 시작으로 딕토글로스(dictogloss), 고쳐 말하기, 출력 과제, 의식 고양 과제에 대한 연구들이 다수 수행되었다. 형태 초점 교수법은 이미 여타 외국어 교육에서 그 효과를 검증받았지만 이를 한국어교육에 적용 하기 위해서는 학습자, 인지, 문법, 맥락 등 한국어교육의 제반 변인을 고려한 교수 방 안이 설계되어야 할 것이다. 따라서 향후 보다 다양한 시기, 대상 문법 요소, 교수 기법 이나 과제 등에 대한 연구가 수행될 필요가 있다.　　　　　　　　　〈이슬비〉

→ 입력, 출력, 상호작용 가설

[참고문헌]

• Doughty, C. & Williams, J. (1998), Pedagogical choices in focus on form, In C. Dorghty. & J. Williams. (Eds.), *Focus on form in classroom second language acquisition*, pp. 197~261, Cambridge University Press.
• Ellis, R. (2001), Introduction: Investigating form-focused instruction, *Language Learning 51-1*, pp. 1~46.
• Long, M. H. (1991), Focus on form: A design feature in language teaching methodology, In K. de Bot., R. B. Ginsberg. & C. J. Kramsch. (Eds.), *Foreign language research in cross-cultural perspective*, pp. 39~52, John Benjamins Publishing Company.
• Spada, N. (1997), Form-focussed instruction and second language acquisition: A review of classroom and laboratory research, *Language Teaching 30-2*, pp. 73~87.

■ 협동 언어 학습법

협동 언어 학습법(協同言語學習法, cooperative language learning: CLL)은 학습 능력

이 각기 다른 학습자가 부여된 과제나 동일한 학습 목표를 향하여 소집단 내에서 함께 활동하는 수업 방법이다.

협동 학습은 원래 사회학에서 사용하던 개념이다. 소집단에 대한 연구에서 발달한 '협동적 목표 구조'를 교육 현장에 적용한 것이 협동 학습 이론이다. 협동 학습은 소집단 학습 형태를 채택하고 있는데 소집단 학습 형태란 학급을 단지 몇 개의 소집단으로 분할하는 것만을 의미하는 게 아니라 소집단 구성원들 사이에 적극적인 상호작용이 일어날 수 있도록 팀을 구조화하는 것을 말한다. 협동 학습의 기초를 이루는 구조의 네 가지 원리는 다음과 같다.

첫째, 동시다발적인 상호작용(simultaneous interaction) 원리이다. 이것은 짝 토론 같은 동시다발적인 활동을 택하여 수업 과정 중 학급의 절반은 말을 하도록 하는 것이다. 즉 많은 학생들이 동시에 상호작용을 하도록 구성한다.

둘째, 긍정적인 상호 의존(positive interdependence) 원리이다. 한 학생의 성취가 다른 학생의 성취에 영향을 주고 서로 밀접한 관계에 있을 때 개개인은 긍정적으로 상호 의존하게 된다. 마찬가지로 어떤 소집단의 성취도가 다른 소집단의 성공에 기여하게 될 때 소집단들은 서로 의존하게 된다. 따라서 협력 학습은 개인별, 소집단별로 역할을 분담해 주고 제한된 자료를 가지고 소집단이나 학급에 주어진 공동 과제를 해결하게 함으로써 긍정적인 상호 의존을 독려한다.

셋째, 개인적인 책임(individual accountability) 원리이다. 개인적인 책임은 자신이 맡은 부분을 분담하여 완수하거나 다른 구성원들의 일이 원활히 이루어지도록 돕기 위하여 노력해야 하며, 집단의 목표를 달성하기 위하여 자신이 할 수 있는 한 많은 일을 해야 함을 의미한다. 즉 자신이 다른 구성원들의 노력에 무임승차할 수 없고, 집단 내 몇 명이 과도하게 수행한다고 해서 목표를 성공적으로 달성할 수 없음을 집단 구성원 모두가 깨닫는 것이다.

넷째, 동등한 참여(equal participation) 원리이다. 어떤 과제에 구성원 전체가 골고루 참여하게 해야 하며 거기에 참여하지 못하는 학생이 생기지 않도록 해야 한다. 이를 위해 과제의 분담과 구성원들의 발표 기회를 균등하게 부여한다.

협동 언어 학습법의 특징은 다음과 같다. 첫째, 수업의 목표가 구체적이며 학급 동료들끼리 서로 도와줌으로써 자신의 목적을 달성한다. 둘째, 대면적 상호작용이 일어난다. 협력 학습에서는 3인치 목소리, 즉 3인치의 거리에서 말하고 들을 수 있을 정도의 낮은 소리로 서로 얼굴을 맞대고 의사소통하는 것을 강조한다. 셋째, 집단 목표, 즉 집단 보상이 있다. 개인의 목표 달성이 각 집단의 공동 목표 달성 여부에 달려 있으므로 구성원들은 집단 목표 달성을 위해 서로 도와주고 도움을 받으려고 한다. 넷째, 이질적인 소집단 구성이다. 성적이 높은 학생과 중간인 학생과 낮은 학생, 남학생과 여학생, 적극적인 학생과 소극적인 학생, 문화적 배경이 상이한 학생을 적절히 섞어 구성한다.

이를 통해 다양한 관점과 생각을 갖는 소집단을 구성하여 활발한 토론을 유도하고 상호작용을 극대화시킨다. 다섯째, 집단 과정(group process)을 중시한다. 하나의 과제가 끝났거나 하루의 수업이 끝났을 때 소집단에서 반드시 자신들의 활동을 반성하는 시간을 갖는다. 여섯째, 충분한 학습 시간을 제공한다. 기존의 정해진 수업 시간에 구애 받지 않는다. 일곱째, 과제가 세분화된다. 소집단 내의 각 구성원들이 과제를 분담하게 함으로써 모든 학습자들이 협력 학습에 참여하게 한다.

협동 언어 학습법의 장점은 학습자의 내적 동기를 촉진시키고 다른 사람을 배려하는 태도를 향상시킬 수 있다는 것이다. 또한 학습자의 문제 해결 능력과 의사 결정 능력을 향상시킬 수 있다는 점도 장점으로 꼽힌다. 반면 협동 학습을 할 때 어려운 점은 다양한 문화적 기대들, 개별 학습 유형, 개성의 차이, 모어에 대한 지나친 의존 등을 어떻게 해결하는가 하는 것이다. 그리고 집단 활동을 위한 적절한 수업 교재를 마련하는 일도 쉽지 않다.

소집단 구성원 간의 긍정적인 상호작용을 최대화하여 인지적 발달을 도모하는 협동 언어 학습법은 구두 의사소통 능력 신장을 목표로 하는 수업에서 사용할 만하다.

〈현윤호〉

→ 상호작용 가설, 소집단 활동

[참고문헌]
• 변영계·김광휘(1999), 협동 학습의 이론과 실제, 학지사.
• 정문성(2002), 협동 학습의 이해와 실천, 교육과학사.
• Crandall, J. A. (1999), Cooperative language learning and affective factors, In J. Arnold. (Ed.), *Affect in language learning*, pp. 226~245, Cambridge University Press.
• Oxford, R. L. (1997), Cooperative learning, collaborative learning, and interaction: Three communicative strands in the language classroom, *The Modern Language Journal 81-4*, pp. 443~456.

■ 내용 중심 교수법

내용 중심 교수법(內容中心敎授法, content-based instruction: CBI)은 외국어와 특정 교과 내용의 학습을 통합하는 교수법이다.

내용 중심 교수법은 학습자가 관심을 갖고 있는 영역이나 특정 전공 영역의 주제 내용을 목표어로 가르치는 방법이다. 즉 교과 내용의 학습과 동시에 외국어의 학습을 목표로 하며 교수요목을 설계할 때 내용 자료가 언어 제시 순서를 정하고 학습 과정을 구성한다.

내용 중심 방식의 교수법은 새로운 방법은 아니다. 외국어 교육의 역사를 살펴보면 의미나 내용 이해에 도움이 되는 시청각 자료를 사용하는 방식이 이미 여러 교수법에서 널리 사용된 바 있다. 그러나 언어 교육을 언어 영역 밖에 존재하는 내용이나 주제에 맞추거나, 언어 그 자체를 가르치기보다 내용 학습을 강조하는 주장은 1970년대 이후 창의적인 교육학자들 사이에 좀 더 강하게 제기된 것이다. 내용 중심 교수법의 하나로 간주되는 제2 언어로서의 영어 몰입법의 성과가 최근 미국과 캐나다에서 확인됨에 따라 이 교수법은 외국어 교육 분야에서 큰 관심을 모으게 되었다.

내용 중심 교수법에서 내용이란 의미를 전달하는 언어가 아니라 언어를 통하여 의사소통이 이루어지는 주제를 의미하고, 언어는 정보를 전달하는 수단으로 간주된다. 이 교수법에서 언어는 텍스트와 담화를 기반으로 한다. 그래서 교수의 초점은 텍스트나 담화가 어떻게 의사소통 의도에 따라 응집성이나 응결성을 구조화하는가에 모아진다. 이 교수법은 언어가 기능 통합적으로 사용된다고 보기 때문에 학습자들은 읽고 필기하고 듣고 요약하고 발표하는 활동을 한다. 이 교수법에서는 언어 교육의 목적이 언어 사용에 있다고 본다. 즉 언어는 학문적 목적이나 직업적 목적 등으로 사용되어 담화나 텍스트에 궁극적인 의미를 부여하는 것으로 간주된다.

외국어 교육 분야에서는 내용 중심 교수법이 학문적 목적이나 직업적 목적 등 특수 목적을 위한 외국어 교육에서 주로 활용되고 있다. 주요 교수 모형으로는 주제 기반 언어 교수(theme-based language instruction), 내용 보호 언어 교수(sheltered content instruction), 병존 언어 교수(adjunct instruction) 등이 있다. 주제 기반 언어 교육은 주제나 화제를 중심으로 교수요목이 구성된 언어 프로그램을 제공하며 화제들을 다룰 때 모든 기능을 포함한다. 내용 보호 언어 교육은 내용 영역을 잘 아는 교사가 적절한 수준의 난이도로 목표어를 사용하여 학습자들이 내용 교과목을 이해할 수 있도록 한다. 병존 언어 교육은 서로 연계된 내용 과정과 언어 과정을 제공하는데, 내용 전문가와 언어 교사가 각각을 맡아서 동일한 내용을 가르친다. 그 외에 기술 중심 접근법(skills-based approach)이 있는데 이는 필기하기, 강의 듣기 등의 특정 학문적 기술을 중심으로 수업을 구성하는 방식이다.

내용 중심 교수법에 따른 수업은 실제성이 있는 수업 자료를 활용하는데, 주제 기반 언어 교수 방식의 수업을 예로 들면 '내용 자료에 나오는 언어를 학습하기 → 간단한 관련 자료로 내용 도입하기 → 주제 내용에 대해 간단하게 말하며 준비하기 → 본 주제 자료를 보고 듣거나 읽기 → 주제에 대해 토론하기 → 주제에 대한 글쓰기 → 토의하거나 발표하며 마무리하기'로 구성된다.

이 교수법은 언어를 그 자체로 배우는 것이 아니라 정보를 얻는 수단으로 사용할 때 제2 언어를 더 효과적으로 배운다는 원리를 근거로 한다. 이런 수업은 교사가 학생들의 요구를 충족시킬 수 있는 흥미 있고 유의미한 내용을 제공하여 학습자의 내적 동기를 증가시키는 것으로 평가된다. 이 교수법에 기초한 많은 언어 프로그램이 성공적으로 운영되고 있기 때문에 앞으로도 언어 교수의 주도적인 교수법 중의 하나로 지속될 것이다.

그러나 대부분의 언어 교사들은 주제나 내용이 아니라 언어 기능 중심으로 언어를 가르치도록 훈련받아서 일반 교과목을 가르치기 위해 요구되는 지식이 부족할 가능성이 많다. 따라서 언어 교사와 일반 교과목 교사가 한 팀이 되어 가르치는 방법이 대안으로 제시되기도 한다.

한국어교육 분야에서 내용 중심 교수법은 학습자의 수가 크게 늘어나기 시작하던 2000년 전후로 점차 다양화되고 세분화되는 학습자의 요구에 부응하고자 국내 한국어 교육 기관에서 연구되고 도입되었다. 특히 학문 목적 한국어교육이나 직업 목적 한국어교육의 수요가 늘면서 국내에서는 고급 한국어 학습자들을 대상으로 한 주제 기반 언어 교육 프로그램이 운영되고 있다. 전공 지식을 가르치기 위한 병존 언어 교수, 직업 목적의 한국어교육을 위한 내용 보호 언어 교수가 이루어지기도 한다. 〈안경화〉

[참고문헌]
• 안경화(2007), 한국어교육의 연구, 한국문화사.
• Brown, H. D. (1994), *Teaching by principles: An interactive approach to language pedagogy*, Prentice Hall Regents.
• Brown, H. D. (2006), *Principles of language learning and teaching*, 이흥수 외 공역, 2007, 외국어 학습·교수의 원리, 피어슨에듀케이션코리아.
• Cummins, J. (1998), Immersion education for the millennium: What we have learned from 30 years of research on second language immersion?, In M. R. Childs. & R. M. Bostwick. (Eds.), *Learning through two languages: Research and practice*, pp. 34~47, Katoh Gakuen.
• Richards, J. C. & Rodgers, T. S. (1986), *Approaches and methods in language teaching*, Cambridge University Press.

■ 과제 중심 언어 교수법

과제 중심 언어 교수법(課題中心言語敎授法, task-based language teaching: TBLT)은 의사소통을 목적으로 언어를 이해, 처리, 생성하는 모든 활동을 뜻하는 과제를 언어 교수의 핵심 단위로 사용하는 교수법이다.

과제 중심 언어 교수법은 학습자들에게 과제를 주고 이를 해결하기 위한 수단으로 목표어를 사용하여 실제적인 의사소통 능력을 기르도록 하는 언어 교수법으로, 학습자는 목적, 내용, 활동 절차, 결과가 포함된 구조화된 언어 학습 활동인 과제를 수행하는데, 이 과제는 언어 습득을 위한 언어 입력(input)과 언어 출력(output)을 동시에 제공한다. 이 교수법은 의미에 역점을 두어 학습자가 실제 의사소통 활동을 행하며 외국어를 배우는 것이 효과적이라고 본다.

과제 중심 언어 교수법에서 과제는 실생활 과제(real-world task)와 교육적 과제(pedagogical task)로 구분된다. 실생활 과제는 실생활에서 학습자가 달성할 필요가 있는 활동을 연습하도록 설계한 과제로 음식 배달 시키기, 114에 전화해 특정 전화번호 알아내기 등이 해당된다. 교육적 과제는 교육적 목적 및 근거에 따라 설계된 활동이지만 실생활과 거리가 있는 과제로 개별적으로 제시된 정보를 통합하여 도표나 그림, 이야기 완성하기 등이 그 예가 된다. 과제는 상호작용 유형에 따라 직소 과제(jigsaw task), 정보 차 과제(information-gap task), 문제 해결 과제(problem-solving task), 결정 과제(decision-making task), 의견 교환 과제(opinion-exchange task)로 나뉘기도 한다.

과제 중심 언어 교수법을 적용한 수업은 과제를 준비하는 과제 전 활동(pre-task activity), 과제를 수행하는 과제 활동(task activity), 과제 수행 내용을 평가하는 과제 후 활동(post-task activity)으로 진행된다. 수업에서 사용하는 교재는 과제 중심의 교과서, 실물, 신문, TV, 인터넷 등으로 매우 다양하다.

과제 전 활동 단계에서 교사는 학습자들에게 과업의 주제, 목표 등을 소개하고 주제와 관련된 어휘를 다루거나 브레인스토밍(brainstorming) 활동을 할 수 있다. 과제 활동 단계에서는 학습자들이 짝이나 조별로 목표어로 대화하면서 과제를 수행하고 그 내용을 보고하거나 발표할 준비를 한다. 교사는 발표 내용에 대해 의견을 말하지만 오류 수정을 공개적으로 하지 않는다. 과제 후 활동 단계에서는 학습자들의 발표를 녹음하여 이를 듣도록 하거나 과제를 수행하는 방법을 비교하게 한다. 필요할 경우에 교사는 학습자들에게 언어 자료를 연습하도록 한다. 과제 중심 언어 교수법에서 교사는 언어 형식을 설명하거나 가르치지 않고 과제를 준비하고 제공하는 역할을 한다. 학습자들은 짝 활동과 조별 활동 과정에서 갖고 있는 외국어 지식을 사용할 뿐만 아니라 자기가 말하고 싶은 것을 전달하기 위해 어휘와 문법을 새로이 조합해서 사용하며 목표어가 어떻게 의미를 전달하는지를 스스로 경험하고 배우게 된다.

과제 중심 언어 교수법에서 과제는 크래션(S. Krashen)의 '이해 가능한 입력'을 가능하게 할 뿐 아니라 '의미 협상'을 하도록 유도하며 적절하고 생산적인 언어의 사용을 이끈다. 또한 스웨인(M. Swain)이 제안한 '생산적인 출력'이 가능하게 하여 자연스럽고 의미 있는 의사소통 활동을 하도록 한다.

과제 중심 언어 교수법은 교수를 위한 일차적인 교육적 입력 자료를 과제에 의존하기 때문에 체계적인 문법적 교수요목이 없다는 것이 특징이다. 학습자의 수행 능력에 따라 과제의 교육 효과가 다를 수밖에 없어서 담당 교사의 부담이 크다는 것도 특징이자 단점으로 꼽힌다. 그 밖에도 과제의 유형 및 순서 배열, 과제 수행의 평가 등은 아직 해결해야 할 점으로 남아 있다.

한국어교육 분야에서는 의사소통적 언어 접근 방법이 일반화되면서 과제 중심 언어 교수법의 핵심적인 활동인 과제도 광범위하게 도입되어 적극적으로 활용된다. 가령 초급 단계의 한국어 교수요목은 비교적 단순한 기능 중심으로 이루어지지만 초급 후반이나 중급 단계 이후의 한국어 교수요목에서는 맥락화된 과제가 교수 활동의 중심적인 위치를 차지한다.   〈안경화〉

= 과업 중심 교수법, 과제 중심 교수법
→ 입력 가설, 상호작용 가설

[참고문헌]
• 안경화(2007), 한국어교육의 연구, 한국문화사.
• Brown, H. D. (1994), *Teaching by principles: An interactive approach to language pedagogy*, Prentice

Hall Regents.
- Brown, H. D. (2006), *Principles of language learning and teaching*, 이흥수 외 공역, 2007, 외국어 학습·교수의 원리, 피어슨에듀케이션코리아.
- Richards, J. C. & Rodgers, T. S. (1986), *Approaches and methods in language teaching*, Cambridge University Press.

■ 이러닝

이러닝(e-learning)이란 학습자 중심의 유동적이고 상호작용적인 환경 속에서 정보와 교수 내용을 전달하고, 다양한 형태의 학습 경험을 지원하는 전자 매체와 정보 통신 기술 기반의 학습 체제를 말한다.

이러닝(e-learning)은 'electronic learning'의 준말로, 'e'는 1998년 미국 스마트포스(Smart Force)사에서 처음으로 learning의 접두사로 사용하면서 일반화되었다. 현재 이러닝은 'electronic'의 사전적 의미를 넘어 새로운 학습 체제로서 광범위하게 해석되고 있다. 이러닝이 가리키는 범주가 점차 확대되어 지금은 멀티미디어 학습(multimedia learning), 정보 통신 기술 기반 학습(technology-enhanced learning: TEL), 컴퓨터 기반 교육(computer-based training: CBT), 컴퓨터 보조 언어 학습(computer-assisted language learning: CALL), 인터넷 기반 교육(internet-based training: IBT), 웹 기반 학습(web-based training: WBT), 온라인 교육(online education), 가상 교육(virtual education), 가상 학습 환경(virtual learning environments: VLE), 모바일 학습(m-learning 또는 mobile-learning) 등을 포함하는 개념으로 사용하고 있다.

이러닝은 다음과 같은 몇 가지 특징을 지닌다. 첫째, 이러닝은 교수와 학습이 네트워크로 연결되므로 학습 내용과 정보의 즉각적인 수정, 저장, 검색, 유통 및 공유가 가능하다. 둘째, 이러닝에서는 교수자가 아닌 학습자가 학습 경험의 속도와 순서, 더 나아가서는 종류까지 결정한다. 셋째, 이러닝은 교수와 학습의 시공간적 제약을 극복할 수 있기 때문에 학습자가 학습 시간과 장소를 정하거나 바꿀 수 있다. 넷째, 이러닝 환경에서는 면 대 면 전통 교육 환경에서와는 달리 학습자의 개인적인 느낌이나 정서적 특성을 관찰하기 어렵고, 학습자의 자율적이고 독립적인 학습 습관이 중요하다. 다섯째, 이러닝은 학습자를 위해 콘텐츠(contents)의 형태와 전달 매체를 다양하게 개발함으로써 학습 효과를 향상시킨다. 즉 콘텐츠와 전달 매체를 학습자의 유형에 맞도록 다양화함으로써 좋은 학습 결과를 유도한다.

이러닝의 특징을 핵심어로 정리하자면 개방성, 융통성, 분산성이라 할 수 있다. 개방성이란 학습자가 원하는 시간에 원하는 장소에서 학습할 수 있는 특성을 의미한다. 융통성이란 학습자에게 학습 방법과 학습 진도에 대한 결정권을 넘겨주는 특성을 말한다. 분산성이란 학습 자원이 여러 곳에 나누어져 있어도 학습자들이 한 곳에서 이러한 자원을 활용하여 학습할 수 있는 특성을 의미한다.

이러닝을 가능하게 하는 교육 콘텐츠에는 다양한 유형이 있다. 단순히 텍스트를 기반으로 한 웹 문서(hypertext mark-up language: HTML) 위주의 콘텐츠, 저작 도구를 사용하여 구축된 주문형 음성(audio on demand: AOD) 형태의 콘텐츠, 촬영된 영상과 텍스트를 결합한 주문형 동영상(video on demand: VOD) 형태의 콘텐츠, 이미지, 동영상 등의 다양한 미디어와 애니메이션 등이 웹 문서에 포함된 웹 기반 학습(web based training: WBT) 방식의 콘텐츠 등이 있다.

이러닝은 급변하는 현대 사회에 대응할 수 있는 새로운 교육 환경이자 효과적인 교육 시스템으로 각광을 받고 있어 앞으로 그 규모는 더 커질 것으로 전망된다. 한국어교육에서는 국내나 국외에서 능동적인 학습자가 컴퓨터나 이동 통신 기기를 이용하여 자기 주도적으로 원하는 학습 정보를 제공받아 학습을 진행하는 형태가 일반화되고 있다. 외국에서는 한글학교에서 학습하는 재외 동포나 해외의 대학에서 수학하는 외국인 학습자가 교수자의 안내를 받아 국내에서 제공하는 교육 콘텐츠를 이러닝을 통해 학습하는 형태로도 이루어진다. 교사 교육 영역에서도 시간과 장소의 제약을 탈피하고 학습의 자율권과 독립성을 보장해 준다는 측면에서 이러닝이 확산되어 가고 있는 추세이다. 한국어 교원 양성 과정이 이러닝으로 이루어지기도 하며 교사들은 한국어교육과 관련된 정보들을 얻는 수단으로 인터넷을 가장 많이 활용하고 있다. 또한 최근 스마트 기기의 발달과 확산으로 스마트 러닝(smart learning)의 형태도 한국어교육에서 볼 수 있다. 스마트 러닝의 경우 학습자의 접근성과 상호작용성이 높으며 다양한 주체에 의한 한국어교육 콘텐츠 생산과 제공이 더 용이하다. 〈김대희〉

[참고문헌]
• 정인성·나일주(2004), 원격 교육의 이해, 교육과학사.

11.4. 교수 모형

■ PPP 모형

PPP 모형(presentation-practice-production model)은 언어 학습을 일종의 습관 형성으로 보고 제시-연습-활용의 단계에 따라 교수 학습 활동을 진행하는 수업 모형을 가리킨다.

20세기 블룸필드(L. Bloomfield)에 의해 확립된 미국의 구조주의 언어학은 행동주의 심리학의 영향을 받으면서 언어를 하나의 객관적 체계로 보고, 기술된 언어의 구조들을 분석함으로써 언어의 내적 체계를 밝히고자 힘썼다. 이러한 관점은 언어 교수에도 영향을 끼쳐서 분절적인 언어 형태의 점진적인 학습을 통해 전체 언어를 습득할 수 있으며 언어 습득을 위해서는 반복적인 연습을 통한 습관 형성이 중요하다고 보았다.

이를 바탕으로 1940년대에 미국에서는 청각 구두식 교수법이 대두되었는데 그 영향으로 수업 모형에서도 학습자의 수준에 맞게 위계화된 언어 형태를 교사가 주도적으로 제시한 후, 반복적인 연습을 통해 학습자 스스로 언어를 산출할 수 있게 하는 PPP 모형이 나타났다.

제시 단계에서 먼저 교사는 맥락 속의 짧은 예문이나 듣기 자료를 통해 목표어 항목을 도입한 후 의미와 규칙 등을 자세히 설명한다. 가령 목표 문형 '-아/어지다'를 제시하기 위해 교사는 '날씨가 예전과 달라졌다.'는 발화를 하여 목표어 항목을 도입한 후 설명할 수 있다.

연습 단계에서 교사는 형태에 초점을 두고 통제된 반복 연습, 유의적인 연습을 통해 학습자들이 목표어 항목을 정확하게 이해하고 내재화할 수 있도록 돕는다. 교체 연습, 문형 연습, 문장 연결 연습, 완성 연습, 응답 연습 등이 이 단계에서 주로 활용된다.

활용 단계는 사용, 생산, 생성, 산출의 단계라고도 하는데 자연스러운 발화 상황에서 목표어 항목을 유의미하게 사용하기 위한 단계이다. 제시와 연습이 기술 습득을 위한 의사소통 전 단계라면 활용 단계는 의미에 중점을 둔 의사소통이 강조되는 단계이다. 교사는 이를 위해 적절한 과제나 역할극 혹은 인터뷰 활동을 제시하여 학습자들의 유창성 발달을 유도한다.

PPP 모형은 교사의 주도적인 계획하에 수업이 진행되고 돌발 상황이 적어 경험이 적은 교사도 쉽게 활용할 수 있다. 또한 명백한 수업 목표가 있기 때문에 평가 내용 및 평가 방법을 선정하기도 쉽다. 또한 목표어에 대한 지식을 거의 갖고 있지 않은 학습자, 문법이나 규칙 학습이 효과적인 성인 학습자에게 유용하다.

그러나 PPP 모형은 목표어를 작은 단위로 쪼개어 쉬운 것부터 논리적 순서에 따라 가르치고자 하지만 이는 실제 언어의 특성에 어긋난다는 점, 언어 습득이 직선적이고 점진적인 단계에 따라 이뤄지지 않는다는 점 등에서 실제 언어 습득의 특징을 반영하지 못한다는 비판을 받는다. 또한 유의미한 의사소통을 위해서는 청자와 화자 간의 활발한 의미의 교섭이 필요한데 기계적인 연습을 중심으로 하는 PPP 모형은 의사소통 능력을 향상시키는 데는 한계가 있다는 지적을 받는다.

성인 학습자가 많고 학습자에게 낯선 언어인 한국어교육의 특징상 PPP 모형은 경제적이고 효율적인 수업 모형으로 받아들여진다. 특히 조사와 어미가 발달한 한국어의 특징상 정확성 획득을 위해 PPP 모형은 한국어교육 초기부터 두루 사용되어 왔다. 대부분 초기의 한국어 교재들은 반복적인 통제 연습을 수업 단계의 하나로 포함시켰다. 그러나 최근 유의미한 의사소통 능력 향상이 강조되면서 PPP 모형 역시 연습과 생성 단계에서 유의미한 과제를 포함시키는 등 PPP 모형의 보완을 위한 연구가 계속되고 있다.   〈강혜옥〉

[참고문헌]
- 한재영 외(2008), 한국어 문법 교육, 태학사.
- Richards, J. C. & Rodgers, T. S. (2001), *Approaches and methods in language teaching*, 전병만 외 역, 2008, 외국어 교육 접근 방법과 교수법, Cambridge.
- Thornbury, S. (1999), *How to teach grammar*, 이관규 외 역, 2004, 문법을 어떻게 가르칠 것인가, 한국문화사.

■ TTT 모형

TTT 모형(task 1-teach-task 2 model)은 학습자의 자발적인 언어 사용과 유의미한 의사소통을 중시하여 '첫 번째 과제-교수-두 번째 과제'의 단계에 따라 교수 학습 활동을 진행하는 수업 모형이다.

언어 교육의 목표를 의사소통 능력의 향상에 두는 의사소통 중심 교수법이 강조되고 언어 습득 연구가 발달하면서 교실 안에서 수행되는 기계적 연습 중심의 수업 활동은 실제 의사소통 능력 향상에 도움이 되지 못한다는 지적이 대두되었다. 언어 습득을 위해 의미 협상이 이루어지는 상호작용(interaction)과 출력(output)이 중요하다는 주장은 교실에서도 실제로 학습자가 교실 밖에서 경험할 수 있는 과제를 연습할 수 있도록 하는 과제 중심 언어 교수법을 탄생시켰다. 또한 객관적 지식보다는 지식을 구성하는 주체, 즉 학습자를 중시하는 구성주의 교육학 역시 언어 교육에 영향을 끼치면서 학습자를 교사가 제공하는 객관적 지식을 받아들이는 수동적 존재로 보는 PPP 모형에 대한 대안이 제시되었다. 그 결과 학습자들이 가지고 있는 언어 자원에 근거하여 유의미한 과제를 수행할 수 있도록 교사가 필요한 언어 자원을 도와주는 조력자 역할을 하는 TTT 모형이 나타났다.

TTT 모형은 유의미한 의사소통에 관심을 두며 학습자들이 전달하고자 하는 의미를 위해 필요한 언어적 지식을 보조하는 데 목표를 둔다. 따라서 TTT 모형의 첫 번째 과제 단계(task 1)에서는 학습자들이 자신이 가지고 있는 언어 지식을 활용해 유의미한 언어 수행을 시도하게 된다. 이를 통해 학습자들은 자신에게 필요한 어휘와 문법에 대해 인식하게 되어 학습 활동이 동기화된다. 첫 번째 과제에서 도출되는 오류나 불완전한 언어 수행은 이어지는 교수(teach) 단계의 학습 내용이 된다. 교사는 학습자가 표현하고자 하는 의미를 정확하고 분명하게 전달할 수 있도록 필요한 언어 지식을 교육하거나 학습자의 오류를 수정해 준다. 이때 교사는 문법을 명시적으로 교수하기보다는 가급적 암시적 방법이나 형태 초점 접근법(focus on form: FonF)을 통해 교수하게 된다. 그 후 이어지는 두 번째 과제(task 2) 단계에서 학습자는 첫 번째 과제와 동일하거나 유사한 과제를 수행하게 된다. 이러한 과정을 통해 학습자는 자신이 전달하고자 하는 의미를 정확하게 생산할 수 있게 된다.

다음의 수업을 예로 들어 보자. 계절의 변화가 느껴지는 두 장의 사진을 보며 달라진 점에 대해 이야기하도록 하는 첫 번째 과제에서 학습자들은 자유롭게 자신의 생각을 이야기할 수 있다. 이때 드러난 학습자들의 부족한 언어 지식 및 오류는 교수 단계의 내용이 된다. 그리고 다음 교수 단계에서 교사는 학습자들의 오류에 대해 직간접적 피드백을 해 주거나 '-아/어지다', '-게 되다'와 같은 목표어 지식을 교수한다. 이후 학습자들은 두 번째 과제를 통해 보완된 언어 지식을 활용하여 다시 한 번 목표어를 생산한다. 두 번째 과제는 첫 번째 과제와 마찬가지로 사진을 보고 이야기하는 것일 수도 있고, 계절의 변화에 대해 설명하는 글을 쓰는 등 보다 확장된 것일 수도 있다. 이러한 과정을 통해 학습자는 보다 정확하고 유창하게 목표어를 습득하게 된다.

TTT 모형은 교사의 설명이나 제시 없이 첫 번째 과제가 주어진다는 점, 이를 통해 발화된 학습자의 언어 자료가 곧 수업 내용이 된다는 점, 유창성에서 정확성으로 수업의 초점이 옮겨진다는 점, 수업 과정에서 교사는 수업의 주체가 아니라 학습의 조력자, 촉진자의 역할을 한다는 점에서 PPP 모형과 큰 차이를 보인다.

TTT 모형은 학습자가 교수 학습의 주체가 되기 때문에 동기 부여가 잘 되며 학습자 입장에서는 이미 알고 있는 것을 다시 학습하는 등의 불필요한 수업 활동이 없다는 장점이 있다. 또한 과제를 중심으로 하기 때문에 교실에서의 성취가 바로 실생활의 언어 능력 향상으로 이어질 수 있다. 그러나 학습자들이 과제를 수행하기 전에 일정한 언어 지식이 필요하다는 점과 과제의 선택과 배열, 평가의 문제에 대한 뚜렷한 기준이 없고 과제의 부과나 점검과 관련된 운영 과정의 문제로 원활한 수업 진행이 힘들다는 점은 단점으로 꼽힌다.

이러한 단점 때문에 초급 학습자들을 대상으로 한 한국어 수업이나 문법 항목의 난이도에 따라 교수요목이 개발된 한국어 수업에서는 TTT 모형을 적용하기 힘들다는 지적이 있다. 그러나 유의미한 과제 개발을 위한 연구가 최근 한국어교육계에서 활발히 진행되고 있으며 TTT 모형을 적용하고자 하는 시도도 이어지고 있다. 예를 들면 유사한 문법 항목의 차이를 복습하고 변별하는 데 TTT 모형을 적용한다거나, 듣기·말하기·읽기·쓰기 등의 기술과 연계된 과제를 통해 학습자들의 언어 지식을 확인하고 필요한 언어 지식을 보완해 주고자 하는 등의 시도가 이에 해당한다. 〈강혜옥〉

[참고문헌]
• 한재영 외(2008), 한국어 문법 교육, 태학사.
• Celce-Murcia, M. (Ed.) (1991), *Teaching English as a second or foreign language*, Heinle & Heinle Publishers.
• Richards, J. C. & Rodgers, T. S. (2001), *Approaches and methods in language teaching*, 전병만 외 역, 2008, 외국어 교육 접근 방법과 교수법, Cambridge.
• Thornbury, S. (1999), *How to teach grammar*, 이관규 외 역, 2004, 문법을 어떻게 가르칠 것인가, 한국문화사.

11.5. 수업 설계와 운영

  수업의 설계와 운영은 수업 내용과 방법을 미리 설계하고 이에 따라 수업을 운영하는 것을 말한다. 이때 교육과정에 설정된 학습 목표가 수업 설계와 운영의 기반이 되며 이를 바탕으로 강좌의 내용, 순서, 구조 등을 설계한다. 수업 설계와 운영의 궁극적인 목표는 교수 학습 목표를 효율적으로 달성하여 성공적인 수업을 하는 것이다. 언어 강좌의 교육과정과 수업이 어떤 맥락에서 설계되고 실행되어야 하는지에 대해 브라운(H. D. Brown)은 다음과 같이 제시하였다.

〈수업 설계와 운영의 흐름〉

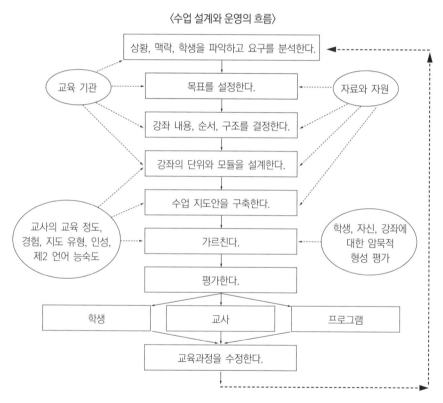

  수업 설계의 핵심은 무엇을 어떻게 가르칠 것인가에 대해 계획을 세우는 것이다. '무엇을'에 해당하는 수업의 내용으로는 어휘, 문법, 발음, 텍스트 등의 언어 지식, 말하기, 듣기, 읽기, 쓰기 등의 언어 기술, 화제, 과제, 기능, 문화 등의 영역에 대한 설계가 필요하다. 또 '어떻게', 즉 수업 방법과 관련해서는 내용 제시, 연습, 활동 등의 진행 단계, 수업 자료, 시간, 학급 운영, 피드백, 평가 등에 대한 계획이 필요하다. 이때 개별 수업 시간과 범위를 고려하여 계획을 세운다. 일반적으로 교재에 구현된 목표, 내용, 순서, 구조 등이 한국어 수업 설계와 운영에 중요한 바탕이 된다. 수업 설계와 운영에서는 다

음과 같은 사항을 고려해야 한다.

첫째, 한국어 수업의 궁극적인 목적은 학습자들의 의사소통 능력을 향상시키는 것이다. 그러므로 한국어 수업에서 가장 중요한 것은 학습자들이 한국어로 의사소통할 기회를 많이 갖는 것이다. 따라서 수업에서 교사가 말을 너무 많이 하지 않도록 경계해야 하며 수업을 설계할 때부터 학생 발화와 교사 발화가 적절하게 배치되도록 구상해야 한다.

둘째, 수업 계획에서 가장 중심이 되는 요소는 학습자이다. 따라서 수업을 설계할 때 학습자에 대한 이해가 바탕이 되어야 하며 수업 운영에서도 학습자 반응에 관심을 기울여 수업의 흐름을 조정해야 한다. 특히 학습자 수준과 개인차는 중요하게 고려해야 할 사항이다. 학습자 수준은 수업의 난이도를 결정하는 기준이다. 또한 한 학급 내의 학습자들이라도 언어 능력 및 언어 습득 능력이 다양하기 때문에 수업을 하면서 개별적인 관심을 기울여야 한다.

셋째, 각 수업을 설계할 때 재활성화 및 통합 과정을 통해 수업 내용이 전체적으로 연계될 수 있도록 한다. 앞에서 학습한 언어 항목들을 활용하여 새 언어 항목들을 학습할 수 있도록 한다. 이렇게 함으로써 학습 항목들을 계속 재활성화하고 통합할 수 있다.

개별 수업을 설계하고 운영하는 것은 전체 한국어 교육과정의 설계 및 운영과 연계된 중요한 일이기 때문에 한국어 교육 기관에서는 조직적·체계적으로 수업을 관리한다. 각 수업은 통일성과 일관성을 유지해야 할 부분과 이전 수업과 통합 및 연계되어야 할 부분이 있으므로 프로그램 전체를 보는 시각에서 개별 수업을 조율하는 것이 중요하다. 〈김민애〉

[참고문헌]
• 김중섭 외(2010), 국제 통용 한국어교육 표준 모형 개발, 국립국어원.
• Brown, H. D. (2007), *Teaching by principles: An interactive approach to language pedagogy*, 권오량·김영숙 공역, 2008, 원리에 의한 교수, 피어슨에듀케이션코리아.
• Davies, P. & Pearse, E. (2000), *Success in English teaching*, 송해성·강문구 역, 2007, 옥스퍼드에서 제안하는 성공적인 영어 교사를 위한 12가지 수업 방법, 씨앤톡.

■ 수업 계획

수업 계획(授業計劃)은 수업에서 무엇을, 어떻게, 얼마 동안, 어떤 순서로 가르칠 것인가 등에 대해 미리 구상하는 것이다.

수업 계획을 통해 목표를 분명히 할 수 있고 수업 과정과 결과를 예측할 수 있으며 각 수업을 연계할 수 있다. 수업 계획의 원리로는 젠슨(L. Jensen)의 일관성, 다양성, 융통성의 원리가 있다. 일관성은 각 수업이 서로 연결되어야 하는 동시에 수업 내 활동들이 서로 연관을 가지고 전환되도록 계획을 세워야 한다는 것이다. 다양성은 거시적으로는 강좌 전반에 걸친 주제, 언어, 기술적 측면에서의 다양성을 말하며, 미시적으로는 각 수업마다 자료의 난이도에 따른 활동 소요 시간, 진행 속도, 교사 중심 대 학생 중심 활동의 비중, 학습자가 활발할 때와 차분할 때의 비중, 짝 활동, 집단 활동, 전체 활동 비중 등의 다양성을 말한다. 융통성은 수업 상황 속에서 최선의 결과를 낳을 수 있도록 수업 계획을 상황에 따라 적절히 적용하는 것이 바람직하다는 것이다.

또한 브라운(H. D. Brown)도 수업 계획의 원리로 다양성, 논리성, 적절성을 강조하였다. 즉 수업을 계획할 때 수업 기법이 다양한가, 조직이 논리적인가, 시간 속도와 배분이 적절한가 등에 주의를 기울인다. 교수 기법이 다양해야 학습자의 흥미를 끌고 주의를 집중시킬 수 있으며 내용이 논리적으로 연결되어 있어야 점진적으로 학습 목표를 달성할 수 있다. 또한 활동별 진행 속도나 시간 안배도 계획해 두어야 제한된 시간을 효율적으로 쓸 수 있다.

수업 계획은 거시적 계획과 미시적 계획으로 나뉜다. 거시적 계획은 교수 방법론, 교수요목, 교재, 교수 철학 등에 따라 학기 단위 계획을 세우는 것이다. 미시적 계획은 개별 수업을 자세하게 계획하는 것이다. 데이비스와 피어스(P. Davies & E. Pearse)는 수업 계획 수준을 다음과 같이 구분한다.

〈데이비스와 피어스의 수업 계획 수준〉

수업 계획	초점	기간
교수요목	수준과 목적	학년/기간
교수요목 단원	활동 단위	월/일정 수의 주
활동 계획	수업 주기	주
수업 계획	특정 행동	일

이 구분에서 주간 활동 계획은 개별 수업이 일관성, 다양성, 균형성을 갖고 연계되도록 하는 역할을 한다. 예를 들면 주 3시간의 수업 중 1시간이 새로운 항목의 제시와 연습으로 이루어져 있다면 남은 시간 중 적어도 1시간은 의사소통 활동이 주가 되도록 조정한다.

한국어교육의 수업 계획은 전체 과정 계획, 급별 계획, 단위별 계획, 과별 계획 등으로 나눌 수 있다. 예를 들어 전체 과정이 6급으로 구성되어 있다면 1급부터 6급까지의 전체 과정 계획을 통해 각 급의 목표와 내용을 계획하여 어떻게 학습자의 한국어 능력이 숙달되어 가는지를 나타낸다. 급별 계획은 각 급의 수업뿐만 아니라 평가, 문화 체험, 특별 수업 등에 대한 계획도 포함한다. 단위별 계획은 수업 내용을 어떻게 묶을 수 있느냐에 따라 단위별로 수업과 복습에 대한 계획을 세운다. 보통 한국어 교재의 대단원을 하나의 단위로 삼아 계획을 세운다. 과별 계획은 각 과의 내용을 가르치기 위한 세부적인 계획으로 교안의 형태로 제시한다. 〈김민애〉

[참고문헌]
• Brown, H. D. (2007), *Teaching by principles: An interactive approach to language pedagogy*, 권오량·김

영숙 공역, 2008, 원리에 의한 교수, 피어슨에듀케이션코리아.
- Davies, P. & Pearse, E. (2000), *Success in English teaching*, 송해성·강문구 역, 2007, 옥스퍼드에서 제안하는 성공적인 영어 교사를 위한 12가지 수업 방법, 씨앤톡.
- Jensen, L. (2001), Preparing lesson plans, In M. Celce-Murcia. (Ed.), *Teaching English as a second or foreign language*, 임병빈 외 역, 2008, 교사를 위한 영어교육의 이론과 실제, 경문사.

☐ 교안

교안(教案, lesson plan)은 학습 목표, 수업 내용, 방법, 순서, 자료, 시간, 평가 등에 대한 계획서이다.

교안은 수업 지도안, 수업 계획서라고도 불린다. 교안은 수업의 방향과 매 시간의 출발점 및 도달점을 계획하여 각 수업의 연계와 전체 교수요목 구현의 완성도를 높이는 역할을 한다. 또한 수업 결과를 통해 얻은 모든 형태의 피드백을 교안에 반영하거나 수정 보완하여 다음 수업의 개선안을 마련한다.

교안을 작성할 때 무엇을 어떻게 가르칠지에 대한 개요를 기술하기도 하지만 학습자와의 상호작용을 예상하여 대본 형식으로 쓰기도 한다. 이처럼 무슨 말을 어떻게 할지를 포함하여 대본 형식으로 쓰는 교안은 더 구체적으로 수업 상황을 예측하고 대비할 수 있게 한다. 제시할 예문, 설명, 질문, 지시, 활동 전환, 활동 설명 등의 교사 발화에 대한 계획은 교안에서 매우 중요한 내용이다. 초급 학습자는 교사의 설명이나 지시를 완전히 이해하기 어렵기 때문에 시범을 보여야 하므로 이에 대한 계획도 세워 두어야 한다.

일반적으로 교안은 다음 표와 같은 형식으로 단원 명, 학습 목표, 수업 단계, 교수 학습 활동, 소요 시간, 학습 자료, 주의할 점 등을 기록한다.

〈교안 형식의 예〉

단원 명				
학습 목표				
수업 단계	교수 학습 활동	시간	자료	주의할 점
도입				
제시				
연습				
활동				
마무리				

교안에서는 수업 단계를 분명하게 구분하되 다음 단계로 넘어갈 때 연관성을 가질 수 있도록 한다. 한국어 수업에서는 일반적으로 도입, 제시, 연습, 활동, 마무리 등으로 단계를 구분한다. 도입 단계에서는 전시 수업 복습, 배경지식 활성화, 학습 내용 소개

등으로 학습자의 흥미를 불러일으키고 동기를 부여한다. 제시와 연습 단계에서는 어휘, 문법, 대화, 과제 등의 주요 학습 내용을 순차적으로 제시하고 연습한다. 연습은 새 언어 항목에 점진적으로 익숙해지도록 통제된 연습에서 유의미한 연습으로 진행한다. 활동 단계에서는 개별적으로 배운 언어 항목들을 통합하는 활동이 이루어진다. 이때 학습자의 자발적인 언어 생성이 활발하게 이루어질 수 있도록 의사소통의 목적과 상황이 분명하고 자연스러운 활동을 구상한다. 마무리 단계에서는 간단한 평가를 통해 학습자의 이해 및 수행 정도를 확인하며 수업을 정리한다.

또 다른 수업 계획 방식으로 과제 1, 교수, 과제 2 등의 3단계 구분이 있다. 이러한 수업은 학습한 어휘나 문법 항목을 적절하게 선택하고 통합하여 학습자가 전달하고자 하는 의미를 구성해 보고 의사소통 기능을 직질하게 수행하도록 하기 위한 것이다. 과제 1 단계에서는 교사가 학습자에게 과제를 부여한다. 이 과제는 의미 활동 중심으로 이루어지며 의사소통 상황과 목적이 분명해야 한다. 학습자들은 첫 번째 과제를 수행하면서 많은 오류를 생성하기 마련이다. 개별 어휘 및 문법 항목을 숙지했다 하더라도 선택과 통합은 또 다른 학습 영역이기 때문이다. 다음 단계인 교수 학습 단계에서는 이러한 학습자들의 오류를 교정한다. 세 번째 단계인 과제 2 단계에서 학습자들은 과제 1과 동일하거나 유사한 과제를 다시 수행하면서 보다 더 정확하고 유창한 의미 전달 활동을 수행한다. 〈김민애〉

= 수업 지도안, 수업 계획서

[참고문헌]
• Brown, H. D. (2007), *Teaching by principles: An interactive approach to language pedagogy*, 권오량·김영숙 공역, 2008, 원리에 의한 교수, 피어슨에듀케이션코리아.
• Davies, P. & Pearse, E. (2000), *Success in English teaching*, 송해성·강문구 역, 2007, 옥스퍼드에서 제안하는 성공적인 영어 교사를 위한 12가지 수업 방법, 씨앤톡.
• Jensen, L. (2001), Preparing lesson plans, In M. Celce-Murcia. (Ed.), *Teaching English as a second or foreign language*, 임병빈 외 역, 2008, 교사를 위한 영어교육의 이론과 실제, 경문사.

■ 교실 운영

교실 운영(敎室運營, classroom management)은 교수 학습 활동이 원활하게 진행될 수 있는 수업 환경을 유지하기 위해 교사가 설계하는 다각적인 교수 전략과 방법을 말한다.

브라운(H. D. Brown)은 교실의 물리적 환경에서부터 교수 스타일, 교실 에너지에 이르기까지 여러 다양한 요인들을 교실 운영에 포함하였으며 에벗슨과 웨인스테인(C. M. Evertson & C. S. Weinstein)은 학습자의 학문적, 정서적, 사회적 배움을 촉진하는 환경을 만들기 위하여 교사가 취하는 일련의 활동을 교실 운영이라고 정의했다. 효과적인 교실 운영을 위해서는 다음과 같은 측면에서 교수 학습 활동을 계획하고 점검, 실행하도록 한다.

첫째, 교실 환경의 측면이다. 교사는 교실의 정리 정돈 상태와 교실 내·외부의 소음 정도, 칠판의 청결 상태와 실내 적정 온도 유지 여부, 시계나 지도와 같은 필수 비품 구비와 게시판의 효율적인 사용 상태 등을 점검하여 최적의 환경에서 수업이 진행되도록 한다.

이상적인 학급의 크기는 12명 내외이며 좌석 배치는 반원이나 U자형으로 배치하는 것이 상호 의사소통 활동을 원활하게 한다. 같은 언어권 출신의 학습자들은 특별한 이유가 없는 한 서로 떨어져 앉게 하여 한국어를 사용할 기회를 늘리도록 한다. 학습자가 주기적으로 좌석을 이동하게 하면 여러 동료 학습자와 의사소통의 기회를 많이 가질 뿐 아니라 특정 학습자 간의 불화나 지나친 친밀 관계로 인해 수업 분위기가 저해될 가능성을 줄일 수 있다.

판서는 학습 내용을 시각적으로 보여 주어 학습자가 내용을 이해하는 데 도움을 준다. 칠판 사용은 계획적으로 하고 학습자가 피로감을 느끼지 않도록 필요 없는 내용은 지우며 정자로 쓴다. 컴퓨터나 빔 프로젝터를 포함한 시청각 기자재 사용 시에는 기기가 정상 작동하는지, 교사가 작동법에 익숙한지, 오디오와 비디오 상태는 문제가 없는지를 미리 점검하여야 한다.

둘째, 교사 역할의 측면이다. 교사는 자신감 있고 밝고 긍정적인 분위기로 수업을 이끌도록 한다. 수업 중에는 산만하지 않을 정도로 위치를 이동하면서 학습자의 학습 진행 상황이나 성취 여부를 확인하고 필요시 적절한 도움을 주면서 수업을 진행한다. 모두에게 시선을 골고루 주며 특정 학습자를 편애하는 인상을 주지 않도록 한다. 교사의 질문에 대해 생각하고 대답할 수 있도록 기다리는 시간을 충분히 주어 학습자의 대화 참여 빈도와 질적인 향상을 꾀하도록 하며 교사가 미리 답을 주지 않도록 유의한다. 학습자의 오류에 대해서 교사는 인내심을 가지고 편안한 분위기에서 학습자 스스로 해답을 얻어 내거나 표현하도록 유도하며 필요시 다양한 방법을 통해 오류 수정을 해 준다. 학습자와의 적정 거리 유지나 신체 접촉은 문화적 배경을 고려하여야 한다.

셋째, 교사 언어의 측면이다. 학습자들은 교사의 언어를 통하여 듣고 모방해야 할 목표어를 접하게 된다. 그러므로 교사는 모든 학생이 들을 수 있을 정도의 크기로 명확하게 의사를 전달한다. 교사의 목소리가 너무 작으면 잘 들을 수 없고 너무 높거나 크면 피로감으로 학습에 집중할 수 없게 된다. 말의 속도는 학습 단계에 맞춰 다소 늦출 필요는 있지만 교실 밖의 언어 상황에 빨리 익숙해질 수 있도록 지나치게 늦추지는 않는 것이 좋다. 초급 학습자들에게는 의미 단위나 호흡 단위 사이에 휴지(休止, pause)를 두고 정확하게 발음하는 것이 이해도를 높인다. 속어나 비표준어는 사용하지 않으며 교사는 음성 언어 이외에 몸짓이나 표정과 같은 비언어적인 의사소통 방법으로 의미 전달을 효과적으로 하고 학습자의 흥미를 유발할 수 있다.

넷째, 교실 활동의 측면이다. 의사소통을 촉진하기 위하여 교실 활동을 진행할 때에는 지시 사항을 잘 설명하거나 직접 실례를 보여 주어 학습자가 수행해야 할 활동에 대해 충분히 이해하고 시작할 수 있도록 한다. 소집단은 학습자의 숙달도, 성격, 국적 등을 고려하여 교사가 구성할 수도 있지만 번호 뽑기나 추첨하기, 간단한 그림이나 물건을 이용한 뽑기로 짝이나 조원을 선택하기, 번호 순서로 정하기와 같이 학습자가 직접 구성원을 선택하게 하는 방법도 있다. 좌석 배치는 학습 활동의 종류에 따라 다양하게 하여 상호작용 활동의 기회를 최대한 많이 가질 수 있도록 한다. 교사의 질문에 답하게 할 때에는 앉은 순서대로 진행하는 것보다는 무작위로 호명을 하되 모든 학생에게 공평하게 기회가 갈 수 있도록 배려한다.

다섯째, 학습 분위기의 측면이다. 교사와 학생과의 긍정적인 관계 수립은 밝고 우호적인 학습 분위기 조성에 지대한 영향을 미친다. 교사에 대한 신뢰와 존중, 친밀감을 바탕으로 긍정적인 인간관계가 형성될 때 교육 효과도 배가된다. 바람직한 학습 분위기를 조성하기 위해 교사는 학습자의 이름을 기억하고 학습자에게 개별적인 관심을 보여 주어 학습자가 교사에게 관심을 받고 있다는 느낌을 가지도록 한다. 학업 성취에 대해 가급적 자주 그리고 많이 칭찬을 해 주되 지나친 관심이나 개인적인 질문은 학습자가 불편하게 느낄 수 있으므로 유의한다. 교사 주도적인 학습 분위기 형성이 아니라 학습자의 의견이나 제안을 수용하여 학습자 중심의 능동적인 학습 분위기로 이끈다. 질문에는 성실하게 답변하며 오류를 범했을 때에도 웃지 않도록 유의한다. 편안한 분위기에서 수업에 임할 수 있도록 학습자의 입장을 고려하고 개개인에 대한 관심과 존중으로 수업 분위기를 이끌어 학습 과정이 즐겁고 유익한 경험이 되도록 한다.

이 외에 고려해야 할 문제점과 극복 방안은 다음과 같다. 때때로 한국이나 한국인에 대해 부정적인 학습자, 교사나 교육과정에 대한 불만을 표시하는 학습자, 동료 학습자와의 불화를 수시로 표출하는 학습자, 수업 태도가 불량한 학습자들로 인하여 수업이 계획대로 진행되지 않는 경우가 있다. 이와 같은 경우에도 교사는 평정심을 잃지 않고 공평하고 일관성 있게 대처하며 수업을 지속해야 한다. 시험 중 부정행위를 저지르거나 공지된 교육과정을 무시하거나 제대로 이행하지 않는 등 규율을 지키지 않는 학습자에 대해서도 엄격하되 합당한 기준을 적용하여 전체 학습 분위기를 흐리지 않도록 한다. 교사 측의 실수나 오류가 생겼을 때는 이를 솔직히 인정하고 추후에 다시 언급하거나 보충 설명을 해 줌으로써 교사에 대한 신뢰감을 잃지 않도록 한다.

교실 운영에 대한 이해는 수업의 성패를 결정짓는 여러 변인들을 파악하고 이로 인한 문제 발생 시 적절히 대처할 수 있는 수업 운영 능력으로 이어지므로 성공적인 교수 활동을 위해 교사가 계획하고 실행해야 할 중요한 영역이다. 〈김정화〉

= 교실 경영

[참고문헌]
• Brown, H. D. (2001), *Teaching by principles: An interactive approach to language pedagogy*, Prentice Hall Regents.
• Evertson, C. M. & Weinstein, C. S. (Eds.) (2006), *Handbook of classroom management: Research, practice, and contemporary issues*, Lawrence Erlbaum Associates.
• Gebhard, J. G. (1996), *Teaching English as a foreign or second language: A self-development and methodology guide*, University of Michigan Press.

☐ 교사 발화

교사 발화(敎師發話, teacher talk)는 교수 학습 현장에서 교사가 학습자에게 학습 내용을 보다 잘 이해시키고 한국어 사용 기회를 늘려 주도록 수업이나 학습자 숙달도를 예측하여 다양하게 조정하는 특별한 말이다.

엘리스(R. Ellis)는 교사 발화를 언어 교사들이 교실 내 의사소통을 촉진하려는 목적을 위해 언어의 형식과 기능 면에서 학습자 수준에 맞게 조정한 언어라고 정의하였다. 그리고 린치(T. Lynch)는 교수 내용에 언어적 입력 변형과 상호작용적 입력 변형을 가하여 학습자들이 효과적으로 이해할 수 있도록 한다고 하였다. 이러한 입장에서 보는 바와 같이 교사 발화는 교수 목적을 달성하기 위한 교사의 계획된 말이다. 여기서 언어적 입력 변형(linguistic input modification)이란 말의 속도를 조절하거나 어휘 선택을 학습자의 숙달도 수준에 맞추고 몸짓이나 표정과 같은 비언어적인 의사소통 방식에 변형을 가하는 것을 말한다. 상호작용적 입력 변형(interactional input modification)이란 학습자의 이해를 돕기 위해 이해도를 확인하는 질문을 하거나 학습자 수준에 맞춰 이해하기 쉽게 바꿔 말하기, 학습자에게 들은 내용을 다시 설명해 보게 하기 등과 같은 다양한 방식으로 상호작용 절차에 변형을 가하는 것을 의미한다.

언어 교실에서 교사 발화는 수업 발화의 2/3 정도를 차지하는데 학습자의 의사소통 기회를 늘리기 위해 교사 발화를 자제해야 한다는 견해도 있다. 그러나 교사의 발화량은 절대적인 양의 측면에서보다는 교수 목표에 맞게 계획한 내용을 효율적이고 적절하게 구사하고 있는지에 중점을 두고 봐야 한다. 교사 발화는 교사가 교육 내용을 이해시키고 지시 사항을 전달하며 교사와 학습자 간의 상호작용을 가능하게 하는 주요한 수단이다. 학습자에게는 학습 내용을 듣고 이해하여 모방하여 말할 중요한 목표어 자료이다. 브라운(H. D. Brown)은 도구와 인지 기능을 동원하여 학습자가 주도적으로 학습 내용의 규칙과 의미를 파악하여 언어 생성에 이르게 하는 침묵식 교수법(silent way)이 교사의 안내나 설명으로 짧은 시간에 의미를 파악하여 의사소통적 학습 분위기로 이어지는 교사 발화의 중요한 역할을 대신할 수 없다고 주장한다.

교사는 학습자의 대화나 반응을 끌어내고 수업 진행에 관한 피드백을 위해 다양한 질문을 한다. 교사의 질문은 학습자의 주의를 끌고 언어 활동을 유지하거나 촉진시키며 학습자의 성취를 평가하는 중요한 기능을 한다. 게브하드(J. G. Gebhard)가 분류한 교사 질문의 5가지 유형은 다음과 같다.

(1) 전시형 질문(display question): 응답할 내용을 알고 있는 질문으로 교사는 학습자의 이해도를 파악하고 계획한 교육 내용으로 이끌 수 있다. (예: 지금 몇 시예요?, 지금 입고 있는 옷 색깔이 뭐예요?)

(2) 참조형 질문(referential question): 응답할 내용을 모르는 질문으로 교사는 교실 밖의 대화의 양상과 유사하여 자연스러운 의사소통 상황을 연출하고 연습할 수 있다. (예: 좋아하는 색깔이 뭐예요?)

(3) 이해 확인형 질문(comprehension check question): 학습자가 내용을 이해했는지 확인하는 질문으로 단순히 이해했는지를 묻는 것보다는 들은 내용을 학습자 말로 바꿔 말해 보도록 하는 것이 좋다. (예: 알겠어요?, 지금 선생님이 말한 내용을 다시 말해 볼 사람 있어요?)

(4) 발화 내용 확인형 질문(confirmation question): 발화한 내용을 확인하는 질문이다. (예: 6시에 일어난다고 했지요?, 우리가 6시에 만나기로 한 거 맞지요?)

(5) 발화 내용 재확인형 질문(clarification question): 발화한 내용을 명확하게 다시 확인하는 질문이다. (예: 일어나는 시간이 6시라고 했나요, 7시라고 했나요?, 좋아하는 아이스크림이 딸기 아이스크림인가요, 아니면 초콜릿 아이스크림인가요?)

교사는 교실 내 상호작용을 촉진할 수 있는 대화 분위기를 유도하기 위해서 어떤 유형의 질문을 어떻게 사용해야 하는지에 대해 구체적으로 알아야 하며 사용할 수 있는 발화 기술을 익혀야 한다. 〈김정화〉

= 교사 말

[참고문헌]

• Brown, H. D. (2001), *Teaching by principles: An interactive approach to language pedagogy*, Prentice Hall Regents.
• Ellis, R. (1994), *The study of second language acquisition*, Oxford University Press.
• Evertson, C. M. & Weinstein, C. S. (Eds.) (2006), *Handbook of classroom management: Research, practice, and contemporary issues*, Lawrence Erlbaum Associates.
• Gebhard, J. G. (1996), *Teaching English as a foreign or second language: A self-development and methodology guide*, University of Michigan Press.
• Lynch, T. (1996), *Communication in the language classroom*, Oxford University Press.

한국어교육학 사전

The Encyclopedia of
Korean Language Education

평가

12. 평가

12. 평가

언어 능력 평가에 관한 전반적 내용을 이해하기 위해서는 먼저 평가의 개념을 파악해야 한다. 평가의 개념은 평가의 틀이 어떻게 변화해 왔는가를 역사적으로 고찰하고 추론(inference)과 측정(measurement)을 대비하여 살펴봄으로써 온전한 이해에 도달할 수 있다.

평가란 어떤 의사 결정을 내리기 위해 관련 정보나 자료를 수집하는 과정과 절차를 아우르는 말이다. 평가는 평가할 대상의 가치를 추론하여 판단하는 것으로, 평가 대상이 가진 정보를 정확하게 수집하는 것이 일차적이다. 이때 시험은 정보 수집을 위해 사용되는 도구 중의 하나이다. 정보 수집 → 가치 판단 및 해석 → 의사 결정과 같은 평가의 절차가 평가의 전체 개념을 이룬다.

과거에 평가는 교실 수업의 일부로 쓰이거나 응용 언어학 연구의 한 분야로 개발되거나 대규모 언어 능력 평가 프로그램, 외국어 교육 등의 분야에서 광범위하고 개별적으로 행해져 왔다. 과거에는 평가를 교사의 수업을 개선하기 위해 활용하는 수단으로 보아 평가의 주체를 교사로 두었다. 최근에는 평가의 주체를 수험자로 보며 평가의 경험이나 결과는 학습자의 학습을 개선하기 위해 활용한다. 평가의 경험을 통하여 수험자 스스로가 자신이 능숙한 것은 무엇이며 능숙하지 못한 것은 무엇인지 파악하여 이후의 학습을 바람직한 방향으로 바꿀 수 있도록 한다.

대다수의 사람들은 '좋은' 평가란 무엇이며 이상적인 외국어 능력 평가 모델을 어떻게 만들 것인지에 대해 관심을 기울인다. 그러나 어떤 평가든 '좋고', '나쁜' 평가는 없다. 만약 '최고로 완벽한' 평가가 존재한다면 그 평가를 그대로 사용하거나 어떤 평가를 개발하기 위한 하나의 모델로 사용하면 되지만 평가는 저마다 목표나 요구하는 바가 다르므로 현실적으로 그런 평가는 있을 수 없다.

한국어교육학 사전은 평가의 개념을 바탕으로 하여 고전적 평가, 대안적 평가로 양분되는 평가의 틀을 설명하고 평가의 주요 요건인 신뢰도, 타당도, 실용도의 개념을 상세하게 다루었다. 이러한 평가의 요건을 만족시킬 수 있는 시험을 개발하는 단계에서는 필수적으로 고려해야 하는 사항인 구인, 시험 세부 계획서, 타당도 검증 등을 표제어로 채택하여 관련 이론을 소개하고 한국어교육의 구체적인 사례를 제시하여 이해를 높이고자 하였다. 이를 통하여 평가 분야를 어렵고 딱딱하게 여겨 온 현장의 교사나 연구자들이 이를 쉽게 이해하고 실무에 도움을 얻을 수 있도록 하였다.

본 사전의 평가 문항 유형에 관한 내용은 특히 한국어 교사들에게 유익할 것이라 생각한다. 폐쇄형 문항으로는 진위형, 선다형, 배합형이, 반 개방형 문항에는 단답형, 괄호형, 규칙 빈칸 채우기형 등이 있으며 논술형, 번역형, 받아쓰기형, 구두 면접형은 답이 열려있는 개방형 문항 유형으로써 널리 활용되고 있기에 간명한 설명과 예시화를 통해 정확한 이해에 도달힐 수 있도록 하였다.

또한 본 사전에서는 평가의 유형을 기능, 방식, 목적에 따라 분류하였으며 각각의 분류 방식에서 대표적인 시험이라 할 수 있는 것을 제시하여 설명하였다. 평가의 기능에 따른 유형으로는 형성 평가와 총괄 평가를, 시험의 방식에 따른 유형으로는 규준 참조 시험과 준거 참조 시험, 분리 시험과 통합 시험을, 평가의 목적에 따른 유형으로는 진단 시험, 배치 시험, 성취도 시험, 숙달도 시험을 제시하였는데, 이로써 한국어 교사나 연구자들은 각각의 분류 방식이 기준으로 삼는 바와 각 시험의 목표에 대해서 보다 분명히 이해할 수 있을 것이다.

한편 본 사전은 문항 분석과 채점에 있어서는 그와 연관된 다양한 하위 항목들 중에서 대표적이라고 할 수 있는 것을 선별하여 기술하였다. 그리하여 문항 분석 이론으로는 고전 검사 이론과 문항 반응 이론을, 문항 분석 지수로는 문항 난이도와 문항 변별도를, 채점에서는 평가 척도와 채점 방법, 채점자 훈련, 후광 효과를 제시하였다. 이는 이 사전의 목적과 특성상, 본 사전에서 평가에 대한 모든 항목을 상술하여 제시하기보다는 기초적인 몇 가지 개념을 언급하고 참고 서적을 제시함으로써 독자들이 탐구할 수 있는 방향을 제시하는 것이 더 효과적이라고 판단하였기 때문이다. 따라서 평가의 세부 항목에 대해 더 자세히 알고 싶거나 보다 깊이 공부하고 싶은 한국어 연구자나 교사들은 뒤에 이어진 각 국가의 언어 능력 평가 사례를 살펴보고 평가 영역에 제시되어 있는 각종 참고 서적 등을 살펴보기를 권한다.

〈지현숙〉

12.1. 평가의 개념

언어 평가란 학습자가 목표 언어에 대해서 어느 정도 알고 있고 얼마나 숙련되어 있는가를 '측정'하여 실제 삶에서의 언어 사용 능력을 '추론'하는 것을 총칭한다. 언어 평가는 실제 상황에서 일반적이거나 특수한 언어 능력을 개인이 어떻게 사용할 것인가를 추론하도록 만들어진 과제를 수행한 자료이다. 또한 수험자 개인이 가진 언어 능력에 대한 증거를 수집하는 절차를 언어 평가로 볼 수도 있다.

언어를 어떻게 보고 언어 사용을 무엇으로 여기는가에 따라 언어 평가의 기준과 방법을 결정한다. 인간의 언어 능력을 평가하는 시험이 다양하게 존재하는 것은 언어 지식이 무엇으로 구성되는가와 그 지식은 어떻게 실제 수행에서 드러나는가에 대한 견해가 다르기 때문이다.

언어 평가는 일반적인 측정 이론을 따른다는 점에서 다른 평가들과 유사하나 언어 평가가 다루는 증거가 특정한 언어라는 점에서 차별화되기도 한다. 예를 들어 특정한 측정 자질과 신뢰도, 측정의 일관성 등을 중시한 심리 측정학(psychometrics)의 관점에서는 문법 구조 또는 어휘 지식 등을 측정하기 위해 많은 소 문항으로 시험을 구성하고 선다형을 선호한다. 반면에 의사소통 이론에서는 언어를 아는 것은 문법 규칙을 아는 것 이상이 되어야 하며 언어를 사용하기 위해서는 언어와 의사소통 상황 및 맥락을 연결시키는 문화적 사용 규칙도 알아야 한다고 여긴다. 따라서 수험자가 산출적이거나 의사소통 행위 자체에 열중할 때 평가를 하는 '수행 평가'를 선호한다.

언어 능력 평가의 개념을 말할 때 평가(assessment), 사정(evaluation), 시험(test) 등의 용어가 혼재되어 쓰이는 경우가 많으나 일반적으로 다음과 같이 구분한다. '평가'는 어떠한 의사를 결정하기 위한 방법과 절차, 해석 등을 총칭하는 개념으로, 언어 평가는 언어 학습의 성과 측정 및 실생활에서의 언어 사용 능력에 대한 추론이다. '사정'은 평가보다 좀 더 포괄적인 개념으로, 교육 목표, 요구 분석, 교수법, 교재, 시험 등 교육 과정 전반에 대한 평가를 뜻한다. 따라서 학습자의 언어 능력 평가는 사정의 한 형태라고 볼 수 있다. '시험'은 개별 행동의 특정한 표본을 효과적으로 유발해 낼 수 있도록 고안한 측정 도구로서, 명사로 쓰일 경우는 정보나 자료를 수집하는 도구로, 동사로 쓰일 경우에는 정보나 자료 수집의 과정과 그 결과를 해석하고 판단하는 것 일체를 포함하는 말로 사용되기도 하므로 평가와 사정처럼 상당히 광범위하게 사용 가능한 개념이다. 〈지현숙〉

[참고문헌]
• 이완기(2007), 영어 평가 방법론, 문진미디어.
• Bachman, L. F. & Palmer, A. S. (1996), *Language testing in practice*, Oxford University Press.
• Davies, A. et al. (1999), *Studies in language testing 7: Dictionary of language testing*, Cambridge University Press.

■ 추론

추론(推論, inference)은 언어 평가에서 특정한 시험 결과를 통해 관찰된 언어 수행을 증거로 하여 일반화할 수 있는 언어 능력을 판단하고 실제 상황에서 수험자가 수행 가능한 언어 능력을 예측하는 것이다.

추론 중심의 언어 평가는 시험을 통해 교실이나 학습에서 일어나는 현상 및 문제들을 이해하고 설명하려는 차원의 처방적인 접근이다. 평가는 추론을 하기 위한 것으로, 이때 평가와 기준(criterion, 목표 상황에서의 적절한 의사소통 행동) 간의 명확한 구분이 필요하다. 맥나마라(T. F. McNamara)가 제시한 평가와 기준 간의 관계는 아래와 같다.

〈평가와 기준〉

평가	평가 설계에 영향을 미치는 기준의 필수적 자질을 특징화함	기준
기준을 시뮬레이션 하는, 기준을 대표하는, 기준으로부터 표본 추출된 수행 또는 일련의 수행		평가로부터 예측하고자 하는 일련의 수행, 즉 목표
관찰한 것	추론 ▶	관찰할 수 없는 것

평가에서 추론의 개념이 중요한 것은 기준과 수험자의 시험 수행 간에 많은 차이가 있으므로 평가 이후 실제 상황에서 수험자가 수행 가능한 행동을 추론해야 하기 때문이다. 언어 평가는 특정한 시험 과제를 통해 관찰된 언어 수행을 증거로 하여 일반화할 수 있는 언어 능력을 추론해 낼 수 있어야 한다. 따라서 어떤 평가가 타당한가에 대한 검증은 수험자의 평가 수행을 가지고 추론이 합당한가를 조사하는 절차로 이루어진다.

〈지현숙〉

[참고문헌]
• 지현숙(2006), 한국어 구어 문법 능력의 과제 기반 평가 연구, 서울대학교 박사학위논문.
• McNamara, T. F. (2000), *Language testing*, 강성우·박혜숙·고인성 역, 2001, 언어 평가, 박이정.

■ 측정

측정(測定, measurement)은 학생들의 인지적, 정의적, 심동적(心動的) 영역에 속하는 여러 가지 속성을 재는 일련의 과정을 의미한다.

측정은 주로 수량화된 결과를 산출하기 때문에 이를 위하여 다양한 검사(test)를 활용한다. 예를 들어 한국어능력시험(Test of Proficiency in Korean: TOPIK)은 한국어 능력을 측정하기 위한 표준화된 검사 도구이다. 이 시험의 측정 결과를 채점하여 한국어를 모국어로 사용하지 않는 사람들의 한국어 사용 능력을 평가하는 정보로 활용한다. 이러한 측정은 사용하는 검사 도구의 신뢰도, 객관도, 타당도, 실용도 등의 준거에 의하여 질 관리(quality control)를 하게 된다.

한국어교육에서 인지적 영역(cognitive domain)의 측정은 한국어의 자음이나 모음을 암기하는 단순한 것으로부터 한국어 문법의 맞고 틀림을 식별해 내는 능력을 재는 것까지 다양하다. 정의적 영역(affective domain)의 측정은 한국어에 대한 흥미나 태도와 같이 눈으로 보이지 않는 잠재적 특성을 재는 것을 의미한다. 심동적 영역(psychomotor domain)의 측정은 특정 주제에 대한 한국어 발표력을 재는 것을 예로 들 수 있다. 교육 현장에서는 인지적 영역에 대한 지식 위주의 측정이 이루어지기 쉽다. 정의적 영역이나 심동적 영역의 측정을 활용하면 전인적 발달을 위한 학습 목표를 달성하는 데 큰 도움이 된다.

한국어 능력 측정의 질 제고에 대한 연구, 측정 검사 도구 제작의 다양화에 대한 연구, 측정 결과를 다양하게 활용하는 방안에 대한 연구는 한국어교육 분야의 발전을 위하여 필요한 연구라고 할 수 있다. 〈오수학〉

[참고문헌]

• Thorndike, R. M. & Thorndike-Christ, T. M. (2009), *Measurement and evaluation in psychology and education*, Pearson Prentice Hall.

■ 세환 효과

세환 효과(洗環效果, washback effect)는 평가가 그 후속 교육에 미치는 긍정적이거나 부정적인 영향을 말한다.

세환 효과는 환류 효과, 역류 효과, 워시백 효과 등으로 불리기도 한다.

언어 능력 평가는 수험자 개인에게 직접적인 영향력을 행사하며 교육과정과 사회 체계 전반에도 적지 않은 영향을 끼친다. 세환 효과는 평가가 교수와 학습에 미치는 영향을 말하므로 교수 학습에 유익할 수도 있고 해로울 수도 있다. 그러므로 평가 개발자나 평가 결과를 사용하는 시험 수요자는 평가가 이후의 교수 내용이나 교수 방법 등 언어 교수 학습에 어떠한 영향을 미칠 것인가를 예측하여 그 영향력을 수용할 수 있는 범위 내에서 평가를 해야 한다.

수험자는 평가로 인해 다음과 같은 영향을 받는다. 첫째, 평가를 준비하면서 하게 되는 경험, 둘째, 평가를 끝내고 받는 피드백, 셋째, 점수에 따라 달라지는 결정 사항들이다. 어떤 시험을 경험한다는 것 자체가 세환 효과의 영향을 받는다는 것을 전제한다. 그러므로 평가의 내용이 타당해야 하고 수험자의 학습에 도움이 되는 피드백이 주어져야 하며 공정한 평가가 되어야 한다. 더불어 수험자에게 공지한 그대로를 평가하고 평가 결과를 올바르게 사용하는지를 공개하는 것은 긍정적인 세환 효과를 가져 온다.

  교사 또한 평가의 세환 효과에 직접 결부된다. 교사가 교실 수업을 설계하고 진행하는 방식에 평가 도구가 미치는 영향이 적지 않기 때문이다. 예컨대 교사가 대화 능력을 키우는 수업을 선호하여 이에 주력해 왔으나 그가 속한 기관에서는 선다형 지필 시험을 사용하도록 요구한다면 그 교사의 수업 방식은 바뀔 수밖에 없을 것이다. 이러한 경우는 평가가 교사에게 미치는 부정적 세환 효과에 해당한다.

  또한 세환 효과는 사회적 가치나 문화에 미치는 영향도 강해서 평가를 할 때에는 평가의 목적, 평가 방식, 수험자, 구인 등을 신중하게 고려해야 한다.   〈지현숙〉

= 환류 효과, 역류 효과, 워시백 효과, 백워시 효과, 파급 효과

[참고문헌]
- 이완기(2003), 영어 평가 방법론, 문진미디어.
- Hughes, A. (1989), *Testing for language teachers*, Cambridge University Press.

12.2. 평가의 틀

  사회 구조와 교육에 대한 관점의 변화, 과학 기술의 발전, 교수 도구의 진화, 언어관의 변천 등에 힘입어 평가의 접근법이나 추구하는 바가 변해 왔다. 언어 평가의 틀(paradigm)이 어떻게 변모해 왔는가에 관한 구분은 학자마다 견해가 다르다. 그러나 대체로 크게 세 단계로 보는 입장과 이분하여 보는 입장으로 나눌 수 있다.

  먼저 언어 평가의 틀을 세 단계로 보는 입장에서는 언어 평가의 틀이 '과학 이전 단계 → 심리 측정 구조주의 단계 → 심리 언어학 사회 언어학적 단계'로 변화해 왔다고 본다. 스폴스키(B. Spolsky)는 이를 '전통적 단계 → 근대적 단계 → 후기 근대적 단계'라고도 불렀다. 교통과 통신이 발달하지 못한 단계에는 라틴어로 된 문학 작품을 읽고 번역하는 것이 언어 교육의 목표였기 때문에 평가는 목표어를 모국어로 번역하기, 모국어로 된 글을 목표어로 번역하기, 작문, 언어 구조의 분석 등의 방법으로 이루어졌다. 1920년대 후반에 심리 측정학, 객관주의 및 구조주의 언어학 등이 강세를 보이게 되었고 개별적인 언어 요소들을 얼마나 잘 알고 있는가를 객관적으로 측정하는 선택형 문항을 중심으로 한 평가가 주류를 이루게 되었다. 후기 근대적 단계에는 지구촌화가 현실로 이루어지고 언어 학습의 본질은 실제적 의사소통이라고 합의함에 따라 언어 사용 맥락, 대화 참여자, 전략 등의 의사소통 능력을 평가하는 방향으로 변모했다. 따라서 시험 수행에서 나온 양적인 자료를 기술적, 통계적으로 분석하는 경향이 평가 틀의 주류를 이루게 되었다.

  한편 언어 평가의 틀을 이분하여 보는 입장에서는 평가가 변화해 온 주된 요인이 언어관과 교수법에 있다고 보아 고전적 평가와 대안적 평가로 나눈다. 고전적 평가란 언어를 문화적 가치가 높은 고전들을 번역해서 전통을 잘 전수하기 위한 도구로 인

식하여 문법 능력과 정확한 번역 능력을 평가하는 데에 주안점을 둔 평가관을 말한다. 대안적 평가는 과학 기술의 급속한 발전, 교통수단의 혁신으로 인한 면 대 면 교류의 증가로 의사소통적 언어관이 확고하게 자리를 잡으면서 일어난 평가의 변화 전반을 이른다. 대안적 평가는 언어의 형태적 분석이나 고전 문학 작품의 번역이 실제적인 언어 사용 능력과 직결되지 않는다는 비판적 인식하에 고전적 평가와는 대조적인 평가 목적, 평가 기준, 평가 방법 등을 상정한다. 그 용어도 실제적 평가, 상황 문맥적 평가, 의사소통적 평가 등으로 매우 다양한데 새로운 평가 방식이 기존의 전통적인 평가와 크게 다르며 전통적인 평가의 한계를 극복했다는 측면에서 대안적 평가로 부르는 것이 일반적이다. 대안적 평가는 기존의 표준화된 시험 방식에서 탈피하여 학생들이 실제 무엇을 알고 있고 무엇을 할 수 있는지를 알아내어 그들의 학습을 돕기 위한 일체의 방안을 마련한다. 〈지현숙〉

[참고문헌]
• 이완기(2007), 영어 평가 방법론, 문진미디어.
• 지현숙(2006), 한국어 구어 문법과 평가 I: 이론편, 도서출판 하우.
• 최인철(1997), 언어 테스팅의 이론과 실제, 정동빈 외 편, 영어 교육론, 한신문화사.
• Jones, R. L. & Spolsky, B. (Eds.) (1975), *Testing language proficiency*, Center for Applied Linguistics.

■ 고전적 평가

고전적 평가(古典的評價, traditional assessment)는 대안적 평가의 상대적인 개념으로, 객관식 선다형 문항으로 구성된 규준 참조 시험, 즉 상대 평가(norm-referenced test)를 포괄하여 일컫는 말이다.

1980년대에 이르러 의사소통 능력 중심의 평가에 대한 요구가 일며 대안적 평가 개념이 등장하게 되었는데 이와 상대적인 이전 방식의 평가를 고전적 평가 혹은 전통적 평가라고 부르게 되었다.

근대 시기에 이르러 언어 교육 및 평가 분야에서는 과학적 접근이 활발히 이루어졌다. 이 시기에는 평가를 통해 언어의 형태와 구조에 대한 이해도를 측정하고자 하였으며 객관식 항목이 등장하고 시험 신뢰도의 중요성이 부각되었다. 이 시기에 주로 치러진 평가가 바로 고전적 평가에 해당한다. 이는 현재까지도 일반적인 평가의 방식으로 통용되고 있다.

고전적 평가는 대안적 평가의 상대적 개념이므로 이를 일반화하여 설명하는 것은 타당하지 않을 수 있으나 전반적인 특징은 다음과 같다. 첫째, 규준 참조적 특성이 있기 때문에 정답 도출과 그 결과에 주목한다. 따라서 정답 도출을 쉽게 할 수 있는 방법인 선다형 문항으로 구성되는 경우가 대부분이다. 둘째, 언어 수행 능력을 직접적으로 평가하지 않고 언어의 하위 항목을 분리하여 언어 지식의 내재화 여부를 주로 평가한다. 이 외에도 브라운(H. D. Brown)은 비맥락화된 시험 문항, 점수로만 이루어진 피드백, 비상호작용적 수행, 표준화된 시험 등을 고전적 평가의 특징으로 제시했다.

고전적 평가는 표준화된 고부담(高負擔) 시험과 같이 객관성과 시험의 신뢰도가 중요한 때에 그 장점을 발휘한다. 또한 언어 교사의 목표어 숙달도가 높지 않아 직접 평가가 용이하지 않은 경우에도 시행이 가능하다. 그러나 현대에 와서 고전적 평가는 언어의 본질적인 기능과 능력을 도외시하고 언어의 구조적 지식을 측정하고자 한다는 이유로 비판을 받고 있으며 의사소통을 중심으로 한 수행 평가가 보다 이상적인 언어 평가로 자리매김하고 있다. 〈이준호〉

= 전통적 평가

[참고문헌]

• Brown, H. D. (2004), *Language assessment: Principles and classroom practices*, Pearson Education.
• Spolsky, B. (1975), Language testing: Art or science?, In R. M. Valette. (Ed.), *Modern language testing*, Harcourt Brace Jovanovich.

■ 대안적 평가

대안적 평가(代案的評價, alternative assessment)는 지필 평가와 같은 고전적 평가에 대한 비판 과정에서 등장한 새로운 평가 방식으로 의사소통 중심의 통합적이고 총체적인 언어 교육의 관점에 바탕을 둔다.

고전적 평가는 실제 언어 사용 맥락과 분리된 상태에서 분절적 언어 기능에 대한 지식 습득 여부를 묻는 결과 중심 평가이기 때문에 학생들의 언어 능력을 제대로 평가하지 못하고 교수 학습 과정에도 의미 있는 정보를 제공하지 못한다는 비판을 받아 왔다. 대안적 평가는 이러한 고전적 평가에 대한 반성에서 등장하였다.

대안적 평가는 맥락에 따라 참 평가(authentic assessment), 수행 평가(performance assessment), 기술적 평가(descriptive assessment), 직접 평가(direct assessment) 등의 용어로 쓰이기도 한다. 대안적 평가 방식은 다음과 같은 특징이 있다. 첫째, 실생활 맥락에서 쓰이는 언어의 다양한 사용과 수행을 중시한다. 둘째, 학습자의 인지적 발달뿐 아니라 정의적, 수행적 발달을 통합적으로 고려한다. 셋째, 학습자의 개별적인 사회 문화적 특성을 고려하여 평가를 설계하고 평가 결과를 추후 교수 학습에 활용하고자 한다. 넷째, 다양하고 다채로운 평가 자료와 방법을 동원하는데 예를 들어 수시적 평가와 같이 학습자의 발달 정보를 누적적으로 얻고자 한다.

대안적 평가를 통해 학습자는 자신의 성취를 상세하고 직접적으로 확인하고 학습에 책임감을 가질 수 있다. 또한 학부모는 자녀의 학습 발달에 관한 상세한 정보를 제공받아 향후 교육의 방향을 점검하는 기회로 삼을 수 있다. 교사는 교수 학습에 대한 교육적 결정의 근거와 정보를 확보할 수 있다. 그러나 교수 학습의 목표에 맞는 타당한 대안적 평가의 내용과 도구 개발에 시간과 노력이 많이 들고 객관적인 평가의 준거 마련이 쉽지 않기 때문에 대안 평가의 신뢰도에 대한 검증이 필요하다는 점이 문제점으로 제기되기도 한다.

대안적 평가 방법으로는 수행 평가, 포트폴리오 평가, 동료 평가, 자기 평가 등이 있다.

수행 평가는 교수 학습과 관련된 실제적 과제를 수행하도록 하여 그 수행의 과정과 결과를 통해 학생의 지식, 기능, 태도를 종합적으로 관찰하고 판단하는 평가 방법이다. 여기서 수행은 학습 활동의 실제적 전개 능력뿐 아니라 과제를 수행해 낼 수 있는 잠재적 능력까지를 포함하는 개념이다. 따라서 수행 평가는 실제 과제를 해결할 수 있는 복합적 언어 사용 능력을 중시하고 수행의 결과와 함께 과정을 평가하는 데도 초점을 둔다. 또한 협동적인 의미 구성 과정을 중시하기 때문에 개인의 수행뿐 아니라 집단적 수행도 평가한다. 교사와 학생의 관계에서 소통을 중시하며 학습의 조력자 및 촉진자로서 교사의 역할을 강조한다. 수행 평가는 협동 학습을 유도하고 학생들의 삶에 유의미한 과제를 통해 다양하고 통합적인 사고 능력을 함양시킬 수 있다는 점에서 학습 동기와 흥미 유발에 기여한다.

포트폴리오 평가(portfolio assessment)는 학습자의 작업이나 작품을 모아 둔 자료집 또는 서류철인 포트폴리오를 학생 평가에 이용하는 평가 방법이다. 포트폴리오 평가 방법은 개별 학습자의 학습 과정과 결과를 누적적으로 관리하여 이를 학생 발달의 근거와 교수 학습 개선을 위한 자료로 이용할 수 있게 한다. 포트폴리오 평가는 하나 이상의 영역에서 학습자의 능력을 살펴본다는 점에서 지필 평가의 단점을 보완한다. 포트폴리오와 관련된 과제들은 실생활과 관련된 것이 많기 때문에 분절적 기능의 수행보다 통합적인 인지 능력을 활용하게 한다는 장점이 있다. 또한 학생들은 한 학기 혹은 한 해동안 모아 온 작품집을 평가자에게 제출하면서 자기반성(self-reflection)의 평가 과정을 거치므로 학습 동기 향상에도 도움이 된다.

동료 평가(peer assessment)는 학생들이 동료 학생의 언어 수행 과정과 결과에 평가자로 참여하여 평가 의견을 제시하거나 일정 점수 또는 등급을 부여하는 학습자 중심 평가 방법이다. 동료 평가는 학습자를 평가자의 위치로 이동시킴으로써 학생들이 교사의 평가 준거나 기대 수준에 의견을 제시할 수 있도록 하여 평가자인 교사와 자신의 학습에 대해 소통할 수 있는 기회를 제공한다. 또한 학생들의 비평적, 통합적 사고력 향상에 도움을 주고 협상력과 같은 사회적 의사소통 능력을 기르는 데도 긍정적인 역할을 한다. 그러나 동료 평가는 기존에 평가자로 고정된 교사의 역할 변화를 요구하므로 진정한 의미의 동료 평가가 이루어지기 위해서는 교육 환경의 지속적인 변화가 요구된다.

자기 평가(self-assessment)는 학습자가 스스로 학습 상황을 파악하여 자신에게 맞는 학습 전략을 세우고 학습의 과정과 결과에 적극적으로 참여하는 학습자 중심의 평가 방법을 말한다. 자기 평가는 학습자가 자신을 피평가자(被評價者)로만 인식하지 않고 평가의 과정과 결과에 적극적으로 참여하여 스스로 책임감을 가지고 의미 있는 학습 경험을 하도록 하는 데 의의가 있다. 바흐만(L. F. Bachman)은 평가 목적에 따라 이러한 자기 평가를 수행 지향적 자기 평가와 발달 지향적 자기 평가로 나누었다. 수행 지향적 자기 평가(performance-oriented self-assessment)는 주로 학습자가 자신의 언어 수행 수준을 스스로 진단하여 자신이 어느 수준의 집단에 속하는가를 판단하기 위해 이용한다. 발달 지향적 자기 평가(development-oriented self-assessment)는 학습자가 지속적으로 자신의 언어 발달 과정을 관찰하고 반성하여 학습 향상에 도움을 받고자 하는 목적으로 이용한다. 그러나 자기 평가는 학습자가 학습 초기부터 지속적인 자기 평가 훈련을 받아야만 유의미한 평가 활동을 기대할 수 있다는 한계가 있다.

대안적 평가는 한국어 수행의 과정과 결과를 다양하고 실제적인 언어 사용 맥락에서 평가한다. 따라서 학습자의 한국어 숙달도에 대한 다층적이고 다면적인 정보를 얻을 수 있어 학습자 중심의 한국어 교수 학습 구안에 도움을 준다. 특히 언어 수행의 실제성과 평가 주체의 다양성을 중시하는 대안적 평가 방법은 한국어 학습을 유의미하게 할 뿐만 아니라 학습에 대한 자기반성의 기회를 제공하여 자율적이고 지속적인 한국어 학습을 유도한다.　　　　　　　　　　　　　　　　　　　　　　　　　　　　　　　　　〈박혜영〉

[참고문헌]
• 백순근 편(1998), 수행 평가의 이론과 실제, 원미사.
• 지현숙(2004), 학습자 중심 한국어교육에서의 '대안적 평가', 한국어교육 15-2, 국제한국어교육학회, 233~252쪽.
• Ekbatani, G. & Pierson, H. (Eds.) (2000), *Learner-directed assessment in ESL*, Routledge.
• Hamayan, E. V. (1995), Approaches to alternative assessment, *Annual Review of Applied Linguistics 15*, pp. 212~226.
• Huerta-Macias, A. (1995), Alternative assessment: Responses to commonly asked questions, *TESOL Journal 5-1*, pp. 8~11.

12.3. 평가의 요건

■ 신뢰도

신뢰도(信賴度, reliability)는 동일한 검사나 평가를 반복 시행했을 때 개인의 시험 점수가 일관성 있게 나타나는 정도로서, 시험의 안정성을 말한다.

평가가 이루어지는 환경과 상황은 달라질 수 있기 때문에 동일한 수험자를 대상으로 동일한 시험을 두 번 실시하더라도 각 평가의 결과가 정확하게 일치하기는 어렵다. 다만 두 평가의 결과가 유사하면 유사할수록 평가의 신뢰도가 높아진다.

평가의 신뢰도는 시험 문제와 채점자에 따라 결정된다. 신뢰도는 이 두 요인에 따라 크게 시험 신뢰도(試驗信賴度, test reliability)와 채점 신뢰도(採點信賴度, scoring reliability)로 구분한다. 시험 신뢰도는 평가 도구 자체가 가지는 신뢰도로서 평가를 실시하는 과정과 방법에 대한 일관성을 말한다. 시험 신뢰도는 어떤 평가를 반복적으로 시행했을 때 비슷한 결과가 나오는 정도에 따라 달라진다. 채점 신뢰도는 채점자가 채점한 결과의 일관성을 말한다. 채점 신뢰도에는 개별적인 채점자에 의한 채점의 일관성을 의미하는 채점자 내 신뢰도(intra-rater reliability)와 서로 다른 채점자들 간의 채점의 일관성을 의미하는 채점자 간 신뢰도(inter-rater reliability)가 있다.

평가 도구 제작자는 평가 도구의 신뢰도를 높이기 위하여 신뢰도에 영향을 주는 요인을 숙지하여야 한다. 신뢰도에 영향을 주는 요인으로는 평가와 관련된 요인, 수험자 및 채점자와 관련된 요인, 평가 시행과 관련된 요인을 들 수 있다.

평가와 관련된 요인에는 평가 문항 수, 난이도, 변별도, 평가 범위, 평가 시간 등이 있다. 평가 문항의 수가 많을수록 수험자의 취득 점수 분포의 범위가 넓어지고 개별 수험자 간의 차별성이 분명하여 평가의 신뢰도가 높아진다. 평가 문항이 너무 어려우면 수험자들의 점수 분포가 낮은 쪽으로 몰리는 바닥 효과(floor effect)가 나타나고, 반대로 너무 쉬우면 점수 분포가 높은 쪽으로 몰리는 천장 효과(ceiling effect)가 나타난다. 점수 분포가 어느 한 쪽으로 몰려서 나타나면 개별 수험자의 능력을 잘 변별해 낼 수 없으므로 개인 분리도(person separability)가 명확하지 않아 평가의 신뢰도가 낮아진다. 평가 문항의 변별력이 크면 개인 분리도가 명확해지므로 수험자가 취득한 점수의 등위가 바뀔 가능성이 낮아지고 그 결과 평가 결과의 안정성이 확보되어 신뢰도가 높아진다. 또한 평가 내용의 범위를 한정할 때 문항 간의 동질성을 유지하기가 쉽기 때문에 신뢰도가 높아진다. 더불어 수험자에게 충분한 시간이 주어질 때 응답의 안정성이 보장되기 때문에 속도 시험(speed test)보다는 역량 시험(power test)이 신뢰도 측면에서는 바람직하다.

수험자와 관련된 요인으로는 수험자 집단의 이질성 및 평가에 대한 수험자들의 흥미와 동기가 있다. 수험자 집단이 이질적일 때 신뢰도는 증가한다. 또한 수험자들이 평가에 대한 흥미가 높고 평가 선택 동기가 높으면 신뢰도가 높아진다. 반면에 수험자가 흥미를 상실한 상태에서 평가에 임하면 응답의 일관성이 결여되어 신뢰도가 낮아진다.

채점자와 관련된 요인으로는 채점자의 피로, 태도의 변화, 개인적인 특징과 같은 채점자 내 변인과 채점을 해 본 경험, 평가 언어와의 친밀한 정도 등과 같은 채점자 간 변인이 있다. 채점 결과는 채점자와 관련된 요인에 영향을 받아 달라질 수 있다.

평가 시행과 관련된 요인으로는 시간의 제한, 시행자와 수험자 간 상호작용 정도, 시험 장소의 환경 등을 들 수 있다. 이러한 요인이 평가의 신뢰도를 증가시키기도 하고 감소시키기도 한다.

한국어 능력을 평가하는 시험을 다지 선다형 검사와 같이 객관식으로 치를 경우에는 어떤 채점자가 채점을 하더라도 그 채점 결과의 일관성이 보장되기 때문에 평가의 신뢰도가 보장된다. 그러나 면담이나 작문을 평가할 경우 채점자의 주관이 개입될 수 있어 평가의 신뢰도가 보장되지 않는다. 따라서 채점자의 주관에 영향을 받을 수 있는 평가는 신뢰도가 높아지도록 채점자 훈련이나 명확한 평가 기준 등을 체계적으로 마련해야 한다. 〈최주희〉

[참고문헌]
• 강승혜 외(2006), 한국어 평가론, 태학사.
• 성태제(2002), 타당도와 신뢰도, 학지사.
• 이완기(2007), 영어 평가 방법론, 문진미디어.

■ 타당도

타당도(妥當度, validity)는 어떤 평가 도구가 원래 측정하고자 하는 내용이나 평가 목표에 맞게 제대로 측정하였는지에 대한 정도를 말한다.

타당도는 정도의 문제이기 때문에 타당도에 대해 말할 때는 타당도가 '있다' 혹은 '없다'라고 하지 않고 타당도가 '낮다', '적절하다', '높다' 등으로 표현한다.

평가 도구는 특정한 상황에 적용될 때에만 그 적합성이 결정되므로 평가 도구 자체에 대하여 좋거나 나쁘다고 평가하지 않는다. 하나의 평가 도구가 모든 목적에 부합할 수 없기 때문이다. 예컨대 키를 측정하기 위해서는 자를, 무게를 달기 위해서는 저울을 사용하는 것이 타당하듯이 인간의 지능을 측정하기 위하여 지능 검사를 사용하고 적성을 측정하기 위하여 적성 검사 사용하는 것이 타당하다. 따라서 어떤 평가든지 그 평가의 목적에 비추어 타당한 정도를 말해야 한다.

타당도는 일반적으로 내용 타당도, 예측 타당도, 공인 타당도, 안면 타당도, 구인 타당도로 구분한다. 내용 타당도(內容妥當度, content validity)는 평가 도구가 측정하고자 하는 목적에 맞는 내용을 얼마나 대표성 있게 선정하는가를 말한다. 예측 타당도(豫測妥當度, predictive validity)는 평가의 결과가 수험자가 미래에 어떤 일이나 활동을 얼마나 성공적으로 수행할 수 있을지 예측해 주는 정도를 말한다. 예측 타당도는 선발, 채용, 배치 등의 목적을 달성하기 위한 도구로 사용할 수 있다는 장점이 있으나 평가의 타당성을 검증하기 위하여 일정 시간이 필요하다는 단점이 있다. 공인 타당도(共因妥當度, concurrent validity)는 이미 타당도가 공인된 평가 도구의 결과와 아직 공인되지 않은 평가 도구의 결과를 여러 측면에서 비교하여 나타내는 두 평가 도구 사이의 상관도를 말한다. 안면 타당도(顔面妥當度, face validity)는 평가 도구의 문항들이 평가답게 보이는 정도를 말한다. 안면 타당도는 직관적인 개념으로 학문적 과학성을 담보하고 있지 않기 때문에 타당도의 객관적인 준거로 간주하지 않는 경우가 많다. 구인 타당도(構因妥當度, construct validity)는 어떤 평가가 조작적 정의를 통해 규명한 심리적 구인들을 얼마나 제대로 측정해 내는지 나타내는 정도를 말한다. 평가가 측정하고자 하는 것의 구인을 제대로 측정하기 위해서는 이론적인 원칙과 바탕이 타당해야 한다.

평가의 타당도는 높을수록 좋다. 평가 방법이 합리적이지 않거나 평가 내용 혹은 평가 기준이 잘못 선정되었을 경우 수험자가 비협조적으로 평가에 임하기도 하고 구인 요소의 선정이 부적절한 경우에는 평가의 타당도는 낮아진다. 예를 들어 지필 시험이나 지문 읽기로 말하기 능력을 측정한다면 제대로 측정하고 있다고 보기 어렵기 때문에 타당도가 낮을 수밖에 없다. 따라서 한국어 능력을 측정하기 위한 평가 도구를 개발할 때는 타당도를 저해하는 요인을 미리 파악하는 것이 필요하다.   〈최주희〉

[참고문헌]
• 강승혜 외(2006), 한국어 평가론, 태학사.
• 성태제(2002), 타당도와 신뢰도, 학지사.
• 이완기(2007), 영어 평가 방법론, 문진미디어.
• Gronlund, N. E. & Linn, R. L. (1990), *Measurement and evaluation in teaching*, Macmillan.

■ 실용도

실용도(實用度, practicality)는 평가가 실제 상황에서 효과적으로 시행될 수 있도록 하는 여러 가지 여건의 만족도를 말한다.

실용도는 시간, 경비, 노력 등의 자원을 최소한으로 활용하여 최대한으로 평가 목표를 달성할 수 있는가와 관련된다. 실용도가 높은 평가는 다음과 같은 특징이 있다. 첫째, 평가의 실시와 채점이 용이하다. 둘째, 평가를 위한 시간, 경비, 노력이 적게 든다. 셋째, 평가 결과의 해석이 용이해서 그 결과를 유효하고 적절하게 사용할 수 있다.

실용도는 신뢰도와 타당도와 함께 평가가 갖추어야 할 중요한 조건이다. 아무리 평가의 신뢰도와 타당도가 높더라도 주어진 환경 내에서 실시할 수 없다면 이상적인 평가로만 그치게 된다. 예를 들어 한 반이 15명 내외로 구성된 환경에서는 교사와 학생 간 일대일 인터뷰 형태로 말하기 평가를 하는 것이 가능하다. 그러므로 이러한 조건에서는 그 평가의 실용도가 확보되었다고 할 수 있다. 그러나 한 반이 50명 이상의 학생으로 구성되었다면 교사 한 명이 모든 학생을 대상으로 일대일 인터뷰를 실시하기가 어렵고, 무리하여 실시한다고 해도 시간상의 제약으로 평가가 제대로 이루어지지 않는다. 이와 같은 경우 일대일 인터뷰 방식의 평가는 시행 가능성의 측면에서 실용도가 낮다.

한국어교육에서도 평가를 시행할 때 인원, 시간, 공간, 교육과정 등의 교육 환경이 지닌 제약 사항을 고려하여 실용도를 높일 수 있는 방안을 강구해야 할 것이다. 〈최주희〉

[참고문헌]
• 강승혜 외(2006), 한국어 평가론, 태학사.
• 이완기(2007), 영어 평가 방법론, 문진미디어.
• Bachman, L. F. (1997), *Fundamental considerations in language testing*, Oxford University Press.

12.4. 평가 도구의 개발

평가 도구의 개발은 평가 도구를 제작하고 사용하는 전체 과정을 말한다. 평가 도구의 개발은 평가 도구가 어떠한 목적으로 쓰이고 수험자의 규모가 어느 정도인지에 따라 달라진다. 따라서 평가 도구는 평가의 목표와 평가 환경을 고려해 개발된다.

평가 도구의 개발 단계는 '설계-실용화-시행'으로 구분할 수 있으며 그 과정은 순환적이다. 먼저 평가 도구가 만들어져야 하는 필요성에 의해 평가 도구를 개발하기로 합의를 하면 평가 도구 개발을 위한 주체를 확립함으로써 전반적인 계획 수립에 들어간다. 평가의 목적에 부합하는 평가 도구의 형태, 구인, 척도 등이 정해지면 이에 부합하는 평가 문항의 개발이 진행되고 실험 평가를 거쳐서 비로소 하나의 평가 도구의 개발이 완료된다. 이후 표본으로 모집한 집단을 대상으로 시행하는 시범적인 시험(pre-test)인 사전 평가를 실시한다. 개발한 평가 도구가 효용성을 가지는가를 실증적으로 검증하기 위해 자료를 모으고 그 평가 도구에서 보완하거나 수정해야 할 사항들을 점검하기 위해 사전 평가를 실시하는 것은 필수적이다. 사전 평가를 통해 시험 개발자는 평가 문항이 요구한 것을 수험자가 제대로 이해하고 수행하는가와 문항에 충분한 정보가 주어졌는가, 수험자의 숙달도에 맞는 평가 도구인가 등을 점검하여 오류가 있는 문항을 골라내고 수정할 수 있으므로 문항의 질 확보에 용이하다. 마지막 시험 시행 단계에서는 수험자 집단에게 시험을 보게 하고 관련 정보를 모으고 분석한다. 이 단계에서 수집해야 하는 정보로는 수험자의 응답을 비롯하여 시험 소요 시간, 시험 전반에 관한 수험자의 총평 등이다. 시험 시행에서 수집한 정보의 양이 많고 다양할수록 해당 시험의 공신력은 높아질 수 있다. 시험의 시행에서 중요한 것은 모든 수험자가 동일한 환경 하에서 최고의 상태로 시험을 보아 자신의 능력을 최대로 발휘할 수 있도록 관리하는 일이다.

평가 도구가 평가의 목적에 부합하기 위해서는 현실적으로 존재할 만한 의사소통 상황을 결정하고 수험자는 정해진 상황 안에서 어떠한 과제를 해결해야 하는지 헤아려 선택하는 일이 가장 핵심이다. 따라서 평가 도구 개발자들은 실제성(authenticity)을 반영하여 평가의 타당성을 확보하는 것이 중요하다.

한국어 능력을 평가하기 위한 시험을 개발할 때에는 한국어 학습자(수험자)가 한국어를 사용하여 일상생활에서 의사소통하며 주어진 과제들을 해결하며 살아가기 위해서 한국어를 어떻게 사용하는지 구체적으로 규정하는 일이 중요하다. 이를 위하여 한국어를 사용하는 영역을 개인적 목적으로 영위되는 '일상적 영역'과 대중과 교류하는 '공적 영역', 학업과 관련된 '교육 영역', 일과 연관되는 '직업 영역' 등으로 구분할 필요가 있다. 또 한국어를 사용하는 활동을 이해 및 표현, 문어적 상호작용, 구어적 상호작용 등으로 나누는 작업도 필요하다. 주로 쓰이는 문어 및 구어 텍스트를 조사하는 일도 필수적이며 특히 구어의 경우 대화 참여자에 대한 분석도 이루어져야 한다.　　　　〈지현숙〉

[참고문헌]
- 이완기(2007), 영어 평가 방법론, 문진미디어.
- McNamara, T. F. (1996), *Measuring second language performance*, 채선희 외 역, 2003, 문항 반응 이론의 이론과 실제: 외국어 수행 평가를 중심으로, 서현사.
- McNamara, T. F. (2000), *Language testing*, 강성우·박혜숙·고인성 역, 2001, 언어 평가, 박이정.

■ 구인

구인(構因, construct)이란 구성 요인(構成要因)의 줄임말로 평가할 대상 및 내용을 결정해서 구체적인 기준으로 나타낸 것을 말한다.

구인은 시험 점수를 통해서 추론할 수 있는 수험자의 언어 능력에 대한 이론적 근거가 된다. 예를 들어 쓰기 평가라면 쓰기 능력을 이루는 내용 지식, 정확성, 조직성, 적절성 등의 구성 요소들에 대해서 조작적으로 정의하여 '무엇을 평가할 것인가'를 기술한 것이 구인이다. 말하기 평가의 경우 구인은 발음, 문법 및 어휘의 정확성, 유창성, 범위, 전략 능력, 화용 능력, 사회 언어적 능력 등을 말한다.

외국어 평가에서 구인은 언어 능력을 이루는 구성 요인을 무엇으로 보는가의 관점이 합의되어야 하고 결정된 구인에 따라 평가할 대상과 내용이 명확해질 수 있기 때문에 중요하다. 구인은 수험자의 시험에서의 수행에 반영되어 있다고 짐작할 수 있는 가정적인 개념으로서 수험자가 구인을 어느 정도 가지고 있는가를 판단하기 위해서 시험이라는 도구를 사용하는 것으로 이해할 수 있다.

구인을 연구하는 연구자들은 다양한 언어 자료를 통해 증거를 확보한 후 특정한 이론을 기반으로 하여 조작적 정의를 함으로써 구인을 결정한다. 즉 평가가 목표로 하는 바를 측정하기 위해서 의사소통 능력 모델, 언어 교수 및 학습 이론 등을 바탕으로 해서 구인을 정한다. 이때 연구자는 구인은 절대적으로 존재하는 것이 아니라 평가의 목적에 따라 창의적으로 선택하고 복합시켜야 한다는 개방적인 관점을 가질 필요가 있다.

언어 능력 평가에서 구인이 합당한지에 대한 구인 타당도(construct validity)는 시험의 점수에 기초하여 이루어진 해석에 대한 유의미성 및 적절성과 관련된다. 또는 구인 타당도를 평가의 공신력을 결정하는 가장 중요한 잣대로 보기도 한다. 평가의 목적에 따라 정해진 구인으로 산출된 시험 점수를 믿고 사용할 것인가 말 것인가의 의사 결정은 구인이 얼마나 타당한가에 따라 결정되기 때문이다.

한국어 능력을 평가하기 위한 평가 도구의 설계에서 구인을 설정하는 절차는 관련 연구자들이 다양한 한국어 자료를 통해 증거를 확보한 후 특정한 이론을 기반으로 하여 조작적 정의를 함으로써 최종적으로 구인을 결정하는 것이 일반적이다.　　　　〈지현숙〉

[참고문헌]
• 지현숙(2006), 한국어 구어 문법과 평가 I: 이론편, 도서출판 하우.
• Bachman, L. F. & Palmer, A. S. (1996), *Language testing in practice*, Oxford University Press.
• Davies, A. et al. (1999), *Studies in language testing 7: Dictionary of language testing*, Cambridge University Press.
• Fulcher, G. (2003), *Testing second language speaking*, Pearson Education.

■ 시험 세부 계획서

시험 세부 계획서(試驗細部計劃書, test specifications)란 어떤 시험이 측정하고자 하는 바와 측정하는 방법을 나타내는 문서이다.

시험 세부 계획서는 시험 문항 출제자에게 시험의 청사진과 같은 출제 근거를 제시하고 그 시험의 구인 타당도(construct validity)를 확립하게 한다. 이는 시험의 목적, 수험자, 시험 내용뿐만 아니라 시험 지문이나 지시어의 언어, 시험 시간, 채점 기준 및 방법 등에 관한 세부적인 사항까지 명시하는 문서이다.

시험 세부 계획서의 주(主) 사용자는 시험 개발자 및 시험 문항 출제자이며 시험 평가자 및 시험 사용자들도 시험 세부 계획서를 사용하기는 하나 자세한 사항에 대해서는 보안이 필요하다. 데이비드슨과 린치(F. Davidson & B. Lynch)는 시험 세부 계획서가 시험에 대한 '일반 기술(general description: GD)', '문제 속성(prompt attributes: PA)', '응답 속성(response attributes: RA)', '예시 문항(sample item: SI)'을 포함하여야 하며 필요하다면 '추가 세부 계획서(specification supplement: SS)'를 덧붙일 수 있다고 했다.

한국어교육에서는 한국어능력시험(Test of Proficiency in Korean: TOPIK)과 관련한 연구 보고서가 나오면서 시험 세부 계획서에 대한 연구가 진행되었다. 이러한 연구는 시험 세부 계획서에 대한 안목과 거시적인 지침을 제공하였다는 점에서 의의가 있다. 앞으로는 이에서 더 나아가 보다 엄밀한 의미의 형식과 체계를 갖춘 문서로서 시험 세부 계획서를 제시할 필요가 있다. 〈이영식〉

[참고문헌]
• 김왕규 외(2001), 한국어능력시험의 평가 기준 개발 연구, 교육인적자원부.
• 이해영 외(2006), 한국어능력시험 문항 유형 개발을 위한 기초 연구: 문항 개발을 위한 지침서, 한국교육과정평가원.
• 허용 외(2012), 한국어 능력 신규 시험 체제 개발 및 타당화 연구, 국립국제교육원.
• Davidson, F. & Lynch, B. (2002), *Testcraft: A teacher's guide to writing and using language test specifications*, Yale University Press.

■ 타당도 검증

타당도 검증(妥當度檢證, validation)은 어떤 시험을 주어진 목적에 맞게 설계하고 시행했는가에 대한 증거를 수집하고 검사하여 애초의 목적에 부합하는지 증명하는 것을 말한다.

시험은 어떤 구체적 상황에서 해당 수험자 집단에 대하여 타당하였다고 주장할 수 있어야 하는데 이러한 주장은 해당 시험에서 산출된 시험 점수에 근거하여 확립해야 한다. 또한 시험 점수는 모집단(population)을 대표할 수 있는 표본 집단(sample)에서 산출해야 한다. 타당도 검증은 시험 내용, 출제 문항의 특성, 수험자로부터 나온 응답 등에 대한 내적(internal) 타당도 검증과 평가하고자 하는 구인이나 시험 수행에 대한 측정 기준(criterion)에 관련된 외적(external) 타당도 검증으로 나눌 수 있다.

내적 타당도 검증의 방법으로는 시험 및 언어 전문가들의 시험 내용 검증이 있다. 이러한 방법은 시험 내용이 그 시험이 측정하고자 하는 언어 지식(knowledge), 기술(skills), 능력(ability)과 얼마나 연관되어 있는지, 시험 내용이 이를 총체적으로 포괄하는지를 체계적으로 분석하는 과정을 수반한다. 시험 내용은 시험 세부 계획서(test specifications), 언어 영역 기술, 교육과정 및 교수요목에 기술되어 있으므로 이를 참고하여 검증할 수 있으며 수험자의 피드백(feedback)도 내적 타당도 검증에 참고한다. 또한 내적 타당도 검증 방법은 시험 문항 혹은 과제와 수험자 응답의 측정에 대한 증거를 확보하는 과정을 수반한다. 이러한 과정은 시험의 난이도뿐만 아니라 그 시험이 동일하거나 또는 서로 다른 내용과 능력을 측정하는 정도, 수험자를 변별하는 정도, 기대된 응답을 수험자로부터 도출하는 정도 등에 대해 진술한다.

외적 타당도 검증의 방법으로는 시험 점수를 이용한 준거 관련 타당도(criterion-related validity) 검증이 있다. 이는 어떤 시험 성적을 다른 시험의 성적이나 측정 결과에 비교하는 공인 타당도 검증이나 시험 성적을 향후 성취도에 비교하는 예측 타당도 검증을 말한다.

구인 타당도 검증은 타당도 검증 가운데 가장 중요하다고 볼 수 있다. 이 검증은 시험이 애초에 측정하고자 한 구인을 반영하는 이론적 모형에 근거하여 시험 점수가 어떻게 산출되고 수험자가 시험을 어떻게 이해하는지 분석하는 과정을 수반한다. 여기에서는 시험이 본래 의도한 바를 측정하였다고 할 수 있는지, 수험자에 대해 어떤 추론(inference)을 할 수 있는지, 어떤 근거로 그러한 추론을 도출했는지 등의 근본적인 질문을 제기한다. 이러한 구인 타당도 검증을 위하여 여러 시험 변인에 대한 상관관계 분석 및 요인 분석과 같은 복잡한 통계 기법을 동원한다. 심층적인 타당도 검증 방법으로는 복수 특성 복수 방법(multi-trait multi-method)을 사용하고 최근에는 문항 반응 이론(item response theory: IRT), 일반화 가능도 이론(generalizability theory: G-theory), 구조 방정식 모형(structural equation model: SEM) 등에서 측정학적으로 연구된 컴퓨터 프로그램을 개발하여 사용하고 있다. 특히 말하기 및 쓰기 시험과 같은 언어 표현력 시험(수행 평가) 검증에는 다국면적 라쉬 측정(many-facet Rasch measurement)을 사용하기도 한다. 이와 같이 구인 타당도 검증은 결국 모든 종류의 타당도 검증을 수반한다.

타당도 검증은 수험자의 시험 수행과 관련한 시험 편견(test bias)뿐만 아니라 결과 타당도(consequential validity)를 포함한 시험 사용(test use)에 대한 윤리적 문제까지도 다룬다.　　　　　　　　　　　　　　　　　　　　　　　　　　　　　　〈이영식〉

[참고문헌]
• 양길석 외(2012), 한국어능력시험 구인 분석 연구, 국립국제교육원.
• Alderson, C. J., Clapham, C. M. & Wall, D. (1995), *Language test construction and evaluation*, Cambridge University Press.
• Bachman, L. F. (1990), *Fundamental considerations in language testing*, Oxford University Press.
• Messick, S. (1989), Validity, In R. L. Linn. (Ed.), *Educational measurement*, Macmillan.
• Weir, C. J. (2005), *Language testing and validation: An evidence-based approach*, Palgrave Macmillan.

■ 평가 문항 유형

평가 문항(評價問項, evaluation questions)은 평가 목표에 따른 평가의 내용을 구체적 항목으로 구현한 것으로 평가 도구의 구성 요소이며 채점의 기본 단위이다.

문항의 유형은 분류 기준에 따라 여러 형태로 분류된다. 일반적으로 널리 사용되는 문항의 유형으로는 주관식과 객관식, 선택형과 서답형, 폐쇄형과 개방형, 반 개방형 등이 있다.

주관식과 객관식 문항 분류는 문항의 채점 방식에 따른 것으로 채점이 객관적으로 이루어지는가 혹은 주관적으로 이루어지는가에 따른 것이다. 다시 말해 문항의 채점 과정에 채점자의 주관이 개입될 가능성의 크기와 관련된 개념이다.

선택형과 서답형의 문항 분류는 피험자가 어떻게 반응하는가, 즉 피험자가 제한된 답지에서 선택하여 표기하는가 아니면 답을 구성하여 작성하는가에 따른 것이다. 간혹 선택형과 서답형을 객관식과 주관식으로 혼동해 사용하는 경우가 있으나 이 둘은 분류 기준이 다르며 서답형에 해당하는 단답형이나 완성형 문항은 각 문항에 따라 채점 과정에서 주관성이 개입하는 정도가 달라질 수 있다. 예컨대 정답이 한 개만 인정되는 문항은 채점 과정에 주관성이 개입할 여지가 거의 없기 때문에 그 문항은 객관식 문항에 더 가깝다. 따라서 선택형과 서답형을 무조건 객관식과 주관식으로 대응시킬 수는 없다.

메렌스와 레만(W. A. Mehrens & I. J. Lehmann)은 문항의 유형을 선택형 문항과 서답형 문항으로 구분하였다. 선택형 문항은 진위형과 선다형, 연결형으로 나누고 서답형 문항은 논술형, 단답형, 괄호형, 완성형으로 분류하였다. 그론룬드(N. E. Gronlund)도 이와 비슷하게 문항의 유형을 선택형 문항과 서답형 문항으로 나누었으며 선택형 문항은 진위형, 선다형, 연결형으로 분류하고 서답형 문항은 단답형, 제한된 논술형, 논술형으로 분류하였다.

수험자의 반응 형태에 따라 폐쇄형, 개방형 그리고 반 개방형으로도 문항을 분류한다. 폐쇄형은 사전에 미리 준비된 선택지들 가운데서 답을 선택하여 응답하도록 하는 방법이다. 개방형은 선택지나 항목들을 미리 준비하거나 제한하지 않고 수험자가 자신의 견해나 생각을 자유롭게 표현하도록 하는 방법이다. 반 개방형은 미리 선택지를 준비하지는 않지만 수험자가 정해진 답을 직접 쓰도록 하는 방법이다. 반 개방형은 답을 직접 쓰게 한다는 점에서는 개방형과 비슷하나 답이 정해져 있으며 자유롭지 않다는 점에서 폐쇄형과도 비슷하다. 또한 대체로 단답으로 답하게 하는 방식을 사용하기 때문에 개방형과 폐쇄형의 중간 형태라고 하여 반 개방형으로 불린다. 이러한 분류 방식은 사회 과학에서 도입된 것으로 수험자 반응의 유형과 수험자가 답을 할 때 사용하는 언어의 양, 정답의 기준 그리고 평가되는 능력의 특성에서 차이를 보인다.

한국어교육 평가 분야에서는 문항 유형을 폐쇄형, 반 개방형, 개방형으로 분류한다. 폐쇄형은 다시 진위형, 선다형, 배합형으로 분류되고, 반 개방형에는 단답형, 괄호형, 규칙 빈칸 채우기로 나누어진다. 개방형에는 논술형이 포함되는데 번역, 받아쓰기, 구두 시험 등도 개방형에 포함시켜 분류한다. 이 외에도 과제 해결의 양식에 따라 인지형(recognition type)과 재생형(recall type), 논문형(essay type)으로 구분하기도 하는 등 학자에 따라 여러 가지 분류 방법이 있다. 〈김미옥〉

[참고문헌]
• 강승혜 외(2006), 한국어 평가론, 태학사.
• 박도순 외(2012), 교육 평가: 이해와 적용, 교육과학사.
• 성태제(2010), 현대 교육 평가, 학지사.
• Gronlund, N. E. (1988), *How to construct achievement tests*, Prentice Hall.
• Mehrens, W. A. & Lehmann, I. J. (1975), *Measurement and evaluation in education and psychology*, Holt, Rinehart and Winston.

❑ 폐쇄형

폐쇄형(閉鎖型, closed-ended question)은 사전에 미리 준비된 선택지들 가운데서 답을 선택하여 응답하도록 하는 방법이다.

수험자가 답을 선택하는 방법에는 하나의 진술문을 주고 옳고 그른 것을 판별하게 하는 진위형, 여러 개의 선택 항목 중 정답을 선택하게 하는 선다형, 문제와 답을 연결하게 하는 배합형 등이 있다.

진위형(眞僞型, true-false type)은 수험자에게 진술문을 제시하고 그것의 진위(眞僞), 정오(正誤)를 판단하게 하는 문항 형식으로 흔히 양자택일형이라고도 한다. 진술문을 한 개만 주어 그것이 옳은지 그른지를 판단하게 하는 방법도 있지만 두 개의 진술문을 주고 그중 옳은 것을 선택하도록 하는 방법도 있다. 진위형은 시험 시간이 적게 걸리므로 여러 개의 학습 목표를 포함할 수 있고 채점 또한 빠르고 객관적이라는 점에서 언어 능력이 낮은 초급 학생들을 대상으로 하는 평가 문항으로 적절하다. 그러나 추측 가능성이 높고 지나치게 사소하거나 그리 중요하지 않은 정보를 다루는 경우가 많다는 점이 단점으로 꼽힌다.

선다형(選多型, multiple-choice type)은 선택형 문항 유형 중 가장 많이 쓰이는 유형으로 세 개 이상의 답지가 주어지고 그중 맞는 답을 선택하는 문항이다. 이는 다수의 수험자들을 대상으로 검사의 효율성과 과정의 정확성을 높이기 위하여 켈리(F. J. Kelly)가 고안한 것이다. 선다형 문항에는 최선답형, 정답형, 다답형, 합답형 등이 있다. 선다형 문항은 학습 영역의 많은 내용을 측정할 수 있으며 단순한 정보 지식뿐만 아니라 높은 수준의 고등 정신 능력까지도 측정할 수 있다는 특징이 있어 교육 현장에서 자주 사용한다. 즉 선다형 문항의 답지들을 단순하게 제작하면 단순 기억 능력을 측정하는 문항이 되며 복합적인 답지를 제작하면 고등 정신 능력까지 측정할 수 있다. 따라서 선다형 문항은 여러 개의 답지 중에 정답이 아닌 오답의 내용을 어떻게 제작하느냐에 따라 문항 난이도 조절이 가능하다는 특징이 있다. 선다형 문항의 장점은 채점이 쉽고 객관적이라는 점이다. 그러나 수험자가 정답을 몰라도 주어진 답지 중의 하나를 선택하여 정답이 될 수 있다는 점에서 추측의 가능성을 배제할 수 없고 특히 매력적인 오답 제작이 어려운 것이 단점이다.

배합형(配合型, matching type)은 연결형이라고도 한다. 일련의 문제군과 답지군을 배열하여 문제군의 질문에 대한 정답을 답지군에서 찾아 연결하는 문항의 형태이다. 이는 주로 두 가지 내용의 연관성에 대한 기초 지식을 측정하는 데 적합하다. 배합형은 채점이 용이하며 오답지 제작이 불필요하다는 장점이 있다. 반면 단편적인 이해력 측정에 제한되기 쉬워 암기 위주의 교육을 유도할 수 있고 선다형처럼 수험자의 추측 요인이 작용할 가능성이 높다는 것이 단점이다.

폐쇄형 문항은 한국어교육 평가에서 자주 사용하는 문항 형식이다. 진위형은 주로 사실적인 정보에 대한 내용 이해를 측정하는 데 사용하며 듣기나 읽기 지문을 제시하고 그 내용의 이해와 관련하여 주어진 그림이나 도표, 그래프에 대한 설명의 적합성을 판단하는 등의 경우에 사용한다. 선다형은 가장 널리 사용하는 형식으로 듣기, 읽기, 문법, 어휘 등 전 영역에서 사용한다. 배합형 문항에서는 그림, 지도, 표 등도 이용할 수 있으며 동의어나 반의어의 연결, 사물의 구체적인 이름과 상위어 혹은 관련어 연결 등 어휘 영역에서 적합하게 활용할 수 있다.　　　　　　　　　　　　　　　〈김미옥〉

[참고문헌]
• 강승혜 외(2006), 한국어 평가론, 태학사.
• 박도순(2000), 문항 작성 방법론, 교육과학사.
• 성태제(2010), 현대 교육 평가, 학지사.
• 이완기(2007), 영어 평가 방법론, 문진미디어.

❏ 반 개방형

반 개방형(半開放型, semi-open ended question)은 수험자가 정해진 답을 간단하게 직접 쓰는 방법을 말한다.

반 개방형은 폐쇄형과 개방형의 중간적 성격으로 수험자가 직접 답을 써야 한다는 점에서 개방형과 비슷한 성격을 가지고 있으나 개방형처럼 자유롭게 쓰는 것이 아니라 정해진 답을 써야 한다는 점에서는 폐쇄형과 비슷하다. 반 개방형으로 자주 쓰이는 문항 유형은 단답형, 괄호형, 규칙 빈칸 채우기형 등이 있다.

단답형(單答型, short answer type)은 주로 기억의 회상을 요구하는 객관식 문항의 한 형태로 간단한 단어, 어구, 절 혹은 수나 기호 등의 제한된 형태로 응답하는 문항 형식이다. 이는 용어의 정의나 의미를 물을 때 흔히 사용한다. 폐쇄형 문항 제작에 비하여 문항 제작이 용이하고 추측으로 정답을 맞힐 수 있는 요인을 배제할 수 있으며 채점이 개방형보다 객관적으로 이루어져 문장력에 따라 점수가 부여되는 효과를 배제할 수 있다는 점이 장점이다. 그러나 짧은 답을 요구하는 문항의 특성상 단순 지식이나 개념, 사실들을 측정할 가능성이 높아서 암기나 기억 위주의 학습을 조장하기 쉽다. 또한 폐쇄형 문항에 비해 상대적으로 채점의 객관성을 보장받기 힘들며 특히 다양한 정답이 만들어질 수 있는 문항의 경우 정답의 다양성 때문에 문제가 생길 수 있다는 것이 단점이다.

괄호형(括弧型, close type)은 진술문 중 의미 있고 중요한 부분을 괄호나 밑줄 등으로 비워 놓거나 혹은 도표의 일부를 비워 놓고 이에 적합한 단어나 구 등을 채워 넣는 문항 유형으로 완성형 혹은 완결형으로 불리기도 한다. 완성형(completion form)은 질문에 응답을 하게 하는 형태로 문장을 완결한다는 의미에서 완성형 혹은 완결형 문항으로 불린다. 이는 질문을 위한 문장에 여백을 두어 질문하는 형태이며 완성형은 괄호형 문항의 특수한 예로 볼 수 있다. 괄호형 문항은 테일러(W. Taylor)가 처음 고안하였는데 그 형태는 문장의 중간에 여백을 주어 앞뒤의 문맥을 파악하는 독해 능력을 측정하기 위한 것이었다. 이후 보르무스(J. R. Bormuth)가 괄호형 문항의 이용과 개발을 위한 이론을 제시하였다. 괄호형은 단답형과 비슷한 형식으로 볼 수 있기 때문에 장단점도 단답형과 비슷하다. 괄호형의 장점은 단답형에 비해 채점의 객관성이 높고 채점하기가 용이하다는 것이다. 반면 괄호형은 단답형에 비해 문항 속에 정답의 단서가 포함될 가능성이 높고 응용력이나 분석력, 종합력과 같은 고차원적인 정신 능력을 요구하는 학습 성과를 평가하기가 곤란하다는 단점이 있다.

규칙 빈칸 채우기형(cloze test type)은 일정한 원칙에 따라 문장 속에 연속적으로 빈칸을 삽입한 후 문장을 완성하게 하는 형태이다. 이는 형태 심리학의 무의식적 공백 메우기 원리에 기초한 것으로 원래 읽기 자료의 난이도를 가늠하기 위한 목적으로 사용되었다. 처음에는 전체 글에서 손상된 부분의 의미를 해독해 내는 독자의 능력을 측정하는 목적으로 쓰였던 이 방법은 글의 맥락과 의미 속에서 언어 능력을 평가하고 더 나아가 전체적인 의사소통의 효과를 측정하는 통합 시험의 방식으로 발전하였다. 이 유형은 의미 있는 담화 맥락에서 통사론적, 형태론적, 의미론적인 단서 등 언어의 다양한 양상에 관한 지식을 평가할 수 있을 뿐만 아니라 글의 구조적 응집성, 어구, 문장, 문단들 간의 상호 연관성 및 의존성 등을 포함한 글의 구성과 조직에 관한 지식을 측정할 수 있다. 규칙 빈칸 채우기형은 교사의 주관적 요소를 배제할 수 있으며 특정한 언어·상황적 맥락에 맞게 언어를 적절하게 사용하는 일반적 언어 능력을 측정하는 데 적합하다는 장점이 있다. 그러나 평가하려는 요소를 모두 포함할 수 있는 문단을 제작하기가 어렵다는 단점이 있다.

반 개방형 문항은 한국어교육 평가에서 자주 사용하는 문항 형식이다. 단답형은 주로 듣기나 읽기 평가에서 지문의 내용에 대한 이해도를 묻거나 어휘의 의미, 용어 등의 지식을 측정하기 위해 자주 활용한다. 괄호형은 문법 구문에 관한 지식이나 시제 활용, 어휘 및 간단한 표현 능력을 평가하는 데 효과적이다. 규칙 빈칸 채우기형은 영어 평가에서 자주 활용하나 한국어 평가에서는 빈번하게 사용되는 편은 아니다.　　　　〈김미옥〉

[참고문헌]
- 박도순(2000), 문항 작성 방법론, 교육과학사.
- 성태제(2010), 현대 교육 평가, 학지사.
- 이완기(2007), 영어 평가 방법론, 문진미디어.
- Bormuth, J. R. (1970), *On the theory of achievement test items*, University of Chicago Press.
- Taylor, W. (1953), Cloze procedure: A new tool for measuring readability, *Journalism Quarterly 30*, pp. 415~433.

❏ 개방형

개방형(開放型, open-ended question)은 수험자가 스스로 자신의 견해나 생각을 표현하도록 하는 방법으로 선택지나 항목들을 미리 준비하여 선택하게 하지 않는 것을 말한다.

개방형으로 자주 쓰이는 문항 유형으로는 논술형, 번역형, 받아쓰기형, 구두 면접형 등이 있다.

논술형(論述型, essay type)은 주어진 질문에 여러 개의 연속된 언어 형태로 응답하는 문항 형태로, 수험자가 정답을 구성하기 위해 다양한 진술을 하고 확장하여 반응하도록 한다. 논술형 문항은 응답의 범위에 대한 제한의 정도에 따라 제한 반응 문항과 확대 반응 문항의 두 가지가 있다. 제한 반응 문항은 지시문을 통해 논술의 범위를 축소시키거나 글자 수 혹은 문장 수를 제한하는 형태를 말한다. 확대 반응 문항은 응답의 복잡성과 길이를 수험자의 결정에 맡기는 것으로 수험자의 반응을 거의 무한하게 허용하는 자유 반응 유형이다. 논술형은 문항 제작이 비교적 용이하며 추측 요인을 제거할 수 있다는 점, 정보를 선정하고 조직, 분석, 통합, 비교, 평가하여 언어 기능을 측정할 수 있다는 점이 장점이나 문항의 양호도 검증 및 객관적인 채점이 어렵고 응답에 소요되는 시간이 비교적 길며 채점에 많은 시간과 노력, 전문성이 요구된다는 단점이 있다.

번역형(飜譯型, translation type)은 전통적인 언어 교수법의 대표적 평가 방식으로 많이 사용하였으나 의사소통과 수행 중심의 언어 교육이 강조되면서 사용 빈도가 줄어들었다. 그러나 상황에 따라서는 상당한 수준의 문법 지식과 적절한 어휘 선택 능력, 두 언어 간의 문체 양식 등을 평가할 수 있으며 상당한 언어 습득 수준이 전제된 창조적인 언어 능력을 측정할 수 있다는 장점이 있다. 그러나 번역형은 다양한 기능이 함께 작용하고 채점하기도 까다롭다는 단점이 있다.

받아쓰기형(dictation type)은 소리로 들려주는 말을 문자로 그대로 옮기는 방법이다. 받아쓰기는 들은 것을 글자로 옮기는 단순한 작업으로 생각하기 쉬우나 청각 식별 능력, 청각 기억 능력, 철자 능력, 분절음의 식별 능력, 문법 및 어휘의 이해 능력, 전체적 의미 이해 능력 등 여러 복잡한 요소들이 개입되어 있는 복합적 활동이다. 따라서 받아쓰기는 전반적인 언어 능력을 보여 주는 좋은 잣대가 된다. 그러나 추론과 같은 높은 수준의 능력보다는 들리는 것을 그대로 이해하는 낮은 수준의 기능을 주로 측정하는 경향이 있으며 개별 소리에 너무 주의를 집중하게 함으로써 오히려 들은 내용을 기억하기 어렵게 만든다는 지적도 있다. 또한 각기 다른 능력들을 상대적인 중요성에 따라 일관성 있게 채점하는 방법이 없기 때문에 잘못 쓴 것은 모두 일률적으로 채점할 수밖에 없다는 점도 한계점으로 지적된다.

구두 면접형(口頭面接型, oral interview type)은 말하기 능력 평가의 가장 일반적인 방법으로 평가자가 정해진 내용에 관해 질문을 하면 그에 대답하게 하는 것이다. 이는 수험자가 직접 의사소통 상황을 접하게 하여 어떻게 반응하는가를 평가하는 것이다. 말하기 기능과 함께 듣기 기능도 평가할 수 있으며 발음이나 강세, 억양, 문법 능력, 어휘 능력, 담화 맥락의 이해 등을 종합적으로 평가할 수 있다. 구두 면접형은 실제적인 언어 사용 능력을 평가할 수 있다는 장점이 있으나 시간과 비용, 인력이 많이 들어 실용성이 낮다는 점, 채점 기준이 명확하지 않다는 점, 평가자의 주관적 판단이 개입될 가능성이 많다는 점이 단점이다.

한국어교육 평가에서는 주로 쓰기, 말하기와 같은 표현 능력을 측정할 때 개방형 문항을 자주 사용한다. 특정 언어 상황에서의 구두 의사소통 능력이나 작문 및 논술 등의 쓰기 능력을 평가하는 경우 인터뷰나 논술 과제와 같은 개방형 문항이 제시된다. 번역은 학습자의 언어권이 동일한 경우 활용할 수 있으나 여러 언어권의 학생들이 함께 공부하는 학습 환경에서는 사용하기 어렵다. 받아쓰기는 초급 학생들의 철자 이해력이나 문법, 어휘 요소에 대한 이해력을 측정할 수 있으나 다른 평가 유형에 비해 자주 활용하는 편은 아니다.

〈김미옥〉

[참고문헌]
- 강승혜 외(2006), 한국어 평가론, 태학사.
- 박도순(2000), 문항 작성 방법론, 교육과학사.
- 성태제(2010), 현대 교육 평가, 학지사.
- 이완기(2007), 영어 평가 방법론, 문진미디어.
- 정종진(2010), 교육 평가: 이론과 실제, 양서원.

■ 평가 도구 개발의 유의점

평가의 목적에 부합할 뿐만 아니라 타당도와 신뢰도가 높은 평가 도구를 개발하기 위해서는 개별 문항의 완성도를 높여야 함은 물론 평가 도구를 구성하는 문항들의 관계를 적합하게 설계해야 한다. 평가 도구 개발 시 유의점을 정리하면 다음과 같다.

첫째, 측정하고자 하는 평가 목표를 명확하게 규정한다. 평가 목표가 불명확하거나 하나의 문항에서 여러 개의 평가 목표가 혼재되어서는 안 된다. 하나의 문항은 되도록 하나의 능력 혹은 특성을 측정해야 한다는 일차원성(一次元性, unidimensionality) 가정을 충족해야 한다.

둘째, 측정하고자 하는 평가 목표에 적합한 평가 방법을 선택한다. 특정 능력을 평가하는 데 가장 적합한 특정 형태의 문항이 정해져 있는 것은 아니므로, 평가 목표를 효과적이고 효율적으로 측정할 수 있는 최적의 문항 유형을 정해야 한다.

셋째, 듣기와 읽기 같은 언어 이해 능력 평가에 활용하는 자료를 선정할 때는 수험자의 수준과 특성을 고려한다. 수험자 입장에서 지나치게 어렵거나 쉬운 내용 또는 생소한 내용은 피해야 한다.

넷째, 평가를 위해 실제 언어 자료를 재구성할 경우에는 자료의 실제성(authenticity)을 훼손하지 않도록 주의한다. 출제자가 듣기 대본을 인위적으로 작성하거나 문항에 맞추어 원문을 심하게 변형하여 실제 언어 사용 맥락과는 다른 상황을 투입하는 것을 지양해야 한다.

다섯째, 듣기 자료와 읽기 지문과 같은 하나의 자료를 활용하여 여러 개의 선다형 문항을 출제할 경우에는 문항들이 서로 어떠한 영향을 주고받는지 세심하게 살펴 지역 독립성(local independence)을 유지하고, 지역 종속성(local dependence)의 문제가 생기지 않도록 주의해야 한다. 지역 독립성은 각 문항에서 측정하고자 하는 평가 요소가 서로 독립성을 유지하는 정도를 말하고, 지역 종속성은 각 문항에서 측정하고자 하는 평가 요소가 서로 연관되어 있는 정도를 말한다.

여섯째, 문두 혹은 문항 지시문은 수험자에게 출제 의도를 정확하게 전달할 수 있도록 한다. 부정어가 들어가 있는 경우는 밑줄을 그어야 하며, 문두에서 지칭하는 부분이 잘 드러나도록 지문에 명확하게 표시를 해야 한다.

일곱째, 폐쇄형 평가인 선다형 문항일 경우 오답 매력도(誤答魅力度, attractiveness of distractor)를 충분하게 고려해야 한다. 오답 매력도는 폐쇄형 평가 유형인 선다형 문항에서 정답 이외의 답지들이 수험자를 유인하는 정도를 의미한다. 오답 매력도가 너무 높아 수험자가 자의적으로 답지를 고르는 상황이나, 반대로 너무 낮아 문항이 기능하는 바가 없는 경우를 최소화해야 한다.

여덟째, 수험자에게 문항 유형이 얼마나 익숙한지를 고려한다. 수험자들에게 익숙하지 않은 문항 유형은 예시 문항을 제시하면서 설명해야 한다.

아홉째, 말하기나 쓰기와 같은 언어 표현 영역의 개방형 평가 문항은 채점을 염두에 두고 산출한 결과물을 통해 수험자의 능력을 제대로 파악할 후 있도록 설계한다. 신뢰도가 높은 채점이 가능하도록 출제하는 것도 중요하지만 채점의 일관성을 유지할 수 있는 채점자 훈련도 추가적으로 필요하다.

평가 도구를 개발할 때는 평가의 목적을 고려하여 평가 문항들이 가지고 있는 일반적인 문제점을 최소화해야 한다. 더불어 한국어능력시험(Test of Proficiency in Korean: TOPIK)과 같이 대단위 수험자가 응시하는 평가 도구는 시험의 횟수를 거듭할수록 문항 유형에 익숙해진 수험자가 많아져 실제 능력보다 높게 수험자의 능력을 추정하는 측정 오차가 생길 수 있음을 고려해야 한다. 〈김평원〉

[참고문헌]
• 성태제(2010), 현대 교육 평가, 학지사.
• 이완기(2012), 영어 평가 방법론, 문진미디어.
• 이영식 외(2003), 언어 평가의 이해, 서울대학교출판부.

12.5. 평가의 유형

언어 평가의 유형은 평가의 내용이 무엇인지, 평가의 목적이 무엇인지 그리고 평가의 기준과 방법이 무엇인지에 따라 나눈 것이다.

매드슨(H. S. Madsen)은 ESL(English as a second language) 평가에 대해 지식 평가와 기능 평가, 주관식 시험과 객관식 시험, 산출 기능 평가와 수용 기능 평가, 언어 기능 평가와 의사소통 평가, 규준 참조 시험과 준거 참조 시험, 분리 시험과 통합 시험, 언어 능력 평가와 성취도 시험으로 분류를 하였다. 이러한 분류는 평가의 내용과 목적, 기준이 모두 포함된 개념이다. 이완기는 영어 능력 평가를 목적에 따라 성취도 시험, 형성 평가, 진단 시험, 배치 시험, 선발 시험, 숙달도 시험으로 분류하고, 방법에 따라 객관식 시험과 주관식 시험, 직접 평가와 간접 시험, 분리 시험과 통합 시험, 규준 참조 시험과 준거 참조 시험, 속도 평가와 능력 평가로 분류하였다. 브라운(H. D. Brown)은 영어 능력 평가의 유형을 비공식 평가와 공식 평가, 형성 평가와 총괄 평가, 규준 참조 시험과 준거 참조 시험, 분리 시험과 통합 시험, 의사소통 중심 평가, 수행 기반 평가, 고전적 평가와 대안적 평가, 컴퓨터 기반 평가, 표준화 시험, 기준 기반 평가 등의 용어로 설명하였고, 평가의 목적과 관련하여 외국어 적성 평가, 숙달도 시험, 배치 시험, 진단 시험, 성취도 시험으로 유형화하였다.

한국어교육에서 김유정은 평가의 유형을 비형식적인 평가와 형식적인 평가, 객관적 시험과 주관적 시험, 진단 시험, 배치 시험, 적성 시험, 성취도 시험과 숙달도 시험, 형성 평가와 총괄 평가, 속도 평가와 능력 평가, 규준 참조 시험과 준거 참조 시험, 분리 시험과 통합 시험, 수행 평가로 나누었다. 이후 강승혜 외 등의 연구에서는 평가의 내용, 평가의 목적, 평가의 기준, 평가의 방법을 망라하여 객관식 시험과 주관식 시험, 직접 평가와 간접 평가, 분리 시험과 통합 시험, 규준 참조 시험과 준거 참조 시험, 속도 평가와 능력 평가, 적성 시험, 성취도 시험, 숙달도 시험, 진단 시험과 배치 시험, 표현 능력 시험과 이해 능력 시험, 언어 기술 시험과 언어 체계 평가, 형성 평가와 총괄 평가, 단일 단계 평가와 다단계 평가 등의 유형을 제시하고 있다.

이 중 몇 가지 개념에 대해 살펴보면 다음과 같다.

표준화 시험(standardized test)은 하나의 시험에서 다른 시험에까지 전 범위에서 일정하게 유지되는 특정한 표준적 목표나 기준을 전제로 하는 것이다. 좋은 표준화 시험은 철저한 경험적 연구와 개발 과정의 산물로서 시험 시행과 채점을 위한 표준적인 절차를 지시한다. 표준화 시험은 타당도가 검증된 시험으로서 적당한 제한 시간 내에 대규모 집단을 대상으로 시험을 시행한다. 이 시험은 채점이 용이하며 평가 도구의 권위가 확보되어 있다는 장점이 있다. 그러나 표준화의 편리함 때문에 전반적인 숙달도 시험을 성취도 시험으로 부적절하게 사용할 위험이 있고 이 표준화 시험이 모든 학생들을 정확하고 동등하게 평가한다는 잘못된 인식을 심어줄 수 있는 가능성이 있다. 한국어교육 분야에서는 한국어능력시험(Test of Proficiency in Korean: TOPIK)이 한국어 능력을 측정하는 표준화 시험이다.

언어 적성 시험(language aptitude test)은 외국어 학습에 관한 재능이나 일반 능력, 외국어 학습에서의 궁극적인 성공 여부를 측정하고자 한다. 미국에서 사용하는 표준화된 적성 시험은 현대언어적성시험(modern language aptitude test: MLAT)과 핌슬러언어적성시험(Pimsleur language aptitude battery: PLAB)이 있다. 외국어 수업에서 현대어적성시험과 핌슬러언어적성시험은 학생들의 궁극적인 수행과 유의미한 상관관계를 보여 준다. 그러나 이러한 상관관계는 외국어 수업 과정이 모방, 암기, 퍼즐 맞추기와 같은 유사한 과정으로 성취가 측정된다는 것을 전제로 한 것이며, 교사에게 배우지 않은 경우일지라도 이 시험이 언어 습득에서의 의사소통적 성공을 예견하는지를 명확하게 보여 주는 연구는 없다. 이러한 제한 때문에 언어 적성 시험은 오늘날 거의 사용되지 않는다.

표현 능력 시험(production test)은 말하기, 쓰기와 관련하여 능동적이고 창조적인 답을 요구하는 시험이고 이해 능력 시험(recognition test 또는 comprehension test)은 듣기, 읽기와 관련하여 가장 최선의 정답 항목을 선택하도록 요구함으로써 인지에 의존하는 수용적 평가를 의미한다. 이들 시험은 다시 구어와 문어에 따라 구어의 표현 능력과 이해 능력 시험, 문어의 표현 능력과 이해 능력 시험으로 구분된다.

언어 기술 시험(language skills test)이란 듣기, 읽기, 말하기, 쓰기 기술에 대한 평가를 말한다. 그 예로는 듣기의 청취력 시험, 읽기의 독해력 시험, 말하기의 구술시험, 쓰기의 작문, 논술(essay), 요약(summary) 등과 일반 통합 기술의 빈칸 채우기(cloze) 및 받아쓰기(dictation) 등이 있다.

언어 체계 평가(language systems test)는 언어 자질 시험(language features test)으로도 불리며 문법이나 어휘에 대한 평가를 뜻한다.

한국어교육의 대표적인 표준화 시험인 한국어능력시험은 34회까지는 문법과 어휘를 평가하는 언어 체계 평가가 포함되었으나, 35회부터는 이를 제외하였다. 또한 표현 능력 및 이해 능력과 관련된 진정한 언어 기술 평가를 실시하기 위해 다양한 연구가 이루어지고 있다. 〈김유정〉

[참고문헌]
• 강승혜 외(2006), 한국어 평가론, 태학사.
• 김유정(1999), 한국어 능력 평가 연구: 숙달도 평가를 중심으로, 고려대학교 박사학위논문.
• 이완기(2012), 영어 평가 방법론, 문진미디어.
• Brown, H. D. (2004), *Language assessment: Principles and classroom practices*, 이영식·안병규·오준일 역, 2006, 외국어 평가: 원리 및 교실에서의 적용, 피어슨에듀케이션코리아.
• Madsen, H. S. (1983), *Techniques in testing*, 임병빈 역, 1993, 영어교육 평가 기법, 한국문화사.

■ 평가의 기능에 따른 유형

❏ 형성 평가와 총괄 평가

형성 평가(形成評價, formative assessment)는 학생의 학습이 이루어져 가는 과정, 즉 학습의 형성 과정을 지속적으로 감시, 점검하여 교수 학습의 효과를 높이기 위해 수시로 시행하는 비공식적인 성격의 시험이다. 반면 총괄 평가(總括評價, summative assessment)는 일정 분량의 학습 내용을 일정 기간 동안 학습한 후에 학생들의 학습 목표 성취 정도를 요약적으로 평가하는, 중요도가 상대적으로 높은 공식적 성격의 시험이다.

 1967년에 스크리븐(M. Scriven)이 처음 제안한 형성 평가는 작은 단위의 학습이 끝날 때마다 시행하여 학생이 잘하는 부분과 부족한 부분에 대해 질적인 피드백을 주는 것에 중점을 두었다. 이전 수업의 학습 내용에 대해 5분 시험, 쪽지 시험, 퀴즈(quiz) 등의 간단한 시험들이 그 예에 해당한다. 총괄 평가는 학생이 학습하기로 되어 있는 것을 실제로 학습하였는가를 점검함으로써 학생의 학습 결과를 평가하는 것에 중점을 둔다. 그 예로 월말고사, 중간고사, 기말고사 등이 있다.

 형성 평가가 학습을 위한 평가(assessment for learning)의 성격이 강하다면 총괄 평가는 학습 자체의 평가(assessment of learning)의 성격이 강하다. 형성 평가는 학습의 과정에 초점을 두고 지나친 경쟁을 유발하지 않으면서 교수 학습의 효과를 증진시키는 동인으로 활용할 수 있다는 점에서 교육적 의미가 크다. 그러나 형성 평가는 현실적인 교육 여건상 자주 실시하기는 쉽지 않으며 평가의 결과가 성적에 반영되지 않으면 학생들이 관심도가 약해지기 때문에 그 효과가 줄어들 가능성이 있다. 반면 총괄 평가의 결과는 학생들의 성적 순위를 정하는 데 주로 사용하기 때문에 학생들에게 과도한 경쟁 의식을 부추길 수 있고 학습 자체보다는 점수나 등수에 더 신경을 쓰게 만들 수도 있다. 그러나 학생과 교사가 자신들의 노력과 활동 결과를 후속의 수업에서 지침으로 활용하고자 할 때는 총괄 평가의 정보도 형성 평가와 같은 목적으로 사용할 수도 있다.　　　〈이완기〉

[참고문헌]
• 이완기(2012), 영어 평가 방법론, 문진미디어.
• Eberly center, What is the difference between formative and summative assessment, Retrieved May 28, 2014, from http://www.cmu.edu/teaching/assessment/basics/formative-summative.html
• Scriven, M. (1967), The methodology of evaluation, In R. E. Stake. et al. (Eds.), *AERA Monograph series on curriculum evaluation 1: Perspectives of curriculum evaluation*, Rand McNally.

■ 시험의 방식에 따른 유형

❑ 규준 참조 시험과 준거 참조 시험

 규준 참조 시험(規準參照試驗, norm-referenced test)은 시험을 통해 개인이 얻은 점수나 측정치를 비교 집단의 규준(norm)에 비추어 상대적으로 나타내는 평가를 말한다. '규준' 또는 '기준'은 '어떤 상태에 대한 가부(可否)의 판단을 내릴 때의 기준, 다른 학생이 얻은 점수와 비교하여 봄으로써 문제 자체를 적합하게 조정하기 위한 검토 기준을 의미한다. 다시 말해 규준은 원점수의 상대적인 위치를 설명하기 위하여 쓰는 자료로서 모집단을 대표하는 표본에서 얻은 점수를 기초로 하여 만든다. 이러한 시험의 목적은 수험자들을 순위 서열에 의거하여 순서대로 줄을 세우는 것이다. 규준 참조 시험은 대부분 표준화된 시험으로서 많은 수험자에게 시행하도록 의도된 것이 많아 타당도에 비해 측정의 오차를 최소화하는 신뢰도와 실용도가 강조되는 면이 있다.

규준 참조 시험은 집단 내 학생 간의 개인차를 객관적으로 식별하게 하며 경쟁을 통한 학습의 외발적 동기 유발에 적합하다는 장점이 있다. 반면 서열을 정하는 정보 제공에 불과하여 교수 학습 활동의 구체적 보완점과 개선점을 제공하지 못한다는 점, 교육 목표, 교수 방법, 학습 효과를 경시하게 되는 점, 경쟁으로 인하여 인성 교육이 상실된다는 점 등을 단점으로 들 수 있다.

준거 참조 시험(準據參照試驗, criterion-referenced test)은 학습자 개인이 준거(criterion)에 비추어 무엇을 얼마나 알고 있는지를 측정하는 시험이다.

'준거' 혹은 '목표'의 개념은 목표 행동의 특정 영역에 대한 수행, 지식의 정도를 의미한다. 따라서 준거 참조 시험은 임의로 정해진 목표에 학습자의 언어 능력이 부합되는지를 평가하는 것으로서 기준이나 당락 점수가 미리 결정되어 있다. 1990년대 영어 능력 시험에서부터 발전한 준거 참조 시험의 개념은 학습자 중심의 교육과정과 평가 도구의 세환 효과와 학업 성취도 평가 도구의 타당성에 대한 논의에서 시작되었다. 김진석은 글레이저(R. Glaser)와 닛코(A. J. Nitko)의 견해를 다음과 같이 인용한 바 있다. 글레이저는 준거 참조 시험의 점수는 학생이 무엇을 알고 무엇을 모르는가에 대한 확실한 정보를 제공한다고 하고, 닛코는 개인의 성취 점수를 정해진 준거에 비추어 직접적으로 해석하는 시험으로서 성취 수준은 개인이 학습해야 할 학습 과제의 영역에 따라 한정된다고 한다. 이러한 준거 참조 시험은 '목표 지향 평가, 절대 평가'라고 불리기도 하며, 대부분의 자격 시험이 그 예에 해당한다.

준거 참조 시험의 장점은 학생들의 학습을 교정할 수 있고, 학습 속도 및 곤란을 겪는 부분의 파악이 가능하고, 최적의 교수 방법을 적용할 수 있으며, 학생 개개인에게 알맞은 수업 자료를 확인할 수 있고, 학습 내용에 대한 학생의 이해도를 판단할 수 있다는 데 있다. 반면 단점으로는 학생 개개인 간의 학업 성취 면에서 개인차의 식별이 곤란하고, 획득 점수의 통계적 처리가 어려우며, 교수 학습을 개선시킬 수 있는 구체적이고도 실제적인 대안이 매우 불투명하고, 절대 기준 설정이 극히 어려울 뿐 아니라 '절대'라는 용어 자체에 대한 재고가 필요하다는 점을 들 수 있다.　　　　〈김유정〉
= 상대 평가, 절대 평가

[참고문헌]
• 강승혜 외(2006), 한국어 평가론, 태학사.
• 강승호 외(1996), 현대 교육 평가의 이론과 실제, 양서원.
• 김진석(2009), 영어과 교육과정 및 평가, 한국문화사.
• 박도순·변영계(1987), 교육과정과 교육 평가, 문음사.
• 이완기(2003), 영어 평가 방법론, 문진미디어.

❏ 분리 시험과 통합 시험

분리 시험(分離試驗, discrete-point test)은 언어를 구성 요소별로 분석하여 각각의 구성 요소를 한 문항에 하나씩 평가하는 방식이다.

이는 20세기 초에 발달하기 시작한 심리 측정학(psychometrics), 구조주의(structuralism), 행동주의(behaviorism) 등의 영향을 받아 언어도 분리할 수 있는 구성 요소들로 구성되어 있고 각각의 구성 요소들은 평가의 대상이 된다는 것을 전제하고 있다. 예를 들어 언어 지식은 문법 요소, 어휘, 철자, 구두점, 발음, 억양, 강세 등의 수많은 독립적 요소들로 구성되어 있기 때문에 각각 나눌 수 있고 각 요소 하나하나는 평가의 대상이 될 수 있다. 분리 시험은 많은 수의 언어적 요소들에 대한 질문들로 구성하고 한 문항은 오직 한 가지 언어적 요소에 대해서만 질문하며 진위형이나 선다형의 형태로 문제를 제시한다.

분리 시험은 일정 기간의 교수 학습 후에 언어의 어떤 특정 요소의 이해를 측정하는 성취도 평가나 진단 시험 등을 목적으로 매우 유용하게 활용할 수 있다. 그러나 분리 시험은 언어를 구성 요소들의 산술적 합계라고 보는 점, 언어를 사용하는 맥락에서 인위적으로 분리한다는 탈맥락성 측면에서 언어 사용 능력의 통합적 본질을 훼손하는 결과를 가져온다. 또한 분리된 언어 요소들 간의 체계적인 관계성을 간과할 수 있다는 위험성도 분리 시험의 단점이다.

통합 시험(統合試驗, integrative test)은 분리 시험과 달리 언어 사용의 실제 모습을 구성 요소별로 구분하지 않고 여러 가지 구성 요소를 동시에 고려하여 측정하는 방식의 평가이다.

올러(J. W. Oller)는 언어 능력이란 서로 분리해서는 충실하게 평가할 수 없는 상호 작용하는 능력들이 통합된 집합이라고 본다. 언어 사용의 실제 모습에서는 한 가지 언어적 사건에서 여러 종류의 지식들이 특정 비율로 한번에 상호 의존적, 상호 보완적으로, 즉 통합적으로 사용된다. 따라서 문법, 어휘 혹은 다른 분리된 언어 요소들을 개별적으로 평가해서 그 결과를 누적적으로 합산해서는 언어의 실제 사용 능력을 포착하기가 어렵다는 것이다.

교육의 주요 목표가 의사소통 능력의 증진이 된 근래의 평가 경향은 언어를 통합적이고 화용적인 기능으로 본다. 따라서 수험자가 주어진 언어 사용의 맥락 속에서 일련의 언어 요소를 이해하고 그 언어 요소들을 언어 외적인 상황과 맥락에 화용적으로 대응시킴으로써 일련의 언어 요소들을 서로 관련짓는 능력을 평가한다. 이는 수험자의 다원적 언어 능력을 다양한 각도에서 측정하는 것을 중요하게 여긴다.

통합 시험은 보다 다양한 범위의 여러 가지 언어 능력을 동시에 평가하는 방식으로서 전반적인 언어 능력을 측정하는 목적으로 주로 사용한다. 문법 체계의 여러 가지 구성 요소들을 목적에 맞게 동시에 사용하거나, 듣거나 읽고 말을 하게 하거나 혹은 보고 듣고 읽고 말을 하게 하거나 쓰게 하는 방식, 글의 앞뒤 관계를 따져서 알맞은 단어를 써 넣게 하는 빈칸 채우기(cloze test) 방식, 받아쓰기, 번역하기, 구두 면접 등이 통합 시험에 해당한다.

통합 시험은 평가하고자 하는 대상의 본질을 상대적으로 적게 훼손하면서 실제 언어 사용의 모습과 비슷하게 평가할 수 있다는 장점이 있다. 그러나 언어적 세부 사항의 정확성을 간과할 위험이 있고 실제 평가의 과정이 더 복잡하고 어려운 면이 있다.

〈이완기〉

= 분절 평가, 분리 항목 평가

[참고문헌]
• 이완기(2012), 영어 평가 방법론, 문진미디어.
• ALTE members (1999), *Multilingual glossary of language testing terms*, Cambridge University Press.
• Hughes, A. (1989), *Testing for language teachers*, Cambridge University Press.
• Lado, R. (1961), *Language testing: The construction and use of foreign language tests, a teacher's book*, Longman.
• Oller J. W. (1976), Evidence of general language proficiency factor: An expectancy grammar, *Die Neueren Sprachen 75-2*, pp. 165~174.

■ 시험의 목적에 따른 유형

❏ 진단 시험

진단 시험(診斷試驗, diagnostic test)은 학습자의 학습 정도, 흥미, 적성, 동기와 같은 특성을 체계적으로 관찰, 측정하고 진단하여 학습이 시작되기 전에 학습자의 언어 능력의 장점과 단점을 확인하는 시험이다.

교사는 학습자가 지닌 언어의 특정한 측면을 진단한 후 이에 맞는 보충 학습을 유도하기 위해 진단 시험을 실시한다. 예를 들어 발음 진단 시험은 한국어의 어떤 음운상 특징이 학습자에게 효과적으로 학습되고 또 어떤 특징이 곤란을 주는지 판단하고 교정하는 것이 목적이다.

학습자는 진단 시험을 통해 자신의 장점을 계속 유지하면서 부족한 점을 집중적으로 재학습하고 훈련하여 고칠 수 있다. 교육 기관은 진단 시험을 통해 교육과정의 진행 상황을 수시로 점검할 수 있고 그 결과 학습자의 요구를 지속적으로 충족시킬 수 있다.

진단 시험의 내용은 주로 의사소통 기술과 직접 관련된 듣기, 말하기, 읽기, 쓰기 등의 영역별 평가 그리고 이들 영역의 언어적 하위 기술(language sub-skill)인 어휘, 문법, 발음 등을 포함할 수 있다. 구어 표현의 대표적인 진단 시험은 프래토르(C. H. Prator)가 제작하여 영어 발음 교재에 첨부한 것이다. 수험자가 150개의 단어 지문을 읽으면 그 내용이 녹음되고 평가자는 학습자의 녹음 내용을 분석하기 위한 음운의 항목을 조사한다. 음운 범주는 강세와 리듬, 억양, 모음, 자음, 기타 요소로 이루어지는데 각 범주에는 다시 세부적인 하위 범주가 설정되어 있다. 자세한 범주 설정은 교사와 학습자가 발음 양상에

대해 어느 쪽에 더욱 초점을 맞출 것인지에 대한 정보를 제공한다. 〈김유정〉

[참고문헌]
- 강승혜 외(2006), 한국어 평가론, 태학사.
- 김유정(1999), 한국어 능력 평가 연구: 숙달도 평가를 중심으로, 고려대학교 박사학위논문.
- 이완기(2003), 영어 평가 방법론, 문진미디어.
- Brown, H. D. (2004), *Language assessment: Principles and classroom practices*, 이영식·안병규·오준일 역, 2006, 외국어 평가: 원리 및 교실에서의 적용, 피어슨에듀케이션코리아.

❏ 배치 시험

배치 시험(配置試驗, placement test)은 학습자의 학습 능력이 교육 기관 내에서 어느 정도 되는지를 판단하여 적절한 급이나 반으로 배정하기 위해 시행하는 시험을 말한다.

일반적으로 배치 시험은 어떤 교육 프로그램이 시작하기 직전에 실시한다. 배치 시험의 궁극적인 목적은 학습자를 특정 언어 프로그램의 정확한 수준에 배치하는 것이다. 따라서 시험의 내용은 보통 특정 과정의 수업에서 다룰 자료의 표본을 포함하며 시험 수행은 너무 쉽지도 어렵지도 않은 적절한 지점에서 이루어져야 한다.

배치 시험의 기능은 다음과 같다. 교사는 실력이 비슷한 학습자끼리 학습할 수 있도록 학습자를 각 등급에 맞게 배치하여 교수할 수 있다. 교육 기관은 특정 시기에 학습하는 학습자의 수준과 요구(needs)를 검토하고 그에 맞는 학습이 이루어지도록 교수 의도와 전체 교육과정을 조절할 수 있다. 학습자는 자신의 언어 능력이 어느 정도인지를 판단받은 후 능력에 맞는 학습이 이루어질 수 있도록 반을 배치받고 이를 통해 안정감 속에서 학습을 할 수 있다.

좋은 배치 시험을 위한 고려 사항은 다음과 같다. 첫째, 실용도의 문제가 해결 가능하다면 의사소통 능력의 기술인 듣기, 말하기, 읽기, 쓰기에 대한 전반적인 평가를 해야 한다. 둘째, 각 시기마다 배치 평가의 내용을 다양하게 할 필요가 있다. 셋째, 준거 참조 시험(criterion-referenced test)으로 이루어져야 한다. 넷째, 객관적이고 믿을 만한 시험을 통해 적절한 배치가 이루어질 수 있도록 교육 기관 내에서 채점자 신뢰도를 높이는 방안을 강구해야 한다. 〈김유정〉

[참고문헌]
- 강승혜 외(2006), 한국어 평가론, 태학사.
- 김유정(1999), 한국어 능력 평가 연구: 숙달도 평가를 중심으로, 고려대학교 박사학위논문.
- 김하수(1996), 한국어 능력 검정 제도의 실시를 위한 기본 연구, 교육부.
- Brown, H. D. (2004), *Language assessment: Principles and classroom practices*, 이영식·안병규·오준일 역, 2006, 외국어 평가: 원리 및 교실에서의 적용, 피어슨에듀케이션코리아.

❏ 선발 시험

선발 시험(選拔試驗, selection test)은 지원자가 특정 프로그램에서 성공할 가능성이 있는지를 측정하여 일정한 수의 사람을 뽑기 위해 시행하는 시험을 말한다.

선발 시험은 입학 시험(admission test)이나 선별 시험(screening test)으로 불리기도 한다. 선발 기관의 목적에 따라 선발 시험을 별도로 개발하기도 하지만, 일반적인 숙달도 시험(proficiency test)을 선발 시험으로 사용하기도 한다.

선발 시험의 예로 영어의 경우에는 토플(Test of English as a Foreign Language: TOEFL)을 들 수 있고, 한국어의 경우에는 외국인의 한국 대학 입학 전형에 사용되는 한국어능력시험(Test of Proficiency in Korean: TOPIK)이나 미국의 대학 입학 전형에 사용되는 미국의 대학수학능력시험(Scholastic Aptitude Test Ⅱ: SAT Ⅱ)의 한국어 시험, 노동자 선발을 위한 고용허가제 한국어능력시험(Emloyment Permit System-Test of Proficiency in Korean: EPS-TOPIK) 등을 들 수 있다. 이들은 진학이나 취업과 관련된 시험으로 학문 목적 또는 취업 목적 시험 등 특수 목적 시험과 관련되기도 한다.

선발 기준이 되는 점수는 그 프로그램에서 좋은 수행을 보였거나 그렇지 않았던 이전 지원자들의 정보 분석을 통해서 결정하거나 조정한다. 예를 들어 한국어 학습자가 한국의 대학에 입학하는 경우에 대학마다 한국어능력시험의 합격 기준 등급을 별도로 제시하여 선발 기준을 조정하기도 한다. 〈김유정〉

[참고문헌]
• 김유정(1999), 한국어 능력 평가 연구: 숙달도 평가를 중심으로, 고려대학교 박사학위논문.
• 이완기(2003), 영어 평가 방법론, 문진미디어.
• Bailey, K. M. (2001), *Learning about language assessment: Dilemmas, decisions, and directions*, 이정원 역, 2005, 언어 평가의 이해, 경문사.

❏ 성취도 시험

성취도 시험(成就度試驗, achievement test)은 교육 기관에서 기관의 교육 철학에 맞게 마련한 교육과정과 교수요목을 기반으로 하여 교재를 개발하고 일정 기간 동안 그 교재와 관련한 내용을 가르친 다음 교육 목표를 얼마나 달성했는지를 측정하는 것을 말한다.

성취도 시험은 교실 수업이나 전체 교육과정과 연관되어 있고 시험 범위를 수업 중에 다룬 내용으로 제한한 시험이다. 쪽지 시험이나 퀴즈, 주간 시험, 단원 시험, 월말고사, 중간고사, 기말고사 등이 이에 해당한다. 이러한 성취도 시험은 단위 수업 시간마다 성취해야 할 작은 단위의 목표들을 여러 개로 묶어서 평가하므로 상당 기간에 걸친 과거의 학습을 되돌아보고 점검하는 총괄 평가적 기능을 한다. 또한 성취도 시험은 중요한 형성적 역할을 하기도 한다. 효과적인 성취도 시험은 과정이나 단원의 하위 부분에서 학습자 수행의 질에 대한 세환 효과(washback effect)를 제공하는데 이는 시험의 형성적 성격에 기여한다. 교사는 성취도 시험을 통해 교육과정의 중간 시점과 마지막 시점에서 학습자가 학습 내용을 얼마만큼 이해했고 실력이 얼마나 향상했는지를 점검할 수 있다. 또한 성취도 시험 결과를 통해 교수 방법의 장단점을 점검하고 남은 기간 동안의 교수에 이를 반영하기 위한 계획을 세울 수 있다. 학습자는 성취도 시험을 통해 자신의 언어 학습 발달 과정을 객관적으로 인식할 수 있고 학습 과정에 대해 보상을 받을 수 있다. 또한 부족한 부분을 보충할 수 있는 계기로 삼아 다음 학습 과정에 도움을 받을 수 있다.

브라운(H. D. Brown)은 성취도 시험의 지침을 결정하는 요인으로 시험 범위에 해당하는 과, 단원, 과정 등의 목표와 그 목표의 상대적 중요성 혹은 비중, 수업 시간 동안 교실에서 이루어지는 과제, 시험 시간 및 결과가 나올 때까지의 기간과 같은 실용성 문제, 시험 구성이 형성적 세환 효과에 부합하는 정도를 들고 있다.

바람직한 성취도 시험은 언어 지식뿐만 아니라 숙달도 지향 성취도 시험(proficiency oriented-achievement test)이 되어야 한다. 이는 언어 지식과 함께 그 언어 지식의 사용 측면, 즉 언어 기술도 함께 평가하는 것을 말한다. 〈김유정〉

[참고문헌]
• 강승혜 외(2006), 한국어 평가론, 태학사.
• 김유정 외(1998), 한국어 능력 평가 방안 연구: 성취도 평가를 중심으로, 한국어교육 9-1, 국제한국어교육학회, 37~94쪽.
• 최은규(2005), 한국어 평가론, 한국방송통신대학교 평생교육원 편, 외국어로서의 한국어교육학, 한국방송통신대학교출판부.
• Brown, H. D. (2004), *Language assessment: Principles and classroom practices*, 이영식·안병규·오준일 역, 2006, 외국어 평가: 원리 및 교실에서의 적용, 피어슨에듀케이션코리아.

❏ 숙달도 시험

숙달도 시험(熟達度試驗, proficiency test)은 전반적이고 포괄적인 언어 의사소통 능력의 정도를 측정하는 시험이다.

숙달도 시험의 측정 대상은 어떤 특정 교육과정이나 수업 과정에 국한된 것이 아니라 수험자의 성공적인 의사소통 숙달도 전반이다. 숙달도는 일반적으로 언어의 네 기술(skill), 즉 듣기, 말하기, 읽기, 쓰기와 다양한 상황에서의 전체적인 언어 사용 능력을 포함한다.

숙달도 시험의 핵심적인 특징 중 하나는 언어 학습자가 어떻게 숙달도에 이르게 되었는지가 중요하지 않다는 점이다. 숙달도 시험에서는 수험자가 어디에서 누구에게 얼마나 배웠느냐보다는 현재 어떤 수준의 숙달도에 있는지가 중요하다. 이 때문에 숙달도 시험은 다양한 학습자 변인을 포괄할 수 있는 시험이 되어야 하고 어떤 영역의 표본을 추출하는지를 결정하는 것이 중요하다. 가령 수험자가 외국에 거주하는 교포인지, 한국에 거주하는 외국인 학습자인지, 외국에 거주하는 외국인 학습자인지에 따라 숙달도 시험의 표본 추출이 득(得)이나 실(失)이 될 수 있기 때문이다.

숙달도 시험은 평가 도구별로 차이는 있으나 대부분 총괄적이고 규준 참조적인 특징을 지니는 경우가 많다. 숙달도 시험은 단일 점수의 형태로 결과를 제공하여 자격 제한(gate-keeping) 역할을 하며 규준에 대한 수행을 측정하기 때문에 진단적인 피드백을 제공하기가 어렵다. 반면에 대부분의 숙달도 시험은 표준화된 시험으로 개발되어 평가의 타당도와 신뢰도를 보장한다는 장점이 있다.

한국어의 대표적인 숙달도 시험으로는 한국어능력시험(Test of Proficiency in Korean: TOPIK)을 들 수 있다. 〈김유정〉

= 능숙도 시험

[참고문헌]
• 강승혜 외(2006), 한국어 평가론, 태학사.
• 김유정(1999), 한국어 능력 평가 연구: 숙달도 평가를 중심으로, 고려대학교 박사학위논문.
• 이완기(2003), 영어 평가 방법론, 문진미디어.
• Bailey, K. M. (2001), *Learning about language assessment: Dilemmas, decisions, and directions*, 이정원 역, 2005, 언어 평가의 이해, 경문사.
• Brown, H. D. (2004), *Language assessment: Principles and classroom practices*, 이영식·안병규·오준일 역, 2006, 외국어 평가: 원리 및 교실에서의 적용, 피어슨에듀케이션코리아.

12.6. 문항 분석 이론

문항 분석(問項分析, item analysis)은 검사의 기본 단위인 문항이 본래의 기능을 제대로 수행하고 있는지 확인하고 검토하는 작업을 말한다.

한 검사의 좋고 나쁨을 결정하는 것은 그 검사를 구성하는 문항의 질에 달려 있다. 문항의 질이 낮으면 전체적인 검사의 양호도도 낮아진다. 따라서 문항 분석을 통해 검사를 구성하는 문항의 좋고 나쁨을 분석할 수 있다.

문항 분석의 방법에는 문항이 검사의 목적에 부합하도록 제작되었는지를 질적으로 점검하는 방법과 피험자의 응답 결과를 검사 이론에 입각해서 양적으로 점검하는 방법이 있다.

문항에 대한 질적 분석은 문항이 검사 목적에 맞게 적절하게 표집되었는지를 점검하는 것을 말한다. 이는 내용 타당도를 확인하는 과정으로서 검사 내용에 관한 전문가의 판단에 의존한다. 또한 문항이 문항 유형의 형식적인 특성과 제작 원리에 따라 제작되었는지, 문항 편집 지침에 근거하고 있는지를 분석한다. 이러한 분석에는 문항 점검표가 활용된다. 문항 점검표에는 문항 내용에 대한 평가와 문항 형식에 대한 평가가 포함된다. 문항 내용 점검표는 문항 내용과 관계된 것으로 평가 항목의 내용이 평가 목적에 맞게 표집되었는지를 평가 영역에 따라 검토하는 것이다. 문항 형식 점검표는 각 문항들이 문항 유형에 따른 문항 제작 지침에 따라 제작되었는지를 점검하기 위해서 활용한다. 이러한 문항 점검표를 바탕으로 문항을 점검한 후 문항에 대한 총평을 하고 문항이 지니는 특별한 사항이나 문항 수정 내용을 기록함으로써 문항의 질을 향상시킬 수 있다.

문항에 대한 양적 분석은 수험자의 응답 자료를 검사 이론에 입각하여 분석하는 것을 말한다. 문항을 양적으로 분석하는 이론에는 고전 검사 이론과 문항 반응 이론이 있다. 고전 검사 이론(classical test theory)은 검사 도구의 총점으로 문항을 분석하는 이론으로 검사에 의한 관찰 점수는 진(眞)점수와 오차 점수에서 합성됨을 가정하는 이론이다. 고전 검사 이론을 바탕으로 한 문항 분석 지수(指數, index)에는 문항의 쉽고 어려운 정도를 나타내는 문항 난이도, 능력이 높은 피험자와 낮은 피험자를 변별해 내는 정도를 나타내는 문항 변별도, 선다형 문항에서 피험자가 오답지를 정답으로 선택하는 비율을 나타내는 오답 매력도 등이 있다. 문항 반응 이론(item response theory)은 각 문항이 불변의 고유한 속성을 지니고 있음을 전제하고 그 고유한 속성을 나타내는 문항 특성 곡선으로 문항을 분석하는 이론이다. 문항 반응 이론에서 문항 난이도는 문항 특성 곡신의 위치로 분석하며 문항 특성 곡선이 오른쪽에 위치할수록 어려운 문항으로 분석한다. 문항 반응 이론에서 문항 변별도는 문항 특성 곡선의 기울기로 분석하며 기울기가 가파를수록 변별도가 높은 문항으로 분석한다. 문항 추측도는 피험자가 추측으로 답을 맞힐 확률을 나타내며 문항 추측도 수치가 높을수록 좋지 않은 문항으로 분석한다.

　문항 분석은 체계적이고 객관적인 방법을 통해 문항을 점검하여 문항이 본래 의도한 기능을 제대로 수행하는지 알아보는 것이다. 이러한 문항 분석 결과에 따라 문항을 수정하고 부족한 부분을 보완함으로써 검사 도구의 질을 높인다. 또한 문항 분석 작업을 통해 교사의 문항 작성 기능을 향상시키며 교수 활동을 개선할 수 있는 기반도 제공한다. 이와 같이 문항 분석은 분석 자체가 목표가 아니라 문항의 양호도를 높이는 것이 최종 목표인 작업이다. 따라서 한국어교육 분야에서 이루어지는 다양한 성취도, 숙달도 평가에서도 문항 분석 방법을 적용하여 문항을 판단하고 개선해 나감으로써 교사의 문항 개발 기술을 향상시키고 문항의 양호도, 검사의 양호도를 높이는 것이 필요하다. 〈장은아〉

[참고문헌]
• 강승혜 외(2006), 한국어 평가론, 태학사.
• 박도순 외(2007), 교육 평가: 이해와 적용, 교육과학사.
• 성태제(1996), 문항 제작 및 분석의 이론과 실제, 학지사.

■ 고전 검사 이론

　고전 검사 이론(古典檢查理論, classical test theory: CTT)은 검사 도구의 총점으로 문항을 분석하는 이론이다.

　1920년대에 개발된 이후 현재까지 활발히 응용되고 있는 고전 검사 이론은 수험자가 검사 문항 중 몇 문항을 맞혔는지 그리고 몇 명의 수험자가 정답에 응답을 하였는지를 분석한다. 문항 난이도, 문항 변별도, 문항 추측도 등의 용어는 고전 검사 이론에서 비롯되었다. 고전 검사 이론에서 문항의 쉽고 어려운 정도를 나타내는 지수인 문항 난이도(問項難易度, item difficulty)는 전체 응답자 중 문항의 답을 맞힌 수험자 비율로 추정한다. 문항 변별도(問項辨別度, item discrimination power)란 문항이 수험자의 능력 수준을 변별해 내는 정도를 나타내는 지수로서, 문항 점수와 수험자 총점의 상관 계수로 추정하거나 수험자의 능력이 상위인 집단과 하위인 집단으로 구분하여 이 두 집단의 정답률의 차이로 추정한다. 문항 추측도(問項推測度, item guessing)는 전체 수험자 중 문항의 답을 추측하여 맞힌 수험자의 비율로 나타낸다. 오답 매력도(誤答魅力度, attractiveness of distractor)는 수험자가 각 오답지에 반응한 비율로 나타내며 오답지에 대한 응답 비율이 오답 매력도보다 높으면 매력적인 답지로 평가한다. 오답 매력도보다 낮은 응답 비율을 보인 답지는 매력적이지 않은 답지로 분석하며 이러한 경우에 답지를 보다 매력적으로 수정함으로써 문항 양호도를 높일 수 있다. 고전 검사 이론은 산출 방법이 비교적 간단하다는 장점을 지니며 그 유용성이 경험적으로 입증되어 왔다.

고전 검사 이론에서는 수험자의 진(眞)점수를 알 수 없기 때문에 이론적으로 동일 검사를 동일 수험자에게 무한히 반복하여 얻은 점수들의 평균값으로 진점수를 추정한다. 그러나 인간 행동에 대한 독립적인 반복 측정은 이론적으로는 가능하나 실제로는 다양한 심리적 효과와 현실적 제약으로 인해 불가능하다. 고전 검사 이론에서는 관찰 점수와 진점수가 검사에 종속된다는 점과 모든 수험자가 같은 측정 오차가 있다는 가정도 제한점으로 제기된다. 고전 검사 이론은 문항 난이도나 문항 변별도 지수가 수험자 집단의 특성에 따라 달라지고, 수험자의 능력 비교도 수험자 집단의 특성이나 검사의 특성에 따라 달라지므로 능력 추정의 정확성이 결여된다는 단점도 있다. 고전 검사 이론이 지니고 있는 이러한 한계로 인해 실제적으로 이를 활용하여 문항을 분석하고 검사를 제작하는 데에는 제약이 따른다. 또한 고전 검사 이론에 의한 문항 분석 결과는 검사의 목적에 따라 다르게 해석된다. 따라서 검사자는 검사의 종류에 따라 결과의 분석에 유의해야 한다. 상대적 서열이나 비교를 목적으로 하는 규준 참조 시험에서는 문항들이 다양한 난이도와 높은 변별도를 지닌 문항인지를 분석하는 것이 필요하다. 반면 학습자들이 목표로 하는 일정한 준거에 도달하였는지를 평가하는 준거 참조 시험에서는 지나치게 쉽거나 어려운 문항이 아닌 해당 준거 수준의 난이도를 지닌 문항인지를 분석하는 것이 필요하다. 〈장은아〉

[참고문헌]
• 강승혜 외(2006), 한국어 평가론, 태학사.
• 박노순 외(2007), 교육 평가: 이해와 적용, 교육과학사.
• 성태제(2002), 현대 교육 평가, 학지사.

■ 문항 반응 이론

문항 반응 이론(問項反應理論, item response theory: IRT)이란 각 개별 문항은 불변하는 속성을 지니고 있다고 보고 그 속성을 나타내는 문항 특성 곡선으로 문항을 분석하는 검사 이론이다.

비네와 시몽(A. Binet & T. Simon)은 지능 측정을 위해 연령에 따라 정답을 맞힌 수험자의 비율을 표시한 점들을 연결하는 곡선을 작성하고 이 곡선에서 연령에 따른 정답률의 변화를 파악하였다. 이를 기초로 연령에 적합한 문항을 선택하여 검사를 제작한 것이 문항 반응 이론의 시작이다. 문항 반응 이론은 1940년대에 이론적 전개를 이루었으며 1980년대에 이르러 컴퓨터를 이용하여 어려운 수리적 계산이 가능해지면서 교육 및 측정 분야에서 활발히 응용되고 있다. 문항 반응 이론을 전개하기 위해서는 검사 도구가 인간이 지닌 다양한 잠재적 특성 중 하나의 특성만을 측정해야 한다는 '일차원성 가정(unidimensionality assumption)'과 어떤 문항과 다른 문항의 답을 맞힐 확률은 상호 독립적이며 한 문항의 내용이 다른 문항의 정답의 단서가 되지 않아야 한다는 것을 뜻하는 '지역 독립성 가정(local independence assumption)'이 충족되어야 한다.

문항 반응 이론에서 문항 난이도와 문항 변별도, 문항 추측도의 추정은 문항 반응 모형에 의존하여 산출된다. 그리고 취급하는 모수(母數)에 따라 난이도만을 고려하는 일모수 모형, 난이도와 변별도를 고려하는 이모수 모형, 난이도와 변별도 외에 추측도까지 고려하는 삼모수 모형으로 구분된다. 또한 문항이 측정하는 잠재적 특성의 수에 따라 일차원 모형과 다차원 모형이 있다. 따라서 검사자는 자신의 검사 자료에 적합한 모형이 무엇인지 판단하여 적절한 모형을 선택해야 한다.

문항 반응 이론에서 문항 난이도, 문항 변별도, 문항 추측도에 대한 정의는 고전 검사 이론의 정의와 상이하다. 문항 반응 이론에서 문항 난이도는 문항 특성 곡선 상에서 문항의 답을 맞힐 확률이 .5에 해당되는 능력 수준의 점을 말하며 'β' 혹은 'b'로 표기한다. 문항 난이도는 일반적으로 -2에서 +2 사이에 존재하며 문항 특성 곡선이 오른쪽에 위치할수록, 즉 그 값이 클수록 어려운 문항이라고 해석된다. 문항 반응 이론에서의 문항 변별도는 문항 난이도를 나타내는 지점에서의 문항 특성 곡선의 기울기를 말하며 문항 특성 곡선이 문항의 난이도 수준 아래에 위치한 수험자와 그 위에 위치한 수험자를 구분해 내는 정도를 나타낸다. 문항 변별도는 'α' 혹은 'a'로 표기한다. 문항 변별도 지수는 대체로 0에서 +2 사이의 범위에 있으며 그 값이 클수록 변별도가 크다고 해석한다. 문항 반응 이론에서 문항 추측도는 능력이 낮은 학생이 추측으로 정답에 반응할 확률을 나타내며 'c'로 표시한다. 문항 추측도 값이 클수록 좋지 않은 문항으로 분석된다.

문항 반응 이론에는 문항 난이도, 문항 변별도, 문항 추측도가 수험자 집단의 특성에 따라 변하지 않는다는 문항 특성 불변성(invariance concept of item characteristics)과 수험자의 능력은 어려운 검사를 택하느냐 쉬운 검사를 택하느냐에 따라 변하는 것이 아니라 고유한 능력 수준이 있다는 수험자 능력 불변성(invariance concept of examine ability) 개념이 있으며 이러한 불변성 개념이 문항 반응 이론의 강점이다. 또한 문항 반응 이론은 동일한 문항 수를 맞힌 두 명의 수험자에 대해서도 어려운 문항을 맞힌 수험자의 능력을 보다 높게 분석함으로써 수험자의 능력 추정을 더욱 정확하게 할 수 있다는 장점을 지닌다. 이런 장점으로 인해 문항 반응 이론은 교육학, 심리학뿐만 아니라 언어학에까지 적용되고 있다. 문항 반응 이론은 문항 난이도, 문항 변별도, 문항 추측도를 안정적으로 추정하므로 문제 은행 구축, 검사 동등화, 컴퓨터화 검사 등에 적용되고 있다.

한국어능력시험(Test of Proficiency in Korean: TOPIK)과 같은 대규모의 준거 참조 평가에서도 문항 반응 이론을 적용한 준거 설정 작업과 문항 분석 작업이 보다 활발히 이루어져 안정적인 평가 수행의 기반을 마련하는 것이 필요하다. 〈장은아〉

[참고문헌]
• 박정(2001), 다분 문항 반응 이론 모형, 교육과학사.
• 성태제(2002), 현대 교육 평가, 학지사.
• Binet, A. & Simon, T. H. (1916), *The development of intelligence in children: The Binet-Simon scale*, Williams & Wilkins.

12.7. 문항 분석 지수

■ 문항 난이도

문항 난이도(問項難易度, item difficulty)는 문항의 쉽고 어려운 정도를 나타내는 지수를 말한다.

문항 난이도는 총 수험자 중 답을 맞힌 피험자의 비율, 즉 정답률로 산출한다. 문항 난이도 지수가 높다는 것은 문항을 맞힌 피험자의 수가 많다는 것을 뜻하며 따라서 그 문항은 쉬운 문항으로 분석된다. 이와 같이 난이도 지수가 높을수록 문항이 쉽다는 것을 의미하므로 문항 난이도라는 용어 대신 '문항 용이도(問項容易度, item easiness)'라고 표현해야 한다는 주장도 있고, 문항 난이도의 영문 표현을 직역하면 문항 곤란도가 되므로 '문항 곤란도(問項困難度, item difficulty)'라고 불러야 한다는 주장도 있다.

문항 난이도로 문항을 평가하는 절대적인 기준은 없으나 일반적으로 난이도 지수가 0.30 미만이면 매우 어려운 문항, 0.30 이상~0.80 미만이면 적절한 문항, 0.80 이상이면 매우 쉬운 문항이라고 평가한다. 일반적인 학업 성취도 검사와 같은 규준 참조 평가는 비교를 통해 학습자의 상대적 위치에 대한 정보를 제공하는 것이 목적이므로 쉬운 문항부터 어려운 문항까지 다양한 난이도 수준의 문항을 제작하는 것이 바람직하다. 그러나 한국어능력시험(Test of Proficiency in Korean: TOPIK)과 같은 준거 참조 평가는 상대적인 서열이나 비교가 중요하지 않으므로 난이도 수준이 다양한 문항보다는 정해진 준거에 준하는 정도의 난이도를 지닌 문항들로 검사를 제작하는 것이 바람직하다. 〈장은아〉

[참고문헌]
- 강승혜 외(2006), 한국어 평가론, 태학사.
- 성태제(2002), 현대 교육 평가, 학지사.

■ 문항 변별도

문항 변별도(問項辨別度, item discrimination)란 문항이 피험자의 능력을 변별해 내는 정도를 나타내는 지수를 말한다.

능력이 높은 피험자가 문항의 답을 맞히고 능력이 낮은 피험자가 문항의 답을 맞히지 못했다면 이 문항은 피험자를 변별하는 기능을 제대로 하는 문항으로 분석된다. 문항의 변별도를 구하는 방법은 문항 점수와 피험자의 총점의 상관 계수로 추정하는 방법과 각 피험자의 검사 총점을 기준으로 하여 상위 능력 집단과 하위 능력 집단으로 분류한 후 이들이 각 문항에 어떻게 반응하였는지를 검토하는 두 가지 방법이 있다. 한 문항에 대해 잘하는 학생이 맞히고 못하는 학생이 틀리게 반응했다면 이 문항은 변별력이 있는 문항이라고 평가한다. 그러나 반대로 잘하는 학생이 틀리고, 못하는 학생이 문제를 맞혀서 변별도가 음수가 되는 문항은 부적(負的) 변별력을 갖는 문항이라고 평가한다.

에벨(R. L. Ebel)은 문항 변별도와 관련하여 다음과 같은 기준을 설정하고 있다. 변별도 지수가 0.40 이상이면 변별력이 높은 문항, 0.30~0.39는 변별력이 있는 문항, 0.20~0.29는 변별력이 낮은 문항, 0.10~0.19는 변별력이 매우 낮은 문항, 0.10 미만의 문항은 변별력이 없는 문항이라고 보며 변별도 지수가 0.20 미만인 문항은 수정하거나 제거해야 한다. 문항의 변별도는 난이도와 관련이 있으며 난이도가 너무 어렵거나 너무 쉬운 문항은 낮은 변별도를 나타내게 된다. 그러나 변별도에 의한 문항 분석도 검사의 목적에 따라 다르게 해석될 수 있다. 학생의 학업 성취도를 평균 등의 규준에 비추어 학생 간의 비교를 통해 상대적 서열을 판단하는 규준 참조 평가에서는 변별도가 문항의 질을 좌우하게 된다. 따라서 변별력이 높은 문항을 출제하는 것이 중요하다.

그러나 한국어능력시험(Test of Proficiency in Korean: TOPIK)과 같이 학습자 간의 상대적 비교보다는 학습자가 사전에 설정된 준거에 도달하였는지를 중요하게 생각하는 준거 참조 평가에서는 변별도가 크게 문제가 되지 않는다. 예를 들어 모든 피험자가 정답을 맞혀서 변별도가 0인 문항이라고 할지라도 그 문항의 내용이 모든 피험자가 알아야 하는 기본적이고 중요한 내용이라면 이는 좋은 문항이라고 분석될 수 있다. 따라서 준거 참조 평가에서는 능력이 높은 학생들이 문항을 틀리고 능력이 낮은 학생들이 문항을 맞혀서 변별도가 음수가 되는 변별도를 지닌 문항이 나오는 경우가 아니라면, 변별도가 문항의 질을 크게 좌우하지는 않는다. 〈장은아〉

[참고문헌]
• 박도순 외(2007), 교육 평가: 이해와 적용, 교육과학사.
• 성태제(2002), 현대 교육 평가, 학지사.
• Ebel, R. L. (1965), *Measuring educational achievement*, Prentice Hall.

12.8. 채점

채점(採點, scoring)이란 수험자가 가지고 있는 측정 가능한 능력을 타당한 평가 척도에 근거해 점수화하는 평가 행위이다.

훈련된 채점자는 인지 능력과 같이 계량하기 어려운 어떤 실재에 특정한 규칙을 적용해 수적인 가치를 부여한다. 수험자의 능력을 점수로 환산하는 채점 행위는 수험자의 능력을 측정해서 등급을 부여하는 평정(grading)이나 수험자의 수행 수준을 해석해서 진급 여부를 결정하는 평가(assessment)와 구별된다.

실제로 채점을 할 때 과제 유형이나 채점자, 평가 척도 변인 등 세부 국면 변인을 통제하기란 쉽지 않다. 채점자들은 전문적이기는 하지만 주관적인 판단에 근거해 점수를 부여하기 때문이다. 그런데 문항 반응 이론의 평정 척도 모형(rating scale model)은 이러한 개별 국면 변인의 영향력을 표준화한다는 점에서 최근 측정 평가 연구 방법론으로 주목을 받고 있다. 평정 척도 모형은 피검사자의 능력 수준에 따른 문항의 정답률을 계산하는 라쉬 모형(Rasch model)을 확장해 개발한 문항 반응 모형으로, 피험자의 반응이 단계화되는 다분 문항을 위해 사용할 수 있다. 수행 평가와 같이 채점자들이 전문적인 안목에 따라 점수를 주는 경우, 이 평정 척도 모형은 점수에 영향을 주는 채점자의 엄격성이나 과제의 난이도 등을 감안한 수험자 능력의 모수치(母數値, parameter) 정보를 제공한다.

전문가 집단의 협의 결과를 중시하는 델파이 기법과 피어슨(pearson) 적률 상관 계수를 추출해내는 고전적 검사 방법만으로는 채점 과정에 영향을 미치는 특정 평가 항목 및 세부 문항의 가중치에 관한 채점 경향 정보를 세밀하게 밝히기 어렵다. 따라서 최근에는 요인 분석과 상관 분석, 일반화 가능도 이론, 문항 반응 이론 등 제반 통계적 분석 도구를 적절히 조합하여 사용함으로써 타당하고 실제적인 평가 척도를 개발하려는 연구가 국내외적으로 늘고 있다.

그동안 한국어능력시험(Test of Proficiency in Korean: TOPIK)에 적용된 채점 기준은 소수 전문가 집단의 직관이나 경험에 의거한 경우가 많았다. 물론 평가자의 직관과 경험도 평가 도구를 개발하여 시행하는 과정에서 중요한 역할을 한다. 하지만 이론과 실제 양 측면에서 타당한 평가 기준을 정립하기 위해서는 질적 연구의 성과를 양적 연구로 검증하는 절차가 병행되어야 한다. 〈김성숙〉

= 점수화

[참고문헌]
• 김성숙(2011), 학문 목적 기초 한국어 쓰기 능력 평가 척도 개발과 타당성 검증, 연세대학교 박사학위논문.
• 김주훈 외(2010), 문항의 배점 결정 요인 및 타당성 분석: 2009학년도 의학 교육 입문 검사를 중심으로, 교육과정평가연구 13-2, 한국교육과정평가원, 197~218쪽.
• 임인재(1991), 심리 측정의 원리, 교육출판사.
• Lunz, M. E., Wright, B. D. & Linacre, J. M. (1990), Measuring the impact of judge severity on examination scores, *Applied Measurement in Education 3-4*, pp. 331~345.

■ 평가 척도

평가 척도(評價尺度, rubric)란 채점을 할 때 수험자의 능력을 수치화하는 기준을 말한다.

이 용어는 붉은 색을 의미하는 라틴어 'ruber'에서 유래하였다. 중세 시대에 루브릭(rubric)은 미사 전례나 재판 진행을 돕기 위해 빨간색으로 적은 지침을 의미했다. 그래서 지금도 루브릭은 수행 평가나 프로젝트, 쓰기 시험 등 수험자가 주관적으로 답안을 작성하는 평가에서 채점자가 참조할 만한 권위 있는 평가 척도를 뜻한다.

최근 유럽은 물론 세계 여러 나라에서 국가 수준의 표준화된 언어 능력 평가 도구를 개발할 때 '유럽공통참조기준(common european framework of reference for language: CEFR)'의 척도를 따르고 있다. 언어 학습, 교수, 평가를 위한 유럽공통참조기준은 전 유럽의 언어 교육을 위한 수업 계획, 교육과정 요강, 시험, 교재 등을 개발하는 데 필요한 공통 기반을 마련하기 위해 제작되었다. 이 기준은 의사소통을 목적으로 제2 언어를 사용하는 학습자가 배워야 하는 내용과 지식, 기능 등을 등급별로 기술하고 있다.

일반적으로 서술식 평가 척도는 목표 숙달 영역을 범주화한 평가 준거(criterion)와 수행 과제가 기술된 평가 문항(item) 그리고 과제 수행 수준을 변별한 등간 척도(standard)로 구성된다. 등간 척도의 범위는 연구자의 판단에 따라 세 개 이상 다양하게 구획된다. 이 등간 척도에 양적 점수로 부여되는 척도(scale)의 범위도 평가 대상 집단의 특성이나 평가의 목적에 따라 달라진다. 라이언스(H. Lyons)는 3~4개 눈금의 척도가 가장 이상적이라고 본다. 5~7개 눈금은 채점자에게 과도한 인지적 부담을 주어 각 수행 수준 간 구분을 어렵게 만들기 때문이다. 채점자는 질적으로 기술된 채점 기준(description)을 보고 수험자의 수행 수준에 해당하는 양적 척도 점수를 부여한다. 평가의 효율성을 높이려면 채점 기준을 간단명료하게 기술해야 한다. 평가 척도의 세부 구성 요소를 예시하면 다음과 같다.

〈평가 척도의 구성 요소 예시〉

① 준거 (criterion)	② 문항 (item)	③ 등간 척도 (standard)	④ 척도 (scale)	⑤ 채점 기준 (description)
내용	예시		3점	주장에 대해 적절한 예시를 하였다.
		3	2점	주장에 대해 예시 내용이 없어서 어색한 부분이 한 군데 있다.
		2	1점	주장에 대해 예시 내용이 없어서 어색한 부분이 두 군데 이상 있다.
		1	0점	주장에 대한 예시가 없다.

평가 척도를 미리 제시하여 얻는 교육적 효과도 있다. 래비치(D. Ravitch)는 무엇을 배워야 하고 어떤 과제 유형을 수행해야 하는가 그리고 해당 과정에서 어떤 목표를 성취해야 하는가를 미리 명료하게 제시한다는 점에서 평가 척도는 학생의 성취 수준과 교육의 질을 높일 수 있다고 주장한다. 평가 척도를 이해한 학생은 평가의 공정성에 동의하게 되고 과제를 수행하면서 자기 평가 습관과 비판적 사고 능력을 기를 수 있다.

본(C. Vaughan)은 기관용 배치 시험에서 사용 중인 제2 언어 쓰기 능력에 대한 총체적 평가 준거를 조사한 결과, 대체로 수사적 구성과 문법, 관용 표현, 어휘, 철자법, 문장 부호 등이 포함되어 있었다고 밝혔다. 라이언스는 제2 언어 쓰기 능력 평가를 위한 총체적 평가 범주를 내용, 구성, 문법의 세 개 대범주로 구분하였다. 와이즈먼(C. S. Wiseman)은 제2 언어로 학술적인 글을 쓰는 능력을 평가하면서 이 세 개 대범주에 사회 언어적 숙달도와 과제 완수 정도에 대한 기준을 추가하여 다섯 개 범주로 총체적 평가를 실시하고 그 결과를 분석적 평가 결과와 비교하여 유의미한 상관을 확인하였다. 이는 총체적 채점은 물론 분석적 채점에서도 타당한 평가 척도가 신뢰도 높은 채점에 중요한 역할을 함을 보여 준다. 〈김성숙〉

= 채점 기준표, 채점 척도

[참고문헌]
• Council of Europe(2001), *Gemeinsamer europäischer Referenzrahmen für Sprachen: lernen, lehren, beurteilen*, 김한란 외 역, 2007, 언어 학습, 교수, 평가를 위한 유럽공통참조기준, 한국문화사.
• Hamp-Lyons, L. (Ed.) (1991), *Assessing second language writing in academic contexts*, Ablex Publishing Corporation.
• Ravitch, D. (1996), The case for national standards and assessments, *The Clearing House 69-3*, pp. 134~135.
• Wiseman, C. S. (2008), *Investigating selected facets in measuring second language writing ability using holistic and analytic scoring methods*, Teachers College, Columbia University.

■ 채점 방법

채점 방법(採點方法, scoring method)이란 평가 도구에 대한 수험자의 반응에 점수를 부여하는 방식 혹은 방안을 말한다.

 말하기 및 쓰기 시험의 채점 방법은 총체적 채점과 분석적 채점으로 구분하는데, 이러한 시험에서는 표현력 수행에 대한 채점을 실시한다.

 총체적 채점(總體的採點, holistic scoring)은 수험자의 작문 또는 말하기 수행(performance)을 전체적인 인상에 근거하여 수행 하나에 단일한 점수를 부여하는 것이다. 이는 대규모의 표준화된 표현 능력 시험 채점에 용이하다. 그러나 말하기와 쓰기와 같은 언어 표현력을 전체적인 인상으로 채점하는 방법에는 비판의 여지가 있다. 우선 전체적인 인상은 수행의 한두 가지 면에 영향을 받을 수 있어 분석적 채점 방법에 비해 훨씬 피상적으로 수험자를 판단할 위험성이 있다. 또한 인상에 의한 채점 방법은 일반적으로 둘 이상의 채점자가 필요하기 때문에 분석적 채점보다 오히려 더욱 큰 불일치가 나타날 수 있다.

 분석적 채점 방법은 이와 같은 총체적 채점의 단점을 보완할 수 있다. 분석적 채점(分析的採點, analytic scoring)은 수험자의 언어 표현력 채점 체계에 각각 다른 준거로 언어 수행의 여러 영역에 각각 점수를 부여하고, 각 영역의 점수를 합하여 총점을 산출하는 채점 방법이다. 분석적 채점의 장점으로는 우선 각 수험자의 언어 수행의 하위 기술(subskills)에서 일정하지 않은 발달에 관한 문제를 처리하고, 일반적 채점이 무시할 수 있는 언어 수행의 다양한 측면들을 고려하며, 채점자가 언어 수행의 많은 분야를 평가해야 하기 때문에 채점의 신뢰성을 더욱 높일 수 있다는 점이 있다. 반면 단점으로는 총체적 채점보다 채점 시간이 오래 걸리고, 작문의 각각 다른 측면에만 중점을 둠으로써 결국 전체적인 판단에 중점을 두지 않아 채점의 확실성과 타당성이 떨어지며 담화(discourse)적 측면에서 표현력 채점의 적절한 준거를 선택하여 분석적 채점표를 마련하는 것이 비효율적일 수 있다는 점을 들 수 있다.

 총체적 채점과 분석적 채점의 장점과 단점을 모두 고려해 보면 결국 하나의 채점 방식만을 고집할 수는 없다. 최근에는 채점 신뢰도와 타당도를 향상시키기 위해, 총괄적 기준에서의 몇몇 연관성 있는 분석적 요소들을 혼합하여 양쪽 채점 방법을 모두 사용하는 채점 방법이 있다. 예를 들어 영어 작문 평가에서 'The British Council's New Profile and Profile Method 2 for Writing'은 분석적 기준을 도입한 절충적인 채점 접근법을 채택하여, 의사소통의 질(communicative quality), 조직성(organization), 주장(argumentation), 언어적 정확성(linguistic accuracy), 언어적 적절성(linguistic appropriacy)이라는 다섯 가지 요소를 구분하여 각각의 요소를 9단계로 제시한다. 이러한 절충적 접근법은 주요 특성 채점과 복수 특성 채점으로 언어 표현력을 보다 명확하게 채점한다.

 주요 특성 채점(primary trait scoring)은 언어 표현력 평가가 어떤 목표 과제를 강조하고 수험자가 그러한 과제를 성취하는 언어 수행의 효율성에 대해 점수를 부여하는 것으로, 수험자가 좁게 정해진 범위의 담화를 얼마나 잘 수행하는가에 대한 채점 방식을 말한다. 이러한 채점 방식은 주로 말하기 평가보다는 작문 평가에서 많이 사용된다. 작문 평가에서 사용하는 주요 특성 채점은 작문에 대한 어떤 특정한 특성 혹은 양상에 초점을 둔다. 이러한 채점 방법은 성공적인 작문이란 독자를 염두에 두고 쓰였을 뿐만 아니라 독자에게 의도된 영향력을 줄 것이라는 전제에 근거한다. 예를 들어 어떤 작문의 목적이 그 작문을 읽는 사람을 '설득'하여 주어진 과제를 실현하는 것이라면, 그 작문의 채점은 그러한 '설득' 기능의 성취에 중점을 두고 점수를 부여한다. 이러한 주요 특성 채점은 채점자가 정확한 맥락에 의거하여 작문의 질을 판단하여야 하며 또한 각각의 작문 문제에 대하여 적절한 채점 기준이 개발되어야 한다는 견해에 바탕을 두고 있다. 따라서 작문 평가에 사용되는 주요 특성 채점 방침은 각각의 작문 과제에 따라 개별적으로 작성하며, 다음과 같은 요소로 구성된다.

(1) 작문 과제(task)
(2) 도출되는 주요 수사적 자질(primary rhetorical trait)에 대한 진술
(3) 작문 과제에 기대되는 작문 수행에 대한 해설
(4) 작문 과제와 주요 자질이 어떻게 관련되어 있는가에 대한 설명
(5) 채점 지침
(6) 예시 작문
(7) 예시 작문에 대한 부여 점수의 설명

이와 같이 주요 특성 채점은 총체적 채점의 준거를 보다 더 세밀화하였고, 동시에 여러 가지를 채점하기가 어려운 채점자의 실제 형편을 고려하여 채점자에게 과제의 어떤 특정한 양상에만 집중하게 할 수 있다는 장점이 있다. 반면에 어떤 작문에 대한 주요 특성 채점을 다른 작문의 주요 특성 채점으로 전환하거나 일반화할 수 없으며, 아주 상세한 채점 기준을 요구하기 때문에 시간과 경비가 많이 소요된다는 단점이 있다.

한편 복수 특성 채점(multi-trait scoring)은 작문 과제와 관련된 소수의 주요한 기준이나 특성에 초점을 맞추어 작문을 평가하는 방식이며, 이러한 복수 특성 채점에 사용되는 기준이나 특성으로는 내용(content), 연계성(cohesion), 응집성(coherence), 문법성과 어휘력을 든다. 복수 특성 채점은 흔히 분석적 채점과 동일시되기도 하나 이는 절충적 채점(eclectic scoring)이라고 할 수 있다. 이러한 절충적 채점의 장점으로는 채점 결과가 총체적 채점보다 더욱 많은 정보를 제공할 수 있고, 적절한 채점자 훈련과 복수 채점이 실시된다면 복수 특성 채점은 채점의 신뢰도를 더욱 향상시킬 수 있으며, 총체적 채점보다는 시간과 비용이 많이 소요되지만 주요 특성 채점보다는 시간과 비용이 덜 소요된다는 점을 들 수 있다.

이와 같이 언어 표현력 채점에 대한 절충적 접근법은 주요 특성 채점 및 복수 특성

채점에 따라 이론적으로 명확히 규명되어 왔으며, 실제적으로 채점 신뢰도를 향상시키는 일반적인 방법으로, 주로 채점자 2인 이상의 복수 채점(multiple scoring)으로 실시한다. 〈이영식〉

[참고문헌]
- 이영식 외(2003), 언어 평가의 이해, 서울대학교출판부.
- Brown, J. D. & Bailey, K. M. (1984), A categorical instrument for scoring second language writing skills, *Language Learning 34-4*, pp. 21~38.
- Hughes, A. (2003), *Testing for language teachers*, Cambridge University Press.
- Weigle, S. C. (2002), *Assessing writing*, Cambridge University Press.
- White, E. M. (1985), *Teaching and assessing writing: Recent advances in understanding, evaluating, and improving student performance*, Jossey-Bass Publishers.

■ 채점자 훈련

채점자 훈련(採點者訓練, rater training)은 언어 표현력 평가의 수험자 수행 능력을 채점자들이 타당하게 판단하고 채점할 수 있도록 준비하는 과정으로, 채점 신뢰도를 높이는 주요한 사전 채점 절차이다.

말하기와 쓰기와 같은 표현력 시험을 타당하게 평가하기 위해서는 채점의 주관성에서 발생하는 오류를 최소화하고 어느 정도의 적정한 채점 신뢰도를 성취해야 한다. 따라서 언어 표현력 시험을 성공적으로 시행하려면 채점 신뢰도에 대한 많은 연구와 검증이 필요하다. 이러한 채점 신뢰도는 채점자들의 적절한 훈련을 통해서 이루어진다.

언어 표현력 평가의 채점자 훈련으로는 일반적으로 두 가지 종류가 존재한다. 우선 초보자 또는 훈련 받지 않은 예비 채점자에게 외국어로서의 표현력을 평가하는 데 필요한 다양한 기술을 훈련하거나 교육하는 것으로, 흔히 이것을 채점자 교육(marker education)이라 부른다. 거의 기계적으로 채점할 수 있는 객관식 선다형 시험과 달리 표현력에 대한 평가를 하기 위해서는 채점자의 주관적인 판단에 따른 전문적인 채점 능력이 필요하다. 이러한 채점 전문성은 결코 우연히 습득하거나 타고날 수 없으므로 채점자의 자질 향상을 위한 상당한 훈련이 필요하다. 특히 비원어민으로 이루어지는 초보 채점자에 대한 훈련을 할 때는 주어진 표현력에 대해 신뢰성 있는 판단을 내리는 것뿐만 아니라 그들의 언어 구사력 자체에 대한 훈련이 필요한 경우까지도 발생할 수 있다. 이러한 경우에는 표현력 평가의 타당성 문제까지 대두될 수 있으며, 장기적인 안목에서 채점자의 발달과 훈련이 필요하게 된다.

다음으로 초빙되어 온 채점자에게 어떤 의도적인 채점 기준을 수용하도록 종용하거나 설득하는 채점자 훈련이 있는데 이를 채점자 조정(marker norming)이라고 일컫는다. 직접 평가라 할 수 있는 표현력 시험은 항상 정해진 정답을 요구할 수 없고 채점자의 주관적인 판단이 필연적으로 필요하기 때문에 서로 다른 채점자들이 똑같은 언어 표현 능력에 대해서 서로 다른 채점 결과를 야기할 수 있다. 또한 표현력 평가를 실시하는 기관에서 고유한 평가 지침이 있을 수 있는데 이러한 지침이 채점자들의 표현력 채점 기준과 서로 다를 수 있다. 상이한 채점 기준은 주어진 표현력 평가에 대해 신뢰할 수 없는 채점 결과를 수반할 가능성이 있으므로 가능한 한 채점자 간에 일관성 있고 서로 수용할 수 있는 채점을 유도할 수 있도록 채점자의 조정 과정이 필요하다. 따라서 이러한 채점자 조정 과정은 채점자끼리 서로 일치하는 채점뿐만 아니라 표현력 평가 기관에서 의도한 채점 기준에도 일치할 수 있는 채점을 성취하기 위해서 필요한 과정이다. 〈이영식〉

[참고문헌]
• 이영식 외(2003), 언어 평가의 이해, 서울대학교출판부.

■ 후광 효과

후광 효과(後光效果, halo effect)는 어떤 수험자의 일반적인 인상이나 견해가 그 수험자의 언어 능력이나 세부적인 특성을 판단하는 데 영향을 미치는 것을 일컫는다.

설문지 조사 또는 주관적 채점을 요하는 언어 시험에서 후광 효과는 편견 때문에 일어날 수 있다. 예를 들어 말하기 시험에서 어떤 수험자의 말하기 수행에 대해 정확성, 유창성, 발음의 명료성, 적절성 등과 같은 영역으로 나누어 채점을 하려고 할 때, 각 채점 영역의 기준은 독립적이지 않고 서로 얽혀 있다. 이 때문에 각 영역에 대한 점수가 서로 영향을 미쳐 간섭하거나 각 영역의 채점이 불분명하게 된다. 이때 말하기 시험 채점에 대한 후광 효과가 있다고 말한다. 또한 수험자의 표현 능력에 대해서 채점 초기의 인상이나 판단에만 의거하여 점수를 부여하면 초기 채점이 다음 채점까지 영향을 미치는 후광 효과가 나타나기도 한다. 이러한 후광 효과를 줄이거나 피하기 위해 채점 기준을 변화시켜 채점자가 바로 이전에 판단한 것에 영향을 받지 않고 각각의 기준에 대해 독립적으로 판단할 수 있도록 배려하거나, 한 채점자가 다음 과제를 채점할 때 이전 과제에 부여된 점수가 보이지 않도록 하는 채점 체계를 고안하기도 한다. 〈이영식〉

[참고문헌]
• Davies, A. et al. (1999), *Studies in language testing 7: Dictionary of language testing*, Cambridge University Press.

12.9. 언어 능력 평가의 사례

■ 한국어 능력 평가

한국어 능력 평가(韓國語能力評價, Korean competency assessment)는 한국어를 제1

언어 혹은 모국어로 하지 않는 화자를 대상으로 한국어 숙달도를 평가하는 시험을 말한다.

한국어 능력 평가는 외국인, 재외 동포와 같이 한국어를 제1 언어로 습득하지 않은 화자를 대상으로 한국어 능력을 평가한다. 이들 외에 한국 국적을 보유하고 있더라도 부모의 다른 국적, 해외 체류 등의 이유로 한국어 숙달도가 한국인 모국어 화자의 수준에 달하지 못한 화자 또한 한국어 능력 평가의 대상이 된다.

한국어 교육 기관에서 개별적으로 시행하는 성취도 평가도 광범위한 개념에서는 한국어 능력 평가에 해당한다. 그러나 일반적으로 한국어 능력 평가는 이러한 성취도 평가가 아닌 대단위 표준화 검사로 시행하는 한국어 숙달도 평가 도구를 일컫는다. 따라서 한국어 능력 평가는 일차적으로 한국어 학습자의 한국어 의사소통 능력을 평가하는 것을 목적으로 하며 어떤 특정 교육과정이나 수험자를 그 대상으로 제한하지 않는다. 이러한 시험은 주로 한국어 학습자의 종합적인 한국어 의사소통 능력을 일정한 숙달도 기준에 의거하여 평가한다.

한국어 능력 평가에 대한 논의는 1980년대에 처음 나타나기 시작하였다. 노대규를 시작으로 재외 한국 동포 및 한국어를 학습하는 외국인을 대상으로 한 한국어 능력 평가의 방법이 필요하다는 사실이 대두되었고, 1990년대 이후 보다 본격적으로 한국어 평가에 대한 연구가 이루어졌다. 이 시기에는 한국어 숙달도 평가를 위한 평가 기제 개발에 관한 연구가 주를 이루었다. 이러한 연구를 시작으로 최근에는 다양한 한국어 능력 평가 도구를 개발하여 시행하고 있다. 대표적인 예로 한국어능력시험(Test of Proficiency in Korean: TOPIK), 고용허가제 한국어능력시험(Employment Permit System-test of Proficiency in Korean: EPS-TOPIK), 미국의 국방언어능력시험한국어(Defense Language Proficiency Test V Korean: DLPT V Korean), 일본의 한글능력검정시험(ハングル能力檢定試驗) 등을 들 수 있다.

고용허가제 한국어능력시험은 외국인 근로자의 국내 취업을 위한 고용허가제의 일환으로 시작되었다. 처음에는 EPS-KLT(Employment Permit System-Korean Language Test)라는 이름으로 시행되다가 EPS-TOPIK으로 명칭이 변경되어 시행 중이다. 주로 한국어 구사 능력과 한국 사회 및 산업 안전에 관한 내용을 평가한다.

한국어능력평가시험은 재단법인 한국어능력평가원에서 시행하는 한국어 숙달도 시험으로 국내 및 국외 여러 지역에서 응시할 수 있다. 주관 및 시행 기관인 한국어능력평가원에 따르면 이 시험은 전반적인 의사소통 수준, 사회생활에서의 업무 수행 수준, 구체적인 언어 활동 수준 등을 평가하며 500점 만점의 점수제를 바탕으로 한다.

미국의 국방언어능력시험한국어와 일본의 한글능력검정시험은 국외 기관에서 주관하는 한국어 능력 평가의 대표적인 예이다. 먼저 국방언어능력시험은 미국의 국방언어학교(Defense Language Institute: DLI)에서 개발한 시험으로 언어 특기병의 외국어 숙달도를 평가하는 도구이며 이 가운데 한국어가 포함되어 있다. 이 시험은 읽기와 듣기 위주로 이루어진다. 말하기 평가의 경우 구술 능력 평가(oral proficiency interview: OPI) 방식의 별도 시험으로 시행되기도 하나 국방언어능력시험한국어의 일부는 아니다. 한글능력검정시험은 일본의 한글능력검정시험협회가 주관하는 시험으로 준 1급과 준 2급을 포함하여 1급부터 5급까지 7등급 체계로 구성되어 있다. 초급과 중급 단계는 필기 영역과 듣기 영역, 고급 단계는 필기 영역, 듣기·쓰기 영역과 말하기 영역 등 세 개의 영역으로 평가 구성되어 있고 2차 시험으로 말하기 시험이 실시된다.

한국어 능력 평가는 개별 학습자의 의사소통 능력을 평가하므로 자신의 한국어 숙달도를 평가하고 한국어 학습의 지향점을 강구하고자 하는 용도에서 응시가 가능하다. 또한 숙달도 평가가 교육과정에 미치는 세환 효과를 감안할 때 한국어 능력 평가 도구는 한국어 교육과정의 개선과 발전에 일조할 수 있다. 〈이준호〉

[참고문헌]
• 노대규(1983), 외국어로서의 한국어 시험과 평가, 이중언어학 1-1, 이중언어학회, 139~170쪽.
• 이준호(2009), 한국어 수행 평가의 원리 및 방안 연구, 고려대학교 박사학위논문.

❑ 한국어능력시험

한국어능력시험(韓國語能力試驗, Test of Proficiency in Korean: TOPIK)은 교육부 산하에 있는 국립국제교육원에서 주관하는 한국어 숙달도 평가 도구를 말한다.

한국어능력시험은 한국어를 모국어로 하지 않는 외국인 및 재외 동포를 대상으로 하는 한국어 숙달도 평가 도구로 1997년부터 시작하였다. 한국어능력시험은 한국 정부가 공인하는 한국어 능력 평가 도구로 자기 평가 및 대학 입시, 취업 등의 용도로 이용한다.

한국어능력시험은 현재 초급 학습자를 대상으로 하는 한국어능력시험 I(TOPIK I)과 중·고급 학습자를 대상으로 하는 한국어능력시험 II(TOPIK II)로 나누어 치러지고 있으며 획득한 총 점수에 따라 인정 등급이 판정되는 등급제로 시행되고 있다. 평가 영역은 한국어능력시험 I의 경우 읽기와 듣기로, 한국어능력시험 II의 경우 읽기, 듣기, 쓰기로 이루어져 있고 말하기 평가는 아직 시행되지 않고 있다. 한국어능력시험은 영역별 언어 지식이 아닌 한국어의 종합적 사용 및 이해 능력을 의사소통 능력의 범주에 입각하여 평가하는 것을 목적으로 한다. 각 영역의 평가 기준 또한 이를 근거로 한다.

한국어능력시험은 각종 한국어 능력 평가 가운데 가장 공신력 있고 활용도가 높은 시험으로 자리매김하고 있고 지속적으로 응시자가 증가하여 2018년에는 누적 응시자가 180여만 명을 넘어섰다. 또한 한국어능력시험의 개발과 시행으로 인하여 각 한국어 교육 기관의 한국어 교육과정에 통일을 기하는 세환 효과(washback effect)가 있다. 〈이준호〉

[참고문헌]
• 교육부 국립국제교육원, 한국어능력시험 누리집, 2020년 1월 7일 가져옴, http://www.topik.go.kr
• 조용기 외(2010), 한국어능력시험 15년사, 한국교육과정평가원.

■ 외국의 언어 능력 평가

❏ DELE

스페인어능력시험인 DELE는 'Diplomas de Español como Lengua Extranjera'의 머릿
글자로, 외국어로서의 스페인어 시험을 뜻한다.

DELE는 1988년부터 스페인교육문화체육부(Ministerio de Educación, Cultura y Deporte)
산하 기관인 세르반테스문화원(Instituto Cervantes)에서 주관하고 있다. 스페인어능력시
험은 응시자의 교육 정도와는 무관하게 스페인어 능력을 시험하여 통과한 자에게 그
에 준하는 합격증을 수여한다. 2008년까지 DELE에는 초급(Inicial), 중급(Intermedio),
고급(Superior)의 세 가지 등급밖에 없었으나, 2008년 이후 유럽공통참조기준(common
European framework of reference for language: CEFR)을 참고하여 이전의 초급에 해당
하는 A1, A2, B1, 이전의 중급에 해당하는 B2, 이외에도 C1, C2와 같은 새로운 등급으
로 구성하였다. 현재는 C2를 고급이라고 볼 수 있는데, 2011년 11월부터 시험 문제가
바뀌면서 C2 시험이 예전 고급 시험과는 달라졌다.

DELE는 각 레벨에 따라 세부적인 시험 유형이 달라지기는 하나 독해, 작문, 문법
과 어휘, 청취, 회화 영역 등으로 이루어져 있다. 독해나 청취 시험은 선택형 문제이
기 때문에 수험자가 정답을 기입한 OMR 카드를 컴퓨터로 채점하고, 작문 시험은 주
관식 문제에 대한 학습자의 작문을 채점자가 읽어가며 채점한다. 회화 시험도 작문
시험과 마찬가지로 주관식 시험이고 등급에 따라 10분이나 15분 동안 진행한다. A1,
A2 등급에서는 15분 동안 수험자가 주어진 사진의 상황을 설명하고 시험관이 하는
간단한 질문에 대답을 해야 한다. B1, B2 등급에서는 수험자가 주어진 그림을 보고
설명을 하거나 주어진 주제에 대하여 설명을 해야 한다. C1, C2 등급에서는 수험자
에게 그림이나 주제가 제시되지 않고 시험관만 가지고 있는 주제에 대하여 수험자가
대답하게 한다. 〈이영식〉

[참고문헌]
• Council of Europe(2001), *Common European framework of reference for languages: Learning, teaching,
  assessment*, Cambridge University Press.
• Instituto Cervantes, Retrieved July 31, 2014, from http://www.diplomas.cervantes.es

❏ DELF/DALF

DELF(Diplôme d'études en langue française)와 DALF(Diplôme approfondi de langue
française)는 프랑스어 공인 인증 시험의 종류이다.

DELF와 DALF는 1985년에 처음으로 시행되었으며 매년 세계적으로 많은 응시자를 배출하고 있다. 유럽평의회(council of Europe) 내의 언어 정책 부서는 1991년부터 2001년까지 10년간 연구해 온 결과로서 유럽공통참조기준(common European framework of reference for language: CEFR)을 제시하였는데, 이에 따라 DELF와 DALF에도 2005년 9월 1일부터 보다 단순하고 현대화된 시험 구성이 적용되었다.

DELF와 DALF의 시험 체제는 DELF A1 프랑스어 입문 단계, DELF A2 프랑스어 초보 단계, DELF B1 프랑스어 실용 구사 단계, DELF B2 프랑스어 독립 구사 단계, DALF C1 프랑스어 자율 활용 단계, DALF C2 프랑스어 완성 단계의 여섯 단계이다. 각 단계의 자격증은 개별적인 취득이 가능하므로 수험자는 하위 단계의 자격증 취득 여부와 상관없이 원하는 단계의 시험에 바로 응시할 수 있다. 한번 취득한 자격증은 별도의 기간 제한 없이 평생 유효하다. 각 자격증은 응시자의 전반적인 언어 능력을 판단하기 위한 청취, 독해, 작문, 구술의 네 가지 평가 내용으로 구성되어 있으며 소요 시간과 난이도는 각 시험의 단계에 따라 점진적으로 높아진다. 〈이영식〉

[참고문헌]
• Alliance française, 알리앙스 프랑세즈 한국 위원회 누리집, 2014년 7월 31일 가져옴, http://www.afcoree.co.kr
• Council of Europe(2001), *Common European framework of reference for languages: Learning, teaching, assessment*, Cambridge University Press.

❏ HSK

HSK는 한어수평고시(漢語水平考試)의 한어 병음 표기인 'Hanyu Shuiping Kaoshi'의 머리글자로, 공인된 중국어 능력 평가 시험이다.

중국 정부 기구인 중국국가한반(中國國家漢辦)이 중국교육령에 의거하여 HSK의 출제와 채점 및 증서 발급을 한다. HSK는 외국인, 화교, 중국 내 소수 민족 등 제1 언어가 중국어가 아닌 사람들의 중국어 능력을 평가하기 위해 만들어진 표준화 시험으로, 일반적으로 생활, 학습, 직업 등의 실생활에서 운용할 수 있는 중국어 능력을 중점적으로 평가한다.

HSK는 북경언어문화대학(北京言語文化大學)의 전신인 북경언어학원(北京言語學院) 내 한어수평고시설계소조(漢語水平考試設計小組)에서 1984년에 연구하여 개발하였다. HSK는 1990년부터 중국 국내에서 정식 시행되었으며 해외에서는 1991년 싱가포르에서 첫 시험을 치렀다. 그 후 HSK 응시자 수가 매년 대폭 증가하면서 2009년 HSK 시험장은 60개국 159개소에 달하며 해외 시험 응시생 수는 48만여 명에 달했다.

HSK는 문법과 독해 위주의 문제 유형, 과다한 문항 수, 중·고급 등급 간의 교차 등의 문제에 관한 논란이 계속되어 왔다. 이에 2009년에 북경언어대학교 HSK 센터에서 신(新) HSK 시험 방식을 발표하였다. 신 HSK는 언어 표현력을 측정할 수 있는 회화와 작문을 크게 강화한 것이 특징으로 종래의 중국어 학습과 평가가 문법과 독해에 치우친 환경에서 벗어날 수 있게 하였다.

신 HSK는 기존 HSK 9~11급에 해당하는 HSK 6급, 기존 HSK 6~8급에 해당하는 HSK 5급, 기존 HSK 3~5급에 해당하는 HSK 4급, 기존 HSK 1~3급에 해당하는 HSK 3급과 중국어 입문자를 위해 신설한 HSK 2급, HSK 1급으로 이루어졌다. 신 HSK 체계에서는 고등(高等) HSK에만 있던 구술 영역이 초·중·고급으로 확대되어 필기시험에 치중되어 있던 구(舊) HSK의 단점을 보완하고 언어 표현력을 강조하였다. 따라서 개정된 신 HSK는 'HSK 1급~6급'의 필기시험과 'HSK 초·중·고급' 회화 시험으로 나누어지는데, 필기시험과 회화 시험은 각각 독립적으로 실시되기 때문에 개별적으로 응시할 수 있다.

한편 신 HSK 6급에서는 문항 수가 기존의 122개에서 101개로 감소하여 소요 시간이 단축되었다. 또한 듣기 영역의 비율이 32%에서 약 50%로 확대되었다. 3,000단어 이상 어휘 구사 가능자를 대상으로 하는 신 HSK 회화 고급 시험에서는 구 HSK 기존 문제 유형을 유지하면서도, 동시에 녹음을 듣고 들은 내용을 자신의 말로 바꿔 말하는 새로운 문제를 출제했다. 〈이영식〉

[참고문헌]
• Council of Europe(2001), *Common European framework of reference for languages: Learning, teaching, assessment*, Cambridge University Press.
• 国家汉办, HSK 한국 사무국 누리집, 2014년 7월 31일 가져옴, http://www.hsk.or.kr

❏ IELTS

IELTS(International English Language Testing System)는 영어를 사용하는 대학이나 직장에 지원하고자 하는 비원어민 수험자의 영어 능력을 평가하기 위한 시험이다.

IELTS는 전신인 ELTS(English Language Testing Service)를 대체하여 1980년대에 영국과 호주에서 개발되었으며, 영국문화원(British Council) 및 호주국제개발프로그램교육기구(International Development Program Education Australia)가 공동으로 운영하면서 시험을 실시한다. 시험의 유지와 개발에 대한 책임은 주로 영국 케임브리지잉글리시언어평가위원회(Cambridge English Language Assessment)가 맡고 있으며, 현재 100개 이상의 나라에서 시행된다.

IELTS는 듣기, 읽기, 쓰기, 말하기 순으로 네 기능을 모두 평가한다. 이 시험은 읽기와 쓰기에서 학문적 분야(academic module)와 일반적 분야(general training module) 두 종류로 나누어 영어 구사력을 평가한다. 학문적 분야는 유학 목적에 적합한 반면 일반적 분야는 취업이나 훈련과 관련한 실용 영어를 중심으로 출제되기 때문에 영어권 국가 연수 및 이민의 목적에 적합하다. 먼저 학문적 분야와 일반적 분야는 모두 동일한 듣기 시험을 실시한다. 그 후에 읽기와 작문은 학문적 분야와 일반적 분야를 구분하여 시험을 실시하고, 마지막으로 말하기 시험은 다시 두 분야가 모두 동일한 내용으로 시험을 실시한다.

이 시험에서는 사지선다형 문제가 거의 출제되지 않으며 문제에 대한 답안도 수기(手記)로 작성한다. 말하기 시험은 실제 원어민과 일대일 대화 형식으로 이루어지며 시험의 내용은 모두 녹음된다. 또한 언어의 편견을 최대한 줄이기 위해 다양한 억양과 글쓰기 방식이 시험지에 제시되며 영국에서 만든 시험이지만 영국식 영어와 미국식 영어 모두 정답으로 인정한다. 이렇게 측정된 수험자의 영어 능력은 9등급 점수 척도에 의거하여 성적으로 산출된다. 점수 척도는 최저 0 또는 1등급인 비사용자(non user)에서 최고 9등급인 전문적인 사용자(expert user)까지 모두 10등급으로 나누어진다.　　〈이영식〉

[참고문헌]
• Council of Europe(2001), *Common European framework of reference for languages: Learning, teaching, assessment*, Cambridge University Press.
• IDP Education, IELTS 누리집, 2014년 7월 31일 가져옴, http://www.ieltskorea.org

❏ JLPT

JLPT(Japanese-Language Proficiency Test)는 일본 국내 및 해외에서 일본어를 모국어로 하지 않는 사람을 대상으로 일본어 능력을 측정하고 인정함을 목적으로 하는 시험이다.

일본국제교육지원협회(日本國際敎育支援協會)는 1984년부터 JLPT를 실시하였다. 시작 당시의 수험자 수는 7,000명 정도였으나 2009년 수험자 수는 전 세계 54개국 77만 명에 달하는 규모의 일본어 시험으로 발전했다. 다양화된 수험자와 수험 목적의 변화에 발맞춰 JLPT는 지난 20여 년간 축적된 시험 결과 데이터와 시험에 관한 요망을 바탕으로 2005년에 '일본어능력시험 개선에 관한 검토회'를 설치하고 많은 전문가의 협력을 얻어 2010년에 새로운 JLPT를 실시하게 되었다.

신(新) JLPT는 N1, N2, N3, N4, N5로 수준이 나누어져 있으며, N1이 최상급 수준이다. 수험자는 자신에게 맞는 수준을 선택하며, N1, N2는 언어 지식(문자·어휘·문법)과 독해·듣기의 두 영역으로, N3, N4, N5는 언어 지식(문자·어휘), 언어 지식(문법)과 독해·듣기의 세 영역으로 나누어져 있다. 각 수준별 시험 모두 180점 만점으로, N1, N2, N3의 점수 체계는 언어 지식(문자·어휘·문법) 60점, 독해 60점, 듣기 60점의 3구분이고, N4, N5의 점수 체계는 언어 지식(문자·어휘·문법)과 독해 120점과 듣기 60점의 2구분이며, 시험 시간은 각각 N1은 170분, N2는 155분, N3는 145분, N4는 130분, N5는 110분이다.　　〈이영식〉

[참고문헌]
• 일본국제교육협회, 일본어능력시험 누리집, 2014년 7월 31일 가져옴, http://www.jlpt.or.kr
• Council of Europe(2001), *Common European framework of reference for languages: Learning, teaching,*

assessment, Cambridge University Press.

❏ TestDaF

TestDaF는 'Test Deutsch als Fremdsprache'의 머릿글자로 외국어로서의 독일어능력 시험을 뜻한다.

TestDaF는 독일 대학에 유학을 가고자 하는 경우와 자신의 독일어 능력에 대한 공신력 있는 증명이 필요한 경우에 적합한 시험이다. 하겐(Hagen) 소재 TestDaF 연구소에서 TestDaF의 출제 및 채점이 이루어지며, 독일 국내 및 80여 개의 국가에 소재한 인가받은 테스트 센터에서 시험이 실시된다. 모든 응시자들에게는 동일한 과제가 주어지고 채점 전문가들이 채점과 등급 사정을 한다.

TestDaF는 독일문화원(Das Goethe-Institut)에서 시행하고 있으며 최근에는 유럽평의회(Council of Europe)의 유럽공통참조기준(common European framework of reference for languages: CEFR)에 따라 독일어 평가 체제를 재정립하였다. 응시 결과에 대한 영역별 성적은 TestDaF-등급 5(TDN 5), TestDaF-등급 4(TDN 4), TestDaF-등급 3(TDN 3)과 같은 세 개 등급 중 하나로 표기되며, 이 등급들은 각각 유럽공통참조기준의 B2.1에서 C1.2등급에 해당하는 수준이다. 일반적으로 전 영역에서 TDN 4 이상을 취득하면 독일 대학 입학에 필요한 독일어 능력 요건이 충족되며, TDN 5는 학업을 시작하는 단계에서 요구되는 수준 이상의 언어 능력을 가지고 있음을 의미한다.　　　〈이영식〉

[참고문헌]
• Council of Europe(2001), *Common European framework of reference for languages: Learning, teaching, assessment*, Cambridge University Press.
• TestDaF Institut, Retrieved July 31, 2014, from http://www.testdaf.de

❏ TOEFL

TOEFL(Test of English as a Foreign Language)은 비영어권 국가의 학생들이 영어권 대학을 지원하는 데 필요한 시험으로 영어권 강의실에서 사용되는 영어를 이해하고 사용하는 능력을 평가한다.

미국의 ETS(Educational Testing Service)에서 개발, 관리되고 있으며 미국, 캐나다, 영국, 호주 등 130여 국가의 9,000여 개의 단과 대학, 종합 대학, 교육 기관에서 인정되고 있다. 1964년에 처음 실시할 때는 지필 고사 방식(paper-based test: PBT)으로 시험을 치렀으나, 2000년에 컴퓨터 방식(computer-based test: CBT)으로 치르다가 2005년부터 인터넷 방식(internet-based test)에 의한 TOEFL iBT 시험을 치르고 있다. 전 세계 4,500곳 이상의 시험장에서 관리, 운영하고 있으며, 인터넷 방식으로 시험을 치를 수 없는 곳에서는 지필 고사 방식으로 시험을 운영한다.

TOEFL iBT 시험은 인터넷이 연결된 컴퓨터를 통해서 시험 문제를 제공한다. 읽기 및 듣기는 다지 선다형의 객관식 문항을 컴퓨터를 통하여 정답을 골라 응답하게 하고, 말하기와 쓰기는 컴퓨터를 통하여 말하거나 쓰게 하여 수험자의 영어 이해력 및 사용 능력에 대한 통합적인 활용 능력을 평가한다.

읽기 영역은 3~4개의 지문으로 이루어져 있으며, 지문 당 12~14개 문제가 배정된다. 각 지문은 약 700단어 분량의 본문이며 이에 따른 관련 문제들이 출제된다. 지문은 학문적인 내용이 주제이며, 시험 시간은 60~100분이다. 듣기 영역은 6~9개의 지문으로 이루어져 있으며 3~5분 분량의 본문과 관련 문제들이 출제된다. 듣기 지문은 두 개의 대화와 네 개의 대학 강의 및 토론으로 구성되고 시험 시간은 60~90분이다. 말하기 영역은 여섯 개의 과제로 구성되어 있으며 친숙한 주제에 관해 개인적인 의견을 답하는 독립형(independent task) 2문항, 짧은 지문을 읽거나 강의 또는 대화를 들은 다음 그 내용을 정리, 요약하여 말하는 통합형(integrated task) 4문항이 출제된다. 시험 시간은 20분이다. 쓰기 영역은 학구적인 내용과 관련된 지문을 3분 동안 읽고, 같은 내용의 강의를 2분 동안 들은 후에 요약하는 통합형 1문항과, 수험자가 선택한 의견을 진술 및 설명하거나 주장하는 내용으로 에세이를 쓰는 독립형 1문항이 있으며 시험 시간은 통합형이 30분, 독립형이 25분으로 총 55분이다. 점수는 읽기, 듣기, 말하기, 쓰기 네 영역 각각 0점에서 30점으로 총 120점이다. 〈이영식〉

[참고문헌]
- Council of Europe(2001), *Common European framework of reference for languages: Learning, teaching, assessment*, Cambridge University Press.
- ETS, TOEFL 누리집, 2014년 7월 31일 가져옴, http://www.ets.org/ko/toefl

❏ TOEIC

TOEIC(Test of English for International Communication)은 영어가 모국어가 아닌 사람들을 대상으로 언어 본래의 기능인 의사소통 능력에 중점을 두고 일상생활 또는 국제 업무 등에 필요한 실용 영어 능력을 평가하는 시험이다.

1979년 미국 ETS(Educational Testing Service)에 의해 개발된 이래 전 세계적으로 해마다 약 700만 명 이상이 응시하고 있으며, 150개 국가 14,000여 개의 기관에서 승진 또는 해외 파견 인원 선발 등의 목적으로 널리 활용되고 있다.

TOEIC 시험은 본래 듣기와 읽기로 구성되어 있었다. 듣기 시험은 사진 묘사 6문항, 질의응답 25문항, 짧은 대화 39문항, 설명문 30문항으로 총 100문항이며, 읽기 시험은 단문 공란 메우기(문법 및 어휘) 30문항, 장문 공란 메우기 16문항, 지문 한 개와 관련 문항 29문항 및 지문 두 개와 관련 문항 25문항으로 총 100문항이다. 시험 시간은 듣기 45분, 읽기 75분으로 총 120분이며 점수는 듣기 및 읽기가 각각 495점으로 총 990점이다.

최근 영어의 사용 범위가 직장이나 일상생활에서 점차 확대되어 감에 따라 영어 표현력을 직접적으로 측정할 필요성이 커지면서 ETS는 영어 말하기 시험과 쓰기 시험을 추가 개발하여 실시하였다. 쓰기 시험은 사진에 근거한 문장 만들기 5문항(총 8분), 이메일 답변 작성하기 2문항(문제당 10분으로 총 20분), 의견 기술하기 1문항(30분)으로 약 50분 정도가 소요된다. 말하기 시험은 문장 읽기 2문항, 사진 묘사 1문항, 듣고 질문에 답하기 3문항, 제공된 정보를 사용하여 질문에 답하기 3문항, 해결책 제안하기 1문항, 의견 제시하기 1문항이며, 응답 준비 시간 및 응답 시간을 합하여 총 10분 이상 소요된다. 쓰기와 말하기 점수는 각각 200점씩이다.　　　　　　　　　　〈이영식〉

[참고문헌]

• Council of Europe(2001), *Common European framework of reference for languages: Learning, teaching, assessment*, Cambridge University Press.
• ETS, TOEIC 누리집, 2020년 3월 13일 가져옴, http://exam.ybmsisa.com/toeic

한국어교육학 사전

The Encyclopedia of
Korean Language Education

13

기능 교육

13. 기능 교육

13. 기능 교육

한국어 기능 교육은 실제 한국어 의사소통 상황에서 학습자들이 사용하는 듣기, 읽기, 말하기, 쓰기의 네 가지 언어 기능 사용 신장을 목표로 하므로 한국어교육에서 중요하게 다루어지는 분야이다.

기능 교육에서는 각 언어 기능별 이론의 주요 개념을 파악하고 실제 교수 학습 현장에서 이루어지는 언어 기능의 목표, 내용, 교수 학습 방법, 평가 등의 주요 원리에 대해 이해하는 것을 목표로 한다. 본 장에서는 구어와 문어 교육에 대한 접근을 기반으로 듣기, 읽기, 말하기, 쓰기를 표현과 이해 교육의 틀로 나누고 각 기능 영역의 이론 및 실제와 관련된 주요 개념을 담아내고자 하였다. 즉 기능 영역의 표제어는 통일성과 균형성을 고려하여 기능 교육과 연구사, 실제 수업 현장에서의 다양한 수업 활동, 지도, 평가 등을 공통으로 다루었다. 또한 매체에 따른 기능 교육과 기능별 통합 교육을 독립된 항목으로 설정하여 최근 언어 교육에서 중요하게 다루는 매체 교육과 통합 교육의 내용을 함께 다루었다.

기능 교육에서 우선적으로 다루는 구어와 문어 항목에서는 구어와 문어의 특성뿐만 아니라 실제 의사소통 상황에서 중요한 역할을 하는 비언어적 의사소통과 문식성도 표제어로 선정하였다.

듣기 교육에서는 듣기 과정에 기반한 듣기 전략과 듣기 활동에 대한 표제어를 다루고 있는데, 이는 실제 한국어 듣기 수업에서 이루어지는 다양한 활동의 이론적 기반 및 실제 적용에 대한 이해를 돕고자 함이다.

읽기 교육에서도 읽기 과정과 관련된 주요 개념인 상향식, 하향식, 상호작용 모형, 스키마 등을 다루고 있으며 과정 중심 읽기 지도 모형에 따른 다양한 읽기 활동을 포함하고 있다.

의사소통 상황에서 실질적인 역할을 하는 말하기 교육에서는 의사소통 전략이라는 측면에서 다루어지는 주요 개념을 기술하였으며 교실 수업에서 이루어지는 다양한 말하기 활동을 제시함으로써 그 중요성을 강조하였다.

2000년대 들어 학문 목적 한국어 학습자가 증가함에 따라 중요하게 다루어지고 있는 쓰기 교육에서는 결과 중심의 쓰기에서 장르 중심의 쓰기에 이르는 주요 쓰기 이론과 다양한 쓰기 활동의 유형을 살펴본다. 특히 쓰기 오류와 관련된 주요 개념을 함께 다루어 쓰기 교육 현장에서 이루어지는 피드백의 다양한 적용 방안을 보여 주고자 하였다.

　매체에 따른 기능 교육과 각 기능의 특성을 고려한 통합 기능 교육에 대해 살펴보는 것은 수업 환경에서의 적합성과 효율성, 나아가 의사소통 상황에서의 이해와 표현 기능의 통합성을 이해하는 데에 도움을 준다. 덧붙여 한국어교육이 한국학 분야의 기반 학문으로서 일정 부분 역할을 한다는 측면에서 통역과 번역에 대한 검토는 한국어교육의 영역을 확장시킨다는 의의가 있다.　　　　　〈심상민〉

13.1. 구어와 문어

구어(口語, spoken language)와 문어(文語, written language)는 메시지를 전달하는 매개에 따라 구분된다. 구어는 주로 음성을 통해, 문어는 문자를 통해 메시지를 전달하며 구어는 말하기 및 듣기와, 문어는 읽기 및 쓰기와 주로 연관된다.

구어와 문어는 음성과 문자가 지닌 고유한 특성으로 인해 차이를 보인다. 구어는 발화와 동시에 소멸되고 비문법적인 표현과 문장 성분의 생략이 있으며 반복되는 표현이 많다는 특징이 있다. 또한 구어를 사용하는 화자는 청자의 반응을 보면서 말의 내용을 달리하거나 손짓, 몸짓, 억양, 표정 등의 부수적인 표현 방법을 사용하여 의사를 전달한다. 한편 문어는 시간 제약이 없이 작성되므로 군말이 없고 구성이 치밀하다. 그리고 글쓰기 전에 계획하는 것뿐만 아니라 글을 쓴 후에도 수정이 가능하여 복잡하고 논리적인 내용을 전달하는 데에 적합하다.

구어나 문어의 습득 순서는 모어를 배울 때와 외국어를 배울 때 다르게 나타난다. 모어는 대개 소리로 먼저 언어를 습득한 후 문자를 익힌다. 외국어 학습에서는 학습자의 동기에 따라 소리와 문자의 습득 순서가 다르다. 외국어 학습에서는 일반적으로 소리와 문자를 동시에 배우지만, 가령 외국인 관광객에게 물건을 팔기 위해서는 소리만을 배우기도 하고 학술 연구를 위해서는 문자만 배우기도 한다.

구어와 문어는 위와 같은 차이가 있으나 상호 배타적으로 작용하는 것은 아니다. 예를 들어 연설이나 방송 보도처럼 글 또는 문자로 준비한 내용을 말 또는 소리로 전할 수도 있으며 영화의 대본처럼 말하기를 전제로 한 글도 있다. 이는 구어의 특성을 지닌 문어, 문어의 특성을 지닌 구어가 존재한다는 것을 의미한다.

한국어교육에서는 많은 경우 문어를 기반으로 정립된 문법 항목을 가르치고 있어 학습자가 구어 의사소통에서 문어적 표현을 그대로 사용하기도 한다. 반대로 의사소통 능력 중심의 접근법을 중시해 문어로 된 표현 교육에 소홀해져서 학습자가 글에서 구어적 표현을 남발하는 경우도 있다. 이와 같은 문제의식을 바탕으로 구어와 문어의 고유한 문법성을 인정하여 문어 문법, 구어 문법 그리고 문어 문법과 구어 문법을 아우르는 통합 문법을 교육에 반영해야 한다는 주장이 제기되고 있다. 〈홍은실〉

= 음성 언어와 문자 언어, 입말과 글말

[참고문헌]
• 김선정 외(2010), 한국어 표현 교육론, 형설출판사.
• 양명희·김정남(2011), 한국어 듣기 교육론, 신구문화사.
• Brown, H. D. (2000), *Principles of language learning and teaching*, Longman.

■ 구어의 특성

음성을 통해 메시지를 전달하는 구어(口語, spoken language)의 특성에는 즉시성, 잉여성, 무리성, 생략이나 축약 현상, 비언어적 의사소통의 수반 등이 있다.

첫째, 계획적이지 않고 즉시 발현되는 특징이 있다. 격식적인 상황에서의 연설이나 발표는 사전에 원고를 준비할 수 있지만 우리가 흔히 접하는 일상 대화는 그렇지 않다. 내용을 준비할 여유가 주어지지 않아 즉시 발화하고 반응해야 하며 상황, 주제, 상대방에 따라 내용이 변한다. 이로 인해 비논리적인 전개나 비문법적이고 반복적인 표현이 자주 등장한다.

둘째, 반복적 표현, 부연 설명, '음, 어'와 같은 간투사 등의 잉여적 표현을 사용한다. 잉여적 표현은 문어에서는 군더더기일 수 있으나 구어에서는 화자나 청자가 대화 내용을 정리하거나 수정할 수 있는 여유를 제공하기 때문에 의사소통에 효과적으로 작용하기도 한다.

셋째, 구나 문장의 단위로 나타나는 무리성이 있다. 화자는 자신의 의사를 전달할 때 인지적 또는 물리적으로 덩어리 표현을 사용한다. 예를 들어 '새해 복 많이 받으세요.'라고 말할 때 화자와 청자는 이를 '새해, 복, 많이, 받으세요'의 개별적인 단어 단위로 인지하는 것이 아니라 문장 전체를 하나의 단위로 인식한다.

넷째, 생략과 축약이 많이 일어난다. 이는 발화하는 데 드는 시간과 노력을 줄여 경제적으로 의사소통하기 위함이다. 구어에서는 상대방이 이해 가능한 범위에서 조사나 문장 성분 때로는 구나 절 등을 자주 생략한다. '그런데' 대신에 '근데', '무엇' 대신에 '뭐' 등의 음성적 축약, '갈 거라고 했어.' 대신에 '간댔어.'와 같은 어형적 축약, '우리 내일 어디에서 몇 시에 만날까?'라는 질문에 '1시쯤 거기.'라고 대답하는 것과 같이 문장의 주요 성분을 생략하는 통사적 축약, 식당에 들어가면서 '2인분이요.'라고 말하는 것처럼 특정한 상황에서 단어 한두 개로 의미를 모두 전달하는 화용적 축약 등이 있다.

다섯째, 비언어적 의사소통을 보조적으로 수반한다. 비언어적 의사소통에는 준언어, 신체 언어, 시간·공간 언어, 사물 언어가 있다. 강세, 속도, 목소리 크기, 억양, 휴지 등을 통해 실현되는 준언어는 화자의 느낌이나 태도를 이해할 수 있는 단서가 된다. 몸짓, 시선 등의 신체 언어는 발화 내용을 보조하는 수단으로 사용되나, 언어와 신체 언어가 상반되어 나타나는 경우 오히려 신체 언어가 화자의 숨겨진 의도를 나타내기도 한다. 이 외에 대화자 사이의 거리 유지하기, 약속 시간 지키기 등으로 나타나는 시간·공간 언어와 복장, 화장 등으로 표현되는 사물 언어도 구어에서 대화 참여자와 상황에 따라 다양한 의미를 전달한다.

위와 같은 구어의 특성 때문에 한국어 수준이 높지 않은 외국인 학습자는 구어를 사용하고 이해할 때 어려움을 느낀다. 예를 들어 '근데'를 들었을 때 '그런데'와 동일한 의미를 지닌다는 것을 유추하기가 어려우며 구나 문장을 덩어리로 발화하는 것이 쉽지 않다. 그러므로 한국어 학습자의 실제적인 구어 능력을 향상시키기 위해서는 구어의 특성이 반영된 듣기 및 말하기 텍스트와 교재의 개발이 필요하다.　　　　　　〈홍은실〉

→ 성분 생략

[참고문헌]
• 김선정 외(2010), 한국어 표현 교육론, 형설출판사.
• 노대규(1996), 한국어의 입말과 글말, 국학자료원.
• 양명희·김정남(2011), 한국어 듣기 교육론, 신구문화사.
• Brown, H. D. (2000), *Principles of language learning and teaching*, Longman.

■ 비언어적 의사소통

비언어적 의사소통(非言語的意思疏通, nonverbal communication)은 몸짓, 표정, 자세, 접촉, 시선, 시간, 공간 등의 비언어적인 방식으로 의사를 전달하는 행위이다.

비언어적 의사소통의 발생은 주로 생득적 기원설, 문화적 기원설 그리고 개인적 기원설로 설명한다. 생득적 기원설에서는 인간은 범문화적으로 태어나면서부터 생리적 또는 심리적인 현상으로 즐거우면 웃고 슬프면 우는 등의 방식으로 반응하는 비언어적 의사소통 행위가 나타났다고 본다. 문화적 기원설은 한 문화권에서 특정한 의미를 지닌 비언어적인 요소가 경험을 통해 전해져서 시간이나 공간에 대한 개념, 옷 입는 방식 등으로 의사소통하기 시작하였다는 관점이다. 개인적 기원설은 각 개인의 생리적 조건, 환경, 경험, 개성으로 인해 그에 따른 행동이 서로 다르게 나타나서 개개인의 고유한 버릇이나 습관, 옷차림, 취향 등이 생겼다고 본다.

비언어적 의사소통의 구성 요소에 대한 분류는 학자에 따라 다른데 1956년 루쉬와 키스(J. Ruesch & W. Kees)는 기호 언어(sign language), 행위 언어(action language), 대상 언어(object language)로 분류하였고, 1980년 냅(M. L. Knapp)은 신체 행위, 신체 특성, 신체 접촉, 준언어, 공간 행위, 인공물, 환경적 요인을 제시하였다. 이들을 종합하면 비언어적 의사소통은 몸짓, 자세, 표정, 접촉과 같은 신체 언어, 목소리의 높낮이, 크기 등의 준언어, 시간이나 공간에 의한 시간·공간 언어, 의복이나 장신구 등의 사물 언어로 구성된다.

비언어적 행동 연구의 권위자인 버드휘스텔(R. L. Birdwhistell)은 보통 사람들이 하루에 10분에서 11분 정도만 말을 하고 전체 의사소통의 약 65%가 비언어적 요소로 이루어진다고 하였다. 한편 메러비언(A. Mehrabian)은 '전체 메시지 = 언어 7% + 준언어 38% + 비언어 55%'라는 공식을 주장했다. 그러나 그는 이후에 대화 참여자가 기분이나 감정에 대해 이야기할 때만 이 공식이 적용될 수 있다고 표명하기도 하였다. 이와 같이 다양한 견해가 존재하기 때문에 의사소통에서 언어적 요소와 비언어적 요소가 차지하는 비율을 확정하기는 매우 어렵다. 다만 우리가 일상생활에서 간과하기 쉬운 비언어가 메시지를 구성하는 중요한 요소라는 것은 확인할 수 있다.

비언어적 의사소통의 특성에는 보완성, 비통제성, 상황성, 대치성, 신호성 등이 있다. 첫째, 비언어적 의사소통은 언어적 요소를 보완한다. 태도나 잠재된 의식을 악수의 강도나 음성의 단호함 등을 통해 전달한다. 둘째, 언어는 통제하거나 왜곡할 수 있으나 비언어적 요소는 통제가 어려워 때로는 언어적 메시지와 비언어적 행위가 상반되어 나타난다. 따라서 책이 재미있다고 말하며 하품을 한다면 '하품'이라는 비언어적 행위가 '재미없다'라는 상대의 진심을 파악할 수 있는 단서가 된다. 셋째, 동일한 행동이라도 상황에 따라 의미가 다르게 결정된다. 예를 들어 검지와 엄지를 구부리고 나머지 세 손가락을 펴는 행동이 미국에서는 '괜찮다'는 뜻이지만 남미에서는 외설적인 표현이다. 넷째, 수화나 경기장에서의 손짓 또는 몸짓처럼 비언어적 요소가 언어를 대치하기도 한다. 다섯째, 헛기침이나 '음, 저' 등의 소리로 말을 시작하겠다는 신호를 보낼 수 있다.

한국어교육에서 비언어적 의사소통 교육은 적극적으로 이루어지지 않았으나 점점 그 필요성을 인식하여 몸짓, 자세, 접촉, 얼굴 표정, 눈짓 등의 신체 언어를 비롯하여 강세 및 억양 등의 준언어에 대한 교육 방안을 모색하고 있다. 이와 더불어 윗사람에게 한 손으로 물건을 건네는 행동 등 한국에서는 무례하다고 인식되는 행동이 학습자의 문화권에서는 문제되지 않는다거나, 학습자의 문화권에서는 일상적이지만 한국에서는 금기시되는 신체 접촉 등 문화적으로 다르게 해석되는 구체적인 비언어적 행위에 대한 연구도 이루어지고 있다. 〈홍은실〉

= 비언어 커뮤니케이션

[참고문헌]
• 김영순·김연화(2007), 몸짓 기호와 손짓 언어: 교사-학생 간 비언어 의사소통 연구, 한국문화사.
• 김우룡·장소원(2004), 비언어적 커뮤니케이션론, 나남출판.
• Birdwhistell, R. L. (1955), Background to kinesics, *ETC: A Review of General Semantics 13-1*, pp.10~18.
• Knapp, M. L. (1980), *Essentials of nonverbal communication*, Holt Rinehart & Winston.
• Ruesch, J. & Kees, W. (1956), *Nonverbal communication: Notes on the visual perception of human relations*, University of California Press.

❏ 신체 언어

신체 언어(身體言語, body language)는 자세, 몸짓, 표정 등 신체 동작으로 하는 비언어적 의사소통 체계 또는 행위이다.

신체 언어에 대한 관심은 일찍이 고대 그리스의 수사학에서부터 발견되어 근대의 생물학, 심리학, 인류학 분야로 이어져 왔다. 신체 언어에 대한 본격적인 연구는 1952년에 버드휘스텔(R. L. Birdwhistell)이 토대를 마련한 동작학(kinesics), 1966년 홀(E. T. Hall)이 시간, 공간, 신체 움직임을 문화적인 관계로 설명한 공간학(proxemics), 1959년 고프만(E. Goffman)의 자아 표현 이론 등 인류학 및 사회학 분야에서 이루어졌다. 국내에서는 비언어적 의사소통 연구의 일환으로 신체 언어를 다루어 왔으며 근래에는 신체 언어에 문화적 보편성과 함께 특수성이 있다는 점에 주목하여 외국어 교육에서도 신체 언어에 대한 연구와 교육에 관심을 기울이고 있다.

신체 언어는 기본적으로 감정과 의미를 전달하는 기능이 있기 때문에 준언어적 표현과 함께 의사소통과 대인 관계에서 매우 중요한 역할을 한다. 문화적 배경이 다른 언어 사용자가 상호작용을 하는 상황에서 비언어적 표현의 중요성은 더욱 커진다. 동일한 신체 언어가 서로 다른 의미와 감정을 표현할 수 있기 때문이다. 예를 들어 한국에서는 머리를 끄덕이는 것이 긍정의 의미를 표현하지만 나라에 따라서는 같은 동작이 부정의 의미를 나타내기도 한다. 또 숫자를 셀 때의 손가락 움직임이나 사람을 부를 때의 손동작이 문화에 따라 다르기도 하고 다리를 꼬고 의자에 앉는 동작의 의미가 문화마다 다르게 해석되기도 한다. 이러한 신체 언어는 의식적인 상태에서뿐만 아니라 무의식적인 상태에서도 표현되고 해석될 수 있다는 점에서 주의 깊게 사용할 필요가 있다.

한국어교육에서 이루어진 주요 연구로는 신체 언어 교수법 모형 연구, 한국어 비언어적 의사소통 표현 교육 방안 연구, 신체 언어에 대한 문화적 탐구, 학습자 모어와 한국어의 신체 언어 비교, 한국 영화에 나타난 비언어적 표현의 분석과 적용, 결혼 이민자의 신체 한국어 습득 양상 연구 등이 있다. 한국어교육에서는 한국어 신체 언어의 문화적 특성에 대한 연구 성과를 바탕으로 하여 학습자의 모어 배경에 따라 신체 언어에 어떤 특성이 나타나는지를 파악하고 대조 분석적인 관점에서 한국의 신체 언어를 학습할 수 있도록 지도할 필요가 있다. 신체 언어의 의미를 맥락과 분리해서 이해하도록 가르치는 것은 부적절하다. 신체 언어의 의미가 의사소통의 상황에 따라 다르게 해석될 여지가 많기 때문이다. 따라서 언어 문화권별 신체 언어를 한국의 신체 언어와 비교하여 상대적으로 빈도가 높고 의사소통의 문제를 초래할 가능성이 높은 것들을 선정하여 교육 내용으로 구성하는 것이 바람직하다. 〈민병곤〉

= 몸짓 언어

→ 문화의 보편성과 특수성

[참고문헌]
• 김영순·임지룡(2002), 몸짓 의사소통적 한국어 교수법 모형, 이중언어학 20, 이중언어학회, 1~24쪽.
• Birdwhistell, R. L. (1970), *Kinesics and context: Essays on body motion communication*, University of Pennsylvania Press.
• Goffman, E. (1959), *The presentation of self in everyday life*, Anchor.
• Hall, E. T. (1966), *The hidden dimension*, Anchor Books.
• Kendon, A. (1994), *Kinesics*, In R. E. Asher. & J. M. Y. Simpson. (Eds.), *The encyclopedia of language and linguistics 4*, pp. 1845~1848, Pergamon Press.

준언어

준언어(準言語, paralanguage)는 의사소통에 수반되지만 언어적 메시지와는 분리되는 강세, 속도, 목소리 크기, 억양, 장단, 휴지 등의 음성적 자질을 말한다.

관점에 따라 준언어는 언어적 요소 또는 비언어적 요소의 하위 항목으로 분류하거나 독립된 하나의 요소로 간주하기도 한다. 1998년 루벤과 스튜어트(B. D. Ruben & L. P. Stewart)는 준언어를 언어적 요소의 하나로 보았다. 이와 달리 1973년 해리슨(R. P. Harrison)과 1980년 냅(M. L. Knapp)은 준언어를 비언어적 요소의 하위 항목으로 분류하였다. 한국의 모어 화자를 대상으로 한 국어 교육과정에서는 보다 상세한 지도를 위해 의사소통 요소를 언어, 비언어, 준언어로 세분하나 일반적으로 내용을 전달하는 언어적 요소를 제외한 나머지는 모두 비언어로 간주하여 의사소통 요소를 언어와 비언어로 파악한다.

말에 수반되는 강세, 속도, 목소리 크기, 억양, 장단, 휴지 등의 준언어는 화자의 태도나 감정, 메시지의 의미를 전달할 수 있다. 음성적 자실 즉 목소리는 사회적 신분, 연령, 인종, 성별 등 화자의 정체성과 말로 다 표현할 수 없는 태도와 감정을 전달한다. 화자가 특정 내용을 강조하고 싶을 때는 '목소리 큰 사람이 이긴다.'라는 표현처럼 힘주어 천천히 말하면서 목소리를 통해 대인 관계에서 영향력을 행사한다. 그리고 문장 말미를 올리거나 내리는 억양에 따라 '밥 먹었어요.'와 같은 동일한 문장의 의미가 질문인지 서술인지 다르게 전달된다. 표현하고자 하는 장소의 공간적 넓이나 시간적 길이, 거리 등을 강조하거나 화자의 주관적인 느낌을 표현하기 위해 표현적 장음을 사용하기도 한다.

준언어는 반드시 말과 병행하여 나타나는 것은 아니다. 예를 들어 질문에 대답을 하지 않고 휴지(pause)를 두어 주저하거나 불만이 있다는 느낌을 전한다. 또한 웃음소리, 하품 등 말과 동시에 나타나지 않는 소리도 의도적 또는 비의도적으로 의미를 전달한다.

지금까지 한국어교육은 언어적 요소를 중심으로 교육해 왔으나 고급 수준의 학습자가 증가하고 그들의 요구가 다양해지면서 억양, 강세, 휴지, 속도 등에 관한 다양한 연구가 진행되고 있다. 억양과 강세는 학습자의 모어로부터 상당한 영향을 받으므로 학습자의 언어권별 교육에 대한 연구가 주를 이룬다. 휴지와 속도는 말하기의 유창성을 판단하는 요소 중 하나로 간주하여 유창성 연구에서 주로 다룬다.　　〈홍은실〉

[참고문헌]
• 김우룡·장소원(2004), 비언어적 커뮤니케이션론, 나남출판.
• 이창덕 외(2010), 화법 교육론, 역락.
• Harrison, R. P. (1973), Nonverbal communication, In I. de Sola Pool, et al. (Eds.), *Handbook of communication*, pp. 93~115, Rand McNally College Publishing Company.
• Knapp, M. L. (1980), *Essentials of nonverbal communication*, Holt Rinehart and Winston.
• Ruben, B. D. & Stewart, L. P. (1998), *Communication and human behavior*, Allyn and Bacon.

■ 문어의 특성

문어(文語, written language)는 여러 의사소통 행위 중 글로 표현된 언어이다.

문어의 주된 의사소통 수단은 시각적인 문자(文字)이지만 녹음 기술, 장거리 통신 기술 등의 발달로 문어를 음성으로 녹음하여 들려주는 등 그 방식이 다양해졌다.

문어의 구체적인 특성은 다음과 같다. 첫째, 탈상황적, 단독적 언어 행위로서 발화 상황에서 청자를 대면하지 않고 작성된다. 그러므로 발화 상황의 보조 수단도 문장 부호 외에는 거의 없다. 둘째, 글을 내면적으로 기술하기 위한 시점 장치가 있다. 인칭별로는 일인칭, 이인칭, 삼인칭 시점이, 관점에 따라서는 전지적 작가 시점, 관찰자 시점이 있다. 시점 장치의 사용을 통해 그 글이 누구의 관점에서 서술되는 것인가가 결정된다. 셋째, 시간적으로 표현이 유보적이고 보존적이다. 생각과 표현의 생산 과정은 선조성을 지니지 않으므로 반추하여 고치거나 보충할 수 있고 표현 시각(時刻)과 전달 시각이 같지 않으므로 교열도 가능하다. 넷째, 구어가 즉각적 상호작용을 목적으로 하는 것과 달리 문어를 사용하는 목적은 작가가 내면의 생각을 표현하고 구성한 내용을 잘 드러내는 데에 있다.

이상과 같은 특징으로 인해 구어에서 잘 쓰이는 호칭이나 상대방과의 관계에 의해 설정되는 상호 간 위계적 표현, '-더라'와 같은 직접 보고체 표현 등을 문어에서는 거의 쓰지 않는다. 대명사의 경우 상황적 직시(dexis) 표현을 쓰지 않고 전조응(anaphora)과 후방 조응(cataphora) 표현을 쓴다. 아울러 다소 복합적인 내용을 표현하기 위해 문장 구조적으로 내포절이나 관형절 등을 사용하고 구어에서의 빈번한 생략, 축약, 도치 같은 변형을 쓰지 않는다.

문어 구사 능력을 기르기 위해서는 특별한 쓰기 학습이 필요하다. 표현하고자 하는 내용에 따라 글의 주제와 단락별 소주제를 설정하고 각 단락에서 소주제를 잘 살리는 뒷받침 문장들을 작성함으로써 체계적인 글을 쓸 수 있다. '이에 따라, 한편, 따라서, 그러므로' 같은 접속 표현, 적절한 수식 표현, 핵심-부가 관계, 원인-결과 관계, 문제-해결 관계 등에 대한 설명과 논증 등 치밀한 문장 전개 형식을 익혀 쓰기의 완성도를 높인다. 문어는 일차적으로 작성된 문자 언어를 다시 보며 고치고 다듬고 깁는 교열 행위가 가능하여 이러한 과정에서 사고력 증진 효과도 기대할 수 있다. 이로 인하여 언어 표현 활동으로서 문어를 활용한 학습이 중시되고 있다. 〈김미형〉

[참고문헌]
• 김미형(2004), 한국어 구어와 문어의 특징 연구, 한말연구 15, 한말연구학회, 23~73쪽.
• 노대규(1996), 한국어의 입말과 글말, 국학자료원.
• 장경현(2003), 문어/문어체·구어/구어체 재정립을 위한 시론, 한국어의미학 13. 한국어의미학회, 143~165쪽.
• Olson, D. R. & Torrance, N. (Eds.) (1991), *Literacy and orality*, Cambridge University Press.
• Tannen, D. (1982), Oral and literate strategies in spoken and written narratives, *Language 58-1*, pp. 1~21.

■ 문식성

문식성(文識性, literacy)은 문자 언어뿐만 아니라 음악, 소리, 이미지, 영상, 그림, 동작 등의 다양한 기호 내지 상징체계가 작용하는 복합적인 양식의 텍스트와 문화에 대해 이해하고 표현할 수 있는 능력을 의미한다.

전통적인 관점에서 문식성은 문자 언어 중심의 인쇄 단일 양식적 텍스트를 읽고 쓰는 능력 혹은 듣고 말하는 능력을 의미한다. 문해력, 리터러시, 소양, 문식 능력 등의 다양한 용어로 혼용되고 있으며 문어를 읽고 쓰는 능력으로서의 문식성과 함께 구어를 듣고 말하는 능력으로서의 언식성(言識性, oracy 또는 orality)을 따로 구별하여 명명하기도 한다.

문식성에 대한 논의는 시대에 따라 변화했다. 19세기까지 문식성은 텍스트의 낭독, 기억, 암송을 의미하였다. 1950~1960년대에는 인지론적 또는 언어학적 접근에 따라 규범적 혹은 개별적 기능보다는 전체적인 의미를 텍스트에 고정하여 해석하는 텍스트 결과 중심에서 논의하였다. 반면에 1970~1980년대에는 과정 중심 접근에 따라 텍스트와 해석자 사이에 나타나는 개인의 인지 심리학적 선택 과정에 초점을 두어 텍스트보다는 해석자의 역할을 강조하였다. 이후 1980년대 후반부터는 사회 언어학, 인류학 등의 학문적 영향과 함께 구성주의적, 상호작용적 관점에서 문식성을 단순히 읽고, 쓰고, 듣고, 말하는 언어 기술(skills) 혹은 기능(function)으로 제한한 것에서 벗어나 문화 및 상호 문화와 맥락 또는 문맥을 핵심 요소로 간주하였다.

한편 문식성은 문식의 목적, 기능, 텍스트 영역, 텍스트 유형, 맥락과의 관련성 등에 따라 다양화되고 세분화된다. 문식 목적 및 텍스트 유형에 따라서는 직업 문식성, 정보 문식성, 미디어 문식성, 컴퓨터 문식성 등으로, 텍스트 영역에 따라서는 역사적 문식성, 윤리적 문식성, 문화적 문식성, 경제적 문식성, 사회 정치적 문식성, 환경적 문식성 등으로, 기능 및 맥락 관련성에 따라서는 기능적 문식성과 사회 문화적 문식성 혹은 기능적 문식성과 비판적 문식성 등으로 각각 구분된다.

문식성에는 글자와 음(音)을 학습하는 과정과 복합적인 기술 및 능력이 발달한 결과라는 두 가지 속성이 있다. 이는 독자 또는 청자의 의식 고양(consciousness raising)과도 관련이 있으며 구어와 문어의 관계, 기술(skills)의 본질, 맥락(context)의 역할 등에 따라 복합적이고 다층적인 성격을 띤다. 특히 다문화주의(multiculturalism)와 의사소통의 복합 양식(multimodal mode) 맥락에서 문식성은 읽기 능력 측정을 위한 텍스트 바꿔 쓰기(paraphrase), 쓰기 능력 측정을 위한 오류 없는 쓰기 그 이상을 의미한다. 이때 문식성은 언어, 인지, 사회, 문화 간의 복합적인 상호작용을 망라하며 여기에는 성(gender), 인종(race), 계층(class)과 같은 힘의 문제가 포함된다.

모어 교육과 외국어 교육에서는 문식성 교육에 대한 연구와 논의가 활발하게 이루어지고 있다. 교육적 관점에서 문식성은 텍스트를 통해 사회적, 역사적, 문화적으로 의미를 해석하고 창조하는 관습으로서 간주된다. 이 경우 문식성은 최소한 텍스트 관습과 그것의 사용 맥락 간의 관계에 대한 학습자들의 암묵적인 인식을 수반하며 더 나아가 이에 대한 비판적인 반성과 반추까지를 포함한다. 이러한 관점에서 문식성 교육은 폭넓은 인지 능력, 문어와 구어에 대한 지식, 장르에 대한 지식, 문화 지식을 기반으로 하여 텍스트를 비평적으로 읽는 데서부터 매력적이고 분석적으로 쓰는 것, 즉 해석과 창조에 이르는 범주까지를 포함한다. 교육에서의 문식성 영역은 단순히 학습자가 모어로 읽고 쓸 수 있는 능력에서부터 텍스트를 이해하고 해석하며 창조함과 동시에 산출하고 사용하는 일종의 의사소통 능력으로까지 확장되었다. 이에 따라 교육 목표는 지식, 기능, 사회 문화 맥락, 이데올로기의 요소를 포함하게 되었다. 이는 언어 교육에서의 문식성이 단순한 의사소통 능력이나 지식 추구를 넘어서 언어 수행을 위한 사용 능력, 더 나아가 능동적이고 비판적으로 언어를 인식하고 실천하는 능력으로 개념의 범위와 깊이가 확장되었음을 의미한다. 한국어교육에서는 이해 교육, 특히 읽기 교육의 내용과 자료, 방법에 대한 연구가 주로 이루어지고 있다. 이는 언어와 문화를 통합하는 관점에서 교육 내용을 설계하고 교육 제재를 체계화하려는 시도에 따른 것이다.   〈오지혜〉
= 문해력, 리터러시, 소양, 문식 능력

[참고문헌]
• 노명완 외(2008), 문식성 교육 연구, 한국문화사.
• 오지혜(2010), 한국어 학습자의 리터러시 교육을 위한 문학 제재 연구: 현대 시 작품을 중심으로, 시학과언어학 18, 시학과언어학회, 207~225쪽.
• 이경화(1996), 문식성 지도를 위한 언어 중심 교육과정 구성에 관한 연구, 국어국문학 117, 국어국문학회, 95~123쪽.
• 최인자(2001), 문식성 교육의 사회·문화적 접근, 국어교육연구 8-1, 서울대학교 국어교육연구소, 191~220쪽.
• Kern, R. (2000), *Literacy and language teaching*, Oxford University Press.

13.2. 이해 교육

이해 교육(理解敎育)은 음성 언어를 매개로 하여 정보를 전달받고 이를 이해하여 처리하는 과정인 듣기와 문자 언어를 매개로 하여 정보를 전달받고 이를 이해하여 처리하는 과정인 읽기를 포함하는 교육을 가리킨다.

언어를 사용한 의사소통 과정은 표현적 수행 방식인 말하기와 쓰기, 수용적 수행 방식인 듣기와 읽기로 나뉘는데 이해 교육은 이 중 후자에 해당하는 듣기와 읽기의 교수 학습을 목적으로 한다. 이해 교육이라는 용어는 2005년 7월 시행된 국어기본법 시행령에 한국어교원 자격 취득에 필요한 영역별 예시 과목 중 하나로 한국어 이해 교육법이 한국어 표현 교육법과 함께 예시되고 이후 이 과목들이 학위 및 비학위 과정에 개설되면서 한국어교육에서 일반화되었다. 이해 교육은 듣기 교육과 읽기 교육을 포괄하는 개념으로서 기능 통합 교육과는 구별된다. 듣기와 읽기는 이해 행위라는 공통점을 지닌 의사소통 기술을 교육한다는 점에서 이해 교육이라는 상위 범주에 속하는데 이는 듣기와 읽기를 통합하여 교육함으로써 교육적 효과를 제고하려는 통합 교육과는 다른 것이다. 이해 교육을 다루는 한국어교육 논저나 강의에서도 이 두 기능의 교수 학습은 개별적으로 다루어지는 것이 일반적이다.

이해 교육은 표현 교육처럼 교수 학습 과정에서 학습자의 이해를 관찰할 수 없으므로 이해 과정의 특성을 고려한 교수 방법이 요구된다. 정보의 이해 과정은 스키마 이론과 정보 처리 이론으로 설명할 수 있다. 인간의 인지 과정에 근거한 스키마 이론은 독자가 경험이나 학습을 통해 이미 가지고 있는 개념적 틀에 따라 텍스트를 이해한다고 보는 것으로 읽기 연구에 기반을 둔 것이나 듣기 교육에서도 중요한 역할을 한다. 정보 처리 이론은 작은 언어 단위에서 큰 단위 순으로 텍스트를 선형적으로 파악한다고 보는 상향식 모형(bottom-up model), 독자가 배경 지식이나 스키마를 활용하여 입력 자료의 의미를 재구성한다고 보는 하향식 모형(top-down model), 이 두 모형이 이해 과정에 함께 작용한다고 보는 상호작용 모형(interactive model)이 있다. 이해 교수의 전통적 방법으로는 상향식 모형이 사용되었으나 외국어 교육에서 의사소통, 상호작용 등을 강조하면서 의미 추론, 내용 이해 등에 중점을 두는 하향식 모형이 학습자의 이해 능력 개발에 기여하는 방법으로 알려져 왔다. 그러나 두 방식이 함께 사용됨으로써 의미 이해가 성공적으로 이루어진다는 최근의 연구 결과에 따라 이 상호작용 모형이 효과적인 것으로 받아들여지고 있다.

이해 교육에 대한 이러한 연구 결과는 종래 수동적 이해 영역에 머물렀던 듣기와 읽기에 대한 인식을 새롭게 하였다. 즉 듣기는 구어 텍스트에 대한 수동적 이해에 그치는 것이 아니라 배경지식을 동원해 의미를 구성하고 해석하는 적극적 의사소통 과정이며, 읽기도 문어 텍스트의 정보를 수용하기만 하는 것이 아니라 선별적으로 이해하고 의미를 새롭게 해석하는 등 능동적으로 재구성하는 기술이라고 본다. 따라서 이해 교육은 듣기와 읽기 전 단계에서는 학습자의 스키마를 활성화시킬 수 있도록 유도하고 필요한 사전 지식을 제공하며, 이해 과정에서는 학습자가 배경지식을 활용하면서 제시된 텍스트의 언어를 이해하는 상호작용이 일어날 수 있도록 해야 할 것이다.

한편 듣기는 음성 언어, 읽기는 문자 언어를 매개로 하므로 이러한 차이점에 따라 교육 자료를 구성하고 학습 전략을 세울 필요가 있다. 듣기 교육에서는 음성 언어에서 나타나는 휴지, 머뭇거림, 반복 등의 구어적 특성을 반영한 실제성 있는 자료 개발이 필요하며 구어의 담화 맥락을 이해하기 위한 듣기 전략을 제시해야 한다. 읽기 교육에서는 학습자의 수준, 흥미, 배경지식을 고려한 실제적이고 다양한 유형의 자료를 제공하고 학습자가 자료의 유형에 알맞은 읽기 전략을 사용하여 독해하는 방법을 익히도록 해야 한다.

한국어교육에서 듣기, 읽기는 이해가 중심이 되는 교육이므로 표현 교육에 비해 교사 설명의 비중이 높아져 수동적인 학습자, 정적인 수업이 되기 쉬우며 텍스트의 분량이 많아지는 고급 단계일수록 이러한 현상이 심화되기 쉽다. 그러므로 학습자의 활발하고 적극적인 의사소통, 상호작용 활동을 통해 이해도를 높일 수 있는 교수 학습 방법을 지속적으로 개발해야 한다. 아울러 한국어 이해 교육을 위한 교육 자료 개발, 구어 및 문어 텍스트의 특성에 대한 연구, 숙달도별 및 학습 목적별로 세분화된 이해 교육 연구 등이 요구된다. 〈최은규〉

[참고문헌]
• 강현화 외(2009), 한국어 이해 교육론, 형설출판사.
• 김영규(2011), 한국어 이해 교육의 연구 경향 분석, 이중언어학 47, 이중언어학회, 403~422쪽.
• 양명희·김정남(2011), 한국어 듣기 교육론, 신구문화사.
• Brown, H. D. (2007), *Teaching by principles: An interactive approach to language pedagogy*, Pearson Education.

13.3. 듣기 교육

듣기 교육은 음성 언어로 이루어진 텍스트를 자신의 배경지식을 활용하여 이해하고 텍스트에 대한 이해를 바탕으로 적절히 반응할 수 있도록 교육하는 것을 의미한다.

전통적으로 듣기 교육은 텍스트의 내용을 수용하는 수동적인 활동으로 인식해 왔으나 1980년대 이후 의사소통 중심 언어 교수의 관점에서는 청자가 자신에게 들리는 모든 정보에 귀를 기울이는 것이 아니라 일정한 목적과 기대를 갖고 필요한 의미를 음성 텍스트로부터 재구성하는 능동적인 의사소통 활동으로 인식한다. 한국어 듣기 교육의 목표는 다른 언어 영역과 마찬가지로 의사소통 능력의 함양에 있다. 따라서 주어진 텍스트를 단순히 이해하는 것을 넘어서 청자가 자신에게 필요한 정보를 산출하고 적절한 반응을 하는 것까지를 듣기 교육의 목표에 포함한다.

위와 같이 듣기는 능동적인 활동이 되어야 하며 이를 위해 듣기 수업은 듣기 전(pre-listening), 듣기 중(while-listening), 듣기 후(post-listening)의 단계로 구별하여 진행하는 것이 효과적이다. 듣기 전 단계에서는 듣기 목적에 따라 들을 내용을 예측할 수 있도록 하고, 듣기 중 단계에서는 자신에게 필요한 내용에 집중하여 목적에 부합하는 듣기 활동을 할 수 있도록 유도한다. 듣기 후 단계에서도 들은 내용을 바탕으로 상황에 맞게 적절히 반응하게 함으로써 능동적인 듣기 활동이 가능하도록 한다.

듣기 교육의 목표에 부합하는 교육을 위해서는 학습자 중심 듣기, 과정 중심 듣기, 실제 과제 수행 능력 배양을 위한 듣기 교육이 이루어져야 한다. 학습자 중심의 듣기 교육이란 학습자의 요구와 흥미에 부합하는 듣기 과제를 제시하여 듣기에 대한 학습자의 동기를 유발하는 것이다. 다음으로 과정 중심의 듣기 교육이란 실생활에서의 이해 처리 과정을 고려하여 듣기 수업을 '듣기 전 → 듣기 중 → 듣기 후'와 같이 단계적으로 구성하는 것을 말한다. 이를 통해 학습자는 실제로 듣기 과제를 수행하는 과정에서 겪는 문제가 무엇이고 이때 사용하는 전략이 무엇인지를 경험하면서 실생활 듣기에서 겪게 되는 문제 상황에 대처할 수 있는 능력을 기를 수 있다. 마지막으로 실제 과제 수행 능력을 배양하는 듣기 교육이란 교실에서의 듣기 활동을 통해 실생활에서의 듣기 과제도 잘 수행할 수 있도록 교실에서 학습자에게 제시하는 듣기 과제가 실제적이어야 한다는 것이다. 실제적 듣기 과제는 실제적인 자료와 실제적인 활동으로 구성된다. 즉 실세계에 존재할 법한 듣기 텍스트를 활용해서 현실에서 이루어지는 유목적적이고 유의미한 듣기 활동을 해야 한다.

2000년대 후반 이후 듣기 교육에서는 실제 과제 수행 능력의 배양을 표방하며 듣기 자료의 실제성을 특히 강조하여 이에 관한 연구가 이루어지고 있으며, 다양한 구어 담화에 대한 분석이 중요하게 다루어지고 있다. 〈정명숙〉

= 청해 교육, 청취 교육

[참고문헌]
• 강현화 외(2010), 한국어 이해 교육론, 형설출판사.
• 양명희·김정남(2011), 한국어 듣기 교육론, 신구문화사.
• 이해영(1999), 한국어 듣기 교육의 원리와 수업 구성, 한국어교육 10-1, 국제한국어교육학회, 241~263쪽.

■ 듣기

듣기(listening)란 음성 언어인 말로 이루어지는 구어 의사소통 상황에서 청자의 말을 이해하는 행위를 말한다.

일상의 언어 활동을 조사한 연구에 따르면 일상 언어의 네 영역 중 듣기가 차지하는 비중이 가장 높다고 한다. 또한 듣기는 언어의 네 영역 중 가장 먼저 익히는 활동으로서 유아의 언어 습득과 성인의 외국어 학습 과정에서는 음성 언어를 가장 먼저 접한다.

듣기(listening)는 들리기(hearing)와 다르다. 들리기는 물리적인 소리를 듣는 것이다. 이와 구별하여 듣기는 의미 듣기, 경청하기 등으로 부른다. 듣기 상황은 듣는 이가 참여하지 않는 실제 대화 듣기, 알리는 말씀 듣기, 지시 사항 듣기, 다양한 매체를 통한 듣기 등 여러 상황으로 나눌 수 있다. 이처럼 다양한 상황에서 청자는 소리를 식별하고 의미를 파악하려는 노력을 의도적으로 해야 한다. 초기 듣기 연구에서는 듣기를 입력되는 정보를 처리하는 과정으로 정의하였으나, 이후 듣기는 청자가 배경지식을 활용하여 정보를 비판하는 능동적 행위로 인식되고 있다.

듣기는 구어 의사소통 상황에서 청자가 화자와 상호작용하는 과정의 합으로서 음성 언어를 이해하는 의사소통 영역에 속한다. 그러므로 듣기의 정의에는 음성 언어의 특성과 이해 활동의 속성이 필연적으로 포함되어야 하며 이에 따라 듣기 교육의 내용이 선정되고 방법이 구현되며 평가 항목이 설정된다. 또한 듣기 교육에서는 듣기의 일회성과 속도 조절, 정보 처리 시간의 동시성 문제, 의미 이해의 어려움 등을 고려해야 한다. 더욱이 한국어 듣기 교육에서는 학습자가 외국어로서 한국어의 소리와 의미를 듣는다는 특수성이 있어 더욱 집중적이고 의도적인 노력이 필요하다.

듣기는 목적과 주체의 측면에서 말하기와 다르며 언어 자료와 의사소통 방법의 측면에서 읽기와 다르다. 듣기 교육의 목표를 설정하는 것은 듣기의 본질에 대한 정의에서 시작하므로 교수자는 듣기의 정의와 듣기 교육의 목표를 알고 이를 한국어교육의 현장에 구체적으로 접목해야 한다. 〈이미향〉

= 청해, 청취

[참고문헌]
• 이미향(2012), 청자의 듣기 과정에서 본 한국어 듣기 교수 학습 연구, 어문논총 55, 한국문학언어학회, 135~160쪽.
• 전은주(1998), 말하기 듣기 교육에 대한 개념적 접근, 새국어교육 56, 한국국어교육학회, 111~132쪽.
• 조항록(1993), 외국어로서의 한국어 듣기 교육에 관한 일, 외국어로서의한국어교육 18, 연세대학교 언어연구교육원 한국어학당, 171~187쪽.

■ 듣기 연구사

듣기 연구사는 듣기 교육을 포함하여 듣기와 관련된 연구의 역사를 말한다.

듣기와 관련된 연구란 듣기의 개념, 청자와 화자의 관계에 따른 듣기의 특성, 듣기 전략 등 듣기 일반에 관한 연구를 이른다. 또한 듣기 교육과 관련된 연구란 수업 현장에서의 듣기 교육의 목표와 내용, 교수 학습 방법, 평가, 교재 등 여러 분야에서 이루어진 연구 성과를 이른다.

듣기는 일상 언어생활에서 가장 높은 비중을 차지하지만 듣기를 연구하고 그 결과를 듣기 교육에 접목한 역사는 그리 길지 않다. 듣기와 읽기의 연구사를 대비한 바에 따르면 미국에서 읽기 연구가 시작된 것은 1881년이었던 데 반해 듣기 연구는 1917년에 시작되었다. 그리고 1948년 읽기 연구가 3,000건이 넘었을 때 듣기 연구는 3건 정도였고, 1961년에 이르렀을 때에도 듀커(S. Duker)가 수합한 듣기 문헌 목록은 725건에 불과했다고 한다. 듣기 및 듣기 교육에 대한 연구가 소홀했던 원인으로는 듣기를 특별히 훈련하지 않아도 자연스럽게 습득되는 능력으로 오해한 측면과 읽기를 상대적으로 더 강조한 학교 교육의 분위기를 들 수 있다.

한국어교육에서 듣기 연구는 크게 듣기의 특성에 기반을 둔 듣기 교육 전반에 대한 논의와 듣기 교육의 실제성에 대한 연구 그리고 듣기 수업과 듣기의 평가에 대한 연구로 나누어 진행되어 왔다.

듣기의 특성에 기반을 둔 듣기 교육 전반에 대한 연구에서는 듣기의 본질과 원리 그리고 듣기의 속성에 대한 논의를 바탕으로 한국어 듣기 교육의 목표를 설정하고 급별로 어휘, 구문, 담화 등의 교육 내용을 정립하며 교육 방안과 평가를 마련하는 거시적인 측면에서의 담론이 주를 이루었다.

이와 달리 듣기 교육의 실제성에 중점을 둔 연구에서는 한국어 듣기 교육에서의 실제성 원리 그리고 실제성을 높이기 위한 교수 자료의 구성 등에 대해 주로 논의하였다. 특히 2011년 전은주는 듣기 교육의 실제성 원리를 의미 층위, 표현 층위, 상호작용 층위, 언어문화 층위의 네 가지로 구분하고 각 층위에서 추구할 실제성의 원리를 제시하였다. 듣기의 실제성은 발화 종류, 발화량, 발화 기능, 듣는 자의 역할, 발화 수행 양상 등과 관련되어 있는 발화 차원뿐만 아니라 변형, 간투사, 머뭇거림 등과 관련한 언어 차원에서의 실제성을 모두 포함한다. 듣기 교육의 실제성에 주목한 연구에서는 이러한 듣기의 실제성을 포함하여 학습자에게 유의미하고 실제적인 듣기 자료, 즉 생활 속의 구체적인 언어 경험 장면이 그대로 구현된 교재의 개발에 초점을 둔 연구들이 진행되어 왔다.

한편 듣기 수업과 관련된 연구는 듣기 수업 모형을 구안하는 것 그리고 듣기를 말하기 또는 읽기와 통합하여 교육하는 것에 대한 논의가 주를 이룬다. 듣기 상황의 다양성에 따른 학습자의 듣기에 대한 어려움을 살펴본 연구나 듣기 수업을 듣기 전, 듣기 중, 듣기 후의 세 단계로 나누어 그 절차를 제시한 연구 등이 수행되었다. 구체적인 연구 결과로 1999년에 이해영은 듣기와 말하기 그리고 읽기의 연관성에 기반을 둔 듣기 수업의 구성과 그에 따른 듣기 교재의 개작에 대한 연구를 진행한 바 있다. 또한 2011년 이미향은 듣기 교육에서 예비 화자인 청자의 지위와 역할이 더욱 능동적으로 전환되어야 할 것을 강조하였다.

듣기 평가에 관한 연구에서는 학문 목적 한국어 듣기 평가에서 대학 지원자의 학업 능력 평가에 대한 논의와 한국어 듣기·말하기 성취도 평가에 관한 연구 등이 진행되었다. 2008년 박성경과 송향근은 듣기 평가의 범주를 마련하였는데 발음 능력, 어휘력, 문법 능력, 문장 이해력, 문맥과 상황 이해력, 사회 문화적 이해력을 듣기 평가 범주에 포함하였다.

한국어 듣기 교육 연구는 듣기 연구사와 궤적을 같이 해 왔다. 한국어 듣기 교육 연구는 기본적으로 듣기의 본질, 원리, 속성에 대한 이론적 연구를 바탕으로 해야 하며 이를 기반으로 듣기 교육이 교육 현장에서 어떻게 구성되어야 하는지를 논의할 필요가 있다. 왜냐하면 듣기 교육의 바람직한 설계와 효율성은 듣기의 본질과 원리를 이해하는 것에서부터 시작되기 때문이다. 더불어 학습자의 숙달도에 따른 듣기 과제 및 다른 기능 영역과의 통합 과제 구성 등을 통해 듣기의 실제성을 높이는 방안을 모색해야 한다.　　　　　　　　　　　　　　　　　　　　　　　　　　　　〈이미향〉

[참고문헌]
• 박성경·송향근(2008), 한국어 듣기·말하기 성취도 평가에 관한 연구: 초급을 중심으로, 우리어문연구 30, 우리어문학회, 299~325쪽.
• 이미향(2011), 청자의 듣기 과정에서 본 한국어 듣기 교수 학습 연구, 어문논총 55, 한국문학언어학회, 135~160쪽.
• 이해영(1999), 통합성에 기초한 교재 개작의 원리와 실제: 듣기 능력 향상을 위한 모색, 한국어교육 10-2, 국제한국어교육학회, 273~294쪽.

- 전은주(2011), 한국어 말하기 듣기 교육에서 실제성 원리의 적용 층위와 내용, 새국어교육 89, 한국국어교육학회, 553~575쪽.
- Duker, S. (1961), Goals of teaching listening skills in the elementary school, *Elementary English 38-3*, pp. 170~174.

■ 듣기 과정

듣기 과정(listening process)이란 청자가 화자로부터 전달받은 음성 언어 정보를 처리하고 이해하여 적절한 반응을 보이는 일련의 과정을 말한다.

의사소통은 송신자인 화자가 메시지를 부호화하여 전달하고 수신자인 청자가 그 메시지를 해독하는 과정이며 이 과정에서 청자와 화자는 상호작용한다. 듣기는 이러한 상호작용 과정 자체로서 메시지를 이해한 결과를 의미하지 않으며 점진적이고도 연속적으로 수행된다.

언어 이해 과정에는 언어학적 기호를 읽어 내면서 내용을 체계화하는 상향식 처리 과정(bottom-up processing)과 개략적으로 파악된 내용에서 이야기의 흐름을 되짚고 언어 요소를 분석하는 하향식 처리 과정(top-down processing)이 있는데 듣기 과정에서는 이 둘을 모두 활용한다.

1988년에 앤더슨과 린치(A. Anderson & T. Lynch)는 이해를 위해 동원되는 여러 정보 자원들, 즉 배경지식 및 절차 지식 등의 개념 지식, 상황에 대한 지식인 맥락, 의미·통사·음운 등 언어 체계에 대한 지식이 서로 정보를 교환하며 이해에 도달한다고 보았다. 이와 같이 이해를 목적으로 여러 정보 자원이 상호 정보를 교환하는 과정을 듣기의 상호작용 과정(interactive processing)이라 부른다.

듣기는 점진적인 몇 단계를 순차적으로 거쳐 이루어진다. 청자는 소리를 청취하고 연속된 음을 분절하여 다른 음과 식별하며 해당 소리의 의미를 지각하고 이해한다. 그리고 듣기 과정은 들은 바를 일정 시간 이상 기억하며 내용과 방법에 따라 적절하게 반응하는 상당히 복잡한 단계를 거쳐 성립한다. 이와 같은 듣기 과정에 대한 연구는 듣기 교수 학습 방법과 평가, 교재 설계 방안에서 학습자의 동기 부여와 능동성을 강조한 것이 주를 이룬다. 또한 성공적인 듣기를 위하여 배경지식을 활성화하는 방안에 주목하기도 하였으며 듣기의 주체인 청자의 능동성을 강조하는 방향으로 나아가고 있다.　　〈이미향〉

[참고문헌]
- 전은주(1999), 말하기 듣기 교육론, 박이정.
- Anderson, A. & Lynch, T. (1988), *Listening*, 김지홍 역, 2003, 듣기, 범문사.

■ 듣기 전략

듣기 전략(listening strategies)이란 청자가 음성 언어를 듣고 그 의미를 효율적으로 파악하는 데 직접적으로 도움이 될 수 있는 기술이나 활동을 의미한다.

듣기를 지도할 때 학습 내용 그 자체뿐만 아니라 다양한 듣기 전략을 가르치는 것은 학습자의 의사소통 능력을 신장하고 듣기 학습을 성공적으로 이끌기 위하여 반드시 필요하다. 그런데 듣기 과정은 인간의 뇌 속에서 일어나는 정보 처리 과정이므로 이 과정에서 어떤 전략이 사용되고 또 그것을 어떻게 훈련할 것인지를 직접 관찰하기는 쉽지 않다. 이를 측정하기 위하여 여러 학자들은 듣기에 능숙한 학습자와 그렇지 못한 학습자를 대상으로 인터뷰, 설문지와 같은 다양한 간접 측정 도구를 활용하여 학습자 간의 차이를 제시하고 이를 통해 보다 효과적인 듣기 전략을 찾았다.

이와 관련하여 1983년에 브라운과 율(G. Brown & G. Yule)은 듣기에서 맥락을 이해하는 것이 중요함을 강조하였다. 즉 청사가 보는 단서를 활용하여 누가, 왜, 누구에게, 어떤 상황에서, 무엇에 관해 말하고 있는지를 파악하고 결정하는 것이 효율적인 듣기를 이끈다고 보았다. 그리고 1990년에 로스트(M. Rost)는 듣기를 할 때 언어 지식이나 배경지식이 중요함을 언급하였다. 즉 들은 내용을 이해하려면 청자가 이전에 경험한 모든 언어 지식과 배경지식을 활용해야 하고 듣기 상황이나 목적에 따라 듣기 전략이 달라질 수 있다고 하였다. 세부 내용이나 어순 또는 억양에 따른 의미 차이를 인식해야 하는 자료 중심적인 듣기 활동에서는 상향식 처리 과정(bottom-up processing)의 전략을 사용하는 것이 적절하고, 전체적인 내용을 파악하거나 이어질 내용을 예측하는 등의 듣기 활동에서는 학습자가 가지고 있는 선험 지식을 활용하여 접근하는 하향식 처리 과정(top-down processing)의 전략이 적절하다고 한다.

성공적인 듣기 학습을 위해 2007년에 브라운(H. D. Brown)이 제시한 구체적인 듣기 전략으로는 핵심어 찾기, 비언어적인 화자의 의도 예측하기, 대화 상황에서 화자의 의도 예측하기, 자신의 인지적 구조와 정보 연결하기, 의미 추측하기, 명료화하기, 전반적으로 이해하며 듣기, 듣기 이해 시험을 위해 다양한 시험 전략 연습하기 등이 있다. 이 외의 듣기 세부 전략으로는 주요 중심어 듣기, 구 단위로 듣기, 맥락 이해하기, 구어 표현 익히기, 어휘력 키우기, 배경지식 넓히기, 문자 배제하기, 들리는 순서대로 듣기, 받아쓰기 훈련하기 등이 있다.

한국어교육에서는 1999년에 이해영이 한국어 학습자들이 활용할 만한 구체적인 듣기 전략을 한국어의 특성에 맞게 정리한 바 있다. 예를 들면 한국어 구어의 음운적 특성을 고려한 축약형 파악하여 듣기, 통사적 특성을 고려하여 도치나 생략 파악하여 듣기, 한국어 문장의 휴지 단위 파악하여 듣기 등을 한국어 듣기 전략으로 제시하였다. 듣기 활동은 음성 언어를 기반으로 하므로 한국어 구어의 특성에 대한 연구와 이에 대한 교수가 중점적으로 이루어지고 있다. 또한 단계별 듣기 수업 구성 및 목적에 맞는 지도에 대한 연구 결과가 교재 구성이나 수업에 적용되고 있으며 학문 목적 학습자의 듣기

전략 연구도 이루어지고 있다. 〈정선화〉

[참고문헌]
· 양명희·김정남(2011), 한국어 듣기 교육론, 신구문화사.
· 이해영(1999), 한국어 듣기 교육의 원리와 수업 구성, 한국어교육 10-1, 국제한국어교육학회, 241~263쪽.
· Brown, G. & Yule, G. (1983), *Discourse analysis*, Cambridge University Press.
· Brown, H. D. (2007), *Teaching by principles: An interactive approach to language pedagogy*, 권오량·김영숙 공역, 2008, 원리에 의한 교수: 언어 교육에의 상호작용적 접근법, 피어슨에듀케이션코리아.
· Rost, M. (1990), *Listening in language learning*, Longman.

■ 듣기 활동

듣기 활동(listening activities)은 수업에서 학습자가 음성 언어를 듣고 이해하는 의사소통 능력을 키우는 것을 목적으로 하는 교실 활동을 의미한다.

학습자는 듣기 활동을 성공적으로 수행하기 위하여 다양한 듣기 전략을 활용할 필요가 있는데 그 활동 유형에는 듣고 따라하기, 듣고 대답하기, 과제 듣기 등이 있다. 듣기 수업은 듣기 전 활동, 듣기 중 활동, 듣기 후 활동의 세 단계로 구성한다. 듣기 전(pre-listening) 단계에서는 스키마를 활성화하여 예측 능력을 신장하고 동기를 유발하며, 듣기 중(while-listening) 단계에서는 듣는 활동 자체가 중심이 되어 주요 정보를 추출하고, 듣기 후(post-listening) 단계에서는 이해 정도를 확인한 후 토론 등을 통하여 정보를 확장한다.

과거의 교수법에서는 듣기를 보조적인 수단으로만 다루었으나 애셔(J. Asher)의 전신반응 교수법(total physical response: TPR)이 등장하면서 듣기 중심 언어 교수(listening-based language learning)가 이루어지기 시작했다. 자연적 접근법(natural approach)에서는 제2 언어도 자연적으로 습득되는 것으로 보고 표현보다는 이해 위주의 교육을 지향한다. 그 후 청자는 듣기를 할 때 능동적이고도 의식적으로 듣고 다양한 전략적 수단에 의존하여 의미를 구성한다고 보았다. 또 제2 언어 습득에서는 듣기에서 심리적 과정(mental processes)을 고찰하는 것을 중시하여 선택적 주의, 추리, 전이 등을 학습자에게 유용한 전략으로 제시한다. 1990년에 런드(R. Lund)는 학습자 반응을 통해 이해의 정확성 여부를 판단할 수 있는 듣기 활동으로 행동하기(doing), 선택하기(choosing), 전이하기(transferring), 대답하기(answering), 요약하기(condensing), 확장하기(extending), 되풀이하기(duplicating), 모형화하기(modeling), 대화하기(conversing)를 제시하였다. 언어 교사는 학습자에게 듣기 내용을 가르치기보다 핵심어 찾기, 의미 해석에 도움을 주는 비언어적 단서 찾기, 담화 맥락을 통해 화자의 의도 예측하기, 입력 정보와 학습자의 배경 정보 연계하기, 의미 추측하기, 설명 요구하기, 전체적인 요지 찾으면서 듣기 등 전략 능력을 향상시킬 수 있는 다양한 활동을 수행하도록 해야 한다.

비모어 화자는 수시로 돌발적인 담화 상황에 직면한다. 교사는 한국어 학습자가 이러한 상황에 적응할 수 있도록 수업 활동에서 하향식(top-down)과 상향식(bottom-up)의 다양한 듣기 전략 활용 방법을 지도해야 한다. 한국어교육에서의 듣기 활동 연구로는 듣기 전략 훈련의 필요성과 듣기 활동의 중요성, 듣기 활동을 비롯한 한국어 학습자의 전반적인 언어 학습 전략 유형에 관한 연구 등이 있다. 〈우인혜〉

→ 전신 반응 교수법, 자연적 접근법

[참고문헌]
• 강승혜(1996), 제2 언어로서의 한국어 학습자의 언어 학습 전략 유형 및 학습 결과 분석 연구, 연세대학교 박사 학위논문.
• Asher, J. (1969), The total physical response approach to second language learning, *The Modern Language Journal 53-1*, pp. 3~17.
• Lund, R. (1990), A taxonomy for teaching second language listening, *Foreign Language Annals 23-2*, pp. 105~115.
• O'Malley, J. M., Chamot, A. U. & Kupper, L. (1989), Listening comprehension strategies in second language acquisition, *Applied Linguistics 10-4*, pp. 418~437.

□ 단순 복창형 듣기

단순 복창형 듣기(reactive listening)는 학습자가 발화를 듣고 단순하게 따라 하는 방식의 듣기 활동을 말한다.

이는 우드(M. Wood)가 1994년에 제시한 다양한 듣기 활동 중의 하나로서 청자는 의미를 구성하는 처리 과정이 없이 단순히 들리는 그대로 따라 하기만 하는 듣기 방식이다. 열심히 듣는 능동적 듣기(active listening)와 달리 자신이 들은 바를 입으로 그대로 따라하는 듣기이며, 주로 상대방의 말에 표현된 사실적 정보나 상대방의 마음을 헤아려 듣는 단계 이전에 수행한다. 학습자가 단어나 문장의 발음을 연습하는 데에 반드시 필요한 과정으로 수업에서는 학습자 전체가 듣고 따라 하거나 한 사람씩 듣고 따라 하는 방식으로 진행된다. 이 활동에서 학습자는 발화의 의미는 고려하지 않고 들은 대사를 그림자처럼 바로 반복해서 따라 말하며(shadowing speaking) 발음을 연습한다.

이 듣기 활동을 통해 학습자는 내용은 이해하지 못해도 말의 어감이나 억양 등을 자연적으로 습득하게 되어 유창하게 소리 내어 읽는 능력을 향상시킬 수 있다. 또한 단순하게 따라 하기를 반복하다 보면 말소리와 단어 및 세부 내용을 기억하는 능력도 자연스럽게 기를 수 있다. 〈우인혜〉

= 반사적 듣기, 반동적 듣기

[참고문헌]
• 강현화 외(2009), 한국어 이해 교육론, 형설출판사.
• 곽지영 외(2007), 한국어 교수법의 실제, 연세대학교출판부.
• 이차숙(2005), 유아 언어 교육의 이론과 실제, 학지사.
• Wood, M. (1994), *Elementary language arts*, Allyn and Bacon.

❑ 집중형 듣기

집중형 듣기(intensive listening)는 음소, 단어, 억양, 담화 표지 등 발화의 여러 가지 요소에 초점을 맞추는 방식의 듣기 활동을 말한다.

이는 우드(M. Wood)가 1994년에 제시한 다양한 듣기 활동 중의 하나로서 학습자가 듣게 되는 언어 표현 중 문법적 표지에 집중하게 하여 그것을 선별하도록 하는 듣기 활동이다. 먼저 2001년에 브라운(H. D. Brown)이 정의한 상향식(bottom-up) 이해 활동을 통해 학습자에게 단어나 문장을 반복해서 들려주어 인식하게 한 후 조금 더 긴 담화를 들려주어 억양, 강세, 대비, 문법적 구조 등의 특별한 요소를 찾아내게 한다. 이는 전체적인 글의 흐름과 내용을 파악하기 위해 수행하는 확장형 듣기(extensive listening)와 대비된다. 이 활동을 수행할 때에는 최소 대립어(minimal pair) 구분하기나 전화번호 받아쓰기, 틀린 부분 찾아내기, 빈칸 채우기 등의 활동과 병행할 수 있다.

한국어는 눈으로 인식하는 단어의 음가와 귀로 듣는 음가가 완전히 일치하지 않아 학습자들이 듣기를 어려워한다. 한국어의 음절 경계는 어휘 단위가 아닌 어절 단위에 있기 때문에 소리의 연속체에서 어휘를 유추해 내기가 어려운 것이다. 따라서 실제 수업에서는 어휘 분절을 위해 억양이나 강세 같은 운율적 자질에 주의를 기울이는 것이 중요하다. 집중형 듣기 활동으로 잘 안 들리거나 이해하기 어려운 부분을 집중적으로 연습한다면 한국어 듣기 능력을 향상시키는 데에 효과적일 것이다.　　　　〈우인혜〉

[참고문헌]
• 김은정(2002), 한국어 학습자의 듣기 전략 훈련 효과에 관한 연구, 이화여자대학교 석사학위논문.
• 김인규(2009), 학문 목적을 위한 한국어교육에서 '듣고 받아 적어 재구성하기(dictogloss)' 적용 방안 연구, 새국어교육 82, 한국국어교육학회, 51~72쪽.
• Brown, H. D. (2001), *Teaching by principles: An interactive approach to language pedagogy*, Longman.
• Wood, M. (1994), *Elementary language arts*, Allyn and Bacon.

❑ 반응적 듣기

반응적 듣기(responsive listening)는 교사가 지시를 내리거나 질문을 할 때 학습자가 유의미한 동작이나 말하기로 반응을 보이도록 하는 활동을 말한다.

반응적 듣기는 우드(M. Wood)가 1994년에 제시한 다양한 듣기 활동 중의 하나로서 교사가 하는 말을 듣고 학습자가 즉각적으로 적절하게 반응하도록 유도하는 활동이다. 이 활동의 예로 '지난 주말 어땠어요?'와 같은 간단히 질문하기, '책을 덮으세요.'와 같은 간단히 요구하기, '이 단어가 무슨 의미예요?'와 같은 명료화하기, '누가 영화를 보았어요?'와 같은 이해 점검하기 등이 있다.

반응적 듣기는 애셔(J. Asher)의 전신 반응 교수법(total physical response: TPR)을 기반으로 하며 교사의 명령이나 지시에 학습자가 신체적으로 반응함으로써 듣기 능력이 향상된다고 본다. 제2 언어도 아동의 모어 습득과 유사한 방법으로 학습하면 효과적으로 학습할 수 있고 학습자가 듣기 능력을 성취하면 말하기 기술은 자동적으로 뒤따른다는 입장을 취한다.

일반적인 듣기 교육에서와 마찬가지로 한국어 듣기 교육에서도 초기에는 전신 반응 교수법에 따라 구두 질문(oral question)을 듣고 답하는 반응적 듣기에 의존했다. 그러나 2000년대 이후에는 실생활의 언어 자료를 이용해 심리적이고 인지적인 과정까지 포함하는 새로운 듣기 방식에 초점을 맞추고 있다. 〈우인혜〉

→ 전신 반응 교수법

[참고문헌]

• 박희숙(2007), 청자 반응 전략 지도가 듣기 결과에 미치는 영향 연구: 초등학교 5학년 말하기·듣기·쓰기 수업을 중심으로, 경인교육대학교 석사학위논문.
• 백승주(2011), 제2 언어 교실에서의 질문 분류 방식과 기능에 대한 재고 1: 성보 조회 질문과 정보 확인 질문을 중심으로, 이중언어학 47, 이중언어학회, 77~110쪽.
• 이차숙(2005), 유아 언어 교육의 이론과 실제, 학지사.
• Asher, J. (1969), The total physical response approach to second language learning, *The Modern Language Journal 53-1*, pp. 3~17.
• Wood, M. (1994), *Elementary language arts*, Allyn and Bacon.

❏ 선택적 듣기

선택적 듣기(selective listening)는 학습자가 긴 텍스트의 내용을 다 처리하지 않고 필요한 정보만을 선택적으로 처리하도록 하는 듣기 활동을 말한다.

이는 우드(M. Wood)가 1994년에 제시한 다양한 듣기 활동 중의 하나로 포괄적이고 일반적인 의미보다는 주요한 특정 의미를 찾기 위한 듣기 활동이다. 교사가 연설이나 뉴스 등의 자료를 들려주고 사람들의 이름, 날짜, 특정 사건 및 사실, 위치, 상황, 맥락, 주요 아이디어, 결론 등을 묻거나 추측하게 하는 방식으로 이루어진다. 듣기 텍스트가 여러 문장으로 구성되어 있어 단어가 길면 학습자는 화자가 말한 정보 중 특정 정보만을 선택적으로 처리하게 된다. 이를 선별적 이해 또는 찾아 듣기(scanning)라고 하며 2008년 크리스탈(D. Crystal)은 이를 '칵테일 파티 현상(cocktail party effect)'이라고 언급한 바 있다. 청자가 대화 중 자신의 필요에 따라 가장 빠르고 정확하게 정보에 적응하도록 하는 훈련 방식이다.

이는 특정 정보만을 선별적으로 처리한다는 점에서 전체적인 글의 흐름과 내용을 파악하기 위한 확장형 듣기(extensive listening)와 구별된다. 특정 정보를 분리해 낸다는 점에서는 집중형 듣기(intensive listening)와 유사하나 훨씬 더 긴 발화를 대상으로 하며 실제 의사소통에 활용된다는 점에서 차이가 있다.

한국어교육에서도 청자가 청각 기관을 통해 입력된 자료를 듣기 목적에 따라 선택적으로 처리하는 능력을 키우는 듣기 수업이 이루어지고 있다. 듣기에서 중요한 것은 소리로 입력된 자료를 다 들었느냐 못 들었느냐가 아니라 의사소통 상황에서 자신에게

필요한 정보를 얼마나 잘 들을 수 있느냐에 있다.   〈우인혜〉

= 선별적 듣기

[참고문헌]
• 조위수(2008), 과제 중심의 한국어 말하기, 듣기 연계 교육 방안, 외국어로서의한국어교육 33, 연세대학교 언어연구교육원 한국어학당, 169~199쪽.
• Crystal, D. (2008), *A dictionary of linguistics and phonetics*, Blackwell.
• Richards, J. C. & Schmidt, R. (2010), *Dictionary of language teaching & applied linguistics*, Pearson.
• Wood, M. (1994), *Elementary language arts*, Allyn and Bacon.

❏ 확장형 듣기

확장형 듣기(extensive listening)는 발화의 전체적인 의미 파악을 목표로 하는 하향식(top-down) 듣기 활동을 말한다.

이는 우드(M. Wood)가 1994년에 제시한 다양한 듣기 활동 중의 하나로서 이에 해당하는 구체적인 활동으로는 메모장 활용하기, 긴 이야기 듣고 단락별 주제 토론하기 등이 있다. 학문 목적 듣기를 위한 강의 듣기 전략 교육 중의 하나인 듣기와 쓰기를 연계하는 노트 필기 방식도 한 예이다.

성공적인 듣기를 위해서 청자는 단순한 이해를 넘어 상대방의 의도를 파악할 수 있는 인지적 능력을 갖추어야 한다. 이를 위해서는 강의나 대화, 구두 발표(oral report) 등 상당 분량의 듣기 텍스트를 광범위하게 사용하는 활동이 필요하다. 확장형 듣기의 궁극적인 목표는 인위적인 학습 상황을 넘어서서 현실적인 효용성을 거두는 것이다. 그러므로 가급적 사고를 촉진하는 질문을 하여 학습자가 인지적 사고를 활용하고 그에 대한 답변을 확대 진술하도록 유도하는 것이 효과적이다.   〈우인혜〉

[참고문헌]
• 김인규(2003), 학문 목적을 위한 한국어 요구 분석 및 교수요목 개발, 한국어교육 14-3, 국제한국어교육학회, 81~113쪽.
• Oxford, R. L. (1990), *Language learning strategies: What every teacher should know*, Heinle & Heinle Publishers.
• Underwood, M. (1989), *Teaching listening*, Longman.
• Wood, M. (1994), *Elementary language arts*, Allyn and Bacon.

❏ 상호작용적 듣기

상호작용적 듣기(interactive listening)는 동료 집단이 서로 토의나 토론, 대화, 역할극, 소집단 활동 등을 통해서 능동적으로 듣기에 참여하는 활동을 말한다.

이는 브라운(H. D. Brown)이 언급한 바와 같이 우드(M. Wood)가 1994년에 제시한 다섯 가지 듣기 활동 유형인 단순 복창형 듣기(reactive listening), 집중형 듣기(intensive listening), 반응적 듣기(responsive listening), 선택적 듣기(selective listening), 확장형 듣기(extensive listening)를 통합한 것으로, 학습자가 다른 학습자들과 짝 활동(pair work)이나 소집단 활동(small group work)에 적극적으로 참여하여 듣기 능력을 향상시키도록 한다. 이 활동은 1991년에 누난(D. Nunan)이 제시한 기능의 단계화 및 통합화와 유사한데 의사소통적 상호 교류를 통해 말하기, 쓰기, 읽기 기능을 모두 통합한 듣기 지도가 이루어진다.

한국어교육 현장에서 교사는 상호작용적 듣기 방식을 학습자 숙달도에 따라 초급, 중급, 고급의 단계별로 다양하게 고안하여 적용할 수 있으며 실제 교실에서 이루어지는 짝 활동이나 소집단 활동이 이 범주에 속한다. 〈우인혜〉

[참고문헌]
• 류계영(2010), 그림자처럼 따라 읽기가 한국어 학습자의 듣기 능력 향상 및 학습 태도에 미치는 영향: 학문 목적 학습자를 대상으로, 이화여자대학교 석사학위논문.
• 소미영(2012), 관계 지향적 듣기와 반응에 관한 연구, 화법연구 20, 한국화법학회, 141~170쪽.
• Brown, H. D. (2007), *Teaching by principles: An interactive approach to language pedagogy*, Pearson Education.
• Nunan, D. (1991), *Language teaching methodology: A textbook for teachers*, Prentice Hall.
• Wood, M. (1994), *Elementary language arts*, Allyn and Bacon.

■ 듣기 지도

듣기 지도(listening instruction)는 학습자의 성공적인 의사소통을 위해 언어에 담긴 정보와 내용을 이해하고 듣기를 잘 수행할 수 있는 능력을 갖추도록 가르치는 것을 말한다.

전통적인 외국어 교수에서는 듣기를 수동적이고 보조적인 기능으로 인식하였으나, 의사소통 중심 언어 교수에서는 말하기와 더불어 매우 중요한 요소로 인식한다. 듣기 과정에서 청자는 배경지식과 사고력, 판단력, 추리력을 동원하여 상황에 알맞게 정보를 이해하고 적절히 대응한다. 이 점에서 듣기는 수동적인 기능이 아니라 의사소통 과정에서 상호작용하는 능동적이고 적극적인 기능이다. 그러므로 듣기는 교사가 교육해야 하는 언어 기능 중의 하나로 인식된다.

일반적으로 듣기 지도의 과정은 듣기 전(pre-listening), 듣기 중(while-listening), 듣기 후(post-listening)의 세 단계로 나눈다. 듣기 전 단계에서는 본격적인 듣기를 하기 전에 들으려는 욕구와 동기를 유발하고 듣기 목적을 부여한다. 들을 내용의 주제를 소개하고 듣기 활동을 적극적으로 하도록 유도한다. 구체적인 듣기 전 활동으로는 제목이나 사진, 삽화 등 관련 자료를 제시하여 듣게 될 내용을 예측하거나 배경지식을 활성화하도록 브레인스토밍(brainstorming)을 하고 중심적으로 들어야 할 내용을 제시하는 것이 있다. 또한 필수 어휘를 사용한 간단한 어휘 활동을 통해 긴장감을 덜고 듣기 전략을 사용할 수 있도록 돕는다. 듣기 중 단계는 주어진 듣기 과제를 수행하는 단계로서 이를 통해 학습자는 듣기 전략과 기술을 활용하는 능력을 갖추게 된다. 듣기 활동을 다양하게 구성하면서도 듣기 본연에 충실하게 해야 한다. 해당하는 그림 찾기, 그림 배열하기, 표나 차트 완성하기, 제목 붙이기, 행동하기와 같은 활동이 있다. 듣기 후 단계는 듣기 과제를 성공적으로 수행했는지 점검하고 들은 내용을 확인하는 단계이다. 들은 내용을 정리하거나 발음, 어휘, 문법 구조를 점검한다. 그리고 들은 내용을 심화하거나 말하기, 읽기, 쓰기와 같은 다른 언어 기능과 연계 및 통합하는 지도를 한다.

들기 지도를 할 때 유의해야 할 사항은 다음과 같다. 먼저 학습자가 듣기 교육의 중요성과 필요성을 인식하도록 듣기 학습 지도 원리를 바탕으로 듣기 지도 방법을 모색한다. 브라운(H. D. Brown)은 듣기 지도 원리로 언어 기능의 통합 교육에서도 듣기에 초점을 맞춘 활동하기, 학습자의 내재적 동기를 부여하는 기법 적용하기, 진정성 있는 언어와 맥락 활용하기, 학습자의 반응 형태를 주의 깊게 고려하기, 듣기 전략을 개발하도록 장려하기, 상향식 모형(bottom-up model)과 하향식 모형(top-down model) 모두 적용하기 등을 제시하였다. 그리고 교사는 학습자가 단순한 음운의 식별에서 단어, 문장, 담화에 내포된 의미까지 해석할 수 있도록 지도하고 학습자 요인을 고려하여 적절한 교재와 교수 방법을 선택해야 한다. 또한 학습자가 교실 밖 상황에서도 듣기를 잘 수행할 수 있도록 능력과 자신감을 키워 주고 유목적적으로 들을 수 있게 지도한다.

이 외에도 교사는 수동적이고 지루해지기 쉬운 듣기 수업을 역동적으로 이끌 필요가 있다. 또한 학습자의 학습 목적과 다양한 변인을 고려한 듣기 교재 개발이 필요하다. 〈박선옥〉

[참고문헌]
• Brown, H. D. (2007), *Teaching by principles: An interactive approach to language pedagogy*, 권오량·김영숙 공역, 2008, 원리에 의한 교수: 언어 교육에의 상호작용적 접근법, 피어슨에듀케이션코리아.
• Taylor, S. E. (1973), *Listening: What research says to the teacher*, National Education Association.

■ 듣기 평가

듣기 평가(listening assessment)는 학습자의 듣기 능력을 측정하는 것을 말한다.

1984년에 얼(P. Ur)은 듣기 평가 측정 항목으로서의 듣기 능력 구성 요소를 발음 식별력, 억양과 휴지 및 강세, 주저함, 반복, 중복 등과 같은 구어의 특징에 대한 이해, 어휘력과 관용어 사용 능력, 문법 능력, 세부 내용 파악 능력, 세상 지식으로 정리한 바 있다.

듣기 평가의 목적은 학습자의 듣기 능력을 측정하는 데 있다. 한국어능력시험(Test of Proficiency in Korean: TOPIK)의 듣기 평가는 학습자의 듣기 숙달도를 평가하는 것이 목적이며, 한국어 교육 기관에서 시행하는 듣기 평가의 목적은 교육과정에 따른 학습자의 듣기 성취도를 평가하는 것이다.

듣기 평가의 일반적인 기능은 학습자의 듣기 능력과 듣기 성취 수준을 확인해 주는 것이다. 학습자는 자신의 듣기 수행 능력을 점검하고 듣기에서 잘 하는 부분과 그렇지 못한 부분을 알게 되며, 이를 통해 듣기 학습 태도나 방법을 수정 및 개선할 수 있다. 나아가 듣기 평가는 또 다른 형식의 듣기 활동이 되기도 하며 듣기 학습의 의욕을 높이고 동기를 부여하기도 한다. 특히 교사에게는 듣기 교수 자료와 방법을 개선하는 데 필요한 정보를 제공해 주는 역할을 한다. 한국어 교육 기관에서 시행하는 중간고사와 기말고사의 듣기 평가는 성취도 평가로 실시되며 학습자의 진급 유무를 결정하는 데 활용된다.

듣기 평가의 범주는 듣기 능력 구성 요소에 따라 설정된다. 하임스(D. Hymes)의 의사소통 능력은 커널리와 스웨인(M. Canale & M. Swain), 바흐만과 팔머(L. F. Bachman & A. S. Palmer)가 구체화하였는데 듣기 능력의 구성 요소도 문법적 능력, 사회 언어학적 능력, 담화적 능력, 전략적 능력으로 범주화하였다.

듣기 평가의 유형은 크게 음운의 식별을 통한 의미 파악 능력, 듣고 정보를 파악하는 능력, 들은 내용을 적용하는 능력, 들은 내용을 바탕으로 추론이나 종합하는 능력에 대한 평가로 나눈다. 음운의 식별을 통한 의미 파악 능력에 관한 문제 유형에는 음운 식별하기, 단어 받아쓰기, 숫자 식별하기 등이 있다. 듣고 정보를 파악하는 문제 유형에는 세부 내용 파악하기, 일치하는 내용 파악하기, 같은 의미 파악하기, 중심 내용 파악하기, 내용 요약하기, 제목 붙이기, 적절하게 대답하기, 적절하게 행동하기 등이 있다. 들은 내용을 적용하는 평가 문제 유형으로는 인사말에 반응하기, 의문문에 반응하기 등이 있다. 들은 내용을 바탕으로 추론이나 종합하는 문제 유형에는 화제 추론하기, 화자의 태도 추론하기, 담화 유형 추론하기, 담화 참여자 추론하기, 담화 장소 추론하기, 담화 상황 추론하기, 이어질 내용 추론하기 등이 있다.

한국어 듣기 능력 평가에 대한 연구로는 숙달도 평가를 중심으로 한 한국어 듣기 평가 전반에 관한 논의와 한국어능력시험의 듣기 영역 문항 및 텍스트 유형, 내용 타당도, 듣기 성취도 평가에 대한 연구가 이루어졌다. 또한 학습 목적에 따라 학문 목적 학습자나 결혼 이민자를 대상으로 한 듣기 평가에 대한 논의도 있었다. 〈박선옥〉

[참고문헌]
• 강승혜 외(2006), 한국어 평가론, 태학사.
• 양명희·김정남(2011), 한국어 듣기 교육론, 신구문화사.
• Hymes. D. (1972), On communication competence, In J. B. Pride. & J. Holmes. (Eds.), *Sociolinguistics: Selected readings*, pp. 269~293, Penguin.
• Ur, P. (1984), *Teaching listening comprehension*, Cambridge University Press.

13.4. 읽기 교육

읽기 교육은 문자 언어로 이루어진 텍스트를 자신의 배경지식을 활용하여 이해하고 이러한 이해를 바탕으로 의미를 재구성해 낸 후 적절히 반응할 수 있도록 교육하는 것이다.

전통적으로 읽기 교육은 라틴어로 된 고전 문학 텍스트를 학습자의 모어로 번역하면서 시작되었다. 이에 읽기 교육은 텍스트의 내용을 수용하는 수동적인 활동으로 인식되어 왔으나 1980년대 이후 의사소통 중심의 관점에서는 학습자가 자신의 의사소통을 위해 배경지식을 활용하여 메시지를 재구성하는 능동적인 의사소통 과정으로 인식되고 있다.

한국어 읽기 교육의 목표는 의사소통을 위해 학습자가 자신의 배경지식을 활용하여 텍스트를 유창하고 신속하게 이해하여 적절하게 반응할 수 있도록 돕는 데에 있다. 따라서 읽기 능력의 지속적인 성장을 위해서는 학습자 수준에 맞는 읽기 교육의 목표를 단계별로 설정하는 것이 중요하다. 즉 학습자의 수준별로 필요한 목표를 설정하여 그것에 맞는 교재의 선정과 활동이 체계적으로 이루어져야 한다.

읽기 교육에서 가장 보편적인 교수 학습 방법은 읽기 전(pre-reading), 읽기 중(while-reading), 읽기 후(post-reading) 단계로 나누어 수업하는 단계별 읽기 수업이다. 읽기 전 단계에서는 학습자의 동기를 유발하여 읽기에 흥미를 가질 수 있도록 하고 학습자에게 사전 정보를 제공하거나 학습자의 배경지식을 활성화하여 읽기 텍스트를 이해하는 데 필요한 요소들을 준비한다. 읽기 중 단계는 배경지식을 바탕으로 미리 예측한 내용을 텍스트에서 확인하고 검증하는 단계이다. 여기서는 텍스트의 내용 및 종류, 난이도에 따라 읽기 과정을 적절히 혼용하며 훑어 읽기(skimming), 찾아 읽기(scanning), 추측하기(guessing) 등의 전략을 활용한다. 읽기 후 단계에서는 학습자가 읽은 텍스트 내용을 정리하거나 강화한다. 이때 말하기, 듣기, 쓰기의 다른 언어 기능과 연계하는 다양한 활동을 통해 학습자 자신의 의사소통 능력을 배양한다.

읽기는 실현 양상에 따라 정독(intensive reading)과 다독(extensive reading)으로 구분된다. 정독은 주어진 텍스트의 어휘와 문장 구조에 집중해서 읽고, 다독은 학습자가 자신의 흥미와 수준에 맞게 다양한 텍스트를 선택하여 넓게 읽는 것이 특징이다. 다독에서는 학습자의 흥미와 수준에 맞는 읽기 자료를 제공하는 것이 중요하다. 이를 위해 실제적인 텍스트뿐만 아니라 초급 학습자를 위한 단순화되고, 개작된 읽기 텍스트의 개발이 요구된다.

한국어교육 현장에서 읽기 교육은 학습자의 배경지식을 활용하여 학습자와 텍스트와의 상호작용이 활발하게 이루어지도록 진행되어야 한다. 이를 위해서 학습자의 배경지식을 활성화할 수 있는 다양한 교수 학습 방법과 읽기 전략에 대한 연구가 필요하다. 〈김수정〉

= 독서 교육

[참고문헌]
• 김정숙(1996), 담화 능력 배양을 위한 읽기 교육 방안, 한국어교육 7, 국제한국어교육학회, 295~309쪽.
• 심상민(2001), 외국어로서의 한국어 읽기 교수 학습 방안 연구, 우리어문연구 17, 우리어문학회, 93~120쪽.
• 우형식·김수정(2011), 확장형 읽기 활동을 적용한 한국어 읽기 교육의 효과 연구, 외국어로서의 한국어교육 36, 연세대학교 언어연구교육원 한국어학당, 159~187쪽.
• Brown, H. D. (2001), *Teaching by principles: An interactive approach to language pedagogy*, Longman.

■ 읽기

읽기(reading)는 글을 읽고 필자가 의미하는 바를 파악하고 이해하는 행위를 말한다.

읽기는 삶과 밀접한 관계를 맺고 있다. 읽기는 기본적으로 지식이나 정보를 얻기 위해서 수행하는데 여기에는 생존에 필요한 정보를 얻기 위한 읽기도 있고 순수한 지적 호기심을 충족시키기 위한 읽기도 있다. 또한 언어 자체를 배우기 위한 읽기도 있는데 외국어를 배우는 사람이 목표어의 어휘, 문법, 표현 방법 등을 익히기 위해 글을 읽는 경우가 이에 해당한다.

행동주의 심리학의 영향을 받은 고전적인 관점에서는 읽기를 기호를 해독하는 과정으로 본다. 즉 단어의 발음을 재인(recognition)하는 것이 읽기인데 이런 관점에서의 읽기 지도는 문자를 음성으로 번역하는 것을 중시한다. 읽기가 이루어지는 사고 과정에 대한 본격적인 연구는 인지 심리학의 등장에서부터 출발했다. 인간의 마음이 어떻게 작용하는가를 연구 대상으로 삼는 인지 심리학에서는 언어의 이해, 특히 읽기를 주요 연구 대상으로 삼았다. 이들 연구에서 밝힌 읽기는 독자가 이미 가지고 있는 배경지식, 경험 등을 바탕으로 새로운 의미를 구성하는 고도의 정신 작용이다.

일반적으로 읽기 과정은 상향식 읽기와 하향식 읽기로 구분된다. 상향식 읽기(bottom-up reading)는 읽기 과정을 기본적인 문자 단계에서부터 시작하여 점점 더 높은 단계인 절이나 문장 등을 처리하며 글 전체의 의미를 파악해 나가는 과정으로 보았다. 반면에 하향식 읽기(top-down reading)는 상향식 읽기와 반대로 읽기를 글의 내용과 관련된 어떤 가설과 예측을 설정하고 그것을 확인해 나가는 과정이라고 본다. 물론 상향식 과정과 하향식 과정은 독립적으로 작용하는 것은 아니고 서로 상보적으로 작용한다.

읽기 과정에서 가장 큰 영향을 미치는 요인은 스키마(schema)이다. 읽기에서 스키마의 핵심적인 기능은 글의 내용이나 사건에 대하여 구조화된 해석을 가능하게 한다는 점이다. 즉 스키마는 글을 이해하는 과정에서 글에 담긴 정보와 내용을 받아들이기에 이상적인 지식 구조를 제공한다. 따라서 스키마를 통하여 글에 제시된 많은 정보 중 필요한 정보를 선택적으로 받아들이고 읽은 내용을 일관성 있는 형태로 재구성할 수 있다. 또한 글을 읽을 때 일어나는 추론, 가설, 예측도 스키마가 있어야 가능하다.

글을 읽고 이해하는 데에는 수준이 있다. 우선 글의 핵심 주제와 관련된 세부 사항을 글에 있는 그대로 파악하고 이해하는 사실적 이해 그리고 필자가 진정으로 의미하는 바가 무엇인지에 대해 의문을 가지고 함축된 의미를 파악하는 추론적 이해, 마지막으로 글의 가치, 정보의 수준, 질 등을 다른 글과 비교해 봄으로써 글 전체의 가치를 파악하는 평가적 이해가 있다.

읽기 능력은 지식, 기능, 전략으로 크게 대별된다. 지식이란 문자, 어휘, 문법 등 독해를 가능하게 하는 기저의 지식이다. 기능은 읽기 과정에 수반되는 다양한 인지적 행위들로, 바렛(T. Barrett)은 이를 축어적 재인 및 회상(literal recognition or recall), 재조직 (reorganization), 추론(inference), 평가(evaluation), 감상(appreciation) 등으로 구분한 바 있다. 전략은 실제적 능력으로 읽기가 이루어지는 상황에서 효과적인 읽기가 가능하도록 하는 전략적 접근 능력을 말한다. 외국어 교육의 중심이 문법 사용의 정확성에서 유창성으로, 추상적 언어 능력에서 구체적 의사소통 능력으로 바뀜에 따라 읽기에서도 읽기 기능보다는 읽기 전략을 중시하는 경향을 보인다.   〈이삼형〉

→ 행동주의, 인지 언어학

[참고문헌]
• 김영채(2005), 생각하는 독서: 글의 이해와 논리, 박영사.
• 박수자(2001), 읽기 지도의 이해, 서울대학교출판부.
• 박영목(2008), 독서 교육론, 박이정.
• Barrett, T. (1976), Taxonomy of reading comprehension, In R. Smith. & T. Barrett. (Eds.), *Teaching reading in the middle grades*, Addison-Wesley Publishing Company.
• Irwin, J. W. (2007), *Teaching reading comprehension process*, Pearson Education.

☐ 스키마

스키마(schema)는 기억 속에 저장된 지식의 구조를 말한다.

지식은 특정한 경험과 관련된 일화적 지식(episodic knowledge)과 개념적 지식은 물론이고 지식을 사용하는 방법에 관한 지식을 모두 포괄한다.

스키마의 기원을 칸트(I. Kant)의《순수 이성 비판》에서 찾기도 하지만 현대적 의미에서 스키마의 존재를 최초로 논의한 사람은 영국의 사회 심리학자 바틀릿(F. C. Bartlett) 이다. 1970년대 인지 심리학자들은 스키마를 언어 이해 현상을 설명하는 핵심 개념으로 보았다. 1984년에 러멜하트(D. Rumelhart)는 다음 네 가지를 스키마의 기본 특성으로 제시했다. 첫째, 스키마에는 여러 변인이 있다. 둘째, 하나의 스키마는 다른 스키마를 내포할 수 있다. 셋째, 개념상 서로 관련되는 여러 스키마는 각각의 스키마가 표상하는 개념의 추상 정도에 따라 위계적 관계를 맺는다. 넷째, 스키마는 지식을 표상한다. 스키마와 유사한 개념으로 스크립트(script)가 있다. 스크립트는 어떤 행동에 대해 고정적인 순서를 구성하는 지식을 의미한다. 예를 들면 '기차 타기'라는 스크립트는 기차 시간 확인하기, 표 사기, 플랫폼으로 들어가기, 자기 좌석 확인하기 등과 같은 요소들로 구성된다.

읽기 과정에서 스키마는 다음과 같은 여섯 가지의 기능을 수행한다. 첫째, 스키마는 읽기 자료에 담긴 정보를 받아들이기 위한 이상적 지식 구조를 형성한다. 둘째, 많은 정보들 중에서 중요한 정보와 그렇지 않은 정보를 선택적으로 받아들이게 한다. 셋째, 추론의 과정을 통해 글에 명시적으로 드러나지 않은 정보를 찾게 한다. 넷째, 정보의 탐색 순서와 절차를 제공한다. 다섯째, 독자가 읽은 내용을 재편집하고 요약한다. 여섯째, 새로운 정보들을 기존의 정보와 연결시켜 일관성 있는 형태로 재구성한다.

스키마는 그 종류에 따라 형식 스키마와 내용 스키마로 나눌 수 있다. 형식 스키마

(formal schema)는 필자가 자신의 생각을 구성해 나가는 방식에 대한 독자의 지식을 말한다. 이는 글의 전형적인 구조나 규약에 대한 지식이다. 반면에 내용 스키마(content schema)는 사물이나 사건에 대한 기본 지식으로서 글의 주제에 대한 지식이라고도 한다. 내용 스키마는 글의 내용에 대한 새로운 메시지의 해석을 구조화하도록 돕기 때문에 형식 스키마보다 글의 이해에 큰 영향을 끼친다. 실제 한국어 읽기 교육에서는 학습자의 문화나 배경지식, 모어에서의 텍스트 구성 방식 등이 많이 다르기 때문에 이 둘을 적절히 안배하고 그 상호작용을 강화하는 방향을 꾀해야 한다. 〈이삼형〉

[참고문헌]
- 박수자(2001), 읽기 지도의 이해, 서울대학교출판부.
- 박영목(2008), 독서 교육론, 박이정.
- 이경화(2001), 읽기 교육의 원리와 방법, 박이성.
- Rumelhart, D. (1984), Understanding understanding, In J. Flood. (Ed.), *Understanding comprehension: Cognition, language, and the structure of prose*, International Reading Association.

■ 읽기 연구사

읽기 연구사는 인류의 독서 행위 및 독서 문화, 사회 문화적 영향 관계에 대한 역사, 읽기 과정의 인지 심리학적 연구사, 읽기 교육의 연구사를 포괄한다.

읽기 교육과 관련한 학제적 연구는 일찍이 1930년대를 전후하여 미국을 비롯한 해외의 심리학 연구와 연계되었다. 국내에서는 국어학, 국문학 연구를 중심으로 이루어져 오다가 1990년대 들어서 인지 심리학에 기반한 기능, 전략의 개념 도입과 함께 읽기 교육 연구가 본격적으로 시작되었다.

읽기와 읽기 교육 연구가 가장 활발하게 진행되어 온 대표적인 국가로는 미국을 들 수 있다. 미국의 읽기 교육 연구는 1980년대 후반부터 국내에도 널리 소개되었다. 미국의 읽기 연구는 1900년 전후에 시작하여 1920년경까지는 대체로 소리 내어 읽기와 관련되는 발음 중심(phonics) 읽기 교육 그리고 어휘력에 대한 관심이 주를 이루었다. 1920년경에 읽기에 대한 과학적 연구가 시작되었는데, 1917년에 국제독서학회(International Reading Association: IRA)의 초대 회장인 윌리엄 그레이(W. S. Gray)는 묵독이 낭독보다 의미 파악에 더 효과적임을 밝혔다. 또한 컬럼비아 대학의 손다이크(E. L. Thorndike)는 읽기가 수학 문제를 푸는 것과 같이 문장과 글의 구성 요소들의 관계와 이해를 바탕으로 취사선택과 강조 등을 할 수 있는 매우 정교한 사고 과정이라고 강조했다. 읽기 교육은 주로 카드를 활용한 단어, 구, 문장의 구성과 조합을 통한 연습으로 진행되었다.

1930년대를 전후하여서는 읽기 능력 검사의 표준화 문제에 대한 연구와 함께 공교육에서의 읽기 부진과 읽기 장애에 대한 연구가 큰 관심을 끌었다. 1935년에 그레이와 리어리(W. S. Gray & B. E. Leary)는 텍스트 곤란도(text difficulty)의 결정 요인으로 단어 빈도와 문장 길이를 처음으로 제시하였다. 1940년대 들어서 맥키(P. McKee)는 속독이 독해력에 직결되지 않으며 중·고등학생과 대학생들의 독해력이 부진하다는 문제점을 제시했다. 아울러 1940년대에는 챌(J. S. Chall) 등이 이독성(readability) 연구를 활발하게 진행하였고, 후에 플레시와 킨케이드(R. Flesch & J. P. Kincaid) 등이 개발한 이독성 공식은 2010년도 미국 공통 핵심 교육과정에서 제시한 텍스트 복잡도(text complexity) 분석의 기준으로까지 활용되고 있다.

1957년에 일어난 구소련의 스푸트니크 위성 발사에 대한 충격으로 미국 내 학문과 교육 연구의 활성화와 함께 읽기 자료와 방법 등 읽기에 관한 연구도 매우 활발하게 수행되었다. 특히 플레시(R. Flesch)는 기존의 단어 암기 중심의 읽기 교육의 문제를 신랄하게 비판하면서 읽기 방법 학습을 강조했다. 1960년대에는 SQ3R(survey, question, reading, recite, review), DRA(directed reading activity), 선행 조직자 이론 등 다양한 읽기 교육 방법론이 제시되어 오늘까지도 널리 활용되고 있다. 또 1965년에 굿맨(K. Goodman)은 오독(oral and reading miscue) 연구를 통해 교정적 또는 보정적(remedial) 읽기 교육의 기틀을 다졌다.

1970년대 들어서 텍스트 언어학의 발달과 함께 판 데이크와 킨치(T. A. van Dijk & W. Kintsch)는 거시 구조(macrostructure), 미시 구조(microstructure) 등의 용어를 통해 글의 구조와 독해력의 관계를 구체화했다. 예컨대 학습자들은 '화제 문장 + 세부 내용'으로 이루어진 '거시 구조 + 미시 구조'의 텍스트를 더 쉽게 이해함을 밝혔다. 이후 읽기 교육에서 글의 구조에 대한 교육의 중요성은 오늘날까지도 강조되고 있다.

한편 인지 심리학의 발달과 함께 읽기의 과정에 대한 연구도 크게 축적되기 시작했다. 대표적인 예로는 읽기 과정의 상향식, 하향식, 상호작용식 모형이다. 상향식 모형(bottom-up model)은 독자의 읽기 과정이 주로 텍스트를 기반으로 이루어진다고 보는 가설이다. 반면에 하향식 모형(top-down model)은 읽기가 독자의 배경지식과 경험 등 스키마(schema)를 바탕으로 의미를 재구성해 나가는 사고 과정이라고 본다. 그러나 최근에는 상향식과 하향식 모형이 동시에 작동된다고 보는 상호작용 모형(interactive model)을 일반적으로 받아들이고 있다.

1980년대에 들어와서는 학습자의 사전 지식, 전략, 과제, 교실 상황 등에 대한 다양한 연구가 진행되며 읽기 교육에도 많은 영향을 미치고 있다. 국내에서는 1980년대 후반에는 주로 미국의 인지 심리학에 기반한 읽기 연구가 소개되기 시작하였으며 기능, 전략 등의 개념이 교육과정과 교수 학습에 적용되기 시작했다. 기능, 전략이라는 용어는 도입 초기에 국어교육계에서 논쟁이 되기도 했다. 텍스트 언어학 이론에 기반한 텍스트 구조, 읽기 교수 학습 방법 등에 대한 논문도 활발하게 발표되었다. 특히 1990년대를 전후하여 인지 심리학을 기반으로 하는 읽기 전, 읽기 중, 읽은 후에 발생하는 사고 과정과 활동에 초점을 둔 읽기 과정에 대한 연구 성과들이 교육 현장에 널리 소개되고 보급되기 시작했다.

국내에서 한국어 읽기 교육에 대한 연구는 1980년대부터 시작되었으나 1990년대까지 그다지 큰 성과가 축적되지는 못했다. 아직 한국어교육을 위한 외국어 교수법이 이론적으로 정립되지 않은 시기였던 탓으로 볼 수 있다. 1990년대에 들어 한국어 읽기 교육과 관련된 논문들이 점차 축적되기 시작했으며 이 시기에는 주로 학습자의 초인지, 스키마, 텍스트 유형, 글의 구조와 관련된 연구, 읽기의 과정과 읽기 교수법과 관련된 연구들이 활발하게 이루어졌다.

한국어교육에서는 2000년대에 들어오면서 지금까지 소개된 이론을 실제 수업에 적용하는 방안에 대한 연구가 많이 나왔다. 초반에 발표된 논문들의 주제는 대략 세 가지로 정리된다. 이독성(readability), 스키마 활성화, 읽기 초인지 전략 등으로 일반적인 독해 이론을 배경으로 한 학습 이론 소개였다. 또한 한국어교육 입장에서 읽기 수업의 목표, 읽기 수업 모델 제시, 읽기 자료 개발, 읽기 과제와 읽기 목적에 따른 읽기 활동 양상, 사고 구술(think-aloud) 기법을 활용한 읽기 과정 연구 등이 활발하게 전개되었다. 특히 온라인 자료를 활용한 한국어 읽기 교육 방법을 소개하는 논문들도 눈에 띄기 시작하였다.

2000년대 후반에는 읽기 교육에 대한 주제가 다양하게 확대되고 질적인 향상을 도모하게 된다. 이 시기부터는 연구 주제나 방법이 다양해져 분류화하기는 어렵지만 특정 대상 및 특수 목적을 위한 교수 학습 방안이 많이 나왔다는 점에 주목할 만하다. 또 다문화 가정 학습자의 읽기, 외국인 유학생 등을 위한 특수 목적 읽기 능력, 평생 독서도 관심을 끌고 있다. 아울러 정보 통신 기술의 발달과 함께 복합 양식 문식성(multimodal literacy) 또는 디지털 문식성(digital literacy), 눈동자 움직임 추적 장치(eye-tracker)를 활용한 읽기 연구 등이 큰 관심을 끌고 있다. 향후 읽기 연구는 양적, 질적 연구를 병행하면서 읽기 및 읽기 교육 현장과 관련된 깊이 있는 과학적 연구 성과의 축적이 요구된다. 〈서혁〉

→ 인지 언어학

[참고문헌]
• 권혜경(2010), 한국어 읽기 교육 연구의 흐름과 동향, 언어학연구 16, 한국중원언어학회, 1~26쪽.
• 김은아(2012), 한국어 읽기 교육론, 서울대학교 한국어문학연구소 외 공편, 한국어교육의 이론과 실제 2, 아카넷.
• 서혁(2012), 읽기 교육 연구의 쟁점, 김일병 편, 언어와 교육: 국어교육과 한국어교육의 쟁점과 과제, 박이정.
• 우인혜(2005), 읽기 교육의 연구사와 변천사, 민현식 외 편, 한국어교육론 3, 한국문화사.
• The history of literacy, *A short history of United States' reading research and instruction: 1900 to 2006*, Retrieved September 1, 2013, from http://www.historyliteracy.org/download/Sears3.pdf

❏ 필자 중심 읽기

필자 중심 읽기 연구는 텍스트를 생산하는 주체인 필자에 대한 이해를 바탕으로 텍스트의 내용, 의미, 의도를 파악하고자 하는 데 초점을 둔 연구 경향을 말한다.

읽기와 관련한 필자 연구는 1980년대 전후 읽기와 쓰기 교육의 통합적 접근법으로부터 시작하였다. 한국어교육에서도 필자 중심의 연구는 미약하지만 2000년대 이후 읽기와 쓰기의 통합 교육이 관심을 끌면서 함께 진행되고 있다. 예컨대 글을 읽고 보고서 쓰기 과제를 수행하는 것과 같이 통합적으로 접근할 때 학습자가 훨씬 더 글을 잘 쓴다는 관점을 취한 것이다. 이는 읽기와 쓰기의 통합적 교수 학습이 학습자들의 글쓰기 능력은 물론 학습 성취도에 긍정적인 영향을 미친다는 연구 결과를 통해서도 확인된다.

필자 중심 연구는 초기의 문학 연구에서 필자인 작가에 대한 전기적 연구로 이루어져 필자의 출생, 성장 배경, 교육적 배경, 사상적 배경, 주요 활동을 텍스트 생산과 연관지어 텍스트의 의미와 의도를 해석하였다. 그러나 필자와 텍스트는 독립적이라는 텍스트 중심 관점이나 텍스트를 수용하는 독자 중심의 관점이 대두되면서 필자 중심의 읽기 연구는 비판을 받았다. 필자 역시 텍스트와 마찬가지로 고정 불변의 주체가 아니며 텍스트 역시 순수하게 필자만의 독창적인 창작의 소산은 아니라는 점 때문이다.

필자는 담화 공동체 구성원의 일원으로서 텍스트 생산의 목적과 상황에 따라 기존의 다양한 텍스트들을 참조하여 재구성하고 재생산한다. 또한 스스로의 지식과 가치관 역시 발전하고 변해 간다는 점에서 유기체적인 특성이 있어 고정되어 있지 않다. 그러므로 필자를 통해 텍스트를 바라보는 것보다 텍스트를 통해 필자를 이해하는 것이 더 정확할 수 있다. 읽기를 흔히 필자와 독자의 대화라고 말하는 것처럼 필자, 텍스트, 독자는 읽기에서 모두 중요한 요소이다. 〈서혁〉

[참고문헌]
• 김정숙(2007), 읽기, 쓰기 활동을 통합한 학술 보고서 쓰기 지도 방안, 이중언어학 33, 이중언어학회, 35~54쪽.
• 민현식 외(2005), 한국어교육론 3, 한국문화사.
• 서혁(2012), 읽기 교육 연구의 쟁점, 김일병 편, 언어와 교육: 국어교육과 한국어교육의 쟁점과 과제, 박이정.
• Irwin, J. W. (2006), *Teaching reading comprehension process*, 천경록·이경화·서혁 역, 2012, 독서 교육론: 독해 과정의 이해와 지도, 박이정.

❏ 텍스트 중심 읽기

텍스트 중심 읽기 연구는 글, 작품 등의 텍스트 자체에 대해 객관적, 분석적, 해석적으로 연구하는 경향을 가리킨다.

텍스트(text)는 텍스트 언어학의 중심이 되는 개념으로서 문장보다 큰 언어 단위를 가리킨다. 한편 문학 연구에서는 작가가 생산한 작품(work)과 대비하여 독자에게 수용된 작품이라는 의미로 텍스트를 사용한다. 텍스트 언어학은 1960년대까지 문장 차원의 연구와 분석에 초점을 두고 진행되어 온 통사론 중심의 언어 연구를 극복하기 위한 대안으로 제시된 연구 분야이다. 1970년대 이후 킨치(W. Kintsch), 판 데이크(T. A. Van Dijk), 러멜하트(D. Rumelhart), 보그란데(R. A. Beaugrande) 등에 의한 연구에 힘입어 텍스트 구조, 이야기 문법, 텍스트성 등을 활발하게 연구하고 교육에 적용하였다.

텍스트 중심 연구는 크게 텍스트 유형, 텍스트성, 텍스트 구조, 이독성(readability), 텍스트 복잡도(text complexity) 등에 대한 연구를 들 수 있다. 특히 텍스트 구조와 관련되는 이야기 문법(story grammar) 역시 텍스트 중심 읽기 연구의 한 분야에 해당한다. 대표적인 이야기 문법의 예로 스타인과 글렌(N. L. Stein & C. G. Glenn)은 배경, 발단, 내적 반응, 시도, 결과, 반응을 꼽았으며 러멜하트는 이야기 문법 구조가 장소, 인물, 시간을 포함하는 배경에 시발 사건, 내적 반응, 시도, 결과, 종결을 포함하는 에피소드가 더해짐으로써 구성된다고 보았다.

한국어교육과 관련한 텍스트 중심 연구는 1990년대 이후 활발하게 이루어졌는데 이는 당시 국내에서 새롭게 관심을 끌기 시작한 담화 이론과 텍스트 언어학, 화용론, 의사소통 중심 언어 교수 이론 등의 영향이 컸다. 대표적인 연구로는 설명적 텍스트의 내용 구조 분석, 텍스트 의미 구조 표지, 담화의 구조와 주제 구성, 텍스트 요약 전략, 담화 구조와 배경지식이 설명적 담화의 독해에 미치는 효과, 상호 텍스트성을 바탕으로 한 읽기 지도 방법, 텍스트 이해의 과정과 전략 등이 있다. 이들 연구들에는 설명적 텍스트나 비문학 텍스트를 주요 대상으로 한 킨치의 전략 이론, 판 데이크의 요약 규칙 이론, 메이어(B. J. F. Meyer)의 위계적 구조 이론 등이 자주 인용되었다.

텍스트 중심 연구는 읽기 교육과 연구에 크게 기여한 것도 사실이나 객관적인 텍스트 자체에 너무 치중해 있다는 비판도 받은 바 있다. 즉 읽기 행위가 필자, 텍스트, 독자, 맥락의 요소들에 기반하여 종합적으로 텍스트 의미를 구성하는 것임에도 불구하고 텍스트 이외의 국면들이 간과되고 있다는 점이다. 이러한 지적을 바탕으로 2000년대 이후 읽기 교육 연구에서는 텍스트와 함께 필자, 독자, 맥락 요인을 함께 고려하고 있다. 그러나 읽기 연구에서 가장 핵심이 되는 것은 텍스트 자체라는 점은 부정되기 어려울 것이다. 〈서혁〉

[참고문헌]

• 서혁(2012), 읽기 교육 연구의 쟁점, 김일병 편, 언어와 교육: 국어교육과 한국어교육의 쟁점과 과제, 박이정.
• Beaugrande, R. A. & Dressler, W. U. (1981), *Introduction to the textlinguistics*, 김태옥·이현호 공역, 1991, 담화·텍스트 언어학 입문, 양영각.
• Irwin, J. W. (2006), *Teaching reading comprehension process*, 천경록·이경화·서혁 역, 2012, 독서 교육론: 독해 과정의 이해와 지도, 박이정.
• Stein, N. L. & Glenn, C. G. (1979), An analysis of story comprehension in elementary school children, In R. O. Freedle. (Ed.), *New directions in discourse processing*, Ablex Publishing Corporation.

❏ 독자 중심 읽기

독자 중심이란 읽기 연구에서 텍스트를 읽고 의미를 구성하는 읽기의 주체인 독자 요인에 관심을 두는 것을 말한다.

읽기의 양상은 독자의 읽기 수준이나 발달 단계, 사회 문화적 배경, 읽기 목적, 읽기 과제와 전략, 배경지식 등에 따라 다르게 나타나기 때문에 그에 적절한 교재와 교수 학습 방법의 개발이 필요하다.

독자 중심의 읽기 연구는 텍스트의 객관적 해석에 치중했던 신비평 이론 등에 대한 비판과 함께 텍스트 수용자인 독자에 관심을 갖게 되면서 시작되었다. 1960년대 독일의 수용 이론이나 독자 반응 비평 이론과도 관련이 있다. 한편 문학 교육적 측면에서는 1930년대에 미국의 로젠블래트(L. M. Rosenblatt)가 독자와 텍스트 사이의 교류 이론(transactional theory)을 국내에 소개하였다. 독자 중심 연구에서는 읽기가 텍스트의 의미를 구성하는 사고의 과정이라는 관점에서 가장 핵심이 되는 주체는 독자라고 주장한다. 여기에서는 한 편의 텍스트가 의미를 갖기 위해 독자와 소통한다는 것을 전제로 하며 이 과정에서 독자마다 텍스트의 의미를 서로 다르게 파악하는 결과를 가져올 수 있다는 점에 주목한다. 이는 학습자에 따라 읽기 교육의 접근법이나 교육 방법이 달라질 수 있다는 점에서도 시사하는 바가 크다.

독자 중심의 읽기 교육 연구에서 일찍이 관심을 가졌던 분야는 어떻게 하면 미숙한 독자들을 능숙한 독자로 만들 수 있을까 하는 것이었다. 이를 위해 미숙한 독자와 능숙한 독자의 읽기 과정이나 읽기 양상 등 독자의 특성을 분석한 연구가 많이 이루어졌다. 여기에는 기존에 많이 논의되었던 어휘 능력이나 문법 능력과 함께 담화 텍스트 능력, 스키마의 활용, 읽기 전략과 활동 등에 대한 연구가 많았다. 즉 능숙한 독자는 읽기 목적과 내용에 따라 적절한 읽기 전략과 방법, 배경지식을 효율적으로 활용하며 자신의 독서 과정을 스스로 점검하고 조정해 나간다는 것이다. 능숙한 독자는 읽기 과정에서 초인지(metacognition) 전략을 적극적으로 활용한다는 것을 말해 준다. 또한 다문화 가정 대상 한국어교육과 관련하여 독자의 사회 문화적 배경에 따른 읽기 능력의 차이에 대한 연구도 관심을 끌었다.

한국어 학습자의 읽기 목적에 따른 읽기 교육 목표, 교육과정의 구성, 교재 개발에 대한 연구도 많이 이루어지고 있다. 즉 독자의 학습 목적이 기초 한국어 의사소통 능력(basic interpersonal communication skills: BICS) 신장에 있는가 아니면 학습 한국어 능력(cognitive academic language proficiency skills: CALP) 신장에 있는가에 따라 교수 학습의 내용이나 방법이 달라져야 한다는 것이다. 아울러 지식과 문화 학습의 읽기에서도 교수 학습의 내용이나 방법이 달라질 필요가 있다.

독자에게 주어지는 읽기 과제에 따라서도 읽기 활동이 달라진다고 본 연구들도 읽기 교수 학습 내용과 방법에 많은 영향을 미쳤다. 즉 독자의 읽기 과제가 선다형 문제 풀기, 빈칸 채우기, 어휘 학습 등으로 이루어지는 경우 독자의 적극적, 능동적 읽기 사고 활동이 약해질 수밖에 없다. 반면에 글을 읽고 요약하기, 회상하기, 제목 달기, 예측하며 읽기 등은 읽기 과정에서 독자의 적극적, 능동적 사고 활동을 훨씬 더 활성화시키는 것으로 알려져 있다.

또한 독자 중심의 읽기 연구는 주로 독자의 읽기 발달 단계, 독자의 읽기 과정과 스키마 또는 배경지식의 역할, 독자의 읽기 전략 등에 초점을 두었다. 독자의 읽기에 대한 관심과 읽기 태도와 관련된 연구도 활발하다. 독자의 읽기 발달 단계에 대한 연구는 챌(J. S. Chall)이 대표적이다. 챌은 읽기 발달 단계를 0단계(읽기 전 단계, 취학 전), 1단계(초기 읽기 및 해독기, 1~2학년), 2단계(읽기 확립기, 2~3학년), 3단계(학습 독서기, 4~8학년), 4단계(다중 관점 독서기, 9~12학년), 5단계(지식 구성 독서기, 중등 후)의 여섯 단계로 제시한 바 있다.

한국어교육에서 독자 중심 읽기 교육에 관한 논의는 1990년대부터 본격적으로 시작되었다. 독자의 스키마가 텍스트 이해에 중요한 역할을 한다는 관점에서 진행된 연구들이 많이 나타났고 외국인 학습자가 한국어를 이해하는 데에 모어에 관한 배경지식이나 초인지 전략을 사용하도록 하는 교육 방안을 모색하기도 하였다. 사회 구성주의 이론과 관련해서는 협동 학습을 통한 읽기 학습 방안, 읽기 과제 활동 및 수행 방식, 교사 위주의 읽기 독해 지도 방법, 학습자 간의 상호 협력과 과제 해결을 통한 읽기 학습의 효과와 방법에 대한 연구들이 이루어져 왔다.　　　　　　　　　　〈서혁〉

[참고문헌]
- 김정숙(2006), 고급 단계 한국어 읽기 자료 개발 방안, 이중언어학 32, 이중언어학회. 139~158쪽.
- 김하령(2008), 읽기 과정 중 과제 유형과 텍스트 유형이 한국어 읽기 이해에 미치는 영향, 이화여자대학교 석사학위논문.
- 서혁(2012), 읽기 교육 연구의 쟁점, 김일병 편, 언어와 교육: 국어교육과 한국어교육의 쟁점과 과제, 박이정.
- Chall, J. S. (1983), *Stages of reading development*, McGraw-Hill Higher Education.
- Irwin, J. W. (2006), *Teaching reading comprehension process*, 천경록·이경화·서혁 역, 2012, 독서 교육론: 독해 과정의 이해와 지도, 박이정.

■ 읽기 과정

읽기 과정(reading process)은 문자를 해독하고 배경지식과 텍스트의 정보를 사용하여 의미를 구성하는 과정을 포함하는 인지적인 사고 과정을 말한다.

읽기 과정은 크게 독자, 텍스트, 환경의 세 가지 요인에 영향을 받는데 독자 요인은 독자 개인의 특성을 말하며 텍스트 요인은 읽기 자료와 관련된 특성을 말한다. 환경 요인은 텍스트를 읽는 상황, 과제 등의 기타 요인을 포함한다. 심리 언어학적 관점에서는 독자와 텍스트의 요인에 주목하여 읽기 과정을 상향식, 하향식, 상호작용 모형으로 나누었다.

상향식 모형(bottom-up model)은 기본적으로 독자가 문자, 단어, 구, 절, 문장의 순서로 의미를 구성하고 이러한 단계를 통해 수동적으로 텍스트의 의미를 받아들이는 것으로 본다. 하향식 모형(top-down model)은 독자가 자신의 배경지식을 사용하여 텍스트 내용을 예측하고 검증하는 과정을 통해 의미를 재구성한다고 본다. 상호작용 모형(interactive model)에서는 상향식 모형과 하향식 모형의 두 가지 읽기 과정이 상호작용적으로 작용함으로써 텍스트의 의미를 이해하는 것으로 파악한다.

위에서 기술한 상향식, 하향식, 상호작용 모형은 모두 독자와 텍스트 요인을 중심으로 한 인지적인 행위로서의 읽기 과정을 설명하는 데에만 집중하고 있으므로 외국어 읽기 과정에서 나타나는 사회·문화적 영향에 대해서는 간과하고 있다.

외국어 읽기 과정은 크게 인지적 활동, 사회적 활동, 상황적 활동이라는 특성을 지닌다. 인지적 활동은 단어 재인, 음운 및 문자소 자질, 통사를 포함하는 언어 및 텍스트 자질과 배경지식, 텍스트 내적 지각, 상위 인지의 지식 주도 요인 등으로 이루어진다. 사회적 활동은 외국어 읽기에서 사회적 배경이 읽기 과정에 영향을 미친다는 점을 지적하고, 상황적 활동은 외국인 학습자가 서로 다른 문화, 언어, 맥락 내에서 텍스트를 읽기 때문에 읽기 자료의 유형이나 그들이 처해 있는 읽기 환경에 따라 다른 읽기 능력을 보인다는 점을 설명해 준다. 독자가 글을 읽을 때 작동되는 읽기 과정을 크게 하위 수준의 과정과 상위 수준의 과정으로 나누어 살펴본 연구도 있었다.

하위 수준의 과정(lower level process)은 대부분 자동적인 언어 처리 과정을 말하며 기능(skill) 지향적인 읽기 과정으로서 어휘적 접근(lexical access), 통사적 분석(syntactic parsing), 의미적 명제 구성(semantic proposition formation), 작업 기억 작동(working memory activation)의 네 가지 구성 요소를 포함한다. 어휘적 접근에서는 단어 인지와 같은 해독 과정이 신속하게 처리되는 것이 상위 수준의 과정으로 진행되는 기반이 된다고 본다. 통사적 분석은 단어의 통사적 관계를 파악하는 과정으로 능숙한 독자는 이 단계를 무의식적으로 빠르게 처리한다. 의미적 명제 구성은 단어의 의미와 문장의 구조를 연결시키면서 문장의 의미를 이해하는 과정을 말한다. 작업 기억 작동은 위에서 언급한 세 가지 하위 과정들이 원활하게 진행될 수 있도록 도와주는 역할을 한다.

상위 수준의 과정(higher level process)은 대부분 독자가 자신의 배경지식을 사용하고 추론하여 글을 이해하는 과정으로 텍스트 이해 모형(text model of comprehension), 독자 해석의 상황적 모형(situation model of reader interpretation), 배경지식 사용과 추론(background knowledge use and inferencing), 실행 통제 과정(executive control processing)의 네 가지 요소로 구성된다. 텍스트 이해 모형은 하위 수준의 과정에서 파악한 의미들을 통합하여 글 전체의 내용을 이해하는 과정으로 글의 주제와 세부 정보 등을 파악한다. 독자 해석의 상황적 모형은 독자 자신의 배경지식과 텍스트의 정보를 통합하고 배경지식, 태도, 동기, 읽기 목적 등을 고려하여 새로운 정보를 해석한다. 위의 두 과정은 모두 배경지식과 추론에 기반을 두고 있으므로 이 둘은 읽기 과정에서 가장 중요한 요소라고 볼 수 있다. 실행 통제 과정은 텍스트를 읽는 과정 중에 일어나는 점검(monitoring), 적절한 전략의 사용, 읽기 목표의 수정에 관한 능력을 말하는네 이는 텍스트 이해 과정의 평가(evaluation)와도 관련이 있다.

이러한 하위 수준 과정과 상위 수준 과정에 따르면 읽기 과정의 세부 과정들 중 특정 과정, 예를 들어 단어 인지와 같은 하위 수준의 과정이 자동적으로 진행되어야 신속하고 효과적으로 텍스트를 이해한다고 볼 수 있다. 이러한 측면에서 읽기 연구에서는 문자의 해독 능력과 관련하여 자동적인 단어 인지의 중요성에 대한 연구가 활발히 진행되고 있다.

한국어교육 현장에서는 인지 심리학적 모형에 기반을 둔 다양한 교수 학습 방법을 활용한다. 읽기 과정에서 사용되는 읽기 기능과 전략 활용을 연습하는 읽기 교재도 출판되어 학습자의 읽기 능력 신장에 도움을 준다. 한국어교육 연구에서는 읽기 과정 모형에 기반을 둔 읽기 교수 학습 방법에 대한 연구가 다수를 차지한다. 한국어 학습자의 사회 문화적 배경에 따른 읽기 과정의 차이를 살펴보는 기초 연구 등이 더 활성화될 필요가 있다. 〈심상민〉

[참고문헌]
• 강현화 외(2009), 한국어 이해 교육론, 형설출판사.
• Grabe, W. & Stoller, F. (2002), *Teaching and researching reading*, Pearson Education.
• Urquhart, A. & Weir, C. (1998), *Reading in a second language: Process, product, and practice*, Longman.

❑ 상향식 모형

상향식 모형(上向式模型, bottom-up model)은 텍스트를 읽을 때 텍스트 기반의 단어나 문장 요소로부터 의미를 구성하는 방식의 읽기 과정 모형을 말한다.

상향식 모형에서는 독자의 문자 해독 능력을 중요하게 여기며 독자가 문자, 단어, 구, 절, 문장 등의 순서로 단위를 확장해 나가면서 텍스트를 이해한다고 본다. 이러한 상향식 모형은 텍스트를 읽을 때 독자를 중시하는 연역적 성향의 하향식 모형과는 달리 행동주의에 기반을 둔 귀납적인 모형이다.

상향식 모형에서는 자동적 식별(automatic identification)과 글자와 단어의 해독(decoding)을 강조한다. 독자는 글자와 단어를 하나씩 개별적으로 인지하고 점차 구나 절, 문장으로 확장하면서 텍스트의 내용을 이해하므로 읽기는 의미 구성 과정이 아닌 문자의 해독 과정에 해당한다.

상향식 모형은 읽기 과정을 다시 하위 기능으로 세분화하고 위계화하여 여러 하위 기능들이 다양한 방식으로 통합하여 읽기 능력을 형성한다고 본다. 그러나 읽기 과정에서의 텍스트 역할에 치중한 나머지 독자를 수동적으로 텍스트의 활자만을 받아들이는 소극적인 존재로 축소하였다는 단점이 있다. 텍스트의 역할을 강조함으로써 독자를 중심으로 한 유연하고 역동적인 의미 구성 과정을 설명하지 못한다는 점에서 비판받는다.

수정된 상향식 모형을 제안하는 연구 성과들에서는 글자 인식 이후에 단어를 인식하는 것과 같이 하나의 단계가 끝난 후에 다른 하나의 단계가 시작되는 것이 아니라 두 단계가 동시에 이루어질 수 있다는 사실이 밝혀졌다. 또한 텍스트를 정확하게 이해하기 위해서는 독자의 예상이나 추론보다도 우선 단어를 자동적으로 인지하는 것이 중요하다는 연구 결과들이 발표되면서 상향식 모형이 새롭게 부각되고 있다.

한국어 읽기 교육에서 상향식 모형을 강조할 때는 문자의 해독이나 텍스트의 분석 등에 중점을 둔다. 단어의 의미를 파악하기 위해서 음절 단위로 분절하여 의미를 유추하거나 동족어(cognate), 음성적인 유사성(phonemic similarities) 등의 정보를 이용하는 것은 상향식 모형에 기반을 둔 접근 방법이다. 텍스트를 분석할 때 글자, 단어의 의미를 파악한 후 구, 절, 문장 순으로 나아가면서 텍스트를 이해하는 것뿐 아니라 그림이나 도표 등의 텍스트 자질을 이용해서 텍스트를 이해하는 것도 상향식 모형에 가까운 읽기 과정이다.

일반적으로 학습자의 목표어 숙달도가 낮을 경우에는 상대적으로 상향식 모형에 기반을 두어 글을 이해한다고 알려져 있다. 그러나 한국어교육에서는 학습자의 언어적 배경에 따라 음성적인 유사성이 높을 경우에는 고급 학습자도 상향식 모형에 의지하여 글을 이해한다는 연구 결과가 있다. 한국어 학습자의 숙달도 및 사회 문화적 배경에 따라 상향식 모형에 기반한 한국어 텍스트 이해에 어떠한 특성이 나타나는지에 대한 연구가 수행될 필요가 있다. 〈심상민〉

→ 행동주의

[참고문헌]
• 강현화 외(2009), 한국어 이해 교육론, 형설출판사.
• Grabe, W. & Stoller, F. (2002), *Teaching and researching reading*, Pearson Education.
• Urquhart, A. & Weir, C. (1998), *Reading in a second language: Process, product, and practice*, Longman.

▢ 하향식 모형

하향식 모형(下向式模型, top-down model)은 텍스트를 읽을 때 텍스트와 관련된 독자의 일반적 지식을 이용하여 텍스트의 의미를 이해하는 방식의 읽기 과정 모형을 말한다.

독자의 역할을 강조하는 하향식 모형에서는 읽기 과정이 텍스트가 아닌 독자의 사고 과정에서부터 시작한다고 가정한다. 즉 독자가 텍스트와 관련된 자신의 배경지식을 이용해서 텍스트 내의 의미를 적극적으로 예측하고 확인한다는 것이다. 이러한 측면에서 하향식 모형을 독자 주도적 모형(reader-driven model)이라고도 한다.

굿맨(K. Goodman)은 읽기 과정에서 독자가 텍스트의 모든 단서를 활용하여 의미를 이해하는 것보다 자신의 경험이나 언어 지식 등을 이용해서 텍스트의 의미를 예측하는 것이 중요하다고 하면서 읽기 과정을 심리 언어학적 추측 게임(psycholinguistic guessing game)이라고 하였다. 이는 텍스트 이해 과정에서 독자의 예측이 중요하다고 보는 하향식 모형의 특성을 가장 단적으로 드러낸 용어이다.

하향식 모형에서는 상향식 모형과는 달리 이해 과정에서 텍스트의 자질보다는 독자의 배경지식이 중요하다고 본다. 읽기 과정은 글에 대한 독자의 적극적인 가정이나 추측을 토대로 의미를 파악하는 과정이기에 독자는 자신이 가정하거나 추측한 의미를 토대로 텍스트를 읽고 자신의 예측이 옳은지 검증하고 확인하는 작업을 계속적으로 반복하면서 텍스트를 이해하게 된다는 것이다.

텍스트 내의 세부적인 요소인 글자와 단어, 구, 문장 등의 분석에 치우친 상향식 과정과는 달리, 독자의 배경지식 활용을 강조하였다. 텍스트의 전체적인 의미 파악에 초점을 둔 하향식 모형은 읽기 과정을 수동적인 언어 해석 과정이 아닌 능동적인 텍스트 이해 과정으로 봄으로써 읽기 과정에 새로운 방향을 제시하였다. 그러나 하향식 모형은 실제 텍스트를 읽는 과정에서 이루어지는 모든 과정을 명확하게 설명하지 못한다는 단점이 있다. 텍스트의 전체적인 의미는 파악하면서도 텍스트의 세부적인 요소와 텍스트의 의미가 어떻게 연결되는지에 대해서는 구체적으로 설명하지 못한다. 이에 텍스트를 정확하고 빠르게 이해하기 위해서는 배경지식을 활용한 예측도 중요하지만 무엇보다도 텍스트 내 단어의 자동적인 인식이 전제가 되어야 한다는 연구 결과들이 발표되었다. 이는 글의 내용에 대한 독자의 예측만으로는 원활한 이해가 이루어지지 않음을 보여 준다.

한국어 읽기 교육에서 하향식 모형이 적용되는 활동으로는 전체적인 텍스트의 이해를 강조하는 활동, 제목을 보고 텍스트의 내용을 예상하는 활동, 맥락을 활용하여 이어지는 텍스트의 내용을 예측해 보게 하는 활동 등이 있다. 한국어에 대한 언어적 지식이 부족한 외국인 학습자는 텍스트 이해를 위해 상대적으로 하향식 접근 방식을 많이 사용한다. 2000년대 이후에는 글의 구조나 내용과 관련된 한국어 학습자의 배경지식이 글의 이해 정도에 어떠한 영향을 미치는지에 대한 연구, 하향식 모형과 관련된 다양한 읽기 활동의 효과를 검증하는 연구 등이 수행되었다. 〈심상민〉

[참고문헌]

• 강현화 외(2009), 한국어 이해 교육론, 형설출판사.
• Goodman, K. (1967), Reading: A psycholinguistic guessing game, *Journal of the Reading Specialist* 6-4, pp. 126~135.
• Grabe, W. & Stoller, F. (2002), *Teaching and researching reading*, Pearson Education.
• Urquhart, A. & Weir, C. (1998), *Reading in a second language: Process, product, and practice*, Longman.

❏ 상호작용 모형

상호작용 모형(相互作用模型, interactive model)은 읽기 과정을 글과 독자 간의 상호작용에 의한 이해 과정으로 설명하는 모형이다.

상호작용 모형에 따르면 독자는 텍스트에 들어 있는 정보와 자신의 배경지식을 연계하면서 텍스트의 내용을 이해한다. 상호작용적 모형에서는 텍스트의 정보와 독자의 활동이 읽기 과정에 동시에 영향을 주므로 텍스트를 정확히 이해하기 위해서는 상향식 과정과 하향식 과정이 동시에 일어나야 한다고 본다.

상호작용이란 용어는 다음의 두 가지 의미로 이해될 수 있다. 첫째, 독자와 텍스트 사이에 일어나는 일반적인 상호작용이다. 이때 독자는 텍스트로부터 얻은 지식과 자신의 배경지식을 이용하여 텍스트의 의미를 재구성해 이해한다. 둘째, 읽기 과정을 구성하는 세부 기능들 사이의 상호작용이다. 읽기 과정에서 문자와 어휘의 자동적 인식이 주가 되는 상향식 과정과 배경지식이나 추론이 주가 되는 하향식 과정이 함께 순환한다고 보고 글의 언어적 정보와 독자의 인지가 읽기 과정에 동시에 영향을 준다는 것을 강조한다.

스타노비치(K. E. Stanovich)는 상호작용 보상 모형(interactive compensatory model)에 대해 언급하였는데, 이 모형에서는 독자가 텍스트를 이해하기 위해 사용하는 여러 지식이나 기능 중 어느 하나가 부족하게 되면 다른 지식이나 기능에 더 많이 의지하여 텍스트를 이해하려고 노력한다고 본다. 특히 텍스트 이해에 어려움을 느끼면 그 어려움을 극복하기 위해 더욱 활발한 상호작용과 보상 과정이 일어난다. 또한 독자는 특정한 언어 능력이 발달하지 못했거나 그것을 사용하지 못했을 경우 텍스트나 단어의 의미를 이해하기 위하여 맥락적 단서를 활용하는 보상적 전략을 사용한다. 예를 들어 독자가 모르는 단어를 처리할 때에는 자신이 알고 있는 텍스트의 주제에 대한 지식에 더 의지하지만, 텍스트의 주제에 대해 잘 모르는 경우에는 텍스트의 내용을 이해하기 위해서 단어 지식에 더 의지하게 된다는 것이다.

이러한 상호작용 모형은 기본적으로 상향식 모형과 하향식 모형이 양립한다는 것을 가정한다. 그러나 추론과 배경지식을 활용할 필요가 없는 자동적 이해 과정에 대한 연구가 활발해지면서 상향식 모형과 하향식 모형이 같은 층위에서 상호작용하기는 어렵다는 비판이 제기되고 있다.

한국어교육에서 상호작용 모형은 일반적인 읽기 과정의 모형으로 받아들여지고 있으며 이를 바탕으로 한 다양한 읽기 기능과 전략에 대한 연구가 활발하게 진행되고 있다. 교수 학습 현장에서는 상호작용 모형에 기반을 둔 여러 가지 읽기 활동과 전략을 통해 실제 읽기 능력을 기르는 데에 중점을 두고 어휘의 자동적 인식 훈련이나 글의 제목을 보고 내용을 예상해 보는 활동 등과 같은 상향식 모형과 하향식 모형에 근거한 다양한 읽기 전략 지도가 이루어지고 있다. 〈심상민〉

= 상호 보완적 모형

[참고문헌]
• 강현화 외(2009), 한국어 이해 교육론, 형설출판사.
• Grabe, W. & Stoller, F. (2002), *Teaching and researching reading*, Pearson Education.
• Stanovich, K. E. (1980), Toward an interactive-compensatory model of individual differences in the development of reading fluency, *Reading Research Qurarterly 16-1*, pp. 32~71.
• Urquhart, A. & Weir, C. (1998), *Reading in a second language: Process, product, and practice*, Longman.

■ 읽기 전략

읽기 전략(reading strategies)은 독자가 글의 내용을 이해하기 위해 의식적으로 그리고 의도적으로 사용하는 전략을 말한다.

학자에 따라서는 읽기 전략의 개념을 읽기 기능(reading skills)과 비교해서 말하기도 하는데 어커트와 위어(A. Urquhart & C. Weir)는 읽기 기능을 자동화되어 대체로 무의식적으로 작용하는 능력으로, 읽기 전략을 문제 해결(problem-solving)을 위해 수행하는 의식적인 과정으로 보았다. 한편 그레이브와 스톨러(W. Grabe & F. Stoller)는 위와 비슷하게 읽기 기능을 자동성을 띤 언어적 처리 과정으로, 읽기 전략은 의식적으로 회상하여 사용할 수 있는 잠재적인 능력으로 정의하면서도 실제 기능과 전략을 구분하는 것은 쉬운 일이 아니라고 하였다.

이러한 측면에서 읽기 전략은 독자가 글을 이해하기 위해서 의식적으로 목적을 갖고 수행하는 특정의 읽기 과정이라고 할 수 있으며, 무의식적으로 수행되는 읽기 기능과는 차별성이 있다. 그러나 그레이브와 스톨러가 지적한 바와 같이 이 두 개념은 읽기 이해 방법이라는 차원에서는 공통성이 있으며 의식과 의도성이라는 기준에 따라 각각 읽기 기능과 읽기 전략으로 실현된다. 예를 들어 맥락 활용하기(using context)와 예상하기(prediction)는 기능과 전략의 하위 범주에 모두 속할 수 있다. 이 두 개의 하위 범주가 기능에 속하는지 전략에 속하는지의 여부는 독자가 이를 의식적으로 사용했는지 아니면 단순히 자동적으로 사용했는지에 달려 있다. 이러한 측면에서 볼 때 읽기 전략은 독자의 '의식'과 '의도성'이라는 성격을 지닌 읽기 기능이라고 할 수 있다.

한편 독자가 사용하는 읽기 전략은 몇 가지 범주로 나눌 수 있는데 일반적으로 상위 인지적 전략, 인지적 전략, 보조적 전략으로 나눈다. 상위 인지적 전략(metacognitive strategies)에는 독자가 글을 읽을 때 사용하는 감시하기, 조정하기의 방법이 있고, 인지적 전략(cognitive strategies)에는 상향적 전략과 하향적 전략이 있다. 보조적 전략(support strategies)은 앞의 두 유형에 포함되지 않는 읽기 방법인 메모하기(taking notes), 사전 이용하기(using dictionary) 등의 하위 전략을 포함한다. 이 외에도 읽기 전략을 일반적인 전략의 성격을 지닌 총체적 전략(global strategies), 독자가 글을 읽을 때 발생하는 어려움을 해결하기 위해 사용하는 문제 해결 전략(problem solving strategies), 글에 표시하기(marking the text)와 같이 독자가 자신의 부족한 부분을 보충하기 위해 사용하는 보조적 전략으로 나누기도 한다.

어커트와 위어는 읽기 단계에 따라 사용할 수 있는 상위 인지 전략을 소개하였는데 읽기 전 활동에서 사용될 수 있는 상위 인지 전략으로는 사전 검토하기와 예측하기, 읽기 중 활동에서는 자기 질문하기와 점검하기 전략, 읽기 후 활동에서는 평가와 개인적 반응하기 전략을 제시하였다.

한국어교육 현장에서도 읽기 전략은 읽기 전, 읽기 중, 읽기 후 활동 단계에 따라 사용한다. 예를 들면 예상하기, 추론하기, 배경지식 이용하기, 어휘를 분석하여 이해하기, 음성적인 유사성을 활용하여 어휘 이해하기, 중요한 부분에 밑줄 긋기 등이 있다. 이러한 읽기 전략을 학습자에게 지도하는 읽기 전략 교수 학습 모형에 관한 연구와 읽기 전략 지도의 효과에 대한 연구도 활발하게 진행되고 있다. 〈심상민〉

= 읽기 책략

[참고문헌]
- 기준성(2011), 한국어 읽기 전략, 한국문화사.
- Grabe, W. & Stoller, F. (2002), *Teaching and researching reading*, Pearson Education.
- Urquhart, A. & Weir, C. (1998), *Reading in a second language: Process, product and practice*, Longman.

□ 훑어 읽기

훑어 읽기(skimming)는 텍스트 전체를 빠르게 훑어 읽으면서 글의 성격이나 정보의 특성, 대략적인 주제나 요지 등을 파악하는 읽기 전략이다.

영어 'skim'은 우유와 같은 액체 표면의 막을 걷어 낸다는 뜻이다. 마치 갈매기가 바다 위의 먹이를 쪼아 먹기 위해 해면을 스치며 날아다니는 것처럼 각 페이지의 표면을 읽는 전략으로, 일종의 속독 기술이다. 대략 1분에 1,000개 단어를 처리하는 속도로 읽는다.

여가 시간을 보내기 위한 독서가 아닌 대부분의 읽기 상황에서는 일정한 속도와 동일한 집중도로 세부 정보를 다 읽어 나가는 것이 비효율적이다. 따라서 훑어 읽기를 통해 전체 대의(general idea)를 파악하되 비중 있게 읽어야 할 부분과 가볍게 건너뛰어야 할 부분을 선별하면서 정보에 따라 속도를 조절하는 것이 좋다.

훑어 읽기와 비슷한 기능을 하는 읽기 전략으로는 넘겨보기, 개관하기, 찾아 읽기 등이 있다. 넘겨보기(survey)나 개관하기(look over)는 책의 표지나 본문을 가볍게 넘기면서 읽을거리의 경향이나 특징을 파악하여 자신이 이 글을 읽을 필요가 있는지 없는지 또는 관심이 가는 부분이 있는지 등을 판단하기 위해 읽는 것이다. 찾아 읽기(scanning)는 어떤 구체적인 정보를 수집하거나 정보의 진위를 확인하기 위해 읽는 것이다. 이에 반해 훑어 읽기는 글 전체를 다 읽으면서 대의나 정보를 개략적으로 파악하는 것이기 때문에 독서의 목적성이 더 강하다.

훑어 읽기는 보통 다음과 같은 단계로 진행한다. 첫째, 글의 제목이나 목차, 삽화, 도표 등을 보며 배경지식을 떠올려 글의 의미를 구성할 준비를 한다. 둘째, 신문을 펼쳐 보듯 전체를 빠르게 읽어 나가되 자신에게 필요한 정보나 주장이 드러나는 부분, 중요하다고 판단한 정보의 위치 등에 유의한다. 셋째, 글의 구조 및 장르별 특성을 파악할 수 있도록 문단의 연결 관계를 드러내는 담화 표지에 유의하며 읽는다.

한국어교육에서 훑어 읽기는 글을 꼼꼼히 분석하기 전에 전체적인 대의나 주제를 빨리 파악하기 위해 사용한다. 대체로 이론적 개관을 제시한 글, 역사적 사건을 연대기 방식으로 기술하고 있는 글, 정보 전달 중심의 설명적인 글을 읽을 때 적용하면 내용을 보다 효과적으로 파악할 수 있다. 또한 글을 읽은 후(post-reading)에 특정 부분에 대한 이해를 새롭게 조정할 필요가 있을 때도 사용할 수 있다.　　　　　　　〈김혜정〉

[참고문헌]
- Brown, H. D. (2004), *Language assessment: Principles and classroom practices*, Longman.
- Grellet, F. (1981), *Developing reading skills: A practical guide to reading comprehension exercises*, Cambridge University Press.
- 濟藤英治(2006), 最强의速讀術, 박선영 역, 2008, 최강 속독법: 성공하는 직장인을 위한 하루 10분 독서 전략, 폴라북스.

❑ 찾아 읽기

찾아 읽기(scanning)란 텍스트를 전부 다 읽지 않고 필요한 정보만을 빨리 찾아 그 부분만 읽는 전략이다.

찾아 읽기는 정보가 여기저기 흩어져 있는 경우에 독자가 보다 효과적으로 정보를 수집할 수 있도록 도와준다. 또한 독서 목적이 뚜렷하기 때문에 독자가 의미 구성에서 오는 혼란이 없이 쉽고 빠르게 필요한 정보를 찾을 수 있다. 예컨대 일상생활 및 비즈니스 상황에서 사용 설명서나 일정 등을 통해 시간, 장소, 이름 등의 정보를 빨리 확인하려면 찾아 읽기를 하면 된다. 이때 보통 1분에 약 1,500개 이상의 단어를 처리하는 속도로 읽는다.

찾아 읽기는 다음과 같은 단계로 진행한다. 첫째, 찾으려고 하는 정보를 머릿속에 구체적으로 표상한다. 관련 단어나 아이디어의 이미지를 분명히 떠올릴 때 수많은 단어들 중에서 자신이 찾으려는 것이 더욱 뚜렷해진다. 둘째, 글의 형식에 따라서 정보가 숫자나 고유 명사, 표 등으로 나타날 수 있다는 것을 예측한다. 셋째, 찾아 읽기를 시작하기 전에 내용의 구조를 분석해 본다. 구체적인 세부 정보를 잘 파악하기 위해서는 훑어 읽기와의 공조가 필요하다. 훑어 읽기를 통해 글의 대의나 전체적인 구조를 먼저 파악하게 되면 세부 정보의 위치를 더 잘 예측하게 되고 찾은 정보가 글 전체에서 어떤 기능을 발휘하는지 또 그 정보가 얼마나 중요한지 등을 잘 판별할 수 있기 때문이다. 넷째, 본문을 읽을 때는 한 번에 몇 줄씩 빠르게 읽는다. 다섯째, 대부분 절(section)을 건너뛰며 읽되 필요한 부분과 관련된 정보가 있을 것 같으면 멈추고 그 부분을 꼼꼼히 읽는다.

한국어교육에서 찾아 읽기를 적용할 때는 장르 특성을 활용하는 것이 좋다. 예컨대 논설문이 서론, 본론, 결론으로 구성되어 있다면 대부분 결론에서 내용을 요약하거나 주장을 반복하는 경우가 많다. 이 점을 활용하여 글의 중심 내용이나 주장을 빨리 파악하려면 글의 결론이나 맺음말을 찾아 읽는다. 또 화제나 쟁점이 무엇인지를 빨리 파악하고자 한다면 논지 전개의 흐름을 고려하여 도입 부분을 찾아 읽는다. 또한 신문을 읽는다면 표제어나 전문(lead), 사진 등에 유의하여 필요한 정보를 빠르게 찾아

가며 읽는다. 〈김혜정〉

[참고문헌]
- Brown, H. D. (2004), *Language assessment: Principles and classroom practices*, Longman.
- Grellet, F. (1981), *Developing reading skills: A practical guide to reading comprehension exercises*, Cambridge University Press.
- Reading and study lab in Anne Arundel community college, *Skimming and scanning*, Retrieved May 13, 2013, from http://www.aacc.edu/tutoring/file/skimming.pdf.

■ 읽기 활동

읽기 활동(reading activites)은 학습자가 자신의 배경지식을 이용하여 읽기 학습 자료를 제대로 이해하고 의미를 재구성할 수 있도록 돕는 모든 활동을 뜻한다.

읽기 활동 방식은 읽기를 어떻게 정의하는가에 대한 이론적인 관점과 그에 따른 언어 교수법의 영향을 받아 다양하게 전개된다. 1960년대 말까지의 읽기 활동은 문법 번역식 교수법의 영향으로 교수자가 읽어 주는 문장을 학습자가 단순히 따라 읽거나 글의 내용을 읽고 해석하는 방식으로 이루어졌다. 1970년대 이후에는 의사소통 중심 교수법과 인지주의의 영향을 받아 읽기 과정에 관심을 갖게 되면서 독해를 위한 언어 활동과 더불어 글에 대한 독자의 가정이나 추측과 같은 인지 활동이 강조되었다. 1980년대에 들어서는 독해와 이해의 모든 과정이 중시되면서 학습자가 읽기 전략을 이해하고 사용할 수 있게 하는 여러 읽기 방법들이 제안되었다.

실제 교육 현장에서는 읽기를 효율적으로 연습하기 위해 읽기 과정을 기반으로 하여 수업을 구성하고 각 단계나 학습 환경에 따라 적절한 읽기 전략을 강조하는 활동을 수행한다. 읽기 과정을 중시하는 수업은 읽기 전 활동, 읽기 중 활동, 읽기 후 활동으로 진행한다.

읽기 전(pre-reading) 단계에서는 주로 학습자의 배경지식을 끌어내거나 제공하는 데 목표를 둔 활동과 학습자가 흥미를 갖고 읽기 활동에 적극적으로 참여할 수 있도록 유도하는 활동이 중심이 된다. 글의 제목이나 삽화 등을 통해 글의 내용을 추측하기, 사진이나 제목을 보고 글의 내용을 이야기하기, 글의 이해도를 높이는 데 도움을 주는 훑어 읽기(skimming), 주제와 관련된 배경지식이나 경험을 회상하도록 돕는 사전 질문에 답하기, 학습자의 읽기 동기를 위해 핵심 어휘를 미리 학습하여 언어적 어려움에 대비하도록 하는 새로운 어휘 학습하기 활동 등이 있다.

읽기 중(while-reading) 단계에서는 학습자의 읽기 기술과 전략을 향상시켜 주는 활동이 이루어진다. 능숙한 독자가 되기 위해 학습자 스스로가 자신의 읽기 과정과 이해 정도를 점검하는 것이다. 글의 내용 파악을 위한 주제문이나 핵심 단어 표시하기, 주요 정보 파악을 위한 메모하기, 글의 이해를 돕기 위해 마련된 길잡이 질문에 답하기, 글의 내용과 구조 파악에 도움을 주는 담화 표지에 표시하기, 앞뒤 맥락을 통해 모르는 단어 추측하기 활동 등을 수행할 수 있다.

읽기 후(post-reading) 단계에서는 읽은 내용에 대한 이해 정도를 점검하고 읽은 내용을 다른 상황이나 다른 기능에 적용하는 활동들이 이루어진다. 또한 읽기 중 단계에서 얻은 정보를 학습자 지식과 연계하여 장기 기억에 저장할 수 있도록 도움을 주는 것도 가능하다. 읽은 내용을 검토하는 독해 질문에 답하기, 글의 주요 정보나 구성을 올바르게 이해했는지 파악할 수 있는 요약하기, 읽은 내용을 표나 지도, 그래프 등으로 완성하기, 읽은 내용을 바탕으로 앞뒤 내용을 추론하기, 글의 전체적인 수사학적 구조를 파악하기, 글쓴이의 의도나 목적을 파악하기, 글의 내용을 자신의 생각이나 경험과 연결하기, 읽은 내용을 바탕으로 글을 쓰거나 토론하는 활동 등이 있다.

수업에서 이루어지는 많은 활동 가운데 읽기 전략의 사용을 강조하는 대표적인 활동은 다음과 같다. 교수자 주도형의 직접 읽기(directed reading activity: DRA) 활동, 글에 대한 예측이 맞는지를 확인하면서 학습자 스스로 생각하도록 지도하는 직접 읽기-사고 활동(directed reading-thinking activity: DRTA), 글의 구조를 확인하는 능력을 키우고 독해와 회상 능력의 개선에 초점을 두는 활동(guided reading procedure: GRP), 글의 전체 내용을 개관하고, 질문하고, 읽고, 암송하고, 검토하는 SQ3R(survey-question-read-recite-review) 활동, 학습을 시작하기 전에 학습자의 사전 지식을 활성화하는 활동(what I know-what I want to know-what I've learned: KWL), 글의 주제와 관련된 경험 등을 토론하도록 하여 사전 지식과 글의 내용을 관련시키는 읽기 활동(experience-text relationship method: ETR) 등이다.

한국어교육에서의 읽기 활동에 관한 연구는 학습자의 독해 능력을 키울 수 있는 읽기 전략을 소개하고 읽기 활동을 활성화하는 교육 방법을 제안하는 논의들이 주를 이룬다. 학습자의 숙달도와 학습 목적, 모국어 등을 고려하여 읽기 자료의 장르와 내용을 파악하는 활동 등이 교재에 좀 더 보완될 필요가 있다. 〈김서형〉

[참고문헌]
- 강현화 외(2009), 한국어 이해 교육론, 형설출판사.
- 정길정·연준흠 편저(1996), 외국어 읽기 지도의 이론과 실제, 한국문화사.
- Rivers, W. M. (1981), *Teaching foreign-language skills*, University of Chicago Press.

❏ 낭독

낭독(朗讀, oral reading)은 글을 소리 내어 읽는 것을 말한다.

낭독할 때에는 글의 내용을 충분히 이해한 후 듣는 사람에게 그 글의 내용이나 이미지, 정서 등을 정확하고 효과적으로 전달할 수 있도록 크고 또렷한 목소리로 음의 높낮이와 속도에 유의하며 읽어야 한다.

초급이나 중급 수준에서는 낭독을 통해 상향식(bottom-up) 방식으로 학습자의 발음이나 음성학적인 규칙을 알고 있는지 등을 진단할 수 있다. 또한 교사가 강조하고 싶은 부분을 학생에게 읽게 하여 학생의 수업 참여를 유도한다. 그러나 소리 내어 읽는 것은 실제 언어 활동이 아니며 한 학생이 읽는 동안 다른 학생들은 텍스트에 주의를 집중하지 않을 때도 있으므로 특정 학생이 낭독하는 것을 다른 학생들이 잘 듣고 수정할 부분을 찾아 발표하게 하는 것도 좋다. 낭독의 형식은 혼자서 읽기, 여럿이 다 같이 읽기, 몇 사람이 일부분씩 분담해서 차례차례 읽기로 나눌 수 있으며 상황에 따라 적합한 낭독 형식을 선택할 수 있다.

낭독은 말하기 평가 유형 중의 하나이기도 하다. 문자를 보고 정확하게 발음할 수 있는지, 즉 자모의 발음, 음운 규칙 및 변동을 이해하고 있는가를 측정하고 이와 더불어 얼마나 유창하게 읽을 수 있는지도 낭독을 통해 평가한다.

수업 중에 실시하는 낭독에서는 학습자가 글자를 보고 그대로 읽는지 또는 의미를 생각하면서 읽는지를 파악하기 위하여 의미 단위에 맞게 적절히 끊어 읽는지를 살펴보아야 한다. 이는 읽기 교육뿐만 아니라 발음 교육과도 연계해서 지도할 수 있는 내용이다. 〈박지영〉

= 소리 내어 읽기

[참고문헌]
• 한재영 외(2010), 한국어 어휘 교육, 태학사.
• 한재영 외(2011), 한국어교육: 용어 해설, 신구문화사.

묵독

묵독(默讀, silent reading)은 소리 내지 않고 눈으로 읽어서 이해하는 읽기 방법을 말한다.

소리를 내어서 읽는 낭독(朗讀, oral reading)이 글자 단위의 읽기라면 묵독은 문장 단위 또는 의미 위주의 읽기이다. 묵독은 눈으로만 읽기 때문에 글을 읽는 속도가 빠르고 생각하면서 읽을 수 있어서 이해도가 높다. 그리고 글을 읽는 재미를 느낄 수 있으므로 글의 내용에 대한 이해 측면에서는 낭독보다 나은 점이 있다. 묵독은 눈의 작용과 두뇌의 이해가 긴밀하여 정보 처리 속도가 빨라 효율성이 높으므로 전략적인 독서를 가능하게 한다. 학습자들은 한국어 수준이 높아질수록 묵독을 통해 장시간 텍스트에 집중함으로써 어휘와 구조에 대한 인식을 형성하고 자동 처리 기능과 이해 기능을 향상시킨다.

과거에는 글을 읽는다는 것을 소리 내어 읽는 것으로 이해하였으며 이와 같은 방식을 중시하여 스승이 읽는 것을 학생들이 큰 소리로 따라 읽는 것이 하나의 학습 방법으로 사용되었다. 그런데 활자가 발달하고 출판물이 기하급수적으로 증가함에 따라 짧은 시간 내에 많은 것을 읽을 수 있는 묵독의 중요성이 인정되었다. 다만 처음부터 묵독을 시도하는 것보다는 먼저 글을 소리 내어 정확하게 읽는 낭독을 충분히 익히고 훈련하여 제대로 묵독할 수 있는 힘을 기르는 것이 필요하다.

읽기 수업의 중점이 텍스트에 대한 일반적인 이해에 있는 경우에는 묵독으로 훑어 읽기(skimming)를 하여 학습자가 텍스트의 전체적인 의미를 파악하게 한다. 반면 학습자가 텍스트의 구체적인 내용을 차근차근 이해하도록 하고자 하는 경우에는 문법적 요소나 담화 표지 등 겉으로 드러난 텍스트 구조를 확인하며 자세히 읽도록 지도한다.　　〈박지영〉

[참고문헌]
• 한재영 외(2011), 한국어교육: 용어 해설, 신구문화사.
• Brown H. D. (1994), *Principles of language learning and teaching*, Prentice Hall Regents.

❏ 정독

정독(精讀, intensive reading)은 언어 지식에 초점을 두고 적은 양의 읽기 자료를 최대한 이해할 수 있도록 주의 깊고 철저하게 읽는 읽기 방법이다.

정독은 정확성을 추구하며 어휘와 문장 구조와 같은 어휘적, 통사적 단서로부터 의미를 해독하는 능력을 발달시키는 데 목표를 둔다. 그리고 문자적 의미나 수사적 관계를 이해하기 위해 문법적 형태나 담화 표지 등에 주의를 기울인다. 누탈(C. Nuttall)은 정독은 읽기 자료가 무엇을 의미하고 그 의미가 어떻게 산출되는지에 대해 깊고 상세히 이해하는 것을 목표로 한다고 기술했다. 정독은 대체로 교사가 주도하는 교실 활동 형태로 수행되며 교사가 정한 읽기 교재를 주로 사용하고 학습자에게 암기를 요구하는 새로운 어휘와 구문 등을 포함하므로 읽기 속도가 대체로 느리다. 이러한 특징으로 인해 전통적인 읽기의 관점에 부합하고 다독(多讀, extensive reading)과 상반되는 특징이 있다.

정독을 활용하는 읽기 교수는 자동화를 위한 훈련과 그것을 통해 습득한 지식의 체계화 과정으로 구성된다. 즉 정독에서는 문법의 규칙과 어휘의 의미, 철자를 의식적으로 배우고 산출하는 연습 과정을 통해 규칙을 자동화시키는 기술을 훈련한다. 그리고 연습 과정에서 나타난 오류를 수정하면서 독자는 문법의 규칙과 어휘의 의미, 철자, 통사적 구조에 대해 의식적으로 지식을 체계화하여 수용한다. 따라서 정확한 읽기와 언어 지식의 학습을 위한 훈련 과정에 효과적이다. 그런데 정독은 훈련을 통한 지식 습득의 효과는 지속적이지 못하며, 자료에 대한 이해가 언어학적 지식만으로 이루어지는 것이 아니라는 점에서 비판받는다. 또한 학습자들의 읽기에 대한 흥미와 즐거움을 잃게 하며 심리적인 부담감과 어려움을 느끼게 한다는 점도 단점으로 지적되었다.

한국어교육에서 정독은 집중형 읽기라고도 불린다. 대부분의 교실에서 읽기 자료와 함께 어휘와 문법, 담화의 이해에 초점을 둔 다양한 연습 활동을 수행하면서 널리 수용하였다. 정독은 자료에 대한 자세한 이해와 함께 언어 지식에 대한 훈련과 그것의 체계화에 기여하는 바가 크지만 학습자의 능동적 참여를 유도하기 어렵다는 문제가 있다. 따라서 한국어교육에서 정독은 다독과 상호 보완적인 관계를 유지하면서 적용할 필요가 있다.   〈우형식〉

= 집중형 읽기, 집중적 읽기

→ 자동화

[참고문헌]
- 이경화(2001), 읽기 교육의 원리와 방법, 박이정.
- 정길정·연준흠 편저(1996), 외국어 읽기 지도의 이론과 실제, 한국문화사.
- Nuttall, C. (1982), *Teaching reading skills in a foreign language*, Heineman Education Books.
- Wallace, C. (1992), *Reading*, Oxford University Press.

다독

다독(多讀, extensive reading)은 다양한 자료를 많이 읽음으로써 학습자의 언어 능력을 향상시키는 읽기 방법 중의 하나이다.

읽기에서 정독이 정확성을 추구한다면 다독은 유창성에 초점을 두는 것으로 구별된다. 정독은 언어 지식에 초점을 두고 적은 양의 읽기 자료를 최대한 이해할 수 있도록 주의 깊고 철저하게 읽는 것인 반면, 다독은 의미 파악에 중점을 두어 많은 양의 읽기 자료에 접근하는 것을 추구한다. 따라서 글의 전체적 맥락으로부터 의미를 파악하고 부수적으로 어휘와 구문에 대한 지식을 습득하는 것을 목표로 한다. 다양한 자료를 전반적으로 이해하는 것을 목표로 하는 다독은 교실 안과 밖에서 모두 수행된다.

데이와 뱀포드(R. R. Day & J. Bamford)는 다독의 특징을 많은 양의 읽기, 일반적인 이해를 위한 읽기, 즐겁게 읽기, 학습자 각자가 자신의 흥미와 수준에 맞는 자료를 선택하여 개별적으로 읽기, 읽은 내용에 대해 수업에서 토론하지 않는 읽기, 가급적 빠르게 읽기와 같이 해석하였다. 다독은 많은 자료를 읽음으로써 언어의 자동성을 개발하여 읽기 이해력뿐만 아니라 어휘와 구문에 대한 인식을 증대시키고 배경지식을 확대해 주는 효과가 있다. 또한 말하기와 쓰기, 듣기 등 다른 언어 기능의 능력을 향상시키고 정의적 면에도 읽기에 대한 흥미와 자신감의 향상, 동기 부여, 태도 변화 등과 같은 긍정적인 영향을 준다.

한국어교육에서 다독은 확장형 읽기 또는 열린 읽기 등으로 불리기도 한다. 다독은 그것이 지닌 특성과 이점을 활용하면서 전통적인 정독 중심의 심화된 교수 학습 과정을 보완한다는 측면에서 적용될 가치가 있다. 특히 학문 목적의 한국어교육에서 한국어 능력과 학문 활동을 위한 소양을 기르는 데 유용하고, 한국 문화의 이해를 위한 자료나 문학 텍스트를 대상으로 하는 읽기에 활용할 수 있다. 그런데 다독을 활용하기 위해서는 프로그램을 치밀하게 구성하고 다양한 읽기 자료와 활동을 마련하는 등의 준비가 필요하다. 특히 다독의 효율성을 높이기 위해서는 학습자들의 한국어 능력에 부합하면서도 흥미를 유발할 수 있는 읽기 자료를 개발하고 읽기 활동에 필요한 공간을

확보해야 한다. 〈우형식〉

= 확장형 읽기, 확장적 읽기, 열린 읽기

[참고문헌]

• 신규철(2006), 자발적 다독법을 통한 통합적 읽기 교육 연구, 한국학술정보.
• 우형식(2012), 한국어 열린 읽기 프로그램의 개발과 적용, 한국문화사.
• Bamford, J. & Day, R. R. (Eds.) (2004), *Extensive reading activities for teaching language*, Cambridge University Press.
• Day, R. R. & Bamford, J. (1998), *Extensive reading in the second language classroom*, Cambridge University Press.
• Tamrackitkun, K. (2011), *Extensive reading and its effects on EFL Thai students: From theory into practice with a focus on reading comprehension, reading fluency and attitudes*, Lambert Academic Publishing.

■ 읽기 지도

읽기 지도(reading instruction)는 교사가 학습자의 읽기 능력 향상을 위해 학습자에게 가하는 모든 교육적 처치를 의미한다.

읽기 능력은 문자에 소리를 붙여 발화하는 가장 기초적인 능력에서부터 저자와의 상호작용을 통하여 새로운 생각을 창출하는 상위 인지 능력에 이르기까지 복합적인 층위로 구성되어 있다. 그러므로 읽기 지도는 각 층위의 읽기 능력이 발휘되는 단계에 따라 상이한 방식으로 이루어져야 한다. 읽기 능력 단계별 지도의 특징은 다음과 같다.

읽기의 첫 단계는 문자와 소리의 관계를 이해하고 글자를 소리 내어 읽는 단계이다. 이 단계에서는 학습자가 시각적으로 입력된 문자를 자동적으로 음성화할 수 있도록 반복적으로 연습한다. 발음 지도와 중첩되는 부분이 있지만 읽기 지도에서는 세부적인 발음 규칙을 설명하기보다는 텍스트의 낭독을 통해 자연스럽게 각 문자의 소리를 익힐 수 있도록 따라 읽기, 낭독 녹음하기 등의 활동으로 지도하는 것이 바람직하다.

다음 단계는 축어적 읽기 단계로 학습자가 텍스트에 담겨 있는 의미를 글자 그대로 이해하도록 지도한다. 학습자들은 이 단계에서 단어의 사전적 의미를 이해하고 문장을 통사적으로 정확하게 이해하게 된다.

다음으로 추론적 읽기 단계에서는 학습자가 텍스트의 표면에 나타난 사실 이해를 토대로 그 이면의 내용을 추측하게 한다. 교사는 학습자가 추론하지 않고서는 대답할 수 없는 질문을 준비하여 텍스트에 대한 추론적 이해 능력을 향상시켜 주도록 한다.

마지막으로 종합적 읽기 단계는 텍스트의 내용을 바탕으로 한 이해 심화 단계로서 텍스트의 내용을 분석하고 비판하는 분석적 읽기와 비판적 읽기, 자신의 생각으로 재구성하는 창의적 읽기를 포함한다. 교사는 학습자의 능동적 읽기를 유도하기 위해서 표현 기능과의 통합 활동을 다양하게 준비하는 것이 바람직하다.

위와 같이 읽기 지도는 읽기 능력 단계에 따라 진행되기도 하고 또는 수업에서의 교수 학습 단계에 따라 읽기 전, 읽기 중, 읽기 후 단계로 나누기도 한다. 읽기 전(pre-reading) 단계에서는 배경지식 활성화를 위해 배경지식 활용하기나 예측하기 등의 읽기 전략과 사전 질문하기나 제목으로 내용 유추하기 등의 활동을 준비한다. 읽기 중(while-reading) 단계에는 내용 파악을 위해, 읽기 후(post-reading) 단계에는 이해 정도 확인을 위해 알 맞은 전략과 활동을 고안한다.

읽기와 같은 복합적 인지 작용을 바탕으로 한 이해 활동은 학습자의 이해 과정이 가 시적으로 드러나지 않기 때문에 교사의 즉각적 처치가 어렵고 다른 기능에 비해 성취 속도가 느리다. 또한 중급 이상의 교실 수업 상황에서는 시간의 제약 때문에 다양한 텍 스트를 대량으로 접하는 것이 힘들다. 이러한 읽기 지도의 제약을 극복하기 위해서는 한국어 읽기 교육에서 읽기 동기 유발, 읽기 전략 지도, 읽기 환경 구축을 위한 방안 마 련에 더 관심을 기울여야 한다. 〈구민지〉

[참고문헌]
- 정기철(2000), 읽기 교육의 이론과 실제, 역락.
- Rivers, W. M. (1981), *Teaching foreign-language skills*, University of Chicago Press.

■ 읽기 평가

읽기 평가(reading assessment)는 문어 텍스트에 대한 이해 정도를 평가하는 것을 말 한다.

읽기 교육의 목표가 단순히 문자로 표기된 것을 소리 내어 읽는 것이 아니라 글의 의 미를 이해할 수 있도록 하는 데 있으므로 한국어 읽기 평가의 목표 또한 한국어로 쓰인 글을 하나의 담화로 보고 전체적으로 이해할 수 있는지를 평가하는 데 있다.

읽기 평가 방법은 크게 과정 평가와 결과 평가로 구분한다. 과정 평가는 학습자가 글 을 읽는 동안에 일어나는 모습을 평가하는 것으로 프로토콜 분석, 오류 발견 과제, 오독 분석 검사 등이 있다. 프로토콜 분석(protocol analysis)은 글을 소리 내어 읽으면서 머릿 속에 떠오르는 생각을 소리 내어 표현하는(think-aloud) 것이다. 검사자는 학습자가 소리 내어 읽는 글과 글로부터 연이어지는 생각인 프로토콜을 분석하여 어떤 글에서 어떤 의 미가 형성되는지를 알아낸다. 오류 발견 과제(error detection task)는 오류가 포함된 글 을 제시하여 학습자가 글을 어느 정도 정확히 읽는가 또는 자기에게 부과된 읽기 과제 를 어느 정도 분명하게 알고 있는가를 검사하는 방법이다. 오독 분석(miscues analysis)은 소리 내어 읽기를 통해 오독을 분석하는 것이다. 오독은 통사, 의미, 글자의 형태 중 어 느 하나 이상을 잘못 파악했을 경우에 나타난다. 한편 결과 평가는 읽기의 결과로 이해 된 상태를 알아보는 평가로 자유 회상 검사, 진위형 검사, 선다형 검사 방법 등이 해당된다. 자유 회상(free recall) 검사는 글을 읽고 이해한 바를 자유롭게 쓰게 하는 것이다. 검사자는 학습자가 회상한 것을 분석하여 기억의 양, 내용, 조직 방법, 기억 내용을 인출하는 전략, 추론 등을 알아낸다. 진위형(true-false question) 검사는 주어진 글에 대해 맞는 진술과 틀린 진술을 주고 학습자에게 진위를 판정하게 하는 것이다. 끝으로 선다형(multiple-choice question) 검사는 여러 개의 선택지에서 맞는 답을 고르는 것을 말한다.

또한 읽기 평가 방법은 목적에 따라 크게 숙달도 평가와 성취도 평가로 구분한다. 읽기 숙달도 평가는 한국어 의사소통 능력의 하위 범주로서의 읽기 능력을 평가하는 것으로 한국어능력시험(Test of Proficiency in Korean: TOPIK) 등 일반 한국어 학습자를 대상으로 실시되는 한국어 검정 시험의 읽기 영역 평가를 가리킨다. 읽기 성취도 평가는 읽기 교육과정 중에 이루어지는 구체적인 학습 목표의 달성 여부를 평가하는 것으로 한국어 교육 기관 등에서 수업 중에 실시되는 수행 평가와 교육과정 중에 정기적으로 시행되는 읽고 내용 이해하기와 같은 총괄 평가를 가리킨다.

읽기 평가 자료로 쓰이는 텍스트는 실용적이고 구체적인 내용을 담은 것부터 전문적이고 추상적인 내용을 담은 것까지 다양하다. 일반적으로 학습자의 숙달도에 따라 평가 자료로 쓰이는 텍스트의 유형이 달라진다. 초급에서는 광고, 명함, 메모, 편지, 이메일, 초대장, 일기 등의 실용문이나 생활문을 주로 사용한다. 중급에서는 안내문, 게시문, 자기소개서 등의 간단한 설명문이나 기사문, 수필을 사용한다. 고급에서는 공적인 서술문이나 문학 작품, 서평, 사설, 논설문 등을 사용한다. 학습자의 숙달도 수준에 따라 텍스트의 길이, 난이도는 조정될 수 있으며 이때 텍스트의 실제성이 훼손되지 않도록 유의해야 한다.

읽기 평가에 활용되는 문항 유형 또한 다양하다. 글을 읽고 이해하는 수준을 크게 사실적 이해, 추론적 이해, 평가적 이해로 나눈다면 평가 문항의 유형도 다음과 같이 세 가지로 구분할 수 있다. 첫째, 사실적 이해 문항은 글의 내용을 추론이나 분석 또는 비판할 필요 없이 글에 담긴 구체적인 정보를 정확하게 파악하게 하는 문항이다. 세부 내용이나 정보 파악하기, 소재 파악하기, 지시어의 지칭 대상 파악하기, 도표나 그래프 등 시각 자료의 의미 해석하기 등이 이에 속한다. 둘째, 추론적 이해 문항은 글에 표현된 내용과 전개 방식의 사실적 이해에 근거하여 직접적으로 명시되지 않은 사항을 논리적으로 추론해 내게 하는 문항이다. 글의 주제 파악하기, 문장의 논리적 흐름 파악하기, 단락이나 문장의 순서 파악하기, 문맥에 알맞은 말 찾기, 글 읽고 제목 붙이기 등의 유형이 있다. 셋째, 평가적 이해 문항은 주어진 글의 내용을 비판적으로 이해하고 그 내용의 정당성이나 적절성 또는 가치 등에 대해 평가하게 하는 문항이다. 예컨대 글쓴이의 심정이나 태도 파악하기, 글을 쓴 이유, 목적, 근거 파악하기, 글의 분위기 파악하기 등이다. 사실적 이해 문항은 학습자의 숙달도 수준에 관계없이 글의 이해 정도를 평가하는 데 있어서 폭넓게 사용한다. 숙달도 수준이 높아질수록 추론적 이해와 평가적 이해 문항의 비중이 높다.

지금까지 살펴본 것처럼 읽기 교육의 목표를 반영하여 평가 항목을 선정하고 학습자의 숙달도에 따라 평가 자료의 유형과 내용을 선별한 다음, 이를 다양한 평가 문항과 유기적으로 결합시키면 타당도가 높은 읽기 평가가 이루어진다.　　　　　　〈김은아〉

[참고문헌]
• 강승혜 외(2006), 한국어 평가론, 태학사.
• 이완기(2012), 영어 평가 방법론, 문진미디어.

13.5. 표현 교육

표현 교육(表現教育)은 음성 언어를 사용하여 생각, 느낌, 정보 등을 전달하는 말하기와 문자 언어를 사용하여 생각, 느낌, 정보 등을 전달하는 쓰기를 포함하는 교육을 가리킨다.

언어를 사용한 의사소통 과정은 표현적 수행 방식인 말하기와 쓰기, 수용적 수행 방식인 듣기와 읽기로 나뉘는데 표현 교육은 이 중 전자에 해당하는 말하기와 쓰기의 교수 학습을 목적으로 한다. 표현 교육이라는 용어는 2005년 7월 시행된 국어기본법 시행령에 한국어 교원 자격 취득에 필요한 영역별 예시 과목 중 하나로 한국어 표현 교육법이 한국어 이해 교육법과 함께 예시되고 이 과목들이 학위 및 비학위 과정에 개설되면서 한국어교육에서 일반화되었다. 표현 교육은 말하기 교육과 쓰기 교육을 포괄하는 개념으로 기능 통합 교육과는 구별된다. 말하기와 쓰기는 표현 행위라는 공통점이 있다는 점에서 표현 교육이라는 상위 범주에 속한다. 이러한 공통점을 활용하여 교육의 효율을 높이기 위해 두 기능을 연계하는 교육 방안이 고려될 수는 있으나 표현 교육이 곧 통합 교육을 의미하는 것은 아니다.

외국어 교육의 중심축이 교사에서 학습자로, 형식에서 의미로, 결과에서 과정으로 이동해 온 교수 이론의 역사적 변천은 표현 교육에도 영향을 주었다. 말하기와 쓰기 교육에서 학습자는 교사가 제시하는 언어적 모형에 따라 훈련을 받는 수동적인 대상이기보다는 표현하려는 의미를 구성하는 능동적인 언어 사용자가 되어 유의미한 의사소통 과정에 적극적으로 참여하도록 유도된다.

효과적인 표현 교육을 위해서는 말하기와 쓰기의 특성을 고려해야 한다. 말하기와 쓰기는 전달하려는 내용을 생성, 조직, 표현하는 의사소통 기술이다. 반면 말하기와 쓰기는 각각 음성 언어와 문자 언어를 매개로 한다는 점에서 의사소통 과정에서의 시간적 조건, 언어적 형식성이 다르다. 말하기는 발화와 의미의 이해가 동시에 이루어지는 시간적 제약이 존재하는 데 반해 쓰기는 내용을 구성하고 조직하는 데에 말하기보다는 시간을 더 쓸 수 있다. 이에 따라 쓰기에 사용되는 문어는 말하기에 사용되는 구어에 비해 수사 구조, 구성 방식 등에서 형식성이 강하며 언어적으로 복잡하다. 또한 말하기는 발화 상황에서 화자와 청자의 상호작용이 이루어지며 청자의 반응에 따라 말하는 내용이나 방법의 선택이 영향을 받는다. 쓰기 과정에도 청자에 해당하는 독자가 있기는 하나 독자의 수준, 관심 등을 예측하여 표현하게 되므로 말하기와는 달리 일방향적 특성이 강하다.

한국어교육에서 말하기 교육은 청각 구두식 교수법의 영향으로 대화를 모방한 연습이나 반복 연습에 치중해 왔고, 쓰기 교육도 문법 학습의 보조 수단으로 인식해 왔다. 그러나 1990년대 이후 의사소통 중심 교수법이 도입되면서 말하기 교육에서는 실제적 상황과 맥락을 고려한 과제 활동을 강조하고 이러한 교수 방법을 반영한 교재도 개발하고 있다. 그러나 실제로는 말하기에서 중요한 유창성이나 담화 전략 등의 학습보다는 어휘나 문법 구조 사용의 정확성에 초점을 두고 교육하는 경우가 많다. 쓰기는 종래 과제물이나 학습자 개인 활동으로 처리되어 왔으나 수업 중 활동으로 포함되면서 단계적 쓰기, 문제 해결 중심의 쓰기, 학습자 간의 상호작용을 유도하는 쓰기, 쓰기 전략을 활용한 쓰기 등을 강조하고 있다. 그러나 제한된 수업 시간으로 인해 쓰기 과정이 수업 내에서 충실히 이루어지지 못하기도 하고 다양한 글의 장르를 구조적으로 학습할 수 있는 교재도 부족하다. 그러므로 학습자의 표현 능력을 향상시킬 수 있는 교육 방안 및 교육 자료의 지속적인 개발이 필요하다. 이와 함께 다양해지는 학습자 집단을 고려한 표현 교육 방안, 의사소통 능력 개발을 위한 표현 교육 내용, 구어 문법, 학습 전략 등에 대한 연구가 요구된다. 〈최은규〉

→ 청각 구두식 교수법, 의사소통 중심 교수법

[참고문헌]
• 김선정 외(2010), 한국어 표현 교육론, 형설출판사.
• 지현숙(2013), 한국어 학습자의 구어 능력은 숙련되고 있는가: 말하기 교육의 반성과 지향, 이중언어학 52, 이중언어학회, 425~452쪽.
• 최정순(2011), 한국어 표현 교육 연구, 이중언어학 47, 이중언어학회, 383~402쪽.
• Brown, H. D. (2007), *Teaching by principles: An interactive approach to language pedagogy*, Pearson Education.

13.6. 말하기 교육

말하기 교육은 음성 언어로 다른 사람의 말을 바르게 이해하고 의도와 의미를 파악하며 자기의 생각이나 의견, 느낌 등을 정확하게 표현할 수 있도록 교육하는 것을 말한다.

말하기 교육은 의사소통 중심 언어 교육에서 가장 핵심적인 분야로 여겨지는 경향이 있다. 손연자에 따르면 일상생활에서는 말하기가 차지하는 비중이 높고 초급 과정에서는 말하기와 듣기의 비중이 80% 가까이 설정되어 있기 때문에 말하기와 듣기는 학습 초기에 가장 핵심적이고 중요한 영역이다. 그리고 일상적인 대화나 토론, 연구 발표 등의 말하기는 사회 활동 면에서도 중요한 기능을 한다.

한국어교육에서 말하기 교육은 일상생활의 대화를 중심으로 한 의사소통이 중심이었으나 학습자가 다양화되면서 직업 목적, 학문 목적 등 목적에 따라 주제나 말하기 장르가 다양화되었고 결혼 이민자, 다문화 가정 자녀를 대상으로 한 자녀 양육이나 학업 성취를 위한 말하기 교육으로 확장되고 있다.

한국어 말하기 교육은 의사소통 능력의 향상을 목표로 정확성과 유창성, 사회 문화적 지식을 바탕으로 한 담화 능력을 향상시키고자 한다. 이를 위하여 과제 중심의 다양하고 유의미한 활동을 통해 실제 의사소통으로 말하기 경험을 확장할 수 있도록 교육하고 있다. 김정숙 외는 2007년에 한국어능력시험(Test of Proficiency in Korean: TOPIK)을 중심으로 국내외에서 개발된 교재 등을 분석하여 말하기 교육의 목표를 제시하였다. 초급은 기본적인 문장 구조를 이용하여 최소한의 의사소통을 할 수 있고, 중급은 일상생활과 관련된 주제나 기준을 유창하게 말하거나 수행할 수 있으며 사회적 맥락에서 요구되는 일반적인 언어 기능을 수행할 수 있다. 고급에서는 공식적·비공식적 상황을 구별하고 추상적이고 전문적인 주제에 대해 유창하게 말할 수 있다.

한국어 말하기 수업은 말하기 능력을 의사소통 능력으로서 규정하면서 대개 PPP 방식으로 운영한다. 누난(D. Nunan)에 따르면 1단계에서 학습자가 강의를 듣고, 2단계에서 대체 연습을 통해 짝 활동을 중심으로 수행한 다음, 3단계에서 소집단 활동을 통해 상호작용하면서 학습한다. 특히 3단계에서는 의사소통 중심 교수법을 중심으로 한 말하기 교육으로서 학습자가 학습한 언어 지식과 경험, 전략을 사용하여 말하기 활동을 교실 밖의 실제적인 의사소통으로 확장하도록 교육한다.

한국어교육 초기에는 문법 번역식 교수법에 따른 문법 연습 결과를 말해 보는 말하기 활동이 중심이었다. 청각 구두식 교수법을 도입하면서 대화를 모방하여 발화 연습을 수행하는 방식으로 진행하기도 하였다. 그렇지만 의사소통 중심 교수법의 도입 이후로는 한국어를 사용하는 실제적 상황과 맥락을 고려한 과제 활동을 바탕으로 말하기 교육이 이루어지고 있다. 또한 한국어 학습자가 다양화되면서 학습자의 요구를 반영하여 토론이나 발표 등의 구체적인 말하기 장르에 따른 연구가 수행되고 교재가 개발되었으며 학습자의 중간 언어나 실제 담화 등을 분석한 연구가 이루어지고 있다.

이러한 변화는 교재에서도 발견되는데 대화를 제시하고 이와 관련된 표현이나 문형을 연습하던 것에서 벗어나 의사소통 활동을 통해 학습자가 자신의 관심 분야나 화제 등과 관련된 과제를 수행하는 방식으로 교재를 개발하고 있다. 그리고 실제적인 의사소통과 한국 문화를 경험할 수 있고 학습자의 흥미를 반영한 영화, 드라마 등의 매체

언어를 자료로 활용한 교재도 있다. 음성 인식 기술 및 정보 통신 기술의 발달로 한국어 말하기 코스웨어(courseware) 및 애플리케이션(application) 등이 개발되어 쌍방향적인 말하기 학습을 위한 기초 연구와 말하기 평가의 성취도 평가 및 숙달도 평가에 대한 연구, 한국어능력시험에서의 말하기 평가를 위한 구인 및 말하기 문항 유형 개발 등에 대한 연구도 수행되었다.   〈조수진〉

→ 의사소통 중심 교수법, 과제 중심 언어 교수법, PPP 모형, 문법 번역식 교수법, 청각 구두식 교수법

[참고문헌]
• 김선정 외(2010), 한국어 표현 교육론, 형설출판사.
• 김정숙 외(2007), 한국어 표준 말하기 시험 측정 도구를 위한 기초 연구: 모의 인터뷰 평가와 학습자 담화 분석을 중심으로, 한민족어문학 51, 한민족어문학회, 229~258쪽.
• 손연자(1999), 말하기와 듣기 교육, 남기심 외 편, 외국인을 위한 한국어교육의 방법과 실제, 한국방송대학교출판부.
• Nunan, D. (1999), *Second language teaching & learning*, 임병빈 외 공역, 2003, 제2 언어 교수 학습, 한국문화사.

■ 말하기

말하기(speaking)는 화자의 생각과 감정, 정보 등을 비언어적 요소와 함께 음성 언어로 표현하여 화자와 청자가 의사소통하는 행위를 말한다.

말하기에는 메시지를 생성하고 전달하기 위한 사고 과정, 물리적인 음성 표출 행위, 화자와 청자의 상호작용 등이 총체적으로 관련되어 있다. 의사소통에서는 몸짓, 표정과 같은 비언어적 요소가 50% 이상의 비중을 차지한다는 연구도 있다. 그러나 음성 언어로 의미를 구성하고 내용을 전달하는 말하기는 의사소통에서 핵심적인 역할을 하기 때문에 의사소통 행위에서 가장 중요한 수단이다. 말하기는 상호작용 속에서 계속되는 참여자 간 의미 협상(negotiation of meaning) 과정이므로 자신의 의사를 명확하게 표현할 뿐만 아니라 상대방의 의사를 충분히 이해하고 적절히 대처하면서 말할 수 있어야 한다.

말하기에서는 덜 복잡한 통사 구조나 관습적인 표현을 자주 사용하고 불필요한 요소를 많이 생략한다. 바이게이트(M. Bygate)는 말하기를 할 때 말할 시간을 벌기 위해 사용하는 언어적 기제를 통해 말하기를 보다 쉽게 수행할 수 있다고 하였다. 이해영이 2004년의 연구에서 정리한 바에 따르면 한국어 말하기에서는 어순이 자유롭고 생략 및 축약이 자주 일어나며 접속 조사와 호격 조사를 반복적으로 사용한다. 또한 완결된 문장 구조보다는 구나 절 단위로 발화하는 경우가 많으며 복문보다는 단순한 문장 구조를 선호한다. 화제의 전환이 잦고 말할 때 휴지, 머뭇거림, 중복 등이 나타나기도 한다. 또한 된소리로 변한 현실음으로 발음하는 경우가 많고 내용에 따라 말하는 속도, 강세, 억양 등을 조절하고 몸짓, 표정, 태도 등 비언어적 요소를 사용한다.

레벨트(W. J. M. Levelt)는 말하기를 언어로 표현하기 전에 메시지를 생성하고 점검하는 과정을 거쳐 머릿속에서 문법적 구조와 음성 기호로 형식화된 단계를 거친 다음,

내적 발화를 통해 음성으로 실현하는 발음하기로 이어지는 과정으로 설명하였다. 모어 말하기에서는 이러한 과정이 자동화되어 즉시 수행되기 때문에 거의 모두 동시에 일어 나는 것처럼 보이지만 한국어교육에서는 전달하고자 하는 메시지를 생성하고 이를 언 어로 구조화하는 과정으로 말하기를 표현한다는 점에 주목할 필요가 있다. 또한 말하 기는 메시지를 생성하고 이를 문장으로 구현하여 음성으로 표출하는 일방향적인 행위 가 아니라 청자로서의 듣기를 수행하면서 이루어지는 상호작용적인 과정이기 때문에 의사소통의 과정으로 파악할 수 있다. 말하기의 수행은 단순히 메시지를 음성 언어로 구조화하여 상호작용하는 것이 아니라 화자와 청자의 관계를 생성하고 유지 및 발전시 키며 담화의 구조와 특성을 반영해 이루어지는 과정이다.

언어 교육에서는 의사소통 능력이 핵심적인 위치를 차지하면서 말하기에 대한 요구 가 높아졌다. 어휘나 문법으로 대변되는 언어적 지식과 함께 실제 의사소통 상황에서 담화적 능력, 전략적 능력, 사회 언어학적 능력을 바탕으로 말하기를 수행하기 때문에 말하기는 의사소통적 교수법의 핵심적인 영역으로 간주된다.

한국어교육에서는 의사소통 중심의 언어 교육을 강조하며 대화를 중심으로 한 말하 기의 비중이 높아졌고 교실 내 수업에서도 말하기 활동에 많은 시간을 할애하고 있다. 또한 학습자들의 다양한 학습 목적 및 요구에 부응하여 친교나 정보 전달적인 일상 대 화 외에 공식적 상황에서의 연설, 강의, 토론, 회의 면접 등 다양한 담화 유형에 대한 교육이 이루어지고 있다. 교사는 학습자가 문법이나 기능에 대한 구조적인 연습과 인 위적인 의사소통 활동을 내재화하여 실제 의사소통 상황에서 사회적 상호작용을 원활 하게 수행할 수 있도록 지도해야 한다. 〈조수진〉

[참고문헌]
• 이해영(2004), 학문 목적 한국어 교과 과정 설계 연구, 한국어교육 15-1, 국제한국어교육학회.
• 전은주(1999), 말하기 듣기 교육론, 박이정.
• 조수진(2010), 한국어 말하기 교육의 이론과 실제, 소통.
• Bygate, M. (1987), *Speaking*, 김지홍 뒤침, 2003, 말하기, 범문사.
• Levelt, W. J. M. (1989), *Speaking: from intention to articulation*, MIT Press.

■ 말하기 연구사

말하기 연구사는 말하기 교육의 목표와 내용, 방법, 교재, 평가 등의 분야에서 이루어 진 연구 성과를 역사적으로 고찰한 것이다.

말하기 교육에서 주로 연구된 분야는 말하기 교육 일반과 한국어 학습자의 말하기 실 태, 교수 학습 방법과 교재, 평가 분야 등이다. 말하기 교육에 대한 일반적 논의는 말하 기 교육의 전반적인 현황과 개선 방향에 대한 소론이 주종을 이루지만 말하기 교수 학습의 이론과 실제를 포괄적으로 논의한 단행본도 출간된 바 있다. 그리고 한국어 구어 말뭉치와 그 활용 사례를 제시한 연구, 한국어 학습자의 말하기 실태를 보고한 연구 등 한국어 말하기 실태에 대한 기초 연구의 성격을 띠는 연구들도 다수 찾아볼 수 있다.

말하기 교수 학습과 관련한 연구는 높임 표현이나 인용 표현 등의 한국어 표현, 말하기 전략, 말하기 과제 구성, 대화, 토론, 스토리텔링 등 담화 유형, 교수 언어 등 다양한 주제를 대상으로 이루어졌다. 말하기 기능 신장을 위한 의사소통적 접근이 중심을 이루고 있으며, 한국어 말하기 교재에 대한 연구는 구어 텍스트의 활용에 관한 연구, 말하기 교재의 내용과 구성 및 활동에 관한 연구, 말하기 교재에 대한 실증적 분석 등 말하기 교재의 구성 요소인 내용, 활동, 자료 등에 대한 논의가 중심을 이루어 왔다.

한국어 말하기 평가에 대한 연구는 말하기 평가 기준에 대한 탐색과 말하기 평가 도구 및 표준화를 위한 기초 작업에서 출발하였다. 이후에는 평가 내용이나 과제에 따른 개별적 접근을 시도하는 경향도 나타났다. 이야기 구술 과제, 문화 능력과 말하기, 학문 목적 말하기, 숙달도 평가 고찰을 통한 말하기 과제 개발 연구 등이 그러하다. 그리고 말하기 평가 방법과 관련하여 컴퓨터 기반 접근, 담화 분석적 접근, 측정학적 접근이 다양하게 시도되고 있다.

말하기 교수 학습 분야의 경우 연구 주제가 다각화되고 있다. 향후 장르의 다양성이나 교육 공학적인 측면, 말하기 문화 측면 그리고 학습자 배경과 수준 등을 고려한 연구 대상의 다양화 및 방법론의 정교화가 필요하다. 특히 말하기 교재 측면에서는 실제 교재의 제작과 편찬 성과는 적지 않지만 교재 제작을 뒷받침할 이론적인 천착이 요구된다. 교재의 구성뿐만 아니라 활동과 제재의 선정을 비롯하여 다양한 학습자 요구를 반영하는 데 필요한 내용 연구도 병행되어야 한다. 그리고 복합 양식 매체를 활용할 수 있는 한국어 말하기 교재의 디지털화 방안 등에 대한 연구도 시급하다.

한국어 말하기 연구 중 현장에서의 요구가 높은 부분은 평가 분야이다. 한국어능력시험(Test of Proficiency in Korean: TOPIK)에서의 말하기 평가 실시를 위한 기초 연구와 함께 실증적인 데이터의 축적이 이루어질 필요가 있다. 이와 더불어 다양한 유형의 한국어 학습자 말하기 실태에 대한 기초적인 연구 자료를 확보하기 위한 노력이 병행되어야 한다. 〈민병곤〉

[참고문헌]
• 백봉자(2005), 말하기·듣기 교육의 교수 학습: 한국어교육에서 통합 교수법의 의미, 민현식 외 편, 한국어교육론 3, 한국문화사.
• 이미혜(2002), 한국어 말하기 교육의 이론과 실제, 박영순 편, 21세기 한국어교육학의 현황과 과제, 한국문화사.
• 조수진(2010), 한국어 말하기 교육의 이론과 실제, 소통.
• Bygate, M. (1987), *Speaking*, 김지홍 뒤침, 2003, 말하기, 범문사.
• Hughes, R. (2011), *Teaching and researching speaking*, Routledge.

■ 말하기 과정

말하기 과정(speaking process)은 듣기와의 관계 속에서 참여자들이 서로 의미를 구성하고 전달하는 과정이다.

의사소통 과정에 관한 관점을 바탕으로 말하기 과정은 세 가지 차원에서 변화하였다. 먼저 선조적인 관점에서는 화자가 메시지를 부호화(encoding)하면 청자가 이를 해독(decoding)한다는 것이다. 선조적 관점에서는 의사소통 과정을 화자가 계획하고 의미를 구성하는 과정으로 생각하기 때문에 말하기와 듣기를 분리해서 생각할 수 있고 말하기 교육은 공식적이고 일방적인 말하기가 주된 대상이 된다고 보았다.

1977년에 클락과 클락(H. H. Clark & E. V. Clark)은 표현의 목적 또는 계획에서 출발하여 음성으로 실현되는 선조적인 과정을 크게 두 단계로 나누어 구체화하였다. 먼저 계획하기 단계는 담화 수준, 문장 수준, 구성 요소 수준의 계획하기와 음성으로의 실현을 위한 내적 절차를 마련하는 단계로 세분화하였다. 그리고 표현하기 단계는 음성을 통하여 구체적으로 실현되는 단계로서 제시하였다. 이는 말하기 과정에서 화자의 인지적인 작용을 무시하고 각 단계에서의 화자의 능동적 활동을 고려하지 못하고 있다는 문제가 있다.

보그란데(R. A. Beaugrande)는 1984년에 이러한 선조적 과정 중 언어 표현의 하위 단계들이 주어진 조건에서 역동적이며 상호작용적으로 기능한다고 보는 평행적 단계 모형을 제시하였다. 이 과정에서는 참여자들이 자신의 담화 과정을 점검하고 자신의 목표에 도달하기 위해 적극적인 조작을 수행한다. 그렇지만 이 과정에서 인지적인 활동이 어떻게 관여하고 통제되고 있는지에 대한 명확한 설명이 없고, 사고의 생성과 아이디어를 조직하는 원천은 무엇인가를 설명하기 어렵다는 문제를 안고 있다.

정보 처리 과정은 앞서 선조적 모형과 평행적 단계 모형에서 설명하기 어려웠던 문제를 극복하고 말하기 표현과 이해의 과정을 체계화하여 제시하였다. 1989년 레벨트(W. J. M. Levelt)가 제시한 정보 처리 모형은 메시지를 생성하고 점검하는 단계에서 출발하여, 머릿속에서 문법적 구조와 음성 기호로 형식화하는 단계를 거쳐, 내적 발화 단계를 지나, 음성으로 실현하는 단계인 발음하기를 통해 외적 발화로 이어지는 과정으로서 말하기 과정을 설명하였다. 이 과정에서 말하기를 머릿속에서 구성한 문장을 음성으로 발화하는 이원적인 과정의 연결이 아니라 듣기와의 관계 속에서 파악하면서, 선조적 모형이나 평행적 단계 모형에 비해 말하기에서 듣기와의 상호작용 관계나 언어 맥락적인 관계에 대해 충분히 설명하고 있다.

학습자들은 대개 모어로 의사소통할 수 있는 능력이 있는 상태에서 한국어를 학습한다. 조수진은 이러한 까닭에 한국어 학습자가 말할 내용을 개념화하는 단계와 언어적으로 표현하는 단계를 구분할 수 있으므로 한국어 교수 방향을 세울 때 세부 단계에 따른 교수 학습 방안을 구안하도록 정보 처리 모형에 따라 말하기 과정을 파악하는 것이 유용하다고 보았다. 그리고 어휘 목록과 형식을 선택하고 결정하는 언어의 형식화 단계에서 사회 문화적 요소, 담화적 요소, 전략적 요소에 대한 메타 언어적 사고를 수행할 수 있도록 지도할 것을 제안하였다.

말하기 과정을 듣기와의 상호작용적인 관점에서 화자의 인지적 활동에 대한 세부적인 과정으로 체계화함으로써 학습자의 능동적인 말하기 수행을 도모하는 교수 학습 활동의 구체적인 방법을 제안하고 학습자의 문제를 단계적으로 파악하고 해결할 수 있다. 〈조수진〉

[참고문헌]
· 전은아(1997), 말하기 과정에서의 자기 점검에 대한 고찰, 청람어문교육 19 1, 청람어문학회, 224~251쪽.
· 조수진(2010), 한국어 말하기 교육의 이론과 실제, 소통.
· Beaugrande, R. A. (1984), *Text production: Toward a science of composition*, Ablex Publishing Corporation.
· Clark, H. H. & Clark, E. V. (1977), *Psychology and language: An introduction to psycholinguistics*, Harcourt Brace Jovanovich.
· Levelt, W. J. M. (1989), *Speaking: From intention to articulation*, MIT Press.

■ 말하기 전략

말하기 전략(speaking strategies)은 말하기를 수행하는 과정에서 의사소통의 문제를 해결하기 위한 기술을 말한다.

태론(E. Tarone)은 화자가 의미 협상의 과정에서 청자와 X라는 의미를 의사소통하기를 원하지만 청자의 언어적·사회 언어적 구조를 사용할 수 없거나 청자와 의미를 공유하지 않는다고 생각할 때, 의미 전달을 포기하고 회피하거나 대안적인 방법을 시도하는 것으로 의사소통 전략을 설명했다. 이 과정에서 태론은 의사소통 전략을 바꿔 말하기(paraphrase), 회피하기(avoidance), 의식적 전이(conscious transfer), 도움 요청(appeal for assistance), 몸짓 표현하기(mime)로 제시하였다. 흉내 내기라는 비언어적 전략을 제외한 네 가지 전략은 언어적 전략이지만 여기에는 인지적 과정에서 일어나는 전략적인 요소를 포함하지 못한다. 페어치와 캐스퍼(C. Faerch & G. Kasper)는 화자와 청자의 상호작용이 아니라 개인의 문제 해결 과정으로 접근하면서 모어나 제3 언어, 중간 언어, 비언어적 전략 등을 포함하는 성취 전략과 형식적 축소와 기능적 축소를 지향하는 축소 전략으로 나누어 제시했다. 이러한 접근은 언어적 자원의 부족을 해결하는 상황에만 한정되기 때문에 보다 다양한 상황에서 적용되는 전략에 대한 연구가 요구되었다. 되르네이와 스콧(Z. Dörnyei & M. L. Scott)은 언어 자원의 결함, 자기 발화상의 문제, 대화 상대자의 발화상 문제, 시간의 압박 등의 상황에 대해 상호적 전략과 비상호적 전략으로 나누어 더 구체적인 전략을 제시했다. 메시지를 변형하거나 유사한 표현이나 어휘를 활용하는 등의 직접적인 전략과 자기나 타인의 말을 반복하고 이해한 척하는 등의 간접적인 전략이 비상호적 전략에 해당한다.

되르네이는 의사소통 훈련 과정을 다음과 같이 소개하였다. 첫째, 학습자들이 의사소통 전략의 특성과 효율성을 인식하도록 돕는다. 둘째, 학습자가 실수를 두려워하지 않고 의사소통 전략을 활용하도록 격려한다. 셋째, 학습자에게 의사소통 전략의 사용 방법을 비디오나 시연을 통해 보여 준다. 넷째, 문화 간 차이를 조망하여 의사소통 전략을 적합하게 사용하도록 한다. 다섯째, 직접적으로 의사소통 전략을 가르친다. 여섯째, 의사소통 전략을 사용할 실제적인 기회를 제공한다. 이 외에도 1990년에 비얼리스톡(E. Bialystok)이 제1 언어 기반 전략, 제2 언어 기반 전략, 비언어 전략으로 분류한 연구나 1997년 새비뇽(S. J. Savignon)의 지속적 문제 해결 전략과 일시적인 문제 해결 전략의 분류 등이 있다.

한국어교육에서도 말하기 전략에 대한 연구는 의사소통 전략이라는 용어와 혼재되어 나타나고 있다. 정명숙은 말하기 전략을 말하기 과정에 따른 전략, 담화 차원의 전략, 전달력을 높이는 전략, 의사소통 장애를 극복하는 전략의 네 가지로 구분하였다. 그리고 전략을 교육하는 것이 의사소통 능력의 신장을 도모한다는 연구 결과를 바탕으로 말하기의 계획에서 실천에 이르는 전 단계를 포괄하는 구체화된 전략을 교수요목에 포함시키고 실제적인 과제를 통해 교육할 것을 제안하였다.

말하기 전략은 한국어 교수요목 설계, 교재 개발, 과제 구성 등의 다양한 측면에서 학습자의 능력을 신장시키는 데 중요한 요소로 연구되고 있다. 〈조수진〉

= 말하기 책략

[참고문헌]
• 정명숙(2012), 말하기 전략 개발을 위한 과제 구성 방안, 국제한국어교육학회 추계학술발표논문집, 국제한국어교육학회, 101~116쪽.
• Dörnyei, Z. (1995), On the teachability of communication strategies, *TESOL Quarterly 29-1*, pp. 55~85.
• Dörnyei, Z. & Scott, M. L. (1997), Communication strategies in a second language: Definitions and taxonomies, *Language Learning 47-1*, pp. 173~210.
• Faerch, C. & Kasper, G. (1983), Plans and strategies in foreign langauge communication, In C. Faerch. & G. Kasper. (Eds.), *Strategies in interlanguage communication*, pp. 20~60, Longman.
• Tarone, E. (1980), Communication strategies, foreigner talk, and repair in interlanguage, *Language Learning 30-2*, pp. 417~428.

❏ 바꿔 말하기

바꿔 말하기(paraphrase)는 적절한 목표어 형식이나 구조를 완전히 습득하지 못했을 때 이해 가능한 목표어의 어휘나 문장을 사용하여 메시지를 전달하는 전략이다.

태론(E. Tarone)은 바꿔 말하기 전략을 우회적 표현(circumlocution), 유사어(approximation), 신조어(coinage)로 나누었다. 비얼리스톡(E. Bialystok)은 말하기 전략을 분류하면서 제2 언어 기반 전략을 의미적 인접(semantic contiguity), 묘사(description), 신조어로 나누었다. 의미적 인접은 태론이 제시하였듯이 'bowl' 대신 'plate'를 사용하는 유사어 사용에 해당하며 묘사하거나 정의하는 방식으로 'melt'를 'It becomes water.'와 같은 우회적 표현을 사용하는 것은 풀어 말하기라고도 한다.

2000년 진제희의 연구에서도 비얼리스톡의 의사소통 전략 유형 중 일곱 개의 전략을 분석하였는데 학습자가 적당한 목표어 용어나 구조를 사용하는 대신 표현하고자 하는 대상이나 행동의 특징적 요소를 예로 들거나 묘사하는 것을 풀어 말하기 전략이라하여 유사어 전략이나 신조어 전략과는 구별하였다. 풀어 말하기 전략은 학습자가 이미 학습한 제2 언어 지식을 활용함으로써 제2 언어 사용을 유창하게 하고 오류를 줄이며 안정적으로 의사소통하게 하는 전략이다.

한국어교육에서는 의사소통 상황에서 학습자들이 한국어 어휘나 문법에 대한 지식이 부족할 때 이미 알고 있는 다른 표현들을 활용하여 전달하고자 하는 메시지를 전달하게 함으로써 말하기 능력을 활성화할 수 있다. 이때 학습자가 새로운 어휘를 만들어 내거나 모어를 사용하는 것은 오류에 해당하므로 지양하도록 한다. 또한 학습자의 수준에 맞춰 단어 수준과 문장 수준에서 교수 학습 내용을 제시하고 지도한다.

바꿔 말하기 전략은 학습자가 이미 학습한 목표어에 대한 지식을 능동적으로 활용하는 전략으로서 단어 수준에서부터 담화 차원에 이르기까지 다양한 방식으로 학습자의 발화를 지원하고 유창성을 신장하는 전략이다. 〈조수진〉

[참고문헌]
• 진제희(2000), 한국어 학습자들의 의사소통 전략 유형 분류 및 분석: 비상호적 상황을 중심으로, 한국어교육 11-1, 국제한국어교육학회, 175~199쪽.
• Bialystok, E. (1990), *Communication strategies: A psychological analysis of second-language use*, Basil Blackwell.
• Tarone, E. (1980), Communication strategies, foreigner talk, and repair in interlanguage, *Language Learning 30-2*, pp. 417~428.

❏ 회피하기

회피하기(avoidance)는 학습자가 어휘나 문장 구조 등의 언어 지식이 부족한 상황에서 문제 상황을 벗어나기 위해 말하고자 하는 바를 피해 가는 전략이다.

회피 전략에는 주제 회피(topic avoidance) 전략과 메시지 포기(message abandonment) 전략이 있다. 주제 회피는 학습자가 목표어의 어휘나 문장 구조를 모를 때 주제 자체에 대해 말하는 것을 멈추는 것인 데 반해 메시지 포기는 주제는 유지하지만 주제에 대해 전달하려 했던 메시지는 말하지 않고 그 전달을 포기하는 것을 말한다. 1983년에 페어치와 캐스퍼(C. Faerch & G. Kasper)는 회피하기를 축소 전략 중 하나로 보며, 학습자가 적절한 용어나 규칙이 부족함을 알고 발음, 형태, 문법 등의 사용을 피하는 형태적 축소(formal reduction)와 문제를 회피하기 위해 의사소통 목표를 축소하는 기능적 축소(functional reduction)로 나누었다. 회피하기는 언어 자원의 결함이라는 의사소통 상의 문제를 해결하기 위해 활용하는 직접적인 전략이지만 상대방과의 협력 없이 문제를 해결하는 비상호적 전략으로 분류된다.

김은혜는 초급 학습자들이 의사소통 전략을 사용하는 양상을 분석하였다. 학습자들은 말하기 평가 상황에서 대화 단절을 막기 위해 화제를 바꾸거나 발표 상황에서 언어 자원이 부족할 때 의도한 메시지를 포기하는 것으로 나타나 의사소통 맥락에 따라 적절한 전략을 선택하는 양상을 보여 주었다.

한국어 학습자들은 자신이 어휘나 문법적인 지식이 부족할 때 우회적인 방법을 통해 말하기를 시도하는 적극적인 태도를 보이기도 하지만 말하기 능력이 떨어질수록 쉽게 메시지를 포기하거나 대화의 주제를 다른 주제로 바꾸는 회피하기 전략을 자주 사용하기도 한다. 교사는 다양한 전략을 사용하여 의도한 주제에 대해 성공적으로 의사소통할 수 있도록 문제 해결적 관점에서 지도해야 한다. 회피하기는 적극적으로 말하기를 시도하려는 의지에 반(反)하는 전략이지만 발표나 말하기 평가와 같이 의사소통에 장애가 발생하지 않도록 주의해야 하는 상황에서는 적절하게 사용할 수 있다.　　〈조수진〉

→ 회피

[참고문헌]
• 김은혜(2011), 말하기 평가에 구현된 한국어 초급 학습자의 의사소통 전략 양상, 국어교육학연구 40, 국어교육학회, 359~396쪽.
• Dörnyei, Z. & Scott, M. L. (1997), Communication strategies in a second language: Definitions and taxonomies, *Language Learning 47-1*, pp. 173~210.
• Faerch, C. & Kasper, G. (1983), Plans and strategies in foreign langauge communication, In C. Faerch. & G. Kasper. (Eds.), *Strategies in interlanguage communication*, pp. 20~60, Longman.

❏ 도움 요청

도움 요청(appeal for assistance)은 대화 중 모르는 어휘나 표현에 직면했을 때 상대방에게 질문하거나 사전 등의 도움을 받아 말하는 전략이다.

도움 요청 전략은 성취 전략 중의 하나로 협동 전략(cooperative strategy)이다. 문제를 해결하기 위해 직접적 또는 간접적으로 도움을 요청하는 것이다. 직접적 도움 요청은 모르는 것을 '-이/가 뭐예요?'와 같은 표현을 사용하여 명시적으로 물어보는 것인 반면, 간접적 도움 요청은 '-라던데, 그게 뭔지…' 등의 표현을 사용하거나 비언어적인 행동을 통하여 간접적으로 도움을 요청하는 것이다. 도움 요청 전략을 사용하면 시간 벌기(time-gaining) 효과를 얻을 수도 있다.

2012년에 김선정과 강현자는 결혼 이민자의 의사소통 전략을 조사하였다. 응답자의 약 43%는 직접적으로 묻는 방식을 택하거나 대화가 중단될 위기에 처했을 때는 글자를 써서 의사소통을 이어가기도 하는 등 모르는 말이 있을 경우 상대방에게 묻는다고 답해 도움 요청 전략이 상당히 많이 사용되고 있음을 밝혔다.

학습자는 도움 요청 전략을 통하여 자신의 의사소통 장애를 극복하고 대화 상대방과 적극적으로 상호작용을 시도하며 협력 관계를 유지할 수 있기 때문에 성공적인 의사소통 수행을 위해 많이 사용한다. 학습자는 자신이 전달하고자 하는 메시지에 대한 표현이 정확하고 적절한지를 확인하고 의사소통함으로써 의사소통 능력을 신장할 수 있다. 초급 단계의 학습자에게는 도움 요청 전략에 유용한 표현을 가르치면서 이를 말하기 전략으로 적극적으로 활용하도록 지도한다. 예를 들어 "다시 말씀해 주세요."나 "무슨 뜻이에요?"와 같이 직접적으로 도움을 요청하는 표현을 사용하여 의사소통할 수 있도록 지도한다. 〈조수진〉

[참고문헌]
• 김선정·강현자(2012), 여성 결혼 이민자의 한국어 의사소통 방식 연구: 전략적 특성을 중심으로, 언어와문화 8-3, 한국언어문화교육학회, 1~20쪽.
• Faerch, C. & Kasper, G.(1983), Plans and strategies in foreign langauge communication, In C. Faerch. & G. Kasper. (Eds.), *Strategies in interlanguage communication*, pp. 20~60, Longman.

❏ 언어 전환

언어 전환(言語轉換, code-switching)은 하나의 담화에서 두 언어를 서로의 문법적인 규칙을 고려하여 함께 사용하는 것이다.

두 언어를 결합하여 하나의 담화를 이루는 것으로는 언어 전환 외에도 피진(pidgin)과 크리올(creole)이 있는데 이들은 두 언어가 결합될 때 문법적인 규칙이 고려되지 않는다는 점에서 언어 전환과 다르다. 피진은 상거래에 필요한 의사소통을 위해 뜻만 통하도록 격 변화, 시제 구별 등의 문법 현상을 없애거나 아주 단순화한 것이다. 크리올은 피진이 정착된 것으로 피진보다 그 기능과 영역의 폭이 넓어 제1 언어로서 기능하는 언어이다. 피진과 크리올은 이를 사용하는 화자가 두 언어 모두를 능통하게 사용하지는 못해 단순히 두 언어를 혼성해서 사용하는 것이고 언어 전환은 두 언어 모두를 사용할 수 있는 화자가 대화 상황에 따라 의도적으로 두 언어 모두의 문법 규칙을 고려하여 사용하는 것이다.

언어 전환과 구분해야 하는 또 다른 용어로는 차용(borrowing)이 있다. 언어 전환이 언어 구조의 다양한 층위에서 일어나는 것과 달리 차용은 주로 한 단어 이하에서 나타난다. 또 언어 전환된 단어는 외국어적 요소가 강하지만 차용된 단어는 모어의 단어를 대체하거나 그 언어의 단어로 인식될 가능성이 높아 모어 화자들도 자주 사용한다. 예를 들어 '샤워'와 같은 단어는 '샤워하다'와 같이 한국어의 구조에 잘 적용되고 외국어라기보다 한국어에 잘 정착된 외래어로 인식된다.

언어 전환과 비슷한 용어로 언어 혼용(code-mixing)이 있다. 학자에 따라 언어 전환과 언어 혼용을 구분하여 언어 전환을 문장 간에 일어나는 것으로, 언어 혼용을 문장 내에 일어나는 것으로 보는 견해도 있다. 그러나 언어 전환의 개념을 넓혀 문장 간, 문장 내에서 모두 일어나는 것으로 보는 견해가 일반적이다.

한국어와 영어의 언어 전환을 예로 들면 문장 내에서는 '우리 강아지 ate it.', 'His party 는 어제였어.'와 같이 언어 전환이 명사나 명사구의 수준에서 일어나거나 'I wanna 계산해.', '내가 play해야 돼.'와 같이 동사나 동사구의 수준에서 일어날 수 있다. 또한 이와 같은 방식으로 형용사나 형용사구, 부사나 부사구, 절 단위에서도 언어 전환이 일어날 수 있다. 문장 간에서는 'You left like half of the food!'라는 문장의 발화에 대해 '아깝지만 너무 배부르단 말이야.'라는 발화를 이어가는 형식으로 언어 전환 일어날 수 있다. 이와 같은 언어 전환은 한국어 학습자가 한국어를 학습하는 단계에서 형성하는 중간 언어(interlanguage: IL)의 성격을 잘 보여 준다는 점에서 의의가 있다.

따라서 한국어교육 분야에서의 언어 전환에 대한 연구도 한국어 학습자나 한국어교육의 대상이 되는 이중 언어 화자의 언어 전환을 주된 연구 대상으로 하여 발전해 왔다. 또한 한국어 수업 상황에서 이루어지는 교사와 학생의 언어 전환 양상과 특징을 분석한 연구도 하나의 흐름을 형성하고 있다. 〈신현단〉

→ 피진과 크리올, 중간 언어

[참고문헌]
• 정소현(2013), 한국어·영어 code-switching에 관한 연구: 형태 통사론적, 화용론적 특징을 중심으로, 서울시립대학교 석사학위논문.
• Li, W. & Moyer, M. (2008), *The Blackwell guide to research methods in bilingualism and multilingualism*, Blackwell.

■ 말하기 유형

말하기 유형은 화자와 청자의 관계, 전달 수단, 말하는 상황, 목적, 기능, 표현 방식, 준비 여부, 내용 전개상의 기법 및 어법 등의 기준에 따라 구분할 수 있는데 가장 일반적으로 사용하는 기준은 말하는 상황, 목적, 참여자 변인이다.

말하기는 말하기에 참여하는 참여자의 규모에 따라 대인 화법(interpersonal communication), 집단 화법(group communication), 대중 화법(mass communication)으로 나눌 수 있다. 한국어교육에서는 대화를 기본으로 하는 대인 화법이 주된 대상이다.

말하기 장면의 성격과 참여자 간의 관계에 따라서는 메시지의 전달 방향과 상황을 고려하여 사적인 말하기와 공적인 말하기, 일방적인 말하기와 쌍방적인 말하기로 나눌 수 있다.

말하기 목적 또는 기능에 따라 말하기 유형을 체계화하면 말하기 담화를 정보 전달적 담화, 설득적 담화, 사회적 상호작용(또는 친교)의 담화, 정서 표현의 담화로 분류한다.

서현석은 말하기와 듣기를 인간의 음성 언어 의사소통을 포괄적으로 지칭하는 것으로 보고 대면적 상호작용성을 특징으로 하는 광의의 '대화'로 파악한다. 그리고 대면적 상호 교환성과 대화적 성격의 정도에 따라 말하기와 듣기 유형을 나눈다. 이러한 분류는 한국어 교재가 거의 대화 중심으로 구성되고 고급 단계로 올라가면서 발표, 토의, 토론, 연설, 강의 등을 다루는 양상을 단순화하여 정리하는 데 적용할 수 있다.

조수진은 한국어 학습자의 특성을 고려하여 비공식적 상황에서의 말하기 유형만을 대상으로 말하기 교수 원리를 제안했다. 한국어교육에서는 평가와 관련된 텍스트 유형에 대한 연구들이 있으나 이러한 유형 분류는 말하기 목적이나 상황 등의 변인보다는 평가 난이도 등의 기준에 따라 분류의 예를 제시한 것으로, 한국어능력시험(Test of Proficiency in Korean: TOPIK)에서 아직 말하기 평가가 시행되지 않는 상황에서 말하기 유형을 따로 분류한 연구는 거의 찾아보기 어렵다.

한국어교육에서는 학문 목적 과정이나 직업 목적 과정 등 학습 목적에 따라 다양한 말하기 유형에 대한 교수 학습이 이루어지고 있다. 연설, 강의, 면담, 상담, 인터뷰, 토론, 소집단 대화 등의 구체적인 유형과 성격을 고려하여 한국어교육에서 말하기의 상황, 참여 방식, 목적 등에 맞게 교수 학습 내용을 선정하고 지도한다. 한국어 말하기를 교육할 때 일반적으로 주제와 상황 중심으로 대화 내용을 구성하고 그에 따른 어휘나 문법을 중심으로 학습 내용을 구성하지만 말하기 유형에 따라 참여하는 방식이나 목적 등을 구별하여 표현과 기능을 지도할 필요가 있다. 〈조수진〉

[참고문헌]
• 서현석(2005), 말하기·듣기 수업 과정 연구, 박이정.
• 이창덕 외(2010), 화법 교육론, 역락.
• 전은주(1999), 말하기·듣기 교육론, 박이정.
• 조수진(2010), 한국어 말하기 교육의 이론과 실제, 소통.

❏ 토의

토의(討議, discussion)란 의견이나 입장이 서로 다른 참여자들이 공동의 문제에 대하여 최선의 해결책을 도출하기 위해 협의하는 집단 담화 유형이다.

토의 참여자들은 공동의 관심사가 되는 문제에 대한 이해 증진, 문제 해결, 의사 결정 등 상호 의존적인 목표를 달성하기 위해 의사소통을 진행한다. 모든 참여자들이 다양한 의견을 개진하고 자유롭게 논의함으로써 합리적이고 새로운 해결책을 도출하게 된다.

공동의 문제를 협력적으로 해결하는 토의에서는 일반적인 문제 해결 과정의 절차를 따른다. 첫째, 논의해야 할 문제의 성격과 범위, 의미를 확정한다. 둘째, 문제의 본질 및 원인 등을 파악하기 위한 분석을 실시한다. 셋째, 토의 참여자들이 다양한 해결안을 제시하고, 장단점 및 실현 가능성 등에 비추어 해결안을 평가한다. 넷째, 제시된 해결안 중 일부를 선택하거나 해결안을 종합하여 최종의 해결안을 선택한다. 다섯째, 해결안을 실행하기 위한 계획을 세우거나 실행한다.

토의는 일반적으로 참여자 수, 토의 참여자의 역할 및 성격, 토의 문제의 성격 등에 따라 심포지엄(symposium), 패널 토의(panel discussion), 포럼(forum), 원탁 토의(round table discussion), 회의(meeting) 등으로 나눈다.

토의와 유사한 담화 유형으로는 토론(討論, debate)이 있다. 토의와 토론은 집단에 의해 실시되며 협력적 사고 과정을 통해서 문제 해결을 시도한다는 점에서 공통점이 있다. 그러나 토의가 새로운 해결책 혹은 대안을 모색하기 위한 의사소통 방식인 반면, 토론은 찬성과 반대의 입장 중 어느 것이 더 타당한지를 입증해 가는 의사소통 방식이라는 점에서 차이가 있다. 토의에서는 제시된 문제에 대하여 다양한 참여자들의 의견을 듣고 더 나은 의견을 생성하는 데 주안점을 두며 이 과정에서 여러 참여자들의 자유로운 의견 개진을 촉진한다. 반면 토론에서는 주어진 논제에 대한 찬반 입장을 분명히 나누며 상대 주장의 허점을 비판하고 자신의 주장이 더 타당함을 밝히는 데 주안점을 두며 규칙과 형식의 제약이 따른다.

한국어 수업에서 토의를 활용할 경우 교사는 학습자의 언어 능력 수준과 흥미 및 동기를 고려하여 모두가 관심을 가질 만한 토의 문제를 마련하고 학습자들이 실제로 다양한 의견을 개진할 수 있게 해야 한다. 또 학습자의 배경지식과 상호작용 경험 등을 고려하여 해당 학급에 적절한 토의 유형을 선정해야 한다. 학습자들은 토의를 통하여 주어진 문제에 관한 여러 의견을 비교하고 평가하며, 더 나은 해결책을 모색하는 사고 과정을 경험하고 이에 필요한 표현을 배울 수 있다. 〈신윤경〉

= 의논

[참고문헌]
- 김종택 외(1998), 화법의 이론과 실제, 정림사.
- 이소연(2011), 한국어 토의 담화 구성 능력 신장을 위한 교육 내용 연구, 서울대학교 석사학위논문.
- 이창덕 외(2010), 화법 교육론, 역락.
- Barker, L. L., Wahlers, K. J. & Watson, K. W. (2000), *Groups in process: An introduction to small group communication*, Pearson.
- Dillon, J. T. (1994), *Using discussion in classrooms*, Open University Press.

☐ 토론

토론(討論, debate)은 어떤 논제에 대하여 긍정 측과 부정 측이 논거를 들어 자신의 주장이 옳음을 내세우고 상대방의 주장이나 논거가 부당하다는 것을 명백하게 하는 말하기의 한 형태이다.

흔히 토론과 토의는 둘 다 집단 의사소통의 대표적 유형이라는 점에서 비교의 대상이 된다. 토의가 어떤 공통된 문제에 대해 협력적 사고를 통해 최선의 해결책을 협의하는 담화 유형이라면, 토론은 특정 논제에 대한 의견 대립을 전제로 하고 자신이 가지고 있는 입장을 토론을 지켜보고 있는 청중에게 납득시키기 위해 경쟁적으로 노력하는 유형이라는 점에서 차이가 있다. 그러나 외국어 교육에서는 토의와 토론을 엄격하게 구분하지 않고 집단 구성원들이 어떤 공통 문제에 대해 서로 의견을 교환하고 검토하는 집단 상호작용의 형태로 정의하기도 한다. 이러한 정의에서는 토의와 토론 모두 광의의 'discussion' 범주에 포함된다.

토론은 차이를 조정하기 위한 수단이며 논제에 대해 탐색하고 자신의 입장을 변호하는 과정이다. 그렇기 때문에 논쟁(controversy)과 의견의 차이 혹은 이해 갈등은 토론의 필수 전제 조건이다. 그리고 토론의 대상이 되는 논쟁에서 가장 중요한 쟁점(central issue)을 구체화한 것이 바로 논제(proposition)이다. 토론은 이 논제에 대해 옹호하거나 또는 반대하는 양측에 의해 수행된다. 그리고 이러한 서로 다른 두 입장의 공정한 경쟁을 위해 사전에 형식과 규칙을 마련하고 이에 따라 진행되어야 한다. 즉 발언 시간, 순서, 횟수 등이 미리 정해져 있으며 참여자들은 이에 따라 발언을 하게 된다. 그리고 최종적으로 청중의 판정을 받는다.

토론은 토론을 수행하는 목적에 따라 응용 토론과 교육 토론으로 분류될 수 있다. 응용 토론(applied debate)이란 논제에 대해 법적 구속력이 있는 의사 결정을 내릴 수 있는 심판 혹은 청중 앞에서 수행되거나 혹은 특정 주제나 문제 제기에 대해 실질적으로 대응하기 위해 시행되는 것이다. 이에 비해 교육 토론(academic debate)은 학생들에게 교육적 기회를 제공하기 위한 목적으로 학교 등에서 수행되는 토론을 일컫는다. 특히 교육 토론에서 보편적으로 사용하는 토론 형식에는 토론자들 간의 반대 신문 형식을 가미하여 입론, 교차 조사, 반박이라는 세 가지 발언의 유형과 각각에 일정한 시간 제한을 두는 CEDA(cross examination debate association) 형식, 에이브러햄 링컨(A. Lincoln)과 스티븐 더글러스(S. A. Douglas) 사이에 있었던 노예 제도에 관한 토론에 기원을 둔 링컨-더글러스 토론(Lincoln-Douglas debate) 형식, 영국 의회의 특징을 반영하고 있는 의회 토론(parliamentary debate) 형식 등이 있다. 이러한 토론의 형식은 고정되어 있는 것이 아니라 교실의 상황과 참여자 그리고 교수 학습의 목적에 맞게 변용 가능하다.

외국인 학습자들이 한국어로 토론을 진행하기 위해서는 적절한 담화 표지를 사용하는 것이 중요하다. 즉 자신의 의견을 이야기할 때에는 '-해야 한다, -이다' 등의 진술문 형식을 사용하는 것이 좋으며, 다른 사람 의견에 동의하거나 그렇지 못할 경우에는 '전적으로 동의합니다, 동의하기 어렵습니다' 등으로 표현한다. 또한 자신의 의견을 관철시키기 위해서는 적절한 근거와 논리를 제시해야 하는데 '저는 -다는 입장입니다, 제가 말씀드린 것은 -에 근거한 것입니다, 부연 설명을 드리면' 등으로 표현하는 것이 좋다. 토론하는 과정에서 말 차례를 얻기 위한 담화 표지를 사용할 수도 있다.

토론에 관한 연구 초기에는 이와 같은 담화 표지의 정확한 사용을 위해 토론 내용을 녹음하고 오류를 수정해 주는 방안에 대한 연구가 주로 이루어졌다. 이후에는 토론이

외국인 학습자에게 다소 어려운 말하기 활동인 만큼 입론과 반론을 기본으로 하는 토론 모형을 고안하는 연구 등으로 확장되었다.　　　　　　　　　　　　〈신윤경〉

= 논의

[참고문헌]
- 강태완 외(2001), 토론의 방법, 커뮤니케이션북스.
- 이창덕 외(2010), 화법 교육론, 역락.
- 최형용·김수현·조경하(2009), 열린 세상을 향한 발표와 토론, 박이정.
- Freeley, A. J. & Steinberg, D. L. (2013), *Argumentation and debate: Critical thinking for reasoned decision making*, Cengage Learning.
- Nunan, D. (1989), *Designing tasks for the communicative classroom*, Cambridge University Press.

☐ 협상

협상(協商, negotiation)이란 둘 또는 그 이상의 당사자들이 각자의 이익이 상반되는 것으로 인식하는 문제에 관하여 의사소통을 통해 합의에 이르는 집합적 의사 결정 과정이다.

협상에서의 참여자들이 서로 갈등 관계에 있다는 점은 토론과 매우 흡사하다. 그러나 참여자들의 관계를 좀 더 면밀히 살펴보면 협상과 토론의 차이가 드러난다. 협상은 참여자들이 서로 상반된 이익을 추구하는 갈등 관계에 있으며 이러한 참여자들의 이해관계는 서로의 이익에 중대한 영향을 미친다. 하지만 토론은 토론에 참여하는 참여자들이 서로 이해관계에 있지 않아도 가능하다.

협상의 특성은 다음과 같다. 첫째, 협상은 둘 이상의 참여자를 필요로 한다. 둘째, 협상 참여자들은 각자의 이해관계로 얽혀 있다. 둘 이상의 참여자들은 이익이 상반되는 갈등 상황에 처해 있다는 상황적 특성에 따라 문제를 해결하겠다는 의지가 있다. 셋째, 합의에 이른다는 점에서 타협 가능성이 있다. 협상 참여자는 자신의 이익을 위해 대립 구도에 있는 상대방과 상호작용하여 타협할 수 있다. 협상은 갈등 상황에 있는 참여자들이 합의를 보아 하나의 문제를 해결함으로써 성공에 이른다. 협상 과정에서 참여자가 원래 자신이 원하던 바를 전부 이루지는 못하였지만 어느 정도 만족하고 수용할 수 있다는 결론을 내려 문제가 해결된다면 타협한 것으로 본다. 협상은 상호작용을 통하여 타협에 이르는 과정이다.

협상의 규범적 절차는 쌍방 간 협상 의제와 대안 확인, 근원적 이해 차이 분석하기, 제안과 맞교환 추진하기, 현 상태에서 최선의 해결책 수락 및 거부하기, 합의 이행, 재협상, 협상 파국 등으로 제시할 수 있다.

다문화 학습자가 참여하는 한국어 말하기 수업에서 협상은 갈등을 조정하고 처리하는 중요한 의사소통 방법으로 자리 잡고 있어 협상 과제 중심의 말하기 교육이 이루어지기도 한다. 직업 목적 한국어에서는 협상을 위한 회의 및 프리젠테이션 발표, 이메일 작성으로까지 영역을 확대하고 있다.　　　　　　　　　　　　　　　〈신윤경〉

= 협의

[참고문헌]
- 박영목 외 편(2005), 국어교육론 2, 한국문화사.
- 이창덕 외(2000), 삶과 화법: 행복한 삶을 위한 화법 탐구, 박이정.
- 정민주(2008), 협상 화법의 교육 내용 연구, 서울대학교 박사학위논문.
- Dillon, J. T. (1994), *Using discussion in classrooms*, Open University Press.
- Nunan, D. (1989), *Designing tasks for the communicative classroom*, Cambridge University Press.

❏ 발표

발표(發表, presentation)란 일의 결과나 어떤 사실을 세상에 널리 드러내어 알리기 위하여 한 사람의 화자가 다수의 청중을 대상으로 의사를 전달하는 말하기 유형이다.

발표는 발표자가 청중에게 자신의 생각이나 주장을 전달하는 일방적 행위처럼 보이지만 청중은 발표의 효과를 좌우하는 데에 중요한 역할을 하며 발표자와 청중이 이해를 교환하는 쌍방향 의사소통이라고 할 수 있다. 따라서 성공적인 발표를 위해서는 청중을 철저히 조사하고 분석하는 것이 중요하다. 청자 분석 결과를 발표 내용의 구성과 전달에 어떻게 적용하는가는 효과적인 발표의 관건이 된다. 청중의 특성을 분석하는 데에 필요한 핵심 요인은 청중의 요구, 청중의 지적 수준, 주제에 대한 사전 지식, 주제 관련 입장, 개인적 관련성 등이다.

발표는 단순히 내용만을 전달하는 말하기가 아니다. 문제의 핵심을 분석하여 관련 자료를 수집하고 이를 체계적으로 정리하여 제한된 시간 내에 시각 자료를 활용하여 설명하거나 설득하는 의사소통 행위이다. 이것은 문제 분석 능력, 요약 능력, 논리적 사고 능력, 전달 능력 등 다양한 능력을 필요로 한다. 따라서 발표 교육에서는 이러한 실제적인 능력을 배양하는 데 주안점을 두어야 한다.

발표의 유형은 그 목적에 따라 크게 정보 전달형과 설득형으로 나눌 수 있다. 정보 전달형 발표는 새로운 정보나 지식을 전하고 이해를 돕기 위한 발표로서 강의, 설명회, 브리핑, 프레젠테이션 등이 있다. 설득형 발표는 발표자가 의도하는 방향으로 청중을 납득시키려는 목적으로 하는 발표로서 선거 유세, 캠페인, 세일즈, 광고 등이 이에 속한다. 외국어 교실에서 수행할 수 있는 발표 활동은 이야기하기, 말하기 대회, 조사 발표, 연구 발표 등의 유형으로 나누기도 한다.

청중과의 소통 방식이 중요한 만큼 발표자의 적절한 언어적 표현과 비언어적 표현 사용은 필수적이다. 특히 외국인 학습자가 사용하는 한국어 담화 표지는 단문으로 간결하면서도 구체적이어야 한다. 그 예로는 순차적 나열 설명을 위한 '첫째, 둘째, 셋째', 비교와 대조 혹은 예시를 위한 '-와 -의 차이를 비교해 봤더니', '-에 비해서', '예를 들면' 등이 있다.

학문 목적 학습자들에게 발표는 필수적으로 요구되는 말하기 활동으로서 이들을 위

한 발표 교육의 교수요목을 제안하는 연구가 활발히 진행되고 있다. 또한 청중의 역할
이 중요한 말하기인 만큼 동료 피드백의 필요성 및 중요성을 인식시키는 수업 방안들
도 고안되고 있다. 구어 또는 문어로 이루어지는 동료의 피드백 활동은 학습자들의 발
표 능력 향상에 긍정적 영향을 미친다.　　　　　　　　　　　　　　　　　〈신윤경〉

= 프레젠테이션

[참고문헌]
• 이창덕 외(2000), 삶과 화법: 행복한 삶을 위한 화법 탐구, 박이정.
• 최형용·김수현·조경하(2009), 열린 세상을 향한 발표와 토론, 박이정.
• Dillon, J. T. (1994), *Using discussion in classrooms*, Open University Press.
• Nunan, D. (1989), *Designing tasks for the communicative classroom*, Cambridge University Press.

연설

연설(演說, speech)은 다수의 청중을 대상으로 하여 정보를 전달하거나 설득하는 것
을 목적으로 하는 공식적인 말하기 유형이다.

강연이나 강의도 일방적인 말하기라는 점에서는 연설과 같다. 그러나 강연 및 강의는
어떤 내용을 청중들에게 이해시키는 것을 주된 목적으로 삼는 데 비해 연설은 말하는
이의 사상이나 주장을 내세우는 데 주된 의도가 있다는 점에서 차이가 있다.

연설은 국회 의원들의 연설, 선거 운동의 유세 연설에서부터 기념사, 축사, 환영사,
송별사, 추도사 등의 식사(式辭)까지 포함한다. 목적에 따라서는 보고 연설, 설득 연설,
환담 연설 등으로 나눈다.

연설은 여러 사람을 대상으로 격식을 갖춰 말하는 말하기 유형이기 때문에 특별한
교육과 훈련이 필요하다. 자신의 생각이나 의견을 논리적이면서도 창의적으로 구성하
여 효과적으로 전달하는 연설을 하기 위해서는 기본적으로 익혀야 할 원리와 집중적으
로 훈련해야 할 사항이 있다. 연설 능력은 타고난 재주라기보다는 체계적인 교육과 훈
련, 연습 과정을 통해서 얻을 수 있는 것이다.

성공적인 연설을 위해서는 철저한 사전 준비가 필요하다. 연설의 목적과 상황에 따
라 조금씩 차이는 있지만 대개의 경우 주제 설정하기, 말하기 상황과 청자 분석하기,
자료 수집하기, 아이디어 조직하기, 연설문 작성하기, 예행 연습해 보기 등의 과정적 절
차를 거친다.

연설은 사람을 움직이는 힘을 가져야 한다. 그리고 청중에게 믿음을 줄 수 있어야 한
다. 따라서 연설 내용을 훌륭하게 전달하기 위해서는 정확한 발음, 변화 있는 목소리,
표정, 제스처, 자세, 복장 등의 세세한 부분까지 신경 쓰고 준비하는 것이 좋다. 한국어
교육에서는 한국 언어문화에 맞는 몸짓 언어와 담화의 구조를 고려하여 효과적인 연설
을 수행할 수 있도록 지도해야 한다.　　　　　　　　　　　　　　　　　〈신윤경〉

= 웅변

[참고문헌]
• 이창덕 외(2000), 삶과 화법: 행복한 삶을 위한 화법 탐구, 박이정.
• 최형용·김수현·조경하(2009), 열린 세상을 향한 발표와 토론, 박이정.
• Dillon, J. T. (1994), *Using discussion in classrooms*, Open University Press.
• Nunan, D. (1989), *Designing tasks for the communicative classroom*, Cambridge University Press.

■ 말하기 활동

말하기 활동(speaking activities)은 학습자에게 말하기 연습과 학습자 간의 상호작용적 구어 연습을 촉진시키기 위한 다양한 활동을 의미한다.

말하기 활동은 학자에 따라 다르게 유형화하고 있다. 리버스와 템퍼리(W. M. Rivers & M. Temperly)는 의사소통 학습 과정을 기능 습득(skill-getting)과 기능 사용(skill-using)의 두 과정으로 구분했다. 기능 습득 과정은 언어의 단위, 범주 등을 지각하고 이와 관련된 규칙을 내재화하는 과정이다. 반면 기능 사용 과정은 내재화된 규칙을 바탕으로 실제 의사소통 환경에서 이를 활용하여 의사소통을 하는 실제적인 과정이다. 이러한 학습 과정에 따라 말하기 활동은 문법 학습을 위한 말하기 연습, 구조화된 상호작용, 자율적인 상호작용으로 나눈다. 문법 학습을 위한 말하기 연습에서는 문법의 활용 및 통사적 제약과 같은 다양한 문법 규칙을 습득한다. 구조화된 상호작용에서는 규칙을 이용하여 자신의 의사를 표현하는 단계로 빈칸 채워 대화하기, 대화 연습 등의 활동을 한다. 자율적인 상호작용은 익숙해진 문법 규칙을 자신의 의도에 따라 재조합하여 자유롭게 의사소통을 하는 단계이다.

리틀우드(W. Littlewood)는 의사소통 학습 과정을 의사소통 전 활동(pre-communicative activity)과 실제 의사소통 활동(communicative activity)으로 나누어 설명했다. 의사소통 전 활동에서는 의사소통 수행에 필요한 기술을 연습한다. 반면에 실제 의사소통 활동에서는 학습자가 자신의 의사소통 지식과 기술을 통합하여 자유로운 의사소통을 할 수 있도록 한다. 바이런(D. Byrne)은 교사와 학습자의 주도적 역할과 정확성, 유창성을 교차시켜 전체 학급 활동과 짝 활동에 각각 적용하였다.

브라운(H. D. Brown)은 말하기 활동 유형을 모방형, 집중형, 반응형, 정보 교류적 대화형, 사교적 대화형, 독백형으로 구분했다. 모방형은 억양이나 발음 등을 듣고 따라하는 것으로 이 활동을 통해 학습자는 언어의 형태적 요소에 집중하게 된다. 집중형은 모방형보다 한 단계 나아간 활동으로 음소적, 문법적 반복 연습이다. 반응형은 응답 연습으로 교사나 다른 학습자의 질문 혹은 의견에 대한 짧은 응답으로 이루어진다. 정보 교류적 대화형은 특정 정보를 전달하거나 교환하기 위한 목적으로 수행되는 대화 연습이다. 정보 교류적 대화형에는 반응형보다 의미 협상적 경향이 강하게 나타난다. 사교적 대화형은 다른 사람들과 사회적 관계를 유지하기 위한 대화 연습이다. 독백형은 혼자서 길게 말하는 연습으로 중급 이상의 단계에서 적용한다. 결과 보고, 요약 정리, 연설 등의 활동이 독백형에 속한다. 이러한 독백형은 다른 유형보다 격식성이 두드러진다.

한국어교육에서는 간단한 반복 연습(drill)에서부터 듣고 따라하기, 게임, 역할극과 시뮬레이션, 프로젝트 수업, 인터뷰, 암송, 정보 차 활동, 직소(jigsaw), 연극, 문제 해결 과제, 의사 결정, 의견 교환 등을 말하기 활동으로 시행하고 있다.

한국어교육에서 말하기 활동은 학습 목표와 학습자의 연령, 학급 구성원의 특징, 학습자의 숙달도 등의 학습 및 학습자 변인을 고려하여 적절하게 선택해야 한다. 초급 학습자에게는 인터뷰나 정보 차 활동, 게임 등을 이용하여 교실 내 상호작용을 증진시키고 중·고급으로 갈수록 연극, 프로젝트 수업, 문제 해결, 의사 결정, 의견 교환 등의 활동 비중을 높이는 것이 바람직하다. 또한 학문 목적 한국어 학습자에게는 말하기 활동 중에서도 발표, 인터뷰, 의견 교환 등의 활동을 응용하여 대학 수학 과정에 필요한 말하기 기술을 익히도록 하는 것이 도움이 된다. 〈서경숙〉

= 구어 활동

[참고문헌]
• Brown, H. D. (2007), *Teaching by principles: An interactive approach to language pedagogy*, 권오량·김영숙 공역, 2008, 원리에 의한 교수: 언어 교육에의 상호작용적 접근법, 피어슨에듀케이션코리아.
• Byrne, D. (1986), *Teaching oral English*, Longman.
• Littlewood, W. (1981), *Communicative language teaching: An introduction*, Cambridge University Press.
• Rivers, W. M. & Temperley, M. S. (1978), *A practical guide to the teaching of English as a second or foreign language*, Oxford University Press.

☐ 인터뷰

인터뷰(interview)는 학습자가 자신의 목적에 맞게 상대방에게 질문하여 정보를 모으는 상호작용 활동으로 보통 짝 활동으로 이루어지지만 소집단 활동으로도 이루어진다.

인터뷰의 유형은 통제된 인터뷰와 자유 인터뷰로 나눌 수 있다. 통제된 인터뷰는 인터뷰를 하기 전에 미리 질문 내용을 정리하여 모든 인터뷰 대상자에게 똑같은 질문을 한다. 자유 인터뷰는 사전 준비 없이 자유로운 내용으로 인터뷰 대상자에 따라 다르게 질문한다.

인터뷰 활동은 일반적으로 학습자의 감정 여과 장치를 약화시켜 유의미한 목표어 상호작용을 제공한다. 또한 언어 습득을 간접적으로 도와주는 일상적인 표현과 공식적인 표현을 연습할 기회를 제공한다는 장점이 있다.

한국어교육에서도 인터뷰 활동은 가장 널리 알려진 말하기 활동 중의 하나이다. 학습자의 숙달도와 상관없이 초급부터 고급까지 과제의 난이도를 조절하여 다양하게 활용할 수 있다. 초급에서는 활동 장소를 교실로 제한하여 학습자 상호 간에 생일, 취미, 여행지 등의 개인적인 정보나 의견 등을 인터뷰하는 활동이 주를 이룬다. 초급 인터뷰 활동의 예는 다음과 같다.

〈초급 인터뷰 활동 예시〉

이름이 뭐예요?	마이클		
생일이 언제예요?	12월 20일		
어디에서 왔어요?	영국		
언제 한국에 왔어요?	3월 8일		

　중·고급 학습자들은 좀 더 복잡한 정보, 견해, 감정 등을 인터뷰 내용으로 삼는데 교실에서의 학습자 간 인터뷰는 물론 교실 밖의 한국어 화자와의 인터뷰 활동도 가능하다. 특히 한국 문화와 관련된 주제로 한국인들과 인터뷰함으로써 말하기 활동을 쓰기 활동으로 연계할 수도 있다. 〈서경숙〉

= 면접, 면담

[참고문헌]
• 김선정 외(2010), 한국어 표현 교육론, 형설출판사.
• Brown, H. D. (2007), *Teaching by principles: An interactive approach to language pedagogy*, 권오량·김영숙 공역, 2008, 원리에 의한 교수: 언어 교육에의 상호작용적 접근법, 피어슨에듀케이션코리아.

❏ 역할극

　역할극(役割劇, role play)은 실세계(real-world)에서의 말하기를 최대한 반영하기 위해 설정된 가상의 상황 속에서 학습자가 특정 인물의 역할을 맡아 상호작용하며 의사소통을 연습할 수 있는 교실에서의 말하기 활동이다.

　역할극을 통해 학습자는 다양한 상황에서 사용되는 여러 가지 언어 구조와 어휘, 기능 등을 학습하게 되고 목표 문화와 대인 관계에 필요한 사회적 기술 및 언어 사용법을 배울 수 있다. 학습에 대한 의식 없이 언어를 배우고 창의력을 기르게 되며 내성적인 학습자도 역할이라는 가면을 쓰고 정서적으로 안정된 분위기에서 대화에 참여할 수 있다.

　교사는 학습자에게 가게 주인, 손님, 의사, 환자와 같은 특정 인물이나 가게에서, 병원에서와 같은 특정 상황을 가정하여 상상하도록 요구한다. 상황을 설정할 때에는 복잡하지 않고 단순하게 설정해야 한다. 역할극을 수행하기 전에 설정된 상황에서의 모범 대화문과 기능 표현이나 도움 표현 및 어휘를 제시하고 식당의 메뉴판, 가격표, 시간표 등의 부교재를 사용하여 의사소통을 수행할 재료를 제공한다. 역할극을 수행하지 않는 나머지 학습자들은 역할극을 보면서 문법이나 담화적 요소를 모니터링하게 할 수 있다.

　역할극의 유형은 교사가 학습자에게 어떠한 정보를 제시하느냐에 따라 암기한 대화를 연기하는 역할극, 어휘 및 상황 교체 역할극, 상황 및 행동이나 표현 등에 대한 단서가 제시된 역할극, 토론 형식의 역할극으로 나눌 수 있다.

　한국어교육에서는 역할극을 활용한 말하기 교육 방안 연구, 교재에서 역할극 활동을 어떻게 구성하고 있는지에 대해 분석한 연구, 특정 문법 항목을 교수하기 위하여 역할극을 활용하는 방안을 구안하고 그 효과성을 검증한 연구 등이 이루어져 왔다.　　　〈이소연〉

[참고문헌]
• 한재영 외(2005), 한국어 교수법, 태학사.
• Brown, H. D. (2007), *Teaching by principles: An interactive approach to language pedagogy*, 권오량·김영숙 공역, 2008, 원리에 의한 교수: 언어 교육에의 상호작용적 접근법, 피어슨에듀케이션코리아.
• Ladousse, G. (1987), *Role play*, Oxford University Press.
• Littlewood, W. (1981), *Communicative language teaching: An introduction*, 안미란 역, 2007, 의사소통적 교수법, 한국문화사.

❏ 암송

암송(暗誦, recitation)은 암기한 구나 문장 혹은 글의 전체를 발음, 억양, 속도 등에 중점을 두면서 구두로 재현하는 말하기 활동이다.

직접 교수법(direct method)에서는 암송을 모든 학습의 토대로 보기도 한다. 또는 머리, 귀, 입 등의 기능을 종합적으로 사용하는 일종의 근육 기억법이나 속도를 요구하는 동적인 언어 학습 과정으로 인식하기도 한다.

한국어교육에서는 교재의 모범 대화문을 외우는 것이 교실에서 수행하는 가장 일반적인 암송 활동이다. 한국어 수업에서 암송 활동을 하면 학습자가 발음이나 문법을 쉽게 습득한다는 장점이 있다. 암송한 문장은 기억에 오래 남아 의사소통에 사용될 가능성이 높으므로 자연스러운 언어 습득에 도움이 된다. 그러나 암송은 정해진 내용을 반복적으로 완벽하게 외우는 활동이므로 학습자에게 다소 지루할 수 있다. 또한 정확성 향상에는 도움이 되나 유창성 향상에는 크게 도움이 되지 않으며, 의사소통적 상황에 맞게 발화하는 것이 아니라 외운 문장을 그대로 말하게 되는 단점도 있다.

교실에서 암송할 때 주의해야 할 점은 학습자에게 의미를 이해시키고 암송하도록 하는 것이다. 만약 학습자가 의미를 이해하지 못하고 암송하면 쉽게 잊어버리거나 일부 표현을 빠뜨릴 수 있기 때문이다. 따라서 의미군이나 호흡군에 따라 끊어서 암송해야 한다. 또한 학급의 모든 학습자들에게 암송의 기회를 줄 수 없으므로 그룹 단위로 암송하도록 하거나 매 시간마다 교사가 몇 명씩 지목하여 암송하도록 한다.

암송을 통한 말하기 지도에서는 다음과 같은 사항에 유의해야 한다. 첫째, 명확히 발음하고 적절한 발화 속도를 유지하도록 한다. 둘째, 실제로 말하는 것처럼 자연스럽게 시선을 처리하고 동작도 취하도록 지도한다. 셋째, 대화를 암송할 때에는 대화 참여자들끼리 실제로 대화를 나누는 것처럼 자연스럽게 말을 주고받도록 연습시켜야 한다.　　〈서경숙〉
= 낭송

[참고문헌]
• 장외(2010), 암송이 중국어 학업 성취도와 학습 만족도에 미치는 영향, 고려대학교 석사학위논문.
• 조용배(1991), 영어 말하기 능력 신장을 위한 교수 방법 연구, 전남대학교 석사학위논문.

• Roediger, H. L. et al. (1987), *Psychology*, Little Brown.

☐ 정보 차 활동

정보 차 활동(情報差活動, information gap activity)은 대화 참여자들이 자신에게 결여되어 있는 정보를 묻고 답하는 소집단 말하기 활동이다.

한쪽이 알고 있는 것을 다른 쪽은 모르는 것을 정보 차라고 하는데 대화 참여자들은 의사소통에서 정보 차를 없애려고 의사소통을 활발히 한다. 한국어교육에서 정보 차 활동은 초급부터 고급에 이르기까지 다양하게 활용한다. 초급에서는 말하기 활동으로 주로 사용하나 읽기나 듣기 후 활동으로 응용하기도 한다. 중·고급에서도 공연 정보, 구지 정보 등 비교적 사회적이고 전문적인 영역의 정보를 정보 차 활동으로 구성하여 학습자에게 제공한다.

예를 들어 초급 단계에서는 친구의 주소, 생일, 전화번호, 좋아하는 음식, 취미와 같은 간단한 정보를 조사하여 메모하는 활동을 한다. 초급 단계에서 정보 차 활동의 예시는 다음과 같다.

〈초급의 정보 차 활동 예시〉

(1)
가 : _____ 전화번호가 몇 번이에요?
나 : _____번이에요.

서울 호텔	880-5400
강남 여행사	999-0000
한국 식당	123-4567

(2)
가 : _____ 전화번호가 몇 번이에요?
나 : _____번이에요.

서울 호텔	
강남 여행사	
한국 식당	

중·고급 단계에서는 복잡한 정보를 파악하게 한다거나 독자들에게 전달하고자 하는 저자의 메시지 등을 파악하게 한다.

정보 차 활동은 실제 상황에서의 의사소통 연습을 위해서 교실 활동이나 연습을 자연스럽게 유도한다는 장점이 있다. 이는 정보 차 활동이 학습자의 불안감을 감소시키고 학습자 수준에 맞는 이해 가능한 입력과 출력을 제공하는 등 학습자 간의 협동과 상호작용을 이끌어 내는 조건을 조성하는 데 필요한 과제의 본질을 갖추고 있기 때문이다.

한국어 수업에서는 주변에서 쉽게 볼 수 있는 광고지나 설명서 등의 실제 자료를 사용하여 정보 차 활동을 함으로써 학습자의 흥미를 높이고 적극적인 참여를 유도할 수 있다. 〈서경숙〉

[참고문헌]
• 김선정 외(2010), 한국어 표현 교육론, 형설출판사.
• 조명원·이흥수(2004), 영어교육 사전, 피어슨에듀케이션코리아.

• Brown, H. D. (2007), *Teaching by principles: An interactive approach to language pedagogy*, 권오량·김영숙 공역, 2008, 원리에 의한 교수: 언어 교육에의 상호작용적 접근법, 피어슨에듀케이션코리아.

❏ 직소

직소(jigsaw)는 학습자에게 각기 다른 정보를 제시하고 의사소통을 통해 서로의 정보를 수합하여 일정한 목표를 달성하게 하는 활동으로서 일종의 정보 차 활동이다.

직소는 의사소통을 독려하고 교실 안의 진정한 정보 차를 만들어 내기 위해 가장 널리 알려진 협동적 언어 학습 활동이다. 소집단 구성원들에게 서로 다른 정보가 있는 종이를 나눠 주고 서로 질문과 대답을 하여 모든 정보를 맞추게 한다. 과제 참여자들은 각자 전체 정보의 일부분을 가지고 있고 서로 정보를 교환하여 자신에게 없는 정보를 얻어서 과제를 완성한다. 초급 단계에서는 주로 위치 찾기 등의 활동으로, 중·고급 단계에서는 듣기 및 읽기에서의 내용 파악 활동으로 직소를 이용한다. 예를 들면 네 명의 소집단 구성원들에게 각각 하나의 위치만 표시되어 있는 지도를 나누어 준다. 즉 A는 공원의 위치만, B는 우체국의 위치만, C는 은행의 위치만, D는 대사관의 위치만 알고 있다. 이들은 서로 묻고 답하는 과정에서 지도에 모든 위치를 표시할 수 있게 된다. 초급 단계라면 '-이/가 앞/뒤/오른쪽/왼쪽에 있어요' 등의 구문으로 단순히 위치만 파악하게 한다. 중급 단계라면 다양한 길 찾기 표현을 이용하여 그 장소를 찾아가는 방법까지 알려 주도록 하여 협동적인 정보 교환이 이루어지도록 지도한다.

직소는 말하기뿐만 아니라 읽기나 쓰기, 듣기에도 활용할 수 있다. 예를 들어 짧은 이야기를 이용해서 직소 활동을 할 수 있다. 교사는 〈흥부와 놀부〉나 〈콩쥐 팥쥐〉와 같은 이야기를 간단하게 만든 후 한 명에 한 문장씩 오려서 학습자들에게 무작위로 나누어 준다. 학습자는 다른 학습자들에게 자신이 가진 문장을 읽어 주고 다른 학습자의 이야기를 들은 후 맥락을 파악하여 이야기의 순서를 맞춘다. 〈서경숙〉

= 짜 맞추기, 조합하기

[참고문헌]
• 조명원·이흥수(2004), 영어교육 사전, 피어슨에듀케이션코리아.
• Aronson, E. et al. (1978), *The jigsaw classroom*, SAGE Publications.
• Brown, H. D. (2007), *Teaching by principles: An interactive approach to language pedagogy*, 권오량·김영숙 공역, 2008, 원리에 의한 교수: 언어 교육에의 상호작용적 접근법, 피어슨에듀케이션코리아.
• Smith, B. (2003), Computer-mediated negotiated interaction: An expanded model, *The Modern Language Journal 87-1*, pp. 38~57.

❏ 시뮬레이션

시뮬레이션(simulation)은 교사가 가상적 상황을 연출하여 학습자가 문제를 해결하도록 하는 말하기 활동이다.

항공기나 자동차 조종 시뮬레이션은 연출된 모의 상황에서 실제와 유사하게 연습하는 것이다. 이처럼 한국어 교실에서의 시뮬레이션도 의사소통 목적에 맞게 어떤 상황을 설정하고 시나리오에 따라서 정해진 목적을 달성하기 위해 실행하는 언어 연습이다. 시뮬레이션에서는 학습자에게 어떤 상황이나 임무 또는 해결해야 할 문제를 주고 그 과제 내에서 각자의 역할과 지시 사항에 따라 교실 내에서 자연스럽게 의사소통하도록 유도한다.

모의 상황에서 소집단 구성원들이 특정 역할을 수행해야 된다는 점에서 시뮬레이션은 역할극과 유사하다. 그러나 시뮬레이션은 참여 인원이 6~20명 정도로 역할극에 비해 많으며 과제도 좀 더 복잡하다. 역할극에서는 교사가 연출한 상황에서 학습자가 비교적 자유롭게 의사소통 활동을 한다. 반면에 시뮬레이션에서는 교사가 연출한 상황과 시나리오에 따라 학습자가 문제를 해결하거나 의사소통 활동을 해야 한다.

시뮬레이션은 한국어교육 현장에서 많이 사용하는 교실 활동 중 하나로 시뮬레이션 상황에 맞는 적절한 소품을 사용한다면 더욱 활발한 상호작용을 기대할 수 있다. 시뮬레이션의 구체적인 예는 다음과 같다. 시장에서 물건을 구입하는 상황에서 소집단 구성원들은 손님과 업종별 점원 등과 같이 일정한 역할을 맡는다. 손님은 싼 가격에 물건을 구매하고 싶어 하고 점원은 그보다는 높은 가격으로 팔고 싶어 한다. 이 상황에서 학습자들은 가격 물어보기, 흥정하기 등의 상호작용을 한다. 〈서경숙〉
= 모의, 모방

[참고문헌]
• 김선정 외(2010), 한국어 표현 교육론, 형설출판사.
• 조명원·이흥수(2004), 영어교육 사전, 피어슨에듀케이션코리아.
• Brown, H. D. (2007), *Teaching by principles: An interactive approach to language pedagogy*, 권오량·김영숙 공역, 2008, 원리에 의한 교수: 언어 교육에의 상호작용적 접근법, 피어슨에듀케이션코리아.

❏ 교육 연극

교육 연극(敎育演劇, educational theatre)이란 연극의 기법을 교육에 적용한 것으로, 교육적인 목적 실현에 효과적인 매개체인 연극을 교육의 현장에 활용함으로써 학습자가 유의미한 경험을 얻게 하는 말하기 활동이다.

순수 예술이었던 연극을 교육 방안으로 처음 활용하게 된 것은 16세기부터이다. 당시 문법 학교에서는 청소년들의 도덕적 훈육과 라틴어, 수사학의 효과적인 학습을 위해 연극을 활용하였다. 이후 이러한 움직임이 꾸준히 이어지면서 20세기 초에 이르러서는 영국과 미국을 중심으로 연극을 교육에 활용하려는 움직임이 본격적으로 일어났다.

교육 연극은 크게 세 가지로 나누어 볼 수 있다. 첫째는 교육에서의 연극(theatre-in-education: TIE)이다. 이는 관객과 배우 간에 일어나는 공연을 반드시 포함하며 무대에서 얻는 경험 자체를 중요시한다. 교육에서의 연극 공연은 전문 단체가 준비하는데 이 공연은 학습자의 흥미 유발을 목적으로 하기보다는 직접적인 교육적 목적을 위해 이루어진다. 둘째는 교육에서의 드라마(drama-in-education: DIE)이다. 이는 교육에서의 연극과 다르게 무대 자체에서 얻는 경험과 결과보다는 학습자가 직접 대본을 작성하면서 사건과 주제의 내용을 이해하는 데 중점을 둔다. 학습자는 이러한 활동을 통해 자각을 확대하고 자신을 발견하는 한편, 허구 세계를 경험함으로써 현실을 이해하고 그 이면에 있는 의미를 고찰할 수 있다. 마지막은 창의적인 드라마(creative drama)이다. 창의적인 드라마는 교육에서의 드라마와 비슷하지만 즉흥 연기를 통한 학습자 개인의 성장에 초점을 맞춘다는 점에서 차이가 있다. 따라서 창의적인 드라마에서는 어떤 이야기든지 대사를 미리 쓰거나 암기하지 않고 참여자들은 행위를 통해 감정과 사상을 탐구하고 발전시켜 표현한다. 그리고 이러한 과정을 통해서 참여자들은 정의적 성장과 사회적 성장을 경험하게 된다.

교육 연극은 한국어교육에서 다방면으로 활용이 가능하며 표현 교육 전반에서 사용할 수 있다. 특히 학습자가 연극을 하면서 실제 상황처럼 대화할 때 비언어적 표현을 자연스럽게 사용하게 된다는 점에서 총체적인 말하기 교육에 효과적이다. 또한 학습자들이 직접 대본을 만들 경우 서로 간의 대화를 통한 조율이 집단 비계의 역할을 하여 수준이 다른 학생들이 섞여 있다면 큰 효과를 볼 수 있다. 이러한 교육 연극은 놀이(play)로서 이루어지는 모든 과정을 통해 학습자의 능동성을 불러일으킬 수 있다는 점에서 말하기 수업에 활용하기에 적합한 활동이다.

한국어교육에서 활용하는 교육 연극 현황을 살펴보면 한국어를 가르치는 기관에 따라 단기 프로젝트로 진행하여 교육 연극 수업을 별도로 편성하기도 하고 특별 수업의 형식으로 가르치기도 한다. 또는 연극 관련 단체가 정부의 지원을 받아 다문화 가정 구성원이나 한국어 학습자의 교육 연극을 수행하기도 하는데 이러한 공연 활동은 한국어 학습이 공동체 활동으로 확장되는 예를 보여 준다. 〈김영미〉

→ 희곡

[참고문헌]
• 구민정·권재원(2008), 한국 교실에 적합한 교육 연극 모형의 개발과 적용: DIE 논쟁 학습 모형의 개발과 효과 검정, 한국학술정보.
• 심상교(2004), 교육 연극 연극 교육, 연극과인간.
• 정성희(2006), 교육 연극의 이해, 연극과인간.

☐ 짝 활동

짝 활동(pair work)은 교실에서 학습자에게 한국어로 말할 기회를 제공하기 위해 두 명이 짝을 이루어 과제를 수행하는 소집단 활동이다.

짝 활동은 과제를 해결하는 데 긴 시간을 필요로 하지 않고 단순한 언어 기능을 요구하며 구조적으로 통제되어 있을 때 적절한 말하기 활동이다. 짝 활동으로는 짝과 대화 연습하기, 단순한 질의 및 응답 연습하기, 일부 유의미한 대치 훈련, 1분 이하의 짧은 브레인스토밍(brainstorming), 동료 학습자가 글로 쓴 과제 검사하기, 더 큰 집단에 합류하기 이전의 준비 활동 등이 있다. 예를 들면 학습자는 텍스트를 읽은 후 그에 대한 이해 여부를 확인하는 질문하기와 답하기를 짝 활동으로 수행한다. 이때 한국어의 사용을 통해 서로의 답을 비교하여 문제를 해결할 수 있다.

누난(D. Nunan)의 조사에 따르면 외국어 학습자는 짝 활동을 별로 선호하지 않는 반면에 교사는 짝 활동을 매우 선호하는 것으로 드러났다. 교사가 짝 활동을 선호하는 이유는 교사의 입장에서는 제한된 수업 시간을 효과적이고 실용적으로 관리할 수 있고 학습자가 서로 다른 수준의 동료 학습자와 상호작용적 의사소통을 경험하면서 학습 능력을 신장할 수 있기 때문이다. 또한 둘이서 함께 문제를 해결하게 하기 때문에 혼자서 하는 부담감을 덜어줄 수 있다. 이런 이유로 교실 수업에서 짝 활동을 수행할 때에는 학습자들이 실력이 약간 차이 나는 짝과 활동을 하더라도 지루하거나 불편함을 느끼지 않도록 과제를 구성해야 한다. 그리고 교사는 학습자에게 짝 활동에 대한 소감 등을 묻는 실행 연구(action research)를 수행하거나 학습자 스스로 짝 활동 경험에 대해 평가하도록 하여 짝 활동의 효과를 평가할 수 있다. 〈이소연〉

[참고문헌]
• 한재영 외(2005), 한국어 교수법, 태학사.
• Brown, H. D. (2007), *Teaching by principles: An interactive approach to language pedagogy*, 권오량·김영숙 공역, 2008, 원리에 의한 교수: 언어 교육에의 상호작용적 접근법, 피어슨에듀케이션코리아.
• Nunan, D. (1999), *Second language teaching & learning*, 임형빈 외 공역(2003), 제2 언어 교수 학습, 한국문화사.

❏ 소집단 활동

소집단 활동(小集團活動, small group work)은 둘 혹은 그 이상의 학습자들이 모여 공동의 노력과 자기 주도적 언어 사용을 요구하는 과제를 수행하는 활동을 포괄하여 말한다.

이때 소집단 활동은 소수의 학습자가 하나의 집단을 구성하는 작은 집단이 하는 활동이다. 집단의 구성원 수가 많아지면 그만큼 발화 기회를 제공하기가 어렵다. 소집단 활동의 목적은 학습자에게 발화 기회와 동료 학습의 기회를 제공하는 것이다. 교사는 소집단 활동을 성공적으로 적용하기 위해서 우선 적합한 과제를 선택해야 한다. 그리고 다음으로 학습자들이 과제를 수행하기 위해 필요한 담화를 수행할 수 있는지 확인해야 한다.

소집단 활동 계획 단계에서는 다음 일곱 가지 규칙을 지켜야 한다.

(1) 소집단 활동의 목표를 분명히 소개한다.
(2) 주어진 과제를 수행하는 데에 소집단 활동이 필요한 이유를 명확하게 설명해 준다.
(3) 학습자들이 해야 할 것을 분명하고 확실하게 제시하기 위하여 시범을 보인다.

(4) 학습자들이 무엇을 할 것인지에 대한 구체적인 지시를 내린다.

(5) 학습자의 모어, 숙달도 수준, 연령과 성별, 문화 집단, 성격 유형, 인지 유형 선호, 인지·발달 단계, 관심사, 사전 학습 경험, 외국어 종합 목표 등의 요소를 고려하여 소집단을 구성한다.

(6) 소집단으로 흩어지기 전에 모든 학습자들이 과제를 이해하고 있는지 확인한다.

(7) 과제를 시작한 후 교사는 과제를 점검한다.

소집단 활동을 마친 후에는 사후 보고 활동을 수행한다. 소집단별로 대표를 지명하여 전체 학급 앞에서 과제 수행 결과를 보고하거나 발표할 수 있다. 이를 통해 전체 학급에게 흥미를 제공하고 다음 소집단 활동을 위한 동기를 부여할 수 있다. 또한 학습자들은 소집단 활동 과정 자체를 살펴보고 학급을 하나의 학습 공동체로 재인식하게 된다.

한국어 교실에서 활용되고 있는 대표적인 소집단 활동으로는 토의 및 토론, 직소(jigsaw), 프로젝트, 집단 쓰기 등이 있다.　　　　　　　　　　　　　〈이소연〉

= 모둠 활동, 소그룹 활동

[참고문헌]
• 한재영 외(2005), 한국어 교수법, 태학사.
• Brown, H. D. (2007), *Teaching by principles: An interactive approach to language pedagogy*, 권오량·김영숙 공역, 2008, 원리에 의한 교수: 언어 교육에의 상호작용적 접근법, 피어슨에듀케이션코리아.

❏ 문제 해결 과제

문제 해결 과제(問題解決課題, problem-solving task) 활동은 존 듀이(J. Dewey)의 반성적 사고(reflective thinking)에 기초하여 교과의 범위를 초월한 생활 속의 현실 문제를 학습자의 경험과 주체적 활동으로 해결하게 하는 활동을 말한다.

말하기 교육에서 문제 해결 과제는 교사가 학습자에게 해결해야 할 문제를 제시하고, 학습자가 그 문제를 해결하기 위한 다양한 방법들을 찾아가며 말하기를 훈련하는 방식으로 이루어진다.

문제 해결 과제는 유의미한 인지적 도전을 통해서 주의 집중을 유도하여 과제를 해결하도록 하는 것을 목표로 하며 결과보다는 결과에 도달하는 과정을 중시한다. 이는 집단 활동이나 짝 활동과 같은 소집단 활동에서 유용한 방법론이다. 교사는 학습자에게 가상의 상황과 조건을 제시하고 문제를 풀기 위해 필요한 언어적 정보를 제공한다. 학습자들은 제시된 언어적 자료와 세상일에 대한 지식, 논리적인 사고력을 동원하여 문제를 해결하는 방법을 찾기 위해 말하기 활동을 수행한다.

교사가 제시할 수 있는 문제는 학생들의 수준에 따라 스무고개, 범인 찾기, 등급 매기기 등과 같이 평범한 것에서 생존 환경 만들기, 여행 준비물 목록 구성하기, 발명품 고안하기 등과 같은 창의적인 유형으로 확장할 수 있다. 구체적인 예를 들면 다음과 같다.

(1) 일주일 동안 섬으로 여행을 가려고 합니다. 다음에 제시된 물건 가운데 다섯 개만 가지고 갈 수 있습니다. 어떤 것을 가져가야 할까요? 그 이유를 말해 봅시다.

> 어휘: 연필, 나침반, 담요, 손전등, 시계, 칼, 망치, 그릇, 상비약, 물, 책, 끈, 장갑
> 문형: -기 때문에, -어/아야 하다, -지 않아도 된다.

이러한 활동은 학습자의 수준에 맞추어 다양한 문제를 제시하고 의사 결정 능력과 말하기 능력을 키워 준다는 장점이 있으나, 문제 해결 능력이 부족한 학습자나 교사 주도의 학습에 익숙한 학습자들에게는 거부감을 준다는 단점이 있다.　　　　〈구현정〉

= 과제 해결, 문제 해결 활동

↘ 과제 중심 언어 교수법

[참고문헌]
- 박경자 외(2001), 응용 언어학 사전, 경진문화사.
- Brown, H. D. (2007), *Teaching by principles: An interactive approach to language pedagogy*, 권오량·김영숙 공역, 2008, 원리에 의한 교수: 언어 교육에의 상호작용적 접근법, 피어슨에듀케이션코리아.

■ 말하기 지도

말하기 지도(speaking instruction)는 구어로 표현하는 능력을 교육하는 것이다.

말하기 교육의 목표는 의사소통 능력(communicative competence)을 향상시키는 것이다. 의사소통 능력이란 인간이 특정 상황에서 메시지를 전달하고 해석하며 상호간의 의미 협상을 가능하게 하는 능력을 말한다. 의사소통 능력을 구성하는 것은 문법적 능력(grammatical competence)과 사회 문화적 규칙의 적절함을 판단하는 사회 언어학적 능력(sociolinguistic competence), 대화의 규칙들을 준수할 수 있는 담화 능력(discourse competence)과 의사소통이 제대로 이루어졌는지를 확인하는 것과 같은 전략적 능력(strategic competence) 등이 있다. 따라서 첫째로는 언어를 이해하고 운영할 줄 아는 음운, 형태, 어휘, 문법, 의미에 관한 지식, 둘째로는 사회 언어학적으로 상호작용하기 위한 대화 예절과 지시어 등에 관한 지식, 셋째로는 담화 능력을 위한 말 차례 교체나 중복, 인접쌍, 대화의 조직과 관련되는 대화의 구조와 원리에 관한 지식, 넷째로는 전략적 능력을 위한 신체 언어와 담화 표지 등에 관한 지식이 말하기 지도의 내용에 포함되어야 한다.

보편적인 말하기 지도의 과정은 PPP 모형으로 정리된 '제시(presentation)-연습(practice)-생산(production)'의 순으로 진행된다. 제시와 연습은 기술을 습득하는(skill-getting) 과정이고, 생산은 기술을 사용하는(skill-using) 과정이다. 연습은 기계적 연습부터 유의미적 연습을 거쳐 의사소통 연습 순으로 이루어진다. 의사소통 연습 단계에서는 사회 관습적인 표현이나 대화를 익히고, 문제 해결 과제나 역할극과 같은 의사소통 활동을 통하

여 실제적인 생산이 이루어지도록 연계해야 한다.

말하기 지도는 발음 지도를 포함한다. 1990년대 이후 발음 지도에 관한 인식은 음소와 변이음을 완전히 습득함으로써 조음 능력을 기르는 데 치중한 상향식 접근법보다는 강세, 리듬, 억양 등을 강조하는 하향식 접근이 주를 이루고 있다. 특히 초급 단계에서는 발음 지도가 중요하다.

말하기 지도에서 유의할 점은 다음과 같다. 첫째, 부자연스러운 예문을 연습하는 것이 아니라 실제와 같이 자연스러운 구어 자료를 사용하고 유의미한 맥락 속에서 실제적 표현을 사용하도록 권장한다. 둘째, 협력 학습을 통해 유의미한 과제를 수행함으로써 학습자의 활동을 적극적으로 유도한다. 셋째, 언어의 구조나 형식보다는 담화적 기능에 초점을 맞추어 상호작용이 일어나도록 한다. 넷째, 사교적 대화와 정보 교류적 대화를 모두 포함한다. 다섯째, 유창성과 정확성의 균형을 고려하지만 언어 지향적 지도보다는 의미 지향적 지도가 되도록 한다. 여섯째, 유창성을 위해 적절한 발화 속도를 기를 수 있도록 지도한다. 일곱째, 상호작용에서 불가분의 관계인 말하기와 듣기를 통합하여 지도한다. 여덟째, 언어를 강조하여 정확성을 다루는 활동에서부터 메시지를 강조하여 상호작용, 의미, 유창성을 다루는 활동까지 학습자의 다양한 요구를 수렴하여 지도한다.

말하기 지도에서 학습자는 교사로부터 유익한 언어적 정보를 얻는다. 그러므로 교사는 학습자에게 필요한 대사나 동작을 보여 주는 프롬프터(prompter), 대화 참여자, 피드백 제공자의 역할을 수행해야 한다. 학습자의 오류를 간과해서는 안 되지만 또 지나치게 교정하지 않도록 유의해야 한다. 또한 기계적인 반복 연습은 학습자가 어휘와 문법을 내재화하기 위한 기초를 닦을 수 있게 하기도 하지만 이로 인해 수업이 단순하고 지루해지지 않도록 과제를 구성해야 한다. 〈구현정〉

→ PPP 모형

[참고문헌]
• Brown, H. D. (2007), *Teaching by principles: An interactive approach to language pedagogy*, Pearson Education.
• Canale, M. & Swain, M. (1980), Theoretical bases of communicative approaches to second language teaching and testing, *Applied Linguistics 1-1*, pp. 1~47.
• Harmer, J. (2001), *The practice of English language teaching*, Longman.
• Hymes, D. H. (1972), On communicative competence, In J. B. Pride. & J. Holmes. (Eds.), *Sociolinguistics*, pp. 269~293, Penguin.

■ 말하기 평가

말하기 평가(speaking assessment)는 학습자가 습득한 말하기 지식과 수행, 능력 등을 측정하여 말하기 교육에서 이루어진 활동과 학습 대상에 어느 정도의 성과가 있었는지를 가치 판단하는 것을 말한다.

말하기 평가의 구인은 말하기 능력을 구성하는 요소에 따라 달라진다. 의사소통 능력을 중심으로 문법, 어휘, 이해, 유창성, 발음, 과제의 여섯 가지 요소로 또는 과제 수행, 주제 수행, 어휘·문법, 발음, 유창성, 사회 언어적 능력, 내용의 구성이라는 일곱 가지 요소로 나눈다.

말하기 평가의 구인은 종합적으로 정확성, 다양성, 과제 수행력, 유창성, 사회 언어적 능력, 발음 등의 여섯 가지 요소로 추출할 수 있다. 정확성은 말을 할 때 사용하는 문법과 어휘가 얼마나 정확한가에 대한 것이다. 다양성은 의미 전달을 위해 사용하는 문법이나 어휘가 얼마나 다양한가에 대한 것이다. 과제 수행력은 과제를 이해하고 효율적으로 이행하는 능력이 있는가에 대한 것이다. 유창성은 말을 할 때 더듬거리거나 망설이지 않고 흐름에 따라 자연스럽고 자신감 있게 의사소통하는 능력이 있는가에 대한 것이다. 사회 언어적 능력은 상대방과의 관계나 상황, 목적에 맞게 담화를 구성하고 상대방의 이해 정도나 반응에 맞춰서 반응할 수 있는 능력이 있는가에 대한 것이다. 발음은 의미를 효과적으로 전달할 수 있도록 음운, 강세, 억양 등을 사용할 줄 아는 능력이 있는가에 대한 것이다.

말하기 평가의 유형은 간접 평가와 직접 평가의 방식이 있다. 간접 평가는 선다형 문항을 이용한 객관식 평가뿐만 아니라 인위적인 상황에서 요구하는 발화 행위도 간접 평가로 분류한다. 문장 반복하기, 상황에 적절한 발화 녹음하기(mini-situation on tape), 정보 전이 평가 등이 간접 평가에 속한다면 정보 차 메우기, 역할극, 인터뷰, 발표, 토론 등은 직접 평가에 속한다. 직접 평가는 축적된 지식의 결과보다는 학습자 스스로가 산출물을 만들어 낼 수 있는 지식과 능력을 평가하는 수행 평가로 이루어진다.

말하기 능력의 채점을 위한 평가 범주는 학습자의 수준에 따라 조절되어야 한다. 초급 학습자는 문법과 어휘 등의 언어적 능력과 정확성에 더 큰 비중을 두지만 중급, 고급으로 발전함에 따라 화용적, 사회 문화적 능력과 유창성을 더 비중 있게 다루어야 한다. 수준에 따른 언어적 능력 대 화용적 능력의 비중을 초급은 80 대 20, 중급은 70 대 30, 고급은 60 대 40으로 설정하기도 한다. 그러나 현행 1급부터 6급까지의 6등급 속에서 평가 기준 요소들을 명확하게 구분하고 각각의 배점과 채점 기준을 확정하는 작업이 이루어져야 한다. 이와 함께 학습자의 목적에 따라 평가 척도를 개발하는 작업도 수행되어야 한다.

국내 기관에서 주관하는 한국어능력시험(Test of Proficiency in Korean: TOPIK)이나 한국어인증시험(Korean Language Ability Test: KLAT) 등에서도 말하기 능력을 평가하기 위해 현재 다양한 평가 도구 개발을 시도하고 있으나 아직 시행되지 않고 있다. 현재 한국어 말하기 시험으로는 ACTFL(American Council on the Teaching of Foreign Languages)과 ILR(the interagency language roundtable)의 한국어 OPI(oral proficiency interview)가 있다. 〈구현정〉

[참고문헌]
• Brown, H. D. (2007), *Teaching by principles: An interactive approach to language pedagogy*, Pearson Education.
• Weir, C. J. (1993), *Understanding & developing language tests*, Prentice Hall.

13.7. 쓰기 교육

쓰기 교육은 학습자가 전달하고자 하는 의미를 문자 언어로 정확하고 유창하게 표현할 수 있도록 교육하는 것을 말한다.

쓰기 교육은 형태에 초점을 두고 발화를 전사하는 받아쓰기(dictation)에서 자신의 생각과 감정을 효과적으로 전달하기 위해 창조적으로 글을 쓰는 작문(composition)까지 모두 포함한다.

한국어 쓰기 교육의 흐름을 이해하는 데 기초가 되는 주요 이론은 결과 중심 쓰기, 과정 중심 쓰기, 장르 중심 쓰기이다. 결과 중심 쓰기(product-oriented writing)는 1960년대 인지주의 심리학이 등장하기 이전에 쓰기 교육에서 주요한 역할을 담당한 형식 중심 접근법이다. 쓰기를 지도할 때 교사는 글의 형식적인 면에 중점을 두고 어휘와 문법, 철자법, 글의 구성 등을 강조하며 학습자들이 모범적인 텍스트를 모방하고 그와 유사한 형식으로 글을 쓸 수 있도록 지도하는 데 중점을 두었다. 학습자가 문법적으로 정확하고 오류가 없는 글을 쓰도록 하는 것이 쓰기 교육의 목표였다. 그러나 글의 형식적인 면에 관심을 집중한 결과 중심 쓰기는 글을 쓸 때 필자의 머릿속에서 이루어지는 의미 구성 과정을 간과하였다는 점에서 이후 비판을 받았다.

과정 중심 쓰기(process-oriented writing)는 1960년대 중반부터 등장한 인지주의 심리학의 영향을 받은 필자 중심 접근법이다. 과정 중심 쓰기에 근거한 교육에서는 쓰기 전 단계, 쓰기 중 단계, 쓰기 후 단계가 반복적이고 회귀적인 인지 과정을 거쳐 이루어진다고 본다. 쓰기를 지도할 때 학습자가 글을 쓰는 것을 문제 해결의 과정으로 보아 쓰기의 결과보다 필자로서의 문제 해결 전략과 자기 조정 과정을 중시한다. 교사는 학습자의 완성된 글을 평가하는 데 중점을 두는 것이 아니라 학습자가 일련의 쓰기 과정을 조절하고 통제할 수 있는 기능과 전략을 활용하여 글을 쓰도록 하는 것을 주요 교육 내용으로 삼는다. 과정 중심 쓰기 교육은 결과 중심 쓰기에서 간과했던 쓰기 과정과 전략에 주목하였다는 점에서 의의가 있다. 그러나 쓰기를 필자 개인의 인지적 정보 처리 방식의 문제로 한정하고, 쓰기가 이루어지는 구체적인 사회적 상황 및 맥락을 간과하였다는 점은 한계로 지적된다.

장르 중심 쓰기(genre-based writing)는 독자를 고려하여 사회에서 요구하는 글의 유형에 따라 글을 써야 함을 강조한 독자 중심 접근법이다. 교사는 학습자가 쓰기를 통해 담화 공동체가 기대하는 수사적 구조와 글쓰기 규범에 부합하는 글을 쓰도록 지도하는 데 중점을 둔다. 이러한 접근법에서는 어떤 목적으로 글을 쓰느냐에 따라 텍스트 유형이나 형식이 달라진다고 본다.

한국어 쓰기 교육 연구는 결과 중심 쓰기를 지양하고 과정 중심 쓰기와 장르 중심 쓰기를 지향하는 방향으로 발전해 왔다. 교수 학습 현장에서는 의사소통 중심 교수법의 기반 위에서 과정 중심 쓰기와 결과 중심 쓰기의 장점을 취하는 절충적 쓰기 교육이 이루어지기도 한다. 학문 목적 학습자 대상의 쓰기 교육 연구에서는 장르 중심 쓰기가 유용한 접근법으로 논의되고 있으며 일부에서는 장르와 과정을 통합한 쓰기 교육 방법을 제안하기도 한다. 한국어교육에서 장르 중심 쓰기가 실제 교수 학습으로 적용되려면 장르 분석에 기초한 텍스트 구조 및 언어적 특성에 대한 연구가 선행되어야 한다. 한편 쓰기 교육 이론들은 시기적으로 연속선상에 있고 상호 보완적인 측면이 강하다. 그러므로 한국어 쓰기 교육에서도 특정 접근법만을 강조할 때 발생할 수 있는 문제점을 보완하는 교수 학습 방법을 모색할 필요가 있다. 〈방성원〉

[참고문헌]
- 김선정 외(2010), 한국어 표현 교육론, 형설출판사.
- 박영순 외(2008), 한국어와 한국어교육: 한국어 교사가 알아야 할 지식, 한국문화사.
- 안경화(2006), 한국어 쓰기 교수 학습법의 현황과 과제, 국어교육연구 18, 서울대학교 국어교육연구소, 61~90쪽.
- 최연희 편저(2009), 영어 쓰기 교육론: 원리와 적용, 한국문화사.

■ 쓰기

쓰기(writing)는 독자와 필자가 텍스트를 매개로 의사소통하는 것으로 글씨 쓰기부터 글쓰기(作文)까지 모두 포괄하는 개념이다.

쓰기는 언어를 다루는 어휘력, 문장력, 표현력, 맞춤법뿐만 아니라 해당 언어의 문화에 대한 지식까지 고루 갖추어야 하기 때문에 종합적인 언어 운영 능력을 필요로 한다.

쓰기는 범위에 따라 작문에만 한정한 좁은 의미의 쓰기와 맞춤법 등 모든 쓰기 활동을 포함하는 넓은 의미의 쓰기로 분류하기도 한다. 전자는 필자의 생각과 느낌을 상황, 목적, 대상을 고려하여 문자 언어로 표현하는 행위로서의 작문을 말한다. 후자는 형태에 초점을 둔 발화 전사부터 필자의 생각과 감정을 효과적으로 전개하고 전달하고자 창조적으로 글을 쓰는 작문 활동까지를 모두 포함한다. 이는 철자법이나 문법적인 요소를 강조하는 발화 전사로서의 쓰기와 창의적이고 자유로운 글쓰기인 작문, 즉 머리로 생각하는 행위와 그것을 종이에 옮겨 적는 행위가 모두 함께 이루어진다고 보는 포괄적인 관점에 기반한다.

쓰기는 표현 도구인 문자의 언어적 특성과 쓰기 과정에서 요구되는 인지적 특성을 동시에 나타낸다. 쓰기는 문자 언어를 사용하여 의사소통하는 것으로 그 결과물의 의미 또는 내용이 사라지거나 변하지 않는다. 또한 문자로 기록하는 것이기 때문에 계획적으로 진행할 수는 있지만 시간과 장소에 대한 제약을 수반한다. 인지적인 측면에서의 쓰기는 의미 전달이라는 목적을 달성하기 위해 독자가 누구이며, 어떤 목적을 갖고 있는지에 대한 이해를 요구한다. 특히 제2 언어 쓰기는 문화권이 서로 다른 독자와 필자가 만나 그 사이에서 발생하는 갈등을 해소하는 것이 쓰기의 전제가 되기 때문에 내용과 형식에 대한 고려가 필요하다. 또한 쓰기는 형식적으로 완전할 때 의사소통에 성공할 수 있기 때문에 문장이나 글의 형식에 대한 이해가 필요하다. 제2 언어 쓰기도 철자와 어휘, 문법과 문장 쓰기에 대한 완전한 이해를 바탕으로 한다.

한국어교육에서의 쓰기는 학습자의 숙달도 수준에 따라 구분된다. 일반적 분류 기준인 수준을 중심으로 분류하면 초급, 중급, 고급으로 나뉜다. 초급 학습자는 글씨 쓰기를 중심으로 간단한 대화를 완성하거나 개인적인 경험에 대한 짧은 글을 쓰는 것을 목표로 학습한다. 중급 학습자는 문장을 완성하는 능력은 이미 기초적으로 갖춘 상태에서 원인과 이유, 비교와 예시, 설명 등의 수사적 방법을 사용하여 단락을 완성하는 것을 목표로 한다. 고급 학습자는 주어진 상황과 목적에 알맞게 긴 글을 완성하는 것을 목표로 한다.

한국어 쓰기는 학습 목적에 따라서 다양하게 활용된다. 2000년대 이후 대학교 및 대학원 진학을 목적으로 한국어를 배우는 외국인 학습자들의 수요가 늘어나면서 많은 학습자들이 학문 목적의 쓰기 교육을 받고 있다. 이 외에도 업무나 개인적인 교류를 위한 쓰기도 함께 이루어지고 있다. 한국어교육에서 쓰기 연구는 학습자의 쓰기 활동에 따른 결과물에 대한 연구가 주를 이루었다. 이와 더불어 그 결과물이 나오기까지의 과정에 대한 관찰과 연구도 함께 수행되고 있다.　　　　　　　　　　　　　　〈이성준〉

= 글쓰기, 글짓기

[참고문헌]
• 김선정 외(2010), 한국어 표현 교육론, 형설출판사.
• 이영숙(2005), 쓰기 교육의 과제와 발전 방향, 민현식 외 편, 한국어교육론 3, 한국문화사.

■ 쓰기 연구사

❑ 결과 중심 쓰기

결과 중심 쓰기(product-oriented writing)는 텍스트의 구성 요소를 중시하고 형식에 초점을 두는 쓰기를 말한다.

결과 중심 쓰기는 형식주의 관점을 바탕으로 규범 문법과 수사적 규칙을 강조하면서 완전하고 통일성 있게 문장과 단락을 조직하는 것을 중시하는 전통에서 출발했다. 따라서 결과 중심 쓰기에서는 텍스트의 일원적이고 영속적인 특성과 객관적인 면을 강조한다.

결과 중심 쓰기 교육을 대표하는 모형으로는 로만(D. G. Rohman)이 1965년에 제시한 '예비 쓰기(pre-writing)-쓰기(writing)-다시 쓰기(re-writing)' 모형과 브리톤(J. N. Britton) 외가 1975년에 만든 '개념(conception)-부화(incubation)-산출(production)'의 단계적인 작문 모형이 있다. 가장 대표적인 결과 중심 쓰기 방법은 교사가 학습자들에게 모범이 되는 텍스트를 제시하고 학습자가 그것을 모방하여 쓰게 하는 것이다. 결과 중심 쓰기는 문법적 규범과 수사적 규칙, 정확한 어법을 활용하는 것을 중시하며 쓰기 과정을 일방향으로 운영하도록 한다. 따라서 필자는 의미를 전달하는 역할을, 독자는 의미를 수용하는 역할을 고정적으로 수행하게 된다.

결과 중심 쓰기는 학습자가 짜임새 있는 글을 쓸 수 있도록 규범적인 측면을 강조하고 쓰기 결과물에 관심을 두고 있기 때문에 글을 쓰는 사람이나 글과 사람 사이의 상호작용 등 쓰기 과정에 대해서는 살피지 못한다는 한계가 있다. 그러나 직업 목적 또는 학문 목적의 쓰기와 같이 전문적인 지식이 필요한 영역에서는 결과 중심 쓰기를 통해 완성도가 높은 결과물을 얻을 수 있으므로 이 쓰기 방법을 선호한다.

결과 중심 쓰기에서는 형식적으로 완성된 텍스트를 목표로 하며 정형화된 텍스트를 쓰기 위한 반복 훈련과 이를 위한 분석 과정을 중시한다. 교사는 학습자에게 모범적인 텍스트를 제시하고 학습자는 텍스트의 각 부분과 요소의 형식적인 특징을 따라서 글을 작성한다. 그리고 교사는 학습자가 작성한 결과물에 대하여 논평하는데 이때 교사는 텍스트의 정확성을 가장 중요하게 생각하여 학습자의 오류를 적극적으로 수정해 준다.

한국어교육에서 결과 중심 쓰기는 규범과 규칙 중심의 형식적인 학습 활동이라는 점에서 비판받아 왔으며 이에 대한 반향으로 과정 중심 쓰기가 쓰기 교육의 근간을 이루게 되었다. 하지만 2000년대 이후에는 결과 중심 쓰기가 학문 목적 학습자와 같이 전문적인 글쓰기를 해야 하는 학습자의 쓰기에서 정확성과 짜임새를 높여 준다는 보완적인 관점도 나타났다. 관련 연구에서는 학문 목적 학습자를 위한 강의 요약하기, 보고서 및 시험 답안 쓰기 등에서 결과 중심 쓰기를 통해 논리적으로 글을 조직하는 담화 구성 능력을 향상하도록 교육해야 함을 강조하고 있다. 〈이성준〉

= 결과 중심 접근법

[참고문헌]
• Britton, J. N. et al. (1975), *The development of writing abilities*, Mac Millan.
• Fitzgerald, J. (1992), *Towards knowledge in writing: Illustrations from revision studies*, Springer-Verlag.
• Rohman, D. G. (1965), Pre-writing the stage of discovery in the writing process, *College Composition and Communication 16-2*, pp. 106~112.

☐ 과정 중심 쓰기

과정 중심 쓰기(process-oriented writing)는 의사소통의 목적과 목표를 이해하고 그에 적절한 전략을 통해 글을 완성하는 과정적인 쓰기를 말한다.

과정 중심 쓰기는 초고를 집필한 후에 순환적으로 조정하는 과정을 거치면서 결과물의 내용과 형식의 완성도를 높여 간다. 이는 학습자 중심의 활동으로서 학습자는 초안을 작성하는 준비 과정부터 고치고, 조정하고, 다시 쓰는 과정까지 참여한다. 이때 각단계가 결과에 따라 순환적으로 이루어지는데 이는 과정 중심 쓰기의 특징으로서 결과 중심 쓰기가 단계적, 선조적인 것과 구별된다. 또한 과정 중심 쓰기는 목표와 문제 해결을 위해 위계적으로 조직되는데 의사소통 상황에서 일어나는 문제 해결 과정이 쓰기 과정으로 다뤄질 수 있다는 점에서 특징적이다.

플라워와 헤이즈(L. Flower & J. R. Hayes)는 쓰기를 인지적인 과정으로 파악하여 순차적인 단계가 아니라 글을 쓰는 이가 적절하게 조정하고 통제해야 하는 것으로 보았으며, 이에 따라 계획하기(planning), 변환하기(translating), 검토하기(reviewing), 조정하기(monitor)와 같은 요소로 구성되는 인지적인 쓰기 과정의 모형을 제시했다. 그리고 헤이즈는 글을 쓰는 동기가 미치는 영향에 주목하여 인지적 쓰기 과정 모형의 수정 모형을 다시 제시하였다.

〈헤이즈의 '인지적 쓰기 과정 모형'의 수정 모형〉

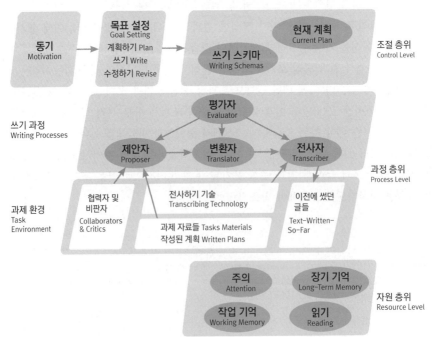

과정 중심 쓰기 모형을 한국어 수업에 적용한다면 먼저 문제를 탐색하며 아이디어를 생성하는 쓰기 전 활동을 시작으로, 생각한 내용을 글로 조직하고 변환하는 내용 작성 과정, 적은 내용을 확인하고 교정하는 검토 과정, 마지막으로 이상의 과정을 바탕으로 최종적으로 내용을 조정하는 편집 과정을 거치게 된다. 이 쓰기 과정을 모형으로 정리하면 다음과 같다.

〈과정 중심 쓰기의 수업 모형〉

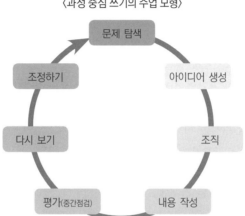

그런데 과정 중심 쓰기 수업의 목표와 순환적인 수정 과정 때문에 발생하는 문제가 있다. 학습자는 자신이 알고 있는 내용을 정해진 양에 맞추어 써야 한다는 부담 때문에 글의 형태와 문제의 맥락에 주의하지 않는 경향이 나타나며 이는 빈번한 어휘 철자 오류나 문장 호응 오류 등의 원인이 된다. 또한 길이가 짧은 글을 가지고 순환적으로 수정하는 과정 속에서 목적의식이 결여될 수 있다. 따라서 과정 중심 쓰기의 과제는 학습자에 따라서 목표 문법이나 글의 형식과 구성 방법에 대한 안내를 구체적으로 제시해 주는 것이 도움이 된다. 〈이성준〉

= 과정 중심 접근법

[참고문헌]
• 이미혜(2000), 과정 중심의 한국어 쓰기 교육 : 작문 수업을 중심으로, 한국어교육 11-2, pp. 133~150.
• 이재승(2002), 글쓰기 교육의 원리와 방법: 과정 중심 접근, 교육과학사.
• Flower, L. & Hayes, J. R. (1981), A cognitive process theory of writing, *College Composition and Communication 32-4*, pp. 365~387.
• Hayes, J. R. (2012), Modeling and remodeling writing, *Written Communication 29*, pp. 369~388.

❏ 대조 수사학

대조 수사학(對照修辭學, contrastive rhetoric)은 제1 언어의 문화가 제2 언어 쓰기에 어떻게 영향을 주는지에 대하여 연구하는 학문 영역을 일컫는다.

코너(U. Connor)는 대조 수사학을 필자가 제2 언어로 작문하는 과정에서 겪는 문제들을 밝히는 연구 영역이라고 규정하며, 이를 제2 언어 습득 연구의 한 분과로서 제1 언어의 수사 전략을 참조하여 작문 시 나타나는 문제들을 설명하려는 시도로 보았다. 2000년대 이후 대조 수사학에서는 제1 언어의 언어와 문화, 사회적 맥락 등까지 모두 언급하고 있다.

마틴(J. E. Martin)은 좁은 의미의 대조 수사학이 다음의 세 가지 가정을 전제하고 있다고 하였다. 첫째, 제2 언어 문어 텍스트의 수사적 조직은 제1 언어의 수사적 조직이 전이된 결과이다. 둘째, 모든 언어에는 일정한 수의 수사적 형태가 있다. 셋째, 이러한 수사적 형태는 쓰기 텍스트를 분석함으로써 발견할 수 있다. 이러한 관점에 따르면 필자의 모어 수사 방식이 제2 언어 텍스트의 수사적 조직을 결정한다.

이에 비해 넓은 의미의 대조 수사학에서는 제1 언어의 수사적 규범과 전략은 텍스트 형성에 영향을 미치는 하나의 요인에 불과하며 제2 언어 작문에는 중간 언어적(interlingual), 문화적(cultural), 발달적(developmental) 측면의 여러 요인이 영향을 미치는 것으로 가정한다. 이러한 관점은 쓰기 텍스트 분석을 통하여 해당 언어의 고유한 수사 방식을 발견할 수 있다는 전제에도 의문을 제기한다. 그러나 넓은 의미의 정의에서도 필자가 제2 언어로 생산한 텍스트는 필자의 제1 언어에 담긴 문화적, 언어적, 수사적 규범의 영향을 받는다는 대조 수사학의 기본 전제를 지지한다.

대조 수사학 연구는 1966년에 미국의 응용 언어학자인 케플런(R. B. Kaplan)이 발표한 논문 〈*Cultural thought patterns in inter-cultural education*〉을 필두로 시작되었다. 이후 대조 수사학에서는 언어와 쓰기가 문화적 현상이라는 관점을 견지한다. 모든 언어에는 독특한 수사적 관습이 있다고 보는 것인데 케플런은 제1 언어의 언어적 또는 수사적 관습이 제2 언어 쓰기에 영향을 미친다고 주장했다. 그런데 케플런의 전통적인 대조 수사학은 다음의 몇 가지 이유 때문에 비판을 받았다. 너무 민족 중심적(ethnocentric)이며 영어 모어 사용자의 쓰기를 우대했다는 점, 제2 언어의 결과물만 검토하고 교육적 또는 발달적 과정 변인을 무시했다는 점, 관련된 언어들 간의 쓰기에 나타나는 언어적 또는 문화적 차이를 고려하지 않았다는 점, 제1 언어로부터의 전이를 제2 언어 쓰기에 대한 부정적인 영향으로 간주했다는 점 등이 주된 이유였다.

1970년대 중반 이후에는 목표어로 읽고 쓰는 요구에 대한 이해가 증대하고 교육적, 수사적, 인류학적 방법 등이 동원되어 제2 언어 습득 연구의 학제적 접근이 이루어졌다. 또한 담화 분석을 강조하고 사회 언어학적 변이형의 기술을 포용하는 언어학의 새로운 조류 덕분에 대조 수사학은 응용 언어학의 주류 중 하나가 되었다. 아울러 문화적 특수성뿐만이 아니라 언어적 보편성에 대한 이해를 위해서도 내조 수사학적 연구가 중요함이 제기되었다.

1990년대 초까지 대조 수사학은 문화와 쓰기 담화의 관련성, 제2 언어 쓰기에 대한 모어의 영향 등에 대해서 다양하게 고찰하였다. 이러한 경향은 대략 다음의 일곱 가지로 정리된다. 첫째, 두 언어 이상의 쓰기 담화를 담화 수준의 특질 면에서 비교한 연구, 둘째, 모어의 전이를 가정하고 제2 언어로서의 영어 쓰기 담화를 담화 수준의 특질 면에서 고찰한 연구, 셋째, 둘 이상의 언어를 통사적 또는 어휘 수준의 특질 면에서 비교한 연구, 넷째, 제2 언어로서의 영어 작문 전략을 고찰한 연구, 다섯째, 텍스트의 이론적 모형 또는 텍스트 분석 체계나 도구를 제안한 연구, 여섯째, 담화와 필수적으로 관련되지는 않더라도 일반적인 관점에서 문화와 언어의 상호작용을 고찰한 연구, 일곱째, 쓰기와 텍스트 생산 이론 또는 읽기와 텍스트 수용 이론을 제안한 연구 등이 그것이다.

1990년대 이후에는 상호 문화 쓰기(writing across cultures)에 대한 연구가 새로이 부각되었다. 코너는 제(諸) 언어의 담화 특성을 비교하는 대조 텍스트 언어학, 다양한 문화에서 쓰기를 배우는 과정을 비교하는 문화적 활동으로서의 쓰기 연구, 제2 언어 쓰기 교실의 역동성에 대해 다루는 교실 기반 대조 연구, 다양한 목적과 상황 그리고 장르의 수행과 관련된 대조 수사학과 장르 분석, 문화적으로 다양한 지적 전통 및 이데올로기를 아우르는 대조 수사학과 이데올로기의 지도 등 다섯 가지 영역에서 대조 수사학의 새로운 방향을 제시하였다.

한국어와 관련된 대조 수사학적 논의는 2006년에 나온 〈한국어 학습자의 쓰기 텍스트에 대한 대조 수사학적 연구〉를 제외하고는 주로 한국인의 영어 텍스트를 대상으로 이루어졌다. 한편 2000년대 이후 국내의 수사학 연구가 활성화되기는 했지만 아직 대조 수사학에 대한 관심은 그리 크지 않다. 다만 모어와 목표어의 차이 그리고 발상의 차이를 인식한다면 학습하고자 하는 외국어를 그만큼 잘 학습할 수 있다는 견해가 더욱 확산되면서, 이러한 논의들이 한국어교육에서 대조 수사학에 대한 이해와 적용 가능성을 넓히는 데 일조하고 있다는 점은 고무적이다.　　　　　　　　〈진대연〉

= 대조 수사, 대비 수사학

→ 전이, 담화 분석, 문화의 보편성과 특수성

[참고문헌]
• 박갑수(2013), 한국어교육과 언어문화 교육, 역락.
• 진대연 외(2006), 한국어 학습자의 쓰기 텍스트에 대한 대조 수사학적 연구, 한국어교육 17-3, 국제한국어교육학회, 325~356쪽.
• Connor, U. (1996), *Contrastive rhetoric: Cross-cultural aspects of second-language writing*, Cambridge University Press.
• Grabe, W. & Kaplan, R. B. (1996), *Theory and practice of writing: An applied linguistic perspective*, Longman.
• Martin, J. E. (1992), *Towards a theory of text for contrastive rhetoric: An introduction to issues of text for students and practitioners of contrastive rhetoric*, Peter Lang International Academic Publishers.

❏ 장르 중심 쓰기

장르(genre)란 텍스트를 수집하여 필자가 반복적으로 사용하는 언어를 밝히기 위한 용어이다. 장르를 지지하는 이들은 텍스트에서 반복적으로 발견되는 언어 사용을 목록화하여 교수하면 학습자의 쓰기 능력을 향상시킬 수 있다고 본다. 이러한 장르의 개념에 기초한 장르 중심 쓰기(genre-based writing)는 체계 기능 언어학(systemic functional linguistics: SFL)과 신수사학(new rhetoric: NR)의 영향을 받아 체계화된 쓰기 연구의 한 분야이다.

장르 중심 쓰기는 다음 두 가지를 전제한다. 첫째, 모든 필자는 어떠한 목적을 달성하기 위하여 글을 쓴다. 둘째, 필자와 독자는 텍스트에서 발견되는 공통점을 인식하는 데 어려움이 없지만 필자마다 텍스트를 변형할 수 있는 힘은 다르다. 마틴(J. R. Martin)은 장르를 단계가 있는 목적 지향적이고 사회적인 과정이라고 보고 다양한 장르의 목적성과 단계적인 특징, 언어가 맥락에 체계적으로 연결되는 방법을 강조했다. 이는 체계 기능 언어학을 지지하거나 주장하는 이들이 장르를 보는 관점으로서 텍스트 생산에서 필자의 목적 실현을 강조하는 첫 번째 전제와 관련이 있다.

호이(M. Hoey)는 독자와 필자를 서로의 발자국을 따라하는 무용수에 비유한 바 있다. 독자는 텍스트를 읽으면서 이전에 읽었던 텍스트와 연관시켜 다른 작품들이 어떠할 것인지 예상할 수 있고, 텍스트는 그 자체로 다른 텍스트와 서로 닮아 있다고 보기 때문이다. 그러나 텍스트는 이전의 텍스트를 그대로 모방하는 것에만 그치지 않으며 어느 정도는 필자가 변형하기도 하고 독자도 그러한 변형을 허용하지만 이러한 변형도 기존의 장르에서 완전히 벗어나지는 못한다. 기존 장르에서 완전히 벗어나는 장르는 인접 장르에 속하기 때문이다. 필자가 장르를 변형하는 범위는 장르를 변형할 힘이 있는가와 관련된다. 즉 변형의 범위는 그 분야의 전문가 필자가 새롭게 그 분야에 들어오려는 필자보다 더 넓거나 자유롭다. 이는 신수사학에서 장르를 보는 관점과 관련이 있다. 신수사학은 바흐친(M. M. Bakhtin)의 대화론(dialogism)에 기대고 있으며, 이는 장르의 규칙성을 인정하지만 텍스트에 대한 언어학적 유사성을 찾는 것보다는 이러한 유사성이 발생하는 사회적, 문화적, 제도적 맥락에 관심을 둔다.

따라서 장르 중심 쓰기의 두 번째 전제는 다음과 같이 해석할 수 있다. 동일한 담화 공동체에 속한 구성원들은 텍스트를 쓰고 읽을 때 필요한 언어적 지식을 비교적 쉽게 사용하여 반복적인 경험을 이끌어낼 수 있다. 하지만 동일한 장르에 속하는 텍스트를 변형할 수 있는 힘은 필자마다 다르기 때문에 그 힘과 맥락의 중요성을 강조한다.

장르 중심 쓰기 연구의 궁극적인 목표는 장르의 규칙성, 즉 텍스트에서 반복적으로 사용한 언어적 특성을 분석하고 학습자가 이를 학습하여 유사한 장르를 생산할 수 있도록 하는 것인데 여기에서의 핵심은 모범 글이다. 모범 글의 제시를 위해서는 하나의 장르에 속하는 텍스트를 수집하여 언어적 특성을 분석해 내야 한다. 또한 학습자는 제시된 모범 글을 해체하는 과정을 통해 언어적 특성을 발견하고, 다시 유사한 텍스트를 재구성하는 과정을 통해 제시된 장르에 익숙해진다. 모범 글은 결국 학습자에게 모방 쓰기를 강조하는 것인데 이는 쓰기의 창조성을 약화시킬 수 있다는 점에서 비판받기도 했다.

한국어교육에서 장르 중심 쓰기 연구는 학문 목적 학습자를 비롯한 특수 목적 학습자들이 쓰게 될 장르의 특성을 분석하고 이를 교육하는 방안을 중심으로 진행되어 왔다. 또한 장르 중심 쓰기는 과정 중심 쓰기에서 소홀했던 교사의 역할을 회복시켰다는 점, 즉 교사가 교실에서 쓰기 교육을 위해 무엇을 가르치고 학습자는 무엇을 배워야 하는지를 명확히 했다는 점에서 한국어 쓰기 교육 전반에 영향을 주고 있다.　　〈이수미〉
→ 체계 기능 언어학

[참고문헌]
• 이수미(2010), 텍스트성에 기반한 한국어 쓰기 교육 방법 연구: 자기 표현적 쓰기 텍스트를 중심으로, 서울대학교 박사학위논문.
• Hoey, M. (2001), *Textual interaction: An introduction to written text analysis*, Routeldge.
• Hyland, K. (2004), *Genre and second language writing*, University of Michigan Press.
• Knapp, P. & Watkins, M. (2005), *Genre, text, grammar: Technologies for teaching and assessing writing*, 주세형·김은성·남가영 옮김, 2007, 장르, 텍스트, 문법: 쓰기 교육을 위한 문법, 박이정.

■ 쓰기 과정

쓰기 과정(writing process)은 쓰기 교육에서 결과물로서의 글쓰기가 아니라 글을 쓰는 과정에 초점을 둔 개념이다.

쓰기 개념의 변화에 따라 쓰기 과정에 대한 생각도 변해 왔다. 과거에는 쓰기를 단순히 필자가 자신의 생각을 글로 옮기는 과정 혹은 종이에 나타난 결과물로 간주하였다. 특히 1960년대와 1970년대의 교사들은 학습자가 문단 단위의 글을 쓰기 전에 문장 단위의 글을 익혀야 한다고 보고 문장 작성과 문법 연습에 치중하였으며 쓰기 결과물의 문법적 정확성, 글 구조의 짜임새를 근거로 학습자의 쓰기 능력을 평가하고 오류를 교정해 주는 것을 쓰기 지도로 간주하였다.

그러다 1960년대 중반에 이르러 글을 쓰는 과정을 인식하기 시작하였는데, 로만과 웰렉(D. G. Rohman & A. O. Weleck)은 사고와 쓰기는 별개의 활동이며 교사들이 사고가 쓰기에 선행한다는 것을 인식하고 학습자에게 사고 활동을 강조해야 한다고 제안했다. 또한 본격적으로 쓰기를 시작하기 전에 학습자의 사고를 자극할 수 있는 읽기와 쓰기를 강조했고 쓰기 과정을 예비 쓰기, 쓰기, 다시 쓰기의 단계로 모형화하였다. 이 쓰기 과정의 단계 모형에서는 교사가 글을 쓰는 과정이나 방법보다는 어법, 문체, 내용 조직 방법, 맞춤법 등을 학습자들에게 지도하는 것을 중시하였다. 이러한 단계 모형은 쓰기 과정을 인정하기는 했으나 이들 과정을 선조직적으로 파악하여 쓰기가 문제 해결이나 사회적 상호작용 과정이라는 점은 고려하지 못했다.

1980년대 들어서는 결과 중심 쓰기(product-oriented writing)가 아닌 과정 중심 쓰기(process-oriented writing) 교육을 강조하였다. 결과 중심 쓰기에서는 학습자에게 모범 글을 제시하고 그것을 모방하여 글을 쓰게 한 다음 오류를 지적하는 반면에 과정 중심 쓰기는 아이디어를 생성하고 조직하는 등 학습자의 사고 과정을 중시한다.

쓰기 과정은 발단 단계(discovery stage), 초고 작성 단계(draft stage), 수정 단계(revising stage), 편집 단계(editing stage)의 4단계로 나눌 수 있다. 또한 이 중 발단 단계를 쓰기 전 단계(pre-writing)로, 초고 작성 단계를 쓰기 중 단계(while-writing)로, 수정과 편집을 한 단계로 묶어 쓰기 후 단계(post-writing)로 보는 3단계의 구분도 가능하다.

쓰기 전 단계는 글의 내용을 구상하기 위해 자료를 찾거나 읽고, 토의를 통해 의견을 모으고(brainstorming), 생각이나 정보를 나열하여 조직하는(listing and clustering) 단계이다. 기존의 결과 중심 쓰기에서는 이러한 단계가 고려되지 않지만 과정 중심 쓰기에서는 좋은 글을 쓰기 위해서 적절한 자료들을 충분히 수집하는 것이 중요하다고 본다. 두 번째 쓰기 중 단계는 이와 같이 수집하여 정리한 정보들을 가지고 직접 글을 써 보는 단계로, 결과 중심 쓰기에서는 이 단계만을 쓰기 과정으로 본다. 마지막 쓰기 후 단계에서는 초고 수정과 편집이 이루어진다. 이때 필요하다면 정보를 다시 수집할 수도 있고 다른 사람들의 피드백(feedback)을 받아 내용이나 구성 등을 수정하기도 한다. 또한 어휘, 문법, 철자 등의 교정을 거쳐 최종본을 완성한다. 이 단계를 통해 필자는 자신의 글을 독자의 입장에서 비판적으로 읽어 보는 기술을 익힌다.

이와 같이 쓰기는 단순히 단어와 단어를 연결하여 생각을 글로 옮기는 것이 아니다. 필자는 글을 쓰는 과정에서 이를 다시 수정, 편집하거나 다듬기도 하고 새로운 생각을 덧붙인다. 즉 쓰기는 목적에 맞는 글을 완성해 나가면서 의미를 새롭게 이해하거나 정리하는 과정이다.

한국어교육 초급 단계에서는 목표 어휘나 문법을 사용하도록 하는 기계적인 연습이 대부분이지만, 고급으로 올라갈수록 내용을 적절하게 조직하고 그에 어울리는 담화 구조와 장르를 선택하여 쓰기를 수행할 수 있도록 지도해야 한다. 교사는 쓰기 과정을 고려하여 학습자가 숙달도에 알맞게 한 편의 쓰기를 완성할 수 있도록 과제를 제시해야 한다. 〈박석준〉

[참고문헌]

• 김선정 외(2010), 한국어 표현 교육론, 형설출판사.
• 최연희 편저(2009), 영어 쓰기 교육론: 원리와 적용, 한국문화사.
• 허용 외(2005), 외국어로서의 한국어교육학 개론, 박이정.
• 허재영(2010), 국어 쓰기 교육의 변천과 발전: 쓰기 교육 일반론과 대학 작문을 중심으로, 소통.
• Rohman, D. G. & Weleck, A. O. (1964), *Pre-writing the construction and application of models for*

concept formation in writing, Michigan State University.

■ 쓰기 오류

쓰기 오류는 학습자의 쓰기에 나타난 잘못된 문법이나 내용을 말한다.

쓰기 오류는 형태에 따라서 크게 문법적 오류와 내용적 오류로 나눌 수 있다. 문법적 오류는 잘못된 문법 사용으로 인해 문장이 올바르게 구성되지 않거나 의미가 잘 전달되지 않는 것을 가리키며, 내용적 오류는 글의 흐름을 방해하는 문장이나 내용 요소가 글의 이해도와 완성도를 떨어뜨리는 것을 말한다.

쓰기 오류에 대한 연구는 학습자의 작문에 대한 교사의 수정 효과를 연구한 것이 주를 이룬다. 코헨과 로빈스(A. D. Cohen & M. Robbins), 셈크(H. D. Semke) 등은 교사의 오류 수정이 도움이 되지 않는다고 보았으며 교사가 학습자의 문법적 쓰기 오류를 지적할 때 한 번에 길게 설명하는 것보다는 간단히 여러 번 설명하는 것이 더 효과적임을 밝혔다.

학습자의 쓰기 오류는 단순한 실수(mistake)와 구별되어야 하는데 우선 이를 위한 판단 기준이 필요하다. 따라서 교사는 학습자의 평소 학습 습관과 언어에 대해 이해하고 있어야 한다. 또한 과제의 난이도 및 학습의 수월성 등이 학습자의 쓰기 결과물에 영향을 줄 수 있기 때문에 교사는 지속적으로 다양한 쓰기 결과물을 관찰해야 한다. 반복적으로 나타나는 문제에 대해서는 그와 관련된 언어 내적 지식을 학습자가 바르게 이해하고 습득하였는지를 점검해야 한다. 만약 그것이 언어 외적 부분에서 기인한 문제라면 체계적인 쓰기 학습 과정을 설계해 주어야 한다. 한편 학습자 오류는 언어 습득 과정에서 자연스럽게 나타나는 현상일 수 있기 때문에 지나치게 문제에만 집중하면 학습이 지연되는 역효과가 나타날 수도 있으므로 주의한다.

학습자의 쓰기 오류는 쓰기 능력 향상을 위해 개선해야 할 부분을 체계적으로 보여주는 자료가 되며 오류 분석 및 처치에 대한 기초 이론이 그 바탕이 된다. 쓰기 오류에 대한 처치는 교정을 통해 이루어진다. 교정(校訂, correction)은 쓰기 결과물에 나타난 오류를 바로잡는 것이다. 쓰기 오류 교정은 먼저 오류가 고쳐야 하는 것인지 판단하고, 오류를 줄이기 위해 어떻게 문법 지도를 할 것인가에 대해 고민하는 과정을 거쳐 이루어진다.

쓰기 오류를 교정하는 방법은 말로 설명하는 방법과 글로 써 주는 방법이 있다. 말로 설명하는 교정은 교사와 학습자가 쓰기 결과물을 함께 보면서 잘된 점과 고쳐야 할 점을 확인하고 학습자가 제대로 이해했는지 여부를 그 자리에서 확인하는 것이다. 글로 써 주는 교정은 학습자의 작문에 대한 평가와 보충할 점을 써 주는 것으로 여백에 표시해 주는 방법, 화살표나 다른 기호를 사용해서 정확하게 다시 써 주는 방법 등이 있다.

한국어교육에서는 특정 언어권별로 학습자의 쓰기 오류를 분석하고 구분한 세밀한 연구부터 학습자 쓰기 오류에 대한 교사의 처치와 학습 개선을 위한 피드백 연구까지 다양하게 수행되었다. 〈이성준〉

→ 오류 분석

[참고문헌]
• Cohen, A. D. & Robbins, M. (1976), Toward assessing interlanguage performance: The relationship between selected errors, learners' characteristics, and learners' explanations, *Language Learning 26-1*, pp. 45~66.
• Semke, H. D. (1984), The effects of the red pen, *Foreign Language Annals 17-3*, pp. 195~202.

◻ 피드백

피드백(feedback)은 쓰기 오류를 개선하기 위하여 학습자가 쓴 작문을 평가하고 고쳐야 할 점 등을 알려 주는 것을 말한다.

피드백 연구는 오류 수정의 범위와 효과에 대한 논의에서 시작했다. 모든 오류를 수정해야 한다고 본 힉스와 클리포드(T. V. Higgs & R. Clifford)와 달리 페리스(D. Ferris)는 중요한 구문만 수정하는 것이 효과적이라고 주장하였다. 반면 셀린커(L. Selinker)는 피드백 자체에 긍정적 효과가 없다고 보았다.

피드백은 형태에 따라 분류할 수 있는데 그중 교사의 교정형 피드백(corrective feedback)이 가장 대표적이다. 이 외에도 녹음을 통해 이루어지는 피드백이나 협상(conference)을 통한 피드백이 있다. 또한 협동 학습을 활용한 동료 학습자의 피드백(peer feedback)도 있는데 학습자는 이를 통하여 텍스트에 대한 비평적 기술을 연마하고 자신의 작문을 비판적으로 분석하는 능력을 함께 기를 수 있다.

한편 학습자에게 피드백을 제시하는 방법에 따라서는 명시적 피드백과 암시적 피드백으로 나눈다. 명시적 피드백(explicit feedback)은 오류가 무엇인지를 학습자에게 직접 지적해 주는 방법으로 이 방법을 활용할 때 학습자의 오류가 빠르게 감소하는 경향을 보인다. 암시적 피드백(implicit feedback)은 학습자가 스스로 오류를 발견하고 수정할 수 있도록 하는 방법으로 이를 통해 학습자 중심의 수업이 가능하다.

교실 현장에서는 일반적으로 서면을 통한 피드백이 활발히 이루어진다. 이것은 가장 즉각적이며 유용한 피드백 방법 중 하나이다. 하지만 서면 피드백을 통해서 학습자 오류의 정확한 원인과 변이를 파악하기는 어려우며, 이를 보완하기 위해 오류 일지 쓰기와 교사 면담 등의 방법을 사용할 수 있다.

한국어교육 현장에서 학습자는 주로 교사와 동료 학습자로부터 피드백을 받는다. 교사는 피드백을 주기 전에 수행한 수업의 목표와 피드백의 목표를 확인해야 하며 쓰기 과정 중 어떤 단계에서 제공해야 하는 피드백인지를 알고 있어야 한다. 또한 어떤 형태로 피드백을 제공해야 하는지, 누가 피드백을 제공하는 것이 적절한지 고려하고 학습자가 피드백을 받은 후에 어떻게 해야 하는지까지도 안내해야 한다. 동료 학습자가 피드백을 줄 때에는 동료의 쓰기 결과물에 글을 쓴 목적과 의도가 분명히 드러났는지 확인해야 한다. 동료 피드백에서 주의할 점은 대부분의 학습자가 문법적 형태에만 주목하기 쉽다는 점이다. 그리고 집단 활동에 참여한 학습자 간 목적의식의 차이로 인해 부정적 피드백이 나타날 수도 있다.

한국어교육에서의 피드백 연구로는 학습자의 쓰기에 대한 교사의 피드백을 중심으로 학습자 간 피드백에 대한 연구, 피드백 제공 방법에 대한 연구, 피드백을 통한 다시 쓰기 등의 학습 전략에 대한 연구 등이 있다. 〈이성준〉

= 첨삭, 쓰기 오류 수정
→ 오류 분석

[참고문헌]
- 김미옥(2007), 쓰기 오류 수정에 관한 연구, *Foreign Languages Education 14-3*, 한국외국어교육학회, 429~451쪽.
- Ferris, D. & Roberts, B. (2001), Error feedback in L2 writing classes: How explicit does it need to be?, *Journal of Second Language Writing 10-3*, pp. 161~184.
- Higgs, T. V. & Clifford, R. (1982), The push towards communication, In T. V. Higgs. (Ed.), *Curriculum, competence, and the foreign language teacher*, National Textbook Company.
- Selinker, L. (1992), *Rediscovering interlanguage*, Longman.

■ 쓰기 전략

쓰기 전략(writing strategies)이란 학습자가 자신의 쓰기 활동을 성공적으로 진행하여 쓰기 능력을 향상시키기 위해 취하는 조치를 가리킨다.

언어 교수 학습에서 전략은 학습자가 효율적으로 학습하거나 정보를 기억하는 데 도움이 되는 방법을 말한다. 언어 학습에서 이 전략은 학습자가 능동적이고 자기 주도적으로 학습에 참여할 수 있게 하는 수단으로서 매우 중요하다.

레키(I. Leki)는 외국어 글쓰기 전략을 연구하여 이를 열 개로 범주화하였는데 그 쓰기 전략으로는 명료화하기(clarifying strategies), 초점 맞추기(focusing strategies), 과거 글쓰기 경험 이용하기(relying on past writing experiences), 모국어나 자국 문화 이용하기(taking advantage of first language or culture), 현재의 경험이나 피드백 이용하기(using current experience or feedback), 유사한 글쓰기 모형 찾기(looking for models), 현재나 과거의 제2 언어 학습에서 연습했던 글쓰기 활동 이용하기(using current or past L2 writing training), 교사의 요구 수용하기(accommodating teachers' demands), 교사의 요구 받아들이지 않기(resisting teachers' demands), 요구 사항 충족을 위해 관리하기(managing competing demands) 등이 있다.

반면 오말리와 피어스(J. M. O'Malley & L. V. Pierce)는 쓰기 전략을 쓰기 과정의 단계별로 다음과 같이 제시했다. 먼저 쓰기 전(pre-writing) 단계에서 사용하는 전략은 쓰기 전 주제 선정하기(formulate topics before writing stages), 주제에 대한 접근 고려하기(consider approach to topic), 주제에 관해 토의하기(discuss topic for writing), 글의 구성 또는 개요 짜기(outline or make schematic organizer) 등이다. 쓰기 중(while-writing) 단계에서 사용하는 전략은 쓰고 나서 다시 읽어 보기(monitor writing), 문장 다듬기(use adaptive techniques) 등이다. 마지막으로 쓰기 후(post-writing) 단계는 단어 수준에서 편집하기(edit: word-level changes), 문장 수준에서 수정하기(revise: sentence-level changes), 작문 수준에서 다시 쓰기(rewrite: composition-level changes), 다른 사람으로부터 피드백 받기(get feedback from others) 전략 등으로 구성된다. 이러한 전략들은 현재 한국어교육에서도 많이 사용하고 있으며 많은 연구들의 단계별 전략 구분도 크게 다르지 않다.

지금까지의 쓰기 전략은 주로 일반 목적 한국어 학습자를 대상으로 하였으나 2000년대 이후에는 학문 목적 한국어 학습자의 증가로 인해 학문 공동체에서 자주 사용하는 장르 교육이 주목받았다. 이에 따라 학문 공동체에서 사용하는 장르를 분석하고 그 특질을 반영한 장르 중심 쓰기 전략 연구가 이루어져 왔다. 〈박석준〉

= 쓰기 책략

[참고문헌]
- 여순민(2002), 고급 한국어 학습자의 글쓰기 전략 연구: '문제-해결' 글쓰기 중심으로, 연세대학교 석사학위논문.
- 최연희 외(2009), 영어 쓰기 교육론: 원리와 적용, 한국문화사.
- Leki, I. (1995), Coping strategies of ESL students in writing tasks across the curriculum, *TESOL Quarterly 29-2*, pp. 235~260.
- O'Malley, J. M. & Pierce, L. V. (1996), *Authentic assessment for English language learners: practical approaches for teachers*, Addision-Wesley Publishing Company.
- Oxford, R. L. (1990), *Language learning strategies: What every teacher should know*, 박경자·김현진·박혜숙 공역, 2003, 영어 학습 전략, 교보문고.

■ 쓰기 활동

쓰기 활동(writing activities)은 쓰기 능력 향상이라는 교육적인 목표를 성취하기 위해 이루어지는 문자 및 문장 이상의 텍스트를 생성하는 활동을 말한다.

쓰기 활동은 목표에 따라 실제적인 활동과 구체적인 활동으로 나눈다. 실제적인 활동은 일상생활 속에서 경험하는 일기 쓰기나 편지 쓰기와 같은 실용적인 목적의 쓰기 활동을 말하며, 구체적인 활동은 학습자의 글쓰기를 용이하게 하는 구체적인 연습 활동으로서의 쓰기를 말한다.

쓰기 활동에 참여하는 학습자는 학습한 내용을 쓰기를 통해 표현해 보는 연습을 한다. 한국어 수준에 따라 한글의 자음과 모음을 써 보는 것에서부터 학습을 통해 익힌 어휘와 문법을 활용하여 간단한 문장을 써 보는 활동, 짧은 글을 써 보는 활동, 논리적으로 연결된 긴 글을 써 보는 활동 등에 참여한다. 쓰기 활동에 참여할 때 학습자는 습득한 언어 지식을 알맞게 연결해야 하는데 이 과정에서 학습한 내용에 대한 총체적인 이해를 확인하고 표현해 보는 연습을 할 수 있다. 학습자는 문법과 어휘의 정확성과 적절성, 문장의 완결성, 어울리는 문맥 등을 고려하면서 쓰기 활동에 참여해야 한다.

쓰기 활동은 쓰기 능력을 형성하고 그것의 발전을 견인한다. 쓰기 교육은 쓰기 활동에 대한 교육과 동시에 쓰기 활동을 통한 교육을 의미한다. 레임스(A. Raimes)는 교사의 수업 방식과 학습자의 학습 방식에 따라 쓰기 활동을 교사의 통제를 받는 통제 작문(controlled writing), 교사의 통제보다는 학습자의 자율성을 부분적으로 보장하는 유도 작문(guided writing), 교사로부터 완전히 독립된 자유 작문(free writing)으로 나누었다. 이러한 분류에 대해 테일러(B. P. Taylor)는 그 활동 내용을 다음과 같이 자세히 설명하였다. 통제 작문에는 지시에 따라서 문장의 한 부분을 다른 언어로 바꾸거나 순서에 맞게 단어를 배열하는 연습, 두 문장을 하나로 합쳐서 쓰는 연습 등이 있다. 유도 작문은 간단한 문단을 하나의 모형으로 익힌 다음 유사한 내용으로 문단을 써 보는 활동이다. 자유 작문은 일정한 학습 목표 안에서 주어진 주제에 대해 학습자가 자신의 논리를 전개하는 활동이다. 한편 브라운(H. D. Brown)은 활동 유형에 따라 모방 쓰기, 통제또는 유도된 쓰기, 자율적 쓰기, 전시용 쓰기, 실제 쓰기 등으로 쓰기 활동을 나누었다. 구체적인 쓰기 활동의 예는 다음과 같이 정리할 수 있다.

(1) 모방 쓰기: 베껴 쓰기, 받아쓰기
(2) 통제 또는 유도된 쓰기: 그림·도표·사진 보고 쓰기, 어순 배열하기, 문장 확인하기, 문장 및 문단 연결하기, 질문에 대답하기, 지시대로 바꿔 쓰기, 빈칸 채우기, 문단 완성하기, 받아 적기식 작문, 모방해서 쓰기, 이야기 구성하기, 다시 쓰기
(3) 자율적 쓰기: 강의 요약하기, 쇼핑 목록 작성하기
(4) 전시용 쓰기: 단답형 문제 쓰기, 서술형 답안 쓰기, 읽고 요약하기, 학업 또는 연구 계획서 쓰기, 학술적 에세이 또는 보고서 쓰기
(5) 실제 쓰기: 편지 쓰기, 일기 쓰기, 요청서 쓰기

쓰기 활동은 학습자의 수준에 따라서 초급에서는 통제된 쓰기를, 고급에서는 자유로운 쓰기를 주로 제공하나 명확히 구분되는 것은 아니다. 초급 학습자가 심리적 안정과 자신감이 있을 때는 간단하면서도 자유로운 쓰기 활동을 할 수 있고, 고급 학습자의 반복되는 오류를 교정하기 위해서는 통제된 쓰기 활동을 할 필요가 있다.

한국어교육에서의 쓰기 활동에 대한 연구는 크게 교재에 나타난 활동에 대한 연구, 학습자의 특성과 요구에 따른 활동 연구, 활동 유형에 대한 연구 등이 있다. 특히 교재

에서의 초·중·고급 수준별 쓰기 활동에 대한 연구, 일반 성인이나 학문 목적 학습자, 다문화 가정 자녀 및 여성 결혼 이민자 등 학습자 특성에 따른 쓰기 활동에 대한 연구 등이 이루어지고 있다.　　　　　　　　　　　　　　　　　　　　　　〈이성준〉

[참고문헌]
- 김명원·탁진영(2008), 쓰기 활동의 유형 분석 및 학습자의 태도 분석: 중학교 2학년 한국, 일본 교과서 분석을 중심으로, 영어학 8-2, 한국영어학회, 231~249쪽.
- Brown, H, D. (2000), *Principles of language learning and teaching*, Longman.
- Raimes, A. (1983), *Techniques in teaching writing*, Oxford University Press.
- Taylor, B. P. (1981), Content and written form: A two-way street, *TESOL Quarterly 15-1*, pp. 5~13.

❏ 브레인스토밍

브레인스토밍(brainstorming)은 개인과 집단의 자유로운 토론으로 창조적인 아이디어를 이끌어 내는 활동을 가리킨다.

이는 경영학 분야에서 발생한 개념이지만 창의력에 초점을 둔다는 점에서 교육 영역에서도 활발히 사용하고 있다.

브레인스토밍은 쓰기 준비 과정에서 많이 활용한다. 학습자의 모든 경험과 지식 그리고 상상력을 활용하여 문법이나 철자에 신경쓰지 않고 자유롭게 생각을 써 보는 것이 창의적인 글쓰기 활동에 도움을 주기 때문이다. 학습자는 여러 가지 제약에서 벗어나 자유롭게 생각하며, 생각을 찾아가는 과정을 통해 부족한 내용이나 지식을 보충하고, 글의 내용을 효율적으로 구성하는 생각들도 발견한다. 또한 학습자 자신이 잘 알고 있는 것에 대한 구체적인 생각도 정리할 수 있다. 뿐만 아니라 교실에 있는 모든 학습자들이 주제에 대한 지식을 공유하며 수업에 참여하는 집단 활동도 가능하여 학습자가 혼자 생각하는 것보다 훨씬 더 많은 자료를 생성할 수 있다는 장점이 있다.

브레인스토밍은 다양한 생각이나 주제어를 관계에 따라 묶는 무리 짓기(clustering)와 생각나는 단어를 연속하여 나열하는 단어 은행(word bank), 중요한 단어들을 강조해서 시각화하여 제시하는 구획하기(mapping) 등의 방법이 있다.

〈무리 짓기의 예〉

한국어 쓰기 수업에서 브레인스토밍은 자신의 경험에서 시작하여 현재의 상태 그리고 앞으로의 변화에 대한 생각을 함께 정리하고, 정리한 목록을 평가하여 중요하거나

필요한 것을 살피는 과정을 반복하여, 학습자가 주어진 과제를 창의적으로 해결할 수 있도록 돕는다. 예를 들어 쓰기 전 단계에서는 주로 경험 말하기나 예측하기 같은 방법으로 활용한다. 학습자의 수준에 따라서는 초급 학습자는 익숙한 경험을 중심으로 하고, 고급으로 갈수록 예측이나 판단을 통한 브레인스토밍을 요구한다.

〈브레인스토밍 과정의 예〉

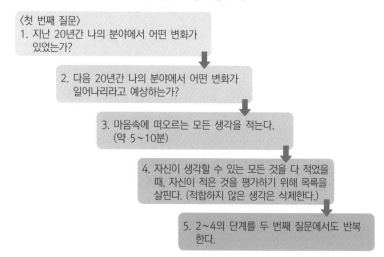

〈이성준〉

[참고문헌]
- Brown, H. D. (2007), *Teaching by principles: An interactive approach to language pedagogy*, Pearson Education.
- Geeraerts, D. & Cuyckens, H. (2010), *The Oxford handbook of cognitive linguistics*, 김동환 역, 2011, 인지 언어학 옥스퍼드 핸드북, 로고스라임.

❏ 프로젝트 학습

프로젝트 학습(project-based learning)은 실생활과 관련이 있는 복합적인 과제를 해결하기 위해 학습자가 계획, 문제 해결, 의사 결정, 조사 활동 등에 직접 참여하는 프로젝트로 구성된 학습 모형이다.

프로젝트 학습에서 프로젝트는 학습자가 배울 만한 가치가 있는 특별한 주제에 대해 깊이 있게 탐구하는 방법이자 교육 목표에 대한 접근 방법으로서 학습자의 탐구 과정, 성찰, 문제 해결, 자발성과 능동성을 강조한다.

블루먼펠드 외(P. C. Blumenfeld et al)는 프로젝트 학습을 구성주의적 혹은 탐구 중심 교육과정 모형으로 보며 학습자가 스스로 질문을 생성하고 학습 결과물을 개발하는 학습 방법이라고 정의했다. 한편 토마스 외(J. W. Thomas et al)는 프로젝트 학습을 학습자가 상당한 기간 동안 자율적으로 실제적인 결과물을 만들고 이에 대해 발표하는 활동으로 보았다. 또한 프로젝트 학습이 실제적인 학습 내용과 평가, 지시자가 아닌 촉진자로서의 교수자의 역할, 목표가 명백한 협력적 학습 과정과 성찰을 포함하는 교수 학습 방법이라고 한 모어선드(D. Moursund)의 견해도 있다.

프로젝트 학습 이론은 국내에서 유아 교육 및 초등 교육을 중심으로 연구되어 왔으며 프로젝트 학습 수행 시 언어의 각 기능을 골고루 사용한다는 장점 때문에 기능 통합적으로 활용된 경우가 많았다. 한국어교육에서 프로젝트 학습이 활발히 사용되는 영역은 쓰기인데 이와 관련하여 황미향은 프로젝트 쓰기 학습의 특징을 다음과 같이 밝혔다. 첫째, 학습자에게 자발적인 학습 활동의 장을 제공한다. 둘째, 학습자가 자신의 쓰기 활동을 자연스럽게 반성적으로 성찰하게 한다. 셋째, 긍정적인 쓰기 태도 형성에 효과적이다. 넷째, 쓰기 교실에서의 수준별 학습 실현에 도움이 된다.

프로젝트 학습은 학습자가 학습 과제에 몰두하게 하는 수단이나 방법이 된다. 그리고 학생의 개인차를 존중하고 자기 주도 학습 능력을 신장시키는 데 효과적이다. 인터넷을 활용하면 시간과 공간을 넘어선 협동 학습도 가능하다는 장점이 있다.

프로젝트 학습은 학습자가 기본적으로 갖추어야 하는 언어 기능을 습득한 상태일 때 유의미한 학습 방법이 될 수 있다. 프로젝트 학습을 통해서 학습자는 부족한 부분을 확인하기보다는 숙달된 부분을 활용하기 때문에 보충 학습의 대안이 될 수는 없다. 그리고 지식의 학습을 유도하기보다 학습자의 선택과 결과를 중시하기 때문에 학습자의 자발성을 요구한다는 어려움이 있다. 따라서 학습자의 자발성이 뒤따를 수 있도록 수업 구조가 뒷받침되어야 하므로 교사는 수업 상황을 철저히 대비하고 적절한 보충 자료를 제시해 주어야 한다.

한국어교육에서 프로젝트 학습은 주로 신문 만들기나 드라마 대본 쓰기 등과 같은 쓰기 활동을 중심으로 이루어져 왔다. 소집단이 함께 내용을 이어 쓰면서 글을 완성하는 활동을 그 예로 들 수 있다. 학습자들은 쓰기 활동에서 다룰 이야기에 대한 내용 사전에 학습한다. 그 후 전체 학습자들을 소집단으로 나누고 앞서 학습한 이야기의 대표적인 장면을 담은 그림을 서너 장씩 나누어 준다. 학습자들은 소집단 안에서 그림을 나누어 갖고 각 그림에 알맞은 설명을 쓰고 함께 읽으면서 앞서 배운 이야기와 일치하는 부분을 찾거나 빠진 부분은 없는지를 점검한다. 중급 이상의 학습자들은 소집단으로 발표를 준비하는 과정에서 함께 원고나 발표문을 준비하고 주제에 맞는 포스터나 영상을 만들면서 프로젝트 학습을 경험한다. 또한 웹 기반 프로젝트 학습을 수행하는 경우도 있다. 〈이성준〉

→ 구성주의

[참고문헌]
• 황미향(2009), 국어과 교수·학습 개선 방안: 쓰기 '맥락' 체험으로서의 프로젝트 접근법, 청람어문교육 39, 청람어문교육학회, 343~372쪽.

· Blumenfeld, P. C. et al. (1991), Motivating project-based learning: Sustaining the doing, supporting the learning, *Educational Psychologist* 26-3·4, pp. 369~398.
· Moursund, D. (1999), *Project-based learning using information technology*, International Society for Technology in Education.
· Thomas, J. W., Mergendoller, J. R. & Michaelson, A. (1999), *Project-based learning: A handbook for middle and high school teachers*, Buck Institute for Education.

☐ 언어 관련 일화

언어 관련 일화(言語關聯逸話, language related-episode: LRE)란 학습자가 쓰기 활동을 하는 가운데 부딪히게 되는 언어 문제, 즉 문법성 판단이나 철자 오류 등에 대하여 언급한 내용을 말한다.

학습자가 오류를 인식하고 이를 바르게 수정하거나 또는 수정하긴 하였지만 바르게 수정하지 못했거나 아니면 문제를 수정하기는 하였지만 명확한 지식을 근거로 문제를 수정하지 않은 경우 등이 이에 해당한다.

언어 관련 일화는 협동적 쓰기 과제를 통하여 수집할 수 있다. 딕토글로스(dictogloss) 과제를 예로 들어 설명하면 다음과 같다. 1차 모임에서는 학습자에게 특정한 주제의 문단을 두 번 읽어 준 후 문단을 재구성하는 연습을 하도록 한다. 2차 모임에서는 먼저 문법을 교수한 후에 문단을 두 번 읽어 준다. 그리고 두 명씩 짝을 이룬 학습자에게 문단을 재구성하도록 요청한다. 학습자는 문단을 재구성하는 과정에서 문법, 어휘, 철자, 담화 등의 언어적 문제에 부딪히고 직면한 문제를 해결하기 위하여 자신의 언어 지식을 동원하기도 하고 짝과 교환하기도 한다. 언어 지식의 동원과 교환이 활발하게 일어나는 대화를 수집했다면 그것이 언어 관련 일화가 된다.

언어 관련 일화는 연구 자료로서 가치가 높고 한국어교육에 유용한 교수 형태를 제안할 수 있기 때문에 중요하다. 먼저 연구 자료의 측면에서는 언어 관련 일화를 통하여 학습자가 자신의 언어 지식에 생긴 빈틈에 주목하는지, 주목하는 언어 항목은 무엇이고 무엇을 근거로 문장의 의미와 형태에 맞는 문법을 선택하는지 등을 알 수 있다. 교수법 측면에서는 협업 형태의 쓰기 과제를 개발할 수 있다. 언어 관련 일화를 생산하기 위해서는 학습자의 상호작용 활동이 필요하고 상호작용 활동은 자연스럽게 협업의 형태로 진행된다. 이러한 조건을 만족시킬 수 있는 교수 형태로 과제 중심 교수법이 제안되는데 구체적으로는 딕토글로스 과제, 텍스트 재구성화 과제, 직소(jigsaw) 과제 등이 있다.

한국어교육에서 언어 관련 일화를 연구 자료로 활용한 연구 성과로는 2009년에 수행한 정대현의 연구가 있다. 여기서는 학습자가 과제를 수행하면서 유의미한 발화를 생산하였으며 형태와 의미가 통합되는 증거들을 확인할 수 있었다. 또한 학습자는 특정한 문법에만 관심을 기울이는 것이 아니라 연결 어미, 종결 어미, 어휘, 철자, 발음과 같은 광범위한 영역에 관심을 가지는 것으로 드러났다. 정대현에 따르면 언어 관련 일화의 예는 다음과 같다.

(1) 가: 빠르게 인간관계? (어때요?)
    나: 안 돼요. 빠르게 부사(예요.)
    가: (인간관계를) 빠르게 맺는 데에는
    나: 맞아요.

위의 예를 고찰해 보면 학습자 간의 대화를 통해 부사인 '빠르게' 뒤에 동사가 온다는 문법 지식이 동원되고 교환되고 있다는 것을 알 수 있다. 이에 따라 학습자는 향후 동일한 상황에서 이 문법 지식을 적용하여 오류를 범하지 않았다.　　　　〈정대현〉
= 언어 지식 에피소드

[참고문헌]
• 정대현(2009), 출력 기능을 통한 한국어 형태 습득 연구: 메타 말과 언어 지식 에피소드를 중심으로, 한국어교육 20-1, 국제한국어교육학회, 161~182쪽.
• 정대현(2012), 정교한 주목하기와 제한된 주목하기가 한국어 쓰기 짝 활동에서 나타나는 양상, 국어교육학연구 45, 국어교육학회, 479~508쪽.
• Swain, M. & Lapkin, S. (1995), Problems in output and the cognitive processes they generate: A step towards second language learning, *Applied Linguistics 16-3*, pp. 371~391.

☐ 딕토글로스

딕토글로스(dictogloss)는 문법이 텍스트의 문맥 안에서 어떻게 사용되는지를 배우기 위한 과제 기반 활동이다.

딕토글로스는 영어에서 받아쓰기를 의미하는 단어인 'dictation'과 주석 또는 주해를 의미하는 'gloss'를 조어하여 만들어진 용어로 문법 받아쓰기(grammar dictation)라고 불리기도 한다.

딕토글로스의 목표는 다음과 같이 크게 세 가지로 나눈다. 첫째, 주어진 텍스트를 재구성하는 과정에서 학습자의 문법 생산 능력을 사용할 수 있는 기회를 제공한다. 둘째, 텍스트를 재구성하는 과정에서 학습자가 목표어에 대해 아는 것과 모르는 것을 찾아낼 수 있도록 장려한다. 셋째, 텍스트 수정을 통해 학습자 스스로 자신의 언어 사용을 정교화하고 향상시킨다. 이와 같은 목표는 전통적인 받아쓰기에서는 다루지 않았던 부분이다.

딕토글로스가 전통적인 받아쓰기와 다른 점은 다음 두 가지에 있다. 첫째, 전통적인 받아쓰기 활동에서의 쓰기는 단순히 받아 적는 전사의 개념으로서 학습자의 문법 능력에는 중점을 두지 않았다. 둘째, 받아쓰기는 개별 활동으로서 동료와 소통할 수 있는 기회가 없었다. 그러나 딕토글로스는 학습자의 문법 능력을 쓰기 활동을 통하여 확인할 수 있으며, 텍스트를 생성하기 위한 재구성 및 토의 단계를 통해 학습자 간 소통을 경험한다. 딕토글로스의 진행 절차는 아래 그림과 같다.

〈딕토글로스의 절차〉

먼저 학습자가 텍스트에 적응할 수 있도록 준비한다. 다음 받아쓰기 단계에서는 학습자의 수준에 맞는 분량의 텍스트를 교사가 2회 읽어 주는데, 학습자의 받아쓰기는 두 번째부터 시작한다. 받아쓰기 종료 후에는 교사가 불러 준 원(原) 텍스트의 의미에 부합하도록 소집단별로 각자의 정보를 교환하며 텍스트를 구성한다. 이후 마지막 단계에서는 원문과 소집단에서 생성한 텍스트를 비교한다. 이러한 절차를 통해 보았을 때 문법 받아쓰기는 듣고 받아 적은 후 토의를 통해 텍스트를 재구성하는 활동이라고 할 수 있다.

딕토글로스는 문법 교수와 기능 교수를 함께 도모할 수 있다는 장점이 있으며 아울러 특정 텍스트 교육에도 효과적이다. 특정 장르의 특징을 잘 나타내는 텍스트를 선정하여 문법 받아쓰기 활동을 하면 학습자는 텍스트의 유형이 지니는 특징을 잘 파악할 수 있게 된다.

딕토글로스는 의미 중심 기반의 언어 교수에서 형태 초점 접근법(focus on form: FonF)을 따르는 기법 중 하나로서 한국어교육에서는 2000년대 후반부터 딕토글로스를 수업에 적용하기 위한 방안, 이론 및 적용에 대한 연구가 시작되었다.　　　〈김인규〉

= 문법 받아쓰기

→ 형태 초점 접근법

[참고문헌]

• 김인규(2009), 학문 목적을 위한 한국어교육에서 '듣고 받아 적어 재구성하기(dictogloss)' 적용 방안 연구, 새국어교육 82, 한국국어교육학회, 51~72쪽.
• 박창순(1996), 듣기와 dictogloss 학습 지도법을 통한 영어 표현력 신장 방안, 박창순·김용식·이병순 편, 외국어교육 1996-2, 한국교원단체총연합회.
• Wajnryb, R. (1990), *Grammar dictation: Resource books for teachers*, Oxford University Press.

❏ 딕토콤프

딕토콤프(dicto-comp)란 받아쓰기(dictation)와 작문(composition)의 합성어로 학습자가 교사의 이야기를 듣고 제시어를 이용해서 내용을 재구성하여 쓰는 활동을 말한다.

딕토콤프는 학습자가 몇 차례 반복해서 들은 내용을 청각 기억의 확장을 이용하여 적도록 하여 원래의 글에 가깝게 재생산하는 것을 목표로 한다. 딕토콤프에 관한 초기 연구들은 쓰기 결과물인 글에 중점을 두었으나 1980년대에는 청각적 입력의 확장에 주로 관심을 두었다. 일슨(R. Ilson)은 학습자가 받아쓰기를 할 때 원문을 재생산하기 위해 자신이 찾거나 생각한 단어를 사용하는 과정을 작문으로 보고 이를 딕토콤프라고 하였다. 또한 딕토콤프를 학습자가 가지고 있는 일반적인 능력과 특수한 능력을 통합시키는 언어 활동이라고 본 클라인만과 셀렉만(H. H. Kleinmann & H. R. Selekman)의 논의도 있다.

딕토콤프는 수준별로 이루어진다. 초급에서의 딕토콤프는 먼저 새로운 문형을 포함하는 기초 모형을 제시하고 그 형태와 의미를 설명한 후 내용 조직 방법에 대한 간단한 토의 과정을 거친 다음에 문장 만들기를 연습한다. 중·고급에서는 기초적인 언어 능력 이상의 의사소통 능력을 중시하기 때문에 지시, 정의, 대조, 비교, 분류, 요약 등의 수사학적 유형에 대해 인식하고 조직하는 문형 연습을 한다. 이때 학습자들은 기본적인 수사학적 유형에 대한 학습과 대강의 개요에 대한 인식을 우선 갖추고 있어야 한다.

딕토콤프의 장점은 다음과 같다. 첫째, 전체 단락의 의미와 계속성에 유의하면서 통제된 구조를 연습할 수 있다. 둘째, 교사가 목표로 하는 어휘나 구조를 강화할 수 있을 뿐만 아니라 복습 및 평가, 연구나 조사에 대한 자극을 줄 수 있다. 셋째, 담화 능력을 활성화하기 때문에 말하기나 듣기 능력 신장에 도움이 된다. 넷째, 통제된 구조에서 연습하므로 학습에 대한 성취감을 높인다. 다섯째, 단락 중심으로 연습하기 때문에 최소 대립어나 동음이의어를 쉽게 구별할 수 있다. 딕토콤프의 단점으로는 첫째, 원활한 활동이 가능할 때까지 다양한 문형 연습이 필요하다. 둘째, 활동에 많은 시간이 걸린다. 셋째, 활동 양식과 특징을 이해하는 데 많은 연습이 필요하다.

딕토콤프의 절차는 다음과 같다. 대여섯 줄 내외의 짧은 글이나 이야기를 학습자들에게 들려준 후에 내용을 칠판이나 카드로 제시하고 다시 한 번 글을 읽어 준다. 학습자들은 2차로 들은 것을 바탕으로 제시어들의 위치를 정한다. 그리고 교사는 한두 차례 더 글을 읽어 학생들이 글을 완성하도록 한다. 활동을 마친 후에 교사는 점검을 위해서 다시 한 번 글을 읽어 줄 수 있으며, 마지막으로는 확인을 위해 글의 전부를 칠판에 써 주면 학습자들은 자신의 글과 비교하면서 수정한다.

수업에서 딕토콤프는 초급 학습자의 문장 생성이나 받아쓰기의 확장 활동으로 활용한다. 한국어교육에서는 형식 중심의 딕토콤프에 대한 연구보다는 학습자의 참여와 협동 학습이 중심이 되는 딕토글로스에 대한 연구가 더 활발하다. 〈이성준〉

[참고문헌]
• 최규숙(1991), Dicto-comp를 통한 쓰기 능력 향상에 대한 연구, 전북대학교 석사학위논문.
• Ilson, R. (1962), The dicto-comp: A specialized technique for controlling speech and writing in language learning, *Language Learning 12-4*, pp. 299~301.
• Kleinmann, H. H. & Selekman, H. R. (1980), The dicto-comp revisited, *Foreign Language Annals 13-5*, pp. 379~383.

❑ 받아쓰기

받아쓰기(dictation)는 학습자가 들은 내용을 어휘, 문장 또는 담화 단위 그대로 적는 활동을 말한다.

듣기와 쓰기 교육에서 특히 많이 사용되는 받아쓰기는 듣기 능력의 신장 여부를 파악할 수 있기 때문에 학습자의 이해 능력과 표현 능력을 모두 다룰 수 있는 통합적인 활동이다.

받아쓰기는 단순하게 들은 것을 그대로 적는 활동이기보다는 들은 내용을 음운 및 철자로 인식하고 문법적·의미적으로 파악한 후에 문자로 산출해 내는 통합 활동의 하나라고 볼 수 있다. 그러한 측면에서 받아쓰기는 학습자의 의사소통 능력을 평가할 수 있는 통합 평가 방안의 하나라고 볼 수 있다.

받아쓰기는 크게 전체 받아쓰기와 부분 받아쓰기의 두 가지 유형으로 나뉜다. 전체 받아쓰기는 학습자가 듣기 활동을 통해 입력되는 들은 내용 전문을 모두 받아 적는 활동이다. 들은 내용 전부를 똑같이 받아 적기 때문에 학습자에게는 부담이 큰 활동이다. 한편 학습자가 듣게 되는 전문이 전시 학습에서 배운 내용을 포함하므로 학습자의 듣기 능력과 쓰기 능력을 포괄적으로 측정할 수 있다. 부분 받아쓰기는 학습자가 듣는 내용 가운데 특정 부분을 받아 적는 활동으로서 학습자가 반드시 알아야 할 중요한 부분을 교사가 선정하여 들려주고 이를 받아 적게 한다. 한국어교육에서는 조사, 담화 표지 등과 같이 내용의 의미를 결정하는 문법 및 표현 학습에 사용할 수 있다. 이 외에 단어 차원으로 또는 두세 음절로 구성된 불완전한 문장도 받아쓰기의 대상이 될 수 있다. 중요한 것은 학습자가 무엇을 듣고 어떻게 받아 적는가에 있으며 이를 통해 학습자의 언어 능력을 효과적으로 파악하는 것이다.

교사는 학습자가 받아쓰기를 통해 듣기 및 쓰기 능력을 신장할 수 있도록 받아쓰기의 유형, 텍스트 선정 등에 주의를 기울여야 한다. 즉 유의미한 받아쓰기가 되도록 받아쓰기의 내용을 구성한다. 특히 교사의 육성으로 받아쓰기가 진행될 때는 음성의 고저, 휴지, 발음 등의 항목에 유의한다.

한국어교육 현장에서는 받아쓰기 활동이 이루어지고 있으나 이에 대한 체계적인 연구는 매우 드문 편이다. 〈김인규〉

[참고문헌]
• 김영숙 외(2004), 영어과 교육론 2: 교과 지도법, 한국문화사.
• 최선숙(2002), 받아쓰기와 Dictogloss 학습 지도법을 활용한 영어 듣기 기능 향상 방안, 공주대학교 석사학위논문.
• Oller, J. W. (1972), Dictation as a test of ESL proficiency, In H. B. Allen. & R. N. Cambell. (Eds.), *Teaching English as a second language: A book of readings*, pp. 346~354, McGraw-Hill Higher Education.

☐ 모방 쓰기

모방 쓰기(imitative writing)는 학습자가 자립적인 쓰기(independent writing)를 하기에 앞서 예시 글(sample text) 또는 원본 텍스트(original text)에서 형식, 표현, 내용 등을 본떠 쓰는 것을 말한다.

모방은 제1 언어 습득뿐만 아니라 제2 언어 습득에서도 중요한 역할을 한다. 인간은 모두 모방을 통해서 언어를 배우기 시작하기 때문이다. 언어 습득 과정에서 모방과 습관 형성을 중시했던 행동주의적 관점에서 입력은 모방이며 산출은 모방의 결과라고 여기기까지 하였다.

제2 언어 쓰기에서도 그 기초가 되는 것은 모방이라 할 수 있다. 그런데 이러한 모방 학습은 반복적이고 기계적인 훈련만을 강조하여 학습자의 흥미를 떨어뜨리고 쓰기의 결과인 글 자체만을 강조했다는 비판을 받았다. 그러나 모방 쓰기는 처음부터 자립적으로 글을 쓸 수 없는 학습자가 예시 문장이나 글의 내용, 조직, 작성 방식 등에 기대어 새로운 글을 쓸 때 쓰기의 어려움을 덜 느끼게 해 준다는 점 때문에 쓰기 교수 학습에서 지속적으로 활용되어 왔다. 또한 단순히 예시 글을 그대로 베끼는 차원의 모방에서 벗어나 학습자가 자신의 생각, 느낌, 의견 등을 표현할 때 모방 대상을 창조적으로 응용하게 해 주는 쓰기 전략으로서도 주목받았다.

모방 쓰기는 학습자의 수준과 수업의 목표에 따라 표층 차원의 모방 쓰기와 심층 차원의 모방 쓰기로 나눌 수 있다. 표층 차원의 모방 쓰기에는 단순한 써 보기로서 초급 수준에서 글자나 문장 부호를 정확히 쓰게 하는 것, 어휘나 문장을 올바로 베껴 쓰도록 하는 것, 빈칸을 채우거나 양식을 완성하게 하는 것 또는 한두 단어를 받아쓰게 하는 것 등이 속한다. 이때 의미나 맥락 등은 부차적인 것이다. 이에 비해 심층 차원의 모방 쓰기는 주로 중급 이상의 수준에서 텍스트를 대상으로 하여 필자의 문체나 글의 조직 방법, 특정 장르의 형식 등을 모방하는 쓰기이다. 이러한 모방 쓰기는 학습자가 새로운 글을 창조해 내기에 앞서 기반 지식을 구축하게 하는 기능을 한다. 이때에는 글의 의미나 맥락 등도 주요 고려 사항이 된다.

한국어교육에서 모방 쓰기는 쓰기 교수 학습의 시작 단계에서 정확한 글쓰기를 준비하게 하는 데 충분히 의미가 있는 활동이다. 그리고 한 발 더 나아가 단순한 모방의 차원을 넘어 자립적인 쓰기의 전 단계 활동으로서도 활용할 수 있다. 특히 장르 중심 쓰기의 중요성이 커지고 있는 상황에서 모방 쓰기의 가치도 재발견되어야 한다.　　　〈진대연〉

= 모방해 쓰기, 모방형 쓰기, 모방적 글쓰기

→ 행동주의, 입력, 산출

[참고문헌]
• Brown, H. D. (2004), *Language assessment: Principles and classroom practices*, Longman.
• Brown, H. D. (2006), *Principles of language learning and teaching*, Pearson Education.

• Brown, H. D. (2007), *Teaching by principles: An interactive approach to language pedagogy*, Pearson Education.
• Kaplan, R. B. (Ed.) (2002), *The Oxford handbook of applied linguistics*, Oxford University Press.

❏ 유도 작문

유도 작문(誘導作文, guided composition)은 학습자가 교사로부터 쓰기에 도움이 되는 단어나 그림 또는 특정한 형식, 장르, 화제 등을 제공받아서 쓰는 활동으로 교사의 지시 또는 보조를 전제로 하는 일종의 지시된 쓰기(directed writing)이다.

유도 작문 활동은 과정 중심 쓰기가 등장하기 훨씬 전부터 다양한 형태로 쓰기 지도에 폭넓게 활용되어 왔다. 그런데 과거에는 유도 작문과 관련된 연습들이 구조적 교수 요목의 틀 속에서 맥락이 배제된 방식으로 제시되곤 하였기 때문에 일부에서는 아직도 유도 작문이 기계적이고 비의사소통적인 활동에 불과하다는 부정적인 인식을 가지고 있다. 그러나 유도 작문은 학습자가 어려워하는 언어 자질에 관심을 집중하고 문법 구조의 활용을 연습하는 등 학습자가 자신의 아이디어를 표현하는 새로운 방법을 익히는 데 기여하는 바가 크기 때문에 여전히 널리 쓰이고 있다. 또한 의사소통 중심 쓰기 과제에서도 예비 쓰기(pre-writing), 고쳐 쓰기(revising), 편집하기(editing) 과정의 구성 요소로서 활용된다.

유도 작문은 통제 작문과 자유 작문의 중간 단계에 해당한다. 유도 작문은 1980년대 중반 힐록스(G. Hillocks)와 애플비(A. N. Applebee) 등이 환경 관련 유형(environmental mode) 또는 구조화된 과정(structured process)의 지향이라 칭한 쓰기 지도 접근법에 기반한다. 이러한 접근법에서 교사는 특정 과제를 조직하고 학생들이 작문 과정에 참여할 수 있도록 하고 해당 과제의 해결에 중요한 일정 형태의 쓰기를 연습하도록 돕는다. 또한 이때 모범 글을 사용하거나 소집단 상호작용을 할 수 있다.

유도 작문의 대표적인 유형은 구조화 연습이다. 구조화 연습의 예로는 대화를 이야기로 만들기, 텍스트 보충하기, 그림과 관련된 어휘나 문장을 이용해 텍스트 만들기, 관점이나 형식이 다른 텍스트로 변환하기 등이 있다. 그 밖에 학습 주제 또는 장르와 관련된 받아쓰기(dictation)나 딕토콤프(dicto-comp) 등도 활용 가치가 큰 편이다.

한편 유도 작문과 유사 개념인 유도된 쓰기(guided writing)는 보다 넓은 의미로 사용되기도 한다. 유도된 쓰기는 교사가 학습자와 함께 완수할 과제에 필요한 언어를 제공하는 것만으로도 가능하다. 예를 들어 '이런 표현으로 시작하는 것이 어떨까요?'와 같은 제안, 동의나 비동의 또는 어떤 도움이 필요한지에 대한 물음 등이 포함될 수 있다. 유도된 쓰기 수업을 효과적으로 진행하기 위해서는 학습자의 요구에 대한 면밀한 관찰, 소규모 학습 환경, 교사의 전문성 등이 요구된다. 그런데 이와 관련된 인식이나 준비가 부족할 경우 다시 기계적이고 비의사소통적 활동에 머무르게 될 공산이 크다는 것이 한계다.

한국어 쓰기 교육에서 유도 작문 또는 유도된 쓰기는 초급 수준의 문장 결합이나 받아쓰기 등에서부터 중급 수준 이상의 텍스트 구성하기, 장르 중심 쓰기 등에 이르기까지 포괄하는 범위가 넓다. 유도 작문은 통제 작문과 자유 작문 사이에 위치한 어중간한 활동이 아니라 교사의 유도나 안내가 필요한 여러 생산적인 활동과 연결된다는 점에서 한국어 쓰기 교수 학습 활동으로서의 활용 가능성과 가치가 크다. 〈진대연〉

= 유도적 작문

[참고문헌]

• Applebee, A. N. (1986), Problems in process approaches: Towards a reconceptualization of process instruction, In A. R. Petrosky. & D. Bartholomae. (Eds.), *The teaching of writing*, National Society for the Study of Education.
• Celce-Murcia, M. (Ed.) (2001), *Teaching English as a second or foreign language*, Heinle & Heinle Publishers.
• Hadley, A. O. (2001), *Teaching language in context*, Heinle & Heinle Publishers.
• Hillocks, G. (1986), *Research on written composition: New directions for teaching*, National Conference on Research in English.
• Kast, B. & Jenkins, E. M. (1999), *Fertigkeit Schreiben*, Langenscheidt.

❏ 자유 작문

자유 작문(自由作文, free writing)이란 학습자들의 경험과 사고 활동을 극대화하여 수정 과정을 거치지 않고 자신의 생각을 자유롭게 표현하는 쓰기 활동을 말한다.

자유 작문을 통해 학습자는 언어를 창조적으로 사용하며 풍부한 언어 사용 경험을 쌓게 된다. 문법적 또는 수사적 제한이 없으며 학습자 스스로 내용을 구성하고 그 사이에 나타나는 쓰기 오류에 집착하지 않는다. 자유 작문의 핵심은 수정을 하지 않는다는 것이다.

자유 작문은 통제 작문 중심으로 이루어지던 작문 교육의 전통에서 벗어나 새롭게 제안된 활동이다. 자유 작문이라는 개념을 제안한 엘보우(P. Elbow)는 이를 즉흥적인 글쓰기라고 부르며 이 활동이 글쓰기 자체보다 필자의 생각이 무엇인지에 집중하여 그것이 보다 명확하게 드러나게 하는 방법임을 밝혔다. 쓰기 이론의 입장에서 자유 작문이 마지막에 완성되는 텍스트에 중요한 영향을 미친다고 본 헤이즈(J. R. Hayes)는 개요를 먼저 작성하는 방법, 상호작용적 글쓰기, 초고 쓰기 전략 등이 완성된 글에 영향을 줌을 밝혔다.

자유 작문은 통제 작문과 달리 교사의 지시에 따라서 이루어지지 않는다. 자유 작문을 할 때 학습자는 스스로 주제에 맞는 문장들을 연관성 있게 써야 하며 쓰려고 하는 내용과 사용하는 언어의 형식적인 특성이 잘 호응하고 있는지를 고려해야 한다. 초고에서 학습자는 자신이 쓴 내용을 반성적으로 인식하고 초고를 다시 작성하거나 이후의 글을 작성할 때 지난 작문 활동에서 경험한 사고 과정을 바탕으로 새로운 작문 활동을 시작하게 된다.

자유 작문은 학습자의 경험과 개인적인 사고력으로부터 많은 영향을 받는다. 따라서 학습자는 자유 작문 과정을 통해 가장 자연스럽게 자신을 표현할 수 있으며 더 좋은 아이디어를 발견할 수 있다는 장점이 있다. 하지만 학습자의 성향과 작성해야 하는 글의 종류에 따라서 그 효과가 달라질 수 있기 때문에 자신감이 없거나 사전이나 기타 자료에 많이 의지해야 하는 상황, 모어로 된 자료를 참고하는 상황, 글의 중심 생각이 바뀐 상황에서는 학습자가 어려움을 겪을 수 있다.

한국어교육에서는 주로 학습자의 쓰기 활동을 관찰할 때 연구의 방법으로서 자유 작문을 활용해 왔다. 〈이성준〉

= 즉흥적인 글쓰기

[참고문헌]
• Elbow, P. (1989), Toward a phenomenology of freewriting, *Journal of Basic Writing 8-2*, pp. 42~71.
• Hayes, J. R. (2006), New directions in writing theory, In C. A. MacArthur., S. Graham. & J. Fitzgerald. (Eds.), *Handbook of writing research*, pp. 28~40, Guilford Press.

■ 쓰기 지도

쓰기 지도(writing instruction)는 문자 언어의 표현 기능인 쓰기와 관련된 제반 능력을 신장하기 위하여 가르치는 일련의 행위를 말한다.

쓰기 능력은 맞춤법, 띄어쓰기 등 표기와 관련된 능력에서부터 문장의 생성, 연결 등과 관련된 능력 그리고 텍스트의 조직, 배치 등 담화나 장르와 관련된 능력에 이르기까지 다양한 하위 능력을 포함한다. 쓰기 능력은 여러 하위 능력들이 결합되어 나타나는 언어의 종합 운용 능력이지만 실제 쓰기 지도는 학습 단계별로 중시되는 개별 하위 능력들의 신장에 초점을 맞추어 구성되는 경우가 많다.

쓰기 지도에 대한 접근법 또는 관점은 언어, 텍스트, 과정, 장르 등을 중심으로 형성되어 왔다. 오늘날 쓰기 지도 접근법이라 일컫는 몇 가지 관점들이 출현하기 이전에는 정확한 문장들을 생성하여 응결성(cohesion) 있게 연결하는 문장 구성 능력이 쓰기에서 가장 중시되었다. 언어 중심 접근법(language-based approach)이라 할 수 있는 이러한 관점에서는 문장의 정확성과 글의 명확성에 대한 기준이 엄격한 것이 대표적인 특징이다.

이에 비해 결과 중심 접근법(product-oriented approach)이라고도 하는 텍스트 중심 접근법(text-based approach)은 텍스트를 문장들의 단순한 결합 이상으로 보는 담화 분석에 의지하여 텍스트의 구조에 대한 명시적인 지도를 강조하였다. 1960년대까지 쓰기 지도의 주류 관점이었던 이 접근법에서는 특정 텍스트의 유형을 분석하고 모방함으로써 원본 텍스트를 재생한 후 다른 내용의 유사 텍스트를 만들게 하는 것이 교수 학습의 주요 목표였으며 이렇게 완성된 텍스트를 평가하는 것이 교사의 중요한 과제였다.

그러나 1960년대 중반부터 실제로 쓰기가 어떤 방식으로 생성되는지를 탐구해야 한다는 주장들이 대두되면서 학습자의 쓰기 과정에 관한 정보의 수집 방안들이 제안되었다. 1980년대 들어 본격적으로 유행하기 시작한 과정 중심 접근법(process-based approach)

에서는 텍스트가 완성된 결과물이 아닌 창조적인 과정으로부터 나오는 것이라고 본다. 이러한 과정은 계획하기, 원고 쓰기 및 다시 쓰기, 검토하기, 완성하기 등을 포함하며 회귀적(cyclical)으로 이루어진다. 과정 중심 접근법의 쓰기 지도에서는 학습자 스스로 쓰기의 목적을 이해하고 쓰기 전략을 개발하도록 유도한다. 또한 유기적으로 연결되는 교실 활동을 통해 학습자가 자신의 원고를 작성해 가면서 교사나 동료와 계속적으로 소통하게 한다. 그런 점에서 과정 중심 접근법은 쓰기를 필자가 특정 목적을 가지고 독자와 상호작용하는 의사소통 행위로 보는 의사소통 중심 교수법과 상통하는 부분이 많다.

1980년대 이후부터 주목을 받기 시작한 장르 중심 접근법(genre-based approach)에서도 쓰기의 사회적 목적을 전면에 내세운다. 이 접근법은 특정한 사회 문화적 맥락 안에서 통용되는 특정 목적들이 만드는 특정 텍스트 유형의 구조, 즉 장르를 중심으로 쓰기를 지도해야 한다는 관점이다. 장르 중심 쓰기 지도는 분석과 모방을 위한 모범 텍스트로 시작하기 때문에 결과 중심 쓰기 지도와 큰 틀에서는 비슷해 보이지만 모범 텍스트들이 그 사용 맥락과 밀접하게 연결되고 기능적인 면에서 분석된다는 점이 다르다. 이 접근법은 특히 학문 목적의 쓰기 지도에 영향을 미쳤다.

실제 쓰기 지도에서는 이러한 접근법들이 공존할 수 있으며 능숙한 교사는 이들을 적절히 혼합하기도 한다. 예를 들어 학습자가 쓰고 싶은 바를 발견하도록 격려하는 단계에서는 과정 중심적으로 지도하고 이후 단계에서는 모범 텍스트를 제공하여 학습자가 이를 언어 항목의 자료나 최종 산출물 작성의 견본(template)으로 활용하게 한다. 또한 문장 연결하기나 공식적인 스타일 사용하기 등과 같이 개별 접근법에서 중시하는 특정한 하위 기능의 연습들을 선별하고 이들을 적절히 혼합하여 지도할 수 있다. 이렇게 쓰기 지도에 두 가지 이상의 접근법을 혼합하는 방식을 절충식 쓰기 지도라고 한다.

제2 언어 학습자를 위한 쓰기 지도는 학습의 초기 단계부터 이루어지는 것이 바람직하다. 특히 모어 쓰기 능력을 이미 습득한 학습자라면 듣기, 말하기, 읽기와 함께 쓰기를 지도하는 것이 효과적이다. 그리고 어떤 접근법을 중심적으로 채택하건 간에 종합적인 쓰기 능력을 신장하기 위해서는 표기 지도, 짧은 글짓기 지도, 작문 지도가 꾸준히 병행되어야 한다. 이때 교사는 안내자와 평가자로서 학습자의 쓰기 과정과 결과물에 대해 적절한 피드백을 주어야 한다.

그 밖에도 교사는 쓰기 지도를 위하여 교수 학습의 목적, 대상, 환경 등 여러 가지를 고려해야 한다. 브라운(H. D. Brown)은 쓰기 지도 시 교사가 견지해야 할 몇 가지 대원칙을 쓰기 지도를 위한 원리로 제시한 바 있다. 구체적인 내용은 다음과 같다. 첫째, 글을 잘 쓰는 이들의 습관을 교수 기법에 포함한다. 둘째, 과정과 결과의 균형을 맞춘다. 셋째, 문화적 또는 문학적 배경을 설명한다. 넷째, 읽기와 쓰기를 연계한다. 다섯째, 실제성 있는 쓰기 활동을 최대한 많이 부여한다. 여섯째, 예비 쓰기, 원고 쓰기, 고쳐 쓰기의 각 단계별로 교수 기법의 기본 틀을 구성한다. 일곱째, 가능한 한 상호작용적인 교수 기법을 제공하도록 한다. 여덟째, 학습자의 글에 대한 반응 및 수정 방법을 세심하게 적용한다. 아홉째, 학습자에게 쓰기의 수사적, 형식적인 관습들을 명확하게 지도한다.

한국어교육에서도 최근 들어 쓰기 지도에 다양한 관점과 방법이 도입되는 추세이기는 하지만 실제 교수 학습 현장에서는 아직까지도 쓰기 능력 자체의 신장을 위한 지도보다는 쓰기를 통해 전반적인 언어 능력의 신장을 확인하는 데 치중하는 경향을 보인다. 그러나 쓰기 지도와 관련한 최신 이론들이 지속적으로 소개되고 다양한 교수 기법들이 적용되고 있기 때문에 앞으로 한국어 쓰기 지도의 수준도 한층 더 높아질 것이다. 특히 한국어 학습자의 쓰기 과정과 결과물에 대한 연구들이 축적되고 있다는 점이 주복할 만한 현상이다. 〈진대연〉

→ 응결성, 담화 분석

[참고문헌]
• 한재영 외(2005), 한국어 교수법, 태학사.
• Brown, H. D. (2007), *Teaching by principles: An interactive approach to language pedagogy*, Pearson Education.
• Celce-Murcia, M. (Ed.) (2001), *Teaching English as a second or foreign language*, Heinle & Heinle Publishers.
• Thornbury, S. (2006), *An A-Z of ELT: A dictionary of terms and concepts used in English language teaching*, Macmillan Education Austrailia.

■ 쓰기 평가

쓰기 평가(writing assessment)는 언어의 네 가지 기능 중 문자 언어 표현 기능인 쓰기와 관련된 제반 능력을 평가하는 일련의 행위를 의미하며 좀 더 포괄적으로는 쓰기 교수 학습을 개선하기 위한 교육과정 전반 또는 일부 구성요소의 평가를 뜻하기도 한다.

1960~1970년대를 거치면서 쓰기 지도에 대한 관점이 결과 중심 접근법(product-oriented approach)에서 과정 중심 접근법(process-oriented approach)으로 전환됨에 따라 쓰기 평가도 학습자가 완성한 텍스트에 대한 평가에서 텍스트를 산출해 가는 과정에 대한 평가로 그 초점이 이행되었다. 즉 필자의 의미 구성 행위와 이에 영향을 미치는 사회적 요인이 텍스트 자체보다 중시되는 방향으로 쓰기 평가의 관점도 변화하였다. 이러한 변화는 제2 언어 쓰기가 주로 구어 사용 패턴, 문법, 어휘 등을 보조하고 강화하는 기능을 한다고 보았던 전통적인 관점이 제2 언어 쓰기도 그 자체로서 가치 있는 체계가 있다는 견해로 대체되는 양상과도 맥을 같이한다.

쓰기 평가의 목적은 크게 두 가지로 살펴볼 수 있다. 하나는 학습자의 쓰기 능력과 관련된 정보를 파악하여 그 능력을 추정하는 것이며, 다른 하나는 그 추정에 근거하여 쓰기 교수 학습을 개선하기 위한 교육적인 결정을 내리는 데 있다. 이러한 목적은 학습

자가 문자 언어로 자신의 생각이나 감정을 적절히 표현할 수 있는 능력을 기르고 이를
통해 사고력을 신장시키려는 쓰기 교육의 목표 달성 여부를 확인하는 것뿐만 아니라,
평가에 의해 얻게 되는 정보를 통해 학습자의 현재 상태와 발달 가능성을 판단하여 궁
극적으로는 교육과정의 개선을 도모하는 것으로 이어진다.

쓰기 평가의 내용과 범주는 쓰기 능력의 본질을 무엇으로 보느냐에 따라 달라질 수
있다. 쓰기의 형식이나 정확성을 강조하는 입장에서는 정형화된 수사적 규칙의 적용과
정확한 문법의 사용을 중점적으로 평가해야 한다고 본다. 이에 비해 필자 나름의 의미
구성 행위를 중시하는 입장에서는 아이디어의 생성, 조직, 표현 등 필자가 내용이나 의
미를 만들어 가는 과정의 평가에 초점을 둔다. 이러한 입장에서는 쓰기를 문제 해결의
과정이라고도 보기 때문에 쓰기의 목적, 대상, 상황 등에 맞게 쓰기 과제를 파악하고
해결하는 과정에도 주목한다.

그런데 실제 한국어 쓰기 평가에서는 교실 단위의 일부 소규모 평가 상황을 제외하고
쓰기의 과정이나 절차보다는 중간 또는 최종 산출물과 관련된 평가에서 크게 벗어나지
못하고 있다. 이때 자주 사용되는 평가 범주 설정 방식에는 크게 세 가지가 있다. 첫째
는 맞춤법, 어휘 사용 능력, 문법 활용 능력 등을 포괄하는 문법 관련 범주와 문장 구
성 능력, 대화 구성 능력, 이야기 구성 능력 등을 포괄하는 담화 능력 범주로 양분하는
방식이다. 둘째는 내용, 조직, 담화, 통사, 어휘, 표기 등의 6대 항목을 기반으로 평가의
초점에 따라 가중치를 적용하는 방식이다. 셋째는 한국어능력시험(Test of Proficiency
in Korean: TOPIK)의 쓰기 영역에서 채택한 바와 같이 내용 및 과제 수행, 글의 전개
구조, 어휘·문법·맞춤법 등의 언어 사용, 사회 언어학적 격식 등의 4대 범주를 수용하
는 방식이다. 이러한 평가 범주들은 쓰기 평가 문항을 개발하고 채점 척도를 설정할 때
그 근거 및 검토 기준 등으로 활용된다.

쓰기 평가의 방법은 일반적인 언어 평가에서 두루 사용되는 방법과 언어 평가 중 주
로 쓰기 평가에 적용되는 방법으로 나누어 볼 수 있다. 전자의 대표적인 예로는 성취도
평가와 숙달도 평가, 소규모 평가와 대규모 평가 등을 꼽을 수 있다. 한국어 교실 수업
의 쓰기 평가는 성취도 평가와 소규모 평가의 형태로 나타나는 경우가 많으며 숙달도
평가와 대규모 평가는 대개 한국어능력시험과 같이 불특정 다수의 수험자를 대상으로
행해지는 표준화 평가와 관련된다. 이에 비해 결과 평가와 과정 평가, 직접 평가와 간
접 평가 등은 후자에 속하는 전형적인 방법이다. 결과 평가는 최종 과제물이나 시험과
같이 완성된 쓰기 결과물을 평가 대상으로 삼지만 과정 평가는 중간 결과물들이나 관
찰, 사고 구술, 질문, 면담 등과 같이 쓰기 과정을 추정할 수 있는 자료와 방식을 통해
이루어진다. 과정 평가의 대표적인 예로는 포트폴리오 평가와 사고 구술법 등을 들 수
있다. 직접 평가와 간접 평가는 학습자의 반응 유형에 따라 구분한 것으로 직접 평가는

개요 쓰기, 문단 쓰기, 자유 작문 등과 같이 실제로 드러나는 쓰기 능력을 직접적으로 측정하는 방법이며 간접 평가는 선택하기, 배열하기, 낱말이나 문장 형태 변형하기, 빈 칸 메우기, 베껴 쓰기, 서식 완성하기 등과 같이 쓰기 능력의 간접적인 추정에 동원되는 방식을 사용하는 평가 방법이다.

그 밖에 총체적 평가, 분석적 평가, 주요 특성 평가, T단위 분석 평가 등의 방법이 쓰기 평가에 활용되는데 이 방법들은 채점 방식으로도 분류된다. 총체적 평가는 글을 총체로서 평가하여 전체 텍스트에 하나의 점수만 부여하는 방식이며 분석적 평가는 내용 지식, 조직의 유창성, 어휘의 적절성, 문법적 정확성 등 텍스트의 다양한 특성을 개별적으로 평가해서 합산하는 방식이다. 주요 특성 평가는 텍스트 전반에 대한 평가라는 점에서 총체적 평가와 유사하지만 평가 대상이 되는 담화의 양식을 정교하게 정의하여 특정 요소에 초점을 두어 평가한다는 점에서 다르다. T단위 분석 평가는 문장의 길이나 언어학적 복잡도 등을 평가하는 데 이용하는 방법이다.

이렇듯 다양한 쓰기 평가 방법이 존재하지만 모든 상황에 부합하는 하나의 완벽한 평가 방식은 존재하지 않는다. 따라서 평가의 목적, 대상, 환경 등에 따라 보다 유효한 평가 방법을 선택하거나 두 가지 이상의 평가 방법을 혼합하여야 한다. 그런데 쓰기 평가는 어떠한 평가 방법을 선택하건 간에 학습자의 실제 쓰기 능력을 최대한 정확하게 측정할 수 있고 그 평가를 통해 학습자의 쓰기 능력이 신장될 수 있도록 구성되어야 한다. 그러므로 평가 자료의 수집은 학습자가 스스로 써 가는 과정을 거쳐서 결과물을 생산해 내는 직접 쓰기 방식에 기반을 두는 것이 타당하다. 이때 쓰기 평가는 적어도 두 가지 기본 요소, 즉 하나 이상의 쓰기 과제와 산출되는 텍스트를 평가할 도구를 갖추어야 한다.

한국어능력시험을 중심으로 한 한국어 쓰기 평가에서 초급은 기본적인 간단한 문장 생성 능력을, 중급은 일상적인 쓰기에서 좀 더 발전된 형태의 보다 정확하고 유창한 쓰기 능력을, 고급은 전문적인 분야와 관련된 주제들을 글로 표현할 수 있는 능력을 개괄적인 평가 수준으로 제시하고 있다. 이러한 대규모 평가의 평가 목표나 체제는 개별 교육 기관의 쓰기 교육과 평가에 많은 영향을 미치고 있다. 제35회 한국어능력시험부터 초급 수준에서는 쓰기가 제외되고 중급과 고급 수준에서 서답형 네 문항이 출제되는 것은 주목할 만한 변화이다.

한국어 교실에서의 쓰기 평가에는 전통적인 평가 방식 이외에 다양한 방법이 도입되고는 있지만 아직 결과 중심의 평가가 주종을 이루고 있다. 쓰기 채점도 채점 소요 시간 등 실용도 측면의 제약이 있기 때문에 심층적인 평가보다는 표층적인 요소의 채점에 치중되는 경향이 있다. 또한 한국어능력시험 이외에는 서로 비교할 만한 평가 기준이 거의 없기 때문에 기관마다 학습 목표의 달성 여부를 확인하는 평가의 기준과 체계가 다른 경우가 많다.

한국어 쓰기 평가는 다방면에서 평가의 개선을 위한 연구가 수행되고 적극적인 개선 노력이 집약된 덕분에 비교적 단기간에 체계화 과정에 접어들었다. 앞으로는 한국어 쓰기 평가의 전반적인 체계화뿐만 아니라 쓰기 평가와 관련된 여러 요구와 상황을 반영한 평가의 다양화로도 시각을 확대해야 할 것이다.　　　　　　〈진대연〉

[참고문헌]
• 강승혜 외(2006), 한국어 평가론, 태학사.
• 진대연(2004), 한국어 쓰기 능력 평가에 대한 연구: 텍스트 생산 능력 평가를 중심으로, 국어교육학연구 19, 국어교육학회, 483~512쪽.
• Council of Europe (2001), *Common European framework of reference for languages: Learning, teaching, assessment*, Cambridge University Press.
• Weigle, S. C. (2002), *Assessing writing*, Cambridge University Press.

13.8. 매체와 기능 교육

매체(媒體, media)란 중재하는 수단, 도구 혹은 매개체를 뜻하는 말로 다른 사람들과 직접 만나 면 대 면으로 소통하지 않고 간접적으로 의사소통할 때 사용되는 것을 말한다.

넓은 의미의 매체는 사람들의 생각이나 정서 그리고 다양한 정보와 지식 등을 전달하고 공유할 수 있도록 매개 역할을 하는 것 모두를 가리킨다. 이런 광의의 개념에서 보면 언어도 매체의 하나이다. 그러나 오늘날의 매체는 이보다 좁은 의미로 쓰인다. 즉 매체는 책, 신문, 잡지, 라디오, 사진, 광고, 텔레비전, 영화, 드라마, 컴퓨터 게임, 인터넷 등과 같이 다양한 기술 수단으로 메시지를 전달하는 경로인 현대적 소통 도구를 가리킨다.

매체의 교육적 가치는 매체의 언어성에서 찾을 수 있다. 언어적 측면에서 매체는 표상하고자 하는 의미가 문자나 음성, 영상 등 일정한 형식의 기호로 재현되는 형태를 의미하기 때문에 하나의 상징체계로 볼 수 있다. 매체는 이러한 언어적 속성 때문에 언어 교육의 자료이자 대상이 된다.

듣기, 말하기, 읽기, 쓰기 중심의 기능 교육에서 매체의 비중은 점점 확대되고 있다. 음성 언어 자료인 담화, 문자 언어 자료인 글과 같이 음성, 문자, 영상 언어의 복합체인 매체는 듣기, 말하기, 읽기, 쓰기 교육에서 학습자의 언어적 사고력과 언어 사용 능력을 신장시킬 수 있는 도구이다.

매체와 기능 교육의 접점은 크게 두 가지 형태로 나타난다. 하나는 매체를 통한 교육(education through the media)이며 다른 하나는 매체에 대한 교육(education about the media)이다. 매체를 통한 교육은 매체가 언어 교육의 수단이 되지만 매체를 통한 교육은 매체가 언어 교육의 목적이 된다. 전자는 언어 활동을 수행할 때 매체 자료를 보조적 수단으로 활용하는 교육의 형태를 가리킨다. 넓게는 원격 교육이나 이러닝(e-learning),

컴퓨터 활용 교육(computer assisted instruction: CAI)과 같이 정보 통신 기술을 활용한 교육 형태에서부터 좁게는 동기 유발 단계에서 그림이나 만화를 이용하는 것과 같이 하나의 학습 목표를 달성하기 위해 매체 자료를 활용하는 것을 말한다. 이와 달리 매체에 대한 교육은 매체가 듣기, 말하기, 읽기, 쓰기 활동의 주요 내용과 대상이 되는 형태를 가리킨다. 신문 활용 교육(newspaper in education: NIE), 만화의 표현 방식 파악하기, 광고의 메시지와 설득 전략 파악하기, 라디오 진행자의 준언어적 표현 이해하기, 블로그를 통한 글쓰기 등 매체 텍스트에 대한 언어 교육이 이에 속한다.

기능 교육은 크게 이해 교육과 표현 교육으로 구분한다. 매체를 통해 이루어지는 이해와 표현 교육은 말이나 글 중심의 학습과 비교할 때 과정적으로는 크게 다르지 않다. 그러나 인지적 측면에서 다양한 매체를 활용하여 의미를 이해하고 사용하여 표현할 줄 아는 복합 양식 문식성(multimodal literacy)을 필요로 한다는 차이점이 있다. 따라서 매체 텍스트의 이해와 표현 교육에서는 복합 양식 문식성을 신장시킴으로써 기본적인 이해와 표현의 기능뿐만 아니라 매체 언어의 의미화 방식, 매체 텍스트를 둘러싼 사회 문화적 맥락, 매체 텍스트를 다루는 윤리적 측면 등도 교육의 내용이 된다.

한국어교육에서 매체는 기능 교육의 도구로 많이 활용하고 있다. 그림, 사진, 만화와 같은 인쇄 매체와 뉴스, 뮤직비디오, 애니메이션, 영화 등과 같은 영상 매체를 국내외의 한국어 교실에서 수업을 위한 보조 자료로 적극 사용한다. 매체를 통한 이해와 표현 교육은 평면적인 학습 내용을 입체적으로 전달하여 학생들의 언어 기호와 현상에 대한 이해를 돕고 학습에 적극적으로 참여할 수 있게 돕는다. 예를 들면 뉴스를 통해 정확한 발음을 학습하고 한국의 사회 문화를 이해하는 자료로 영화나 드라마를 활용한다. 또한 컴퓨터나 스마트폰과 같은 기기의 사용이 활발해짐에 따라 한국어 사용 양상도 크게 변화하고 있다. 문자 메시지나 SNS(social network service) 등에서 구어와 문어가 혼재된 형태의 표현을 사용하기도 하고 다양한 이모티콘이나 시각 자료 등을 함께 사용하기도 한다. 매체를 통해 공간과 시간의 제약을 넘어 의사소통함으로써 한국어 학습자 간의 의사소통이나 한국어 모어 화자와의 상호작용이 더 활발해지고 있다. 〈김대희〉

[참고문헌]
- 오미영·정인숙(2005), 커뮤니케이션 핵심 이론, 커뮤니케이션북스.
- 윤여탁 외(2008), 매체 언어와 국어교육, 서울대학교출판문화원.
- 최미숙 외(2012), 국어교육의 이해: 국어교육의 미래를 모색하는 열여섯 가지 이야기, 사회평론.

■ **원격 교육**

원격 교육(遠隔教育, distance education)은 일반적으로 가르치는 사람의 교수 활동과 배우는 사람의 학습 활동이 다른 장소, 다른 시간에 다양한 형태의 매체를 이용하여 일어나는 교육 형태를 말한다.

원격 교육의 발달은 크게 세 시대로 나누어 살펴볼 수 있다. 제1기는 우편 제도를 이용하여 교육 내용을 전달한 통신 교육의 시대로, 성인을 대상으로 한 교육의 기회를 확대해 주었다. 제2기는 방송 등 대중 전파 매체를 이용한 산업화된 원격 교육의 시대로, 교육 기회를 더욱 확대하면서 교육 방법의 다양화를 시도한 시기이다. 제3기는 발달된 정보 통신 기술을 도입한 상호작용적 원격 교육 또는 가상 교육의 시대로, 원격 교육 환경에서 교수 학습 활동의 질적 향상을 보다 강조하였다.

원격 교육은 교육의 형태와 방법, 특성에 따라 몇 가지 속성이 있다.

첫째, 원격 교육은 학생과 교사 사이에 물리적 거리가 존재하는 교육 형태이므로 이 거리를 극복하고자 매체를 이용하여 교재를 설계, 개발, 선택한다. 원격 교육은 대개 교수와 별개의 장소에서 일어나는 계획된 학습이기 때문에 특별한 조직적·행정적 지원은 물론 코스 설계, 특별한 교수 전략, 전자 매체나 다른 기술을 이용한 소통 방법을 필요로 한다.

둘째, 원격 교육은 학습자의 자기 주도 학습을 전제로 한다. 교사와 떨어져 배우게 되는 학생들은 기본적으로 자학자습(自學自習)의 형태로 학습을 진행한다. 원격 교육의 자기 주도 학습이 개인적이고 자발적인 독학과 다른 점은 학생들의 자기 주도 학습을 돕기 위한 산업화된 교수 학습 과정과 조직적 지원 활동 등에 따라 학습이 계획적으로 이루어진다는 것이다.

셋째, 원격 교육은 쌍방향 소통을 지원한다. 원격 교육은 교사와 학생 간 소통의 대부분이 직접적인 만남 없이 이루어지기 때문에 교육적 과정을 촉진하고 지원하기 위해서는 교수자와 학습자 간에 쌍방향 소통 창구가 반드시 있어야 한다. 정보 통신 기술 기반의 원격 교육에서는 교사와 학생 사이에 물리적 거리가 존재함에도 불구하고 교수 학습 경험을 공유할 수 있다.

넷째, 원격 교육은 학습 공동체 형성을 통한 협동 학습을 가능하게 한다. 초기의 원격 교육 학습자들은 개별적인 학습을 수행하기 때문에 동료 집단과 접촉할 기회가 거의 없었다. 그러나 기술 공학이 발전하면서 다양한 경로를 통해 학생들이 함께 협동적으로 과제를 수행하고 토론하는 학습 공동체를 형성하는 단계로 진화하였다. 원격 교육의 속성으로 강조되어 온 독립성이 학습 공동체 형성을 통한 협동 학습과 통합될 수 있다.

정보 통신 기술이 발달하고 온라인 학위 과정 개설 등 교육의 시스템이 변화함에 따라 원격 교육에 대한 인식은 면 대 면 교육의 대안에서 학습 공간의 확장으로 바뀌어 가고 있다.

한국어교육에서의 원격 교육은 학습 대상자에 따라 구분된다. 첫째는 한국어교육에 종사할 교사를 대상으로 한 원격 교육이다. 교사를 대상으로 한 원격 교육은 대학의 학위 과정이나 대학 부설 평생 교육원과 같은 교사 교육 기관을 중심으로 교사 양성 과정에서 매우 활발하게 운영되고 있다. 둘째, 한국어 학습자를 대상으로 하는 원격 교육이다. 학습자가 필요한 시간과 장소에서 교육 서비스를 제공받는 이러닝(e-learning)과 유사한 형태로 이루어지고 있는데 국내외에 거주하는 학습자를 대상으로 여러 유형의 원격 한국어교육이 실시되고 있다.

이 외에도 한국어교육에서의 원격 교육은 교육의 형태에 따라 분류된다. 첫 번째는 가장 일반적인 형태로, 한국어교육용 웹 사이트를 통해 자기 주도 학습을 유도하는 유형이다. 이러한 유형의 원격 교육은 주로 정부 기관에서 교육 콘텐츠를 제공하고 있기 때문에 교육 자료의 질이 높고 교육의 시간과 장소에 제한이 없다는 장점이 있다. 두 번째 유형으로는 방송 프로그램을 통한 한국어교육이 있다. 이것 또한 일반화된 형태의 원격 교육이다. 방송사에서 기획하여 제작한 후 정해진 시간에 방영하고 방송 이후에는 인터넷을 통한 교육으로 전환된다. 세 번째는 화상이나 음성 전화를 통해 실시간 쌍방향 학습을 진행하는 형태이다. 이러한 형태의 원격 교육은 학습자의 한국어 수준에 맞추어 개별화 학습이 가능하다는 장점이 있다.

인터넷 사용이 편리해지고 컴퓨터나 스마트폰 등의 활용이 자유로워지면서 정부나 교육 기관뿐만 아니라 교사나 학습자에 이르기까지 다양한 주체가 한국어 학습에 필요한 여러 유형의 콘텐츠를 제공하고 있다. 또한 한국어 학습 사이트를 운영하거나 한국 문화 또는 한국어 학습 자료를 소개하는 팟캐스트(podcast) 등 원격 교육은 다양한 형태로 폭넓게 확대되고 있다. 〈김대희〉

[참고문헌]
• 정인성·심한식(1996), 원격 교육에서의 컴퓨터 통신 활용 형태 비교: 1992~94년도 방송대학 사례를 중심으로, 방송통신교육논총 9, 한국방송통신대학교 방송통신교육연구소, 37~64쪽.
• 정인성·나일주(2004), 원격 교육의 이해, 교육과학사.

13.9. 기능 통합 교육

■ 듣기와 타 기능 통합 교육

듣기와 타 기능 통합 교육은 듣기 중심 교육에서 듣기 기능만을 분리하여 교육하지 않고 듣기를 말하기, 읽기, 쓰기 등 하나 이상의 다른 언어 기능과 연계하여 교수 학습하는 것을 말한다.

언어의 네 가지 기능 교육은 교육과정, 교육 자료, 수업, 평가 등에서 개별적으로 실시하면서 학습자의 언어 능력을 향상시킨다. 그러나 실제 언어생활에서 이 네 가지 기능은 긴밀하게 연계되어 있으며 하나의 언어 기능이 다른 기능을 강화해 주기도 하므로 교수 학습 설계에 이러한 특성을 반영하는 것이 자연스럽다. 이러한 점에서 다른 기능과의 통합 교육은 언어 수행의 실제성에 기반하여 학습자에게 효율적으로 의사소통 능력을 신장시킬 수 있는 기회를 제공한다.

듣기 교육은 이해 기능의 특성상 수동적이기 쉽고 학습자의 상호작용을 이끌어내기가 어렵지만 타 기능과의 통합을 통하여 학습자를 능동적인 참여자로 전환시킬 수 있다. 또한 듣기는 다른 기능으로의 전이가 높은 기능이므로 듣기를 통한 내용 이해가 다른 기능의 능력을 향상시키는 데 기여할 수 있다. 한국어교육에서 듣기 교육은 보통 듣기 전 활동, 듣기 중 활동, 듣기 후 활동으로 구성된다. 듣기 전, 듣기 중 단계에서도 기능 통합 교육이 이루어질 수 있지만 일반적으로는 듣기 후 단계에서 들은 내용을 바탕으로 타 기능과 연계된 과제 활동을 적극적으로 제공하고 있다.

듣기와 말하기는 모두 음성 언어를 매개로 하고 구어적 특성이 있다는 공통점이 있으며 두 기능을 통합하지 않고는 대화가 가능하지 않다는 점에서 상호 의존적이다. 그러므로 두 기능을 통합한 교육을 제공함으로써 학습자가 음성 언어를 사용한 원활한 의사소통 능력을 갖추도록 할 수 있다. 이와 같은 듣기와 말하기의 밀접한 관련성에 근거하여 한국어교육에서는 듣기를 말하기와 통합하여 실시는 경우가 가장 빈번하다. 듣기 전(pre-listening) 활동으로는 주제를 환기시키거나 배경지식을 활성화하려는 목적의 말하기가 이루어지고, 듣기 중(while-listening) 활동에서는 말하기를 통해 들은 내용을 확인할 수 있다. 듣기 후(post-listening) 활동으로는 들은 내용 요약하기, 드라마나 영화 보고 등장인물의 성격이나 행동에 대해 논평하기, 시사 뉴스 듣고 찬반 토론하기, 문제점에 대한 해결 방안 토의하기 등의 과제 활동이 가능하다.

듣기와 읽기는 입력된 정보를 처리하는 이해 기능이라는 공통점이 있으므로 이를 감안하여 두 기능을 연계하는 교육 방법을 고려하는 것이 효율적이다. 듣기를 통해 형성된 이해 능력은 읽기에도 도움을 줄 수 있다. 그러나 실제 한국어교육 현장에서 듣기와 읽기를 통합한 교육은 활발하지 않은 편이다. 의사소통이 이해와 표현의 상호작용으로 이루어진다고 볼 때 수용적인 기능인 듣기와 읽기의 통합은 학습자의 상호작용을 유도하기 어려운 점이 있기 때문에 수업에 적극적으로 도입되지 않는 것이다. 그러나 학문 목적 학습자를 위한 교육에서는 듣기 전 단계에서 듣기 주제와 관련된 자료를 제시하여 관련 정보나 배경지식을 제공하고, 듣기 중 단계에서 요약문을 읽음으로써 내용의 구조적 이해를 돕거나, 듣기 후 단계에서 주제와 관련된 자료를 제시하여 듣기 이해를 강화하도록 하는 활동이 이루어진다.

듣기와 쓰기의 통합은 실제 의사소통 상황에서도 자주 구현되는데 듣기에 표현 기능인 쓰기를 결합함으로써 학습자의 이해 여부를 판단할 수 있고 기능 통합적 능력을 길러 줄 수 있다. 예를 들어 듣기 중 단계에서의 듣고 받아쓰기, 듣고 메모하기 등은 실제 언어 수행을 반영한 활동이다. 특히 받아쓰기는 쓰기의 시각적 효과로 인해 장기 기억으로의 저장이 용이하고 반복적인 듣기가 듣기 능력 향상에 효과적이라는 연구 결과들이 있다. 듣기 후 단계에서는 들은 내용을 요약하여 쓰거나 들은 내용을 바탕으로 의견을 쓰는 과제 활동 등을 통하여 음성 언어와 문자 언어의 통합 교육이 가능하다.

듣기 교육은 수업 단계에 따라 둘 이상의 기능과 자연스럽게 연계하면서 학습의 효율을 높일 수 있다. 예를 들어 발표 듣기 수업을 한다면 듣기 전 단계에서 발표의 목차와 발제문을 읽고 내용 추측하기(읽기, 말하기), 듣기 중 단계에서 발표 들으면서 메모하기와 발표 요약문 완성하기(듣기, 쓰기, 읽기), 듣기 후 단계에서 발표에 대한 질의 응답하기와 의견 제시하기(듣기, 말하기) 활동을 구성할 수 있다.

한국어교육에서 듣기 교육은 주로 말하기와 통합한 교수 학습 활동이 중점적으로 이루어지며 두 기능 이상의 통합 교육은 활발하지 않다. 그러나 기능 통합적인 언어 수행의 실제성을 고려할 때 특정 기능과의 연계뿐만 아니라 다양한 기능과 통합된 듣기 교육 방법에 대한 연구와 교육적 적용이 요구된다. 〈최은규〉

[참고문헌]
• 강현화 외(2009), 한국어 이해 교육론, 형설출판사.
• 양명희·김정남(2011), 한국어 듣기 교육론, 신구문화사.
• Brown, H. D. (2007), *Teaching by principles: An interactive approach to language pedagogy*, Pearson Education.

■ 읽기와 타 기능 통합 교육

읽기와 타 기능 통합 교육은 읽기 중심 교육에서 읽기 기능만을 분리하여 교육하지 않고 읽기를 말하기, 쓰기, 듣기 등 하나 이상의 다른 언어 기능과 연계하여 교수 학습하는 것을 말한다.

언어의 네 가지 기능은 서로 긴밀하게 연결되어 있고 실제 한국어교육의 궁극적인 목표도 이 네 가지 기능을 고르게 발달시키는 것이라고 할 때, 각 기능의 특성을 고려한 기능 통합 교육을 교수 학습 설계에서부터 반영하는 것은 자연스러운 일이다. 이러한 점에서 언어 수행의 실제성에 기반한 타 기능과의 통합 교육은 학습자에게 효율적인 의사소통 능력의 신장을 돕는다.

읽기 교육은 이해 과정이라는 특성이 있으므로 학습자의 수준, 목적, 흥미에 맞는 내용을 기능 통합적으로 교육함으로써 학습자의 이해를 높일 수 있다. 특히 말하기, 쓰기와 같은 표현 기능은 이해 기능인 읽기를 바탕으로 수행할 경우 교육 효과를 높일 수 있으므로 통합 교육의 교육적 의의가 크다. 기능 통합은 읽기 전 단계와 읽기 중 단계에서도 이루어지지만 보통 읽기 후 단계에서 이미 읽은 내용을 바탕으로 타 기능과 연계된 과제 활동을 적극적으로 제공한다.

읽기와 말하기의 통합 교육을 통하여 학습자는 이해 기능을 표현 기능으로 전이하는 경험을 함으로써 두 기능의 능력을 함께 향상시킬 수 있다. 읽기 전(pre-reading) 단계에서는 글의 내용에 대한 예상을 이끄는 사진이나 제목 보고 말하기, 학습자의 스키마를 활성화하려는 목적의 주제에 대해 말하기 등이 수행된다. 읽기 중(while-reading) 단계에서는 교사나 동료와 함께 읽으면서 어휘나 문장의 의미 추론하기, 내용에 대한 길잡이 질문에 답하기 등의 활동이 가능하다. 또한 읽기 후(post-reading) 단계에서는 읽기 텍스트를 활용하여 역할극, 토론 등의 말하기 과제로 연계할 수 있다.

읽기와 쓰기는 각각 독자와 필자의 관점에서 의미를 구성하는 과정이라는 점에서 상호 보완적이므로 분리해서 교육하는 것보다는 통합 교육을 함으로써 두 기능의 발전을 꾀할 수 있다. 그동안 한국어교육에서도 읽기와 쓰기를 연계하는 것이 읽기 능력을 강화해 줄 뿐만 아니라 쓰기 능력을 갖추는 데에도 중요하다고 보며 이들의 통합 교수 방안을 모색하는 연구들이 이루어져 왔다. 학습자는 다양한 유형의 글을 읽으면서 언어 표현이나 글의 구성 등을 익히고 그것을 글쓰기에 활용하게 된다. 쓰기는 주로 읽기 후 단계에서 통합되는데 편지, 안내문, 초청장, 자기 소개서 등을 읽고 글의 형식을 모방해서 쓰기, 신문 기사 읽고 논평 쓰기, 문학 작품 읽고 감상문 쓰기 등의 활동이 있다.

읽기와 듣기는 이해를 중심으로 하는 수용적 수행 방식이므로 이 두 기능만을 통합할 경우에는 의사소통 중심적인 수업을 운영하기가 쉽지 않다. 그러므로 읽기, 듣기와 함께 말하기도 통합하여 이해와 표현이 함께 수행되도록 한다. 예를 들어 신문 읽기 수업에서 신문 기사를 읽고 기사 내용에 대한 이야기를 나눈 후 같은 내용의 뉴스를 듣는 활동을 함으로써 읽기를 중심으로 말하기, 듣기의 기능 통합 교육이 가능하다.

또한 읽기 교육은 둘 이상의 기능과 연계하여 기능 통합 교육의 효과를 높일 수 있다. 예를 들어 전래 동화 읽기 수업을 한다면 읽기 전 단계에서 자국의 유명한 전래 동화를 소개하거나 한국의 전래 동화와 비교하기(말하기), 읽기 중 단계에서 읽으면서 내용에 대해 질의 응답하기(읽기, 말하기), 읽기 후 단계에서 전래 동화를 연극 대본으로 써서 연극하기(쓰기, 읽기, 말하기) 활동으로 구성할 수 있다.

한국어교육에서 읽기 교육은 이해 중심 교육으로서 학습자의 능동적인 참여가 부족한 교사 중심의 수업이 되기 쉽다. 이러한 상황에서 기능 통합 교육은 학습자의 참여를 유도하고 활발한 상호작용을 이끌기 위한 바람직한 교수 방법이므로 이에 관한 효율적인 교수 모형의 연구와 적용이 요구된다. 〈최은규〉

[참고문헌]
• 강현화 외(2009), 한국어 이해 교육론, 형설출판사.
• 양명희 외(2011), 한국어 듣기 교육론, 신구문화사.
• 최은규(2004), 신문을 활용한 한국어 교육 방법 연구, 한국어교육 15-1, 국제한국어교육학회, 209~231쪽.
• Brown, H. D. (2007), *Teaching by principles: An interactive approach to language pedagogy*, Pearson Education.

■ 말하기와 타 기능 통합 교육

말하기와 타 기능 통합 교육은 말하기 중심 교육에서 말하기 기능만을 분리하여 교육하지 않고 말하기를 듣기, 쓰기, 읽기 등 하나 이상의 다른 언어 기능과 연계하여 교수 학습하는 것을 말한다.

실제 언어생활에서는 언어의 네 가지 기능이 긴밀하게 연계되어 있으며 하나의 언어 기능은 다른 기능을 강화시켜 주기도 한다. 이에 따라 총체적 언어 접근법이나 내용 중심 교수법은 실생활에서의 언어 사용에 맞춰 통합적인 교수 학습 활동을 중시한다. 다른 기능과의 통합 교육은 언어 수행의 실제성에 기반을 두고 학습자에게 효율적으로 의사소통 능력을 신장시킬 수 있는 기회를 제공한다.

말하기 교육은 의사소통이 외국어 교육의 주요 목적이 되면서 언어의 네 가지 기능 교육 중 가장 많은 비중을 차지하게 되었다. 말하기는 보통 대화 참여자 간에 일어나는 양방향 활동으로서 자신의 의견을 표현할 뿐만 아니라 상대의 발화를 이해하고 해석하기도 해야 하는데 이러한 특성으로 인해 말하기는 듣기와 자연스럽게 연계된다. 한편 쓰기나 읽기도 말하기 교육의 선후 과정에 통합됨으로써 말하기 교육의 효과를 높여 줄 수 있다.

말하기는 화자와 청자의 상호작용 속에서 이루어지므로 듣기와 밀접한 관련이 있다. 듣기를 제외한 말하기나 말하기를 제외한 듣기와 같은 일방적인 전달은 진정한 의사소통이라고 할 수 없다. 그러므로 듣기와의 통합 교육은 말하기와 듣기의 상호 교류를 기반으로 두 기능의 능력을 강화할 수 있는 방안이다. 듣기를 통해 입력 자료를 제공하고 이와 연계하여 말하기 활동을 진행할 수 있는데 발표 듣고 발표 내용에 대해 토의하기, 뉴스 듣고 사건의 문제점에 대해 의견 나누기 등이 그 예이다.

말하기와 쓰기는 표현 기능이라는 공통점이 있으나 각각 구어와 문어로 표현된다는 점을 고려하여 연계 방안을 고안하는 것이 효율적이다. 발제문을 쓰고 발표하기, 자신의 의견을 쓴 후 토론하기, 경험이나 생각을 쓴 후 인터뷰하기 등의 활동에서 선행된 쓰기 활동은 말할 내용을 생성, 조직, 표현해야 하는 학습자의 인지적 부담을 덜어줄 수 있다. 토론이나 대담 결과를 보고서나 기사로 쓰기, 인터뷰 후 기사 쓰기 등의 활동을 통해서는 말한 내용을 쓰기 활동으로 연계하여 정리하면서 구어와 문어의 서로 다른 언어 형식을 변별하게 하는 학습이 가능하다.

읽기는 보통 말하기 활동을 수행하기 위한 도입이나 입력의 역할로 말하기와 통합된다. 말하기 활동에 활용될 수 있는 전반적인 정보나 배경지식, 논거 등이 읽기를 통해 제공되고 이를 기반으로 말하기 교육이 이루어진다. 예를 들면 신문 기사 읽고 토론하기, 사원 모집 광고 읽고 면접 역할극하기 등의 활동이 있다.

또한 말하기 교육은 둘 이상의 기능과 연계하여 기능 통합 교육의 효과를 높일 수 있다. 예컨대 토론 수업을 한다면 말하기 전(pre-speaking) 단계에서 토론 주제 관련 자료 읽고 이야기 나누기(읽기, 말하기), 토론 계획하고 자신의 의견 정리하기(말하기, 쓰기), 말하기 중(while-speaking) 단계에서 토론하기(말하기, 듣기), 말하기 후(post-speaking) 단계에서 토론 내용 정리하고 평가하기(말하기, 쓰기) 순으로 활동을 구성할 수 있다.

한국어 교실에서 말하기 교육은 의사소통 중심 교수법이 강조되면서 중심적인 역할을 담당하고 있다. 다른 기능과 마찬가지로 말하기 교육도 기능 통합을 통해 교육적 상승효과를 기대할 수 있으므로 실제 언어 사용을 반영한 다양한 기능과의 통합 교육에 관한 연구와 적용이 필요하다. 〈최은규〉

[참고문헌]
• 김선정 외(2010), 한국어 표현 교육론, 형설출판사.
• 최은규(2004), 신문을 활용한 한국어 교육 방법 연구, 한국어교육 15-1, 국제한국어교육학회, 209~231쪽.
• Brown, H. D. (2007), *Teaching by principles: An interactive approach to language pedagogy*, Pearson Education.

■ 쓰기와 타 기능 통합 교육

쓰기와 타 기능 통합 교육은 쓰기 기능만을 분리하여 별도로 교수하지 않고 읽기와 쓰기, 쓰기와 말하기 등 다른 언어 기능과 연계하여 교수하고 학습하는 것을 말한다.

읽기·쓰기 통합 교육은 이 두 기능이 문어적 의사소통의 상호 불가분한 요소일 뿐만 아니라 쓰기가 본질적으로 다른 글을 읽으며 얻는 지식과 의미를 바탕으로 자신의 글을 생성하는 것이라는 점에서 필요하다. 현재까지는 학문을 목적으로 한 한국어 수업 모델 개발의 일환으로, 쓰기 교수가 관찰적이고 분석적인 읽기 교수와 병행되도록 하는 읽기·쓰기 통합 교육 방안이 연구되었다. 이는 읽기 자료를 통해 일정한 배경지식, 개념, 어휘 등 작성할 글의 구성 내용을 창출하고 적절한 텍스트 구조, 격식성 등도 익혀야 한다는 인식에 근거한다. 또한 읽기 및 쓰기 교육은 문식성(literacy), 즉 문어 텍스트를 이해하고 해석할 수 있고 글을 통해 자신의 생각을 표현할 줄 아는 능력의 개발에 도움을 준다. 문식성 습득은 발데스(G. Valdés) 등의 학자들이 주장한 바와 같이 구어에 비해 문어 구사력이 저조한 전승 학습자의 전승어 유지와 발달에 결정적인 역할을 한다.

이러한 읽기와 쓰기의 유기적 연관성은 사회 구성주의(social constructivism)와 같은 사회 문화적 시각의 이론에서도 강조된다. 그러나 한국어교육에서는 사회 구성주의적 접근 방법을 소개하는 이론적인 연구 정도에만 그치고 있을 뿐 실제 한국어 수업에 적용한 사례를 보고한 연구는 찾아보기 힘들다.

말하기와 쓰기는 실제 의사소통에서 종종 긴밀하게 상호 연결될 뿐만 아니라 출력(output) 활동이라는 점에서 서로 유사하다. 익숙하지 않은 상황이나 담화 주제에 대해 출력 활동을 하는 경우 인지적 부담이 가중되는데 이 두 기능을 연이어 수행하면 반복의 효과를 통해 어려움을 줄이고 결과물의 내용을 풍부히 하며 유창성과 정확성을 높일 수 있다. 이를테면 학급 발표와 보고서 쓰기의 연계, 글쓰기 전에 동료 학습자와 이야기해 보기, 말하기 준비의 일환으로 미리 요지 작성해 보기 등이 있다.

듣기와 쓰기의 통합도 실제 의사소통 상황에서 다양하게 구현되며 들으면서 메모하기, 들은 내용 요약하기, 들은 내용에 대한 소감문 쓰기 등의 교수 활동으로 실행된다. 또한 영화평 쓰기 등 영상 매체를 활용한 듣기 및 쓰기 통합 과제의 개발이 가능하다.

의사소통 중심, 과제 수행 중심, 실제성, 학습자 중심 등의 교육 원리에 따라 한국어 교육학 담론에서는 결과가 아니라 과정을 중심으로, 문장이 아닌 담화 차원에서 쓰기를 지도해야 한다는 합의가 존재한다. 그러나 현행 교재들에 어휘나 문법 연습을 위한 단문 쓰기의 비중이 여전히 높고, 읽기 자료와 쓰기 과제의 유기적 연결이 결여되어 있으며, 목적이 모호한 비실용적인 쓰기 과제들이 빈번히 발견된다. 이는 통합적 쓰기 교육을 위해 풍부한 텍스트 자료를 발굴하고 심도 있는 텍스트 해석과 활발한 토론을 끌어내는 활동을 구상하며 학습자에게 유의미한 쓰기 과제를 지속적으로 개발해야 함을 시사한다. 〈김혜영〉

→ 과제 중심 언어 교수법

[참고문헌]
• 김정숙(2007), 읽기·쓰기 활동을 통합한 학술 보고서 쓰기 지도 방안, 이중언어학 33, 이중언어학회, 35~54쪽.
• 이성희(2008), 한국어교육에서의 읽기·쓰기 통합 교육 연구, 이중언어학 37, 이중언어학회, 113~131쪽.
• 조용준(2012), 제2 언어로서의 한국어 쓰기 교육의 동향, 한말연구 31, 한말연구학회, 309~339쪽.
• Valdés, G. (1995), The teaching of minority languages as academic subjects: Pedagogical and theoretical challenges, *The Modern Language Journal 79-3*, pp. 299~328.

13.10. 통역과 번역

통역(通譯, interpretation)은 구어가 통하지 않는 사람 사이에서 화자의 말을 한 언어에서 다른 언어로 바꾸어 청자에게 전달하여 의사소통을 이루게 하는 행위를 말하며, 번역(飜譯, translation)은 문어가 통하지 않는 사람 사이에서 한 언어로 된 글을 다른 언어의 글로 바꾸어 전달하여 의사소통을 이루게 하는 행위를 말한다.

통역은 입으로 하는 말과 관련되며 번역은 손으로 쓰는 글과 관련이 있다. 그리고 이 두 행위에는 출발어 텍스트, 도착어 텍스트 그리고 통역가 또는 번역가의 전환 작업이 수반된다. 통역과 번역은 출발어 텍스트가 근간이 되어 통역가 또는 번역가를 통해 도착어 텍스트를 생산하는 일이다. 이때 도착어 텍스트는 출발어 텍스트와 의미·기능·효과상 체계적인 관계를 맺는다. 통역과 번역은 필연적으로 통역가와 번역가를 통한 언어의 전환을 수반하며 서로 다른 문화와 사회 간의 의사소통을 가능하게 하는 행위이다.

통역은 구어를 대상으로 하기 때문에 원문 입력이 청각적으로 이루어진다. 그리고 언어 정보의 청취, 이해 그리고 발화의 다중적인 처리가 즉각적으로 진행된다. 이와 달리 번역은 문어를 그 작업 대상으로 하고 그 결과도 문어로 남기 때문에 영구성이 있다. 번역은 번역자가 번역할 글을 끝까지 읽어 본 후에 사전 등 보조 도구를 사용하여 진행할 수 있고 번역 작업을 마무리하기 전까지 수정이 가능하다.

언어의 전환을 수반하는 통역, 번역 행위는 외국어 교육과 밀접한 관계가 있다. 역사적으로 우리의 옛 외국어 교육도 통역과 번역을 목표로 이루어졌다. 기록에 따르면 우리나라에서는 외교 교섭에 필요한 외교관과 역관을 양성하기 위해 한어(漢語), 몽어(蒙語), 여진어(女眞語), 왜어(倭語) 등 주변국의 언어에 대해 체계적인 교육을 진행하였다. 신라는 일본 사신 접대 기관인 왜전(倭典)에서 통역관을 양성했다. 고려는 통문관(通文館), 후에 사역원(司譯院)), 한어도감(漢語都監), 역어도감(譯語都監)을 설치하여 한어, 몽어, 왜어, 여진어 역관을 양성하였다. 조선 시대에는 사역원을 설치하여 외교관과 역관을 양성하였으며 후에 승문원(承文院)으로 명칭이 바뀌는 응봉사(應奉司)를 설치하여 사대교린(事大交隣)의 문서인 이문(吏文)을 담당했다.

국내 한국어교육 학습자들이 구사하는 언어는 매우 다양하다. 그러나 이들을 대상으로 한 통·번역 교육을 실시할 수 있는 기본 여건은 마련되어 있지 않기 때문에 제대로 실행하지 못하고 있다. 2000년대 후반부터는 고학력 결혼 이민자를 이중 언어 강사나 통·번역 지원사로 활용하기 위한 교육이 이루어지고 있다. 국외에서는 한국어를 전공으로 교육하는 대학에서 단일 언어권 수강생들을 대상으로 고급 한국어 과정 또는 한국어 통·번역 과목을 개설하여 통·번역 교육이 비교적 활발히 이루어지고 있다.   〈최권진〉

= 통·번역

[참고문헌]
• 강보선·손옥현(2007), 한국어교육에서의 통역 교육 연구: 베트남에서의 통역 교육을 중심으로, 한국어교육 18-2, 국제한국어교육학회, 155~175쪽.
• 강지혜(2004), 통역의 이해, 한국문화사.
• 민현식(2000), 한국어교육학 개관, 민현식 외 편, 한국어교육론 1, 한국문화사, 13~27쪽.
• 최권진(2006), 통역을 위한 한국어 교수 학습 방법 연구, 이중언어학 32, 이중언어학회, 349~379쪽.

14

교육 정책

14. 교육 정책

14. 교육 정책

한국어교육은 외국인과 재외 동포 그리고 이주민을 교육 대상으로 하므로 한국의 국제적 위상이 높아질수록 그 수요가 증가하는 속성을 지닌다. 한국의 국력과 대외 인지도가 급격히 상승한 최근 10~20년 사이에 한국어교육의 양적 팽창과 질적 성장이 두드러지게 나타난 것도 이러한 속성이 반영된 것이라 할 수 있다.

그동안 한국어교육은 한국어의 국외 보급이라는 의도적인 노력을 통해서 기초 수요를 확산시켜 왔다. 현재 세계 방방곡곡에서 한국어교육이 이루어지게 된 것도 그동안 민간과 정부에서 한국과 한국어 그리고 한국 문화를 부단하게 알려온 결과일 것이다. 그런데 한국어교육의 수요 증대와 발전을 뒷받침할 정책과 제도는 비교적 최근에야 체계화되기 시작하였다. 특히 한국어교육의 내실을 책임질 교사 관련 정책과 제도에 대한 본격적인 논의는 2000년대에 들어서야 시작되었다.

한국어교육학 사전의 교육 정책 영역에서는 이러한 한국어교육의 발전에 필연적으로 수반되어야 하는 정책 관련 내용을 소개하고, 한국어교육 정책의 핵심 분야 중 하나이자 한국어교육의 실질적인 수준 향상과 연계되는 교원 양성 관련 표제어 및 그 내용을 정리하였다. 그리고 한국어교육 정책 시행의 기반일 뿐만 아니라 결과이기도 한 국내 및 국외의 한국어교육 현황을 각각 범주별, 지역별로 분류하여 기술하였다. 또한 정책과 한국어교육 현황은 주제 영역으로 나누어 언어 정책과 한국어교육 정책 기관, 국내 한국어교육 현황과 국외 한국어교육 현황의 범주로 설정하였다. 그리고 이 주제 영역에 해당하는 표제어를 선정하여 관련 이론과 실천적 사례들을 제시하였다.

한국어교육학 사전의 교육 정책 영역에서 다루고 있는 구체적인 사항들은 다음과 같다. 첫째, 언어 정책 부분에서는 2005년에 발효된 국어기본법을 중심으로 한국어교육 정책 전반에 대해서 설명하였다. 둘째, 한국어교육 정책 기관 부분에서는 정부 관련 부처 및 산하 기관, 민간 활동과 정책 수행 현황에 대하여 기술하였다. 셋째, 한국어교원 자격 제도 부분에서는 한국어 교사 양성 과정과 한국어교원 자격증을 표제어로 선정하여 현행 자격 제도를 소개하는 한편 교사의 자질을 교육자적 자질, 언어적 자질, 언어 교육학적 자질 등의 측면에서 조명하였다. 넷째, 국내의 한국어교육 현황 부분에서는 어학 연수생, 유학생, 이주 노동자, 결혼 이민자, 다문화 가정 자녀, 북한 이탈 주민 등을 대상으로 하는 한국어교육의 특징에 대해 설명하였다. 다섯째, 국외의 한국어교육 현황 부분에서는 국외 19개 지역의 한국어교육 현황과 특징을 정리하였다.

한국어교육학 사전의 교육 정책 영역에서는 관련 표제어들을 통해 한국어교육 관련 제도 및 현황이 전반적으로 조명될 수 있도록 구성하였다. 이는 한국어교육 정책의 입안과 추진에 직간접적으로 관련되는 정책 관계자들뿐만 아니라 한국어 교사 교육 분야 관련 연구자들에게도 실질적인 자료와 정보를 줄 수 있을 것이다. 또한 한국어교육의 현장에서 현재 활동하고 있거나 앞으로 활동하게 될 교사와 예비 교사들에게도 유용할 것이다. 〈진대연〉

14.1. 언어 정책

언어 정책(言語政策, language policy)은 한 국가에서 사용하는 언어에 대한 국가 차원의 공식적인 태도와 계획으로서, 법 또는 제도로 구체화된 정책을 말한다.

언어 정책이라는 용어는 1970년에 피시만(J. Fishman)이 처음 사용하였다. 이후 여러 학자들에 의하여 언어 정책의 기본 개념과 주요 기능 등이 다루어져 왔는데, 특히 언어 정책이라는 용어가 대두되기 전에 이미 존재하던 언어 계획이라는 용어와 비교하는 논의가 활발하게 이루어졌다. 그러나 최근까지 언어 정책은 언어 정책학 내지는 언어 정책론이라고 부를 만한 학문적 체계를 구축했다기보다는 현실 사회에서의 사례 등의 실천적 측면에서 주로 논의되어 왔다.

언어 정책은 기본적으로 국가가 국가 내에서 사용하는 언어에 대해 취하는 태도와 계획이라는 점에서 공식적인 행위이며 권위와 구속력이 있다. 국가는 언어 정책을 통하여 국가 내 구성원의 언어 사용에 관여함으로써 국가 통합, 민족 정체성, 문화 전승 및 창달을 도모한다. 최근에는 언어 정책이 사회 발전뿐만 아니라 경제 발전에도 영향을 미친다는 주장도 있다.

언어 정책은 각 국가의 언어 환경에 따라 탄력적으로 시행한다. 한 국가 내에 다양한 언어가 병존하는 경우 언어 정책은 국가의 통합을 도모하는 이념으로서 가치가 있다. 이에 비하여 단일 언어 사용 국가의 언어 정책은 민족 정체성, 문화의 전승과 창달에 더 많은 비중을 둔다. 다언어 국가의 언어 정책, 즉 언어 계획과 관련하여 코바루비아스(J. Cobarrubias)는 동화의 원칙, 다원성의 인정, 민족 언어의 우선시, 중립 언어의 채택 등을 강조했다. 각 나라의 언어 정책과 법제화의 양상을 살펴보면 크게 두 가지 차원, 즉 민족 언어의 동화를 강조하는 정책과 언어의 다원성을 인정하는 정책의 방향에서 이해할 수 있다.

한편 최근에는 국제화와 정보화가 급속하게 진행됨에 따라 언어 정책은 국가의 정치 수준, 국제화 수준, 다문화에 대한 태도와 인권 보호의 수준을 보여 주는 척도로 인식되기도 한다. 즉 국가 간 교류가 중요해지고 문화 간 상호 이해와 존중이 중요해지면서 언어 정책은 기존의 기능 이외에 국민의 세계 시민 역량 강화와 타문화 사회 구성원과의 소통 확대 등에 중점을 두고 있다. 이처럼 시대의 변화에 따라 언어 정책의 목표는 달라지고 있다.

언어 정책은 거시적으로 볼 때 국가를 행위의 주체로, 국가 구성원 및 타문화 사회 구성원을 대상으로 하며 법, 제도, 정책 등을 수단으로 활용한다는 점에서 언어학의 영역을 넘어 언어 사회학 또는 사회 과학의 관점에서 접근해야 할 필요가 있다. 이와 함께 정책의 세부 내용인 언어를 연구할 때에는 미시적 차원에서 언어학적으로 접근하는 것이 필요하다.

최근 국제화가 급속하게 진행되는 상황 속에서 한국어를 보전하는 것과 국외로 확대하는 문제가 동시에 대두되고 있으며 국내 다문화 사회가 발전함에 따라 국가 통합의 중요성 또한 증대되고 있다. 이에 따라 2005년에 제정된 국어기본법에서는 국가의 책무로서 한국어의 국외 보급을, 2006년 이후 제정된 이주민 대상 법과 정책에서는 한국어 능력을 제고하기 위한 국가 차원에서의 지원을 명시하고 있다. 이러한 맥락하에서 언어 정책으로서의 한국어 교육 정책의 문제는 더욱 부각되고 있다. 〈조항록〉

[참고문헌]
• 변명섭(2003), 언어 정책과 언어 법제화의 양상, 법과정책 9, 제주대학교 법과정책연구소, 203~230쪽.
• 스폴스키 외(2011), 세계 언어 정책의 현황과 과제: 국립국어원 개원 20주년 기념 언어 정책 국제학술대회 발표 논문집, 국립국어원.
• 임재호(2012), 언어 정책 공간들에 대한 구조적 접근: 이론과 분석, 외국어로서의 한국어교육 39, 연세대학교 언어연구교육원 한국어학당, 277~317쪽.

■ 한국어교육 정책

한국어교육 정책(韓國語敎育政策)은 외국인과 재외 동포를 대상으로 하는 한국어교육과 관련한 정부의 정책을 말한다.

2000년대 이후 세계화의 흐름에 따라 한국어를 국외로 보급하기 위한 정부 차원의 노력이 가속화되었다. 특히 국내에서는 국외로부터의 이주민이 급속히 늘면서 다문화 정책 또는 사회 통합 정책 차원에서 한국어교육 정책을 논의하기 시작하였다. 2005년에 제정된 국어기본법에서 한국어의 국외 보급을 정부의 책임으로 명문화한 데 이어 2006년에는 국내 이주민에 대한 대책이 국정 의제로 채택되면서 한국어교육 정책과 관련한 논의가 다양한 시각에서 이루어졌다.

한국어교육 정책의 역사는 재외 동포에 대한 민족 교육 정책의 차원에서 시작되었다. 국외의 경우 최초의 한국어교육 정책 사례는 1950년대에 일본에서 있었던 민족 교육 지원 정책에서 찾을 수 있다. 재일본조선인총연합회(조총련)의 재일 동포 교육 지원에 맞서 재일본대한민국민단(민단)에서도 재일 동포 지원 차원에서 민족 학교를 설립하고 민족 학급의 개설을 위해 노력하였는데 이는 동포 후손에 대한 우리말 교육에 목표를 둔 것이라 할 수 있다. 이후 1977년에 '재외국민의 교육 지원 등에 관한 법률'이 제정되었는데 이 또한 재외 동포 사회의 후손을 대상으로 하는 한국학교, 한글학교 지원 등을 골자로 한 것이다.

한국어교육 정책이 재외 동포를 대상으로 하는 정책의 틀을 벗어나게 된 계기는 1990년대 문화체육부가 신설되면서부터이다. 이때부터 재외 동포 정책 차원과 더불어 문화 예술 진흥 정책 차원에서 한국어교육 정책이 입안 및 시행되었다. 이에 따라 문교부 내 어문과 편수 기능을 가져오고 문화 기능을 통합하여 문화체육부를 신설하고,

문화예술진흥법 시행령을 근거 법령으로 하여 1998년 개편된 문화관광부 어문과의 업무 중 하나로서 한국어의 국외 보급을 명시하였다. 이에 따라 2005년 국어기본법에서 국외 보급을 명문화하기 이전까지 문화 예술 진흥 정책 차원에서 한국어의 국외 보급을 위한 노력을 전개하였다. 또한 이 기간 동안 문화부는 민간과 협력하여 1988년에서 2005년까지 한국어 세계화 추진 사업을 추진하면서 한국어세계화재단을 산하에 두고 실제적인 측면에서 한국어의 국외 보급에 주력하였다. 이 과정에서 한국어교육 및 교육 정책 기반을 구축하는 한편 전문성을 제고하는 작업이 활발하게 이루어졌다. 이후 문화관광부의 한국어 국외 보급 정책은 2005년 국어기본법 내 관련 규정을 제정하면서 국어 정책의 틀 안에 확고하게 자리매김하게 되었다. 특히 국어기본법 제19조는 교육과정의 개발, 교육 자료의 개발, 교원 자격의 인증 등을 정부의 주요 정책으로 설정하고 있으며 후에 개정되면서 세종학당 지원 체계의 구축을 또 하나의 주요 내용으로 삼고 있다.

최근 한국어교육 정책은 2008년에 개편된 문화체육관광부가 주도하여 국내 이주민의 사회 적응과 국민 통합을 위한 정부의 정책과 함께 그 영역을 확장하고 있다. 이는 재한외국인처우기본법, 다문화가족지원법, 출입국관리법 등 여러 법령과 이들 법령에 근거한 제도 및 정책을 기반으로 하여 여성가족부 산하의 다문화가족지원센터 프로그램, 법무부 주관의 사회통합프로그램이 운영되고 있는 데서 찾아볼 수 있다.

이와 같이 한국어교육 정책은 민족 교육 정책, 문화 예술 진흥 정책, 국어 정책, 이주민 정책 등 다방면에서 수립, 시행되어 왔다. 다만 한국어교육 정책은 상대적으로 교육 정책의 성격이 약한 경향을 보이고 있는데, 이는 우리 정부의 교육 정책이 기본적으로는 국민 교육을 지향해 왔으며 이에 따라 법, 제도, 정책이 국민을 대상으로 하는 교육에 초점을 두고 있었던 것과 관련된다. 〈조항록〉

[참고문헌]
• 성광수(1996), 한국어의 세계적 보급을 위한 언어 정책 검토, 이중언어학 13-1, 이중언어학회, 159~180쪽.
• 오문경(2013), 한류 콘텐츠를 활용한 한국어 국외 보급 정책 연구: 한류 기반 잠재적 학습자를 대상으로, 한국외국어대학교 박사학위논문.
• 조항록(2010), 한국어교육 정책론, 한국문화사.

❏ 국어기본법

국어기본법(國語基本法)은 국어 사용을 촉진하고 국어의 보전 및 발전을 위한 기반을 마련함으로써 국민의 창조적 사고력을 증진시키고 문화적 삶의 질을 제고하여 궁극적으로는 민족 문화 발전에 이바지하는 것을 목적으로 하는 법을 말한다.

국어 정책의 근거가 되는 법으로 1948년 정부 수립과 함께 제정된 '한글 전용에 관한 법률'을 꼽을 수 있다. 그러나 이 법은 제정 이후 한 번도 개정되지 않고 사실상 유명무실한 법으로 유지되어 왔다. 이후 2000년대에 들어서서 정부는 국민의 국어 능력을 향상시키고 국어를 국외에 보급함으로써 국어의 보전과 발전에 기여하고자 2005년에 국어기본법을 제정하였다.

국어기본법은 총 5장 27조와 부칙으로 구성되어 있으며 주요 내용은 다음과 같다. 첫째, 국가와 지방 자치 단체는 변화하는 언어 사용 환경에 능동적으로 대응하고 국민의 국어 능력 향상과 지역어 보전 등 국어 발전과 보전을 위하여 노력해야 한다. 이에 따라 문화체육관광부는 국어 발전 기본 계획을 5년마다 수립, 시행하고 이에 관한 보고서를 2년마다 국회에 제출하도록 한다. 둘째, 문화체육관광부는 국어 정책 수립에 필요한 국민의 국어 능력, 국어 의식, 국어 사용 환경에 관한 실태를 조사하여 어문 규범이 국민의 국어 사용에 미치는 영향과 현실성 및 합리성을 평가하여 정책에 반영하도록 한다. 셋째, 공공 기관 등의 공문서는 어문 규범에 맞추어 한글로 작성하여야 한다. 다만 대통령령으로 정하는 경우에는 괄호 안에 한자 또는 다른 외국 글자를 쓸 수 있다. 넷째, 국어 발전과 보전을 위한 중요 사항을 심의하기 위하여 문화체육관광부에 국어심의회를 둔다. 국가 기관과 지방 자치 단체는 국어 발전과 보전을 위한 업무를 총괄하는 국어 책임관을 두고 국민들의 국어 능력을 높이고 국어와 관련된 상담을 할 수 있도록 국어문화원을 지정할 수 있다.

무엇보다도 국어기본법에서는 한국어교육에 필요한 사항을 법제화한 것에 주목할 필요가 있다. 이에 따라 국가는 한국어를 배우려는 외국인과 재외 동포를 위하여 교육과정과 교재를 개발하고 전문가를 양성하는 등 한국어 보급에 필요한 사업을 시행해 왔다. 또한 한국어교원 자격 제도를 마련하고, 2012년 세종학당재단을 설립하여 행정적, 제도적으로 국외 한국어 보급 사업을 적극 지원하고 있다.

다만 국어기본법에는 선언적(宣言的)인 조항이 대부분이어서 실제 법과 제도 집행에 한계가 많은 것이 문제로 지적되고 있다. 그럼에도 불구하고 국어기본법의 제정은 국어의 발전과 보전 그리고 한국어교육의 진흥에 기여하였다는 점에서 의의를 찾을 수 있다.

〈권재일〉

[참고문헌]
• 법제처, 국가법령정보센터 누리집, 2014년 8월 2일 가져옴, http://www.law.go.kr
• 이세정 외(2012), 국어 발전과 진흥을 위한 법 체계 정비 연구, 문화체육관광부·한국법제연구원.
• 한국법제연구원, 대한민국영문법령 누리집, 2014년 8월 2일 가져옴, http://elaw.klri.re.kr

14.2. 한국어교육 정책 기관

한국어교육 정책 기관(韓國語敎育政策機關)은 외국어로서의 한국어를 국내외로 보급하는 정책을 담당하는 국가 행정 기관을 말한다.

정부에서는 주로 교육부, 외교부, 문화체육관광부가 최상위의 한국어교육 정책 업무를 담당한다. 각 행정 부처의 한국어교육 관계 법령과 관계 기관의 현황을 정리하면 다음 표와 같다.

〈한국어교육 관계 법령 및 관계 정책 기관 현황〉

구 분	교육부	외교부	문화체육관광부
관계 법률	· 재외 국민의 교육 지원 등에 관한 법률 제2조, 제29조, 제34조	· 재외 동포 재단법 · 한국국제교류재단법	· 국어기본법(제19조 국어의 보급 등)
교육 대상	· 한국 국적의 재외국민 · 한국 국적이 없는 동포 · 외국의 한국학 연구자	· 한국 국적의 외국 장기 체류 자 및 영주권자 · 국적을 불문하고 한민족의 혈통을 지닌 자	· 현지 외국인(일반 대중) · 결혼 이민자 및 외국 국적의 이주 노동자
교육 내용	· 국민으로서의 소양을 갖추기 위한 한국어교육 · 한국학 연구자 지원	· 재외 동포에 대한 한국어교 육 및 한국 문화 홍보 · 해외 한국학 진흥 지원	· 일반 대중(낮은 층위) 대상의 생활 한국어와 한국 문화의 이해
교육 성격	· 재외 국민 대상의 정규 국어 교육과정에 의한 한국어교육 실시	· 재외 동포 한국어교육 및 문 화사업 지원	· 문화 상호주의 원칙에 입각 한 한국어교육과 쌍방향의 문화 교류 확대 및 문화적 연대 도모
교원 자격	· 국어 교사 자격증 (국어국문학과,국어교육학과)	· 해당 없음	· 한국어교원 자격증 (한국어학과/한국어교육학과)

각 한국어교육 정책 기관 아래에는 한국어 교육 기관과 한국어교육 지원 기관이 있다. 교육부는 한국학교, 외교부는 해외 한국어 교육 기관인 한글학교, 문화체육관광부는 세종학당을 각각 관장하고 있다. 이들 교육 기관의 성격은 조금씩 차이가 있다. 한국학교는 재외 국민에게 초·중등 교육법에 따라 학교 교육을 실시하기 위하여 교육부 장관의 승인을 얻어 외국에 설립한 교육 기관이다. 이에 비하여 한글학교는 재외 동포 등에게 한국어와 한국 문화를 교육하기 위하여 재외 국민 단체 등이 자체적으로 설립하여 해당 지역을 관할하는 재외 공관의 공관장에게 등록한 비정규 학교이다. 한편 세종학당은 한국어교육을 통해 한국 문화를 더욱 확산시키고 국가 간 교류를 확대하는 것을 목표로 하고 있으며 문화체육관광부 산하의 세종학당재단이 해외 각국에서 지정하여 운영하고 있다. 해마다 교육 기관의 수에는 변화가 있겠지만 한국학교는 2019년 4월 기준으로 16개국 34개교, 한글학교는 2018년 3월 기준으로 113개국에 1,790개, 세종학당은 2019년 6월 기준으로 60개국에 180개소가 운영되고 있다.

국외에서 한국어교육을 지원하는 기관으로 한국어교원 연수나 각종 한국어교육 자료 지원, 한국어학과 개설 지원과 같은 업무를 담당하고 있는 교육부 소속의 국립국제교육원 등이 있다. 외교부 산하에는 한국국제교류재단(Korea Foundation: KF), 재외동포재단, 한국국제협력단(Korea International Cooperation Agency: KOICA) 등이 있으며, 문화체육관광부 산하에는 국립국어원, 세종학당재단 등이 있다. 이들 한국어교육 지원 기관 역시 그 성격이나 업무에 있어서 조금씩 차이가 있다. 이는 위의 표에서 제시되어 있듯이 세 기관이 갖는 정책의 차이에서 비롯된다. 〈이병규〉

[참고문헌]
- 교육부, 정보정책공표 누리집, 2020년 1월 8일 가져옴, http://moe.go.kr
- 국립국어원(2006), 국어 발전 기본 계획, 국립국어원.
- 국립국어원(2008), 다중의 시대, 언어 소통 기획: 국내외 한국어교육의 현황과 과제, 국립국어원·문화체육관광부.
- 문화체육관광부, 세종학당재단 누리집, 2020년 1월 8일 가져옴, http://www.ksif.or.kr
- 이병규(2008), 국외 한국어교육 정책 현황 및 추진 방향, 새국어교육 79, 한국국어교육학회, 341~366쪽.
- 이병규(2008), 국외 한국어교육 정책론 정립을 위한 탐색, 한국어교육 19-3, 국제한국어교육학회, 1~29쪽.
- 재외동포재단, 스터디코리안 누리집, 2020년 1월 8일 가져옴, http://study.korean.net

14.3. 한국어교원 양성

■ 한국어교원 자격 제도

한국어교원 자격 제도(韓國語教員資格制度)는 국어기본법 제19조 및 동법 시행령 제13조와 제14조에 근거하여 한국어를 모어로 사용하지 않는 외국인과 재외 동포를 대상으로 한국어를 가르치는 자(者)에게 대한민국 정부가 자격을 부여하는 제도를 말한다.

한국어교원 자격 제도는 2005년도에 국어기본법이 시행된 이후 실시되었다. 한국어교원 자격증은 국립국어원이 주관하는 한국어교원 자격 심사 위원회의 심사를 거친 후 문화체육관광부 장관 명의로 합격자에게 부여된다.

한국어교원 자격증을 받기 위해서는 외국어로서의 한국어교육 분야의 학위 과정에서 정해진 학점을 이수하거나 비학위 과정에서 정해진 시간을 이수하여야 한다. 학위 과정은 크게 3가지로 나눌 수 있다. 첫째는 주(主) 전공 또는 복수 전공으로 45학점의 필수 학점을 이수한 후에 학사 이상의 학위를 취득하는 방법이다. 둘째는 부전공으로 21학점의 필수 학점을 이수한 후에 학사 이상의 학위를 취득하는 방법이다. 셋째는 대학원에서 전공으로 18학점의 필수 학점을 이수한 후에 석사 이상의 학위를 취득하는 방법이다. 한편 비학위 과정을 통해 자격을 받으려면 인가된 기관에서 필수로 120시간을 이수한 후에 한국어교육능력검정시험에 합격하여야 한다. 또한 외국 국적을 가진 사람이 한국어교원 자격증을 취득하기 위해서는 한국어능력시험(Test of Proficiency in Korean: TOPIK) 6급에 합격해야 한다.

한국어교원 자격 제도에 대한 심사 공고, 서류 접수, 교과목과 교과 과정 심사, 자격증 교부 등 제반 행정 업무를 담당하고 있는 기관은 국립국어원이다. 국립국어원은 문화체육관광부의 소속 기관으로 한국어교원 자격 업무를 원활하게 추진하기 위해 문화체육관광부 장관의 위임을 받아 한국어교원 자격 심사 위원회를 두고 있다. 한국어교원 자격 심사 위원회는 개인 자격 심사, 기관의 교과목과 교육과정 심사 등의 업무를 맡고 있다.

국립국어원은 2005년 국어기본법이 시행된 이후 2006년부터 한국어교원 자격 심사를 매년 3회씩 진행하고 있으며 2019년 12월 기준으로 48,764명이 한국어교원 자격증을 취득하였다. 2010년부터는 기관 심사를 진행하고 있는데 2019년 12월 기준으로 학위 과정(대학(원), 학점은행제)은 237개소, 단기 양성 기관에서 하는 비학위 과정은 226개소가 적합 판정을 받았다. 기관 심사 대상으로는 한국어교육 전공 과정이 개설된 대학과 대학원, 한국어교원 비학위 과정 운영 기관, 학점 은행제 운영 기관 등이 포함된다.

한국어교원 자격 제도는 심사 과정과 규정에 따라 진행되며 안정적으로 이루어지고 있다. 다만 학위 과정의 교과목 및 교육과정과 관련한 심사를 대학에 위임하지 않고 직접 심사를 하는 것 등이 문제점이라고 할 수 있다. 〈최용기〉

[참고문헌]
• 국립국어원(2012), 한국어교원 자격 제도 길잡이, 국립국어원.
• 국립국어원, 한국어 교원 자격 누리집, 2020년 1월 8일 가져옴, http://kteacher.korean.go.kr
• 윤소영 외(2011), 한국어교원 자격 제도 개선 방안 연구 (2), 국립국어원.
• 최용기(2010), 한국어 정책의 이해, 한국문화사.

❏ 한국어교원 양성 과정

한국어교원 양성 과정(韓國語敎員養成課程)은 한국어교원을 양성하기 위하여 대학, 민간단체, 공공 기관 등이 운영하는 교육과정으로 국어기본법 시행령 제13조에서 정하고 있는 120시간의 영역별 필수 이수 시간을 충족하는 과정을 말한다. 이는 '단기 양성 과정'이라고도 하는데, 이 과정을 마치고 한국어교육능력검정시험에 합격하면 한국어교원 3급 자격증을 받게 된다.

한국어교원 양성 과정은 국내 양성 과정과 국외 양성 과정으로 구분할 수 있다. 국내 양성 과정은 법령에 따라 설립된 대학 기관, 공공 기관과 특수 법인 등에 의해 운영된다. 국외 양성 과정은 국가 중앙 부처의 국내 초청이나 해외 현지 한국어교원 연수 방식을 통해 운영되거나 재외 한국 대사관과 한국 문화원, 외국 대학이 국내 대학과 협력하여 양성 과정을 운영하기도 한다.

국립국어원은 한국어교원 양성 과정과 관련한 기준으로 2010년부터 '단기 양성 기관 운영 지침'을 마련하여 보급하고 있다. 이 지침의 주요 내용은 교육과정, 수업, 평가 및 학사 관리, 교과목, 강사, 일반 사항으로 구분되어 있는데 그 내용을 살펴보면 다음과 같다.

첫째, 교육과정에는 교육 기간과 교과목 편성, 교재 등의 운영 지침이 포함되어 있다. 단기 양성 과정의 전체 교육 기간은 총 15주 이상이 바람직하고 최소한 4주 이상을 권장한다. 1일 총 교육 시간은 4시간 이하가 적합하고 최대 6시간을 넘지 않도록 한다. 또한 종합 시험 시간이나 수료식 등과 관련한 시간을 제외하고 실제 교육 시간은 필수 이수 시간 120시간을 충족해야 한다. 교과목 편성은 국어기본법 시행령 제13조 별표 1

에서 정한 대로 한국어교원 자격 취득에 필요한 영역별 필수 교과목을 모두 포함한다. 그리고 각 영역별 필수 이수 시간을 준수하며 각 교과목에 영역을 명시한다. 특히 교과목 중 5영역 한국어 교육 실습에 해당하는 강의 참관은 필수 과목이다. 이에 따라 수강생은 실제 현장에서 이루어지고 있는 외국인 대상 한국어 수업을 참관하고, 모의 수업과 강의 실습 하나를 선택해야 한다.

둘째, 수업과 관련한 지침 사항은 한국어교육학 관련 교과목 내용과 한국어 교육 실습에 대해 다루고 있다. 기본적으로 각 영역별 교과목명과 실제 수업의 내용이 일치하여야 하며, 모든 강사에게 이를 알리고 강의안을 제출하도록 권장한다.

셋째, 평가 및 학사 관리는 출석 관리와 평가, 수료 기준에 관한 내용이다. 출석 관리는 원칙적으로 총 교육 시간의 85% 이상을 출석할 것을 수료 조건으로 하여 수강생의 출석을 철저하게 관리하도록 한다.

넷째, 교과목 강사의 자격 및 강사진의 구성은 전공 박사 학위 소지자나 박사 과정 수료자로서 강의 경력이 있는 자로 제한하고 있다. 강사진은 각 영역별로 최소 2인 이상, 총 10인 이상의 강사가 담당하도록 하는 것을 원칙으로 한다. 아울러 기본 교육 시설, 프로그램 평가, 행정 직원 등 일반 사항을 준수하도록 한다.

한편 한국어교원 양성 과정은 한국어교원 3급 자격 교부와 관련해 과정 이수자의 전문성을 높이고 기관의 변별력을 일정 수준으로 유지하겠다는 취지로 운영하고 있다. 그러나 양성 과정을 마친 후에 추가적으로 한국어교육능력검정시험에 합격해야 한국어교원 자격을 취득하게 된다는 점 등에서 학위 과정을 통한 한국어교원 자격 취득과 구별된다. 〈최용기〉

[참고문헌]
- 국립국어원(2012), 한국어교원 자격 제도 길잡이, 국립국어원.
- 윤소영 외(2011), 한국어교원 자격 제도 개선 방안 연구 (2), 국립국어원.
- 최용기(2010), 한국어 정책의 이해, 한국문화사.

❏ 한국어교원 자격증

한국어교원 자격증(韓國語敎員資格證, Certificate of Korean language teacher)은 국어기본법 제19조와 같은 법 시행령 제13조와 제14조에 근거하여 재외 동포나 외국인을 대상으로 한국어를 가르치는 자(者)에게 문화체육관광부가 부여하는 교원 자격증을 말한다.

한국어교원 자격증은 한국어교원 1급, 2급, 3급의 세 종류로 분류된다. 한국어교원 1급 자격증은 최상급 자격증으로 경력에 의해서만 부여되고, 2급과 3급 자격증은 한국어교원 자격 심사 위원회의 심의에서 적합 판정을 받아야 취득할 수 있는데 구체적인 자격 요건은 다음과 같다.

한국어교원 3급 자격증은 한국어교육 분야를 부전공으로 하여 국어기본법 시행령 별표 1에서 정한 영역별 필수 이수 학점인 21학점을 취득한 후 학사 학위를 취득해야 발급받을 수 있다. 또한 국어기본법 시행령 별표 1에서 정한 영역별 필수 이수 시간 120시간을 충족하는 한국어교원 단기 양성 기관의 교육과정을 수료한 후 한국어교육능력검정시험에 합격한 경우도 가능하다. 이때 외국 국적을 가진 사람은 문화체육관광부 장관이 고시한 시험의 종류, 시험의 유효 기간 및 급수 등에 맞게 합격한 사람이어야 한다.

한국어교원 2급 자격증을 받기 위해서는 한국어교육 분야를 주(主) 전공 또는 복수 전공으로 하여, 국어기본법 시행령 별표 1에서 정한 영역별 필수 이수 학점 45학점과 학사 이상의 학위를 취득해야 하며, 대학원의 경우 영역별 필수 이수 학점은 18학점이다. 또한 3급 소지자가 일정한 요건을 갖추면 2급으로 승급할 수 있는데 승급 요건을 종류별로 살펴보면 다음과 같다. 먼저 부전공으로 한국어교원 3급 자격증을 취득한 후에 한국어교육 경력이 인정되는 기관 또는 단체 등에서 만 3년 이상 근무하면서 총 1,200시간 이상의 교육 경력을 쌓으면 승급할 수 있다. 또는 단기 양성 과정과 한국어교육 능력 검정 시험을 통해서 3급 자격증을 취득한 후 한국어교원 자격에 필요한 교육 경력이 인정되는 기관 또는 단체 등에서 만 5년 이상 근무하면서 총 2,000시간 이상의 교육 경력을 쌓은 경우에도 2급으로 승급할 수 있다.

한편 한국어교원 1급 자격증을 받기 위해서는 한국어교원 2급 자격증을 취득한 후 한국어교육 경력이 인정되는 기관 또는 단체 등에서 만 5년 이상 근무하면서 총 2,000시간 이상 한국어를 가르친 경력이 필요하다. 아울러 경과 규정으로 2005년 7월 28일 이전에 한국어교육 경력이 인정되는 기관 또는 단체 등에서 800시간 이상 교육한 경력이 있거나 한국어세계화재단에서 실시한 한국어교육 능력 인정 시험에 합격하여 3급을 취득한 사람도 승급에 필요한 교육 기간과 경력을 충족하면 2급 또는 1급으로 승급이 가능하다.

한국어교원 자격증은 교사의 전문성을 높이고 한국어교육을 전공한 사람에게 정부 차원에서 자격을 부여한다는 취지가 있다는 점에서 바람직하다. 그러나 자격 취득자의 수요와 공급, 자격의 급에 따른 혜택의 변별성, 자격 취득 이후의 재교육 문제 등은 앞으로 풀어 나가야 할 과제이다.　　　　　　　　　　　　　　　　　　　〈최용기〉

[참고문헌]
• 국립국어원(2012), 한국어교원 자격 제도 길잡이, 국립국어원.
• 윤소영 외(2011), 한국어교원 자격 제도 개선 방안 연구 (2), 국립국어원.
• 최용기(2010), 한국어 정책의 이해, 한국문화사.

■ 한국어 교사 교육

한국어 교사 교육(韓國語敎師敎育)은 제2 언어 또는 외국어로서 한국어교육학에 대한 전문적인 지식, 기술, 자질을 갖추도록 실시하는 교육을 말한다.

제2 언어 교사는 제2 언어 프로그램의 성패를 좌우하는 가장 중요한 요소이다. 이에 따라 언어 교수학에서는 제2 언어 교사를 '언어 교수 학자'라고 부르며, 그 자격 요건 또한 정규 교육 기관에서 언어 교수학 교과 과정을 마치고 언어 교사의 훈련을 받은 사람으로 한정한다. 좋은 언어 교수 학자는 가르치는 것에 대한 기본적 관심과 전문적 지식을 지녀야 하며, 훈련과 경험을 통해 교사의 자질을 갖춰 나가야 한다. 한국어 교사 역시 제2 언어 교사로서 교사 자격을 취득하기 위한 교육과 훈련이 필요하며, 이에 합당한 자질 또한 갖추어야 한다.

국내에서는 1959년 연세대학교 한국어학당과 이후 서울대학교 어학연구소와 재외국민교육연구소가 설립되었으며, 1980년대 중반부터 여러 대학의 부설 기관에서 한국어교육을 하게 되면서 각 기관에서 독자적으로 교사 교육을 실시하여 왔다. 이후 1990년대에 들어와 몇몇 대학의 부설 기관이 훈련된 교사의 자체 수급을 목적으로 단기 양성 과정을 운영함으로써 체계적인 교사 양성 교육이 시작되었다. 1990년대 후반부터는 교육 대학원에서 한국어교육 전공을 설치하여 운영하기 시작하였고, 2000년대 초반에는 일반 대학원과 학부 과정에서도 한국어교육 전공을 운영하기 시작하였다. 이후 2005년에 국어기본법과 국어기본법 시행령이 제정되면서 한국어 교사 양성이 본격적으로 시작되었다.

한국어 교사의 양성 과정은 학위 과정과 비학위 과정으로 나눌 수 있다. 먼저 학위 과정은 대학의 학부 과정 또는 대학원 석사와 박사 과정을 말하는데, 이 과정에서 한국어교육을 전공하여 소정의 학점을 이수하면 한국어교원 2급 자격증을 취득하게 된다. 다음으로 비학위 과정은 대학의 부설 기관이나 사설 교육 기관에서 120시간 이상을 이수하는 양성 과정을 말한다. 이 과정을 수료하고 한국어교육능력검정시험에 합격하면 한국어교원 3급 자격증을 취득할 수 있다. 한편 한국어교원 자격증은 문화체육관광부 장관 명의로 발급된다. 한국어교원 자격 취득에 필요한 영역은 교과 내용학 분야에 포함되는 '한국어학', '일반 언어학 및 응용 언어학', '한국 문화'와 교과 교육학 분야에 포함되는 '외국어로서의 한국어교육론', '한국어 교육 실습'으로 구성되어 있다.

지금까지의 한국어 교사 교육은 언어 교사로서의 지식과 교수 기술이 학습자의 학습 결과에 영향을 미친다는 점에 주목하여 현장에서 필요한 실용 지식과 훈련의 기회를 제공하는 데 초점을 맞추어 왔다. 그러나 앞으로는 교과 내용학과 교과 교육학 양 분야에 걸친 전반적인 교육이 요구되며, 특히 교과 교육학 분야에서는 교육학의 일반 영역을 넘어 한국어교육학의 특성을 반영한 연구를 더 진행할 필요가 있다. 또한 국내뿐 아니라 국외에서도 한국어교육이 이루어진다는 사실을 염두에 두고 국외의 한국어 교사가 갖추어야 할 자질을 함양하기 위한 교육을 실시할 필요가 있다. 〈송향근〉

[참고문헌]
• 김종철 외(1994), 최신 교사론, 교육과학사.
• 송향근·김정숙·박동호(2007), 한국어교원 수급 방안, 국립국어원.
• 송향근(2011), 한국어교원 자격 제도의 현황과 과제, 새국어생활 21-3, 국립국어원, 27~39쪽.

• 오광근(2009), 한국어교원 양성 과정 운영 실태 조사 보고서, 국립국어원·한국어세계화재단.
• Richards, J. C. & Farrell, T. S. C. (2005), *Professional development for language teachers: Strategies for teacher learning*, 방영주 역, 2009, 외국어 교사 교육의 이론 및 실제, 한국문화사.

❑ 교사의 자질

교사의 자질은 교육자적 자질, 언어적 자질, 언어 교육자적 자질 등 교사가 갖추어야 할 개인적인 특성 및 인간성과 교직의 전문성을 말한다.

먼저 교육자적 자질은 교사가 언어 교육자로서 지녀야 할 일반적, 보편적이고 인성적인 자질을 뜻한다. 교사는 인간에 대한 깊은 이해를 바탕으로 학습자와 상호작용할 수 있어야 하고 학습자에 대한 교육적 정보를 가지고 학습자와의 관계를 다각도로 설정할 수 있어야 한다. 특히 한국어 교사는 한국어를 외국어로서 이해하고 접근하는 안목과 학습자의 궁극적인 성취 목표를 계획하고 달성할 수 있도록 관리하며 도울 수 있는 능력을 갖추어야 한다.

다음으로 언어적 자질은 언어 교사가 교수 언어에 대해 가지고 있는 지식과 구사 능력을 의미한다. 한국어 교사에게 가장 중요한 언어적 자질은 한국어 능력이다. 한국어 교사는 발음, 어휘, 어법적 측면에서 적절성(appropriateness), 유창성(fluency), 정확성(correctness)이 두루 갖추어진 품위 있는 한국어를 구사해야 한다. 또한 구어와 문어에 있어서 모두 일정한 수준 이상의 한국어 능력을 갖추고 있어야 한다. 이를 위해서 한국어 교사에게는 한국어학에 대한 깊은 이해가 요구된다. 특히 표준 한국어의 변화형들이 오용 언어로 나타나는 것을 분별하고, 맞춤법, 표준어 규정, 표준 발음법 등의 지식을 바탕으로 하여 규범 언어에 대한 기준을 가지고 한국어를 구사하며 지도할 필요가 있다.

또한 언어 교육자적 자질은 교사가 학습자 요구에 따라 언어 지식을 선택하여 교수하고 적용하는 능력을 의미한다. 브라운(H. D. Brown)은 훌륭한 언어 교육자가 갖추어야 할 자질로 기술적인 지식, 교수 기술, 대인 기술, 개인적 자질의 네 가지를 제시하고 있다. 이 중 먼저 기술적인 지식을 갖추어야 한다는 것은 지식 적용 측면에서 언어 학습과 교수에 관한 기본 원리를 숙지하고, 한국어의 문법 및 담화의 언어학적 체제에 대해 포괄적으로 이해해야 함을 말한다. 언어 교육의 측면에서뿐만 아니라 문화 교육 측면에서 언어와 문화 간에 어떠한 관계가 있는지, 경험을 통해서 외국어를 배우는 것이 어떤 것인지도 알아야 한다. 다음으로 교수 기술을 갖춘다는 것은 이론적·실제적 정보에 근거한 다양한 교수 기법을 교사가 이해하고 활용할 수 있어야 한다는 것이다. 이때 교사는 학생의 언어학적 요구를 인지하여 최적의 피드백을 제공할 수 있어야 한다. 한편 대인 기술을 갖춘다는 것은 교사와 학습자 간 관계에 있어서 교사가 학생을 존중하는 동시에 학생의 문화를 이해하고 수용할 수 있는 풍부한 감성을 가지고 있어야 함을 말한다. 교사는 학생으로부터 존경받을 수 있는 인간성을 갖추고 상담 기술 등의 교육 전문 지식을 활용하여 학생의 학습 동기를 강화하고 격려해야 한다. 끝으로 개인적인 자질을 갖춘다는 것은 교사가 새로운 교수 방식을 시도하는 데 있어 호기심을 가지고 발전시켜 나가기 위해 꾸준히 노력해야 함을 말한다. 이를 위해서 지속적인 직업적 성장을 위해 단기 및 장기 목표를 세우는 것과 동시에 높은 수준의 윤리 및 도덕에 의한 모범을 보일 수 있어야 한다.

이상과 같이 교사의 자질은 다음의 세 가지로 정리할 수 있다. 첫째, 교사는 지식의 전달자로서 한국어에 대한 지식을 갖추고 있어야 한다. 둘째, 한국어 자체의 구조나 법칙뿐만 아니라 한국어에 내포되어 있는 한국의 사회 문화에 대해서도 알아야 한다. 셋째, 다차원적 커뮤니케이션 상황에서 다양한 문화에 대해 이해하고 수용할 수 있는 상호 문화적 능력을 갖추어야 한다.

한국어 교사의 자질은 수업의 질과 밀접한 관련을 맺는다. 따라서 한국어 교사는 교육에 필요한 모든 자질을 충분히 갖추어야 하며, 이를 실제 교수 학습 현장에서 발휘할 수 있어야 한다.　　　　　　　　　　　　　　　　　　　　　　　　　　　　　　〈송향근〉

[참고문헌]
• 김중섭(2010), 신개정판 한국어교육의 이해, 도서출판 하우.
• 민현식(2005), 한국어 교사론: 21세기 한국어 교사의 자질과 역할, 한국어교육 16-1, 국제한국어교육학회, 131~168쪽.
• 한재영 외(2011), 한국어교육 용어 해설, 신구문화사.
• Brown, H. D. (1994), *Principles of language learning and teaching*, Prentice Hall.
• Brown, H. D. (2001), *Teaching by principles: An interactive approach to language pedagogy*, 권오량·김영숙·한문섭 공역, 2002, 원리에 의한 교수: 언어 교육에의 상호작용적 접근법, 피어슨에듀케이션코리아.

14.4. 국내의 한국어교육 현황

국내의 한국어교육 현황은 한국 내의 제2 언어 혹은 외국어로서의 한국어 학습자 즉 일반 외국인, 유학생, 이주 노동자, 결혼 이민자, 다문화 가정 자녀, 북한 이탈 주민 등을 대상으로 하는 한국어 교육 기관의 종류와 각 기관별 한국어교육의 특징을 중심으로 살펴볼 수 있다.

국내의 한국어교육은 1959년에 창설된 연세대학교 한국어학당과 1969년 서울대학교 어학연구소와 재외국민교육연구소의 한국어 프로그램에서 시작한 것으로 보는 견해가 지배적이다. 이후 1970~1980년대에는 소수의 기관을 중심으로 한국어교육의 명맥이 유지되다가 1988년 서울 올림픽 전후를 기점으로 한국어교육이 본격적으로 시작되었다. 1980년대 후반에는 고려대학교, 이화여자대학교 등에서, 1990년대에는 경희대학교, 서강대학교, 한양대학교 등을 비롯한 전국의 여러 대학에서 한국어 강좌를 개설하였다.

국내의 한국어교육은 학습자의 학습 목적과 특성에 따라 기관마다 교육과정에 있어서 다음과 같이 차이를 보이고 있다.

첫째, 일반적인 대학 부설 기관에서는 한국어교육에 대한 전공 지식을 가진 자(者) 또는 어문 관련 전공자들이 대학 내 교환 학생과 유학 준비생 등을 대상으로 한국어를 교육하는 경우가 많으며, 이 경우 학습자는 대부분 성인 외국인이다. 이러한 대학 부설 기관은 국내 한국어교육에서 가장 큰 비중을 차지하고 있으며 그 수는 2019년 기준으로 198여 곳에 이른다. 이와 함께 2000년대 이후 학업 목적의 한국어 학습자들이 전국적으로 늘어나면서 이들을 대상으로 한 특수 목적의 한국어교육을 진행하는 기관들도 증가하고 있다.

둘째, 이주 노동자를 대상으로 하는 한국어교육은 주로 기업이나 민간 단체에서 이루어진다. 일부 지방 자치 단체 부설 외국인근로자지원센터 등에서 한국어교육을 지원하기도 하지만 이 역시 실제 운영은 민간 자원봉사자들에게 맡기는 경우가 대부분이다. 지방 자치 단체 부설 기관이나 민간 단체의 수가 몇 곳인지는 정확하게 파악되지는 않고 있으나 외국인근로자지원센터는 서울, 안산, 의정부, 김해, 마산, 대구, 인천, 천안의 8곳, 민간단체는 대략 250여 곳으로 집계된다. 2018년 출입국·외국인 정책 통계 연보에 따르면 불법 체류자를 포함한 이주 노동자 수는 약 70여만 명에 이르러 국내 이주민 구성원 중 최대 집단을 형성하고 있다.

셋째, 결혼 이민자에 대한 한국어교육은 여성가족부와 국립국어원이 주축이 되어 지원하고 있다. 여성가족부는 결혼 이민자에 대한 총괄적인 정책을 추진하기 위해 전국에 200여 곳의 다문화가족지원센터를 설치하여 운영한다. 다문화가족지원센터에서는 결혼 이민자들의 한국 사회 적응을 돕고 안정적인 정착을 위한 공통 사업으로 한국어교육을 진행한다. 이 기관들의 교육 프로그램에는 대부분 결혼 이민자와 그 자녀를 위한 한국어 교실이 포함되어 있다. 이들을 대상으로 한국교육방송공사(EBS)를 통해 특정한 주제를 가지고 한국어교육 프로그램을 방송하기도 하고, 한국어 방문 지도사를 결혼 이민자의 가정에 파견하여 한국어를 가르치는 방문 교육도 시행한다.

넷째, 다문화 가정 자녀 또는 외국에서 거주하다가 온 한국인의 귀국 자녀들을 대상으로 정규 학교에서 한국어를 교육한다. 이들을 가르치는 교원은 대부분 교육부에서 발급하는 정규 교사 자격증 소지자이다. 교육부가 중심이 된 한국어교육은 국가평생교육진흥원의 중앙다문화교육센터나 전국의 각 시도 교육청이 관할하는 정규 학교를 통해 이루어진다. 중앙다문화교육센터는 교육과정에 이주민 교육을 결합하기 위하여 교사 연수에 사용되는 교재 개발과 교육 연수를 주로 담당하고, 각 시·도 교육청은 다문화 가정 자녀 교육 지원 사업을 추진한다. 시·도 교육청이 실시하는 다문화 가정을 위한 관련 지원 사업에서도 한국어교육의 비중이 가장 높으며, 이는 주로 초·

중·고등학교에 재학 중인 다문화 가정 2세를 위한 방과 후 한국어 학습 형식으로 이루어지고 있다.

다섯째, 북한 이탈 주민을 위한 한국어교육은 통일부와 교육부가 공동으로 추진하고 있지만 그 대상이 다양한 계층과 직업을 가진 사람들이어서 교육과정을 마련하기가 쉽지 않다. 국내 북한 이탈 주민 가족은 2만여 명에 이르며 이들은 별도의 교육과정을 통해 한국 생활에 대한 적응 훈련을 받는다. 국립국어원에서는 북한 이탈 주민을 위한 교육과정을 새로 만들고 이들을 위한 발음 교재를 개발한 바 있으며, 북한 이탈 주민을 위한 어휘 학습 교재 등 보다 더 구체적이고 실질적인 프로그램들을 개발하고 있다.

최근 한국의 국가 위상이 높아지고 한국 문화에 대한 수요가 증대함에 따라 국내 한국어교육은 양적으로나 질적으로나 크게 성장하고 있다. 그러나 새롭게 변모해 가는 학습 환경에서 한국어교육을 더욱 발전시키기 위해서는 교육과정의 표준화, 교사 교육, 교재와 교수 방법 개발, 목적별 한국어 능력 평가 도구 개발 등에 있어서 당면한 과제들을 해결해 나가야 한다. 이를 위해서는 한국어 교육 기관과 정부 유관 부처 사이의 공조 체제뿐만 아니라 정부 부처 간의 협력 관계를 강화해야 한다. 아울러 국내의 교육 및 지원 주체들은 국외와도 긴밀하게 연계하여 한국어교육의 지속적인 발전을 모색해 나가야 할 것이다. 〈이영숙〉

[참고문헌]
• 국립국제교육원, 한국유학 종합 정보 시스템 누리집, 2020년 1월 8일 가져옴, http://studyinkorea.go.kr
• 김중섭(2010), 신개정판 한국어교육의 이해, 도서출판 하우.
• 법무부, 출입국·외국인정책본부 누리집, 2020년 1월 8일 가져옴, http://immigration.go.kr
• 이영숙(2010), 국내외 한국어교육의 현황과 과제, 나라사랑 119, 외솔회, 100~128쪽.
• 최용기(2010), 다문화 사회를 위한 한국어교육의 현황과 과제, 나라사랑 119, 외솔회, 218~243쪽.

14.5. 국외의 한국어교육 현황

■ 대만

인구 – 약 23,816,775명(2020년 기준)
주요 언어 – 중국어(관화), 민남어, 객가어
국내 체류자 수 – 약 41,306명(2018년 기준)
국내 유학생 수 – 약 1,354명(2018년 기준)
결혼 이민자 수 – 약 1,213명(2018년 기준)
한국어능력시험 응시자 수 – 9,772명(2019년 기준)

대만(臺灣, Taiwan)에서의 한국어교육은 1950년대 한국과 중화민국 양국이 혈맹으로서 다진 두터운 우의에 기반을 두어 정치, 군사, 교육, 문화 등 여러 방면에서 활발한 교류를 하면서 시작되었다.

정식 한국어학과가 개설되어 있는 대만의 대학은 타이베이 소재의 국립정치대학교(National Chengchi University)와 중국문화대학교(Chinese Culture University) 그리고 가오슝 소재의 국립가오슝대학교(National University of Kaohsiung)이다. 국립정치대학교에는 전임 교원이 9명이며 매년 30명의 학생을 모집한다. 중국문화대학교는 전임 교원이 9명이고 매년 63명의 학생을 모집하며 국립가오슝대학교는 전임 교원 3명에 매년 15명의 학생을 모집하고 있다. 그 밖에 정식 한국어학과는 아니지만 한국어문 관련 과정이 신설된 학교도 늘어나고 있다. 2014년 9월 원자오외국어대학교(Wenzao Ursuline University of Languages)에 한국어문 및 산업 과정이, 2017년 9월에 대만국립사범대학교(National Taiwan Normal University)에 한국어문 과정이 신설되었으며, 2020년 9월에는 둥우대학교(Soochow University)에 한국어문 제2 전공 과정이 신설된다.

또한 한국의 국제적 지명도 상승과 한류 등의 영향으로 한국어 수요가 증가하면서 많은 대학에 한국어 강좌가 개설되었고 각 대학에서 일반인을 대상으로 운영하는 평생교육원과 어학센터의 한국어 강좌와 수강 인원도 지속적으로 증가하고 있다. 고등학교 제2 외국어 교육 센터의 통계에 의하면 2018년 9월 학기 기준으로 전국 고등학교의 총 216개 반 6,614명, 2019년 3월 학기 기준으로 총 187개 반 5,727명의 학생이 한국어를 제2 외국어로 선택하고 있다고 한다. 이 밖에 국방부, 경제부 등 정부 기관도 산하에 전담 기구를 설립하여 한국어 과정을 개설한 바 있으며 지역 대학이나 민간 사설 학원에서도 한국어교육이 활발히 진행 중이다.

대만의 한국어교육 현황에서 가장 특징적인 면모는 1990년대부터 지속적으로 한국어교육에 대한 관심이 높아지고 있다는 점이다. 여기에는 대중문화인 한류에 대한 관심과 1997년에 외환 위기를 단기간에 극복한 한국의 경제력에 대한 긍정적인 인식, 그리고 최근 한반도 평화 기류 등이 큰 영향을 미치고 있는 것으로 파악된다. 한국 IT(information technology) 산업이 꾸준히 발전하고 있으며 한국과 대만 간의 무역량도 증가함에 따라 한국어의 수요도 안정적으로 성장하고 있다.

이러한 추세에 발맞추어 대만에서의 한국어교육이 발전하기 위해서는 다음과 같은 부분이 개선되어야 할 것으로 보인다. 먼저 정규 한국어학과가 개설된 대학이 2019년, 현재까지 세 곳이다. 그러나 많은 대학에서 초·중급 과정을 개설하고 있고 소수의 대학에서는 고급 한국어 과정도 개설하고 있다. 한국어 과정뿐만 아니라 한국문화 관련 과목도 각 대학에서 속속 개설하고 있다. 이러한 추세에 부응하기 위해서는 관련 과목과 강좌를 담당할 수 있는 자격을 갖춘 교원이 절대적으로 필요하다. 현재 국립정치대학교 한국문화교육센터에서는 2018년부터 한국어 교사 양성 프로그램을 진행하며 비정기적으로 한국어교육 학술회의도 개최하고 있지만 한국어 전문 인력을 양성하기에는 부족하다. 따라서 앞으로 체계적이고 효율적인 교원 양성 프로그램의 개설과 운영이 필요하다고 하겠다. ⟨증천부(Tseng Tien Fu)⟩

[참고문헌]
- 최말순(2012), 대만의 한류 현상과 이를 통해 본 대만 사회, 최원식·백영서 엮음, 대만을 보는 눈: 한국-대만 공생의 길을 찾아서, 창비.
- 高級中等學校第二外語教育推動計劃, 2019년 12월 5일 가져옴, http://www.2ndflcenter.tw/web/class/class_in.jsp?cp_no=CP1560321784587

■ 독일

학습자 수(명) / 교원 수(명) / 교육 기관 수(개)

본대학교 / 함부르크대학교 / 보훔대학교 / 베를린자유대학교 / 튀빙겐대학교

정규 대학 / 세종학당

인구 - 약 83,783,942명(2020년 기준)
주요 언어 - 독일어
국내 체류자 수 - 약 4,691명(2018년 기준)
국내 유학생 수 - 약 655명(2018년 기준)
결혼 이민자 수 - 약 283명(2018년 기준)
한국어능력시험 응시자 수 - 438명(2019년 기준)

독일(獨逸, Germany)에서의 한국어교육은 에카르트(A. Eckardt) 신부가 뮌헨대학교 (University of Munich)에 한국어학과를 설립하면서 시작되었다. 독일에서는 19세기 말부터 20세기 초까지 독일 베네딕트 수도회 신부들이 선교적 차원에서 한국에 대한 학문적인 연구를 하였는데, 이 중에서 가장 큰 영향력을 끼친 인물이 독일에 한국학의 기초를 세운 에카르트 신부이다.

독일 대학에서 한국학을 주·부전공으로 택할 경우 처음 2년 동안은 주로 언어 교육을 집중적으로 받게 되고 그 이후에는 한국학을 중심으로 하여 전공 교수의 전공 영역에 따라 인문 사회 과학의 특정 학문 분야로 심화된 교육을 받는 경우가 많다.

2019년까지 독일 대학에 정규 한국학과가 설치된 곳은 다섯 곳으로 베를린자유대학교(Free University of Berlin), 보훔대학교(Ruhr University Bochum), 본대학교(University of Bonn), 함부르크대학교(University of Hamburg), 튀빙겐대학교(University of Tübingen) 등에 한국어학과가 개설되어 있다. 부전공으로 한국학이 개설된 곳은 괴테대학교(Goethe University Frankfurt am Main 또는 프랑크푸르트대학교)가 있다. 어학과정만 개설한 대학교는 레겐스부르크대학교(University of Regensburg), 마인츠대학교(University of Mainz), 트리어대학교(University of Trier) 등이고 최근에는 하이델베르크대학교(University of Heidelberg)의 동아시아학과에서 한국어 교육과정과 한국 사회에 관한 사회 과학 성격의 세미나를 시행하고 있다. 독일 내 대학에서 언어 교육은 3년간의 학사 과정 중 주로 1, 2학년에서 집중적으로 이루어지며 고학년으로 갈수록 인문 사회 과학의 이론을 중심으로 한국학 수업이 이루어진다.

독일 대학에서 시행되는 한국어교육의 목적은 한국학 연구를 보다 심층적으로 수행할 연구자와 교육자를 양성하는 것이다. 한국어 교육과정을 운영하는 독일 대학들은 대개 전공 과정 2년부터 학생들 중 장학생을 선발하여 교류 프로그램이 있는 한국의 대학으로 보내 1~2학기 동안 한국어교육 심화 과정을 이수하게 하고 학점을 인정해 준다.

전임 교수 외에 독일 대학에서 강의하는 한국어교육 담당자들은 대개 한국어를 모어로 구사하는 한국 출신의 석·박사 학위 소지자들이다. 구체적으로는 독일 대학에서 어문학 분야 학위를 취득했거나 현지어 구사가 가능하며, 한국국제교류재단(Korea Foundation: KF) 혹은 한국학중앙연구원(Academy of Korean Studies)의 지원을 받아 한국학 객원 교수로 파견된 강의자들이 다수를 차지한다. 일부 독일 출신 교원들 중에는 구(舊) 동독 시절 북한에서 유학을 한 교원도 있다. 독일 대학의 한국학 전공자들은 대개 독일의 인문계 고등학교인 김나지움(Gymnasium)을 졸업한 우수한 인재들이다. 이렇게 김나지움을 졸업하고 독일의 정규 종합 대학에 진학하는 학생들은 같은 연령대의 학생들 중 40% 이내에 속하는 비교적 우수한 성적을 갖추고 있다.

독일 대학에서는 1970년대부터 독일 대학에서 만든 교재를 사용하기도 하지만 최근에는 한국의 여러 대학의 언어 교육원에서 만든 교재들을 사용하고 있다. 이 외에도《한국어 입문 I~II》,《한국어 독해》,《한자 입문 I~II》,《한자 성어와 용례》,《한국어 관용 표현》,《한국어 대화론》,《화용 연습》,《한국어의 입말과 글말》등과 같은 교재가 있다.　　〈성상환〉

[참고문헌]
• 김종대(1989), 독일에서의 한국어교육과 연구 현황 1, 한글새소식 203, 한글학회, 77~97쪽.
• 김종대(1989), 독일에서의 한국어교육과 연구 현황 2, 한글새소식 203, 한글학회, 21~34쪽.

• 한국국제교류재단(2007), 해외 한국학 백서, 을유문화사.

■ 러시아

| 학습자 수(명) | 교원 수(명) | 교육 기관 수(개) |

인구 – 약 145,934,462명(2020년 기준)
주요 언어 – 러시아어
국내 체류자 수 – 약 28,952명(2018년 기준)
국내 유학생 수 – 약 873명(2018년 기준)
결혼 이민자 수 – 약 1,364명(2018년 기준)
한국어능력시험 응시자 수 – 2,459명(2019년 기준)

러시아(Russia)에서의 한국어교육은 1897년에 상트페테르부르크국립대학교(Saint Petersburg State University)에서 유럽 최초로 한국어 강좌를 공식적으로 개설하면서 시작되었다. 이는 1884년에 조·러 통상 수호 조약이 체결되면서 조선과 러시아 간 관계가 발전되었기 때문인데, 이후 1899년에는 블라디보스토크동방학연구소에서 한국어 강의가 시작되었다.

그러나 러일전쟁이 러시아의 패배로 끝난 1905년 이후부터는 사실상 두 나라 관계가 단절된 상태에 있었다. 구소련 시대에는 러시아와 한국 간 문화 및 경제 교류가 거의 없었고 이론적 차원에서 한국어에 대한 연구는 어느 정도 진행되었지만 실용적인 한국어 구사 능력을 갖춘 전문가의 수요는 많지 않았다. 러시아와 한국의 관계가 비약적으로 발전하기 시작한 것은 1990년 대한민국과 소련이 국교를 수립하고 그 후 소련 해체와 함께 러시아 시장이 개방되면서부터이다. 순수 외국어로서의 한국어교육이 최소한의 규모로 이루어졌던 구소련 시기에 비해 이 시기에는 한국어에 대한 수요가 급격히 증가하였다.

러시아 연방 내에 있는 한국어 교육 기관은 약 200곳으로, 교원은 약 800여 명, 학습자는 17,899명에 달한다. 한글학교는 88개이며 초·중·고등학교에서 한국어교육이 이루어지고 있는 곳은 모두 41곳이다. 37개의 정규 대학교에서 한국어교육 관련 전공 혹은 부전공 학과를 개설하여 운영하고 있으며, 24곳의 대학 부설의 한국어 교육 기관에서도 한국어교육이 이루어지고 있다. 이 밖에 세종학당 4개와 주(駐) 러시아 한국 대사관 산하에서 한국 문화원을 운영하고 있다. 이 밖에 한글학교와 같이 한인회, 선교 협회와 같은 교회에서 설치한 부설 기관이 상당 부분을 차지하고 있다.

대학 기관 내 한국어교육 전공은 한국학, 지역학, 외국어로서의 한국어교육으로 구분할 수 있다. 러시아 내 대학 기관의 한국어교육은 대부분 취업을 목적으로 하며 한국어 구사 능력을 갖춘 전문가를 양성하는 데 주안점을 둔다. 반면 전문 한국어 교사를 양성하는 대학교는 사할린국립대학교(Sakhalin State University)와 극동연방대학교(Far Eastern Federal University) 등으로 극소수에 불과하다. 러시아 내 대학교의 교육과정은 학사 과정 4년 또는 전문가 과정 5년, 즉 8학기나 10학기 과정으로 이루어져 있다.

각 대학에서 사용하는 한국어 교재는 학교마다 차이가 있으나 주로 러시아에서 출판한 교재와 서울대학교, 연세대학교, 고려대학교, 경희대학교, 이화여자대학교 등에서 출판한 교재를 함께 사용한다. 러시아 교수진이 강의하는 한국학 관련 과목인 역사, 경제, 문학, 지리학 등의 교재는 러시아어로 출판한 교재를 사용한다.

러시아에서 한국어교육을 담당하고 있는 교원은 다음과 같이 분류할 수 있다. 첫 번째는 한국어교육의 초창기에 구소련에서 한국어학이나 한국학을 전공한 학자로 이들의 상당수는 북한 유학파이다. 두 번째는 러시아 대학원에서 한국어학이나 한국학을 전공한 젊은 교수 및 강사이다. 세 번째는 한국 대학원에서 한국어학이나 한국학을 전공한 석·박사 학위자인데 이들은 극소수에 불과하다. 그 밖에도 한국국제교류재단(Korea Foundation: KF), 한국학중앙연구원(Academy of Korean Studies), 한국국제협력단(Korea International Cooperation Agency: KOICA) 등에서 파견한 한국인 교수 및 강사가 있다.

2000년대 러시아에서의 한국어교육은 다른 유럽의 나라에 비해 양적·질적으로 괄목할 만한 성장과 발전을 이루었다. 이렇듯 러시아에서 한국어교육이 큰 잠재력을 보유하고 있는 것은 사실이지만 그 전망이 밝기만 한 것은 아니다. 한국어교육을 위한 기반 여건이 충분하지 않기 때문이다. 그러므로 러시아에서 한국어교육이 계속 발전하려면 한국어교육 혹은 한국학 전공 박사 학위와 일정 수준의 한국어 구사력을 갖춘 전문 인재를 양성하고, 현지 여건에 맞는 교재를 개발해야 한다. 또한 러시아 현지의 한국어 교육 기관에서 축적해 온 교수법과 교재에 대한 정보를 활발하게 교환해야 하며, 한국어교육 연구를 위한 재정적 지원이 충분히 제공되어야 한다.　　〈모졸 따지아나(Mozol Tatiana)〉

[참고문헌]
• 국가교육통계센터, 교육통계서비스, 2019년 12월 16일 가져옴, https://kess.kedi.re.kr/index
• 교육부(2018), 2018 교육통계연보, 교육부·한국교육개발원.
• 교육부, 2018년도 재외 한국교원 현황(파견자 수, 관할내 한글학교 및 동포 수), 2019년 12월 16일 가져옴, https://www.moe.go.kr/boardCnts/view.do?boardID=316&lev=0&statusYN=W&s=moe&m=0302&opType=N&boardSeq=74596

- 김중섭(2010), 신개정판 한국어교육의 이해, 도서출판 하우.
- 러시아 한국어교육자 협회, 2019년 12월 16일 가져옴, http://www.rauk.ru/
- 연방국가통계서비스, 러시아통계청, 2019년 12월 16일 가져옴, http//www: gks.ru
- 한국국제교류재단(2018), 해외 한국학 백서, 을유문화사.
- Концевич, Л.Р. & Симбирцева, Т.М. (2006), Современное российское корееведение: справочное издание, Серия: *Российское корееведение в прошлом и настоящем*, Т.3, ИВ РАН.
- Симбирцева, Т.М. (2007), Российское корееведение сегодня, Восток 6, с. 125-133.

■ 몽골

학습자 수(명)
40 / 130 / 130 / 48
□ 몽골국립대학교
□ 인문대학교
■ 국제울란바타르대학교
■ 시립울란바타르대학교

교원 수(명)
113 / 55
□ 한국인
□ 몽골인

교육 기관 수(개)
3 / 18 / 26
□ 대학
□ 초·중·고등학교
■ 세종학당

인구 – 3,278,290명(2020년 기준)
주요 언어 – 몽골어(Khalha 방언)
국내 체류자 수 – 약 46,286명(2018년 기준)
국내 유학생 수 – 약 8,650명(2018년 기준)
결혼 이민자 수 – 약 2,438명(2018년 기준)
한국어능력시험 응시생 – 5,079명(2019년 기준)

　몽골(Mongolia)에서의 한국어교육은 1990년 3월 26일, 한국과 몽골 간 외교 관계를 수립한 이후 외무부 산하 동양학연구소에서 한국어 강좌를 개설하면서 시작되었다. 이후 1991년에 몽골국립대학교(National University of Mongolia), 1992년에 국립외국어대학교(Institute of Foreign Languages), 1995년에 사립울란바타르대학교(University of Ulaanbaatar)와 국립울란바타르대학교 내에 한국어학과가 개설되어 한국어 및 한국학 전공자를 지속적으로 배출하고 있다. 2019년을 기준으로 18개의 대학교에서 전공 및 교양(선택) 과목으로 한국어를 가르치고 있다. 이는 25개 대학교에서 한국어를 가르쳤던 10여 년 전과 비교하면 그 수가 줄어든 것이다. 그간 국립외국어대학교는 인문대학교(University of Humanities)로, 사립울란바타르대학교는 국제울란바타르대학교(International University of Ulaanbaatar), 국립울란바타르대학교는 울란바타르시립대학교로 개명하였으며 일부 대학교에서 한국어 강좌가 폐강되는 등 변화를 겪고 있다.

　1991년에 몽골국립대학교에 한국어과가 개설될 당시 교수진은 한국인이 3명, 몽골인이 1명이었다. 이러한 상황에 변화가 일어난 것은 1994년에 몽골국립대학교 한국어과에서 제1회 졸업생 12명을 배출하면서부터다. 이 중 3명이 모교에 한국어 전임 강사로 채용되면서 몽골인 교수들이 본격적으로 한국어교육 전면에 나서게 되었다. 2019년 몽골 대학교에서 전임 교원으로 한국어를 가르치고 있는 몽골인은 54명, 한국인은 26명으로 총 80명이다. 2009년 대학교 교원 수와 비교하면 25% 정도 줄어든 셈이다. 반면, 2019년을 기준으로 현지 초·중·고 통합 학교 한국어 교원 수는 총 57명(몽골인 35명, 한국인 22명)이며, 세종학당 3곳에서 활동하고 있는 교원들은 모두 31명(몽골인 24명, 한국인 7명)이다.

한국어 학습자들의 수는 1991년부터 계속 증가해 왔으며 2019년을 기준으로 대학교 한국어과 학습자 수가 전공 및 교양 과목 수강생을 합쳐 총 3,201여 명이다. 그러나 교양(선택) 과목 수강생 수(2,260명)가 한국어학 전공생 수(941명)보다 훨씬 많다. 이외에 현지 초·중·고등학교에서는 총 26개 학교에서 4,717여 명의 학생들이 한국어를 선택 과목으로 배우고 있으며 세종학당 3곳에서는 매년 1,600여 명의 수강생들이 한국어문화 단기 과정을 이수하고 있다. 이 중 초급 학습자의 비율이 중·고급에 비해 훨씬 높은 편이다.

몽골에서의 한국어 교육과정은 기관 유형에 따라 대학교, 초·중·고등학교, 사설학원, 세종학당 등으로 나눌 수 있다. 다른 교육과정에 비해 대학교 한국어 교육과정의 비중이 크기 때문에 대다수의 조사는 대학교 전공 교육과정을 중심으로 이루어져 왔다. 교육과정의 내용은 크게 두 가지로 분류할 수 있는데 하나는 어학 및 통·번역 중심의 한국어 기능 교육과 지식 교육으로 구성된 일반 한국어 교육과정이고, 다른 하나는 한국 역사, 문학, 사회 문화, 경제, 정치 등으로 구성된 한국학 관련 교육과정이다. 하지만 최근 몇 년 사이에 현지 대학교를 중심으로 이루어졌던 한국어교육이 한국 유학을 목적으로 한 일반 한국어교육을 중심으로 전환되고 있는 것은 몽골에서의 한국어교육의 변화라 할 수 있다.

몽골인 학습자는 대개 교육열이 높고 언어를 학문적으로 배우는 것을 선호하며, 쓰기보다 말하기를 비교적 잘하는 성향이 있다. 한편 외몽골은 비한자권에 속하므로 이 지역의 학습자는 한자어 활용에 더 큰 어려움을 느낀다.

교재의 경우 대부분 한국의 대학교에서 출판한 한국어 교재들을 사용해 왔으나 현지 교원들이 자체적으로 개발한 교재와 한국에서 개발한 교재를 몽골어로 번역한 교재 등 40여 종에 이르는 교재를 사용하고 있다. 특히 국내외 전문 교수들이 공동 집필한《몽골인을 위한 종합 한국어 1~6》, 스마트교실 활용을 위해 개발한《몽골 초·중등 학생을 위한 표준 한국어 1~8》과 같은 학습 교재를 대학교와 초·중·고등학교에서 주로 사용하고 있다. 〈성비락(Sainbilegt Dashdorj)〉

[참고문헌]
• 권성훈(2009), 몽골 대학들의 한국어교육, 한국어문학연구 53, 한국어문학연구학회, 71~96쪽.
• 성비락(2015), 몽골의 한국어교육 현황과 과제, 국제한국어교육 1-2, 국제한국어교육문화재단, 161~180쪽.
• 이진안(2001), 한국과 몽골의 문화 및 교육 발전 교류 양태에 관한 연구, 연세대학교 박사학위논문.

■ 미국

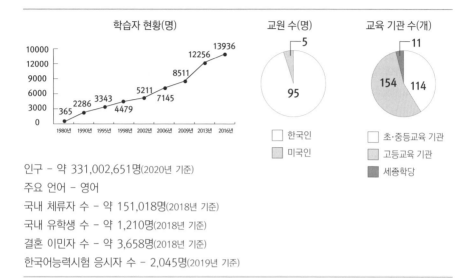

학습자 현황(명)

교원 수(명)

교육 기관 수(개)

- 한국인
- 미국인

- 초·중등교육 기관
- 고등교육 기관
- 세종학당

인구 - 약 331,002,651명(2020년 기준)
주요 언어 - 영어
국내 체류자 수 - 약 151,018명(2018년 기준)
국내 유학생 수 - 약 1,210명(2018년 기준)
결혼 이민자 수 - 약 3,658명(2018년 기준)
한국어능력시험 응시자 수 - 2,045명(2019년 기준)

　　미국(美國, United States of America)은 1980년대를 기점으로 한국어교육에 대한 수요가 눈에 띄게 증가하기 시작하였다. 특히 1990년대 이후로 한국의 괄목할 만한 경제 발전과 격상된 국가 이미지, 한류 열풍의 영향으로 인해 한국어교육의 수요가 급격히 증가했다. 현대언어협회(Modern Language Association: MLA)가 2019년 2월에 발표한 2016년 통계에 따르면 한국어는 미국 대학교에서 교수하고 있는 외국어 중 11번째로 등록생이 많은 외국어로 성장한 것을 알 수 있다.

　　미국 내 한국어교육은 초기에는 워싱턴주립대학교(University of Washington), 예일 대학교(Yale University), 인디애나대학교(Indiana University), 컬럼비아대학교(Columbia University), 캘리포니아대학교 버클리캠퍼스(University of California, Berkeley), 하버드대학교(Harvard University), 하와이대학교(University of Hawaii) 등에서 이루어졌다. 2019년 11월 기준으로 북미한국어교육학회(American Association of Teachers of Korean: AATK) 홈페이지에 등록되어 있는 한국어 수업 개설 대학교는 총 119개교이나 2013년 MLA의 통계에 따르면 154개교에서 한국어 강의를 개설하고 있다. 이 중에는 국방언어학교(Defense Language Institute: DLI)와 소수의 전문대학(community college)이 포함되어 있다. 한편, 초·중·고등학교의 경우는 2018년 8월 기준으로 114개의 학교에 한국어 수업이 개설되어 있는 것으로 한국어진흥재단(Foundation for Korean Language and Culture in USA)이 보고하고 있다. 이 숫자는 정규 과정과 방과 후 과정을 모두 포함한 숫자이다.

　　한국어교육 강좌의 규모나 등록생 수는 기관마다 차이가 있다. 한국어나 한국학 전공 또는 부전공을 개설한 학교도 있고 한국어를 외국어 과목 중의 하나로 교수하는 학교도 있다. 대다수의 학교는 후자에 속하지만 최근 들어 한국어를 전공, 부전공으로 개설하는 학교가 점점 늘어나고 있는 추세이다. 상당수의 대학들이 1학년부터 3학년까지의 한국어 기본 교과 과정을 운영하고 있으나 강사 부족 문제로 2학년까지만 운영하는 학교도 있다. 교육과정 역시 기관 자체의 규정이나 상황 등 여러 요인에 따라 학교마다 차이가 있다. 그럼에도 불구하고 대학 교과 과정 표준 모델의 필요성에 대한 공감대가 형성되어 2012년부터 북미한국어교육학회의 주도하에 미국외국어교육협회(American Council on the Teaching of Foreign Languages: ACTFL)가 개발한 교육과정 표준화 모델을 바탕으로 수준별 대학 한국어 교육과정 표준화 프로젝트를 진행해 왔다. 이 프로젝트는 2015년에 완성되어 학회 저널인 《Korean Language in America》에 〈College Korean Curriculum Inspired by National Standards for Korean〉이라는 제목으로 발표되었다.

2019년 11월을 기준으로 미국 대학교에서 한국어교육에 종사하고 있는 교원은 북미한국어교육학회에 257명이 등록되어 있다. 한국어 교원은 크게 다섯 가지 유형으로 분류할 수 있다. 가장 큰 비중을 차지하는 유형은 소위 유학파들이다. 1950~1960년대에 미국 대학에서 유학하며 한국어교육을 전담했던 교원들이다. 현재 한국어교육계의 중심축을 이루는 교수나 강사들은 1980년대 또는 그 이후의 유학생들이다. 이들 중 소수는 종신 교수이나 대다수는 계약제 전임 강사에 해당한다. 두 번째 유형은 현재 미국 대학의 학위 과정에서 공부하고 있는 대학원생들로 교수나 전임 강사를 도와 수업을 맡는 조교들이다. 세 번째 유형은 대학이 위치한 지역 사회에 거주하면서 대학의 요구에 따라 강의를 담당하는 시간 강사들이다. 네 번째 유형은 한국 대학이나 대학원에서 한국어교육을 전공하고 한국에서 교수 경험이 있는 석·박사 학위자들과 한국어 강사 자격증을 취득한 교원들이다. 마지막으로 한국국제교류재단(Korea Foundation: KF)이나 한국학중앙연구원(Academy of Korean Studies)에서 단기 파견한 한국인 교수 및 강사가 있다. 한국어 교수나 강사들은 대부분 한국인들로 비한국인은 극히 소수에 불과하다.

미국 대학의 한국어 학습자는 크게 한국 동포인 전승 학습자(heritage learners)와 동포가 아닌 비전승 학습자(non-heritage learners)로 분류된다. 각 기관의 지역적 특성에 따라 다소의 차이는 있으나 2000년대 초반까지는 전승 학습자들이 다수였으나 최근에는 비전승 학습자 등록생의 수가 급격히 증가하는 추세이다. 아울러 이전에는 비전승 학습자들의 문화적, 인종적 배경이 다양하지 않았으나 현재는 백인, 흑인, 아시아계 미국인, 스페인계 미국인 등으로 상당히 다양해지고 있는 것도 주목할 만한 변화 중의 하나이다. 특히 중국계 학생들이 눈에 띄게 증가하고 있다.

각 대학에서 사용하는 한국어 교재는 학교마다 다르나, 2008년 실시한 북미한국어교육학회의 조사에 따르면 1학년과 2학년 수업의 경우 약 70~75%가 하와이대학교 출판사에서 출판한 《Integrated Korean》 시리즈를 한국어 강좌에 사용하고 있는데 최근에 3판이 출간되었다. 그 외의 기관에서는 서강대학교, 연세대학교, 고려대학교, 이화여자대학교 등 한국 대학에서 출판한 교재를 사용하고 있다. 한편, 3~5학년 수업에서는 담당 강사나 교수가 직접 집필하거나 편집한 자료를 주로 사용하고 있다.

미국에서의 한국어교육은 주로 동아시아언어문화학과, 동아시아언어문명학과, 또는 동아시아언어문학과 등 한국어가 속해 있는 대부분의 학과에서 이루어지고 있으며 등록 학생 수, 교원 수, 개설 강좌 수 측면에서는 일본이나 중국어에 비해 적은 실정이다. 한국어 강좌가 상대적으로 늦게 시작한 점을 고려하면 이런 현상이 단기간에 바뀌기는 힘들다. 그러나 한때 무서운 성장세를 보이던 중국어, 일본어 수업 등록생이 비교적 정체현상을 보이는 데 반해 한국어 수업 등록생은 꾸준히 늘고 있는 현실을 고려할 때 한국의 경제 성장과 한류 현상이 지금처럼 지속된다면 향후 수년간은 학습자가 계속 증가할 것으로 전망된다. 여기에 1990년대 이후부터 한국어 강좌 발전에 중요한 역할을 해 온 한국 정부의 재정적 지원이 계속 이어진다면 한국어교육의 지속적이고 점진적인 발전을 기대할 수 있을 것으로 판단된다. 〈왕혜숙〉

[참고문헌]

• American Association of Teachers of Korean(2008), Korean Language textbooks used in colleges and universities in North America, Retrieved November 28, 2019, from http://www.aatk.org/www/html/textbooks.html
• American Association of Teachers of Korean, Retrieved November 28, 2019 from http://aatk.org
• Foundation for Korean Language and Culture in USA, Retrieved November 28, 2019 from http://klacusa.org/bbs/board.php?bo_table=page401e
• King Sejong Institute Foundation, Retrieved November 28, 2019 from http://ksif.or.kr
• Modern Language Association (2010), New MLA Survey report finds that the study of languages other than English is growing and diversifying at US colleges and Universities, Retrieved November 28, 2019 from https://www.mla.org/content/download/110154/2406932/2016-Enrollments-Final-Report.pdf

■ 베트남

대학 학습자 수(명)	교원 수(명)	교육 기관 수(개)
1403 / 4244 / 2321 / 3765 (1학년, 2학년, 3학년, 4학년)	126 / 272 (베트남인, 한국인)	14 / 29 (대학, 세종학당)

인구 – 약 97,338,579명(2020년 기준)

주요 언어 – 베트남어

국내 체류자 수 – 약 196,633명(2018년 기준)

국내 유학생 수 – 약 45,143명(2018년 기준)

결혼 이민자 수 – 42,460명(2018년 기준)

한국어능력시험 응시자 수 – 28,201명(2019년 기준)

베트남(Vietnam)에서의 한국어교육은 1994년에 시작되어 지난 25여 년 동안 괄목할 만한 성장을 이루었다. 베트남 내 한국어교육은 주로 두 가지로 대학 내 학과나 전공을 통한 정규 과정과 비정규 과정으로 진행된다. 1992년 베-한 정식 외교 관계가 수립된 이후 오늘에 이르기까지 베트남에서 한국학 또는 한국어학 관련 학과나 연구 기관이 개설된 대학교는 29개 대학이며 한국어 학습자 수는 총 16,151명에 달한다. 베트남에는 이 외에도 많은 비정규 한국어 교육 기관이 운영되고 있는데, 이는 크게 세 갈래로 나눌 수 있다. 첫째로는 한국의 교육부가 세운 세종학당이며, 둘째로는 사설 한국어학당이고, 셋째로 한국어나 한국학 전공이 개설된 대학교 부설 한국어학당(외국어센터에 속한다)이다. 2019년을 기준으로 베트남 내 세종학당은 모두 14곳에 설치되어 운영되고 있다.

대학 기관의 한국어교육은 대부분 한국학 전공과 외국어로서의 한국어교육 전공으로 구분된다. 교과 과정의 전 학년에 한국어교육 관련 과목이 개설되어 있고 고학년 과정에는 주로 한국학 관련 과목이 개설되어 있다. 2010년도에 베트남에서 최초로 동양학부에서 독립한 국립호찌민인문사회과학대학교 한국학부는 연구자 및 교육자 양성, 한국 기업 취업을 목적으로 다양한 학과목이 개설되어 운영되고 있다. 베트남 내의 한국어교육은 초기에는 한국학과나 한국어과에서 정규 과정으로만 운영되었으나 사회적 요구에 따라 부전공 한국어 또는 선택 과목인 제2 외국어로서의 한국어교육 등 다양한 경로로 실행되고 있다.

각 대학에서 사용하는 한국어 교재는 학교마다 차이가 있으나 주로 서울대학교, 연세대학교, 고려대학교, 경희대학교, 이화여자대학교에서 출판한 한국어 교재를 사용하고 있다. 그 외에 2008년에 최초로 출판된《베트남인을 위한 종합 한국어 1~6》은 베트남인 한국어 학습자를 대상으로 한국에 대한 이해도를 높이기 위해 KB국민은행이 후원하고 한국국제교류재단이 기획·개발한 한국어 학습 교재로 베트남 내 대학에서 사용되어 긍정적인 반응을 얻었으며 최근에 개정본이 현지에서 출간되기 시작하였다. 또한 베트남 교수진이 강의하는 역사, 문화, 경제, 한국어 통·번역과 같은 한국학 관련 과목의 교재는 베트남어로 출판되는 수가 해마다 증가하고 있다.

베트남의 한국어 교원은 초창기에는 북한 유학파의 소수 인원이 주를 이루었으나 이후에는 크게 세 가지의 유형으로 분류된다. 한국에서 한국어교육을 전공한 석·박사 학위자, 한국 내 대학원에서 한국어교육 이외의 한국학을 전공한 석·박사 학위자, 한국국제교류재단(Korea Foundation: KF)과 한국학중앙연구원(Academy of Korean Studies), 한국국제협력단(Korea International Cooperation Agency: KOICA)에서 파견한 한국인 교수 및 강사 등이 한국어교육을 담당하고 있다. 〈응웬 티 후옹 센(Nguyen Thi Huong Sen)〉

[참고문헌]
• 양지선(2014), 베트남 한국어 교육의 질적 향상을 위한 방향 모색: 교사 요구와 교육 정책 변화에 따른 과제 중심으로, 한국언어문화학 11-1, 국제한국언어문화학회, 63~89쪽.
• Bui Kim Luan·이길원(2014), 베트남의 한국 언어·문화 교육 현황에 관한 연구, 한국언어문화학 11-2, 국제한국언어문화학회, 79~106쪽.

■ 브라질

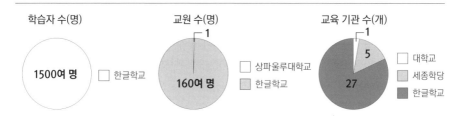

학습자 수(명)
1500여 명 □ 한글학교

교원 수(명)
1
160여 명
□ 상파울루대학교
□ 한글학교

교육 기관 수(개)
1
5
27
□ 대학교
□ 세종학당
■ 한글학교

인구 – 약 212,559,417명(2020년 기준)
주요 언어 – 포르투갈어
국내 체류사 수 – 약 1,809(2018년 기준)
국내 유학생 수 – 약 203명(2018년 기준)
결혼 이민자 수 – 약 136명(2018년 기준)
한국어능력시험 응시자 수 – 443명(2019년 기준)

　브라질(Brazil)에서의 한국어교육은 2013년에 상파울루대학교(University of São Paulo: USP) 학부 과정에 한국어과가 설립되면서 처음 시작되었다. 그러나 한국과 브라질의 관계는 더 이전으로 거슬러 올라갈 수 있다. 1959년 10월에 국교를 수립한 이후 양국 간 정치·경제·문화적 교류가 활발해졌고, 특히 2002년 월드컵을 계기로 한국의 위상이 더 높아졌다. 여기에 우수한 기술력을 바탕으로 한 한국의 기업들이 브라질에 좋은 이미지를 주면서 교육열이 높고 교육과정이 훌륭한 한국을 배워야 한다는 분위기가 형성되었다. 그리고 한류와 케이 팝(K-POP)까지 영향을 미치면서 브라질에서의 한국어교육에 대한 관심이 급증하는 추세이다.

　브라질 내 한국어 강좌는 대학교와 세종학당, 한국교육원, 한글학교에 개설되어 있다. 상파울루대학교는 브라질에서 유일하게 한국어과가 개설된 학교로 2013년 인문대학 동양어문학부에 설립되었다. 대학의 전공 필수 교과목으로는 한국어1~6(문법 및 말하기 전반), 한국문화1(고조선부터 삼국시대까지 역사 및 문화), 한국문화2(고려 및 조선의 역사와 문화), 현대문학1(개화기~1930년대 역사 및 문화), 현대문학2(1940년대~1970년대 역사 및 문학), 고전문학1(기초 한자 및 고사성어), 고전문학2(고전문학 개괄)가 있다. 2013년부터 2018년까지는 15명 정원의 한국어과가 운영되었다. 2016년에 학과 내 교원 부족과 예산 삭감 등의 위기로 신입생 모집이 취소되기도 하였으나 2019년에는 정원이 20명으로 늘어났다.

　상파울루의 한인 타운 봉헤치루(Bom Retiro)에 있는 브라질 한국학교 폴리로구스(Polilogos)는 대한민국 정부의 지원금과 여러 교민들의 성금으로 설립되었으며 오전에는 브라질 교사가 브라질 정규 수업 과정을 진행하고, 오후에는 한국 정부로부터 인가받은 한국 교과 과정에 따라 수업을 한다. 이에 따라 학생들은 저학년부터 고학년까지 지속적으로 국어, 수학, 영어를 배우고 특별 활동 및 재량 활동을 한다. 저학년 때는 바른 생활, 슬기로운 생활, 즐거운 생활을 배우고 고학년이 되면 도덕, 사회, 과학, 역사를 배운다. 이는 기존의 한글학교와 같은 주말 공부만으로는 한국어를 자유롭게 구사하는 데 한계가 있기 때문에 한인 교포들이 한국어와 포르투갈어 과정을 함께 진행하게 된 것이며, 학생들 대부분은 교포 2, 3세들이다. 그러나 2017년 세금 체납 등 경영난을 이유로 토요 한글학교만 운영하고 한국학교는 폐교되었다.

브라질에서 한국어교육을 실시하고 지원하는 기관으로 캄피나스(Campinas), 상레오폴두(São Leopoldo), 브라질리아(Brasília) 등에 있는 세종학당이 있는데, 세종학당은 학습자의 연령이 다양하고 세종학당의 한국어 교재를 사용하며, 한국어로만 학습하는 장점이 있다. 주 상파울루 한국교육원의 경우, 교민 자녀를 대상으로 초등과정 교육을 하고 있으며 브라질 학생 및 성인을 대상으로 한국어교육을 하고 있다. 특히 한국어능력시험(TOPIK)을 대비한 강좌를 운영하며 시험을 주관하고 있다. 한글학교의 경우, 브라질 전역에 27개 학교가 있는데 중남미 전역에서 가장 큰 규모이다. 대다수는 상파울루의 봉헤치루 지역과 히우(Rio), 마나우스(Manaus) 등지에 있다. 그 밖에도 국제학교 내에 한국어 및 한국문학을 교육하는 기관이 있는데 주로 주재원 자녀를 대상으로 하고 있다. 또한 사설 한국어학원의 한국어교육 및 SNS를 기반으로 한 온라인 강좌도 증가하고 있는 추세이다.

2019년을 기준으로 상파울루대학교의 한국인 전임 교수는 한 명이고, 브라질 한글학교에는 약 160여 명의 한국인 교원이 있다. 어학원의 경우 학습자 수에 따라 수시로 한국인 강사를 채용하는 형태이다.

앞으로도 브라질에서의 한국어 학습자의 수는 점진적으로 증가할 전망이다. 특히 브라질 청소년들이 한류의 매력에 빠지면서 일종의 팬덤(fandom) 현상이 일어나 한국어를 배우고자 하는 분위기가 지속되고 있기 때문이다. 브라질에서 한류는 브라질인들의 한국어 학습 욕구에 큰 동기를 부여해 주었다고 할 수 있다. 하지만 한국학 연구를 지도할 수 있는 한국어교육 전공자가 매우 부족하고, 한국어교육 관련 기관이 상파울루에 집중되어 있는 것은 한국어교육의 발전을 위해 해결해야 할 과제이다. 향후 전문적인 교원을 확보하고 한국어교육 기관이 전국으로 확장되며 한국어로 된 통일된 교재 개발이 이루어진다면 한국어 교육의 질적 제고가 가능할 것으로 보인다.　　　〈김한철〉

[참고문헌]
• 김한철(2010), 브라질 한인 교포 사회의 실태와 한국어교육의 필요성, 중남미연구 28-2, 한국외국어대학교 외국종합연구센터 중남미연구소, 245~268쪽.

■ 영국

교원 수(명)

3 교수
10 강의 전담 교원
20 시간 강사

교육 기관 수(개)

5 대학 기관
5 세종학당
2 대학 부설 언어 교육원

인구 - 약 67,886,011명(2020년 기준)
주요 언어 - 영어
국내 체류자 수 - 약 6,972명(2018년 기준)
국내 유학생 수 - 약 241명(2018년 기준)
결혼 이민자 수 - 약 969명(2018년 기준)
한국어능력시험 응시자 수 - 287명(2019년 기준)

　영국(英國, United Kingdom)에서의 한국어교육은 1940년대에 런던대학교(University of London) 소아스(School of Oriental and African Studies: SOAS)에 한국어 강좌가 개설되면서 시작되었고, 1989년에 한국학 단독 학위 과정이 생긴 이후 활기를 띠고 있다.

　2019년 말을 기준으로 영국에서 한국어 또는 한국학을 전공 과정으로 개설한 대학은 런던대학교 소아스를 비롯해 셰필드대학교(The University of Sheffield), 센트럴랭카셔대학교(University of Central Lancashire), 옥스퍼드대학교(University of Oxford), 에딘버러대학교(University of Edinburgh) 등 다섯 곳이며, 코벤트리대학교(University of Coventry)와 케임브리지대학교(University of Cambridge)도 한국학 관련 강좌를 제공하고 있다. 이 밖에도 런던대학교 킹스칼리지(King's College London), 런던정치경제대학교(London School of Economics and Political Science), 임페리얼 칼리지(Imperial College), 케임브리지대학교(University of Cambridge), SOAS 언어교육원 등 대학 부설 언어 교육원 및 사설 학원들에서도 한국어교육이 이루어지고 있다. 또한 재영 한국문화원과 한국교육원에 세종학당이 설치되어 있다.

　각 대학별 상황을 살펴보면 다음과 같다. 셰필드대학교는 1979년에 산학 재단으로부터 5년간의 기금을 받은 것이 계기가 되어 한국학 과정을 설치하였고, 1990년에 처음으로 학위 과정을 개설하였다. 옥스퍼드대학교는 한국국제교류재단(Korea Foundation: KF)의 지원을 받아 1994년에 한국어 또는 한국학 교육을 시작했으며, 현재 한국학 단독으로 학사 학위를 받을 수는 없고 중국학이나 일본학의 부전공 과목으로 운영하고 있다. 이후 1996년에 처음으로 한국학 석사 학위를 받은 학생을 배출하였고 대학 측에서도 학부 과정의 한국학을 독립된 학위 과정으로 승격하기 위한 재정을 확보하기 위해 노력하고 있다. 케임브리지대학교는 2008년, 에딘버러대학교는 2017년에 한국국제교류재단의 지원으로 한국학 강좌를 개설하였다. 두 대학 모두 한국학 교수진이 아직 한 명밖에 없기 때문에 전공 학위 과정을 개설하지 못하고 있는 실정이다. 센트럴랭커셔대학교는 2011년부터 한국어 강좌를 개설하고 최근 활발한 활동을 하고 있다.

이러한 대학 기관에서는 한국학 전공의 일환으로 집중적인 언어 교육을 실시하고 있다. 한국어교육을 전 학년에서 실시하고 있고, 특히 런던대학교와 셰필드대학교는 각각 고려대학교, 연세대학교와의 학생 교류 방식으로 1년 동안 한국 대학에서의 언어 연수 과정을 필수적으로 이수해야 한다.

영국에서 한국어교육은 북미 대학들에 비해서 양적으로는 열세지만, 한국학 전공 학위를 수여하고 있으며 학생 구성에 있어서도 영국 및 유럽 학생이 대부분을 차지한다는 점에서 교포들이 대부분인 북미 대학들과는 차이를 보인다.

각 대학에서 사용하는 한국어 교재는 학교마다 차이가 있으나 주로 터틀 출판사(Tuttle Publishing)의 《Elementary Korean》과 《Continuing Korean》 그리고 하와이대학교 출판사의 《Integrated Korean》을 사용한다. 그 밖에 한국 내 대학교에서 출판한 교재를 사용하는 경우도 있다.

2019년을 기준으로 한국어학 전공 전임 교수를 임용한 대학은 런던대학교와 옥스퍼드대학교, 센트럴랭카셔대학교, 세 곳으로 모두 언어학 전공자가 한국어교육을 맡고 있다. 그 외에도 한국어 강의 전담 교수들이 한국어교육을 담당하고 있다.

최근 한국어를 배우려는 학생들의 증가로 영국 대학들은 한국어 과정을 새로 개설하는 경향이 있으며 이에 따라 한국어 강사들에 대한 수요도 늘고 있다. 그러나 대학에서의 한국어교육이 확고하게 자리 잡기 위해서는 전임 교수의 자리가 확보되어야 하고, 한국어 강좌가 한국학과나 동아시아학과 내 전공 과정으로 독립되어야 한다. 〈연재훈〉

[참고문헌]
• 스킬런드(1988), 런던 대학에서의 한국어교육(Korean in the University of London), 한글 201-202, 한글학회, 409~422쪽.
• 연재훈(1997), 영국에서의 한국어교육과 연구 현황, 교육한글 10, 한글학회, 113~140쪽.
• 연재훈(1999), 영국에서의 한국학 연구와 교육 현황: 한국어교육을 중심으로, 정신문화연구 22-3, 한국학중앙연구원, 79~99쪽.
• 연재훈(2001), 유럽 지역 대학에서의 한국어교육 현황, 이중언어학 18-1, 이중언어학회, 381~401쪽.

■ 우즈베키스탄

대학 학습자 수(명)
238 / 256 / 781 / 318
□ 1학년 / ■ 2학년 / ■ 3학년 / ■ 4학년

대학 교원 수(명)
21 / 60
□ 우즈베크인 / ■ 한국인

교육 기관 수(개)
1 / 1 / 7
□ 대학 / ■ 한국교육원 / ■ 세종학당

인구 - 약 33,469,203명(2020년 기준)
주요 언어 - 우즈베크어
국내 체류자 수 - 약 68,433명(2018년 기준)
국내 유학생 수 - 약 7,840명(2018년 기준)
결혼 이민자 수 - 약 2,425명(2018년 기준)
한국어능력시험 응시자 수 - 8,380명(2019년 기준)

우즈베키스탄(Uzbekistan)의 한국어교육은 1937년에 고려인들이 연해주에서 강제 이주되면서 시작되었다. 우즈베키스탄에는 2019년 기준으로 약 200,000명의 한인이 살고 있으며, 이들을 고려인이라고 부르기도 한다.

한국어교육 초창기에는 이러한 고려인을 대상으로 초·중·고등학교에서 우스베크어 대신 한국어를 교육하였다. 그러다가 1956년에 한글학교 한국어 교사를 양성하기 위해 타슈켄트국립니자미사범대학교(Tashkent State Pedagogical University named after Nizami)에 한국어과를 설립하였다. 우즈베키스탄과 한국이 외교 관계를 수립한 1991년 이후에는 정치, 경제, 문화 등에 있어서 양국 간 교류가 활발해짐에 따라 한국어의 수요도 급격히 증가하였다. 그 후 1992년에 타슈켄트국립동방대학교(Tashkent State Institute Oriental)에서 외국어로서의 한국어교육을 시작하였고, 1993년에는 한국어과가 설립되었다. 이 외에도 우즈베키스탄의 제2 도시인 사마르칸트에 있는 사마르칸트국립외국어대학교(Samarkand State Institute of Foreign Languages)에서는 2001년에 한국어과를 설립하였다. 2019년을 기준으로 한국어 관련 전공 학과를 개설하여 운영 중인 정규 대학은 7곳이다. 2018년부터 부천대학교, 여주대학교, 2019년부터 페르가나한국국제대학교에서 한국어 관련 전공을 운영하고 있다.

대학 기관의 한국어교육은 한국어교육 전공과 한국학 전공으로 구분된다. 각 대학은 전 학년에서 한국어 회화 교육을 실시하고 있으며, 고학년과 대학원 과정에서는 주로 한국학 과목을 개설한다.

한국어교육의 목적은 대학교에 따라 차이를 보인다. 타슈켄트국립니자미사범대학교 한국어교육과는 한국어 연구자 및 교육자 양성을 목적으로 하는 반면, 타슈켄트국립동방대학교 한국어과는 한국어에 대한 연구와 한국 기업에 취업하는 것을 주된 목적으로 한다. 또한 사마르칸트국립외국어대학교는 한국어 통·번역사를 양성시키는 데 비중을 두고 교육과정을 개설하고 있다.

대학에서 사용하는 한국어 교재 역시 대학마다 차이가 있으나 주로 서울대학교, 연세대학교, 고려대학교, 경희대학교, 이화여자대학교에서 출판한 교재를 사용한다. 타슈켄트국립동방대학교는 학교 자체적으로 출판한 《한국어 1~4》를 주 교재로 쓰고 한국에서 출판한 한국어 교재를 부교재로 사용한다. 타슈켄트국립니자미사범대학교와 사마르칸트국립외국어대학교는 서울대학교에서 출판한 《한국어 1~4》를 주 교재로 사용하고 연세대학교, 고려대학교, 경희대학교, 이화여자대학교에서 출판한 교재를 부교재로 사용한다.

우즈베키스탄의 한국어교원은 크게 현지인 교수와 한국인 교수로 나뉜다. 현지인 교수는 다시 고려인 교수와 러시아인, 우즈베크인과 같은 기타 민족 교수로 구분할 수 있다. 교원은 우즈베키스탄 국내 학위 취득자와 한국 학위 취득자가 있는데 최근에는 한국 학위 취득자가 늘어나고 있는 추세이다. 한국인 교원의 경우 한국국제협력단(Korea International Cooperation Agency: KOICA)에서 파견한 봉사 단원이 대부분이고 우즈베키스탄에서 박사 학위를 취득한 한국인 교수는 타슈켄트국립동방대학교에 한 명 있다.　　〈남 빅토르(Nam Victor)〉

[참고문헌]
• 남 빅토르(2012), 우즈베키스탄의 한국어 쓰기 교육과정 연구, 서울대학교 박사학위논문.

■ **이집트**

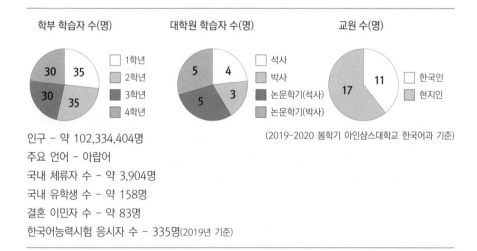

학부 학습자 수(명)
- 1학년
- 2학년
- 3학년
- 4학년

대학원 학습자 수(명)
- 석사
- 박사
- 논문학기(석사)
- 논문학기(박사)

교원 수(명)
- 한국인
- 현지인

(2019-2020 봄학기 아인샴스대학교 한국어과 기준)

인구 – 약 102,334,404명
주요 언어 – 아랍어
국내 체류자 수 – 약 3,904명
국내 유학생 수 – 약 158명
결혼 이민자 수 – 약 83명
한국어능력시험 응시자 수 – 335명(2019년 기준)

이집트(Egypt)에서 한국어교육의 시작은 한국과 이집트 공식 외교 수립 전인 1994년부터이다. 당시 문화공보처의 지원으로 주 이집트 대사관에 강의실을 마련하여 한국어 강좌가 개설되면서부터 한국어교육이 시작되었다. 2000년대 초에는 문화공보처의 지원이 중단되면서 이집트에서 한국어를 배울 수 있었던 유일한 곳인 대사관의 한국어 강좌가 없어졌다가 2002 한·일 월드컵과 한국 드라마로 시작된 한류의 영향으로 2003년에 대사관에서 한국어 강좌가 다시 개설되었다. 2005년에는 중동-아프리카 지역의 대학 정규 과정에서 최초로 아인샴스대학교에 한국어과가 개설되었다. 이후 이집트에서는 카이로에 있는 헬완대학교, 이집트 제2의 도시인 알렉산드리아의 호텔관광고등교육원, 룩소스의 호텔관광고등교육원, 포트사이드의 청소년센터와 이집트 국방부 언어교육원(Ministry of Defense Language Institute: MODLI) 등에서도 한국국제협력단(Korea International Cooperation Agency: KOICA)의 지원을 받아 한국어를 가르치기 시작하였다. 2014년에는 주 이집트 대사관의 한국어 강좌가 카이로에 개원된 한국문화원의 세종학당으로 발전하여 지금까지 일반인들에게 한국어와 한국 문화를 가르치고 있다. 2016년 9월에는 이집트 최남단 도시인 아스완의 아스완대학교에서도 한국어과를 개설하여 운영 중에 있다. 현재 이집트의 여러 대학교에서 한국어과 개설에 적극적인 관심을 보이고 있고, 실직적으로 한국어과 개설을 준비하기 위해 아인샴스대학교 졸업생 중에서 교원을 선발하여 학과 개설을 준비하고 있는 대학교도 있다.

현재 이집트 대학교에서 한국어교육이 전공으로 개설된 곳은 아인샴스대학교와 아스완대학교가 있고, 일반인이 등록해서 한국어를 배울 수 있는 곳은 주 이집트 한국문화원의 세종학당과 MODLI가 있다. 룩소스 지역의 관광호텔고등교육원에서도 학생들에게 교양으로 한국어를 가르치고 있고 카이로의 일부 사설 학원에서도 한국어 강좌를 개설해서 가르치고 있다.

이집트에서의 한국어교육의 중심은 아인샴스대학교 한국어과라고 할 수 있다. 아인샴스대학교 한국어과의 특성은 크게 네 가지이다. 첫 번째는 전공과목 시간이 학기당 20시간이라는 학교의 독특한 교수요목이다. 이는 학교 설립 목적에 따라서 우수한 통·번역가를 빠른 시간 내에 양성하기 위한 교수요목이다. 1학년 1학기를 제외한 모든 학기에 전공 과정의 수업 시간이 20시간 이상이며, 과목도 철저하게 실용적인 면을 강조한 언어교육 과정으로 편성되어 있다. 학부에서의 교과 과정은 졸업 후 한국어를 실용적으로 이용할 수 있도록 하는 데에 목표를 두고 있다. 이러한 교육 목표는 학생들이 졸업 후 한국어를 이용하여 직업을 구하는 데에 큰 도움이 될 뿐만 아니라 계속해서 한국학을 공부하고자 하는 학생들에게는 앞으로 한국학을 영어나 다른 언어로 연구하는 것이 아니라 한국어로 연구 할 수 있는 기초를 만든다는 면에서 매우 긍정적으로 평가 받고 있다. 두 번째는 한국어교육을 담당하는 교원이 적절하게 한국인과 이집트인으로 나누어져 있다는 것이다. 학생들이 한국인과 이집트인 교원으로부터 동시에 한국어를 배울 수 있는 것은 한국어와 이집트어의 균형 잡힌 수업을 제공하여 학생들의 한국어 습득을 수월하게 한다는 점에 기여하고 있다. 세 번째는 한국어과에 입학하는 학생들이 매우 우수하다는 것이다. 아인샴스대학교 알-알순대학(Faculty of Al-Alsun)은 이집트 최고의 언어 대학으로 전국에서 가장 우수한 학생들이 지원하는 언어 대학으로 알려져 있다. 이 학생들이 졸업 후에 사회에 진출하여 제 몫을 다하고 있으며, 특히 이집트에 진출한 한국 회사들로부터 좋은 평가를 받고 있다. 이는 이집트에서 한국어과가 지속적으로 발전할 수 있는 가장 큰 이유 중의 하나로 여겨진다. 마지막으로, 한국어과 대학원 수업과 논문 작성이 철저하게 한국어로 이루어지고 있다는 것이다. 한국어과 대학원은 전공 수업을 모두 한국어로 진행하고 있다. 이를 통해 학생들은 고급 수준의 한국어 능력에 도달할 수 있다. 또한 한국어과 대학원 학생들은 학위 논문을 반드시 한국어로 작성해야 하는데, 2019년에는 석사 12편과 박사 1편의 논문이 모두 한국어로 작성되었다.

이집트에서의 한국어교육의 미래는 밝다고 할 수 있다. 가장 큰 이유는 이집트에서 대학교 교원을 뽑는 교수 요원(모이드) 제도가 있기 때문이다. 모이드 제도는 대학의 졸업생들 중에서 성적이 우수한 학생들을 교수로 임명하는 제도인데 현재 아인샴스대학교 한국어과의 교수 요원은 25명이 등록되어 있다. 등록된 교수 요원 중에서 17명은 학교에서 학생들을 가르치거나 근무하고 있고 6명은 한국에서 공부하고 있으며 2명은 휴직 중이다. 앞으로도 학교에서는 꾸준히 교수 요원을 임명할 계획이므로 이집트에서의 한국어교육의 질적·양적 발전이 기대된다. 〈오세종〉

[참고문헌]
• 오세종(2015), 이집트 한국어 교육의 현황과 성공 요인: 아인샴스대학교 한국어과를 중심으로, 제25차 국제학술대회논문집, 국제한국어교육학회, 143~152쪽.

■ 이탈리아

인구 – 약 60,461,826명(2020년 기준)
주요 언어 – 이탈리아어
국내 체류자 수 – 약 1,284명(2018년 기준)
국내 유학생 수 – 약 173명(2018년 기준)
결혼 이민자 수 – 약 120명(2018년 기준)
한국어능력시험 응시자 수 – 82명(2019년 기준)

한국과 이탈리아(Italy)의 직접적인 교류는 1884년 6월 26일에 체결된 우호, 통상, 항해에 관한 협정에서 시작되었다. 1905년에 을사조약으로 조선의 외교권이 박탈당하면서 이탈리아와의 관계도 끊어졌으나 1956년 11월 24일, 두 나라가 공식적으로 단독 수교를 맺은 이후 양국은 정치, 경제, 문화 등 각 분야에서 긴밀한 관계를 유지해 오고 있다.

1990년대 후반부터는 한국국제교류재단(Korea Foundation: KF)의 지원을 받으면서 한국학 교육과 연구가 본격적으로 발전하기 시작하였다. 2000년대 중반에 한국학 과정이 정식 학위 과정으로 설립되면서 개설 강좌가 증설되었으며 한국학 담당 교원도 증가하였다. 2019년을 기준으로 이탈리아 내 한국학 관련 강좌를 개설한 대학은 나폴리동양학대학교(Università degli studi Napoli "L'Orientale"), 로마대학교(Sapienza Università di Roma), 베네치아카포스카리대학교(Università di Ca'Foscari Venezia), 시에나외국어대학교(Università per Stranieri di Siena), 볼로냐대학교(Università di Bologna), 밀라노대학교(Università degli Studi di Milano) 등 총 여섯 곳이며 이탈리아 한국문화원에서 운영하는 세종학당에서도 한국어 강의를 개설하여 운영하고 있다. 학사, 석사, 박사 학위 과정을 개설하여 운영하고 있는 대학은 나폴리동양학대학교, 로마대학교 두 곳이며 베네치아대학은 2019년 현재 학사 학위 과정만 운영하고 있다. 볼로냐대학교는 학사 과정 없이 석·박사 대학원 과정만을, 시에나외국어대학교와 밀라노대학교는 교양 과정으로서의 한국어 과정만을 개설하여 운영하고 있다. 나폴리대학교는 1984년에 이탈리아에서 가장 먼저 한국어 전공 과정을 개설하였으며 한국어와 한국학 과정(Curriculum of Korean Language and Studies)은 아시아와 아프리카학과에 속하며 교수진은 2명이며 학생 수는 총 310여 명이다. 로마대학교는 2001년에 부전공 및 교양 과정으로 한국어 강좌를 연 이후 2010년에 전공으로서의 한국어 과정을 개설했다. 인문철학학부(Faculty of Letters and Philosophy)의 이탈리아동양학학과(Italian Institute of Oriental Studies, ISO)에 속하며 교원은 모두 5명이며 수강생은 총 341명이다. 베네치아카포스카리대학교는 1997년에 한국어 과정을 연 이후 2001년에 전공으로서의 한국어 과정을 개설했다. 아시아북아프리카학과(Department of Asian and North African Studies)에 속해 있으며 교원은 모두 8명이며, 수강생은 총 440명이다. 볼로냐대학교는 2011년부터 정치사회학부 대학원 과정에 한국학 과목을 개설하여 현재까지 운영하고 있으며, 교원은 1명뿐이다. 학생 수는 석사과정 1학년 80명, 2학년 60명, 박사과정 2명이 있다. 밀라노대학교는 2009년부터 언어매개다문화학과(Department of sciences of linguistic mediation and intercultural studies)에 1년 과정 교양 과목으로 한국어와 문화 강좌를 개설하여 운영하고 있다. 교원은 1명이며, 수강생 수는 50명이다. 시에나외국어대학교는 2017년 교육 및 연구학부(Department of Teaching and Research), 한국어 및 문학 과정(Korean language and literature)을 개설하여 학사 학위 과정 내 교양 선택 과목으로 한국어와 한국 문학 강좌를 운영하고 있다. 수강생 수는 총 80명이며, 담당 교원은 1명이다.

　최근 한국 문화와 한국어에 대한 이탈리아 학생들의 높은 관심은 대학에서의 전공 선택과 직접 연결되고 있다. 베네치아카포스카리대학의 경우 지난 몇 년 간 신입생 정원 80명 모집에 500여 명이 넘는 학생들이 지원하여 높은 경쟁률을 기록하고 있다. 이에 2020/2021학년도부터는 정원을 100명으로 늘렸으며 2021/2022학년도부터는 모든 과정을 영어로 운영하는 한국학 대학원을 개설할 예정이다.

　앞으로 이탈리아에서의 한국어교육은 지속적으로 발전할 것으로 보인다. 이러한 발전을 위해서는 한국어교육 전문 연구자 및 교육자 확보가 과제이며 무엇보다 정부 차원에서의 관심과 지원이 요구된다. 〈강순행〉

[참고문헌]
• 김시홍(2004), 이탈리아의 한국학, 이탈리아어문학 15, 한국이탈리아어문학회, 25~38쪽.

- 김태진(1983), 이태리에서의 한국학 연구, 용봉론총 13, 전남대학교 인문과학연구소, 179~194쪽.
- 김훈태(2009), 이탈리아 한국어 교육의 현황과 과제: 베네치아대학을 중심으로, 어문연구 37-4, 한국어문교육연구회, 465~486쪽.
- 박병철(1994), 이탈리아의 한국학 연구, 국어교육 83, 한국국어교육연구회, 177~200쪽.
- 한국국제교류재단(KF) 통계센터, 해외대학한국학현황과 세계한국학지도 (이탈리아), 2019년 12월 9일에 가져옴, http://www.kf.or.kr/koreanstudies/koreaStudiesList.do?regionChk=%EC%84%9C%EC%9C%A0%EB%9F%BD&nationChk=%EC%9D%B4%ED%83%88%EB%A6%AC%EC%95%84&searchInstHgNm=&regionChkList=%EC%84%9C%EC%9C%A0%EB%9F%BD&nationChkList=%EC%9D%B4%ED%83%88%EB%A6%AC%EC%95%84

■ 인도

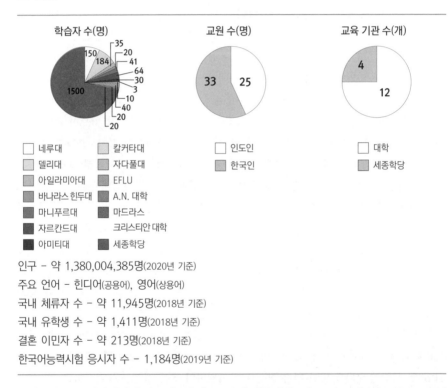

인구 – 약 1,380,004,385명(2020년 기준)

주요 언어 – 힌디어(공용어), 영어(상용어)

국내 체류자 수 – 약 11,945명(2018년 기준)

국내 유학생 수 – 약 1,411명(2018년 기준)

결혼 이민자 수 – 약 213명(2018년 기준)

한국어능력시험 응시자 수 – 1,184명(2019년 기준)

인도(印度, India)에서의 한국어교육은 1971년 네루대학교(Jawaharlal Nehru University)에 1년제 수료 과정이 설립되면서 처음 시작되었다. 역사적으로 볼 때 인도와 한국의 관계는 이미 약 2000년 전에 아요디아의 공주와 김수로 왕이 혼인하면서 시작된 것으로 기록되어 있다. 이후 한국과 인도는 오랜 기간 교류를 하며 정치, 경제, 문화적 관계를 발전시켜 왔으며 2010년에는 한국과 인도 양국 간 포괄적경제동반자협정(comprehensive economic partnership agreement: CEPA) 협상이 타결되면서 양국 간 경제 파트너십이 성립되어 교육 협력 및 문화 교류가 더욱 활발해졌다. 이에 따라 인도에서 한국어교육은 본격적으로 이루어지게 되었으며, 그 수요 또한 늘어나고 있다.

인도에 한국어 학위 과정이 설립된 과정을 살펴보면 다음과 같다. 1971년 네루대학교에 최초로 설립된 1년제 수료 과정은 1995년에 3년제의 학사 학위 과정으로 재편되었고, 1998년에는 2년제의 석사 과정이 시작되었다. 이후 2002년에 와서 델리대학교(University of Delhi)에 동아시아과가 설립되어 1년제 수료 과정(1 year certificate course), 2년제 수료 과정(2 years diploma course), 3년제 고등 과정(3 years advance course)이 개설되었다. 현재 인도에서 한국어교육이 이루어지고 있는 대학교 및 기관은 아일라미아대(Jamia Milia Islamia University), 바라나스 힌두대(Banaras Hindu University), 아미티대(Amity University), 영어와외국어대학교(English and Foreign Languages University: EFLU), 마니푸르대학교(Manipur University), 자르칸드센트럴대학교(Central university of Jharkhand)을 포함하여 모두 12곳 이상이다.

각 대학교 및 기관의 한국어교육 강좌는 학습 목표에 따라 교육과정도 다양하게 구성되어 있다. 한국어 전공 학사 과정 또는 석사 학위 과정에서는 한국어교육뿐만 아니라 한국 문화, 문학, 한자를 포함한 내용학으로서 한국학을 가르친다. 이 외에 1년제 수료 과정, 2년제 수료 과정에서는 한국어교육에, 3년제 고등 과정에서는 한국학에 중점을 두고 있다.

인도에서 한국어교육을 담당하는 교원은 대부분 상시 고용인 자격의 대학 및 기관 내 인도인 교사이거나 한국 기관에서 파견한 혹은 시간 강사인 한국인 교사들이다. 현재 한국어 교사는 모두 약 58명이며, 그중 25명이 인도인 교사이고 33명이 한국인 교사이다. 인도인 교사는 대부분 한국어학이나 한국학을 전공한 석사 학위 소지자인데 이 중 박사 학위를 지닌 교사는 2~3명이다.

인도에서 한국어를 배우고 있는 학습자는 학습 목표에 따라 다양한 특성을 보인다. 학위 과정 또는 3년제 고등 과정 내 학습자들은 대부분 한국어에 관심을 보이며 학문적인 목적으로 한국어를 배운다. 반면 1년제 수료 과정, 2년제 수료 과정에서 공부하는 학생들은 주로 한국 회사에 취업하기를 희망하거나 한국 회사에서 일을 하고 있는 경우가 많다.

또한 각 대학 및 기관에서는 대부분 서울대학교, 연세대학교, 고려대학교, 경희대학교, 서강대학교, 이화여자대학교에서 출판한 교재를 사용한다. 인도인을 위해 출판한 교재는 2~3개 정도이며, 이는 델리대학교와 마니푸르대학교에서 활발히 사용되고 있다.

인도와 한국 간 교육 관계가 깊어지면서 국립국제교육원(National Institute for International Education: NIIED), 한국국제교류재단(Korea Foundation: KF), 포스코(POSCO), 삼성, 신한은행, 김양식장학금프로그램과 같은 많은 한국 기관들이 인도 학생들에게 장학금을 제공하고 있다. 이 외에 네루대학교는 20개 이상의 한국 대학교 및 기관과 양해 각서(Memorandum of Understanding: MOU)를 맺은 상태여서 앞으로 한국어교육의 전망은 더 밝다고 볼 수 있다. 〈니르자 사마즈달(Neerja Samajdar)〉

[참고문헌]
• 김재웅(2005), 인도에서 한국어교육의 실제와 과제, 한국어문연구 16, 한국어문연구학회, 39~68쪽.
• 씽 니르자(2006), 인도에서 외국어로서 한국어교육, 국어교육 121, 한국어교육학회, 197~214쪽.

■ 일본

학습자 수(명)
260
11441
36583
□ 대학
□ 고등학교
■ 세종학당

교원 수(명)
55 ㄱ ㄱ 17
758
□ 대학
□ 고등학교
■ 세종학당

교육 기관 수(개)
ㄱ 17
342 391
□ 4년제 대학
□ 고등학교
■ 세종학당

4년제 대학-2018년,
고등학교-2018년,
세종학당-2019년 자료

인구 - 약 126,476,461명(2020년 기준)

주요 언어 - 일본어

국내 체류자 수 - 약 60,878명(2018년 기준)

국내 유학생 수 - 약 2,676명(2018년 기준)

결혼 이민자 수 - 약 13,738명(2018년 기준)

한국어능력시험 응시자 수 - 27,715명(2019년 기준)

　　이미 통일 신라 시대에 한국어교육과 교육 기관이 존재했다는 《속일본기(續日本紀)》의 기록에서 알 수 있듯이 일본(日本, Japan)에서의 한국어교육은 오랜 역사를 가지고 있다. 일본에서의 한국어교육은 한국과 일본 간 정치·역사적 관계와 맥을 같이 한다.

　　근대 전까지 일본에서의 한국어교육은 대마도를 중심으로 독자적인 영역을 이루면서 한일 교류의 중요한 역할을 담당해 왔다. 그러다가 1880년에 도쿄외국어대학교(Tokyo University of Foreign Studies)의 전신인 도쿄외국어학교에 한국학과가 설립되면서 근대적인 한국어교육이 시작되었다. 그 후 일본에서 한국어교육은 한반도 식민지 통치 및 패전 이후의 단절 상황 등을 거치면서 쇠퇴해 가다가 1965년 오사카외국어대학교(Osaka University of Foreign Studies)에 조선어학과가 설치되고, 1977년에 도쿄외국어대학에 한국학과가 조선어학과로 개칭되어 부활하면서 본격적으로 재개되었다. 1990년대 이후에는 대학에서 한국어교육이 폭발적인 증가를 보였고 2000년대 이후 대학뿐 아니라 고등학교, 민간 강좌 등에서도 한국어 강좌가 비약적으로 확장되었다. 2018년을 기준으로 한국어 및 한국학 관련 전공 과정이 개설되어 있는 대학은 국공립 대학 5개교, 시립 대학 16개교이며 외국어 과목으로 한국어가 개설되어 있는 대학은 370개 학교에 이른다. 또한 2009년부터는 도쿄와 오사카의 한국문화원 내에 세종학당이 개설되어 입문과 초·중·상급의 한국어 강좌를 운영하고 있다. 고등학교의 경우 한국어를 영어와 함께 제2 외국어 선택 과목으로 가르치거나 영어를 대신하여 외국어로 가르친다. 한국어 과목이 개설되어 있는 고등학교는 1999년에 131개 학교였던 것이 2018년에는 342개로 증가하였으며 2002년부터는 한국의 대학 수학 능력 시험과 같은 일본의 대학 입학 센터 시험에 한국어가 외국어 시험 과목으로 지정되어 실시되고 있다. 이러한 점은 앞으로 일본 고등학교에서 한국어교육의 위상을 높일 수 있는 요인으로 주목된다.

한편 전공 과정이 있는 대학에서는 1, 2학년에는 주로 한국어교육을 실시하고 3, 4학년에는 이러한 교육을 통해 쌓인 언어 능력을 바탕으로 하여 언어학, 문학, 역사학, 사회 과학, 문화론 등의 한국학 교육을 주로 실시한다. 한국어가 외국어 과목으로 개설된 대학의 경우 1년 혹은 2년 동안 주 1, 2회의 수업을 통해 기본적인 한국 문법과 회화를 중심으로 교육하고 있다.

전공 과정이 있는 대학에서는 한국어가 모어인 교원과 일본어가 모어인 교원이 상호 보완적으로 수업을 진행하고 있다. 한국어 과목을 외국어 과목으로 개설한 대학의 경우에는 한국어가 모어인 교원의 수가 압도적으로 우세하다. 그러나 2000년대의 조사에 따르면 한국어 교사에 대한 수요가 급증하고 있음에도 불구하고 한국어 담당 교원은 연 인원 758명 가운데 전임 교원은 170명에 불과하다. 이는 교육의 많은 부분을 비상근 교원에게 의존하고 있다는 점에서 문제점으로 지적될 수 있다.

교재는 일본에서 출판한 교재와 한국에서 출판한 교재가 공존하나 2000년대 이후 한국어 학습자의 급증과 더불어 일본어가 모어인 화자에게 특히 강조해야 할 내용을 수록한 다양한 교재가 출판되고 있다.

일본의 한국어교육은 오랜 전통을 가지고 있으면서도 대중화되지 못하고 있다가 2000년대 이후 한국의 경제적, 문화적 성장에 힘입어 비약적으로 확장하고 있다. 현재는 외형적인 확장과 함께 일본어와 한국어의 특수한 관계에 초점을 맞춘 일본어 화자를 위한 한국어교육의 내용론 및 방법론의 개발이 요구되고 있고, 이에 대한 실천이 조금씩 성과를 드러내고 있는 단계이다. 이와 더불어 2019년부터는 조선어교육학회(朝鮮語教育学会, 일본 한국어교육학회)와 한국국제교류재단(Korea Foundation)이 공동으로 대학과 고등학교의 교육 실태 조사를 실시하고 있다. 2019년에는 예비 조사로 100개 대학과 50개 고등학교를 대상으로 수업 실시 형태와 수강생 수, 교재 및 교육 내용을 조사하며 2020년에는 전면적인 조사를 실시한다. 이러한 실태 조사를 통해 교육의 전체상이 파악되면 좀 더 구체적이고 실천적인 방향 설정이 이루어질 것으로 기대된다. 〈남윤진〉

[참고문헌]
• 국제문화포럼(2005), 일본의 학교에서의 한국어교육: 대학 등과 고등학교의 현 상황과 과제, 재단법인 국제문화포럼.
• 東京外國語大學(1997), 東京外國語大學史, 東京外國語大學.
• 小栗章(2007), 日本における韓國語教育の現在, 韓國語教育論講座 1, くろしお出版.

■ 중국

학습자 수(명)(2016년 기준)
1063 ┬ 114
16324 | 20571
□ 4년제 대학
■ 전문대
■ 석사
■ 박사

교원 수(명)(2012년 기준)
┌ 12
486 | 526
□ 한족
■ 조선족
■ 기타

교육 기관 수(개)(2016년 기준)
29
152 | 115
□ 4년제 대학
■ 전문대학
■ 세종학당

인구 - 약 1,439,323,776명(2020년 기준)
주요 언어 - 중국어
국내 체류자 수 - 약 362,484명(2018년 기준)
국내 유학생 수 - 약 68,112명(2018년 기준)
결혼 이민자 수 - 약 36,812명(2018년 기준)
한국어능력시험 응시자 수 - 77,236명(2019년 기준)

중국(中國, China)에서 한국어교육의 역사는 북경대학교(Peking University) 조선어학과의 전신인 국립동방어문전문학교에 한국어과가 개설된 1945년부터 시작되었다. 이 학과는 1949년에 중국이 해방되면서 북경대학교에 편입되었는데 이후 본격적으로 학생을 모집하였다. 그 후 40년 동안 북경대학교를 포함한 5개 대학교에서 한국어교육을 시행해 왔으나 열악한 교육 환경으로 인해 실질적인 교육은 침체되어 있었다. 그러나 1992년 한·중 외교 수립 후 두 국가 간에 교류가 늘어나고 한국의 경제가 성장하면서 중국에서의 한국어교육이 급속도로 발전하여 30년 동안 지속적으로 성장하게 되었다.

2018년을 기준으로 한국어학과가 설립된 4년제 대학은 115개, 2년제, 3년제 전문대학은 152개로 모두 267개에 달한다. 이 외에 세종학당은 29개이며 사이버 대학과 사설 한국어 학원은 정확하게 수를 헤아릴 수 없을 만큼 많다.

중국 교육부의 관련 규정에 의하면 중국 대학에 개설된 한국어학과는 언어 능력뿐만 아니라 국제적 시야를 지닌 복합형(復合型) 인재의 양성에 목적을 두고 있다. 즉 한국어 듣기, 읽기, 쓰기, 말하기, 번역하기 등과 같은 언어 기능만 가르치는 데 그치지 않고 문학, 역사, 정치, 경제, 문화, 종교, 사회 등 직장 생활에서 필요한 기본적인 능력과 함께 초보적인 학술 연구 능력을 갖추는 것을 목적으로 한다. 각 대학의 한국어학과는 이 목적을 달성하기 위해 다양한 필수 과목과 선택 과목을 개설하여 학습자에게 한국어에 관한 기본 지식과 기능은 물론 한국의 사회와 문화를 이해하는 데 도움이 되는 한국학 지식을 전수하고 있다. 그러나 현재까지 교육 대상, 목표, 강의 시수, 교재 그리고 교수 요목 등을 명시한 통일된 교육과정이 없는 실정이다.

중국 대학에서 한국어 교원의 상당수는 중국인 전임 교수이다. 2012년을 기준으로 중국 대학 내 한국어학과의 교수 수는 1,024명으로 그중 한족, 조선족 교수의 비율은 각각 51.4%, 47.5%이다. 교수의 학력은 학사, 석사, 박사 학위 소지자가 각각 39.4%, 44.6%, 16%이며 전임 강사, 조교수, 부교수, 교수가 각각 39.6%, 36%, 16.5%, 8%이다.

2016년에 중국 대학 한국어학과의 학생 수는 38,072명이다. 이 중 전문대와 4년제 대학을 포함한 학부 학생은 36,895명으로 제일 큰 비중을 차지하고 있다. 반면에 석사 과정 학생은 1,063명이고 박사 과정 학생은 114명에 불과하여 총 학생 인원수의 3% 밖에 되지 않는다.

중국에서의 한국어교육은 매우 열악한 환경에서 출발하여 70여 년의 성장 과정을 겪어 왔고 초창기, 침체기, 도약기를 거쳐 지금은 안정적 성장기에 이르렀다. 하지만 교육의 내적인 측면에서나 외적인 측면에서는 아직도 발전이 필요한 부분이 많다. 중국의 한국어교육 수준을 한 단계 높이려면 한국어 교육자와 연구자 간의 상호 협력 및 국내 각 대학 한국어학과와의 긴밀한 협력이 필요하다. 동시에 중국 정부, 한국 내 한국어교육 전문가 집단, 한국 정부와의 협력도 요구된다. 또한 한국어교육 연구를 발전시키기 위해서는 학문 후속 세대를 양성해야 한다. 〈왕단(王丹)〉

[참고문헌]
• 왕단(2019), 중국 비학위과정 학습자를 위한 한국어 교육의 현황과 과제, 서울대학교 언어교육원 한국어교육센터 개원 50주년 기념 국제학술대회 논문집.

■ 캐나다

인구 - 약 37,742,154명(2020년 기준)
주요 언어 - 프랑스어, 영어
국내 체류자 수 - 약 25,934명(2018년 기준)
국내 유학생 수 - 약 152명(2018년 기준)
결혼 이민자 수 - 약 1,320명(2018년 기준)
한국어능력시험 응시자 수 - 308명(2019년 기준)

캐나다(Canada)에서의 한국어교육은 한국인의 수가 급증하기 시작한 1970년대 중반에 초기 이주민들이 세운 한글학교를 중심으로 시작되었다.

캐나다 내 한국어 학습자는 크게 아동 및 청소년, 대학생, 소규모의 성인으로 분류할 수 있다. 토론토(Toronto)에 주재한 캐나다 한국교육원(Korean Education Centre in Canada)의 2019년 자료에 의하면 강의 현황은 다음과 같다.

아동 및 청소년을 대상으로 한 한국어교육은 총 90개 학교에서 이루어지고 있으며 교사는 532명, 학생은 4,034명이다. 총 90개 학교 중 54개 학교는 캐나다 교육청에서 운영하며, 나머지 학교는 개신교회, 천주교 성당, 불교 사찰 등 한인 종교 단체에서 운영하는 한글학교로서 이민자들이 자녀들에게 한국어를 교육하고자 만든 자생 단체이다. 온타리오주, 브리티시컬럼비아주 그리고 알버타주의 중·고등학교에 설치되어 있는 한국어 학점 과정은 총 14개 학교에서 운영되고 있으며, 대개 정규 수업 이후에 저녁 시간이나 토요일 오전에 실시하며 수업 시간은 일주일에 3시간씩 총 30주 동안에 90시간을 이수해야 한다. 중·고등학교 교육과정에서 한국어 수업은 '제3 언어' 과목으로 규정되어 있어 중·고등학교 정규 학점을 취득할 수 있다는 이점이 있다. 교육청 내 한국어교육 강좌 설치 및 유지 여부를 결정하는 가장 중요한 요소는 한국어 과목 수강을 원하는 학생 수이다.

대학생을 대상으로 한 한국어교육은 1978년에 산학협동재단(Korea Sanhak Foundation)에서 재정 지원을 받아 토론토대학교(University of Toronto)에 한국어 기초반을 개설한 것을 시작으로 한다. 캐나다 내 약 10개의 대학에서 한국어 강의가 이루어지고 있으며 토론토에 위치한 세네카대학교(Seneca College)와 조지브라운대학교(George Brown College)에서는 각각 2011년과 2012년부터, 매니토바(Manitoba)주에 위치한 매니토바대학교(University of Manitoba)에서는 2011년부터, 위니펙대학교(University of Winnipeg)에서는 2012년부터 한국어를 가르치고 있다. 교육과정은 보통 초·중·고급으로 나누어져 있으며 강의 시간은 주당 4시간 내외이다. 강의의 목표는 한국어 의사소통 능력이나 한국학 전공자 및 한국 전문가 양성에 필요한 전문적 한국어 실력을 기르는 것이다. 요크대학교의 경우 기초반에서 고급반까지 총 네 개 반과 특수목적 한국어 강좌인 비지니스 한국어 수업과 한국 문화, 역사, 문학에 관한 강좌도 있다.

대학생 외에 성인을 대상으로 한 강좌는 주로 대사관 산하에서 이루어지며 한국계 현지 회사에 근무하거나 한국 문화에 관심이 있는 캐나다인들, 한국계 입양아 및 한인 2세를 대상으로 한다. 주 토론토 대한민국 총영사관의 경우 2001년부터 강좌을 시작했는데 교육과정은 초·중·고급반, 한국어능력시험(TOPIK) 준비반, 한국문화반 등이 있다. 10주에 걸쳐 일주일에 한 번씩 두 시간 동안 강좌를 진행하며, 일 년에 봄학기, 가을학기, 겨울학기의 세 학기를 운영한다.

캐나다 내 한국어 교원 현황은 다음과 같다. 아동 및 청소년 대상 한국어 교사는 대부분 이민 1세로 80% 이상이 대학 졸업자이고 교육청 소속 한국어 프로그램 교사 중 정식 교사 자격증을 소지한 비율은 52%이다. 대학생을 대상으로 한 한국어 교사는 대부분 전공 분야의 박사 학위 또는 석사 학위를 소지한 사람으로 이민 1세가 대부분이나 예외적으로는 브리티시컬럼비아대학교(University of British Columbia)에서 한국어 및 한국학을 가르치는 킹(R. King) 교수가 있다. 온타리오주의 경우 총 5개 대학에서 한국어를 가르치고 있으며 16명의 교사 전원이 이민 1세이며, 이 중 5명은 전공 관련 박사 학위 소지자이고 11명은 석사 학위 소지자이다.

캐나다 내 한국어 학습자의 현황을 살펴보면 아동 및 청소년 대상 한국어 강좌의 학습자는 대다수가 이민 2세 또는 1.5세이지만 한국어에 관심을 가지고 있는 캐나다 학생도 있다. 중·고등학교 학점 과정의 경우 한국에서 이민 온 지 얼마 되지 않은 학생들이 주류를 이루고 있으나 비한국계 학생의 수도 증가하는 추세이다. 대학 내 한국어 강좌는 한류 열풍에 힘입어 한국어를 공부하고자 하는 비한국계 학생의 수가 빠른 속도로 늘어나고 있는 추세인데 학교에 따라 한국계와 비한국계 학생의 비율이 상이하다. 주(駐) 토론토 대한민국 총영사관에서 운영하는 성인 대상 한국어 강좌의 경우 2019년 수강 학생 수는 600여 명이 넘으며 대다수의 학생들이 한국 문화에 관심이 있는 비한국계 캐나다인이다. 다음은 캐나다 내 한국어교육에서 사용하는 교재의 현황이다. 아동 및 청소년을 대상으로 한 한국어교육에서 가장 광범위하게 사용하는 교과서는 교육과학기술부에서 개발한 《맞춤형 한국어(영어권) 1~6》이다. 이는 가장 최근에 개발한 교재로 2012년부터 캐나다에 배포되었다. 그 외에 재외동포교육진흥재단에서 개발한 《한글학교 한국어 1~6》과 한국교육과정평가원에서 개발한 《한국어 1~8》이 있다. 대학생을 대상으로 한 한국어교육 강좌에서는 《Integrated Korean》, 《New Generation Korean》, 《서강 한국어》, 《McGill 한국어》, 《Discover Korean》 등의 교재를 사용하고 있다.

캐나다 내 한국어교육은 계속해서 성장하고 발전하는 추세에 있지만 교육의 질적 향상을 이루기 위해서는 몇 가지 보완점이 필요하다. 첫째, 한국어교육에 대해 한국 정부의 지원 및 이주민들의 지속적인 관심과 성원이 필요하다. 캐나다 내에서의 한국어 강좌는 안정성과 지속성 면에서 취약하고 교사 처우가 낮은 편이다. 이러한 단점을 보완하기 위해서는 우수한 교사와 재정이 확보되어야 한다. 둘째, 교원 연수의 활성화를 통해 교사의 자질을 향상해야 한다. 캐나다한국학교협의회(The Korean Canadian Schools Association of Ontario: KCSA)와 캐나다온타리오한국학교협회(The Canadian Association of Korean Schools: CAKS)와 같은 교사 연수회 및 학술 대회를 통해 교원 연수의 심화 및 활성화를 추구할 수 있다. 셋째, 대학생 및 성인 대상의 한국어교육을 활성화하려면 한국어를 제2 언어나 외국어로 배우는 캐나다인에게 관심을 기울여야 한다. 이를 위해서는 국가적 차원에서 적극적이고 장기적인 투자가 필요하다. 〈전미현〉

[참고문헌]
• 김영곤(2006), 캐나다 대학 속의 한국학: 한국어 과정을 중심으로, 북미주학연구 16, 충남대학교 북미주연구소, 47~57쪽.

- 로스 킹(2005), 영어 사용자들의 한국어 학습이 어려운 이유, 대산문화, 대산문화재단 가을호, 2014년 8월 2일 가져옴, http://daesan.or.kr/webzine_read.html?uid=1292&ho=14
- 정영근 외(2009), 재외 한글학교용 표준 교육과정(총론 및 각론) 연구 개발, 교육과학기술부.

■ 태국

학습자 수(명): 294 (1학년), 361, 323 (3학년), 321
교원 수(명): 27 (태국인), 42 (한국인)
교육 기관 수(개): 4 (대학), 13 (세종학당) (2019년 기준)

인구 – 약 69,799,978명(2020년 기준)
주요 언어 – 타이어
국내 체류자 수 – 약 197,764명(2018년 기준)
국내 유학생 수 – 약 623명(2018년 기준)
결혼 이민자 수 – 약 4,411명(2018년 기준)
한국어능력시험 응시자 수 – 5,968명(2019년 기준)

태국(泰國, Thailand)에서 한국어교육은 1986년에 국립송클라대학교(Prince of Songkla University) 빠따니(Pattani) 캠퍼스에서 교양 선택 과목으로 한국어 강의가 처음 개설되면서 실질적으로 시작되었다. 그리고 1988년에 탐마삿대학교(Thammasat University), 쭐라롱껀대학교(Chulalongkorn University)에서 한국어를 자유 선택 과목으로 지정하였고, 송클라대학교 빠따니 캠퍼스에서는 교양 선택 과목이었던 한국어를 전공 과정으로 개설하였다. 이후 한국 문화 열풍으로 여러 대학에서 한국어를 가르치기 시작했고 이와 함께 한국어교육 전공을 개설하는 학과가 늘어났다. 현재 태국에서 한국어교육은 중·고등학교부터 이루어지고 있으며 전국으로 133개 학교에서 한국어를 가르치고 있다. 한국어를 배우는 중등학생은 약 40,000명이며 2018년부터는 한국어가 대학 입학 시험의 제2 외국어로 선정되었다. 대학교에서도 한국어 전공 과정을 개설한 대학이 늘어나 모두 13곳이다.

대학 기관에서의 한국어교육은 한국학과 한국어학으로 구분된다. 각 대학은 전 학년에서 한국어 및 한국에 관한 기본 지식을 교육하고 고학년에서는 주로 한국어학이나 문학 관련 과목을 개설한다. 국립송클라대학교 빠따니 캠퍼스 내 한국학과는 한국어 연구자 및 교육자의 양성을 목적으로 하는 데 비해, 다른 대부분의 대학에서는 태국 내 한국 기업 취업을 목적으로 한다. 이처럼 취업을 목적으로 하는 대학 기관은 한국어로 의사소통이 가능한 인력을 양성시키는 데 중점을 두고 교과 과목을 개설하고 있다.

태국의 한국어 교원은 크게 세 가지로 유형화할 수 있다. 첫 번째는 중·고등학교 교원이다. 이들은 대부분 태국 내의 한국어학과를 졸업하였으며 태국 교육부에 소속되어 있다. 두 번째는 대학 교원이다. 이들 중에는 태국 내의 한국학 대학원을 졸업한 이들도 있고, 한국 내 대학원에서 한국어교육을 전공한 석·박사 학위자도 있다. 마지막으로는 한국인 교원이 있다. 이들은 각 대학에서 자체적으로 고용하거나 한국 정부 기관의 한국국제교류재단(Korea Foundation: KF)이나 한국국제협력단(Korea International Cooperation Agency: KOICA) 등에서 파견한 한국인 교수 및 강사이다.

현재 태국에서의 한국어교육은 전 지역에 걸쳐 이루어지고 있다. 각 지방 대학교에서 한국어과를 개설하고 있으며 앞으로도 많은 대학에서 개설할 전망이다. 대학 기관 내 한국어 학습자는 전공자와 부전공자 그리고 선택 과목 학생으로 구분되며 현재 각 대학의 학생 수는 점차 증가하고 있는 추세이다.

각 대학에서 사용하는 한국어 교재는 학교마다 차이가 있으나 주로 서울대학교, 연세대학교, 고려대학교, 경희대학교, 이화여자대학교에서 출판한 한국어 교재를 사용한다. 이와 함께 태국인 교수진이 집필한 교재를 사용하기도 한다. 이 밖에도 점차적으로 한국어 또는 한국 역사나 문화와 관련된 책이 출판되고 있다.

〈싯티니 탐마차이(Sitthinee Thammachai)〉

[참고문헌]
• 윤경원(2005), 태국에서의 한국어교육 현황과 문제점, 동남아연구 15-1, 한국외국어대학교 동남아연구소, 113~139쪽.
• 티엔티다 탐즈른깃(1999), 태국에서의 한국어 교육 방법, 국어교육연구 6-1, 서울대학교 국어교육연구소, 143~156쪽.

■ 터키

인구 - 약 84,339,067명(2020년 기준)
주요 언어 - 터키어
국내 체류자 수 - 약 1,897명(2018년 기준)
국내 유학생 수 - 약 331명(2018년 기준)
결혼 이민자 수 - 약 172명(2018년 기준)
한국어능력시험 응시자 수 - 866명(2019년 기준)

터키(Turkey)에서의 한국어교육은 1989년에 앙카라대학교(Ankara University) 문과 대학에 한국어문학과가 설립되면서 시작되었다.

그러나 터키와 한국이 국가적 차원에서 공식적인 관계를 맺게 된 것은 이보다 훨씬 이른 시기로, 1948년에 수립된 대한민국 정부를 터키 공화국이 1949년에 인정하고 1950년 한국 전쟁에 터키 군을 파병하면서부터이다. 그리하여 1957년에 서울에는 터키 대사관이, 앙카라(Ankara)에는 한국 대사관이 개설되었고 1972년에는 문화 협정이 체결되었다.

이렇게 한국과 터키 간의 교류가 확산됨에 따라 1998년에는 터키의 대표적인 상업 도시인 카이세리(Kayseri) 시의 에르지예스대학교(Erciyes University) 인문대학에도 한국어문학과가 신설되었다. 이후 터키의 앙카라대학교, 이스탄불대학교 등 여러 대학교에서 한국어 관련 학과를 신설했다. 특히 이스탄불(Istanbul)의 메데니옛대학교(Medeniyet University)과 앙카라의 일디림베야짓대학교(Yildirim Beyazit University) 그리고 시바스(Sivas)의 쿰후리옛대학교(Cumhuriyet University)에서 한국어 관련 학과를 신설하는 데에 적극적인 태도를 보이고 있다. 이 외에 대학 과정은 아니지만 터키의 주요 도시인 이스탄불과 앙카라, 이즈미르(Izmir), 부르사에 세종학당이 설립되었다.

앙카라대학교 내 인문대학은 1989년에 한국어문학과를 개설했고 그 해에 모두 7명의 학생을 선발하였으며 당시 강사는 한국인 대학원생 4명이었다. 1990년에는 13명, 1991년도에는 20명으로 학생 수가 늘어났고 1993년에 처음으로 졸업생을 배출하였다. 2019년을 기준으로 한국어문학과의 교수진은 교수 1명, 부교수 1명, 터키인 전임 강사 1명, 한국인 전임 강사 1명, 연구 조교 3명이다. 앙카라대학교 내 한국어문학과에는 교육부와 한국연구재단 그리고 한국국제교류재단의 지원으로 비디오, 텔레비전과 같은 어학 기자재가 마련되어 있으며 한국어 관련 서적 또한 구비되어 있다. 앙카라 대학교 한국어문학과는 석사와 박사과정을 언어학과와 공동으로 운영하고 있다.

에르지예스대학교 내 한국어문학과는 1998년에 설립되어 2003년부터 학생을 선발하여 2007년 상반기에 20명의 졸업생을 처음으로 배출하였다. 2019년을 기준으로 교원 수는 교수 1명, 부교수 1명, 연구 조교 4명, 한국인 교원 4명으로 총 10명이며, 학생 수는 모두 287명이다. 입학 정원은 상반기와 하반기 각각 45명씩이다. 에르지예스대학교 내 한국어문학과에서는 142학점을 취득하도록 하여 언어와 문학뿐만 아니라 한국 역사, 문화 등의 과목도 함께 가르치고 있다. 2010년 가을 학기에는 한국어문학과 졸업생 및 졸업 예정자, 한국학 대학원을 희망하는 터키 학생을 대상으로 대학원 과정도 개설하였다. 2019년을 기준으로 석사 학위 졸업자는 16명이고, 박사 과정생 5명이 학위 논문을 준비하고 있다. 〈괵셀 튀르쾨쥐(Göksel Tüközü)〉

[참고문헌]
• 괵셀 튀르쾨쥐(2008), 터키에서의 한국학 교육의 발전 방안, 제18차 국제학술대회논문집, 국제한국어교육학회, 329~336쪽.

■ 프랑스

인구 - 약 65,273,511명(2020년 기준)
주요 언어 - 프랑스어
국내 체류자 수 - 약 5,423명(2018년 기준)
국내 유학생 수 - 약 956명(2018년 기준)
결혼 이민자 수 - 약 495명(2018년 기준)
한국어능력시험 응시자 수 - 305명(2019년 기준)

프랑스(France) 대학에서 한국어 강좌가 시작된 것은 1956년 소르본대학(Université de Sorbonne)과 1959년 국립동양어문화대학(Institut National des Langues et Civilisation Orientales, Inalco)에서이다. 이후 한국어 전공 학사 학위가 대학 인정 학위 차원에서 설치되었다가 1970년대에 와서는 국가 인정 학사 학위가 생겼다. 1980년대에는 지방 대도시 대학으로까지 한국어교육이 확산되었다. 2010년을 전후로 한국어 전공으로 대학에 진학하려는 신입생 수가 수도 지역뿐만 아니라 전국에서 급속히 증가하기 시작하였고 이후 지속적으로 증가하는 추세이다. 한편, 대학에서의 한국어 혹은 한국학 전공 교원의 수도 증가하고 있으나 학생 수 증가율에는 못 미치고 있는 실정이다.

프랑스의 대학 교육 기관과 학술 연구원은 모두 국립이며 평준화되어 있다. 파리대학(Université de Paris)과 국립동양어문화대학에서는 한국어 혹은 한국학을 단일 전공으로 하는 학사와 석사 학위가 설치되어 있고 한국학을 주제로 박사 학위를 취득할 수 있다. 사회과학고등연구원(EHESS)에서도 한국학으로 석·박사 학위 취득이 가능하다. 지방 대학에서는 한국어나 한국학을 단일 전공으로 하는 학위 과정은 아직 없고, 주로 한국어 및 한국 문화에 관한 수업을 필수 혹은 선택 과목으로 개설하고 있다. 리옹3(Lyon III)대학, 라로셸(La Rochelle)대학, 보르도(Bordeaux)대학, 엑스마르세이(Aix-Marseille)대학, 르아브르(Le Havre)대학에서는 응용 언어 학위(LEA) 과정에서 영어와 한국어를 이중 언어 전공으로 하는 학사 학위가 설립되어 있고, 이외의 대학에서는 대부분 대학 인증 학위를 수여하고 있다. 대학 학제는 유럽공동학위제(licence-master-doctorat: LMD)에 따라 최소 학사 3년(180학점), 석사 2년(120학점), 박사 3년의 과정을 거쳐야 한다. 프랑스 대학과 학술 연구원의 정·부교수와 연구원은 모두 국가 교육 공무원이다. 2020년 1월 현재, 한국학 관련 종신직 교원은 동양어문화대학에 정교수 1명과 부교수 5명, 파리 디드로 대학에 정교수 1명과 부교수 8명, 사회과학고등연구원에 정교수 2명과 부교수급 연구원 1명이 있다.

한국어교육을 담당하고 있는 교원은 한국어교육 전공 혹은 언어학 전공 교수, 전임 강사 그리고 시간 강사들이다. 한국어 교원은 프랑스 현지 채용도 가능하지만 한국어교육 전공자가 극히 드물어 어려운 실정이다. 국립 동양어문화대학과 파리 대학의 경우에는 불어가 불가능하더라도 한국에서 한국어교육을 전공한 교원을 채용하고 있다. 또한 일부 대학에서는 한국국제교류재단(Korea foundation: KF)의 파견 교수 프로그램을 활용하여 전문 지식을 갖춘 교원이 한국어를 가르치고 있다.

대부분의 프랑스 대학에서는 한국 대학에서 출판한 한국어 교재를 비롯하여 한국에서 출판된 교재 혹은 영어권 대학에서 개발된 교재를 사용하고 있으나 리옹3대학 같은 경우는 대학에서 자체 개발한 교재를 사용하고 있다. 초·중·고등학교에서의 한국어교육도 지속적으로 증가하고 있다. 2020년을 기준으로 파리를 비롯하여 13개 도시, 총 16개 학교에서 한국어교육이 이루어지고 있다. 대학입학자격고사인 바칼로레아(Baccalauréat)에서도 외국어 시험 과목으로 한국어를 선택할 수 있다. 프랑스 초·중·고등학교에는 국제부(section internationale)라는 제도가 있는데, 이는 불어가 아닌 외국어로 일반 과목 교육이 이루어지는 것을 말한다. 예를 들어, 수학이나 과학을 불어가 아닌 외국어로 수업을 진행하는 것이다. 이에 해당하는 언어는 서유럽 언어와 러시아어, 중국어, 일본어, 아랍어가 있었는데 2017년부터 한국어가 채택된 초·중·고등학교가 파리 근교의 꾸르부와(Courbevoie) 시와 스트라스부르그(Strassbourg) 시에 생겼다. 중·고등 학교에서는 한국교육원과 한불언어문화교육자협회가 2013년 11월에 발간한 초급 한국어 교재《한국어를 배웁시다 (Apprenons le coreen)》를 주로 사용하고 있다.

프랑스에서의 한국어교육은 사회적 요구는 급증하는 데에 비해 한국어교육 전공자가 절대적으로 부족하다는 점이 가장 큰 문제이다. 국립 동양어문화대학과 파리 대학은 한국어교육 전문가 양성 프로그램을 석사 과정에 설치하는 등 이에 대한 해결책을 마련하고 있으나 한국 대학 기관과 교육부를 비롯한 정부 기관에서의 관심과 지원이 필요하다. 〈김대열〉

[참고문헌]

• Livre Blanc des Etudes Coréennes en France, Retrieved March 23, 2020 from http://www.reseau-etudes-coree.univ-paris-diderot.fr/documents/livre-blanc-des-etudes-coreennes-en-france-2019

■ 호주

교원 수 (명)	학습자 수 (명)	교육 기관 수 (개)
16 / 110 / 620	4562 / 4954 / 9714	7 / 55 / 69
□ 대학교 ■ 초·중·고교 ■ 한글학교	□ 대학교 ■ 초·중·고교 ■ 한글학교	□ 대학교 ■ 초·중·고교 ■ 한글학교

인구 - 약 25,499,884명(2020년 기준)

주요 언어 - 영어

국내 체류자 수 - 약 14,279명(2018년 기준)

국내 유학생 수 - 약 108명(2018년 기준)

결혼 이민자 수 - 약 399명(2018년 기준)

한국어능력시험 응시자 수 - 512명(2019년 기준)

호주(Australia)의 한국어교육은 1994년 호주정부각료회(Council of Australian Governments: COAG)에서 학교에서의 아시아언어교육진흥책(The National Asian Languages and Studies in Australian Schools: NALSAS)을 수립하면서 아시아 주요 4개 언어에 한국어를 선정한 것을 계기로 그 수요가 급증하게 되었다.

호주에서 한국어가 처음으로 주목받게 된 계기는 1987년에 다문화 정책의 일환으로 발표한 호주국가언어정책(National Policy on Languages)이다. 그 후 뉴사우스웨일스 주, 수도 특별 구역, 빅토리아 주에서 정규 한국어교육을 도입하였고 1990년대 중반에는 의미 있는 한국어 교육과정과 한국어 관련 프로젝트를 시작하게 되었다.

호주의 주요 한국어 교육 기관은 정규 대학, 초·중·고등학교, 한글학교로 구분된다. 한국어교육을 시행하는 정규 대학은 2019년을 기준으로 뉴사우스웨일스대학교(The University of New South Wales), 시드니대학교(The University of Sydney), 호주국립대학교(The Australian National University), 모나시대학교(Monash University), 퀸즐랜드대학교(The University of Queensland), 서호주대학교(The University of Western Australia)

멜버른대학교(The University of Melbourne) 7곳이고, 초·중·고등학교는 69곳이다. 한국어교육 강좌를 운영하는 한글학교는 55곳이 있다.

호주의 한국어교원은 대부분이 한국어 모어 화자이고 일부는 한국어가 제2 언어이다. 대학에서 한국어를 가르치는 교원은 일반적으로 한국학 분야의 학위를 가지고 있다. 초·중·고등학교에서는 한 명의 전임 교원이 한국어를 가르치거나 여러 명의 시간제 교원이 한국어를 가르친다. 한글학교에서 가르치는 교사의 경우에는 한국어나 한국어교육과 관련된 특정 자격의 소지를 요구하지 않는다. 다만, 재외동포재단에서 한글학교 교사를 대상으로 '한글학교 교사 인증과정'과 '사이버 대학 학사 학위 취득 과정'을 지원해 한글학교 교사에게 전문성 향상과 교육 경쟁력 강화의 기회를 제공하고 있다. 현재 초·중·고등학교 내 교원에게는 질적 성장의 기회가 별로 없을 뿐만 아니라 이들이 받을 수 있는 한국어 교사 교육 프로그램이 제한되어 있어서 지속적인 맞춤형 전문 교육이 필요하다.

호주의 한국어 학습자는 한국 배경이 있는 사람, 부모가 한국 배경인 사람(heritage), 한국 배경이 없는 사람(non-heritage)으로 나눌 수 있다. 일반적으로 한국 배경이 있는 사람은 한국에 살다가 이민을 온 교포 1세이고, 부모가 한국 배경인 사람은 교포 2, 3세이다. 한국 배경이 없는 사람은 한국과 지연, 혈연이 전혀 없는 사람이다. 지역과 기관에 따라 차이는 있지만 학습자나 부모가 한국 배경이 있을 때 한국어를 배우는 경우가 많다. 따라서 앞으로 한국어교육을 확산하기 위해서는 한국 배경이 없는 학습자의 증가를 위해 노력할 필요가 있다.

호주에서는 일반적으로 한국어 교과서를 따로 정하지는 않고 있다. 다만, 교육부와 학교에서 다양한 책과 자료를 교재로 제안하기도 하고 일부 주 교육부에서는 교수 학습 자료를 개발하여 학교나 교사에게 배포하기도 한다. 그러나 선택할 수 있는 교재가 제한적이고, 현지화가 되어 있지 않아 사용하기에 적합하지 않다. 그 결과 프로젝트나 교사 모임에서 만든 자료나 일선 교사가 직접 만든 자료를 교재로 자주 사용하고 있다.

〈기준성〉

[참고문헌]
• 교육통계서비스(2019), 2019년 교육통계 연보, 한국교육개발원.
• 시드니 한국교육원(2019), 2019 호주 대학 한국어 및 한국학 현황, 시드니 한국교육원.
• Seong-Chul, S. (2018), *Korean Language Education: Australian Practices and Perspectives*, SOTONG.
• Sturak, K. (2010), *The current state of Chinese, Indonesian, Japanese and Korean language education in Australian schools: Four languages, four stories*, Education Services Australia Ltd.

15

문화 교육

15. 문화 교육

15. 문화 교육

문화는 통시적·공시적으로 다양한 학문 영역에서 논의의 대상이 되어 왔다. 문화는 그 속성상 철학, 역사학, 인류학에서부터 미학, 예술학, 사회학, 사회 언어학, 심리학, 경제학 등 다양한 인문 및 사회 과학 분야에서 논의되고 있어 개념이나 특성을 명백하게 규명하기 매우 어렵다. 이러한 연유로 언어 교육이나 외국어 교육에서 문화 교육의 내용론 및 방법론은 추상적이면서 이론을 위한 이론에 불과한 것으로 간주되기 쉬웠으며, 실제 문화 교육 현장에서도 문화 교육 활동은 형식적인 것으로 평가 절하되기도 했다.

문화의 개념은 매우 방대하므로 일찍이 많은 학자들이 다양한 학문의 맥락에서 문화를 유형화함으로써 그 실체를 규명하고자 하였다. 문화의 유형은 문화를 정신문화와 물질문화 혹은 대문화(Big C)와 소문화(little c)로 구분하는 가장 일반적인 이분법적 접근에서 문화를 산물, 행위, 사고로 분류하는 삼분법적 접근으로까지 변화해 왔다.

외국어 교육 분야에서 문화 교육에 대한 필요성이 제기된 것은 사회 언어학자인 하임즈(D. Hymes)가 의사소통 능력(communicative competence)이라는 용어를 처음 사용하기 시작하면서부터이다. 그 당시 의사소통적 관점은 외국어 학습자가 해당 사회 문화의 맥락에 적절하게 언어를 이해하고 구사하는 능력을 강조하였다. 이때 표면적으로 문화 능력에 대한 언급은 없었지만 그 바탕에서 문화에 대한 지식과 수행의 필요성을 언급한 것으로 볼 수 있다.

이후 바흐만과 파머(L. F. Bachman & A. S. Palmer)는 인지 심리학적 관점에서 의사소통 능력에 세상에 대한 지식(topic knowledge)과 정의적 인지 구조(affective schemata)의 요소를 덧붙임으로써 외국어 교육에서의 문화 능력과 문화 교육에 대한 인식을 확대하였다. 또한 의사소통에 대한 기능 및 과제 중심 접근법이 본격적으로 교육 현장에 적용됨으로써 비교 문화 화용론적 관점에서 문화 교육과 성공적인 의사소통 간의 관계에 더욱 주목하기 시작하였다. 1990년대에 들어서서 언어 간 의사소통은 곧 문화 간 의사소통이라는 관점에서 학습자의 모국 문화와 목표 문화 간의 상호작용까지를 교육 대상으로 포함시키면서 문화 교육의 범주가 더욱 확대·심화되고 있다.

외국어 교육에서 문화 교육의 목표는 문화 능력 함양에 있는데 이는 인지, 정의,

행위의 측면에서 문화에 대한 지식, 문화에 대한 태도, 문화에 대한 실행을 아우르는 총체적인 능력이다. 이 문화 능력은 문화 지식만을 강조한 기존의 문화적 능력에서부터 문화의 상호작용에 주목한 상호 문화적 능력, 더 나아가 언어와 문화의 상호작용까지 포괄하는 상호 문화적 의사소통 능력으로 이해할 수 있다.

이 같은 관점에서 문화적 배경 지식으로서 문화 정보를 중심으로 한 일반 문화와 언어 및 언어생활에서의 예절, 규범, 태도에 초점을 둔 언어문화를 문화 교육의 내용으로 삼을 수 있다. 또한 학습 단계에 따라서 현대의 일상생활 문화로부터 점차 전통 문화로 비중을 늘리면서 학습자의 모국 문화까지 포함하여 교육 내용을 위계화할 수 있다.

한편 최근 문화 교육에서는 언어와 문화의 통합 교육적 관점에서 문학 작품과 사진, 광고, 영화 등 다양한 매체를 교육 자료로 활용하고 있다. 또한 실제 수업에서는 문화 캡슐, 문화 동화 지도법, 시뮬레이션, 문화 체험의 방법을 통해 문화 지식, 문화 경험, 문화 실행과 관련한 교수 학습 활동을 하고 있다. 이러한 문화 교육 활동은 학습자들이 문화 공동체에 따른 문화 현상을 이해하고 고정 관념과 편견을 없애는 데 중점을 두고 있다. 이로써 학습자들은 목표 문화에 대한 사회적 거리를 형성하고 문화적 정체성을 확립할 수 있다.

외국어로서의 한국어교육에서는 전문성, 체계성, 다양성에 초점을 두고 문화 교육의 내용론과 방법론을 모색하는 한편 학습자 유형, 학습 목적 등의 학습 변인과 교수자, 교육 및 교실 환경 등의 교수 변인에 알맞은 문화 학습 모형을 설계하고 적용하는 데 관심이 증대되고 있다.　　　　　　　　　　　〈오지혜〉

15.1. 문화의 본질

■ 문화의 개념

문화(文化, culture)는 각각의 학문 영역에서마다 다양한 의미와 용례를 지니고 있기 때문에 한두 가지의 개념으로 정의하기 어렵지만 일반적으로 지식, 신앙, 예술, 도덕, 법, 관습 등 인간이 사회의 한 성원으로서 획득한 능력과 습관의 복합 총체를 말한다. 타일러(E. B. Tylor)의 이 정의는 이후 수십 년 동안 인류학을 비롯한 여러 학문 영역에서 수용되었다.

문화의 개념이 매우 다양하다는 사실은 크로버와 클럭혼(A. L. Kroeber & C. Kluckhohn)이 문화의 의미를 164가지로 정의한 데서도 잘 나타난다. 이들은 문화를 하나의 추상(abstraction)으로 간주하고, 인간 행동의 가능한 기준으로 존재하는 현재적, 잠재적, 합리적, 비합리적 생활 및 풍속 등 역사적으로 창조되어 내려오는 모든 것을 문화로 보았다. 또한 문화를 가리켜 학습되고 사회적으로 전승되는 행위의 총체로 규정하면서 문화가 인간만이 향유하는 특별한 사고 및 행위라고 보는 인류학자들도 다수 출현하였다. 최근에는 문화의 의미역이 훨씬 더 광범위해지면서 문화를 총체적 삶의 방식으로 규정하고 있으며, 의사소통의 맥락에서 의미를 생산하고 유통하는 작용으로 보기도 한다.

1970년대와 1980년대 외국어 교육에서는 문화라는 개념을 사회적 상호작용(social interaction)의 핵심으로 보았다. 문화를 사회에서 일어나는 의미 활동의 총체로 보고 인간과 인간, 인간과 사회, 인간과 문화 간에 이루어지는 소통으로 간주한 것이다. 그러나 1990년대 이후에는 'difference', 즉 '차이, 차별, 구별, 다름'에 주안점을 두고 문화의 개념을 설명하고 있다. 이때 문화는 문화적 차이로 인해 빚어진 결과만을 지칭하는 것이 아니라 행동, 신앙, 신념, 사고방식을 결정하는 과정까지를 일컫는다.

한편 외국어 교육에서의 문화는 크게 일반론적인 관점에서의 문화, 언어 속에서의 문화, 의사소통 관점에서의 문화 등 세 가지 관점에 따라 정의하고 범주화한다.

일반론적인 관점에서의 문화는 인간에 의해 창조된 모든 유·무형적 소산물, 즉 역사, 지리, 예술 등과 같은 광범위한 문화 전체를 말한다. 문화를 향유하는 대상에 따라 고급문화와 대중문화로 구분하는 것도 이 관점에 속한다.

언어 속에서의 문화는 언어와 문화의 관계에 대해 고찰하면서 생겨난 관점으로, 문화가 언어에 반영되거나 영향을 미치는 것을 말한다. 언어 속에서의 문화는 언어 자체 혹은 언어에 내재되어 있는 삶의 방식을 문화로 간주한다. 이 관점에 따르면 한국어의 경어법, 완곡 표현, 속담 등은 언어를 통해 한국인의 문화, 삶의 방식을 드러내고 언어 형태의 선택을 가져온다.

의사소통 관점에서의 문화는 언어에 의한 의사 전달뿐만 아니라 의사소통 맥락에서

행해지는 인간의 몸짓, 표정, 행동 등의 모든 행위와 태도를 조종하고 평가하는 규범이
나 모범을 말한다. 의사소통 관점에서의 문화는 특정 담화 맥락에서 주체와 대상 간에
의미의 생산과 수용이 오해나 갈등 없이 원활하게 이루어지도록 하는 데 목표가 있다.

한국어교육에서는 문화의 개념을 정의할 때 언어와 문화의 관계, 문화의 보편성과 특
수성, 문화 간 소통 능력과의 관련성에 주목하고 있다. 〈김혜진〉

[참고문헌]
• Kroeber, A. L. & Kluckhohn, C. (1952), *Culture: A critical review of concepts and definitions*, Vintage.
• Papaefthymiou-Lytra, S. C. (1995), Culture and the teaching of foreign languages: A case study, In J. E. Alatis et al. (Eds.), *Linguistics and the education of language teachers: Ethnolinguistic, psycholinguistic, and sociolinguistic aspects*, Georgetown University Press.
• Tylor, E. B. (1958), *Primitive culture 1: The origins of culture*, Happer & Row Publishers.
• White, I. A. (1973), *The concepl of culture*, 이문웅 역, 1996, 문화의 개념: 문화 결정론과 문화 진화론의 입장, 일지사.

■ 문화의 속성

문화의 속성(cultural attribute)은 문화의 고유한 본질이 무엇인가를 설명하는 것을 말
한다. 그러나 문화의 속성을 하나로 규정하기는 어렵다. 문화는 일반적으로 인간들의
의식이나 행동뿐만 아니라 인간 사회의 제도, 관습 등과 관련된 단어들과 결합하여 그
개념과 범주, 특성을 설명하는 복잡성을 내포한 단어이기 때문이다.

현재 문화는 우리가 속한 집단 내에서 이루어지는 인간의 생활과 관련된 현상과 작용
전반을 가리키는 개념이자, 인간의 의식 전반에 작용하는 총체적인 것으로 인식된다. 그
러나 문화의 개념이 처음부터 이렇게 광범위한 것은 아니었다. 문화를 바라보는 시각에
는 문화를 근대 제국주의 국가의 선진 문화와 식민지 국가의 미개 문화로 나누는 이분
법이 존재했는데, 이는 문화라는 것 자체가 근원적으로 제국주의적이고 지배 이데올로
기적인 특성을 지닌 담론(談論, discourse)이었다는 것에서 기인한다.

20세기 들어 이러한 이분법은 극복되었지만, 근대 사회가 복잡해지면서 문화는 다시
고급문화와 저급 문화로 구분되었다. 이와 관련하여 아놀드(M. Arnold)는 근대적인 대
중문화와 노동 계급의 문화에 주목하였다. 그는 이러한 문화는 사회 병폐와 같은 것으
로 지식인들의 비판과 교육을 통해 이를 교정해야 한다고 주장하였다. 이에 비하여 20
세기 영국의 문화 연구자들은 아놀드처럼 고급문화만을 문화로 규정하는 것은 인문적
관점의 엘리트주의라고 비판하면서, 다양하게 변화하는 현대 사회의 산물인 대중문화
와 민중 문화를 문화론의 대상으로 올려놓았다.

확대된 문화의 개념은 문화 연구(cultural studies)라는 학문적 계보로 성장하였고, 전
통적인 관점에서 벗어나 문학이나 예술과 같은 고급문화보다는 민중 문화와 일상생활
의 문제로 그 영역을 확장하였다. 즉 문화의 개념을 확장하여 저속하고 주변적인 것으

로 취급 받았던 것들에서 일상생활이 어떻게 구성되며 문화가 어떻게 그 주체를 형성하는가를 심도 있게 연구한 것이다. 이러한 연구를 한 대표적인 학자로는 윌리엄스(R. Williams), 호가트(R. Hoggart), 홀(S. Hall) 등을 들 수 있다.

윌리엄스는 가장 자연스럽고 일상적인 것이 문화적인 것이며, 우리가 당연하게 받아들이는 역할이 사실은 인위적이고 학습된 것이라고 설명하였다. 한편 호가트에 이어 현대문화연구센터(Centre for Contemporary Cultural Studies: CCCS)의 소장을 맡았던 홀은 현실의 모순을 진단하고 미래의 청사진을 제시하는 것이 불가능하다고 판단하였다. 이에 따라 기존에 종속적으로 취급하던 영역인 언어, 문화성, 인종, 지역성, 하위문화 등이 새롭게 부각되었다. 특히 홀은 알튀세(L. Althusser)의 이데올로기 개념을 받아들여 문화는 그것을 향유하는 계급의 담론적 표현 행위라고 보았고, 그람시(A. Gramsci)의 헤게모니(hegemony) 개념을 받아들여 문화 발전을 문화 간 경쟁과 문화의 변증법적 전환이라는 관점에서 설명하였다. 이 관점에 따르면 문화의 소통은 담론의 유통 과정이며 정치적 세력화를 표출하는 행위이다. 이는 문화 연구가 과거를 대표하는 현실 문화에만 관심을 가질 것이 아니라 수용자의 관점을 중시해야 함을 강조하는 것이다.

이렇게 문화에 대한 논의가 발전하면서 문화를 구성하는 문화 요소를 산물, 행위, 사고로 나누어 설명하게 되었다. 또한 문화의 요소들을 독립적으로 존재하는 것이 아닌 통합적인 형태로 보고 문화의 행위를 일화적, 주변적, 부수적인 현상이 아닌 중요한 실체이자 체계적으로 취급해야 하는 것으로 여기게 되었다. 이런 점은 미국의 외국어 교육 기준인 5C(communication, cultures, connections, comparisons, communities)에서 문화가 언어교육의 핵심 내용으로 있는 것으로도 확인할 수 있으며, 이는 한국어교육에서도 문화를 중요하게 다루어야 함을 시사한다.

현재 한국어교육에서 문화 교육의 필요성은 수차례 언급하고 있지만 정작 실제 교육에서 적절히 이루어지고 있다고 보기는 어렵다. 한국어교육에서 문화 교육을 제대로 시행하기 위해서는 학습자들이나 향유자들이 문화에 대해 알고 있거나 이해하는 것인 문화 인식(cultural awareness), 문화에 대해서 이해하고 이를 표현할 수 있는 능력인 문화 문식성(cultural literacy), 문화에 대해 이해할 뿐 아니라 문화적 행동으로 실천할 수 있는 능력인 문화 능력(cultural competence)을 함양할 수 있도록 교육해야 하며 보다 의미 있는 교육적 실천 방안을 구체화하는 노력이 필요하다. 〈김영미〉

[참고문헌]
• 윤여탁(2013), 국어교육에서 대중문화: 문화 연구와 교육적 실천을 위하여, 국어교육연구 31, 서울대학교 국어교육연구소, 401~428쪽.
• American Association of Teachers of Korean(2012), *Standards for foreign language learning in the 21st century*, Allen Press.
• Tomalin, B. & Stempleski, S. (1993), *Cultural awareness*, Oxford University Press.
• Turner, G. (1992), *British cultural studies: An introduction*, 김연종 역, 1995, 문화 연구 입문, 한나래.

문화의 보편성과 특수성

문화의 보편성(cultural universality)은 일정한 문화 현상이 어느 사회에서나 공통적으로 나타나는 문화의 속성을 말한다. 문화의 특수성(cultural specificity)은 특정한 사회의 역사나 환경에 영향을 받아서 문화 현상이 독특한 형태로 나타나는 문화의 속성을 말한다.

문화의 보편성과 특수성은 국가, 지역, 사회, 인종, 민족 등의 공동체에 걸쳐 문화 현상이 일정성을 띠는지, 변이성을 띠는지에 따라 구분되는 문화의 속성이다.

문화 인류학에서 문화 연구는 일반적으로 유형론(configurationalism)적인 관점과 맥락론(contextualism)적인 관점으로 구분하여 이루어지는데, 이때 문화의 보편성과 특수성이 고려된다. 유형론적인 관점에서는 주로 문화의 보편적인 특성에 초점을 맞추어 그 안에 내재한 일정한 규칙이나 질서를 파악하는 것을 강조한다. 반면에 맥락론적인 관점에서는 주로 문화의 특수성에 초점을 맞추어 그 문화가 나타나는 일상적이면서 구체적인 삶의 모습에 관심을 기울인다.

문화의 보편성과 특수성의 예를 살펴보면 다음과 같다. 일반적으로 대부분의 사회에서는 죽음에 대하여 예를 갖추어 장례하는 방식이 존재한다. 이는 문화의 보편성으로 설명할 수 있다. 그런데 죽음에 대한 예를 표하는 장례 방식은 그 사회의 환경이나 역사 등 특수한 상황 맥락에 의해 다양하게 나타난다. 티베트(Tibet) 지역에서는 주검을 해체하여 새가 먹도록 하는 조장(鳥葬)을 하는데, 이는 자연환경으로 인해 화장이나 매장이 어려운 여건과 인간의 육체가 새에 의해서 하늘로 운반된다는 믿음이 결합하여 나타난 것이다. 이처럼 조장을 티베트 지역의 환경이나 종교 등과 연계하여 살펴보는 것은 문화의 특수성을 고려하는 것이라 할 수 있다.

문화의 보편성과 특수성은 인간의 생활 양식인 문화를 어떻게 이해해야 하는지에 대한 관점을 제공한다는 측면에서 유용하다. 그러나 문화의 보편성과 특수성을 기반으로 문화에 대해 특정 기준을 적용하여 평가하는 것은 지양해야 하며, 문화를 그 사회의 맥락에 비추어 이해해야 한다는 문화 상대주의 관점을 수용하는 것이 바람직하다.

한국어교육에서는 문화의 보편성과 특수성을 활용하여 교육 내용과 방법을 구안할 수 있다. 특히 문화 교육에서는 학습자의 모국 문화와 목표 문화 간의 비교 대조를 통해서 문화 교육의 내용과 방법을 구안할 수 있다. 〈구정화〉

[참고문헌]
• 한국비판사회학회 엮음(2011), 사회학: 비판적 사회 읽기, 한울아카데미.
• 한상복·이문웅·김광억(1990), 문화 인류학 개론, 서울대학교출판부.

문화의 다양성

문화의 다양성(cultural diversity)은 각 사회의 맥락에 따라 독특한 문화 양상이 나타나고 이로 인해 사회 구성원들의 삶의 방식이 지리, 지역, 정치, 경제, 종교, 인종, 계층별로 차이 및 변이를 보이는 문화의 속성을 말한다.

문화의 다양성은 문화의 보편성과 특수성을 기반으로 하며 문화 연구에서 비교론적인 관점을 통해서 이해하기가 쉽다. 비교론적인 관점에서는 하나의 문화 대상에 대하여 유사점과 차이점을 중심으로 여러 사회의 문화 현상을 비교하여 살펴보기 때문에 특정 문화가 개별 사회에서 독창성을 보이면서 다르게 나타나는 양상을 체계적으로 기술할 수 있다. 예를 들어 한국과 중국 그리고 일본의 차(茶) 문화 또는 젓가락 문화를 비교해 보면 외형적으로는 유사해 보이지만 실제로 그러한 문화가 드러나는 양상은 다른데, 이러한 차이는 문화의 다양성으로 설명할 수 있다.

한편 문화의 다양성은 이처럼 국가와 같은 수준의 비교에서만 존재하는 것은 아니다. 한 국가 안에서도 지역별, 성별 등 다양한 하위 집단에 따라 문화의 다양성이 나타난다. 특히 이주민이 증가하는 사회에서는 주류 문화에 이주민의 문화가 가미되어 새로운 문화가 형성되면서 문화의 다양성이 증가하기도 한다. 이런 경우 전통문화를 강조하는 집단에서는 문화의 다양성을 긍정적으로 평가하기보다는 전통문화가 변질된다는 점을 문제로 들어 부정적으로 평가하기도 한다. 그러나 지금까지 인류의 문화는 창조적인 활동을 통해 기존 문화에 새로운 문화가 형성되거나 다양한 문화가 섞여서 새로운 문화가 형성되는 과정을 통해 유지·발전되어 왔다. 이 점을 고려한다면 문화의 다양성은 인류의 문화 발전과 다양한 문화를 향유하는 집단 간의 마찰과 갈등을 줄일 수 있다는 점에서 긍정적으로 평가할 수 있다.

한국어교육에서 문화의 다양성 문제는 한국어와 한국 문화를 이해하는 데 중요한 문화의 속성이다. 비교론적인 관점에서 서로 비교하여 보면 한국어와 한국 문화를 보다 쉽고 깊게 이해할 수 있기 때문이다. 특히 다문화 교육적 접근에서 한국으로 이주한 사람들이 한국어와 한국 문화를 배우는 과정에서 이주민의 특성을 고려한 교육 내용, 교수 학습 방법 등을 구안하는 교육적 틀이 될 수 있다. 이 밖에 내부자 관점에서 볼 때 사회 방언 등 한국어의 언어적 다양성을 어떻게 유지하고 발전시킬 것인지에 대한 연구 관점 및 목적을 제공하기도 한다.　　　　　　　　　　　　　　　　〈구정화〉

[참고문헌]
• 한국비판사회학회 엮음(2011), 사회학: 비판적 사회 읽기, 한울아카데미.
• 한상복·이문웅·김광억(1990), 문화 인류학 개론, 서울대학교출판부.

15.2. 문화 분류의 유형

■ 산물, 행위, 사고

산물(産物, product), 행위(行爲, behavior), 사고(思考, idea)는 문화 및 문화 교육 연구

에서 일반적으로 논의되는 문화 분류의 삼분법적 체계를 말한다.

산물은 인간이 이룩한 문화적 소산물을 가리킨다. 언어문화를 포함하여 생활 문화, 예술 문화, 제도문화, 문화재, 과학 기술 문화, 학문 등에 걸쳐 소위 물질문화 혹은 대문화(Big C)라고 분류될 수 있는 항목들을 산물로서의 문화로 볼 수 있다. 예를 들어 2006년 문화체육관광부에서 선정한 100대 민족 문화 상징 항목 중 '강역 및 자연 상징'에 선정된 항목과 '민족 상징'으로 선정된 항목 등이 이에 해당한다. 한국어교육에서 산물로서의 문화는 가장 기본적이고 우선적인 문화 교육 내용의 대상이 된다.

행위는 문화적 관습, 규범에 따른 행동 방식으로서 나타나는 문화적 실행을 말한다. 이러한 행위는 다시 표현 및 이해에 따른 언어 행위와 억양, 강세, 속도, 어조와 같은 준언어적 행위, 몸동작, 예절과 관련한 비언어적 행위로 나눌 수 있다. 이들 각각의 요소는 문화소가 발현되는 데 필요한 일종의 행위소이자 지배소가 된다. 예를 들어 특정 문화권의 의사소통 맥락에서 발화 상황, 대화자, 대화 주제, 언어적 행위소, 준언어적 행위소, 비언어적 행위소 등은 각각 문화소로서 행위소들 간에 총체적으로 작용한다. 이렇게 언어 교육에서 문화소로서 문화적 의미를 지닌 행위는 문화 교육의 대상이 된다. 특히 문화 교육적 관점에서 교육 내용으로 산물, 사고로서의 문화뿐만 아니라 행위로서의 문화에도 주목할 필요가 있다. 행위 문화는 문화적 소산물, 문화적 의식 구조 및 가치를 기반으로 하여 사회적으로 관습화된 특정한 상징체계를 지니기 때문이다.

사고는 한 사회 구성원들의 산물이나 행동 양식의 바탕이 되는 가치 체계를 말한다. 사고는 소위 정신문화에 해당하는 것으로 여기에는 민족성, 세계관, 정서, 상징, 사상, 믿음, 가치관 등이 포함된다. 사고의 중심에는 문화적 가치 체계와 집단적 사고 체계가 있다. 문화적 가치 체계는 선악(善惡), 미추(美醜), 시비(是非) 등의 평가 및 판단의 척도와 관련되며, 집단적 사고 체계는 한 사회 속에서 자신을 표현하는 방법, 사물을 보는 방법, 하고자 하는 일, 판단의 대상과 경중을 가리는 판단의 기준이 구조적으로 나타나는 것과 관련된다. 사고는 비물질적, 비가시적, 추상적이므로 한국어교육에서 문화 교육은 사고 문화에 기반을 두어 산물 문화, 행위 문화를 통합적으로 제시하는 것이 바람직하다.

〈배재원〉

= 소산물, 행동, 관념

[참고문헌]
- 박영순(2002), 한국어교육을 위한 한국 문화론, 한국문화사.
- Moran, P. R. (2001), *Teaching culture: Perspectives in practice*, 정동빈 외 역, 2004, 문화 교육, 경문사.

■ 자문화와 타문화

자문화(自文化, home culture)와 타문화(他文化, foreign culture)는 특정 사회 집단이

정체성을 유지해가는 틀로서 내적 특징을 공유하는 내집단 의식과 여기에서 벗어난 외집단 의식을 기준으로 한 분류이다.

자문화와 타문화의 구분은 문화의 본질이 사회 집단 간의 변별적 차이에 있다는 인식에 따른다. 다른 집단과 상호작용하면서도 집단의 정체성을 유지하기 위해 운영되는 문화의 변별적 특성은 제반 조건에 반응하는 사고 및 행동 유형을 형성하며, 구성원의 응집력과 유대감을 키워 준다. 그렇기 때문에 구성원이 내집단에 통용되는 문화적 사고 및 행동 유형을 준수하지 않으면 심리적 안정성을 잃거나 생활 방식의 비예측성에 빠질 가능성이 커진다. 문화는 사고와 행동의 근간으로서 삶의 중요한 현상들에 대한 일상적인 전형이므로 여기서 이탈하는 것은 구성원들 사이에 공유된 일상성의 상실을 야기하기 때문이다.

자문화와 타문화의 관계에 형성된 타자성(他者性, alterity)은 개별 문화가 지닌 독특한 자질 그리고 여기에 기인하는 사고, 판단, 표현의 차이를 인정하는 근간이 된다. 타자성은 각자에게 서로 다른 모습으로 자리 잡고 있기 때문에 그것이 외부로 표출되기 위해서는 기호를 통한 중개가 필요하다. 우리 사회에서 타자성을 인식하는 가장 중요한 경로는 '의미'이다. 인간은 기호와 의미의 관계 속에서 타문화의 다른 부분을 폭넓게 경험한다.

문화의 변별적 특성을 통해 표출되는 대표적 현상은 문화 간 낯섦에 대한 경험이다. 낯섦은 그 자체로 의미를 지니지 못하며 언제나 '~이 ~에게 ~에서 낯설다.'라는 관계적 접근 속에서 존재한다. 관점이 개입되면서 낯섦은 항상 상대화되며 자신에게 익숙한 토대에서 이해된다. 그리고 인간은 낯선 것을 자의식(自意識) 속으로 받아들일 때 비로소 자신의 것을 제대로 인식할 수 있다. 즉 익숙한 것과 낯선 것의 상호작용이 만들어 내는 진화를 통해 인간의 정신은 성장한다.

자문화와 타문화의 차이에도 불구하고 외집단의 현상들을 이해하는 데에 큰 어려움을 겪지 않는 이유는 타문화도 자문화와 전혀 다른 면만을 지니고 있는 것이 아니라 문화적 중첩, 다시 말하면 일치성(identity)이라는 공동 요소를 통해 자문화와 연결되어 있기 때문이다. 세계화 시대에 언어, 일상생활에 걸쳐서 나타나는 보편성은 인간 종(種)에 속하는 원형적이며 근원적인 요소이다. 이는 계층, 집단, 민족을 초월하여 모든 사람에게 공통적인 존재 방식, 예컨대 주거, 노동, 식사 등의 활동 및 영역에 있어서 확산되고 변이된 양상으로 나타난다. 다시 말해서 타문화의 이해를 가능하게 하는 일치성의 층은 상당히 두꺼우며 그 층은 갈수록 확대되는 양상을 보인다.

한편 한국의 성탄절과 같이 애초에는 문화 변별성의 영역에 속하던 것이 교류를 통해 다른 문화에 유입되어 이제는 내집단 의식, 외집단 의식에 상관없이 익숙한 현상으로 변화된 것도 있다. 전 세계가 점점 더 이웃이 되어 가는 오늘날에는 옷차림이나 자동차와 같은 외향적 특질뿐만 아니라 삶의 방식들도 아주 비슷해지기 때문에 문화의 혼종화(hybrid) 현상은 현대 사회의 큰 흐름이다.　　　　　　　　　　　　〈권오현〉

[참고문헌]

• Gadamer, H. G. (1990), *Wahrheit und Methode: Grundzüge einer philosophischen Hermeneutik*, 이길우 외 역, 2012, 진리와 방법: 철학적 해석학의 기본 특징들 1~2, 문학동네.

■ 모국 문화와 목표 문화

　모국 문화(母國文化, source culture)와 목표 문화(目標文化, target culture)는 자문화와 타문화가 교류하는 문화적 전이(cultural transfer) 상황에서 교류의 대상이 되는 두 문화를 각각 전달과 수용의 기점에서 상대적으로 분류하여 지칭하는 용어이다.

　자문화와 타문화 개념이 변별적 문화의 존재성에 기반을 둔 분류라 한다면, 모국 문화와 목표 문화 개념은 번역이나 교육에서처럼 상호 문화적 소통 상황을 염두에 둔 구분을 말한다. 모국 문화와 목표 문화의 관계를 형성하는 문화적 전이는 다양한 매개자를 통해 나타나는데, 일반적으로 해외 여행자, 교환 학생 등의 개인적 매개자, 번역가, 외국어 교사, 해외 주재원 등의 직업적 매개자, 문화 교류 단체, 대사관, 해외 영업소 등의 제도적 매개자로 구분된다. 뉘닝(A. Nünning)에 따르면 매개자들은 상호 문화적 소통의 구도 속에서 교육, 상담, 대화, 번역, 협상 등 다양한 활동들을 수행한다. 이때 매개자들은 모국 문화를 기점으로 하여 자신의 목적에 부합하는 방식으로 혹은 주위 환경이 요구하는 방향에 따라 목표 문화를 이해하고 수용하고 중개한다.

　모국 문화를 기준으로 목표 문화를 이해할 때는 맥락의 조정이 필요하다. 맥락의 조정은 맥락을 모국 문화에 맞추는 경우와 목표 문화에 맞추는 경우로 구분할 수 있다. 전자는 번역에서처럼 목표 문화의 맥락에서 작동되는 언어 운용을 모국 문화의 맥락에 맞게 조정하는 것을 말한다. 예를 들어 믿는 사람에게 배신 당하는 상황을 독일어에서는 '염소를 정원사로 삼은 격이다.'라고 표현하는데 이를 한국어로는 '고양이에게 생선 가게를 맡긴 격이다.'라고 번역한다. 이러한 변형은 동물에 대한 두 문화의 이미지 차이에 맞추어 맥락을 조정한 결과이다. 다음은 목표 문화에 맞추어 맥락을 조정하는 경우이다. 이는 자문화 관점에서 편견을 가지고 낯선 현상을 속단하는 것이 아니라 목표 문화의 맥락에서 상대적으로 이해하는 열린 태도와 관련된다. 예를 들어 인도 사람들이 손으로 음식을 먹는 모습은 한국 문화 관점에서는 불결해 보이지만 인도 문화에 맥락을 조정해서 보면 지극히 정상적인 행동 방식이 된다. 이러한 상호 문화적 관점의 맥락 조정은 관용적 태도를 통해 목표 문화의 심층 구조까지 통찰할 수 있는 안목과 여유를 길러 준다.

　한편 모국 문화와 목표 문화 간 문화적 전이는 역사적 과정으로서 이해되기도 한다.

이는 다양한 매개자들이 활동을 지속적으로 반복하면서 목표 문화의 요소가 모국 문화에 침투하여 결합, 변형, 진화를 자극하는 현상을 말한다. 오늘날 음식, 의상, 매체 등에서 세계화 현상이 두드러지게 나타나는 것이 이에 해당한다.

상호 문화적 소통의 본질은 자신의 지평을 이해의 기준으로 삼는 일방성에서 벗어나는 데 있다. 문화적 전이를 전제로 하는 모국 문화의 설정은 정신적 독단주의를 극복하는 탈중심화(decentering)의 이념적 기반을 형성한다. 중심화는 낯선 문화와의 자연스러운 만남을 진화를 위한 자극으로 간주하기보다는 위계적 질서의 관점에서 바라보거나 비정상적인 요소로 인식한다. 특히 발덴펠스(B. Waldenfels)가 제시한 개인적 중심화, 집단적 중심화, 보편적 중심화는 서구의 전통적 정신세계에 자리 잡은 것으로 중심부와 주변부의 구분을 전제로 한다. 개인적 중심화는 자기중심주의로, 집단적 중심화는 자민족 중심주의로, 보편적 중심화는 로고스(logos) 중심주의로도 부를 수 있다. 이러한 중심화는 상호 문화적 관점을 통해 완화될 수 있다. 상호 문화적 접근에서 목표 문화는 중심을 기준으로 이해되는 대상으로서의 객체물이 아니라 모국 문화와의 통합적 관점에서 사고의 확장에 이르기 위한 주체적인 대상으로 존재한다. 이 목표 문화는 상호 문화적 소통에서 자기중심적 이해뿐만 아니라 양방향적으로 경험하고 사고하는 단초로서 문화들 간의 융합과 진화를 가져온다.　　　　　　　　　　　　　　　　　　〈권오현〉

[참고문헌]

• Nünning, A. & Nünning, V. (2008), *Einführung in die Kulturwissenschaft: Theoretische Grundlagen, Ansätze, Perspektiven*, Metzler.
• Waldenfels, B. (1997), *Topographie des Fremden*, Suhrkamp.

■ 집단 문화와 개별 문화

집단 문화(集團文化, collectivistic culture)와 개별 문화(個別文化, individual culture)는 개인과 집단 간의 상호 의존 관계에 따라 문화를 분류한 것이다.

먼저 집단 문화는 개인의 이익보다 집단의 이익을 우선시하며 개인과 집단의 연계성을 강조하는 속성을 지닌 문화를 가리킨다. 현실에서 개인과 집단 간에는 심리적인 의존 관계가 강하게 형성되며 개인은 자신을 '우리'라는 하나의 집단의 일부분으로 생각한다. 반면 개별 문화는 집단의 이익보다 개인의 이익을 우선시하며 개인 간의 구속력이 느슨한 속성을 지닌 문화를 가리킨다. 개별 문화의 관점에서 개인은 자신이 속한 집단으로부터 감정적으로 분리, 독립되어 있으며 '나'를 타인과 구별되는 존재로서 인식한다. 이렇듯 집단 문화와 개별 문화는 개인이 자기를 인식하는 방법, 개인과 자신이 소속되어 있는 내집단(in-group) 간의 관계에 따라 구분된다.

집단 문화와 개별 문화의 구분은 국가 간의 문화적 차이를 비교하는 연구 분야에서 가장 많은 관심을 받은 문화 분류 방법 중 하나이다. 특히 광범위한 설문 조사를 통해 국가 간의 문화 차이를 설명한 호프스테드(G. Hofstede)의 연구는 문화 비교에서 자주 인용되고 있다. 호프스테드는 여러 국가를 집단 문화와 개별 문화라는 이원적 분류 방법으로 나누고 그 특징을 다음과 같이 설명한다.

집단 문화에 속하는 국가는 외집단(out-group)과 내집단을 구분하고 내집단의 공동체 의식을 중시하여 내집단의 맥락을 기반으로 한 고맥락(高脈絡, high context)적 의사소통을 한다. 여기에서는 문화적 규범 또는 관습을 위반했을 경우 수치심을 느끼며 자신과 집단의 체면에 손상을 입었다고 간주한다. 또한 개인의 자유보다 공동체의 협동과 조화에 가치를 둔다. 반면 개별 문화에 속하는 국가는 공동의 의견보다는 개인의 의견을 중시하여 공동체의 맥락보다는 구성원들 각각의 개별적인 의사소통 상황에 따른 저맥락(低脈絡, low context)적 의사소통을 한다. 여기에서는 문화적 규범 또는 관습을 위반했을 경우 개별적 감정으로서 죄책감을 느끼고 자존심에 상처를 입는다. 또한 공동체의 조화보다는 개인의 자유를 중시하며 구성원 각각의 자아실현에 가치를 둔다.

한편 호프스테드의 이분법적 구분은 동일한 문화권 혹은 하나의 문화권에 속하는 나라 간에 나타나는 문화적 차이를 명확하게 규명하지 못한다는 한계를 갖는다. 이를 해결하고자 트리안디스(H. C. Triandis)는 집단 문화와 개별 문화에 권력(power)과 성공(achievement)을 축으로 하는 수직적(vertical) 차원, 박애(benevolence)와 보편주의(universalism)를 축으로 하는 수평적(horizontal) 차원의 두 차원을 토대로 하여 수직적 집단 문화와 수평적 집단 문화, 수직적 개별 문화와 수평적 개별 문화의 네 가지 차원으로 문화를 구분한 바 있다.

먼저 수직적 집단 문화는 조화를 중시하는 집단 문화에 권력이 결합된 것으로서 사회적 지위와 계층의 불공정성이 인정되는 사회이다. 반면 수평적 집단 문화는 집단 문화에 박애와 보편주의가 결합된 것으로서 타인과의 평등을 중시하는 문화이다. 전자에 해당되는 예로는 한국, 후자에 해당되는 예로는 이스라엘의 키부츠(kibbutz)를 들 수 있다. 다음으로 수직적 개별 문화는 자율성을 중시하는 개별 문화에 권력과 성공이 결합된 것으로서 계층적 차이를 인정하고 성공을 위한 경쟁을 중시하는 사회이다. 반면 수평적 개별 문화는 개별 문화에 박애와 보편주의가 결합하여 사회 구성원들 간의 동등과 평등을 중요시하는 문화이다. 전자에 해당되는 예는 미국 그리고 후자에 해당되는 예로는 스웨덴과 노르웨이를 들 수 있다.

문화 연구에서는 집단 문화와 개별 문화를 국가 수준에서 단정 짓기보다는 한 집단 혹은 한 개인의 차원에서 그 특성을 다면적으로 분석할 필요가 있다. 하나의 문화권, 심지어 개인 안에서도 집단 문화와 개별 문화가 공존하고 있으므로 특정 문화권의 나라, 개인의 문화를 이분법적으로 단정 짓는 것은 위험하다. 한국의 경우 시간이 흐를수록 가족을 중심으로 하는 전통적 집단 문화의 성격과 서구적 개별 문화의 성격이 혼재하는 경향을 보이며, 집단 문화적 속성과 관련해서도 수직적 집단주의와 수평적 집단주의가 병존하는 성격이 강해지고 있다.

한국어교육에서는 문화 연구의 전통적인 이분법적, 사분법적 관점에서 문화 공동체를 단위로 학습자들의 모국 문화와 한국 문화를 구분하여 비교 대조함과 동시에 학습자 개인의 변수에 따른 개별적 문화 속성의 표현 및 이해를 교육 내용으로 삼을 필요가 있다.

〈윤영〉

[참고문헌]
• Hofstede, G. (1973), *Cultures and organizations: Software of the mind*, 차재호·나은영 역, 1995, 세계의 문화와 조직: 문화 간 협력과 세계 속에서의 생존, 학지사.
• Triandis, H. C. (1995), *Individualism & collectivism*, Westview Press.
• Triandis, H. C. & Gelfand, M. J. (1998), Converging measurement of horizontal and vertical individualism and collectivism, *Journal of Personality and Social Psychology 74-1*, pp. 118~128.

■ 고맥락 문화와 저맥락 문화

고맥락 문화(高脈絡文化, high context culture)와 저맥락 문화(低脈絡文化, low context culture)는 의사소통에서 표현과 이해의 맥락 의존도에 따라 문화를 분류한 것이다.

고맥락 문화에서는 언어적 요소 이외의 상황적 요소와 그 관계, 즉 맥락을 통해 함의를 이해하는 의사소통 방식이, 저맥락 문화에서는 언어 자체의 사전적 의미 속에서 함의를 이해하는 의사소통 방식이 주로 사용된다.

홀(E. T. Hall)은 상호 문화적 의사소통에서 상황과 관계성이 언어 표현과 이해를 위한 의미 해석에 얼마나 크게 작용하는가에 따라 문화의 양상을 고맥락 문화와 저맥락 문화로 구분한 바 있다. 이에 따르면 직설적이고 명료한 의사소통을 하는 서양은 저맥락 문화권에, 우회적이고 함축적인 의사소통을 하는 동양은 고맥락 문화권에 해당한다.

일반적으로 고맥락 문화는 전통적으로 내집단(in-group)과 외집단(out-group)을 엄격하게 구분하고 개인보다 집단을 중요시해 온 동양 문화권의 특성으로 인식되어 왔다. 이는 공동체 중심의 문화적 속성을 기반으로 하여 집단의 맥락에 따라 의사소통이 이루어지는 문화적 속성과 관련된다. 이러한 관점에서 보면 한국인들의 의사소통은 주로 고맥락 문화의 성격을 띤다. 한국어에서 완곡어법이 자주 쓰인다든지 '눈치' 문화가 발달한 예가 이에 해당한다. 반면 저맥락 문화는 의사소통 맥락에 대한 의존도가 낮은 의사소통 방식을 선호하는 문화이다. 저맥락 문화에서는 언어 자체의 직접적인 표현 방식과 명료한 의미 내용을 중시한다.

외국어로서 한국어교육에서는 비교 문화 화용론적 관점에서 고맥락 문화와 저맥락 문화를 고려한 언어문화 교육이 이루어질 수 있다. 고맥락 문화적 속성과 관련한 한국어의 언어적, 준언어적, 비언어적 측면의 언어문화 교육은 성공적인 의사소통을 위해 반드시 필요하다. 〈오정미〉

[참고문헌]

• 김장이(2006), 한국형 감수성 훈련 모델의 개발: 한국인의 의사소통, 연차학술발표대회 논문집 2006, 한국심리학회, 106~109쪽.
• Hall, E. T. (1976), *Beyond culture*, 최효선 역, 2000, 문화를 넘어서, 한길사.

■ 대문화와 소문화

대문화(大文化, Big Culture: Big C)는 인류가 예술, 철학, 문학, 음악, 미술, 건축, 무용 등의 영역에서 이룩한 산물로서의 성취 문화를 말한다. 소문화(小文化, little culture: little c)는 인간의 삶의 방식(way of living)에 영향을 주는 믿음, 가치, 인식, 태도, 관습, 예절과 같은 정신, 행위와 관련한 문화를 말한다.

대문화는 문화를 문명(civilization)으로 보는 관점에서 비롯되었다. 대문화는 정치·사회·경제·역사 등과 관련된 공식적 제도 및 관습이나 전통적으로 엘리트의 문화 영역으로 간주되어 온 문학, 예술, 과학 등에 대한 지식을 가리킨다. 또한 이는 형식 문화(formal culture) 또는 성취 문화(achievement culture)로 불리기도 한다. 소문화는 1960년대에 문화를 공동체 집단의 생활 방식으로 이해하여 일상생활과 관계가 있는 것으로 보기 시작한 것과 관련이 있다. 이는 한 국가나 문화가 공유하는 생활 방식으로서 타문화권 구성원과의 문화적 특징을 구분 짓는 데 유효하다. 소문화는 심층 문화(deep culture) 또는 행위 문화(behavior culture)로 불리기도 한다. 브룩스(N. H. Brooks)는 대문화는 공식적인 문화로 간주하여 Culture로, 소문화는 일상생활 문화로 간주하여 culture로 표기한 바 있다.

대문화와 소문화는 모두 개별 문화에 기반을 둔 것으로서 한 국가의 문화를 규정하는 틀로 사용되기도 한다. 한국 문화, 중국 문화, 영국 문화, 프랑스 문화, 인도 문화 등을 말할 때 이는 각 국가가 성취한 문화적 산물과 각 민족 혹은 국민들이 역사적 전통이나 사회적 합의로 이룩한 일상생활의 다양한 국면들 모두를 설명한다. 예를 들어 한국 문화의 대문화로는 경복궁, 석굴암 등의 건축물, 탈춤이나 판소리 등의 민중 예술 등을 들 수 있고, 소문화로는 인사 예절, 흥이나 신명 등의 정서, 효나 우리 의식 등의 가치를 들 수 있다.

제2 언어 혹은 외국어로서의 한국어교육에서는 기존의 대문화 중심의 문화 교육에서 점차 소문화를 포함시키는 관점으로 교육 내용과 방법을 전환하여 왔다. 이와 같은 전환은 교사가 한국 문화를 가르칠 때 한국어, 역사, 지리, 제도, 문학, 예술 등의 가시적인 산물들을 소개하는 수준에서 벗어나 한국인들의 행동 방식, 인식, 믿음, 가치, 태도까지 교육의 범위를 확장하게 된 것에서도 볼 수 있다. 〈김혜진〉

[참고문헌]
• Brooks, N. H. (1968), *Language and language learning: Theory and practice*, Harcourt, Brace.
• Phillips, J. K. (1999), Standards for world languages: on a firm foundation, In J. K. Phillips. & R. M. Terry. (Eds.), *Foreign language standards: Linking research, theories, and practices*, National Textbook Company.
• Robinson, G. L. (1985), *Crosscultural understanding*, Prentice Hall.
• Tomalin, B. & Stempleski, S. (1993), *Cultural awareness*, Oxford University Press.

15.3. 문화 연구

문화 연구(文化硏究, cultural studies)는 다양한 문화 현상들을 민족, 계층, 성, 취향 등 공동체 집단의 변수와 관련하여 연구하는 분야를 말한다.

문화 연구는 1950년대에 영국에서 정치적으로 진보 성향을 지닌 지식인들이 문화는 사회 규범을 설정하는 소수 엘리트 집단의 전유물이라고 본 기존 시각에 대해 문제를 제기하면서 등장하였다. 대중에 대한 시각의 변화, 대중이 향유하는 문화에 대한 새로운 인식, 대중의 일상적 삶에 대한 각성 등은 문화 연구를 태동시킨 정신적 힘이다. 문화 연구의 창시자들은 노동자 문화, 통속 문화, 길거리 문화의 형식과 실천 방식을 옹호하며 그동안 가치가 떨어지는 것으로 폄하하였던 대중들의 표현 형식, 소통 방식 역시 고급문화와 동일한 가치를 지닌다는 의식을 확산시켰다. 이러한 활동을 전개한 중추 기관으로는 1964년 영국 버밍엄대학교(University of Birmingham)에 설치한 현대문화연구센터(Centre for Contemporary Cultural Studies: CCCS)를 꼽을 수 있다. 이 연구소를 기반으로 문화 연구를 수행해 온 선구자들로는 호가트(R. Hoggart), 톰슨(E. P. Tompson), 윌리엄스(R. Williams), 홀(S. Hall) 등이 있다.

1970년대에 들어서는 구조주의, 후기 구조주의, 기호학, 정신 분석학뿐만 아니라 알튀세(L. Althusser)와 그람시(A. Gramsci)가 진화시킨 마르크스주의가 문화 연구의 대상이 되었다. 이로써 계급의 사회 경제적 범주에만 집중하던 초기의 연구 방식에서 벗어나 종족, 민족, 여성 등과 같은 사회적 주변 집단으로까지 관심이 확대되었다. 1980∼1990년대에는 개인과 사회 간의 관련 양상이 더욱 복잡해지면서 문화 연구가 전 세계적으로 확산되었다. 이후 지구화 담론, 문화 대중주의 비판, 과학의 가치 중립성 문제, 페미니즘(feminism), 탈식민주의, 미학과 정치의 결합, 광고 산업 및 광고 분석, 문화 산업론 등 기존의 학문적 경계를 벗어난 다양한 연구들이 진행되었다.

문화 연구의 가장 중요한 업적은 무엇보다 일상생활을 주요 연구 대상으로 부각시킨 점이다. '일상적인 것이 정치적이다.'라는 명제는 이런 맥락에서 탄생한다. 문화 연구에서 문화란 단순히 고상한 예술이나 지식만을 의미하는 것이 아니라 우리의 일상생활 곳곳에 영향을 미치는 다양한 의미를 내포하고 있다. 거대 담론에 의해 간과

된 일상생활의 영역을 문화로 보고 이를 실천적인 연구 과제로 부각시킴으로써 문화 연구는 통속 문화를 보는 시각으로부터 벗어나 근본적인 변화를 꾀하게 되었다. 이에 따라 통속 문화가 권력자의 헤게모니적 이데올로기(hegemonic ideology)를 대중에게 전수하며 건전한 사회적 합의체를 왜곡한다는 이데올로기 비판적 시각은 주춤해지는 한편, 대중문화가 지닌 사회 변혁적 힘이나 전복적 특성이 부각되었다. 이러한 관점에서 청소년, 이주민, 여성 등과 같은 사회의 다양한 주변 집단들이 대중문화를 향유할 때 그것이 사회적 의미의 이탈과 변형에 어떻게 기여하는가 하는 점은 문화 연구의 주요 관심사이다.

한편 문화 연구가 가져다 준 여러 가지 변혁적 결과에도 불구하고 영국의 문화 연구는 문화 포퓰리즘(cultural populism)이라는 비판을 받기도 하였다. 문화 연구가 생산은 제쳐 두고 소비 측면의 연구에만 몰두하며 역사적, 경제적 맥락을 무시한 채 비판적 해석 논리에만 열중하고 있다는 것이다.

최근의 문화 연구는 독립된 연구 분야로서가 아니라 다양한 전공들이 참여하는 학제 간 접근에서 이루어지면서 연구 대상과 방향이 다양해져 이를 하나의 정의와 취지로 정리하기는 쉽지 않다. 더구나 문화 연구는 이론적 혼합성과 정치적 실천성으로 인해 제도권으로의 편입이 쉽지 않기 때문에 기존의 학문 영역을 뛰어넘은 융합적 관점에서 다양하고 중층적인 연구 영역들을 포괄적, 지속적으로 만들어 내고 있다. 〈권오현〉

= 문화학

[참고문헌]
• 강준만(2005), 세계 문화 사전: 지식의 세계화를 위하여, 인물과사상사.
• 김성기(1998), 한국에서의 문화 연구: 문화 포퓰리즘, 강현두 편, 현대 사회와 대중문화, 나남.
• 한국문학평론가협회(2006), 문학 비평 용어 사전 상~하, 국학자료원.
• Turner, G. (1992), *British cultural studies: An introduction*, 김연종 역, 1995, 문화 연구 입문, 한나래.

■ 문화 연구의 접근

문화 연구의 접근(cultural studies approach)이란 지역 사회에 근거를 두면서 진보적 이론에 바탕을 둔 문화에 관한 연구를 말한다.

문화에 대한 비평에서 출발한 문화 연구의 접근은 엘리트주의적 고급문화 이론에 대한 논의를 거쳐 노동자 계급 중심의 민중 문화적인 문화주의 이론의 단계로 발전하였다. 1970년대와 1980년대에 이르러서는 영국 버밍엄대학교(University of Birmingham)의 현대문화연구센터(Centre for Contemporary Cultural Studies: CCCS)를 중심으로 대중문화를 통한 사회 분석에 기존 이론을 접목시킨 홀(S. Hall), 몰리(D. Morley), 맥로비(A. McRobbie) 등에 의해 문화 연구가 자리 잡게 되었다. 이러한 영국의 문화 연구자들은 1980년대 대처리즘(Thatcherism) 이후 전 세계로 흩어져 미국과 호주 등에서 학파를 재생산하여 왔다. 우리나라에서 1990년대 무성했던 대중문화 연구는 많은 부분이 영국의 버밍엄대학교를 중심으로 한 현대문화연구센터의 이론들을 그대로 들여와 이론적으로 발전시킨 결과물이다. 특히 우리나라 문화 연구자들은 문화 연구 그 자체보다는 문화를 통한 사회의 개조에 더 관심을 가졌다. 이후 우리나라의 문화 연구는 후기 구조주의, 후기 모더니즘, 그람시주의 또는 네오 그람시주의적 후기 마르크스주의, 하버마스주의 등 다양한 경향으로 분기되었다.

문화 연구는 인간 주체의 창조성을 강조하는 문화주의의 낙관적 사고, 알튀세(L. Althusser)의 구조 중심적 사고, 중간적 성격의 그람시(A. Gramsci), 후기 모더니즘의 수용자론 등을 거쳐 발달해 왔다. 이 이론의 공통적인 전제는 문화란 인간이 경험하는 삶의 방식이며 문화를 통해 사회 질서가 전달되고 사회를 체험하게 된다는 것이다. 문제는 그것의 강조점을 인간에게 두는지, 구조에 두는지, 정치적 변화 가능성을 담보하는지, 개인적 저항에 두는지에 따라 나뉜다.

먼저 윌리엄스(R. Williams) 등 버밍엄 학파의 문화 연구는 학제적이며 문화에 대한 광의적 정의를 강조하고 있다는 점, 문화의 실천과 경험을 강조하였다는 특징이 있다. 영국 문화 연구의 시초를 담당하는 유파를 문화주의라고 부르는데, 이들은 특정한 집단이나 계급 또는 전체 사회의 경험이나 가치 등을 재구성하기 위해 또한 그 문화를 생성시킨 사람들의 삶을 보다 잘 이해하기 위해 문화적 텍스트와 실천 행위를 연구한다. 문화적 산물이 어떻게 표현되고 있으며 어떻게 문화 향유자에 의해서 재현되는가를 살펴보는 것이다.

문화 연구는 이후 구조주의와 인류학적 현상학을 수용하면서 초기의 이러한 문화주의적 접근에서 변화하였다. 그 결과 개인적 의미와 집단적 의미 사이에 매개하는 상호주관성의 문제에서 그 정체성을 찾게 되었으며 창조적인 인간 주체에 대한 낙관성에서 개인과 사회 간의 관계로 중심점이 이동하였다. 이에 문화 연구에서는 사회적 의사소통을 가능하게 하는 대중 매체에 대한 연구와 대중 매체의 수용에 대한 연구가 중심을 이루게 되었다. 이후 문화 연구의 흐름은 후기 모더니즘을 받아들이면서 급격히 변모하였다. 후기 모더니즘 접근에서 문화 연구는 거대한 체계 내에서 살아가는 인간이 일상생활을 통해서 그 구조를 벗어나 일탈하는 것을 강조하는 측면에 초점을 두고 있으며 수용자의 쾌락과 그것의 저항성을 주장한다.

문화 연구는 단순히 텍스트와 독자 간 관계 혹은 독자와 일상적 삶의 관계를 연구하는 것이 아니며 문화에 민족지학적 방법을 적용하는 것만으로 이해해서도 곤란하다. 문화 연구의 실천은 변화하는 지리·역사적 환경, 정치적 요구의 변화에 맞춰 지속적으로 모습을 재규정해 가는 노력이 필요하다는 것이 일반적인 견해이다.

한국어교육에서 문화 교육을 위해 내용론과 방법론을 체계화, 위계화하는 작업은 연구와 현장 영역에서 근간이 되는 과제라고 할 수 있다. 그리고 이러한 교육적 설계와 처방의 문제는 문화 연구에 대한 접근으로부터 출발해야 한다. 〈권순희〉

[참고문헌]
• 안미란·방영주(2011), 영화를 이용한 비평적 문화 교육 연구, 영어어문교육 17-4, 한국영어어문교육학회, 313~337쪽.
• Flowerdew, J. & Miller, L. (1995), On the notion of culture in L2 lectures, *TESOL Quarterly 29-2*, pp. 345~373.
• Hendon, U. S. (1980), Introducing culture in the high school foreign language class, *Foreign Language Annals 13-3*, pp. 191~199.
• Scollon, R. (1999), Cultural codes for calls: The use of commercial televison in teaching culture in the classroom, In E. Hinkel. (Ed.), *Culture in second language teaching and learning*, Cambridge University Press.
• Seelye, H. N. (1988), *Teaching culture: Strategies for intercultural communication*, National Textbook Company.

❏ 상호 문화적 의사소통학

상호 문화적 의사소통학(相互文化的意思疏通學, intercultural communication studies)은 낯선 문화와 그 속의 체계를 이해하고 해당 문화에 속한 사람들과 소통하며 상호작용하는 일련의 과정을 연구하는 학문을 말한다.

상호 문화적 의사소통은 제2차 세계 대전 이후 주로 미국과 유럽을 중심으로 이루어진 문화 연구 분야이다. 홀(E. T. Hall)은 인류학적 관점에서 문화의 개념에 의사소통을 포함시키고 언어학적 분석에 문화적 분석까지 확대, 적용하여 상호 문화적 의사소통(intercultural communication)이라는 용어를 처음 사용하였다.

지금까지의 상호 문화적 의사소통에 관한 연구 경향은 거시적 차원과 미시적 차원으로 구분하여 살펴볼 수 있다. 거시적 차원에서는 상호 문화적 의사소통을 한 문화와 다른 문화 사이에서 이루어지는 의사소통으로 정의하고 있으며, 주로 문화와 문화 사이에서 일어나는 문화 접촉, 문화 전달, 문화 전파, 문화 이식 등의 과정과 그 결과로 나타나는 현상에 관심을 두고 있다. 미시적 차원에서는 상호 문화적 의사소통의 주체를 서로 다른 문화권에 속한 개인으로 보며 언어, 가치관, 관습 등이 다른 개인들이 어떠한 과정을 통해 상호작용을 하고 어떻게 의미를 공유하여 서로 이해하는가에 관심을 두고 있다.

기본적으로 상호 문화적 의사소통은 두 가지 문화 현상에서 발생하는 각 문화의 내적 동력, 즉 순응과 충돌로부터 시작한다. 자문화와 타문화가 상당히 유사하다면 의사소통이 순조롭게 이루어질 수 있지만 자문화와 타문화의 신념 체계 또는 가치 체계가 상이하다면 갈등과 충돌로 이어질 수 있다. 상호 문화적 의사소통을 저해할 가능성이 있는 장애 요인으로는 문화 간 이질성, 불확실성, 의사소통 목적의 차이, 고정 관념과 편견, 권력, 문화 충격, 자민족 중심주의 등을 들 수 있다. 상호 문화적 의사소통에서 소통의 어려움을 야기하는 다른 하나는 사물에 대한 연상이 문화에 따라 달리 나타난다는 것이다. 사물에 대한 연상은 민족이나 문화 공동체가 지니는 가치관, 신념 체계 등에 의해 고착화되어 전승된다. 이러한 어려움을 해결하기 위해서는 서로 간 조정의 과정을 거쳐야 한다. 이 조정의 과정에서는 개인이 자신이 특정 감정 및 사고 구조, 행동 습관을 자문화 습득 경험 속에서 지니게 되었다는 것을 스스로 인식하고 현재 맞닥뜨리고 있는 제2 문화가 자신의 자문화와 다를 수 있음을 인정하는 태도가 중요하다. 이처럼 상호 문화적 의사소통은 충돌, 갈등, 조정, 연결의 과정을 거쳐서 발전한다.

상호 문화적 의사소통학은 타문화에 대한 일방적인 해석이 아니라 한 문화와 다른 문화의 상호작용에 관한 연구라는 점에서 한국어교육의 문화 교육에서 중요한 관점이 될 수 있다. 즉 이질적 문화 간 의사소통 상황에서 겪게 되는 문화적 불통, 단절, 갈등, 오해 등을 해결함으로써 학습자의 성공적인 의사소통을 도모할 수 있다. 〈권순희〉

= 상호 문화적 커뮤니케이션학

[참고문헌]
• 권순희(2010), 다문화 사회의 (한)국어 수업: 다문화 시대 문화 간 의사소통 능력 향상을 위한 교육 자료, 국어교육학연구 38, 국어교육학회, 33~70쪽.
• 권오현(1996), 간문화적 커뮤니케이션으로서의 외국어교육, 독어교육 14-1, 한국독어독문학교육학회, 5~51쪽.
• 김수진(2010), 문화 간 의사소통 능력 신장을 위한 한국 문화 교육 방법 연구, 한국외국어대학교 박사학위논문.
• Hall, E. T. (1959), *The silent language*, Doubleday.

❑ 문화 심리학

문화 심리학(文化心理學, cultural psychology)은 심리학적 연구 방법을 응용하여 개인을 둘러싼 언어, 예술, 종교 등의 영역에 걸친 문화적 맥락과 개인 심리 간의 관계를 연구하는 심리학의 분야를 말한다.

문화 심리학은 사회 구성원으로서 인간의 심리 현상을 보다 충실하게 이해하고 기술하는 데 목적을 둔다. 이에 문화 심리학에서는 문화와 심리를 불가분의 관계에 있어 떼려야 뗄 수 없는 동질이형(同質異形)으로 간주한다. 즉 사람의 사회화 과정을 통해 심리 속에 문화가 내착될 뿐 아니라 문화를 통해 심리가 구성된다고 본다.

문화 심리학의 초기 주창자라 할 수 있는 분트(W. Wundt)는 의식, 신념, 가치관과 같은 정신 영역을 민족 단위로 연구하는 민족 심리학을 제안하였다. 분트는 민족 심리학을 통해 인간이 창조한 산물인 언어, 신화, 관습, 전통에 대해 살펴봄으로써 문화적, 역사적인 측면에서 인간의 의식을 이해하고자 하였다. 이러한 분트의 이론은 잊힌 채 거의 사장된 상태에 있었으며, 문화 심리학은 1960~1970년대에 들어와 본격적으로 시작되었고 1980~1990년대에 이르러서야 주목받기 시작하였다. 문화 심리학의 대표적인 연구자로는 스웨더(R. A. Shweder), 레빈(R. A. Levine), 트리안디스(H. C. Triandis), 브루너(J. Bruner), 마커스(H. R. Markus), 기타야마(S. Kitayama), 니스벳(R E. Nisbett), 코헨(D. Cohen), 쇼어(B. Shore), 피스케(A. Fiske) 등이 있다.

문화 심리학은 몇 가지 특성을 지닌다. 첫째, 질적인 연구 방법을 강조한다. 문화 심리학의 연구 대상은 인지적 과정이라기보다 사회 구성원으로서의 개인의 주관적인 마음과 생각이기 때문이다. 둘째, 일상생활 속에서 일어나는 상황적 맥락에 주목한다. 행동 자체만으로는 그 행동의 의미를 확인할 수 없으며 동일한 행동이어도 사회적 맥락이 어떠한가, 누구와의 관계에서 이루어지는가에 따라 행위 이면의 의도와 내용은 다를 수 있기 때문이다.

언어와 관련하여 문화 심리학은 비트겐슈타인(L. Wittgenstein), 비고츠키(L. S. Vygotsky), 브루너 등의 언어 분석적 접근에 영향을 주었다. 언어 분석학자들은 언어가 의미와 상징을 통해 문화를 매개한다고 보고 언어가 일반인의 심리 구성 및 사회에 미치는 영향을 분석하는 데 초점을 두어 왔다. 또한 담화 분석을 통해 일상 대화가 단지 말하고 듣는 것 이상으로 문화적 신념과 지식 체계를 담고 있다고 본다.

우리나라에서는 심리학 내부에서의 변화와 한국인의 심리적 특성을 이해하고자 한 사회적 요구와 인식으로부터 한국인의 심리적 특성을 규명하려는 연구가 시작되었다. 이에 문화 심리학적 연구 방법, 민족 심리학적 연구 방법, 언어 분석적 연구 방법 등을 병용하면서 심리적 표상 구조를 구성하고 확인하는 일련의 연구가 이루어지고 있다. 이러한 토착 심리학적 접근의 연구는 서구의 시각으로 동양의 제(諸) 문화를 분석하고 이해하려는 시도에는 한계가 있음을 알고 제삼 세계를 중심으로 내부의 관점에 따라 문화 저변의 구체적인 심리가 어떠한 속성을 지니는지를 밝히는 방법론이다. 여기에는 권위에 관한 한국인의 의식 체계, 체면의 심리적 구조, 금기어 분석을 통한 한국인의 심리 탐색 등을 살펴본 연구가 있다.

특정 문화에 근거를 둔 심리학 이론은 다른 문화에 적용했을 때 한계를 드러내기 마련이다. 이에 한국의 문화 심리학에서는 보편 이론을 추구하는 대신 구성주의적 전제로부터 한국 문화의 맥락 속에서 한국인들이 구성해 온 심리를 연구한다. 이 이론은 미국 중심의 이론에 대응하거나 그것을 보완하는 이론 체계를 구축한다는 데 목적을 두고 있다.

문화 심리학적 접근에서 한국 문화 교육에서는 산물로서의 문화, 행위로서의 문화뿐만 아니라 그 이면에 숨어 있는 사고로서의 문화 교육에 주목할 필요가 있다. 한국인들이 성취한 문화 산물, 실천하는 문화 행동은 결국 한국 문화의 맥락에서 한국인들이 구성해 온 심리에 기반을 두고 있기 때문이다. 〈권순희〉

→ 담화 분석

[참고문헌]
• 김경자·한규석(2000), 심정 대화의 특성: 심정 표상과 심정 대화의 경험적 분석, 한국심리학회지 사회및성격 14-1, 한국심리학회, 1∼22쪽.
• Nisbett, R. E. & Cohen, D. (1996), *Culture of honor: The psychology of violence in the South*, Westview Press.
• Shore, B. (1996), *Culture in mind: Cognition, culture and the problem of meaning*, Oxford University

Press.
- Shweder, R. A. & LeVine, R. A. (1984), *Culture theory: Essays on mind, self, and emotion*, Cambridge University Press.
- Triandis, H. C. (1989), The self and social behavior in differing cultural contexts, *Psychological Review 96-3*, pp. 506~520.

❏ 비교 문화 화용론

비교 문화 화용론(比較文化話用論, cross-cultural pragmatics)이란 문화 공동체 간 의사소통에서 의미 구성 방식의 차이로 인해 화행(speech act)에서 나타나는 문화적 유사점과 차이점을 비교하여 밝히는 연구를 말한다.

언어와 문화의 관계를 전제로 한 비교 문화 화용론은 대조 화용론과 중간 언어 화용론으로 구분된다. 대조 화용론에서는 서로 다른 언어와 문화를 배경으로 하는 화행들을 비교한다면 중간 언어 화용론에서는 비모어 화자의 목표어 화용의 사용과 그들의 화용 능력 습득에 초점을 둔 학습자의 화용 발달에 대해 연구한다. 상이한 문화적 배경에서 자란 사람들은 생활 양식, 사고방식, 가치관 등의 차이로 인해 목표어 상황에서 적절하고 성공적인 언어적 표현, 행동, 태도가 무엇인지 판단하기 어렵다. 그렇기 때문에 이들은 실제 담화 현장에서 심리적으로 위축될 뿐만 아니라 더 나아가서는 의사소통 실패를 경험한다.

비교 문화 화용론과 관련한 선행 연구는 많지 않다. 이 중 비교 문화 화용론에 기반을 두는 중간 언어 화용론과 이와 관련된 여러 연구의 전통은 다음과 같다. 첫째, 대조 분석 연구를 기초로 한다. 여기서 대조 분석이란 언어 학습을 습관 형성으로 보는 행동주의에 기반하고 있는 것으로, 어린 시절에 습득된 모어의 습관이 새로운 제2 언어의 습관 형성을 방해한다고 보는 것이다. 새로운 습관 형성을 위해서는 두 언어의 규칙을 비교하고 기술할 필요가 있다. 둘째, 오류 분석 연구가 있다. 오류 분석은 오랫동안 언어 교육의 한 영역이었으나 전통적 오류 분석 연구는 제2 언어 습득 과정에서의 오류의 역할을 설명하기에 이론적 근거가 부족하였다. 이후 1970년대에 들어서 오류 분석 연구는 학습자의 언어를 연구하기 시작하였다는 점에서 의의가 있었다. 그러나 학습자의 중간 언어 체계 규명은 시도되지 않았으며, 부분적인 오류 현상에 집중한 결과 올바른 발화는 무시하고 오류만 봄으로써 오류 분석은 학습자 언어에 대한 완전한 그림을 제공하는 데 실패했다는 평을 받았다. 이 밖에도 발달 단계에 따른 오류를 분석해 내기 어렵다는 지적이 있다. 셋째, 한국어 중간 언어 화용론 연구가 있다. 이 연구는 한국어 교육 현장을 기반으로 하고 있는데 아직 활성화되지 않아 연구가 매우 부진한 상태이다. 게다가 자료들 가운데는 학습자 모어의 새로운 영향 관계에 대한 연구자의 태도를 중화시켜 버릴 수밖에 없는 자료 처리들도 있다. 예를 들면 분석 대상이 된 학습자의 중간 언어들이 모어권별로 구분되어 처리되지 않고 자료가 통합되거나 설령 구분되었더라도 연구 결과 도출에 적용되지 않은 연구 등이 이에 해당한다.

한편 제2 언어 습득에 관한 연구는 언어 습득 과정에 대한 탐색이 주로 통사적 측면에서 이루어지다가 최근에는 의미론적 관점에서 진행되고 있으며 이와 함께 화용론적 측면에 주목하고 있다. 특히 화용 능력이 제1 언어 혹은 제2 언어에서 어떻게 습득되며, 두 언어의 화용적 요소들이 서로 어떻게 상호작용을 하여 언어 습득에 기여하고 있는지에 관심을 두고 있다.

언어 학습자는 목표어를 배우면서 문화 차이를 인식하게 된다. 그러므로 학습자의 화용적 오류를 줄이고 정확한 의사소통을 돕기 위해 목표어의 문화와 함께 자문화를 대상으로 언어 사용에서의 문화적인 차이를 인식하고 상호 이해를 도모하는 교육이 필요하다. 비교 문화 화용론은 학습자가 맥락 속에서 적합한 언어 표현을 수행하고 목표 문화 속에서 다양한 인간관계를 형성할 수 있도록 도와준다. 즉 학습자는 목표어의 문화와 자국의 문화를 비교하면서 배우고자 하는 목표 문화를 보다 잘 이해할 수 있으며 의사소통 능력을 높일 수 있다. 외국어 교육이 문장 층위의 단순한 발화와 관습적 표현 구사에서 벗어나 그 언어를 모어로 사용하는 사람과 오해 없이 원활하게 의사소통하는 것을 목표로 두고 있다면 이는 비교 문화 화용론적 관점의 필요성을 말해 주는 것이다.

〈권순희〉

[참고문헌]
• 이상철(2008), 언어 습득과 화용론, 영어학연구 26, 한국영어학학회, 71~90쪽.
• 이해영(2002), 비교 문화적 화용론에 기초한 한국어의 화용 교육, 이중언어학 21, 이중언어학회, 46~70쪽.
• 혼다 토모쿠니·김인규(2012), 한국어·일본어 거절 화행의 비교 문화 화용론적 연구, 국어교육학연구 43, 국어교육학회, 563~595쪽.
• Thomas, J. (1983), Cross-cultural pragmatics failure, *Applied Linguistics 4-2*, pp. 91~112.

■ 문화 현상

❏ 문화 가치 체계

문화 가치 체계(文化價値體系, cultural value system)는 특정 문화에서 중심적인 가치를 핵으로 하여 문화를 내적으로 통합하는 원리를 기반으로 이루어진 가치의 총체를 말한다.

특정 문화의 현상을 이해하기 위해서는 해당 사회의 구성원들이 공유하고 있는 문화 가치 체계를 규명할 필요가 있다. 문화 가치 체계는 하나의 집단 구성원들이 선호하는 특정 행동 양식이나 신념의 조직체라고 볼 수 있기 때문이다. 이는 국가 간 혹은 종족 간의 문화적 차이를 비교하고 분석하는 데 중요한 척도가 된다. 따라서 그동안 많은 인류학자들과 심리학자들이 자신만의 특정한 기준과 원리에 따라 각 나라의 문화 가치 체계를 분석해 왔다.

클럭혼과 스트로드벡(F. R. Kluckhohn & F. L. Strodtbeck)은 사람들이 공유하고 있는 가치의 어떤 질서와 방향의 흐름, 즉 가치 지향성(value orientation)에 따라 각 나라의 문화 가치 체계를 설명한 바 있다. 여기에서 제시한 가치 지향성은 인간의 본성에 대한 지향성(human nature orientation), 인간과 자연의 관계에 대한 지향성(man-nature orientation), 시간에 대한 지향성(time orientation), 인간의 행위에 대한 지향성(activity orientation), 인간의 관계에 대한 지향성(relational orientation)의 다섯 가지이다. 이 외에도 의사소통의 방식에 따라 문화적 차이를 두 가지 차원으로 구분한 홀(E. T. Hall)의 논의를 들 수 있다. 홀은 문화 가치 체계를 직접적이고 명확한 방식으로 의사소통하는 저맥락 문화와 간접적이고 함축적인 방식으로 의사소통하는 고맥락 문화로 설명하였다. 또한 호프스테드(G. Hofstede)는 다국적 기업인 IBM에 종사하는 53개국, 10만여 명의 근로자를 대상으로 설문 조사를 실시하여 문화 가치 체계를 권력 거리의 크기(power distance index), 집단주의(collectivism)와 개인주의(individualism), 여성성(femininity)과 남성성(masculinity), 불확실성 회피의 강도(uncertainty avoidance)의 네 가지 문화 차원으로 제시한 바 있다. 이후 23개국, 100명의 학생을 대상으로 설문 조사를 실시하여 장기 지향(long-term orientation)과 단기 지향(short-term orientation)으로 구분하는 유교적 역동성(confucian dynamism)이라는 문화 차원을 추가로 포함시켰다.

문화 가치 체계에 대한 연구는 한국어교육에서 문화 교육에 유용하게 활용할 수 있다. 다만 문화 가치 체계는 절대적이지 않으며 상대적으로 변화할 수 있는 역동성이 있음을 간과해서는 안 된다. 또한 기존에 논의되었던 한국 문화의 가치 체계가 교육의 현 시점에도 일반화시켜 적용할 수 있는지 비판적으로 검토할 필요가 있다. 〈윤영〉

[참고문헌]
• 신수진·최준식(2002), 한국 현대 사회의 이중 가치 체계, 집문당.
• Hall, E. T. (1976), *Beyond culture*, 최효선 역, 2000, 문화를 넘어서, 한길사.
• Hofstede, G. (1973), *Cultures and organizations: Sortware of the mind*, 차재호·나은영 역, 1995, 세계의 문화와 조직: 문화 간 협력과 세계 속에서의 생존, 학지사.
• Kluckhohn, F. R. & Strodtbeck, F. L. (1961), *Variations in value orientations*, Row, Peterson.

❏ 이데올로기

이데올로기(ideology)는 인간, 자연, 사회 등에 대하여 특정 사회나 시대의 사람들이 가지고 있는 의식 형태나 관념 체계를 말한다.

이데올로기라는 말은 인류의 역사 속에서 다양하게 때로는 서로 모순된 의미로 사용되면서 그것이 지닌 개념 자체가 수많은 논쟁을 만들어 왔다. 이데올로기라는 용어는 프랑스의 유물론자 트라시(A. D. Tracy)가 1801년에 쓴 《*Projet d' éléments d'idéologie*》에 처음 등장하였다. 여기에서 이데올로기의 개념은 종교적 비합리적 편견을 타파하는 과학적 사고 체계를 정립하기 위해 사용되었다.

마르크스와 엥겔스(K. Marx & F. Engels)는 《*Die Deutsche Ideologie*》에서 이데올로기가 필연적으로 계급적 성격을 띠는 것으로 보았다. 마르크스 이론에 따르면 모든 사회는 통치 체제보다 더욱 근본적 관계의 틀이라 할 수 있는 계급 구조에 의해 좌우된다. '의식이 존재를 규정하는 것이 아니라 존재가 의식을 규정한다.'라는 유물론적 원칙은 관념론의 입장을 따르는 이데올로기를 허위의식, 본말이 전도된 것으로 간주한다. 이때 이데올로기는 지배 계급이 자신의 사상을 사회적으로 관철시키고 계급 구조를 관리해 가는 근본적인 수단이다. 그러나 《자본론: 정치 경제학 비판(*Das Kapital: Kritik der politischen Ökonomie*)》에서 이데올로기 개념은 변화하였다. 여기에서 이데올로기는 특정 계급의 이익과 견해를 대변하는 장치가 아니라 해당 사회 내 정치, 경제, 문화 요소들 간의 관계 및 발전 양상들을 해명하는 중립적 함의를 지닌다. 즉 경제적·물질적 토대에 대응하는 정치, 법률, 예술, 철학, 종교 등의 상부 구조를 지칭하는 개념으로 사용되었다.

알튀세(L. Althusser)는 이데올로기를 주로 무의식의 차원에서 다루며 정신 분석학이 밝혀낸 내면적 주체 형성 과정 및 후기 자본주의의 정교한 기구들과 관련시켰다. 이러한 관점에서 이데올로기는 개인에게 의식을 중개해 주고 이데올로기적 국가 기구와 결합함으로써 그들에게 권력을 행사한다. 이때 개인은 한 사회에서 이데올로기를 통해 자신을 주체로 재인식한다. 즉 이데올로기는 조종을 통해 주체를 구성해 주는 관념 체계이다.

일상생활에서 이데올로기는 주로 경직된 정치 이념이나 한 사회의 지배적 관념 체계를 가리키는 말로 사용된다. 이런 경우 이데올로기는 건전한 담론적 합의를 거치지 않은 채 비현실적이며 독단적인 특성을 지닌 관념 체계와 동일시되며 인간의 창조적인 상상력과 활동을 위축시키는 편향적 독단에 불과한 것으로 간주된다. 이 때문에 다원적 가치를 추구하는 오늘날에는 '이데올로기의 시대는 가고, 문화의 시대가 왔다.'라는 말이 널리 사용되기도 한다. 이것은 권력과 지배 요소가 작용하는 이데올로기를 다양하고 자유로운 문화로 대체해 가는 현 시대의 흐름을 반영한 말이다.

오늘날 이데올로기와 문화 간 관계 양상을 정확하게 규명하기 위해서는 문화 개념이 이데올로기를 대체하는 용어이면서 문화 스스로 이데올로기가 되고 있다는 이중적 시각을 지닐 필요가 있다. 문화와 이데올로기 사이의 관계는 양자 간의 복합성 이외에 역사적, 지역적 특수 상황에서 각 요소들이 갖는 상대적 의미를 정확하게 인식하는 것을 토대로 하여 설명할 수 있기 때문이다. 〈권오현〉

[참고문헌]
• 김누리(2006), 이데올로기와 문화: 문화 연구에 있어 이데올로기 개념의 중요성, 뷔히너와현대문학 26, 한국뷔히너학회, 235~256쪽.
• Eagleton, T. (1991), *Ideology: An introduction*, 여홍상 역, 1994, 이데올로기 개론, 한신문화사.

• Turner, G. (1992), *British cultural studies: An instruction*, 김연종 역, 1995, 문화 연구 입문, 한나래.

❑ 문화 자본

문화 자본(文化資本, cultural capital)은 경제 활동과는 독립적으로 문화 영역에서 생산되고 활용되는 가치, 즉 문화가 지닌 화폐적 가치를 말한다.

문화 자본이라는 용어는 경제 이외의 타 영역에서의 자본 형태도 사회 경쟁력을 확보하는 강력한 도구가 된다는 주장에 근거를 두고 있다. 문화 자본이라는 말은 1970년대에 부르디외(P. Bourdieu)가 공저한《*Reproduction in education, society and culture*》에 처음으로 등장하였다. 인간이 활용하는 자본에는 경제 자본, 사회 자본, 상징 자본이 있는데 문화 자본은 이 자본들과 별개로 존재하면서 이들 자본과 상호 밀접한 관계를 맺는다고 하였다. 부르디외는 그의 대표 저서인《구별 짓기: 문화와 취향의 사회학 (*Distinction: A social critique of the judgement of taste*)》에서 문화 자본과 사회 계급에 대해 정교하고 실증적인 분석을 시도한 바 있다. 그에 의하면 하나의 공동체 내에 형성된 권력 관계는 정치적, 경제적 자원의 불평등한 분배뿐만 아니라 다양한 취향의 문화 소비가 차별적으로 전개됨으로써 재생산되고 확대된다. 문화 소비는 사람들이 의식하든 그렇지 않든 또는 원하든 그렇지 않든 간에 사회적 차이를 정당화하는 기능을 수행한다. 즉 사회의 위계질서를 유지하는 권력 기제 중의 하나가 인간의 문화적 행위라는 뜻이다.

부르디외는 〈*The forms of capital*〉에서 문화 자본을 세 가지 유형으로 구분한다. 첫째는 체화된 상태(embodied state)이다. 몸속에 녹아든 능력이나 지식 등 주로 교육을 통해 내면화된 자본이 여기에 해당한다. 이 유형은 어린 시절부터 풍성한 문화 자본에 꾸준히 노출됨으로써 얻을 수 있기 때문에 시간적 요소가 매우 중요하다. 둘째는 객체화된 상태(objectified state)이다. 그림이나 책과 같은 문화적 재화가 여기에 해당한다. 고가의 그림을 구입하는 경우 경제적 자본은 소유권의 변경에만 영향을 미치며 구매자가 그 의미를 제대로 이해할 때에야 그림은 비로소 문화 자본이 된다. 즉 객체화된 문화 자본은 체화된 문화 자본을 소유한 사람들의 이용을 통해 문화 자본으로서의 가치를 확보한다. 셋째는 제도화된 상태(institutionalized state)이다. 학위나 자격증 등이 여기에 해당한다. 학교 졸업장은 문화적 권능에 대한 증표로서 소지자에게 법적으로 보장된 교환 가치를 부여한다. 학위 취득 후에 이 문화 자본은 고수입을 보장하는 등 경제적 자본으로 전환될 수 있다

문화 자본은 교육 경험, 예술 향유, 문자 해독 등 다양한 요소를 통해 형성되지만 부르디외는 특히 각 계급 분파마다 특이하게 나타나는 성향 체계, 즉 아비투스(habitus, 취향)에 주목한다. 개인의 삶 속에 내면화되어 일정한 방식의 행동, 인지, 판단을 수행하게 하는 아비투스는 개인행동의 규칙성을 예측하게 하고 사회 구조와 개인을 연결시켜 준다. 지식, 교양, 기능, 취지 등이 여기에 해당된다. 이러한 아비투스적 문화 자본의

형성에 큰 역할을 하는 것이 부모의 사회적 지위에 의해 좌우되는 자녀 교육이다. 자본주의 체제 아래 높은 교육적 성취를 내는 학생은 그의 집안이 경제적 자본과 사회적 자본을 더 많이 소유한 계층의 학생일 가능성이 크다.

그러나 이러한 부르디외의 문화 자본 이론을 한국의 상황에 적용하면 몇 가지 측면에서 한계가 드러난다. 먼저 유럽에 비해 사회 변동이 심한 한국에서는 계급 분파별 아비투스가 뚜렷이 포착되지 않기에 이를 보완적으로 분석할 이론 틀이 필요하다. 또한 텔레비전과 같은 대중 매체가 계급을 초월하여 보급되고 포스트모던적 문화 소비가 확대된 오늘날에는 대중문화를 자기 주도적으로 향유하는 문화 자본의 보편화 현상을 설명할 새로운 이론의 정립이 필요하다.　　　　　　　　　　　　　　　〈권오현〉

[참고문헌]
• 한국문학평론가협회(2006), 문학 비평 용어 사전 상~하, 국학자료원.
• Bourdieu, P. (1979), *La distinction, critique sociale du judgement*, Nice, R(trans)(1984), *Distinction: A social critique of the judgement of taste*, 최종철 역, 1995, 구별 짓기: 문화와 취향의 사회학 상~하, 새물결.
• Bourdieu, P. (1986), The forms of capital, In J. Richardson. (Ed.), *Handbook of theory and research for the sociology of education*, Greenwood.

❏ 고정 관념과 편견

고정 관념(固定觀念, stereotype)은 특정 집단 범주에 대해 미리 가지고 있는 일반적이고 추상적인 지식과 신념이고, 편견(偏見, prejudice)은 어떤 집단에 소속된 개별 구성원에 대해 그 집단의 특징에 의거해 보여 주는 부정적 태도와 평가를 의미한다.

일반적으로 편견은 인지적 또는 신념적 요소, 정의적 또는 감정적 요소, 행동적 요소를 포함하는데, 인지적 요소의 한 형태가 '고정 관념'으로, 정의적 요소의 한 형태가 협의의 '편견'으로, 행동적 요소의 한 형태가 '차별'로 나타난다.

고정 관념은 립맨(W. Lippmann)이 처음 사용한 용어로, 초기에는 특정 사회 집단에 대해 생각할 때 머리 속에 떠오르는 전형적인 그림이라는 의미로 사용하였다. 즉 초기 연구에서는 고정 관념을 불변하는 그릇된 사고 과정으로 개념화하였으나 최근의 연구에서는 고정 관념이 차별을 증가시킬 뿐만 아니라 그러한 차별이 고정 관념을 더욱 강화한다고 설명한다.

한편 올포트(G. W. Allport)가 편견을 '그릇되고 완고한 일반화에 근거한 적대감'이라고 정의한 이후 대개의 학자들은 편견을 전체로서의 집단에게 혹은 집단의 한 구성원에게 향하는 부정적 태도인 적대감으로 정의해 왔다. 특히 블루머(H. Blumer)는 집단 경쟁이 사회적 편견의 발달과 존속에 중추적 작용을 한다고 하면서 인종 편견은 집단 지위감이 도전을 받는 것에 대한 방어적 반작용이라고 하였다. 한편 보보(L. Bobo)는 집단 간 경쟁은 편견과 차별을 낳기도 하지만 집단 간 상호 의존과 협동적 상호작용은 집단 간 편견을 감소시킨다고 보았다. 다만 최근의 연구에서는 편견이 대부분 다수 집단 구성원에게 차별당하는 것에 대한 반발에서 비롯된 것으로 보고, 편견은 집단 간의 위계적 지위를 창출하고 유지하는 집단들과 그 성원들을 향한 개인 수준의 태도를 의미한다고 설명한다. 〈박성태〉

[참고문헌]
• 김신아(2011), 다문화 교실에서 간문화적 교수 학습: 인종에 관한 고정 관념과 편견을 중심으로, 도덕윤리과교육연구 33, 한국도덕윤리과교육학회, 227~251쪽.
• 김혜숙(1999), 집단 범주에 대한 고정 관념, 감정과 편견, 한국심리학회지 사회및성격 13-1, 한국심리학회, 1~33쪽.
• 추병완(2012), 다문화 사회에서의 반편견 교수 전략: 편견·고정관념·차별, 도서출판 하우.
• Allport, G. W. (1954), *The nature of prejudice*, Addison-Wesley Publishing Company.

15.4. 문화 능력

■ 상호 문화적 능력

상호 문화적 능력(相互文化的能力, intercultural competence)은 다른 문화에 대한 지식을 바탕으로 해당 문화를 존중하고 이해하면서 자신의 문화를 상대화시킬 수 있는 능력을 말한다. 상호 문화적 능력은 타문화에 속한 구성원이 사용하는 언어 지식 또는 언어 수행 능력보다 확장된 개념으로서 목표어 자체의 유창성보다 상호 문화적 의사소통을 효과적으로 하는 것에 초점에 둔다.

상호 문화적 능력이라는 용어는 홀(E. T. Hall)이 《침묵의 언어(*The silent language*)》에서 의사소통에서의 맥락(context)에 따라 서로 다른 문화의 차이를 설명하면서 처음 사용하였다. 이후 바이럼(M. Byram)은 상호 문화적 능력의 구성 요소를 태도, 지식, 해석 기술, 발견과 상호작용 기술, 비판적 문화 인식으로 분류하고 설명하면서 상호 문화적 능력의 개념을 발전시켰다.

첫째, 태도(attitudes)는 호기심과 개방성을 지니고 다른 문화를 기꺼이 받아들일 수 있는 자세이다. 둘째, 지식(knowledge)은 다른 문화권 사람들의 산물과 지식을 아는 것이다. 셋째, 해석 기술(skills of interpreting)은 다른 문화를 해석할 수 있는 능력이다. 넷째, 발견과 상호작용 기술(skills of discovery and interaction)은 새로운 문화의 지식과 문화적 실제를 획득하여 실제적 의사소통의 상황에서 자신이 습득한 지식을 적용할 수 있는 능력이다. 다섯째, 비판적 문화 인식(critical cultural awareness)은 분명한 기준과 관점을 지니고 자신의 문화와 다른 문화를 평가할 수 있는 능력을 말한다.

상호 문화적 능력은 지식, 기술과 행동, 태도와 자질로 나누어 평가할 수 있다.

지식(knowledge) 영역에는 특수한 문화 지식과 일반적 문화 지식, 자기 문화와 다른 문화에 대한 지식, 개인과 사회의 상호 작용, 문화가 언어와 의사소통에 영향을 주는 것을 아는 통찰력이 포함된다. 기술과 행동(skills/behavior) 영역은 실제의 의사소통 및 상호작용 상황에서 새로운 지식을 적용할 수 있는 능력, 자신과 다른 문화에 대하여 평가하고 해석할 수 있는 능력을 포함한다. 태도와 자질(attitudes/traits) 영역에는 다른 문화의 가치를 존중하는 태도와 학습에 대한 긍정적 성향이 포함된다.

한국어교육 연구에서는 상호 문화적 능력을 상호 문화적 의사소통 능력에 기여하는 범위 내에서 논의하고 있다. 속담이나 비유, 관용 표현 등 한국 언어문화의 이해를 전제로 하는 논의를 중심으로 설화와 소설 등 문학 작품을 활용해 상호 문화적 능력을 도모한 연구 등이 있다. 〈김혜진〉

[참고문헌]
• Byram, M. (1997), *Teaching and assessing intercultural communicative competence*, Multilingual Matters.
• Byram, M. & Hu, A. (Ed.) (2000), *Routledge encyclopedia of language teaching and learning*, Routledge.
• Hall, E. T. (1959), *The silent language*, Doubleday.
• Sercu, L. (2004), Assessing intercultural competence: A framwork for systematic test development in foreign language education and beyond, *Intercultural Education* 15-1, pp. 73~89.

■ 상호 문화적 의사소통 능력

상호 문화적 의사소통 능력(相互文化的意思疏通能力, intercultural communicative competence: ICC)은 문화 간 언어적, 준언어적, 비언어적 의사소통 방식에 대한 이해 능력과 표현 능력을 말하여, 문화 간 의사소통 능력으로 불리기도 한다.

1950년대 인류학자 홀(E. T. Hall)은 그의 저서 《침묵의 언어(*The silent language*)》에서 의사소통이 문화이고 문화가 의사소통이며, 문화란 결국 의사소통의 과정이라고 주장하면서 상호 문화적 의사소통이라는 용어를 처음으로 사용하였다. 상호 문화적 의사소통은 문화, 종족 또는 민족이 다른 사람들 간의 대인 의사소통을 연구하는 영역으로서 다양한 하위문화(subculture)로 구성되어 있는 미국과 유럽의 사회학자, 인류학자, 언어학자들을 중심으로 연구하기 시작하였다. 이후 1980년대에는 미국에서 이에 관한 많은 저서들이 등장하고 의사소통 분야 학자들 간에 이론이 정립되면서 학계에서도 중요한 위치에 자리하게 되었다. 이러한 상호 문화적 의사소통 연구에서는 한 문화가 갖는 가치 체계에 대한 인식과 행동으로서 언어 사용 방식을 연구 대상으로 삼는다. 이 관점에서 개개인의 가치 체계는 다를지라도 한 사회 속에 공유되는 문화적 가치는 존재하며 문화권마다 타문화와 구별되는 가치 체계를 지니고 있다. 따라서 서로 다른 문화권의 사람과 효과적으로 의사소통을 하기 위해서는 그 문화 구성원의 행동을 통제하는 가치를 이해해야만 한다.

상호 문화적 의사소통 능력의 개념에 대해 클로프(D. W. Klopf)는 인지적 능력(cognitive

competence), 정의적 능력(affective competence), 행위적 능력(behavior competence)의 세 가지 영역으로 나누어 설명한 바 있다. 먼저 인지적 능력은 목표 문화 구성원들과 상호 작용하는 데 영향을 주는 목표 문화에 대한 지식을 말한다. 다음으로 정의적 능력은 고 정 관념, 편견, 태도 등과 관련된 감정 조절 능력이며, 행위적 능력은 의사소통 수행에 필요한 기술의 사용 능력을 가리킨다. 상호 문화적 의사소통 능력의 개념에 대한 이러 한 정의는 문화적 지식에 대한 인식 및 이해로부터 정서적 감정 이입에 걸쳐 이를 언 어 수행으로까지 적용시키는 총체적 능력을 규정한 것이다.

이러한 맥락에서 상호 문화적 의사소통 능력의 습득은 인식, 지식, 기술의 세 단계 를 거친다고 볼 수 있다. 이때 인식은 습득의 시발점으로서 자신의 문화와 목표 문화 간의 상이함에 대한 인식을 말한다. 여기에 목표 문화의 가치에 대해 지적인 수준에서 의 이해하기 위한 지식을 갖추어야 한다. 마지막 단계인 기술은 인식과 지식을 기반으 로 한 실천을 가리킨다.

한편 도예(P. Doyé)는 외국어 학습에서 상호 문화적 의사소통 교육의 목표와 방법을 제시한 바 있다. 첫째, 인지적 측면(cognitive orientation)에서 다른 문화에 대한 지식의 획득과 이해를 지향한다. 둘째, 평가적 측면(evaluative orientation)에서 다른 문화의 규 범에 대한 존중과 편견 없는 태도를 포함하고 특정 관점이나 가치관으로부터가 아니 라 자기 자신과의 비교를 통해 이루어지는 문화 평가를 지향한다. 셋째, 실행적 측면 (action orientation)에서 언어적, 준언어적, 비언어적 측면에서 다른 문화권의 사람들과 의 문화적 상호작용을 지향한다.

이처럼 상호 문화적 의사소통 능력에서는 지식, 태도, 수행 측면에서 특정 문화권의 언 어적·준언어적·비언어적 의사소통 방식에 주목한다. 이 점은 외국어 교육에서 목표 문화 교육에 대한 필요성을 재차 강조한 것이다. 한국어교육에서도 한국의 언어문화와 관련 하여 완곡어법, 겸손어법, 감각 표현, 호칭, 경어법과 같은 언어적 의사소통 방식, 장단, 고저, 억양, 강세와 같은 준언어적 의사소통 방식, 눈치, 웃음, 침묵, 얼굴 표정, 동작 등 과 같은 비언어적 의사소통 방식을 교육 내용으로 삼고 있다.　　　　　〈오지혜〉

[참고문헌]
• 오지혜(2007), 한국어교육에서의 언어문화 교육을 위한 교육 내용의 범주 및 구조 설계 방안, 한국언어문화학 4-2, 국제한국언어문화학회, 83~120쪽.
• Doyé, P. (1993), Neuere Konzepte der Fremdsprachenerziehung und ihre Bedeutung für die Schulbuchkritik. In M. Byram. (Ed.), *Germany: Its representation in textbooks for teaching German in Great Britain*, Diesterweg.
• Gudykunst, W. B. & Ting-Toomey, S. (1988), *Culture and interpersonal communication*, SAGE Publications.
• Klopf, D. W. (1998), *Intercultural encounters: The fundamentals of intercultural communication*, Morton Publishing Company.
• Samovar, L. A. & Porter, R. E. (Eds.) (1995), *Intercultural communication: A reader*, Wadsworth.

■ 문화 문식성

문화 문식성(文化文識性, cultural literacy)은 해당 문화권에 대한 사회 문화적 정보를 바탕으로 한 사회 구성원들의 언어 수용 및 생산 능력을 말한다.

문화 문식성은 사회 문화적 맥락과 관련한 배경지식(schema)을 토대로 한 지식, 기술, 비판적 사고의 요소를 포함하고 있다. 동시에 이는 사회 구성원이 지니고 있는 일종의 능력(competence)이자 정체성(identity)이기도 하다.

문화 문식성의 개념은 문식성이 지닌 개념의 역사적 변천과 함께 생성, 확장, 독립되었다. 이러한 변화에 따라 기존에 개인적 차원에서 논의되던 문식성 개념에 사회적 차원에서 '맥락'과 '문화'의 요소가 포함되었다. 이때 문화 문식성은 삶의 맥락과 언어 간의 총체적, 통합적인 관계 속에서 특정 집단의 구성원이 사회 문화적 맥락 속에서 말하고, 상호작용하고, 생각하고, 믿고, 가치를 부여하는 제반의 방식이 서로 밀접하게 관련된 것으로 본다.

문화 문식성은 단순한 기계적인 기술(mechanical skill), 즉 언어 사용 기술(skill)로서의 기능적 문식성을 넘어서서 사회적·정치적·경험적 측면에서 사회 문화적 지식에 기반을 둔 비판적 문식성의 성격을 띠고 있다. 이는 내용 지식과 사용 지식의 통로가 되는 매체(media)에 대한 문식성을 전제로 하고 있으며 이와 함께 민족, 인종, 성별, 계층 등의 사회 구성원 요소와 관련하여 다문화 문식성과도 연관된다.

언어 교육의 관점에서는 문화 문식성을 다양한 상황, 문화적 맥락 훈련을 통해 학습될 수 있는 언어적 실천 관습으로 간주하여 문화 문식성 훈련에 필요한 사회 문화 정보의 영역을 언어와 문학, 역사와 지리, 미술, 음악, 수학, 과학의 여섯 가지 영역으로 범주화하기도 한다. 최근에 와서 외국어 교육에서는 상호 문화적 문식성(intercultural literacy)이 주목을 받고 있다. 상호 문화적 문식성은 상호 문화적 인식(intercultural awareness), 상호 문화적 의사소통 능력(intercultural communication competence)의 개념을 포함하는 포괄적인 용어이다. 또한 상호 문화적 문식성과 유사한 개념으로서 문화 지능(cultural intelligence)의 용어가 언급되기도 한다. 이는 인지적, 메타 인지적, 정의적, 행위적 측면에서 지식, 기술, 태도 및 동기와 관련한 문화 능력 또는 상호 문화적 능력을 말한다. 특히 제2 언어 혹은 외국어 교육에서 문화 문식성은 단순한 읽기 또는 쓰기 능력의 범위에서 벗어나 독자, 필자, 텍스트, 문화, 언어 학습 간의 상호 관계에 주목하고 있다. 이 관점에서 학습자의 읽기와 쓰기 능력은 문화적 관습, 규범, 가치의 문제와 연관된다.

한국어교육에서도 문화 교육과 다문화 교육의 차원에서 문화 문식성의 중요성이 점차 부각되고 있다. 일반 목적의 학습자뿐만 아니라 이주 노동자, 결혼 이민자, 북한 이탈 주민, 중도 입국 자녀 등과 같이 한국어 학습자의 외연이 확장되고 특수화되는 상황에서 문화 문식성에 초점을 둔 언어문화 교육이 이루어지고 있다. 이러한 문화 문식성 교육에서는 상호 문화적·간문화적 관점에서 학습자의 한국 문화 이해 및 적응을 목표로 두고 문학 작품, 매체 등의 다양한 교육 자료가 활용되고 있다. 〈오지혜〉

→ 문식성

[참고문헌]
• 노명완·박영목 외(2008), 문식성 교육 연구, 한국문화사.
• 오지혜(2012), 광고 텍스트를 활용한 한국어 학습자의 문화 간 리터러시 교육 연구, 한국언어문화학 9-1, 국제한국언어문화학회, 173~197쪽.
• 이병민(2005), 리터러시 개념의 변화와 미국의 리터러시 교육, 국어교육 117, 한국어교육학회, 133~175쪽.
• Hirsch, E. D., Kett, J. F. & Trefil, J. S. (1988), *Cultural literacy: What every American needs to konw*, Vintage Books.
• Kalman, J. (2008), Beyond definition: Central concepts for understanding literacy, *International Review of Education 54-5·6*, pp. 523~538.

15.5. 문화 교육

■ 문화 교육의 범주

❏ 일반 문화와 언어문화

일반 문화(一般文化, general culture)는 다양한 형태로 나타나는 문화의 유형 중 언어문화를 제외한 유형, 무형의 보편적인 문화를 말한다.

한국어교육에서는 다른 문화에서 찾아볼 수 없는 한국적으로 독특하고 고유하면서도 세계 보편적인 내용들을 한국 일반 문화의 항목으로 제시할 수 있다.

반면에 언어문화(言語文化, language culture)란 언어 또는 언어생활에 나타난 문화, 즉 문화가 반영된 언어 현상을 의미한다. 이는 언어를 사용한 다양한 형태의 활동에 나타난 문화적인 현상을 나타내는 것으로 일상생활에 나타난 언어생활, 언론, 문학 등이 그 예이다.

언어와 문화는 불가분의 관계이다. 따라서 문화의 일부분으로서의 언어, 언어의 일부분으로서의 문화 모두 성립한다. 한국어교육 분야에서 논의되는 언어문화에 대한 개념은 언어 교육 혹은 한국어교육에서 문법 중심으로 이루어지는 언어 교육의 고전적 접근법에서 벗어나 의사소통 중심 접근에서 언어의 사회 언어학적 기능 측면으로 관점을 전환하고자 한 데에 그 연원이 있다. 즉 언어 중심 혹은 문법 중심이 아닌 해당 언어의 문화적인 내용과 관련된 교육 내용을 중심으로 접근하자는 언어 교육의 전환으로부터 시작되었다.

언어문화의 세부 항목은 언어학적 요소와 문학적 요소로 구분할 수 있는데 언어학적 요소로는 문자, 음운, 형태 통사, 의미, 경어법, 속담과 은유, 한국어의 독특한 표현들의 예를 들 수 있으며 문학적 요소로는 시, 소설, 희곡, 시나리오(scenario) 등을 그 예로 들 수 있다. 〈강승혜〉

[참고문헌]
• 민현식(2003), 국어교육과 한국어교육에서의 문화 교육, 외국어교육 10-2, 한국외국어교육학회, 429~452쪽.
• 윤여탁(2013), 문화 교육이란 무엇인가: 한국어 문화 교육의 벼리[綱], 태학사.

❏ 전통문화와 현대 문화

전통문화(傳統文化, traditional culture)는 과거 조상으로부터 물려받아 전해 온 유형, 무형의 산물을 말한다.

전통문화에는 박물관 등에서 볼 수 있는 예전 조상들의 유물뿐만 아니라 종교와 사상, 음악, 미술, 무용 등과 같은 무형의 산물들도 포함된다. 즉 전통문화는 문학이나 예술 등에 나타난 고급문화뿐만 아니라 일반 서민들의 생활로부터 지속적으로 전해온 다양한 형태의 산물과 현상까지를 포함한다. 한국어교육에서 다룰 수 있는 전통문화의 세부 항목들로 전통 사회의 일상생활 문화, 전통 예술, 전통 사상 및 종교, 전통 음악(국악), 전통 미술, 전통 무용, 전통 건축, 전통 공예 등을 들 수 있다.

현대 문화(現代文化, modern culture)는 전통에 대비되는 개념으로 현시대를 살아가는 대중의 일상생활에 관련되는 의식주를 포함한 다양한 형태의 매체, 음악, 미술, 스포츠 등의 형태를 의미한다.

이러한 현대 문화의 세부 항목은 현대 사회의 의식주를 포함한 정치, 경제, 사회 등의 현대 일상 문화와 현대 예술, 현대 사상 및 종교, 현대 음악, 현대 미술, 현대 무용, 현대 건축, 현대 공예 등과 같은 현대 예술 문화 등으로 구분된다. 〈강승혜〉

[참고문헌]
• 민현식(2003), 국어교육과 한국어교육에서의 문화 교육, 외국어교육 10-2, 한국외국어교육학회, 429~452쪽.
• 윤여탁(2013), 문화 교육이란 무엇인가: 한국어 문화 교육의 벼리[綱], 태학사.

■ 문화 교육의 방법

문화 교육의 방법은 문화 교육의 목적을 달성하기 위해 수업 현장에서 활용할 수 있는 구체적이고 실제적인 교사의 교수법과 학습자의 학습 방법을 말한다.

하임즈(D. Hymes)가 의사소통 능력을 가리켜 언어 사용 능력뿐만 아니라 사회 문화적 측면에 대한 이해 능력을 수반하는 것이라고 규정한 이후 외국어 교육에서 문화 교육에 관한 관심이 집중되기 시작했다. 이후 제2 언어 습득이 제2 문화 습득이라든지, 문화적 인식 없이는 능숙한 언어 수행을 기대할 수 없다는 등의 주장으로 문화 교육의 필요성이 더욱 강조되었다. 이러한 맥락에서 한국어교육에서도 문화 교육의 중요성에 기반을 두고 다양한 연구가 진행되었다. 그럼에도 불구하고 문화 교육에서 가르쳐야 할 내용이 무엇인지, 어디까지 한국어교육에서 다루어야 하는지 등에 대한 내용론 중심의 논의에 비해 어떻게 가르쳐야 할지와 같은 방법론에 대한 논의는 상대적으로 부족한 편이다.

일반적으로 활용되는 문화 교육 방법으로는 문화 캡슐, 문화 동화 지도법, 시뮬레이션, 문화 체험 등이 있다. 문화 교육의 방법은 이러한 원리에 근거하여 다양한 기법, 연습, 과제 활동으로 나타난다. 이들 문화 교육 방법은 교수 학습 과정에서 목표 문화에 대한 인식, 학습자의 모국 문화와 목표 문화 간의 비교 대조, 목표 문화의 모방 및 자기화 활동을 통해 구현된다.

문화 교육의 방법과 관련하여 한국어교육이 이루어지는 환경과 한국어, 한국 문화의 특수성을 고려하여 적합한 교육 방법을 마련할 필요가 있다. 즉 한국 문화 교육에 효과적인 다양한 교수 학습 방법을 개발하고 이러한 방법들에 대한 활용 방안을 모색해야 한다. 〈김가람〉

[참고문헌]
• 강승혜 외(2010), 한국 문화 교육론, 형설출판사.
• 민현식 외 편(2005), 한국어교육론 2, 한국문화사.
• 박영순 편(2002), 21세기 한국어교육학의 현황과 과제, 한국문화사.
• 박용규·박주경(2010), 초등 영어 문화 교육 연구 분석, 영어영문학21 23-3, 21세기영어영문학회, 139~157쪽.
• Gumperz, J. & Hymes, D. (1972), *Directions in sociolinguistics: The ethnography of communication*, Holt, Rinehart and Winston.

📖 문화 캡슐

문화 캡슐(culture capsule)은 특정 문화 현상과 관련한 시청각 자료나 실물을 제시하고 이에 대한 설명과 질의응답을 통해 학습자들의 문화 이해를 증진시키는 교육 방법을 말한다.

특정 문화 항목과 관련하여 학습자 개인의 삶의 경험만으로는 모국 문화와 목표 문화 간 문화 차이를 이해하기 어려운 경우 문화 캡슐을 활용하여 비교 및 대조 활동을 하면 쉽고 심도 있게 문화 수업을 진행할 수 있다. 문화 캡슐은 학습자가 목표 문화에 대한 흥미를 가지고 목표어 및 문화 수업에 보다 적극적이고 객관적인 자세를 가질 수 있도록 교수하는 데 목표를 둔다. 문화 캡슐을 활용한 문화 교육 활동은 세 단계로 진행된다. 1단계는 교사가 개별 문화 현상에 대한 시각 자료나 실물 자료를 제시하여 학습자들이 문화 요소를 인식하게 하는 것이고, 2단계는 설명 등을 통해 학생들이 목표 문화의 지식을 전달하는 것이며, 3단계는 수사 의문형(rhetorical) 또는 개방형 질문으로 학습자들이 목표 문화를 모국 문화와 비교하며 이해하도록 하는 것이다.

문화 캡슐을 고안한 테일러(H. D. Taylor)는 이 방법이 일반적인 외국어 수업에서 의미 있는 분화 이해를 가능하게 할 것이며, 교사의 숙련도에 관계없이 쉽게 교수할 수 있고 학생들에게도 의미 있는 활동이 될 것이라고 평가한 바 있다. 문화 캡슐에서는 무엇보다 학습자들에게 제시하는 시각 자료나 실물 자료를 선택하는 것이 중요한 문제이다. 실제성 있고 완성도 높은 문화 교육 자료는 교사의 긴 설명보다 효과적일 수 있기 때문이다.

문화 캡슐을 활용한 수업의 구체적인 예는 다음과 같다. 인사 문화에 관한 내용을 가르치기 위해 먼저 교사는 한국의 인사 문화를 소개하고 학습자 모국의 인사 문화와 비교하여 설명한다. 그리고 다양한 사진이나 시청각 자료를 활용하여 인사 방식의 차이를 보여 주고 인사 문화의 차이를 학습자들이 인식할 수 있게 한다. 이때 교사는 단순하게 그 사실을 설명하는 것에 그치는 것이 아니라 간단한 질문을 하면서 학습자들의 이해도를 점검하는 것이 바람직하다. 마지막 단계는 이러한 인사 문화의 차이가 국가별로 어떻게 나타나는지 자신의 경험을 활용하여 학습자들이 토론하는 것이다. 학습자들의 토론은 개인별 또는 소집단별로 진행하는 등 학생 수나 수업 분위기 등 교실 환경의 변수에 따라 교사가 선택적으로 적용할 수 있다.　　　　　　　　　　〈김가람〉

[참고문헌]
• 강승혜 외(2010), 한국 문화 교육론, 형설출판사.
• 민현식 외 편(2005), 한국어교육론 2, 한국문화사.
• 이유진(2011), 문화 캡슐 방법을 활용한 초등 영어 어휘 학습 효과 연구, 한국교원대학교 석사학위논문.
• Taylor, H. D. & Sorensen, J. L. (1961), Culture capsules, *The Modern Language Journal 45-8*, pp. 350~354.

❏ 문화 동화 지도법

문화 동화 지도법(文化同化指導法, culture assimilator method)은 학습자들이 문화적 편견이나 고정 관념, 충격, 오해를 가질 만한 문화 항목을 제시하여 토론을 통해 문화적 감수성(cultural sensitivity)을 고양하는 한편 문화 차이를 극복할 수 있게 하는 교육 방법을 말한다.

문화 동화 지도법은 화용적 차원에서는 학습자가 특정 의사소통 상황에서 겪게 되는 문화적 이질감을 극복하도록 하고, 문화적 차원에서는 목표 문화의 이질적인 측면을 이해하고 이에 보다 원만하게 적응할 수 있도록 돕는다. 문화 동화 지도법을 통해 학습자들은 목표 문화의 관습, 규범, 사고를 이해함으로써 궁극적으로는 의사소통 능력을 향상시킬 수 있다. 이 경우 현실에서 벌어질 가능성이 있는 문화적 갈등 사례를 학습 자료로 제시하면 학습자들은 실제 갈등 상황에서 보다 합리적으로 판단할 수 있게 된다.

문화 동화 지도법은 문화 이해지 또는 문화 감지 도구(culture assimilator 또는 cultural sensitizer)라고도 하는데, 이는 타문화 집단과의 효과적인 의사소통 방안의 하나로서 1962년 피들러(F. E. Fiedler)가 고안하였다. 이후 1971년 미국의 심리학자인 트리안디스(H. C. Triandis)는 문화 집단마다 특정 사물을 파악하는 공통된 방식으로서 내재 문화(subjective culture)가 존재한다고 주장하였다. 그리고 이를 이해해야 타문화에 대한 적응이 촉진되므로 그러한 문화 훈련법으로 문화 감지 도구를 제안하였다. 또한 1983년 앨버트(R. D. Albert)는 문화 동화 장치가 자신들의 고유한 문화 유형을 포기하고 새로운 문화로의 동화를 유도한다고 비판하면서 문화 동화 장치 대신 문화 감지 도구라는 용어를 사용하였다.

문화 동화 지도법에서 활용되는 교육 자료는 주로 학습자들이 문화적 차이로 인해 오해할 가능성이 있는 현상들이다. 목표어의 어휘, 문법에 대한 이해만으로는 해결할 수 없는 문화적인 요소나 서로 다른 문화 간의 충돌이 표면에 드러나는 사건 등이 자료가 된다.

문화 동화 지도법에서는 이러한 사건들을 이야기 형식으로 재구성하거나 해당 사건과 관련한 몇 가지 상황을 두고 인물이 취해야 할 행동 등을 선택지로 제시하여 학습자들이 올바른 것을 고르게 한다. 일반적으로는 읽기 방식으로 진행되나 자료와 선택지의 제시 방식에 따라 말하기, 듣고 쓰기, 읽고 쓰기 등의 다양한 형태로 변환이 가능하다. 학습자가 답지를 고른 후 교사는 객관적인 태도로 문제 상황과 관련된 문화적 맥락을 제시하면서 학습자가 선택한 답이 맞고 틀린 이유를 설명한다. 이러한 피드백은 학습자들이 문화의 다양성을 인식하고 목표 문화에 대한 이해를 심화시킬 수 있도록 유도한다. 이때 학습자들은 문화적인 지식을 활용하여 스스로 판단을 내리고 행동할 기회를 갖게 된다.

문화 동화 지도법을 경험한 학습자는 목표 문화를 처음 접하게 되는 학습자에 비해 문화 차이에서 유발되는 충격을 쉽게 받아들일 수 있다. 이처럼 문화 동화 지도법은 목표 문화에 대한 인식을 고취할 뿐만 아니라 학습자의 문화 충격을 완화시켜 줄 수 있는 하나의 수단이 된다. 〈김가람〉

[참고문헌]
- 강승혜 외(2010), 한국 문화 교육론, 형설출판사.
- 민현식 외 편(2005), 한국어교육론 2, 한국문화사.

❏ 시뮬레이션

시뮬레이션(simulation)은 일반적으로 실제 세계의 상황을 교육 내용으로 삼아 역할극(role play)과 문제 해결 학습을 혼합한 형태로서 극화 학습을 변형시킨 교육 방법을 말한다.

시뮬레이션에서의 상황은 학습자에게 부적절하거나 위험한 요소는 배제한 것이므로 실제를 있는 그대로 복제했다고 볼 수 없지만 교육적으로 의미 있는 체험을 할 수 있도록 구성된다. 모의실험, 모의 놀이, 모의 학습, 모의 법, 모의 게임, 모의 역할 학습, 가상 실연 학습 등 다양한 용어가 있으나 1990년대 이후에는 주로 시뮬레이션이라는 용어로 불리고 있다.

시뮬레이션의 일반적인 특성은 다음과 같다. 첫째, 시뮬레이션은 주로 계속 변화하는 조건 속에서 사회 체계가 어떻게 상호작용하면서 반응하는가에 대한 학습에서 사용된다. 둘째, 복잡한 현실 상황에 대한 추상으로 이루어져 있거나 가상적이다. 셋째, 일련의 행위들에 대해 복잡한 조작을 줄임으로써 단순하게 표현되며 분명한 규칙으로 통제된다. 넷째, 도전하고 목표를 달성할 수 있는 환경으로 통제되어 있다. 다섯째, 참여자들 간의 협동, 경쟁 그리고 갈등을 내포한 역할들이 있다. 여섯째, 상황에 대한 이해 및 수용 정도를 반영한 의사 결정이 양산된다. 일곱째, 의사 결정에 따라 사건이 통제되며 환경이 변화하는 다채로운 경험을 하게 된다. 여덟째, 사건 시간이 압축되어 있어 의사 결정 결과에 대한 피드백이 빠르다. 아홉째, 일정한 단계나 기간을 기준으로 삼아 상황이 발전될 수 있다.

시뮬레이션의 장점은 일련의 규칙 하에 역할에 따라 행동하는 학습자들이 복잡한 실제 문화 현상에 대한 개념과 원리를 자연스럽게 체득하고 상대방의 입장을 이해할 수 있다는 데에 있다. 즉 규칙에 따라 운영되는 상황 속에서 학습자는 몰입하면서 역할을 수행하는 가운데 사회 문화적인 기능과 가치를 습득한다.

한국어교육에서 시뮬레이션은 학습자들이 실제 상황에 참여하여 가상의 인물들 사이에서 즉흥적으로 행동하면서 이것이 문화적으로 적절한 것인지 아닌지를 확인하는 교수 학습 방법이 된다. 이 방법은 교사가 제시한 상황에서 학습자들이 직접 참여하고 무슨 말을 하고 어떻게 행동하는지를 스스로 결정해서 보여 주는 방법이므로 생동감이 넘치고 흥미 있는 활동이 된다. 이러한 이유로 시뮬레이션은 학습자들이 교수 학습의 주체로 적극적인 역할을 담당하는 학습자 중심 수업 틀에 적합하다. 특히 구어 의사소통의 기회를 제공하는 것과 더불어 실생활에서 접하는 과제를 수행하면서 문화적인 차이를 인식하게 한다는 점에서 의의를 갖는다.

시뮬레이션 수업에서 교사는 먼저 학습자들이 잘못된 문화적 이해를 경험할 것으로 예상되는 장면을 선정하고, 제시된 상황에 대하여 학습자들이 시뮬레이션을 하도록 한다. 이때 진행은 소집단별로 하는 것이 좋다. 이후에는 토론 시간을 통해 시뮬레이션에서 나타난 문제점을 확인하고 문화적인 차이에서 비롯되는 오해들에 대한 해결 방법을 제시한다.

시뮬레이션 수업의 예를 들면 다음과 같다. 교사가 호텔을 예약하거나 음식을 주문하는 장면이 포함된 드라마나 영화의 한 장면을 보여 주고 대화의 중요한 부분이 삭제된 대본을 학습자들에게 나눠 준다. 학습자들은 영상을 보고 프린트에 있는 대본을 보면서 빈칸에 들어갈 적절한 표현을 생각한다. 교사는 설명과 함께 정답을 알려 주고 학생들이 집단별로 대본을 각색하여 시뮬레이션을 하게 한다. 시간적인 여유가 있다면 비디오카메라로 촬영을 해 학습자들과 함께 보면서 잘된 점과 부족한 점을 함께 확인하는 것도 바람직하다. 초급 단계에서 시뮬레이션 방법으로 사용할 수 있는 적합한 제재로는 처음 만난 사람과 인사 나누기, 식당에서 음식 주문하기, 대중교통 수단 이용하기 등이 있으며, 중급 단계에서는 물건 가격 흥정하기, 호텔이나 식당 예약하기 등이 있다.　　　　〈김가람〉

→ 시뮬레이션(기능 교육)

[참고문헌]
· 강승혜 외(2010), 한국 문화 교육론, 형설출판사.
· 김한종(1994), 역사 교육에서의 상상적 이해, 서울대학교 박사학위논문.
· 이유진(2011), 문화 캡슐 방법을 활용한 초등 영어 어휘 학습 효과 연구, 한국교원대학교 석사학위논문.
· 한국교육과정평가원(2006), 영어과 교육과정 수준별 적용 방안과 교수 학습 자료 개발 연구, 한국교육과정평가원.
· Kracht, J. B. & Martorella, P. H. (1976), Simulation and inquiry models in action, In P. H. Martorella (Ed.), *Social studies strategies: Theory into practice*, Harper & Row Publishers.

☐ 문화 체험

문화 체험(文化體驗, culture experience)은 문화 사회학적 관점과 경험 학습 이론에 따른 것으로 교실 안팎에서 학습자가 직접 문화와 관련된 다양한 행위를 수행하는 활동을 통해 문화를 학습하는 교육 방법을 말한다.

문화 사회학적 관점에서 문화는 공동체적인 감각을 표현하는 개념으로서의 '취미'나 집단적 성향 체계로서의 아비투스(habitus, 취향)와 관련된다. 즉 문화는 개인의 문화적 정체성 형성의 구인 중 하나로, 인간이 특정 방식으로 세계를 수용하고 재현하며 행위를 선택하고 평가할 수 있는 인지적, 감정적인 기본 구조의 구성 요소이다. 체험을 통한 문화 교육은 학습자들이 이러한 문화를 이해함으로써 자신의 문화 인식의 틀을 개선하도록 할 수 있다.

문화 체험은 크게 교실 내 문화 체험과 교실 밖 문화 체험으로 구분한다. 먼저 교실에서 이루어지는 문화 체험은 학교 밖에서 경험할 수 있는 목표 문화를 교실 안으로 가져 온 것이다. 학습자들이 문화를 직접 경험해 볼 수 있도록 수업 소재로 활용하는 것으로서 인사법을 배우는 것, 음식을 만들어서 먹어 보는 것, 의상을 입어 보거나 음악을 배우고 춤을 추는 것 등이 이에 해당한다. 학교 밖에서 이루어지는 문화 체험은 교사와 함께 문화적 함의를 갖는 곳을 방문하거나 전통 음식, 예절, 악기, 미술, 무술 등의 문화를 직접 체험하는 것이다. 또한 문화 유적지뿐만 아니라 공공 기관, 언론 기관, 산업체, 정부 기관 등 한국 사회의 현재를 보여 주는 장소에 방문하여 문화 체험을 할 수도 있다. 이러한 방법은 실제적인 경험을 통하여 문화에 대한 관심을 높이고 기존의 고정 관념을 교정하는 데 목적을 두고 있으며 목표 문화에 대한 올바른 이해와 긍정적인 태도를 형성하는 데 기여할 수 있다.

교실 내에서 이루어지는 문화 체험은 유네스코(The United Nations Educational, Scientific and Cultural Organization: UNESCO) 한국 위원회에서 1998년부터 실시한 외국인과 함께 하는 문화 교실(cross-cultural awareness programme: CCAP)이 대표적이다.

이 방법의 절차는 다음과 같다. 먼저 수업 전 단계에서는 수업 준비를 위해 간단한 오리엔테이션을 실시하고 구체적인 수업 자료를 준비한다. 다음으로 실제 수업 단계에서 역사, 지리, 사회 문화 등 정보 중심적인 내용들을 제시하고 이후에 언어와 음악, 영화, 음식, 의상 등을 활용한 활동 중심의 수업 내용을 전개한다. 수업을 마친 후에는 문화 체험에 대한 학생들의 평가와 발표가 이어진다. 이러한 절차로 이루어지는 교실 내 문화 체험 수업은 일회적인 성격의 수업이 아닌 지속적인 방향에서 이루어져야 하며, 이러한 체험 학습이 또 다른 문화적 편견을 낳지 않도록 주의해야 한다. 또한 문화 체험 수업을 진행할 수 있는 양질의 문화 교사를 확보해야 하고 문화 체험을 통해 문화 간의 만남과 소통이 인간과 인간의 만남으로 확대될 수 있도록 해야 한다.

교실 밖 문화 체험은 지식으로 알고 있는 문화 내용을 학습자 스스로 직접 확인하고 적용하게 한다는 점에서 효과적이다. 또한 교실이라는 공간을 벗어나 실세계에서 이루어진다는 점에서 학습자들의 호기심을 유발하고 학습 동기를 형성할 수 있다. 이러한 문화 체험은 학습자의 만족도 또한 매우 높아 대부분의 한국어 교육 기관에서 한 학기에 1∼2회 정도 현장 학습이나 문화 체험을 실시하고 있다. 다만 교사가 여러 학생을 동시에 인솔해야 하므로 학습자들의 주의가 산만해지고 획일적으로 진행될 수 있기 때문에 문화 체험에 관심이 없는 학습자들은 자칫 지루해 할 수도 있다는 단점도 있다.

교실 내 또는 교실 밖 문화 체험의 교육 효과를 높이기 위해서는 학습자들이 주체가 되어야 한다. 이를 위해 교사는 미리 체험 활동의 목적, 내용 등 사전 정보를 제공하고 학습자들이 수행할 수 있는 다양한 과제를 제시한다. 그리고 학습자들이 주도적으로 자료를 수집, 촬영하거나 직접 체험하여 적극적으로 참여할 수 있도록 하고, 체험 활동 후에는 감상문 쓰기, 발표하기, 보고서 작성하기 등 수업 후 활동을 진행하는 것이 효과적이다.

초급 단계에서는 교사가 주도적으로 필요한 장소를 함께 방문하거나 필요한 활동을 배워 보게 하는 방식으로 진행하는 것이 좋으며, 학습 단계가 높아질수록 학습자가 더욱 자발적으로 문화 체험을 하도록 유도하는 것이 바람직하다.　　　　〈김가람〉

[참고문헌]
• 강승혜 외(2010), 한국 문화 교육론, 형설출판사.
• 구정화·박윤경·설규주(2009), 다문화 교육 이해, 동문사.
• 손다정(2009), 한국어교육을 위한 현장 체험 중심의 문화 교재 개발 방안, 한국어교육 20-1, 국제한국어교육학회, 91∼110쪽.
• Dilthey, W. (1973), Erleben, Ausdruck und Verstehen, In *Der Aufbau der geschichtlichen Welt in den Geisteswissenschaften*, 이한우 역, 2002, 체험·표현·이해, 책세상.
• Gadamer, H. G. (1960), *Wahrheit und Methode: Grundzuege einer philosophischen Hermeneutik*, 이길우 외 역, 2000, 진리와 방법: 철학적 해석학의 기본 특징들 1, 문학동네.

15.6. 문화 학습 모형

　문화 학습 모형(文化學習模型, cultural learning model)은 타문화권 학습자들이 목표 문화에 적응해 가면서 새로운 문화를 학습하도록 설계된 학습 모형을 말한다.

　문화 학습 모형에는 문화 변용, 문화 감수성 등이 있다. 이는 공통적으로 타문화에 적응하기 위한 문화 학습 과정을 단계별로 모형화한 것으로, 대표적으로 문화 충격과 문화 적응이라는 이론에 근거를 두고 발전하였다.

　먼저 오베그(K. Oberg)의 문화 충격 이론은 다음과 같다. 타문화권 학습자들은 초기에 호기심을 가지는 밀월 단계를 거친 후, 위기 단계와 회복 단계를 지나 마침내 새로운 환경을 즐기는 적응 단계에 이른다. 결국 불안감, 좌절 등의 부정적 경험을 극복하고 새로운 문화권 사람들의 문화를 이해하고 환경을 즐기게 된다는 이론이다. 그러나 오베그의 문화 충격 이론은 타문화권 학습자가 새로운 환경에서 부정적인 경험을 지속할 수 있는 특성을 간과하고 있다.

　이에 비하여 다차원적인 방향의 문화 학습 모형으로서 문화 적응 이론은 문화적 근원이 서로 다른 사람들 간의 접촉이 지속적으로 일어날 때 상호 간에 영향을 주고받는 결과로서 변화되는 과정을 설명한 것이다. 깁슨(M. A. Gibson), 그래브스(T. D. Graves)와 함께 베리(J. W. Berry)의 문화 적응 이론이 있다. 베리의 문화 적응 이론은 이주민으로서 학습자가 자신의 원문화, 즉 자문화의 정체성을 유지할 것인가와 목표 문화권, 즉 주류 사회와의 긍정적 관계를 설립할 것인가에 따라 동화·분리·통합·주변화 유형으로 문화 학습의 단계를 분류한다. 첫째, 동화는 학습자가 자문화에 대한 정체감을 유지하지 않고 새로운 목표 사회와의 관계만을 유지하는 것이다. 둘째, 분리는 학습자가 원문화의 정체감만을 유지하고 새로운 목표 사회와의 관계 유지를 부정하는 것이다. 셋째, 통합은 학습자가 자문화와 목표 사회, 양쪽 모두의 정체감과 관계를 함께 유지하는 것이다. 넷째, 주변화는 자문화와 목표 사회 모두의 정체감과 관계를 부정하는 것이다. 그러나 네 가지로 유형화한 문화 적응도 현실에 항상 맞지는 않는다는 단점을 가지고 있다. 목표 사회 구성원이라고 할 수 있는 목표 문화권 구성원이 개인의 문화 학습 양상을 배제하거나 구속한다면 문화 학습 모형이 달라진다. 특히 통합은 목표 문화권 구성원이 문화적 다양성에 대해 개방적인 태도를 가지고 있을 때 학습자가 선택할 수 있는 문화 학습 모형이다.

　이와 같은 문화 학습 모형은 한국어교육에서 일반 목적 학습자를 대상으로 한 문화 교육뿐만 아니라 특수 목적 학습자의 대상 다문화 교육에서도 교수 학습의 틀로 삼을 수 있다.　　　　　　　　　　　　　　　　　　　　　　　　　　〈오정미〉

[참고문헌]
• 오정미(2012), 설화에 대한 다문화적 접근과 문화 교육: 며느리 설화를 중심으로, 건국대학교 박사학위논문.
• 왕한석 외(2005), 국제 결혼 이주 여성의 언어 및 문화 적응 실태 연구: 전라북도 임실군 (및 순창군·남원시) 일

원 사례 보고서, 국립국어원.
- 정진경·양계민(2004), 문화 적응 이론의 전개와 현황, 한국심리학회지 23-1, 한국심리학회, 101~136쪽.
- Berry, J. W. (1980), Acculturation as varieties of adaptation, In A. Padilla. (Ed.), *Acculturation: Theories, models and findings*, Westview.
- Oberg. K. (1960), Cultural shock: Adjustment to new cultural environments, *Practical Anthropology 7*, pp. 177~182.

■ 문화 적응 이론

문화 적응 이론(文化適應理論, enculturation theory)이란 문화적 배경이 다른 집단 혹은 개인이 한 사회의 구성원이 되기 위해서는 그 문화의 일반적인 생활 방식에 적응해야 한다는 이론이다.

이는 어떤 사회의 구성원이 되려면 자신의 언어 및 다양한 행위가 그 사회의 다른 구성원들에게도 의미를 부여할 수 있어야 하기 때문에 문화 적응 방법을 습득해야 한다는 것을 뜻한다. 이 과정에서 가장 중요한 것은 구성원들과 의사소통하는 법을 배우는 것이다. 두 가지 문화 환경에서 사회화를 거치면 사회화 과정의 일부인 문화 적응은 두 개 문화를 포함하게 된다. 만약 어떤 아동이 두 개 문화가 혼재한 가정 또는 사회에서 살고 있다면, 그 아동의 문화 적응은 제1 문화로부터 시작될 것이고 뒤이어 제2 문화를 접하면서 문화 적응을 해 나가야 한다.

다른 문화권에서 이민 온 어린이나 성인들에게도 비슷한 문화 적응 과정이 나타난다. 다음의 예는 영어권 화자와 나바호(Navaho)어 화자가 동일한 사건이나 경험을 어떻게 다른 관점으로 표현하는지 보여 주는 대표적인 예이다.

(1) 영어권 화자: 내가 말을 달리게 하고 있다.
(2) 나바호어 화자: 말이 나를 위해 달리고 있다.

영어권 화자는 다른 존재를 통제하거나 자신이 통제당하는 관점에서 사람들의 권리를 부호화한 표현을 사용한다. 반면 나바호어 화자들은 사건이나 경험에 자신이 스스로 결정할 수 있는 능력을 부여하여 부호화한 표현을 사용한다. 이처럼 가치관, 사상, 감정 등을 언어로 부호화하는 것은 모든 언어가 가지고 있는 보편적인 특성이다. 이때 다수의 구성원들이 문화적으로 공유된 태도를 이해하고 받아들이는 것이 문화 적응이다.

한편 사회 안에서 성별의 차이가 부여하는 사회적 의미 또한 문화 적응이라 할 수 있다. 사회 언어학적 입장에서 보면 개인의 사회적 정체성 중 중요한 자질 중의 하나가 성(性)이다. 아동은 가정 내에서, 성인은 사회 안에서 특수 언어 혹은 어휘 표현의 사회적 의미를 받아들이고 사회화하여 자신을 문화화하고자 학습하고 습득한다.

아동이나 성인이 문화 적응의 과정을 거친 후 제2 문화에 접촉하게 될 때 새로운 문화에 적응하기 위해 문화 변용 과정이 일어난다. 이는 아동이나 성인이 새로운 문화 구성원으로서 의사소통할 때 구문화로부터 신문화를 맞추어야 함을 의미한다. 또한 한 개인이 제1 문화를 희생하는 대가를 치르고 새로운 문화에 적응하는 것을 탈문화(脫文化)라고 한다. 극단적인 탈문화에서는 동화 현상이 나타나기도 하는데 이는 제1 언어의 상실로 이어질 수도 있다. 두 가지 언어의 상용은 문화 변용 및 탈문화 과정과 별개의 것이 아니기 때문이다. 새로운 언어를 배우고 그 언어에 유창해지면서 모어를 보존하거나 잊어버리는 것은 문화 적응에 절대적으로 필요한 부분이다. 이때 문화 적응, 문화 변용, 탈문화는 두 개 언어 상용 기술 혹은 두 개 언어 상용자의 문화적 정체성을 결정하는 데 중요한 역할을 한다. 〈김경령〉

[참고문헌]

• Bonvillain, N. (2000), *Language, culture, and communication: The meaning of messages*, 한국사회언어학회 엮음, 2004, 문화와 의사소통의 사회 언어학, 한국문화사.

❏ 언어 전환

언어 전환(言語轉換, code-switching)이란 이중 또는 다중 언어 사용자가 말하거나 글을 쓸 때 단어나 구 혹은 문장과 문장 사이에서 두 언어의 코드(code)를 한 언어에서 다른 언어로 바꿔 사용하는 언어 행위를 뜻한다.

언어 전환은 음운론적, 문법론적으로 체계적인 양상을 가지고 일어나는 현상으로서 언어학적 제약 안에서 교체 과정이 일어나는 산발적인 과정이 아니며 매우 체계적이고 구체적인 양상을 띤다. 언어 전환은 언어 차용(language borrowing) 현상과는 많은 차이가 있다. 언어가 차용될 때에는 음운이나 억양이 모어 규칙에 맞게 변화되지만 언어 전환에서는 이런 변화가 나타나지 않는다.

이중 언어 사용자들은 대화할 때 담화 내에서 두 언어를 빈번하게 통합한다. 언어 전환은 다양한 사회적·언어적 상호작용 기능을 보다 효율적으로 진행하기 위해 의사소통 전략 중의 하나로도 기능한다. 이중 언어 사용자들은 원하는 의미를 표현할 수 있는 어휘가 없는 경우에 한 언어로 말하는 도중 다른 언어의 어휘를 가져와 단어, 구, 문장의 형태로 삽입한다. 또한 언어 전환은 강조, 담화 경계의 표시, 감정과 견해 표현, 구성원과 비구성원의 표식 등 다양한 담화적 기능을 수행한다. 이중 언어 사용자들은 때때로 공손함, 결속감 등을 표시하기 위해서도 언어 전환을 한다.

언어 전환은 두 언어가 자유자재로 사용되는 과정이기 때문에 대화에서 사람들의 주의를 집중시키는 도구로 활용되기도 한다. 교체된 언어 요소들에 따라 이야기의 일정 부분을 극적으로 강조하고 집중시킨다. 대화에서의 언어 전환은 같은 내용을 반복할 수 있기 때문에 강조 장치로 활용되는데 이는 동일한 의미를 두 가지 언어를 사용해 순차적으로 표현할 수 있는 언어 전환의 대표적인 특징이다. 특히 지시 사항을 표현할 때 더욱 효과적으로 활용된다.

언어 전환은 문법적으로 상호작용 기능을 수행하는 복잡한 과정으로 양(兩) 언어의 문법 형태가 확실하고 안정적으로 습득될 때 더욱 활발히 체계적으로 일어난다. 이중 언어 사용자가 두 언어에 대해 충분한 언어 능력을 구비할수록 더욱 정교하게 언어 전환을 할 수 있다는 것은 많은 학자들의 연구에서 증명된 바 있다.

한국어교육에서도 한국어와 영어, 한국어와 중국어, 한국어와 일본어 등 두 개의 언어를 자유자재로 전환하는 것에 대해 성인 학습자나 이중 언어 아동들을 대상으로 연구한 논문들이 발표되었다. 아동이나 성인 모두 두 언어에 대한 통사적, 사회 언어학적 지식이 풍부할수록 언어 전환이 정교하게 일어나는 것으로 나타났다.

한국 내 이중 언어 혹은 다중 언어 환경을 조성하는 결혼 이민자 가족 구성원들은 본인뿐 아니라 자녀들과 소통할 때도 교차적 언어 전이를 자연스럽게 한다. 양쪽 언어에 노출된 정도와 능숙함이 균형을 이루고 있지 않다면 언어 전이 현상은 더욱 두드러진다. 두 언어 중 한 언어의 어휘를 더 많이 선택하고 사용하는 것은 결혼 이민자 가정의 자녀가 성인이 될 때까지 나타나는 일반적인 현상이다. 특히 언어 우위 현상은 이중 언어 환경에 놓인 아동의 언어 발달의 이해에 필요한데 그중 언어 코드 혼합 현상은 부모의 입력으로부터 많은 영향을 받는 것으로 밝혀졌다. 〈김경령〉

= 코드 전환, 코드 스위칭
→ 언어 전환(기능 교육)

[참고문헌]
• Bonvillain. N. (2000), *Language, culture, and communication: The meaning of messages*, 한국사회언어학회 엮음, 2004, 문화와 의사소통의 사회 언어학, 한국문화사.

❏ 사회적 거리

사회적 거리(社會的距離, social distance)는 개인이 접하는 언어문화가 그 자아와 근접한 정도를 나타낸다.

사회적 거리는 제2 언어 학습에서 문화 학습이 차지하는 위치를 설명할 수 있는 정의적 구인(construct) 중의 하나로 슈만(J. H. Schumann)은 이를 개인이 접하게 되는 두 언어문화의 인지적·정의적 근접성의 차이라고 했다.

제2 언어 학습에서 말하는 거리(distance)란 문화 간의 상이함을 묘사하기 위해 상징적으로 사용된 어휘로 표면적인 단계에서 보면 미국인과 캐나다 인은 문화적으로 사회적 거리가 가까운 반면 미국인과 중국인은 문화적으로 사회적 거리가 멀다. 이와 관련하여 슈만은 사회적 거리는 다음의 다양한 변수들로 결정된다고 기술한다.

(1) 학습 집단이 사용하는 언어보다 목표어가 정치적, 문화적, 기술적, 경제적으로 지배적인가, 비지배적인가?

(2) 목표어가 학습자 집단이 정체성을 유지하는 데에 어떤 영향을 주는가?

(3) 목표어 집단과 학습자 집단의 규모는 어떻게 다른가?

(4) 두 집단의 문화는 유사한 가치와 신념 체계를 나누고 있는가? 상호 집단에 대해 서로의 태도는 어떠한가? 목표어 지역에서는 얼마 동안 거주했는가?

위와 같은 변수들이 사회적 거리의 차이를 결정하여 좋은 언어 학습 상황 혹은 나쁜 언어 학습 상황을 만든다. 제2 언어 학습자가 목표어 집단으로부터 친밀성을 느끼지 못하면 심리적 거리감과 사회적 거리감이 형성된다.

교실에서의 문화 학습은 제2 언어 학습 과정에서 사회적 거리감의 차이를 간접적으로 인지하게 함으로써 긍정적인 문화 이식의 과정을 제공한다. 사회적 거리감의 차이를 만들어 내는 문화적 규범에 관한 개념적 범주의 예를 살펴보면 다음과 같다.

대표적으로는 개인주의 문화인지, 집단주의 문화인지에 따른 차이가 있다. 집단주의적 사회는 긴밀하게 통합되어 있으나 개인주의적 사회는 느슨하게 통합되어 있기 때문이다. 다음으로 권력 간격, 즉 불평등이 있는데, 이는 어느 사회에서나 존재하지만 관용되는 정도의 차이가 문화권마다 다르다. 또 다른 문화적 특징으로는 불확실성 회피 성향이 있다. 불확실성 회피 성향이 강한 문화는 안전을 추구하고 공격적이지만 이런 성향이 약한 문화는 느긋하며 덜 공격적이다. 이러한 문화적 규범의 차이가 제2 언어를 학습할 때 언어를 통해 드러나고 습득의 과정에 영향을 미친다.

슈만의 가설은 문화 간 사회적 거리가 멀면 멀수록 학습자가 언어를 배울 때 겪는 어려움은 더 커지고 반대인 경우에는 배우기가 더 수월하다고 예측한다. 하지만 이 가설의 단점은 실제적으로 사회적 거리를 어떻게 측정할 수 있는가 하는 문제이다. 어떤 수단을 가지고 사회적 거리의 정도를 결정할 수 있는가가 확실하지 않기 때문이다.

'2018 출입국·외국인 통계 연보'에 따르면 한국에 거주하고 있는 외국인 수는 2018년 말 기준으로 236만 명을 넘어 전체 인구의 4.6% 정도를 차지한다. 이 중 미국인, 북한 이탈 주민, 조선족이 한국인을 대할 때 느끼는 사회적 거리와 서아시아인이나 몽골인 한국인에 대해 느끼는 사회적 거리감에 대한 편차는 다를 것이다. 한국에는 국민과 가족이 차지하는 독특한 위상이 존재한다. 단일 민족이라는 의식하에 나타나는 배타성이 동료, 이웃, 친구 관계에서는 별로 드러나지 않지만 국민 혹은 가족이라는 구성원으로 상대를 받아들여야 할 때에는 이민족에 대한 관대함이 급속도로 약화된다. 그러나 외국인이 한국인에게 느끼는 사회적 거리감의 정도에는 다양한 편차가 존재할 수 있다.　〈김경령〉

→ 다문화 사회 모델

[참고문헌]
• 법무부, 출입국·외국인정책본부 누리집, 2020년 1월 8일 가져옴, http://immigration.go.kr
• 이명진·최유정·최샛별(2010), 다문화 사회와 외국인에 대한 사회적 거리, 조사연구 11-1, 한국조사연구학회,

63~85쪽.
• Brown, H. D. (2007), *Principles of language learning and teaching*, 이흥수 외 공역, 2007, 외국어 학습·교수의 원리, 피어슨에듀케이션코리아.

■ 문화 변용 모형

문화 변용 모형(文化變容模型, acculturation model)이란 어떤 문화가 새로운 문화와 접촉할 때 각각의 문화적 특성과 요소가 상호 교환되면서 새로운 문화 형태가 발생하고 문화 간의 차용이 일어나는 과정을 나타내는 모형이다.

문화 변용은 문화적으로 적절한 행위로 규정된 규칙이나 태도를 수행하기 위해 필요한 능력이 습득되는 결합 과정을 내포한다. 새로운 문화의 규칙과 언어 기술을 습득하여 이를 자신의 제1 언어 및 문화와 적절히 통합시키는 과정 속에서 상황에 따라 모어가 더 많이 보존될 수도 있고 적게 보존될 수도 있으며, 제2 언어 기술도 더 적게 습득될 수도 있고 더 많이 습득될 수도 있다.

슈만(J. H. Schumann)은 제2 언어 습득은 문화 변용의 과정에 일어나며, 문화적 변용의 정도가 결국은 제2 언어 습득 수준을 결정하게 된다고 주장했다. 즉 학습자는 문화 변용의 정도에 따라 제2 언어 입력 수준을 조정하고 그 기능을 구체화하고, 문화 변용과 제2 언어 습득은 목표어 및 문화에 대한 사회적 거리, 심리적 거리와 밀접하게 연결되어 있다고 보았다. 사회적 거리와 심리적 거리는 언어 습득에 영향을 주고 목표어와의 접촉의 양, 입력의 개방성 정도를 결정한다. 이때 학습자는 사회적·심리적 거리가 멀수록 입력을 습득으로 전환하는 데 제약을 받는다. 제2 언어 학습자가 처음으로 새로운 언어를 접하는 초기 단계는 피진화(pidginization)가 나타나는데 이 상태가 너무 오래 지속되면 화석화(fossilization)가 이루어져 발달된 중간 언어 체계로 진입하지 못한다. 즉 지속적인 피진화는 사회적·심리적 거리와 밀접한 관계에 있는 것이다. 이후 1983년에 앤더슨(J. R. Anderson)은 슈만의 모형을 더욱 발전시킨 모국어 화자 동화 모형(nativization model)을 개발했다. 이는 슈만의 것에 인지 차원을 덧붙여 구성한 모형이다. 여기서 앤더슨은 제2 언어 습득을 토착화(nativization) 혹은 탈토착화(denativization)라는 결과적인 개념으로 정의하였다.

문화 변용 모형은 모국어 화자와는 다른 제2 언어 학습자의 언어 능력이 다양하게 성취되어 나타나는 결과를 설명해 준다. 그러나 이 모형의 한계점은 다음과 같다. 첫째, 제2 언어 지식의 내재화 과정을 설명하지 못한다. 둘째, 제2 언어 학습자가 목표어 사용 환경에서 목표어를 자연스럽게 접하며 습득하는 과정을 근간으로 하여 만든 모형이므로 다른 언어 습득 환경, 예를 들어 외국어로서 언어를 배우는 환경, 교실에서의 학습 환경 등에서도 적용될 수 있는지가 분명하지 않다.

한국어교육에서는 다문화 가족, 유학생, 외국인 노동자 등 다양한 언어문화를 배경으로 하는 학습자들이 한국 사회에서 어떻게 적응하고 있는지, 문화 변용 과정이 어떻게 일어나는지에 대한 사회 언어학적 연구를 진행하고 있다. 슈만이 정립한 사회적·정의적·인지적·생물학적 요인, 입력 요인, 교수 요인 등의 유형론적 변인들은 한국어교육에서도 학습자의 언어문화 습득 과정 설명에 활용할 수 있다. 하지만 이 모형으로는 여러 문화적 배경을 가진 학습자들에게 한국어가 어떠한 양상으로 내재화되는지 그 과정에 대해 구체적이고 논리적으로 설명하기가 어렵다.　　　　　　　　　　　　〈김경령〉

[참고문헌]
· Anderson, J. R. (1983), *The Architecture of cognition*, Harvard University Press.
· Bonvillain. N. (2000), *Language, culture, and communication: The meaning of messages*, 한국사회언어학회 엮음, 2004, 문화와 의사소통의 사회 언어학, 한국문화사.
· Hamers, J. F. & Blanc, M. H. A. (1994), *Bilinguality and bilingualism*, 이혜란 외 공역, 1995, 2개 언어 상용과 그 이론, 한국문화사.
· Schumann, J . H. (1978), The acculturation model for second language acquisition, In R. Gingras. (Ed.), *Second language acquisition and foreign language teaching*, Center for Applied Linguistics.

■ 문화 감수성

문화 감수성(文化感受性, cultural sensitivity)이란 인간이 타문화 집단과 같이 살아가기 위해 문화적 차이를 인식하는 흥미, 행동의 변화, 민감성에 관한 발달에 주목하는 교육 모형을 말한다.

이 모형을 제안한 베네트(M. Bennett)에 따르면 문화 감수성 발달 모형은 자민족 중심 단계로부터 민족 상대주의 단계까지의 넓은 스펙트럼으로 이루어져 있다. 이 경우 문화 차이를 어떠한 방식으로 해석하고 수용하느냐에 따라 부정, 방어, 최소화, 수용, 적응, 통합의 단계로 나타난다.

브왁과 브리슬린(D. P. S. Bhawuk & R. Brislin)은 문화 감수성을 가리켜 인간이 타문화 집단과 어울려 지내기 위해 꼭 필요한 것이며 타문화를 존중하는 행동의 변화라고 했다. 첸(G. M. Chen)에 의하면 문화 감수성을 가진 개인은 자신이 속한 집단과 타문화의 사회 규범의 차이를 구별할 수 있기에 자신의 긍정적 정서를 상대방에게 전달할 수 있고 또한 상대방으로부터 긍정적인 정서 반응을 얻을 수도 있다. 이러한 문화 감수성을 구성하는 기본 요소로는 자아 존중감, 자기 통제, 감정 이입, 개방성, 판단 보류, 사회적 이완이 있다.

문화 감수성은 다음의 단계별 특성을 가진다. 먼저 자민족 중심주의를 지키고자 타문화에 대한 저항이 나타난다. 자민족 중심주의는 자신의 문화와 다른 문화와의 차이에 대하여 배타적인 태도를 갖는 것으로 다른 문화를 현실을 구성하는 긍정적인 것으로 바라보지 않는다. 그러나 점차 상대방의 문화에 대해서 개방적인 태도를 보이면서 민족 상대주의를 거치게 된다. 민족 상대주의는 우리가 마치 다른 구성원인 것처럼 그 문화를 바라보는 것으로 타문화와의 긍정적인 관계를 유지하려는 태도이다. 이는 인종, 성, 언어, 종교 등에 걸쳐 자민족 중심주의와 민족 상대주의의 태도로 나타난다.

한국어교육에서 문화 감수성은 학습자의 다양한 문화적 환경을 고려한 문화 교육의 틀이자 교육과정 설계에 적용될 수 있다. 특히 상호 문화적 의사소통적 관점의 문화 교육 또는 다문화 교육에서 학습자의 문화 감수성에 초점을 두고 교육 내용, 교육 방법, 교육 자료를 구안할 수 있다.　　　　　　　　　　　　　　　　　　　　　〈오정미〉

= 문화 효능감, 문화적 민감성

[참고문헌]
• Bennett, M. (1998), *Basic concepts of intercultural communication*, Intercultural Press.
• Bhawuk, D. P. S. & Brislin, R. (1992), The measurement of cultural sensitivity using the concepts of individualism and collectivism, *International Journal of Intercultural Relations 16-4*, pp. 413~436.
• Chen, G. M. (1997), A review of the concept of intercultural sensitivity, Retrieved August 7, 2014, from http://files.eric.ed.gov/fulltext/ED408634.pdf
• Moran, P. R. (2001), *Teaching culture: perspectives in practice*, 정동빈 외 역, 2004, 문화 교육, 경문사.

■ 비교 문화 인식 단계

비교 문화 인식 단계(比較文化認識段階, level of cross-cultural awareness)는 타문화를 접하고 적응하는 과정 중에서 타문화와의 차이를 발견하고 그 차이를 인식해 가는 순차적 단계를 의미한다.

일반적으로 타문화를 접하는 과정은 네 단계로 나뉜다. 첫 번째 단계는 상대 문화에 대한 차이를 발견하는 인식 단계이다. 두 번째 단계는 타문화에 대한 갈등 단계인 문화 충격의 단계이다. 세 번째 단계는 타문화를 수용하고 존중하는 문화 이해 단계이다. 네 번째 단계는 문화 적응 단계인 주체적 문화 인식의 단계로 발전한다.

한베이(R. G. Hanvey)는 타문화에 대한 인식 과정이 상대 문화에 대한 이해가 증가하는 측면과 주관적 관점으로 상대 문화에 대한 이해를 높여가는 측면으로 구성된다고 보았다. 특히 주관적 관점은 타문화에 대한 이해가 '믿을 수 없는'에서 '믿을 만한'으로 바뀌는 과정이라고 보고 다음 네 단계의 과정을 제시하였다. 첫 단계는 피상적으로나마 분명히 보이는 문화적 특성을 인식하는 단계로, 관광이나 여행 등 짧은 시간에 나타나며 아직은 '믿을 수 없는' 단계라는 특징이 있다. 두 번째 단계는 문화 갈등이 나타나는 단계로 상대 문화와 자문화의 차이점을 분명히 인식하고 불합리하다는 판단을 내리거나 좌절을 느끼는 단계이다. 세 번째 단계는 상대 문화의 특성을 의미 있게 의식적으로 인식하는 단계로 상대 문화를 '믿을 만한' 것으로 판단하는 단계이다. 마지막 단계는 상대 문화에 대한 몰입과 타문화 속에서 사는 단계까지 발전하여 내부자의 입장에서 다른 문화를 어떻게 느끼는가에 대해 인식하는 단계이다. 이렇게 네 번째 단계가 되면 개인적 친밀함 때문에 상대 문화를 '믿을 수 있다.'라는 판단을 하게 된다.

교차 문화 인식 단계는 타문화를 인식하여 이해하고 적응해 가는 과정을 단계적으로 보여 주는 모형으로 타문화에 대한 학습자의 주관적 인식의 변화와 의도를 볼 수 있다. 〈박성태〉

[참고문헌]
• Hanvey, R. G. (1979), *Cross-cultural awareness*, In E. C. Smith. & L. F. Luce. (Eds.), *Toward internationalism: Reading in cross-cultural communication*, Newbury House.
• Hanvey, R. G. (1982), An attainable global perspective, *Theory into Practice 21-3*, pp. 162~167.
• Moran, P. R. (2001), *Teaching culture: Perspectives in practice*, 정동빈 외 역, 2004, 문화 교육, 경문사.

■ 상호 문화적 학습 과정 모형

상호 문화적 학습 과정 모형(相互文化的學習過程模型, intercultural learning process model)은 목표 문화를 학습하고 그 요구에 적응하여 자문화와의 자연스러운 조화를 이루어 나가는 학습 과정을 의미한다.

문화 학습을 연구한 많은 학자들은 문화 간 차이와 타문화에 대한 학습자의 반응, 타문화 학습 과정, 학습자 인식 변화의 지향점, 학습자의 인식 과정과 수용력 등 각기 다른 강조점과 결과를 제시하였다. 이 중 훕스(D. S. Hoopes)는 문화 학습 모형으로 상호 문화적 학습 과정 모형을 제시하고 있다. 이 이론은 학습자가 타문화를 만났을 때 처음 자민족 중심주의로 문화 간 차이를 인식하다가 타문화에 대한 이해와 수용, 동화의 단계를 거치면서 타문화의 상대성을 인정하고 점차적으로 타문화에 적응해 가는 하나의 연속된 개념으로 학습 과정을 설명하는 것이다. 또한 훕스는 이러한 상호 문화적 학습 과정을 통해 생성된 문화 학습의 최종 결과물은 동화, 적응, 이중 문화주의, 다중 문화주의 등 네 가지라고 설명하고 학습자가 이 네 가지 결과물 중 하나를 선택하는 것은 개별 학습자의 문화 학습 상황과 목표를 반영한 것이라고 본다.

훕스는 문화 충격에도 네 가지 형태가 있다고 설명하는데 타문화를 경쟁 대상으로 인식하는 투쟁, 자문화의 집단 거주지로 숨는 도피, 타문화를 모방하고 적응하며 자문화의 정체성을 거부하는 수용, 타문화에 몰입되거나 편입되지 않고 편안함을 느끼는 적응이다. 또한 학습자는 적응의 단계에 이르면 두 가지의 문화 인격을 개발한 이중 문화주의나 또는 상호 문화적 학습 과정, 의사소통, 인간관계 등 어떤 상황에서도 적응할 수 있는 개인의 능력이 개발된 다중 문화주의 단계가 된다고 보았다.

이러한 이론은 상호 문화적 학습 과정에서 학습자의 변화를 중심으로 타문화와의 만남에서 발생하는 갈등을 이해하고 존중과 수용의 과정을 통해 적응하고 몰입하는 과정을 분석한다. 이로써 문화 학습 과정에 대한 단계별 학습 방법을 제시하고 있을 뿐만 아니라 문화 학습의 경과에 따라 네 가지의 결과가 나타난다는 점을 설명하고 있다. 〈박성태〉

[참고문헌]
• 윤애숙(2011), 주한 미군의 문화 교육을 위한 콘텐츠 개발 방안 연구, 한국외국어대학교 박사학위논문.
• Hoopes, D. S. (1979), Intercultural communication concepts and psychology of intercultural experience, In M. D. Pusch. (Ed.), *Multicultural education: A cross cultural training approach*, Intercultural Press.
• Moran, P. R. (2001), *Teaching culture: Perspectives in practice*, 정동빈 외 역, 2004, 문화 교육, 경문사.

■ 문화 경험 학습 모형

문화 경험 학습 모형(文化經驗學習模型, cultural experimental learning model)이란 타문화에 대한 학습 과정에서 학습자의 직접적인 경험과 행동을 중심으로 학습이 이루어지는 모형이다.

타문화를 학습하는 다양한 학습 모형 중에 문화 경험 학습 모형은 학습자에게 직접적이고 실천적인 행동을 제공하고 그 경험으로부터 새로운 문화를 이해하고 적응해 가도록 유도하는 학습 모형이다. 그렇기 때문에 문화 경험 학습 모형은 성인 학습자가 가지고 있는 풍부한 경험과 지식을 학습에 이용하여 타문화의 이해와 적응을 쉽게 하고자 하는 장점을 가지고 있다.

이러한 경험 학습 모형의 시작은 20세기 초 듀이(J. Dewey)에서 비롯된다고 할 수 있다. 존 듀이는 경험적 학습을 통해서 편견의 극복과 같은 개인 인지의 재구조화와 의미 있는 학습이 일어난다고 보았다. 이러한 이유로 그는 학습자에게 어떤 구체적 행동을 하게 하고 그 행동에 대한 영향이나 결과를 일반적 원리로 구성하여 이론화하고자 하였다.

이후 콜브(D. Kolb)는 경험을 통하여 지식을 이루는 과정이 진정한 학습의 과정이라고 하면서 진정한 경험 학습은 구체적 경험(concrete experience), 반성적 성찰(reflective observation), 추상적 개념화(abstract conceptualization), 능동적 실험(active experimentation)의 네 과정을 통해 이루어진다고 보았다.

문화 경험 학습은 경험 학습 이론을 바탕으로 현장 견학이나 실습, 체험 등의 구체적 경험을 제공하고 일지 작성이나 기록, 토론 등의 성찰과 개념화 과정을 통해 타문화를 이해하고 적응해 가는 학습 모형이다. 이러한 과정에서 학습자는 직접적 경험을 통해 얻은 새로운 정보를 흡수하기 위해 기존에 갖고 있던 지식과 경험을 동원하고 통합하는 과정을 거친다. 성공적인 문화 경험 학습을 위해서는 학습자의 능동적 교육 활동 참여와 수업 목표에 대한 인식과 적절한 문화 주제 제시 등이 필요하다. 강의실에서 이루어지는 경험 학습 형태로는 역할극(role play), 게임(game), 사례 연구(case study), 사회극(sociodrama) 등이 있으며 강의실 밖에서 이루어지는 경험 학습 모형으로는 현장 체험, 실습, 견학, 설문 조사 등 다양한 형태의 학습이 포함된다.

문화 경험 학습 모형은 학습자의 실제 경험과 기존의 지식을 배경으로 학습이 진행되며 비교적 학습자의 참여와 학습 동기가 높기 때문에 한국 문화 교육에서 일반적으

로 이루어지는 학습 모형이다. 〈박성태〉

[참고문헌]
- Fry, R. & Kolb, D. A. (1979), Experiential learning theory and learning experiences in liberal arts education, *New Directions for Experiential Learning 6*, pp. 79~92.
- Kolb, D. A. (1984), *Experiential learning: Experience as the source of learning and development*, Prentice Hall.
- Moran, P. R. (2001), *Teaching culture: Perspectives in practice*, 정동빈 외 역, 2004, 문화 교육, 경문사.

16

다문화 교육

16. 다문화 교육

16. 다문화 교육

다문화 교육을 이해하기 위해서는 먼저 다문화(multiculture) 또는 다문화주의 (multiculturalism)를 알아야 한다. 이들 용어는 세계화의 진전에 따라 이주(移住) 의 시대에 접어들면서 '이주 문제에 대한 적절한 해법을 모색하려는 시도'라는 좁은 의미에서 '현대 사회가 평등한 문화적, 정치적 지위를 가진 상이한 문화 집단을 끌어안을 수 있어야 한다는 믿음'이라는 넓은 의미로 폭넓게 정의되어 왔다. 이 중 다문화주의는 단일 문화주의와 상대되는 개념으로서 다인종 혹은 다민족 사회 구성원 간의 다양성으로 인해 생기는 문화적 차이를 인정하고 존중하는 사회적 인식을 말한다.

한국어교육학 사전은 다문화적 사회 인식을 전환시키는 것을 목표로 하는 다문화 교육의 한국어교육학적 성격을 설명하기 위해서 세부적인 주제 영역으로 다문화 사회 정책, 다문화 사회 모델, 다문화 교육 체제, 다문화 교육의 실제를 설정하였다. 그리고 해당 주제 영역과 관련하여 표제어를 선정하여 표제어 내에서 관련 이론을 소개하고 이와 함께 구체적인 사례를 제시하였다. 이를 통하여 다문화 교육을 교수 학습하는 다문화 교사나 연구자들에게 실질적인 도움을 주고자 하였다.

구체적으로 한국어교육학 사전의 다문화 사회 정책 부분에서는 단일 문화주의, 동화주의, 다문화주의 등 정책적 관점을 설명하고 있으며, 다문화 사회 모델 부분에서는 문화적 용광로(cultural melting pot) 정책에서 샐러드 볼(salad bowl) 정책으로 그리고 문화의 다양성과 차이성을 존중하는 모자이크(mosaic) 정책으로 전환되었던 점을 설명하고 있다. 또한 다문화 교육 체제에서는 다문화 교육의 관점과 다문화 교육 접근법, 다문화 교육의 대상과 관련한 표제어를 제시하고 설명하였다. 끝으로 다문화 교육의 실제로서 다문화 교육 자료, 다문화 교육 방법, 다문화 인식 검사 도구와 관련한 표제어를 선정하여 설명하였다.

다문화 교육은 문화적 다양성을 인정하는 정책이 교육의 장(場)으로 적용되어야 한다는 원칙이자 실천의 문제를 수반한다. 이에 다문화 교육의 관점은 교육자들이 인종, 종교, 문화, 언어, 민족의 다양성과 관련된 교육 문제들을 최소화하면서도 한편으로는 다양성을 허용하여 제공되는 교육의 가능성과 기회, 성취를 극대화할 수 있도록 하는 제반 사항들을 포함하고 있어야 한다. 이 외에도 다문화 교육의 쟁점으로서 성(gender), 장애(disabilities), 사회 계층(social class)과 같은 불평등으로부터 생기는 교육 문제가 있다. 궁극적으로 다문화 교육은 소수민에 대한 교육 기회의 극대화뿐만 아니라 소수자에 대한 다수자의 이해와 배려를 지향한다.　〈윤여탁〉

16.1. 다문화 사회 정책

■ 단일 문화주의

단일 문화주의(單一文化主義, monoculturalism)는 특정 국가나 민족이 하나의 문화만을 인정하고 그 문화의 정체성만을 추구하는 정책을 말한다.

단일 문화주의는 세계 여러 국가들이 다문화 사회로 변모하는 과정에서 비판적으로 논의되어 왔다. 예를 들어 미국은 다문화주의 사회로 급속하게 변화하고 있지만 그럼에도 불구하고 대부분의 교과 담당 교사와 상담 교사들은 여전히 백인 이외의 다른 인종 학생들에게 충분한 참여 기회를 제공하지 않는다고 비판을 받기도 한다. 이는 단일 문화주의가 지닌 속성, 즉 자신이 소유한 하나의 문화적 관점을 중심으로 세계를 이해하려는 경향과 관련된다. 또한 이러한 상황은 국가 또는 사회가 소수 인종, 여자, 성 소수자를 포함하여 문화적 다양성을 띤 그룹(culturally different groups)에게 여전히 편견을 가지고 있는 것과도 일맥상통한다. 특정 국가가 다문화 사회로 변화하는 과정에서 단일 문화주의가 새삼 활발하게 논의되는 역설적인 현상은 해당 국가나 사회의 정체성과 통일성을 유지하려는 노력에서 기인한다. 여기에서 핵심은 문화적 다수자와 소수자 간의 권력 균형 문제로 볼 수 있다. 단일 문화주의는 특정 문화의 우월성을 인정하며 주류 문화가 소수 문화 및 그 가치를 통합할 수 있다고 판단하기 때문에 다수자와 소수자 간의 문화적 주도권의 문제가 발생한다.

수 외(D. W. Sue et al.)는 단일 문화주의의 특징을 다음과 같이 제시하였다. 첫째, 하나의 국가나 민족의 문화유산이 다른 문화의 산물보다 더 우월하다고 강하게 믿는다. 둘째, 자국의 것을 제외한 다른 모든 문화유산은 열등하다는 신념이 있다. 셋째, 자문화의 기준(standards)을 세력이 약한 다른 집단에 적용할 수 있는 힘을 소유하고 있다. 넷째, 자문화 중심 사상을 제도 및 정책 등 해당 사회 구조 내의 다양한 분야에 반영한다.

한국에는 구한말에 일본을 통해 독일의 민족 개념과 문화 개념이 도입되었다. 독일의 민족 개념에서는 언어, 문화, 역사와 함께 혈통을 강조하는데 한국 역시 혈통에 주목하기 시작하면서 단일 문화주의적 관점에서 단일 민족주의가 형성되었다. 이는 문화적 상징인 '단군'을 생물학적 선조로 확대한 것이며 이때부터 일본판 민족주의와 매우 흡사한 단일 민족주의가 형성된 것이라고 할 수 있다. 이후 남북 분단, 한국 전쟁, 냉전을 거치면서 단일 민족주의가 더욱 강조되었다가 최근에는 세계화 담론과 함께 다문화주의에 대한 관심이 높아지고 있다. 〈장봉석〉

= 단문화주의

[참고문헌]
- 권재일(2008), 다문화 사회와 언어, 유네스코 아시아·태평양 국제이해교육원 편, 다문화 사회의 이해: 다문화 교육의 현실과 전망, 동녘.

• 한경구(2008), 다문화 사회란 무엇인가?, 유네스코 아시아·태평양 국제이해교육원 편, 다문화 사회의 이해: 다문화 교육의 현실과 전망, 동녘.
• Sue, D. W. et al. (1998), *Multicultural counseling competencies: Individual and organizational development*, SAGE Publications.

■ 동화주의

동화주의(同化主義, assimilationism)는 이주민이 출신국의 문화적 정체성을 포기하고 유입국 사회에 완전히 동화되는 것을 이상으로 여기는 문화 정책을 말한다.

동화주의는 한 국가 내에 공존하는 주류 문화와 비주류 문화 중에서 주류 문화를 통한 사회 통합을 목표로 한다. 즉 주류 문화와 소수 문화 간의 차이를 인정하지 않고 소수 집단이 주류 사회의 문화 속으로 편입하기를 강요하는 것으로서 이러한 정책은 소수에 대한 억압을 정당화하는 역할을 한다.

동화주의 모형은 이주민들이 기존의 주류 사회의 문화를 내면화하고 순응하도록 요구하기 때문에 외국인 이주민들의 문화를 인정하지 않으며 소수인 외국인이 다수자 집단에 동화되기를 요구한다. 따라서 이주민들이 사적(私的) 영역에서 출신국의 문화적 정체성을 띨 수 있지만 공적(公的) 영역에서는 이에 대한 표현이 금지된다. 이주민들은 유입국의 문화와 정체성을 획득하는 대가로 국적을 취득하며 그 과정에서 그 나라의 공식적 언어를 사용하고 문화를 철저하게 내면화하지만 출신국의 문화적 정체성을 포기하기를 요구받는다. 따라서 동화주의 사회에서 이주민들은 기존의 다수자 집단에 동화되어 출신국의 문화적 정체성을 상실하거나 사적인 공간에서만 표출한다. 동화주의 국가에서는 대부분 속지주의(屬地主義, territorial principle) 정책을 시행하며 귀화 절차도 상대적으로 간단하다. 새로운 국적을 취득하는 이주민들은 그 나라의 공식 언어를 사용하고 문화를 철저하게 내면화해야 한다.

이주민이 주류 사회의 언어를 습득하고 그들의 자녀가 정규 학교에 취학하도록 돕는 것은 동질화를 위한 정책이 될 수 있으므로, 동화주의 모델은 다문화 사회에서 선택할 수 있는 정책 모형이 될 수 있다. 그러나 한편으로 이주민이 주류 사회에 완전히 동화되는 것이 실질적으로 어렵다는 점, 동화되었다고 하더라도 이주민이 주류 사회에 진입하는 데는 상당한 장벽이 존재한다는 점 그리고 동화를 강제하는 것이 사회적 갈등 요인이 되며 사회적 통합을 저해한다는 점에서 동화주의 모델이 비판 받기도 한다. 동화주의에 기초한 다문화 정책을 시행해 온 국가들의 경우 이러한 이유로 이주민들의 적응이 원활하지 못하고 사회 통합이 저해된다는 비판이 제기되면서 다문화주의로의 움직임이 등장하게 되었다. 〈모경환〉

[참고문헌]
• Castle, S. & Miller, M. J. (2003), *The age of migration: International population movements in the*

modern world, Guilford Press.
• Marco, M. (1997), *Sortir des ghettos culturels*, 윤진 역, 2002, 현대 사회와 다문화주의, 한울.

■ 다문화주의

다문화주의(多文化主義, multiculturalism)는 이주민의 다양한 문화와 정체성을 인정하며 각 집단의 고유한 문화적 특성을 보존하도록 지원하는 정책을 말한다.

테일러(E. B. Taylor)는 다문화주의를 한 사회의 문화적 다수 집단이 소수 집단을 동등한 가치를 지닌 집단으로 인정하는 '인정의 정치(politics of recognition)'로 정의하였다. 이때 인정의 정치란 단지 소수 집단이 타 집단의 권리를 침해하지 않는 한도 내에서 자유롭게 사는 것을 인정하는 수준에서 그치는 것이 아니라 소수 집단의 문화가 다수 집단 내에서 함께 공존하도록 적극적인 조치를 취하는 것을 포함하는 개념이다. 1971년 캐나다 연방 정부는 이주민에 대한 동화주의 정책을 대신해서 소수 집단 또는 이주민 문화의 유지와 보존을 인정하고 수용하는 정책을 수립함에 따라 다문화주의 정책을 공식적으로 채택하였다. 다문화주의에서는 다양한 인종 및 민족 집단의 문화적 특성을 인정함으로써 다양성에 기초한 통합 정책을 시행한다.

이러한 정책이 실행되는 다문화주의 모델(multicultural model)은 모든 인종과 민족 집단, 소수자에 대해 문화적, 인종적 편견과 차별이 없는 상태를 추구한다. 다시 말해서 다문화주의 모델은 다양한 인종, 민족 집단 간의 차별과 갈등이 없는 상태를 이상적으로 여기며 이주민 집단의 문화를 공식적으로 인정하고 장려한다. 또한 소수자의 동화가 아닌 공생(symbiosis)에 정책 목표를 둔다. 궁극적으로 다문화주의 정책은 소수 집단의 주류 사회로의 동화를 강요하는 것이 아니라 문화적 고유성을 인정함을 통한 사회 통합을 목표로 하고 있다.

다문화주의와 유사한 개념으로는 문화적 다원주의(cultural pluralism)가 있다. 두 개념 모두 문화의 다양성을 인정하고 사회적 통합을 추구한다는 점에서 유사점이 있다. 문화적 다원주의가 사회 안에 주류 문화가 존재하며 다양한 소수 민족의 문화도 존재함을 인정하는 정도의 소극적 지향성을 띤다면, 다문화주의는 다양한 문화가 평등하게 인정되어야 함을 강조하는 적극적 지향성을 띤다. 〈모경환〉

[참고문헌]
• Castle, S. & Miller, M. J. (2003), *The age of migration: International population movements in the modern world*, Guilford Press.
• Marco, M. (1997), *Sortir des ghettos culturels*, 윤진 역, 2002, 현대 사회와 다문화주의, 한울.

■ 차별적 배제

차별적 배제(差別的排除, differential exclusionary)란 다문화 정책 중에서 국가가 원

하지 않는 이주민의 유입을 차단하고 이주민과 내국인과의 차별을 유지하려는 정책을 말한다.

차별적 배제는 사회적 필요성에 의해 특정 이주 집단에 대해서는 자국민에 준하는 권리를 인정하지만 어떤 집단들에 대해서는 그러한 권리를 인정하거나 허용하지 않는 차별적 태도를 취한다. 즉 이주민 대부분을 그 사회의 구성원으로 포용하는 것이 아니라 일정 기간 머물다 돌아가는 손님으로 취급하여 사회 통합의 대상에 포함하지 않는다. 이러한 유형은 주로 노동력 유입국에서 나타난다. 이 경우 국가는 이주민들을 3D(dirty, dangerous, difficult) 직종의 노동 시장과 같은 경제 영역에서만 받아들이고 복지 혜택, 국적, 선거권·피선거권 부여, 국방의 의무 등과 같은 사회 및 정치 영역에서는 수용하지 않는다.

캐슬과 밀러(S. Castle & M. J. Miller)에 따르면 독일이 이 모형을 따르고 있다. 1960년대 독일의 '초청 노동자'들은 본국에 돌아갈 사람들로 간주되었기 때문에 노동 시장에만 포섭되었고, 독일 정부는 이들이 독일 사회 내에 문화적으로 동화되는 것을 허용하지 않았다. 이러한 경우 국적 문제에 있어서는 속인주의(屬人主義, personal principle) 원칙을 고수하며 귀화가 까다롭고 이와 관련한 비용이 많이 든다. 또한 국적 부여 절차는 이주민들을 사회 내에 포섭하기보다는 배제하는 수단으로 활용한다.

우리나라에서는 2004년부터 시작된 외국인 고용 허가 제도를 차별적 배제 모형의 예로 볼 수 있다. 한국 정부는 3D 업종을 위시한 일부 직종의 인력난을 해결하기 위해 단기적이며 제한적으로 이주 노동자를 받아들이는 차별적인 배제 정책을 시행하고 있다. 〈모경환〉

[참고문헌]
• Castle, S. & Miller, M. J. (2003), *The age of migration: International population movements in the modern world*, Guilford Press.
• Marco, M. (1997), *Sortir des ghettos culturels*, 윤진 역, 2002, 현대 사회와 다문화주의, 한울.

16.2. 다문화 사회 모델

다문화 사회 모델은 주류 집단(majority group)이 소수 집단(minority group)의 다양성에 대해 어떻게 반응하는지에 따라 분류한 다문화 사회의 유형을 말한다.

다문화 사회는 인종, 민족, 성 등의 측면에서 서로 다른 사람들이 모여 상호 관계를 맺으면서 사는 사회이다. 다문화 사회 모델은 문화적 주류 집단과 소수 집단 간의 방향성에 따라 동화주의 지향의 문화적 용광로(cultural melting pot) 모델, 문화적 다원주의 및 다문화주의 지향의 샐러드 볼(salad bowl) 혹은 모자이크(mosaic) 모델로 분류된다. 다시 말해서 이는 주류 집단이 소수 집단의 정체성과 다양성을 인정하지 않고 주류 사회 속으로 편입시키는 문화적 용광로와 각 집단의 특성이 살아 있되 전체 사회 속에서 그 특성들이 조화를 이루는 샐러드 볼 혹은 모자이크로 나누어 볼 수 있다. 여기서 문화적 용광로 모델은 주로 미국의 1990년대 이전 이민 정책을 지칭한다. 그리고 샐러드 볼 모델은 20세기 후반 미국, 캐나다, 호주의 이민 정책을 말한다. 미국에서 뱅크스 외(J. A. Banks et al.)가 제시한 '통합 속의 다양성(diversity within unity)'은 샐러드 볼 모델을 보여 주는 반면 캐나다의 이민 정책은 모자이크로 지칭되어 왔다. 이전에는 미국과 캐나다의 이민 정책을 용광로와 모자이크로 대비하여 설명하는 경우가 많았으나, 현재는 두 나라의 이민 정책과 관련하여 각 민족 집단의 정체성 인정과 전체 사회와의 통합에 대해 이분법적으로 설명할 수 없다는 입장이 지배적이다. 여기서 더 나아가 다문화 사회 모델에 대한 논의는 다원주의 혹은 다문화주의 모델이 진정으로 사회 통합에 기여하는지에 대한 논의로 이어지고 있다.

현재와 같이 다양성을 강조하는 다문화 사회에서는 주류 집단 중심 사회 구성을 선호하는 주류 집단과 각 집단의 정체성을 지키고자 하는 소수 집단이 상대방의 요구에 대해 소통과 합의를 어떻게 이루는지가 다문화 사회의 모습을 결정짓는 관건이 된다. 이에 따라 집단 간의 상호작용에 기반을 두고 하나의 다문화 사회가 지향하는 모델은 꾸준히 변화해 왔다.

우리나라의 경우 다문화주의를 다문화 사회의 이상적인 방향으로 인지한다. 그러나 우리나라는 오랫동안 지녀 온 단일 민족주의에 대한 믿음이 토대가 되어 아직 다문화 사회를 주류 사회 내에서 소수 민족 문화가 형성되는 것으로 보면서 소수 민족의 적응을 강조하는 동화주의 방향을 취하고 있다. 〈김혜영〉

[참고문헌]
• Banks, J. A. et al. (2001), *Diversity within unity: Essential principles for teaching and learning in a multicultural society*, Phi Delta Kappan.
• Fisher, W. C. et al. (Eds.) (1997), *Identity, community, and pluralism in American life*, Oxford University Press.
• Lipset, S. M. (1990), *Continental divide: The values and institutions of the United States and Canada*, Routledge.

■ 문화적 용광로

문화적 용광로(文化的鎔鑛爐, cultural melting pot)는 소수 집단 이주민들이 그들의 문화와 전통을 포기하고 주류 집단으로 융합되는 것을 목표로 하는 다문화 정책을 말한다.

문화적 용광로 모델은 동화주의(assimilationism)를 지향하는 모델로서 다양한 민족적, 인종적 배경을 가진 사람들이 한 사회 내에서 문화적 다수자가 공동체의 삶 속으로 흡수되는 일방적 과정을 제시한다. 예를 들면 미국으로 온 이주민들이 그들 모국의 관습과 관례를 미국에 정착시키지 못하고 한 사람의 미국인으로 동화되고 융합되는 것이 이에 해당한다.

문화적 용광로에 대한 개념은 1908년에 상연된 장윌(I. Zangwill)의 〈*The melting pot*〉라는 희곡을 통해 구체화되었다. 장윌은 자국에서는 서로 갈등을 일으켰던 이주민들이 미국 사회에 자연스럽게 녹아들면서 더 포용적인 사회 분위기를 만들 수 있다는 취지에서 이 용어를 사용하였다.

그러나 역사적으로 볼 때 미국이 실제로 문화적 용광로 사회의 성격을 띠게 된 시기는 이보다 앞선다. 유럽에서 온 이주민들이 영어를 공식어처럼 쓰고 앵글로·색슨 문화의 특징을 습득하면서 앵글로화하는 경향을 보여 주던 19세기 초가 이 시기에 해당된다. 미국에서 앵글로·색슨계 초기 이주민 보호주의자(nativist)들이 중심이 되어 북서유럽을 제외한 유럽 이주민들의 유입을 제한하는 것을 내용으로 만든 1917년 및 1924년 이민법에서 문화적 용광로 모델의 전형적인 모습을 찾아볼 수 있다. 문화적 용광로 모델은 20세기 중반 이후부터 비판받기 시작했으나 그럼에도 불구하고 1980년대까지도 이어져 왔다.

문화적 용광로 사회에서는 동화된 이주민들이 자신들의 문화, 언어, 정체성을 희생한 대가로 경제적, 구조적 주류 사회 속으로 편입한다. 이러한 관점에서 문화적 용광로 모델은 이주민의 문화가 지닌 장점과 매력은 수용하지 않은 채 이를 주류 문화로 녹여 버리기만 했다는 비판을 받는다. 문화적 용광로 사회에서 교육의 목적은 소수 집단 사람들을 주류 사회에 성공적으로 편입시키는 것이다. 그 결과 소수 집단과 주류 집단의 문화적 차이가 결핍으로 간주되어 소수 집단의 개인적, 문화적 강점이 묻히는 경우가 많았다. 예를 들어 주류 언어가 유창하지 않은 학생의 학업 성적이 낮을 경우 해당 학생에게 별도의 교육 방법을 적용하는 대신 부진아를 위한 반에 배치하는 경우가 이에 해당한다. 이로 인해 이주민들이 자신이 속한 사회를 긍정적으로 인식하지 못하는 구성원이 될지도 모른다는 우려가 있다.

우리나라는 한국 전쟁 후 분단을 거치면서 한국적 정체성을 강조하는 경향이 강해졌다. 우리나라의 다문화 정책은 한국 문화에 대한 적응을 강조하는 문화적 용광로 모델을 원칙으로 하고 있다고 할 수 있다. 그러나 이와 함께 샐러드 볼이나 모자이크 모델과 같이 여러 집단의 문화적 다양성을 인정하는 방향으로 나아가려는 시도도 이루어지고 있다.　　　　　　　　　　　　　　　　　　　　　　　　　　　　　〈김혜영〉

[참고문헌]
• 유네스코 아시아·태평양 국제 이해 교육원 편(2008), 다문화 사회의 이해: 다문화 교육의 현실과 전망, 동녘.
• D'innocenzo, M. & Sirefman, J. P. (Eds.) (1992), *Immigration and ethnicity: American society: Melting pot or salad bowl?*, Greenwood Press.
• Fisher, W. C. et al. (Eds.) (1997), *Identity, community, and pluralism in American life*, Oxford University Press.

■ 샐러드 볼

샐러드 볼(salad bowl)은 각각의 집단 문화가 정체성을 인정받으면서 조화를 이루어 전체 사회에 기여하는 다문화 사회의 모습을 지향하는 다문화 정책을 말한다.

샐러드 볼 모델은 문화적 다원주의(cultural pluralism)를 지향한다. 이는 샐러드 볼 속에서 다양한 채소가 각각의 고유한 맛을 유지하여 다른 채소와 구별되면서 공존하듯이, 다문화 사회 내 여러 민족 집단이 다양한 특성을 드러내면서도 동시에 전체 사회와 어우러지는 것을 가리킨다.

이 모델은 미국에서 동화를 강조하는 문화적 용광로 모델에 대한 대안으로 제시되었다. 이는 미국 사회 내 각 집단의 정치적 자유가 문화적 자유와 함께 이루어져야 하며, 모든 유럽 이주민들은 미국 사회에서 각 민족의 문화와 제도를 유지할 권리를 가져야 한다는 논의와 함께 시작되었다. 이에 따라 1990년대 이후 사회 정책의 방향은 다문화주의(multiculturalism)로 전환하기 시작하였다. 학교의 경우 샐러드 볼 정책은 문화적 배경이 다른 학생들 모두가 자신이 학교 사회에서 인정받고 받아들여지고 있다는 느낌을 받도록 교육적, 인적, 행정적, 재정적, 제도적 측면에서 학습자의 요구에 부응하는 방향으로 이루어진다.

샐러드 볼 모델은 모자이크 모델과 구별된다. 예를 들어 미국과 캐나다는 둘 다 문화적 다원주의를 통한 다문화주의를 지향하고 있지만, 전자는 샐러드 볼 모델 사회로 보는 반면 후자는 모자이크 모델 사회로 간주한다. 이때 샐러드 볼 모델이 소수 집단의 정체성 인정을 바탕으로 새로운 가치를 창조한다는 의미가 강하다면, 모자이크 모델은 주류 집단과 소수 집단의 정체성 유지에 더 강조점을 둔다.

샐러드 볼 모델이 추구하는 이상적 다문화주의의 취지를 제대로 수행하는 교육은 그리 많지 않다. 이는 샐러드 볼 모델 사회가 갖는 문화 다원주의 혹은 다문화주의 관점이 사회의 안정성을 위협하며 극단적으로는 사회 분리를 초래할 수 있다는 우려가 제기되는 것과 관련이 있다.

우리나라에서 다문화 교육은 한국 사회에 통합하여 동화하는 방향에서 이루어지고 있다. 미국에서 1990년대 이전에 강조했던 용광로 모델이 현재 우리의 다문화 교육 이론의 방향이라고 볼 수 있으며 샐러드 볼, 모자이크 사회에 대한 구체적 논의는 이제 시작되는 단계이다. 〈김혜영〉

[참고문헌]
• D'innocenzo, M. & Sirefman, J. P. (Eds.) (1992), *Immigration and ethnicity: American society: Melting pot or salad bowl?*, Greenwood Press.
• Fisher, W. C. et al. (Eds.) (1997), *Identity, community, and pluralism in American life*, Oxford University Press.

■ 모자이크

모자이크(mosaic)는 소수 집단 이주민들의 문화적 특성을 인정하면서 함께 살아가는 다문화 사회의 모습을 지향하는 다문화 정책을 말한다.

모자이크 모델의 개념은 1938년에 캐나다의 기본(J. M. Gibbon)이 쓴 《*Canadian mosaic*》에서 처음으로 사용하였다. 캐나다의 모자이크 모델의 개념은 각 민족 혹은 문화 집단이 고유의 정체성을 유지하면서 국가에 기여하는 다문화 사회 모델로, 이후 캐나다의 다문화주의(Canadian multiculturalism)로 발전하였다.

현재 캐나다의 모자이크식 사회에 대해서는 옹호의 입장과 비판의 입장이 공존하고 있는 실정이다. 립셋(S. M. Lipset)은 동화를 강조하는 미국의 문화적 용광로식 사회와 비교하여 모자이크 사회로서 캐나다는 다양한 민족 집단의 문화가 유지되는 권리를 인정하는 사회라고 보는 옹호적 입장을 취한다. 반면 포터(J. Porter)는 캐나다는 종족적 특수주의(ethnic particularism)가 영국계에 더 이익을 주어 계층 불평등을 강화하는 수직적 모자이크(vertical mosaic) 사회라고 비판하기도 한다. 이와 함께 다양한 정체성이 모여 조화를 이루는 모자이크 사회는 국가의 위기와 같은 예기치 않은 상황을 맞았을 때 손쉽게 깨질 가능성이 크다고 평가되기도 한다.

최근에는 모자이크 모델이 문화의 복잡성을 포용하는 개념이라는 인식으로 전환되고 있다. 즉 세계화된 개인의 문화와 현지 문화가 동시에 상호적으로 영향을 주고받는다고 보는 것이다. 차오와 문(G. T. Chao & H. Moon)은 사회의 상황에 따라 개개인은 서로 다른 다문화적 유산에 의지하게 되며 다양한 문화 틀이 그들의 행동에 영향을 미칠 수 있다고 본다. 이러한 맥락에서 미국과 캐나다를 '용광로'와 '모자이크'로 이분하는 관점은 비판을 받고 있다. 디노첸조와 시레프만(M. D'innocenzo & J. P. Sirefman)은 용광로 사회라고 지칭되어 왔던 미국에서도 보호주의자(nativist)의 압력을 받아 왔던 이주민이나 민족 집단이 고유의 문화 정체성을 유지하고 있다며 두 사회를 이분하여 정의할 수 없다고 주장한다.

한국인은 오랫동안 단일 민족이라고 믿어 왔고 대규모 이민의 역사가 없었기 때문에 한국 사회 내에서 소수 집단이 그 특성을 강하게 드러낸 경우가 거의 없다. 또한 국내에서 다문화주의라는 이름으로 시행되고 있는 정책은 동화주의적 시각이 많아 집단의 문화적 특성을 인정하는 캐나다식 모자이크 모델과는 거리가 있다. 앞으로 문화적 다수자로서의 한국인과 문화적 소수자로서의 이주민 모두의 입장에서 다문화주의를 바라보는 문화적 실천의 확산이 요구된다. 〈김혜영〉

[참고문헌]
• Chao, G. T. & Moon, H. (2005), The cultural mosaic: A metatheory for understanding the complexity of culture, *Journal of Applied Psychology 90-6*, pp. 1128~1140.
• D'innocenzo, M. & Sirefman, J. P. (Eds.) (1992), *Immigration and ethnicity: American society: Melting*

pot or salad bowl?, Greenwood Press.
- Gibbon, J. M. (1938), *Canadian mosaic: The making of a northern nation*, McClelland & Stewart.
- Lipset, S. M. (1990), *Continental divide: The values and institutions of the United States and Canada*, Routledge.
- Porter, J. (1965), *The vertical mosaic: An analysis of social class and power in Canada*, University of Toronto Press.

16.3. 다문화 교육 체제

■ 다문화 교육의 관점

❑ 다민족 교육

다민족 교육(多民族教育, multiethnic education)이란 다양한 민족에 대한 연구를 통해 교육 내용에 민족적 다양성을 반영하는 것을 목표로 하는 교육 혹은 교육 개혁 운동을 말한다.

다민족 교육은 미국에서 아시아계 미국인, 미국 원주민, 남미계 미국인과 같은 다양한 문화 집단 출신의 학생들이 평등한 교육 기회를 경험할 수 있도록 교육 제도를 재구성하기 위해 계획된 교육 개혁 운동에서 시작되었다. 이 용어는 1960년대와 1970년대에 민족학(ethnic studies)의 발달과 함께 자주 사용되었으나 다문화 교육(multicultural education)이라는 용어가 본격적으로 사용되면서 오늘날에는 거의 사용되지 않는다.

다민족 교육은 민족 연구에 초점을 두어 민족 연구 내용을 교육과정에 포함시키는 다민족 교육의 시작 단계에서 이루어진다. 일반적으로 광의(廣義)의 다민족 교육은 다양한 민족에 대한 교육 내용을 포함시켜 그들의 문화를 이해함으로써 문화적 수용의 폭을 넓히고 나아가 그들에게 평등한 교육 기회를 제공하고자 하는 교육 개혁 운동의 한 흐름으로 볼 수 있다.

소수 민족 학생들이 주류 문화 중심의 교육을 받게 되면 자신의 문화에 대한 자긍심을 형성하지 못하고 정체성에 혼란을 느낄 수 있다. 이러한 경우 다민족 교육은 교육 내용에 민족적 다양성을 반영함으로써 소수 민족 학생들에게는 문화적 자존감을, 주류 집단 학생들에게는 문화적 다양성에 대한 관용적 태도를 함양해 줄 수 있다는 장점이 있다.

다민족 교육은 소수 집단 학생들뿐만 아니라 다수 집단 학생들이 다양한 민족, 인종 집단의 유산과 가치를 이해하여 자신의 문화 집단과 주류 사회에서도 서로 조화를 이루며 살 수 있도록 하는 데 목표를 두고 있다. 여기서 더 나아가 다민족 교육은 인종, 민족뿐만 아니라 계층, 성, 언어 등을 포함하여 보다 광범위한 교육적 쟁점 및 사안을 다루고 있다. 〈모경환〉

[참고문헌]
• Banks, J. A. (1993), *Multiethnic education: Theory and practice*, Allyn and Bacon.
• Banks, J. A. (2008), *An introduction to multicultural education*, 모경환 외 역, 2008, 다문화 교육 입문, 아카데미프레스.

❏ 다문화 교육

다문화 교육(多文化敎育, multicultural education)은 다양한 문화적 배경을 가진 학습자들이 자신의 사회 계층, 인종, 민족, 성 등과 상관없이 균등한 교육 기회를 가질 수 있도록 교육과정과 교육 제도 등 교육 환경을 변화시키려는 교육 철학이자 교육 개혁 운동을 말한다.

다문화 교육의 바탕이 되는 다문화주의는 다양한 배경의 학생이 자신의 민족과 관련된 정체성을 버리고 서구 중심의 주류 문화에 동화되어야 한다는 기존의 동화주의에 대한 대안으로 등장하였다.

다문화 교육은 복합적이고 다양한 측면에서 이루어진다. 뱅크스(J. A. Banks)는 다문화 교육의 주요 요소로서 다섯 가지 차원을 제시하였다. 첫째, 내용 통합(content integration)이다. 이는 수업을 위해 교사들이 교과에 얽매이지 않고 다양한 자료와 정보를 가져와 활용하는 것을 말한다. 둘째, 지식 구성 과정(knowledge construction)이다. 이는 지식이 어떻게 형성되고 사회 구성원의 다양한 인종, 민족, 성 등의 특성에 의해 어떤 영향을 받는지를 이해하도록 하는 것이다. 셋째, 편견 감소(prejudice reduction)이다. 이는 다문화 교육의 주요 목표로서 학생들이 타 인종, 민족 집단에 대한 편견을 시정하고 긍정적, 관용적 태도를 형성하도록 하는 것이다. 넷째, 공평한 교수법(equity pedagogy)이다. 교사가 다양한 학생 집단의 문화적 특징을 수업에 반영하여 학생들의 학업 성취를 향상시키려는 것이다. 다섯째, 학생들의 역량을 강화하는 학교 문화(empowering school culture)이다. 이는 학교의 문화와 관행을 개선하여 모든 집단의 학생들에게 평등한 성공의 기회를 제공하려는 노력을 의미한다.

다민족 교육의 전 단계인 다민족 교육은 민족과 인종의 차이에 기초를 둔 민족학의 발달로부터 영향을 받았다. 이는 인종, 민족, 계층, 성, 언어 등 보다 광범위한 교육적 쟁점들을 다루며 문화적 소수자를 위한 다문화 교육의 기초를 이루는 분야이다. 이러한 학문적 맥락을 기반으로 하여 한국어교육에서도 한국어교육 및 한국 문화 교육과 함께 한국 사회 내 소수자 학생들의 정체성 형성과 전반적 학업 성취의 문제를 함께 다루어야 한다. 〈모경환〉

[참고문헌]
• Banks, J. A. & Banks, C. A. M. (Eds.) (2007), *Multicultural education: Issues and perspectives*, Wiley.
• Banks, J. A. (2008), *An introduction to multicultural education*, 모경환 외 역, 2008, 다문화 교육 입문, 아카데미프레스.

• Sleeter, C. E. & Grant, C. A. (2007), *Making choices for multicultural education: Five approaches to race, class and gender*, Wiley.

☐ 다문화적 시민성 교육

다문화적 시민성 교육(多文化的市民性教育, multicultural citizenship education)이란 문화적으로 다양한 사람들과 더불어 민주적인 정치 공동체를 형성, 운영, 발전시키려면 갖추어야 할 시민적 자질을 기르기 위한 교육을 말한다.

다문화 교육은 1960년대 민권 운동에서 탄생하였다. 따라서 다문화 교육은 그 출발부터 시민권 및 시민성의 개념과 밀접한 관련을 맺고 있다. 초창기 다문화 교육은 차별 받던 소수 집단에게 평등한 시민적 지위를 부여하기 위한 사회 운동으로서의 성격이 강했다. 시민권의 평등한 보장이 제도적인 수준에서 어느 정도 달성된 이후 다문화 교육은 모든 학생을 대상으로 하여 반(反) 편견, 관용, 사회 정의, 배려 등 다문화 사회가 요구하는 시민적 자질을 함양하기 위한 보통 시민 교육으로서 그 지평을 확장하고 있다. 킴릭카(W. Kymlicka)는 전(全) 지구적으로 다양성이 심화되고 국가 내에서 문화적 권리와 인정을 주장하는 소수 집단이 증가하고 있는 오늘날에는 다문화적 시민성이 반드시 필요하다고 주장한다.

기존의 시민은 민족, 언어, 역사, 종교를 공유하는 동질적인 집단이라는 인식이 지배적이었다. 또한 시민은 출생으로 인해 주어지는 귀속 지위인 경우가 많았다. 그러나 국제결혼, 유학, 이민, 해외 취업 등으로 전 지구적으로의 이주가 활발해지면서 시민에 대한 전통적인 개념이 근본적으로 변화하고 있다. 대부분 국가의 시민들은 언어, 피부색, 종교, 출생 국가 등에서 다양한 사람들과 함께 동일한 시민으로서의 지위를 공유하며 공존의 원리를 모색해야 하는 과제에 직면해 있다. 뱅크스(J. A. Banks)에 따르면 이러한 시대에 효과적인 시민성 교육이 이루어지려면 다양한 문화적 배경을 지닌 학생들이 자신이 속한 문화 공동체 일원으로서의 정체성을 자각하고 권리와 의무를 수행해야 한다. 이와 함께 상이한 문화를 지닌 동료 시민의 자유와 평등을 존중하며 서로가 공존하는 데 필요한 지식, 기술, 가치를 반드시 학습해야 한다. 다시 말해서 다문화 시대의 시민 교육은 기본적으로 다문화적 시민성을 함양하는 것을 목표로 하는 다문화적 시민성 교육이다.

최근 들어서는 다문화적 시민성에 반대하고 주류 문화로의 편입을 강조하는 동화주의적 교육에 대한 반발이 거세다. 동화주의적 교육을 지지하는 이들은 다문화적 시민성 교육이 애국심과 국가 정체성을 약화시키고 시민들 간의 갈등과 분열을 조장할 것이라고 주장하면서 다문화적 시민성 교육에 반대하는 입장을 취하고 있다. 〈모경환〉

[참고문헌]
• Banks, J. A. (2008), *An introduction to multicultural education*, 모경환 외 역, 2008, 다문화 교육 입문, 아카데미프레스.

• Kymlicka, W. (1995), *Multicultural citizenship: A liberal theory of minority rights*, Oxford University Press.

❑ 세계 시민 교육

세계 시민 교육(世界市民敎育, global education)은 상호 의존적이고 세계적으로 연계되어 있는 전(全) 지구화된 시대에 지구 공동체의 일원으로서 자기 역할을 효과적으로 수행하기 위해 갖추어야 할 지식, 기능, 가치 및 태도를 길러 주는 교육을 말한다.

한베이(R. G. Hanvey)는 세계 시민 교육의 토대를 마련하고 세계화라는 정치적, 경제적, 문화적 조류에 대응하여 기존의 국가 통합 및 애국심 함양 교육을 재고(再考)해야 한다고 요청한 바 있다. 기존의 국제적 교류에서는 국가와 국가의 만남이 주(主)가 되었다면, 세계화 이후 전 지구적 교류는 국가 단위에 한정되지 않고 국가와 개인, 개인과 개인, 국가와 지방 정부, 지방 정부와 국가, 다국적 기업과 다국적 기업, 다국적 기업과 국가, 다국적 기업과 개인 등 다각적인 양상을 띠고 있다. 한베이는 세계화에 대응하는 새로운 교육과정은 다양한 관점에 대한 지각(perspective consciousness), 지구촌이라는 인식(state of the planet awareness), 비교 문화 인식(cross-cultural awareness), 세계적 역동성에 대한 지식(knowledge of global dynamics), 인류의 선택에 대한 인식(awareness of human choices) 등 다섯 가지의 가치 요소를 포함해야 한다고 제안하였다. 이들 요소는 이후 세계 시민 교육의 기본적인 성격으로 규정되었다.

전통적으로 시민이란 국가와 개인의 관계 속에서 규정되는 지위를 의미한다. 그러나 세계화와 함께 개인의 삶에서 환경 오염, 국제 무력 충돌, 무역, 다국적 기업, 자원 고갈, 테러, 종교 갈등 등 국가의 경계를 넘어서는 여러 사태들과 마주하면서 지구 공동체의 일원 즉 세계 시민으로서의 지위가 중요하게 다루어지게 되었다.

실제로 세계 시민 교육은 다양한 형태로 이루어진다. 마이어스(J. P. Myers)는 세계 시민 교육 접근 방법을 다음과 같이 범주화하였다. 첫째, 국제 경쟁력 강화(international business training) 접근이다. 이는 세계를 세계 시장으로 바라보는 관점으로서 경쟁력을 갖춘 기업 경영가나 노동자를 양성하는 것을 교육 목표로 한다. 따라서 교육 내용으로는 타문화에 대한 예절, 외국어, IT(information technology) 기능 등을 강조한다. 둘째, 국제학(international studies) 중심 접근이다. 이는 지리학, 정치학, 역사학과 같은 정통 학문의 전통을 중시하는 접근 방식으로 세계 각 지역과 국가들에 대한 학문적 지식을 전수하는 것을 교육 목표로 한다. 이 접근에서는 세계를 국민 국가의 집합으로 파악하며, 이들 국민 국가 간의 협력이나 경쟁 및 갈등을 이해하고, 국제 관계 속에서 자국의 정치적, 경제적 이해 관계가 어떻게 편성되어 있는지를 아는 것이 핵심이다. 학교 교육과정 안에서 이루어지는 세계 시민 교육은 대부분 국제학 중심 접근 방식을 따른다. 셋째, 세계 체제 접근(world system approach)이다. 이는 타문화의 가치 존중, 상호 의존성에 대한 인식을 목적으로 하는 접근 방식으로 세계를 운명 공동체로 파악하며 인류가 공유하고 있는 문제와 그 문제 해결을 위한 협력을 강조한다. 또한 평화, 인권, 사회정의, 보편적 질서와 같은 인류의 이상적 가치를 추구한다.

점차적인 세계화로 인하여 전 지구적인 교류가 양적으로 증가하면서 질적으로도 심화되고 있다. 이러한 시대 흐름에 따라 다문화 교육에서는 언어, 피부색, 출신 국가, 종교 등을 달리하는 다양한 이웃 시민들과 더불어 하나의 지역 사회 혹은 국가 속에서 공존하는 데 필요한 자질을 기르는 교육이 이루어지고 있다. 이와 함께 외국인, 다국적 기업, 다른 국가의 지방 정부 등과 같이 동일한 주권 공동체에 속하지 않은 다양한 주체들과의 상호 의존성을 인식하고 공동의 문제 해결에 필요한 자질을 함양하는 세계 시민 교육의 관점이 요구된다. 〈모경환〉

[참고문헌]
• Hanvey, R. G. (1976), *An attainable global perspective*, Center for War/Peace Studies.
• Myers, J. P. (2006), Rethinking the social studies curriculum in the context of globalization: Education for global citizenship in the U.S., *Theory and Research in Social Education 34-3*, pp. 370~394.

☐ 국제 이해 교육

국제 이해 교육(國際理解敎育, education for international understanding)은 세계 각국이 공통으로 처해 있는 세계적 문제, 상호 연관 및 상호 의존적인 세계 체제 그리고 각국의 다양한 문화와 전통, 가치 등을 이해함으로써 국가 간의 갈등을 해결하고 평화를 도모하고자 하는 교육이다.

국제 이해 교육은 제2차 세계 대전 후 국제연합(United Nations: UN)이 탄생하면서 다시 전쟁이 일어나지 않도록 국가와 민족 간의 이해 교육을 넓혀 세계 평화를 달성하자는 취지에서 도입된 새로운 교육이다. 유네스코(The United Nations Educational, Scientific and Cultural Organization: UNESCO)는 국제 이해 교육을 주도적으로 이끌어 오며 시대적 변화에 따라 그 개념과 범위, 철학적 방향과 원칙에 대해 논의해 왔다. 한국은 1990년대 문민정부(文民政府)가 표방한 세계화 정책에 의해 국제 이해 교육이 국가적 관심을 받기 시작했다.

국제 이해 교육의 기본 목표와 철학은 나와 다른 사람들과 함께 살 줄 아는 세계 시민(world citizen)을 기르는 데 있다. 국제 이해 교육의 개념과 특징에 대해서는 다양한 논의가 있는데 이는 대체로 다음의 네 가지 측면으로 구성된다. 첫째, 세계적인 시각(global perspective) 교육이다. 이 영역은 자기중심적 세계관에서의 탈피, 다양한 세계관의 인정, 상반된 세계관의 인정, 인간의 기본적 욕구, 행동, 관심, 경험의 유상에 대한 인식 등을 포함한다. 이러한 시각의 함양은 감정 이입 능력과 밀접하게 관련이 있으며 자기중심적인 사고와 자민족 중심주의적인 사고를 감소시키는 데 기여한다. 둘째, 비교 문화 인식(cross-cultural awareness) 교육이다. 이 영역은 각 나라 문화 및 가치의 다양성에 대한 이해, 문화 간 상호 비교를 강조한다. 이는 문화와 가치의 보편성에 대한 인식, 타문화 관점에서의 자기 문화에 대한 조망, 문화 간 상호작용을 통한 세계 문화의 개념 형성, 타문화를 수용하는 태도, 전통 및 자기 문화에 대한 태도 등을 포함한다. 국제 이해 교육은 비교 문화 이해를 증진하기 위해 다양한 프로그램을 마련한다. 셋째, 세계 체제(world systems) 교육이다. 21세기는 문화적으로 다양하고 세계적으로 상호 관련되므로 이에 국경을 넘어서서 사람들이 서로 연관되어 있는 다양한 모습을 이해하는 일이 중요하다. 즉 세계 여러 나라 간에 기술적, 생태적, 문화적, 경제적, 정치적 문제가 서로 긴밀히 관련되어 있어서 개별 국가가 이를 해결할 수 없으므로 세계를 하나의 상호 의존 체제로 보아야 한다. 넷째, 세계적 문제와 쟁점(global problems and issues) 교육이다. 여기에는 평화 및 안보 문제, 개발 관련 문제, 인류 환경 문제, 인권 개념 등이 해당된다. 또한 생명, 자유, 평등, 정의, 식량, 인구, 에너지 등 인류가 행복한 삶을 유지하기 위해서 반드시 존중해야 할 보편적인 가치들도 이에 포함된다.

우리나라는 국제 이해 교육을 사회과 및 범교과에 적용하거나 동아리 활동이나 창의적 재량 활동 및 체험 활동 등 다양한 분야와 영역에서 실시해 왔다. 최근에 와서 다문화 가정 및 이주 노동자의 유입 등으로 인한 다문화 시대의 도래를 맞이하면서 국제 이해 교육은 다문화 교육과 함께 주목받고 있다. 〈모경환〉

[참고문헌]
• 유네스코 아시아·태평양 국제 이해 교육원 편(2003), 세계화 시대의 국제 이해 교육, 한울아카데미.
• Hanvey, R. G. (1976), *An attainable global perspective*, Center for War/Peace Studies.

■ 다문화 교육 접근법

다문화 교육 접근법(多文化教育接近法, multicultural education approach)은 미국의 다문화 교육학자 뱅크스(J. A. Banks)가 제안한 개념으로, 민주주의의 신념과 가치에 기초를 두고 상호 의존성과 문화 다양성이 높은 사회 안에서 문화 다원주의를 지지하는 교수 학습 방법을 말한다.

뱅크스에 따르면 교육 전문가들은 문화적인 내용을 초·중등학교 및 대학 교육과정에 통합시킬 때 네 가지 수준의 접근법을 사용한다. 제1 수준의 기여적 접근법(contribution approach)은 민족 및 문화 집단에 대해 이야기할 때 아시아 및 태평양 문화 주간, 흑인 역사의 달, 여성사 주간 영웅, 공휴일 등 개별 문화 요소에 초점을 맞추는 것이다. 이 접근법은 초등학교 단계에서 주로 사용한다.

제2 수준의 부가적 접근법(additive approach)은 교육과정의 구조를 바꾸지 않고 내용, 개념, 주제, 관점을 교육과정에 더하는 것이다. 이때 기여적 접근법이나 부가적 접근법은 현존하는 교육과정의 체제와 그 가정의 범위 안에서 문화적 활동과 내용을 교육과정에 삽입한다.

제3 수준의 변혁적 접근법(transformation approach)은 학생들이 다양한 민족 집단 및 문화 집단의 관점에서 개념, 쟁점, 사건, 주제를 바라볼 수 있도록 교육과정의 구조를 변화시키는 것이다. 이는 교육과정의 규준, 틀, 기본적인 가정을 변화시켜 학생들이 다른 관점에서 개념, 쟁점, 주제와 문제를 조망해 볼 수 있도록 한다. 이 접근법의 주요 목표는 학생들이 다양한 민족과 문화의 관점에서 개념, 사건, 인물을 이해하게 하여 비판적으로 사고하고 결론을 도출하여 이를 증명하고 정당화하는 기능을 발달시키는 데 있다.

제4 수준의 사회적 행동 접근법(social action approach)은 학생들이 중요한 사회 문제들과 관련하여 결정을 내리고 문제 해결에 도움이 되는 행동을 취하도록 하는 것이다. 이는 학습자들이 의사 결정을 내리고 학습한 개념, 문제, 주제들과 관련된 개인적, 사회적, 시민적 행동을 할 수 있는 프로젝트를 수행하게 함으로써 변혁적 접근법을 확장한 것이다.

다문화 교육의 네 가지 접근법은 평등 지향 운동에 기반을 둔 평등 교수법, 다양한 관점에서의 재검토를 통한 교육과정 개정, 문화 간 상호작용에 기초한 다문화적 역량 등에 걸쳐 있다. 또한 이는 자신의 문화적 관점뿐만 아니라 타인의 문화적 관점도 이해하게 되는 과정, 사회 정의를 지향하는 가르침, 모든 유형의 차별과 편견에 대한 저항을 지향한다. 다문화 교육 접근법은 특히 두 번째 차원인 '다양한 관점에서의 교육과정 재검토를 통한 교육과정 개정'에 관심을 두고 있다. 결혼 이민자, 이주 노동자, 북한 이탈 주민 등이 점차 늘어 가고 있는 한국에서도 초·중등학교 교육과정에 다문화 교육 접근법을 적극적으로 도입해야 한다.　　　　　　　　　　　　　　　　　〈김영순〉

[참고문헌]
• 장인실(2008), 다문화 교육을 위한 교사 교육 교육과정 모형 탐구, 초등교육연구 21-2, 한국초등교육학회, 281~305쪽.
• Banks, J. A. (2008), *An introduction to multicultural education*, 모경환 외 역, 2008, 다문화 교육 입문, 아카데미프레스.
• Bennett, C. I. (2006), *Comprehensive multicultural education: Theory and practice*, 김옥순 외 역, 2009, 다문화 교육: 이론과 실제, 학지사.
• Campbell, D. E. (2009), *Choosing democracy: A practical guide to multicultural education*, 김영순 외 역, 2012, 민주주의와 다문화 교육: 다문화 교육을 위한 실천적 가이드, 교육과학사.
• Gollnick, D. M. & Chinn, P. C. (2008), *Multicultural education in a pluralistic society*, 염철현 역, 2012, 다문화 교육 개론, 한울아카데미.

■ 다문화 교육의 대상

□ 문화적 소수자 대상 교육

문화적 소수자 대상 교육(文化的少數者對象敎育)은 한 사회의 문화적 소수 집단 및 그 구성원을 대상으로 하는 교육으로, 교육 목표는 그들이 자신들의 정체성과 인권을 바탕으로 주류 사회에 적응하고 공동체 간에 서로 소통할 수 있도록 하는 것이다.

문화적 소수자란 인종, 민족, 지역, 계층, 연령, 언어, 종교, 장애, 성, 동성애 등의 측면에서 한 사회의 비주류 집단에 속한 구성원을 가리킨다. 문화적 소수자는 자신이 속한 집단의 문화적 특징 때문에 다른 사회 구성원에게 차별을 받으며 동시에 차별받는 집단에 속해 있다는 의식을 갖게 된다. 최근 한국 사회에서는 문화적 소수자로서 결혼 이민자, 이주 노동자, 북한 이탈 주민, 입국 재외 동포, 중도 입국 자녀 등에 주목하고 있다.

문화적 소수자 대상 교육의 주요 목표와 영역은 다음과 같다.

첫째, 소수자 대상 적응 교육이다. 이는 주류 사회의 문화, 관습 및 제도 등에 대한 학습을 통해 문화적 소수자가 주류 사회에 효과적으로 적응할 수 있도록 돕는 것이다. 한국어, 한국 문화, 한국의 역사와 지리, 한국의 정치, 경제, 법, 교육 제도 등을 주요 교육 내용으로 한다.

둘째, 소수자 대상 정체성 교육이다. 이는 소수자 개인 및 소수 문화 집단의 고유성과 가치를 인식함으로써 문화적 소수자가 긍정적인 자아 정체성을 형성하도록 돕는 것이다. 이를 위해 소수자가 속한 문화의 특징과 가치, 사회적으로 기여하는 바 등을 다룬다.

셋째, 소수자 대상 인권 교육이다. 이는 인권의 내용 및 관련 제도 등에 대한 학습을 통해 문화적 소수자가 사회 구성원으로서의 권리를 알고 향유할 수 있도록 돕는 것이다.

넷째, 소수자 대상 공동체 교육이다. 이는 문화적 소수자가 타문화 집단 구성원과 공존하고 조화롭게 살아갈 수 있도록 돕는 것이다. 교육 내용으로는 다양한 문화에 대한 이해, 타문화 집단 구성원과 소통하는 방법 및 문화 다양성의 가치 등을 다룬다.

문화적 소수자 대상 교육은 초기에는 주류 사회에 대한 적응 교육 중심이었으나 최근에는 소수자의 정체성 교육 및 인권 교육을 강조한다. 한국어교육은 소수자 적응 교육과 관계가 깊다. 하지만 소수자의 적응 교육의 내용 및 방법을 선택할 때 주류 사회로의 동화를 강요하기보다는 소수자의 긍정적 정체성 형성과 인권 향상에 도움이 되는 방향으로 접근하도록 유의해야 한다. 〈박윤경〉

[참고문헌]
- 구정화·박윤경·설규주(2010), 다문화 교육의 이해와 실천, 동문사.
- Banks, J. A. (2008), *An introduction to multicultural education*, Pearson Education.

❏ 문화적 다수자 대상 교육

문화적 다수자 대상 교육(文化的多數者對象教育)은 한 사회의 문화적 다수 집단 및 그 구성원을 대상으로 문화의 다양성 이해에 바탕을 두고 소수자에 대한 이해, 나아가서는 다문화적 시민성 함양에 목표를 둔 교육을 말한다.

문화적 다수자란 인종, 민족, 지역, 계층, 연령, 언어, 종교, 장애, 성, 동성애 등의 측면에서 한 사회의 주류 집단에 속한 구성원을 가리킨다. 최근 한국 사회에서는 결혼, 취업, 유학 등의 목적으로 이주해 온 소수 집단의 구성원뿐만 아니라 기존 토착민으로 서 대대로 한국에서 살아온 문화적 다수자들을 다문화 교육의 대상으로 주목하고 있다.

문화적 다수자 대상 교육의 목표는 다문화 사회 구성원으로서 갖추어야 할 자질인 다문화적 시민성을 함양하는 것이다. 국가, 사회의 맥락에 따라 차이가 있겠지만 많은 나라들의 경우 다문화적 시민성 교육 내용에서 구성원 자신과 타인에 대한 긍정적 정 체성의 형성, 문화 다양성에 대한 이해와 존중, 차별과 편견의 감소, 상호 의존과 공존 등을 강조하고 있다. 무엇보다 문화적 다수자 대상 교육에서는 문화 다양성 및 소수자 이해 증진을 강조한다.

문화적 다수자 대상 교육의 주요 목표와 영역은 다음과 같다. 첫째, 문화 다양성 이 해 교육이다. 이는 주류 문화를 비롯한 다양한 문화를 이해하여 문화 다양성의 가치를 인식하고 타문화를 존중하도록 돕는 것이다. 둘째, 소수자 이해 교육이다. 이는 문화 차 이와 소수자 인권에 대한 이해를 바탕으로 문화적 소수자에 대한 편견을 감소하고 상 호 공존할 수 있도록 돕는 것이다.

역사적으로 다문화 교육의 초기에는 문화적 소수자 대상 교육에 초점을 두었으나 최 근에는 문화적 다수자를 포함하여 모든 사회 구성원의 다문화 시민성 형성을 강조한 다. 우리나라 다문화 교육은 주로 문화적 소수 집단을 대상으로 한국 문화 및 한국어 교육에 초점을 두고 있다는 비판을 받고 있다. 한국어교육 분야에서는 주로 다문화 가 정 자녀들의 한국어 의사소통 역량 강화에 목표를 두고 한국어 능력 발달 실태 파악, 교육 프로그램 개발에 관심을 기울여 왔다. 그러나 앞으로는 언어 기능 교육의 차원을 넘어서 한국어교육과 다문화 시민성과의 연계를 고려하는 방향으로 연구 및 현장 교 육을 확대해야 할 것이다.   〈박윤경〉

[참고문헌]
• 구정화·박윤경·설규주(2010), 다문화 교육의 이해와 실천, 동문사.
• Banks, J. A. (2008), *An introduction to multicultural education*, Pearson Education.

16.4. 다문화 교육의 실제

■ 다문화 교육 자료

다문화 교육 자료(多文化教育資料, material for multicultural education)는 다문화 교 육에 사용되는 다양한 내용과 형태의 교수 학습 도구를 말한다.

다문화 교육의 자료는 학습자가 타문화에 대한 편견 및 차별과 고정 관념을 극복하 고 이해하고 존중하는 태도를 길러 인식의 변화를 경험하도록 하는 학습에서 활용된다.

다문화 교육의 자료가 담고 있는 내용으로는 대체로 다문화 사회의 의미와 특징, 다문화 사회의 다양한 양상, 다문화 사회로의 변화 요인, 한국 사회에서 나타나는 다문화적 변화, 다문화 교육의 내용과 방법, 다문화 교육의 사례 등이 있다.

다문화 교육 자료에는 읽기 형태의 자료, 시청각 형태의 자료, 학습지 형태의 자료, 실물 자료 등이 있다. 읽기 형태의 자료는 대체로 텍스트(text) 위주로 구성된 것으로서 신문, 잡지, 도서 등을 꼽을 수 있고, 시청각 형태의 자료는 대체로 이미지나 동영상 위주로 구성된 것으로 만화, 그림, 도표, 그래프, 사진, 동요, 영상, 예술 작품 등을 꼽을 수 있다. 학습지 형태의 자료는 학습자의 자기 주도적 학습에 도움을 주는 것으로 보통 개인 또는 모둠 활동지 형태로 구성된다. 실물 자료는 실제로 만져 보거나 움직여 보거나 입어 보는 등의 체험이 가능한 것으로 의복, 장신구, 악기 등이 있다.

다문화 교육 자료의 기능과 의의는 다음과 같다. 첫째, 다문화 교육의 자료는 다문화 교육에 대한 학습자들의 관심과 흥미를 자극한다는 점에서 효과적인 교육 매체로 기능할 수 있다. 둘째, 다문화 교육의 자료는 다문화 교육을 위한 새로운 접근법을 제시하기 때문에 타문화에 대한 시각 확장 및 변화를 기대할 수 있다. 셋째, 다문화 교육의 자료는 다문화 사회에 대한 정보나 시각을 제공함으로써 타문화와의 공존을 위한 실천 의지를 자극할 수 있다. 넷째, 다문화 교육의 자료는 다문화 사회가 추구하는 문화 다양성에 대한 존중과 가치를 반영하기 때문에 다문화에 대한 긍정적인 태도 변화를 유도할 수 있다. 다섯째, 학습자는 다문화 교육의 자료를 통해 사회에서 일어나는 현상에 대한 비판적 사고를 함양할 수 있다.

다문화 교육의 자료는 다문화 교육을 위한 다양한 방법과 매체로서 효과와 가치가 있기 때문에 결혼 이민자와 이주 노동자 및 그 자녀, 중도 입국 자녀 등을 대상으로 한 한국어교육 및 한국 문화 교육에 기여할 수 있다. 한국어교육에서 다문화 교육 자료는 다문화적 배경을 가진 성인 및 청소년의 문화를 반영한 자료, 한국의 문화, 역사, 사회 등을 소개하는 자료, 주류 집단 학생과 소수 집단 학생의 문화 간 공통성, 고유성, 독자성 등을 인식하기 위한 자료, 다문화 현상에 대한 이해와 대응 방안을 탐구하는 자료 등으로 활용될 수 있다. 〈설규주〉

[참고문헌]
• 구정화·박윤경·설규주(2010), 다문화 교육의 이해와 실천, 동문사.
• 김용희(2010), 다문화 사회를 위한 교육 자료 개발: 세계의 동요, 교육연구 47, 성신여자대학교 교육문제연구소, 129~157쪽.
• 장인실 외(2012), 다문화 교육의 이해와 실천, 학지사.

❏ 다문화 영화

다문화 영화(多文化映畵, multicultural film)는 다문화 관련 현상 및 가치와 담론 등을 담고 있는 영화로 실사(實寫) 영화와 애니메이션을 포함한다.

다문화 영화는 2000년대 초·중반까지는 대체로 국가인권위원회에서 제작하는 인권 영화의 한 종류로 포함되어 있는 경우가 많았다. 그런데 한국 사회에서 본격적으로 다문화가 논의되기 시작한 2000년대 중·후반 무렵부터는 다문화와 관련한 다양한 소재를 담고 있는 영화가 상업 영화로도 제작되고 있다.

다문화 영화의 기능과 의의를 제시하면 다음과 같다. 첫째, 다문화 영화는 다문화 도서를 보완 또는 대체할 수 있는 텍스트로서 다문화 교육에 유용하게 활용된다. 둘째, 다문화 영화는 다문화 사회의 현상을 반영한 텍스트이기 때문에 실제 상황에 대한 간접 경험을 제공함으로써 다문화 현상을 보다 잘 이해하는 데 기여한다. 셋째, 다문화 영화는 영상 매체라는 형식의 친숙함을 통해 다문화 관련 현상 및 태도에 대한 접근을 용이하게 한다. 넷째, 다문화 영화는 타문화에 대한 인정 및 상호 공존을 위한 실천 의지를 자극한다. 이는 어떤 메시지를 말로만 전달하는 것보다 영화와 같은 시청각 자료를 활용할 때 그 효과가 더욱 커지기 때문이다. 다섯째, 다문화 영화는 영화 속 내용을 소재로 한 토론이나 UCC(user created contents) 제작 등과 같은 후속 활동을 통해 그 효과를 지속적으로 유지할 수 있다.

다문화 영화는 한국 다문화 사회의 현상을 시각적 요소와 청각적 요소를 함께 사용해서 구체적으로 재현한다. 이러한 점에서 다문화 영화는 외국인이나 이주민 혹은 그 자녀는 물론 문화적 다수 집단이 한국 사회의 다문화적 특징과 문제점 등을 이해하고 그에 대한 대응 방안을 탐색하도록 하는 데 적합하다.

국가인권위원회에서 제작한 다문화 영화로는 옴니버스 인권 영화로 불리는 〈시선〉 시리즈와 〈별별이야기〉 시리즈가 있다. 다문화 영화는 대체로 이주 노동자, 결혼 이민자의 삶에 관한 주제를 많이 다루는데 대표적인 작품으로는 〈종로, 겨울〉, 〈잠수왕 무하마드〉, 〈믿거나 말거나 찬드라의 경우〉, 〈달리는 차은〉, 〈자전거 여행〉, 〈샤방샤방 샤랄라〉, 〈배낭을 멘 소년〉, 〈험난한 인생〉 등이 있다. 한편 상업 영화들은 결혼 이민자 가정 자녀의 이야기나 이주 노동자의 체류 문제 등을 주요 내용으로 담고 있다. 대표적인 영화로는 〈의형제〉, 〈파이란〉, 〈로니를 찾아서〉, 〈반두비〉, 〈세리와 하르〉, 〈완득이〉, 〈방가방가〉, 〈마이 리틀 히어로〉 등이 있다. 〈설규주〉

[참고문헌]
• 구정화·박윤경·설규주(2010), 다문화 교육의 이해와 실천, 동문사.
• 오경석 외(2007), 한국에서의 다문화주의: 현실과 쟁점, 한울아카데미.
• 장인실 외(2012), 다문화 교육의 이해와 실천, 학지사.
• 최충옥 외(2010), 다문화 교육의 이해, 양서원.

❏ 다문화 도서

다문화 도서(多文化圖書, multicultural literature)는 다문화 교육 자료의 하나로서 다문화 교육을 위해 활용하는 책을 말한다.

해리스(V. Harris)는 다문화 도서를 유색 인종, 종교적 소수자, 장애인, 노년층 등 소수 집단에 초점을 맞춘 도서와, 각 집단 구성원의 삶과 문화를 주제로 삼아 다양한 문화가 공존하는 것의 가치와 장점에 초점을 맞춘 도서 등으로 나누어 설명하였다. 다문화 도서는 다양한 사회 집단의 가치를 인정하고 수용하는 관점에서 인종, 민족, 종교, 계층, 언어, 성, 장애, 연령, 가족 등과 관련된 주제를 다룬다. 다문화 도서는 문자 언어를 활용한 시, 소설 등 문학 작품과 같은 형태를 띨 뿐 아니라 만화, 전자책 등과 같은 이미지 중심의 매체 형태를 띠기도 한다.

다문화 도서의 기능과 의의는 다음과 같다. 첫째, 학습자에게 다양한 문화에 대한 간접 경험을 제공함으로써 타문화를 바르게 인식하고 존중하는 태도를 길러준다. 둘째, 다양한 방식의 삶에 대한 관점을 이해하게 함으로써 학습자 자신의 문화와 경험에 대해 보다 객관적이고 심층적인 성찰을 하도록 한다. 셋째, 현상적으로 나타나는 문화적 다양성 속에서도 엄연히 존재하는 공통의 기반을 제시함으로써 문화 간 유사성과 보편성을 발견하도록 한다. 넷째, 소수 집단의 생활 양식을 긍정적이고 적극적으로 조명함으로써 소수 집단 구성원의 긍정적인 자아 정체성 형성과 학습 능력 신장에 도움을 준다. 다섯째, 다수 집단이 타문화에 가지는 고정 관념과 편견의 원인 및 문제점 등을 제시함으로써 편견과 고정 관념을 완화시킨다. 이러한 측면에서 볼 때 다문화 도서는 외국인이나 이주민 혹은 그 자녀를 대상으로 한 한국어교육 및 한국 문화 교육에서 효과적으로 사용될 수 있으며, 상호 문화 간 존중의 태도를 함양시키는 데에도 크게 기여할 수 있다.

다문화 도서로는 《인디언》, 《꼬마 깜둥이 삼보》, 《일어나요 로자》, 《우리 개를 찾아 주세요》, 《까만 소녀 니나의 비밀》, 《차별이 싫어요》, 《인종 이야기를 해 볼까》, 《선생님 우리 선생님》, 《엄마가 수놓은 길》, 《너와 나는 정말 다를까》, 《모캄과 메오》, 《자유의 길》, 《리언 이야기》, 《블루시아의 가위바위보》, 《사라 버스를 타다》, 《정말 그런 인종이 있을까》, 《뽕나무 프로젝트》, 《지붕 위의 꾸마라 아저씨》, 《차이》, 《커피 우유와 소보로 빵》, 《하늘을 달리는 아이》, 《까망머리 주디》, 《카리우키의 눈물》, 《지구인 화성인 우주인》, 《코끼리》, 《완득이》, 《국경 없는 마을》, 《아프리카 수단 소녀의 꿈》, 《인도의 딸》 등이 있다.

〈설규주〉

[참고문헌]
• 구정화·박윤경·설규주(2010), 다문화 교육의 이해와 실천, 동문사.
• 박윤경(2006), 민족 및 인종 편견 감소를 위한 초등 다문화 교육: 아동 문학을 활용한 간접 접촉, 초등사회과교육 18-2, 한국초등사회과교육학회, 27~45쪽.
• 윤여탁(2013), 문화 교육이란 무엇인가: 한국어 문화 교육의 벼리[綱], 태학사.
• 장인실 외(2012), 다문화 교육의 이해와 실천, 학지사.
• Harris, V. (1992), *Teaching multicultural literature in grades K-8*, Christopher-Gordon.

■ 다문화 교육 방법

❏ 공평한 교수법

공평한 교수법(equity pedagogy)은 다양한 인종, 민족, 사회 계층 집단에서 온 학생들의 학업 성취도를 향상시키기 위하여 교사가 사용하는 교수 전략과 교실 환경을 통칭하여 이르는 말이다.

공평한 교수법은 모든 학생들에게 공평하고 동등한 교육의 기회를 제공하는 것을 목표로 한다. 이는 다양한 집단의 학습 특징과 문화적 특징을 고려하는 교수 기법이자 협동 학습 기법으로, 소수 집단 학생들의 학습과 학업 성취도를 향상시키는 데 효과적이라는 연구 결과들이 발표되어 왔다. 예컨대 뱅크스(J. A. Banks)는 흑인 학생들의 경우 그들의 언어 습관인 '서로 악담하기(signifying)' 방식을 문학 수업에 도입했을 때 학업 성취가 유의미하게 향상되었다고 보고한 바 있다.

최근에는 교사가 자신이 가르치는 학생들의 독특한 문화적 배경에 대해 잘 알고 있어야 한다는 관점에서 효과적인 교수법 개발에 학생들에 대한 교사의 문화적 배경지식을 활용하는 것과 관련한 연구가 진행되고 있다. 보다 구체적으로는 다음과 같이 설명할 수 있다. 개별 학생들은 각자 자신을 자기 집단의 문화와 동일시하는 정도가 다른 다양한 문화로부터 영향을 받는다. 그러나 동시에 학생들의 행동에는 해당 민족, 인종 집단의 독특한 문화적 행동 양식도 나타나게 마련이다. 이때 이들의 역량을 개발하려 한다면 교사는 자신이 가르치는 학생 집단의 특유한 문화적 배경에 대해 잘 알고 이를 수업에 활용하는 것이 매우 중요하다.

공평한 교수법은 소수 집단이나 빈곤층 학생들에게 교육의 기회를 공평하고 동등하게 제공하는 것을 궁극적인 목적으로 한다. 이 경우 학생들의 문화적 배경에 적합한 교수 방법을 사용하는 것이 중요하다. 공평한 교수법의 실례로서 미국 내 흑인 학생들 대상의 교수 학습을 들 수 있다. 백인 학생들에 비해 흑인 학생들은 언어 학습에 장 의존적(field-dependent)인 학습 특징을 나타내기 때문에 흑인 학생들을 위해 협동 학습법을 보다 많이 활용하도록 하는 것 등이 이에 해당한다.

공평한 교수법은 지식의 전달이나 학업 성취를 용이하게 하는 데 그치는 것이 아니다. 공평한 교수법은 수업을 사실의 전달로 보고 교사를 전달자, 학생을 수동적인 지식의 수용자로 보는 관점에서 벗어나 사회 변화 속에서 학생들이 능동적으로 지식을 습득하고 창출할 수 있는 환경을 조성하는 데 목표를 두고 있다. 〈모경환〉

[참고문헌]
• Banks, J. A. (2008), *An introduction to multicultural education*, Pearson Education.
• Bennett, C. I. (2007), *Comprehensive multicultural education: Theory and practice*, Pearson Education.

❏ 문화적 적합성 교수법

문화적 적합성 교수법(文化的適合性教授法, culturally relevant teaching)이란 인종적, 민족적으로 다양한 학생들의 문화적 지식, 선행 경험, 준거 틀, 수행 방식을 사용하여 학습 환경을 이들에게 보다 적합하고 효과적으로 만드는 교수법을 말한다.

베네트(C. I. Bennett)에 따르면 문화적 적합성 교수법은 모든 학생들에게 적용할 수 있다. 특히 이는 민족, 언어, 경제적 배경이 소수이고 열악한 학생들의 낮은 학업 성취를 개선하는 데 초점을 두고 있다. 이러한 문화적 적합성 교수법은 학생들의 가정 내 문화와 수업을 하는 학교 내 문화 간 괴리를 극복하려는 시도와 연구에서 시작되었다. 이러한 시도들은 다양한 이름으로 불려 왔는데, 이 분야의 대표적 학자인 위스콘신 대학교(University of Wisconsin)의 래드슨-빌링스(G. Ladson-Billings)가 이를 '문화적으로 적합한(culturally relevant)'이라고 규정한 이후 이 개념이 널리 사용되고 있다. 저소득 흑인 거주 지역의 교사들을 연구한 래드슨-빌링스의 연구, 알래스카 원주민 학생들을 가르치는 교사의 사례를 제시한 델핏(L. D. Delpit)의 저서 등이 대표적 연구물이다.

문화적으로 적합한 교수법은 일반적으로 '좋은 수업'이라고 할 만한 내용과 중첩되기도 하지만, 소수 집단 및 저소득층 학생들을 대상으로 한 상대적으로 결핍된 수업 환경에 초점을 둔 교수법이라는 측면에서 차별성을 띤다.

래드슨-빌링스에 따르면 문화적으로 적합한 교수법은 다음과 같은 세 가지 원칙을 가지고 있다. 첫째, 학생들은 학문적 성공을 경험해야 한다. 이들은 문학, 수학, 기술, 사회, 정치적 기능을 습득하고 이를 통해 사회에 적극적인 참여자가 되어야 한다. 학업의 성취에는 진정한 자긍심이 따르며 이것은 거짓 자긍심이 아니다. 둘째, 학생들은 문화적인 역량을 개발하고 유지해야 하며 이를 위해서는 가정의 문화가 학습의 도구가 되어야 한다. 셋째, 학생들은 사회의 부조리를 개선할 수 있는 비판적 의식을 고양해야 한다. 이 경우 교사는 학생들에게 옛날 교과서를 고쳐 써 보도록 하거나 지역 사회 문제 해결에 참여시키는 방법을 사용한다.

문화적 적합성 교수법은 개인차를 고려한 차별화 수업을 시도한다. 개별화 수업 전략은 다양한 학습자들의 요구를 충족시키는 데 초점을 둔 수업 전략으로서 문화적 적합성 교수의 훌륭한 수단이 될 수 있다. 또한 숙달 학습(mastery learning), 실험 학습(experiential learning), 이중 언어 교육, 다중 지능 이론, 협동 학습 등도 문화적으로 적합한 교수를 위해 활용되고 있으며 이에 대한 연구와 실천은 앞으로 더욱 활성화될 전망이다.
〈모경환〉

[참고문헌]
• Bennett, C. I. (2007), *Comprehensive multicultural education: Theory and practice*, Pearson Education.
• Ladson-Billings, G. (2007), Culturally relevant teaching: Theory and practice. In J. A. Banks. & C. A. M. Banks. (Eds.), *Multicultural education: Issues and perspectives*, Wiley.

■ 다문화 인식 검사 도구

❑ 교사 다문화 태도 척도

교사 다문화 태도 척도(教師多文化態度尺度, teacher multicultural attitude scale: TMAS)는 예비 교사 및 현직 교사들이 다문화적 상황에 직면했을 때 취하는 입장이나 자세를 측정하는 기준을 말한다.

교사 다문화 태도 척도는 가이튼과 웨쉬(E. M. Guyton & M. V. Wesche)가 개발하였다. 이 연구를 바탕으로 국내의 여러 학자들이 예비 교사 및 현직 교사를 대상으로 교사 다문화 태도를 분석하기도 했다. 이러한 연구를 참고하여 교사 다문화 태도 척도의 구체적인 측정 문항을 크게 다음과 같이 정리할 수 있다. 첫째, 교사는 학생들 사이에 존재하는 문화적 다양성을 반영하는 수업 지도안을 만들 수 있어야 한다. 둘째, 교사는 다른 민족인 학생들의 음식, 의복, 가치관 등에서 나타나는 서로의 문화적 다양성에 대해 의견을 나눌 수 있는 기회를 제공해야 한다. 셋째, 다른 민족의 전통과 가치관에 대해 의견을 나누는 것이 문화적 배경이 다른 학생들 사이에 갈등을 유발할 수 있어야 한다. 넷째, 우리와 다른 민족이지만 우리 사회의 발전에 기여하고 있다면 그들의 노력은 우리 교과서와 교육과정에 반드시 반영되어야 한다. 다섯째, 학생들 사이에 존재하는 민족적, 문화적 차이에 대해 학생들이 좀 더 공부할 수 있도록 학교 차원에서 자료를 제공해야 한다.

교사 다문화 태도 척도는 예비 교사와 현직 교사의 다문화 교육 관련 능력을 예측하는 자료로써 큰 가치가 있다. 한국 사회의 다문화적 상황을 고려할 때 한국어교육에서 교사 다문화 태도 척도는 교사 교육을 통한 다문화 교육의 성공 여부를 예측하는 데 유용하게 사용될 수 있다. 〈장봉석〉

[참고문헌]
• 장봉석(2010), 중등 예비 교사의 다문화 효능감 측정과 그 결과가 교사 교육 교육과정 개발에 주는 시사점, 한국교원교육연구 27-3, 한국교원교육학회, 349~372쪽.
• 최충옥·모경환(2007), 경기도 초·중등 교사들의 다문화적 효능감에 대한 조사 연구, 시민교육연구 39-4, 한국사회과교육학회, 163~182쪽.
• Guyton, E. M. & Wesche, M. V. (2005), The multicultural efficacy scale: Development, item selection, and reliability, *Multicultural Perspectives 7-4*, pp. 21~29.

❑ 다문화 효능감 척도

다문화 효능감 척도(多文化效能感尺度, multicultural efficacy scale: MES)는 예비 교사 및 현직 교사들이 다문화 교육을 실시하는 본인의 능력에 대한 믿음과 자신감을 측정하는 도구를 말한다.

가이튼과 웨쉬(E. M. Guyton & M. V. Wesche)는 예비 교사와 현직 교사의 다문화 효능감을 측정한 선행 연구를 정리하고 그 결과를 바탕으로 다문화 효능감 척도를 개발하였다. 국내에서는 2007년에 최충옥과 모경환이 가이튼과 웨쉬가 개발한 척도를 번역하여 한국 현직 교사를 대상으로 다문화 효능감을 측정하였으며 2010년에 장봉석이 초·중등 예비 교사를 대상으로 다문화 효능감을 측정하기도 하였다.

다문화 효능감 척도는 일반 기능 효능감, 수업 기능 효능감, 인간관계 증진 효능감, 다문화 가정 배려 효능감으로 구분하여 사용한다. 가이튼과 웨쉬에 따르면 각 효능감을 측정하기 위한 문항은 다음과 같다.

〈다문화 효능감 척도 문항〉

(1) 일반 기능 효능감
ㄱ. 나는 학생들이 문화적 다양성에 대처할 수 있는 능력을 함양하도록 지도할 수 있다. ㄴ. 나는 학생들 자신이 가진 편견을 발견하고 반성할 수 있도록 지도할 수 있다. ㄷ. 나는 학생들이 다문화 가정에 대한 편견을 줄일 수 있도록 지도할 수 있다. ㄹ. 나는 학생들이 다양한 관점에서 역사와 사회를 볼 수 있도록 지도할 수 있다.
(2) 수업 기능 효능감
ㄱ. 나는 다문화 가정 자녀들의 필요에 부응하는 수업 방법을 적용할 수 있다. ㄴ. 나는 다문화 가정 자녀들이 많은 교실에 적합한 학습 자료를 개발할 수 있다. ㄷ. 나는 교과서에 나타난 인종적, 민족적 고정 관념과 편견을 찾아낼 수 있다. ㄹ. 나는 문화적 다양성으로 인해 발생하는 문제들에 대한 해결책을 제시할 수 있다.
(3) 인간관계 증진 효능감
ㄱ. 나는 서로 다른 민족적 배경을 가진 학생들이 서로 존중할 수 있도록 지도할 수 있다. ㄴ. 나는 서로 다른 민족적 배경을 가진 학생들이 서로 협력하며 학교 생활을 할 수 있도록 지도할 수 있다. ㄷ. 나는 학생들이 우리와 다른 민족의 가치관을 인정하고 존중할 수 있도록 지도할 수 있다.
(4) 다문화 가정 배려 효능감
ㄱ. 나는 다문화 가정의 자녀들이 자신감을 갖고 생활할 수 있도록 지도할 수 있다. ㄴ. 나는 학교에서 다문화 가정 자녀들 교육에 악영향을 미치는 요인들을 찾아낼 수 있다. ㄷ. 나는 다문화 가정을 힘들게 하는 사회적 요인들을 지적할 수 있다.

한국어교육에서 다문화 효능감 척도는 다문화 교육을 수행하는 예비 교사와 현직 교사의 다문화 교육 관련 능력을 예측하는 데 중요한 자료로 사용할 수 있다.　〈장봉석〉

[참고문헌]
• 장봉석(2010), 중등 예비 교사의 다문화 효능감 측정과 그 결과가 교사 교육 교육 과정 개발에 주는 시사점, 한국교원교육연구 27-3, 한국교원교육학회, 349~372쪽.
• 최충옥·모경환(2007), 경기도 초·중등 교사들의 다문화적 효능감에 대한 조사 연구, 시민교육연구 39-4, 한국사회과교육학회, 163~182쪽.
• Guyton, E. M. & Wesche, M. V. (2005), The multicultural efficacy scale: Development, item selection, and reliability, *Multicultural Perspectives 7-4*, pp. 21~29.

한국어교육학 사전

The Encyclopedia of
Korean Language Education

17

문학 교육

17. 문학 교육

17. 문학 교육

한국어교육에서 문학 교육은 문학 교육의 차원에서 혹은 문화 교육이나 의사소통 교육의 영역에서 그 중요성이 점차 강조되고 있다. 이는 문학 교육을 통해 학습자들이 원어민 수준의 세련된 언어 능력을 갖출 수 있다거나, 문학 작품 속의 사회 문화적 맥락을 접함으로써 한국인과 한국 문화를 심층적으로 이해하는 능력을 도모할 수 있다는 기존의 많은 논의들을 통해 알 수 있다.

한국어교육학 사전의 문학 교육 영역에서는 '문학의 본질', '문학 교육 모델', '문학 교육의 자료', '문학 교육의 방법', '문학 교육 활동'에 걸쳐 기본적이고 필수적인 표제어들을 다루고 있다. 먼저 '문학의 본질'에서는 문학이 무엇이며, 시대적으로 어떻게 전개되어 왔으며, 어떤 중요 장르들로 구현되었는지, 문학 언어의 본질과 특징은 무엇인지에 대한 설명을 기술하였다. 여기서는 많은 문학 장르를 모두 나열하는 것이 아니라 한국어교육에서 교육적 모델로 삼을 수 있는 주요 장르들을 중심으로 표제어들을 추출하였다. '문학 교육 모델'은 문학 교육의 목표와도 관련되는 부분으로서 언어 모델, 문화 모델, 개인 성장 모델을 포함한다. 이 세 가지 모델은 문학 교육에 대한 관점이나 지향이 다를 뿐 서로 배타적인 모델은 아니다.

한편 '문학 교육의 자료'는 한국어교육에서 활용할 수 있는 문학 자료는 어떤 것들이 있는가를 다루고 있다. 여기에서는 정전(正典)과 언어 학습자 문학으로 대별되는 입장들을 기술하였다. 한국어교육에서 정전과 언어 학습자 문학은 서로 다른 교육적 의의와 활용도를 지닌다. '문학 교육의 방법'은 한국어교육에서 활용할 수 있는 방법들을 기술한 것으로서 문학 강독, 문학 비평, 비교 문학, 문학 번역을 포함하였다. 이와 함께 지금까지 한국어교육에서 문학 교육이 이루어진 양상을 짚고 각각의 교수 학습 방법들의 향후 발전 가능성에 대해서도 살펴보았다. 다음으로 '문학 교육 활동'은 문학 교육 방법을 구체적으로 구현하기 위해서 할 수 있는 활동들을 제안하였다. 수많은 활동이 가능하지만 여기에서는 한국어교육 현장에서 주목받고 있는 활동들인 패러디(parody), 문학 감상 일지, 스토리텔링(storytelling), 문학 창작 활동에 대해 기술하였다.

이 장에서 기술한 내용들은 한국어교육에서 문학 교육에 대한 이론을 탐구하

는 데 기초적인 자료가 될 것이다. 또한 문학 교육의 교수 학습의 구체적인 방안
을 제시함으로써 실제 한국어교육 현장에서의 활용 가능성을 높이고자 하였다.

〈고정희〉

17.1. 문학의 본질

문학(文學, literature)은 언어로 이루어진 예술, 즉 인간의 경험, 사상, 감정 등을 언어로 표현한 것으로 예술의 일종을 말한다.

문학은 언어로 이루어졌다는 점에서 소리로 이루어진 음악이나 색(色)·선(線)·면(面)으로 이루어진 미술과 구별된다. 아울러 문학은 언어로 형상화(形象化)한다는 점에서 사실의 보고와 설명 또는 논증을 위한 담화나 글과도 구별된다.

문학의 종류를 나누는 기준은 여러 가지이다. 첫째, 장르를 기준으로 서정, 서사, 극, 교술 등으로 나눈다. 둘째, 민족이나 국가의 언어를 기준으로 한국 문학, 중국 문학, 영문학, 독문학 등으로 나눈다. 셋째, 언어 매체에 따라 말로 된 구비 문학, 글로 된 기록 문학 등으로 나눈다. 넷째, 시대를 기준으로 원시·고대·중세·근대·현대의 문학으로 나눈다. 다섯째, 예술적 수준에 따라 본격 문학과 대중 문학으로 나눈다.

첫 번째 기준인 서정, 서사, 극, 교술은 세계 보편적인 것인데 각 장르의 하위 장르는 언어별로, 시대별로 상이하다. 예컨대 시조(時調)와 현대 자유시는 서정 장르에 속하나 시대가 다르고 형식도 다르다. 또 시조와 소네트(sonnet)는 서정 장르에 속하나 언어와 형식이 다르다. 세계의 여러 문학은 주로 민족어나 국가의 언어별로 발달했으며 그 과정에서 독특한 하위 장르가 창조되었다.

한국 문학은 한국어로 이루어진 문학이다. 통시적으로는 한민족이 소통의 언어로 삼은 언어들이 한국어에 포함되므로 한국인이 한문으로 창작한 한문 문학도 한국 문학에 포함된다. 공시적으로는 대한민국의 문학은 물론 북한 문학과 해외 동포들이 한국어로 창작한 문학 역시 한국 문학에 포함된다.

한국 문학은 언어 매체별로 구비 문학과 기록 문학으로 나누며 기록 문학은 다시 국문 문학과 한문 문학으로 나눈다. 먼저 향가(鄕歌)는 우리말을 표기하는 향찰(鄕札)로 창작되어 국문 문학에 속한다. 다음으로 구비 문학에는 설화, 민요, 무가, 판소리와 가면극이나 민속극과 같은 탈춤 등이 속하며, 한문 문학에는 한시(漢詩), 한문 산문(漢文散文)이 속하고, 국문 문학에는 향가, 고려 가요, 시조, 가사(歌辭), 고전 소설, 고전 수필, 현대 시, 현대 소설, 현대 희곡, 현대 수필 등이 속한다. 시대별로는 원시·고대·중세·근대의 문학으로 나누고, 편의상 근대 이전은 고전 문학, 근대 이후는 현대 문학으로 부른다.

한국 문학은 한국어교육에서 한 영역의 근거가 되면서 아울러 다른 영역 교육의 유용한 제재가 된다. 첫째, 한국 문학은 한국어가 예술의 언어로 쓰인 것이므로 한국 문학 교육은 의사소통 중심의 한국어교육과 함께 한국어교육의 한 영역이 된다. 둘째, 한국 문학의 개별 작품 속에는 특정한 시대의 한국 문화가 풍부하게 반영되어 있으므로 한국 문화 교육의 유용한 제재가 된다. 셋째, 한국 문학 작품은 한국어교육 전반에 유용한 제재가 된다. 역사적으로 볼 때 조선 시대에 중국과 일본의 한국어 통역(通譯)들의 한국어 학습 교재가 국문 소설이었던 사실과 구한말 서양 선교사들이 편찬한 한국어 교재에 한국 문학 작품들이 포함된 사실이 이를 잘 말해 준다. 넷째, 한국 문학은 해외 한국학의 주요 영역이 된다.

오늘날 한국어교육에서는 한국의 영화, 드라마, 대중가요 등을 제재로 많이 쓰고 있다. 이 점에서 한국어교육에서의 한국 문학 교육은 전통적인 시, 소설, 희곡, 수필 중심의 교육을 넘어서 현대 대중 예술의 장르들을 문학 교육의 관점에서 적극 포괄할 필요가 있다. 영화, 드라마, 대중가요 등은 모두 언어 예술에 속하기 때문이다. 〈김종철〉

[참고문헌]
- 김종철(2004), 한국어교육에서 문학 제재 활용의 전통, 국어교육연구 14, 서울대학교 국어교육연구소, 185~212쪽.
- 김흥규(1998), 한국 문학의 이해, 민음사.
- 민족문학사연구소 엮음(2009), 새 민족 문학사 강좌 1~2, 창비.
- 윤여탁(2007), 외국어로서의 한국 문학 교육, 한국문화사.
- 조동일(2005), 한국 문학 통사 1~6, 지식산업사.

■ 문학사

문학사(文學史, history of literature)는 일차적으로는 과거로부터 현재까지 창작된 문학 작품들의 연대기적 집합, 즉 과거의 문학적 집적물에 대한 사적 기록을 말한다.

문학적 집적물에 대한 기록으로서 문학사는 그저 낱낱의 문학적 실체를 나열한 것이 아니라 전체를 이루는 부분과 부분들을 서로 관계 지어서 하나의 의미망으로 종합한 것이다. 따라서 문학사를 통해 문학의 흐름을 지속과 창조 또는 누적과 변화의 관점에서 파악하여 문학 작품들 사이의 공시적인 사회성과 통시적인 역사성을 중심으로 상호 연관성을 규명할 수 있다.

문학사는 문학과 역사의 연결인 만큼 문학을 통해서 역사에 접근하느냐, 역사를 통해서 문학에 접근하느냐에 따라 그 성격이 구별되기도 한다. 프랑스에서는 랑송(G. Lanson) 이래로 이 둘을 '문학적 역사(histoire littéraire)'와 '문학의 역사(histoire de la littéraire)'라는 다른 개념으로 나누어 지칭한다. 한국 문학에서는 이 두 측면을 구별하는 용어가 없이 문학사라는 하나의 개념만 사용하고 있다. 우선 문학적 역사는 다른 말로 문학의 사회사라 할 수 있다. 랑송은 이를 '한 민족 안에서 펼쳐지는 문학적 삶에 대한 묘사'라고 표현했다. 문학은 그 시대의 사회 생활과 밀접한 관련을 맺으며 전개되므로 문학적 역사는 특정 문학 작품이 탄생하고 유통된 배경과 과정을 추적한다. 그리고 개별 문학 작품을 당대의 정치, 종교, 문화적 변화 및 예술적 동향에 결부시킨다. 이런 관점에서 기술된 한국 문학사는 한국인의 삶에 대한 사회 문화적 정보를 제공할 수 있으며 이 정보들은 한국학 차원에서 한국 문학 교육의 내용으로 활용될 수 있다. 한편 한국 문학 작품의 배경이 되는 사회사적 측면 대신 문학 작품에 반영되어 있는 사상과 감수성에 주목하는 문학사도 있다. 가령 한국 문학을 이야기할 때 자주 언급되는 내용 중에 이별의 정한이나 한(恨)의 정서가 있는데 이것을 개별 작품의 주제로 파악하는 데 머무르지 않고 한국 문학에 두루 나타나는 대표적 정서이자 '민족 정서'로 파악하는, 즉 감수성의 역사에 대한 주목이라 할 수 있다.

이 같은 사회사와 사상사는 모두 문학이 그 사회를 반영한다고 보는 관점으로 문학 자체보다는 문학의 배후에 관심을 갖는 접근법이라는 공통점을 지니고 있다. 그러나 이 두 가지 관점은 다음과 같은 점에서 차이를 보이고 있다.

먼저 문학의 역사는 문학 자체의, 문학 자체를 위한 역사를 지향한다. 문학 자체에 주목하는 역사는 문학 작품에 속해 있는 문학적 요소 혹은 속성을 역사적 연구의 대상으로 선택함으로써 양식(樣式)의 역사를 서술한다. 인간이 고안해 낸 모든 기술 또는 기법에는 역사가 존재하게 마련이다. 따라서 문학의 양식사는 개별적인 문학 작품들이 보여 주는 특징적인 기법 이면에 존재하는 지속과 변혁을 탐색함으로써 특정 기법이 한 작가의 개성이라기보다는 역사적 산물임을 드러낸다. 이런 측면에서 한국 문학의 양식사는 비교 문학의 관점에서 한국 문화 교육을 위한 입체적인 자료로 활용될 수 있다.

또한 양식사로서의 문학사는 율격이나 어조와 같은 문학적 표현을 조명할 경우 그 내용은 한국어 표현 교육의 내용으로 적용될 가능성도 있다. 문학적 표현은 일상어의 어법은 물론 고유의 사고방식과 정서가 통합되어 빚어진 세련된 표현이다. 따라서 한국 문학의 양식사를 통해 한국어 표현의 정수를 탐색해 보는 학습 경험은 일상어에 집중된 표현 교육을 보완하는 기회가 된다.

한국어교육에서 문학사 교육은 외국인 학습자가 손쉽게 접근할 수 있는 주제는 아니므로 대개 중급 이상의 학습자를 대상으로 이루어지게 된다. 또한 한국어교육에서 문학사 교육의 필요성이나 교육 내용 및 방법에 대한 연구가 시작 단계이며 적절한 교재가 부족한 실정이므로 아직까지는 한국어교육의 현장에서 폭넓게 다루어지지는 못하고 있다. 문학사가 연대기에 따라 문학 작품의 실체를 확인하는 선독(選讀) 중심의 수업에 그치지 않고 본격적으로 문학을 통한 문화 교육과 심화된 의사소통 교육으로 다루어질 수 있으려면 문학사 교육 이론의 발전과 더불어 다양한 교재의 개발이 요구된다. 더불어 한국 문학사를 외국어로 번역하거나 외국어로 저술하는 작업도 활발히 이루어져야 할 필요가 있다. 〈고정희〉

[참고문헌]
• 김윤식·김현(1996), 한국 문학사, 민음사.
• 배규범·주옥파(2010), 외국인을 위한 한국 고전 문학사: 연표와 도표로 읽는 문학사, 도서출판 하우.
• 소동일(1980), 문학 연구 방법, 지식산업사.
• Doubrovsky, S. & Todorov, T. (1981), L'enseignement de la littérature, 윤희원 역, 1996, 문학의 교육, 도서출판 하우.

• Jauss, H. R. (1970), *Literaturgeschichte als provokation*, 장영태 역, 1983, 도전으로서의 문학사, 문학 과지성사.

☐ 고전 문학사

고전 문학사(古典文學史, history of classical literature)는 원시 시대부터 근대 이전까지 창작되고 향유된 문학 작품들의 연대기적 집합체를 말한다. 한국 문학사의 시대 구분에 따라 고전 문학을 갑오경장이나 3·1 운동까지 이루어진 문학으로 보기도 하지만 보편적으로 고전 문학사는 개화기 이전에 이루어진 문학의 역사를 가리킨다.

고전 문학은 언어의 표현 방식에 따라 말로 전승되는 구비(口碑) 문학과 문자로 전해지는 기록(記錄) 문학으로 나눌 수 있다. 구비 문학은 말로 전승되고 구연되는 문학으로 민중 공동의 산물로서 단순성과 보편성을 지닌다. 기록 문학은 한글로 기록된 국문 문학과 한자를 빌려 우리말을 기록한 향찰이나 이두를 활용한 차자(借字) 문학과 한자(漢字)를 사용하여 이루어진 한문 문학이 있다.

구비 문학에는 설화, 민요, 무가, 판소리, 민속극 등이 있고, 차자 문학으로는 향가가 대표적이며, 한문 문학에는 한시, 한문 소설, 한문 수필 등이 있다. 국문 문학은 시가와 산문으로 구분하는데 시가에는 향가, 경기체가, 고려 가요, 시조, 가사 등이 있고 산문에는 소설, 수필 등이 있다.

원시·고대 문학의 시초는 집단 가요와 건국 신화이며 고대부터 향가, 설화, 한문학이 전개되었다고 볼 수 있다. 신라 시대에 활발히 창작된 향가는 한자의 음(音)과 훈(訓)을 빌려 표현한 향찰로 기록된 우리나라 최초의 국문 시가이다. 이는 개인 창작 시로서 4구체·8구체·10구체의 형식으로 되어 있는데 10구체 향가는 '사뇌가(詞腦歌)'라고도 하며 정형적 서정시로서 균제된 형식미를 보인다.

고려 가요와 경기체가는 고려 시대를 대표하는 고전 문학의 갈래이다. 고려 전기에 발생한 고려 가요는 주로 평민 계층의 진솔한 생활 감정을 노래하고 있고 대체로 3음보이며 분절체(分節體) 형식에 보통 각 절마다 후렴구를 갖추고 있다. 고려 가요는 속요(俗謠), 속악 가사(俗樂歌詞), 장가(長歌)로 불리기도 한다. 대표 작품으로는 〈청산별곡(靑山別曲)〉, 〈가시리〉, 〈서경별곡(西京別曲)〉 등이 있다.

경기체가는 고려 중엽 이후부터 조선 초기에 걸쳐 주로 한학자들에 의해 읊어진 교술적 경향이 강한 시가로서 고정된 시 형태와 운율을 통해 귀족적 취향과 의식을 표현하고 있다. 고종(高宗) 때 한림제유(翰林諸儒)가 지은 〈한림별곡(翰林別曲)〉이 최초의 작품이고 안축의 〈죽계별곡(竹溪別曲)〉, 〈관동별곡(關東別曲)〉을 거쳐 조선 시대에도 사대부들에 의해 계속 창작되었다.

고려 후기에 성리학을 수용하여 새로 등장한 사대부 계급은 시조(時調)와 가사(歌辭)라는 새로운 갈래를 탄생시켰는데 시조와 가사는 조선 시대에 널리 지어졌다. 시조는 3장(章) 6구(句) 45자(字) 내외의 짧은 형식의 4음보 정형시로서 한시(漢詩)에 맞서 사대부의 미의식(美意識)을 잘 표현하고 있다. 시조의 내용은 충효(忠孝)와 같은 유교적 이념을 통해 백성을 교화시키려는 경향과 자연과 친화하면서 은일(隱逸)의 삶을 추구하는 경향으로 나누어진다. 평시조(平時調)는 윤선도에 와서 절정을 이루었고 시조 작가가 중인 및 평민으로 확대되면서 사설시조(辭說時調)가 등장하였다. 사설시조는 평시조의 형식을 해체하고 구체적인 이야기와 비유를 대담하게 도입하여 골계, 해학, 풍자를 구현하였다.

가사(歌辭)는 시조에 반영된 사대 계급의 시적 이념은 물론 3·4조 4음보의 운율 형태를 계승하였지만 시의 형태나 분량, 시상 처리 방식 등에서 비교적 자유롭다. 조선 전기의 가사는 주로 자연 속에 묻혀 살아가는 선비들의 출사관(出仕觀)과 자연관을 반영하고 있는데, 정극인의 〈상춘곡(賞春曲)〉, 송순의 〈면앙정가(俛仰亭歌)〉, 정철의 〈관동별곡(關東別曲)〉, 〈사미인곡(思美人曲)〉, 〈속미인곡(續美人曲)〉 등이 대표적이다. 조선 전기의 가사의 전통을 이어 받아 박인로는 〈태평사(太平詞)〉와 〈선상탄(船上嘆)〉을 지었다. 또한 가사의 향유는 여성에게까지 확대되어 〈계녀가(誡女歌)〉, 〈규수상사곡(閨秀相思曲)〉 등 내방 가사가 성행했다. 기행 가사는 김인겸의 〈일동장유가(日東壯遊歌)〉, 홍순학의 〈연행가(燕行歌)〉, 유배 가사는 안조환의 〈만언사(萬言詞)〉와 김진형의 〈북천가(北遷歌)〉 등이 대표적이고, 이밖에 농가에서 일 년 동안 해야 할 일을 달의 순서대로 읊은 정학유의 〈농가월령가(農家月令歌)〉가 있다.

패관 문학(稗官文學)은 민간에 떠도는 이야기를 모아 엮은 것을 말하는데 비평(批評)과 일화(逸話), 설화 등을 분화하지 않고 혼합하여 서술한 점이 특징이다. 고려 말기 이인로의 〈파한집(破閑集)〉, 최자의 〈보한집(補閑集)〉, 이제현의 〈역옹패설(櫟翁稗說)〉, 이규보의 〈백운소설(白雲小說)〉 등이 대표적이다. 조선 초기에 편찬된 성현의 〈용재총화(慵齋叢話)〉, 어숙권의 〈패관잡기(稗官雜記)〉, 서거정의 〈태평한화골계전(太平閑話滑稽傳)〉, 강희맹의 〈촌담해이(村談解頤)〉 등은 골계적인 소화(笑話)를 담고 있다. 사물을 의인화하여 그 일생을 서술한 가전(假傳)은 중국에서 먼저 등장하였고 고려 말기와 조선 초기에 우리나라에서도 많이 창작되었다. 임춘의 〈국순전(麴醇傳)〉, 〈공방전(孔方傳)〉, 이규보의 〈국선생전(麴先生傳)〉, 〈청강사자현부전(淸江使者玄夫傳)〉, 이곡의 〈죽부인전(竹夫人傳)〉, 이첨의 〈저생전(楮生傳)〉 등이 대표적이다.

이러한 설화 문학의 전통들이 축적되어 마침내 소설이 탄생하게 된다. 김시습의 〈금오신화(金鰲新話)〉는 우리나라 창작 소설집의 효시이고 조선 후기에 등장한 우리나라 최초의 국문 소설인 〈홍길동전〉부터 본격적인 소설 시대가 전개되었다고 볼 수 있다. 고전 소설은 창작 및 향유층의 다변화, 주제의 다양화, 상업적 유통의 활발함에 힘입어 여러 편의 영웅(英雄) 소설과 군담(軍談) 소설의 창작이 이루어졌다. 영웅 소설은 우리나라 고전 소설 유형의 하나로 영웅의 일생이라는 서사 구조를 지닌 것을 말하며 군담 소설은 주인공의 군사적 활약상을 주요 내용으로 하는 소설을 말하는데 〈임진록(壬辰錄)〉과 같이 실재했던 전쟁을 소재로 한 역사 군담 소설과 〈유충렬전(劉忠烈傳)〉, 〈조웅전(趙雄傳)〉과 같이 허구적 전쟁을 소재로 한 창작 군담 소설(軍談小說)이 있다.

또한 여성들의 문학 향유가 확대되면서 김만중의 〈구운몽(九雲夢)〉, 〈사씨남정기(謝氏南征記)〉, 조성기의 〈창선감의록(彰善感義錄)〉 등 장편 소설이 다수 창작되었다. 한편 판소리 사설에서 유래한 〈춘향전(春香傳)〉, 〈흥부전(興夫傳)〉, 〈심청전(沈淸傳)〉, 〈토끼전〉, 〈옹고집전(甕固執傳)〉, 〈배비장전(裵裨將傳)〉, 〈장끼전〉 등의 판소리계 소설들은 해학과 풍자 정신, 골계미를 바탕으로 중세적 질서를 비판하고 현실의 다양한 삶을 생생하게 묘사하여 민중의 사랑을 받았다.

조선 후기에는 다양한 계층에 의해 전쟁, 일상, 여행 등을 소재로 교술 문학(敎述文學)이 창작되었다. 전쟁 중의 체험을 기록한 이순신의 〈난중일기(亂中日記)〉와 작자 미상의 〈산성일기(山城日記)〉, 여행의 체험을 기록한 홍대용의 〈을병연행록(乙丙燕行錄)〉, 박지원의 〈열하일기(熱河日記)〉 등이 대표적이다. 한글 수필로는 여성 작가들이 섬세한 감수성과 여성 특유의 문체로 궁중이나 규방의 사건을 담은 혜경궁 홍씨의 〈한중록(閑中錄)〉, 작자 미상의 〈계축일기(癸丑日記)〉 등을 들 수 있다.

판소리는 서사 무가에서 파생되어 17세기 경에 성립되었으리라고 추정되며, 광대(廣大)와 고수(鼓手) 두 사람이 공연하는 전문적인 흥행 예술이다. 판소리는 전성기에 12마당까지 불렸으나 지금은 〈춘향가(春香歌)〉, 〈흥보가(興甫歌)〉, 〈심청가(沈淸歌)〉, 〈수궁가(水宮歌)〉, 〈적벽가(赤壁歌)〉의 다섯 마당만 전한다. 한편 고려 때의 팔관회(八關會), 조선 전기의 산대희(山臺戲), 마을굿 등의 형태로 이어져오던 연극의 전통은 '탈춤'이라는 민속극으로 정립되었다. 민속극은 조선 후기에 성장한 평민 의식이 극명하게 표현된 예술이다.

한국어교육에서의 고전 문학사 교육은 어휘와 문법 중심이었던 근대 초기의 한국어교육에서도 이루어졌는데 그 당시에는 주로 고전 문학 작품의 읽기 교육을 통해 한국의 문화를 알리려는 목적으로 이루어졌다. 구체적인 작품으로는 〈단군 신화(檀君神話)〉, 〈효자 설화(孝子說話)〉 그리고 그 밖에 다양한 소화(笑話) 등이 있다. 한편 로트(P. L. Roth)는 한국 문학사를 삼국 시대부터 현대까지 왕조 중심으로 시대를 구분하고 각 시대의 문학 작품과 대표 작가를 약술해서 외국인 학습자에게 소개한 바 있다. 〈김혜진〉

[참고문헌]
• 박기석 외(1996), 한국 고전 문학 입문, 집문당.
• 배규범·주옥파(2010), 외국인을 위한 한국 고전 문학사: 연표와 도표로 읽는 문학사, 도서출판 하우.
• 조동일(1994), 한국 문학 통사 1~4, 지식산업사.
• Roth, P. L. (1936), *Grammatik der Koreanischen Sprache*, 김민수 외 편, 1979, 역대 한국 문법 대계 제2부 9책, 탑출판사.

☐ 현대 문학사

현대 문학사(現代文學史, history of modern literature)는 개화 계몽 시대에서 현재에 이르기까지 창작되고 향유된 문학 작품들의 연대기적 집합체를 말한다.

한국 현대 문학은 식민지 시대의 역사적 수난과 분단의 비극을 겪으면서 한국 민족의 문화적 자기 정체성을 표상하는 중요한 징표로 자리 잡고 있다. 1800년대 후반에서 1910년대에 이르는 개화기의 문학은 당시의 시대 상황과 밀접한 관련을 맺으면서 문학성이나 예술성보다는 사회적 과제를 실천하는 데 초점을 두었다. 개인적인 서정보다는 새로운 시대의 이념을 소개하거나 사회적 자각을 촉구하는 내용, 저항적이며 현실 비판적인 내용 등을 표현하였다. 이 시기에는 개화 가사, 창가, 신체시, 민요, 잡가 등의 시가 문학이 등장하는 한편, 산문에서는 이인직, 이해조 등에 의해 새로운 시대 의식과 사회 변화를 수용한 신소설이 창작되었고 토론체·연설체 소설, 역사·전기 소설이 등장하기도 하였다. 한편 이 시기의 극 양식은 판소리의 창극화와 일본 신파극의 수용이라는 특징을 지닌다. 1910년대에는 서구 문학이 수용되어 근대 문학의 형성과 정착에 영향을 미쳤다. 이 시기에는 서구 시의 경험을 바탕으로 신시, 자유시, 산문시 등 이전에는 볼 수 없었던 새로운 시가 형식이 등장하였다. 산문 문학 창작은 최남선과 이광수를 중심으로 이루어졌는데 여전히 계몽적인 문학이 중심을 이루었다. 특히 이광수의 〈무정〉은 최초의 근대 장편 소설이라는 평가를 받는다.

1920년대 초는 《창조》, 《폐허》, 《백조》 등 동인지의 시대였다. 시의 경우 언어, 정서, 운율, 시 작법 등에서 이전의 전통 시가와는 다른 새로운 모습을 보여 주면서 근대 시로서의 기틀을 다져 나가기 시작하였고, 김소월, 한용운 등의 시적 성과를 거치며 더욱 발전해 나갔다. 소설의 경우 《창조》 동인이었던 김동인이 이광수와 최남선의 문학을 목적 의식이 앞서는 설교 문학, 계몽 문학이라고 비판하면서 순수 문학을 강조했다. 또한 염상섭, 현진건 등에 의해 사회 현실을 폭로하거나 고발하는 문학도 창작되었다. 한편 1920년대 중반부터 김기진, 박영희 등이 주축이 되어 결성한 카프(Korea artista proleta federatio: KAPF)는 계급주의 이념을 바탕으로 한 작품을 창작하였다. 임화의 〈우리 오빠와 화로〉에서 볼 수 있듯이 프로 시는 계급성과 대중성을 함께 담아 내기 위해 노력했으며, 프로 소설은 빈궁 문학의 특성을 지녔던 신경향파 소설을 발전시키면서 계급 문학을 본격화하였다. 한편 최남선, 이광수, 이병기, 염상섭 등은 계급주의 문학에 맞서 활발한 창작 활동을 했으며 국민 문학파로 불리고 있다.

1930년대 전반기에는 순수 서정을 추구한 시 문학파의 시, 회화적 심상을 강조하고 도시 문명을 비판한 모더니즘 시, 인간의 원초적 생명을 노래한 생명파 시 등이 등장하였다. 또한 우리 민족 고유의 토속성을 담아 내고자 한 백석, 동시대의 궁핍한 삶과 민중의 애환을 노래한 이용악 등도 활동하였다. 소설의 대표적인 경향으로는 프로 소설,

사실주의 소설, 농촌 소설, 모더니즘 소설, 역사 소설 등을 들 수 있다. 이기영의 〈고향〉은 일제 강점기의 농촌 현실을 프로 문학의 관점에서 총체적으로 형상화한 작품이라는 평가를 받았다. 한편 극 예술 연구회 등의 연극 활동이 활성화되면서 많은 희곡 작품이 창작되었으며 본격적인 비평 문학이 확립되었다. 또한 수필에 대한 이론 연구가 활성화되면서 수필도 활발하게 창작되었다.

1940년대 전반기에는 일제의 강압적인 통치가 극에 달하면서 문학이 매우 어려운 처지에 놓였다. 우리말과 글을 사용할 수 없고 《문장》, 《인문 평론》 같은 잡지마저 폐간된 상황에서 많은 작가들이 친일 문학을 하거나 작품 활동을 중단하였으며 사회가 아니라 자연, 향토성을 노래하는 작품을 창작하기도 했다. 이러한 상황에서도 이육사와 윤동주 등에 의해 저항 문학이 창작되기도 하였다.

해방 직후에는 이념의 대립으로 문학이 좌익 문학과 우익 문학으로 나뉘어 문학의 각기 다른 역할을 강조했다. 이 시기에 이육사의 《육사시집》, 윤동주의 《하늘과 바람과 별과 시》, 청록파의 《청록집》을 비롯한 시집들이 다수 발간되었으며 모더니즘적 경향의 시집도 발간되었다. 소설의 경우 일제 잔재의 청산, 해외 동포들의 귀환, 일제 강점기에서 당대에 이르기까지의 삶에 대한 성찰과 비판 등을 다룬 작품들이 등장했다. 극 문학에서는 유치진, 김영수, 오영진 등이 새로이 문단을 주도하며 활발하게 활동하였다.

1950년대 문학은 주로 전쟁으로 인한 패배 의식과 허무주의를 형상화하였다. 시에서는 전쟁 체험을 직접적으로 형상화한 구상, 전후의 비참한 현실이나 사회의 부조리, 불안 의식 등을 모더니즘적 기법을 통해 형상화한 김규동과 박인환, 한국인의 전통 의식과 자연 의식을 담은 전통적 서정을 노래한 박재삼 등의 활동이 두드러진다. 소설에서는 손창섭, 오상원, 서기원, 하근찬 등 전쟁의 참상을 문학적으로 내면화한 새로운 세대의 작가들이 대거 등장하였다.

1960년대는 4·19 혁명과 5·16 군사 정변을 겪으면서 문학의 사회적 책임에 대한 고민이 대두하였다. 김수영과 신동엽은 시를 통한 사회 참여를 강조하면서 사회의 모순과 부조리를 시로 형상화하였는데 이러한 시적 경향은 난해한 모더니즘 시, 전통적 서정을 노래하는 시와 대립적인 경향을 보이며 '순수'와 '참여'의 논쟁으로 이어지기도 했다. 이 시기의 소설은 크게 자유와 평등을 노래한 작품으로 대별된다. 자유를 노래한 최인훈은 남과 북의 현실을 날카롭게 비판함으로써 그동안 경색된 이념에 매달렸던 경향에서 벗어나는 계기를 제공했다. 이호철은 구체적 형상화 과정을 통해 당대 현실을 비판했으며 이를 이어받아 평등을 노래한 박태순은 민중의 고통을 예술적으로 형상화한 작품을 남겼다. 이 시기에 차범석, 오영진 등 희곡 작가들도 활발하게 작품을 창작하였다. 특히 이근삼은 기존의 사실주의 연극과는 차별되는 새로운 경향의 연극을 무대에 올림으로써 새로운 기법으로 사회의 모순을 드러내기도 했다.

1970년대 시는 크게 순수시와 참여시로 나눌 수 있다. 모더니즘 시와 전통적 서정시가 순수시의 경향을 보여 주었다면 참여시는 산업화로 인해 해체되어 가는 농촌 공동체의 모습, 도시의 변두리에서 소외된 삶을 살아가는 사람들의 모습을 형상화했다. 소설은 분단 현실에도 관심을 보였다. 황석영, 조세희, 윤흥길 등의 작가는 산업화로 인해 소외된 노동자들 혹은 도시 빈민의 삶을 그렸으며, 이청준도 〈당신들의 천국〉 등에서 민중이 배제된 '당신'들만의 천국이 지닌 모순을 제시하였다. 이 밖에도 최인호, 한수산, 조선작 등은 도시 소시민들의 모습을 서정적이고 개성적인 시각으로 드러냈다.

1980년대에도 부조리한 사회 현실에 대한 비판 등 정치적이고 사회적인 문제들을 적극 담아내는 문학이 주를 이루었다. 현실 참여시가 주를 이루어 노동 시, 농민 시 등이 다수 등장하였는데 박노해, 백무산으로 대표되는 노동자 시인의 작품은 1980년대 현실 참여시의 특성을 잘 보여 준다. 이성복, 기형도 등의 시인은 도시의 현실 속에서 황폐화된 인간의 삶을 지적인 언어로 형상화하기도 했다. 소설의 경우 산업화가 진전되면서 더욱 커진 사회적 모순과 갈등을 매우 중요하게 다루었다. 예를 들어 노동 문제를 사회적인 시각에서 바라보고 해결을 모색한 노동 문학이 활성화되었다. 한편 이문열, 김원일, 황석영 등의 작가는 분단 문학에 대한 새로운 인식을 담은 작품을 창작하였다. 희곡에서는 정치 풍자극의 성행과 민족극의 활발, 소극장 공연의 활성화, 연극 양식의 다양화와 실험적 노력, 뮤지컬의 발전 등이 두드러졌다.

1990년대에는 정치·사회적인 억압에서 어느 정도 자유로워져 대중문화, 정보화 등이 중요한 문제로 부각되었고 특히 개인의 문제에 집중하는 경향이 두드러지게 드러났다. 작품 경향도 일상, 개인의 내면과 욕망, 여성 등으로 다양화되는 경향을 보인다. 또 문학이 영화, 가요 등의 대중문화와 긴밀한 연관을 맺기도 하였고 인터넷과 결합하면서 사이버 문학이 등장하기도 하였다. 시의 경향으로는 변화된 현실에 대한 문제 의식, 일상적 삶과 개인의 내면 성찰, 환경 문제에 대한 관심, 여성 시의 급부상 등을 들 수 있다. 소설의 경우 변화된 일상적인 삶과 개인의 내면에 관심을 두는 작품들이 많이 등장하였으며 공지영, 은희경, 최윤 등 다수의 여성 작가들이 문단에 진출하여 활발한 작품 활동을 보여 주기도 했다. 한편 오태석, 최인훈 등의 극작가들은 전통을 재해석한 희곡을 창작했으며 비평 분야에서는 《창작과 비평》, 《문학과 지성》 등과 같은 문예지를 통해 문학 비평을 주도적으로 전개해 나갔다.   〈홍혜준〉

[참고문헌]
• 권영민(1993), 한국 현대 문학사: 1945~1990, 민음사.
• 권영민(2002), 한국 현대 문학사 1~2, 민음사.
• 김윤식(1979), 한국 현대 문학사: 1945-75, 일지사.
• 김윤식 외(2002), 한국 현대 문학사, 현대문학.
• 일모 정한모 박사 퇴임 기념 논문집 간행 위원회(1989), 한국 현내 시 연구: 일모 정한모 박사 퇴임 기념 논문집, 민음사.

■ 문학 장르

문학 장르(literature genre)란 문학의 유형이나 종류와 같은 문학의 형식을 말한다.

웰렉과 워렌(R. Wellek & A. Warren)에 따르면 장르는 운율이나 구조와 같은 내적 형식과, 주제와 대상과 같은 외적 형식에 기초를 둔 문학 작품의 분류이다. 또한 이는 문학적인 의사소통에서 가장 보편적이고 지속적인 유형이며 다양한 역사적 장르의 형상으로 구체화된다.

플라톤(Platon)과 아리스토텔레스(Aristoteles) 시대 이후로 문학 장르는 서정시, 서사시, 극시의 포괄적인 세 가지로 구분되는 경향을 띠었다. 18세기 말과 19세기 초 독일 비평가들은 이러한 구분법을 다듬어 문학 장르를 시, 소설, 희곡으로 나누었으며 이것이 오늘날까지 이어져 오고 있다. 고전 시대 이후 비평가들은 이러한 큰 구분 속에서 장르를 서사시(epic), 비극(tragedy), 희극(comedy), 풍자(satire), 서정시(lyric) 그리고 보다 새로운 명칭으로 소설(novel), 에세이(essay), 전기(biography) 등, 더욱 한정적으로 분류해 놓았다.

문학 장르들은 각각의 특성을 통해 삶의 공간과 사회적·미학적 행동 유형을 제시해 주기도 한다. 이러한 점에서 문학 장르 내 문학적인 의사소통의 기본 형식이 역사적인 관점에서 어떻게 실현되어 있는지, 각 기본 형식들은 어떠한 성격의 역사적인 의미에 배치되어 있는지 그리고 이들이 어떠한 관계를 맺고 있는지에 관해 연구할 필요가 있다.

문학 장르는 소재와 형식에 따라 특징을 각각 규정할 수 있는데 이는 시대적으로 변화하며 사회사적 환경에 따라 절대적인 영향을 받게 된다. 그러므로 문학의 장르는 나라나 시대의 문학에 따라 개별성이 강조되는 개념이다. 따라서 오늘날에 이르러 장르 이론은 그 개방성이 확대되고 여러 종류의 작품들을 특성대로 존중하려는 경향을 보인다. 다시 말해 20세기의 장르론은 기존의 독단적이고 도식화된 장르론에서 탈피하여 장르 자체를 인정하지 않으려는 경향이 두드러졌으며 장르와 장르 사이의 경계가 허물어지는 현상이 나타났다. ⟨이희정⟩

[참고문헌]
• 김준오(1990), 한국 현대 장르 비평론, 문학과지성사.
• Frye, N. (1957), *Anatomy of criticism: Four essays*, 임철규 역, 2000, 비평의 해부, 한길사.
• Hernadi, P. (1972), *Beyond genre: New directions in literary classification*, 김준오 역, 1983, 장르론: 문학 분류의 새 방법, 문장사.
• Wellek, R. & Warren, A. (1984), *Theory of literature*, 김병철 역, 1988, 문학의 이론, 을유문화사.
• Zmegac, V. & Borchmeyer, D. (1987), *Moderne Literatur im Grundbegriffen*, 류종영 외 역, 1996, 현대 문학의 근본 개념 사전, 솔.

❏ 고전 시가

고전 시가(古典詩歌, classic poetry)는 한국의 고전 문학 중 한국어로 지어 불리던 운문 양식의 작품들을 말한다.

다른 문화권과 마찬가지로 운문으로 된 한국의 문학 작품 역시 오랫동안 음악과 결합하여 노래로 불리거나 읊는 형태로 향유되었는데 이런 이유로 글로 된 시와 노래로 불린 것을 모두 포괄할 수 있는 시가(詩歌)라는 용어를 쓴다. 또한 한국 문학의 범위가 한국인이 창작한 한문학까지를 포함한다는 점에서 보자면 넓은 의미에서의 고전 시가는 한국인이 창작한 한시(漢詩)도 포함할 수 있다.

한국의 고전 시가는 한글이 창제되기 이전에는 입에서 입으로 전해지거나 한자를 활용하여 제한적으로 기록되다가 한글이 창제된 이후에야 비로소 온전히 원래의 모습을 그대로 남길 수 있었다. 지금까지 전해지는 가장 오래된 고전 시가들로는 〈공무도하가(公無渡河歌)〉, 〈황조가(黃鳥歌)〉, 〈구지가(龜旨歌)〉 등이 있다. 이들 노래는 모두 한문으로 번역되어 전해지고 있으며 번역된 형태와 내용으로 보아 민요로서의 성격을 가지고 있었으리라 짐작할 수 있다.

신라 시대에 이르러 비교적 형식적인 특성이 분명한 향가(鄕歌)라는 갈래가 등장하게 되었다. 향가는 한자를 활용한 향찰(鄕札)이라는 독특한 표기 방식을 통해 기록하였으며, 네 줄, 여덟 줄, 열 줄 등의 정형성을 갖추고 있다. 또한 대부분의 작품이 배경 설화와 함께 기록되어 있으며 그 내용으로 미루어 보아 주술적인 성격이 매우 강했음을 알 수 있다. 대표적인 향가 작품으로 〈서동요(薯童謠)〉, 〈제망매가(祭亡妹歌)〉, 〈처용가(處容歌)〉, 〈찬기파랑가(讚耆婆郎歌)〉 등이 전해져 내려온다.

고려 시대의 시가로는 왕실의 여러 행사에 활용된 속요(俗謠)와 무신의 난 이후 침체기를 거쳐 다시 등장하게 된 문인들이 자신들의 생활과 감정을 표현하기 위해 고안한 경기체가(景幾體歌)가 전해지고 있다. 이는 아직 한글이 창제되기 이전에 향유된 것들이므로 구전되거나 한자를 활용하여 제한적으로 기록되다가 한글 창제 이후 온전하게 기록할 수 있었으며 조선 시대의 문헌들을 통해 당시의 향유 모습을 간접적으로 확인할 수 있다.

조선 시대에 이르러서는 시조(時調)와 가사(歌辭)를 중심으로 더욱 다양하고 풍성하게 시가 문학이 전개되었다. 시조와 가사는 이미 고려 말부터 형성되었을 것으로 짐작할 수 있으나 이들 갈래가 본격적으로 문학의 전면에 나타나게 된 것은 조선 시대에 이르러서였다. 이 두 갈래의 형성과 발전에 가장 큰 역할을 했던 것은 성리학적 세계관을 가진 사대부들이었다. 초기의 시조와 가사는 이들의 이념과 생활 세계를 표현하며 각기 단형과 장형의 갈래로서 서로 상보적인 역할을 수행하며 자리를 잡았고, 조선 중기 이후에는 다양한 계층이 포괄적으로 참여하는 문학 양식으로 발전하였다.

시조는 가곡창이나 시조창에 얹어 부르는 형태로 향유되었는데 일반적으로 초장, 중장, 종장의 3장 형태로 구성되며 각 장은 보통 4음보로 이루어져 있다. 조선 중기 이후 이러한 정형적 틀을 벗어난 사설시조(辭說時調)가 등장하여 갈래의 형식과 내용이 더욱 다양해졌다. 주로 유교적 이념에 바탕을 둔 사대부들의 서정을 담고 있던 것이 사설시조에 이르러서는 세태에 대한 풍자나 인간적 욕망을 표출하는 양상을 보이기도 하였다.

가사는 시조에 비해 형식적인 면에서는 단순한 모습을 띠고 있다. 두 마디씩 짝을 이루는 구조 외에 두드러지는 특징을 찾기 어렵고 길이 역시 작품에 따라 다양하다. 초기의 작품은 가창되었을 것으로 짐작되나 점차 단조로운 어조의 낭송이 주가 된 것으로 보인다. 초기의 작품들은 정극인의 〈상춘곡(賞春曲)〉, 송순의 〈면앙정가(俛仰亭歌)〉, 정철의 〈관동별곡(關東別曲)〉 등 주로 강호에서의 삶이나 기행, 유배 등 사대부들의 삶을 주제로 한 것이 많았으나 이후에는 박인로의 〈선상탄(船上歎)〉, 〈누항사(陋巷詞)〉와 같은 작품이나 《용담유사(龍潭遺詞)》에 수록된 가사처럼 전쟁이나 동학 등의 사회 변화를 반영한 작품들이 나타나게 되었다. 또한 이 당시에 여성들을 중심으로 계녀 가사가 향유되었던 것도 주목할 만하다.

한국어교육에서는 이러한 고전 시가를 교재에 실어 교육에 활용하고 있으며 그 작품은 고대 가요에서부터 시조까지 다양하다. 한국어 교재에 수록된 주요 작품 목록을 제시하면 다음과 같다.

〈한국어 교재에 수록된 주요 고전 시가 작품 목록〉

장르	작가	작품명	출처
고대 가요	유리왕	〈황조가〉	외국인을 위한 한국 문학 외국인을 위한 한국 문학의 이해
	작자 미상	〈구지가〉	외국인을 위한 한국 문학사
	작자 미상	〈공무도하가〉	외국인을 위한 한국 문학
향가	월명사	〈제망매가〉	외국인을 위한 한국 문학 외국인을 위한 한국 문학의 이해
고려 가요	작자 미상	〈가시리〉	외국인을 위한 한국 문학 외국인을 위한 한국 문학의 이해
	작자 미상	〈청산별곡〉	외국인을 위한 한국 문학 외국인을 위한 한국 문학사
시조	윤선도	〈오우가〉	외국인을 위한 한국 문학 외국인을 위한 한국 문학의 이해
	황진이	〈동짓달 기나긴 밤을〉	외국인을 위한 한국 문학 외국인을 위한 한국 문학의 이해
민요	작자 미상	〈아리랑〉	외국인을 위한 한국 문학 외국인을 위한 한국 문학의 이해 이화 한국어 5 이화여대 말이 트이는 한국어 5

한국어교육이 추구하는 한국어 의사소통 능력이 한국어에 담긴 문화와 정신에 대한 이해까지를 포함한다는 점에서 보자면 오랜 시간 동안 한국인의 서정적 세계를 담당해 온 고전 시가의 효용이 결코 적다고 할 수 없다. 그러나 이러한 가능성에 비해 한국어교육계에서 고전 시가에 대한 연구는 아직 시작 단계이다. 고전 산문과 마

찬가지로 작품에 빈번히 등장하는 고어와 한자어로 인해 작품에 대한 접근성이 낮다는 점이 일차적인 원인이라고 할 수 있으나, 율격이나 어휘의 함축성을 보존한 자연스러운 현대어 역(譯)이 상당히 어렵다는 고전 시가의 특수성도 그 원인이 된다. 따라서 앞으로 한국어교육의 제재로서 활용도를 높이고 한국 문화에 대한 이해를 심화할 수 있는 구체적인 자료로서의 역할을 제고하기 위한 다양한 연구가 요구되는 상황이다.　　　　　　　　　　　　　　　　　　　　　　　　　〈조하연〉

[참고문헌]
- 김학성(2002), 한국 고전 시가의 정체성, 성균관대학교 대동문화연구원.
- 조동일(1994), 한국 문학 통사 1, 지식산업사.
- 조동일 외(1994), 한국 문학 강의, 길벗.

☐ 고전 산문

고전 산문(古典散文, classic prose)은 근대 이전에 창작되고 향유된, 고전 운문을 제외한 모든 작품을 말한다.

서정·서사·극·교술이라는 장르의 사분법에 따르면 서사 장르인 판소리·설화·소설 등과 교술 장르인 한문 문학의 문(文)·고전 국문 수필 등이 고전 산문에 포함된다. 고전 산문은 표기 방식에 따라 국문과 한문으로 나뉘며, 설화나 판소리와 같은 구비 문학의 경우도 문헌으로 정착하였다면 고전 산문으로 볼 수 있다.

고전 산문의 표기 방식은 향유층을 결정하는 중요한 표지인데 한글이 창제되기 이전의 고전 산문은 구비 문학과 한문학의 형태로 존재하여 발전하였다. 이 가운데 한문학은 지배 계층에 국한되어 향유되었으며 그들의 필수 교양으로 여겨졌다. 반면 구비 문학은 민중들을 통해 향유되고 재생산되며 발전해 왔다. 한글이 창제된 이후에는 작품 활동이 국문과 한문으로 분화되었고 더 많은 계층의 사람들이 보다 다양한 방법으로 문학 창작과 향유에 참여할 수 있었다. 그러나 한문 산문의 경우 여전히 사대부층의 전유물로 인식되었는데 이러한 인식은 근대화 이후에 이르러서야 언문일치 운동으로 사라진다.

고전 산문의 대표 격은 고전 소설이라고 할 수 있으며 고전 산문은 고전 소설과 통용되기도 한다. 고전 소설의 최초 작품은 〈금오신화(金鰲新話)〉로 알려져 있으나 〈최치원전(崔致遠傳)〉, 〈조신전(調信傳)〉 등을 초기 소설로 보기도 한다. 이러한 작품들은 한문으로 이루어져 있고 전기(傳奇)라는 특징을 띤다. 고전 국문 소설은 조선 후기 〈홍길동전〉으로부터 비롯되며 고전 소설 중 백미로 손꼽히는 〈구운몽〉과 〈춘향전〉 모두 국문으로 지어진 작품이다. 〈구운몽〉은 선계와 현실계를 넘나들며 세속적 욕망과 구도자의 삶을 함께 포괄하여 인생의 근원적 의미를 찾도록 하는 작품이다. 반면 〈춘향전〉은 남녀 간의 사랑을 다룬 판소리계 소설로서, 열(烈)이라는 전통적인 가치를 긍정하면서 동시에 봉건적 질서에 저항하는 하층민의 항거(抗拒)를 보여 준다. 〈구운몽〉이 귀족적 이상주의를 반영하고 있다면 〈춘향전〉은 조선 후기 민중들의 이상을 반영하고 있다.

고전 산문 중 설화는 소설의 기반이 되기도 했으며 독자적인 세계 역시 구축하여 왔다. 설화는 공동의 창작으로 이루어져 보편성과 공감력이 강하고 독자로 하여금 흥미로운 이야기 속에서 한국인의 정신 세계를 엿볼 수 있게 한다. 설화는 신화·전설·민담의 삼분법에 따라 구분하는데 예컨대 〈단군신화(檀君神話)〉는 천신(天神)의 아들인 환웅이 인간이 되고 싶어 했던 곰을 통해 낳은 단군으로부터 한민족의 역사가 시작되고 있음을 설명한다. 이러한 신화 속에서는 인간을 이롭게 하고자 하는 인본주의 사상을 읽을 수 있다. 설화의 재미는 갈등과 해소의 과정 속에서 나타나며 대체로 착한 주인공이 행운을 얻는 방법을 통해 결혼하거나 부자가 되는 결말로 끝을 맺는다.

한국어교육에서 고전 산문은 먼저 문학 교육의 관점으로 접근할 수 있다. 외국의 문학 작품을 감상하는 방식으로 한국의 고전 산문을 감상하도록 교육하는 것이다. 그러나 최근 한국어교육에서 고전 산문에 대한 접근은 의사소통 교육 및 문화 교육 자료로 활용한다는 측면에서 주로 이루어진다. 고전 산문은 한민족의 사상과 문화의 정수가 담겨 있으므로 이를 통해 의사소통 능력을 향상시킬 수 있을 뿐 아니라 한국의 전통 문화를 이해할 수 있다.

현재 한국어 교재에 실려 있는 주요 고전 산문 작품 목록을 살펴보면 다음과 같다.

〈한국어 교재에 수록된 주요 고전 산문 작품 목록〉

장르	구분	작품명	출처
설화	신화	〈단군 신화〉	외국인을 위한 한국 문학 외국인을 위한 한국 문학사 서울대 고급 한국어: 강독 외국인을 위한 한국 문학 읽기
		〈주몽 신화〉	외국인을 위한 한국 문학
	전설	〈아기장수 우투리〉	외국인을 위한 한국 문학의 이해
		〈온달 설화〉	외국인을 위한 한국 문학사 연세 한국어 읽기 3급
		〈조신몽〉	외국인을 위한 한국 문학의 이해
	민담	〈견우와 직녀〉	서울대 한국어 5A
		〈구토 설화〉	외국인을 위한 한국 문학
		〈나무꾼과 선녀〉	경희대 한국어 고급 1 외국인을 위한 한국 문학
		〈청개구리 이야기〉	서강 한국어 5B

		〈해와 달이 된 오누이〉	외국인을 위한 한국 문학 서강 한국어 5B
		〈효성이 지극한 호랑이〉	외국인을 위한 한국 문학
소설	김만중	〈구운몽〉	외국인을 위한 한국 문학의 이해
	김시습	〈이생규장전〉	외국인을 위한 한국 문학 외국인을 위한 한국 문학사
	박지원	〈양반전〉	외국인을 위한 한국 문학 읽기
	이규보	〈국선생전〉	외국인을 위한 한국 문학사
	허균	〈홍길동전〉	외국인을 위한 한국 문학사
	작자 미상	〈심청전〉	외국인을 위한 한국 문학
		〈춘향전〉	경희대 한국어 고급 1 외국인을 위한 한국 문학 서울대 한국어 5B 외국인을 위한 한국 문학의 이해
		〈흥부전〉	외국인을 위한 한국 문학 외국인을 위한 한국 문학의 이해 서강 한국어 5B

위의 표에서 보듯이 고전 산문을 활용한 한국어교육이 가능하기 위해서는 고전 산문을 학습자가 이해할 수 있는 형태로 제시하는 문제, 즉 자료의 개작(改作) 문제가 있다. 고전 산문을 활용한 한국어교육이 활성화되기 위해서는 학습자의 언어 수준과 내용 이해의 정도를 고려하여 번역이나 해제(解題) 등의 작업이 추가적으로 요구된다. 〈주재우〉

[참고문헌]
• 오지혜(2013), 국외 한국어교육 문학 교재 구성을 위한 언어 학습자 문학 연구, 새국어교육 95, 한국국어교육학회, 269~302쪽.
• 이상택 외(2005), 한국 고전 소설의 세계, 돌베개.
• 장덕순 외(1971), 구비 문학 개설: 구비 전승의 한국 문학적 고찰, 일조각.
• 정병헌(2009), 고전 산문 연구와 교육의 전망, 고전문학과교육 18, 한국고전문학교육학회, 87~108쪽.
• 조동일 외(1994), 한국 문학 강의, 길벗.

❏ 현대 시

현대 시(現代詩, modern poetry)는 근대 이전의 세계관과 양식의 제약을 벗어나 현대적인 문제 의식과 정서를 새로운 시적 형식으로 표현한 문학의 한 갈래를 말한다.

관점에 따라 근대 시와 현대 시를 구별하기도 하고 근대의 기점 또한 18세기에서 20세기 초까지 다양하게 설정하고 있으나 근대 시라는 용어를 따로 쓰지 않을 경우 한국 현대 시는 주로 20세기 초에서 현재에 이르는 시기에 한국어로 창작된 시들을 가리킨다. 한국 현대 시는 매우 다양한 작품들을 포괄하는 용어이지만 세계와 시적 자아와의 관계를 중심으로 보면 서정의 세계를 담고 있고, 형식적으로는 정형적인 리듬을 탈피한 자유시의 형태를 띠는 경우가 주를 이룬다.

근대 이전의 한국 시가는 정형(定型)적인 리듬에 유교 이념이나 봉건적 질서 그리고 충(忠), 효(孝), 열(烈) 등의 가치를 담은 노래가 많았으나 18세기 이후 사상과 문물에 근대적 변화가 일어나기 시작하고 서민 정신이 대두되면서 시가의 내용과 형식에도 변화가 일기 시작하였다. 이러한 흐름의 연장선에서 한국 현대 시는 새로운 시대를 향한 의식이나 근대적 개인의 서정을 주된 내용으로 하여 창작되기 시작하였으며 점차 노래의 형태에서 문자로 된 독서물의 형태로 변화하게 되었다.

한국의 20세기는 근대 국가 건설과 민족의 독립 그리고 분단의 회복이라는 과제를 해결하기 위한 과정이었다. 이러한 시대적 상황 속에서 한국 현대 시는 한국 문학의 전통과 서정을 중시하는 쪽과 현대성(現代性, modernity)을 강조하면서 지적인 태도로 시와 언어의 새로움을 추구하는 쪽이 서로 영향을 주고 받으며 발전해 왔다. 또한 한국의 현대 시는 시대 현실과 사회·역사의 문제를 반영하는 데 중점을 두는 경향과 인간의 본질을 탐구하며 작품의 유기적 질서와 조화를 통한 미적 가치에 초점을 맞추는 경향이 공존하는 가운데 다양하게 전개되어 왔다. 나아가 21세기에 들어와서는 이전의 '서정주의 계열', '모더니즘 계열', '현실주의 계열' 등의 구분을 해체하고, 서정보다 포괄적인 '시적인 것'을 시의 본질로 강조하는 소위 미래파 시인들의 난해하고 실험적인 작품들이 등장하여 현대 시의 본질을 재점검하는 가운데 현대 시의 범위를 확대하였다.

향후 민족 분단을 극복하는 통일 시대의 문학을 염두에 둘 때, 한국 현대 시는 20세기 중반 이후 이른바 '주체 문예론'에 기반을 두고 창작된 북한의 시들을 어떻게 포괄할 것인가에 대한 과제를 안고 있다. 또한 한국 사회가 급격하게 다문화 사회로 이행하고 있기 때문에 다양한 문화적 배경을 가진 새로운 시들도 현대 시의 범주에 포함하게 될 것이다.

한국 현대 시는 급격한 변화를 겪어 온 현대 한국인들의 심성과 정서를 압축적 언어로 표현한 한국 문학의 대표적인 갈래이다. 그러므로 한국어교육을 통해 한국인들의 감성이나 미의식 그리고 한국의 언어문화를 경험하기 위해서는 한국 현대 시에 대한 교육이 수반되어야 한다. 외국어로 된 시를 읽고 배우는 것이 쉽지 않은 일이지만 한국어의 도구적·실용적 측면을 넘어서 문화적·미적인 특질을 이해하고 체험함으로써 보다 수준 높은 한국어 실력을 갖출 수 있게 될 것이다.

이에 따라 한국어 교재에는 다양한 현대 시가 실려 한국어교육에 활용되고 있다. 특히 한국의 전통적인 정서가 담겨 있는 김소월의 시나 한국인의 감수성이 형상화된 윤동주 등의 작품이 많이 수록되어 있으며, 정현종이나 정호승과 같은 현대 시인의 작품도 널리 쓰인다. 한국어 교재에 수록된 주요 작품을 추려 보면 다음과 같다.

〈한국어 교재에 수록된 주요 현대 시 작품 목록〉

작가	작품명	출처
김소월	〈예전엔 미처 몰랐어요〉	외국인을 위한 한국 문학의 이해
	〈진달래꽃〉	고려대 재미있는 한국어 5 student book 외국인을 위한 한국 문학
김수영	〈눈〉	외국인을 위한 한국 현대 문학 산책
	〈풀〉	고려대 재미있는 한국어 5급 workbook
김영랑	〈모란이 피기까지는〉	외국인을 위한 한국 문학사 외국인을 위한 한국 문학의 이해
김춘수	〈꽃〉	고려대 재미있는 한국어 5 student book 외국인을 위한 한국 현대 문학 산책 외국인을 위한 한국 문학의 이해 이화여대 말이 트이는 한국어 5
박두진	〈해〉	외국인을 위한 한국 문학사
박인환	〈세월이 가면〉	외국인을 위한 한국 문학의 이해
서정주	〈국화 옆에서〉	고려대 재미있는 한국어 5 workbook 외국인을 위한 한국 문학 외국인을 위한 한국 현대 문학 산책 연세 한국어 읽기 5급
신경림	〈농무〉	외국인을 위한 한국 문학사
	〈가난한 사랑 노래〉	외국인을 위한 한국 현대 문학 산책
신동엽	〈껍데기는 가라〉	외국인을 위한 한국 문학사 외국인을 위한 한국 현대 문학 산책 외국인을 위한 한국 문학의 이해
안도현	〈연탄 한 장〉	외국인을 위한 한국 현대 문학 산책 서울대 한국어 5B
윤동주	〈서시〉	고려대 재미있는 한국어 5급 student book 외국인을 위한 한국 문학
	〈자화상〉	연세 한국어 읽기 6급 외국인을 위한 한국 문학의 이해
이상	〈거울〉	외국인을 위한 한국 문학의 이해
정현종	〈다람쥐를 위하여〉	연세 한국어 읽기 6
정호승	〈내가 사랑하는 사람〉	외국인을 위한 한국 현대 문학 산책 서울대 한국어 5B
	〈희망을 만드는 사람이 되라〉	연세 한국어 읽기 4
조지훈	〈승무〉	고려대 재미있는 한국어 5 student book
주요한	〈빗소리〉	외국인을 위한 한국 문학의 이해
	〈불놀이〉	외국인을 위한 한국 문학사
천상병	〈귀천〉	외국인을 위한 한국 현대 문학 산책 연세 한국어 읽기 5 이화 한국어 5

| 한용운 | 〈사랑하는 까닭〉 | 외국인을 위한 한국 문학 |
| 황지우 | 〈새들도 세상을 뜨는구나〉 | 외국인을 위한 한국 문학사
외국인을 위한 한국 현대 문학 산책 |

한국어와 한국 문화에 익숙하지 않은 학습자를 염두에 둘 때, 한국어교육에 적절한 현대 시 작품은 한국인의 독특한 사고방식이나 감수성이 형상화되어 있으면서 한국어 표현과 어휘의 아름다움이 나타나는 작품을 중심으로 선정하는 것이 바람직하다. 다만 지나치게 압축적인 언어로 되어 있거나 과도한 배경지식을 요구하는 어휘로 이루어진 작품은 적절하지 않으며 시대적으로 볼 때 일제 강점기를 거쳐 산업화와 민주화 시대 그리고 현재 한국 사회에 이르는 다양한 작품들 간의 시대적 균형의 문제도 고려할 필요가 있다. 〈김정우〉

[참고문헌]
• 김대행(1999), 시와 문학의 탐구, 역락.
• 김용직(1995), 한국 현대 시사 1~2, 한국문연.
• 김윤식 외(2007), 한국 현대 시사 연구, 시학.
• 오지혜(2012), 시적 텍스트 변형을 통한 한국어 어감 이해 교육 연구, 서울대학교 박사학위논문.
• 윤여탁(2007), 외국어로서의 한국 문학 교육, 한국문화사.

❏ 현대 소설

현대 소설(現代小說, modern novel)은 20세기 이후 현대적 문제 의식과 삶의 양식을 문학적으로 형상화한 허구의 이야기를 말한다.

이야기 장르는 시대에 따라 그 형식의 변천을 거듭해 왔는데, 신화(myth), 서사시 (epic), 로맨스(romance)를 거쳐 근대 산업 사회에서 소설 장르로 본격화되었다. 근대 사회의 서사시로 소설을 규정하는 루카치(G. Lukács)나 타락한 시대를 타락한 방식으로 그려내는 장르로 소설을 평가하는 골드만(L. Goldmann)의 시각 역시 소설이 현대 사회의 특성과 상호작용하는 장르임을 전제한다. 한편 바흐친(M. M. Bakhtin)은 소설 언어의 다성성(多聲性)에 주목한다. 하나의 소설 안에는 작가, 다양한 작중 인물들, 서술자의 담론이 중층적으로 존재한다. 즉 다양한 세계관과 가치가 하나의 작품 안에서 전개되고 충돌하는 것이다. 독자는 이러한 전개와 충돌을 이해하고 판단하는 주체로서의 위상을 부여받는다. 현대의 많은 소설 작품들은 다성적 언어의 가능성을 여러 측면에서 실험하고 있다.

이처럼 현대인의 행위와 내면을 문학적으로 형상화해 내는 소설 장르의 특징으로 인해 소설은 그 교육적 가능성을 인정받아 왔다. 소설을 교육하는 방법은 소설 독서 과정에 대한 관찰을 필요로 하는데 관찰의 결과를 다음과 같이 정리할 수 있다. 첫째, 독서 목적이 독서 방법을 결정한다. 둘째, 전체를 파악한 다음 부분을 고려한다. 셋째, 인물은 유형이 아니라 관계 존재로 살아 있다. 넷째, 구성의 유형은 서사의 원형을 제공한다. 다섯째, 소설의 언어는 담론의 구체성을 실현한다.

한국어교육에서 텍스트와 학습자의 교호(交互) 작용을 중심으로 소설을 강독할 경우 다음과 같은 점을 고려해야 한다. 첫째, 강독의 중점을 설정하고 읽어야 한다. 둘째, 제재의 내용을 계열화하여 제공한다. 셋째, 교재를 구성하는 데 다음과 같은 사항을 고려하여야 한다. 한국어교육의 교재로 활용되는 소설은 학습자의 자국어 문학 능력과 연관되는 작품, 학습자의 문화 체험과 연관되는 작품, 현대어로 서술된 작품, 학습자의 언어 능력 수준을 향상시킬 수 있는 작품, 비평적 글쓰기에 활용할 수 있는 작품이어야 한다.

현재 한국어교육에서는 여러 현대 소설들이 활용되고 있다. 교재에 수록된 주요 작품을 살펴보면 다음과 같다.

〈한국어 교재에 수록된 주요 현대 소설 작품 목록〉

작가	작품명	출처
공지영	〈우리들의 행복한 시간〉	연세 한국어 읽기 6
김동리	〈무녀도〉	외국인을 위한 한국 문학사
	〈역마〉	외국인을 위한 한국 현대 문학 산책
김승옥	〈서울, 1964년 겨울〉	외국인을 위한 한국 문학 읽기
	〈역사〉	외국인을 위한 한국 현대 문학 산책
김애란	〈누가 해변에서 함부로 불꽃놀이를 하는가〉	고려대 재미있는 한국어 6
김영하	〈바람이 분다〉	외국인을 위한 한국 현대 문학 산책
	〈엘리베이터에 낀 그 남자는 어떻게 되었나〉	연세 한국어 읽기 6
김유정	〈동백꽃〉	외국인을 위한 한국 문학 읽기
	〈봄봄〉	고려대 재미있는 한국어 6 student book
김중혁	〈엇박자 D〉	서강 한국어 읽기 6
박완서	〈겨울 나들이〉	외국인을 위한 한국 문학 읽기
	〈닮은 방들〉	이화여대 유학생을 위한 대학 한국어 2
	〈옥상의 민들레꽃〉	외국인을 위한 한국 문학 서울대 한국어 5B
	〈해산 바가지〉	외국인을 위한 한국 현대 문학 산책
신경숙	〈감자 먹는 사람들〉	외국인을 위한 한국 현대 문학 산책
	〈외딴방〉	외국인을 위한 한국 문학사
오정희	〈꿈꾸는 새〉	외국인을 위한 한국 문학 읽기
	〈술꾼의 아내〉	외국인을 위한 한국 문학 읽기
	〈옛우물〉	외국인을 위한 한국 현대 문학 산책
이문열	〈금시조〉	외국인을 위한 한국 문학 읽기
	〈우리들의 일그러진 영웅〉	서울대 한국어 5A 외국인을 위한 한국 문학의 이해

이태준	〈복덕방〉	외국인을 위한 한국 문학의 이해
	〈해방 전후〉	외국인을 위한 한국 현대 문학 산책
조세희	〈난장이가 쏘아올린 작은 공〉	외국인을 위한 한국 문학사 외국인을 위한 한국 현대 문학 산책
조정래	〈태백산맥〉	외국인을 위한 한국 문학사 외국인을 위한 한국 현대 문학 산책
하근찬	〈수난이대〉	외국인을 위한 한국 문학의 이해
황순원	〈별〉	고려대 재미있는 한국어 6 workbook 외국인을 위한 한국 문학 읽기
	〈소나기〉	외국인을 위한 한국 문학
	〈학〉	외국인을 위한 한국 문학사
현진건	〈고향〉	외국인을 위한 한국 문학의 이해
	〈운수 좋은 날〉	외국인을 위한 한국 문학사

한국의 현대 소설에 대한 이해는 한국의 현대 문화 및 한국인들의 심성 구조와 삶의 양식을 이해하는 작업이라 할 수 있다. 따라서 한국어교육에서는 한국의 현대 소설 읽기 경험과 이를 통한 문화적 문식력 성장을 도모할 필요가 있다. 〈우한용〉

[참고문헌]
• 우한용(2010), 소설 텍스트 중심으로 본 문학 능력과 한국어교육, 한국어와문화 7, 숙명여자대학교 한국어문화연구소, 211~241쪽.
• 윤여탁(2007), 외국어로서의 한국 문학 교육, 한국문화사.
• Bakhtin, M. M. (1975), *Voprosy Literatury i Estetiki*, 전승희·서경희·박유미 역, 1988, 장편 소설과 민중 언어, 창작과비평사.
• Goldmann, L. (1964), *Pour une sociologie du roman*, 조경숙 역, 1982, 소설 사회학을 위하여, 청하.
• Lukács, G. (1916), *Die Theorie des Romans*, 김경식 역, 2007, 소설의 이론, 문예출판사.

❏ 희곡

희곡(戱曲, play)은 배우의 말과 몸짓을 빌어 관객에게 보여 주기 위해서 창작한 문학 양식을 말한다. 희곡은 다른 문학 장르와 달리 문학성과 연극성이 동시에 존재하는 장르이다. 희곡은 연극의 4요소, 즉 희곡, 배우, 무대, 관객 중의 하나로서 연극의 설계도라 할 수 있다.

동양 문화권에서 희곡은 가무(歌舞)이며, 연극은 희곡을 가무로 표현하는 것이다. 즉 모방론적 관점에서 희곡은 옛일을 노래와 춤으로 표현하여 사람들에게 형체를 보여 주며 놀고 즐기는 것을 가리킨다. 반면 서양 문화권에서는 희곡을 지칭하는 용어로 그리스 어의 '행동하다(dramenon)'에서 비롯된 개념인 'drama'와 '구경하다(theasthai)', '극장(theatron)'에서 비롯된 개념인 'theatre'를 사용한다. 'drama'와 'theatre'는 현재 혼용되고 있으며 언어 예술에서 공연 예술 및 행위 예술 그리고 예술 전반에까지 그 의미가 확장되고 있다.

희곡의 내용적인 요소는 서사 장르와 동일하게 인물, 사건, 배경으로 구성되어 있다. 한편 희곡의 형식적인 요소는 해설, 지문, 대사로 이루어져 있다. 해설은 주로 희곡의 처음 부분에 있으며 막이 오르기 전후의 상황을 설명한다. 시간적 배경이나 공간적 배경이 중심을 이루고 인물과 무대에 대해서 제시하는 경우도 있다. 지문은 주로 등장 인물의 행동이나 표정과 심리적 상황이 어떠한지를 설명하고 배경이나 효과 또는 조명에 관해 지시한다. 대사는 희곡에 등장하는 인물이 하는 말이며 사건이나 이야기의 전개를 이끌어 간다.

희곡은 무대라는 제한된 공간에서 현실처럼 벌어지는 사건을 보여준다. 이는 무대에서 재현된 현실 상황을 통해서만 소통이 이루어지는 문학 표현 양식이다. 그래서 극 사건이 일어나고 있는 장소나 시간을 쉽게 바꿀 수 없다는 제약을 항상 고려하여야 한다.

인류의 가장 오래된 문학 양식 가운데 하나인 희곡은 근대 이후 기계 문명이 발달함에 따라 영화의 시나리오나 텔레비전 드라마 각본과 같은 양식으로 다양화되고 있으며 한국어교육에서 희곡은 역할극(role play), 드라마(drama)와 같은 활동을 통해 적극적으로 활용되고 있다. 한국어 교재에 수록된 주요 희곡 작품의 목록은 다음과 같다.

〈한국어 교재에 수록된 주요 희곡 작품 목록〉

작가	작품명	출처
오태석	〈부자유친〉	외국인을 위한 한국 현대 문학 산책
오영진	〈살아 있는 이중생 각하〉	외국인을 위한 한국 문학의 이해
	〈시집 가는 날〉	서울대 고급 한국어: 강독
이강백	〈들판에서〉	외국인을 위한 한국 문학
	〈파수꾼〉	외국인을 위한 한국 현대 문학 산책
이근삼	〈원고지〉	외국인을 위한 한국 문학사
	〈제18공화국〉	외국인을 위한 한국 현대 문학 산책
이만희	〈그것은 목탁구멍 속의 작은 어둠이었습니다〉	외국인을 위한 한국 현대 문학 산책
함세덕	〈동승〉	외국인을 위한 한국 문학의 이해

희곡은 듣기와 말하기, 읽기와 쓰기 등의 이해와 표현의 통합 교육적 측면에서 활용되며 최근에는 교육 연극(educational theatre)의 관점에서 점차 전문화, 체계화되고 있다.　　　　　　　　　　　　　　　　　　　　　　　　　　　　〈오판진〉

[참고문헌]
• 김대행 외(2000), 문학 교육 원론, 서울대학교출판부.
• 민병욱(2006), 현대 희곡론, 삼영사.
• 오판진(2013), 비판적 희곡 읽기 교론론, 새문사.
• 한옥근(2002), 희곡 교육 방법론, 새문사.

❑ 수필

수필(隨筆, essay)은 형식에 묶이지 않고 보고 듣고 느낀 것 따위를 생각나는 대로 쓰는 산문 형식의 짧은 글을 말한다.

수필이라는 용어는 13세기 남송(南宋) 때 홍매(洪邁)가 사용하기 시작하였다. 서양에서는 몽테뉴(M. Montaigne)가 자기 자신과 집안의 사사로운 일을 기록한 글을 모아 《수상록(*Essais*)》이라고 한 것이 계기가 되어 에세이(essay)라는 용어가 사용되기 시작했다. 서양에서 수필은 포멀 에세이(formal essay)와 인포멀 에세이(informal essay)로 나누는데, 전자는 베이컨(F. Bacon) 형의 수필을 말하는 것으로 주로 인생의 보편적인 문제나 사회 현실에 대해 관심을 갖고 이를 주제로 쓴 글을 뜻한다. 후자는 몽테뉴 형의 수필을 말하는 것으로 명상적이고 주관적인 성격이 강한 것이 특징이다. 한국의 경우 전자와 후자는 각각 중수필(重隨筆)과 경수필(輕隨筆)에 해당한다.

수필은 사건 체계를 갖지 않는 개성적인 글이며, 동시에 관조적이면서 인간성이 내포되어 있고 위트, 유머, 예지로 표현되는 글이다. 수필은 개인적 양식의 글이기 때문에 일반적 산문체 문장, 편지글, 일기, 감상문, 기행문 등의 다양한 형식으로 표현할 수 있다. 내용적인 측면에서 수필은 다른 문학보다 더 개성적이며 심경적이고 경험적이며, 억지로 짜내는 심경이 아니라 자연히 흘러나오는 것을 기록한 글이다.

한국어 교재에서는 다양한 수필을 교육 자료로 활용하고 있다. 한국어 교재에 수록된 주요 수필 작품의 목록을 살펴보면 다음과 같다.

〈한국어 교재에 수록된 주요 수필 작품 목록〉

작가	작품명	출처
법정	〈사람과 사람 사이〉	연세 한국어 읽기 6
신영복	〈당신이 나무를 더 사랑하는 까닭〉	외국인을 위한 한국 현대 문학 산책
	〈어리석은 자의 우직함이 세상을 조금씩 바꿔 갑니다〉	연세 한국어 읽기 5
이양하	〈나무〉	고려대 재미있는 한국어 5 student book
이어령	〈폭포와 분수〉	외국인을 위한 한국 현대 문학 산책
장영희	〈또 다른 시작〉	연세 한국어 읽기 6
	〈아프게 짝사랑하라〉	대학 강의 수강을 위한 한국어 읽기 고급
	〈A+ 마음〉	외국인을 위한 한국 문학
피천득	〈나의 사랑하는 생활〉	고려대 재미있는 한국어 5 workbook 서강 한국어 5A
	〈엄마〉	외국인을 위한 한국 문학
	〈인연〉	외국인을 위한 한국 현대 문학 산책 이화여대 말이 트이는 한국어 5

수필은 길이가 짧고 일상적인 내용이나 교훈적인 내용을 담고 있어 한국어교육에서 읽기 자료로 유리하다. 또한 수필은 단순히 일반적인 상황을 제시하는 데 그치지 않고

화자의 기분을 상세하게 표현하기 때문에 의사소통 활동 자료로 사용하기에도 좋다. 이에 따라 한국어 교재에서는 수필이 문학 작품으로서뿐만 아니라 교재의 본문으로도 많이 선택되고 있다. 〈이희정〉

[참고문헌]

- 김승우(1982), 현대 수필론, 관동출판사.
- 윤재천 엮음(1994), 수필 작법론: 63인의 이론과 실제, 세손출판사.
- 장백일(1994), 현대 수필 문학론, 집문당.

■ 문학 언어

문학 언어(文學言語, literary language)란 다른 분야의 예술이나 글쓰기와 구분하여 문학의 본질과 특성을 규정하기 위해 고안된 개념으로서 문학에 쓰인 언어를 말한다.

다른 분야의 예술, 예를 들면 소리가 재료인 음악이나 색채나 선과 면이 재료인 미술과는 달리 문학은 오로지 언어로 이루어진다. 언어가 없으면 문학의 창작과 수용이 성립할 수 없다는 점에서 문학과 언어의 관계는 본질적이다. 따라서 언어는 문학의 본질을 규정하는 데 필수적인 요소라 할 수 있다.

그러나 언어를 재료로 한다는 것만으로 문학의 본질과 특성을 규정할 수 없다. 학문적 글쓰기나 일상적 글쓰기 또한 언어를 재료로 하여 이루어지기 때문인데, 다른 글쓰기와 구분되는 문학의 본질과 특성을 밝히기 위해 과학 언어나 일상 언어와는 다른 문학 언어라는 개념이 필요하게 된다. 이러한 문학 언어의 특이성에 대한 주목은 근대에 들어와 '문학'이라는 개념이 발생함으로써 시작되었다.

서양에서 'literature'라는 말은 '문자'를 의미하는 'liter'의 특정한 사용을 지칭하기 위해 16세기에 생겨난 것이고, 동양에서도 마찬가지로 '文學'은 '文'의 특정한 사용을 지칭하기 위해 19세기에 생겨난, 'literature'의 번역어였다. 따라서 문자의 특정한 사용이라는 문학 개념의 발생에 따라 그러한 특정한 사용으로서의 문학 언어에 주목하게 되는 것은 자연스러운 일이다.

문학 언어의 특징을 정치(精緻)하게 밝힘으로써 문학의 본질을 규정하려 했던 것은 러시아 형식주의(Russian formalism)와 영미 신비평(new criticism)이었다. 러시아의 미래파(futurism)는 사물에 대한 언어의 지시 능력과 구별되는 자족적 어휘(self-sufficient word)라는 말을 통해 문학 언어를 규정하였으며 형식주의자들은 문학을 일상적 언어에서 이탈하고 곡해함으로써 그 차별성을 획득한 언어의 특별한 사용으로 취급하였다. 이에 따르면 일상 언어는 의사소통 행위로서 사용되지만 문학 언어는 실용적 기능은 전혀 없고 단지 우리가 사상(事象)을 다르게, 즉 '낯설게 보도록 만든다(defamiliarization)'는 것이다.

이러한 인식을 이어받아 문학 언어의 특징을 더욱 정치하게 규명하고자 했던 것은 영미 신비평이었다. 과학 언어와 일상 언어가 대상과 일대일의 관계를 가지는 데 반해

시적 언어는 대상과 일대다(一對多)의 관계를 가진다고 한 엠프슨(W. Empson)의 모호성(ambiguity) 개념이 대표적이다. 문학 언어에 관한 신비평의 사고를 종합한 것은 웰렉과 워렌(R. Wellek & A. Warren)의 《문학의 이론(*Theory of literature*)》이었다. 그에 따르면 우선 문학 언어는 정서적이고 내포적이며 표현적이라는 점에서 사상적, 외연적, 지시적인 과학 언어와 구분된다. 따라서 문학 언어는 독자의 태도에 영향을 주기 위해 작가의 어조와 태도를 포함하고 있고, 운율이나 리듬, 음향적 상징을 강조함으로써 독자들로 하여금 언어 자체에 주목하게 만든다. 비유나 강조, 과장, 반복, 열거, 대조, 역설 등의 수사적 표현을 문학이 즐겨 사용하는 것은 그 때문이다.

그러나 정서적이고 내포적이며 표현적이라는 문학 언어의 특징은 일상 언어의 특징이기도 하다. 문학 언어와 일상 언어가 구분되는 것은 양적인 측면이다. 문학은 일상 언어의 자원들을 훨씬 더 의도적으로 그리고 체계적으로 조직하여 하나의 질서를 부여함으로써 하나의 통일된 유기체를 만들어낸다. 이러한 신비평의 언어관은 해체주의와 후기 구조주의라는 큰 도전에 직면해 있다. 이들은 과학 언어와 문학 언어의 구별을 무의미한 것으로 생각하고 언어의 조직화라는 문학 언어의 독자성을 부정함으로써 근대의 미적 자율성이라는 신화에 도전하고자 한다.

한국어교육에서 문학 작품의 언어는 문법적 일탈성이라는 측면에서 일상 언어와 구별되는 것으로 간주되는 경향이 강하였고, 이러한 연유로 교육 내용이나 교육 자료로 수용되지 못하는 경우가 많았다. 그러나 문학 언어가 지니고 있는 언어문화적 속성에 대한 인식이 점차 커지면서 최근 한국어교육에서 문학 언어를 통한 이해 교육, 표현 교육의 방안이 다양하게 모색되고 있다. 〈윤대석〉

[참고문헌]
• 권영민(2009), 문학의 이해, 민음사.
• Empson, W. (1997), *Seven types of ambiguity*, Penguin Books.
• Selden, R., Widdowson, P. & Brooker, P. (1997), *A reader's guide to contemporary literary theory*, 정 정호 외 역, 1998, 현대 문학 이론 개관, 한신문화사.
• Wellek, R. & Warren, A. (1962), *Theory of literature*, 이경수 역, 1987, 문학의 이론, 문예출판사.

17.2. 문학 교육 모델

문학 교육 모델은 외국어 교육에서 문학의 본질적 속성 및 가치에 토대를 두고 언어 교육, 문화 교육, 개인 성장 교육을 목표로 설계된 문학 교육 모형을 말한다.

외국어 교육에서 문학 교육 모델은 크게 언어 모델(language model), 문화 모델(cultural model), 개인 성장 모델(personal growth model)의 세 측면에서 이해할 수 있다. 영미의 문학 교육 연구자인 카터와 롱(R. Carter & M. N. Long)이 제시한 문학 교육 모델의 세 가지는 다음과 같이 구성된다. 먼저 언어 모델은 실제의 상황과 밀접히 관련된 언어 능력의 향상을 목표로 한다. 다음으로 문화 모델은 문학으로 습득할 수 있는 사고 방식, 가치관, 역사 등의 지식과 관련된다. 그리고 개인 성장 모델은 문학이 재현하는 다양한 삶의 경험을 통한 사고 능력을 강조한다.

이러한 맥락에서 한국어교육에서 문학을 활용한 교육의 목표를 다음과 같이 제시하기도 한다. 첫째, 한국어교육에서 문학 작품을 활용하여 의사소통 교육을 실현한다. 예를 들면 한국어의 비유, 상징, 속담 같은 관용적 표현이나 한국어의 관습을 반영한 어법을 통해 고급의 한국어 소통 능력을 증진한다. 둘째, 문학 작품에 반영된 사회 문화를 이해함으로써 사회 문화 교육을 수행한다. 사회 문화 교육을 통해 목표 문화에 친숙해지고 그 문화를 언어 활동에 활용할 수 있는 문화 능력을 높인다. 셋째, 한국 문학의 교수 학습을 통해 문학 능력을 함양한다. 이 경우 묘사하기, 이야기하기, 비유하기, 상징하기, 풍자하기, 전달하기와 같은 고급 언어 능력을 습득하는 것을 목적으로 한다. 이상과 같은 한국어교육에서의 문학 교육의 목표는 위계적인 관계이기도 하지만 상보적인 관계를 맺고 있다.

최근 한국어교육 현장에서 학습자의 요구가 다변화되고 있기 때문에 한국어교육에서 문학 교육 모델은 다양한 맥락에서 적용되어 실천되고 있다.　　　　　〈김종수〉

[참고문헌]
• 김인환(1979), 문학 교육론, 평민사.
• 윤여탁(2007), 외국어로서의 한국 문학 교육, 한국문화사.
• Carter, R. & Long, M. N. (1991), *Teaching literature*, Longman.
• Lazar, G. (1993), *Literature and language teaching: A guide for teachers and trainers*, Cambridge University Press.

■ 언어 모델

언어 모델(language model)은 텍스트와 학습자를 만나게 하여 텍스트에 대한 학습자의 지각 및 인식을 탐구하고 표현하는 것을 목표로 하는 모형이다.

언어 모델은 일반적으로 언어 중심 접근법(language-based approach)과 관련되어 있다. 언어 중심 접근법에서는 빈칸 채우기, 예측하기, 창의적 글쓰기, 고쳐 쓰기, 역할극 등의 활동을 단계적으로 실시한다. 언어 모델에서는 개인이 아닌 짝이나 그룹 활동을 통해 이루어지는 양방향 의사소통을 지향한다.

문학 작품은 의사소통 교육의 도구로서 언어 활동의 자료가 된다. 문학 작품을 활용한 의사소통 교육의 실제적 효과는 크게 세 가지로 분류된다. 첫째, 문학 작품은 살아 있는 언어 자료로서 일상어의 자연스러운 습득에 효과적이다. 교과서나 문법서의 언어 자료는 교화적·교훈적 의도 때문에 조작되는 경우가 많다. 반면 문학 작품에서 사용하고 있는 언어는 일상인의 언어생활을 사실적으로 재현하고 있기 때문에 특정 상황에 따른 실제적인 맥락을 담은 언어 구사를 가능하게 한다. 둘째, 품위 있는 한국어를 학습하게 한다. 학습자는 문학 작품을 통해 한국어의 비유, 상징, 속담 같은 관용적 표현이나 한국어의 관습을 반영한 어법을 배워 세련된 한국어 소통 능력을 갖출 수 있게 된다. 셋째, 창조적 글쓰기 능력을 향상시킨다. 학습자는 문학 작품을 학습함으로써 창조적인 글쓰기 활동을 수행하면서 고급스러운 의사소통 능력을 함양하게 된다. 〈김종수〉

[참고문헌]
• 윤여탁(2007), 외국어로서의 한국 문학 교육, 한국문화사.
• Canale, M. (1983), From communicative competence to communicative language pedagogy, In J. C. Richards & W. R. Schmidt. (Eds.), *Language and communication*, Longman.
• Carter, R. A. & Long, M. N. (1991), *Teaching literature*, Longman.
• Morgan, C. (1996), Creative writing in foreign language teaching, In L. Thompson. (Ed.), *The teaching of poetry: European perspectives*, Continuum Intl Pub Group.

■ 문화 모델

문화 모델(cultural model)은 학습자가 문화적인 정보를 획득하게 하기 위하여 문학 텍스트 전체에 주목하는 문학 교육의 모형이다.

문화 모델의 교수 학습 자료가 되는 문학 텍스트는 단순히 고정적인 결과물로서의 텍스트가 아니다. 문화 모델을 통해 학습자는 문화를 맥락적으로 이해함으로써 자신에게 익숙한 시공간과는 다른 지역의 문화를 학습하게 된다.

콜리와 슬레이터(J. Collie & S. Slater)는 문학 작품은 문화적 풍요(cultural enrichment)를 보여 주며 문학 작품 속에 담긴 문화 맥락은 문화 이해에 유익하다고 하였다. 바이럼과 플레밍(M. Byram & M. Fleming)은 외국어 학습자에게 목표어의 문화를 가르칠뿐만 아니라 학습자의 문화와 목표어 문화 사이의 상호 관계에 주목하여 교육해야 한다고 주장하였다. 이러한 관점에서 문학 텍스트를 문화 모델에서 활용할 수 있다.

문화 모델에서 함양하고자 하는 문화 능력이란 목표 문화에 친숙해지고 그 문화를 언어 활동에 활용할 수 있는 능력을 의미한다. 이때 문화 능력은 외국어 학습자가 목표 문화에 대해 습득한 사전적인 지식이나 배경지식보다는 언어 활동의 장에서 문화에 맞게 언어를 정확하게 이해하고 표현할 수 있는 능력을 말한다. 즉 어떤 문화에 대해 아는 것을 넘어 목표 문화에 친숙해지고 그 문화를 언어 활동에 활용할 수 있는 능력이 문화 능력이다. 따라서 효과적인 문화 능력 함양을 위해서는 문화 맥락을 잘 보여 주는 언어 상황을 학습하는 것이 가장 중요하다.

이런 맥락에서 문학 작품에 표현된 문화는 문화 능력 함양을 위한 좋은 교수 학습 자료가 된다. 문화적으로 풍요로운 내용을 담고 있는 문학 작품을 학습하여 그 속에 내재된 목표어권의 사고방식과 문화 관습을 자연스럽게 습득하는 것이 효율적이기 때문이다. 특히 문학 작품은 목표 문화권의 양상을 총체적이고 포괄적으로 보여 주므로 목표 문화의 심도 있는 이해에 도움이 된다. 또한 문학 작품은 학습자에게 자신의 문화와 목표 문화를 비교할 기회를 제공하여 문화 간 의사소통 능력을 함양할 수 있다.

한국어교육의 목표는 언어 능력 함양뿐만 아니라 문화 능력 함양까지 포괄한다. 이런 측면에서 한국어교육에서도 국가 간 문화 교류가 급증하는 국제화 시대를 맞아 문학 작품을 활용한 문화 모델의 다양한 방향성을 모색해야 한다.　　　　〈김종수〉

[참고문헌]
• 윤여탁(2000), 한국어교육에서 문화의 위상과 역할, 국어교육연구 7-1, 서울대학교 국어교육연구소, 291~308쪽.
• Byram, M. & Fleming, M. (Eds.) (1998), *Language learning in intercultural perspective: Approaches through drama and ethnography*, Cambridge University Press.
• Carter, R. A. & Long, M. N. (1991), *Teaching literature*, Longman.
• Collie, J. & Slater, S. (1987), *Literature in the language classroom: A resource book of ideas and activities*, Cambridge University Press.

■ 개인 성장 모델

개인 성장 모델(personal growth model)은 학습자가 문학 텍스트에 묘사된 주제를 그들의 개인적 경험과 연관 지어 이해하도록 돕는 것을 목표로 하는 문학 교육의 모형이다.

개인 성장 모델은 학습자들이 문학 텍스트를 읽을 때 적극적으로 참여하고 작품에 몰입할 수 있도록 유도한다. 학습자들이 문학 작품을 효과적으로 읽을 수 있도록 돕는 것은 그들이 사회 속에서 성장하도록 하는 것이기 때문이다. 콜리와 슬레이터(J. Collie & S. Slater)는 외국어 교육에서 문학 작품의 효용성을 실제적인 자료(valuable authentic material), 문화적 풍요화(cultural enrichment), 언어적 풍요화(language enrichment)와 함께 개인적 연관(personal involvement)이라는 차원에서 설명하였다. 이 개인적 연관은 개인 성장 모델과 일맥상통한다고 볼 수 있다.

한국어교육에서 문학 교육은 학습자로 하여금 일상적인 언어나 대중 매체에서 찾기 어려운 고급 언어인 문학 언어의 원리를 습득하게 한다. 이를 통해 학습자는 묘사하기, 비유하기, 상징하기, 풍자하기와 같은 고급의 문학 능력을 함양할 수 있다. 또한 학습자는 문학 작품을 학습하는 과정에서 배경, 갈등과 해결, 성격, 시점, 주제, 플롯, 작가, 내면화 등의 문학 지식을 이해하게 된다. 이는 학문 목적의 한국어 학습자에게 특히 유용하다.

한국어교육의 문학 교육은 학습자의 지역적 특성에 따라 방법을 달리 할 필요가 있다. 예를 들어 실용적 차원의 한국어교육을 지향하는 동남아시아권에서는 의사소통 능력을 기르는 교수 학습을 위한 제재로 문학 작품을 활용한다. 이에 비하여 한국 이해에 초점을 맞춘 유럽권, 효용론적 문학관에 친숙한 동북아시아권 등에서는 한국의 사회와

문화를 이해하기 위한 문화 교육의 자료로 문학 작품을 활용하여 문학 교육을 실시하고 있다. 〈김종수〉

[참고문헌]
• 윤여탁(2005), 국내의 한국어 문학 교육, 민현식 외 편, 한국어교육론 2, 한국문화사.
• Carter, R. A. & Long, M. N. (1991), *Teaching literature*, Longman.
• Collie, J. & Slater, S. (1987), *Literature in the language classroom: A resource book of ideas and activities*, Cambridge University Press.
• Hall, G. (2005), *Literature in language education*, Palgrave Macmillan.

17.3. 문학 교육의 자료

문학 교육의 자료는 문학 교육을 실천하는 데 활용되는 문학 작품 또는 문학 작품을 기반으로 하여 다양한 방식으로 가공된 자료를 통칭하여 말한다.

문학 교육에 활용될 수 있는 자료는 다양하다. 가깝게는 문학 작품을 싣고 있는 교과서에서부터 멀리는 문학 교육을 수행하는 데 기여할 수 있는 매체 등의 자료들이 모두 문학 교육의 자료가 될 수 있다. 그렇다고 이런 다양한 자료가 모두 좋은 교육 자료가 되는 것은 아니다. 학습자와 학습 상황에 부합하는 것이어야 하기 때문이다. 라자르(G. Lazar)는 텍스트 선정 시 고려사항을 다음과 같이 제시한 바 있다. 먼저 학생의 수준, 학생이 제2언어를 학습하는 이유, 과정의 길이나 집중도 등을 고려해야 한다. 다음으로 학생 요인으로서 지적 성숙 정도, 정서 이해 능력, 문화적 배경, 언어 능력, 문학적 배경 등을 고려해야 한다. 또한 텍스트의 유용성과 길이, 활용성, 교과 과정과의 적합성 등을 살펴야 한다.

문학 교육의 자료에서 정전(正典, canon)은 해당 사회 구성원들이 자신들의 이념과 가치, 미적 양식을 가장 잘 구현하고 있다고 간주하는 문학 작품이다. 그렇지만 문학 정전이 제2 언어를 학습하는 외국인 학습자들에게까지 모범적인 교육 자료가 될 수 있는 것은 아니다. 문학 작품이 가지는 일반적인 현상으로서의 다의성과 문법적 일탈성 외에도 정전이 함유하고 있는 심층적인 이념과 가치, 정제된 형식성이 제2 언어 교실의 교수 학습에 걸림돌이 될 수 있기 때문이다. 따라서 문학 정전뿐만 아니라 다양한 문학 작품을 학습자의 수준에 맞게 고쳐서 활용한다는 측면에서 언어 학습자 문학을 제시해야 한다는 논의도 있다. 즉 언어 교육에서 문학 작품이 가질 수 있는 다양한 의의를 인정하지만 원전 그대로를 교육하는 것이 때로는 부적절하다고 보는 이들은 문학 작품을 쉽고 짧게 바꾸어 언어 교실에서의 교육 자료로 사용할 수 있다고 본다.

그동안 한국어교육계에서는 다양한 설화, 현대 소설과 시, 희곡과 시나리오 등이 문학 교육 자료로 제시되어 교육 현장에서 활용되었다. 그러나 전반적으로 연구자의 논의와 교육 현장과의 연계가 긴밀하지 못하고 문학 작품의 교수나 활용이 특정한 장르에 치우쳐 있다는 비판도 있다. 특히 학습자의 수준을 고려하여 각 단계에 적합한 작품을 제시하는 위계화 논의는 그 중요성에 비해 충분한 성과를 내지 못하고 있다.

한국어교육계에는 교육 환경의 빠른 변화, 특히 매체 환경의 급속한 변화에 따라 다양한 변수가 존재한다. 교실 환경의 변화뿐만 아니라 학습자의 변화 역시 중요한 변수이다. 따라서 이러한 변화에 부응하기 위해서 문학 교육 자료를 폭넓게 수용하는 것이 바람직하다. 이를 통해 다양한 요구를 갖는 학습자들의 흥미를 높인다면 한국어 학습 효과를 증진하는 데 기여할 수 있을 것이다. 〈신주철〉

[참고문헌]
• 윤여탁(2007), 외국어로서의 한국 문학 교육, 한국문화사.
• Lazar, G. (1993), *Literature and language teaching*, Cambridge University Press.

■ 문학 정전

문학 정전(文學正典, literature canon)은 한 사회 또는 언어문화권, 특히 그것의 학교 교과 과정에서 공인된 텍스트나 교육할 만한 가치가 있다고 널리 인정받은 텍스트를 말한다.

정전이라는 말은 그리스어의 'Kanon'에서 유래하였으며 '곧은 막대기', 즉 '자(尺)'나 '잣대'란 뜻이었다. 원래 사물을 지칭하던 뜻이 점차 분화되어 고대 그리스 시대 건축 분야에서는 기준, 규칙, 모범, 도표 등의 의미로 쓰였다. 정전의 개념은 초기 기독교가 자신의 정체성과 정통성을 확보하기 위해 공인된 성서를 필요로 한 데서 시작한다. 다양한 경전들이 쓰이던 시대에 공인된 경전으로서의 정전은 절대적 권위를 가진 신성한 불가침의 대상이 되었다. 이러한 종교적 차원의 정전 개념이 근대에 들어 세속적 영역으로 확장되면서 고대의 고전을 포함하는 의미로 쓰게 되었고, 나아가 모범적이고 가치가 있다고 인정한 작품까지 통칭하게 되었다.

전형적인 모범으로 인정받은 정전은 개인, 사회, 국가, 민족의 자기 이해와 정체성을 수립하는 데 기여하기도 한다. 정전이 규범의 표준으로 작용하면서 구성원들이 가치 판단을 할 때 기준의 역할을 하기 때문이다. 이런 점에서 정전은 사회를 통합하거나 동질화, 나아가 획일화하는 기능을 수행한다. 한편 사회는 정전의 기준에 부합하지 않거나 주변적인 것, 일탈적인 것 등을 배제하거나 그 고유성을 억압하여 규범에 동화시키려고 한다. 이는 그 사회 지배자들의 이해나 이념을 반영하고 공고화하는 데 이용되기도 한다.

문학 정전의 형성에는 각 시대 지배층의 이념뿐만 아니라 문학 제도 내의 여러 요인들이 관여하는데 문학 교과서, 대학의 강의 목록, 문예학, 문학사, 문학 비평, 출판사, 작품 선집, 문학 잡지, 문학상, 학회 등이 이에 해당한다. 이 가운데 문학 비평, 문학사를 포함하는 문예학, 출판사는 정전 형성에 직접적이고 강한 영향력을 행사한다.

한편 정전을 고전적 정전과 교육 정전으로 나누기도 한다. 고전적 정전은 어느 사회나 문화, 문학권에서 오랜 전통으로 자리 잡고 권위를 인정받으며 교육하는 작품을 뜻한다. 교육 정전은 교육 목적과 상황, 학습자의 수준, 학습의 위계 등을 고려하면서 원전 작품을 재구성하거나 개작하여 변형한 것으로, 최근의 언어 학습자 문학을 예로 들 수 있다.

오늘날 세계는 다양화, 다변화되고 있고 중심에 대한 주변부의 도전이 치열하다. 다양한 지역과 민족, 계층은 각자 자신들의 이해와 가치에 부합하는 문학 작품을 정전화하고자 한다. 오늘날의 탈근대, 다문화적 상황은 기존에 형성된 정전에 대한 도전과 재논의를 촉발하고 있다. 이런 점을 고려하면 정전을 확고부동하게 고정된 실체로 보기보다는 지속적으로 재논의하고 재선정해야 하는 과정적 개념으로 이해하는 것이 적절하다. 이것은 무수한 텍스트들에 대하여 정전으로의 편입 가능성을 열어 두어야 함을 의미한다.

한국어교육에서는 적절한 문학 교육 자료를 선정하기 위한 다양한 노력들이 있었으나 다수의 동의를 이끌어 내는 성과는 아직 없었다. 2000년 전후 한국 문학의 정전을 곧바로 한국어교육의 교육 자료로 제시하려던 논의가 있었으나 그것은 한국어 학습자라는 변인을 충분히 고려하지 못한 것이었다. 한국 문학 교육 자료는 최근 생산된 작품을 비롯하여 다양한 텍스트들에 열려 있는 접근을 하는 것이 바람직하다. 〈신주철〉

[참고문헌]
• 윤여탁(2007), 외국어로서의 한국 문학 교육, 한국문화사.
• Lazar, G. (1993), *Literature and language teaching*, Cambridge University Press.

■ 언어 학습자 문학

언어 학습자 문학은 제2 언어 교육에서 활용할 목적으로 학습자의 수준에 맞게 원작을 대체로 쉽고 짧으며 단순하게 개작한 것을 말한다.

데이와 뱀포드(R. R. Day & J. Bamford)에 의하면 언어 학습자 문학은 비문학 작품까지 포함하여 언어 학습자를 위해 개작된 글 모두를 포괄하는 개념이기도 하나, 대개 언어 학습자 문학에 대한 논의는 언어 교육에서 문학 작품이 교육 자료로 유용하다는 것을 전제한다. 다만 작품을 원전 그대로 사용하기 부적절한 경우가 있다는 점을 인정하고 이를 학습자의 수준에 맞게 고치고자 한다. 따라서 모범적인 문학 작품 하나를 제대로 교육하는 것이 중요하다고 보는 정전 중심 문학 교육관과는 다른 관점이라고 할 수 있다. 이때 언어 학습자 문학이 문학 작품 자체의 가치를 고려하지 않는 것인지에 대한 의문을 제기할 수 있다. 이에 대해 언어 학습자 문학을 주장하는 사람들은 단순화가 불완전함을 의미하는 것은 아니며 언어 학습자 문학은 원전의 완전성을 표방하고 그 자체로 작품성이 있으며 독자에게 흥미와 감동을 제공한다고 응전한다.

언어 학습자 문학을 주장하는 사람들은 대체로 다음과 같은 점에 동의한다. 첫째, 언어 교수 학습 과정에서 학습자의 이해 수준에 맞는 많은 양의 정보를 입력하는 것이 중요하다. 따라서 학습자가 흥미를 가지고 여러 문학 작품을 읽도록 하기 위해 필요한 경우 문학 텍스트를 적절하게 개작할 수 있다. 둘째, 학습자가 텍스트와 분리하여 어휘를 암기하거나 통사 지식을 축적하는 것보다 텍스트를 읽음으로써 많은 양의 언어 자료를 무의식적으로 처리하는 자동화 과정이 언어 학습에 유용하다. 학습자는 자신의 수준에 맞게 개작된 다양한 문학 작품을 읽으면서 사회적 배경지식과 문화 차이를 자연스럽게 인지하게 된다. 이것은 제2 언어 학습자의 이해 기반을 깊고 넓게 하여 새로운 언어 습득을 용이하게 한다.

언어 학습자 문학을 활용한 수업에서 교사는 다음과 같은 사항을 고려해야 한다. 먼저 가능한 많은 책을 읽게 하되 학습자의 언어 수준을 고려하여 어휘나 문법이 너무 어렵지 않은 텍스트를 선정해야 한다. 다음으로 읽기 과정에서 모르는 단어가 나오더라도 사전을 사용하지 않고 문맥에서 의미를 추론하도록 해야 한다. 마지막으로 세세한 내용에 지나치게 얽매이지 않고 문맥과 사고 단위로 읽게 해야 한다.

한편 학습자들은 언어 학습자 문학에 대해 다음과 같은 반응을 보일 수 있다. 첫째, 언어 학습자 문학이 의사소통 능력이나 학과 성적 향상에 도움을 주지 못한다고 여긴다. 둘째, 어휘와 문법이 너무 어렵거나 교과서에서 배우는 것과 차이가 있다고 생각한다. 셋째, 원래 문학을 싫어하거나 내용이 유치해서 재미가 없다는 반응을 보인다. 따라서 교사는 언어 학습에서 문학 작품 읽기가 가지는 의의를 충분히 숙지하고 적절한 교육 방안을 구안해야 하며 학습자들을 설득하고 이해시키는 과정을 선행해야 한다.

한국어교육에서 언어 학습자 문학에 대한 논의나 실천은 극히 미약하다. 그러나 한국어 교육과정에서 중급 이상의 학습자들이 증가하면서 다독(多讀) 중심의 언어 학습자 문학의 필요성이 크게 증가하였다. 영어권의 경우 이에 대한 논의와 실현이 비교적 활발한데 어린이 학습자를 위한 옥스포드 출판사의 《Classic Tales 1~6》, 300단어 수준으로 읽을 수 있는 《Penguin Readers Level 1》 등의 대표적인 초급용 자료가 있다. 또한 《Oxford Bookworms Starters 1~12》, 《Oxford Bookworms Library Series 1~131》 등도 널리 알려져 있다. 한국에서도 어린이 또는 청소년을 위해 쉽게 다시 쓴 문학 작품들이 있는데 이 작품들과 타 언어권의 사례를 살펴 한국어교육에 적합한 언어 학습자 문학을 탐구하고 실천할 수 있는 방안을 모색하는 것이 필요하다. 〈신주철〉

→ 개작, 다독

[참고문헌]
• 오지혜(2013), 국외 한국어 교육의 문학 교재 구성을 위한 언어 학습자 문학 연구, 새국어교육 95, 한국국어교육학회, 269~302쪽.
• Day, R. R. & Bamford, J. (1998), *Extensive reading in the second language classroom*, 우형식 외 역, 2011, 제2 언어 교실에서의 열린 읽기, 한국문화사.

17.4. 문학 교육의 방법

한국어교육에서 문학 교육의 방법은 크게 국외와 국내로 구분하여 그 특징을 찾아볼 수 있다. 먼저 국외 대학에서의 한국 문학 교육에 대한 접근 방법은 해당 대학의 교육과정 내에 개설된 문학 관련 강좌를 살펴보면 알 수 있다. 한국국제교류재단(Korea Foundaion: KF)에 따르면 2017년을 기준으로 총 105개국, 1,348개의 대학에서 문학 관련 교과목을 개설, 운영하고 있다. 이들 국외 대학에서의 문학 관련 교과목은 전반적으로 강독(講讀), 선독(選讀), 연독(連讀), 감상(鑑賞)과 같은 문학 독해, 문학 입문, 문학 개론, 문학사, 번역 작품, 문학 비평, 문학 번역, 역사·문화·매체와 문학이라는 명칭으로 개설되어 있다. 이 교육과정을 살펴보면 지역에 따라 대상 학습자, 교육 목표 등 중점을 두는 곳에 따라 문학 교육의 접근 방법이 다르다는 점을 발견할 수 있다. 예컨대 중국, 일본, 몽골의 동북아시아에서는 문학 자체에 대한 심도 있는 교육에 보다 관심을 두고 있는 반면, 다른 국가의 대학에서는 고전 문학, 현대 문학과 같이 문학 개론 수준으로 교양 차원에서 문학 교육을 하고 있다. 또한 미주 지역에서는 문학 작품의 대상을 한국계 미국인 문학이나 현대 한국 여성 작가와 같이 소수 작가의 문학 작품까지 확대하고, 번역 작품을 활용하거나 매체와 문학 간의 상호 텍스트적 접근으로 문학 비평 또는 비교 문학의 방법을 활용하고 있다. 한편 유럽 지역에서는 문학 관련 교과목을 초급 또는 학부 1학년에서부터 필수 과목으로 지정하여 한국학적 접근에서 문학 강독이 이루어지고 있다.

다음으로 국내의 경우 한국어교육에서 문학 교육 방법은 전통적으로 문학 강독이 우세했으나 최근에 와서는 비교 문학의 접근에서 이루어지고 있다. 전자와 관련하여 문학 교육은 일반적으로 어휘, 문법, 네 기능(말하기/듣기/읽기/쓰기) 수업 중심의 정규 과정에서 매우 작은 비중을 차지하고 있다. 특히 이 경우 문학 작품은 읽기 교육을 위한 텍스트가 된다. 그러나 최근 일부 대학을 중심으로 정규 수업과는 별도로 문학을 선택할 수 있는 강좌를 개설하여 문학 수업을 전문적으로 운영하고 있는 추세이다. 이러한 교육 방법의 흐름은 더욱 강해질 것으로 전망된다. 이 경우 문학 텍스트는 어휘, 문법, 말하기, 읽기, 쓰기 교육과의 통합 교육적 측면에서뿐만 아니라 순수한 문학 교육의 제재로 활용된다.

외국어로서 한국어 문학 교육은 그 접근 방법이 무엇이든지 다음의 네 가지 교수 학습 원칙으로 설명할 수 있다. 첫째, 경험의 원칙이다. 이는 문학의 교수 학습이 학습자의 경험을 구체화하고 확대하는 방법으로 이루어진다. 즉 문학 교육을 단순히 이해 교육 차원으로 보아 단편적인 지식을 남기는 것이 아니라 학습자의 경험의 일부가 되도록 하여 언어 능력을 도모해야 한다. 둘째, 반응의 원칙이다. 이는 문학 텍스트에 대해 학습자가 반응을 보이도록 교수 학습을 설계한다. 텍스트에 대해 글이나 말로 표현하는 일차적인 반응 활동, 혹은 다른 학습자, 교사와의 상호작용을 통한 활동은 문학을 학습자 개인과 연관시키는 방법이 될 수 있다. 셋째, 모방의 원칙이다. 특정 문학 작품을 모방하여 표현함으로써 학습자가 이를 자기화하는 것을 말한다. 이는 학습자의 경험을 더욱 유의미하게 만드는 수단이 될 수 있다. 넷째, 비교의 원칙이다. 이는 학습자가 한국어 문학 작품의 문화적 요소와 자국의 문화적 요소를 비교함으로써 이해를 도모하는 것을 말한다. 〈오지혜〉

[참고문헌]
• 김대행(2003), 한국 문학사와 한국어 능력, 외국인을 위한 한국어교육연구 6, 서울대학교 외국인을 위한 한국어 교육지도자과정, 27~40쪽.
• 오지혜·윤여탁(2010), 한국어교육에서 비교 문학을 활용한 현대시 교육 연구, 국어교육 131, 한국어교육학회, 551~589쪽.
• 윤여탁(2009), 비교 문학을 적용한 외국어로서의 한국 현대 문학 교육 방법, 한국언어문화학 6-1, 국제한국언어 문화학회, 53~70쪽.
• 한국국제교류재단(2018), 2018 해외 한국학 백서, 을유문화사.
• 황인교·김성숙·박연경(2004), 집중적인 한국어 교육과정의 문학 교육: 연세대학교 한국어학당 문학 수업을 중심으로, 외국어로서의 한국어교육 29, 연세대학교 언어연구교육원 한국어학당, 231~280쪽.

■ 문학 강독

문학 강독(文學講讀, reading literature)은 전통적인 문학 교수 학습 방법 중 하나로, 학습자인 독자가 주어진 문학 텍스트를 읽고 그 텍스트의 의미를 탐구하는 것을 목표로 하는 수업 방식을 말한다.

일반적으로 강독 수업은 글자의 해독이나 해석이 필요한 텍스트를 대상으로 삼으며 교사와 학습자가 함께 글자를 해독한 후 그 의미를 탐구하는 방식으로 이루어진다. 문학 강독 수업에서도 대상 텍스트는 주로 고전 문학이나 현대 문학 작품이었으며, 그 목표는 목표어에 대한 문식력을 향상시키고 대상 문학 텍스트에 대한 해석 능력을 함양하는 것이다.

전통적 교실에서의 문학 강독 수업은 해석 능력이 있는 교사 주도로 이루어졌다. 교사가 텍스트를 낭독하면 잇따라 학습자가 그것을 제창하였고, 이어 교사가 학습자에게 의미 풀이를 해 주면 학습자들이 그것을 기억했다가 다음날 교사가 질문을 했을 때 필기 또는 구술로 해석해 냈다. 근대적 형태의 문학 강독 수업도 이와 크게 다르지 않았다. 문학 강독 수업은 주로 외국어 전공 학과에서 개설되었다. 이는 전공 언어로 쓰인 텍스트에 대한 번역 능력과 해석 능력을 가장 중요한 능력으로 여겼기 때문이다.

언어 전공 학과에서 문학 강독 수업은 목표어로 쓰인 문학 작품 중에서 텍스트를 해석할 때 전문가의 도움이 반드시 필요한 작품이 있다는 것을 전제로 한다. 따라서 이 수업의 교사는 학습자의 문학 텍스트 해독을 주도적으로 이끌고 해석의 조력자가 되어 줄 수 있는 전문가로 간주되었다. 문학 강독 과목의 대상 텍스트는 담당 교사의 직권에 따라 결정되었으며, 선택된 텍스트는 주로 정전에 해당하거나 정전에 귀속될 만한 가 치가 있는 문학 작품이었다.

문학 강독의 수업 방식의 결정권 역시 교사에게 있었다. 교사는 주로 한 학기에 읽을 작품을 몇 편 선정하여 통독과 발췌독을 병행하는 방식으로 수업을 이끌어 갔다. 학습 자들은 교사를 따라 텍스트를 번역하면서 텍스트 번역 능력을 습득하였으며 교사의 권 위 있는 해석을 쫓으면서 해당 텍스트를 이해하고 습득하였다. 이렇게 학습한 번역 능 력과 해석 능력은 곧 전공 지식으로 연결되었으며 학습자들은 자신의 지적 능력을 통 해 번역과 해석을 한 결과물을 발표함으로써 자신의 능력을 인정받았다.

그러나 외국어 교육에서 의사소통 중심 교수법이 대두되면서 번역과 해석을 바탕으 로 한 강독 수업의 위상과 방법에 변화가 일어났다. 각급 학교에 문학 강독 수업은 여 전히 개설되고 있지만 전적으로 교사가 주도하여 해석해 주는 형식을 탈피하여 학습자 의 발표와 토론 등을 중심으로 하는 형식으로 전환되었다. 수업의 결과물 역시 번역서 또는 해석적 비평서뿐만 아니라 작품 해석을 바탕으로 재구성한 다양한 매체 구성물을 결과로 제시하는 형태로 변화해 가고 있다.

한국어교육은 1980년대 후반에 대두된 의사소통 중심 교수법의 영향을 많이 받았 기 때문에 번역 능력과 해석 능력 향상이 목표인 문학 강독 교실은 매우 제한적으로 개설되었다. 하지만 최근 문학이 언어와 문화의 집성체로 인식되고 언어 능력과 문화 능력의 통합적인 학습 제재로서 재조명되면서 문학 텍스트 교육의 방안으로 학습자 의 언어 능력 향상과 대상 텍스트에 대한 문화적 이해를 목표로 하는 문학 강독 수업 이 모색되고 있다. 〈김지혜〉

[참고문헌]
• 교우박(2011), 중국의 한국어 교재 『정독』에 대한 연구: 학습자의 반응과 요구를 중심으로, 고려대학교 박사학 위논문.
• 우한용(2010), 소설 텍스트 중심으로 본 문학 능력과 한국어교육, 한국어와문화 7, 숙명여자대학교 한국어문화연 구소, 211~241쪽.
• 윤여탁(2007), 외국어로서의 한국 문학 교육, 한국문화사.
• 진강려(2012), 한국어 강독 수업에서의 문화 교육 연구: 중국S대학교 한국어과 사례를 중심으로, 한국언어문화학 9-1, 국제한국언어문화학회, 247~270쪽.

■ 문학 비평

문학 비평(文學批評, literary criticism)은 문학 작품의 의미를 탐구하여 가치 판단을 수행하며 그 결과를 소통하는 작업을 말한다.

문학은 인간의 행위적, 내면적 삶 전체에 대한 성찰을 수행하는 작업이다. 이러한 측면에서 문학 비평은 그러한 문학의 성격을 폭넓게 따지고 판단하는 과정에서 인문 과학이나 사회 과학의 영역과 관련된다. 일반적으로 문학 비평은 작품에 대한 가치 판단을 의미하는 용어로 통용되는데 이러한 비평의 방법과 경향은 시대별, 학자별로 차이를 보인다.

전통적 문학 비평에서는 작가의 생애와 시대를 주로 탐구하는 역사 비평이나 전기 비평과 도덕적 사고의 기준에서 문학을 판단하고자 하는 도덕 비평 등이 있다. 한편 20세기 초에는 문학 작품의 언어적 형식을 자세히 읽으면서 작품 자체의 미학을 탐구하던 형식주의 비평이 등장하게 되었다. 이러한 비평 방식은 일상 언어의 담론과 문학 언어의 담론이 갖는 차이를 강조하는 경향이 있다. 이후 문학 작품을 정신 분석학적 방법으로 분석하는 심리주의 비평, 문학 작품의 원형적 상상력을 탐구하는 신화 및 원형 비평, 작품을 통해 느끼고 반응하는 독자의 존재에 주목하는 독자 반응 비평 등이 연이어 등장하면서 비평 담론은 그 폭과 깊이를 더해 가고 있다. 이 밖에 여성주의 비평, 후기 구조주의 비평, 현상학적 비평, 마르크스주의 비평 등이 있다. 에이브람즈(M. H. Abrams)는 문학 비평을 문학 작품의 정의, 분류, 분석, 평가에 관한 연구로 규정하였다. 이러한 관점에서는 문학 비평을 문학 작품을 감상하고 그 뜻을 파악하며 그 작품의 문학성이나 문학사적 의미를 분류, 분석하는 작업으로 보기도 한다.

문학 비평은 단순히 문학에 대한 지식을 바탕으로 문학을 평가하는 데 한정하지 않는다. 문학 비평에는 문학 전체에 대한 원리적 접근과 이해가 필요하며 각각의 작품에 대한 열린 마음과 풍부한 공감적 이해, 날카로운 감식안이 요구된다. 즉 문학 비평을 수행하고 교육한다는 것은 문학 작품에 대한 단순한 읽기나 주관적 감상을 넘어서 자신의 문학 경험을 타인과 소통할 수 있는 원리를 습득하는 과정이다. 따라서 문학 비평을 읽고 쓰는 경험을 교육하는 작업은 학습자의 주관적인 문학 감상 결과를 언어적으로 객관화하는 데 기여할 수 있다.

문학 비평에 대한 이해는 한 문학 작품에 대한 이해에 그치지 않고 문학이라는 대상 자체에 대한 폭넓은 안목을 갖게 한다는 점에서 중요하다. 이러한 관점에서 한국어교육에서는 문학 수업에서 한국 문학 및 다른 문화권 문학 작품에 대한 비평적 이해를 교육 대상으로 삼아 교육 내용과 방법으로 활용할 수 있다. 〈우한용〉

= 문예 비평

[참고문헌]
• 김광길·심원섭(1997), 문학 비평이란 무엇인가, 국학자료원.
• 김성진(2004), 비평 활동 교육의 내용 연구, 서울대학교 박사학위논문.
• Abrams, M. H. (1981), *Glossary of literary terms*, 최상규 역, 1997, 문학 용어 사전, 예림기획.

■ 비교 문학

비교 문학(比較文學, comparative literature)은 세 가지 층위로 나누어 살펴볼 수 있다. 첫째는 비교 문학을 문학사 연구의 일부로 보는 것이다. 이 층위에서 비교 문학은 하나의 문학이 향유된 시공간이 다른 문학에 미친 영향이나 그 수수(授受) 관계를 찾아 연구한다. 둘째 층위는 세계 문학적인 관점에서 비교 문학을 독자적인 연구 분야로 보는 것이다. 이 경우 비교 문학 연구는 일반 문학 또는 세계 문학이 지닌 보편성에 입각하여 각국의 문학적 특질을 밝혀낸다. 셋째는 비교 문학을 예술 전반과 관련시켜 살피는 것이다. 이때 연구자는 한 문학을 두고 그것과 인접해 있는 다른 학문들, 가령 예술, 철학, 역사, 종교, 사회학, 과학 등과 견주어 본다.

이와 같은 정의들은 비교 문학이 전개해 온 역사적인 변천 과정과 더불어 발전한 것이다. 비교 문학이 처음 학문으로 성립된 것은 19세기 말엽 프랑스에서이다. 당시 프랑스 학자들은 자국의 국문학사를 기록하는 과정에서 외국 작가의 수용, 외국에 미친 자국 작가의 영향, 작품에 나타나는 외국적인 원천, 매개자의 구실 등 작품의 외국적 기원과 외국에 미친 자국 작품의 영향들에 대해서 연구하였다.

전기적 지식과 문학 외적인 정보를 바탕으로 문학과 문학 간의 인과 관계를 살피던 비교 문학 연구는 1940년대에 이르러 미국의 신비평가들에게 비판을 받는다. 비교 문학은 본질적으로 문학 연구이기 때문에 문학의 가치와 질을 추구해야 한다는 것이다. 그들은 전 세계의 문학을 국제적인 시야에서 연구할 것을 주장하며 비교 문학은 세계 문학이 지닌 공통분모를 찾아내서 이것을 바탕으로 각국 문학의 특질을 밝혀야 한다고 했다.

비교 문학의 개념은 프랑스 학파가 전자를, 미국 학파가 후자를 옹호하면서 서로 갈등 관계에 놓여 있었으나 1960년대에 상호 간의 절충과 융화가 모색되었다. 그 결과, 영향과 원천 연구를 중심으로 한 프랑스 실증주의적 방법론과 문학의 내재 현상으로서의 미학성을 밝히려는 일반 문학적 방법론이 융합되었다. 이에 따라 비교 문학의 영역에는 상호 간의 영향이 있는 문학 간의 연구뿐만 아니라 아무런 접촉도 없던 문학 간의 대비 연구도 포함되었다. 나아가 비교 문학은 문학 간의 연구 이외에 문학과 타 예술 간의 비교로까지 뻗어 나가 다른 예술 분야와의 비교 연구까지 포괄하게 되었다. 이것이 문학에 대한 보다 포괄적이고 총체적인 이해를 가능하게 하기 때문이다.

한국어교육에서 비교 문학은 서로 다른 문학 사이의 영향과 수용 관계를 살피는 층위의 접근과 아무런 접촉도 없던 문학 간의 관계를 살피는 층위의 접근이 함께 논의되고 있다. 전자는 한국 문학과 그에 영향을 끼친 외국의 문학과의 관계를 통해 한국어 학습자들이 한국 문학을 이해하고 해석하게 하는 데 초점을 둔다. 후자는 서로 다른 국가의 문학 작품을 대비해 보거나 한국 문학을 다른 장르의 예술과 대비해 봄으로써 한국어 학습자들이 한국의 사회, 문화, 문학을 이해하고 간문화적 통찰력과 세계 문학 능력을 함양하게 하는 것이 목적이다.

비교 문학적 접근은 한국어 학습자들이 한국 문학 작품의 세계 보편적 특성과 특수성을 이해하고 이를 다른 문학 작품 및 사회 문화적 맥락과 대비하게 한다. 이로써 학습자들은 한국 문학 읽기의 즐거움을 느낄 수 있으며 간문화적 인식을 확장하여 문화적 정체성을 형성할 수 있다. 〈김지혜〉

[참고문헌]
- 국어국문학 편찬 위원회(1994), 국어국문학 자료 사전, 한국사전연구사.
- 오지혜·윤여탁(2010), 한국어교육에서 비교 문학을 활용한 현대시 교육 연구, 국어교육 131, 한국어교육학회, 551~589쪽.
- 윤여탁(2009), 비교 문학을 적용한 외국어로서의 한국 현대 문학 교육 방법, 한국언어문화학 6-1, 국제한국언어문화학회, 53~70쪽.
- 축취영(2012), 중국인 고급 학습자를 위한 한국어 문학 교육 연구: 연암 소설과 〈유림외사〉의 비교·탐구를 중심으로, 서울대학교 박사학위논문.

■ 문학 번역

문학 번역(文學飜譯, literary translation)은 특정 언어로 쓴 작품을 다른 언어로 옮기는 행위 또는 고어로 쓴 작품을 현대어로 옮기는 행위를 말한다.

문학 번역은 언어 교육, 문화 교육, 문학 교육의 제재 및 활동으로서 가치를 지닌다. 특히 한국어교육에서는 문학 번역이 목표어의 언어적이고 문화적인 해독 능력과 해석 능력은 물론 문화 간의 소통 및 이해 능력까지도 향상시킬 수 있을 것이라고 여기고 있다. 번역된 문학 텍스트는 한국 언어문화 교육의 제재이며, 문학 번역 행위는 언어 능력과 문화 능력 그리고 문학 능력을 통합적으로 발휘할 수 있는 능동적인 한국어 교수 학습 활동으로서 교육적 효용성을 지니기 때문이다.

교육적 차원에서 논의되는 문학 번역에는 번역 문학 작품의 교육과 문학 번역 활동이 함께 논의된다. 번역 문학 작품과 번역 활동에 대한 관점에는 크게 세 가지가 있으며, 각각의 관점에 따라 번역 활동 과정 및 결과물이 판이하게 달라질 수 있다.

첫 번째 관점은 원전의 언어 형식과 운율, 어휘 등에 최대한 충실하게 번역을 해야 한다는 것이다. 이러한 관점에서는 학습자들이 문법 및 구조를 중심으로 번역 활동을 하기 때문에 번역 활동 자체는 그리 어렵지 않을 수 있다. 다만 번역된 결과물을 읽을 때 학습자는 원전의 문화적 배경을 충분히 인지하고 작품을 읽어야 한다.

두 번째 관점은 완전한 번역이란 절대로 불가능하다는 것을 전제로 원전의 보호보다는 내용 전달에 중점을 두는 것이다. 이 경우 번역 활동을 하는 사람은 텍스트의 언어 구조는 물론 작품의 면면이 지닌 함축적인 의미와 상호 텍스트적 의미를 모두 고려하여 번역 텍스트를 구성해야 한다. 이런 경우 학습자는 목표어의 언어문화적인 지식이 부족해도 그 의미를 이해할 수 있지만 번역 텍스트로는 원전 텍스트의 모습을 추론하기 어렵다는 문제가 있다.

세 번째 관점은 원작의 정신과 양식을 살리기 위해 번역 텍스트가 향유될 사회의 언어적 관습과 사회 문화에 맞게 텍스트를 전반적으로 조정해야 한다는 것이다. 이러한 관점 하에서 번역 활동을 하는 사람은 원전 텍스트의 줄거리나 사건만을 유지할 뿐 인물, 장소, 풍속 등을 자국의 문화에 맞게 바꾸어야 한다. 그래서 이 활동은 번역의 주체가 원전 텍스트에 담긴 언어와 문화를 분석적으로 이해하도록 할 뿐만 아니라 자기 문화에 대한 해석적인 이해까지도 하게 한다. 그러나 그 결과물은 원전 텍스트의 번안(飜案)에 가까운 것이 되기 때문에 이를 읽는 사람은 원전 텍스트의 언어적, 문화적인 능력을 함양하기 어렵다.

문학 번역은 한국어 문학 텍스트의 독해 및 해석 능력은 물론 한국어 능력과 한국 문화 능력을 고루 함양해 줄 수 있다. 또한 번역의 관점 조정을 통해 번역 활동과 제재로서의 번역 텍스트의 난이도도 조정할 수 있다. 〈김지혜〉

→ 통역과 번역

[참고문헌]
- 김염(2007), 중국어권 고급 학습자를 위한 한국 현대시 교육 방법 연구: 번역과 비교 문학을 중심으로, 한국언어문화학 4-2, 국제한국언어문화학회, 21~42쪽.
- 한순옥(2012), 문학 작품의 재귀 번역을 통한 한국 문화 교육 방안 연구: 중국어 모어 화자를 대상으로, 수원대학교 박사학위논문.

17.5. 문학 교육 활동

문학 교육 활동은 문학 교육의 목표, 내용, 방법을 실행하기 위한 기법, 과제, 연습 등을 포함하는 교수 학습 방법이나 활동을 말한다.

문학 교육 활동에는 말과 글을 통하여 문학을 생산하는 활동, 문학을 이해하고 감상하는 활동, 문학을 창조적으로 변용하는 활동, 문학을 지식 차원에서 이해하는 활동 등이 포함된다. 제도 교육에서 문학 교육 활동은 문학의 교수 학습을 위한 설계와 실행 그리고 평가 및 송환을 포함하는 구체적 과정을 의미한다. 하지만 넓은 의미에서는 문학 현상이 바람직하게 이루어지게 하기 위한 문학 향유 행위 전반을 의미하기도 한다.

문학 교육 활동은 문학 수업의 목표 및 전략, 수업 내용, 교실 환경에 맞추어 이루어져야 하며, 이는 크게 네 가지 활동으로 유형화할 수 있다. 첫째, 문학과 친밀해지기 위한 초기 단계 활동이다. 문학 게시판, 그림으로 나타내기, 이야기 이어 가기, 녹음 듣기, 집에 있는 책 이용하기, 플란넬 판(flannel board) 이용하기, 작품 이름 알아맞히기 퀴즈, 등장 인물에 대한 스무고개식 문답, 일기 속에 문학 작품 이름 하나씩 나타내기, 스티커 보상하기 등의 활동이 있다.

둘째, 문학 감상의 입문을 돕는 활동이다. 모의 인터뷰, 판매원 놀이, 라디오 방송을 통한 책 비평, 팀(team) 해석, 그림 이용하기, 등장 인물과 대화 나누기, 소집단별 게임으로 작품 익히기, 작품에 대한 광고 만들기 등의 활동이 있다.

셋째, 적극적 문학 감상을 위한 활동으로 이야기 덧붙이기, 토론 활동, 연극 활동, 논쟁 활동, 본래의 결말과 다른 결말 맺기, 전래 동화를 현대물로 변안하기, 한 이야기에 다른 삽화 첨가하기, 작품 속의 인물에게 편지 쓰기, 삼(사)행시 짓기 등이 있다.

넷째, 종합적 감상을 위한 활동이다. 문학 독화(讀畫), 독창적인 이야기 쓰기, 문학 작품 권하는 편지 쓰기, 이야기 일지, 소집단 독후감 보고서, 극본 만들기 등의 활동이 있다.

최근 문학의 실체나 속성 그 자체에 주목하기보다는 문학 작품을 이해 활동과 표현 활동의 제재로 보자는 시각이 대두되고 있다. 이러한 관점에서 문학 교육 활동은 문학에 대한 이해 능력과 표현 능력을 증진하는 것을 목표로 하여 한국어 문학 교육의 내용과 방법을 실제 수업에 효과적으로 적용하는 수단으로 사용할 수 있다. 〈홍혜준〉

[참고문헌]
• 구인환 외(2008), 문학 교육론, 삼지원.
• 김대행(2000), 문학 교육 틀짜기, 역락.
• 우한용 외(1993), 소설 교육론, 평민사.
• 차호일(2003), 현장 중심의 문학 교육론, 푸른사상.
• 최현섭 외(1997), 국어교육학 개론, 삼지원.

■ 패러디

패러디(parody)란 이미 만들어진 특정 작품을 끌어와 그 형식과 내용을 비틀어 활용하는 기법을 말한다.

패러디는 좁게는 선행 텍스트에 대한 조롱이거나 희화화로, 넓게는 선행 텍스트에 대한 비평적 거리를 가진 확장된 반복으로 정의할 수 있다. 이는 패러디의 접두사 'para'가 '반하는, 반대하는'이라는 뜻과 '곁에, 가까이'라는 뜻을 지니는 데에서도 알 수 있다. 제임슨(F. Jameson)이 패러디를 풍자적·희극적 동기를 가진 것으로 한정시켰다면 주네트(G. Genette)는 이를 텍스트의 최소한의 변형으로 확대시켰다. 그리고 그 사이에 로즈(M. A. Rose)의 희극적 불일치와 허천(L. Hutcheon)의 차이를 둔 반복의 개념이 존재한다.

이미 만들어진 특정 작품을 전제로 성립되는 패러디는 무의식적 모방이 아닌 의식적 모방이라는 점에서 영향과 구별되며, 모방한 사실을 숨기지 않고 적극적으로 드러낸다는 점에서 표절과 다르다. 패러디는 모방, 차용, 인용, 인유, 재맥락화, 반복 등의 개념과 유사한 형식으로 여겨질 수 있으나 패러디 동기의 유무에 의해 다른 형식들과 구별된다. 모방 텍스트에 대한 존경과 경의의 동기가 강할 경우 오마주(hommage)에 가까워지며,

짜깁기나 베끼기 차원에서 모방할 경우 패스티시(pastiche)에 가까워진다. 모방 텍스트와 패러디 텍스트 간의 차이와 갈등을 전제로 한 대화성이 패러디의 묘미이며 무엇보다도 패러디 장치와 그 대화성을 식별할 수 있는 독자의 안목에 의해 패러디가 완성된다.

패러디는 서구 중심적인 후기 모더니즘의 핵심 기법으로 부상했지만 그 유래는 고대 그리스 시대로까지 거슬러 올라간다. 그뿐만 아니라 우리 문화의 전통에서도 패러디는 구비 전승적 방법은 물론 기존의 텍스트를 통해 창작자의 의도를 합리화·간접화시키는 방법으로 널리 이용되었다. 오늘날 패러디는 문학, 음악, 미술을 비롯한 여러 대중 예술 장르의 창작 방법으로 활용되고 있다.

문학 교육적 관점에서 패러디는 특히 표현 교육 활동에서 그 활용도가 높다. 선행 텍스트를 읽고 해석한 후 재창작한다는 점에서 표현 교육뿐 아니라 이해 교육과도 연계될 수 있으며, 상상력을 고무시키고 새로운 창작 동기를 유발하는 창의성 교육과도 직결된다. 패러디의 선행 텍스트로는 문학 작품, 경전 및 고전, 관용구는 물론 사진, 그림, 광고, 영화, 만화, 대중가요 등의 다양한 대중적 매체 등을 제시할 수 있다. 이때 어떤 작품을 제시해 주는지, 즉 직접적인 구절, 분위기, 스토리, 인물 및 소재, 화자, 제목, 장면 등에서 어떤 부분을 끌어다 쓰는지, 이어쓰기, 비판하기, 희화화하기, 풍자하기, 조롱하기 등 선행 텍스트를 어떤 태도로 인용하는지에 따라 다양한 패러디 효과를 얻을 수 있다. 학습자는 선행 텍스트를 통해 통시적이고 동시적인 다양한 언어 활동을 체험할 수 있다. 또한 패러디는 모방의 형식이자 해석 및 비평의 형식이기에 문맥의 차이에서 발생하는 언어의 의미와 뉘앙스를 학습할 수 있다. 〈정끝별〉

[참고문헌]
• 김준오(1996), 한국 현대 시와 패러디, 현대미학사.
• 정끝별(1997), 패러디 시학, 문학세계사.
• Hutcheon, L. (1985), *A theory of parody: The teachings of twentith-century art forms*, 김상구·윤여복 역, 1992, 패로디 이론, 문예출판사.

■ 문학 감상 일지

문학 감상 일지(文學鑑賞日誌)는 독자가 작품을 해호화(解號化)하고 작품에 내재된 가치를 찾아내는 과정을 기록한 일지, 즉 문학 감상에 대한 기록물을 말한다.

문학 교육에서 감상은 독자가 문학 작품을 내면화하는 과정에서 매우 중요한 활동이다. 문학 교육학에서는 실제 감상의 차원에서 문학을 객관적인 교수(敎授)의 대상으로 삼을 수 있는지에 대한 논의가 주로 진행되어 왔다. 최근에는 문학 작품의 내적 구성 원리를 분석함으로써 그 경로를 따라 작품에 대한 해석과 감상에 이를 수 있다고 본다.

독자가 작품을 해호화하고 작품에 내재된 가치를 찾아낸다는 것은 달리 말해 감상의 과정이 독자의 정신 활동의 과정, 즉 사고의 과정임을 뜻한다. 문학 감상은 시를 읽고,

소설을 읽는 것에서 시작된다. 아무리 훌륭한 작품이라도 그 작품을 이루고 있는 언어에 대한 독해가 되지 않는다면 작품 감상은 이루어질 수 없다. 또한 시의 '낯설게 하기'나 소설에서의 '인물에 대한 이해'는 작품에 대한 인지적 이해가 정의적 반응에 앞서는 예가 된다.

문학 감상은 작가의 창작 의도와 이를 형상화한 작품의 의미를 충실히 수렴하여 파악하는 활동이다. 독자는 작가의 메시지를 수용한 후 자신의 정보와 접목시켜 새로운 작품으로 재구성하거나 재창조하게 된다. 이 과정은 수렴적으로 파악한 작가의 메시지를 새로운 메시지로 발산하는 것이다.

일반적인 독자들과 달리 교육의 대상이 되는 독자들은 의도된 계획 하에 의도된 감상을 지도 받게 된다. 하지만 독자로서의 주체성이 완전히 사라지는 것은 아니며 그렇다고 해서 감상의 자의성을 무한대로 허용하는 것은 바람직하지 않으므로 문학 교육의 대상 독자인 '학습 독자'로부터 어떤 절차를 통해 어떤 성격의 감상을 이끌어 낼 것인지에 대한 문제를 보다 유연한 관점에서 바라보아야 한다.

문학 작품을 읽고 감상의 공간을 경험한다는 것은 작품 세계 속에 나타나는 인물과 사건에 대해서 독자인 학생들이 감정 이입적으로 몰입하는 단계를 필연적으로 상정한다. 감상 과정에서 독자는 현실 세계 속을 살아가는 현실적 존재로서 작품을 읽기도 하지만 작품 세계 속의 대상에 이입된 공감적 존재로서의 모습도 지니게 된다. 즉 '현실적 자아'와 '공감적 자아 또는 감상적 자아'로서의 두 가지 모습이 있다. 여기서 수용자는 두 개의 자아끼리 무언의 대화를 나누는 과정을 거치며 이 대화의 밀도가 강하면 강할수록 문학 경험의 내용은 충실해지고 내면화의 수준이 높아진다. 바람직한 문학 교육이라면 이러한 대화의 과정이 활발하고 충실하게 일어날 수 있도록 하는 내적 장치를 확보해야 한다. 또 좋은 문학 작품이란 이러한 대화의 메커니즘을 작품 내부에서 스스로 잘 마련하고 있는 작품이라 할 수 있다.

문학을 감상함으로써 인간은 삶의 문제를 발견하고 이를 해결하는 과정을 지켜보며 개인의 주체성과 사회적 구성성을 확립한다. 문학의 문학다움이 문학 감상의 다양성을 용인하는 곳에 있다고 할 때, 개별 문학 작품에 대한 개별 독자의 감상을 인정하고 이를 타당한 감상으로 받아들일 때 개별 독자에게도 문학의 기능과 존재적 근거가 의미를 갖게 된다.

이러한 감상의 과정을 일지로 기록한 것이 문학 감상 일지이다. 감상 일지는 학습자가 그들의 학습 과업을 모두 달성한 후에 학습 사건을 기록하므로 회고적으로 자신을 현시(現示)하는 기록이 될 수 있다. 또한 일지의 작성은 학습자 중심적이고 보통 비구조화된 특성을 지니기 때문에 다양한 쟁점을 다룰 수 있다는 장점이 있다. 이 과정에서 학습자들은 인지와 메타 인지 전략을 포함한 많은 전략을 발휘할 수 있을 뿐만 아니라

이를 언어 학습에 사용할 수 있다. 〈홍혜준〉

[참고문헌]
• 김중신(2003), 한국 문학 교육론의 방법과 실천, 한국문화사.
• 심상민(2007), 일지 연구 방법을 사용한 일본인 학습자의 읽기 전략에 관한 연구, 이중언어학 33, 이중언어학회, 95~119쪽.
• 우한용 외(2009), 실용과 실천의 문학 교육, 새문사.
• 윤여탁(1996), 시 교육론: 시의 소통 구조와 감상, 태학사.
• Gribble, J. (1987), *Literary education: A revaluation*, 나병철 역, 1993, 문학 교육론, 문예출판사.

■ 스토리텔링

스토리텔링(storytelling)은 스토리(story)와 텔링(telling)의 합성어로, 이야기와 담화 그리고 전달하고자 하는 내용을 효과적이고 설득력 있게 전달하는 행위의 총체를 의미한다.

스토리텔링을 보는 관점은 크게 두 가지로 구분한다. 하나는 스토리텔링 자체를 인간의 본성과 인식 방식으로 이해하는 관점이고 다른 하나는 스토리텔링을 보다 의사소통적이며 내러티브(narrative)적인 것으로 이해하는 관점이다. 첫 번째 관점은 인간의 기억은 스크립트(script)로 구성되고 회상되며 인간은 자신의 말하고자 하는 욕구에 따라 그것을 '이야기로 전달'하고 자신의 정체성과 삶의 의미를 이해한다는 것을 전제로 한다. 즉 인식론적이고 철학적인 관점이다. 이 관점에서 스토리텔링은 인간이 세계를 이해하고 경험하는 방식이자 기본 단위이며, 그것을 말하는 과정을 통해 의미를 부여할 수 있게 하는 장점을 지닌다. 두 번째 관점은 스토리텔링이란 인간의 기억 속에 사고·행위·체험의 스키마로 되어 있는 경험과 이해를 수화자의 기대·경험·욕구에 따라서 모방적으로 표현하는 행위라고 보는 것이다. 이 관점에서 스토리텔링은 이야기를 생동감 있게 전달하며 공감을 일으키는 표현 기법의 총체이다.

교육적 관점에서 스토리텔링은 학습자의 상상력을 자극하고 흥미를 유발하여 학습 동기를 강화하면서 지식을 구조화하는 방법이며, 학습 과정에서 학습자의 개념 변화와 비판적 사고, 학습 전략 전술 과정에 중요한 역할을 수행한다는 점에서 효용성이 있다. 이야기가 인간의 경험으로부터 세계를 이해하는 형식인 만큼 학습 내용을 이야기하기(storytelling), 즉 내러티브로 구성하고 전달한다는 것은 그것을 개인의 세계 이해 방식과 가장 유사한 형식으로 보여 줌으로써 학습 내용에 감정을 이입하고 동화할 수 있도록 이끈다는 것이다. 따라서 스토리텔링은 학습자가 주체적으로 교수 학습을 할 수 있게 하는 방법으로서 가치를 지닌다.

한국어교육에서도 스토리텔링은 목표어 사회에 대한 경험으로부터 학습자의 주체적인 이해를 강화하고 언어의 네 가지 기능을 중심으로 한 교수 학습 내용을 이야기로 조직화함으로써 언어 교실의 현장성 및 언어 사용의 실제성을 높여서 학습자가 보다 효과적이고 효율적으로 언어 능력을 향상시킬 수 있는 교육 방법으로 각광받고 있다. 또한 학습자가 목표어와 문화에 대한 인지력과 정서적 수용 능력은 물론 국제적 상황에서 자신의 목표어 및 사회에 대한 태도나 가치화 등도 주체성을 가지고 형성할 수 있다는 점에서 언어와 문화 교육의 다양한 방면에서 적극적으로 활용되고 있다.　　　　〈김지혜〉

= 내러티브 기법

[참고문헌]
• 류수열 외(2007), 스토리텔링의 이해, 글누림.
• 박소화(2012), 스토리텔링 기반 교수 설계 원리 및 모형 탐색, 서울대학교 박사학위논문.
• 허희옥(2006), 내러티브 사고 양식인 스토리텔링 기법을 이용한 멀티미디어 교육 컨텐츠 개발, 교육공학연구 22-1, 한국교육공학회, 195~224쪽.
• Bruner, J. (1990), *Acts of meaning*, Harvard University Press.
• Schank, R. C. (1995), *Tell me a story: Narrative and intelligence*, Northwestern University Press.

■ 문학 창작

문학 창작(文學創作, creation of literature)은 문학을 이해하고 향유하는 완성 단계로 문학 작품을 생산하는 실천 과정을 말한다.

창작 활동에 대하여 톰킨스(G. E. Tompkins)는 즐거움(entertaining), 예술적 표현의 촉진(fostering artistic expression), 사고의 명료화(clarifying thinking) 등을 목적 겸 효과로 제시한다. 여기서 창작 활동은 수준 높은 작품을 창작하는 것에 한정하지 않고 문학적인 표현을 포함한 창의적인 말하기와 글쓰기를 포괄한다. 다시 말해서 문학 창작은 언어 사용 능력뿐만 아니라 인지·정의적 사고 능력을 신장시키고 자아 정체성을 확립하는 데 효과적인 방안이 될 수 있다.

문학 창작은 개인의 내밀한 공간과 감정을 당대의 특정한 사회적 규범과 문화적 환경, 집단적 사고 체계와 함께 통합하는 과정이다. 이때 대상이 되는 현상의 모든 국면과 연관된 창작 활동이기에 주체의 대상 수용과 수용한 내용의 재구성 그리고 구성 결과의 표현에 초점이 놓인다. 따라서 문학 창작은 자기를 이해하고 자아를 완성하기 위한 현실적 체험으로 문학이라는 형식을 통하여 자기 완성을 도모하는 작업이라 할 수 있다.

문학 창작 활동을 통한 기대 효과를 제시하면 다음과 같다. 첫째, 창작 주체는 자아와 세계, 세상과 감정을 융합하여 결합을 시도한다. 이때 주체의 사고력 성장을 통해 객체 혹은 대상을 바라보는 관점이 다양하게 분화될 수 있다. 또한 세상과 자아를 이해하는 기본적인 사고 훈련에서 이해력과 공감대의 확장까지 기대할 수 있다. 둘째, 창작 활동은 언어가 가진 규범성, 문화성, 예술성 등을 아우르는 작업이다. 특히 언어를 통해 정서와 논리를 통합하고 넓게는 인간의 감성과 이성의 영역을 아우르는 과정을 통해 언어 생활 전반에 걸친 재조명이 가능하다. 셋째, 창작 능력은 언어적 실천 능력과 맞물려 구현되는 현실 초극의 의지에서 구축된다. 이 능력은 현실 문제를 직접 비판하거나 해결하기보다는 규제와 제약을 벗어나서 상상력을 동원하여 인간의 가능성을 탐구하고 전망을 모색하는 복합적 능력으로 발현될 수 있다.

문학 창작 활동은 언어의 규범적 사용과 문화 전반의 이해, 적용을 바탕으로 둔다는 점에서 언어와 문화의 통합적 관점에서 한국어 문학 교육에 적용할 수 있다. 이는 문학 수업에서뿐만 아니라 특히 고급 학습 단계의 한국어 쓰기 수업의 활동으로 활용할 수 있다. 〈임수경〉

[참고문헌]

• 문학과문학교육연구소(2001), 창작 교육, 어떻게 할 것인가, 푸른사상.
• 신진(2005), 창작 문학론 강의, 동아대학교출판부.
• 임수경(2007), 디지털 시대의 시 창작 교육 방법, 청동거울.
• Tompkins, G. E. (1982), Seven reasons why children should write stories, *Language Arts 59-7*, pp. 718~721.

한국어교육학 사전

The Encyclopedia of
Korean Language Education

찾아보기

한글 색인

ㄷ

ㅇ

ㅈ

영문 색인

B

D

H

M

S

U

인명 색인

Y

Z

한국어교육학 사전

The Encyclopedia of
Korean Language Education

한국어교육학 사전

The Encyclopedia of
Korean Language Education

한국어교육학 사전

The Encyclopedia of Korean Language Education

초판 1쇄 발행 2014년 9월 26일
  2쇄 발행 2020년 3월 31일

지은이 서울대학교 국어교육연구소 편
펴낸이 박민우
기획팀 송인성, 김선명, 박종인
편집팀 박우진, 김영주, 김정아, 최미라, 전혜련
관리팀 임선희, 정철호, 김성언, 권주련
펴낸곳 (주)도서출판 하우

주소 서울시 중랑구 망우로68길 48
전화 (02)922-7090
팩스 (02)922-7092
홈페이지 http://www.hawoo.co.kr
e-mail hawoo@hawoo.co.kr
등록번호 제475호

값 75,000원

ISBN 978-89-7699-977-1 91370